Die Schrift

Verdeutscht von Martin Buber
gemeinsam mit Franz Rosenzweig

1

Die Schrift

Die fünf Bücher der Weisung

Verdeutscht von Martin Buber

gemeinsam mit Franz Rosenzweig

DEUTSCHE BIBELGESELLSCHAFT

10. verbesserte Auflage
der neubearbeiteten Ausgabe
von 1954

Im Anhang
Martin Buber:
Zu einer neuen Verdeutschung der Schrift

ISBN 978-3-438-01491-7
© 1976/1978/1979 Gütersloher Verlagshaus, Gütersloh
Lizenzausgabe für die Deutsche Bibelgesellschaft, Stuttgart 1992
Titelfotos: Martin Buber – Interfoto, München;
Franz Rosenzweig – Jüdisches Museum, Frankfurt
Alle Rechte vorbehalten. Printed in Germany

DAS BUCH
IM ANFANG

Im Anfang schuf Gott den Himmel und die Erde.

Die Erde aber war Irrsal und Wirrsal.
Finsternis über Urwirbels Antlitz.
Braus Gottes schwingend über dem Antlitz der Wasser.

Gott sprach: Licht werde! Licht ward.
Gott sah das Licht: daß es gut ist.
Gott schied zwischen dem Licht und der Finsternis.
Gott rief dem Licht: Tag! und der Finsternis rief er: Nacht!
Abend ward und Morgen ward: Ein Tag.

Gott sprach:
Gewölb werde inmitten der Wasser
und sei Scheide von Wasser und Wasser!
Gott machte das Gewölb
und schied zwischen dem Wasser das unterhalb des Gewölbs
    war und dem Wasser das oberhalb des Gewölbs war.
Es ward so.
Dem Gewölb rief Gott: Himmel!
Abend ward und Morgen ward: zweiter Tag.

Gott sprach:
Das Wasser unterm Himmel staue sich an einen Ort,
und das Trockne lasse sich sehn!
Es ward so.
Dem Trocknen rief Gott: Erde! und der Stauung der Wasser
    rief er: Meere!
Gott sah, daß es gut ist.
Gott sprach:
Sprießen lasse die Erde Gesproß,
Kraut, das Samen samt, Fruchtbaum, der nach seiner Art
    Frucht macht darin sein Same ist, auf der Erde!
Es ward so.
Die Erde trieb Gesproß,
Kraut, das nach seiner Art Samen samt, Baum, der nach
    seiner Art Frucht macht darin sein Same ist.

Gott sah, daß es gut ist.

Abend ward und Morgen ward: dritter Tag.

Gott sprach:

Leuchten seien am Gewölb des Himmels, zwischen dem Tag
  und der Nacht zu scheiden,

daß sie werden zu Zeichen, so für Gezeiten so für Tage und
  Jahre,

und seien Leuchten am Gewölb des Himmels, über die Erde
  zu leuchten!

Es ward so.

Gott machte die zwei großen Leuchten,

die größre Leuchte zur Waltung des Tags und die kleinre
  Leuchte zur Waltung der Nacht,

und die Sterne.

Gott gab sie ans Gewölb des Himmels,

über die Erde zu leuchten, des Tags und der Nacht zu walten,
  zu scheiden zwischen dem Licht und der Finsternis.

Gott sah, daß es gut ist.

Abend ward und Morgen ward: vierter Tag.

Gott sprach:

Das Wasser wimmle, ein Wimmeln lebenden Wesens, und
  Vogelflug fliege über der Erde vorüber dem Antlitz des
  Himmelsgewölbs!

Gott schuf die großen Ungetüme

und alle lebenden regen Wesen, von denen das Wasser wim-
  melte, nach ihren Arten,

und allen befittichten Vogel nach seiner Art.

Gott sah, daß es gut ist.

Gott segnete sie, sprechend:

Fruchtet und mehrt euch und füllt das Wasser in den Meeren,

und der Vogel mehre sich auf Erden!

Abend ward und Morgen ward: fünfter Tag.

Gott sprach:

Die Erde treibe lebendes Wesen nach seiner Art,

Herdentier, Kriechgerege und das Wildlebende des Erdlands
  nach seiner Art!

Es ward so.

Gott machte das Wildlebende des Erdlands nach seiner Art
und das Herdentier nach seiner Art und alles Gerege des
Ackers nach seiner Art.

Gott sah, daß es gut ist.

Gott sprach:

Machen wir den Menschen in unserem Bild nach unserem
Gleichnis!

Sie sollen schalten über das Fischvolk des Meeres, den Vogel
des Himmels, das Getier, die Erde all, und alles Gerege, das
auf Erden sich regt.

Gott schuf den Menschen in seinem Bilde,

im Bilde Gottes schuf er ihn,

männlich, weiblich schuf er sie.

Gott segnete sie,

Gott sprach zu ihnen:

Fruchtet und mehrt euch und füllet die Erde und bemächtigt
euch ihrer!

schaltet über das Fischvolk des Meers, den Vogel des Himmels
und alles Lebendige, das auf Erden sich regt!

Gott sprach:

Da gebe ich euch

alles samensäende Kraut, das auf dem Antlitz der Erde all ist,

und alljeden Baum, daran samensäende Baumfrucht ist,

euch sei es zum Essen,

und allem Lebendigen der Erde, allem Vogel des Himmels,
allem was auf Erden sich regt, darin lebendes Wesen ist,

alles Grün des Krauts zum Essen.

Es ward so.

Gott sah alles, was er gemacht hatte,

und da, es war sehr gut.

Abend ward und Morgen ward: der sechste Tag.

Vollendet waren der Himmel und die Erde, und all ihre
Schar.

Vollendet hatte Gott am siebenten Tag seine Arbeit, die er
machte,

und feierte am siebenten Tag von all seiner Arbeit, die er
machte.

Gott segnete den siebenten Tag und heiligte ihn,
denn an ihm feierte er von all seiner Arbeit, die machend Gott
   schuf.

Dies sind die Zeugungen des Himmels und der Erde: ihr Er-
schaffensein.

Am Tag, da ER, Gott, Erde und Himmel machte,
noch war aller Busch des Feldes nicht auf der Erde,
noch war alles Kraut des Feldes nicht aufgeschossen,
denn nicht hatte regnen lassen ER, Gott, über die Erde,
und Mensch, Adam, war keiner, den Acker, Adama, zu be-
　　dienen:
aus der Erde stieg da ein Dunst und netzte all das Antlitz des
　　Ackers,
und ER, Gott, bildete den Menschen, Staub vom Acker,
er blies in seine Nasenlöcher Hauch des Lebens,
und der Mensch wurde zum lebenden Wesen.

ER, Gott, pflanzte einen Garten in Eden, Üppigland, ostwärts,
und legte darein den Menschen, den er gebildet hatte.
ER, Gott, ließ aus dem Acker allerlei Bäume schießen,
reizend zu sehn und gut zu essen,
und den Baum des Lebens mitten im Garten und den Baum
　　der Erkenntnis von Gut und Böse.

Ein Strom aber fährt aus von Eden, den Garten zu netzen,
und trennt sich von dort und wird zu vier Flußköpfen.
Der Name des einen ist Pischon, der ists der alles Land Cha-
　　wila umkreist, wo das Gold ist,
gut ist das Gold des Lands, dort ist das Edelharz und der Stein
　　Karneol.
Der Name des zweiten Stroms ist Gichon, der ists der alles
　　Land Kusch umkreist.
Der Name des dritten Stroms ist Chiddekel, der ists der im
　　Osten von Assyrien hingeht.
Der vierte Strom, das ist der Euphrat.

ER, Gott, nahm den Menschen und setzte ihn in den Garten
　　von Eden,
ihn zu bedienen und ihn zu hüten.
ER, Gott, gebot über den Menschen, sprechend:
Von allen Bäumen des Gartens magst essen du, essen,
aber vom Baum der Erkenntnis von Gut und Böse,
von dem sollst du nicht essen,
denn am Tag, da du von ihm issest, mußt sterben du, sterben.

ER, Gott, sprach:
Nicht gut ist, daß der Mensch allein sei,
ich will ihm eine Hilfe machen, ihm Gegenpart.

ER, Gott, bildete aus dem Acker alles Lebendige des Feldes und
     allen Vogel des Himmels
und brachte sie zum Menschen, zu sehn wie er ihnen rufe,
und wie alles der Mensch einem rufe, als einem lebenden
     Wesen, das sei sein Name.

Der Mensch rief mit Namen allem Herdentier und dem Vogel
     des Himmels und allem Wildlebenden des Feldes.

Aber für einen Menschen erfand sich keine Hilfe, ihm Gegen-
     part.

ER senkte auf den Menschen Betäubung, daß er entschlief,
und nahm von seinen Rippen eine und schloß Fleisch an ihre
     Stelle.

ER, Gott, baute die Rippe, die er vom Menschen nahm, zu
     einem Weibe und brachte es zum Menschen.

Der Mensch sprach:
Diesmal ist sies!
Bein von meinem Gebein,
Fleisch von meinem Fleisch!
Die sei gerufen
Ischa,Weib,
denn von Isch, vom Mann, ist die genommen.
Darum läßt ein Mann seinen Vater und seine Mutter und
     haftet seinem Weibe an,
und sie werden zu Einem Fleisch.

Die beiden aber, der Mensch und sein Weib, waren nackt,
     und sie schämten sich nicht.

Die Schlange war listiger als alles Lebendige des Feldes, das ER,
     Gott, gemacht hatte.
Sie sprach zum Weib:
Ob schon Gott sprach: Eßt nicht von allen Bäumen des Gar-
     tens...!
Das Weib sprach zur Schlange:
Von der Frucht der Bäume im Garten mögen wir essen,
aber von der Frucht des Baums, der mitten im Garten ist,

hat Gott gesprochen:
Eßt nicht davon und rührt nicht daran, sonst müßt ihr sterben.
Die Schlange sprach zumWeib:
Sterben, sterben werdet ihr nicht,
sondern Gott ists bekannt,
daß am Tag, da ihr davon esset, eure Augen sich klären
und ihr werdet wie Gott, erkennend Gut und Böse.
Das Weib sah,
daß der Baum gut war zum Essen
und daß er eine Wollust den Augen war
und anreizend der Baum, zu begreifen.
Sie nahm von seiner Frucht und aß
und gab auch ihrem Mann bei ihr, und er aß.
Die Augen klärten sich ihnen beiden,
und sie erkannten, –
daß sie nackt waren.
Sie flochten Feigenlaub und machten sich Schurze.

Sie hörten SEINEN Schall, Gottes, der sich beim Tageswind im
Garten erging.
Es versteckte sich der Mensch und sein Weib vor SEINEM,
Gottes, Antlitz mitten unter den Bäumen des Gartens.
ER, Gott, rief den Menschen an und sprach zu ihm:
Wo bist du?
Er sprach:
Deinen Schall habe ich im Garten gehört und fürchtete mich,
weil ich nackt bin,
und ich versteckte mich.
ER sprach:
Wer hat dir gemeldet, daß du nackt bist?
hast du vom Baum, von dem nicht zu essen ich dir gebot, ge-
gessen?
Der Mensch sprach:
Das Weib, das du mir beigegeben hast, sie gab mir von dem
Baum, und ich aß.
ER, Gott, sprach zum Weib:
Was hast du da getan!
Das Weib sprach:

Die Schlange verlockte mich, und ich aß.

ER, Gott, sprach zur Schlange:
Weil du das getan hast,
sei verflucht vor allem Getier und vor allem Lebendigen des
    Feldes,
auf deinem Bauch sollst du gehn und Staub sollst du fressen
    alle Tage deines Lebens,
Feindschaft stelle ich zwischen dich und das Weib, zwischen
    deinen Samen und ihren Samen,
er stößt dich auf das Haupt, du stößest ihm in die Ferse.

Zum Weibe sprach er:
Mehren, mehren will ich deine Beschwernis, deine Schwan-
    gerschaft,
in Beschwer sollst du Kinder gebären.
Nach deinem Mann sei deine Begier, er aber walte dir ob.

Zu Adam sprach er:
Weil du auf die Stimme deines Weibes gehört hast
und von dem Baum gegessen hast, den ich dir verbot,
    sprechend: Iß nicht davon!,
sei verflucht der Acker um deinetwillen,
in Beschwer sollst du von ihm essen alle Tage deines Lebens.
Dorn und Stechstrauch läßt er dir schießen,
so iß denn das Kraut des Feldes!
Im Schweiß deines Antlitzes magst du Brot essen,
bis du zum Acker kehrst,
denn aus ihm bist du genommen.
Denn Staub bist du und zum Staub wirst du kehren.

Der Mensch rief den Namen seines Weibes: Chawwa, Leben!
Denn sie wurde Mutter alles Lebendigen.

ER, Gott, machte Adam und seinem Weibe Röcke aus Fell
    und kleidete sie.

ER, Gott, sprach:
Da,
der Mensch ist geworden wie unser einer im Erkennen von
    Gut und Böse.
Und nun

könnte er gar seine Hand ausschicken
und auch vom Baum des Lebens nehmen und essen
und in Weltzeit leben!
So schickte ER, Gott, ihn aus dem Garten von Eden, den
    Acker zu bedienen, daraus er genommen war.
Er vertrieb den Menschen
und ließ vor dem Garten von Eden ostwärts die Cheruben
    wohnen
und das Lodern des kreisenden Schwerts,
den Weg zum Baum des Lebens zu hüten.

Der Mensch erkannte Chawwa sein Weib,
sie wurde schwanger, und sie gebar den Kajin.
Da sprach sie:
Kaniti –
Erworben habe ich
mit IHM einen Mann.
Sie fuhr fort zu gebären, seinen Bruder, den Habel.

Habel wurde ein Schafhirt, Kajin wurde ein Diener des
    Ackers.

Nach Verlauf der Tage wars,
Kajin brachte von der Frucht des Ackers IHM eine Spende,
und auch Habel brachte von den Erstlingen seiner Schafe, von
    ihrem Fett.
ER achtete auf Habel und seine Spende,
auf Kajin und seine Spende achtete er nicht.
Das entflammte Kajin sehr, und sein Antlitz fiel.
ER sprach zu Kajin:
Warum entflammt es dich? warum ist dein Antlitz gefallen?
Ists nicht so:
meinst du Gutes, trags hoch,
meinst du nicht Gutes aber:
vorm Einlaß Sünde, ein Lagerer,
nach dir seine Begier –
du aber walte ihm ob.

Kajin sprach zu Habel, seinem Bruder.

Aber dann wars, als sie auf dem Felde waren:
Kaijn stand auf wider Habel seinen Bruder und tötete ihn.

ER sprach zu Kajin:
Wo ist Habel dein Bruder?
Er sprach:
Ich weiß nicht. Bin ich meines Bruders Hüter?
ER aber sprach:
Was hast du getan!
die Stimme des Geblüts deines Bruders schreit zu mir aus dem
    Acker.
Und nun,
verflucht seist du hinweg vom Acker,
der seinen Mund aufmachte, das Geblüt deines Bruders aus
    deiner Hand zu empfangen.
Wenn du den Acker bedienen willst,
nicht gibt er dir fortan seine Kraft.
Schwank und schweifend mußt du auf Erden sein.
Kajin sprach zu IHM:
Allzu groß zum Tragen ist meine Verfehlung.
Da, du vertreibst mich heute vom Antlitz des Ackers,
vor deinem Antlitz muß ich mich bergen,
schwank und schweifend muß ich sein auf Erden, –
so muß es sein:
allwer mich findet, tötet mich!
ER sprach zu ihm:
So denn,
allwer Kajin tötete, siebenfach würde es geahndet.
Und ER legte Kajin ein Zeichen an,
daß ihn unerschlagen lasse, allwer ihn fände.
Kajin zog von SEINEM Antlitz hinweg
und wurde erst seßhaft im Lande Nod, Schweife, östlich von
    Eden.

Kajin erkannte sein Weib,
sie wurde schwanger und gebar den Chanoch.
Er aber wurde Erbauer einer Stadt
und rief den Namen der Stadt nach seines Sohnes Namen
    Chanoch.

Dem Chanoch wurde Irad geboren,
Irad zeugte Mechujael,
Mechujael zeugte Metuschael,
Metuschael zeugte Lamech.

Lamech nahm sich zwei Weiber,
der Name der einen war Ada, der Name der zweiten Zilla.
Ada gebar den Jabal,
der wurde Vater der Besitzer von Zelt und Herde.
Der Name seines Bruders war Jubal,
der wurde Vater aller Spieler auf Harfe und Flöte.
Und auch Zilla gebar, den Tubal-Kajin,
Schärfer allerlei Schneide aus Erz und Eisen.
Tubal-Kajins Schwester war Naama.

Lamech sprach zu seinen Weibern:
Ada und Zilla, hört meine Stimme,
Weiber Lamechs, lauscht meinem Spruch:
Ja,
einen Mann töt ich für eine Wunde
und einen Knaben für eine Strieme!
Ja,
siebenfach wird Kajin geahndet,
aber siebenundsiebzigfach Lamech!

Adam erkannte nochmals sein Weib, und sie gebar einen Sohn.
Sie rief seinen Namen: Schet, Setzling!
denn: gesetzt hat
Gott mir einen andern Samen
für Habel, weil ihn Kajin erschlug.

Auch dem Schet wurde ein Sohn geboren,
er rief seinen Namen Enosch, Menschlein.

Damals begann man den NAMEN auszurufen.

Dies ist die Urkunde der Zeugungen Adams, des Menschen.
Am Tag, da Gott den Menschen erschuf,

machte er ihn in Gottes Gleichnis,
männlich und weiblich schuf er sie
und segnete sie
und rief ihren Namen: Adam, Mensch! am Tag ihrer Er-
    schaffung.

Als Adam hundertunddreißig Jahre gelebt hatte,
zeugte er in seinem Gleichnis nach seinem Bilde
und rief ihn mit Namen Schet.
Der Tage Adams nach Schets Erzeugung waren achthundert
    Jahre, er zeugte Söhne und Töchter.
Aller Tage Adams, die er lebte, waren neunhundert Jahre und
    dreißig Jahre,
dann starb er.

Als Schet hundert Jahre und fünf Jahre gelebt hatte, zeugte er
    Enosch,
und nach Enoschs Erzeugung lebte Schet achthundert Jahre
    und sieben Jahre, er zeugte Söhne und Töchter,
und aller Tage Schets waren neunhundert Jahre und zwölf
    Jahre, dann starb er.

Als Enosch neunzig Jahre gelebt hatte, zeugte er Kenan,
und nach Kenans Erzeugung lebte Enosch achthundert Jahre
    und fünfzehn Jahre und zeugte Söhne und Töchter,
und aller Tage Enoschs waren neunhundert Jahre und fünf
    Jahre, dann starb er.

Als Kenan siebzig Jahre gelebt hatte, zeugte er Mahalalel,
und nach Mahalalels Erzeugung lebte Kenan achthundert Jahre
    und vierzig Jahre, er zeugte Söhne und Töchter,
und aller Tage Kenans waren neunhundert Jahre und zehn
    Jahre, dann starb er.

Als Mahalalel sechzig Jahre und fünf Jahre gelebt hatte, zeugte
    er Jared,
und nach Jareds Erzeugung lebte Mahalalel achthundert Jahre
    und dreißig Jahre, er zeugte Söhne und Töchter,

und aller Tage Mahalalels waren achthundert Jahre und fünfundneunzig Jahre, dann starb er.

Als Jared hundert Jahre und zweiundsechzig Jahre gelebt hatte,
    zeugte er Chanoch,
und nach Chanochs Erzeugung lebte Jared achthundert Jahre,
    er zeugte Söhne und Töchter,
und aller Tage Jareds waren neunhundert Jahre und zweiund-
    sechzig Jahre, dann starb er.

Als Chanoch fünfundsechzig Jahre gelebt hatte, zeugte er
    Metuschalach,
und nach Metuschalachs Erzeugung ging Chanoch dreihun-
    dert Jahre mit Gott um und zeugte Söhne und Töchter,
und aller Tage Chanochs waren dreihundert Jahre und fünf-
    undsechzig Jahre.
Chanoch ging mit Gott um,
dann war er nicht mehr,
denn Gott hatte ihn genommen.

Als Metuschalach hundert Jahre und siebenundachtzig Jahre
    gelebt hatte, zeugte er Lamech,
und nach Lamechs Erzeugung lebte Metuschalach siebenhun-
    dert Jahre und zweiundachtzig Jahre, er zeugte Söhne und
    Töchter,
und aller Tage Metuschalachs waren neunhundert Jahre und
    neunundsechzig Jahre, dann starb er.

Als Lamech hundert Jahre und zweiundachtzig Jahre gelebt
    hatte, zeugte er einen Sohn.
Er rief seinen Namen: Noach!
sprechend:
Se jenachmenu –
Dieser wird uns leidtrösten
in unserm Tun und der Beschwernis unsrer Hände
an dem Acker, den ER verflucht hat.
Und nach Noachs Erzeugung lebte Lamech fünfhundert Jahre
    und fünfundneunzig Jahre, er zeugte Söhne und Töchter.

Und aller Tage Lamechs waren siebenhundert Jahre und
  siebenundsiebzig Jahre, dann starb er.

Als Noach fünfhundert Jahre alt war,
zeugte Noach den Schem, den Cham und den Jafet.

Es geschah als der Mensch auf dem Antlitz des Ackers sich zu
  mehren begann
und Töchter wurden ihnen geboren:
die Gottessöhne sahen die Menschentöchter: daß sie schön
  sind,
und nahmen sich Weiber, allwelche sie wählten.

ER sprach:
Nicht niedre mein Geistbraus sich im Menschen für eine Weltzeit, dieweil er auch Fleisch ist,
seien denn seine Tage: hundertundzwanzig Jahre.

In jenen Tagen waren die Riesen auf Erden,
und danach auch,
als die Gottessöhne zu den Menschentöchtern eingingen
und die ihnen gebaren,
das sind die Helden, die aus der Vorwelt, die Männer von Namen.

ER sah:
ja, groß war die Bosheit des Menschen auf Erden
und alles Gebild der Planungen seines Herzens bloß böse all
  den Tag,
da leidete IHN,
daß er den Menschen gemacht hatte auf Erden,
und er grämte sich in sein Herz.

ER sprach:
Wegwischen will ich vom Antlitz des Ackers den Menschen,
  den ich schuf,

vom Menschen bis zum Tier, bis zum Kriechgerege und bis
zum Vogel des Himmels,
denn leid ists mir, daß ich sie machte.

Noach aber fand Gunst in SEINEN Augen.

Dies sind die Zeugungen Noachs:

Noach war ein bewährter, ganzer Mann unter seinen Ge-
    schlechtern,
mit Gott ging Noach um.
Noach zeugte drei Söhne: den Schem, den Cham und den
    Jafet.

Die Erde aber verdarb vor Gott, die Erde füllte sich mit Un-
    bill.
Gott sah die Erde: da, sie war verdorben,
denn verderbt hatte alles Fleisch seinen Weg auf Erden.

Gott sprach zu Noach:
Ein Ende alles Fleisches ist vor mich gekommen,
denn die Erde ist voll durch sie der Unbill,
da, ich verderbe sie samt der Erde.
Mache aus Tannenstämmen dir einen Kasten,
in Zellen mache den Kasten,
und decke ihn innen und außen mit einer Pechdecke.
Und dies ists, wie du ihn machen sollst:
dreihundert Ellen die Länge des Kastens, fünfzig Ellen seine
    Breite, und dreißig Ellen seine Höhe.
Einen Lichteinfall mache dem Kasten, indem du ihn oben all
    aufführst bis an eine Elle.
Die Türöffnung des Kastens setze in seine Seite.
Ein untres, ein zweites und ein drittes Geschoß, so mache ihn.
Ich aber,
da, ich lasse die Flut kommen, Wasser über die Erde,
alles Fleisch zu verderben, drin Braus des Lebens ist, unterhalb
    des Himmels,
alles was auf Erden ist wird verscheiden.
Mit dir aber errichte ich meinen Bund:
du sollst in den Kasten kommen, du, und deine Söhne, dein
    Weib, die Weiber deiner Söhne mit dir,
und sollst von all dem Lebendigen, von allem Fleisch, zwei
    von allen in den Kasten kommen lassen, sie mit dir am Le-
    ben zu halten,
ein Männliches und ein Weibliches sollen es sein,

vom Vogel nach seiner Art und vom Getier nach seiner Art,
  von allem Gerege des Ackers nach seiner Art,
zwei von allen kommen zu dir, sie am Leben zu halten.
Du aber, nimm du dir von allem Eßbaren, was gegessen wird,
  und heimse es bei dir,
es soll dir und ihnen zum Essen sein.
Noach machte es,
allwie Gott ihm geboten hatte, so machte ers.

ER sprach zu Noach:
Komm, du und all dein Haus, in den Kasten!
Denn dich habe ich bewährt vor mir in diesem Geschlecht
  ersehn.
Von allem reinen Getier nimm dir je sieben und sieben, ein
  Männchen und sein Weibchen,
und von dem Getier das nicht rein ist je zwei, ein Männchen
  und sein Weibchen,
auch vom Vogel des Himmels je sieben und sieben, männlich
  und weiblich,
Samen neuzubeleben auf dem Antlitz all der Erde.
Denn noch sieben Tage,
dann lasse ich auf die Erde regnen vierzig Tage und vierzig
  Nächte
und wische alles Bestehende, das ich machte, weg von dem
  Antlitz des Ackers.
Noach machte es, allwie ER ihm gebot.

Sechshundert Jahre war Noach, als die Flut geschah, Wasser
  über die Erde,
und Noach, mit ihm seine Söhne, sein Weib, die Weiber
  seiner Söhne, vor den Wassern der Flut in den Kasten kam,
und von dem reinen Getier und von dem Getier das unrein ist
  und von dem Vogel und allem, was auf dem Acker sich
  regt,
zwei und zwei zu Noach in den Kasten kamen, männlich und
  weiblich,
wie Gott dem Noach geboten hatte.

Nach dem Tagsiebent wars,

da waren die Wasser der Flut über der Erde.

Im Jahr der sechshundert Jahre des Lebens Noachs, in der
zweiten Mondneuung, am siebzehnten Tag auf die Neuung,
an diesem Tag

aufbrachen alle Quellen des großen Wirbels,

und die Luken des Himmels öffneten sich.

Der Schwall geschah vierzig Tage, vierzig Nächte auf die
Erde.

An ebendem Tag kam Noach, und Schem, Cham, Jafet, die
Söhne Noachs, das Weib Noachs und die drei Weiber seiner Söhne mit ihnen in den Kasten,

sie und alles Wildlebende nach seiner Art, alles Herdentier
nach seiner Art, alles Kriechgerege, das auf Erden sich regt,
nach seiner Art, aller Vogel nach seiner Art, alles Zwit-
schernde, alles Befittichte,

die kamen zu Noach in den Kasten, zwei und zwei von allem
Fleisch, worin Braus des Lebens ist,

und die kamen, Männliches und Weibliches von allem Fleisch
kamen sie,

wie Gott ihm geboten hatte.

ER schloß hinter ihm zu.

Vierzig Tage war die Flut über der Erde.

Die Wasser stiegen und trugen den Kasten, er hob sich weg
über die Erde.

Die Wasser wuchsen und stiegen mehr über der Erde, der
Kasten fuhr über das Antlitz des Wassers.

Mehr und mehr wuchsen die Wasser über der Erde, alle hohen Berge waren zugehüllt unter allem Himmel.

Fünfzehn Ellen obenauf wuchsen die Wasser, so waren die
Berge zugehüllt.

Da verschied alles Fleisch, das auf Erden sich regt, Vogel,
Herdentier, Wildlebendes und alles Gewimmel, das auf
Erden wimmelt,

und alle Menschen.

Alles, das Hauch, Braus des Lebens in seinen Nasenlöchern
hatte,

was alles auf dem Festland war, es starb.

Er wischte alles Bestehende weg, das auf dem Antlitz des
   Ackers war,
vom Menschen bis zum Tier, bis zum Kriechgerege, und bis
   zum Vogel des Himmels,
weggewischt wurden sie von der Erde.
Noach allein blieb übrig und was mit ihm in dem Kasten war.

Die Wasser wuchsen über der Erde hundertundfünfzig Tage.
Gott gedachte Noachs und alles Lebendigen, alles Getiers, das
   mit ihm in dem Kasten war.
Gott führte einen Windbraus quer über die Erde, und die
   Wasser duckten sich.
Verstopft wurden die Quellen des Wirbels und die Luken des
   Himmels,
und der Schwall vom Himmel wurde gehemmt.
Das Wasser kehrte, ein Gehn, ein Kehren, weg von der Erde,
das Wasser wich am Ende von hundertundfünfzig Tagen.
Der Kasten ruhte in der siebenten Mondneuung, am sieb-
   zehnten Tag auf die Neuung, auf dem Gebirge Ararat.
Des Wassers war ein Gehen und ein Weichen bis an die zehnte
   Neuung.
In der zehnten, am ersten Tag auf die Neuung, waren die
   Häupter der Berge zu sehen.
Am Ende von vierzig Tagen geschahs: Noach öffnete das Fen-
   ster des Kastens, das er gemacht hatte, und schickte den
   Raben frei,
der zog in Zug und Kehre, bis das Wasser von der Erde getrocknet war.
Er schickte die Taube von sich aus frei, zu sehen, ob das Wasser von dem Antlitz des Ackers verringert sei.
Die Taube fand keine Ruhstatt für ihre Fußsohle,
sie kehrte zu ihm in den Kasten,
denn Wasser war auf dem Antlitz aller Erde,
er schickte seine Hand aus und nahm sie und ließ sie zu sich
   in den Kasten kommen.
Er wartete nochmals ein andres Tagsiebent
und schickte wieder die Taube aus dem Kasten.
Zur Abendzeit kam die Taube zu ihm,
und, da, ein gepflücktes Ölblatt in ihrem Schnabel!

Noach erkannte,
daß sich das Wasser von der Erde verringert hatte.
Er wartete nochmals ein andres Tagsiebent
und schickte die Taube aus;
sie kehrte nicht nochmals wieder zu ihm.

Im sechshundertundersten Jahr, im Anfangsmonat, am ersten
    Tag auf die Neuung
ließ das Wasser Festland auf der Erde.
Noach tat die Decke vom Kasten ab und sah sich um:
wohl, fest war das Antlitz des Ackers.
In der zweiten Mondneuung aber, am siebenundzwanzigsten
    Tag auf die Neuung, war die Erde ausgetrocknet.

Gott redete zu Noach, sprechend:
Zieh aus dem Kasten, du, und dein Weib, deine Söhne und die
    Weiber deiner Söhne mit dir.
Alles Lebendige, das mit dir ist, von allem Fleisch, Vogel,
    Herdentier und alles Gerege das auf Erden sich regt,
laß hinausziehn mit dir,
daß es auf Erden wimmle, daß es fruchte und sich mehre auf
    Erden.
So zog Noach hinaus, seine Söhne, sein Weib und die Weiber
    seiner Söhne mit ihm,
alles Lebendige, alles Gerege, aller Vogel, alles was auf Erden
    sich regt, nach ihren Sippen zogen sie aus dem Kasten.

Noach baute IHM eine Schlachtstatt.
Er nahm von allem reinen Getier und von allem reinen Vogel
und höhte Darhöhungen auf der Schlachtstatt.
Da roch ER den Ruch des Geruhens,
und ER sprach zu seinem Herzen:
Nicht will ich hinfort den Acker wieder verwünschen um des
    Menschen willen, weil das Gebild des Menschenherzens von
    seiner Jugend her bös ist,
nicht will ich hinfort wieder alles Lebende schlagen wie ich
    tat,
hinfort soll, alle Tage der Erde,

Saat und Ernte,
Frost und Glut,
Sommer und Winter,
Tag und Nacht
niemals feiern.

Gott segnete Noach und seine Söhne und sprach zu ihnen:
Fruchtet und mehret euch und füllet die Erde.
Eure Furcht und euer Schrecken sei auf allem Wildlebenden
    der Erde und allem Vogel des Himmels,
allem was auf dem Acker sich regt und allen Fischen des
    Meers,
in eure Hand sind sie gegeben.
Alles Rege, das lebt, euch sei es zum Essen,
wie das grüne Kraut gebe ich euch alles;
doch Fleisch mit seiner Seele, seinem Blut sollt ihr nicht essen.
Jedoch euer Blut, das eurer Seelen, will ich heimfordern,
von der Hand alles Wildlebenden will ich es heimfordern,
und von der Hand des Menschen, für jedermann von der
    Hand seines Bruders heimfordern die Seele des Menschen.
Wer Blut des Menschen vergießt,
durch den Menschen werde vergossen sein Blut,
denn im Bilde Gottes hat er den Menschen gemacht.
Ihr denn, fruchtet und mehrt euch, wimmelt auf Erden und
    mehrt euch darauf!
Gott sprach zu Noach und seinen Söhnen mit ihm, er sprach:
Ich aber,
da, ich errichte meinen Bund mit euch und mit euerm Samen
    nach euch
und mit aller lebenden Seele, die bei euch ist, Vogel, Her-
    dentier und allem Wildlebenden der Erde bei euch,
allen die aus dem Kasten zogen, von allem Lebendigen der
    Erde.
Meinen Bund errichte ich mit euch:
nicht werde nochmals gerottet alles Fleisch von Wassern der
    Flut,
nicht geschehe nochmals Flut, die Erde zu verderben!
Gott sprach:
Dies ist das Zeichen des Bunds, den ich gebe

zwischen mich und euch und alljede lebende Seele, die mit
    euch ist, auf Weltzeit-Geschlechter:
meinen Bogen gebe ich ins Gewölk,
er werde Zeichen des Bunds zwischen mir und der Erde.
So seis:
wann Gewölk ich wölke über der Erde
und im Gewölk der Bogen zu sehn ist,
will ich meines Bunds gedenken,
der ist zwischen mir und euch und alljeder lebenden Seele
    von allem Fleisch:
nicht werde nochmals das Wasser zur Flut, alles Fleisch zu
    verderben.
Wenn der Bogen im Gewölk ist,
will ich ihn ansehn,
zu gedenken des Weltzeit-Bunds
zwischen Gott und alljeder lebenden Seele
von allem Fleisch das auf Erden ist.

Gott sprach zu Noach:
Dies ist das Zeichen des Bunds, den ich zwischen mir und
    allem Fleisch auf Erden errichtet habe.

Die Söhne Noachs, die aus dem Kasten zogen, waren Schem,
    Cham und Jafet.
Cham aber ist der Vater Kanaans.
Diese drei sind die Söhne Noachs, aus ihnen verstreute sich
    alles Erdvolk.

Noach begann nun als der Mann des Ackers und pflanzte
    einen Rebgarten.
Als er vom Wein trank, berauschte er sich und lag kleiderbar
    mitten in seinem Zelt.
Cham, der Vater Kanaans, sah die Blöße seines Vaters an,
er meldete es seinen zwei Brüdern draußen.
Schem nahm und Jafet das Tuch, sie legten es auf die Schulter
    zuzweit,
sie gingen rückwärts und hüllten die Blöße ihres Vaters,
ihr Antlitz rückwärts gewandt, sie sahen die Blöße ihres Vaters
    nicht an.

Noach erwachte von seinem Wein, ihm wurde bekannt, was
    sein jüngster Sohn ihm tat.
Er sprach:
Verflucht Kanaan,
Knecht der Knechte sei er seinen Brüdern!
Er sprach:
Gesegnet ER, Gott Schems,
Kanaan aber sei ihm Knecht!
Jaft –
ausdehne
Gott es dem Jafet,
er wohne in den Zelten Schems,
Kanaan aber sei ihm Knecht!

Noach lebte nach der Flut dreihundert Jahre und fünfzig Jahre.
Und aller Tage Noachs waren neunhundert Jahre und fünfzig
    Jahre, da starb er.

Dies sind die Zeugungen der Söhne Noachs
Schem, Cham und Jafet.
Ihnen wurden Söhne nach der Zerstörung geboren.

Die Söhne Jafets sind Gomer und Magog, Madai, Jawan und
Tubal, Maschech und Tiras.
Die Söhne Gomers sind Aschknas, Rifat und Togarma.
Die Söhne Jawans sind Elischa und Tarschisch, Kittäer und
Dodaner.
Von diesen aus trennten sich ab die Inseln der Stämme, in
ihren Erdländern,
jedermann seiner Zunge nach:
nach ihren Sippen, in ihren Stämmen.

Die Söhne Chams sind Kusch und Mizrajim, Put und Kanaan.
Die Söhne Kuschs sind Sba und Chawila, Sfabta, Raama und
Sfabtcha,
die Söhne Raamas Schba und Dedan.
Kusch zeugte Nimrod, der begann, ein Held auf Erden zu
sein.
Er war ein Held der Jagd vor Seinem Antlitz,
darum spricht man: Gleich Nimrod ein Held der Jagd vor
Seinem Antlitz.
Der Anfang seiner Königschaft war Babel, und Arech, Ak-
kad und Kalne, im Lande Schinar,
von diesem Land zog er aus nach Assyrien und baute Ninive –
dazu Rechobot die Stadt und Kalach, und Refsen zwischen
Ninive und Kalach –, das ist die große Stadt.
Mizrajim zeugte die Ludier, die Anamer, die Lehaber, die
Naftucher, die Patrufser, die Kafslucher, von denen die
Philister kommen, und die Kaftorer.
Kanaan zeugte Zidon, seinen Erstling, und Chet, dazu den
Jebufsiter, den Amoriter und den Girgaschiter, den Chiw-
witer, den Arkiter und den Sfiniter, den Arwaditer, den
Zmariter und den Chamatiter.
Danach zerstreuten sich die Sippen des Kanaaniters,
und die Markgrenze des Kanaaniters war: von Sidon aus,
dann wo du nach Grar kommst, bis gegen Gasa, dann wo

du nach Sodom und Gomorra, Adma und Zbojim kommst,
   bis gegen Lascha.
Dies sind die Söhne Chams nach ihren Sippen, nach ihren
   Zungen, in ihren Erdländern, in ihren Stämmen.

Auch dem Schem wurden Kinder geboren: dem Urvater aller
   Söhne Ebers, Jafets des Älteren Bruder.
Die Söhne Schems sind Elam und Aschur, Arpachschad, Lud
   und Aram.
Die Söhne Arams sind Uz und Chul, Gater und Masch.
Arpachschad zeugte Schalach, Schalach zeugte Eber.
Dem Eber wurden zwei Söhne geboren,
der Name des einen war Paleg, Spalt, denn in seinen Tagen
   wurde das Erdvolk zerspalten,
und der Name seines Bruders Joktan.
Joktan zeugte Almodad und Schalef, Chazarmawet und Ja-
   rach, Hadoram, Usal und Dikla, Obal, Abimael und Schba,
   Ofir, Chawila und Jobab, all diese sind Söhne Joktans,
ihr Sitz aber war von Mescha aus, dann wo du nach Sfar
   kommst, ans östliche Gebirge.
Dies sind die Söhne Schems nach ihren Sippen, nach ihren
   Zungen, in ihren Erdländern, nach ihren Stämmen.

Dies sind die Sippen der Söhne Noachs nach ihren Zeugun-
   gen, in ihren Stämmen.
Von diesen aus trennten sich nach der Flut die Stämme auf
   Erden.

Über die Erde allhin war eine Mundart und einerlei Rede.
Da wars wie sie nach Osten wanderten: sie fanden ein Gesenk
   im Lande Schinar und setzten sich dort fest.
Sie sprachen ein Mann zum Genossen:
Heran! backen wir Backsteine und brennen wir sie zu Brande!
So war ihnen der Backstein statt Bausteins und das Roherd-
   pech war ihnen statt Roterdmörtels.
Nun sprachen sie:
Heran! bauen wir uns eine Stadt und einen Turm, sein Haupt
   bis an den Himmel,

und machen wir uns einen Namen,
sonst werden wir zerstreut übers Antlitz aller Erde!

ER fuhr nieder,
die Stadt und den Turm zu besehen, die die Söhne des Men-
    schen bauten.
ER sprach:
Da, einerlei Volk ist es und eine Mundart in allen, und nur der
    Beginn dies ihres Tuns –
nichts wäre nunmehr ihnen zu steil, was alles sie zu tun sich
    ersännen.
Heran! fahren wir nieder und vermengen wir dort ihre Mund-
    art,
daß sie nicht mehr vernehmen ein Mann den Mund des Ge-
    nossen.
ER zerstreute sie von dort übers Antlitz aller Erde,
daß sie es lassen mußten, die Stadt zu bauen.
Darum ruft man ihren Namen Babel, Gemenge,
denn vermengt hat ER dort die Mundart aller Erde,
und zerstreut von dort hat ER sie übers Antlitz aller Erde.

Dies sind die Zeugungen Schems:
Als Schem hundert Jahre war, zeugte er Arpachschad, ein
    Jahrespaar nach der Flut.
Nach Arpachschads Erzeugung lebte Schem fünfhundert
    Jahre und zeugte Söhne und Töchter.
Als Arpachschad fünfunddreißig Jahre gelebt hatte, zeugte er
    Schalach.
Nach Schalachs Erzeugung lebte Arpachschad vierhundert
    Jahre und drei Jahre und zeugte Söhne und Töchter.
Als Schalach dreißig Jahre gelebt hatte, zeugte er Eber.
Nach Ebers Erzeugung lebte Schalach vierhundert Jahre und
    drei Jahre und zeugte Söhne und Töchter.
Als Eber vierunddreißig Jahre gelebt hatte, zeugte er Paleg.
Nach Palegs Erzeugung lebte Eber vierhundert Jahre und
    dreißig Jahre und zeugte Söhne und Töchter.
Als Paleg dreißig Jahre gelebt hatte, zeugte er Ru.
Nach Rus Erzeugung lebte Paleg zweihundert Jahre und neun
    Jahre und zeugte Söhne und Töchter.

Als Ru zweiunddreißig Jahre gelebt hatte, zeugte er Sfrug.

Nach Sfrugs Erzeugung lebte Ru zweihundert Jahre und sieben Jahre und zeugte Söhne und Töchter.

Als Sfrug dreißig Jahre gelebt hatte, zeugte er Nachor.

Nach Nachors Erzeugung lebte Sfrug zweihundert Jahre und zeugte Söhne und Töchter.

Als Nachor neunundzwanzig Jahre gelebt hatte, zeugte er Tarach.

Nach Tarachs Erzeugung lebte Nachor hundert Jahre und neunzehn Jahre und zeugte Söhne und Töchter.

Als Tarach siebzig Jahre gelebt hatte, zeugte er Abram, Nachor und Haran.

Und dies sind die Zeugungen Tarachs:

Tarach zeugte Abram, Nachor und Haran.

Und Haran zeugte Lot.

Haran starb unterm Angesicht seines Vaters im Land seiner Geburt, in dem chaldäischen Ur.

Abram nahm und Nachor sich Weiber.

Der Name von Abrams Weib war Sfarai,

der Name von Nachors Weib war Milka: eine Tochter Harans, des Vaters von Milka und Vaters von Jiska.

Sfarai aber war eine Wurzelverstockte: sie hatte kein Kind.

Tarach nahm Abram seinen Sohn und Lot Sohn Harans seinen Sohnessohn, und Sfarai seine Schwiegerin, Abrams seines Sohnes Weib,

sie zogen mitsammen aus dem chaldäischen Ur, ins Land Kanaan zu gehen.

Doch als sie bis Charan kamen, siedelten sie sich dort an.

Und der Tage Tarachs waren zweihundert Jahre und fünf Jahre, da starb Tarach in Charan.

ER sprach zu Abram:

Geh vor dich hin aus deinem Land, aus deiner Verwandtschaft,
   aus dem Haus deines Vaters

in das Land, das ich dich sehn lassen werde.

Ich will dich zu einem großen Stamme machen

und will dich segnen

und will deinen Namen großwachsen lassen.

Werde ein Segen.

Segnen will ich, die dich segnen,

die dich lästern, verfluche ich.

Mit dir werden sich segnen alle Sippen des Bodens.

Abram ging, wie ER zu ihm geredet hatte, und Lot ging mit
   ihm.

Siebzig Jahre und fünf Jahre war Abram, als er aus Charan
   fuhr.

Abram nahm Sarai sein Weib und Lot seinen Brudersohn,
   allen Zuchtgewinn, den sie gewonnen, und die Seelen, die
   sie sich zu eigen gemacht hatten in Charan.

Sie fuhren aus, in das Land Kanaan zu gehen.

Sie kamen in das Land Kanaan.

Abram durchquerte das Land bis zum Weihplatz von Sichem,
   bis zur Steineiche des Rechtweisers.

Der Kanaaniter war aber damals im Land.

ER ließ von Abram sich sehen und sprach:

Deinem Samen gebe ich dieses Land.

Er baute dort eine Schlachtstatt IHM, der von ihm sich hatte
   sehen lassen.

Von da rückte er vor zum Gebirge, östlich von Bet-El,

und spannte sein Zelt, Bet-El im Westen und Ai im Osten.

Dort baute er IHM eine Schlachtstatt

und rief den NAMEN aus.

Dann zog Abram fortgehenden Zugs nach dem Südstrich.

Eine Hungersnot ward im Lande.

Abram wanderte hinab nach Ägypten, dort zu gasten,

denn schwer war der Hunger im Land.

Als er nun Ägypten nahkam, sprach er zu Sſarai, seinem
 Weib:
Da, ich weiß doch, daß du ein Weib schön anzusehn bist.
Wenn dich nun die Ägypter sehn und sprechen: Sein Weib
 ist die,
werden sie mich umbringen und dich leben lassen.
Sprich doch, du seist meine Schwester,
damit mir um deinetwillen Gutes geschehe, ich selber deinet-
 halb lebe.
Als nun Abram nach Ägypten kam, sahn die Ägypter das
 Weib, daß es sehr schön war.
Die Höflinge Pharaos sahn sie und priesen sie dem Pharao,
und das Weib wurde weggenommen, in Pharaos Haus.
Dem Abram tat er Gutes um ihretwillen,
ihm wurden Schafe und Rinder und Eselhengste, Knechte
 und Mägde, Graustuten und Kamele.
Er aber schädigte den Pharao mit großen Schäden, und auch
 sein Haus,
wegen Sſarais, des Weibes Abrams.
Pharao ließ Abram rufen und sprach:
Was hast du mir da getan!
warum meldetest du mir nicht, daß sie dein Weib ist?
warum sprachst du: Meine Schwester ist sie?
und so nahm ich sie mir zum Weib.
Jetzt aber, hier ist dein Weib, nimm sie und geh!
So entbot Pharao ihm Mannschaft, die geleiteten ihn und sein
 Weib und alles was sein war.

Abram reiste von Ägypten hinauf, er und sein Weib und
 alles was sein war, auch Lot mit ihm nach dem Südstrich.
Schwerreich war Abram an Vieh, an Silber und an Gold.
Vom Südstrich ging er seinen Zughalten nach bis Bet-El, bis
 an den Ort, wo sein Zelt zu Beginn gewesen war, zwischen
 Bet-El und Ai,
an den Ort der Schlachtstatt, die er dort früher gemacht hatte.
Dort rief Abram den NAMEN aus.

Auch Lot, der mit Abram gegangen war, hatte Schafe und
 Rinder und Zelte.

Und nicht trug sie das Land, beisammen zu siedeln,
denn ihres Zuchtgewinns war viel, beisammen konnten sie
  nicht siedeln.
Streit ward zwischen den Hirten von Abrams Vieh und den
  Hirten von Lots Vieh.
Der Kanaaniter aber saß und der Prisiter damals im Land.
Abram sprach zu Lot:
Nicht sei doch Streitigkeit zwischen mir und dir, zwischen
  meinen Hirten und deinen Hirten,
wir sind ja verbrüderte Männer!
Alles Land, liegt es nicht vor dir?
trenne dich doch von mir ab!
ists zur Linken, will ich zur Rechten,
ists zur Rechten, will ich zur Linken.
Lot hob seine Augen und sah allen Gau des Jordan, –
dies alles ja war eine Aue, ehe ER Sodom und Gomorra ver-
  darb,
wie SEIN Garten, wie das Land Ägypten, bis wo du nach Zoar
  kommst.
Lot wählte sich allen Gau des Jordan.
Lot zog nach Osten hin, und sie trennten sich voneinander.
Im Lande Kanaan siedelte Abram, in den Städten des Gaus
  siedelte Lot und zeltete bis nach Sodom.
Die Männer von Sodom aber waren sehr böse und sündig vor
  IHM.

ER sprach zu Abram, nachdem Lot sich von ihm getrennt
  hatte:
Hebe doch deine Augen und sieh von dem Ort wo du bist
nordwärts, südwärts, ostwärts, westwärts:
denn alles Land das du siehst, dir gebe ich es und deinem
  Samen auf Weltzeit.
Ich will deinen Samen machen wie den Staub der Erde, –
daß, vermöchte jemand den Staub der Erde zu zählen, auch
  dein Same würde gezählt.
Auf, ergeh dich im Land, die Länge und Breite,
denn ich gebe es dir.
Abram zeltete und kam und setzte sich an den Steineichen des
  Mamre die bei Hebron sind.

Dort baute er IHM eine Schlachtstatt.

Es geschah in den Tagen Amrafels Königs von Schinear,
　　Arjochs Königs von Elaſsar, Kdor-Laomers Königs von
　　Elam und Tidals Königs von Gojim:
die machten Krieg mit Bara König von Sodom, Birscha König
　　von Gomorra, Schinab König von Adma, Schemeber
　　König von Zbojim und dem König von Bala, das ist Zoar.
Im Tale Sſiddim, das ist nun das Salzmeer, verbanden sich
　　diese alle.
Zwölf Jahre waren sie Kdor-Laomer dienstbar gewesen und
　　im dreizehnten Jahr hatten sie sich empört,
im vierzehnten Jahr aber kam Kdor-Laomer und die Könige,
　　die mit ihm waren,
sie schlugen die Refaer in Aschtrot-Karnajim, die Suser in
　　Ham, die Emer in der Ebene von Kirjatajim und den Cho-
　　riter in ihrem Gebirge Sſeïr bis El Paran das an der Wüste
　　ist.
Sie kehrten um und kamen nach Rechtspruch-Quell, das ist
　　Kadesch,
und schlugen alles Gefild des Amalekiters und den Amoriter
　　auch, der in Chazazon-Tamar saß.
Aus fuhr der König von Sodom, der König von Gomorra, der
　　König von Adma, der König von Zbojim und der König
　　von Bala, das ist Zoar,
sie rüsteten Kriegsmacht gegen sie im Tale Sſiddim,
gegen Kdor-Laomer König von Elam, Tidal König von Gojim,
　　Amrafel König von Schinear und Arjoch König von Elaſsar,
vier Könige das gegen jene fünf.
Das Tal Sſiddim aber ist: Erdpech, Grube an Grube;
als nun der König von Sodom und der von Gomorra flohen,
　　warfen sie sich hinein,
die Übrigen flohen ins Gebirg.
Jene aber nahmen alle Habe von Sodom und Gomorra und all
　　ihren Eßvorrat und gingen davon.
Auch Lot nahmen sie mitsamt seiner Habe, den Brudersohn
　　Abrams, und gingen davon, der war ja in Sodom ansässig.
Ein Entronnener kam und meldete es Abram dem Ebräer,

der wohnte an den Steineichen Mamres des Amoriters, des
 Bruders von Eschkol und Bruders von Aner,
die waren Abrams Bundesmeister.
Als Abram hörte, daß sein Bruder gefangen war,
schüttete er seine Eingeweihten, seine Hausgebornen aus,
 dreihundertundachtzehn, und folgte bis Dan.
Er teilte sich wider sie in der Nacht, er und seine Dienstleute,
 er schlug sie und verfolgte sie bis Choba, das links von Damaskus ist.
Er brachte alle Habe zurück, und auch Lot seinen Bruder und
 dessen Habe brachte er zurück und die Weiber auch und das
 Volk.
Der König von Sodom fuhr aus ihm entgegen, nachdem er
 zurückkehrte vom Schlag gegen Kdor-Laomer und gegen
 die Könige die mit ihm waren, ins Tal Schawe, das ist das
 Königstal.

Malki-Zedek aber, der König von Salem, führte heran Brot
 und Wein,
Priester war der dem Hohen Gott,
und segnete ihn und sprach:
Gesegnet, Abram, dem Hohen Gott,
Stifter von Himmel und Erde!
Und gesegnet der Hohe Gott,
der deine Dränger in deine Hand geliefert hat!
Er aber gab ihm den Zehnten von allem.

Der König von Sodom sprach zu Abram:
Gib mir das Menschenwesen, die Habe nimm dir.
Abram sprach zum König von Sodom:
Ich hebe meine Hand zu I H M, dem Hohen Gott,
dem Stifter von Himmel und Erde:
wenn von Faden bis Schuhriem, wenn ich nehme aus allem
 was dein ist, …!
Daß du nicht sprechest: Ich habe Abram reichgemacht.
Ohne mich!
Nur was die Knappen verzehrten,
und den Anteil der Männer, die mit mir gegangen sind,
 Aner, Eschkol und Mamre, –

die laß ihren Anteil nehmen.

Nach diesem Beredeten ward SEINE Rede an Abram in der
　　Schau,
ein Sprechen:
Fürchte dich nimmer, Abram,
ich bin dir Schild,
deines Lohns ist sehr viel.
Abram sprach:
Mein Herr, D u,
was magst du mir geben,
ich gehe ja kinderbloß dahin,
und Wirtschaftssohn meinem Haus ist der damaskische Elieser.
Abram sprach:
Da, mir hast Samen du nicht gegeben,
da muß mein Haussohn denn mein Erbe sein.
Da aber: SEINE Rede an ihn, ein Sprechen:
Nicht wird dich dieser beerben,
sondern der von deinem Leibe ausfährt, der wird dich be-
　　erben.
Er führte ihn hinaus ins Freie und sprach:
Blicke doch himmelan und zähle die Sterne,
kannst du sie wohl zählen?
Und sprach zu ihm:
So wird dein Same sein.
Er aber vertraute I h m;
das achtete er ihm als Bewährung.

Er sprach zu ihm:
I c h bins,
der ich dich aus Ur in Chaldäa führte,
dir dieses Land zu geben, es zu ererben.
Er aber sprach:
Mein Herr, D u,
woran mag ich erkennen, daß ichs ererben soll?
Er aber sprach zu ihm:
Hole mir eine drittbürtige Färse, eine drittbürtige Ziege, einen
　　drittbürtigen Widder, eine Turtel und eine Nestlingstaube.
Er holte ihm alle diese.

Er hälftete sie mitten durch und legte jede Hälfte der zuge-
    hörigen gegenüber,
das Geflügel aber hälftete er nicht.
Das Geiervolk stieß auf die Aase nieder,
Abram hieß sie von dannen kehren.
Als nun die Sonne im Eingehn war,
fiel auf Abram Betäubung –
eine Angst, und große Verfinstrung fällt da auf ihn.
Er sprach zu Abram:
Erkennen sollst du, erkennen, –
daß Gastsasse dein Same sein wird in einem Land, nicht dem
    ihren,
dienstbar machen wird man sie und sie drücken,
ins vierhundertste Jahr.
Aber: auch der Stamm, dem sie dienstbar sind – ich urteile
    ihn ab,
danach werden sie ausfahren mit großer Habe.
Du, zu deinen Vätern sollst du eingehn in Frieden
und begraben werden in gutem Greisentum.
Aber im vierten Geschlecht kehren sie hierher.
Denn noch nicht voll ist die Verfehlung des Amoriters bisher.
Die Sonne war eingegangen, Nachtschwärze war,
da: rauchender Ofen, Feuerfackel,
das zog zwischen diesen Stücken querdurch.

An jenem Tag
schloß ER mit Abram einen Bund,
sprechend:
Deinem Samen habe ich dieses Land gegeben
vom Strom Ägyptens bis an den großen Strom, den Strom
    Euphrat,
den Keniter, den Knisiter, den Kadmoniter,
den Chetiter, den Prisiter, die Refaer,
den Amoriter, den Kanaaniter, den Girgaschiter, den Jebusiter.

Sfarai, Abrams Weib, hatte ihm nicht geboren.
Sie hatte aber eine ägyptische Magd, ihr Name war Hagar.
Sfarai sprach zu Abram:

Da ER mich doch versperrte fürs Gebären,
geh doch ein zu meiner Magd,
vielleicht, daß ich aus ihr bekindet werde.
Abraham hörte auf die Stimme Sſarais.
Sſarai, Abrams Weib, nahm Hagar die Ägypterin, ihre Magd,
    nach Ablauf von zehn Jahren, die Abram im Lande Kanaan
    siedelte,
und gab sie Abram, ihrem Mann, ihm zum Weib.
Er ging ein zu Hagar, und sie wurde schwanger.
Als sie aber sah, daß sie schwanger war, wurde ihre Herrin
    gering in ihren Augen.
Sſarai sprach zu Abram:
Über dich meine Unbill!
Selber gab ich meine Magd in deinen Schoß,
nun sie sieht, daß sie schwanger ist, bin ich in ihren Augen ge-
    ring geworden.
Richte ER zwischen mir und dir!
Abram sprach zu Sſarai:
Da, deine Magd ist in deiner Hand, tu mit ihr was deinen Au-
    gen gutdünkt.
Sſarai drückte sie. Sie aber entfloh ihr.
SEIN Bote fand sie am Wasserquell in der Wüste, am Quell auf
    dem Wege nach Schur.
Er sprach:
Hagar, Sſarais Magd, woher bist du gekommen, wo ziehst du
Sie sprach: [hin?
Vor meiner Herrin Sſarai bin ich flüchtig.
SEIN Bote sprach zu ihr:
Kehre zu deiner Herrin und drücke dich unter ihre Hände!
SEIN Bote sprach zu ihr:
Mehren will ich, mehren deinen Samen, er werde nicht gezählt
    vor Menge.
SEIN Bote sprach zu ihr:
Da, schwanger bist du,
gebären wirst du einen Sohn,
seinen Namen rufe:
Jischmael, Gott erhört,
denn erhört hat ER deinen Druck.
Ein Wildeselmensch wird der,

seine Hand wider alle, aller Hand wider ihn,
all seinen Brüdern ins Gesicht macht er Wohnung.
Sie aber rief SEINEN Namen, des zu ihr Redenden:
Du Gott der Sicht!
Denn sie sprach:
Sah auch wirklich ich hier
dem Michsehenden nach?
Darum rief man den Brunnen
Brunn des Lebenden Michsehenden.
Da ist er, zwischen Kadesch und Bared.

Hagar gebar dem Abram einen Sohn.
Abram rief den Namen seines Sohns, den Hagar gebar:
　　Jischmael.
Abram war sechsundachtzig Jahre, als Hagar Abram den
　　Jischmael gebar.

Als aber Abram neunundneunzig Jahre war,
ließ ER von Abram sich sehen und sprach zu ihm:
Ich bin der Gewaltige Gott.
Geh einher vor meinem Antlitz! sei ganz!
Ich aber gebe meinen Bund zwischen mich und dich
und mehre dich reich, überreich.
Abram fiel auf sein Antlitz.
Gott aber redete mit ihm, sprechend:
Ich,
da, mein Bund ists mit dir,
daß du Vater wirst eines Getümmels von Stämmen.
Nicht werde fortan Abram dein Name gerufen,
sondern dein Name sei Abraham,
denn zum Ab-Hamon Gojim –
zum Vater eines Getümmels von Stämmen gebe ich dich.
Ich lasse dich fruchttragen reich, überreich,
ich gebe dir, zu Stämmen zu werden,
Könige fahren von dir aus.
Ich errichte meinen Bund zwischen mir und dir und deinem
　　Samen nach dir in ihre Geschlechter, zu einem Weltzeit-
　　Bund,

dir Gott zu sein und deinem Samen nach dir.

Ich gebe dir und deinem Samen nach dir das Land deiner Gastschaft, alles Land Kanaan, zu Weltzeit-Hufe,

und ich will ihnen Gott sein.

Gott sprach zu Abraham:

Du aber,

du wahre meinen Bund, du und dein Same nach dir in ihre
Geschlechter.

Dies ist mein Bund, den ihr wahren sollt, zwischen mir und
euch und deinem Samen nach dir:

Beschnitten unter euch sei alles Männliche.

Am Fleisch eurer Vorhaut sollt ihr beschnitten werden,

das sei zum Zeichen des Bundes zwischen mir und euch.

Mit acht Tagen soll alles Männliche unter euch beschnitten
werden, in eure Geschlechter,

Hausgeborner und von allirgend Fremdem um Geld Er-
worbner, der also nicht deines Samens ist,

beschnitten werde, beschnitten dein Hausgeborner und dein
Gelderworbner,

mein Bund sei an euerm Fleisch zum Weltzeit-Bund.

Ein vorhautiger Mann aber, der am Fleisch seiner Vorhaut
sich nicht beschneiden läßt,

gerodet werde solch Wesen aus seinen Volkleuten,

meinen Bund hat er gesprengt.

Gott sprach zu Abraham:

Sfarai, dein Weib, ihren Namen sollst du nicht mehr Sfarai
rufen,

denn Sfara, Gebieterin, ist ihr Name.

Segnen will ich sie und will dir auch aus ihr einen Sohn geben,

segnen will ich sie, daß sie zu Stämmen werde,

Könige von Völkern sollen werden aus ihr.

Abraham fiel auf sein Antlitz und lachte,

er sprach in seinem Herzen:

Einem Hundertjährigen soll geboren werden? und Sfara soll
als Neunzigjährige gebären?

Abraham sprach zu Gott:

Wenn nur Jischmael lebt vor dir!

Gott sprach:

Dennoch,

Sfara dein Weib gebiert dir einen Sohn,
seinen Namen sollst du rufen: Jizchak, Er lacht.
Mit ihm will ich meinen Bund errichten zum Weltzeit-Bund
    für seinen Samen nach ihm.
Doch auch für Jischmael erhöre ich dich:
da, ich habe ihn gesegnet, ich lasse ihn fruchttragen, lasse ihn
    sich mehren reich, überreich,
zwölf Fürsten wird er erzeugen, ich will ihm geben zu einem
    großen Stamme zu werden.
Meinen Bund aber werde ich mit Jizchak errichten, den Sfara
    dir gebiert zu dieser Frist im anderen Jahr.
Er hatte vollendet mit ihm zu reden.
und Gott stieg auf, hinauf von Abraham.

Abraham nahm Jischmael seinen Sohn und alle seine Hausge-
    bornen und all seine Gelderworbnen,
alles Männliche unter den Leuten in Abrahams Haus,
und beschnitt das Fleisch ihrer Vorhaut an ebendem Tag,
wie Gott mit ihm geredet hatte.
Neunundneunzig Jahre war Abraham, als das Fleisch seiner
    Vorhaut beschnitten wurde,
und dreizehn Jahre war Jischmael, sein Sohn, als das Fleisch
    seiner Vorhaut beschnitten wurde.
An ebendem Tag wurde Abraham und Jischmael, sein Sohn,
    beschnitten,
und alle Männer seines Hauses, Hausgeborner, von Fremden
    Gelderworbner, wurden beschnitten mit ihm.

ER ließ von ihm an den Steineichen Mamres sich sehen,
als er bei der Hitze des Tags im Einlaß des Zeltes saß.
Er hob seine Augen, sah:
da, drei Männer, aufrecht über ihm.
Er sah, lief vom Einlaß des Zelts ihnen entgegen und neigte
    sich zur Erde
und sprach:
Mein Herr,
möchte ich doch Gunst in deinen Augen gefunden haben,
schreite an deinem Knecht doch nimmer vorüber!

Es werde doch ein wenig Wasser geholt, dann badet eure
    Füße und lehnet unter dem Baum,
ich hole einen Bissen Brot, ihr labt euer Herz,
danach mögt ihr weiterschreiten.
Warum sonst wärt ihr bei euerm Knecht vorübergeschritten!
Sie sprachen:
Tu so, wie du geredet hast.
Abraham eilte ins Zelt zu Sſara und sprach:
Eil dich! Drei Maß Mehl, feines! knete, mache Kuchen!
Und zu den Rindern lief Abraham, holte ein Jungrind, zart
    und gut, und gabs dem Knaben, daß ers eilends zurecht-
    mache.
Dann holte er Sahne und Milch und das Jungrind, das er hatte
    zurechtmachen lassen, und gab es vor sie.
Er aber stand über ihnen unter dem Baum, während sie aßen.
Sie sprachen zu ihm:
Wo ist Sſara dein Weib?
Er sprach:
Da im Zelt.
Nun sprach er:
Kehren, kehren will ich zu dir, wann die lebenspendende
    Zeit ist,
da hat Sſara dein Weib einen Sohn.
Sſara aber horchte am Einlaß des Zelts, der war hinter ihm.
Abraham und Sſara waren alt, hochgekommen in die Tage,
    aufgehört hatte es Sſara zu gehen nach der Art der Weiber.
Sſara lachte in sich hinein, sprechend:
Nachdem ich zermorscht bin, würde mir Üppigkeit? und
    auch mein Herr ist alt.
Er aber sprach zu Abraham:
Warum lacht Sſara und spricht: Soll ich wahrhaftig gebären,
    und ich bin doch alt!
Ist Ihm ein Ding entrückt?
Zur Frist kehre ich zu dir, wann die lebenspendende Zeit ist,
und Sſara hat einen Sohn.
Sſara leugnete, sprechend:
Ich habe nicht gelacht.
Denn sie fürchtete sich.
Er aber sprach:

Nein, wohl hast du gelacht.

Die Männer brachen von dort auf und lugten über die Fläche
   von Sodom hinab,

und Abraham ging mit ihnen, sie zu geleiten.

ER aber hatte zu sich gesprochen:

Sollte ich Abraham verhüllen, was ich tun will?

Abraham, ein Stamm wird er werden, groß und kernhaft,

und mit ihm werden sich segnen alle Stämme der Erde!

Ja, ich habe ihn erkannt,

auf daß er entbiete seinen Söhnen und seinem Hause nach ihm:

sie sollen hüten MEINEN Weg,

Wahrhaftigkeit und Recht zu tun,

daß ER über Abraham kommen lasse, was er über ihm geredet hat.

ER sprach:

Der Klageschrei über Sodom und Gomorra, wohl, er schwoll,

und ihre Sünde, wohl, sie wuchtet sehr,

niederziehen will ich doch und sehen –

haben sie nach dem Schrei darüber, der zu mir kam, getan:

– Vertilgung!

und wenn nicht:

– ich wills erkennen.

Die Männer wandten sich von dort und gingen auf Sodom
   zu,

Abraham aber, noch stand er vor IHM.

Nun trat Abraham vor und sprach:

Willst du wirklich den Bewährten raffen mit dem Frevler?

Vielleicht sind fünfzig Bewährte anwesend drin in der Stadt,

willst du die wirklich raffen?

Willst dus dem Ort nicht tragen der fünfzig Bewährten wegen in ihrer Mitte?

Weitab sei dir nach dieser Rede zu tun, den Bewährten mit
   dem Frevler zu töten,

daß Gleiches dem Bewährten, Gleiches dem Frevler geschehe,

weitab sei es dir!

Alles Erdlands Richter, wird der nicht das Recht tun?

ER sprach:

Finde ich in Sodom fünfzig Bewährte, drin in der Stadt,

will ichs all dem Ort tragen um ihretwillen.

Abraham antwortete, er sprach:

Da habe ich mich doch vorgewagt zu meinem Herrn zu reden,

und ich bin ja Staub und Asche:

vielleicht fehlen an den fünfzig Bewährten fünf –

willst du um die fünf all die Stadt verderben?

Er sprach:

Nicht will ich verderben, finde ich dort fünfundvierzig.

Er aber fuhr fort noch zu ihm zu reden, er sprach:

Vielleicht finden sich dort nur vierzig?

Er sprach:

So tue ichs nicht, um der vierzig willen.

Er aber sprach:

Nimmer entflamme es doch meinen Herrn, daß ich weiter rede:

vielleicht finden sich nur dreißig dort?

Er sprach:

So tue ichs nicht, finde ich dort dreißig.

Er aber sprach:

Da habe ich mich nun doch vorgewagt zu meinem Herrn zu
   reden:

vielleicht finden sich nur zwanzig dort?

Er sprach:

Nicht will ich verderben, um der zwanzig willen.

Er aber sprach:

Nimmer entflamme es doch meinen Herrn, daß ich noch das
   eine Mal rede:

vielleicht finden sich dort nur zehn?

Er sprach:

Nicht will ich verderben, um der zehn willen.

ER ging, als er vollendet hatte zu Abraham zu reden, und
   Abraham kehrte an seinen Ort.

Die zwei Boten kamen nach Sodom am Abend.

Lot aber saß eben im Tore von Sodom.

Lot sah auf, erhob sich ihnen entgegen und verneigte sich,
   Stirn zur Erde,

und sprach:

Wohlan doch, meine Herrn, biegt doch ab ins Haus eures
   Knechts, nächtigt, badet eure Füße,

frühmorgens mögt ihr eures Weges gehn.
Sie sprachen:
Nein, sondern auf der Straße nächtigen wir.
Er aber drang heftig in sie,
so bogen sie zu ihm ab und kamen in sein Haus.
Er machte ihnen ein Trinkmahl, buk Fladen, und sie aßen.
Kaum daß sie sich legen wollten, hatten die Männer der Stadt,
     die Männer von Sodom, das Haus umringt,
vom Knaben zum Alten, alles Volk bis vom Ende her,
die riefen nach Lot und sprachen zu ihm:
Wo sind die Männer, die die Nacht zu dir kamen?
gib sie uns heraus, wir wollen sie erkennen!
Lot begab sich zu ihnen hinaus an den Einlaß, die Tür ver-
     schloß er hinter sich,
und sprach:
Übt doch nimmer Arges, meine Brüder!
Da, ich habe doch zwei Töchter, die noch keinen Mann ken-
     nen,
die gebe ich euch doch heraus, tut an ihnen, was euern Augen
     gutdünkt;
nur diesen Männern tut nichts,
denn warum sonst wären sie unter den Schatten meines Ge-
     bälks gekommen!
Sie aber sprachen:
Tritt beiseit!
und sprachen:
Kam da der eine zu gasten und will nun rechten und richten?!
an dir üben wir nun noch Ärgres als an ihnen.
Sie drangen heftig gegen den Mann, gegen Lot ein und traten
     herzu, die Tür aufzubrechen.
Aber die Männer schickten ihre Hand aus, bekamen Lot zu
     sich ins Haus, und die Tür verschlossen sie;
und die Männer, die am Einlaß des Hauses waren, vom Klein-
     sten bis zum Größten, schlugen sie mit Blendung,
die ermüdeten sich, den Einlaß zu finden.
Die Männer sprachen zu Lot:
Hast du wen noch hier, einen Eidam, Söhne, Töchter?
alle die dein sind in der Stadt führe zum Ort hinaus!
denn wir sind daran diesen Ort zu verderben,

denn der Klageschrei über sie wuchs groß vor IHM,
und ER schickte uns, sie zu verderben.
Lot begab sich hinaus und redete zu seinen Eidamen, die
    seine Töchter genommen hatten, sprechend:
Auf, hinaus aus diesem Ort, denn verderben will ER die
    Stadt!
Aber er war in den Augen seiner Eidame wie einer, der Scherz
    treibt.
Wie nun das Morgengrauen aufstieg,
bestürmten die Boten Lot, sprechend:
Auf, nimm dein Weib und deine zwei Töchter, die sich da
    befinden,
sonst wirst du mitgerafft in der Verfehlung der Stadt!
Er zauderte noch,
aber die Männer faßten seine Hand, die Hand seines Weibs
    und die Hand seiner zwei Töchter,
weil IHN sein dauerte,
sie führten ihn weg und ließen ihn draußen vor der Stadt los.
Wie sie nun sie hinausgeführt hatten, sprach einer:
Rette dich, es ist um dich selber, blick nimmer hinter dich,
    bleib in all dem Gau nimmer stehn,
rette dich ins Gebirg, sonst wirst du gerafft!
Lot sprach zu ihnen:
Nicht doch, mein Herr!
Wohlan, dein Knecht hat doch Gunst in deinen Augen ge-
    funden,
großgemacht hast du deine Huld, die du an mir tatest, mich
    selber am Leben zu halten –
aber ich, nicht vermag ich mich ins Gebirg zu retten,
anheften möchte sich mir sonst das Arge, daß ich sterbe.
Wohl, diese Stadt da ist doch nah genug, dorthin zu fliehn,
    und so winzig klein ist sie;
daß ich mich dorthin doch retten darf – ist sie nicht winzig
    klein? – und selber am Leben bleibe!
Er sprach zu ihm:
Wohl, auch darin achte ich dein, unumgestürzt zu lassen die
    Stadt, von der du redest,
eile, rette dich dorthin,
denn ich vermag nichts zu tun, eh du dort hineinkamst.

Darum ruft man den Namen der Stadt: Zoar, Winzig.
Die Sonne fuhr aus über die Erde und Lot kam nach Zoar,
Er aber ließ auf Sodom und auf Gomorra Schwefel und
    Feuer regnen, von Ihm her, vom Himmel,
um stürzte er diese Städte und all den Gau, alle Insassen der
    Städte und das Gewächs des Ackers.
Sein Weib blickte sich hinter ihm um und ward eine Salz-
    säule.
Frühmorgens machte Abraham sich auf an den Ort, wo er vor
    Ihm gestanden hatte,
er lugte hinab auf alle Fläche von Sodom und Gomorra und
    auf all die Landfläche des Gaus
und sah:
da, der Qualm des Lands stieg auf wie der Qualm des Schmelz-
    ofens.

Es war geschehen, als Gott die Städte des Gaus verdarb:
Gott gedachte Abrahams und schickte Lot aus dem Sturz,
als er umstürzte die Städte, darin Lot siedelte.
Lot stieg dann von Zoar weiter und saß im Gebirg, seine zwei
    Töchter mit ihm,
denn in Zoar zu siedeln fürchtete er sich.
So saß er in einer Höhle, er und seine zwei Töchter.
Die Erste sprach zur Jüngern:
Unser Vater ist alt,
und kein Mann ist im Land, zu uns einzugehen nach der
    Weise alles Erdlands. –
komm, wir wollen unsern Vater tränken mit Wein
und wollen bei ihm liegen und von unserm Vater Samen
    beleben.
So tränkten sie in jener Nacht ihren Vater mit Wein,
dann ging die Erste hinein und legte sich zu ihrem Vater,
er aber wußte nichts, als sie sich legte, noch als sie sich
    erhob.
Am Nachmorgen dann wars, da sprach die Erste zur Jüngern:
Wohl, gestern habe ich bei meinem Vater gelegen,
wir wollen ihn auch die Nacht mit Wein tränken,
dann geh hinein und leg dich zu ihm,
daß wir von unserm Vater Samen beleben.

Sie tränkten auch in dieser Nacht ihren Vater mit
    Wein,
dann erhob sich die Jüngre und legte sich zu ihm,
er aber wußte nichts, als sie sich legte, noch als sie sich er-
    hob.
Schwanger wurden beide Töchter Lots von ihrem Vater.
Die Erste gebar einen Sohn und rief seinen Namen Moab,
    Vaterswasser,
Stammvater Moabs ist der bis heut.
Auch die Jüngre gebar einen Sohn und rief seinen Namen
    Ben-Ammi, Sohn meiner Leute,
Stammvater der Söhne Ammons ist der bis heut.

Abraham zog von dort ins Südland, er siedelte zwischen Ka-
    desch und Schur und gastete in Grar.
Abraham sprach von Sſara seinem Weibe: Meine Schwester
    ist sie.
Da schickte Abimelech, König von Grar, und nahm sich
    Sſara.
Gott aber kam zu Abimelech im Traum der Nacht und sprach
    zu ihm:
Nun mußt du sterben um des Weibes willen, das du genom-
    men hast,
einem Gemahl ist sie vermählt.
Abimelech war ihr nicht genaht. Er sprach:
Mein Herr,
willst du einen Stamm, ob auch schuldlos, umbringen?
Sprach nicht er, er zu mir: sie ist meine Schwester, und auch
    sie, sie sprach: er ist mein Bruder?!
In Einfalt meines Herzens und in Unsträflichkeit meiner
    Hände habe ich das getan.
Gott sprach zu ihm im Traum:
Auch ich selber weiß, daß du das in Einfalt deines Herzens
    getan hast,
so hielt selber ich dich ab, mir zu sündigen,
darum ließ ich dir nicht zu, sie zu berühren.
Jetzt also erstatte das Weib des Mannes zurück
– er ist ja ein Künder, er soll für dich sich einsetzen –
und bleibe am Leben.

Erstattest du aber nicht zurück:

wisse, daß du sterben, sterben mußt, du und alle die dein sind.

Frühmorgens erhob sich Abimelech und berief alle seine Diener,

er redete vor ihren Ohren all die Rede, und die Männer
fürchteten sich sehr.

Dann ließ Abimelech Abraham rufen und sprach zu ihm:

Was hast du uns getan!

Womit habe ich dir gesündigt,

daß du über mich und mein Königreich so große Versündigung hast kommen lassen?

Taten, die man nicht tun soll, hast du an mir getan.

So sprach Abimelech zu Abraham:

Was ersahst du, daß du dies getan hast?

Abraham sprach:

Wohl, ich sprach zu mir,

gar keine Furcht Gottes sei an diesem Ort,

man werde mich meines Weibes wegen umbringen.

Auch ist sie wahrhaftig meine Schwester, meines Vaters
Tochter,

nur nicht meiner Mutter Tochter, so ist sie mein Weib geworden.

Als nun Gottesmächte mich vom Haus meines Vaters abirren
ließen,

sprach ich zu ihr:

Dies sei deine Huld, die du an mir tun sollst,

an jedem Ort, wohin wir kommen, sprich von mir: mein
Bruder ist er.

Abimelech nahm Schafe und Rinder, Dienstknechte und
Mägde, und gab sie Abraham,

und Ssara sein Weib erstattete er ihm zurück.

Abimelech sprach:

Nun liegt mein Land vor dir,

siedle, wo es deinen Augen gutdünkt.

Und zu Ssara sprach er:

Ich habe nun deinem Bruder tausend Silberstücke gegeben,

das sei dir nun

für alle, die bei dir sind, zum Augenschleier

und bei aller Welt, daß du erwiesen seist.

Abraham aber setzte sich ein bei Gott,
und Gott heilte Abimelech, sein Weib und seine Sklavinnen,
    daß sie Kinder gewannen.
Versperrt nämlich, versperrt hatte ER alljeden Schoß im
    Haus Abimelechs
wegen Sſaras, des Weibes Abrahams.

ER ordnete es Sſara zu, wie er gesprochen hatte,
an Sſara tat ER, wie er geredet hatte.
Sſara wurde schwanger und gebar Abraham auf sein Alter
    einen Sohn,
zu der Frist, von der Gott ihm geredet hatte.
Und Abraham rief den Namen seines Sohnes, der ihm gebo-
    ren worden war, den Sſara ihm geboren hatte:
Jizchak, Er lacht.
Abraham beschnitt Jizchak seinen Sohn zu acht Tagen, wie
    Gott ihm geboten hatte.
Abraham aber war hundert Jahre, als Jizchak sein Sohn ihm
    geboren wurde.
Sſara sprach:
Ein Lachen hat Gott mir gemacht,
alljeder ders hört lacht über mich.
Und wieder sprach sie:
Wer hätte Abraham zugeraunt:
Söhnlein wird Sſara säugen?!
Wohl, einen Sohn hab ich ihm auf sein Alter geboren!
Das Kind wuchs groß und wurde entwöhnt,
und Abraham machte ein großes Trinkmahl, am Tag da Jiz-
    chak entwöhnt wurde.

Einst sah Sſara den Sohn Hagars der Ägypterin, den sie Abra-
    ham geboren hatte, spottlachen.
Sie sprach zu Abraham:
Vertreibe diese Sklavin und ihren Sohn,
denn nicht soll der Sohn dieser Sklavin mit meinem Sohn, mit
    Jizchak, erben.
Sehr arg war die Rede in den Augen Abrahams wegen seines
    Sohns.
Aber Gott sprach zu Abraham:

Nicht sei es arg in deinen Augen um den Knaben und um
    deine Sklavin,
in allem, was Sſara zu dir spricht, höre auf ihre Stimme,
denn in Jizchak wird dir Same berufen.
Aber auch den Sohn der Sklavin, zum Stamm will ich ihn
    machen,
denn dein Same ist er.
Abraham stand frühmorgens auf, nahm ein Brot und einen
    Schlauch Wassers
und gab es Hagar – legte es auf ihre Schulter – samt dem Kind
    und schickte sie fort.
Sie ging und verirrte sich in der Wüste Ber-Scheba.
Als nun das Wasser im Schlauch zuende war, warf sie das Kind
    unter einen der Sträucher
und ging und saß für sich, gegenüber, wie Bogenzieler ent-
    fernt,
denn sie sprach:
Ich kann nimmer zusehn, wie das Kind stirbt.
So saß sie gegenüber, erhob ihre Stimme und weinte.
Gott aber hörte die Stimme des Knaben,
Gottes Bote rief Hagar vom Himmel her zu und sprach zu
    ihr:
Was ist dir, Hagar! fürchte dich nimmer,
denn gehört hat Gott auf die Stimme des Knaben ebendort
    wo er ist, –
auf, hebe den Knaben und umfasse ihn mit deiner Hand, denn
    zum großen Stamm will ich ihn machen.
Gott klärte ihre Augen, und sie sah einen Wasserbrunnen.
Sie ging hin, füllte den Schlauch mit Wasser und letzte den
    Knaben.
Und Gott war bei dem Knaben.
Er wuchs groß und saß in der Wüste, und er wurde ein Schütz,
    ein Bogenführer.
Er saß in der Wüste Paran, und seine Mutter nahm ihm ein
    Weib aus dem Land Ägypten.

Es geschah um dieselbe Zeit, Abimelech sprach samt Pichol
    seinem Heeresobersten zu Abraham, sprach:
Gott ist bei dir in allem was du tust.

So schwöre mir jetzt hier bei Gott:
lügst du je mir, meinem Sproß und Schoß, ...!
sondern Huld, wie ich sie an dir tat, tue an mir
und an dem Land, darin du gastest.
Abraham sprach:
Ich also will schwören.
Doch Abraham ermahnte Abimelech
wegen des Wasserbrunnens, den hatten Abimelechs Knechte
   entrissen.
Abimelech sprach:
Ich weiß nicht, wer dieses Ding tat,
auch du selber hast mirs nicht gemeldet, auch habe ichs selber
   nicht gehört außer heute.
Sodann nahm Abraham Schafe und Rinder und gab sie Abimelech,
und die beiden schlossen einen Bund.
Abraham aber stellte die sieben Lämmer der Schafherde be-
   sonders.
Abimelech sprach zu Abraham:
Was sollen die, diese sieben Lämmer, die du besonders gestellt hast?
Der sprach:
Daß du die sieben Lämmer aus meiner Hand nehmest,
damit es mir zum Zeugnis sei, daß ich diesen Brunnen gegraben
   habe.
Darum ruft man jenen Ort Ber-Scheba, Brunnen des Sieben-
   Schwurs,
denn dort haben die beiden geschworen.
So schlossen sie einen Bund in Berscheba.
Dann machte sich auf Abimelech und Pichol sein Heeresober-
   ster,
und sie kehrten ins Land der Philister zurück.
Er aber pflanzte eine Tamariske in Berscheba
und rief dort den Namen aus: ER Gottheit der Weltzeit.
Und Abraham gastete viele Tage im Land der Philister.

Nach diesen Begebnissen geschahs,
Gott prüfte Abraham

und sprach zu ihm:
Abraham!
Er sprach:
Da bin ich.
Er aber sprach:
Nimm doch deinen Sohn, deinen Einzigen, den du liebst, Jiz-
    chak,
und geh vor dich hin in das Land von Morija,
und höhe ihn dort zur Darhöhung auf einem der Berge,
den ich dir zusprechen werde.
Abraham stand frühmorgens auf,
er sattelte seinen Esel,
er nahm seine beiden Knaben mit sich und Jizchak seinen Sohn,
er spaltete Hölzer für die Darhöhung
und machte sich auf und ging nach dem Ort, von dem Gott
    ihm gesprochen hatte.
Am dritten Tag erhob Abraham seine Augen
und sah den Ort von fern.
Abraham sprach zu seinen Knaben:
Bleibt ihr hier mit dem Esel,
ich aber und der Knabe wollen bis drüben hin gehen,
niederwerfen wollen wir uns und dann zu euch kehren.
Abraham nahm die Hölzer zur Darhöhung,
er legte sie Jizchak seinem Sohn auf,
in seine Hand nahm er das Feuer und das Messer.
So gingen die beiden mitsammen.
Jizchak sprach zu Abraham seinem Vater, er sprach:
Vater!
Er sprach
Da bin ich, mein Sohn.
Er sprach:
Da ist nun das Feuer und die Hölzer,
aber wo ist das Lamm zur Darhöhung?
Abraham sprach:
Gott ersieht sich das Lamm zur Darhöhung, mein Sohn.
So gingen die beiden mitsammen.
Sie kamen an den Ort, den Gott ihm zugesprochen hatte.
Dort baute Abraham die Schlachtstatt
und schichtete die Hölzer

und fesselte Jizchak seinen Sohn
und legte ihn auf die Schlachtstatt zuoberst der Hölzer.
Abraham schickte seine Hand aus,
er nahm das Messer, seinen Sohn hinzumetzen.
Aber SEIN Bote rief ihm vom Himmel her zu
und sprach:
Abraham, Abraham!
Er sprach:
Da bin ich.
Er sprach:
Schicke nimmer deine Hand nach dem Knaben aus,
tu ihm nimmer irgendwas!
Denn jetzt habe ich erkannt,
daß du Gottes fürchtig bist, –
nicht vorenthalten hast du mir deinen Sohn, deinen Einzigen.
Abraham hob seine Augen und sah:
da, ein Widder hatte sich dahinter im Gestrüpp mit den Hör-
    nern verfangen.
Abraham ging hin,
er nahm den Widder
und höhte ihn zur Darhöhung anstatt seines Sohns.
Abraham rief den Namen jenes Orts: ER ersicht.
Wie man noch heute spricht: Auf SEINEM Berg wird ersehn.
SEIN Bote aber rief Abraham ein zweites Mal vom Himmel
    her zu
und sprach:
Bei mir schwöre ich
– SEIN Erlauten –
ja, dieweil du dieses getan hast, hast deinen Sohn, deinen Ein-
    zigen, nicht vorenthalten,
segne, ja segne ich dich,
mehren will ich, mehren deinen Samen
wie die Sterne des Himmels und wie den Sand der am Ufer
    des Meers ist,
ererben soll dein Same das Hochtor seiner Feinde,
segnen sollen einander mit deinem Samen alle Stämme der
    Erde,
dem zu Folge daß du auf meine Stimme gehört hast.
Abraham kehrte zu seinen Knaben zurück,

sie machten sich auf und gingen mitsammen nach Ber-Scheba.
Und Abraham blieb in Ber-Scheba.

Nach diesen Begebnissen wars, man meldete Abraham, spre-
  chend:
Auch Milka hat doch deinem Bruder Nachor Söhne geboren,
Uz seinen Erstling, Bus dessen Bruder, Kmuel Vater von
  Aram, Kaſsed, Chaso, Pildasch, Jidlaf und Btuel.
Nun hat Btuel Ribka gezeugt. –
Jene acht gebar Milka dem Nachor, Abrahams Bruder.
Seines Kebsweibs Name war Ruma, auch sie gebar: Tabach,
  Gacham, Tachasch und Maacha.
Des Lebens Sſaras wurden hundert Jahre und zwanzig Jahre
  und sieben Jahre, so die Jahre des Lebens Sſaras.
Und Sſara starb in Arba-Burg, das ist Hebron, im Lande Ka-
  naan.
Abraham ging hinein, um Sſara zu klagen und sie zu bewei-
  nen.
Dann stand Abraham auf vom Angesicht seines Toten
und redete zu den Söhnen Chets, sprechend:
Gast und Ansasse bin ich bei euch,
gebt mir ein Grab zu Hufenrecht bei euch,
daß ich meinen Toten vom Angesicht mir begrabe.
Die Söhne Chets antworteten Abraham, zu ihm sprechend:
Höre uns an, mein Herr!
Ein Fürst Gottes bist du in unsrer Mitte,
im erlesensten unsrer Gräber begrab deinen Toten,
niemand von uns wird sein Grab dir versagen,
deinen Toten zu begraben.
Abraham stand auf,
er verneigte sich vor dem Volke des Landes, vor den Söhnen
  Chets,
und redete mit ihnen, sprechend:
Ists denn nach eurem Sinn,
daß ich meinen Toten vom Angesicht mir begrabe,
so hört mich an: tretet ein für mich bei Efron dem Sohne
  Zochars,
daß er mir die Höhle auf Machpela abgebe, die ihm gehört,
  die am Rand seines Angers,

um den vollen Silberwert gebe er sie mir in eurer Mitte zur
    Grabhufe.
Efron hatte Sitz inmitten der Söhne Chets,
Efron der Chetiter antwortete Abraham vor den Ohren der
    Söhne Chets,
aller die Zugang hatten zum Torrat seiner Stadt,
sprechend:
Nicht so, mein Herr, höre mich an!
Ich gebe den Anger dir,
die Höhle darauf, dir gebe ich sie,
vor den Augen der Söhne meines Volkes gebe ich sie dir,
begrabe deinen Toten!
Abraham verneigte sich vor dem Volke des Lands
und redete zu Efron vor den Ohren des Volkes des Lands,
sprechend:
Aber möchtest du selbst mich nur hören!
Ich gebe den Silberwert des Angers,
nimm ihn von mir an,
daß ich dorthin meinen Toten begrabe.
Efron antwortete Abraham, zu ihm sprechend:
Mein Herr, höre mich an!
Ein Landstück, vierhundert Gewicht Silber wert,
zwischen mir und dir was ist das!
und deinen Toten begrabe!
Abraham hörte auf Efron,
so wog Abraham Efron den Silberwert zu,
den er vor den Ohren der Söhne Chets geredet hatte:
vierhundert Gewicht Silber wies umläuft beim Händler.
So erstand der Anger Efrons, der auf Machpela, der anges-
    sichts Mamre,
der Anger samt der Höhle, die darauf ist, und alle Baumpflan-
    zung, die auf dem Anger ist, die rings in all seiner Gemar-
    kung ist,
dem Abraham zu Kauferwerb
vor den Augen der Söhne Chets, aller die Zugang hatten zum
    Torrat seiner Stadt.
Danach begrub Abraham Sfara sein Weib
in die Höhle des Angers auf Machpela, angesichts Mamre,
    bei Hebron also, im Lande Kanaan.

So erstand der Anger samt der Höhle die darauf ist dem Abraham, von den Söhnen Chets, als Grabhufe.

Abraham war alt, hochgekommen in die Tage,
und ER hatte Abraham in allem gesegnet.
Abraham sprach zu seinem Knecht, dem Alten seines Hauses,
   der alles Seine verwaltete:
Lege doch deine Hand unter meine Lende!
ich will dich einschwören mit IHM, Gott des Himmels und
   Gott der Erde,
daß du meinem Sohn nicht nehmest ein Weib von den Töchtern des Kanaaniters, bei dem mittinnen ich siedle,
sondern in mein Land und zu meiner Verwandtschaft sollst
   du gehen und ein Weib meinem Sohn nehmen, dem Jizchak.
Der Knecht sprach zu ihm:
Vielleicht aber ist das Weib nicht willig, mir in dieses Land
   nachzugehn,
darf ich dann zurückbringen deinen Sohn, zurück in das
   Land, daraus du einst zogst?
Abraham sprach zu ihm:
Hüte dich,
meinen Sohn etwa dorthin zurückzubringen!
ER, der Gott des Himmels,
der mich aus dem Haus meines Vaters und aus dem Land
   meiner Verwandtschaft nahm,
der zu mir redete,
der mir schwur, sprechend: Deinem Samen gebe ich dieses
   Land,
er selber wird seinen Boten vor dir her senden,
daß du von dort ein Weib nehmest für meinen Sohn.
Ist aber das Weib nicht willig dir nachzugehn,
bist du straflos vor diesem meinem Schwur,
nur darfst du meinen Sohn nicht dorthin zurückbringen.
Der Knecht legte seine Hand unter die Lende Abrahams seines
   Herrn
und schwur ihm gemäß dieser Rede.
Der Knecht nahm zehn Kamele von den Kamelen seines
   Herrn und ging, allerart Gut seines Herrn in Händen,

*3 bevor es ihn gemffen hat war es noch nicht auf Erden

* an seiner Beschneidung (Das ihm erste Gebot (es war ihm wichtig) + schmerzhaft erwarten

*2 „Der Ewige, der Gott des Himmels „der mich aus meinem Vaterhause genommen

er machte sich auf und ging nach Aram dem Zwiestromland,
　zu Nachors Stadt.
Dort ließ er die Kamele knien draußen vor der Stadt am
　Wasserbrunn,
zur Abendzeit, zur Zeit, wenn die Schöpferinnen hinausziehn,
und sprach:
Du, Gott meines Herrn Abraham,
füge es doch heute vor mich und tue Huld an meinem Herrn
　Abraham!
Da, hingetreten bin ich an den Wasserquell, und die Töchter
　der Stadtleute ziehn heraus, Wasser zu schöpfen.
Es möge nun geschehn,
das Mädchen, zu dem ich spreche: Neige doch deinen Krug,
　daß ich trinke,
und sie spricht: Trink, und auch deine Kamele will ich letzen,
die hast du deinem Knecht Jizchak zugewiesen,
an ihr werde ich erkennen, daß du Huld an meinem Herrn
　getan hast.
Es geschah, noch ehe er vollendet hatte zu reden,
da, Ribka zieht einher
- die war geboren dem Btuel, Sohn Milkas, des Weibes Na-
　chors, Abrahams Bruders -,
ihren Krug auf ihrer Schulter.
Sehr schön anzusehn war das Mädchen,
eine Jungfrau, nicht kannte ein Mann sie.
Sie schritt zum Quell nieder, füllte ihren Krug und stieg wie-
　der herauf.
Der Knecht lief ihr entgegen und sprach:
Laß mich doch ein wenig Wasser schlürfen aus deinem Krug!
Sie sprach:
Trinke, mein Herr!
und eilends senkte sie ihren Krug auf ihre Hand nieder und
　letzte ihn.
Als sie ihn zu letzen vollendet hatte, sprach sie:
Auch deinen Kamelen will ich schöpfen, bis sie zuende ge-
　trunken haben.
Eilends leerte sie den Krug in die Tränke,
dann lief sie nochmals zum Brunnen zu schöpfen
und schöpfte allen seinen Kamelen.

Der Mann staunte sie an,

doch schweigend, um zu erkennen, ob ER seinen Weg glük-
ken ließ, ob nicht.

Es geschah nun als die Kamele zuende getrunken hatten,

der Mann nahm einen goldenen Nasenring, eine Halbmünze
an Gewicht, und zwei Spangen für ihre Arme, zehn Gold-
stücke an Gewicht,

und sprach:

Wessen Tochter bist du? melde mirs doch!

und ist wohl im Haus deines Vaters Platz für uns zu übernachten?

Sie sprach zu ihm:

Tochter Btuels bin ich, des Sohns Milkas, den sie dem Nachor
gebar.

Und sprach zu ihm:

Auch an Stroh, auch an Futter ist viel bei uns, und Platz auch
zum Übernachten.

Der Mann bückte sich und warf sich vor IHM hin

und sprach:

Gesegnet ER, der Gott meines Herrn Abraham,

der seine Huld und seine Treue nicht ließ von meinem Herrn!

Ich da,

geleitet hat ER mich des Wegs ins Haus der Brüder meines
Herrn!

Das Mädchen aber lief und meldete es im Haus ihrer Mutter
nach diesen Reden.

Ribka hatte aber einen Bruder, sein Name war Laban.

Laban lief zu dem Mann hinaus, zum Quell.

Es geschah, kaum sah er den Nasenring und die Spangen an
den Armen seiner Schwester

und hörte Ribkas seiner Schwester Reden: So hat der Mann
zu mir geredet,

kam er schon zu dem Mann, der stand noch bei den Kamelen,
beim Quell,

und sprach:

Komm, Gesegneter IHM, warum stehst du draußen?

habe ich selber doch das Haus aufgeräumt und für die Kamele
Platz gemacht!

Der Mann kam ins Haus,

er zäumte die Kamele ab,

man gab Stroh und Futter den Kamelen, und Wasser, seine
    Füße zu baden und die Füße der Männer die mit ihm waren.

Es wurde ihm zu essen vorgelegt, er aber sprach:

Ich will nicht essen, bis ich meine Rede geredet habe.

Man sprach: Rede!

Er sprach:

Abrahams Knecht bin ich.

Mächtig gesegnet hat ER meinen Herrn, daß er groß wurde,

er gab ihm Schafe und Rinder, Silber und Gold, Knechte und
    Mägde, Kamele und Esel.

Sſara, meines Herrn Weib, gebar meinem Herrn in ihrem
    Alter einen Sohn,

dem hat er alles was sein ist übergeben.

Nun schwur mein Herr mich ein, sprechend:

Du sollst meinem Sohn nicht nehmen ein Weib von den
    Töchtern des Kanaaniters, in dessen Land ich siedle!

nein! in meines Vaters Haus sollst du gehn und zu meiner
    Sippe und meinem Sohn ein Weib nehmen.

Ich sprach zu meinem Herrn:

Vielleicht aber will das Weib mir nicht nachgehn?

Er sprach zu mir:

ER, vor dem ich einhergegangen bin, wird seinen Boten mit
    dir senden,

er wird deinen Weg glücken lassen,

daß du für meinen Sohn ein Weib aus meiner Sippe und aus
    dem Haus meines Vaters nehmest.

Dann wirst du straflos von meinem Droheid: kamst du zu
    meiner Sippe;

geben sie dir sie nicht, bist du unsträflich vor meinem Droheid.

Nun kam ich heute zum Quell, und ich sprach:

DU, Gott meines Herrn Abraham,

willst du doch wirklich meinen Weg glücken lassen, auf dem
    ich gehe, –

da, hingetreten bin ich an den Wasserquell,

es möge nun geschehn,

die Jungfrau, die zu schöpfen kommt,

zu der ich spreche: Gib mir doch ein wenig Wasser aus dei-
    nem Krug zu trinken,

und sie spricht zu mir: Trink du selber, und auch deinen Ka-
  melen will ich schöpfen,
sie ist das Weib, das Er dem Sohn meines Herrn bestimmt hat.
Ehe ich aber noch vollendet hatte zu meinem Herzen zu reden,
da zog Ribka einher, ihren Krug auf ihrer Schulter,
und schritt zum Quell nieder und schöpfte.
Ich sprach zu ihr: Letze mich doch!
eilends senkte sie ihren Krug von sich nieder und sprach:
Trink, und auch deine Kamele will ich letzen.
Ich trank, und auch die Kamele letzte sie.
Nun fragte ich sie, ich sprach: Wessen Tochter bist du?
Sie sprach: Tochter Btuels, Sohns Nachors, den ihm Milka
  gebar.
Ich legte den Ring an ihre Nase und die Spangen an ihre Arme,
ich bückte mich und warf mich nieder vor Ihm und segnete
  Ihn, den Gott meines Herrn Abraham,
der mich treuen Wegs geleitete, die Tochter des Bruders meines Herrn für seinen Sohn zu nehmen.
Jetzt also, wollt ihr wirklich Huld und Treue meinem Herrn
  antun, meldet mirs,
und wo nicht, meldet mirs,
daß ich mich zur Rechten oder zur Linken wende.
Laban antwortete und Btuel, sie sprachen:
Von Ihm ist dies ausgezogen,
nicht können wir zu dir reden, bös oder gut,
da ist Ribka vor dir,
nimm sie und geh, daß sie für den Sohn deines Herrn ein Weib
  werde,
wie Er geredet hat.
Es geschah, als Abrahams Knecht ihre Rede hörte, er warf
  sich zur Erde vor Ihm.
Und der Knecht zog hervor Geräte von Silber und Geräte von
  Gold und Gewänder und gab sie Ribka, und Kleinodien
  gab er ihrem Bruder und ihrer Mutter.
Sie aßen und tranken, er und die Männer, die bei ihm waren,
  und übernachteten.
Am Morgen machten sie sich auf, und er sprach:
Entsendet mich zu meinem Herrn.
Aber ihr Bruder sprach und ihre Mutter:

Bleibe doch das Mädchen noch ein paar Tage lang, seis ein
    Zehnt, bei uns, danach mag sie gehn.
Er sprach zu ihnen:
Haltet mich nimmer auf,
Er hat meinen Weg glücken lassen,
entsendet mich, daß ich zu meinem Herrn gehe.
Sie sprachen:
Wir wollen das Mädchen rufen und ihren Mund befragen.
Sie riefen Ribka und sprachen zu ihr:
Willst du mit diesem Manne gehn?
Sie sprach:
Ich will gehn.
Nun entsandten sie ihre Schwester Ribka samt ihrer Amme,
    und Abrahams Knecht mit seinen Leuten,
und segneten Ribka und sprachen zu ihr:
Unsre Schwester, werde du zu tausendfältiger Menge!
ererbe dein Same das Tor seiner Hasser!
Ribka machte sich auf samt ihren Mädchen, sie ritten auf den
    Kamelen, dem Mann nachgehend.
Der Knecht nahm Ribka und ging.

Jizchak war gekommen von wo du zum Brunn des Lebenden
    Michsehenden kommst, er siedelte nämlich im Südland.
Nun zog Jizchak hinaus, zu sinnen auf jenem Anger um die
    Abendwende.
Er hob seine Augen und sah: da, Kamele kommen.
Ribka hob ihre Augen und sah Jizchak.
Sie glitt vom Kamel hinab und sprach zum Knecht:
Wer ist der Mann drüben, der auf dem Anger uns entgegen-
    geht?
Der Knecht sprach:
Das ist mein Herr.
Sie nahm den Schleier und verhüllte sich.
Der Knecht aber erzählte Jizchak alle Dinge, die er getan hatte.
Und Jizchak ließ sie in das Zelt Sfaras seiner Mutter kommen.
Er nahm Ribka und sie wurde sein Weib, und er liebte
    sie,
getröstet wurde Jizchak nach seiner Mutter.

Abraham hatte noch ein Weib genommen, ihr Name war
    Ktura.
Sie gebar ihm Simran und Jokschan, Medan und Midjan,
    Jischbak und Schuach.
Jokschan zeugte Schba und Dedan,
Dedans Söhne waren die Aschuriter, die Letuschiter und die
    Lumiter.
Midjans Söhne: Efa, Efer, Chanoch, Abida und Eldaa.
Alle diese sind Söhne Kturas.
Aber alles was sein war hatte Abraham Jizchak übergeben.
Den Söhnen der Kebsweiber, die Abraham hatte, gab Abra-
    ham Gaben und sandte sie noch bei seinem Leben hinweg
    von Jizchak seinem Sohn, ostwärts, ins Ostland.

Dies sind die Tage der Lebensjahre Abrahams, die er lebte:
hundert Jahre und siebzig Jahre und fünf Jahre, da verschied
    er.
Abraham starb in gutem Greisentum, alt und satt,
und wurde zu seinen Volkleuten eingeholt.
Ihn begruben Jizchak und Jischmael seine Söhne in die Höhle
    Machpela, in den Anger Efrons, Sohns Zochars des Che-
    titers, Mamre gegenüber,
den Anger, den Abraham von den Söhnen Chets erworben
    hatte.
Dort wurde begraben Abraham und Sſara sein Weib.

Es geschah nach Abrahams Tod: Gott segnete Jizchak seinen
    Sohn.
Jizchak aber siedelte am Brunn des Lebenden Michsehenden.

Dies sind die Zeugungen Jischmaels, des Sohns Abrahams,
    den Hagar die Ägypterin, Sſaras Magd, Abraham gebar.
Dies sind die Namen der Söhne Jischmaels, ihre Namen nach
    ihren Zeugungen:
Nbajot Erstling Jischmaels, Kedar, Adbel, Mibſsam, Mischma,
    Duma, Maſsa,
Chadad, Tema, Jetur, Nafisch, Kedma.
Dies die Söhne Jischmaels, dies ihre Namen, in ihren Höfen,
    in ihren Ringlagern,

zwölf Fürsten ihren Horden.

Und dies sind die Jahre des Lebens Jischmaels: hundert Jahre
und dreißig Jahre und sieben Jahre, da verschied er.

Er starb und wurde zu seinen Volkleuten eingeholt.

Sie wohnten aber von Chawila bis Schur das angesichts Ägyptens ist und hinwieder bis wo du nach Assyrien kommst:

all seinen Brüdern fiel er ins Gesicht.

Dies sind die Zeugungen Jizchaks, des Sohns Abrahams.

Abraham zeugte Jizchak.
Jizchak war vierzig Jahre, als er Ribka, Tochter Btuels des
  Aramäers aus der Aramäerflur, Schwester Labans des Ara-
  mäers, sich zum Weibe nahm.

Jizchak flehte zu IHM für sein Weib, denn sie war eine Wur-
  zelverstockte,
und ER ließ sich ihm erflehen:
Ribka sein Weib wurde schwanger.
Aber die Kinder stießen einander in ihrem Innern.
Sie sprach:
Ist dem so,
wozu nur bin ich?
Und sie ging, IHN zu beforschen.
ER sprach zu ihr:
Zwei Stämme sind in deinem Leib,
zwei Haufen von deinem Schoß an getrennt,
Hauf überwältigt Hauf,
Ältrer muß Jüngerem dienen.
Als sich nun ihre Tage erfüllten zum Gebären, da, Zwillinge
  waren in ihrem Leib.
Dann fuhr der erste hervor, rötlich, überall wie ein haariger
  Mantel,
sie riefen seinen Namen Efsaw, Rauher.
Danach fuhr sein Bruder hervor, seine Hand faßte Efsaws Ferse,
man rief seinen Namen Jaakob, Fersehalt.
Jizchak aber war sechzig Jahre, als sie sie gebar.
Die Knaben wuchsen groß,
Efsaw wurde ein jagdkundiger Mann, ein Mann des Gefildes,
Jaakob aber ein schlichter Mann, in Zelten weilend.
Jizchak gewann Efsaw lieb, denn Jagdfang war für seinen
  Mund.
Ribka aber liebte Jaakob.

Einst sott Jaakob einen Sud.
Efsaw kam vom Gefild, und er war ermattet.
Efsaw sprach zu Jaakob:

X Jaakob & Efsaw werden geboren

Laß mich doch schlingen von dem Roten, dem Roten da,
   denn ich bin ermattet.
Darum ruft man ihn mit Namen Edom, Roter.
Jaakob sprach:
Verkaufe mir gleich des Tags dein Erstlingtum.
Efsaw sprach:
Wohl, ich gehe an den Tod, was soll mir da Erstlingtum!
Jaakob sprach:
Schwöre mir gleich des Tags.
Er schwur ihm und verkaufte sein Erstlingtum Jaakob.
Jaakob aber gab Efsaw Brot und den Linsensud,
der aß und trank und stand auf und ging davon.
Verachtet hatte Efsaw das Erstlingtum.

Eine Hungersnot war im Land, eine andre als die frühere
   Hungersnot, die in Abrahams Tagen war,
und Jizchak ging zu Abimelech, König der Philister, nach Grar.
Hier ließ Er von ihm sich sehen und sprach:
Zieh nimmer hinab nach Ägypten,
wohne in dem Land, das ich dir nun zuspreche,
gaste in diesem Land, und ich will dasein bei dir und dich segnen,
denn dir und deinem Samen gebe ich all diese Erdlande
und lasse den Schwur erstehn, den ich Abraham deinem Vater
   geschworen habe:
Mehren will ich deinen Samen wie die Sterne des Himmels
und will deinem Samen all diese Erdlande geben,
segnen sollen sich mit deinem Samen alle Stämme der Erde –
dem zu Folge, daß Abraham auf meine Stimme gehört hat
und wahrte meine Verwahrung, meine Gebote, meine Satzungen, meine Weisungen.
Jizchak siedelte in Grar.

Wenn die Leute des Orts nach seinem Weibe fragten, sprach
   er: Meine Schwester ist sie,
denn er fürchtete sich, zu sprechen: Sie ist mein Weib, –
die Leute des Orts möchten mich sonst umbringen Ribkas
   halber, denn sie ist schön von Angesicht.
Es geschah, als er lange Tage dort war,

Abimelech, der Philister König, lugte durchs Fenster,
und sah, da, Jizchak scherzte mit Ribka seinem Weibe.
Abimelech ließ Jizchak rufen und sprach:
Da ist sie ja doch dein Weib!
wie konntest du sprechen: Sie ist meine Schwester!
Jizchak sprach zu ihm:
Wohl, ich sprach: sonst muß ich gar ihrethalb sterben.
Abimelech sprach:
Was hast du uns da getan!
Wie leicht hätte sich einer vom Volk zu deinem Weibe legen
     können,
und du hättest Schuld über uns kommen lassen.
Abimelech gebot allem Volk, sprechend:
Wer diesen Mann oder sein Weib berührt, sterben muß er,
     sterben.

Jizchak säte in jenem Land und erntete in jenem Jahr hundert
     Maße,
so segnete ER ihn.
Groß wurde der Mann und fortgehend größer, bis er über-
     groß war,
er hatte Schafherden und Rinderherden und vieles Werkvieh,
und die Philister neideten ihn.
Alle Brunnen, die seines Vaters Knechte in Abrahams seines
     Vaters Tagen gegraben hatten, verstopften die Philister und
     füllten sie mit Schutt.
Abimelech sprach zu Jizchak:
Geh von uns, denn du bist uns überstark geworden.
So ging Jizchak von dort, er lagerte im Talgrund von Grar
     und siedelte dort.
Jizchak grub die Wasserbrunnen wieder auf, die man in den
     Tagen Abrahams seines Vaters gegraben hatte und die Phi-
     lister hatten sie nach Abrahams Tod verstopft,
und rief sie mit Namen, den Namen gleich, mit denen sein
     Vater sie gerufen hatte.
Auch gruben Jizchaks Knechte im Talgrund und fanden dort
     einen Brunnen lebendigen Wassers.
Die Hirten von Grar aber stritten mit den Hirten Jizchaks,
     sprechend: Unser ist das Wasser!

So rief er den Namen des Brunnens Eſek, Hader, weil sie mit
  ihm gehadert hatten.
Und sie gruben einen andern Brunnen, und auch um den
  stritten sie,
so rief er seinen Namen Sſitna, Fehde.
Er rückte von dort weiter und grub einen andern Brunnen,
  um den stritten sie nicht mehr,
so rief er seinen Namen Rechobot, Weite,
denn er sprach: Geweitet hat ER es uns nun, daß wir im Lande
  fruchttragen.
Von dort stieg er auf nach Berscheba.

ER ließ von ihm sich in derselben Nacht sehen und sprach:
Ich bin der Gott deines Vaters Abraham,
fürchte dich nimmer, denn ich bin mit dir,
ich segne dich und mehre deinen Samen um meines Knechts
  Abraham willen.
Er baute dort eine Schlachtstatt
und rief den NAMEN aus.
Dort spannte er sein Zelt, und Jizchaks Knechte bohrten dort
  einen Brunnen.
Abimelech aber ging zu ihm aus Grar, mit Achusat seinem
  Tischgenossen und Pichol seinem Heeresobersten.
Jizchak sprach zu ihnen:
Weshalb seid ihr zu mir gekommen?
ihr haßt mich ja und habt mich von euch weggeschickt!
Sie sprachen:
Gesehn haben wir, gesehn, daß ER bei dir war,
so sprechen wir: ein Droheid sei doch zwischen uns beiden,
  zwischen uns und dir,
einen Bund wollen wir mit dir schließen:
tust du uns je ein Übel an,...!
Wie wir dich nicht berührten und wie wir nur Gutes dir taten
  und dich in Frieden fortschickten, –
du nun Gesegneter IHM!
Er machte ihnen ein Trinkmahl, sie aßen und tranken.
Frühmorgens standen sie auf und schwuren einander.
Dann schickte Jizchak sie heim, und sie gingen von ihm in
  Frieden.

Es geschah an demselben Tag, daß Jizchaks Knechte kamen
und meldeten ihm wegen des Brunnens, den sie gebohrt
hatten,
und sprachen zu ihm: Wir haben Wasser gefunden.
So rief er ihn Schiba, Schwur-Sieben.
Darum ist der Name der Stadt Berscheba bis auf diesen Tag.

Als Eſsaw vierzig Jahre war, nahm er zum Weibe Jehudit
Tochter Beris des Chetiters und Baſsmat Tochter Elons des
Chetiters.
Die waren Jizchak und Ribka eine Geistesverbittrung.

Als nun Jizchak ergreiste und seine Augen stumpf geworden
waren zum Sehen,
rief er Eſsaw, seinen älteren Sohn, und sprach zu ihm:
Mein Sohn!
Der sprach zu ihm:
Da bin ich.
Er aber sprach:
Da, ich bin doch ergreist, nicht weiß ich den Tag meines
Sterbens,
hole jetzt doch deine Geräte: dein Gehäng, deinen Bogen,
zieh hinaus ins Gefild, erjage mir Jagdfang,
mache mir Leckerbissen zurecht, wie ichs liebe,
und brings mir, ich wills essen,
daß meine Seele dich segne, ehe ich sterbe.
Ribka aber hatte gehört, was Jizchak zu seinem Sohn Eſsaw
redete.
Als nun Eſsaw ins Gefild ging, Jagdfang zu erjagen, um ihn
zu bringen,
sprach Ribka zu ihrem Sohn Jaakob, sprach:
Gehört habe ich da, wie dein Vater zu Eſsaw deinem Bruder
redete, sprechend:
Bring mir Jagdfang und mache mir Leckerbissen zurecht, ich
wills essen
und will vor IHM dich segnen vor meinem Sterben.
Jetzt aber, mein Sohn, hör auf meine Stimme, auf das was ich
dir gebiete,

geh doch zum Kleinvieh und nimm mir von dort zwei gute
    Ziegenböcklein,
die will ich deinem Vater zu Leckerbissen zurechtmachen,
    wie ers liebt,
und du bringst sie deinem Vater und er solls essen,
auf daß er dich segne vor seinem Sterben.
Jaakob sprach zu Ribka seiner Mutter:
Aber Eſaw mein Bruder ist ja ein haariger Mann, und ich bin
    ein glatter Mann,
vielleicht betastet mich mein Vater, dann bin ich in seinen
    Augen wie ein Gaukler
und bringe über mich Verwünschung und nicht Segen.
Seine Mutter sprach zu ihm:
Über mich deine Verwünschung, mein Sohn!
hör nur auf meine Stimme, geh, nimms mir.
Er ging und nahm und brachte seiner Mutter,
und seine Mutter machte Leckerbissen zurecht, wies sein Va-
    ter liebte.
Dann nahm Ribka die Gewänder Eſaws, ihres ältern Sohns,
    die köstlichen die bei ihr im Hause waren,
und kleidete Jaakob darein, ihren jüngern Sohn,
mit den Fellen der Ziegenböcklein aber verkleidete sie seine
    Hände und die Glätte seines Nackens.
Die Leckerbissen und das Brot, was sie zurechtgemacht hatte,
    gab sie ihrem Sohn Jaakob in die Hand.
Er kam zu seinem Vater und sprach:
Mein Vater!
Der sprach:
Da bin ich. Welcher bist du, mein Sohn?
Jaakob sprach zu seinem Vater:
Ich, Eſaw, dein Erstling,
ich habe getan, wie du zu mir geredet hast,
richte dich doch auf, sitz und iß von meinem Jagdfang,
daß deine Seele mich segne.
Jizchak sprach zu seinem Sohn:
Wie so eilig hast dus gefunden, mein Sohn!
Er sprach:
Ja, ER dein Gott hats mir gefügt.
Jizchak sprach zu Jaakob:

Tritt doch heran, daß ich dich betaste, mein Sohn,
ob du es bist, mein Sohn Efsaw, oder nicht.
Jaakob trat heran zu Jizchak seinem Vater.
Der betastete ihn und sprach:
Die Stimme Jaakobs Stimme, die Hände Efsaws Hände –
aber er erspürte ihn nicht, eben weil seine Hände waren wie sei-
    nes Bruders Efsaw Hände, haarig,
so segnete er ihn.
Und sprach:
Du bist es, mein Sohn Efsaw?
Er sprach:
Ich.
Nun sprach er:
Reichs mir heran, ich will essen vom Jagdfang meines Sohns,
daß meine Seele dich segne.
Er reichte es ihm heran und er aß, er brachte ihm Wein und
    er trank.
Jizchak sein Vater sprach zu ihm:
Tritt doch heran und küsse mich, mein Sohn.
Er trat heran und küßte ihn.
Er aber roch den Geruch seiner Gewänder
und segnete ihn und sprach:
Sieh, der Geruch meines Sohns
ist wie der Geruch eines Feldes,
das ER gesegnet hat.
So gebe dir Gott
vom Tau des Himmels
und von den Fetten der Erde,
Korns und Mostes die Fülle!
Völker sollen dir dienen,
Haufen sich dir neigen,
Herr sei deinen Brüdern,
dir neigen sich deiner Mutter Söhne.
Die dir fluchen, verflucht!
die dich segnen, gesegnet!
Nun aber, wie Jizchak geendet hatte Jaakob zu segnen,
nun aber – eben erst, eben war Jaakob hinaus von Jizchak sei-
    nem Vater –
kam sein Bruder Efsaw von seiner Jagd.

Auch er machte Leckerbissen zurecht und brachte sie seinem
　　Vater.
Er sprach zu seinem Vater:
Richte sich mein Vater auf und esse vom Jagdfang seines
　　Sohns,
daß deine Seele mich segne.
Jizchak sein Vater sprach zu ihm:
Wer bist du?
Er sprach:
Ich bin dein Sohn, dein Erstling, Eſsaw.
Jizchak erbebte, ein Beben übermächtig groß,
er sprach:
Wer also war der,
der Jagdfang erjagte und mir brachte, daß ich aß von allem,
　　eh du kamst,
und gesegnet habe ich ihn!
gesegnet muß er nun bleiben!
Als Eſsaw die Rede seines Vaters hörte,
schrie er, einen Schrei, übermächtig groß und bitter,
und sprach zu seinem Vater:
Mich, auch mich segne, mein Vater!
Der sprach:
Mit Trug kam dein Bruder und hat deinen Segen genommen.
Er　sprach:
Rief man drum seinen Namen Jaakob, Fersenschleicher? be-
　　schlichen hat er mich nun schon zweimal:
genommen hat er einst mein Erstlingtum, und jetzt eben hat
　　er noch meinen Segen genommen!
Und sprach:
Hast du mir nicht einen Segen aufgespart?
Jizchak antwortete, er sprach zu Eſsaw:
Da, zum Herrn habe ich ihn ja über dich gesetzt,
all seine Brüder gab ich ihm zu Dienern,
mit Korn und Most habe ich ihn belehnt, –
dir, was also kann ich tun, mein Sohn?!
Eſsaw sprach zu seinem Vater:
Hast du nur den einen Segen, mein Vater?
mich, auch mich segne, mein Vater!
Eſsaw erhob seine Stimme und weinte.

Jizchak sein Vater antwortete, er sprach zu ihm:
Muß da von den Fetten der Erde
abseits dein Wohnsitz sein,
vom Tau des Himmels von oben,
mußt von deinem Schwerte du leben,
mußt deinem Bruder du dienen, –
es wird geschehn:
sowie du dich schüttelst,
zerrst du sein Joch dir vom Nacken.

Efsaw befehdete Jaakob um des Segens willen, mit dem sein
    Vater ihn gesegnet hatte.
Efsaw sprach in seinem Herzen:
Die Tage der Trauer um meinen Vater nahn,
dann erwürge ich meinen Bruder Jaakob.
Gemeldet wurden Ribka die Reden Efsaws, ihres ältern Sohns.
Sie schickte und ließ Jaakob, ihren jüngern Sohn, rufen
und sprach zu ihm:
Merk, dein Bruder Efsaw vertröstet sich deinethalb, dich zu
    erwürgen.
Jetzt also, mein Sohn, höre auf meine Stimme:
mach dich auf und entweiche, vor dich hin, zu Laban meinem
    Bruder nach Charan,
und sitze bei ihm etliche Tage, bis die Glut deines Bruders sich
    abkehrt,
bis der Zorn deines Bruders sich von dir abgekehrt hat und er
    vergessen hat, was du ihm tatest,
dann schicke ich und lasse dich von dort nehmen, –
warum soll ich euer beider zumal verwaisen an Einem Tag!
Zu Jizchak aber sprach Ribka:
Es widert mich meines Lebens vor den Töchtern Chets,
nimmt Jaakob sich ein Weib von den Töchtern Chets, wie
    diese da, von den Töchtern des Lands,
wozu mir dann das Leben!
Jizchak ließ Jaakob rufen,
er segnete ihn, er gebot ihm und sprach zu ihm:
Du sollst nicht ein Weib von den Töchtern Kanaans nehmen,
mach dich auf, geh nach der Aramäerflur zum Haus Btuels,
    des Vaters deiner Mutter,

und nimm dir von dort ein Weib von den Töchtern Labans,
   des Bruders deiner Mutter.
Der Gewaltige Gott segne dich,
er lasse dich fruchttragen und mehre dich,
daß du werdest eine Versammlung von Völkern,
er gebe dir den Segen Abrahams,
dir und deinem Samen mit dir,
daß du das Land deiner Gastschaft ererbest,
das Gott Abraham gab.
So schickte Jizchak den Jaakob fort,
und der ging nach der Aramäerflur zu Laban, Sohne Btuels
   des Aramäers, Bruder Ribkas, der Mutter Jaakobs und
   Eſsaws.

Eſsaw sah,
daß Jizchak Jaakob gesegnet und ihn nach der Aramäerflur
   geschickt hatte, sich von dort ein Weib zu nehmen,
und er, ihn segnend, ihm geboten hatte: Du sollst nicht ein
   Weib von den Töchtern Kanaans nehmen,
und Jaakob auf seinen Vater und auf seine Mutter gehört hatte
   und nach der Aramäerflur gegangen war,
und so sah Eſsaw, daß übel waren die Töchter Kanaans in den
   Augen Jizchaks seines Vaters.
Eſsaw ging zu Jischmael und nahm Machalat, Tochter Jischmaels Sohns Abrahams, Schwester Nbajots, zu seinen Weibern hinzu, sich zum Weib.

Jaakob zog aus von Berscheba und ging auf Charan zu
und geriet an jenen Ort.
Er mußte dort nächtigen, denn die Sonne war eingegangen.
Er nahm einen von den Steinen des Orts
und richtete ihn für sein Haupt
und legte sich hin am selben Ort.
Und ihm träumte:
Da, eine Leiter gestellt auf die Erde,
ihr Haupt an den Himmel rührend,
und da, Boten Gottes steigen auf, schreiten nieder an ihr.
Und da
stand Er über ihm

und sprach:
ICH bins,
der Gott deines Vaters Abraham und der Gott Jizchaks.
Das Erdland, auf dem du liegst,
dir gebe ich es und deinem Samen.
Dein Same wird sein wie der Staub der Erde.
Ausbrechen wirst du westwärts, ostwärts, nordwärts, süd-
    wärts.
Segnen werden sich mit dir alle Sippen des Bodens
und mit deinem Samen.
Ich da bin bei dir,
ich will dich hüten, wo all hin du gehst,
und will dich heimkehren lassen zu diesem Boden,
ja, ich verlasse dich nicht,
bis daß ich tat, was zu dir ich geredet habe.
Jaakob erwachte aus seinem Schlaf
und sprach:
So denn,
ER west an diesem Ort,
und ich, ich wußte es nicht!
Er erschauerte und sprach:
Wie schauerlich ist dieser Ort!
dies ist kein andres als ein Haus Gottes,
und dies ist das Tor des Himmels.
Frühmorgens machte sich Jaakob auf,
er nahm den Stein, den er für sein Haupt gerichtet hatte,
und errichtete ihn als Standmal
und schüttete Öl ihm aufs Haupt.
Er rief den Namen jenes Orts Bet-El, Haus der Gottheit –
früher jedoch war der Name der Stadt Lus.
Jaakob gelobte ein Gelübde, sprechend:
Wird Gott dasein bei mir
und mich behüten auf diesem Weg, den ich nun gehe,
und mir Brot geben zum Essen, Gewand zur Bekleidung,
und kehre in Frieden ich heim zum Haus meines Vaters:
soll ER mir Gott sein,
und dieser Stein, den ich als Standmal errichtete, soll ein Haus
    Gottes werden,
und alles was du mir geben wirst,

verzehnten will ichs, verzehnten dir.

Jaakob hob seine Füße und ging nach dem Land der Söhne des
   Ostens.
Er sah sich um, da war ein Brunnen auf dem Feld, und da, drei
   Schafherden lagerten dort dran,
denn aus jenem Brunnen pflegte man die Herde zu tränken.
Der Stein aber war groß auf dem Munde des Brunnens.
Wenn nun alle Herden dort zusammengeholt waren, wälzte
   man den Stein von dem Munde des Brunnens,
man tränkte die Schafe, dann tat man den Stein wieder auf
   den Mund des Brunnens an seinen Ort.
Jaakob sprach zu ihnen:
Brüder, wo seid ihr her?
Sie sprachen:
Aus Charan sind wir.
Er sprach zu ihnen:
Kennt ihr Laban, den Sohn Nachors?
Sie sprachen:
Den kennen wir.
Er sprach zu ihnen:
Ist Friede mit ihm?
Sie sprachen:
Friede –,
und da kommt ja seine Tochter Rachel mit den Schafen.
Er sprach:
Noch ists ja hoch am Tag,
nicht ists die Stunde, das Vieh einzuholen,
tränkt die Schafe und geht wieder, weidet.
Sie sprachen:
Wir könnens nicht, bis daß alle Herden zusammengeholt sind,
dann wälzt man den Stein von dem Munde des Brunnens
   und wir tränken die Schafe.
Während er noch mit ihnen redete,
kam Rachel mit den Schafen die ihres Vaters waren;
sie war nämlich Hirtin.
Sowie nun Jaakob Rachel sah, die Tochter Labans des Bruders seiner Mutter, und die Schafe Labans des Bruders seiner
   Mutter,

trat Jaakob herzu,

er wälzte den Stein von dem Munde des Brunnens und
    tränkte die Schafe Labans, des Bruders seiner Mutter.

Dann küßte Jaakob Rachel, und er erhob seine Stimme und
    weinte.

Und Jaakob meldete Rachel,

daß er ihres Vaters Bruder sei und daß er Ribkas Sohn sei.

Sie lief und meldete es ihrem Vater.

Als nun Laban das Vernehmen von Jaakob, dem Sohn seiner
    Schwester vernahm,

lief er ihm entgegen, umarmte ihn und küßte ihn ab und ließ
    ihn in sein Haus mitkommen.

Und er erzählte Laban all die Begebnisse.

Laban sprach zu ihm:

Freilich, du bist mein Bein und mein Fleisch.

Und er blieb bei ihm die Tage einer Mondneuung.

Laban sprach zu Jaakob:

Sollst du mir denn, weil du mein Bruder bist, umsonst dienen?!
melde mir, was soll dein Lohn sein?

Laban hatte aber zwei Töchter, der Name der Ältern war
    Lea, der Name der Jüngern war Rachel.

Die Augen Leas waren schwach, Rachel aber war schön von
    Gestalt und schön von Angesicht.

Jaakob liebte Rachel.

Er sprach:

Ich will dir sieben Jahre dienen um Rachel, deine jüngere
    Tochter.

Laban sprach:

Besser, ich gebe sie dir, als ich gebe sie einem anderen Mann,
verweile bei mir.

Jaakob diente um Rachel sieben Jahre,

und sie waren in seinen Augen wie einige Tage, weil er sie
    liebte.

Dann sprach Jaakob zu Laban:

Her nun mein Weib, denn meine Werktage sind voll,

daß ich zu ihr eingehe.

Laban holte alle Leute des Orts zusammen und machte ein
    Trinkmahl.

Am Abend aber
nahm er seine Tochter Lea und brachte sie zu ihm,
und er ging zu ihr ein.
Und Laban gab ihr Silpa, seine Magd,
Lea seiner Tochter zur Magd.
Am Morgen aber,
da, es war Lea!
Er sprach zu Laban:
Was hast du mir hier getan!
habe ich nicht um Rachel bei dir gedient?
warum hast du mich betrogen?
Laban sprach:
So tut man nicht an unserm Ort, die Jüngre fortzugeben vor
    der Ersten,
erfülle die Brautwoche dieser, dann geben wir dir auch diese,
um den Dienst, den du bei mir dienen wirst noch andre sieben
    Jahre.
Jaakob tat so, er erfüllte die Brautwoche dieser,
dann gab er ihm seine Tochter Rachel zum Weib.
Und Laban gab seiner Tochter Rachel Bilha seine Magd,
ihr zur Magd.
So ging er auch zu Rachel ein
und durfte auch Rachel lieben, – mehr als Lea.
Dann diente er bei ihm noch andere sieben Jahre.

Er sah, daß Lea die Gehaßte war,
und er öffnete ihren Schoß,
Rachel aber blieb wurzelverstockt.
So wurde Lea schwanger und gebar einen Sohn,
und sie rief seinen Namen: Ruben, Sohnessicht;
denn sie sprach:
Angesehn hat Er mein Bedrücktsein,
ja, jetzt wird mein Mann mich lieben.
Wieder wurde sie schwanger und gebar einen Sohn,
und sprach:
Ja, gehört hat Er, daß ich die Gehaßte bin,
so hat er mir auch diesen gegeben.
Und rief seinen Namen: Schimon, Erhörung.
Wieder wurde sie schwanger und gebar einen Sohn,

und sprach:
Jetzt, diesmal wird sich mein Mann mir anlehnen,
ich habe ihm ja drei Söhne geboren.
Darum rief man seinen Namen: Lewi, Lehnean.
Wieder wurde sie schwanger und gebar einen Sohn,
und sprach:
Diesmal will ich danksagen IHM!
Darum rief sie seinen Namen: Jehuda, Danksage.
Dann hörte sie auf zu gebären.

Rachel sah, daß sie dem Jaakob nicht gebar,
Rachel neidete ihre Schwester.
Sie sprach zu Jaakob:
Her mir Kinder!
wo nicht, sterbe ich.
Jaakobs Zorn entflammte wider Rachel,
er sprach:
Bin ich denn an Gottes Statt,
der dir Frucht des Leibes vorenthalten hat?
Sie sprach:
Da ist meine Sklavin Bilha.
komm zu ihr,
daß sie auf meinen Knien gebäre und auch ich aus ihr bekin-
    det werde.
Sie gab ihm Bilha, ihre Magd, zum Weibe,
und Jaakob kam zu ihr.
Bilha wurde schwanger und gebar Jaakob einen Sohn.
Rachel sprach:
Geurteilt hat Gott über mich und auch erhört hat er meine
    Stimme,
er hat mir einen Sohn gegeben.
Darum rief sie seinen Namen: Dan, Urteiler.
Wieder ward Bilha, Rachels Magd, schwanger und gebar
    Jaakob einen zweiten Sohn.
Rachel sprach:
Einen Gotteswettkampf habe ich mit meiner Schwester ge-
    kämpft und habe übermocht.
Sie rief seinen Namen: Naftali, Wettkämpfer.

Als nun Lea sah, daß sie aufhörte zu gebären,
nahm sie Silpa, ihre Magd, und gab sie Jaakob zum Weibe.
Silpa, Leas Magd, gebar Jaakob einen Sohn.
Lea sprach:
Glück zu!
Sie rief seinen Namen: Gad, Glück.
Silpa, Leas Magd, gebar Jaakob einen zweiten Sohn.
Lea sprach:
Zu meiner Seligkeit! denn selig preisen mich die Töchter.
Sie rief seinen Namen: Ascher, Selig.

Ruben ging in den Tagen der Weizenernte und fand Minne-
　　äpfel auf dem Feld
und brachte sie Lea seiner Mutter.
Rachel sprach zu Lea:
Gib mir doch von den Minneäpfeln deines Sohnes!
Die sprach zu ihr:
Ists noch zu wenig, daß du meinen Mann genommen hast,
mußt du auch die Minneäpfel meines Sohnes nehmen?
Rachel sprach:
Mag er drum die Nacht bei dir liegen für die Minneäpfel deines
　　Sohnes.
Als Jaakob des Abends vom Feld kam, trat Lea ihm entgegen
　　und sprach:
Zu mir mußt du kommen,
denn Gedings ausbedungen habe ich dich um die Minneäpfel
　　meines Sohnes.
Er lag bei ihr in jener Nacht,
und Gott erhörte Lea,
sie wurde schwanger und gebar Jaakob einen fünften Sohn.
Lea sprach:
Gott gab mir meinen Gedinglohn,
weil ich meine Magd meinem Manne gegeben habe.
Sie rief seinen Namen: Jifsachar, Ausbedingnis.
Wieder wurde Lea schwanger und gebar Jaakob einen sech-
　　sten Sohn.
Lea sprach:
Zugerichtet hat mir Gott ein gutes Gericht,
diesmal wird mein Mann mich aufrichten,

denn sechs Söhne habe ich ihm geboren.
Sie rief seinen Namen: Sbulun, Aufrecht.
Danach gebar sie eine Tochter und rief ihren Namen Dina.

Gott aber gedachte Rachels,
Gott erhörte sie und öffnete ihren Schoß,
sie wurde schwanger und gebar einen Sohn.
Sie sprach:
Afsaf – hinwegschaffte
Gott meine Schmach.
Und rief seinen Namen: Jofsef,
sprechend:
Jofsef – hinzufüge
mir ER noch einen Sohn.

Als nun Rachel Jofsef geboren hatte, sprach Jaakob zu Laban:
Entsende mich heim, daß ich an meinen Ort, in mein Land
    gehe,
gib heraus meine Weiber und meine Kinder,
um die ich gedient habe bei dir,
und ich will gehn, –
du selber weißt ja meinen Dienst, den ich dir diente.
Laban sprach zu ihm:
Möchte ich doch Gunst in deinen Augen gefunden haben!
Ich habs erahnt:
um deinetwillen hat ER mich gesegnet.
Und sprach:
Bezeichne mir doch deinen Lohn, ich will ihn geben.
Er aber sprach zu ihm:
Du selber weißt,
wie ich dir gedient habe,
und was aus deinem Vieh geworden ist bei mir.
Denn wenig wars was du hattest vor mir,
und ausgebrochen ists in Menge,
so hat ER dich in meiner Spur gesegnet.
Und jetzt,
wann mag auch ich für mein Haus tun?
Er sprach:
Was soll ich dir geben?

Jaakob sprach:
Gar nichts sollst du mir geben –
tust du mir dieses nur,
dann kehr ich, weid ich deine Tiere, wach ich:
ich will heute durch all deine Tiere gehn,
entferne von dort alljedes gesprenkelte und gefleckte Stück;
dann soll alljedes braune Stück unter den Schaflämmern und
     das Gefleckte und das Gesprenkelte unter den Ziegen mein
     Lohn sein.
Und verantworten mag mich am künftigen Tag meine Wahr-
     haftigkeit:
wenn du auf meinen Lohn den du vor dir hast kommst,
alles was nicht gesprenkelt und gefleckt ist unter den Ziegen
     und braun unter den Schaflämmern, das gelte bei mir als
     gestohlen.
Laban sprach:
Ach ja, nach deiner Rede möge es geschehn.
Er entfernte am selben Tag die gestreiften und gefleckten
     Böcke und alle gesprenkelten und gefleckten Ziegen, alles
     woran Weiß war, und alles Braune unter den Schaflämmern,
und übergab es seinen Söhnen.
Dann legte er einen Weg von drei Tagen zwischen sich und
     Jaakob.
Jaakob aber weidete fort Labans übrige Tiere.
Nun nahm sich Jaakob Stäbe von Weißpappel, frische, von
     Mandel und Platane
und schälte daran weiße Schälungen, das Weiße, das an den
     Stäben, entblößend,
und stellte die Stäbe, die er geschält hatte, in die Rinnen, in
     die Wassertränken, wohin die Tiere zu trinken kamen, den
     Tieren gegenüber.
Sie waren aber in der Brunst, als sie zu trinken kamen.
So brunsteten die Tiere vor den Stäben.
Dann warfen die Tiere, Gestreifte, Gesprenkelte, Gefleckte.
Die Lämmer nun schied Jaakob aus:
er gab zum Vortrab der Tierherde das Gestreifte und alles
     Braune unter Labans Tieren
und tat sich so besondre Triebe zusammen, die tat er nicht zu
     Labans Tieren.

Es geschah fortan allsooft die kräftigen Tiere in der Brunst
    waren:
Jaakob legte die Stäbe den Tieren vor die Augen in die Rin-
    nen, daß sie bei den Stäben brunsteten.
Wenn aber die Tiere schwächlich waren, legte ers nicht.
So wurden die schwächlichen Labans, die kräftigen Jaakobs.
Der Mann brach mächtig, mächtig aus, er hatte viele Tiere,
    und Mägde und Knechte, Kamele und Esel.
Er hörte aber von Reden der Söhne Labans, daß sie sprachen:
Genommen hat Jaakob alles was unsres Vaters war,
und aus dem was unsres Vaters war hat er all diese Gewich-
    tigkeit gemacht.
Jaakob sah das Antlitz Labans an,
da, er war mit ihm nicht wie vortags und ehgestern.
Und ER sprach zu Jaakob:
Kehre in das Land deiner Väter, zu deiner Verwandtschaft!
ich will dasein bei dir.
Jaakob sandte und ließ Rachel und Lea aufs Feld zu seinen
    Tieren rufen
und sprach zu ihnen:
Ich sehe am Antlitz eures Vaters,
daß er mir nicht ist wie vortags und ehgestern.
Aber der Gott meines Vaters ist bei mir gewesen:
ihr selber wißt ja, daß ich eurem Vater mit all meiner Kraft
    gedient habe,
und er hat mich genarrt und meinen Lohn zehnmal geändert,
Gott aber hat nicht zugegeben, daß er mir Böses erweise.
Sprach er so: Die Gesprenkelten sollen dein Lohn sein, warfen
    alle Tiere Gesprenkelte;
und sprach er so: Die Gestreiften sollen dein Lohn sein, warfen
    alle Tiere Gestreifte.
Gott rettete das Vieh eures Vaters heraus und gab es mir.
Es war nun in der Brunstzeit der Tiere,
ich hob im Traum meine Augen und sah,
da, die Böcke, wie sie die Tiere bespringen: gestreift, gespren-
    kelt, gescheckt.
Und der Bote Gottes sprach zu mir im Traum: Jaakob!
Ich sprach: Da bin ich.
Er aber sprach:

Hebe deine Augen und sieh:

all die Böcke, wie sie die Tiere bespringen: gestreift, gesprenkelt, gescheckt, –

denn ich habe alles gesehn, was Laban an dir tut.

Ich bin die Gottheit von Bet-El,

wo du das Standmal salbtest,

wo du mir das Gelübde gelobtest.

Nun mach dich auf,

zieh aus diesem Land,

kehre ins Land deiner Verwandtschaft!

Rachel antwortete und Lea, sie sprachen zu ihm:

Haben wir noch Teil und Eigentum im Haus unsres Vaters?!

Sind wir ihm nicht als Fremde geachtet?!

Er hat uns ja verhandelt und hat unsern Kaufpreis verzehrt
und verzehrt.

Ja, aller Reichtum, den Gott von unserm Vater herausrettete,
uns gehört er und unsern Söhnen.

Nun, was Gott alles dir sagte, tus!

Jaakob machte sich auf, er hob seine Kinder und seine Weiber
auf die Kamele,

und führte hinweg all sein Vieh, all seinen Zuchtgewinn, den
er gewonnen hatte,

den Vieherwerb eignen Erwerbs, den er gewonnen hatte in
der Aramäerflur,

um zu Jizchak seinem Vater ins Land Kanaan zu kommen.

Laban war gegangen, seine Tiere zu scheren,

indes stahl Rachel die Wunschlarven, die ihres Vaters waren.

Jaakob aber bestahl Laban dem Aramäer das Herz,

indem er ihm ungemeldet ließ, daß er entweichen wollte.

Und er entwich selber samt allem, was sein war.

Er machte sich auf, überschritt den Strom und richtete sein
Antlitz nach dem Gebirge Gilad.

Am dritten Tag wurde Laban gemeldet, daß Jaakob entwichen war.

Er nahm seine Stammbrüder mit sich und jagte ihm nach, sieben Tagereisen,

und holte ihn ein am Gebirge Gilad.

Aber Gott kam zu Laban dem Aramäer im Traum der Nacht
und sprach zu ihm:

Hüte dich,
daß du etwa mit Jaakob vom Guten weg zum Bösen hin re-
    detest!
Als nun Laban Jaakob erreichte,
Jaakob aber hatte sein Zelt im Gebirge gepflöckt und auch
    Laban mit seinen Brüdern pflöckte im Gebirge Gilad,
sprach Laban zu Jaakob:
Was hast du getan,
daß du mein Herz bestahlst und meine Töchter wegführtest
    wie Schwertgefangne!
Warum bist du heimlich entwichen und warst gegen mich
    verstohlen,
und hast mirs nicht gemeldet, sonst hätte ich dich entsandt mit
    Freude, mit Gesängen, mit Pauke und mit Leier,
und hast mir nicht erlaubt meine Söhne und meine Töchter
    zu küssen?
Töricht hast du nun getan.
Gottmächtig ists meiner Hand, euch Böses zu erweisen.
Aber der Gott eures Vaters sprach gestern abend zu mir,
    sprach:
Hüte dich, daß du etwa mit Jaakob vom Guten weg zum Bö-
    sen hin redetest.
Nun denn, mußtest deinen Gang du gehn, weil du dich
    sehntest, sehntest nach dem Haus deines Vaters, –
warum hast du meine Götter gestohlen?
Jaakob antwortete, er sprach zu Laban:
Wohl, ich fürchtete mich, denn ich sprach bei mir, du könn-
    test mir dann etwa gar deine Töchter wegrauben, –
bei wem du aber deine Götter findest, der soll nicht leben,
vor unsern Brüdern spür auf, was des Deinen bei mir ist, und
    nimm dirs.
Jaakob wußte aber nicht, daß Rachel sie gestohlen hatte.
Laban kam in Jaakobs Zelt und in Leas Zelt und ins Zelt der
    zwei Mägde und fand nichts,
dann trat er aus Leas Zelt und kam in das Zelt Rachels.
Rachel aber hatte die Wunschlarven genommen und sie in
    den Sattelkorb des Kamels gelegt und sich darauf gesetzt.
Laban tastete all das Zelt ab und fands nicht.
Sie sprach zu ihrem Vater:

Nimmer entflamme es die Augen meines Herrn, daß ich vor
    dir nicht aufzustehn vermag,
denn mir ist nach der Art der Weiber.
Er durchstöberte und fand die Wunschlarven nicht.
Jaakob flammte auf und bestritt Laban,
Jaakob antwortete, er sprach zu Laban:
Was ist meine Abtrünnigkeit, was meine Versündigung,
daß du hetzest hinter mir her?
– daß du abtastest all mein Gerät?
was hast du von all deinem Hausrat gefunden?
legs hierher vor meine Brüder und deine Brüder,
daß sie entscheiden zwischen uns zweien!
Zwanzig Jahre nun bin ich bei dir:
deine Mutterschafe, deine Ziegen haben nicht fehlgeworfen;
die Widder deiner Tierzucht habe ich nicht gegessen;
Zerrißnes brachte ich dir nicht, stets habe ichs selber versühnt,
aus meiner Hand konntest du fordern, Gestohlnes bei Tag,
    Gestohlnes bei Nacht.
So wars mit mir:
des Tags verzehrte mich die Hitze, der Frost des Nachts,
mein Schlaf entsank meinen Augen.
Zwanzig Jahre nun sinds mir in deinem Haus,
vierzehn Jahre habe ich um deine zwei Töchter dir gedient,
    sechs Jahre um deine Tiere,
und zehnmal hast du meinen Lohn geändert.
Wäre nicht meines Vaters Gott für mich gewesen,
Abrahams Gott, Jizchaks Schrecken,
lohnleer ja hättest du mich nun hinweggesandt.
Aber Gott hat das Bedrücktsein und das Mühn meiner Hände
    gesehen,
und gestern abend hat er entschieden.
Laban antwortete, er sprach zu Jaakob:
Die Töchter sind meine Töchter, die Kinder sind meine Kin-
    der, die Tiere sind meine Tiere,
alles was du siehst, mein ists.
Aber meinen Töchtern – was könnte ich heutigen Tags denen
    tun oder ihren Kindern, die sie geboren haben!
Komm nun also,
wir wollen einen Bund schließen, ich und du,

und etwas sei da zu einem Zeugen zwischen mir und dir.
Jaakob nahm einen Stein und richtete ihn als Standmal auf.
Und Jaakob sprach zu seinen Brüdern:
Leset Steine auf!
Sie nahmen Steine und machten einen Wall.
Und sie aßen dort auf dem Wall.
Laban rief ihn »Jgar Sfahaduta«: Schütthauf-Urkund,
aber Jaakob rief ihn Galed: Wall-Zeuge.
Laban sprach:
Dieser Wall ist Zeuge zwischen mir und dir am heutigen Tag.
Darum ruft man seinen Namen Galed.
Und Mizpa auch: Wacht,
weil er sprach:
Wacht halte ER zwischen mir und dir, wenn wir einander
    verborgen sind:
bedrückst du je meine Töchter,
nimmst du noch Weiber zu meinen Töchtern,
…!
Sei auch kein Mensch bei uns,
sieh, ein Gott ist Zeuge zwischen mir und dir.
Und weiter sprach Laban zu Jaakob:
Da dieser Wall und da das Standmal das ich eingesenkt habe
    zwischen mir und dir –
Zeuge sei dieser Wall und Zeugin das Standmal:
nicht überschreite je ich diesen Wall zu dir und nicht über-
    schreitest je du diesen Wall zu mir und dieses Standmal zum
    Bösen!
der Gott Abrahams und der Gott Nachors mögen richten
    zwischen uns, – der Gott ihres Vaters!
Jaakob schwur bei dem Schrecken seines Vaters Jizchak.
Dann schlachtete Jaakob ein Schlachtmahl auf dem Berg
und rief seine Brüder, das Brot zu essen.
Sie aßen das Brot und nächtigten auf dem Berg.
Frühmorgens machte sich Laban auf, er küßte seine Enkel und
    seine Töchter und segnete sie,
dann ging Laban und kehrte an seinen Ort zurück.

Wie Jaakob seines Wegs ging,
trafen Boten Gottes auf ihn.

Jaakob sprach, als er sie sah:

Ein Heerlager Gottes ist dies!

Und er rief den Namen jenes Ortes: Machanajim, Doppel-
lager.

Jaakob sandte nun Boten vor seinem Antlitz her zu Efsaw.
seinem Bruder nach dem Lande Sfeïr, in Edoms Gefild,

und gebot ihnen, sprechend:

So sprecht zu meinem Herrn, zu Efsaw:

So hat dein Knecht Jaakob gesprochen:

Bei Laban gastete ich und habe bis jetzt gesäumt,

mir ist Ochs und Esel, Kleinvieh, und Knecht und Magd geworden,

nun sende ich, meinem Herrn es zu melden, Gunst in deinen
Augen zu finden.

Die Boten kehrten zu Jaakob wieder, sprechend:

Wir sind zu deinem Bruder, zu Efsaw gekommen,

aber schon geht er dir entgegen, vierhundert Mann bei ihm.

Jaakob fürchtete sich sehr, ihm wurde bang.

Er teilte das Volk das mit ihm war, und Kleinvieh und Rind
und Kamele, zu zwei Lagern

und sprach:

Kommt Efsaw ans eine Lager und schlägt es, bleibt dem
restenden Lager ein Entrinnen.

Dann sprach Jaakob:

Gott meines Vaters Abraham,

Gott meines Vaters Jizchak,

Du,

der zu mir sprach: Kehre zu deinem Land, zu deiner Verwandtschaft, ich will dir Güte erweisen!

Zu klein bin ich all den Hulden und all der Treue die du an
deinem Knechte tatest,

mit meinem Stab ja überschritt ich diesen Jordan, und jetzt
bin ich zu zwei Lagern geworden!

O rette mich doch aus der Hand meines Bruders, aus Efsaws
Hand!

Denn ich bin in Furcht vor ihm,

daß er kommt und mich schlägt, Mutter über Kindern.

Du selbst aber hast gesprochen:

Güte will ich dir, Güte erweisen,
will deinen Samen machen wie Sand des Meers, der vor Menge nicht gezählt werden kann.
Er nächtigte dort in jener Nacht
und nahm von dem was ihm zur Hand gekommen war eine
Spende für Eſsaw seinen Bruder,
zweihundert Ziegen und zwanzig Böcke,
zweihundert Mutterschafe und zwanzig Widder,
dreißig säugende Kamele samt ihren Jungen,
vierzig Färsen und zehn Farren,
zwanzig Graustuten samt zehn Fohlen,
und übergab sie in die Hand seiner Knechte, Herde um Herde
besonders,
und sprach zu seinen Knechten:
Schreitet vor meinem Antlitz her und legt Raum zwischen
Herde und Herde.
Er gebot dem ersten, sprechend:
Wenn mein Bruder Eſsaw auf dich stößt
und fragt dich, sprechend: Wessen bist du, wohin gehst du,
wessen sind diese vor dir?
sollst du sprechen:
Deines Knechts, Jaakobs, eine Spende ists, gesandt meinem
Herrn, Eſsaw,
und da, er selber auch ist hinter uns.
Auch dem zweiten gebot er, auch dem dritten, allen auch die
hinter den Herden gingen, sprechend:
Nach dieser Rede sollt ihr zu Eſsaw reden, wann ihr ihn findet,
und sollt sprechen: Da, auch dein Knecht Jaakob ist hinter uns.
Denn er sprach zu sich:
Bedecken will ich sein Antlitz mit der Spende, die vor meinem Antlitz geht,
danach will ich sein Antlitz sehn,
vielleicht hebt er mein Antlitz empor.
Die Spende schritt seinem Antlitz voraus,
er aber nächtigte in jener Nacht im Lager.

In jener Nacht machte er sich auf,
er nahm seine zwei Weiber, seine zwei Mägde und seine elf
Kinder

und fuhr über die Furt des Jabbok,
er nahm sie, führte sie über den Fluß und fuhr über was sein
   war.
Jaakob blieb allein zurück. –
Ein Mann rang mit ihm, bis das Morgengrauen aufzog.
Als er sah, daß er ihn nicht übermochte,
rührte er an seine Hüftpfanne,
und Jaakobs Hüftpfanne verrenkte sich, wie er mit ihm rang.
Dann sprach er:
Entlasse mich,
denn das Morgengrauen ist aufgezogen.
Er aber sprach:
Ich entlasse dich nicht,
du habest mich denn gesegnet.
Da sprach er zu ihm:
Was ist dein Name?
Und er sprach:
Jaakob.
Da sprach er:
Nicht Jaakob werde fürder dein Name gesprochen,
sondern Jifsrael, Fechter Gottes,
denn du fichtst mit Gottheit und mit Menschheit
und übermagst.
Da fragte Jaakob, er sprach:
Vermelde doch deinen Namen!
Er aber sprach:
Warum denn fragst du nach meinem Namen!
Und er segnete ihn dort.
Jaakob rief den Namen des Ortes: Pniel, Gottesantlitz, denn:
Ich habe Gott gesehn,
Antlitz zu Antlitz,
und meine Seele ist errettet.
Die Sonne strahlte ihm auf, als er an Pniel vorüber war,
er aber hinkte an seiner Hüfte. –
Darum essen die Söhne Jifsraels bis auf diesen Tag die Spann-
   ader nicht, die auf der Hüftpfanne liegt,
denn an Jaakobs Hüftpfanne an der Spannader hat er gerührt.

Jaakob hob seine Augen und sah,

da, Efsaw kam und bei ihm vierhundert Mann.

Nun verteilte er die Kinder auf Lea, auf Rachel und auf die
    zwei Mägde,

die Mägde mit ihren Kindern tat er voran,

Lea und ihre Kinder dahinter,

Rachel und Jofsef zuhinterst,

selber schritt er vor ihnen her.

Er verneigte sich siebenmal zur Erde, bis er an seinen Bruder
    herantrat.

Efsaw aber lief ihm entgegen,

er umarmte ihn, fiel ihm um den Hals und küßte ihn.

Und sie weinten.

Dann hob er seine Augen und sah die Weiber und die Kinder
und sprach:

Wer sind diese dir?

Er sprach:

Die Kinder sinds, die Gott deinem Knecht vergönnt hat.

Die Mägde, sie und ihre Kinder, traten herzu und verneigten
    sich.

Auch Lea trat herzu und ihre Kinder und sie verneigten sich.

Danach trat Jofsef herzu und Rachel und sie verneigten sich.

Er sprach:

Was hast du vor mit all diesem Lager, auf das ich gestoßen
    bin?

Er aber sprach:

Gunst zu finden in den Augen meines Herrn.

Efsaw sprach:

Ich habe viel, mein Bruder, bleibe dein was dein ist.

Jaakob sprach:

Nimmer doch!

möchte ich doch Gunst in deinen Augen gefunden haben,

daß du meine Spende aus meiner Hand nehmest.

Denn ich habe nun doch einmal dein Antlitz angesehn, wie
    man Gottheitsantlitz ansieht,

und du warst mir gnädig,

so nimm denn meine Segensgabe, die dir gebracht worden ist!

Gott hat mich ja begünstigt, ich habe ja von allem.

Er drang in ihn, und er nahms.

Dann sprach er:

Laß uns nun aufbrechen und weitergehn, und ich will dir zu-
　　seiten gehn.
Er aber sprach zu ihm:
Mein Herr weiß,
daß die Kinder zart sind,
und ich habe für die Schafe und Rinder, die säugen, zu sorgen,
übertriebe man sie einen Tag, stürben alle Schafe.
Schreite doch mein Herr seinem Knecht voran,
und ich will hinwandeln nach meiner Gemächlichkeit,
im Schritt der Habe vor mir und im Schritt der Kinder,
bis ich zu meinem Herrn nach Sfeïr komme.
Eſsaw sprach:
So will ich dir beistellen von dem Volke, das mit mir ist.
Er aber sprach:
Wozu das?
möge ich nur Gunst in meines Herrn Augen finden!
Eſsaw kehrte am selben Tag seines Wegs nach Sfeïr zurück,
Jaakob aber zog nach Sſukkot.
Er baute sich ein Haus, und für seinen Vieherwerb machte er
　　Hütten.
Darum ruft man den Namen des Orts Sſukkot, Hütten.

Jaakob kam befriedet in die Stadt Sichem, die im Land Ka-
　　naan ist,
bei seiner Heimkunft von der Aramäerflur,
und lagerte angesichts der Stadt.
Er erwarb den Feldanteil, wo er sein Zelt gespannt hatte, von
　　den Söhnen Chamors, des Vaters Schchems, um hundert
　　Lämmerwert.
Er errichtete dort eine Schlachtstatt
und rief über ihr:
Gottheit Gott Jiſsraels!

Dina, die Tochter Leas, die sie Jaakob geboren hatte, zog
　　hinaus, sich unter den Töchtern des Landes umzusehn.
Da sah Schchem sie, der Sohn Chamors des Chiwwiters, des
　　Landesfürsten.
Er nahm sie weg, lag ihr bei und beugte sie.

Seine Seele aber haftete an Dina, Jaakobs Tochter, er hatte das
   Mädchen lieb,
und er redete zum Herzen des Mädchens.
Dann sprach Schchem zu Chamor seinem Vater, er sprach:
Nimm dieses Kind mir zum Weib!
Jaakob hatte gehört, daß man Dina seine Tochter bemakelt
   hatte,
da aber seine Söhne bei seinem Vieh auf dem Feld waren,
   schwieg Jaakob, bis sie kämen.
Chamor, Schchems Vater, zog nun zu Jaakob, mit ihm zu
   reden.
Jaakobs Söhne aber kamen vom Feld, als sies hörten.
Die Männer vergrämten sich, es entflammte sie sehr,
denn eine Schande hatte er Jifsrael angetan, Jaakobs Tochter
   beizuliegen,
so darf nicht getan werden.
Chamor redete mit ihnen, sprechend:
Schchem mein Sohn –
seine Seele hangt an eurer Tochter,
gebt sie ihm doch zum Weib!
Verschwägert euch mit uns,
eure Töchter gebt uns und unsre Töchter nehmt euch,
und siedelt mit uns.
Das Land wird vor euch offen sein,
siedelt, bereist es, ergreift Hufe darin!
Schchem sprach zu ihrem Vater und zu ihren Brüdern:
Möge ich Gunst in euren Augen finden!
was ihr mir zusprechen werdet, will ich geben,
erhöht mir noch so sehr Brautpreis und Morgengabe,
ich wills geben, wie ihr mirs zusprecht,
aber gebt mir das Mädchen zum Weib!
Die Söhne Jaakobs antworteten Schchem und Chamor seinem
   Vater trüglich,
sie redetens, weil er Dina, ihre Schwester bemakelt hatte,
sie sprachen zu ihnen:
Wir vermögen dies nicht zu tun,
unsre Schwester einem Mann zu geben, der eine Vorhaut hat,
denn das wäre uns eine Schmach.
Jedoch um dieses willfahren wir euch:

wenn ihr werdet wie wir, daß sich alles Männliche unter euch
  beschneide.
Dann wollen wir euch unsre Töchter geben und eure Töchter
  uns nehmen
und wollen mit euch siedeln, daß wir zu einem einzigen
  Volke werden.
Wollt ihr aber auf uns nicht hören, euch zu beschneiden,
nehmen wir unsre Tochter und gehn.
Ihre Rede war gut in den Augen Chamors und in den Augen
  Schchems, Chamors Sohns,
und der Jüngling zauderte nicht, die Sache zu tun,
denn er hatte Gefallen an der Tochter Jaakobs.
Er war aber gewichtig vor allem Haus seines Vaters.
Chamor kam und sein Sohn Schchem in das Tor ihrer
  Stadt,
sie redeten zu den Männern ihrer Stadt, sprechend:
Friedgesinnt uns sind diese Männer,
sie mögen im Lande siedeln und es bereisen,
nach beiden Seiten breitet ja das Land sich vor ihnen;
ihre Töchter wollen wir uns zu Weibern nehmen und unsre
  Töchter ihnen geben.
Jedoch um dieses willfahren uns die Männer, mit uns zu siedeln, zu einem einzigen Volke zu werden:
wenn sich alles Männliche unter uns beschneidet, wie sie beschnitten sind.
Ihr Herdenerwerb, ihr Erworbnes und all ihr Lastvieh, sind sie
  dann nicht unser?
Wir wollen ihnen doch willfahren, daß sie mit uns siedeln.
Es hörten auf Chamor und auf Schchem seinen Sohn alle, die
  aus dem Torrat seiner Stadt zogen:
beschneiden ließ sich alles Männliche, alle die aus dem Torrat
  seiner Stadt zogen.
Aber am dritten Tag, während sie in Schmerzen waren,
nahmen zwei Söhne Jaakobs, Schimon und Lewi, Vollbrüder
  Dinas, jeder sein Schwert,
sie kamen über die sorglose Stadt und brachten alles Männliche um,
auch Chamor und Schchem seinen Sohn brachten sie um,
mit dem Biß des Schwerts.

Dann nahmen sie Dina aus Schchems Haus und zogen
   davon.
Jaakobs Söhne waren über die Erstochnen gekommen und
   hatten in der Stadt gebeutet,
weil die ihre Schwester bemakelt hatten,
sie nahmen ihre Schafe, ihre Rinder, ihre Esel und was in der
   Stadt und was auf dem Feld war,
all ihren Reichtum, all ihr Kleinvolk und ihre Weiber fingen
   und beuteten sie,
alles was im Hause war.
Aber Jaakob sprach zu Schimon und zu Lewi:
Ihr zerrüttet mich,
da ihr mich stinkend gemacht habt beim Insassen des Landes,
   bei dem Kanaaniter und bei dem Prisiter!
Ich bin nur zählige Leute,
rotten die sich zusammen wider mich, werden sie mich schlagen,
und ich werde vertilgt, ich und mein Haus.
Sie aber sprachen:
Soll man denn an unsrer Schwester wie an einer Hure tun
   dürfen?!

Gott sprach zu Jaakob:
Mache dich auf, steige nach Bet-El hinan und verweile dort,
und errichte dort eine Schlachtstatt
der Gottheit, die von dir sich sehen ließ, als du vor Efsaw deinem Bruder entwichst.
Jaakob sprach zu seinem Haus und zu allen, die bei ihm waren:
Beseitigt die Götter der Fremde, die in eurer Mitte sind!
reinigt euch! wechselt eure Gewänder!
aufmachen wollen wir uns und hinansteigen nach Bet-El,
dort will ich eine Schlachtstatt errichten der Gottheit,
die mir erwiderte am Tag meiner Drangsal,
die bei mir gewesen ist auf dem Weg, den ich ging.
Sie gaben Jaakob alle Götter der Fremde, die in ihrer Hand,
   dazu die Weihringe, die in ihren Ohren waren,
und Jaakob verscharrte sie unter der Gotteiche, die bei Sichem
   ist.

Dann brachen sie auf.
Und eine Gottesscheu lag auf den Städten, die rings um sie
      waren,
daß sie nicht nachsetzten Jaakobs Söhnen.
Jaakob kam nach Lus im Land Kanaan, das ist Bet-El, er und
      alles Volk, das bei ihm war.
Er baute dort eine Schlachtstatt
und rief dem Ort zu:
Gottheit von Bet-El!
Denn dort hatten sich die Gottmächte ihm offenbart, als er vor
      seinem Bruder entwich.

Debora, die Amme Ribkas, starb,
sie wurde begraben unterhalb von Bet-El, unter der Stein-
      eiche,
und die nannte man Steineiche des Weinens.

Gott ließ von Jaakob sich noch einmal sehen, als er aus der
      Aramäerflur gekommen war,
und segnete ihn.
Gott sprach zu ihm:
Jaakob ist dein Name,
Jaakob werde nicht fürder dein Name gerufen,
sondern Jifsrael soll dein Name sein.
Und er rief seinen Namen: Jifsrael!
Gott sprach zu ihm:
Ich bin der Gewaltige Gott.
Fruchte und mehre dich!
Stamm, Versammlung von Stämmen soll aus dir werden,
Könige fahren von deinen Lenden aus.
Das Land,
das ich Abraham und Jizchak gab,
dir gebe ich es,
deinem Samen nach dir gebe ich das Land.
Gott stieg auf, hinauf von ihm, an dem Ort, wo er mit
      ihm geredet hatte.
Jaakob erstellte ein Standmal an dem Ort, wo er mit ihm ge-
      redet hatte, ein Standmal von Stein,
er goß einen Guß darauf und schüttete Öl darauf.

Jaakob rief den Namen des Ortes, wo Gott mit ihm geredet
hatte:
Bet-El, Haus der Gottheit!

Sie brachen auf von Bet-El.
Als es nur noch eine Strecke Lands war, nach Efrat zu kommen,
gebar Rachel,
und es fiel sie hart an über ihrem Gebären.
Es geschah, wie es ihr so hart wurde zu gebären,
die Geburtshelferin sprach zu ihr:
Fürchte dich nimmer,
gewiß, auch dieser wird dir ein Sohn!
Es geschah, wie ihr Odem ausfuhr,
denn sie war im Sterben:
sie rief seinen Namen: Benoni, Sohn meines Unheils.
Aber sein Vater rief ihm: Binjamin, Sohn der rechten Hand.
Rachel starb.
Sie wurde begraben auf dem Weg nach Efrat, das ist Betlehem.
Jaakob stellte ein Standmal auf ihr Grab,
das ist Rachels Grabmal bis heut.

Jifsrael brach auf und spannte sein Zelt über Herdenturm
hinaus.
Es geschah, als Jifsrael in jenem Lande wohnte: Ruben
ging hin und lag Bilha, dem Kebsweib seines Vaters,
bei.
Jifsrael hörte davon –

Zwölf also waren der Söhne Jaakobs,
Die Söhne Leas: Ruben, Jaakobs Erstling, Schimon, Lewi und
Jehuda, Jifsachar und Sbulun.
Die Söhne Rachels: Jofsef und Binjamin.
Die Söhne Bilhas, der Magd Rachels: Dan und Naftali.
Die Söhne Silpas, der Magd Leas: Gad und Ascher.
Diese sind die Söhne Jaakobs, die ihm in der Aramäerflur ge-
boren wurden.

Jaakob kam zu Jizchak seinem Vater nach Mamre, der Burg
    Arbas, das ist Hebron,
wo gegastet hatte Abraham und Jizchak.
Als der Tage Jizchaks hundert Jahre und achtzig Jahre waren,
    da verschied Jizchak.
Er starb und wurde zu seinen Volkleuten eingeholt, alt, an
    Tagen satt.
Ihn begruben Eſsaw und Jaakob seine Söhne.

Dies sind die Zeugungen Eſsaws, das ist Edom.
Eſsaw nahm seine Weiber von den Töchtern Kanaans:
Ada, Tochter Elons des Chetiters, Oholibama, Tochter Anas,
    Enkeltochter Zibons des Chiwwiters, und Baſsmat Tochter
    Jischmaels, Schwester Nbajots.
Ada gebar dem Eſsaw Elifas,
Baſsmat gebar Ruel,
Oholibama gebar Jusch, Jalam und Korach.
Dies die Söhne Eſsaws, die ihm im Lande Kanaan geboren
    wurden.

Eſsaw nahm seine Weiber, seine Söhne und seine Töchter, und
    alle Seelen seines Hauses.
seinen Herdenerwerb, all sein Lastvieh und all sein Erworbnes,
    das er im Lande Kanaan gewonnen hatte,
und ging in ein Land, weg von Jaakob seinem Bruder.
Denn ihres Zuchtgewinns war zu viel, beisammen zu siedeln,
nicht vermochte das Land ihrer Gastschaft sie zu tragen ob
    ihrem Herdenerwerb.
So siedelte Eſsaw im Gebirge Sſeïr, – Eſsaw, das ist Edom.
Dies nun sind die Zeugungen Eſsaws, des Stammvaters von
    Edom, im Gebirge Sſeïr.
Dies sind die Namen der Söhne Eſsaws:
Elifas Sohn Adas, Weibs Eſsaws, Ruel Sohn Baſsmats, Weibs
    Eſsaws.
Die Söhne des Elifas waren Teman, Omar, Zfo und Gatam
    und Knas.
Timna aber war ein Kebsweib des Elifas Sohn Eſsaws, sie ge-
    bar dem Elifas Amalek.
Dies die Söhne Adas, Weibs Eſsaws.

Und dies sind die Söhne Ruels: Nachat und Sarach, Schamma und Misa.

Dies waren die Söhne Baſsmats, Weibs Eſsaws.

Und dies waren die Söhne Oholibamas, Tochter Anas, Enkeltochter Zibons, Weibs Eſsaws:

sie gebar dem Eſsaw Jusch und Jalam und Korach.

Dies sind die Häuptlinge der Söhne Eſsaws:

Die Söhne des Elifas, des Erstlings Eſsaws, sind Häuptling
Teman, Häuptling Omar, Häuptling Zfo, Häuptling
Knas, Häuptling Korach, Häuptling Gatam, Häuptling
Amalek,

dies die Häuptlinge von Elifas im Lande Edom, dies die Söhne
Adas.

Und dies sind die Söhne Ruels, Sohns Eſsaws: Häuptling
Nachat, Häuptling Sarach, Häuptling Schamma, Häuptling Misa,

dies die Häuptlinge von Ruel im Lande Edom, dies die Söhne
Baſsmats, Weibs Eſsaws.

Und dies sind die Söhne Oholibamas, Weibs Eſsaws: Häuptling Jusch, Häuptling Jalam, Häuptling Korach,

dies die Häuptlinge von Oholibama, Tochter Anas, Weib
Dies die Söhne Eſsaws und dies ihre Häuptlinge.   [Eſsaws.
Das ist Edom.

Dies sind die Söhne Sfeïrs des Choriters, die Insassen des
Landes:

Lotan und Schobal und Zibon und Ana und Dischon und Ezer
und Dischan.

Dies die Häuptlinge des Choriters, die Söhne Sfeïrs im Lande
Edom.

Die Söhne Lotans waren Chori und Hemam, Lotans Schwester aber Timna.

Dies sind die Söhne Schobals: Alwan und Manachat und Ebal,
Schfo und Onam.

Dies sind die Söhne Zibons: so Aja wie Ana.

Das ist der Ana, der die Sprudel in der Wüste fand, als er Zibon seinem Vater die Esel weidete.

Dies sind die Söhne Anas: Dischon, und Oholibama war Anas
Tochter.

Dies sind die Söhne Dischons: Chemdan und Eschban und
  Jitran und Kran.
Dies sind die Söhne Ezers: Bilhan und Saawan und Akan.
Dies sind die Söhne Dischans: Uz und Aran.
Dies sind die Häuptlinge des Choriters:
Häuptling Lotan, Häuptling Schobal, Häuptling Zibon,
  Häuptling Ana, Häuptling Dischon, Häuptling Ezer, Häupt-
  ling Dischan.
Dies sind die Häuptlinge des Choriters nach ihren Häupt-
  lingsschaften im Lande Sſeïr.

Dies sind die Könige, die im Lande Edom Königschaft hatten,
  ehe ein König von den Söhnen Jiſraels Königschaft hatte:
In Edom hatte Königschaft Bala Sohn Bors, der Name seiner
  Stadt war Dinhaba.
Als Bala starb, trat statt seiner die Königschaft an Jobab, Sohn
  Sarachs aus Bazra.
Als Jobab starb, trat statt seiner die Königschaft an Chuscham
  aus dem Land des Temaniters.
Als Chuscham starb, trat statt seiner die Königschaft an Ha-
  dad Sohn Bdads, der schlug Midjan im Gefilde Moab, der
  Name seiner Stadt war Awit.
Als Hadad starb, trat statt seiner die Königschaft an Sſamla aus
  Maſsreka.
Als Sſamla starb, trat statt seiner die Königschaft an Schaul aus
  Rechobot am Strom.
Als Schaul starb, trat statt seiner die Königschaft an Baal-
  Chanan Sohn Akbors.
Als Baal-Chanan Sohn Akbors starb, trat statt seiner die Kö-
  nigschaft an Hadar, der Name seiner Stadt war Pau, der
  Name seines Weibes Mehetabel, Tochter Matreds, der
  Tochter Me-Sahabs.

Dies sind die Namen der Häuptlinge Eſaws nach ihren Sippen, nach ihren Ortschaften, mit ihren Namen:
der Häuptling von Timna, der Häuptling von Alwa, der Häupt-
  ling von Jetet, der Häuptling von Oholibama, der Häupt-
  ling von Ela, der Häuptling von Pinon, der Häuptling von
  Knas, der Häuptling von Teman, der Häuptling von Mibzar,
  der Häuptling von Magdïel, der Häuptling von Iram.

Dies sind die Häuptlinge von Edom nach ihren Sitzen im
Land ihrer Hufe.

Das ist Efsaw, der Stammvater von Edom.

Jaakob siedelte im Land der Gastschaft seines Vaters, im Land
   Kanaan.

Dies sind die Zeugungen Jaakobs.

Jofsef, siebzehnjährig, war mit seinen Brüdern beim Weiden
   der Schafe,
als Jungknecht mit den Söhnen Bilhas und den Söhnen Silpas,
   der Weiber seines Vaters.
Jofsef brachte ihren Ruf, einen bösen, vor ihren Vater.
Es liebte aber Jifsrael den Jofsef über alle seine Söhne,
denn ein Sohn des Alters war er ihm,
und er machte ihm einen knöchellangen Leibrock.
Als seine Brüder sahn, daß ihn ihr Vater über all seine Brüder
   liebte,
haßten sie ihn,
und sie vermochten nicht, ihn zum Frieden anzureden.

Jofsef träumte einen Traum und vermeldete ihn seinen Brüdern
– seitdem haßten sie ihn noch mehr –,
er sprach zu ihnen:
Hört doch diesen Traum, den ich träumte:
da,
wir binden Garbenbündel inmitten des Felds,
und da, meine Garbe richtet sich auf und steht auch schon,
und da, eure Garben umringen sie und neigen sich vor meiner
   Garbe.
Seine Brüder sprachen zu ihm:
König sein möchtest gar, König über uns
oder walten gern, walten du bei uns?
Seitdem haßten sie ihn noch mehr, für seine Träume, für seine
   Reden.
Er aber träumte nochmals, einen andern Traum, und erzählte
   ihn seinen Brüdern.
Er sprach:
Da, noch einen Traum habe ich geträumt:
da,
die Sonne und der Mond und elf Sterne neigen sich vor mir.

Als ers seinem Vater und seinen Brüdern erzählte,
schalt sein Vater ihn und sprach zu ihm:
Was ist das für ein Traum, den du geträumt hast!
kommen sollen wir, ich, deine Mutter und deine Brüder kommen,
uns vor dir zur Erde zu neigen?!
Seither neideten ihn seine Brüder.
Aber sein Vater bewahrte die Rede.

Seine Brüder gingen, die Schafe ihres Vaters in Sichem zu
  weiden.
Jifsrael sprach zu Jofsef:
Weiden nicht deine Brüder in Sichem? auf, ich will dich zu
  ihnen schicken.
Er sprach zu ihm:
Da bin ich.
Er aber sprach zu ihm:
Geh doch, sieh nach dem Wohl deiner Brüder und nach dem
  Wohl der Schafe
und erstatte mir Rede.
So schickte er ihn aus dem Tal von Hebron, und er kam nach
  Sichem.
Ein Mann fand ihn, da er auf dem Feld umirrte,
und der Mann fragte ihn, sprechend:
Was suchst du?
Er sprach:
Meine Brüder suche ich,
melde mir doch, wo hier sie weiden.
Der Mann sprach:
Aufgebrochen sind sie von hinnen,
denn ich hörte sie sprechen: Wir wollen nach Dotan gehn.
Jofsef ging seinen Brüdern nach und fand sie in Dotan.
Sie sahen ihn von fern,
und ehe er sich ihnen näherte, ränkelten sie wider ihn, ihn zu
  töten.
Sie sprachen einer zum andern:
Ach, da kommt ja jener Meister der Träume daher!
und nun, auf, bringen wir ihn um und werfen wir ihn in eins
  der Wasserlöcher

und sprechen: Ein böses Tier hat ihn gefressen!
Dann laßt uns sehn, was aus seinen Träumen wird!
Ruben hörte es und wollte ihn aus ihrer Hand retten, er
   sprach:
Wir wollen ihn nicht am Leben schlagen.
Ruben sprach zu ihnen:
Nimmer sollt Blut ihr vergießen!
werft ihn in dieses Loch in der Wüste,
aber legt nicht Hand an ihn! –
damit er ihn aus ihrer Hand rette, ihn zu seinem Vater zurück-
   zuführen.
Es geschah, als Joſsef zu seinen Brüdern kam:
sie streiften Joſsef seinen Leibrock ab,
den knöchellangen Leibrock, den er anhatte,
und nahmen ihn und warfen ihn ins Loch;
das Loch aber war leer, kein Wasser drin.
Und sie setzten sich, das Brot zu essen.

Sie hoben ihre Augen und sahn:
da kam ein Warenzug von Jischmaelitern einher, aus Gilad,
ihre Kamele Tragant, Mastix und Ladanharz tragend,
auf dem Gang, es hinab nach Ägypten zu führen.
Jehuda sprach zu seinen Brüdern:
Was ists für ein Gewinn,
wenn wir unsern Bruder umbringen und sein Blut verhüllen?
Auf, verkaufen wir ihn den Jischmaelitern,
aber unsre Hand sei nicht an ihm,
denn unser Bruder ist er, unser Fleisch!
Und seine Brüder hörten zu.

Derweil schritten Männer vorbei, Händler aus Midjan.
Sie holten Joſsef aus dem Loch herauf,
und sie verkauften Joſsef an die Jischmaeliter um zwanzig
   Silberstücke.
Die aber ließen Joſsef mitkommen nach Ägypten.

Ruben kehrte ans Wasserloch zurück,
da: Joſsef war nicht mehr in dem Loch!
Er zerriß seine Gewänder
und kehrte zu seinen Brüdern und sprach:

Das Kind ist nicht da!
und ich, ach wo komme ich hin!

Sie nahmen den Leibrock Joſefs,
sie metzten einen Ziegenbock
und tauchten den Leibrock ins Blut.
Sie schickten den knöchellangen Leibrock fort,
daß man damit zu ihrem Vater komme und spreche:
Dies haben wir gefunden,
betrachte doch,
ob es deines Sohns Leibrock ist oder nicht.
Er betrachtete ihn
und sprach:
Meines Sohns Leibrock!
ein böses Tier hat ihn gefressen,
zerfleischt, zerfleischt ist Joſef!
Jaakob zerriß seine Gewänder,
er legte das Sackleinen um seine Hüften
und trauerte um seinen Sohn viele Tage.
All seine Söhne und all seine Töchter standen auf, ihn zu trösten,
er aber weigerte, sich trösten zu lassen.
Er sprach:
Nein,
hinabfahren will ich zu meinem Sohn,
trauernd,
ins Gruftreich!
So weinte sein Vater um ihn.
Die Midjaniter aber hatten ihn nach Ägypten hin verkauft,
dem Potifar, einem Höfling Pharaos, dem Obersten der Pa-
    lastwache.

Um jene Zeit zog Jehuda von seinen Brüdern hinunter
und bog ab bis zu einem Mann aus Adullam hin, Chira war
    sein Name.
Dort sah Jehuda die Tochter eines kanaanitischen Mannes,
    Schua war sein Name,
er nahm sie und ging ein zu ihr.
Sie wurde schwanger und gebar einen Sohn, er rief seinen Na-
    men Her.

Wieder wurde sie schwanger und gebar einen Sohn, sie rief
　　seinen Namen Onan.
Und wieder, nochmals gebar sie einen Sohn, sie rief seinen
　　Namen Schela,
er war aber in Ksib, als sie ihn gebar.

Jehuda nahm für Her seinen Erstling ein Weib, ihr Name war
　　Tamar.
Aber Her, Jehudas Erstling, war arg in SEINEN Augen, und ER
　　ließ ihn sterben.
Jehuda sprach zu Onan:
geh ein zum Weib deines Bruders,
vollziehe die Schwagerehe an ihr
und lasse deinem Bruder Samen erstehn!
Onan aber wußte, daß nicht ihm der Same gehören
　　werde,
so geschahs, ging er ein zum Weib seines Bruders, verderbte
　　ers zur Erde,
um seinem Bruder keinen Samen zu geben.
In SEINEN Augen war arg, was er tat,
und er ließ auch ihn sterben.
Jehuda sprach zu Tamar seiner Schwiegerin:
Sitze als Witwe im Haus deines Vaters,
bis mein Sohn Schela groß ist!
Denn er sprach zu sich:
Sonst stirbt auch er wie seine Brüder!
Tamar ging und saß im Haus ihres Vaters.
Viele Tage verstrichen.

Die Tochter Schuas, Jehudas Weib, starb.
Als Jehuda sich trösten durfte,
stieg er hinan nach Timna wegen seiner Schafscherer, er und
　　sein Genosse Chira der Adullamit.
Man meldete es Tamar, sprechend: Da, dein Schwäher steigt
　　hinan nach Timna zur Schur seiner Schafe.
Sie tat die Gewänder ihrer Witwenschaft von sich,
sie verhüllte sich mit dem Schleier und wickelte sich darein
und setzte sich an den Einlaß vor Zweibrunn, das am Weg
　　nach Timna ist,

denn sie sah, großgeworden war Schela, sie aber wurde ihm
 nicht zum Weib gegeben.
Jehuda sah sie und erachtete sie für eine Hure, denn sie hatte
 ihr Antlitz verhüllt.
Er bog ab zu ihr an den Weg und sprach:
Laß mich doch, bitte, zu dir eingehn –
denn er erkannte nicht, daß es seine Schwiegerin war.
Sie sprach:
Was gibst du mir, wenn du zu mir eingehn darfst?
Er sprach:
Ich da, ein Ziegenböcklein schicke ich von der Herde.
Sie sprach:
Wenn du eine Bürgschaft gibst, bis dus schickst.
Er sprach:
Was ist die Bürgschaft, die ich dir geben soll?
Sie sprach:
Dein Petschaft, deine Schnur und deinen Stab, der in deiner
 Hand ist.
Er gabs ihr, dann ging er zu ihr ein, und sie wurde von ihm
 schwanger.
Sie erhob sich und zog hinweg,
sie tat ihren Schleier von sich und kleidete sich in die Gewän-
 der ihrer Witwenschaft.
Jehuda aber schickte das Ziegenböcklein durch die Hand
 seines Genossen, des Adullamiten, die Bürgschaft aus der
 Hand des Weibes zu nehmen,
aber der fand sie nicht.
Er fragte die Leute ihres Orts, sprechend:
Wo ist die Weihdirne, die da in Zweibrunn, am Weg?
Sie sprachen:
Eine Weihdirne ist hier nicht gewesen.
Er kehrte zu Jehuda zurück und sprach:
Ich fand sie nicht, auch sprachen die Leute des Orts: Eine
 Weihdirne ist hier nicht gewesen.
Jehuda sprach:
So mag sie sichs nehmen, sonst werden wir zum Spott:
ich habe nun dieses Böcklein geschickt, du aber hast sie nicht
 gefunden.
Es geschah etwa nach einer Dreimonatsfrist –

man meldete Jehuda, sprechend:
Gehurt hat Tamar deine Schwiegerin,
auch ist sie nun von Hurerei schwanger geworden.
Jehuda sprach:
Führt sie hinaus! sie werde verbrannt!
Wie sie hinausgeführt wurde,
schickte sie zu ihrem Schwäher und hieß sprechen:
Von dem Mann, dem diese gehören, bin ich schwanger;
und sprechen:
Betrachte doch,
wem gehören diese, Petschaft und Schnüre und Stab?
Jehuda betrachtete,
und er sprach:
Bewährt ist sie, mehr als ich, –
warum habe ich sie meinem Sohn Schela nicht gegeben!
Er erkannte sie aber nicht noch einmal.

Es geschah zur Zeit ihres Gebärens, da, Zwillinge waren in
    ihrem Leib.
Und es geschah, als sie am Gebären war, daß eins die Hand
    vorgab.
Die Geburtshelferin nahm einen Karmesinfaden und knotete
    ihn an seine Hand, sprechend:
Der ist zuerst hervorgefahren.
Wie er aber seine Hand zurückzog, da fuhr sein Bruder her-
    vor.
Sie sprach:
Was hast du einen Riß für dich gerissen!
So rief man seinen Namen Parez, Riß.
Danach fuhr sein Bruder hervor, an dessen Hand der Kar-
    mesinfaden war.
Man rief seinen Namen Sarach.

Als Josef nach Ägypten hinabgebracht wurde,
erwarb ihn Potifar, ein Höfling Pharaos, der Oberste der
    Palastwache, ein ägyptischer Mann, aus der Hand der Jisch-
    maeliter, die ihn dorthin gebracht hatten.
Und ER war mit Josef, daß er ein Mann des Gelingens wurde.
Wie er im Haus seines Herrn, des Ägypters, blieb,

sah sein Herr, daß ER mit ihm ist
und alles, was er zu tun hat, ER in seiner Hand gelingen läßt.
Gunst fand Joſef in seinen Augen, er durfte ihm aufwarten.
Dann verordnete er ihn über sein Haus, und alles ihm Ange-
    hörige gab er in seine Hand.
Und von da an, seit er ihn über sein Haus und über alles das
    ihm gehörte verordnet hatte,
segnete ER Joſefs halber das Haus des Ägypters,
Segen von IHM war auf allem, das ihm gehörte, in Haus
    und Feld.
So überließ er alles, was sein war, in Joſefs Hand
und machte sich neben ihm um gar nichts mehr zu wissen als
    um das Brot, das er aß.
Joſef aber wurde schön von Gestalt und schön von Ange-
    sicht.
Es geschah nach diesen Begebnissen,
das Weib seines Herrn schlug ihre Augen zu Joſef auf und
    sprach:
Liege bei mir!
Er aber weigerte sich,
er sprach zum Weib seines Herrn:
Da, mein Herr macht sich neben mir um nichts mehr zu
    wissen, was im Haus ist,
alles, was ihm gehört, hat er in meine Hand gegeben,
er selber ist in diesem Haus nicht größer als ich,
gar nichts hat er mir vorenthalten
als dich allein, dieweil du sein Weib bist.
Wie sollte ich nun dieses große Übel tun!
an Gott würde ich sündigen!
Es geschah aber,
da sie Tag um Tag Joſef anredete, er aber hörte nicht auf sie,
    bei ihr zu liegen, mit ihr zu sein –
es geschah an einem solchen Tag,
er kam ins Haus, seine Arbeit zu tun,
und keiner von den Hausleuten war dort im Haus, –
sie faßte ihn an seinem Gewand, sprechend:
Liege bei mir!
Er aber ließ sein Gewand in ihrer Hand und floh, entsprang ins
    Freie.

Es geschah, wie sie sah, daß er sein Gewand in ihrer Hand ge-
    lassen hatte und war ins Freie entflohn, –
sie rief ihre Hausleute herbei und sprach zu ihnen, sprach:
Seht! einen ebräischen Mann hat er uns herkommen lassen,
    daß er sein Spiel mit uns treibe!
zu mir ist er gekommen und wollte bei mir liegen,
ich aber rief mit lauter Stimme,
und es geschah, wie er hörte, daß ich meine Stimme erhebe
    und rufe:
er ließ sein Gewand neben mir und floh, entsprang ins Freie.
Und sie legte sein Gewand neben sich, bis sein Herr nach
    Hause käme.
Dieser Rede gleich redete sie zu ihm, sprach:
Der ebräische Knecht, den du uns hast herkommen lassen,
der kam zu mir und wollte sein Spiel mit mir treiben,
es geschah aber, wie ich meine Stimme erhob und rief:
er ließ sein Gewand neben mir und floh ins Freie.
Es geschah, als sein Herr die Rede seines Weibes hörte, die sie
    zu ihm redete,
sprechend: Dieser Rede gleich hat dein Knecht mir getan –
sein Zorn entflammte,
der Herr Jofsefs nahm ihn und übergab ihn in das Zwinger-
    haus,
den Ort, wo die Königsgefangnen gefangen sind.
Er blieb dort im Zwinger.
Aber ER war mit Jofsef und neigte ihm Huld zu,
er gab ihm Gunst in den Augen des Zwingervogts.
Der Zwingervogt gab in Jofsefs Hand alle Gefangnen die
    im Zwinger waren,
alles was man dort zu tun hatte, er wars der es tat.
Der Zwingervogt sah nach ganz und gar nichts in seiner Hand,
weil ER mit ihm war
und, was er tat, ER gelingen ließ.

Nach diesen Begebnissen geschah,
der Schenk des Königs von Ägypten und der Bäcker ver-
    sündigten sich gegen ihren Herrn, den König von Ägypten,
Pharao ergrimmte über seine zwei Höflinge, über den Ober-
    sten der Schenken und über den Obersten der Bäcker,

und gab sie in Gewahrsam ins Haus des Obersten der Palastwache, in das Zwingerhaus, den Ort, wo Josef gefangen war.

Der Oberste der Palastwache aber ordnete ihnen Josef bei,
daß er ihnen aufwarte.

Sie blieben manche Tage in Gewahrsam.

Und sie träumten, beide, einen Traum, jeder seinen Traum, in
einer einzigen Nacht, jeder nach der Bedeutung seines
Traums,

der Schenk und der Bäcker des Königs von Ägypten, die im
Zwingerhaus gefangen waren.

Am Morgen kam Josef zu ihnen und sah sie an, da, verdrossen
waren sie.

Er fragte die Höflinge Pharaos, die mit ihm in Gewahrsam
im Haus seines Herrn waren, sprechend:

Weshalb ist euer Antlitz heuttags so übel?

Sie sprachen zu ihm:

Einen Traum haben wir geträumt, und keiner ist, der ihn
deute.

Josef sprach zu ihnen:

Sind Deutungen nicht Gottes?

erzählt mir doch!

Der Oberste der Schenker erzählte Josef seinen Traum, er
sprach zu ihm:

In meinem Traum –

da, ein Weinstock vor mir,

und am Weinstock drei Ranken,

und wie er ausschlägt, stieg schon die Blüte,

schon reiften seine Trauben Beeren, –

und in meiner Hand Pharaos Becher,

da nehme ich die Beeren

und presse sie in Pharaos Becher

und gebe den Becher in Pharaos Faust.

Josef sprach zu ihm:

Dies ist seine Deutung:

Die drei Ranken sind drei Tage –

drei Tage noch,

dann erhöht Pharao dein Haupt,

er läßt dich wieder in deine Bestallung kehren

und du gibst Pharaos Becher ihm zuhand
nach der frühern Gerechtsame, als du sein Schenke warst.
Mögest du dich denn mein erinnern, wenn dirs gut geht,
o tue Huld an mir und erinnre mich dem Pharao,
und führe mich aus diesem Haus.
Gestohlen nämlich, gestohlen bin ich aus dem Land der
　　Ebräer,
und auch hier habe ich gar nichts getan,
daß sie mich ins Loch gesteckt haben.
Als der Oberste der Bäcker sah, daß er zum Guten gedeutet
　　hatte,
sprach er zu Jofsef:
Auch ich in meinem Traum –
da, drei Körbe Weißbrots auf meinem Kopf,
und im obersten Korb allerhand Eßware für Pharao, Back-
　　werk,
und das Vogelvolk frißts aus dem Korb von meinem Kopf
　　hinweg.
Jofsef antwortete, er sprach:
Dies ist seine Deutung:
Die drei Körbe sind drei Tage –
drei Tage noch,
dann erhöht Pharao dein Haupt über dich hinweg,
er hängt dich ans Holz,
und das Vogelvolk frißt dein Fleisch von dir hinweg.
Und es geschah am dritten Tag,
dem Geburtstag Pharaos,
er machte ein Trinkmahl für all seine Diener,
und erhöhte das Haupt des Obersten der Schenken und das
　　Haupt des Obersten der Bäcker inmitten seiner Diener:
den Obersten der Schenken ließ er wieder in sein Schenken-
　　amt kehren,
daß den Becher er gab in Pharaos Faust,
und den Obersten der Bäcker hängte er,
wie Jofsef ihnen gedeutet hatte.
Doch der Oberste der Schenken erinnerte sich Jofsefs nicht,
er vergaß ihn.

Nach Verlauf zweier Jahre geschah,

daß Pharao träumte:

Da, er steht an dem Fluß,

und da, aus dem Fluß steigend sieben Kühe,

schön von Aussehn und fett von Fleisch,

und sie weideten im Ried,

und da, ihnen nach aus dem Fluß steigend sieben andre Kühe,

übel von Aussehen und mager von Fleisch,

und sie standen neben den Kühen am Ufer des Flusses,

und die von Aussehn übeln und von Fleisch magern Kühe
fraßen

die sieben von Aussehn schönen, die fetten Kühe.

Pharao erwachte.

Er schlief ein und träumte zum zweitenmal:

Da, an einem einzigen Halm steigend sieben Ähren, fett und
    gut,

und da, ihnen nachschießend sieben Ähren, mager und vom
    Ostwind versengt,

und die mageren Ähren

verschlangen

die sieben fetten und vollen Ähren.

Pharao erwachte,

da: es war ein Traum.

Am Morgen aber geschahs, daß sein Geist aufgerührt war.

Er sandte und ließ alle Magier Ägyptens und all seine Weisen
    rufen.

Pharao erzählte ihnen seinen Traum,

aber keiner konnte sie dem Pharao deuten.

Nun redete der Oberste der Schenken zu Pharao, sprechend:

Meine Sünden muß ich heute erinnern:

Pharao war ergrimmt über seine Knechte

und gab mich in Gewahrsam ins Haus des Obersten der Pa-
    lastwache,

mich und den Obersten der Bäcker.

Wir träumten einen Traum, in einer einzigen Nacht,
    ich und er,

jeder nach der Bedeutung seines Traums träumten wir.

Und dort war mit uns ein ebräischer Jüngling, Knecht des
    Obersten der Palastswache,

dem erzählten wirs und er deutete uns unsre Träume,

jedem nach seinem Traum deutete er.

Und es geschah: wie er uns deutete, so ists geschehn,

mich hat man wieder in meine Bestallung kehren lassen, und
    jenen hat man gehängt.

Pharao sandte und ließ Josef rufen.

Schleunig holten sie ihn aus dem Loch,

er schor sich, wechselte seine Gewänder und kam zu Pharao.

Pharao sprach zu Josef:

Ich habe einen Traum geträumt, und keiner ist, der ihn deute.

Ich aber, ich habe von dir sprechen gehört, du brauchest einen
    Traum nur zu hören, um ihn zu deuten.

Josef antwortete Pharao, sprechend:

Ohne mich!

Gott möge antworten, was zu Pharaos Frieden ist.

Pharao redete zu Josef:

In meinem Traum –

da, ich stehe am Ufer des Flusses,

und da, aus dem Fluß steigend sieben Kühe, fett von Fleisch
    und schön von Gestalt,

und sie weideten im Ried,

und da, ihnen nachsteigend sieben andre Kühe,

elend und sehr übel von Gestalt und hager von Fleisch,

in allem Land Ägypten habe ich nie ihresgleichen an Übel-
    beschaffenheit gesehn,

und die sieben hagern und übeln Kühe fraßen die sieben
    ersten, die fetten Kühe,

die kamen in ihren Leib, aber daß sie in ihren Leib gekommen
    waren, nicht wars zu erkennen:

ihr Aussehn war übel wie zu Beginn.

Und ich erwachte.

Und wieder sah ich in meinem Traum:

da, an einem Halm steigend sieben Ähren, voll und gut,

und da, ihnen nachschießend sieben Ähren, hart, mager, vom
    Ostwind versengt,

und die sieben magern Ähren verschlangen die sieben guten
    Ähren.

Ich habe mit den Magiern gesprochen, aber keiner kann mir
    etwas ermelden.

Josef sprach zu Pharao:

Pharaos Traum ist eins.

Was Gott tun will, hat er Pharao gemeldet.

Die sieben guten Kühe sind sieben Jahre

und die sieben guten Ähren sind sieben Jahre –

ein einziger Traum ists.

Und die sieben hagern und übeln Kühe, die ihnen nachge-

stiegen sind,

sind sieben Jahre,

und die sieben hohlen, vom Ostwind versengten Ähren:

sieben Jahre des Hungers werden es sein.

Das ist die Rede, die ich zu Pharao geredet habe:

was Gott tun will, hat er Pharao sehen lassen.

Da:

sieben Jahre kommen,

große Sättigung in allem Land Ägypten,

und nach ihnen erstehen sieben Jahre des Hungers,

vergessen wird all die Sättigung im Land Ägypten,

so zehrt der Hunger das Land all auf,

und nicht ist zu erkennen, daß Sättigung im Land war,

wegen jenes Hungers hernach,

denn er ist sehr schwer.

Und daß der Traum sich Pharao doppelte, zu zwei Malen,

meint:

festgegründet ist die Sache bei Gott,

und Gott eilt, sie zu tun.

Jetzt aber ersehe Pharao sich einen Mann, verständig und

weise,

den setze er über das Land Ägypten!

Pharao tue dies, daß er Verordnete über das Land ordne

und wappne das Land Ägypten in den sieben Jahren der Sätti-

gung.

Häufen sollen sie allerart Eßvorrat dieser kommenden guten

Jahre,

Korn speichern unter Pharaos Hand in den Städten als Eß-

vorrat und verwahren.

So sei der Eßvorrat ein Sparverordnetes dem Land

auf die sieben Jahre des Hungers, die im Land Ägypten sein

werden,

daß das Land nicht gerodet werde vom Hunger.

Gut erschien die Rede in den Augen Pharaos und in den Augen all seiner Diener.

Pharao sprach zu seinen Dienern:

Könnten wir noch einen finden wie dieser, einen Mann, in dem Geist eines Gottes ist?

Pharao sprach zu Joſef:

Nachdem ein Gott dich dies alles hat erkennen lassen,

ist keiner verständig und weise wie du,

du also sollst über meinem Haus sein,

auf deines Munds Geheiß soll all mein Volk sich rüsten,

nur um den Thron will ich größer sein als du.

Pharao sprach zu Joſef:

Sieh, ich gebe dich über alles Land Ägypten.

Pharao streifte seinen Siegelring von seiner Hand und gab ihn an die Hand Joſefs,

er kleidete ihn in Linnengewänder und legte die goldene Kette um seinen Hals,

er ließ ihn fahren in seinem Zweitgefährt und vor ihm ausrufen: »Abrek«, Achtung! –

er gab ihn über alles Land Ägypten.

Pharao sprach zu Joſef:

Ich bin Pharao,

aber ohne dich hebe niemand seine Hand und seinen Fuß in allem Land Ägypten.

Pharao rief den Namen Joſefs »Zofnat Paneach«,

er sprichts zu, und man lebt auf.

Er gab ihm Aſnat, Tochter des Poti Fera, Priesters von On, zum Weibe.

Joſef zog aus über das Land Ägypten.

Joſef aber war dreißig Jahre, als er vor dem Antlitz Pharaos, des Königs von Ägypten stand.

Von Pharaos Antlitz zog Joſef aus und durchquerte alles Land Ägypten.

In den sieben Jahren der Sättigung trug das Land zum Zugreifen.

Er häufte allerart Eßvorrat der sieben Jahre, die im Land Ägypten waren,

und gab Eßvorrat in die Städte,

den Eßvorrat vom Feld einer Stadt, das rings um sie war, tat
   er in die.
Jofsef speicherte Korn wie Sand des Meeres, sehr viel,
bis man aufhören mußte zu zählen, denn es war unzählbar.

Zwei Söhne wurden Jofsef geboren, eh das Jahr des Hungers
   kam,
die ihm Afsnat gebar, Tochter des Poti Fera, Priesters von On.
Jofsef rief den Namen des Erstlings: Mnasche, Der entsinken
   läßt –
denn: Entsinken ließ mir Gott all meinen Harm, all mein
   Vaterhaus.
Und den Namen des zweiten rief er: Efrajim, Zwiefrucht,
denn: Fruchten machte mich Gott im Land meiner Bedrük-
   kung.

Zu Ende gingen die sieben Jahre der Sättigung, die im Land
   Ägypten war,
zu kommen anfingen die sieben Jahre des Hungers, wie
   Jofsef gesprochen hatte.
Hunger war in allen Ländern, aber in allem Land Ägypten
   war Brot.
Als nun alles Land Ägypten hungerte und das Volk zu Pharao
   um Brot schrie,
sprach Pharao zu allem Ägypten:
Geht zu Jofsef, was er euch zuspricht tut.
Der Hunger war überall auf der Fläche des Erdlands.
Jofsef öffnete alles, worin etwas war, und hielt Markt für
   Ägypten.
Und stärker wurde der Hunger im Land Ägypten.
Und aus allem Erdland kamen sie nach Ägypten zumarkte, zu
   Jofsef,
denn stark war der Hunger in allem Erdland.

Als Jaakob sah, daß Markt in Ägypten war,
sprach Jaakob zu seinen Söhnen:
Warum seht ihr einander an?
Und er sprach:
Da habe ich gehört, daß Markt in Ägypten ist –
zieht dort hinab und ermarktet von dort für uns,

daß wir am Leben bleiben und nicht sterben.

Jofsefs Brüder zogen hinab, ihrer zehn, Korn aus Ägypten zu
ermarkten.

Den Binjamin aber, Jofsefs Vollbruder, schickte Jaakob nicht
mit seinen Brüdern,

denn er sprach: Es könnte sonst ein Leides ihn treffen!

Jifsraels Söhne kamen zumarkt inmitten der Gekommnen,

denn der Hunger war im Lande Kanaan.

Jofsef aber war der Machthaber über das Land, er wars der
Markt hielt für alles Volk des Landes.

Jofsefs Brüder kamen und neigten sich vor ihm, Stirn zur
Erde.

Jofsef sah seine Brüder und kannte sie,

aber er stellte sich unbekannt gegen sie und redete hart mit
ihnen.

Er sprach zu ihnen:

Woher seid ihr gekommen?

Sie sprachen:

Aus dem Lande Kanaan, Eßware zu ermarkten.

Aber ob schon Jofsef seine Brüder kannte, sie kannten ihn
nicht.

Und Jofsef gedachte der Träume, die er von ihnen geträumt
hatte.

Er sprach zu ihnen:

Späher seid ihr!

die Blöße des Landes zu sichten seid ihr gekommen!

Sie sprachen zu ihm:

Nein, mein Herr!

Deine Knechte sind gekommen, Eßware zu ermarkten.

Wir alle sind Söhne Eines Mannes,

rechtschaffen sind wir,

nie sind deine Knechte Späher gewesen.

Er aber sprach zu ihnen:

Nein!

sondern ihr seid gekommen die Blöße des Landes zu sichten!

Sie sprachen:

Deiner Knechte sind zwölf, Brüder sind wir, Söhne Eines
Mannes, im Lande Kanaan,

so nämlich:
der Jüngste ist bei unserm Vater heute,
und einer ist nicht mehr da.
Joſsef sprach zu ihnen:
Das ists, was ich zu euch geredet habe, sprechend: Späher
    seid ihr.
Daran sollt ihr erprobt werden:
Beim Leben Pharaos!
ob je ihr von hinnen sollt,
es sei denn, euer jüngster Bruder kommt her!
Schickt von euch einen, daß er euren Bruder herhole.
ihr aber bleibt gefangen.
Erprobt sollen eure Reden werden, ob Vertrauen mit euch
    sein darf –
und wenn nicht: beim Leben Pharaos, Späher seid ihr.
Er ließ sie mitsammen drei Tage in Gewahrsam halten.
Am dritten Tag sprach Joſsef zu ihnen:
Seid dies zu tun bereit, so bleibt ihr am Leben,
denn Gottes bin ich fürchtig:
seid ihr rechtschaffen,
sitze von euch Brüdern einer im Haus eures Gewahrsams ge-
    fangen,
ihr aber geht, bringt Marktgetreide für den Hungerbedarf
    eurer Häuser,
und dann sollt ihr euren jüngsten Bruder zu mir bringen,
daß eure Worte sich getreu erzeigen und ihr nicht sterben
    müßt.
Sie waren bereit so zu tun.
Aber sie sprachen einer zum andern:
Dennoch,
schuldig sind wir:
an unserem Bruder!
wir sahen die Drangsal seiner Seele,
wie er uns anflehte,
und wir hörten nicht!
darum ist diese Drangsal an uns gekommen!
Ruben antwortete ihnen, sprechend:
Sprach ich nicht zu euch, sprach: Versündigt euch nimmer an
    dem Kind!

ihr aber habt nicht gehört –
sein Blut, da, nun wirds heimgefordert!
Sie wußten nicht, daß Joſef hinhörte, denn der Dolmetſch
　　war zwischen ihnen.
Er aber wandte sich von ihnen und weinte.
Dann kehrte er sich wieder zu ihnen und redete zu ihnen
und ließ Schimon von ihnen nehmen und ihn vor ihren Augen
　　gefangensetzen.
Joſef gebot, daß man ihr Zeug mit Korn fülle
und ihr Silber jedem in seinen Sack zurücklege
und ihnen Zehrung auf den Weg gebe.
Man tat ihnen so.
Sie trugen ihr Marktgetreide auf ihre Esel und gingen von
　　dannen.
Als aber der eine seinen Sack öffnete, um in der Herberge
　　seinem Esel Futter zu geben,
sah er sein Silber: da wars, an der Mündung seines Ranzens.
Er sprach zu seinen Brüdern:
Mein Silber ist zurückgeraten, da ists gar in meinem
　　Ranzen!
Ihr Herz entwich, sie erbebten einander zu, sprechend:
Was hat uns Gott da getan!
Sie kamen zu ihrem Vater Jaakob ins Land Kanaan
und meldeten ihm alles, was sie betroffen hatte, sprechend:
Hart hat mit uns der Mann geredet, der Herr des Landes,
er gab uns für Späher im Land aus.
Wir sprachen zu ihm: Wir sind rechtschaffen, nie sind wir
　　Späher gewesen,
zwölf sind wir, Brüder, Söhne unsres Vaters,
einer ist nicht mehr da, der Jüngste ist bei unserm Vater im
　　Lande Kanaan heute.
Aber der Mann, der Herr des Landes, sprach zu uns:
Daraus werde ich wissen, ob ihr rechtschaffen seid:
von euch Brüdern einen hinterlasset bei mir,
den Hungerbedarf eurer Häuser nehmt und geht,
und euren jüngsten Bruder bringet mir,
dann werde ich wissen, daß ihr nicht Späher seid, daß ihr
　　rechtschaffen seid,
euren Bruder gebe ich euch, und ihr mögt das Land bereisen.

Es geschah aber, wie sie ihre Säcke leerten: da war eines jeden
    Silberbündel in seinem Sack.
Sie sahen ihre Silberbündel an, sie und ihr Vater, und er-
    schraken.
Jaakob, ihr Vater, sprach zu ihnen:
Ihr verwaist mich!
Jofsef ist nicht mehr da,
Schimon ist nicht da,
nun wollt ihr Binjamin nehmen –
auf mich gerät das alles!
Ruben sprach zu seinem Vater, sprach:
Meine beiden Söhne töte,
lasse ich dir ihn nicht wiederkommen,
gib ihn an meine Hand,
und ich, ich bringe dir ihn zurück!
Er aber sprach:
Nicht soll mein Sohn mit euch hinab!
sein Bruder ist ja tot,
er allein ist überblieben –
träfe ein Leides ihn auf dem Weg, den ihr geht,
ihr ließet mein Grauhaar im Jammer zum Gruftreich hinab-
    fahren.

Aber der Hunger war schwer im Land.
Als sie dann das aus Ägypten gebrachte Marktgetreide aufge-
    gessen hatten,
sprach ihr Vater zu ihnen:
Kehrt zurück, ermarktet für uns ein wenig Eßware.
Jehuda sprach zu ihm, sprach:
Verwarnt hat uns der Mann, verwarnt,
sprechend: Nicht sollt ihr mein Antlitz sehn, euer Bruder sei
    denn mit euch.
Bist du willens unsern Bruder mit uns zu schicken, ziehen wir
    hinab und ermarkten Eßware dir.
Bist du aber nicht willens ihn zu schicken, ziehen wir nicht
    hinab,
denn der Mann sprach zu uns: Nicht sollt ihr mein Antlitz
    sehn, euer Bruder sei denn mit euch.
Jifsrael sprach:

Warum habt ihr mir so übelgetan, dem Mann zu melden, daß
　　ihr noch einen Bruder habt?

Sie sprachen:

Gefragt hat der Mann, Fragen nach uns und nach unsrer Ver-
　　wandtschaft,

sprechend: Lebt noch euer Vater? habt ihr einen Bruder?

Wir meldetens ihm, nach dem Geheiß dieser Reden.

Konnten wir wissen denn, wissen, daß er sprechen würde:
　　Holt euren Bruder herab!?

Jehuda sprach zu Jifsrael seinem Vater:

Schick nur den Knaben mit mir,

und wir machen uns auf und gehn

und dürfen leben und müssen nicht sterben,

so wir, so du, so unsre Kleinen!

Ich selber will bürgen für ihn,

von meiner Hand heische ihn!

lasse ich ihn nicht heimkommen dir,

stelle ihn nicht vor dich,

gesündigt habe ich dir alle Tage!

Ja, hätten wir nicht gezögert, wir wären ja jetzt schon zwei-
　　mal zurück.

Jifsrael, ihr Vater, sprach zu ihnen:

Muß es denn also sein, tut dies:

nehmt in euer Zeug von dem Preis des Landes

und tragts dem Mann als Spende hinab:

etwas Mastix, etwas Honig, Tragant und Ladanharz, Pistazien
　　und Mandeln.

Und Silber zwiefältig nehmt in eure Hand:

das an die Mündung eurer Ranzen zurückgeratne Silber bringt
　　in eurer Hand wieder zurück,

vielleicht war es ein Irrtum.

Und euren Bruder nehmt.

Macht euch nun auf, kehrt wieder zurück zu dem Mann!

Der Gewaltige Gott gebe euch Erbarmen vor dem Mann,

daß er euch freischicke euren andern Bruder und dazu Bin-
　　jamin!

Ich aber – wie ich verwaisen soll, muß ich verwaisen!

Die Männer nahmen diese Spende, und Zwiefältiges an Silber
　　nahmen sie in ihre Hand

und Binjamin
und machten sich auf und zogen nach Ägypten hinab
und standen hin vor Jofsef.
Jofsef sah Binjamin bei ihnen,
und sprach zu seinem Hauswart:
Laß die Männer ins Haus kommen, schlachte Schlachtvieh
        und richts her,
denn bei mir sollen die Männer zu Mittag essen.
Der Mann tat, wie Jofsef gesprochen hatte, er ließ die Männer
        in Jofsefs Haus kommen.
Aber die Männer fürchteten sich, weil man sie in Jofsefs Haus
        kommen ließ, und sprachen:
Wegen des Silbers, das beim vorigen Mal in unsre Ranzen zu-
        rückgeriet, läßt man uns herkommen,
daß man sich über uns wälze, über uns stürze und in Knecht-
        schaft uns nehme samt unsern Eseln.
Sie traten zu dem Mann, Jofsefs Hauswart, und redeten zu
        ihm am Einlaß des Hauses,
sie sprachen:
Ach, mein Herr!
herabgezogen waren wir ein voriges Mal, zumarkt um Eß-
        ware gezogen,
und wie wir dann in die Herberge kamen und öffneten unsre
        Ranzen,
da war eines jeden Silber an der Mündung seines Ranzens,
        unser Silber nach seinem Gewicht, –
nun erstatten wirs mit unsern Händen zurück;
auch andres Silber haben wir in unsrer Hand mit herabge-
        nommen, Eßwaren zu ermarkten;
wir wissen nicht, wer unser Silber in unsre Ranzen gelegt
        hat.
Er sprach:
Frieden euch, fürchtet euch nimmer!
euer Gott, der Gott eures Vaters, hat euch einen Hort in eure
        Ranzen gegeben, euer Silber ist an mich gekommen.
Er brachte ihnen Schimon heraus.
Dann ließ der Mann die Männer in Jofsefs Haus kommen,
und gab Wasser, daß sie die Füße sich badeten,
und gab ihren Eseln Futter.

Sie richteten die Spende her, bis Josef am Mittag käme,
denn sie hatten gehört, daß sie dort das Brot essen sollten.
Als Josef nach Hause kam, kamen sie zu ihm mit der Spende,
   die sie in Händen hatten, ins Haus,
und neigten sich vor ihm zur Erde.
Er fragte nach ihrem Wohl und sprach:
Ist euer alter Vater wohlauf, von dem ihr sprachet?
lebt er noch?
Sie sprachen: Wohlauf ist dein Knecht, unser Vater, er lebt
   noch –
und bückten und verneigten sich.
Er hob seine Augen und sah Binjamin, seinen Bruder, den
   Sohn seiner Mutter,
und er sprach:
Ist das euer jüngster Bruder, von dem ihr zu mir spracht?
und sprach:
Gott sei dir hold, mein Sohn!
Und eilig
– denn sein Eingeweide glühte seinem Bruder zu, er mußte
   weinen –
kam Josef in die Kammer und weinte dort.
Dann badete er sein Antlitz, trat hervor, bezähmte sich und
   sprach:
Tragt das Brot auf!
Man trug auf, ihm besonders und ihnen besonders und den
   Ägyptern, die mit ihm aßen, besonders.
Denn die Ägypter können nicht mit den Ebräern zusammen
   das Brot essen, das ist für Ägypter ein Greuel.
Sie saßen aber vor ihm, der Erstling nach seinem Erstlingtum
   und der Spätling nach seinem Spätlingtum,
und die Männer staunten darob einander an.
Er ließ Gänge von sich aus zu ihnen hinübergehn,
Binjamins Gang aber war fünffach größer als ihrer aller
   Gänge.
Dann tranken sie mit ihm und berauschten sich.
Er aber gebot seinem Hauswart, sprechend:
Fülle die Ranzen dieser Männer mit Eßware, soviel sie nur
   tragen können,
und lege das Silber eines jeden an die Mündung seines Ranzens,

und meinen Kelch, den Silberkelch, lege an die Mündung des
Ranzens des Jüngsten, mitsamt dem Silber, für das er er-
marktet hat!
Er tat nach Josefs Rede, die er geredet hatte.
Wie der Morgen licht ward, schickte man die Männer heim,
sie und ihre Esel.
Eben waren sie zur Stadt hinaus, noch nicht fern, als Josef zu
seinem Hauswart sprach:
Mache dich auf, jage den Männern nach, und hast du sie eingeholt, sprich zu ihnen:
Warum habt ihr Böses für Gutes gezahlt?
ists nicht das, woraus mein Herr trinkt und woraus er Ahnung
zu erahnen pflegt?!
Böses habt ihr mit dem, was ihr tatet, verübt!
Er holte sie ein und redete diese Rede mit ihnen.
Sie sprachen zu ihm:
Warum redet mein Herr solche Rede!
weitab seis deinen Knechten, dergleichen zu tun!
haben wir ja das Silber, das wir an der Mündung unsrer Ranzen fanden, dir zurückgebracht aus dem Lande Kanaan –
wie sollten wir Silber oder Gold aus dem Haus deines Herrn
stehlen!
bei wems von deinen Knechten sich findet, er sterbe,
und auch wir, wir seien fortan meinem Herrn verknechtet.
Er sprach:
Soll es jetzt wohl auch so nach eurer Rede geschehn,
sei doch nur, bei wem es sich findet, mir verknechtet, ihr
aber bleibt straffrei.
Eilends ließen sie jeder seinen Ranzen zur Erde hinab und
öffneten jeder seinen Ranzen,
und er durchstöberte, beim Ältesten fing er an und beim
Jüngsten hörte er auf,
und der Kelch fand sich im Ranzen Binjamins.
Sie zerrissen ihre Gewänder,
jeder belud seinen Esel, und sie kehrten in die Stadt zurück.
Jehuda kam mit seinen Brüdern in Josefs Haus,
der war noch dort,
und sie fielen vor ihm nieder zur Erde.
Josef sprach zu ihnen:

Was ist das für eine Tat, die ihr da getan habt!
wußtet ihr nicht, daß ein Mann wie ich Ahnung erahnen kann?
Jehuda sprach:
Was sollen wir zu unserm Herrn sprechen!
was sollen wir reden, wie uns bewahrheiten!
Gott hat die Schuld deiner Knechte gefunden!
Da verknechten wir uns meinem Herrn,
so wir, so er, in dessen Hand der Kelch gefunden wurde.
Er aber sprach:
Weitab seis mir, das zu tun!
der Mann, in dessen Hand der Kelch gefunden wurde, der sei
    mir verknechtet,
ihr aber zieht in Frieden zu euerm Vater hinauf!
Jehuda trat vor zu ihm und sprach:
Ach, mein Herr,
möge doch dein Knecht Rede in meines Herrn Ohren reden
    dürfen,
und nimmer entflamme dein Zorn wider deinen Knecht, –
denn du bist wie Pharao!
Mein Herr hat seine Knechte gefragt, sprechend: Habt ihr
    noch Vater oder Bruder?
und wir sprachen zu meinem Herrn: Wir haben einen alten
    Vater
und einen jungen Sohn seines Alters,
dessen Bruder ist tot,
so ist er allein von seiner Mutter überblieben,
und sein Vater liebt ihn.
Und du sprachst zu deinen Knechten: Führt ihn herab zu mir,
    ich will mein Auge auf ihn wenden.
Wir aber sprachen zu meinem Herrn: Nicht kann der Knabe
    seinen Vater verlassen,
verließe er seinen Vater, der stürbe.
Du aber sprachst zu deinen Knechten: Fährt euer jüngster Bru-
    der nicht mit euch herab, seht ihr mein Antlitz nicht mehr.
Wie wir hinaufgezogen waren zu deinem Knecht, meinem
    Vater, meldeten wir ihm die Rede meines Herrn.
Dann sprach unser Vater: Kehrt nochmals zurück, ermarktet
    uns ein wenig Eßware!
Wir aber sprachen: Wir können nicht hinab –

wenn unser jüngster Bruder mit uns ist, wollen wir hinab,
denn wir können das Antlitz des Mannes nicht sehn, ist unser
    jüngster Bruder nicht mit uns.
Dein Knecht, mein Vater, sprach zu uns:
Ihr selber wißt,
daß zwei mir mein Weib geboren hat,
der eine ist von mir hinweg,
ich sprach: Wahrlich, zerfleischt ist er, zerfleischt! –
ich habe ihn bislang nicht wieder gesehn!
nähmt ihr auch diesen von meinem Antlitz hinweg –
träfe ein Leides ihn, ihr ließet mein Grauhaar im Jammer zum
    Gruftreich hinabfahren!
Und nun,
wann ich zu deinem Knecht, meinem Vater, komme, und der
    Knabe ist nicht mehr mit uns
– und mit dessen Seele ist seine Seele verknotet! –
so wirds geschehn,
wann er sieht, daß der Knabe nicht da ist, wird er sterben,
und deine Knechte haben das Grauhaar deines Knechts, unsers
    Vaters, im Jammer zum Gruftreich hinabfahren lassen.
Denn dein Knecht hat den Knaben von meinem Vater er-
    bürgt,
sprechend: Bringe ich ihn dir nicht, gesündigt habe ich mei-
    nem Vater alle Tage.
Und so sitze doch nun dein Knecht statt des Knaben als
    meinem Herrn verknechtet,
der Knabe aber ziehe mit seinen Brüdern hinauf.
Denn wie sollte ich zu meinem Vater hinaufziehn, und der
    Knabe ist nicht mehr mit mir!
Ich müßte ansehn das Übel, das meinen Vater befände!
Nicht vermochte Josef sich zu bezähmen vor allen, die ihn
    umstanden,
er rief:
Schafft jedermann von mir hinaus!
Und niemand weilte bei ihm, als Josef sich seinen Brüdern zu
    erkennen gab.
Er ließ seine Stimme in Weinen aus,
die Ägypter hörtens, das Haus Pharaos hörte es.
Josef sprach zu seinen Brüdern:

Ich bin Joſef. Lebt mein Vater noch?

Aber seine Brüder vermochten ihm nicht zu antworten,

denn bestürzt waren sie vor seinem Antlitz.

Joſef sprach zu seinen Brüdern:

Tretet doch zu mir heran!

Sie traten heran.

Er sprach:

Ich bin Joſef, euer Bruder, den ihr nach Ägypten verkauft
   habt.

Nun aber, grämt euch nimmer!

es entflamme nimmer eure Augen, daß ihr mich hierher verkauft habt!

Denn zu Lebenserhaltung sandte mich Gott vor euch aus.

Denn zwei Jahre ist schon der Hunger drinnen im Land

und noch fünf Jahre sinds, da kein Pflugriß und Kornschnitt
   sein soll.

Gott hat mich vor euch ausgesandt,

euch ein Überbleiben auf Erden zu bereiten,

euch am Leben zu halten, zu großer Errettung.

Nun also,

nicht ihr habt mich hierher gesandt, sondern Gott!

Er hat mich zu einem Vater bei Pharao und zum Herrn all
   seinem Haus und Walter in allem Land Ägypten gesetzt.

Eilt, steigt hinauf zu meinem Vater und sprecht zu ihm:

So hat dein Sohn Joſef gesprochen:

Gott hat mich allem Ägypten zum Herrn gesetzt,

zieh herab zu mir, bleib nimmer stehn,

du sollst siedeln im Lande Goschen, sollst nah mir sein.

du und deine Söhne und die Söhne deiner Söhne, deine Schafe,
   deine Rinder und alles was dein ist,

ich will dich versorgen dort,

denn noch fünf Jahre ist Hunger,

sonst müßtest du verkümmern mit deinem Haus und allem,
   was dein ist.

Da, eure Augen sehens und meines Bruders Binjamin Augen,
   daß mein Mund es ist, der zu euch redet.

Vermeldet meinem Vater all meine Gewichtigkeit in Ägypten
   und alles, was ihr geschn habt,

und eilt, nehmt meinen Vater hier herab!

Er fiel seinem Bruder Binjamin um den Hals und
  weinte,
und Binjamin weinte an seinem Hals.
Er küßte alle seine Brüder und weinte an ihnen.
Danach redeten seine Brüder mit ihm.

Gehört wurde die Stimme in Pharaos Haus, man sprach:
Jofsefs Brüder sind gekommen!
Gut wars in Pharaos Augen und in den Augen seiner Diener.
Pharao sprach zu Jofsef:
Sprich zu deinen Brüdern:
Dies tut –
beladet eure Tiere und geht,
kommt ins Land Kanaan,
nehmt euern Vater und euer Hausvolk
und kommt zu mir!
Ich will euch das Bestgut des Landes Ägypten geben,
das Fett des Landes sollt ihr essen.
Du selber bist dafür entboten:
Dies tut –
nehmt euch aus dem Land Ägypten Wagen für eure Kleinen
  und eure Weiber,
und tragt auch euern Vater hinein,
und kommt!
Euer Auge bedaure euer Gerät nimmer,
denn das Bestgut alles Landes Ägypten, euer ists.
Die Söhne Jifsraels taten so,
Jofsef gab ihnen Wagen nach Pharaos Geheiß
und gab ihnen Zehrung auf den Weg,
allen gab er, jedem Wechselkleider,
Binjamin aber gab er dreihundert Silberstücke und fünf
  Wechselkleider,
und seinem Vater sandte er dieses:
zehn Esel, vom Bestgut Ägyptens tragend,
dazu zehn Stuten, tragend Korn und Brot
und Kost für seinen Vater auf den Weg.
Dann entsendete er seine Brüder, und sie gingen,
und er sprach zu ihnen:
Erregt euch nicht unterwegs.

Sie zogen von Ägypten hinauf und kamen ins Land Kanaan zu
　　Jaakob ihrem Vater.
Und sie meldeten ihm, sprechend:
Noch lebt Joſsef,
ja Walter ist er im Land Ägypten.
Aber sein Herz blieb starr, denn er traute ihnen nicht.
Sie redeten nun zu ihm alle Rede Joſsefs, die er zu ihnen ge-
　　redet hatte,
er sah die Wagen, die Joſsef gesandt hatte, ihn hinzutragen,
und der Geist ihres Vaters Jaakob lebte auf.
Jiſsrael sprach:
Genug!
mein Sohn Joſsef lebt noch,
ich will hingehn und ihn sehen, ehe ich sterbe.

Jiſsrael wanderte mit allem, was sein war,
und kam nach Berscheba.
Er schlachtete Schlachtgaben dem Gott seines Vaters Jizchak.
Gott sprach zu Jiſsrael in Gesichten der Nacht,
er sprach:
Jaakob! Jaakob!
Und er sprach:
Da bin ich.
Er aber sprach:
Ich bin die Gottheit,
der Gott deines Vaters.
Fürchte dich nimmer, nach Ägypten hinabzuziehen,
denn dort mache ich dich zu einem großen Stamm.
Ich selber
ziehe mit dir nach Ägypten hinab
und ich selber
bringe dich wieder herauf, ja herauf.
Aber Joſsef legt dir die Hand auf die Augen.

Jaakob brach auf von Berscheba,
Jiſsraels Söhne trugen ihren Vater Jaakob, ihre Kleinen und
　　ihre Weiber in die Wagen, die Pharao gesandt hatte ihn
　　herüberzutragen,
und nahmen ihr Vieh, ihren Zuchtgewinn, den sie im
　　Lande Kanaan gewonnen hatten,

und kamen nach Ägypten,
Jaakob und all sein Same mit ihm,
seine Söhne und die Söhne seiner Söhne mit ihm, seine Töchter
    und die Töchter seiner Söhne,
mit all seinem Samen kam er nach Ägypten.

Und dies sind die Namen der Kinder Jifsraels, die nach Ägyp-
    ten kamen:
Jaakob und seine Söhne:
Der Erstling Jaakobs war Ruben.
Die Söhne Rubens: Chanoch, Pallu, Chezron und Karmi.
Die Söhne Schimons: Jmuel, Jamin, Ohad, Jachin und Zo-
    char, und Schaul der Sohn der Kanaaniterin.
Die Söhne Lewis: Gerschon, Khat und Mrari.
Die Söhne Jehudas: Her, Onan und Schela, und Parez und Sa-
    rach; Her und Onan aber starben im Lande Kanaan. Und
    des Parez Söhne waren Chezron und Chamul.
Die Söhne Jifsachars: Tola, Puwwa, Job und Schimron.
Die Söhne Sbuluns: Sfared, Elon und Jachlel.
Dies sind die Söhne Leas, die sie Jaakob in der Aramäerflur
    gebar, dazu seine Tochter Dina,
aller Seelen seiner Söhne und seiner Töchter dreiunddreißig.
Die Söhne Gads: Zifjon und Chaggi, Schuni und Ezbon, Eri,
    Arodi und Areli.
Die Söhne Aschers: Jimna, Jischwa, Jischwi und Bria, dazu
    ihre Schwester Sarach.
Und die Söhne Brias: Chaber und Malkïel.
Das sind die Söhne Silpas, die Laban seiner Tochter Lea ge-
    geben hatte, sie hatte diese Jaakob geboren,
sechzehn Seelen.
Die Söhne Rachels, des Weibes Jaakobs, waren Jofsef und
    Binjamin.
Dem Jofsef wurden geboren im Lande Ägypten, die ihm
    Afsnat Tochter des Poti Fera, Priesters von On, gebar:
    Mnasche und Efrajim.
Die Söhne Binjamins: Bala, Bacher und Aschbel, Gera und
    Naaman, Echi und Rosch, Muppim, Chuppim und Ard.
Dies sind die Söhne Rachels, die Jaakob geboren wurden,
aller Seelen vierzehn.

Die Söhne Dans: Chuschim.

Die Söhne Naftalis: Jachzel, Guni, Jezer und Schillem.

Dies sind die Söhne Bilhas, die Laban seiner Tochter Rachel
    gegeben hatte, sie hatte diese Jaakob geboren,
aller Seelen sieben.

Aller Seelen, die mit Jaakob nach Ägypten gingen, der von
    seiner Lende Ausgefahrnen, ohne die Weiber der Söhne
    Jaakobs, aller Seelen: sechsundsechzig.

Und die Söhne Josefs, die ihm in Ägypten geboren worden
    waren, der Seelen zwei.

So aller Seelen von Jaakobs Haus, die nach Ägypten gekom-
    men waren: siebzig.

Den Jehuda aber sandte er vor sich her zu Josef, daß er vor
    ihm Weisung nach Goschen gäbe.

Sie kamen nach dem Lande Goschen.

Josef ließ sein Gefährt bespannen und zog hinauf nach
    Goschen, Jisrael seinem Vater entgegen.

Als er seiner ansichtig wurde,
fiel er ihm um den Hals
und weinte an seinem Hals lange fort.

Jisrael sprach zu Josef:
Nunmehr kann ich sterben,
nachdem ich dein Antlitz gesehen habe, daß du noch lebst!

Josef sprach zu seinen Brüdern und zum Haus seines Vaters:
Ich ziehe vorauf, daß ich es Pharao melde und zu ihm spreche:

Meine Brüder und das Haus meines Vaters, die im Lande Ka-
    naan waren, sind zu mir gekommen;

die Leute sind Schafhirten – denn Herdenleute waren sie
    von je –,

ihre Schafe und ihre Rinder und alles, was ihrer ist, haben sie
    mitkommen lassen.

Es soll aber geschehen, wenn euch Pharao rufen läßt und
    spricht: Was ist eure Tätigkeit?

dann sprecht:

Herdenleute waren deine Knechte von unsrer Jugend auf
    bis jetzt, so wir so unsre Väter, –

damit ihr im Land Goschen siedeln dürft,

denn ein Greuel ist den Ägyptern alles Schafhirtentum.

Joſsef kam und meldete es dem Pharao, er sprach:
Mein Vater und meine Brüder samt ihren Schafen und Rin-
 dern und allem, das ihrer ist, sind aus dem Lande Kanaan ge-
 kommen,
und da sind sie im Lande Goschen.
Er hatte aber aus dem Kreis seiner Brüder fünf Männer ge-
 nommen, die ließ er vor Pharao treten.
Pharao sprach zu seinen Brüdern:
Was ist eure Tätigkeit?
Sie sprachen zu Pharao:
Schafe weiden deine Knechte, so wir so unsere Väter.
Und sprachen zu Pharao:
Im Land zu gasten sind wir gekommen,
denn die Schafe, die deiner Knechte sind, haben keine Weide,
denn schwer ist der Hunger im Lande Kanaan.
Mögen nun doch deine Knechte im Lande Goschen siedeln
 dürfen!
Pharao sprach zu Joſsef, sprach:
Dein Vater und deine Brüder sind zu dir gekommen,
das Land Ägypten ist vor dir offen,
im Bestteil des Lands mache deinen Vater und deine Brüder
 seßhaft,
im Lande Goschen mögen sie siedeln.
Und weißt du, daß unter ihnen tüchtige Leute sind,
mache sie zu Obern der Herden über das Meine.
Dann ließ Joſsef seinen Vater Jaakob kommen und stellte ihn
 vor Pharaos Antlitz.
Jaakob segnete Pharao.
Pharao sprach zu Jaakob:
Wie viele sind die Tage der Jahre deines Lebens?
Jaakob sprach zu Pharao:
Die Tage der Jahre meiner Gastschaft sind hundertunddreißig
 Jahre,
wenig und übel sind die Tage meiner Lebensjahre gewesen,
sie erreichen nicht die Tage der Lebensjahre meiner Väter in
 den Tagen ihrer Gastschaft.
Jaakob segnete Pharao und ging von Pharaos Antlitz.
Joſsef machte seinen Vater und seine Brüder seßhaft,
er gab ihnen Hufe im Land Ägypten,

im Bestteil des Lands, im Land Ramſses, wie Pharao geboten
     hatte.
Joſef versorgte seinen Vater, seine Brüder und alles Haus
     seines Vaters mit Brot, nach dem Verhältnis der Klei-
     nen.

Nun war überall im Lande kein Brot, ja, sehr schwer war der
     Hunger,
erschöpft vom Hunger war das Land Ägypten und das Land
     Kanaan.
Joſef hatte alles Silber, das sich im Lande Ägypten und im
     Land Kanaan fand, aufgesammelt gegen ihr ermarktetes
     Marktgetreide,
Joſef hatte das Silber in Pharaos Haus gebracht.
Als aber das Silber im Lande Ägypten und im Lande Kanaan
     dahin war,
kamen alle Ägypter zu Joſef, sprechend:
Schaff uns Brot her!
warum sollen wir sterben, in deiner Gegenwart, nur weil das
     Silber zuend ging!
Joſef sprach:
Schafft eure Herden her, und ich gebe euch um eure Herden,
     ist das Silber zuende.
Sie brachten ihre Herden Joſef, und Joſef gab ihnen Brot
um die Pferde und um die Schafherden und um die Rinder-
     herden und um die Esel
und versorgte sie mit Brot um all ihren Herdenbestand in
     diesem Jahr.
Als aber jenes Jahr dahin war, kamen sie zu ihm im zweiten
     Jahr und sprachen zu ihm:
Wir könnens meinem Herrn nicht verhehlen,
vielmehr: das Silber ist dahin und der Viehbestand an meinen
     Herrn,
nichts blieb übrig vor meinem Herrn als unser Leib und
     unser Acker.
Warum sollen wir hinsterben vor deinen Augen, so wir so
     unser Acker!
Erwirb uns und unsern Acker um Brot,
wir wollen mit unserm Acker Pharao verknechtet sein,

aber gib Aussaat,
daß wir leben und nicht sterben und der Acker nicht
  veröde!
Joſef erwarb für Pharao allen Acker Ägyptens,
denn die Ägypter verkauften jedermann sein Feld, denn stark
  war über ihnen der Hunger,
und das Land wurde Pharaos.
Das Volk aber, das ließ er hinüberziehn nach den Städten,
  von einem Rand der Gemarkung Ägyptens bis zum andern Rand.
Nur den Acker der Priester erwarb er nicht,
denn die Priester haben einen Festsatz von Pharao, und sie
  essen von ihrem Festsatz, den Pharao ihnen ausgegeben hat,
darum haben sie ihren Acker nicht verkauft.
Und Joſef sprach zum Volk:
Nun habe ich euch heut und euren Acker für Pharao erworben,
hier habt ihr Aussaat, besät den Acker,
und beim Einbringen solls sein, daß ihr ein Fünftel an Pharao
  gebt,
und vier Teile seien euer
zur Aussaat fürs Feld und zu eurer Atzung und eurer Hausleute und für eure Kleinen zum Essen.
Sie sprachen:
Du hast uns am Leben erhalten,
mögen wir Gunst vor den Augen meines Herrn finden, daß
  wir Pharaos Knechte werden.
Joſef machte es zum Gesetz bis auf diesen Tag für den Acker
  Ägyptens: je der Fünfte sei Pharaos,
nur der Acker der Priester, dieser allein wurde nicht Pharaos.

Jiſrael saß im Lande Ägypten, im Lande Goschen,
sie faßten Hufe darin, waren fruchtbar und mehrten sich
  sehr.
Jaakob lebte im Land Ägypten siebzehn Jahre.
Der Tage Jaakobs, der Jahre seines Lebens wurden hundertundvierzig Jahre und sieben Jahre.
Als die Tage Jiſraels dem Sterben nahten,
berief er seinen Sohn Joſef und sprach zu ihm:

Möge ich doch Gunst in deinen Augen gefunden haben,
lege doch deine Hand unter meine Hüfte –
tue Huld und Treue an mir:
nimmer doch begrabe mich in Ägypten!
Bei meinen Vätern will ich liegen,
trage mich fort aus Ägypten, begrabe mich in ihrem Grab!
Er sprach:
Selber werde ichs tun, nach deiner Rede.
Er aber sprach:
Schwöre mir!
Er schwur ihm.
Jifsrael neigte sich, hin zu Häupten des Betts.

Nach diesen Begebnissen sprach man zu Jofsef:
Da, erkrankt ist dein Vater.
Er nahm seine beiden Söhne mit sich, Mnasche und Efrajim.
Man meldete es Jaakob, sprach: Da kommt dein Sohn Jofsef
    zu dir.
Jifsrael machte sich stark und setzte sich aufrecht im Bett.
Jaakob sprach zu Jofsef:
Der Gewaltige Gott hat von mir sich sehen lassen
in Lus, im Lande Kanaan,
und hat mich gesegnet
und hat zu mir gesprochen:
Da, ich bins, der dich nun fruchten läßt,
ich mehre dich, ich gebe dir, Versammlung von Völkern
    zu werden,
ich gebe dieses Land deinem Samen nach dir als Weltzeit-
    Hufe.
Nun,
deine beiden Söhne, die dir im Land Ägypten geboren wur-
    den, bevor ich zu dir nach Ägypten kam,
mein seien sie,
Efrajim und Mnasche,
wie Ruben und Schimon seien sie mein.
Aber deine Erzeugten, die du nach ihnen erzeugt haben wirst,
dein seien sie,
auf den Namen ihrer Brüder seien sie in deren Erbeigen ge-
    rufen.

Und ich –
wie ich aus der Flur kam,
starb Rachel mir,
im Lande Kanaan,
auf dem Weg, nur noch eine Strecke Lands nach Efrat zu
    kommen,
dort habe ich sie begraben,
auf dem Weg nach Efrat, – das ist Betlehem.
Jifsrael sah die Söhne Jofsefs und sprach:
Wer sind diese?
Jofsef sprach zu seinem Vater:
Meine Söhne sinds, die Gott mir hier gab.
Er aber sprach:
Nimm sie doch her zu mir, daß ich sie segne.
Jifsraels Augen nämlich waren vor Alter schwer, er konnte
    nicht sehen.
Er ließ sie zu ihm herantreten,
und er küßte sie und umarmte sie.
Jifsrael sprach zu Jofsef:
Dein Antlitz wiederzusehn, nicht hatte ichs mehr ver-
    meint,
und da hat mich Gott deinen Samen noch sehen lassen.
Jofsef zog sie ihm wieder von den Knien
und neigte sich, seine Stirn zur Erde.
Jofsef nahm die beiden,
Efrajim an seine Rechte zur Linken Jifsraels,
und Mnasche an seine Linke zur Rechten Jifsraels,
und ließ sie zu ihm herantreten.
Aber Jifsrael schickte seine Rechte aus und tat sie auf den
    Kopf Efrajims, der doch der Jüngere war,
und seine Linke auf den Kopf Mnasches,
seine Hände querte er, obschon der Erstling Mnasche war.
Dann segnete er Jofsef und sprach:
Der Gott,
vor dem einhergingen meine Väter,
Abraham und Jizchak,
der Gott,
der mich weidet,
seit ich wese, bis auf diesen Tag, –

der Bote,
der mich aus allem Übel erlöste,
segne die Knaben!
gerufen werde in ihnen mein Name
und der Name meiner Väter, Abraham und Jizchak!
fischgleich mögen sie wachsen zur Menge im Innern des
　　Landes!
Als aber Joſsef sah, daß sein Vater seine rechte Hand auf den
　　Kopf Efrajims getan hatte,
wars übel in seinen Augen,
und er stützte die Hand seines Vaters, sie von Efrajims Kopf
　　auf Mnasches Kopf zu wenden.
Joſsef sprach zu seinem Vater:
Nicht so, Vater, der Erstling ist dieser, lege auf seinen Kopf
　　deine Rechte.
Aber sein Vater weigerte sich und sprach:
Ich weiß, mein Sohn, ich weiß –
auch er wird zum Volk, auch er wird groß,
jedoch sein kleinrer Bruder wird größer als er und sein Same
　　wird eine Fülle der Stämme.
Und er segnete sie an jenem Tag,
sprechend:
Mit dir soll Jiſsrael segnen, sprechend:
Bestelle dich Gott wie Efrajim und wie Mnasche!
Efrajim stellte er vor Mnasche.
Dann sprach Jiſsrael zu Joſsef:
Ich sterbe nun.
Gott wird dasein bei euch,
wird zurück euch führen ins Land eurer Väter.
Ich aber, ich gebe dir,
schulterhoch, ein Teil über deine Brüder,
was ich dem Amoriter abnehmen muß
mit meinem Schwert, mit meinem Bogen.

Jaakob berief seine Söhne und sprach:
Gesellt euch zueinander,
daß ich euch melde,
was euch begegnet in der Folge der Tage.
Tretet zuhauf

und hört, Söhne Jaakobs,
hört auf Jifsrael euren Vater!

Ruben,
mein Erstling bist du,
meine Kraft, meiner Mächtigkeit Anfang!
Ragende Würde, ragender Trotz!
Überschwall wie Wassers – ragest nimmer!
Denn du erstiegst das Bett deines Vaters,
damals gabst du ihn preis, der mein Lager erstieg.

Schimon und Lewi
die Brüder,
Geräte der Unbill ihre Karste!
Nimmer komme in ihren Rat meine Seele,
nimmer eine, meine Ehre, dich ihrer Versammlung!
Denn in ihrem Zorn erwürgen sie Männer,
in ihrem Mutwill lähmen sie Stiere.
Fluch ihrem Zorn, daß er trotzt,
ihrem Grimm, daß er so hart ist!
Ich zerteile sie in Jaakob,
ich zerstreue sie in Jifsrael.

Jehuda, du,
dir danken deine Brüder.
Deine Hand deinen Feinden im Nacken!
Deines Vaters Söhne neigen sich dir.
Ein Löwenjunges Jehuda –
vom Zerfleischen, mein Sohn, steigst du empor!
Er kauert, er lagert,
wie der Leu,
wie die Löwin,
wer reizt ihn auf!
Nicht weicht von Jehuda das Szepter,
nicht zwischen seinen Füßen der Richtstab,
bis daß kommt Dems-zusteht, –
ihm der Völker Botmäßigkeit!
An die Rebe bindet sein Füllen er,
an die Purpurranke sein Eslein,
wäscht im Wein sein Gewand,

seinen Umhang im Blut der Trauben,
die Augen funkelnd von Wein,
die Zähne weißschimmernd von Milch.

Sbulun,
am Gestade des Meers wohnt er,
er an der Schiffe Gestad,
den Rücken an Sidon gelehnt.

Jisachar,
ein knochiger Esel,
lagernd zwischen den Hürden –
er sah Ruhe, daß sie ein Gut,
das Land, daß es freundlich war,
zum Lasttragen neigte er seine Schulter
und wurde ein Fronknecht.

Dan
dient um Recht seinem Volk,
wie nur einer von Jisraels Zweigen.
Eine Schlange wird Dan am Weg,
eine Hornotter am Pfad,
die beißt die Fersen des Rosses,
und rückwärts stürzt sein Reiter.

Zu deiner Freiheit streck ich mich, Du!

Gad,
Gedräng der Raubschar umdrängt ihn,
doch schon drängt auf der Ferse er nach.

Ascher,
seine Nahrung ist Fettigkeit,
Königsleckerein gibt er her.

Naftali,
eine losgelassene Hindin,
er der Wohllaut-Sprüche ausgibt.

Sprossender Fruchtstock
Josef,
sprossender Fruchtstock am Quell,
Tochtergesproß schwingt sich mauerhinan...

Wider ihn erbittert beschießen,
befehden die Pfeilmeister ihn,
doch im Urstand bleibt sein Bogen,
seiner Hände Arme schnellen:
von den Händen des Recken Jaakobs her,
von dort her,
dem Hirten vom Jifsraels-Stein.
Vom Gott deines Vaters –
er helfe dir,
von dem Gewaltigen –
er segne dich:
Segnungen des Himmels von droben,
Segnungen des Wirbels, der drunten lagert,
Segnungen von Brüsten und Schoß!
Die Segnungen deines Vaters wuchsen
an die Segnungen der ewigen Berge,
an die Lust der Weltzeit-Höhn –
sie mögen sich senken auf Jofsefs Haupt,
auf den Scheitel des Geweihten unter seinen Brüdern!

Binjamin,
ein Wolf, der zerfleischt,
am Morgen noch frißt er den Raub,
am Abend verteilt er schon Beute.

All diese sind Jifsraels Zweige, zwölf,
und das ist, was ihr Vater redete zu ihnen;
er segnete sie,
jeden mit dem, was ihm als Segen gehörte, segnete er sie.
Er gebot ihnen und sprach sie an:
Ich werde nun eingeholt zu meinem Volke,
begrabt mich zu meinen Vätern
in die Höhle, die auf dem Anger Efrons des Chetiters,
in der Höhle, der auf dem Anger Machpela, angesichts von
    Mamre, im Lande Kanaan,
welchen Anger Abraham von Efron dem Chetiter zur Grab-
    hufe erwarb.
Dorthin begrub man Abraham und sein Weib Sfara,
dorthin begrub man Jizchak und sein Weib Ribka,

dorthin habe ich Lea begraben –
den Anger und darauf die Höhle, Erwerb von den Söhnen
    Chets.

Als Jaakob geendet hatte, seinen Söhnen zu gebieten,
holte er seine Füße ins Bett und verschied
und wurde zu seinen Volkleuten eingeholt.
Josef fiel über das Antlitz seines Vaters,
er weinte über ihm und küßte ihn.
Josef gebot seinen Dienern, den Ärzten, seinen Vater zu bal-
    samen,
und die Ärzte balsamten Jifsrael.
Darüber wurden die vierzig Tage voll,
denn so werden vollzählig die Tage des Balsamens.
Die Ägypter aber beweinten ihn siebzig Tage.
Als die Tage seiner Beweinung vorüber waren,
redete Josef zum Hause Pharaos, sprechend:
Möchte ich doch Gunst in euren Augen gefunden haben,
redet doch in Pharaos Ohren, sprechend:
Mein Vater hat mich eingeschworen, sprechend:
Da, ich sterbe –
in meinem Grab, das ich mir im Lande Kanaan aushob,
dort sollst du mich begraben.
Ich möchte jetzt doch hinansteigen, meinen Vater begraben
    und wiederkehren.
Pharao sprach:
Steig hinan und begrabe deinen Vater, wie er dich einge-
    schworen hat.
Josef stieg hinan, seinen Vater zu begraben,
und mit ihm zogen alle Diener Pharaos,
die Ältesten seines Hauses und alle Ältesten des Landes
    Ägypten,
und alles Haus Josefs
und seine Brüder und das Haus seines Vaters,
nur ihre Kleinen, ihre Schafe und ihre Rinder ließen sie im
    Lande Goschen zurück.
Auch Fahrzeug stieg mit ihm hinan, auch Reisige.
Es war ein sehr gewichtiges Heerlager.
Sie kamen bis zur Stechdorntenne, der jenseits des Jordans.

Dort klagten sie, eine sehr große und wuchtige Klage,
und er hielt um seinen Vater eine Trauer von einem Tag-
siebent.
Der Insaß des Landes, der Kanaaniter, sah die Trauer in der
Stechdorntenne,
und sie sprachen:
Eine gewichtige Trauer ist das für Ägypten!
Darum ruft man ihren Namen: Ebel Mizrajim, Ägyptens
Trauer, sie ist jenseits des Jordans.
Seine Söhne taten ihm so, wie er ihnen geboten hatte,
seine Söhne trugen ihn ins Land Kanaan
und begruben ihn in der Höhle des Angers Machpela,
welchen Anger Abraham zu Grabhufe erworben hatte von
Efron dem Chetiter, angesichts von Mamre.
Joſsef kehrte nach Ägypten zurück,
er und seine Brüder und alle, die mit ihm hinaufgezogen waren, seinen Vater zu begraben,
nachdem sie seinen Vater begraben hatten.

Als Joſsefs Brüder sahen, daß ihr Vater tot war, sprachen sie:
Wenn nun Joſsef uns befehdete
und vergälte uns all das Böse, das wir ihm bereitet haben, ver-
gälte es!
Sie entboten dem Joſsef, sprechend:
Dein Vater hat vor seinem Tod geboten, sprechend:
Solcherweise sprecht zu Joſsef:
Ach vergib doch die Abtrünnigkeit deiner Brüder und ihre
Versündigung, daß sie dir Böses bereitet haben!
Nun, vergib doch der Abtrünnigkeit der Knechte des Gottes
deines Vaters!
Joſsef weinte, als mans zu ihm redete.
Auch seine Brüder selber gingen, sie fielen vor ihm nieder
und sprachen:
Hier sind wir, dir verknechtet zu sein.
Joſsef aber sprach zu ihnen:
Fürchtet euch nimmer! bin ich denn an Gottes Statt?
Habt ihr, ihr Böses wider mich geplant,
Gott hats umgeplant zum Guten,
um zu tun, wies heut am Tag ist:

ein großes Volk am Leben zu halten.

Nun aber fürchtet euch nimmer, ich selber will euch und eure
  Kleinen verpflegen.

Er tröstete sie und redete zu ihrem Herzen.

Jofsef blieb in Ägypten, er und das Haus seines Vaters.

Jofsef lebte hundertundzehn Jahre.

Jofsef sah von Efrajim Söhne des dritten Geschlechts,

noch Söhne Machirs, des Sohns Mnasches, wurden auf den
  Knien Jofsefs geboren.

Jofsef sprach zu seinen Brüdern:

Ich sterbe,

aber Gott wirds zuordnen, zuordnen euch,

hinan führt er euch aus diesem Land

in das Land, das er zuschwor

Abraham, Jizchak und Jaakob.

Jofsef beschwor die Söhne Jifsraels, sprechend:

Zuordnen, zuordnen wirds euch Gott,

bringt dann meine Gebeine von hier hinan!

Jofsef starb, hundertundzehn Jahre alt.

Man balsamte ihn und man legte ihn in den Schrein

in Ägypten.

DAS BUCH
NAMEN

Dies sind die Namen der Söhne Jiſsraels, der nach Ägypten
  gekommnen,
mit Jaakob kamen sie, jeder zusamt seinem Haus:
Ruben, Schimon, Lewi und Jehuda,
Jiſsachar, Sbulun und Binjamin,
Dan und Naftali, Gad und Ascher.
Aller Seelen, der aus Jaakobs Lende gefahrnen, siebzig Seelen
  warens
mit Joſsef, der war schon in Ägypten gewesen.

Joſsef starb, all seine Brüder, all jenes Geschlecht.

Die Söhne Jiſsraels fruchteten, sie wimmelten, sie mehrten
  sich, sie erstarkten, sehr, gar sehr,
das Land füllte sich mit ihnen.

Ein neuer König erstand über Ägypten, der hatte Joſsef nicht
  gekannt.
Er sprach zu seinem Volk:
Da, das Volk der Söhne Jiſsraels ist uns zu viel und zu stark.
Auf, überlisten wirs,
sonst mehrt es sich noch,
und es könnte geschehn, wenn Krieg sich fügt,
daß auch es unsern Hassern sich zugesellte
und uns bekriegte und sich vom Land weg höbe.
Sie setzten Zwangsvögte über es, um mit ihren Lasten es zu
  drücken.
Es baute Vorratsstädte für Pharao, - Pitom und Ramſses.
Aber wie sie es bedrückten, so mehrte es sich, so brach es
  durch,
es graute ihnen vor den Söhnen Jiſsraels.
Die Ägypter machten die Söhne Jiſsraels dienstbar mit Verfronung.
Sie verbitterten ihr Leben mit hartem Dienst in Lehm und in
  Ziegeln und mit allerart Dienst auf dem Feld:
all ihr Dienst, zu dem man sie dienstbar machte, geschah mit
  Verfronung.
Der König von Ägypten sprach zu den ebräischen Geburts-
  helferinnen,

der Name der einen war Schifra, der Name der andern Pua,
er sprach:
Wann ihr den Ebräerinnen gebären helft, sehet zu schon an
den Stützsteinen:
ists ein Sohn, tötet ihn,
ists eine Tochter, mag sie leben.
Aber die Geburtshelferinnen fürchteten Gott,
sie taten nicht, wie der König von Ägypten zu ihnen geredet
hatte,
sie ließen die Kinder am Leben.
Der König von Ägypten berief die Geburtshelferinnen
und sprach zu ihnen:
Weshalb tut ihr dies und lasset die Kinder am Leben!
Die Geburtshelferinnen sprachen zu Pharao:
Nicht wie die ägyptischen Weiber sind ja die ebräischen,
tierlebig sind sie ja,
eh zu ihnen die Geburtshelferin kommt, haben sie schon geboren.
Gott erwies den Geburtshelferinnen Gutes.
Das Volk aber mehrte sich, sie erstarkten sehr.
Es geschah, als die Geburtshelferinnen Gott gefürchtet hatten –
er machte ihnen Häuser –:
Pharao gebot all seinem Volke, sprechend:
Jeder Sohn, geboren, in den Fluß werfet ihn,
aber jede Tochter lasset am Leben.

Ein Mann aus dem Hause Lewi war gegangen und hatte sich
eine Lewitochter genommen.
Das Weib wurde schwanger, sie gebar einen Sohn.
Sie sah, daß er wohlbeschaffen war, sie suchte ihn zu verheimlichen, drei Monate.
Als sie ihn nicht länger verheimlichen konnte,
nahm sie für ihn ein Kästlein aus Papyrusrohr,
sie verlehmte es mit Lehm und mit Pech
und legte das Kind darein
und legte es in das Schilf am Ufer des Flusses.
Seine Schwester aber stellte sich von fern, um zu erfahren,
was ihm geschähe.

Pharaos Tochter stieg herab, am Fluß zu baden,
während ihre Jungfrauen sich zuseiten des Flusses ergingen.
Sie sah das Kästlein mitten im Schilf
und schickte ihre Magd, daß die es aufnehme.
Sie öffnete, sah es, das Kind: da, ein weinender Knabe!
Es dauerte sie sein, sie sprach:
Von den Kindern der Ebräer ist dieses.
Seine Schwester sprach zur Tochter Pharaos:
Soll ich gehn und dir ein säugendes Weib von den Ebräerin-
   nen rufen,
daß sie das Kind dir säuge?
Pharaos Tochter sprach zu ihr:
Geh!
Das Mädchen ging und rief die Mutter des Kindes.
Pharaos Tochter sprach zu ihr:
Laß dieses Kind mitgehn und säuge es mir,
deinen Lohn gebe ich selber.
Das Weib nahm das Kind und säugte es.
Das Kind wurde groß, sie brachte es zu Pharaos Tochter,
es wurde ihr zum Sohn.
Sie rief seinen Namen: Mosche, Der hervortauchen läßt.
Sie sprach: Denn aus dem Wasser habe ich ihn hervortauchen
   lassen.

In jenen Tagen geschahs, Mosche war groß geworden,
er zog zu seinen Brüdern aus und sah ihre Lasten.
Er sah, wie ein ägyptischer Mann einen ebräischen Mann, von
   seinen Brüdern einen, schlug.
Er wandte sich hierhin und hierhin, und sah, daß kein Mann
   da war,
und erschlug den Ägypter.
Er verscharrte ihn im Sand.
Am zweiten Tag zog er wieder aus, da rauften miteinander
   zwei ebräische Männer.
Er sprach zu dem Schuldigen:
Warum schlägst du deinen Genossen?
Der sprach:
Wer hat dich zu einem Obern und Richter über uns ge-
   setzt?

sinnst du mich umzubringen, wie du den Ägypter umge-
  bracht hast?
Mosche erschrak und sprach zu sich:
Gewiß, bekanntgeworden ist das Begebnis.

Pharao hörte von diesem Begebnis und trachtete Mosche um-
  zubringen.
Aber Mosche entwich vor Pharao und verweilte erst im Lan-
  de Midjan,
am Brunnen verweilte er.
Der Priester von Midjan hatte sieben Töchter.
Die kamen, schöpften und füllten die Rinnen, die Schafe
  ihres Vaters zu tränken,
aber die Hirten kamen und scheuchten sie auf.
Mosche erhob sich, er befreite sie und tränkte ihre Schafe.
Als sie zu Ruel ihrem Vater kamen, sprach er:
Warum habt ihr euch heute so beeilt heimzukommen?
Sie sprachen:
Ein ägyptischer Mann hat uns aus der Hand der Hirten ge-
  rettet,
er schöpfte auch, schöpfte für uns und tränkte die Schafe.
Er sprach zu seinen Töchtern:
Wo ist er denn?
warum habt ihr den Mann zurückgelassen?
ruft ihn, daß er das Brot esse!

Mosche willigte ein, bei dem Mann zu weilen.
Der gab Mosche seine Tochter Zippora.
Sie gebar einen Sohn,
und er rief seinen Namen: Gerschom, Ödegast,
denn er sprach: Gast bin ich in fremdem Lande geworden.

In jenen vielen Tagen geschah:
Der König von Ägypten starb.
Die Söhne Jifsraels aber seufzten aus dem Dienst,
sie schrien auf,
ihr Hilferuf stieg zu Gott empor aus dem Dienst.
Gott aber hörte ihr Gestöhn,
Gott aber gedachte seines Bunds mit Abraham, mit Jizchak
  und mit Jaakob,

Gott aber sah die Söhne Jiſsraels,
Gott erkannte.

Mosche war Hirt der Schafe Jitros seines Schwähers, Priesters
    von Midjan.
Als er die Schafe hinter die Wüste leitete,
kam er an den Berg Gottes, zum Choreb.
SEIN Bote ließ von ihm sich sehen
in der Lohe eines Feuers mitten aus dem Dornbusch.
Er sah:
da, der Dornbusch brennt im Feuer, doch der Dornbusch
    bleibt unverzehrt.
Mosche sprach:
Ich will doch hintreten
und ansehn dieses große Gesicht –
warum der Dornbusch nicht verbrennt.
Als ER aber sah, daß er hintrat, um anzusehn,
rief Gott ihn mitten aus dem Dornbusch an,
er sprach:
Mosche! Mosche!
Er sprach:
Da bin ich.
Er aber sprach:
Nahe nicht herzu,
streife deine Schuhe von deinen Füßen,
denn der Ort, darauf du stehst, Boden der Heiligung ists.
Und sprach:
Ich bin der Gott deines Vaters,
der Gott Abrahams,
der Gott Jizchaks,
der Gott Jaakobs.
Mosche barg sein Antlitz,
denn er fürchtete sich, zu Gott hin zu blicken.
ER aber sprach:
Gesehn habe ich, gesehn die Bedrückung meines Volks, das
    in Ägypten ist,
ihren Schrei vor seinen Treibern habe ich gehört,
ja, erkannt habe ich seine Leiden.

Nieder zog ich,
es aus der Hand Ägyptens zu retten,
es aus jenem Land hinaufzubringen
nach einem Land, gut und weit,
nach einem Land, Milch und Honig träufend,
nach dem Ort des Kanaaniters und des Chetiters,
des Amoriters und des Prisiters,
des Chiwwiters und des Jebusiters.
Nun,
da ist der Schrei der Söhne Jisraels zu mir gekommen,
und gesehn auch habe ich die Pein, mit der die Ägypter sie
    peinigen:
nun geh,
ich schicke dich zu Pharao,
führe mein Volk, die Söhne Jisraels, aus Ägypten!
Mosche sprach zu Gott:
Wer bin ich,
daß ich zu Pharao gehe,
daß ich die Söhne Jisraels aus Ägypten führe!
Er aber sprach:
Wohl, ich werde dasein bei dir,
und dies hier ist dir das Zeichen, daß ich selber dich schickte:
hast du das Volk aus Ägypten geführt,
an diesem Berg werdet ihr Gotte dienstbar.
Mosche sprach zu Gott:
Da komme ich denn zu den Söhnen Jisraels,
ich spreche zu ihnen: Der Gott eurer Väter schickt mich zu
    euch,
sie werden zu mir sprechen: Was ists um seinen Namen? –
was spreche ich dann zu ihnen?
Gott sprach zu Mosche:
Ich werde dasein, als der ich dasein werde.
Und er sprach:
So sollst du zu den Söhnen Jisraels sprechen:
ICH BIN DA schickt mich zu euch.
Und weiter sprach Gott zu Mosche:
So sollst du zu den Söhnen Jisraels sprechen:
ER,
der Gott eurer Väter,

der Gott Abrahams, der Gott Jizchaks, der Gott Jaakobs,
schickt mich zu euch.
Das ist mein Name in Weltzeit,
das mein Gedenken, Geschlecht für Geschlecht.
Geh,
hole die Ältesten Jiſsraels
und sprich zu ihnen:
ER, der Gott eurer Väter, hat von mir sich sehen lassen,
der Gott Abrahams, Jizchaks und Jaakobs,
sprechend:
Geordnet habe ichs, zugeordnet euch und dem in Ägypten
　　euch Angetanen,
ich habe gesprochen:
Hinaufbringen will ich euch aus der **Bedrückung** Ägyptens
in das Land des Kanaaniters und des Chetiters, des Amoriters
　　und des Prisiters, des Chiwwiters und des Jebuſsiters,
in ein Land, Milch und Honig träufend.
Hören sie auf deine Stimme,
kommst du und die Ältesten Jiſsraels zum König von Ägyp-
　　ten,
sprecht zu ihm:
ER, der Gott der Ebräer, hat sich über uns gefügt –
nun laß uns doch einen Weg von drei Tagen in die Wüste gehn
und laß uns schlachtopfern IHM, unserm Gott.
Ich aber, ich weiß,
daß euch zu gehn nicht geben wird der König von Ägypten,
wenn nicht unter einer starken Hand.
Ausschicken will meine Hand ich,
schlagen will ich Ägypten mit all meinen Wunderwerken, die
　　ich tue in seinem Innern –
danach schickt er euch frei!
Und ich will diesem Volke Gunst geben in den Augen Ägyp-
　　tens,
wenn ihr geht, geschehs daß ihr nicht lohnleer geht,
verlangen soll alljede Frau von ihrer Anwohnerin und von der
　　Gastsassin ihres Hauses Silbergerät und Goldgerät und
　　Tücher,
euren Söhnen und euren Töchtern werdet ihr die anzulegen
　　haben, –

so werdet ihrs von Ägypten einstreichen!

Mosche antwortete, er sprach:

Da aber,

sie werden mir nicht vertrauen und auf meine Stimme nicht
hören,

denn sie werden sprechen: Nicht hat Er von dir sich sehen

Er sprach zu ihm: [lassen.

Was ist das in deiner Hand?

Er sprach:

Ein Stab.

Er aber sprach:

Wirf ihn auf die Erde!

Er warf ihn auf die Erde, und er wurde zur Schlange,

Mosche floh vor ihr.

Er sprach zu Mosche:

Schick deine Hand aus! greif sie am Schwanz!

– er schickte seine Hand aus, er packte sie, und sie wurde in
seiner Faust zum Stab –

damit sie vertrauen, daß Er, der Gott ihrer Väter, Gott Abrahams, Gott Jizchaks, Gott Jaakobs, von dir sich hat sehen lassen.

Weiter sprach Er zu ihm:

Lege doch deine Hand in deinen Busen!

Er legte seine Hand in seinen Busen, er zog sie hervor,

da war seine Hand aussätzig, wie Schnee.

Er aber sprach:

Tu deine Hand wieder in deinen Busen!

– Er tat seine Hand wieder in seinen Busen, er zog sie aus seinem Busen hervor,

da war sie wieder wie sein Fleisch. –

Seis denn, daß sie dir nicht vertrauen und auf die Stimme des
frühern Zeichens nicht hören,

werden sie der Stimme des spätern Zeichens vertrauen.

Und seis nun, daß sie auch diesen beiden Zeichen nicht vertrauen und auf deine Stimme nicht hören,

dann nimmst du von dem Wasser des Flusses und schüttest es
auf das Trockne,

und dann wird das Wasser, das du aus dem Flusse nahmst, zu
Blut wird es auf dem Trocknen.

Mosche sprach zu Ihm:

Ach, mein Herr,
ich bin nicht ein Mann von Reden,
auch vortags auch ehgestern auch nun, seit du zu deinem
     Knechte redest,
sondern ich bin schwer von Mund und schwer von Zunge.
ER sprach zu ihm:
Wer hat einen Mund dem Menschen gemacht
oder wer macht stumm oder taub
oder kläräugig oder blind?
bins nicht ICH?
Und nun geh!
Ich selber werde dasein bei deinem Mund
und dich weisen, was du reden sollst.
Er aber sprach:
Ach, mein Herr,
schick doch, durch wen du schicken magst!
SEIN Zorn entflammte wider Mosche,
er sprach:
Ist da nicht Aharon, dein Bruder, der Lewit –
ich weiß, daß er beredt reden wird,
und da zieht er schon dir entgegen,
sieht er dich, wird er in seinem Herzen sich freuen.
Rede zu ihm,
lege die Rede in seinen Mund!
Ich selber werde dasein bei deinem Mund und bei seinem
     Mund
und euch weisen, was ihr tun sollt.
Er also rede für dich zum Volk,
und so seis:
er, er sei dir zu einem Mund und du, du seist ihm zu einem
     Gott.
Und diesen Stab nimm in deine Hand,
mit dem du die Zeichen tun sollst.

Mosche ging und kehrte zu Jitro seinem Schwäher
und sprach zu ihm:
Ich will doch gehn und zu meinen Brüdern, die in Ägypten
     sind, kehren,
daß ich sehe, ob sie noch leben.

Jitro sprach zu Mosche:
Geh in Frieden!
ER aber hatte zu Mosche in Midjan gesprochen:
Geh, kehre nach Ägypten,
denn all die Leute, die dir nach dem Leben trachteten, sind
    gestorben.
Mosche nahm sein Weib und seine Söhne und ließ sie auf dem
    Esel reiten, ins Land Ägypten zu kehren.
Und den Gottesstab nahm Mosche in seine Hand.

ER sprach zu Mosche:
Da du gehst, nach Ägypten zu kehren,
sieh:
All die Beglaubigungen, die ich in deine Hand lege, wirst du
    vor Pharao tun,
ich aber werde sein Herz stärken, daß er das Volk nicht frei-
    schickt.
Dann aber wirst du zu Pharao sprechen:
So hat ER gesprochen:
Mein Erstlingssohn ist Jifsrael,
ich sprach zu dir: Schicke meinen Sohn frei, daß er mir diene,
und du hast dich geweigert, ihn freizuschicken.
nun bringe ich deinen Erstlingssohn um.

Aber unterwegs, im Nachtlager, geschah,
daß ER auf ihn stieß und trachtete ihn zu töten.
Zippora nahm einen Kiesel und riß die Vorhaut ihres Sohnes
    ab,
die strich sie an seine Beine und sprach:
Im Geblüte Hochzeiter so du mir!
Alsdann ließ er von ihm.
Im Geblüte Hochzeiter hat sie damals gesagt
auf die Beschneidungen.

ER hatte zu Aharon gesprochen:
Geh Mosche entgegen in die Wüste!
Er ging, stieß auf ihn am Berge Gottes und küßte ihn.
Mosche meldete Aharon alle SEINE Reden, mit denen er ihn
    schickte, und all die Zeichen, mit denen er ihn entbot.
Mosche ging und Aharon,

sie luden alle Ältesten der Söhne Jifraels,
Aharon redete alle die Reden, die ER zu Mosche geredet
　　hatte,
er tat die Zeichen vor den Augen des Volks.
Das Volk vertraute.
Sie hörten,
daß ER zugeordnet hatte den Söhnen Jifraels,
daß er angesehen hatte ihre Bedrückung,
sie bückten sich und warfen sich nieder.

Danach kamen Mosche und Aharon hinein und sprachen zu
　　Pharao:
So hat ER, der Gott Jifraels, gesprochen:
Schicke mein Volk frei, daß sie mir rundreihen in der Wüste!
Pharao sprach:
Wer ist ER, daß ich auf seine Stimme hören sollte, Jifrael
　　freizuschicken!
ER – den kenne ich nicht,
auch schicke ich Jifrael nicht frei.
Sie sprachen:
Der Gott der Ebräer hat sich gefügt über uns,
laß uns doch einen Weg von drei Tagen in die Wüste gehn,
IHM, unserm Gott, zu schlachtopfern,
er möchte sonst mit der Pest oder mit dem Schwert auf uns
　　stoßen.
Der König von Ägypten sprach zu ihnen:
Warum, Mosche und Aharon,
wollt ihr das Volk von seiner Tätigkeit entfesseln?
geht an eure Lasten!
Pharao sprach:
Da, zuviel ist nun schon Volks im Land,
und ihr wollt sie von ihren Lasten feiern lassen!
An jenem Tag gebot Pharao den Treibern überm Volk und
　　seinen Rollenführern, sprechend:
Ihr sollt nicht mehr dem Volk Stroh ausgeben, die Streich-
　　ziegel zu streichen, wie vortags und ehgestern,
selber sollen sie gehn und sich Stroh zusammenstoppeln!
aber der Ziegel Gemäß, das sie vortags und ehgestern machten,
legt ihnen auf, mindert nichts davon!

Schlapp sind sie ja,

darum schreien sie, sprechend: Laß uns gehn, laß uns schlachtopfern unserm Gott!

Wuchten soll auf den Leuten der Dienst!

sie sollen daran zu tun haben, daß sie nimmer auf Lügenreden
achten.

Die Treiber des Volks und seine Rollenführer zogen aus
und sprachen zum Volk, sie sprachen:

So hat Pharao gesprochen:

Ich gebe euch kein Stroh,

selber geht, nehmt euch Stroh, wo ihrs findet,

denn kein Ding wird gemindert von eurem Dienst.

Das Volk schwärmte aus in allem Land Ägypten,

Stoppeln für das Stroh zusammenzustoppeln.

Aber die Treiber spornten, sprechend:

Vollendet, was ihr zu machen habt, das Tagwerk an seinem
Tag, wie als das Stroh da war!

Und geschlagen wurden die Rollenführer der Söhne Jifsraels,
die die Treiber Pharaos über sie gesetzt hatten, man sprach:

Weshalb habt ihr euren Satz nicht vollendet zu streichen,

wie vortags und ehgestern, so vorigen Tag, so heut?

Die Rollenführer der Söhne Jifsraels kamen und schrien zu
Pharao, sprechend:

Warum machst du es so mit deinen Knechten?

Deinen Knechten wird kein Stroh gegeben, und Streichziegel,
spricht man zu uns, macht!

Da werden deine Knechte geschlagen, und dein Volk wird
schuldig.

Er sprach:

Schlapp seid ihr, schlapp,

darum sprecht ihr: wir wollen gehn, wir wollen IHM schlachtopfern, –

und nun, geht, dient, Stroh wird euch nicht ausgegeben, und
ihr gebt an Ziegeln das Maß ab.

Die Rollenführer der Söhne Jifsraels sahn sich im Übel,

sprechen zu müssen: Mindert nicht von euren Ziegeln, das
Tagwerk an seinem Tag!

Sie trafen auf Mosche und auf Aharon, die dastanden, ihnen
zu begegnen, wenn sie von Pharao herauskämen.

Sie sprachen zu ihnen:
ER sehe auf euch, er richte,
daß ihr unsern Geruch stinkend gemacht habt bei Pharao und
  bei seinen Dienern
und ihnen ein Schwert in die Hand gabt, uns umzubringen!

Mosche kehrte zu IHM zurück und sprach:
Mein Herr,
warum handelst du übel an diesem Volk?
warum hast du mich da geschickt?
Seit ich zu Pharao kam, in deinem Namen zu reden, hat er an
  diesem Volk nur übler gehandelt,
und gerettet – gerettet hast du dein Volk nicht!
ER sprach zu Mosche:
Jetzt wirst du sehn, was ich an Pharao tue:
ja, unter starker Hand schickt er sie frei, unter starker Hand
  jagt er sie aus seinem Lande.

Gott redete zu Mosche,
er sprach zu ihm:
ICH bins.
Ich ließ von Abraham, Jizchak und Jaakob mich sehen
als den Gewaltigen Gott,
aber meinem Namen nach bin ich ihnen nicht kenntlich geworden.
Auch habe ich mit ihnen meinen Bund geschlossen,
ihnen das Land Kanaan zu geben,
das Land ihrer Gastschaft, darin sie gegastet haben.
Und ich auch habe das Gestöhn der Söhne Jifsraels gehört,
welche die Ägypter dienstbar halten,
und gedenke meines Bunds.
Daher
sprich zu den Söhnen Jifsraels:
ICH bins,
ich führe euch unter den Lasten Ägyptens hervor,
ich rette euch aus ihrem Dienst,
ich löse euch aus
mit gestrecktem Arm, mit großen Gerichten.
Ich nehme euch mir zum Volk,
ich werde euch zum Gott,

erkennen sollt ihr,
daß ICH euer Gott bin,
der euch führt, unter den Lasten Ägyptens hervor.
Ich bringe euch in das Land,
darüber ich meine Hand erhoben habe, es Abraham, Jizchak,
  Jaakob zu geben,
ich gebe es euch zu Erbe,
ICH bins.
Mosche redete so zu den Söhnen Jifsraels.
Aber sie hörten nicht auf Mosche
vor Geistes Kürze und vor hartem Dienst.

ER redete zu Mosche, sprechend:
Geh hin, rede zu Pharao, König von Ägypten,
daß er die Söhne Jifsraels aus seinem Land freischicke.
Aber Mosche redete vor IHM, sprechend:
Haben auf mich ja die Söhne Jifsraels nicht gehört,
wie soll mich Pharao hören!
bin ich doch vorhautig an Lippen!
ER aber redete weiter zu Mosche und zu Aharon
und entbot sie zu den Söhnen Jifsraels und zu Pharao, König
  von Ägypten,
die Söhne Jifsraels aus dem Land Ägypten zu führen.

Dies sind die Häupter der Vaterhäuser:
Die Söhne Rubens, Erstlings Jifsraels: Chanoch, Pallu, Chez-
  ron und Karmi, dies sind die Sippen von Ruben.
Die Söhne Schimons: Jmuel, Jamin, Ohad, Jachin und Zochar,
  und Schaul der Sohn der Kanaaniterin, dies sind die Sippen
  von Schimon.
Und dies sind die Namen der Söhne Lewis nach ihren Zeu-
  gungen:
Gerschon, Khat und Mrari.
Der Jahre des Lebens Lewis aber waren hundertsiebenund-
  dreißig Jahre.
Die Söhne Gerschons: Libni und Schimi, mit ihren Sippen.
Und die Söhne Khats:
Amram, Jizhar, Chebron und Usiel.
Der Jahre des Lebens Khats aber waren hundertunddreiund-
  dreißig Jahre.

Die Söhne Mraris: Machli und Muschi.

Dies sind die Lewisippen nach ihren Zeugungen.

Amram nahm Jochebed seine Muhme sich zum Weib,

sie gebar ihm Aharon und Mosche.

Und der Jahre des Lebens Amrams waren hundertundsieben-
unddreißig Jahre.

Die Söhne Jizhars: Korach, Nafeg und Sichri.

Die Söhne Usiels: Mischael, Elzafan und Sſitri.

Aharon nahm Elischaba Tochter Aminadabs, Schwester
Nachschons, sich zum Weibe,

sie gebar ihm Nadab und Abihu, Elasar und Itamar.

Die Söhne Korachs: Aſsir, Elkana und Abiaſsaf, dies sind die
Korachsippen.

Elasar Sohn Aharons nahm sich von den Töchtern Putiels eine
zum Weib,

sie gebar ihm Pinchas.

Dies sind die Häupter der Väter der Lewiten nach ihren Sippen.

Das ist Aharon und Mosche, zu denen ER sprach: Führt die
Söhne Jiſsraels aus dem Land Ägypten in ihren Scharen,

die sinds, die zu Pharao König von Ägypten redeten, die
Söhne Jiſsraels aus Ägypten zu führen,

das Mosche und Aharon.

Es war also an dem Tag, da ER redete zu Mosche im Land
Ägypten.

ER redete zu Mosche, sprechend:

ICH bins,

rede zu Pharao König von Ägypten alles, was ich zu dir rede.

Mosche aber sprach vor IHM:

Ich bin ja vorhautig an Lippen,

wie soll Pharao auf mich hören!

ER sprach zu Mosche:

Sieh, ich gebe dich Pharao zu einem Gott,

und Aharon dein Bruder wird dein Künder sein.

Reden sollst alles was ich dir gebiete du,

doch zu Pharao soll Aharon dein Bruder reden,

daß er die Söhne Jiſsraels aus seinem Land freischicke.

Ich selber aber härte Pharaos Herz,

mehren will ich im Land Ägypten meine Zeichen und meine
　　Erweise:
wird Pharao nicht auf euch hören,
dann gebe ich meine Hand wider Ägypten
und führe meine Scharen,
mein Volk, die Söhne Jifsraels,
aus dem Land Ägypten, mit großen Gerichten,
erkennen werden die Ägypter, daß ICH es bin,
wann ich meine Hand über Ägypten strecke und die Söhne
　　Jifsraels aus ihrer Mitte führe.
Mosche tats und Aharon,
wie ER ihnen gebot, so taten sie.
Mosche war achtzig Jahre und Aharon dreiundachtzig Jahre,
　　als sie zu Pharao redeten.
ER sprach zu Mosche und zu Aharon, sprach:
Wenn Pharao zu euch reden wird, sprechend: Gebt euch eine
　　Beglaubigung,
sprich zu Aharon:
Nimm deinen Stecken, wirf ihn hin vor Pharao, er werde zur
　　Otter.
Mosche kam und Aharon zu Pharao,
sie taten so, wie ER geboten hatte,
Aharon warf seinen Stecken hin vor Pharao und vor seine
　　Diener,
und er wurde zur Otter.
Auch Pharao berief die Weisen und die Zauberer,
und auch sie, die Magier Ägyptens, taten so mit ihren Geheim-
　　künsten,
sie warfen jedermann seinen Stecken, und die wurden zu
　　Ottern.
Doch Aharons Stecken verschlang ihre Stecken.
Und Pharaos Herz erstarkte, und er hörte nicht auf sie,
wie ER geredet hatte.

ER sprach zu Mosche:
Verstockt ist Pharaos Herz – er weigert, das Volk freizuschicken.
Tritt zu Pharao am Morgen, da geht er aus zum Wasser,
stelle dich ihm zu begegnen ans Ufer des Flusses,

den Stab aber, der sich zur Schlange wandelte, nimm in
   deine Hand,
und sprich zu ihm:
ER, der Gott der Ebräer, schickt mich zu dir, sprechend:
Schicke mein Volk frei, daß sie in der Wüste mir dienen.
Aber da hast du nicht gehört bis nun.
Nun hat ER so gesprochen:
Hieran sollst du erkennen, daß ICH es bin:
ich lasse schlagen – mit dem Stab in meiner Hand – auf das
   Wasser, das im Fluß ist,
und es wandelt sich zu Blut,
das Fischgeschlecht im Fluß stirbt, der Fluß wird stinkend,
widern wirds die Ägypter, Wasser vom Fluß zu trinken.
ER sprach zu Mosche:
Sprich zu Aharon:
Nimm deinen Stab,
strecke deine Hand über die Gewässer Ägyptens,
über ihre Stromarme, über ihre Flußgräben, über ihre Teiche
   und über alle Stauung ihrer Gewässer,
dann werden sie Blut,
Blut wird sein in allem Land Ägypten, noch im Holzgefäß,
   noch im Steinzeug.
Mosche und Aharon taten so, wie ER geboten hatte,
er hob den Stecken, er schlug das Wasser im Fluß vor den
   Augen Pharaos und vor den Augen seiner Diener,
und alles Wasser das im Fluß war wandelte sich zu Blut,
das Fischgeschlecht im Fluß starb, der Fluß wurde stinkend,
   nicht vermochten die Ägypter Wasser vom Fluß zu trinken,
das Blut war in allem Land Ägypten.
Aber die Magier Ägyptens taten ebenso mit ihren Geheimkünsten,
und Pharaos Herz erstarkte, und er hörte nicht auf sie,
wie ER geredet hatte.
Pharao wendete sich, er kam in sein Haus, und er setzte sein
   Herz auch daran nicht.
Alles Ägypten bohrte rings um den Fluß nach Wasser, zu
   trinken, weil sie vom Wasser des Flusses nicht trinken konnten.

Ein Tagsiebent erfüllte sich, nachdem Er den Fluß geschlagen
hatte.

Er sprach zu Mosche:
Komm zu Pharao und sprich zu ihm:
So hat Er gesprochen:
Schicke mein Volk frei, daß sie mir dienen.
Und weigerst du, es freizuschicken,
da, ich treffe all deine Gemarkung mit Fröschen.
Frösche wimmelt der Fluß,
sie steigen, sie kommen
in dein Haus, in dein Schlafgemach, auf dein Bett,
ins Haus deiner Diener, unter dein Volk,
in deine Backöfen und in deine Teigtröge,
an dir, an deinem Volk, an all deinen Dienern steigen die
Frösche auf.

Er sprach zu Mosche:
Sprich zu Aharon:
Strecke deine Hand mit deinem Stecken über die Strom-
arme, über die Flußgräben, über die Teiche,
laß die Frösche steigen über das Land Ägypten.
Aharon streckte seine Hand über die Wasser Ägyptens,
der Frosch stieg
und hüllte das Land Ägypten zu.
Die Magier taten ebenso mit ihren Geheimkünsten –
steigen ließen sie die Frösche über das Land
Ägypten.
Pharao ließ Mosche und Aharon rufen
und sprach:
Fleht zu Ihm, daß er die Frösche von mir und von meinem
Volk weichen lasse,
und ich will das Volk freischicken, daß sie Ihm schlachtopfern.
Mosche sprach zu Pharao:
Berühme dich an mir:
auf wann soll ich für dich, deine Diener und dein Volk flehen,
die Frösche von dir und von deinen Häusern auszurotten, daß
sie nur im Fluß übrigbleiben?
Er sprach:

Auf morgen.
Er aber sprach:
Nach deiner Rede!
Damit du erkennst,
daß keiner ist wie ER, unser Gott.
Weichen sollen die Frösche von dir, von deinen Häusern, von
    deinen Dienern, von deinem Volk,
nur im Fluß sollen sie überbleiben.
Hinweg schritt Mosche und Aharon von Pharao.
Mosche schrie zu IHM
wegen der Frösche, die er dem Pharao angesetzt hatte.
ER tat nach Mosches Rede,
die Frösche starben aus den Häusern, aus den Höfen, aus den
    Feldern,
man schichtete sie Haufen bei Haufen, daß das Land stank.
Als aber Pharao sah, daß Atemraum geworden war,
verstockte er sein Herz, und er hörte nicht auf sie,
wie ER geredet hatte.

ER sprach zu Mosche:
Sprich zu Aharon:
Strecke deinen Stecken, schlage den Staub der Erde,
dann wird er zu Mücken in allem Land Ägypten.
Sie taten so,
Aharon streckte seine Hand mit seinem Stecken und schlug
    den Staub der Erde,
und die Mücke war am Menschen und am Tier,
aller Staub der Erde wurde zu Mücken in allem Land Ägypten.
Die Magier taten ebenso mit ihren Geheimkünsten, die Mük-
    ken hinwegzuführen, aber sie vermochtens nicht,
die Mücke war am Menschen und am Tier.
Die Magier sprachen zu Pharao:
Finger eines Gottes ist das.
Aber Pharaos Herz erstarkte, aber er hörte nicht auf sie,
wie ER geredet hatte.

ER sprach zu Mosche:
Sei früh auf, stell dich Pharao vors Angesicht, da geht er ja ans
    Wasser,

und sprich zu ihm:

So hat ER gesprochen:

Schicke mein Volk frei, daß sie mir dienen.

Schickst du aber mein Volk nicht frei,

schicke nun ich an dich, an deine Diener, an dein Volk, an deine Häuser das Geziefer,

voll werden des Geziefers die Häuser Ägyptens

und der Boden selber, darauf sie sind.

Aber aussondern will ich an diesem Tag das Land Goschen, darauf mein Volk steht,

daß dort gar kein Geziefer sei,

damit du erkennst, daß ICH bin im Innern des Landes,

Abgeltung setze ich zwischen mein Volk und dein Volk, – morgen geschieht dieses Zeichen.

ER tat so,

schweres Geziefer kam in Pharaos Haus, ins Haus seiner Diener, in alles Land Ägypten,

das Land verdarb vom Geziefer.

Pharao ließ Mosche und Aharon rufen

und sprach:

Geht, schlachtopfert euerm Gott im Lande.

Mosche sprach:

Nicht wäre es weislich, solcherweise zu tun,

denn, was Ägypten ein Greuel ist, schlachtopfern wir IHM, unserm Gott.

schlachteten wir nun Ägyptens Greuel vor ihren Augen, würden sie uns nicht steinigen?

Einen Weg von drei Tagen wollen wir gehn in die Wüste

und IHM unserm Gott schlachtopfern, wie ers uns zuspricht.

Pharao sprach:

Ich also schicke euch frei,

daß ihr IHM, euerm Gott, in der Wüste schlachtopfert,

nur: ihr sollt euch nicht entfernen, fernhin zu gehn! ·

Fleht denn für mich!

Mosche sprach:

Sowie ich nun von dir hinausschreite, will ich zu IHM flehen,

weichen soll morgen das Geziefer von Pharao, von seinen Dienern und von seinem Volk,

nur: möge Pharao nimmer weiter narren,

gar nicht freizuschicken das Volk, IHM zu schlachtopfern!
Mosche schritt von Pharao hinweg und flehte zu IHM.
ER tat nach Mosches Rede,
er ließ weichen das Geziefer von Pharao, von seinen Dienern
    und von seinem Volk,
nicht eines blieb übrig.
Aber Pharao verstockte auch diesmal sein Herz,
aber er schickte das Volk nicht frei.

ER sprach zu Mosche:
Komm zu Pharao und rede zu ihm:
So hat ER, der Gott der Ebräer, gesprochen:
Schicke mein Volk frei, daß sie mir dienen.
Weigerst du aber freizuschicken und hältst sie weiter fest,
gerät nun SEINE Hand an dein Vieh auf dem Feld,
an die Pferde, an die Esel, an die Kamele, an die Rinder, an
    die Schafe –
eine Pest, sehr schwer.
Und absondern wird ER zwischen dem Vieh Jiſsraels und dem
    Vieh Ägyptens.
von allem, was der Söhne Jiſsraels ist, soll nicht ein Stück ster-
    ben.
Eine Frist setzte ER, mit dem Spruch:
Morgen wird ER diese Rede im Lande tun.
ER tat diese Rede am morgenden Tag –
alles Vieh Ägyptens starb,
doch vom Vieh der Söhne Jiſsraels starb nicht eins.
Pharao schickte aus, da war vom Vieh der Söhne Jiſsraels auch
    nicht eins gestorben.
Aber Pharaos Herz blieb verstockt, er schickte das Volk nicht
    frei.

ER sprach zu Mosche und zu Aharon:
Nehmt eure Fäuste voll Ofenruß
und Mosche sprenge ihn himmelwärts vor Pharaos Augen,
dann wird er zu Mulm über alles Land Ägypten
und wird am Menschen und am Tier zum Geschwür, auf-
    sprossend in Blattern,
in allem Land Ägypten.

Sie nahmen den Ofenruß, sie traten vor Pharao, Mosche
   sprengte es himmelwärts,
und Blatterngeschwür ward, aufsprossend am Menschen und
   am Tier.
Nicht vermochten die Magier vor Mosche zu bestehn wegen
   des Geschwürs,
denn an den Magiern war das Geschwür wie an allem Ägypten,
ER aber stärkte Pharaos Herz, er hörte nicht auf sie,
wie ER zu Mosche geredet hatte.

ER sprach zu Mosche:
Sei früh auf, stell dich Pharao vors Antlitz und sprich zu ihm:
So hat ER, der Gott der Ebräer, gesprochen:
Schicke mein Volk frei, daß sie mir dienen!
wollte ich diesmal schon all meine Niederstöße an dein Herz
   schicken, auch in deinen Dienern, auch in deinem Volk,
um des willen, daß du erkennest: Keiner ist wie ich auf all der
   Erde,
ich schickte jetzt schon meine Hand aus und schlüge dich und
   dein Volk mit der Pest, daß du von der Erde schwändest,
jedoch eben um dieses willen lasse ich dich bestehn:
um des willen, daß ich dich meine Kraft sehen lasse,
und damit man meinen Namen erzähle überall auf der Erde.
Noch dämmst du dich gegen mein Volk, versagend sie freizuschicken, –
da, ich lasse um diese Zeit morgen einen sehr schweren Hagel
   regnen,
dessengleichen in Ägypten nicht war vom Tag seiner Gründung bis jetzt.
Und jetzt:
schicke hin, birg dein Vieh und alles, was du auf dem Felde
   hast,
alles von Mensch und Tier, was sich auf dem Feld befindet
   und nicht ins Haus eingeholt ist, der Hagel fällt auf sie und
   sie sterben.
Der SEINER Rede Fürchtige von Pharaos Dienern flüchtete
   seine Dienstknechte und sein Vieh in die Häuser,
wer aber sein Herz nicht an SEINE Rede setzte, ließ seine
   Knechte und sein Vieh auf dem Feld.

ER sprach zu Mosche:
Strecke deine Hand über den Himmel,
dann wird Hagel sein in allem ägyptischen Erdland,
über Mensch und über Tier und über alles Kraut des Feldes im
　　ägyptischen Erdland.
Wie Mosche seinen Stab über den Himmel streckte,
gab ER Donnerschälle und Hagel aus, Feuer ging zur Erde
　　nieder,
Hagel ließ ER über das ägyptische Erdland regnen.
Hagel war, und inmitten des Hagels ein insichgreifendes Feuer,
sehr schwer,
seinesgleichen war nicht in allem Land Ägypten, seit es eines
　　Volkstamms wurde.
Der Hagel schlug in allem Land Ägypten alles, was auf dem
　　Felde war, von Mensch bis Tier,
alles Kraut des Feldes schlug der Hagel, allen Baum des Feldes
　　brach er.
Nur im Lande Goschen, wo die Söhne Jifsraels waren, war
　　nicht Hagel.
Pharao schickte und ließ Mosche und Aharon rufen
und sprach zu ihnen:
Diesmal: ich habe mich versündigt.
ER ist der Gerechte, ich und mein Volk sind die Frevler.
Flehet zu IHM!
Allzuviel ists der Gottesdonner und des Hagels!
Freischicken will ich euch, ihr sollt nicht länger dastehn!
Mosche sprach zu ihm:
Sowie ich aus der Stadt schreite, will ich meine Hände breiten
　　zu IHM,
die Donner werden aufhören, der Hagel wird nicht mehr sein, –
damit du erkennst, daß SEIN die Erde ist.
Doch du und deine Diener –
noch fürchtet ihr euch kaum, wohl erkenne ichs,
vor IHM, Gott.
– Der Flachs und die Gerste war zerschlagen, denn die Gerste
　　stand in Ähren und der Flachs in Knospen,
aber der Weizen und der Spelt waren nicht zerschlagen, weil
　　sie spätzeitig sind. –

Mosche schritt von Pharao hinweg aus der Stadt und breitete
seine Hände zu IHM:
die Donner hörten auf und der Hagel, und der Regen
schüttete sich nicht mehr zur Erde.
Als aber Pharao sah, daß der Regen aufhörte und die Hagel
und die Donner,
fuhr er fort zu sündigen, sein Herz blieb verstockt, seins und
seiner Diener –
und Pharaos Herz stärkte sich, und er schickte die Söhne
Jifsraels nicht frei,
wie ER durch Mosche geredet hatte.

ER sprach zu Mosche:
Komm zu Pharao!
Habe doch ich sein Herz und das Herz seiner Diener verstockt,
damit ich diese meine Zeichen errichte drinnen bei ihnen
und damit du erzählest
in die Ohren deines Sohnes und deines Sohnessohns,
wie ich Ägypten mitgespielt habe,
und meine Zeichen, die ich an ihnen setzte, –
erkennen sollt ihr, daß ICH es bin.
Mosche kam und Aharon zu Pharao, sie sprachen zu ihm:
So hat ER, der Gott der Ebräer, gesprochen:
Bis wann noch willst du weigern, dich meinem Antlitz zu
beugen!
schicke mein Volk frei, daß sie mir dienen!
Weigerst du aber, mein Volk freizuschicken,
lasse ich nun morgen in deine Gemarkung den Heuschreck
kommen,
er verhüllt den Anblick der Erde, man vermag nicht die Erde
zu sehn,
er frißt den Rest des Entronnenen, das euch übrigblieb vom
Hagel,
er frißt alljeden Baum, der euch aus dem Feld wächst,
voll werden deine Häuser, die Häuser all deiner Diener, die
Häuser all Ägyptens,
wie es nicht sahn deine Väter und die Vorväter deiner Väter
vom Tag ihres Seins auf dem Boden bis auf diesen Tag.

Er wendete sich und schritt hinweg von Pharao.

Pharaos Diener sprachen zu ihm:

Bis wann soll uns der zum Fallstrick werden!

schicke die Männer frei, daß sie IHM, ihrem Gotte dienen!

erkennst du noch nicht, daß Ägypten verloren ist?

Man holte Mosche und Aharon zu Pharao zurück,

und er sprach zu ihnen:

Geht, dient IHM, eurem Gott!

– wer und wer sind es, die gehen sollen?

Mosche sprach:

Mit unsern Jungen und mit unsern Alten wollen wir gehn,

mit unsern Söhnen und mit unsern Töchtern,

mit unsern Schafen und mit unsern Rindern wollen wir
    gehn, –

denn Festreihn IHM ists für uns.

Er sprach zu ihnen:

Sei ER so bei euch, wie ich euch mit eurem Kleinzeug frei-
    schicke!

seht selber: auf Böses steht eure Absicht!

nicht so – geht nur ihr Männer und dienet IHM, denn das sucht
    ihr ja an!

Und man verjagte sie von Pharaos Angesicht.

ER aber sprach zu Mosche:

Strecke deine Hand übers Land Ägypten nach dem Heu-
    schreck,

dann steigt er übers Land Ägypten, und frißt alles Kraut des
    Landes, was alles der Hagel übrig ließ.

Mosche streckte seinen Stab übers Land Ägypten,

und ER lenkte einen Ostwind gegen das Land

all jenen Tag und all die Nacht, –

als es Morgen war, hatte der Ostwind den Heuschreck herge-
    tragen.

Der Heuschreck stieg über alles Land Ägypten,

er ruhte auf aller Gemarkung Ägyptens,

sehr schwer,

vor ihm war solch ein Heuschreck nicht wie der und nach
    ihm wird solch einer nicht sein,

er verhüllte den Anblick alles Erdlands, das Land verfinsterte
    sich,

er fraß alles Kraut des Landes und alle Baumfrucht, die der
    Hagel übrig gelassen hatte,
nicht war mehr allirgend Grün übrig an den Bäumen und am
    Kraut des Felds in allem Land Ägypten.
Eilends ließ Pharao Mosche und Aharon rufen
und sprach:
Versündigt habe ich mich an I H M, eurem Gott, und an euch.
Und jetzt,
trage doch nur diesmal noch meine Versündigung!
und fleht zu I H M, eurem Gott,
daß er bloß diesen Tod von mir weichen lasse!
Er begab sich hinweg von Pharao und flehte zu I H M.
Und ER drehte einen sehr starken Meerwind bei,
der trug den Heuschreck davon und stieß ihn ins Schilfmeer,
nicht ein einziger Heuschreck blieb übrig in aller Gemarkung
    Ägyptens.
Aber ER stärkte Pharaos Herz, aber er schickte die Söhne
    Jifsraels nicht frei.

ER sprach zu Mosche:
Strecke deine Hand über den Himmel,
dann wird Finsternis über dem Land Ägypten,
man soll Finsternis tasten.
Mosche streckte seine Hand über den Himmel,
und in allem Land Ägypten wurde eine Finsternis, Düster, ein
    Tagdritt,
nicht sah einer den andern, nicht erhob einer sich von seinem
ein Tagdritt.   [Platz
Aber bei allen Söhnen Jifsraels war Licht in ihren Siedlungen.
Pharao ließ Mosche rufen und sprach:
Geht, dienet I H M,
bloß eure Schafe und eure Rinder sollen eingestellt werden,
auch euer Kleinvolk mag mit euch gehn.
Mosche sprach:
Auch sogar du selber solltest in unsre Hand Schlachtspenden
    und Darhöhungen geben, daß wir I H M, unserm Gott, sie
    machen!
Auch unser Vieh muß mit uns gehn, nicht eine Klaue bleibt
    übrig,

denn von dem müssen wir nehmen, IHM unserm Gott zu
   dienen,
wir ja wissen nicht, womit wir IHM dienen sollen,
bis wir dorthin kommen.
Aber ER stärkte Pharaos Herz, aber er war nicht gewillt, sie
   freizuschicken.
Pharao sprach zu ihm:
Geh von mir!
hüte dich,
wage nimmer wieder mein Antlitz zu sehen –
denn am Tag, da du mein Antlitz siehst, mußt du sterben!
Mosche sprach:
Recht hast du geredet,
hinfort will ich nicht wieder dein Antlitz sehen.

ER hatte zu Mosche gesprochen:
Noch einen einzigen Streich
lasse ich über Pharao und über Ägypten kommen,
danach schickt er euch frei von hinnen,
wann er euch freischickt, ists garaus, er jagt, jagt euch hinweg.
Rede nun in die Ohren des Volks:
verlangen sollen sie, jeder von seinem Genossen, jede von
   ihrer Genossin, Silbergerät und Goldgerät.
ER gab dem Volke Gunst in den Augen Ägyptens,
auch war der Mann Mosche sehr groß im Land Ägypten
in den Augen der Diener Pharaos und in den Augen des Volks.

Mosche sprach:
So hat ER gesprochen:
In der Hälfte der Nacht
ziehe ich aus mittdurch Ägypten,
dann stirbt alljeder Erstling im Land Ägypten,
vom Erstling Pharaos, der auf seinem Thron sitzt,
bis zum Erstling der Magd hinter der Handmühle,
und alljeder Erstling eines Tiers.
Dann wird ein großer Schrei in allem Land Ägypten sein,
desgleichen nie noch war, desgleichen nie wieder sein wird.
Aber gegen alle Söhne Jifsraels soll kein Hund seine Zung
   regen, weder gegen Mensch noch Tier,

damit ihr erkennt, daß ER sondert zwischen Ägypten und
  Jiſrael.
Dann werden horniedersteigen zu mir all diese deine Diener,
  sie werden sich vor mir verneigen, sprechend:
Zieh ab, du und alles Volk, das in deine Fußtapfen tritt!
Und danach werde ich abziehn.
Er zog hinweg von Pharao in flammendem Zorn.

ER hatte zu Mosche gesprochen:
Nicht wird Pharao auf euch hören,
  damit sich mehren meine Beglaubigungen im Land Ägypten.
Und Mosche und Aharon hatten all diese Beglaubigungen vor
  Pharao getan,
  aber ER stärkte Pharaos Herz, aber er schickte die Söhne
  Jiſsraels aus seinem Land nicht frei.

ER sprach zu Mosche und zu Aharon im Land Ägypten,
  sprach:
Diese Mondneuung sei euch Anfang der Mondneuungen,
die anfängliche unter den Mondneuungen des Jahres sei sie euch.
Redet zu aller Gemeinschaft Jiſsraels, sprechend:
Am zehnten auf diese Neuung
nehme sich jedermann ein Lamm, nach den Väterhäusern,
  ein Lamm auf das Haus.
Sind aber im Haus zu wenige für ein Lamm,
nehme ers und sein Anwohner, der seinem Hause nah ist,
  durch Beisteuer nach Seelenzahl,
jedermann nach seinem Eßanteil sollt zum Lamm ihr steuern.
Ein heiles, männliches, jähriges Lamm seis euch, von den
  Schafen und von den Ziegen sollt ihrs nehmen.
Und in Verwahr seis euch bis zum vierzehnten Tag auf diese
  Neuung,
dann metze es alles Gesamt der Gemeinschaft Jiſsraels, zwischen den Abendstunden.
Und vom Blut sollen sie nehmen und an die beiden Pfosten
  geben und an den Türsturz,
an den Häusern, darin sie es essen werden.
Dann sollen sie in derselben Nacht das Fleisch essen, Feuer-
  geröst,

dazu Fladen,

mit Bitterkräutern sollen sies essen.

Eßt nimmer davon roh, noch gesotten in Wassersud, sondern
  Feuergeröst Kopf nebst Beinen nebst Eingeweide.

Laßt aber davon nichts verbleiben bis an den Morgen,

was davon an den Morgen verbleibt, sollt ihr im Feuer verbrennen.

Und also sollt ihrs essen:

eure Hüften gegürtet, eure Schuhe an euren Füßen, euren Stek-
  ken in eurer Hand,

in Hast sollt ihr es essen –

Übersprungsmahl ist es IHM.

Durchschreiten will ich das Land Ägypten in dieser Nacht

und alljeden Erstling im Land Ägypten schlagen, von Mensch
  zu Tier,

an allen Göttern Ägyptens will ich Gerichte tun,

ICH bins.

Das Blut aber werde zum Zeichen für euch an den Häusern,
  darin ihr seid:

ich sehe das Blut und überspringe euch;

nicht euch zum Verderber sei der Stoß, wenn auf das Land
  Ägypten ich einschlage.

Und der Tag werde euch zum Gedächtnis,

als Festreigengang IHM begeht ihn,

für eure Geschlechter, als Weltzeit-Satzung, sollt ihr ihn begehn.

Ein Tagsiebent sollt ihr Fladen essen,

genau zum ersten Tag sollt ihr die Gäre aus euren Häusern
  verabschieden,

denn allwer Gesäuertes ißt – vom ersten Tag bis zum siebenten Tag –: gerodet werde jenes Wesen aus Jiśrael.

Ausrufen von Heiligung am ersten Tag

und Ausrufen von Heiligung sei euch am siebenten Tag,

allerart Arbeit werde an ihnen nicht gemacht,

nur was allen Wesen zu essen gehört, das einzig werde von
  euch zurechtgemacht.

Und wahret die Fladen!

Denn an eben diesem Tag habe ich eure Scharen aus dem
  Land Ägypten geführt.

Wahret diesen Tag, für eure Geschlechter als Weltzeit-
　　Satzung,
Im Anfangsmonat, am vierzehnten Tag auf die Neuung zu
　　Abend sollt ihr Fladen essen
bis zum einundzwanzigsten Tag auf die Neuung zu Abend.
Ein Tagsiebent werde nicht Gäre in euren Häusern ge-
　　funden,
denn allwer Säuerndes ißt, gerodet werde jenes Wesen aus der
　　Gemeinschaft Jisraels,
seis Gast seis Landessproß.
Allerart Säuerndes sollt ihr nicht essen,
Fladen sollt ihr essen in all euren Siedlungen.

Mosche berief alle Alten Jisraels und sprach zu ihnen:
Greift heraus und nehmt euch Schafe für eure Sippen und
　　metzet das Übersprungsmahl.
Dann nehmt ein Bund Ysops, tunkt es in das Blut, das im
　　Becken ist,
und streicht von dem Blut, das im Becken ist, an den Türsturz
　　und an die beiden Pfosten.
Ihr aber zieht nicht hinaus, keiner aus dem Einlaß seines Hau-
　　ses, bis an den Morgen.
Schreitet ER einher, Ägypten dahinzustoßen,
und sieht das Blut am Türsturz und an den beiden Pfosten,
dann überspringt ER den Einlaß
und gibt nicht zu, daß der Verderber in eure Häuser komme,
　　zu stoßen.
Wahret diese Rede
zum Gesetze dir und deinen Söhnen auf Weltzeit!
Es soll geschehn,
wenn ihr kommt in das Land, das ER euch gibt, wie er ge-
　　redet hat,
wahrt diesen Dienst!
und es soll geschehn,
wenn eure Söhne zu euch sprechen: Was ist euch dieser
　　Dienst?
dann sprecht:
Schlachtmahl des Übersprungs ist es IHM,
der die Häuser der Söhne Jisraels übersprang in Ägypten,

als er Ägypten hinstieß und unsre Häuser heraushob.
Das Volk bückte sich und warf sich nieder.
Dann gingen die Söhne Jifsraels und tatens,
wie ER Mosche und Aharon geboten hatte, so taten sie.

Es geschah in der Hälfte der Nacht:
ER schlug alles Erstlingtum im Land Ägypten,
vom Erstling Pharaos, der auf seinem Thron sitzt,
bis zum Erstling des Häftlings im Kerker,
und alljeden Erstling eines Tiers.
Pharao stand auf in der Nacht,
er und all seine Diener und all Ägypten,
und ein großer Schrei war in Ägypten,
es gab ja kein Haus, darin kein Toter war.
Er ließ nachts Mosche und Aharon rufen
und sprach:
Auf, fort aus der Mitte meines Volks, so ihr, so die Söhne
　　Jifsraels!
geht, dient IHM, nach eurem Reden,
auch eure Schafe, auch eure Rinder nehmt, wie ihr geredet
　　habt,
geht!
und wirkt auch mir einen Segen!
Stark war Ägypten hinter dem Volk, es eilends aus dem
　　Lande zu schicken,
denn sie sprachen: Wir alle müssen sterben.
Das Volk lud seinen Teig, eh er säuerte, ihre Gärtröge, in ihre
　　Tücher gebunden, auf ihre Schulter.
Die Söhne Jifsraels hatten aber nach Mosches Rede getan:
sie verlangten von den Ägyptern Silbergerät und Goldgerät
　　und Gewänder,
und ER hatte dem Volke Gunst in den Augen der Ägypter
　　gegeben:
sie ließen sichs abverlangen, –
so strichen sies von Ägypten ein.

Die Söhne Jifsraels zogen von Ramses nach Sſukkot,
an sechsmalhunderttausend zu Fuß, die Wehrhaften ohne das
　　Kleinvolk,

auch wanderte vieles Schwarmgemeng mit ihnen hinauf,
dazu Schafe und Rinder, eine sehr gewichtige Herde.
Sie buken den Teig, den sie aus Ägypten mitführten, zu
   Fladenkuchen, denn er hatte nicht gesäuert,
denn verjagt wurden sie aus Ägypten und durften nicht säumen, und auch Zehrung hatten sie sich nicht zurechtgemacht.

Der Siedlung der Söhne Jifsraels, wie sie in Ägypten gesiedelt
   hatten, waren vierhundert Jahre und dreißig Jahre.
Es geschah nach Ablauf der vierhundert Jahre und dreißig
   Jahre,
es geschah an eben dem Tag:
all SEINE Scharen fuhren aus dem Land Ägypten.
Eine Nacht der Wache war das IHM,
sie aus dem Land Ägypten zu führen,
und das ist diese Nacht IHM,
Wache allen Söhnen Jifsraels für ihre Geschlechter.

ER sprach zu Mosche und Aharon:
Dies ist die Satzung des Übersprungsmahls:
Alljeder Sohn der Fremde soll davon nicht essen.
Aber alljeder um Geld erworbne Knecht eines Mannes, hast
   du ihn beschnitten, soll alsdann davon essen.
Beisaß und Löhner soll nicht davon essen.
In Einem Haus solls gegessen werden,
du sollst nicht von dem Fleisch aus dem Haus auf die Straße
   bringen.
Nicht sollt ihr einen Knochen daran zerbrechen.
Alle Gemeinschaft Jifsraels soll es machen.
Wenn bei dir ein Gastsasse gastet und will IHM das Über-
   sprungsmahl machen,
muß alles Männliche bei ihm beschnitten sein, dann nahe er,
   es zu machen, und sei wie ein Sproß des Landes.
Alljeder Vorhautige soll nicht davon essen.
Einerlei Weisung sei dem Sproß und dem Gast, der in eurer
   Mitte gastet.

Alle Söhne Jifsraels tatens,

wie ER Mosche und Aharon geboten hatte, so taten sie.

Es geschah an eben dem Tag,
als ER die Söhne Jifsraels nach ihren Scharen aus dem Land
    Ägypten führte,
ER redete zu Mosche, sprechend:
Heilige mir alles Erstlingtum,
den Bruch alles Schosses bei den Söhnen Jifsraels, bei Mensch
    und bei Vieh,
mein ist er.

Mosche sprach zum Volk:
Gedenket dieses Tags,
an dem ihr fuhrt aus Ägypten, aus dem Haus der Dienstbar-
    keit,
denn mit der Stärke der Hand hat ER euch von dannen ge-
    führt:
Gesäuertes werde nicht gegessen.
Heuttags fahrt ihr aus, in der Mondneuung des Ährentreibens.
Es soll geschehn:
wenn ER dich kommen läßt in das Land des Kanaaniters,
des Chetiters, des Amoriters, des Chiwwiters und des Je-
    bufsiters,
das er zuschwur deinen Vätern, dir zu geben,
ein Land, Milch und Honig träufend,
sollst du diesen Dienst in dieser Mondneuung dienen.
Ein Tagsiebent sollst du Fladen essen,
und am siebenten Tag ist Festreihen IHM.
Fladen esse man das Tagsiebent durch,
Gesäuertes sei bei dir nicht zu sehn, Gäre sei bei dir nicht zu
    sehn in all deiner Gemarkung.
Und melden sollst du deinem Sohn an dem selben Tage,
    sprechend:
Um des willen, was ER mir tat, als ich ausfuhr von Ägypten.
Und es sei dir zum Zeichen an deiner Hand und zum Ange-
    denken zwischen deinen Augen,
damit die Weisung von IHM in deinem Munde sei,
daß ER mit der Stärke der Hand dich aus Ägypten führte.
Wahre diese Satzung zu ihrer Gezeit Jahrtag um Jahrtag!
Es soll geschehn:

wenn ER dich kommen läßt in das Land des Kanaaniters, wie
 er zuschwur dir und deinen Vätern,
und es dir gibt,
sollst du allen Bruch eines Schosses IHM übertragen
und allen Bruchwurf des Viehs, das du hast,
die Männlichen IHM.
Allen Bruch des Esels sollst du abgelten mit einem Lamm,
und giltst du ihn nicht ab, genicke ihn.
Und alles Erstlingtum vom Menschen, bei deinen Söhnen,
 sollst du abgelten.
Es soll geschehn:
wenn dich morgen dein Sohn fragt, sprechend: Was ist das?
sprich zu ihm:
Mit der Stärke der Hand führte ER uns aus Ägypten, aus dem
 Haus der Dienstbarkeit,
und so ists geschehn:
als Pharao sich dawider härtete, uns freizuschicken,
brachte ER alles Erstlingtum im Land Ägypten um,
vom Erstling des Menschen zum Erstling des Viehs.
Darum schlachtopfre ich IHM allen Bruch eines Schosses, die
 Männlichen,
und alljeden Erstling meiner Söhne gelte ich ab.
Und es sei zum Zeichen an deiner Hand und zum Gebind zwischen deinen Augen,
daß ER mit der Stärke der Hand uns aus Ägypten führte.

Es geschah, als Pharao das Volk freigeschickt hatte:
Nicht leitete sie Gott den Weg durchs Land der Philister, der
   doch nah ist,
denn Gott sprach:
Es möchte das Volk gereuen, wenn sie Kampf sehn,
und sie möchten umkehren nach Ägypten,
Gott ließ das Volk schwenken auf den Weg zur Wüste am
   Schilfmeer.
Gerüstet stiegen die Söhne Jifsraels aus dem Land Ägypten
   herauf.
Mosche aber hatte die Gebeine Jofsefs mit sich genommen,
denn Schwurs beschworen hatte der die Söhne Jifsraels,
   sprechend:
Zuordnen wirds euch, zuordnen Gott, bringt dann meine
   Gebeine von hier hinauf mit euch!
Sie zogen nun von Sfukkot und lagerten in Etam am Rand der
   Wüste.
Vor ihnen einher ging ER,
des Tags in einer Säule Gewölks, sie den Weg zu leiten,
des Nachts in einer Säule Feuers, ihnen zu leuchten,
zu gehen tags und nachts.
Nicht wich
die Wolkensäule des Tags
und die Feuersäule des Nachts
vor dem Volk.

ER redete zu Mosche, sprechend:
Rede zu den Söhnen Jifsraels,
daß sie kehren und lagern vor Pi-Hachirot, zwischen Migdol
   und dem Meer,
vor Baal-Zfon, dem entgegen, sollt ihr lagern am Meer.
Sprechen wird Pharao von den Söhnen Jifsraels:
Verirrt sind sie im Land! umschlossen hat sie die Wüste!
Ich stärke Pharaos Herz, er soll ihnen nachsetzen,
erscheinigen will ich mich an Pharao und an all seinem Heer,
die Ägypter werden erkennen, daß ICH es bin.
Sie taten so.
Gemeldet wurde dem König von Ägypten, daß das Volk entlaufen wolle,

und das Herz Pharaos und seiner Diener wandelte sich gegen
   das Volk, sie sprachen:
Was haben wir da getan, daß wir Jifsrael aus unserm Dienst
   freischickten!
Er ließ sein Fahrzeug bespannen,
er nahm sein Kriegsvolk mit sich,
sechshundert erlesene Fahrzeuge nahm er und allerlei Fahrzeug
   Ägyptens,
und Wagen-Drittkämpfer auf allen.
ER aber stärkte das Herz Pharaos, des Königs von Ägypten,
   daß er den Söhnen Jifsraels nachsetzte,
und waren doch Jifsraels Söhne mit erhobener Hand ausgefahren.
Die Ägypter setzten ihnen nach und holten sie ein am Meer
   gelagert,
alle Fahrzeug-Roßmacht Pharaos, seine Reisigen, sein
   Heer,
bei Pi-Hachirot, vor Baal-Zfon.
Als Pharao näherrückte, hoben die Söhne Jifsraels ihre Augen:
da, Ägypten zieht ihnen nach!
Sie fürchteten sich sehr.
Und die Söhne Jifsraels schrien zu IHM.
Aber zu Mosche sprachen sie:
Wohl weils keine Gräber in Ägypten gab, hast du uns fortgenommen, in der Wüste zu sterben!
was hast du uns da getan, uns aus Ägypten zu führen!
wars das nicht, die Rede, die wir zu dir in Ägypten redeten,
   sprechend:
Laß von uns ab, wir wollen Ägypten dienen!
denn besser ist uns, Ägypten zu dienen, als daß wir in der
   Wüste sterben!
Mosche sprach zum Volk:
Fürchtet euch nimmer!
tretet hin, seht SEINE Befreiung, die er heut an euch tun wird,
denn wie ihr heute Ägypten saht, seht in Weltzeit ihrs nicht
   wieder.
ER wird für euch kämpfen, und ihr, seid still!
ER sprach zu Mosche:
Was schreist du nach mir!

rede zu den Söhnen Jifsraels, sie sollen ziehen.

Du aber

recke deinen Stab,

strecke deine Hand übers Meer

und spalte es!

kommen sollen die Söhne Jifsraels mitten durchs Meer auf
    dem Trocknen!

Ich aber,

ich stärke nun Ägyptens Herz,

hinein kommen sollen sie ihnen nach,

ich erscheinige mich an Pharao und an all seinem Heer, an
    seinem Fahrzeug und seinen Reisigen,

die Ägypter sollen erkennen, daß ICH es bin,

da ich mich erscheinige an Pharao, an seinem Fahrzeug und an
    seinen Reisigen.

Hinweg zog der göttliche Bote, der vorm Lager Jifsraels herging,

und ging hinter sie,

hinweg zog der Wolksäulenstand vor ihrem Antlitz

und stand hinter ihnen

und kam zwischen das Lager Ägyptens und das Lager
    Jifsraels.

Hier war die Wolke und die Finsternis,

und da erleuchtete er die Nacht,

nicht nahte eins dem andern all die Nacht.

Mosche streckte seine Hand übers Meer,

und zurückgehen ließ ER das Meer

durch einen heftigen Ostwind all die Nacht

und machte das Meer zum Sandgrund,

so spalteten sich die Wasser.

Die Söhne Jifsraels kamen mitten durchs Meer auf dem
    Trocknen,

Wand war ihnen das Wasser zu ihrer Rechten und zu ihrer
    Linken.

Aber die Ägypter setzten nach, hinein kamen sie hinter ihnen,

alle Roßmacht Pharaos, sein Fahrzeug, seine Reisigen,

mitten ins Meer.

In der Morgenwache geschahs:

ER bog sich gegen die Reihen Ägyptens nieder in der Säule
    Feuers und Gewölks

und verstörte die Reihen Ägyptens,
er lockerte das Rad seiner Gefährte und ließ es voranstreben
 mit Beschwer.
Ägypten sprach:
Fliehen will ich vor Jifsrael,
denn ER kämpft für sie gegen Ägypten.
ER aber sprach zu Mosche:
Strecke deine Hand übers Meer,
kehren sollen die Wasser
über Ägypten, – über sein Fahrzeug, über seine Reisigen.
Mosche streckte seine Hand übers Meer,
und das Meer kehrte, um die Morgenwende, zu seiner Urstatt
 wieder,
indes die Ägypter ihm entgegenflohn.
ER schüttelte Ägypten mitten ins Meer.
Die Wasser kehrten zurück,
sie hüllten das Fahrzeug, die Reisigen alles Heers Pharaos, die
 ihnen nach ins Meer gekommen waren,
auch nicht einer von ihnen überblieb.
Aber die Söhne Jifsraels waren auf dem Trocknen mitten
 durchs Meer gegangen,
Wand war ihnen das Wasser zu ihrer Rechten und zu ihrer
 Linken.
ER befreite an jenem Tag Jifsrael aus der Hand Ägyptens,
Jifsrael sah Ägypten tot am Ufer des Meers.
Jifsrael sah die große Hand, die ER an Ägypten dargetan
 hatte,
das Volk fürchtete IHN
und vertraute IHM und Mosche seinem Knecht.

Damals sang Mosche und die Söhne Jifsraels
IHM diesen Gesang,
sie sprachen im Spruch:

Singen will ich IHM,
denn hoch stieg er, hoch,
das Roß und seinen Reiter
schleuderte er ins Meer.

Mein Stolz und Saitenspiel ist oh Er,

und ward meine Freiheit.

Mein Schutzgott der,
ich rühme ihn,
meines Vaters Gott,
ich erhebe ihn.

ER ist ein Kriegsmann,
Hie ER! sein Name.

Gefährte und Heer Pharaos
stürzte er in das Meer,
seiner Drittkämpfer Lese,
ins Schilfmeer tauchten sie.
Wirbel hüllten sie zu,
sie sanken in die Strudel
wie ein Stein.

Deine Rechte, DU,
Hehrer in der Kraft,
deine Rechte, DU,
zerschmettert den Feind.
Mit der Fülle deiner Hoheit
erstickst du die wider dich Empörten,
deine Grimmglut schickst du aus,
sie frißt sie wie Spreu.

Vom Anbraus deiner Nase
ballten sich die Wasser,
standen wie Staudamm
die Strömenden,
die Wirbel gerannen
im Herzen des Meers.

Sprach der Feind:
Ich jage nach,
ich hole ein,
Raub teile ich aus,
an ihnen ersattet meine Gier!
ich zücke mein Schwert,
an ihnen ererbt meine Hand!
Du bliesest mit deinem Braus,

schon hüllte sie das Meer,
sie rollten wie Blei
in herrische Wasser.

Wer gleicht dir
unter den Schutzgöttern, Du,
wer gleicht dir,
Hehrer in der Heiligkeit,
Furchtbarer der Preisungen,
Wunders Täter!

Du streckst deine Rechte,
die Erde verschlingt sie.
Du lenkst mit deiner Huld
dies Volk, das du erlöstest,
leitest mit deinem Sieg
zur Trift deiner Heiligkeit.

Die Völker hörens
und erzittern,
Taumel faßt
die Insassen Philistiens,
zusammenschrecken da
die Häuptlinge Edoms,
die Leitwidder Moabs
sie faßt ein Beben,
alle Insassen Kanaans
wanken.

Entsetzen und Angst
fällt über sie,
vor der Größe deines Arms
verstummen sie wie Stein.

Bis hindurchschritt
dein Volk, Du,
bis hindurchschritt
dies Volk, das du erwarbest.
Du bringst sie hinein,
du pflanzest sie ein
auf den Berg deines Eigens,
den Grund, den dir zum Sitz

D u bereitet hast,
das Heiligtum, mein Herr,
das gründeten deine Hände.
König sein wird E r
in Weltzeit und Ewigkeit!

Denn es kam Pharaos Roßmacht mit seinem Fahrzeug und
    seinen Reisigen ins Meer,
zurückkehren ließ E r über sie die Wasser des Meers,
aber die Söhne Jifsraels sind auf dem Trocknen gegangen
mitten durchs Meer.

Mirjam die Künderin, Aharons Schwester, nahm in ihre Hand
    die Pauke
und ihr nach zogen aus alle Frauen mit Pauken, in Reigen-
    tänzen.
Mirjam stimmte ihnen an:
Singet I h m,
denn hoch stieg er, hoch,
das Roß und seinen Reiter
schleuderte er ins Meer.

Mosche ließ Jifsrael aufbrechen vom Schilfmeer, sie zogen fort
nach der Wüste Schur.

Drei Tage gingen sie durch die Wüste und fanden nicht
Wasser.

Sie kamen nach Mara,

aber sie vermochten nicht Wasser zu trinken von Mara, denn
es war bitter.

Darum rief man seinen Namen Mara: Bittre.

Das Volk murrte gegen Mosche, sprechend:

Was sollen wir trinken?

Er schrie zu IHM,

und ER wies ihm ein Holz,

das warf er ins Wasser, und das Wasser wurde süß. –

Dort legte er ihm Gesetz und Recht auf, und dort prüfte er es.

Und sprach:

Willst hören du, hören auf SEINE, deines Gottes, Stimme

und was gerad ist in seinen Augen tun,

seinen Geboten lauschen

und all seine Gesetze wahren: –

will ich von aller Krankheit, die ich auf Ägypten legte, nichts
auf dich legen.

Denn ICH bin dein Arzt.

Sie kamen nach Elim,

dort waren zwölf Wasserquellen

und siebzig Palmen,

und sie lagerten dort am Wasser.

Von Elim brachen sie auf, sie kamen, alle Gemeinschaft der
Söhne Jifsraels, in die Wüste Sfin, die zwischen Elim und
Sfinai ist,

am fünfzehnten Tag auf die zweite Mondneuung nach ihrer
Ausfahrt vom Land Ägypten.

Sie murrten, alle Gemeinschaft der Söhne Jifsraels, gegen
Mosche und gegen Aharon in der Wüste.

Die Söhne Jifsraels sprachen zu ihnen:

Wer gäbs, wir wären gestorben im Land Ägypten durch
SEINE Hand,

als wir saßen überm Fleischtopf,

als wir Brot zur Sättigung aßen!

denn ausgeführt habt ihr uns in diese Wüste,

all dieses Gesamt Hungers sterben zu lassen!

ER sprach zu Mosche:

Da, ich lasse euch Brot vom Himmel regnen,

ausziehn soll das Volk und lesen: die Tagesmenge an ihrem
   Tag,

damit ich es prüfe, obs in meiner Weisung geht, ob nicht.

Aber am sechsten Tag soll es sein:

wenn sie vorrichten, was sie einbringen,

wird es ein Doppeltes sein gegen das, was tagtäglich sie lesen.

Mosche sprach und Aharon zu allen Söhnen Jiſsraels:

Des Abends

werdet ihr erkennen,

daß ER es ist, der euch aus dem Land Ägypten führte,

des Morgens

werdet ihr SEINE Erscheinung sehen:

daß er euer Gemurr gegen IHN gehört hat –

was sind wir, daß ihr gegen uns murren könntet!

Mosche sprachs:

Daß ER euch gibt

am Abend Fleisch zum Essen

und am Morgen Brot zum Sattwerden,

daß ER euer Gemurr gehört hat, das ihr gegen ihn murrt, –

was sind wir:

nicht gegen uns ist euer Gemurr, sondern gegen IHN.

Mosche sprach zu Aharon:

Sprich zu aller Gemeinschaft der Söhne Jiſsraels:

Nahet vors Antlitz IHM,

denn gehört hat er euer Gemurr!

Es geschah,

wie Aharon redete zu aller Gemeinschaft der Söhne Jiſsraels

und sie wandten sich zur Wüste,

da:

in der Wolke war SEINE Erscheinung zu sehen.

ER redete zu Mosche, sprechend:

Gehört habe ich das Gemurr der Söhne Jiſsraels –

rede zu ihnen, sprich:

Zwischen den Abendstunden werdet ihr Fleisch essen,

und am Morgen werdet ihr Brots satt werden,
erkennen sollt ihr, daß ICH euer Gott bin.

Am Abend wars,
das Wachtelvolk stieg auf und überhüllte das Lager.
Aber am Morgen
war eine Schicht Taus rings um das Lager,
und als die Tauschicht aufstieg,
da war auf der Fläche der Wüste
etwas Feines,
Schuppiges,
fein wie der Reif auf der Erde.
Die Söhne Jifsraels sahens
und sprachen einer zum andern:
Man hu – was ist das?
Denn sie wußten nicht was es war.
Mosche sprach zu ihnen:
Das ist das Brot, das ER euch zum Essen gegeben hat.
Dies ists, was ER geboten hat:
Leset davon, jeder nach seinem Eßbedarf,
eine Metze auf den Kopf, nach der Zahl eurer Seelen, hole
    jeder für die in seinem Zelt.
Die Söhne Jifsraels taten so,
sie lasen, der viel und der wenig,
aber als sies mit der Metze maßen,
überschoß dem nichts, der viel las, und der wenig las, dem
    mangelte nichts,
jeder nach seinem Eßbedarf hatten sie gelesen.
Mosche sprach zu ihnen:
Nimmer lasse jemand davon auf den Morgen übrig.
Aber sie hörten nicht auf Mosche,
sondern etliche ließen davon auf den Morgen übrig:
es würmte Maden hervor und stank.
Mosche ergrimmte über sie.
Sie lasen es Morgen um Morgen, jedermann nach seinem Eß-
    bedarf,
wurde aber die Sonne heiß, schmolz es.
Doch am sechsten Tag geschahs,
daß sie Brots ein Doppeltes lasen, zwei Metzen für einen.
Alle Fürsten der Gemeinschaft kamen und meldeten es Mosche.

Er sprach zu ihnen:

Das ist es, wovon ER geredet hat:

Morgen ist ein Feiern, Feier in Heiligung IHM.

Was ihr backen wollt, backt, was ihr kochen wollt, kocht,

und allen Überschuß legt euch hin zu Verwahr auf den Morgen.

Sie legtens hin auf den Morgen, wie Mosche gebot,

nicht stanks und Gewürm war nicht darin.

Mosche sprach:

Esset es heut,

denn Feier ist heuttags IHM,

heuttags findet ihrs nicht auf dem Feld.

Sechs Tage sollt ihr es lesen,

aber am siebenten Tag ist Feier, an dem ist nichts davon da.

Doch am siebenten Tag geschahs,

welche vom Volk zogen hinaus um zu lesen, aber sie fanden
nichts.

ER sprach zu Mosche:

Bis wann weigert ihr, meine Gebote und meine Weisungen
zu wahren!

Seht,

ER hat euch ja die Feier gegeben,

darum gibt er euch am sechsten Tag Brot für ein Tagpaar.

Bleibet jeder an seiner Stelle,

wegziehn soll nimmer jemand von seinem Ort am siebenten
Tag.

Das Volk feierte am siebenten Tag.

Das Haus Jisrael rief es mit Namen: Man.

Es war wie Koriandersamen weißlich

und sein Geschmack wie Scheibenkuchen mit Honig.

Mosche sprach:

Dies ist, was ER geboten hat:

Eine Metzevoll davon zu Verwahr für eure Geschlechter,

damit sie sehen das Brot, das ich euch in der Wüste zu essen
gab,

als ich euch aus dem Land Ägypten führte.

Mosche sprach zu Aharon:

Nimm einen Kübel und tu eine Metzevoll Man hinein,

und lege es nieder vor IHM zu Verwahr für eure Geschlechter.

Wie Er Mosche geboten hatte, sollte es Aharon vor den
    Schrein der Vergegenwärtigung niederlegen zu Verwahr.
Die Söhne Jifsraels aßen das Man vierzig Jahre, bis sie an be-
    siedeltes Land kamen,
bis sie an die Grenze des Landes Kanaan kamen, aßen sie das
    Man.
Eine Metze aber ist das Zehntel eines Scheffels.

Sie zogen, alle Gemeinschaft der Söhne Jifsraels, aus der
    Wüste Sſin,
nach ihren Zughalten, auf Sein Geheiß.
Sie lagerten in Rfidim,
da war kein Wasser zu trinken fürs Volk.
Das Volk zankte mit Mosche, sie sprachen:
Gebt uns Wasser, daß wir trinken!
Mosche sprach zu ihnen:
Was zankt ihr mit mir!
was prüft ihr Ihn!
Das Volk durstete dort nach Wasser,
das Volk murrte gegen Mosche, es sprach:
Warum habt ihr uns dann heraufgebracht aus Ägypten,
mich, meine Kinder, mein Vieh Durstes sterben zu lassen!
Mosche schrie zu Ihm, sprechend:
Was soll ich diesem Volke tun!
noch ein weniges, und sie steinigen mich!
Er sprach zu Mosche:
Schreite dem Volk entlang,
nimm mit dir von den Ältesten Jifsraels,
und deinen Stab, mit dem du den Fluß schlugst, nimm in
    deine Hand,
und geh!
Da, ich stehe dort vor dir auf dem Fels am Choreb,
du schlägst an den Fels, Wasser fährt aus ihm hervor, und das
    Volk trinkt.
Mosche tat so vor den Augen der Ältesten Jifsraels.
Er rief den Namen des Orts Maſsa, Prüfe, und Mriba, Ge-
    zänke,
wegen des Zankens der Söhne Jifsraels
und deswegen, daß sie Ihn prüften, sprechend:

Ist ER drinnen bei uns oder nicht?

Amalek kam und wollte mit Jiſsrael kämpfen, in Rfidim.
Mosche sprach zu Jehoschua:
Wähle uns Männer,
fahr aus und kämpfe gegen Amalek!
morgen stelle ich mich auf das Haupt des Hügels, den Gottes-
    stab in meiner Hand.
Jehoschua tat, wie Mosche zu ihm gesprochen hatte,
zu kämpfen gegen Amalek.
Mosche, Aharon und Chur stiegen auf das Haupt des
    Hügels.
Und es geschah,
wie Mosche seine Hand aufreckte, überwog Jiſsrael,
und wie er seine Hand ausruhte, überwog Amalek.
Schwer wurden Mosches Hände,
sie nahmen einen Stein und legten den unter ihn, und er setzte
    sich darauf,
und Aharon und Chur stützten seine Hände, von hier einer
    und von hier einer.
Es blieben seine Hände in Treuen, bis die Sonne einging.
Jehoschua schwächte Amalek und sein Volk mit dem Biß des
    Schwerts.
ER sprach zu Mosche:
Schreib das zum Gedächtnis ins Buch
und legs in die Ohren Jehoschuas:
Ja, ich wische, wische das Gedenken Amaleks unter dem
    Himmel hinweg.
Mosche baute eine Schlachtstatt
und rief ihren Namen: ER mein Banner.
Er sprach:
Ja,
Hand an den Hochsitz oh Ihm!
Kampf für IHN gegen Amalek
Geschlecht um Geschlecht!

Jitro, der Priester Midjans, Mosches Schwäher, hörte alles,
was Gott an Mosche getan hatte und an Jiſsrael seinem Volk,
daß ER Jiſsrael geführt hatte aus Ägypten.

Jitro, Mosches Schwäher, nahm Zippora, Mosches Weib –
nach ihrer Heimsendung –
und ihre beiden Söhne,
deren eines Name war Gerschom, Ödegast, denn er hatte gesprochen: Gast bin ich geworden in fremdem Land,
und des andern Name war Elieser, Gotthilf, denn: Der Gott
meines Vaters ist meine Hilfe, er hat mich vor Pharaos
Schwert gerettet.
Jitro, Mosches Schwäher kam, seine Söhne und sein Weib
zu Mosche in die Wüste, wo er lagerte,
an den Berg Gottes.
Er ließ zu Mosche sprechen:
Ich, dein Schwäher Jitro, komme zu dir und dein Weib und
mit ihr ihre beiden Söhne.
Mosche zog seinem Schwäher entgegen, er verneigte sich, der
küßte ihn, und sie fragten einander nach dem Wohlergehn,
dann kamen sie ins Zelt.
Mosche erzählte seinem Schwäher
alles, was ER Pharao und Ägypten getan hatte Jifsraels wegen,
alles Ungemach, das sie auf dem Wege betroffen, und wie ER
sie gerettet hatte.
Jitro freute sich ob all des Guten, das ER an Jifsrael getan hatte,
da er es aus der Hand Ägyptens rettete,
Jitro sprach:
Gesegnet ER,
der euch rettete aus der Hand Ägyptens, aus der Hand Pharaos,
der das Volk rettete unter der Hand Ägyptens hervor.
Jetzt habe ich erkannt:
ja, groß ist ER über alle Götter, –
ja, an eben der Sache, deren sie sich wider sie vermessen hatten.
Jitro, Mosches Schwäher, holte eine Darhöhung und Schlachtspenden für Gott,
Aharon kam und alle Ältesten Jifsraels, mit Mosches Schwäher
das Brot zu essen vor Gott.
Am nächsten Tag wars,
Mosche setzte sich, das Volk zu richten,
und das Volk stand vor Mosche vom Morgen bis zum Abend.
Mosches Schwäher sah alles, was er mit dem Volke tat,

er sprach:

Was ist das für eine Sache, wie dus mit dem Volke tust –
weshalb sitzest du allein und alles Volk umtritt dich von
    Morgen bis Abend?

Mosche sprach zu seinem Schwäher:

Wenn das Volk zu mir kommt, Gott zu beforschen,
– wenn sie eine Sache haben, kommt sie vor mich, –
richte ich zwischen einem und seinem Genossen
und mache die Gesetze Gottes und seine Weisungen bekannt.

Mosches Schwäher sprach zu ihm:

Nicht gut ist die Sache, wie dus tust.

Erschlaffen mußt du, erschlaffen so du, so dies Volk, das bei dir
    ist,
denn zu schwer ist die Sache für dich, du vermagst sie allein
    nicht zu tun.

Jetzt höre auf meine Stimme,
ich will dir raten, und Gott wird dasein bei dir.

Sei du da für das Volk gegenüber Gott,
lasse du die Sachen an Gott kommen,
erkläre ihnen die Gesetze und die Weisungen,
mache ihnen bekannt den Weg, den sie sollen gehn, und die
    Tat, die sie sollen tun;
aber erschaue du aus allem Volk
Männer von Tucht, Gott fürchtende,
Männer von Treue, Feilheit hassende,
die setze über sie
als Obre von Tausendschaften, als Obre von Hundertschaften,
    als Obre von Fünfzigschaften, als Obre von Zehnschaften,
richten sollen sie das Volk zu aller Zeit.

Es soll sein:

alljede große Sache sollen sie vor dich kommen lassen,
und alljede kleine Sache sollen sie selber richten.

Erleichtre so, was auf dir ist, lasse sies mit dir tragen.

Tust du diese Sache,
wird Gott dir weiter gebieten, du aber wirst zu bestehn ver-
    mögen,
und auch all dies Volk wird in Frieden an seinen Ort kom-
    men.

Mosche hörte auf die Stimme seines Schwähers,

er tat alles, was er gesprochen hatte.

Mosche wählte Männer von Tucht aus allem Jifsrael,
er gab sie als Häupter über das Volk,
als Führer von Tausendschaften, als Führer von Hundert-
　　schaften, als Führer von Fünfzigschaften und als Führer von
　　Zehnschaften,
sie richteten das Volk zu aller Zeit,
die schwere Sache ließen sie vor Mosche kommen,
und alljede kleine Sache richteten sie selber.

Mosche geleitete seinen Schwäher,
und der ging heim in sein Land.

In der dritten Mondneuung nach der Ausfahrt der Söhne
   Jifsraels vom Land Ägypten,
genau auf den Tag,
kamen sie in die Wüste Sfinai.
Sie zogen aus Rfidim und kamen in die Wüste Sfinai,
und sie lagerten in der Wüste.
Dort lagerte Jifsrael, gegenüber dem Berg.
Mosche stieg zu der Gottheit auf,
da rief ER ihm vom Berg,
sprechend:
So sprich zum Hause Jaakobs,
melde den Söhnen Jifsraels:
Selber habt ihr gesehn, was ich an Ägypten tat,
ich trug euch auf Adlerflügeln und ließ euch kommen zu mir.
Und jetzt, hört ihr, hört auf meine Stimme und wahrt meinen Bund,
dann werdet ihr mir
aus allen Völkern ein Sondergut.
Denn mein ist all das Erdland,
ihr aber,
ihr sollt mir werden
ein Königsbereich von Priestern,
ein heiliger Stamm.
Dies ist die Rede, die du zu den Söhnen Jifsraels reden sollst.
Mosche kam, er berief die Ältesten des Volks
und legte ihnen vor all diese Rede, die ER ihm geboten hatte.
Alles Volk antwortete mitsammen, sie sprachen:
Alles, was ER geredet hat, wir tuns.
Mosche erstattete IHM die Rede des Volks.
ER sprach zu Mosche:
Da, ich komme zu dir in der Dichte des Gewölks,
um des willen, daß höre das Volk, wann ich mit dir rede,
und auch dir sie vertrauen auf Weltzeit.
Mosche meldete IHM die Rede des Volkes.
ER sprach zu Mosche:
Geh zum Volk,
heilige sie zu, heute und morgen,
sie sollen ihre Gewänder waschen,
daß sie bereit seien auf den dritten Tag,

denn: am dritten Tag

fährt ER vor den Augen alles Volks auf den Berg Sſinai herab.

Grenze das Volk ringsum ab, sprechend:

Hütet euch den Berg zu ersteigen, auch nur seinen Saum zu
   berühren!

allwer den Berg berührt, sterben muß er, sterben,

nicht rühre an den eine Hand,

sondern er werde gesteinigt, gesteinigt, oder erschossen, erschossen,

ob Tier ob Mensch, er darf nicht leben!

Wann das Heimholerhorn langzieht, mögen den Berg sie ersteigen.

Mosche schritt vom Berg hinab zum Volk,

er heiligte das Volk zu, sie wuschen ihre Gewänder,

er sprach zum Volk:

Seid bereit auf das Tagdritt, tretet zu keinem Weib.

Es ward am dritten Tag, wies Morgen wurde:

Donnerschallen ward und Blitze,

ein schweres Gewölk auf dem Berg

und sehr starker Schall der Posaune.

Alles Volk, das im Lager war, bebte.

Mosche führte das Volk Gott entgegen, aus dem Lager,

sie stellten sich auf zuunterst des Bergs.

Der Berg Sſinai rauchte all,

darob daß ER im Feuer auf ihn herabfuhr,

sein Rauch stieg wie des Schmelzofens Rauch,

all der Berg bebte sehr.

Der Schall der Posaune erstarkte fortgehend sehr

– Mosche redete,

Gott antwortete ihm in einem Schall –

herab fuhr ER auf den Berg Sſinai, ans Haupt des Bergs.

ER rief Mosche zum Haupte des Bergs.

Mosche stieg empor.

ER sprach zu Mosche:

Hinab, vergegenwärtige dem Volk,

daß sie nicht einreißen zu IHM, um zu sehen, und viele aus
   ihm fallen;

auch die Priester ja, die zu IHM treten, müssen sich heiligen,

daß ER nicht in sie breche.

Mosche sprach zu I H M:
Nicht vermag das Volk zum Berg Sfinai aufzusteigen,
denn du selber hast es uns vergegenwärtigt, sprechend: Um-
    grenze den Berg und heilige ihn.
E R sprach zu ihm:
Geh hinab,
dann steige empor du und Aharon mit dir,
aber die Priester und das Volk sollen nicht einreißen, zu I H M
    aufzusteigen, er möchte sonst drein brechen.
Mosche schritt hinab zum Volk und sprachs zu ihnen.

Gott redete all diese Rede,
er sprach:

I C H
bin dein Gott,
der ich dich führte
aus dem Land Ägypten, aus dem Haus der Dienstbarkeit.

Nicht sei dir
andere Gottheit
mir ins Angesicht.
Nicht mache dir Schnitzgebild, –
und alle Gestalt,
die im Himmel oben, die auf Erden unten, die im Wasser
    unter der Erde ist,
neige dich ihnen nicht,
diene ihnen nicht,
denn I C H dein Gott
bin ein eifernder Gottherr,
zuordnend Fehl von Vätern ihnen an Söhnen, am dritten und
    vierten Glied,
denen die mich hassen,
aber Huld tuend ins tausendste
denen die mich lieben,
denen die meine Gebote wahren.

Trage nicht
S E I N E N deines Gottes Namen
auf das Wahnhafte,

denn nicht straffrei läßt ER ihn,
der seinen Namen auf das Wahnhafte trägt.

Gedenke
des Tags der Feier, ihn zu heiligen.
Ein Tagsechst diene und mache all deine Arbeit,
aber der siebente Tag
ist Feier IHM, deinem Gott:
nicht mache allerart Arbeit,
du, dein Sohn, deine Tochter,
dein Dienstknecht, deine Magd, dein Tier,
und dein Gastsasse in deinen Toren.
Denn ein Tagsechst
machte ER
den Himmel und die Erde, das Meer und alles, was in ihnen ist,
am siebenten Tag aber ruhte er,
darum segnete ER den Tag der Feier, er hat ihn geheiligt.

Ehre
deinen Vater und deine Mutter,
damit sich längern deine Tage
auf dem Ackerboden, den ER dein Gott dir gibt.

Morde nicht.

Buhle nicht.

Stiehl nicht.

Aussage nicht
gegen deinen Genossen als Lügenzeuge.

Begehre nicht
das Haus deines Genossen,
begehre nicht das Weib deines Genossen,
seinen Knecht, seine Magd, seinen Ochsen, seinen Esel,
noch allirgend was deines Genossen ist.

Alles Volk aber, sie sahn
das Donnerschallen,
das Fackelngeleucht,
den Schall der Posaune,

den rauchenden Berg,
das Volk sah,
sie schwankten,
standen von fern.
Sie sprachen zu Mosche:
Rede du mit uns, wir wollen hören,
aber nimmer rede mit uns Gott, sonst müssen wir sterben.
Mosche sprach zum Volk:
Fürchtet euch nimmer!
denn um des willen, euch zu prüfen, ist Gott gekommen,
und um des willen, daß seine Furcht euch überm Antlitz sei,
damit ihr vom Sündigen lasset.
Das Volk stand von fern,
Mosche aber trat zu dem Wetterdunkel, wo Gott war.

ER sprach zu Mosche:
So sprich zu den Söhnen Jifsraels:
Selber habt ihr gesehn,
daß vom Himmel ich redete mit euch.
Macht mir nichts bei,
Silbergötter, Goldgötter macht euch nicht!
Von Ackererde mache mir eine Schlachtstatt,
darauf schlachte
deine Darhöhungen, deine Friedmahle,
dein Schaf und dein Rind!
An alljedem Ort,
daran ich meines Namens gedenken lasse,
will ich zu dir kommen
und dich segnen.
Machst du mir aber eine Schlachtstatt von Steinen,
einbaue die nicht gequadert,
denn hast du dein Eisen über ihr geschwungen, hast du sie
    preisgegeben.
Und steige nicht auf Stiegen zu meiner Schlachtstatt,
daß nicht deine Blöße bargemacht werde an ihr.

Dies sind die Rechtsgeheiße, die du ihnen vorlegen sollst:

Wenn du einen ebräischen Dienstknecht erwirbst,

soll er sechs Jahre dienen,
aber im siebenten gehe er in die Ledigung aus, umsonst.
Kam er in eigner Person, gehe er aus in eigner Person,
war er der Gatte eines Weibs, gehe sein Weib aus mit ihm.
Gibt ihm sein Herr ein Weib, und sie gebar ihm Söhne oder
    Töchter,
bleibe das Weib mit ihren Gebornen ihrem Herrn und er gehe
    in eigner Person aus.
Spricht aber, spricht der Knecht:
Ich liebe meinen Herrn, mein Weib und die mir Gebornen,
    ich will nicht in Ledigung gehn,
dann lasse ihn sein Herr vor das Gottgericht treten
und lasse ihn dann treten an die Tür oder an den Pfosten,
da pfrieme sein Herr ihm das Ohr mit dem Pfriem,
und nun diene er ihm auf immer.

Wenn ein Mann seine Tochter zur Magd verkauft,
gehe sie nicht aus, wie die Knechte ausgehn.
Wird sie mißfällig in den Augen ihres Herrn, der sie sich be-
    stimmt hatte,
lasse er sie auslösen,
fremdem Volk sie zu verkaufen hat er nicht Gewalt,
weil er sie getäuscht hat.
Bestimmt er sie seinem Sohn,
tue er ihr nach dem Recht der Töchter.
Nimmt er sich eine andre,
schmälre er nicht ihre Kost, ihre Gewandung, ihren Ehever-
    kehr.
Tut er ihr diese drei nicht,
gehe sie aus umsonst, ohne Entgelt.

Wer jemanden schlägt, daß er stirbt,
sterben muß er, sterben.
Hat er ihm aber nicht nachgestellt, sondern Gott hats seiner
    Hand widerfahren lassen,
will ich dir einen Ort festsetzen, wohin er fliehen soll.
Wenn aber jemand sich vermißt gegen seinen Genossen, ihn
    mit Hinterlist umzubringen,
von meiner Schlachtstatt hinweg hole ihn, daß er sterbe.

Wer seinen Vater oder seine Mutter schlägt,
sterben muß er, sterben.

Wer jemanden stiehlt,
er habe ihn verkauft oder er werde in seiner Hand befunden,
sterben muß er, sterben.

Wer seinen Vater oder seine Mutter verwünscht,
sterben muß er, sterben.

Wenn Männer streiten und einer schlägt den andern mit
  einem Stein oder mit der Faust, der stirbt aber nicht, sondern fällt aufs Lager:
steht er auf und geht draußen umher an seiner Krücke,
sei der Schläger strafbefreit,
nur sein Feiernmüssen erstatte er und lasse heilen ihn, aus-
  heilen.

Wenn jemand seinen Knecht oder seine Magd mit dem Stock
  schlägt und er stirbt unter seiner Hand,
sühngerecht werde es gesühnt;
besteht ers jedoch noch einen Tag oder zwei Tage,
werde es nicht gesühnt, denn sein eigen Geld ists.

Wenn sich Männer raufen und verletzen dabei ein schwangeres
  Weib, daß ihr die Kinder abgehn, aber es geschieht nicht
  das Ärgste,
wird er mit Bußleistung gebüßt, wie der Gatte des Weibs ihm
  ansetzt, doch gebe er nur nach Schiedspruch.
Geschieht das Ärgste aber,
dann gib Lebenersatz für Leben –
Augersatz für Auge, Zahnersatz für Zahn, Handersatz für
  Hand, Fußersatz für Fuß, Brandmalersatz für Brandmal,
  Wundersatz für Wunde, Striemersatz für Strieme.

Wenn jemand das Auge seines Knechts oder das Auge seiner
  Magd schlägt und verdirbt es,
schicke er ihn in die Ledigung zum Ersatz seines Augs;
bricht er den Zahn seines Knechts oder den Zahn seiner Magd
  ab,
schicke er ihn in die Ledigung zum Ersatz seines Zahns.

Wenn ein Ochs einen Mann stößt oder ein Weib, daß es
  stirbt,
gesteinigt werde, gesteinigt der Ochs, sein Fleisch werde nicht
  gegessen,
aber der Eigner des Ochsen sei straffrei.
War der Ochs jedoch stößig von vortags und ehgestern und
  man vergegenwärtigte es seinem Eigner,
der aber wollte ihn nicht verwahren,
und nun tötet er Mann oder Weib,
werde der Ochs gesteinigt und auch sein Eigner muß sterben;
wird ihm dann Deckung angesetzt,
gebe er sie als Ablösung seines Lebens, ganz wies ihm angesetzt wird.
Er stoße einen Sohn, er stoße eine Tochter,
nach diesem Rechtsgeheiß werde ihm getan.
Stößt einen Knecht der Ochs oder eine Magd,
gebe er Silbergelds dreißig Gewicht seinem Herrn, und der
  Ochs werde gesteinigt.

Wenn jemand eine Grube öffnet oder wenn jemand eine
  Grube höhlt und deckt sie nicht zu, und ein Ochs oder ein
  Esel fällt hinein,
zahle der Eigner der Grube, er erstatte den Geldwert seinem
  Eigner, und das Tote bleibt sein.
Wenn jemands Ochs den Ochsen seines Genossen trifft, daß
  er stirbt,
sollen sie den lebenden Ochsen verkaufen und seinen Entgelt
  teilen, und auch den toten sollen sie teilen.
Wars aber bekannt gewesen, daß es ein stößiger Ochs ist von
  vortags und ehgestern, und sein Eigner hat ihn nicht verwahren wollen,
zahle, bezahle er, Ochsersatz für den Ochsen, und der tote
  bleibt sein.

Wenn jemand einen Ochsen stiehlt oder ein Lamm und
  schlachtets oder verkaufts,
fünf Rinder zahle er zum Ersatz des Ochsen, vier Schafe zum
  Ersatz des Lamms;
wird der Stehler beim Einbruch betroffen und wird geschlagen, daß er stirbt,

ist seinetwegen keine Blutlast;
war aber die Sonne über ihm aufgegangen,
ist Blutlast seinetwegen;
zahlen also soll er, bezahlen – hat er nichts, werde er um sein
    Gestohlnes verkauft.
Findet aber, findet sich das Gestohlne noch lebend in seiner
    Hand, ob Ochs oder Esel oder Lamm,
zahle er nur zwiefach.

Wenn jemand ein Feld oder einen Weinberg abzuweiden gibt
und läßt sein Weidevieh los, daß es am Feld eines andern
    weidet,
den Bestteil seines Feldes, den Bestteil seines Weinbergs be-
    zahle er.
Wenn Feuer ausfährt und erfaßt Dornhecken und verzehrt
    wird ein Garbenhaufen oder der Halmstand oder das Feld,
zahle, bezahle, wer die Brandwut hat wüten lassen.

Wenn jemand seinem Genossen Geld oder Güter zu hüten
    gibt und es wird aus dem Haus des Manns gestohlen:
wird der Stehler gefunden, bezahlt er zwiefach,
wird aber der Stehler nicht gefunden, soll der Eigner des
    Hauses dem Gottgericht nahn,
ob er seine Hand nicht legte an die Habe seines Genossen.
Über alle Sache einer Veruntreuung,
über Ochs, über Esel, über Lamm, über Gewand, über aller-
    art Verlust, von dem einer sagt: das ist es!
an das Gottgericht komme die Sache der zwei,
wen die Gottrichter Frevels überweisen, bezahle zwiefach sei-
    nem Genossen.

Wenn jemand seinem Genossen einen Esel oder einen Ochsen
    oder ein Lamm, irgendein Tier zu hüten gibt
und es stirbt oder wird verstümmelt oder verschleppt, keiner
    sieht es,
sei der Schwur bei IHM zwischen den zwein,
ob er seine Hand nicht legte an die Habe seines Genossen;
annehmen soll den der Eigner, und er hat nicht zu bezahlen.
Doch ist es gestohlen worden, von ihm weg gestohlen,
bezahle ers seinem Eigner.

Ists aber zerrissen worden, zerrissen,
bringe er es als Zeugen, das Zerrißne hat er nicht zu bezahlen.
Wenns aber jemand von seinem Genossen entlehnt, und es
wird verstümmelt oder stirbt:
war sein Eigner nicht bei ihm, zahle, bezahle er,
war aber sein Eigner bei ihm, hat er nicht zu bezahlen.
War es gemietet, bekommt jener seinen Mietpreis.

Wenn jemand eine Jungfrau betört, die nicht verlobt ist, und
liegt bei ihr,
nach Brautsatz brautkaufe er sie sich zum Weib.
Weigert sich aber ihr Vater, weigert, sie ihm zu geben,
wäge er Silbergeld dar nach dem Brautpreis der Jungfraun.

Eine Zauberin sollst du nicht leben lassen.

Wer bei einem Tier liegt, sterben muß er, sterben.

Wer Göttern schlachtopfert, werde gebannt.
Nur I H M allein!

Einen Gastsassen placke nicht, quäle ihn nicht,
denn Gastsassen wart ihr im Land Ägypten!

Eine Witwe oder Waise sollt ihr allweil nicht bedrücken.
Weh, bedrückst du, bedrückst du sie!
Denn schreit sie, schreit auf zu mir,
höre ich, hör ihren Schrei,
mein Zorn entflammt
und ich bringe euch um durch das Schwert,
dann sind eure Frauen Witwen, eure Kinder Waisen!

Leihst du Geld meinem Volk, dem Gebeugten neben dir,
sei ihm nicht wie ein Forderer,
Zinshärte legt ihm nicht auf.

Pfändest du, pfändest das Tuch deines Genossen,
eh die Sonne einging, erstatte es ihm zurück,
denn es allein ist seine Hülle,
es sein Tuch für seine Haut,
worin soll er sich schlafen legen?
so wirds sein, wenn er zu mir schreit,

will ichs erhören,
denn ein Gönnender bin ich.

Gottrichter verwünsche nicht,
einem Fürsten in deinem Volke fluche nicht.

Deine Fruchtfülle, deinen Traubentropfen hinterziehe nicht.

Den Erstling deiner Söhne gib mir.
So tue mit deinem Ochsen und mit deinem Schaf,
ein Tagsieben bleibe es bei seiner Mutter, und am achten Tag
    gib es mir.

Menschen der Heiligung sollt ihr mir werden!

Fleisch, auf dem Felde zerrißnes, esset nicht, dem Hunde
                                    [werfet es hin.
Trage nicht Wahngerücht um!
reiche nimmer deine Hand einem Frevler, daß du zu Unbill
    Zeuge würdest.

Sei nicht im Gefolg einer Mehrheit zum Bösen.

Stimme über einen Streitfall nicht so, dich zu beugen ins Ge-
    folg einer Mehrheit – und so zu biegen.
Auch den Armen beschönige in seinem Streitfall nicht.

Wenn du auf den Ochsen deines Feindes oder seinen Esel
    triffst, der umirrt,
zurück bring ihn, zurück ihm.
Wenn du den Esel deines Hassers unter seiner Tracht erlie-
    gend siehst,
enthalte dich, ihms zu überlassen –
herunter, herunterlassen sollst du zusammen mit ihm.

Biege nicht das Recht deines Dürftigen in seinem Streit.
Von einer Lügensache entferne dich!
wer unsträflich und bewährt ist, den darfst du nimmer um-
    bringen helfen.
Denn einen Frevler werde ich nicht bewährtsprechen.

Bestechung nimm nicht an,
denn die Bestechung blendet Klaräugige,

sie verdreht die Reden der Bewährten.

Den Gastsassen quäle nicht:
ihr selber kennt ja die Seele des Gasts,
denn Gastsassen wart ihr im Land Ägypten.

Sechs Jahre besäe dein Land und heimse seinen Ertrag,
aber aufs siebente ablockre es von dir und laß ihn hinge-
	breitet,
daß essen die Dürftigen deines Volks
und ihren Überbleib esse das Wild des Feldes.
So tu deinem Weinberg und deinem Ölgarten.

Ein Tagsechst wirk deine Werke,
aber am siebenten Tag feiere,
damit ausruhe dein Ochs und dein Esel
und eratme der Sohn deiner Magd und der Gast.

In allem, was ich zu euch sprach, bewahret euch!
Des Namens anderer Götter laßt nicht gedenken,
er werde auf deinem Mund nicht gehört.

Zu dreien Malen im Jahre rundreihe mir.
Den Festreihn der Fladen wahre:
ein Tagsiebent sollst du Fladen essen, wie ichs dir gebot,
zur Gezeit der Mondneuung des Ährentreibens,
denn in ihr bist du aus Ägypten gefahren.
Nicht soll man spendenleer mein Antlitz sehn.
Und den Festreihn des Schneidens, der Erstlinge deiner Wer-
	ke, dessen was du säst auf dem Feld.
Und den Festreihn des Heimsens am Ausgang des Jahrs wann
	du heimsest deine Werke vom Feld.
Dreifach im Jahr
lasse all dein Mannsvolk sich sehn
dem Herrn I H M vors Antlitz.

Schlachte nicht bei Gesäuertem meine Schlachtblutgabe.

Nicht nächtige das Fett meines Festopfers bis an den Morgen.

Den Anfang der Erstlinge deines Ackers laß in SEIN, deines
	Gottes, Haus kommen.

Koche nicht ein Böcklein in der Milch seiner Mutter.

Da, ich sende einen Boten vor dir her,
dich auf dem Weg zu behüten,
dich an den Ort zu bringen, den ich bereitet habe.
Hüte dich vor ihm,
höre auf seine Stimme,
sei nimmer ihm widerspenstig,
denn er kann nicht tragen eure Abtrünnigkeit,
denn innen ihm ist mein Name.
Hörst du denn, hörst auf seine Stimme
und tust alles, was ich reden werde,
dann will ich deine Feinde befeinden
und deine Dränger bedrängen. ·
Wenn mein Bote vor dir hergeht
und dich kommen läßt
zum Amoriter, Chetiter, Prisiter, Kanaaniter, Chiwwiter,
    Jebufsiter,
und ich lasse den sich verlieren:
neige dich nicht ihren Göttern,
diene ihnen nicht,
tue nicht nach ihren Taten,
sondern einreißen sollst du sie, niederreißen,
ihre Standmale trümmern, zertrümmern.
Iнм, eurem Gott, dient!
So wird er segnen dein Brot und dein Wasser,
beseitigen will ich Krankheit aus deinem Innern,
in deinem Land wird keine Fehlgebärende sein, keine Wurzel-
    verstockte,
die Zahl deiner Tage mache ich voll.
Mein Grauen will ich vor dir hersenden,
ich verstöre alles Volk, darunter du kommst,
alle deine Feinde gebe ich dir als einen Nacken hin.
Vor dir her werde ich die Verzagtheit senden,
daß sie den Chiwwiter, den Kanaaniter, den Chetiter austreibe
    vor dir.
Nicht in einem Jahr will ich ihn vor dir austreiben,
sonst möchte das Land zu einer Ödnis werden
und das Wild des Feldes sich über dich mehren.

Nach und nach will ich ihn vor dir austreiben,
bis daß du fruchtest und das Land eineignest.
Ich stecke deine Gemarkung ab
vom Schilfmeer bis zum Meer der Philister,
von der Wüste bis an den Strom.
Denn ich gebe in eure Hand die Insassen des Landes, daß du
    sie austreibest vor dir.
Schließe nicht einen Bund mit ihnen und ihren Göttern,
sie sollen nicht sitzen in deinem Land, daß sie dich an mir
    nicht versündigen,
denn du würdest ihren Göttern dienen,
denn es würde dir zum Fallstrick.

Er hatte aber zu Mosche gesprochen:
Steige zu IHM empor,
du, Aharon, Nadab und Abihu, und siebzig von den Ältesten
    Jifsraels,
und verneigt euch aus der Ferne,
Mosche allein trete heran zu IHM,
sie aber sollen nicht herantreten,
und das Volk, die sollen nicht emporsteigen mit ihm.

Mosche kam
und berichtete dem Volk alle SEINE Rede und alle Rechtsge-
    heiße.
Alles Volk antwortete mit Einer Stimme, sie sprachen:
Alle Rede, die ER geredet hat,
wir tuns.
Mosche aber schrieb alle SEINE Rede.

Frühmorgens war er auf,
er baute eine Schlachtstatt unten am Berg
und der Standmale zwölf für die zwölf Zweige Jifsraels.
Er sandte die Jünglinge der Söhne Jifsraels,
die höhten Hochgaben dar, schlachteten Schlachtungen,
    Friedmahle IHM, Farren.
Mosche nahm die Hälfte des Bluts, er tat es in die Becken,
und die Hälfte des Bluts sprengte er auf die Schlachtstatt.

Mosche nahm die Urkunde des Bundes,
er las in die Ohren des Volks.
Sie sprachen:
Alles, was Er geredet hat,
wir tuns, wir hörens!
Mosche nahm das Blut,
er sprengte auf das Volk,
er sprach:
Da,
das Blut des Bundes,
den Er mit euch schließt
auf alle diese Rede.

Empor stieg
Mosche und Aharon, Nadab und Abihu, siebzig von den
        Ältesten Jifsraels.
Sie sahen
den Gott Jifsraels: zu Füßen ihm
wie ein Werk aus saphirnen Fliesen,
wie der Kern des Himmels an Reinheit.
Er aber schickte nicht seine Hand aus wider die Eckpfeiler der
        Söhne Jifsraels,
sie schauten Gottheit
und aßen und tranken.

Er sprach zu Mosche:
Steig den Berg empor zu mir
und sei dort,
ich will dir die Steintafeln geben:
die Weisung und das Gebot,
die ich schrieb, jene zu unterweisen.
Mosche stand auf und Jehoschua sein Amtshelfer,
Mosche stieg zum Berge Gottes empor.
Zu den Ältesten aber sprach er:
Verweilet ihr uns hier, bis wir zu euch kehren,
da, Aharon und Chur sind mit euch,
wer immer eine Sache hat, trete zu ihnen heran.
Mosche stieg empor den Berg,
die Wolke hüllte den Berg,

SEINE Erscheinung wohnte auf dem Berg Sſinai ein.
Die Wolke hüllte ihn ein Tagsechst.
Am siebenten Tag rief er Mosche mitten aus der Wolke.
Das Ansehn SEINER Erscheinung
war wie eines fressenden Feuers
am Haupte des Bergs
den Augen der Söhne Jiſsraels.
Mosche kam mitten in die Wolke,
er stieg auf zum Berg.
Mosche blieb auf dem Berg
vierzig Tage und vierzig Nächte.

ER redete zu Mosche, sprechend:
Rede zu den Söhnen Jiſsraels,
daß sie mir eine Hebe aufnehmen,
von jedermann, den sein Herz willigt, sollt ihr meine Hebe
　　nehmen.
Dies ist die Hebe, die ihr von ihnen aufnehmen sollt:
Gold, Silber, Erz,
Hyazinth, Purpur, Karmesin, Byssus, Ziegenhaar,
rotgegerbte Widderhäute, Seekuhhäute,
Akazienstämme;
Öl zur Erhellung,
Balsame zum Öl der Salbung und zum Räucherwerk der Ge-
　　düfte;
Beryllsteine, Steine zu Einfüllungen,
für den Umschurz, für das Gewappen.
Ein Heiligtum sollen sie mir machen,
daß ich einwohne in ihrer Mitte.
Allwie ichs dir zu schauen gebe,
den Urbau der Wohnung und den Urbau all ihrer Geräte,
so sollt ihrs machen.

Sie sollen machen
einen Schrein aus Akazienholz,
zwei Ellen und eine halbe seine Länge,
eine Elle und eine halbe seine Breite,
eine Elle und eine halbe seine Höhe.
Überschale ihn mit reinem Gold,
von innen und von außen sollst du ihn überschalen.
Mache an ihn eine goldne Leiste ringsum.
Gieße ihm vier goldne Hülsen,
und gib sie an seine vier Trittecken,
zwei Hülsen an seine eine Wange,
zwei Hülsen an seine andre Wange.
Mache Stangen von Akazienholz
und überschale sie mit Gold
und bringe die Stangen in die Hülsen an den Wangen des
　　Schreins,
den Schrein an ihnen zu tragen.
In den Hülsen des Schreins sollen die Stangen sein,

sie sollen von ihm nicht weichen.
In den Schrein sollst du geben
die Vergegenwärtigung, die ich dir geben werde.
Mache ein Verdeck aus reinem Gold,
zwei Ellen und eine halbe seine Länge,
eine Elle und eine halbe seine Breite.
Mache zweie, Cheruben, aus Gold,
in Hämmerkunst sollst du sie machen,
aus den zwei Enden des Verdecks hervor.
Mache einen Cherub aus dem Ende hier
und einen Cherub aus dem Ende hier,
aus dem Verdecke hervor macht die Cheruben,
an seinen zwei Enden.
Und die Cheruben seien
Flügel spreitend nach oben hin,
mit ihren Flügeln schirmend über dem Verdecke,
das Antlitz jeder zum Bruder,
nach dem Verdecke zu seien die Antlitze der Cheruben.
Das Verdeck sollst du über den Schrein geben oben auf.
Und in den Schrein wirst du geben
die Vergegenwärtigung, die ich dir geben werde.
Dort werde ich dir begegnen,
ich werde mit dir reden
von über dem Verdecke,
von zwischen den zwei Cheruben her,
die über dem Schrein der Vergegenwärtigung sind,
alles was ich dir entbiete
an die Söhne Jifsraels.

Mache einen Tisch aus Akazienholz,
zwei Ellen seine Länge,
eine Elle seine Breite,
eine Elle und eine halbe seine Höhe.
Überschale ihn mit reinem Gold.
Mache ihm eine goldne Leiste ringsum,
einen Rahmen mache ihm handbreit ringsum,
eine goldne Leiste also mache seinem Rahmen ringsum.
Mache ihm vier goldne Hülsen
und gib die Hülsen an die vier Winkel bei seinen vier Füßen.

Gleichlaufs dem Rahmen seien die Hülsen,
zu Gehäusen für Stangen, den Tisch zu tragen.
Mache die Stangen aus Akazienholz und überschale sie mit
   Gold,
an ihnen werde der Tisch getragen.
Mache seine Schüsseln und seine Schalen,
seine Kannen und seine Kellen, mit denen dargegossen wird,
aus reinem Gold sollst du sie machen.
Auf den Tisch gibst du stetig
Brot des Angesichts vor mein Angesicht.

Mache einen Leuchter von reinem Gold,
in Hämmerkunst werde der Leuchter gemacht, sein Fuß und
   sein Schaftrohr.
Seine Kelche, seine Knoten wie seine Blumen, sollen aus ihm
   sein.
Sechs Rohre gehen von seinen Seiten aus,
drei Leuchterrohre aus seiner einen Seite,
drei Leuchterrohre aus seiner andern Seite.
Drei Mandelkelche an einem Rohr, Knoten und Blume,
drei Mandelkelche an einem Rohr, Knoten und Blume,
so bei den sechs Rohren, die vom Leuchter ausgehn.
Und am Leuchter selbst vier Mandelkelche: seine Knoten und
   seine Blumen,
ein Knoten unter den zwei Rohren aus ihm,
ein Knoten unter den zwei Rohren aus ihm,
ein Knoten unter den zwei Rohren aus ihm,
bei den sechs Rohren, die vom Leuchter ausgehn.
Ihre Knoten und deren Rohre sollen aus ihm sein,
alles Ein Stück in Hämmerkunst er, reines Gold.
Mache seiner Lichte sieben,
wer seine Lichte höht, lasse ihn seine Gegensicht erhellen.
Auch seine Zänglein und seine Pfännchen aus reinem Gold.
Aus einem Barren reinen Goldes mache man ihn samt allen
   diesen Geräten.
So sieh, so mache
nach ihrem Urbau, in dessen Schau du gegeben wirst auf
   dem Berg.

Und die Wohnung mache
aus zehn Teppichen
von gezwirntem Byssus, Hyazinth, Purpur und Karmesin,
mit Cheruben, in Planwirkers Machweise, sollst du sie ma-
    chen.
Die Länge des einzelnen Teppichs achtundzwanzig nach der
    Elle,
die Breite vier nach der Elle,
des einzelnen Teppichs,
Ein Maß sei für alle Teppiche.
Fünf der Teppiche seien geheftet jeder an sein Geschwister
und fünf Teppiche geheftet jeder an sein Geschwister.
Mache hyazinthne Schleifen
in dem Saum des einen Teppichs, beim Ende an der Heftung,
und so mache an dem Saum des Endteppichs an der andern
    Verheftung.
Fünfzig Schleifen mache an dem einen Teppich
und fünfzig Schleifen mache am Ende des Teppichs, der an der
    andern Verheftung ist,
aufnehmend, die Schleifen, jede ihr Geschwister.
Mache fünfzig goldne Spangen
und hefte die Teppiche jeden an sein Geschwister mit den
    Spangen.
So sei die Wohnung eins.
Mache auch Teppiche von Ziegenhaar zu einem Zelt über der
    Wohnung,
elf Teppiche mache sie.
Die Länge des einzelnen Teppichs dreißig nach der Elle,
die Breite vier nach der Elle,
des einzelnen Teppichs,
Ein Maß sei für die elf Teppiche.
Verhefte fünf der Teppiche besonders
und sechs der Teppiche besonders,
den sechsten Teppich aber dopple ein, dem Angesicht des
    Zeltes zu.
Mache fünfzig Schleifen im Saum des einen Teppichs, des
    endenden, an der Heftung,
und fünfzig Schleifen im Saum des anderen Heftungsteppichs.
Mache eherne Spangen, fünfzig,

bringe die Spangen in die Schleifen und verhefte das Zelt:
Es werde Eines.

Die Strecke aber des Überschießens an den Teppichen des
     Zelts,
die Hälfte des überschießenden Teppichs,
strecke über den Rücken der Wohnung.

Die Elle hier und die Elle hier vom Überschuß in der Länge
     der Teppiche des Zelts
sei gestreckt über die Seiten der Wohnung hier und hier, sie zu
     hüllen.

Mache eine Hülle für das Zelt aus rotgegerbten Widderhäuten
und eine Hülle von Seekuhhäuten darüber.

Mache die Balken zur Wohnung
aus Akazienstämmen, standfest.

Zehn Ellen die Länge des Balkens,
eine Elle und die Hälfte einer Elle die Breite des einzelnen
     Balkens.

Zwei Zapfen für den einzelnen Balken, jeden mit seinem Ge-
     schwister versproßt,
so mache für alle Balken der Wohnung.

Mache denn die Balken zur Wohnung:
Zwanzig als Gebälk nach der Südrichtung, mittagwärts,
vierzig silberne Sockel mache unter die zwanzig des Gebälks,
zwei Sockel unter einen Balken für seine beiden Zapfen,
zwei Sockel unter einen Balken für seine beiden Zapfen.

Und für die andere Wange der Wohnung, nach der Nord-
     richtung, zwanzig als Gebälk,
ihre vierzig Sockel aus Silber,
zwei Sockel unter einen Balken,
zwei Sockel unter einen Balken.

Und für die Lenden der Wohnung, westwärts, mache sechs
     Balken.

Ein Paar Balken aber mache für die Ecken der Wohnung an
     den Lenden,
daß es zwienütz sei, von unten her gesehn,
und zugleich einnütz sei, auf das Kopfende zu, also nach der
     ersten Hülse,
so seis für beide,

für die beiden Ecken seien sie.
Dann sind es acht Balken, und dazu ihre Sockel von Silber,
    sechzehn Sockel,
zwei Sockel unter einem Balken,
zwei Sockel unter einem Balken.
Mache Riegel aus Akazienholz,
fünf für die Balken der einen Wange der Wohnung,
fünf Riegel für die Balken der andern Wange der Wohnung,
und fünf Riegel für die Wangenbalken der Wohnung nach
    den Lenden, westwärts.
Und der mittle Riegel in der Mitte der Balken durchriegelnd
    vom Ende zum Ende.
Die Balken überschale mit Gold
und ihre Hülsen mache aus Gold als Gehäuse für die Riegel
und überschale die Riegel mit Gold.
Erstelle die Wohnung nach ihrer Richtigkeit,
in deren Schau du gegeben bist auf dem Berg.

Mache einen Verhang
aus Hyazinth, Purpur, Karmesin und gezwirntem Byssus,
in Planwirkers Machweise mache man ihn, Cheruben.
Gib ihn an vier Akazienständer,
mit Gold überschalt, ihre Stifte Gold,
auf vier silbernen Sockeln.
Gib den Verhang unter die Spangen.
Dorthin bringst du,
innseit des Verhangs,
den Schrein der Vergegenwärtigung.
Der Verhang scheide für euch
zwischen dem Heiligtum und der Heiligung der Heiligtume.
Und du gibst
auf den Schrein der Vergegenwärtigung
das Verdeck
als Heiligung der Heiligtume.
Den Tisch setzest du ausseit des Verhangs,
den Leuchter dem Tisch gegenüber an die Wange der Woh-
    nung nach Mittag,
aber den Tisch gib an die nördliche Wange,
Mache eine Schirmung für den Einlaß des Zelts

aus Hyazinth, Purpur, Karmesin und gezwirntem Byssus,
in Buntstickers Machweise.
Mache für die Schirmung fünf Akazienständer,
überschale sie mit Gold, ihre Stifte Gold,
und gieße ihnen fünf eherne Sockel.

Mache die Schlachtstatt aus Akazienholz,
fünf Ellen in die Länge,
fünf Ellen in die Breite,
geviert sei die Schlachtstatt,
und drei Ellen ihre Höhe.
Mache ihre Hörner an ihre vier Spitzen,
aus ihr sollen ihre Hörner sein.
Überschale sie mit Erz.
Mache ihre Töpfe, sie zu entaschen,
ihre Schaufeln, ihre Sprengen, ihre Gabeln, ihre Pfannen,
all ihre Geräte mache aus Erz.
Mache ihr ein Gegitter,
in netzartiger Machweise von Erz,
und mache an das Netz vier Hülsen von Erz,
an seine vier Enden,
und gib es unter die Umkragung der Schlachtstatt, von unten
    her,
daß das Netz bis zur Hälfte der Schlachtstatt reiche.
Mache Stangen zur Schlachtstatt,
Stangen von Akazienholz,
und überschale sie mit Erz.
Man bringe ihre Stangen in die Hülsen,
es seien die Stangen an den beiden Wangen der Schlachtstatt,
    wenn man sie trägt.
Als ein Hohlwerk von Tafeln mache sie.
Wie man dir zu schauen gab auf dem Berg, so sollen sies
    machen.

Mache den Hof der Wohnung:
Nach der Südrichtung, mittagwärts,
Matten für den Hof aus gezwirntem Byssus,
hundert nach der Elle lang in der einen Richtung,
und seiner Ständer zwanzig, ihrer Sockel zwanzig, aus Erz,

die Stifte der Ständer und ihre Reife aus Silber.
Und so nach der Nordrichtung in der Länge
Matten hundert lang,
seiner Ständer zwanzig, ihrer Sockel zwanzig, Erz,
die Stifte der Ständer und ihre Reife Silber.
Und die Breite des Hofs nach der Westrichtung
Matten fünfzig Ellen,
ihrer Ständer zehn, ihrer Sockel zehn.
Und die Breite des Hofs nach der Ostrichtung, aufgangwärts,
fünfzig Ellen,
und zwar fünfzehn Ellen Matten für die eine Flanke,
ihrer Ständer drei, ihrer Sockel drei,
und für die andere Flanke fünfzehn in Matten,
ihrer Ständer drei, ihrer Sockel drei,
und für das Tor des Hofs eine Schirmung, zwanzig Ellen,
aus Hyazinth, Purpur, Karmesin und gezwirntem Byssus, in
    Buntstickers Machweise,
ihrer Ständer vier und ihrer Sockel vier.
Alle Ständer des Hofs ringsum mit Silber umreift, ihre Stifte
    Silber,
ihre Sockel Erz,
– den Hof entlang hundert nach der Elle, in die Breite fünfzig
    gegen fünfzig, in die Höhe fünf Ellen gezwirnter Byssus,
die Sockel dazu Erz.
Zu allem Gerät sonst der Wohnung bei all ihrem Werkdienst,
auch alle ihre Pflöcke, auch alle Pflöcke des Hofs,
Erz.

Gebiete du den Söhnen Jifsraels
sie sollen dir hernehmen
Öl von Oliven, lautres, gestoßnes,
zur Erhellung,
ein stetes Licht darzuhöhn.
Im Zelt der Begegnung
ausseit des Verhangs, der über der Vergegenwärtigung ist,
darrichte es Aharon und seine Söhne
von Abend bis Morgen
vor Iнм,

Weltzeit-Satzung für ihre Geschlechter
von den Söhnen Jifsraels aus.

Nahe du, dir zu
Aharon deinen Bruder und seine Söhne mit ihm
aus der Mitte der Söhne Jifsraels,
daß er mir priestere,
Aharon,
Nadab und Abihu, Elasar und Itamar, Aharons Söhne.
Mache Gewänder der Heiligung für Aharon deinen Bruder
zu Ehrenschein und zu Zier.
Rede also du zu allen Herzens Weisen,
wen ich mit Geist der Weisheit füllte,
daß sie die Gewänder Aharons machen,
ihn zu heiligen, daß er mir priestere.
Dies sind die Gewänder, die sie machen sollen:
Gewappen und Umschurz, und Mantel,
Leibrock in Flechtmusterwerk,
und Kopfgewind und Schärpe.
So sollen sie machen Gewänder der Heiligung
für Aharon deinen Bruder und seine Söhne,
daß er mir priestere.
Sie also sollen nehmen das Gold, den Hyazinth und den
　　Purpur, den Karmesin und den Byssus.
Sie sollen machen den Umschurz
aus Gold, aus Hyazinth und Purpur, Karmesin und gezwirntem
　　Byssus,
in Planwirkers Machweise.
Ein Paar anheftbarer Achseln habe er nach seinen beiden
　　Seitenenden hin
und es soll angeheftet werden.
Das Gewirk seiner Umschürzung, das an ihm ist,
sei nach seiner Machweise, aus ihm,
Gold, Hyazinth und Purpur, Karmesin und gezwirnter Byssus.
Nimm die zwei Beryllsteine
und stich auf sie die Namen der Söhne Jifsraels,
sechs von ihren Namen auf den einen Stein,
und die Namen der sechs übrigen auf den andern Stein,
nach ihren Zeugungen.

In Steinschneiders Machweise, Siegelstich,
sollst du die beiden Steine stechen,
nach den Namen der Söhne Jifsraels,
in goldne Geflechte gefaßt sollst du sie machen.
Setze die beiden Steine auf die Achseln des Umschurzes,
als Steine des Gedächtnisses für die Söhne Jifsraels,
Aharon trage ihre Namen vor IHM
auf seinen beiden Achseln,
zum Gedächtnis.

Mache Geflechte von Gold
und zwei Kettchen von reinem Gold,
als Schnürungen mache sie, in seilartiger Machweise,
und gib die Seilkettchen an die Geflechte.

Mache das Gewappen des Rechtspruchs,
in Planwirkers Machweise,
nach der Machweise des Umschurzes mache es,
aus Gold, aus Hyazinth und Purpur, Karmesin und gezwirntem
    Byssus mache es.
Es sei ein Geviert, gedoppelt,
eine Spanne seine Länge, eine Spanne seine Breite.
Voll belege es mit einer Einfüllung von Steinen,
vier Reihen Steine,
eine Reihe: Rubin, Chrysolith und Beryll, so die erste
    Reihe,
die zweite Reihe: Türkis, Saphir und Onyx,
die dritte Reihe: Opal, Achat und Jaspis,
die vierte Reihe: Chalzedon, Karneol und Nephrit,
goldumflochten seien sie bei ihrer Einfüllung.
Und die Steine seien auf die Namen der Söhne Jifsraels,
zwölf auf ihre Namen,
in Siegelstich, jeder auf seinen Namen, seien sie
für die zwölf Zweige.
Mache an das Gewappen die Schnurketten in seilartiger Mach-
    weise, von reinem Gold:
mache an das Gewappen zwei goldne Hülsen,
gib die zwei Hülsen an die zwei Enden des Gewappens,
und die zwei goldnen Seile gib an die zwei Hülsen

nach den Enden des Gewappens zu,
die zwei Enden der zwei Seile gib an die zwei Geflechte,
und so gibs an die Achseln des Umschurzes, nach seiner Vor-
    dersicht zu.
Mache zwei Hülsen von Gold
und setze sie an die zwei Enden des Gewappens an seinem
    Saum, der gegen den Umschurz ist, einwärts,
und mache zwei Hülsen von Gold,
die gib an die zwei Achseln des Umschurzes nach unten, an
    seine Vordersicht, gleichlaufs seiner Anheftung, oberhalb
    der Verwirkung des Umschurzes,
und so knüpfe man das Gewappen von seinen Hülsen aus an
    die Hülsen des Umschurzes
mit hyazinthenem Faden,
daß es sei über der Verwirkung des Umschurzes
und nicht rücke das Gewappen überm Umschurz ab.
So trage Aharon
die Namen der Söhne Jifsraels
an dem Gewappen des Rechtspruchs
auf seinem Herzen,
wann er kommt ins Heiligtum,
zum Gedächtnis vor IHM
stetig.
Und du gibst
in das Gewappen des Rechtspruchs
die Lichtenden und die Schlichtenden,
sie seien auf dem Herzen Aharons,
wann er kommt vor IHN.
So trage Aharon
den Rechtspruch der Söhne Jifsraels
auf seinem Herzen
vor IHM
stetig.

Mache den Mantel zum Umschurz
als ein Ganzes von Hyazinth.
Seine Kopföffnung sei in seiner Mitte,
einen Saum habe seine Öffnung ringsum, in Webers Mach-
    weise,

wie die Öffnung eines Panzers solls ihm sein, sie werde nicht
　　eingeschlitzt.
Mache an seine Unterborten Granatäpfel
von Hyazinth, Purpur und Karmesin,
an seine Borten ringsum,
und goldne Schellen zwischen ihnen ringsum,
goldne Schelle und Granatapfel,
goldne Schelle und Granatapfel,
an den Borten des Mantels ringsum.
So sei es auf Aharon, Amts zu pflegen,
sein Schall werde gehört,
wann er kommt ins Heilige vor I H N und wann er hinausgeht,
daß er nicht sterbe.
Mache ein Blatt von reinem Gold
und stich darauf in Siegelstich:
Heiligung I H M.
Setze es an einen hyazinthnen Faden,
und es sei am Gewind,
auf der Vordersicht des Gewinds soll es sein.
Es sei auf der Stirn Aharons.
So trage Aharon
den Fehl der Darheiligungen, welche die Söhne Jifsraels dar-
　　heiligen,
aller Gaben ihrer Darheiligungen,
es sei auf seiner Stirn
stetig,
zu Begnadung ihnen vor I H M.

Flechtmustre den Leibrock in Byssus,
und mache ein Gewind aus Byssus,
und eine Schärpe mache in Buntstickers Machweise.
Auch den Söhnen Aharons mache Leibröcke,
mache ihnen Schärpen,
und Hochbünde mache ihnen,
zu Ehrenschein und zu Zier.
Kleide darein Aharon deinen Bruder und seine Söhne mit ihm,
salbe sie,
darfülle ihre Hand:
heilige sie,

daß sie mir priestern.
Mache ihnen Wickelhosen von Linnen,
das Fleisch der Blöße zu hüllen,
von Hüften bis zu Schenkeln sollen sie sein.
Sie seien an Aharon und an seinen Söhnen,
wann sie kommen ins Zelt der Begegnung
oder wann sie treten zu der Schlachtstatt,
am Heiligen zu amten,
daß sie nicht Verfehlung sich eintragen und sterben
Weltzeit-Satzung ihm und seinem Samen nach ihm.

Dies ist die Handlung,
die du an ihnen tun sollst,
sie zu heiligen, daß sie mir priestern:
Nimm einen Farren: einen Jungstier, und zwei Widder, heile,
Fladenbrot, Fladenkuchen, mit Öl eingerührte, Fladenschei-
    ben, mit Öl bestrichen,
aus Weizenfeinmehl sollst du sie machen,
und gib die auf einen einzigen Korb
und nahe sie in dem Korb,
den Farren auch und die beiden Widder.
Und Aharon und seine Söhne
sollst du nahen zum Einlaß des Zelts der Begegnung.
Bade sie im Wasser.
Nimm die Gewänder
und bekleide Aharon
mit dem Leibrock, mit dem Mantel zum Umschurz, mit dem
    Umschurz und mit dem Gewappen,
umschürze ihn mit der Verwirkung des Umschurzes,
setze das Gewind auf sein Haupt
und gib das Weihmal der Heiligung auf das Gewind.
Nimm das Öl der Salbung,
gieße es auf sein Haupt und salbe ihn.
Und seine Söhne nahe,
bekleide sie mit Leibröcken,
umgürte sie mit der Schärpe, Aharon wie seine Söhne,
und schlinge ihnen Hochbünde.
So sei ihnen Priesterschaft,
Einsetzung auf Weltzeit.

Fülle die Hand Aharons und die Hand seiner Söhne dar.

Darnahe den Farren vor dem Zelt der Begegnung,

und Aharon stemme und seine Söhne ihre Hände auf den
  Kopf des Farrens.

Metze den Farren vor IHM

am Einlaß des Zelts der Begegnung.

Nimm vom Blut des Farren

und gibs an die Hörner der Schlachtstatt mit deinem Finger,

das Blut im ganzen aber schütte an den Grund der Schlachtstatt.

Nimm alles Fett, das die Eingeweide hüllt,

das Überhangende an der Leber, die beiden Nieren und das
  Fett das an ihnen ist,

und lasse es aufrauchen von der Schlachtstatt.

Das Fleisch des Farren, sein Fell und seine Ausscheidung

verbrenne im Feuer, außer Lagers,

Entsündung ist er.

Den einen Widder nimm,

und Aharon und seine Söhne sollen ihre Hände auf den Kopf
  des Widders stemmen.

Metze den Widder,

nimm sein Blut

und sprengs auf die Schlachtstatt ringsum.

Den Widder zerstücke in seine Rumpfstücke,

bade sein Eingeweid und seine Beine

und gibs zu seinen Rumpfstücken und zu seinem Kopf,

und lasse den ganzen Widder aufrauchen von der Schlachtstatt,

Darhöhung ist er IHM,

Ruch des Geruhens,

Feuerspende IHM ists.

Den zweiten Widder nimm,

Aharon stemme und seine Söhne ihre Hände auf den Kopf des
  Widders,

metze den Widder,

nimm von seinem Blut

und gibs

an den Ohrlappen Aharons und an den Ohrlappen seiner
  Söhne, den rechten,

und an den Daumen ihrer rechten Hand und den Daumzeh
   ihres rechten Fußes,
dann sprenge das Blut auf die Schlachtstatt ringsum.
Nimm von dem Blut, das auf der Schlachtstatt ist, und vom
   Öl der Salbung
und spritze es auf Aharon und auf seine Gewänder, auf seine
   Söhne und die Gewänder seiner Söhne mit ihm,
daß dargeheiligt sei er und seine Gewänder, und seine Söhne
   und die Gewänder seiner Söhne mit ihm.
Nimm vom Widder das Fett,
das Schwanzstück, das Fett, das die Eingeweide hüllt, das Überhangende der Leber, die beiden Nieren und das Fett, das an
   ihnen ist,
und die rechte Keule:
der nämlich ist Widder der Darfüllung;
und einen Laib Brots, einen Kuchen des Ölbrots und eine
   Scheibe aus dem Korb der Fladen, der vor IHM ist.
All das lege
auf die Hohlhände Aharons
und auf die Hohlhände seiner Söhne,
und schwinge einen Schwung sie vor IHM.
Nimm es aus ihrer Hand
und laß es aufrauchen von der Schlachtstatt neben der Darhöhung
zu Ruch des Geruhens vor IHM,
Feuerspende ist es IHM.
Nimm die Brust vom Widder der Darfüllung, die für Aharon
   ist,
und schwinge sie einen Schwung vor IHM,
und sie sei dein als Gefäll.
Darheilige so die Brust des Schwungs, und die Keule der
   Hebe,
die geschwungen wird, die gehoben wird
vom Widder der Darfüllung,
von dem, was Aharons, und von dem, was seiner Söhne ist.
Es sei Aharons und seiner Söhne,
als Festsatz auf Weltzeit von den Söhnen Jifsraels aus,
denn Hebe ists,
und Hebe seis von den Söhnen Jifsraels aus,

von den Schlachtungen ihrer Friedmahle,
ihre Hebe für IHN.
Die Gewänder der Heiligung aber, die Aharons sind,
seien seiner Söhne nach ihm,
sie darin zu salben und ihre Hand drin darzufüllen.
Ein Tagsiebent bekleide sich mit ihnen, der von seinen Söh-
    nen an seiner Stelle priestert,
der zum Zelt der Begegnung eingeht, am Heiligen zu amten.
Und den Widder der Darfüllung nimm
und koche sein Fleisch an heiligem Ort,
essen soll Aharon und seine Söhne das Fleisch des Widders mit
    dem Brot, das im Korb ist,
am Einlaß des Zelts der Begegnung.
Ebendie sollen es essen, für die dadurch bedeckt ward,
ihre Hand darzufüllen,
um sie zu heiligen;
ein Unzugehöriger esse nicht, denn Darheiligung ists.
Überbleibt aber vom Fleisch der Darfüllung und vom Brot
    bis zum Morgen,
sollst du das Überbliebne im Feuer verbrennen,
es werde nicht gegessen, denn Darheiligung ists.
Tue Aharon und seinen Söhnen also,
alles so, wie ich dir geboten habe:
ein Tagsiebent fülle ihre Hand dar.
Und für den Tag sollst du einen Farren als Entsündung be-
    reiten noch zu den Bedeckungsgaben
und entsünde die Schlachtstatt, indem du bedeckst über
    ihr,
und sie salben, um sie zu heiligen.
Ein Tagsiebent bedecke über der Schlachtstatt und heilige
    sie.
Dann ist die Schlachtstatt geworden
Heiligung für Darheiligungen,
was die Schlachtstatt berührt, ist verheiligt.

Dies ist, was du auf der Schlachtstatt bereiten sollst:
zwei jährige Lämmer für den Tag, stetig.
Das eine Lamm bereite am Morgen
und das andere Lamm bereite zwischen den Abendstunden,

ein Zehntel Feinmehl, verrührt mit gestoßenem Öl, einem
　　Viertelkrug, und als Guß den Viertteil eines Krugs Wein,
　　für das eine Lamm,
und das andre Lamm bereite zwischen den Abendstunden,
　　wie die Hinleitspende des Morgens, und wie deren Guß,
　　den du bereitest für sie,
zu Ruch des Geruhens,
Feuerspende IHM,
stete Darhöhung für eure Geschlechter,
am Einlaß zum Zelt der Begegnung vor IHM,
wo ich euch begegnen werde,
dort zu dir zu reden.
Dort begegne ich
den Söhnen Jifsraels,
es ist geheiligt
durch meine Erscheinung.
Ich heilige
das Zelt der Begegnung,
die Schlachtstatt,
Aharon und seine Söhne heilige ich,
daß sie mir priestern.
Einwohnen will ich
in der Mitte der Söhne Jifsraels,
ich will ihnen Gott sein,
erkennen sollen sie,
daß ICH ihr Gott bin,
der ich sie führte
aus dem Land Ägypten,
um einzuwohnen, ich, in ihrer Mitte,
ICH ihr Gott.

Mache eine Statt, eine Räucherstatt für Räucherwerk,
aus Akazienholz sollst du sie machen,
eine Elle ihre Länge, eine Elle ihre Breite,
geviert sei sie,
und zwei Ellen ihre Höhe,
ihre Hörner aus ihr.
Überschale sie mit reinem Gold,
ihr Dach, ihre Wände ringsum, ihre Hörner,

und mache ihr eine goldne Leiste ringsum.

Zwei goldne Hülsen mache ihr unterhalb ihrer Leiste,
an ihre zwei Wangen sollst du sie machen, an ihre zwei
    Seiten,
zu Gehäusen für Stangen seis, sie daran zu tragen.
Mache die Stangen aus Akazienholz
und überschale sie mit Gold.
Gib sie vor den Verhang, der über dem Schrein der Vergegen-
    wärtigung ist,
vor das Verdeck, das über der Vergegenwärtigung ist,
wo ich dir begegnen werde.
Auf ihr räuchere Aharon Räucherwerk von Gedüften,
Morgen für Morgen,
wann er die Lichte putzt, soll er es räuchern;
und wann Aharon die Lichte höht
zwischen den Abendstunden,
räuchere er es:
stete Räucherung vor IHM in eure Geschlechter.
Nicht höhet auf ihr ungehöriges Räucherwerk
noch Darhöhung noch Hinleite,
und Guß gießt nicht auf sie.
Aharon bedecke
über ihren Hörnern
einmal im Jahr
vom Blut des Entsündungsopfers
der Bedeckungen;
einmal im Jahr
bedecke er über ihr,
in eure Geschlechter,
Heiligung von Darheiligungen
sei sie IHM.

ER redete zu Mosche, sprechend:
Wenn du den Häupterbestand der Söhne Jifsraels nach ihren
    Eingeordneten erhebst,
sollen sie geben, jeder Deckung seines Lebens IHM,
dieweil man sie einordnet,
und nicht wird ein Zustoß auf sie geschehen, wiewohl man sie
    einordnet.

Dies sollen sie geben, jeder der hindurchschreitet zu den Eingeordneten:
die Hälfte des Vollgewichts nach dem Heiligtumsgewicht –
   zwanzig Korn das Gewicht –,
die Hälfte des Vollgewichts
als Hebe I H M.
Wer hindurchschreitet zu den Eingeordneten, vom Zwanzigjährigen aufwärts,
gebe SEINE Hebe,
der Reiche mehre nicht und der Arme mindre nicht an der
   Hälfte des Vollgewichts,
zu geben SEINE Hebe,
ob euren Leben zu bedecken.
Nimm das Silber der Deckungen
von den Söhnen Jifsraels
und gibs für den Werkdienst am Zelt der Begegnung,
den Söhnen Jifsraels wirds
zu einem Gedächtnis vor I H M,
um ob euren Leben zu bedecken.

ER redete zu Mosche, sprechend:
Mache einen Kessel aus Erz,
seinen Standkasten aus Erz,
zur Badung,
und gib ihn zwischen das Zelt der Begegnung und die Schlachtstatt
und gib Wasser darein.
Baden sollen Aharon und seine Söhne daraus
ihre Hände und ihre Füße;
wann sie kommen ins Zelt der Begegnung,
sollen sie mit Wasser baden,
daß sie nicht sterben,
oder wann sie zur Schlachtstatt treten, zu amten,
Feuerspende I H M aufrauchen zu lassen,
sollen sie ihre Hände und ihre Füße baden,
daß sie nicht sterben.
Das sei ihnen Weltzeit-Gesetz
ihm und seinen Söhnen für ihre Geschlechter.

ER redete zu Mosche, sprechend:
Nimm du dir Balsame, Auszug,
freientströmter Myrrhe fünfhundert,
balsamischen Zimts die Hälfte, zweihundertundfünfzig,
Balsamrohrs zweihundertundfünfzig,
Kassia fünfhundert:
ein Vollgewicht des Heiligtums,
dazu Olivenöl ein Krugvoll.
Mache es als ein Salböl der Heiligung,
Würze aus Würzgemisch,
in Würzers Machweise,
Salböl der Heiligung seis.
Salbe damit
das Zelt der Begegnung,
den Schrein der Vergegenwärtigung,
den Tisch und alle seine Geräte,
den Leuchter und seine Geräte,
die Statt der Räucherung,
die Statt der Darhöhung und alle ihre Geräte,
den Kessel und seinen Kasten.
Heilige sie,
daß sie Heiligung für Darheiligungen werden,
was sie berührt, wird verheiligt sein.
Auch Aharon und seine Söhne salbe,
heilige sie,
mir zu priestern.
Und zu den Söhnen Jifsraels rede, sprich:
Salböl der Heiligung
sei dies mir
in eure Geschlechter,
auf Menschenkörper werde es nicht gegossen,
in seiner Abmessung machet nicht ihm gleiches,
Heiligung ists,
Heiligung bleibe es euch.
Wer ihm gleiches würzmischt,
wer davon auf einen Unzugehörigen gibt,
wird aus seinen Volkleuten gerodet.

ER sprach zu Mosche:

Nimm Gedüfte dir,
Tropfharz, Seenagel, Galbanmilch,
Gedüfte und lautern Weihrauch,
Teil gleich Teil soll es sein.
Mache daraus ein Räucherwerk,
Würze, in Würzers Machweise,
gesalzen, rein, Heiligung.
Zerreibe davon staubfein
und gib davon
vor die Vergegenwärtigung
im Zelt der Begegnung,
wo ich dir begegnen werde,
Heiligung vor Darheiligungen sei es euch.
Das Räucherwerk, das du machst,
in seiner Abmessung machet euch keins,
Heiligung sei es dir IHM:
wer ihm gleiches macht,
daran zu riechen,
wird aus seinen Volkleuten gerodet.

ER redete zu Mosche, sprechend:
Sieh,
ich berufe mit Namen
Bezalel Sohn Uris, Sohns Churs, vom Stab Jehuda.
Ich fülle ihn mit Gottesgeist
in Weisheit, in Geschick, in Kenntnis,
in allerhand Arbeit,
Planungen zu planen,
sie zu machen in Gold, in Silber, in Erz,
im Schnitt von Steinen zum Einfüllen, im Schnitt von Holz,
sie in allerart Arbeit zu machen.
Und ich, da, ich gebe ihm bei
Oholiab Sohn Achifsamachs, vom Stab Dan,
und in das Herz alljedes Herzensweisen gebe ich Weisheit,
daß sie machen alles, was ich dir geboten habe:
das Zelt der Begegnung,
den Schrein für die Vergegenwärtigung,
das Verdeck, das darauf ist,

und alle Geräte des Zelts:
den Tisch und seine Geräte,
den reinen Leuchter und all seine Geräte,
die Statt der Räucherung;
die Statt der Darhöhung und alle ihre Geräte,
den Kessel und seinen Kasten;
die Schongewänder;
die Gewänder der Heiligung für Aharon den Priester und die
     Gewänder seiner Söhne zum Priestern;
das Öl der Salbung
und das Räucherwerk der Gedüfte fürs Heilige: –
allwie ich dir geboten habe, sollen sie machen.

ER sprach zu Mosche, sprach:
Und du, rede zu den Söhnen Jifsraels, sprich:
Jedoch meine Wochenfeiern wahrt!
Denn ein Zeichen ist sie
zwischen mir und euch in eure Geschlechter,
zu erkennen,
daß ICH es bin der euch heiligt.
Wahret die Feier,
ja, Heiligung sei sie euch;
die sie schänden: sterben muß der, sterben!
ja, allwer an ihr Arbeit macht,
gerodet werde solch Wesen aus dem Innern seiner Volk-
     leute.
Ein Tagsechst werde Arbeit gemacht,
aber am siebenten Tag ist
Feier, Feiern, in Heiligung IHM,
allwer Arbeit macht am Tag der Feier, sterben muß er, ster-
     ben.
Wahren sollen die Söhne Jifsraels die Feier,
zu machen die Feier in ihre Geschlechter
als Weltzeit-Bund.
Zwischen mir und den Söhnen Jifsraels
ist sie Zeichen auf Weltzeit,
denn ein Tagsechst
machte ER den Himmel und die Erde,
aber am siebenten Tag

feierte er und eratmete.

ER gab an Mosche,
als er mit ihm auf dem Berge Sſinai zuende geredet hatte,
zwei Tafeln der Vergegenwärtigung,
Tafeln von Stein,
beschrieben vom Finger Gottes.

Das Volk sah, daß Mosche zögerte vom Berg niederzu-
steigen.
Das Volk sammelte sich über Aharon,
sie sprachen zu ihm:
Auf, mach uns Götter, die vor uns hergehen sollen,
denn dieser Mosche, der Mann der uns hinangeholt hat aus
dem Land Ägypten,
wir wissen nicht, was ihm geschehen ist.
Aharon sprach zu ihnen:
Zerrt die goldnen Weihringe ab, die in den Ohren eurer
Weiber, eurer Söhne und eurer Töchter sind,
und kommt damit zu mir.
Alles Volk, sie zerrten die goldnen Weihringe ab, die in ihren
Ohren waren,
und kamen damit zu Aharon.
Er nahm sie aus ihrer Hand,
er bildete es mit dem Griffel,
er machte draus ein Gußkalb.
Sie sprachen:
Dies sind deine Götter, Jiſrael,
die dich hinanholten aus dem Land Ägypten.
Aharon sahs, er baute eine Schlachtstatt davor,
Aharon rief aus, er sprach:
Rundreihn IHM ist morgen.
Morgenden Tags waren sie früh auf,
Darhöhungen höhten sie,
Friedmähler trugen sie heran,
das Volk setzte sich zu essen und zu trinken,
dann standen sie auf, sich zu ergötzen.
ER redete zu Mosche:
Geh, hinab!
denn verdorben hats dein Volk,
das du heraufholtest aus dem Land Ägypten.
Rasch sind sie abgefallen vom Weg, den ich ihnen gebot,
ein Gußkalb haben sie sich gemacht,
haben ihm sich verneigt, haben ihm geschlachtet,
und haben gesprochen: Dies sind deine Götter, Jiſrael, die
dich heraufholten aus dem Land Ägypten.
Und ER sprach zu Mosche:

Ich sehe dieses Volk,
da, ein Volk hart von Nacken ist es.
Nun,
lasse mich,
daß mein Zorn auf sie einflamme
und ich sie vernichte –
dich aber mache ich zu einem großen Stamm!
Mosche sänftete das Antlitz IHM, seinem Gott,
er sprach:
Warum,
DU,
soll dein Zorn einflammen
auf dein Volk,
das du führtest aus dem Land Ägypten
mit großer Kraft,
mit starker Hand!
Warum
sollen die Ägypter sprechen dürfen, sprechen:
Im Bösen hat er sie ausgeführt,
sie umzubringen in den Bergen,
sie zu vernichten weg vom Antlitz des Bodens!
Kehre um
vom Entflammen deines Zorns,
leid werde es dir
des Bösen über deinem Volk!
Gedenke
Abraham Jizchak Jifsrael deinen Knechten,
was du ihnen zuschwurst bei dir,
wie du zu ihnen redetest:
Mehren will ich euren Samen
wie die Sterne des Himmels,
und all dieses Land, von dem ich sprach,
geben will ichs eurem Samen,
daß sies eineignen auf Weltzeit.
Leid ließ ER es sich werden des Bösen,
das er geredet hatte seinem Volk zu tun.

Mosche wandte sich und stieg nieder vom Berg,
die zwei Tafeln der Vergegenwärtigung in seiner Hand,

Tafeln beschrieben von ihren beiden Seiten,
von hier und von hier waren sie beschrieben,
und die Tafeln, Werk Gottes sie,
und die Schrift, Schrift Gottes sie,
gegraben in die Tafeln.
Jehoschua hörte den Schall des Volks in seinem Gejauchz und
   sprach zu Mosche:
Schall von Krieg ist im Lager.
Er aber sprach:
Kein Schall, der sänge Überwiegen,
kein Schall, der sänge Unterliegen –
Schall von Wechselgesängen höre ich.
Es geschah:
wie er dem Lager nahte
und sah das Kalb und Tänze,
entflammte Mosches Zorn,
er warf aus seinen Händen die Tafeln,
er zerschmetterte sie unten am Berg.
Er nahm das Kalb, das sie gemacht hatten,
verbrannte es im Feuer,
zermalmte es, bis daß es stob,
streute es aufs Wasser,
gabs den Söhnen Jifsraels zu schlucken.
Mosche sprach zu Aharon:
Was hat dir dieses Volk getan,
daß du so große Versündigung über es hast kommen
   lassen!
Aharon sprach:
Nimmer doch entflamme der Zorn meines Herrn!
Du selber kennst das Volk, wie es am Bösen ist.
Sie sprachen zu mir: Mach uns Götter, die vor uns hergehen
   sollen,
denn dieser Mosche, der Mann der uns heraufgeholt hat aus
   dem Land Ägypten,
wir wissen nicht, was ihm geschehen ist.
Ich sprach zu ihnen: Wer hat Gold?
Sie zerrten sichs ab und gabens mir,
ich warf es ins Feuer, heraus trat dieses Kalb.
Mosche sah das Volk, daß es fessellos war,

denn entfesselt hatte es Aharon, zum Gezischel bei ihren
　Widersachern.
Mosche stellte sich in das Tor des Lagers
und sprach:
Wer SEIN ist, zu mir!
Zu ihm gesellten sich alle Söhne Lewis.
Er sprach zu ihnen:
So hat ER, der Gott Jifsraels, gesprochen:
Leget jeder sein Schwert an seine Hüfte,
schreitet und kehret von Tor zu Tor durchs Lager
und bringet um,
jeder seinen Bruder, jeder den Genossen, jeder den ihm
　Nahen!
Die Söhne Lewis taten nach Mosches Rede.
Jenes Tags fiel vom Volk an dreitausend Mann.
Gesprochen hatte Mosche:
Darfüllet heute IHM eure Hand,
seis mit seinem Sohn einer, mit seinem Bruder,
Segen heute über euch zu geben.

Am Nachmorgen wars,
Mosche sprach zum Volk:
Ihr, gesündigt habt ihr eine große Versündigung,
nun aber will ich hinauf zu IHM,
vielleicht darf ich zudecken eure Versündigung.
Mosche kehrte zu IHM zurück
　und sprach:
O denn,
gesündigt hat dieses Volk
große Versündigung,
Goldgötter haben sie sich gemacht!
Nun aber,
wenn du ihre Versündigung trügst –!
Und wenn nicht,
wische mich denn
aus deinem Buch, das du geschrieben hast!
ER sprach zu Mosche:
Wer mir gesündigt hat,
den wische ich aus meinem Buch.

Nun aber
geh,
leite das Volk
dorthin, wovon ich dir geredet habe.
Da,
mein Bote wird vor dir hergehn,
und je am Tag meines Zuordnens
werde ich ihnen zuordnen ihre Versündigung.

ER stieß auf das Volk ein,
darum daß sie das Kalb hatten machen lassen, das Aharon
    machte.

ER redete zu Mosche:
Geh, ziehe hinauf von hier,
du und das Volk, das du heraufholtest aus dem Land Ägypten,
in das Land, das ich zuschwur Abraham, Jizchak
    und Jaakob,
sprechend: Deinem Samen will ich es geben
– ich sende einen Boten vor dir her
und vertreibe den Kanaaniter, Amoriter, Chetiter, Prisiter,
    Chiwwiter, Jebusiter –,
in ein Land, Milch und Honig träufend.
Ja, ich werde nicht innen bei dir hinaufziehn,
ein Volk ja hart von Nacken bist du,
sonst müßte ich unterwegs dich vernichten.
Das Volk hörte diese böse Rede,
sie trauerten,
und nicht mehr legten sie, jedermann seinen Schmuck an.
ER hatte nämlich zu Mosche gesprochen:
Sprich zu den Söhnen Jifsraels:
Ihr seid ein Volk hart von Nacken –
zöge ich einen Augenblick in deiner Mitte herauf,
möchte ich dich vernichten,
nun aber, streife deinen Schmuck von dir ab,
dann will ich erkennen, was ich dir tun soll.
So strichen sich die Söhne Jifsraels ihren Schmuck vom Berge
    Choreb ab.

Mosche nahm fortan das Zelt
und spannte es sich außer Lagers,
   entfernt vom Lager.
Er rief es Zelt der Begegnung.
Es geschah:
allwer IHN suchte, ging aus zum Zelt der Begegnung,
   das außer Lagers war.
Es geschah:
wann Mosche ausging zum Zelt,
erhoben sie sich, alles Volk,
sie stellten sich,
   jedermann in den Einlaß seines Zelts,
und so blickten sie Mosche nach,
bis er ins Zelt kam.
Es geschah:
wann Mosche ins Zelt kam,
stieg der Wolkensäulenstand nieder
und stand im Einlaß des Zelts
und redete mit Mosche.
Und alles Volk sah
den Wolkensäulenstand
stehend im Eingang des Zelts,
und alles Volk erhob sich,
sie verneigten sich,
jedermann im Einlaß seines Zelts.
ER redete zu Mosche,
Antlitz zu Antlitz,
wie ein Mann zu seinem Genossen redet.
Wenn er aber ins Lager kehrte,
sein Amtshelfer, der junge Jehoschua Sohn Nuns,
wich nicht aus dem Innern des Zelts.

Mosche sprach zu IHM:
Sieh,
du, du sprichst zu mir:
Bring dies Volk hinauf!
aber du, du gabst mir nicht zu erkennen,
den du mit mir senden willst!
und du, du sprachest:

Ich habe dich erkannt mit Namen,
so auch hast du Gunst in meinen Augen gefunden!
Nun –
habe ich doch Gunst in deinen Augen gefunden,
gib mir doch zu erkennen
deinen Weg,
erkennen will ich dich,
damit ich eine Gunst in deinen Augen finde:
sieh,
dein Volk ja ist dieser Stamm.
Er aber sprach:
Ginge mein Antlitz mit, ruhige ich dich?
Er sprach zu ihm:
Geht dein Antlitz nicht mit,
bring von hier uns nimmer hinauf!
Woran denn würde erkannt,
daß ich Gunst in deinen Augen gefunden habe,
ich und dein Volk?
nicht einzig, wann du mit uns gehst
und wir ausgesondert sind,
ich und dein Volk,
von allem Volk, das auf dem Antlitz des Bodens ist?
ER sprach zu Mosche:
Ich will auch diese Rede, die du redetest, tun,
denn Gunst in meinen Augen hast du gefunden,
mit Namen habe ich dich erkannt.
Er aber sprach:
Lasse mich doch deine Erscheinung sehen!
Er sprach:
Ich selber will vorüberführen
all meine Güte
an deinem Antlitz,
ich will ausrufen
den NAMEN
vor deinem Antlitz:
daß ich begünstige, wen ich begünstige,
daß ich mich erbarme, wes ich mich erbarme.
Er sprach:
Mein Antlitz kannst du nicht sehen,

denn nicht sieht mich der Mensch und lebt.

ER sprach:

Hier ist Raum
bei mir,
du stellst dich auf den Fels,
es wird geschehn:
wann meine Erscheinung vorüberfährt,
setze ich dich in die Kluft des Felsens
und schirme meine Hand über dich,
bis ich vorüberfuhr.

Hebe ich dann meine Hand weg,
siehst du meinen Rücken,
aber mein Antlitz wird nicht gesehn.

ER sprach zu Mosche:

Haue dir zwei Tafeln von Stein,
den ersten gleich,
und ich will auf die Tafeln schreiben die Worte,
welche auf den ersten Tafeln waren,
die du zerschlagen hast.

Und sei bereit auf den Morgen.

Am Morgen steige zum Berg Sſinai herauf
und stelle dich mir dort auf dem Haupt des Bergs.

Keiner steige neben dir herauf,
keiner auch lasse auf all dem Berg sich sehen,
auch die Schafe und Rinder mögen nicht weiden nach diesem
    Berg zu.

So hieb er zwei Tafeln von Stein wie die ersten.

Frühmorgens machte sich Mosche auf
und stieg zum Berg Sſinai hinauf,
wie ER ihm geboten hatte,
und die zwei Tafeln von Stein nahm er in seine Hand.

ER zog nieder im Gewölk,
er stellte sich dort neben ihn
und rief den NAMEN aus.

Vorüber fuhr ER an seinem Antlitz
und rief:

ER ER
Gottheit,
erbarmend, gönnend,

langmütig,
reich an Huld und Treue,
bewahrend Huld ins tausendste,
tragend Fehl Abtrünnigkeit Versündigung,
straffrei nur freiläßt er nicht,
zuordnend Fehl von Vätern ihnen an Söhnen und an Sohnes-
   söhnen, am dritten und vierten Glied.
Mosche eilte,
er bückte sich zur Erde, er verneigte sich und sprach:
Habe ich doch Gunst in deinen Augen gefunden,
o mein Herr,
gehe denn mein Herr bei uns innen!
Ja, ein Volk hart von Nacken ist es –
so verzeihe
unserm Fehl, unsrer Versündigung,
eigne uns an!
Er sprach:
Da,
ich schließe einen Bund.
Vor all deinem Volk will ich Wunderwerke tun,
wie sie nie geschaffen wurden
auf aller Erde, unter allen Stämmen.
Sehen soll alles Volk, bei dem innen du bist,
MEIN Tun, wie furchtbar es ist,
das ich mit dir tun will.
Hüte dir,
was ich heut dir gebiete!
Da, ich vertreibe vor dir
den Amoriter, Kanaaniter, Chetiter, Prisiter, Chiwwiter und
   Jebusiter, –
hüte dich,
daß du etwa schließest einen Bund
mit dem Insassen des Lands, über das du kommst,
sonst möchte er zum Fallstrick in deiner Mitte werden.
Sondern ihre Schlachtstätten sollt ihr schleifen,
ihre Standmale sollt ihr zertrümmern,
ihre Pfahlbäume sollt ihr ausroden.
Denn: du sollst dich einer andern Gottheit nicht neigen!
Denn ER

Eiferer ist sein Name,
eifernde Gottheit ist er.
Du möchtest etwa einen Bund mit dem Insassen des Landes
    schließen:
wenn sie huren im Gefolg ihrer Götter
und schlachten ihren Göttern,
riefe er dich herzu,
und du äßest von seinem Schlachtmahl,
und du nähmest von seinen Töchtern deinen Söhnen,
und wenn seine Töchter huren im Gefolg ihrer Götter,
würden sie deine Söhne verhuren ins Gefolg ihrer Götter.

Gußgötter mache dir nicht!

Den Festreihn der Fladen wahre,
ein Tagsiebent sollst du Fladen essen, wie ichs dir gebot,
zur Gezeit der Mondneuung des Ährentreibens,
denn in der Neuung des Ährentreibens bist du aus Ägypten
    gefahren.

Aller Bruch eines Schoßes ist mein,
alles Männliche deiner Herde, der Bruch von Rind und Schaf;
den Bruch des Esels sollst du abgelten mit einem Schaf,
und giltst du ihn nicht ab, genicke ihn.
Alljeden Erstling von deinen Söhnen sollst du abgelten.

Nicht soll man gabenleer mein Antlitz sehn.

Ein Tagsechst tue Dienst,
aber am siebenten Tag feiere,
im Pflugriß, im Kornschnitt feiere.

Den Festreihn der Wochen halte dir,
der Erstlinge des Weizenschnitts,
und den Festreihn des Heimsens
am Umlauf des Jahrs.
Dreifach im Jahr
lasse all dein Mannsvolk sich sehn
dem Herrn IHM dem Gott Jissraels vorm Antlitz.
Denn ich enterbe Stämme vor dir und weite deine Grenze,

und so wird niemand dein Land begehren,
wann du hinaufziehst dich sehn zu lassen IHM deinem Gott
    vorm Antlitz
dreifach im Jahr.

Metze nicht auf Gesäuertem meine Schlachtblutgabe.
Nicht nächtige an den Morgen die Festschlachtung des Über-
    sprungs.

Den Anfang der Erstlinge deines Ackers lasse in SEIN deines
    Gottes Haus kommen.

Koche nicht ein Böcklein in der Milch seiner Mutter.

ER sprach zu Mosche:
Schreibe dir diese Worte nieder,
denn laut diesen Worten
schließe ich mit dir einen Bund und mit Jifsrael.

Er war dort bei IHM
vierzig Tage und vierzig Nächte,
Brot aß er nicht,
Wasser trank er nicht.
Dann schrieb er auf die Tafeln die Worte des Bunds,
das Zehnwort.

Es geschah,
als Mosche vom Berge Sfinai herabstieg
die zwei Tafeln der Vergegenwärtigung in Mosches Hand,
als er vom Berg herabstieg
– Mosche wußte aber nicht, daß von seinem Reden mit ihm
    die Haut seines Antlitzes strahlte –,
sah Aharon und alle Söhne Jifsraels Mosche an:
da, die Haut seines Antlitzes strahlte,
und sie fürchteten sich, zu ihm hin zu treten.
Mosche rief ihnen zu,
so kehrten sich zu ihm Aharon und alle Fürsten in der Ge-
    meinschaft,
und Mosche redete zu ihnen.
Und hernach traten alle Söhne Jifsraels hin,
und er gebot ihnen alles,

was Er mit ihm auf dem Berg Sſinai geredet hatte.

Als aber Mosche geendet hatte, mit ihnen zu reden,
gab er auf sein Antlitz einen Schleier.

Wann Mosche kam vor Ihn, mit ihm zu reden,
tat er den Schleier ab, bis er hinausging.

Kam er heraus und redete zu den Söhnen Jiſsraels, wozu er
 entboten war,
sahen die Söhne Jiſsraels Mosches Antlitz,
daß die Haut des Antlitzes strahlte;
dann aber legte Mosche den Schleier wieder über sein Antlitz,
bis er kam, mit ihm zu reden.

Mosche versammelte alle Gemeinschaft der Söhne Jifsraels
und sprach zu ihnen:
Dies ist die Rede, die ER gebot, sie zu tun:
Ein Tagsechst werde Arbeit gemacht,
aber am siebenten Tag sei euch Heiligung,
Feier, Feiern, IHM,
allwer an ihm Arbeit macht, sterbe.
Ihr sollt nicht Brand entzünden in all euren Siedlungen am
    Tag der Feier.

Mosche sprach zu aller Gemeinschaft der Söhne Jifsraels,
    sprach:
Dies ist die Rede, die ER geboten hat, er sprach:
Nehmet, von euch aus, IHM eine Hebe,
alljeder in seinem Herzen Willige bringe sie, SEINE Hebe:
Gold, Silber, Erz,
Hyazinth, Purpur, Karmesin, Byssus, Ziegenhaar,
rotgegerbte Widderhäute, Seekuhhäute,
Akazienstämme,
Öl zur Erhellung,
Balsame zum Öl der Salbung und zum Räucherwerk der Ge-
    düfte,
Beryllsteine, Steine zur Einfüllung,
für den Umschurz, für das Gewappen.
Und alljeder Herzensweise unter euch,
sie sollen kommen, sollen machen alles was ER gebot:
die Wohnung,
ihr Zelt und seine Hülle,
ihre Spangen und ihre Balken,
ihre Riegel,
ihre Ständer und ihre Sockel;
den Schrein und seine Stangen,
das Verdeck
und den Verhang der Schirmung;
den Tisch und seine Stangen und all seine Geräte
und das Brot des Angesichts;
und den Leuchter der Erhellung, seine Geräte und seine Lichte
und das Öl zur Erhellung;
und die Statt der Räucherung und ihre Stangen

und das Öl der Salbung

und das Räucherwerk der Gedüfte;

und die Einlaßschirmung für den Einlaß der Wohnung;

die Statt der Darhöhung und das eherne Gegitter für sie, ihre
		Stangen und all ihre Geräte;

den Kessel und seinen Kasten;

die Matten des Hofs,

seine Ständer und seine Sockel,

und die Schirmung des Hoftors;

die Pflöcke der Wohnung, die Pflöcke des Hofs und ihre
		Stricke;

die Schongewänder zum Pflegen des Heiligen;

die Gewänder der Heiligung für Aharon den Priester

und die Gewänder seiner Söhne, zu priestern.

**Sie gingen weg von Mosches Angesicht, alle Gemeinschaft der
		Söhne Jifsraels,**

dann kamen sie, alljedermann, den sein Herz trug,

und alljeglicher, den sein Geist willigte, die brachten Seine
		Hebe

für die Arbeit am Zelt der Begegnung und für all seinen
		Werkdienst und für die Gewänder der Heiligung.

Die Männer kamen samt den Frauen, alljeder Herzenswillige,

sie brachten

Schnalle, Reif, Siegelring, Halsgeschmeid, allerlei goldnes
		Gerät,

alljedermann, der eine Schwingung an Gold Ihm darschwin-
		gen wollte;

und alljedermann, bei dem sich vorfand

Hyazinth, Purpur, Karmesin, Byssus, Ziegenhaar, rotgegerbte
		Widderhäute und Seekuhhäute,

sie brachtens;

alljeder, wer eine Hebe abhob an Silber und Erz,

sie brachten Seine Hebe;

und alljeglicher, bei dem sich vorfand

Akazienholz zu allerart Arbeit des Werkdiensts,

sie brachtens.

Und alljede herzensweise Frau,

mit ihren Händen spannen sie

und brachten das Gespinst,

den Hyazinth, den Purpur, den Karmesin und den Byssus,
und alle Frauen, die ihr Herz in Weisheit trug,
spannen die Ziegenhaare.
Und die Fürsten brachten
die Beryllsteine und die Steine zur Einfüllung,
für den Umschurz, für das Gewappen,
und den Balsam und das Öl,
zur Erhellung, zum Öl der Salbung, zum Räucherwerk der
    Gedüfte.
Alljeder, Mann und Frau,
was ihr Herz sie willigte zu bringen
für alle Arbeit,
die ER zu machen gebot durch Mosche,
sie brachtens, die Kinder Jifsraels,
Willigung IHM.

Mosche sprach zu den Kindern Jifsraels:
Seht,
mit Namen berief ER
Bezalel Sohn Uris, Sohns Churs, vom Stab Jehuda,
erfüllt hat er ihn mit Gottesgeist
in Weisheit, in Geschick und in Kenntnis,
in allerhand Arbeit,
Planungen zu planen,
sie zu machen in Gold, in Silber, in Erz,
im Schnitt von Steinen zum Einfüllen, im Schnitt von Holz,
allerhand Arbeit von Planwerk zu machen,
auch zu unterweisen gab er in sein Herz.
Er und Oholiab Sohn Achifsamachs, vom Stab Dan,
die erfüllte er mit Weisheit des Herzens,
zu machen allerart Arbeit
des Schneidekünstlers,
des Planwirkers und des Buntstickers
in Hyazinth, Purpur, Karmesin und Byssus,
und des Webers,
Macher von allerart Arbeit
und Planer von Planwerk.
So mache es
Bezalel und Oholiab

und alljeglicher herzensweise Mann,
in die ER gegeben hat Weisheit und Geschick,
zu kennen,
zu machen alle Arbeit des Werkdiensts am Heiligen,
für alles was ER geboten hat.
Und Mosche berief
Bezalel, Oholiab,
alljeden herzensweisen Mann, in dessen Herz ER Weisheit
    gab,
alljeglichen, den sein Herz trug der Arbeit zu nahn,
sie zu machen.
Sie empfingen von Mosche all die Hebe,
welche die Kinder Jifsraels gebracht hatten zur Arbeit des
    Werkdiensts am Heiligen,
sie zu machen.
Aber noch brachten sie ihm Willigung Morgen um Morgen.
So kamen alle Weisen, die alle Arbeit am Heiligen machten,
Mann für Mann von seiner Arbeit, die sie machten,
und sprachen zu Mosche, sprachen:
Mehr bringt das Volk
als genug für den Dienst an der Arbeit,
die ER gebot, sie zu machen.
Mosche entbot, man ließ Ruf ergehn durchs Lager, sprechend:
Mann oder Frau,
nicht weiter mögen sie Arbeitszeug machen zur Hebe des
    Heiligen!
So wurde das Volk gehemmt zu bringen,
des Arbeitszeugs war jenen genug zu aller Arbeit, sie zu
    machen, und darüber.

Sie machten, alljeder Herzensweise unter den Machern der
    Arbeit,
die Wohnung aus zehn Teppichen
von gezwirntem Byssus, Hyazinth, Purpur und Karmesin,
mit Cheruben, in Planwirkers Machweise, machte man sie.
Die Länge des einzelnen Teppichs achtundzwanzig nach der
    Elle,
die Breite vier nach der Elle,
des einzelnen Teppichs,

Ein Maß für alle Teppiche.

Man heftete fünf der Teppiche einen an den andern,
und fünf Teppiche heftete man einen an den andern.

Man machte hyazinthne Schleifen
in dem Saum des einen Teppichs, beim Ende an der Verheftung,
so machte man an dem Saum des Endteppichs an der andern
Verheftung,
fünfzig Schleifen machte man an dem einen Teppich
und fünfzig Schleifen machte man an dem Ende des Teppichs,
der an der andern Verheftung ist,
aufnehmend, die Schleifen, eine die andre.

Man machte fünfzig goldne Spangen
und heftete die Teppiche einen an den andern mit den Spangen,
und die Wohnung wurde Eines.

Man machte Teppiche von Ziegenhaar zu einem Zelt über
der Wohnung,
elf Teppiche machte man sie.

Die Länge des einzelnen Teppichs dreißig nach der Elle,
vier Ellen die Breite des einzelnen Teppichs,
Ein Maß für die elf Teppiche.

Man verheftete fünf der Teppiche besonders
und sechs der Teppiche besonders.

Man machte Schleifen, fünfzig, im Saum des Endteppichs an
der Verheftung
und fünfzig Schleifen machte man im Saum des andern
Heftungsteppichs.

Man machte eherne Spangen, fünfzig, das Zelt zu ver-
heften,
daß es Eines war.

Man machte eine Hülle für das Zelt aus rotgegerbten Widderhäuten
und eine Hülle von Seekuhhäuten darüber.

Man machte die Balken zur Wohnung
aus Akazienstämmen, standfest.

Zehn Ellen die Länge des Balkens,
eine Elle und die Hälfte einer Elle die Breite des einzelnen
Balkens.

Zwei Zapfen an den einzelnen Balken, einen mit dem andern
    versproßt,
so machte man an alle Balken der Wohnung.
Man machte denn die Balken zur Wohnung:
Zwanzig Balken nach der Südrichtung, mittagwärts,
vierzig silberne Sockel machte man unter die zwanzig Balken,
zwei Sockel unter einen Balken für seine beiden Zapfen,
zwei Sockel unter einen Balken für seine beiden Zapfen.
Und für die andre Wange der Wohnung, nach der Nord-
    richtung, machte man zwanzig Balken,
ihre vierzig Sockel aus Silber,
zwei Sockel unter einen Balken,
zwei Sockel unter einen Balken.
Und für die Lenden der Wohnung, westwärts, machte man
    sechs Balken.
Ein Paar Balken machte man für die Ecken der Wohnung an
    den Lenden,
daß es zwienütz sei, von unten her gesehn,
und zugleich einnütz sei nach dem Kopfende hin, also nach
    dem ersten Ring,
so machte mans für beide, für die beiden Ecken.
Acht Balken waren es, dazu ihre Sockel aus Silber, sechzehn
    Sockel,
zwei Sockel, zwei Sockel unter einem Balken.
Man machte Riegel von Akazienholz,
fünf für die Balken der einen Wange der Wohnung,
fünf Riegel für die Balken der andern Wange der Wohnung
und fünf Riegel für die Balken der Wohnung nach den Len-
    den, westwärts.
Man machte den mittlen Riegel, durchzuriegeln in der Mitte
    der Balken vom Ende zum Ende.
Die Balken überschalte man mit Gold,
und ihre Hülsen machte man aus Gold als Gehäuse für die
    Riegel,
und man überschalte die Riegel mit Gold.

Man machte den Verhang
aus Hyazinth, Purpur, Karmesin und gezwirntem Byssus,
in Planwirkers Machweise machte man ihn, Cheruben.

Man machte für ihn vier Akazienständer
und überschalte sie mit Gold, ihre Stifte Gold,
und goß für sie vier silberne Sockel.
Man machte eine Schirmung für den Einlaß des Zelts
aus Hyazinth, Purpur, Karmesin und gezwirntem Byssus,
in Buntstickers Machweise,
und ihrer Ständer fünf und deren Stifte,
und überschalte ihre Häupter und ihre Reife mit Gold, –
und ihrer Sockel fünf, Erz.

Bezalel machte
den Schrein aus Akazienholz,
zwei Ellen und eine halbe seine Länge,
eine Elle und eine halbe seine Breite,
eine Elle und eine halbe seine Höhe.
Mit reinem Gold überschalte er ihn
von innen und von außen.
Er machte ihm eine goldene Leiste ringsum.
Er goß ihm vier goldene Hülsen
an seine vier Trittecken,
zwei Hülsen an seine eine Wange,
zwei Hülsen an seine andere Wange.
Er machte Stangen von Akazienholz
und überschalte sie mit Gold
und brachte die Stangen in die Hülsen an den Wangen des
    Schreins,
den Schrein zu tragen.
Er machte ein Verdeck von reinem Gold,
zwei Ellen und eine halbe seine Länge,
eine Elle und eine halbe seine Breite.
Er machte goldene Cheruben, zwei,
in Hämmerkunst machte er sie,
aus den beiden Enden des Verdecks hervor,
einen Cherub aus dem Ende hier
und einen Cherub aus dem Ende hier,
aus dem Verdeck hervor machte er die Cheruben,
aus seinen beiden Enden.
Und die Cheruben waren
Flügel spreitend nach oben hin,

mit ihren Flügeln schirmend über dem Verdecke,
das Antlitz jeder zum Bruder,
nach dem Verdecke zu waren die Antlitze der Cheruben.

Er machte den Tisch aus Akazienholz,
zwei Ellen seine Länge,
eine Elle seine Breite,
eine Elle und eine halbe seine Höhe.
Er überschalte ihn mit reinem Gold.
Er machte ihm eine goldne Leiste ringsum,
einen Rahmen machte er ihm handbreit ringsum,
eine goldne Leiste also machte er seinem Rahmen ringsum.
Er goß ihm vier goldne Hülsen
und gab die Hülsen an die vier Winkel bei seinen vier
    Füßen,
gleichlaufs dem Rahmen waren die Hülsen,
Gehäuse für die Stangen, den Tisch zu tragen.
Er machte die Stangen aus Akazienholz und überschalte sie
    mit Gold,
den Tisch zu tragen.
Er machte die Geräte, die auf dem Tische sind:
seine Schüsseln und seine Schalen
und seine Kellen und die Kannen, mit denen dargegossen wird,
aus reinem Gold.

Er machte den Leuchter aus reinem Gold,
in Hämmerkunst machte er den Leuchter, seinen Fuß und sein
    Schaftrohr,
seine Kelche, seine Knoten wie seine Blumen, waren aus ihm.
Sechs Rohre gehen von seinen Seiten aus,
drei Leuchterrohre aus seiner einen Seite,
drei Leuchterrohre aus seiner andern Seite.
Drei Mandelkelche an einem Rohr, Knoten und Blume,
drei Mandelkelche an einem Rohr, Knoten und Blume,
so an den sechs Rohren, die vom Leuchter ausgehn.
Und am Leuchter selbst vier Mandelkelche: seine Knoten und
    seine Blumen,
ein Knoten unter den zwei Rohren aus ihm,
ein Knoten unter den zwei Rohren aus ihm,

bei den sechs Rohren, die von ihm ausgehn.
Ihre Knoten und deren Rohre waren aus ihm,
alles Ein Stück in Hämmerkunst er, reines Gold.
Er machte seiner Lichte sieben
und seine Zänglein und seine Pfännchen aus reinem Gold.
Aus einem Barren reinen Goldes, machte er ihn samt all seinen
    Geräten.

Er machte die Statt der Räucherung aus Akazienholz,
eine Elle ihre Länge, eine Elle ihre Breite, geviert, und zwei
    Ellen ihre Höhe,
aus ihr waren ihre Hörner.
Er überschalte sie mit reinem Gold,
ihr Dach, ihre Wände ringsum, ihre Hörner,
und machte ihr eine goldne Leiste ringsum.
Zwei goldne Hülsen machte er ihr unterhalb ihrer Leiste,
an ihre zwei Wangen, an ihre zwei Seiten,
zu Gehäusen für Stangen, sie dran zu tragen.
Er machte die Stangen aus Akazienholz
und überschalte sie mit Gold.

Er machte das Salböl als Heiligung
und das Räucherwerk der Gedüfte, rein, in Würzers Mach-
    weise.

Er machte die Statt der Darhöhung aus Akazienholz,
fünf Ellen ihre Länge, fünf Ellen ihre Breite, geviert,
und drei Ellen ihre Höhe.
Er machte ihre Hörner an ihre vier Spitzen,
aus ihr waren ihre Hörner.
Er überschalte sie mit Erz.
Er machte alle Geräte der Statt,
die Töpfe, die Schaufeln, die Sprengen und die Gabeln, die
alle ihre Geräte machte er aus Erz.   [Pfannen,
Er machte der Statt ein Gegitter, in netzartiger Machweise
    von Erz,
unter ihre Umkragung, von unten her bis zu ihrer Hälfte.
Er goß vier Hülsen an die vier Enden des ehernen Gegitters
als Gehäuse für die Stangen.

Er machte die Stangen aus Akazienholz und überschalte sie
　　mit Erz.
Er brachte die Stangen in die Hülsen an den Wangen der
　　Statt, sie mit ihnen zu tragen.
Als ein Hohlwerk von Tafeln machte er sie.

Er machte den Kessel aus Erz, seinen Kasten aus Erz,
mit den Spiegeln der Frauenschar, die am Einlaß des Zelts der
　　Begegnung sich scharte.

Er machte den Hof:
nach der Südrichtung, mittagwärts, die Matten des Hofs aus
　　gezwirntem Byssus, hundert nach der Elle,
ihrer Ständer zwanzig, ihrer Sockel zwanzig, Erz,
die Stifte der Ständer und ihre Reife Silber.
Und in der Nordrichtung hundert nach der Elle,
ihrer Ständer zwanzig, ihrer Sockel zwanzig, Erz,
die Stifte der Ständer und ihre Reife Silber.
Und in der Westrichtung Matten fünfzig nach der Elle,
ihrer Ständer zehn, ihrer Sockel zehn,
die Stifte der Ständer und ihre Reife Silber.
Und nach der Ostrichtung, aufgangwärts, fünfzig Ellen:
Matten fünfzehn Ellen für die Flanke,
ihrer Ständer drei, ihrer Sockel drei,
und für die andre Flanke – hier und dort vom Hoftor aus –:
　　Matten fünfzehn Ellen,
ihrer Ständer drei, ihrer Sockel drei.
Alle Matten des Hofs ringsum gezwirnter Byssus,
die Sockel für die Ständer Erz,
die Stifte der Ständer und ihre Reife Silber,
die Überschalung ihrer Häupter Silber, sie selber mit Silber
　　umreift,
alle Ständer des Hofs.
Die Schirmung des Hoftors in Buntstickers Machweise,
Hyazinth, Purpur, Karmesin und gezwirnter Byssus,
zwanzig Ellen die Länge,
die Höhe, also Breite, fünf Ellen,
gleichlaufs den Matten des Hofs,
ihrer Ständer vier, ihrer Sockel vier, Erz,

ihre Stifte Silber, die Überschalung ihrer Häupter und ihre
Reife Silber.
Alle Pflöcke für die Wohnung und für den Hof ringsum
Erz.

Dies war das Verordnete der Wohnung,
der Wohnung der Vergegenwärtigung,
wie sie verordnet wurde durch Mosches Mund
als Dienst der Lewiten
zu Händen Itamars, Sohns Aharons des Priesters.
Gemacht hatte
Bezalel Sohn Uris, Sohns Churs, vom Stab Jehuda, alles was
ER Mosche gebot,
und mit ihm Oholiab Sohn Achifsamachs, vom Stab Dan,
Schneidkünstler, Planwirker, Buntsticker in Hyazinth, in
Purpur, in Karmesin und in Byssus.
Alles Gold, das eingetan wurde in die Arbeit, in alle Arbeit des
Heiligtums,
des Golds der Darschwingung waren
neunundzwanzig Barren, und noch siebenhundertunddreißig
Vollgewicht nach dem Heiligtumsgewicht.
Und des Silbers von den Eingeordneten der Gemeinschaft
hundert Barren, und noch tausendundsiebenhundertundfünf-
undsiebzig Vollgewicht nach dem Heiligtumsgewicht,
ein Spaltstück auf den Kopf, die Hälfte eines Vollgewichts
nach dem Heiligtumsgewicht,
für jeden, der hindurchging zu den Eingeordneten, vom
Zwanzigjährigen aufwärts,
für die sechshunderttausend und dreitausendundfünfhundert-
undfünfzig.
Hundert Barren warens des Silbers zum Gießen der Sockel des
Heiligtums und der Sockel des Verhangs,
hundert Sockel zu hundert Barren, ein Barren zu einem
Sockel.
Und von den tausendundsiebenhundertundfünfundsiebzig
machte man Stifte für die Ständer und überschalte ihre
Häupter und umreifte sie.
Und des Erzes der Darschwingung
siebzig Barren, und zweitausendundvierhundert Vollgewicht.

Man machte damit die Sockel des Eingangs zum Zelt der Be-
    gegnung,
die eherne Statt, das eherne Gegitter für sie, alle Geräte der
    Statt,
die Sockel des Hofs ringsum und die Sockel des Hoftors
und alle Pflöcke der Wohnung und alle Pflöcke des Hofs
    ringsum.
Aus dem Hyazinth, dem Purpur und dem Karmesin
machten sie die Schongewänder zum Pflegen des Heiligen
und machten die Gewänder der Heiligung für Aharon,
wie ER Mosche geboten hatte.

Man machte den Umschurz
aus Gold, aus Hyazinth, Purpur, Karmesin und gezwirntem
    Byssus.
Sie walzten die Goldplatten aus,
dann riß man sie zu Fäden,
einzutun mitten in den Hyazinth, mitten in den Purpur,
    mitten in den Karmesin und mitten in den Byssus,
in Planwirkers Machweise.
Achseln machten sie ihm, anheftbare,
an seinen beiden Enden wurde angeheftet.
Das Gewirk seiner Umschürzung an ihm war aus ihm selber,
    von gleicher Machweise,
Gold, und Hyazinth, Purpur, Karmesin, gezwirnter Byssus,
wie ER Mosche geboten hatte.
Sie machten die Beryllsteine,
in goldne Geflechte gefaßt,
gestochen in Siegelstich, auf die Namen der Söhne Jiſsraels.
Man setzte sie auf die Achseln des Umschurzes,
als Steine des Gedächtnisses für die Söhne Jiſsraels,
wie ER Mosche geboten hatte.

Man machte das Gewappen,
in Planwirkers Machweise, wie die Machweise des Um-
    schurzes,
aus Gold, aus Hyazinth, Purpur, Karmesin und gezwirntem
    Byssus.
Geviert war es, doppelt machten sie das Gewappen,

eine Spanne seine Länge, eine Spanne seine Breite, gedoppelt.
Vollbelegten sie es mit vier Reihen von Steinen,
eine Reihe: Rubin, Chrysolith und Beryll, so die erste Reihe,
die zweite Reihe: Türkis, Saphir und Onyx,
die dritte Reihe: Opal, Achat und Jaspis,
die vierte Reihe: Chalzedon, Karneol und Nephrit,
in goldne Geflechte gefaßt bei ihrer Einfüllung.
Und die Steine, auf die Namen der Söhne Jiſsraels waren sie,
zwölf auf ihre Namen,
in Siegelstich, jeder auf seinen Namen,
für die Zweige, die zwölf.
Sie machten an das Gewappen Schnurkettchen, in seilartiger
Machweise, von reinem Gold:
sie machten zwei Geflechte von Gold und zwei Hülsen von
Gold,
sie gaben die zwei Hülsen an die zwei Enden des Gewappens
und gaben die zwei goldnen Seile an die zwei Hülsen an den
Enden des Gewappens,
und die zwei Enden der zwei Seile gaben sie an die zwei Geflechte
und gaben sie so an die Achseln des Umschurzes, nach seiner
Vordersicht zu.
Sie machten zwei Hülsen von Gold und setzten sie an die zwei
Enden des Gewappens an seinem Saum, der gegen den Umschurz ist, einwärts,
und sie machten zwei Hülsen von Gold und gaben sie an die
zwei Achseln des Umschurzes, nach unten, an seine Vordersicht, gleichlaufs seiner Anheftung, oberhalb der Verwirkung des Umschurzes;
so knüpften sie das Gewappen von seinen Hülsen aus an die
Hülsen des Umschurzes mit hyazinthnem Faden,
daß es sei über der Verwirkung des Umschurzes und nicht
rücke das Gewappen überm Umschurz ab,
wie ER Mosche geboten hatte.

Man machte den Mantel zum Umschurz,
in Webers Machweise, ein Ganzes von Hyazinth.
Die Öffnung des Mantels in seiner Mitte wie die Öffnung
eines Panzers,

ein Saum an seiner Öffnung ringsum, sie sollte nicht einge-
　　schlitzt werden:
Sie machten an die Unterborten des Mantels Granatäpfel
von Hyazinth, Purpur und Karmesin, gezwirnt.
Sie machten Schellen von reinem Gold
und gaben die Schellen zwischen die Granatäpfel,
an die Borten des Rocks ringsum, zwischen die Granatäpfel,
Schelle und Granatapfel, Schelle und Granatapfel
an den Borten des Rocks ringsum,
Amts zu pflegen,
wie Er Mosche geboten hatte.

Sie machten die Leibröcke aus Byssus, in Webers Mach-
　　weise,
für Aharon und seine Söhne,
das Kopfgewind aus Byssus,
die Ziertücher der Hochbünde aus Byssus,
die Linnen-Wickelhosen, aus gezwirntem Byssus,
die Schärpe aus gezwirntem Byssus, Hyazinth, Purpur und
　　Karmesin, in Buntstickers Machweise,
wie Er Mosche geboten hatte.

Sie machten das Blatt des Weihmals der Heiligung aus reinem
　　Gold
und schrieben darauf in Schrift des Siegelstichs:
Heiligung Ihm.
Sie gaben daran einen hyazinthnen Faden, es über das Gewind
　　von oben zu geben,
wie Er Mosche geboten hatte.

Vollendet was alles Dienstwerk der Wohnung, des Zelts der
　　Begegnung.
Gemacht hattens die Söhne Jiſsraels:
allwie Er Mosche gebot,
so hatten sies gemacht.
Sie brachten die Wohnung zu Mosche:
das Zelt mit all seinen Geräten,
seine Spangen, seine Balken, seine Riegel, und seine Ständer
　　und seine Sockel;

und die Hülle von rotgegerbten Widderhäuten und die Hülle
    von Seekuhhäuten,
und den Verhang der Schirmung;
den Schrein der Vergegenwärtigung und seine Stangen
und das Verdeck;
den Tisch, alle seine Geräte und das Brot des Angesichts;
den reinen Leuchter, seine Lichte: die Lichte der Darrichtung,
    und alle seine Geräte
und das Öl der Erhellung;
und die goldne Statt,
und das Öl der Salbung und das Räucherwerk der Gedüfte,
und die Schirmung des Zelteinlasses;
die eherne Statt und das eherne Gegitter für sie, ihre Stangen
    und all ihre Geräte,
den Kessel und seinen Kasten;
die Matten des Hofs,
seine Ständer und seine Sockel,
und die Schirmung für das Tor des Hofs,
seine Stricke und seine Pflöcke
und alles Gerät sonst des Werkdiensts der Wohnung, des
    Zelts der Begegnung;
die Schongewänder zum Pflegen des Heiligen;
die Gewänder der Heiligung für Aharon den Priester und die
    Gewänder seiner Söhne, zu priestern:
allwie ER Mosche gebot,
so hattens die Söhne Jifsraels gemacht,
all das Dienstwerk.
Mosche sah die Arbeit all:
da, sie hatten sie gemacht, –
wie ER gebot,
so hatten sies gemacht.
Mosche segnete sie.

ER redete zu Mosche, sprach:
Am Tag der ersten Mondneuung, am ersten auf die Neuung,
errichte die Wohnung, das Zelt der Begegnung.
Hinsetze dort den Schrein der Vergegenwärtigung
und schirme den Verhang über den Schrein.
Hinbringe den Tisch und schichte seine Schicht.

Hinbringe den Leuchter und höhe seine Lichte.

Gib die goldne Statt zum Räuchern vor den Schrein der Ver-
    gegenwärtigung.

Setze die Schirmung des Einlasses an die Wohnung.

Gib die Statt der Darhöhung vor den Einlaß der Wohnung,
    des Zelts der Begegnung.

Gib den Kessel zwischen das Zelt der Begegnung und die
    Statt

und gib Wasser darein.

Setze den Hof ringsum und gib die Schirmung an das Tor des
    Hofs.

Nimm das Öl der Salbung

und salbe die Wohnung und alles, was darin ist,

heilige sie und alle ihre Geräte, sie werde Heiligtum,

salbe die Statt der Darhöhung und alle ihre Geräte,

heilige die Statt, die Statt werde Heiligung für Darheiligun-
    gen,

salbe den Kessel und seinen Kasten, heilige ihn.

Nahe Aharon und seine Söhne zum Einlaß des Zelts der Be-
    gegnung,

bade sie in dem Wasser,

bekleide Aharon mit den Gewändern der Heiligung,

salbe ihn,

heilige ihn, daß er mir priestere,

und seine Söhne nahe,

bekleide sie mit Leibröcken,

salbe sie, wie du ihren Vater salbtest, daß sie mir priestern,

und das sei,

daß ihnen sei ihre Salbung zu Priestertum auf Weltzeit für
    ihre Geschlechter.

Mosche tats, –

allwie ER ihm geboten hatte,

so tat er.

Es geschah in der ersten Mondneuung im zweiten Jahr, am
    ersten auf die Neuung:

die Wohnung wurde errichtet.

Mosche errichtete die Wohnung,

eingab er ihre Sockel,
einsetzte er ihre Balken,
eingab er ihre Riegel,
aufrichtete er ihre Ständer,
ausbreitete er das Zelt über die Wohnung,
aufsetzte er die Hülle des Zelts oben darüber,
wie ER Mosche geboten hatte.

Er nahm, er gab in den Schrein
die Vergegenwärtigung,
er setzte die Stangen an den Schrein,
er gab das Verdeck oben auf den Schrein,
er brachte den Schrein in die Wohnung,
er setzte den Vorhang der Schirmung und schirmte ihn über
   den Schrein der Vergegenwärtigung,
wie ER Mosche geboten hatte.

Er gab den Tisch in das Zelt der Begegnung
an die Flanke der Wohnung nach Norden zu, ausseit des
   Verhangs,
und er schichtete darauf eine Schicht Brots vor IHM,
wie ER Mosche geboten hatte.

Er setzte den Leuchter in das Zelt der Begegnung
dem Tisch gegenüber, an die Flanke der Wohnung nach
   Süden zu,
er höhte die Lichte vor IHM,
wie ER Mosche geboten hatte.

Er setzte die goldne Statt in das Zelt der Begegnung
vor den Verhang
und räucherte darauf Räucherwerk der Gedüfte,
wie ER Mosche geboten hatte.

Er setzte die Schirmung des Einlasses an die Wohnung,
die Statt der Darhöhung setzte er vor den Einlaß der Wohnung, des Zelts der Begegnung,
und höhte darauf die Darhöhung und die Hinleitspende,
wie ER Mosche geboten hatte.

Er setzte den Kessel zwischen das Zelt der Begegnung und die
   Schlachtstatt

und gab Wasser hinein zum Baden,
daß daraus badeten Mosche und Aharon und seine Söhne ihre
   Hände und ihre Füße,
baden sollten sie bei ihrem Eintreten ins Zelt der Begegnung
   und bei ihrem Nahen zur Schlachtstatt,
wie ER Mosche geboten hatte.

Er errichtete den Hof rings um die Wohnung und um die
   Schlachtstatt
und gab die Schirmung an das Tor des Hofs.

Vollendet hatte Mosche die Arbeit.

Die Wolke verhüllte das Zelt der Begegnung,
und SEINE Erscheinung füllte die Wohnung.
Nicht vermochte Mosche in das Zelt der Begegnung zu kommen,
denn dem obwohnte die Wolke, und SEINE Erscheinung füllte
   die Wohnung.
Wann die Wolke sich hob von der Wohnung,
zogen die Söhne Jifsraels, auf allen ihren Zügen,
hob sich aber die Wolke nicht,
zogen sie nicht bis zum Tag, da sie sich hob.
Denn SEINE Wolke über der Wohnung des Tags
und Feuer war darin des Nachts
vor den Augen alles Hauses Jifsrael
auf allen ihren Zügen.

Er rief Mosche zu,
er redete, ER, zu ihm
aus dem Zelt der Begegnung, sprechend:
Rede zu den Söhnen Jifsraels, sprich zu ihnen:
Ein Mensch, wenn er von euch IHM eine Nahung darnaht,
vom Herdentier: von den Rindern und vom Kleinvieh mögt
      ihr eure Nahung darnahn.
Ist eine Darhöhung seine Nahung, von den Rindern,
ein männliches heiles nahe er es dar,
an den Einlaß des Zelts der Begegnung nahe er es,
zu seiner Begnadung, vor IHN.
Er stemme seine Hand auf den Kopf der Darhöhung,
die wird ihm zugnaden geschätzt, über ihm zu bedecken.
Man metze das junge Rind vor IHM,
Aharons Söhne, die Priester, sollen das Blut darnahen:
sie sollen das Blut ringsum an die Schlachtstatt sprengen,
      die im Einlaß des Zelts der Begegnung ist.
Man enthäute die Darhöhung und zerstücke sie zu ihren
      Rumpfstücken,
Aharons des Priesters Söhne sollen Feuer auf die Statt ge-
      ben,
schichten sollen sie Hölzer auf dem Feuer,
schichten sollen Aharons Söhne, die Priester, die Stücke, den
      Kopf und den Schmer
auf den Hölzern, die auf dem Feuer sind, das auf der Statt ist.
Sein Eingeweide und seine Beine bade man im Wasser,
der Priester lasse das Ganze emporrauchen auf der Statt,
Darhöhung ists,
Feuerspende: Ruch des Geruhens IHM.

Ist vom Kleinvieh seine Nahung, von den Schafen oder von
      den Ziegen, zu Darhöhung,
ein männliches heiles nahe er es dar.
Man metze es an der Flanke der Schlachtstatt, nordwärts,
      vor IHM,
sprengen sollen Aharons Söhne, die Priester, sein Blut an die
      Statt ringsum.
Man zerstücke es zu seinen Rumpfstücken, dazu seinen Kopf
      und seinen Schmer,

der Priester schichte sie auf den Hölzern, die auf dem Feuer sind,
    das auf der Statt ist,
das Eingeweide und die Beine bade man im Wasser,
der Priester nahe das Ganze dar und lasse es emporrauchen auf
    der Statt,
Darhöhung ists,
Feuerspende: Ruch des Geruhens IHM.

Ist eine Darhöhung vom Geflügel seine Nahung für IHN,
darnahe er von den Turteln oder von den Taubenjungen seine
    Nahung.
Der Priester nahe es zu der Schlachtstatt,
er knicke den Kopf ihm ab und lasse ihn emporrauchen auf
    der Statt,
sein Blut werde ausgedrückt an die Wand der Statt;
er trenne seinen Kropf samt seinem Gefieder ab,
er werfe ihn neben die Statt, ostwärts, an den Ort der Asche.
Er spalte es an seinen Flügeln – losscheide er nicht –,
er lasse es emporrauchen, der Priester, auf der Statt, über den
    Hölzern, die überm Feuer sind,
Darhöhung ists,
Feuerspende: Ruch des Geruhens IHM.

Ein Wesen, wenn es eine Hinleitnahung IHM darnaht,
Feinmehl sei seine Nahung,
er gieße darauf Öl und gebe darauf Weihrauch,
er bringe es zu Aharons Söhnen, den Priestern.
Es greife sich seinen Griff voll von dort, von ihrem Mehl und
    ihrem Öl samt all ihrem Weihrauch,
lasse es emporrauchen der Priester als ihr Gedenkteil auf der
    Statt,
Feuerspende: Ruch des Geruhens IHM.
Das Überbleibende von der Hinleite sei für Aharon und seine
    Söhne,
Abheiligung von Darheiligungen aus SEINEN Feuerspenden.

Wenn du als Hinleitnahung ein Ofengebäck darnahst,
seis Feinmehl: Fladenkuchen, mit Öl verrührte, und Fladen-
    scheiben, mit Öl bestrichen.

Und ist Hinleite auf der Platte deine Nahung,
Feinmehl, mit Öl verrührt, Fladen soll sie sein;
brich ihn in Brocken, gieße Öl darüber,
Hinleite ist er.
Und ist Hinleite im Tiegel deine Nahung,
von Feinmehl in Öl werde sie bereitet.
Bringe die Hinleite, die aus diesen bereitet wird, IHM,
man nahe sie zum Priester, der reiche sie hin zur Statt,
abhebe der Priester von der Hinleite ihr Gedenkteil und lasse
　　es emporrauchen auf der Statt,
Feuerspende: Ruch des Geruhens IHM,
und das Überbleibende von der Hinleite ist Aharons und
　　seiner Söhne,
Abheiligung von Darheiligungen aus SEINEN Feuerspenden.

All die Hinleite, die ihr IHM darnaht,
gesäuert werde sie nicht bereitet,
denn alle Gäre und aller Honig, davon sollt ihr nicht empor-
　　rauchen lassen Feuerspende IHM,
als Nahung des Erntanfangs sollt ihr sie darnahen IHM,
aber auf die Statt hochkommen sollen sie nicht zu Ruch des
　　Geruhens.
Alle deine Hinleitnahung salze mit Salz,
laß nicht ausfallen das Salz deines Gottesbundes bei deiner
　　Hinleite,
bei all deiner Nahung darnahe Salz.

Darnahst du die Hinleite der Erstlinge IHM,
Ähren, am Feuer geröstet, Graupen von frischer Frucht sollt
　　du als Hinleite deiner Erstlinge darnahn,
gib darauf Öl, lege darauf Weihrauch, Hinleite ists,
der Priester lasse emporrauchen ihr Gedenkteil aus ihren
　　Graupen und ihrem Öl samt all ihrem Weihrauch,
Feuerspende IHM.

Ist eine Friedmahlschlachtung seine Nahung:
naht er dann von den Rindern dar,
ob Männliches ob Weibliches, ein heiles darnahe er es vor
　　IHN.

Er stemme seine Hand auf den Kopf seiner Nahung,
man metze sie am Einlaß des Zelts der Begegnung,
es sprengen Aharons Söhne, die Priester, das Blut an die
     Schlachtstatt ringsum,
er nahe dar von der Friedmahlschlachtung als Feuer-
     spende I H M
das Fett, welches das Eingeweide hüllt, und alles Fett, das am
     Eingeweide ist,
die beiden Nieren und das Fett, das an ihnen ist, das an den
     Lenden ist,
und das Überhangende an der Leber – an den Nieren trenne
     man es ab:
emporrauchen lassen es die Söhne Aharons auf der Statt
über der Darhöhung, die über den Hölzern ist, die über dem
     Feuer sind,
Feuerspende: Ruch des Geruhens I H M.

Ist vom Kleinvieh seine Nahung, zu Friedmahlschlachtung
     I H M,
Männliches oder Weibliches, ein heiles nahe er es dar.
Naht er dann ein Schaf als seine Nahung dar,
nahe er es vor I H N,
er stemme seine Hand auf den Kopf seiner Nahung
man metze sie vor dem Zelt der Begegnung,
es sprengen die Söhne Aharons ihr Blut an die Schlachtstatt
     ringsum.
Er nahe dar von der Friedmahlschlachtung als Feuerspende
     I H M
ihr Fett:
das heile Schwanzstück – gleichlaufs dem Steißbein trenne
     man es ab,
das Fett, welches das Eingeweide hüllt, und alles Fett, das am
     Eingeweide ist,
die beiden Nieren und das Fett, das an ihnen ist, das an den
     Lenden ist,
und das Überhangende an der Leber – an den Nieren trenne
     man es ab:
emporrauchen lasse es der Priester auf der Statt,
Brot, Feuerspende I H M.

Ist eine Ziege seine Nahung,
nahe er sie vor IHN,
er stemme seine Hand auf ihren Kopf
man metze sie vor dem Zelt der Begegnung,
es sprengen die Söhne Aharons ihr Blut an die Statt rings-
     um,
er nahe dar von ihr seine Nahung als Feuerspende IHM,
das Fett, welches das Eingeweide hüllt, und alles Fett, das am
     Eingeweide ist,
die beiden Nieren und das Fett, das an ihnen ist, das an den
     Lenden ist,
und das Überhangende an der Leber – an den Nieren trenne
     man es ab:
emporrauchen lasse es der Priester auf der Statt,
Brot, Feuerspende zu Ruch des Geruhens, alles Fett IHM.
Weltzeit-Satzung für eure Geschlechter in all euren Sied-
     lungen:
alles Fett und alles Blut sollt ihr nicht essen.

ER redete zu Mosche, sprechend:
Rede zu den Söhnen Jifsraels, sprechend:
Ein Wesen, wenn es sündigt aus Irrung, an all solchem was
     nach SEINEN Geboten nicht getan werde,
und tat etwas von einem davon:
Sündigt der gesalbte Priester zur Verschuldung des Volks,
darnahe er ob seiner Versündigung, die er gesündigt hat,
einen heilen Farren, einen Jungstier, IHM zur Entsündung.
Er bringe den Farren zum Einlaß des Zelts der Begegnung vor
     IHN,
er stemme seine Hand auf den Kopf des Farren,
man metze den Farren vor IHM,
es nehme der gesalbte Priester vom Blut des Farren und bringe
     es ins Zelt der Begegnung,
der Priester tauche seinen Finger in das Blut,
er spritze vom Blut siebenmal vor IHM, vor den Verhang des
     Heiligtums,
der Priester gebe vom Blut an die Hörner der Statt der
     Räucherung der Gedüfte vor IHM, die im Zelt der Begeg-
     nung ist,

alles Blut des Farren sonst schütte er an den Grund der Statt
  der Darhöhung, die am Einlaß des Zelts der Begegnung
  ist.
Alles Fett des Farren der Entsündung hebe er ab davon:
das Fett, das das Eingeweide überhüllt, und alles Fett, das am
  Eingeweide ist,
die beiden Nieren und das Fett, das an ihnen ist, das an den
  Lenden ist,
und das Überhangende an der Leber – an den Nieren trenne
  man es ab –,
wie es abgehoben wird vom Stier der Friedmahlschlachtung,
und emporrauchen lasse das der Priester auf der Schlachtstatt
  der Darhöhung.
Aber die Haut des Farren, all sein Fleisch nebst seinem Kopf
  und seinen Beinen, sein Eingeweide und seine Ausscheidung,
den ganzen Farren trage man hinweg außer Lagers,
hin zu einem reinen Ort, hin zu dem Aschenschutt,
man verbrenne ihn auf Hölzern im Feuer,
auf dem Aschenschutt werde er verbrannt.

Irrt alle Gemeinschaft Jisraels,
und eine Sache ist vor den Augen des Gesamts verborgen,
daß sie taten eins von all dem, was nach SEINEN Geboten nicht
  getan werde,
und wurden schuldig,
und die Versündigung wurde bewußt, durch die sie gesündigt
  haben:
sollen sie, das Gesamt, einen Farren, einen Jungstier, zu Entsündung darnahn.
Sie bringen ihn vor das Zelt der Begegnung,
die Ältesten der Gemeinschaft stemmen ihre Hände auf den
  Kopf des Farren vor IHM,
man metze den Farren vor IHM,
es bringe der gesalbte Priester vom Blut des Farren ins Zelt
  der Begegnung,
der Priester tauche seinen Finger durch das Blut,
er spritze siebenmal vor IHM, vor den Verhang,
vom Blut gebe er an die Hörner der Statt, die vor IHM ist, die
  im Zelt der Begegnung ist,

alles Blut sonst schütte er an den Grund der Darhöhungsstatt,
  die am Einlaß des Zelts der Begegnung ist;
all sein Fett aber hebe er ab von ihm und lasse es emporrauchen auf der Statt;
er tue mit dem Farren wie man mit jenem Farren der Entsündung tut,
ebenso tue er mit ihm.
Es bedecke über ihnen der Priester, –
ihnen wird verziehn.
Man trage den Farren hinweg außer Lagers,
man verbrenne ihn, wie man den vorigen Farren verbrannte,
Entsündung des Gesamts ist er.

Wo aber ein Fürst sündigt, daß er tat eins von allem, was nach
  SEINEN, seines Gottes, Geboten nicht getan werde, aus
  Irrung
und wurde schuldig,
macht man ihm nun bewußt seine Versündigung, mit der er
  gesündigt hat:
bringe er als seine Nahung einen Ziegenbock, ein heiles
  Männchen,
er stemme seine Hand auf den Kopf des Bocks,
man metze ihn an dem Ort, wo man die Darhöhung metzt,
  vor IHM,
Entsündung ist er.
Der Priester nehme vom Blut der Entsündung mit seinem
  Finger,
er gebe es an die Hörner der Schlachtstatt der Darhöhung,
und ihr Blut sonst schütte er an den Grund der Schlachtstatt
  der Darhöhung,
all ihr Fett aber lasse er emporrauchen auf der Statt wie das
  Fett der Friedmahlschlachtung.
Es bedecke über ihm der Priester vor seiner Versündigung,
ihm wird verziehn.

Sündigt ein einzelnes Wesen aus Irrung, vom Volk des Lands,
indem es eins tut von dem, was nach SEINEN Geboten nicht
  getan werde,
daß er schuldig wurde,

macht man ihm nun bewußt seine Versündigung, die er gesündigt hat:
bringe er als seine Nahung eine Ziegengeis, ein heiles Weibchen,
ob seiner Versündigung, die er gesündigt hat,
er stemme seine Hand auf den Kopf der Entsündung,
man metze die Entsündung an dem Ort der Darhöhung,
der Priester nehme von ihrem Blut mit seinem Finger,
er gebe es an die Hörner der Schlachtstatt der Darhöhung,
all ihr Blut sonst schütte er an den Grund der Schlachtstatt,
all ihr Fett aber trenne man ab, wie man das Fett von der
Friedmahlschlachtung abtrennte,
der Priester lasse es emporrauchen auf der Schlachtstatt zu
Ruch des Geruhens IHM.
Es bedecke über ihm der Priester,
ihm wird verziehn.

Bringt er ein Schaf als seine Nahung zu Entsündung,
ein weibliches, heiles bringe er es.
Er stemme seine Hand auf den Kopf der Entsündung,
man metze sie zu Entsündung an dem Ort, wo man die Darhöhung metzt,
der Priester nehme vom Blut der Entsündung mit seinem
Finger,
er gebe es an die Hörner der Schlachtstatt der Darhöhung,
dann schütte er all ihr Blut an den Grund der Schlachtstatt,
all ihr Fett aber trenne man ab, wie das Fett des Schafs aus der
Friedmahlschlachtung abgetrennt wird,
der Priester lasse es emporrauchen auf der Statt über SEINEN
Feuerspenden.
Es bedecke über ihm der Priester,
über seiner Versündigung, die er gesündigt hat,
ihm wird verziehn.

Wenn ein Wesen sündigt,
indem es das Anstimmen des Droheids hört,
er war aber Zeuge, ob ers sah, ob ers wußte,
meldet ers dann nicht und trug sich Verfehlung ein;
oder ein Wesen, das irgendein makliges Ding berührt oder

das Aas eines makligen Wilds oder das Aas eines makligen
    Viehs oder das Aas eines makligen Kriechtiers,
und es ist ihm verborgen,
er aber ist maklig und schuldig geworden;
oder wenn er an den Makel eines Menschen rührt, mit was
    allem für Makel man sich bemakelt,
und es ist ihm verborgen,
und dann wird ihm bewußt, daß er schuldig wurde:
oder wenn ein Wesen schwört, im Lippenplappern, auf Übel-
    oder Wohlergehn,
was alles der Mensch plappre mit Schwur,
und es war ihm verborgen,
und dann wird ihm bewußt, daß er schuldig wurde an einem
    von diesen:
solls geschehn,
wenn er sich verschuldet an einem von diesen,
bekenne er sich zu dem, wodurch er gesündigt hat,
er bringe seine Abschuldung IHM ob seiner Versündigung,
    die er gesündigt hat,
ein Weibchen vom Kleinvieh, ein Schaf oder eine Ziegengeis,
    zu Entsündung,
es bedecke über ihm der Priester vor seiner Versündigung.

Langt aber seine Hand nicht hin zu einem Lamm,
bringe er als seine Abschuldung für das, was er gesündigt hat,
    zwei Turteln oder zwei Taubenjunge, IHM,
eins zu Entsündung und eins zu Darhöhung,
er bringe sie zum Priester.
Der nahe als erstes dar, das zur Entsündung ist,
er knicke ihm den Kopf ab dicht vom Genick weg, losscheide
    er nicht,
er spritze vom Blut der Entsündung an die Wand der Schlacht-
    statt,
und was restet vom Blut werde ausgedrückt an den Grund der
    Statt,
Entsündung ists;
das zweite bereite er als Darhöhung nach der Richtigkeit.
Es bedecke über ihm der Priester vor seiner Versündigung,
    die er gesündigt hat,

ihm wird verziehn.

Reicht aber seine Hand nicht zu zwei Turteln oder zu zwei
    Taubenjungen,
bringe er als seine Nahung für das, was er gesündigt hat, das
    Zehntel des Scheffels Kernmehls zu Entsündung;
nicht tue er darauf Öl, nicht gebe er darauf Weihrauch,
denn Entsündung ists;
er bringe es zum Priester,
der Priester greife sich davon seinen Griff voll als dessen Ge-
    denkteil,
er lasse es emporrauchen auf der Statt über SEINEN Feuer-
    spenden,
Entsündung ists;
es bedecke über ihm der Priester, über seiner Versündigung,
die er gesündigt hat an einem von jenen,
und ihm wird verziehn;
es ist aber des Priesters wie die Hinleite.

ER redete zu Mosche, sprechend:
Wenn ein Wesen Trug trügt, daß es aus Irrung sündigt an
    SEINEN Darheiligungen,
bringe er seine Abschuldung IHM,
einen heilen Widder von den Schafen im Richtwert, Silber-
    gewicht nach dem Heiligtumsgewicht, zu Abschuldung,
das von der Darheiligung, woran er sich versündigt hat, be-
    zahle er und sein Fünftel lege er drauf
und gebe es dem Priester;
es bedecke über ihm der Priester durch den Widder der Ab-
    schuldung,
ihm wird verziehn.

Ein Wesen, wenn es sündigt, daß es tat eins von all dem, was
    nach SEINEN Geboten nicht getan werde,
und er wußte nicht und ward schuldig und trägt an seiner Ver-
    fehlung,
bringe er einen heilen Widder von den Schafen im Richtwert
    zu Abschuldung dem Priester;
es bedecke über ihm der Priester, über seiner Irrung, die er
    geirrt hat und die er nicht wußte,

ihm wird verziehn;
Abschuldung ists, er schuldet, abschuldet I H M.

ER redete zu Mosche, sprechend:
Wenn ein Wesen sündigt und Trug trügt an I H M,
indem er seinem Volksgesellen verhehlt ein Verwahrnis oder
    eine Handeinlage oder einen Raub,
oder er preßt seinem Gesellen etwas ab,
oder er fand einen Verlust und verhehlt ihn,
und schwört über einer Lüge, über eins von all dem, was der
    Mensch tun mag, sich damit zu versündigen,
solls sein, wenn er sündigte und schuldig ward:
er erstatte den Raub, den er geraubt, oder die Erpressung, die
    er erpreßt hat, oder das Verwahrnis, das bei ihm verwahrt
    wurde, oder den Verlust, den er fand,
oder worüber von allem er zum Lug geschworen habe,
er bezahle es in seinem Hauptbetrag und sein Fünftel lege er
    drauf,
dem, wessen es ist, gebe er es am Tag seiner Abschuldung.
Seine Abschuldung aber bringe er I H M,
einen heilen Widder von den Schafen im Richtwert als Ab-
    schuldung, zum Priester,
es bedecke über ihm der Priester vor SEINEM Antlitz,
ihm wird verziehn,
was, eins von allem, er tat sich dran zu verschulden.

E R redete zu Mosche, sprechend:
Gebiete Aharon und seinen Söhnen, sprechend:
Dies ist die Weisung der Darhöhung:
die ist es, die hochaufsteigt auf ihrer Glut auf der Schlachtstatt
die ganze Nacht bis zum Morgen,
und das Feuer der Statt glüht daran fort.
Der Priester tue sein Langkleid von Linnen an,
Wickelhosen von Linnen tue er über sein Fleisch,
er hebe die Asche weg, zu der das Feuer die Darhöhung auf
    der Statt verzehrte,
er lege sie neben die Statt.
Er streife seine Gewänder ab, tue andre Gewänder an,

er trage die Asche hinweg außer Lagers, hin an einen reinen
Ort.

Das Feuer aber auf der Statt glühe daran, es verlösche nicht,
der Priester entzünde auf ihm Hölzer Morgen für Morgen,
er schichte auf ihm die Darhöhung,
er lasse emporrauchen auf ihm die Fettstücke der Friedmahle,
ein stetes Feuer glühe auf der Statt, es verlösche nicht.

Und dies ist die Weisung der Hinleite:
Nahen sollen sie Aharons Söhne vor SEIN Angesicht an die
Vordersicht der Statt,
einer hebe davon seinen Griff voll ab, vom Feinmehl der Hinleite und von ihrem Öl, und allen Weihrauch auf der Hinleite,
er lasse es emporrauchen auf der Statt als Ruch des Geruhens,
als ihr Gedenkteil IHM.
Das Überbleibende von ihr aber sollen Aharon und seine Söhne
essen,
als Fladen werde es gegessen an heiligem Ort,
im Hof des Zelts der Begegnung sollen sie es essen.
Man backe es nicht gesäuert,
als ihren Anteil habe ich es von meinen Feuerspenden gegeben,
Abheiligung von Darheiligungen ist es wie die Entsündung,
wie die Abschuldung:
alles Männliche unter den Kindern Aharons soll es essen,
Festsatz auf Weltzeit für eure Geschlechter von SEINEN Feuerspenden,
alles, was die berührt, wird verheiligt.

ER redete zu Mosche, sprechend:
Dies ist die Nahung Aharons und seiner Söhne,
die sie IHM darnahen sollen kraft des Tags, da man ihn salbte:
das Zehntel des Scheffels Feinmehls als stete Hinleite,
die Hälfte davon am Morgen und die Hälfte davon am Abend.
Auf der Pfanne in Öl werde es bereitet,
wohlvermengt sollst du es bringen,
Halbback, Hinleite in Brocken, nahe sie dar,
Ruch des Geruhens IHM.

Auch der Priester, der an seiner Stelle aus seinen Söhnen ge-
     salbt wird, soll sie bereiten,
Festsatz auf Weltzeit IHM,
als Gänze soll sie aufrauchen.
Alle Hinleite eines Priesters sei eine Gänze, sie werde nicht ge-
     gessen.

ER redete zu Mosche, sprechend:
Rede zu Aharon und zu seinen Söhnen, sprechend:
Dies ist die Weisung der Entsündung:
An dem Ort, wo die Darhöhung gemetzt wird, werde die Ent-
     sündung gemetzt,
vor SEINEM Antlitz,
Abheiligung von Darheiligungen ist sie:
der Priester, der mit ihr entsündet, soll sie essen,
an heiligem Ort werde sie gegessen,
im Hofe des Zelts der Begegnung.
Alles, das ihr Fleisch berührt, wird verheiligt;
wenn was von ihrem Blut auf ein Gewand spritzt,
sollst du das, worauf es spritzte, an heiligem Orte waschen;
ein Tongefäß, in dem sie gekocht wurde, werde zerbrochen,
und wurde sie in einem Erzgefäß gekocht, werde es mit
     Wasser gescheuert und gespült.
Alles Männliche unter den Priestern soll sie essen,
Abheiligung von Darheiligungen ist sie.
Aber alle Entsündung, von deren Blut ins Zelt der Begegnung
     gebracht wird, zu bedecken im Heiligtum,
werde nicht gegessen,
im Feuer werde sie verbrannt.

Und dies ist die Weisung der Abschuldung,
Abheiligung von Darheiligungen ist sie:
An dem Ort, wo sie die Darhöhung metzen, sollen sie die Ab-
     schuldung metzen,
ihr Blut sprenge man an die Statt ringsum,
all ihr Fett nahe man von ihr dar:
das Schwanzstück, das Fett, welches das Eingeweide hüllt, die
     beiden Nieren, das Fett, das an ihnen ist, das an den Lenden
     ist, und das Überhangende an der Leber – an den Nieren
     trenne man es ab,

der Priester lasse das emporrauchen auf der Statt,
Feuerspende IHM,
Abschuldung ists.
Alles Männliche unter den Priestern soll sie essen,.
an heiligem Ort werde sie gegessen,
Abheiligung von Darheiligungen ists.
So die Entsündung so die Abschuldung,
Eine Weisung ist ihnen:
der Priester, der damit bedeckt, sein werde sie.
Und der Priester, der die Darhöhung jemandes darnaht,
die Haut der Darhöhung, die er darnahte, ist des Priesters, sein
      werde sie.
Und alle Hinleite, die im Ofen gebacken wird,
und alle, die man im Tiegel und auf der Platte bereitet,
des Priesters, der sie darnaht, sein werde sie.
Und alle Hinleite, mit Öl verrührte und trockne,
aller Söhne Aharons werde sie, jedermanns wie seines Bruders.

Und dies ist die Weisung der Friedmahlschlachtung, die einer
      IHM darnaht:
Darnaht er sie zu einem Dank,
nahe er zur Dankschlachtung Fladenkuchen, mit Öl ver-
      rührte, Fladenscheiben, mit Öl bestrichen, und Feinmehl,
      wohlvermengt, als Kuchen, mit Öl verrührt,
zu Kuchen von gesäuertem Brot soll er seine Nahung darnahn,
zu seiner Frieddankschlachtung.
Er nahe davon, von jeder Nahung eines, als Hebe IHM
      dar,
des Priesters, der das Blut des Friedmahls sprengt, sein wirds.
Und das Fleisch seiner Frieddankschlachtung, am Tag seiner
      Nahung werde es gegessen,
nicht lege man davon hin auf den Morgen.
Ist ein Gelübde oder eine Willigung seine Schlachtnahung,
am Tage, wo er seine Schlachtung darnaht, werde sie gegessen,
auch am folgenden werde, was davon überbleibt, gegessen,
was dann aber vom Fleisch der Schlachtung überbleibt, am
      dritten Tag werde es im Feuer verbrannt.
Wird aber ein Essen gegessen vom Fleisch seiner Friedmahl-
      schlachtung am dritten Tag,

wird nicht begnadet, der es darnaht,
nicht wird es ihm zugerechnet,
Unflat ist es geworden,
das Wesen, das davon ißt, seine Verfehlung muß es tragen.
Das Fleisch, das allerart Makliges berührt, werde nicht ge-
    gessen,
im Feuer werde es verbrannt,
das Fleisch sonst aber: alljeder Reine darf Fleisch essen.
Doch das Wesen, das Fleisch von der Friedmahlschlachtung
    ißt, die SEIN ist, und ihr Makel ist auf ihm,
gerodet wird dieses Wesen aus seinen Volkleuten,
und wenn ein Wesen allerart Makliges berührt, den Makel
    eines Menschen oder ein makliges Vieh oder allerart mak-
    ligen Scheuel, und ißt vom Fleisch der Schlachtung des
    Friedmahls, das SEIN ist,
gerodet wird das Wesen aus seinen Volkleuten.

ER redete zu Mosche, sprechend:
Rede zu den Söhnen Jiſsraels, sprechend:
Allerart Fett von Ochs, Schaf und Ziege sollt ihr nicht essen.
Fett von Gefallnem, Fett von Zerrißnem, zu allerhand Arbeit
    darfs verwendet werden,
essen aber, essen sollt ihr es nicht.
Ja, alljeder, der Fett von dem Vieh ißt, von dem man IHM
    Feuerspende darnaht,
gerodet wird das essende Wesen aus seinen Volkleuten.
Allerart Blut sollt ihr nicht essen, in all euren Siedlungen, vom
    Geflügel oder vom Vieh.
Alljedes Wesen, das allerart Blut ißt,
gerodet wird dieses Wesen aus seinen Volkleuten.

ER redete zu Mosche, sprechend:
Rede zu den Söhnen Jiſsraels, sprechend:
Wer seine Friedmahlschlachtung IHM darnaht,
bringe seine Nahung IHM von seiner Friedmahlschlachtung.
Seine eignen Hände sollen SEINE Feuerspenden bringen,
das Fett samt der Brust, das soll er bringen,
die Brust, um sie zu schwingen einen Schwung vor IHM,
das Fett lasse der Priester emporrauchen auf der Statt,

die Brust werde Aharons und seiner Söhne.
Auch die rechte Keule gebt als Hebe dem Priester
von euren Friedmahlschlachtungen,
wer von Aharons Söhnen das Blut des Friedmahls und das
   Fett darnaht,
sein werde die rechte Keule als Gefäll.
Denn die Brust des Schwunges und die Keule des Hubes
nahm ich hin von den Söhnen Jifsraels,
von ihren Friedmahlschlachtungen,
ich gebe sie Aharon dem Priester und seinen Söhnen zu Festsatz auf Weltzeit,
von den Söhnen Jifsraels aus.
Das ist der Einstich Aharons und der Einstich seiner Söhne
von SEINEN Feuerspenden,
kraft des Tags, da er sie nahen ließ, IHM zu priestern,
welches ER gebot ihnen zu geben
kraft des Tags, da er sie salbbestrich,
von den Söhnen Jifsraels aus,
Festsatz auf Weltzeit für ihre Geschlechter.

Dies die Weisung
für die Darhöhung, für die Hinleite, für die Entsündigung, für
   die Abschuldung, für die Darfüllungen und für die Friedmahlschlachtung,
welche ER Mosche gebot auf dem Berg Sfinai,
am Tag, da er den Söhnen Jifsraels gebot,
darzunahen ihre Nahungen IHM
in der Wüste Sfinai.

ER redete zu Mosche, sprechend:

Nimm Aharon und seine Söhne mit ihm,
die Gewänder und das Öl der Salbung,
den Farren der Entsündung, die zwei Widder und den Korb
      der Fladen,
und alle Gemeinschaft versammle zum Einlaß des Zelts der
      Begegnung.

Mosche tat, wie ER ihm geboten hatte,
versammelt wurde die Gemeinschaft zum Einlaß des Zelts der
      Begegnung.

Mosche sprach zur Gemeinschaft:
Dies ist die Handlung, die ER zu tun gebot.

Mosche nahte Aharon und seine Söhne,
er badete sie im Wasser,
er gab auf ihn den Leibrock,
er gürtete ihn mit der Schärpe,
er kleidete ihn mit dem Mantel,
er gab auf ihn den Umschurz,
er gürtete ihn mit der Verwirkung des Umschurzes und um-
      schürzte ihn damit,
er setzte ihm das Gewappen an,
er gab ins Gewappen die Lichtenden und die Schlichtenden,
er setzte das Gewind auf sein Haupt,
er setzte auf das Gewind nach seiner Vordersicht zu das golde-
      ne Blatt, das Weihmal der Heiligung,
wie ER Mosche geboten hatte.

Mosche nahm das Öl der Salbung,
er salbte die Wohnung und alles, was darin war,
er heiligte es,
er spritzte davon auf die Schlachtstatt siebenmal,
er salbte die Statt und alle ihre Geräte, den Kessel und seinen
      Kasten,
sie zu heiligen,
er goß von dem Öl der Salbung auf Aharons Haupt, er salbte ihn,
ihn zu heiligen.

Mosche nahte Aharons Söhne,
er kleidete sie in Leibröcke,
er gürtete sie mit der Schärpe,
er schlang ihnen die Hochbünde,

wie ER Mosche geboten hatte.

Er holte den Farren der Entsündung heran,

Aharon stemmte und seine Söhne ihre Hände auf den Kopf
des Entsündungsfarren,

man metzte,

Mosche nahm das Blut,

er gabs an die Hörner der Schlachtstatt ringsum mit seinem
Finger,

er entsündete die Statt,

das Blut aber goß er an den Grund der Statt,

er heiligte sie,

über ihr bedeckend.

Man nahm alles Fett, das am Eingeweide war, das Überhangende der Leber und die beiden Nieren mit ihrem Fett,

Mosche ließ es emporrauchen auf der Statt,

den Farren aber, seine Haut, sein Fleisch und seine Ausscheidung verbrannte man im Feuer außer Lagers,

wie ER Mosche geboten hatte.

Er nahte den Widder der Darhöhung,

Aharon und seine Söhne stemmten ihre Hände auf den Kopf
des Widders,

man metzte,

Mosche sprengte das Blut an die Schlachtstatt ringsum.

Den Widder zerstückte man in seine Rumpfstücke,

Mosche ließ den Kopf, die Rumpfstücke und den Schmer
aufrauchen,

das Eingeweide aber und die Beine badete man im Wasser.

Mosche ließ nun den ganzen Widder emporrauchen auf der
Statt,

Darhöhung war es,

zu Ruch des Geruhens,

Feuerspende IHM wars,

wie ER Mosche geboten hatte.

Er nahte den zweiten Widder,

den Widder der Darfüllungen.

Aharon und seine Söhne stemmten ihre Hände auf den Kopf
des Widders,

man metzte,

Mosche nahm von seinem Blut,

er gabs an den rechten Ohrlappen Aharons und an den Daumen seiner rechten Hand und an den Daumzeh seines rechten Fußes,
er nahte Aharons Söhne,
Mosche gab von dem Blut an ihren rechten Ohrlappen und
an den Daumen ihrer rechten Hand und an den Daumzeh
ihres rechten Fußes,
Mosche sprengte das Blut an die Schlachtstatt ringsum.
Er nahm das Fett,
das Schwanzstück, alles Fett, das am Eingeweide ist, das Überhangende der Leber und die beiden Nieren mit ihrem Fett,
und die rechte Keule,
aus dem Korb der Fladen, der vor IHM war, nahm er einen
Fladenkuchen, einen Kuchen des Ölbrots und eine Scheibe,
er legte es auf die Fettstücke und auf die rechte Keule,
er gab es alles auf die Hohlhände Aharons und auf die Hohlhände seiner Söhne,
er schwang sie einen Schwung vor IHM.
Mosche nahm sie von ihren Hohlhänden ab,
er ließ es emporrauchen auf der Statt neben der Darhöhung,
Darfüllungen warens,
zu Ruch des Geruhens,
Feuerspende IHM wars.
Mosche nahm die Brust,
er schwang sie einen Schwung vor IHM,
vom Widder der Darfüllungen wurde es Mosches als Gefäll,
wie ER Mosche geboten hatte.
Mosche nahm vom Öl der Salbung und vom Blut, das auf der
Statt war,
er spritzte auf Aharon und auf seine Gewänder, auf seine
Söhne und auf die Gewänder seiner Söhne mit ihm,
er heiligte Aharon und seine Gewänder, seine Söhne und die
Gewänder seiner Söhne mit ihm.
Mosche sprach zu Aharon und zu seinen Söhnen:
Kochet das Fleisch am Einlaß zum Zelt der Begegnung,
dort sollt ihr es essen mitsamt dem Brot das im Korb der Darfüllungen ist,
wie mir geboten wurde im Spruch: Aharon und seine Söhne
sollen es essen;

das Überbleibende aber an Fleisch und an Brot sollt ihr im
  Feuer verbrennen.
Vom Einlaß zum Zelt der Begegnung weicht ein Tagsiebent
  nicht
bis zum Tag, da die Tage eurer Darfüllungen sich erfüllen,
denn ein Tagsiebent füllt man eure Hand.
Wie man es an diesem Tage tat,
hat ER zu tun geboten,
über euch zu bedecken.
Am Einlaß zum Zelt der Begegnung weilet Tages und Nachts,
ein Tagsiebent,
und wahret SEINE Verwahrung,
daß ihr nicht sterbet,
denn so ist mir geboten worden.
Aharon tat und seine Söhne
alle Rede, die ER durch Mosche entboten hatte.

Es geschah,
am achten Tag berief Mosche Aharon und seine Söhne und die
  Ältesten Jifsraels.
ER sprach zu Aharon:
Nimm dir ein Kalb, ein Jungrind, zur Entsündung und einen
  Widder zu Darhöhung, heile,
und nahe dar vor IHN.
Und zu den Söhnen Jifsraels rede, sprich:
Nehmet einen Ziegenbock zu Entsündung,
ein Kalb und ein Schaf, Jährlinge, heile, zu Darhöhung,
einen Ochsen und einen Widder zu Friedmahlen, zu schlachten vor IHM,
und Hinleite, mit Öl verrührt,
denn heute wird ER von euch sich sehen lassen.
Sie nahmen, was Mosche geboten hatte,
vors Zelt der Begegnung,
sie nahten, alle Gemeinschaft,
sie standen vor IHM.
Mosche sprach:
Dies ist die Handlung, die ER gebot:
tuts,
SEINE Erscheinung wird von euch sich sehen lassen.

Mosche sprach zu Aharon:
Nahe zur Schlachtstatt,
mache deine Entsündung und deine Darhöhung,
bedecke um dich und um das Volk,
mache die Nahung des Volks
und bedecke um sie,
wie ER geboten hat.
Aharon nahte zur Schlachtstatt,
er metzte das Kalb der Entsündung, das für ihn selber war,
Aharons Söhne nahten ihm das Blut,
er tauchte seinen Finger in das Blut,
er gabs an die Hörner der Statt,
dann goß er das Blut an den Grund der Statt.
Das Fett aber, die Nieren und das Überhangende von der
    Leber, von der Entsündung, ließ er emporrauchen auf der
    Statt,
wie ER Mosche geboten hatte.
Das Fleisch und die Haut verbrannte man im Feuer außer Lagers.
Er metzte die Darhöhung,
Aharons Söhne reichten ihm das Blut,
er sprengte es an die Schlachtstatt ringsum.
Die Darhöhung reichten sie ihm nach ihren Rumpfstücken
    samt dem Kopf,
und er ließ es emporrauchen über der Statt.
Er badete das Eingeweide und die Beine
und ließ es emporrauchen über der Darhöhung auf der Statt.
Er nahte die Nahung des Volkes dar:
Er nahm den Bock der Entsündung, der für das Volk war,
er metzte ihn und entsündete mit ihm wie mit dem ersten.
Er nahte die Darhöhung und machte sie nach der Richtigkeit;
er nahte die Hinleite dar, füllte seine Hohlhand davon und
    ließ es emporrauchen über der Statt,
außer der Darhöhung des Morgens.
Er metzte den Ochsen und den Widder der Friedmahl-
    schlachtung, die für das Volk waren,
Aharons Söhne reichten ihm das Blut,
er sprengte es an die Statt ringsum.
Die Fetteile des Ochsen und vom Widder das Schwanzstück,
das Hüllende, die Nieren und das Überhangende der Leber,

die Fetteile legten sie auf die Bruststücke,
er ließ die Fetteile emporrauchen auf der Statt;
die Bruststücke aber und die rechte Keule hatte Aharon einen
   Schwung vor IHM geschwungen,
wie Mosche geboten hatte.
Aharon hob seine Hände dem Volke zu,
er segnete sie.
Er stieg nieder vom Machen der Entsündung, der Darhöhung
   und der Friedmahle.
Mosche trat und Aharon ins Zelt der Begegnung,
sie gingen hervor,
sie segneten das Volk.
Seine Erscheinung ließ von allem Volk sich sehen,
Feuer ging aus vor SEINEM Antlitz her,
es verzehrte auf der Statt die Darhöhung und die Fetteile.
Alles Volk sah,
sie jubelten,
sie fielen auf ihr Antlitz.

Aharons Söhne Nadab und Abihu nahmen jeder seine Pfanne,
sie gaben Feuer in sie,
sie legten auf es Räucherwerk,
sie nahten dar vor SEIN Antlitz ungehöriges Feuer,
das er ihnen nicht geboten hatte.
Feuer zog aus vor SEINEM Antlitz her,
es verzehrte sie,
sie starben vor SEINEM Antlitz.
Mosche sprach zu Aharon:
Das ists, was ER geredet hat, sprechend:
An meinen Nahen erheilige ich mich,
allem Volk vorm Antlitz erscheinige ich mich.
Aharon schwieg.

Mosche rief Mischael und Elzafan an, die Söhne Usiels, des
   Oheims Aharons,
er sprach zu ihnen:
Naht herzu,
tragt eure Brüder vom Antlitz des Heiligtums hinweg außer
   Lagers.

Sie nahten herzu,
sie trugen sie in ihren Leibröcken weg außer Lagers,
wie Mosche geredet hatte.
Mosche sprach zu Aharon und zu Elasar und Itamar, seinen
    Söhnen:
Euer Haupthaar sollt ihr nicht entfesseln und eure Gewänder
    nicht zerfetzen,
daß ihr nicht sterbet und er über alle Gemeinschaft ergrimme.
Eure Brüder aber, alles Haus Jifsraels,
mögen beweinen den Brand, den ER entbrannte.
Und vom Einlaß zum Zelt der Begegnung sollt ihr nicht weg-
    ziehn,
sonst müßt ihr sterben.
Denn das Öl SEINER Salbung ist auf euch.
Sie taten nach Mosches Rede.

ER redete zu Aharon, sprechend:
Wein und Rauschsaft trinke nimmer, du und deine Söhne
    mit dir,
wann ihr eingeht ins Zelt der Begegnung,
daß ihr nicht sterbet,
Weltzeit-Satzung für eure Geschlechter:
zu scheiden
zwischen dem Geheiligten und dem Preisgegebnen,
zwischen dem Makligen und dem Reinen,
zu unterweisen die Söhne Jifsraels
in all den Gesetzen,
die ER ihnen durch Mosche geredet hat.

Mosche redete zu Aharon und zu Elasar und zu Itamar, seinen
    überbliebnen Söhnen:
Nehmt die überbliebne Hinleite von SEINEN Feuerspenden
und eßt sie als Fladen neben der Statt,
denn Abheiligung von Darheiligungen ist sie.
Esset sie an heiligem Ort,
denn dein Festsatz und der Festsatz deiner Söhne ist sie von
    SEINEN Feuerspenden,
denn so ist mir geboten worden.
Und die Brust des Schwunges und die Keule des Hubes sollt
    ihr an einem reinen Orte essen,

du und deine Söhne und deine Töchter mit dir,
denn als dein Festsatz und deiner Söhne Festsatz wurden sie
    gegeben
von den Friedmahlschlachtungen der Söhne Jiſsraels.
Die Keule des Hubes und die Brust des Schwunges
sollen sie samt den Feuerspenden der Fettstücke bringen,
einen Schwung zu schwingen vor Iнм,
das sei dir und deinen Söhnen mit dir zu Festsatz auf Weltzeit,
wie Er geboten hat.

Mosche suchte und suchte nach dem Bock der Entsündung,
da, er war verbrannt!
Er ergrimmte über Elasar und über Itamar, Aharons über-
    bliebene Söhne, er sprach:
Weshalb habt ihr die Entsündung nicht am Ort der Heiligung
    gegessen,
Abheiligung von Darheiligungen ist sie ja,
und sie gab er euch, den Fehl der Gemeinschaft zu tragen,
über ihnen vor Iнм zu bedecken.
Da das Blut davon nicht gebracht wurde ins Heiligtum in-
    wendig,
mußtet ihr sie essen, essen im Heiligtum, wie ich geboten habe!
Aharon redete zu Mosche:
Da sie heute ihre Entsündung und ihre Darhöhung dargenaht
    haben vor Iнn,
hat sich solches mir zugefügt:
äße ich heute Entsündung, wäre es gut in Seinen Augen?
Mosche hörte, und es war in seinen Augen gut.

ER redete zu Mosche und zu Aharon, sprach zu ihnen:

Redet zu den Söhnen Jifsraels, sprechend:

Dieses ist das Lebendige, das ihr essen dürft, von allem Vieh
  das auf der Erde ist:

Alles Hufbehufte, die Hufe spaltdurchspalten, und Gekäu
  Wiederaufholende unterm Vieh,

das dürft ihr essen.

Jedoch dieses dürft ihr nicht essen von den Gekäuaufholenden
  und Hufbehuften:

das Kamel: wohl ists ein Gekäuaufholendes, aber kein Huf-
  durchhuftes, maklig ist es euch,

und den Klippdachs: wohl ist er ein Gekäuaufholendes, aber
  den Huf hat er nicht durchhuft, maklig ist er euch,

und den Hasen: wohl ist er ein Gekäuaufholendes, aber den
  Huf hat er nicht durchhuft, maklig ist er euch,

und das Schwein: wohl ist es ein Hufbehuftes, den Huf spaltdurchspalten, aber Gekäu kaut es nicht, maklig ist es euch,

von ihrem Fleisch dürft ihr nicht essen, ihr Aas dürft ihr nicht
  berühren, maklig sind sie euch.

Dieses dürft ihr essen von allem, was im Wasser ist:

alles was Flosse und Schuppe hat, im Wasser: in den Meeren
  und in den Flüssen, das dürft ihr essen,

aber alles, was nicht Flosse und Schuppe hat, in den Meeren
  und in den Flüssen, von allem Gewimmel des Wassers, von
  allem lebenden Wesen, das im Wasser ist,

Scheuel sind sie euch,

Scheuel seien sie euch, von ihrem Fleisch sollt ihr nicht essen
  und ihr Aas sollt ihr verabscheuen,

alles, was nicht Flosse und Schuppe hat im Wasser, Scheuel ist
  es euch.

Diese sollt ihr verabscheuen vom Geflügelten, sie sollen nicht
  gegessen werden, Scheuel sind sie:

den Aar, den Beinbrecher, den Bartadler,

den Milan, den Weih nach seiner Artung,

alles Rabenvolk nach seiner Artung,

den Strauß, den Kukuk, die Möve,

den Falken nach seiner Artung,

den Kauz, den Kormoran, die Ohreneule,

den Uhu, die Dohle, den Erdgeier,

den Storch und Reiher nach seiner Artung,

den Wiedehopf, die Fledermaus.

Alles geflügelte Gewimmel, das auf vieren geht, Scheuel ist
es euch.

Jedoch dieses dürft ihr essen von allem geflügelten Gewimmel,
das auf vieren geht:

was oberhalb seiner Füße ein Beinpaar hat, mit ihnen auf der
Erde zu hüpfen.

Diese von ihnen dürft ihr essen:

den Zugheuschreck nach seiner Artung, die Freßgrille nach
ihrer Artung, den Grasrenner nach seiner Artung, das
Sprengsel nach seiner Artung.

Aber alles geflügelte Gewimmel sonst, das vier Füße hat,
Scheuel ist es euch.

An diesen bemakelt ihr euch,

alljeder, der ihr Aas berührt, wird maklig bis an den Abend,

alljeder, der von ihrem Aase trägt, wasche seine Gewänder und
ist maklig bis an den Abend, –

an allem Vieh, das Hufbehuftes ist und kein Spaltdurch-
spaltnes und kein Gekäuaufholendes:

maklig sind sie euch, wer sie berührt, wird maklig;

und alles, was auf seinen Tatzen geht, von allem Lebenden, das
auf vieren geht:

maklig sind sie euch, wer ihr Aas berührt, wird maklig bis an
den Abend,

wer ihr Aas trägt, wasche seine Gewänder und ist maklig bis
an den Abend,

maklig sind sie euch.

Dies ist euch das Maklige am Gewimmel, das auf der Erde
wimmelt:

der Blindmull, die Maus, die Kröte nach ihrer Artung,

die Natternechse, das Chamäleon, der Gecko, die Glanz-
schleiche, der Feuermolch.

Diese sind euch die Makligen unter allem Gewimmel.

Alljeder, der sie in ihrem Tode berührt, wird maklig bis an den
Abend.

Alles, worauf von ihnen fällt in ihrem Tod, wird maklig,

allerlei Holzgerät, oder Gewand oder Leder oder Sack, alles
Gerät, womit Arbeit getan wird,

ins Wasser werde es gebracht und ist maklig bis an den Abend,
  dann ists rein,
aber alles Tongerät, worein von ihnen fällt, alles, was darin ist,
  wird maklig, und es müßt ihr zerschlagen;
alles Essen, das gegessen wird, woran Wasser kommt, wird
  maklig,
alle Flüssigkeit, die getrunken wird in allerlei Gerät, wird
  maklig.
Alles, worauf von ihrem Aase fällt, wird maklig,
Ofen und Herd muß geschleift werden, maklig sind sie,
  maklig seien sie euch,
jedoch Quell und Grube, Wasserstaubecken, bleibt rein, nur
  wer da ihr Aas berührt, wird maklig.
Fällt von ihrem Aase auf allerart Samen einer Aussaat, die gesät werden soll, bleibt er rein,
wenn aber Wasser auf Samen getan wird, und es fällt von
  ihrem Aase darauf, maklig ist er euch.

Wenn eins von dem Vieh stirbt, das für euch ist zum Essen,
wer sein Aas berührt, wird maklig bis an den Abend,
wer von seinem Aase ißt, wasche seine Gewänder und ist
  maklig bis an den Abend,
wer sein Aas trägt, wasche seine Gewänder und ist maklig bis
  an den Abend.

Allerart Gewimmel, das auf der Erde wimmelt,
Scheuel ist es, es werde nicht gegessen.
Alles, was auf dem Bauche geht, alles, was auf vieren geht, bis
  zu allem Vielfüßigen, von allem Gewimmel, das auf der
  Erde wimmelt,
esset sie nicht, denn Scheuel sind sie.
Verabscheulicht nicht eure Seelen durch alles wimmelnde
  Gewimmel,
bemakelt euch nicht durch sie, daß ihr durch sie maklig wür-
  det.
Denn ICH bin euer Gott:
heiligt euch und werdet heilig, denn heilig bin ich,
bemakelt nicht eure Seelen an allem Gewimmel, das auf der
  Erde sich regt,

denn ICH bins, der euch heraufführt aus dem Land Ägypten,
euch Gott zu sein,
werdet heilig, denn heilig bin ich.

Dieses ist die Weisung über das Vieh, den Vogel, alles lebende
   Wesen, das im Wasser sich regt, und alles Wesen, das auf
   der Erde wimmelt,
zu scheiden zwischen dem Makligen und dem Reinen,
zwischen dem eßbaren Lebendigen und dem Lebendigen, das
   nicht gegessen werde.

ER redete zu Mosche, sprechend:

Rede zu den Söhnen Jifsraels, sprechend:

Wenn ein Weib Samen trägt und gebiert ein Männliches,
ist sie maklig ein Tagsiebent,
gleich der Sonderungstage ihres Erschwachens, muß sie maklig sein.

Am achten Tag werde das Fleisch seiner Vorhaut beschnitten.

Dreißig Tage und ein Tagdritt bleibe sie im Geblüt des Reinwerdens,
alle Darheiligung darf sie nicht berühren, ins Heiligtum darf
sie nicht kommen,
bis die Tage ihrer Reinigung sich erfüllen.

Gebiert sie aber ein Weibliches,
ist sie ein Wochenpaar maklig, gleichwie in ihrer Sonderung;
sechzig Tage und ein Tagsechst bleibe sie auf dem Geblüt des
Reinwerdens.

Sobald die Tage ihrer Reinigung sich erfüllen, für einen Sohn
oder für eine Tochter,
bringe sie ein Schaf, einen Jährling, zu Darhöhung und ein
Taubenjunges oder eine Turtel zu Entsündung
zum Einlaß des Zelts der Begegnung, zum Priester,
er nahe es dar vor IHN, er bedecke über ihr,
und sie ist rein vom Born ihres Geblüts aus.

Dieses ist die Weisung der Gebärerin, bei Männlichem oder
bei Weiblichem.

Findet aber ihre Hand nicht genug für ein Lamm, nehme sie
zwei Turteln oder zwei Taubenjunge, eins zu Darhöhung
und eins zu Entsündung,
es bedecke über ihr der Priester, sie ist rein.

ER redete zu Mosche und zu Aharon, sprechend:

Ein Mensch, wenn an der Haut seines Fleisches ein Mal oder
ein Grind oder ein Fleck ist, und es wird an der Haut seines
Fleisches zu einem Aussatzschaden,
werde er zu Aharon dem Priester oder zu einem seiner Söhne,
der Priester, gebracht.

Besicht der Priester den Schaden an der Haut des Fleisches:
das Haar in dem Schaden hat sich zu Weiß gewandelt,

und für die Sicht ist der Schade tiefer als die Haut seines
  Fleisches,
Aussatzschade ists – besiehts der Priester, makle er ihn.
Ists aber ein weißer Fleck an der Haut seines Fleisches und für
  die Sicht nicht tiefer als die Haut, und das Haar dran hat
  sich nicht zu Weiß gewandelt,
schließe der Priester den Schaden ein Tagsiebent ein.
Und besieht ihn der Priester am siebenten Tag: da ist der
  Schade für seine Augen zum Stillstand gekommen, nicht
  gebreitet hat sich der Schade an der Haut,
schließe ihn der Priester zum andernmal ein Tagsiebent ein.
Und besieht ihn der Priester am siebenten Tag zum andernmal: da ist der Schade verblaßt, und nicht gebreitet hat sich
  der Schade an der Haut,
reine ihn der Priester,
eine Grindstelle ists, er wasche seine Kleider und ist rein.
Breitet aber in die Breite sich die Grindstelle an der Haut,
  nachdem er vom Priester zu seiner Reinigung besehen ist,
  und wird er dann zum andernmal dem Priester zu besehen
  gegeben,
besieht dann der Priester: da hat sich die Grindstelle an der
  Haut gebreitet,
makle ihn der Priester, Aussatz ists.

Wenn ein Aussatzschade an einem Menschen ist, werde er
  zum Priester gebracht.
Besieht der Priester: da ist ein weißes Mal an der Haut und es
  hat das Haar zu Weiß gewandelt, und ein Aufleben lebenden Fleisches ist an dem Mal,
ein veralteter Aussatz ists an der Haut seines Fleisches,
der Priester makle ihn,
er schließe ihn nicht ein, denn maklig ist er.
Sproßt und sproßt aber der Aussatz an der Haut, daß der Aussatz die ganze Schadenhaut überzieht von seinem Kopf bis zu
  seinen Füßen, den ganzen Sehbereich der Augen des Priesters,
besieht der Priester: da hat der Aussatz sein ganzes Fleisch
  überzogen,
reine er den Schaden, es hat sich ganz zu Weiß gewandelt,
  rein ist er.

Des Tags aber, wo sich darin lebendes Fleisch sehen läßt, wird
   er maklig,
sieht der Priester das lebende Fleisch, makle er ihn,
das lebende Fleisch, maklig ist es, Aussatz ists.
Doch wenn das lebende Fleisch zurücktrat und verwandelte
   sich zu Weiß, und er kam zum Priester,
und der Priester besieht ihn: da hat sich der Schade zu Weiß
   verwandelt,
reine der Priester den Schaden, er ist rein.

Fleisch, wenn daran an seiner Haut eine Schwäre war, und sie
   heilte,
und an der Stelle der Schwäre ist ein weißes Mal oder ein
   weißrötlicher Fleck,
lasse er sich vom Priester besehen,
und besieht der Priester: da ist es für die Sicht eingesunken
   gegen die Haut, und sein Haar hat sich zu Weiß gewandelt,
makle ihn der Priester, Aussatzschade ists, in der Schwäre aufgesproßt.
Besieht es aber der Priester: da ist kein weißes Haar dran, und
   nicht ist es eingesunken gegen die Haut, und es verblaßt,
schließe ihn der Priester ein Tagsiebent ein.
Breitete es sich in die Breite dann an der Haut, makle ihn der
   Priester, Schade ists,
bestand aber an seinem Platz der Fleck und breitete sich nicht,
   ists die Narbe der Schwäre, der Priester reine ihn.

Oder Fleisch, wenn an seiner Haut eine Brandwunde von
   Feuer ist, und das Neuaufleben auf der Brandwunde wird
   ein weißrötlicher oder weißer Fleck,
und der Priester besieht es: da hat sich das Haar an dem Fleck
   zu Weiß verwandelt, und für die Sicht ists tiefer als die
   Haut,
Aussatz ists, in der Brandwunde aufgesproßt,
der Priester makle ihn, Aussatzschade ists.
Besieht ihn aber der Priester: da ist kein weißes Haar an dem
   Fleck, und nicht ist er eingesunken gegen die Haut, und er
   verblaßte,
schließe ihn der Priester ein Tagsiebent ein.

Und besieht ihn der Priester am siebenten Tag:
breitete er sich in die Breite an der Haut, makle ihn der Prie-
    ster, Aussatzschade ists,
bestand aber an seinem Platz der Fleck und breitete sich nicht
    an der Haut, und er verblaßte, Mal der Brandwunde ists,
der Priester reine ihn, denn Narbe der Brandwunde ists.

Ein Mann oder ein Weib, bei dem ein Schade ist am Kopf
    oder am Bart,
und der Priester besieht den Schaden: da ist er für die Sicht
    tiefer als die Haut, und goldfarbnes dünnes Haar ist daran,
    makle ihn der Priester,
Räude ists, Aussatz des Kopfes oder des Bartes ists.
Wenn der Priester den Räudeschaden besieht, und da ist er
    für die Sicht nicht tiefer als die Haut und schwarzes Haar
    ist nicht daran,
schließe der Priester den Räudeschaden ein Tagsiebent ein;
besieht der Priester die Räude am siebenten Tag: da hat sich
    die Räude nicht gebreitet und nicht ist goldfarbnes Haar
    daran geworden, und für die Sicht ist die Räude nicht
    tiefer als die Haut,
lasse er sich scheren, aber die Räude beschere er nicht, dann
    schließe der Priester die Räude ein Tagsiebent zum andern-
    mal ein.
Und besieht der Priester die Räude am siebenten Tag; da hat
    sich die Räude nicht an der Haut gebreitet, und für die
    Sicht ist sie nicht tiefer als die Haut,
reine ihn der Priester, er wasche seine Kleider und ist rein.
Breitet sich aber die Räude in die Breite an der Haut nach
    seiner Reinigung, und besiehts der Priester: da hat sich die
    Räude an der Haut gebreitet,
braucht der Priester nicht nach dem goldfarbenen Haar zu
    suchen, maklig ist er.
Bestand aber die Räude für seine Augen, und schwarzes Haar
    ist daran gewachsen,
geheilt ist die Räude, rein ist er, der Priester reine ihn.

Ein Mann oder ein Weib, wenn an der Haut ihres Fleisches
    Flecken sind, weiße Flecken,

und der Priester besieht: da sind an der Haut ihres Fleisches
    blaßweiße Flecken,
Glanzer ists, der an der Haut sproßte, rein ist er.

Jemand, dem der Kopf kahlt, der ist ein Glatziger, rein ist er.
Kahlt ihm der Kopf von der Seite seines Gesichts, der ist ein
    Plattiger, rein ist er.
Wenn aber an seiner Glatze oder an seiner Platte ein weiß-
    rötlicher Schade ist, sprossender Aussatz ists an seiner Glatze
    oder an seiner Platte.
Besieht ihn der Priester: da ist ein weißrötliches Schadenmal
    an seiner Glatze oder an seiner Platte, für die Sicht wie Aus-
    satz an der Haut des Fleisches,
ein aussätziger Mann ist er, maklig ist er, makle, makle ihn der
    Priester, an seinem Kopf ist sein Schade.

Der Aussätzige, an dem der Schade ist,
seine Kleider seien zerfetzt,
sein Kopfhaar sei entfesselt,
den Lippenbart mumme er,
Maklig! maklig! rufe er.
Alle Tage, die der Schade an ihm ist, muß er maklig sein,
maklig ist er,
einsam bleibt er,
außer Lagers ist sein Bleiben.

Das Gewand, wenn an ihm ein Aussatzschade ist,
an einem Gewand von Wolle oder an einem Gewand von
    Flachs, oder am Aufzug oder am Einschlag von Flachs und
    von Wolle, oder an Leder oder an allerart Verarbeitung von
    Leder,
und der Schade ist grünlich oder rötlich am Gewand oder am
    Leder oder am Aufzug oder am Einschlag oder an allerart
    Gerät von Leder,
Aussatzschade ists, er werde vom Priester besehn.
Besieht der Priester den Schaden, schließe er den Schaden ein
    Tagsiebent ein.
Besieht er den Schaden am siebenten Tag: der Schade hat sich
    gebreitet an dem Gewand oder am Aufzug oder am Ein-

schlag oder am Leder, zu welchem Werk allweg das Leder
verarbeitet sein mag,
fressender Aussatz ist der Schade, maklig ists,
man verbrenne das Gewand oder den Aufzug oder den Einschlag, von Wolle oder von Flachs, oder alles Gerät von
Leder, woran der Schade ist,
denn fressender Aussatz ists, im Feuer werde es verbrannt.
Besieht aber der Priester: da hat sich der Schade nicht gebreitet
an dem Gewand oder an dem Aufzug oder an dem Einschlag oder an allerart Gerät von Leder,
gebiete der Priester, daß man wasche, woran der Schade ist,
und er schließe es ein Tagsiebent zum andernmal ein.
Besieht nun der Priester, nachdem der Schade gewaschen
wurde: da hat der Schade seinen Augenschein nicht gewandelt, und nicht gebreitet hat sich der Schade,
maklig ists, im Feuer sollst du es verbrennen, eine Einzehrung
ists an seiner Glatzseite oder an seiner Plattseite.
Besieht aber der Priester: da ist der Schade verblaßt, nachdem
man ihn wusch,
reiße man ihn aus dem Gewand oder aus dem Leder oder aus
dem Aufzug oder aus dem Einschlag;
wird er aber nochmals ersehn an dem Gewand oder an dem
Aufzug oder an dem Einschlag oder an allem Gerät von
Leder,
sprossender ists, – im Feuer sollst dus verbrennen, woran der
Schade ist.
Das Gewand aber oder den Aufzug oder den Einschlag oder
allerart Gerät von Leder, das du wuschest und der Schade
weicht von ihnen,
zum andernmal werde es gewaschen, dann ist es rein.
Dieses ist die Weisung für den Aussatzschaden eines Gewan-
des von Wolle oder Flachs oder eines Aufzugs oder Ein-
schlags oder allerart ledernen Geräts,
es zu reinen oder zu makeln.

ER redete zu Mosche, sprechend:
Dies sei die Weisung für den Aussatzgeschlagnen am Tag
seiner Reinigung:
Er werde vor den Priester gebracht,

der Priester gehe hinaus vors Lager.

Und besieht der Priester: da ist der Aussatzschade von dem Aussätzigen abgeheilt,

gebiete der Priester, daß man für den sich Reinigenden zwei lebende reine Vögel nehme und Zedernholz und Karmesinwolle und Ysop.

Der Priester gebiete, daß man den einen Vogel metze in ein Tongefäß über lebendigem Wasser,

den lebenden Vogel, den nehme er und das Zedernholz und die Karmesinwolle und den Ysop

und tauche die und den Vogel, den lebenden, in das Blut des Vogels, des über dem lebendigen Wasser gemetzten,

er spritze es auf den vom Aussatz sich Reinigenden siebenmal,

so reinige er ihn,

den lebenden Vogel aber freischicke er aufs offne Feld.

Der sich Reinigende wasche seine Kleider, er schere all sein Haar, er bade im Wasser, und sei rein,

danach darf er ins Lager kommen, doch bleibe er außer seinem Zelt ein Tagsiebent.

Es geschehe am siebenten Tag: er schere all sein Haar, seinen Kopf, seinen Bart, seine Augenbrauen, all sein Haar schere er,

er wasche seine Kleider, er bade sein Fleisch im Wasser, und sei rein.

Am achten Tag nehme er zwei heile Schaflämmer und ein Schafweibchen, Jährling, heil, und drei Zehntteile Feinmehls zu Hinleite, mit Öl verrührt und noch Öls eine Kanne,

der Priester, der reinigt, stelle den Mann, der sich reinigt, und sie vor IHN, an den Einlaß des Zelts der Begegnung,

der Priester nehme das eine Lamm und nahe es zu Abschuldung nebst der Kanne Öl,

er schwinge sie einen Schwung vor IHM,

er metze das Lamm an dem Ort, wo die Entsündung und die Darhöhung gemetzt wird, am Ort der Heiligung,

denn wie die Entsündung ist die Abschuldung dem Priester, Abheiligung von Darheiligungen ist sie.

Der Priester nehme vom Blut der Abschuldung,

der Priester gebs an den rechten Ohrlappen des sich Reinigenden und an den Daumen seiner rechten Hand und an den
Daumzeh seines rechten Fußes,
der Priester nehme von der Kanne Öl, er gieße auf des Priesters
linke Hohlhand,
der Priester tauche durch das Öl, das auf seiner linken Hohlhand ist, seinen rechten Finger,
er spritze vom Öl mit seinem Finger siebenmal vor IHN,
von dem Überbleib des Öls aber, das auf seiner Hohlhand ist,
gebe der Priester an den rechten Ohrlappen des sich Reinigenden und an den Daumen seiner rechten Hand und an den
Daumzeh seines rechten Fußes
auf das Blut der Abschuldung,
und das Überbliebne des Öls, das auf der Hohlhand des Priesters ist,
gebe er auf den Kopf des sich Reinigenden:
Es bedecke über ihm der Priester vor IHM.
Der Priester mache die Entsündung und bedecke über dem
von seinem Makel sich Reinigenden,
danach metze er die Darhöhung,
der Priester höhe die Darhöhung und die Hinleite auf der
Schlachtstatt:
Es bedecke der Priester über ihm, und er ist rein.

Ist er aber arm und seine Hand reicht nicht zu,
nehme er ein einziges Lamm als Abschuldung zum Schwung,
über ihm zu bedecken, und ein einziges Zehntteil Feinmehls,
mit Öl verrührt, zu Hinleite, und Öls eine Kanne,
und zwei Turteln oder zwei Taubenjunge, wozu seine Hand
reicht, eins sei Entsündung und eines Darhöhung,
er bringe sie am achten Tag nach seiner Reinigung zum
Priester, zum Einlaß des Zelts der Begegnung, vor IHN.
Der Priester nehme das Lamm der Abschuldung und die
Kanne Öl,
der Priester schwinge sie einen Schwung vor IHM.
Man metze das Lamm der Abschuldung,
der Priester nehme vom Blut der Abschuldung,
er gebs an den rechten Ohrlappen des sich Reinigenden und
an den Daumen seiner rechten Hand und an den Daumzeh

seines rechten Fußes.

Vom Öl gieße der Priester auf des Priesters linke Hohlhand,
der Priester spritze mit seinem rechten Finger vom Öl das
    auf seiner linken Hohlhand ist siebenmal vor Ihn,
der Priester gebe vom Öl, das auf seiner Hohlhand ist, an
    den rechten Ohrlappen des sich Reinigenden und an den
    Daumen seiner rechten Hand und an den Daumzeh seines
    rechten Fußes
auf die Stelle des Bluts der Abschuldung,
und das Überbliebne vom Öl, das auf der Hohlhand des
    Priesters ist,
gebe er auf den Kopf des sich Reinigenden,
über ihm zu bedecken vor Ihm.
Er mache die eine von den Turteln oder von den Tauben-
    jungen, von dem, wozu seine Hand reichte,
wozu seine Hand reichte, das eine zur Entsündung und das
    eine zur Darhöhung nebst der Hinleite.
Es bedecke der Priester über dem sich Reinigenden vor Ihm.
Dieses ist die Weisung für den, an dem ein Aussatzschade ist
    und dessen Hand nicht zureicht, bei seiner Reinigung.

Er redete zu Mosche und zu Aharon, sprechend:
Wenn ihr in das Land Kanaan kommt, das ich euch zur Hufe
    gebe,
und ich gebe einem Haus des Lands eurer Hufe einen Aussatz-
    schaden ein,
komme, dem das Haus gehört, und melde es dem Priester,
    sprechend:
Wie ein Schade ists mir zu sehn an dem Haus.
Dann gebiete der Priester, daß man das Haus räume, bevor
    der Priester kommt, den Schaden zu besehen, daß nicht
    alles was im Hause ist maklig werde,
danach komme der Priester, das Haus zu besehen.
Besieht er nun den Schaden: da ist der Schade an den Wänden
    des Hauses, Ausschälungen grünlich oder rötlich, und für
    die Sicht eingesunken gegen die Wand,
gehe der Priester zum Hause hinaus, an den Einlaß des Hauses,
    und verschließe das Haus ein Tagsiebent.
Kehrt der Priester am siebenten Tag zurück und besieht: da

hat sich der Schade an den Wänden des Hauses gebreitet,

gebiete der Priester, daß man die Steine, an denen der Schade ist, ausbreche,

sie außer der Stadt hinwerfe an einen makligen Ort.

Das Haus aber lasse er hausinnen ringsum abkratzen,

man schütte den Lehm, den man abgekratzt hat, außer ∙der Stadt an einen makligen Ort,

man nehme andere Steine und bringe sie an den Platz der Steine,

und andern Lehm nehme man und tünche das Haus.

Kehrt aber der Schade wieder und sproßt am Haus auf, nachdem man die Steine ausgebrochen hat, und nach dem Abkratzen des Hauses und nach dem Tünchen,

und kommt der Priester und besieht: da hat sich der Schade am Haus gebreitet,

fressender Aussatz ists am Haus, maklig ists,

man schleife das Haus, seine Steine, sein Holz, allen Lehm des Hauses,

man brings hinaus vor die Stadt, an einen makligen Ort.

Wer in das Haus kommt alle Tage, da man es verschlossen hat, wird maklig bis an den Abend,

wer in dem Hause sich legte, wasche seine Kleider,

wer in dem Hause aß, wasche seine Kleider.

Kommt aber der Priester, kommt er und besieht: da hat sich der Schade am Haus nicht gebreitet nach dem Tünchen des Hauses,

reine der Priester das Haus, denn geheilt ist der Schade.

Er nehme, das Haus zu entsünden, zwei Vögel, Zedernholz, Karmesinwolle und Ysop,

er metze den einen Vogel in ein Tongefäß über lebendigem Wasser,

er nehme das Zedernholz, den Ysop, die Karmesinwolle und den lebenden Vogel,

er tauche sie in das Blut des gemetzten Vogels und in das lebendige Wasser,

er spritze gegen das Haus siebenmal.

Er entsünde das Haus mit dem Blut des Vogels und mit dem lebendigen Wasser, mit dem lebenden Vogel, mit dem Ysop und mit der Karmesinwolle.

Er freischicke den lebenden Vogel zur Stadt hinaus, ins offne
  Feld.
Er bedecke über dem Haus, es ist rein.

Dieses ist eine Weisung
bei allem Aussatzschaden, bei der Räude, bei dem Aussatz
  des Gewands und beim Haus, bei dem Mal, bei dem Grind
  und bei dem Fleck,
zu weisen über den Tag des Makliggewordenen und über den
  Tag des Reingewordenen,
dies die Weisung vom Aussatz.

Er redete zu Mosche und zu Aharon, sprechend:
Redet zu den Söhnen Jifsraels, sprecht zu ihnen:
Mann um Mann, wenn er an seinem Fleische fließend wird,
  sein Ausfluß ist maklig.
Dies soll sein Makel durch seinen Fluß sein,
mag sein Fleisch seinen Fluß schleimen oder mag sein Fleisch
  verstopft sein von seinem Fluß, sein Makel ists:
Alles Lager, auf dem der Flüssige liegt, wird maklig,
alles Gerät, auf dem er sitzt, wird maklig,
jemand, der sein Lager berührt, wasche seine Kleider, bade im
  Wasser und ist maklig bis an den Abend,
wer auf dem Gerät sitzt, auf dem der Flüssige saß, wasche seine
  Kleider, bade im Wasser und ist maklig bis an den Abend.
wer Fleisch des Flüssigen berührt, wasche seine Kleider, bade
  im Wasser und ist maklig bis an den Abend,
wenn der Flüssige einen Reinen anspeit, wasche der seine
  Kleider, bade im Wasser und ist maklig bis an den Abend.
Alles Reitzeug, worauf der Flüssige reitet, wird maklig.
Allwer an etwas von allem rührt, was er unter sich hat, wird
  maklig bis an den Abend,
wer es trägt, wasche seine Kleider, bade im Wasser und ist
  maklig bis an den Abend.
Allwen der Flüssige berührte, und hatte seine Hände nicht im
  Wasser gespült, wasche seine Kleider, bade im Wasser und
  ist maklig bis an den Abend.
Ein Tongerät, das der Flüssige berührt, werde zerschlagen, alles
  Holzgerät werde im Wasser gespült.

Wenn der Flüssige rein wird von seinem Fluß,
zähle er sich ein Tagsiebent nach seinem Reinwerden,
er wasche seine Kleider, er bade sein Fleisch in lebendigem
    Wasser, und er sei rein.
Am achten Tag nehme er sich zwei Turteln oder zwei
    Taubenjunge.
er komme vor IHN, an den Einlaß des Zelts der Begegnung
    und gebe sie an den Priester,
der Priester mache sie, eins zur Entsündung und eines zur
    Darhöhung.
Es bedecke über ihm der Priester vor IHM wegen seines
    Flusses.

Ein Mann, wenn von ihm Samenlagerung abgeht,
bade all sein Fleisch im Wasser und ist maklig bis an den
    Abend.
Alles Gewand und alles Fell, an dem Samenablagerung ist,
    werde im Wasser gewaschen und ist maklig bis an den
    Abend.

Ein Weib, dem ein Mann mit Samenablagerung beiliegt, die
    sollen im Wasser baden und sind maklig bis an den Abend.

Ein Weib, wenn es flüssig wird, Blut ist ihr Fluß an ihrem
    Fleisch,
ein Tagsiebent sei sie in ihrer Sonderung.
Alljeder, der sie berührt, wird maklig bis an den Abend.
Alles, worauf sie in ihrer Sonderung liegt, wird maklig,
alles, worauf sie sitzt, wird maklig,
alljeder, der an ihr Lager rührt, wasche seine Kleider, bade im
    Wasser und ist maklig bis an den Abend,
alljeder, der an allerart Gerät rührt, worauf sie sitzt, wasche
    seine Kleider, bade im Wasser und ist maklig bis an den
    Abend,
ists auch nur auf dem Lager oder auf dem Gerät, worauf sie
    sitzt, berührt ers, wird er maklig bis an den Abend.
Lag ein Mann im Beilager bei ihr, und es kommt ihre Son-
    derung neben ihm, ist er maklig ein Tagsiebent, und alles
    Lager, worauf er liegt, wird maklig.

Ein Weib, wenn ihr Blutfluß viele Tage fließt, nicht in der
  Zeit ihrer Sonderung,
oder wenn sie flüssig ist über ihre Sonderung hinaus,
alle Tage des Flusses ihres Makels sei sie wie in den Tagen
  ihrer Sonderung, maklig ist sie.
Alles Lager, worauf sie liegt, alle Tage ihres Flusses, sei ihr wie
  das Lager ihrer Sonderung,
alles Gerät, worauf sie sitzt, wird maklig, wie der Makel ihrer
  Sonderung,
allwer die berührt, wird maklig, er wasche seine Kleider, bade
  im Wasser und ist maklig bis an den Abend.
Ist sie rein geworden von ihrem Fluß, zähle sie sich ein Tagsiebent, und danach wird sie rein.
Am achten Tag nehme sie sich zwei Turteln oder zwei Taubenjunge und bringe sie zum Priester, zum Einlaß des Zelts
  der Begegnung,
der Priester mache das eine zur Entsündung und das eine zur
  Darhöhung.
Es bedecke über ihr der Priester vor IHM wegen des Flusses
  ihres Makels.

Weihet die Söhne Jifsraels gegen ihren Makel,
daß sie durch ihren Makel nicht sterben,
indem sie meine Wohnung bemakeln, die in ihrer Mitte ist.
Dieses ist die Weisung dem Flüssigen,
so dem, von dem Samenlagerung abgeht, wodurch man
  maklig wird, wie der Schwachen in ihrer Sonderung, wie
  dem am Fluß Flüssigen, für Männlich wie für Weiblich,
  und für den Mann, der einer Makligen beiliegt.

ER redete zu Mosche

nach dem Tode der zwei Söhne Aharons, als beim Nahen vor
  SEIN Antlitz sie starben,

ER sprach zu Mosche:

Rede zu Aharon deinem Bruder,

daß er nimmer zu aller Zeit eingehe ins Heilige

innseit des Verhangs,

vors Antlitz des Verdecks, das über dem Schrein ist,

daß er nicht sterbe,

denn in der Wolke lasse ich mich sehen über dem Verdeck.

Mit diesem gehe Aharon ein in das Heilige:

mit einem Farren, einem Jungstier, zu Entsündung und einem
    Widder zu Darhöhung.

Mit einem Leibrock der Heiligung, von Linnen, bekleide er sich,

Wickelhosen von Linnen seien über seinem Fleisch,

mit einer Schärpe von Linnen gürte er sich,

ein Kopfgewind von Linnen umwinde er sich,

Gewänder der Heiligung sinds,

er bade im Wasser sein Fleisch und bekleide sich damit.

Und von der Gemeinschaft der Söhne Jifsraels nehme er hin

zwei Ziegenböcke zu Entsündung und einen Widder zu Dar-
    höhung.

Aharon nahe dar den Farren der Entsündung, der der seine
    ist,

er bedecke um sich und um sein Haus.

Er nehme die zwei Böcke und stelle sie vor IHN am Einlaß des
    Zelts der Begegnung,

Aharon gebe auf die zwei Böcke Lose,

ein Los: Für IHN,

ein Los: Für den Räumaus.

Darnahen soll Aharon den Bock, auf den das Los heraufkam:
    Für IHN,

und ihn zur Entsündung machen,

der Bock aber, auf den das Los heraufkam: Für den Räumaus,

soll lebend gestellt werden vor IHN,

über ihm zu bedecken

und ihn hinwegzuschicken zum Räumaus in die Wüste. –

Aharon also nahe dar den Farren der Entsündung, der der seine
    ist,

er bedecke um sich und um sein Haus:

Er metze den Farren der Entsündung, der der seine ist.

Er nehme die Pfanne voll Feuerkohlen von der Schlachtstatt,
    nach IHM zu, fort,
und seine Fäuste voll staubfeinen Räucherwerks der Gedüfte,
    er brings innseit des Verhangs,
er gebe das Räucherwerk auf das Feuer, vor IHM,
daß die Wolke des Räucherwerks hülle das Verdeck, das über
    der Vergegenwärtigung ist,
und er nicht sterbe.

Er nehme vom Blut des Farren,
er spritze mit seinem Finger an das Antlitz, ostwärts, des Ver-
    decks,
und vor das Antlitz des Verdecks spritze er siebenmal von dem
    Blut mit seinem Finger.

Er metze den Bock der Entsündung, der des Volkes ist,
er bringe sein Blut innseit des Verhangs,
er tue mit seinem Blut, wie er dem Blut des Farren tat,
er spritze es an das Verdeck und vor das Antlitz des Verdecks.

Er bedecke
über dem Heiligtum
vor den Makeln der Söhne Jifsraels
und vor ihren Abtrünnigkeiten,
all ihren Versündigungen,
und ebenso tue er
dem Zelt der Begegnung
des, der einwohnt bei ihnen
inmitten ihrer Makel.

Nicht sei allirgend ein Mensch im Zelt der Begegnung,
wann er eingeht, zu bedecken im Heiligtum,
bis er heraustritt.

Er bedecke
um sich, um sein Haus, um alles Gesamt Jifsraels.

Er trete hinaus zur Statt, die vor IHM ist,
er bedecke über ihr:
er nehme vom Blut des Farren und vom Blut des Bocks,
er gebs an die Hörner der Statt ringsum,
er spritze auf sie von dem Blut mit seinem Finger siebenmal,
er reinige sie und heilige sie

von den Makeln der Söhne Jifsraels.
Hat er vollendet zu bedecken
das Heiligtum, das Zelt der Begegnung, die Statt,
nahe er den lebenden Bock,
Aharon stemme seine beiden Hände auf den Kopf des lebenden Bocks,
er bekenne über ihm
alle Verfehlungen der Söhne Jifsraels und all ihre Abtrünnigkeiten,
all ihre Versündigungen,
er gebe sie auf den Kopf des Bocks,
hinweg schicke er ihn durch einen bestimmten Mann in die
Wüste.
Der Bock trage auf sich
alle ihre Verfehlungen
nach einem abgeschiednen Land,
freischicke er dann den Bock in der Wüste.
Aharon gehe ein ins Zelt der Begegnung,
er streife die Gewänder von Linnen ab, mit denen er sich bekleidet hatte, als er ins Heiligtum einging,
er lege sie nieder dort,
er bade sein Fleisch im Wasser an heiligem Ort,
er kleide sich in seine Gewänder,
er gehe hinaus,
er mache seine Darhöhung und die Darhöhung des Volks.
Er bedecke um sich und um das Volk.
Und das Fett der Entsündung lasse er emporrauchen auf der
Schlachtstatt.
Der aber den Bock zum Räumaus freischickte,
wasche seine Gewänder,
er bade sein Fleisch im Wasser,
danach darf er ins Lager kommen.
Und den Farren der Entsündung und den Bock der Entsündung,
deren Blut gebracht wurde, im Heiligtum zu bedecken,
trage man weg außer Lagers,
man soll im Feuer verbrennen ihre Haut, ihr Fleisch und ihre
Ausscheidung.
Der sie verbrannte, wasche seine Gewänder,

er bade sein Fleisch im Wasser,
danach darf er ins Lager kommen.

Es sei euch zu Weltzeit-Satzung:
In der siebenten Mondneuung, am Zehnten auf die Neuung,
sollt ihr eure Seelen beugen
und sollt allerart Arbeit nicht machen,
der Sproß und der Gastsasse, der in eurer Mitte gastet.
Denn an diesem Tag
bedeckt man über euch,
euch zu reinigen:
von all euren Sünden
vor IHM werdet ihr rein.
Feier, Feiern ists euch,
beuget eure Seelen,
Weltzeit-Satzung.
Bedecken soll der Priester, den man salbt und dessen Hand
   man füllt zu priestern anstatt seines Vaters:
er bekleide sich mit den Gewändern von Linnen, den Gewändern der Heiligung,
er bedecke
das Heiligende des Heiligtums,
das Zelt der Begegnung
und die Statt bedecke er,
über den Priestern und über dem Volk des Gesamts bedecke
   er.
Dies sei euch zu Weltzeit-Satzung,
zu bedecken über den Söhnen Jifsraels
vor allen ihren Sünden
einmal im Jahr.

Er tat, wie ER Mosche geboten hatte.

ER redete zu Mosche, sprechend:

Rede zu Aharon und zu seinen Söhnen und zu allen Söhnen
    Jifsraels, sprich zu ihnen:

Dies ist die Rede, die ER entboten hat, sprechend:

Jedermann vom Hause Jifsrael, der einen Ochsen oder ein Schaf
    oder eine Ziege im Lager metzt oder der metzt außer Lagers,

und bringts nicht zum Einlaß des Zelts der Begegnung, eine
    Nahung IHM vor SEINER Wohnung darzunahen,

Blut sei diesem Mann zugerechnet, Blut vergoß er, gerodet
    wird dieser Mann aus dem Innern seines Volkes.

Auf daß die Söhne Jifsraels ihre Schlachtmähler, die sie auf
    offnem Felde schlachten, IHM bringen zum Einlaß des Zelts
    der Begegnung, zum Priester

und sie schlachten IHM als Friedschlachtmahle.

Der Priester sprenge das Blut an SEINE Schlachtstatt, im Einlaß
    des Zelts der Begegnung,

er lasse das Fett aufrauchen zu Ruch des Geruhens IHM.

Nicht mehr sollen sie ihre Schlachtmähler den Bockschraten
    schlachten, denen sie nachhuren!

Weltzeit-Satzung sei ihnen dies in ihre Geschlechter.

Und zu ihnen sprich:

Jedermann vom Hause Jifsrael und von der Gastschaft, die in
    ihrer Mitte gastet, wer Darhöhung höht oder Schlachtmahl

und bringts nicht zum Einlaß des Zelts der Begegnung, es
    IHM zu bereiten,

gerodet wird dieser Mann aus seinen Volkleuten.

Jedermann vom Hause Jifsrael und von der Gastschaft, die in
    ihrer Mitte gastet, wer allimmer Blut esse, –

mein Antlitz gebe ich wider die Seele, die Blut ißt,

ich rode sie aus dem Innern ihres Volks.

Denn die Seele des Fleisches, im Blut ist sie,

ich gab es euch auf die Schlachtstatt, zu bedecken über euren
    Seelen,

denn das Blut, durch die Seele bedeckt es.

Daher spreche ich zu den Söhnen Jifsraels:

Alljede Seele von euch esse nicht Blut,

und der Gastsasse, der in eurer Mitte gastet, esse nicht Blut.

Jedermann von den Söhnen Jifsraels und von der Gastschaft,
    die in ihrer Mitte gastet,

wer Jagdfang, Wild oder Vogel, erjagt, der gegessen wird,
hingieße er sein Blut und hülle es mit Erdstaub.
Denn die Seele alles Fleisches, sein Blut ist mit seiner Seele,
ich sprach zu den Söhnen Jifsraels: Blut alles Fleisches esset
   nicht, denn die Seele alles Fleisches, sein Blut ists, alljeder
   der es ißt, wird gerodet.
Alle Seele, die Gefallnes oder Zerrißnes ißt, seis Sproß seis
   Gast,
der wasche seine Kleider, bade im Wasser und ist maklig bis
   an den Abend, dann ist er rein,
wäscht er aber nicht und badet er sein Fleisch nicht,
muß er seine Verfehlung tragen.

ER redete zu Mosche, sprechend:
Rede zu den Söhnen Jifsraels, sprich zu ihnen:
ICH bin euer Gott.
Nach dem Tun des Landes Ägypten, darin ihr saßet, tut nicht,
nach dem Tun des Landes Kanaan, wohin ich euch kommen
    lasse, tut nicht,
in ihren Satzungen gehet nicht,
meine Rechtsgeheiße tut,
meine Satzungen wahrt, in ihnen zu gehn.
ICH bin euer Gott.
Wahret meine Satzungen und meine Rechtsgeheiße,
als welche der Mensch tut und lebt durch sie.
ICH bins.

Jedermann zu allem Leib seines Fleisches sollt ihr nicht nahn,
    Blöße barzumachen.
ICH bins.

Die Blöße deines Vaters, die Blöße deiner Mutter mache nicht
    bar,
deine Mutter ists, mache ihre Blöße nicht bar.
Die Blöße der Frau deines Vaters mache nicht bar,
die Blöße deines Vaters ists.
Die Blöße deiner Schwester, Tochter deines Vaters oder
    Tochter deiner Mutter, daheim geboren oder auswärts ge-
    boren,
mache ihre Blöße nicht bar.
Die Blöße der Tochter deines Sohns oder der Tochter deiner
    Tochter, mache ihre Blöße nicht bar,
denn deine Blöße sind sie.

Die Blöße der Tochter der Frau deines Vaters,
als deinem Vater geboren, als deine Schwester gilt sie,
    mache ihre Blöße nicht bar.
Die Blöße der Schwester deines Vaters mache nicht bar,
Leib deines Vaters ist sie.
Die Blöße der Schwester deiner Mutter mache nicht bar,
denn Leib deiner Mutter ist sie.

Die Blöße des Bruders deines Vaters mache nicht bar;
  seiner Frau nahe nicht,
deine Ohmsfrau ist sie.

Die Blöße deiner Schwiegerin mache nicht bar,
die Frau deines Sohns ist sie, mache ihre Blöße nicht bar,

Die Blöße der Frau deines Bruders mache nicht bar,
die Blöße deines Bruders ists.

Die Blöße einer Frau und ihrer Tochter mache nicht bar,
die Tochter ihres Sohns und die Tochter ihrer Tochter nimm
  nicht, ihre Blöße barzumachen,
Leibsverwandtschaft sind sie, Unzucht ists.

Eine Frau zu ihrer Schwester nimm nicht zu Bedrängen,
ihre Blöße neben jener barzumachen bei ihrem Leben.

Einer Frau in der Sonderung ihres Makels nahe nicht, ihre
  Blöße barzumachen.

Der Frau deines Volksgesellen sollst du nicht dein Beilager zu
  Samen geben, an ihr maklig zu werden.

Von denen deines Samens sollst du nicht hergeben, sie dem
  Molech darzuführen,
den Namen deines Gottes sollst du nicht preisgeben.
ICH bins.

Einem Männlichen sollst du nicht beiliegen in Weibs Beilager,
  Greuel ists.
In allerart Vieh sollst du nicht deine Ablagerung geben, an
  ihm maklig zu werden,
ein Weib stehe nicht vor seinem Vieh, sich ihm zu paaren,
Wirrung ists.

Bemakelt euch nimmer an alle dem,
denn an alle dem wurden bemakelt die Stämme, die ich vor
  euch fortschicke,
maklig wurde das Land, ich ordnete seinen Fehl ihm auf, das
  Land spie seine Insassen aus.
Ihr denn, wahret meine Satzungen und meine Rechtsgeheiße,
tut nichts von all diesen Greueln,
der Sproß und der Gastsasse, der in eurer Mitte gastet,

denn all die Greuel taten die Leute des Lands vor euch, und
  das Land wurde maklig.
Daß nicht euch ausspeie das Land, wann ihr es bemakelt,
wie es ausspie den Stamm, der vor euch dawar!
Denn alljeder, der etwas von all diesen Greueln tut,
gerodet werden die Seelen, die es tun, aus dem Innern ihres
  Volkes.
Wahret meine Verwahrung,
nimmer zu tun von den Satzungen der Greuel, die vor euch
  getan worden sind,
bemakelt euch nicht an ihnen.
Iᴄʜ bin euer Gott.

ER redete zu Mosche, sprechend:

Rede zu aller Gemeinschaft der Söhne Jiſsraels, sprich zu
　　ihnen:
Ihr sollt heilig werden,
denn heilig bin I CH euer Gott.

Jedermann seine Mutter und seinen Vater sollt ihr fürchten.
Meine Feiern sollt ihr wahren.
I CH bin euer Gott.

Wendet euch nimmer zu den Gottnichtsen,
Gußgötter machet euch nicht.
I CH bin euer Gott.

Wenn ihr eine Friedmahlschlachtung I H M schlachten wollt,
schlachtet sie zu eurer Begnadung:
am Tag eurer Schlachtung werde sie gegessen und am folgen-
　　den,
aber was bis an den dritten Tag überbleibt, werde im Feuer
　　verbrannt.
Wirds aber gegessen am dritten Tage, gegessen,
Unflat ists, es wird nicht zugnaden geschätzt,
wer es ißt, trägt seine Verfehlung, denn SEINE Darheiligung hat
　　er preisgegeben,
gerodet wird diese Seele aus ihren Volkleuten.

Wann ihr den Schnitt eures Landes schneidet,
vollende nicht den Rand deines Feldes zu schneiden,
die Lese deines Schnittes lies nicht nach,
deinen Weinberg pflücke nicht aus,
den Abfall deines Weinbergs lies nicht auf,
dem Armen und dem Gastsassen überlasse sie.
I CH bin euer Gott.

Stehlt nicht.
Hehlet nicht.
Belüget nicht ein Mann seinen Volksgesellen.
Schwöret nicht bei meinem Namen zur Lüge,
daß du den Namen deines Gottes preisgäbest.

ICH bins.

Presse nicht deinen Genossen.
Raube nicht.
Nicht nachte das Erarbeitete eines Löhners bei dir bis an den
    Morgen.
Lästre nicht einen Tauben,
vor einen Blinden lege nicht einen Anstoß:
fürchte dich vor deinem Gott.
ICH bins.

Macht nicht Verfälschung im Gericht.
Emporhebe nicht das Antlitz eines Geringen,
verherrliche nicht das Antlitz eines Großen,
nach Wahrheit richte deinen Volksgesellen.
Trage nicht Verleumdung unter deinen Volkleuten feil,
steh nicht still bei dem Blut deines Genossen.
ICH bins.

Hasse nicht deinen Bruder in deinem Herzen,
mahne, ermahne deinen Volksgesellen,
daß du nicht Sünde seinethalb tragest.
Heimzahle nicht und grolle nicht den Söhnen deines Volkes.
Halte lieb deinen Genossen,
dir gleich.
ICH bins.

Meine Satzungen wahrt:
nicht zwieartig paare dein Vieh,
nicht zwieartig säe dein Feld,
zwieartig Gewand, Mengstoff, komme nicht auf dich.

Wenn ein Mann einem Weib beiliegt mit Samenablagerung,
und sie ist eine Sklavin, einem Manne gekebst, und sie wurde
    nicht gültig abgegolten, noch wurde ihre Ledigung ge-
    geben,
geschehe Unterscheidung:
sie sollen nicht sterben, denn sie war nicht geledigt,
er bringe seine Abschuldung IHM, zum Einlaß des Zelts der
    Begegnung, einen Abschuldewidder,

der Priester bedecke über ihm mit dem Abschuldewidder vor
    IHM, über seiner Versündigung, die er sündigte,
verziehn wird ihm wegen seiner Versündigung, die er sün-
    digte.

Wenn ihr in das Land kommt und allerart Baum zu Atzung
    pflanzt,
wie Vorhaut behandelt seine Vorhaut: seine Frucht,
drei Jahre gelte sie euch als Vorhautiges, sie werde nicht ge-
    gessen.
Im vierten Jahr sei all seine Frucht Darheiligung, Zujauchzen
    IHM,
und im fünften Jahr dürft ihr seine Frucht essen,
daß er fortan euch mehre seinen Ertrag.
ICH bin euer Gott.

Eßt nicht überm Blut.
Erahnet nicht und tagwählet nicht.
Abrundet nicht die Ecke eures Haupthaars,
verdirb nicht die Ecke deines Bartes.
Ritze um eine Totenseele gebt nicht an euer Fleisch,
Ätzschrift gebt nicht an euch.
ICH bins.

Gib nimmer deine Tochter preis, sie zu verhuren,
daß nicht das Land verhure und sich fülle mit Unzucht das
Meine Feiern wahrt,   [Land.
mein Geheiligtes fürchtet.
ICH bins.

Wendet euch nimmer zu den Elben und zu den Wisserischen,
sucht sie nimmer auf, maklig zu werden an ihnen.
ICH bin euer Gott.

Vor Greisengrau steh auf,
das Antlitz eines Alten verherrliche:
fürchte dich vor deinem Gott.
ICH bins.

Wenn ein Gastsasse bei dir in eurem Lande gastet,
plackt ihn nicht,

wie ein Sproß von euch sei euch der Gastsasse, der bei euch
    gastet,
halte lieb ihn, dir gleich,
denn Gastsassen wart ihr im Land Ägypten.
ICH bin euer Gott.

Macht nicht Verfälschung im Gericht,
im Maß, im Gewicht, im Gefäß.
Wahrhafte Waage, wahrhafte Steine, wahrhafter Scheffel,
    wahrhafter Krug, so solls euch sein.
ICH bin euer Gott,
der ich euch führte aus dem Land Ägypten.
Wahrt alle meine Satzungen und alle meine Rechtsgeheiße,
tut sie.
ICH bins.

ER redete zu Mosche, sprechend:
Zu den Söhnen Jifsraels sprich:
Jedermann von den Söhnen Jifsraels und von der Gastschaft,
    die in Jifsrael gastet, wer von denen seines Samens dem
    Molech hergibt,
sterben muß er, sterben,
das Volk des Lands verschütte ihn mit Steinen.
Und ich, ich gebe mein Antlitz wider diesen Mann,
ich rode ihn aus dem Innern seines Volkes,
denn von seinem Samen gab er dem Molech,
zu bemakeln mein Heiligtum
und preiszugeben den Namen meiner Heiligung.
Bergen sie also, verbergen ihre Augen, das Volk des Landes,
    vor jenem Mann, wann er von denen seines Samens hergibt
    dem Molech,
ihn ungetötet zu lassen,
dann setze ich mein Antlitz wider diesen Mann und wider
    seine Sippschaft,
ich rode ihn und alle, die ihm nachhuren, so nachzuhuren dem
    Molech, aus dem Innern ihres Volkes.
Auch das Wesen, das sich zuwendet den Elben und den
    Wisserischen, ihnen nachzuhuren,
ich gebe mein Antlitz wider jenes Wesen, ich rode ihn aus
    dem Innern seines Volkes.

Heiligt euch und werdet heilig,
denn I CH bin euer Gott,
wahrt meine Satzungen,
tut sie,
I CH bins, der euch heiligt.

So denn:
Mann um Mann, der seinen Vater oder seine Mutter lästert,
sterben muß er, sterben,
seinen Vater, seine Mutter hat er gelästert, – seine Blutlast ist
    auf ihm.
Ein Mann, der buhlt mit dem Eheweib eines Ehemanns,
buhlt mit dem Eheweib seines Genossen,
sterben muß, sterben der Buhler und die Buhlerin.
Ein Mann, der dem Weib seines Vaters beiliegt,
die Blöße seines Vaters hat er bargemacht,
sterben müssen sie beide, sterben, – ihre Blutlast ist auf ihnen.
Ein Mann, der seiner Schwiegerin beiliegt,
sterben müssen sie beide, sterben, Wirrung haben sie getan, –
    ihre Blutlast ist auf ihnen.
Ein Mann, der einem Männlichen beiliegt in Weibs Beilager,
Greuel haben beide getan,
sterben müssen sie, sterben, – ihre Blutlast ist auf ihnen.
Ein Mann, der ein Weib und ihre Mutter nimmt,
Unzucht ists,
im Feuer verbrenne man ihn und sie, nicht darf Unzucht
    dasein in eurer Mitte.
Ein Mann, der seine Ablagerung in ein Vieh gibt,
sterben muß er, sterben, und das Vieh bringet um.
Ein Weib, das irgendeinem Vieh naht, um sich zu paaren,
bring das Weib und das Vieh um, sterben müssen sie, sterben,
    – ihre Blutlast ist auf ihnen.
Ein Mann, der seine Schwester, Tochter seines Vaters oder
    Tochter seiner Mutter, nimmt,
und er sieht ihre Blöße, und sie sieht seine Blöße,
Unholdschaft ists,
gerodet seien sie vor den Augen der Söhne ihres Volks,
die Blöße seiner Schwester hat er bargemacht, er trägt seine
    Verfehlung.

Ein Mann, der einem erschwachten Weibe beiliegt und ihre
    Blöße barmacht,
er blößte ihren Born, sie machte den Born ihres Geblüts bar,
gerodet werden sie beide aus dem Innern ihres Volkes.

Die Blöße der Schwester deiner Mutter und der Schwester
    deines Vaters mache nicht bar,
denn seine Leibsverwandtschaft blößte der – sie tragen ihre
    Verfehlung.

Ein Mann, der seiner Ohmsfrau beiliegt, die Blöße seines
    Oheims hat er bargemacht,
ihre Sünde sollen sie tragen: kinderbloß werden sie sterben.

Ein Mann, der das Weib seines Bruders nimmt,
Sondrungsbruch ists,
die Blöße seines Bruders hat er bargemacht, kinderbloß wer-
    den sie bleiben.

Wahret all meine Satzungen und all meine Rechtsgeheiße,
tut sie,
daß nicht euch ausspeie das Land, wohin ich euch nun bringe,
    darin zu siedeln.

Geht nicht in den Satzungen des Stammes, den ich vor euch
    fortschicke,
denn all dies haben sie getan, es widerte mich ihrer,
ich sprach zu euch:
Ihr denn ererbt ihren Boden,
ich aber, ich gebe ihn euch, ihn zu ererben,
ein Land, Milch und Honig träufend,
ICH euer Gott,
der ich euch abschied von den Völkern.

Scheidet
zwischen dem reinen und dem makligen Vieh, zwischen dem
    makligen und dem reinen Vogel.
Verabscheulicht nicht eure Seelen am Vieh und am Vogel und
    an allem, was auf dem Boden sich regt,
das ich euch abschied, es zu makeln.
Werdet mir heilig, denn heilig bin ICH,
ich schied euch ab von den Völkern,
mein zu sein.

Ein Mann oder ein Weib, wenn bei ihnen ein Elb oder ein
   Wisserischer ist,
sterben müssen sie, sterben, man verschütte sie mit Steinen, –
ihre Blutlast ist auf ihnen.

ER sprach zu Mosche:

Sprich zu den Priestern, den Söhnen Aharons, du sollst zu
ihnen sprechen:

An einem Leichnam darf er sich nicht bemakeln unter seinen
Volkleuten,

es sei denn an seines Leibes Nächstem:

an seiner Mutter, an seinem Vater, an seinem Sohn, an seiner
Tochter, an seinem Bruder,

und an seiner Schwester, die noch Jungfrau ist, ihm nah, die
noch nicht eines Manns ward, an ihr darf er sich bemakeln.

Nicht darf er sich bemakeln als Gatte unter seinen Volksleuten,
daß er sich preisgebe.

Sie sollen nicht an ihrem Haupt eine Glatze ausglätten,

den Rand ihres Bartes sollen sie nicht scheren,

in ihr Fleisch sollen sie Ritzung nicht ritzen.

Heilig seien sie ihrem Gott,

den Namen ihres Gottes sollen sie nicht preisgeben,

denn SEINE Feuerspenden, das Brot ihres Gottes, sie nahen es
dar,

Ausheiligung sollen sie sein.

Zum Eheweib dürfen eine Hure, eine Preisgegebne sie nicht
nehmen,

zum Eheweib dürfen eine von ihrem Ehemann Verstoßne sie
nicht nehmen.

Denn heilig ist er seinem Gott, heilig sollst du ihn halten,

denn das Brot deines Gottes, er naht es dar,

heilig sei er dir,

denn heilig bin ICH, der euch heiligt.

Die Tochter eines priesterlichen Mannes, wenn sie sich preis-
gibt, zu huren,

ihren Vater gibt sie preis, im Feuer werde sie verbrannt.

Der Priester aber, der große vor seinen Brüdern,

auf dessen Haupt das Öl der Salbung gegossen wurde,

dem die Hand gefüllt wurde bei der Einkleidung in die Gewänder,

sein Haupthaar entfeßle er nicht,

seine Gewänder zerfetze er nicht,

zu allem Leichnam eines Toten darf er nicht hingehn,

an seinem Vater, an seiner Mutter darf er sich nicht bemakeln.
Aus dem Heiligtum komme er nicht
und gebe das Heiligtum seines Gottes nicht preis,
denn das Weihmal der Ölsalbung seines Gottes ist auf ihm.
ICH bins.
Der soll ein Weib in ihrer Jungfrauschaft nehmen,
eine Witwe oder eine Verstoßne oder eine Preisgegebne, eine
　　Hure, diese darf er nicht nehmen,
sondern eine Jungfrau aus seinen Volkleuten nehme er sich
　　zum Weib,
daß er nicht seinen Samen preisgebe unter seinen Volkleuten,
denn ICH bins, der ihn heiligt.

ER redete zu Mosche, sprechend:
Rede zu Aharon, sprechend:
Ein Mann aus deinem Samen, in ihre Geschlechter, an dem
　　ein Gebrest sein wird,
nahe nicht, darzunahen das Brot seines Gottes.
Ja, alljeder Mann, an dem ein Gebrest ist, soll nicht nahen,
ein Mann, blind oder lahm, oder spaltnasig oder überstreckt,
oder ein Mann, an dem ein Beinbruch oder ein Armbruch ist,
　　oder ein Buckliger oder ein Zwerg, oder ein Fleckäugiger,
oder mit Krätze oder mit Flechte oder mit Hodenzerquet-
　　schung,
alljeder Mann, an dem ein Gebrest ist, vom Samen Aharons
　　des Priesters trete nicht heran, SEINE Feuerspenden darzu-
　　nahen,
ein Gebrest ist an ihm, das Brot seines Gottes darzunahen
　　trete er nicht heran.
Das Brot seines Gottes, von den Darheiligungsabheiligungen
　　und von den Darheiligungen, darf er essen,
jedoch zum Verhang darf er nicht kommen,
zur Schlachtstatt darf er nicht treten,
denn ein Gebrest ist an ihm,
er soll meine Heiligtume nicht preisgeben,
denn ICH bins, der sie heiligt.
Mosche redete zu Aharon und zu seinen Söhnen, und zu allen
　　Söhnen Jisraels.

ER redete zu Mosche, sprechend:

Rede zu Aharon und zu seinen Söhnen,

daß sie sich geweiht halten vor den Darheiligungen der Söhne
    Jifsraels,

und nicht preisgeben den Namen meiner Heiligung, wenn sie
    mir darheiligen.

ICH bins.

Sprich zu ihnen:

In eure Geschlechter!

Alljeder Mann von all eurem Samen, der den Darheili-
    gungen naht, welche die Söhne Jifsraels IHM darheiligen,
    während sein Makel auf ihm ist,

gerodet werde dieses Wesen hinweg von meinem Antlitz.

ICH bins.

Mann um Mann aus dem Samen Aharons, der aussätzig oder
    flüssig ist,

die Darheiligungen esse er nicht mit, bis er rein wird.

Wer irgendeinen Leichnambemakelten berührt, oder ein
    Mann, von dem Samenlagerung abging,

oder ein Mann, der irgendein Gewimmel berührt, an dem er
    maklig wird, oder einen Menschen, an dem er maklig wird
    durch irgendeinen Makel an ihm,

das Wesen, das solches berührt, wird maklig bis an den Abend,

er esse nicht von den Darheiligungen, er habe denn sein Fleisch
    im Wasser gebadet,

wenn die Sonne einging, ist er rein, danach darf er von den
    Darheiligungen essen, denn sein Brot ists.

Gefallnes und Zerrißnes esse er nicht, daran maklig zu werden.

ICH bins.

Wahren sollen sie meine Verwahrung,

daß sie sich deswegen nicht Sünde aufladen

und daran sterben, weil sie es preisgaben.

ICH bins, der sie heiligt.

Irgendein Unzugehöriger darf Darheiligung nicht essen,

der Beisasse eines Priesters und der Löhner darf nicht Dar-
    heiligung essen.

Wenn aber ein Priester ein Wesen als Erwerb seines Geldes
    erwirbt,

der darf es mitessen,

und sein Hausgeborner, die dürfen sein Brot mitessen.

Eine Priesterstochter, wenn sie eines unzugehörigen Mannes
 wurde,

sie darf die Hebe der Darheiligungen nicht mitessen.

Wenn aber eine Priesterstochter Witwe wird oder Verstoßne
 und hat keinen Samen

und kehrt zurück in das Haus ihres Vaters, wie in ihrer Jugend,

von dem Brot ihres Vaters darf sie essen,

aber irgendein Unzugehöriger darf es nicht mitessen.

Wenn jemand aus Irrtum Darheiligung ißt,

lege er ihrer ein Fünftel drauf und gebe es dem Priester samt
 der Darheiligung.

Sie sollen nicht preisgeben die Darheiligungen der Söhne
 Jiſsraels,

was sie IHM zuheben,

die würden ihnen eine Schuldverfehlung aufladen, indem sie
 ihre Darheiligungen essen,

denn ICH bins, der sie heiligt.

ER redete zu Mosche, sprechend:

Rede zu Aharon und zu seinen Söhnen, und zu allen Söhnen
 Jiſsraels, sprich zu ihnen:

Jedermann vom Hause Jiſsraels und von der Gastschaft in
 Jiſsrael, der seine Nahung darnaht,

bei all ihren Gelübden und bei all ihren Willigungen, die sie
 IHM als Darhöhung nahn,

zu eurer Begnadung

seis heil, männlich, von dem Pflugvieh, von den Lämmern
 oder von den Ziegen.

Alles, woran ein Gebrest ist, sollt ihr nicht darnahn, es wird
 euch nicht zu Begnadung.

Wenn jemand IHM eine Friedmahlschlachtung darnaht, ein
 Gelübde zu besondern oder zu Willigung, vom Pflugtier
 oder vom Kleinvieh,

nur heil wird es zu Begnadung, irgend Gebrest darf nicht
 daran sein.

Blindheit oder Gebrochnes oder Verstümmeltes oder Eiter-
 auswuchs oder Krätze oder Flechte,

die sollt ihr I H M nicht darnahn, Feuerspende von ihnen nicht
auf die Schlachtstatt I H M geben.

Ein Rind oder ein Schaf, überstreckt oder verkrüppelt, zur
Willigung darfst du es machen, aber als Gelübde wird es
nicht zugnaden geschätzt.

Zerquetschtes oder Zerstoßnes oder Abgeklemmtes oder Ver-
schnittnes sollt ihr I H M nicht darnahn,

und sollt in eurem Lande solches nicht machen.

Auch aus der Hand eines Sohns der Fremde sollt ihr das Brot
eures Gottes von all diesen nicht darnahn,

denn ihr Verderb ist an ihnen, Gebrest ist daran, sie werden
euch nicht zugnaden geschätzt.

ER redete zu Mosche, sprechend:

Ein Rind oder ein Lamm oder eine Ziege, wenns geboren
wird, solls ein Tagsiebent unter seiner Mutter sein,

vom achten Tag und weiter wird es zugnaden geschätzt als
Nahung, Feuerspende I H M.

Ein Rind oder Schaf, es und sein Junges sollt ihr nicht an
Einem Tage metzen.

Wenn ihr eine Dankmahlschlachtung I H M schlachtet, zu eurer
Begnadung sollt ihr sie schlachten:

an demselben Tag werde sie gegessen, ihr sollt davon nichts
übrig lassen an den Morgen.

I C H bins.

Wahret meine Gebote,
tut sie.
I C H bins.
Preisgebet nicht den Namen meiner Heiligung,
geheiligt will ich werden
inmitten der Söhne Jiſsraels.
I C H bins, der euch heiligt:
der euch führt aus dem Land Ägypten,
euch Gott zu sein,
I C H bins.

ER redete zu Mosche, sprechend:
Rede zu den Söhnen Jifsraels, sprich zu ihnen:
Begegnungsgezeiten bei IHM, die ihr ausrufen sollt,
Ausrufungen der Heiligung,
dies sind meine Gezeiten:

Ein Tagsechst werde Arbeit gemacht,
aber am siebenten Tag
ist Feier, Feiern, Ausrufen der Heiligung,
allerart Arbeit sollt ihr nicht machen,
Feier ists IHM in all euren Siedlungen.

Dies sind die Begegnungsgezeiten bei IHM,
Ausrufungen der Heiligung,
die ihr ausrufen sollt zu ihrer Gezeit:
In der ersten Mondneuung, am Vierzehnten auf die Neuung,
    zwischen den Abendstunden
Übersprungsmahl IHM.
Und am fünfzehnten Tag auf diese Neuung
Festreihn der Fladen IHM.
Ein Tagsiebent sollt ihr Fladen essen.
Am ersten Tag sei euch Ausrufen der Heiligung,
allerart Dienstarbeit sollt ihr nicht machen.
Darnahen sollt ihr Feuerspende IHM ein Tagsiebent.
Am siebenten Tag Ausrufen der Heiligung,
allerart Dienstarbeit sollt ihr nicht machen.

ER redete zu Mosche, sprechend:
Rede zu den Söhnen Jifsraels, sprich zu ihnen:
Wenn ihr kamt in das Land, das ich euch gebe,
und schneidet seinen Schnitt,
bringt die Garbe des Anfangs eures Schnitts zum Priester.
Er schwinge das Garbenopfer vor IHM euch zu Begnadung,
am Nachmorgen der Feierung schwinge es der Priester.
Am Tag, da ihr das Garbenopfer schwingt,
macht ein heiles Lamm, einen Jährling, zu Darhöhung IHM,
seine Hinleite: zwei Zehntteile Feinmehls, mit Öl verrührt,
Feuerspende IHM, Ruch des Geruhens,
sein Guß: Weins ein Viertelkrug.

Brot, Korngeröst, Frischgraupen sollt ihr bis zu ebendem Tag
    nicht essen,
bis ihr die Nahung eures Gottes gebracht habt,
Weltzeit-Satzung für eure Geschlechter
in all euren Siedlungen.
Zählet euch vom Nachmorgen der Feierung,
vom Tag, da ihr brachtet die Garbe des Schwungs,
sieben vollrunde Feiern sollen es sein.
Bis zum Nachmorgen des siebenten Feierrunds sollt ihr zählen,
fünfzig Tage,
dann sollt ihr neue Hinleite darnahen IHM.
Aus euren Siedlungen bringet Brot des Schwungs, zwei, von
    zwei Zehntteilen,
aus Feinmehl seien sie,
gesäuert sollen sie gebacken werden,
Erstlinge IHM.
Darnahen sollt ihr neben dem Brot
ein Siebent heiler Lämmer: Jährlinge, einen Farren: Jungstier,
    und zwei Widder,
sie seien Darhöhung IHM,
dazu ihre Hinleiten und ihre Güsse,
Feuerspende, Ruch des Geruhens IHM.
Einen Ziegenbock sollt ihr zu Entsündung machen
und zwei Lämmer, Jährlinge, zu Friedmahlschlachtung.
Der Priester schwinge sie samt dem Brot der Erstlinge einen
    Schwung vor IHM,
dieses samt den beiden Lämmern,
Darheiligung seien sie IHM, für den Priester.
Ausrufet an ebendem Tag,
Ausrufen der Heiligung sei es euch,
Weltzeit-Satzung für eure Geschlechter
in all euren Siedlungen.
Und wann ihr den Schnitt eures Landes schneidet,
vollende nicht den Rand deines Feldes bei deinem Schneiden
und die Lese deines Schnitts lese nicht,
dem Armen und dem Gastenden lasse es.
ICH bin euer Gott.

ER redete zu Mosche, sprechend:

Rede zu den Söhnen Jifsraels, sprechend:
In der siebenten Mondneuung, am Ersten auf die Neuung
sei euch ein Feiern,
Gedächtnisschmettern,
Ausrufen der Heiligung,
allerart Dienstarbeit sollt ihr nicht tun,
darnahet Feuerspende IHM.

ER redete zu Mosche, sprechend:
Jedoch am Zehnten auf diese siebente Neuung,
das ist der Tag der Bedeckungen,
Ausrufen der Heiligung sei euch,
beuget eure Seelen,
darnahet Feuerspende IHM.
Allerart Arbeit sollt ihr an ebendem Tage nicht machen,
denn ein Tag der Bedeckungen ists,
über euch zu bedecken
vor SEINEM eures Gottes Angesicht.
Ja, alle Seele, die sich nicht beugt an ebendem Tag,
gerodet wird sie aus ihrem Volksleuten,
und alle Seele, die allerart Arbeit an ebendem Tage macht,
wegschwende ich jene Seele aus dem Innern ihres Volkes.
Allerart Arbeit sollt ihr nicht machen,
Weltzeit-Satzung für eure Geschlechter
in all euren Siedlungen.
Feier, Feiern ists euch,
beuget eure Seelen!
Am Neunten auf die Mondneuung, am Abend,
von Abend zu Abend feiert eure Feier!

ER redete zu Mosche, sprechend:
Rede zu den Söhnen Jifsraels, sprechend:
Am fünfzehnten Tag auf diese siebente Neuung
ist Festreihn der Hütten
ein Tagsiebent IHM.
Am ersten Tag Ausrufen der Heiligung,
allerart Dienstarbeit sollt ihr nicht tun.
Ein Tagsiebent darnahet Feuerspende IHM.
Am achten Tag sei euch Ausrufen der Heiligung

darnahet Feuerspende I h m,
Einbehaltung ists,
allerart Dienstarbeit sollt ihr nicht machen.

Dieses sind SEINE Gezeiten,
die ihr ausrufen sollt als Ausrufungen der Heiligung,
darzunahen Feuerspende I h m,
Darhöhung und Hinleite, Schlachtmahl und Güsse,
das Tagwerk an seinem Tag.
Außer SEINEN Wochenfeiern
und außer euren Gaben
und außer all euren Gelübden
und außer all euren Willigungen,
die ihr geben werdet I h m.

Jedoch am fünfzehnten Tag auf die siebente Neuung,
wann ihr den Ertrag des Landes heimset,
sollt ihr SEINEN Festreihn reihen
ein Tagsiebent.
Am ersten Tag ist Feiern
und am achten Tag ist Feiern.
Nehmet euch am ersten Tag
Frucht vom Prangenden Baum,
Palmenfächer,
Laub vom Dichtblättrigen Baum,
Bachweiden,
und freuet euch
vor I h m eurem Gott
ein Tagsiebent.
Begeht es als Festreihgang I h m
ein Tagsiebent im Jahr,
Weltzeit-Satzung für eure Geschlechter.
In der siebenten Neuung begeht es.
In den Zelthütten siedelt ein Tagsiebent,
jeder Sproß in Jifsrael, sie sollen in den Hütten siedeln,
damit eure Geschlechter wissen,
daß in den Hütten ich die Söhne Jifsraels siedeln ließ,
als ich sie führte aus dem Land Ägypten,
I c h, euer Gott.

Mosche redete SEINE Gezeiten
den Söhnen Jifsraels zu.

ER redete zu Mosche, sprechend:
Gebiete den Söhnen Jifsraels,
sie sollen dir hernehmen
Öl von Oliven, lautres, gestoßnes,
zur Erhellung,
ein stetes Licht darzuhöhen.
Ausseit des Verhangs der Vergegenwärtigung
im Zelt der Begegnung
darrichte es Aharon
von Abend bis Morgen
vor IHM
stetig,
Weltzeit-Satzung für eure Geschlechter.
Auf dem reinen Leuchter
darrichte er die Lichte
vor IHM
stetig.

Nimm Feinmehl und backe es zu zwölf Kuchen,
von zwei Zehnteln sei der einzelne Kuchen,
setze sie in zwei Darrichtungen, sechs die Darrichtung,
auf den reinen Tisch vor IHN
und gib auf die Darrichtung lautern Weihrauch,
der sei dem Brot zum Gedenkteil, eine Feuerspende IHM.
Tag der Feier um Tag der Feier
darrichte er es vor IHN
stetig,
von den Söhnen Jifsraels aus
ein Weltzeit-Bund.
Es sei Aharons und seiner Söhne,
sie sollen es essen am heiligen Ort,
denn als Abheiligung von Darheiligungen werde es ihm,
aus SEINEN Feuerspenden,
Festsatz auf Weltzeit.

Mitausgefahren war der Sohn eines jifsraelitischen Weibes,
der aber eines ägyptischen Mannes Sohn war, inmitten der
Söhne Jifsraels.

Einst rauften im Lager der Sohn der Jifsraelitin und ein
  jifsraelitischer Mann, –
der Sohn des jifsraelitischen Weibes tastete den Namen an,
  er lästerte.
Sie brachten ihn vor Mosche.
Der Name seiner Mutter aber war Schlomit, Tochter Dibris,
  vom Stabe Dan.
Sie legten ihn in den Gewahrsam,
bis es ihnen erdeutlicht würde nach SEINEM Mund.
ER redete zu Mosche, sprechend:
Führe hinweg den Lästerer außer Lagers,
alle, die hörten, sollen ihre Hände auf seinen Kopf stemmen,
dann sollen sie ihn verschütten, alle Gemeinschaft.
Und zu den Söhnen Jifsraels rede, sprechend:
Mann um Mann, wenn er seinen Gott lästert, muß er seine
  Sünde tragen.
Wer aber den NAMEN antastet, sterben muß er, sterben,
verschütten sollen sie ihn, verschütten, alle Gemeinschaft,
gleich Gast gleich Sproß, um sein Antasten des Namens muß
  er sterben.
Wenn jemand irgendein Menschenwesen erschlägt, sterben
  muß er, sterben.
Wer ein Tierwesen erschlägt, bezahle es, Wesenersatz für
  Wesen.
Wenn jemand seinem Volksgesellen ein Gebrest zufügt: wie
  er tat, so werde ihm getan,
Bruchersatz für Bruch, Augersatz für Auge, Zahnersatz für
  Zahn, wie er dem Menschen Gebrest zufügte, so werde ihm
  zugefügt.
Wer ein Tier erschlägt, soll es bezahlen, wer einen Menschen
  erschlägt, soll sterben.
Einerlei Recht sei euch,
gleich sei der Gast, gleich der Sproß,
denn ICH bin euer Gott.
Mosche redete zu den Söhnen Jifsraels,
daß sie wegführten den Lästerer außer Lagers und verschütte-
  ten ihn mit Steinen.
Die Söhne Jifsraels taten, wie ER Mosche geboten hatte.

ER redete zu Mosche auf dem Berge Sſinai, sprechend:
Rede zu den Söhnen Jiſsraels, sprich zu ihnen:
Wenn ihr in das Land kommt, das ich euch gebe,
feiere das Land eine Feier IHM.
Sechs Jahre besäe dein Feld,
sechs Jahre schneitle deinen Weinberg
und hole seinen Ertrag ein,
aber im siebenten Jahr
sei Feier, Feiern dem Land,
Feier IHM,
dein Feld besäe nicht,
deinen Weinberg schneitle nicht,
den Wildwuchs deiner Ernte ernte nicht,
die Trauben deiner Weihreben herbste nicht,
ein Jahr des Feierns seis dem Land.
Und die Feier des Landes sei euch zum Essen:
dir und deinem Knecht und deiner Magd
und deinem Löhner und deinem Beisassen, die bei dir gasten,
und deinem Vieh und dem Getier, das in deinem Land ist,
sei all sein Ertrag, zu essen.

Zähle dir sieben Feierjahre,
sieben Jahre siebenmal:
so sind dir die Tage der sieben Feierjahrkreise
neun und vierzig Jahre.
Dann laß Geschmetters Posaune ergehn,
in der siebenten Mondneuung, am Zehnten auf die Neuung,
am Tag der Bedeckungen
laßt Posaune ergehn durch all euer Land
und heiligt das Jahr, das Fünfzigerjahr,
ausrufet Freilauf im Land all seinen Insassen:
Heimholer sei es euch,
da kehrt ihr zurück
jedermann zu seiner Hufe,
jedermann zu seiner Sippe
sollt zurück ihr kehren.
Heimholer sei es, das Jahr, das Fünfzigerjahr, für euch,
nicht sollt ihr säen,
nicht einernten seine Wildwüchse,

nicht einherbsten seine Verweihten,
denn Heimholer ists,
Verheiligung sei es euch,
vom Feld weg sollt seinen Ertrag ihr essen.
In diesem Heimholerjahr
kehrt ihr zurück,
jeder zu seiner Hufe.

Wenn ihr ein Verkaufsgut deinem Volksgesellen verkauft
oder beim Erwerben aus der Hand deines Gesellen
placket nimmer ein Mann seinen Bruder;
nach der Zahl der Jahre seit dem Heimholer sollst du von
    deinem Gesellen erwerben,
nach der Zahl der Ertragsjahre soll er dir verkaufen,
entsprechend der Vielheit der Jahre vervielfache seinen Er-
    werbspreis,
entsprechend der Geringheit der Jahre verringre seinen Er-
    werbspreis,
denn eine Anzahl von Erträgen verkauft er dir.
Nicht sollt ihr placken, ein Mann seinen Gesellen:
fürchte dich vor deinem Gott,
denn Ich bin euer Gott.
Tut meine Satzungen und meine Rechtsgeheiße wahrt,
tut sie,
über das Land hin werdet ihr siedeln in Sicherheit,
geben wird das Land seine Frucht,
essen werdet ihr zur Sättigung,
in Sicherheit werdet ihr über es hin siedeln.
Wenn ihr aber sprecht: Was sollen wir im siebenten Jahre
    essen?
wir dürfen ja nicht säen und unsern Ertrag nicht einholen! –
will ich euch meinen Segen entbieten im sechsten Jahr,
daß es den Ertrag für die drei Jahre bereite:
derweil ihr im achten Jahre sät, werdet ihr Altes essen vom
    Ertrag,
bis zum neunten Jahr, bis sein Ertrag sich einträgt, werdet ihr
    Altes essen.
Nicht werde das Land in die Dauer verkauft,
denn mein ist das Land,

denn Gäste und Beisassen seid ihr bei mir.
In allem Land eurer Hufe
gebet Einlösung für das Land.

Wenn dein Bruder herabsinkt und verkauft von seiner Hufe,
komme sein Löser, der ihm der nächste ist, und löse den Ver-
     kauf seines Bruders.
Wenn jemand keinen Löser hat, aber seine eigne Hand reicht
     zu, und er findet genug zu seiner Einlösung,
berechne er die Jahre seines Verkaufs,
rückstatte er das Überschüssige dem Mann, dem ers verkaufte,
rückkehre er zu seiner Hufe.
Findet aber seine Hand nicht genug zur Rückstattung,
bleibe sein Verkauf in der Hand seines Erwerbers
bis zum Heimholerjahr,
im Heimholer geht es aus, rückkehrt er zu seiner Hufe.

Wenn jemand einen Haussitz in einer Mauerstadt verkauft,
sei ihm Einlösungsrecht, bis das Jahr seines Verkaufes ganz um
     ist,
auf den Tag sei ihm Einlösungsrecht.
Einlöst ers nicht, bis ein ganzes Jahr sich ihm erfüllt hat,
verfällt das Haus, das in der Stadt mit einer Mauer ist, in die
     Dauer seinem Erwerber für seine Geschlechter,
nicht gehts im Heimholer aus.
Aber die Häuser der Gehöfte, die keine Mauer ringsum haben,
zum Feld des Landes wird es gerechnet,
Einlösung sei ihm, im Heimholer geht es aus.
Und die Städte der Lewiten, die Häuser der Städte ihrer Hufe,
Weltzeit-Einlösungsrecht sei den Lewiten.
Wer von den Lewiten es einlöst, auch da soll das Verkaufs-
     haus, dessen Stadthufenstück also, im Heimholer ausgehn,
denn die Häuser der Städte der Lewiten, das ist ihre Hufe in-
     mitten der Söhne Jisraels.
Aber die Weidetriebsflur ihrer Städte werde nicht verkauft,
denn Weltzeit-Hufe ist sie ihnen.

Wenn dein Bruder herabsinkt,
und seine Hand wankt

neben dir,
fest halte ihn,
Gast und Beisaß, so lebe er
neben dir!
Du darfst von ihm nimmer Zins und Mehrung nehmen,
fürchte dich vor deinem Gott,
leben soll dein Bruder neben dir.
Dein Geld gib ihm nicht um Zins,
um Mehrung gib nicht deine Speise:
ICH bin euer Gott,
der ich euch führte aus dem Land Ägypten,
euch zu geben das Land Kanaan,
euch Gott zu sein.

Wenn dein Bruder herabsinkt neben dir
und sich dir verkauft,
nicht sollst du dich seiner zu Dienstknechts Dienste bedienen,
wie Löhner, wie Beisaß sei er neben dir.
Bis zum Heimholerjahr diene er neben dir,
dann gehe er aus von neben dir,
er und seine Kinder neben ihm,
und kehre zu seiner Sippe,
zur Hufe seiner Väter soll er kehren.
Denn meine Dienstknechte sind sie,
die ich aus dem Land Ägypten führte,
sie sollen nicht verkauft werden in Knechtsverkauf.
Schalte über ihn nicht mit Verfronung,
fürchte dich vor deinem Gott!
Dein Knecht aber und deine Magd, die dein werden sollen,
aus den Stämmen, die rings um euch sind, aus ihnen mögt ihr
    Knecht und Magd erwerben,
auch aus den Kindern der Beisassen, die neben euch gasten, aus
    ihnen mögt ihr erwerben,
und aus ihrer Sippschaft, die neben euch ist, die sie in eurem
    Lande zeugten,
und die seien euch in Hufenhörigkeit,
ihr mögt sie euch zueignen, euren Kindern nach euch zu erben
    als Hufenzugehör,
in die Zeit mögt ihr euch ihrer bedienen,

aber über eure Brüder, die Kinder Jifsraels,
ein Mann über seinen Bruder,
nicht schalte über ihn mit Verfronung!

Wenn die Hand eines Gasts oder Beisassen weitreicht neben
      dir,
und dein Bruder herabsinkt neben ihm
und verkauft sich dem Gastbeisassen neben dir
oder dem Wurzelschoß einer Gastsippe:
nachdem er sich verkauft hat, gibt es Einlösung für ihn,
einer von seinen Brüdern soll ihn lösen
oder sein Oheim oder seines Oheims Sohn soll ihn lösen
oder von seines Fleisches Leib, von seiner Sippschaft soll ihn
      einer lösen,
oder wenn seine Hand zureicht, soll er sich lösen.
Er rechne mit seinem Erwerber vom Jahr, da er sich verkauft
      hat, bis zum Heimholerjahr,
und das Geld seines Verkaufs sei nach der Zahl der Jahre,
wie die Tage eines Löhners sei er neben ihm gewesen:
sind noch viel der Jahre, ihnen entsprechend erstatte er seine
      Lösung von seinem Erwerbsgeld,
und restet noch wenig der Jahre bis zum Heimholerjahr, be-
      rechne ers ihm,
entsprechend seinen Jahren soll er seine Lösung erstatten.
Wie ein Löhner auf Jahr-zu-Jahr sei er neben ihm,
er soll nicht vor deinen Augen über ihn mit Verfronung
      schalten.
Und wird er nicht auf diese Weisen gelöst,
gehe er im Heimholerjahr aus, er und seine Kinder neben ihm.
Denn mir Dienstknechte sind die Kinder Jifsraels,
meine Dienstknechte sind sie,
die ich aus dem Land Ägypten führte,
ICH euer Gott.

Macht euch keine Gottnichtse,
Schnitzgebild, Standmal errichtet euch nicht,
einen Schaustein setzt nicht in eurem Land, euch daran hinzu-
      werfen,
denn ICH bin euer Gott.

Meine Feiern wahrt,
mein Geheiligtes fürchtet.
Ich bins.

Werdet ihr in meinen Satzungen gehn, meine Gebote wahren
　　und sie tun,
gebe ich eure Regen zu ihrer Frist,
geben soll die Erde ihr Gewächs,
der Baum des Feldes gibt seine Frucht.
Der Drusch reicht euch an das Herbsten,
und das Herbsten reicht an die Saat,
ihr esset euer Brot zu Sättigung,
ihr siedelt gesichert in eurem Lande.
Ich gebe im Lande Frieden,
ihr liegt, keiner scheucht auf,
ich verabschiede aus dem Lande böses Getier,
Schwert zieht nicht durch euer Land,
verfolgt ihr eure Feinde, sie fallen vor euch dem Schwert,
verfolgen sollen fünf von euch hundert, hundert von euch
　　sollen zehntausend verfolgen, –
es fallen vor euch eure Feinde dem Schwert.
Ich wende mich zu euch,
fruchten mache ich euch,
ich mehre euch,
meinen Bund errichte ich mit euch.
Essen könnt ihr Gealtertes, Altes,
das Alte müßt ihr wegführen vor dem Neuen.
Ich gebe meine Wohnung in eure Mitte,
meine Seele schleudert euch nicht ab,
ich ergehe mich in eurer Mitte
und bin euch Gott,
und ihr seid mir Volk.
ICH bin euer Gott,
der ich euch aus dem Land Ägypten führte,
aus ihrer Dienstknechte Stand,
ich zerbrach die Stangen eures Jochs
und ließ euch aufrecht gehn.

Werdet ihr aber nicht auf mich hören,
alle diese Gebote nicht tun,
werdet ihr meine Satzungen mißachten,
wird eure Seele meine Rechtsgeheiße abschleudern,
daß ungetan bleiben alle meine Gebote,

daß mein Bund von euch zersprengt wird:
will auch ich euch solches tun,
ich verordne über euch Bestürzung,
die Abzehrung und das Fieber,
die die Augen vernichten und die Seele verkümmern.
Umsonst sät ihr eure Saat,
eure Feinde werden sie essen.
Ich gebe mein Antlitz wider euch,
hingestoßen werdet ihr vor eure Feinde,
über euch schalten eure Hasser,
ihr flieht, wo euch keiner verfolgt.

Und hört ihr nach diesem noch nicht auf mich,
werde ich hinzusetzen euch zu züchtigen,
siebenfach ob euren Versündigungen.
Ich zerbreche die Hoffart eures Trotzes,
ich lasse euren Himmel wie Eisen werden,
eure Erde wie Erz,
umsonst verzehrt sich eure Kraft,
nicht gibt eure Erde ihr Gewächs,
der Baum des Feldes gibt nicht seine Frucht.

Und geht ihr mit mir ungefüg um
und verlangt nicht auf mich zu hören,
werde ich euch Schlag zusetzen,
siebenfach wie eure Versündigungen.
Ich schicke wider euch das Getier des Felds aus,
daß es euch entvölkre,
daß es euer Vieh ausrotte,
daß es euch verringere,
so daß eure Wege verstummen.

Und nehmt bei diesem ihr Zucht mir nicht an
und geht mit mir ungefüg um,
gehe gar ich mit euch ungefüg um,
werde auch ich euch schlagen,
siebenfach ob euren Versündigungen.
Ich bringe ein Schwert über euch,
das rächt die Rache des Bunds.
Bergt ihr euch in eure Städte,

schicke ich die Pest in eure Mitte,
ihr seid in die Hand des Feindes gegeben.
Wann ich euch den Brotstab zerbreche,
backen zehn Weiber euer Brot in einem Ofen,
sie bringen euer Brot nach dem Gewicht zurück,
ihr eßt und werdet nicht satt.

Und hört ihr bei diesem nicht auf mich
und geht mit mir ungefüg um,
gehe ich mit euch in ungefügem Grimm um,
werde auch ich euch züchtigen,
siebenfach ob euren Versündigungen.
Ihr eßt das Fleisch eurer Söhne,
das Fleisch eurer Töchter eßt ihr.
Ich tilge eure Opferkoppen,
ich rode eure Glutsonnmale,
ich gebe eure Leichen auf die Leichen eurer Bildklötze,
meine Seele schleudert euch ab.
Ich gebe eure Städte der Ödnis hin,
ich verstumme eure Heiligtümer,
nicht will ich riechen euren Ruch des Geruhens.
Ich selber verstumme das Land,
eure Feinde erstummen darob die drin siedeln.
Euch aber streue ich unter die Erdstämme
und zücke hinter euch ein Schwert.
Wird so euer Land Verstummung
und Ödnis werden eure Städte,
dann schatzt das Land seine Feierjahre nach,
alle Tage seines Verstummens,
da ihr im Land eurer Feinde seid,
dann feiert das Land,
es schatzt seine Feiern ein.
Alle Tage seines Verstummens wird es feiern,
was es nicht feierte bei euren Feiersitten,
bei eurem Sitzen auf ihm.
Und die Restgebliebenen von euch,
in ihr Herz bringe ich Weichmut
im Land ihrer Feinde,
verwehten Blatts Geräusch verfolgt sie,

sie fliehn wie auf Schwertesflucht,
sie fallen, wo keiner verfolgt,
sie straucheln übereinander wie vor dem Schwert,
und verfolgt sie doch keiner.
Ein Aufrichten wird euch nicht sein vor euren Feinden,
unter den Erdstämmen schwindet ihr,
das Land eurer Feinde frißt euch.
Die Restgebliebnen von euch modern in den Ländern ihrer
    Feinde um ihre Verfehlung,
auch um die Verfehlungen ihrer Väter mit ihnen modern sie.
Bekennen werden sie ihre Verfehlung und die Verfehlung
    ihrer Väter
in ihrem Trug, mit dem sie mich trogen,
und auch daß, weil sie mit mir ungefüg umgingen, auch ich
    mit ihnen umging ungefüg und sie ins Land ihrer Feinde
    brachte.
Wie dann ihr Herz, das vorhautige, sich unterwirft,
wie sie dann nachschatzen für ihre Verfehlung,
will ich gedenken meines Jaakobbunds,
und auch meines Jizchakbunds,
und auch meines Abrahambunds will ich gedenken,
und des Landes will ich gedenken.
Verlassen muß das Land von ihnen werden,
daß es seine Feiern nachschatze, während es ihrer verstummte,
und sie müssen für ihre Verfehlung nachschatzen,
weil und dieweil sie meine Rechtsgeheiße mißachteten
und ihre Seele meine Satzungen abschleuderte.
Aber sogar auch da,
während sie im Land ihrer Feinde waren,
habe ich sie so nicht mißachtet,
habe ich sie so nicht abgeschleudert,
sie zu vernichten,
meinen Bund mit ihnen zu zersprengen,
denn I CH bin ihr Gott.
Gedenken will ich ihnen den Bund der Vordern,
ihrer die ich aus dem Land Ägypten führte
vor den Augen der Erdstämme,
ihnen Gott zu sein,
I CH.

Dieses sind die Gesetze, die Rechtsgeheiße und die Weisungen,
die ER gab zwischen sich und die Söhne Jiſsrael
auf dem Berg Sſinai in Mosches Hand.

ER redete zu Mosche, sprechend:

Rede zu den Söhnen Jifsraels, sprich zu ihnen:

Wenn jemand ein Gelübde besondert

nach dem Richtwert von Wesen IHM,

sei der Richtwert des Männlichen, vom Zwanzigjährigen bis
  bis zum Sechzigjährigen,

der Richtwert sei fünfzig Gewicht Silbers nach dem Heiligtumsgewicht.

Ists ein Weibliches, sei der Richtwert dreißig Gewicht.

Ists von einem Fünfjährigen bis zu einem Zwanzigjährigen,
  sei der Richtwert des Männlichen zwanzig Gewicht und
  beim Weiblichen zehn Gewicht.

Ists von einem Monatalten bis zu einem Fünfjährigen, sei der
  Richtwert eines Männlichen fünf Gewicht Silbers und beim
  Weiblichen der Richtwert drei Gewicht Silbers.

Ists von einem Sechzigjährigen und darüber, ists ein Männliches, sei der Richtwert fünfzehn Gewicht und beim
  Weiblichen zehn Gewicht.

Ist er aber zu sehr herabgesunken vom Richtwert,

stelle man ihn vor den Priester und der Priester bewerte ihn,

entsprechend dem, was die Hand des Gelobenden erreicht,
  bewerte ihn der Priester.

Ists aber Vieh, von dem man IHM eine Nahung darnahen
  kann,

alles, was er davon IHM gibt, wird Darheiligung,

er solls nicht auswechseln und es nicht vertauschen, Schlechtes
  für Gutes, noch Gutes für Schlechtes;

hat er doch vertauscht, in Austausch Vieh um Vieh, ward es
  und wird sein Eintausch Darheiligung.

Ists aber irgend makliges Vieh, von dem man IHM nicht eine
  Nahung darnahen kann,

stelle er das Vieh vor den Priester,

der Priester bewerte es, zwischen Gut und Schlecht,

wie die Bewertung des Priesters, so solls bleiben.

Löst ers aber in Lösung ein, lege er ein Fünftel davon auf den
  Wert.

Wenn jemand sein Haus darheiligt als Darheiligung IHM,

bewerte es der Priester, zwischen Gut und Schlecht,

wie der Priester es bewertet, so solls zu stehen kommen.
Löst aber der Darheiligende sein Haus ein,
lege er ein Fünftel des Silbers des Werts drauf, und es bleibt sein.

Heiligt jemand vom Feld seiner Hufe IHM dar,
sei der Richtwert seiner Aussaat entsprechend,
die Aussaat eines Malters Gerste zu fünfzig Gewicht Silbers.
Heiligt er vom Heimholerjahr ab sein Feld dar,
nach dem Richtwert soll es zu stehen kommen,
heiligt er aber sein Feld nach dem Heimholer dar,
berechne ihm der Priester den Silberpreis, entsprechend den
    Jahren, die noch bis zum Heimholerjahr übrig sind,
so wird vom Richtwert abgezogen.
Löst, der es darheiligte, das Feld in Lösung ein,
lege er ein Fünftel des Silbers des Werts drauf, und es bleibt
    sein.
Löste er aber das Feld nicht ein, und hat man das Feld einem
    andern verkauft,
kann es nicht mehr eingelöst werden,
dann ist das Feld bei seinem Ausgehn im Heimholer eine Dar-
    heiligung IHM wie ein Bannfeld,
des Priesters wird sein Hufenrecht.

Heiligt einer IHM das Feld seines Erwerbs dar, das nicht vom
    Feld seiner Hufe ist,
berechne ihm der Priester den Bruchteil des Richtwerts bis
    zum Heimholerjahr,
er gebe den Wert an demselben Tag als Darheiligung IHM.
Im Heimholerjahr kehrt das Feld zurück an den, von dem er
    es erwarb, an den, dessen das Hufenrecht des Landstücks ist.

Alle Bewertung sei nach dem Heiligtumsgewicht,
zwanzig Korn sei das Gewicht.

Jedoch ein Erstling, der IHM erstgeboren wird unterm Vieh,
den kann niemand darheiligen,
ob Ochs ob Schaf, SEIN ists.
Ists aber vom makligen Vieh,
abgelte ers nach dem Richtwert und lege dessen Fünftel drauf,
und wird es nicht eingelöst, werde es nach dem Richtwert
    verkauft.

Jedoch alles Banngut das jemand IHM bannt,
von allem was sein ist, von Mensch und Vieh und vom Feld
   seiner Hufe,
soll nicht verkauft und nicht eingelöst werden,
alles Banngut, Abheiligung vor Darheiligungen ist es IHM.

Was von Menschen als gebannt dem Rechtsbann verfällt,
kann nicht abgegolten werden, sterben muß es, sterben.

Aller Zehnte des Landes, von der Saat des Landes, von der
   Baumfrucht,
IHM gehört er, Darheiligung IHM.
Löst aber jemand von seinem Zehnten in Lösung ein, lege er
   dessen Fünftel drauf.
Aller Zehnte von Rind und Kleinvieh, allem was, unter dem
   Stabe hindurchzieht,
das je zehnte sei Darheiligung IHM.
Man unterscheide nicht zwischen Gut und Schlecht, man ver-
   tausche es nicht,
tauschte mans doch, im Umtausch, ward es und wird sein
   Eintausch Darheiligung IHM,
es kann nicht eingelöst werden.

Dieses sind die Gebote, die ER Mosche gebot an die Söhne
   Jifsraels
auf dem Berge Sfinai.

DAS BUCH
IN DER WÜSTE

ER redete zu Mosche in der Wüste Sſinai,
im Zelt der Begegnung,
am ersten auf die zweite Mondneuung, im zweiten Jahr nach
     ihrer Ausfahrt vom Land Ägypten,
sprechend:
Erhebt den Häupterbestand aller Gemeinschaft der Söhne
Jiſsraels nach ihren Sippen, nach ihrem Väterhaus, in Namen-
     zählung, alles Männliche nach ihren Scheiteln,
vom Zwanzigjährigen aufwärts, wer zur Heerschar in Jiſsrael
     ausfährt,
die ordnet ihren Scharen ein, du und Aharon.
Bei euch seien je ein Mann, je ein Mann für den Volksstab,
jedermann das Haupt seines Väterhauses.
Dies sind die Namen der Männer, die euch beistehn sollen:
für Ruben Elizur Sohn Schdeurs;
für Schimon Schlumïel Sohn Zurischaddajs;
für Jehuda Nachschon Sohn Amminadabs;
für Jiſsachar Ntanel Sohn Zuars;
für Sbulun Eliab Sohn Chelons;
für die Söhne Joſsefs:
für Efrajim Elischama Sohn Ammihuds,
für Mnasche Gamlïel Sohn Pdahzurs;
für Binjamin Abidan Sohn Gidonis;
für Dan Achïeser Sohn Ammischaddajs;
für Ascher Pagïel Sohn Ochrans;
für Gad Eljaſsaf Sohn Duels;
für Naftali Achira Sohn Enans.
Diese sind die Berufnen der Gemeinschaft, die Fürsten ihrer
     Väterstäbe,
die Häupter der Tausende Jiſsraels sind die.
Mosche nahm und Aharon diese Männer, die mit Namen
     bezeichnet waren,
und alle Gemeinschaft versammelten sie am ersten auf die
     zweite Neuung.
Sie reihten sich ihrer Zeugung nach, gemäß ihren Sippen,
     nach ihrem Väterhaus,
in Namenzählung, vom Zwanzigjährigen aufwärts, nach ihren
     Scheiteln,
wie ER Mosche geboten hatte,

er ordnete sie ein in der Wüste Sſinai.

Es waren die Söhne Rubens, des Erstlings Jiſsraels,
ihrer Zeugungen nach ihren Sippen, nach ihrem Väterhaus,
in Namenzählung nach ihren Scheiteln, alles Männlichen
vom Zwanzigjährigen aufwärts, alles was zur Heerschar
ausfährt,
ihrer Eingeordneten, des Stabs Ruben, sechsundvierzigtausend
und fünfhundert.

Der Söhne Schimons,
ihrer Zeugungen nach ihren Sippen, nach ihrem Väterhaus,
in Namenzählung nach ihren Scheiteln, alles Männlichen
vom Zwanzigjährigen aufwärts, alles was zur Heerschar
ausfährt,
ihrer Eingeordneten, des Stabs Schimon, neunundfünfzigtausend und dreihundert.

Der Söhne Gads, ihrer Zeugungen nach ihren Sippen, nach
ihrem Väterhaus, in Namenzählung, vom Zwanzigjährigen
aufwärts, alles was zur Heerschar ausfährt,
ihrer Eingeordneten, des Stabs Gad, fünfundvierzigtausend
sechshundert und fünfzig.

Der Söhne Jehudas, ihrer Zeugungen nach ihren Sippen, nach
ihrem Väterhaus, in Namenzählung, vom Zwanzigjährigen
aufwärts, alles was zur Heerschar ausfährt,
ihrer Eingeordneten, des Stabs Jehuda, vierundsiebzigtausend
und sechshundert.

Der Söhne Jiſsachars, ihrer Zeugungen nach ihren Sippen,
nach ihrem Väterhaus, in Namenzählung, vom Zwanzigjährigen aufwärts, alles was zur Heerschar ausfährt,
ihrer Eingeordneten, des Stabs Jiſsachar, vierundfünfzigtausend und vierhundert.

Der Söhne Sbuluns, ihrer Zeugungen nach ihren Sippen,
nach ihrem Väterhaus, in Namenzählung, vom Zwanzigjährigen aufwärts, alles was zur Heerschar ausfährt,
ihrer Eingeordneten, des Stabs Sbulun, siebenundfünfzigtausend und vierhundert.

Der Söhne Joſsefs:

der Söhne Efrajims, ihrer Zeugungen nach ihren Sippen,
  nach ihrem Väterhaus, in Namenzählung, vom Zwanzigjährigen aufwärts, alles was zur Heerschar ausfährt,
ihrer Eingeordneten, des Stabs Efrajim, vierzigtausend und
  fünfhundert;
der Söhne Mnasches, ihrer Zeugungen nach ihren Sippen,
  nach ihrem Väterhaus, in Namenzählung, vom Zwanzigjährigen aufwärts, alles was zur Heerschar ausfährt,
ihrer Eingeordneten, des Stabs Mnasche, zweiunddreißigtausend und zweihundert.

Der Söhne Binjamins, ihrer Zeugungen nach ihren Sippen,
  nach ihrem Väterhaus, in Namenzählung, vom Zwanzigjährigen aufwärts, alles was zur Heerschar ausfährt,
ihrer Eingeordneten, des Stabs Binjamin, fünfunddreißigtausend und vierhundert.

Der Söhne Dans, ihrer Zeugungen nach ihren Sippen, nach
  ihrem Väterhaus, in Namenzählung, vom Zwanzigjährigen
  aufwärts, alles was zur Heerschar ausfährt,
ihrer Eingeordneten, des Stabs Dan, zweiundsechzigtausend
  und siebenhundert.

Der Söhne Aschers, ihrer Zeugungen nach ihren Sippen,
  nach ihrem Väterhaus, in Namenzählung, vom Zwanzigjährigen aufwärts, alles was zur Heerschar ausfährt,
ihrer Eingeordneten, des Stabs Ascher, einundvierzigtausend
  und fünfhundert.

Der Söhne Naftalis, ihrer Zeugungen nach ihren Sippen, nach
  ihrem Väterhaus, in Namenzählung, vom Zwanzigjährigen
  aufwärts, alles was zur Heerschar ausfährt,
ihrer Eingeordneten, des Stabs Naftali, dreiundfünfzigtausend
  und vierhundert.

Diese sind die Eingeordneten, die Mosche einordnete und
  Aharon und die Fürsten Jifsraels,
zwölf Männer, je ein Mann für sein Väterhaus, waren die.
Es waren aller Eingeordneten der Söhne Jifsraels nach ihren
  Väterhäusern, vom Zwanzigjährigen aufwärts, alles was
  zur Heerschar auszieht in Jifsrael,

aller Eingeordneten waren sechshunderttausend und dreitausend und fünfhundert und fünfzig.

Die Lewiten aber nach ihrem Väterstab ließ man nicht sich
     einordnen in ihrer Mitte.
ER hatte zu Mosche geredet, sprechend:
Jedoch den Stab Lewi ordne nicht ein,
ihre Hauptzahl trage nicht ein inmitten der Söhne Jifsraels.
Verordne du die Lewiten über die Wohnung der Vergegen-
     wärtigung und über alle ihre Geräte und über alles, was an
     ihr ist,
tragen sollen sie die Wohnung und all ihre Geräte,
pflegen sollen sie ihrer,
rings um die Wohnung sollen sie lagern.
Wann die Wohnung auszieht, sollen die Lewiten sie hin-
     senken,
wann die Wohnung lagert, sollen die Lewiten sie errichten,
der Unzugehörige, der naht, müßte sterben.
Die Söhne Jifsraels sollen lagern jedermann bei seinem Lager,
jedermann bei seiner Fahne nach ihren Scharen,
die Lewiten aber sollen lagern rings um die Wohnung der
     Vergegenwärtigung,
daß nicht ein Grimm geschehe über die Gemeinschaft der
     Söhne Jifsraels,
wahren sollen die Lewiten die Verwahr der Wohnung der
     Vergegenwärtigung.
Die Söhne Jifsraels tatens,
allwie ER Mosche geboten hatte, so taten sie.

ER redete zu Mosche und zu Aharon, sprechend:
Jedermann neben seiner Fahne, bei den Abzeichen ihres
     Väterhauses, sollen lagern die Söhne Jifsraels,
gegenüber rings dem Zelt der Begegnung sollen sie lagern.
Die ostwärts, aufgangwärts Lagernden: die Fahne des Lagers
     Jehudas nach ihren Scharen, Fürst den Söhnen Jehudas
     Nachschon Sohn Amminadabs,
seiner Schar, ihrer Eingeordneten, vierundsiebzigtausend und
     sechshundert.

Die daneben Lagernden:

der Stab Jifsachar, Fürst den Söhnen Jifsachars Ntanel Sohn Zuars,

seiner Schar, seiner Eingeordneten, vierundfünfzigtausend und vierhundert;

der Stab Sbulun, Fürst den Söhnen Sbuluns Eliab Sohn Chelons,

seiner Schar, seiner Eingeordneten, siebenundfünfzigtausend und vierhundert.

Aller zum Lager Jehudas Eingeordneten hunderttausend und achtzigtausend und sechstausend und vierhundert, nach ihren Scharen,

zuerst ziehen sie.

Die Fahne des Lagers Rubens, mittagwärts, nach ihren Scharen, Fürst den Söhnen Rubens Elizur Sohn Schdëurs,

seiner Schar, seiner Eingeordneten, sechsundvierzigtausend und fünfhundert.

Die daneben Lagernden:

der Stab Schimon, Fürst den Söhnen Schimons Schlumiel Sohn Zurischaddajs,

seiner Schar, ihrer Eingeordneten, neunundfünfzigtausend und dreihundert;

und der Stab Gad, Fürst den Söhnen Gads Eljafsaf Sohn Duels,

seiner Schar, ihrer Eingeordneten, fünfundvierzigtausend sechshundert und fünfzig.

Aller zum Lager Rubens Eingeordneten hunderttausend und einundfünfzigtausend und vierhundert und fünfzig, nach ihren Scharen,

die zweiten ziehen sie.

Es zieht das Zelt der Begegnung, das Lager der Lewiten, inmitten der Lager,

wie sie lagern, so ziehen sie,

jedermann auf seiner Seite, nach ihren Fahnen.

Die Fahne des Lagers Efrajims, nach ihren Scharen, westwärts, Fürst den Söhnen Efrajims Elischama Sohn Ammihuds,

seiner Schar, ihrer Eingeordneten, vierzigtausend und fünfhundert;

daneben:

der Stab Mnasche, Fürst den Söhnen Mnasches Gamlïel Sohn
    Pdahzurs,
seiner Schar, ihrer Eingeordneten, zwciunddreißigtausend
    und zweihundert;
und der Stab Binjamin, Fürst den Söhnen Binjamins Abidan
    Sohn Gidonis,
seiner Schar, ihrer Eingeordneten, fünfunddreißigtausend und
    vierhundert.
Aller zum Lager Efrajims Eingeordneten hunderttausend und
    achttausend und hundert, nach ihren Scharen,
die dritten ziehen sie.

Die Fahne des Lagers Dans, nordwärts, nach ihren Scharen,
    Fürst den Söhnen Dans Achïeser Sohn Ammischaddajs,
seiner Schar, ihrer Eingeordneten, zweiundsechzigtausend
    und siebenhundert.
Die daneben Lagernden:
der Stab Ascher, Fürst den Söhnen Aschers Pagïel Sohn
    Ochrans,
seiner Schar, ihrer Eingeordneten, einundvierzigtausend und
    fünfhundert;
und der Stab Naftali, Fürst den Söhnen Naftalis Achira Sohn
    Enans,
seiner Schar, ihrer Eingeordneten, dreiundfünfzigtausend und
    vierhundert.
Aller zum Lager Dans Eingeordneten hunderttausend und
    siebenundfünfzigtausend und sechshundert,
zuletzt ziehen sie nach ihren Fahnen.

Diese sind die Eingeordneten der Söhne Jifsraels nach ihrem
    Väterhaus,
aller den Lagern Eingeordneten nach ihren Scharen
sechshunderttausend und dreitausend und fünfhundert und
    fünfzig.
Die Lewiten aber ließ man nicht sich einordnen in der Mitte
    der Söhne Jifsraels,
wie ER Mosche geboten hatte.
Die Söhne Jifsraels taten
allwie ER Mosche geboten hatte:
so lagerten sie nach ihren Fahnen,

so zogen sie jedermann nach seinen Sippen, bei seinem Väterhaus.

Dies sind die Zeugungen Aharons und Mosches
des Tags da ER mit Mosche auf dem Berg Sſinai redete.
Dies sind die Namen der Söhne Aharons:
der Erstling Nadab und Abihu, Elasar und Itamar.
Dies die Namen der Söhne Aharons, der gesalbten Priester,
deren Hand gefüllt, wurde, zu priestern.
Nadab starb und Abihu vor SEINEM Angesicht
da sie ungehöriges Feuer darnahten vor SEINEM Angesicht
in der Wüste Sſinai,
und Söhne hatten sie nicht,
es priesterten Elasar und Itamar angesichts Aharons ihres Vaters.

ER redete zu Mosche, sprechend:
Nahe den Stab Lewi,
stelle ihn vor Aharon den Priester, daß sie ihm amten.
Wahren sollen sie seine Verwahr und die Verwahr aller Gemeinschaft
vor dem Zelt der Begegnung,
den Dienst der Wohnung zu dienen,
wahren sollen sie alle Geräte des Zelts der Begegnung, die
Verwahr der Söhne Jiſsraels,
den Dienst der Wohnung zu dienen.
Gib die Lewiten Aharon und seinen Söhnen bei,
Beigegebne, Hingegebne sind sie ihm von den Söhnen
Jiſsraels aus.
Aharon und seinen Söhnen verordne,
sie sollen ihres Priestertums wahren,
der Unzugehörige, der naht, müßte sterben.

ER redete zu Mosche, sprechend:
Ich, da, ich nehme die Lewiten aus der Mitte der Söhne
Jiſsraels
anstatt alles Erstlingtums, des Bruchs eines Mutterschoßes,
von den Söhnen Jiſsraels,
mein seien die Lewiten,
denn mein ist alles Erstlingtum:
am Tag, da ich alles Erstlingtum im Land Ägypten schlug,

heiligte ich mir alles Erstlingtum in Jifsrael ab von Mensch bis
  Vieh,
mein seien sie,
MEIN.

ER redete zu Mosche in der Wüste Sfinai, sprechend:
Einordne die Söhne Lewis nach ihrem Väterhaus, nach ihren
  Sippen,
alles Männliche vom Monatkind aufwärts, sollst du sie einordnen.
Mosche ordnete sie ein nach SEINEM Geheiß, wie ihm geboten
  war.

Dies waren die Söhne Lewis mit ihren Namen:
Gerschon, Khat und Mrari.
Dies die Namen der Söhne Gerschons nach ihren Sippen:
Libni und Schimi.
Die Söhne Khats nach ihren Sippen:
Amram und Jizhar, Chebron und Usïel.
Die Söhne Mraris nach ihren Sippen:
Machli und Muschi.

Dies sind die Lewisippen nach ihrem Väterhaus:
Von Gerschon
die Libnisippe und die Schimisippe, dies die Gerschonsippen,
ihrer Eingeordneten in der Zählung alles Männlichen vom
  Monatkind aufwärts,
ihrer Eingeordneten siebentausend und fünfhundert.
Die Gerschonsippen, hinter der Wohnung sollten sie lagern,
  abendwärts.
Fürst des Gerschon-Väterhauses: Eljafsaf Sohn Laels.
Verwahr der Söhne Gerschons im Zelt der Begegnung:
die Wohnung und das Zelt,
seine Hülle und die Schirmung des Einlasses zum Zelt der Begegnung,
die Matten des Hofs und die Schirmung des Einlasses zum
  Hof, der rings um die Wohnung und um die Schlachtstatt ist,
und seine Stricke zu all seinem Stelldienst.

Von Khat

die Amramsippe, die Jizharsippe, die Chebronsippe, die
　　Usïelsippe, diese sind die Khatsippen,
in der Zählung alles Männlichen vom Monatskind aufwärts
achttausend und sechshundert,
Wahrer der Verwahr des Heiligen.
Die Sippen der Söhne Khats sollten lagern an der Weiche der
　　Wohnung mittagswärts.
Fürst des Vaterhauses der Khatsippen: Elizafan Sohn Usïels.
Ihre Verwahr:
der Schrein und der Tisch,
der Leuchter und die Stätten,
die Geräte im Heiligen, mit denen man amtet,
die Schirmung und all ihr Stelldienst.
Fürst der Lewifürsten
Elasar Sohn Aharons des Priesters:
Ordnung der Wahrer der Verwahr des Heiligen.

Von Mrari

die Machlisippe und die Muschisippe, diese sind die Mrari-
　　sippen,
ihrer Eingeordneten in der Zählung alles Männlichen vom
　　Monatskind aufwärts
sechstausend und zweihundert.
Fürst des Väterhauses der Mrarisippen: Zurïel Sohn Abi-
　　chajils.
An der Weiche der Wohnung nordwärts sollten sie lagern.
Zuordnung der Verwahr der Söhne Mraris:
die Balken der Wohnung,
ihre Riegel, ihre Ständer und ihre Sockel,
all ihre Geräte und all ihr Stelldienst,
die Ständer des Hofs ringsum und ihre Sockel,
ihre Pflöcke und ihre Stricke.

Die vor der Wohnung ostwärts Lagernden, vor dem Zelt der
　　Begegnung, aufgangwärts:
Mosche, Aharon und seine Söhne,
Wahrer der Verwahr des Heiligtums, zur Verwahr der Söhne
　　Jifsraels:
der Unzugehörige, der naht, müßte sterben.

Aller Eingeordneten der Lewiten, die Mosche einordnete, mit
   Aharon, auf SEIN Geheiß, nach ihren Sippen,
alles Männlichen vom Monatkind aufwärts
zweiundzwanzigtausend.

ER sprach zu Mosche:
Ausordne alles männliche Erstlingtum bei den Söhnen Jifsraels
   vom Monatkind aufwärts
und erhebe die Zahl ihrer Namen.
Nimm mir die Lewiten,
MIR,
anstatt alles Erstlingtums unter den Söhnen Jifsraels,
und das Vieh der Lewiten anstatt alles Erstlingtums unter dem
   Vieh der Söhne Jifsraels.
Mosche ordnete aus, wie ER ihm geboten hatte,
alles Erstlingtum unter den Söhnen Jifsraels.
Es war alles männlichen Erstlingtums, in Namenzählung,
   vom Monatkind aufwärts, nach ihren Eingeordneten
zweiundzwanzigtausend zweihundert und dreiundsiebzig.

ER redete zu Mosche, sprechend:
Nimm die Lewiten anstatt alles Erstlingtums unter den Söhnen Jifsraels
und das Vieh der Lewiten anstatt ihres Viehs,
mein seien die Lewiten,
MEIN.
Und für die Abgeltungen der zweihundertunddreiundsiebzig,
   die den Lewiten überschüssig sind von dem Erstlingtum der
   Söhne Jifsraels,
nimm je fünf und fünf Vollgewicht auf den Scheitel,
nach dem Heiligtumsgewicht nimm sie, zwanzig Korn das
   Gewicht,
gib das Silber Aharon und seinen Söhnen als Abgeltungen der
   ihnen Überschüssigen.
Mosche nahm das Silber der Abgelte von denen, die überschüssig waren den durch die Lewiten Abgegoltenen,
von dem Erstlingtum der Söhne Jifsraels nahm er das Silber,
tausend dreihundert und fünfundsechzig nach dem Heiligtumsgewicht,

Mosche gab das Silber der Abgeltungen Aharon und seinen
  Söhnen auf SEIN Geheiß,
wie ER Mosche geboten hatte.

ER redete zu Mosche und zu Aharon, sprechend:
Erhebe den Häupterbestand der Söhne Khats aus der Mitte der
  Söhne Lewis,
nach ihren Sippen, nach ihrem Väterhaus,
vom Dreißigjährigen aufwärts, bis zum Fünfzigjährigen,
alles was zur Heerschar eingeht,
Arbeit zu machen am Zelt der Begegnung.
Dies ist der Dienst der Söhne Khats am Zelt der Begegnung:
das Heiligende der Heiligtume.
Aharon gehe ein und seine Söhne beim Abzug des Lagers,
sie sollen den Verhang der Schirmung hinsenken
und in ihn den Schrein der Vergegenwärtigung hüllen
und darauf eine Hüllung von Seekuhhaut geben
und obenauf ein Gewand, ein Ganzes von Hyazinth breiten
und seine Stangen anlegen.
Auf den Tisch des Angesichts sollen sie ein Gewand von
  Hyazinth breiten
und darauf die Schüsseln, die Schalen, die Kellen und die
  Kannen des Gusses geben,
auch das stetige Brot sei darauf,
und sollen auf sie ein Gewand von Karmesin breiten
und ihn in eine Hülle von Seekuhhaut hüllen
und seine Stangen anlegen.
Sie sollen ein Gewand von Hyazinth nehmen
und einhüllen den Leuchter der Erhellung und seine Lichte,
  seine Zänglein und seine Pfännchen,
und alle seine Ölgeräte, mit denen man daran amtet,
sie sollen ihn und alle Geräte in eine Hülle von Seekuhhaut geben
und auf die Bahre geben.
Auf die goldene Statt sollen sie ein Gewand von Hyazinth
  breiten
und sie in eine Hülle von Seekuhhaut hüllen
und ihre Stangen anlegen.
Sie sollen alle Geräte des Amtens nehmen, mit denen man am
  Heiligen amtet,

und in ein Gewand von Hyazinth geben
und sie in eine Hülle von Seekuhhaut hüllen
und auf die Bahre geben.
Sie sollen die Schlachtstatt entaschen,
sollen auf sie alle ein Gewand von Purpur breiten,
sollen auf sie alle ihre Geräte geben, mit denen man auf ihr
    amtet,
die Pfannen, die Gabeln, die Schaufeln, die Sprengen, alle Ge-
    räte der Schlachtstatt,
sie sollen darauf eine Hüllung von Seekuhhaut breiten
und ihre Stangen anlegen.
Hat nun Aharon und seine Söhne vollendet das Heilige und
    alle Geräte des Heiligen zu hüllen, beim Abzug des Lagers,
danach sollen die Söhne Khats kommen um zu tragen,
daß sie das Heilige nicht berühren und sterben.
Diese sind die Traglast der Söhne Khats am Zelt der
    Begegnung.
Und die Zuordnung Elasars Sohns Aharons des Priesters:
das Öl der Erhellung und das Räucherwerk der Gedüfte,
die stete Hinleitspende und das Öl der Salbung;
die Ordnung der Wohnung all und all dessen, was an ihr ist,
am Heiligen und an seinen Geräten.

ER redete zu Mosche und Aharon, sprechend:
Laßt nicht den Zweig der Khatsippen gerodet werden aus der
    Mitte der Lewiten,
sondern dies tut ihnen, daß sie leben und nicht sterben,
wann sie an das Heiligende der Heiligtume treten:
Aharon und seine Söhne sollen eingehen,
sollen sie setzen, Mann um Mann an seine Bedienung und zu
    seiner Traglast,
daß sie nicht eingehn, zuzusehen wie das Heilige einge-
    schlungen wird,
und sterben.

ER redete zu Mosche, sprechend:
Erhebe den Häupterbestand der Söhne Gerschons, ihrer auch,
nach ihrem Väterhaus, nach ihren Sippen,
vom Dreißigjährigen aufwärts bis zum Fünfzigjährigen sollst
    du sie einordnen,

alles was eingeht, sich zur Heerschar zu scharen,
Dienst am Zelt der Begegnung zu dienen.
Dies ist der Dienst der Gerschonsippen,
an Bedienen und an Traglast:
sie sollen tragen
die Teppiche der Wohnung und das Zelt der Begegnung,
seine Hülle und die Hülle von Seekuhhaut, die darüber oben-
    auf ist,
die Schirmung des Einlasses zum Zelt der Begegnung,
die Matten des Hofs,
die Schirmung des Toreinlasses zum Hof, der rings um die
    Wohnung und um die Schlachtstatt ist,
ihre Stricke und alle Geräte ihres Stelldiensts;
und alles, was daran zu tun ist, sollen sie dienen.
Auf das Geheiß Aharons und seiner Söhne sei aller Dienst der
    Gerschonsöhne,
nach all ihrer Traglast und nach all ihrer Bedienung.
Ihr sollt ihnen zu Verwahr all ihre Traglast zuordnen.
Dies der Dienst der Sippen der Gerschonsöhne im Zelt der
    Begegnung und ihre Verwahr,
unter der Hand Itamars Sohns Aharons des Priesters.

Die Söhne Mraris, nach ihren Sippen, nach ihrem Väterhaus
    sollst du sie einordnen,
vom Dreißigjährigen aufwärts bis zum Fünfzigjährigen ordne
    sie ein,
alles was zur Heerschar eingeht, Dienst am Zelt der Begeg-
    nung zu dienen.
Und dies ist die Verwahr ihrer Traglast, nach all ihrem Dienst
    am Zelt der Begegnung:
die Balken der Wohnung, ihre Riegel, ihre Ständer, ihre
    Sockel,
die Ständer des Hofs ringsum, ihre Sockel, ihre Pflöcke und
    ihre Stricke,
samt allen ihren Geräten und samt all ihrer Bedienung.
Mit Namen zuordnen sollt ihr die Geräte der Verwahr ihrer
    Traglast.
Dies der Dienst der Sippen der Söhne Mraris,
all ihr Dienst am Zelt der Begegnung,

unter der Hand Itamars Sohns Aharons des Priesters.

Mosche ordnete ein und Aharon und die Fürsten der Ge-
    meinschaft die Khatsöhne nach ihren Sippen, nach ihrem
    Väterhaus,
vom Dreißigjährigen aufwärts bis zum Fünfzigjährigen, alles
    was zur Heerschar eingeht, zum Dienst am Zelt der Be-
    gegnung,
und ihrer Eingeordneten waren nach ihren Sippen zweitau-
    send siebenhundert und fünfzig.
Dieses sind die Eingeordneten der Khatsippen,
alles am Zelt der Begegnung Dienende,
die einordnete Mosche und Aharon, auf SEIN Geheiß in Mo-
    sches Hand.

Und der Eingeordneten der Söhne Gerschons nach ihren Sip-
    pen, nach ihrem Väterhaus,
vom Dreißigjährigen aufwärts bis zum Fünfzigjährigen, alles
    was zur Heerschar eingeht, zum Dienst am Zelt der Begegn-
    nung,
ihrer Eingeordneten waren nach ihren Sippen, nach ihrem
    Väterhaus, zweitausend sechshundert und dreißig.
Dies die Eingeordneten der Sippen der Söhne Gerschons,
alles am Zelt der Begegnung Dienende,
die einordnete Mosche und Aharon auf SEIN Geheiß.

Und der Eingeordneten der Sippen der Söhne Mraris, nach
    ihren Sippen, nach ihrem Väterhaus,
vom Dreißigjährigen aufwärts bis zum Fünfzigjährigen, alles
    was zur Heerschar eingeht, zum Dienst am Zelt der Begegn-
    nung,
ihrer Eingeordneten waren nach ihren Sippen dreitausend und
    zweihundert.
Dies die Eingeordneten der Sippen der Söhne Mraris,
die einordnete Mosche und Aharon, auf SEIN Geheiß in Mo-
    sches Hand.

Aller Eingeordneten, die einordnete Mosche und Aharon und
    die Fürsten Jifsraels bei den Lewiten,
nach ihren Sippen, nach ihrem Väterhaus,

vom Dreißigjährigen aufwärts bis zum Fünfzigjährigen,
alles was eingeht, den Dienst der Bedienung und den Dienst
   der Traglast am Zelt der Begegnung zu dienen,
ihrer Eingeordneten waren achttausend und fünfhundert und
   achtzig.
Auf SEIN Geheiß in Mosches Hand ordnete man sie ein,
Mann für Mann an seine Bedienung und an seine Traglast:
seine Zuordnungen, die ER Mosche geboten hatte.

ER redete zu Mosche, sprechend:
Gebiete den Söhnen Jifsraels,
daß sie aus dem Lager schicken alles Aussätzige, alles Flußbe-
    haftete, alles Leichnambemakelte,
so Männliches wie Weibliches sollt ihr ausschicken,
außer Lagers hinwegschicken sollt ihr sie,
daß sie nicht bemakeln ihr Lager, in deren Mitte ich einwohne.
Die Söhne Jifsrael taten so,
sie schickten sie hinweg außer Lagers,
wie ER Mosche geboten hatte, so taten die Söhne Jifsraels.

ER redete zu Mosche, sprechend:
Rede zu den Söhnen Jifsraels:
Ein Mann oder ein Weib, wenn sie etwas tun von allen Ver-
    sündigungen des Menschen, Trug zu trügen an IHM,
und dieses Wesen wurde schuldig,
bekennen sollen sie sich zu ihrer Versündigung, die sie taten,
er erstatte seine Abschuldung nach ihrem Hauptbetrag, und
    ihr Fünftel lege er drauf,
das gebe er dem, an dem er schuldig wurde.
Hat aber dieser Mann keinen Erblöser, daß dem die Abschul-
    dung erstattet werde,
gehört die zu erstattende Abschuldung IHM, wird des Priesters,
außer dem Widder der Bedeckungen, womit über ihm bedeckt
    wird.
Auch alle Hebe von allen Darheiligungen der Söhne Jifsraels
    die sie dem Priester nahen, sein werde sie,
jedermanns Darheiligungen, sein werden sie,
was jemand dem Priester gibt, sein werde es.

ER redete zu Mosche, sprechend:
Rede zu den Söhnen Jifsraels, sprich zu ihnen:
Mann um Mann, wenn sein Weib ausschweift und Trug an ihm
    trügt,
daß ein Mann ihr beiliegt in Samens Beilager,
und es blieb vor den Augen des Mannes verborgen, weil sie
    sich heimlich hielt, sie ist aber bemakelt,
und ein Zeuge ist nicht gegen sie, und sie wurde nicht gefaßt,

und ein Eifergeist gerät über ihn, und er eifert um sein Weib,
　　und sie ist bemakelt;
oder ein Eifergeist gerät über ihn, und er eifert um sein Weib,
　　sie ist aber nicht bemakelt:
bringe der Mann sein Weib zum Priester
und bringe ihre Nahung ihrethalb, das Zehntel des Scheffels
　　Gerstenmehl,
nicht gieße er Öl darauf, nicht gebe er Weihrauch darauf,
denn eine Hinleitspende der Eiferungen ists,
eine Hinleitspende des Gedenkens, Fehls gedenkenmachend.
Der Priester nahe sie, er stelle sie vor IHN.
Der Priester nehme heiliges Wasser in einem Tongefäß,
und vom Staub, der auf dem Estrich der Wohnung sein wird,
　　nehme der Priester und gebe in das Wasser.
Der Priester stelle das Weib vor IHN,
er entfeßle das Haupthaar des Weibes,
er gebe auf ihre Hohlhände die Hinleite des Gedenkens, eine
　　Eiferungshinleite ist sie,
und in der Hand des Priesters seien die Wasser der Bitternisse,
　　die fluchgewissen.
Der Priester beschwöre sie,
er spreche zu dem Weib:
Lag dir ein Mann nicht bei,
schweiftest du nicht aus in Bemaklung, deinem Mann unter-
　　stehend,
bleibe ungestraft von diesen Wassern der Bitternisse, den fluch-
　　gewissen.
Wenn aber ausschweiftest du, deinem Mann unterstehend,
wenn du bemakelt wurdest,
daß ein Mann seine Ablagerung in dich gab außer deinem
　　Mann,
– so beschwöre der Priester das Weib mit dem Droheid-
　　schwur, so spreche der Priester zum Weib –
gebe ER dich zu Droheid und zu Schwur inmitten deines
　　Volks,
indem ER gibt: deine Hüfte sinkt, dein Bauch schwillt,
wie diese Wasser, die fluchgewissen, in dein Eingeweid kamen,
Bauch zu schwellen, Hüfte zu senken!
Das Weib spreche: Jawahr! jawahr!

Der Priester schreibe diese Eiddrohungen auf ein Blatt,
er wische sie ab in die Wasser der Bitternisse hinein.
Er gebe dem Weib zu schlucken die Wasser der Bitternisse,
　　die fluchgewissen,
daß in sie kommen die Wasser, die fluchgewissen, zu Bitter-
　　nissen.
Der Priester nehme aus der Hand des Weibes die Hinleite der
　　Eiferungen.
er schwinge die Hinleite vor IHM,
er nahe sie zur Schlachtstatt,
der Priester greife von der Hinleite ihr Gedenkteil und lasse es
　　emporrauchen auf der Statt,
hierauf gebe er dem Weib die Wasser zu schlucken.
Und wie er ihr die Wasser zu schlucken gibt,
wirds sein:
ward sie bemakelt, trog sie Trug an ihrem Mann,
kommen in sie die Wasser, die fluchgewissen, zu Bitter-
　　nissen,
ihr Bauch schwillt, ihre Hüfte sinkt,
das Weib wird zur Eiddrohung im Innern ihres Volks;
ward aber nicht bemakelt das Weib, ist sie rein,
ungestraft bleibt sie und wird Samens besamt.
Dieses ist die Weisung der Eiferungen,
ob ein Weib, ihrem Mann unterstehend, ausschweift und be-
　　makelt wird,
oder ob über jemand ein Eifergeist gerät, er eifert um sein
　　Weib,
er stelle das Weib vor IHN;
der Priester tue an ihr nach all dieser Weisung.
Der Mann ist unsträflich, ohne Fehl, jenes Weib muß ihren
　　Fehl tragen.

ER redete zu Mosche, sprechend:
Rede zu den Söhnen Jifsraels, sprich zu ihnen:
Wenn ein Mann oder ein Weib sich absondert, zu geloben das
　　Gelübde eines Geweihten, sich IHM zu weihen:
vor Wein und Rauschgebräu halte er sich geweiht,
Gegornes aus Wein, Gegornes aus Rauschgebräu trinke er nicht,

allen Saft von Trauben trinke er nicht,

Trauben, frische und trockne, esse er nicht:

alle Tage seiner Weihe

esse er nicht von allem, was aus der Weinrebe gemacht wird,
   von Kernen bis Hülse;

alle Tage seines Weihegelübdes

gehe ein Messer nicht über sein Haupt;

bis die Tage sich erfüllen, die er IHM weihte,

sei es heilig, wachsen lasse er die Entfeßlung seines Haupthaars;

alle Tage, die er IHM weihte,

komme er nicht zu eines Toten Leichnam,

an seinem Vater, an seiner Mutter, an seinem Bruder, an seiner Schwester, an ihnen bemakle er sich nicht in ihrem
   Tode,

denn das Weihmal seines Gottes ist auf seinem Haupt:

alle Tage seiner Weihe

heilig ist er IHM.

Wenn aber einer verstirbt, sterbend plötzlich urplötzlich neben ihm, und er sein Weihehaupt bemakelt,

schere er sein Haupt am Tag seines Reinwerdens, am siebenten
   Tag schere er es,

und am achten Tage bringe er zwei Turteln oder zwei Taubenjunge zum Priester, zum Einlaß des Zelts der Begegnung,

der Priester bereite eins zu Entsündung und eins zu Darhöhung,

er bedecke über ihm davor, daß er durch den Leichnam
   sündig wurde,

er heilige wieder sein Haupt an demselben Tag;

er halte sich IHM geweiht die Tage seiner Weihe,

er bringe ein Lamm, einen Jährling, zu Abschuldung;

aber die frühern Tage seien verfallen, denn seine Weihe war
   maklig geworden.

Und dies ist die Weisung des Geweihten:

am Tag, da sich die Tage seiner Weihe erfüllen,

bringe man ihn zum Einlaß des Zelts der Begegnung.

Er nahe seine Nahung IHM dar,

ein Schaf, Jährling, heil, zu Darhöhung, ein Schafweibchen,
   Jährling, heil, zu Entsündung und einen heilen Widder zu
   Friedmahlen,

einen Korb Fladen von Feinmehl, Kuchen, mit Öl eingerührte,
    und Fladenscheiben, mit Öl bestrichen,
ihre Hinleite und ihre Güsse,
der Priester nahe es dar vor Ihn,
er bereite seine Entsündung und seine Darhöhung
und den Widder bereite er zu einer Friedmahlschlachtung
    Ihm nebst dem Korb der Fladen,
der Priester bereite seine Hinleite und seinen Guß.
Der Geweihte schere am Einlaß zum Zelt der Begegnung sein
    Weihehaupt,
er nehme das Haar seines Weihehaupts,
er gebe es auf das Feuer, das unter der Friedmahlschlachtung
    ist,
der Priester nehme den Bug vom Widder gekocht, einen Fla-
    denkuchen vom Korb und eine Fladenscheibe,
er gebe es auf die Hohlhände des Geweihten, nachdem er sein
    Weihmal abschor,
der Priester schwinge sie einen Schwung vor Ihm,
Darheiligung ists, für den Priester, nebst der Brust des
    Schwungs, nebst der Keule des Hubs;
danach darf der Geweihte Wein trinken.
Dieses ist die Weisung des Geweihten, der gelobt,
seine Nahung Ihm ob seiner Weihe;
außer dem, wie weit seine Hand reicht:
nach Geheiß seines Gelübdes, das er gelobte,
so tue er über die Weisung seiner Weihe hinaus.

Er redete zu Mosche, sprechend:
Rede zu Aharon und zu seinen Söhnen, sprechend:
So sollt ihr die Söhne Jifsraels segnen:
sprecht zu ihnen:
Segne dich Er und bewahre dich,
lichte Er sein Antlitz dir zu und sei dir günstig,
hebe Er sein Antlitz dir zu und setze dir Frieden.
Sie sollen meinen Namen auf die Söhne Jifsraels setzen,
ich aber werde sie segnen.

Es geschah am Tag, als Mosche endete die Wohnung zu er-
　richten
und salbte sie und heiligte sie und all ihre Geräte, und die
　Schlachtstatt und all ihre Geräte,
als er die salbte und sie heiligte,
darnahten die Fürsten Jifsraels, die Häupter ihres Väterhauses,
　das sind die Fürsten der Stäbe, das sind, die den Eingeordne-
　ten vorstehn,
sie brachten ihre Nahung vor IHN,
sechs Dachwagen und zwölf Rinder,
ein Wagen auf je zwei Fürsten, ein Ochs für je einen,
die nahten sie vor die Wohnung.
ER sprach zu Mosche, sprach:
Nimms von ihnen an,
es sei, die Bedienung des Zelts der Begegnung zu dienen,
gib es an die Lewiten, jeder Mannschaft nach Geheiß ihres
　Dienstes.
Mosche nahm die Wagen und die Rinder, er gab sie an die
　Lewiten:
zwei der Wagen und vier der Rinder gab er den Söhnen
　Gerschons nach Geheiß ihres Dienstes,
vier der Wagen und acht der Rinder gab er den Söhnen
　Mraris nach Geheiß ihres Dienstes,
zuhanden Itamars Sohn Aharons des Priesters,
den Söhnen Khats aber gab er nichts, denn die Bedienung des
　Heiligen lag ihnen ob, auf der Schulter mußten sie tragen.
Die Fürsten nahten die Rüstspende der Schlachtstatt dar, am
　Tag, da sie gesalbt ward,
die Fürsten nahten ihre Nahung vor die Schlachtstatt dar.
ER sprach zu Mosche:
Je ein Fürst für den Tag, je ein Fürst für den Tag sollen sie ihre
　Nahung zur Rüste der Schlachtstatt darnahn.

Der am ersten Tag seine Nahung darnahte, war Nachschon
　Sohn Amminadabs vom Stab Jehuda,
seine Nahung:
eine Schüssel von Silber, hundertunddreißig an Gewicht,
eine Sprenge von Silber, siebzig Vollgewicht nach dem Heilig-
　tumsgewicht,

beide voll Feinmehls, mit Öl verrührt, zu Hinleite,
eine Schale, zehn, von Gold, voll Räucherwerks,
einen Farren, Jungstier, einen Widder, ein Lamm, Jährling,
     zu Darhöhung,
einen Ziegenbock zu Entsündung,
und zur Friedmahlschlachtung Rinder zwei, Widder fünf,
     Zuchtböcke fünf, Lämmer, Jährlinge, fünf:
das war die Nahung Nachschons Sohns Amminadabs.

Am zweiten Tag nahte dar Ntanel Sohn Zuars, Fürst Jifsachars,
er nahte seine Nahung:
eine Schüssel von Silber, hundertunddreißig an Gewicht,
eine Sprenge von Silber, siebzig Vollgewicht nach dem Hei-
     ligtumsgewicht,
beide voll Feinmehls, mit Öl verrührt, zu Hinleite,
eine Schale, zehn, von Gold, voll Räucherwerks,
einen Farren, Jungstier, einen Widder, ein Lamm, Jährling, zu
     Darhöhung,
einen Ziegenbock zu Entsündung,
und zur Friedmahlschlachtung Rinder zwei, Widder fünf,
     Zuchtböcke fünf, Lämmer, Jährlinge, fünf:
das war die Nahung Ntanels Sohns Zuars.

Am dritten Tag der Fürst der Söhne Sbuluns Eliab Sohn Chelons,
seine Nahung:
eine Schüssel von Silber, hundertunddreißig an Gewicht,
eine Sprenge von Silber, siebzig Vollgewicht nach dem Hei-
     ligtumsgewicht,
beide voll Feinmehls, mit Öl verrührt, zu Hinleite,
eine Schale, zehn, von Gold, voll Räucherwerks,
einen Farren, Jungstier, einen Widder, ein Lamm, Jährling, zu
     Darhöhung,
einen Ziegenbock zu Entsündung,
und zur Friedmahlschlachtung Rinder zwei, Widder fünf,
     Zuchtböcke fünf, Lämmer, Jährlinge, fünf:
das war die Nahung Eliabs Sohns Chelons.

Am vierten Tag der Fürst der Söhne Rubens Elizur Sohn
Schdëurs,

seine Nahung:

eine Schüssel von Silber, hundertunddreißig an Gewicht,

eine Sprenge von Silber, siebzig Vollgewicht nach dem Heiligtumsgewicht,

beide voll Feinmehls, mit Öl verrührt, zu Hinleite,

eine Schale, zehn, von Gold, voll Räucherwerks,

einen Farren, Jungstier, einen Widder, ein Lamm, Jährling, zu
Darhöhung,

einen Ziegenbock zu Entsündung,

und zur Friedmahlschlachtung Rinder zwei, Widder fünf,
Zuchtböcke fünf, Lämmer, Jährlinge, fünf:

das war die Nahung Elizurs Sohns Schdëurs.

Am fünften Tag der Fürst der Söhne Schimons Schlumïel
Sohn Zurischaddajs,

seine Nahung:

eine Schüssel von Silber, hundertunddreißig an Gewicht,

eine Sprenge von Silber, siebzig Vollgewicht nach dem Heiligtumsgewicht,

beide voll Feinmehls, mit Öl verrührt, zu Hinleite,

eine Schale, zehn, von Gold, voll Räucherwerks,

einen Farren, Jungstier, einen Widder, ein Lamm, Jährling, zu
Darhöhung.

einen Ziegenbock zu Entsündung,

und zur Friedmahlschlachtung Rinder zwei, Widder fünf,
Zuchtböcke fünf, Lämmer, Jährlinge, fünf:

das war die Nahung Schlumïels Sohns Zurischaddajs.

Am sechsten Tag der Fürst der Söhne Gads Eljaſsaf Sohn Duels,

seine Nahung:

eine Schüssel von Silber, hundertunddreißig an Gewicht,

eine Sprenge von Silber, siebzig Vollgewicht nach dem Heiligtumsgewicht,

beide voll Feinmehls, mit Öl verrührt, zu Hinleite,

eine Schale, zehn, von Gold, voll Räucherwerks,

einen Farren, Jungstier, einen Widder, ein Lamm, Jährling, zu
Darhöhung,

einen Ziegenbock zu Entsündung,

und zur Friedmahlschlachtung Rinder zwei, Widder fünf,
Zuchtböcke fünf, Lämmer, Jährlinge, fünf:

das war die Nahung Eljaſsafs Sohns Duels.

Am siebenten Tag der Fürst der Söhne Efrajims Elischama
   Sohn Ammihuds,
seine Nahung:
eine Schüssel von Silber, hundertunddreißig an Gewicht,
eine Sprenge von Silber, siebzig Vollgewicht nach dem Heiligtumsgewicht,
beide voll Feinmehls, mit Öi verrührt, zu Hinleite,
eine Schale, zehn, von Gold, voll Räucherwerks,
einen Farren, Jungstier, einen Widder, ein Lamm, Jährling, zu
   Darhöhung,
einen Ziegenbock zu Entsündung,
und zur Friedmahlschlachtung Rinder zwei, Widder fünf,
   Zuchtböcke fünf, Lämmer, Jährlinge, fünf:
Das war die Nahung Elischamas Sohns Ammihuds.

Am achten Tag der Fürst der Söhne Mnasches Gamlïel Sohn
   Pdahzurs,
seine Nahung:
eine Schüssel von Silber, hundertunddreißig an Gewicht,
eine Sprenge von Silber, siebzig Vollgewicht nach dem Heiligtumsgewicht,
beide voll Feinmehls, mit Öl verrührt, zu Hinleite,
eine Schale, zehn, von Gold, voll Räucherwerks,
einen Farren, Jungstier, einen Widder, ein Lamm, Jährling, zu
   Darhöhung,
einen Ziegenbock zu Entsündung,
und zur Friedmahlschlachtung Rinder zwei, Widder fünf,
   Zuchtböcke fünf, Lämmer, Jährlinge, fünf:
das war die Nahung Gamlïels Sohns Pdahzurs.

Am neunten Tag der Fürst der Söhne Binjamins Abidan Sohn
   Gidonis,
seine Nahung:
eine Schüssel von Silber, hundertunddreißig an Gewicht,
eine Sprenge von Silber, siebzig Vollgewicht nach dem Heiligtumsgewicht,
beide voll Feinmehls, mit Öl verrührt, zu Hinleite,
eine Schale, zehn, von Gold, voll Räucherwerks,

einen Farren, Jungstier, einen Widder, ein Lamm, Jährling, zu
  Darhöhung,
einen Ziegenbock zu Entsündung,
und zur Friedmahlschlachtung Rinder zwei, Widder fünf,
  Zuchtböcke fünf, Lämmer, Jährlinge, fünf:
das war die Nahung Abidans Sohns Gidonis.

Am zehnten Tag der Fürst der Söhne Dans Achïeser Sohn
  Ammischaddajs,
seine Nahung:
eine Schüssel von Silber, hundertunddreißig an Gewicht,
eine Sprenge von Silber, siebzig Vollgewicht nach dem Heiligtumsgewicht,
beide voll Feinmehls, mit Öl verrührt, zu Hinleite,
eine Schale, zehn, von Gold, voll Räucherwerks,
einen Farren, Jungstier, einen Widder, ein Lamm, Jährling, zu
  Darhöhung,
einen Ziegenbock zu Entsündung,
und zur Friedmahlschlachtung Rinder zwei, Widder fünf,
  Zuchtböcke fünf, Lämmer, Jährlinge, fünf:
das war die Nahung Achïesers Sohns Ammischaddajs.

Am Elftag der Tage der Fürst der Söhne Aschers Pagïel Sohn
  Ochrans,
seine Nahung:
eine Schüssel von Silber, hundertunddreißig an Gewicht,
eine Sprenge von Silber, siebzig Vollgewicht nach dem Heiligtumsgewicht,
beide voll Feinmehls, mit Öl verrührt, zu Hinleite,
eine Schale, zehn, von Gold, voll Räucherwerks,
einen Farren, Jungstier, einen Widder, ein Lamm, Jährling, zu
  Darhöhung,
einen Ziegenbock zu Entsündung,
und zu Friedmahlschlachtung Rinder zwei, Widder fünf,
  Zuchtböcke fünf, Lämmer, Jährlinge, fünf:
das war die Nahung Pagïels Sohns Ochrans.

Am Zwölftag der Tage der Fürst der Söhne Naftalis Achira
  Sohn Enans,
seine Nahung:

eine Schüssel von Silber, hundertunddreißig an Gewicht,
eine Sprenge von Silber, siebzig Vollgewicht nach dem Hei-
     ligtumsgewicht,
beide voll Feinmehls, mit Öl verrührt, zu Hinleite,
eine Schale, zehn, von Gold, voll Räucherwerks,
einen Farren, Jungstier, einen Widder, ein Lamm, Jährling, zu
     Darhöhung,
einen Ziegenbock zu Entsündung,
und zur Friedmahlschlachtung Rinder zwei, Widder fünf,
     Zuchtböcke fünf, Lämmer, Jährlinge, fünf:
das war die Nahung Achiras Sohns Enans.

Dies war die Rüstspende der Schlachtstatt, am Tag, da sie ge-
     salbt ward, von den Fürsten Jifraels aus:
silberner Schüsseln zwölf, silberner Sprengen zwölf, goldner
     Schalen zwölf,
hundertunddreißig die einzelne Schüssel an Silber, siebzig die
     einzelne Sprenge,
allen Silbers der Geräte zweitausend und vierhundert nach
     dem Heiligtumsgewicht,
goldner Schalen zwölf, voll Räucherwerks, zehn und zehn die
     Schale nach dem Heiligtumsgewicht,
allen Golds der Schalen hundertundneunzig;
aller Rinder zur Hochgabe zwölf Farren, Widder zwölf,
     Lämmer, Jährlinge, zwölf, dazu ihre Hinleite,
Ziegenböcke zwölf zu Entsündung,
aller Rinder der Friedmahlschlachtung vierundzwanzig Far-
     ren, Widder sechzig, Zuchtböcke sechzig, Lämmer, Jähr-
     linge, sechzig:
dies war die Rüstspende der Schlachtstatt, nachdem sie ge-
     salbt ward.

Wann Mosche einging ins Zelt der Begegnung,
mit ihm zu reden,
hörte er die Stimme
zu ihm redend
von über dem Verdeck, das über dem Schrein der Vergegen-
    wärtigung ist,
von zwischen den beiden Cheruben her,
sie redete zu ihm.

ER redete zu Mosche, sprechend:
Rede zu Aharon, sprich zu ihm:
Wann du die Lichte höhst,
der Vordersicht des Leuchters zu sollen sie erhellen, das Siebent
    der Lichte.
Aharon tat so,
der Vordersicht des Leuchters zu höhte er dessen Lichte,
wie ER Mosche geboten hatte.
Dies aber ist die Machweise des Leuchters:
Hämmerkunst aus Gold,
hin zu seinem Schaft, hin zu seinem Blust Hämmerkunst er,
wie die Sicht, die ER Mosche zu schauen gab,
so hatte er den Leuchter gemacht.

ER redete zu Mosche, sprechend:
Nimm die Lewiten aus der Mitte der Söhne Jifsraels,
reinige sie.
Solches sollst du ihnen tun sie zu reinigen:
Spritze auf sie Entsündungswasser,
sie sollen ein Schermesser über ihr ganzes Fleisch führen,
sie sollen ihre Gewänder waschen,
rein sollen sie werden.
Sie sollen nehmen einen Farren, Jungstier, und seine Hinleite,
    Feinmehl, mit Öl verrührt,
und einen zweiten Jungstier-Farren nimm zu Entsündung.
Nahe die Lewiten vor das Zelt der Begegnung
– versammle alle Gemeinschaft der Söhne Jifsraels –,
nahe die Lewiten vor IHN,
die Söhne Jifsraels stemmen ihre Hände auf die Lewiten,
Aharon schwinge die Lewiten einen Schwung vor IHM

von den Söhnen Jifsraels aus,
daß sie daseien, um SEINEN Dienst zu dienen.
Und die Lewiten sollen ihre Hände auf den Kopf der Farren
　　stemmen,
und du lasse den einen zu Entsündung bereiten und den einen
　　zu Darhöhung IHM,
über den Lewiten zu bedecken.
Du stellst die Lewiten vor Aharon und vor seine Söhne,
du schwingst sie IHM einen Schwung,
du scheidest die Lewiten aus der Mitte der Söhne Jifsraels:
die Lewiten werden mein.
Danach gehen die Lewiten ein, das Zelt der Begegnung zu be-
　　dienen.
Reinigen sollst du sie, einen Schwung sie schwingen,
denn Gegebne, Hingegebne sind sie mir
aus der Mitte der Söhne Jifsraels.
Anstatt des Durchbruchs alles Mutterschoßes,
des Erstlingtums all aus den Söhnen Jifsraels
habe ich sie mir genommen,
denn mein ist alles Erstlingtum unter den Söhnen Jifsraels,
unter den Menschen und unterm Vieh.
Des Tags, da ich alles Erstlingtum des Landes Ägypten schlug,
habe ich sie mir ausgeheiligt.
Ich nahm die Lewiten
anstatt alles Erstlingtums der Söhne Jifsraels,
ich gebe hin die Lewiten
als Beigegebne Aharon und seinen Söhnen aus der Mitte der
　　Söhne Jifsraels,
den Dienst der Söhne Jifsraels zu dienen
am Zelt der Begegnung,
ob den Söhnen Jifsraels zu decken,
daß nicht den Söhnen Jifsraels ein Zustoß geschehe,
wann die Söhne Jifsraels ans Heilige träten.
Mosche tats und Aharon und alle Gemeinschaft der Söhne
　　Jifsraels den Lewiten:
allwie ER Mosche für die Lewiten geboten hatte,
so taten ihnen die Söhne Jifsraels.
Die Lewiten entsündeten sich,
sie wuschen ihre Kleider,

Aharon schwang sie einen Schwung vor I H M,
Aharon bedeckte über ihnen, sie zu reinigen,
danach gingen die Lewiten ein,
ihren Dienst am Zelt der Begegnung, vor Aharon und vor
    seinen Söhnen zu dienen.
Wie ER Mosche über die Lewiten geboten hatte, so taten sie
    ihnen.

ER redete zu Mosche, sprechend:
Dies ist, was den Lewiten gilt:
Vom Fünfundzwanzigjährigen aufwärts gehe er ein, sich an-
    zuscharen der Schar im Dienst des Zelts der Begegnung,
und als Fünfzigjähriger kehre er aus der Dienstschar und diene
    nicht mehr,
er pflege seiner Brüder im Zelt der Begegnung, Verwahr zu
    wahren,
aber Dienst diene er nicht.
Also sollst du den Lewiten tun bei ihren Verwahrnissen.

ER redete zu Mosche in der Wüste Sſinai,
im zweiten Jahr auf ihre Ausfahrt von Ägypten, in der ersten
    Mondneuung,
sprechend:
Machen sollen die Söhne Jiſsraels das Übersprungsmahl zu
    seiner Gezeit,
am vierzehnten Tag in dieser Neuung, zwischen den Abend-
    stunden, sollt ihr es machen zu seiner Gezeit,
nach all seinen Satzungen und nach all seinen Rechten sollt
    ihr es machen.
Mosche redete zu den Söhnen Jiſsraels, das Übersprungsmahl
    zu machen.
Sie machten das Übersprungsmahl
in der ersten, am vierzehnten Tag auf die Neuung, zwischen
    den Abendstunden,
in der Wüste Sſinai;
allwie ER Mosche geboten hatte, so machtens die Söhne
    Jiſsraels.
Es gab Leute, die waren maklig durch Menschenleichnam

und konnten das Übersprungsmahl nicht machen an jenem
  Tag,
die nahten vors Antlitz Mosches und Aharons an jenem Tag,
diese Leute sprachen zu ihm:
Wir sind maklig durch Menschenleichnam,
warum sollen wir verkürzt sein,
ohne Darnahen SEINER Nahung zu ihrer Gezeit,
inmitten der Söhne Jifsraels!
Mosche sprach zu ihnen:
Bleibt stehn,
ich will hören, was ER für euch gebietet.
ER redete zu Mosche, sprechend:
Rede zu den Söhnen Jifsraels, sprechend:
Jedermann, wenn er maklig ist durch einen Leichnam
oder auf fernem Weg,
bei euch oder bei euren Geschlechtern,
und hat Übersprungsmahl IHM zu machen:
in der zweiten Mondneuung, am vierzehnten Tag zwischen
  den Abendstunden sollen sie es machen,
mit Fladen und Bitterkräutern sollen sies essen,
sie sollen davon nicht resten lassen bis an den Morgen,
nicht sollen sie dran einen Knochen zerbrechen,
nach aller Satzung des Übersprungsmahls sollen sie es machen.
Der Mann aber, der rein ist und nicht unterwegs war
und versäumt, das Übersprungsmahl zu machen,
gerodet wird dieses Wesen aus seinen Volkleuten,
denn SEINE Nahung nahte er nicht dar zu ihrer Gezeit,
seine Sünde trage jener Mann.
Wenn ein Gastsasse bei euch gastet
und macht IHM das Übersprungsmahl,
nach der Satzung des Übersprungsmahls und nach seinem
  Rechte, so soll er es machen,
einerlei Satzung sei euch, so dem Gast, so dem Sproß des Landes.

Am Tag, da die Wohnung errichtet ward,
hüllte die Wolke die Wohnung
dem Zelt der Vergegenwärtigung zu,
doch am Abend wars auf der Wohnung

wie Feuers Sicht bis an den Morgen.
So war es stetig:
die Wolke hüllte sie
und Feuersicht nachts.
Nach Geheiß des Aufsteigens der Wolke herauf vom Zelt,
alsbald zogen die Söhne Jifsraels,
und an der Stelle, da die Wolke wieder einwohnte,
da lagerten die Söhne Jifsraels.
Auf SEIN Geheiß zogen die Söhne Jifsraels,
auf SEIN Geheiß lagerten sie,
alle Tage, die die Wolke auf der Wohnung wohnte, lagerten sie.
Wann die Wolke auf der Wohnung viele Tage säumte,
wahrten die Söhne Jifsraels SEINE Verwahrung und zogen
    nicht;
es kam vor, daß die Wolke eine Anzahl Tage auf der Woh-
    nung war:
auf SEIN Geheiß lagerten sie, auf SEIN Geheiß zogen sie;
es kam vor, daß die Wolke von Abend bis Morgen war:
stieg die Wolke am Morgen auf, zogen sie:
ob Tags oder Nachts: stieg die Wolke auf, zogen sie,
ob ein Tagpaar ob eine Mondneuung ob Jahr und Tag:
wann die Wolke auf der Wohnung säumte, auf ihr zu wohnen,
lagerten die Söhne Jifsraels, sie zogen nicht,
aber wann sie aufstieg, zogen sie:
auf SEIN Geheiß lagerten sie,
auf SEIN Geheiß zogen sie,
sie wahrten SEINE Verwahrung
auf SEIN Geheiß durch Mosche.

ER redete zu Mosche, sprechend:
Mache dir zwei Trompeten von Silber,
in Hämmerkunst sollst du sie machen,
sie seien dir
zur Berufung der Gemeinschaft
und die Lager abziehn zu lassen.
Bläst man in sie,
begegne dir alle Gemeinschaft am Einlaß des Zelts der Be-
    gegnung,

bläst man aber in eine,
begegnen dir die Fürsten, die Häupter der Tausende Jifsraels.
Blast ihr Geschmetter,
ziehen die Lager, die ostwärts lagern;
blast ihr Geschmetter zum zweitenmal,
ziehen die Lager, die mittagwärts lagern;
Geschmetter sollen sie blasen zu ihren Zügen.
Wann man das Gesamt versammelt,
sollt ihr blasen, aber nicht schmettern.
Aharons Söhne, die Priester, sollen in die Trompeten blasen,
die seien euch zu Weltzeit-Satzung für eure Geschlechter.
Und wenn ihr in Krieg kommt in eurem Land
wider den Dränger der euch drängt:
in die Trompeten schmettert,
ihr werdet vor IHM eurem Gott bedacht,
ihr werdet von euren Feinden befreit.
Und an einem Tag eurer Freude
und an euren Gezeiten und an euren Mondneuungsbeginnen
blaset in die Trompeten,
bei euren Darhöhungen, bei euren Friedmahlschlachtungen,
sie seien euch zum Gedächtnis vor eurem Gott.
ICH bin euer Gott.

Es geschah im zweiten Jahr, in der zweiten Mondneuung, am
    zwanzigsten in der Neuung:
die Wolke stieg von der Wohnung der Vergegenwärtigung
    auf.
Aus zogen die Söhne Jifsraels zu ihren Zügen von der Wüste
    Sfinai,
bis wieder die Wolke einwohnte, in der Wüste Paran.
Erstmals zogen sie auf SEIN Geheiß durch Mosche.
Zuerst zog die Fahne des Lagers der Söhne Jehudas in ihren
    Scharen,
und über seiner Scharung Nachschon Sohn Amminadabs.
Über der Scharung des Stabs der Söhne Jifsachars Ntanel Sohn
    Zuars.
Über der Scharung des Stabs der Söhne Sbuluns Eliab Sohn
    Chelons.
Dann wurde die Wohnung hingesenkt,

es zogen die Söhne Gerschons und die Söhne Mraris, die Trä-
　　ger der Wohnung.

Dann zog die Fahne des Lagers Rubens in ihren Scharen,
und über seiner Scharung Elizur Sohn Schdëurs.

Über der Scharung des Stabs der Söhne Schimons Schlumïel
　　Sohn Zurischaddajs.

Über der Scharung des Stabs der Söhne Gads Eljafsaf Sohn
　　Duels.

Dann zogen die Khatiten, die Träger des Geheiligten,
jene errichteten die Wohnung, bis die kamen.

Dann zog die Fahne des Lagers der Söhne Efrajims in ihren
　　Scharen,
und über seiner Scharung Elischama Sohn Ammihuds.

Über der Scharung des Stabs der Söhne Mnasches Gamlïel
　　Sohn Pdahzurs.

Über der Scharung des Stabs der Söhne Binjamins Abidan
　　Sohn Gidonis.

Dann zog die Fahne des Lagers der Söhne Dans, Nachhut für
　　alle Lager, in ihren Scharen,
und über seiner Scharung Achïeser Sohn Ammischaddajs.

Über der Scharung des Stabs der Söhne Aschers Pagïel Sohn
　　Ochrans.

Über der Scharung des Stabs der Söhne Naftalis Achira Sohn
　　Enans.

Dies die Auszüge der Söhne Jifsraels in ihren Scharen,
wie sie zogen.

Mosche sprach zu Chobab Sohn Ruels des Midjaniters, Mo-
　　sches Schwager:
Wir ziehen nach dem Ort, von dem ER sprach: Ihn will ich
　　euch geben.

Geh mit uns,
wir wollen dir guttun,
denn Gutes hat ER über Jifsrael geredet.

Er sprach zu ihm:
Ich will nicht mitgehn,
sondern nach meinem Land und zu meiner Verwandtschaft
　　will ich gehn.

Er aber sprach:

Verlaß uns doch nicht,
wozu sonst kenntest du Lagerplätze für uns in der Wüste!
du sollst uns zu Augen sein.
So seis, wenn du mit uns gehst,
so seis:
dasselbe Gute, mit dem ER uns guttut,
damit wollen wir dir guttun.

Sie zogen von SEINEM Berg
einen Weg von drei Tagen,
und vor ihnen her zog der Schrein SEINES Bundes,
einen Weg von drei Tagen,
ihnen Ruhe auszuforschen,
und SEINE Wolke war über ihnen des Tags,
wann sie aus dem Lager zogen.
Es geschah:
Wann der Schrein auszog, sprach Mosche:
Steh auf, DU,
daß zerstieben deine Feinde,
daß entfliehen deine Hasser
vor deinem Antlitz!
Und wann er ruhte, sprach er:
Kehr ein, DU,
in die Mengen der Tausende Jifsraels!

Das Volk war wie Totenklager,
übel in SEINEN Ohren,
ER hörte es, sein Zorn entflammte,
ein Feuer von IHM zündete auf sie ein,
es fraß am Rande des Lagers.
Das Volk schrie zu Mosche,
Mosche setzte sich ein bei IHM,
das Feuer sank.
Er rief den Namen des Ortes Tabera, Zündstatt,
denn auf sie eingezündet hatte ein Feuer von IHM.

Aber der Mischmasch, der drunter war,
die lüstete ein Gelüst,
es weinten auch die Söhne Jifsraels wieder und sprachen:
Wer gibt uns Fleisch zu essen!
wir gedenken
der Fischmenge, die wir in Ägypten umsonst zu essen be-
    kamen,
der Gurken, der Melonen,
des Porrees, der Zwiebeln, des Knoblauchs!
jetzt ist uns die Seele vertrocknet,
von alldem keins mehr!
einzig auf das Man unsre Augen!
Und das Man, wie Koriandersamen wars doch,
sein Anblick wie der Anblick des Edelharzes,
das Volk schlenderte, sie lasen,
sie zerriebens auf der Handmühle oder stampftens im
    Stampf,
sie kochtens im Napf, sie machtens zu Kuchen,
sein Geschmack war wie der Geschmack von Ölleckerei,
wann der Tau nachts aufs Lager niederfiel, fiel das Man auf
    ihn nieder.
Mosche hörte das Volk weinen, nach seinen Sippen, jeder im
    Einlaß seines Zelts,
SEIN Zorn entflammte sehr,
und in Mosches Augen wars übel.
Mosche sprach zu IHM:
Warum tust du übel deinem Knecht,
warum habe ich Gunst in deinen Augen nicht gefunden,

daß du die Tracht all dieses Volks auf mich legst!
Bin mit all diesem Volk ich selber schwanger gewesen,
oder habe ich selber es gezeugt,
daß du zu mir sprichst: Trags an deinem Busen,
wie der Wärter den Säugling trägt,
hin auf den Boden, den du seinen Vätern zuschwurst!
Woher sollte ich Fleisch haben, es all diesem Volke zu
geben!
Denn sie weinen mich an,
sprechend: Gib uns Fleisch, daß wir essen!
Nicht vermag ich selber für mich all dieses Volk zu tragen,
denn zu schwer ist es mir!
Willst du mir solches tun,
erwürge, erwürge mich doch,
habe ich Gunst in deinen Augen gefunden!
daß ich nimmer sehn muß mein Übel!
ER sprach zu Mosche:
Hole mir zusammen siebzig Männer von den Ältesten Jiſraels,
die du kennst, daß sie die Ältesten des Volks und seine Rollenführer sind,
nimm sie ans Zelt der Begegnung,
dort sollen sie zu dir treten.
Ich will niederziehen,
will dort zu dir reden,
will aussparen vom Geistbraus, der über dir ist, es über sie
legen,
sie sollen mit dir an der Tracht des Volkes
tragen,
nicht sollst tragen sie du, du für dich.
Und zum Volk sollst du sprechen:
Heiligt euch auf morgen,
ihr sollt Fleisch essen.
Denn ihr habt in SEINE Ohren geweint,
sprechend: Wer verschafft uns Fleisch zu essen, denn gut hatten wirs in Ägypten!
Geben wird ER euch Fleisch und ihr sollts essen.
Nicht einen Tag nur sollt ihrs essen, nicht ein Tagpaar, nicht
fünf Tage, nicht zehn Tage, nicht zwanzig Tage:
bis zu einer Mondneuung an Tagen,

bis es zur Nase euch ausfährt und euch zum Ekel wird!

Weil ihr Ihn, der drinnen unter euch ist, mißachtet habt

und weintet vor ihm, sprechend: Warum sind wir dann aus
Ägypten gefahren!

Mosche sprach:

Sechshunderttausend zu Fuß sind das Volk, bei dem drinnen
ich bin,

und du, du sprichst: Fleisch gebe ich ihnen, eine Mondneuung Tage sollen sies essen!

soll man Schafe und Rinder für sie metzen, daß es für sie
reiche,

oder soll man alle Fische des Meeres für sie beiholen, daß es
für sie reiche?

Er sprach zu Mosche:

Ist Meine Hand zu kurz?

jetzt wirst du sehn,

ob meine Rede dir eintrifft oder nicht.

Mosche ging hinaus und redete zum Volk Seine Rede,

er holte zusammen siebzig Männer von den Ältesten des
Volkes,

er stellte sie rings um das Zelt.

Er zog nieder im Gewölk,

er redete zu ihm,

er sparte aus vom Geistbraus, der über ihm war,

er gabs über die siebzig Männer, die Ältesten.

Es geschah:

wie über ihnen der Geistbraus ruhte,

kündeten sie einher, –

nicht taten sies hinfort.

Zwei Männer waren im Lager geblieben,

der Name des einen Eldad, der Name des zweiten Medad,

es ruhte der Geistbraus über ihnen,

sie waren nämlich unter den Aufgeschriebnen, aber sie waren
nicht hinausgegangen ans Zelt,

die kündeten einher im Lager.

Ein Knabe lief und meldete es Mosche, er sprach:

Eldad und Medad künden einher im Lager.

Jehoschua Sohn Nuns, Mosches Amtshelfer von seiner Jüng-
lingszeit an, fiel ein, er sprach:

Mein Herr Mosche, wehre ihnen!
Mosche aber sprach zu ihm:
Willst für mich du eifern?
wer gäbs,
all SEIN Volk wären Künder,
daß ER seinen Geistbraus über sie gäbe!
Mosche wurde in das Lager eingeholt, er und die Ältesten
     Jifsraels.
Ein Windbraus aber brach auf von IHM her,
der trieb vom Meer Wachteln heran,
er stieß sie übers Lager,
eine Tagreise dahin und eine Tagreise dahin rings um das
     Lager,
bei zwei Ellen hoch über der Fläche der Erde.
Das Volk machte sich auf all jenen Tag und all die Nacht und
     all den morgenden Tag,
sie holten das Wachtelheer ein,
wer wenig nahm holte zehn Malter,
sie breiteten sie sich in die Breite rings um das Lager.
Noch war das Fleisch zwischen ihren Zähnen, bevor es ver-
     zehrt war,
SEIN Zorn flammte auf das Volk ein,
ER schlug auf das Volk ein, einen sehr großen Schlag.
Man rief den Namen jenes Orts: Gräber des Gelüsts,
denn dort hatte man das Volk der Lüsternen begraben.
Von Gräber-des-Gelüsts zog das Volk nach Chazerot,
sie blieben in Chazerot.

Mirjam redete und Aharon wider Mosche, des kuschitischen
     Weibes wegen, das er genommen hatte,
denn ein kuschitisches Weib hatte er genommen.
Sie sprachen:
Hat ER denn allein nur in Mosche geredet,
hat er nicht auch in uns geredet?!
ER hörte es.
Der Mann Mosche aber war sehr demütig,
mehr als alle Menschen, die auf der Fläche des Erdbodens sind.
ER sprach plötzlich zu Mosche, zu Aharon und zu Mirjam:

Geht hinaus ihr drei zum Zelt der Begegnung.
Sie gingen selbdritt hinaus.
ER zog nieder in einem Wolkenstand,
er stand am Einlaß des Zelts,
er rief:
Aharon und Mirjam!
Sie gingen beide heraus.
Er sprach:
Hört doch meine Rede!
Ist euereiner Künder MIR,
im Gesicht geb ich ihm mich zu kennen,
im Traum rede ich in ihm.
Nicht so mein Knecht Mosche,
in all meinem Hause ist er vertraut,
Mund zu Mund rede ich in ihn,
ansichtig, nicht in Rätseln,
MEINE Abgestaltung erblickt er.
Weshalb scheutet ihr nicht, wider meinen Knecht, wider
    Mosche zu reden!
SEIN Zorn flammte sie an, und er ging.
Wie aber die Wolke von über dem Zelte wich,
da war Mirjam aussätzig, wie Schnee.
Aharon wandte sich zu Mirjam,
da: aussätzig war sie.
Aharon sprach zu Mosche:
O mein Herr,
lege es doch nimmer auf uns als Versündigung,
daß wir närrisch waren und daß wir sündigten!
sei sie nimmer doch wie ein Totes,
dem, aus dem Schoß seiner Mutter kommend, das Fleisch
    halb verwest ist!
Mosche schrie zu IHM, sprechend:
Ach Gott,
ach heile sie!
ER sprach zu Mosche:
Hätte ihr Vater ins Antlitz ihr gespien, gespien,
müßte sie sich nicht ein Tagsiebent schämen?
bleibe sie ein Tagsiebent außer Lagers eingeschlossen,
dann werde sie rückgeholt.

Mirjam blieb außer Lagers ein Tagsiebent eingeschlossen,
und das Volk zog nicht weiter, bis Mirjam rückgeholt
    wurde.
Danach zogen sie, das Volk, von Chazerot,
sie lagerten in der Wüste Paran.

ER redete zu Mosche, sprechend:

Sende Männer aus vor dir her,

daß sie das Land Kanaan durchspüren, das ich den Söhnen
　　Jifsraels gebe,

je einen Mann, je einen Mann für den Stab seiner Väter sollt
　　ihr entsenden,

jeder unter ihnen ein Fürst.

Mosche entsandte sie aus der Wüste Paran, auf SEIN Geheiß,

alles Männer, Häupter der Söhne Jifsraels waren sie.

Und dies sind ihre Namen:

für den Stab Ruben Schammua Sohn Sakkurs,

für den Stab Schimon Schafat Sohn Choris,

für den Stab Jehuda Kaleb Sohn Jefunnes,

für den Stab Jifsachar Jigal Sohn Jofsefs,

für den Stab Efrajim Hoschea Sohn Nuns,

für den Stab Binjamin Palti Sohn Rafus,

für den Stab Sbulun Gaddïel Sohn Sfodis,

für den Stab Jofsef: für den Stab Mnasche Gaddi Sohn Sfufsis,

für den Stab Dan Ammïel Sohn Gmallis,

für den Stab Ascher Stur Sohn Michaels,

für den Stab Naftali Nachbi Sohn Woffsis,

für den Stab Gad Guel Sohn Machis.

Dies die Namen der Männer, die Mosche entsandte das Land
　　zu durchspüren.

Den Hoschea Sohn Nuns aber rief Mosche Jehoschua.

Mosche entsandte sie, das Land Kanaan zu durchspüren,

er sprach zu ihnen:

Zieht hier im Südstrich hinauf, hinauf zieht durchs Gebirge,

beseht das Land, wie es ist:

das Volk, das darauf siedelt,

ob es stark ist ob schlaff,

ob sein wenig ist oder viel,

und wie das Land ist, in dem es siedelt,

ob es gut ist oder schlecht,

und wie die Städte sind, in denen es siedelt,

ob in Lagern oder in Befestigungen,

und wie der Landboden ist,

ob er fett ist oder mager,

ob es Baumwuchs darin gibt oder keinen.

Macht euch stark!

Nehmt auch von der Frucht des Landes!

Die Tage aber waren die Tage der Erstlingsweinbeeren.

Sie zogen hinauf, sie durchspürten das Land,

von der Wüste Zin bis Rchob, wo man nach Chamat
  kommt.

Sie zogen im Südstrich hinauf, einer kam bis Hebron,

dort waren Achiman, Scheschai und Talmai, Anaks Erzeugte;

Hebron aber war sieben Jahre vor Zoan in Ägypten erbaut.

Sie kamen bis zum Traubental,

von dort schnitten sie eine Ranke ab und eine einzige Traube
  Weinbeeren,

die trugen sie an einer Stange zu zweien,

dazu von den Granatäpfeln und von den Feigen.

Diesen Ort rief man Traubental,

wegen der Traube, die von dort die Söhne Jifsraels geschnitten
  hatten.

Sie kehrten zurück vom Durchspüren des Lands

nach Ablauf von vierzig Tagen,

sie gingen, kamen zu Mosche und zu Aharon und zu aller
  Gemeinschaft der Söhne Jifsraels, zur Wüste Paran, nach
  Kadesch,

sie brachten ihnen Rede zurück und aller Gemeinschaft,

ließen sie die Frucht des Landes sehn.

Sie erzählten ihm, sie sprachen:

Wir sind in das Land gekommen, wohin du uns sandtest.

Wohl, Milch und Honig träuft es,

und dies ist seine Frucht.

Nur daß trotzig das Volk ist, das im Lande siedelt,

die Städte befestigt, sehr groß,

auch Anaks Erzeugte haben wir dort gesehn.

Amalek sitzt im Südland,

der Chetiter, der Jebufsiter, der Amoriter sitzt im Gebirge,

der Kanaaniter sitzt am Meer und an der Seite des Jordans.

Kaleb wollte das Volk beschwichtigen, Mosche zu,

er sprach:

Hinauf, hinauf laßt uns ziehn,

wir werden es ererben,

denn wir übermögen es, übermögen!

Aber die Männer, die mit ihm hinaufgezogen waren, sprachen:
Wir vermögen nicht, gegen das Volk hinaufzuziehn,
denn es ist uns zu stark.
Sie gaben Gerücht aus von dem Land, das sie durchspürt hatten,
    unter den Söhnen Jifsraels, sprechend:
Das Land, das wir durchwanderten, es auszuspüren,
das ist ein Land, das seine Insassen frißt,
alles Volk, das wir darin sahn, sind Leute von Übermaß,
die Riesen haben wir dort gesehen: die Anaksöhne, von den
    Riesen,
wir waren in unsern Augen wie Grillen, und so waren wir in
    ihren Augen.
Alle Gemeinschaft hob an, sie ließen ihre Stimme aus,
sie weinten, das Volk, in jener Nacht,
über Mosche und über Aharon murrten alle Söhne Jifsraels,
sie sprachen zu ihnen, alle Gemeinschaft:
Wären wir doch gestorben im Land Ägypten,
oder in dieser Wüste, wären wir doch gestorben!
warum läßt ER uns in dieses Land kommen, durchs Schwert
    zu fallen!
unsre Weiber und unsre Kleinen werden zur Beute!
ists nicht besser für uns, nach Ägypten zu kehren!
Sie sprachen einer zum andern:
Geben wir uns ein Haupt
und kehren wir nach Ägypten!
Mosche fiel und Aharon auf ihr Angesicht
im Gesicht aller Versammlung der Gemeinschaft der Söhne
    Jifsraels.
Jehoschua Sohn Nuns aber und Kaleb Sohn Jefunnes,
von denen, die das Land durchspürten,
zerrissen ihre Kleider,
sie sprachen zu aller Gemeinschaft der Söhne Jifsraels,
    sprachen:
Das Land, das wir durchwanderten, es auszuspüren,
sehr, sehr gut ist das Land!
hat ER an uns Gefallen,
läßt er uns in dieses Land kommen und gibt es uns,
ein Land das Milch und Honig träuft!
Empört gegen IHN euch nur nimmer!

Ihr, nimmer dürft ihr das Volk des Landes fürchten,
denn unser Brot sind die,
ihre Beschattung wich von ihnen,
Er ist mit uns,
ihr dürft sie nimmer fürchten!
Schon besprach alle Gemeinschaft, sie mit Steinen zu ver-
    schütten.
Da ließ Seine Erscheinung sich im Zelt der Begegnung sehen
    allen Söhnen Jifsraels.
Er sprach zu Mosche:
Bis wohin
wollen sie, dieses Volk mich verhöhnen,
bis wohin
wollen sie mir nicht vertraun,
bei all den Zeichen, die ich in seinem Innern tat!
Schlagen will ichs mit der Pest,
ich will es enterben,
dich aber mache ich zu einem Stamm, größer und mächtiger
    als es.
Mosche sprach zu Ihm:
Gehört habens die Ägypter,
wie du mit deiner Kraft dieses Volk aus ihrem Innern herauf-
    gebracht hast,
und haben zum Insassen dieses Landes gesprochen,
gehört haben die,
wie Du im Innern dieses Volkes bist,
daß Du dich sehen lässest Aug in Auge,
dein Gewölk über ihnen steht
und in einem Wolkenstand du hergehst vor ihnen des Tags
und in einem Feuerstande des Nachts, –
und nun tötest du dieses Volk wie Einen Mann:
Sprechen werden die Stämme, die dein Vernehmen ver-
    nahmen,
sprechen:
Weil Er unvermögend war, dieses Volk kommen zu lassen in
    das Land, das er ihnen zugeschworen hatte,
metzelte er sie in der Wüste.
Jetzt also
zeige sich denn groß die Kraft meines Herrn,

wie du redetest, sprechend:

ER, langmütig, huldreich, tragend Fehl und Frevel, straffrei
    nur befreit er nicht, zuordnend Fehl von Vätern ihnen an
    Söhnen, am dritten und am vierten Glied, –

verzeihe denn dem Fehl dieses Volks

nach der Größe deiner Huld

und wie dus getragen hast diesem Volk von Ägypten bis hier-
    her.

ER sprach:

Ich verzeihe nach deiner Rede.

Jedoch,

sowahr ich lebe

und MEINER Erscheinung voll wird alle Erde:

wenn je all die Männer, die meine Erscheinung sahen und
    meine Zeichen, die ich tat in Ägypten und in der Wüste,

prüften mich die zehnmal schon

und hörten nicht auf meine Stimme –

sehen die je das Land, das ich ihren Vätern zuschwor,

....!

alle, die mich verhöhnen, werden es nicht sehen!

Aber mein Knecht Kaleb,

deswegen daß ein anderer Geist mit ihm war

und er völlig mir nachfolgte,

ihn lasse ich in das Land kommen, wohin er gekommen ist,

und sein Same solls ererben.

Der Amalekiter und der Kanaaniter bleibt ansässig in der Ebne,

wendet euch morgen und zieht ihr in die Wüste, den Weg
    zum Schilfmeer!

ER hat zu Mosche und zu Aharon geredet, er sprach:

Bis wann dieser bösen Gemeinschaft,

die da über mich murren?!

das Gemurr der Söhne Jiśraels, das die über mich murren,

habe ich gehört.

Sprich zu ihnen:

Sowahr ich lebe,

– SEIN Erlauten –

tue ich nicht,

wie ihr in meine Ohren geredet habet,

euch so,

...!

In dieser Wüste werden eure Leichen fallen,
all eure Eingeordneten, nach all eurer Zahl, vom Zwanzigjährigen aufwärts, –
daß ihr über mich gemurrt habt!
Kommt ihr je in das Land,
in dem euch wohnhaft zu machen ich meine Hand erhob,
es sei denn Kaleb Sohn Jefunnes und Jehoschua Sohn Nuns,
...!
Euer Kleinvolk, von dem ihr sprachet: Zur Beute wirds,
sie lasse ich hinkommen,
sie werden das Land erkennen, das ihr mißachtet habt.
Eure Leichen aber, eure, werden in dieser Wüste fallen.
Eure Söhne werden vierzig Jahre in der Wüste weiden müssen,
sie tragen eure Hurerei, bis eure Leichen in der Wüste dahin
   sind.
Nach der Zahl der Tage, die ihr das Land durchspürtet,
vierzig Tage: ein Tag für das Jahr, ein Tag für das Jahr,
sollt ihr eure Verfehlungen tragen,
vierzig Jahre,
ihr sollt mein Befechten erkennen!
ICH selber habe geredet:
Tue ich dies nicht all dieser bösen Gemeinschaft, die sich mir
   gegenüber gemeinen, ...!
In dieser Wüste sollen sie dahingehn, da sollen sie sterben!

Die Männer, die Mosche entsandte das Land zu durchspüren
   und die zurückkehrten und über ihn alle Gemeinschaft auf-
   murrten, Gerücht ausgebend über das Land,
die Männer, die böses Gerücht von dem Land ausgegeben
   hatten, starben bei dem Niederstoß vor IHM,
Jehoschua Sohn Nuns aber und Kaleb Sohn Jefunnes blieben
   leben von jenen Männern, die gegangen waren das Land zu
   durchspüren.

Mosche redete diese Rede zu allen Söhnen Jifsraels.
Das Volk trauerte sehr.
Frühmorgens standen sie auf,

sie wollten zum Kamm des Gebirges hinaufziehn,
sprachen:
Hier sind wir,
wir wollen hinaufziehn nach dem Ort, von dem ER gesprochen hat,
denn wir haben gesündigt.
Mosche sprach:
Warum nur übertretet ihr SEIN Geheiß!
das kann nicht gelingen!
Zieht nimmer hinauf,
denn ER ist nicht mehr drinnen unter euch, –
daß ihr nicht hingestoßen werdet vor eure Feinde!
Denn der Amalekiter und der Kanaaniter sind dort vor euch,
durchs Schwert werdet ihr fallen!
Denn ihr habt euch nun einmal von SEINER Nachfolge abgekehrt,
ER wird nicht dasein bei euch!
Doch sie erkühnten sich, zum Kamm des Gebirges hinaufzuziehn.
Aber der Schrein SEINES Bundes und Mosche wichen nicht aus
   dem Innern des Lagers.
Nieder stieg der Amalekiter und der Kanaaniter, der in diesem
   Gebirge saß,
sie schlugen sie
und zerspellten sie bis nach Chorma.

ER redete zu Mosche, sprechend:

Rede zu den Söhnen Jiſsraels, sprich zu ihnen:

Wenn ihr in das Land eurer Siedlungen kommt, das ich euch
    gebe,

und bereitet eine Feuerspende IHM, Darhöhung oder Schlacht-
    mahl,

ein Gelübde zu besondern, oder bei einer Willigung, oder bei
    euren Begegnungsgezeiten,

Ruch des Geruhens IHM zu bereiten, vom Rind oder vom
    Kleinvieh,

darnahe, wer seine Nahung IHM darnaht, als Hinleite

Feinmehls ein Zehntteil, mit einem Viertelkrug Öls verrührt,

und Weins zum Guß einen Viertelkrug bereite du

neben der Darhöhung oder fürs Schlachtmahl, für je ein Schaf;

oder, für den Widder, bereite als Hinleite

Feinmehls zwei Zehntteile, mit Öl verrührt, einem Drittel-
    krug,

und Weins zum Guß einen Drittelkrug darnahe, Ruch des
    Geruhens IHM;

und wenn du ein Jungrind bereitest als Darhöhung oder
    Schlachtung, Gelübdebesondrung oder Friedmahle IHM,

darnahe man neben dem Jungrind als Hinleite

Feinmehls drei Zehntteile, mit Öl verrührt, einem halben
    Krug,

und Weins darnahe zum Guß einen halben Krug,

Feuerspende, Ruch des Geruhens IHM;

also werde bereitet für je einen Ochsen oder für je einen Wid-
    der oder für das Lamm, von den Schafen oder von den
    Ziegen,

nach der Zahl, die ihr bereitet, also bereitets für je eines nach
    ihrer Zahl.

Jeder Sproß bereite diese also,

darzunahen Feuerspende, Ruch des Geruhens IHM.

Und wenn bei euch ein Gastsasse gastet

oder wer in eurer Mitte sei, für eure Geschlechter,

und bereitet Feuerspende, Ruch des Geruhens IHM,

wie ihrs bereitet, so soll ers bereiten.

Versammlung!

Einerlei Satzung sei für euch und für den Gastsassen, der gastet,

Weltzeit-Satzung für eure Geschlechter:
gleich ihr, gleich sei der Gastsasse vor Ihm,
einerlei Weisung und einerlei Recht
sei für euch und für den Gastsassen, der bei euch gastet.

Er redete zu Mosche, sprechend:
Rede zu den Söhnen Jifsraels, sprich zu ihnen:
Wann ihr in das Land kamt, wohin ich euch kommen lasse,
seis:
wann ihr vom Brote des Landes eßt, erhebet Ihm eine Hebe,
als Anfang eurer Teige erhebet einen Laib als Hebe,
wie die Hebe der Tenne, so erhebet sie,
vom Anfang eurer Teige gebt Ihm eine Hebe
in eure Geschlechter.

Wenn ihr euch verirrt, daß ihr nicht alle diese Gebote tut, die
　　Er zu Mosche redete,
alle, die Er euch durch Mosche gebot, von dem Tag, da Er sie
　　gebot, und fernerhin in eure Geschlechter,
seis:
Wards abseits von den Augen der Gemeinschaft aus Irrung
　　getan,
hertue alle Gemeinschaft einen einzigen Farren, Jungstier, zu
　　Darhöhung, zu Ruch des Geruhens Ihm,
seine Hinleite und seinen Guß nach der Richtigkeit,
und einen einzelnen Ziegenbock als Entsündung.
Der Priester bedecke über aller Gemeinschaft der Söhne
　　Jifsraels,
und ihnen wird verziehn.
Denn Irrung ists,
und sie selber haben ihre Nahung gebracht, Feuerspende Ihm,
und ihre Entsündung vor Ihm, über ihre Irrung.
Verziehn wird aller Gemeinschaft der Söhne Jifsraels
und dem Gastsassen, der in ihrer Mitte gastet,
denn allem Volk geschahs aus Irrung.
Sündigt aber ein einzelnes Wesen aus Irrung,
darnahe es eine Jährlingsziege zu Entsündung,
der Priester bedecke über dem Wesen, das irrte, in seiner Sün-
　　de aus Irrung vor Ihm,

damit bedeckt sei über dem,
ihm wird verziehn.

Dem Sproß unter den Söhnen Jifsraels, und für den Gastsassen,
    der in ihrer Mitte gastet,
einerlei Weisung sei euch für den, der etwas aus Irrung tut.
Das Wesen aber, das es mit erhobner Hand tut,
vom Sproß oder vom Gast,
IHN schmäht er,
gerodet wird dieses Wesen aus dem Innern seines Volkes,
denn SEINES Wortes hat er gespottet,
sein Gebot gesprengt,
gerodet wird, gerodet jenes Wesen, – sein Fehl auf es!

Söhne Jifsraels waren in der Wüste, sie fanden einen Mann
Hölzer stoppelnd am Tag der Wochenfeier,
es nahten, die ihn Hölzer stoppelnd fanden, ihn heran zu
    Mosche und zu Aharon und zu aller Gemeinschaft.
Sie legten ihn in Gewahrsam,
denn es war nicht erdeutlicht, was ihm zu tun sei.
ER sprach zu Mosche:
Sterben, sterben muß der Mann, mit Steinen verschütte ihn
    alle Gemeinschaft außer Lagers!
Sie führten ihn, alle Gemeinschaft, weg außer Lagers
und verschütteten ihn mit Steinen, daß er starb,
wie ER Mosche geboten hatte.

ER sprach zu Mosche, sprach:
Rede zu den Söhnen Jifsraels, sprich zu ihnen,
sie sollen sich ein Geblätter machen an die Zipfel ihrer Kleider,
    für ihre Geschlechter,
sie sollen an das Zipfelgeblätter einen hyazinthnen Faden ge-
    ben,
es sei euch zu einem Blattmal:
ihr seht es an –
ihr gedenkt all SEINER Gebote,
ihr tut sie
und schwärmt nicht hinter eurem Herzen und hinter euren
    Augen, hinter denen ihr herhurt.
Damit ihr gedenket,

tuet all meine Gebote,
heilig werdet eurem Gott.
ICH bin euer Gott,
der ich euch aus dem Land Ägypten führte, euch Gott zu sein,
ICH euer Gott.

Es unternahm Korach Sohn Jizhars Sohn Khats Sohns Lewis
sowie Datan und Abiram Söhne Eliabs Sohns Pallus Sohns
     Rubens,
daß sie aufstanden vor Mosches Antlitz,
dazu Männer von den Söhnen Jifsraels, zweihundertundfünfzig,
Fürsten der Gemeinschaft, Berufne der Gemeinbegegnung,
     Männer von Namen,
die versammelten sich über Mosche und über Aharon, –
sie sprachen zu ihnen:
Zuviel euch!
denn all die Gemeinschaft, alle sind sie heilig,
in ihrer Mitte ist ja ER,
warum erhebt ihr euch über SEIN Gesamt!
Mosche hörte es, er fiel auf sein Antlitz. –
Er redete zu Korach und zu all seiner Gemeinde,
     sprechend:
Am Morgen, dann wird ER kenntlich machen,
wer sein ist und wer der Heilige,
daß er den sich nahen lasse:
wen er erwählt,
den wird er sich nahen lassen.
Dies tut:
nehmt euch Pfannen,
Korach und all seine Gemeinde,
gebt in sie Feuer,
legt auf sie Räucherwerk
anderntags vor IHM,
es sei:
der Mann, den ER erwählt, der ist der Heilige, –
zuviel euch, Söhne Lewis!
Mosche sprach zu Korach:
Hört doch, Söhne Lewis!
Ists euch zu wenig,
daß Jifsraels Gott euch schied aus Jifsraels Gemeinschaft,
euch ihm nahen zu lassen:
den Dienst SEINER Wohnung zu dienen,
zu stehen vor der Gemeinschaft, für sie zu amten!
Nahen ließ er dich und all deine Brüder die Söhne Lewis mit dir,
nun trachtet ihr auch nach Priestertum!

So denn,
du und all deine Gemeinde,
ihr seid, die sich gemeinen IHM gegenüber:
Aharon, was ist der, daß über ihn ihr murrtet!
Mosche schickte Datan und Abiram die Söhne Eliabs zu
    rufen.
Sie sprachen:
Wir ziehen nicht hinauf!
Ists zu wenig,
daß du uns heraufgezogen hast
aus einem Land, Milch und Honig träufend,
uns in der Wüste zu töten,
daß du auch noch selbstherrlich herrschen willst über uns!
Nichtwahr, in ein Land, Milch und Honig träufend,
hast du uns kommen lassen,
gabst uns ein Erbgut von Feld und Weinberg!
willst du den Leuten da die Augen aushacken?
Wir ziehn nicht hinauf.
Das entflammte Mosche sehr,
er sprach zu IHM:
Wende dich nicht zu ihrer Hinleite!
nicht einen Esel habe ich von ihnen erhoben,
nicht einem von ihnen habe ich ein Leid getan!
Mosche sprach zu Korach:
Du und all deine Gemeinde,
seid anderntags vor IHM,
du und sie, und Aharon,
Nehmt jeder seine Pfanne,
gebt auf sie Räucherwerk
und nahet vor IHN jeder seine Pfanne,
zweihundertundfünfzig Pfannen,
auch du und Aharon jeder seine Pfanne.
Sie nahmen jeder seine Pfanne,
sie gaben auf sie Feuer,
sie legten auf sie Räucherwerk,
sie stellten sich an den Einlaß des Zelts der Begegnung,
auch Mosche und Aharon.
Korach versammelte über sie alle Gemeinschaft zum Einlaß
    des Zelts der Begegnung.

SEINE Erscheinung ließ von aller Gemeinschaft sich sehen.
ER redete zu Mosche und zu Aharon, sprechend:
Scheidet euch aus der Mitte dieser Gemeinschaft,
und ich will sie in einem Nu vernichten.
Sie fielen auf ihr Angesicht,
sie sprachen:
Gottherr,
Gott der Geister in allem Fleisch!
Ein einzelner Mann sündigt,
und über alle Gemeinschaft willst du ergrimmen!
ER redete zu Mosche, sprechend:
Rede zur Gemeinschaft, sprechend:
Zieht weg rings von dem Wohnplatz Korachs, Datans und
    Abirams!
Mosche stand auf und ging zu Datan und Abiram,
ihm nach gingen die Ältesten Jifsraels.
Er redete zur Gemeinschaft, sprechend:
Weicht doch, hinweg von den Zelten dieser frevelhaften
    Männer,
berührt nimmer allwas ihrer ist,
sonst werdet ihr mit allen ihren Sünden gerafft.
Sie zogen hinweg rings vom Wohnplatz Korachs, Datans und
    Abirams.
Datan und Abiram aber traten heraus,
aufrecht, im Einlaß ihrer Zelte,
dazu ihre Weiber, ihre Söhne, ihr Kleinvolk.
Mosche sprach:
Daran sollt ihr erkennen,
daß ER mich sandte all diese Taten zu tun,
daß es nicht aus meinem Herzen war:
sterben diese, wie alle Menschheit stirbt,
bleibt die Ordnung aller Menschheit über sie verordnet,
dann hat ER mich nicht gesandt;
aber schafft eine Schaffung ER,
macht der Boden seinen Mund auf
und verschlingt sie und alles, was ihrer ist,
und lebend sinken sie nieder ins Gruftreich,
dann werdet ihr erkennen,
daß diese Männer IHN gehöhnt haben.

Es geschah,
wie er geendet hatte all diese Rede zu reden:
der Boden, der unter ihnen war, spaltete sich,
die Erde öffnete ihren Mund,
sie verschlang sie und ihre Häuser,
alle Menschen, die Korachs waren, und alle Habe.
Lebend sanken sie und alles Ihre nieder ins Gruftreich,
die Erde überhüllte sie,
sie schwanden aus der Mitte der Versammlung.
Alles Jifsrael die rings um sie waren, flohen bei ihrem Schrei,
denn sie sprachen: Sonst möchte uns die Erde verschlingen!
Ein Feuer aber fuhr aus von SEINEM Antlitz her
und fraß die zweihundertundfünfzig Männer, die Räucherwerk darnahten.

ER redete zu Mosche, sprechend:
Sprich zu Elasar Sohn Aharons des Priesters,
daß er die Pfannen aufhebe hervor aus dem Brand,
das Feuer aber lasse fernhin streuen,
denn sie sind verheiligt, –
die Pfannen dieser um ihr Leben Sündigen,
man mache aus ihnen Walzbleche zu einer Verschalung für
  die Schlachtstatt,
denn sie haben sie vor IHN dargenaht,
verheiligt sind sie worden,
sie sollen zu einem Zeichen für die Söhne Jifsraels bleiben.
Elasar der Priester nahm die ehernen Pfannen, die die Verbrannten dargenaht hatten,
man walzte sie zu einer Verschalung für die Schlachtstatt
– ein Angedenken den Söhnen Jifsraels,
damit nicht nahe ein ungehöriger Mann, der nicht von Aharons Samen ist,
Räucherwerk vor IHM zu räuchern,
und er nicht werde wie Korach und wie seine Gemeinde –,
ebenwie ER durch Mosche zu ihm geredet hatte.
Am andern Tag murrten sie, alle Gemeinschaft der Söhne
  Jifsraels,
über Mosche und über Aharon, sprechend:
Ihr, ihr tötet SEIN Volk!

Es geschah,
wie die Gemeinschaft sich über Mosche und über Aharon
    sammelte
sie sich dem Zelt der Begegnung zuwandten:
die Wolke hatte es überhüllt,
und sehen ließ sich SEINE Erscheinung.
Mosche kam und Aharon hin vor das Zelt der Begegnung.
ER redete zu Mosche, sprechend:
Hebt euch weg aus der Mitte dieser Gemeinschaft,
daß ich in einem Nu sie vernichte!
Sie fielen auf ihr Antlitz.
Mosche sprach zu Aharon:
Nimm die Pfanne,
gib auf sie Feuer von der Statt,
setze Räucherwerk dran,
und laß es schnell der Gemeinschaft zugehn
und bedecke über ihnen,
denn der Grimm fuhr aus von IHM her,
der Stoß hat begonnen.
Aharon nahms, wie Mosche geredet hatte,
er lief mitten in die Versammlung,
da, der Stoß in das Volk hatte begonnen.
Er gab das Räucherwerk hin,
er bedeckte über dem Volk,
er stand zwischen den Toten und den Lebendigen,
der Niederstoß wurde gehemmt.
Aber der Toten vom Niederstoß waren vierzehntausend und
    siebenhundert,
außer den Toten bei der Begebenheit mit Korach.
Aharon kehrte zu Mosche, zum Einlaß des Zelts der Begeg-
    nung zurück, da der Niederstoß gehemmt war.

ER redete zu Mosche, sprechend:
Rede zu den Söhnen Jifsraels
und nimm von ihnen Stab um Stab für je ein Vaterhaus,
von allen ihren Fürsten für ihrer Väter Häuser,
zwölf Stäbe,
jedes Mannes Namen schreibe auf seinen Stab.
Und den Namen Aharon schreibe auf Lewis Stab,

denn Ein Stab ists, für das Haupt ihres Väterhauses.
Lege sie hin ins Zelt der Begegnung
vor die Vergegenwärtigung, wo ich euch begegne.
Es soll geschehn,
der Mann, den ich erwähle, sein Stab sproßt.
Ducken will ich, weg von mir,
das Gemurr der Söhne Jifsraels, das die über euch murren.
Mosche redete zu den Söhnen Jifsraels.
All ihre Fürsten reichten ihm, je ein Fürst, je ein Fürst, Stab
　　um Stab für ihrer Väter Haus,
zwölf Stäbe,
und der Stab Aharons war inmitten ihrer Stäbe.
Mosche legte die Stäbe hin vor IHN im Zelt der Vergegen-
　　wärtigung.
Es war am anderen Tag,
Mosche ging ein ins Zelt der Vergegenwärtigung,
da hatte Aharons Stab, der fürs Haus Lewis, gesproßt,
Sprossen gebracht, Blust aufgeblüht, Mandeln gereift.
Mosche brachte alle Stäbe vor IHM hinaus zu allen Söhnen
　　Jifsraels,
sie sahens,
sie nahmen jeder seinen Stab.
ER sprach zu Mosche:
Gib Aharons Stab zurück vor die Vergegenwärtigung zu Ver-
　　wahr,
der widerstrebenden Brut zu einem Zeichen,
daß es ihr Gemurr beende, hinweg von mir,
und sie nicht sterben.
Mosche tats,
wie ER ihm geboten hatte, so tat er.

Die Söhne Jifsraels sprachen zu Mosche, sprachen:
Weh, wir vergehn, wir schwinden, alle schwinden wir hin,
jeder Nahe, der naht SEINER Wohnung, – er stirbt,
sollen wir gänzlich vergehn?
ER sprach zu Aharon:
Du und deine Söhne und das Haus deines Vaters mit dir,
ihr sollt den Fehl am Heiligtum tragen,
und du und deine Söhne mit dir,

ihr sollt den Fehl an eurer Priesterschaft tragen.

Auch deine Brüder, den Stab Lewi, den Zweig deines Vaters,
   nahe mit dir,

sie sollen sich dir anlehnen und dir amten,

während du und deine Söhne mit dir vor dem Zelt der Vergegenwärtigung sind.

Sie sollen deine Verwahr wahren und die Verwahr all des Zelts,

jedoch den Geräten im Heiligen und der Schlachtstatt sollen
   sie nicht nahen,

daß sie nicht sterben, so sie, so ihr.

Sie sollen sich dir anlehnen und die Verwahr des Zelts der
   Begegnung wahren, für alle Bedienung des Zelts,

ein Ungehöriger nahe nicht zu euch hin.

Wahret die Verwahr des Heiligen und die Verwahr der
   Schlachtstatt,

und nicht wird hinfort ein Grimm über den Söhnen Jifsraels
   sein.

Ich, da, ich nehme eure Brüder, die Lewiten, aus der Mitte
   der Söhne Jifsraels,

euch als Gabe gegeben für IHN, den Dienst des Zelts der Begegnung zu dienen.

Du aber und deine Söhne mit dir,

wahret eure Priesterschaft,

für alle Sache der Schlachtstatt und für innseit des Verhangs,
so dient.

Als einen Gabe-Dienst gebe ich euer Priestertum,

aber der Unzugehörige, der naht, muß sterben.

ER redete zu Aharon:

Ich, da, ich übergebe dir die Verwahr meiner Heben,

bei allen Darheiligungen der Söhne Jifsraels gebe ich dir sie
   einzustreichen und deinen Söhnen,

zu Festsatz auf Weltzeit.

Dies soll dir werden von der Abheiligung der Darheiligungen,

von dem Feuer:

all ihre Nahung,

so all ihre Hinleite, so all ihre Entsündung, so all ihre Abschuldung,

die sie mir erstatten,

Abheiligung von Darheiligungen ists dir und deinen Söhnen:

als Abheiligung von den Darheiligungen sollst dus essen,
alles Männliche darf es essen,
Abheiligung sei es, dein.
Und dies ist dein als Hebe ihrer Gabe:
Alle Schwingungen der Söhne Jifsraels,
dir gebe ich sie, deinen Söhnen und deinen Töchtern mit dir,
   zu Festsatz auf Weltzeit,
alles Reine in deinem Haus darf ihn essen.
Aller Vorlauf des Glanzöls und aller Vorlauf von Most und
   Korn,
ihren Anfang, den sie I H M geben, dir gebe ichs,
die Erstlinge von allem in ihrem Land, die sie I H M bringen,
   dein sei es,
alles Reine in deinem Haus darf es essen.
Alles Banngut in Jifsrael, dein sei es.
Aller Bruch eines Mutterschoßes von allem Fleisch, den man
   I H M darnaht, an Mensch und an Vieh, sei dein,
jedoch abgelten lassen mußt du, abgelten den Erstling des
   Menschen,
auch den Erstling des makligen Viehs mußt du abgelten lassen.
Und die Abgeltungen jenes:
vom Monatkind an lässest du abgelten nach dem Richtwert,
   Silbers fünf Vollgewicht, nach dem Heiligtumsgewicht,
   zwanzig Korn ist das.
Jedoch eines Rindes Erstling oder eines Schafs Erstling oder
   einer Ziege Erstling sollst du nicht abgelten lassen,
Darheiligung sind sie,
ihr Blut sprenge an die Schlachtstatt,
ihr Fett lasse rauchen als Feuerspende, zu Ruch des Geruhens
   I H M,
und ihr Fleisch sei dein,
wie die Brust des Schwunges und die rechte Keule solls dein
   sein.
Alle Heben der Darheiligungen, die die Söhne Jifsraels I H M
   zuheben,
gebe ich dir, deinen Söhnen und deinen Töchtern mit dir, zu
   Festsatz auf Weltzeit.
Ein Salzbund auf Weltzeit ist das vor I H M
dir und deinem Samen mit dir.

Er sprach zu Aharon:
In ihrem Land wirst du nichts eigen haben,
ein Anteil wird dir nicht in ihrer Mitte,
ich bin dein Teil und dein Eigentum
inmitten der Söhne Jifsraels.
Den Söhnen Lewis aber
gebe ich, da, allen Zehnten in Jifsrael zu Eigentum,
Tauschleistung ihrem Dienst, den sie dienen,
dem Dienst am Zelt der Begegnung.
Nicht sollen hinfort die Söhne Jifsraels dem Zelt der Begeg-
    nung nahen,
sich Sünde einzutragen zum Sterben:
der Lewit, er diene den Dienst am Zelt der Begegnung,
sie also haben ihren Fehl zu tragen,
Weltzeit-Satzung in eure Geschlechter.
Und inmitten der Söhne Jifsraels sollen sie Eigentum nicht
    eigenhaben.
Denn den Zehnten der Söhne Jifsraels, den sie Ihm als Hebe
    zuheben,
gebe ich den Lewiten zu Eigentum,
darum spreche ich für sie: Inmitten der Söhne Jifsraels sollen
    sie Eigentum nicht eigenhaben.
Er redete zu Mosche, sprechend:
Und zu den Lewiten rede, sprich zu ihnen:
Wenn ihr von den Söhnen Jifsraels den Zehnten nehmt, den
    ich euch von ihnen als euer Eigentum gebe,
erhebet davon Seine Hebe: einen Zehnten vom Zehnten.
Gerechnet wird euch eure Hebe
wie das Korn aus der Tenne,
wie die Abfüllung aus der Kelter.
Ebenso erhebet auch ihr Seine Hebe
von all euren Zehnten, die ihr von den Söhnen Jifsraels an-
    nehmt,
und gebet davon Seine Hebe Aharon dem Priester.
Von allem euch Gegebnen erhebt all Seine Hebe,
von all seinem Vorlauf
sein Abgeheiligtes von ihm.
Sprich zu ihnen:
Wann ihr davon seinen Vorlauf erhebt,

wirds den Lewiten gerechnet
wie Einkunft der Tenne,
wie Einkunft der Kelter.
Ihr mögt es an jedem Ort essen, ihr und euer Haus,
denn Lohn ist das euch,
Tauschleistung eurem Dienst am Zelt der Begegnung.
Nicht tragt ihr euch Sünde dran ein,
wann ihr seinen Vorlauf davon erhebt,
die Darheiligungen der Söhne Jiſsraels gebt ihr nicht preis
und müßt nicht sterben.

ER redete zu Mosche und zu Aharon, sprechend:

Dies ist die Satzung für die Weisung dann, die ER gebietet
sprechend:

Rede zu den Söhnen Jifsraels,

daß sie dir eine rote Färse nehmen, eine heile, an der kein Gebrest ist,

auf die ein Joch noch nicht aufgelegt war.

Die gebet an Elasar den Priester,

er führe sie weg außer Lagers,

man metze sie vor ihm,

Elasar der Priester nehme von ihrem Blut mit seinem Finger,

er spritze nach dem Antlitz des Zelts der Begegnung zu von
ihrem Blut siebenmal.

Man verbrenne die Färse unter seinen Augen,

ihre Haut, ihr Fleisch und ihr Blut nebst ihrer Ausscheidung
verbrenne man,

der Priester nehme Zedernholz, Ysop, Karmesinwolle

und werfe es mitten in den Brand der Färse.

Seine Kleider wasche der Priester, er bade sein Fleisch im
Wasser, danach darf er ins Lager kommen,

aber der Priester ist maklig bis an den Abend.

Auch der sie verbrannte, wasche seine Kleider im Wasser,
bade sein Fleisch im Wasser und ist maklig bis an den
Abend.

Ein reiner Mann hole die Asche der Färse auf und lege sie
außer Lagers nieder an einem reinen Ort,

sie sei der Gemeinschaft der Söhne Jifsraels zu Verwahr für
Wasser der Sonderungsaufhebung,

Entsündung ists.

Der die Asche der Färse aufholte, wasche seine Kleider und
ist maklig bis an den Abend.

Es sei den Söhnen Jifsraels und dem Gastsassen, der in ihrer Mitte
gastet, zu Weltzeit-Satzung:

Wer einen Gestorbnen berührt, alles Menschenwesen, ist ein
Tagsiebent maklig,

der entsünde sich damit am dritten Tag und am siebenten Tag,
er wird rein,

entsündet er sich aber nicht am dritten Tag und am siebenten
Tag, wird er nicht rein.

Alljeder, der einen Gestorbnen berührt, ein Menschenwesen,
　　das sterben mußte, und entsündet sich nicht,
SEINE Wohnung hat er bemakelt,
gerodet wird jenes Wesen aus Jifsrael,
denn Entsondrungswasser wurde über ihn nicht gesprengt,
maklig bleibt er, noch ist sein Makel an ihm.
Dies nun ist die Weisung:
Wenn ein Mensch in einem Zelte stirbt,
alljeder, der in das Zelt eingeht, und alles, was im Zelt ist, wird
　　ein Tagsiebent maklig,
alljedes offne Gerät, an dem kein Schnurverband ist, maklig
　　ists,
alljeder, der auf freiem Feld einen Schwertdurchbohrten oder
　　einen Verstorbnen oder Menschengebein oder ein Grab be-
　　rührt,
maklig wird er, ein Tagsiebent.
Man nehme für den Makligen vom Staub des Entsündungs-
　　brands,
man gebe darüber lebendiges Wasser in ein Gerät,
und Ysop nehme und tauche ins Wasser ein reiner Mann,
er spritze an das Zelt, an alle Geräte, an die Wesen, die dort
　　waren,
an den, der berührte das Gebein oder den Durchbohrten oder
　　den Verstorbnen oder das Grab.
Es spritze der Reine auf den Makligen
am dritten Tag und am siebenten Tag,
er entsünde ihn am siebenten Tag,
dann wasche der seine Kleider, bade im Wasser, und er ist rein
　　am Abend.
Jemand aber, der maklig wird und sich nicht entsündet,
gerodet wird dies Wesen aus der Mitte des Gesamts,
denn SEIN Heiligtum hat er bemakelt, Entsondrungswasser
　　wurde auf ihn nicht gesprengt, maklig ist er.
Das sei ihnen zu Weltzeit-Satzung.
Der das Entsondrungswasser spritzte, wasche seine Kleider.
Wer das Entsondrungswasser berührt, ist maklig bis an den
　　Abend.
Alles, was der Maklige berührt, wird maklig, und das Wesen,
　　das berührte, wird maklig bis an den Abend.

Die Söhne Jiſsraels, alle Gemeinschaft, kamen nach der Wüste
    Zin in der ersten Mondneuung,
und das Volk blieb in Kadesch.
Dort starb Mirjam und wurde dort begraben.
Als nicht Wasser für die Gemeinschaft war,
sammelten sie sich über Mosche und über Aharon,
das Volk zankte mit Mosche,
sie sprachen ihre Sprüche,
so: Wären wir doch verschieden beim Verscheiden unsrer
    Brüder vor Ihm!
und: Warum habt ihr Sein Gesamt in diese Wüste kommen
    lassen,
hier zu sterben, wir und unser Vieh!
und: Warum habt ihr uns heraufgebracht aus Ägypten,
uns an diesen üblen Ort kommen zu lassen,
einen Ort nicht von Saat, Feige, Rebe, Granatbaum,
auch kein Wasser gibts zu trinken!
Mosche und Aharon kamen vom Angesicht der Versamm-
    lung zum Einlaß des Zelts der Begegnung,
sie fielen auf ihr Angesicht.
Seine Erscheinung ließ von ihnen sich schauen.
Er redete zu Mosche, sprechend:
Nimm den Stecken,
versammle die Gemeinschaft, du und Aharon dein Bruder,
und redet zum Felsen unter ihren Augen,
daß er sein Wasser hergebe:
Wasser führst du ihnen aus dem Felsen herauf
und letzest die Gemeinschaft und ihr Vieh.
Mosche nahm den Stecken vor Seinem Angesicht hinweg, wie
    er ihm geboten hatte,
Mosche und Aharon versammelten das Gesamt angesichts des
    Felsens.
Er sprach zu ihnen:
Hört doch, ihr Widerstrebenden!
Sollen wir aus diesem Felsen euch Wasser heraufführen?
Mosche erhob seine Hand,
er schlug den Fels

mit seinem Stecken
zu zwei Malen,
heraus fuhr viel Wasser,
die Gemeinschaft trank und ihr Vieh.
ER sprach zu Mosche und Aharon:
Weil ihr mir nicht vertrautet,
mich zu heiligen in den Augen der Söhne Jifsraels,
darum sollt nicht ihr dieses Gesamt in das Land kommen las-
     sen, das ich ihnen gegeben habe.
Das sind die Wasser von Gezänke, da die Söhne Jifsraels mit
     IHM zankten,
er aber erheiligte sich an ihnen.

Mosche sandte Boten von Kadesch zum König
     von Edom:
So spricht dein Bruder Jifsrael:
Du selber kennst alles Ungemach, das uns betroffen hat,
wie unsre Väter hinab nach Ägypten kamen,
wie wir viele Tage in Ägypten saßen,
wie die Ägypter uns und unsern Vätern übel taten,
wie wir zu IHM schrien und er unsre Stimme hörte,
einen Boten entsandte, uns aus Ägypten führte.
Und da sind wir in Kadesch, einer Stadt am Ende deiner Ge-
     markung.
Laß uns doch dein Land durchschreiten!
Wir wollen nicht Feld und Weinberg durchschreiten,
wir wollen nicht Wasser aus Brunnen trinken,
den Königsweg wollen wir gehn,
nicht rechts noch links abbiegen,
bis wir deine Gemarkung durchschritten haben.
Edom sprach zu ihm:
Du sollst mich nicht durchschreiten,
sonst fahre ich aus mit dem Schwert dir entgegen.
Die Söhne Jifsraels sprachen zu ihm:
Auf der Straße wollen wir hinanziehn,
trinken wir von deinen Gewässern, ich und meine Herde, ge-
     ben wir den Kaufpreis dafür,
nur laß – nicht der Rede wert – mich mit meinen Füßen hin-
     durchschreiten.

Er sprach:

Du sollst nicht hindurchschreiten.

Edom fuhr aus, ihm entgegen, mit schwerem Volk mit starker
  Hand.

Edom weigerte Jifsrael zu verstatten, seine Gemarkung zu
  durchschreiten,

und Jifsrael bog ab von ihm.

Sie zogen von Kadesch

und kamen, die Söhne Jifsraels, alle Gemeinschaft, zum Berge
  Hor.

ER sprach zu Mosche und zu Aharon beim Berge Hor, an
  der Mark des Landes Edom, er sprach:

Aharon werde eingeholt zu seinen Volkleuten,

denn er soll nicht kommen in das Land, das ich den Söhnen
  Jifsraels gebe,

deswegen daß ihr meinem Mund widerstrebtet bei den Wassern von Gezänke.

Nimm Aharon und Elasar seinen Sohn,

lasse sie den Berg Hor ersteigen,

streife Aharon seine Gewänder ab,

bekleide damit Elasar seinen Sohn,

Aharon soll dort eingeholt werden und sterben.

Mosche tat, wie ER geboten hatte,

sie stiegen den Berg Hor hinan vor den Augen aller Gemeinschaft,

Mosche streifte Aharon seine Gewänder ab

und bekleidete damit Elasar seinen Sohn.

Aharon starb dort auf dem Haupt des Bergs,

Mosche schritt herab und Elasar vom Berg.

Sie sahen, alle Gemeinschaft, daß Aharon verschieden war,

und sie beweinten Aharon dreißig Tage,

alles Haus Jifsrael.

Der Kanaaniter, König von Arad, der den Südstrich besetzt
  hielt, hörte, Jifsrael komme den Spurweg.

Er kämpfte gegen Jifsrael, er fing Gefangene von ihm.

Jifsrael gelobte IHM ein Gelübde, es sprach:

Gibst du dieses Volk, gibst es hin in meine Hand,

will ich ihre Städte bannen.

ER erhörte Jifsraels Stimme,
er gab den Kanaaniter hin,
und es bannte sie und ihre Städte
und rief den Namen dieses Orts: Chorma, Bannung.

Sie zogen vom Berge Hor den Weg zum Schilfmeer, das
　　Land Edom zu umgehen.
Unterwegs wurde kleinmütig die Seele des Volks.
Das Volk redete gegen Gott und gegen Mosche:
Warum habt ihr uns aus Ägypten heraufgebracht, in der
　　Wüste zu sterben!
Kein Brot ja gibts, kein Wasser,
es widert unsre Seele des schalen Brotzeugs.
ER schickte gegen das Volk die Vipern, die Brandnattern
　　aus,
die bissen das Volk,
und viel Volk von Jifsrael starb.
Das Volk kam zu Mosche, sie sprachen:
Wir haben gesündigt, daß wir gegen IHN redeten und gegen
　　dich,
setze dich bei IHM ein,
daß er die Viper von uns wende.
Mosche setzte sich ein für das Volk.
ER sprach zu Mosche:
Mache dir eine Brandnatter
und tue sie an eine Bannerstange,
so sei es:
jeder Gebissene sehe sie an, und er wird leben bleiben.
Mosche machte die Viper von Kupfer,
er tat sie an eine Bannerstange.
Es geschah: hatte die Viper einen Mann gebissen,
blickte er auf die Viper von Kupfer und blieb am Leben.

Die Söhne Jifsraels zogen aus und lagerten in Obot.
Sie zogen von Obot und lagerten in dem Ijjim der Jenseite,
　　in der Wüste, die vor Moab ist von Sonnaufgang her.
Von dort zogen sie und lagerten im Bachgrund Sared.
Von dort zogen sie und lagerten jenseit des Arnon in der
　　Wüste, die über die Mark des Amoriters hinausreicht;

denn der Arnon war Moabs Markgrenze, zwischen Moab und
  dem Amoriter,
darum heißt ein Spruch im Buch SEINER Kriege:
...so Waheb in Sfufa,
und so die Bachgründe: Arnon,
und der Absturz der Bäche,
der sich neigt zur Lage von Ar
und an Moabs Grenzmark sich stützt.

Von dort zum Brunnen,
das ist der Brunnen, von dem ER zu Mosche sprach:
Hol her das Volk, und ich gebe ihnen Wasser.
Damals sang Jifsrael diesen Gesang:

Aufsteige Brunnen,
wechselsaget ihm:
– Brunnen, Fürsten gruben ihn!
– Volkes Edle bohrten ihn!
– Mit dem Führerstab!
– Mit ihren Stützen!

Von der Wüste nach Mattana, von Mattana nach Nachalïel,
  von Nachalïel nach den Koppen,
von den Koppen nach der Schlucht, die im Gefilde Moabs ist,
  an der Höhe des Pisga, und hinablugt zur Fläche der Öde.

Jifsrael sandte Boten zu Sfichon dem Amoriterkönig, zu sprechen:
Laß mich dein Land durchschreiten,
wir wollen in Feld und in Weinberg nicht abbiegen,
wir wollen Wasser aus Brunnen nicht trinken,
auf dem Königsweg wollen wir gehn,
bis wir deine Gemarkung durchschritten haben.
Aber Sfichon gab nicht zu, daß Jifsrael seine Gemarkung
  durchschreite,
Sfichon holte all sein Kriegsvolk zusammen und fuhr aus,
  Jifsrael entgegen, in die Wüste,
er kam nach Jahaz und kämpfte gegen Jifsrael.
Jifsrael schlug ihn mit der Schneide des Schwerts,
es ererbte sein Land vom Arnon bis zum Jabbok, bis zu den
  Ammonssöhnen,

denn trotzig war die Mark der Ammonssöhne;
Jifsrael nahm all diese Städte ein,
Jifsrael besetzte alle Städte des Amoriters, Cheschbon und all
   ihre Töchter.
Denn Cheschbon, die Stadt Sfichons des Amoriterkönigs
   wars,
der kämpfte mit dem frühern König von Moab,
er nahm all sein Land ihm aus den Händen, bis zum Arnon.
Darum sprechen die Gleichwortdichter:
Kommt nach Cheschbon,
aufgebaut,
aufgerichtet
werde Sfichons Stadt!
Denn von Cheschbon fuhr einst Feuer aus,
Lohe von Sfichons Burg,
fraß Moabs Stadt,
die Meister der Arnonkoppen.
Weh dir, Moab!
du schwandest, Volk des Kmosch!
Seine Söhne gab er als Flüchtlinge hin,
seine Töchter in die Gefangenschaft
dem Amoriterkönig Sfichon.
Wir beschossen sie,
Cheschbon schwand bis Dibon,
wir wüsteten,
bis Feuer entfacht war bis Medba!
Es besetzte Jifsrael das Land des Amoriters.

Mosche sandte, Jaser auszuspähen,
sie eroberten ihre Tochterstädte,
man enterbte den Amoriter, der dort war.
Sie wandten sich, sie stiegen den Weg nach Baschan hinan.
Ausfuhr Og König des Baschan ihnen entgegen, er und all
   sein Kriegsvolk,
zum Kampf nach Edreï.
ER sprach zu Mosche:
Fürchte ihn nimmer,
denn in deine Hand gebe ich ihn, all sein Volk und sein Land,

du sollst ihm tun, wie du Sfichon dem Amoriterkönig tatest,
    der in Cheschbon saß.
Sie schlugen ihn, seine Söhne und all sein Volk,
ohne auch nur einen Entkommenen ihm zu lassen,
und ererbten sein Land.
Die Söhne Jifsraels zogen aus,
sie lagerten in Moabs Steppen, jenseits des Jericho-Jordans.

Balak Sohn Zippors sah
alles, was Jifsrael dem Amoriter angetan hatte,
Moab bangte sehr vor dem Volk, daß sein so viel war,
es graute Moab vor den Söhnen Jifsraels.
Moab sprach zu den Ältesten Midjans:
Nun werden sie, die Ansammlung, alles auflecken rings um
     uns,
wie der Ochs das Grün des Felds aufleckt!
Balak Sohn Zippors aber war König von Moab zu jener Zeit.
Er sandte Boten zu Bilam Sohn Bors nach Ptor, das am Strom
     liegt, ins Land der Söhne seines Volks,
ihn zu rufen, sprechend:
Da ist ein Volk aus Ägypten gefahren,
da verhüllt es den Anblick der Erde,
und das sitzt mir hart gegenüber.
Geh nun doch her,
verfluche mir dieses Volk,
denn es ist mir zu mächtig.
Wohl gar vermag ichs, wir schlagen drein, daß ich es aus dem
     Lande treibe.
Denn ich weiß,
wen du segnest, ist ein Gesegneter,
wem du fluchst, wird verflucht.
Die Ältesten Moabs und die Ältesten Midjans gingen,
Wahrsagerlohn in ihrer Hand,
sie kamen zu Bilam und redeten zu ihm Balaks Rede.
Er sprach zu ihnen:
Nächtigt hier die Nacht,
dann will ich euch Rede erstatten, wie ER zu mir reden wird.
Die Hofherrn Moabs blieben bei Bilam.
Gott aber kam zu Bilam und sprach:
Wer sind diese Männer bei dir?
Bilam sprach zu Gott:
Gesandt hat zu mir Balak Sohn Zippors, König von Moab:
Das Volk da, das aus Ägypten fuhr, es verhüllt den Anblick
     der Erde,
geh nun her, verwünsche es mir,
wohl gar vermag ich es zu bekriegen, und ich vertreib es.
Gott sprach zu Bilam:

Du wirst nicht mit ihnen gehn,
du wirst dem Volk nicht fluchen,
denn gesegnet ist es.
Am Morgen machte Bilam sich auf und sprach zu Balaks
　　Herren:
Geht in euer Land,
denn ER weigert mir zu gewähren, mit euch zu gehn.
Die Herren aus Moab machten sich auf, sie kamen zu Balak
　　und sprachen:
Bilam weigert sich mit uns zu gehn.
Neuanhub Balak Hofherrn zu senden, mehr und geehrtere als
　　jene.
Die kamen zu Bilam und sprachen zu ihm:
So hat Balak Sohn Zippors gesprochen:
Versage doch ja nicht, zu mir zu gehn,
denn hoch will ich ehren dich, ehren,
alles, was du zu mir sprichst, will ich tun,
geh doch her, verwünsche mir dieses Volk!
Bilam antwortete, er sprach zu Balaks Dienern:
Gäbe mir Balak seines Hauses Fülle an Silber und Gold,
nicht vermag ich SEIN, meines Gottes, Geheiß zu über-
　　schreiten,
Kleines oder Großes zu tun.
Nun aber
bleibt doch hier auch ihr die Nacht,
daß ich weiß, was neuanhebend ER mit mir redet.
Nächtens kam Gott zu Bilam und sprach zu ihm:
Sind dich zu rufen die Männer gekommen,
mach dich auf, geh mit ihnen,
aber nur die Rede, die ich dir reden werde, die kannst du tun.
Bilam machte sich am Morgen auf,
er sattelte seine Eselin
und ging mit den Herren aus Moab.
Aber Gottes Zorn entflammte, daß er so ging,
und SEIN Bote vertrat den Weg ihm als Hinderer,
während er auf seiner Eselin ritt, zwei seiner Knaben bei ihm.
Die Eselin sah SEINEN Boten,
den Weg vertretend, sein Schwert gezückt in seiner Hand.
Die Eselin bog vom Weg ab und ging ins Feld.

Bilam schlug die Eselin, sie auf den Weg zu biegen.
SEIN Bote stellte sich in den Hohlpfad der Weinberge,
eine Mauer von hier und eine Mauer von hier.
Die Eselin sah SEINEN Boten,
sie preßte sich an die Wand und preßte Bilams Fuß an die
   Wand,
und neuanhub er, sie zu schlagen.
Aber neuanhub auch SEIN Bote, vorüber zu schreiten,
er stellte sich an einen engen Ort,
wo kein Weg war, nach rechts oder links auszubiegen.
Die Eselin sah SEINEN Boten,
sie kniete sich unter Bilam nieder.
Bilams Zorn entflammte,
er schlug die Eselin mit der Gerte.
ER aber öffnete den Mund der Eselin,
sie sprach zu Bilam:
Was habe ich dir getan,
daß du mich schlugst, die dreimal?
Bilam sprach zur Eselin:
Daß du mir mitspielst!
Wäre nur ein Schwert in meiner Hand!
drum daß nun
ich dich umbrächte!
Die Eselin sprach zu Bilam:
Bin ich nicht deine Eselin,
auf der du reitest von jeher bis auf diesen Tag?
war gewohnt ich, gewohnt, dir solches zu tun?
Er sprach:
Nein.
ER aber machte Bilams Augen bar,
er sah SEINEN Boten den Weg vertretend, sein Schwert ge-
   zückt in seiner Hand.
Er bückte sich und warf sich auf seine Stirn.
SEIN Bote sprach zu ihm:
Warum schlugst du deine Eselin, die dreimal!
Ich da fuhr aus als ein Hinderer,
denn überstürzt ist der Weg, zuwider mir.
Die Eselin sah mich und bog ab vor mir, die dreimal.
Gar wohl ist sie vor mir abgebogen!

drum daß nun
eben dich ich umgebracht hätte und sie am Leben
    erhalten.
Bilam sprach zu SEINEM Boten:
Ich habe mich versündigt,
ich wußte ja nicht, daß du mir entgegen den Weg vertrittst.
Nun aber,
ists übel in deinen Augen, kehre ich heim.
SEIN Bote sprach zu Bilam:
Geh mit den Männern,
aber allein die Rede, die ich zu dir reden werde, die kannst du
    reden.
Bilam ging mit den Herren Balaks.
Als Balak hörte, daß Bilam gekommen sei,
fuhr er aus ihm entgegen bis zur Stadt Moabs,
die ist bei der Markgrenze, dem Arnon, der ist am Ende der
    Mark.
Balak sprach zu Bilam:
Habe ich nicht gesandt, gesandt, dich zu rufen!
warum bist du nicht zu mir gegangen?
vermag ich etwa nicht dich zu ehren?!
Bilam sprach zu Balak:
Da bin ich zu dir gekommen –
nun aber:
vermag, vermag ich etwas zu reden?
die Rede, die Gott in meinen Mund legt, die muß
    ich reden.
Bilam ging mit Balak, sie kamen nach der Gassenburg.
Balak schlachtete Rinder und Schafe und übersandte davon
    Bilam und den Herren, die mit ihm waren.

Am Morgen wars,
Balak nahm den Bilam
und brachte ihn zur Höhe der Baalskoppen.
Von dort aus sah er ein Ende des Volks.
Bilam sprach zu Balak:
Baue mir hier sieben Schlachtstätten
und vorbereite mir hier sieben Farren und sieben Widder.
Balak tat, wie Bilam geredet hatte,

dann höhte Balak und Bilam je Farren und Widder auf der
    Schlachtstatt.
Bilam sprach zu Balak:
Tritt neben deine Darhöhung,
    und ich will gehn,
gar wohl mag fügen sich ER mir zur Fügung,
was immer er mich sehen läßt, will ich dir melden.
Er ging auf die Piste.
Gott fügte sich her zu Bilam.
Der sprach zu ihm:
Die sieben Schlachtstätten habe ich gerichtet, je Farren und
    Widder auf der Schlachtstatt gehöht.
ER aber legte Rede in Bilams Mund
und sprach:
Kehre zu Balak, und so sollst du reden.
Er kehrte zu ihm: da war er zu seiner Darhöhung hingetreten,
    er und alle Hofherrn Moabs.
Er aber hub sein Gleichwort an, er sprach:

Von Aram geleitet mich Balak,
Moabs König von östlichen Bergen:
Geh, verfluche mir Jaakob,
geh, beschreie Jifsrael!
Wie soll ich verwünschen, wen Gott nicht verwünscht,
wie beschreien, wen ER nicht verschrie!
Ja, ich seh es vom Haupte
    der Felsen,
ich erspähe es von den Hügeln:
Da, ein Volk, einsam wohnt es,
unter die Erdstämme rechnet sichs nicht.
Wer zählt den Staub Jaakobs,
ermißt das Gewühl Jifsraels!
Sterbe meine Seele das Sterben der Geraden,
meine Nachkunft werde wie er!

Balak sprach zu Bilam:
Was hast du mir getan!
Meine Feinde zu verwünschen nahm ich dich an,
und da segnest du, segnest!
Er antwortete, er sprach:

Was ER in meinen Mund legt,
muß ich das nicht hüten im Reden?
Balak sprach zu ihm:
Geh doch mit mir an einen andern Ort, von wo dus sehen
kannst,
allein nur ein Ende von ihm wirst du sehn, ganz wirst dusnicht
sehn,
und verwünsche es mir von dort.
Er nahm ihn nach dem Felde der Wächter, zum Haupt des
Pisga,
und baute sieben Schlachtstätten und höhte je Farren und
Widder auf der Statt.
Er aber sprach zu Balak:
Tritt hier neben deine Darhöhung, und mir werde hierher
Fügung.
ER fügte sich her zu Bilam,
er legte Rede in seinen Mund
und sprach:
Kehre zu Balak, und so sollst du reden.
Er kam zu ihm: da war er zu seiner Darhöhung hingetreten,
die Hofherrn Moabs mit ihm.
Balak sprach zu ihm:
Was hat ER geredet?
Er aber hub sein Gleichwort an, er sprach:

Auf, Balak, höre!
herlausche mir, Zipporsohn!
Nicht ein Mann ist Gott, daß er täuschte,
noch ein Menschensohn, daß er sichs leid sein ließe,
er, er sollte sprechen und nicht tun,
reden und es nicht vollenden!
Da, zu segnen habe ich übernommen,
gesegnet hat er, ich kanns nicht wenden.
Nicht gewahrt man in Jaakob Arg,
nicht sieht man in Jifsrael Harm,
seine Gottheit, ER, ist bei ihm,
Jubelschmettern dem König in ihm.
Der Gott, der aus Ägypten sie führte,
wie des Wisents Gehörn ist er ihm.

Denn in Jaakob ist nicht Zeichen-Erahnung,
in Jifsrael nicht Wahrsagerei,
zur Zeit wird es Jaakob und Jifsrael zugesprochen,
was Gott im Werk hat.
Da, ein Volk, wie eine Löwin stehts auf,
wie ein Leuentier erhebt es sich,
streckt sich nicht, bis es Raub verzehrte
und Blut der Durchbohrten trank.

Balak sprach zu Bilam:
Kannst schon verwünschen dus nicht, verwünschen,
darfst dus nicht segnen schon, segnen.
Bilam antwortete, er sprach zu Balak:
Habe ich zu dir nicht geredet, sprechend: Alles was ER redet,
    das muß ich tun?
Balak sprach zu Bilam:
Geh denn doch, ich nehme dich an einen andern Ort,
gar wohl mag es in Gottes Augen gerad sein, daß du es mir
    von dort verwünschest.
Balak nahm den Bilam zum Haupt des Por, das hinablugt auf
    die Fläche der Öde.
Bilam sprach zu Balak:
Baue mir hier sieben Schlachtstätten und vorbereite mir hier
    sieben Farren und sieben Widder.
Balak tat, wie Bilam gesprochen hatte, er höhte je Farren und
    Widder auf der Schlachtstatt.
Bilam aber sah, daß es gut war in SEINEN Augen, Jifsrael zu
    segnen,
und er ging nicht wie Mal um Mal aus aufs Gefüge der Ahnungs-
    zeichen,
sondern wandte sein Antlitz zur Wüste.
Bilam erhob seine Augen
und sah Jifsrael wohnend nach seinen Zweigen,
und über ihm war der Geistbraus Gottes.
Er hub sein Gleichwort an, er sprach:

Erlauten Bilams des Borsohns,
Erlauten des Mannes erschlossnen Augs.
Erlauten des Hörers göttlicher Sprüche,
der die Schau des Gewaltigen schaut,

hinsinkend, bar die Augen:
Wie sind deine Zelte, Jaakob, schön,
deine Wohnungen, Jifsrael!
Wie Bachgründe, gebogen,
wie Gärten am Strom,
wie Aloen, die ER pflanzte,
wie Zedern am Wasser!
Wasser rinnt von seinen Trieben,
in vielem Wasser ist seine Saat.
Höher wird als Agag sein König,
so erhebt sich sein Königtum.
Der Gott, der aus Ägypten es führte,
wie des Wisents Gehörn ist er ihm.
Es verzehrt die Stämme, die es bedrängen,
es zermalmt ihre Gebeine,
die auf es einhaun, zerhaut es.
Es kauert, es streckt sich,
wie der Leu,
wie die Löwin,
wer reizt es auf!
Die dich segnen, gesegnet,
die dir fluchen, verflucht!

Balaks Zorn entflammte gegen Bilam,
er klatschte in die Hände,
Balak sprach zu Bilam:
Meine Feinde zu verwünschen habe ich dich gerufen,
und da segnest du, segnest, – die drei Male!
Jetzt aber entweich du an deinen Ort!
Ich hatte gesprochen, ehren wollt ich dich, ehren,
aber da hat ER dich der Ehre versagt.
Bilam sprach zu Balak:
Habe ich nicht schon zu deinen Boten, die du zu mir sandtest,
    geredet,
sprechend: Gäbe mir Balak seines Hauses Fülle an Silber und
    Gold, nicht vermag ich SEIN Geheiß zu überschreiten.
Gutes oder Übles von meinem Herzen aus zu tun,
was ER zu mir redet, das muß ich reden?
Und jetzt, da ich zu meinem Volke gehe:

geh her, ich will dir um das raten,
was dieses Volk deinem Volke tun wird in der Zukunft der
   Tage.
Er hub sein Gleichwort an, er sprach:

Erlauten Bilams des Borsohns,
Erlauten des Mannes erschlossnen Augs,
Erlauten des Hörers göttlicher Sprüche,
Mitwissers um das Wissen des Höchsten,
der die Schau des Gewaltigen schaut,
hinsinkend, bar die Augen.
Ich sehe ihn, aber nicht jetzt,
ich erspähe ïhn, aber nicht nah:
aus Jaakob bewegt ein Stern sich,
aus Jiſsrael ersteht ein Szepter,
das wird Moabs Schläfen zerhauen,
den Scheitel aller Söhne des Aufruhrs.
Edom wird Erbschaft,
Erbschaft wird Sſeïr seinen Feinden,
Jiſsrael aber gewinnt Macht.
Schalten wird man von Jaakob her,
aus jener Stadt das Entronnene schwenden.

Dann sah er Amalek,
er hub sein Gleichwort an, er sprach:

Vorhut der Erdstämme war Amalek,
doch seine Nachkunft – zum Schwindenden hin!

Dann sah er den Keniter,
er hub sein Gleichwort an, er sprach:

Urständig ist dein Sitz,
auf Felskant gelegt dein Nest,
gleichwohl wird Kajin zur Weide,
wie lang hält dich Aschur gefangen?

Dann hub er sein Gleichwort an, er sprach:

Weh, wer möchte leben,
wann Gott das auflegt!

Schiffe vom Kittäerstrand –
und sie beugen Aschur,
und sie beugen Eber,
doch auch der – zum Schwindenden hin!

Bilam machte sich auf,
er ging, an seinen Ort zu kehren,
und auch Balak ging seines Wegs.

Jifsrael saß in Schittim.

Es begann das Volk nach den Töchtern Moabs hin zu huren,
die riefen das Volk zu den Schlachtungen ihres Gottes,
das Volk aß,
sie warfen sich ihrem Gott hin:
Jifsrael verjochte sich dem Baal von Por.
SEIN Zorn flammte auf Jifsrael ein,
ER sprach zu Mosche:
Nimm alle Hauptleute des Volkshaufens
und renke sie IHM, entgegen der Sonne,
daß die Flamme SEINES Zorns sich von Jifsrael wende.
Mosche sprach zu den Richtern Jifsraels:
Umbringt, jedermann von seiner Mannschaft, die sich dem
    Baal von Por verjochten.
Eben da kam ein Mann von den Söhnen Jifsraels,
der führte die Midjanitin in die Nähe seiner Brüder,
unter den Augen Mosches, unter den Augen aller Gemein-
    schaft der Söhne Jifsraels,
während die am Einlaß des Zelts der Begegnung weinten.
Pinchas Sohn Elasars Sohns Aharons des Priesters sahs
er erhob sich mitten aus der Gemeinschaft,
er nahm eine Lanze in seine Hand,
er ging dem Mann aus Jifsrael nach in den Hehlraum,
er durchstach die beiden, den Mann aus Jifsrael, und das Weib
    in ihre Bauchhöhle.
Gehemmt wurde der Niederstoß über den Söhnen Jifsraels.
Es waren aber der durch den Niederstoß Gestorbnen vierund-
    zwanzigtausend.
ER redete zu Mosche, sprechend:
Pinchas Sohn Elasars Sohn Aharons des Priesters
hat meine Glut über den Söhnen Jifsraels abgewendet,
indem er meinen Eifer eiferte in ihrer Mitte,
daß ich die Söhne Jifsraels nicht vernichtete in meinem Eifer.
Drum sprich es aus:
Da gebe ich ihm
meinen Bund: Frieden!
Der sei ihm und nach ihm seinem Samen
ein Bund Weltzeit-Priestertums,
dafür daß er eiferte für seinen Gott,

deckte über den Söhnen Jifsraels.

Der Name aber des erschlagnen Mannes aus Jifsrael, der erschlagen ward mit der Midjanitin, war Simri Sohn Sfalus,
Fürst eines schimonitischen Vaterhauses,

und der Name des erschlagnen Weibs, der Midjanitin, war
Kosbi Tochter Zurs, Hordenhaupt eines Vaterhauses in
Midjan war der.

ER redete zu Mosche, sprechend:
Bedrängt die Midjaniter,
schlaget sie!
denn sie bedrängen euch mit ihren Ränken, mit denen sie
euch umränkelt haben.

Dies auf das Begebnis mit dem Por und auf das Begebnis mit
der Kosbi, Tochter eines Fürsten von Midjan, ihrer Schwester, die erschlagen wurde am Tage des Niederstoßes bei
dem Begebnis mit dem Por.

Es geschah nach dem Niederstoß,
ER sprach zu Mosche und zu Elasar Sohn Aharons des Priesters, sprach:
Erhebt die Hauptzahl aller Gemeinschaft der Söhne Jifsraels,
vom Zwanzigjährigen aufwärts, nach ihrem Väterhaus,
alles was ausfährt zur Heerschar in Jifsrael.

Mosche redete und Elasar der Priester mit ihnen in den
Steppen Moabs am Jericho-Jordan, sprechend:
Vom Zwanzigjährigen aufwärts...!
wie ER Mosche geboten hatte.

So die Söhne Jifsraels, die aus dem Land Ägypten fuhren:
Ruben Erstgeborner Jifsraels,
die Söhne Rubens: Chanoch, die Chanochsippe; von Pallu
die Pallusippe; von Chezron die Chezronsippe; von Karmi
die Karmisippe.

Dies die Rubensippen, ihrer Eingeordneten waren dreiund-
vierzigtausend und siebenhundertunddreißig.

Söhne Pallus: Eliab,
Söhne Eliabs: Nmuel und Datan und Abiram,

das sind Datan und Abiram, die Berufnen der Gemeinschaft,
   die haderten gegen Mosche und gegen Aharon in der Gemeinde Korachs, als die gegen IHN haderten,
die Erde öffnete ihren Mund, sie verschlang sie und Korach,
   als die Gemeinde starb,
als das Feuer die zweihundertundfünfzig Männer fraß,
sie wurden zu einem Warnungszeichen;
die Söhne Korachs aber starben nicht.

Die Söhne Schimons nach ihren Sippen: von Nmuel die
   Nmuelsippe; von Jamin die Jaminsippe; von Jachin die
   Jachinsippe; von Sarach die Sarachsippe; von Schaul die
   Schaulsippe.
Dies die Schimonsippen, zweiundzwanzigtausend und zwei-
   hundert.

Die Söhne Gads nach ihren Sippen: von Zfon die Zfonsippe;
   von Chaggi die Chaggisippe; von Schuni die Schunisippe;
   von Osni die Osnisippe; von Eri die Erisippe; von Arod die
   Arodsippe; von Areli die Arelisippe.
Dies die Sippen der Söhne Gads nach ihren Eingeordneten,
   vierzigtausend und fünfhundert.

Die Söhne Jehudas: Her und Onan,
Her starb und Onan im Lande Kanaan.
Es waren die Söhne Jehudas nach ihren Sippen: von Schela die
   Schelasippe; von Parez die Parezsippe; von Sarach die Sa-
   rachsippe.
Die Söhne Parez' waren: von Chezron die Chezronsippe;
   von Chamul die Chamulsippe.
Dies die Sippen Jehudas nach ihren Eingeordneten, sechsund-
   siebzigtausend und fünfhundert.

Die Söhne Jifsachars nach ihren Sippen: Tola, die Tolasippe;
   von Puwwa die Puwwasippe; von Jaschub die Jaschubsippe;
   von Schimron die Schimronsippe.
Dies die Sippen Jifsachars nach ihren Eingeordneten, vierundsechzigtausend und dreihundert.

Die Söhne Sbuluns nach ihren Sippen: von Sfared die Sfared-
   sippe; von Elon die Elonsippe; von Jachlel die Jachlelsippe.

Dies die Sbulunsippen nach ihren Eingeordneten, sechzigtausend und fünfhundert.

Die Söhne Joſsefs nach ihren Sippen: Mnasche und Efrajim.

Die Söhne Mnasches: von Machir die Machirsippe; Machir
zeugte Gilad: von Gilad die Giladsippe;

dies sind die Söhne Gilads: Ieser, die Iesersippe; von Chelek
die Cheleksippe; und Aſsrïel, die Aſsrïelsippe; und Sche-
chem, die Schechemsippe; und Schmida, die Schmidasippe;
und Chefer, die Chefersippe;

und Zlofchad Sohn Chefers, der hatte keine Söhne, sondern
nur Töchter,

und der Name von Zlofchads Töchtern: Machla und Noa,
Chogla, Milka und Tirza,

Dies die Sippen Mnasches, und ihrer Eingeordneten zweiund-
fünfzigtausend und siebenhundert,

Dies sind die Söhne Efrajims nach ihren Sippen: von Schutalach die Schutalachsippe; von Bacher die Bachersippe; von
Tachan die Tachansippe;

und dies sind die Söhne Schutalachs: von Eran die Eransippe.

Dies die Sippen der Söhne Efrajims nach ihren Eingeordneten,
zweiunddreißigtausend und fünfhundert.

Dies die Söhne Joſsefs nach ihren Sippen.

Die Söhne Binjamins nach ihren Sippen: von Bala die Bala-
sippe; von Aschbel die Aschbelsippe; von Achiram die
Achiramsippe; von Schfufam die Schfufamsippe; von Chu-
fam die Chufamsippe;

die Söhne Balas waren Ard und Naaman: die Ardsippe, von
Naaman die Naamansippe.

Dies die Söhne Binjamins nach ihren Sippen, und ihrer Eingeordneten fünfundvierzigtausend und sechshundert.

Dies sind die Söhne Dans nach ihren Sippen: von Schucham
die Schuchamsippe.

Dies die Sippen Dans, nach ihren Sippen; aller Schuchamsip-
pen nach ihren Eingeordneten vierundsechzigtausend und
vierhundert.

Die Söhne Aschers nach ihren Sippen: von Jimma die Jimma-
sippe; von Jischwi die Jischwisippe; von Bria die Briasippe;

von den Söhnen Brias: von Chaber die Chabersippe; von Mal-
    kïel die Malkïelsippe;
und der Name der Tochter Aschers: Sſarach.
Dies die Sippen der Söhne Aschers nach ihren Eingeordneten,
    dreiundfünfzigtausend und vierhundert.

Die Söhne Naftalis nach ihren Sippen: von Jachzel die Jachzel-
    sippe; von Guni die Gunisippe; von Jezer die Jezersippe;
    von Schillem die Schillemsippe.
Dies die Sippen Naftalis, nach ihren Sippen, und ihrer Einge-
    ordneten fünfundvierzigtausend und vierhundert.

Dies die Eingeordneten der Söhne Jiſsraels,
sechshunderttausend und tausend, siebenhundert und dreißig.

ER redete zu Mosche, sprechend:
Diesen werde das Land zugeteilt als Eigentum nach Namenzahl,
dem Mehrhaltigen mehre sein Eigentum, dem Minderhaltigen
    mindre sein Eigentum,
die Mannschaft, entsprechend ihren Eingeordneten werde ihr
    Eigentum ausgegeben
– jedoch durchs Los werde das Land eingeteilt,
nach den Namen ihrer Väterstäbe sollen sie eignen –,
nach dem Geheiß des Loses werde ihr Eigentum verteilt zwi-
    schen dem Mehrhaltigen und dem Minderhaltigen.

Und dies sind die lewitischen Eingeordneten nach ihren Sip-
    pen:
von Gerschon die Gerschonsippe; von Khat die Khatsippe;
    von Mrari die Mrarisippe.
Dies sind Sippen Lewis:
die Libnisippe, die Chebronsippe, die Machlisippe, die Mu-
    schisippe, die Korachsippe.
Khat aber zeugte Amram,
und der Name von Amrams Weib: Jochebed Tochter Lewis,
    die dem Lewi in Ägypten geboren wurde,
sie gebar dem Amram Aharon und Mosche und ihre Schwe-
    ster Mirjam.
Dem Aharon wurden geboren Nadab und Abihu, Elasar und
    Itamar,

Nadab aber und Abihu starben, als sie ungehöriges Feuer vor
IHN darnahten.
Ihrer Eingeordneten waren dreiundzwanzigtausend,
alles Männlichen vom Monatkind aufwärts,
denn sie durften sich nicht einordnen lassen inmitten der Söhne Jifsraels,
denn ihnen wurde nicht Eigentum gegeben inmitten der Söhne Jifsraels.

Dies die Eingeordneten Mosches und Elasars des Priesters,
welche die Söhne Jifsraels in den Steppen Moabs am Jericho-
Jordan einordneten,
nicht war unter ihnen ein Mann von den Eingeordneten Mosches und Aharons des Priesters,
welche die Söhne Jifsraels in der Wüste Sfinai einordneten.
Denn ER hatte von ihnen gesprochen: In der Wüste sterben
sie, sterben!
Niemand überblieb von ihnen, nur Kaleb Sohn Jefunnes und
Jehoschua Sohn Nuns.

Es nahten die Töchter Zlofchads Sohns Chefers Sohn Gilads
Sohns Machirs Sohns Mnasches, von den Sippen Mnasches
Sohns Jofsefs,
und dies sind die Namen seiner Töchter: Machla, Noa und
Chogla, Milka und Tirza,
sie standen vor Mosche und vor Elasar dem Priester, vor den
Fürsten und aller Gemeinschaft, am Einlaß des Zelts der Be-
gegnung, sprechend:
Unser Vater starb in der Wüste,
doch war er, er, nicht inmitten der Gemeinde, die sich gegen
IHN gemeinten, in der Gemeinde Korachs, sondern er starb
in seiner Sünde.
Er hatte aber keine Söhne.
Warum soll der Name unsres Vaters gestrichen werden aus
der Mitte seiner Sippe, weil er keinen Sohn hat?
Gib uns Hufe inmitten der Brüder unsres Vaters!
Mosche nahte ihre Rechtssache vor IHN.
ER sprach zu Mosche, sprach:
Gegründet reden die Töchter Zlofchads,

gib, ausgib ihnen Eigentumshufe inmitten der Brüder ihres
     Vaters,
übertrage ihnen das Eigentum ihres Vaters.
Und zu den Söhnen Jiſsraels rede, sprechend:
Wenn ein Mann stirbt und hat keinen Sohn,
übertrage sein Eigentum seiner Tochter;
hatte er keine Tochter, gebt sein Eigentum seinen Brüdern;
hatte er keine Brüder, gebt sein Eigentum den Brüdern seines
     Vaters;
hatte sein Vater keine Brüder, gebt sein Eigentum seinem
     Leibesverwandten, der ihm der nächste ist von seiner Sippe,
     daß ers erbe.
Das sei den Söhnen Jiſsraels eine Rechtssatzung,
wie ER Mosche geboten hat.

ER sprach zu Mosche:
Steige dieses Seitengebirge hinan,
sieh das Land an, das ich den Söhnen Jiſsraels gegeben habe.
Hast du es angesehn,
wirst zu deinen Volkleuten eingeholt auch du,
gleichwie Aharon dein Bruder eingeholt wurde:
gleich wie ihr in der Wüste Zin meinem Mund widerstrebtet
beim Gezänke der Gemeinschaft,
mich zu heiligen am Wasser vor ihren Augen.
Das sind die Wasser von Gezänke bei Kadesch in der Wüste
     Zin.
Mosche redete zu IHM, sprechend:
Es verordne
ER, Gott der Geister in allem Fleisch,
einen Mann über die Gemeinschaft,
der ausfahre vor ihnen,
der rückwende vor ihnen,
der sie ausführe,
der sie rückwende,
daß nicht werde SEINE Gemeinschaft
wie Schafe, denen kein Hirt ist!
ER sprach zu Mosche:
Nimm dir

Jehoschua Sohn Nuns,
einen Mann, in dem Geist ist,
stemme deine Hand auf ihn:
stelle ihn vor Elasar den Priester und vor alle Gemeinschaft,
entbiete ihn vor ihren Augen,
gib von deinem Glanz auf ihn,
damit sie gehorchen, alle Gemeinschaft der Söhne Jifsraels.
Vor Elasar dem Priester soll er stehn,
der soll für ihn den Rechtspruch der Lichtenden erfragen vor
   IHM,
auf dessen Geheiß sollen sie ausfahren,
auf dessen Geheiß sollen sie rückwenden,
er und alle Söhne Jifsraels mit ihm, all die Gemeinschaft.
Mosche tat, wie ER ihm geboten hatte,
er nahm Jehoschua, er stellte ihn vor Elasar den Priester und
   vor alle Gemeinschaft,
er stemmte seine Hände auf ihn, er entbot ihn,
wie ER in Mosches Hand geredet hatte.

ER redete zu Mosche, sprechend:
Gebiete den Söhnen Jifsraels, sprich zu ihnen:
Meine Nahung, mein Brot:
meine Feuerspenden,
den Ruch meines Geruhens
wahrt,
mir darzunahen zu seiner Gezeit.

Sprich zu ihnen:
Dies ist die Feuerspende, die ihr IHM darnahen sollt:
Lämmer, Jährlinge, heile, zwei für den Tag, stete Darhöhung,
das eine Lamm bereite am Morgen und das zweite Lamm be-
    reite zwischen den Abendstunden,
das Zehntel des Scheffels Feinmehl zu Hinleite, verrührt mit
    gestoßnem Öl, einem Viertelkrug,
stete Darhöhung,
erstbereitet am Berge Sfinai
zu Ruch des Geruhens, Feuerspende IHM.
Ihr Guß ein Viertelkrug für das eine Lamm,
im Heiligtum gieße Rauschsaftguß IHM.
Und das zweite Lamm bereite zwischen den Abendstunden,
wie die Hinleite des Morgens und wie seinen Guß bereite es,
Feuerspende, Ruch des Geruhens IHM.

Am Tag der Wochenfeier
zwei Lämmer, Jährlinge, heile,
und zwei Zehntteile Feinmehls als Hinleite, mit Öl verrührt,
    und seinen Guß,
Darhöhung jeder Wochenfeier an ebender Wochenfeier,
nebst der steten Darhöhung und ihrem Guß.

Und an den Anfängen eurer Mondneuungen
nahet als Darhöhung IHM
zwei Farren, Jungstiere, einen Widder, sieben Lämmer, Jähr-
    linge, heile,
drei Zehntteile Feinmehls als Hinleite, mit Öl verrührt, für je
    einen Farren,
zwei Zehntteile Feinmehls als Hinleite, mit Öl verrührt, für den
    einen Widder,

Zehntteil um Zehntteil Feinmehls als Hinleite, mit Öl verrührt, für je ein Lamm,

Darhöhung, Ruch des Geruhens, Feuerspende Ihm.

Und ihre Güsse: ein Halbkrug seis für den Farren, ein Drittelkrug für den Widder, und ein Viertelkrug für das Lamm,
Wein.

Das ist die Darhöhung jeder Neuung an ebender Neuung, für
die Mondneuungen des Jahrs.

Und einen Ziegenbock zu Entsündung Ihm, nebst der steten
Darhöhung werde er bereitet und sein Guß.

In der ersten Neuung, am vierzehnten Tag auf die Neuung ist
Übersprungsmahl Ihm,

und am fünfzehnten Tag auf diese Neuung ist Festreihn,

ein Tagsiebent soll man Fladen essen,

am ersten Tag Ausrufen der Heiligung, allerart Dienstarbeit
sollt ihr nicht machen.

Nahen sollt ihr als Feuerspende, Darhöhung Ihm,

zwei Farren, Jungstiere, einen Widder, und sieben Lämmer,
Jährlinge, heile seien es euch,

ihre Hinleite Feinmehl, mit Öl verrührt, drei Zehntteile für
den Farren und zwei Zehntteile für den Widder sollt ihr bereiten,

Zehntteil um Zehntteil werde für je ein Lamm bereitet, für die
sieben Lämmer.

Und einen Entsündungsbock, über euch zu bedecken.

Außer der Darhöhung des Morgens, die eine stete Darhöhung
ist, sollt ihr diese bereiten.

Wie diese bereitet für den Tag, ein Tagsiebent: Brot, Feuerspende, Ruch des Geruhens Ihm,

nebst der steten Darhöhung werde es bereitet und sein Guß.

Und am siebenten Tag sei euch Ausrufen der Heiligung, allerart Dienstarbeit sollt ihr nicht machen.

Am Tag der Erstlinge,

wann ihr neue Hinleite darnahet Ihm,

nach euren Wochen,

sei euch Ausrufen der Heiligung, allerart Dienstarbeit sollt ihr
nicht machen.

Nahen sollt ihr als Darhöhung zu Ruch des Geruhens Ihm

zwei Farren, Jungstiere, einen Widder, sieben Lämmer, Jährlinge,
ihre Hinleite, Feinmehl, mit Öl verrührt, drei Zehntteile für je
  einen Farren, zwei Zehntteile für den einen Widder, Zehntteil um Zehntteil für je ein Lamm, für die sieben Lämmer,
einen Ziegenbock, über euch zu bedecken,
außer der steten Darhöhung und ihrer Hinleite sollt ihr sie bereiten, heile seien es euch, dazu deren Güsse.

In der siebenten Neuung, am ersten auf die Neuung
sei euch Ausrufen der Heiligung, allerart Dienstarbeit sollt ihr
  nicht machen,
Geschmetters Tag sei es euch.
Bereitet als Darhöhung zu Ruch des Geruhens IHM
einen Farren, Jungstier, einen Widder, sieben Lämmer, Jährlinge, heile,
ihre Hinleite Feinmehl, mit Öl verrührt, drei Zehntteile für
  den Farren, zwei Zehntteile für den Widder, ein Zehntteil
  für je ein Lamm, für die sieben Lämmer,
einen Ziegenbock zu Entsündung, über euch zu bedecken,
außer der Darhöhung der Neuung und ihrer Hinleite, und der
  steten Darhöhung und ihrer Hinleite, und deren Güssen
  nach ihrer Richtigkeit,
zu Ruch des Geruhens, Feuerspende IHM.

Am Zehnten auf diese siebente Neuung
sei euch Ausrufen der Heiligung,
beuget eure Seelen,
allerart Dienstarbeit sollt ihr nicht machen.
Nahen sollt ihr als Darhöhung IHM, Ruch des Geruhens,
einen Farren, Jungstier, einen Widder, sieben Lämmer, Jährlinge, heile seien es euch.
ihre Hinleite Feinmehl, mit Öl verrührt, drei Zehntteile für
  den Farren, zwei Zehntteile für den einen Widder, Zehntteil
  um Zehntteil für je ein Lamm, für die sieben Lämmer,
einen Ziegenbock als Entsündung,
außer der Entsündung für die Bedeckungen und der steten
  Darhöhung, ihrer Hinleite und deren Güssen.

Am fünfzehnten Tag auf die siebente Neuung

sei euch Ausrufen der Heiligung, allerart Dienstarbeit sollt ihr
  nicht machen,
reiht Festreihn IHM ein Tagsiebent.
Nahen sollt ihr als Darhöhung, Feuerspende, Ruch des Geruhens IHM,
dreizehn Farren, Jungstiere, zwei Widder, vierzehn Lämmer,
  Jährlinge, heil seien sie,
ihre Hinleite Feinmehl, mit Öl verrührt, drei Zehntteile für je
  einen Farren, für die dreizehn Farren, zwei Zehntteile für je
  einen Widder, für die zwei Widder, und Zehntteil um Zehntteil für je ein Lamm, für die vierzehn Lämmer,
einen Ziegenbock als Entsündung,
außer der steten Darhöhung, ihrer Hinleite und ihrem Guß.

Am zweiten Tag:
zwölf Farren, Jungstiere, zwei Widder, vierzehn Lämmer,
  Jährlinge, heile,
ihre Hinleite und ihre Güsse, für die Farren, für die Widder
  und für die Lämmer, in ihrer Zahl nach der Richtigkeit,
einen Ziegenbock als Entsündung,
außer der steten Darhöhung, ihrer Hinleite und deren Güssen.

Am dritten Tag:
elf Farren, zwei Widder, vierzehn Lämmer, Jährlinge, heile,
ihre Hinleite und ihre Güsse, für die Farren, für die Widder
  und für die Lämmer, in ihrer Zahl nach der Richtigkeit,
einen Entsündungsbock,
außer der steten Darhöhung, ihrer Hinleite und deren Guß.

Am vierten Tag:
zehn Farren, zwei Widder, vierzehn Lämmer, Jährlinge, heile,
ihre Hinleite und ihre Güsse, für die Farren, für die Widder
  und für die Lämmer, in ihrer Zahl nach der Richtigkeit,
einen Ziegenbock als Entsündung,
außer der steten Darhöhung, ihrer Hinleite und ihrem Guß.

Am fünften Tag:
neun Farren, zwei Widder, vierzehn Lämmer, Jährlinge, heile,
ihre Hinleite und ihre Güsse, für die Farren, für die Widder
  und für die Lämmer, in ihrer Zahl nach der Richtigkeit,
einen Entsündungsbock,

außer der steten Darhöhung, ihrer Hinleite und ihrem Guß.

Am sechsten Tag:
acht Farren, zwei Widder, vierzehn Lämmer, Jährlinge, heile,
ihre Hinleite und ihre Güsse, für die Farren, für die Widder
　　und für die Lämmer, in ihrer Zahl nach der Richtigkeit,
einen Entsündungsbock,
außer der steten Darhöhung, ihrer Hinleite und ihren Güssen.

Am siebenten Tag:
sieben Farren, zwei Widder, vierzehn Lämmer, Jährlinge, heile
ihre Hinleite und ihre Güsse, für die Farren, für die Widder
　　und für die Lämmer, in ihrer Zahl nach ihrer Richtigkeit,
einen Entsündungsbock,
außer der steten Darhöhung, ihrer Hinleite und ihrem Guß.

Am achten Tag
sei Einbehaltung euch, allerart Dienstarbeit sollt ihr nicht
　　machen,
nahen sollt ihr als Darhöhung, Feuerspende, Ruch des Geru-
　　hens IHM,
einen Farren, einen Widder, sieben Lämmer, Jährlinge, heile,
ihre Hinleite und ihre Güsse, für den Farren, für den Widder
　　und für die Lämmer, in ihrer Zahl nach der Richtigkeit,
einen Entsündungsbock,
außer der steten Darhöhung, ihrer Hinleite und ihrem Guß.

Diese bereitet IHM an euren Begegnungsgezeiten,
außer euren Gelübden und euren Willigungen:
so euren Darhöhungen, so euren Hinleiten,
so euren Güssen, so euren Friedmahlen.

Mosche sprach zu den Söhnen Jißraels,
allwie ER Mosche geboten hatte.

Mosche redete zu den Häuptern der Stäbe der Söhne Jißraels,
　　sprechend:
Dies ist die Rede, die ER geredet hat:
Wenn ein Mann IHM ein Gelübde gelobt
oder schwört einen Schwur, seiner Seele eine Bindung zu über-
　　binden,

darf er nicht preisgeben seine Rede,

allwie es aus seinem Munde fuhr, soll er tun.

Und wenn ein Weib I H M ein Gelübde gelobt, eine Bindung
    bindet im Haus ihres Vaters, in ihrer Jugend,

ihr Vater hört ihr Gelübde, ihre Bindung, die sie ihrer Seele
    überband,

ihr Vater schweigt ihr,

dann bestehn all ihre Gelübde,

und alle Bindung, die sie ihrer Seele überband, besteht.

Anfichts ihr aber ihr Vater am Tage, da ers hört,

sollen all ihre Gelübde und ihre Bindungen, die sie ihrer Seele
    überband, es soll nicht bestehn,

und ER wird ihr verzeihn, denn ihr Vater hats ihr angefochten.

Wird aber, wird sie dann eines Mannes

und ihre Gelübde sind über ihr oder ihr Lippengeplapper, das
    sie ihrer Seele überband,

und ihr Mann hörts am Tag, da ers hört, und schweigt ihr,

bestehn ihre Gelübde,

und ihre Bindungen, die sie ihrer Seele überband, bestehn.

Anfichts ihr aber ihr Mann am Tag, da ers hört,

dann hat er ihr Gelübde gesprengt, das über ihr ist, und ihr
    Lippengeplapper, das sie ihrer Seele überband,

und ER wird ihr verzeihn.

Das Gelübde einer Witwe und einer Verstoßnen,

alles, was sie ihrer Seele überband, besteht über ihr.

Gelobt eine im Haus ihres Mannes oder überbindet ihrer Seele
    Bindung im Schwur,

und ihr Mann hörts und schweigt ihr, er fichts ihr nicht an,

bestehn ihre Gelübde, und alle Bindung, die sie ihrer Seele
    überband, besteht.

Sprengt die aber ihr Mann, sprengts am Tag, da ers hört,

soll alle Äußrung ihrer Lippen, so ihre Gelübde, so die Bin-
    dung ihrer Seele, nicht bestehn,

ihr Mann hat die gesprengt, und ER wird ihr verzeihn.

Alles Gelübde und aller Bindungsschwur, Seele zu beugen,

ihr Mann bestätigts, ihr Mann sprengts.

Schweigt ihr aber, beschweigts ihr Mann von Tag zu Tag,

hat er all ihre Gelübde oder all ihre Bindungen, die über ihr
    sind, bestätigt,

er hat sie bestätigt: denn er schwieg ihr am Tag seines Hörens.
Sprengt er dann noch, sprengt sie nach seinem Hören,
hat er ihren Fehl zu tragen.
Dies sind die Rechtssätze, die ER Mosche gebot
zwischen einem Mann und seinem Weib, zwischen einem
　　Vater und seiner Tochter bei ihrer Jugend im Haus ihres
　　Vaters.

ER redete zu Mosche, sprechend:
Ahnde die Ahndung der Söhne Jifsraels an den Midjanitern,
danach wirst du zu deinen Volkleuten eingeholt.
Mosche redete zum Volke, sprechend:
Sturmgürten sollen sich von euch Männer zur Heerschar,
sie sollen über Midjan geraten,
SEINE Ahndung an Midjan zu üben,
tausend für den Stab, tausend für den Stab, für alle Stäbe
    Jifsraels, sendet zur Heerschar.
Geliefert wurden von den Tausenden Jifsraels tausend für den
    Stab,
zwölftausend Stürmer der Heerschar,
die schickte Mosche, tausend für den Stab, zur Schar,
sie und Pinchas Sohn Elasars des Priesters zur Schar
und die Geräte der Heiligung und die Trompeten des Ge-
    schmetters in seiner Hand.
Sie scharten sich über Midjan,
wie ER Mosche geboten hatte,
brachten alles Männliche um,
und die Könige Midjans brachten sie auf ihren Durchbohrten
    um,
den Ewi, den Rakem, den Zur, den Chur, den Raba, die fünf
    Könige Midjans,
auch Bilam Sohn Bors brachten sie mit dem Schwerte um.
Gefangen führten die Söhne Jifsraels die Weiber von Midjan
    und ihr Kleinvolk,
all ihr Lastvieh, all ihre Herden, all ihr Vermögen erbeuteten
    sie,
all ihre Städte in ihren Siedlungen, all ihre Zeltburgen ver-
    brannten sie im Feuer.
Sie nahmen alles Plündergut und alles Eingenommne, an
    Mensch und an Vieh,
sie schafftens zu Mosche und zu Elasar dem Priester, und zur
    Gemeinschaft der Söhne Jifsraels,
die Gefangenen, das Eingenommne und das Plündergut zum
    Lager,
zu den Steppen Moabs, die am Jericho-Jordan sind.
Mosche und Elasar der Priester und alle Fürsten der Gemein-
    schaft gingen hinaus, ihnen entgegen, außer Lagers.

Mosche ergrimmte über die Verordneten des Heers, die Obern
der Tausendschaften und die Obern der Hundertschaften,
die von der Kriegsschar kamen,

Mosche sprach zu ihnen:

Habt ihr alles Weibliche am Leben gelassen?

Sie ja sind, auf Verursachen Bilams, der Söhne Jifsraels geworden, – Trug gegen IHN zu überliefern in der Sache des Por,
und Niederstoß geschah in SEINE Gemeinschaft!

Und nun, bringt alles Männliche unter dem Kleinvolk um,

alljedes Eheweib, das einen Ehegatten in männlicher Beiwohnung erkannte, sollt ihr umbringen,

aber alles Kleinvolk unter den Weibern, die noch keine männliche Beiwohnung kennen, laßt am Leben für euch.

Und ihr, lagert außer Lagers ein Tagsiebent,

alljeder, der ein Wesen umbrachte, alljeder, der einen Durchbohrten berührte,

laßt euch entsünden am dritten Tag und am siebenten Tag,
ihr und eure Gefangnen.

Alle Gewandung, alles Ledergerät, alles Ziegenhaarwerk, alles
Holzgerät, laßts euch absünden!

Elasar der Priester sprach zu den Männern der Heerschar, die
in den Krieg gegangen waren:

Dies ist eine Satzung der Weisung, die ER Mosche geboten hat:

Jedoch das Gold, das Silber, das Erz, das Eisen, das Zinn und
das Blei,

all Ding, das ins Feuer kommen kann, laßt durchs Feuer ziehn,
und es ist rein,

jedoch mit Entsondrungswasser muß es abgesündet werden;

und alles, was nicht ins Feuer kommen kann, laßt durchs Wasser ziehn.

Waschet eure Kleider am siebenten Tag, und ihr seid rein,
danach dürft ihr ins Lager kommen.

ER sprach zu Mosche, sprach:

Eintrage den Häupterbestand der Gefangennahme, an Mensch
und an Vieh,

du und Elasar der Priester, und die Väterhäupter der Gemeinschaft,

und hälfte das Genommene

zwischen denen, die den Krieg ergriffen, die zur Heerschar ausfuhren,
und aller Gemeinschaft.
Dann erhebe als Steuer IHM von den Kriegsmännern, die zur
Heerschar ausfuhren,
ein Wesen von fünfhundert von den Menschen und von den
Rindern und von den Eseln und von den Schafen,
von ihrer Hälfte sollt ihrs nehmen,
gib es Elasar dem Priester als SEINE Hebe,
von der Hälfte der Söhne Jifsraels aber nimm eins aus fünfzig
gefaßt, von den Menschen, von den Rindern, von den
Eseln und von den Schafen, von allem Vieh,
gib sie den Lewiten, die die Verwahr SEINER Wohnung wahren.
Mosche tat und Elasar der Priester, wie ER Mosche geboten
hatte.
Da war des Genommnen, des Überbleibs von der Beute, die
das Heerscharvolk erbeutet hatte,
Schafe sechshunderttausend und siebzigtausend und fünftausend,
Rinder zweiundsiebzigtausend,
Esel einundsechzigtausend,
Menschenwesen, von den Weibern, die männliches Beilager
nicht kannten, aller Wesen zweiunddreißigtausend.
So war die Hälfte als Anteil der in der Heerschar Ausgefahrnen:
Zahl der Schafe dreihunderttausend und dreißigtausend und
siebentausend und fünfhundert,
so war die Steuer IHM von den Schafen sechshundertfünfund-
siebzig;
der Rinder sechsunddreißigtausend, ihre Steuer IHM zweiund-
siebzig;
Esel dreißigtausend und fünfhundert, ihre Steuer IHM einund-
sechzig;
Menschenwesen sechzehntausend, ihre Steuer IHM zweiunddreißig Wesen.
Mosche gab die Steuer als SEINE Hebe Elasar dem Priester, wie
ER Mosche geboten hatte.
Und von der Hälfte der Söhne Jifsraels, die Mosche von den
gescharten Männern abgehälftet hatte,

– die Hälfte der Gemeinschaft war
von den Schafen dreihunderttausend und dreißigtausend, sie-
    bentausend und fünfhundert, Rinder sechsunddreißigtau-
    send, Esel dreißigtausend und fünfhundert, Menschenwesen
    sechzehntausend –
von der Hälfte der Söhne Jifsraels nahm Mosche das Gefaßte,
    eins von fünfzig, von Mensch und von Vieh,
er gab sie den Lewiten, die die Verwahr SEINER Wohnung
    wahren,
wie ER Mosche geboten hatte.

Es nahten Mosche die den Tausenden der Heerschar Überge-
    ordneten, die Obern der Tausendschaften und die Obern der
    Hundertschaften,
sie sprachen zu Mosche:
Deine Knechte haben den Häupterbestand der Kriegsmänner
    eingetragen, die unter unsrer Hand waren,
nicht ein Mann von uns wird vermißt.
Wir wollen als SEINE Nahung darnahn
jedermann, was er erlangte an Goldgerät,
Armband und Spange, Siegelring, Ohrreif und Halsgeschmeid,
über unsern Seelen vor IHM zu bedecken.
Mosche nahm und Elasar der Priester das Gold von ihnen,
    alles Kunstgerät,
es war alles Golds der Hebe, die sie IHM zuhoben,
sechzehntausend siebenhundert und fünfzig Vollgewicht,
von den Obern der Tausendschaften und von den Obern der
    Hundertschaften –
die Mannschaften der Schar beuteten jedermann für sich.
Mosche nahm und Elasar der Priester das Gold von den Obern
    der Tausendschaften und der Hundertschaften,
sie ließen es in das Zelt der Begegnung kommen
als Angedenken den Söhnen Jifsraels vor IHM.

Vielen Herdenstand hatten die Söhne Rubens und die Söhne
     Gads, sehr mächtigen.
Sie sahn das Land Jaser und das Land Gilad: da war die Ge-
     gend eine Herdengegend.
Die Söhne Gads und die Söhne Rubens kamen und sprachen
     zu Mosche und zu Elasar dem Priester und zu den Fürsten
     der Gemeinschaft, sprachen:
Atarot, Dibon, Jaser, Nimra,
Cheschbon, Elale,
Sſbam, Nbo, Bon –
das Land, das ER vor die Gemeinschaft Jiſraels hingeschlagen
     hat, ein Herdenland ists,
und deine Knechte haben Herden.
Sie sprachen:
Haben wir Gunst in deinen Augen gefunden,
werde dieses Land deinen Knechten zur Hufe gegeben,
laß nimmer uns den Jordan überschreiten.
Mosche sprach zu den Söhnen Gads und zu den Söhnen Ru-
     bens:
Eure Brüder sollen in den Krieg gehn und ihr wollt hier sitzen?
Warum fechtet ihr das Herz der Söhne Jiſraels an wider das
     Hinüberschreiten in das Land, das ER euch gegeben hat?
So taten eure Väter, als ich sie von Kadesch Barnea sandte das
     Land zu besehn:
sie zogen hinauf bis zum Traubental und besahen das Land,
dann fochten sie das Herz der Söhne Jiſraels an, durchaus nicht
     in das Land kommen zu wollen, das ER ihnen gegeben hatte,
SEIN Zorn entflammte an jenem Tag und er schwor, sprechend:
Sehen je die Männer die aus Ägypten heraufzogen, vom Zwan-
     zigjährigen aufwärts, den Boden, den ich Abraham, Jizchak
     und Jaakob zuschwor, …!
denn sie sind mir nicht völlig nachgefolgt.
Außer Kaleb Sohn Jefunnes der Knisit und Jehoschua Sohn
     Nuns, die folgten IHM völlig nach.
SEIN Zorn flammte auf Jiſrael ein,
schweifen ließ er sie in der Wüste
vierzig Jahre,
bis dahin war all das Geschlecht, das getan hatte, was in
     SEINEN Augen böse ist.

Und da seid ihr aufgestanden am Platz eurer Väter,
Zucht sündiger Männer,
der Flamme SEINES Zorns gegen Jifsrael noch hinzuzusetzen!
Wenn ihr euch von seiner Nachfolge abkehrt,
wird er noch zusetzen, es in der Wüste zu belassen,
und ihr habt all diesem Volk Verderben gewirkt!
Sie traten zu ihm heran, sie sprachen:
Schafhürden wollen wir hier für unsern Herdenstand bauen
und Städte für unser Kleinvolk.
Wir aber wollen geschwind uns sturmgürten, den Söhnen
    Jifsraels voran,
bis daß wir sie haben in ihre Gegend kommen lassen.
Und unser Kleinvolk mag in den Festungsstädten sitzen, den
    Insassen des Landes aus dem Gesicht.
Wir wollen nicht in unsre Häuser kehren, bis die Söhne
    Jifsraels sich eingeeignet haben, jede Mannschaft in ihr Ei-
    gentum,
denn wir wollen nicht mit ihnen jenseit des Jordans und wei-
    terhin eignen,
wenn unser Eigentum diesseit des Jordans aufgangwärts uns
    zukam.
Mosche sprach zu ihnen:
Tut ihr diese Sache,
sturmgürtet ihr euch vor SEINEM Antlitz zum Krieg,
überschreitet von euch jeder sturmgegürtet den Jordan vor
    SEINEM Antlitz,
bis er seine Feinde vor seinem Antlitz her enterbt hat,
und ist das Land vor SEIN Antlitz unterworfen,
und ihr kehrt danach um:
dann seid ihr unsträflich vor IHM und vor Jifsrael
und dieses Land werde zur Hufe euch vor SEINEM Antlitz.
Tut ihr aber nicht so,
weh, gesündigt habt ihr IHM,
kennt eure Versündigung, sie wird euch finden!
Baut euch denn Städte für euer Kleinvolk,
Hürden für eure Schafe,
und was von euren Lippen fuhr, tut.
Man sprach, die Söhne Gads und die Söhne Rubens, zu Mo-
    sche, sprach:

Deine Knechte werden tun, wie mein Herr gebietet,

unser Kleinvolk, unsre Weiber, unser Herdenstand und all
unser Vieh bleiben dort in den Städten des Gilad,

und deine Knechte schreiten hinüber, alljeder Stürmer der
Heerschar, vor SEINEM Antlitz in den Krieg,

wie mein Herr redet.

Mosche gebot ihrethalb Elasar dem Priester, Jehoschua Sohn
Nuns und den Väterhäuptern der Stäbe der Söhne Jifsraels,

Mosche sprach zu ihnen:

Überschreiten die Söhne Gads und die Söhne Rubens den
Jordan mit euch, jeder sturmgegürtet zum Krieg vor SEI-
NEM Antlitz,

und ist das Land vor euer Antlitz unterworfen,

gebt ihnen das Land Gilad zu Hufe;

schreiten sie aber nicht als Stürmer mit euch hinüber,

müssen sie in eurer Mitte im Land Kanaan hufenehmen.

Die Söhne Gads und die Söhne Rubens stimmten ein, sprechend:

Wie ER zu deinen Knechten geredet hat, so wollen wir tun,

wir, Sturmgegürtete schreiten wir vor SEINEM Antlitz ins
Land Kanaan,

und mit uns ist das Hufenrecht unsres Eigens diesseit des Jordans.

Mosche gab ihnen, den Söhnen Gads und den Söhnen Rubens, und dem halben Zweig Mnasches Sohns Jofsefs

das Königreich Sfichons Königs des Amoriters und das Königreich Ogs Königs des Baschan,

das Land nach seinen Städten mit Gemarkungen, die Städte
des Landes ringsum.

Die Söhne Gads bauten Dibon, Atarot und Aroer, Atrot
Schofan, Jaser und Jogbha, Bet Nimra und Bet Haran zu
befestigten Städten und Schafhürden aus.

Die Söhne Rubens bauten Cheschbon, Elale und Kirjatajim,
Nbo und Baal Mon, gewendeten Namens, und Sfibma.

Sie riefen als Namen die Namen der Städte, die sie aus-
bauten.

Die Söhne Machirs Sohns Mnasches gingen nach Gilad und
eroberten es,

er enterbte den Amoriter, der darin war.

Mosche gab das Gilad Machir Sohne Mnasches, und er siedelte
dort.

Jaïr Sohn Mnasches ging und eroberte ihre Zeltdörfer
und rief sie Zeltdörfer Jaïrs.

Nobach ging und eroberte Knat und ihre Tochterstädte
und rief sie: Nobach, mit seinem Namen.

Dies sind die Züge der Söhne Jifsraels, auf denen sie aus dem
Land Ägypten fuhren, nach ihren Scharen, unter der Hand
Mosches und Aharons,

Mosche schrieb ihre Ausfahrten nieder zu ihren Zügen auf
Sein Geheiß.

Dies sind ihre Züge nach ihren Ausfahrten:

Sie zogen von Ramfses in der ersten Mondneuung, am fünfzehnten Tag auf die erste Neuung,

am Nachmorgen des Übersprungsmahls fuhren die Söhne
Jifsraels aus, mit erhobner Hand, vor den Augen aller Ägypter,

während die Ägypter begruben, was Er unter ihnen geschlagen hatte, alles Erstlingtum;

auch unter ihren Göttern hat Er Gerichte getan.

Die Söhne Jifsraels zogen von Ramfses und lagerten in Sfukkot.

Sie zogen von Sfukkot und lagerten in Etam das am Rand der
Wüste ist.

Sie zogen von Etam, man wendete über Pi Hachirot das vor
Baal Zfon gegenüber liegt, und sie lagerten vor Migdol.

Sie zogen von vor Hachirot und schritten mitten durchs Meer
in die Wüste.

Sie gingen den Weg eines Tagdritts in der Wüste Etam und
lagerten in Mara.

Sie zogen von Mara und kamen nach Elim, in Elim waren
zwölf Wasserquellen und siebzig Palmen, und sie lagerten
dort.

Sie zogen von Elim und lagerten am Schilfmeer.

Sie zogen vom Schilfmeer und lagerten in der Wüste Sfin.

Sie zogen von der Wüste Sfin und lagerten in Dofka.

Sie zogen von Dofka und lagerten in Alusch.

Sie zogen von Alusch und lagerten in Rfidim, da war kein
Wasser zu trinken fürs Volk.

Sie zogen von Rfidim und lagerten in der Wüste Sfinai.

Sie zogen von der Wüste Sfinai und lagerten in Gräber-des-
Gelüsts.

Sie zogen von Gräber-des-Gelüsts und lagerten in Chazerot.

Sie zogen von Chazerot und lagerten in Ritma.

Sie zogen von Ritma und lagerten in Rimmon Parez.

Sie zogen von Rimmon Parez und lagerten in Libna.

Sie zogen von Libna und lagerten in Rifsa.

Sie zogen von Rifsa und lagerten in Khelata.

Sie zogen von Khelata und lagerten am Berge Schafer.

Sie zogen vom Berge Schafer und lagerten in Charada.

Sie zogen von Charada und lagerten in Makhelot.

Sie zogen von Makhelot und lagerten in Tachat.

Sie zogen von Tachat und lagerten in Tarach.

Sie zogen von Tarach und lagerten in Mitka.

Sie zogen von Mitka und lagerten in Chaschmona.

Sie zogen von Chaschmona und lagerten in Mofserot.

Sie zogen von Mofserot und lagerten in Bne Jaakan.

Sie zogen von Bne Jaakan und lagerten in Chor Hagidgad.

Sie zogen von Chor Hagidgad und lagerten in Jotbata.

Sie zogen von Jotbata und lagerten in Abrona.

Sie zogen von Abrona und lagerten in Ezjon Gaber.

Sie zogen von Ezjon Gaber und lagerten in der Wüste Zin, das
ist Kadesch.

Sie zogen von Kadesch und lagerten am Berge Hor, am Rand
des Landes Edom.

Aharon der Priester stieg den Berg Hor hinan auf SEIN Geheiß,
er starb dort

im vierzigsten Jahr auf die Ausfahrt der Söhne Jifsraels von
dem Land Ägypten, in der fünften Mondneuung, am ersten
auf die Neuung,

Aharon aber war hundertdreiundzwanzig Jahre, als er auf dem
Berge Hor starb.

Der Kanaaniter, der König von Arad – er saß im Land Kanaan im Südstrich – hörte vom Kommen der Söhne Jifsraels.

Sie zogen vom Berge Hor und lagerten in Zalmona.

Sie zogen von Zalmona und lagerten in Punon.

Sie zogen von Punon und lagerten in Obot.

Sie zogen von Obot und lagerten im Ijjim der Jenseite, in der
Grenzmark Moabs.

Sie zogen von Ijjim und lagerten in Dibon Gad.

Sie zogen von Dibon Gad und lagerten in Almon Diblatajim.

Sie zogen von Almon Diblatajim und lagerten im Seitengebirg, vor Nbo.

Sie zogen vom Seitengebirg und lagerten in den Steppen Moabs, am Jericho-Jordan;

sie lagerten am Jordan von Bet Hajschimot bis Abel Haschittim
in den Steppen Moabs.

ER redete zu Mosche in den Steppen Moabs am Jericho-Jor-
    dan, sprechend:
Rede zu den Söhnen Jifsraels, sprich zu ihnen:
Wenn ihr den Jordan ins Land Kanaan überschreitet,
enterbet alle Insassen des Lands vor eurem Antlitz her,
schwendet all ihre Schaustücke hin,
all ihre Gußbilder sollt ihr schwenden,
all ihre Koppen sollt ihr tilgen.
Auserben werdet ihr das Land und in ihm siedeln,
denn euch habe ich das Land gegeben, es zu ererben.
Ihr sollt das Land mit dem Los euch eignen, nach euren Sip-
    pen,
dem Vielzähligen zwar vielfältigt sein Eigentum, dem Min-
    derzähligen mindre sein Eigentum,
doch wohin immer das Los ihm fährt, sein werde es,
nach den Stäben eurer Väter sollt ihr euch eineignen.
Enterbt ihr aber nicht die Insassen des Landes vor euch her,
wird, was ihr von ihnen übrig lasset,
zu Splittern in euren Augen,
zu Stacheln in euren Seiten,
sie werden euch bedrängen auf dem Land, in dem ihr
    siedelt.
Es wird geschehn:
wie ich gesonnen war ihnen zu tun, tue ich euch.

ER redete zu Mosche, sprechend:
Gebiete den Söhnen Jifsraels, sprich zu ihnen:
Wenn ihr in das Land Kanaan kommt,
dies ist das Land, das euch als Eigentum zufällt,
das Land Kanaan nach seinen Markgrenzen:
der Südsaum sei euch von der Wüste Zin an den Flanken
    Edoms hin –
die Südgrenze sei euch vom Ende, östlich, des Salzmeers,
die Grenze wende sich euch südlich vom Skorpionenanstieg
    und ziehe weiter nach Zin,

und ihre Ausläufe seien südlich von Kadesch Barnea,
sie laufe aus nach Chazar Addar und ziehe weiter nach Azmon,
von Azmon wende die Grenze sich nach dem Bach Ägyptens,
ihre Ausläufe seien nach dem Westmeer hin.
Und die Westgrenze: es sei das große Westmeer euch Grenze,
dies sei euch die Westgrenze.
Und dies sei euch die Nordgrenze:
vom großen Westmeer aus steckt euch ab den Berg Hor,
vom Berg Hor aus steckt euch ab, wo es nach Chamat geht,
die Ausläufe der Grenze seien nach Zdad hin,
die Grenze laufe nach Sifron,
ihre Ausläufe seien bei Chazar Enan,
dies sei euch die Nordgrenze.
Und zur Ostgrenze steckt euch ab: von Chazar Enan nach
Schfam,
von Schfam senke sich die Grenze nach der Ribla, östlich vom
Quell,
dann senke sich die Grenze und streiche her an der Schulter,
ostwärts, des Kineretmeers,
die Grenze senke sich dem Jordan nach,
ihre Ausläufe seien das Salzmeer.
Dieses sei euch das Land nach seinen Markgrenzen ringsum.

Mosche gebot den Söhnen Jiſsraels, sprechend:
Dieses ist das Land, das ihr euch durchs Los zueignen sollt,
das ER zu geben gebot den neun Stäben und dem halben Stab;
denn genommen haben der Stab der Rubensöhne nach ihrem
Väterhaus und der Stab der Gadsöhne nach ihrem Väterhaus und der halbe Stab Mnasche,
sie haben ihr Eigentum genommen,
die zwei Stäbe und der halbe Stab haben ihr Eigentum diesseit
des Jericho-Jordans ostwärts, aufgangwärts, genommen.

ER redete zu Mosche, sprechend:
Dies sind die Namen der Männer, die das Land für euch ein-
eignen sollen:
Elasar der Priester,
Jehoschua Sohn Nuns,

dazu nehmt je einen Fürsten, einen Fürsten vom Stab, das Land
  einzueignen.
Und dies sind die Namen der Männer:
für den Stab Jehuda Kaleb Sohn Jefunnes,
für den Stab der Söhne Schimons Schmuel Sohn Ammihuds,
für den Stab Binjamin Elidad Sohn Kiſslons,
für den Stab der Söhne Dans als Fürst Bukki Sohn Joglis,
für die Söhne Joſsefs:
für den Stab der Söhne Mnasches als Fürst Channïel Sohn Efods
und für den Stab der Söhne Efrajims als Fürst Kmuel Sohn
  Schiftans,
für den Stab der Söhne Sbuluns als Fürst Elizafan Sohn Par-
  nachs,
für den Stab der Söhne Jiſsachars als Fürst Paltïel Sohn Asans,
für den Stab der Söhne Aschers als Fürst Achihud Sohn Schlo-
  mis,
für den Stab der Söhne Naftalis als Fürst Pdahel Sohn Ammihuds.
Diese sind, denen ER gebot, die Söhne Jiſsraels im Lande Kanaan einzueignen.

ER redete zu Mosche in den Steppen Moabs am Jericho-Jordan,
  sprechend:
Gebiete den Söhnen Jiſsraels,
daß sie von ihrem Hufeneigentum den Lewiten Städte zum
  Besiedeln geben,
und Weidetrieb für die Städte, rings um sie, gebt den Lewiten.
Die Städte seien ihnen zum Besiedeln,
und ihre Weidetriebe seien ihnen für ihr Vieh, für ihre Habe
  und für all ihren Lebensbedarf.
Die Weidetriebe der Städte, die ihr den Lewiten geben sollt,
  tausend Ellen von der Stadtmauer nach außen, ringsum,
außerhalb der Stadt sollt ihr messen: den Ostsaum zweitausend nach der Elle, den Südsaum zweitausend nach der
  Elle, den Westsaum zweitausend nach der Elle, den Nordsaum zweitausend nach der Elle,
die Stadt inmitten,
dieses sei ihnen als Weidetriebe der Städte.

Und die Städte, die ihr den Lewiten geben sollt:
die sechs Städte des Unterschlupfs, die ihr gebt, daß der Mör-
　der dahin fliehe,
zu ihnen gebt noch zweiundvierzig Städte,
aller Städte, die ihr den Lewiten gebt: achtundvierzig Städte,
　sie und ihre Weidetriebe.
Und die Städte, die ihr von der Hufe der Söhne Jifsraels gebt:
von dem Vielhabenden vielfältigts, von dem Minderhabenden
　minderts,
die Mannschaft entsprechend ihrem Eigentum, das sie ereig-
　nen, soll von ihren Städten den Lewiten geben.

ER redete zu Mosche, sprechend:
Rede zu den Söhnen Jifsraels, sprich zu ihnen:
Wenn ihr den Jordan ins Land Kanaan überschreitet,
sollt ihr euch Städte verfügen, Unterschlupfstädte seien sie euch,
dahin fliehe ein Mörder, der ein Wesen aus Irrung erschlug,
die Städte seien euch zu Unterschlupf vor dem Einlöser,
daß nicht sterbe der Mörder, eh er vor der Gemeinschaft stand
　zum Gericht.
Die Städte, die ihr geben sollt, sechs Unterschlupfstädte seien
　es euch:
drei der Städte gebet diesseit des Jordans
und drei der Städte gebet im Lande Kanaan,
Unterschlupfstädte sollen es sein.
Den Söhnen Jifsraels, und dem Gast und dem Beisassen in ihrer
　Mitte
seien die sechs Städte zum Unterschlupf,
daß dahin fliehe, allwer ein Wesen aus Irrung erschlug.
Hat er ihn aber mit einem eisernen Gerät erschlagen, daß er
　starb,
ein Mörder ist er: sterben muß, sterben der Mörder;
hat mit einem handgerechten Stein, wodurch einer sterben
　kann, er ihn geschlagen, daß er starb,
ein Mörder ist er: sterben muß, sterben der Mörder;
oder hat mit einem handgerechten Holzgerät, wodurch einer
　sterben kann, er ihn geschlagen, daß er starb,
ein Mörder ist er: sterben muß, sterben der Mörder;
der Bluteinlöser, er lasse den Mörder sterben,

wo er auf ihn trifft, darf er ihn sterben lassen.

Und hat im Haß er ihn hingestürzt oder in Nachstellung etwas
    auf ihn geworfen, daß er starb,

oder hat in Feindschaft er ihn mit seiner Hand geschlagen, daß
    er starb,

sterben muß, sterben der Schläger: ein Mörder ist er,

der Bluteinlöser lasse den Mörder sterben, wo er auf ihn trifft.

Hat er aber von ungefähr, ohne Feindschaft, ihn hingestürzt,

oder auf ihn irgendein Gerät ohne Nachstellung geworfen

oder mit irgendeinem Stein, wodurch einer sterben kann, un-
    versehens: etwa, er ließ ihn auf ihn fallen, daß er starb,

und war ihm nicht Feind, nicht ein ihm zum Übel Trachtender,

richte die Gemeinschaft zwischen dem Schläger und dem Blut-
    einlöser nach diesen Rechtsgeheißen,

die Gemeinschaft rette den Mörder aus der Hand des Blut-
    einlösers,

die Gemeinschaft lasse ihn zurückkehren in die Stadt seines
    Unterschlupfs, wohin er floh,

darin sei er ansässig, bis der Großpriester starb, den man mit
    dem Öl der Heiligung salbte.

Geht der Mörder aber hinaus, hinaus über die Gemarkung
    seiner Unterschlupfstadt, wohin er floh,

findet ihn der Bluteinlöser außerhalb der Gemarkung seiner
    Unterschlupfstadt

und der Bluteinlöser mordet den Mörder ab,

ist seinetwegen keine Blutlast,

denn in seiner Unterschlupfstadt hat er zu sitzen, bis der Groß-
    priester starb.

Nach des Großpriesters Sterben aber darf der Mörder in das
    Land seiner Hufe heimkehren.

Diese seien euch zu Rechtssatzung für eure Geschlechter in all
    euren Siedlungen.

Allwer ein Wesen erschlägt,

nach dem Mund von Zeugen soll man den Mörder abmorden,

ein einzelner Zeuge aber soll nicht aussagen gegen ein Wesen,
    daß es sterbe.

Nehmt nicht Bedeckungsgeld an für das Wesen eines Mörders,
    der schuldig ist zu sterben,

denn sterben muß er, sterben!

nehmt nicht Bedeckungsgeld an für das Fliehen in seine Un-
　　terschlupfstadt, daß er heimkehre im Land zu siedeln, eh der
　　Priester starb.

Ihr sollt das Land, in dem ihr seid, nicht entarten machen,

denn das Blut, es macht das Land entarten,

nicht wird Bedeckung dem Land für das Blut, das darin ver-
　　gossen ward,

es sei denn durch das Blut dessen, ders vergoß.

Bemakle nicht das Land, in dem ihr siedelt,

in dessen Mitte ich einwohne,

denn ICH bins, der inmitten der Söhne Jifsraels einwohnt.

Die Väterhäupter der Sippe der Söhne Gilads Sohns Machirs
　　Sohns Mnasches von den Sippen der Söhne Jofsefs nahten,

sie redeten vor Mosche und vor den Fürsten, den Väterhäup-
　　tern der Söhne Jifsraels, sie sprachen:

Meinem Herrn hat ER geboten, das Land den Söhnen Jifsraels
　　durchs Los zu Eigentum zu geben,

und meinem Herrn ist von IHM geboten worden, das Eigen-
　　tum Zlofchads unsres Bruders seinen Töchtern zu geben.

Werden sie nun einem von den Söhnen der Zweige der Söhne
　　Jifsraels zu Ehefrauen,

wird ihr Eigentum von dem Eigentum unsrer Väter abge-
　　strichen

und dem Eigentum des Stabs zugelegt, derer sie werden,

von dem Los unsres Eigentums also wird es abgestrichen.

Ob auch der Heimholer für die Söhne Jifsraels kommt,

ihr Eigentum bleibt dem Eigentum des Stabs zugelegt, derer
　　sie werden,

und von dem Eigentum des Stabs unsrer Väter ist ihr Eigen-
　　tum abzustreichen.

Mosche gebot den Söhnen Jifsraels auf SEIN Geheiß, sprechend:

Gegründet redet der Stab der Söhne Jofsefs.

Dies ist die Rede, die ER für die Töchter Zlofchads geboten
　　hat, sprechend:

Dem, der ihren Augen wohlgefällt, sollen sie zu Ehefrauen
　　werden,

jedoch der Sippe des Stabs ihres Vaters müssen sie zu Ehefrauen
werden.

daß das Eigentum der Söhne Jifsraels nicht kreise von Stab zu
Stab,

sondern die Söhne Jifsraels sollen verhaftet sein, die Mannschaft dem Eigentum des Stabs ihrer Väter.

Und jede Tochter, die Eigentum erbt, von den Stäben der
Söhne Jifsraels,

einem von der Sippe des Stabs ihres Vaters werde sie zur Ehe-
frau,

damit die Söhne Jifsraels erben, die Mannschaft das Eigentum
ihrer Väter.

Nicht kreise Eigentum von Stab zu anderm Stab,

sondern die Stäbe der Söhne Jifsraels sollen verhaftet sein, die
Mannschaft ihrem Eigentum.

Wie ER Mosche geboten hatte, so taten die Töchter Zlofchads:

Machla, Tirza und Chogla, Milka und Noa, die Töchter
Zlofchads wurden den Söhnen ihrer Oheime zu Ehefrauen,

denen aus den Sippen der Söhne Mnasches Sohns Jofsefs wurden sie zu Ehefrauen,

ihr Eigentum blieb beim Stab der Sippe ihres Vaters.

Dieses sind die Gebote und die Rechtsgeheiße,

die ER durch Mosche den Söhnen Jifsraels gebot

in den Steppen Moabs am Jericho-Jordan.

Dies sind die Reden, die Mosche redete zu allem Jifsrael
jenseit des Jordans,
in der Wüste, in der Steppe,
gegen Sfuf zu, zwischen Paran und Tofel, Laban, Chazerot,
   Di-Sahab.
Elf Tagreisen sinds vom Choreb, auf dem Weg zum Gebirge
   Sfeïr, bis Kadesch Barnea,
aber es war im vierzigsten Jahr:
in der elften Mondneuung, am ersten auf die Neuung
redete Mosche zu den Söhnen Jifsraels,
allwie ER ihn an sie entbot,
nachdem er geschlagen hatte
Sfichon König des Amoriters, der in Cheschbon saß,
und Og König des Baschan, der in Aschtarot saß, – bei Edreï.
Jenseit des Jordans, im Lande Moab
unterwand sich Mosche diese Weisung zu erklären,
sprechend:

ER unser Gott
redete zu uns am Choreb, sprechend:
Genug eures Sitzens an diesem Berg!
Wendet und zieht ihr,
daß ihr ins Gebirg des Amoriters kommt und zu all seinen
   Anwohnern
in der Steppe, im Gebirg, in der Niedrung, im Südstrich und
   an der Küste des Meers,
das Land des Kanaaniters,
an den Libanon, bis zum großen Strom, dem Strom Euphrat:
sieh,
ich gab das Land vor euch hin,
kommt und ererbet das Land,
das ER euren Vätern, Abraham, Jizchak und Jaakob, zuschwor
ihnen zu geben und ihrem Samen nach ihnen. –
Ich sprach mit euch zu jener Frist, sprach:
Ich für mich vermag nicht euch zu tragen.
ER euer Gott hat euch gemehrt,
da seid ihr heut wie die Sterne des Himmels an Menge
– ER der Gott eurer Väter füge zu euch tausendfach soviel, wie
euer sind, er segne euch, wie er geredet hat für euch –!

Wie doch soll ich für mich allein tragen
eure Bürde, eure Tracht, euren Streit!
Stellt für euch Männer, weise, verständige, erfahrne, nach euren
    Zweigen,
daß ich sie einsetze als eure Häupter.
Ihr antwortetet mir, ihr spracht:
Gut zu tun ist die Rede, die du geredet hast.
Ich nahm die Häupter eurer Zweige, weise erfahrene Män-
    ner,
ich gab sie als Häupter über euch,
Obre von Tausendschaften, Obre von Hundertschaften, Obre
    von Fünfzigschaften, Obre von Zehnschaften,
und als Rollenführer für eure Zweige.
Ich gebot euren Richtern zu jener Frist, sprechend:
Anhört, was zwischen euren Brüdern ist,
richten sollt ihr wahrheitlich
zwischen einem Mann und seinem Bruder oder seinem Gast-
    sassen.
Ihr sollt kein Ansehn betrachten im Gericht,
so Kleinen so Großen sollt ihr anhören.
Nicht sollt ihr bangen vor Mannes Ansehn,
denn das Gericht ist Gottes.
Die Sache aber, die euch zu hart ist, sollt ihr mir nahen,
    daß ich sie höre.
Ich gebot euch zu jener Frist all die Sachen, die ihr tun solltet.

Wir zogen vom Choreb,
wir gingen durch all jene große und furchtbare Wüste, die ihr
    gesehen habt,
den Weg zum Gebirg des Amoriters,
wie ER unser Gott uns geboten hatte,
wir kamen bis Kadesch Barnea.
Ich sprach zu euch:
Ihr seid bis zum Gebirg des Amoriters gekommen, das ER
    unser Gott uns gibt,
sieh,
gegeben hat ER dein Gott das Land vor dich hin,
steig hinan,
ererbe,

wie ER der Gott deiner Väter zu dir geredet hat,
fürchte nimmer, zage nimmer!
Ihr aber nahtet mir alle, ihr spracht:
Wir wollen Männer vor uns her senden,
daß sie uns das Land ausforschen
und uns Rede erstatten:
den Weg, den wir hinansteigen,
die Städte, zu denen wir kommen.
Gut war in meinen Augen die Rede,
ich nahm von euch zwölf Männer, je einen Mann für den
    Zweig.
Sie wandten sich, stiegen den Bergstock hinan, kamen bis zum
    Traubengrund,
sie durchspähten es,
sie nahmen in ihre Hand von der Frucht des Lands, brachtens
    zu uns herunter,
sie erstatteten uns Rede, sie sprachen:
Gut ist das Land, das ER unser Gott uns gibt.
Nicht wart ihr gewillt hinanzusteigen,
ihr widerstrebtet SEINEM eures Gottes Mund,
ihr hetztet einander auf in euren Zelten, ihr spracht:
Da ER uns haßt, hat er uns aus dem Land Ägypten geführt,
uns in die Hand des Amoriters zu geben,
um uns zu vertilgen.
Wohin sollen wir steigen!
unsre Brüder haben uns das Herz geschmolzen,
sprechend: Ein Volk, größer und höher als wir,
Städte groß, umwehrt an den Himmel,
auch Anakitersöhne haben wir dort gesehn.
Ich sprach zu euch:
Ängstet euch nicht, fürchtet euch nicht vor ihnen!
ER euer Gott, der vor euch hergeht,
selber wird er für euch kämpfen,
allwie er mit euch in Ägypten vor euren Augen tat
und in der Wüste, die du sahst,
wo ER dein Gott dich trug,
wie ein Mann seinen Sohn trägt,
auf all dem Weg, den ihr gingt,
bis zu eurem Kommen bis zu diesem Ort.

Noch auf diese Rede bliebt ihr ohne Vertraun auf I H N euren
   Gott,
der vor euch herging auf dem Weg,
euch Ort auszuspüren, um euch zu lagern,
im Feuer nachts, euch sehen zu lassen auf dem Weg, den ihr
   gehen solltet,
und in der Wolke tags.
ER hörte die Stimme eurer Reden,
er ergrimmte, er schwor, sprechend:
Sieht ein Mann je von diesen Männern,
diesem bösen Geschlecht,
das gute Land,
das zu geben ich euren Vätern zuschwor,
...!
außer Kaleb Sohn Jefunnes,
er solls sehen, ihm gebe ich das Land, durch das er den Weg
   zog, und seinen Söhnen.
Weil er völlig I H M nachfolgte.
Auch über mich erzürnte ER um euretwillen, sprechend:
Auch du wirst dort nicht hinkommen,
Jehoschua Sohn Nuns, der vor dir steht, er wird dorthin kommen,
ihn stärke,
denn er wird Jifsrael in es eineignen.
Und euer Kleinvolk, von dem ihr sprachet: Zur Beute wirds,
eure Söhne, die heut Gut und Böse nicht auseinanderkennen,
die sollen dorthin kommen,
ihnen gebe ich es, sie sinds, die es ererben sollen, –
ihr aber, wendet ihr und zieht in die Wüste, den Weg zum
   Schilfmeer!
Ihr antwortetet, ihr spracht zu mir:
Gesündigt haben wir I H M,
selber wollen aufsteigen wir und kämpfen,
allwie ER unser Gott uns geboten hat.
Ihr umgürtetet jedermann sein Kampfgerät
und nahmets leicht, das Gebirg zu ersteigen.
ER aber sprach zu mir:
Sprich zu ihnen:
Steigt nicht auf, kämpfet nicht,

denn ich bin nicht mehr drinnen bei euch, –
daß ihr nicht hingestoßen werdet vor eure Feinde!
Ich redete es zu euch,
aber ihr hörtet nicht,
ihr widerstrebtet SEINEM Mund,
ihr vermaßt euch, ihr stiegt das Gebirge hinan.
Ausfuhr der Amoriter, der in jenem Gebirge siedelt, euch
    entgegen,
sie jagten euch, wie die Bienen tun,
sie zerspellten euch in Sſeïr, bis Chorma.
Ihr kehrtet zurück, ihr weintet vor IHM,
aber ER hörte nicht auf eure Stimme,
er lauschte nicht zu euch hin.
Ihr saßet in Kadesch Tage genug, die Tage eben, die ihr da
    saßet.
Wir wandten, wir zogen nach der Wüste, den Weg zum
    Schilfmeer,
wie ER zu mir geredet hatte,
wir umkreisten das Gebirge Sſeïr
Tage genug.
ER sprach zu mir, sprach:
Genug eures Kreisens um dieses Gebirg,
wendet ihr nordwärts!
Und dem Volk gebiete, sprechend:
Nun müßt ihr durchschreiten die Gemarkung eurer Brüder,
    der Söhne Eſsaws, ansässig in Sſeïr,
sie werden sich vor euch fürchten, –
hütet euch aber sehr,
erregt euch nimmer gegen sie,
denn ich gebe euch nichts von ihrem Land, nicht die Weg-
    länge einer Fußsohle,
denn Eſsaw als Erbe habe ich das Gebirge Sſeïr gegeben.
Essen ermarktet von ihnen um Geld, essets,
sogar Wasser erstehet von ihnen um Geld, trinkts.
– Denn ER dein Gott hat dich in allem Tun deiner Hand ge-
    segnet,
gewußt hat er um deinen Gang durch diese große Wüste,
diese vierzig Jahre
ist ER dein Gott bei dir,

nicht hats dir an etwas gemangelt. –

Wir schritten fort von unsern Brüdern, den Söhnen Efsaws,
    ansässig in Sfeïr,
vom Weg durch die Steppe, von Elat und von Ezjon Gaber,
wir wanderten, schritten den Weg nach der Wüste Moabs.
ER sprach zu mir:
Bedränge Moab nimmer,
rege dich nimmer zum Kampf gegen sie,
denn ich gebe dir nicht Erbe von seinem Land,
denn den Söhnen Lots habe ich Ar als Erbe gegeben.

Die Gräßlichen saßen vordem darin,
ein Volk groß, zahlreich und hoch wie die Anakiter,
für Gespenstische werden auch sie wie die Anakiter geachtet,
aber die Moabiter rufen sie Gräßliche.
In Sfeïr saßen vordem die Choriter,
die Söhne Efsaws enterbten sie, vertilgten sie vor sich her,
    siedelten an ihrer Stelle,
wie Jifsrael mit dem Land seines Erbes tat, das ER ihnen gab.

Jetzt hebt euch, überschreitet ihr den Bach Sared!
Wir überschritten den Bach Sared.
Der Tage aber, die wir von Kadesch Barnea gingen, bis wir
    den Bach Sared überschritten,
waren achtunddreißig Jahre,
bis all das Geschlecht dahin war, die Kriegsmänner, aus dem
    Innern des Lagers,
wie ER ihnen geschworen hatte,
auch war SEINE Hand an ihnen gewesen, sie aufzustören aus
    dem Innern des Lagers,
bis dahin sie wären.
Es geschah,
als dahin waren alle Kriegsmänner, weggestorben aus dem
    Innern des Volkes,
ER redete zu mir, sprechend:
Du durchschreitest heut die Grenzmark Moabs, Ar,
und wirst nun den Söhnen Ammons herzu nahen,
bedränge sie nimmer, errege dich nicht gegen sie,
denn ich gebe nicht vom Land der Söhne Ammons dir Erbe,
denn den Söhnen Lots habe ich es als Erbe gegeben.

Für Land der Gespenstischen wird auch es geachtet,
Gespenstische siedelten vordem darin,
die Ammoniter aber hießen sie Stammler:
ein Volk groß, zahlreich und hoch wie die Anakiter,
aber ER vertilgte sie vor ihnen her, sie enterbten sie, siedel-
    ten an ihrer Stelle.
Gleichwie er für die Söhne Eſsaws tat, die in Sſeïr ansässigen,
wie er den Choriter vor ihnen her vertilgte, sie enterbten sie,
    siedelten an ihrer Stelle bis auf diesen Tag,
auch die Awwiter, in Gehöften bis Gaza ansässig, – Kaftoriter
    von Kaftor ausgefahren, vertilgten sie, siedelten an ihrer
    Stelle.

Hebt euch, zieht, überschreitet den Bach Arnon!
Sieh, ich habe in deine Hand Sſichon König von Cheschbon
    den Amoriter und sein Land gegeben.
beginn, erbnimm, zum Kampf rege dich gegen ihn.
An diesem Tag
beginne ich, deinen Schrecken und deine Furcht aufs Ange-
    sicht der Völker zu geben unter allem Himmel,
daß dein Vernehmen sie vernehmen, vor deinem Angesicht
    erzittern, sich winden. –
Ich sandte Boten aus der Wüste Kdemot zu Sſichon König von
    Cheschbon, Reden des Friedens, zu sprechen:
Ich möchte dein Land durchschreiten,
den Weg, den Weg will ich gehn, rechts noch links nicht wei-
    chen,
Essen sollst du um Geld mich ermarkten lassen, daß ich esse,
Wasser sollst du um Geld mir geben, daß ich trinke,
nur mit meinen Füßen möchte ich hindurchschreiten:
wie mir die Söhne Eſsaws taten, die in Sſeïr Ansässigen, und
    die Moabiter, die in Ar Ansässigen;
bis daß ich den Jordan überschreite in das Land, das ER unser
    Gott uns gibt.
Aber nicht war Sſichon König von Cheschbon willfährig, uns
    es durchschreiten zu lassen,
denn gehärtet hatte ER dein Gott ihm den Geist und das Herz
    ihm verfestigt,
damit er ihn in deine Hand gebe, wies nun am Tag ist.

Er sprach zu mir:

Sieh, begonnen habe ich damit, Sfichon und sein Land vor dich hin zu geben,

beginn, erbnimm, sein Land zu ererben,

Ausfuhr Sfichon uns entgegen, er und all sein Kriegsvolk, zum Kampf nach Jahaz,

Er unser Gott gab ihn hin vor uns,

wir schlugen ihn, seine Söhne, all sein Volk,

wir eroberten all seine Städte zu jener Frist,

wir bannten alle Stadtleute, so die Weiber so die Kleinen,

wir ließen nicht einen Entronnenen überbleiben,

nur das Vieh erbeuteten wir uns und das Plündergut der Städte, die wir erobert hatten.

Von Aroer, das am Ufer des Bachs Arnon ist, und der Stadt die im Bachtal ist bis zum Gilad – nicht war eine Burg, die uns zu steil gewesen wäre,

alles hat Er unser Gott vor uns hin gegeben.

Nur dem Land der Söhne Ammons bist du nicht genaht,

allem Bereich des Bachs Jabbok und den Städten des Gebirgs und allem, wovon Er unser Gott geboten hatte.

Wir wandten uns, wir stiegen den Weg ins Baschan hinan.

Ausfuhr Og König des Baschan uns entgegen, er und all sein Kriegsvolk,

zum Kampf nach Edreï.

Er sprach zu mir:

Fürchte ihn nimmer, denn in deine Hand gebe ich ihn, all sein Volk und sein Land,

du sollst ihm tun, wie du Sfichon dem Amoriterkönig tatest, der in Cheschbon saß.

Er unser Gott gab in unsre Hand auch Og König des Baschan und all sein Volk,

wir schlugen ihn, ohne ihm einen Entronnenen übrig zu lassen,

wir eroberten all seine Städte zu jener Frist, nicht war eine Burg, die wir ihnen nicht genommen hätten,

sechzig Städte, den Bezirk Argob all, Ogs Königreich im Baschan,

all diese Städte umwehrt: ragende Mauer, Doppelpforte und Riegel,

außer den Städten des flachen Lands, sehr vielen,

wir bannten sie, wie wir Sſichon König von Cheschbon taten,
  alle Stadtleute, die Weiber und die Kleinen zu bannen,
und alles Vieh und das Plündergut der Städte beuteten wir uns.
Wir nahmen zu jener Frist das Land aus der Hand der zwei
  Amoriterkönige, die diesseit des Jordans waren, vom Bach
  Arnon bis zum Gebirg Chermon,

die Sidonier rufen den Chermon Sſirjon, der Amoriter –
  die rufen ihn Sſnir,

alle Städte der Ebne, alles Gilad, alles Baschan bis Sſalka und
  die Städte des Königreichs Ogs im Baschan.   [Edreï,

Denn nur Og König des Baschan war überblieben vom
  Rest der Gespenstischen,
da, sein Bett, ein Bett von Basalt, ists nicht in dem Großort
  der Söhne Ammons, neun Ellen seine Länge, vier Ellen
  seine Breite, nach Manneselle?

Dieses Land ererbten wir zu jener Frist,
von Aroer, das am Bach Arnon ist, und das halbe Gebirg Gilad
  und seine Städte gab ich dem Rubeniten und dem Gaditen,
und den Rest des Gilad und alles Baschan, Ogs Königreich,
  gab ich dem halben Zweig Mnasche, all den Bezirk des
  Argob.

Jenes Baschan allsamt wird Land der Gespenstischen gerufen.
Jaïr Sohn Mnasches nahm all den Strich Argob bis zur Markgrenze des Geschuriters und des Maachatiters, man ruft sie,
  das Baschan, nach seinem Namen Zeltdörfer Jaïrs, bis auf
  diesen Tag.

Machir gab ich das Gilad,
und dem Rubeniten und dem Gaditen gab ich vom Gilad:
  bis zum Bach Arnon, der Mitte des Bachtals, als Markgrenze,
  und bis zum Jabbokbach, der Markgrenze der Söhne Ammons,
die Steppe also, den Jordan als Markgrenze von Kinneret bis
  zum Meer der Steppe, dem Salzmeer, unter den Abhängen
  des Pisga – aufgangwärts.
Euch hier gebot ich zu jener Frist, sprechend:

ER euer Gott hat euch dieses Land gegeben, es zu ererben,
sturmgerüstet schreitet euren Brüdern, den Söhnen Jifsraels,
    voran, alle Heertüchtigen,
nur eure Weiber, euer Kleinvolk und eure Herden – ich weiß,
    daß ihr vielen Herdenstand habt – sollen in euren Städten
    bleiben, die ich euch gab,
bis daß ER eure Brüder gleich euch ruhen läßt und auch sie das
    Land ererben, das ER euer Gott ihnen gibt, jenseit des Jor-
    dans,
dann kehrt ihr jedermann zu seinem Erbe zurück, das ich euch
    gegeben habe.

Jehoschua aber entbot ich zu jener Frist, sprechend:
Deine Augen sinds, die alles sahn, was ER euer Gott diesen zwei
    Königen tat,
so wird ER allen Königreichen tun, dahinüber du schreitest,
fürchtet sie nicht,
denn ER euer Gott, er ists, der für euch kämpft.

Um Gunst ging ich IHN an zu jener Frist, sprach:
Mein Herr, DU,
du hast begonnen, deinen Knecht deine Größe und deine
    starke Hand sehen zu lassen,
denn welche Gottmacht ist, im Himmel und auf der Erde,
die gleichtäte deinen Taten, deinen Heldenwerken!
Dürfte ich doch hinüberschreiten,
daß ich sehe
das gute Land, das über dem Jordan ist,
dieses gute Gebirg und den Libanon!
ER überwallte wider mich eurethalben,
nicht hörte er hin zu mir,
ER sprach zu mir:
Genug dir!
fahre nimmer fort, zu mir noch um dies zu reden!
ersteige das Haupt des Pisga,
hebe deine Augen
westwärts, nordwärts, mittagwärts, morgenwärts,
und sieh mit deinen Augen,
denn nicht wirst du diesen Jordan überschreiten.

Und entbiete Jehoschua,
stärke ihn, festige ihn,
denn er wird diesem Volk voran hinüberschreiten,
er wird ihnen das Land zueignen,
das du sehen wirst. –
Wir setzten uns in der Talschlucht, gegen Por-Haus zu.

Jetzt aber, Jifsrael,

höre auf die Gesetze und auf die Rechtsgeheiße, die ich euch
 lehre zu tun,

damit ihr lebet, kommet und das Land ererbet, das ER der
 Gott eurer Väter euch gibt.

Füget nichts an die Rede, die ich euch gebiete, und streicht
 nichts davon,

SEINE eures Gottes Gebote zu wahren, die ich euch gebiete!

Eure Augen sinds, die sahn, was ER beim Baal von Por tat,

denn alle Mannschaft, die hinter dem Baal von Por herging,

vertilgt hat ER dein Gott sie aus deinem Innern,

ihr aber, haftend an IHM eurem Gott,

lebt, all ihr, heut am Tag.

Sieh,

gelehrt habe ich euch Gesetze und Rechtsgeheiße, wie ER
 mein Gott mir gebot,

so zu tun im Innern des Lands, dahin ihr kommt es zu ererben.

Hütets, tuts.

denn das ist eure Weisheit und euer Verstand vor den Augen
 der Völker,

die all diese Gesetze hören werden und sprechen:

Ja doch, ein weises und verstehendes Volk ist dieser große
 Stamm!

Denn welcher große Stamm ist,

der Götter hätte, ihm nah

wie ER unser Gott, allwann zu ihm wir rufen!

Und welcher große Stamm ist,

der Gesetze und Rechtsgeheiße hätte, wahrhaft

wie all diese Weisung, die ich heuttags vor euch lege.

Jedoch hüte dich, hüte sehr deine Seele,

daß du etwa vergäßest der Dinge, die deine Augen sahn,

und daß sie etwa aus deinem Herzen wichen –

alle Tage deines Lebens.

Gib sie zu kennen deinen Söhnen und den Söhnen deiner
 Söhne:

Des Tags, da du standest vor SEINEM deines Gottes Antlitz am
 Choreb,

als ER zu mir sprach:

Versammle mir das Volk, daß ich sie meine Rede hören lasse,

damit sie lernen mich fürchten alle Tage, die sie selbst auf dem
  Boden leben,
und ihre Söhne lehren, –
ihr nahtet,
ihr standet
unterm Berg,
der Berg entzündet im Feuer bis an das Herz des Himmels:
Finsternis, Wolke, Wetterdunkel.
ER redete zu euch mitten aus dem Feuer –
ihr hört Erschallen von Rede,
doch ihr seht keine Gestalt,
Schall allein.
Er meldete euch seinen Bund,
den er euch zu tun gebot,
die Zehnwortrede,
er schrieb sie auf zwei steinerne Tafeln.
Mir aber gebot ER zu jener Frist euch Gesetze und Rechtsgeheiße zu lehren,
daß ihr sie tut, in dem Land, dahin ihr schreitet, es zu ererben.
Hütet euch sehr um eure Seelen,
denn nicht saht ihr allirgend Gestalt
am Tag, da ER zu euch redete am Choreb mitten aus dem
  Feuer:
ihr möchtet sonst verderben
euch Schnitzgebild machen, Abgestaltung von allerart
  Form,
Bau eines Männlichen oder Weiblichen,
Bau allerart Getiers, das auf der Erde ist,
Bau allerart Zwitschernden, Befittichten, das am Himmel hin-
  fliegt,
Bau allerart am Boden Kriechenden,
Bau allerart Fischvolks, das im Wasser ringsunter der Erde ist,
du möchtest deine Augen himmelwärts heben,
ansehn die Sonne, den Mond und die Sterne, alle Schar des
  Himmels,
abgesprengt werden,
dich ihnen neigen,
ihnen dienen,
die ER dein Gott zuteilte allen Völkern unter allem Himmel,

euch aber nahm ER und führte euch
aus dem Eisenschmelzofen, aus Ägypten,
ihm zu einem Eigentumsvolk zu werden,
wies nun am Tag ist.
ER erzürnte über mich um Eure Reden,
er schwor, nie würde ich den Jordan überschreiten,
nie in das gute Land kommen, das ER dein Gott dir als Eigen-
     tum gibt;
ja, ich sterbe in diesem Land, nicht überschreite ich den Jordan,
ihr aber schreitet hinüber und werdet dieses gute Land er-
     erben.
Hütet euch, ihr möchtet sonst SEINEN eures Gottes Bund ver-
     gessen, den er mit euch schloß,
euch Schnitzgebild machen, Abgestaltung all dessen wovon
     ER dein Gott dir gebot,
denn ER dein Gott, ein verzehrendes Feuer ist er,
ein eifernder Gottherr.
Wenn du Söhne und Sohnessöhne zeugst,
ihr im Land einaltert,
verderbet, machet Schnitzgebild, Gestaltung allerart,
machet das in SEINEN deines Gottes Augen Böse, ihn zu ver-
     drießen:
zu Zeugen nehme ich heuttags wider euch den Himmel und
     die Erde,
daß ihr dann schwinden, hinschwinden müßt
rasch vom Land weg, dahin ihr den Jordan überschreitet es zu
     ererben.
Nicht werdet ihr darauf Tage längern,
ja, getilgt werdet ihr, fortgetilgt,
streuen wird ER euch unter die Völker,
zählbare Leute, restet ihr unter den Erdstämmen,
dort wohin er euch treibt,
dort werdet ihr Göttern dienen, Gemächt von Menschen-
     händen, Holz und Stein,
die nicht sehn und nicht hören, nicht schmecken und nicht
     riechen.
Verlangen werdet ihr von dort nach IHM deinem Gott,
dann wirst du ihn finden,
weil du ihn mit all deinem Herzen, mit all deiner Seele suchst:

in deiner Drangsal, da all diese Dinge dir sich einfinden,
in der Späte der Tage
kehrst du um zu IHM deinem Gott, hörst auf sein Stimmer-
schallen.
Denn ein erbarmender Gottherr ist ER dein Gott,
er entzieht sich dir nicht, läßt dich nicht verderben,
er vergißt nicht den Bund deiner Väter, den er ihnen beschwor.
Denn frage doch nach bei frühen Tagen, die vor dir waren,
nach vom Tag, da Gott einen Menschen schuf auf der Erde,
nach vom Rande des Himmels bis zum Rande des Himmels,
ob etwas geschah wie dieses große Ding,
oder ob etwas erhört ward wie es:
ob ein Volk Gottes Stimmenschall hörte redend mitten aus
dem Feuer,
wies hörtest du,
und blieb leben,
oder ob ein Gott erprobt hat zu kommen,
sich zu nehmen einen Stamm aus dem Innern eines Stammes
mit Proben, mit Zeichen, mit Erweisen, mit Kampf,
mit starker Hand, mit gestrecktem Arm,
mit großen Furchtbarkeiten,
allwie ER euer Gott für euch tat in Ägypten, vor deinen Augen!
Du wurdest sehen gemacht,
zu erkennen,
daß ER der Gott ist,
keiner sonst außer ihm.
Vom Himmel ließ er seinen Schall dich hören, dich in Zucht
zu nehmen,
auf der Erde ließ er dich sein großes Feuer sehen,
seine Reden hörtest du mitten aus dem Feuer.
Darum daß er deine Väter liebte,
erwählte ihren Samen nach ihnen,
führte dich mit seinem Antlitz, mit seiner großen Kraft, aus
Ägypten,
Stämme, größer und markiger als du, vor deinem Antlitz zu
enterben,
dich herkommen zu lassen, dir ihr Land als Eigentum zu geben,
wies nun am Tag ist.

Erkenne heuttags, laß ins Herz dir einkehren,
daß ER der Gott ist,
im Himmel oben,
auf Erden unten,
keiner sonst.
Wahre seine Gesetze und seine Gebote, die ich heuttags dir
    gebiete,
daß gut es ergehe dir und deinen Söhnen nach dir,
und damit du Tage längerst auf dem Boden,
den ER dein Gott dir gibt
alle Tage.

Damals schied Mosche drei Städte aus, jenseit des Jordans,
    sonnaufgangwärts,
daß dorthin fliehe ein Mörder, der seinen Genossen morden
    würde ohne Wissen – er war ihm nicht Hasser von vortags
    und ehgestern –,
der fliehe nach einer dieser Städte und lebe:
Bazer in der Wüste, im Geländ der Ebene, für den Rubeniten,
    Ramot im Gilad für den Gaditen, Golan im Baschan für den
    Mnaschiten.

Dies ist die Weisung, die Mosche vor die Söhne Jifsraels legte,
diese die Vergegenwärtigungen, so die Gesetze so die Rechts-
　　geheiße, die Mosche zu den Söhnen Jifsraels redete auf ihrer
　　Fahrt aus Ägypten,
jenseit des Jordans in der Talschlucht, gegen Por-Haus zu,
im Land Sfichons des Amoriterkönigs, der in Cheschbon saß,
　　den geschlagen hatte Mosche und die Söhne Jifsrael auf ihrer
　　Fahrt aus Ägypten
und ererbten sein Land und das Land Ogs Königs des Baschan,
　　der zwei Amoriterkönige, die jenseit des Jordans waren
　　nach Sonnenaufgang hin,
von Aroer, das am Ufer des Bachs Arnon ist, bis zum Bach
　　Sfion, das ist Chermon, und die Steppe all, zur Seite des
　　Jordans aufgangwärts, bis an das Meer der Steppe, unter den
　　Abhängen des Pisga.

Mosche rief allem Jifsrael zu, er sprach zu ihnen:
Höre Jifsrael
die Gesetze und die Rechtsgeheiße, die ich heuttags in eure
　　Ohren rede,
lernet sie,
wahret, sie zu tun!
ER unser Gott hat mit uns einen Bund geschlossen am Choreb,
nicht mit unsern Vätern hat ER diesen Bund geschlossen,
nein, mit uns, mit uns selber, diesen hier heut, uns Lebendigen
　　allen.

Angesicht zu Angesicht redete ER mit euch am Berg mitten
　　aus dem Feuer
– ich aber stand zwischen IHM und euch zu jener Frist, euch
　　SEINE Rede zu melden,
denn ihr fürchtetet euch vor dem Feuer und stiegt den Berg
　　nicht hinan –,
sprechend:
ICH bin dein Gott,
der ich dich führte aus dem Land Ägypten, aus dem Haus der
　　Dienstbarkeit.
Nicht sei dir andere Gottheit mir ins Angesicht.
Nicht mache dir Schnitzgebild, – alle Gestalt

des, was im Himmel oben, was auf Erden unten,
   was im Wasser unter der Erde ist,
neige dich ihnen nicht, diene ihnen nicht,
denn ICH dein Gott bin ein eifernder Gottherr,
zuordnend Fehl von Vätern ihnen an Söhnen und am dritten
   und vierten Glied denen die mich hassen,
aber Huld tuend ins tausendste denen die mich lieben, denen
   die meine Gebote wahren.
Trage nicht SEINEN deines Gottes Namen auf das Wahnhafte,
denn nicht straffrei läßt ER ihn, der seinen Namen auf das
   Wahnhafte trägt.
Wahre den Tag der Feier, ihn zu heiligen, wie ER dein Gott
   dir gebot.
Ein Tagsechst diene und mache all deine Arbeit,
aber der siebente Tag ist Feier IHM deinem Gott:
nicht mache allerart Arbeit,
du, dein Sohn, deine Tochter, dein Dienstknecht, deine Magd,
   dein Ochs, dein Esel, all dein Vieh,
und dein Gastsasse in deinen Toren, –
damit ausruhe dein Knecht und deine Magd,
dir gleich.
Gedenke, daß du Knecht warst im Land Ägypten,
daß ER dein Gott dich von dort mit starker Hand, mit gestrecktem Arm ausgeführt hat:
deshalb gebot dir ER dein Gott, den Tag der Feier zu machen.
Ehre deinen Vater und deine Mutter, wie ER dein Gott dir
   gebot,
damit sich längern deine Tage und dirs gut ergehe auf dem
   Ackerboden, den ER dein Gott dir gibt.
Morde nicht.
Und buhle nicht.
Und stiehl nicht.
Und aussage nicht gegen deinen Genossen als Wahns Zeuge.
Und begehre nicht das Weib deines Genossen,
und lasse dich nicht lüsten nach dem Haus deines Genossen, sei-
   nem Feld und seinem Knecht und seiner Magd, seinem
   Ochsen und seinem Esel, und was alles deines Genossen ist.

Diese Rede redet ER zu all eurem Gesamtring

am Berg, mitten aus dem Feuer, der Wolke, dem Wetterdunkel,
mit großem Schall,
und nichts weiter,
er schrieb sie auf zwei steinerne Tafeln,
gab sie an mich.
Es geschah,
wie ihr das Erschallen mitten aus der Finsternis hörtet
und der Berg war im Feuer entzündet:
ihr nahtet mir, alle Häupter eurer Zweige und eure Alten,
und spracht:
Da hat ER unser Gott uns seine Erscheinung und seine Größe
   sehen lassen,
seine Stimme haben wir mitten aus dem Feuer gehört,
an diesem Tag haben wir gesehn, wie Gott mit dem Menschen
   redet und der bleibt leben,
und jetzt, warum sollen wir sterben, denn verzehren wird uns
   dieses große Feuer,
würden wir weiter noch SEINE unsres Gottes Stimme hören,
   müßten wir sterben.
denn wer ist von allem Fleisch, der die Stimme des lebendigen
   Gottes reden gehört hat mitten aus dem Feuer wie wir und
   blieb leben!
Nahe du und höre alles, was ER unser Gott zu dir sprechen
   wird,
rede du zu uns alles, was ER unser Gott zu dir redet,
wir wollens hören, wir wollens tun.
ER hörte die Stimme eurer Rede, da ihr redetet zu mir,
ER sprach zu mir:
Gehört habe ich die Stimme der Rede dieses Volks, die sie zu
   dir redeten,
gut sagten sie alles, was sie geredet haben,
wer gäbs, daß dies ihnen ihr Herzenstrieb würde,
mich zu fürchten und alle meine Gebote zu wahren alle Tage,
damits ihnen gut ergehe und ihren Söhnen auf Weltzeit, –
geh, sprich zu ihnen: Kehrt ihr zu euren Zelten!
du aber steh hier bei mir,
ich will zu dir reden all das Gebot, so die Gesetze so die
   Rechtsgeheiße, die du sie lehren sollst,

daß sie es tun in dem Land, das ich ihnen gebe es zu ererben.
Wahret zu tun, wie Er euch gebot,
weichet nicht rechts noch links,
in all dem Weg, den Er euer Gott euch gebot, sollt ihr gehn,
damit ihr lebet und gut euch sei und ihre Tage längert in dem
    Land das ihr ererbet.

Dies aber ist das Gebot, die Gesetze wie die Rechtsgeheiße,
    das Er euer Gott gebot euch zu lehren,
ums zu tun in dem Land, wohinüber ihr schreitet es zu er-
    erben:
damit du fürchtest Ihn deinen Gott,
zu wahren all seine Satzungen und seine Gebote, die ich dir
    gebiete,
du, dein Sohn, der Sohn deines Sohns,
alle Tage deines Lebens,
damit deine Tage sich längern –
hören sollst du, Jifsrael,
wahren sollst du im Tun,
daß gut dirs ergehe,
daß ihr euch mächtig mehret,
gleichwie Er der Gott deiner Väter dir geredet hat:
Land, Milch und Honig träufend!

Höre Jifsrael:
Er unser Gott, Er Einer!
Liebe denn
Ihn deinen Gott
mit all deinem Herzen, mit all deiner Seele, mit all deiner
    Macht.
Es seien diese Reden, die ich heuttags dir gebiete, auf deinem
    Herzen,
einschärfe sie deinen Söhnen,
rede davon,
wann du sitzest in deinem Haus und wann du gehst auf den
    Weg,
wann du dich legst und wann du dich erhebst,
knote sie zu einem Zeichen an deine Hand,
sie seien zu Gebind zwischen deinen Augen,

schreibe sie an die Pfosten deines Hauses und in deine Tore!

Es sei,
wenn E R dein Gott dich kommen läßt in das Land, das dir zu
　　geben er deinen Vätern, Abraham, Jizchak, Jaakob, zu-
　　schwor:
Städte groß und gut, die nicht du gebaut hast,
Häuser voll allerhand Guts, die nicht du gefüllt hast,
Brunnen ausgehaun, die nicht du gehaun hast,
Rebgärten und Ölbäume, die nicht du gepflanzt hast,
du issest, ersattest:
wahre dich!
du möchtest sonst S EIN vergessen,
der dich führte aus dem Land Ägypten, aus dem Haus der
　　Dienstbarkeit!
I HN deinen Gott sollst du fürchten,
ihm dienen,
mit seinem Namen schwören –
ihr sollt nicht hinter andern Göttern hergehn, von den Göttern
　　der Völker, die rings um euch sind,
denn ein eifernder Gottherr ist E R dein Gott in deinem Innern:
sonst wird S EIN deines Gottes Zorn auf dich einflammen,
wird dich tilgen, weg vom Antlitz des Bodens.

Prüfet nicht I HN euern Gott, wie ihr ihn prüftet bei Prüfe,
wahret, bewahrt S EINE eures Gottes Gebote,
seine Vergegenwärtigungen und seine Gesetze, die er dir ge-
　　bot –
tun sollst du das in S EINEN Augen Gerade und Gute,
damit dirs gut ergehe und du kommest und ererbest das gute
　　Land, das E R deinen Vätern zuschwor,
zu stürzen all deine Feinde vor deinem Antlitz,
wie E R geredet hat.

Wenn dein Sohn sich morgen fragen wird, sprechend:
Was ists um die Vergegenwärtigungen, so die Gesetze so die
　　Rechtsgeheiße, die E R unser Gott euch gebot?
sprich zu deinem Sohn:
Dienstknechte waren wir dem Pharao in Ägypten,

ER aber führte uns aus Ägypten mit starker Hand.

ER gab Zeichen und Erweise, große und schlimme, wider
   Ägypten, wider Pharao und wider all sein Haus vor unsern
   Augen,

und uns führte er von dort heraus,

damit er uns herkommen lasse, uns das Land zu geben, das er
   unsern Väter zuschwor.

ER gebot uns, all diese Gesetze zu tun, IHN unsern Gott
   zu fürchten,

uns zu Gute für alle Tage,

uns am Leben zu halten,

wies nun am Tag ist.

Und Bewährung wirds uns sein,

wenn wirs hüten, all dieses Gebot zu tun,

vor SEINEM unsres Gottes Antlitz,

wie er uns gebot.

Wenn ER dein Gott dich in das Land kommen läßt, dahin du
   kommst es zu ererben,

er mehre Stämme wegstreift vor dir her,

den Chetiter, den Girgaschiter, den Amoriter, den Kanaaniter,
   den Prisiter, den Chiwwiter, den Jebusiter,

sieben Stämme, mehr und markiger als du,

ER dein Gott sie vor dich hingibt, du sie schlägst,

banne sie, banne,

schließe ihnen nicht einen Bund, Gunst erzeige ihnen nicht,

verschwägre dich nicht mit ihnen,

deine Tochter gib nicht seinem Sohn, seine Tochter nimm
   nicht für deinen Sohn,

denn: er wird deinen Sohn von dem Mir-Gewärtigsein ab-
   wenden, daß sie anderwärtigen Göttern dienen!

SEIN Zorn flammt auf euch ein, er vertilgt dich rasch.

Sondern so sollt ihr ihnen tun:

ihre Schlachtstätten schleifen,

ihre Standmale zertrümmern,

ihre Pfahlbäume zerhacken,

ihre Schnitzbilder im Feuer verbrennen.

Denn ein heiliges Volk bist du IHM deinem Gott,

dich erwählte ER dein Gott, ihm ein Sonderguts-Volk zu sein,

aus allen Völkern, die auf der Fläche des Erdbodens sind.
Nicht weil euer ein Mehr wäre gegen alle Völker,
hat ER sich an euch gehangen, hat euch erwählt,
denn ihr seid das Minder gegen alle Völker:
sondern weil ER euch liebt
und weil er den Schwur wahrt, den er euren Vätern zuschwor,
führte ER euch heraus mit starker Hand,
galt er euch ab aus dem Haus der Dienstbarkeit,
aus der Hand Pharaos, des Königs von Ägypten.
Erkenne,
daß ER, dein Gott, der Gott ist,
der treue Gottherr,
wahrend den Bund und die Huld denen die ihn lieben, denen
　　die seine Gebote wahren,
in tausend Geschlechter,
aber bezahlend seiner Hasser jedem ins Antlitz, ihn schwinden
　　zu machen,
nicht zögert er seinem Hasser, ins Antlitz bezahlt er ihm.
Wahre denn das Gebot, so die Gesetze so die Rechtsgeheiße,
　　die ich heuttags dir gebiete, sie zu tun.

Es wird geschehn:
dem zu Folge, daß ihr hört auf diese Rechtsgeheiße, sie wahret
　　und tut,
wird ER dein Gott dir wahren den Bund und die Huld, die er
　　deinen Vätern zuschwor,
er wird dich lieben,
dich segnen und dich mehren,
segnen
die Frucht deines Leibes und die Frucht deines Bodens,
dein Korn, deinen Most, dein Ausbruchöl,
den Wurf deiner Rinder, die Brünste deiner Schafe
auf dem Boden, den dir zu geben er deinen Vätern zuschwor,
gesegnet vor allen Völkern wirst du sein,
nicht ist ein Wurzelverstockter, eine Wurzelverstockte bei dir
　　und bei deinem Vich,
ER wendet von dir alle Krankheit,
all die bösen Siechtümer Ägyptens, die du kennst, nicht legt er
　　sie auf dich, er gibt sie an all deine Hasser,

aufzehrst du all die Völker, die Er dein Gott dir hingibt.
Dein Auge schone ihrer nicht,
diene nicht ihren Göttern,
denn ein Fallstrick ist dir das.

Wenn du in deinem Herzen sprichst: Dieser Stämme sind
   mehr als ich, wie vermag ich sie zu enterben?
fürchte dich nicht vor ihnen,
denke, gedenke, was Er dein Gott an Pharao und an allem
   Ägypten tat,
der großen Erprobungen, die deine Augen sahn,
der Zeichen und der Erweise,
der starken Hand, des gestreckten Arms,
womit Er dein Gott dich herausführte:
so wird Er dein Gott allen Völkern tun, vor deren Antlitz du
   dich fürchtest,
auch die Verzagtheit wird Er dein Gott wider sie aussenden,
bis schwinden, die noch resten,
die vor deinem Antlitz sich versteckten.
Ängste dich nicht vor ihrem Antlitz,
denn Er dein Gott ist drinnen bei dir,
ein großer und furchtbarer Gottherr.
Wegstreifen wird Er dein Gott diese Stämme vor deinem
   Antlitz her, nach und nach,
du darfst sie nicht rasch vernichten können, sonst überwüchse
   dich das Getier des Feldes,
Er dein Gott gibt sie vor dein Antlitz hin,
er verstört sie in großer Verstörung, bis er sie tilgt, er gibt
   ihre Könige in deine Hand,
du lässest ihren Namen schwinden ringsunter dem Himmel,
nicht hält ein Mann deinem Antlitz stand, bis du sie vertilgt
   hast.
Die Schnitzbilder ihrer Götter verbrennet im Feuer,
begehre nicht das Silber und Gold an ihnen, daß du dirs nähmest,
sonst wirst du dadurch verstrickt,
denn ein Greuel Ihm deinem Gott ist es, –
lasse nicht einen Greuel in dein Haus kommen, daß du Banns
   würdest gleich ihm,

als vor Abscheulichem sollst du dich scheuen,
als vor Greulichem sollst du dich graulen,
denn Bann ist es.

All das Gebot, das ich heuttags dir gebiete,
wahrets im Tun,
damit ihr lebt, euch mehrt, kommt und ererbet das Land, das
     ER euren Vätern zuschwor.
Gedenke all des Wegs, den ER dein Gott in der Wüste dich
     gehen machte
diese vierzig Jahre,
damit er dich beuge, dich zu erproben,
zu erkennen, was in deinem Herzen ist, ob du seine Gebote
     wahren wirst, ob nicht.
Er beugte dich, er hungerte dich ab,
er ließ dich das Manna essen, das du nicht kanntest, das deine
     Väter nicht kannten,
damit er dir zu kennen gebe:
nicht vom Brot allein
lebt der Mensch,
nein, von jeglichem, was aus SEINEM Munde fährt,
lebt der Mensch.
Dein Tuch mürbte nicht von dir ab,
dein Fuß schwoll nicht an
diese vierzig Jahre –
erkenns in deinem Herzen:
nur wie ein Mann seinen Sohn züchtigt,
züchtigt dich ER dein Gott.
Wahre SEINE deines Gottes Gebote,
in seinen Wegen zu gehn und ihn zu fürchten.
Denn ER dein Gott läßt dich in ein gutes Land kommen,
ein Land von Wasserbächen, Quellen, Wirbelfluten, auffah-
     rend im Gesenk und im Gebirg,
ein Land von Weizen und Gerste, Weinrebe, Feige und Gra-
     nate,
ein Land von Ölbeere und Honig,
ein Land, darin du nicht in Kärglichkeit Brot essen mußt,
nichts von allem wird dir drin mangeln,
ein Land, dessen Steine Eisen sind,

aus dessen Bergen du Erz haust.

Essen wirst du und ersatten,

wirst segnen IHN deinen Gott

für das gute Land, das er dir gegeben hat.

Wahre dich!

sonst könntest du deinen Gott vergessen,

ungewahrt zu lassen seine Gebote, so seine Rechtsgeheiße so
    seine Satzungen, die ich heuttags dir gebiete,

sonst möchte,

wie du issest und ersattest

und gute Häuser baust und besitzest

und deine Rinder und deine Schafe sich mehren

und Silber und Gold sich dir mehrt

und alles, was dein ist, sich mehrt,

hochmütig werden dein Herz,

vergessen möchtest du IHN deinen Gott,

– der dich führte aus dem Land Ägypten, aus dem Haus der
    Dienstbarkeit,

der dich gehn ließ durch die große und furchtbare Wüste:

Schlange, Brandnatter, Skorpion

und Dürre, da kein Wasser ist,

der dir Wasser heraufführte aus dem Kieselfelsen,

der dich das Manna essen ließ in der Wüste, das deine Väter
    nicht kannten:

damit er dich beuge,

damit er dich probe,

dir gutzutun in deiner Zukunft, –

du möchtest in deinem Herzen sprechen:

Meine Kraft, die Markigkeit meiner Hand hat mit dieses Ver-
    mögen gemacht!

Gedenke SEIN deines Gottes,

denn er ists, der dir Kraft gibt, Vermögen zu machen,

damit er aufrechthalte seinen Bund, den er deinen Vätern zu-
    schwor,

wies nun am Tag ist.

Es wird geschehn,

wirst du vergessen IHN deinen Gott, vergessen,

hinter andern Göttern hergehn,

ihnen dienen, ihnen dich neigen,

ich zeuge heuttags gegen euch,
daß ihr dann schwinden, hinschwinden müßt!
wie die Stämme, die ER vor euch her schwendet,
ebenso werdet ihr schwinden
dem zu Folge, daß ihr auf SEINE eures Gottes Stimme nicht
  hören wolltet.

Höre Jifsrael,
heut überschreitest du den Jordan,
hinzukommen, Stämme zu beerben, größer und markiger als
  du:
Städte groß und umwehrt an den Himmel,
ein Volk groß und hoch, Anaksöhne,
von denen du ja weißt,
von denen du ja hörst: Wer hält stand vor den Anak-
  söhnen!
Wisse denn heut:
Ja, ER dein Gott,
er, der vor dir herschreitet als ein verzehrendes Feuer,
er ists, der sie vertilgt,
er ists, der sie vor dir her bezwingt,
daß du sie enterbest,
daß du rasch sie schwendest,
wie ER dir geredet hat.
Sprich nimmer in deinem Herzen,
wann ER sie vor dir hinweg gestürzt hat,
solche Sprache:
Um meine Bewährtheit hat ER mich kommen lassen, dieses
  Land zu ererben! –
da doch um den Frevel dieser Stämme ER sie enterbt vor dir
  her.
Nicht also um dein Bewährtsein und um die Gradheit deines
  Herzens kommst du ihr Land zu ererben,
nein, um den Frevel dieser Stämme enterbt ER dein Gott sie
  vor dir her,
und damit er aufrecht halte die Rede, die ER deinen Vätern,
  Abraham, Jizchak, Jaakob, zuschwor.
Wissen sollst du, daß nicht um deine Bewährtheit ER dein
  Gott dir dieses gute Land gibt er zu ererben,

denn ein Volk hart von Nacken bist du.

Gedenke, vergiß nimmer,

wie du IHN deinen Gott in der Wüste ergrimmtest.

Vom Tag an, da du aus dem Land Ägypten fuhrst, bis zu eurem
 Kommen zu diesem Ort

wart ihr gegen IHN widerstrebend.

Auch am Choreb ergrimmtet ihr IHN,

daß ER über euch erzürnte, euch zu vertilgen:

Als ich bergauf gestiegen war, die steinernen Tafeln anzunehmen,

die Tafeln des Bundes, den ER mit euch schloß,

hatte auf dem Berge geweilt vierzig Tage und vierzig
 Nächte,

Brot aß ich nicht, Wasser trank ich nicht,

ER hatte an mich gegeben die zwei steinernen Tafeln, beschrieben vom Finger Gottes,

auf ihnen allwie die Rede, die ER mit euch redete am Berg
 mitten aus dem Feuer, am Tag des Gesamtrings,

geschahs –

nach Ablauf von vierzig Tagen und vierzig Nächten hatte ER
 an mich die zwei steinernen Tafeln, die Tafeln des Bundes
 gegeben –,

ER sprach zu mir:

Auf, hinab rasch von hier! denn verdorben hats dein Volk, das
 du heraufführtest aus Ägypten,

rasch sind sie gewichen vom Weg, den ich ihnen gebot, ein
 Gußbild haben sie sich gemacht.

ER sprach zu mir, sprach:

Ich sehe dieses Volk, wohl, ein Volk hart von Nacken ists,

laß ab von mir, daß ich sie vertilge und wegwische ihren Namen ringsunter dem Himmel,

dich aber mache ich zu einem Stamm, markiger und zahl-
 reicher als es.

Ich wandte mich, ich stieg hinunter vom Berg, dem Berg im
 Feuer entzündet,

die zwei Tafeln des Bundes auf meinen zwei Händen,

ich sah hin,

wohl, gesündigt hattet ihr IHM eurem Gott, ein Gußkalb hattet
 ihr euch gemacht,

rasch wart ihr gewichen vom Weg, den ER euch gebot.

Ich ergriff die zwei Tafeln,

ich warf sie aus meinen zwei Händen,

ich zertrümmerte sie vor euren Augen.

Ich sank nieder vor IHN wie zuerst,

vierzig Tage und vierzig Nächte,

Brot aß ich nicht, Wasser trank ich nicht,

über all eurer Versündigung, die ihr gesündigt hattet, das in
   SEINEN Augen Böse zu tun, ihn zu verdrießen,

denn ich bangte vor dem Zorn und der Glut, in der ER über
   euch ergrimmte, euch zu vertilgen.

ER hörte auf mich auch diesmal.

Und da wider Aharon ER sehr erzürnte, ihn zu vertilgen,

setzte ich mich auch für Aharon ein zu jener Frist.

Euer Sündenwerk aber, das ihr gemacht hattet, das Kalb,
   nahm ich, ich verbrannte es im Feuer,

ich zerspellte es, gut gemalmt, bis es stob, zu Asche,

ich warf seine Asche in den Bach, der vom Berg herab-
   kommt.

– So bei Zündstatt, so bei Prüfe, so bei Gräber-des-Gelüsts, immer ergrimmtet ihr IHN,

und als ER euch von Kadesch Barnea fortschickte, sprechend:
   Steigt hinan, ererbet das Land, das ich euch gebe,

widerstrebtet ihr SEINEM eures Gottes Mund, ihr vertrautet
   ihm nicht, ihr hörtet nicht auf seine Stimme,

Widerstrebende wart ihr gegen IHN vom Tag an, da ich um
   euch wußte. –

Ich sank vor IHN hin,

die vierzig Tage und die vierzig Nächte, die ich hingesunken
   lag,

denn ER hatte gesprochen, euch zu vertilgen,

ich setzte mich bei IHM ein, ich sprach:

Mein Herr, DU,

verdirb nimmer dieses Volk, dein Eigentum,

das du abgaltest mit deiner Größe,

das du aus Ägypten führtest mit starker Hand,

gedenke deiner Knechte, Abrahams, Jizchaks, Jaakobs,

bleibe nimmer zugewandt der Härte dieses Volks, seinem Frevel, seiner Versündigung!

sonst sprächen sie, im Land, aus dem du uns geführt hast:
Weil es außer SEINEM Vermögen war sie in das Land zu bringen, von dem er ihnen geredet hatte, und weil er sie haßte,
führte er sie hinaus, sie in der Wüste sterben zu lassen!
Und sie sind doch dein Volk, dein Eigentum,
das du mit deiner großen Kraft, mit deinem gestreckten Arm
    herausgeführt hast!
Zu jener Frist sprach ER zu mir:
Haue dir zwei steinerne Tafeln wie die ersten und steig den
    Berg heran zu mir,
mache dir einen Holzschrein,
ich will auf die Tafeln die Rede schreiben, die auf den ersten
    Tafeln war, die du zertrümmert hast,
und du legst sie in den Schrein.
Ich machte einen Schrein aus Akazienholz,
ich hieb zwei Tafeln von Steinen wie die ersten,
ich stieg den Berg hinan, die zwei Tafeln in meiner Hand.
Er aber schrieb auf die Tafeln gleich der ersten Schrift,
die Zehnwortrede, die ER zu euch geredet hatte am Berg
    mitten aus dem Feuer, am Tag des Gesamtrings,
ER gab sie an mich.
Ich wandte mich und stieg hinunter vom Berg,
ich legte die Tafeln in den Schrein, den ich gemacht hatte,
sie blieben dort, wie ER mir gebot.

Die Söhne Jifsraels zogen von den Brunnen der Jaakansöhne
    nach Mofsera, dort starb Aharon und wurde dort begraben,
    und Elasar sein Sohn priesterte an seiner Stelle,
von dort zogen sie nach Gudgod und von Gudgod nach
    Jotba, einer Landschaft mit Wasserbächen.

Zu jener Frist hat ER auch den Lewizweig ausgeschieden,
    den Schrein SEINES Bundes zu tragen, zu stehn vor IHM, ihm
    zu amten und mit SEINEM Namen zu segnen, bis auf diesen
    Tag,
deshalb wurde dem Lewi nicht Anteil und Eigentum bei sei-
    nen Brüdern,
ER ist sein Eigentum, wie ER dein Gott ihm geredet hat. –
Ich also stand auf dem Berg, wie die ersten Tage, vierzig Tage
    und vierzig Nächte.

Er hörte auch diesmal auf mich, nicht war Er willens dich
    zu verderben,
Er sprach zu mir: Auf, geh zum Fortzug vor dem Volk her,
sie sollen hinkommen und das Land ererben, das ihnen zu ge-
    ben ich ihren Vätern zuschwor.

Jetzt aber, Jifrael,
was heischt Er dein Gott von dir
als Ihn deinen Gott zu fürchten,
in all seinen Wegen zu gehn,
ihn zu lieben,
Ihm deinem Gott mit all deinem Herzen, mit all deiner Seele
    zu dienen,
Seine Gebote zu wahren und seine Satzungen, die ich heuttags
    dir gebiete,
dir zu Gute.
Sind ja Sein deines Gottes die Himmel und die Himmel ob
    Himmeln, die Erde und alles was drauf ist,
jedoch an deine Väter hing Er sich, sie zu lieben,
er erwählte ihren Samen nach ihnen, euch aus allen Völkern,
wies nun am Tag ist.
Beschneidet die Vorhaut eures Herzens und seid nicht mehr
    harten Nackens!
Denn Er euer Gott,
er ist der Gott der Götter, der Herr der Herren,
die große, die heldische, die furchtbare Gottheit,
er, der Ansehn nicht gelten läßt und Bestechung nicht an-
    nimmt,
der der Waise und Witwe Recht schafft,
der den Gastsassen liebt, ihm Brot und Gewand zu geben.
Liebet den Gast,
denn Gastsassen wart ihr im Land Ägypten.
Ihn deinen Gott fürchte,
ihm diene,
an ihm hafte,
mit seinem Namen schwöre!
Er ist dein Ruhm,
er ist dein Gott:

der an dir dieses Große und Furchtbare tat, das deine Augen
sahn.
Zu siebzig Seelen wanderten deine Väter nach Ägypten hinab,
und nun hat Er dein Gott dich an Menge gleich gemacht den
Sternen des Himmels.

Liebe Ihn deinen Gott,
wahre seine Verwahrung, seine Satzungen, seine Rechtsgeheiße und seine Gebote alle Tage.
Ihr kennet heuttags –
denn nicht an eure Söhne gehts,
die nicht erkannten und die nicht sahen
Seine eures Gottes Zucht,
seine Größe, seine starke Hand, seinen gestreckten Arm,
seine Zeichen, seine Taten, die er mitten in Ägypten tat, an
Pharao, dem König von Ägypten, und an all seinem Land,
und die er an der Heermacht Ägyptens, an seinen Rossen und
an seinem Fahrzeug tat,
denen er die Wasser des Schilfmeers übers Antlitz schwemmte,
als sie euch nachsetzten,
schwinden ließ Er sie bis auf diesen Tag,
und die er an euch tat in der Wüste, bis ihr an diesen Ort gekommen seid,
und die er an Datan und Abiram Söhnen Eliabs Sohns Rubens
tat,
da die Erde ihren Mund aufriß, sie verschlang, ihre Häuser,
ihre Zelte, und all den Bestand, der in ihren Fußspuren ging,
im Innern von all Jifsrael –
nein, eure Augen sinds, die all Seine große Tat sahen, die er tat!
Wahret all das Gebot, das ich heuttags dir gebiete,
damit ihr erstarket, kommet, ererbet das Land, wohin ihr
schreitet es zu ererben
und damit ihr Tage längert auf dem Boden, den Er euren Vätern zuschwor ihnen zu geben und ihrem Samen: Land,
Milch und Honig träufend.
Denn das Land, wohin du kommst es zu ererben,
nicht wie das Land Ägypten ists, woher ihr ausgefahren seid,
das du mit deiner Saat besäst und mittels deines Fußes netzest
wie einen Kohlgarten,

das Land, wohin ihr schreitet es zu ererben, ein Land von Ber-
　　gen und Gesenken ists,
vom Regen des Himmels trinkt es Wasser,
ein Land, das ER dein Gott aufsucht,
stets sind SEINE deines Gottes Augen darauf, von der Frühe
　　des Jahrs bis zur Jahresspäte:
Geschehn wirds,
hört ihr, hört auf meine Gebote, die ich heuttags euch gebiete,
IHN euren Gott zu lieben und ihm mit all eurem Herzen, mit
　　all eurer Seele zu dienen,
werde ich den Regen eures Landes zu seiner Frist geben,
　　Herbstguß und Lenzschauer,
einheimsen wirst du dein Korn, deinen Most, dein Ausbruch-
　　öl,
ich werde Kraut auf deinem Feld für dein Vieh geben,
du wirst essen, wirst ersatten.
Wahret euch:
leicht möchte betört werden euer Herz,
daß ihr abweichet, andern Göttern dienet, ihnen euch hin-
　　werft, –
dann flammt SEIN Zorn auf euch ein,
er sperrt den Himmel,
nicht fällt Regen mehr, der Boden gibt nicht sein Gewächs,
ihr schwindet rasch hinweg von dem guten Land, das ER euch
　　gibt.

Legt diese meine Reden an euer Herz und an eure Seele,
knotet sie zu einem Zeichen an eure Hand,
sie seien zu einem Gebind zwischen euren Augen,
lehret sie eure Söhne, davon redend,
wann du in deinem Haus sitzest und wann du auf den Weg
　　gehst, wann du dich legst und wann du dich erhebst,
schreibe sie an die Pfosten deines Hauses und in deine Tore,
damit sich mehren eure Tage und die Tage eurer Söhne auf
　　dem Boden, den ER euren Vätern zuschwor, ihnen zu geben,
wie die Tage des Himmels über der Erde.

So denn: wahret, bewahrt ihr all dies Gebot, das ich euch ge-
　　biete, es zu tun,

Ihn euren Gott zu lieben, in all seinen Wegen zu gehn und an
 ihm zu haften,
wird Er all diese Stämme vor euch her enterben,
ihr beerbet Stämme, größer und markiger als ihr,
aller Ort, drauf die Sohle eures Fußes sich bewegt, euer wird
 er sein,
von der Wüste an und dem Libanon, von dem Strom, dem
 Euphratstrom, bis zum rückwärtigen Meer wird eure Gemarkung sein,
nicht wird jemand vor euch bestehn,
euren Schrecken und eure Furchtbarkeit wird Er euer Gott
 über alles Land geben, drauf ihr euch bewegt,
wie er euch geredet hat.

Sieh,
ich gebe heuttags vor euch hin Segnung und Verwünschung,
die Segnung, wofern ihr hört auf Seine eures Gottes Gebote,
 die ich heuttags euch gebiete,
die Verwünschung, hört ihr nicht auf Seine eures Gottes Gebote,
weicht ihr ab vom Weg, den ich heuttags euch gebiete,
und herzugehn hinter andern Göttern, von denen ihr nicht
 wußtet.
Es soll geschehn,
wenn Er dein Gott dich in das Land kommen läßt, wohin du
 kommst es zu ererben,
sollst du die Segnung auf den Berg Grisim und die Verwünschung auf den Berg Ebal geben,
sind die nicht jenseit des Jordans rückwärts des Sonnunter-
 gangswegs, im Land des Kanaaniters, der in der Steppe sitzt,
 gegen den Ringwall zu, bei den Steineichen des Rechtweisers?
Denn ihr überschreitet den Jordan, hinzukommen, das Land
 zu ererben, das Er euer Gott euch gibt,
ihr werdet es ererben, ihr werdet darin siedeln, –
wahret im Tun all die Gesetze und die Rechtsgeheiße, die
 ich heuttags vor euch hin gebe!

Dies sind die Gesetze und die Rechtsgeheiße, die ihr wahren
　　sollt, sie zu tun in dem Land, das ER der Gott deiner Väter
　　dir gab es zu ererben,
alle Tage die ihr auf dem Boden lebt.

Schwendet, ausschwendet alle Orte, wo die Stämme, die ihr
　　beerbt, ihren Göttern dienten,
auf den hohen Bergen, auf den Hügeln, unter alljedem üppi-
　　gen Baum,
schleifet ihre Schlachtstätten,
trümmert ihre Standmale,
ihre Pfahlbäume verbrennt im Feuer,
die Schnitzbilder ihrer Götter zerhackt,
laßt deren Namen schwinden von jenem Ort.
Solcherweise nicht sollt ihr IHM eurem Gotte tun,
sondern nach dem Ort hin,
den ER euer Gott aus all euren Zweigen wählen wird,
seinen Namen dort einzusetzen:
wollt ihr seine Wohnstatt besuchen,
dorthin sollst du fahren,
dorthin sollt ihr führen
eure Darhöhungen und eure Schlachtmahle,
eure Zehnten und die Hebe eurer Hand,
eure Gelübde und eure Willigungen,
die Erstlinge eures Pflugtiers und eures Kleinviehs.
Esset dort vor SEINEM eures Gottes Antlitz,
freut euch an allem, was eure Hand beschickt hat, ihr und eure
　　Hausleute,
womit ER dein Gott dich gesegnet hat.
Tut nicht, allwie wir heuttags hier tun, jedermann alles in
　　seinen Augen Gerade,
denn ihr seid bis jetzt nicht eingefahren
zu der Ruhe und zu dem Eigentum, die ER dein Gott
　　dir gibt.
Habt ihr aber den Jordan überschritten,
siedelt ihr in dem Land, das ER euer Gott euch zueignet,
hat er euch Ruhe gewährt vor all euren Feinden ringsum, daß
　　ihr in Sicherheit seßhaft wurdet,
dann seis:

der Ort, den Er euer Gott erwählen wird, seinen Namen dort
  einwohnen zu lassen,
dorthin führet alles, was ich euch gebiete,
eure Darhöhungen und eure Schlachtmahle,
eure Zehnten und die Hebe eurer Hand
und alle Auswahl eurer Gelübde, die ihr Ihm gelobet,
freut euch vor Seinem eures Gottes Antlitz,
ihr, eure Söhne, eure Töchter, eure Knechte, eure Mägde
und der Lewit, der in euren Toren ist, denn kein Teil und Eigentum hat er bei euch.

Wahre dich,
daß du deine Darhöhungen etwa höhtest an allem Ort, den du
  siehst,
sondern an dem Ort, den Er in einem deiner Zweige wählen
  wird, dort sollst du deine Darhöhungen höhen,
und dort sollst du alles tun, was ich dir gebiete.
Jedoch magst du nach aller Lust deiner Seele schlachten, magst
  Fleisch essen,
gemäß Seinem deines Gottes Segen, den er dir gab,
in allen deinen Ratstoren,
der Maklige und der Reine mag es essen, wie die Gazelle und
  wie den Hirsch;
jedoch das Blut esset nicht, auf die Erde schütte es wie Wasser.
Nicht kannst du in deinen Toren essen
den Zehnten deines Korns, deines Mosts und deines Ausbruchöls,
die Erstlinge deiner Pflugtiere und deines Kleinviehs,
all deine Gelübde, die du gelobst, deine Willigungen und die
  Hebe deiner Hand,
sondern vor Seinem deines Gottes Antlitz sollst du es essen,
an dem Ort, den Er dein Gott erwählen wird,
du, dein Sohn, deine Tochter, dein Knecht, deine Magd, und
  der Lewit, der in deinen Toren ist,
freuen sollst du dich vor Seinem deines Gottes Antlitz an allem,
  was deine Hand beschickt hat. –
Wahre dich, daß du etwa verließest den Lewiten, all deine
  Tage auf deinem Boden.

Wenn ER dein Gott deine Gemarkung weitet, wie er dir ge-
    redet hat,
du sprichst: Ich möchte Fleisch essen, –
denn deine Seele lüstet, Fleisch zu essen, –
nach aller Lust deiner Seele magst du Fleisch essen.
Wenn dir zu fern ist der Ort, den ER dein Gott wählt, seinen
    Namen dort einzusetzen,
magst du schlachten von deinem Pflugtier und von deinem
    Kleinvieh, das ER dir gab, wie ich dir geboten habe,
essen in deinen Toren nach aller Lust deiner Seele,
nur eben wie man die Gazelle und den Hirsch ißt, so magst du
    es essen,
der Maklige und der Reine mitsammen mögen es essen.
Jedoch bleibe stark, keinesfalls das Blut zu essen,
denn das Blut ist die Seele,
du sollst nicht die Seele mit dem Fleische essen,
iß es nicht, auf die Erde schütte es wie Wasser,
iß es nicht, damits dir und deinen Söhnen nach dir gut ergehe,
    weil du das in SEINEN Augen Gerade getan hast.
Jedoch deine Darheiligungen, die dir obliegen werden, und
    deine Gelübde
sollst du aufladen, sollst kommen zu dem Ort, den ER wählen
    wird,
du sollst deine Darhöhungen bereiten lassen, das Fleisch und
    das Blut,
an SEINER deines Gottes Schlachtstatt,
auch das Blut deiner Schlachtmahle werde an SEINE deines
    Gottes Schlachtstatt geschüttet,
aber das Fleisch magst du essen.
Wahre und höre all diese Reden, die ich dir gebiete,
damits dir und deinen Söhnen nach dir auf Weltzeit gut er-
    gehe,
weil du das in SEINEN deines Gottes Augen Gute und Gerade
    getan hast.

Wenn ER dein Gott vor dir her die Stämme ausgerottet hat,
    wohin du kommst, sie zu enterben,
du hast sie beerbt, hast ihr Land besetzt,
wahre dich!

du möchtest sonst ihnen nach verstrickt werden, nachdem sie
   vor dir her ausgetilgt worden sind,
und du möchtest sonst umsuchen ihre Götter,
sprechend: Wie dienten diese Stämme ihren Göttern?
und: So will auch ich tun!
Nicht sollst du so tun, IHM deinem Gott,
denn alles, was IHM ein Greuel ist, den er haßt, haben sie ihren
   Göttern getan,
denn sogar ihre Söhne und ihre Töchter verbrannten sie im
   Feuer ihren Göttern.

Alle Rede, die ich euch gebiete, wahrt sie im Tun,
füge nichts hinzu,
streiche nichts davon!

Wenn in deinem Innern ein Künder sich erhebt oder ein
   Träumer von Träumen
– angab er dir ein Zeichen oder einen Erweis,
und das Zeichen trat ein und der Erweis, wovon er dir geredet hat –,
sprechend: Wir wollen hergehn hinter andern Göttern – von
   denen du nichts weißt – und ihnen dienen,
höre nicht auf die Rede jenes Künders oder auf jenen Träumer von Träumen,
denn ER euer Gott prüft euch,
zu wissen, ob wirklich ihr IHN euren Gott mit all eurem Herzen, mit all eurer Seele liebt.
IHM eurem Gott gehet nach, ihn fürchtet,
seine Gebote wahrt, auf seine Stimme hört,
ihm dienet und haftet an ihm!
Jener Künder aber oder jener Träumer von Träumen muß
   sterben,
denn Abwendiges hat er geredet von IHM eurem Gott
– der aus dem Land Ägypten euch führte, aus dem Haus der
   Dienstbarkeit dich abgalt –,
dich abzusprengen vom Weg, darin ER dein Gott dir zu gehen
   gebot:
merzen sollst du das Böse aus deinem Innern!

Wenn dein Bruder, der Sohn deiner Mutter, oder dein Sohn
   oder deine Tochter, oder das Weib deines Busens, oder dein
   Genoß, der dir ist wie deine Seele, dich lockt insgeheim,
sprechend: Wir wollen gehn und anderen Göttern dienen
– von denen du nicht wußtest, du und deine Väter,
aus den Göttern der Völker, die rings um euch sind, der dir
   nahen oder der dir fernen,
vom Rand des Erdreichs bis zum Rand des Erdreichs –,
willfahre ihm nicht, höre nicht auf ihn,
nicht soll dein Auge sein schonen, nicht sollst du ihn bedauern,
   nicht verhüllen,
sondern umbringen sollst du, umbringen ihn,
deine Hand sei zuerst wider ihn, ihn sterben zu lassen, die
   Hand alles Volkes danach,
bewirf ihn mit Steinen, daß er sterbe,
denn er hat dich abzusprengen getrachtet von IHM deinem
   Gott hinweg,
der dich aus dem Land Ägypten führte, aus dem Haus der
   Dienstbarkeit:
alles Jisrael, hören sollen sies und sich fürchten,
und nicht soll mans wiederholen zu tun dieser bösen Sache
   gleich in deinem Innern.

Wenn du sprechen hörst,
in einer deiner Städte, die ER dein Gott dir gibt, dort zu siedeln,
seien Männer aus deinem Innern aufgekommen, ruchlose
   Buben,
sie hätten die Insassen der Stadt abgesprengt,
sprechend: Wir wollen gehn und andern Göttern dienen – von
   denen ihr nicht wußtet –,
nachsuche, nachforsche, nachfrage gut,
und wohl, getreu war, begründet der Sachbericht, getan wurde dieser Greuel in deinem Innern:
schlage, erschlage die Insassen jener Stadt, mit der Schneide
   des Schwerts,
banne sie und alle, die in ihr sind, und ihr Vieh, mit der Schneide
   des Schwerts,
all ihren Plunder häufe mitten auf ihren Marktplatz

verbrenne im Feuer die Stadt und all ihren Plunder
als ein Ganzes IHM deinem Gott,
sie bleibe ein Schutthügel in Weltzeit, nicht werde sie wieder
    erbaut,
und nicht hafte irgendwas vom Banngut an deiner Hand.
Damit ER vom Entflammen seines Zorns umkehre, dir Erbarmen spende,
sich dein erbarme, dich mehre, wie er deinen Vätern zuschwor:
wenn du auf SEINE deines Gottes Stimme hörst,
all seine Gebote, die ich heuttags dir gebiete, zu wahren,
das in SEINEN deines Gottes Augen Gerade zu tun.

Söhne seid ihr IHM eurem Gott!
Zerfurchet euch nicht und legt nicht eine Glatze zwischen
    euren Augen an um einen Toten.
Denn ein heiliges Volk bist du
IHM deinem Gott,
dich erwählte ER, ihm ein Sonderguts-Volk zu sein,
aus allen Völkern, die auf der Fläche des Erdbodens sind.

Du sollst allerart Greuel nicht essen.
Dies ist das Getier, das ihr essen dürft:
Rind, Schmalvieh an Schafen und Schmalvieh an Ziegen,
Hirsch, Gazelle, Damwild,
Steinbock, Antilope, Steppenkuh, Bergziege.
Allerart Tier hufbehuft, spaltdurchspalten zu zwei Hufen, und
    Gekäuaufholendes unter dem Getier, das dürft ihr essen.
Jedoch dieses dürft ihr nicht essen von Gekäuaufholenden und
    Spalthufbehuften:
das Kamel, den Hasen und den Klippdachs,
denn wohl sind sie Gekäuaufholende, aber den Huf haben sie
    nicht durchhuft, maklig sind sie euch,
und das Schwein,
denn wohl hat es den Huf durchhuft, aber da ist nicht Gekäu,
    maklig ist es euch;
von ihrem Fleisch dürft ihr nicht essen, ihr Gefallnes dürft ihr
    nicht berühren.
Dieses dürft ihr essen von allem, was im Wasser ist:

alles, was Flosse und Schuppe hat, dürft ihr essen,

aber alles, was keine Flosse und Schuppe hat, dürft ihr nicht
　　essen, maklig ist es euch.

Allerart reinen Vogel dürft ihr essen;

und dies ist, was ihr von ihnen nicht essen dürft:

den Aar, den Beinbrecher, den Bartadler,

den Milan, den Weih, den Geier nach seiner Artung,

alles Rabenvolk nach seiner Artung,

den Strauß, den Kukuk, die Möve,

den Falken nach seiner Artung,

den Kauz, die Ohreneule, den Uhu,

die Dohle, den Erdgeier, den Kormoran,

den Storch, den Reiher nach seiner Artung,

den Wiedehopf, die Fledermaus,

Auch alles geflügelte Gewimmel, maklig ist es euch, sie dürfen
　　nicht gegessen werden,

Alles reine Geflügelte dürft ihr essen.

Ihr dürft allerart Gefallnes nicht essen,

dem Gastsassen, der in deinen Toren ist, magst du es geben, daß
　　er es esse, oder verkaufe es einem Fremdländer,

denn ein heiliges Volk bist du IHM deinem Gott.

Koche nicht ein Böcklein in der Milch seiner Mutter.

Zehnten sollst, verzehnten du allen Ertrag deiner Saat,

was Jahr um Jahr vom Feld hereinfährt,

essen sollst du vor SEINEM deines Gottes Antlitz,

an dem Ort, den er wählt, seinen Namen dort einwohnen zu
　　lassen,

den Zehnten deines Korns, deines Mosts, deines Ausbruchöls,

die Erstlinge deines Pflugtiers und deines Kleinviehs:

damit du lernst, IHN deinen Gott zu fürchten alle Tage.

Wenn dir aber zu viel ist des Wegs,

wenn du es nicht hinzubringen vermagst, –

wenn also zu fern für dich ist der Ort, den ER dein Gott wählt
　　seinen Namen dort einzusetzen,

wenn also ER dein Gott dich gesegnet hat:

gibs hin für Geld, verschnüre das Geld in deine Hand,

geh an den Ort, den ER dein Gott erwählt,

gib das Geld aus für alles, wonach deine Seele lüstet,
für Pflugtier, für Kleinvieh, für Wein, für Rauschsaft,
für alles, was deine Seele von dir verlangt,
iß dort vor SEINEM deines Gottes Antlitz,
freue dich, du und dein Haus,
und der Lewit, der in deinen Toren ist, ihn verlasse nicht,
denn kein Teil und Eigentum hat er neben dir.

Gegen Ende von je drei Jahren tue heraus allen Zehnten deines
    Ertrags in diesem Jahr,
lege ihn nieder in deinen Toren:
es komme der Lewit, denn kein Teil und Eigentum hat er
    neben dir,
und der Gastsasse, und die Waise und die Witwe, die in deinen
    Toren sind,
sie mögen essen, mögen ersatten,
damit ER dein Gott dich segne in allem Tun deiner Hand, das
    du tust.

Am Ende von je sieben Jahren sollst du Ablockerung machen.
Dies ist die Sache der Ablockerung:
Ablockern soll jeder Schuldherr den Borg seiner Hand, den er
    seinem Genossen borgte:
nicht mehr darf er eintreiben bei seinem Genossen, seinem
    Bruder,
denn ausgerufen hat man Ablockerung IHM.
Bei dem Fremdländer magst du eintreiben,
aber was du bei deinem Bruder hast, das lasse locker deine
    Hand.
Freilich sollte unter dir ja kein Dürftiger sein,
denn segnen wird, segnen ER dich in dem Land, das ER dein
    Gott dir als Eigentum gibt, es zu ererben,
hörst du nur, hörst auf SEINE deines Gottes Stimme,
tätig zu wahren all dieses Gebot, das ich heuttags dir gebiete.
Denn ER dein Gott segnet dich, wie er dir geredet hat,
du magst vielen Stämmen pfandleihen und du selber brauchst
    nicht zu verpfänden,
du darfst vielen Stämmen obwalten und sie obwalten dir
    nicht.

Wenn unter dir ein Dürftiger sein wird,
irgendeiner deiner Brüder, in einem deiner Tore,
in deinem Land, das Er dein Gott dir gibt,
verfestige nicht dein Herz,
verschließe nicht deine Hand
deinem dürftigen Bruder,
nein, öffnen sollst, öffnen du ihm deine Hand,
leihen sollst, leihen du ihm
genug seinem Mangel, worans ihm eben ermangelt.
Wahre dich!
leicht möchte in deinem Herzen Rede aufkommen, Ruch-
    losigkeit,
ein Sprechen: Das Siebenerjahr, das Jahr der Ablockerung
    naht, –
und erbosen möchte sich dein Auge gegen deinen dürftigen
    Bruder,
daß du ihm nichts gebest
und er über dich zu Ihm rufe
und Sünde an dir sei!
Geben sollst, geben du ihm,
und nicht erbose sich dein Herz, wann du ihm gibst,
denn um dieser Sache willen wird Er dein Gott dich segnen
in all deinem Tun, in aller Beschickung deiner Hand.
Denn nicht werden Dürftige aufhören im Innern des Landes,
darum gebiete ich dir, sprechend: Öffnen sollst, öffnen deine
    Hand du
deinem Bruder, deinem Gebeugten, deinem Dürftigen, in dei-
    nem Land!

Wenn dein Bruder sich dir verkauft, der Ebräer, oder die
    Ebräerin,
soll er dir sechs Jahre dienen,
im siebenten Jahr schicke ihn geledigt von dir weg.
Wenn du ihn dann geledigt von dir weg schickst, schicke ihn
    nicht lohnleer,
anhalse ihm Halsangebind:
von deinem Kleinvieh, von deiner Tenne, von deiner Kufe,
womit Er dein Gott dich gesegnet hat, sollst du ihm
    geben.

Gedenke, daß du Dienstknecht warst im Lande Ägypten,
dich abgegolten hat ER dein Gott,
darum gebiete ich dir heuttags diese Sache.
Es sei aber,
wenn er zu dir spricht: Ich will nicht ausgehn weg von dir,
denn er liebt dich und dein Haus, denn gut ist ihm bei dir,
nimm den Pfriem, gib den in sein Ohr und in die Tür,
er sei dir dienstbar in die Zeit.
Auch deiner Magd sollst du so tun.
Nicht sei das, wann du ihn geledigt von dir weg schickst, hart
    in deinen Augen,
denn das Doppelte vom Lohn eines Löhners hat er dir sechs
    Jahre erdient.
Segnen wird dich ER dein Gott in allem, was du tust.

Alles Erstlingtum, das unter deinem Pflugtier und unter dei-
    nem Kleinvieh geboren wird, das Männliche, zuheilige IHM
    deinem Gott:
nimm nicht den Erstling deines Rinds in Dienst, schere nicht
    den Erstling deines Kleinviehs,
vor SEINEM deines Gottes Antlitz sollst dus Jahr um Jahr essen
    an dem Ort, den ER wählt, du und dein Haus.
Wenn aber daran ein Gebrest ist, es sei lahm oder blind, aller-
    art böses Gebrest,
sollst du es IHM deinem Gott nicht schlachten,
in deinen Toren magst du es essen, der Maklige und der Reine
    mitsammen, wie die Gazelle und wie den Hirsch.
Jedoch sein Blut darfst du nicht essen, auf die Erde schütte es
    wie Wasser.

Wahre die Mondneuung des Ährentreibens,
ein Übersprungsfest mache IHM deinem Gott,
denn in der Neuung des Ährentreibens, nachts, hat ER dein
    Gott dich aus Ägypten geführt.
Schlachte IHM deinem Gott ein Übersprungsmahl, Kleinvieh
    und Pflugtier,
an dem Ort, den ER wählt, seinen Namen dort einwohnen zu
    lassen.
Iß nicht dazu Gesäuertes,

ein Tagsiebent dazu noch sollst du Fladen essen, Notstands-
brot,
denn in Hast bist du aus dem Land Ägypten gefahren:
damit du des Tags deiner Ausfahrt vom Land Ägypten alle
Tage deines Lebens gedenkest;
Gäre sei bei dir nicht zu sehn in all deiner Gemarkung ein Tagsiebent.
Nicht nachte vom Fleisch, das du am Abend, am ersten Tag
schlachtest, bis zum Morgen.
Nicht kannst du das Übersprungsmahl schlachten in irgendeinem deiner Tore, die ER dein Gott dir gibt,
sondern nach dem Ort hin, den ER dein Gott wählt, seinen Namen dort einwohnen zu lassen –
dort sollst du das Übersprungsmahl schlachten am Abend,
beim Eingehn der Sonne,
zur Gezeit deiner Ausfahrt von Ägypten.
Du sollst es brühen, es essen an dem Ort, den ER dein Gott
erwählt,
am Morgen magst du dich wenden, magst zu deinen Zelten
ziehen.
Ein Tagsechst sollst du Fladen essen,
und am siebenten Tag ist Einbehaltung IHM deinem Gott, Arbeit sollst du nicht machen.

Sieben Wochen zähle dir,
vom Ansetzen einer Sichel an den Halm setze an, sieben Wochen zu zählen:
mache das Fest der Wochen IHM deinem Gott
mit der Pflichtwilligung deiner Hand, die du gibst,
je nachdem ER dein Gott dich gesegnet hat,
freue dich vor SEINEM deines Gottes Antlitz,
du, dein Sohn, deine Tochter, dein Knecht, deine Magd,
der Lewit, der in deinen Toren ist, der Gastsasse, die Waise und
die Witwe, die bei dir drinnen sind,
an dem Ort, den ER dein Gott wählt, seinen Namen dort einwohnen zu lassen:
gedenke, daß du Knecht warst in Ägypten: wahre, tue diese
Gesetze!

Das Fest der Hütten mache dir ein Tagsiebent,
wann du heimsest von deiner Tenne und von deiner Kufe,
freue dich an deinem Fest,
du, dein Sohn, deine Tochter, dein Knecht, deine Magd,
der Lewit und der Gastsasse, die Waise und die Witwe, die in
deinen Toren sind,
ein Tagsiebent rundreihe IHM deinem Gott an dem Ort, den
ER wählt,
denn ER dein Gott wird dich segnen in all deinem Ertrag und
in allem Tun deiner Hände, –
sei nur froh!

Dreifach im Jahr lasse all dein Mannsvolk sich sehn vor
SEINEM deines Gottes Antlitz an dem Ort, den er wählt,
am Fest der Fladen, am Fest der Wochen, am Fest der Hütten.
Nicht soll man spendenleer sich vor SEINEM Antlitz sehen
lassen:
jeder nach der Gabe seiner Hand, nach dem Segen, den ER dein
Gott dir gab.

Richter und Rollenführer sollst du dir geben in all deinen
Toren, die ER dein Gott dir gibt, nach deinen Zweigen,
sie sollen das Volk richten, Wahrspruchs Gericht.

Du sollst einen Rechtsgang nicht beugen,
du sollst Ansehn nicht betrachten,
du sollst Bestechung nicht annehmen,
denn die Bestechung blendet die Augen der Weisen, sie verdreht die Reden der Bewährten.

Dem Wahrspruch, dem Wahrspruch jage nach,
damit du lebest, du das Land ererbest, das ER dein Gott dir
gibt!

Pflanze dir nicht einen Pfahlbaum, allerart Holz,
neben SEINE deines Gottes Schlachtstatt, die du dir machen
wirst,
aufrichte dir nicht ein Standmal, das ER dein Gott haßt.

Schlachte nicht IHM deinem Gott einen Ochsen oder ein
Lamm, daran ein Gebrest ist, irgendeine böse Sache,

denn Iʜᴍ deinem Gott ists ein Greuel.

Wenn in deinem Innern, in einem deiner Tore, die Eʀ dein
Gott dir gibt, gefunden wird, Mann oder Weib,
der das in Sᴇɪɴᴇɴ deines Gottes Augen Böse tut, seinen Bund
zu überschreiten,
geht hin, dient andern Göttern, neigt sich ihnen,
der Sonne oder dem Mond oder aller Schar des Himmels,
was nicht zu üben ich geboten habe,
gemeldet wirds dir und du hörst es,
untersuche gut,
und ja, getreu war, begründet der Sachbericht, getan wurde
dieser Greuel in Jiſsrael:
führe jenen Mann oder jenes Weib, die diese böse Sache taten,
an deine Tore,
den Mann oder das Weib,
bewirf sie mit Steinen, daß sie sterben.
Auf zweier Zeugen oder dreier Zeugen Mund sterbe, der sterben muß,
nicht soll er auf eines einzigen Zeugen Mund sterben.
Die Hand der Zeugen sei zuerst wider ihn, ihn sterben zu
lassen, die Hand alles Volkes danach.
Merzen sollst du das Böse aus deinem Innern!

Wenn eine Sache deiner Rechtsfindung entrückt ist
zwischen Blut und Blut, zwischen Urteil und Urteil, zwischen
Schaden und Schaden, Streitsachen in deinen Toren,
mache dich auf, zieh empor zu dem Ort, den Eʀ dein Gott
erwählt,
komm zu den Priestern, den lewitischen, und zu dem Richter, der es in jenen Tagen sein wird,
suche an, sie sollen dir den Sachentscheid des Rechtes melden.
Tue nach dem Geheiß des Sachentscheids, den sie dir von
jenem Ort, den Eʀ wählt, melden werden,
bewahrs, zu tun, allwie sie dirs weisen:
nach dem Geheiß der Weisung, die sie dir weisen,
nach der Rechtsfindung, die sie dir zusprechen,
sollst du tun,

nicht weiche vom Sachentscheid, den sie dir melden, rechts
oder links.

Der Mann aber, der in Vermessenheit täte,

ohne auf den Priester zu hören, der dasteht, dort I H M deinem
Gott zu amten, oder auf den Richter,

jener Mann sterbe,

merzen sollst du das Böse aus Jifsrael!

Und alles Volk, mögen sies hören und sich fürchten und hinfort nicht mehr sich vermessen.

Wenn du in das Land kommst, das E R dein Gott dir gibt, es
ererbst, darin siedelst,

du sprichst: Ich will einen König über mich setzen, wie all die
Stämme, die rings um mich sind,

setze, einsetze über dich einen König, den E R dein Gott erwählt,

aus dem Kreis deiner Brüder sollst du einen König über dich
setzen,

nicht kannst du einen fremdländischen Mann über dich geben,
der nicht dein Bruder ist.

Nur: er soll sich nicht Rosse mehren, daß er nicht das Volk
ägyptenwärts kehre, zum Zweck der Mehrung von Roßmacht,

hat E R doch zu euch gesprochen: Ihr sollt hinfort nicht wieder
auf diesen Weg kehren!

Auch mehre er sich Weiber nicht, daß sein Herz nicht ab-
weiche,

und Silber und Gold mehre er sich nicht überviel.

Es sei:

sowie er sich auf den Thron seines Königtums niederließ,

schreibe er sich den Doppel dieser Weisung auf ein Buch aus
dem unter der Aufsicht der Priester, der lewitischen,

das sei nun bei ihm,

er lese darin alle Tage seines Lebens,

damit er lerne,

I H N seinen Gott zu fürchten,

zu wahren alle Reden dieser Weisung und diese Gesetze, sie zu
tun,

daß keinesfalls sein Herz sich seinen Brüdern enthebe

und daß er keinesfalls dem Gebot entweiche rechts oder links,
damit er Tage längre auf seinem Königtum,
er und seine Söhne,
im Innern Jiſsraels.

Den Priestern, den lewitischen, allem Zweig Lewi werde nicht
   Teil und Eigentum mit Jiſsrael:
SEINE Feuerspenden und das ihm Zugeeignete sollen sie verzehren,
aber Eigentum werde ihm nicht im Kreis seiner Brüder,
ER ist sein Eigentum, wie er ihm geredet hat.
Und dies ist die Gerechtsame der Priester vom Volk aus:
von denen, die Schlachtung schlachten, seis Ochs, seis Lamm,
gebe man dem Priester den Bug, die Kinnbacken und den
   Magen;
den Anfang deines Korns, deines Mosts und deines Ausbruchöls, den Anfang deiner Schafschur sollst du ihm geben.
Denn ihn hat ER dein Gott aus all deinen Zweigen erwählt,
zu stehen, mit SEINEM Namen zu amten, er und seine Söhne,
   alle Tage.
Und wenn der Lewit aus einem deiner Tore, aus allem Jiſsrael,
   wo er gastet, kommt
– er mag nach aller Lust seiner Seele kommen –
zu dem Ort, den ER wählen wird,
amte er mit SEINEM seines Gottes Namen wie alle seine Brüder,
   die Lewiten, die dort vor SEINEM Antlitz stehen,
Teil wie Teil sollen sie verzehren, ungeachtet seines Verkaufs-
   erlöses durch sein Väterliches.

Wenn du in das Land kommst, das ER dein Gott dir gibt,
lerne nicht den Greueln jener Stämme gleichtun!
Nicht werde unter dir gefunden
einer, der seinen Sohn oder seine Tochter durchs Feuer dar-
   führt,
einer, der Wahrsagung sagt,
ein Tagwähler, ein Erahner, ein Zauberer,
einer, der Haftbann heftet,
einer, der Elb und Wisserischen befragt,
einer, der die Toten beforscht,

denn IHM ein Greuel ist alljeder, der dies tut,
um dieser Greuel willen enterbt ER dein Gott sie vor dir her.
Ganz sollst du mit IHM deinem Gotte sein!
Denn diese Stämme, die du nun beerbst, auf Tagwähler, auf
 Wahrsager hören sie,
du aber, so nicht hat ER dein Gott dirs gegeben:
einen Künder jeweils gleich mir wird ER dein Gott dir aus
 deinem Innern, aus deinen Brüdern erstehen lassen,
auf ihn sollt ihr hören.
Allwie dus von IHM deinem Gott am Choreb am Tag des Gesamtrings erbatest,
sprechend: Nicht will ich weiter SEINE meines Gottes Stimme
 hören,
nicht will ich mehr dieses große Feuer sehen,
daß ich nicht sterbe!
Da sprach er zu mir: Gut sagten sie alles, was sie geredet haben,
jeweils einen Künder will ich ihnen aus dem Innenkreis ihrer
 Brüder erstehen lassen gleich dir,
ich will meine Reden in seinen Mund geben,
daß er zu ihnen rede alles, was ich ihm gebiete.
Es wird geschehn,
der Mann, der auf meine Reden nicht hört, die er mit meinem
 Namen reden wird, ich selber wills von ihm abfordern.
Jedoch der Künder, der sich vermißt, als eine Rede mit meinem Namen zu reden, was ich ihm zu reden nicht geboten
 habe,
oder der mit dem Namen anderer Götter redet,
jener Künder sterbe.
Wenn du aber in deinem Herzen sprichst: Wie sollen wir
 wissen, welche Rede nicht ER geredet hat? –
welches der Künder mit SEINEM Namen redet und die Rede
 geschieht nicht, sie tritt nicht ein,
das ist die Rede, die ER nicht geredet hat,
in Vermessenheit hat sie der Künder geredet, bange nicht vor
 ihm.

Wenn ER dein Gott die Stämme ausrottet, deren Land ER dein
 Gott dir gibt,

du beerbst sie, siedelst in ihren Städten, in ihren Häusern,

sollst du drei Städte dir ausscheiden, inmitten deines Landes,
das ER dein Gott dir gibt es zu ererben,

richte dir das Wegnetz ein, drittle die Gemarkung deines
Landes, das ER dein Gott dir zueignet.

Das soll geschehn, damit alljeder Mördergewordne dorthin
fliehen könne.

Dies aber ist die Sache des Mörders, der dorthin fliehn darf,
der leben bleibt:

wer seinen Genossen erschlägt ohne Wissen – er war ihm nicht
Hasser von vortags und ehgestern –

wer etwa mit seinem Genossen in den Wald kommt, Holz zu
fällen,

seine Hand zückt die Axt, das Holz zu roden,

das Eisen streift ab vom Stielholz,

es trifft seinen Genossen, daß er stirbt,

der soll in eine dieser Städte fliehen und dort leben bleiben:

sonst würde der Bluteinlöser dem Mörder nachjagen, dieweil
sein Herz erhitzt ist,

ihn erreichen, weil des Wegs viel wäre, ihn am Leben schlagen,

und ist doch kein Rechtspruch auf Tod gegen ihn, weil er
nicht von vortags und ehgestern ihm Hasser war.

Darum gebiete ich dir, sprechend: Drei Städte sollst du dir
ausscheiden.

Und weitet ER dein Gott deine Gemarkung, wie er deinen
Vätern zuschwor,

gibt dir all das Land, das zu geben er deinen Vätern geredet
hat,

weil du all dieses Gebot gewahrt hast, es zu tun, wie ich heuttags dir gebiete,

IHN deinen Gott zu lieben, in seinen Wegen alle Tage zu gehn,

setze dir noch drei Städte hinzu, über diese drei:

daß nicht unsträfliches Blut vergossen werde

im Innern deines Landes, das ER dein Gott dir als Eigentum
gibt,

daß Blutlast auf dir sei.

Wenn aber ein Mann seinem Genossen ein Hasser war,

lauert ihm auf, steht wider ihn, schlägt ihn am Leben, daß er
  stirbt,
flieht er nach einer dieser Städte,
sollen die Ältesten seiner Stadt schicken, ihn von dort holen,
sollen ihn in die Hand des Bluteinlösers geben, daß er sterbe:
nicht schone sein dein Auge,
merzen aus Jifsrael sollst du das unsträfliche Blut, daß dirs gut
  ergehe.

Verschiebe nicht den Markrain deines Genossen, den die Frühern abgemarkt haben,
in deinem Eigentum, das du eineignest in dem Land, das ER
  dein Gott dir gibt es zu ererben.

Nicht besteht ein einzelner Zeuge gegen jemand
um allerart Fehl, um allerart Versündigung,
bei aller Sünde, die er gesündigt habe,
auf zweier Zeugen Mund oder auf dreier Zeugen Mund soll
  ein Sachentscheid stehn.

Wenn ein Unbillzeuge aufsteht gegen jemand, Abwendiges
  gegen ihn auszusagen,
die beiden Männer, welche den Streit haben, erheben sich vor
  SEINEM Antlitz,
vor dem Antlitz der Priester und der Richter, die es in jenen
  Tagen sein werden,
die Priester untersuchen gut,
und da, ein Lügenzeuge ist der Zeuge, Lüge hat gegen seinen
  Bruder er ausgesagt:
sollt ihr ihm tun, wie seinem Bruder er zu tun gesonnen war,
merzen sollst du das Böse aus deinem Innern!
Die Übrigen aber sollens hören, sollen sich fürchten,
nicht weiter fortfahren dieser bösen Sache gleichzutun in deinem Innern.
Dein Auge soll nicht schonen:
Leben um Leben, – Auge um Auge, Zahn um Zahn, Hand
  um Hand, Fuß um Fuß.

Wenn du ausfährst zum Krieg wider deine Feinde
siehst Roßmacht und Fahrzeug, Volks mehr als du,

fürchte dich nicht vor ihnen,

denn Er dein Gott ist bei dir, der dich heraufbrachte aus dem
  Land Ägypten.

Es soll geschehn,

wann ihr zum Kriege hinnaht,

trete der Priester vor, er rede zum Volk,

er spreche zu ihnen:

Höre Jiſsrael,

ihr nahet heut zum Krieg wider eure Feinde,

nimmer werde weich euer Herz,

fürchtet euch nimmer, sorget euch nimmer, ängstet euch
  nimmer vor ihnen,

denn Er euer Gott ists, der bei euch einhergeht,

für euch mit euren Feinden zu kriegen,

euch zu befreien.

Reden sollen die Rollenführer zum Volke, den Spruch:

Wer ist der Mann, der ein neues Haus baute und hat es nicht
  gerüstet?

er gehe, er kehre in sein Haus zurück,

sonst könnte er im Kriege sterben und ein andrer Mann würde
  es rüsten!

Und wer ist der Mann, der einen Rebgarten pflanzte und
  hat ihn nicht preisgemacht?

er gehe, er kehre in sein Haus zurück,

sonst könnte er im Kriege sterben und ein andrer Mann würde
  ihn preismachen!

Und wer ist der Mann, der ein Weib sich verlobte und holte
  sie nicht?

er gehe, er kehre in sein Haus zurück,

sonst könnte er im Kriege sterben und ein andrer Mann würde
  sie holen!

Fortfahren sollen die Rollenführer zum Volke zu reden, sie
  sollen sprechen:

Wer ist der Mann, der furchtsam und weichen Herzens ist,

er gehe, er kehre in sein Haus zurück,

nicht schmelze er das Herz seiner Brüder, seinem Herzen
  gleich!

Es soll geschehn:

sowie die Rollenführer geendet haben zum Volk zu reden,

sollen Obre der Scharen dem Volk zu Häupten Einordnung
halten.

Wenn du einer Stadt nahst, sie zu bekriegen,
rufe sie an: Zum Frieden!
Es soll geschehn,
antwortet sie dir: Frieden! sie öffnet dir,
seis, alles Volk, das sich in ihr findet, seien dir pflichtig, sie
sollen dir dienen.
Befriedet sie sich dir aber nicht,
macht sie Krieg mit dir, du engst sie ein,
Er dein Gott gibt sie in deine Hand,
dann sollst du all ihr Männliches schlagen, mit der Schneide
des Schwerts,
jedoch die Weiber, die Kleinen und das Vieh und alles, was in
der Stadt ist, all ihr Plündergut, sollst du dir erbeuten,
sollst das Plündergut deiner Feinde genießen, das Er dein Gott
dir gibt.
So tue allen Städten, sehr entfernt von dir, die nicht von den
Städten dieser Stämme sind,
jedoch von den Städten dieser Völker, die Er dein Gott dir als
Eigentum gibt, sollst du keinen Hauch leben lassen,
nein, Bannes sollst du sie bannen: den Chetiter, den Amoriter,
den Kanaaniter, den Prisiter, den Chiwwiter und den Jebuſsiter, wie Er dein Gott dir gebot.
dies, damit sie nicht all ihren Greuel, die sie ihren Göttern
taten, euch gleichtun lehren, ihr Ihm eurem Gott euch versündigt.

Wenn du eine Stadt viele Tage einengst, sie zu bekriegen, um
dich ihrer zu bemächtigen,
verdirb nicht ihren Baumstand,
eine Axt gegen ihn zu zücken,
denn von ihm sollst du genießen, du sollst ihn nicht roden:
denn ist der Baum des Feldes ein Mensch, daß er vor dir in die
Einengung käme?
Bloß einen Baum, von dem du weißt, daß er nicht ein Baum
zu Genusse ist,
den magst du verderben, roden,

magst Einengungswerk bauen gegen die Stadt, die Krieg mit
  dir macht,
bis sie sinkt.

Wenn ein Durchbohrter gefunden wird auf dem Boden, den
  ER dein Gott dir gibt, ihn zu ererben,
auf dem Feld gefallen, man weiß nicht wer ihn erschlug,
sollen deine Ältesten und deine Richter ausgehn,
sie sollen abmessen zu den Städten, die rings um den Durchbohrten sind.
Es soll geschehn:
die Stadt, die zu dem Durchbohrten die nächste ist,
die Ältesten jener Stadt sollen eine Kalbe von dem Pflugvieh
  nehmen, die man noch nicht in Dienst tat, die noch nicht an
  einem Joch zog,
hinabführen sollen die Ältesten jener Stadt die Kalbe zu einem urständigen Bachgrund, dessen man sich nicht bedient:
  er wird nicht besät,
sie sollen dort die Kalbe im Bachgrund genicken.
Es sollen die Priester, die Söhne Lewis, herzutreten,
denn sie hat ER dein Gott erwählt, ihm zu amten und mit
  SEINEM Namen zu segnen, und nach ihrem Mund geschieht
  bei allem Streit und allem Schaden,
und alle Ältesten jener Stadt, als die zu dem Durchbohrten die
  Nächsten sind, sollen ihre Hände über der im Bachgrund
  genickten Kalbe baden,
sie sollen wechselsagen, sollen sprechen:
– Unsre Hände haben dieses Blut nicht vergossen,
unsre Augen haben es nicht gesehn!
– Bedecke deinem Volk Jifsrael, das du abgaltest, DU,
gib nimmer unsträfliches Blut in den Innenkreis deines Volkes
  Jifsrael!
Bedeckt wird ihnen das Blut.
Selber du sollst das unsträfliche Blut aus deinem Innenkreis
  merzen,
denn du sollst das in SEINEN Augen Gerade tun.

Wenn du ausfährst zum Krieg wider deine Feinde,
ER dein Gott gibt ihn in deine Hand,

du fängst ihm Gefangene ab,
du siehst unter dem Fang ein Weib schön von Gestalt,
du hängst dich an sie, willst zum Weib sie dir neh-
    men,
laß sie in den Binnenraum deines Hauses kommen,
sie beschere ihr Haupt, sie mache ihre Nägel zurecht,
sie tue das Tuch ihrer Gefangenschaft von sich ab,
sie sitze in deinem Haus, sie weine um ihren Vater und ihre
    Mutter einen Monat an Tagen,
hernach kommst du zu ihr und vermählst dich mit ihr, sie
    wird dir zum Weib.
Es soll aber sein,
hast du nicht mehr Gefallen an ihr,
schicke sie in ihre Selbständigkeit,
Verkaufs um Geld sollst du sie nicht verkaufen,
du sollst nicht mit ihr schalten,
dafür, daß du sie gebeugt hast.

Wenn ein Mann zwei Weiber hat,
die eine geliebt, die andre verhaßt,
sie haben ihm Söhne geboren, die Geliebte und die Ver-
    haßte,
der Erstlingsohn aber ist von der Verhaßten,
seis an dem Tag, wann er seine Söhne eineignet in das, was
    sein ist:
er kann nicht dem Sohn der Geliebten die Erstlingschaft er-
    teilen übers Angesicht des Sohns der Verhaßten, des Erst-
    lings, hinweg,   ,
nein, den Erstling, den Sohn der Verhaßten, muß er anerken-
    nen,
ihm ein Doppelteil zu geben von allem, was sich bei ihm findet,
denn er ist der Anfang seiner Mächtigkeit, sein ist das Recht
    des Erstlingtums.

Wenn ein Mann einen abwendigen und widerspenstigen Sohn
    hat,
ungehorsam der Stimme seines Vaters und der Stimme seiner
    Mutter,
sie züchtigen ihn, aber er gehorcht ihnen nicht,

sollen ihn sein Vater und seine Mutter ergreifen,
sollen ihn hinausführen zu den Ältesten seiner Stadt, zum Tor
    seiner Ortschaft,
sollen zu den Ältesten seiner Stadt sprechen:
Dieser unser Sohn ist ein Abwendiger und Widerspenstiger,
ungehorsam unserer Stimme,
ein Prasser und Zecher!
Dann sollen ihn alle Männer seiner Stadt mit Steinen bewerfen,
    daß er sterbe.
Merzen sollst du das Böse aus deinem Innern!
Und alles Jifsrael, sie sollen es hören und sich fürchten.

Wenn an jemand eine Sünde ist, Rechtspruch auf Tod, er
    wird getötet, du henkst ihn an ein Holz,
übernachte nicht sein Leichnam am Holz,
nein, begraben sollst du ihn an dem selben Tag, begraben,
denn Verwünschung Gottes ist ein Gehenkter:
bemakle nicht deinen Boden, den ER dein Gott dir als Eigen-
    tum gibt!

Nicht sollst du den Ochsen deines Bruders oder sein Lamm
    versprengt sehn und dich davor bergen,
zurück sollst du sie, zurück deinem Bruder bringen,
ist aber nicht nah zu dir dein Bruder oder du weißt ihn nicht,
hols ein in deines Hauses Bezirk, es bleibe bei dir,
bis dein Bruder es sucht, dann gibs ihm zurück,
und so tue seinem Esel, so tue seinem Tuch, so tue allem Ver-
    lust deines Bruders, der ihm verloren ging und du fandest ihn,
du kannst dich nicht bergen.
Nicht sollst du den Esel deines Bruders oder seinen Ochsen am
    Weg gefallen sehn und dich davor bergen,
aufrichten sollst du, aufrichten mit ihm.

Nicht sei Mannsgerät an einem Weib,
nicht kleide sich ein Mann in Weibes Gewandtuch,
denn IHM deinem Gott ein Greuel ist, allwer dieses tut.

Wenn deinem Antlitz unterwegs ein Vogelnest
    begegnet,
an allerart Gehölz oder auf der Erde,

Küchlein oder Eier, die Mutter über den Küchlein oder über
    den Eiern lagernd,
nimm nicht die Mutter über den Jungen,
freischicken sollst du die Mutter, frei, die Jungen magst du dir
    nehmen,
damit dirs gut ergehe, du Tage längerst.

Wenn du ein Haus baust,
mache deinem Dach ein Geländer,
daß du nicht Blutlast auf dein Haus legest, wenn einer von ihm
    fallend sich totfiele.

Nicht zwieartig besäe deinen Rebgarten,
sonst wird verheiligt der Vollwachs: die Saat, die du säst, und
    der Ertrag des Rebgartens.

Pflüge nicht mit Ochs und mit Esel zusammen.

Kleide dich nicht in Mengstoff, Wolle und Flachs zusammen.

Schnüre mache dir an vier Zipfel deiner Umhüllung, in die
    du dich hüllst.

Wenn ein Mann ein Weib nimmt, er kommt zu ihr, und
    dann aber beginnt er sie zu hassen,
er tut ein Ränkespiel in Reden auf gegen sie, bringt einen
    bösen Namen wider sie aus,
er spricht: Dieses Weib habe ich genommen, ich bin ihr ge-
    naht, und nicht habe ich an ihr Jungfernschaft gefunden,
nehme der Vater des Mädchens und ihre Mutter die Jungfern-
    zeichen des Mädchens
sie bringen sie hinaus zu den Ältesten der Stadt ins Tor,
der Vater des Mädchens spreche zu den Alten:
Meine Tochter habe ich diesem Mann zum Weibe gegeben,
    er aber begann sie zu hassen,
und da hat er ein Ränkespiel in Reden aufgetan,
sprechend: Nicht habe ich an deiner Tochter Jungfernschaft
    gefunden, –
dies sind die Jungfernzeichen meiner Tochter!
sie sollen das Tuch vor die Ältesten der Stadt breiten,

nehmen sollen die Ältesten jener Stadt den Mann, sollen ihn
    züchtigen,
sollen ihn büßen um hundert Silbergewicht, es dem Vater des
    Mädchens geben,
denn er hat einen bösen Namen wider eine Jungfrau Jifsraels
    ausgebracht.
Und sie bleibe ihm als Weib, sie fortschicken kann er all seine
    Tage nicht.
War aber getreu jene Rede, war Jungfernschaft an dem Mäd-
    chen nicht gefunden worden,
bringe man das Mädchen hinaus an den Einlaß des Hauses
    ihres Vaters,
mit Steinen bewerfen sollen sie die Männer ihrer Stadt, daß sie
    sterbe,
denn Schande hat sie Jifsrael bereitet, im Haus ihres Vaters zu
    huren.
Merzen sollst du das Böse aus deinem Innern!

Wenn ein Mann gefunden wird bei einem Weibe, das einem
    Gemahl vermählt ist,
sollen sie beide zumal sterben, der Mann, der bei dem Weibe
    lag, und das Weib:
merzen sollst du das Böse aus Jifsrael!
Wenn ein jungfräuliches Mädchen einem Manne verlobt ist,
    ein Mann findet sie in der Stadt, er liegt bei ihr,
sollt ihr beide hinausbringen ans Tor jener Stadt, sollt sie mit
    Steinen bewerfen, daß sie sterben,
das Mädchen deswegen, daß sie in der Stadt nicht schrie,
und den Mann deswegen, daß er seines Genossen Weib beugte:
merzen sollst du das Böse aus deinem Innern!
Findet aber der Mann auf dem Felde das verlobte Mädchen,
    der Mann packt sie, liegt ihr bei,
sterbe der Mann, der ihr beilag, allein,
dem Mädchen sollst du schlechterdings nichts tun, am Mäd-
    chen ist keine Sünde zum Sterben,
denn wie ein Mann wider seinen Genossen aufsteht, sein Leben
    mordet, so ist dieses Ding,
denn im Feld hat er sie gefunden, geschrien hat das verlobte
    Mädchen, aber es war kein Befreier für sie.

Wenn ein Mann ein jungfräuliches Mädchen findet, das nicht
 verlobt ist, ergreift sie, liegt bei ihr, sie werden ausgefun-
 den,
gebe der Mann, der bei ihr lag, dem Vater des Mädchens fünfzig Silbergewicht,
und sie bleibe ihm als Weib, dafür daß er sie gebeugt hat,
all seine Tage kann er sie nicht fortschicken.

Nicht nehme ein Mann das Weib seines Vaters:
nicht mache er seines Vaters Laken bar.

Nicht gehe ein durch Zermalmung Verstümmelter noch ein
 an der Röhre Verschnittener in SEIN Gesamt ein.
Nicht gehe ein Bastard in SEIN Gesamt ein, auch das zehnte
 Geschlecht gehe von ihm nicht in SEIN Gesamt ein.
Nicht gehe ein Ammoniter noch ein Moabiter in SEIN Gesamt
 ein, auch das zehnte Geschlecht gehe von ihnen nicht in
 SEIN Gesamt ein, auf Weltzeit,
deswegen daß jene euch nicht mit Brot und mit Wasser ent-
 gegenkamen auf dem Weg, als ihr aus Ägypten fuhrt,
und daß dieser gegen dich Bilam Sohn Bors aus Ptor in Aram
 dem Zwiestromland dang, dich zu verwünschen,
aber nicht war ER dein Gott gewillt auf Bilam zu hören, ER
 dein Gott wandelte dir die Verwünschung in Segnung,
 denn ER dein Gott liebt dich:
suche nicht ihren Frieden und ihr Wohl, all deine Tage, auf
 Weltzeit.

Graule dich nicht vor einem Edomiter, denn dein Bruder ist
 er.
Graule dich nicht vor einem Ägypter, denn Gast warst du in
 seinem Land.
Kinder, die ihnen geboren werden, das dritte Geschlecht darf
 von ihnen in SEIN Gesamt eingehn.

Wenn du in Heerlager ausziehst wider deine Feinde,
wahre dich vor allerart böser Sache.
Wenn unter dir ein Mann ist, der unrein wurde durch nächtliche Widerfahrnis, verziehe er sich außer Lagers, er gehe
 nicht in den Lagerbezirk ein,

es sei: um die Neige des Abends bade er im Wasser, und
　　beim Eingehn der Sonne gehe er in den Bezirk des Lagers
　　ein.
Und einen Seitenplatz sollst du haben außer Lagers, dorthin
　　magst du dich verziehn nach draußen,
und einen Spaten sollst du haben bei deinem Zeug,
es sei, wenn du draußen hingesessen bist, gräbst du damit und
　　hüllst dein Ausgeschiedenes wieder zu.
Denn ER dein Gott schreitet im Innern deines Lagers einher,
dich zu retten und deine Feinde vor dich hinzugeben,
so sei denn dein Lager heilig,
daß er nicht irgend Blöße an dir sehe und dir den Rücken
　　kehre.

Einen Knecht, der sich von seinem Herrn weg zu dir rettet,
　　sollst du nicht seinem Herrn überliefern,
bei dir sitze er, in deinem Innern, an dem Ort, den er wählt,
　　in einem deiner Tore, wo ihm gut dünkt:
placke ihn nicht!

Nicht sei Weihdirne von den Töchtern Jiſsraels eine,
nicht sei Weihknabe von den Söhnen Jiſsraels einer.
Bringe nicht Hingabelohn einer Hure und Mietpreis eines
　　Hündischen in SEIN deines Gottes Haus, auf allerart Ge-
　　lübde hin,
denn IHM deinem Gott ein Greuel sind beide zumal.

Bezinse nicht deinen Bruder,
Zins von Geld, Zins von Eßware, Zins von allerart Ding, das
　　verzinst wird,
den Fremdländer magst du bezinsen, aber deinen Bruder be-
　　zinse nicht,
damit ER dein Gott dich segne bei aller Beschickung deiner
　　Hand in dem Lande, wohin du kommst es zu ererben.

Wenn du IHM deinem Gott ein Gelübde gelobst, halte nicht
　　zurück es zu erfüllen,
denn suchen, heimsuchen wird ER dein Gott es bei dir, Sünde
　　wird an dir sein.

Wenn du aber zu geloben vermeidest, wird nicht Sünde an dir
 sein.
Was deinen Lippen entfährt, bewahre, tue es,
so wie du IHM deinem Gott in Willigkeit gelobtest, was du
 mit deinem Munde geredet hast.

Wenn du in den Rebgarten deines Genossen kommst, magst
 du Weinbeeren essen nach deiner Seele Lust, dir zu Sättigung,
aber in dein Gerät sollst du nichts geben.
Wenn du an den Halmstand deines Genossen kommst, magst
 du mit deiner Hand Reibähren rupfen,
aber eine Sichel sollst du nicht über den Halm deines Genossen
 schwingen.

Wenn ein Mann ein Weib nimmt, er vermählt sich mit ihr,
 seis:
findet sie nicht Gunst in seinen Augen, weil er an ihr irgend
 Blöße gefunden hat,
er schreibt ihr einen Scheidebrief, er gibts in ihre Hand,
schickt sie fort aus seinem Haus,
sie ist aus seinem Haus gezogen, ist hingegangen, ist eines
 andern Mannes geworden,
der spätre Mann beginnt sie zu hassen, er schreibt ihr einen
 Scheidebrief, gibts in ihre Hand, er schickt sie fort aus seinem Haus,
oder wenn der spätre Mann, der sie zum Weibe nahm, stirbt:
kann ihr erster Eheherr, der sie fortgeschickt hatte, sie nicht
 wieder sich zum Weibe nehmen, nachdem sie ihm bema-
 kelnd wurde,
denn ein Greuel ist das vor SEINEM Antlitz –
du sollst nicht versündigen das Land, das ER dein Gott dir als
 Eigentum gibt.

Wenn ein Mann ein neues Weib nahm, fahre er nicht in der
 Heerschar mit aus,
nichts ergehe über ihn in irgendeinem Beding,
ungestraft gehöre er seinem Haus ein Jahr lang,
er erfreue sein Weib, das er genommen hat.

Nicht beschlagnahme einer ein Mühlsteinpaar oder auch nur
　　den Läufer,
denn den Lebensatem beschlagnahmt der.

Wenn jemand gefunden wird, der ein Wesen, von seinen
　　Brüdern, von den Söhnen Jifsraels, stahl
und hat mit ihm geschaltet und es verkauft,
dieser Stehler soll sterben:
merzen sollst du das Böse aus deinem Innern!

Bewahre dich bei dem Aussatzschaden, wohl zu wahren und
　　zu tun:
was alles euch die Priester, die lewitischen, weisen werden, wie
　　ich ihnen geboten habe, sollt ihr wahren im Tun.
Gedenke, was ER dein Gott an Mirjam tat, auf dem Weg, auf
　　eurer Fahrt aus Ägypten.

Wenn du deinem Genossen Borg, irgenderlei, borgst,
geh nicht ein in sein Haus, sein Pfand abzupfänden,
auf der Straße sollst du stehn,
und der Mann, dem du borgst, bringe das Pfand zu dir auf die
　　Straße heraus.
Ist er aber ein notgebeugter Mann, lege dich nicht nieder mit
　　seinem Pfand,
zurück gib ihm das Pfand, zurück, sowie die Sonne eingeht,
daß er sich in seinem Tuche lege, daß er dich segne,
und dir wirds Bewährung sein vor SEINEM deines Gottes Ant-
　　litz.

Presse nicht einen Löhner, einen gebeugten und bedürftigen,
von deinen Brüdern oder von deiner Gastschaft, die in deinem
　　Lande, in deinen Toren ist,
an seinem Tag gib ihm seinen Lohn, nicht soll darüber die
　　Sonne eingehn,
denn gebeugt ist er, seinen Lebensatem hebt er danach, –
daß er nicht über dich zu IHM rufe, Sünde also an dir sei.

Nicht sollen Väter sterben um Söhne,
nicht sollen Söhne sterben um Väter,

jedermann sterbe für seine eigene Sünde.

Biege nicht das Recht eines Gastsassen, einer Waise,
beschlagnahme nicht das Gewand einer Witwe,
gedenke, daß du Knecht warst in Ägypten,
E R dein Gott dich von dort abgegolten hat,
darum gebiete ich dir diese Sache zu tun.

Wenn du deine Ernte auf deinem Feld einerntest, dabei ver-
    gissest du auf dem Feld eine Garbe,
kehre nicht um, sie zu nehmen,
dem Gast, der Waise und der Witwe werde es,
damit E R dein Gott dich segne in allem Tun deiner Hände.
Wenn du deinen Ölbaum abklopfst,
säubre nicht hinter dir nach,
dem Gast, der Waise und der Witwe werde es.
Wenn du deinen Rebgarten einherbstest,
pflücke nicht hinter dir nach,
dem Gast, der Waise und der Witwe werde es.
Gedenke, daß du Knecht warst im Land Ägypten,
darum gebiete ich dir diese Sache zu tun.

Wenn zwischen Männern ein Streithandel war, sie traten vor
    das Gericht, man richtete sie,
den, der sich bewährt hat, bewahrheitete man, den, der gefre-
    velt hat, überwies man Frevels,
solls geschehn: ist der Frevler schlagenswert,
lasse ihn sich niederlegen der Richter, man schlage ihn vor
    ihm, seiner Freveltat zur Genüge an Zahl,
vierzigmal mag man ihn schlagen, man fahre nicht fort,
leicht möchte, führe man fort über diese hinaus ihn zu schla-
    gen, gemehrten Schlags,
dein Bruder geringwerden unter deinen Augen.

Du sollst einen Ochsen bei seinem Dreschen nicht maul-
    fesseln.

Wenn Brüder beisammen siedeln,
stirbt einer von ihnen, und hatte keinen Sohn,

soll das Weib des Verstorbenen nicht nach draußen an einen
 unzugehörigen Mann kommen,
ihr Schwager komme zu ihr, er nehme sie sich zum Weib:
 er schwagerehliche sie,
es sei: der Erstling, den sie gebiert, soll auf dem Namen seines
 verstorbenen Bruders stehen,
nicht werde verwischt sein Name aus Jisrael.
Gefällt es aber dem Mann nicht, seine Schwägerin zu nehmen,
steige seine Schwägerin ins Tor zu den Ältesten, sie spreche:
Geweigert hat mein Schwager, seinem Bruder Namen in
 Jisrael erstehen zu lassen,
er ist nicht gewillt mir zu Schwagerehe.
Dann sollen die Ältesten seiner Stadt ihn herrufen, sollen mit
 ihm reden.
Beharrt er nun, spricht er: Mir gefällt es nicht sie zu nehmen,
trete seine Schwägerin auf ihn zu unter den Augen der
 Ältesten,
losschnüre sie seinen Schuh von seinem Fuß,
sie speie vor seinem Antlitz aus,
sie stimme an, sie spreche:
Also werde dem Manne getan,
der seines Bruders Haus nicht erbaut!
Dessen Name soll in Jisrael gerufen werden: Des Schuhent-
 schnürten Haus.

Wenn Männer miteinander raufen, ein Mann und sein Volks-
 bruder,
das Weib des einen naht, ihren Mann aus dem Arm dessen,
 der ihn schlägt, zu retten,
streckt ihren Arm aus, packt ihn an seinen Schamtei-
 len,
abhacke ihre Hand, nicht soll dein Auge schonen.

Nicht sollst du in deinem Beutel Gewichtstein und Gewichtstein haben, größern und kleinern,
nicht sollst du in deinem Haus Scheffel und Scheffel haben,
 größern und kleinern,
Gewichtstein vollkommen, wahrhaft sollst du haben,
Scheffel vollkommen, wahrhaft sollst du haben,

damit sich längern deine Tage auf dem Boden, den ER dein
     Gott dir gibt,
denn IHM deinem Gott ein Greuel ist alljeder der jenes tut,
alljener der Verfälschung tut.

Gedenke, was dir Amalek antat auf dem Weg, auf eurer Fahrt
     aus Ägypten:
der auf dem Weg über dich kam,
den Schweif all der Lahmgewordenen hinter dir abschnitt, da
     du müde und matt warst,
und Gott nicht fürchtete!
Es sei:
wann ER dein Gott dir Ruhe gewährt vor all deinen Feinden
     umher
in dem Land, das ER dein Gott dir als Eigentum gibt, es zu er-
     erben,
wegwische das Gedenken Amaleks ringsunter dem Himmel,
     vergiß nicht!

Es sei:
wenn du in das Land kommst, das ER dein Gott dir als Eigen-
     tum gibt,
du ererbst es, siedelst darin,
nimm vom Anfang aller Frucht des Bodens, die du bekommst
     aus deinem Lande, das ER dein Gott dir gibt,
legs in die Mulde,
geh zu dem Ort, den ER dein Gott wählt, seinen Namen dort
     einwohnen zu lassen,
komm zu dem Priester, der es in jenen Tagen sein wird,
sprich zu ihm:
Ich melde heuttags IHM deinem Gott,
daß ich in das Land gekommen bin, das ER unsern Vätern zu-
     schwor uns zu geben.
Der Priester nehme die Mulde aus deiner Hand,
er lege sie vors Antlitz SEINER deines Gottes Schlachtstatt.
Du aber stimm an, sprich vor SEINEM deines Gottes Antlitz:
Abgeschweifter Aramäer mein Ahnvater,
er zog nach Ägypten hinab,
er gastete dort, wenige Leute,

er wurde dort zu einem Stamm, groß, markig und zahlreich,
übel taten uns die Ägypter, sie bedrückten uns,
harten Dienst gaben sie uns auf,
wir schrien zu IHM, dem Gott unsrer Väter,
ER hörte unsre Stimme,
er sah unsre Bedrückung, unsre Mühsal, unsre Qual an,
ER führte uns aus Ägypten
mit starker Hand, mit gestrecktem Arm,
mit großer Furchtbarkeit, mit Zeichen und mit Erweisen,
ließ uns kommen an diesen Ort,
gab uns dieses Land,
Land, Milch und Honig träufend.
Und nun,
da lasse ich den Anfang der Frucht des Bodens dir zukommen,
die mir gegeben hast DU.
Lasse sie vor SEINEM deines Gottes Antlitz ruhn,
wirf dich nieder vor SEIN deines Gottes Antlitz,
freue dich an all dem Guten, das ER dein Gott dir und deinem
    Hause gab,
du, und der Lewit, und der Gastsasse, der in deinem Innern ist.

Wenn du vollendet hast allen Zehnten deines Ertrags im drit-
    ten Jahr, dem Jahr des Zehnten, zu zehnten,
und du hasts dem Lewiten, dem Gastsassen, der Waise und der
    Witwe gegeben, daß sie in deinen Toren essen und ersatten,
sprich vor SEINEM deines Gottes Antlitz:
Gemerzt habe ich das Abgeheiligte aus dem Haus,
auch habe ichs dem Lewiten und dem Gastsassen, der Waise
    und der Witwe gegeben,
nach all deinem Gebot, das du mir geboten hast.
Nicht habe ich etwas von deinen Geboten überschritten, nicht
    versäumt,
nicht habe ich in meiner Trauer davon gegessen,
nicht habe ich als Makliger davon abgemerzt,
nicht habe ich einem Toten davon mitgegeben,
ich habe auf DEINE meines Gottes Stimme gehört,
ich habe getan, allwie du mir geboten hast:
Blicke nieder
von dem Hag deines Heiligtums,

vom Himmel,
und segne
dein Volk, Jifsrael,
und den Boden, den du uns gabst,
wie dus unsern Vätern zuschworst:
Land, Milch und Honig träufend!

An diesem Tag
gebietet dir ER dein Gott,
diese Gesetze und diese Rechtsgeheiße zu tun:
wahre, tue sie
mit all deinem Herzen, mit all deiner Seele!
IHM hast du dich heuttags anversprochen:
dir zum Gott zu sein, –
in seinen Wegen zu gehn, seine Gesetze, Gebote und Rechts-
    geheiße zu wahren und auf seine Stimme zu hören;
und ER hat sich dir heuttags anversprochen:
ihm zu einem Sonderguts-Volk zu sein.
Wie er dir geredet hat,
so: all seine Gebote zu wahren;
und so: dich als höchsten zu begeben über alle Weltstämme,
    die er gemacht hat,
zu einer Preisung, zu einem Namen, zu einem Ruhm,
und ein heiliges Volk, du, IHM deinem Gott zu sein.
Wie er geredet hat.

Mosche gebot und die Ältesten Jiſsraels dem Volke, sprechend:
Wahret all das Gebot, das ich heuttags euch gebiete!
Es soll geschehn:
am Tag, da ihr den Jordan überschreitet in das Land, das ER
    dein Gott dir gibt,
errichte dir große Steine,
kalke sie mit Tünchkalk,
schreibe auf sie bei deinem Überschreiten alle Reden dieser
    Weisung,
um deswillen daß du kommst in das Land, das ER dein Gott dir
    gibt, Land, Milch und Honig träufend,
wie ER der Gott deiner Väter dir geredet hat.
Es soll geschehn:
bei eurem Überschreiten des Jordans errichtet diese Steine,
    wie ich heuttags euch gebiete,
auf dem Berg Ebal,
kalke sie mit Tünchkalk,
baue dort eine Schlachtstatt IHM deinem Gott,
eine Schlachtstatt von Steinen,
nicht darfst du Eisen über sie schwingen,
aus infriedengelaßnen Steinen baue SEINE deines Gottes
    Schlachtstatt,
höhe darauf Darhöhungen IHM deinem Gott,
schlachte Friedmahle, iß dort,
freue dich vor SEINEM deines Gottes Antlitz;
dann schreibe auf die Steine alle Reden dieser Weisung
klar und gut.

Mosche redete und die Priester, die lewitischen, zu allem
    Jiſsrael, sprechend:
Merke, höre Jiſsrael!
An diesem Tag
bist du IHM deinem Gott zum Volke geworden.
Höre
auf SEINE deines Gottes Stimme,
tue
seine Gebote und seine Gesetze, die ich heuttags dir gebiete!

Mosche gebot dem Volk an jenem Tag, sprechend:

Diese sollen stehn, das Volk zu segnen, beim Berge Grisim,
wann ihr über den Jordan geschritten seid:
Schimon und Lewi und Jehuda,
und Jifsachar und Jofsef und Binjamin.
Und diese sollen stehn bei der Verwünschung am Berge Ebal:
Ruben, Gad und Ascher,
und Sbulun, Dan und Naftali.
Ansagen sollen die Lewiten,
zu aller Mannschaft Jifsraels mit erhobner Stimme sprechen:
Verflucht der Mann, der Schnitzgebild, Gußwerk machen läßt,
Ihm ein Greuel, Gemächt von Bildhauers Händen,
es im geheimen aufstellt.
Alles Volk sage zu, sie sprechen: Jawahr!
Verflucht, der seinen Vater und seine Mutter geringachtet.
Es spreche alles Volk: Jawahr!
Verflucht, der den Markrain seines Genossen verschiebt.
Es spreche alles Volk: Jawahr!
Verflucht, der einen Blinden auf dem Weg irrführt.
Es spreche alles Volk: Jawahr!
Verflucht, der das Recht von Gastsasse, Waise und Witwe
    biegt.
Es spreche alles Volk: Jawahr!
Verflucht, der beim Weib seines Vaters liegt, denn er hat das
    Laken seines Vaters bargemacht.
Es spreche alles Volk: Jawahr!
Verflucht, der bei allerart Vieh liegt.
Es spreche alles Volk: Jawahr!
Verflucht, der bei seiner Schwester, Tochter seines Vaters oder
    Tochter seiner Mutter, liegt.
Es spreche alles Volk: Jawahr!
Verflucht, der bei seiner Schwiegerin liegt.
Es spreche alles Volk: Jawahr!
Verflucht, der seinen Genossen heimlich erschlägt.
Es spreche alles Volk: Jawahr!
Verflucht, der Bestechung annimmt, zu schlagen ein Wesen,
    unsträfliches Blut.
Es spreche alles Volk: Jawahr!
Verflucht, wer nicht aufrecht hält die Reden dieser Weisung,
    sie zu tun.

Es spreche alles Volk: Jawahr!

Es wird geschehn:
hörst du, hörst auf SEINE deines Gottes Stimme,
es zu wahren, all SEINE Gebote zu tun, die ich heuttags dir ge-
　　biete,
wird ER dein Gott dich als höchsten begeben über alle Stäm-
　　me der Erde,
kommen werden über dich all diese Segnungen und dich er-
　　reichen, –
wenn du auf SEINE deines Gottes Stimme hörst:
Gesegnet du in der Stadt,
gesegnet du auf dem Feld,
gesegnet
die Frucht deines Leibes,
die Frucht deines Bodens,
die Frucht deines Viehs,
der Wurf deiner Rinder, die Brünste deiner Schafe,
gesegnet deine Mulde und dein Backtrog,
gesegnet du bei deiner Ankunft,
gesegnet du bei deiner Ausfahrt!
ER gibt deine Feinde, die gegen dich sich aufrichten, nieder-
　　gestoßen vor dich hin,
auf einem einzigen Weg fahren sie wider dich aus, auf sieben
　　Wegen fliehn sie vor dir.
ER entbietet mit dir den Segen in deine Speicher und in alle
　　Beschickung deiner Hand,
segnet dich in dem Land, das ER dein Gott dir gibt.
ER errichtet dich zu einem heiligen Volk sich,
wie er dir zuschwor, wenn du SEINE deines Gottes Gebote
　　wahrst, du in seinen Wegen gehst.
Es schauen alle Völker der Erde,
daß SEIN Name über dir gerufen ist,
sie erschauern vor dir.
ER überlädt dich, im Guten,
an Frucht deines Leibes, an Frucht deines Viehs, an Frucht
　　deines Bodens,
auf dem Boden, den ER deinen Vätern zuschwor dir zu geben.
ER öffnet dir sein gutes Schatzhaus, den Himmel,

den Regen deines Landes zu seiner Frist zu geben,
alles Tun deiner Hand zu segnen,
daß du viele Stämme beleihst und du selber brauchst nicht zu
    entleihen.
ER macht dich zum Kopf, nicht zum Schwanz,
  du bist nur obenauf, nicht mußt du untenan sein:
wenn du auf SEINE deines Gottes Gebote hörst, deren Tun ich
    heuttags dir zu wahren gebiete,
und du von allen Reden, die ich heuttags euch gebiete, nicht
    abweichst rechts noch links,
herzugehn hinter andern Göttern, ihnen zu dienen.

Es soll geschehn:
hörst du nicht auf SEINE deines Gottes Stimme,
es zu wahren, zu tun all seine Gebote und seine Satzungen, die
    ich heuttags dir gebiete,
kommen werden über dich all diese Verwünschungen und er-
    reichen dich:
Verflucht du in der Stadt,
verflucht du auf dem Feld,
verflucht deine Mulde und dein Backtrog,
verflucht
die Frucht deines Leibes, die Frucht deines Bodens,
der Wurf deiner Rinder, die Brünste deiner Schafe,
verflucht du bei deiner Ankunft,
verflucht du bei deiner Ausfahrt!
ER schickt an dich aus
die Verfluchung, die Verstörung, die Verscheltung,
an alle Beschickung deiner Hand, die du tust,
bis du vertilgt bist,
bis du geschwunden bist, rasch,
angesichts der Bosheit deiner Handlungen,
daß du mich verließest.
ER heftet an dich die Pest,
bis sie dich vernichtet, hinweg von dem Boden, dahin du
    kommst ihn zu ererben.
ER schlägt dich
mit Auszehrung, mit Fieber, mit Hitze,
mit Entzündung, mit Darre,

mit Versengung, mit Vergilbung,
sie sollen dich jagen, bis du schwindest.
Es werden
der Himmel, der über deinem Kopf ist, Erz,
die Erde, die unter dir ist, Eisen.
ER gibt als Regen deines Landes Flugsand und Staub,
vom Himmel sinkt herab der auf dich, bis du vertilgt bist.
ER gibt dich niedergestoßen vor deine Feinde hin,
auf einem einzigen Weg fährst du wider ihn aus, auf sieben
　　Wegen fliehst du vor ihm.
Du wirst zu einem Popanz allen Königreichen der Erde,
dein Leichnam wird zu einem Fraß allem Vogel des Himmels
　　und dem Getier der Erde,
und keiner ist, der verscheuchte.
ER schlägt dich
mit dem Geschwür Ägyptens,
mit Beulen, mit Krätze, mit Schorf,
davon du nicht genesen kannst.
ER schlägt dich
mit Irrsein, mit Blindsein, mit Wirre des Herzens,
im Tagesglanz mußt du tappen, wie der Blinde im Dunkel
　　tappt.
Nicht gelingen dir deine Wege,
du bist nur der Gepreßte, der Beraubte alle Tage,
und keiner ist, der befreite.
Ein Weib verlobst du dir, ein andrer Mann wird sie beschlafen,
ein Haus erbaust du dir, du wirst nicht in ihm sitzen,
einen Rebgarten pflanzest du dir, du wirst ihn nicht preis-
　　machen.
Dein Ochs wird unter deinen Augen geschlachtet, du wirst
　　nicht von ihm essen,
dein Esel wird vor deinem Antlitz geraubt, er kehrt dir nicht
　　zurück,
deine Schafe werden deinen Feinden gegeben, dir ist kein Be-
　　freier,
deine Söhne und deine Töchter werden einem andern Volk
　　gegeben,
deine Augen sehens und versagen nach ihnen den langen
　　Tag,

nichts steht in der Macht deiner Hand.

Die Frucht deines Bodens, all dein Mühn, ißt ein Volk auf, von
     dem du nicht wußtest,

du bist bloß der Gepreßte, der Geknickte alle Tage,

irrsinnig wirst du von der Sicht deiner Augen, die du siehst.

ER schlägt dich mit bösem Geschwür an den Knien und an den
     Schenkeln, davon du nicht genesen kannst,

von deiner Fußsohle bis zu deinem Scheitel.

ER läßt dich und deinen König, den du über dich stelltest, gehn
zu einem Stamm, von dem du nicht wußtest, du und deine
     Väter,

dort dienst du anderen Göttern, Holz und Stein.

Du wirst zu einem Staunen,

zu Gleichnis und Witzwetzung,

unter allen Völkern, wohin ER dich treibt.

Viele Aussaat fährst du aufs Feld, wenig holst du ein,

denn der Heuschreck machts blank,

Rebgärten pflanzest, bedienst du, nicht trinkst du Wein und
     einkellerst nichts,

denn der Wurm frißts,

Ölbäume hast du in all deiner Gemarkung, nicht gießest du
     Salbe,

denn dein Ölbaum streift ab,

Söhne und Töchter zeugst du, nicht bleiben sie dir,

denn sie gehen in die Gefangenschaft,

all dein Gehölz und die Frucht deines Bodens ererbt das Ge-
     schwirr.

Der Gastsasse, der in deinem Innern ist, erhöht sich hoch über
     dich, höher höher,

du aber sinkst nieder nieder,

er beleiht dich, nicht beleihst du ihn,

er wird zum Kopf, du aber wirst zum Schwanz.

Es kommen über dich all diese Verwünschungen,

sie jagen dich,

sie erreichen dich,

bis du vertilgt bist,

weil du nicht auf SEINE deines Gottes Stimme gehört hast,
     seine Gebote und seine Satzungen zu wahren, die er dir gebot.

Sie werden an dir

zu einem Zeichen,
zu einem Erweis,
und an deinem Samen, für Weltzeit.
Dafür daß du IHM deinem Gotte nicht dientest
im Freudenstand, in Herzens Wohlleben, vor Menge an allem,
mußt du deinen Feinden, die ER an dich ausschickt, dienen
in Hunger, in Durst, in Nacktheit, in Mangel an allem,
er gibt ein Eisenjoch über deinen Hals,
bis er dich vertilgt hat.
ER trägt her über dich
einen Stamm von der Ferne, vom Rande des Erdreichs,
wie der Adler herabschießt,
einen Stamm, aus dessen Sprache du nichts heraushörst,
einen Stamm hart von Gesicht,
der auch eines Alten Antlitz nicht erhebt,
der auch einem Knaben nichts vergönnt,
aufißt er die Frucht deines Viehs und die Frucht deines Bo-
    dens, bis du vertilgt bist,
indem er dir nichts resten läßt
von Korn, Most und Ausbruchöl,
Wurf deiner Rinder, Brunstgewinn deiner Schafe,
bis er dich schwinden macht,
er bedrängt dich an all deinen Toren,
bis deine Mauern sinken, die ragenden, die umwehrten,
worin du dich sicher meinst in all deinem Land,
er bedrängt dich an all deinen Toren, in all deinem Land,
das ER dein Gott dir gab.
Du issest die Frucht deines Leibes, das Fleisch deiner Söhne und
    deiner Töchter,
die ER dein Gott dir gab,
in der Bedrängnis, in der Beengnis,
mit der dein Feind dich umengt;
der weichlichste Mann unter dir, der sehr verwöhnte,
sein Auge erbost sich gegen seinen Bruder, gegen das Weib
    seines Busens, gegen seine übrigen Söhne, die er übrigbe-
    hielt,
weil er einem von ihnen geben sollte vom Fleisch seiner Söhne,
    das er ißt,
weil er ohne allen Nahrungsrest blieb

in der Bedrängnis, in der Beengnis,

mit der dein Feind dich umengt an all deinen Toren;

die Weichlichste und Verwöhnteste unter dir,

die ihre Fußsohle nicht erprobte auf die Erde zu setzen, vor
   Sichverwöhnen und Weichlichkeit,

ihr Auge erbost sich gegen den Mann ihres Busens, gegen
   ihren Sohn und gegen ihre Tochter,

noch um den Mutterkuchen, der zwischen ihren Beinen ausfährt, noch um die Kinder, die sie gebiert,

denn die wird sie essen in Mangel an allem, insgeheim,

in der Bedrängnis, in der Beengnis,

mit der dein Feind dich umengt an all deinen Toren.

Wahrst du nicht zu tun alle Reden dieser Weisung, die in diesem Buche geschrieben sind,

zu fürchten diesen ehrwürdigen und furchtbaren Namen,

IHN deinen Gott,

wundersam läßt dann ER deine Schläge und die Schläge deines
   Samens werden,

Schläge groß und getreu,

Krankheiten bös und getreu,

er läßt alles Siechtum Ägyptens bei dir einkehren, davor dir
   bangte,

sie haften an dir,

auch alle Krankheit und alle Geschlagenheit, die in dem Buch
   dieser Weisung nicht geschrieben ist, läßt ER aufziehn über
   dich,

bis du vertilgt bist.

Ihr restet als wenige Leute,

statt daß ihr wart wie die Sterne des Himmels an Menge:

weil du auf SEINE deines Gottes Stimme nicht gehört hast.

Es wird geschehn,

gleichwie ER sich an euch ergötzte, euch gutzutun und euch
   zu mehren,

so wird ER sich an euch ergötzen, euch zu schwenden und
   euch zu tilgen,

ausgereutet werdet ihr von dem Boden hinweg, wohin du
   kommst ihn zu ererben.

ER streut dich unter alle Völker, vom Rand des Erdreichs bis
   zum Rand des Erdreichs,

dort dienst du anderen Göttern, von denen du nicht wußtest,
    du und deine Väter, Holz und Stein.
Auch unter jenen Stämmen wirst du nicht rasten,
    keine Ruhstatt ist deiner Fußsohle.
ER gibt dir dort ein tobendes Herz,
Versagen der Augen,
Verschmachten der Seele,
dein Leben erscheint in der Schwebe dir gegenüber,
aufschrickst du bei Nacht und bei Tag,
du traust deinem Leben nicht,
am Morgen sprichst du: Wer gäbs, daß Abend wär!
am Abend sprichst du: Wer gäbs, daß Morgen wär!
vorm Schreck deines Herzens, den du erschrickst,
vor der Sicht deiner Augen, die du siehst.
ER läßt dich nach Ägypten kehren in Schiffen
den Weg, von dem ich dir sprach: Du sollst ihn hinfort nicht
    wieder sehn! –
feilgeboten werdet ihr dort deinen Feinden zu Knechten und
    zu Mägden,
und keiner ist, der kaufte.

Diese sind die Worte des Bundes,
den ER Mosche gebot mit den Söhnen Jißraels zu schließen
im Lande Moab,
außer dem Bund, den er mit ihnen geschlossen hatte
am Choreb.

Mosche rief alles Jißrael zu, er sprach zu ihnen:
Selber habt ihr gesehn alles, was ER tat
vor euren Augen im Land Ägypten: Pharao, all seinen Knech-
    ten, all seinem Land,
die großen Erprobungen, die deine Augen sahn,
jene großen Zeichen und Erweise,
aber nicht gab ER euch
ein Herz, zu erkennen,
Augen, zu sehen,
Ohren, zu hören,
bis auf diesen Tag:
  Gehn ließ ich euch vierzig Jahre in der Wüste,

nicht mürbten eure Tücher von euch ab,
nicht mürbte dein Schuh von deinem Fuße ab,
Brot aßet ihr nicht,
Wein und Rauschsaft tranket ihr nicht,
damit ihr erkennet,
daß ICH euer Gott bin!
Ihr kamet zu diesem Ort,
ausfuhr da Sſichon König von Cheschbon und Og König des
    Baschan uns entgegen zum Kampf,
wir schlugen sie, wir nahmen ihr Land ein, gegeben wurde
    es zu Eigentum dem Rubeniten, dem Gaditen und dem hal-
    ben Zweig des Mnaschiten.
Wahret denn die Worte dieses Bundes, tut sie,
damit ihr wohlgreifet mit allem, was ihr tut.

Hergetreten seid heut ihr alle vor SEIN eures Gottes Antlitz,
eure Häupter, eure Zweige,
eure Ältesten, eure Rollenführer,
alle Mannschaft Jiſsraels,
euer Kleinvolk, eure Weiber,
und deine Gastschaft, die im Innern deines Lagers ist,
von deinem Holzspalter bis zu deinem Wasserschöpfer,
zu schreiten, du,
in SEINEN deines Gottes Bund,
in seinen Droheid,
den ER dein Gott heut mit dir schließt,
damit er dich heut sich zum Volk errichte
und er dir zum Gotte werde,
wie er dir redete,
wie er deinen Vätern, Abraham, Jizchak, Jaakob, zuschwor.
Aber nicht mit euch allein schließe ich diesen Bund und diesen
    Droheid,
nein: mit dem, der hier anwesend ist, uns gesellt heute stehend
    vor SEINEM unsres Gottes Antlitz,
und mit dem, der nicht hier mit uns heute ist.
Denn ihr selber wißt,
wie wir im Land Ägypten saßen
und wie wir mittinnen durch die Stämme schritten, die ihr
    durchschrittet,

gesehn habt ihr ihre Scheusäler, ihre Klötze, Holz und Stein,
  Silber und Gold, die bei ihnen sind:
fern seis, daß unter euch wese ein Mann oder ein Weib oder
  eine Sippe oder ein Zweig,
dessen Herz sich heute von Ihm deinem Gotte wendete,
hinzugehn, den Göttern jener Stämme zu dienen!
fern seis, daß unter euch eine Wurzel wese,
die Schierling und Wermut fruchtet!
einer, dems geschähe,
daß beim Hören der Rede dieses Droheids
er sich in seinem Herzen versegnete mit dem Spruch:
Befriedung kann mir auch werden,
wenn ich in der Sucht meines Herzens gehe,
da doch ein Raffen kommt für das Trunkne mitsamt dem
  Dürstenden!
Nicht wird ER gewillt sein, dem zu verzeihn,
nein, dampfen wird alsdann SEIN Zorn und sein Eifer über
  jenen Mann,
hinlagern wird sich über ihn aller Droheid, der in diesem Buch
  geschrieben ist,
wegwischen wird ER seinen Namen ringsunter dem Himmel,
abscheiden wird ER ihn zum Bösen von allen Zweigen
  Jifsraels,
gemäß allen Droheiden des Bundes, der in diesem Buch der
  Weisung geschrieben ist.

Sprechen wird das künftige Geschlecht,
eure Söhne, die aus euren Nachkommen erstehen werden,
und der Fremde, der aus einem Lande weither gereist ist,
die sehn werden die Schläge dieses Landes
und seine Erkrankungen, damit ER es gekränkt hat:
Schwefel und Salz,
Brandstatt all seine Landschaft,
nichts wird gesät,
nichts sprießt,
nicht steigt darin allirgend Kraut,
wie der Umsturz Sodoms und Gomorras, Admas und Zbo-
  jims,
die ER umstürzte in seinem Zorn, in seiner Glut, –

sprechen werden alle Erdstämme:
Wofür hat Er also diesem Lande getan?
was ists um die Flamme dieses großen Zorns?
Dann werden welche sprechen:
Darum daß sie Seinen Bund, des Gotts ihrer Väter, verließen,
den er mit ihnen schloß, als er sie aus dem Land Ägypten führte,
gingen hin, dienten anderen Göttern, neigten sich
    ihnen,
Göttern, von denen sie nichts wußten, die er ihnen nicht zu-
    erteilt hatte, –
Sein Zorn flammte auf dieses Land ein,
über es zu bringen all die Verwünschung, die in diesem Buche
    geschrieben ist,
Er jätete sie aus ihrem Boden,
in Zorn, in Glut, in großem Grimm,
er warf sie einem andern Lande zu,
wies heut am Tag ist.

Das Geheime
ist bei Ihm unserem Gott,
das Offenbare
ist bei uns und unseren Söhnen
für Weltzeit:
alle Worte dieser Weisung zu tun!

Es wird aber geschehn,
wenn über dich kommen all diese Reden,
die Segnung und die Verwünschung, die vor dich hin ich gebe,
du es einkehren lässest in dein Herz
unter allen Stämmen, wohin Er dein Gott dich versprengte,
du kehrst um, hin zu Ihm deinem Gott,
hörst auf seine Stimme, allwie ich heuttags dir gebiete,
du und deine Söhne,
mit all deinem Herzen, mit all deiner Seele:
läßt Er dein Gott dir die Kehre kehren,
er erbarmt sich dein,
er kehrt um, er führt dich zuhauf aus allen Völkern,
dahin Er dein Gott dich ausstreute, –
ob deine Versprengtheit am Rande des Himmels sei,
von da führt Er dein Gott dich zuhauf, von da holt er dich.

ER dein Gott läßt dich zu dem Lande kommen,
das deine Väter ererbten, du erbst es neu.
Er tut dir Gutes, mehrt dich über deine Väter,
ER dein Gott beschneidet dein Herz und das Herz deiner
    Samenschaft,
IHN deinen Gott mit all deinem Herzen, mit all deiner Seele
    zu lieben
um deines Lebens willen.
ER dein Gott gibt all diese Droheide an deine Feinde und an
    deine Hasser, die dich jagten,
da du ja umgekehrt bist,
auf SEINE Stimme hörst,
all seine Gebote tust, die ich heuttags dir gebiete.
ER dein Gott überlädt dich an allem Tun deiner Hand,
an Frucht deines Leibes, an Frucht deines Viehs, an Frucht
    deines Bodens,
zum Guten,
denn ER dein Gott kehrt wieder, sich an dir zu ergötzen,
zu Gutem,
wie er sich an deinen Vätern ergötzte:
denn du hörst auf SEINE deines Gottes Stimme,
zu wahren seine Gebote und seine Satzungen,
was in diesem Buch der Weisung geschrieben ist,
denn du kehrst um zu IHM deinem Gott
mit all deinem Herzen, mit all deiner Seele.

Denn dieses Gebot, das ich heuttags dir gebiete,
nicht entrückt ist es dir, nicht fern ists.
Nicht im Himmel ist es, daß du sprächest:
Wer steigt für uns zum Himmel und holts uns
und gibts uns zu hören, daß wirs tun?
Nicht überm Meer ist es, daß du sprächest:
Wer fährt uns übers Meer hinüber und holts uns
und gibts uns zu hören, daß wirs tun?
Nein, sehr nah ist dir das Wort,
in deinem Mund und in deinem Herzen,
es zu tun.

Sieh,

gegeben habe ich heuttags vor dich hin
das Leben und das Gute,
den Tod und das Böse,
da ich heuttags dir gebiete,
IHN deinen Gott zu lieben,
in seinen Wegen zu gehn,
seine Gebote, seine Satzungen, seine Rechtsgeheiße zu wahren:
leben wirst du,
wirst dich mehren,
ER dein Gott segnet dich in dem Land, wohin du kommst es
   zu ererben.
Wendet sich aber dein Herz,
hörst du nicht,
lässest dich absprengen,
neigst dich andern Göttern,
dienst ihnen, –
ich melde euch heuttags,
daß ihr dann schwinden, schwinden müßt,
nicht werdet ihr Tage längern auf dem Boden,
dahin zu kommen du den Jordan überschreitest, ihn zu ererben.
Zu Zeugen habe ich heuttags gegen euch den Himmel und die
   Erde genommen,
das Leben und den Tod habe ich vor dich hin gegeben,
die Segnung und die Verwünschung,
wähle das Leben,
damit du lebst, du und dein Same:
IHN deinen Gott zu lieben,
auf seine Stimme zu hören,
an ihm zu haften,
denn das ist dein Leben und Länge deiner Tage
beim Siedeln auf dem Boden, den ER deinen Vätern, Abraham,
   Jizchak, Jaakob, zuschwor ihnen zu geben.

Mosche ging vor,
er redete diese Rede zu allem Jifsrael,
er sprach zu ihnen:
Ich bin heute ein Mann von hundertundzwanzig Jahren,
ich kann nicht mehr ausfahren und heimkommen,
und ER hat zu mir gesprochen: Nicht wirst du diesen Jordan
    überschreiten!
ER dein Gott, er schreitet dir voran,
er vertilgt diese Stämme vor dir her, du sollst sie
    enterben.
Jehoschua, er schreitet dir voran, wie ER geredet hat.
Tun wird ER ihnen, wie er Sfichon und Og, den Königen des
    Amoriters, und ihrem Lande tat, die er vertilgte,
ER wird sie vor euch hin geben,
tut ihnen nach all dem Gebot, das ich euch geboten habe.
Seid stark, seid fest,
fürchtet euch nimmer, ängstet euch nimmer vor ihnen,
denn ER dein Gott, er ists, der bei dir einhergeht,
nicht entzieht er sich dir, nicht verläßt er dich.
Mosche rief Jehoschua an, er sprach zu ihm unter den
    Augen all Jifsraels:
Sei stark, sei fest,
du sollst, du, mit diesem Volk in das Land kommen, das
    ER ihren Vätern zuschwor ihnen zu geben,
eineignen sollst sie du.
ER selber ists, der vor dir einhergeht,
er selber wird dasein bei dir,
nicht entzieht er sich dir,
nicht verläßt er dich,
fürchte nicht,
zage nicht!
Mosche schrieb diese Weisung,
er gab sie an die Priester, die Söhne Lewis, die den Schrein
    SEINES Bundes tragen,
und an alle Ältesten Jifsraels.
Mosche gebot ihnen, sprechend:
Am Ende von sieben Jahren
zur Gezeit des Ablockerungsjahrs,
am Fest der Hütten,

wann alles Jifsrael kommt, sich vor SEINEM deines Gottes
   Antlitz sehen zu lassen,
an dem Ort, den er wählen wird,
sollst du diese Weisung ausrufen
allem Jifsrael gegenüber, in ihre Ohren.
Versammelt das Volk,
die Männer, die Weiber, die Kleinen
und die Gastschaft, die in deinen Toren ist,
damit sie hören,
damit sie lernen –
und fürchten IHN euren Gott,
wahren zu tun alle Worte dieser Weisung,
gar ihre Kinder, die nicht wissen,
sollen hören,
sollen lernen,
um IHN euren Gott zu fürchten
alle Tage, die ihr lebt auf dem Boden,
dahin ihr den Jordan überschreitet, ihn zu ererben.

ER sprach zu Mosche:
Nun nahn deine Tage dem Sterben,
rufe Jehoschua
und tretet ins Zelt der Begegnung,
daß ich ihn entbiete.
Mosche ging hin und Jehoschua,
sie traten ins Zelt der Begegnung.
ER ließ in dem Zelt sich sehen
in einem Wolkenstand,
der Wolkenstand stand über dem Einlaß des Zelts.
ER sprach zu Mosche:
Nun da du dich bei deinen Vätern hinlegst,
wird dieses Volk sich erheben,
wird nachhuren den Fremdtumsgöttern des Landes, in das
   mittinnen es hinkommt,
es wird mich verlassen,
wird meinen Bund zersprengen, den ich mit ihm schloß,
mein Zorn entflammt wider es, an jenem Tag,
ich verlasse sie,
ich berge mein Antlitz vor ihnen,

es wird zum Fraß,
Übel viel und Drangsale treffen es,
es spricht, an jenem Tag:
Ists nicht darum, weil mein Gott nicht drinnen bei
    mir ist,
daß mich diese Übel trafen?
Ich aber berge, ich verberge mein Antlitz an jenem Tag
um all das Übel, das es tat, daß es zu andern Göttern sich
    wandte.
Jetzt also schreibt euch diesen Gesang,
man lehre ihn die Söhne Jiſsraels,
man lege ihn in ihren Mund,
damit mir werde dieser Gesang
zum Zeugen gegen die Söhne Jiſsraels.
Ja, kommen lasse ich es zu dem Boden, den ich seinen Vätern
    zuschwor,
dem Milch und Honig träufenden,
es wird essen, wird ersatten, wird schwellen,
wird sich zu anderen Göttern wenden,
sie werden ihnen dienen, sie werden mich verwerfen,
es zersprengt meinen Bund.
Es soll geschehn,
wenn Übel viel und Drangsale es treffen:
dieser Gesang soll vor ihm aussagen als Zeuge
– denn nicht wird aus dem Mund seiner Samenschaft der ver-
    gessen werden –,
daß ich sein Herzgebild, danach es heut tut, kannte,
ehe ich es kommen ließ in das Land, das ich zugeschworen
    habe.
Mosche schrieb diesen Gesang an dem selben Tag,
daß er die Söhne Jiſsraels ihn lehre.
Er aber entbot Jehoschua Sohn Nuns, er sprach:
Sei stark, sei fest,
du sollst du, die Söhne Jiſsraels in das Land kommen lassen,
    das ich ihnen zuschwor,
und: »Ich selber werde dasein bei dir«.

Es war, als Mosche vollendet hatte, die Worte dieser Weisung
    auf ein Buch zu schreiben, bis sie ganz waren,

Mosche gebot den Lewiten, den Trägern des Schreins SEINES
    Bundes, sprechend:
Nehmt dieses Buch der Weisung,
legt es zur Seite des Schreins SEINES, eures Gottes, Bundes,
dort werde es gegen dich zu einem Zeugen,
denn ich selber weiß dein Widerstreben und deinen harten
    Nacken,
wart ihr doch, da ich noch bei euch lebe heut, gegen IHN
    widerstrebend,
wie erst nach meinem Tod!
Versammelt zu mir alle Ältesten eurer Zweige und eure
    Rollenführer,
ich will diese Rede in ihre Ohren reden,
zeugen lassen will ich gegen sie den Himmel und die Erde.
Denn ich weiß,
daß nach meinem Tod ihr verderben werdet, verderben,
weichen werdet vom Weg, den ich euch geboten habe:
dann wird euch das Böse widerfahren, in der Zukunft der
    Tage,
wenn ihr das in SEINEN Augen Böse tut, ihn zu verdrießen mit
    dem Tun eurer Hände.

Mosche redete in die Ohren aller Versammlung Jifsraels
die Rede dieses Gesangs,
bis sie ganz war:

Lauschet, ihr Himmel, ich will reden,
die Erde höre Sprüche meines Munds.
Wie Regen träufle meine Botschaft,
wie Tau fließe meine Sprache,
wie Nebelrieseln übers Gesproß,
wie Streifschauer übers Gekräut.

Denn ich rufe den NAMEN:
zollt Größe unserem Gott!
Der Fels, ein Ganzes sein Wirken,
denn all seine Wege sind Recht,
Gottheit der Treue, ohn Falsch,
wahrhaft und gerade ist er.

Verderbt hat ihm ihr Gebreste
zu Unsöhnen
ein krummes verrenktes Geschlecht.
IHM wollt so ihr vergelten,
schmähliches, unweises Volk!
Ist er nicht dein Vater, dein Stifter,
gemacht hat er dich, hat dich gegründet!

Gedenke der Tage der Urwelt,
faßt die Jahre, Geschlecht zu Geschlecht,
deinen Vater frag, der dirs melde,
deine Alten, sie sprechens dir zu:

Als der Hohe eineignete Stämme,
als er Adams Söhne trennte,
erstellte er Völkermarken
nach der Zahl der Jisraelssöhne.
Denn Anteil IHM ist sein Volk,
Jaakob seines Eigentums Meßschnur.

In Wüstenland findet er es,
in Irrsal, Heulen der Öde,
er umwirbt es, er umwartet es,
er umhegt es wie das Püppchen im Auge.
Wie ein Adler erweckt seinen Horst,
über seinen Nestlingen schwingt,
seine Flügel spreitet, eins aufnimmt,
es auf seinem Fittich trägt:
einsam geleitet es ER,
keine Fremdgottheit ist mit ihm.

Er fährts über Kuppen des Lands,
nun ißt es Feldes Gedeihn,
er säugts mit Honig aus Steinspalt,
aus Felsenkiesel mit Öl, –
Rahm von Rindern, Fettmilch von Schafen,
samt dem Fette der Lämmer,
der Baschanwidder und Böcke,
samt des Weizens Nierenfett,
und Traubenblut schlürfst du im Schaum.

Ölfeist ward Jeschurun, schlug aus
– du erfeistest, ermastest, erwanstest –,
es verstieß den Gott, der es machte,
es schmähte den Fels seiner Freiheit.
Mit Ungehörigen ereifern,
mit Greueln verdrießen sie ihn,
sie schlachten den Wichten — nicht Gottrangs! —,
Götter, davon sie nicht wußten,
neuen, nahher gekommnen,
von denen eure Väter nichts merkten.
Den Fels versäumtest du, der dich gebar,
vergaßest Gottheit, die mit dir kreißte.
Er sah, er verwarf,
im Verdruß um seine Söhne und Töchter,
er sprach:
Bergen will ich mein Antlitz vor ihnen,
ich will sehn, was ihre Zukunft wird,
denn sie sind ein Geschlecht der Umstürze,
Söhne – nicht ist Treue in ihnen.
Mit einem Ungott ereifern sie mich,
verdrießen mich mit ihrem Tand,
durch ein Unvolk will ich sie ereifern,
sie verdrießen durch schmählichen Stamm.
Denn ein Feuer schwelt in meiner Nase,
das will sengen in unterste Gruft,
fressen Erde und ihr Gewächs,
entlodern Grundfesten der Berge.

Erschöpfen will ich Übel an ihnen,
gegen sie meine Pfeile verbrauchen:
ausgemergelt von Hunger,
aufgespeist von Fieber,
von bitterer Pest,
an die schick ich Getiers Zahn,
samt der Staubkriecher Geifer,
straßher rafft Schwert,
stubenher Entsetzen,
so Jüngling so Mädchen,
Säugling samt greisem Mann.

Ich spräche: ich will sie zerblasen,
ich lösche ihr Gedächtnis aus Menschheit,
besorgte ich nicht feindlich Verdrießen,
ihre Dränger möchtens verkennen,
möchten sprechen: Unsre Hand ist erhoben,
nicht ER hat all dies gewirkt!
Denn ein Stamm ratverloren sind die,
nicht ist in ihnen Erfassung,
wärn sie weise, sie würdens begreifen,
erfaßten für ihre Zukunft:
Wie könnt einer tausend jagen,
zwei eine Menge scheuchen,
wärs nicht, daß ihr Fels sie verkaufte,
ER sie überlieferte!
– Denn nicht gleich unserm Felsen ist ihr Fels,
Schiedsleute sein unsre Feinde! –

Ja denn,
von der Rebe Sodoms ihre Rebe,
von den Fluren Gomorras,
ihre Trauben Gifttrauben,
Büschel Bitternis ihnen,
Natterngeifer ihr Wein,
grausames Otterngift:
ist das nicht bei mir verspeichert,
versiegelt in meinen Behältern?
Mein ist Ahndung und Zahlung,
auf die Frist, da ihr Fuß wanken wird,
denn nah ist der Tag ihres Scheiterns,
das Bestimmte eilt ihnen herbei.

– Ja denn,
zuurteilen wird ER seinem Volk,
leid sein läßt er sichs seiner Knechte,
denn er sieht: Handkraft wich,
Gehaltnes, Gelaßnes – dahin!
ER spricht: Wo sind nun ihre Götter,
ihr Fels, an den sie sich schmiegten?
die das Fett ihrer Schlachtmähler aßen,
die den Wein ihrer Gußspende tranken,

sie mögen aufstehn,
sie mögen euch helfen,
Bergung sei über euch!

– Sehet jetzt,
daß ich ich es bin,
kein Gott neben mir!
Ich selbst töte und belebe,
ich zerschmetterte, ich selbst werde heilen,
keiner entreißts meiner Hand.

Ja denn,
ich hebe meine Hand zum Himmel,
ich spreche:
Sowahr in Weltzeit ich lebe!
Habe ich den Blitz meines Schwerts erst gewetzt,
umfing meine Hand das Gericht erst,
kehre auf meine Dränger ich Ahndung,
meinen Hassern zahle ich heim,
meine Pfeile berausch ich an Blut,
mein Schwert frißt Fleisch:
an Blut des Durchbohrten, des Fangs,
am feindlichen Kriegslockenhaupt.

Jubelt, Erdstämme, drum seinem Volk,
denn er ahndet das Blut seiner Knechte,
kehrt auf seine Dränger Ahndung,
er deckt seinen Acker, sein Volk.

Mosche kam, er redete alle Reden dieses Gesangs in die Ohren
    des Volks,
er und Hoschea Sohn Nuns. –
Vollendet hatte Mosche all diese Reden zu allem Jifsrael zu
    reden.
Er sprach zu ihnen:
Setzet euer Herz an all diese Reden, die ich heuttags gegen
    euch bezeuge,
daß ihr euren Söhnen gebietet, alle Reden dieser Weisung
    wahren im Tun!
Denn nicht eine leere Rede ist es, an euch vorbei,

sondern es ist euer Leben,
und um diese Rede werdet ihr Tage längern auf dem Acker,
  dahin ihr den Jordan überschreitet ihn zu ererben.

ER redete zu Mosche an ebendem Tage, sprechend:
Steige dieses Seitengebirge hinan,
den Berg Nbo, den im Lande Moab, den angesichts von
     Jericho,
sieh das Land Kanaan an, das ich den Söhnen Jisraels zur Hufe
     gebe,
stirb auf dem Berg, dahin du aufsteigst,
werde zu deinen Volkleuten eingeholt,
wie Aharon dein Bruder starb auf dem Berge Hor, wurde
     eingeholt zu seinen Volkleuten:
dafür daß ihr euch wider mich überhobt inmitten der Söhne
     Jisraels
an den Wassern von Gezänke bei Kadesch in der Wüste Zin,
dafür daß ihr mich nicht erheiligtet inmitten der Söhne
     Jisraels.
Ja, von gegenüber wirst du das Land sehen,
aber dorthin wirst du nicht kommen,
in das Land, das ich den Söhnen Jisraels gebe.

Dies ist der Segen,
mit dem Mosche, der Mann Gottes, die Söhne Jisraels
     segnete
vor seinem Sterben.
Er sprach:

ER, vom Sfinai kam er heran,
erglänzte vom Sfeïr ihnen,
aufstrahlte vom Berge Paran,
trat hervor von Heiligtumsmengen,
ihrer sind die Abhänge ihm zur Rechten.

Der du Völker am Busen wohl hegst,
des einen Heilige sind alle in deiner Hand,
sie sinds, die zu Füßen dir lehnten,
aus deinen Anreden trägt es davon
Weisung: »Mosche entbots uns«.
Erbgut: Jaakobs Gesamtschaft.

Es ward in Jeschurun ein König,
da sich scharten die Häupter des Volks,

in eins Jißraels Zweige:

Ruben lebe, nimmer sterbe er,
doch bleiben gezählt seine Leute.

Und dies für Jehuda, er sprach:
Höre, DU, Jehudas Stimme,
laß ihn kommen zu seinem Volk,
seine Hände sind ihm genug,
bist du nur Hilfe gegen seine Dränger!

Und für Lewi sprach er:
Deine Schlichtenden und deine Lichtenden
für die Mannschaft des dir Holden,
den du prüftest bei Prüfe,
auszanktest ihn ob der Wasser von Gezänke, –
sie die sprach von ihrem Vater, ihrer Mutter:
Ich habe sie nicht gesehn,
die ihre Brüder nicht anerkannte,
die von ihren Söhnen nichts wissen wollte.
Ja, sie wahrten deinen Spruch,
nun bewachen sie deinen Bund.
Weisen sollen sie
deine Rechtsgeheiße Jaakob,
deine Weisung Jißrael,
Räucherduft bringen in deine Nase,
Ganzopfer auf deine Schlachtstatt.
Segne, DU, sein Vermögen,
gnade dem Tun seiner Hände,
zerschmettre die Lenden der ihm Widerstehenden,
seine Hasser, daß sie nicht aufstehn!

Und für Binjamin sprach er:
Als SEIN Freund
möge er in Sicherheit wohnen
bei ihm,
der alltag bei ihm Gemach aufschlägt
und wohnt zwischen seinen Schultern.

Und für Joßef sprach er:
Gesegnet IHM sein Land,
vom Kleinod des Himmels, vom Tau,

vom Flutwirbel, der drunten lagert,
vom Kleinod der Einkunft des Sonnenlaufs,
vom Kleinod des Triebes der Monde,
vom Kerngut urzeitlicher Berge,
vom Kleinod ewiger Hügel,
vom Kleinod der Erde und ihrer Fülle,
und Gnade des, der einwohnte dem Dornbusch –
das möge kommen auf Josefs Haupt,
den Scheitel des Geweihten unter seinen Brüdern.
Sein Stiererstling ist seine Pracht,
seine Hörner sind Wisents Hörner,
niederstößt er Völker mit ihnen,
zusammen die Enden der Erde, –
das sind die Mengen Efrajims,
das sind die Tausende Mnasches!

Und für Sbulun sprach er:
Freue, Sbulun, dich deiner Fahrten,
Jifsachar, deiner Zelte!
Sie berufen Volksbrüder zum Berg.
dort schlachten sie Schlachtmahle wahrhaft.
Denn sie saugen der Meere Überfluß
und Gespartes, Verwahrtes des Sands.

Und für Gad sprach er:
Gesegnet, der Gad weitet!
Wie ein Leu nahm er Wohnung,
riß Arm, ja Schädel an sich.
Er ersah sich das Vorderstück,
ja, dort ist, vom Richtstab zugeteilt,
ein Aufgespartes:
schreiten darf nun er zuvorderst dem Volk.
Bewährung tat er vor IHM,
seine Rechtsgeheiße bei Jifsrael.

Und für Dan sprach er:
Dan, ein Löwenjunges,
hervorsaust er aus dem Baschan.

Und für Naftali sprach er:
Naftali ist satt an Begnadung,

SEINES Segens voll,
Meer und Mittag ererbe er.

Und für Ascher sprach er:
Gesegnet vor Söhnen Ascher,
er sei in Gnaden bei seinen Brüdern,
tauchend in Öl seinen Fuß.
Eisen und Erz sei an deinen Verschlagen,
und gleich deinen Tagen sei dein Behagen.

Keiner gleicht, Jeschurun, dem Gottherrn,
der die Himmel befährt zu Hilfe dir,
in seiner Hoheit die Lüfte.
Schirmburg ist der Gott des Ursprungs,
ringsunten er ewige Arme.
Er vertrieb dir vorm Antlitz den Feind,
er sprach: Vertilge!
Sicher wohnte Jiſsrael ein,
einsam der Quell Jaakobs,
in ein Land von Korn und Most,
auch träufelt sein Himmel Tau.
Glückzu, Jiſsrael, dir!
Wer ist dir gleich,
Volk, das befreit ward durch IHN,
den Schild deiner Hilfe,
ihn, der das Schwert deiner Hoheit ist!
Deine Feinde schrumpfen vor dir,
du aber, über ihre Koppen nimmst du den Weg.

Hinan stieg Mosche von den Steppen Moabs zum Berge Nbo,
    dem Haupt des Pisga, der angesichts von Jericho ist.
ER ließ ihn alles Land sehen,
das Gilad bis Dan, all Naftali, das Land Efrajims und Mnasches,
alles Land Jehudas bis zum rückwärtigen Meer,
den Südstrich, den Gau: die Senke Jerichos, der Palmenstadt,
    bis Zoar.
ER sprach zu ihm:
Dies ist das Land, das ich Abraham, Jizchak und Jaakob zuge-
    schworen habe,
sprechend: Deinem Samen gebe ich es!

Mit deinen Augen habe ich dich es sehen lassen,
aber dorthinüber gelangen wirst du nicht.
Dort starb Mosche, SEIN Knecht,
im Lande Moab, auf SEIN Geheiß.
Er begrub ihn
in der Schlucht, im Lande Moab, gegen Por-Haus zu,
niemand kennt sein Grab bis an diesen Tag.
Mosche war hundertundzwanzig Jahre alt bei seinem Sterben,
sein Auge war nicht erloschen,
seine Frische war nicht entflohn.
Die Söhne Jifsraels beweinten Mosche in den Steppen Moabs
    dreißig Tage.
Die Tage des Trauerweinens um Mosche gingen dahin,
und Jehoschua Sohn Nuns war erfüllt vom Geist der Weisheit,
denn Mosche hatte seine Hände auf ihn gestemmt,
die Söhne Jifsraels hörten auf ihn,
sie taten, wie ER Mosche geboten hatte.
Nicht aber erstand hinfort ein Künder in Jisrael Mosche gleich,
den ER Antlitz zu Antlitz erkannte:
in all den Zeichen und den Erweisen,
womit ER ihn ausschickte, sie im Land Ägypten an Pharao, an
    all seinen Knechten, an all seinem Lande zu tun,
in all der starken Hand,
in all der großen Furchtbarkeit,
die Mosche dartat
den Augen von all Jifsrael.

INHALTSVERZEICHNIS

IM ANFANG

Die Hauptteile des Buchs

Die Kapitel der üblichen Zählung

Die Abschnitte der sabbatlichen Lesung

DAS BUCH

NAMEN

Die Hauptteile des Buchs

Die Kapitel der üblichen Zählung

Die Abschnitte der sabbatlichen Lesung

DAS BUCH

ER RIEF

Die Hauptteile des Buchs

Die Kapitel der üblichen Zählung

Die Abschnitte der sabbatlichen Lesung

DAS BUCH

IN DER WÜSTE

Die Hauptteile des Buchs

Die Kapitel der üblichen Zählung

Die Abschnitte der sabbatlichen Lesung

DAS BUCH

REDEN

Die Hauptteile des Buchs

Die Kapitel der üblichen Zählung

Die Abschnitte der sabbatlichen Lesung

MARTIN BUBER

ZU EINER
NEUEN VERDEUTSCHUNG
DER SCHRIFT

Beilage zum ersten Band
DIE FÜNF BÜCHER DER WEISUNG

Verdeutscht von
MARTIN BUBER
gemeinsam mit
FRANZ ROSENZWEIG

EIN DOPPELTES hebt die Schrift, das sogenannte Alte Testament, von den großen Büchern der Weltreligionen ab. Das eine ist, daß Ereignis und Wort hier durchaus im Volk, in der Geschichte, in der Welt stehn. Was sich begibt, begibt sich nicht in einem ausgesparten Raum zwischen Gott und dem Einzelnen, über diesen hin geht das Wort an das Volk, das hören und verwirklichen soll. Was sich begibt, erhebt sich nicht über die Volksgeschichte, es ist nichts andres als das offenbare Geheimnis der Volksgeschichte selber. Aber eben damit ist das Volk gegen die nationale Selbstzwecksetzung, die Gruppeneigensucht, den »Atem der Weltgeschichte« gestellt; es soll die Gemeinschaft der Seinen als Vorbild einer Gemeinschaft der so vielen und so verschiedenen Völker errichten; der geschichtliche Bestand in »Stamm« und »Erde« ist an den »Segen« gebunden [Gen 12, 7ff.] und der Segen an den Auftrag. Das Heilige dringt in die Geschichte ein, ohne sie zu entrechten. Und das andere ist, daß hier ein Gesetz spricht, das dem natürlichen Leben des Menschen gilt. Fleischessen und Tieropfer sind aneinander gebunden, die eheliche Reinheit wird monatlich im Heiligtum geweiht; der triebhafte, der leidenschaftliche Mensch wird angenommen, wie er ist, und eingeheiligt, daß er nicht süchtig werde. Das Verlangen nach Bodenbesitz wird nicht verpönt, Verzicht wird nicht geboten; aber Eigner des Bodens ist Gott, der Mensch nur »Beisaß« bei ihm, und der Eigner setzt den Rhythmus des Besitzesausgleichs ein, damit die überwachsende Ungleichheit nicht die Gemeinschaft zwischen den Genossen sprenge. Das Heilige dringt in die Natur ein, ohne sie zu vergewaltigen. Der lebendige Geist will begeisten und beleben; will, daß Geist und Leben einander finden, daß Geist sich ins Leben gestalte, Leben aus Geist sich kläre; er will, daß die Schöpfung sich aus sich vollende. Dieses Willens und des gebotenen Dienstes am lebenverbundenen Geist Zeugnis will das »Alte Testament« sein. Faßt man es als »religiöses Schrifttum«, einer Abteilung des abgelösten Geistes zugehörig, dann versagt es, und dann muß man sich ihm versagen. Faßt man es als Abdruck einer lebenumschließenden Wirklichkeit, dann faßt man es, und dann erfaßt es einen. Der spezifisch heutige Mensch aber vermag dies kaum noch. Wenn er an der Schrift überhaupt noch »Interesse nimmt«, dann eben ein »religiöses« – zumeist nicht einmal das, sondern ein »religionsgeschichtliches« oder ein »kulturgeschichtliches« oder ein »ästhetisches« und dergleichen mehr, jedenfalls ein Interesse des abgelösten, in autonome »Bereiche« aufgeteilten Geistes. Er stellt sich dem biblischen Wort nicht mehr, wie die früheren Geschlechter, um auf es zu hören, er konfrontiert sein Leben nicht mehr mit dem Wort; er bringt das Wort in einer der vielen unheiligen Laden unter und schafft sich Ruhe davor. So lähmt er die Gewalt, die unter allem Bestehenden am ehesten ihn zu retten vermöchte.

Die sich Besinnenden mögen mich fragen: »Und wenn dieser Mensch – und wenn wir es zustande brächten, als Ganze vor die Ganzheit des Buches, von dem du redest, zu treten, würde nicht auch dann noch das zu einer echten Rezeption Unentbehrlichste fehlen? Würden wir dem Buch dann *glauben* können? Würden wir *es* glauben können? Können wir mehr als glauben, daß einst so geglaubt worden ist, wie es berichtet und bekundet?«

Dem »heutigen Menschen« ist die Glaubenssicherheit nicht zugänglich und kann ihm nicht zugänglich gemacht werden. Wenn es ihm um die Sache ernst ist, weiß er das und darf sich nichts vortäuschen. Aber die Glaubensaufgeschlossenheit ist ihm nicht versagt. Auch er kann sich, eben wenn er mit der Sache wahrhaft Ernst macht, diesem Buch auftun und sich von dessen Strahlen treffen lassen, wo sie ihn eben treffen; er kann sich, ohne Vorwegnahme und ohne Vorbehalt, hergeben und sich erproben lassen; er kann aufnehmen, mit allen Kräften aufnehmen, und erwarten, was etwa an ihm geschehen wird, warten, ob nicht zu dem und jenem in dem Buch eine neue Unbefangenheit in ihm aufkeimt. Dazu muß er freilich die Schrift vornehmen, als kennte er sie noch nicht; als hätte er sie nicht in der Schule und seither im Schein »religiöser« und »wissenschaftlicher« Sicherheiten vorgesetzt bekommen; als hätte er nicht zeitlebens allerlei auf sie sich berufende Scheinbegriffe und Scheinsätze erfahren; neu muß er sich dem neugewordenen Buch stellen, nichts von sich vorenthalten, alles zwischen jenem und ihm geschehen lassen, was geschehen mag. Er weiß

nicht, welcher Spruch, welches Bild ihn von dort aus angreifen und umschmelzen, woher der Geist brausen und in ihn
fahren wird, um sich in seinem Leben neu zu verleiben; aber
er ist aufgetan. Er glaubt nichts von vornherein, er glaubt
nichts von vornherein nicht. Er liest laut, was dasteht, er hört
das Wort, das er spricht, und es kommt zu ihm, nichts ist präjudiziert, der Strom der Zeiten strömt, und dieses Menschen
Heutigkeit wird selber zum auffangenden Gefäß.

2

DIE BESONDERE Pflicht zu einer erneuten Übertragung der
Schrift, die in der Gegenwart wach wurde und zu unserm Unternehmen geführt hat, ergab sich aus der Entdeckung der Tatsache, daß die Zeiten die Schrift vielfach in ein Palimpsest verwandelt haben. Die ursprünglichen Schriftzüge, Sinn und Wort
von erstmals, sind von einer geläufigen Begrifflichkeit teils
theologischer, teils literarischer Herkunft überzogen, und was
der heutige Mensch gewöhnlich liest, wenn er »das Buch« aufschlägt, ist jenem lauschenden Sprechen, das sich hier eingetragen hat, so unähnlich, daß wir allen Grund hätten, solcher
Scheinaufnahme die achselzuckende Ablehnung vorzuziehen,
die »mit diesem Zeug nichts mehr anzufangen weiß«. Das gilt
nicht etwa bloß für das Lesen von Übersetzungen, sondern
auch für das des Originals: die hebräischen Laute selber haben
für einen Leser, der kein Hörer mehr ist, ihre Unmittelbarkeit
eingebüßt, sie sind von der stimmlosen theologisch-literarischen Beredsamkeit durchsetzt und werden durch sie genötigt, statt des Geistes, der in ihnen Stimme gewann, ein Kompromiß der Geistigkeiten zweier Jahrtausende auszusagen; die
hebräische Bibel selber wird als Übersetzung gelesen, als
schlechte Übersetzung, als Übersetzung in die verschliffene
Begriffsprache, ins angeblich Bekannte, in Wahrheit nur eben
Geläufige. An die Stelle der ehrfürchtigen Vertrautheit mit
ihrem Sinn und ihrer Sinnlichkeit ist ein Gemisch von erkenntnislosem Respekt und anschauungsloser Familiarität getreten.
Es wäre hoffnungslos, dieser Tatsache gegenüber etwas durch
eine neue Übertragung ausrichten zu wollen, wenn die Schrift
bereits einmal strengerweise übertragen und so verbreitet worden wäre, denn dann wäre es ja die Textwahrheit selber, die

sich versteift hätte, und nicht nur ihre Umschreibung; dann wären die Bildhaftigkeit, die Bewegtheit, die Leiblichkeit der biblischen Rede bereits in das abendländische Bewußtsein eingegangen und hier nur eben einer Trivialisierung verfallen, aus der sie etwa dereinst die Neubeleuchtung durch neue religiöse Ereignisse, nicht aber eine nochmalige Wiedergabe in einer der abendländischen Sprachen herauszuretten vermöchte. Aber dem ist nicht so. Auch die bedeutendsten Übersetzungen der Schrift, die uns erhalten sind, die griechische der Siebzig, die lateinische des Hieronymus, die deutsche Martin Luthers, gehen nicht wesenhaft darauf aus, den ursprünglichen Charakter des Buches in Wortwahl, Satzbau und rhythmischer Gliederung zu erhalten; von ihrer Absicht getragen, einer aktuellen Gemeinschaft, der jüdischen Diaspora des Hellenismus, der frühchristlichen Ökumene, dem Glaubensvolk der Reformation, eine zuverlässige Stiftungsurkunde zu übermitteln, ziehen sie den »Inhalt« des Textes in die andre Sprache herüber, auf die Eigentümlichkeiten der Elemente, der Struktur, der Dynamik zwar nicht etwa von vornherein Verzicht leistend, wohl aber sie da unschwer aufgebend, wo die spröde »Form« die Weitergabe des Inhalts behindern zu wollen scheint. Als ob eine echte Botschaft, ein echter Spruch, ein echter Gesang ein von seinem Wie ohne Schaden ablösbares Was enthielte, als ob der Geist der Rede anderswo als in seiner sprachlichen Leibesgestalt aufzuspüren und anders als durch deren zugleich treue und unbefangene Nachbildung den Zeiten und Räumen zuzutragen wäre, als ob eine auf Kosten der ursprünglichen Leiblichkeit gewonnene Gemeinverständlichkeit nicht notwendigerweise eine Mißverständlichkeit wäre oder doch werden müßte! Gewiß standen die großen Übersetzer in der begeisterten Einsicht, daß das Wort Gottes allen Zeiten und Räumen gelte; aber sie verkannten, daß durch solche Einsicht das Gewicht des »Von wo aus«, des Dort und Damals in all seiner volkhaften, personhaften, körperhaften Bedingtheit nicht gemindert, sondern erhöht wird. Vollzogene Offenbarung ist immer Menschenleib und Menschenstimme, und das heißt immer: *dieser* Leib und *diese* Stimme im Geheimnis ihrer Einmaligkeit. Zur Verkündigung des Propheten gehören nicht bloß seine Symbole und seine Gleichnisse, sondern

auch der Grundstrom althebräischer Sinnlichkeit noch in den geistigsten Begriffen, die straffe Spannung der althebräischen Satz-Architektur, die althebräische Art, nah beieinander stehende, aber auch voneinander entfernte Worte durch Wurzelverwandtschaft oder Gleichklang aufeinander zu beziehen, der gewaltige, auch über alle Metrik hinaustreibende Gang althebräischen Rhythmus. Dies erkennen, heißt freilich dem Übersetzer eine grundsätzlich unerfüllbare Aufgabe zuweisen; denn das Besondere ist eben das Besondere und kann nicht »wiedergegeben« werden, die Sinnlichkeiten der Sprachen sind verschieden, ihre Vorstellungen und ihre Weisen sie auszuspinnen, ihre Innervationen und ihre Bewegungen, ihre Leidenschaften und ihre Musik. *Grundsätzlich* kann denn auch Botschaft, in ihrer schicksalhaften Verschweißung von Sinn und Laut, nicht übertragen werden; sie kann es nur praktisch: annähernd – wie nah zu kommen es einem jeweils von den Grenzen der Sprache, in die er überträgt, verstattet wird; aber zu diesen Grenzen muß der Dolmetsch immer wieder vorstoßen, nur an ihnen selber, nur aus dem Mund der höchsten Wächter Belehrung annehmend, was ihm gewährt sei und was nicht. Grundsätzlich läßt sich ja nicht einmal die Voraussetzung erfüllen: die Aufdeckung der Grundschrift; denn was mit einem biblischen Wort primär gemeint war, läßt sich naturgemäß nicht wissen, nur eben erschließen, und oft auch dies nicht anders als vermutungsweise – nicht selten müssen wir uns damit begnügen, zu vermuten, was der »Redaktor« damit gemeint hat, d. h. das Einheitsbewußtsein, das aus überlieferten Gebilden und Bruchstücken die Hallen der Bibel erbaut hat[1]. Aber auch dies darf uns für unser Vorhaben der Annäherung genügen, denn nicht in den »Quellen«, sondern hier ist in Wahrheit *Bibel*, das nämlich, was zu Zeugnissen und Urkunden hinzutritt, die es zu Büchern und zum Buch verbindet: zeitenverschmelzender Glaube an Empfang und Übergabe, das Zusammensehen aller Wandlungen in der Ruhe des Wortes.
Von diesem Wissen um lebendige Einheit ist das Verhältnis

1] Franz Rosenzweig pflegte in einem tiefsinnigen Scherz das Sigel R nicht zu Redaktor, sondern zu Rabbenu, unser Lehrer, zu ergänzen.

unsrer Übertragung zum Text bestimmt. Der analytischen
Wissenschaft steht das Recht zu, wo immer es ihr gutdünkt,
Zeichen, die geschrieben sind, durch andre zu ersetzen, die ihr
angemessener erscheinen, uns aber das, in der Gegebenheit des
»festen Buchstaben« zu verweilen, solang er es uns irgend erlaubt; sie darf eine Erzählung, ein Lied, einen Satz in wirklich
oder vermeintlich selbständige Bestandteile auflösen, wir aber
dürfen das geschmiedete Werk der Ganzheiten betrachten und
nachformen. Wobei unter Nachformen nicht das geistwidri-
ge Unterfangen, eine vorgefundene Form in andersartigem
Material zu wiederholen, zu verstehen ist, sondern das Streben, ihr in der andersgesetzlichen Sprache, in die übertragen
wird, eine Entsprechung, Entsprechungen zu schaffen. Deutsche Lautgestalt kann nie hebräische Lautgestalt reproduzie-
ren, aber sie kann, aus analogem Antrieb wachsend und ana-
loge Wirkung übend, ihr deutsch entsprechen, sie verdeut-
schen.

Damit er solchem Anspruch gerecht werde, muß der Dolmetsch aus dem hebräischen Buchstaben wirkliche Lautgestalt empfangen; er muß die Geschriebenheit der Schrift in
ihrem Großteil als die Schallplatte ihrer Gesprochenheit erfahren, welche Gesprochenheit sich – als die eigentliche *Wirklichkeit* der Bibel – überall neu erweckt, wo ein Ohr das Wort
biblisch hört und ein Mund es biblisch redet. Nicht bloß Weis-
sagung, Psalm, Spruch sind ursprünglich zungen-, nicht feder-
geboren, sondern auch Bericht und Gesetz; heiliger Text ist
für ungebrochene Frühzeit zumeist mündlich überlieferter
Text – mündlich überliefert oft auch da, wo daneben ein
hochausgebildetes profanes Schrifttum besteht –, der erst,
wenn seine unverfälschte Erhaltung trotz seiner dem Gedächtnis sich einprägenden Rhythmik und trotz allen strengen Me-
morialvorschriften unsicher geworden ist oder wenn besondere Zwecke es erfordern, aufgezeichnet wird. Was aber im
Sprechen entstanden ist, kann nur im Sprechen je und je wieder leben, ja nur durch es rein wahr- und aufgenommen werden. In der jüdischen Tradition ist die Schrift bestimmt, vor-
getragen zu werden; das sogenannte Akzentsystem, das Wort
um Wort des Texts begleitet, dient dem rechtmäßigen Zurückgehen auf seine Gesprochenheit; schon die hebräische Be-

zeichnung für »lesen« bedeutet: ausrufen, der traditionelle Name der Bibel ist: »die Lesung«, eigentlich also: die Ausrufung; und Gott sagt zu Josua nicht, das Buch der Tora solle ihm nicht aus den Augen, sondern, es solle ihm nicht »aus dem Munde« weichen, er solle [das bedeutet das Folgende eigentlich] darin »murmeln«, d. h. die Intonationen mit leisen Lippen nachbilden.

So aufgenommener Gesprochenheit also soll die deutsche Lautgestalt entsprechen, selbstverständlich nicht für das stumme Lesen, sondern für den richtigen, den vollen Lautwert herausholenden Vortrag. Auch unsere Verdeutschung der Schrift will »ausgerufen« werden. Dann nur wird die Ungeläufigkeit ihrer Wirkung nicht zur Befremdlichkeit entarten.

Diese Ungeläufigkeit selber aber ist notwendig, ist das Notwendige, wenn nach all dem falschen Bescheidwissen um die Bibel, nach all dem Sichgemeinmachen mit ihr eine Übertragung die Begegnung zwischen ihr und dem heutigen Menschen herbeiführen helfen soll. Es wäre eine falsche, überflüssige, bedenkliche, spätromantische Ungeläufigkeit, wenn sie aus ästhetischen oder literarischen Reflexionen erwachsen wäre; wenn etwa die Wortwahl ganz oder auch nur teilweise von einem Geschmack – gleichviel, einem archaisierenden oder einem willkürlich neologisierenden – bestimmt würde und nicht durchweg von den Forderungen des Textes, von seinem gebieterischen Sosein, von seinen eigentümlichen Mächtigkeiten und Intimitäten. Um diesen die abendländische, die deutsche Entsprechung zu schaffen, muß oft über den gegenwärtigen Wortbestand hinaus nach Ungebräuchlichgewordenem, ja Verschollenem gegriffen werden, wenn es, wohlüberliefert, kein wirkliches Synonym hat und also seine Wiedereinführung legitim und erwünscht ist; zuweilen darf der Übersetzer auch Neubildungen nicht scheuen, wo er einer biblischen Einrichtung oder einer biblischen Vorstellung im deutschen Wortschatz keine vollkommene Entsprechung zu finden vermag, und dann wird es von dem Ernst seines Sprachgewissens, von der Sicherheit seines Sprachtakts, von seiner Haltung zu den Gesetzen der Übertragungssprache – einer Haltung, die kühn und doch gehorsam sein muß – abhängen, ob das neue Wort, wenn auch nur als Bezeichnung für ein

Ding jener biblischen Welt, von den Generationen bestätigt
und eingebürgert wird. Der unbefangen den Weg zur Bibel
suchende Leser wird eben immer wieder von den Worten der
neuen Übertragung, die von der ihm geläufigen abweichen,
zu den Wirklichkeiten hinzudringen suchen, die darin sich
aussprechen, wird erwägen, ob diesen in ihrer Besonderheit
die geläufige Wiedergabe Genüge tut, wird den Abstand zwischen beiden ermessen und nun prüfen, wie sich ihm gegenüber die neue Wortwahl bewährt; und so wird ihm mit dem
Lesen die biblische Welt Bezirk um Bezirk aufgehn, ihre Anderheit gegen manches Gewohnte, aber dann doch auch die
Wichtigkeit der Aufnahme dieser Anderheit in den Bau unsres eigenen Lebens. Freilich wird ihm diese Welt vielfach
sprachlich schärfer, ausgesprochener erscheinen als denen, die
in ihr lebten: weil der Begriff in der Verdeutschung, vom Ge-
wohnten abgehoben, seine sinnliche Grundbedeutung nachdrücklicher vorträgt als im Original, wo im begrifflichen Gebrauch das Sinnliche, Bildhafte nur eben mit anklang, wenn
auch in einer oft recht wirksamen Weise; aber eben daraus
wird sich für den ernsten Leser die Aufgabe einer Einarbei-
tung, Einlebung ergeben, die fruchtbar werden muß. Es ist
dieselbe Aufgabe, die heute in andrer Gestalt den Leser des
Originals antritt, wenn er das lebendige Dort und Damals,
und damit die Leiblichkeit des biblischen Geistes, von der
Wortgeläufigkeit befreien will, die alle Lektüre des in unserer
Zeit hebräisch Lernenden alsbald überzieht, gleichviel ob er
aus einem Lexikon oder im Vulgärgespräch der Konversa-
tionsmethode erfahren hat, was die Wörter angeblich bedeu-
ten.

3

DIE HEBRÄISCHE BIBEL ist wesentlich durch die Sprache der
Botschaft geprägt und gefügt.
Die »Prophetie« ist nur die deutlichste, die gleichsam nackte
Erscheinung der Botschaft; da wird offen gekündet, was zu
künden ist. Aber es gibt kaum irgendeinen Teil, kaum irgendeine Stilform der Schrift, die nicht unmittelbar oder mittelbar
an die Botschaft gebunden und von ihr getragen wäre. Wir
lesen die frühen Genealogien, und die scheinbar absichtsledi-

gen Namenreihen erweisen sich, in Auswahl und Anordnung, als Sendlinge der Botschaft. Wir lesen Erzählungen, die – wie etwa die des Gideonsohns Abimelech – uns ganz profangeschichtlich dünken, bis wir merken, daß hier zu einem großen Anliegen der Botschaft – im angeführten Beispiel zur »naiven Theokratie« – das Gegenbild gezeichnet ist[1]. Wir lesen Rechts- und Ritualvorschriften von nüchternster, sachlichster kasuistischer Präzision, und plötzlich teilt sich uns daraus ein verschwiegenes Pathos mit. Wir lesen Psalmen, die uns nichts andres zu sagen scheinen als den Hilferuf des gepeinigten Menschen nach oben, aber wir brauchen nur recht hinzuhören, um zu erkennen, daß da nicht ein beliebiger Mensch, sondern einer redet, der unter der Offenbarung steht und auch noch aufschreiend sie bezeugt. Wir lesen Weisheit, die als skeptisch gilt, und mitten daraus blitzen uns große Sprüche der Botschaft an. Gleichviel, wie es sich mit irgendwelchen Stücken der Bibel verhielt, ehe sie in die Bibel eingingen: in jedem Gliede ihres Leibes ist die Bibel Botschaft.

Wenn dem so ist, muß die Botschaft, wie sie sich in der Rede des Künders ihre eigentümliche Sondersprache bildete, an vielen der Stellen, wo sie sich mittelbar äußert, die biblische Sprache modifiziert haben. Denn es hieße, die Art der Bibel gründlich verkennen, wenn man annähme, daß sie die Botschaft jeweils anheftete, wie schlechten Parabeln eine »Moral« anhaftet. Nirgendwo sonst ja ist aus den biblischen Erzgüssen ein »Inhalt« auszuschmelzen, sondern ein jeder besteht in seiner einheitlichen, unauflösbaren Gestalt – unauflösbarer noch als die des echten Gedichts –; nirgends kann hier auf ein ursprüngliches Was zurückgegangen werden, das dieses Wie empfangen habe, aber auch ein andres vertrüge; alles in der Schrift ist echte Gesprochenheit, der gegenüber »Inhalt« und »Form« als die Ergebnisse einer Pseudoanalyse erscheinen; so kann denn auch die Botschaft, wo sie sich mittelbar ausspricht, nicht zur Anmerkung oder zum Kommentar zusammenschrumpfen. Sie dringt in die Gestaltung, sie bestimmt die Gestalt mit, sie wandelt sie um, wandelt sich ihr ein, ohne aber im geringsten entformend, umrißschwächend, didaktisch zu wirken. Die Erzählung behält ungetrübt ihre epische Ge-

1] Vgl. mein Buch »Königtum Gottes«, 2. Kapitel.

schlossenheit, die Vorschrift ihre strenge Sachlichkeit, aber innerhalb dieser Gestaltungen vollzieht sich die modifizierende Handlung der Botschaft.

Es kann kein anderes als eben ein Gestaltungsprinzip sein, wodurch sie sich vollzieht. Dieses Gestaltungsprinzip ist der Rhythmus, der Rhythmus zugleich in einem weiten und besonderen Sinn.

Unter Rhythmus ist hier nicht die gegliederte Bewegung überhaupt, sondern die in einer sinnreichen Ordnung erscheinende phonetische Verbindung eines Gleichbleibenden mit einer Mannigfaltigkeit zu verstehen. Das Gleichbleibende kann entweder rein strukturell – Wiederkehr des Tonfalls, der Bewegungsintensität, der Maße – oder phonetisch – Wiederkehr von Lauten, Lautgefügen, Worten, Wortfolgen – sein.

Das Gestaltungsprinzip der Botschaft ist demgemäß ein doppeltes. Und zwar wird die phonetische Rhythmik – die »Paronomasie« und deren Verwandtschaft – als solche in ihren Dienst genommen, wogegen die strukturelle durch *Änderungen*, die im gegebenen Moment einsetzen, zum Äußerungsmittel der Botschaft wird.

4

DER TEXT, der hier verdeutscht wurde, ist der maßoretische, überlieferte. Diesen zu erfassen, ist die unausweichliche Aufgabe des Übersetzers. Ihm ist ein fester Bestand anvertraut, dem gegenüber jede, auch die verlockendste Konjektur als Willkür erscheinen muß. Da es schlechthin keine zuverlässige Methode gibt, »hinter« den Text, zu einem »ursprünglicheren« Wortlaut zu gelangen, muß die Übertragung, die das Original *vertritt*, zum Unterschied von Kommentaren, die es bunt umsäumen, halten und übermitteln, was dasteht. Nur in den seltenen Grenzsituationen, wo ihm Sinn und Zusammenhang schwer beeinträchtigt, aber durch eine geringfügige Änderung wiederherstellbar erscheinen, wird der Übersetzer sich befugt und verpflichtet erachten, sie in der besonderen Verantwortung seines Amtes vorzunehmen.

Die Bemühung, den maßoretischen Text zu wahren, geht von der Anschauung aus, daß man hinter das Vorhandene nicht zurückgreifen kann, ohne die Wirklichkeit durch vielfältige

und widereinander streitende Möglichkeiten zu ersetzen; man
muß zu verstehen suchen, was der für die Textgestalt Verant-
wortliche, der »Redaktor«, mit dieser gemeint hat, man muß
dem letzten Bewußtsein zu folgen suchen, da man zu einem
früheren nur scheinbar vorzudringen vermag. Mit ebendersel-
ben Anschauung hängt die Wortwahl dieser Übertragung zusammen, als einer Übertragung, die sich zum Ziel gesetzt hat,
nicht biblische Nationalliteratur, sondern die Bibel zu ver-
deutschen, der es also um die Erfassung eines – gleichviel, aus
wie vielen und wie mannigfachen Stücken zusammenge-
wachsenen, aber eben doch echte Einheit gewordenen Ganzen
zu tun ist.

Die Bibel will als Ein Buch gelesen werden, so daß keiner ihrer Teile in sich beschlossen bleibt, vielmehr jeder auf jeden zu
offengehalten wird; sie will ihrem Leser als Ein Buch in solcher Intensität gegenwärtig werden, daß er beim Lesen oder
Rezitieren einer gewichtigen Stelle die auf sie beziehbaren,
insbesondre die ihr sprachidentischen, sprachnahen oder
sprachverwandten erinnert und sie alle für ihn einander erleuchten und erläutern, sich für ihn miteinander zu einer Sinneinheit, zu einem nicht ausdrücklich gelehrten, sondern dem
Wort immanenten, aus seinen Bezügen und Entsprechungen
hervortauchenden Theologumenon zusammenschließen. Das
ist nicht eine von der Auslegung nachträglich geübte Verknüpfung, sondern unter dem Wirken dieses Prinzips ist eben
der Kanon entstanden, und man darf mit Fug vermuten, daß
es für die Auswahl des Aufgenommenen, für die Wahl zwischen verschiedenen Fassungen mitbestimmend gewesen ist.
Aber unverkennbar waltet es schon in der Komposition der
einzelnen Teile: die Wiederholung lautgleicher oder lautähnlicher, wurzelgleicher oder wurzelähnlicher Wörter und
Wortgefüge tritt innerhalb eines Abschnitts, innerhalb eines
Buches, innerhalb eines Bücherverbands mit einer stillen, aber
den hörbereiten Leser überwältigenden Kraft auf. Man betrachte von dieser Einsicht aus die sprachlichen Bezüge etwa
zwischen Propheten und Pentateuch, zwischen Psalmen und
Pentateuch, zwischen Psalmen und Propheten, und man wird
immer neu die gewaltige Synoptik der Bibel erkennen.

Biblische Grundworte offenbaren ihre Sinnweite und -tiefe

nicht von einer einzigen Stelle aus, die Stellen ergänzen, unterstützen einander, Kundgebung strömt dauernd zwischen ihnen, und der Leser, dem ein organisches Bibelgedächtnis zu
eigen geworden ist, liest jeweils nicht den einzelnen Zusammenhang für sich, sondern als einen von der Fülle der Zusammenhänge umschlungenen. Die latente Theologie der
Schrift wirkt unmittelbar da, wo sich der Gehalt der einzelnen
Grundworte solcherart aus verschiedenen Sätzen, verschiedenen Textformen, verschiedenen Äußerungsstufen als der gleiche auftut. Wohl ist nicht das Wort, sondern der Satz natürliches Glied der lebendigen Rede und das Wort ihm gegenüber das Produkt einer Analyse, aber der biblische Satz will
biblisch erfaßt werden, d. h. in der Atmosphäre, die sich durch
die Wiederkehr der gleichen Grundworte erzeugt.

Dieses innere Band sichtbar zu machen, ist ein Dienst, in den
auch der Übersetzer gestellt ist. Er kennt die Macht der Trägheit, der Geläufigkeit, des Drüberweglesens, im Hebräischen
wie im Deutschen; er weiß, wie die von Kind auf Bibellesenden dieser Macht besonders leicht verfallen; er muß das Seine
aufbieten, um ihr Einhalt zu tun. Dazu gehört, daß er, wann
es nottut und auch angeht, das prägnante, einprägsame Wort
wähle, das, wo es wiederkehrt, sogleich wiedererkannt wird,
und dabei auch ein ungewohntes nicht scheue, wenn es die Sprache gern aus einer vergessenen Kammer hergibt; dazu gehört,
daß er, wann es nottut und wann es angeht, einen hebräischen
Wortstamm durch einen einzigen deutschen wiederzugeben
bestrebt sei, einen nicht durch mehrere, mehrere nicht durch
einen. Wann es nottut; denn bei geistig wenig betonten oder unbetonten Worten wird man den Grundsatz – soweit nicht das
Amt aller Übersetzer auch hier zu üben ist, die ,,Synonyme"
nicht durcheinander zu werfen, sondern in ihrer Sinndifferenzierung zu belassen[1] – lockern oder aufheben dürfen. Und wann
es angeht; denn oft wird sich aus den besonderen Bedingt-
heiten einer Stelle die Pflicht ergeben, sie als Ausnahme zu
behandeln. Jeder Dolmetsch ist ja unter eine Doppelheit von
Gesetzen gestellt, die einander zuweilen zu widerstreiten schei-

---

1] Dieses Postulat wird auch heute noch von den Übersetzern des Alten
Testaments unbeachtet gelassen; eine so bedeutende Psalmenüber-

nen: das Gesetz der einen und das der andern Sprache; für den die Schrift Übertragenden tritt eine andere Doppelheit hinzu: das Gesetz, das aus dem Eigenrecht der einzelnen Stelle, und das andere, das aus der biblischen Ganzheit spricht. Aber wie jene zwei sich aus der Tatsache versöhnen, vielmehr verbünden, daß es nur vorletztlich Sprachen, letztlich aber – unhörbar und doch unüberhörbar – die eine Sprache des Geistes, »jene einfache, allgemeine Sprache« [Goethe] gibt, so überwindet sich der Widerstreit zwischen Recht des Satzes und Recht des Buches immer neu aus der Tatsache, daß beide ihren Sinn von der einen dialogischen Begegnung ableiten, die dort der menschlichen Person und dem Augenblick, hier dem Volke und der Weltzeit gilt, dem Volk, in das die eigenständige Person, und der Weltzeit, in die der eigenständige Augenblick gefügt ist.

5

UNTER LEITWORT ist ein Wort oder ein Wortstamm zu verstehen, der sich innerhalb eines Textes, einer Textfolge, eines Textzusammenhangs sinnreich wiederholt: wer diesen Wiederholungen folgt, dem erschließt oder verdeutlicht sich ein Sinn des Textes oder wird auch nur eindringlicher offenbar. Es braucht, wie gesagt, nicht dasselbe Wort, sondern nur derselbe Wortstamm zu sein, der solcherweise wiederkehrt; durch die jeweiligen Verschiedenheiten wird sogar oft die dynamische Gesamtwirkung gefördert. Dynamisch nenne ich sie, weil sich zwischen den so aufeinander bezogenen Lautgefügen gleichsam eine Bewegung vollzieht: wem das Ganze gegenwärtig ist, der fühlt die Wellen hinüber und herüber schlagen. Die maßhafte Wiederholung, der inneren Rhythmik des Textes entsprechend, vielmehr ihr entströmend, ist wohl überhaupt das stärkste unter allen Mitteln, einen Sinncharakter kundzutun, ohne ihn vorzutragen; und ob es sich um die eigentliche »Paronomasie« handelt, die innerhalb eines einzelnen syntaktischen Zusammenhangs erscheint, ob um eine weiter gemeinte, die Alliteration und Assonanz umfaßt, oder aber um die *distanzielle*, also nicht im Nebeneinander, sondern über

setzung wie die Gunkels gibt z. B. vier verschiedene Wortstämme durch den einen »Spott« und fünf durch den einen »Schrei« wieder.

einen größeren Textraum hin wirkende Paronomasie, von der hier die Rede ist, immer kann sie unabhängig vom ästhetischen Wert – den wir in mustergültiger Erscheinung etwa aus dem Stabreim der älteren Edda kennen – einen besonderen, durch nichts zu ersetzenden *Äußerungswert* gewinnen. Dieser besondere Äußerungswert besteht darin, daß der zu äußernde Sinn sich nicht in einem didaktischen Zusatz, also ohne Sprengung oder Entstellung der reinen Gestalt darstellt. Vorausgesetzt ist dabei somit, daß eine solche Gestalt, eine geschlossene Kunstform vorliegt, zugleich aber, daß ein Sinn, eine Botschaft zur Mitteilung gelangen sollen, die diese Kunstform transzendieren, die sich ihr also nicht, wie eben einem Gedicht seine Bedeutung, ohne jedes Sondermittel eintragen, sondern ihrem Wesen nach sich einen eigenen Ausdrucksweg bahnen müssen. Nirgends ist diese Voraussetzung so gegeben, wie wo die strenge geschlossene epische Form und eine vom niederfahrenden Geist durchwehte »religiöse« Botschaft aufeinandertreffen.

Dies aber ist wohl nirgends mit so eigentümlicher Gewalt geschehn wie in der Erzählung des Pentateuchs. Die Strenge der Form entstammt hier der tiefen Absicht, zu berichten und nur zu berichten; und ebendeshalb darf die Botschaft sich ihr nicht auferlegen wollen. Für einen lehrhaften Vortrag des den reinen Bericht transzendierenden religiösen Gehalts ist hier kein Raum, die Erzählung hat artgemäß keine Fugen. Die Botschaft kann hier nicht anders eingehn, als indem sie das epische Gesetz anerkennt und sich unter seinen Schutz stellt. Das tut sie, indem sie, ohne das Gebild der Erzählung anzutasten, sie sinnhaft, nämlich durch Leitworte rhythmisiert. Wer nun recht hinhört, den rauscht aus dem Gleichklang die obere Bedeutung an. Zwischen Stelle und Stelle, also zwischen Stadium und Stadium der Geschichte ist eine Beziehung gestiftet, die unmittelbarer, als ein angehefteter Spruch es vermöchte, den Urgrund der erzählten Begebenheit aussagt. Nirgends quillt die epische Sprache über, nirgends rhetorisiert, nirgends aber auch lyrisiert sie, der Leitwortrhythmus[1] ist hier ein echt

---

1] Eine andere Art des Leitwortstils waltet in vielen der Psalmen, wo in dem einzelnen Psalm zwei oder mehrere sich wiederholende Leitworte auf das jeweils Wesentliche hinweisen. Nicht selten kehrt in

epischer Rhythmus, das rechtmäßige künstlerische Signum
eines auch die Welt der Gestalt um- und übergreifenden Geheimnisses.

6

FÜR DIE phonetische Rhythmik [Wiederkehr des Gleichen
innerhalb einer Mannigfaltigkeit] will ich ein paar Beispiele
aus dem ersten der Fünf Bücher der Weisung, des sogenannten Pentateuch, für die strukturelle [Wandlung des rhythmischen Baus innerhalb einer Texteinheit] ein paar aus dem zweiten und vierten anführen.
In der Erzählung vom Turmbau stellt sich in sieben Leitworten die Entsprechung zwischen der Handlung der Menschen
und der Gegenhandlung Gottes dar, die eben nur so, nicht ex-
pressis verbis, ausgedrückt werden soll. »Alle Erde« heißt es
am Anfang, wo damit das noch vereinte Erdenvolk gemeint
ist, »alle Erde« im gleichen Sinn steht am Schluß des ersten
Teils, ehe die Gegenhandlung beginnt, und »alle Erde«, dreifach wiederholt, kehrt zuletzt wieder, die Erdfläche be-
zeichnend, über die jenes nun in seinen Stämmen zerstreut
worden ist. Ähnlich hören wir das Wort »Mundart« [eigent-
lich »Lippe«] am Anfang, wo von der einheitlichen Sprache des
Menschengeschlechts die Rede ist, dann wieder in der Gottesrede und noch einmal im Endbericht, an welchen Stellen es
um die diese Sprache »vermengende« [durcheinanderbringen-
de] – das Wort steht hier zweimal, als Verb und als Nomen –
Tat Gottes geht. »Heran!« rufen einander zweimal die Auf-
rührer zu, und »Heran!« sagt der niederfahrende Gott zu sich
selber. Dazu kommen, gleichfalls in der Entsprechung von
Aktion und Gegenaktion, das »Bauen« und die »Stadt«, der
»Name« und das »Zerstreuen«. Das Unternehmen der Menschen hat die Furcht vor dem ihnen vermeintlich drohenden
Zerstreutwerden zum Grunde und das wirkliche Zerstreutwerden zur Folge.
Die Propheten haben kein Hehl daraus gemacht, daß sie
trotz Jakobs Erwählung sein Verhalten zu seinem Bruder als

---

einem Psalm das Leitwort des unmittelbar vorhergehenden einmal
wieder, so daß gleichsam eine Brücke von einem zum andern geschlagen ist.

Schuld verstanden [Jer 9, 8, wohl auch Hos 12, 4]. Der Erzähler, der ja Jakobs Einbeziehung in die Erwählung zu berichten hatte, konnte dies nicht anders sagen, als mit den Mitteln der Wiederholung, also in einer noch zurückhaltenderen
Andeutungsform als jene. »Trug« [I M. 27, 35] ist die Schuld,
und die Erduldung von »Trug« [29, 25] gehört zur Sühnung. Die
Sünde betrifft die »Erstgeburt« [25, 31, 33, 34, sowie 26, 19, 36],
und die empfindlichste Strafe ist, daß Jakob die »Erstgeborene«
[29, 26, eigentlich »Erstgeburt«] statt der geliebten Frau bekommt. In der Erzählung von der Vollendung der Sühne aber
steht, wie dort [27, 4, 10, 12, 19, 23, 25, 27 zweimal, 29, 30, 31,
33 zweimal, 34, 35, 36 zweimal, 38 zweimal, 41 zweimal, zusammen 21mal], das Wort »segnen – Segen« im Mittelpunkt: in
der Geschichte vom Ringkampf, nach dem Jakob von dem
»Mann« gesegnet wird [32, 27, 30] und in der von der Versöhnung des Bruders, wo Jakobs Sühnegabe mit dem sonst dafür
nicht gebräuchlichen Wort »Segen« bezeichnet wird. Der intendierte Zusammenhang zwischen der Versöhnung der göttlichen und der der menschlichen Sphäre tritt – ein weiteres
Beispiel für die Paronomasie als Ausdrucksmittel – auch darin
in Erscheinung, wie hier das Wort »Antlitz« Mal um Mal wiederholt wird, abwechselnd in dem einen und in dem andern
Bereich, bis zuletzt Jakob zu Esau spricht: »ich habe nun doch
einmal dein Antlitz angesehn, wie man Gottesantlitz ansieht«.
Die strukturelle Form, die sinnvolle Wandlung des Rhythmus, ist am deutlichsten in einigen Gottesreden erkennbar.
Die »Schrift« ist, wie schon Hieronymus entdeckt hatte, ihrem
Urcharakter als Gesprochenheit gemäß, in Atemzug-Einheiten, Sinnzeilen, »Kolen« gegliedert, und so haben wir sie, zum
erstenmal, übersetzt, wobei wir jedoch auf die innerhalb der
biblischen Prosa bestehende Vielfältigkeit der Gattungsformen, die sich auch rhythmisch ausprägt, Rücksicht zu nehmen
hatten. Auch die Reden, die Gebote und Vorschriften enthalten, sind so gegliedert. Aber zuweilen wandelt sich mitten drin
der Rhythmus, wo nämlich eine Vorschrift mit einer Weisung schließt, die auf das Wesentliche hinzeigt, oder gar in
eine göttliche Sinndeutung des Vorgeschriebenen übergeht.
So folgt auf die Beschreibung des die geheimnisvollen Urim
und Tummim, »die Lichtenden und die Schlichtenden«, ber

genden hohepriesterlichen »Gewappens des Rechtspruchs«,
[II M. 28, 13–28], die mit einer heilig nüchternen Genauigkeit
die Stoffe und die Edelsteine aufzählt, die Anfertigung und
Anordnung angibt, eine in Worthaltung, Satzbau und Rhythmus abweichende, von sinnreichen Wiederholungen durch-
wirkte Endweisung, ohne daß der Zusammenhang und die
kompositionelle Einheit gestört würden. So geht die in Wort
und Klang präzis sachliche Vorschrift für die tägliche »Darhöhung« – genauer »die Aufsteigende«, das ist der wirkliche
Wortsinn des sogenannten »Brandopfers« – II M. 29, 38–41,
in einen Spruch hoher Botschaft über [V. 42–46], ein reines
Gebild sakraler Verkündigung. Und wieder aus einer Opfer-
vorschrift [IV M. 15, 1–16] erwächst eine weit über sie hin-
ausgreifende Satzung, an Ton und Aufbau verschieden, deren
Bedeutsamkeit durch den sonst unbekannten Anruf »Versammlung!« hervorgehoben wird und die die Gleichberechti-
gung des in Israel lebenden Fremdlings, des »Gastsassen«, offenbar nicht für einen einzelnen Ritus, sondern für das ganze ge-
meinschaftliche Leben proklamiert: »einerlei Weisung und
einerlei Recht sei für euch und für den Gastsassen, der bei euch
gastet.«

7

AN DEM Beispiel mehrerer Begriffe des sakralen und verwandter Bereiche sei die durch die Aufgabe unserer Übertragung bestimmte Wortwahl erläutert.
Die Begriffe des Opferwesens findet man gewöhnlich durch
den allgemeinen Terminus »Opfer, opfern« wiedergegeben,
wozu noch die Unterabteilungen »Brandopfer, Speiseopfer«
usw. treten. Damit ist ein eigentümlicher kultisch-theologi-
scher Sachverhalt der Allgemeinheit der Religionsgeschichte
gewichen. In Wahrheit gehen fast alle hebräischen Opferbe-
griffe auf das Verhältnis des Opfernden zu seinem Gott und
einen Vorgang zwischen beiden oder doch die Einleitung dieses Vorgangs zurück. Darum ist die umfassende Bezeichnung,
qorban, von einem Verb abgeleitet, das nahen, nähern bedeutet; der Sinn des Opfers ist es nun, darin sich selbst Gott
zu nähern; daher deutsch: Nahung, Darnahung, nahen, darnahen. Das sogenannte »Brandopfer«, *'olah*, bedeutet das als

Ganzes hoch, himmelhoch »Aufsteigende«; also Höhung, Darhöhung, höhen, darhöhen. Das sogenannte »Speiseopfer«,
minchah, bedeutet zwar einfach »Gabe«, doch klingt das Verb
nachah, geleiten, an und wurde leicht assoziiert; daher: Hinleite. Das Wort *sebach* hingegen bedeutet Schlachtung,
Schlachtspende: man schlachtet ein Tier, opfert einen Teil davon und ißt den Rest mitsammen: Gemeinschaft wird mit
Gott und unter den Menschen in einem gestiftet, und jedes
Gemeinschaftsmahl schließt ein Opfer ein. Daß häufig das
Wort »Dank« und ein stark an »Frieden« anklingendes Wort
damit verknüpft werden, gehört in den gleichen Zusammenhang. Von derselben Wurzel wie *sebach* stammt das hebräische Wort für »Altar«, weil an dem *misbeach* eben geschlachtet
wurde und das Schlachten des »Schlachtmahls« an der »Schlachtstatt« biblisch eben das Primäre ist. Der Duft des Opferrauchs
heißt *reach nichoach*, eine refrainartig wiederkehrende Assonanz,
deren zweites Glied, ein Wort, das nur vom Opferdienst gebraucht wird, mit »Ruhe« wurzeleins ist, – aber auch »Beruhigung« würde den objektivierten Begriff nicht treffen; unser
»Ruch des Geruhens« kommt Sinn und Form am nächsten.
Das Nomen *kodesch*, gewöhnlich durch »heilig, das Heilige«
wiedergegeben, ist ein dynamischer Begriff, der zunächst
einen Vorgang, den der Heiligung, des Heiligens und des Ge-
heiligtwerdens, später erst auch das Heiligtum bezeichnet; daher nicht »heilige Menschen«, sondern »Menschen der Heiligung« und nicht »heilige Gaben«, sondern »Darheiligungen«;
die Priesteranteile an diesen sind »Abheiligungen«, die Gegen-
stände, die alles, was sie berührt, zu sakral Ausgesondertem
machen, »verheiligen« es, und das Innerste des Heiligtums
heißt nicht »das Allerheiligste«, sondern, als der Ort, von dem
alles im Heiligtum sein Geheiligtsein empfängt, »das Heiligende [eigentlich: die Heiligung] der Heiligtume«.
Der Gegensatz dazu ist *chol*, nicht das »Unheilige« oder »Nicht-
heilige«, sondern das, weil nicht kultischer Aussonderung unterworfen, dem allgemeinen Gebrauch »Preisgegebene«. So
wird denn auch der Beginn der eigenen Nutzung des in den
ersten vier Jahren nach der Pflanzung pflichtgemäß geweihten
Weinbergs [III M. 19, 23] eine Preisgabe oder vielmehr Preis-
nahme genannt [V M. 20, 6; 28, 30].

Der Gegensatz zu »rein« ist nicht »unrein«, kein bloßes Fehlen von Reinheit, sondern »maklig«, der Makel als miasmatisch wirkende Macht verstanden.

Das tragbare Heiligtum der Wüstenwanderung, 'ohel mo'ed, ist keine »Stiftshütte«, aber auch »Offenbarungszelt« ist keine zulängliche Wiedergabe: es ist das »Zelt der Begegnung«, der vorbestimmten Begegnung Gottes mit dem Volk. Es heißt aber auch mit einem verwandten Terminus 'ohel ha-'eduth, »Zelt der Vergegenwärtigung«, weil es die Tafeln des Bundes birgt, die die Offenbarung als eingegrabene Schrift empfangen haben und sie allen späteren Geschlechtern gegenwärtig machen sollen.

Damit ist zugleich ein eindringliches Beispiel der anderen Art von Wortwahl in der Übertragung gegeben, die ich neben der besprochenen absoluten Wortwahl die relative nennen möchte; jene ist auf die Erfassung des individuellen Wortsinns, auf die Freimachung seiner ursprünglichen Sinnlichkeit von der Kruste der geläufigen Abstraktion bedacht, diese auf die jeweilige Bewahrung des von der Bibel gemeinten Verhältnisses zweier oder mehrerer wurzelverwandten oder auch nur klangnahen Wörter zueinander. Ich habe schon darauf hingedeutet, wie wichtig für den biblischen Stil die »Paronomasie« ist, d. h. eben die Verwendung mehrerer Wörter ähnlichen Baus oder Klangs dicht oder doch so nah beieinander, daß man, wo einem das zweite, das dritte entgegentritt, noch das erste nach- oder wiederertönen hört. Diese Wörter werden dadurch, abgehoben von ihrer Umgebung, in eine besondre Beziehung gesetzt, worin oft ein vom Text Ausgesprochenes gleichsam in seiner Schallwirkung sich verstärkt und einprägsamer wird, ja sogar etwas auf eigentümliche Weise ausgesprochen wird, was der Text eben nur so auszusprechen wünscht. Es sind demgemäß in der Bibel Alliteration und Assonanz, und erst recht Wiederholung von Wörtern, Wendungen, Sätzen, nicht von ästhetischen Kategorien allein aus zu begreifen, sie gehören zumeist zum Gehalt und Charakter der Botschaft selber, und ihre richtige Wiedergabe ist eine der innerlichsten Aufgaben der Übertragung. Es geht oft um sehr wichtige Zusammenhänge, wenn wir innerhalb eines Abschnitts, nicht selten auch innerhalb eines ganzen Teils, eines

ganzen Buches, ja einer Mehrheit von Büchern die gleiche
hebräische Wortwurzel durch die gleiche deutsche wiederzugeben bestrebt sind.

Das Wort *mo'ed* bedeutet auch Gezeit, zunächst nur in dem
Sinn der alljährlichen Wiederkehr dessselben Tags [oder derselben Tage], von dessen Gegenwart aus seine regelmäßige
Wiederkehr als eine stets wiederkehrende Gegenwart angesehen wird; sodann im Sinn der Festzeiten; endlich aber verknüpft sich damit unter dem Einfluß des Wortgehalts eigentümlich die Vorstellung der Begegnung zum Begriff der fest-
lichen Begegnungen des Volks untereinander, des Volks mit
Gott, ja beide Bedeutungsnuancen können nebeneinander
treten [III M. 23, 4]: »Dies sind die Begegnungszeiten, ... die
ihr ausrufen sollt zu ihrer Gezeit«. Einen ganz anderen Bedeutungswandel macht das eigentliche Wort für Fest, *chag*,
durch, dessen ursprünglicher Sinnlichkeitsgehalt, Reigen,
Festreihn, allmählich verblaßt, welchem Entsinnlichungspro-
zeß der Übersetzer zu folgen hat, wie er z. B. für das gewöhnlich durchgehend mit »beten« wiedergegebene *hithpallel* im
ganzen Pentateuch einheitlich das speziellere und offenbar ur-
sprünglichere »sich einsetzen« [d. h. Gott gegenüber mit der
eignen Person für jemand, dem er zürnt] zu verwenden gehalten ist. Dagegen ist *chodesch*, das eigentümliche »Mondneuung, Neuung«, nirgends durch »Monat« zu ersetzen, da es nicht
die Zeitdauer als solche, sondern entweder den ganzen Kreis-
lauf der Monderneuung oder den Neumond als ihren Beginn
bezeichnet und die Dynamik des Begriffs für die Psychologie
der biblischen Zeitgliederung unentbehrlich ist. Noch wichtiger
ist die Erhaltung der hebräischen Wortdynamik in Bezeichnungen wie *schabbath* und *pefsach*, die nicht wie üblich unüber-
setzt bleiben dürfen; *pefsach* darf sich nicht zu Passah techni-
sieren, sondern muß im Wachhalten der lebendigen Asso-
ziation das Fest der Erinnerung an jenen Übersprung oder
Übergang [II M. 12, 13] bleiben; und vollends den *schabbat*
muß die deutsche Bibel aus der Erstarrung des »Sabbats« in die
Vitalität der Feier, des Feierns zurückretten [wie denn das
Wort an einzelnen Stellen, so III M. 23, 15, nicht den wöchent-
lichen Ruhetag, sondern einen andern Festtag bezeichnet], dahin, wo der Mensch, von der »Arbeit« feiernd, die er in der

Woche »gemacht« hat, sich in der Nachahmung Gottes stehend erfährt, der am siebenten Tag der Schöpfungswoche von der »Arbeit« feierte, die er »gemacht« hatte. Daher denn nicht, wie es üblich ist, in der Schöpfungsgeschichte das Nomen »Werk« und in den Sabbatgesetzen für das Werk des Menschen das Nomen »Arbeit«, in der Schöpfungsgeschichte das Verb »machen« und in den Sabbatgesetzen für das Machen des Menschen das Verb »verrichten« gebraucht werden darf, sondern dort und hier, wie das Original tut, die gleichen Worte – es sei denn, wo ausnahmsweise das Sabbatgebot nicht auf die Schöpfung hinweist.

Die Sabbatgebote bieten einen gewichtigen Beitrag zum Verständnis der biblischen Funktion der Paronomasie. In einem mit dem Ursprung in Gottes Schöpfungsruhe begründeten Gebot [II M. 31, 14 ff.] heißt es, daß er am siebenten Tag feierte und »eratmete«, aber das fast nirgends sonst vorkommende Verb steht in derselben Form in einem andern Gebot [II M. 23, 12], wo die Einsetzung des Sabbats mit der sozialen Absicht begründet wird: damit »eratme der Sohn deiner Magd und der Gastsasse«. Das Band, das damit, ohne Scheu vor dem derben Anthropomorphismus des Verschnaufens, zwischen beiden Geboten geschlungen worden ist, soll dem Hörer gerade beim Anspruch des abhängigen Menschen die Gottesruhe in den Sinn rufen und beim Hinweis auf den feiernden Gott die Vorstellung des arbeitsmüden Sklaven; denn jedem Menschen soll es ermöglicht werden, Gott nachzuahmen [»in seinen Wegen zu gehen«]. Beide Begründungen gehören zusammen, weil Gott und der »Gebeugte und Bedürftige« zusammengehören; denn, wie die späte Prophetie [Jes 57, 15] verkündet, wohnt Gott, außer »in der Höhe und Heiligkeit« eben »bei dem Geduckten und Geisterniederten«.

Das siebente Jahr ist kein »Erlaßjahr«, denn die Schulden sollen nicht erlassen werden, sondern nur nicht eingetrieben werden dürfen [V M. 15, 2 f]; es ist ein Jahr der »Ablockung«. Das fünfzigste Jahr ist kein »Halljahr«, sondern das »Heimholerjahr«, denn, was immer *jobel* bedeute, die Volksetymologie jedenfalls verstand den Namen als Hindeutung auf den Sinn der Institution, die Zurückbringung des verarmten Grundbesitzers zu seinem Boden und des unfrei Gewordenen zur Freiheit:

»Heimholer sei es euch, / da kehrt ihr zurück / jeder zu seiner
Hufe, / jeder zu seiner Sippe / sollt zurück ihr kehren.«

Nach dem Gebot des Sabbatjahrs, des »Feierjahrs« [III M. 25]
soll das Land sechs Jahre bebaut werden, im siebenten soll es
feiern; siebenmal wiederholt das Gesetz das Wort »feiern,
Feier«. Und wie das Sabbatgebot alle Kreatur, auch den Knecht,
auch den Gastsassen, ja auch das Haustier, in die gemeinsame
Ruhe aufnahm, so nimmt das Gebot des Sabbatjahrs alle Kreatur in den gemeinsamen Genuß des Nachwachsenden, nicht
zu Erntenden auf. Dieses »soziale« Gebot – »Soziales« und »Religiöses« sind in der Thora nicht zu scheiden: das Religiöse ist
die Richtung, aber das Soziale ist der *Gang* – hat im Zusammenhang der Gesetzgebung einen so hohen Rang, daß seine
Nichtbefolgung im Mittelpunkt des großen Fluchs steht, der
die Gesetze des dritten Buches abschließt. Wenn das Volk, das
das Sabbatjahr nicht hat halten wollen, aus seinem Land vertrieben wird, Volk und Land voneinander getrennt werden,
dann wird das Land endlich zu seinem Rechte kommen: eben
zu den Sabbatjahren, die das Volk ihm vorenthalten hatte und
die nun in einer langen Brachezeit nachgeholt werden [vgl.
die II Chr 36, 21 erhaltene jeremjanische Anwendung des
Leviticus-Spruchs]. Aber wie in der »apokalyptischen« Weis-
sagung des Buches Jesaja [Kap. 25] von der Erde, die unter
ihren Insassen entartet und die nun »der Eidfluch frißt«, die
Schau des erscheinenden Königtums Gottes die der gefallenen Erde überwindet, so führt auch im Fluch selber die Verheißung über die Verwünschung hinaus. Nur ist hier beides
tiefer, eigentümlich tief miteinander verwoben, und zwar dadurch, daß die Verbundenheit von Mensch und Erde, hier
also von Volk und Land, durch das Mittel der Wiederholung
des gleichen Worts in zwiefältiger Bedeutung eine denkwür-
dig eigentümliche Sprachgestalt gewinnt. Formen des Verbs
razah, das in der Qalform etwa »eine Leistung durch Annahme gültig machen« bedeutet, sind in subtiler Differenzierung
so verwendet, daß die das Versäumte ausgleichende Ruhe des
Landes und das die Spannung zu Gott ausgleichende Abbüßen
des Volkes, darin seine Umkehr, die »Unterwerfung des Herzens« [26, 41] erwacht, mit demselben Wort erfaßt und so in
der festen wechselseitigen Beziehung gehalten werden.

Während das Volk seine Schuld büßen muß, »schatzt das Land seiner Feierjahre nach«, »es schatzt seine Feiern ein«, bis die Söhne Israels »nachschatzen für ihre Verfehlung« und Gott ihrer und des Landes gedenkt, um sie wieder miteinander zu vereinigen. Hier steht zum siebenten Mal der Wortstamm *schabath*, wie er im vorhergehenden Sabbatsjahr-Gesetz selbst [25, 1–7] siebenmal wiedergekehrt ist: in dem zum Segen sich wandelnden Fluch vollendet sich die siebenfache Nennung des siebenten Jahrs: die Gnade, die »annehmende Gültigmachung«, *razon*, hier im Abschnitt der *razah*-Rhythmik nicht genannt, aber von Anfang des Buches [1, 3] und anderen Stellen herüberstrahlend, ist siegreich.

Das im Dekalog [II M. 20, 5] von den Übersetzern sonst entweder mit »heimsuchen« oder gar mit »ahnden« verdeutschte Verb *paqad* ist von uns durch »zuordnen« wiedergegeben, denn es bezeichnet in all seinen Formen die Tätigkeiten des Ordnens, Anordnens, Verordnens, Beiordnens, Zuordnens, daher auch Gottes die Menschengeschichte ordnendes Walten, sein Ergänzen des Mangels, Hervorholen aus Bedrängnis, aber auch sein Tat und Folge zuchtmeisterlich ausgleichendes Wirken. Hier läßt er die Sünder erleben, wie noch ihre Söhne und Enkel an ihrer Verfehlung zu leiden haben; von einer Strafe an den Nachkommen über die Lebenszeit der Sündigen hinaus ist nicht die Rede. Die spätere Prophetie [Hes 18, 2] hatte hier eine den Mißverstand abwehrende Interpretation auszusprechen.

Aber auch »Prophet« ist eine leicht irreführende Übersetzung: der *nawi*, der Kundgeber zwischen Himmel und Erde, der »Künder«, »prophezeit« nicht, er hatte nicht eine feststehende Zukunft anzusagen, sondern seine Hörer vor die Alternative zu stellen.

Das gewöhnlich mit »Engel« übersetzte Nomen bedeutet den »Boten«, den himmlischen und den irdischen, menschlichen [so ja auch das griechische *angelos*, woher Engel kommt]. Die Spezifizierung führt irre; zumindest vorexilisch existieren die Engel nur in ihrer Botschaft, ihre Seinsart ist die der Auftragsfunktion.

Nicht immer aber geht es an, auf den ursprünglichen Wortsinn zurückzugehn, um der biblischen Absicht Genüge zu tun. So ist dem eigentlichen Sinn des Wortes *kabod*, das man mit

»Ehre«, wo von den Menschen, mit »Herrlichkeit« übersetzt,
wo von Gott die Rede ist, keine abendländische Entsprechung
zu finden. Dem Wurzelsinn gemäß bezeichnet es das innere
Gewicht eines Wesens, aber als sich manifestierend, als er-
scheinend. Im menschlichen Bereich muß es wohl bei »Ehre«
bleiben, aber für den *kabod* Gottes darf das Wort »Erscheinung«
verwendet werden, als das Sichtbarwerden der unsichtbaren
majestas, ihr Scheinendwerden – Lichtglorie am Himmel als
Ausstrahlung der »Wucht«. Diese Unmittelbarkeit der Sprach-
wahrnehmung beim Leser vorausgesetzt, darf der Dolmetsch
das zugehörige Verb in der Reflexivform an Stellen wie II M.
14, 4, 17 f.; III M. 10, 3, statt mit »Ehre einlegen«, »sich verherrlichen« oder dgl., ein gut deutsches Wort erneuern und
Gott sprechen lassen: »Ich erscheinige mich.«

Unmittelbarer als der Begriff des *kabod* Gottes läßt sich von
der deutschen Sprache der jener *ruach* Gottes erfassen, die im
Anfang der Schöpfung »überm Antlitz der Wasser«[1] schwebt
oder vielmehr »schwingt«. Das Verb ist äußerst selten; in dieser Form kommt es nur noch einmal, im Liede Moses vor
[V M. 32, 11], an einer Stelle, die vom Verfasser offenbar mit
jener paronomastisch verknüpft worden ist. Da wird der in
der Geschichte an den Völkern und an Israel handelnde Gott
mit dem Adler verglichen, der mit sanft schlagenden Flügelspitzen über seinem Neste schwebt, um es zu »erregen«, d. h.
um die eben flügge gewordenen Jungen zum Fluge aufzustören, dann aber auch wohl, die Flügel ganz ausbreitend,
eines aufnimmt und es »auf seinem Fittich trägt«. Wir sollen
an die Stelle der Schöpfungsgeschichte denken, wo die Wasser dem Nest und die Geschöpfe [von deren vielen ja gesagt
wird, daß das Wasser sie hervor-»wimmeln« solle], die Gott
ins Sein ruft und holt, den Jungen entsprechen. Wie aber haben wir die *ruach* zu verstehen?

Daß von ihr und nicht von Gott selber geredet wird, erklärt
sich daraus, daß das Flügelbreiten hier nicht wie im Moseslied

---

1] Diese wörtliche Wiedergabe ist hier vorzuziehen, weil »Antlitz« hier Leitwort ist: ins Sein tretend zeigt alles Geschaffene sein
Antlitz.
2] Darum bezeichnet Gunkel das Wort an dieser Stelle als ein hapax
legomenon.

vergleichsweise, sondern wirklich ausgesagt wird und die Schrift, bei all ihrer Neigung zu Anthropomorphismen, optische Details in Gotteserscheinungen gern vermeidet. Welche aber von den beiden Bedeutungen des Wortes *ruach* hier gemeint ist, Wind [also entweder ein Wind Gottes oder ein gewaltiger Wind, ein »Gotteswind«] oder Geist [also entweder der oder ein Geist Gottes], darüber sind die Meinungen von je geteilt. Beiden Deutungen liegt die Auffassung zugrunde, man müsse sich für eine von beiden entscheiden. Dem ist jedoch nicht so. Die dynamische Grundbedeutung des Wortes, von der allein aus wir die Stelle erfassen können, ist: das Hauchen, das Wehen, das Brausen. Als ein solches erscheint dem biblischen Menschen nicht bloß der Wind, sondern auch der Geist. An dieser Stelle ist beides in einem gemeint;[2] gemeint ist das schöpferische Wehen und Sausen, der Urbraus. Die Schrift denkt nicht lexikalisch, sondern elementar, und sie will, daß ihr Leser denke wie sie, will hier, daß die Bewegung von Gott her, die vor aller Differenzierung ist, undifferenziert, aber sinnlich-lebendig sein hörendes Ohr treffe[3]. Ihrer Absicht dienen wir, wenn wir hier »Braus Gottes« übersetzen, später aber »Geistbraus« da und nur da sagen, wo vom Geist als dem von Gott ausgehenden und den Menschen begeisternden Geistessturm [und nicht von dem abgelösten und in sich beschlossenen Menschengeist, wo es »Geist« heißen muß] gesprochen wird, und ebenso »Windbraus« da, wo der Naturvorgang als einer, in dem der Schöpfungsbraus nachweht, empfunden werden soll, und dazu noch an Stellen, wo beide Bedeutungen nah beieinander stehen und ihre Einheit nicht verlorengehen darf. Ein besonders gewichtiger epischer Abschnitt dieser Art ist IV M. 11, die Geschichte von der Geistausgießung über die Ältesten und der Entsendung des wachteltreibenden Windes von Gott aus. Kein anderes deutsches Wort als »Braus« vermag, wie sich in den Jahrzehnten stets erneuter Prüfung erwiesen hat, all diesen Stellen ihr Recht zu geben.

3] Wenn Hölderlin ruft: »O Schwester des Geistes, der feurig in uns waltet und lebt, heilige Luft!«, ist er der Verwandtschaft der beiden Bedeutungen von *ruach* eingedenk, aber der ursprünglichen Einheit, wenn er auf das – im 3. Kapitel des Johannes-Evangeliums wiederkehrende – Geheimnis des »geistigen Wehens« hinweist.

8

Die Schwierigkeit der zulänglichen Wiedergabe steigert sich ins Paradoxe, wo es um die Verdeutschung der Gottesbezeichnungen, namentlich des Tetragrammatons, des Namens Jhwh [die Vokalisation ist unsicher, die des mafsoretischen Texts ist eine konventionelle, das verbotene Aussprechen des Namens sollte durch sie gewiß nicht erleichtert werden][1]. Es ist anzunehmen, daß er ursprünglich in der Urform Jah reiner Ausruf war, Urlaut[2], später um einen Laut zu Jahu erweitert, ein – ebenso wie der gleichlautende Derwischruf – aus einem Pronomen und einer Interjektion zusammengesetzter Ausruf war; beide haben sich als Bestandteil von Eigennamen die erste Form auch selbständig erhalten.

Im Dornbusch-Gespräch [II M. 3, 14] wird der Name, unter Hinzufügung eines weiteren Buchstabens[3], verbalisiert. Gott antwortet auf Moses Frage nach seinem Namen, vielmehr nach dessen Sinn, indem er das Verb aus der dritten in die erste Person transponierend, 'ehjeh [hawah ist die ältere, hajah die jüngere Gestalt des Verbs], »Ich werde dasein« sagt, und hinzufügt: 'ascher 'ehjeh, »als der ich dasein werde«; daß das 'Ehjeh als der erschlossene Name zu verstehen ist, geht aus dem unmittelbar folgenden Satz »So sollst du zu den Söhnen Israels sprechen: 'Ehjeh schickt mich zu euch.« Man pflegt jenes 'ehjeh 'ascher 'ehjeh von je zu übersetzen: »Ich bin der ich bin« und versteht darunter [wenn man Gott nicht geradezu seine Ablehnung aller Antwort durch diese unter Menschen nicht unübliche, aber eher triviale Redensart ausdrücken lassen will] eine Aussage Gottes über seine Ewigkeit oder gar über sein Aus-sich-Selbstsein, was sich schon dadurch verbietet, daß ein Gebrauch des Verbs im Sinne seiner Existenz der Bibel sonst fremd ist: es bedeutet [abgesehen von der Verwendung als Kopula oder im Sinn von »es gibt« u. dgl.] werden, geschehen, gegenwärtig werden, gegenwärtig

---

1] Vgl. Rosenzweigs Aufsatz »Der Ewige« [Kleinere Schriften 182 ff.] sowie meine Bücher »Königtum Gottes« 82 ff. und »Moses« 60 ff.

2] »Wort im Urstand der Begegnung noch vor der Vergegenwärtigung, reiner Vokativ vor aller Möglichkeit anderer Kasusse« [Rosenzweig].

sein, *da* sein. Um die Bedeutung dieser zentralen Stelle gegen jeden Mißverstand zu schützen, hat der letzte Erzähler oder der Redaktor das biblische Mittel der Wiederholung, auf das ich oben hingewiesen habe, in großartiger Weise verwendend, im gleichen Abschnitt fast unmittelbar vor unserer Stelle [V. 12] Gott zu Mose mit demselben *'ehjeh* sprechen lassen: »Ich werde dasein bei dir« und hat bald danach zweimal [4, 12, 15] das *'ehjeh* im gleichen unzweideutigen Sinn wiederkehren lassen. In der jüdischen Tradition ist mehrfach, darunter von Jehuda ha-Levi, auf diesen Zusammenhang hingewiesen worden. »Welchen Sinn«, sagt Rosenzweig, »hätte wohl für die verzagenden Unglücklichen eine Vorlesung über Gottes notwendige Existenz? Sie brauchen, genau wie der zaghafte Führer selbst, eine Versicherung des Bei-ihnen-Seins Gottes und brauchen sie, zum Unterschied von dem Führer, der es ja aus Gottes eigenem Munde vernimmt, in der die göttliche Herkunft der Versicherung bestätigenden Form einer Durchleuchtung des alten dunkeln Namens.« Das Volk meint, Mose würde wissen wollen, wie sie in ihren Nöten den Gott mit seinem Namensgeheimnis, wie man in Ägypten glaubte, beschwören könnten; Gott antwortet, sie brauchten ihn ja gar nicht herbeizubeschwören, denn er werde ja bei Mose dasein, werde bei ihnen sein. Aber er fügt hinzu, sie könnten ihn auch gar nicht beschwören, denn er werde den Menschen nicht in der Erscheinungsform gegenwärtig, die sie sich wünschen, sondern je und je in der von ihm selber für diese bestimmte Lebenssituation seiner Menschen gewollten: »als der ich dasein werde« oder »wie ich [eben] dasein werde«.

Von den vorgefundenen Arten, das Tetragrammaton zu übersetzen, konnten wir demgemäß keine übernehmen. Die Umschreibung »der Herr«, mit der sich die Siebzig, die Vulgata und Luther behelfen – im Anschluß an den jüdischen Brauch, an Stelle des nicht auszusprechenden Namens das Wort *'adonai*, meine Herren, sodann meine Herrschaft, zu sagen –, war eben-

---

3] Doch nimmt Mowinckel [in einem Brief an Rudolf Otto] *Ja-huwa* als die aus der Interjektion *ja* und einer Pronominalform *huwa* zusammengesetzte Urform an; dann wäre der Buchstabenbestand unverändert geblieben und das Tetragrammaton wäre eher als Kürzung des ursprünglichen Anrufsnamens anzusehn.

so unannehmbar wie das mißdeutende »der Ewige« Calvins und Mendelssohns; und auch die in der wissenschaftlichen Übertragung übliche Transkription war uns – abgesehen von der Fragwürdigkeit ihrer Vokalisation – deshalb nicht erlaubt, weil dadurch mitten in der Schrift der seine Botschaft sprechende Gottesname den stummen Eigennamen der Götter gleichgestellt wird. Aber auch »der Daseiende« oder »der Gegenwärtige« durften wir nicht schreiben, weil dies den in seinem Sinn aufleuchtenden Namen durch einen festen Begriff ersetzen hieße, der von jener Sinnerschließung nur das »Stets« und nicht das »Immer wieder neu« zu erfassen vermag. Es galt, eine Wiedergabe zu finden, die in dem hörenden Leser ein jener aus Namen zuströmenden Gewißheit verwandtes Gefühl erzeugt, also das Bei-ihnen-, Bei-uns-Sein Gottes nicht begrifflich aussagt, sondern gegenwärtiglich verleiht. Die Einsicht in den pronominalen Charakter oder Gehalt der ursprünglichen Namensform gab die Richtung an. Darum steht in unserer Verdeutschung ICH und MEIN, wo Gott redet, DU und DEIN, wo er angeredet wird, ER und SEIN, wo von ihm geredet wird. Wo der Name in einer Gottesrede steht und die Stelle der offenkundigen Absicht nach auch für sich, ohne Bezug auf den Sprecher als solchen, etwa als objektiv bestehende Vorschrift, wirken sollte, ist die dritte Person beibehalten worden. An einzelnen Stellen der Schrift – außerhalb des Pentateuch –, wo der Name in seiner vollen Erschlossenheit sich manifestiert, weil eben die Gegenwärtigkeit Gottes verkündigt werden soll, mußte »ER IST DA« gewagt werden.

Eine besondere Schwierigkeit bildete die Wiedergabe der kürzesten Form des Namens, JAH; wir haben uns entschlossen, ein blasseres »Er« und »Du« dafür zu setzen, aber, um den ursprünglichen Ausrufcharakter dieser – durchweg in hymnischen und verwandten Texten vorkommenden – Namensform zu bewahren, überall, wo es angeht, ein »Oh« vorauszuschicken; so auch in der Zusammensetzung Hallelu-Jah: »Preiset oh Ihn!«

Andersartig ist die Schwierigkeit bei ’el und ’elohim, die zwar nicht, wie es allgemein geschieht, in gleicher Weise mit »Gott« zu übersetzen sind, zwischen denen aber eine *feste* Differenzierung sich als undurchführbar erweist. Dem Wortcharakter nach läge es nah, ’el mit Gott und ’elohim, das ja eigentlich ein

Plural ist, mit Gottheit zu übersetzen; aber von den beiden ist gerade *'elohim* namenhafter, mehr zur Bezeichnung des einen Gottes geworden, während an *'el* die allgemeine Vorstellung der Macht, der Mächte haftet, ohne daß man es deshalb mit »Macht« übersetzen und dadurch vom Wortstamm »Gott« losreißen dürfte [auf die umstrittene Frage nach dem etymologischen Verhältnis beider Wörter zueinander kann ich hier nicht eingehen, für das biblische Sprachbewußtsein aber hängen sie zweifellos zusammen]. So ist denn im allgemeinen *'elohim* durch »Gott«, *'el* je nachdem durch Gottmacht, Gottherr, Gottheit, Schutzgott – die Wortnuance ist schwankend, und auch die Umgebung, in der das Wort jeweils steht, muß mitbestimmend sein – wiederzugeben; doch gibt es auch Abschnitte, so die Sprüche Bileams, wo das Verhältnis sich umkehrt. Übrigens muß das Wort »Gott« auch da mitverwendet werden, wo der Wortbestandteil *'el* zumindest von der Volksetymologie so verstanden wird, also bei *'ela*, wo damit ein heiliger Baum gemeint ist, eine »Gotteiche«, und bei *'elil*, das eine Nichtigkeit, ein Nichts, aber zumeist eben einen nichtigen Götzen bezeichnet: weil die Bezeichnung auf Gott *mit*anklingen muß, heißen die *'elilim* in unsrer Übertragung Gottnichtse.

In der Erstausgabe unserer Übertragung waren auch die Bezeichnungen Baal und Molekh [der sogenannte Moloch] übersetzt worden. Beides sind primär keine Eigennamen. Das erste charakterisiert ein semitisches Gotteswesen als »Meister« oder Inhaber eines befruchtenden, himmlischen oder irdischen Wasserschatzes; das zweite stellt eine »Schandvokalisation« des Wortes *melekh*, König, als des – ebenso wie jenes Namen zu werden tendierenden – Titels westsemitischer Stammesgötter dar. Sie waren dementsprechend mit »Obmeister« und »Aberkönig« wiedergegeben worden. Es hat sich aber ergeben, daß viele sachunkundige Leser, die auch unsere Erläuterungen nicht in sich aufgenommen hatten, diesen Stellen ratlos gegenüber standen, was der Intention dieser Schriftverdeutschung zuwider lief. Ich habe daher, wenn auch ungern, in dieser Ausgabe die beiden Worte als Eigennamen behandelt[1].

1] Über die mit ihnen verbundenen schwerwiegenden Probleme der semitischen und der israelitischen Religionsgeschichte sind das 4. und das 5. Kapitel meines Buches »Königtum Gottes« zu vergleichen.

EINIGE BEISPIELE von an der Grenze des Theologischen und des Ethischen beheimateten Begriffen mögen sich anschließen: drei positive und zwei negative.

Chefsed, zedek und *'emeth*, die göttliche Tugenden verherrlichen und dem Menschen, der »in den Wegen Gottes« gehen soll, zur Nachahmung darstellen[1], sind alle drei Begriffe der Übereinstimmung, der Zuverlässigkeit. *Chefsed* ist eine Zuverlässigkeit zwischen den Wesen, insbesondre die des Bundesverhältnisses zwischen dem Lehnsherrn und seinen Dienstmannen, zunächst die Bundestreue des Herrn, der seine Diener erhält und beschützt, sodann auch die der Untertanen, die ihrem Herrn treu ergeben sind. Der diesem Gegenseitigkeitsbegriff entsprechende deutsche Wortstamm ist »hold«: sowohl das Adjektiv hold wie das Nomen Huld bezeichnen ursprünglich auch die Treue von unten nach oben [»dem Schutzherrn mit redlichem Herzen hold und gewärtig zu sein«, heißt es bei Niebuhr], der »Holde« hieß mittelhochdeutsch der Dienstmann, und in unserem »huldigen« lebt diese Seite des Begriffs fort; aber auch dessen ästhetische Verselbständigung, wie sie von Jes 40, 6 gefordert wird, gibt der deutsche Wortstamm mit »Holdheit« her. In den Psalmen sind Gottes *chafsidim* seine Holden, seine treue Gefolgschaft. *Zedek* ist die weitere und vielfältigere Konzeption: es bedeutet die Zuverlässigkeit eines Handelns einem äußeren oder inneren Sachverhalt gegenüber; einem äußeren gegenüber, indem es ihn zur Geltung bringt, ihm Raum schafft, ihm sein Recht werden läßt; einem inneren, indem es ihn verwirklicht, ihn aus der Seele in die Welt setzt. Der einzige deutsche Wortstamm, der beiden Bedeutungen Genüge tut [wogegen das dem Stamm *schafat* entsprechende »Recht« nur auf die erste trifft], ist »wahr«: Wahrheit, Wahrhaftigkeit, Bewahrheitung [des Unschuldigen im Gericht], Wahrspruch, Wahrbrauch [der mit ehrlicher Intention getane Brauch], Bewährung stecken den Umfang des Begriffes ab. *'Emeth* schließlich bezeichnet die

---

1] Für die beiden ersten sind die Kapitel »Um die Liebe« und »Um die Gerechtigkeit« meines Buches »Der Glaube der Propheten« zu vergleichen, für den dritten, was in meinem Buch »Zwei Glaubens-

Zuverlässigkeit schlechthin, auch die ganz innere, und kann, wie das stammeszugehörige 'emunah, nur vom Wortstamm »trau« aus einheitlich erfaßt werden; 'emeth ist wesentlich die Treue, und 'emunah kommt ihm oft so nah, daß es da nicht wie sonst durch »Vertrauen«, sondern ausnahmsweise [ich habe hier lange, aber vergeblich zu widerstreben versucht] durch das gleiche Wort »Treue« wiedergegeben werden muß.

Die hier zu verdeutlichenden negativen Begriffe sind 'awen und schaw, soweit die Schrift sie in ihrem strengen Sinn gebraucht. Auch wenn man, wie ich, nicht mit Mowinckel [der aber inzwischen die in seinen »Psalmenstudien« dargelegte Auffassung revidiert hat] annimmt, daß mit 'awen schwarze Magie gemeint sei, muß man die intensive Bedeutung, die das Wort oft, besonders in den Psalmen, hat, beachten. Es bezeichnet dann das Böse als Macht, und zwar so, daß es zumeist dessen Tätigkeit umgreift, zuweilen aber auch an das Erleiden dieser Tätigkeit rührt. Ich weiß kein anderes Wort, das so geeignet wäre, die gemeinte wirkende und erduldete Macht des Bösen deutlich zu machen, wie »Harm«. Einheitlicher kann schaw wiedergegeben werden. Es bezeichnet das Fiktive – und zwar zum Unterschied z. B. von hewel, Dunst oder Tand, das Fiktive besonders, dem die Realität angemaßt wird, das sich daher bis zum eigentlich Widergöttlichen, Widerwirklichen steigern kann. Wörter wie »eitel«, »nichtig«, »falsch« sind nicht stark genug, um diese »Weltmacht des Götzentum« zu benennen; es gibt nur ein einziges deutsches Wort, das dies vermag, und das ist »Wahn«. Darum ist die zentrale schaw-Stelle, die des Dekalogs, in unsrer Verdeutschung so wiedergegeben: »Trage auf das Wahnhafte nicht Seinen deines Gottes Namen« [nicht »Du sollst den Namen... nicht freventlich aussprechen«; nafsa ohne qol (Stimme) kann wohl anheben, aber nicht aussprechen bedeuten], d. h. belege nicht eine aufgeblähte Fiktion mit dem Namen der höchsten Wirklichkeit. Wir finden dieses Nomen mit diesem Verb verbunden in den Psalmen wieder, nämlich abgesehen von einer schwierigen Stelle, 139, 20, im 24. Psalm [V. 4], wo »der am

---

weisen« über den wurzelgleichen Begriff des Glaubens oder vielmehr des Vertrauens gesagt ist: als die ursprüngliche Bedeutung des Verbs ist »standhalten« anzusehen.

Herzen Lautere« gepriesen wird, »der zum Wahnhaften nicht
trug [hier besser: hob] seine Seele«; auch von hier aus erweist
sich die Hinfälligkeit der angeblichen Bedeutung »aussprechen«. Doch auch bald nach dem Dekalog [II M. 23, 1]
heißt es mit der gleichen Verbindung: »Umtrage nicht Wahngerücht!« Dem *schaw* ergibt sich eben nicht bloß, wer vom
Wahn aus, sondern auch wer auf den Wahn hin redet oder
handelt, nicht bloß, wer Wahn übt, sondern auch wer Wahn
erzeugt, wer [in den Psalmen mehrfach so] das Fiktive sugge-
riert und frevelhaft mit dem im andern erzeugten oder zu erzeugenden Wahn ein Trugspiel, Wahnspiel spielt.

10

NOCH EIN paar Beispiele aus dem Gebiete der biblischen
Soziologie. Wenn Luther Sara zu Abraham sprechen läßt
[I M. 16, 2]: »Lieber, lege dich zu meiner Magd, ob ich doch
vielleicht aus ihr mich bauen möge«, mißversteht er. Kautzsch-
Bertholets »vielleicht kann ich durch sie zu Kindern kommen« und die ähnlichen Wendungen der andern Modernen
sind nicht Übersetzungen, sondern Umschreibungen des
Wortes *'ebbane*, das nur an einer Stelle noch, aber nirgends
vorkommt, wo vom natürlichen Kinderkriegen die Rede ist.
Das Verb ist von dem Nomen, das Sohn, im Plural auch Kinder bedeutet, abgeleitet und bezeichnet jenen primitiven
Rechtsakt, dem Folkloristen als Adoption durch Scheingeburt
bekannt, dessen semitische Hauptform an der andern Stelle, da
wo Rahel zu Jakob wie Sara zu Abraham redet, so beschrieben wird: »daß sie auf meinen Knien gebäre«: die Unfrucht-
bare nimmt die Gebärende auf ihren Schoß, und damit vollzieht sich die Identifikation, ihr Schoß ist es nun, aus dem das
Kind hervorgeht, sie ist – wenn wir einen Terminus der
älteren deutschen Rechtssprache aufnehmen – bekindet worden. Das sagt Sara, das auch [30, 3] die kinderlose Rahel, als sie
Jakob ihre Magd zum Weibe gibt: »Geh zu ihr ein, daß sie auf
meinen Knien gebäre und auch ich aus ihr bekindet werde.«
Aber auch der Mann, der keine Kinder hat, auch Abraham
klagt, er vergehe *'ariri* – was heißt das? Alle Übersetzer sagen:
ohne Kinder, kinderlos; aber die Etymologie des Wortes sagt

etwas anderes, etwas Sinnlicheres, Bildhafteres, nämlich: entblößt; denn die Kinder sind diesen morgenländischen Menschen das Lebensgewand, ja der zweite Leib. Darum wird im
Buch Leviticus dem »Mann, der das Weib seines Bruders
nimmt«, die Strafe so der Sünde entsprechend zuerkannt:
»die Blöße seines Bruders hat er bargemacht, kinderbloß werden sie bleiben«. Und darum nennt Abraham sich nicht kinderlos, sondern kinderbloß, kinderbar. Man muß, wenn man sich
einer wirklichen Übersetzung der Bibel unterfängt, zuweilen
solche Wörter wagen; ob sie von den Zeiten empfangen oder
verworfen werden, weiß kein heute Lebender.

Ich habe schon darauf hingewiesen, daß wir versuchen, die
Synonyme auseinander zu halten, soweit es die deutsche Sprache ermöglicht, also nicht zwei verschiedene hebräische Wörter
durch das gleiche deutsche, noch auch – zumindest innerhalb
desselben Zusammenhangs – ein hebräisches Wort durch zwei
verschiedene deutsche wiederzugeben; wir sind darüber hinaus bestrebt, wo zwischen mehreren Wörtern Wurzelverwandtschaft besteht, sie auch im Deutschen zu erhalten. Wie
durch diese Methode versunkene Schätze gehoben werden,
dafür genügt ein Beispiel aus eben dem Kapitel von Hagars
Flucht. Da steht dreimal dasselbe Wurzelwort; freilich nur im
Original und in einer getreuen Übersetzung. Es heißt zuerst:
»Da *drückte* Sſarai sie. Sie aber entfloh ihr.« Und nun findet der
Bote Gottes Hagar in der Wüste, befragt sie und befiehlt ihr:
»Kehre zu deiner Herrin und *drücke dich* unter ihre Hände!«
Aber er tröstet und verheißt auch: »denn erhört hat Er deinen
Druck«. Man vergegenwärtige sich die dreischichtige Situa-
tion: zuunterst der Unterdrückte, über ihm der Unter-
drücker, darüber aber der »Lebende, mich Sehende«, wie ihn
der Unterdrückte nennt – und er da oben, der Lebendige,
wirft sich nach unten und nimmt den Niedergeworfenen auf;
er darf ihm zusprechen, er solle sich selber unter die drückenden
Hände drücken, denn das ist der Weg, auf dem er diesen
Menschen in die Freiheit führen will, er, der auch den unhör-
baren »Druck« erhören kann. Was bleibt aber davon, wenn statt
der Wiederkehr des gleichen Wortes, »Elend« auf »demütigen«
folgt [Luther] oder gar [Kautzsch-Bertholet] »wie du gelitten
hast« auf »behandelte sie hart« und »beuge dich«!

Und wie das einzelne Wort in seiner ursprünglichen sinnlichen Bedeutung, so ist uns auch das hebräische Wortgefüge nichts Nebensächliches, das sich gegen die Gewohnheiten der Sprache, in die übersetzt wird, nicht behaupten dürfte. Wir kennen keinen »Inhalt«, der von dieser Form, in der er uns übergeben ist, abzulösen und einer anderen einzutun wäre. Diese Form selber gilt es in der artverschiedenen Sprache so seßhaft zu machen, als es deren Grenzen [die Grenzen, nicht die Gewohnheiten] gewähren. Wenn z. B. in eben dem Hagar-Kapitel Sara zu Abraham sagt: »Über dich meine Unbill!«, so ist das nicht bloß formal, sondern dem ganzen Gehalt nach etwas anderes als Luthers »Du tust unrecht an mir«. Am deutlichsten wird in diesem Kapitel die gehaltliche Verschiedenheit da, wo der Bote Hagar den Sohn verheißt; bei Luther: »Er wird ein wilder Mensch sein... und wird gegen all seinen Brüdern wohnen« – das ist ein fragwürdiger Zuspruch; aber der Text sagt und wir ihm nach: »Ein Wildeselmensch wird der... all seinen Brüdern ins Gesicht macht er Wohnung«. Das ist der Sohn, wie ihn sich die ägyptische Magd erträumt, das ist echte Verheißung.

II

DASS WIR von unserer Auffassung der Treue aus statt der geläufigen Gräzisierungen und Latinisierungen der biblischen Eigennamen diese selbst aufnehmen mußten, braucht nicht erklärt zu werden; die Zeit, in der man Zoroaster für Zarathustra sagte, ist vorüber und die, in der man Ezechiel oder Hesekiel für Jecheskel sagt, wird vorübergehen. Auch hier gibt es aber eine Grenze: man darf allgemein bekannte geographische Namen nicht zu unbekannten machen, indem man zum Beispiel statt Ägypten Mizrajim schreibt; weil die Erde nämlich noch da ist und die Menschen gestorben sind. Die Inkonsequenz gehört zum Wesen und Geschick dieser erstmaligen Arbeit, der Ziele und Schranken nicht durch ein abstraktes Prinzip, sondern durch die Wirklichkeit eines Buches und die zweier artverschiedener Völker und Sprachen gesetzt sind, aber eben durch die volle Wirklichkeit.

12

DIE GESCHICHTE dieser Verdeutschung der Schrift, des sogenannten Alten Testaments – von welcher Verdeutschung die erste Abteilung hier neu erscheint – hat im Frühling 1925 begonnen. Aber sie hat eine Vorgeschichte. Ich hatte schon seit vielen Jahren an eine solche Arbeit gedacht. Meiner damaligen Meinung nach konnte sie nur als das gemeinsame Werk einiger Menschen unternommen werden, die auch persönlich miteinander verbunden waren und so einander tiefer helfen konnten, als dergleichen sonst möglich ist. Vor dem ersten Weltkrieg war solch eine Gemeinschaft im Werden und sogar schon eine Vereinbarung zwischen ihr und einem großen deutschen Verlage getroffen, der die Übertragung allmählich in einzelnen Büchern [nicht in der Reihenfolge des Kanons] veröffentlichen sollte. Von den Teilnehmern hatten Moritz Heimann, Efraim Frisch und ich uns bereits darüber verständigt, was jeder zunächst vornehmen wolle. Der Krieg hat dieses Vorhaben vereitelt. Aber im folgenden Jahrzehnt gewann es in mir erst seine Reife, seine grundsätzliche und methodische Klärung: ich lernte jetzt erst unmittelbar verstehen, was das für ein Buch ist, im Sinn, in der Sprache, im Bau, warum es, trotz allem, neu in die Menschenwelt der Gegenwart gestellt werden will, neu, nämlich in seiner Ursprünglichkeit erneut; warum – und wie. Als nun 1923 Franz Rosenzweig, mit der Übertragung von Gedichten Jehuda Halevis beschäftigt, sich häufig an mich um Rat wandte, und wir bald dazu gelangten, an der Hand der jeweiligen Beispiele die Problematik des Übersetzens und die Probleme der übersetzerischen Aufgabe zu erörtern, ergaben sich uns unmerklich, zuerst nur als der zuweilen erleuchtete, meist dämmerige Hintergrund unseres Gesprächs, dann aber immer gebieterischer als seine magnetische Mitte, die Fragen: Ist die Schrift übersetzbar? Ist sie schon wirklich übersetzt? Was bleibt noch zu tun? wenig? viel? das Entscheidende? Wie kann es getan werden? im bearbeitenden Anschluß an ein klassisches Übersetzungswerk? in einem waghalsigen Neubeginn? Hat das Zeitalter den Atemraum für einen Neubeginn? die Berufung, die Kraft, den Beistand, das Gehör? Und über alles: *wie* ist die Schrift zu übersetzen? wie ist sie in diesem Zeitalter zu übersetzen?

Rosenzweigs damalige Anschauung war, daß Luthers großes Werk noch immer die Grundlage für alle Versuche in deutscher Sprache sein müsse, daß also keine Neuübertragung, sondern nur eine Luther-Revision unternommen werden könne, freilich eine unvergleichlich umfassendere und eindringendere als alles, was bisher so bezeichnet worden ist. Meine Anschauung war, daß nur das – den ganzen Menschen fordernde und verwendende – Experiment, also ein Drauflosgehen, das die bisherigen Dolmetscher kennt und nutzt, aber sich keinem verschreibt, eine annehmbare Antwort auf unsere Fragen zu liefern vermochte. Dazu ist es dann unversehens gekommen.

Eines Tags erhielt ich einen Brief von einem mir bis dahin unbekannten jungen Verleger, Herrn Lambert Schneider. Er schrieb mir, er wolle seinen eben begründeten Verlag mit einer Übersetzung des »Alten Testaments« beginnen, aber nur, wenn ich sie unternehmen wolle, gleichviel wie, als Neuherausgabe, als Bearbeitung, als eigenes Werk. Dieser Brief eines durchaus deutschstämmigen Christen mutete mich wie ein Zeichen an. Ich las ihn Rosenzweig vor und fügte hinzu, ich sei geneigt, auf den Vorschlag einzugehen, aber nur, wenn er, Rosenzweig, mitmache. Ich merkte, daß meine Äußerung ihn zugleich erfreute und aufstörte. Ich habe das später verstanden. Zwar erwartete er damals nicht mehr, wie in der ersten Zeit seiner Krankheit – einer unerbittlichen Lateralsklerose –, den Tod in den nächsten Wochen oder Monaten, aber er hatte es aufgegeben, für den Rest seines Lebens ein größeres Zeitmaß anzuwenden. Nun wurde ihm ein Anteil an einem Werk angeboten und also zugetraut, das [wie er viel früher als ich erkannte] eine Reihe intensivster Arbeitsjahre erheischte. Es galt, sich auf eine andere Zukunftsrechnung einzulassen. Denn auch Rosenzweig glaubte, wie ich, in aller Nüchternheit an Zeichen, nur stärker als ich. Er sagte [das heißt, da er schon längst nicht mehr sprechen konnte, er gab auf einer mühseligen Apparatur mit unsicherem Finger einen, zwei, drei Buchstaben von jedem Worte an, seine Frau erriet es und sprach es aus]: »Wir wollen mal einen Versuch machen.«

Es war klar, was er meinte: wir sollten jene Kontroverse praktisch entscheiden, indem wir beide Methoden an einem Kapitel der Schrift erprobten und so ermittelten, ob eine von ihnen, welche von ihnen für uns gangbar war. »Welches Kapitel?« fragte ich. Er antwortete: »Das erste.«

Natürlich begannen wir mit dem Versuch, Luther zu revidieren. Wir nahmen einen Vers nach dem andern vor und änderten, was uns von unserem hebräischen Sprachwissen und Sprachbewußtsein aus änderungsbedürftig erschien. Nach einem Tag Arbeit standen wir vor einem Trümmerhaufen. Es hatte sich erwiesen, daß man auf diesem Weg nirgends hinkam. Es hatte sich erwiesen, daß Luthers »Altes Testament« in alle Dauer ein herrliches Gebild blieb, aber schon heute keine Übertragung der Schrift mehr war.

Nun übernahm ich es, eine Verdeutschung des ersten Kapitels der Genesis nach meiner Auffassung zu entwerfen. Als Rosenzweig das Manuskript gelesen hatte, schrieb er mir: »Die Patina ist weg, dafür ist es blank wie neu, und das ist auch was wert.« Dieser Satz leitete ausführliche Bemerkungen ein, denen schon eine Reihe anderer vorangegangen war – zusammen bereits ein Meisterstück helfender Kritik. Damit hatte die gemeinsame Arbeit begonnen.

Die Form des Zusammenwirkens ist bis ans Ende dieselbe geblieben. Ich übersetzte und sandte jeweils die Blätter dieser ersten Fassung [des sogenannten Quartmanuskripts], zumeist kapitelweise, an Rosenzweig. Er antwortete mit seinen Bemerkungen: Beanstandungen, Hinweisen, Änderungsvorschlägen. Ich verwertete davon sogleich, was mir unmittelbar einleuchtete, in Änderungen; über das andere korrespondierten wir. Was strittig blieb, wurde bei meinen Mittwochbesuchen [ich fuhr jeden Mittwoch aus meinem Wohnort Heppenheim an der Bergstraße nach Frankfurt am Main, wo ich an der Universität las, und brachte den Rest des Tages bei Rosenzweig zu] durchgesprochen. Wenn wir mit der ersten Fassung eines Buches fertig waren, ging ich an die Herstellung der zweiten, der für die Druckerei bestimmten Reinschrift [des sogenannten Foliomanuskripts], und das Verfahren wiederholte sich: es gab wieder eine Menge Bemerkungen. Es wiederholte sich bei der ersten, bei der zweiten

Korrektur; nach dieser wurde das Buch uns gemeinsam vorgelesen, und wir verglichen gemeinsam mit dem Text; es gab
immer noch tagelange Besprechungen. Nach der dritten Korrektur wurde Imprimatur erteilt.

Auf den Blättern des Quartmanuskripts gab ich, um Rosenzweig den Überblick zu erleichtern, überall, wo es möglich
schien, die Gründe an, weshalb ich so und nicht anders übersetzte. Da ihm alles vermeidbare Bücherwälzen erspart werden mußte, verzeichnete ich zu jeder schwierigen Stelle die
kontroversen Meinungen, von den ältesten Exegeten bis zu
den neuesten Aufsätzen der wissenschaftlichen Zeitschriften.
Dennoch mußte oft um ein einziges Wort der Briefwechsel
wochenlang hin und her gehen.

»Meine Rolle dabei«, hatte Rosenzweig im Anfang der Arbeit mir geschrieben, »wird ja wahrscheinlich nur die der
gründlichen Muse [Diotima und Xanthippe in einer Person]
sein, wie Ihre bei Jehuda Halevi. Aber das ist, wie Sie ja aus
diesem Beispiel sehen, nichts Kleines.« Seine »Rolle« ist, obgleich er auch später bei dem Bild der »gründlichen« Muse
blieb, hundertfach mehr als das »Beispiel« geworden. Die
Blätter, die in jenen Jahren hinüber und herüber gegangen
sind, ergeben zusammen den lebendigsten Kommentar: die
Schrift, hell werdend im Raum einer Wechselwirkung.

Welcher Art diese Wechselwirkung gewesen ist, kann ich
hier nur an einigen – schon oben erörterten, nun aber um des
Zusammenhangs willen neu zu formulierenden – Haupt-
fragen kennzeichnen:

1. Wir waren uns alsbald einig, daß wir unserer richtig auf-
gefaßten philologischen Aufgabe gemäß [»Der Wissenschaft
folgen wir doch immer, nur eben unserer«, hat mir Rosenzweig einmal geschrieben] nicht bloß so weit als irgend möglich beim maſoretischen Text, als dem einzigen objektiv faß-
baren, verharren mußten, sondern auch, wo es sich etwa um
die Verknüpfung der einzelnen Stücke untereinander handelte, nicht auf diese oder jene angeblich herauslösbare Quelle
zurückgehen durften, sondern die uns vorliegende literarische
Ganzheit wiederzugeben hatten, also, um die Sigel der modernen Bibelwissenschaft zu gebrauchen, nicht J [den »Jah-
wisten«] oder E [den »Elohisten«] usw., sondern R [den »Re-

daktor«], das heißt das Einheitsbewußtsein des Buches. In dieser Erkenntnis haben wir einander, im Lauf der Arbeit von der Arbeit lernend und wieder lernend, bestärkt, sie hat sich in dieser unsrer Wechselwirkung immer tiefer in uns beide verwurzelt.

2. Ich war lange vor dem Beginn unsrer Arbeit zu der Überzeugung gelangt, daß man bei einer Verdeutschung der Schrift versuchen müßte, von der Geschriebenheit des Wortes auf seine ursprüngliche und in jeder echten Vorlesung wieder laut werdende Gesprochenheit zurückzugehen. Daraus ergab sich, daß der Text der Übertragung in natürliche, von den Gesetzen des menschlichen Atems regierte, sinnmäßig geschlossene Sprechabsätze, in Kola zu gliedern war, von denen jedes eine leicht sprechbare und leicht merkbare, also rhythmisch geordnete Einheit bildet, wie ja schon alle frühe mündliche Überlieferung auf das leicht Sprechbare und leicht Merkbare ausgeht, also rhythmusbildend wirkt. Diese meine Ansicht hat Rosenzweig sehr bald zu seiner eigenen gemacht und in einem Aufsatz »Die Schrift und das Wort«[1] auf die schönste Weise gedeutet und begründet. Der Kolenbau war übrigens das einzige, in das er mir nie hereinreden wollte. »Ich könnte kein Kolon zustandebringen«, pflegte er zu sagen.

3. Wir hatten gemerkt, daß manche Formen der Verwendung worthafter oder lautlicher Ähnlichkeit von der Schrift oft nicht als stilistische Verzierung, sondern als sprechendes Zeichen der besonderen Gewichtigkeit oder Sinnfülle einer Stelle gemeint waren: und daß daher zum Beispiel Alliterationen wiedergegeben werden sollten, wo die deutsche Sprache es zuließ. Darüber wachte dann Rosenzweig mit einer genialen Pedanterie. Ich spürte aber bald bei der Arbeit heraus, daß das Prinzip der Wiederholung und Entsprechung in der hebräischen Bibel eine sowohl extensiv als intensiv noch weit größere Geltung hatte. Wenn die Bibel etwas erzählt, fügt sie zwar dem Bericht der Begebenheit keine »Moral der Geschichte« bei, aber sie lenkt durch je nachdem zarte oder kräftige, nur ein Wurzelwort abwandelnde oder ganze Sätze refrainartig vervielfachende Wiederholungen, also dadurch, daß sie zwei oder mehrere Stellen in eine Entsprechung zueinan-

---

[1] Wiederabgedruckt in Rosenzweigs »Kleineren Schriften«.

der setzt, unsere organische Aufmerksamkeit auf einen Sinn der Erzählung, der uns erscheinen soll. Wenn zum Beispiel gesagt werden soll, daß der Gottesbote dem Bilam gegenübertritt, wie Bilam seiner Eselin gegenübergetreten ist, so geschieht das dadurch, daß in beiden Fällen immer wieder dieselben [zum Teil recht seltenen] Wendungen gebraucht werden. Dieses »Formgeheimnis des biblischen Stils«, das ich »im Übersetzen entdeckt hatte« – ich zitiere Rosenzweig –, hat er wieder in einem gewichtigen Aufsatz »Das Formgeheimnis der biblischen Erzählungen«[1], meine Auffassung weiterbildend, dargelegt.

4. Am merkwürdigsten bezeigte sich unsere Wechselwirkung in den Fragen der Wiedergabe sprachlicher Eigentümlichkeiten. Zu meinem ersten Entwurf hatte Rosenzweig geschrieben: »Es ist ja erstaunlich deutsch; Luther ist dagegen fast jiddisch. Ob nun zu deutsch?« Er begann bald, erst nur hindeutend, dann immer nachdrücklicher, dieses »zu deutsch« zu bekämpfen. So schrieb er, als ich den Schluß des 16. Verses im 2. Genesiskapitel nicht genau reproduziert hatte: »Diese inneren Infinitive würde ich alle wiederzugeben suchen. Also: magst essen du, essen. Aber das hängt damit zusammen, daß ich, wenn ich über Luther hinausgehen würde, ihn in der Hebraisierung der Syntax zu übertreffen suchen würde, Sie, bei enthebraisierter Syntax, im Aufgraben des hebräischen Gehalts des einzelnen Wortes.« Ich sah ein, daß sein Streben nach syntaktischer Nachbildung, natürlich unter der andersbestimmten Gesetzbarkeit der deutschen Sprache, berechtigt war, und machte es mir zu eigen. Einige Zeit später, als wir schon tief in der gemeinsamen Arbeit staken, kam ich in einem Brief auf die Verschiedenheit zwischen den Grundsätzen zu sprechen, die Rosenzweig in seiner Jehuda-Halevi-Übersetzung angewandt hatte, und denen, von denen ich bei diesem Versuch, die Schrift zu übersetzen, ausging. Darauf antwortete Rosenzweig [am 14. August 1925]: »Sie vergessen immer noch, daß Sie mich bekehrt haben, auf die gründlichste Art, durch Arbeit meinerseits.« Aber in Wahrheit hatten wir einander bekehrt.

5. Rosenzweig hatte richtig erkannt, daß für mich eine der

1] Wiederabgedruckt in den »Kleineren Schriften«.

wesentlichen Aufgaben der Schriftübertragung »das Aufgraben des hebräischen Gehalts des einzelnen Wortes« war. Ich war im Lauf jenes zehnjährigen Nachdenkens zu der Einsicht gelangt, daß man von den abgeschliffenen angeblichen Bedeutungen der biblischen Vokabeln, die man in den Wörterbüchern findet, zurückgreifen muß auf ihre sinnlichen Urbedeutungen, soweit sie aus hebräischer und [mit Vorsicht] sonstiger semitischer Etymologie zu erschließen sind; immer beachtend, daß die sogenannten Synonyma einer Sprache untereinander in ihrem sinnlichen Gehalt oft heftig differieren, daß aber auch die einander entsprechenden Begriffe verschiedener Sprachen sich in vielen Fällen keineswegs sinnlich decken, ja daß gerade in diesem Auseinandergehen die Eigentümlichkeiten der Volkscharaktere sich besonders deutlich bildhaft bekunden; freilich auch dies berücksichtigend, daß in der Übertragung die sinnliche Urbedeutung eines Wortes nicht überall in gleicher Stärke und nirgends ungebührlich stark hervortreten darf. Rosenzweig ging nun auf jene meine Tendenz zum »Aufgraben« nicht bloß ein, sondern gerade in diesem Bereich entfaltete sich sein selbständigster und produktivster Anteil. Es waren vor allem die kultischen und theologischen Bezeichnungen, die er aus dem Zustand der Verwaschenheit, dem sie anheimgefallen sind, durch Wiederherstellung der charakteristischen Grundfarbe zu befreien suchte, wobei er in einzelnen Fällen mit Recht nicht von der wirklichen Etymologie, sondern von der in der Bibel geltenden Volksetymologie ausging. Für seine Funde setzte er sich leidenschaftlich ein, zuweilen so fanatisch, daß ich – wie in andern Belangen, so auch hier – als mahnender Grenzwart der deutschen Sprache oder gar als Anwalt des verstehen sollenden Lesers fungieren mußte. Aber das Fechten gegeneinander war doch nur eine sehr sekundäre Erscheinung; das Eigentlichste unserer Arbeit war ein gemeinsames Ringen um die Adäquatheit, dem bedeutsamerweise an den höchsten und entscheidenden Punkten ein gemeinsames Erringen folgte, innerhalb dessen mitunter nicht mehr auszuforschen war, was dem Denken des einen, was dem des andern entstammte.

13

FRANZ ROSENZWEIG ist am 10. Dezember 1929 gestorben. Der letzte Satz, den er am Tag vor seinem Tode zu »diktieren« begann, dessen Beendigung er aber auf den nächsten Tag verschob, galt der Deutung des 53. Jesaja-Kapitels, an dem wir damals arbeiteten, des Abschnitts vom Knechte Gottes.
Seither habe ich allein an der Übertragung gearbeitet. Bis zu Rosenzweigs Tod waren die neun ersten Bände [bis einschließlich »Könige«] erschienen, danach erschienen noch sechs Bände [bis einschließlich des Buches »Gleichworte«, der sogenannten Sprüche Salomos]. Im Herbst 1938 ist der Schocken Verlag, in den das Werk 1932 übergegangen war, behördlich aufgelöst worden, und die restlichen Bände konnten nicht mehr in Druck gehen.

———

Die Schrift

Die Schrift

Verdeutscht von Martin Buber
gemeinsam mit Franz Rosenzweig

2

Bücher der Geschichte

Verdeutscht von Martin Buber

gemeinsam mit Franz Rosenzweig

—

DEUTSCHE BIBELGESELLSCHAFT

8. Auflage der neubearbeiteten
Ausgabe von 1955

ISBN 978-3-438-01491-7
© 1976/1978/1979 Gütersloher Verlagshaus, Gütersloh
Lizenzausgabe für die Deutsche Bibelgesellschaft, Stuttgart 1992
Titelfotos: Martin Buber – Interfoto, München;
Franz Rosenzweig – Jüdisches Museum, Frankfurt
Alle Rechte vorbehalten. Printed in Germany

DAS BUCH
JEHOSCHUA

Es geschah nach dem Tode Mosches, SEINES Knechts,

ER sprach zu Jehoschua Sohne Nuns, Mosches Amts-
pfleger, sprach:

Mosche, mein Knecht, ist tot,

erhebe dich nun, überschreite diesen Jordan,

du und all dieses Volk,

in das Land, das ich selber ihnen, den Söhnen Jiſsraels, gebe.

Allen Ort, über den sich eure Fußsohle bewegt, euch habe ich
ihn gegeben,

wie ich zu Mosche geredet habe.

Von der Wüste und diesem Libanon bis zum großen Strom,
dem Strom Euphrat, alles Land der Chetiter, bis zum großen
Meer im Eingang der Sonne soll eure Gemarkung sein.

Niemand hält vor dir stand, alle Tage deines Lebens:

wie ich bei Mosche dawar, will ich dasein bei dir,

nicht lasse ich dich los, nicht sage ich dir ab.

Sei stark, sei fest,

du ja sollst dieses Volk eineignen in das Land, das ihnen zu
geben ich ihren Vätern zuschwor.

Sei nur sehr stark und fest,

es zu wahren, zu tun nach all der Weisung, die Mosche mein
Knecht dir gebot,

wende nimmer davon rechts oder links,

damit du durchgreifest überall, wo du gehst.

Nicht weiche dieses Buch der Weisung aus deinem Mund,

murmle darin tages und nachts,

damit dus wahrest, zu tun nach allem, was darin geschrieben ist, –

alsdann machst du deine Wege gelingen, dann ergreifst dus.

Habe ich dir nicht geboten: sei stark, sei fest!

ängste nimmer, scheue nimmer,

denn bei dir ist ER dein Gott überall, wo du gehst.

Jehoschua gebot den Rollenführern des Volkes, sprechend:

Schreitet innen durchs Lager und gebietet dem Volke,
sprechend:

Richtet euch Zehrung vor,

denn ein Tagdritt noch, dann überschreitet ihr diesen Jordan,

hinzukommen, das Land zu erben, das ER euer Gott euch,
es zu erben, gibt.

Zu dem Rubeniten, zu dem Gaditen und zu dem halben
   Mnaschestab aber sprach Jehoschua, sprach:
Gedenket der Rede, die euch Mosche Sein Knecht gebot,
   sprechend:
E R euer Gott will euch ruhen lassen,
er hat euch dieses Land gegeben,
eure Weiber, euer Kleinvolk, samt euren Herden, sollen in
   dem Lande sitzen, das Mosche euch diesseit des Jordans
   gab,
– ihr aber schreitet gewappnet euren Brüdern voran,
alle Wehrtüchtigen,
daß ihr ihnen helfet,
bis E R eure Brüder ruhen läßt wie euch
und auch sie das Land erben, das E R euer Gott ihnen gibt:
dann kehrt ihr ins Land eures Erbes, dann erbt ihrs,
das Mosche Sein Knecht euch gab,
diesseit des Jordans, im Aufgang der Sonne.
Sie antworteten Jehoschua, sprechend:
Alles, was du uns gebotest, wollen wir tun,
allwohin du uns entsendest, wollen wir gehn,
allwie wir auf Mosche hörten, so wollen wir hören auf
   dich,
dasei nur E R dein Gott bei dir, wie er dawar bei Mosche!
Allwelcher Mann deinem Mund widerstrebt,
deinen Reden nicht gehorcht, was alles du ihm gebietest,
der werde getötet –
sei nur stark und fest!

Jehoschua Sohn Nuns hatte von Schittim zwei Männer als
   Kundschafter in der Stille abgesandt, sprechend:
Geht, beseht das Land, zumal Jericho!
Sie gingen und kamen in das Haus eines Weibs, einer Hure,
   ihr Name war Rachab, und legten sich da nieder.
Man sprach zum König von Jericho, sprach:
Da sind Männer hergekommen die Nacht,
von den Söhnen Jifsraels,
das Land auszuspüren.
Der König von Jericho sandte zu Rachab, ließ sprechen:
Rück heraus die Männer,

die zu dir gekommnen,
die in dein Haus kamen,
denn alles Land auszuspüren sind sie gekommen.
Das Weib hatte die beiden Männer genommen und sie verborgen,
sie sprach:
Wohl,
gekommen sind die Männer zu mir,
aber ich weiß nicht, woher sie waren;
als es nun daran war, das Tor zu schließen,
im Finstern,
waren die Männer ausgerückt,
ich weiß nicht, wohin die Männer gegangen sind –
rasch, jagt ihnen nach,
denn ihr müßt sie erreichen.
Sie hatte aber aufs Dach sie hinaufgebracht
und sie unter den Stengelflachs schlüpfen lassen, der ihr auf
   dem Dache geschichtet war.
Die Männer jagten ihnen nach, den Weg zum Jordan, auf
   die Furten zu,
und nachdem die ihnen Nachjagenden draußen waren, schloß
   man das Tor.
Ehe aber jene sich hinlegten,
stieg sie hinauf zu ihnen, aufs Dach,
und sprach zu den Männern:
Ich weiß:
ja, euch hat E R das Land gegeben,
ja, von euch her stürzt Entsetzen auf uns,
ja, alle Insassen des Landes wanken vor euch,
wir habens ja gehört:
das, wie E R die Wasser des Schilfmeers trocknete vor euch
   her bei eurer Fahrt aus Ägypten,
und wie ihr den beiden Amoriterkönigen tatet, denen jenseit
   des Jordans, dem Sīchon und dem Og, wie ihr sie banntet,
wir hörtens,
unser Herz schmolz,
in niemand mehr hob ein Geist sich vor euch,
ja:
E R, euer Gott,

er ist Gott,
im Himmel droben,
auf Erden drunten!
Und nun
schwöret mir doch bei IHM,
ich habe ja hold an euch getan,
so tut auch ihr hold am Haus meines Vaters,
gebt mir ein getreues Zeichen,
meinen Vater, meine Mutter, meine Brüder, meine Schwe-
    stern, alles was zu ihnen gehört lasset leben,
rettet unsre Seelen vorm Tod!
Die Männer sprachen zu ihr:
Unsre Seele an eurer Statt in den Tod!
vermeldet ihr nur diese unsre Abrede nicht,
soll es sein:
wann ER uns das Land gibt,
tun wir hold und treu an dir.
Sie ließ am Seil sie durchs Fenster hinab,
denn ihr Haus war in der Wand der Mauer, in der Mauer war
    sie ansässig,
und sprach zu ihnen:
Ins Gebirge geht,
sonst könnten die Nachjagenden auf euch stoßen,
und versteckt euch dort ein Tagdritt, bis die Nachjagenden
    umgekehrt sein mögen,
alsdann mögt ihr eures Weges gehn.
Die Männer sprachen zu ihr:
Unsträflich werden wir vor diesem deinem Schwur, den
    du uns hast schwören lassen:
Wir also kommen nun in das Land –
knote dann ans Fenster diesen Karmesinfadenstrick, daran du
    uns herabließest,
und deinen Vater, deine Mutter, deine Brüder, alles Haus
    deines Vaters hole zu dir ins Haus ein,
seis:
allwer zu den Türen deines Hauses hinaus tritt, sein Blut auf
    sein Haupt, und wir sind unsträflich,
allwer aber mit dir im Haus ist, sein Blut auf unser Haupt,
    wenn eine Hand an ihn gerät, –

doch meldest du diese unsre Abrede, sind wir unsträflich vor
  deinem Schwur, den du uns hast schwören lassen.
Sie sprach:
Nach euren Reden, so sei es.
Sie sandte sie weg, und sie gingen,
sie aber knotete den Karmesinstrick ans Fenster.
Sie gingen und kamen ins Gebirg
und saßen dort ein Tagdritt, bis die Nachjagenden umgekehrt
  waren,
die Nachjagenden suchten überall auf dem Weg und trafen
  nichts an.
Dann kehrten die beiden Männer um, sie zogen herab vom
  Gebirg,
sie schritten hinüber und kamen zu Jehoschua Sohn Nuns.
Sie erzählten ihm alles, was sie betroffen hatte,
und sprachen zu Jehoschua:
Ja,
E R hat all das Land in unsere Hand gegeben,
auch wirklich: alle Insassen des Landes wanken vor uns!

Jehoschua machte sich des Morgens früh auf,
sie zogen aus Schittim und kamen an den Jordan, er und alle
  Söhne Jifsraels,
und sie nachteten dort, eh sie hinüberschritten.
Es war nach Verlauf jenes Tagdritts:
die Rollenführer schritten innen durchs Lager und geboten
  dem Volke, sprechend:
Sowie ihr den Schrein SEINES, eures Gottes, Bundes seht,
und die Priester, die lewitischen, tragen ihn,
zieht ihr von eurem Ort und geht ihm nach
— jedoch eine Ferne sei zwischen euch und ihm, an zweitausend Ellen nach dem Maß,
nähert euch ihm nimmer –,
damit ihr den Weg kennet, den ihr gehen sollt,
denn des Wegs seid ihr nicht vortags und ehgestern geschritten.
Jehoschua sprach zum Volk:
Heiligt euch,
denn morgen wird E R innen unter euch Wunder tun.

Jehoschua sprach zu den Priestern, sprach:
Tragt den Schrein des Bundes und schreitet dem Volk voran!
Sie trugen den Schrein des Bundes und gingen dem Volk
voran.
E R sprach zu Jehoschua:
An diesem Tag
beginne ich dich groß zu machen in den Augen all Jifsraels,
die erkennen sollen,
daß, wie ich bei Mosche dawar, ich dabin bei dir.
Gebiete du den Priestern, den Trägern des Bundesschreins,
sprechend:
Wann ihr an den Rand des Jordanwassers kommt, bleibt am
Jordan stehn!
Jehoschua sprach zu den Söhnen Jifsraels:
Hier heran, hört SEINE eures Gottes Rede!

Jehoschua sprach:
Daran sollt ihr erkennen,
daß drinnen unter euch ein lebendiger Gott ist
und enterben wird vor euch her, enterben den Kanaaniter,
den Chetiter, den Chiwwiter, den Prisiter, den Girgaschiter, Amoriter, Jebufsiter:
da schreitet vor euch her über den Jordan
der Schrein des Bundes
des Herrn aller Erde.
Nehmt euch nun heraus zwölf Männer von den Stäben
Jifsraels, je einen Mann, je einen Mann für den Stab.
Es wird geschehn:
sowie ruhn die Fußsohlen der Priester,
die SEINEN Schrein tragen, des Herrn aller Erde,
in den Wassern des Jordans,
reißen ab die Wasser des Jordans,
die Wasser, die von oben herunterfließen,
und stehn, ein einziger Damm.

Es geschah,
als das Volk von seinen Zelten auszog, den Jordan zu überschreiten,
und die Priester, die Träger des Schreins des Bundes, waren
dem Volk voran,

wie nun die Träger des Schreins an den Jordan kamen und die
　　Füße der Priester, der Träger des Schreins, in den Rand des
　　Wassers tauchten
– der Jordan nämlich ist voll über all seine Gestade alle Tage
　　der Ernte –,
standen die Wasser, die von oben herunterfließen,
hoben sich, ein einziger Damm,
sehr fern, bei Adam, der Stadt, die zur Seite von Zartan liegt,
und die zum Meer der Steppe, dem Salzmeer, hinunter-
　　fließenden
verendeten, rissen ab.
Das Volk aber, sie schritten hindurch, Jericho gegenüber:
die Priester, die Träger des Schreins SEINES Bundes, blieben
　　inmitten des Jordans aufrecht auf dem Sandgrund stehn,
und alles Jifsrael, die schritten auf dem Sandgrund,
bis daß sie geendet hatten, die Stammschaft allsamt, den Jordan
　　zu überschreiten.
Es geschah, als sie endeten, die Stammschaft allsamt, den Jordan
　　zu überschreiten,
ER sprach zu Jehoschua, sprach:
Nehmt euch von dem Volk zwölf Männer, je einen Mann, je
　　einen Mann vom Stab,
und gebietet ihnen, sprechend:
Tragt euch von hier, von der Mitte des Jordans, recht vom
　　Auftritt der Füße der Priester, zwölf Steine,
führt sie hinüber mit euch
und legt sie nieder in der Nachtrast, wo ihr heutnachts
　　nächtigen werdet.
Jehoschua rief die zwölf Männer an, die er von den Söhnen
　　Jifsraels beigerichtet hatte, je einen Mann, je einen Mann
　　vom Stab,
und Jehoschua sprach zu ihnen:
Schreitet vor SEINEN eures Gottes Schrein hin, zur Mitte des
　　Jordans
und ladet euch jedermann einen Stein auf seine Schulter,
nach der Zahl der Stäbe der Söhne Jifsraels,
damit dies ein Zeichen werde drinnen unter euch:
wenn nachmals eure Söhne euch fragen, sprechend: Was be-
　　deuten euch diese Steine?

sprecht zu ihnen:

Daß abrissen die Gewässer des Jordans vor dem Schrein
SEINES Bundes,

als der durch den Jordan schritt, rissen die Wasser des Jordans
ab.

Diese Steine seien zu einem Gedächtnis den Söhnen Jifsraels
auf Weltzeit!

Die Söhne Jifsraels taten so, wie Jehoschua geboten hatte,

sie trugen zwölf Steine von der Mitte des Jordans,

wie E R zu Jehoschua geredet hatte, nach der Zahl der Stäbe
der Söhne Jifsraels,

sie führten sie hinüber mit sich in die Nachtrast und legten sie
dort nieder.

Zwölf Steine aber erhob Jehoschua mitten im Jordan an der
Stelle des Auftritts der Füße der Priester, der Träger des
Bundesschreins,

die blieben dort bis auf diesen Tag.

Und die Priester, die Träger des Schreins, standen mitten im
Jordan,

bis geendet hatte all das Beredete, das E R Jehoschua geboten
hatte zum Volk zu reden,

allwie Mosche Jehoschua entboten hatte,

das Volk aber, sie eilten und schritten hinüber.

Es geschah, als alles Volk geendet hatte hinüberzuschreiten:

hinüber schritt SEIN Schrein und die Priester, vor das Volk.

Die Söhne Rubens aber, die Söhne Gads und die Hälfte des
Mnaschestabs schritten gewappnet vor den Söhnen
Jifsraels her,

wie Mosche zu ihnen geredet hatte,

an vierzigtausend Sturmgerüstete der Heerschar schritten vor
I H M her zum Krieg, in die Steppen von Jericho.

An jenem Tag machte E R Jehoschua groß in den Augen all
Jifsraels,

sie fürchteten ihn, wie sie Mosche gefürchtet hatten, alle Tage
seines Lebens.

Gesprochen hatte E R zu Jehoschua, gesprochen:

Gebiete den Priestern, den Trägern des Schreins der Vergegenwärtigung,

sie sollten aus dem Jordan steigen,
Jehoschua hatte den Priestern geboten, sprechend:
Steigt aus dem Jordan!
Es geschah, als die Priester, die Träger des Schreins SEINES
　　Bundes, mitten aus dem Jordan stiegen,
die Fußsohlen der Priester hatten sich auf den Sandgrund vor-
　　geschoben,
es kehrten die Wasser des Jordans an ihren Ort,
sie gingen wie vortags und ehegestern über·all seine Gestade.

Das Volk, am Zehnten auf die erste Mondneuung waren sie
　　aus dem Jordan gestiegen,
sie lagerten in Gilgal, am Ostrand von Jericho.
Jene zwölf Steine aber, die sie aus dem Jordan genommen
　　hatten, erhob Jehoschua in Gilgal,
er sprach zu den Söhnen Jifsraels, sprach:
Da eure Söhne nachmals ihre Väter fragen werden, sprechend:
　　Was ists mit diesen Steinen?
gebts euren Söhnen zu kennen, sprechend: Auf dem Trock-
　　nen hat Jifsrael diesen Jordan überschritten, –
da ER euer Gott die Wasser des Jordans vor euch her trock-
　　nete, bis ihr hinüber geschritten wart,
wie ER euer Gott dem Schilfmeer tat, das er vor uns her
　　trocknete, bis wir hinüber geschritten waren,
damit alle Völker der Erde SEINE Hand, daß sie stark ist,
　　erkennen,
damit ihr IHN euren Gott alle Tage fürchtet.

Es war, als alle Amoriterkönige, die diesseit des Jordans meer-
　　wärts, und alle Kanaaniterkönige, die am Meer, es hörten,
daß ER die Wasser des Jordans getrocknet hatte vor den
　　Söhnen Jifsraels, bis sie hinüber geschritten waren,
ihr Herz schmolz, nicht blieb Geist mehr in ihnen vor den
　　Söhnen Jifsraels.

Zu jener Frist sprach ER zu Jehoschua:
Mache dir Messer aus Kiesel
und beschneide wieder die Söhne Jifsraels, zum zweiten Mal.
Jehoschua machte sich Messer aus Kiesel und beschnitt die
　　Söhne Jifsraels am Vorhäute-Hügel.

Und das ist die Ursache, daß Jehoschua beschnitt:
alles Volk, das aus Ägypten gefahren war, die Männlichen,
    alle Kriegsleute waren in der Wüste gestorben, auf dem
    Weg, auf ihrer Fahrt aus Ägypten,
sie nämlich waren beschnitten, alles Volk, das ausgefahren
    war,
alles Volk aber, das in der Wüste geboren war, auf dem Weg,
    auf ihrer Fahrt aus Ägypten, die hatte man nicht be-
    schnitten,
vierzig Jahre nämlich waren die Söhne Jifsraels in der Wüste
    gegangen,
bis verendet war die Stammschaft allsamt, die Kriegsmänner,
    die aus Ägypten gefahren waren,
die nicht gehört hatten auf SEINE Stimme,
denen ER schwor, er würde sie nie das Land sehen lassen, das
    ER ihren Vätern zugeschworen hatte, es uns zu geben,
Land, Milch und Honig träufend,
aber ihre Söhne ließ er sich erheben an ihrer Stelle,
die beschnitt Jehoschua, sie waren ja vorhautig, man hatte sie
    ja auf dem Weg nicht beschnitten.
Es geschah, als das Beschneiden all des Stamms geendet hatte:
sie weilten an ihrer Stelle im Lager, bis sie wieder lebenskräftig
    waren.
ER aber sprach zu Jehoschua:
Heute habe ich die Schmähung Ägyptens von euch abgewälzt.
Man rief den Namen jenes Ortes Gilgal, Wälzwall, bis auf
    diesen Tag.

Die Söhne Jifsraels lagerten in Gilgal.
Sie machten das Übersprungsmahl, am vierzehnten Tag
    auf die Mondneuung am Abend, in den Steppen von
    Jericho.
Sie aßen vom Erzeugnis des Lands, am Nachmorgen des
    Übersprungsmahls, Fladen und Korngeröst, an ebendem
    Tag,
und das Man nahm Abschied an dem Nachmorgen, als sie
    vom Erzeugnis des Landes aßen,
nicht gabs hinfort für die Söhne Jifsraels Man,
sie aßen von der Einkunft des Landes Kanaan in jenem Jahr.

Es war, als Jehoschua bei Jericho war:
er hob die Augen und sah,
da, ein Mann steht ihm gegenüber,
sein Schwert in seiner Hand gezückt.
Jehoschua ging auf ihn zu und sprach zu ihm:
Bist du von uns oder von unseren Gegnern?
Er sprach:
Nein,
sondern als ein Obrer SEINES Heers bin ich jetzt gekommen.
Jehoschua fiel auf sein Antlitz zur Erde, er warf sich nieder
und sprach zu ihm:
Was will mein Herr zu seinem Knechte reden?
Der Obre SEINES Heers aber sprach zu Jehoschua:
Streife deinen Schuh von deinem Fuß,
denn der Ort, darauf du stehst, Geheiligtes ists.
Jehoschua tat es.

Jericho schloß zu und war verschlossen vor den Söhnen
    Jifsraels,
keiner ging hinaus, keiner kam herein.
E R sprach zu Jehoschua:
Sieh,
in deine Hand habe ich Jericho und seinen König gegeben,
    die Wehrtüchtigen.
Umkreiset die Stadt, alle Kriegsmänner, rundum die Stadt,
    ein Mal,
so tue sechs Tage,
und sieben Priester sollen sieben Heimholerposaunen vor dem
    Schrein her tragen,
am siebenten Tag aber umkreiset die Stadt sieben Male,
und die Priester sollen in die Posaunen stoßen,
dann seis,
wann man mit dem Heimholerhorn langzieht,
wann ihr den Schall der Posaune hört,
auflärme alles Volk, ein großes Lärmen,
dann stürzt die Mauer der Stadt in sich zusammen,
und das Volk steigt hinauf, jedermann gradeaus.

Jehoschua Sohn Nuns berief die Priester und sprach zu ihnen:
Traget den Schrein des Bunds,
und sieben Priester sollen sieben Heimholerposaunen vor
SEINEM Schrein her tragen.
Zum Volk aber sprach er:
Schreitet hin,
umkreiset die Stadt,
und der Sturmhauf soll vor SEINEM Schrein herschreiten.
Es geschah, wie Jehoschua zum Volke gesprochen hatte,
die sieben Priester, tragend die sieben Heimholerposaunen vor
IHM, schritten, stießen in die Posaunen,
und der Schrein SEINES Bundes geht hinter ihnen her,
der Sturmhauf geht den in die Posaunen stoßenden Priestern
voran,
und die Nachhut geht hinter dem Schrein:
ein Gehn, ein Posaunenstoßen.
Dem Volk aber gebot Jehoschua, sprechend:
Lärmet nicht, laßt euren Stimmenschall nicht hören, nicht
fahre ein Wort aus eurem Mund,
bis zum Tag, da ich zu euch spreche: Lärmet auf! dann sollt
ihr lärmen.
Es umkreiste SEIN Schrein die Stadt rundum, ein Mal,
dann kamen sie ins Lager und nächtigten im Lager.
Jehoschua machte in der Frühe sich auf,
die Priester trugen SEINEN Schrein, –
die sieben Priester, tragend die sieben Heimholerposaunen vor
SEINEM Schrein her,
gehn den Gang, und in die Posaunen gestoßen,
der Sturmhauf geht ihnen voran,
und die Nachhut geht hinter SEINEM Schrein her:
ein Gehn, ein Posaunenstoßen.
Sie umkreisten die Stadt am zweiten Tag ein Mal und kehrten
ins Lager.
So taten sie ein Tagsechst.
Am siebenten Tag wars:
sie machten in der Frühe sich auf, als das Morgengrauen
heraufzog,
und umkreisten die Stadt nach dieser Richte sieben Male,
nur an diesem Tag umkreisten sie die Stadt sieben Male.

Es war beim siebenten Mal, die Priester stießen in die Posaunen,
und Jehoschua sprach zum Volk.
Lärmet auf, denn gegeben hat E R euch die Stadt,
Bann I H M soll die Stadt sein, sie und was alles in ihr ist,
nur Rachab die Hure bleibe am Leben, sie und was alles bei
ihr im Haus ist,
denn sie hat die Boten versteckt, die wir sandten.
Nur hütet ihr euch vor dem Bann,
sonst, habt ihrs gebannt und vom Bann genommen, ver-
setztet ihr das Lager Jifsrael in Bann und zerrüttetet es, –
alles Silber und Gold aber und Geräte von Erz und Eisen,
Darheiligung ist es I H M, in SEINEN Schatz soll es kommen.
Das Volk lärmte auf, man stieß in die Posaunen,
es geschah: wie das Volk den Posaunenschall hörte, lärmte das
Volk auf, ein großes Lärmen, –
die Mauer stürzte in sich zusammen,
und das Volk stieg in die Stadt, jedermann gradeaus.
Sie eroberten die Stadt und bannten alles, was in der Stadt
war,
von Mann bis Weib, von Knabe bis Greis, bis Ochs und
Lamm und Esel, mit der Schneide des Schwerts.
Zu den zwei Männern aber, die das Land auskundschafteten,
hatte Jehoschua gesprochen:
Geht in das Haus des Weibs, der Hure,
und führt von dort heraus das Weib und alles, was zu ihr
gehört,
wie ihr ihr zugeschworen habt.
Die Jünglinge, die Kundschafter, kamen hin
und führten heraus Rachab, ihren Vater, ihre Mutter, ihre
Brüder, alles, was zu ihr gehörte,
all ihre Sippen führten sie heraus:
man ließ sie ruhig weilen, außer dem Lager Jifsraels.
Die Stadt verbrannte man in Feuer und was alles in ihr war,
nur das Silber, das Gold und die Geräte von Erz und Eisen
gab man in den Schatz SEINES Hauses.
Rachab die Hure, das Haus ihres Vaters und alles, was zu ihr
gehörte, ließ Jehoschua leben,
sie wurde seßhaft im Innern Jifsraels, bis auf diesen Tag,

denn sie hat die Boten versteckt, die Jehoschua sandte, Jericho
auszukundschaften.
Jehoschua aber ließ zu jener Frist schwören, den Spruch:
Verflucht der Mann vor IHM,
der sich erhebt
und diese Stadt, Jericho, baut!
um seinen Erstling gründe er sie,
um seinen Spätling setze er ihre Pforten!
ER war mit Jehoschua;
sein Vernehmen war in allem Land.

Aber die Söhne Jifsraels veruntreuten, Untreue am Bann,
Achan Sohn Karmis Sohns Sabdis Sohns Sarachs vom Zweig
Jehuda nahm vom Bann.
SEIN Zorn entflammte gegen die Söhne Jifsraels.
Jehoschua sandte Männer von Jericho nach Ai, das bei Bet
Awen östlich von Bet-El liegt, und sprach zu ihnen,
sprach:
Zieht hinauf, bespäht das Land.
Die Männer zogen hinauf und bespähten Ai,
sie kehrten zu Jehoschua und sprachen zu ihm:
Nimmer ziehe alles Volk hinauf,
an zweitausend Mann oder an dreitausend Mann mögen
hinaufziehn und Ai schlagen,
bemühe nimmer alles Volk dorthin,
denn ihrer sind wenig.
Es zogen dorthinauf vom Volk an dreitausend Mann.
Aber sie flohen vor den Männern von Ai,
die Männer von Ai schlugen ihrer an sechsunddreißig Mann,
sie jagten sie vor dem Tor bis zu den Brüchen
und schlugen sie am Abhang.
Das Herz des Volks schmolz, es wurde zu Wasser.
Jehoschua zerriß seine Gewänder,
er fiel auf sein Antlitz zur Erde vor SEINEM Schrein, bis zum
Abend,
er und die Ältesten Jifsraels,
sie überzogen mit Asche ihr Haupt,
und Jehoschua sprach:
Wehe, Herr, DU,

warum ließest du dieses Volk herüberschreiten, überschreiten
   den Jordan,
uns in die Hand des Amoriters zu geben, uns hinzuschwenden?
hätten wirs uns nur verwunden und säßen über dem Jordan!
Ach, Herr,
was soll ich sprechen,
nachdem Jifsrael den Nacken vor seinen Feinden drehte!
werdens nun der Kanaaniter und alle Insassen des Landes hören,
sie werden uns einkreisen und unsern Namen aus dem Erdland roden –
was willst du dann für deinen großen Namen tun!
ER sprach zu Jehoschua:
Du erhebe dich,
warum doch fällst du auf dein Antlitz!
Gesündigt hat Jifsrael,
ja, überschritten haben sie meinen Bund, den ich ihnen entbot,
ja, genommen haben sie vom Bann,
ja, gestohlen,
ja, gehehlt,
ja, in ihre Geräte gelegt!
Nicht können sich nun die Söhne Jifsraels vor ihren Feinden
   erheben,
den Nacken müssen sie vor ihren Feinden wenden,
denn sie sind zu Bann geworden!
Nicht will ich fortfahren bei euch dazusein,
tilget ihr nicht den Bann aus eurem Innern!
Erhebe dich,
heilige das Volk,
sprich:
Heiligt euch auf den anderen Tag,
denn so spricht ER, der Gott Jifsraels:
Bann ist in deinem Innern, Jifsrael –
du kannst dich nicht vor deinen Feinden erheben,
bis ihr den Bann hinwegschafft aus eurem Innern!
Am Morgen sollt ihr herzunahn nach euren Stäben,
und so solls sein:
der Stab, den ER herausgreift, nahe nach den Sippen,
und die Sippe, die ER herausgreift, nahe nach den Häusern,

und das Haus, das ER herausgreift, nahe nach den Wehrleuten, –
es soll geschehn;
wer herausgegriffen wird als im Bann, den verbrenne man im
   Feuer, ihn und alles was sein ist,
weil er SEINEN Bund überschritt,
weil er Schändliches in Jifsrael tat.
Frühauf war Jehoschua am Morgen, er ließ Jifsrael nahn nach
   seinen Stäben,
gegriffen wurde der Stab Jehuda,
er ließ die Sippen Jehudas nahn,
es griff die Sarachsippe,
er ließ die Sarachsippe nahn nach den Wehrleuten,
gegriffen wurde Sabdi,
er ließ dessen Haus nahn nach den Wehrleuten,
gegriffen wurde Achan Sohn Karmis Sohns Sabdis Sohns
   Sarachs vom Zweig Jehuda.
Jehoschua sprach zu Achan:
Mein Sohn, erzeige doch IHM, dem Gott Jifsraels, Ehre,
gib ihm Lob,
melde mir doch, was du getan hast,
verhehle es mir nimmer!
Achan antwortete Jehoschua, er sprach:
Wahrlich,
ich, gesündigt habe ich IHM, dem Gott Jifsraels,
so und so habe ich getan,
ich sah im Plündergut einen schönen Mantel von Schinar,
   zweihundert Vollgewicht Silbers und eine Zunge Golds,
   fünfzig Vollgewicht ihr Gewicht,
ich begehrte sie und nahm sie,
und nun sind sie verscharrt in der Erde, in der Mitte meines
   Zelts, das Silber darunter.
Jehoschua sandte Boten, sie liefen ins Zelt,
da war es verscharrt in seinem Zelt und das Silber darunter,
sie nahmens aus der Zeltmitte und brachtens zu Jehoschua und
   zu allen Söhnen Jifsraels
und schütteten es aus vor IHM.
Jehoschua nahm den Achan Sohn Sarachs,
das Silber, den Mantel und die Zunge Golds,

seine Söhne, seine Töchter, seinen Ochsen, seinen Esel, sein
   Hürdenvich, sein Zelt und alles was sein war,
alles Jifsrael war mit ihm,
sie führten sie hinauf in das Rüttetal.
Jehoschua sprach:
Was hast du uns zerrüttet!
zerrütte dich E R an diesem Tag!
Man bewarf ihn mit Steinen, alles Jifsrael,
sie verbrannte man im Feuer und überhäufte sie mit Stei-
   nen.
Man erhob über ihm einen großen Steinwall, bis auf diesen
   Tag.
E R kehrte aus der Flamme seines Zorns.
Darum ruft man den Namen jenes Ortes Rüttetal bis auf
   diesen Tag.

E R sprach zu Jehoschua:
Fürchte nimmer, scheue nimmer,
nimm mit dir alles Kriegsvolk,
erhebe dich, zieh hinauf gegen Ai –
sieh, in deine Hand habe ich den König von Ai gegeben,
   sein Volk, seine Stadt, sein Land,
du sollst Ai und seinem König tun, wie du Jericho und seinem
   König getan hast,
nur mögt ihr sein Plündergut und sein Vieh euch erbeuten.
Lege dir eine Lauer für die Stadt hinter sie!
Jehoschua erhob sich mit allem Kriegsvolk, gegen Ai hinaufzuziehn.
Jehoschua wählte dreißigtausend Mann, Wehrtüchtige,
er sandte sie nachts aus und gebot ihnen, sprechend:
Seht zu,
ihr belauert die Stadt hinter der Stadt,
entfernt euch nimmer von der Stadt sehr,
seid bereit allesamt,
ich aber und alles Volk, das mit mir ist, wollen der Stadt uns
   nähern,
es soll geschehn:
wenn sie uns entgegen ausfahren wie das erste Mal, fliehn wir
   vor ihnen,

sie fahren hinter uns her, bis wir sie von der Stadt abgesprengt
   haben –
denn sie werden sprechen: Sie fliehn vor uns wie beim ersten
   Mal.
Indes wir vor ihnen fliehen,
hebt ihr euch aus der Lauer und bemächtigt euch der Stadt,
gegeben hat ER euer Gott sie in eure Hand.
Es soll geschehn:
sobald ihr die Stadt fest haltet,
steckt die Stadt mit Feuer an,
nach SEINER Rede tut,
seht zu, ich habs euch geboten.
Jehoschua sandte sie, sie gingen nach dem Lauerstand,
sie setzten sich zwischen Bet-El und Ai, westlich von Ai.
Jehoschua nächtigte in jener Nacht inmitten des Volks.
Frühauf war Jehoschua am Morgen, er musterte das Volk,
zog hinan, er und die Ältesten Jißraels, dem Volk voraus
   nach Ai,
und alles Kriegsvolk, das mit ihm war, sie zogen hinan,
sie rückten vor und kamen an, der Stadt gegenüber, und
   lagerten nördlich von Ai,
die Schlucht zwischen ihnen und Ai.
Er nahm an fünftausend Mann noch und stellte sie als Lauer
   zwischen Bet-El und Ai, westlich der Stadt.
Man stellte das Volk auf: das Lager allsamt, das nördlich der
   Stadt war, und seine Ferse westlich der Stadt.
Jehoschua ging in jener Nacht vor an die Mitte der Taltiefe.
Es geschah, als der König von Ai es sah,
sie eilten, machten sich früh auf, fuhren aus, die Männer der
   Stadt, zum Treffen mit Jißrael, zum Krieg,
er und all sein Volk zur Begegnung, vor der Steppe,
er wußte aber nicht, daß ihm hinter der Stadt aufgelauert
   wurde.
Jehoschua und alles Jißrael ließen sich vor ihnen her stoßen und
   flohn den Weg zur Wüste.
Alles Volk, das noch in der Stadt war, wurde zusammengeschrien, ihnen nachzujagen.
Sie jagten Jehoschua nach, so wurden sie von der Stadt abgesprengt,

nicht blieb ein Rest von Mannschaft in Ai und Bet-El, die
　　nicht Jifsrael nach ausgefahren wären,
sie ließen die Stadt offen und jagten Jifsrael nach.
E R sprach zu Jehoschua:
Strecke den Speer, der in deiner Hand ist, auf Ai zu,
denn in deine Hand gebe ich es.
Jehoschua streckte den Speer, der in seiner Hand war, auf die
　　Stadt zu,
und die Lauer hob sich eilig von ihrem Ort,
sie liefen, wie seine Hand sich streckte,
sie kamen in die Stadt, sie eroberten sie,
sie eilten, sie steckten mit Feuer die Stadt an.
Die Männer von Ai wandten sich rückwärts, sie sahen
　　hin,
da: der Qualm der Stadt stieg himmelan,
nicht war mehr Raum vorhanden bei ihnen, hierhin oder
　　hierhin zu fliehn.
Das Volk aber, das zur Wüste geflohn war, drehte sich gegen
　　den Nachjagenden:
als Jehoschua und alles Jifsrael sahn, daß die Lauer die Stadt er-
　　obert hatte und daß der Qualm der Stadt aufstieg,
kehrten sie um, sie schlugen die Männer von Ai, –
jene aber waren ausgefahren von der Stadt, zum Treffen mit
　　ihnen,
daß Jifsrael sie in der Mitte hatte, jene von hier und jene von
　　hier,
sie schlugen sie, ohne ihnen einen Entronnenen, Entkomme-
　　nen übrig zu lassen,
den König von Ai aber faßten sie lebendig, sie brachten ihn
　　ein zu Jehoschua.
Es geschah, als Jifsrael allzuend war, alle Insassen von Ai um-
　　zubringen,
im Feld, in der Wüste, wohin die ihnen nachgejagt waren,
alle waren sie der Schneide des Schwerts verfallen, bis sie
　　dahin waren,
kehrten sie, alles Jifsrael, sich gegen Ai, sie schlugen es mit der
　　Schneide des Schwerts,
all der an jenem Tag Gefallnen, von Mann bis Weib, waren
　　zwölftausend, alle Leute von Ai.

Jehoschua kehrte seine Hand, die er mit dem Speer ausge-
    streckt hatte, nicht ab, bis er alle Insassen von Ai bannte,
nur das Vieh und das Plündergut dieser Stadt erbeutete sich
    Jifsrael, nach SEINER Rede, die er Jehoschua geboten hatte.
Jehoschua verbrannte Ai, er machte es zu einem ewigen
    Schutthügel der Ödnis, bis auf diesen Tag,
den König von Ai aber ließ er ans Holz hängen, bis zur Abend-
    zeit,
als die Sonne einging, gebot Jehoschua, daß sie seinen Leich-
    nam vom Holz herabholten,
sie warfen ihn an die Toröffnung der Stadt, dann erhoben
    sie über ihm einen großen Steinwall, bis auf diesen Tag.

Damals hat Jehoschua IHM dem Gott Jifsraels eine Schlacht-
    statt am Berge Ebal erbaut,
gleichwie Mosche, SEIN Knecht, den Söhnen Jifsraels geboten
    hatte,
wie geschrieben ist im Buch der Weisung Mosches,
eine Schlachtstatt aus infriedengelassnen Steinen, über denen
    man kein Eisen geschwungen hatte,
und sie höhten darauf Darhöhungen IHM und schlachteten
    Friedmahle.
Dort schrieb er auf jene Steine einen Doppel der Weisung
    Mosches,
die der den Söhnen Jifsraels vorgeschrieben hatte,
während alles Jifsrael, seine Ältesten, die Rollenführer und seine
    Richter zur einen Seite und zur andern Seite des Schreins
    standen,
gegenüber den Priestern, den lewitischen, den Trägern des
    Schreins SEINES Bundes,
so der Gastsasse, so der Sproß,
die Hälfte davon auf den Berg Grisim zu und die Hälfte davon
    auf den Berg Ebal zu,
gleichwie Mosche, SEIN Knecht, geboten hatte,
um das Volk Jifsrael zu segnen, zuvorderst.
Danach rief er alle Reden der Weisung aus,
die Segnung und die Verwünschung,
allwie geschrieben ist im Buch der Weisung.

Nicht war eine Rede von allen, die Mosche geboten hatte,
die Jehoschua nicht ausrief aller Versammlung Jiſsraels gegen-
    über,
den Weibern, dem Kleinvolk, dem Gast, der innen unter
    ihnen einhergeht.

Es geschah,
als es alle Könige hörten, die diesseit des Jordans sind,
im Gebirg, in der Niedrung, überall an der Küste des großen
    Meers nach dem Libanon hin,
der Chetiter und der Amoriter, der Kanaaniter, der Priſiter,
    der Chiwwiter und der Jebuſsiter:
insgesamt kamen sie zuhauf, gegen Jehoschua und gegen
    Jiſsrael zu kriegen, einträchtig.
Wie die Insassen von Gibon aber hörten, was Jehoschua Jericho
    und Ai getan hatte,
taten auch sie etwas, mit List,
sie gingen hin und versorgten sich mit Zehrung,
sie nahmen zermürbte Säcke auf ihre Esel und zermürbte
    Weinschläuche, geborsten und abgebunden,
zermürbte, geflickte Schuhe an ihre Füße,
zermürbte Gewänder auf sich,
und all ihr Zehrungsbrot, trocken wars, Krumen.
Sie gingen zu Jehoschua, zum Lager nach Gilgal,
sie sprachen zu ihm und zur Mannschaft Jiſsraels:
Aus einem fernen Lande sind wir gekommen,
und nun schließet uns einen Bund.
Die Mannschaft Jiſsraels sprach zum Chiwwiter:
Vielleicht siedelst in meinem Nahkreis du,
wie soll ich einen Bund dir schließen!
Sie sprachen zu Jehoschua:
Deine Knechte sind wir.
Jehoschua sprach zu ihnen:
Wer seid ihr und woher kommt ihr?
Sie sprachen zu ihm:
Aus einem sehr fernen Lande kamen deine Knechte,
auf SEINEN deines Gottes Namen hin,
denn das Hörensagen von ihm haben wir gehört,

alles, was er an Ägypten tat,

und alles, was er an den beiden Amoriterkönigen tat, die jenseit des Jordans waren, Sĩchon König in Cheschbon und
Og König des Baschan, dem zu Aschtarot.

Zu uns sprachen unsre Ältesten und alle Insassen unsres Landes, sprachen:

Nehmt in eure Hand Zehrung auf den Weg, geht ihnen entgegen

und sprecht zu ihnen: Eure Knechte sind wir, und nun
schließet uns einen Bund.

Dieses unser Brot, warm besorgten wirs uns als Zehrung aus
unsern Häusern am Tag, da wir ausfuhren zu euch zu gehn,

und nun: da, trocken ists und zu Krumen geworden,

diese Weinschläuche, die wir als neue füllten,

da, geborsten sind sie,

diese unsre Gewänder, unsre Schuhe,

zermürbt sind sie über dem sehr vielen Weg.

Die Mannschaften nahmen von ihrer Zehrung sich vor,

SEINEN Mund befragten sie nicht,

Jehoschua machte einen Frieden für sie,

er schloß ihnen einen Bund, sie leben zu lassen,

die Fürsten der Gemeinschaft schworen ihnen.

Es geschah aber nach Verlauf eines Tagdritts, seit sie ihnen
einen Bund geschlossen hatten:

sie hörten, daß jene nahe waren, in ihrem Nahkreis siedelten
sie.

Die Söhne Jiſsraels brachen auf, sie kamen in ihre Städte am
dritten Tag,

ihre Städte aber waren: Gibon, Kfira, Beerot und Kirjat
Jearim.

Die Söhne Jiſsraels schlugen sie nicht,

denn die Fürsten der Gemeinschaft hatten ihnen bei IHM dem
Gott Jiſsraels geschworen.

Aber sie murrten, die Gemeinschaft allsamt, über die Fürsten.

Die Fürsten alle sprachen zu aller Gemeinschaft:

Wir, bei IHM dem Gott Jiſsraels haben wir ihnen geschworen,

nun können wir nicht an sie rühren,

dies aber wollen wir ihnen tun, indem wir sie leben lassen,

daß nicht ein Grimm über uns ergehe

über den Schwur, den wir ihnen geschworen haben.

Die Fürsten sprachen zu ihnen:

Sie sollen leben,

aber sie sollen Holzhacker und Wasserschöpfer für alle Gemeinschaft werden.

Wie die Fürsten von ihnen geredet hatten,

berief Jehoschua sie und redete zu ihnen, sprechend:

Warum habt ihr uns getäuscht, sprechend: Sehr fern sind wir
von euch,

und ihr siedelt in unsrem Nahkreis!

Und nun seid ihr verflucht:

nicht schließe sich unter euch die Knechtsreihe, als Holzhacker, als Wasserschöpfer, für das Haus meines Gottes.

Sie antworteten Jehoschua, sie sprachen:

Gemeldet ja wars deinen Knechten worden, gemeldet, was ER
dein Gott Mosche, seinem Knecht, entbot,

euch all das Land zu geben

und alle Insassen des Lands vor euch auszutilgen, –

wir fürchteten sehr für unsre Seelen vor euch,

so taten wir diese Sache,

nun aber, da, wir sind in deiner Hand,

wies in deinen Augen gut und grad ist uns zu tun, tu!

Er tat ihnen so, er rettete sie vor der Hand der Söhne Jifsraels,
daß die sie nicht umbrachten,

Jehoschua gab sie an jenem Tag als Holzhacker und Wasserschöpfer für die Gemeinschaft

und für SEINE Schlachtstatt, bis auf diesen Tag, an den Ort,
den er wählen würde.

Es geschah, als Adonizedek König von Jerusalem hörte, daß
Jehoschua Ai erobert, es gebannt hatte

– wie er Jericho und dessen König getan hatte, so tat er Ai
und dessen König –

und daß die Insassen von Gibon sich mit Jifsrael befriedet
hatten und in ihrem Nahkreis blieben:

sie fürchteten sich sehr,

eine große Stadt war Gibon ja, wie eine der Königstädte, ja
größer war es als Ai, und all seine Männer wehrhaft.

Es sandte Adonizedek König von Jerusalem

zu Hoham König von Hebron, zu Piram König von Jarmut,
zu Jafia König von Lachisch, zu Dwir, König von Eglon,
ließ sprechen:
Zieht herauf zu mir und helft mir, daß wir Gibon schlagen,
denn befriedet hat es sich mit Jehoschua und den Söhnen
Jifsraels.

Sie vereinigten sich und zogen auf, die fünf Amoriterkönige,
der König von Jerusalem, der König von Hebron, der König
von Jarmut, der König von Lachisch, der König von Eglon,
sie und all ihre Lager,
sie belagerten Gibon und bekriegten es.

Die Männer von Gibon sandten zu Jehoschua, zum Lager
nach Gilgal, ließen sprechen:
Laß nimmer deine Hände von deinen Knechten,
zieh eilends zu uns herauf,
befreie uns, hilf uns,
denn zuhauf gekommen sind über uns alle Amoriterkönige,
die im Gebirge sitzen.

Jehoschua zog hinauf von Gilgal, er und alles Kriegsvolk mit
ihm, alle Wehrtüchtigen.

ER aber hatte zu Jehoschua gesprochen:
Fürchte dich nimmer vor ihnen, denn in deine Hand habe ich
sie gegeben, niemand von ihnen wird vor dir bestehn.

Jehoschua kam über sie plötzlich,
all die Nacht zog er von Gilgal hinauf,
ER verschreckte sie vor Jifsrael her,
so schlug er sie bei Gibon, einen großen Schlag,
er verfolgte sie den Weg nach der Steige von Bet Choron,
er schlug sie bis Aseka und bis Makkeda.

Es geschah, als sie vor Jifsrael flohn,
sie waren am Abhang von Bet Choron.

ER warf über sie große Steine vom Himmel her, bis Aseka,
daß sie starben,
mehr waren, die von den Hagelsteinen starben, als die die
Söhne Jifsraels mit dem Schwerte umgebracht hatten.

Damals hat Jehoschua zu IHM geredet,
am Tag, da ER den Amoriter vor die Söhne Jifsraels hingab,
er sprach unter den Augen Jifsraels:

Sonne, bei Gibon halt still,
Mond, im Tal Ajjalon!
Still hielt die Sonne,
der Mond blieb stehn,
bis ein Stamm an seinen Feinden sich rächte.
Ist das nicht aufgeschrieben im Buch des Geraden?
Die Sonne stand an der Hälfte des Himmels,
sie sputete sich nicht einzugehn, wohl einen ganzen Tag.
Nicht war wie dieser Tag einer vor ihm und nach ihm,
daß ER auf die Stimme eines Mannes hörte,
ja, ER kriegte für Jifsrael.

Jehoschua kehrte und alles Jifsrael mit ihm zurück zum Lager
    nach Gilgal.
Jene fünf Könige aber waren geflohn und hatten sich in einer
    Höhle in Makkeda versteckt.
Man meldete es Jehoschua, sprechend: Gefunden sind die
    fünf Könige worden, in einer Höhle in Makkeda versteckt.
Jehoschua sprach:
Wälzet große Steine an die Mündung der Höhle und ver-
    ordnet Männer darüber, sie zu bewachen,
ihr aber, bleibt nimmer stehn, jagt eure Feinde, stutzt ihren
    Schweif,
gebt nimmer zu, daß sie in ihre Städte kommen,
denn ER euer Gott hat sie in eure Hand gegeben.
Es war, als Jehoschua und die Söhne Jifsraels allzuend waren
    sie zu schlagen, einen sehr großen Schlag, bis sie dahin
    waren
– nur die Entrinnenden unter ihnen, die waren entronnen,
    waren in die Festungsstädte gekommen –,
als sie nun zurückkehrten, alles Volk, zum Lager, zu Jehoschua,
    nach Makkeda, in Frieden,
nicht spitzte einer gegen die Söhne Jifsraels seine Zunge,
    gegen irgend jemand,
es sprach Jehoschua:
Öffnet die Mündung der Höhle und führt her zu mir jene
    fünf Könige aus der Höhle.
Sie taten so, sie führten hin zu ihm jene fünf Könige aus der
    Höhle,

den König von Jerusalem, den König von Hebron, den König
    von Jarmut, den König von Lachisch, den König von Eglon.
Es war, als man jene Könige zu Jehoschua herausführte,
Jehoschua berief alle Mannschaft Jiſsraels
und sprach zu den Befehlshabern der Kriegsmänner, die mit
    ihm gegangen waren:
Nahet herzu und setzt eure Füße diesen Königen auf die
    Hälse!
Sie nahten herzu, setzten ihre Füße ihnen auf die Hälse.
Jehoschua sprach zu ihnen:
Fürchtet nimmer, scheuet nimmer,
seid stark, seid fest,
denn so, so wird ER all euren Feinden tun, gegen die ihr
    krieget.
Danach ließ Jehoschua sie niederschlagen, sie töten, sie an
    fünf Bäume hängen, sie blieben an den Bäumen hängen bis
    zum Abend.
Es war zur Frist, als die Sonne einging: Jehoschua gebot, daß
    man sie von den Bäumen herunternehme,
man warf sie in die Höhle, wo sie sich versteckt hatten, und
    setzte große Steine an die Mündung der Höhle, – bis auf
    eben diesen Tag.

An jenem Tag eroberte Jehoschua Makkeda, er schlug es mit
    der Schneide des Schwerts und seinen König,
er bannte sie, alle Seelen, die darin waren, nicht ließ er einen
    Entronnenen übrig,
er tat dem König von Makkeda, wie er dem König von
    Jericho getan hatte.

Jehoschua rückte vor und alles Jiſsrael mit ihm von Makkeda
    nach Libna, er kriegte mit Libna,
ER gab auch dies in Jiſsraels Hand und seinen König,
man schlug es mit der Schneide des Schwerts, alle Seelen, die
    darin waren, nicht ließ man darin einen Entronnenen übrig,
    und tat seinem König, wie man dem König von Jericho
    getan hatte.

Jehoschua rückte vor und alles Jiſsrael mit ihm von Libna
    nach Lachisch, er belagerte es, kriegte gegen es,

ER gab Lachisch in Jifsraels Hand, man eroberte es am zweiten
   Tag
man schlug es mit der Schneide des Schwerts, alle Seelen, die
   darin waren, allwie man Libna getan hatte.

Damals zog Horam König von Gaser herauf, Lachisch zu
   helfen,
aber Jehoschua schlug ihn und sein Volk, ohne ihm auch nur
   einen Entronnenen übrig zu lassen.

Jehoschua rückte vor und alles Jifsrael mit ihm, von Lachisch
   nach Eglon,
sie belagerten es und bekriegten es und eroberten es an jenem Tag
und schlugen es mit der Schneide des Schwerts, alle Seelen, die darin waren, an jenem Tag bannte ers, allwie er
   Lachisch getan hatte.

Jehoschua zog hinauf und alles Jifsrael mit ihm von Eglon
   nach Hebron, sie bekriegten es und eroberten es
und schlugen es mit der Schneide des Schwerts und seinen
   König, all seine Städte, alle Seelen, die darin waren, er
   ließ nicht einen Entronnenen übrig, allwie er Eglon getan
   hatte,
er bannte es, alle Seelen, die darin waren.
Jehoschua kehrte um und alles Jifsrael mit ihm nach Dwir,
   er bekriegte es, er eroberte es, samt seinem König, samt
   all seinen Städten,
sie schlugen sie mit der Schneide des Schwerts, sie bannten alle
   Seelen, die darin waren, er ließ nicht einen Entronnenen
   übrig,
wie er Hebron getan hatte, so tat er Dwir und seinem König,
   und wie er Libna und seinem König getan hatte.

Alles Land schlug Jehoschua,
das Gebirge, den Mittag, die Niedrung, die Halden,
all ihre Könige,
er ließ nicht einen Entronnenen übrig,
allen Hauch bannte er,
wie ER, der Gott Jifsraels, geboten hatte.
Jehoschua schlug sie

von Kadesch Barnea bis Gasa, und alle Landschaft Goschen,
bis Gibon.
All jene Könige und ihr Land überwältigte Jehoschua auf
ein Mal,
denn ER, der Gott Jiſsraels, kriegte für Jiſsrael.
Zurück kehrte Jehoschua und alles Jiſrael mit ihm ins Lager
nach Gilgal.

Es geschah, als Jabin König von Chazor es hörte:
er sandte zu Jobab König von Madon, zum König von
Schimron und zum König von Achschaf
und zu den Königen, die gegen Mittternacht waren, im Gebirg
und in der Steppe mittäglich von Kinneret und in der
Niedrung und im Höckerland von Dor gegens Westmeer,
dem Kanaaniter gegen Aufgang und gegens Westmeer, dem
Amoriter, dem Chetiter, dem Prisiter, dem Jebuſsiter im
Gebirg, dem Chiwwiter unterm Hermon in der Landschaft
Mizpa.
Sie fuhren aus, sie und all ihre Lager mit ihnen,
Volks viel, wie Sand, der am Ufer des Meers liegt, an Menge
und sehr viel Roßmacht und Fahrzeug.
All diese Könige begegneten sich,
sie kamen, sie lagerten mitsammen an den Wassern von
Merom,
mit Jiſsrael zu kriegen.
ER aber sprach zu Jehoschua:
Fürchte dich nimmer vor ihnen,
denn morgen um diese Frist gebe ich selber sie alle erstochen
vor Jiſsrael hin,
ihre Rosse sollst du verstümmeln, ihre Gefährte im Feuer ver-
brennen.
Jehoschua kam und alles Kriegsvolk mit ihm über den
Wassern von Merom plötzlich über sie, sie fielen sie an,
ER gab sie in Jiſsraels Hand, sie schlugen sie,
sie verfolgten sie bis Groß-Sidon, bis Miſsrefot Majim und
bis zur Senke Mizpe aufgangwärts,
sie schlugen sie, ohne ihnen einen Entronnenen übrig zu lassen,
Jehoschua tat ihnen, wie ER zu ihm gesprochen hatte,

ihre Rosse verstümmelte er, und ihre Gefährte verbrannte er
    im Feuer.
Jehoschua kehrte um zu jener Frist, er eroberte Chazor, und
    seinen König schlug er mit dem Schwert,
denn Chazor war vordem das Haupt all dieser Königreiche,
sie schlugen alle Seelen, die darin waren, mit der Schneide des
    Schwerts,
bannend, nicht ein Hauch von allem blieb übrig,
und Chazor verbrannte er im Feuer.

Alle Städte dieser Könige samt all ihren Königen hat Jeho-
    schua erobert, er schlug sie mit der Schneide des Schwerts,
sie bannend,
wie Mosche, SEIN Knecht, geboten hatte,
jedoch alle Städte, die auf ihrem Hügel standen, die ver-
    brannte Jiſsrael nicht,
lediglich Chazor allein verbrannte Jehoschua.
Und alles Plündergut dieser Städte und das Vieh erbeuteten
    sich die Söhne Jiſsraels,
jedoch alle Menschen schlugen sie mit der Schneide des
    Schwerts, bis sie sie ausgetilgt hatten, nicht einen Hauch
    von allem ließen sie zurück.
Wie ER Mosche, seinem Knecht, gebot,
so gebot Mosche dem Jehoschua,
und so tat Jehoschua,
er beseitigte nicht ein Wort von allem, was ER Mosche gebot.

Jehoschua hatte all dieses Land eingenommen,
das Gebirge, allen Mittag, alle Landschaft Goschen, die
    Niederung, die Steppe, das Gebirge Jiſsrael und seine
    Niederung,
von dem kahlen Gebirge, das nach Sſeïr aufsteigt, bis Baal
    Gad in der Senke des Libanon, unterm Berg Hermon,
all ihre Könige überwältigte er, schlug sie, tötete sie.
Viele Tage machte Jehoschua mit all diesen Königen Krieg,
nicht war eine Stadt, die sich mit den Söhnen Jiſsraels be-
    friedete,
außer dem Chiwwitervolk, den Insassen von Gibon,
alles nahmen sie im Krieg.

Denn von IHM aus geschahs, ihr Herz zu bestärken dem
  Krieg entgegen mit Jifsrael,
damit es sie banne, ohne daß ihnen Begünstigung würde:
ja, damit es sie vertilge, wie ER Mosche geboten hatte.
Zu jener Frist kam Jehoschua, er rottete die Anakiter aus
vom Gebirge, von Hebron, von Dwir, von Anab, von allem
  Gebirge Jehuda und von allem Gebirge Jifsrael,
mit ihren Städten bannte sie Jehoschua,
nichts wurde von Anakitern im Land der Söhne Jifsraels
  übrig gelassen,
nur in Gasa, Gat und Aschdod blieb ihrer ein Rest.
Jehoschua nahm alles Land ein,
allwie ER zu Mosche geredet hatte,
Jehoschua gab es Jifsrael zu Eigentum,
gemäß ihrem Anteil nach ihren Stäben.
Dann rastete das Land vom Krieg.

Dies sind die Könige des Landes,

die die Söhne Jiſraels schlugen und erbten ihr Land

jenseit des Jordans, sonnaufgangwärts, vom Bach Arnon bis
zum Berg Hermon, und all die Steppe aufgangwärts:

Sſichon der Amoriterkönig, der in Cheschbon saß,

waltend von Aroer, das am Ufer des Bachs Arnon liegt, und
der Mitte des Bachtals an, über das halbe Gilad bis zum
Jabbokbach, der Markgrenze der Söhne Ammons,

und die Steppe bis zum Kinneretmeer, aufgangwärts, und bis
zum Meer der Steppe, dem Salzmeer, aufgangwärts, den
Weg nach Bet Jeschimot, und im Süden unter den Halden
des Pisga, als Begrenzung,

Og König des Baschan, vom Rest der Gespenstischen, der in
Aschtarot und in Edreï saß,

waltend über den Berg Hermon und über Sſalka und über
alles Baschan, bis zur Grenze des Geschuriters und des
Maachatiters,

und das halbe Gilad, an die Grenze Sſichons Königs von
Cheschbon, –

Mosche, SEIN Knecht, und die Söhne Jiſraels schlugen sie,

Mosche, SEIN Knecht, gab es als Erbgut dem Rubeniten,
dem Gaditen und dem halben Mnaschestab.

Und dies sind die Könige des Landes,

die Jehoschua schlug und die Söhne Jiſraels

diesseit des Jordans, westmeerwärts, von Baal Gad in der
Senke des Libanon bis zum kahlen Gebirge, das nach Sſeïr
aufsteigt

– Jehoschua gab es den Volksstäben Jiſraels als Erbgut nach
ihren Anteilen,

im Gebirg, in der Niedrung, in der Steppe, an den Halden,
in der Wüste, im Mittag –,

der Chetiter, der Amoriter und der Kanaaniter,

der Prisiter, der Chiwwiter und der Jebuſsiter:

der König von Jericho, einer,

der König von Ai, das zur Seite von Bet-El liegt, einer,

der König von Jerusalem, einer,

der König von Hebron, einer,

der König von Jarmut, einer,

der König von Lachisch, einer,

der König von Eglon, einer,
der König von Gaser, einer,
der König von Dwir, einer,
der König von Gader, einer,
der König von Chorma, einer,
der König von Arad, einer,
der König von Libna, einer,
der König von Adullam, einer,
der König von Makkeda, einer,
der König von Bet-El, einer,
der König von Tappuach, einer,
der König von Chefer, einer,
der König von Afek, einer,
der König in Scharon, einer,
der König von Madon, einer,
der König von Chazor, einer,
der König von Schimron Meron, einer,
der König von Achschaf, einer,
der König von Taanach, einer,
der König von Megiddo, einer,
der König von Kadesch, einer,
der König von Joknam, am Karmel, einer,
der König von Dor, im Höckerland von Dor, einer,
der König des Stämmegemischs im Galiläischen, einer,
der König von Tirza, einer:
aller Könige einunddreißig.

Jehoschua war alt, in die Tage hochgekommen,
ER sprach zu ihm:
Du, alt bist du geworden, in die Tage hochgekommen,
und des Landes verbleibt noch sehr viel es zu ererben.
Dies ist das Land, das verbleibt:
alle Bezirke der Philister, alles Geschuritische
– vom Schichor, der angesichts Ägyptens fließt, bis zur Ge-
    markung von Ekron nordwärts wirds dem Kanaaniter
    zugerechnet –,
die fünf Tyrannenschaften der Philister: die von Gasa, die
    von Aschdod, die von Askalon, die von Gat, die von Ekron,
und die Awwiter, – im Süden,
alles Land des Kanaaniters von Meara, das den Sidoniern
    gehört, bis Afek, bis zur Markgrenze des Amoriters,
die giblitische Landschaft,
aller Libanon gegen Sonnenaufgang, von Baal Gad unterm
    Berg Hermon bis wo man nach Chamat kommt, –
alle Insassen des Gebirgs, vom Libanon bis Mifsrefot Majim,
    alle Sidonier,
ich selber enterbe sie vor den Söhnen Jifsraels her.
Laß es nur zufallen an Jifsrael als Eigentum, wie ich dir geboten
    habe!
Und nun teile dieses Land als Eigentum unter die neun Stäbe
    und die eine Hälfte des Mnaschestabs. –
Mit der andern haben der Rubenit und der Gadit ihr Eigen-
    tum angenommen, das Mosche ihnen jenseit des Jordans
    aufgangwärts gab,
wie es ihnen gab Mosche, SEIN Knecht:
von Aroer, das am Ufer des Bachs Arnon liegt, und der Stadt
    in der Mitte des Bachtals an, alle Fläche, Medba bis Dibon,
alle Städte Sfichons des Amoriterkönigs, der in Cheschbon
    Königsitz hatte, bis zur Markgrenze der Söhne Am-
    mons,
und das Gilad, und die Gemarkung des Geschuriters und des
    Maachatiters, und der Berg Hermon all,
und alles Baschan bis Sfalka,
alles Königreich Ogs im Baschan, der in Aschtarot und in
    Edreï Königsitz hatte, er war vom Rest der Gespenstischen
    übrig,

Mosche hatte die geschlagen und sie enterbt,

aber den Geschuriter und den Maachatiter enterbten die
	Söhne Jifsraels nicht, Geschur saß und Maacha innen unter
	Jifsrael, bis auf diesen Tag.

Jedoch dem Lewistab gab er Eigentum nicht,

SEINE, des Gottes Jifsraels, Feueropfer: das ist sein Eigentum,
	wie er ihm geredet hat.

Dem Zweig der Söhne Rubens hatte Mosche nach ihren
	Sippen gegeben,

ihnen ward als Gemarkung

von Aroer, das am Ufer des Baches Arnon liegt, und der
	Stadt, die in der Mitte des Bachtals liegt, und alle Fläche
	bis Medba,

Cheschbon und all seine Städte, die im Flachland sind,

Dibon, Bamot Baal, Bet Baal Mon,

Jahza, Kdemot, Mefaat,

Kirjatajim, Sfibma, Zaret Schachar auf dem Berg der Tiefebne,

Bet Por, Aschdot Pisga, Bet Jeschimot:

alle Städte der Fläche,

alles Königreich Sfichons des Amoriterkönigs, der zu Chesch-
	bon König war,

den Mosche schlug, ihn und die Fürsten von Midjan: Ewi,
	Rakem, Zur, Chur und Reba, die Lehnsträger Sfichons,
	die Besitzer des Landes,

auch Bilam Sohn Bors, den Wahrsager, brachten die Söhne
	Jifsraels mit dem Schwert um, noch zu ihren Erstochnen:

Markgrenze der Söhne Rubens ward der Jordan, als Begren-
	zung.

Dieses ist das Eigentum der Söhne Rubens nach ihren Sippen,
	die Städte und ihre Gehöfte.

Dem Zweig Gad, den Söhnen Gads hatte Mosche nach ihren
	Sippen gegeben,

ihnen ward als Gemarkung

Jaaser, alle Städte des Gilad, das halbe Land der Söhne
	Ammons, bis Aroer, das angesichts von Rabba liegt,

von Cheschbon bis Ramat Mizpe und Btonim, von Macha-
	najim bis zur Mark von Lidbir,

und in der Tiefebne Bet Haram, Bet Nimra, Sſukkot und
  Zafon, der Rest des Königsreichs Sſichons Königs in
  Cheschbon,
der Jordan als Begrenzung, bis ans Ende des Kinneretmeers,
jenseit des Jordans aufgangwärts.
Dieses ist das Eigentum der Söhne Gads nach ihren Sippen,
  die Städte und ihre Gehöfte.

Dem halben Stab Mnasche hatte Mosche gegeben, des halben
  Zweigs der Söhne Mnasches ward nach ihren Sippen:
ihre Gemarkung war
von Machanajim an, alles Baschan, alles Königreich Ogs
  Königs des Baschan,
alle Zeltdörfer Jaïrs, die im Baschan sind, sechzig Städte,
die Hälfte des Gilad,
Aschtarot und Edreï, die Städte des Königreichs Ogs im
  Baschan,
den Söhnen Machirs Sohnes Mnasches, der Hälfte der Söhne
  Machirs nach ihren Sippen.

Dieses ists, was Mosche zueignete in den Steppen Moabs
  jenseit des Jericho-Jordans, aufgangwärts.
Dem Lewistab aber gab Mosche Eigentum nicht,
ER, der Gott Jiſsraels, der ist ihr Eigentum,
wie er ihnen geredet hat.

Und dies ist, was die Söhne Jiſsraels im Lande Kanaan ein-
  eigneten,
was ihnen zueigneten Elasar der Priester und Jehoschua Sohn
  Nuns und die Vaterschaftshäupter der Zweige der Söhne
  Jiſsraels
mit dem Los als ihr Eigentum,
wie ER durch Mosche geboten hatte, für die neun Zweige
  und den halben Zweig.
Mosche nämlich hatte das Eigentum der zwei Zweige und des
  halben Zweigs jenseit des Jordans schon ausgegeben,
den Lewiten aber gab er nicht Eigentum in ihrer Mitte:
die Söhne Joſsefs nämlich waren zwei Zweige, Mnasche und
  Efrajim,
und den Lewiten gab man nicht Anteil am Land, sondern

nur Städte zum Sitz, dazu ihre Weidetriebe, für ihren
Herdenerwerb und für ihr sonst Erworbnes.
Wie ER Mosche geboten hatte, so taten die Söhne Jifsraels,
sie teilten das Land auf.

Söhne Jehudas traten Jehoschua an in Gilgal,
und Kaleb Sohn Jefunnes der Knisit sprach ihn an:
Du selber weißt die Rede, die ER zu Mosche, dem Mann
    Gottes, meinetwegen und deinetwegen in Kadesch Barnea
    geredet hat.
Vierzig Jahre alt bin ich gewesen, als Mosche, SEIN Knecht,
    mich von Kadesch Barnea entsandte, das Land auszukund-
    schaften,
ich brachte ihm Rede zurück, so wies mir ums Herz war,
meine Brüder, die neben mir hinaufgezogen waren, schmelz-
    ten das Herz des Volks,
ich aber bin völlig IHM, meinem Gott, nachgefolgt –
an jenem Tage schwor Mosche, sprechend:
Wird nicht das Land, drauf dein Fuß sich bewegt, dir zu
    eigen und deinen Söhnen auf immer, …!
denn du bist völlig IHM, meinem Gott, nachgefolgt.
Und jetzt,
ER hat mich ja leben lassen, wie er geredet hat,
diese fünfundvierzig Jahre seit damals, als ER diese Rede zu
    Mosche redete, da Jifsrael in der Wüste ging,
und jetzt,
ich bin ja heut am Tag fünfundachtzig Jahre alt,
noch bin ich heut am Tag stark wie am Tag, da mich Mosche
    entsandte,
wie meine Kraft damals, so ist meine Kraft jetzt zum Krieg,
    auszufahren, heimzuwenden,
jetzt also
gib mir dieses Gebirg, von dem ER an jenem Tage geredet
    hat
– denn du selber hast es an jenem Tag gehört –,
denn dort sind Anakiter und große befestigte Städte,
vielleicht ist ER mit mir und ich enterbe sie, wie ER geredet
    hat.
Jehoschua segnete ihn,

er gab Hebron Kaleb Sohne Jefunnes zu Eigentum.

Daher war Hebron Kaleb Sohne Jefunnes dem Knisiten zu eigen bis auf diesen Tag,

weil er vollig Iʜᴍ, dem Gott Jiſraels, nachgefolgt war.

Der Name von Hebron war vordem Kirjat Arba, Burg Arbas,

der war der größte Mensch unter den Anakitern.

Das Land sonst aber rastete vom Krieg.

Dem Zweig der Söhne Jehudas wurde das Los nach ihren Sippen

zur Markgrenze Edoms hin, der Wüste Zin mittagwärts, vom Südende her.

Ihnen wurde die Markgrenze nach Mittag

vom Ende des Salzmeers, von der Zunge, die sich mittagwärts streckt,

da lief sie aus nach der Mittagseite des Skorpionenstiegs,

dann zog sie hinüber auf Zin zu und stieg im Mittag von Kadesch Barnea,

sie zog hinüber nach Chezron und stieg nach Addar und wandte nach Karka,

sie zog hinüber nach Azmon und lief aus zum Bach Ägyptens,

und die Ausläufe der Grenze waren nach dem Westmeer hin:

...das sei euch die Mittaggrenze!

Und die Markgrenze nach Osten

das Salzmeer bis zum Ende des Jordans.

Und die Markgrenze nach dem Nordsaum

von der Zunge des Meers, vom Ende des Jordans,

dann stieg die Grenze nach Bet Chogla und zog hinüber im Norden von Bet Araba,

dann stieg die Grenze zum Stein Bohans Sohns Rubens,

dann stieg die Grenze nach Dwir vom Rüttetal her und erstreckte sich nordwärts nach dem Ringwall hin, der gegenüber dem Rotstieg ist, der im Mittag des Bachs ist,

dann zog die Grenze hinüber zu dem Wasser des Sonnenquells,

und ihre Ausläufe waren zum Walkerquell hin,

dann stieg die Grenze in der Schlucht des Sohns Hinnoms im Mittag des Rückens des Jebuſsiters, das ist Jerusalem,

dann stieg die Grenze zum Gipfel des Bergs, der angesichts
    der Schlucht Hinnoms, westwärts, der am Nordende des
    Tals der Gespenstischen ist,
dann drehte die Grenze vom Gipfel des Bergs zur Quelle der
    Wasser von Neftoach und lief aus nach den Städten des
    Bergs von Efron hin,
dann drehte die Grenze nach Baala, das ist Kirjat Jearim,
dann wendete die Grenze von Baala westwärts zum Berge
    Sfeïr und zog hinüber zum Rücken des Bergs Jearim, nörd-
    lich, das ist Ksalon, und senkte sich nach Bet Schamesch
    und ging hinüber nach Timna,
dann lief die Grenze zum Rücken von Ekron, nordwärts,
dann drehte die Grenze nach Schikron und zog hinüber nach
    dem Berg von Baala und lief aus nach Jabneel,
und die Ausläufe der Grenze waren nach dem Westmeer hin.
Und die Westgrenze
nach dem großen Westmeer hin, als Begrenzung.
Dieses war die Markgrenze der Söhne Jehudas ringsum, nach
    ihren Sippen.

Kaleb aber Sohne Jefunnes gab man Anteil inmitten der
    Söhne Jehudas
nach SEINEM Geheiß an Jehoschua,
Kirjat Arba, Burg Arbas, des Anakvaters, das ist Hebron.
Kaleb enterbte dort die drei Anaksöhne, Scheschai, Achiman
    und Talmai, die Anakerzeugten.
Von dort zog er hinauf gegen die Insassen von Dwir, der
    Name von Dwir war vordem Kirjat Sfefer.
Kaleb sprach:
Wer Kirjat Sfefer schlägt und es erobert, dem will ich meine
    Tochter Achsfa zum Weibe geben.
Otniel Sohn des Knas, Kalebs Bruder, eroberte es,
er gab ihm seine Tochter Achsfa zum Weib.
Es geschah, als sie einzog, da lockte sie ihm ab, von ihrem
    Vater eine Aue heischen zu dürfen,
dann glitt sie vom Esel.
Kaleb sprach zu ihr:
Was ist dir?
Sie sprach:

Gib mir ein Segenspfand!
in Land der Mittagsdürre gabst du mich ja,
so gib mir Wasserbecken mit!
Er gab ihr die Obern Becken und die Untern Becken.

Dies ist das Eigentum des Zweigs der Söhne Jehudas nach
    ihren Sippen,
die Städte vom Gebietsende des Zweigs der Söhne Jehudas
    auf die Markgrenze Edoms zu wurden:
im Mittag
Kabzel, Eder, Jagur,
Kina, Dimona, Adada,
Kadesch, Chazor, Jitnan,
dann Sif, Talem, Bealot,
Chazor Chadatta mit den Burgflecken Chezrons, das ist
    Chazors,
– Amam, Schma, Molada,
Chazar Gadda, Cheschmon, Bet Palet –,
Chazar Schual, Berscheba, Bisjotja,
dann Baala, Ijim, Azem,
Eltolad, Ksil, Chorma,
Ziklag, Madmanna, Ssanssanna,
Lbaot, Schilchim, Ajin und Rimmon:
aller Städte neunundzwanzig, und ihre Gehöfte;
in der Niedrung
Eschtaol, Zora, Aschna,
Sanoach, En Gannim,
dann Tappuach, Enam,
dann Jarmut, Adullam,
dann Ssocho, Aseka,
Schaarajim, Aditajim,
Gdera und Gderotajim:
vierzehn Städte, und ihre Gehöfte;
Znan, Chadascha, Migdal Gad,
Dilan, Mizpe, Joktel,
dann Lachisch, Bozkat, Eglon,
Kabbon, Lachmass, Kitlisch,
Gderot, dann Bet Dagon, Naama und Makkeda:
sechzehn Städte, und ihre Gehöfte;

Libna, Ater, Aschan,
Jiftach, Aschna, Nzib,
Keïla, Achsib und Marescha:
neun Städte, und ihre Gehöfte;
Ekron und seine Tochterstädte und seine Gehöfte;
von Ekron an und meerwärts
alle, die zur Seite Aschdods liegen, und ihre Gehöfte,
Aschdod, seine Tochterstädte und seine Gehöfte,
Gasa, seine Tochterstädte und seine Gehöfte,
bis zum Bach Ägyptens und dem großen Westmeer als Be-
    grenzung;
im Gebirg
Schamir, Jattir, Sfocho,
Danna, Kirjat Sfanna, das ist Dwir,
Anab, Eschtmo, Anim,
Goschen, Cholon und Gilo:
elf Städte, und ihre Gehöfte:
Arab, Duma, Eschan,
Janum, Bet Tappuach, Afeka,
Chumta, Kirjat Arba, das ist Hebron, und Zior:
neun Städte, und ihre Gehöfte;
Maon, dann Karmel, Sif, Juta,
Jesreel, Jokdam, Sanoach,
Kajin, dann Giba und Timna:
zehn Städte, und ihre Gehöfte;
Chalchul, dann Bet Zur, Gdor,
Maarat, Bet Anot und Eltkon:
sechs Städte, und ihre Gehöfte;
Kirjat Baal, das ist Kirjat Jearim, und Rabba,
zwei Städte, und ihre Gehöfte;
in der Wüste
Bet Araba, dann Middin, Sfkaka,
Nibschan, Ir Melach, En Geadi:
sechs Städte, und ihre Gehöfte.
Den Jebufsiter aber, die Insassen von Jerusalem, die konnten
    die Söhne Jehudas nicht enterben,
der Jebufsiter saß bei den Söhnen Jehudas in Jerusalem, bis
    auf diesen Tag.

Für die Söhne Joſefs sprang das Los heraus:

vom Jericho-Jordan an, bei den Wassern aufgangwärts von
  Jericho, die Wüste, aufsteigend von Jericho im Gebirg
  nach Bet-El,

dann sprang der Lauf von Bet-El nach Lus und zog hinüber
  zur Gemarkung des Arkiters nach Atarot,

er senkte sich meerwärts auf die Gemarkung des Jafletiters
  zu, bis an die Gemarkung des untern Bet Choron und bis
  Gaser,

und seine Ausläufe waren meerwärts.

Das ereigneten die Söhne Joſefs, Mnasche und Efrajim.

Die Gemarkung der Söhne Efrajims, nach ihren Sippen,
  ward:

die Markgrenze ihres Eigentums war

aufgangwärts von Atrot Adar bis zum obern Bet Choron,

es lief die Grenze meerwärts;

im Norden Michmetat,

die Grenze wendete aufgangwärts nach Taanat Schilo und zog
  daran vorüber im Aufgang von Janocha,

sie senkte sich von Janocha nach Atarot und Naarat und stieß
  auf Jericho und lief zum Jordan aus:

von Tappuach zog die Grenze meerwärts zum Bach Kana,

und ihre Ausläufe waren zum Meer hin.

Dieses ist das Eigentum des Zweigs der Söhne Efrajims nach
  ihren Sippen,

dazu die für die Söhne Efrajims ausgeschiednen Städte inmitten des Eigentums der Söhne Mnasches, all die Städte
  und ihre Gehöfte.

Aber sie enterbten nicht den Kanaaniter, der in Gaser saß,

sitzen blieb der Kanaaniter drinnen bei Efrajim bis auf diesen
  Tag, er wurde ein Fronknecht.

Dem Zweig Mnasche wurde das Los, er ist ja Joſefs Erstling,

Machir dem Erstling Mnasches, dem Giladvater, er war ja ein
  Kriegsmann,

ihm ward das Gilad und das Baschan.

Und den übrigen Söhnen Mnasches ward es nach ihren
  Sippen,

den Söhnen Abiesers, den Söhnen Cheleks, den Söhnen
Afsriels, den Söhnen Schechems, den Söhnen Chefers, den
Söhnen Schmidas,
diese sind die Söhne Mnasches Sohns Jofsefs, die Männlichen,
nach ihren Sippen.
Zlofchad aber Sohn Chefers Sohns Gilads Sohns Machirs
Sohns Mnasches, der hatte keine Söhne, sondern nur
Töchter,
und dies sind die Namen seiner Töchter: Machla und Noa,
Chogla, Milka und Tirza.
Sie nahten vors Antlitz Elasars des Priesters, vors Antlitz
Jehoschuas Sohns Nuns und vors Antlitz der Fürsten,
sprechend:
ER hat Mosche geboten, uns Eigentum inmitten unsrer Brü-
der zu geben.
Man gab ihnen nach SEINEM Geheiß Eigentum inmitten der
Brüder ihres Vaters.
Es fielen an Mnasche zehn Schnurmaße, außer dem Land des
Gilad und des Baschan, die jenseit des Jordans sind,
denn Töchter Mnasches ereigneten Eigentum inmitten seiner
Söhne,
aber der übrigen Söhne Mnasches ward das Land Gilad.
Die Markgrenze Mnasches war:
von Ascher an, nach Michmetat, das angesichts von Sichem
liegt,
dann ging die Grenze zur Rechten hin, zu den Insassen von
En Tappuach hin
– die Landschaft Tappuach ward Mnasche, aber Tappuach
selbst an der Grenze Mnasches den Söhnen Efrajims –,
dann senkte sich die Grenze an den Bach Kana, mittagwärts
vom Bach
– jene Städte sind Efrajims, inmitten der Städte Mnasches –,
die Grenze Mnasches war dann nördlich des Bachs,
und ihre Ausläufe waren zum Meer hin:
mittagwärts dem Efrajim, nordwärts dem Mnasche, und das
Meer war seine Grenze,
an Ascher sollten sie von Norden stoßen und an Jifsachar von
Aufgang.
Dazu wurde dem Mnasche in Jifsachar und in Ascher:

Bet Schan und seine Tochterstädte, Jiblam und seine Tochter-
　　städte,
sodann die Insassen von Dor und seinen Tochterstädten,
die Insassen von En Dor und seinen Tochterstädten, die In-
　　sassen von Taanach und seinen Tochterstädten, die Insassen
　　von Megiddo und seinen Tochterstädten, das Dreihöcker-
　　land,
aber die Söhne Mnasches vermochten diese Städte nicht zu
　　ererben,
der Kanaaniter unterwand sichs in diesem Land sitzen zu
　　bleiben,
es geschah, als die Söhne Jifsraels erstarkten, da gaben sie den
　　Kanaaniter in Fronpflicht, aber enterbt, enterbt haben sie
　　ihn nicht.

Die Söhne Jofsefs redeten mit Jehoschua, sprechend:
Warum gabst du mir als Eigentum ein einziges Los, ein ein-
　　ziges Schnurmaß,
ich bin doch viel Volk,
bis daß ich wuchs bis dazu, hat E R mich gesegnet!
Jehoschua sprach zu ihnen:
Bist du viel Volk,
zieh dir hinauf, waldein,
hau es dir dort heraus,
im Land des Prisiters und der Gespenstischen,
weil denn das Gebirge Efrajim dir zu knapp ist!
Die Söhne Jofsefs sprachen:
Das Gebirge langt uns nicht hin,
und eisernes Fahrzeug ist überall beim Kanaaniter, der im
　　Land der Tiefebene sitzt,
dem in Bet Schan und seinen Tochterstädten und dem in der
　　Ebene Jesreel.
Jehoschua sprach zum Hause Jofsefs, zu Efrajim und zu
　　Mnasche, sprach:
Viel Volk bist du,
große Kraft ist dein,
nicht soll ein einziges Los dir werden, –
denn Gebirg wird dein:
da es denn Wald ist,

hau ihn dir aus,
seine Ausläufe werden dein,
denn enterben sollst du den Kanaaniter,
weil er denn eisernes Fahrzeug hat,
weil er denn stark ist!

Alle Gemeinschaft der Söhne Jifsraels, sie versammelten sich
   nach Schilo
und ließen dort einwohnen das Zelt der Begegnung,
da das Land vor ihnen unterjocht war. –
Es waren unter den Söhnen Jifsraels übrig, denen ihr Eigen
   nicht zuteil geworden war,
sieben Volksstäbe.
Jehoschua sprach zu den Söhnen Jifsraels:
Bis wann wollt ihr lässig sein,
hinzukommen, das Land zu ererben, das ER, der Gott eurer
   Väter, euch gibt!
Bestimmt euch drei Männer vom Stab, daß ich sie aussende,
sie sollen sich aufmachen und durchs Land hin gehn und es
   einschreiben entsprechend ihrer Zueignung
und zu mir kommen.
Sie sollen unter sich es in sieben Teile teilen;
Jehuda bleibt auf seiner Gemarkung stehn gegen Mittag,
das Haus Jofsefs, die bleiben auf ihrer Gemarkung stehn gegen
   Norden.
Ihr also schreibt das Land ein als sieben Teile und laßt mir das
   zukommen,
daß ich euch Los schwinge hier, vor IHM, unsrem Gott.
Denn keinen Teil haben die Lewiten in eurem Innern,
denn Priesterschaft bei IHM ist sein Eigen;
Gad aber, Ruben und der halbe Mnaschestab haben ihr Eigentum jenseit des Jordans, aufgangwärts angenommen,
das Mosche, SEIN Knecht, ihnen gab.
Die Männer machten sich auf und gingen,
den Fortgehenden hat Jehoschua geboten das Land einzu-
   schreiben, sprechend:
Geht, durchgeht das Land, schreibt es ein und kehret zu mir,
ich will euch das Los hier werfen vor IHM in Schilo.
Die Männer gingen, sie durchschritten das Land und schrieben es auf nach den Städten zu sieben Teilen in ein Buch
und kamen zu Jehoschua ins Lager nach Schilo.
Jehoschua warf ihnen Los in Schilo vor IHM,
und Jehoschua teilte dort das Land den Söhnen Jifsraels zu,
   nach ihren Anteilen.

Hervor stieg das Los des Zweigs der Söhne Binjamins nach
 ihren Sippen,
die Gemarkung ihres Loses verlief zwischen den Söhnen
 Jehudas und den Söhnen Joſsefs.
Die Markgrenze nach dem Nordsaum hin war ihnen vom
 Jordan an,
die Grenze stieg zum Rücken von Jericho, im Norden, und
 stieg im Gebirge westwärts,
und ihre Ausläufe waren nach der Wüste von Bet Awen,
von dort zog die Grenze hinüber nach Lus, zum Rücken,
 mittagwärts, von Lus, das ist Bet-El,
dann senkte sich die Grenze nach Atrot Addar auf das Gebirg,
 das im Mittag des untern Bet Choron ist,
dann drehte die Grenze und wendete zum Westsaum, mittagwärts vom Gebirg, das angesichts von Bet Choron, mittagwärts, ist,
und ihre Ausläufe waren nach Kirjat Baal, das ist Kirjat
 Jearim, der Stadt der Söhne Jehudas, hin,
dies der Westsaum.
Und der Saum mittagwärts: vom Ende von Kirjat Jearim an,
dann lief die Grenze im Westen und lief zur Quelle der
 Wasser von Neftoach,
dann senkte sich die Grenze zum Ende des Bergs, der angesichts der Schlucht des Sohns Hinnoms ist, in dem Tal
 der Gespenstischen, nordwärts, ist,
und senkte sich zur Schlucht Hinnoms, nach dem Rücken,
 mittagwärts, des Jebuſsiters hin und senkte sich zum
 Walkerquell
und drehte nach Norden und lief zum Sonnenquell und lief
 nach den Wallkreisen hin, die gegenüber dem Rotstieg
 sind, und senkte sich zum Stein Bohans Sohns Rubens
und zog hinüber zum Rücken gegen die Steppe zu, nordwärts, und senkte sich zur Steppe,
dann zog die Grenze hinüber zum Rücken, nordwärts, von
 Bet Chogla,
und die Ausläufe der Grenze waren nach der nördlichen
 Zunge des Salzmeers, nach dem mittäglichen Ende des
 Jordans hin,
dies die Mittaggrenze.

Und der Jordan sollte es nach dem Ostsaum zu begrenzen.

Dies ist das Eigentum der Söhne Binjamins nach seinen
　　Markgrenzen ringsum, nach ihren Sippen.

Und die Städte des Zweigs der Söhne Binjamins nach ihren
　　Sippen wurden:

Jericho, Bet Chogla, Emek Kziz,

Bet Araba, Zmarajim, Bet-El,

Awwim, Para, Ofra,

Kfar Ammoni, Ofni und Gaba:

zwölf Städte, und ihre Gehöfte;

Gibon, Rama, Beerot,

Mizpe, Kfira, Moza,

Rakem, Jirpel, Tarala,

Zela, dann Elef, Jebuſsi, das ist Jerusalem,

Gibat, dann Kirjat:

vierzehn Städte, und ihre Gehöfte.

Dies ist das Eigentum der Söhne Binjamins nach ihren Sippen.

Das zweite Los sprang heraus für Schimon, für den Zweig der
　　Söhne Schimons nach ihren Sippen,

und ihr Eigentum war inmitten des Eigentums der Söhne
　　Jehudas.

Ihnen wurde als ihr Eigentum

Berscheba: Scheba, Molada,

Chazar Schual, Bala, Azem,

Eltolad, Btul, Chorma,

Ziklag, Bet Markabot, Chazar Sſuſsa,

Bet Lbaot und Scharuchen:

dreizehn Städte, und ihre Gehöfte;

Ajin, dann Rimmon, Ater, Aschan:

vier Städte, und ihre Gehöfte;

alle Gehöfte, die rings um diese Städte sind, bis Baalat Beer,
　　dem Rama des Mittags.

Dies ist das Eigentum des Zweigs der Söhne Schimons nach
　　ihren Sippen.

Vom Schnurmaß der Söhne Jehudas war das Eigentum der
　　Söhne Schimons,

denn der Teil der Söhne Jehudas war zu viel für sie, so eigneten
　　die Söhne Schimons sich inmitten ihres Eigentums ein.

Das dritte Los stieg hervor für die Söhne Sbuluns nach ihren
   Sippen,
und die Markgrenze ihres Eigentums war bis Sfarid,
dann stieg ihre Grenze westwärts, und zwar nach Marala, und
   stieß auf Dabaschet und stieß an den Bach, der angesichts
   von Joknam ist,
und von Sfarid kehrte sie sich ostwärts, gegen Sonnenaufgang,
   über die Gemarkung von Kislot Tabor, und lief aus gegen
   Dabrat und stieg nach Jafia,
und von dort zog sie ostwärts, aufgangwärts, nach Gat
   Chefer, nach Et Kazin, und lief aus nach Rimmon, abge-
   dreht nach Nea,
dann wendete die Grenze herum im Norden nach Channaton,
und ihre Ausläufe waren die Schlucht von Jiftach El;
mit Katat, Nahalal, Schimron,
Jidala und Bet Lachem
sinds zwölf Städte, dazu ihre Gehöfte.
Dies ist das Eigentum der Söhne Sbuluns nach ihren Sippen,
   diese Städte und ihre Gehöfte.

Für Jifsachar sprang das vierte Los heraus, für die Söhne
   Jifsachars nach ihren Sippen,
und ihre Gemarkung war:
Jesreel, Ksullot, Schunem,
Chafarajim, Schion, Anacharat,
Rabbit, Kischjon, Abez,
Ramet, En Gannim, En Chadda und Bet Pazez,
die Markgrenze stieß auf Tabor, Schachazim und Bet Schamesch,
und die Ausläufe der Grenze waren zum Jordan:
sechzehn Städte, und ihre Gehöfte.
Dies ist das Eigentum des Zweigs der Söhne Jifsachars nach
   ihren Sippen, die Städte und ihre Gehöfte.

Das fünfte Los sprang heraus für den Zweig der Söhne
   Aschers nach ihren Sippen,
ihre Gemarkung wurde:
Chelkat, Chali, Beten, Achschaf,
Alammelech, Amad und Mischal,
und stieß auf den Karmel westwärts und auf Schichor Libnat

und kehrte sich nach Sonnenaufgang, nach Bet Dagon und
    stieß auf Sbulun und die Schlucht Jiftach El, nordwärts, Bet
    Emek und Niel
und lief aus nach Kabul hin zur Linken, Ebron, Rchob,
    Chammon und Kana, bis Groß-Sidon,
dann kehrte sich die Grenze nach Rama, bis zur Festungs-
    stadt Tyrus,
dann kehrte sich die Grenze nach Chossa,
und ihre Ausläufe waren westwärts;
von Achlab nach Achsib, mit Umma, Afek und Rchob:
zweiundzwanzig Städte, und ihre Gehöfte.
Dies ist das Eigentum des Zweigs der Söhne Aschers nach
    ihren Sippen, diese Städte und ihre Gehöfte.

Für die Söhne Naftalis sprang das sechste Los heraus, für die
    Söhne Naftalis nach ihren Sippen,
und ihre Markgrenze war
von Chalef, von der Eiche in Zaanannim, dem Paß Adami
    und Jabneel bis Lakkum,
und ihre Ausläufe waren zum Jordan,
die Grenze kehrte sich westwärts nach Asnot Tabor und lief
    von dort nach Chukkok
und stieß auf Sbulun im Mittag und stieß auf Ascher im
    Westen und auf Jehuda gegen Sonnenaufgang;
mit den Festungsstädten
Ziddim, dann Zer, Chammat, dann Rakkat, Kinneret,
Adama, Rama, Chazor,
Kadesch, Edreï, En Chazor,
Jiron, Migdal El,
dann Charem, Bet Anat und Bet Schamesch:
neunzehn Städte, und ihre Gehöfte.
Dies ist das Eigentum des Zweigs der Söhne Naftalis nach
    ihren Sippen, die Städte und ihre Gehöfte.

Für den Zweig der Söhne Dans nach ihren Sippen sprang das
    siebente Los heraus,
und die Gemarkung ihres Eigentums war:
Zora, Eschtaol, Ir Schamesch,
Schaalabbin, Ajjalon, Jitla,
Elon, Timna, Ekron,

Eltke, Gibton, Baalat,
Jehud, Bne Brak, Gat Rimmon,
Me Jarkon und Rakkon, mit der Küstenmark nach Jaffa hin.

Aber die Gemarkung der Söhne Dans entging ihnen,
die Söhne Dans zogen hinauf, sie kriegten gegen Leschem,
   eroberten es und schlugen es mit der Schneide des Schwerts,
sie erbten es und siedelten darin, und sie riefen Leschem: Dan,
   nach dem Namen Dans, ihres Vaters.
Dies ist das Eigentum des Zweigs der Söhne Dans nach
   ihren Sippen, diese Städte und ihre Gehöfte.

Vollendet hatten sie das Land einzueignen nach seinen Gemarkungen.
Die Söhne Jifsraels gaben ein Eigentum Jehoschua Sohne
   Nuns in ihrer Mitte,
auf SEIN Geheiß gaben sie ihm die Stadt, die er erheischte,
   Timnat Sfarach im Gebirg Efrajim,
er baute die Stadt aus, siedelte in ihr.

Dies sind die Eigentume, die Elasar der Priester, Jehoschua
   Sohn Nuns und die Vaterschaftshäupter der Zweige der
   Söhne Jifsraels durch das Los zueigneten
in Schilo, vor IHM, am Eingang des Zelts der Begegnung.
Sie vollendeten, das Land auszuteilen.

ER redete zu Jehoschua, sprechend:
Rede zu den Söhnen Jifsraels, sprechend:
Gebt euch die Unterschlupfstädte, davon ich zu euch durch
   Mosche geredet habe,
daß dorthin fliehe ein Mörder, der eine Seele erschlug aus
   Irrung, ohne Wissen,
sie seien euch zum Unterschlupf vor dem Bluteinlöser.
Er fliehe in eine von diesen Städten,
er bleibe in der Öffnung des Stadttors stehn
und rede in die Ohren der Ältesten jener Stadt seine Rede,
sie sollen ihn einholen in die Stadt zu sich
und sollen ihm einen Ort geben, daß er bei ihnen ansässig sei
– und wenn der Bluteinlöser ihn verfolgt,
sollen sie den Mörder nicht in seine Hand überliefern,

denn ohne Wissen hat er seinen Genossen erschlagen
und nicht war er ihm Hasser von vortags und ehgestern,
er sei ansässig in jener Stadt, bis er vor der Gemeinschaft stand
　　zum Gericht –,
bis der Großpriester starb, der in jenen Tagen sein wird,
alsdann darf der Mörder zurückkehren,
er darf in seine Stadt und in sein Haus kommen, in die Stadt,
　　woher er geflohn war.
Sie heiligten aus
Kadesch im Galiläischen, im Gebirge Naftali,
Sichem im Gebirge Efrajim,
Kirjat Arba, das ist Hebron, im Gebirge Jehuda,
und jenseit des Jericho-Jordans, aufgangwärts, gaben sie
Bazer in der Wüste, im Flachland, vom Zweige Ruben,
Ramot im Gilad, vom Zweige Gad,
Golan im Baschan, vom Zweige Mnasche.
Dieses waren die Gemeinstädte
für alle Söhne Jifsraels und für den Gast, der in ihrer Mitte
　　gastet,
daß dorthin fliehe, allwer eine Seele aus Irrung erschlug,
und nicht sterbe von der Hand des Bluteinlösers, bis er vor
　　der Gemeinschaft stand.

Die Vaterschaftshäupter der Lewiten traten zu Elasar dem
　　Priester, zu Jehoschua Sohn Nuns und zu den Vaterschafts-
　　häuptern der Zweige der Söhne Jifsraels
und redeten zu ihnen, in Schilo im Lande Kanaan, sprechend:
ER hat durch Mosche geboten,
uns Städte zum Besiedeln zu geben und ihre Weidetriebe für
　　unser Vieh.
Die Söhne Jifsraels gaben den Lewiten von ihrem Eigentum
　　nach SEINEM Geheiß,
diese Städte und ihre Weidetriebe:
Heraus sprang das Los für die Khatsippen,
den Söhnen Aharons des Priesters, von den Lewiten, wurde
　　mit dem Los:
vom Zweig Jehuda, vom Schimonzweig und vom Zweig
　　Binjamin dreizehn Städte,
und den übrigen Söhnen Khats mit dem Los:

von den Sippen des Zweigs Efrajim, vom Zweig Dan und
vom halben Zweig Mnasche zehn Städte.
Für die Söhne Gerschons mit dem Los:
von den Sippen des Zweigs Jifsachar, vom Zweig Ascher,
vom Zweig Naftali und vom halben Zweig Mnasche im
Baschan dreizehn Städte.
Für die Söhne Mraris nach ihren Sippen:
vom Zweig Ruben, vom Zweig Gad und vom Zweig
Sbulun zwölf Städte.
Die Söhne Jifsraels gaben den Lewiten diese Städte und ihre
Weidetriebe,
wie E R durch Mosche geboten hatte, mit dem Los.

Sie gaben vom Zweig der Söhne Jehudas und vom Zweig der
Söhne Schimons diese Städte, die man mit Namen ausrief:
es wurde den Söhnen Aharons von den Khatsippen, von den
Söhnen Lewis, denn ihnen wurde das Los zuerst:
ihnen gaben sie die Burg Arbas, des Anakvaters, das ist He-
bron, im Gebirge Jehuda, und ihre Weidetriebe rings um sie
– aber das Gefilde der Stadt und ihre Gehöfte hatten sie Kaleb
Sohne Jefunnes als seine Hufe gegeben –,
den Söhnen Aharons des Priesters gaben sie die Mörder-
Unterschlupfstadt Hebron und ihre Weidetriebe,
Libna und seine Weidetriebe, Jattir und seine Weidetriebe,
Eschtmoa und seine Weidetriebe, Cholon und seine Weidetriebe,
Dwir und seine Weidetriebe, Ajin und seine Weidetriebe,
Jutta und seine Weidetriebe, dann Bet Schamesch und seine
Weidetriebe:
neun Städte, von diesen zwei Volksstäben aus;
und vom Zweig Binjamin
Gibon und seine Weidetriebe, Gaba und seine Weidetriebe,
Anatot und seine Weidetriebe, Almon und seine Weidetriebe:
vier Städte;
aller Städte der Söhne Aharons, der Priester: dreizehn Städte
und ihre Weidetriebe.

Den Sippen der Söhne Khats, den übrigen Lewiten von den
Söhnen Khats wurde als die Städte ihres Loses:
vom Zweig Efrajim,

ihnen gaben sie die Mörder-Unterschlupfstadt Sichem und
  ihre Weidetriebe, im Gebirge Efrajim,
Gaser und seine Weidetriebe, Kibzajim und seine Weidetriebe, Bet Choron und seine Weidetriebe:
vier Städte;
vom Zweig Dan
Eltke und seine Weidetriebe, Gibton und seine Weidetriebe,
Ajjalon und seine Weidetriebe, Gat Rimmon und seine Weidetriebe:
vier Städte;
und von der Hälfte des Zweigs Mnasche
Taanach und seine Weidetriebe, Jiblam und seine Weidetriebe:
zwei Städte;
aller Städte zehn und ihre Weidetriebe, den übrigen Sippen
  der Söhne Khats.

Den Söhnen Gerschons, von den Sippen der Lewiten:
vom halben Zweig Mnasche
die Mörder-Unterschlupfstadt Golan im Baschan und ihre
  Weidetriebe, Beeschtra und seine Weidetriebe:
zwei Städte;
vom Zweig Jifsachar
Kischjon und seine Weidetriebe, Dabrat und seine Weidetriebe,
Jarmut und seine Weidetriebe, En Gannim und seine Weidetriebe:
vier Städte;
vom Zweig Ascher
Mischal und seine Weidetriebe, Abdon und seine Weidetriebe,
Chelkat und seine Weidetriebe, Rchob und seine Weidetriebe:
vier Städte;
und vom Zweig Naftali
die Mörder-Unterschlupfstadt Kadesch im Galiläischen und
  ihre Weidetriebe,
Chammot Dor und seine Weidetriebe, Kartan und seine
  Weidetriebe:
drei Städte;

aller Gerschonstädte nach deren Sippen: dreizehn Städte und
ihre Weidetriebe.

Den Sippen der Söhne Mraris, den übrigen Lewiten:
vom Zweig Sbulun aus
Joknam und seine Weidetriebe, Karta und seine Weidetriebe,
Dimna und seine Weidetriebe, Nahalal und seine Weidetriebe:
vier Städte;
vom Zweig Ruben
Bazer und seine Weidetriebe, Jahza und seine Weidetriebe,
Kdemot und seine Weidetriebe, Mefaat und seine Weidetriebe:
vier Städte;
und vom Zweig Gad
die Mörder-Unterschlupfstadt Ramot im Gilad und ihre
Weidetriebe,
Machanajim und seine Weidetriebe, Cheschbon und seine
Weidetriebe, Jaaser und seine Weidetriebe:
aller Städte vier;
aller Städte für die Söhne Mraris nach ihren Sippen, die
Übrigen von den Sippen der Lewiten,
ihr Los wurde: zwölf Städte.

Aller Städte der Lewiten inmitten der Hufe der Söhne
Jifsraels: achtundvierzig Städte und ihre Weidetriebe,
diese Städte sind gemeint Stadt um Stadt mit ihren Weidetrieben rings um sie, so bei all diesen Städten.

E R gab Jifsrael alles Land, das zu geben er ihren Vätern zugeschworen hatte,
sie ererbten es und siedelten darin,
E R schaffte ihnen Ruhe ringsum, allwie er ihren Vätern zugeschworen hatte,
nicht bestand ein Mann vor ihnen von all ihren Feinden,
all ihre Feinde gab E R in ihre Hand,
nicht fiel ein Redewort hin von all der guten Rede,
die E R zum Hause Jifsrael geredet hatte,
alles kam.

Damals hat Jehoschua den Rubeniten, den Gaditen und den
  halben Zweig Mnasche berufen, er sprach zu ihnen:
Ihr, gewahrt habt ihr alles, was euch Mosche, SEIN Knecht,
  geboten hat,
und hörtet auf meine Stimme in allem, was ich euch geboten
  habe,
nicht verlassen habt ihr eure Brüder diese vielen Tage bis auf
  diesen Tag,
gewahrt habt ihr die Verwahrung SEINES, eures Gottes, Ge-
  bots.
Nun hat ER, euer Gott, euren Brüdern Ruhe verschafft, wie
  er ihnen geredet hatte,
nun denn, wendet und geht ihr zu euren Zelten, zum Land
  eurer Hufe,
das Mosche, SEIN Knecht, euch jenseit des Jordans gab.
Jedoch wahrets sehr, das Gebot und die Weisung zu tun,
die Mosche, SEIN Knecht, euch gebot,
IHN euren Gott zu lieben,
in all seinen Wegen zu gehn,
seine Gebote zu wahren,
ihm anzuhaften,
ihm zu dienen,
mit all eurem Herzen, mit all eurer Seele!
Jehoschua segnete sie und entsandte sie, daß sie zu ihren
  Zelten gingen.
Der Hälfte des Mnaschestabs aber hatte Mosche im Baschan
  gegeben,
und seiner andern Hälfte hatte Jehoschua bei ihren Brüdern
  diesseit des Jordans westwärts gegeben,
drum auch, als Jehoschua sie zu ihren Zelten entsandt und gesegnet hatte, sprach er zu ihnen, sprach:
Mit vielen Reichtümern kehret zu euren Zelten zurück,
mit sehr vielem Herdenerwerb, mit Silber, mit Gold, mit
  Erz, mit Eisen und mit Gewändern, sehr viel,
doch teilt das Plündergut eurer Feinde mit euren Brüdern.
Es kehrten um, es gingen die Söhne Rubens, die Söhne
  Gads und der halbe Mnaschestab
von den Söhnen Jifsraels weg, von Schilo, das im Lande
  Kanaan ist,

in das Land Gilad zu gehn, ins Land ihrer Hufe,
wo sie hufensässig wurden auf SEIN Geheiß durch Mosche.
Sie kamen zu den Wallkreisen des Jordans, die im Lande
   Kanaan sind,
dort bauten die Söhne Rubens, die Söhne Gads und der halbe
   Mnaschestab eine Schlachtstatt, am Jordan,
eine Schlachtstatt großer Sicht.
Die Söhne Jifsraels hörten sprechen: Da haben die Söhne
   Rubens, die Söhne Gads und der halbe Mnaschestab die
   Schlachtstatt gebaut
nach dem Land Kanaan zu, nach den Wallkreisen des Jordans,
   nach der Seite der Söhne Jifsraels.
Die Söhne Jifsraels hörtens, sie versammelten sich, alle Ge-
   meinschaft der Söhne Jifsraels, nach Schilo,
in Kampfschar hinüberzuziehn, über sie her.
Die Söhne Jifsraels sandten zu den Söhnen Rubens, zu den
   Söhnen Gads und zum halben Stab Mnasche, zum Lande
   Gilad
Pinchas Sohn Elasars des Priesters
und zehn Fürsten bei ihm, je einen Fürsten, je einen Vater-
   hausfürsten von allen Zweigen Jifsraels,
jeder ein Haupt eines Väterhauses von den Tausendschaften
   Jifsraels waren sie.
Die kamen zu den Söhnen Rubens, zu den Söhnen Gads und
   zum halben Stab Mnasche, zum Lande Gilad,
 nd redeten mit ihnen, sprechend:
So spricht all SEINE Gemeinschaft:
Was ist dies für eine Untreue, damit ihr am Gott Jifsraels
   treubrüchig wurdet,
heuttags euch aus SEINER Gefolgschaft zu kehren,
indem ihr euch eine Schlachtstatt bauet,
um euch gegen IHN heuttags aufzulehnen!
Ists uns zu wenig an der Verfehlung beim Por,
davon wir uns nicht gereinigt haben bis auf diesen heutigen
   Tag,
und geschah doch der Zustoß in SEINE Gemeinschaft, –
daß ihr heuttags euch, ihr aus SEINER Gefolgschaft kehrt!
Es wird geschehn:
ihr heute lehnet euch wider IHN auf,

und morgen wird er über alle Gemeinschaft Jiſsraels ergrimmen!

Ist jedoch etwa maklig das Land eurer Hufe,

zieht herüber ihr, ins Land SEINER Hufenahme,

hin wo SEINE Wohnung einwohnte,

werdet hufensässig in unsrer Mitte,

aber wider IHN lehnt euch nimmer auf,

und gegen uns lehnt euch nimmer auf,

indem ihr euch eine Schlachtstatt baut

unbedacht SEINER unsres Gottes Schlachtstatt!

Ist nicht, als Achan Sohn Sarachs veruntreute, Untreue am
  Bann,

Grimm gekommen über alle Gemeinschaft Jiſsraels,

und er war doch ein einzelner Mann!

mußte er nicht um seinen Fehl vergehn!

Es antworteten die Söhne Rubens, die Söhne Gads und der
  halbe Mnaschestab,

sie redeten mit den Häuptern der Tausende Jiſsraels:

Gott, Gottherr, E R !

Gott, Gottherr, E R !

er weiß

und Jiſsrael soll wissen:

wars in Auflehnung, wars in Untreue wider IHN

– so befreie uns nimmer an diesem Tag! –

uns eine Schlachtstatt zu bauen, um aus SEINER Gefolgschaft
  uns zu kehren,

wars, um darauf Darhöhung und Hinleite zu höhen,

wars, um darauf Friedmahlschlachtungen zu machen,

möge E R es einfordern!

Wars nicht vor Besorgnis vor einem Gerede, daß wir dies
  taten,

sprechend: Morgen werden eure Söhne zu unsern Söhnen
  sprechen,

sprechen: Was ist euch und IHM dem Gott Jiſsraels gemein,

als Markgrenze hat E R ja zwischen uns und euch, Söhne
  Rubens und Söhne Gads, den Jordan gegeben,

kein Teil ist euch an IHM!

Eure Söhne werden unsre Söhne aus SEINER Furcht verabschieden wollen.

Darum sprachen wir: Wir wollen uns doch dranmachen, die
  Schlachtstatt zu bauen,
nicht zu Darhöhung, nicht zu Schlachtung,
sondern ein Zeuge sei sie zwischen uns und euch, und zwischen
  unsern Geschlechtern nach uns,
daß wir SEINEN Dienst dienen wollen vor ihm,
mit unsern Darhöhungen, mit unsern Schlachtungen, mit
  unsern Friedmahlen,
und nicht sollen eure Söhne morgen zu unsern Söhnen
  sprechen: Kein Teil ist euch an IHM!
Wir sprachen: Geschiehts, daß sie morgen so zu uns, zu
  unsern Geschlechtern sprechen,
dann sprechen wir:
Seht den Nachbau SEINER Schlachtstatt an, die unsre Väter
  machten,
nicht zu Darhöhung, nicht zu Schlachtung, sondern ein
  Zeuge ist sie zwischen uns und euch!
Fern sei von uns das, uns wider IHN aufzulehnen und heuttags uns aus SEINER Gefolgschaft zu kehren,
eine Schlachtstatt zu bauen zu Darhöhung, zu Hinleite, zu
  Schlachtmahl,
außer SEINER unsres Gottes Schlachtstatt, der vor seiner Wohnung!
Pinchas der Priester hörte und die Fürsten der Gemeinschaft,
  die Häupter der Tausende Jiſsraels, die mit ihm waren,
die Rede, die die Söhne Rubens, die Söhne Gads und die
  Söhne Mnaſches redeten,
es erschien in ihren Augen gut,
Pinchas Sohn Elaſars des Priesters sprach zu den Söhnen
  Rubens, zu den Söhnen Gads und zu den Söhnen Mnaſches:
Heuttags wissen wir, daß ER in unsrer Mitte ist,
weil ihr nicht mit dieser Untreue treubrüchig wurdet an
  IHM, –
nun habt ihr die Söhne Jiſsraels aus SEINER Hand gerettet.
Er begab sich, Pinchas Sohn Elaſars des Priesters, und die
  Fürsten wieder zurück,
von den Söhnen Rubens und von den Söhnen Gads her, vom
  Lande Gilad, zum Land Kanaan zu den Söhnen Jiſsraels,

und sie gaben ihnen die Einrede wieder.

Gut erschien die Rede in den Augen der Söhne Jifsraels,

die Söhne Jifsraels segneten Gott

und sprachen nicht mehr davon, in Kampfschar hinüberzuziehn, über sie her,

zu verderben das Land, darin die Söhne Rubens und die
Söhne Gads siedelten.

Die Söhne Rubens und die Söhne Gads riefen über der
Schlachtstatt aus:

Ja, Zeuge sie zwischen uns:

ja, ER der Gott!

Es geschah, viele Tage, nachdem ER Jiſsrael vor all ihren
     Feinden ringsum Ruhe verschafft hatte,
und Jehoschua war alt, in die Tage hochgekommen:
Jehoschua berief alles Jiſsrael,
seine Ältesten und seine Häupter, seine Richter und seine
     Rollenführer,
und sprach zu ihnen:
Ich, alt bin ich geworden, in die Tage hochgekommen.
Und ihr, gesehn habt ihr alles, was ER, euer Gott, all diesen
     Stämmen vor euch her tat,
denn ER, euer Gott, er ists, der für euch kriegt.
Seht, zufallen ließ ich euch als Eigentum für eure Volksstäbe
diese noch verbliebenen Stämme, vom Jordan an,
zu allen Stämmen, die ich ausgerottet habe, bis an das große
     Meer im Eingehn der Sonne.
ER, euer Gott, er wird sie stürzen vor euch hin,
er wird sie enterben vor euch her,
erben sollt ihr Land ihr, wie ER, euer Gott, euch geredet
     hat.
Bestärkt euch sehr,
alles im Buch der Weisung Mosches Geschriebne zu wahren
     und zu tun,
nie davon rechts oder links zu weichen,
nie einzugehn unter diese Stämme, diese noch mit euch Ver-
     bliebnen, –
mit dem Namen ihrer Götter laßt nichts bedenken, laßt nichts
     beschwören,
dient ihnen nicht, werft euch vor ihnen nicht hin,
sondern IHM, eurem Gott, haftet an,
wie ihr tatet bis auf diesen Tag.
ER hat vor euch her große und kernhafte Stämme enterbt,
und ihr, niemand bestand vor euch bis auf diesen Tag,
ein einziger Mann von euch jagt tausend,
denn ER, euer Gott, er ists, der für euch kriegt, wie er euch
     geredet hat.
Wahret euch sehr, für eure Seelen,
IHN, euren Gott, zu lieben!
Kehrt ihr euch aber, verkehrt ihr euch,
heftet ihr euch an diese übrigen, diese mit euch Verbliebnen,

verschwägert euch mit ihnen,
kommt ihr unter sie und sie unter euch:
für gewiß sollt ihr wissen,
daß ER, euer Gott, nicht fortfahren wird, diese Stämme vor
   euch her zu enterben,
dann werden sie euch
zum Netz und zur Falle,
zur Geißel in euren Seiten und zu Stacheln in euren Augen,
bis ihr schwindet von diesem guten Boden hinweg, den ER,
   euer Gott, euch gab.
Ich da gehe heute dahin, den Weg alles Irdischen:
so wisset mit all eurem Herzen, mit all eurer Seele,
daß von all den guten Redeworten, die ER, euer Gott, über
   euch redete, nicht ein einziges Wort dahinfiel,
alle sind sie euch eingekommen,
nicht ein einziges Wort davon fiel aus.
Es wird aber geschehn,
wie über euch gekommen ist all die gute Rede, die ER, euer
   Gott, zu euch redete,
so wird ER über euch kommen lassen alle böse Rede,
bis er euch vertilgt von diesem guten Boden hinweg, den ER,
   euer Gott, euch gab:
wann ihr SEINEN eures Gottes Bund überschreitet, den er
   euch entbot,
daß ihr geht und anderen Göttern dient, und euch vor ihnen
   hinwerft,
flammt SEIN Zorn auf euch ein,
rasch schwindet ihr aus dem guten Lande hinweg, das er euch
   gab.

Jehoschua holte alle Volksstäbe Jisraels nach Sichem zusammen,
er berief die Ältesten Jisraels und seine Häupter, seine Richter
   und seine Rollenführer,
und sie traten vor Gott.
Jehoschua sprach zu allem Volk:
So spricht ER, der Gott Jisraels:
Jenseit des Stromes siedelten eure Väter vorzeiten,
Tarach, Vater Abrahams und Vater Nachors,
und dienten anderen Göttern.

Ich nahm euren Vater Abraham von jenseits des Stroms,
ich ließ ihn durch alles Land Kanaan gehn,
ich mehrte seinen Samen: ich gab ihm den Jizchak,
und Jizchak gab ich den Jaakob und den Eſsaw.
Ich gab Eſsaw das Gebirge Sſeïr, es zu erben,
Jaakob aber und seine Söhne zogen hinab nach Ägypten.
Ich sandte Mosche und Aharon,
ich stieß Ägypten hin, wie ich eben darinnen tat,
danach führte ich euch heraus.
Ich führte eure Väter aus Ägypten, ihr kamt ans Meer,
die Ägypter jagten mit Fahrzeug, mit Reisigen euren Vätern
     ans Schilfmeer nach,
die schrien zu IHM,
eine Düsternis legte er zwischen euch und die Ägypter,
er ließ das Meer darüber kommen und hüllte sie zu.
Eure Augen sahen, was ich an Ägypten tat.
In der Wüste saßet ihr fest viele Tage.
Ich ließ euch kommen ins Land des Amoriters, der jenseit des
     Jordans saß,
sie kriegten mit euch, ich gab sie in eure Hand,
ihr erbtet ihr Land, ich vertilgte sie vor euch her.
Es erhob sich Balak Sohn Zippors, König von Moab, und
     kriegte gegen Jiſsrael
– er sandte und ließ Bilam Sohn Bors rufen, euch zu ver-
     wünschen,
ich aber war nicht gewillt auf Bilam zu hören, er mußte
     segnen euch, segnen –,
ich rettete euch aus seiner Hand.
Ihr überschrittet den Jordan und kamt nach Jericho,
die Bürger von Jericho kriegten gegen euch,
dazu der Amoriter, der Priſiter, der Kanaaniter, der Chetiter
     und der Girgaſchiter, der Chiwwiter und der Jebuſsiter,
ich gab sie in eure Hand.
Ich sandte vor euch her die Verzagtheit, sie trieb sie vor euch
     aus,
zwei Amoriterkönige, nicht durch dein Schwert und nicht
     durch deinen Bogen.
Ich gab euch ein Land, um das du dich nicht gemüht hast,
Städte, die ihr nicht erbaut habt, darin siedeltet ihr,

Weingärten und Ölhaine, die nicht ihr gepflanzt habt, ihr eßt
      davon.
Nun also
fürchtet IHN und dient ihm
in Schlichtheit und in Treue,
schafft die Götter ab, denen eure Väter jenseit des Stroms und
      in Ägypten dienten,
und dienet IHM!
Ists aber in euren Augen übel IHM zu dienen,
wählet euch heute, wem ihr dienen wollt,
ob den Göttern, denen eure Väter, die jenseit des Stromes,
      dienten,
ob den Göttern des Amoriters, in dessen Land ihr siedelt, –
ich aber und mein Haus, wir wollen IHM dienen.
Das Volk antwortete, es sprach:
Fern seis von uns, IHN zu verlassen,
um andern Göttern zu dienen!
Denn ER, unser Gott,
er ists, der uns und unsre Väter heraufbrachte
aus dem Land Ägypten, aus dem Haus der Dienstbarkeit,
und der vor unsern Augen jene großen Zeichen tat
und bewahrte uns auf all dem Weg, auf dem wir gingen,
und unter allen Völkern, durch die mittinnen wir schritten,
ER hat all die Völker, den Amoriter, den Insassen des Landes,
      vor uns her vertrieben.
Auch wir, IHM wollen wir dienen,
denn er ist unser Gott.
Jehoschua sprach zum Volk:
Ihr könnt IHM nicht dienen,
denn heilige Gottheit ist er,
ein göttlicher Eiferer er,
nicht wird er ertragen
euren Frevel, eure Versündigungen:
wenn ihr IHN verlasset,
Göttern der Fremde dient,
verkehrt ers, tut euch übel,
vernichtet euch,
nachdem er euch guttat.
Das Volk sprach zu Jehoschua:

Nein,
sondern IHM wollen wir dienen.
Jehoschua sprach zum Volk:
Zeugen seid ihr wider euch,
daß selber ihr IHN euch wähltet, ihm zu dienen.
Sie sprachen:
Zeugen! –
– So schafft nun die Götter der Fremde ab, die innen unter
   euch sind,
und neigt euer Herz zu IHM, dem Gott Jifsraels.
Sie sprachen, das Volk, zu Jehoschua:
IHM, unserm Gotte, wollen wir dienen,
auf seine Stimme wollen wir hören.
Jehoschua schloß dem Volk an jenem Tag einen Bund,
er legte ihm in Sichem Satz und Recht auf.
Jehoschua schrieb diese Reden in das Buch der Weisung
   Gottes.
Er nahm einen großen Stein und richtete ihn dort auf
unter der Eiche, die in SEINEM Heiligtum war.
Jehoschua sprach zu allem Volk:
Dieser Stein da sei gegen uns ein Zeuge,
denn er hat alle SEINE Sprüche gehört, die er mit uns redete,
er sei gegen euch ein Zeuge, wenn ihr euren Gott etwa wolltet
   verleugnen.
Jehoschua entsandte das Volk, jedermann zu seinem Eigentum.

Es geschah nach diesen Begebnissen:
Jehoschua Sohn Nuns, SEIN Knecht starb, hundertundzehn
   Jahre alt.
Man begrub ihn in der Gemarkung seines Eigentums, in
   Timnat Sfarach, das im Gebirge Efrajim ist, nördlich vom
   Berge Gaasch.

Jifsrael diente IHM alle Tage Jehoschuas
und alle Tage der Ältesten, deren Tage sich über Jehoschua
   hinaus längerten,
und die um all SEINE Tat wußten, die er an Jifsrael getan hatte.

Die Gebeine Joſsefs, die die Söhne Jiſsraels aus Ägypten heraufgebracht hatten,
begruben sie in Sichem in der Feldmark, die Jaakob von den
  Söhnen Chamors, Vaters Schchems, um hundert Vollgewicht gekauft hatte,
sie blieben den Söhnen Joſsefs als Eigentum.

Elasar Sohn Aharons starb,
man begrub ihn in dem Giba seines Sohns Pinchas, das ihm
  im Gebirge Efrajim gegeben war.

DAS BUCH
RICHTER

Es geschah nach dem Tod Jehoschuas,
die Söhne Jifsraels befragten IHN, sprechend:
Wer soll von uns zu Beginn gegen den Kanaaniter aufziehn,
    ihn zu bekriegen?
ER sprach:
Jehuda soll aufziehn,
schon habe ich das Land in seine Hand gegeben.
Jehuda sprach zu Schimon, seinem Bruder:
Zieh hinauf mit mir in mein Los, daß wir den Kanaaniter be-
    kriegen,
auch ich will mit dir in dein Los gehn.
Schimon ging mit ihm.
Jehuda zog hinauf,
ER gab den Kanaaniter und Prisiter in ihre Hand,
sie schlugen sie in Besek, zehntausend Mann,
sie fanden den Adonibesek in Besek, bekriegten ihn, schlugen
    den Kanaaniter und den Prisiter.
Adonibesek floh, sie jagten ihm nach, sie ergriffen ihn,
sie hackten die Daumen an seinen Händen und seinen Füßen ab.
Adonibesek sprach:
Siebzig Könige,
die Daumen an ihren Händen und ihren Füßen abgehackt,
lasen auf unter meinem Tisch, –
wie ich getan habe, so hat Gott mir vergolten.
Man brachte ihn nach Jerusalem, dort starb er.
Die Söhne Jehudas bekriegten Jerusalem, sie eroberten es,
sie schlugen es mit der Schneide des Schwerts, und die Stadt
    steckten sie in Brand.
Danach stiegen die Söhne Jehudas hinab, den Kanaaniter zu
    bekriegen, der das Gebirg, den Mittag und die Niedrung
    besaß,
Jehuda ging gegen den Kanaaniter vor, der in Hebron saß, der
    Name Hebrons aber war vordem Kirjat Arba,
sie schlugen den Scheschai, den Achiman und den Talmai.
Von dort ging er gegen die Insassen von Dwir vor, der Name
    Dwirs aber war vordem Kirjat Sfefer.
Kaleb sprach:
Wer Kirjat Sfefer schlägt und es erobert, dem will ich meine
    Tochter Achfsa zum Weibe geben.

Otniel Sohn des Knas, eines Bruders Kalebs, jünger als er, er-
    oberte es,
und er gab ihm seine Tochter Achſsa zum Weib.
Es war, als sie einzog: sie lockte ihm ab, von ihrem Vater die
    Aue heischen zu dürfen,
dann glitt sie vom Esel.
Kaleb sprach zu ihr:
Was ist dir?
Sie sprach zu ihm:
Schenk mir ein Segenspfand!
in Land der Mittagsdürre gabst du mich ja,
gib mir Wasserbecken mit!
Kaleb gab ihr Ober-Becken und Unter-Becken.

Die Söhne des Keniters aber, Mosches Schwagers, stiegen von
    der Palmenstadt mit den Söhnen Jehudas in die Wüste Je-
    huda, die beim Mittagsland von Arad ist,
er ging hin und saß mit dem Volk.

Jehuda ging mit seinem Bruder Schimon vor,
sie schlugen den Kanaaniter, der in Zfat saß, und bannten es,
man rief den Namen der Stadt Chorma, Bannung.
Jehuda eroberte Gasa und seine Mark, Askalon und seine
    Mark, Ekron und seine Mark.
ER war mit Jehuda, der erbte das Gebirge,
denn nicht zu enterben waren die Insassen der Tiefebene, denn
    sie hatten eisernes Fahrzeug.

Sie gaben Kaleb Hebron, wie Mosche geredet hatte,
er enterbte dort die drei Anaksöhne.

Den Jebuſsiter aber, der in Jerusalem saß, enterbten die Söhne
    Binjamins nicht,
der Jebuſsiter blieb ansässig mit den Söhnen Binjamins in Jeru-
    salem, bis auf diesen Tag.

Die vom Hause Joſsefs zogen auf, auch sie, nach Bet-El, und
    ER war bei ihnen.
Sie ließen durchspüren, das Haus Joſsefs, bei Bet-El, der Name
    der Stadt aber war vordem Lus,
die Beobachter sahn einen Mann aus der Stadt kommen.
sie sprachen zu ihm:

Ersichte uns doch einen Zugang in die Stadt, und wir wollen
an dir hold tun.

Er ersichtete ihnen einen Zugang in die Stadt, sie schlugen die
Stadt mit der Schneide des Schwerts,

aber den Mann und all seine Sippe schickten sie von dannen.
Der Mann wanderte ins Land der Chetiter, er baute eine Stadt
und rief ihren Namen Lus, das ist ihr Name bis auf diesen Tag.

Nicht enterbte Mnasche

Bet Schan und seine Tochterstädte, Taanach und seine Tochterstädte,

die Insassen von Dor und seine Tochterstädte, die Insassen von
Jiblam und seine Tochterstädte, die Insassen von Megiddo
und seine Tochterstädte,

der Kanaaniter unterwand sich in dieser Landschaft ansässig
zu bleiben.

Es geschah, als Jifsrael erstarkte: es setzte den Kanaaniter in
Fronpflicht,

aber enterbt, enterbt haben sie ihn nicht.

Efrajim enterbte nicht den Kanaaniter, der in Gaser saß,
der Kanaaniter blieb ansässig innen bei ihm in Gaser.

Sbulun enterbte nicht die Insassen von Kitron und die Insassen von Nahalol,

der Kanaaniter blieb ansässig innen bei ihm, sie wurden fronpflichtig.

Ascher enterbte nicht die Insassen von Akko und die Insassen
von Sidon,

Achlab, Achsib, Chelba, Afik, Rchob,

ansässig wurde der Ascherit innen bei dem Kanaaniter, den
Landesinsassen, denn er enterbte ihn nicht.

Naftali enterbte nicht die Insassen von Bet Schamesch und die
Insassen von Bet Anat,

er wurde ansässig innen bei dem Kanaaniter, den Landesinsassen,

die Insassen von Bet Schamesch und Bet Anat wurden ihnen
fronpflichtig.

Der Amoriter, – sie drängten die Söhne Dans ins Gebirg,
denn nicht gab jener zu, daß er in die Tiefebne hinabging,

der Amoriter unterwand sich, in Har Chares, in Ajjalon und
  in Schaalbim ansässig zu bleiben.
Die Hand des Hauses Joſsefs lag schwer auf, sie wurden fronpflichtig.
Die Gemarkung des Amoriters war vom Skorpionenaufstieg,
  vom Felsen, aufwärts gewesen.

Auf stieg SEIN Bote vom Ringwall her nach Bochim
und sprach:
Aufsteigen ließ ich euch von Ägypten her,
kommen ließ ich euch in das Land, das ich euren Vätern zuschwor,
ich sprach:
Nicht will ich meinen Bund mit euch zerreißen auf Weltzeit,
ihr aber, schließet nicht einen Bund den Insassen dieses Landes,
ihre Schlachtstätten schleifet!
Ihr habt auf meine Stimme nicht gehört,
was habt ihr da getan!
So spreche auch ich:
Nicht will ich sie vor euch her vertreiben,
sie seien euch zu Schlingen,
ihre Götter seien euch zur Falle!
Es geschah, als SEIN Bote diese Reden zu allen Söhnen
  Jiſsraels redete,
sie erhoben, das Volk, ihre Stimme
und weinten.
Sie riefen den Namen jenes Ortes: Bochim, Weinende.
Sie schlachteten dort IHM.

Jehoschua hatte das Volk ausgeschickt und die Söhne Jiſsraels
  waren gegangen, jedermann zu seinem Eigentum, das Land
  zu ererben,
sie hatten IHM gedient, das Volk, alle Tage Jehoschuas
und alle Tage der Ältesten, deren Tage sich über Jehoschua
  hinaus längerten,
die all SEINE große Tat gesehen hatten, die er an Jiſsrael tat.
Jehoschua Sohn Nuns, SEIN Knecht, war gestorben, hundertundzehn Jahre alt,

– man begrub ihn in der Gemarkung seines Eigentums, in
    Timnat Chares im Gebirge Efrajim, nördlich vom Berge
    Gaasch –
und auch alle jenes Geschlechts waren zu ihren Vätern einge-
    holt worden.
Ein anderes Geschlecht erstand nach ihnen,
die IHN nicht kannten
noch auch die Tat, die er an Jifsrael getan hatte.
Es taten die Söhne Jifsraels das in SEINEN Augen Böse:
sie dienten den Baalen,
sie verließen IHN, den Gott ihrer Väter, der sie aus dem Land
    Ägypten führte,
sie gingen hin, gewärtig anderwärtigen Göttern, von den
    Göttern der Völker, die rings um sie waren,
sie warfen sich vor ihnen nieder und verdrossen IHN,
sie verließen IHN und wurden dem Baal und den Aschtar-
    ten dienstbar.
SEIN Zorn flammte auf Jifsrael ein,
er gab sie in die Hand von Räubern,
die raubten sie aus,
er verkaufte sie in die Hand ihrer Feinde ringsum,
sie konnten nicht mehr auftreten vor ihren Feinden,
überall, wo sie ausfuhren, war SEINE Hand wider sie zum
    Bösen,
wie ER geredet hatte,
wie ER ihnen geschworen hatte.
Ihnen wurde sehr bang.
ER ließ Richter erstehn,
die befreiten sie aus der Hand ihrer Räuber.
Aber auch auf ihre Richter hörten sie nicht,
denn gewärtig hurten sie anderwärtigen Göttern nach,
sie warfen sich vor ihnen nieder,
rasch wichen sie vom Weg, den ihre Väter gegangen waren,
    SEINEN Geboten zu gehorchen,
sie taten nicht so.
Wenn aber ER ihnen Richter erstehn ließ,
war ER bei dem Richter da,
befreite sie aus der Hand ihrer Feinde
alle Tage des Richters,

denn ER ließ sichs leid sein

ob ihrem Gestöhn vor ihren Bedrückern und Bedrängern.

Es geschah, wann der Richter gestorben war:

sie kehrten sich ab,

sie waren verderbter als ihre Väter,

anderwärtigen Göttern gewärtig einherzugehn, ihnen zu
dienen, vor ihnen sich niederzuwerfen,

sie ließen nichts hinfallen von ihrem Gebaren, von der Ver-
härtung ihres Wegs.

SEIN Zorn flammte auf Jifsrael ein,

er sprach:

Dieweil sie, dieser Stamm, meinen Bund überschritten, den
ich ihren Vätern entbot, und auf meine Stimme nicht
hörten,

will auch ich nicht fortfahren, jemand vor ihnen her zu enterben

von den Stämmen, die Jehoschua zurückließ, als er starb! –

Damit er an denen Jifsrael probe,

ob sie SEINEN Weg wahren, darin zu gehn, wie ihre Väter ihn
wahrten, oder nicht:

darum hatte ER diesen Stämmen Ruhe gewährt, statt sie
rasch zu enterben,

und hatte sie nicht in die Hand Jehoschuas gegeben.

Dies sind die Stämme, denen ER Ruhe gewährte,
an ihnen Jifsrael zu proben, alle, die all die Kriege um Kanaan
　　nicht mehr kannten,
nur damit er die Folgegeschlechter der Söhne Jifsraels erkenne,
indem er sie Krieg lehrte – nur eben, die jene vorherigen nicht
　　kannten –:
die fünf Tyrannenschaften der Philister,
all jenes Kanaanitervolk,
der Sidonier, der Chiwwiter, der im Gebirge Libanon sitzt,
　　vom Berg Baal Hermon bis wo man nach Chamat kommt, –
sie blieben, um an ihnen Jifsrael zu proben,
zu erkennen, ob sie auf SEINE Gebote hörten, die er ihren
　　Vätern durch Mosche gebot.
Die Söhne Jifsraels, sie saßen mittinnen unter dem Kanaaniter:
　　dem Chetiter, dem Amoriter, dem Prisiter, dem Chiwwiter
　　und dem Jebufsiter.
Sie nahmen ihre Töchter sich zu Weibern und gaben ihren
　　Söhnen ihre Töchter
und dienten ihren Göttern,
die Söhne Jifsraels taten das in SEINEN Augen Böse,
sie vergaßen IHN ihren Gott,
sie dienten den Baalen und den Pfahlfrauen.
SEIN Zorn flammte auf Jifsrael ein,
er verkaufte sie in die Hand des Kuschan-Rischatajim, Königs
　　von Aram dem Zwiestromland,
und die Söhne Jifsraels dienten dem Kuschan-Rischatajim
　　acht Jahre.
Die Söhne Jifsraels schrien zu IHM,
ER ließ einen Befreier den Söhnen Jifsraels erstehn, der be-
　　freite sie,
den Otniel Sohn des Knas, des Bruders Kalebs, jünger als er.
SEIN Geistbraus kam über ihn, und er schaffte Jifsrael Recht:
er fuhr aus zum Krieg,
und ER gab Kuschan-Rischatajim König von Aram in seine
　　Hand,
seine Hand siegte über Kuschan-Rischatajim.
Es rastete das Land vierzig Jahre.

Otniel Sohn des Knas war gestorben.

Die Söhne Jifsraels taten weiter das in SEINEN Augen Böse.

ER stärkte Eglon König von Moab über Jifsrael,

darob daß sie das in SEINEN Augen Böse taten.

Der holte sich herbei die Söhne Ammons und Amalek

und ging hin und schlug Jifsrael, sie ererbten die Palmenstadt.

Die Söhne Jifsraels dienten Eglon König von Moab achtzehn
   Jahre.

Die Söhne Jifsraels schrien zu IHM,

ER ließ ihnen einen Befreier erstehn,

den Ehud Sohn Geras, einen Binjaminiten, einen an seiner
   rechten Hand gehemmten Mann.

Durch seine Hand schickten die Söhne Jifsraels Spende an
   Eglon König von Moab.

Ehud machte sich ein Schwert,

das hatte zwei Schneiden, eine Spanne seine Länge,

er gürtete es unter seinen Rock, an seine rechte Hüfte.

Er reichte die Spende Eglon König von Moab dar.

Eglon aber war ein sehr feister Mann.

Es geschah, als er vollendet hatte die Spende darzureichen.

Er schickte das Volk heim, die Träger der Spende,

er aber kehrte um von den Schnitzbildern, denen bei Gilgal,

und ließ sprechen:

Eine heimliche Rede habe ich an dich, o König.

Der sprach:

Stille!

und alle, die ihn umgaben, traten von ihm hinaus.

Ehud kam zu ihm,

während er im kühlen Obergemach saß, das für ihn allein war,

Ehud sprach:

Eine Gottesrede habe ich an dich.

Er stand vom Sessel auf,

Ehud schickte seine linke Hand an,

er nahm das Schwert von seiner rechten Hüfte ab

und stieß es ihm in den Bauch,

daß auch das Heft nach der Klinge hineinging und das Fett
   die Klinge umsperrte,

denn er riß ihm das Schwert nicht aus dem Bauch, –

und schon war er zum Ausschleif hinaus.

Ehud trat über den Umlauf hinaus.

Die Türen des Obergemachs hatte er hinter sich versperrt,
    zugeriegelt.
Als er nun hinausgetreten war, kamen seine Diener und sahn,
da, die Türen des Obergemachs waren verriegelt.
Sie sprachen: Er hat wohl grad seine Beine gespreizt in der
    kühlen Kammer,
aber sie warteten sich zuschanden: kein Mensch schloß die
    Türen des Obergemachs auf.
Sie nahmen einen Schlüssel her und schlossen auf,
da: hingefallen ihr Herr zur Erde, tot!
Ehud war entronnen, während sie zauderten:
er setzte bei den Schnitzsteinen über, entrann nach Sfeïra.
Es geschah bei seinem Eingang:
er stieß in die Posaune, im Gebirge Efrajim,
und herab stiegen mit ihm die Söhne Jifsraels vom Gebirg,
    er ihnen voran.
Er sprach zu ihnen:
Folgt mir nach,
denn gegeben hat ER eure Feinde, Moab, in eure Hand!
Sie stiegen herab, ihm nach,
sie bemächtigten sich der Jordanübergänge Moabs und ließen
    niemand hinüber,
sie schlugen Moab zu jener Frist, an zehntausend Mann,
alles fette, tüchtige Mannschaft,
nicht ein Mann entrann.
Gezwungen wurde Moab an jenem Tag unter Jifsraels Hand. –
Es rastete das Land achtzig Jahre.

Nach ihm war Schamgar Sohn Anats,
er schlug die Philister,
sechshundert Mann mit einem Ochsenstachel,
auch er befreite Jifsrael.

Die Söhne Jifsraels taten weiter das in SEINEN Augen Böse, als
   Ehud gestorben war.
ER lieferte sie in die Hand Jabins Königs in Kanaan, der zu
   Chazor König war,
sein Heerfürst war Sfifsra, der hatte Sitz im Charoschet des
   Stämmegemischs.
Die Söhne Jifsraels schrien zu IHM,
denn er hatte neunhundert eiserne Fahrzeuge,
und er bedrückte die Söhne Jifsraels stark, zwanzig Jahre.
Dbora, ein kündendes Weib, das Weib des Lapidot, sie
   richtete Jifsrael zu jener Frist.
Sie hatte Sitz unter der Dborapalme, zwischen Rama und
   Bet-El, im Gebirge Efrajim,
und die Söhne Jifsraels zogen zu ihr hinauf zum Gericht.
Sie sandte und berief Barak Sohn Abinoams von Kadesch
   Naftali,
sie sprach zu ihm:
Hat nicht ER, der Gott Jifsraels, geboten:
Geh, lenke nach dem Berg Tabor,
nimm mit dir zehntausend Mann von den Söhnen Naftalis
   und von den Söhnen Sbuluns,
und ich will lenken hin zu dir, zum Bach Kischon,
Sfifsra, den Heerfürsten Jabins, sein Fahrzeug, sein Getümmel,
ich gebe ihn in deine Hand.
Barak sprach zu ihr:
Gehst du mit mir, so geh ich,
gehst du nicht mit mir, gehe ich nicht.
Sie sprach:
Den Gang will ich mit dir gehn,
nur daß der Ruhm nicht dein wird auf dem Weg, den du
   gehst,
denn in eines Weibes Hand wird ER Sfifsra liefern.
Dbora machte sich auf und ging mit Barak nach Kadesch.
Barak ließ Sbulun und Naftali nach Kadesch zusammenschrein,
hinauf zogen, ihm auf dem Fuß, zehntausend Mann,
Dbora zog mit ihm hinauf.

Chaber der Keniter aber hatte sich von Kajin getrennt, von
   den Söhnen Chobabs, Mosches Schwagers,

er spannte sein Zelt bis zur Eiche in Zaanannim, das bei Kadesch ist.

Man meldete Sſiſsra, daß Barak Sohn Abinoams den Berg
Tabor hinaufgezogen war.
Sſiſsra ließ all sein Fahrzeug zusammenschrein, neunhundert
eiserne Fahrzeuge,
und alles Volk, das mit ihm war,
aus dem Charoschet des Stämmegemischs zum Bachtal
Kischon.
Dbora sprach zu Barak:
Mach dich auf,
denn dies ist der Tag,
an dem ER Sſiſsra in deine Hand gibt, –
fuhr ER nicht aus vor dir her?
Barak stieg vom Berge Tabor hinab, zehntausend Mann ihm
nach.
ER verstörte Sſiſsra, all das Fahrzeug, all das Lager
mit der Schneide des Schwerts, vor Barak her.
Sſiſsra stieg vom Gefährt und floh zu Fuß.
Barak jagte dem Fahrzeug nach, dem Lager nach, bis zum
Charoschet des Stämmegemischs,
alles Lager Sſiſsras verfiel der Schneide des Schwerts, auch
nicht einer verblieb.
Sſiſsra aber floh zu Fuß nach dem Zelt Jaels, des Weibes
Chabers des Keniters,
denn Friede war zwischen Jabin König von Chazor und dem
Hause Chabers des Keniters.
Jael trat heraus, Sſiſsra entgegen, und sprach zu ihm:
Kehre doch ein, mein Herr, kehre ein zu mir, fürchte dich
nimmer!
Er kehrte ein zu ihr ins Zelt, und sie hüllte ihn in den Vorhang.
Er sprach zu ihr:
Gib mir doch ein wenig Wasser zu trinken, denn ich dürste.
Sie öffnete den Milchschlauch, sie gab ihm zu trinken
und hüllte ihn ein.
Er sprach zu ihr:
Steh an der Öffnung des Zelts, und so seis:
kommt jemand und fragt dich und spricht: Ist hier jemand?

sprich: Keiner!
Jael, Chabers Weib, ergriff einen Pflock des Zelts,
sie nahm einen Hammer in ihre Hand,
sie kam leis auf ihn zu
und stieß den Pflock in seine Schläfe, daß der in die Erde
    drang
– er war nämlich entschlummert, ermattet –,
er starb.
Da aber: Barak, Sſiſsra nachjagend!
Jael trat heraus, ihm entgegen,
sie sprach zu ihm:
Geh her,
ich lasse dich den Mann sehn, den du suchst.
Er kam zu ihr hinein,
da: Sſiſsra, tot hingesunken, den Pflock in seiner Schläfe!
Gott zwang an jenem Tag Jabin König in Kanaan vor die
    Söhne Jiſsraels hin.
Nieder ging die Hand der Söhne Jiſsraels, niedergehend und
    wuchtend, auf Jabin den König in Kanaan,
bis sie ausgerottet hatten Jabin den König in Kanaan.

Dbora sang und Barak Sohn Abinoams an jenem Tage im
    Spruch:

Da Kriegslocken sich lockten in Jiſsrael,
da ein Volk sich willig hergab,
segnet IHN!

Höret, Könige,
lauschet, Erlauchte,
ich, IHM will ich singen,
saitenspielen IHM,
Jiſsraels Gott.

DU, als du ausfuhrst von Sſeïr,
schrittest von Edoms Gefild,
bebte die Erde,
zugleich troffen die Himmel,
zugleich zertroffen die Wolken zu Wasser,
die Berge wankten vor IHM, –

ein Sſinai dieser vor IHM,
Jiſsraels Gott.

In den Tagen Schamgars Sohns Anats,
in den Tagen Jaels
stockten die Wanderzüge,
die Straßengänger
gingen krumme Wanderpfade,
das Bauerntum, es stockte in Jiſsrael,
stockte,
bis du aufstandst, Dbora,
aufstandst, eine Mutter
in Jiſsrael!

Hat Gott sich Neue erwählt,
dann streitet er um die Tore.
Ward etwa Schild und Lanze ersehn
unter vierzig Tausenden Jiſsraels?
Mein Herz den Führern Jiſsraels zu,
den sich Willigenden im Volk!
Segnet IHN!

Die ihr lohfarbne Eselinnen reitet,
die ihr auf Prunkröcken sitzet,
und die ihr des Wegs euch ergeht,
berichtets!
Horch,
Taktschlagende zwischen den Tränken!
dort wechselsagen sie SEINE Bewährungen,
Bewährungen an seiner Bauernschaft
in Jiſsrael.

Schon stiegen sie zu den Toren herab,
SEIN Volk!
Erwache, erwache, Dbora,
erwache, erwache, bereds im Gesang!

Auf, Barak,
fang deine Fänger,
Sohn Abinoams!
Schon steigt hinab der Rest, mit den Edlen das Volk:

D U, steig hinab mir unter den Helden!

Von Efrajim her – an Amalek ihre Wurzel –,
dir nach, Binjamin! hintan deinen Volksleuten!
von Machir stiegen Führer hinab,
von Sbulun Lenker mit des Musternden Stab,
die Obern in Jiſsachar mit Dbora,
wie Jiſsachar so der Barakstamm,
in die Ebne, gestreckt ihm zu Füßen.

In den Aufspaltungen Rubens
gab es Herzensführungen groß.
Warum saßest du zwischen den Pferchen?
um diē Herdenschalmeien zu hören?
Bei den Aufspaltungen Rubens
gab es Herzensspürungen groß.
Gilad, gut wohnt er über dem Jordan,
und Dan, warum gastet auf Schiffen er?
Ascher blieb sitzen am Meergestad,
gut wohnt er bei seinen Buchten!
Aber Sbulun –
Volk, seine Seele verschmähend zum Tod,
aber Naftali –
auf den Höhen des Feldes!

Könige kamen und stritten,
schon stritten Kanaans Könige,
in Taanach, an den Wassern Megiddos,
sie erlangten nicht Silbergewinn:
vom Himmel her stritten die Sterne,
von ihren Bahnen her stritten sie gegen Sſiſsra.
Der Bach Kischon spülte sie fort,
der Urzeitbach, der Bach Kischon,
– Wegs voran, meine Seele, im Sieg! –
schon entstampfen die Hufe der Roßmacht
vom: Galopp Galopp! ihrer Recken.

Fluchet Meros, ſpricht SEIN Bote,
fluchet, Fluch seinen Sassen,
denn nicht kamen sie I H M zu Hilfe,
I H M zu Hilfe unter den Helden.

Gesegnet vor Weibern Jael,
Chabers Weib des Keniters,
vor den Weibern im Zelt gesegnet!
Wasser heischte er, Milch gab sie,
in der Schale für Edle reichte sie Sahne.
Ihre Hand, sie streckt sie zum Pflock,
ihre Rechte zum Arbeitsstampf,
sie stampft auf Sſiſsra,
zerschmettert sein Haupt,
zerspellt, durchhaut seine Schläfe.
Zwischen ihren Füßen
bäumte sich, sank er, lag,
zwischen ihren Füßen
bäumte er, sank,
wo er sich bäumte, da sank er,
vernichtet.

Durchs Fenster lugte ächzend
Sſiſsras Mutter, durch das Gitter:
Weshalb säumt sein Gefährt zu kommen,
weshalb zögert seiner Fahrzeuge Rasseln?
Die klügsten ihrer Fürstinnen antworten ihr,
auch sie selber erwidert sich ihre Sprüche:
Müssen sie nicht Beute finden, verteilen,
einen Schoß, zwei Schoße auf den Kopf des Wehrmanns,
Beute bunter Tücher für Sſiſsra,
Beute bunter gewirkter Tücher,
ein buntdoppelgewirktes für meinen Hals,
Beute –?

So müssen schwinden
all deine Feinde,
Du!
Aber die ihn lieben
sind, wie die Sonne ausfährt in ihrer Heldenwehr.

Dann rastete das Land vierzig Jahre.

Die Söhne Jiſsraels taten das in SEINEN Augen Böse.
ER gab sie in die Hand Midjans,
sieben Jahre,
die Hand Midjans siegte über Jiſsrael,
vor Midjan machten sich die Söhne Jiſsraels die Schachte, die
     in den Bergen, die Höhlen und die Fluchtburgen.
Es geschah, hatte Jiſsrael gesät,
Midjan zog herüber, dazu Amalek und Söhne des Ostens, sie
     zogen herüber über es her,
sie lagerten sich über sie her,
sie verderbten das Gewächs des Landes, bis wo du nach Gasa
     kommst,
sie ließen nicht einen Rest von Lebensgut in Jiſsrael, für Lamm,
     Rind, Esel,
denn mit ihren Herden zogen sie heran, mit ihren Zelten,
kamen heuschreckgleich an Menge,
sie und ihre Kamele waren ohne Zahl,
in das Land kamen sie, es zu verderben.
Sehr verarmte Jiſsrael vor Midjan.
Die Söhne Jiſsraels schrien zu IHM.
Es geschah, wie die Söhne Jiſsraels Midjans wegen zu IHM
     geschrien hatten,
ER sandte einen Mann, einen Künder, zu den Söhnen
     Jiſsraels,
der sprach zu ihnen:
So spricht ER, der Gott Jiſsraels:
Selber ließ ich euch aus Ägypten heraufziehn,
ich führte euch aus dem Haus der Dienstbarkeit,
ich rettete euch aus der Hand Ägyptens und aus der Hand all
     eurer Bedränger,
ich vertrieb sie vor euch her und gab euch ihr Land
und sprach zu euch: ICH bin euer Gott,
fürchtet nicht die Götter des Amoritervolks, in dessen Lande
     ihr sitzet!
aber ihr habt auf meine Stimme nicht gehört!

Ein Bote von IHM kam,
er setzte sich unter die Eiche, die in Ofra war, die Joaschs des
     Abiesriten war.

Sein Sohn Gidon klopfte eben Weizen in der Kelter, um ihn
   vor Midjan zu flüchten.
SEIN Bote ließ sich von ihm sehen,
er sprach zu ihm:
ER ist bei dir, du Wehrtüchtiger!
Gidon sprach zu ihm:
Ach, Herr,
ist ER wirklich bei uns, warum hat uns all dies betroffen?
wo sind seine Wunderwerke, die uns unsre Väter erzählten,
sprechend: Hat ER uns nicht aus Ägypten heraufziehn lassen!
jetzt hat ER uns verstoßen,
in Midjans Faust hat er uns gegeben!
ER wandte sich ihm zu
und sprach:
Geh in dieser deiner Kraft,
du wirst Jifsrael aus Midjans Faust befreien, –
habe ich dich nicht entsandt?!
Er aber sprach zu ihm:
Ach, Herr,
womit soll ich Jifsrael befreien,
ist ja meine Tausendschaft die ärmste in Mnasche,
und ich der Jüngste im Haus meines Vaters!
ER sprach zu ihm:
Wohl, doch ich werde dasein bei dir, –
wie einen einzelnen Mann wirst du Midjan schlagen.
Er aber sprach zu ihm:
Habe ich denn Gunst in deinen Augen gefunden,
mache mir ein Zeichen, daß du redend bei mir bist!
weiche denn nimmer von hier, bis ich zu dir komme
und herausbringe meine Spende und vor dich hinlege.
Er sprach:
Ich also bleibe sitzen, bist du zurückkehrst.
Gidon kam hinein, er machte ein Ziegenböcklein zurecht und
   Fladen von einem Scheffel Mehl,
das Fleisch tat er in den Korb, und die Brühe tat er in den Topf.
Er brachte es heraus zu ihm unter die Eiche und bot es an.
Der Gottesbote sprach zu ihm:
Nimm das Fleisch und die Fladen, hinlegs auf den Felsen
   drüben,

die Brühe aber schütte aus.
Er tat so.
SEIN Bote streckte das Ende des Stützstabs, der in seiner Hand
    war,
er berührte das Fleisch und die Fladen:
auf zog aus der Platte das Feuer, es verzehrte das Fleisch und
    die Fladen,
SEIN Bote aber war ihm aus den Augen, hinweggegangen.
Gidon sah, es war SEIN Bote gewesen,
Gidon sprach:
Wehe, Herr, DU!
mußte ich darum denn DEINEN Boten von Antlitz zu Antlitz
    sehn!
ER sprach ihm zu:
Friede dir,
fürchte nimmer,
nicht bist du des Todes!
Gidon baute dort IHM eine Schlachtstatt
und rief über ihr:
ER Friede!
Bis auf diesen Tag ist sie noch im Ofra des Abiesriten.

Es war in derselben Nacht,
ER sprach zu ihm:
Nimm einen Farren von den Rindern, die deines Vaters sind,
den Zweitwurf-Farren der sieben Jahre,
zerscherbe die Schlachtstatt des Baal, die deines Vaters ist,
und den Pfahlbaum, der neben ihr ist, rode!
Baue eine Schlachtstatt IHM deinem Gott
auf der Spitze dieses Schroffens, mit der Steinschicht,
nimm den Zweitfarren
und höhe eine Darhöhung mit dem Holze des Pfahlbaumes,
    den du roden sollst.
Gidon nahm zehn Männer von seinen Knechten
und tat, wie ER zu ihm geredet hatte,
weil er sich aber vor dem Haus seines Vaters und den Männern
    der Stadt fürchtete, es tags zu tun, tat ers nachts.
Frühmorgens waren die Männer der Stadt auf,
da, geschleift war die Schlachtstatt des Baal,

gerodet der Pfahlbaum, der neben ihr war,
und auf der erbauten Schlachtstatt war der Zweitfarren dar-
　　gehöht.
Sie sprachen, jedermann zu seinem Genossen:
Wer hat diese Sache getan?
Sie forschten und suchten,
sie sprachen es aus: Gidon Sohn Joaschs hat diese Sache getan.
Die Männer der Stadt sprachen zu Joasch:
Führe hinaus deinen Sohn, er ist des Todes,
weil er die Schlachtstatt des Baal geschleift hat,
weil er den Pfahlbaum, der neben ihr war, gerodet hat.
Joasch sprach zu allen, die daneben standen:
Ihr da wollt für den Baal hadern?
oder ihr da ihn befrein?
wer für ihn hadern will, sollte getötet werden!
Bis zum Morgen:
ist er ein Gott, wird er für sich hadern, weil man seine
　　Schlachtstatt geschleift hat!
So rief man ihn an jenem Tag
Jerubbaal, Hadre der Baal!
indem man sprach: Hadre der Baal mit ihm, weil er seine
　　Schlachtstatt geschleift hat.

Alles Midjan, dazu Amalek und Söhne des Ostens, wurden
　　herangeholt mitsammen,
sie schritten hinüber, sie lagerten in der Tiefebene Jesreel.
Und SEIN Geistbraus umkleidete sich mit Gidon,
der stieß in die Posaune
heranschrein ließ sich Abieser, ihm nach.
Boten sandte er durch all Mnasche,
auch das ließ sich heranschrein ihm nach,
Boten sandte er durch Ascher, durch Sbulun, durch Naftali,
sie zogen herauf, ihnen entgegen.
Gidon sprach zu Gott:
Willst du wirklich Befreier für Jifsrael werden durch meine
　　Hand, wie du geredet hast:
da breite ich die Wollschnur in der Tenne –
wird Tau einzig auf der Schur sein und auf der Erde allumher
　　Trockenheit,

dann werde ich wissen, daß du durch meine Hand Jisrael befreist, wie du geredet hast.

Es geschah,

er war anderntags früh auf und rang die Schur aus:

er preßte Tau aus der Schur, eine Schale voll Wassers.

Gidon sprach zu Gott:

Entflamme doch nimmer deinen Zorn wider mich, daß ich
nur diesmal noch rede:

ich möchts bloß diesmal noch mit der Schur erproben,

es sei doch Trockenheit einzig an der Schur, und auf der Erde
allumher sei Tau!

Gott tat so in jener Nacht,

einzig an der Schur war Trockenheit, und auf der Erde allumher war Tau.

Früh machte sich Jerubbaal, das ist Gidon, auf und alles Volk,
das mit ihm war,

sie lagerten überm Quell Charod,

das Lager Midjans aber war im Norden von ihm, vom Hügel
des Weisenden an in der Tiefebene.

ER sprach zu Gidon:

Zu viel ist des Volks, das mit dir ist, als daß ich Midjan in ihre
Hand gäbe,

sonst möchte sich Jisrael über mir berühmen,

sprechend: Meine Hand hat mich befreit!

Rufe doch nun in die Ohren des Volkes den Spruch:

Wer bangt und bebt, kehre um,

entflattre vom Berge Galud!

Es kehrte vom Volk um: zweiundzwanzigtausend,

zehntausend blieben als Rest.

ER sprach zu Gidon:

Noch ist des Volks zu viel,

laß hinab sie steigen ans Wasser,

ich wills dir dort ausläutern, –

es soll geschehn:

von wem ich zu dir spreche: Dieser gehe mit dir!, der gehe
mit dir,

und alljeder, von dem ich zu dir spreche: Dieser gehe nicht
mit dir!, der gehe nicht.

Er ließ das Volk hinabsteigen zum Wasser.

ER sprach zu Gidon:

Alljeder, der vom Wasser aufschlürft, wie der Hund mit
    seiner Zunge aufschlürft, den stelle besonders,

ebenso alljeden, der auf seine Knie niederkauert um zu
    trinken.

Die Zahl der Schlürfer, mit der Hand zum Mund, war drei-
    hundert Mann,

alles übrige Volk, die waren auf ihre Knie niedergekauert, um
    Wasser zu trinken.

ER sprach zu Gidon:

Mit den dreihundert Mann, den Schlürfern,

befreie ich euch, gebe Midjan in deine Hand,

all das Volk aber, die sollen gehn, jedermann nach seinem Ort.

Sie nahmen die Zehrung des Volks in ihre Hand und ihre
    Posaunen,

alle Mannschaft Jisraels entsandte er, jedermann nach seinen
    Zelten,

doch die dreihundert Mann hielt er fest.

Das Lager Midjans aber war unterhalb von ihm, in der Tief-
    ebene.

Es war in derselben Nacht,

ER sprach zu ihm:

Auf, steig übers Lager hernieder,

denn in deine Hand habe ich es gegeben, –

fürchtest du aber herniederzusteigen,

steig hinab du und dein Knappe Pura ans Lager,

daß du hörest, was sie reden,

danach werden deine Hände sich festigen, daß du übers
    Lager herniedersteigst.

Er stieg hinab, er und sein Knappe Pura, an den Außenrand
    der Gewappneten, die im Lager waren.

Midjan aber, dazu Amalek und alle Söhne des Ostens waren
    über die Ebene hergefallen gleich dem Heuschreck an Menge,

ihre Kamele waren ohne Zahl, wie Sand, der an dem Ufer
    des Meers ist, an Menge.

Gidon kam,

da erzählte eben ein Mann seinem Genossen einen Traum,
    er sprach:

Da hab ich einen Traum geträumt,
da, eine Scheibe Gerstenbrots wälzt sich ins Lager Midjans,
sie kam bis ans Zelt und schlug dran, fiel hinein,
sie wälzte es nach oben um, hingefallen lag das Zelt.
Sein Genosse antwortete ihm, er sprach:
Das ist nichts andres als das Schwert Gidons Sohns Joaschs,
    des Mannes Jifsraels,
in seine Hand hat Gott Midjan und all das Lager gegeben!
Es geschah, als Gidon die Erzählung des Traums und seine
    Auslegung hörte:
er warf sich nieder,
kehrte ins Lager Jifsraels zurück und sprach:
Auf, denn ER hat in eure Hand Midjans Lager gegeben!
Er teilte die dreihundert Mann in drei Haufen,
gab Posaunen allen in die Hand und leere Krüge, Fackeln
    aber waren in den Krügen drin,
er sprach zu ihnen:
Seht mir ab und machts ebenso,
da ich nun an den Rand des Lagers komme, soll es sein: wie
    ichs mache, so machet ihrs,
ich stoße in die Posaune, ich selber und alles, was mit mir
    ist,
auch ihr stoßt in die Posaunen, rings um all das Lager,
sprecht für IHN und für Gidon!
Gidon kam und hundert Mann, die mit ihm waren, an den
    Rand des Lagers,
um den Anfang der mittlern Nachtwache, eben hatte man die
    Wachen gestellt, aufgestellt,
sie stießen in die Posaunen, die Krüge zersprengend, die in
    ihrer Hand waren,
die drei Haufen stießen in die Posaunen, sie zerbrachen die
    Krüge,
sie faßten mit ihrer linken Hand die Fackeln, mit ihrer rechten
    Hand die Posaunen, hineinzustoßen,
und riefen:
Schwert, SEINES und Gidons!
und blieben, jeder Mann an seinem Platz, rings um das Lager.
All das Lager lief durcheinander,
sie lärmten, sie flohn,

die stießen in die dreihundert Posaunen,

ER setzte jedermanns Schwert wider seinen Genossen, wider
all das Lager.

Das Lager floh bis Bet Schitta, nach Zrera zu, bis zum Ufer
von Abel Mchola bei Tabbat.

Zusammengeschrien wurde die Mannschaft Jifsraels, von
Naftali, von Ascher, von allem Mnasche,

sie jagten Midjan nach.

Boten sandte Gidon durch alles Gebirge Efrajim,

zu sprechen: Steigt herab, Midjan entgegen, und bemächtigt
euch gegen sie der Wasser bis Bet Bara, des Jordans!

Zusammengeschrien wurde alle Mannschaft Efrajims,

sie bemächtigten sich der Wasser bis Bet Bara, des Jordans,

sie bemächtigten sich zweier Fürsten Midjans, des Oreb, Rabe,
und des Seeb, Wolf,

sie brachten Rabe um am Rabenfelsen und Wolf brachten
sie an der Wolfstorkel um,

sie jagten Midjan nach,

Rabes Haupt aber und Wolfs trugen sie zu Gidon jenseit des
Jordans.

Die Mannschaft Efrajims, die sprachen zu ihm:

Was ist das für eine Sache, die du uns angetan hast,

uns ungerufen zu lassen, als du gingst, Midjan zu bekriegen!

Sie haderten heftig mit ihm.

Er sprach zu ihnen:

Was habe ich nun schon im Vergleich mit euch getan?

ist nicht Efrajims Nachlese besser als Abiesers Ernte?

in eure Hand hat Gott Midjans Fürsten, Rabe und Wolf,
gegeben,

was vermochte ich denn im Vergleich mit euch zu tun!

Alsdann ließ ihr Aufbrausen von ihm ab, da er solche Rede
redete.

Gidon kam zum Jordan, sogleich übersetzend,

er und die dreihundert Mann mit ihm,

ermattet, jagend.

Er sprach zu den Männern von Sfukkot:

Gebt doch Brotlaibe dem Volk, das meinem Fuße folgt, denn
sie sind ermattet,

ich jage Sebach und Zalmunna, Midjans Königen, nach.

Man sprach, die Herren von Sſukkot:

Ist die Faust Sebachs und Zalmunnas schon in deiner Hand,

daß wir deiner Schar Brot geben sollen?

Gidon sprach:

So denn,

wann ER Sebach und Zalmunna in meine Hand gab,

dresche ich euer Fleisch

samt den Wüstendornen und samt den Brennesseln.

Er zog von dort hinauf nach Pnuel und redete zu denen
ebenso,

und die Männer von Pnuel antworteten ihm, wie die
Männer von Sſukkot geantwortet hatten.

Er sprach auch zu den Männern von Pnuel, sprach:

Wann ich im Frieden kehre,

schleife ich diesen Turm.

Sebach aber und Zalmunna waren in Karkor, ihre Lager mit
ihnen,

an fünfzehntausend, alle Überbliebnen von all dem Lager der
Söhne des Ostens,

der Gefallenen nämlich waren hundertundzwanzigtausend,
schwertzückende Mannschaft.

Gidon zog hinauf zum Weg der Zeltbewohner, östlich von
Nobach und Jogbeha,

er schlug das Lager, während sich das Lager sicher meinte,

Sebach und Zalmunna flohn, er jagte ihnen nach,

er bemächtigte sich der beiden Könige Midjans, Sebach und
Zalmunna,

so hatte er all das Lager auseinandergescheucht.

Gidon Sohn Joaschs kehrte vom Krieg,

vom Sonnenstieg nieder.

Er bemächtigte sich eines Knaben von den Leuten von
Sſukkot und fragte ihn aus,

und der Knabe schrieb ihm die Herren von Sſukkot und seine
Ältesten auf, siebenundsiebzig Mann.

Er kam zu den Männern von Sſukkot und sprach:

Da sind Sebach und Zalmunna,

um die ihr mich höhntet,

sprechend: Ist die Faust Sebachs und Zalmunnas schon in

deiner Hand, daß wir deinen ermatteten Mannschaften
  Brot geben sollen?
Er nahm die Ältesten der Stadt, dazu die Wüstendornen und
  die Brennesseln,
und gab es mit denen den Männern von Ssukkot zu fühlen.
Den Turm von Pnuel schleifte er, die Männer der Stadt
  brachte er um.
Dann sprach er zu Sebach und zu Zalmunna:
Wie waren die Männer, die ihr in Tabor umgebracht habt?
Sie sprachen:
Gleich wie du, gleich so die:
Königssöhnen an Wuchs gleich ein jeder!
Er sprach:
Meine Brüder waren die, Söhne meiner Mutter, –
sowahr ER lebt,
hättet ihr sie leben lassen, ich brächte euch nicht um.
Er sprach zu Jeter, seinem Erstgeborenen:
Auf, bringe sie um!
Aber der Knabe zückte sein Schwert nicht,
denn er fürchtete sich, denn er war noch ein Knabe.
Sebach sprach und Zalmunna:
Auf du, stoß uns nieder,
denn: wie der Mann, so seine Kraft.
Gidon stand auf und brachte Sebach und Zalmunna um.
Er nahm die Mondscheiblein, die an den Hälsen ihrer Kamele
  waren.

Die Mannschaft von Jissrael, sie sprachen zu Gidon:
Walte über uns, so du, so dein Sohn, so deines Sohnes Sohn,
denn du hast uns aus der Hand Midjans befreit.
Gidon sprach zu ihnen:
Nicht ich will über euch walten,
nicht mein Sohn soll über euch walten,
ER soll über euch walten.
Noch sprach Gidon zu ihnen:
Eine Bitte will ich euch bitten,
gebt mir jedermann den Weihring von seiner Beute!
Jene hatten nämlich goldene Ringe, sie waren nämlich
  Wanderzug-Jischmaeliter.

Sie sprachen:

Geben wollen wirs, geben.

Sie spannten das Tuch aus und warfen dahinein jedermann den
  Weihring von seiner Beute.

Das Gewicht der Goldringe, die er erbeten hatte, war tausendundsiebenhundert Goldes, –

außer den Mondscheiblein und den Perltropfen und den
  Purpurgewändern, die bei den Königen von Midjan waren,
und außer den Nackenketten, die an den Hälsen ihrer Kamele
  waren.

Gidon machte es zu einem Losungs-Umschurz,
den brachte er in seiner Stadt, in Ofra, an.
Alles Jifsrael hat dort dem nachgehurt,
er wurde Gidon und seinem Hause zur Falle.

Hingezwungen wurde Midjan vor die Söhne Jifsraels,
sie fuhren nicht fort ihr Haupt hochzutragen.
Das Land rastete vierzig Jahre
in den Tagen Gidons.

Jerubbaal Sohn Joaschs ging hin und nahm Sitz in seinem
  Haus.
Siebzig Söhne wurden Gidon, seiner Lende Entsprungne,
denn er hatte viele Weiber.
Seine Kebse, die in Sichem war, gebar ihm, auch sie, einen
  Sohn,
er setzte ihm den Namen Abimelech.

Gidon Sohn Joaschs starb in gutem Greisentum,
er wurde begraben im Grab seines Vaters Joasch im Ofra des
  Abiesriten.

Es geschah, als Gidon gestorben war:
die Söhne Jifsraels kehrten sich ab,
sie hurten den Baalen nach,
sie setzten sich den Bundesbaal zum Gott.
Nicht dachten die Söhne Jifsraels an IHN, ihren Gott,
der sie aus der Hand all ihrer Feinde ringsumher gerettet hatte.
Auch taten sie nicht hold an dem Hause Gidons, des Jerub-
　　baal, des Baal-Haderers,
gemäß all dem Guten, das er Jifsráel getan hatte.

Abimelech Sohn Jerubbaals ging nach Sichem zu den Brüdern
　　seiner Mutter,
er redete zu ihnen und zu aller Sippe des Vaterhauses seiner
　　Mutter, sprechend:
Redet doch in die Ohren aller Bürger von Sichem:
Was taugt euch besser,
daß über euch siebzig Männer walten, alle Söhne Jerubbaals,
oder daß ein einziger Mann über euch walte?
bedenkt, daß ich euer Bein und euer Fleisch bin!
Die Brüder seiner Mutter redeten seinethalb in die Ohren
　　aller Bürger von Sichem all diese Rede,
es neigte sich deren Herz nach Abimelech hin,
denn sie sprachen: Unser Bruder ist er.
Sie gaben ihm siebzig Silberstücke aus dem Haus des Bundes-
　　baals,
damit dang Abimelech leichte und überschäumende Männer,
die gingen ihm nach.
Er kam ins Haus seines Vaters nach Ofra
und brachte seine Brüder um, die Söhne Jerubbaals,
siebzig Mann, über einem einzigen Stein.
Jotam überblieb, der jüngste Sohn Jerubbaals,
denn er hatte sich versteckt.
Zusammengeholt wurden alle Bürger von Sichem und alles
　　Basteihaus,
sie gingen und machten in Königausrufung Abimelech zum
　　König
bei der Malsteineiche, die in Sichem ist.
Man meldete es Jotam,
er ging hin, stellte sich auf das Haupt des Berges Grisim,

er erhob seine Stimme und rief,
er sprach zu ihnen:
Hört mich an, Bürger von Sichem,
daß Gott auch euch anhöre!
Einst gingen die Bäume, gingen,
über sich einen König zu salben.
Sie sprachen zur Olive:
Sei König über uns.
Die Olive sprach zu ihnen:
Stockt mir denn mein Fett,
mit dem man Götter und Menschen ehrt,
daß ich gehen sollte,
über den Bäumen zu schwanken?
Die Bäume sprachen zur Feige:
Geh du, sei König über uns.
Die Feige sprach zu ihnen:
Stockt mir denn meine Süße,
mein gutes Gedeihn,
daß ich gehen sollte,
über den Bäumen zu schwanken?
Die Bäume sprachen zur Rebe:
Geh du, sei König über uns.
Die Rebe sprach zu ihnen:
Stockt mir denn mein Most,
der Götter und Menschen erfreut,
daß ich gehen sollte,
über den Bäumen zu schwanken?
Die Bäume sprachen alle zum Wegdorn:
Geh du, sei König über uns.
Der Wegdorn sprach zu den Bäumen:
Wollt in Treuen ihr mich zum König über euch salben,
kommt,
duckt euch in meinen Schatten!
sonst aber:
ausfahre Feuer vom Wegdorn
und fresse die Libanonzedern!
Nun denn:
Habt ihrs in Treue und Einfalt getan, daß ihr Abimelech
    zum König ausrieft,

habt ihr Gutes getan an Jerubbaal und an seinem Haus,
habt ihr ihm nach dem Vollbringen seiner Hände getan,
der, mein Vater, eurethalb kriegte,
der seine Seele dahinwarf, euch aus der Hand Midjans zu
    retten,
ihr aber, ihr seid heuttags über das Haus meines Vaters herein-
    gebrochen,
brachtet seine Söhne um, siebzig Mann über einem einzigen
    Stein,
rieft Abimelech, den Sohn seiner Magd, über die Bürger von
    Sichem zum König aus,
weil er euer Bruder ist:
habt ihr also in Treue und Einfalt heutigen Tags an Jerubbaal
    und an seinem Hause getan,
freut euch Abimelechs, und auch er freue sich euer!
sonst aber:
ausfahre Feuer von Abimelech und fresse Sichems Bürger und
    das Basteihaus,
ausfahre Feuer von Sichems Bürgern und dem Basteihaus
    und fresse Abimelech!
Jotam floh,
er entwich, er ging nach Beer,
er wurde ansässig dort, weil vom Antlitz seines Bruders
    Abimelech.

Abimelech herrschte über Jiśrael drei Jahre.
Aber Gott sandte ein böses Geisten zwischen Abimelech und
    die Bürger von Sichem,
daß die Bürger von Sichem dem Abimelech abtrünnig wur-
    den:
damit heimkomme die Gewalttat an den siebzig Söhnen
    Jerubbaals,
damit gelegt werde ihr Blut auf ihren Bruder Abimelech,
    der sie umbrachte,
und auf die Bürger von Sichem, die seine Hände stärkten,
    seine Brüder umzubringen.
Die Bürger von Sichem legten gegen ihn Lauerer auf die
    Berghäupter,
die plünderten alljeden aus, der an ihnen des Wegs vorüberzog.–

Es wurde Abimelech gemeldet.

Gaal Sohn Obeds kam und seine Brüder, sie zogen nach
　Sichem hinüber,

die Bürger von Sichem meinten sich gesichert durch ihn,

sie fuhren hinaus ins Feld,

sie herbsteten ihre Weingärten und kelterten,

sie machten ein Festjauchzen,

sie kamen ins Haus ihres Gottes,

sie aßen und tranken

und verwünschten Abimelech.

Gaal Sohn Obeds sprach:

Wer ist Abimelech, wer aber ist Sichem,

daß wir ihm dienen sollen!

ist er nicht ein Sohn Jerubbaals

und Sbul sein Verordneter?

selber dienet

Chamors Männern, des Sichemvaters!

aber wir,

weshalb sollten wir ihm dienen?

Wer gäbs,

dieses Volk wär in meiner Hand,

dann wollt ich den Abimelech beseitigen!

Er sprach Abimelech an:

Mehre deine Schar nur und fahr aus!

Sbul, der Stadtherr, hörte die Reden Gaals Sohns Obeds,

und sein Zorn entflammte.

Er sandte Boten zu Abimelech in Aruma, zu sprechen:

Da sind Gaal Sohn Obeds und seine Brüder nach Sichem ge-
　kommen,

und da machen sie die Stadt zu eng für dich, –

nun also brich auf in der Nacht, du und das Volk, das mit
　dir ist,

und laure im Feld,

und am Morgen geschehs, sowie die Sonne erstrahlt,

dann packst du früh auf und schwärmst aus, über die Stadt her,

da fährt er und das Volk, das mit ihm ist, gegen dich aus,

und du tust ihm, wies deiner Hand sich findet.

Abimelech brach auf und alles Volk, das bei ihm war, in der
　Nacht,

sie belauerten Sichem in vier Haufen.

Gaal Sohn Obeds war ausgefahren, er stand am Toreingang der Stadt.

Abimelech und das Volk, das mit ihm war, brach aus dem Lauerstand.

Gaal sah das Volk, er sprach zu Sbul:

Da steigt Volk von den Berghäuptern herab!

Sbul sprach zu ihm:

Den Schatten der Berge siehst du für Männer an.

Gaal redete noch weiter, er sprach:

Da steigt Volk vom Landnabel herab,

und ein einzelner Haufe kommt des Wegs von der Tage-wählereiche.

Sbul sprach zu ihm:

Wo doch ist nun dein Maul,

der du sprachst: Wer ist Abimelech, daß wir ihm dienen sollen!

ist dies nicht das Volk, das du verachtet hast?

fahr jetzt nur aus und bekriege es!

Gaal fuhr aus, den Bürgern von Sichem voran, daß er Abi-melech bekriege.

Abimelech jagte ihn in die Flucht, vor sich her,

eine Menge, bis zum Toreingang, fielen durchbohrt.

Abimelech nahm Sitz in Aruma,

Sbul aber vertrieb Gaal und seine Brüder aus dem Sitz in Sichem.

Es geschah anderntags, das Volk fuhr hinaus aufs Feld,

und man meldete es Abimelech.

Er nahm das Heervolk, er teilte es in drei Haufen,

und lauerte auf dem Feld.

Er sah: da, das Volk fährt aus der Stadt,

er brach auf, über sie her, er schlug sie,

Abimelech und der Haufe, der bei ihm war, schwärmten aus,

und stellten sich an den Toreingang der Stadt,

und die zwei Haufen schwärmten aus über alle her, die im Felde waren, und schlugen sie.

Abimelech bekriegte die Stadt all jenen Tag,

er eroberte die Stadt, das Volk, das in ihr war, brachte er um,

er schleifte die Stadt, er übersäte sie mit Salz.

Die Bürger alle von Sichem-Turm hörtens,

sie kamen in das Grottengewölb des Hauses des Bundes-
gottes.

Man meldete Abimelech, daß alle Bürger von Sichem-Turm
beieinander waren.

Abimelech erstieg den Berg Zalmon, er und alles Volk, das
mit ihm war,

Abimelech nahm seine Axt in seine Hand,

er hieb einen Busch Holz ab, hob ihn, legte ihn auf seine
Schulter

und sprach zum Volk, das bei ihm war:

Was ihr mich tun seht, tuts eilend wie ich!

Auch alles Volk, sie hieben ab, jedermann einen Busch, sie
gingen Abimelech nach,

sie legtens an die Grotte, sie steckten über ihnen die Grotte
mit Feuer an:

auch alle Leute von Sichem-Turm starben, an tausend, Mann
und Weib.

Abimelech ging dann gegen Tebez vor, er belagerte Tebez
und eroberte es.

Ein Trutzturm war inmitten der Stadt, dorthin flüchteten alle
Männer und Weiber, alle Bürger der Stadt,

sie schlossen sich ein, sie stiegen auf das Dach des Turms.

Abimelech kam bis zum Turm und trug den Krieg an ihn vor.

Bis zum Einlaß des Turms war er gedrungen, um ihn im Feuer
zu verbrennen, –

da warf ein Weib einen Läufer-Mühlstein Abimelech aufs
Haupt,

sie zerschmetterte ihm den Schädel.

Eilends rief er dem Knappen, seinem Waffenträger,

er sprach zu ihm:

Zücke dein Schwert und töte mich vollends,

sonst möchten sie von mir sprechen: Ein Weib hat ihn umgebracht!

Sein Knappe durchstach ihn, er starb.

Die Männer von Jiſsrael sahn, daß Abimelech tot war, – sie
gingen jedermann nach seinem Ort.

Heimkehren ließ Gott die Bosheit Abimelechs, die er an seinem Vater tat, seine siebzig Brüder umzubringen,

und all die Bosheit der Männer von Sichem ließ Gott auf ihr
   Haupt kehren.
Über sie kam die Verwünschung Jotams, des Sohns Je-
   rubbaals.

Nach Abimelech stand auf, Jifsrael zu befreien, Tola Sohn
    Puas Sohns Dodos, ein Mann aus Jifsachar,
der hatte seinen Sitz in Schamir im Gebirge Efrajim,
er richtete Jifsrael dreiundzwanzig Jahre,
er starb und wurde in Schamir begraben.

Nach ihm stand auf Jaïr der Giladit,
er richtete Jifsrael zweiundzwanzig Jahre.
Er hatte dreißig Söhne,
dreißig Stuten ritten sie,
dreißig Städte hatten sie,
die ruft man Zeltdörfer Jaïrs bis auf diesen Tag,
sie sind im Lande Gilad.
Jaïr starb und wurde in Kamon begraben.

Die Söhne Jifsraels taten weiter das in SEINEN Augen
    Böse,
sie dienten den Baalen und den Aschtarten,
Göttern Arams, Göttern Sidons, Göttern Moabs,
Göttern der Söhne Ammons und Göttern der Philister,
IHN verließen sie, dienten ihm nicht.
SEIN Zorn flammte auf Jifsrael ein,
er lieferte sie in die Hand der Philister und in die Hand der
    Söhne Ammons.
Die zwickten und zwackten die Söhne Jifsraels, mit jenem Jahr
    achtzehn Jahre,
alle Söhne Jifsraels, die überm Jordan im Land des Amoriters
    waren, die im Gilad waren.
Die Söhne Ammons überschritten den Jordan, um auch Jehuda
    und Binjamin und das Haus Efrajim zu bekriegen,
Jifsrael ward es sehr bang.
Die Söhne Jifsraels schrien zu IHM, sprechend:
Wir haben an dir gesündigt,
ja, unsern Gott haben wir verlassen
und haben den Baalen gedient!
ER sprach zu den Söhnen Jifsraels:
Ists nicht so?
vor Ägypten und vor dem Amoriter,
nun vor den Söhnen Ammons und vor den Philistern, –

und bedrängen euch einst die Sidonier, Amalek und Maon,
ihr schreit zu mir, ich befreie euch aus ihrer Hand!
Ihr aber,
verlassen habt ihr mich,
habt anderen Göttern gedient.
Wohlan, ich will nicht fortfahren euch zu befreien, –
geht, schreit zu den Göttern, die ihr erwählt habt,
daß die euch befrein in der Zeit eurer Bangnis!
Die Söhne Jiſsraels sprachen zu IHM:
Wir haben gesündigt,
tu du an uns, allwie es deinen Augen gutdünkt,
nur rette uns doch an diesem Tag!
Sie schafften die Götter der Fremde aus ihrem Innenkreis
　　weg
und dienten IHM.
Ihm zog sich die Seele zusammen bei Jiſsraels Elend.

Die Söhne Ammons wurden herangeschrien, sie lagerten im
　　Gilad,
die Söhne Jiſsraels wurden herbeigeholt, sie lagerten in
　　Mizpa.
Sie sprachen, das Volk, die Obern Gilads, jedermann zu
　　seinem Genossen:
Wer ist der Mann, der beginnt, gegen die Söhne Ammons zu
　　kriegen?
er soll Haupt sein über alle Insassen Gilads!

Jiftach der Giladit war ein Wehrtüchtiger.
Sohn eines Hurenweibs war er, aber Gilad hatte den Jiftach
　　gezeugt.
Auch das Eheweib Gilads gebar ihm Söhne,
die Söhne des Eheweibs wurden groß, sie vertrieben
　　Jiftach,
sie sprachen zu ihm:
Nicht sollst du im Haus unsres Vaters erbeignen,
denn du bist eines anderen Weibes Sohn.
Jiftach entwich vor seinen Brüdern und setzte sich fest im
　　Lande Tob.
Zu Jiftach fanden sich leichte Männer zusammen,

die fuhren mit ihm aus.

Es geschah nun nach Tagen

– die Söhne Ammons kriegten mit Jifsrael –,

es geschah, dieweil die Söhne Ammons mit Jifsrael kriegten,

die Ältesten von Gilad gingen, Jiftach aus dem Lande Tob
heimzunehmen.

Sie sprachen zu Jiftach:

Geh her,

sei Befehlshaber uns,

wir wollen die Söhne Ammons bekriegen.

Jiftach sprach zu den Ältesten von Gilad:

Wart ihrs nicht, die mich haßten,

mich aus dem Haus meines Vaters trieben?

weshalb kommt ihr zu mir

jetzt, dieweil euch bang ist?

Die Ältesten von Gilad sprachen zu Jiftach:

Wohl,

Jetzt haben wir uns dir zugekehrt:

gehst du mit uns und bekriegst die Söhne Ammons,

sollst du uns Haupt sein,

allen Insassen von Gilad!

Jiftach sprach zu den Ältesten von Gilad:

Laßt ihr mich zurückkehren,

die Söhne Ammons zu bekriegen,

und gibt Er sie vor mich hin,

werde also ich euch Haupt sein?

Die Ältesten von Gilad sprachen zu Jiftach:

Er sei Hörer zwischen uns:

tun wir nicht so wie deine Rede ist,...!

Jiftach ging mit den Ältesten von Gilad,

und das Volk, sie stellten ihn über sich zu Haupt und Befehlshaber,

und Jiftach redete all seine Abrede vor Ihm in Mizpa.

Jiftach sandte Boten zum König der Söhne Ammons, zu
sprechen:

Was haben wir miteinander, ich und du,

daß du zu mir kamst, mein Land zu bekriegen?

Der König der Söhne Ammons sprach zu Jiftachs Boten:

Daß Jifsrael mein Land wegnahm, als es aus Ägypten heraufzog,

vom Arnon bis zum Jabbok, – bis zum Jordan! –
jetzt erstatte mir das also in Frieden zurück!
Jiftach fuhr fort, er sandte nochmals Boten zum König der
    Söhne Ammons,
er ließ zu ihm sprechen:
So spricht Jiftach:
Nicht hat Jifrael das Land Moab noch das Land der Söhne
    Ammons genommen.
Sondern als sie aus Ägypten heraufzogen, ging Jifsrael durch
    die Wüste bis zum Schilfmeer, es kam nach Kadesch,
Jifsrael sandte Boten zum König von Edom, zu sprechen:
Laß mich doch dein Land queren!
aber der König von Edom hörte nicht drauf.
Auch zum König von Moab sandte es, und er war nicht gewillt.
So saß Jifsrael in Kadesch.
Dann ging es weiter durch die Wüste und umkreiste das Land
    Edom und das Land Moab,
es kam von Sonnenaufgang ans Land Moab, sie lagerten
    jenseits des Arnons,
aber in die Gemarkung Moabs kamen sie nicht, denn der
    Arnon ist die Markgrenze Moabs.
Jifsrael sandte Boten zu Sfichon, dem Amoriterkönig, dem
    König in Cheschbon,
Jifsrael sprach zu ihm:
Laß uns doch dein Land queren bis an meinen Ort.
Aber Sfichon vertraute Jifsrael nicht, daß es seine Gemarkung
    queren wolle.
Sfichon holte all sein Heervolk zusammen, sie lagerten in
    Jahaz, und er kriegte gegen Jifsrael.
Er, der Gott Jifsraels, gab Sfichon und all sein Volk in Jifsraels
    Hand, die schlugen sie,
Jifsrael erbte alles Land des Amoriters, des Insassen jenes
    Lands,
sie ererbten alle Gemarkung des Amoriters, vom Arnon bis
    zum Jabbok und von der Wüste bis zum Jordan.
Nun denn,
Er, der Gott Jifsraels, hat den Amoriter vor seinem Volk
    Jifsrael her enterbt,
und du, du willst es beerben!

Ists nicht so:

wen Kmosch, dein Gott, dich beerben läßt, den magst du be-
    erben,

wen alles aber E R, unser Gott, vor uns her enterbt, den be-
    erben wir!

Nun denn,

bist ein Besserer du, ein Besserer als Balak Sohn Zippors
    König von Moab?

konnte er streiten, mit Jiſsrael streiten,

konnte er kriegen, sie bekriegen?

Da Jiſsrael saß

in Cheschbon und seinen Tochterplätzen, in Aror und seinen
    Tochterplätzen, und in allen Städten, die zuseiten des
    Arnons sind,

dreihundert Jahre,

weshalb habt ihr die nicht in jener Zeit entrissen?

Ich also habe an dir nicht gesündigt,

aber du tust mir Böses, da du mich bekriegst.

Richte E R der Richter heuttags

zwischen den Söhnen Jiſsraels und den Söhnen Ammons!

Aber der König der Söhne Ammons hörte nicht auf die
    Reden Jiftachs, mit denen er an ihn sandte.

SEIN Geistbraus kam über Jiftach,

hinüber schritt er nach dem Gilad und nach Mnasche,

hinüber schritt er nach Mizpe in Gilad,

von Mizpe in Gilad schritt er vor gegen die Söhne Ammons.

Jiftach gelobte I H M ein Gelübde,

er sprach:

Gibst in meine Hand du, gibst die Söhne Ammons hin,

werde, das ausfährt,

was auch aus den Türen meines Hauses mir entgegen fahre,

wann ich in Frieden zurück von den Söhnen Ammons kehre,

das werde I H M,

als Darhöhung will ich es höhen.

Jiftach schritt gegen die Söhne Ammons vor, sie zu bekriegen,

und E R gab sie in seine Hand,

er schlug sie von Aroer bis wo du nach Minnit kommst,
    zwanzig Städte, und bis Weingartenau,

einen sehr großen Schlag,

gezwungen wurden die Söhne Ammons vor die Söhne
  Jiſsraels hin.

Jiftach kam nach Mizpa zu seinem Haus,

da, seine Tochter fährt aus ihm entgegen, mit Pauken, mit
  Reigentänzen.

Und sie war die Einzige doch, nicht hatte er außer ihr Sohn
  oder Tochter.

Es geschah, als er sie sah, er zerriß seine Kleider,

er sprach:

Weh, meine Tochter,

du stürzest, stürzest mich hin,

wirst mir, du, zur Zerrüttung!

Ich habe, ich, meinen Mund zu Ihm aufgemacht,

ich kann nicht zurück!

Sie sprach zu ihm:

Mein Vater,

du hast deinen Mund zu Ihm aufgemacht,

tu mir, wies dir aus dem Munde fuhr,

nachdem Er dir das tat,

Rachewerk an deinen Feinden,

an den Söhnen Ammons!

Und sprach zu ihrem Vater:

Diese Sache werde für mich getan:

laß noch von mir auf zwei Mondneuungen,

ich will gehn, ich will über die Berge schweifen,

will über meine Jungfrauschaft weinen,

ich und meine Genossinnen.

Er sprach:

Geh!

Er entsandte sie auf zwei Mondneuungen.

Sie ging, sie und ihre Genossinnen,

sie weinte über ihre Jungfrauschaft

über die Berge hin.

Es geschah nach Ablauf der zwei Mondneuungen:

sie kehrte zu ihrem Vater zurück,

und er tat an ihr sein Gelübde, das er angelobt hatte.

Sie hatte einen Mann nicht erkannt.

Sitte wurde es in Jiſsrael:

von Tageswiederkunft zu Tageswiederkunft
gehn die Töchter in Jisrael,
wechselzusingen der Tochter Jiftachs des Giladiten,
vier Tage im Jahr.

Die Mannschaft Efrajims wurde herangeschrien, sie schritt
    hinüber, nordwärts,
sie sprachen zu Jiftach:
Weshalb bist du dazu geschritten, die Söhne Ammons zu be-
    kriegen,
und uns hast du nicht gerufen, mit dir zu gehn?
wir werden dein Haus über dir im Feuer verbrennen!
Jiftach sprach zu ihnen:
Ein Mann sehr im Streit bin ich gewesen:
ich und mein Volk, und die Söhne Ammons,
ich schrie euch herbei,
aber ihr habt mich nicht aus der Hand jener befreit,
als ich nun sah, daß du kein Befreier bist,
setzte ich meine Seele in meine Faust,
vor schritt ich gegen die Söhne Ammons,
und ER gab sie in meine Hand –
warum also seid ihr heutigen Tags wider mich herübergezo-
    gen, mich zu bekriegen?
Jiftach scharte alle Männer von Gilad zuhauf und kriegte mit
    Efrajim,
und die Männer von Gilad schlugen Efrajim. ·
Denn einst pflegten die zu sprechen:
Entronnene Efrajims seid ihr, Gilad,
mittzwischen Efrajim, mittzwischen Mnasche!
Nun bemächtigte sich Gilad der Jordanübergänge Efrajims.
Es geschah, wenn die Entrinnenden Efrajims sprachen: Ich
    möchte hinüber,
sprachen die Männer von Gilad zu dem: Bist du ein
    Efratiter?
sprach er dann: Nein,
sprachen sie zu ihm: Sprich doch: Schibbolet, Strömung,
er aber sprach: Sſibbolet, und brachte es nicht zurecht, richtig
    zu reden,

sie faßten ihn und metzelten ihn an den Übergängen des
  Jordans.
Zu jener Frist fielen von Efrajim zweiundvierzigtausend.

Jiftach richtete Jifsrael sechs Jahre.
Jiftach der Giladit starb und wurde in einer der Städte Gilads
  begraben.

Nach ihm richtete Jifsrael Ibzan von Betlehem,
der hatte dreißig Söhne,
dreißig Töchter gab er nach auswärts fort,
dreißig Töchter brachte er seinen Söhnen von auswärts zu.
Er richtete Jifsrael sieben Jahre.
Ibzan starb und wurde in Betlehem begraben.

Nach ihm richtete Jifsrael Elon der Sbulunit,
er richtete Jifsrael zehn Jahre.
Elon der Sbulunit starb und wurde in Ajjalon im Lande
  Sbuluns begraben.

Nach ihm richtete Jifsrael Abdon Sohn Hillels der Piratonit,
der hatte vierzig Söhne
und dreißig Sohnessöhne,
die ritten auf siebzig Eseln.
Er richtete Jifsrael acht Jahre,
Abdon Sohn Hillels der Piratonit starb und wurde in Piraton
  im Lande Efrajims, am Amalekiterberge begraben.

Die Söhne Jifsraels taten weiter das in SEINEN Augen Böse,
E R gab sie in die Hand der Philister,
vierzig Jahre.

Ein Mann war aus Zora, aus der Dansippe, sein Name war
   Manoach,
sein Weib war wurzelverstockt: sie hatte nicht geboren.
SEIN Bote ließ sich von dem Weibe sehen und sprach zu
   ihr:
Merk wohl auf,
wurzelverstockt bist du, hast nicht geboren,
schwanger wirst du werden, gebären wirst du einen
   Sohn,
jetzt also hüte dich wohl,
Wein und Rauschsaft trink nimmer,
allerart Makliges iß nimmer,
denn, merk, schwanger wirst du,
gebären wirst du einen Sohn,
ein Schermesser fahre nicht über sein Haupt,
denn ein Geweihter Gottes
sei der Knabe vom Mutterleib an,
er nämlich wird beginnen, Jiſrael aus der Hand der Philister
   zu befreien.
Das Weib kam und sprach zu ihrem Mann, sprach:
Ein Mann Gottes ist zu mir gekommen,
sein Aussehn wie eines Gottesboten Aussehn,
sehr furchtbar,
ich habe ihn nicht gefragt, woher er sei,
seinen Namen hat er mir nicht vermeldet,
aber er sprach zu mir: Merk auf,
schwanger wirst du, gebären wirst du einen Sohn,
jetzt also: Wein und Rauschsaft trink nimmer, allerart
   Makligkeit iß nimmer,
denn ein Geweihter Gottes sei der Knabe
vom Mutterleib an bis zum Tag seines Tods.
Manoach flehte zu IHM, er sprach:
O mein Herr,
könnte wohl der Mann Gottes, den du sandtest, nochmals
   zu uns kommen
und uns weisen, was wir zu tun haben an dem Knaben, der
   geboren werden soll!
Gott erhörte die Stimme Manoachs,
Gottes Bote kam nochmals zu dem Weib,

sie saß eben im Feld, ihr Mann Manoach war nicht bei ihr.

Eilends lief das Weib hin und meldete es ihrem Mann, sie sprach zu ihm:

Merk auf, sehn ließ sich von mir der Mann, der an dem Tag zu mir gekommen war.

Manoach erhob sich und ging seinem Weibe nach,
er kam zu dem Mann und sprach zu ihm:

Bist du der Mann, der zu dem Weibe geredet hat?

Er sprach:

Ich.

Manoach sprach:

Jetzt also, kommt es nach deiner Rede,
was soll die Richte des Knaben und das Tun an ihm sein?

SEIN Bote sprach zu Manoach:

Vor allem, wovon ich zu dem Weibe gesprochen habe, soll sie sich hüten,

von allem, was aus der Weinrebe hervorgeht, soll sie nicht essen,

Wein und Rauschsaft soll sie nimmer trinken,

allerart Makligkeit soll sie nimmer essen,

alles, was ich ihr geboten habe, soll sie hüten.

Manoach sprach zu SEINEM Boten:

Dürften wir dich wohl aufhalten,
vor dir ein Ziegenböcklein bereiten?

SEIN Bote sprach zu Manoach:

Hieltest du mich auf, ich äße nicht von deiner Speise,

aber willst du IHM eine Darhöhung bereiten, magst du sie höhen.

Denn Manoach wußte nicht, daß es SEIN Bote war.

Manoach sprach zu SEINEM Boten:

Wie ist dein Name?

daß wir, kommt es nach deiner Rede, dich ehren können.

SEIN Bote sprach zu ihm:

Warum doch fragst du nach meinem Namen,
wunderhaft ist der!

Manoach nahm das Ziegenböcklein und die Hinleitspende
und höhte auf der Steinplatte IHM auf.

Wunderbares tat er da, Manoach und sein Weib sahns:
es geschah,

wie die Lohe hochaufzog, von der Schlachtstatt hinauf zum
  Himmel:
SEIN Bote zog in der Lohe der Schlachtstatt hinauf.
Manoach und sein Weib sahns,
sie fielen auf ihr Antlitz zur Erde.
SEIN Bote wurde fortan nicht mehr von Manoach und von
  seinem Weibe gesehn,
aber nun wußte Manoach, daß es SEIN Bote war.
Manoach sprach zu seinem Weib:
Todes sind wir, Todes,
denn wir haben Gottheit gesehen!
Sein Weib sprach zu ihm:
Begehrte ER uns zu töten,
hätte ER nicht aus unsern Händen Darhöhung und Hinleite
  angenommen,
hätte uns nicht all dies sehen lassen,
uns derzeit nicht derlei hören lassen.

Das Weib gebar einen Sohn,
sie rief seinen Namen Schimschon.
Der Knabe wurde groß, ER segnete ihn.
SEIN Geistbraus begann ihn umzutreiben
im Lager Dans, zwischen Zora und Eschtaol.

Schimschon stieg hinab nach Timna,
in Timna sah er ein Weib von den Töchtern der
  Philister,
er zog wieder hinauf und meldete es seinem Vater und seiner
  Mutter, er sprach:
Ein Weib habe ich in Timna gesehn von den Töchtern der
  Philister,
nun also nehmt die mir zum Weib.
Sein Vater sprach zu ihm und seine Mutter:
Ist unter den Töchtern deiner Brüder und unter all meinem
  Volk kein Weib,
daß du hingehn mußt, von den Philistern, den Vorhautigen,
  ein Weib zu nehmen?
Schimschon sprach zu seinem Vater:
Die nimm mir, denn grad sie ist in meinen Augen recht.

Sein Vater und seine Mutter wußten aber nicht, daß es von
 Iʜᴍ aus war,
daß er einen Anlaß von den Philistern suchte,
zu jener Zeit nämlich walteten in Jiſsrael die Philister.
Schimschon stieg mit seinem Vater und seiner Mutter nach
 Timna hinab.
Sie waren bis an die Weingärten von Timna gekommen,
da: ein Junglöwe brüllend ihm entgegen!
Sᴇɪɴ Geistbraus geriet über ihn,
er schlitzte ihn auf, wie man ein Böcklein aufschlitzt,
ohne irgendwas in seiner Hand.
Er meldete aber seinem Vater und seiner Mutter nicht, was
 er getan hatte.
Er stieg hinab, er redete zu dem Weib,
ja, sie war in Schimschons Augen recht.
Nach Tagen kehrte er wieder, um sie zu nehmen.
Er bog ab, den gefallnen Löwen zu besehn,
da: ein Bienenschwarm im Leib des Löwen und Honig!
Er schälte den in seine Handflächen ab.
Er ging, und aß im Gehn.
Er ging zu seinem Vater und zu seiner Mutter zurück.
Er gab ihnen, und sie aßen.
Er meldete ihnen aber nicht, daß er aus dem Leib des Löwen
 den Honig abgeschält hatte.
Sein Vater stieg hinunter wegen des Weibes.
Man machte dort Schimschon ein Trinkmahl, denn so machens die Jünglinge:
es geschah, wie sie ihn ersahn, dreißig Festgesellen nahmen
 ihn in Empfang und blieben mit ihm.
Schimschon sprach zu ihnen:
Ich möchte euch wohl ein Rätsel raten lassen!
meldet, ermeldet ihrs mir im Tagsiebent des Trinkmahls,
 und habt es herausgekriegt,
so gebe ich euch dreißig Linnenhemden und dreißig Gewand-
 ausstattungen,
vermögt ihrs aber mir nicht zu ermelden,
müßt ihr mir dreißig Linnenhemden und dreißig Gewand-
 ausstattungen geben.
Sie sprachen zu ihm:

Lasse dein Rätsel raten, wir wollens hören.

Er sprach zu ihnen:

Hervor aus dem Fresser kam Fraß,

hervor aus dem Wilden kam Süßes.

Sie vermochten ihm das Rätsel nicht zu ermelden, drei Tage.

Am vierten Tag dann wars, da sprachen sie zu Schimschons
Weib:

Betöre deinen Mann, daß er uns das Rätsel ermelde,

sonst verbrennen wir im Feuer dich und das Haus deines
Vaters, –

habt ihr, um uns auszuerben, uns hierher gerufen?

Schimschons Weib weinte über ihm, sie sprach:

Du hassest mich ja nur, du liebst mich nicht,

das Rätsel hast du die Söhne meines Volks raten lassen,

und mir hast dus nicht ermeldet!

Er sprach zu ihr:

Hab ichs doch meinem Vater und meiner Mutter nicht ermeldet

und soll dirs melden?

Sie weinte über ihm das Tagsiebent aus, da sie das Trinkmahl hatten,

dann wars, am siebenten Tag, er ermeldete es ihr, denn sie
bedrängte ihn,

und sie ermeldete das Rätsel den Söhnen ihres Volkes.

Die Männer der Stadt sprachen zu ihm

am siebenten Tag, ehe die Sonne einging:

Was ist süßer als Honig?

was wilder als der Löwe?

Er sprach zu ihnen:

Hättet ihr nicht mit meiner Kalbe gepflügt,

ihr hättet mein Rätsel nicht rausgekriegt.

Sein Geistbraus geriet über ihn,

hinab stieg er nach Askalon,

er schlug von ihnen dreißig Mann,

er nahm ihre Ausrüstungen,

gab sie als Ausstattungen den Rätselermeldern.

Noch flammte sein Zorn,

er zog zum Haus seines Vaters hinauf.

Schimschons Weib wurde eines ihm Gesellten,

der sein Werbegesell gewesen war.

Es geschah nach Tagen, in den Tagen des Weizenschnitts.
Schimschon besuchte sein Weib mit einem Ziegenböcklein,
er sprach: Ich will zu meinem Weib in die Kammer gehn.
Aber ihr Vater gab nicht zu, daß er hineinging.
Ihr Vater sprach:
Gesprochen hab ich, es ausgesprochen,
daß du Haß gegen sie, einen Haß hegst,
so gab ich sie deinem Gesellen, –
aber ist ihre jüngre Schwester nicht wohlbeschaffner als sie?
werde sie doch dein statt ihrer!
Schimschon sprach zu ihnen:
Unsträflich bin ich diesmal vor den Philistern,
wenn ich ihnen Böses antue!
Schimschon ging hinweg,
er fing dreihundert Füchse,
er nahm Fackeln,
drehte Schwanz zu Schwanz,
steckte je eine Fackel zwischen zwei Schwänze mittein,
er entzündete Feuer an den Fackeln,
er sandte sie los in den Halmstand der Philister,
er entzündete von Garbe bis Halm und bis Weinberg und
    Ölhain.
Die Philister sprachen:
Wer hat das getan?
Man sprach:
Schimschon, der Schwiegersohn des Timniters,
denn der hat sein Weib fortgenommen und es seinem Ge-
    sellen gegeben.
Die Philister zogen hinauf und verbrannten sie und ihren
    Vater im Feuer.
Schimschon sprach zu ihnen:
Macht ihrs so?!
erst wenn ich mich an euch gerächt habe,
hernach lasse ich ab!
Er schlug sie
Schenkel über Lende,
einen großen Schlag,

er stieg hinab, setzte sich in der Kluft des Felsens Etam
  fest.

Die Philister zogen hinauf und lagerten in Jehuda,
sie breiteten sich bei Lechi aus.
Die Mannschaft Jehudas, sie sprachen:
Warum seid ihr herübergezogen, über uns her?
Sie sprachen:
Schimschon zu binden sind wir herübergezogen,
um ihm zu tun, wie er uns getan hat.
Dreitausend Mann von Jehuda stiegen zur Kluft des Felsens
  Etam hinab
und sprachen zu Schimschon:
Weißt du denn nicht, daß die Philister uns obwalten?
was hast du uns da getan!
Er sprach zu ihnen:
Wie sie mir taten, so habe ich ihnen getan.
Sie sprachen zu ihm:
Dich zu binden sind wir herabgestiegen, um dich in die Hand
  der Philister zu geben.
Schimschon sprach zu ihnen:
Schwört mir, daß ihr selber mich nicht niederstoßen wollt.
Sie sprachen zu ihm, sprachen:
Nein,
binden wollen wir dich, binden
und dich in ihre Hand geben,
aber töten, töten wollen wir dich nicht.
Sie banden ihn mit zwei neuen Stricken
und führten ihn hinauf aus dem Felsgrund.
Bis Lechi war er gekommen,
die Philister lärmten ihm entgegen.
SEIN Geistbraus geriet über ihn,
und die Stricke, die um seine Arme waren,
wurden wie Flachsfäden, die man im Feuer entzündet,
seine Bande schmolzen ihm um die Hände hinab.
Er fand einen frischen Eselskinnbacken,
er streckte seine Hand aus und nahm ihn
und schlug damit tausend Mann.
Schimschon sprach:

Mit des Esels Kinnbacken
hab ichs zusammengebacken, das Pack,
mit des Esels Kinnbacken
hab ich tausend Mann geschlagen!
Es geschah, als er ausgeredet hatte:
er warf den Kinnbacken aus seiner Hand,
und man rief jenen Ort Ramat Lechi, Hoher Kinnbacken.
Ihn dürstete sehr, er rief zu IHM, er sprach:
Du selber gabst in die Hand deines Knechts
diese große Befreiung,
und jetzt soll ich, sterbend vor Durst,
in die Hand der Vorhautigen fallen?
Gott spaltete die Zahngrube, die im Kinnbackenfels, auf,
hervor kam Wasser daraus, und er trank,
sein Geist kehrte wieder, er lebte auf.
Darum rief man ihren Namen Ruferquell,
der springt in Lechi auf,
bis auf diesen Tag.

Er richtete Jiſrael in den Tagen der Philister, zwanzig
   Jahre.

Schimschon ging nach Gasa,
dort sah er ein Weib, eine Hure, und kam zu ihr.
Unter den Gasitern sprach sichs herum:
Schimschon ist hierher gekommen!
Sie zogen umher und lauerten ihm die ganze Nacht am Tor
   der Stadt auf,
die ganze Nacht hielten sie sich still, da sie sprachen:
Bis zum Morgenlicht! dann bringen wir ihn um!
Schimschon lag bis zur Mitternacht,
um die Mitternacht stand er auf,
er faßte die Flügel des Stadttors
nebst den beiden Pfosten,
riß sie aus samt dem Riegel,
nahm sie auf seine Schultern
und trug sie zum Haupt des Bergs, der angesichts von
   Hebron ist.

Es geschah hernach,
er verliebte sich in ein Weib im Bachtal Sforek,
ihr Name war Dlila.
Die Tyrannen der Philister fuhren zu ihr hinauf und sprachen
    zu ihr:
Betöre ihn und ersieh,
wodurch seine Kraft so groß ist,
wodurch wir ihn übermögen,
daß wir ihn binden können, ihn niederzubeugen,
und dir wollen wir selber geben, jedermann tausend und
    hundert Silberstücke.
Dlila sprach zu Schimschon:
Vermelde mir doch,
wodurch ist deine Kraft so groß,
wodurch könnte man dich binden, dich niederzubeugen?
Schimschon sprach zu ihr:
Bände man mich mit sieben
feuchten Darmseiten, ungedörrten,
schwach würde ich,
gleich würde ich
einem vom Menschenvolk.
Die Tyrannen der Philister brachten ihr sieben Darmsaiten
    hinauf,
feuchte, noch ungedörrte,
sie band ihn mit ihnen,
die Lauer aber saß ihr in der Kammer.
Sie sprach zu ihm:
Philister über dir, Schimschon!
Er zersprengte die Saiten,
wie ein Wergfaden zerspringt, wenn er Feuer riecht.
Und seine Kraft wurde nicht erkannt.
Dlila sprach zu Schimschon:
Du hast mich ja genarrt,
mir Lügen vorgeredet,
jetzt vermelde mir doch:
womit kann man dich binden?
Er sprach zu ihr:
Bände, bände man mich mit Stricken,
neuen, womit nicht Arbeit getan ward,

schwach würde ich,
gleich würde ich
einem vom Menschenvolk.
Dlila nahm neue Stricke
und sie band ihn mit ihnen,
sie sprach zu ihm:
Philister über dir, Schimschon!
die Lauer aber saß in der Kammer.
Er zersprengte sie
von seinen Armen ab wie einen Faden.
Dlila sprach zu Schimschon:
Bisher hast du mich genarrt,
mir Lügen vorgeredet,
vermelde mir:
womit kann man dich binden?
Er sprach zu ihr:
Wöbest du ein
die sieben Strähnen meines Haupts
in die Kette...
Sie stieß sie noch fest mit dem Pflock,
dann sprach sie zu ihm:
Philister über dir, Schimschon!
Er erwachte aus seinem Schlaf
und riß den Pflock, das Gewebe, die Kette aus.
Sie sprach zu ihm:
Wie kannst du sprechen: Ich liebe dich,
und dein Herz ist nicht mit mir!
Nun dreimal hast du mich genarrt,
hast mir nicht gemeldet, wodurch deine Kraft so groß ist!
Es geschah,
als sie ihn mit ihren Reden bedrängte alle Tage
und marterte ihn, daß seine Seele sich zum Sterben krampfte:
er ermeldete ihr all sein Herz,
er sprach zu ihr:
Ein Messer ist über mein Haupt nicht gefahren,
denn ein Geweihter Gottes bin ich vom Mutterleib an:
würde ich geschoren,
meine Kraft wiche von mir,
schwach würde ich,

gleich würde ich
allem Menschenvolk.
Dlila sah,
daß er all sein Herz ihr ermeldet hatte,
sie sandte und berief die Tyrannen der Philister, sprechend:
Diesmal fahrt herauf,
denn er hat all sein Herz mir ermeldet.
Herauf fuhren zu ihr die Tyrannen der Philister,
herauf führten sie das Silber in ihrer Hand.
Sie schläferte ihn auf ihren Knien ein,
rief nach dem Mann und ließ die sieben Strähnen seines
    Hauptes abscheren:
sie begann seine Überwältigung,
seine Kraft wich von ihm.
Sie sprach:
Philister über dir, Schimschon!
Er erwachte aus seinem Schlaf,
er sprach zu sich:
Ich komme los wie Mal um Mal,
ich schüttle mich frei!
Er wußte nicht, daß ER von ihm gewichen war.
Die Philister griffen ihn,
sie stachen ihm die Augen aus,
sie brachten ihn hinab nach Gasa und banden ihn gefangen
    mit Doppelerz,
er mußte mahlen im Gefangenenhaus.

Sein Haupthaar begann wiederzuwachsen, sowie es abge-
    schoren war.

Die Tyrannen der Philister versammelten sich,
eine große Schlachtung ihrem Gott Dagon zu schlachten
zum Freudenfest.
Sie sprachen:
Unser Gott gab
in unsere Hand
Schimschon, unseren Feind.
Das Volk, sie sahen ihn sich an
und priesen ihren Gott, indem sie sprachen:
Unser Gott gab

in unsere Hand
unseren Feind,
den Verwüster unseres Lands,
und der unser viele erstach.
Es geschah, als ihrem Herzen wohl war,
sie sprachen:
Ruft Schimschon, daß er uns tanze!
Man rief Schimschon aus dem Gefangnenhaus,
und er tanzte vor ihnen.
Sie hatten ihn aber zwischen die Standsäulen gestellt.
Schimschon sprach zu dem Knaben, der ihn an der Hand
    gefaßt hielt:
Laß mich ruhn,
laß mich die Säulen tasten, drauf das Haus errichtet ist,
daß ich mich an sie lehne.
Das Haus aber war voller Männer und Weiber,
auch alle Tyrannen der Philister waren dort,
und auf dem Dach an dreitausend, Mann und Weib,
die sahn zu, wie Schimschon tanzte.
Ihn rief Schimschon an,
er sprach:
Mein Herr, D u,
merk auf mich doch
und stärke mich doch
diesmal nur,
o Gott,
ich will Rache nehmen,
Rache für eins meiner beiden Augen
an den Philistern!
Schimschon umschlang
die beiden Mittelsäulen,
drauf das Haus errichtet war,
er stemmte sich gegen sie,
eine zu seiner Rechten,
eine zu seiner Linken.
Schimschon sprach:
Sterbe meine Seele
mit den Philistern!
Er neigte sich aus Kräften,

das Haus fiel
auf die Tyrannen,
auf alles Volk, das darin war.
Der Toten, die er tötete bei seinem Tod,
waren mehr, als die er bei seinem Leben getötet hatte.

Seine Brüder und alles Haus seines Vaters zogen hinab,
sie hoben ihn auf, überführten und begruben ihn
zwischen Zora und Eschtaol, im Grab seines Vaters Manoach.
Er hatte Jifsrael zwanzig Jahre gerichtet.

Ein Mann war vom Gebirge Efrajim, sein Name Michajhu,
der sprach einst zu seiner Mutter:
Die tausend und hundert Silberstücke, die man dir genommen
   hat
und du tatest den Droheid und sprachst ihn auch vor meinen
   Ohren aus –
wisse, das Silber ist bei mir, ich selber habe es genommen.
Seine Mutter sprach:
Gesegnet, mein Sohn, IHM!
Er erstattete die tausend und hundert Silberstücke seiner
   Mutter,
seine Mutter aber sprach:
Als Dargeheiligtes heilige ich das Silber IHM zu,
aus meiner Hand für meinen Sohn,
ein Schnitz- und Gußbild zu machen,
so will jetzt ich dir es wiedererstatten.
Er erstattete also das Silber seiner Mutter,
seine Mutter aber nahm zweihundert Silberstücke,
sie gabs dem Schmelzer,
und der machte daraus ein Schnitz- und Gußbild,
das war nun in Michajhus Haus.
So hatte der Mann Micha ein Gotteshaus,
er machte Losungsumschurz und Wunschlarven,
und die Hand eines seiner Söhne füllte er dar, daß er ihm
   Priester sei.
In jenen Tagen gab es keinen König in Jifsrael,
jedermann tat, was in seinen Augen gerad war.

Ein Jüngling war aus Betlehem in Jehuda, aus dem Sippen-
   gebiet Jehudas, er jedoch war ein Lewit, er gastete nämlich
   dort,
dieser Mann ging aus der Stadt, aus Betlehem in Jehuda, zu
   gasten, wo er etwas fände,
und kam, indem er seinen Weg machte, im Gebirge Efrajim
   an das Haus Michas.
Micha sprach zu ihm:
Woher kommst du?
Der Lewit sprach zu ihm:
Ich bin aus Betlehem in Jehuda,

und ich gehe zu gasten, wo ich etwas finde.
Micha sprach zu ihm:
Nimm Sitz bei mir,
sei mir ein Vater und Priester,
und ich, geben will ich dir zehn Silberstücke je auf den
 Jahrestag,
dazu Gewänderausrichtung und deinen Lebensbedarf.
Der Lewit ging hin,
er entschloß sich, der Lewit, bei dem Mann Sitz zu nehmen.
Der Jüngling wurde ihm wie einer seiner Söhne.
Micha füllte die Hand des Lewiten dar,
und der Jüngling ward bei ihm Priester,
er war im Hause Michas.
Micha sprach:
Jetzt weiß ich, daß ER mir wohltun wird,
denn der Lewit ist bei mir Priester geworden.

In jenen Tagen gab es keinen König in Jiſsrael.

In jenen Tagen suchte sich der Danstab ein Eigentum, um
 sich anzusiedeln,
denn bis zu jenem Tag war ihm inmitten der Volksstäbe
 Jiſsraels nichts als Eigentum angefallen.
Die Söhne Dans sandten von ihrer Sippe fünf Männer, von
 ihrem Umkreis,
tüchtige Burschen, Männer von Zora und Eschtaol,
das Land auszukundschaften und es zu durchforschen,
sie sprachen zu ihnen:
Geht, erforscht das Land!
Sie kamen im Gebirge Efrajim an das Haus Michas, sie nächtigten dort.
Wie die beim Hause Michas waren, erkannten die die Stimme
 des Jünglings, des Lewiten,
sie bogen dorthin ab und sprachen zu ihm:
Wer hat dich hergebracht? was tust du da? was hast du hier?
Er sprach zu ihnen:
So und so hat mir Micha getan,
er hat mich gedungen, und ich wurde ihm Priester.
Sie sprachen zu ihm:
Befrage doch Gott,

daß wir wissen, ob unser Weg gerät, auf dem wir gehn.
Der Priester sprach zu ihnen:
Geht in Frieden,
IHM zupaß ist euer Weg, den ihr gehen wollt.
Die fünf Männer gingen weiter und kamen nach Lajisch.
Sie sahn, wie es in Sorglosigkeit dalag, in seinem Innern
das Volk still und sorglos, nach sidonischem Recht,
keiner, der irgend Rüge übt im Land als Erbe der Macht,
auch waren sie von den Sidoniern fern
und hatten mit keinem Menschen sonst eine Ausbedingnis.
Sie kamen zu ihren Brüdern in Zora und Eschtaol.
Ihre Brüder sprachen zu ihnen:
Was bringt ihr?
Sie sprachen:
Auf,
ziehn wir hinüber, über sie her!
ja, wir haben das Land gesehn,
also:
es ist sehr gut, –
und ihr könnt noch an euch halten?!
Seid nimmer träg,
zu gehen, zu kommen, das Land zu erben!
Wenn ihr hinkommt,
kommt ihr zu einem sorglosen Volk,
handsam gebreitet das Land,
ja, in eure Hand hat Gott es gegeben,
ein Ort, wo es an keinem Ding mangelt, das im Erdenland
    ist.
Sie brachen auf von dort,
von der Dansippe, von Zora und von Eschtaol,
sechshundert Mann, mit Kriegsgeräten umgürtet,
sie zogen hinüber und lagerten bei Kirjat Jearim in Jehuda,
darum ruft man diesen Ort Lager Dans bis auf diesen Tag,
es ist also hinter Kirjat Jearim.
Von dort schritten sie vor nach dem Gebirge Efrajim
und kamen ans Haus Michas.
Es hoben an die fünf Männer, die gegangen waren das Land
    Lajisch auszukundschaften,
sie sprachen zu ihren Brüdern:

Wißt ihr, daß in diesen Häusern Losungsumschurz und Wunschlarven und Schnitz- und Gußbild zu finden sind?
nun wisset, was ihr zu tun habt!
Sie bogen dorthin ab,
sie kamen in das Haus mit dem Jüngling, dem Lewiten,
   Michas Haus, und fragten nach seiner Gesundheit.
Die sechshundert Mann, mit ihren Kriegsgeräten umgürtet,
   die von den Söhnen Dans, blieben an der Öffnung des
   Tores stehn,
die fünf Männer aber, die gegangen waren das Land auszukundschaften, zogen hinein.
Wie sie dort hinkamen, nahmen sie den Schnitzbildkern, den
   Umschurz, die Larven, den Außenguß,
während der Priester an der Öffnung des Tores stand und die
   Sechshundert, kriegsgerätumgürtete Mannschaft.
Als jene nun in Michas Haus gekommen waren und das
   Schnitzbild mit dem Umschurz, die Larven, den Außenguß
   genommen hatten,
sprach der Priester zu ihnen:
Was tut ihr?
Sie sprachen zu ihm:
Schweig,
leg deine Hand auf deinen Mund
und geh mit uns,
werde uns ein Vater und Priester!
Wobei ist dir wohler,
für das Haus eines Mannes Priester zu sein
oder Priester zu sein für einen Stab, eine Sippe in Jisrael?
Dem Herzen des Priesters wurde wohl,
er nahm den Umschurz und die Larven und das Schnitzbild
und kam ins Innre des Volks.
Sie wandten sich und gingen
und verlegten die Kinder, das Herdenvieh und den Troß nach
   vorn.
Als jene sich vom Hause Michas entfernt hatten,
wurden die Männer, die in den Häusern waren, denen neben
   dem Hause Michas, herbeigeschrien,
sie hefteten sich an die Söhne Dans und riefen den Söhnen
   Dans zu.

Die wandten ihr Antlitz und sprachen zu Micha:
Was hast du, daß du dich herbeischreien lässest?
Er sprach:
Meinen Gott, den ich gemacht habe, habt ihr genommen
und den Priester
und seid fortgegangen,
was habe ich nun noch?
was sprecht ihr da zu mir: Was hast du?!
Die Söhne Dans sprachen zu ihm:
Laß nimmer bei uns deine Stimme hören,
sonst möchten Männer erbitterten Wesens auf euch stoßen,
dann kannst du dein eigen Wesen und dein Hauswesen zu-
    sammensuchen!
Die Söhne Dans gingen ihres Wegs.
Micha sah, daß sie stärker waren als er,
er drehte sich um und kehrte in sein Haus zurück.
Sie nahmen also mit, was Micha gemacht hatte, und den
    Priester, der sein war,
sie kamen über Lajisch,
über ein stilles, sorgloses Volk,
und schlugen sie mit der Schneide des Schwerts,
und die Stadt verbrannten sie im Feuer,
da war kein Retter,
denn fern war sie von Sidon, und sie hatten sonst keine Aus-
    bedingnis mit Menschen.
Sie war im Tal, das nach Bet Rchob zu ist.
Sie bauten die Stadt wieder auf und siedelten in ihr,
und sie riefen den Namen der Stadt: Dan,
nach dem Namen Dans, ihres Vaters, der dem Jifsrael geboren
    war,
jedoch Lajisch war zuvor der Name der Stadt.
Die Söhne Dans errichteten sich das Schnitzbild,
und Jehonatan Sohn Gerschoms Sohns Mosches, er und seine
    Söhne
waren Priester dem Danstab bis zum Tag, da der Schrein
    wandern mußte.
Sie stellten sich Michas Schnitzbild auf, das er gemacht hatte, –
alle Tage, die das Haus Gottes in Schilo war.

Es war in jenen Tagen, da es keinen König in Jiſrael gab:
ein lewitischer Mann war, der gastete am Rückrand des
    Gebirgs Efrajim.
Er nahm sich ein Kebsweib aus Betlehem in Jehuda.
Aber seine Kebse wurde ihm mißgesinnt
und ging fort von ihm, nach dem Haus ihres Vaters, nach
    Betlehem in Jehuda,
dort war sie eine Tagereihe: vier Monate.
Ihr Mann machte sich auf und ging ihr nach,
ihr Herz zu überreden, es sich zuzukehren;
er hatte seinen Knaben bei sich und ein Gespann Esel.
Sie ließ ihn ins Haus ihres Vaters kommen,
und als der Vater des Mädchens ihn sah, freute er sich ihm
    entgegen.
Sein Schwäher, der Vater des Mädchens, hielt ihn fest, er saß
mit ihm ein Tagdritt, sie aßen und tranken und nachteten
    dort.
Am vierten Tag wars, sie standen früh am Morgen auf,
    er machte sich dran, zu gehn.
Der Vater des Mädchens aber sprach zu seinem Schwieger-
    sohn:
Labe dein Herz mit einem Bissen Brot, danach mögt ihr gehn.
Sie setzten sich, aßen beide mitsammen und tranken.
Der Vater des Mädchens sprach zu dem Mann:
Entschließ dich doch, bleib übernacht, laß deinem Herzen
    wohl sein!
Der Mann machte sich auf um zu gehn, sein Schwäher nötigte
    ihn, er kehrte um und nachtete dort.
Am fünften Tag war er früh am Morgen auf, um zu gehn.
Der Vater des Mädchens sprach: Labe doch dein Herz.
Sie verweilten sich noch, bis der Tag sich neigte, aßen
    beide.
Der Mann machte sich auf um zu gehn, er, seine Kebsfrau und
    sein Knabe.
Sein Schwäher, der Vater des Mädchens, sprach zu ihm:
Merk, der Tag erschlafft doch zum Abendwerden,
bleibt doch übernacht!

da, der Tag ist am Sinken,

bleib hier übernacht und laß deinem Herzen wohl sein,

mit der nächsten Frühe könnt ihr schon auf den Weg, dann
    magst du nach deinem Zelte gehn.

Aber der Mann war nicht gewillt übernacht zu bleiben,

er machte sich auf und ging, und kam bis in die Gegend von
    Jebuſs, das ist Jerusalem,

bei ihm ein Gespann gesattelter Esel, und seine Kebsfrau bei
    ihm.

Als sie bei Jebuſs waren, und der Tag war weit niedergestiegen,

sprach der Knabe zu seinem Herrn:

Laß uns doch gehn und abbiegen zu dieser Jebuſsiterstadt, daß
    wir in ihr nachten.

Sein Herr sprach zu ihm:

Wir biegen nicht ab zu einer Stadt von Fremden,

die nicht von den Söhnen Jiſsraels sind,

wir ziehen weiter bis Giba.

Er sprach zu seinem Knaben:

Laß uns gehn, bis wir einem der Orte nah sind

und in Giba oder in Rama nachten können.

Sie zogen weiter, sie gingen,

die Sonne kam ihnen hernieder bei Giba, dem Binjamins,

dort bogen sie ab, um in Giba zunacht unterzukommen.

Er kam hin und setzte sich auf den Marktplatz der Stadt,

denn niemand war, der sie zu nachten ins Haus einholte.

Da kam ein alter Mann von seiner Tätigkeit, vom Feld her am
    Abend,

der Mann war vom Gebirge Efrajim, er gastete in Giba, die
    Männer des Ortes aber waren Binjaminiten,

er hob seine Augen und sah den Wandersmann auf dem
    Marktplatz der Stadt.

Der alte Mann sprach:

Wohin gehst du und woher kommst du?

Er sprach zu ihm:

Wir ziehen von Betlehem in Jehuda nach dem Rückrand des
    Gebirges Efrajim,

von dorther bin ich, ich war nach Betlehem in Jehuda ge-
    gangen,

und nun gehe ich zu meinem Haus,

aber niemand will mich in sein Haus einholen,
obzwar so Stroh so Futter für unsere Esel da ist,
so auch Brot und Wein da ist für mich und deine Magd und
  den Knaben bei deinen Knechten,
an keinem Ding von allem ist Mangel.
Der alte Mann sprach:
Friede dir!
mir nur liege all dein Mangel ob!
nur auf dem freien Platz bleib nimmer übernacht!
Er ließ ihn in sein Haus mitkommen,
er mengte für die Esel,
sie badeten ihre Füße, aßen und tranken.
Wie sie aber ihrem Herzen wohlsein ließen,
da umringten die Männer der Stadt – ruchlose Buben die
  Männer – das Haus,
schon pochten sie drauflos an die Tür,
sie sprachen zu dem Mann, dem Hausherrn, dem Alten,
  sprachen:
Gib heraus den Mann, der in dein Haus kam, daß wir ihn erkennen!
Der Mann, der Hausherr, begab sich zu ihnen heraus und
  sprach zu ihnen:
Nimmer, meine Brüder,
nimmer tut so Böses doch!
nachdem dieser Mann in mein Haus kam,
dürft ihr nimmer dieses Schändliche tun!
Da ist meine jungfräuliche Tochter und seine Kebse,
laßt mich doch die herausgeben, ihr mögt sie beugen,
tut mit ihnen, was euren Augen wohldünkt,
aber diesem Mann tut dieses schändliche Ding nicht an!
Die Männer waren nicht gewillt auf ihn zu hören.
Der Mann faßte die Kebse jenes und gab sie ihnen auf die
  Straße heraus,
sie erkannten sie und trieben ihr Spiel mit ihr all die Nacht
  bis an den Morgen,
sie schickten sie erst fort, als die Dämmerung aufzog.
Das Weib kam heim zur Morgenwende
und fiel nieder an der Toröffnung zum Hause des Mannes,
  wo ihr Herr war, –

bis es hell wurde.

Am Morgen machte ihr Herr sich auf,

er öffnete die Türen des Hauses und begab sich hinaus, um
seines Weges zu gehn,

da: das Weib, seine Kebse, hingefallen an der Toröffnung des
Hauses, ihre Hände auf der Schwelle!

Er sprach zu ihr:

Auf, wir wollen gehn!

Aber es war keine Antwort.

Er nahm sie auf den Esel.

Der Mann machte sich auf und ging nach seinem Ort.

Er kam in sein Haus,

er nahm das Messer,

er faßte seine Kebsfrau,

er zerstückte sie zu ihren Gliedmaßen,

zu zwölf Stücken,

und schickte sie durch alle Gemarkung Jifsraels.

Es geschah,

alljeder, ders sah, sprach;

Nicht ist geschehn,

nicht ward ersehn

wie dieses

von dem Tag an, da die Söhne Jifsraels heraufzogen vom
Land Ägypten,

bis zu diesem Tag, –

richtet euer Herz drauf,

haltet Rat und Geding!

Alle Söhne Jifsraels fuhren aus,

die Gemeinschaft versammelte sich, war wie ein einziger
Mann,

von Dan bis Berscheba, dazu das Land Gilad,

zu IHM hin nach Mizpa.

Es traten die Stützen alles Volks, aller Stäbe Jifsraels, in die
Versammlung des Volkes Gottes:

vierhunderttausend zu Fuß, schwertzückende Mannschaft.

Die Söhne Binjamins hörten, daß die Söhne Jifsraels heraufgezogen waren nach Mizpa.

Die Söhne Jifsraels sprachen:

Redet,
wie ist dieses Böse geschehn?
Der lewitische Mann, der Mann des ermordeten Weibes,
   antwortete, er sprach:
Nach Giba, dem Binjamins, war ich gekommen,
ich und meine Kebse, um zu übernachten.
Es standen wider mich auf die Bürger von Giba,
sie umringten das Haus in der Nacht wider mich,
mich dachten sie umzubringen
und meine Kebse beugten sie, die starb.
Ich ergriff meine Kebse,
ich zerstückte sie
und schickte sie durch alles Gefild des Eigentums Jiſsraels,
denn getan hat man eine Unzucht und Schändlichkeit in
   Jiſsrael.
Da seid ihr alle, Söhne Jiſsraels,
schafft hier euch Geding und Rat!
Alles Volk stand auf wie ein einziger Mann,
   sprechend:
Nicht gehen wir, jedermann nach seinem Zelt,
nicht weichen wir, jedermann nach seinem Haus,
sondern jetzt, –
dies ist das Ding, das wir Giba tun wollen:
Über sie her nach dem Los!
Wir nehmen zehn Männer vom Hundert von allen Stäben
   Jiſsraels, hundert vom Tausend, tausend von der Myriade,
Zehrung zu entnehmen fürs Kriegsvolk,
daß es tue, wann sie nach Giba in Binjamin kommen,
nach all der Schändlichkeit, die es Jiſsrael angetan hat.
Alle Mannschaft Jiſsraels wurde zusammengeholt gegen die
   Stadt,
wie ein einziger Mann, Verflochtne.
Die Stäbe Jiſsraels schickten Männer durch allen Stab Binjamins, zu sprechen:
Was ist das für eine Bosheit, die unter euch geschah!
und jetzt
liefert aus die Männer, die ruchlosen Buben, die in Giba,
daß wir sie töten,
daß wir Böses merzen aus Jiſsrael!

Aber die Söhne Binjamins waren nicht gewillt, auf die Stimme ihrer Brüder, der Söhne Jifsraels, zu hören,

die Söhne Binjamins wurden zusammengeholt aus den Städten nach Giba,

auszufahren zum Kampf mit den Söhnen Jifsraels.

Mustern ließen sich die Söhne Binjamins aus den Städten an jenem Tag,

sechsundzwanzigtausend, schwertzückende Mannschaft,

außer den Insassen von Giba: da hatten sich mustern lassen siebenhundert ausgewählte Männer.

War von all diesem Volk, siebenhundert ausgewählten Männern, etwelcher an seiner rechten Hand gehemmt,

alljeder von diesen schleuderte den Stein auf das Haar und fehlte nicht.

Auch die Mannschaft Jifsraels, sie hatten sich, außer Binjamin, mustern lassen: vierhunderttausend, schwertzückende Mannschaft,

kampffähige Mannschaft all diese.

Sie machten sich auf, sie zogen nach Bet-El, und sie befragten Gott,

die Söhne Jifsraels sprachen:

Wer soll von uns zu Beginn aufziehn, in den Kampf mit den Söhnen Binjamins?

ER sprach:

Jehuda zu Beginn.

Die Söhne Jifsraels machten sich am Morgen auf und lagerten wider Giba.

Die Mannschaft Jifsraels fuhr aus zum Kampf mit Binjamin, sie richteten Kampf aus, die Mannschaft Jifsraels, mit ihnen bei Giba.

Die Söhne Binjamins fuhren von Giba aus,

sie brachten an jenem Tag Verderben unter Jifsrael: zweiundzwanzigtausend Mann zur Erde nieder,

Das Volk aber blieb fest, die Mannschaft Jifsraels, sie richteten wieder Kampf aus, an dem Platz, wo sie ihn am ersten Tag gerichtet hatten.

Zuvor zogen die Söhne Jifsraels hinauf und weinten vor IHM bis zum Abend,

sie befragten IHN, sprechend:

Soll ich wieder ausrücken zum Kampf mit den Söhnen Binjamins, meines Bruders?

ER sprach:

Zieht auf wider ihn.

Die Söhne Jifsraels nahten den Söhnen Binjamins an diesem zweiten Tag.

Binjamin fuhr aus, ihnen entgegen, von Giba an diesem zweiten Tag,

sie brachten unter die Söhne Jifsraels Verderben: noch achtzehntausend Mann zur Erde nieder, Schwertzückende all diese.

Die Söhne Jifsraels allesamt zogen hinauf, alles Volk, sie kamen nach Bet-El,

dort weinten sie und saßen vor IHM,

sie fasteten an jenem Tag bis zum Abend,

sie höhten Darhöhungen und Friedmahle vor IHM.

Die Söhne Jifsraels befragten IHN

– dort war nämlich der Schrein des Gottesbundes in jenen Tagen,

Pinchas Sohn Elasars Sohns Aharons stand vor ihm in jenen Tagen –,

sprechend:

Soll ich nochmals wieder ausfahren zum Kampf mit den Söhnen Binjamins, meines Bruders,

oder soll ich ablassen?

ER sprach:

Zieht auf,

denn morgen gebe ich ihn in deine Hand.

Jifsrael legte Lauern gegen Giba ringsum.

Die Söhne Jifsraels zogen auf wider die Söhne Binjamins an einem dritten Tag,

sie richteten sich gegen Giba wie Mal um Mal.

Die Söhne Binjamins fuhren aus, dem Volk entgegen, –

absprengen ließen sie sich von der Stadt.

Sie hatten begonnen, unter dem Volk zu erschlagen,

Erstochne gabs wie Mal um Mal, auf den Straßen, von denen eine nach Bet-El hinaufzieht und eine nach Gibon, auf dem Blachfeld: an dreißig Mann in Jifsrael.

Die Söhne Binjamins sprachen:

Vor uns hingestoßen sind sie wie zuerst!

Doch die Söhne Jifsraels sprachen:

Laßt uns fliehn,

laßt uns sie weiter absprengen von der Stadt nach den
   Straßen!

So machten sie sich, alle Mannschaft Jifsraels, von ihrem Platz
   auf und richteten sich erst wieder in Baal Tamar.

Die Lauer Jifsraels aber tauchte von ihrem Platz, von der
   Lichtung bei Gaba hervor,

sie kamen an, Giba gegenüber, zehntausend Mann, erwählt
   aus all Jifsrael.

Schwer wurde der Kampf,

jene aber wußten nicht, daß das Böse sie erreicht hatte.

ER stieß Binjamin vor Jifsrael hin,

die Söhne Jifsraels verderbten unter Binjamin an jenem Tag
   fünfundzwanzigtausend und hundert, schwertzückende
   Mannschaft alle diese.

Die Söhne Binjamins sahen, daß sie niedergestoßen
   waren.

Die Mannschaft Jifsraels, sie hatten Binjamin Platz freige-
   geben,

denn sie wußten sich durch die Lauer gesichert, die sie gegen
   Giba legten,

und die Lauer, die waren hurtig und schwärmten gegen Giba
   aus,

die Lauer zerstreute sich und schlug die Stadt allsamt mit der
   Schneide des Schwerts.

Es war aber die Vereinbarung der Mannschaft Jifsraels mit der
   Lauer,

sie sollten aus der Stadt eine Rauchwallung aufziehen lassen.

Die Mannschaft Jifsraels hatte im Kampf sich
   umgedreht

und Binjamin begann unter der Mannschaft Jifsraels zu
   schlagen, Erstochne gabs an dreißig Mann

– denn sie sprachen: Gewiß, gestoßen, niedergestoßen ist er
   vor uns hin wie im ersten Kampf –,

begann die Wallung aus der Stadt aufzuziehn, eine Rauch-
   säule,

Binjamin wandte sich hinter sich,

da: ganzopfergleich zogs auf von der Stadt zum Himmel.

Die Mannschaft Jifsraels drehte sich wieder um.

Die Mannschaft Binjamins erschrak,

sie sah ja: das Böse hatte sie ja erreicht.

Sie wandten sich vor der Mannschaft Jifsraels auf den Weg
 nach der Wüste,

aber der Kampf heftete sich an sie,

und die von der Stadt her verderbten sie mittzwischen.

Umzingelt hatten sie Binjamin,

hatten in Ruh ihn nachjagen lassen,

ihn den Weg nehmen lassen bis in die Gegend von Gaba, nach
 Sonnenaufgang.

Von Binjamin fielen achtzehntausend Mann,

tüchtige Männer diese allzumal.

Die andern wandten sich und flohn in die Wüste, auf den
 Rimmonfelsen zu,

jene hielten noch Nachlese unter ihm auf den Straßen, fünftausend Mann,

und hefteten sich an ihn, hinterdrein, bis sie ihn zerhieben,

sie schlugen von ihm noch zweitausend Mann.

Aller von Binjamin Gefallenen waren an jenem Tag:

fünfundzwanzigtausend, schwertzückende Mannschaft,

tüchtige Männer diese allzumal.

Sechshundert Mann nur hatten sich gewandt und waren in die
 Wüste, auf den Rimmonfelsen zu geflohn,

die saßen vier Mondneuungen an dem Felsen Rimmon.

Die Mannschaft Jifsraels aber kehrte ins Binjaminssöhne-Land
 zurück.

sie schlugen sie mit der Schneide des Schwerts,

von den Stadtleuten bis zum Vieh, bis zu allem Vorgefund-
 nen,

auch steckten sie alle Städte, die sich da befanden, in Brand.

Die Mannschaft Jifsraels hatte sich in Mizpa verschworen,
 sprechend:

Niemand von uns wird seine Tochter Binjamin zum Weibe
 geben.

Das Volk kam nach Bet-El, sie saßen dort bis an den Abend
 vor Gott,

erhoben ihre Stimme und weinten, ein großes Weinen.

Sie sprachen:

Warum,

DU, Gott Jifsraels,

ist dieses geschehn in Jifsrael,

so daß heute aus Jifsrael ein Teilstab ausgemustert
     wurde?

Nächstentags geschahs:

sie waren, das Volk, früh auf,

sie bauten dort eine Schlachtstatt

und höhten Darhöhungen und Friedmahle.

Die Söhne Jifsraels sprachen:

Wer ist, von allen Stäben Jifsraels, der nicht heraufzog in die
     Versammlung zu IHM?

Denn der große Schwur war geschehn

über einen, der nicht heraufzöge zu IHM nach Mizpa,

im Spruch:

Sterben muß er, sterben.

Leid wars den Söhnen Jifsraels um ihren Bruder Binjamin,
     und sie sprachen:

Abgehauen ist heut ein Teilstab von Jifsrael,

was können wir tun für Weiber für sie, für die Überblieb-
     nen?

wir, wir haben bei IHM geschworen, nie von unsern Töchtern
     ihnen zu Weibern zu geben.

Sie sprachen: Welch einer ist von den Stäben Jifsraels, der
     nicht heraufzog zu IHM nach Mizpa?

Und da: von Jabesch in Gilad war niemand zum Heerlager,
     zur Versammlung gekommen.

Das Volk ließ sich mustern, da war kein Mann dort von den
     Insassen Jabeschs in Gilad.

Sie sandten, die Gemeinschaft, zwölftausend Mann von den
     tüchtigen Leuten dorthin

und geboten ihnen, sprechend:

Geht, schlagt die Insassen von Jabesch in Gilad mit der
     Schneide des Schwerts, auch die Weiber und die Kinder,

und zwar dies ist das Ding, das ihr tun sollt:

alles Männliche und alljedes Weib, das männliches Beilager
     kennt, sollt ihr bannen.

Sie fanden unter den Insassen von Jabesch in Gilad vierhundert jungfräuliche Mädchen, die einen Gatten in
männlichem Beilager nicht erkannt hatten,
die brachten sie zum Heer nach Schilo, das im Lande Kanaan ist.
Sie sandten, all die Gemeinschaft, und ließen zu den Söhnen
Binjamins, die am Felsen Rimmon waren, reden
und ihnen Frieden zurufen.
Zu jener Zeit kehrte Binjamin zurück,
und sie gaben ihnen die Weiber, die sie von den Weibern
Jabeschs in Gilad hatten leben lassen,
aber sie fanden für sie so nicht genug.
Leid wars dem Volk um Binjamin,
denn einen Riß hatte ER in den Stäben Jifsraels aufgetan,
und die Ältesten der Gemeinschaft sprachen:
Was können wir tun für Weiber für die Übriggebliebnen?
denn fortgetilgt sind die Weiber aus Binjamin!
Sie sprachen:
Ein Erbkern des Entrinnens bleibe Binjamins,
nicht darf hinweggewischt werden ein Teilstab aus Jifsrael!
wir aber, nicht können wir Weiber von unseren Töchtern
geben,
denn verschworen haben sich die Söhne Jifsraels,
sprechend: Verflucht sei, wer Binjamin ein Weib gibt!
Sie sprachen:
Eine Festrunde IHM ist doch Jahrestag um Jahrestag in Schilo.
– Die hat statt gegen Norden von Bet-El, gegen Sonnenaufgang von der Straße, die von Bet-El nach Sichem steigt,
gegen Mittag von Lbona. –
Sie geboten den Söhnen Binjamins, so weitersprechend:
Geht, lauert in den Weingärten auf,
seht zu:
ziehen da die Töchter von Schilo heraus, die Reigentänze zu
reihen,
zieht ihr aus den Weingärten hervor
und hascht euch jedermann sein Weib von den Töchtern
Schilos
und geht ins Land Binjamin;
und es wird sein:

wenn ihre Väter oder ihre Brüder kommen, mit uns zu
   hadern,
werden wir zu ihnen sprechen:
Vergönnts ihnen um unsertwillen,
haben wir denn nicht jedem Mann sein Weib durch den
   Krieg genommen?
ja denn, hättet ihr sie, ihr ihnen gegeben, dann wärt ihr derzeit
   schuldig.
Die Söhne Binjamins taten so,
sie trugen Weiber davon nach ihrer Zahl aus den Reigen-
   tänzerinnen, die sie geraubt hatten.
Sie gingen und kehrten heim in ihr Eigentum,
bauten die Städte wieder auf und siedelten darin.
Die Söhne Jifsraels gingen von dort auseinander zu jener
   Zeit, jedermann nach seinem Stab und nach seiner Sippe,
sie zogen heim von dort, jedermann nach seinem Eigentum.

In jenen Tagen gab es keinen König in Jifsrael,
jedermann tat, was in seinen Augen gerad war.

DAS BUCH
SCHMUEL

Ein Mann war von dem Doppel-Rama, ein Zufit vom Ge-
  birg Efrajim,
sein Name Elkana Sohn Jerochams Sohns Elihus Sohns
  Tochus Sohns Zufs, ein Efratiter.
Der hatte zwei Weiber, der einen Name Channa, der zweiten
  Name Pninna,
der Pninna waren Kinder geworden, Channa aber hatte keine
  Kinder.
Dieser Mann zog von seiner Stadt von Festtagswiederkehr zu
  Festtagswiederkehr hinauf,
vor IHM dem Umscharten sich in Schilo niederzuwerfen und
  zu schlachten.
Dort waren Priester vor IHM die zwei Söhne Elis, Chofni und
  Pinchas.
War der Tag, da Elkana schlachtete,
gab er Pninna seinem Weib und allen ihren Söhnen und ihren
  Töchtern die Gebühranteile,
Channa jedoch konnte er nur einen Anteil geben, mit Kum-
  merblick,
denn Channa liebte er, aber ER hatte ihren Schoß verschlossen.
Auch suchte ihre Nebenfrau sie mit jederart Verdruß zu verdrießen, um sie aufzureizen,
weil ER ihren Schoß zugeschlossen hatte.
So geschah es denn Jahr um Jahr, jeweils bei ihrem Hinaufziehn zu SEINEM Haus:
sie suchte sie so zu verdrießen.
Sie weinte und aß nicht.
Elkana ihr Mann sprach zu ihr:
Channa,
warum weinst du?
warum issest du nicht?
warum grämt sich dein Herz?
bin ich dir nicht gut, mehr als zehn Söhne?

Einst, in Schilo, nachdem man gegessen hatte und nach dem
  Trinken,
stand Channa auf
– Eli der Priester saß eben auf dem Stuhl am Türpfosten
  SEINER Halle –,

verbittert war sie in der Seele,
sie betete zu IHM hin,
sie weinte, weinte.
Sie gelobte ein Gelübde und sprach:
DU Umscharter!
siehst du her, siehst auf das Elend deiner Magd,
bedenkst mich, vergissest nicht deine Magd,
gibst deiner Magd
Mannessamen,
gebe ich ihn DIR
alle Tage seines Lebens,
ein Schermesser komme nicht an sein Haupt.
Es geschah, da sie viel vor IHM betete:
Eli achtete auf ihren Mund
– Channa redete zu ihrem Herzen hin,
nur ihre Lippen regten sich, ihre Stimme war nicht zu
    hören –,
Eli hielt sie für eine Berauschte.
Eli sprach zu ihr:
Bis wann noch willst du dich dem Rausch überlassen?
tu deinen Wein von dir ab!
Channa antwortete, sie sprach:
Mitnichten, mein Herr!
ich bin ein Weib hartbedrückten Geistes,
Wein und Rauschsaft habe ich nicht getrunken, –
ich schütte vor IHN meine Seele.
Gib nimmer deine Magd für eine Heillose aus,
denn aus der Fülle meines Jammers, meines Verdrusses habe
    ich bis nun geredet.
Eli antwortete, er sprach:
Geh in Frieden,
deinen Wunsch, den du von ihm erwünschtest, gebe Jifsraels
    Gott.
Sie sprach:
Deine Dienerin finde Gunst in deinen Augen!
Das Weib ging seines Wegs,
sie aß, und ihr Antlitz war nicht mehr so.

Frühmorgens waren sie auf, sie warfen sich vor IHM nieder,

sie kehrten zurück und kamen in ihr Haus nach Rama.

Elkana erkannte Channa sein Weib,

ER bedachte sie,

es geschah im Umschwung der Tage:

Channa war schwanger, sie gebar einen Sohn.

Sie rief seinen Namen: Schmuel, Der von Gott ist,

denn: Von IHM habe ich ihn erwünscht.

Wieder zog der Mann, Elkana, hinauf mit all seinem
    Haus,

IHM das Schlachtmahl der Festtage zu schlachten und sein
    Gelobtes,

da zog Channa nicht mit hinauf,

denn sie sprach zu ihrem Mann:

Bis der Knabe entwöhnt ist – dann will ich ihn bringen,

daß er sich vor SEINEM Antlitz sehen lasse

und dort bleibe auf Lebzeit.

Elkana ihr Mann sprach zu ihr:

Tu, was in deinen Augen gut ist,

bleib, bis du ihn entwöhnt hast, –

bestätige nur ER das um ihn Geredete!

Das Weib blieb und säugte ihren Sohn, bis sie ihn ent-
    wöhnte.

Sie ließ ihn mit sich hinaufziehn, sowie sie ihn entwöhnt
    hatte,

samt einem drittwürfigen Farren, einem Scheffel Mehls und
    einem Zuber Weins.

Sie brachte ihn nach SEINEM Haus in Schilo,

wiewohl der Knabe noch ein Knäblein war.

Sie metzten den Farren und brachten den Knaben zu Eli.

Sie sprach:

Ach mein Herr!

sowahr deine Seele lebt, mein Herr,

ich bin das Weib, das hier bei dir stand, zu IHM zu beten.

Um diesen Knaben habe ich gebetet,

ER hat mir meinen Wunsch gegeben, den ich von IHM er-
    wünschte.

Auch ich habe IHM ihn zugewünscht,

alle Tage, die er lebt, sei er ein IHM Zugewünschter.

Er warf sich dort nieder vor IHM.

Channa betete,
sie sprach:
Mein Herz schwillt an DIR,
mein Scheitel hebt sich an DIR,
weitauf tut sich mein Mund über meinen Feinden,
ja, ich freue mich deiner Befreiung.

Keiner ist heilig wie DU,
ja, keiner ist da ohne dich,
keiner ein Felsen wie unser Gott.

Mehret nimmer euer Reden:
Hochhinan, hochhinan!,
wies frech entfährt eurem Mund,
ER ist ja ein Gott des Wissens,
bei ihm wird das Spiel gewogen.

Der Helden Bogen zerknickt,
und die strauchelten, panzert Macht,
um Brot müssen Satte sich dingen,
und die hungerten, pflegen der Rast,
die sprossenlos war, gebiert sieben,
und die Kinderreiche welkt ab.

ER tötet und belebt,
senkt zur Gruft, läßt entsteigen,
ER enterbt und begütert,
erniedert und hebt auch empor.

Auf richtet vom Staub er den Armen,
den Dürftigen hebt er vom Kot,
sie zu setzen neben die Edlen,
übereignet den Ehrenstuhl ihnen.

Ja, SEIN sind die Säulen der Erde,
auf sie hat er den Weltkreis gestellt.

Der ihm Holden Füße bewacht er,
die Frevler verstummen im Dunkel,
ja, nicht durch Kraft wird heldisch ein Mann.

ER,
die wider ihn hadern, zerknicken,
sie stiegen zum Himmel, – er donnert.

ER
fällt Urteil über die Enden der Erde,
daß er seinem König gebe den Sieg,
den Scheitel seines Gesalbten erhebe.

Elkana ging nach Rama zu seinem Haus.
Der Knabe aber wurde beamtet vor IHM vorm Antlitz Elis
   des Priesters.

Die Söhne Elis waren heillose Buben,
sie wollten IHN nicht kennen.
Die Richte der Priester mit dem Volke war:
Allwie jemand eine Schlachtung schlachtete,
kam der Knabe des Priesters, während das Fleisch noch kochte,
die Dreizackgabel in seiner Hand,
und schlug sie ein in den Kessel oder in den Topf oder in die
　　Pfanne oder in den Tiegel,
alles, was die Gabel heraufzog, nahm sich der Priester,
so taten sie allem Jiſsrael, denen, die dorthin, nach Schilo
　　kamen.
Sogar noch ehe man das Fett aufrauchen ließ, kam der Knabe
　　des Priesters und sprach zu dem schlachtenden Mann:
Gib Fleisch zum Braten für den Priester,
er will nicht gekochtes Fleisch von dir nehmen, sondern leb-
　　frisches.
Sprach etwa der Mann zu ihm: Aufrauchen soll alsbald das
　　Fett, aufrauchen,
dann nimm dir, wies deine Seele begehrt!,
so sprach er:
Mit nichten, sondern jetzt gib her,
und wenn nicht, nehm ichs mit Gewalt.
Die Versündigung der Knaben wurde sehr groß vor SEINEM
　　Antlitz,
weil jene Männer SEINER Spende höhnten.

Schmuel aber war beamtet vor SEINEM Antlitz,
Tempelknabe, mit dem Umschurz von Linnen gegürtet.
Einen kleinen Kittel pflegte ihm seine Mutter zu machen und
　　ihm von Festtagen zu Festtagen heraufzubringen,
wann sie mit ihrem Mann heraufzog, die Schlachtung der
　　Festtage zu schlachten.
Dann segnete Eli Elkana und sein Weib und sprach:
Ersetze ER dir Samen von diesem Weib
anstatt der Wunschgabe, die IHM zugewünscht ward.
Und sie gingen nach seinem Ort.
Denn ER hatte es Channa zugeordnet:
sie wurde schwanger und gebar drei Söhne und zwei Töch-
　　ter.

Der Knabe Schmuel wuchs groß bei IHM.

Eli war sehr alt.
Hörte er von allem, was seine Söhne allem Jifsrael antaten,
auch daß sie bei den Weibern lagen, die sich am Einlaß des
    Zelts der Begegnung scharten,
sprach er zu ihnen:
Warum tut ihr diesen Reden gleich,
wie ich sie höre, eure bösen Nachreden, von allem Volke,
    diesen?
Nimmer, meine Söhne!
denn nicht gut ist das Hörensagen, das ich höre: Sie treiben
    SEIN Volk hinweg!
Sündigt ein Mensch gegen einen Menschen, mitteln die Gott-
    richter,
sündigt aber ein Mensch gegen IHN, wer könnte sich für ihn
    ins Mittel schlagen?!
Doch sie hörten nicht auf die Stimme ihres Vaters,
denn ER hatte schon bestimmt, sie zu töten.
Der Knabe Schmuel aber ward fortgehend größer und wohl-
    gefälliger, so bei IHM, so bei den Menschen.

Ein Mann Gottes kam zu Eli und sprach zu ihm:
So hat ER gesprochen:
Habe ich mich darum offenbart, dem Haus deines Vaters
    offenbart,
als sie in Ägypten unter dem Hause Pharaos waren,
ihn aus allen Volksstäben Jifsraels mir zum Priester erwählt,
darzuhöhn auf meiner Schlachtstatt,
Räucherwerk zu räuchern,
den Umschurz zu tragen vor meinem Antlitz,
und gab dem Haus deines Vaters alle Feueropfer der Söhne
    Jifsraels hin?!
Warum tretet ihr nun auf meine Schlachtung und meine Hin-
    leitspende,
die ich für den Hag geboten habe!
Ehrst du deine Söhne mehr als mich,
daß ihr euch mästet vom Anbeginn aller Spende Jifsraels,
    meines Volks?!

Daher,

SEIN Erlauten, des Gottes Jiſsraels:

Spruch hatte ich gesprochen: dein Haus, das Haus deines
   Vaters, sie sollten vor meinem Antlitz einhergehn für
   immer,

jetzt aber, SEIN Erlauten: Weitab mir das,

denn die mich verehren, ehre ich,

die meiner spotten, werden gering.

Wohlan, Tage kommen,

ab hacke ich da deinen Arm und den Arm deines Vaterhauses,

daß keiner alt werde in deinem Haus.

Dann wirst du blicken abseits des Hags

auf alles, das man Jiſsrael guttut,

aber in deinem Haus wird alle Tage keiner alt werden.

Ich will dir nicht jedermann von meiner Schlachtstatt hinweg
   rotten,

daß ich deine Augen versagen, deine Seele verschmachten
   ließe,

aber alle Mehrung deines Hauses, sie sollen als Männer schon
   sterben.

Und dies sei dir das Zeichen, daß es bereits über deine beiden
   Söhne, über Chofni und Pinchas, kommt,

an einem Tag sterben sie beide.

Ich will mir einen Priester erstellen, der getreu ist,

wie es in meinem Herzen, in meiner Seele ist, wird er tun,

ihm will ich ein Haus erbauen, das getreu ist,

und einhergehn soll er vor meinem Gesalbten alle Tage.

Und geschehn wirds:

was alles von deinem Haus überblieb,

kommen wird es, sich vor ihn hinzuwerfen,

um einen Silbergroschen, eine Brotscheibe,

wird sprechen:

Gliedere mich doch einer der Priesterschaften an,

daß ich einen Bissen Brot esse!

Der Knabe aber, Schmuel, war beamtet bei IHM vor Elis
   Antlitz.

In jenen Tagen war Anrede von IHM kostbar geworden,

keine Schauung brach durch.

Es geschah an jenem Tag,
an seinem Ort lag Eli
– seine Augen hatten begonnen sich zu trüben, er konnte
   nicht sehn –,
noch nicht erloschen war die Leuchte Gottes,
in SEINER Halle, wo der Schrein Gottes war, lag Schmuel:
ER rief Schmuel an.
Der sprach:
Hier bin ich.
Er lief zu Eli und sprach:
Hier bin ich, du hast mich ja gerufen.
Er aber sprach:
Ich habe nicht gerufen, kehre um, lege dich hin.
Er ging und legte sich hin.
ER fuhr fort, rief abermals:
Schmuel!
Schmuel stand auf, ging zu Eli und sprach:
Hier bin ich, du hast mich ja gerufen.
Er sprach:
Ich habe nicht gerufen, mein Sohn, kehre um, lege dich
   hin.
Schmuel aber war noch vor dem, daß er IHN kannte,
vor dem, daß SEINE Rede sich ihm offenbarte.
ER fuhr fort, rief: Schmuel! zum dritten.
Er stand auf, ging zu Eli und sprach:
Hier bin ich, du hast mich ja gerufen.
Eli erfaßte, daß ER es war, der den Knaben rief.
Eli sprach zu Schmuel:
Geh, lege dich hin,
und es sei, ruft es dich an, dann sprich:
Rede, DU! ja, dein Knecht hört.
Schmuel ging und legte sich an seine Stätte.
ER kam, trat herzu, rief wie Mal um Mal:
Schmuel! Schmuel!
Schmuel sprach:
Rede!
ja, dein Knecht hört.
ER sprach zu Schmuel:
Wohlan,

ich tue etwas in Jifsrael,

allwer es hört, dem gellen seine beiden Ohren:

an jenem Tag bestätige ich über Eli alles, was ich über sein
Haus geredet habe,

Beginnen und Vollenden.

Gemeldet habe ich ihm, daß ich sein Haus richten will auf
Weltzeit um die Verfehlung, die er kannte,

denn seine Söhne achten Gott gering, und er hat sie nicht ver-
scholten.

Daher habe ich dem Hause Elis geschworen:

Bedeckt sich je die Verfehlung des Hauses Elis durch Schlachtung und Hinleitspende, auf Weltzeit,…!

Schmuel lag bis an den Morgen,

er öffnete die Türen SEINES Hauses.

Aber Schmuel fürchtete, Eli das Gesicht zu melden.

Eli rief Schmuel, sprach:

Schmuel, mein Sohn!

Der sprach:

Hier bin ich.

Er aber sprach:

Was ist die Rede, die er zu dir redete?

nimmer doch verhehle es mir!

so tue dir Gott, so fahre er fort,

verhehlst du mir ein Redewort von all der Rede, die er zu dir
redete!

Schmuel meldete ihm alle die Rede, er hehlte ihm nichts.

Er aber sprach:

E R ists,

was in seinen Augen gut ist, tue er.

Schmuel wuchs groß, E R war bei ihm da

und ließ von all seinen Reden nichts zur Erde fallen.

So erkannte alles Jifsrael von Dan bis Berscheba,

daß Schmuel IHM zum Künder betraut worden war:

E R fuhr fort sich in Schilo sehen zu lassen,

denn in Schilo offenbarte E R sich Schmuel in SEINER Rede,

Schmuels Rede aber geschah zu allem Jifsrael.

Jifsrael fuhr aus, den Philistern entgegen, zum Kampf,
sie lagerten an jenem Hilfestein,
die Philister aber waren bei Afek gelagert.

Die Philister reihten sich Jifsrael entgegen,
der Kampf breitete sich,
Jifsrael wurde vor die Philister hingestoßen,
sie schlugen in der Schlachtreihe im Blachfeld an viertausend
   Mann.

Das Volk kam ins Lager, die Ältesten Jifsraels besprachen
   sich:
Warum hat E R uns heut vor die Philister hingestoßen?
nehmen wir zu uns aus Schilo den Schrein SEINES Bundes!
er komme zu uns nach innen,
er befreie uns aus der Faust unsrer Feinde!

Das Volk schickte nach Schilo,
sie trugen hinaus von dort
SEINEN Bundesschrein, des Umscharten, der Sitz hat auf den
   Cheruben.
Dort waren, bei dem Schrein des Bundes Gottes, die zwei
   Söhne Elis, Chofni und Pinchas.

Es geschah, als der Schrein SEINES Bundes ins Lager kam,
sie lärmten, alles Jifsrael, ein großes Lärmen,
daß die Erde schütterte.

Die Philister hörten den Schall des Lärmens und sprachen:
Was ist der Schall dieses großen Lärms im Lager der Ebräer?
Bekannt wurde ihnen, daß SEIN Schrein ins Lager gekommen
   war,
die Philister fürchteten sich, denn sie sprachen: Ein Gott ist
   ins Lager gekommen!

Sie sprachen:
Weh uns,
denn nicht ist diesem gleich vortags und ehgestern geschehn!
– Weh uns,
wer rettet uns vor der Hand dieser herrischen Götter!
diese sind ja die Götter, die Ägypten mit alljedem Schlage
   schlugen,
aus der Wüste!
– Erstarket, werdet Männer,
ihr Philister,

sonst müßt ihr den Ebräern dienen, wie sie euch dienten,
werdet Männer und kämpft!
Die Philister kämpften,
Jifsrael wurde hingestoßen,
sie flohen, jedermann nach seinen Zelten,
der Schlag war sehr groß,
von Jifsrael fielen dreißigtausend Fußvolks,
und genommen wurde der Gottesschrein.
Auch die zwei Söhne Elis starben, Chofni und Pinchas.
Ein Mann von Binjamin lief aus der Schlachtreihe fort,
er kam nach Schilo noch desselben Tags,
sein Koller zerrissen, Staub auf seinem Kopf.
Er kam, da saß auf dem Stuhl zuseiten des Wegs, ausspähend,
  Eli,
denn um den Gottesschrein bebte sein Herz.
Als der Mann ankam, es in der Stadt zu melden,
schrie all die Stadt auf.
Eli hörte den Schall des Wehgeschreis, er sprach:
Was ist dieser schütternde Schall?
Da kam der Mann schon herangeeilt und meldete es Eli.
Achtundneunzig Jahre war Eli,
seine Augen waren starr, er konnte nichts mehr sehn.
Der Mann sprach zu Eli:
Ich bins, der aus der Schlachtreihe Gekommne,
ich selber bin heutigen Tags aus der Schlachtreihe geflohn.
Er sprach:
Wie war die Sache, mein Sohn?
Der Berichtgeber antwortete, er sprach:
Jifsrael ist vor den Philistern geflohn,
auch ist ein großer Niederstoß ins Volk geschehn,
auch deine zwei Söhne sind gestorben, Chofni und Pinchas,
und genommen ist der Schrein Gottes.
Es geschah, als der des Gottesschreins gedachte:
er fiel herab vom Stuhl, rücklings, längs der Torseite,
sein Genick brach, er starb,
denn alt war der Mann und gliederschwer.
Er hatte Jifsrael vierzig Jahre gerichtet.
Seine Schwiegertochter, das Eheweib des Pinchas, war
  schwanger, vorm Gebären,

sie hörte das Hörensagen

von Wegnahme des Gottesschreins, Sterben ihres Schwähers,
ihres Ehemanns,

sie krümmte sich und gebar, denn ihre Wehen hatten sie
angewandelt.

Wie nun ihre Sterbestunde da war, redeten die Frauen, die sie
umstanden:

Fürchte dich nimmer, denn einen Sohn hast du geboren!

Sie aber antwortete nicht,

sie setzte ihr Herz nicht daran,

sie rief dem Knaben:

Ikabod, Ehrlos,

um auszusprechen:

Gewandert ist die Ehre aus Jiſsrael

– auf die Wegnahme des Gottesschreins, auf ihren Schwäher,
ihren Ehemann –,

sie sprach es aus:

Gewandert ist die Ehre aus Jiſsrael,

denn Gottes Schrein ist genommen.

Genommen hatten die Philister den Gottesschrein, sie brachten ihn vom Hilfestein nach Aschdod.

Die Philister nahmen den Gottesschrein und brachten ihn in
das Haus Dagons und stellten ihn zuseiten Dagons auf.

Etliche Aschdoder machten sich anderntags früh auf,

da: hingefallen vor ihn zur Erde Dagon,

vor SEINEN Schrein.

Sie nahmen Dagon, ließen ihn an seinen Ort kehren.

Anderntags frühmorgens machten sie sich auf,

da: hingefallen vor ihn zur Erde Dagon, vor SEINEN Schrein,

abgetrennt auf der Schwelle Dagons Kopf und seine beiden
Fausthände,

neben jenem verblieben war nur der Dagonsrumpf.

Daher treten in Aschdod die Priester Dagons und alle, die in
das Haus Dagons kommen, nicht auf die Schwelle Dagons
bis auf diesen Tag. –

SEINE Hand wuchtete auf den Aschdodern,

er verheerte sie, schlug sie mit Beulen, Aschdod und seine
Marken.

Die Leute von Aschdod sahen, daß es so war,
sie sprachen:
Nicht darf der Schrein des Gottes Jifsraels bei uns weilen,
zu hart liegt seine Hand über uns und über unserm Gott
    Dagon.
Sie schickten, ließen alle Tyrannen der Philister zu sich her-
    holen und sprachen:
Was sollen wir mit dem Schrein des Gottes Jifsraels machen?
Jene sprachen:
Nach Gat soll der Schrein des Gottes Jifsraels umziehn.
Sie ließen den Schrein des Gottes Jifsraels umziehn.
Es geschah, nachdem sie ihn hatten umziehn lassen:
SEINE Hand traf die Stadt, – eine sehr große Erschütterung,
er schlug die Leute der Stadt von Klein bis Groß,
Beulen barsten an ihnen auf.
Sie schickten den Gottesschrein nach Ekron.
Es geschah, als der Gottesschrein nach Ekron kam,
die Ekroner schrien, sprachen:
Sie haben den Schrein des Gottes Jifsraels zu mir umziehn
    lassen,
mich und mein Volk zu töten!
Sie schickten, ließen alle Tyrannen der Philister herbeiholen
    und sprachen:
Schickt den Schrein des Gottes Jifsraels weg,
er wende sich wieder zu seinem Ort
und töte nicht mich und mein Volk.
Denn eine tödliche Erschütterung war überall in der Stadt,
SEINE Hand wuchtete dort sehr,
geschlagen mit Beulen waren die Leute, die nicht tot waren,
der Notschrei der Stadt stieg zum Himmel. –
Sieben Mondneuungen war nun SEIN Schrein im Gefild der
    Philister gewesen.
Die Philister beriefen die Priester und die Wahrsager,
    sprachen:
Was sollen wir mit SEINEM Schreine machen?
gebt uns bekannt, womit wir ihn an seinen Ort schicken sollen.
Jene sprachen:
Schickt man den Schrein des Gottes Jifsraels fort,
schicket ihn nimmer gabenleer,

sondern zuwenden müßt ihr ihm, Abschuldung zuwenden,
dann werdet ihr geheilt, und so wird euch bekannt, warum
　　seine Hand nicht von euch wich.
Sie aber sprachen:
Was ist die Abschuldung, die wir ihm zuwenden sollen?
Jene sprachen:
Nach der Zahl der Philistertyrannen, fünf goldne Pestbeulen
　　und fünf goldne Mäuse,
denn der Niederstoß ist einer für alle, für eure Tyrannen-
　　schaften,
macht also Abbilder von euren Beulen und Abbilder von euren
　　Mäusen, die das Land verderben,
und gebt sie dem Gotte Jifsraels als Ehrung,
er leichtert etwa seine Hand über euch, über euren Göttern
　　und über eurem Land!
Warum verstocket ihr euer Herz, wie die Ägypter und
　　Pharao ihr Herz verstockt haben!
wars nicht: erst wie er ihnen mitspielte, schickten die sie fort,
　　gingen sie!
Jetzt also unternehmts:
macht einen neuen Karren;
und ein Paar aufsäugender Kühe, auf die nie noch ein Joch
　　heraufkam,
die Kühe schirrt an den Karren,
ihre Jungen aber laßt hinter ihnen nach Hause wenden,
nehmt SEINEN Schrein und gebt ihn auf den Karren,
die Goldgeräte, die ihr ihm als Abschuldung zuwendet, legt
　　in einer Kiste jenem zur Seite,
und schickt ihn fort: er gehe!
dann seht zu:
wenn er den Weg nach seiner Gemarkung hinauffährt, nach
　　Bet Schamesch zu,
ist ers, der uns dieses große Übel ausgemacht hat;
wenn nicht,
wissen wir, daß nicht seine Hand uns angerührt hat, als ein
　　Begegnis ist das uns geschehn.
Die Leute machtens so,
sie nahmen ein Paar säugender Kühe und schirrten sie an den
　　Karren,

ihre Jungen aber behielten sie zuhaus,
sie legten SEINEN Schrein auf den Karren, die Kiste, die goldnen
    Mäuse und die Abbilder ihrer Geschwülste.
Gradeswegs liefen da die Kühe, auf den Weg nach Bet
    Schamesch,
in einer einzigen Straße gingen und gingen sie, blökend,
sie wichen nicht rechts noch links ab,
und immer hinterher gingen die Tyrannen der Philister,
bis zur Gemarkung von Bet Schamesch.
Die von Bet Schamesch ernteten eben, die Weizenernte, in
    der Ebne.
Sie hoben die Augen, sie sahen den Schrein,
sie freuten sich, ihn zu sehn.
Der Karren aber kam an das Feld Jehoschuas des Betscha-
    meschiters,
dort stand er,
ein großer Stein war dort.
Sie spalteten das Holz des Karrens,
und die Kühe höhten sie als Darhöhung IHM.
Herunter taten SEINEN Schrein die Lewiten,
dazu die Kiste, die bei ihm war, in der die Goldgeräte waren,
sie legtens auf dem großen Stein nieder.
Darhöhungen aber höhten und Schlachtmahle schlachteten
    desselben Tags die Leute von Bet Schamesch.
Als die fünf Philistertyrannen es gesehen hatten, wandten sie
    sich desselben Tags nach Ekron zurück.
Und dies sind die goldnen Geschwülste, die die Philister IHM
    als Abschuldung zugewendet haben:
für Aschdod eine, für Gasa eine, für Askalon eine, für Gat
    eine, für Ekron eine,
die goldnen Mäuse aber mit einer Aufzählung aller Städte der
    Philister nach den fünf Tyrannenschaften,
von der Festungsstadt bis zum Bauerndorf.
Und noch ist im Feld Jehoschuas des Betschameschiters der
    große Stein, auf dem sie SEINEN Schrein ruhen ließen,
bis auf diesen Tag.
Es schlug auf die Leute von Bet Schamesch ein,
weil sie SEINEN Schrein sich besehen hatten,
wie es eingeschlagen hatte auf jenes Volk, –

siebzig Mann,
wie dort fünfzigtausend Mann.
Sie trauerten, das Volk,
denn E R hatte ins Volk einen großen Schlag geschlagen.
Die Leute von Bet Schamesch sprachen:
Wer wird zu stehn vermögen vor I H M, diesem heiligen Gott!
und: Zu wem soll er von uns hinweg hinauffahren?
Sie schickten Boten zu den Insassen von Kirjat Jearim, zu
    sprechen:
Zurückkehren ließen die Philister SEINEN Schrein,
steigt herab, führt ihn zu euch hinauf.
Die Leute von Kirjat Jearim kamen, sie führten SEINEN
    Schrein herauf,
sie kamen mit ihm in das Haus Abinadabs in Giba,
und dessen Sohn Elasar heiligten sie, SEINEN Schrein zu ver-
    wahren.

Es war seit dem Tag, da der Schrein seinen Sitz in Kirjat
    Jearim nahm
– viele Tage wurdens, zwanzig Jahre sollten es sein –,
alles Haus Jiſsrael seufzte I H M nach.
Schmuel sprach zu allem Hause Jiſsrael, sprach:
Wollt ihr mit all eurem Herzen zu I H M umkehren,
schafft die Götter der Fremde und die Aschtarten aus eurer
    Mitte hinweg,
richtet euer Herz auf I H N
und dient ihm allein, –
dann wird er euch aus der Hand der Philister reißen.
Die Söhne Jiſsraels schafften die Baale und die Aschtarten
    hinweg,
sie dienten nun I H M allein.
Schmuel sprach:
Holt all Jiſsrael zuhauf nach Mizpa,
ich will mich für euch ins Mittel legen bei I H M.
Sie wurden nach Mizpa zuhaufgeholt,
sie schöpften Wasser und schütteten es vor I H N,
fasteten desselben Tags
und sprachen dort:
Gesündigt haben wir I H M.

Gericht hielt Schmuel über die Söhne Jifsraels in Mizpa.

Die Philister hörten, daß die Söhne Jifsraels nach Mizpa zu-
    haufkamen,
hinauf zogen die Tyrannen der Philister gegen Jifsrael.
Die Söhne Jifsraels hörtens, sie fürchteten sich vor den
    Philistern,
die Söhne Jifsraels sprachen zu Schmuel:
Erschweige unserthalb nimmer im Schreien zu IHM unserm
    Gott,
daß er uns aus der Hand der Philister befreie.
Schmuel nahm ein Milchlamm, er höhte es als Ganzopfer-
    Darhöhung IHM,
Schmuel schrie zu IHM für Jifsrael,
und ER antwortete ihm.
Es geschah,
eben höhte Schmuel die Darhöhung,
heran rückten die Philister, zum Kampf wider Jifsrael.
ER aber donnerte desselben Tags mit großem Schall auf die
    Philister nieder,
er erschütterte sie,
sie wurden vor Jifsrael hingestoßen,
die Männer Jifsraels fuhren von Mizpa aus, sie jagten die
    Philister,
sie schlugen sie, bis unterhalb von Bet Kar.
Schmuel nahm einen Stein, er stellte ihn zwischen Mizpa und
    dem Felszahn auf,
er rief seinen Namen Eben Eser, Hilfe-Stein, er sprach:
Bis hierher hat ER uns geholfen.
Bezwungen wurden die Philister,
sie kamen fürder nicht wieder in Jifsraels Gemarkung,
SEINE Hand war auf den Philistern alle Tage Schmuels.
Die Städte, die die Philister Jifsrael weggenommen hatten,
    kehrten an Jifsrael zurück,
die von Ekron bis Gat und ihre Gemarkung entriß Jifsrael der
    Hand der Philister.
Zwischen Jifsrael und dem Amoriter aber war Frieden.

Schmuel richtete Jiſrael alle Tage seines Lebens,
er ging Jahr für Jahr und zog umher über Bet-El, Gilgal und
   Mizpa
und hielt Gericht in Jiſrael an allen diesen Orten,
aber seine Heimkehr war nach Rama, denn dort war sein
   Haus,
dort pflegte er Jiſrael zu richten.
Dort erbaute er IHM eine Schlachtstatt.

Es war, als Schmuel alt wurde: er setzte seine Söhne zu
  Richtern für Jifsrael ein
– der Name seines Erstlingssohns war Joel, der Name seines
  Zweitgebornen Abija –,
Richtern in Berscheba.
Aber seine Söhne gingen nicht in seinen Wegen,
sie bogen sich hinter dem Vorteil her,
nahmen Bestechung und beugten das Recht.

Alle Ältesten traten zuhauf,
sie kamen zu Schmuel nach Rama und sprachen zu ihm:
Wohlan,
du selber bist alt geworden,
und nicht in deinen Wegen gehen deine Söhne, –
jetzt setze uns einen König, uns zu richten,
gleichwies alle Erdstämme haben.
Übel war die Rede in Schmuels Augen,
wie sie das sprachen: Gib uns einen König, uns zu richten.
Schmuel betete zu IHM.
ER aber sprach zu Schmuel:
Höre auf die Stimme des Volks
in allem, was sie zu dir sprechen,
nicht dich ja haben sie verworfen,
mich ja haben sie verworfen,
König über sie zu sein.
Gleich allen Taten, die sie getan haben
vom Tag an, als ich sie heraufbrachte aus Ägypten, und bis auf
  diesen Tag,
sie verließen mich, dienten anderen Göttern,
so tun sie nun auch dir.
Jetzt aber höre auf ihre Stimme,
nur daß du Zeugnis wider sie bezeugest
und ihnen die Gerechtsame des Königs meldest, der über sie
  gekönigt wird.
Schmuel sprach all SEINE Rede zum Volk,
ihnen die von ihm einen König wünschten.
Er sprach:
Dies wird die Gerechtsame des Königs sein, der über euch
  gekönigt wird:

Eure Söhne wird er nehmen,

daß er sie für sich zu seinem Gefährt und zu seinen Reisigen
versetze,

daß sie vor seinem Gefährt herlaufen,

und um sich Obre von Tausendschaften und Obre von
Fünfzigschaften einsetzen zu können, –

und um sein Pflugland zu pflügen,

um seine Ernte zu ernten,

um sein Kriegszeug und sein Fahrzeug zu machen.

Und eure Töchter wird er nehmen

zu Salbmischerinnen, zu Schlachtköchinnen, zu Bäckerinnen.

Und eure Felder, eure Weingärten, eure Ölhaine, die besten,
wird er nehmen und seinen Dienern geben,

wird eure Saaten und eure Weingärten bezehnten und es
seinen Höflingen und seinen Dienern geben,

und eure Dienstknechte und eure Mägde, eure Rinder, die
besten, und eure Esel wird er nehmen und seiner Wirtschaft
übermachen,

euer Kleinvieh wird er bezehnten,

ihr selber werdet ihm zu Dienstknechten werden.

An jenem Tag werdet ihr euch von eurem König losschreien
wollen, den ihr euch erwählt habt,

und ER wird euch nicht antworten an jenem Tag.

Aber das Volk weigerte sich, auf Schmuels Stimme zu hören,
sie sprachen:

Nein,

sondern ein König sei über uns,

daß wir werden, auch wir, wie die Erdstämme alle,

richten soll uns unser König,

ausfahren soll er vor uns her und unseren Kampf kämpfen.

Schmuel hörte alle Reden des Volkes, er redete sie in SEINE
Ohren.

ER sprach zu Schmuel:

Höre auf ihre Stimme,

einen König könige ihnen!

Schmuel sprach zu den Männern Jifsraels:

Gehet jedermann nach seiner Stadt!

Ein Mann war aus Binjamin,
sein Name Kisch Sohn Abiels Sohns Zrors Sohns Bchorats
   Sohns Afiachs, eines binjaminitischen Mannes,
ein Wehrtüchtiger,
der hatte einen Sohn, sein Name war Schaul, Erwünschter,
auserwählt wohlbeschaffen,
wohlbeschaffner als er war kein Mann von den Söhnen Jifsraels,
von seiner Schulter an aufwärts ragend vor allem Volk.
Einst waren dem Kisch, Schauls Vater, die Eselinnen verschwunden.
Kisch sprach zu Schaul seinem Sohn:
Nimm doch einen der Jungknechte mit dir, mach dich auf
   und geh,
suche die Eselinnen!
Er durchquerte das Gebirge Efrajim, durchquerte die Landschaft Schalischa, sie fanden nichts,
sie durchquerten die Landschaft Schaalim – keine Spur!
er durchquerte die jaminitische Landschaft, sie fanden nichts.
Wie sie nun in die Landschaft Zuf kamen, sprach Schaul zu
   seinem Jungknecht, der bei ihm war:
Laß uns gehn, kehren wir um,
sonst möchte mein Vater von den Eselinnen lassen und um
   uns sorgen.
Jener sprach zu ihm:
Wohl, doch in dieser Stadt ist ein Mann Gottes,
verehrt wird der Mann,
alles was er redet, künftig kommts,
gehn wir jetzt noch dorthin!
vielleicht ermeldet er uns unsern Weg, auf den wir ausgegangen sind.
Schaul sprach zu seinem Jungknecht:
Wohl, aber, gehn wir auch hin,
was lassen wir dem Mann zukommen?
fort ist ja aus unserm Zeug das Brot,
und wir haben kein Reiseangebind, es dem Mann Gottes zukommen zu lassen, –
was haben wir mit?
Der Jungknecht antwortete Schaul wieder, er sprach:

Wohl, in meiner Hand findet sich noch ein Viertelgewicht
　　Silbers,
das will ich dem Mann Gottes geben, daß er uns unsern Weg
　　ermelde.
Vormals sprach in Jiſsrael ein Mann so, wann er ging, Gott zu
　　beforschen:
Laßt uns gehn, wir wollen hingehn zum Seher, –
denn den Künder von heutzutag rief man vormals Seher.
Schaul sprach zu seinem Jungknecht:
Gut ist deine Rede,
laß uns gehn, wir wollen hingehn.
Sie gingen in die Stadt, wo der Mann Gottes war.
Wie sie da den Anstieg zur Stadt hinanstiegen,
fanden sie da Jungfern, die hinauszogen, Wasser zu schöpfen,
sie sprachen zu ihnen:
Ist der Seher hier anwesend?
Sie antworteten ihnen, sie sprachen:
Wohl, anwesend, da vor dir,
eile jetzt hin,
denn heutigen Tags ist er in die Stadt gekommen,
denn ein Schlachtmahl hat das Volk heut auf der Koppe,
kommt ihr sogleich in die Stadt, gewiß, ihr findet ihn noch,
eh er zum Essen die Koppe hinansteigt,
denn das Volk ißt nicht, bis er gekommen ist,
denn segnen muß das Schlachtmahl er, danach erst essen die
　　Geladnen,
jetzt also steigt hinauf, denn ihn – zu der Tageszeit findet ihr
　　ihn.
Sie stiegen zur Stadt hinauf.
Wie sie in die Mitte der Stadt gekommen waren, da,
Schmuel zieht aus, ihnen entgegen, um die Koppe zu
　　ersteigen.
E R aber hatte einen Tag, bevor Schaul kam, Schmuels Ohre
　　den Spruch offenbart:
Um diese Stunde morgen schicke ich zu dir einen Mann aus
　　dem Land Binjamin,
ihn salbe zum Herzog über mein Volk Jiſsrael,
er soll mein Volk aus der Hand der Philister befreien,
denn ich habe mein Volk angesehn,

denn sein Schrei ist zu mir gekommen.

Als Schmuel nun Schaul sah, antwortete E R ihm:

Wohl, der Mann ists, von dem ich dir sprach,

er soll mein Volk hegen.

Schaul trat mitten auf den Torplatz zu Schmuel heran und
sprach zu ihm:

Melde mir doch,

wo ist hier das Haus des Sehers?

Schmuel antwortete Schaul, er sprach:

Ich bin der Seher,

steig vor mir her die Koppe hinan, ihr eßt heuttags mit mir,

am Morgen schicke ich dich weiter,

alles, was du auf dem Herzen hast, will ich dir ermelden,

und an die Eselinnen, die auf den Tag heut vor drei Tagen dir
verschwanden, dran setze nimmer dein Herz, denn sie sind
gefunden –

wessen wohl ist alle Begehr Jifsraels? nicht dein und all deines
Vaterhauses?

Schaul antwortete, er sprach:

Bin ich nicht ein Binjaminit, aus der kleinsten Volksstäbe
Jifsraels einem,

und meine Sippe ist die mindeste von allen Sippen des
Binjaminstabs,

warum redest du zu mir solche Rede?

Schmuel nahm Schaul und seinen Jungknecht und ließ sie in
die Laube mitkommen

und gab ihnen einen Platz zuoberst der Geladnen,

derer waren an dreißig Mann.

Schmuel sprach zum Opferkoch:

Gib den Gebührteil, den ich dir gegeben habe und von dem
ich zu dir sprach: Lege ihn bei dir zurück.

Der Opferkoch hob die Keule zu, höhte sie auf und legte sie
vor Schaul nieder.

Er aber sprach weiter:

Da ist der Ehrenrest, nun dir vorgelegt,

iß,

denn auf diese Gemeinbegegnung ward es für dich verwahrt,
daß du sprechen darfst: Das Volk habe ich einberufen.

Schaul aß an jenem Tag neben Schmuel.

Sie schritten von der Koppe zur Stadt hinab,
man bettete für Schaul auf dem Dach.
In der Frühe waren sie auf,
als die Dämmerung hochstieg, rief Schmuel Schaul an, zum
    Dach hin, sprechend:
Mache dich auf, daß ich dich weiterschicke.
Schaul machte sich auf, sie traten beide, er und Schmuel,
    hinaus auf die Straße.
Wie sie ans Ende der Stadt herabgeschritten waren, sprach
    Schmuel zu Schaul:
Sprich zum Jungen, daß er uns vorausziehe
– er zog voraus –,
du aber bleibe nun stehn,
ich will dich Gottes Rede hören lassen.
Schmuel nahm die Ölflasche, er goß es ihm übers Haupt,
er küßte ihn und sprach:
Ists nicht so, daß E R dich über sein Eigentum zum Herzog
    gesalbt hat?!
Wann du heut von mir gehst,
wirst du bei der Grabstatt Rachels an der Markgrenze
    Binjamins, in Zelzach, zwei Männer finden,
die werden zu dir sprechen: Die Eselinnen, die zu suchen.du
    ausgingst, sind gefunden,
schon aber hatte dein Vater die Sache der Eselinnen fahren
    lassen
und sorgte um euch, sprechend: Was soll ich um meinen
    Sohn tun?
Wanderst du dann weiter, wirst du zur Gotteseiche von
    Tabor kommen,
dort werden dich drei Männer finden, die zu Gott nach Bet-El
    aufsteigen,
einer trägt drei Böcklein,
einer trägt drei Brotlaibe,
einer trägt einen Zuber Weins,
die werden dir Frieden wünschen,
sie werden dir zwei Brote geben,
nimm sie aus ihrer Hand.
Danach wirst du zum Gotteshügel kommen, wo die Weih-
    pfosten der Philister sind,

es wird geschehen, wann du dorthin, in die Stadt kommst:
du wirst auf eine Bande von Kündern treffen, die von der
   Koppe herabschreiten,
vorauf ihnen Harfe, Pauke, Flöte und Leier,
und sie künden einher.
SEIN Geistbraus wird über dich geraten,
du wirst einherkünden mit ihnen,
verwandelt bist du in einen andern Mann.
Es soll geschehn, wenn dir diese Zeichen gekommen sind:
tu du, wies deiner Hand sich findet,
denn Gott ist bei dir.
Schreitest du einst aber vor mir nach Gilgal hinab,
wohlan, ich schreite hinab zu dir,
Darhöhungen zu höhen, Friedschlachtmahle zu schlachten, –
ein Tagsiebent warte, bis ich zu dir komme
und dir bekannt gebe, was du tun sollst.
Es geschah:
er wandte kaum seine Schulter, von Schmuel zu gehen,
schon wandelte ihm Gott ein anderes Herz ein,
all jene Zeichen kamen desselben Tags.
Als sie dorthin, an den Hügel kamen,
da: eine Bande Künder, ihm entgegen.
Gottes Geistbraus geriet über ihn, er kündete in ihrer Mitte
   einher.
Es geschah:
all seine Bekannten von vortags und ehgestern sahns: da kün-
   dete er mit den Kündern,
das Volk sprach, jedermann zu seinem Genossen:
Was nun ist aus dem Kischsohn geworden?
ist auch Schaul unter den Kündern?
Jemand von dort antwortete, er sprach:
Und wer ist deren Vater?!
Daher ist es zum Gleichnis geworden: Ist auch Schaul unter
   den Kündern?
Vollendet hatte er einherzukünden, er kam auf die
   Koppe. –
Schauls Oheim sprach zu ihm und zu seinem
   Jungknecht:
Wohin seid ihr gegangen?

Er sprach:
Die Eselinnen zu suchen,
wir sahn, daß es nichts damit war, — wir kamen zu Schmuel
  hin.
Schauls Oheim sprach zu ihm:
Melde mir doch, was hat Schmuel euch zugesprochen?
Schaul sprach zu seinem Oheim:
Vermeldet hat ers uns, vermeldet, daß die Eselinnen gefunden
  sind.
Aber die Rede vom Königtum meldete er ihm nicht, die
  Schmuel gesprochen hatte.

Schmuel ließ das Volk zu IHM nach Mizpa zusammenschrein,
er sprach zu den Söhnen Jiſraels:
So hat ER gesprochen, Jiſraels Gott:
Ich selber habe Jiſrael aus Ägypten heraufgebracht,
gerettet habe ich euch aus der Hand Ägyptens
und aus der Hand aller Königreiche, die euch bedrückten.
Ihr aber habt heut euren Gott verworfen,
ihn, der euch Befreier aus all euren Übeln und Ängsten ist,
und sprachet: Nein, sondern einen König setze über uns!
Jetzt also tretet vor IHN nach euren Stäben und nach euren
  Tausendschaften!
Schmuel ließ alle Volksstäbe Jiſraels nahn,
gegriffen wurde der Stab Binjamin,
er ließ den Stab Binjamin nach seinen Sippen nahn,
gegriffen wurde die Matrisippe.
Gegriffen wurde Schaul Sohn Kischs.
Sie suchten ihn, aber er war nicht zu finden.
Sie befragten IHN nochmals:
Ist noch ein Mann hierher gekommen?
ER sprach:
Wohl, er hat sich beim Zeug versteckt.
Sie liefen hin und nahmen ihn von dort mit,
er trat in die Mitte des Volks,
er ragte aus allem Volk, von seiner Schulter aufwärts.
Schmuel sprach zu allem Volk:
Habt ihr ihn gesehn, den ER erwählt hat,
daß keiner ihm gleich ist in allem Volk?

Sie lärmten auf, alles Volk, und sprachen:

Der König lebe!

Schmuel redete zum Volk: das Recht des Königtums,

er schriebs in ein Buch, das legte er nieder vor IHN,

und Schmuel schickte fort alles Volk, jedermann nach seinem
Haus.

Auch Schaul ging nach seinem Haus, nach Giba,

und mit ihm gingen die Tüchtigen, deren Herz Gott angerührt hatte.

Heillose Buben aber sprachen:

Wie will uns der befrein!

Sie spotteten sein und ließen Spende ihm nicht zukommen.

Er aber war wie ein Tauber.

Nachasch der Ammoniter zog herauf und belagerte Jabesch
in Gilad.

Alle Männer von Jabesch sprachen zu Nachasch:

Schließe uns einen Bund, und wir wollen dir dienen.

Nachasch der Ammoniter sprach zu ihnen:

Darauf will ich ihn euch schließen:

daß ich euer alljedem das rechte Auge ausbohre,

damit lege ich Schmach auf alles Jifsrael.

Die Ältesten von Jabesch sprachen zu ihm:

Laß ein Tagsiebent noch uns,

wir wollen Boten in alle Gemarkung Jifsraels schicken,

und ist da keiner, der uns befreit, ziehn wir zu dir hinaus.

Die Boten kamen nach Schauls Giba und redeten die Rede in
die Ohren des Volkes.

Sie erhoben, alles Volk, ihre Stimme und weinten.

Und da, Schaul kommt hinter den Rindern vom Feld.

Schaul sprach:

Was hat das Volk, daß sie weinen?

Sie erzählten ihm die Rede der Männer von Jabesch.

Gottes Geistbraus geriet über Schaul, als er diese Rede
hörte,

und sein Zorn entflammte mächtig.

Er nahm ein Joch Rinder,

er zerstückte es,

er schickte es durch die Boten in alle Gemarkung Jifsraels,

mit dem Spruch:
Wer nicht hinter Schaul und hinter Schmuel auszieht,
seinen Rindern wird so getan.
SEIN Schrecken fiel auf das Volk,
sie zogen aus wie ein einziger Mann.
Er musterte sie in Basek,
der Söhne Jifsraels waren dreihunderttausend,
der Mannschaft Jehudas dreißigtausend.
Sie sprachen zu den Boten, die gekommen waren:
So sprecht zur Mannschaft von Jabesch in Gilad:
Morgen wird euch Notbefreiung, in der Glutzeit der Sonne.
Die Boten kamen hin, sie meldeten es den Männern von
    Jabesch,
die waren froh.
Die Männer von Jabesch ließen sprechen:
Morgen ziehn wir zu euch hinaus,
ihr mögt mit uns tun, allwies euren Augen gutdünkt.
Am Nachmorgen geschahs,
Schaul stellte das Volk in drei Haufen auf,
sie kamen in der Frühwache mitten ins Lager,
sie schlugen Ammon, bis zur Glutzeit des Tags,
es geschah:
zerstreut wurden die Überbliebnen, nicht zwei blieben bei-
    einander.
Das Volk sprach zu Schmuel:
Wer ists, der sprach: Soll Schaul über uns König sein?!
gebt her die Männer, daß wir sie töten!
Schaul sprach:
Nicht werde ein Mann getötet am heutigen Tag,
denn heut hat ER Notbefreiung in Jifsrael getan.
Schmuel sprach zum Volk:
Laßt uns gehn, wir wollen nach Gilgal gehn,
wollen dort das Königtum erneuern.
Sie gingen, alles Volk, nach Gilgal,
sie königten dort Schaul vor IHM in Gilgal,
schlachteten dort Schlachtungen, Friedmahle, vor IHM.
Schaul war fröhlich dort und alle Männer Jifsraels gar sehr.

Schmuel sprach zu allem Jifsrael:

Da habe ich auf eure Stimme gehört in allem, was ihr zu mir
   spracht,
ich habe euch einen König gekönigt.
Und nun,
da ist der König, einhergehend vor euch,
und ich, ich bin alt und grau geworden.
Meine Söhne, – da sind sie, unter euch,
ich aber bin von meiner Jugend bis auf diesen Tag vor euch
   hergegangen.
Da bin ich,
antwortet wider mich gegenüber IHM und gegenüber seinem
   Gesalbten:
wessen Ochsen habe ich genommen?
wessen Esel habe ich genommen?
wen habe ich gepreßt?
wen habe ich geschunden?
aus wessen Hand habe ich Bedeckungsgeld genommen,
habe darin meine Augen geborgen?
Ich wills euch erstatten!
Sie sprachen:
Nicht hast du uns gepreßt,
nicht hast du uns geschunden,
nicht hast du irgendwas aus jemands Hand genommen.
Er sprach zu ihnen:
Zeuge ist ER wider euch und Zeuge sein Gesalbter an diesem
   Tag,
daß ihr nicht irgendwas an meiner Hand fandet.
Sie sprachen:
Zeuge.
Schmuel sprach zum Volk:
ER,
der Mosche und Aharon machte,
der eure Väter heraufbrachte aus dem Land Ägypten!
Und nun
tretet her, daß ich mit euch rechte vor IHM
um all SEINE Bewährungen, die er an euch und an euren
   Vätern tat.
Als Jaakob nach Ägypten gekommen war und eure Väter zu
   IHM schrien,

schickte ER Mosche und Aharon,

die führten eure Väter aus Ägypten, sie siedelten sie an diesem
    Ort an,

sie aber vergaßen IHN ihren Gott, –

er verkaufte sie in die Hand Srifsras, des Heeresobersten von
    Chazor, in die Hand der Philister und in die Hand des
    Königs von Moab,

die kriegten wider sie.

Sie schrien zu IHM, sie sprachen:

Wir haben gesündigt,

denn wir haben DICH verlassen und dienten den Baalen und
    den Aschtarten, –

und nun rette uns aus der Hand unserer Feinde,

wir wollen dir dienen.

ER schickte Jerubbaal und Barak und Jiftach und
    Schmuel,

er rettete euch aus der Hand eurer Feinde ringum,

ihr siedeltet in Sicherheit.

Als ihr aber saht, daß Nachasch König der Söhne Ammons
    über euch kam,

spracht ihr zu mir: Nein, sondern ein König soll über uns
    Königschaft haben.

Und ist doch ER, euer Gott, euer König!

Und nun,

da ist der König,

den ihr wähltet,

den ihr wünschtet,

da,

gegeben hat ER über euch einen König.

Werdet ihr IHN fürchten,

ihm dienen,

auf seine Stimme hören,

werdet ihr SEINEM Mund nicht widerspenstig sein,

sollt ihr leben,

so ihr,

so der König, der nach IHM eurem Gott über euch König
    wurde.

Werdet ihr aber nicht auf SEINE Stimme hören,

werdet SEINEM Munde widerspenstig sein,

dann wird SEINE Hand wider euch sein, wie sie wider eure
     Väter war.
Nun also
tretet her und seht diese große Sache, die ER unter euren
     Augen tun wird!
Ist heuttags nicht Weizenernte?
Ich rufe IHN an,
er gibt Donnerschälle und Regen,
dann erkennt ihr,
dann erseht ihr,
daß eure Bosheit vielfältig ist, die ihr in SEINEN Augen tatet:
     euch einen König zu wünschen.
Schmuel rief IHN an,
ER gab Donnerschälle und Regen desselben Tags.
Alles Volk fürchtete IHN und Schmuel sehr,
sie sprachen, alles Volk, zu Schmuel:
Leg dich ins Mittel für deine Knechte bei IHM deinem Gott,
laß nimmer uns sterben,
ja, wir haben zu all unsern Sünden eine Bosheit gefügt, uns
     einen König zu wünschen.
Schmuel sprach zum Volk:
Fürchtet euch nimmer,
ihr zwar habt all dieses Böse getan,
weichet jedoch nur nimmer von SEINER Nachfolge ab,
dienet IHM mit all eurem Herzen,
weichet nicht, denn es wäre Nachfolge des Irrsals,
derer, die nicht nützen und nicht schützen, denn sie sind Irrsal.
Denn nicht wird ER sein Volk verstoßen,
um seines großen Namens willen,
denn ER hat sich unterwunden, euch zu einem Volk sich zu
     machen.
So auch ich selber, –
weitab mir, gegen IHN zu sündigen, vom Mitteln für euch
     abzulassen!
Unterweisen will ich euch auf dem guten und graden Weg.
Nur fürchtet IHN und dienet ihm
mit Treue, mit all eurem Herzen,
denn seht, welch Großes er an euch getan hat!
Erboset ihr aber, erboset,

dann werdet ihr, so ihr, so euer König, entrafft.

Ein Jahr alt war Schaul damals in seinem Königswesen.

Als er zwei Jahre über Jifsrael König gewesen war,
wählte sich Schaul dreitausend aus Jifsrael,
davon waren zweitausend bei Schaul in Michmas und im
    Gebirg von Bet-El,
und bei Jonatan im Giba von Binjamin waren tausend.
Das übrige Volk schickte er heim, jedermann zu seinen
    Zelten. –
Jonatan zerschlug den Weihpfosten der Philister, der in Gaba
    war, und die Philister hörtens.
Schaul ließ in allem Land in die Posaune stoßen,
sprechend: Hören sollens die Ebräer!
Sie hörtens wohl, alles Jifsrael, aber sprechend:
Zerschlagen hat Schaul den Weihpfosten der Philister,
auch noch anrüchig mußte sich Jifsrael bei den Philistern
    machen!
Sie wurden herbeigeschrien, das Volk, hinter Schaul her, nach
    Gilgal.
Die Philister aber wurden zusammengeholt, gegen Jifsrael zu
    kämpfen,
dreitausend Gefährte, sechstausend Reisige, Volks die Menge,
    wie Sand, der am Ufer des Meers ist,
sie stiegen herauf und lagerten bei Michmas, östlich von Bet
    Awen.
Die Mannschaft Jifsraels sah, daß sie bedrängt war, daß das
    Landvolk einhergetrieben wurde,
– das Volk versteckte sich in den Höhlen, in den
    Dickichten, in den Felsspalten, in den Grotten, in den
    Zisternen,
schon hatten etliche Ebräer den Jordan ins Land Gad und
    Gilad überschritten.
Aber noch in Gilgal war Schaul, und die bebten hinter ihm,
    alles Volk.
Er wartete ein Tagsiebent auf die Begegnung, die Schmuel
    angesetzt hatte,
aber Schmuel kam nicht nach Gilgal,
so wollte sich das Volk von ihm weg zerstreuen.
Schaul sprach:
Bringt die Darhöhung und die Friedmahle zu mir!
Er höhte die Darhöhung.

Aber es geschah, als er vollendet hatte die Darhöhung zu
  höhen,
da kam Schmuel.
Schaul ging hinaus, ihm entgegen zum Segensgruß,
Schmuel sprach:
Was hast du getan!
Schaul sprach:
Wie ich sah, wie das Volk sich von mir weg zerstreuen wollte
und du nicht kamst am Begegnungstag, und vor Michmas
  sind beisammen die Philister,
sprach ich: Nun werden die Philister zu mir herabziehn nach
  Gilgal,
und ich habe SEIN Antlitz nicht gesänftigt!
ich unterfing mich und höhte die Darhöhung.
Schmuel sprach zu Schaul:
Töricht hast du dich gezeigt!
hättest du SEIN deines Gottes Gebot gewahrt, das er dir geboten hat!
denn nun hätte E R dein Königreich in Jifsrael gegründet auf
  Weltzeit,
nun aber wird dein Königtum nicht bestehn,
schon sucht E R sich einen Mann nach seinem Herzen,
den entbietet E R zum Herzog über sein Volk,
denn du hast nicht gewahrt, was E R dir geboten hat.
Schmuel stand auf und stieg von Gilgal nach dem Giba von
  Binjamin.
Schaul musterte das Volk, das sich bei ihm fand: an sechshundert Mann.

In dem Giba von Binjamin setzten sich fest Schaul und
  Jonatan sein Sohn und das Volk, das sich bei ihnen befand,
bei Michmas aber lagerten die Philister.
Der Verderbertrupp fuhr aus vom Philisterlager, drei Haufen,
ein Haufe wandte auf den Weg von Ofra, nach dem Lande
  Schual,
ein Haufe wandte auf den Weg von Bet Choron,
ein Haufe wandte auf den Weg an der Markgrenze, der über
  die Hyänenschlucht zur Wüste hinablugt.
Nicht fand sich aber in allem Lande Jifsrael ein Schmied,

denn die Philister hatten gesprochen: Sonst machen sich die
Ebräer Schwert oder Speer!

alles Jifsrael, sie mußten zu den Philistern hinab,

wollte jemand sich seine Pflugschar, seinen Karst, seine Axt,
seine Sichel schärfen lassen, –

ein Pfund galt das Dengeln der Pflugscharen und der Karste,
und für die Dreizinkgabel und die Äxte, und den Reitel-
stachel festzustecken.

Es geschah am Kampftag, daß sich in der Hand alles Volks,
das mit Schaul und mit Jonatan war, Schwert oder Speer
nicht fand,

nur für Schaul und für seinen Sohn Jonatan fanden sich
welche.

Ein Posten der Philister war nach dem Übergang von Michmas ausgefahren.

Eines Tags geschahs,

Jonatan Sohn Schauls sprach zu dem Knappen, der sein
Waffenzeug trug:

Drauf! gehn wir hinüber zum Standposten der Philister, dem
da drüben!

Seinem Vater aber meldete ers nicht.

Schaul saß grad am Ende von Giba unter dem Granatbaum,
dem auf dem Tennenplatz,

und des Volks bei ihm waren an sechshundert Mann,

den Losungsumschurz trug Achija Sohn Achitubs, des
Bruders Ikabods und Sohns des Pinchas Sohns Elis, SEINES
Priesters in Schilo.

Auch das Volk wußte nicht, daß Jonatan fort war.

Zwischen den Übergängen aber, die Jonatan aufsuchte, um
zum Posten der Philister hinüberzugehn, war ein Felszahn
hüben und ein Felszahn drüben,

der Name des einen Bozez, Blinker, der Name des andern
Sfne, Dorn,

der eine Zahn säulensteil, nördlich, Michmas gegenüber, der
andre südlich, Gaba gegenüber.

Jonatan sprach zu dem Knappen, der sein Waffenzeug trug:

Drauf, gehn wir hinüber zum Posten dieser Vorhäutigen,

vielleicht tut ER es uns zu,

denn für IHN gibt es keine Schranke,

zu befrein, durch viel oder durch wenig.

Sein Waffenträger sprach zu ihm:

Tu, allwozu sichs in deinem Herzen neigt,

da bin ich bei dir deinem Herzen gemäß.

Jonatan sprach:

Da gehn wir also hinüber zu den Männern, wir machen uns
    ihnen offenbar,

sprechen sie nun so zu uns: Haltet nur still, bis wir zu euch
    gelangen!

dann bleiben wir an unserm Platz stehn und steigen nicht zu
    ihnen hinauf,

sprechen sie aber so zu uns: Steigt nur herauf, herauf zu uns!,

steigen wir hinauf, denn ER hat sie in unsre Hand
    gegeben, –

dies soll uns das Zeichen sein.

Die zwei machten sich dem Posten der Philister offenbar.

Die Philister sprachen:

Da fahren die Ebräer aus den Löchern, worin sie sich versteckt
    hatten!

Die Mannschaften der Postenstellung huben an zu Jonatan
    und seinem Waffenträger, sie sprachen:

Steigt nur herauf zu uns, wir wollen euch ein Ding zu wissen
    geben!

Jonatan sprach zu seinem Waffenträger:

Steig hinter mir hinan,

denn ER hat sie in Jifsraels Hand gegeben.

Jonatan stieg auf seinen Händen und Füßen hinan, sein Waffen-
    träger hinter ihm drein,

jene fielen vor Jonatan her,

vollends tötete sie sein Waffenträger hinter ihm.

Das war der erste Schlag, den Jonatan schlug und sein
    Waffenträger: an zwanzig Mann,

auf der halben Furche eines Feldjochs.

Ein Beben war im Lager, im Feld, in allem Kriegsvolk,

die Postenkette und der Verderbertrupp bebten, auch die,

daß die Erde zitterte,

es ward zu einem Gottesbeben.

Schauls Späher im Giba von Binjamin sahn:

da, fortgehend wogt einher das Getümmel.

Schaul sprach zum Volk, das mit ihm war:

Mustert doch und seht zu, wer von uns abgegangen ist.

Sie musterten, und da, Jonatan war weg und sein Waffenträger.

Schaul sprach zu Achija:

Bring den Gottesschrein heran!

Denn der Gottesschrein war an jenem Tag bei den Söhnen
Jifsraels.

Es geschah aber, während Schaul zum Priester redete:

fort- und fortgehend wuchs das Getümmel, das im Lager der
Philister war.

Schaul sprach zum Priester:

Halte deine Hand ein.

Schaul und alles Volk, das bei ihm war, schrien einander zu,
sie kamen zum Kampfe hin,

da: jedermanns Schwert war wider seinen Genossen, —
ein sehr großes Getümmel.

Und die Ebräer, die von vortags und ehgestern bei den Philistern waren,

die mit ihnen aufgestiegen waren, im Lager rings,

auch sie wollten

bei Jifsrael sein, das bei Schaul und Jonatan war.

Alle Männer Jifsraels, die sich im Gebirge Efrajims versteckt
hatten, hörten, daß die Philister flohn,

auch sie hefteten sich im Kampf an sie.

An jenem Tag befreite E R Jifsrael.

Der Kampf dehnte sich über Bet Awen hinaus,

aber vorwärts getrieben wurde an jenem Tag die Mannschaft
Jifsraels,

Schaul nämlich hatte das Kriegsvolk eidbedroht, sprechend:

Verflucht der Mann, der Speise ißt,

bis Abend wird und ich mich an meinen Feinden rächte.

So kostete all das Kriegsvolk nicht von einer Speise.

Es waren aber damals allerlei Landleute in das Gestockicht
gekommen,

weil Honig auf der Fläche des Feldes war.

Das Kriegsvolk kam zum Gestockicht,

da: ein Honiglauf!

doch keiner langte mit seiner Hand zum Munde,

denn das Volk fürchtete den Schwur.

Jonatan aber hatte nicht mitangehört, wie sein Vater das Volk
beschworen hatte,

er streckte das Ende des Stabs aus, der in seiner Hand war,
tauchte es in eine Honigstockwabe, kehrte seine Hand zu
seinem Munde,

seine Augen leuchteten auf.

Aber einer aus dem Volk hub an, er sprach:

Schwurs beschworen hat dein Vater das Volk,

sprechend: Verflucht der Mann, der Speise ißt heute am
Tag, –

und war das Volk doch ermattet!

Jonatan sprach:

Mein Vater zerrüttet das Land!

seht doch, wie meine Augen leuchten,

wie ich nur ein wenig von diesem Honig gekostet habe!

wie gar, wenn das Volk heut am Tag vom Plündergut seiner
Feinde gegessen hätte, sich sattgegessen,

wie, wäre jetzt der Schlag auf die Philister nicht vervielfacht?!

Sie hatten aber an jenem Tag auf die Philister eingeschlagen:
von Michmas bis Ajjalon,

das Volk war sehr ermattet.

Das Volk schoß nun auf das Plündergut nieder,

sie nahmen Kleinvieh, Rind und Jungrind,

metzten sie zur Erde hin,

das Volk aß überm Blut.

Man meldete es Schaul, sprechend:

Das Volk da, an IHM versündigen sie sich durch Essen überm
Blut.

Er sprach:

Abtrünnig seid ihr!...

Wälzt mir einen großen Stein herzu!

Schaul sprach:

Zerstreut euch unters Volk und sprecht zu ihnen:

Bringt heran zu mir jedermann seinen Ochsen, jedermann
sein Schaf,

metzet sie hier und esset,

und versündigt euch nicht an IHM durch Essen beim Blut.

Sie brachtens heran, alles Volk, jedermann seinen Ochsen an
    seiner Hand, in der Nacht,
man metzte sie dort,
Schaul wollte nämlich IHM eine Schlachtstatt erbauen, –
damit begann er, IHM eine Schlachtstatt zu bauen.
Schaul sprach:
Ziehn wir hinab, hinter den Philistern her, in der Nacht,
machen wir sie zur Beute bis zum Morgenlicht,
lassen wir nicht einen Mann von ihnen übrig!
Sie sprachen:
Allwies deinen Augen gutdünkt, tu.
Der Priester aber sprach:
Erst wollen wir hier Gott nahn.
Schaul befragte Gott:
Soll ich hinabziehn, hinter den Philistern her?
gibst du sie in Jifsraels Hand?
Aber er antwortete ihm nicht an jenem Tag.
Schaul sprach:
Tretet hierher,
alle Stützen des Volks,
und erkennt,
und erseht,
wodurch heut am Tag diese Versündigung geschehn ist!
denn, sowahr ER lebt,
der Befreier Jifsraels:
ja, weste sie auch in Jonatan meinem Sohn,
ja: sterben müßte er, sterben!
Keiner antwortete ihm aus allem Volk.
Er sprach zu allem Jifsrael:
Ihr sollt auf der einen Seite sein,
und ich und Jonatan mein Sohn, wir wollen auf der andern
    Seite sein.
Sie sprachen, das Volk, zu Schaul:
Was deinen Augen gutdünkt, tu.
Schaul sprach zu IHM:
Gott Jifsraels,
wirke Schlichtung!
Gegriffen wurde: Jonatan und Schaul,
das Volk aber war los.

Schaul sprach:

Laßts fallen zwischen mir und Jonatan meinem Sohn!

Gegriffen wurde: Jonatan.

Schaul sprach zu Jonatan:

Melde mir,

was hast du getan?

Jonatan meldete es ihm, er sprach:

Gekostet habe ich, mit dem Ende des Stabs, der in meiner
　　Hand ist, ein wenig Honig gekostet,

da bin ich,

ich muß sterben.

Schaul sprach:

So tue mir Gott, so füge er hinzu,

ja,

du mußt sterben, Jonatan, sterben.

Das Volk sprach zu Schaul:

Soll Jonatan sterben,

der diese große Befreiung an Jifsrael tat?!

weitab seis!

sowahr E R lebt:

Fiele von den Haaren seines Hauptes eins zur Erde,...!

neben Gott hat ja ers an diesem Tage getan!

Das Volk galt Jonatan ab,

daß er nicht sterben mußte.

Schaul zog wieder hinauf von der Verfolgung der
　　Philister,

und die Philister gingen an ihren Ort.

So ergriff Schaul das Königtum über Jifsrael.

Dann kämpfte er wider all seine Feinde ringsum,

wider Moab, wider die Söhne Ammons, wider Edom, wider
　　die Könige von Zoba, wider die Philister,

und überall, wohin er sich wandte, strafte er ab.

Tüchtiges hat er getan,

endlich sollte er Amalek schlagen und Jifsrael aus der Hand
　　seines Beraubers retten.

Schauls Söhne waren: Jonatan, Jischwi und Malkischua.

Und der Name seiner beiden Töchter: der Erstgebornen
   Name Merab, der Jüngern Name Michal.
Und der Name von Schauls Weib: Achinoam Tochter des
   Achimaaz.
Und der Name seines Heeresobersten: Abner Sohn Ners,
   Schauls Oheims,
Kisch nämlich, Schauls Vater, und Ner, Abners Vater, waren
   Söhne Abiels.

Es war ein harter Kampf gegen die Philister alle Tage Schauls:
sowie Schaul allwo einen wehrstarken Mann, allwo einen
   tüchtigen Burschen ersah, holte er ihn zu sich.

Schmuel sprach zu Schaul:

Mich hat E R einst gesandt, dich zum König über sein Volk,
über Jifsrael zu salben, –

höre jetzt auf die Stimme SEINER Rede!

So hat E R der Umscharte gesprochen:

Gemustert habe ich, was Amalek an Jifsrael tat,

der sich ihm in den Weg legte, als es aus Ägypten heraufstieg, –

geh jetzt hin und schlage Amalek!

bannen sollt ihr alles, was sein ist,

schone sein nicht,

töten sollst du von Mann bis Weib, von Spielkind bis Säugling, von Ochs bis Schaf, von Kamel bis Esel.

Schaul nahm das Volk in Gehorsam und musterte sie in
Tlaim:

zweihunderttausend zu Fuß, dabei die Mannschaft von Jehuda, zehntausend Mann.

Schaul kam bis zur Stadt Amaleks und lauerte im Bachtal.

Dann ließ Schaul zum Keniter sprechen:

Geht, weicht, zieht ab aus der Mitte des Amalekiters,

sonst muß ich dich mit ihm raffen, –

und du, hold hast du doch getan an allen Söhnen Jifsraels bei
ihrem Aufstieg aus Ägypten.

Der Keniter wich aus der Mitte Amaleks.

Schaul schlug Amalek von Chawila bis wo du nach Schur
kommst, das angesichts von Ägypten ist,

er fing Agag König von Amalek lebendig, aber all sein Volk
bannte er mit der Schneide des Schwerts.

Schaul und das Volk verschonte den Agag,

dazu das Beste der Schafe und der Rinder, die zweitwürfigen,
und auch die Lämmer,

überhaupt alles Beste, sie waren nicht es zu bannen gesonnen,

doch was von aller Habe verachtet und verworfen wird, das
bannten sie.

SEINE Rede geschah zu Schmuel, ein Sprechen:

Ich lasse mirs leid sein, daß ich Schaul zum König gekönigt
habe,

denn er hat sich von meiner Nachfolge abgekehrt,

meine Reden hat er nicht aufrecht gehalten.

Schmuel entflammte,

er schrie zu IHM all die Nacht,

Frühmorgens machte sich Schmuel auf, Schaul entgegen.

Man meldete Schmuel, sprechend:

Schaul ist nach Karmel gekommen, da will er sich eine Denk-
    zeichenhand aufstellen,

dann hat er sich weggewandt, ist weiter und nach Gilgal
    hinabgezogen.

Schmuel kam zu Schaul,

Schaul sprach zu ihm:

Gesegnet du IHM!

ich habe SEINE Rede aufrecht gehalten.

Schmuel aber sprach:

Und was ist das für eine Stimme von Schafen in meinen
    Ohren,

für eine Stimme von Rindern, die ich höre?

Schaul sprach:

Vom Amalekiter haben sies mitkommen lassen,

was das Volk als das Beste der Schafe und der Rinder ver-
    schonte,

um IHM deinem Gott zu schlachten,

aber den Rest haben wir gebannt.

Schmuel sprach zu Schaul:

Halt inne!

ich will dir melden,

was ER diese Nacht zu mir geredet hat.

Er sprach zu ihm: Rede!

Schmuel sprach:

Ists nicht so:

Mochtest du auch klein sein in deinen Augen,

du wurdest Haupt der Stäbe Jiſsraels,

zum König hat ER dich über Jiſsrael gesalbt.

Nun hat ER dich auf den Weg gesandt,

gesprochen hat er: Geh,

bannen sollst du die Sündigen, den Amalek,

ihn bekämpfen, bis ein Ende mit ihnen gemacht ist.

Warum hast du nicht auf SEINE Stimme gehört,

schossest auf die Beute nieder,

tatest das in SEINEN Augen Böse?

Schaul sprach zu Schmuel:

Der ich auf SEINE Stimme gehört habe,
den Weg ging, auf den ER mich sandte,
Agag, Amaleks König einbekam und Amalek bannte!
aber das Volk hat aus der Beute von Schafen und Rindern die
    Anbeginnspende des Banns genommen,
IHM deinem Gott in Gilgal zu schlachten.
Schmuel sprach:
Hat ER an Darhöhungen und Schlachtmahlen Lust
wie am Hören auf SEINE Stimme?
Wohlan,
Hören ist besser als Schlachtung,
Aufmerken als Widderfett,
denn Versündung der Wahrsagerei,
so gilt Widerspenstigkeit,
frevler Wunschlarvengebrauch,
so gilt vorwitzige Tat.
Weil du SEINE Rede verworfen hast,
verwirft er dein Königsein.
Schaul sprach zu Schmuel:
Ich habe gesündigt,
denn ich habe SEIN Geheiß übertreten und deine Reden,
denn ich habe das Volk gefürchtet, so daß ich auf ihre Stimme
    hörte, —
jetzt aber trage doch meine Versündigung
und kehre mit mir um, daß ich mich vor IHM verneige.
Schmuel sprach zu Schaul:
Ich kehre nicht mit dir um,
denn du hast SEINE Rede verworfen,
nun verwirft ER dich, über Jifsrael König zu sein.
Schmuel wandte sich, um zu gehn,
er aber faßte ihn am Zipfel seines Manteltuchs,
und der riß ab.
Schmuel sprach zu ihm:
Ab reißt
ER heut, herunter von dir, das Königsamt Jifsraels,
er gibt es deinem Genossen, der besser ist als du, —
ob auch
er, die Zuversicht Jifsraels, nicht lügt,
ihm nichts leidsein muß,

nicht ein Mensch ist er, daß ihm leidsein müßte.

Da sprach er:

Ich habe gesündigt —

jetzt aber ehre mich doch gegenüber den Ältesten meines Volks
    und gegenüber Jifsrael.

kehre mit mir um, daß ich mich vor IHM deinem Gott ver-
    neige.

Schmuel kehrte hinter Schaul um, Schaul verneigte sich vor
    IHM.

Dann sprach Schmuel:

Bringt Agag, den König Amaleks, zu mir her.

Agag ging heiter auf ihn zu,

Agag sprach:

Seis drum,

schon wich des Tods Bitterkeit.

Schmuel sprach:

Gleichwie Weiber dein Schwert verwaiste,

muß unter Weibern deine Mutter verwaisen.

Schmuel zerhieb den Agag vor IHM in Gilgal.

Dann ging Schmuel nach Rama,

Schaul aber zog hinauf zu seinem Haus im Giba Schauls.

Und nicht sah Schmuel Schaul wieder, bis zum Tag seines
    Tods,

denn Schmuel trauerte um Schaul,

da ER es sich wollte leidsein lassen, daß er Schaul über Jifsrael
    gekönigt hatte.

ER sprach zu Schmuel:

Bis wann willst du trauern um Schaul,

habe ja ich ihn verworfen, über Jifsrael König zu sein!

Fülle dein Horn mit Öl und geh,

ich sende dich zu Jischaj dem Betlehemiter,

denn unter seinen Söhnen habe ich mir einen König ersehn.

Schmuel sprach:

Wie kann ich gehn?

hört es Schaul, bringt er mich um!

ER sprach:

Eine Kalbe von den Rindern nimm in deine Hand,

sprich: IHM zu schlachten bin ich gekommen,

berufe Jischaj ans Schlachtmahl,
dann werde ich selber dich erkennen lassen, was du zu tun
    hast,
von wem ichs dir zuspreche, den wirst du mir salben.
Schmuel tat, was ER geredet hatte.
Als er nach Betlehem kam, traten die Ältesten der Stadt ihm
    bebend entgegen,
man sprach:
Ist dein Kommen Friede?
Er sprach:
Friede!
IHM zu schlachten bin ich gekommen,
heiligt euch und kommt mit mir ans Schlachtmahl.
Er ließ auch Jischaj und seine Söhne sich heiligen, er berief
    sie zum Schlachtmahl.
Es war, als sie kamen, er sah Eliab und sprach zu sich:
Gewiß, herzog vor IHN sein Gesalbter.
ER aber sprach zu Schmuel:
Blicke nimmer auf sein Aussehn,
auf seinen ragenden Wuchs,
denn ich habe ihn verworfen,
denn nicht was der Mensch sieht ists,
denn:
der Mensch sieht in die Augen,
ER aber sieht in das Herz.
Jischaj rief dem Abinadab und führte ihn an Schmuel vorüber,
doch er sprach:
Auch diesen hat ER nicht erwählt,
Jischaj führte Schamma vorüber,
doch er sprach:
Auch diesen hat ER nicht erwählt.
Sieben seiner Söhne führte Jischaj an Schmuel vorüber,
doch Schmuel sprach zu Jischaj:
Diese hat ER nicht erwählt.
Dann sprach Schmuel zu Jischaj:
Sind das die Knaben alle?
Er sprach:
Noch ist der Kleinste übrig,
er ist eben als Hirt bei den Schafen.

Schmuel sprach zu Jischaj:
Sende hin, laß ihn holen,
denn wir werden nicht rundtafeln, bis er hierher gekommen
    ist.
Er sandte hin und ließ ihn kommen,
er war aber rötlich, dazu schön von Augen und wohlansehn-
    lich.
ER sprach:
Auf, salbe ihn, denn dieser ists.
Schmuel nahm das Ölhorn, er salbte ihn im Kreis seiner
    Brüder.
SEIN Geistbraus geriet über Dawid:
von jenem Tag an und weiterhin.
Dann stand Schmuel auf und ging nach Rama.

Als SEIN Geistbraus von Schaul hinweg gewichen war,
begann ein böses Geisten von IHM aus ihn zu umgrausen.
Schauls Diener sprachen zu ihm:
Da dich ja denn ein böses Gottesgeisten umgraust,
spreche denn unser Herr – vor dir sind deine Diener:
Man suche einen Mann, einen Kenner des Spiels auf der
    Leier!
Dann solls sein, wann das böse Gottesgeisten über dir ist,
daß er mit seiner Hand spiele und dir wohler werde.
Schaul sprach zu seinen Dienern:
Erseht mir denn einen Mann, der wohl zu spielen weiß,
und laßt ihn zu mir kommen.
Einer von den Knappen antwortete, er sprach:
Da habe ich einen Sohn Jischajs des Betlehemiters gesehn,
der ist spielkundig,
ist wehrtüchtig, ein Kriegsmann,
Rede erfassend,
ein Mann von Gestalt,
und ER ist bei ihm.
Schaul sandte Boten zu Jischaj und ließ sprechen:
Sende mir Dawid, deinen Sohn, der mit den Schafen ist.
Jischaj nahm einen Esel mit Brot und einem Schlauch Weins
    und ein einzelnes Ziegenböcklein
und schickte es durch die Hand Dawids seines Sohns an Schaul.

Dawid kam zu Schaul, er stand vor ihm,
der gewann ihn sehr lieb,
er wurde sein Waffenträger.
Schaul sandte zu Jischaj, ließ sprechen:
Dawid möge doch vor mir stehen,
denn er hat Gunst in meinen Augen gefunden.
So wars nun:
wann das Gottesgeisten auf Schaul war,
nahm Dawid die Leier, er spielte mit seiner Hand,
da wurde es Schaul wieder geistgeräumig, ihm wurde wohl,
das böse Geisten wich von ihm hinweg.

Die Philister zogen ihre Heerlager zusammen zum Kampf,
sie zogen sich zusammen nach Sfocho, das in Jehuda ist,
sie lagerten zwischen Sfocho und Aseka, bei Afes Dammim.
Schaul aber und die Mannschaft Jifsraels waren zusammen-
   gezogen und hatten sich im Eichgrund gelagert,
sie reihten sich nun zum Kampf, den Philistern entgegen.
Am Berg drüben standen die Philister,
am Berg hüben standen die von Jifsrael,
zwischen ihnen war die Schlucht.
Hervor fuhr ein Zwischenraumsmann, aus den Lagern der
   Philister,
Goljat sein Name, aus Gat,
sechs Ellen und eine Spanne seine Höhe,
auf seinem Haupt ein Helm von Erz,
mit einem Schuppenharnisch war er bekleidet, das Gewicht
   des Harnischs fünftausend Vollgewicht Erz,
Schienen von Erz an seinen Beinen,
ein Kolben von Erz zwischen seinen Schultern,
der Schaft seines Speers wie ein Weberbaum,
die Klinge seines Speers sechshundert Vollgewicht Eisen,
vor ihm her ging der Schildträger.
Er stand und rief die Schlachtreihen Jifsraels an,
er sprach zu ihnen:
Warum fahrt ihr aus, euch zum Kampf zu reihen?
bin ich nicht da, der Philister, und ihr, Schauls Knechte?
siebet euch einen Mann aus, der steige zu mir herab,
vermag er mit mir zu kämpfen und schlägt mich, werden wir
   eure Knechte,
übermag aber ich ihn und schlage ihn, werdet ihr unsre
   Knechte und müßt uns Knechtsdienste tun.
Dann sprach der Philister:
Ich,
ich höhne Jifsraels Schlachtreihen an diesem Tag,
gebt mir einen Mann her, daß wir miteinander kämpfen!
Schaul hörte und alles Jifsrael diese Reden des Philisters,
sie schraken zurück, sie fürchteten sich sehr.
Dawid aber –
der Sohn jenes efratitischen Mannes von Betlehem in Jehuda,
   Jischaj sein Name, er hatte acht Söhne,

der Mann selber war in den Tagen Schauls zu alt, um unter
den Männern mitzukommen,
die drei größeren Söhne Jischajs aber gingen mit, sie waren
Schaul folgend in den Kampf gegangen,
der Name seiner drei Söhne, die in den Kampf gingen: Eliab
der Erstling, sein Zweitgeborner Abinadab und der Dritte
Schamma, Dawid aber, der war der Kleinste,
Schaul folgend also waren die drei Großen mitgegangen,
Dawid aber pflegte, um die Schafe seines Vaters in Betlehem
zu weiden, aus Schauls Umgebung zu gehn und zu kehren.
Der Philister nun rückte früh abends an, faßte Posten,
vierzig Tage.
Jischaj sprach zu Dawid, seinem Sohn:
Nimm doch für deine Brüder einen Scheffel dieses Korn-
geröstes und dieses Zehnt Brote,
lauf damit ins Lager zu deinen Brüdern,
und diese zehn Milchkäse laß dem Obern der Tausendschaft
zukommen,
mustre deine Brüder auf ihr Wohlsein hin,
und nimm von ihnen ein Unterpfand mit, –
im Eichgrund sind sie und Schaul und alle Mannschaft
Jisraels, mit den Philistern kämpfend.
Dawid machte sich frühmorgens auf, er überließ die Schafe
der Obacht eines Hüters,
er packte auf, er ging, wie ihm Jischaj geboten hatte, und kam
zur Wagenburg.
Die Streitmacht, die in die Schlachtreihe ausfuhr, die lärmten
eben kampfmäßig auf,
Jisrael nämlich und die Philister hatten Schlachtreihe gegenüber Schlachtreihe gereiht.
Dawid überließ das Zeug aus seiner Obacht der Hand des
Zeughüters,
er lief in die Reihe, er kam hin und fragte seine Brüder nach
dem Wohlsein.
Noch redete er mit ihnen,
da trat auf der Zwischenraumsmann, Goljat der Philister sein
Name, aus Gat,
aus den Schlachtreihn der Philister,
er redete jenen Reden gleich,

und Dawid hörte es.

Alle Mannschaft Jifsraels, als sie den Mann sahn, flohn sie vor
   ihm, sie fürchteten sich sehr.

Die Mannschaft Jifsraels sprach:

Habt ihr den Mann gesehn, diesen, der auftritt?

ja, Jifsrael zu höhnen tritt er auf!

es möchte aber geschehn:

der Mann, der ihn schlüge,

den wird der König bereichern, mit großem Reichtum,

seine Tochter wird er ihm geben

und das Haus seines Vaters zinsledig machen in Jifsrael!

Dawid sprach zu den Männern, die bei ihm standen, sprach:

Was! so will mans dem Manne machen,

der den Philister da schlägt

und den Hohn von Jifsrael abtut?

wer ist denn dieser vorhäutige Philister,

daß er die Schlachtreihen des lebendigen Gottes höhnen darf!

Das Volk sprach zu ihm jener Rede gleich, sprach:

So will mans dem Mann machen, der ihn schlägt.

Eliab aber, sein Großbruder, hörte, wie er zu den Männern
   redete,

und Eliabs Zorn entflammte gegen Dawid,

er sprach:

Warum nun bist du heruntergestiegen,

wem hast du jene paar Schafe in der Wüste überlassen?

kenne doch ich deine Vermessenheit und die Bosheit deines
   Herzens,

ja, um dir den Kampf anzusehn, bist du heruntergestiegen!

Dawid sprach:

Was habe ich schon getan?

wars nicht bloß ein Reden?!

Er wandte sich von ihm fort, anderwärts hin, er sprach
   jener Rede gleich,

und das Volk erstattete ihm Rede gleich der ersten Rede.

Gehört wurden die Reden, die Dawid redete,

man meldete sie vor Schaul,

und er ließ ihn holen.

Dawid sprach zu Schaul:

Nimmer entfalle einem Menschen das Herz um den da!

gehn wird dein Knecht, kämpfen mit diesem Philister.

Schaul sprach zu Dawid:

Du vermagst nicht gegen diesen Philister anzugehn, mit ihm
zu kämpfen,

ein Knabe bist du ja, und er ist ein Mann des Kampfes von
seiner Knabenzeit auf.

Dawid sprach zu Schaul:

Dein Knecht war als seines Vaters Hirt bei den Schafen,

kam dann ein Löwe, ein Bär auch, und packte ein Lamm aus
der Herde,

ich fuhr auf ihn los, schlug ihn, rettete es ihm aus dem Maul,

hob er sich über mich, ich kriegte ihn am Bart, ich schlug ihn,
tötete ihn,

so den Löwen, so den Bären hat dein Knecht erschlagen, –

dieser vorhäutige Philister soll werden wie einer von
denen,

denn Schlachtreihen des lebendigen Gottes hat er gehöhnt.

Dann sprach Dawid:

ER,

der mich aus dem Griff des Löwen und aus dem Griff der
Bären gerettet hat,

er wird mich aus dem Griff dieses Philisters retten.

Schaul sprach zu Dawid:

Geh,

ER sei bei dir da!

Schaul bekleidete David mit seinem Koller,

er gab einen Helm von Erz ihm aufs Haupt.

er bekleidete ihn mit einem Harnisch,

Dawid mußte sein Schwert über sein Koller gürten.

Dann versuchte er zu gehn, denn er hatte es nie erprobt.

Dawid sprach zu Schaul:

Ich vermag nicht in diesen zu gehn, denn ich habe es nie erprobt.

Dawid tat sie von sich ab,

er nahm seinen Stecken in seine Hand,

er wählte sich fünf glatteste Steine aus dem Bach

und legte sie in das Hirtenzeug, das er bei sich hatte, in die Tasche.

In seiner Hand seine Schleuder,

so rückte er wider den Philister vor.

Der Philister aber ging einher, ging und näherte sich Dawid,
    vor ihm der Mann, der den Schild trug.
Der Philister blickte auf, er sah Dawid und spottete sein,
denn er war ein Knabe, rötlich, dazu schön von Aussehn.
Der Philister sprach Dawid an:
Bin ein Hund ich,
daß du mit Stecken an mich kommen willst?!
Der Philister verwünschte Dawid bei seinen Göttern.
Der Philister sprach Dawid an:
Geh nur heran mir,
daß ich gebe dein Fleisch
dem Vogel des Himmels,
dem Getier des Felds!
Dawid sprach zum Philister:
Du kommst an mich
mit dem Schwert, mit dem Speer, mit dem Kolben,
ich komme an dich
mit SEINEM des Umscharten Namen,
des Gottes der Schlachtreihen Jiſsraels,
die du gehöhnt hast.
An diesem Tag
liefert E R dich in meine Hand,
ich schlage dich,
ich tue dein Haupt von dir ab,
ich gebe an diesem Tag das Aas des Philisterlagers
dem Vogel des Himmels,
dem Wilde des Lands,
daß man erkenne, alles Erdland:
ja, anwesend ist Gott bei Jiſsrael!
daß man erkenne, all diese Versammlung:
ja, E R befreit nicht mit Schwert und mit Speer,
der Kampf ist ja SEIN,
er gibt euch in unsre Hand!
Es geschah,
als der Philister sich erhob und heranging, nahte, Dawid ent-
    gegen,
eilte Dawid,
er lief auf die Reihe zu, dem Philister entgegen,
Dawid steckte seine Hand ins Zeug,

nahm daraus einen Stein,
schleuderte ihn,
schlug ihn dem Philister an die Stirn,
der Stein sank in seine Stirn,
er fiel auf sein Antlitz zur Erde.
So überwand Dawid den Philister
mit der Schleuder, mit dem Stein,
er schlug den Philister, tötete ihn,
kein Schwert war in Dawids Hand.
Dawid lief hin,
er stand am Philister,
er nahm dessen Schwert,
zückte es aus seiner Scheide
und tötete ihn vollends,
hieb ihm damit das Haupt ab.
Als die Philister sahn, daß ihr Held tot war, flohn sie,
die Männer von Jiſsrael und Jehuda aber erhoben sich,
sie lärmten auf,
sie jagten die Philister bis wo du nach Gat kommst und bis
　　an die Tore von Ekron,
die Erstochnen der Philister fielen auf dem Weg nach
　　Schaarajim, bis Gat, bis Ekron hin.
Dann kehrten die Söhne Jiſsraels zurück vom Hetzen hinter
　　den Philistern her
und raubten ihr Lager aus.
Dawid aber nahm das Haupt des Philisters, das ließ er dann
　　nach Jerusalem kommen,
und sein Zeug legte er in SEINEM Zelte nieder.

Als Schaul Dawid dem Philister entgegen losfahren sah, hatte
　　er zu Abner, dem Heeresobersten, gesprochen:
Wessen Sohn ist der Knabe, Abner?
Abner sprach:
Sowahr deine Seele lebt, König, wüßte ich es, ...!
Er sprach:
O König, frag ihn du selber, wessen Sohn der Jüngling ist.
Als dann Dawid nach der Erschlagung des Philisters zurück-
　　kehrte, nahm ihn Abner in Empfang, er kam mit ihm vor
　　Schaul,

in seiner Hand noch das Haupt des Philisters.
Schaul sprach zu ihm:
Wessen Sohn bist du, Knabe?
Dawid sprach:
Sohn deines Knechtes Jischaj des Betlehemiters.

Es geschah aber, als er vollendete zu Schaul zu reden,
daß mit Dawids Seele sich Jonatans Seele verknotete,
Jonatan gewann ihn lieb wie seine eigne Seele.
Als nun Schaul ihn mitnahm an demselben Tag, und nicht
    zugab, daß er ins Haus seines Vaters kehre,
schloß Jonatan einen Bund mit Dawid, da er ihn wie seine
    eigne Seele liebte.
Jonatan streifte den Kittel, den er anhatte, sich ab, er gab
    ihn Dawid,
dazu sein Koller und noch sein Schwert und noch seinen
    Bogen und noch seinen Gurt.
So fuhr Dawid aus,
überall, wohin Schaul ihn sandte, ergriff ers.
Schaul setzte ihn über die Kampfmannschaften,
das dünkte den Augen alles Volkes gut, und auch den Augen
    der Diener Schauls.
Es geschah aber, als sie heimkamen, als Dawid von der
    Erschlagung des Philisters kehrte:
die Weiber fuhren von allen Städten Jifsraels aus zum Gesang,
    im Reigen,
Schaul dem König entgegen, mit Pauken, mit Freudenklang
    und mit Triangeln,
die tanzenden Weiber antworteten einander, sie sprachen:
– Auf seine Tausende hat Schaul dreingeschlagen!
– Aber Dawid auf seine Myriaden!
Da flammte Schaul mächtig auf, übel war diese Rede in seinen
    Augen,
er sprach:
Sie geben Dawid Myriaden,
mir geben die Tausende sie, –
nun nur noch das Königtum ihm!
Scheeläugig ward Schaul zu Dawid, von jenem Tag an und
    weiter.

Es geschah am darauffolgenden:
ein böses Gottesgeisten geriet über Schaul,
mitten im Haus kündete er einher,
Dawid aber war mit seiner Hand am Saitenspielen wie Tag
　　um Tag,
und in Schauls Hand war der Speer.
Schaul warf den Speer, er sprach zu sich:
Ich will Dawid an die Wand schlagen.
Aber Dawid bog zweimal vor ihm aus.
Schaul mußte sich fürchten vor Dawid,
denn bei ihm war ER da,
von Schaul aber war er ferngewichen.
So entfernte ihn Schaul von sich,
er setzte ihn zum Obern einer Tausendschaft,
daß er ausfahre, heimkomme vorm Volk.
Es geschah: auf all seinen Wegen ergriffs Dawid,
bei ihm war ER.
Als Schaul sah, wie mächtig ers ergriff, bangte er vor seinem
　　Antlitz,
alles Jifsrael und Jehuda aber liebte den Dawid,
denn er wars, der ausfuhr und heimkam vor ihnen.
Schaul sprach zu Dawid:
Wohlan, meine ältere Tochter, Merab,
die will ich dir zum Weibe geben,
sei mir nur tüchtig, kämpfe SEINE Kämpfe.
Zu sich nämlich sprach Schaul:
Nimmer soll meine Hand an ihn,
an ihn soll die Hand der Philister.
Dawid sprach zu Schaul:
Was bin ich und was ist mein Lebenskreis, die Sippe meines
　　Vaters, in Jifsrael,
daß ich des Königs Schwiegersohn werden sollte!
Als es aber an der Zeit war, Merab, Schauls Tochter, Dawid
　　zu geben,
wurde sie Adriel, dem Mecholatiter, zum Weibe gegeben.
Michal aber, Schauls Tochter, hatte Dawid liebgewonnen,
man meldete es Schaul, und die Sache war in seinen Augen
　　recht,
Schaul sprach zu sich:

Ich will sie ihm geben,
sie soll ihm zur Schlinge werden,
an ihn soll die Hand der Philister!
Schaul sprach zu Dawid ein zweitesmal:
Du wirst dich heut mir verschwägern.
Schaul hatte nämlich seinen Dienern geboten:
Redet zu Dawid im stillen, sprechend:
Wohlan,
der König hat Lust an dir,
dich lieben all seine Diener,
so verschwägre dich jetzt dem König.
Die Diener Schauls redeten in Dawids Ohren diese Rede.
Dawid sprach:
Ist das ein Geringes in euren Augen,
sich dem König verschwägern?!
bin ich doch ein armer und geringer Mann!
Die Diener Schauls meldeten ihms, sprechend:
Dieser Rede gleich hat Dawid geredet.
Schaul sprach:
So sprecht zu Dawid:
Der König hat keine Lust nach einem Brautpreis,
sondern nach hundert Philistervorhäuten,
sich an den Feinden des Königs zu rächen.
Schaul nämlich rechnete darauf, Dawid durch die Hand der
  Philister zu fällen.
Seine Diener meldeten Dawid diese Rede.
Die Rede dünkte den Augen Dawids recht, sich dem König
  zu verschwägern.
Noch waren die Tage nicht voll, da machte sich Dawid auf,
er ging hin, er und seine Mannen,
und erschlug unter den Philistern zweihundert Mann.
Dawid brachte ihre Vorhäute, vollzählig, dem König,
sich dem König zu verschwägern.
Schaul gab ihm seine Tochter Michal zum Weib,
Schaul sah und erkannte nun, daß bei Dawid Er dawar.
Michal, Schauls Tochter, liebte ihn,
Schaul aber fürchtete sich noch mehr vor Dawid,
dem Dawid feind blieb Schaul alle Tage.
Die Obern der Philister fuhren aus,

sooft sie ausfuhren, geschahs, daß Dawid durchgriff vor allen
   Dienern Schauls,
sein Name wurde sehr wert.

Schaul redete zu Jonatan seinem Sohn und zu all seinen
   Dienern,
töten solle man den Dawid.
Jonatan, Schauls Sohn, aber hatte sehr Lust an Dawid,
so meldete Jonatan es Dawid, sprechend:
Schaul, mein Vater, trachtet dich zu töten,
so halte dich doch in der Frühe zurück,
sitze im Verborgnen, verstecke dich,
ich aber will hinaus, ich zur Seite meines Vaters auf dem
   Übungsfeld stehn, wo du sein müßtest,
ich will, ich selber, von dir zu meinem Vater reden,
ersehe ich etwas, werde ichs dir melden.
Jonatan redete von Dawid Gutes zu Schaul seinem Vater,
er sprach zu ihm:
Nimmer versündige dich der König an seinem Diener, an
   Dawid,
er hat ja wider dich nicht gesündigt,
und sehr gut ja für dich ist sein Tun:
er hat seine Seele in seine Faust gesetzt und hat die Philister
   geschlagen,
Er hat eine große Siegbefreiung allem Jifsrael getan,
du hast es gesehn und freutest dich, –
warum willst du dich an unsträflichem Blute versündigen,
Dawid ohnnot zu töten!
Schaul hörte auf Jonatans Stimme,
Schaul schwur:
Sowahr Er lebt:
Wird er getötet,...!
Jonatan rief Dawid,
Jonatan meldete ihm all diese Reden,
Jonatan hieß Dawid zu Schaul mitkommen,
er war nun um ihn wie vortags und ehgestern.
Der Kampf setzte sich fort,
Dawid fuhr aus, er kämpfte gegen die Philister,

er schlug auf sie ein, einen großen Schlag,
sie flohen vor ihm.

Aber ein böses Geisten von Ihm her kam über Schaul:
er saß in seinem Haus, seinen Speer in seiner Hand,
Dawid war mit der Hand am Saitenspielen,
da trachtete Schaul mit dem Speer Dawid an die Wand zu
    schlagen.
Der hatte sich grad von Schaul beurlaubt,
da schlug er den Speer in die Wand,
Dawid aber floh, so entrann er in jener Nacht.
Schaul sandte Boten aus zu Dawids Hause,
ihn drinnen zu halten und ihn in der Frühe zu töten.
Aber dem Dawid meldete es sein Weib Michal, sprechend:
Schaffst du deiner Seele die Nacht nicht Entrinnen,
wirst du morgen getötet.
Michal ließ Dawid durchs Fenster hinunter,
er ging fort, entwich, entrann.
Michal aber nahm die Wunschlarve und legte sie aufs Bett,
das Netz aus Ziegenhaar legte sie wie einen Kopfschutz dar-
    auf
und hüllte sie in ein Kleid.
Als nun Schaul Boten aussandte, Dawid festzunehmen,
    sprach sie:
Er ist krank.
Schaul sandte die Boten wieder aus, sich Dawid zu besehen,
    sprechend:
Bringt ihn im Bett herauf zu mir! –
nämlich um ihn zu töten.
Die Boten kamen hinein,
da: auf dem Bett die Larve, das Ziegenhaarnetz als Kopf-
    schutz darauf.
Schaul sprach zu Michal:
Warum hast du mich so, so betrogen,
hast meinen Feind hinausgelassen, daß er entrinnen konnte!
Michal sprach zu Schaul:
Er wars, der zu mir sprach: Laß mich hinaus, warum soll ich
    dich töten müssen!
Dawid also entwich, entrann,

er kam zu Schmuel nach Rama und meldete ihm alles, was
  ihm Schaul getan hatte.

Dann ging er und Schmuel, und sie blieben in den Klausen.

Es wurde Schaul gemeldet, man sprach:

In den Klausen bei Rama ist Dawid eben.

Schaul sandte Boten aus, Dawid festzunehmen.

Sie sahn den Schwarm der Künder, die kündeten,
und aufrecht über ihnen stehend Schmuel,
da geschah Geistbraus Gottes über Schauls Boten,
sie kündeten einher, auch sie.

Man meldete es Schaul, er sandte andre Boten aus,
sie kündeten einher, auch sie.

Schaul schickte wieder Boten aus, die dritten,
sie kündeten einher, auch sie.

Da ging auch er nach Rama.

Er kam bis an die große Zisterne, die in Sſechu ist,
er fragte, sprach:

Wo sind hier Schmuel und Dawid?

Man sprach:

Hier in den Klausen bei Rama.

Er ging dorthin, nach den Klausen bei Rama,
da geschah über ihm, auch ihm, Geistbraus Gottes,
er ging, im Gehen kündete er einher,
bis er in die Klausen bei Rama kam,
da streifte er, auch er, seine Kleider ab,
einher kündete er, auch er, vor Schmuel,
dann lag er hingesunken, entblößt,
all jenen Tag und alle die Nacht.

Daher spricht man: Ist auch Schaul unter den Kündern?

So konnte Dawid aus den Klausen bei Rama entweichen,
er kam und sprach vor Jonatan:

Was habe ich getan,
was ist meine Verfehlung, was meine Sünde vor deinem
  Vater,
daß er mir nach der Seele trachtet?

Er aber sprach zu ihm:

Weitab das,
du sollst nicht sterben!

Nicht tut doch mein Vater eine große Sache oder eine kleine
   Sache, daß ers meinem Ohr nicht offenbarte,
warum sollte mein Vater vor mir diese Sache verbergen?
keinesfalls!
Aber Dawid schwor noch, er sprach:
Dein Vater weiß mit Gewißheit, daß ich Gunst in deinen
   Augen gefunden habe,
er spricht zu sich:
Nimmer darf Jonatan davon wissen,
er·möchte sonst sich grämen!
Jedoch
sowahr ER lebt, sowahr deine Seele lebt:
ja,
zwischen mir und dem Tod war ein Schritt kaum.
Jonatan sprach zu Dawid:
Was spricht deine Seele,
daß ichs dir tue?
Dawid sprach zu Jonatan:
Morgen ist doch Mondneuung,
und ich, sitzen müßte ich mit dem König, beim Essen
   sitzen,
entlasse mich also, daß ich mich im Feld bis an den drittnächsten Abend verberge!
Vermißt derweil, mißt mich dein Vater,
sprich: Freigewünscht hat sich Dawid bei mir, freigewünscht,
   um nach seiner Stadt Betlehem zu laufen,
denn Jahrtagsschlachtmahl hat dort all die Sippe.
Spricht er dann so: Es ist gut,
meints Frieden für deinen Knecht;
flammts in ihm aber, flammt auf,
wisse, daß das Böse bei ihm ausgemacht ist.
Tu nun Huld deinem Knecht an,
denn in einem Bund vor IHM hast du deinen Knecht mit dir
   kommen lassen.
West aber ein Fehl in mir, töte mich du,
doch erst mich zu deinem Vater kommen lassen, warum
   solltest du das!
Jonatan sprach:
Weitab dir das!

wie, ich könnte gewiß wissen, wie das Böse bei meinem
   Vater ausgemacht sei, über dich zu kommen,
und dir das nicht melden!
Dawid sprach zu Jonatan:
Wer wird mir melden,
was etwa dein Vater dir Hartes geantwortet hat?
Jonatan sprach zu Dawid:
Geh, wandern wir hinaus ins Feld.
Sie wanderten beide hinaus ins Feld.
Jonatan sprach zu Dawid:
Bei IHM, dem Gott Jiſsraels!
Wenn ich meinen Vater um die Zeit morgen, auch am Drittnächsten aushole
und merke, gut stehts für Dawid oder nicht,
ich sende dann zu dir, es deinem Ohr
   offenbaren?!
So tue ER Jonatan, so füge er hinzu:
wenns meinem Vater das Böse über dich gutdünken läßt,
offenbare ichs deinem Ohr, ich sende dich fort,
daß du in Frieden gehest.
ER möge dasein bei dir, wie er dawar bei meinem Vater:
wirst du nicht,
lebe ich dann noch,
wirst du nicht mir zum Beistand SEINE Huld betätigen?
du wirst nicht,
bin ich dann gestorben,
du wirst nicht deine Huld vor meinem Haus verschließen, auf
   Weltzeit!
auch nicht, wann ER Dawids Feinde, jedermann, vom Antlitz des Erdbodens ausschloß!
So schloß es Jonatan ab mit dem Hause Dawids.
   – ER fordre es ein aus der Hand der Feinde Dawids! –
Jonatan ließ weiter bei seiner eignen Liebe zu ihm Dawid
   schwören,
denn er liebte ihn mit der Liebe seiner Seele.
Dann sprach Jonatan zu ihm:
Morgen ist Mondneuung,
da wirst du vermißt, denn dein Dasitzen muß vermißt
   werden.

Du aber steige am Drittnächsten nieder, tief,

daß du an den Platz kommst, wo du dich am Tag jener Begebenheit verborgen hattest,

da setze dich neben den Felsbrocken dort,

ich aber will dann nach seiner Seite die drei Pfeile da schießen, wie um sie für mich nach einem Ziel zu senden,

und, merk auf, ich werde den Knaben aussenden: Geh, finde die Pfeile!

spreche ich dann zum Knaben den Spruch: Merk, herwärts von dir sind die Pfeile, hols!,

dann komm, denn Friede ist dir, keine Widerrede, sowahr ER lebt,

spreche ich aber zu dem Jungen so: Merk, hinwärts von dir sind die Pfeile!,

geh, denn dann sendet ER dich fort.

Die Rede aber, die wir geredet haben, ich und du, –

merk, ER ist zwischen mir und dir auf Weltzeit.

Dawid verbarg sich im Feld.

Als die Mondneuung war, saß der König an der Tafel, um zu essen.

Der König saß auf seinem Sitz, wie Mal um Mal, dem Sitz an der Wand,

als nun Jonatan sich erhob, saß nur noch Abner Schaul zur Seite,

Dawid wurde an seinem Platz vermißt.

Schaul jedoch redete gar nicht davon an jenem Tag,

denn er sprach zu sich: Ein Begegnis ists, unrein ist er, jawohl, nicht rein.

Am Morgenden auf die Neuung, dem Zweiten, wars, da wurde Dawid wieder an seinem Platz vermißt.

Schaul sprach zu Jonatan seinem Sohn:

Warum ist der Jischajsohn so gestern so heutigen Tags nicht zur Tafel gekommen?

Jonatan antwortete Schaul:

Freigewünscht hat sich Dawid bei mir, freigewünscht, nach Betlehem,

er sprach: Entlasse mich doch, denn Sippenschlachtmahl haben wir in der Stadt, er, mein Bruder, hat mich entboten,

und nun, habe ich Gunst in deinen Augen gefunden, möge ich
   doch entschlüpfen und meine Brüder wiedersehn!
deshalb ist er nicht zu des Königs Tisch gekommen
Schauls Zorn flammte auf wider Jonatan,
er sprach zu ihm:
Sohn mißratner Empörung,
weiß ichs denn nicht, daß du dir den Jischajsohn ausgewählt
   hast
dir zur Schande, zur Schande der Blöße deiner Mutter?!
denn all die Tage, welche auf dem Erdboden der Jischajsohn
   lebt,
wirst du nicht Grund fassen, du und dein Königreich!
und jetzt sende, hol ihn mir her,
denn er ist ein Sohn des Todes.
Jonatan antwortete Schaul seinem Vater, er sprach zu ihm:
Weshalb soll er getötet werden,
was hat er getan?
Schaul aber schwang den Speer gegen ihn, ihn zu erschlagen.
Nun wußte Jonatan, daß es bei seinem Vater ausgemacht war,
   Dawid zu töten.
Jonatan erhob sich vom Tisch im Entflammen des Zorns,
er aß nicht am Zweittag der Neuung an der Tafel,
weil er sich um Dawid grämte,
weil sein Vater ihn beschimpft hatte.
In der Frühe geschahs, Jonatan ging hinaus aufs Feld zur Be-
   gegnung mit Dawid,
bei ihm war ein kleiner Knabe.
Er sprach zu seinem Knaben:
Lauf, finde mir doch die Pfeile auf, die ich schieße.
Der Knabe lief, er aber schoß jeweils den Pfeil so, daß er ihn
   überflöge.
Kam der Knabe an den Platz des Pfeils, den Jonatan ge-
   schossen hatte,
rief Jonatan hinter dem Knaben her, er sprach:
Ist hinwärts von dir der Pfeil nicht?
Weiter rief Jonatan hinter dem Knaben her:
Eil dich, flink, bleib nimmer stehn!
Der Knabe Jonatans las die Pfeile auf, er kam zu seinem
   Herrn.

Aber gar nichts wußte der Knabe, das Verabredete wußten
    nur Jonatan und Dawid.
Jonatan gab sein Waffenzeug dem Knaben, der mit ihm war,
    und sprach zu ihm:
Geh damit in die Stadt.
Erst als der Knabe fortkam, erhob sich Dawid vom Fels-
    brocken,
er fiel auf seine Stirn zur Erde, er verneigte sich dreimal.
Dann küßten sie einer den andern
und weinten einer über den andern,
bis es Dawid überkam.
Dann sprach Jonatan zu Dawid:
Geh in Frieden!
was wir beschwuren, beide wir,
bei Seinem Namen,
sprechend: Er wird dasein, –
zwischen mir und dir,
zwischen meinem Samen und deinem Samen
gilts auf Weltzeit.
Jener hob sich von dannen und ging,
Jonatan aber kam in die Stadt zurück.

Dawid kam nach Nob zu Achimelech dem Priester.

Achimelech begegnete Dawid mit Beben, er sprach zu ihm:

Weshalb bist du für dich, bei dir keiner der Mannen?

Dawid sprach zu Achimelech dem Priester:

Geboten hat mir eine Sache der König,

er sprach zu mir: Nimmer darf jemand irgendwas wissen um
die Sache, mit der ich selber nun dich aussende und die ich
dir gebiete!

Die Knappen habe ich an einen gekannten ungenannten Ort bestellt.

Und nun, was dir zur Hand ist – etwa fünf Brote reich mir
zuhanden oder was sonst sich findet.

Der Priester antwortete Dawid, er sprach:

Ich habe kein freigegebnes Brot bei der Hand, durchaus nur
Brot der Darheiligung ist da, –

ob sich jedoch die Knappen vom Weibe enthalten haben?

Dawid antwortete dem Priester, er sprach zu ihm:

Durchaus abgehegt ist uns das Weib,

wie vortags und ehegestern, wann immer ich ausfuhr,

da blieb das Gezeug der Knappen ausgeheiligt, und das war
doch freigegebner Weg,

erst recht muß der heut am Gezeug ausgeheiligt sein.

Der Priester reichte ihm Dargeheiligtes,

denn Brot war dort nicht, durchaus nur das Brot der Innensicht, das eben von vor SEINEM Angesicht entfernt worden
war, um warmes Brot am Tag seiner Fortnahme hinzulegen.

Ein Mann aber war dort von Schauls Dienerschaft an jenem
Tag, als ein vor SEINEM Angesicht Eingehegter,

sein Name Doeg der Edomiter, der Recke unter den Hirten,
die Schauls waren.

Dawid sprach zu Achimelech:

Und hats wohl hier dir zur Hand Speer oder Schwert,

denn so mein Schwert so mein Waffenzeug – nichts habe
ich in meiner Hand mitgenommen,

denn dringend war die Sache des Königs.

Der Priester sprach:

Das Schwert Goljats des Philisters, den du im Eichgrund
erschlugst,

da ist es, eingewickelt ins Tuch, hinter dem Losungsumschurz,

willst du das dir nehmen, nimms, denn außer ihm ist diesorts
   kein andres.
Dawid sprach:
Keins ist ihm gleich!
reich es mir her!
Dawid hob sich davon, so entwich er an jenem Tag aus
   Schauls Blickkreis.
Er kam zu Achisch König von Gat.
Die Diener Achischs sprachen zu ihm:
Ist das nicht Dawid, der König des Landes?
ist das nicht, von dem sie bei den Reigentänzen wechsel-
   singen im Spruch:
Auf seine Tausende hat Schaul dreingeschlagen,
aber Dawid auf seine Myriaden?!
Dawid legte diese Reden in seinem Herzen zurecht,
er fürchtete sich sehr vor Achisch König von Gat.
Er veränderte sein Gebaren unter ihren Augen,
er raste unter ihren Händen daher,
er kritzelte auf die Torflügel
und ließ seinen Speichel auf seinen Bart niederlaufen.
Achisch sprach zu seinen Dienern:
Ihr seht ja, tollgeworden ist der Mann, warum laßt ihr ihn zu
   mir kommen?
mangelts mir an Tollen, daß ihr diesen herkommen laßt, damit
   er sich an mir austolle?
soll dieser in mein Haus kommen?!

So konnte Dawid von dort weggehn und in die Höhle von
   Adullam entrinnen.
Seine Brüder hörtens und alles Haus seines Vaters,
sie liefen ihm dorthin zu.
Es fanden sich bei ihm zuhauf
alljeder Mann in der Klemme,
alljeder Mann, der einen Schuldherrn hatte,
alljeder seelenverbitterte Mann.
Er wurde ihr Oberster,
an vierhundert Mann waren bei ihm.
Dawid ging von dort nach Mizpe in Moab, er sprach zum
   König von Moab:

Dürfte doch mein Vater und meine Mutter herfahren, unter
　　euch sein,
bis ich weiß, was Gott mit mir tun will!
Er ließ sie dort vorm Antlitz des Königs von Moab zurück,
sie hatten Sitz bei ihm alle Tage, die Dawid in Felsennestern
　　war.
Dann sprach Gad der Künder zu Dawid:
Versitz dich nicht in dem Felsennest,
geh fort, komm im Land Jehuda herum!
Dawid ging fort, er kam nach dem Wald Charet.
Aber Schaul hörte davon,
denn man wußte von Dawid und den Männern, die mit ihm
　　waren.
Schaul saß grad in Giba unter der Tamariske auf der Höhe, in
　　seiner Hand seinen Speer, ihn umstanden all seine Diener.
Schaul sprach zu seinen Dienern, die ihn umstanden:
Hört doch, Binjaminiten!
Euch allen wohl wird der Jischajsohn Felder und Weingärten
　　geben,
euch alle wird er zu Obern von Tausendschaften und Obern
　　von Hundertschaften machen!
denn ihr alle habt euch um mich verknotet,
keiner offenbarts meinem Ohr, daß mein Sohn mit dem
　　Jischajsohn schon abgeschlossen hat,
keiner von euch kränkt sich um mich
und offenbarts meinem Ohr, wenn mein Sohn meinen
　　Diener wider mich sich als Auflauerer erheben läßt,
wies nun am Tag ist!
Doeg der Edomiter antwortete, der stand nämlich neben den
　　Dienern Schauls, er sprach:
Ich habe den Jischajsohn nach Nob zu Achimelech Sohn
　　Achitubs kommen sehn,
da befragte der IHN seinethalb,
und Zehrung hat er ihm gegeben,
und das Schwert Goljats des Philisters hat er ihm gegeben.
Der König schickte hin,
Achimelech Sohn Achitubs den Priester herzurufen und alles
　　Haus seines Vaters, die Priester, die in Nob waren,
sie kamen alle zum König.

Schaul sprach:

Hör doch, Achitubsohn!

Er sprach:

Hier bin ich, mein Herr.

Schaul sprach zu ihm:

Weshalb habt ihr euch um mich verknotet, du und der
    Jischajsohn,

daß du ihm Brot und ein Schwert gabst und seinethalb Gott
    befragtest,

sich zu erheben gegen mich als Auflauerer,

wies nun am Tag ist?!

Achimelech antwortete dem König, er sprach:

Und wer von all deinen Dienern ist wie Dawid Vertrauter,

der Schwiegersohn des Königs,

mit Zutritt zu deinem Gehör,

in deinem Haus geehrt?

Habe ich heuttags erst begonnen, seinethalb Gott zu be-
    fragen?!

weitab das mir!

Nimmer setze der König solch ein Ding von seinem Diener,
    von allem Haus meines Vaters voraus,

nicht war ja deinem Diener von all diesem ein kleines Ding
    oder ein großes bewußt.

Der König sprach:

Sterben mußt du, Achimelech, sterben,

du und alles Haus deines Vaters.

Dann sprach der König zu den Läufern, die ihn umstanden:

Tretet an und tötet SEINE Priester,

denn auch ihre Hand ist mit Dawid,

denn sie haben gewußt, daß er ein Entwichener war, und sie
    haben meinem Ohr nichts offenbart.

Aber die Diener des Königs waren nicht gesonnen, ihre Hand
    anzuschicken, SEINE Priester niederzuhauen.

Der König sprach zu Doeg:

Tritt du heran, – haue die Priester nieder!

Doeg der Edomiter trat heran

und hieb, er, die Priester nieder,

er tötete an jenem Tag fünfundachtzig Mann, die den
    linnenen Umschurz trugen.

Nob, die Priesterstadt, schlug jener mit der Schneide des
　　Schwerts,
von Mann bis Weib, von Spielkind bis Säugling,
Rind, Esel, Schaf, – mit der Schneide des Schwerts.
Ein einziger Sohn Achimelechs Sohns Achitubs entrann, sein
　　Name Ebjatar,
er entwich zu Dawids Gefolgschaft.
Ebjatar meldete Dawid, daß Schaul SEINE Priester umge-
　　bracht hatte.
Dawid sprach zu Ebjatar:
Wissen mußt ichs an jenem Tag – Doeg der Edomiter war
　　ja dort –,
daß mans melden, ja, Schaul melden würde,
ich selber habs an alle Seelen deines Vaterhauses herantreten
　　lassen, –
nimm Sitz mit mir,
fürchte nimmer,
ja, einer, der nach meiner Seele trachtet, ist, wer nach deiner
　　Seele trachtet,
ja, als ein Verwahrnis bist du bei mir.

Man meldete Dawid, sprechend:
Schon stehn vor Keïla kämpfend die Philister,
sie rauben die Tennen aus.
Dawid befragte IHN, sprechend:
Soll ich hingehn, auf diese Philister einschlagen?
ER sprach zu David:
Geh,
du sollst auf die Philister einschlagen,
du sollst Keïla befrein.
Die Mannen Dawids sprachen zu ihm:
Wir müssen schon hier in Jehuda in Furcht sein,
wie erst, wenn wir nach Keïla gehn, auf die Schlachtreihn der
　　Philister zu!
Dawid befragte IHN noch einmal,
ER antwortete ihm, er sprach:
Erhebe dich, zieh nach Keïla hinab,
ja, ich gebe die Philister in deine Hand.
Dawid ging und seine Mannen nach Keïla,

er kämpfte wider die Philister, trieb ihre Herden weg, schlug
    auf sie ein, einen großen Schlag,
so befreite Dawid die Insassen von Keïla:
Es war nämlich geschehn, als Ebjatar Sohn Achimelechs zu
    Dawid entwichen war, dann nach Keïla:
ein Losungsumschurz war in seiner Hand mit hinabgezogen.
Gemeldet wurde es Schaul, daß Dawid nach Keïla gekommen
    war.
Schaul sprach:
Gott hat ihn sich entfremdet, in meine Hand hinein,
denn er hat sich selbst ausgeliefert, da er in eine Stadt mit Tür
    und Riegel kam.
Schaul nahm alles Volk in Gehorsam zum Kampf,
nach Keïla hinabzuziehen, Dawid und seine Mannen einzu-
    engen.
Dawid wußte, daß Schaul wider ihn Arges schmiedete,
er sprach zu Ebjatar dem Priester:
Bring den Losungsumschurz heran.
Dawid sprach:
DU, Gott Jifsraels,
gehört hat dein Knecht, gehört, daß Schaul nach Keïla zu
    kommen sucht,
die Stadt um meinetwillen zu verderben, –
werden mich die Bürger von Keïla in seine Hand aus-
    liefern?
wird Schaul herabziehn, wies dein Knecht gehört hat?
DU, Gott Jifsraels,
vermelde es doch deinem Knecht!
ER sprach:
Ja, herabziehn.
Dawid sprach:
Werden die Bürger von Keïla mich und meine Mannen in
    Schauls Hand ausliefern?
ER sprach:
Ja, ausliefern.
Dawid erhob sich und seine Mannen, an sechshundert
    Mann,
sie fuhren aus von Keïla, sie gingen davon, woherum immer
    sie davongehn konnten.

Gemeldet wurde es Schaul, daß Dawid aus Keïla entronnen
war.

da ließ er von der Ausfahrt ab.

Dawid aber setzte sich fest in der Wüste, in den Felsennestern,

er setzte sich fest im Gebirge, in der Wüste Sif,

Schaul hieß ihn alle Tage suchen,

doch Gott gab ihn nicht in seine Hand.

Als aber dann Dawid sah, daß Schaul wiederausgefahren war,
seine Seele heimzusuchen

– in der Wüste Sif, in der Heide war damals Dawid –,

erhob sich Jonatan Sohn Schauls und ging zu Dawid nach der
Heide,

er stärkte seine Hand durch ein Gotteswort,

er sprach zu ihm:

Fürchte dich nimmer,

denn nicht wird die Hand Schauls, meines Vaters, dich finden,

du selber wirst König über Jiſsrael werden,

ich, der Zweite nach dir will ich sein, –

auch Schaul, mein Vater, weiß es so.

Die zwei schlossen einen Bund vor IHM.

Dawid blieb in der Heide sitzen, Jonatan aber ging nach seinem Haus.

Etliche Sifiter zogen zu Schaul nach Giba hinauf um zu
sprechen:

Hält sich bei uns nicht Dawid verborgen,

in den Felsennestern, in der Heide, im Dusterhügelzug, dem
zur Rechten der Öde?

und jetzt, nach all der Begier deiner Seele, o König, hinab-
zuziehn, zieh hinab,

an uns seis, ihn in die Hand des Königs zu liefern.

Schaul sprach:

Gesegnet seiet IHM,

daß es euch mein so dauert!

geht doch hin, machts noch richtig,

erkennt,

erseht

seinen Ort, wo sein Fuß nun ist, –

wer hat ihn denn dort gesehn?

denn man hat mir zugesprochen, daß er listig, gar listig ist!
so ersehts,
so erkennts
aus allen Verstecken, worin er sich verstecken mag,
daß ihr zurecht mir zurückkehrt, –
dann will ich mit euch gehn,
es soll geschehn, ist er anwesend im Land,
aufstöbern will ich ihn unter allen Tausenden Jehudas!
Sie hoben sich davon, gingen Schaul voraus nach Sif.
In der Wüste von Maon, in der Steppe, zur Rechten der Öde
waren Dawid und seine Mannen.
Als nun Schaul und seine Mannschaft ausgingen, um zu
suchen,
meldete mans Dawid,
und er stieg hinab zu dem Schroffen, der in der Wüste von
Maon ist.
Schaul hörte davon, er jagte hinter Dawid her in der Wüste
von Maon.
Schaul ging an der Berglehne hüben,
Dawid und seine Mannen an der Berglehne drüben.
Dawid hastete, Schaul zu entgehn,
aber schon waren Schaul und seine Mannen dran, Dawid und
seine Mannen zu umzingeln, um sie zu fangen,
da kam zu Schaul ein Bote, sprechend:
Eile, geh, denn die Philister durchstreifen das Land.
Schaul kehrte zurück von der Jagd hinter Dawid her und ging
den Philistern entgegen.
Daher rief man diesen Ort: Teilungsschroffen.
Dawid aber zog von dort hinweg, er setzte sich fest in den
Felsennestern von Engedi.

Es geschah, als Schaul von hinter den Philistern heimgekehrt
war,
man meldete ihm, sprechend:
Wohlan, in der Wüste von Engedi ist Dawid.
Schaul nahm dreitausend Mann, ausgewählt unter allem Jisrael,
und ging aus, Dawid und seine Mannen an der Vorderseite
der Gemsensteine zu suchen.
Er kam zu den Schafhürden am Weg,

eine Höhle ist dort, dahin kam Schaul, seine Beine zu
   spreizen,
im Rückenteil der Höhle aber saßen Dawid und seine Mannen.
Dawids Mannen sprachen zu ihm:
Wohlan, das ist der Tag, davon ER dir gesprochen hat:
Wohlan, ich selber gebe deinen Feind in deine Hand! –
so tu ihm, wies deinen Augen gutdünkt.
Dawid erhob sich,
leise schnitt er einen Zipfel des Mantels ab, den Schaul anhatte.
Aber selbst danach geschahs, daß Dawids Herz ihn schlug,
nur weil er einen Zipfel des Mantels, den Schaul anhatte, abschnitt.
Zu seinen Mannen aber sprach er:
Weitab mir das von IHM aus!
täte ich nach dieser Rede meinem Herrn, SEINEM Gesalbten,
   meine Hand gegen ihn anzuschicken, ...!
denn er ist SEIN Gesalbter.
Dawid verschalt seine Mannschaft mit Reden,
er gab nicht zu, daß sie sich gegen Schaul erhöben.
Als sich nun Schaul aus der Höhle erhoben hatte, er des Wegs
   gegangen war,
erhob sich danach auch Dawid.
Als er vor der Höhle draußen war,
rief er hinter Schaul her, sprechend:
Mein Herr König!
Schaul blickte hinter sich,
da bückte sich David, Stirn zur Erde, er warf sich nieder.
Dawid sprach zu Schaul:
Wozu hörst du Menschengerede an,
ein Sprechen: Wohlan, Böses wider dich versucht Dawid!
Wohlan, deine Augen sahens an diesem Tag:
daß ER dich heuttags in der Höhle in meine Hand gab,
und ob man auch mir zusprach dich umzubringen,
verschonte sie dich,
ich sprach: Nicht schicke ich meine Hand an gegen meinen
   Herrn, denn er ist SEIN Gesalbter.
Nun, mein Vater,
sieh doch,
sieh den Zipfel deines Kittels in meiner Hand,

ja,

daran, daß ich den Zipfel deines Kittels abschnitt und dich
     nicht umbrachte,

wisse und sieh,

daß an meiner Hand kein Argsinn noch Erkühnen ist, –

ich habe an dir nicht gesündigt,

du aber stellst meiner Seele nach, sie hinwegzunehmen.

Richte E R zwischen mir und dir,

E R mag mich an dir rächen, aber meine Hand sei nicht wider
     dich!

Wies das Gleichwort der Altvordern ausspricht:

Mag Frevel ausfahren von Frevlern,

meine Hand sei nicht wider dich.

Hinter wem her fuhr Jifsraels König aus?

hinter wem jagst du her?

hinter einem toten Hund!

hinter einem einzelnen Floh!

Urteiler werde E R,

er richte zwischen mir und dir,

er sehe her,

er streite meinen Streit,

er schaffe mir Recht vor deiner Hand!

Es geschah,

als Dawid vollendet hatte, diese Rede zu Schaul zu reden,

sprach Schaul:

Ist das deine Stimme,

mein Sohn Dawid?

Schaul weinte mit lauter Stimme,

er sprach zu Dawid:

Bewährt bist du, mehr als ich,

denn du, das Gute hast du mir zugefertigt,

und ich, das Böse habe ich dir zugefertigt.

Du selber konntest heut melden,

wie du Gutes an mir getan hast,

wie mich E R in deine Hand lieferte und du brachtest mich
     nicht um.

Wenn ein Mann seinen Feind ausfindig macht,

hat er je ihn auf guten Weg fortgeschickt?

So vergelte E R dir Gutes

für das, was an diesem Tag du an mir getan hast.
Jetzt aber
– wohl, ich weiß, daß du König wirst, König,
deiner Hand hebt sich das Königtum Jifsraels zu –,
jetzt aber schwöre mir bei IHM:
würdest je du ausrotten meinen Samen nach mir,
würdest je du vertilgen meinen Namen aus meinem Vater-
    haus,....!
Dawid schwors Schaul zu.
Dann ging Schaul nach seinem Haus,
hinauf aber auf das Felsennest stiegen Dawid und seine
    Mannen.

Schmuel starb.
Alles Jifsrael, sie kamen zuhauf,
bejammerten ihn,
begruben ihn in seinem Haus, in Rama.
Dawid machte sich auf und stieg hinab auf die Wüste Paran zu.
Ein Mann war in Maon, seine Wirtschaft in Karmel,
sehr groß war der Mann, er hatte Schafe dreitausend und
    tausend Ziegen.
Einst war er dabei, seine Schafe in Karmel zu scheren.
Der Name des Manns war Nabal, der Name seines Weibs
    Abigajil,
das Weib hatte guten Verstand und schöne Gestalt,
der Mann war hart, übel mitzuspielen gewohnt,
er war ein Kalebit.
Dawid hörte in der Wüste, daß Nabal seine Schafe schor,
so sandte Dawid zehn Knappen aus,
Dawid sprach zu den Knappen:
Zieht hinauf nach Karmel,
und kommt ihr zu Nabal, wünscht ihm in meinem Namen
    Frieden,
sprecht so:
Zum Leben!
in Frieden du, in Frieden dein Haus, in Frieden alles, was dein
    ist!
und nun:

ich habe gehört, daß du Schafschur hast, –
nun, die Hirten, die dein sind, waren mit uns,
wir haben sie nicht beschimpft,
nicht das mindeste wurde von ihnen vermißt
alle Tage, die sie in Karmel waren,
frage nur deine Knaben, sie werdens dir melden, –
mögen also die Knappen in deinen Augen Gunst finden,
auf einen guten Tag ja sind wir gekommen,
gib doch, wies nach deinem Zuhandnen sich findet, deinen
    Knechten und deinem Sohn Dawid.
Dawids Knappen kamen hin und redeten zu Nabal nach all
    dieser Rede, im Namen Dawids,
dann warteten sie.
Nabal antwortete den Knechten Dawids, er sprach:
Wer ist Dawid,
wer ist der Sohn Jischajs?
heutzutag haben sich die Knechte gemehrt, die ausbrechen,
    jedermann weg von seinem Herrn!
da soll ich mein Brot und mein Wässerchen nehmen
und mein Geschlachtetes, das ich für meine Scherer abge-
    schlachtet habe,
solls Männern geben, die ich weiß nicht woher sind!
Die Knappen Dawids drehten um auf ihren Weg,
wandten sich, kamen hin und meldeten ihm nach all dieser
    Rede.
Dawid sprach zu seinen Mannen:
Gürtet jedermann sein Schwert um.
Sie gürteten jedermann sein Schwert um,
auch Dawid gürtete sein Schwert um.
Dann zogen sie hinter Dawid hinauf, an vierhundert Mann,
beim Zeug blieben sitzen zweihundert.
Der Abigajil aber, Nabals Weibe, meldete ein Knabe, von
    jenen Knaben, sprechend:
Grad hat Dawid Boten aus der Wüste geschickt, unsern
    Herrn zu begrüßen,
er jedoch schoß auf sie los,
dabei sind die Männer sehr gut zu uns gewesen,
wir sind nicht beschimpft worden, wir haben nicht das min-
    deste vermißt

alle Tage, die wir mit ihnen umgingen, als wir auf dem Feld
    waren,
eine Mauer waren sie um uns, so des Nachts so des Tags,
alle Tage, die wir als Hirten der Schafe bei ihnen waren, –
und nun
magst du erkennen,
magst du ersehen,
was du zu tun hast,
allbereits ausgemacht ist ja das Böse für unsern Herrn und
    über all sein Haus,
der aber ist zu heillos, als daß man mit ihm reden könnte.
Abigajil eilte,
sie nahm zweihundert Brote, zwei Zuber Weins, fünf be-
    reitete Schafe, fünf Maß Korngeröst, hundert Dörrtrauben
    und zweihundert Feigenkuchen,
setzte sie auf die Esel,
dann sprach sie zu ihren Knaben:
Schreitet mir voran, ich komme grad hinter euch her.
Ihrem Mann Nabal aber meldete sie nichts.
Es geschah nun,
wie sie auf dem Esel reitet und im Schutz des Berges hinab-
    steigt,
da steigen grad herab ihr entgegen Dawid und seine Mannen,
daß sie auf sie traf.
Dawid aber hatte eben gesprochen:
Umsonst doch habe ich in der Wüste alles, was dessen ist,
    behütet,
daß von allem, was sein war, nicht das mindeste vermißt
    worden ist,
er hat mir Böses für Gutes zugewandt!
so tue Gott Dawids Feinden, so füge er hinzu,
laß ich bis zum Morgenlicht von allem, was sein ist, einen
    Wandpisser übrig!
Abigajil sah Dawid, sie eilte, stieg vom Esel herab,
fiel vor Dawids Stirn auf ihr Antlitz, neigte sich dann zur
    Erde,
sie fiel zu seinen Füßen und sprach:
Auf mich, mich, mein Herr, die Verfehlung!
möge doch deine Magd in deine Ohren reden dürfen,

höre die Rede deiner Magd an!

nimmer doch setze mein Herr sein Herz wider diesen Unheils-
mann, gegen Nabal,

denn wie sein Name, so ist er: Nabal ist sein Name, und
Nbala, Schande, ist ihm gesellt,

ich aber, deine Magd, ich hatte die Knappen meines Herrn,
die du sandtest, nicht gesehn!

Nun aber, mein Herr,

sowahr ER lebt und sowahr deine Seele lebt,

der dir wehrt, ER, in Blutschuld zu kommen, mit deiner
eignen Hand dich zu befrein:

wären nun wie Nabal nur deine Feinde: die nach Bösem
wider meinen Herrn trachten!

Nun aber

– dieser Segensgruß, den deine Sklavin meinem Herrn
brachte, er werde den Knappen gegeben, die zu meines
Herrn Füßen einhergehn –

ertrage doch das Erkühnen deiner Magd!

Wenn ER meinem Herrn ein getreues Haus bereitet haben
wird, zubereitet,

denn SEINE Kämpfe kämpft mein Herr, und Böses wird an dir
von deinen Tagen her nicht gefunden

– und hat sich doch ein Mensch erhoben dich zu verfolgen,
deiner Seele nachzutrachten,

die Seele meines Herrn ist eingebündelt im Bündel der Lebendigen bei IHM deinem Gott,

und die Seele deiner Feinde, die schleudert er weg mitten aus
der Pfanne der Schleuder –,

dann also solls geschehn,

wenn ER es meinem Herrn bereitet hat, das Gute, allwie ers
über dich redete,

dich zum Herzog entboten hat über Jifsrael:

dann soll dir dieses nicht zu einem Stolpern werden,

zu einem Straucheln des Herzens meinem Herrn,

so Blut vergossen zu haben ohnnot,

so sich selber, mein Herr, befreit zu haben!

und hat ER meinem Herrn gutgetan, wirst du deiner Magd
gedenken.

Dawid sprach zu Abigajil:

Gesegnet E R, der Gott Jiſsraels, der dich an diesem Tag mir
  entgegensandte!
gesegnet dein Gefühl!
gesegnet du, die du mich an diesem Tag abgehalten hast, in
  Blutschuld zu kommen und mit meiner eignen Hand mich
  zu befrein!
jedoch, sowahr E R der Gott Jiſsraels lebt, der mir gewehrt hat
  dir Böses anzutun:
ja, wärst du nicht eilend mir entgegengekommen,
ja, kein Wandpisser wäre dem Nabal bis zum Morgenlicht
  verblieben!
Dawid nahm aus ihrer Hand, womit sie gekommen war,
zu ihr aber sprach er:
Zieh in Frieden hinauf in dein Haus,
sieh,
ich habe auf deine Stimme gehört und dein Antlitz empor-
  gerichtet.
Abigajil kam zu Nabal,
  der hatte eben ein Trinkgelag in seinem Haus, einem
    Königstrinken gleich,
Nabals Herz in ihm war gutgelaunt, er war gar sehr berauscht,
so vermeldete sie ihm nicht ein kleines oder großes Ding bis
  zum Morgenlicht.
Es geschah aber am Morgen, als der Weindunst aus Nabal gefahren war,
da meldete ihm sein Weib all diese Dinge.
Sein Herz erstarb in seinem Innern, er wurde zu Stein.
Ein Tagzehnt etwa war um, da stieß E R Nabal hin und er starb.
Als Dawid hörte, daß Nabal gestorben war, sprach er:
E R sei gesegnet,
der Streitsühne meiner Verhöhnung aus Nabals Hand erstritt!
seinem Knecht hat er Böstun erspart,
aber E R selbst hat die Bosheit Nabals auf sein Haupt kehren
  lassen.
Dawid sandte, er ließ um Abigajil reden, sie sich zum Weib
  zu nehmen.
Die Knechte Dawids kamen zu Abigajil nach Karmel und
  redeten zu ihr, sprechend:

Zu dir gesandt hat uns Dawid, um dich zum Weib sich zu
nehmen.

Sie erhob sich, warf sich nieder, Stirn zur Erde, sie sprach:

Da ist deine Magd als Sklavin, die Füße der Knechte meines
Herrn zu baden.

Abigajil eilte und hob sich fort,

sie ritt auf dem Esel, dabei ihre fünf Jungfern, die in ihrer
Fußspur gingen,

so ging sie her hinter Dawids Boten.

Sie wurde sein Weib.

Die Achinoam hatte Dawid aus Jesreel genommen, so waren
beide zumal nun seine Weiber.

Schaul nämlich hatte seine Tochter Michal, Dawids Weib,
dem Palti Sohn Lajischs, der aus Gallim war, gegeben.

Die Sifiter kamen zu Schaul nach Giba, zu sprechen:

Hält sich nicht am Dusterhügelzug angesichts der Öde Dawid
verborgen?!

Schaul machte sich auf und stieg zur Wüste Sif hinab,

dreitausend Mann mit ihm, Ausgewählte Jifsraels,

Dawid in der Wüste Sif zu suchen.

Schaul lagerte am Dusterhügelzug, der angesichts der Öde
am Weg ist.

Dawid aber, der noch in der Wüste saß, ersah, daß Schaul
hinter ihm her in die Wüste gekommen war,

so schickte Dawid Kundschafter aus, und ihm wurde bewußt,
daß Schaul grade recht gekommen war.

Dawid machte sich auf und kam an den Platz, wo Schaul
lagerte,

Dawid besah den Platz, wo Schaul ruhte und Abner Sohn
Ners, sein Heeresoberster:

ruhend in der Wagenburg Schaul, rings um ihn gelagert das
Volk.

Dawid hub an, er sprach zu Achimelech dem Chetiter und
zu Abischaj Sohn der Zruja, Joabs Bruder, sprach:

Wer steigt mit mir zu Schaul hinab, zum Lager?

Abischaj sprach:

Ich, neben dir steige ich hinab.

Dawid kam und Abischaj zum Volk hin des Nachts:

da, eingeschlafen, in der Wagenburg ruhend Schaul, ihm zu
 Häupten in die Erde gerammt sein Speer,
rings um ihn ruhend Abner und das Volk.
Abischaj sprach zu Dawid:
Gott hat heut deinen Feind in deine Hand geliefert,
nun will ich ihn doch mit seinem Speer an die Erde schlagen,
ein Stich! den zweiten brauche ich nicht für ihn!
Dawid sprach zu Abischaj:
Nimmer darfst du ihn verderben,
denn wer könnte die Hand gegen SEINEN Gesalbten an-
 schicken und bliebe ungestraft!
Dawid sprach weiter:
Sowahr ER lebt:
wie denn ER ihn hinstoßen mag: ob sein Tag kommt und er
 stirbt, ob er zum Kampf niedersteigt und entrafft wird –
weitab mir das von IHM aus, meine Hand gegen SEINEN Gesalbten anzuschicken!
und nun nimm doch den Speer, der ihm zu Häupten ist, und
 die Wasserschale,
und wir wollen davongehn.
Dawid übernahm den Speer und die Wasserschale zu Schauls
 Häupten,
sie gingen davon,
keiner sahs, keiner wußte, keiner erwachte, denn sie alle
 schliefen fort,
denn gefallen war auf sie SEINE Betäubung.
Als Dawid nach drüben hinüber war,
trat er auf das Haupt des Bergs,
von fern, viel Raums war zwischen ihnen.
Dawid rief auf das Volk zu, auf Abner Sohn Ners zu, sprechend:
Willst du nicht antworten, Abner?!
Abner antwortete, er sprach:
Wer bist du –
den König hast du aufgerufen!
Dawid sprach zu Abner:
Bist du nicht ein Mann?!
und wer ist dir in Jißrael gleich?!
warum hast du nicht deinen Herrn, den König gehütet?

ist ja einer vom Volk gekommen, den König, deinen Herrn,
   zu verderben!
nicht gut ist dieses Ding, das du tatest!
sowahr E R lebt:
Söhne des Tods ja müßtet ihr sein,
die ihr euren Herrn, SEINEN Gesalbten, nicht behütet habt!
sieh nun hin:
wo ist der Speer des Königs, zusamt der Wasserschale, die
   ihm zu Häupten war?
Schaul unterschied Dawids Stimme, er sprach:
Ist das deine Stimme, mein Sohn Dawid?
Dawid sprach:
Meine Stimme ists, mein Herr König.
Er sprach:
Warum nur jagt mein Herr hinter seinem Diener drein?
was habe ich denn getan,
was für Böses ist an meiner Hand?
Nun aber
höre doch mein Herr König die Rede seines Dieners:
Ists E R, der dich gegen mich angereizt hat,
Hinleitspende lasse man riechen,
waren es aber Menschensöhne,
verflucht seien sie vor SEINEM Antlitz,
daß sie mich heut aus der Eingliederung in SEIN Eigentum
   vertreiben,
als wollten sie sprechen: Geh, diene anderen Göttern!
Nun aber:
nimmer darf mein Blut seitab von SEINEM Antlitz zur Erde
   fallen,
weil der König von Jifsrael ausfuhr, einen einzelnen Floh zu
   suchen!
wie wenn man einem Rebhuhn nachjagte in die Berge!
Schaul sprach:
Ich habe gesündigt.
Kehr zurück, mein Sohn Dawid!
denn nicht nochmals werde ich dir Böses tun:
dafür daß meine Seele an diesem Tag teuer war in deinen
   Augen, –
wohl, ich bin töricht gewesen, ich habe geirrt, sehr viel.

Dawid antwortete, er sprach:
Wohlan, da ist der Speer des Königs,
einer der Knappen springe herüber und nehme ihn.
Aber kehren lassen wirds ER
zu jedermann
nach seiner Bewährung,
nach seiner Treue,
der dich heuttags, ER, in meine Hand gab,
ich aber war nicht gesonnen, meine Hand gegen SEINEN Ge-
    salbten anzuschicken, –
wohlan:
wie deine Seele an diesem Tag in meinen Augen groß war,
so werde meine Seele groß in SEINEN Augen,
er rette mich aus aller Bedrängnis!
Schaul sprach zu Dawid:
Gesegnet du, mein Sohn Dawid,
ja, tatkräftig wirst du tun,
ja, mächtig wirst du übermögen.
Dawid ging seines Wegs, Schaul aber kehrte an seinen Ort
    zurück.

Dawid sprach zu seinem Herzen:
Nun,
eines Tags werde ich von Schauls Hand gerafft, –
für mich ist kein Gutes mehr, es sei denn, ich kann entrinnen,
    nach dem Land der Philister entrinnen,
dann wird Schaul meinethalb verzweifeln, mich noch in aller
    Gemarkung Jiſsraels zu suchen,
so bin ich seiner Hand entronnen.
Dawid machte sich auf und schritt hinüber, er und die sechs-
    hundert Mann, die bei ihm waren, zu Achisch Sohn Maochs,
    König von Gat.
Dawid nahm Sitz bei Achisch in Gat, er und seine Mannen,
    jedermann mit seinem Haus,
Dawid mit seinen beiden Weibern, Achinoam der Jesreelitin
    und Abigajil, Nabals Weib, der Karmelitin.
Schaul wurde gemeldet, daß Dawid nach Gat entwichen war,
    so fuhr er nicht mehr fort ihn zu suchen.
Dawid sprach zu Achisch:

Habe ich doch Gunst in deinen Augen gefunden,

gebe man mir einen Platz in einer der Städte des Gefilds, daß
ich dort ansässig sei,

warum soll dein Diener in der Königsstadt bei dir sitzen!

Achisch gab ihm am selben Tage Ziklag,

daher ist Ziklag der Könige von Jehuda geworden bis auf
diesen Tag.

Die Zahl der Tage aber, die Dawid im Gefild der Philister
sitzen sollte, war ein Jahr an Tagen und noch vier Mondneuungen.

Dawid zog hinauf und seine Mannen,

sie streiften gegen den Geschuriter, den Geseriter und den
Amalekiter

– die sind ja die Sassenschaften des Landes, die von Urzeit
her –

bis wo du nach Schur kommst und bis zum Land Ägypten.

Dawid schlug das Land, er ließ nicht Mann und Weib am
Leben,

er nahm Schafe, Rinder, Esel, Kamele, Gewänder.

Kehrte er zu Achisch zurück, und Achisch sprach: Wohin
habt ihr heuttags gestreift?

dann sprach Dawid:

Wider den Mittag von Jehuda, wider den Mittag des Jerach-
meeliters, nach dem Mittag des Keniters.

Mann und Weib aber pflegte Dawid nicht am Leben zu lassen,
daß sie nach Gat mitkämen,

bei sich sprechend: Sonst vermelden sie wider uns, sprechend:
So hat Dawid getan.

Und so war seine Richte alle Tage, die er im Gefild der
Philister saß.

Achisch aber vertraute Dawid, sprechend:

Anrüchig hat er sich, anrüchig bei seinem Volk, bei Jiſsrael
gemacht,

er wird mir ein Diener auf Lebzeit sein.

In jenen Tagen wars,

die Philister häuften ihre Lager zum Heer, gegen Jiſsrael zu
kämpfen.

Achisch sprach zu Dawid:

Wisse für gewiß, daß du mit mir im Heer ausfahren wirst,
  du und deine Mannen.
Dawid sprach zu Achisch:
Wohl,
du selber wirst wissen, was dein Diener tut.
Achisch sprach zu Dawid:
Wohlan,
über mein Haupt als Wächter will ich dich einsetzen
für alle Tage.

Gestorben war Schmuel,
alles Jifsrael, sie hatten ihn bejammert,
man hatte ihn in Rama, in seiner Stadt, begraben.
Schaul aber hatte einst die Elben und die Wisserischen aus dem
    Land entfernt.
Als nun die Philister zuhaufzogen, kamen und bei Schunem
    lagerten
– auch Schaul zog alles Jifsrael zuhauf, sie lagerten beim
    Gilboa –,
sah Schaul das Lager der Philister,
er fürchtete sich, sein Herz bebte sehr.
Schaul befragte IHN,
aber ER antwortete ihm nicht,
weder durch Träume
noch durch die Lichtenden
noch durch die Künder.
Schaul sprach zu seinen Dienern:
Sucht mir ein Weib, Meisterin eines Elben,
ich will zu ihr gehn, will sie beforschen.
Seine Diener sprachen zu ihm:
Wohl, in Endor ist ein Weib, Meisterin eines Elben.
Schaul verkappte sich, er kleidete sich in andre Gewänder
und ging hin, er und zwei Männer bei ihm,
sie kamen zu dem Weibe nachts.
Er sprach:
Wahrsage mir doch durch den Elben:
laß mir aufsteigen, den ich dir zusprechen werde.
Das Weib sprach zu ihm:
Du weißt wohl selber, was Schaul getan hat,
daß er die Elben und das Wisserische aus dem Land rot-
    tete, –
warum bestrickst du meine Seele, mich zu töten?
Schaul schwor ihr bei IHM, sprechend:
Sowahr ER lebt:
Trifft dich Buße um diese Sache, …!
Das Weib sprach:
Wen soll ich dir aufsteigen lassen?
Er sprach:
Schmuel laß mir aufsteigen.

Als das Weib wirklich Schmuel sah, schrie es auf mit lauter
   Stimme.
Das Weib sprach zu Schaul, sprach:
Warum hast du mich betrogen?
du bist Schaul!
Der König sprach zu ihr:
Fürchte dich nimmer! was sahst du denn?
Das Weib sprach zu Schaul:
Ein Götterwesen sah ich aus der Erde steigen.
Er sprach zu ihr:
Was ist seine Gestalt?
Sie sprach:
Auf steigt ein alter Mann,
er mummt sich in ein Manteltuch.
Da wußte Schaul, daß es Schmuel war,
er bückte sich, Stirn zur Erde, er warf sich nieder.
Schmuel sprach zu Schaul:
Warum hast du mich aufgestört, mich emporsteigen zu lassen?
Schaul sprach:
Mir ist sehr bang,
die Philister bekriegen mich,
Gott ist von mir gewichen,
er antwortet mir nicht mehr,
weder durch die Künder noch durch Träume,
so rufe ich dir,
mich wissen zu lassen, was ich tun soll.
Schmuel sprach:
Warum fragst du mich?
Er ja ist von dir hinweggewichen, er ist dein Bedränger
   geworden,
so hat Er dir getan, wie er durch mich geredet hat:
Er riß das Königreich aus deiner Hand,
er gab es deinem Genossen, dem Dawid,
dieweil du auf Seine Stimme nicht gehört und die Flamme
   seines Zorns nicht an Amalek dargetan hast, –
darum hat Er diese Sache dir an diesem Tag getan,
so hat Er auch Jiſsrael dir beigesellt in die Hand der Philister
   gegeben:
morgen bist du und deine Söhne bei mir,

auch das Lager Jifsraels hat ER dann in die Hand der Philister
    gegeben.
Alsbald fiel Schaul in seiner vollen Länge zur Erde,
sehr furchtbar wars ihm von Schmuels Rede her,
auch war in ihm keine Kraft mehr, denn er hatte all den Tag
    und all die Nacht nicht Speise gegessen.
Das Weib kam auf Schaul zu und sah, daß er sehr verwirrt
    war,
sie sprach zu ihm:
Wohl, deine Magd hat auf deine Stimme gehört,
meine Seele habe ich auf meine Handfläche gelegt und deiner
    Rede gehorcht, die du zu mir geredet hast,
jetzt aber höre auch du auf die Stimme deiner Magd,
ich will dir einen Bissen Speise vorlegen, iß,
daß Kraft in dir sei, wenn du den Weg gehst.
Er weigerte sich und sprach:
Ich will nicht essen.
Aber seine Diener nötigten ihn, auch das Weib, so hörte er
    auf ihre Stimme,
er erhob sich von der Erde und setzte sich auf das Bett.
Das Weib hatte im Haus ein Mastkalb, alsbald schlachtete
    sie es,
nahm Mehl und knetete und buk es zu Fladen,
brachte es vor Schaul und vor seine Diener,
sie aßen,
erhoben sich,
gingen hinweg in derselben Nacht.

Die Philister holten all ihre Lager zuhauf nach Afek,
Jifsrael aber, die waren gelagert an der Quelle, die in Jesreel ist,
vorüber schritten nach Hunderten und nach Tausenden die
    Tyrannenschaften der Philister,
zuhinterst, bei Achisch, schritten vorüber Dawid und seine
    Mannen.
Die Obern der Philister sprachen:
Was sollen diese Ebräer?
Achisch sprach zu den Obern der Philister:
Ist das nicht Dawid, Schauls Diener, des Königs von Jifsrael,
der nun Jahr und Tag mit mir gewesen ist,

und ich habe gar nichts an ihm befunden vom Tag, da er mir
    anfiel, bis auf diesen Tag!

Die Obern der Philister ergrimmten über ihn,

die Obern der Philister sprachen zu ihm:

Laß den Mann umkehren,

er kehre an seinen Ort zurück, wohin du ihn verordnet hast,

er gehe nicht neben uns ab in den Kampf,

er werde uns nicht zu einem Hinderer im Kampf!

um was könnte der wohl von seinem Herrn begnadigt
    werden,

nicht um die Köpfe dieser Männer?

ist das nicht der Dawid, dem sie bei den Reigentänzen wechsel-
    singen, im Spruch:

Auf seine Tausende hat Schaul dreingeschlagen,

aber Dawid auf seine Myriaden!?

Achisch rief Dawid und sprach zu ihm:

Sowahr ER lebt,

ja, ein Gerader bist du,

und gut dünkte meinen Augen dein Ausfahren, dein Heim-
    kommen mit mir im Lager,

ich habe ja an dir nichts Böses gefunden vom Tag deines
    Kommens zu mir bis auf diesen Tag,

aber in den Augen der Tyrannen bist du nicht gut,

so kehre nun um, geh in Frieden,

damit du nicht in den Augen der Philistertyrannen Böses
    getan hast.

Dawid sprach zu Achisch:

Was habe ich denn getan,

was hast du an deinem Diener gefunden vom Tag, seit dem
    ich vor dir bin, bis auf diesen Tag,

daß ich nicht mitkommen darf

und die Feinde meines Herrn, des Königs, bekämpfen?

Achisch antwortete, er sprach zu Dawid:

Ich weiß,

ja, du bist in meinen Augen gut wie ein Gottesbote,

jedoch die Obern der Philister haben gesprochen: Er soll
    nicht neben uns in den Kampf aufziehn, –

nun also mach dich frühmorgens auf, samt den Dienern deines
    Herrn, die mit dir gekommen sind,

macht euch frühmorgens auf, und ist euch licht geworden,
    geht!
Dawid machte sich auf, er und seine Mannen, um am Morgen
    zu gehn, ins Land der Philister zurückzukehren,
hinauf nach Jesreel aber zogen die Philister.

Es war geschehen, als Dawid und seine Mannen am dritten
    Tag nach Ziklag zurückkamen:
gestreift hatten nach dem Süden, nach Ziklag die Amalek-
    leute,
sie schlugen Ziklag und verbrannten es im Feuer,
die Weiber, die darin waren, fingen sie von Klein bis Groß,
    aber töteten niemand,
sie trieben sie mit und gingen ihres Wegs.
Als nun Dawid und seine Mannen zur Stadt kamen, da:
verbrannt war sie im Feuer, ihre Weiber, ihre Söhne und
    ihre Töchter gefangen!
Dawid erhob und das Volk, das mit ihm war, ihre Stimme,
sie weinten, bis in ihnen keine Kraft mehr zum Weinen war.
Auch die beiden Weiber Dawids waren gefangen, Achinoam,
    die Jesreelitin, und Abigajil, das Weib Nabals des Karmeliten.
Dawid war es sehr bang, denn sie besprachen sich schon, das
    Volk, ihn zu steinigen,
denn erbittert war die Seele all des Volks, jedermanns um
    seine Söhne und um seine Töchter.
Aber Dawid stärkte sich an IHM seinem Gott,
Dawid sprach zu Ebjatar dem Priester, Sohn Achimelechs:
Lange mir doch den Losungsumschurz heran!
Ebjatar langte für Dawid den Umschurz heran.
Dawid befragte IHN, sprechend:
Soll ich dieser Rotte nachjagen, hole ich sie ein?
Er sprach zu ihm:
Jage!
denn
erreichen wirst du, erreichen,
erretten wirst du, erretten.
Dawid ging los, er und die sechshundert Mann, die mit ihm
    waren.
Sie kamen nur bis an den Bach Bſsor,

stehn blieben die Übrigen da, aber Dawid jagte weiter, er und
　　vierhundert Mann,
zweihundert Mann also blieben stehn, die vorm Überschrei-
　　ten des Bachs Bſsor schlappgeworden waren.
Sie fanden einen ägyptischen Mann im Feld und nahmen ihn
　　mit zu Dawid,
sie gaben ihm Brot, das er aß, sie letzten ihn mit Wasser,
gaben ihm eine Scheibe Feigen und zwei Dörrtrauben,
　　die er aß,
sein Geist kehrte wieder zu ihm, denn er hatte drei Tage und
　　drei Nächte nicht Brot gegessen, nicht Wasser getrunken.
Dawid sprach zu ihm:
Wessen bist Du?
woher bist du?
Er sprach:
Ich bin ein ägyptischer Knappe, Diener eines amalekitischen
　　Mannes,
mein Herr hat mich verlassen, denn ich war krankgeworden
　　heut vor drei Tagen,
wir hatten gestreift in den kretitischen Süden und über das,
　　was Jehuda innehat, und über den Süden Kalebs,
Ziklag haben wir im Feuer verbrannt.
Dawid sprach nun zu ihm:
Willst du mich zu dieser Rotte hinunterführen?
Er sprach:
Schwöre mir bei Gott:
würdest du mich töten lassen,
mich in die Hand meines Herrn liefern, …!
Dann will ich dich zu dieser Rotte hinunterführen.
Er führte sie hinunter:
da waren jene über all die Landschaft gebreitet,
essend und trinkend und rundreihend
um all die große Beute, die sie aus dem Land der Philister und
　　aus dem Land Jehudas mitgenommen hatten.
Dawid schlug sie, vom Dämmern bis an den nächstfolgenden
　　Abend,
niemand von ihnen entrann,
außer vierhundert der Jungmannschaft, die auf den Kamelen
　　reitend entflohn.

Dawid rettete alles, was die Amalekleute mitgenommen
hatten,
auch seine beiden Weiber errettete Dawid,
nichts fehlte ihnen, von Klein bis Groß, bis zu Söhnen und
Töchtern, und von der Beute bis zu allem, was sie sich einst
genommen hatten,
alles ließ Dawid wiederkehren.
Dawid nahm alle Schafe und Rinder mit,
die trieben sie vor jener Herde her und sprachen: Das ist
Dawids Beute.
Als nun Dawid zu den zweihundert Mann kam, die schlappgeworden waren statt Dawid nachzugehn, und die er am
Bach Bſsor sitzen gelassen hatte,
zogen sie aus, Dawid entgegen und dem Volk entgegen, das
mit ihm war.
Dawid langte mit dem Volk an, er fragte nach ihrem Wohlsein.
Aber allerlei böse und heillose Mannschaft, von den Mannen,
die Dawid gesellt ausgegangen waren, hub an, sie sprachen:
Dafür, daß sie nicht mir gesellt ausgegangen sind, geben wir
ihnen nichts von der Beute, die wir gerettet haben,
sondern nur jedermann sein Weib und seine Kinder mögen
sie sich wegtreiben und gehn.
Dawid sprach:
Tut nicht so, meine Brüder, mit dem, was Er uns gegeben hat,
er hat uns bewahrt, hat die Rotte, die über uns gekommen
war, in unsere Hand gegeben,
wer könnte da auf euch hören, auf diese Rede!
denn:
gleich der Anteil dessen, der in den Kampf niederfuhr,
gleich der Anteil dessen, der beim Zeuge saß,
miteinander sollen sie teilen.
Das ist von jenem Tag an und weiterhin geschehn,
er hat es zu Gesetz und zu Rechtspruch in Jiſrael festgelegt
bis auf diesen Tag.
Als Dawid nach Ziklag kam, schickte er von der Beute an die
Ältesten Jehudas, an seine Genossenschaft, sprechend:
Da, ein Segensgruß an euch, aus der Beute von Seinen Feinden.

Nämlich an die in Bet El, an die in dem Ramot des Südens,
    an die in Jatir,
an die in Aroer, an die in Sſifmot, an die in Eschtmoa,
an die in Rachal, an die in den Jerachmeeliterstädten, an die
    in den Keniterstädten,
an die in Chorma, an die in Kor Aschan, an die in Atach, an
    die in Hebron,
an alle Orte, wo Dawid Umgang hatte, er und seine Mannen.

Als nun die Philister gegen Jiſsrael kämpften, flohn die
    Männer Jiſsraels vor den Philistern,
Durchbohrte fielen am Berge Gilboa.
Die Philister hefteten sich an Schaul und an seine Söhne,
die Philister erschlugen Jonatan, Abinadab und Malkischua,
    die Söhne Schauls.
Schwer wurde der Kampf um Schaul her,
die Schützen hatten ihn herausgefunden, die Bogenmann-
    schaft,
er wurde von den Schützen sehr durchbohrt.
Schaul sprach zu seinem Waffenträger:
Zücke dein Schwert und erstich mich damit,
sonst kommen diese Vorhäutigen und erstechen mich, indem
    sie ihr Spiel mit mir treiben.
Aber sein Waffenträger wars nicht gewillt, denn er fürchtete
    sich sehr.
Schaul nahm das Schwert und ließ sich darein fallen.
Als sein Waffenträger sah, daß Schaul im Sterben war, ließ
    auch er sich in sein Schwert fallen und starb neben ihm.
So starb Schaul und seine drei Söhne und sein Waffenträger,
    auch alle seine Mannen, an jenem Tag miteinander.
Als die Männer von Jiſsrael, die jenseit der Tiefebene und die
    jenseit des Jordans, sahn, daß die Mannschaft Jiſsraels ge-
    flohn war und daß Schaul und seine Söhne gestorben waren,
verließen sie die Städte und flohn,
die Philister kamen hin und setzten sich in ihnen fest.
Es geschah aber am Nachmorgen, als die Philister kamen die
    Durchbohrten auszuziehn,
sie fanden Schaul und seine drei Söhne gefallen auf dem Berge
    Gilboa.

Sie schnitten ihm den Kopf ab,
sie zogen ihm die Waffenrüstung aus
und schicktens im Land der Philister rings herum,
es auszurichten im Haus ihrer Schnitzpuppen und unter dem
 Volk,
dann legten sie seine Waffen im Aschtartenhaus nieder,
seinen Leichnam aber nagelten sie an die Mauer von Bet
 Schan.
Als über ihn die Insassen von Jabesch in Gilad hörten: was die
 Philister Schaul getan hatten,
erhoben sie sich, alle tüchtigen Männer, und gingen all die
 Nacht,
sie nahmen die Leiche Schauls und die Leichen seiner Söhne
 von der Mauer Bet Schans,
sie kamen damit nach Jabesch, dort brannten sie sie blank.
Dann nahmen sie ihre Gebeine und begruben sie unter der
 Tamariske in Jabesch.
Danach fasteten sie ein Tagsiebent.

Es geschah nach dem Tode Schauls
– Dawid war wiedergekehrt von der Schlacht mit Amalek –,
als Dawid zwei Tage in Ziklag saß,
geschahs, am dritten Tag:
da, vom Lager, von Schaul her, kam ein Mann,
zerrissen seine Gewänder, auf seinem Haupt Ackerstaub.
Es geschah, als er zu Dawid kam: er fiel zur Erde und ver-
 neigte sich.
Dawid sprach zu ihm:
Wo kommst du her?
Er sprach zu ihm:
Vom Lager Jifsraels. Ich bin entronnen.
Dawid sprach zu ihm:
Wie war die Sache? meld es mir doch!
Er sprach:
So, daß das Volk aus dem Kampf entflohn ist,
auch ist vom Volke viel gefallen, tot sind sie,
auch Schaul und Jonatan sein Sohn sind tot.
Dawid sprach zum Knappen, ders ihm meldete:
Weh, wie weißt du, daß Schaul tot ist und Jonatan sein Sohn?

Der Knappe, ders ihm meldete, sprach:

An den Berg Gilboa war ich geraten, geraten –

da: Schaul, an seine Lanze gelehnt!

da hatten nämlich das Fahrzeug und die berittenen Leute sich
   an ihn geheftet.

Er blickte um, nach hinten, er sah mich, er rief mich an.

Ich sprach zu ihm:

Hier bin ich.

Er sprach zu mir:

Wer bist du?

Ich sprach zu ihm:

Ich bin ein Amalekiter.

Er sprach zu mir:

Tritt doch her über mich

und töte mich vollends,

weil der Starrkrampf mich ergriffen hat,

dieweil noch all meine Seele in mir ist!

Ich trat über ihn und tötete ihn vollends,

weil ich wußte, nicht würde er aufleben, nachdem er einmal
   hingefallen war.

Ich nahm den Weihreif, der auf seinem Haupt war, und eine
   Spange, die an seinem Arm war,

komme damit zu meinem Herrn nun hierher.

Dawid faßte seine Gewänder, er riß sie ein,

und auch all die Männer, die mit ihm waren,

sie jammerten, weinten, sie fasteten bis zum Abend

über Schaul, über Jonatan seinen Sohn,

über SEIN Volk, über das Haus Jifsrael,

daß sie durchs Schwert gefallen waren.

Dawid sprach zum Knappen, ders ihm gemeldet hatte:

Wo bist du her?

Er sprach:

Sohn eines gastsässigen Manns, eines Amalekiters, bin ich.

Dawid sprach zu ihm:

Weh, wie konntest du dich nicht fürchten deine Hand anzuschicken,

SEINEN Gesalbten zu verderben?!

Dawid rief einem von den Knappen, er sprach:

Herzu, hau ihn nieder!

Er schlug ihn tot.
Dawid aber sprach ihn noch an:
Dein Blut über dein Haupt,
denn dein eigner Mund hat dich überantwortet,
sprechend: Ich selber habe SEINEN Gesalbten getötet.

Dann klagte Dawid diese Klage
über Schaul und über Jonatan seinen Sohn,
er sprach es vor, die Söhne Jehudas zu lehren:
O Bogen – so ists ja im Buch des Geraden überschrieben –:

Ach der Zier, Jifsrael, auf deinen Koppen durchbohrt!
Weh, daß die Helden fielen!

Vermeldets nimmer in Gat,
berichtets nimmer in Askalons Gassen,
sonst freun sich die Töchter der Philister,
sonst jubeln die Töchter der Vorhäutigen.

Berge von Gilboa,
nimmer Tau, nimmer Regen über euch,
Gefilde ihr solcher Hebe!
denn dort wurde der Schild der Helden besudelt,
Schauls Schild wie eines mit Öl Ungesalbten,
vom Blut der Durchbohrten, vom Fett der Helden.

O Bogen Jonatans –
nie wich er rückwärts,
o Schwert Schauls –
nie kehrte es beuteleer heim.

Schaul und Jonatan,
die Geliebten, die Gefreundeten,
in ihrem Leben, in ihrem Tod nicht getrennt,
leichtfüßig sie vor Adlern,
heldenstark sie vor Löwen!

Töchter Jifsraels,
weinet um Schaul,
der zu Prunke euch kleidete in Karmesin,
der goldne Pracht darüber, eurem Kleid über zog!

Weh, daß die Helden fielen inmitten des Kampfs!
Jonatan auf deinen Koppen durchbohrt!

    Bang ist mir um dich,
    mein Bruder, Jonatan!
    gefreundet warst du mir sehr,
    wundersam war mir deine Liebe
    über Liebe der Fraun.

Weh, daß die Helden fielen,
das Rüstzeug des Kampfes entschwand!

Es geschah danach, daß Dawid IHN befragte, sprechend:
Soll ich in eine der Städte Jehudas hinaufziehn?
ER sprach zu ihm:
Zieh.
Dawid sprach:
Wohinauf soll ich ziehn?
Er sprach:
Nach Hebron.
So zog Dawid dorthinauf, auch seine beiden Weiber, Achino-
    am, die Jesreelitin, und Abigajil, Nabals Weib, des Karmeliten,
und seine Mannen, die bei ihm waren, ließ Dawid mit hinauf-
    ziehn, jedermann samt seinem Haus,
sie wurden seßhaft in den Hebronstädten.
Die Männer von Jehuda kamen hin,
sie salbten dort Dawid zum König über das Haus Jehuda.

Man meldete Dawid, sprechend:
Die Männer von Jabesch in Gilad sinds, die Schaul begraben
    haben.
Dawid schickte Boten zu den Männern von Jabesch in Gilad,
    er ließ zu ihnen sprechen:
Gesegnet ihr IHM,
die ihr diese Huldigung eurem Herrn, Schaul, angetan, ihn
    begraben habt!
nun also
tue ER euch Huld und Treue!
auch ich, ich will an euch diesem Guten gemäß tun, dafür daß
    ihr diese Sache getan habt, –
nun aber:
mögen eure Hände sich festigen, werdet tüchtige Leute!
denn, ist euer Herr Schaul tot:
auch mich hat man gesalbt, das Haus Jehuda, zum König über
    sich.

Abner Sohn Ners, der Schauls Heeresoberster gewesen war,
    nahm Ischboschet, Schauls Sohn, und geleitete ihn hinüber
    nach Machanajim,
er königte ihn für das Gilad, für den Ascheriten, für Jesreel,
    über Efrajim, über Binjamin, über Jisrael allesamt.

Ischboschet Sohn Schauls war vierzig Jahre alt, als er über
  Jiſsrael König wurde, und zwei Jahre war er König
– das Haus Jehuda jedoch, die blieben Dawids Gefolgschaft,
die Zahl der Tage, die Dawid in Hebron über das Haus
  Jehuda König war, sollte sieben Jahre und sechs Mond-
  neuungen werden –,
als einst Abner Sohn Ners ausfuhr und die Dienstleute Isch-
  boschets Sohns Schauls von Machanajim nach Gibon.
Ausgefahren waren aber auch Joab Sohn der Zruja und die
  Dienstleute Dawids.
Am Teich von Gibon trafen sie aufeinander.
Die setzten sich am Teiche hüben
und die am Teiche drüben.
Abner sprach zu Joab:
Mögen doch die Knaben anheben und vor uns Waffentanz
  halten.
Joab sprach:
Sie mögen anheben.
Sie hoben an,
schritten abgezählt vor,
zwölf für Binjamin, für Ischboschet Sohn Schauls,
zwölf von Dawids Dienstleuten.
Sie faßten jedermann seinen Spielgenossen beim Kopf
und: sein Schwert in die Seite seinem Genossen!
so fielen sie miteinander.
Man rief jenen Ort: Klingenacker, – der bei Gibon ists.
Dann wurde der Kampf übermächtig hart an jenem Tag,
Abner wurde geworfen und die Mannschaft Jiſsraels von den
  Dienstleuten Dawids.
Drei Söhne der Zruja aber waren dort: Joab, Abischaj und
  Aſsael.
Von leichten Füßen war Aſsael, wie der Gazellen eine, die
  auf dem Feld sind.
Aſsael jagte hinter Abner her, er bog im Laufgang nicht zur
  Rechten noch zur Linken hinter Abner her ab.
Abner blickte hinter sich und sprach:
Bist du das, Aſsael?
Er sprach:
Ich bins.

Abner sprach zu ihm:

Biege dir zu deiner Rechten oder zu deiner Linken ab,

ergreife dir einen von den Knaben und nimm dir seine
Rüstung.

Aber Afsael war nicht gesonnen sich hinter ihm abzuwenden.

Abner sprach weiter zu Afsael, nochmals:

Wende dich doch hinter mir ab,

warum soll ich dich zur Erde schlagen müssen!

wie könnte ich dann mein Antlitz vor Joab, deinem Bruder,
noch hochtragen!

Er aber weigerte, sich abzuwenden.

Da schlug ihn Abner, mit dem Hinterteil des Speers in den
Bauch,

der Speer fuhr ihm hinten heraus, er fiel dort hin und starb
auf dem Platz.

Es geschah,

allwer an den Ort kam, wo Afsael gefallen und gestorben war,
die blieben stehn.

Joab und Abischaj aber jagten hinter Abner her.

Als die Sonne herniederkam, waren sie bis zum Hügel
Amma gekommen, der angesichts von Giach ist, auf dem
Weg nach der Wüste von Gibon.

Die Söhne Binjamins schlossen sich hinter Abner zusammen,

sie wurden zu einem einzigen Haufen und stellten sich auf
dem Haupt des einzelnen Hügels auf.

Abner aber rief Joab zu, er sprach:

Soll immerfort das Schwert fressen?

weißt du nicht, daß hinterher Verbitterung sein muß?

bis wann wirst dus ungesprochen lassen zum Volk,

daß sie sich abkehren von hinter ihren Brüdern her?!

Joab sprach:

Sowahr Gott lebt,

ja, hättest du nur geredet!

schon am Morgen wäre dann ja das Volk abgezogen, jedermann von hinter seinem Bruder weg.

Joab stieß in die Posaune,

da blieben sie, das Volk, stehn, sie jagten nicht mehr hinter
Jifsrael her,

sie kämpften nicht mehr weiter.

Abner und seine Mannen aber gingen durch die Steppe all
   jene Nacht,
sie überschritten den Jordan, gingen durch die Klamm allfort
   und kamen nach Machanajim.
Als Joab sich hinter Abner abkehrte,
brachte er alles Volk zusammen,
da wurden von Dawids Dienstleuten neunzehn Mann vermißt
   und Afsael,
Dawids Dienstleute aber hatten von Binjamin und unter den
   Mannen Abners dreihundert geschlagen, tot waren sechzig
   Mann.
Sie trugen Afsael hinweg und begruben ihn in der Grabstatt
   seines Vaters, die zu Betlehem ist.
Joab und seine Mannen gingen all die Nacht, bei Hebron
   brach ihnen das Licht an.

Lang war der Kampf zwischen dem Hause Schauls und dem
   Hause Dawids.
Fortgehend stärker wurde Dawid, fortgehend schwächer
   wurde das Haus Schauls.

Söhne wurden Dawid in Hebron geboren:
sein Erstgeborner war Amnon, von Achinoam, der Jesreelitin,
dessen Zweitbruder Kilab, von Abigajil, Nabals Weib, des
   Karmeliten,
der Dritte Abschalom, Sohn Maachas, der Tochter Talmajs,
   Königs von Geschur,
der Vierte Adonija, Sohn Chaggits,
der Fünfte Schfatja, Sohn Abitals,
der Sechste Jitram, von Egla, auch einem Weibe Dawids.
Diese wurden Dawid in Hebron geboren.

Es ward so, während Kampf war zwischen dem Hause Schauls
   und dem Hause Dawids: stark machte sich Abner im Hause
   Schauls.
Schaul hatte eine Kebse gehabt, ihr Name Rizpa Tochter Ajas.
Jener sprach zu Abner:
Weshalb bist du zu der Kebse meines Vaters gekommen?

Abner entflammte sehr über Ischboschets Rede, er sprach:
Bin ich ein Hundskopf, einer von Jehuda?!
heute tue ich hold dem Hause Schauls deines Vaters, an seinen
    Brüdern und an seiner Genossenschaft,
ich machte, daß du dich nicht in Dawids Hand befindest,
und du mutzest mir heut den Weiberfehl auf!
so tue Gott Abner, so füge er ihm hinzu:
ja, wie E R Dawid geschworen hat,
ja, solches will ich für ihn tun,
das Königtum vom Hause Schauls hinüberleiten,
Dawids Stuhl aufrichten über Jifsrael und über Jehuda, von
    Dan bis Berscheba.
Er aber vermochte nicht mehr Abner Rede zu erstatten,
so fürchtete er ihn.
Abner schickte vom Platz weg Boten zu Dawid, ließ sprechen:
Wessen ist ein Land?
– um auszusprechen: Schließe mir deinen Bund, da, bei dir
    ist meine Hand, alles Jifsrael dir zuzuwenden.
Er aber sprach:
Gut ists, ich, einen Bund will ich mit dir schließen,
eins jedoch erheische ich von dir, sprechend:
Du sollst mein Antlitz nicht sehn, es dei denn, du habest
    Michal Tochter Schauls vor mein Antlitz kommen lassen,
    wann du kommst mein Antlitz zu sehn.
Dawid hatte nämlich Boten zu Ischboschet Sohn Schauls ge-
    schickt, zu sprechen:
Gib Michal, mein Weib, heraus, die ich mir um hundert Phi-
    listervorhäute freite.
Ischboschet schickte nun hin, er ließ sie von dem Mann fort-
    nehmen, von Paltiel Sohn Lajischs fort.
Ihr Mann ging mit ihr, im Gehn weinend, hinter ihr her, bis
    Bachurim,
dann sprach Abner zu ihm:
Geh, kehr um!
so kehrte er um.
Abner hatte indes mit den Ältesten Jifsraels eine Unterredung
    gehabt, hatte gesprochen:
So vortags so ehgestern habt ihr Dawid zum König über euch
    erstrebt,

jetzt also tuts,

denn ER hat von Dawid gesprochen, im Spruch:

Durch die Hand Dawids meines Knechts

befreie ich mein Volk Jiſrael

aus der Hand der Philister und aus der Hand all ihrer Feinde.

So redete Abner auch in die Ohren von Binjamin.

Nun ging Abner, auch in Dawids Ohren in Hebron alles zu
reden, was den Augen Jiſraels und den Augen alles Hauses
Binjamin gut schien.

Als Abner zu Dawid nach Hebron kam, zwanzig Mann mit
ihm,

machte Dawid Abner und den Männern, die mit ihm waren,
ein Trinkmahl.

Abner sprach zu Dawid:

Anheben will ich, will umhergehn, will alles Jiſrael meinem
Herrn, dem König, zusammeln,

daß sie einen Bund mit dir schließen, du König seist von
allem, was deine Seele begehrt.

Dawid schickte Abner fort und er ging in Frieden.

Da eben kamen von der Rottenstreife zurück Dawids Dienstleute und Joab, viele Beute hatten sie mitkommen heißen,

Abner aber war nicht mehr bei Dawid in Hebron, denn er
hatte ihn fortgeschickt und er war in Frieden gegangen.

Als Joab und alles Heer, das mit ihm war, ankamen,

meldete mans Joab, sprechend:

Abner Sohn Ners ist zum König gekommen,

der hat ihn wieder fortgeschickt, und er ist in Frieden gegangen.

Joab kam zum König und sprach:

Was hast du getan!

da ist Abner Sohn Ners zu dir gekommen!

warum nun hast du ihn fortgeschickt, daß er gehen, weg-
gehen konnte?

du kennst Abner Sohn Ners,

ja, dich zu betören ist er gekommen,

sich in deinem Ziehen und deinem Kommen auszukennen,

sich in allem, was du tust, auszukennen.

Joab zog ab von Dawid und schickte Boten hinter Abner her,

die ließen ihn umkehren bei der Zisterne von Sſira,

Dawid aber war nichts bekannt.

Als Abner nach Hebron zurückgekehrt war, ließ Joab ihn
　　gegen den Binnenraum des Tors abbiegen, um mit ihm
　　ungestört zu reden,

dort schlug er ihn in den Bauch, daß er tot war,

um das Blut Afsaels, seines Bruders.

Dawid hörte es hinterher,

er sprach:

Unsträflich bin ich und mein Königtum von IHM her auf
　　Weltzeit

am Blute Abners Sohns Ners,

es wirble nieder über Joabs Haupt und auf all sein Vaterhaus,

nimmer sei Schluß im Hause Joabs

mit Schleimflüssigen, Aussätzigen,

Krückenfassern, Schwertverfallnen, Brotsermangelnden!

Da nun Joab und sein Bruder Abischaj Abner umgebracht
　　hatten, dafür daß er Afsael ihren Bruder in Gibon im Kampfe
　　tötete,

sprach Dawid zu Joab und zu allem Volk, das mit ihm war:

Reißt eure Gewänder ein,

umgürtet Sackleinwand

und jammert vor Abner her!

Hinter der Bahre ging der König Dawid,

sie begruben Abner in Hebron,

der König erhob seine Stimme, er weinte an Abners Grab,

alles Volk, sie weinten.

Der König klagte um Abner, er sprach:

Stürbe ein Abner, wie ein Schändlicher stirbt?

nicht gefesselt waren deine Hände,

nicht in ein Erzkettenpaar deine Füße gesteckt,

wie man vor Söhnen der Tücke fällt, bist du gefallen.

Sie fuhren fort, alles Volk, um ihn zu weinen.

Als dann alles Volk kam, um Dawid mit Brot zu erfrischen,
　　da noch Tag war,

schwor Dawid, sprechend:

So tue mir Gott, so fahre er fort,

wenn ich vorm Herniederkommen der Sonne Brot oder all-
　　irgendwas koste.

Als alles Volk es merkte, erschien es in ihren Augen gut,

wie alles, was der König getan hatte, gut war in den Augen
 alles Volks.
Alles Volk, alles Jiſsrael, sie erkannten an jenem Tag,
daß es nicht vom König aus geschehen war, Abner Sohn Ners
 zu töten.
Der König aber sprach zu seinen Dienern:
Erkennt ihr nicht, daß ein Oberster und Großer an diesem
 Tag in Jiſsrael fiel?
ich aber bin heuttags schwach, wiewohl zum König gesalbt,
zu hart sind mir die Männer, die Zrujasöhne, –
zahle E R dem Täter des Bösen nach seiner Bosheit!

Als der Schaulsohn hörte, daß Abner in Hebron gestorben war,
erschlafften seine Hände, und alles Jiſsrael war verwirrt.
Beim Schaulsohn aber waren zwei Männer, Obre von Streifrotten,
des einen Name Baana, des zweiten Name Rechab,
Söhne Rimmons des Beerotiters, von den Söhnen Binjamins,
 denn auch Beerot wird zu Binjamin gerechnet,
die Beerotiter nämlich waren nach Gittajim entwichen, dort
 blieben sie als Gastsassen bis auf diesen Tag.
Von Jonatan Sohn Schauls aber war nur ein an den Füßen ge-
 schlagener Sohn da,
fünf Jahre alt war er gewesen, als die Nachricht von Schaul
 und Jonatan aus Jesreel kam,
seine Wärterin hob ihn auf als sie floh,
es geschah aber, als sie hastete zu entfliehn, daß er fiel, er
 wurde hinkend,
sein Name war Mefiboschet.
Die Söhne Rimmons des Beerotiters also, Rechab und Baana,
 gingen,
sie kamen um die Glutzeit des Tags zum Hause Ischboschets,
der schlief grad den Mittagsschlaf,
als Weizeneinnehmer konnten sie in den Binnenraum des
 Hauses kommen,
da schlugen sie ihn in den Bauch,
dann entschlüpften Rechab und Baana sein Bruder.
Ins Haus also waren sie gekommen, wie er auf seinem Bett
 in seinem Schlafgemach schlief.

als sie ihn geschlagen, ihn getötet hatten, trennten sie seinen
Kopf ab.

Sie nahmen seinen Kopf und gingen den Weg der Steppe all
die Nacht,

sie kamen mit dem Kopf Ischboschets zu Dawid nach Hebron.

Sie sprachen zum König:

Da, der Kopf Ischboschets, des Sohns Schauls, deines Feindes,
der deine Seele gefordert hat,

ER hat meinem Herrn König dieses Tags Rache an Schaul
und an seinem Samen gegeben.

Dawid antwortete Rechab und Baana seinem Bruder, den
Söhnen Rimmons des Beerotiters, er sprach zu ihnen:

Sowahr ER lebt, der meine Seele aus aller Drangsal abgalt:

Wohl, jenen, der mir meldete, sprechend: Da, Schaul ist
gestorben,

und in seinen eigenen Augen war der doch einem Freuden-
boten gleich,

ergriffen habe ich ihn und habe ihn umgebracht in Ziklag,

das war meine Botengabe für ihn!

wie erst, wenn einen schuldlosen Mann in seinem Haus auf
seinem Lager umbrachten frevlerische Männer,

muß ich jetzt nicht sein Blut von eurer Hand fordern?!

wegmerzen muß ich euch von der Erde!

Dawid gebot den Knappen,

die brachten sie um und hackten ihre Hände und ihre Füße ab

und hingen die auf über dem Teiche in Hebron.

Den Kopf Ischboschets aber nahmen sie,

sie begruben ihn in der Grabstatt Abners in Hebron.

Alle Volksstäbe Jifsraels kamen zu Dawid nach Hebron und
sprachen,

sprachen:

Da sind wir,

deines Gebeins und deines Fleisches wollen wir sein.

Schon vortags, schon ehgestern, als Schaul über uns König
war,

warst du es, der Jifsrael ausziehen und heimkommen ließ.

ER hat zu dir gesprochen:

Weiden sollst mein Volk, Jiſrael, du,
Herzog sein sollst über Jiſsrael du.
Alle Ältesten Jiſsraels kamen zu Dawid nach Hebron,
der König Dawid schloß ihnen einen Bund in Hebron vor
   Iнм,
sie aber salbten Dawid zum König über Jiſsrael.

Dreißig Jahre alt war Dawid, als er König wurde,
vierzig Jahre hatte er Königschaft:
sieben Jahre und sechs Mondneuungen Königschaft in Hebron
   über Jehuda,
dreiunddreißig Jahre Königschaft über alles Jiſsrael und Jehuda in Jerusalem.

Der König ging nun mit seinen Mannen gegen Jerusalem an,
 wider den Jebuſsiter, den Insassen des Lands.
Der ließ zu Dawid sprechen, den Spruch:
Du kommst nicht herein,
es sei denn, du beseitigst
auch die Blinden und die Hinkenden noch!
– um auszusprechen: Dawid kommt nicht herein!
Aber Dawid eroberte die Felsenburg Zion, – das ist die
 Dawidstadt.
An jenem Tag hat Dawid gesprochen:
Allwer einen Jebuſsiter erschlagen könnte,
berühre ihm die Gurgel nur, –
sollen Hinkende, sollen Blinde
Dawids Seele verhaßt sein?
Daher heißts:
Ein Blinder und ein Hinkender sprechen:
Der kommt uns nicht ins Haus!

Dawid nahm Sitz in der Felsenburg, er nannte sie Dawidstadt,
Dawid baute sie ringsum, von der Bastei einwärts, aus.
Dawid vergrößerte sich fortgehend, fortgehend,
bei ihm war ER, der Umscharte Gott.
Chiram König von Tyrus sandte Boten zu Dawid
und Zedernhölzer, Holzbehauer und Mauersteinbehauer,
sie bauten Dawid ein Haus.
Dawid erkannte,
daß ER ihn als König gründete über Jiſrael
und daß er sein Königsamt emportrug um seines Volks
 Jiſrael willen.

Dawid nahm sich noch Kebsen und Frauen aus Jerusalem,
 nachdem er aus Hebron gekommen war,
noch Söhne und Töchter wurden Dawid geboren.
Dies sind die Namen der ihm in Jerusalem Geborenen:
Schammua, Schobab, Natan, Schlomo,
Jibchar, Elischua, Nafeg, Jafia,
Elischama, Eljada und Elifalet.

Als die Philister hörten, daß man Dawid zum König über
 Jiſrael gesalbt hatte,
zogen alle Philister hinauf, Dawid herauszufordern.
Dawid hörte es, er stieg zu jenem Felsennest hinab.
Schon waren sie herangekommen, die Philister, und breiteten
 sich aus im Gespenstergrund.
Dawid befragte IHN, sprechend:
Soll ich wider die Philister aufziehn?
wirst du sie in meine Hand geben?
ER sprach zu Dawid:
Zieh auf,
denn geben, hingeben will ich die Philister in deine Hand.
Dawid kam an in Baal Prazim,
dort schlug Dawid sie.
Er sprach:
ER hat vor mir meine Feinde durchbrochen,
wie ein Durchbruch der Wasser.
Daher rief man den Namen jenes Orts: Baal Prazim, Meister
 der Durchbrüche.
Sie ließen dort ihre Schnitzpuppen, Dawid und seine Mannen
 trugen sie fort.
Wieder zogen die Philister hinauf, noch einmal,
breiteten sich im Gespenstergrund.
Dawid befragte IHN,
er aber sprach:
Zieh nicht auf,
umfasse sie im Rücken,
komm an sie gegenüber dem Balsamhain,
es soll geschehn:
wann du eines Schrittes Rauschen hörst auf den Häuptern der
 Balsamsträucher,
dann renne scharf an!
denn dann fuhr ER aus vor dir her,
ins Philisterlager einzuschlagen.
Dawid tat so, wie ER ihm geboten hatte,
er schlug die Philister,
von Gaba bis wo du nach Gaser kommst.

Nochmals brachte Dawid alle Streiterlese in Jiſsrael zusammen, dreißigtausend,

Dawid machte sich auf und ging, und alles Volk, das mit ihm
war, nach Baala in Jehuda,

von dort heraufzuholen den Gottesschrein,

über dem gerufen ist als Name:

Name SEIN des Umscharten, der Sitz hat auf den Cheruben.

Sie ließen den Gottesschrein einen neuen Karren besteigen

und trugen ihn aus dem Haus Abinadabs, dem auf dem Hügel,
hinweg.

Lenker des neuen Karrens waren Usa und Achjo, die Söhne
Abinadabs.

Nachdem sie ihn aus dem Haus Abinadabs, dem auf dem
Hügel, hinweggetragen hatten,

neben dem Gottesschrein jener, Achjo aber vor dem Schrein
gehend,

tanzten vor IHM her Dawid und alles Haus Jiſsraels,

zu allem Zypressenholzblaszeug,

zu Leiern, zu Harfen,

zu Pauken, zu Schellen, zu Zimbeln.

Als sie aber bis zu Nachons Tenne gekommen waren,

streckte Usa die Hand nach dem Gottesschrein und griff dran,
denn die Rinder waren ausgeglitten.

SEIN Zorn entflammte wider Usa,

um die Lässigkeit schlug ihn Gott dort,

er starb dort, neben dem Gottesschrein.

Dawid entflammte,

darum daß ER einen Niederbruch gebrochen hatte, an Usa,

er rief jenen Ort Parez Usa, Niederbruch Usas, – bis auf diesen
Tag.

Dawid fürchtete sich vor IHM an jenem Tag,

er sprach:

Weh, wie kann SEIN Schrein zu mir kommen?!

Nicht war mehr Dawid gesonnen, SEINEN Schrein zu sich in
die Dawidstadt schaffen zu lassen,

so ließ Dawid ihn abbiegen nach dem Haus Obed Edoms des
Gatiters.

Drei Mondneuungen hatte SEIN Schrein Sitz im Haus Obed
Edoms des Gatiters.

E R aber segnete Obed Edom und all sein Haus.

Gemeldet wurde es dem König Dawid, man sprach:

E R hat das Haus Obed Edoms und alles was sein ist gesegnet wegen des Gottesschreins.

Dawid ging hin und holte den Gottesschrein aus dem Haus Obed Edoms zur Höhe nach der Dawidstadt, in Freuden.

So geschahs: als erst die Träger SEINES Schreins sechs Schritte vorgeschritten waren, schlachtete er einen Stier und ein Mastkalb.

Dawid selbst drehte mit aller Kraft sich vor IHM,

Dawid selbst, mit einem Linnenumschurz gegürtet,

Dawid selbst und alles Haus Jifsrael holten SEINEN Schrein zur Höhe

mit Geschmetter und Posaunenschall.

Es geschah aber, wie SEIN Schrein in die Dawidstadt kam:

Michal Tochter Schauls, lugte durchs Fenster hinab,

sie sah den König Dawid hüpfen und sich drehen vor IHM,

da spottete sie sein in ihrem Herzen.

Als sie mit SEINEM Schrein hingekommen waren,

brachten sie ihn an seinen Platz inmitten des Zelts, das Dawid für ihn aufgespannt hatte,

Dawid höhte Darhöhungen vor IHM und Friedmahle.

Als Dawid vollendet hatte, die Darhöhung und die Friedmahle darzuhöhen,

segnete er das Volk mit SEINEM des Umscharten Namen.

Er verteilte an das Volk, an all die Menge Jifsraels, an sie von Mann bis Weib,

an jedermann einen Brotlaib, einen Dattelstock und einen Rosinenkuchen,

dann ging alles Volk, jedermann nach seinem Haus.

Als nun Dawid heimkehrte, sein Haus zu segnen,

trat Michal Tochter Schauls hervor, Dawid entgegen,

sie sprach:

Was hat sich heut Jifsraels König geehrt,

der sich heut unter den Augen der Mägde seiner Knechte bargemacht hat,

wie sich der Nichtigen einer bar, offenbar macht!

Dawid sprach zu Michal:

Vor IHM,

der mich erwählt hat statt deines Vaters und statt all seines
    Hauses,
mich als Herzog über SEIN Volk, über Jifsrael zu entbieten!
tanzen will ich vor IHM,
will mich noch geringer als diesmal machen,
will niedrig werden in meinen eignen Augen,
und bei den Mägden, von denen du sprachst, bei ihnen doch
    noch in Ehren stehn.
Der Michal aber, Schauls Tochter, ihr ward kein Kind bis
    zum Tag ihres Tods.

Es geschah, als der König in seinem Haus Sitz genommen hatte
und Ruhe hatte ihm ER geschafft von all seinen Feinden
    ringsum,
der König sprach zu Natan dem Künder:
Sieh doch,
ich da sitze in einem Zedernhaus,
und der Schrein Gottes hat seinen Sitz inmitten des Teppich-
    gelasses!
Natan sprach zum König:
Allwas in deinem Herzen ist, geh: machs,
denn bei dir ist ER.
Aber es geschah in derselben Nacht,
SEINE Rede geschah zu Natan,
ein Sprechen:
Geh,
sprich zu meinem Knecht, zu Dawid:
So hat ER gesprochen:
Sollst dus sein, der mir ein Haus zu meinem Sitze baut?
Nicht hatte ich ja Sitz in einem Haus
vom Tag, als ich die Söhne Jifsraels heraufbrachte aus Ägypten,
    bis auf diesen Tag,
dawar ich, miteinhergehend in Zelt und Wohnstatt.
Allwo ich einherging unter allen Söhnen Jifsraels,
habe je ich Rede geredet
mit einem von Jifsraels Stabhaltern,
den ich entbot, mein Volk, Jifsrael, zu weiden,
solche Sprache:

Warum habt ihr mir nicht ein Zedernhaus erbaut?

Jetzt aber:

so sollst du zu meinem Knecht, zu Dawid sprechen:

So hat E R der Umscharte gesprochen:

Ich selber nahm dich von der Trift, von hinter den Schafen
    fort,

Herzog über mein Volk, über Jifsrael zu werden,

dawar bei dir ich, allwohin du gegangen bist:

ich rodete all deine Feinde von dir hinweg,

ich habe dir einen Namen gemacht, groß wie der Großen
    Name, die auf Erden sind,

ich habe eine Stelle meinem Volk, Jifsrael, bestimmt,

ich habe es eingepflanzt,

daß es an seinem Platze wohne,

daß es nicht mehr aufzittere,

daß nicht fürder Söhne der Tücke es bedrücken

wie am Anfang und noch vom Tag an, da ich Richter über
    mein Volk Jifsrael entboten habe,

und habe dir Ruhe geschafft von all deinen Feinden.

E R vermeldet dir nun, daß E R dir ein Haus machen wird:

Wenn deine Tage sich erfüllten,

du mit deinen Vätern liegst,

werde ich nach dir deinen Samen bestellen, der aus deinem
    Leibe hervorfuhr,

ich werde sein Königtum gründen, –

der wird meinem Namen ein Haus erbauen,

ich aber werde den Stuhl seines Königtums festgründen auf
    Weltzeit,

ich werde ihm Vater sein und er, er wird mir Sohn sein,

den ich wohl, wann er sich verfehlt, durch Geißelstab von
    Männern, durch Streiche von Menschensöhnen züchtigen
    werde,

aber nicht weicht von ihm meine Huld,

wie ich sie weichen ließ von Schaul,

den ich vor dir habe weichen lassen,

betreut bleibt dein Haus und dein Königtum auf Weltzeit vor
    mir,

dein Stuhl, auf Weltzeit ist er gegründet.

All dieser Rede gleich,

all dieser Schauung gleich,
solcherart redete Natan zu Dawid.

Der König Dawid kam und saß vor IHN nieder,
er sprach:
Wer bin ich, mein Herr, D U,
und wer ist mein Haus,
daß du mich bis hierher hast kommen lassen!
und noch dies war zu klein in deinen Augen, mein Herr, D U,
du redetest auch vom Haus deines Knechtes auf fernhin, –
als Weisung das für die Menschheit, mein Herr, D U!
Was kann da Dawid fürder noch zu dir reden?!
du selber kennst deinen Knecht, mein Herr, D U!
Um deiner Rede willen, nach deinem Herzen machst du all
    dieses Große,
deinen Knecht es erkennen lassend.
Darum:
    Groß bist D U Gott,
    ja, keiner ist wie du,
    kein Gott ist außer dir!
Allwie wirs gehört haben in unsre Ohren.
Und:
    Wer ist wie dein Volk, wie Jifsrael, –
    ein einziger Stamm auf Erden,
    daß Gottheit daranging, ihn zu einem Volk sich abzugelten,
        ihn als einen Namen sich zu bestimmen!
Also dir selbst jenes Große zu machen,
Furchtgewaltiges für dein Erdland
im Blick auf dein Volk, das du dir abgaltest aus Ägypten:
hie die Stämmemacht – und hie sein Gott!
Gegründet hast du dir dein Volk Jifsrael,
dir zu einem Volke auf Weltzeit,
und bist, D U, ihnen Gott geworden.
Jetzt also, D U, Gott,
die Rede, die du über deinen Knecht und über sein Haus ge-
    redet hast,
erstelle auf Weltzeit,
machs, wie du geredet hast!
Groß sei dein Name auf Weltzeit,

daß man spreche: Gott über Jiſsrael ist E R der Umscharte!
Gegründet vor dir sei das Haus deines Knechtes Dawid!
Denn du selber, D U Umscharter, Gott Jiſsraels, hast das Ohr
    deines Knechts bargemacht,
sprechend: Ein Haus will ich dir bauen,
darum hat dein Knecht sich ein Herz gefunden,
dieses Gebet zu dir zu beten.
Jetzt also, mein Herr, D U
– du bist die Gottheit,
deine Reden bleiben getreu,
und du hast zu deinem Knecht dieses Gute geredet –:
jetzt also
unternimms,
segne das Haus deines Knechts,
dazusein vor dir in Weltzeit,
denn du selber, mein Herr D U,
hast geredet,
und von deinem Segen muß das Haus deines Knechts ge-
    segnet sein
in Weltzeit.

Es geschah hernach:

Dawid schlug die Philister, er zwang sie nieder,

Dawid nahm die Zaumgewalt der Mutterstadt aus der Hand der Philister.

Dann schlug er Moab

– er maß sie mit der Schnur, zur Erde sie niederlegend,

zwei Schnurseiten maß er ab: zum Töten, eine volle Vierseitschnur: am Leben zu lassen –,

so wurde Moab Dawid zu dienstbaren Zinsspendeträgern.

Dann schlug Dawid den Hadadeser Sohn Rchobs König von Zoba,

als er drangling, seine Hand auch wider den Strom zu kehren,

Dawid fing von ihm tausendundsiebenhundert Reisige und zwanzigtausend der Fußmannschaft ab,

Dawid verstümmelte alles Gespann, hundert Gespanne nur ließ er von ihm übrig.

Dann kam der damaskische Aramäer, Hadadeser König von Zoba zu helfen,

Dawid schlug auf Aram ein: zweiundzwanzigtausend Mann,

Dawid setzte Vögte beim damaskischen Aramäer ein,

Aram wurde Dawid zu dienstbaren Zinsspendeträgern.

So schuf E R David freien Raum, allwohin er ging.

Dawid nahm die goldnen Rüstungen, die Hadadesers Dienstleute anhatten, und brachte sie nach Jerusalem.

Von Batach und von Berotaj, den Städten Hadadesers, nahm der König Dawid sehr viel Erz.

Toi König von Chamat hörte, daß Dawid alle Streitkraft Hadadesers geschlagen hatte,

da sandte Toi seinen Sohn Joram zum König Dawid, ihm Glück zu wünschen und zu Segensgruß ihm

– dafür daß er Hadadeser bekriegt und ihn geschlagen hatte,

denn ein Mann der Kriegführung gegen Toi war Hadadeser gewesen –,

und in seiner Hand waren Silbergeräte, Goldgeräte und Erzgeräte.

Auch sie heiligte der König Dawid I H M dar

samt dem Silber und Gold, das er dargeheiligt hatte von allen Stämmen, die er unterwarf,

von Aram, von Moab, von den Söhnen Ammons,
von den Philistern, von Amalek
und von der Beute Hadadesers Sohn Rchobs, Königs von
    Zoba.
Ein Namensmal aber machte Dawid sich, als er zurückkehrte:
nachdem er im Salztal Edom schlug: achtzehntausend.
Er setzte in Edom Vögte ein, in allem Edom setzte er Vögte
    ein,
alles Edom wurde Dawid dienstbar.
So schuf E R Dawid freien Raum, allwohin er ging.

Als Dawid über alles Jifsrael König geworden war,
tat Dawid selber Recht und Wahrspruch dar für all sein Volk,
über dem Heer aber war Joab Sohn der Zruja,
Erinnerer: Jehoschafat Sohn Achiluds,
Priester: Zadok Sohn Achitubs und Achimelech Sohn
    Ebjatars,
Schreiber: Sfraja,
über den Kretitern und Pletitern: Bnajahu Sohn Jehojadas,
Priesterrang hatten auch Dawids Söhne.

Dawid sprach:
Ist etwa noch ein Wesen, das vom Hause Schauls überblieb,
so will ich Huld an ihm tun um Jonatans willen.
Nun hatte das Haus Schauls einen Dienstbauern, Ziba sein
    Name,
den berief man zu Dawid.
Der König sprach zu ihm:
Bist du Ziba?
Er sprach:
Dein Diener.
Der König sprach:
Ist allerenden noch jemand vom Hause Schauls da,
daß ich Gotteshuld an ihm tue?
Ziba sprach zum König:
Noch ist da ein Sohn von Jonatan, an den Füßen geschlagen.
Der König sprach zu ihm:
Wo ist er?
Ziba sprach zum König:

Wohl, der ist im Hause Machirs Sohns Ammïels in Lodbar.
Der König Dawid sandte hin und ließ ihn aus dem Haus
  Machirs Sohns Ammïels aus Lodbar holen.
Als nun Mefiboschet Sohn Jonatans Sohns Schauls zu Dawid
  kam,
fiel er auf sein Antlitz, er verneigte sich.
Dawid sprach:
Mefiboschet!
Er sprach:
Hier, dein Diener.
Dawid sprach zu ihm:
Fürchte dich nimmer,
denn Huld will ich an dir tun um Jonatans deines Vaters willen,
erstatten will ich dir alles Feldergut deines Großvaters Schaul,
und du selber sollst stets Brot an meinem Tisch zu essen
  haben.
Er verneigte sich und sprach:
Was ist dein Diener,
daß du dich einem toten Hund, wie ich einer bin, zuwendest!
Der König lud Ziba, Schauls Altknappen, und sprach zu ihm:
Alles, was Schaul und all seines Hauses war, habe ich dem
  Enkelsohn deines Herrn gegeben,
du bist ihm ackerdienstpflichtig, du, deine Söhne und deine
  Dienstknechte,
was dir einkommt, sei Brot für deines Herrn Haus, daß
  sie zu essen haben,
doch Mefiboschet, der Enkelsohn deines Herrn, soll stets Brot
  an meinem Tisch zu essen haben.
Ziba aber hatte fünfzehn Söhne und zwanzig Dienstknechte.
Ziba sprach zum König:
Allwie mein Herr König seinem Diener gebietet, so wird dein
  Diener tun,
obzwar Mefiboschet an meinem Tisch wie einer der Königssöhne essen könnte.
Mefiboschet hatte einen kleinen Sohn, Micha sein Name.
Alle Sassenschaft des Hauses Zibas, die waren nun Mefiboschet
  dienstbar,
und Mefiboschet selbst hatte Sitz in Jerusalem, denn er aß
  stets am Tisch des Königs.

Er hinkte aber an seinen beiden Füßen.

Es geschah danach, daß der König der Söhne Ammons starb,
    und Chanun sein Sohn wurde König an seiner Statt.
Dawid sprach:
Ich will hold tun an Chanun Sohn Nachaschs,
wie sein Vater an mir hold getan hat.
So sandte Dawid hin, durch seine Diener ihm wegen seines
    Vaters Tröstung zu sagen.
Als Dawids Diener ins Land der Söhne Ammons kamen,
sprachen die Obern der Söhne Ammons zu Chanun, ihrem
    Herrn:
Dünkts deinen Augen, Dawid wolle deinen Vater ehren,
weil er dir Tröstungsager sendet?
ists nicht so:
ums Ausspüren der Stadt, sie zu bespähen, sie zu durch-
    wühlen,
hat Dawid seine Diener zu dir gesandt!
Chanun nahm die Diener Dawids,
er ließ ihnen die eine Hälfte des Barts abscheren,
ließ ihre Röcke an der einen Hälfte abschneiden bis an ihre
    Steiße,
dann sandte er sie heim.
Als sies Dawid melden ließen, sandte er ihnen entgegen,
denn die Männer waren sehr beschämt.
Der König ließ sprechen:
Bleibt in Jericho, bis euer Bart nachgewachsen ist,
dann kehrt zurück.
Die Söhne Ammons sahn, daß sie bei Dawid anrüchig ge-
    worden waren,
da sandten die Söhne Ammons hin
sie dangen beim Aramäer von Bet Rchob und beim Ara-
    mäer von Zoba zwanzigtausend Fußvolks, beim König von
    Maacha tausend Mann, und Mannschaft von Tob zwölf-
    tausend Mann.
Als Dawid das hörte, sandte er Joab aus und alles Heer, dabei
    die Heldenwehr.
Die Söhne Ammons fuhren aus, sie reihten sich zum Kampf
    am Einlaß des Tors,

abseits für sich auf dem Blachfeld aber waren der Aramäer
  von Zoba und Rchob und die Mannschaft von Tob und
  Maacha.

Als nun Joab sah, daß das Antlitz des Kampfs auf ihn zu war
  im Antlitz und im Rücken,

erlas er von aller Junglese Jifsraels und reihte sie Aram entgegen,

das übrige Volk aber gab er in die Hand seines Bruders
  Abischaj, daß der es den Söhnen Ammons entgegen reihe,
er sprach:

Wird Aram mir überstark, sollst du mir zur Notbefreiung
  erscheinen,

werden die Söhne Ammons dir überstark, will ich gehn, dich
  freizumachen, –

stärke dich,

stärken wir einander

für unser Volk,

für die Städte unsres Gottes,

dann tue E R, was in seinen Augen gut ist.

So rückte Joab und das Volk, das bei ihm war, zum Kampf
  wider Aram vor,

die flohen vor ihm,

und als die Söhne Ammons sahn, daß Aram geflohn war,
  flohen sie vor Abischaj, bis sie in die Stadt kamen.

Da kehrte Joab sich von den Söhnen Ammons ab, er kam
  nach Jerusalem.

Wie aber Aram sah, daß es vor Jifsrael hingestoßen war,
  zogen sie sich zusammen,

Hadadeser sandte, er hieß ausfahren den Aramäer, der jenseit
  des Stroms ist,

sie kamen nach Chelam, vor ihnen her Schobach der Heeresoberste Hadadesers.

Es wurde Dawid gemeldet,

er zog alles Jifsrael ein, er überschritt den Jordan, er kam nach
  Chelam.

Aram, die reihten sich David entgegen, sie kämpften mit ihm,
aber Aram floh vor Jifsrael,

Dawid brachte von Aram siebenhundert Gespannlenker und
  vierzigtausend Reisige um,

auch Schobach seinen Heeresobersten schlug er, der starb dort.
Als nun all die Könige, die dem Hadadeser Dienstbaren, sahn,
    daß sie vor Jifsrael hingestoßen waren,
machten sie Frieden mit Jifsrael und wurden ihnen dienstbar.
Hinfort fürchtete sich Aram, den Söhnen Ammons Notbe-
    freiung zu leisten.

Es geschah zur Wiederkehr des Jahrs, zu der Zeit, als damals
   die Boten ausgezogen waren:

Dawid sandte Joab und seine Dienstleute mit ihm und alles
   Jiſsrael,

sie verderbten das Ammonssöhneland, sie engten den Großort ein,

Dawid aber verweilte in Jerusalem.

Es geschah nun zur Abendzeit:

Dawid erhob sich von seinem Lager, er erging sich auf dem
   Dach des Königshauses,

da sah er vom Dach aus ein badendes Weib,

das Weib war sehr schön anzusehn.

Dawid sandte aus und ließ nach dem Weibe forschen.

Man sprach: Ist das nicht Batscheba Tochter Eliams, das Weib
   Urijas des Chetiters?

Dawid sandte Boten, er ließ sie nehmen,

sie kam zu ihm, und er lag bei ihr, – sie hatte sich eben von
   ihrer Bemakelung neugeheilt –,

dann kehrte sie in ihr Haus zurück.

Das Weib wurde schwanger,

sie sandte und ließ es Dawid melden, sie sprach: Schwanger
   bin ich.

Dawid sandte zu Joab:

Sende Urija, den Chetiter, zu mir.

Joab sandte Urija zu Dawid.

Als Urija zu ihm kam, fragte ihn Dawid, ob es um Joab befriedigend stehe, ob es ums Volk befriedigend stehe, ob es
   um den Kampf befriedigend stehe,

dann sprach Dawid zu Urija:

Steig hinab zu deinem Haus und laß dir die Füße baden.

Urija zog aus dem Haus des Königs,

hinter ihm her zog eine Auftragung der Königstafel,

aber Urija legte sich an den Einlaß des Königshauses, mit allen
   Dienern seines Herrn,

er stieg nicht zu seinem Haus hinab.

Man meldete es Dawid, sprechend:

Urija ist nicht zu seinem Haus hinabgestiegen.

Dawid sprach zu Urija:

Kommst du nicht von einem Weg?

weshalb bist du nicht zu deinem Haus hinabgestiegen?

Urija sprach zu Dawid:

In Hütten weilen der Schrein und Jifsrael und Jehuda,

auf der Fläche des Feldes sind mein Herr Joab und meines Herrn
    Diener gebettet,

und ich, ich sollte in mein Haus kommen, zu essen, zu trinken,
    bei meinem Weib zu liegen!

sowahr du lebst, sowahr deine Seele lebt: täte ich diese
    Sache, ...!

Dawid sprach zu Urija:

Verweile hierselbst auch den heutigen Tag, morgen entsende
    ich dich zurück.

Urija verweilte in Jerusalem an jenem Tag.

Am morgenden berief ihn Dawid, daß er vor ihm esse und
    trinke, er berauschte ihn.

Des Abends zog er von hinnen, bei den Dienern seines Herrn
    auf seinem Lager zu liegen,

zu seinem Haus stieg er nicht hinab.

In der Frühe geschahs dann:

Dawid schrieb einen Brief an Joab und sandte ihn durch die
    Hand Urijas,

im Brief aber schrieb er, sprach:

Bringt den Urija scharf an den stärksten Kampf

und kehrt euch hinter ihm ab, daß er erschlagen werde und
    sterbe.

So geschahs:

Als Joab die Stadt beobachtet hatte,

gab er Urija an den Platz, von dem er wußte, daß dort tüch-
    tige Männer waren.

Als dann die Männer der Stadt herauszogen und mit Joab
    kämpften,

fiel mancher vom Volk, von Dawids Dienstleuten, auch Urija
    der Chetiter starb.

Joab sandte aus und ließ Dawid allen Sachbericht des Kampfes
    melden,

er befahl dem Boten, sprechend:

Wenn du allbereits allen Sachbericht des Kampfes dem König
    berichtet hast,

es geschieht aber so:

die Zornglut des Königs fährt auf, er spricht zu dir:

Weshalb seid ihr an die Stadt gerückt um zu kämpfen?!

habt ihr nicht gewußt, daß man von der Mauer herunter zu
schießen pflegt?

wer hat Abimelech Sohn Jerubboschets erschlagen,

wars nicht ein Weib, das auf ihn her einen Läufer-Mühlstein
von der Mauer herabsandte, daß er sterben mußte, in
Tebez?

warum seid ihr an die Mauer gerückt? –

dann sprich:

Gestorben ist auch dein Diener Urija der Chetiter.

Der Bote ging, kam hin, meldete Dawid erst alles, womit
Joab ihn ausgesandt hatte,

dann sprach der Bote zu Dawid:

Ja denn,

die Männer waren uns übermächtig, sie zogen heraus ins Feld,
auf uns los,

wir waren an ihnen, bis an den Einlaß des Tors,

aber die Schützen über der Mauer schossen auf deine Diener
herab,

manche von den Dienern des Königs mußten sterben,

gestorben ist auch dein Diener Urija der Chetiter.

Dawid sprach zum Boten:

So sprich zu Joab:

Laß derlei Sache deine Augen nimmer erbosen,

denn derart, derart frißt eben das Schwert,

verstärke deinen Kampf gegen die Stadt und zertrümmere sie!

Bestärke ihn nur!

Als Urijas Weib hörte, daß Urija ihr Mann gestorben war,
ließ sie ihren Eheherrn bejammern.

Als aber die Trauer vorbei war, sandte Dawid, er ließ sie in
sein Haus einholen,

sie wurde sein Weib, sie gebar ihm einen Sohn.

Aber SEINE Augen erboste die Sache, die Dawid getan hatte.

ER sandte zu Dawid den Natan,

der kam zu ihm hin und sprach zu ihm:

In einer Stadt waren zwei Männer,

einer reich, einer arm.

Der Reiche hatte Schafe und Rinder, sehr viel,

der Arme hatte gar nichts als nur ein kleines Lämmchen,
das hatte er gekauft, hatte es am Leben erhalten,
es wuchs bei ihm auf, bei seinen Söhnen mitsammen,
von seinem Bissen aß es,
von seinem Becher trank es,
in seinem Schoße lag es,
es war ihm wie eine Tochter.
Da kam zu dem reichen Mann ein Reisegänger,
aber es dauerte ihn, von seinen Schafen oder von seinen Rin-
    dern zu nehmen, um für den Wandrer, der zu ihm ge-
    kommen war, etwas zu machen,
so nahm er das Lämmchen des armen Mannes und machte es
    zurecht für den Mann, der zu ihm hergekommen war.
Dawids Zorn entflammte mächtig wider den Mann,
er sprach zu Natan:
Sowahr ER lebt,
ein Sohn des Tods müßte ja der Mann sein, der solches tut,
ob er gleich das Lämmchen nur vierfach bezahlen muß, –
deswegen, daß er solche Sache getan, und dafür, daß es ihn
    nicht gedauert hat!
Natan sprach zu Dawid:
Du bist der Mann!
So hat ER gesprochen, der Gott Jiſsraels:
Ich selber habe dich zum König über Jiſsrael gesalbt,
ich selber habe dich aus der Hand Schauls gerettet,
ich gab dir das Haus deines Herrn, und die Weiber deines
    Herrn in deinen Schoß,
ich gab dir das Haus Jiſsrael und Jehuda,
und wars zu wenig, ich fügte dir dies und das noch hinzu, –
weshalb hast du MEINER Rede gespottet, das in seinen Augen
    Böse zu tun,
Urija den Chetiter hast du durchs Schwert erschlagen und
    sein Weib dir zum Weibe genommen!
Ihn hast du durch das Schwert der Söhne Ammons umge-
    bracht:
nunmehr soll das Schwert von deinem Hause allzeit nicht
    weichen, –
deswegen, weil du meiner gespottet hast und nahmst das
    Weib Urijas des Chetiters, daß sie dein Weib würde.

So hat ER gesprochen:

Wohlan,

ich lasse Böses über dich aus deinem Haus sich erheben,

ich nehme deine Weiber unter deinen Augen, ich gebe sie
    deinem Genossen,

er wird unter den Augen dieser Sonne bei deinen Weibern
    liegen –

ja: du, im Verborgnen hast dus getan,

ich aber, ich will diese Sache tun vor allem Jiſsrael und vor der
    Sonne.

Dawid sprach zu Natan:

Ich habe IHM gesündigt.

Natan sprach zu Dawid:

Hat ER auch deine Versündigung vorbeischreiten lassen,

daß du nicht sterben mußt,

jedoch,

weil du durch diese Sache gehöhnt, mit SEINEN Feinden ge-
    höhnt hast,

auch der Sohn, der dir geboren ist, sterben muß er, ster-
    ben.

Natan ging nach seinem Haus.

ER aber stieß zu auf das Neugeborne, das Urijas Weib Dawid
    geboren hatte, daß es hinsiechte.

Dawid suchte Gott um den Knaben,

Dawid fastete ein Fasten,

sooft er heimkam, nächtigte er auf der Erde liegend.

Die Ältesten seines Hauses erhoben sich um ihn, von der Erde
    ihn aufzuheben,

er aber wars nicht gesonnen und erfrischte sich nicht an
    Speise mit ihnen.

Am siebenten Tag geschahs: das Kind starb.

Dawids Diener fürchteten ihm zu melden, daß das Kind ge-
    storben war, denn sie sprachen:

Wohl, als das Kind am Leben war, redeten wir zu ihm, und
    er hörte nicht auf unsre Stimme,

wie sollen wir zu ihm sprechen: Das Kind ist gestorben?
    er könnte sich ein Böses antun!

Dawid sah, daß seine Diener miteinander flüsterten,

da merkte Dawid, daß das Kind gestorben war.

Dawid sprach zu seinen Dienern:

Ist das Kind gestorben?

Sie sprachen:

Es ist gestorben.

Dawid erhob sich von der Erde,

er badete, salbte sich, wechselte seine Kleider,

dann kam er in SEIN Haus und warf sich nieder.

Er kam in sein Haus zurück, verlangte, daß man ihm Speise
   vorsetze, aß.

Seine Diener sprachen zu ihm:

Was ist dies für eine Sache, die du tatest!

um das lebende Kind fastetest du, du weintest,

und nun das Kind gestorben ist, erhebst du dich, du issest
   Speise!

Er sprach:

Solang das Kind noch lebte, fastete ich, ich weine,

denn ich sprach zu mir: Wer weiß, ER könnte mirs ver-
   gönnen, daß das Kind lebe!

jetzt aber ists gestorben, wozu soll ich da fasten?

vermag ich es noch wiederkehren zu lassen?

ich gehe zu ihm,

es aber kehrt nicht zu mir.

Dawid tröstete sein Weib Batscheba,

er kam zu ihr und lag bei ihr.

Sie gebar einen Sohn und rief seinen Namen Schlomo, Friedreich.

ER liebte ihn und ließ ihn in die Hand Natans des Künders
   entsenden,

der rief um IHN seinen Namen Jedidja, Freund Ihm.

Joab kämpfte wider den Großort der Söhne Ammons und
   eroberte die Königstadt.

Dann sandte Joab Boten zu Dawid, er ließ sprechen:

Ich habe wider den Großort gekämpft, auch habe ich die
   Wasserstadt erobert,

jetzt aber ziehe das übrige Volk zusammen,

belagre die Stadt und erobre sie,

sonst muß ich die Stadt erobern, und mein Name wird über
   ihr gerufen.

Dawid zog alles Volk zusammen und ging gegen den Großort
   vor,
er kämpfte wider ihn und eroberte ihn,
er nahm die Krone ihres Königs von dessen Haupt,
ihr Gewicht ein Zentner Golds, darin ein kostbarer Stein,
der war hinfort an Dawids Haupt.
Sehr große Beute führte er aus der Stadt,
und das Kriegsvolk, das darin war, führte er hinaus,
er stellte sie an bei der Felssäge, bei den eisernen Picken und
   bei den eisernen Äxten und überwies sie an die Ziegelei.
So tat er an allen Städten der Söhne Ammons.
Dann kehrte Dawid und alles Volk nach Jerusalem.

Nachmals geschahs:

Abschalom Sohn Dawids hatte eine schöne Schwester, Tamar
   ihr Name,

in die verliebte sich Amnon Sohn Dawids.

Amnon wars zum Krankwerden bang, um Tamars seiner
   Schwester willen,

denn sie war Jungfrau, unerlangbar schien es in Amnons
   Augen, ihr etwas zu tun.

Amnon aber hatte einen Genossen, sein Name Jonadab, Sohn
   Schimas, Dawids Bruders.

Jonadab war ein sehr kluger Mann, er sprach zu ihm:

Weshalb bist du so elend, Königssohn, Morgen um Morgen
   so,

magst dus mir nicht vermelden?

Amnon sprach zu ihm:

Tamar, meines Bruders Abschalom Schwester, liebe ich.

Jonadab sprach zu ihm:

Lege dich auf dein Lager und gebärde dich krank,

kommt dann dein Vater, nach dir zu sehn, sprich zu ihm:

Möchte doch meine Schwester Tamar kommen, mich mit
   Speise erfrischen,

unter meinen Augen mache sie die Erfrischung, damit ich
   zusehe, ich aus ihrer Hand esse.

Amnon legte sich hin, er gebärdete sich krank,

als der König kam, nach ihm zu sehn, sprach Amnon zum
   König:

Möchte doch meine Schwester Tamar kommen

und unter meinen Augen zwei Herzkringel kringeln,

daß ich aus ihrer Hand mich erfrische.

Dawid schickte zu Tamar ins Haus, ließ sprechen:

Geh doch ins Haus deines Bruders Amnon und mache ihm
   jene Erfrischung!

Tamar ging ins Haus ihres Bruders Amnon, er lag da,

sie nahm den Teig, knetete, kringelte unter seinen Augen,

sott die Herzkringel,

dann nahm sie die Pfanne, schüttete es vor ihn hin.

Er aber weigerte sich zu essen.

Amnon sprach:

Führt jedermann von mir hinaus!

Als jedermann von ihm hinaus war, sprach Amnon zu Tamar:
Komm mit der Erfrischung her ins Binnengemach, daß ich
    aus deiner Hand mich erfrische.
Tamar nahm die Herzkringel, die sie gemacht hatte, sie kam
    damit zu ihrem Bruder Amnon ins Gemach
und reichte sie ihm zum Essen hin.
Er aber hielt sie mit Gewalt und sprach zu ihr:
Komm, liege bei mir, meine Schwester!
Sie sprach zu ihm:
Nimmer, mein Bruder! nimmer darfst du mich beugen,
denn so wird in Jifsrael nicht getan,
nimmer darfst du diese Schändlichkeit tun!
ich, wo sollt ich mit meinem Schimpf hingehn,
und du, wie einer der Schändlichen in Jifsrael wirst du sein!
Jetzt aber rede doch zum König, er wird mich ja dir nicht
    versagen.
Er aber war nicht gesonnen auf ihre Stimme zu hören,
er überwältigte sie, beugte sie, lag mit ihr.
Dann aber begann Amnon sie zu hassen, in sehr großem Haß,
ja, größer war der Haß, mit dem er sie haßte, als die Liebe,
    mit der er sie geliebt hatte.
Amnon sprach zu ihr:
Steh auf, geh.
Sie sprach zu ihm wegen dieser noch größeren Bosheit:
Noch über das andre, was du mir angetan hast!
mich fortzuschicken!
Er aber war nicht gesonnen auf sie zu hören,
er rief seinen Knaben her, seinen Aufwärter, und sprach:
Schickt doch diese fort, weg von mir, auf die Gasse!
und riegle die Tür hinter ihr ab!
Sie hatte eine knöchellange Schaube über,
denn in solche, als Mäntel, kleiden sich die Töchter der
    Könige, solang sie Jungfraun sind.
Sein Aufwärter führte sie hinaus nach der Gasse und riegelte
    hinter ihr ab.
Tamar nahm Staub über ihr Haupt,
die knöchellange Schaube, die sie überhatte, riß sie ein,
sie legte ihre Hand über ihr Haupt
sie ging, im Gehen schrie sie.

Ihr Bruder Abschalom sprach zu ihr:
Dein Bruder, Traut-Amnon, ist bei dir gewesen?
jetzt, meine Schwester, schweig,
es ist dein Bruder,
setze nimmer dein Herz an diese Sache!
Tamar weilte, eine Verödende, im Haus ihres Bruders Ab-
    schalom.
Der König Dawid hörte von all dieser Sache, er entflammte
    sehr.
Aber Abschalom redete hinfort nicht mit Amnon, weder
    Böses noch Gutes,
denn Abschalom haßte Amnon deswegen, daß er seine
    Schwester Tamar gebeugt hatte.

Es geschah zwei Jahre an Tagen darauf,
Abschalom hatte Schafschur in Baal Chazor, das bei Efrajim ist,
da berief Abschalom alle Söhne des Königs,
Abschalom kam zum König und sprach:
Dein Diener hat doch eben Schafschur,
möge doch der König und seine Diener deinem Diener gesellt
    hingehn!
Der König sprach zu Abschalom:
Nimmer, mein Sohn, nimmer doch können alle wir hingehn,
daß wir dich nicht beschweren.
Wie er auch in ihn drang, er war nicht gesonnen hinzugehn.
Schon wollte er ihn segnen,
da sprach Abschalom:
Und wenn nicht, so gehe doch mein Bruder Amnon mit uns.
Der König sprach zu ihm:
Wozu sollte er dir gesellt hingehn!
Als aber Abschalom weiter in ihn drang, schickte er Amnon
    und alle Königssöhne mit ihm.
Abschalom gebot seinen Knappen, sprechend:
Seht doch zu:
wann es Amnons Herzen beim Weine wohl ward,
ich aber spreche zu euch: Schlagt Amnon!,
tötet ihn dann, fürchtet nimmer, denn habe ichs selber nicht
    euch geboten?
haltet euch stark, seid tüchtige Burschen!

Abschaloms Knappen taten Amnon, wie Abschalom geboten
  hatte.
Alle Söhne des Königs standen auf,
ritten, jedermann auf seinem Maultier, hinweg, entflohn.
Es geschah: wie sie noch unterwegs waren, kam das Hörensagen zu Dawid, ein Sprechen:
Abschalom hat alle Söhne des Königs erschlagen,
nicht einer von ihnen ist überblieben.
Der König stand auf,
er riß seine Gewänder ein und legte sich auf die Erde,
während all seine Diener sich aufrichteten, mit eingerissenen
  Gewändern.
Da erwiderte Jonadab Sohn Schimas, Dawids Bruders, er
  sprach:
Nimmer spreche mein Herr: All die Knaben, die Königssöhne, haben sie getötet!
denn tot ist einzig Amnon,
denn auf Abschaloms Munde war das als Vorsatz vom Tag an,
  da jener seine Schwester Tamar beugte,
jetzt also setze mein Herr König nimmer sich im Herzen fest
  eine Rede,
ein Sprechen: Tot sind alle Königssöhne, –
sondern tot ist einzig Amnon,
Abschalom aber wird entwichen sein.
Der Knappe, der ausspähte, erhob seine Augen, er sah:
da, viel Volks, eben herübergehend vom Weg hinter ihm, von
  der Seite des Bergs her.
Jonadab sprach zum König:
Eben kommen die Königssöhne,
nach der Rede deines Dieners, so ist es geschehn.
Es geschah: als er vollendet hatte zu reden, kamen eben die
  Königssöhne selber.
Sie erhoben ihre Stimme, sie weinten,
auch der König und all seine Diener weinten, ein sehr großes
  Weinen.
Entwichen war Abschalom, er ging zu Talmaj Sohn Ammi-
  huds König von Geschur,
er aber trauerte um seinen Sohn all die Tage.

Entwichen war Abschalom und nach Geschur gegangen.

Als er drei Jahre dort gewesen war,

ließ der Geist des Königs endlich ab, gegen Abschalom auszufahren,

denn er hatte sich über Amnon, daß er tot war, getröstet.

Joab Sohn der Zruja erkannte, daß des Königs Herz auf Abschalom aus war,

da schickte Joab nach Tekoa, er ließ von dort eine weise Frau
holen

und sprach zu ihr:

Gebärde dich doch als Trauernde,

kleide dich doch in Trauergewänder,

mit Öl darfst du dich nimmer salben,

du mußt sein wie eine Frau, die nun schon viele Tage um
einen Toten trauert,

so kommst du zum König und redest zu ihm dieser Rede gleich.

Die Rede legte Joab in ihren Mund.

Als nun die tekoische Frau zum König sprechen sollte,

fiel sie auf ihre Stirn zur Erde, verneigte sich, sie sprach:

Hilf, o König!

Der König sprach zu ihr:

Was ist dir?

Sie sprach:

Ach weh, eine Witfrau ward ich, mein Mann ist tot,

zwei Söhne hatte deine Magd,

die zweie haben auf dem Feld gerauft, –

keiner, der rettend zwischen sie trat!

so schlug er ihn, der eine jenen einen, er tötete ihn,

und schon ist die Sippe allsamt wider deine Magd aufgestanden,

sie sprechen:

Gib ihn heraus, der seinen Bruder erschlug,

wir wollen ihn töten für die Seele seines Bruders, den er umgebracht hat,

wir wollen vertilgen! – Auch den Erben noch!

Auslöschen wollen sie meine Kohle, die noch verblieb!

um meinen Mann ganz ohne Namen und Nachbleib auf der
Fläche des Erdbodens zu lassen!

Der König sprach zu der Frau:

Geh nach deinem Haus,
ich selber werde deinetwegen gebieten.
Die tekoische Frau sprach zum König:
Auf mich, mein Herr König, trifffts als Verfehlung und auf das
    Haus meines Vaters,
unsträflich ist ja der König und sein Stuhl.
Der König sprach:
Wer etwas zu dir reden will, den heiße zu mir kommen,
er soll fortan nicht an dich rühren.
Sie sprach:
Der König gedenke doch IHN, deinen Gott
– der Bluteinlöser könnte zu viel verderben –:
daß sie meinen Sohn nicht vertilgen sollen!
Er sprach:
Sowahr ER lebt:
Fällt von den Haaren deines Sohns eines zur Erde, …!
Die Frau sprach:
Dürfte doch deine Magd eine Rede zu meinem Herrn König
    reden!
Er sprach:
Rede.
Die Frau sprach:
Warum also planst du dergleichen gegen Gottes Volk?!
ist ja der König, seit er diese Rede geredet hat, einem Schul-
    digen gleich geworden,
weil der König selbst seinen Verstoßnen ohne Wiederkehr
    läßt!
Denn:
Sterben Sterbliche wir,
ists wie Wasser, zur Erde verronnen,
das nicht aufzusammeln ist,
aber trug Gott eine Seele nicht hinweg,
plant er Planungen noch,
auch den Verstoßnen unverstoßen zu lassen vor ihm.
Und jetzt, wie ich herkam, zum König, meinem Herrn, diese
    Rede zu reden,
brachten sie mich ja, das Volk hier, zum Fürchten,
aber deine Magd sprach zu sich: Ich will doch zum König
    reden.

vielleicht wird der König dennoch es machen nach seiner
　　Sklavin Rede,
ja, erhören muß es der König, seine Sklavin aus der Faust des
　　Mannes zu retten,
der mich und meinen Sohn miteinander aus Gottes Eigentum
　　tilgen will!
deine Magd sprach zu sich: Möge mir doch die Rede meines
　　Herrn Königs zur Beruhigung werden!
einem Boten Gottes ja gleich, so ist mein Herr König,
das Gute und das Böse auseinanderzuhören, –
dasei E R, dein Gott, bei dir!
Der König antwortete, er sprach zur Frau:
Verhehle mir doch nimmer, wonach ich dich nun frage.
Die Frau sprach:
Möge mein Herr König doch reden.
Der König sprach:
Ist Joabs Hand mit dir in all diesem?
Die Frau antwortete, sie sprach:
Sowahr deine Seele lebt, mein Herr König,
ists möglich nach rechts oder links abzubiegen von allem, was
　　mein Herr König redet?!
ja, geboten hat mirs dein Diener Joab, er selber,
er selber hat in den Mund deiner Magd all diese Reden gelegt,
um das Antlitz des Beredeten zu wenden hat dein Diener Joab
　　diese Rede ausgemacht, –
aber mein Herr ist weise, an Weisheit einem Boten Gottes
　　gleich,
alles, was auf Erden ist, zu erkennen.
Der König sprach zu Joab:
Wohlan doch, ich mache es nach dieser Rede,
geh also, laß den Knaben, den Abschalom, wiederkehren.
Joab fiel auf sein Antlitz zur Erde,
er verneigte sich und segnete den König,
dann sprach Joab:
Heute hat dein Diener erkannt, daß ich Gunst in deinen Augen
　　gefunden habe, mein Herr König,
daran daß der König es nach der Rede seines Dieners macht.
Joab stand auf und ging nach Geschur,
er kam mit Abschalom nach Jerusalem zurück.

Der König sprach:
Er wende sich nach seinem Haus,
mein Antlitz soll er nicht sehn.
Abschalom wandte sich nach seinem Haus,
das Antlitz des Königs sah er nicht.
Nicht war aber ein Mann wie Abschalom schön,
in allem Jifrael sehr zu preisen,
von seines Fußes Sohle bis zu seinem Scheitel
war ein Gebrest nicht an ihm.
Beim Scheren seines Haupts
– es war Jahrtag um Jahrtag am Ende, daß ers scheren ließ,
wenn es ihm zu schwer wurde und ers scheren lassen mußte –
wog dann das Haar seines Haupts:
zweihundert Vollgewicht nach dem königlichen Aichstein.
Drei Söhne wurden Abschalom geboren
und eine Tochter, Tamar ihr Name, sie wurde ein Weib
    schön anzusehn.
Abschalom saß in Jerusalem ein Doppeljahr an Tagen und
    sah das Antlitz des Königs nicht.
Dann sandte Abschalom zu Joab, um ihn zum König zu
    senden,
aber er war nicht gesonnen zu ihm zu kommen,
er sandte noch ein zweites Mal, aber er war nicht gesonnen
    zu kommen.
Da sprach er zu seinen Dienern:
Seht das Feldteil Joabs mir zuseiten, er hat Gerste darauf,
geht, zündet es mit Feuer an!
Abschaloms Diener zündeten das Feldteil mit Feuer an.
Joab machte sich auf, kam zu Abschalom ins Haus und sprach
    zu ihm:
Warum haben deine Diener das Feldteil, das mein ist, mit
    Feuer angezündet?!
Abschalom sprach zu Joab:
Wohl, ich hatte zu dir gesandt, sprechen lassen: Komm her,
um auszusprechen:
Ich will dich zum König senden, –
wozu bin ich aus Geschur gekommen,
besser wärs mir, ich wäre noch dort,
und jetzt muß ich das Antlitz des Königs sehn,

west aber Verfehlung an mir, töte mich!
Joab kam zum König, er meldete es ihm.
Er berief Abschalom,
der kam zum König und warf sich auf seine Stirn zur Erde vor
    dem König,
der König aber küßte Abschalom.

Es geschah danach, daß Abschalom sich einen Wagen und
  Pferde anschaffte und fünfzig Mann, die vor ihm herliefen.
Frühmorgens pflegte sich Abschalom zu erheben und zuseiten des Wegs nach dem Ratstor hinzustehn,
so geschahs:
jeder Mann, der eine Streitsache hatte, die zum König hin
  zum Gericht kommen sollte,
dem rief Abschalom zu und sprach:
Von wo, welcher Stadt, bist du her?
Sprach der nun: Von einem der Stäbe Jifsraels ist dein Diener...,
dann sprach Abschalom zu ihm:
Sieh,
deine Reden sind gut und passend,
aber vom König aus wird dir kein Gehör.
Weiter sprach Abschalom:
Wer doch mich zum Richter einsetzte im Land,
daß an mich käme jedermann, der eine Streitsache und
  Rechtsforderung hat,
Wahrspruch erlangte ich ihm!
Es geschah,
wann jemand nahte, sich vor ihm niederzuwerfen,
streckte er seine Hand aus, faßte ihn, küßte ihn.
Derart tat Abschalom bei allem Jifsrael, denen, die zum Gericht
  zum König hin kamen,
das Herz stahl Abschalom den Männern von Jifsrael.

Es geschah gegen Ende der vierzig Jahre, daß Abschalom
  zum König sprach:
Ich will doch gehn und in Hebron mein Gelübde erfüllen, das
  ich Ihm gelobt habe,
denn ein Gelübde hat dein Diener gelobt, als ich in Geschur
  in Aram saß,
sprechend: Läßt Er mich heimkehren, nach Jerusalem
  kehren, will ichs Ihm abdienen.
Der König sprach zu ihm:
Geh in Frieden!
Er machte sich auf und ging nach Hebron.
Unter alle Stäbe Jifsraels aber sandte Abschalom Kundschafter
  aus, zu sprechen:

Sowie ihr den Schall der Posaune hört, sprecht:

Gekönigt in Hebron ist Abschalom!

Mit Abschalom gingen zweihundert Mann aus Jerusalem,
gerufen nur, in ihrer Einfalt gehend, von all der Abrede
wußten sie nichts.

Abschalom sandte nach Achitofel dem Giloniter, dem Rat
Dawids, von seiner Stadt, von Gilo aus.

Als er nun die Schlachtungen schlachtete, wurde die Verknotung straff,

fortgehend mehrte sich um Abschalom das Volk.

Die Meldung kam zu Dawid, man sprach:

Das Herz der Mannschaft Jifsraels ist hinter Abschalom.

Dawid sprach zu all seinen Dienern, die mit ihm in Jerusalem
waren:

Macht euch auf, wir müssen entweichen,

denn wir werden keine Zuflucht vor Abschalom haben,

eilet fortzugehn,

sonst eilt er herbei und erreicht uns und läßt das Übel auf uns
stürzen, schlägt die Stadt mit der Schneide des Schwerts!

Die Diener des Königs sprachen zum König:

Allwie mein Herr König wählt, – hier sind deine Diener.

Der König zog hinaus und all sein Haus in seinen Fußstapfen,
nur zehn Kebsweiber ließ der König zurück, das Haus zu verwahren.

Als nun der König hinauszog und alles Volk in seinen Fußstapfen,

blieben sie am Fernhaus stehn.

Dann schritten seitlich an ihm vorüber all seine Dienstleute,
alle Kretiter, alle Pletiter,

und am Antlitz des Königs vorüber schritten alle Gatiter,
sechshundert Mann, wie sie einst in seiner Fußspur aus Gat
gekommen waren.

Der König sprach zu Ittaj dem Gatiter:

Warum gehst auch du mit uns?

kehr dich hin, setz dich hin bei dem König,

denn fremdländisch bist du, und bist für deine Ortschaft ein
Ausgewanderter,

gestern erst war deine Ankunft, und heut sollte ich dich bewegen, uns gesellt dahinzugehn!

Ich gehe, wohin ich gehe, –
kehr um, laß deine Brüder umkehren,
Huld und Treue sei dir gesellt!
Ittaj antwortete dem König, er sprach:
Sowahr ER lebt, sowahr mein Herr König lebt:
ja, an dem Ort, wo mein Herr König sein wird,
ob zum Tod, ob zum Leben,
ja, dort wird dein Diener sein.
Dawid sprach zu Ittaj:
Geh also, schreite vor.
Ittaj der Gatiter schritt vor und all seine Mannen und aller
Troß, der mit ihm war.
Wie sie nun, alles Heervolk, vorschritten, weinten die Landleute alle mit lauter Stimme.
Der König war daran den Bach Kidron zu überschreiten,
während all das Volk vor seinem Antlitz her auf dem Weg
an der Wüste vorschritt.
Da war auch Zadok und alle Lewiten mit ihm, den Schrein
des Gottesbunds tragend,
sie setzten den Gottesschrein nieder und Ebjatar höhte dar,
bis all das Volk aus der Stadt ganz vorübergeschritten war.
Der König sprach zu Zadok:
Laß den Gottesschrein in die Stadt zurückkehren!
finde ich Gunst in SEINEN Augen,
dann wird er mich heimkehren lassen, mich den wiedersehn
lassen und seine Klause,
spricht er aber so: Ich habe nicht Lust an dir, –
da bin ich, er tue mir, wies in seinen Augen gut ist.
Weiter sprach der König zu Zadok dem Priester:
Der Seher bist du,
kehre in Frieden zur Stadt zurück,
Achimaaz dein Sohn und Jonatan Ebjatars Sohn, eure beiden
Söhne, mit euch, –
seht,
ich will an den Überfahrten der Wüste säumen,
bis Rede von euch kommt, mir etwas zu melden.
Umkehren ließ Zadok und Ebjatar den Gottesschrein nach
Jerusalem,
sie aber blieben dort.

Dawid stieg den Anstieg der Ölbäume zur Höhe.

Er weinte im Steigen,

umflort war das Haupt ihm,

barfuß ging er,

und alles Volk, das mit ihm war, sie umflorten jedermann sein
　　Haupt,

und stiegen zur Höhe, und weinten im Steigen.

Dawid — man meldete ihm, sprechend:

Unter den mit Abschalom Verknoteten ist Achitofel.

Dawid sprach:

Narre doch, D U, Achitofels Rat!

Es geschah, als Dawid bis auf das Hügelhaupt kam, wo man
　　sich vor Gott niederzuwerfen pflegt,

da: ihm entgegen Chuschaj, der Arkiter,

mit eingerissner Schaube, auf seinem Haupt Ackerstaub.

Dawid sprach zu ihm:

Schreitest du mit mir hinüber, wirst du mir nur zur Last
　　sein,

kehrst du aber zurück in die Stadt und sprichst zu Abschalom:

Dein Diener will ich, o König, sein,

deines Vaters Diener, ich wars von je,

jetzt aber: dein Diener bin ich, —

dann kannst du mir Achitofels Rat zerbröckeln.

Sind dort Zadok und Ebjatar, die Priester, nicht dir zugesellt?

so solls geschehn: alle Rede, die du aus dem Königshaus hörst,
　　meldest du Zadok und Ebjatar den Priestern,

da, ihre zwei Söhne sind dort ihnen gesellt, Achimaaz des
　　Zadok und Jonatan des Ebjatar,

durch die sendet ihr zu mir alle Rede, die ihr hört.

Als Chuschaj, Dawids Genosse, in die Stadt kam, sollte Ab-
　　schalom grad nach Jerusalem hereinkommen.

Ein wenig über das Hügelhaupt hinausgeschritten war Dawid,

da: ihm entgegen Ziba, Mefiboschets Altknappe, mit einer
　　Koppel gesattelter Esel,

auf denen zweihundert Brote, hundert Dörrtrauben, hundert
　　Sommerobstbündel und ein Zuber Weins.

Der König sprach zu Ziba:

Was willst du mit denen?

Ziba sprach:

Für das Haus des Königs zum Reiten sind die Esel,

zum Essen den Knappen das Brot und das Sommerobst,

zum Trinken den in der Wüste Ermüdeten der Wein.

Der König sprach:

Und wo ist der Sohn deines Herrn?

Ziba sprach zum König:

Der sitzt da in Jerusalem, denn er spricht:

Heut läßt das Haus Jiſsrael meines Vaters Königschaft zu mir
    heimkehren.

Der König sprach zu Ziba:

Da –

dein ist alles, was Mefiboschets war.

Ziba sprach:

Ich werfe mich nieder,

möge ich weiter Gunst in deinen Augen finden, mein Herr
    König.

Als der König Dawid bis nach Bachurim kam,

da zog von dort aus ein Mann, von der Sippschaft des Hauses
    Schauls, Schimi Sohn Geras sein Name,

zog daher, zog daher und lästerte,

schmiß nach Dawid und nach allen Dienern des Königs
    Dawid mit Steinen,

obwohl alles Kriegsvolk und alle Heldenwehr ihm zur
    Rechten und ihm zur Linken war.

Und so sprach Schimi in seinem Lästern:

Zieh ab, zieh ab,

Mann der Bluttaten,

Mann des Unheils!

heimkehren läßt E R über dich

alles Blut des Hauses Schauls,

an des Statt du König wardst!

das Königtum gab E R

in deines Sohns Abschalom Hand!

da bist du nun in deinem Übel,

denn ein Mann der Bluttaten bist du!

Abischaj Sohn der Zruja sprach zum König:

Warum soll dieser tote Hund meinen Herrn König lästern
    dürfen?!
ich will doch hinüber, will den Kopf ihm abtrennen!
Der König sprach:
Was ist mir und euch gemein, Zrujasöhne!
wenn er lästert,
wenn also E R zu ihm sprach: Lästre den Dawid! –
wer darf dann sprechen: Weswegen tust du so?!
Weiter sprach Dawid zu Abischaj und zu all seinen Die-
    nern:
Wohl, mein Sohn, der aus meinem Leibe fuhr, trachtet mir
    nach der Seele,
wie denn nun erst der Binjaminit!
Lasset ihn, er soll lästern,
wenn denn E R es ihm zusprach, –
vielleicht sieht dann E R auf mein Elend,
läßt mir Gutes E R wiederkehren
anstatt seiner Lästerung vom heutigen Tag.
Dawid ging weiter mit seinen Mannen auf dem Weg,
und an der Bergwange drüben ging Schimi,
im Gehen lästerte er und schmiß mit Steinen nach drüben,
    ließ Staub aufstäuben.
Der König kam und alles Volk, das mit ihm war, ermattet an,
wo er aufatmen konnte.

Abschalom aber und alle Volksmannschaft Jifsraels waren
    nach Jerusalem gekommen, und Achitofel mit ihm.
Wie dann Chuschaj, der Arkiter, Dawids Genosse, zu Ab-
    schalom kam, geschah:
Chuschaj sprach zu Abschalom:
Der König lebe! der König lebe!
Abschalom sprach zu Chuschaj:
Dies ist dein Holdsein mit deinem Genossen?
warum gingst du nicht mit deinem Genossen?
Chuschaj sprach zu Abschalom:
Mitnichten!
sondern den E R gewählt hat und dieses Volk, alle Mannschaft
    Jifsraels,
sein bin ich,

mit ihm bleibe ich;
und zum zweiten:
vor wem will ich diensttun?
nicht vorm Antlitz seines Sohns?
wie ich vorm Antlitz deines Vaters diensttat,
so will ich vor deinem Antlitz sein.

Abschalom sprach zu Achitofel:
Schafft ihr Rat, was wir tun sollen.
Achitofel sprach zu Abschalom:
Komm zu den Kebsen deines Vaters, die er hier ließ das Haus
    zu verwahren,
alles Jifsrael wird es hören, daß du dich bei deinem Vater an-
    rüchig gemacht hast,
dann werden die Hände aller, die mit dir sind, erstarken.
Man spannte für Abschalom das Zelt auf dem Dach auf,
und Abschalom kam zu den Kebsen seines Vaters vor den
    Augen alles Jifsraels.
Ein Rat von Achitofel aber, den er riet,
das war in jenen Tagen, wie wenn man die Rede Gottes be-
    fragt,
dem gleich galt aller Rat Achitofels, so bei Dawid so bei Ab-
    schalom.

Achitofel sprach zu Abschalom:
Möge ich doch zwölftausend Mann auswählen dürfen,
dranmachen will ich mich, will die Nacht noch Dawid nach-
    jagen,
dann komme ich über ihn, während er erschöpft und er-
    schlaffter Hände ist,
ich schrecke ihn auf, daß alles Volk, das mit ihm ist, flieht,
so erschlage ich einzig den König
und kehre dir das Volk zu:
wann so alles eingekehrt ist
– der Mann, den du suchst, all das Volk –,
wird schon Frieden sein!
Recht erschien die Rede in den Augen Abschaloms und in
    den Augen aller Ältesten Jifsraels.
Aber Abschalom sprach:

Man rufe doch auch Chuschaj den Arkiter,
daß wir auch, was in dessen Mund ist, hören.

Als Chuschaj zu Abschalom kam, sprach Abschalom zu ihm,
    sprach:

Solche Rede hat Achitofel geredet,
sollen wir seiner Rede nach tun?
oder nicht? dann rede du!

Chuschaj sprach zu Abschalom:
Nicht gut ist der Rat, den Achitofel diesmal riet.

Und weiter sprach Chuschaj:
Du selber kennst deinen Vater und seine Mannen,
daß sie Helden sind,
dazu seelenerbittert sind,
wie ein Bär, der Jungen verwaist, auf dem Feld, –
ein Kriegsmann ist dein Vater,
er wird das Volk nicht nächtigen lassen!
schon jetzt ist er wohl in einem der Schlupflöcher oder in
    der Standorte einem versteckt,
fällt er nun zu Beginn über die da her, könnts geschehn,
daß es hört wers hört, es spricht sich herum:
Ins Volk, das Abschalom nachfolgt, ist ein Niederstoß ge-
    schehn!
und wär der auch ein tüchtiger Bursch, dessen Herz wie das
    Löwenherz ist,
schmelzen würd es, zerschmelzen,
denn allem Jiſsrael ists bekannt,
daß dein Vater ein Held ist und, die mit ihm sind, tüchtige
    Burschen!

So rate ich denn:
zusammen, zusammengeholt werde zu dir alles Jiſsrael, von
    Dan bis Berscheba,
wie der Sand, der am Meer ist, die Menge,
und dein Antlitz muß mit ins Treffen gehn.

Kommen wir dann an ihn in einem der Standorte, wo er sich
    befinden mag,
so lassen wir uns auf ihn nieder, wie der Tau auf die Scholle
    fällt,
von ihm und von allen Mannen, die mit ihm sind, bleibt auch
    nicht einer übrig!

Wird er aber in eine Stadt eingeholt,
so trägt alles Jiſsrael Seile an jene Stadt
und wir schleifen sie zutal,
bis auch nicht ein Kiesel dort mehr zu finden ist!
Abschalom sprach, und alle Mannschaft Jiſsraels mit:
Gut ist Chuschajs des Arkiters Rat,
mehr als der Rat Achitofels!
E R nämlich hatte entboten, den guten Rat Achitofels zu zer-
    bröckeln,
damit E R das Übel auf Abschalom kommen lasse.
Chuschaj sprach zu Zadok und Ebjatar den Priestern:
Das und das riet Achitofel Abschalom und den Ältesten
    Jiſsraels,
und das und das riet ich,
jetzt aber sendet eilends hin, meldet Dawid, sprechend:
Nächtige nimmer noch die Nacht an den Überfahrten der
    Wüste,
was auch sei, fahr über, hinüber,
sonst droht dem König und allem Volk, das mit ihm ist, Ver-
    schlungenwerden.
Beim Walkerquell aber hatten ihren Stand Jonatan und
    Achimaaz,
die Magd ging hin und meldete ihnen, und sie gingen und
    meldeten dem König Dawid,
denn sie durften sich nicht sehen lassen, daß sie in die Stadt
    kämen.
Nun aber sah sie ein Knabe, der meldete es Abschalom.
Sie gingen eilends davon und kamen in das Haus eines Manns
    in Bachurim,
der hatte einen Brunnen in seinem Hof, in den ließen sie
    sich hinab,
das Weib nahm und breitete das Schirmtuch über die Mün-
    dung des Brunnens,
dann streute sie Graupen darüber,
daß nichts zu erkennen war.
Als nun Abschaloms Diener zu dem Weib ins Haus kamen
    und sprachen: Wo sind Achimaaz und Jonatan?,
sprach das Weib zu ihnen:
Die sind schon übern Wassertümpel hinaus,

Sie suchten, fanden aber nichts,
so kehrten sie nach Jerusalem zurück.
Es geschah nun, nachdem die gegangen waren:
sie stiegen aus dem Brunnen, gingen weiter und meldeten
　　dem König Dawid,
sie sprachen zu Dawid:
Macht euch auf, fahrt eilends übers Wasser,
denn so und so hat Achitofel euretwegen geraten.
Dawid machte sich auf, und alles Volk, das mit ihm war,
sie fuhren über den Jordan,
bis beim Aufleuchten des Morgens auch nicht einer fehlte, der
　　nicht über den Jordan gefahren wäre.
Als aber Achitofel sah, daß man nicht nach seinem Rate
　　getan hatte,
sattelte er den Esel, er machte sich auf und ging nach sei-
　　nem Haus, nach seiner Stadt,
da gebot er über sein Haus,
dann erdrosselte er sich, daß er starb,
Er wurde im Grab seines Vaters begraben.

Als Dawid schon nach Machanajim gekommen war, fuhr
　　Abschalom erst über den Jordan, er und alle Mannschaft
　　Jifsraels bei ihm.
Den Amafsa aber hatte Abschalom statt Joab über das Heer
　　gesetzt.
Amafsa war der Sohn eines Manns, dessen Name war Jitra
　　der Jischmaelit,
der war zu Abigal Tochter Nachaschs gekommen, Halb-
　　schwester Zrujas, der Mutter Joabs.
Dann lagerte Jifsrael und Abschalom im Lande Gilad.

Es geschah, als Dawid nach Machanajim kam:
da waren Schobi Sohn Nachaschs aus dem Großort der Söhne
　　Ammons, Machir Sohn Ammiels aus Lodbar und Barsillaj
　　der Giladit aus Roglim, –
Lagerstätten, Schalen und Töpfergerät,
dazu Weizen und Gerste, auch als Mehl und Geröst,
Bohnen und Linsen, auch als Geröst,
Honig und Sahne,

Schafe und eine Raufe Rinder
brachten sie Dawid und dem Volk, das mit ihm war, zum
    Essen,
denn sie hatten gesprochen:
Hungrig, matt, durstig ist das Volk in der Wüste geworden.

Dawid musterte das Volk, das mit ihm war,
er setzte über sie Obre von Tausendschaften und Obre von
    Hundertschaften,
dann sandte Dawid das Volk aus:
ein Drittel in der Hand Joabs,
ein Drittel in der Hand Abischajs Sohns der Zruja, Joabs
    Bruders,
ein Drittel in der Hand Ittajs des Gatiters.
Der König sprach zum Volk:
Ausziehn will auch ich, euch gesellt ausziehn.
Aber das Volk sprach:
Du darfst nicht ausziehn,
denn sollten wir fliehn müssen, fliehn, werden sie nicht ihr
    Herz an uns setzen,
und könnte auch die Hälfte von uns getötet werden, sie
    würden nicht ihr Herz an uns setzen,
denn du bist wie von uns zehn Tausendschaften,
so ists jetzt am besten, wenn du für uns dabist, zu Hilfe aus
    der Stadt.
Der König sprach zu ihnen:
Was in euren Augen das beste ist, will ich tun.
Der König trat zuseiten des Tors,
und nach Hundertschaften und nach Tausendschaften zogen
    sie aus, alles Volk.
Der König aber hatte Joab, Abischaj und Ittaj geboten,
    sprechend:
Gelinde mir mit dem Knaben, mit Abschalom!
Alles Volk, sie hörtens, wie der König allen Obern Abscha-
    loms wegen gebot.
Das Kriegsvolk zog ins Feld, Jifsrael entgegen.
In der Waldheide Efrajims war der Kampf,
dort wurde das Volk Jifsraels vor Dawids Dienstleuten hinge-
    stürzt,

groß war der Niedersturz dort an jenem Tag: zwanzigtausend.

Gedehnt über das Antlitz all der Landschaft war dort der Kampf,

der Wald fraß mehr vom Volk an jenem Tag, als das Schwert gefressen hatte.

Abschalom begegnete so dem Antlitz von Dawids Dienstleuten:

Auf einem Maultier ritt Abschalom,

wie nun das Maultier unter das Zweiggestrüpp der großen Gotteseiche kam,

verfing sein Haupthaar sich in der Eiche, daß er zwischen Himmel und Erde hingegeben war,

und das Maultier, das unter ihm war, lief weiter.

Ein einzelner Mann sahs, er meldete es Joab, er sprach:

Eben habe ich Abschalom in der Gotteseiche hangen gesehn.

Joab sprach zu dem Mann, ders ihm meldete:

Hast dus eben gesehn, weshalb hast du ihn dort nicht zur Erde heruntergeschlagen?

an mir wärs dann, dir zehn Silberstücke und einen Gürtel zu geben!

Der Mann sprach zu Joab:

Und wöge ich tausend Silberstücke in meinen Fäusten,

ich streckte nicht meine Hand gegen den Königssohn aus,

denn vor unsern Ohren hat der König dir, Abischaj und Ittaj geboten,

sprechend: Seid mir behutsam mit dem Knaben, mit Abschalom!

oder wollte ich auch meine Seele zur Lügnerin machen,

bleibt doch von allen Dingen nichts dem König verhohlen,

und du, abseits würdest du dich stellen!

Joab sprach:

Nicht mag ich so vor dir verharren.

Er nahm die drei Stäbe in seine Faust,

die stieß er auf das Herz Abschaloms, des noch Lebenden, zu,

auf die Herzmitte der Eiche zu.

Dann traten zehn Knappen, Joabs Waffenträger, rings an,

sie schlugen Abschalom herunter und töteten ihn.

Joab stieß in die Posaune,

so kehrte das Kriegsvolk um vom Jagen hinter Jifsrael her,
denn des Volks wollte Joab schonen.
Jene nahmen Abschalom,
warfen ihn im Wald in das große Loch
und erstellten über ihm einen sehr großen Steinwall,
während alles Jifsrael floh, jedermann nach seinen Zelten.
Abschalom aber hatte es einst unternommen:
er hatte sich bei seinem Leben ein Standmal erstellt, das im
    Königsgrund,
denn er hatte gesprochen:
Ich habe keinen Sohn, um deswillen man meines Namens ge-
    denken müßte.
Er hatte das Standmal nach seinem Namen gerufen,
man ruft es: Abschaloms Hand, bis auf diesen Tag.

Gesprochen hatte Achimaaz Sohn Zadoks:
Ich will doch hinlaufen und dem König berichten,
daß ER ihm Recht geschafft hat vor der Hand seiner Feinde.
Joab sprach zu ihm:
An diesem Tag sollst nicht du der Mann des Berichts sein,
du magst an einem andern Tag berichten, aber an diesem
    Tag berichte nicht,
denn es ist nun einmal der Sohn des Königs, der tot ist!
Dann sprach Joab zum Mohren:
Geh, melde dem König, was du gesehen hast.
Der Mohr warf sich vor Joab nieder und lief.
Aber immer noch weiter sprach Achimaaz Sohn Zadoks zu
    Joab:
Geschehe was mag,
laß doch auch mich hinlaufen, hinter dem Mohren her.
Joab sprach:
Wozu nur willst du laufen, mein Sohn,
das ist für dich kein ersprießlicher Bericht.
– Geschehe was mag, ich laufe hin.
Er sprach zu ihm:
So lauf!
Achimaaz lief den Gauweg und überholte den Mohren.
Dawid saß grad zwischen den beiden Torpforten.
Der Späher ging auf der Mauer aufs Tordach zu,

er hob seine Augen, er sah: da läuft eben her ein einzelner
  Mann.
Der Späher rief es aus, und man meldete es dem König.
Der König sprach:
Ist er einzeln, ist Nachricht in seinem Mund.
Indes aber jener sich fortgehend, fortgehend näherte,
sah der Späher einen andern Mann laufen.
Der Späher rief dem Torwart zu, er sprach:
Da läuft eben her noch ein einzelner Mann.
Der König sprach:
Auch der hat zu berichten.
Der Späher sprach:
Ich sehe den Lauf des ersten für den Lauf des Achimaaz Sohns
  Zadoks an.
Der König sprach:
Ein guter Mann ist der,
er kommt zu gutem Bericht.
Achimaaz rief, sprach den König an:
Frieden!
Er warf sich auf seine Stirn vor dem König nieder zur Erde
  und sprach:
Gesegnet E R, dein Gott,
der ausgeliefert hat die Männer,
die ihre Hand gegen meinen Herrn König erhoben hatten!
Der König sprach:
Ist der Knabe, ist Abschalom in Frieden?
Achimaaz sprach:
Ich sah das große Getümmel,
als den Königsdienstknecht da Joab entsandte und deinen
  Diener,
aber ich weiß nicht, was es war.
Der König sprach:
Tritt her und bleib hier stehn.
Er trat hin und wartete.
Eben kam der Mohr.
Der Mohr sprach:
Berichten lasse sich mein Herr König,
denn Recht geschafft hat E R dir heuttags
vor der Hand aller, die sich wider dich empörten!

Der König sprach zum Mohren:

Ist der Knabe, ist Abschalom in Frieden?

Der Mohr sprach:

Wie dem Knaben, geschehe meines Herrn Königs Feinden übel,

allen, die sich wider dich empörten!

Der König erbebte,

er stieg hinauf auf den Aufbau des Tors,

er weinte,

und so sprach er im Gehn:

Mein Sohn Abschalom!

mein Sohn!

mein Sohn Abschalom!

wer gäbs,

daß ich selber statt deiner gestorben wäre,

Abschalom, mein Sohn, mein Sohn!

Als man Joab meldete: Da weint der König und trauert um Abschalom!,

wurde die Siegbefreiung an jenem Tag all dem Volk zur Trauer,

denn das Volk hörte an jenem Tag sprechen: Der König grämt sich um seinen Sohn!

So stahl das Kriegsvolk an jenem Tag beim Kommen sich in die Stadt,

wie sich Volk hineinstiehlt, die sich in ihrem Fliehen im Kampf schimpflich zeigten.

Der König aber hatte sein Antlitz verhüllt,

mit lauter Stimme schrie der König:

Mein Sohn Abschalom,

Abschalom, mein Sohn, mein Sohn!

Joab kam zum König ins Haus, er sprach:

Du beschämst heuttags das Antlitz all deiner Diener,

die heuttags deine Seele entrinnen ließen, die Seele deiner Söhne und deiner Töchter, die Seele deiner Weiber und die Seele deiner Kebsen,

indem du liebst, die dich hassen,

indem du hassest, die dich lieben!

Deutlich ja machst dus heuttags:

ja, Obre und Dienstleute sind dir nichts!

ich weiß ja seit heut:

ja, lebte nur Abschalom und wir alle wären heut tot,

ja, dann wärs in deinen Augen recht!

Jetzt also mache dich auf,

tritt heraus,

rede zum Herzen deiner Diener!

Denn ich habe mich bei IHM verschworen:

wird, wenn du nicht heraustrittst, auch nur ein Mann noch
　　die Nacht mit dir nächtigen, …!

Übler würde dir das als alles Übel, das von deiner Jugend bis
　　jetzt über dich kam!

Der König machte sich auf, er setzte sich ins Tor.

Und allem Volk bedeutete man, sprechend:

Da, im Tor sitzt der König!

Alles Volk kam vor das Antlitz des Königs.

Als Jiſrael geflohn war, jedermann nach seinen Zelten,
geschahs, daß in allen Stäben Jiſraels alles Volk einander ver-
    urteilte, sprechend:
Gerettet hat uns aus der Faust unsres Feindes der König,
entrinnen ließ uns er aus der Faust der Philister,
und jetzt hat er vor Abschaloms Aufstand aus dem Land ent-
    weichen müssen!
gestorben im Kampf ist, den wir über uns gesalbt haben, Ab-
    schalom:
jetzt also – warum haltet ihr euch still, statt den König zu-
    rückzubringen?!
Auch der König Dawid selber sandte zu Zadok und zu
    Ebjatar den Priestern, zu sprechen:
Redet zu den Ältesten Jehudas, sprecht:
Warum wollt ihr hintan sein, den König in sein Haus zurück-
    zubringen
– gekommen war nämlich zum König hin jene Rede alles
    Jiſrael in sein Haus –,
ihr seid meine Brüder,
seid mein Bein und mein Fleisch,
warum wollt ihr hintan sein, den König zurückzubringen?!
Und zu Amaſsa sprecht:
Bist du nicht mein Bein und mein Fleisch?
so tue mir Gott, so füge er hinzu:
wirst du nicht Heeresoberster vor mir statt Joabs alle Tage!
Damit neigte er das Herz aller Mannschaft Jehudas wie eines
    einzigen Manns,
sie sandten zum König:
Kehre zurück, du und all deine Diener!
Der König kehrte zurück, er kam bis an den Jordan.
Indes war Jehuda nach Gilgal zusammengekommen,
dem König entgegenzugehn,
den König über den Jordan zu führen.
Schimi Sohn Geras aber, der Binjaminit, der von Bachurim, eilte
– er war nämlich der Mannschaft Jehudas gesellt hinabgezogen,
    dem König Dawid entgegen,
ihm gesellt tausend Mann von Binjamin –,
und Ziba, der Altknappe des Hauses Schauls, seine fünfzehn
    Söhne und seine zwanzig Dienstknechte mit ihm,

die wateten durch den Jordan vorm Antlitz des Königs und
    führten die Fähre hinüber,
um das Haus des Königs herüberzufahren und was seinen
    Augen gutdünkte zu tun.
Schimi Sohn Geras fiel, als er über den Jordan war, vors Ant-
    litz des Königs nieder,
er sprach zum König:
Nimmer rechne mein Herr mir Verfehlung zu,
gedenke nimmer, wie dein Diener sich verfehlte am Tag,
    als mein Herr König aus Jerusalem fortwanderte,
daß der König es sich ans Herz legen sollte!
dein Diener weiß ja:
ja, ich habe gesündigt!
da bin ich also heuttags als erster von allem Haus Jofsef ge-
    kommen,
meinem Herrn König entgegen herunterzuziehn.
Abischaj Sohn der Zruja entgegnete, er sprach:
Soll Schimi nicht getötet werden dafür,
daß er SEINEN Gesalbten gelästert hat?!
Dawid aber sprach:
Was ist mir und euch gemein, Zrujasöhne?!
heute denn wollt ihr mir zum Hinderer werden?
heute sollte jemand getötet werden in Jifsrael?
weiß ich denn nicht, daß ich erst heute König über Jifsrael
    bin?!
Der König sprach zu Schimi:
Du sollst nicht getötet werden!
Der König beschwor es ihm.

Heruntergezogen, dem König entgegen, war auch Mefi-
    boschet, Schauls Enkelsohn.
Er hatte seine Füße nicht zurechtgemacht,
hatte seinen Lippenbart nicht zurechtgemacht,
und seine Gewänder hatte er nicht gewaschen
vom Tag, da der König fortging, bis zum Tag, an dem er in
    Frieden wiederkam.
Es geschah, als er von Jerusalem dem König entgegen-
    kam,
daß der König zu ihm sprach:

Warum bist du nicht mit mir gegangen, Mefiboschet?
Er sprach:
Mein Herr König,
betrogen hat mich mein Diener!
denn dein Diener hatte gesprochen:
Ich will mir doch den Esel satteln lassen,
daß ich darauf reite,
mit dem König will ich gehn!
denn dein Diener hinkt.
Der da aber hat deinen Diener bei meinem Herrn König ver-
     leumdet!
Aber einem Boten Gottes gleich ist mein Herr König,
so tue, was deinen Augen gutdünkt!
denn nichts war alles Haus meines Vaters für meinen Herrn
     König als Männer des Todes,
du aber hast deinen Diener unter die gesetzt, die an deinem
     Tisch essen!
was hätte ich nun noch für ein Anrecht?
etwa noch, zum König zu schreien?!
Der König sprach zu ihm:
Wozu redest du noch weiter deine Rede?
ich spreche:
du und Ziba,
ihr teilet das Feldergut.
Mefiboschet sprach zum König:
Mag er auch alles nehmen,
nachdem mein Herr König in Frieden zu seinem Hause kam!

Mitherabgezogen war Barsillaj der Giladit aus Roglim,
er fuhr mit dem König über den Jordan, doch nur um ihn die
     Jordanstrecke zu geleiten.
Sehr alt nämlich war Barsillaj, ein Achtzigjähriger,
er hatte den König versorgt, als er in Machanajim saß,
denn er war ein großmächtiger Mann.
Nun sprach der König zu Barsillaj:
Du fahre mit mir hinüber,
ich will dich bei mir in Jerusalem versorgen.
Barsillaj sprach zum König:
Wie viele wohl sind die Tage der Jahre meines Lebens,

daß ich mit dem König hinauf nach Jerusalem sollte?!
ich hier bin heuttags ein Achtzigjähriger,
weiß ich Bescheid zwischen Gutem und Üblem?
oder schmeckt dein Diener, was ich esse, was ich trinke?
oder horche ich noch auf die Stimme der Sänger und der
    Sängerinnen?
wozu soll dein Diener meinem Herrn König noch zur Last
    sein!
Nur eben über den Jordan wird dein Diener mit dem König
    fahren,
wozu aber sollte der König mit diesem Lohne mir lohnen?
Dürfte doch dein Diener heimkehren,
daß ich sterbe in meiner Stadt, beim Grab meines Vaters und
    meiner Mutter!
Aber da ist dein Diener Kimham, er möge meinem Herrn
    König beigesellt hinüberfahren,
tu ihm, was deinen Augen gutdünkt.
Der König sprach:
Mit mir soll Kimham hinüberfahren,
das deinen Augen Gutdünkende will ich ihm tun,
und dir will ich alles tun, was du mir aufzuerlegen wählst.
Alles Volk war über den Jordan gefahren,
nun fuhr hinüber der König.
Der König küßte Barsillaj, er segnete ihn,
und der kehrte an seinen Ort zurück,
der König aber fuhr weiter nach Gilgal, und Kimham fuhr
    mit ihm.

Herübergeführt hatte den König alles Volk Jehudas
und vom Volk Jiſraels auch eine Hälfte.
Da nun kamen die zum König, alle Mannschaft Jiſraels,
sie sprachen zum König:
Weshalb haben dich unsre Brüder, die Mannschaft Jehudas
gestohlen,
daß sie den König und sein Haus über den Jordan führen
durften,
sind doch alle Männer Dawids sein Volk!
Aber alle Mannschaft Jehudas antwortete wider die Mannschaft Jiſraels:
Der König ist mir ja blutsnah!
und:
Warum nur entflammts dich um diese Sache?
haben wir vom König gefressen, was weggefressen?
oder wolln wirs forttragen, hinwegtragen für uns?
Aber die Mannschaft Jiſraels antwortete der Mannschaft
Jehudas, sie sprach:
Zehn Hände halten mir an jedem König,
und auch bei Dawid bin ich dir voraus!
weshalb also achtest du mich so gering?
und:
War nicht meine Rede, meine, die erste,
meinen König zurückzubringen?!
Dann wurde wieder die Rede der Mannschaft Jehudas härter
als die Rede der Mannschaft Jiſraels.
Nun traf es sich, daß dort ein heilloser Mann war, sein
Name Scheba Sohn Bichris, ein Binjaminmann,
der stieß in die Posaune und sprach:
Wir haben keinen Anteil an Dawid,
nicht Eigen am Jischajsohn wir,
jedermann zu seinen Zelten,
Jiſrael!
Da zog alle Mannschaft Jiſraels hinter Dawid weg,
hinter Scheba Sohn Bichris her,
die Mannschaft Jehudas aber, die hafteten an ihrem
König,
vom Jordan bis nach Jerusalem.
So kam Dawid in sein Haus nach Jerusalem.

Der König nahm die zehn Kebsweiber, die er das Haus zu
  verwahren daheimgelassen hatte,
er gab sie in ein Haus des Gewahrsams, er versorgte sie,
aber er kam nicht mehr zu ihnen,
sie blieben abgeschnürt bis zum Tag ihres Todes, in einer
  Witwenschaft bei Lebzeiten.
Dann sprach der König zu Amaſſa:
Laß mir die Mannschaft Jehudas zusammenschreien,
ein Tagdritt, dann stelle du dich hier wieder ein.
Amaſſa ging, Jehuda zusammenschreien zu lassen,
aber er säumte über die Frist, die er ihm befristet hatte.
Da sprach Dawid zu Abischaj:
Nun wird Scheba Sohn Bichris übler für uns werden als Abschalom war,
nimm du die Dienstleute deines Herrn und jage hinter ihm
  her,
sonst möchte er befestigte Städte finden, die für ihn sind, und
  könnte unser Auge beschatten.
Die Mannen Joabs fuhren hinter ihm aus, die Kretiter und
  Pletiter und alle Heldenwehr,
von Jerusalem fuhren sie aus, um hinter Scheba Sohn Bichris
  herzujagen.
Wie sie bei dem großen Stein, dem in Gibon, waren, kam
  ihnen zu Gesicht Amaſſa.
Joab – sein Koller war um seine Kleidung gegürtet,
gleich über der aber war der Gurt eines Schwerts, über seinen
  Hüften wars gekoppelt in seiner Scheide,
herausfahren ließ ers nun, es fiel vor,
Joab sprach zu Amaſſa:
Bist du wohlauf, mein Bruder?
indes griff die rechte Hand Joabs an Amaſſas Bart, ihn zu
  küssen.
Amaſſa wahrte sich nicht vor dem Schwert, das in Joabs
  andrer Hand war,
der schlug ihn damit in den Bauch, daß er seine Eingeweide
  zur Erde schüttete,
es bedurfte nicht des zweiten Mals für ihn, er starb.
Während Joab mit Abischaj seinem Bruder weiter hinter
  Scheba Sohn Bichris herjagte,

blieb ein Mann von Joabs Knappen neben jenem stehn, der
   sprach:
Wers mit Joab hält,
wer für Dawid ist,
hinter Joab her!
Aber im Blut wälzte sich mitten auf dem Straßendamm Amaſsa.
Als der Mann sah, daß alles Volk stehn blieb,
rollte er Amaſsa vom Straßendamm ins Feld und warf ein
   Gewand über ihn:
allwer an ihn gekommen war – sowie ers sah, war er stehn
   geblieben.
Sowie er nun vom Straßendamm weggeschoben war,
zog alle Mannschaft Jehudas vorüber, hinter Joab her,
hinter Scheba Sohn Bichris herzujagen.
Der hatte alle Stäbe Jiſsraels durchzogen bis nach Abel Bet
   Maacha,
aber die achteten ihn gering, nur eben alle Bichrileute waren
   hinter ihm hergekommen.
Nun kamen jene und engten ihn in Abel Bet Maacha ein,
sie schütteten einen Damm gegen die Stadt auf, der stand bis
   an die Schutzwehr,
und alles Volk, das mit Joab war, die wühlten sich heran,
   die Mauer zu Fall zu bringen.
Da rief eine weise Frau aus der Stadt:
Hört! hört! sprecht doch zu Joab:
Nahe hierher, daß ich zu dir reden kann!
Als er sich ihr genähert hatte, sprach die Frau:
Bist du Joab?
Er sprach:
Ich bins.
Sie sprach zu ihm:
Höre die Rede deiner Magd!
Er sprach:
Ich höre.
Sie sprach im Spruch:
Rede pflegte man einstmals zu reden, im Spruch:
Frage erfragt man in Abel –
und so schlichtete man!
Ich,

das sind Friedenserfahrene, Treuebewahrende von Jifsrael,
du
trachtest zu töten eine Stadt: eine Mutter in Jifsrael –
warum willst du SEIN Eigen verschlingen?!
Joab antwortete, er sprach:
Weitab, weitab mir,
daß ich verschlinge,
daß ich unterwühle!
Nicht um solches ist die Rede,
sondern ein Mann vom Gebirge Efrajim, Scheba Sohn Bichris
    sein Name,
der hat seine Hand wider den König, wider Dawid erhoben,
gebt ihn allein heraus,
sodann gehe ich hinweg von der Stadt!
Die Frau sprach zu Joab:
Wohl, sein Kopf wird dir über die Mauer zugeworfen.
Die Frau kam mit ihrer Weisheit an alles Volk,
sie hieben Scheba Sohne Bichris den Kopf ab und warfen ihn
    Joab zu.
Der stieß in die Posaune,
sie zerstreuten sich von der Stadt hinweg, jedermann zu
    seinen Zelten,
Joab aber kehrte nach Jerusalem zum König zurück.

Wieder war über alle Heerschar Jifsraels Joab.
Über die Kretiter und über die Pletiter: Bnaja Sohn Jeho-
    jadas,
über die Fron: Adoram,
der Erinnerer: Jehoschafat Sohn Achiluds,
Schreiber: Schwa,
Priester: Zadok und Ebjatar.
Priesterrang bei Dawid hatte auch Ira der Jairit.

Es war einst in Dawids Tagen eine Hungersnot,
drei Jahre lang, Jahr nach Jahr.
Da suchte Dawid SEIN Antlitz auf.
E R sprach:
Blutschuld ist an Schaul und an seinem Haus
darob, daß er jene Giboniter getötet hat.
Der König berief die Giboniter und sprach zu ihnen
– die Giboniter, die sind nicht von den Söhnen Jiſsraels, son-
    dern vom Rest des Amoriters,
aber die Söhne Jiſsraels haben ihnen zugeschworen,
Schaul jedoch in seinem Eifer für die Söhne Jiſsraels und
    Jehudas suchte sie zu erschlagen –,
Dawid also sprach zu den Gibonitern:
Was soll ich euch tun,
womit kann ichs bedecken?
nur segnet dann SEIN Eigentum wieder!
Die Giboniter sprachen zu ihm:
Um kein Silber und Gold ists uns mit Schaul und mit seinem
    Haus,
unter Jiſsrael selbst ists uns um keinen Mann, ihn zu töten.
Er sprach:
Was sprecht ihr an?
ich tue es euch!
Sie sprachen zum König:
Der Mann, der uns den Garaus machen wollte,
der trachtete, uns, unsern Bestand in aller Gemarkung
    Jiſsraels auszutilgen,
von dessen Söhnen gebe man uns sieben Männer,
die wollen wir I H M renken im Giba Schauls SEINES Erwähl-
    ten.
Der König sprach:
Ich gebs.
Aber der König ließ sichs dauern Mefiboschets Sohns Jonatans
    Sohns Schauls,
des Schwurs wegen bei I H M, der zwischen ihnen war, zwi-
    schen Dawid und Jonatan Sohn Schauls.
So nahm der König
die zwei Söhne Rizpas Tochter Ajas, die sie Schaul geboren
    hatte, Armoni und Mefiboschet,

und die fünf Söhne Merabs Tochter Schauls, die sie dem
Adriel Sohn Barsillajs des Mecholatiters geboren hatte,
er gab sie in die Hand der Giboniter.
Die renkten sie auf dem Berge vor IHM,
sie fielen, die sieben, mitsammen.
Diese wurden getötet in den Tagen der Ernte, in den ersten,
zu Beginn der Gerstenernte.
Da nahm Rizpa Tochter Ajas die Sackleinwand,
die spannte sie sich über dem Fels auf, vom Erntebeginn an:
bis daß Wasser vom Himmel auf sie niederflösse, –
sie gab nicht zu,
daß der Vogel des Himmels auf ihnen ruhte bei Tag
noch das Wild des Feldes bei Nacht.
Es wurde Dawid gemeldet, was Rizpa Tochter Ajas, Schauls
Kebse, getan hatte.
Dawid ging,
er übernahm die Gebeine Schauls und die Gebeine Jonatans
seines Sohns von den Bürgern zu Jabesch in Gilad,
die sie von der Torfreiheit zu Bet Schan gestohlen hatten,
wo die Philister sie hingehängt hatten am Tag, als die Philister
Schaul am Gilboa schlugen,
hinauf brachte er von dort die Gebeine Schauls und die Gebeine Jonatans seines Sohns,
sie holten die Gebeine der Gerenkten ein
und begruben sie mit den Gebeinen Schauls und Jonatans
seines Sohns
im Lande Binjamin, in einer Seitenkammer in der Grabstatt
Kischs seines Vaters.
Als sie alles getan hatten, was der König gebot,
danach ließ Gott sich dem Lande erflehn.

Einst war wieder Kampf der Philister mit Jiſsrael,
Dawid zog hinab und seine Diener bei ihm, und sie kämpften
    mit den Philistern.
Da, als Dawid ermattet war, fing ihn Bnab, der von den
    Erzeugten jenes Gespenstischen war
– das Gewicht seiner Lanze war dreihundert Vollgewicht
    Erz, und er war eben neu schwertgegurtet worden –,
schon sprach er sich zu, Dawid zu erschlagen,
aber Abischaj half ihm heraus, der Sohn der Zruja,
er schlug den Philister, er tötete ihn.
Damals verschworen die Mannen Dawids sich für ihn,
    sprechend:
Du darfst nicht wieder mit uns zum Kampf ausfahren,
daß du die Leuchte Jiſsraels nicht verlöschest!

Hernach wars, als wieder Kampf war mit den Philistern, bei
    Gob,
damals erschlug Sſibchaj der Chuschaiter den Sſaf, der von
    den Erzeugten jenes Gespenstischen war.

Und wieder war Kampf mit den Philistern bei Gob,
da erschlug Elchanan Sohn Jaaris der Betlehemiter Goljat den
    Gatiter, – dessen Lanzenholz war wie ein Weberbaum.

Und wieder war ein Kampf, bei Gat,
da war ein Mann von Unmaßen,
der Finger an seinen Händen und der Zehen an seinen Füßen
    waren je sechs und sechs, vierundzwanzig an Zahl,
auch der war ein Erzeugter jenes Gespenstischen,
er höhnte Jiſsrael,
aber Jonatan Sohn Schimas, Dawids Bruders, erschlug ihn.

Diese vier also, die waren von jenem Gespenstischen in Gat
    erzeugt,
sie fielen durch Dawids Hand und durch die Hand seiner
    Diener.

Dawid redete zu IHM die Rede dieses Gesangs
am Tag, da ER ihn aus der Faust all seiner Feinde und aus der
   Faust Schauls gerissen hatte,
er sprach:

DU, mein Schroffen, mein Bergnest,
du mir, was mich entrinnen macht,
mein Gott, mein Fels, an den ich mich schmiege,
mein Schild, Horn meiner Freiheit,
mein Horst, meine Zuflucht,
mein Befreier,
von der Unbill befreist du mich.
Gepriesen, rufe ich, ER, –
schon bin ich von meinen Feinden befreit,

Ja, mich umtobten Brandungen Todes,
Sturzbäche Unheils umgrausten mich,
Stricke des Gruftreichs umrangen mich,
mich überraschten Schlingen des Tods.
Da mir angst war, rufe ich IHN,
ich rufe zu meinem Gott,
von seiner Halle hörte er meine Stimme,
mein Notschrei war schon in seinen Ohren.

Da schütterte, zitterte die Erde,
die Gründe der Himmel erbebten,
erschüttert, denn auf flammte er.
Hoch entstieg Dampf seiner Nase,
Feuer fraß aus seinem Mund,
Kohlengluten zündeten draus.

Er neigte die Himmel, fuhr nieder,
Wetterdunkel ihm unter den Füßen,
er ritt auf dem Cherub, flog an,
schoß herab auf Schwingen des Sturms.
Finsternis setzte er nun
rings um sich als Verschirmung,
Wirbelnabe der Wasser,
Dickichtkern der Lüfte,
doch von dem Schein vor ihm her

zündete Feuerglut noch.
Von Himmeln donnert E R her,
der Hohe gibt aus seine Stimme,
Pfeile schickt er, sprengt sie um,
Blitze, tummelt sie hin.
Sichtig wurden die Betten der Wasser,
offenbar die Gründe des Festlands,
bei SEINEM Dräuen,
vom Sturmanhauch seiner Nase.

Er schickt von oben, er nimmt mich,
er enttaucht mich den vielen Wassern,
er entreißt mich meinem trotzigen Feind,
meinen Hassern, denn sie waren zu stark mir.
Sie überraschten mich am Tag meines Scheiterns,
aber E R ist mir zur Stütze geworden,
in die Weite hat er mich herausgeholt,
schnürt mich los, denn er hat an mir Lust.

E R läßt mirs reifen nach meiner Bewährung,
nach der Lauterkeit meiner Hände wendet er mir zu.
Ja, ich habe SEINE Wege gehütet,
von meinem Gott habe ich mich nicht fortgefrevelt.
All seine Rechtsworte sind ja vor mir,
seine Satzungen, nicht weich ich davon.
Schlicht bin ich auf ihn zu gewesen,
vor meinem Fehl habe ich mich gehütet.

E R wandte mir zu nach meiner Bewährung,
nach meiner Lauterkeit vor seinen Augen.
Mit dem Holdmütigen bist du hold,
mit dem heldisch Schlichten bist du schlicht,
mit dem Geläuterten bist du lauter,
aber mit dem Krummen bist du gewunden.
Gebeugtes Volk machst du frei,
deine Augen auf die Überheblichen, die du erniederst.

Ja, meine Leuchte bist D U!
E R durchglänzt meine Finsternis.
Ja, mit dir berenn ich die Zinne,
mit meinem Gott erspring ich die Schanze.

Der Gottherr, schlicht ist sein Weg,
schlackenlos ist SEIN Spruch,
ein Schild ist er allen, die sich an ihn schmiegen.

Ja, wer ist Gott außer IHM,
wer ein Fels außer unserem Gott!
dem Gottherrn, der mit Macht mich umtrutzt,
mich schlichtgemut hüpfen läßt meinen Weg!
Er macht mir die Füße hindinnengleich,
auf meine Koppen stellt er mich hin,
er belehrt meine Hände zum Kampf,
läßt meine Arme den Erzbogen spannen.
Du gabst mir den Schild deiner Freiheit,
dein Beugen noch macht mich reich.

Du weitest meinen Stapf unter mir,
meine Knöchel schwanken nicht mehr,
nachjag ich meinen Feinden, erreich sie,
wende nicht, bis sie vertilgt sind,
ich vertilge sie,
ich zerschmettre sie, daß empor sie nicht können,
unter meine Füße fallen sie hin.

Du panzerst mit Macht mich zum Kampf,
duckst unter mich, die mir empört sind,
meiner Feinde gibst du hin mir den Nacken,
meiner Hasser, daß ich sie schweige.
Sie schrein, doch da ist kein Befreier,
zu IHM, nicht erwidert er ihnen.
Ich zerreibe sie wie Erdstaub,
wie Gassenkot malme ich sie,
ich zerstampfe sie.

Aus Fehden meines Volks ließest du mich entrinnen,
zu Haupt von Stämmen behütetest du mich.
Volk, das ich nicht kannte, sie dienen mir,
Söhne der Fremde, sie schmeicheln mir,
aufs Hören des Ohrs gehorchen sie mir,
Söhne der Fremde, sie werden mürb,
aus ihren Schlössern hinken sie herbei.

ER lebt!

gesegnet mein Fels!
erhaben mein Gott,
der Fels meiner Freiheit,
der Gottherr, der mir Rächertum gab,
der Völker unter mich niederführte,
der aus meinen Feinden mich holte hervor –
du enthebst mich den wider mich Empörten,
du entreißest mich dem Manne der Unbill.

Darum danke ich dir
unter den Erdstämmen, D U,
deinem Namen spiele ich auf:
der seinem König große Befreiungen schafft,
hold tut an seinem Gesalbten,
an Dawid, an dessen Samen,
auf Weltzeit.

Dies ist Dawids letzte Rede:

Erlauten Dawids des Sohnes Jischajs,
Erlauten des Wehrlichen, hochhin gestellt,
Gesalbten des Gottes Jaakobs,
gefreundet dem Liederspiel Jifsraels:
Geistbraus von IHM her redet in mir,
sein Raunen ist auf meiner Zunge,
der Gott Jifsraels spricht:
    Mir ist
– der Fels Jifsraels redet –
    ein Walter über Menschheit, bewährt,
    ein Walter in Gottes Furcht,
    und wie Morgenlicht strahlt er auf,
    Sonne er eines Morgens,
    da vor Glanze nicht Nebeldunst blieb,
    vom Regen her
    treibt Gras aus der Erde.
– Ja, ist so nicht mein Haus bei Gott?
setzte er mir ja einen Weltzeitbund,
ausgerichtet in allem und verwahrt! –
    Ja,
    all meine Freiheit, alle Lust,
    ja,
    ihm zu lasse ichs sprießen.
    Aber das Heillose,
    wie wallgewordnes Gedörn sind sie allsamt,
    nicht mit der Hand ja können hinweg sie genommen wer-
        den,
    der Mann, der an sie rühren soll, wird bevollmächtigt mit
        Speeres Eisen und Holz,
    und im Feuer verbrannt werden sie, ausgebrannt, wann
        gesiedelt wird.

Dies sind die Namen der Helden, die Dawids waren:

Jaschabam, der Chakmonit, Haupt der Drei,
der schwang seine Barte über achthundert auf einmal Durch-
　　bohrten.

Nach ihm Elasar Sohn Dodajs, der Achochiter,
er war unter den drei Helden bei Dawid, als sie sich unter die
　　Philister gewagt hatten, wo die zum Kampf versammelt
　　waren,
die Mannschaft von Jiſrael, die waren hinaufgezogen,
er aber widerstand, er schlug auf die Philister ein, bis seine
　　Hand erschöpft war,
seine Hand blieb haften am Schwert.
Eine große Siegbefreiung hat E R an jenem Tag getan,
um kehrten sie, das Volk, ihm nach, – nur noch um zu ent-
　　panzern.

Nach ihm Schamma Sohn Ages, der Harariter:
einst hatten sich die Philister auf Lechi versammelt,
dort war ein Feldstück voll Linsen,
das Volk war vor den Philistern entflohn,
er aber faßte Posten auf dem Stück und entriß es, schlug die
　　Philister,
eine große Siegbefreiung hat E R da getan.

Einst stiegen die Drei aus der Hauptdreißigschaft hinab,
sie kamen, zur Erntezeit, zu Dawid zur Höhle Adullam hin,
während im Gespenstergrund ein Rudel Philister lagerte.
In dem Felsennest war damals Dawid,
und in Betlehem war damals ein Philisterposten.
Da hatte Dawid ein Begehren, er sprach:
Wer mich doch letzte mit Wasser aus der Zisterne von Bet-
　　lehem, der am Tor!
Die Drei Helden drangen durchs Lager der Philister ein,
schöpften Wasser aus der Zisterne von Betlehem, der am Tor,
trugens, kamen damit zu Dawid.
Er aber war nicht gesonnen, es zu trinken,
er goß es I H M dar,
er sprach:

Weitab mir, D U, daß ich das tue!

das Blut der Männer, die um ihre Seele den Gang gemacht
haben?!

Drum war er nicht gesonnen, es zu trinken.

Dies haben die Drei Helden getan.

Haupt der Dreißigschaft war Abischaj, Joabs Bruder, Sohn
der Zruja,

der schwang seinen Speer über dreihundert Durchbohrten,

er hatte Namen unter den Dreißig,

zwar aus den Dreißig geehrt, er wurde ihnen zum Obern,

aber bis an die Drei kam er nicht.

Bnajahu Sohn Jehojadas, eines tüchtigen Mannes, reich an
Werkbetrieben, aus Kabzel,

der erschlug die zwei Gotteslöwen Moabs,

der stieg hinab und erschlug das Löwentier, mitten in der
Zisterne am Schneetag,

der erschlug einen ägyptischen Mann, einen ansehnlichen
Mann,

ein Speer war in der Hand des Ägypters, er aber stieg zu ihm
mit dem Stabe hinab,

raubte dem Ägypter den Speer aus der Hand,

brachte ihn mit seinem eignen Speer um.

Dieses hat Bnajahu Sohn Jehojadas getan,

er hatte Namen unter den dreißig Helden,

aus den Dreißig geehrt, aber an die Drei kam er nicht.

Dawid setzte ihn über seine Leibwache.

In der Dreißigschaft: Afsael, Joabs Bruder,

Elchanan Sohn Dodos, aus Bethlehem,

Schamma, der Charoditer,

Elika, der Charoditer,

Chalez, der Paltiter,

Ira Sohn Ikkeschs, der Tekoiter,

Abieser, der Anatotiter,

Mebunnaj, der Chuschaiter,

Zalmon, der Achochiter,

Maharaj, der Ntofatiter,

Cheleb Sohn Baanas, der Ntofatiter,

Ittaj Sohn Ribajs, aus dem Giba der Söhne Binjamins,
Bnajahu, der Piratoniter,
Hiddaj, aus Nachale Gaasch,
Abialbon, der Arbatiter,
Asmawet, der Barchumiter,
Eljachba, der Schaalboniter,
die Söhne Jaschens,
Jonatan Sohn Schammas, der Harariter,
Achiam Sohn Scharars, der Arariter,
Elifalet Sohn Achafsbais, der Betmaachatiter,
Eliam Sohn Achitofels, der Giloniter,
Chezraj, der Karmeliter,
Paaraj, der Arbiter,
Jigal Sohn Natans, aus Zoba,
Bani, der Gaditer,
Zelek, der Ammoniter,
Nacharaj, der Beerotiter, Waffenträger Joabs Sohns Zrujas,
Ira, der Jitriter,
Gareb, der Jitriter,
Urija, der Chetiter:
allesamt siebenunddreißig.

Einst fügte SEIN Zorn des Entflammens wider Jifsrael hinzu.
Jener nämlich reizte Dawid gegen sie auf,
sprechend: Geh, berechne Jifsrael und Jehuda!
Der König sprach zu Joab, dem Streitmachtobersten, der mit
    ihm war:
Durchstreife doch alle Stäbe Jifsraels von Dan bis Berscheba,
und mustert das Volk,
daß ich die Zahl des Volkes wisse.
Joab sprach zum König:
So füge ER, dein Gott, dem Volk, soviel ihrer sind, soviel
    ihrer sind, ein Hundertfaches hinzu,
mögens meines Herrn Königs Augen sehn,
aber mein Herr König – warum beliebt er diese Rede?
Die Rede des Königs jedoch verstärkte sich nur wider Joab
    und gegen die Obern der Streitmacht,
ausfahren mußte Joab und die Obern der Streitmacht vorm
    Antlitz des Königs,
das Volk, Jifsrael, zu mustern.
Sie überschritten den Jordan, sie begannen in Aroer, bei der
    Stadt in der Mitte des Bachtals, nach Gad und zu Jaser hin,
sie kamen nach dem Gilad und bis zum Land unter dem
    Kadeschsee,
sie kamen nach Dan und Ijon und schwenkten um Sidon her ein,
sie kamen nach der Tyrusfestung und allen Chiwwiter- und
    Kanaaniterstädten,
schließlich fuhren sie in den Süden von Jehuda, nach Ber-
    scheba.
So durchstreiften sie all das Land.
Nach Ablauf von neun Monaten und zwanzig Tagen kamen
    sie wieder in Jerusalem an.
Joab übergab dem König die Musterungszahl des Volks,
da war Jifsraels: achthunderttausend, schwertzückende Streit-
    mannschaft,
und der Mannschaft Jehudas: fünfhunderttausend Mann.
Aber Dawids Herz schlug ihn, nachdem er das Volk gezählt
    hatte.
Dawid sprach zu IHM:
Ich habe sehr gesündigt in dem, was ich tat,
jetzt aber, DU,

lasse doch den Fehl deines Knechts vorbeigeschritten sein,
denn ich war sehr betört.

Als aber Dawid sich am Morgen erhob,
war SEINE Rede zu Gad, dem Künder, Dawids Schauer, ge-
    schehen,
ein Sprechen:
Geh hin, rede zu Dawid:
So hat ER gesprochen:
Dreierlei halte ich über dich,
wähle dir eins von denen, daß ichs dir tue!

Nun kam Gad zu Dawid, er meldete ihms, sprach zu ihm:
Soll dir Hunger drei Jahre in dein Land kommen,
oder daß du drei Mondneuungen vor deinem Bedränger
    fliehn mußt und er jagt dich,
oder daß drei Tage Pest in deinem Lande sei?
jetzt machs dir bewußt und ersichtig:
was für Rede soll ich meinem Entsender erstatten?

Dawid sprach zu Gad:
Ich bin sehr bedrängt –
laß uns doch in SEINE Hand fallen,
denn reich genug ist sein Erbarmen,
aber in Menschenhand fallen möge ich nimmer!

Da gab eine Pest ER über Jisrael
vom Morgen bis an die bestimmte Frist,
sterben mußten vom Volk, von Dan bis Berscheba, siebzig-
    tausend Mann.

Als aber der Bote seine Hand gegen Jerusalem streckte, es zu
    verderben,
ließ ER sichs des Übels leid sein,
er sprach zum Boten, der ins Volk drein verderbte:
Genug jetzt, laß deine Hand sinken!

SEIN Bote war damals bei der Tenne Arawnas des Jebußiters.
Dawid nämlich sprach zu IHM,
als er den Boten sah, der ins Volk dreinschlug,
er sprach:
Da,
ich bins, der gesündigt hat,
ich bins, der sich verfehlt hat,
diese aber, die Schafe,

was haben sie getan?!

sei doch wider mich deine Hand

und wider mein Vaterhaus!

An jenem Tag kam Gad zu Dawid und sprach zu ihm:

Zur Höhe zieh,

laß IHM sich eine Schlachtstatt erheben

auf der Tenne Arawnas des Jebuſsiters!

Zur Höhe zog Dawid, wie die Rede Gads gewesen war,

wie ER geboten hatte.

Arawna lugte hinab,

er sah den König und seine Diener zu ihm herüberschreiten,

Arawna trat hinaus, er warf sich vorm König nieder, seine
    Stirn zur Erde.

Arawna sprach:

Weswegen kommt mein Herr König zu seinem Diener?

Dawid sprach:

Um von dir die Tenne zu kaufen,

um IHM eine Schlachtstatt zu bauen,

daß der Niederstoß abgeschränkt werde vom Volk.

Arawna sprach zu Dawid:

Nehme und darhöhe mein Herr König, was seinen Augen
    gutdünkt!

sieh,

hier sind die Rinder zur Darhöhung,

hier die Dreschschlitten und Geschirre der Rinder zum Holz,

alles gibt, o König, Arawna dem König.

Weiter sprach Arawna zum König:

Begnade dich ER dein Gott!

Der König sprach zu Arawna:

Nicht so,

sondern kaufen will ichs von dir, kaufen um den Preis,

damit ich nicht IHM meinem Gott gunstweis erlangte Dar-
    höhungen höhe.

Dawid kaufte die Tenne und die Rinder um fünfzig Voll-
    gewicht Silbers.

Dawid baute dort IHM eine Schlachtstatt, höhte Darhöhungen
    und Friedmahle dar.

Da ließ ER sich dem Lande erflehn,

der Niederstoß wurde von Jiſsrael abgeschränkt.

DAS BUCH
KÖNIGE

Der König Dawid war alt, in die Tage hochgekommen,
man hüllte ihn in Gewänder, aber ihm wurde nicht warm.
Da sprachen zu ihm seine Diener:
Man suche doch meinem Herrn König ein jungfräuliches
Mädchen,
daß sie vorm Antlitz des Königs stehe, ihm Pflegerin
sei,
sie liege an deiner Brust, daß meinem Herrn König warm
werde.
Sie suchten ein schönes Mädchen in aller Gemarkung Jiſsraels
und fanden Abischag die Schunemiterin,
die hießen sie zum König kommen.
Überaus schön war das Mädchen,
sie wurde dem König eine Pflegerin, sie wartete ihm auf,
der König aber hat sie nicht erkannt.

Adonija Sohn der Chaggit betrug sich hoffärtig, als wollte er
sprechen:
Ich bins, der König wird!
Er schaffte sich Gefährt und Reisige an,
und fünfzig Mann, die vor ihm herliefen.
Sein Vater aber hatte ihn seiner Tage nicht betrüben wollen,
daß er gesprochen hätte: Weshalb hast du solches getan?
Auch er war sehr wohlgestaltet,
geboren war er nach Abschalom.
Er hatte Abrede mit Joab Sohn der Zruja und mit Ebjatar dem
Priester,
daß sie hülfen, Adonija nachfolgend.
Aber Zadok der Priester, Bnajahu Sohn Jehojadas, Natan der
Künder, Schimi und Reï, und die Heldenwehr, die Da-
wids,
waren nicht mit Adonijahu.
Einst schlachtete Adonijahu Schafe, Rinder und Mastkälber
beim Gleitenden Stein, der neben dem Walkerquell ist,
er berief all seine Brüder, die Königssöhne, und alle Männer
von Jehuda, die königliche Dienstleute waren,
Natan den Künder aber, Bnajahu, die Heldenwehr und
Schlomo, seinen Bruder, berief er nicht.
Natan sprach zu Batscheba, Schlomos Mutter, sprach:

Hast du nicht gehört, daß Adonija Sohn der Chaggit sich gekönigt hat
und unserm Herrn Dawid ist nichts bekannt?
Geh jetzt her, laß mich doch dir einen Rat anraten:
rette deine Seele und die Seele deines Sohnes Schlomo,
geh hin, komm zum König Dawid, sprich zu ihm:
Hast nicht du selber, mein Herr König, deiner Magd zugeschworen, sprechend:
Ja, die Königschaft soll nach mir Schlomo haben, dein Sohn,
er ists, der auf meinem Stuhl sitzen soll!
weshalb hat sich nun Adonijahu königen dürfen?!
Und da, noch während du dort mit dem König redest,
will ich selber dir nach hineinkommen, will deine Rede ver-
  vollständigen.
Batscheba kam zum König ins Gemach
– sehr alt war der König, dem König wartete Abischag die
  Schunemiterin auf –.
Batscheba bückte sich, verneigte sich vor dem König.
Der König sprach:
Was hast du?
Sie sprach zu ihm:
Mein Herr,
du selber hast deiner Magd bei Iнм deinem Gott zugeschworen:
Ja, die Königschaft soll nach mir Schlomo haben, dein Sohn,
er ists, der auf meinem Stuhl sitzen soll!
und jetzt, da hat sich gekönigt Adonijahu,
und dir, mein Herr König, wäre nichts bekannt?!
er hat Ochsen, Mastkälber und Schafe in Menge geschlachtet
und hat alle Söhne des Königs, Ebjatar den Priester und Joab
  den Heeresobersten berufen,
doch deinen Diener Schlomo hat er nicht berufen!
du aber, mein Herr König,
auf dich zu sind die Augen alles Jisrael,
daß du ihnen meldest,
wer auf dem Stuhl meines Herrn Königs nach ihm sitzen soll!
nun wirds geschehn:
wann mein Herr König sich bei seinen Vätern hingelegt hat,
werden ich und mein Sohn Schlomo fehl sein.

Da, während sie noch mit dem König redete, kam Natan der
  Künder.
Man meldete dem König, sprechend: Natan der Künder ist
  da.
Er kam vor den König und verneigte sich vor dem König auf
  seine Stirn zur Erde.
Natan sprach:
Mein Herr König,
gewiß hast du selber gesprochen:
Die Königschaft soll nach mir Adonijahu haben,
er ists, der auf meinem Stuhl sitzen soll!
denn er ist heut heruntergestiegen,
hat Ochsen, Mastkälber und Schafe in Menge geschlachtet,
hat alle Söhne des Königs, die Heeresobern und Ebjatar den
  Priester berufen,
da essen und trinken sie vor seinem Antlitz
und sprechen: Der König Adonijahu lebe!
mich aber, hier deinen Diener, Zadok den Priester, Bnajahu
  Sohn Jehojadas und deinen Diener Schlomo hat er nicht
  berufen!
Ist diese Abrede von meinem Herrn König aus geschehn,
dann hättest dus also deinen Dienern nicht bekanntgemacht,
  wer auf dem Stuhl meines Herrn Königs nach ihm sitzen
  soll!
Der König Dawid antwortete, indem er sprach:
Ruft mir Batscheba wieder!
Sie kam vors Antlitz des Königs, stand vorm Antlitz des Königs.
Der König schwor, er sprach:
Sowahr ER lebt, der meine Seele aus aller Drangsal abgalt,
ja, wie ich dir bei IHM dem Gott Jisraels geschworen habe,
sprechend: Ja, die Königschaft soll nach mir Schlomo haben,
  dein Sohn,
er ists, der auf meinem Stuhl an meinem Platz sitzen soll, —
ja, so will ich an diesem Tage tun.
Batscheba bückte sich, Stirn zur Erde, verneigte sich vor
  dem König und sprach:
Mein Herr, der König Dawid, lebe in Weltzeit!
Der König Dawid sprach:

Rufet mir Zadok den Priester, Natan den Künder und Bnajahu Sohn Jehojadas!
Sie kamen vor den König.
Der König sprach zu ihnen:
Nehmt die Dienstleute eures Herrn mit euch,
laßt Schlomo, meinen Sohn, auf dem Maultier, dem meinen,
reiten,
führt hinab ihn an den Gichon,
dort soll ihn Zadok der Priester und Natan der Künder zum
König über Jifsrael salben,
ihr aber stoßt in die Posaune und sprecht:
Der König Schlomo lebe!
dann zieht ihm nach wieder herauf,
herkommen soll er und auf meinem Stuhl niedersitzen,
er ists, der statt meiner die Königschaft haben wird,
ihn habe ich entboten, Herzog über Jifsrael und über Jehuda
zu sein.
Bnajahu Sohn Jehojadas antwortete dem König, er sprach:
Jawahr! –
so spreche E R, der Gott meines Herrn Königs!
Wie E R dawar bei meinem Herrn König,
so sei er da bei Schlomo,
er mache seinen Stuhl groß über den Stuhl meines Herrn, des
Königs Dawid!
Hinab stieg Zadok der Priester, Natan der Künder, Bnajahu
Sohn Jehojadas, die Kretiter und Pletiter,
sie ließen Schlomo auf dem Maultier des Königs Dawid reiten,
sie gingen mit ihm an den Gichon.
Zadok der Priester nahm das Ölhorn aus dem Zelt,
er salbte Schlomo.
Sie stießen in die Posaune,
und alles Volk, sie sprachen:
Der König Schlomo lebe!
Dann zogen sie wieder hinauf, alles Volk ihm nach,
sie flöteten, das Volk, auf Flöten,
sie freuten sich in großer Freude,
von ihrem Jubelschall barst schier die Erde.
Adonijahu hörte es und alle Berufnen, die mit ihm waren,

doch wollten sie zu Ende essen.

Als aber Joab den Posaunenschall hörte, sprach er:

Weshalb der Schall der dröhnenden Burg?

Noch redete er, da kam heran Jonatan Sohn Ebjatars des
   Priesters.

Adonijahu sprach:

Komm her,

ein tüchtiger Mann bist du ja,

gute Mär wirst du haben.

Jonatan antwortete, er sprach zu Adonijahu:

Ach weh,

unser Herr, der König Dawid, hat Schlomo königen lassen,

der König hat Zadok den Priester, Natan den Künder, Bnajahu Sohn Jehojadas und die Kretiter und Pletiter mit ihm
   ausgesandt,

sie haben ihn auf dem Maultier des Königs reiten lassen,

Zadok der Priester und Natan der Künder haben ihn am
   Gichon zum König gesalbt,

dann sind sie freudig von dort hinaufgezogen, daß die Burg
   dröhnte,

das ist der Schall, den ihr gehört habt!

auch hat sich Schlomo auf den Stuhl des Königtums gesetzt,

auch sind die Dienstleute des Königs gekommen, unsern
   Herrn, den König Dawid zu gesegnen,

sprechend: Dein Gott mache Schlomos Namen gut über
   deinen Namen,

er mache seinen Stuhl groß über deinen Stuhl!

und der König hat sich auf dem Lager verneigt,

auch hat der König so, so gesprochen:

Gesegnet ER der Gott Jifsraels,

der heuttags gegeben hat,

daß einer auf meinem Stuhl sitzt

und meine Augen sehns!

Alle Berufnen, die um Adonijahu, erbebten,

erhoben sich,

gingen jedermann seines Wegs.

Aber vor Schlomo fürchtete sich Adonijahu,

er erhob sich, ging hin und erfaßte die Hörner der Schlachtstatt.

Es wurde Schlomo gemeldet, man sprach:
Da ist Adonijahu, nun fürchtend den König Schlomo,
da hat er die Hörner der Schlachtstatt umklammert,
sprechend: Der König Schlomo schwöre mir heut zu:
Würde er seinen Diener mit dem Schwerte töten,…!
Schlomo sprach:
Wird er was taugen,
soll von seinen Haaren nicht eins zur Erde fallen,
wird aber Böses an ihm erfunden,
ist er des Todes.
Der König Schlomo sandte hin,
sie hießen ihn von der Schlachtstatt herabsteigen,
er kam und verneigte sich vor dem König Schlomo.
Schlomo sprach zu ihm:
Geh in dein Haus.

Als nun Dawids Tage dem Tode nahten,
gebot er seinem Sohne Schlomo, sprechend:
Ich gehe dahin, den Weg alles Irdischen,
erstarke, werde ein Mann,
wahre SEINE, deines Gottes, Verwahrung,
zu gehn in seinen Wegen,
zu wahren seine Satzungen, seine Gebote und seine Rechtsgeheiße,
und seine Vergegenwärtigungen,
wie in Mosches Weisung geschrieben ist,
damit du ergreifst
in allem, was du tust,
in allem, wozu du dich wendest,
damit E R seine Rede bestätige,
die er über mir redete im Spruch:
Werden deine Söhne wahren ihren Weg,
vor meinem Antlitz einherzugehen in Treue
mit all ihrem Herzen, mit all ihrer Seele,
dann – im Spruch –:
nicht schließe je dir Mannesfolge ab auf dem Stuhl Jifsraels.
Auch dies noch:
du selber weißt es, was mir Joab Sohn der Zruja tat,
was er den beiden Heeresobersten Jifsraels tat,

Abner Sohne Ners und Amaſsa Sohne Jeters,
umgebracht hat er sie,
Kriegsblutlast hat er auf den Frieden gelegt,
Kriegsblut hat er gegeben
an seinen Gurt, der an seinen Hüften ist,
an seinen Schuh, der an seinen Füßen ist, –
so tue nach deiner Weisheit,
daß du nicht sein Greisentum in Frieden ins Gruftreich niedersteigen lassest.
Aber an den Söhnen Barsillajs des Giladiten tue hold,
sie sollen unter denen sein, die an deinem Tisch essen,
denn so nahten sie mir, als ich vor deinem Bruder Abschalom
entwich.
Ferner ist dir wohl im Sinn Schimi Sohn Geras, der Binjaminit von Bachurim,
der hat mit schneidender Lästerung mich am Tag meines
Gangs nach Machanajim gelästert,
als der dann mir entgegen an den Jordan hinabstieg, schwor
ich ihm zu bei IHM,
sprechend: Werde ich dich je mit dem Schwerte töten,...!
jetzt aber: nimmer darfst du ihn ungestraft lassen,
du bist ja ein weiser Mann, du wirst wissen, was du mit ihm
tun mußt,
daß du sein Greisentum mit Blut ins Gruftreich niedersteigen
lassest.
Dawid legte sich bei seinen Vätern hin, er wurde in der
Dawidstadt begraben.
Der Tage, die Dawid über Jiſrael Königschaft hatte, sind
vierzig Jahre:
sieben Jahre Königschaft in Hebron,
dreiunddreißig Jahre Königschaft in Jerusalem.
Auf dem Stuhl seines Vaters Dawid saß nun Schlomo,
und sein Königswesen war machtvoll gegründet.

Adonijahu Sohn der Chaggit kam zu Batscheba, Schlomos
Mutter.
Sie sprach:
Ist Friede dein Kommen?
Er sprach:

Friede.

Dann sprach er:

Ich habe mit dir zu reden.

Sie sprach:

Rede.

Er sprach:

Du selber weißt, daß mein das Königtum war,

auf mich hatten sie, alles Jifsrael, ihr Antlitz abgestellt für die
Königschaft,

aber das Königtum drehte sich weg und wurde meines Bruders,

denn von IHM her wars dessen geworden, –

und nun will ich einen einzigen Wunsch von dir erwünschen,

laß mich nimmer das Antlitz abkehren müssen!

Sie sprach zu ihm:

Rede.

Er sprach:

Sprich doch zum König Schlomo, er wird dich das Antlitz
nicht abkehren lassen,

daß er mir Abischag die Schunemiterin zum Weibe gebe.

Batscheba sprach:

Gut,

ich selber will deinethalb zum König reden.

Batscheba kam zum König Schlomo, Adonijahus halber zu
ihm zu reden.

Der König erhob sich ihr entgegen und verneigte sich vor
ihr,

dann setzte er sich wieder auf seinen Stuhl, der Königsmutter
ließ er einen Stuhl hinstellen,

sie setzte sich zu seiner Rechten.

Sie sprach:

Einen kleinen Wunsch will ich von dir erwünschen,

laß mich das Antlitz nimmer abkehren müssen.

Der König sprach zu ihr:

Wünsche nur, meine Mutter,

denn nicht lasse ich dich das Antlitz abkehren.

Sie sprach:

Gegeben werde Abischag die Schunemiterin

deinem Bruder Adonijahu zum Weib.

Der König Schlomo antwortete, er sprach zu seiner Mutter:
Und warum erwünschest du für Adonijahu nur Abischag die
    Schunemiterin?
erwünsche für ihn gleich das Königtum
– er ist ja mir gegenüber mein Großbruder –,
so für ihn so für Ebjatar der Priester so für Joab Sohn der
    Zruja!
Der König Schlomo schwor bei IHM, sprechend:
So tue mir Gott, so füge er hinzu:
ja, um seine Seele hat sich Adonijahu mit dieser Rede geredet!
jetzt also,
sowahr ER lebt, der mich gegründet und mich auf den Stuhl
    meines Vaters Dawid gesetzt hat,
und der mir ein Haus gemacht hat, gleichwie er geredet hatte:
ja, heuttags wird Adonijahu getötet.
Der König Schlomo sandte hin durch Bnajahu Sohn Jeho-
    jadas,
der schlug ihn tot.
Zu Ebjatar dem Priester aber sprach der König:
Nach Anatot geh, auf dein Feldergut!
du bist ja ein Mann des Todes an diesem Tag,
aber ich will dich nicht töten,
du hast ja meines Herrn, SEINEN, Schrein vor meinem Vater
    Dawid getragen
und hast ja alles mit erlitten, was mein Vater erlitten hat.
Schlomo vertrieb Ebjatar aus dem Priestersein bei IHM,
erfüllend SEINE Rede,
die er über Elis Haus in Schilo geredet hatte.
Zu Joab kam das Hörensagen,
dem Adonijahu hing ja Joab nach, und hatte doch Abscha-
    lom nicht nachgehangen.
Joab flüchtete in SEIN Zelt, er erfaßte die Hörner der Schlacht-
    statt.
Gemeldet wurde dem König Schlomo:
Joab hat sich in SEIN Zelt geflüchtet, da ist er neben der
    Schlachtstatt.
Schlomo sandte Bnajahu Sohn Jehojadas, sprechend:
Geh, schlag ihn nieder.
Bnajahu kam in SEIN Zelt und sprach zu ihm:

So hat der König gesprochen:
Tritt heraus!
Er aber sprach:
Nein,
sondern hier will ich den Tod.
Bnajahu ließ an den König Rede kehren, sprechend:
So hat Joab geredet,
so mir geantwortet.
Der König sprach zu ihm:
Tu, wie er geredet hat,
schlag ihn nieder,
begrabe ihn,
daß du das Ohnnot-Blut, das Joab vergoß, beseitigst
hinweg von mir, hinweg vom Haus meines Vaters,
daß ER seine Blutlast heimkehren lasse auf sein Haupt,
der zwei Männer niederschlug, bewährt und gut mehr als er,
sie umbrachte mit dem Schwert – nichts wußte mein Vater
     Dawid! –,
Abner Sohn Ners, den Heeresobersten Jiſsraels,
und Amaſsa Sohn Jeters, den Heeresobersten Jehudas:
ihr Blut kehre heim
auf Joabs Haupt, auf das Haupt seines Samens, in Weltzeit,
Dawid aber und seinem Samen,
seinem Haus und seinem Stuhl
sei Friede für Weltzeit von IHM her!
Bnajahu Sohn Jehojadas stieg hinauf,
er schlug ihn nieder, tötete ihn.
Bei seinem Haus bei der Wüste wurde er begraben.
Der König gab Bnajahu Sohn Jehojadas an seinen Platz über
     das Heer,
und Zadok den Priester gab der König an Ebjatars Platz.
Dann sandte der König, er berief Schimi, er sprach zu
     ihm:
Baue dir ein Haus in Jerusalem, daß du dort ansässig seist,
du darfst von dort nicht heraustreten, hierhin oder hiehin,
es würde nämlich an dem Tag, da du heraustrittst, über-
     schrittest du nur den Bach Kidron, geschehn
– wisse es für gewiß –,
daß du Todes wärst, Todes,

dein Blut sei dann auf deinem Haupt!

Schimi sprach zum König:

Gütig ist die Rede,

wie mein Herr König geredet hat, so wird dein Diener tun.

Schimi saß viele Tage in Jerusalem,

Aber es geschah nach Ablauf dreier Jahre,

da entwichen dem Schimi zwei Dienstknechte zu Achisch
    Sohn Maachas, König von Gat,

man meldete es Schimi, sprechend: Da, in Gat sind deine
    Knechte.

Schimi machte sich auf, sattelte seinen Esel

und ging nach Gat zu Achisch, seine Knechte zu suchen,

dann ging Schimi zurück, er ließ seine Knechte von Gat
    mitkommen.

Als man es Schlomo meldete, daß Schimi von Jerusalem nach
    Gat gegangen und zurückgekehrt war,

sandte der König, berief Schimi, er sprach zu ihm:

Habe ich dich nicht bei IHM eingeschworen,

dir vergegenwärtigt, sprechend: Am Tag, da du heraus-
    trittst, ob du hierhin oder hiehin gehst:

wisse es für gewiß, daß du Todes wärst, Todes,

du aber sprachst zu mir: Gütig ist die Rede, ich gehorche, –

weshalb hast du SEINEN Schwur nicht gewahrt

und das Gebot, das ich über dich geboten habe?

Weiter sprach der König zu Schimi:

Du selber weißt all die Bosheit, deren dein Herz wissend
    ward,

die du Dawid, meinem Vater, angetan hast, –

nun läßt ER deine Bosheit auf dein Haupt heimkehren,

gesegnet aber ist der König Schlomo,

gegründet bleibt Dawids Stuhl vor IHM für Weltzeit.

Der König gebot Bnajahu Sohn Jehojadas,

der trat hervor und schlug ihn tot.

Gegründet in Schlomos Hand war nun das Königreich.

Schlomo verschwägerte sich mit Pharao, dem König von
　　Ägypten,

er holte die Tochter Pharaos ein,

er brachte sie in die Dawidstadt, bis er das Haus für sich
　　und Sein Haus und die Umwallung Jerusalems ringsum
　　allzuende gebaut hatte, –

das Volk jedoch mußte an den Koppen schlachten, denn bis
　　auf jene Tage war Seinem Namen ein Haus nicht erbaut,

wohl liebte Schlomo Ihn, so daß er in den Satzungen
　　seines Vaters Dawid ging,

doch mußte er an den Koppen schlachten und räuchern.

So ging nun der König nach Gibon, dort zu schlachten, denn
　　das war die größte Koppe,

tausend Darhöhungen mag Schlomo auf jener Schlachtstatt
　　gehöht haben.

In Gibon ließ E R sich von Schlomo des Nachts im Traum sehn.

Gott sprach:

Wünsche, was ich dir geben soll.

Schlomo sprach:

Du selber hast meinem Vater Dawid, deinem Diener, große
　　Huld angetan,

gleichwie er vor deinem Antlitz einherging,

in Treue, in Bewährung, in Geradheit des Herzens dir zuge-
　　sellt,

du hast ihm diese große Huld aufbewahrt,

du hast ihm einen Sohn gegeben, der auf seinem Stuhl sitzt,

wies nun am Tag ist, –

und jetzt, D U, mein Gott:

du selber hast deinen Diener an meines Vaters Dawid Platz
　　gekönigt,

ich aber bin ein kleiner Knabe,

ich weiß nicht aus noch ein,

und dein Diener ist die Mitte deines Volks, das du erwählt
　　hast,

Volk in Menge, das nicht zu ermessen ist,

nicht zu zählen ist vor Menge!

so gib deinem Diener

ein hörendes Herz,

dein Volk zu richten,
den Unterschied von Gut und Bös zu unterscheiden,
denn wer vermöchte dies dein gewichtiges Volk zu richten?
Gut erschien die Sache in den Augen des Herrn:
daß Schlomo diese Sache gewünscht hatte.
Gott sprach zu ihm:
Darum daß du diese Sache gewünscht hast
und wünschtest dir nicht Menge der Tage
und wünschtest dir Reichtum nicht
und wünschtest nicht deiner Feinde Lebensodem,
wünschtest dir Unterscheiden, Recht herauszuhören:
da mache ich es deiner Rede gleich,
da gebe ich dir ein weises und unterscheidendes Herz,
daß deinesgleichen vor dir nicht war
und deinesgleichen sich nach dir nicht erhebt.
Und auch was du nicht wünschtest, gebe ich dir:
auch Reichtum, auch Ehrenschein,
daß niemand deinesgleichen unter den Königen war, –
so all deine Tage.
Und wirst du in meinen Wegen gehn,
meine Sätze und Gebote zu wahren,
wie dein Vater Dawid gegangen ist,
will ich längern deine Tage.
Schlomo erwachte,
da, ein Traum wars!
Als er aber nach Jerusalem kam,
stand er hin vor den Schrein SEINES Bundes,
er höhte Darhöhungen,
machte Friedmahle,
machte einen Umtrunk für all seine Diener.

Damals kamen zwei Weiber, Huren, zum König, sie stellten
     sich vor sein Antlitz.
Das eine Weib sprach:
Ach, mein Herr!
ich und dieses Weib sind ansässig in einem Haus,
ich habe in ihrem Beisein im Hause geboren,
am dritten Tag aber nach meinem Gebären geschahs, daß auch
     dieses Weib gebar,

wir waren allein, kein Fremder mit uns im Haus,
nur wir zwei im Haus,
in der Nacht war der Sohn dieses Weibes tot,
weil sie auf ihm gelegen hatte,
sie erhob sich mitten in der Nacht,
sie holte meinen Sohn von meiner Seite weg, während deine
    Magd schlief,
sie legte ihn an ihren Busen,
ihren Sohn aber, den toten, legte sie an meinen Busen!
als ich nun gegen Morgen mich erhob, meinen Sohn zu
    säugen,
da: ein Totes!
als ich ihn aber beim Morgen genau unterscheiden konnte,
da war es mein Sohn nicht, den ich geboren hatte!
Das andre Weib sprach:
Nein!
sondern das Lebendige ist mein Sohn,
und das Tote ist dein Sohn!
Die aber sprach wieder:
Nein!
sondern das Tote ist dein Sohn,
und das Lebendige ist mein Sohn!
So redeten sie vor dem Antlitz des Königs.
Der König sprach:
Die spricht: Das Lebendige hier ist mein Sohn, und das Tote
    ist dein Sohn!
und die spricht: Nein, sondern das Tote ist dein Sohn und das
    Lebendige ist mein Sohn!
Weiter sprach der König:
Holt mir ein Schwert!
Sie brachten das Schwert vor das Antlitz des Königs.
Der König sprach:
Haut das lebende Kind entzwei,
gebt der die Hälfte und der die Hälfte!
Aber das Weib, dessen Sohn das Lebendige war, sprach zum
    König,
denn ihr Eingeweid erglühte um ihren Sohn,
sie sprach:
Ach, mein Herr!

gebt das lebende Kindlein ihr,
aber töten, nimmer dürft ihr es töten!
Jene jedoch sprach:
So mein so dein solls nicht werden,
zerhauts!
Der König entgegnete,
er sprach:
Gebt jener das lebende Kindlein, –
die mit: Töten, nicht dürft ihr es töten,
sie ist seine Mutter.
Alles Jiſsrael, sie hörten das Gericht, das der König gerichtet
　　hatte,
sie erschauerten vorm Antlitz des Königs,
denn sie schauten, daß Gottesweisheit in seinem Innern war,
　　Recht darzutun.

So war der König Schlomo König über alles Jiſsrael.
Und das sind die Obern, die er hatte:
Schreiber: Asarjahu Sohn Zadoks des Priesters, Elichoref und
　　Achija Söhne Schischas,
der Erinnerer: Jehoschafat Sohn Achiluds,
über das Heer: Bnajahu Sohn Jehojadas,
Priester: Zadok und Ebjatar,
über die Amtsvögte: Asarjahu Sohn Natans,
Priesterrang als Genosse des Königs hatte Sabud Sohn Natans,
über das Haus: Achischar,
über die Fron: Adoniram Sohn Abdas.

Zwölf Amtsvögte hatte Schlomo über alles Jiſsrael,
die versorgten den König und sein Haus,
eine Mondneuung im Jahr lag es dem einzelnen ob, zu ver-
　　sorgen.
Und dies sind ihre Namen:
der Sohn Churs: im Gebirge Efrajim,
der Sohn Dakers: in Makaz, in Schaalbim, Bet Schamesch
　　und Elon, bis Bet Chanan,
der Sohn Cheſseds: in Arubbot, unter ihm war Sſocho und
　　alle Landschaft von Chefer,

der Sohn Abinadabs: aller Höckerbezirk von Dor – sein
Weib wurde Tafat, die Tochter Schlomos,

Baana Sohn Achiluds: Taanach und Megiddo, und alles Bet
Schaan, das neben Zartana, unterhalb Jesreels von Bet Schaan
bis nach Abel Mchola, bis jenseits von Jokmam,

der Sohn Gabers: im Ramot von Gilad, unter ihm waren die
Zeltdörfer Jaïrs Sohns Mnasches, die in Gilad sind, unter
ihm der Strich Argob, der im Baschan, sechzig große
Städte mit Umwallung und ehernem Riegel,

Achinadab Sohn Iddos: nach Machanajim zu,

Achimaaz: in Naftali – auch er nahm eine Tochter Schlomos,
Baſsmat, zum Weib,

Baana Sohn Chuschajs: in Ascher und Bealot,

Jehoschafat Sohn Paruachs: in Jiſsachar,

Schimi Sohn Elas: in Binjamin,

Gaber Sohn Uris: im Lande Gilad, dem Lande Sſichons des
Amoriterkönigs und Ogs Königs des Baschan, – der einzige Vogt, der in der Landschaft war.

Jehuda und Jiſsrael – viel wars,

wie Sand, der am Meer ist, die Fülle –

aßen und tranken und waren froh.

Über alle Königreiche waltete Schlomo

vom Strom zum Philisterland und bis an die Grenzmark
Ägyptens,

die brachten Zinsspende herbei und waren Schlomo dienstbar alle Tage seines Lebens.

Der Speisungsbedarf Schlomos war für den einzelnen Tag:

dreißig Malter Kernmehls und sechzig Malter Schrots,

zehn feiste Rinder, zwanzig Weiderinder und hundert Schafe,

neben Hirschen, Gazellen, Damwild und ausgemästeten Ka-
paunen.

Denn er, er befehligte alles Diesseit des Stroms von Tapsakus
bis Gasa,

alle Könige diesseit des Stroms,

und Frieden hatte er von allen Seiten ringsum.

Jehuda und Jiſsrael saß in Sicherheit,

unter seinem Rebstock, unter seinem Feigenbaum jedermann,

von Dan bis Berscheba,

alle Tage Schlomos.

Schlomo hatte vierzigtausend Roßkrippen für sein Fahrzeug
und zwölftausend Reisige.

Und jene Amtsvögte versorgten den König Schlomo und
alljeden, der dem Tisch des Königs Schlomo nahte,
jedermann seine Mondneuung,
nicht ließen sie etwas vermissen,
und die Gerste und das Stroh für die Rosse und für die Renner hatten sie an den Ort kommen zu lassen, wo er war,
jedermann nach seiner Richte.

Gott gab Weisheit dem Schlomo,
Unterscheidungskraft, sehr groß,
und Herzens Weitfassung,
wie der Sand, der am Ufer des Meers ist.
Schlomos Weisheit war größer
als die Weisheit aller Söhne des Ostens
und alle Weisheit Ägyptens,
weiser ward er als alle Menschheit,
als Etan der Esrachit,
Heman, Kalkol und Darda, die Macholsöhne,
sein Name war unter allen Nationen ringsum.
Gleichworte redete er dreitausend,
sein Sangweisenschatz war tausend und fünf.
Er redete über die Bäume,
von der Zeder, der am Libanon,
bis zum Ysop, der an der Mauer treibt,
er redete
über das Vieh, über das Befiederte,
über das Gewürm, über die Fische.
Aus allen Völkern kamen,
Schlomos Weisheit zu hören,
aus aller Erdkönige Herrschaft,
die gehört hatten von seiner Weisheit.

Chiram König von Tyrus sandte seine Diener zu Schlomo,
denn er hatte gehört, daß sie ihn an seines Vaters Platz zum
    König gesalbt hatten,
denn liebgeneigt war Chiram dem Dawid alle Tage ge-
    wesen.
Schlomo sandte zu Chiram, ließ sprechen:
Du selber weißt von Dawid meinem Vater,
daß er dem NAMEN seines Gottes ein Haus nicht hat bauen
    können
angesichts des Kriegs, womit sie ihn umringten,
bis ER sie ihm unter die Fußsohlen gab, –
jetzt aber hat ER mein Gott mir ringsum Ruhe geschafft,
kein Hindrer ist mehr, kein böser Anschlag,
so spreche ichs nun aus,
ein Haus zu bauen dem NAMEN meines Gottes,
wie ER zu meinem Vater Dawid geredet hat, sprechend:
Dein Sohn, den ich an deinem Platz auf deinen Stuhl gebe,
der wird das Haus meinem Namen bauen.
Jetzt also gebiete,
daß sie mir Zedern vom Libanon schneiden,
deinen Dienern gesellt seien meine Diener,
und den Mietlohn deiner Diener will ich dir geben, allwie dus
    ansprichst, –
du weißt es ja selber:
bei uns ist ja kein Mann, der Holz zu schneiden wüßte wie
    die Sidonier.
Es geschah, als Chiram Schlomos Rede hörte,
er freute sich sehr und sprach:
Gesegnet heuttags ER,
der Dawid einen weisen Sohn gab
über dieses viele Volk!
Chiram sandte zu Schlomo, ließ sprechen:
Ich habe gehört, weswegen du zu mir gesandt hast,
meinerseits will ich tun nach all deinem Begehr
mit Zedernholz und mit Zypressenholz,
hinabführen vom Libanon meerwärts sollens meine Diener,
als Flöße aufs Meer setze es dann noch ich
bis zum Ort, dahin du zu mir senden wirst,
dort lasse ich sie noch auseinandertrennen,

von hinnen tragen lässest es dann du.

Deinerseits tu du nach meinem Begehr:

meinem Haus den Speisungsbedarf zu geben.

So geschahs:

Chiram gab dem Schlomo Zedernholz und Zypressenholz
nach all seinem Begehr,

und Schlomo gab dem Chiram zwanzigtausend Malter Weizen als Atzung für sein Haus und zwanzig Malter gestoß-
nen Öls,

so hatte es Schlomo Jahr um Jahr dem Chiram zu geben.

ER gab Schlomo Weisheit, wie er ihm geredet hatte:

ein Friede war zwischen Chiram und Schlomo,

die zwei schlossen einen Bund.

Der König Schlomo zog eine Fron aus allem Jifsrael ein,

die Fron war dreißigtausend Mann,

die sandte er nach dem Libanon, zehntausend auf die Mondneuung, wechselweise,

je eine Mondneuung sollten sie im Libanon sein, zwei Neuungen jeder zu Haus,

und über der Fron war Adoniram.

Schlomo hatte siebzigtausend Lastträger und achtzigtausend
Hauer im Gebirg,

außer den Vogtsobern Schlomos, die über der Arbeit waren,
dreitausend und dreihundert, die befehligten das Volk,
derweil die an der Arbeit tätig waren.

Der König gebot, daß man große Steine, kostbare Steine ausbreche, um das Haus mit Quadersteinen zu gründen,

dann meißelten die Bauleute Schlomos und die Bauleute
Chirams und die Gibliter sie zu.

So bereiteten sie das Holz und die Steine, das Haus zu bauen.

Es geschah vierhundert Jahre und achtzig Jahre nach Ausfahrt der Söhne Jifsraels vom Land Ägypten,

im vierten Jahr – in der Neuung des Glanzmonats, das ist die
zweite Neuung – von Schlomos Königschaft über Jifsrael,

da baute er IHM das Haus.

Und das Haus, das der König Schlomo IHM baute,

seine Länge sechzig Ellen, seine Breite zwanzig, seine Höhe
dreißig Ellen.

Und der Flursaal an der Vorderseite der Halle des Hauses,
seine Länge zwanzig Ellen, an der Breitseite des Hauses,
seine Breite zehn nach der Elle, der Seite des Hauses an-
schließend.

Er machte dem Hause Fenster mit abgeblendeten Auslugen.

Er baute rings um die Mauer des Hauses einen Laufgaden,
rings an den Mauern des Hauses,

für die Halle und für die Zelle,

Wangenkammern machte er ringsher.

Der Gaden:

das Untergeschoß: seine Breite fünf nach der Elle,

das Mittelgeschoß: seine Breite sechs nach der Elle,

das dritte: seine Breite sieben nach der Elle,

denn er hatte dem Hause rings nach außen Verjüngungen
gegeben,

zur Meidung eines Eingriffs in die Mauern des Hauses,

das Haus nämlich ward, als es gebaut wurde, aus infrieden-
gelaßnem Bruchstein gebaut,

Hämmer, die Spitzhacke, allirgend Eisengerät, im Haus, als
man es baute, wurde es nicht mehr gehört.

Der Einlaß zum untern Wangengeschoß: an der rechten
Schulter des Hauses,

über Wendeltreppen stieg man hinauf aufs mittlere und vom
mittlern zum dritten.

So baute er das Haus.

Als er damit allzuende war,

überdachte er das Haus, Kernmassen und Umreihungen, mit
Zedern.

Indem er den Gaden allum das Haus baute – seine Höhe je
fünf Ellen –,

umgriff er das Haus mit Zedernhölzern.

SEINE Rede geschah zu Schlomo im Spruch:

Dieses Haus, das du eben baust, –

wirst du in meinen Satzungen gehn,

meine Rechtsgeheiße tun,

all meine Gebote wahren, zu gehn in ihnen,

dann will ich an dir meine Rede aufrechterhalten,

die ich zu deinem Vater Dawid geredet habe,

dann will ich wohnen inmitten der Söhne Jiſsraels
und nicht verlassen mein Volk Jiſsrael.

Als nun Schlomo das Haus allzuende gebaut hatte,
baute er die Mauern des Hauses hausbinnen mit zedernen
   Brettwangen zu
vom Estrich des Hauses bis zu den Mauernkanten der Über-
   dachung verschalte ers hausbinnen mit Holz,
aber den Estrich des Hauses verschalte er mit zypressenen
   Brettwangen.
Die zwanzig Ellen von den Lenden des Hauses ab baute er
   mit zypressenen Brettwangen zu,
vom Estrich bis an die Mauerkanten,
er baute sie ihm so hausbinnen aus für eine Zelle für das
   Heiligende der Heiligtume,
das Haus war noch vierzig nach der Elle: das ist die Halle vorn.
Und der Zederbelag am Hause innen hatte Ritzwerk in
   Buckeln und Blütengehängen,
alles Zeder, kein Stein zu sehen.
Eine Zelle also inmitten des Hauses zuinnerst errichtete er,
   um dorthin den Schrein SEINES Bundes zu geben,
und vor der Zelle
– die Länge zwanzig Ellen, die Breite zwanzig Ellen, und ihre
   Höhe zwanzig Ellen, mit geplattetem Gold hatte er sie
   überschalt –
überschalte er die Zedernstatt.
Dann überschalte Schlomo das Haupthaus innen mit geplattetem Gold,
querte goldnes Kettenwerk vor die Zelle und überschalte sie
   auch hier mit Gold.
So hatte er das Haus allsamt mit Gold überschalt, bis zur
   Gänze das Haus allsamt,
und auch die Statt, die an der Zelle, hatte er mit Gold allsamt
   überschalt.

Er machte in der Zelle zwei Cheruben von Ölholz,
zehn Ellen jedes Höhe,
fünf Ellen der eine Cherubsflügel und fünf Ellen der zweite
   Cherubsflügel,

zehn Ellen von den Enden seiner Flügel bis zu den Enden
seiner Flügel,
zehn nach der Elle auch beim zweiten Cherub,
einerlei Maß und einerlei Riß für die zwei Cheruben,
zehn nach der Elle die Höhe des einen Cherubs, und eben-
solche hatte der zweite Cherub.
Als er die Cheruben mitten in das Innersthaus gegeben hatte
und man breitete die Flügel der Cheruben aus,
rührte ein Flügel des einen an die Mauerwand und ein Flügel
des zweiten Cherubs, der rührte an die zweite Mauerwand,
und ihre Flügel nach der Mitte des Hauses zu, die rührten
Flügel an Flügel.
Er überschalte die Cheruben mit Gold.

In alle Mauern des Hauses rings ritzte er tiefgegrabenes Ritz-
werk,
Cheruben, Palmen, Blütengehänge, im Innersten und für den
Außenraum.
Den Estrich des Hauses überschalte er mit Gold, für das Innerste und für den Außenraum.
Am Einlaß der Zelle machte er Türblätter von Ölholz:
Sturz, Pfosten ein Fünfeck.
Und die zwei Türblätter von Ölholz,
auf die ritzte er Ritzwerk, Cheruben, Palmen und Blütengehänge,
und überschalte mit Gold,
er pochte das Gold auf die Cheruben und auf die Palmen.
Ebenso machte ers für den Einlaß der Halle:
Pfosten von Ölholz, aus dem Viereck,
zwei Türblätter von Zypressenholz,
aus zwei drehbaren Wangen das eine Türblatt,
aus zwei drehbaren Wangen das zweite Türblatt,
er ritzte Cheruben, Palmen und Blütengehänge hinein
und überschalte mit Gold, grad auf den Vorstich.
Er baute den inneren Hof,
drei Reihen Quadern und eine Reihe behauner Zedernbalken.

Im vierten Jahr war SEIN Haus gegründet worden, im Glanz-
monat,

und im elften Jahr, im Flutmonat, das ist die achte Neuung,
   war das Haus allbeendet
nach all seinen Stücken, nach all seiner Richte,
sieben Jahre hatte er daran gebaut.

An seinem eignen Hause baute Schlomo dreizehn Jahre, da
   hatte er all sein Haus allbeendet.
Er baute das Libanonwaldhaus,
seine Länge hundert Ellen, seine Breite fünfzig Ellen, seine
   Höhe dreißig Ellen,
auf vier Reihen von Zedernsäulen,
behaune Zedernbalken auf den Säulen,
überdacht wars mit Zeder, obenauf auf den Bohlenwangen,
die quer auf den Säulen waren,
fünfundvierzig die, – fünfzehn die Reihe:
Und Ausluge drei Reihen, Durchblick gegen Durchblick,
   dreimal.
Alle Einlasse und Durchblicke aber Gevierte im Auslug,
Durchblick genau gegen Durchblick, dreimal.
Und den Saal der Säulen machte er:
seine Länge fünfzig Ellen, seine Breite dreißig Ellen,
der Saal jenen voran,
dann wieder Säulen und eine Stufenschwelle denen voran,
und den Stuhlsaal, wo er richtete, machte er daran, den Saal
   des Gerichts,
und überdacht wars mit Zeder von Estrichrand zu Estrichrand.
Sein eignes Haus, wo er seinen Sitz hatte, im andern Hof,
   einwärts vom Saal, war in der Machweise gleich.
Und ein Haus machte er der Tochter Pharaos, die Schlomo
   genommen hatte, diesem Saal gleich.
All diese aus kostbaren Steinen, nach Quadermaß, mit der
   Säge zugesägt
von hausbinnen und von außen, vom Grund bis zu den Aus-
   kragungen
– von außen ab bis an den großen Hof –,
und gegründet mit kostbaren Steinen, großen Steinen: Steinen von zehn Ellen und Steinen von acht Ellen,
obendrauf kostbare Steine nach Quadermaßen, dann Zeder.

Und der große Hof: ringsum drei Reihen Quadern und eine
   Reihe behauner Zederbalken,
so auch am innern Hof SEINES Hauses und an dem des Saal-
   hauses.

Der König Schlomo sandte, er ließ den Chirom von Tyrus
   holen,
Sohn einer Witfrau war der vom Zweig Naftali,
sein Vater ein tyrischer Mann, ein Erzschmied.
Er war erfüllt mit der Weisheit, mit der Unterscheidungskraft, mit der Erkenntnis,
allerart Arbeit in Erz zu machen.
Er kam zum König Schlomo und machte all seine Arbeit.

Er bildete die zwei Säulen von Erz,
die Höhe der einen Säule achtzehn Ellen, umringen konnte
   sie ein Faden von zwölf Ellen,
so die zweite Säule.
Und die beiden Bekrönungen machte er, sie auf die Häupter
   der Säulen zu geben, in Erzguß,
die Höhe der einen Bekrönung fünf Ellen und die Höhe der
   zweiten Bekrönung fünf Ellen,
Gitterschmuck in Gittermachart, Zipfelgehänge in Schnur-
   machart, für die Bekrönungen, die auf dem Haupt der
   Säulen,
sieben für die eine Bekrönung, sieben für die zweite Bekrönung,
er machte Granatäpfel,
zwei Reihen ringsum an das eine Gitter,
und ebenso machte ers für die zweite Bekrönung, –
zur Umhüllung der Bekrönungen, der auf dem Haupt der
   Säulen.
Und die Bekrönungen, die auf dem Haupt der Säulen, erhielten noch Liliengemächt – erst am Flursaal –, vier Ellen.
Die Bekrönungen über den zwei Säulen nämlich standen
   auch noch oben hervor, gleichlaufs hervor aus der Bau-
   chung, quer um die das Gitter war.
Der Granatäpfel aber zweihundert, in Reihen rings an jeder
   der zwei Bekrönungen.

Er richtete die Säulen am Flursaal der Halle auf,
er errichtete die rechte Säule, er rief ihren Namen Jakin: Er
    feste es...,
er errichtete die linke Säule, er rief ihren Namen Boas:
    ...in Trotzgewalt!
Und als dann auf dem Haupt der Säulen das Liliengemächt war,
war die Arbeit der Säulen ganz getan.

Er machte das Meer, gegossen,
von seinem Rand bis zu seinem Rand zehn nach der Elle,
gerundet ringsum,
seine Höhe fünf nach der Elle,
rings umringen konnte es ein Meßstrick von dreißig nach der
    Elle.
Unterhalb seines Randes Buckel, rings es umringend, zehn
    auf die Elle,
umzirkend das Meer ringsum, zwei Reihen die Buckel,
in seinem Guß mitgegossen.
Es stand auf zwölf Rindern,
mitternachtwärts gewendet: drei,
meerwärts gewendet: drei,
mittagwärts gewendet: drei,
aufgangwärts gewendet: drei,
das Meer obenauf auf ihnen,
und ihre Hinterteile einwärts.
Eine Faustbreit war seine Dicke,
sein Rand wie eines Becherrands Machart: Lilienblume,
zweitausend Schaff faßte es.

Er machte die Fahrgestelle, zehn, aus Erz,
die Länge des einzelnen Fahrgestells vier nach der Elle, seine
    Breite vier nach der Elle, seine Höhe drei nach der Elle.
Und dies ist die Machart des Fahrgestells:
Sie hatten Schlußplatten, und noch Schlußplatten zwischen
    den Versprossungen.
Auf den Platten, denen zwischen den Versprossungen, Löwen,
    Rinder und Cheruben,
und ebenso an den Versprossungen, oberhalb und unterhalb
    der Löwen und der Rinder, Gewinde in Pochmachart.

Vier Räder von Erz hatte je ein Fahrgestell mit Achsen von
    Erz,
die zugehörigen vier Eckkanten, an denen waren Schultern,
die Schultern quer an den Gewindeträgern angegossen, un-
    terhalb des Kessels.
Dessen Hohlmund war innerhalb der Umkrönung und noch
    eine Elle oberhalb,
deren Hohlmund wieder war ein Rund, selber in der Mach-
    art eines Gestells, eine Elle und die Hälfte einer Elle,
und auch an diesem Hohlmund war Ritzwerk,
die zugehörigen Schlußplatten aber waren im Geviert, nicht
    im Rund.
Die Vierzahl der Räder war unterhalb der Schlußplatten,
und die Haltegriffe der Räder waren am Fahrgestell,
die Höhe des einzelnen Rads aber war eine Elle und die Hälfte
    einer Elle,
und die Machart der Räder war wie Wagenradmachart,
ihre Halter, ihre Felgen, ihre Speichen, ihre Naben, alles ge-
    gossen.
Und die vier Schultern waren an den vier Spitzen des ein-
    zelnen Fahrgestells,
aus dem Fahrgestell hervor waren seine Schultern.
Im Haupt des Fahrgestells also war rings, die Hälfte einer
    Elle an Höhe, ein Rund.
Was aber über dem Haupt des Fahrgestells war, dessen Halte-
    griffe und dessen Schlußplatten waren aus diesem hervor,
er grub auf die Flächen, seine Haltegriffe nämlich, und auch
    auf seine Schlußplatten Cheruben, Löwen und Palmen,
und nach dem Bloßraum eines jeden Gewinde ringsum.
Auf diese Weise machte er die zehn Fahrgestelle,
ein Guß, ein Maß, ein Riß für sie alle.

Er machte zehn Kessel von Erz
– vierzig Schaff faßte der einzelne Kessel –,
vier nach der Elle der einzelne Kessel,
je einen Kessel je auf ein Fahrgestell,
für die zehn Fahrgestelle.
Er gab die Fahrgestelle
fünf auf die Schulter des Hauses an die Rechte

und fünf auf die Schulter des Hauses an seine Linke,

und das Meer gab er an die rechte Schulter des Hauses, ostwärts, gegen Mittag.

Chirom machte auch die Töpfe, die Schaufeln und die Sprengen.

Chirom war nun allzuende damit, alle Arbeit zu machen,

die er für den König Schlomo zu SEINEM Hause machte:

Säulen, zwei,

die Wulstbekrönungen, die auf dem Haupte der Säulen, zwei,

die Gitter, zwei: die zwei Wülste der Bekrönungen, der auf dem Haupte der Säulen, zu umhüllen,

die Granatäpfel, vierhundert, für die zwei Gitter, zwei Reihen Granatäpfel für je ein Gitter, zu Umhüllung der zwei Wülste der Bekrönungen, deren auf den zwei Säulen,

die Fahrgestelle, zehn,

die Kessel, zehn, auf den Fahrgestellen,

das Meer, das eine,

die Rinder, zwölf, unter dem Meer,

die Töpfe, die Schaufeln, die Sprengen,

alle diese Geräte, die Chirom für den König Schlomo zu SEINEM Hause machte:

geglättetes Erz.

Im Jordangau hieß der König sie gießen, im dicksten Erdboden, zwischen Sfukkot und Zartan.

Schlomo legte all die Geräte nieder, –

vor der sehr, sehr großen Menge ward das Gewicht des Erzes nicht ausgeforscht.

Auch machte Schlomo alle Geräte, die in SEINEM Hause waren:

die goldne Statt,

den Tisch, darauf das Brot der Innensicht war, aus Gold,

die Leuchter, fünf zur Rechten und fünf zur Linken, vor der Zelle, aus geplattetem Gold, der Blust, die Lichte und die Zänglein aus Gold,

die Schalen, die Zwicken, die Sprengen, die Kellen und die Pfannen aus geplattetem Gold,

die Angeln zu den Türen des innersten Hauses zum Heiligenden der Heiligtume, zu den Türen des Hauses zur Halle, aus Gold.

Als nun alle Arbeit, die der König Schlomo an SEINEM Haus
machen ließ, gefertigt war,
ließ Schlomo die Darheiligungen seines Vaters Dawid kommen, das Silber, das Gold und die Geräte,
er gabs in die Schatzkammern SEINES Hauses.

Damals versammelte Schlomo die Ältesten Jifsraels und alle
Zweighäupter, die Fürsten der Vaterschaften der Söhne
Jifsraels,
zum König Schlomo nach Jerusalem,
den Schrein SEINES Bundes aus der Dawidstadt, das ist Zion,
heraufzubringen.
So versammelten sich zum König Schlomo alle Männer
Jifsraels,
im Monat der Unversieglichen, das ist die siebente Neuung,
am Wallfest.
Alle Ältesten Jifsraels kamen herzu,
die Priester trugen den Schrein,
herauf brachten sie SEINEN Schrein, das Zelt der Begegnung,
alle Geräte der Heiligung, die im Zelte waren,
die brachten herauf die Priester und die Lewiten.
Der König Schlomo aber
und alle Gemeinschaft Jifsraels ihm begegnend, gemeinsam
mit ihm vor dem Schrein,
schlachteten Schafe und Rinder, die vor Menge nicht zu
zählen und nicht zu ermessen waren.
Dann ließen die Priester den Schrein SEINES Bundes kommen
ein in seine Stätte,
ein in die Zelle des Hauses,
ein in das Heiligende der Heiligtume:
unter die Flügel der Cheruben ein.
Denn Flügel breiten die Cheruben über die Stätte des Schrei-
nes hin,
die Cheruben schirmten über dem Schrein und über seinen
Stangen von oben.
Man ließ die Stangen nun so lang vorragen,
daß die Häupter der Stangen vom Heiligtum aus nur an der
Vorderseite der Zelle eben noch zu sehen waren

und im Außenraum nicht gesehen werden konnten;
so durften sie dort bleiben bis auf diesen Tag.
Im Schrein aber ist kein Ding,
nur die beiden steinernen Tafeln, die Mosche am Choreb dort
   niedergelegt hatte,
durch die ER mit den Söhnen Jifsraels sich zusammenschloß,
als sie vom Land Ägypten ausfuhren.
Es geschah, als die Priester aus dem Heiligtum ausgefahren
   waren:
die Wolke füllte SEIN Haus,
nicht vermochten die Priester zu stehn um zu amten, wegen
   der Wolke,
denn SEINE Erscheinung füllte SEIN Haus.
Damals hat Schlomo gesprochen:
Im Wetterdunkel sprach einst ER,
einwohnen zu wollen, –
ein Söllerhaus baute, erbaute ich dir,
Grundfeste deinem Sitz in die Zeiten.
Der König wandte sein Antlitz, er segnete alles Gesamt
   Jifsraels,
während alles Gesamt Jifsraels stand.
Er sprach:
Gesegnet ER, Jifsraels Gott,
der mit seinem Munde redete zu meinem Vater Dawid
und mit seiner Hand erfüllte
den Spruch:
Vom Tag an, da ich mein Volk Jifsrael aus Ägypten führte,
habe ich nie eine Stadt aus allen Jifsraelstäben erwählt,
ein Haus zu bauen, daß dort mein Name sei,
Dawid aber wählte ich, daß er über mein Volk Jifsrael sei.
Meinem Vater Dawid wars am Herzen, ein Haus für SEINEN,
   des Gottes Jifsraels, Namen zu bauen,
ER aber sprach zu meinem Vater Dawid:
Dieweil dirs am Herzen war, meinem Namen ein Haus zu
   bauen,
gutgesinnt warst du, daß dies dir am Herzen war,
nur: du bists nicht, der das Haus bauen soll,
sondern dein Sohn, der von deinen Lenden ausfährt, der
   soll das Haus meinem Namen bauen.

Aufgerichtet hat E R nun seine Rede, die er geredet hatte,
ich richtete mich auf an meines Vaters Dawid Platz,
hinsaß ich auf Jifsraels Stuhl, wie E R geredet hat,
ich baute das Haus SEINEM, des Gottes Jifsraels, Namen,
einen Aufenthalt legte ich da an für den Schrein, darin SEIN
    Bund ist,
den er mit unsern Vätern schloß, als er sie aus dem Land
    Ägypten führte.

Dann stand Schlomo vor SEINE Schlachtstatt hin, allem Ge-
    samt Jifsraels gegenüber,
er breitete seine Handflächen zum Himmel und sprach:

D U, Jifsraels Gott!
Keiner ist ein Gott gleich dir,
im Himmel oben,
auf Erden unten,
Bewahrer des Bunds und der Huld
deinen Knechten, die einhergehn vor deinem Antlitz mit all
    ihrem Herzen!
der du deinem Knecht, meinem Vater Dawid, bewahrt hast,
    was du ihm geredet hast,
mit deinem Mund redetest du und erfülltest mit deiner
    Hand,
wies nun am Tag ist!
Jetzt aber, D U, Jifsraels Gott,
bewahre deinem Knecht, meinem Vater Dawid,
was du ihm geredet hast,
sprechend: Nie schließe je dir vor meinem Antlitz Mannes-
    folge ab der auf dem Stuhl Jifsraels Sitzenden,
wahren nur deine Söhne ihren Weg, vor meinem Antlitz
    einherzugehn,
wie du vor meinem Antlitz einhergegangen bist!
Jetzt also, Jifsraels Gott,
getreu erfülle sich doch deine Rede, die du zu deinem Knecht,
    meinem Vater Dawid, geredet hast!
Wie aber, könnte wirklich Gottheit auf Erden Sitz haben?
die Himmel ja und die Himmel ob Himmeln fassen dich
    nicht,

wie gar dieses Haus, das ich baute!

Und doch willst du dich zum Gebet deines Knechts und zu
    seinem Gunsterflehn neigen,

D U, mein Gott,

zuzuhören dem Aufhall, dem Gebet, das dein Knecht heut-
    tags vor deinem Antlitz betet,

daß geöffnet seien deine Augen diesem Hause zu, Nacht und
    Tag,

der Stätte zu, von der du sprachst: Dort soll mein Name da-
    sein, –

zuzuhören dem Gebet, das dein Knecht nach dieser Stätte zu
    beten wird!

Höre dem Flehn deines Knechts und deines Volks Jiſsrael zu,

das sie nach dieser Stätte zu beten werden,

selber mögst dus zur Stätte deines Sitzes, zum Himmel hin
    hören,

so erhör, so verzeih!

Sündigt etwa jemand an seinem Genossen,

man überträgt auf ihn einen Droheid, ihn zu vereidigen,

und er kommt, eidbedroht sich vor deiner Schlachtstatt in
    diesem Haus:

selber mögst dus himmelwärts hören,

so machs zur Tat, so schaffe Recht deinen Knechten,

den, der sich verschuldete, zu beschulden, seinen Abweg auf
    sein Haupt zu geben,

den, der sich bewährte, zu bewähren, ihm nach seiner Be-
    währung zu geben.

Wann dein Volk Jiſsrael vor einem Feind hingestürzt wurde,

da sie an dir gesündigt hatten,

sie aber kehren um zu dir, bekennen deinen Namen, beten,

flehen zu dir in diesem Haus:

selber mögst dus himmelwärts hören,

so verzeih die Versündigung deines Volks Jiſsrael,

so laß sie seßhaft bleiben auf der Scholle, die du ihren Vätern
    gegeben hast.

Wann der Himmel abgehegt ist und es nicht regnet,

weil sie an dir gesündigt haben,

sie aber beten nach dieser Stätte zu, bekennen deinen Namen,

kehren um von ihrer Sünde, dieweil du sie beugtest:
selber mögst dus himmelwärts hören,
so verzeih die Versündigung deiner Knechte, deines Volks
    Jifsrael,
daß du ihnen den guten Weg weisest, darin sie gehen sollen, –
so gib Regen auf dein Land, das du deinem Volk zu eigen
    gegeben hast.

Wenn je Hunger im Land ist,
wenn je Pest ist,
wenn je Versengung ist, Vergilbung, Heuschreck, Blankfres-
    ser,
wenn sein Feind es im Land um seine Tore bedrängt,
allerart Schaden, allerart Krankheit, –
alles Beten, alles Flehen, das dann geschieht,
seis allirgend eines Menschen, seis deines Volks Jifsrael allsamt,
da sie des bewußt werden, jedermann des Schadens seines Her-
    zens,
er breitet seine Handflächen nach diesem Hause zu:
selber mögst dus himmelwärts hören, hin an die Veste deines
    Sitzes,
so verzeih, so machs zur Tat,
so gib jedermann nach all seinen Wegen, der du um sein
    Herz weißt
– denn einzig du selber weißt um das Herz aller Menschen-
    söhne –,
auf daß sie dich fürchten alle Tage, die sie auf dem Antlitz der
    Scholle leben, die du unsern Vätern gegeben hast.

Und auch den Fremden, der nicht von deinem Volk Jifsrael
    ist,
kommt er aus fernem Land, auf deinen Namen hin
– denn hören werden sie von deinem großen Namen, deiner
    starken Hand, deinem gestreckten Arm –,
kommt er und betet nach diesem Hause zu:
selber mögst dus himmelwärts hören, hin an die Veste deines
    Sitzes,
so tue, allwie der Fremde zu dir ruft,
auf daß alle Völker des Erdlands deinen Namen wissen,
dich zu fürchten wie dein Volk Jifsrael,

zu wissen, daß dein Name ausgerufen ist über diesem Haus,
  das ich baute.

Wenn dein Volk zum Kampf ausfährt wider seinen Feind
auf den Weg, den du sie sendest,
beten sie zu DIR, den Weg hin
nach der Stadt, die du erwähltest,
nach dem Haus, das ich deinem Namen baute:
so hörs, himmelwärts ihr Beten, ihr Flehn,
so tue ihr Recht dar.

Wenn sie an dir sündigten
– denn kein Mensch ist, der nicht sündigte –,
du zürntest ihnen,
du gabst sie hin vor einen Feind,
gefangen trieben ihre Fänger sie ins Land des Feindes, fern
  oder nah,
sie aber fangen an, es in ihr Herz einkehren zu lassen, in dem
  Land, wo sie gefangen sind,
kehren um, flehen zu dir in ihrer Fänger Land,
sprechend: Wir haben gesündigt und haben uns verfehlt, wir
  habens verschuldet,
kehren anhaltend um zu dir mit all ihrem Herzen, mit all
  ihrer Seele,
im Land ihrer Feinde, die sie gefangen halten,
und beten zu dir den Weg hin
nach ihrem Land, das du ihren Vätern gabst,
nach der Stadt, die du wähltest,
nach dem Haus, das ich deinem Namen baute:
so hörs, himmelwärts, hin an die Veste deines Sitzes, ihr
  Beten, ihr Flehn,
so tue ihr Recht dar,
so verzeih deinem Volk, was sie an dir gesündigt haben,
all ihre Abtrünnigkeiten, damit sie dir abtrünnig wurden,
so gib um sie Erbarmen ihren Fängern ein, daß die sich ihrer
  erbarmen,
denn dein Volk, dein Eigentum sind sie,
die du führtest aus Ägypten, mitten aus dem Eisenschmelzofen.
Daß geöffnet seien deine Augen
hin zum Flehen deines Knechts,

hin zum Flehen deines Volks Jifsrael,
daß du ihnen zuhörest, allwann sie zu dir rufen!
Denn du selber hast sie dir zu Eigentum aus allen Völkern des
    Erdlands ersondert,
wie du durch Mosche deinen Knecht geredet hast,
als du unsre Väter aus Ägypten führtest,
    mein Herr, DU!

Es geschah, als Schlomo allzuende war all dieses Beten und
    Flehen zu IHM zu beten:
er erhob sich von SEINER Schlachtstatt,
vom auf die Kniee Gesunkensein, seine Handflächen himmel-
    wärts gebreitet,
als er stand, segnete er alles Gesamt Jifsraels mit lauter
    Stimme,
sprechend:
Gesegnet ER,
der Ruhe seinem Volk Jifsrael gegeben hat,
allwie er geredet hatte,
nicht ein Redewort entfiel von all seiner guten Rede,
die er geredet hatte durch Mosche seinen Knecht.
Dasei ER unser Gott bei uns, wie er dawar bei unsern Vätern,
nimmer verlasse er uns,
nimmer verstoße er uns,
er lenke zu sich unser Herz,
in all seinen Wegen zu gehn,
seine Gebote, seine Gesetze, seine Rechtsgeheiße zu wahren,
die er unsern Vätern gebot.
Sei diese meine Rede, damit ich vor IHM Gunst erflehte,
nah IHM, unserm Gott, Tag und Nacht,
daß er das Recht dartue seines Knechts,
das Recht seines Volks Jifsrael,
des Tags Bittrede eben den Tag,
auf daß alle Völker der Erde wissen,
daß ER der Gott ist,
keiner sonst.
Euer Herz aber sei befriedet mit IHM unserm Gott,
in seinen Gesetzen zu gehn,
seine Gebote zu wahren,

wies an diesem Tag ist.

Der König und alles Jifsrael ihm gesellt schlachteten nun ein
  Schlachtmahl vor IHM.
Und dies schlachtete Schlomo als das Friedschlachtmahl, das
  er IHM schlachtete:
Rinder zweiundzwanzigtausend und Schafe hundertzwanzigtausend.
So rüsteten der König und alle Söhne Jifsraels SEIN Haus.
An jenem Tag heiligte der König die Mitte des Hofs, der vor
  SEINEM Haus ist,
denn dort mußte er die Darhöhung, die Hinleite und die Fettspenden der Friedmahle machen,
denn die eherne Schlachtstatt, die vor SEINEM Antlitz, war zu
  klein, die Darhöhung, die Hinleite und die Fettspenden der
  Friedmahle zu fassen.
Schlomo machte zu jener Frist das Wallfest und alles Jifsrael
  ihm gesellt,
in großer Versammlung, von wo man nach Chamat kommt
  bis zum Grenzbach Ägyptens,
vor SEINEM unsres Gottes Antlitz,
ein Tagsiebent und ein Tagsiebent, vierzehn Tage.
Am Achten Tage entließ er das Volk,
sie segneten den König und gingen zu ihren Zelten,
froh und guter Dinge im Herzen
über all das Gute, das E R gemacht hatte für seinen Knecht
  Dawid und sein Volk Jifsrael.

Es geschah, als Schlomo allzuende war, SEIN Haus und das
  Königshaus zu bauen
und allen Hang Schlomos, was zu machen er begehrt hatte,
da ließ er sich von Schlomo ein zweites Mal sehen,
wie er sich von ihm in Gibon hatte sehen lassen.
E R sprach zu ihm:
Erhört habe ich dein Beten und dein Flehen,
womit du vor meinem Antlitz Gunst erfleht hast,
geheiligt habe ich dieses Haus, das du bautest,
meinen Namen dort einzusetzen auf Weltzeit,
meine Augen und mein Herz sollen dort alle Tage sein.

Und du,
wirst du vor meinem Antlitz einhergehn, wie dein Vater
  Dawid einherging,
in Schlichtheit des Herzens und in Geradheit,
es zu machen, allwie ich dir geboten habe,
wirst meine Gesetze und meine Rechtsgeheiße wahren,
dann will ich dein Königtum über Jifsrael aufrichten in
  Weltzeit,
wie ich über deinem Vater Dawid geredet habe, im Spruch:
Nie schließe je dir Mannesfolge ab auf dem Stuhl Jifsraels!
Werdet ihr aber, ihr und eure Söhne, von meiner Nachfolge
  euch abkehren,
meine Gebote, meine Satzungen nicht wahren, die ich euch
  vors Antlitz gab,
gehn und anderen Göttern dienen, vor ihnen euch niederwerfen,
dann will ich Jifsrael ausschließen vom Antlitz der Scholle, die
  ich ihnen gab,
das Haus, das ich meinem Namen heiligte, von meinem Antlitz abschaffen,
Jifsrael wird unter allen Völkern zu Gleichnis und zu Witzwetzung werden
und zuoberst wirds dieses Haus sein,
allwer dran vorüberschreitet, wird schaudern und zischeln,
sie werden sprechen:
Um was hat ER so, so diesem Lande und diesem Hause getan?
Dann werden welche sprechen:
Darum, daß sie Ihn ihren Gott verließen,
der ihre Väter aus dem Land Ägypten führte,
sich an andere Götter hielten,
vor ihnen sich niederwarfen, sie bedienten,
darum hat ER über sie all dies Böse kommen lassen.

Es war nach Verlauf der zwanzig Jahre, die Schlomo an den
  zwei Häusern, SEINEM Haus und dem Königshaus, gebaut
  hatte,
beigetragen aber hatte dem Schlomo mit Zedernhölzern und
  mit Zypressenhölzern und mit Gold nach all seinem Begehr Chiram König von Tyrus,

damals gab der König Schlomo dem Chiram zwanzig Städte
    im galiläischen Land.

Als aber Chiram von Tyrus ausgefahren war, die Städte zu
    besehen, die Schlomo ihm gegeben hatte,

waren sie in seinen Augen nicht recht,

er sprach:

Was sind das für Städte, die du mir gegeben hast, mein Bru-
    der?!

er rief sie: Erez Kabul, Land Wienichts,

– bis auf diesen Tag.

Aber Chiram sandte dem König hundertundzwanzig Barren
    Goldes.

Und dies ist die Sache der Fron, zu der der König Schlomo
    einziehen ließ,

zu bauen SEIN Haus und das Haus für sich,

die Bastei und die Umwallung Jerusalems,

Chazor, Megiddo und Gaser.

Heraufgezogen war nämlich Pharao, der König von Ägypten,

hatte Gaser bezwungen und im Feuer verbrannt,

die Kanaaniterschaft, die in der Stadt saß, hatte er umgebracht.

Er gab es als Aussteuer seiner Tochter, Schlomos Weib.

Schlomo baute Gaser aus,

dazu das untre Bet Choron, Baalat und Tamar im Wüsten-
    land

und alle Vorratstädte, die Schlomo hatte,

und die Fahrzeugstädte und die Reisigenstädte

und wo sonst noch Schlomo dem Hang nachhing zu bauen,

in Jerusalem, im Libanon und in allem Land seiner Waltung.

Alles Volk, das überblieben war

vom Amoriter, Chetiter, Prisiter, Chiwiter, Jebuſsiter,

die nicht von den Söhnen Jiſsraels waren,

ihre Söhne, die nach ihnen im Land überblieben waren,

die die Söhne Jiſsraels zu bannen nicht vermocht hatten,

sie zog Schlomo ein zum Frondienst

– bis auf diesen Tag.

Aber von den Söhnen Jiſsraels gab Schlomo niemand in
    Knechtsdienst,

sondern die Kriegsmannen waren sie

und seine Diener, seine Obern, seine Wagendritten, die Obern
seines Fahrzeugs und seiner Reisigen.

Dies sind die Vogtsobern, die über Schlomos Arbeitswesen
　　waren:
fünfhundertundfünfzig, die befehligten das Volk, das die Ar-
　　beit machte.

Sowie nur die Tochter Pharaos aus der Dawidstadt in ihr
　　eignes Haus hinaufgezogen war, das er ihr gebaut hatte:
damals baute er die Bastei aus.

Dreimal im Jahr pflegte Schlomo Darhöhungen und Fried-
　　mahle zu höhen
auf der Statt, die er Iнм erbaut hatte,
und zu räuchern an der vor Seinem Antlitz.
So befriedigte er das Haus.

Eine Schiffsflotte ließ der König Schlomo machen
in Ezjon Gaber, das neben Elat, am Ufer des Schilfmeers, im
　　Land Edom ist.
Chiram sandte auf der Schiffsflotte seiner Diener mit, Schiffs-
　　mannschaft, des Meers kundig, Schlomos Dienern gesellt.
So kamen sie bis nach Ofir, sie holten von dort Gold, vier-
　　hundertundzwanzig Barren.
Damit kamen sie zum König Schlomo.

Wie die Königin von Saba die Sage von Schlomo sagen hörte
　zusamt SEINEM Namen,
kam sie, ihn mit Rätseln zu prüfen.
Sie kam nach Jerusalem mit sehr mächtigem Troß,
Kamelen, tragend Balsame, Goldes sehr viel und Edelgestein,
sie kam zu Schlomo und redete zu ihm, allwas sie auf dem Her-
　zen hatte.
Schlomo ermeldete ihr all ihre Sinnreden,
nicht blieb eine Sinnrede vor dem König verborgen, daß ers
　ihr nicht ermeldet hätte.
Als die Königin von Saba alle Weisheit Schlomos sah,
dazu das Haus, das er gebaut hatte,
das Essen an seinem Tisch, das Umsitzen seiner Diener, das
　Dastehn seiner Aufwärter und ihre Bekleidung, sein Aus-
　schenkenlassen,
und seinen Aufzug, in dem er zu SEINEM Haus hinaufzog,
blieb nicht Geist mehr in ihr.
Sie sprach zum König:
Getreu war die Rede, die ich in meinem Lande hörte
über deine Beredsamkeit, über deine Weisheit,
aber ich traute den Reden nicht,
bis ich kam und meine Augen sahn, –
nicht die Hälfte ja war mir gemeldet worden!
du überholst an Weisheit und guter Art
die Sage, die ich sagen hörte.
O des Glücks deiner Mannen,
o des Glücks dieser deiner Diener,
die immer vor deinem Antlitz stehn,
die deine Weisheit hören!
Gesegnet sei ER, dein Gott,
der Lust an dir hatte,
dich auf Jifsraels Stuhl zu geben!
Weil in Weltzeit ER Jifsrael liebt,
hat zum König er dich eingesetzt,
Recht und Wahrheit auszumachen.
Sie gab dem König hundertundzwanzig Barren Goldes Bal-
　same, sehr viel, und Edelgestein,
nicht kam seither Balsam ein in Fülle wie jener, den die Köni-
　gin von Saba dem König Schlomo gegeben hatte. –

Auch hatte Chirams Schiffsflotte, die Gold von Ofir hertrug,
   Sandelholz von Ofir, sehr viel, und Edelgestein einbekom-
   men,
der König ließ aus dem Sandelholz ein Geländer machen für
   SEIN Haus und für das Königshaus, und Leiern und Harfen
   für die Sänger,
nicht war solch Sandelholz eingekommen und nicht ward
   das wiedergesehn
bis auf diesen Tag. –
Der König Schlomo gab der Königin von Saba alles, woran
   sie Lust hatte, was sie sich wünschte,
außer dem, was er von selber ihr, nach des Königs Schlomo
   Vermögen, gab.
Dann wandte sie sich und ging heim in ihr Land, sie und ihre
   Diener.

Das Gewicht des Goldes, das bei Schlomo in einem Jahr ein-
   kam, war:
sechshundertsechsundsechzig Barren Golds,
außer dem aus den Schatzzubußen der Reisehändler und der
   Marktsteuer der Krämer,
und dem all der Könige des Beigemengs und der Viztume des
   Landes.
Der König Schlomo machte zweihundert Tartschen in geschlagenem Gold,
sechshundert Goldgewicht gingen auf je eine Tartsche drauf,
und dreihundert Schilde in geschlagenem Gold,
drei Mark Goldes gingen auf je einen Schild drauf,
die gab der König in das Libanonwaldhaus.

Der König machte einen großen elfenbeinernen Stuhl,
den überschalte er mit gediegenem Gold,
sechs Stufen hatte der Stuhl,
ein Runddach zuhäupten hinten hatte der Stuhl,
Armlehnen hierseits und hierseits am Sitzort,
zwei Löwen standen neben den Armlehnen,
und zwölf Löwen standen dort auf den sechs Stufen, hierseits
   und hierseits,
in allen Königreichen ist solches nie gemacht worden.

Alles Schenkgerät des Königs Schlomo war aus Gold,
alles Gerät des Libanonwaldhauses war aus geplattetem Gold,
kein Silber – das wurde in den Tagen Schlomos nicht als ir-
    gendwas geachtet.
Denn eine Schiffsflotte von Tarschischfahrern hatte der König
    auf dem Meer, der Schiffsflotte Chirams beigesellt,
einmal in drei Jahren kam die Schiffsflotte von Tarschisch-
    fahrern,
sie trug Gold und Silber, Elefantenzähne, und Affen und Pfauen.

Der König Schlomo war größer als alle Könige der Erde
an Reichtum und an Weisheit.
Aus allem Erdland suchte man Schlomos Antlitz auf,
seine Weisheit zu hören, die Gott in sein Herz gegeben hatte.
Und die kamen, jedermann mit seiner Spende,
Silbergeräten und Goldgeräten,
Gewändern, Bewaffnung, Balsamen,
Rossen und Maultieren,
Jahr um Jahr.
Schlomo holte Fahrzeug und Reisige zusammen,
er hatte tausend und vierhundert Fahrzeuge und zwölftausend
    Reisige,
die legte er nach den Fahrzeugstädten und als Beistand des
    Königs nach Jerusalem.
Der König bewirkte, daß es in Jerusalem Silber wie Steine
    gab
und Zedern gab wie Maulbeerfeigenbäume, die in der Nie-
    drung, an Menge.
Die Einfuhr der Rosse, deren für Schlomo, war aus Ägypten
    und aus Kue,
die Marktmakler des Königs nahmen sie von Kue als Kauf-
    preis,
und zwar wurde ersteigert und ausgeführt von Ägypten ein
    Gefährt um sechshundert Silbers und ein Roß um hundert-
    undfünfzig.
Und so die für alle Könige der Chetiter und für die Könige
    Arams,
durch ihre Hand führten die sie ein.

Aber der König Schlomo liebte viele fremdländische Weiber,
neben der Tochter Pharaos,
moabitische, ammonitische, edomitische, sidonische, cheti-
tische,
von den Stämmen, über die E R zu den Söhnen Jifsraels gesprochen hatte:
Kommt nicht unter sie, und sie, nicht sollen sie unter euch
kommen,
gewiß, sie würden euer Herz ihren Göttern zur Nachfolge
neigen!
Denen verhaftete sich Schlomo im Lieben.
So hatte er an Weibern: Oberfrauen siebenhundert und Kebsen dreihundert.
Seine Weiber neigten sein Herz um.
In der Zeit des Altwerdens Schlomos geschahs,
da neigten seine Weiber sein Herz zur Nachfolge anderer
Götter,
nicht war sein Herz befriedet mit I H M seinem Gott,
wies das Herz seines Vaters Dawid war.
Schlomo ging
in der Nachfolge der Aschtart, der Gottheit der Sidonier,
in der Nachfolge des Milkom, des Scheusals der Ammoniter,
Schlomo tat das in S E I N E N Augen Üble,
er folgte I H M nicht völlig wie sein Vater Dawid nach.
Damals hat Schlomo eine Koppe für Kmosch, das Scheusal
Moabs, auf dem Berg, der Jerusalem zugewandt ist, und für
den Molech, das Scheusal der Söhne Ammons, ausgebaut,
und ebenso tat er für alle seine fremdländischen Weiber,
die räucherten und schlachteten ihren Göttern.
Da erzürnte E R über Schlomo,
daß er sein Herz von dem I H M, Jifsraels Gott, Geselltsein ab-
geneigt hatte,
der sich doch zweimal von ihm hatte sehen lassen
und hatte ihm eben dieses verboten: je in der Nachfolge anderer Götter zu gehen,
er aber hatte sich nicht bewahrt vor dem, was E R ihm verboten hatte.
E R sprach zu Schlomo:
Dieweil dies mit dir war,

und du nicht wahrtest meinen Bund,

meine Satzungen, die ich dir geboten habe:

reiße, abreiße ich herunter von dir die Königsmacht, ich
  gebe sie deinem Knecht.

nur werde ichs in deinen Tagen nicht tun, um Dawids, deines
  Vaters, willen,

aus der Hand deines Sohnes werde ich sie reißen,

doch nicht alle Königsmacht reiße ich ab,

einen einzigen Volkstab übergebe ich deinem Sohn,

um meines Knechtes Dawid willen,

um Jerusalems willen, das ich wählte.

E R erhob dem Schlomo einen Hinderer,

Hadad den Edomiter, der war vom Königssamen Edoms.

Es war nämlich geschehn, als Dawid Edom geschlagen hatte,

als dann Joab der Heeresoberste hinaufgezogen war, die
  Durchbohrten zu begraben,

als er alles Männliche in Edom erschlug

– denn sechs Neuungen blieb Joab und alles Jiſsrael dort,

bis zur Ausrottung alles Männlichen in Edom –,

da entwich Hadad, er und edomitische Mannen von den
  Knechten seines Vaters mit ihm, um nach Ägypten zu ent-
  kommen,

Hadad war aber noch ein kleiner Knabe.

Sie hoben sich dann hinweg von Midjan und kamen nach
  Paran,

sie nahmen Männer aus Paran mit sich,

endlich kamen sie nach Ägypten zu Pharao König von Ägypten,

der gab ihm ein Haus, und Speisung versprach er ihm, und
  Land gab er ihm.

Hadad fand viel Gunst in den Augen Pharaos,

der gab ihm zum Weib eine Schwester seines Weibes, eine
  Schwester der Tachpnes, der Herrscherin,

die Schwester der Tachpnes gebar ihm seinen Sohn
  Gnubat,

Tachpnes ließ ihn inmitten der Hausschaft Pharaos entwöhnen,

fortan war Gnubat im Hause Pharaos inmitten der Söhne
  Pharaos.

Als nun Hadad in Ägypten hörte,
daß Dawid sich bei seinen Vätern hingelegt hatte,
und daß Joab der Heeresoberste tot war,
sprach Hadad zu Pharao:
Entlasse mich, daß ich in mein Land gehe.
Pharao sprach zu ihm:
Was mangelt dir doch bei mir,
daß du da nachsuchst, in dein Land gehn zu dürfen?
Er sprach:
Nichts!
doch lasse, entlasse mich!

Noch einen Hinderer erhob Gott ihm,
den Rson Sohn Eljadas, der vor Hadadeser, dem König von
    Zoba, seinem Herrn, entwich,
der brachte Männer um sich zuhauf, er wurde ein Rotten-
    führer.
Als Dawid jene erschlug, gingen sie nach Damaskus, dort wur-
    den sie ansässig,
nun aber königten sie ihn in Damaskus,
und er wurde ein Hinderer für Jifsrael, alle Tage Schlomos,
noch zu dem Üblen, was schon mit Hadad war:
der verstümmelte Jifsrael, indem er über Edom Königschaft
    gewann.

Sodann Jarobam Sohn Nbats, ein Efratiter, aus Zreda, der
    Name seiner Mutter, einer Witfrau, Zrua,
ein Knecht Schlomos, der schwang die Hand wider den Kö-
    nig.
Dies aber ist die Ursache, daß er die Hand wider den König
    schwang:
Schlomo baute die Bastei aus, er schloß die Lücke der Stadt
    seines Vaters Dawid.
Als Mann war Jarobam ein Wehrtüchtiger,
Schlomo aber sah es schon dem Jüngling an, wie er bei der
    Arbeit tätig war,
drum verordnete er ihn über alle Lastschaft des Hauses Jofsef.
Es geschah zu jener Frist:
als Jarobam einst draußen vor Jerusalem war,
fand ihn Achija der Schiloniter, der Künder, unterwegs,

der war in ein neues Gewand gehüllt,
und die zwei waren allein auf dem Feld.
Achija ergriff das neue Gewand, das er anhatte,
er zerriß es in zwölf Rißstreifen
und sprach zu Jarobam:
Nimm dir zehn Rißstreifen,
denn so hat E R, Jiſsraels Gott, gesprochen:
Wohlan, ich reiße die Königsmacht aus Schlomos Hand,
dir gebe ich die zehn Volksstäbe
– ein einziger Stab soll ihm bleiben,
um meines Knechts Dawid willen,
um Jerusalems willen, der Stadt, die ich aus allen Stäben Jiſs-
    raels erwählte –,
um deswillen, daß sie mich verließen,
sich vor Aschtart, der Gottheit der Sidonier, Kmosch, der
    Gottheit Moabs, und Milkom, der Gottheit der Söhne Am-
    mons, niederwarfen
und gingen nicht in meinen Wegen,
zu tun das in meinen Augen Gerade, und meine Satzungen
    und meine Rechtsgeheiße, wie sein Vater Dawid.
Zwar werde ich aus seiner Hand nicht alle Königsmacht neh-
    men,
denn im Fürstenstand belasse ich ihn alle Tage seines Lebens,
um meines Knechts Dawid willen, dessen, den ich wählte,
der meine Gebote und meine Satzungen wahrte,
aber aus der Hand seines Sohnes werde ich das Königtum
    nehmen,
ich werde es für das Zehnt der Stäbe dir geben,
und seinem Sohn gebe ich einen einzigen Stab,
um deswillen daß ein Fortleuchten bleibe meinem Knecht
    Dawid
alle Tage vor meinem Antlitz in Jerusalem,
der Stadt, die ich mir wählte, meinen Namen dort einzu-
    setzen.
Dich aber nehme ich,
daß du Königschaft habest in allem, was deine Seele begehrt,
daß du König seist über Jiſsrael.
Es soll sein:
hörst du auf alles, was ich dir gebiete,

gehst in meinen Wegen,

tust das in meinen Augen Gerade, meine Satzungen und meine Rechtsgeheiße zu wahren,

wie mein Knecht Dawid getan hat,

dann werde ich dasein bei dir,

ich werde dir ein getreues Haus bauen, wie ich es Dawid
baute.

Ich gebe dir Jifsrael,

ich werde Dawids Samen um dessentwillen beugen,

– jedoch nicht alle Tage.

Schlomo suchte, Jarobam zu töten,

Jarobam aber hob sich hinweg, er entwich nach Ägypten,
zu Schischak König von Ägypten,

er blieb in Ägypten bis zu Schlomos Tod.

Das übrige Redewürdige von Schlomo,

alles was er getan hat und seine Weisheit,

ist das nicht aufgeschrieben im Buch: Denkwürdigkeiten
Schlomos?

Der Tage aber, die Schlomo in Jerusalem über alles Jifsrael
Königschaft hatte,

sind vierzig Jahre.

Dann legte sich Schlomo bei seinen Vätern hin,

er wurde in der Stadt seines Vaters Dawid begraben.

Sein Sohn Rechabam trat statt seiner die Königschaft an.

Rechabam ging nach Sichem, denn nach Sichem war alles
	Jifsrael gekommen, ihn zu königen.
Es war aber geschehn, als Jarobam Sohn Nbats etwas hörte
– er war noch in Ägypten, dahin er vor dem König Schlomo
	entwichen war –,
da war Jarobam aus Ägypten wiedergekehrt;
sie sandten nun, sie ließen ihn rufen.
So kam Jarobam und alle Versammlung Jifsraels
sie redeten zu Rechabam, sprechend:
Dein Vater hat unser Joch überhärtet,
du leichtre jetzt ab von dem harten Dienst deines Vaters,
von seinem schweren Joch, das auf uns er gegeben hat,
und wir wollen dir dienstbar sein.
Er sprach zu ihnen:
Geht, noch drei Tage, dann kehrt wieder zu mir!
Sie gingen, das Volk.
Der König Rechabam beriet sich mit den Ältesten, die vor
	dem Antlitz seines Vaters Schlomo gestanden hatten, so-
	lang er am Leben war,
sprechend:
Wie ratet ihr diesem Volk Rede zu erwidern?
Sie redeten zu ihm, sprechend:
Wirst du nur den Tag Diener diesem Volk sein, ihnen dienen,
ihnen antworten, gute Rede zu ihnen reden,
dann werden sie dir alle Tage Diener sein.
Er aber ließ den Rat der Ältesten, den sie ihm rieten,
er beriet sich mit den Jungen, die mit ihm großgeworden
	waren,
die die vor seinem Antlitz Stehenden waren,
er sprach zu ihnen:
Was ratet ihr, daß wir diesem Volk an Rede erwidern,
die zu mir geredet haben, sprechend: Leichtre ab von dem
	Joch, das dein Vater auf uns gegeben hat?
Die Jungen, die mit ihm großgeworden waren, redeten zu
	ihm, sprechend:
So sprich zu diesem Volk,
die zu dir geredet haben, sprechend: Dein Vater beschwerte
	unser Joch, und du, ableichtre es uns doch,
so rede zu ihnen:

Mein Kleinfinger ist dicker als meines Vaters Hüften,
jetzt also:
mein Vater packte euch ein schweres Joch auf,
ich aber, noch drauffügen will ich auf euer Joch,
mein Vater züchtigte euch mit Ruten,
ich aber will euch züchtigen mit Skorpionen.
Als am dritten Tag Jarobam und alles Volk zu Rechabam kam,
wie der König geredet hatte, sprechend: Kehrt zu mir am
   dritten Tag wieder,
antwortete der König dem Volke hart,
ließ den Rat der Ältesten, den sie ihm geraten hatten,
und redete zu ihnen nach dem Rat der Jungen, sprechend:
Mein Vater beschwerte euer Joch,
ich aber, noch drauffügen will ich auf euer Joch,
mein Vater züchtigte euch mit Ruten,
ich aber will euch züchtigen mit Skorpionen.
Der König hörte nicht auf das Volk,
denn von IHM aus war es eine Wendung,
aufzurichten seine Rede, die ER durch Achija den Schiloniter zu Jarobam Sohn Nbats geredet hatte.
Als nun alles Jifsrael sah, daß der König auf sie nicht hörte,
erwiderten sie, das Volk, dem König Rede, sprechend:
– Was haben wir für Anteil an Dawid!
– Eigen nicht am Jischajsohn!
– Zu deinen Zelten, Jifsrael!
– Sieh nach deinem Hause jetzt, Dawid!
Dann ging Jifsrael zu seinen Zelten.
Nur die Söhne Jifsraels, die in den Städten Jehudas ansässig
   waren, über die behielt Rechabam Königschaft.
Der König Rechabam entsandte Adoniram, der über der Fron
   war,
aber sie, alles Jifsrael, schmissen ihn mit Steinen tot.
Der König Rechabam konnte mit Müh das Gefährt besteigen,
   um nach Jerusalem zu fliehn.
So wurden die von Jifsrael dem Haus Dawids abtrünnig,
– bis auf diesen Tag.
Es war geschehn: als alles Jifsrael gehört hatte, daß Jarobam
   wiedergekehrt war, hatten sie gesandt, hatten ihn zur
   Gemeinschaft geladen,

ihn königten sie nun über alles Jifsrael,
hinter dem Hause Dawids blieb nichts als einzig der Stab
  Jehuda.
Als Rechabam nach Jerusalem kam, versammelte er alles
  Haus Jehuda und den Stab Binjamin,
hundertundachtzigtausend Kampftatauserwählte,
mit dem Haus Jifsrael zu kämpfen,
das Königtum zu Rechabam Sohn Schlomos wiederkehren
  zu lassen.
Aber die Rede Gottes geschah zu Schmaja dem Mann Gottes,
  ein Sprechen:
Sprich zu Rechabam Sohn Schlomos, König von Jehuda,
und zu allem Haus Jehuda und Binjamin und dem übrigen
  Volk im Spruch:
So hat ER gesprochen:
Steigt nicht hinan,
kämpft nicht mit euren Brüdern, den Söhnen Jifsraels,
kehrt wieder, jedermann in sein Haus,
denn von mir aus ist dies geschehn.
Sie hörten SEINE Rede,
und sie kehrten wieder um, von dannen zu gehn, nach SEINER
  Rede.

Jarobam baute Sichem im Gebirge Efrajim aus und hatte Sitz
  darin,
dann zog er von dort weg und baute Pnuel aus.
Aber Jarobam sprach in seinem Herzen:
Jetzt könnte die Königsmacht zum Hause Dawids kehren:
muß dieses Volk hinan fahren, in SEINEM Haus in Jerusalem
  Schlachtungen zu machen,
dann kann das Herz dieses Volks sich wieder ihrem Herrn
  zukehren, Rechabam, König von Jehuda,
sie werden mich umbringen, werden zurückkehren zu Rechabam, König von Jehuda.
Der König wußte sich Rat,
er ließ zwei goldne Stierkälber machen,
dann sprach er zu jenen:
Genug euch, hinan nach Jerusalem zu fahren.
Da sind deine Götter, Jifsrael,
die dich hinanholten aus dem Land Ägypten.
Er setzte eines nach Bet-El und eines gab er nach Dan.
Diese Sache wurde zu Versündigung,
sie gingen, das Volk, vor das eine hin bis nach Dan.
Er machte ein Koppenhaus,
er machte Priester vom Umkreis des Volks, die nicht von
  den Söhnen Lewis waren.
Dann machte Jarobam ein Wallfest, in der achten Mondneuung, am fünfzehnten Tag auf die Neuung,
wie das Wallfest, das in Jehuda war.
Er stieg selber jeweils an die Schlachtstatt hinan – so machte
  ers nun auch in Bet-El –,
den Kälbern zu schlachten, die er gemacht hatte.
Die Koppenpriester, die er gemacht hatte, hatte er nach Bet-
  El bestellt.
Als er nun an die Schlachtstatt hinangestiegen war, die er in
  Bet-El gemacht hatte,
am fünfzehnten Tag in der achten Neuung,
in der Neuung, für die er sichs aus seinem eignen Herzen er-
  dichtet hatte, daß er da ein Wallfest für die Söhne Jifsraels
  mache, –
als er nun an die Schlachtstatt hinangestiegen war um aufrauchen zu lassen,

da, ein Mann Gottes, aus SEINER Rede von Jehuda nach Bet-El
   gekommen.
Und während Jarobam dastand an der Schlachtstatt, um aufrauchen zu lassen,
rief er die Schlachtstatt an aus SEINER Rede, er sprach:
Schlachtstatt, Schlachtstatt!
so hat ER gesprochen:
Da, geboren wird dem Hause Dawids ein Sohn,
Joschijahu sein Name,
der schlachtet an dir die Koppenpriester, die an dir aufrauchen
   lassen,
und Menschengebeine wird man an dir verbrennen.
Und er gab einen Erweis an jenem Tag, sprechend:
Dies ist der Erweis, den ER geredet hat:
die Schlachtstatt da soll bersten,
daß die Fettasche, die an ihr ist, verschüttet wird.
Es geschah, als der König die Rede des Manns Gottes hörte,
   mit der er die Schlachtstatt in Bet-El angerufen hatte:
Jarobam streckte von der Schlachtstatt herab seine Hand aus,
   sprechend:
Ergreift ihn!
Schon vertrocknete die Hand, die er nach ihm ausgestreckt
   hatte,
er vermochte nicht, sie wieder sich zuzukehren,
die Schlachtstatt barst, daß die Asche von der Schlachtstatt
   verschüttet wurde,
gemäß dem Erweis, den der Mann Gottes aus SEINER Rede an-
   gegeben hatte.
Nun antwortete der König, er sprach zu dem Manne Gottes:
Sänftige doch SEIN deines Gottes Antlitz,
lege dich ins Mittel für mich, daß meine Hand zu mir wiederkehre.
Der Mann Gottes ersänftigte SEIN Antlitz,
und die Hand des Königs kehrte zu ihm wieder, sie war wie
   zuvor.
Der König redete zu dem Mann Gottes:
Komm mit mir ins Haus und labe dich,
und eine Gastgabe will ich dir geben.
Der Mann Gottes aber sprach zum König:

Gäbest du mir die Hälfte deines Hauses,
ich käme nicht dir gesellt,
ich äße nicht Brot, ich tränke nicht Wasser an diesem Ort,
denn so hats mir aus SEINER Rede geboten, im Spruch:
Iß nicht Brot,
trink nicht Wasser,
kehr nicht um auf den Weg, den du gegangen bist!
Er ging auf einem andern Weg fort
und kehrte nicht um auf den Weg, auf dem er nach Bet-El
gekommen war.
In Bet-El aber hatte Sitz ein Künder, ein Alter,
als dessen Söhne heimkamen, erzählten sie ihm all das Tun,
das der Mann Gottes an dem Tag in Bet-El getan hatte,
die Reden, die er zum König geredet hatte, die erzählten sie
ihrem Vater.
Ihr Vater redete zu ihnen:
Welchen Weg ist er fortgegangen?
Seine Söhne ließen ihn den Weg sehen, auf dem der Mann
Gottes, der von Jehuda kam, fortgegangen war.
Er sprach zu seinen Söhnen:
Sattelt mir den Esel.
Sie sattelten ihm den Esel, daß er darauf reite,
er machte sich auf den Gang, dem Mann Gottes nach, und
fand ihn unter der Gotteseiche sitzend,
er sprach zu ihm:
Bist du der Mann Gottes, der von Jehuda gekommen ist?
Er sprach:
Ich bins.
Er sprach zu ihm:
Geh mit mir nachhaus und iß Brot.
Er aber sprach:
Ich darf nicht mit dir umkehren und mit dir kommen,
ich werde nicht Brot essen und nicht Wasser mit dir trinken
an diesem Ort,
denn zu mir ist aus SEINER Rede geredet worden:
Iß nicht Brot,
trink nicht Wasser dort,
kehr nicht um, zu gehn auf den Weg, auf dem du gegangen
bist!

Er aber sprach zu ihm:

Auch ich bin ein Künder wie du,

und aus SEINER Rede hat zu mir ein Bote geredet,

sprechend: Laß ihn mit dir in dein Haus einkehren, daß er
Brot esse und Wasser trinke!

Er belog ihn.

Der kehrte mit ihm um, aß Brot in seinem Haus, trank
Wasser.

Aber wie sie am Tisch saßen, geschahs:

SEINE Rede geschah an den Künder, der ihn hatte umkehren
lassen,

und er rief den Mann Gottes an, der von Jehuda gekommen
war, sprechend:

So hat ER gesprochen:

Weil du SEINEM Mund widerspenstig warst

und wahrtest nicht das Gebot, das ER, dein Gott, dir geboten
hat,

kehrtest um, aßest Brot, trankst Wasser,

an dem Ort, von dem er zu dir redete: Nimmer sollst du da
Brot essen, nimmer Wasser trinken,

wird dein Leichnam nicht in das Grab deiner Väter kommen.

Es geschah, nachdem er Brot gegessen und nachdem er getrunken hatte:

er sattelte sich den Esel des Künders, der ihn hatte umkehren
lassen,

er machte sich auf den Gang,

da fand ein Löwe ihn auf dem Weg, der tötete ihn.

So war sein Leichnam am Weg hingeworfen,

der Esel blieb daneben stehn,

und auch der Löwe blieb neben dem Leichnam stehn.

Da zogen Männer vorüber, die sahn den Leichnam, hingeworfen am Weg, und den Löwen neben dem Leichnam stehn.

Sie kamen und redeten davon in der Stadt, in der der alte
Künder Sitz hatte.

Als der Künder, der ihn vom Weg hatte umkehren lassen,
es hörte, sprach er:

Das ist der Mann Gottes, der SEINEM Mund widerspenstig war,

so hat ER ihn dem Löwen übergeben,

der hat ihn zermalmt und getötet,

nach SEINER Rede, die er zu ihm geredet hatte.

Er redete zu seinen Söhnen, sprechend:

Sattelt mir den Esel.

Sie sattelten ihn ihm, er machte sich auf den Gang und fand
    seinen Leichnam, hingeworfen am Weg,

und einen Esel und den Löwen neben dem Leichnam stehn,

der Löwe hatte den Leichnam nicht gefressen und den Esel
    nicht zermalmt.

Der Künder hob den Leichnam des Mannes Gottes auf, legte
    ihn auf den Esel und ließ ihn so wieder umkehren.

Er kam in die Stadt des alten Künders, Jammerung zu halten
    und ihn zu begraben.

Er legte seinen Leichnam in sein eignes Grab,

und sie bejammerten ihn:

Ach, mein Bruder!

Es geschah, nachdem er ihn begraben hatte,

er sprach zu seinen Söhnen im Spruch:

Bin einst tot ich,

begrabet mich

in dem Grab, darin der Mann Gottes begraben ist,

neben seine Gebeine

leget meine Gebeine!

denn geschehen wird sie, geschehn,

die Rede, die er aus SEINER Rede rief,

an der Schlachtstatt, der in Bet-El,

und an allen Koppenhäusern, die in Samariens Städten sind.

Nach dieser Sache kehrte Jarobam doch von seinem bösen
    Weg nicht um,

kehrte sich wieder dazu, vom Umkreis des Volkes Koppen-
    priester zu machen,

wer Lust hatte, dessen Hand füllte er dar, so wurden sie Kop-
    penpriester.

Diese Sache wurde zur Versündigung des Hauses Jarobams,

es zu vernichten und zu vertilgen, hinweg vom Antlitz der
    Scholle.

Zu jener Frist erkrankte Abija, der Sohn Jarobams.

Jarobam sprach zu seinem Weib:

Erhebe dich doch und verkleide dich,

sie dürfen nicht wissen, daß du Jarobams Weib bist,
geh nach Schilo,

dort ist Achija, der Künder,

der hat einst über mir als dem König über dieses Volk geredet,

nimm in deine Hand zehn Brote, Krümelkuchen und eine
Flasche Honig,

kommst du zu ihm,

wird er dir melden, was mit dem Knaben werden soll.

Das Weib Jarobams tat so,

sie erhob sich, ging nach Schilo, kam in Achijas Haus.

Achijahu vermochte nicht zu sehen, denn seine Augen waren
mit seinem Greisentum starr geworden.

ER aber hatte zu Achijahu gesprochen:

Nun kommt Jarobams Weib, von dir Rede wegen ihres
Sohns zu erfragen, denn er ist krank,

solcher- und solcherlei rede zu ihr,

es wird aber geschehn, daß sie bei ihrem Kommen sich fremd-
stellt.

Es geschah, kaum hatte Achijahu den Schall ihrer Fußtritte
gehört, wie sie zur Tür hereinkam,

er sprach:

Komm herein, Weib Jarobams,

warum stellst du dich fremd,

ich bin zu dir mit Hartem entsandt.

Geh heim, sprich zu Jarobam:

So hat ER gesprochen, Jisraels Gott:

Dieweil

ich dich mitten aus dem Volk dich aufschwingen ließ und dich
als Herzog über mein Volk Jisrael gab,

ich entriß dem Haus Dawids die Königsmacht und gab sie
dir,

du warst aber nicht wie mein Knecht Dawid,

der meine Gebote wahrte,

der mit all seinem Herzen in meiner Nachfolge ging, nur das
in meinen Augen Gerade zu tun,

Böseres hast du getan als alle, die vor dir waren,

gingst hin und tatest dir andere Götter auf,
Gußbilder, mich zu verdrießen,
mich aber hast du rückwärts hinter dich geworfen,
darum
lasse ich nun Böses kommen über Jarobams Haus,
ausrotte ich von Jarobam, was an die Wand pißt, Behaltnes
    und Belaßnes in Jißrael,
ausfege ich hinterm Hause Jarobams her,
wie man Kotballen ganz und gar ausfegt,
was dem Jarobam in der Stadt stirbt, fressen die Hunde,
was auf dem Felde stirbt, fressen die Vögel des Himmels.
Denn geredet hat ER.
Du aber erhebe dich, geh nach deinem Haus,
sowie deine Füße in die Stadt kommen, stirbt der Knabe,
alles Jißrael wird ihm jammern, wird ihn begraben,
denn einzig dieser von Jarobam wird in ein Grab kommen,
weil nur um ihn im Haus Jarobams gute Anrede gefunden
    ward zu IHM hin, dem Gott Jißraels.
Erheben wird ER einen König sich über Jißrael,
der das Haus Jarobams ausrotten soll,
dies der Tag – und auch jetzt schon.
Schlagen wird ER Jißrael,
daß es schwankt wie das Rohr im Wasser,
wird Jißrael verstoßen, von dieser guten Scholle hinweg, die
    er ihren Vätern gab,
er wird es hinstreuen jenseits des Stroms,
weil sie ihre Pfahlbäume machten, IHN verdrießend,
er wird Jißrael dahingeben
der Sünden Jarobams wegen, die er sündigte und mit denen
    er Jißrael versündigte.
Das Weib Jarobams erhob sich, ging, kam nach Tirza,
wie sie an die Schwelle des Hauses kam, war der Knabe ge-
    storben.
Sie begruben ihn, sie jammerten ihm, alles Jißrael,
nach SEINER Rede, die er durch seinen Knecht, Achijahu den
    Künder, geredet hatte.

Das übrige Redewürdige von Jarobam,
wie er Krieg führte und wie er Königschaft übte,

das ist ja aufgeschrieben im Buch: Denkwürdigkeiten der
  Tage von Jifsraels Königen.
Der Tage aber, die Jarobam Königschaft hatte, waren zwei-
  undzwanzig Jahre,
dann legte er sich bei seinen Vätern hin.
Sein Sohn Nadab trat statt seiner die Königschaft an.

In Jehuda aber hatte Königschaft Rechabam Sohn Schlomos.
Einundvierzigjährig war Rechabam, als er die Königschaft
     antrat,
und siebzehn Jahre hatte er Königschaft in Jerusalem,
der Stadt, die ER, seinen Namen dort einzusetzen, aus allen
     Volksstäben Jifsraels wählte.
Der Name seiner Mutter: Naama die Ammoniterin.
Jehuda aber tat das in SEINEN Augen Böse,
sie ereiferten ihn mehr als alles, was ihre Väter getan hatten,
durch ihre Versündigungen, die sie sündigten,
sie bauten, auch sie, sich Koppen aus: Standmale, Pfähle,
auf alljedem hohen Hügel,
unter alljedem üppigen Baum,
ja auch Heiligtumsbuhlschaft war nun im Land,
sie taten allen Greueln der Stämme gleich, die ER vor den
     Söhnen Jifsraels her enterbt hatte.
Aber es geschah im fünften Jahr des Königs Rechabam:
Schischak König von Ägypten zog herüber, über Jerusalem her,
er nahm die Schätze aus SEINEM Haus und die Schätze aus dem
     Haus des Königs,
das alles nahm er,
und die goldnen Schilde alle nahm er, die Schlomo hatte
     machen lassen.
Statt ihrer ließ der König Rechabam eherne Schilde machen,
die verordnete er in die Hand der Obern der Läufer, die den
     Einlaß des Königshauses hüten,
seither geschah, sooft der König in SEIN Haus kam,
die Läufer trugen sie hin und brachten sie in die Wacht-
     stube der Läufer zurück.
Das übrige Redewürdige von Rechabam, alles was er getan
     hat,
ist das nicht aufgeschrieben im Buch: Denkwürdigkeiten der
     Tage von Jehudas Königen?
Zwischen Rechabam und Jarobam aber war alle Tage Krieg.
Rechabam legte sich bei seinen Vätern hin,
er wurde bei seinen Vätern in der Dawidstadt begraben.
Der Name seiner Mutter: Naama die Ammoniterin.
Sein Sohn Abijam trat statt seiner die Königschaft an.

Im achtzehnten Jahr des Königs Jarobam Sohns Nbats hatte
  Abijam die Königschaft über Jehuda angetreten,
drei Jahre hatte er Königschaft in Jerusalem.
Der Name seiner Mutter: Maacha Tochter Abschaloms.
Er ging einher in allen Sünden seines Vaters, die der vor ihm
  getan hatte,
sein Herz war nicht befriedet mit IHM seinem Gott
wie das Herz seines Vorvaters Dawid,
doch um Dawids willen hatte ihm ER sein Gott ein Fortleuchten in Jerusalem gegeben:
seinen Sohn nach ihm zu erheben und Jerusalem bestehen zu
  lassen,
weil Dawid das in SEINEN Augen Gerade getan hatte
und von allem, was er ihm gebot, alle Tage seines Lebens
  nicht seitab gewichen war
– nur in dem Beredeten von Urija dem Chetiter.
Der Krieg aber zwischen Rechabam und Jarobam war auch
  alle Tage seines Lebens noch.
Das übrige Redewürdige von Abijam, alles was er getan hat,
ist das nicht aufgeschrieben im Buch: Denkwürdigkeiten der
  Tage von Jehudas Königen?
Zwischen Abijam und Jarobam war also Krieg.
Abijam legte sich bei seinen Vätern hin,
man begrub ihn in der Dawidstadt.
Sein Sohn Afsa trat statt seiner die Königschaft an.

Im zwanzigsten Jahr Jarobams Königs von Jifsrael hatte Afsa
  die Königschaft über Jehuda angetreten,
und einundvierzig Jahre hatte er Königschaft in Jerusalem.
Der Name seiner Großmutter: Maacha Tochter Abschaloms.
Afsa tat das in SEINEN Augen Gerade wie sein Vorvater Dawid,
er schaffte die Heiligtumsbuhler aus dem Land,
er beseitigte alle Bildklötze, die seine Väter gemacht hatten,
Sogar seine Großmutter Maacha, ihr Herrscherinnentum beseitigte er, weil sie der Pfahlfrau ein Schauderding machte,
Afsa hieb ihr Schauderding um und verbrannte es im Bach
  Kidron.

Aber die Koppen wurden nicht beseitigt.

Doch war das Herz Aſsas befriedet mit IHM all seine Tage.

Die Darheiligungen seines Vaters und dazu eigne Darheiligungen hatte er in SEIN Haus kommen lassen,

Silber, Gold und Geräte.

Zwischen Aſsa und Baascha König von Jiſsrael aber war all
ihre Tage Krieg.

Baascha König von Jiſsrael zog hinauf wider Jehuda,

er baute Rama aus, um Aſsa König von Jehuda weder Ausfahrt noch Einkunft mehr freizugeben.

Aber Aſsa nahm alles Silber und Gold, das in den Schätzen
SEINES Hauses überblieben war, und die Schätze des Königshauses,

er gab sie in die Hand seiner Diener,

der König Aſsa sandte sie an Benhadad Sohn Tabrimmons
Sohn Chesjons, König von Aram, der in Damaskus Sitz
hatte, zu sprechen:

Bund ist zwischen mir und dir,

zwischen meinem Vater und deinem Vater,

da habe ich dir ein Geschenk, Silber und Gold, gesandt,

geh, brich deinen Bund mit Baascha König von Jiſsrael,

daß er hinwegziehe, weg von mir!

Benhadad hörte auf den König Aſsa,

er sandte die Oberen der Streitkräfte, die sein waren, über
die Städte Jiſsraels,

er schlug Ijjon, Dan, Abel Bet Maacha und alles Kinneret,
darüber noch alles Land Naftali.

Es geschah, als Baascha das hörte, da ließ er vom Ausbauen
Ramas ab und setzte sich in Tirza fest.

Der König Aſsa aber befahl alles Jehuda in Gehorsam, keiner
blieb entpflichtet,

sie trugen die Steine von Rama und seine Hölzer, die Baascha
verbaut hatte, fort,

mit denen baute der König Aſsa das Gaba Binjamins und
Mizpa aus.

Alles übrige Redewürdige von Aſsa, all seine Herrschgewalt,
alles was er getan, die Städte, die er gebaut hat,

ist das nicht aufgeschrieben im Buch: Denkwürdigkeiten der
Tage von Jehudas Königen?

Nur erst in der Zeit seines Alters erkrankte er an seinen Füßen,
Afsa legte sich bei seinen Vätern hin, er wurde bei seinen
  Vätern in seines Vorvaters Dawid Stadt begraben.
Sein Sohn Jehoschafat trat statt seiner die Königschaft an.

Im zweiten Jahr Aſsas Königs von Jehuda hatte über Jiſsrael
 die Königschaft Nadab Sohn Jarobams angetreten,
er hatte Königschaft über Jiſsrael ein Doppeljahr.
Er tat das in SEINEN Augen Böse, er ging in der Wegspur
 seines Vaters,
in dessen Versündigung, mit der er Jiſsrael versündigt hatte.
Da machte wider ihn Baascha Sohn Achijas, vom Haus Jiſsachar, eine Verknotung,
Baascha schlug ihn in Gibton, dem der Philister,
während Nadab und alles Jiſsrael Gibton einengten,
Baascha tötete ihn, im dritten Jahr Aſsas Königs von Jehuda,
 er hatte statt seiner die Königschaft angetreten.
Es geschah, sowie er die Königschaft hatte,
daß er alles Haus Jarobams erschlug,
nicht einen Hauch ließ er Jarobam übrig,
bis er ihn ausgetilgt hatte,
nach SEINER Rede, die er durch seinen Knecht Achija den
 Schiloniter geredet hatte
um die Sünden Jarobams, mit denen er sündigte, mit denen
 er Jiſsrael versündigte,
durch sein Verdrießen: daß er IHN, Jiſsraels Gott, verdroß.
Das übrige Redewürdige von Nadab, alles was er getan hat,
ist das nicht aufgeschrieben im Buch: Denkwürdigkeiten der
 Tage von Jiſsraels Königen?
Zwischen Aſsa und Baascha König von Jiſsrael aber war all
 ihre Tage Krieg.

Im dritten Jahr Aſsas Königs von Jehuda hatte Baascha Sohn
 Achijas die Königschaft über alles Jiſsrael angetreten
in Tirza, für vierundzwanzig Jahre.
Er tat das in SEINEN Augen Böse, er ging in der Wegspur
 Jarobams,
in dessen Versündigung, mit der er Jiſsrael versündigt hatte.
Da geschah SEINE Rede zu Jehu Sohn Chananis über Baascha,
 ein Sprechen:
Dieweil ich dich aus dem Staub dich aufschwingen ließ,
dich als Herzog gab über mein Volk Jiſsrael,
du aber bist in der Wegspur Jarobams gegangen,

hast mein Volk Jiſsrael versündigt, mich durch ihre Sünden
zu verdrießen,
fege nun ich aus hinter Baascha und hinter seinem Hause,
gebe ich, daß dein Haus wird wie das Haus Jarobams Sohns
Nbats,
was dem Baascha in der Stadt stirbt, fressen die Hunde,
was ihm auf dem Felde stirbt, fressen die Vögel des Himmels.
Das übrige Redewürdige von Baascha, was er getan hat und
seine Herrschgewalt,
ist das nicht aufgeschrieben im Buch: Denkwürdigkeiten der
Tage von Jiſsraels Königen?
Baascha legte sich bei seinen Vätern hin, er wurde in Tirza
begraben,
sein Sohn Ela trat statt seiner die Königschaft an.
Aber es blieb auch
SEINE Rede durch Jehu Sohn Chananis den Künder für Baascha und für sein Haus
so um alles Böse sonst, das er in SEINEN Augen tat, ihn zu verdrießen durch das Tun seiner Hände, dem Haus Jarobams
gleich zu sein,
so darum, daß er es erschlug.

Im sechsundzwanzigsten Jahr der Jahre Aſas Königs von Jehuda hatte Ela Sohn Baaschas die Königschaft über Jiſsrael
angetreten
in Tirza, für ein Doppeljahr.
Da machte sein Diener Simri, der Obere einer Hälfte des
Fahrzeugs, eine Verknotung wider ihn.
Er trank grad in Tirza, berauscht, im Haus Arzas, der überm
Hauswesen in Tirza war,
da kam Simri herein und schlug ihn, tötete ihn,
im siebenundzwanzigsten Jahr Aſsas Königs von Jehuda,
er trat statt seiner die Königschaft an.
Es geschah:
als er die Königschaft hatte, sowie er auf seinem Stuhl saß,
erschlug er alles Haus Baaschas,
er ließ ihm nicht einen Wandpisser übrig,
so seine Erblöser, so seine Genossenschaft,
Simri vertilgte alles Haus Baaschas,

nach Seiner Rede, die er für Baascha durch Jehu den Künder
   geredet hatte,
für alle Sünden Baaschas und die Sünden seines Sohns Ela,
die sie sündigten und mit denen sie Jifsrael versündigten,
Ihn, den Gott Jifsraels, durch ihren Tand zu verdrießen.
Das übrige Redewürdige von Ela, alles was er getan hat,
ist das nicht aufgeschrieben im Buch: Denkwürdigkeiten der
   Tage von Jifsraels Königen?

Im siebenundzwanzigsten Jahr der Jahre Afsas Königs von
   Jehuda hatte Simri die Königschaft angetreten
für ein Tagsiebent in Tirza,
während das Streitvolk Gibton, das der Philister, belagerte.
Das belagernde Volk hörte sprechen:
Eine Verknotung hat Simri gemacht, schon hat er den König
   erschlagen!
Da königten sie, alles Jifsrael, Omri, den Heeresobersten, über
   Jifsrael
an jenem Tag, im Lager.
Omri zog hinauf und alles Jifsrael ihm gesellt von Gibton,
sie engten Tirza ein.
Es geschah, als Simri sah, daß die Stadt bezwungen wurde,
er kam in den Palastsaal des Königshauses,
er verbrannte über sich das Königshaus im Feuer, er starb, —
wegen seiner Sünden, die er gesündigt hatte, das in Seinen
   Augen Böse zu tun,
in der Wegspur Jarobams zu gehn und in seiner Versündigung, die er getan hatte, Jifsrael zu versündigen.
Das übrige Redewürdige von Simri und seine Verknotung,
   die er geknotet hatte,
ist das nicht aufgeschrieben im Buch: Denkwürdigkeiten der
   Tage von Jifsraels Königen?
Damals teilte sich das Streitvolk, Jifsrael, zu Hälften,
die Hälfte des Volks war hinter Tibni Sohn Ginats, ihn zu
   königen,
und die Hälfte hinter Omri,
aber das Volk, das hinter Omri war, wurde stärker als das
   Volk, das hinter Tibni Sohn Ginats war,
so mußte Tibni sterben, Omri trat die Königschaft an.

Im einunddreißigsten Jahr der Jahre Aſsas Königs von Jehuda hatte Omri die Königschaft über Jiſsrael angetreten,
für zwölf Jahre.
In Tirza hatte er sechs Jahre Königschaft,
dann kaufte er den Berg Schomrons von Schamer um einen
  Doppelbarren Silbers,
er bebaute den Berg
und rief den Namen der Stadt, die er baute, nach dem Namen Schamers, des Herrn des Berges: Schomron, Samaria.
Aber Omri tat das in SEINEN Augen Böse,
böser trieb ers als alle, die vor ihm waren,
er ging in aller Wegspur Jarobams Sohns Nbats und in seiner
  Versündigung,
mit der er Jiſsrael versündigt hatte,
daß sie IHN, den Gott Jiſsraels, mit ihrem Tand verdrossen.
Das übrige Redewürdige von Omri, was er getan hat, und
  die Herrschgewalt, die er betätigte,
ist das nicht aufgeschrieben im Buch: Denkwürdigkeiten der
  Tage der Könige Jiſsraels?
Omri legte sich bei seinen Vätern hin, er wurde in Samaria
  begraben.
Sein Sohn Achab trat statt seiner die Königschaft an.

Über Jifsrael hatte im achtunddreißigsten Jahr der Jahre Afsas
Königs von Jehuda die Königschaft Achab Sohn Omris angetreten,
Achab Sohn Omris hatte zweiundzwanzig Jahre Königschaft
über Jifsrael in Samaria.
Achab Sohn Omris tat das in SEINEN Augen Böse, mehr als all
die vor ihm.
Es geschah – wars wohl ein zu Leichtes ihm, in den Sünden
Jarobams Sohns Nbats zu gehn? –:
als er Isabel Tochter Etbaals Königs der Sidonier zum Weibe
genommen hatte,
ging er hin und diente dem Baal, warf sich vor ihm nieder,
er errichtete eine Schlachtstatt dem Baal im Baalshaus, das er
in Samaria gebaut hatte,
Achab ließ die Pfahlfrau machen,
Achab machte noch viel, IHN, den Gott Jifsraels, zu verdrießen,
mehr als alle Könige Jifsraels, die vor ihm waren.
In seinen Tagen baute Chiel der Beteliter Jericho wieder auf.
Um Abiram, seinen Erstling, gründete er es,
um Sfgub, seinen Spätling, setzte er ihm die Pforten,
nach SEINER Rede, die er durch Jehoschua Sohn Nuns geredet
hatte.

Elijahu der Tischbiter, aus dem Tischbe in Gilad, sprach zu
Achab:
Sowahr ER lebt, Jifsraels Gott,
vor dessen Antlitz ich bestellt bin:
Wird je diese Jahre Tau sein oder Regen,
es sei denn auf Ansage meiner Rede,
.....!
Da geschah zu ihm SEINE Rede, ein Sprechen:
Geh fort von hier,
wende dich ostwärts,
verbirg dich im Bachtal Krit, das dem Jordan zugewandt
ist,
so solls geschehn:
aus dem Bach magst du trinken,
aber die Raben entbiete ich, dich dort zu versorgen.

Er ging fort und tat nach SEINER Rede,
ging hin und blieb im Bachtal Krit, das dem Jordan zugewandt
     ist.
Die Raben kamen zu ihm
mit Brot und Fleisch am Morgen,
mit Brot und Fleisch am Abend,
und aus dem Bache trank er.
Aber es geschah nach Ablauf von Tagen,
daß der Bach vertrocknete,
denn Erguß geschah nicht im Land.
Da geschah zu ihm SEINE Rede, ein Sprechen:
Erhebe dich, geh nach Zarpat, dem bei Sidon,
bleibe dort,
wohlan: eine Witfrau dort entbiete ich, dich zu versorgen.
Er erhob sich, ging nach Zarpat,
er kam zum Einlaß der Stadt.
Wohl: dort stoppelte eben eine Witfrau Holz zusammen,
ihr rief er zu, er sprach:
Hol mir doch ein wenig Wasser her im Gefäß, daß ich trinke.
Sie ging es zu holen,
er aber rief ihr nach, er sprach:
Hol mir doch auch einen Bissen Brot in deiner Hand.
Sie sprach:
Sowahr ER, dein Gott, lebt:
hats irgend Gebäck bei mir,…!
sondern nur einen Griffvoll Mehl im Topf und ein wenig Öl
     im Krug,
wohl, da stopple ich eben ein paar Holzreiser zusammen,
komme ich heim, mache ich es zurecht für mich und für mei-
     nen Sohn,
daß wir es essen und sterben.
Elijahu sprach zu ihr:
Fürchte dich nimmer,
komm hin, machs nach deiner Rede,
doch mache mir vorher davon einen kleinen Rundback,
     bring ihn mir heraus,
für dich und für deinen Sohn mache nachher einen,
denn so hat ER gesprochen, Jiſsraels Gott:
Der Mehltopf wird nicht alle,

dem Ölkrug mangelts nicht,
bis auf den Tag, da Erguß ER gibt
über das Antlitz der Scholle.
Sie ging, sie machte es nach der Rede Elijahus.
Zu essen hatte sie und er und ihr Haus, die Tage hindurch,
der Mehltopf wurde nicht alle,
dem Ölkrug mangelte es nicht,
gemäß SEINER Rede, die er durch Elijahu geredet hatte.

Nach dem Beredeten geschah:
der Sohn der Frau, der Hauswirtin, erkrankte,
seine Krankheit wurde sehr heftig, bis daß nicht ein Hauch
    mehr in ihm übrig war.
Sie sprach zu Elijahu:
Was haben ich und du gemein, Mann Gottes!
gekommen bist du zu mir, meinen Fehl zu erinnern und mei-
    nen Sohn zu töten!
Er sprach zu ihr:
Gib mir deinen Sohn!
Er nahm ihn von ihrem Schoß,
er stieg mit ihm hinauf in den Dachaufbau, wo er selber sein
    Bleiben hatte.
Dort legte er ihn auf sein eignes Bett,
er rief zu IHM, sprach:
DU, mein Gott,
auch der Witwe, bei der ich zugast bin, willst du böstun,
    ihren Sohn zu töten?!
Er paßte sich über das Kind hin,
dreimal,
er rief zu IHM, sprach:
DU, mein Gott,
laß doch die Seele dieses Kindes an sein Eingeweid heimkeh-
    ren!
ER hörte auf die Stimme Elijahus,
die Seele des Kindes kehrte an sein Eingeweid heim,
es lebte auf.
Elijahu nahm das Kind,
er trug es vom Dachaufbau hinunter ins Haus,
gab es seiner Mutter.

Elijahu sprach:
Sieh her, dein Sohn lebt.
Die Frau sprach zu Elijahu:
Jetzt erkenne ich,
ja, ein Mann Gottes bist du,
und SEINE Rede ist in deinem Mund, getreulich.

Es geschah nach vielen Tagen,
im dritten Jahr geschah zu Elijahu SEINE Rede, ein Sprechen:
Geh nun, laß bei Achab dich sehn,
Regen will ich geben übers Antlitz der Scholle.
Elijahu ging hin, sich bei Achab sehen zu lassen.
Heftig war in Samaria die Hungersnot,
Achab berief Obadjahu, der über dem Hauswesen war.
Obadjahu aber war SEIN sehr fürchtig,
es war geschehn, als Isabel SEINE Künder ausrotten ließ,
da hatte Obadjahu hundert Künder genommen,
hatte sie versteckt, je fünfzig Mann in einer Höhle,
er versorgte sie mit Brot und Wasser.
Achab nun sprach zu Obadjahu:
Geh mit durchs Land,
zu allen Wasserquellen und zu allen Bächen,
ob wir etwas Gras finden, daß wir Pferd und Maultier am Le-
   ben erhalten
und von dem Vieh nichts ausrotten müssen.
Sie teilten sich in das Land, es zu durchwandern.
Eines Wegs ging Achab für sich, und eines Wegs ging Obadjahu für sich.
Als nun Obadjahu unterwegs war, da: Elijahu ihm entgegen!
Wie jener ihn erkannte, fiel er auf sein Antlitz, er sprach:
Bist du es, mein Herr Elijahu?
Er sprach zu ihm:
Ich bins,
geh hin, sprich zu deinem Herrn:
Da ist Elijahu.
Er aber sprach:
Was habe ich gesündigt,
daß du deinen Diener in die Hand Achabs gibst, mich zu
   töten!
Sowahr ER dein Gott lebt:
hats einen Stamm, ein Königreich,
wohin mein Herr nicht sandte, dich zu suchen,
.....!
und sprachen sie: Nirgends!,
dann ließ das Königreich, den Stamm er schwören, daß er
   dich wirklich nicht finden würde, –

du aber sprichst jetzt: Geh, sprich zu deinem Herrn: Da ist
   Elijahu!

Geschehen möchte es, wie ich von dir gehe:

von dannen trägt dich SEIN Geistbraus, ich weiß nicht wohin,

ich aber käme, es Achab zu melden, –

findet er dich nicht, bringt er mich um!

und ist doch dein Diener SEIN fürchtig, von meiner Jugend
   auf –

ists meinem Herrn nicht gemeldet, was ich tat, als Isabel
   SEINE Künder umbringen ließ,

wie ich von SEINEN Kündern hundert Mann versteckte,

fünfzig und fünfzig Mann je in einer Höhle,

ich sie versorgte mit Brot und Wasser?

und jetzt sprichst du: Geh, sprich zu deinem Herrn: Da ist
   Elijahu! –

daß er mich umbringt!

Elijahu sprach:

Sowahr E R der Umscharte lebt,

vor dessen Antlitz ich bestellt bin:

ja, heute lasse ich mich von ihm sehen.

Obadjahu ging Achab entgegen, er meldete es ihm,

und Achab ging Elijahu entgegen.

Kaum hatte Achab Elijahu gesehen, geschah, daß Achab zu
   ihm sprach:

Bist du es, Zerrütter Jifsraels!

Er sprach:

Ich habe Jifsrael nicht zerrüttet,

sondern du und das Haus deines Vaters,

indem ihr SEINE Gebote verließet,

den Baalen gingst du nach.

Jetzt sende aus,

hole mir alles Jifsrael zuhauf heran, an den Berg Karmel,

und die Künder des Baal, vierhundertundfünfzig,

und die Künder der Pfahlfrau, vierhundert,

die vom Tisch Isabels essen.

Achab sandte überall bei den Söhnen Jifsraels umher,

er holte die Künder an den Berg Karmel zuhauf.

Dann trat Elijahu zu allem Volk, er sprach:

Bis wann noch wollt ihr auf den zwei Ästen hüpfen?!

Ist ER der Gott, geht ihm nach,
ists der Baal, geht ihm nach!
Sie aber, das Volk, hatten nichts zur Antwort zu reden.
Elijahu sprach zum Volk:
Einzig ich bin als Künder IHM überblieben,
und der Künder des Baal sind vierhundertundfünfzig Mann,
so gebe man uns zwei Farren,
sie mögen sich den einen Farren wählen,
ihn zerstücken und auf die Holzscheite legen, aber Feuer nicht
    daran legen,
ich aber, ich mache den andern Farren zurecht,
gebe ihn auf die Holzscheite, lege aber Feuer nicht dran,
dann ruft ihr an eures Gottes Namen,
ich aber, ich rufe SEINEN Namen an,
so soll es sein:
der Gott, der mit Feuer antwortet, er ist der Gott.
Alles Volk antwortete, sie sprachen:
Gut ist die Rede.
Dann sprach Elijahu zu den Baalskündern:
Wählt euch den einen Farren und macht ihn erst zurecht,
denn ihr seid die vielen,
ruft den Namen eures Gottes an, aber Feuer sollt ihr nicht
    daran legen.
Sie nahmen den Farren, den man ihnen übergab, sie machten
    ihn zurecht,
dann riefen sie den Namen des Baal an
vom Morgen bis zum Mittag,
sprechend:
Baal, antworte uns!
Aber kein Stimmenschall, kein Antwortender!
So hüpften sie um die Schlachtstatt, die sie gemacht hatten.
Als es Mittag war,
närrte sie Elijahu, er sprach:
Ruft doch mit gewaltigem Schall!
er ist doch wohl ein Gott!
er ist wohl in Gedanken?
ist wohl beiseitgegangen?
ist wohl unterwegs?
etwa gar eingeschlafen?

so soll er erwachen!

Sie riefen mit gewaltigem Schall,

sie zerfurchten sich nach ihrem Brauch mit den Schwertern
    und mit den Spießen,

bis Blut an ihnen herabströmte.

So geschahs noch, als der Mittag vorüber war:

sie kündeten einher, bis da man die Hinleitspende darhöht, –

aber kein Stimmenschall, kein Antwortender, kein Aufmer-
    ken!

Elijahu sprach zu allem Volk:

Tretet her zu mir!

Sie traten zu ihm, alles Volk.

Dann heilte er SEINE zerscherbte Schlachtstatt.

Elijahu nahm nämlich zwölf Steine,

nach der Stabzahl der Söhne Jaakobs

zu dem SEINE Rede geschehen war im Spruch:

Jifsrael soll dein Name sein,

und baute aus den Steinen eine Schlachtstatt mit SEINEM Na-
    men.

Er machte rings um die Schlachtstatt eine Rinne in der Weite
    eines Saatkorn-Doppelsesters.

Dann schichtete er die Holzscheite,

zerstückte den Farren und legte ihn auf die Holzscheite.

Er sprach:

Füllt vier Eimer mit Wasser

und gießt sie über die Darhöhung und über die Holzscheite.

Wieder sprach er:

Tuts zum zweitenmal.

Sie tatens zum zweitenmal.

Wieder sprach er:

Tuts zum drittenmal.

Sie tatens zum drittenmal.

Das Wasser ging rings um die Schlachtstatt,

auch noch die Rinne ließ er mit Wasser füllen.

Es geschah, da man die Hinleitspende darhöht:

Elijahu der Künder trat herzu, er sprach:

DU, Gott Abrahams, Jizchaks und Jifsraels,

heute werde erkannt, daß du Gott in Jifsrael bist

und ich dein Knecht bin

und aus deiner Rede all dieses tat, –

antworte mir, D U,

antworte mir,

sie sollen erkennen, dieses Volk,

daß D U der Gott bist

und du selber ihr Herz zurückgewandt hast.

SEIN Feuer fiel herab,

es fraß die Darhöhung, die Holzscheite, die Steine, den Lehm,

noch das Wasser, das in der Rinne war, leckte es auf.

Alles Volk sahs,

sie fielen auf ihr Antlitz, sie sprachen:

E R ist der Gott,

E R ist der Gott!

Elijahu sprach zu ihnen:

Ergreift die Baalskünder,

nimmer soll ein Mann von ihnen entschlüpfen!

Sie ergriffen sie,

Elijahu ließ sie an den Bach Kischon hinabführen und dort
    niedermetzeln.

Dann sprach Elijahu zu Achab:

Steig mit hinauf, iß und trink,

denn ein Schall ist von Rauschen des Ergusses.

Achab stieg mit hinauf, zu essen und zu trinken.

Aber höher stieg Elijahu, zu einem Haupt des Karmel,

er hockte zur Erde nieder und legte sein Antlitz zwischen seine
    Kniee.

Dann sprach er zu seinem Knaben:

Steig höher hinauf doch,

blick aus, des Wegs zum Meer.

Er stieg höher, er blickte aus und sprach.

Nirgends etwas.

Er aber sprach:

Wiederum!

So siebenmal.

Beim siebenten geschahs, er sprach:

Da! eine Dunstwolke, klein wie eine Mannsfaust, steigt vom
    Meer auf.

Er sprach:

Auf, sprich zu Achab:

Spann an, hinab,
daß dich der Guß nicht aufhalte!
Doch bis da, bis da wars schon geschehn,
von Wolkendunst und Sturmbraus dunkelte der Himmel,
ein gewaltiger Erguß geschah.
Achab fuhr davon, ging nach Jesreel.
Über Elijahu her aber war SEINE Hand,
er umschürzte seine Lenden und lief vor Achab her, bis wo
    man nach Jesreel kommt.

Achab meldete Isabel alles, was Elijahu getan hatte,
über alles, wie er all die Künder mit dem Schwert umgebracht
    hatte.
Isabel sandte einen Boten zu Elijahu mit dem Spruch:
So mögen die Götter tun,
so hinzufügen,
ja, morgen zur Stunde
mache ich deine Seele
der Seele eines von jenen gleich!
Als ers ersah, erhob er sich und ging fort um seine Seele.
Als er nach Berscheba kam, das schon in Jehuda ist,
ließ er seinen Knaben dort bleiben,
er selber aber ging in die Wüste hinein, einen Tagesweg.
Wie er so weit gekommen war, setzte er sich unter einen ein-
    samen Ginsterbusch.
Er wünschte seiner Seele zu sterben,
er sprach:
Nun ists genug, DU,
nimm meine Seele,
ich bin ja nicht besser als meine Väter.
Er legte sich hin und entschlief unter dem einsamen Ginster-
    busch.
Da rührte ein Bote ihn an,
der sprach zu ihm:
Erheb dich, iß.
Er blickte sich um,
da, zu seinen Häupten ein Glühsteinback und ein Krug Was-
    ser.

Er aß und trank, dann legte er sich wieder hin.

Aber SEIN Bote kehrte wieder, zum zweitenmal, und rührte
  ihn an,
er sprach:
Erheb dich, iß,
genug noch hast du des Wegs.

Er erhob sich, aß und trank,
dann ging er in der Kraft dieser Atzung
vierzig Tage und vierzig Nächte
bis zum Berge Gottes Choreb.

Dort kam er in die Höhle, dort wollte er nächtigen.

Da, SEINE Rede an ihn,
er sprach zu ihm:
Was willst du hier, Elijahu?

Er sprach:
Eifrig geeifert habe ich für DICH, den Umscharten Gott, –
verlassen ja haben die Söhne Jifsraels deinen Bund,
deine Schlachtstätten haben sie zerscherbt,
deine Künder mit dem Schwert umgebracht,
ich allein bin übrig,
so trachten sie mir nach der Seele, sie hinwegzunehmen.

Es sprach:
Heraus,
steh hin auf den Berg vor MEIN Antlitz!

Da
vorüberfahrend E R:
ein Sturmbraus, groß und heftig,
Berge spellend, Felsen malmend,
her vor SEINEM Antlitz:
E R im Sturme nicht –
und nach dem Sturm ein Beben:
E R im Beben nicht –
und nach dem Beben ein Feuer:
E R im Feuer nicht –,
aber nach dem Feuer
eine Stimme verschwebenden Schweigens.

Es geschah, als Elijahu hörte:
er verhüllte sein Antlitz mit seinem Mantel,
er trat hinaus, stand am Einlaß der Höhle.

Da, eine Stimme an ihn,
es sprach:
Was willst du hier, Elijahu?
Er sprach:
Eifrig geeifert habe ich für DICH, den Umscharten Gott, –
verlassen ja haben die Söhne Jifsraels deinen Bund,
deine Schlachtstätten haben sie zerscherbt,
deine Künder mit dem Schwert umgebracht,
ich allein bin übrig
so trachten sie mir nach der Seele, sie hinwegzunehmen.
ER sprach zu ihm:
Geh, kehr um auf deinen Weg,
bis nach der damaskischen Wüste,
kommst du hin, salbe Chasael zum König über Aram,
und Jehu Enkelsohn Nimschis aber sollst du salben zum König
    über Jifsrael,
und Elischa Sohn Schafats aus Abel Mechola sollst du salben
    zum Künder statt deiner!
geschehen wirds,
was dem Schwert Chasaels entrinnt, tötet Jehu,
und was dem Schwert Jehus entrinnt, tötet Elischa,
siebentausend in Jifsrael laße ich als Rest,
alle Kniee, die sich vor dem Baal nicht bogen,
allen Mund, der ihn nicht küßte.

Als er von dort dahin gegangen war, fand er Elischa Sohn
    Schafats,
der pflügte eben,
zwölf Gespanne vor sich, selber war er beim zwölften.
Wie Elijahu an ihm vorüberschritt, warf er seinen Mantel auf
    ihn,
schon verließ er die Rinder und lief Elijahu nach.
Er sprach:
Laß mich nur meinen Vater und meine Mutter küssen,
dann gehe ich dir nach.
Er sprach zu ihm:
Geh, kehr um,
was habe ich dir denn getan?
Er kehrte vom Nachfolgen um,

er nahm das eine Rindergespann, er schlachtete es,
und mit dem Geschirr der Rinder kochte er das Fleisch,
er gabs dem Volk zu essen,
dann hob er sich hinweg, ging Elijahu nach.
Er durfte ihm aufwarten.

Benhadad der Aramäerkönig holte all seine Streitkraft zuhauf,

zweiunddreißig Könige waren mit ihm samt Roßmacht und
   Fahrzeug,

er zog herauf, engte Samaria ein und kämpfte wider es.

Er sandte Boten zu Achab König von Jiſrael in die Stadt, er
   ließ zu ihm sprechen:

So hat Benhadad gesprochen:

Dein Silber und dein Gold, mein ists,

deine Weiber und deine besten Söhne, mein sind sie.

Der König von Jiſrael antwortete, er sprach:

Nach deiner Rede, mein Herr König!

dein bin ich samt allem, was mein ist.

Die Boten kehrten aber wieder, sie sprachen:

So hat Benhadad gesprochen, ausgesprochen:

Ich habe ja zu dir gesandt um auszusprechen:

Dein Silber und dein Gold, deine Weiber und deine Söhne
   sollst du mir geben,

ja, sende ich morgen zur Stunde meine Dienstleute zu dir,

durchstöbern sie dein Haus und die Häuser deiner Diener,

solls geschehn, daß sie an alle Lust deiner Augen Hand legen
   und sie hinwegnehmen.

Der König von Jiſrael berief alle Landesältesten und sprach:

Erkennt doch, erseht,

nach Bösem trachtet ja der,

er sendet ja zu mir um meine Weiber und um meine Söhne,

wärs nur um mein Silber und um mein Gold, ich weigerte es
   ihm nicht.

Sie sprachen zu ihm, alle Ältesten und alles Volk:

Höre nimmer darauf,

willige nicht darein!

Er sprach zu den Boten Benhadads:

Sprecht zu meinem Herrn König:

Alles, um das du erst zu deinem Diener sandtest, will ich tun,

aber nach dieser Rede zu tun vermag ich nicht.

Die Boten gingen, sie ließen zu jenem Rede kehren.

Benhadad sandte zu ihm, er ließ sprechen:

So mögen mir die Götter tun,

so hinzufügen,

reicht Samarias Schuttstaub für die Sohlenwölbungen hin

für alles Volk, das mir auf dem Fuße folgt!
Der König von Jifsrael antwortete, er sprach:
Redet:
Nimmer rühme sich, der sich gürtet, wie der sich entschnürt!
Es geschah: als jener diese Rede hörte
– er war beim Trinken, er und die Könige, in den Hütten –,
sprach er zu seinen Dienstleuten:
Setzt an!
Sie setzten gegen die Stadt an.
Da aber trat ein Künder zu Achab König von Jifsrael und
     sprach:
So hat ER gesprochen:
Siehst du all dieses große Getümmel?
da, heuttags gebe ich es in deine Hand,
erkennen sollst du, daß ICH es bin!
Achab sprach:
Durch wen?
Er sprach:
So hat ER gesprochen:
Durch die Knappen der Bezirksobern.
Er aber sprach:
Wer soll den Kampf anzetteln?
Er sprach:
Du.
Nun ordnete er die Knappen der Bezirksobern,
ihrer waren zweihundertzweiunddreißig,
und hinter ihnen ordnete er alles Volk,
aller Jifsraelsöhne siebentausend.
Am Mittag schritten sie vor.
Benhadad war beim Trinken, berauscht, in den Hütten, er
     und die Könige,
zweiunddreißig Könige, seine Helfer.
Zuerst schritten die Knappen der Bezirksobern vor.
Benhadad sandte aus, und man meldete ihm, sprechend:
Aus Samaria schreitet Mannschaft vor.
Er sprach:
Schreiten sie zum Frieden heran, greift sie lebendig,
und schreiten sie zum Kampf vor, lebendig greift sie!
Schon waren indes jene aus der Stadt herangeschritten,

die Knappen der Bezirksobern und die Streitkraft, die hinter
   ihnen war,
sie schlugen jedermann seinen Mann,
die Aramäer flohn und Jifsrael jagte ihnen nach,
aber Benhadad der Aramäerkönig entrann zu Roß samt den
   Reisigen.
Der König von Jifsrael selber schritt vor und schlug Roßmacht
   und Fahrzeug,
er hatte eine große Schlacht gegen Aram geschlagen.
Abermals trat der Künder zum König von Jifsrael, er sprach
   zu ihm:
Geh hin und verstärke dich
und erkenn und sieh zu, was du tun sollst,
denn zur Wiederkehr des Jahrs zieht der Aramäerkönig auf,
   gegen dich herauf.

Die Dienstleute des Aramäerkönigs sprachen zu ihm:
Ihr Gott ist ein Gott der Berge,
darum waren sie stärker als wir,
jedoch laßt uns mit ihnen im Blachfeld kämpfen,
ob wir dann nicht stärker als sie sind!
aber dies tu:
beseitige die Könige, jedermann von seinem Posten,
und setze Viztume an ihrer Statt ein,
dann zähle dir du selber eine Streitkraft aus gleich der Streitkraft, die dir zerfiel,
und Roßmacht gleich der Roßmacht und Fahrzeug gleich
   dem Fahrzeug,
wir wollen mit ihnen im Blachfeld kämpfen,
ob wir dann nicht stärker als sie sind.
Er hörte auf ihre Stimme, er tat danach.
Es geschah zur Wiederkehr des Jahrs:
Benhadad ordnete die Aramäer, zog herauf nach Afek, zum
   Kampf mit Jifsrael,
auch die Söhne Jifsraels wurden geordnet und versorgt.
Jene gingen auf sie zu,
die Söhne Jifsraels lagerten vor ihnen wie zwei verschrumpfte
   Ziegenherden,
die Aramäer aber füllten das Land.

Abermals trat der Mann Gottes heran, er sprach zum König
	von Jifsrael, sprach:
So hat E R gesprochen:
Dieweil die Aramäer gesprochen haben:
E R ist ein Gott der Berge, nicht ist das ein Gott der Ebnen,
gebe ich all dies große Getümmel in deine Hand,
erkennen sollt ihr, daß I C H es bin!
Ein Tagsiebent lagerten sie, die denen gegenüber,
dann geschahs am siebenten Tag, daß Nahkampf ward,
die Söhne Jifsraels schlugen die Aramäer,
hunderttausend Fußvolks an einem Tag.
Die Überbliebenen flohen nach Afek in die Stadt,
aber die Mauer um siebenundzwanzigtausend der Überblie-
	benen fiel.
Entflohn war auch Benhadad, er kam in die Stadt: kammer-
	ein kammeraus.
Seine Dienstleute sprachen zu ihm:
Da haben wir doch gehört:
Ja, die Könige des Hauses Jifsrael, huldvolle Könige sind sie ja,
legen wir doch Sackleinwand um unsre Lenden und Stricke
	um unsre Köpfe
und schreiten wir hinaus zum König von Jifsrael,
vielleicht läßt er deine Seele am Leben.
Sie gürteten Sackleinwand um ihre Lenden, taten Stricke
	um ihre Köpfe,
sie kamen zum König von Jifsrael, sie sprachen:
Gesprochen hat dein Diener Benhadad:
Dürfte doch meine Seele lebenbleiben.
Er sprach:
Lebt er noch?
mein Bruder ist er.
Die Männer wolltens ausgedeutet haben,
sie eilten, schnappten es von ihm auf, sprachen:
Dein Bruder: Benhadad?
Er sprach:
Kommt wieder, nehmt ihn mit!
Als Benhadad zu ihm herausschritt, zog er ihn in sein Gefährt
	hinauf.
Er aber sprach zu ihm:

Die Städte, die mein Vater deinem Vater abnahm, liefre ich
   zurück,
und Warengassen kannst du dir in Damaskus anlegen, wie
   mein Vater sie in Samaria anlegte.
– Ich also, auf den Bund sende ich dich heim.
Er schloß ihm einen Bund, dann sandte er ihn heim.
Aber ein Mann von den Jungkündern sprach zu seinem Ge-
   nossen aus SEINER Rede:
Schlage mich doch!
Der Mann weigerte sich ihn zu schlagen.
Er aber sprach zu ihm:
Dieweil du auf SEINE Stimme nicht hörtest,
wird, sowie du von mir gehst, der Löwe dich schlagen.
Als er aus seinem Umkreis gegangen war, fand der Löwe ihn
   und erschlug ihn.
Jener aber fand einen andern Mann und sprach:
Schlage mich doch!
Der Mann schlug ihn, daß er zerschlagen und verbeult war.
Der Künder ging, er stellte sich dem König in den Weg,
er hatte sich durch eine Schlinge über seinen Augen verkappt.
Es geschah, als der König vorbeiwollte,
er schrie dem König zu, er sprach:
Dein Diener war in den Nahkampf geschritten,
da, ein Mann, ein Obrer, der kam mit einem Mann zu mir,
   er sprach:
Verwahre diesen Mann, –
sollte vermißt er werden, vermißt,
muß deine Seele anstatt seiner Seele sein
oder du wägst einen Barren Silbers auf!
Aber es geschah:
während dein Diener sich da und da zu tun machte,
war er weg!
Der König von Jifsrael sprach zu ihm:
Solches ist dein Gericht, du selber hasts bezeichnet.
Eilig beseitigte er die Schlinge von über seinen Augen,
der König von Jifsrael merkte, daß er von den Kündern war.
Er aber sprach zu ihm:
So hat E R gesprochen:
Weil du den Mann meines Banns aus der Hand entsandt hast,

muß deine Seele anstatt seiner Seele sein,
dein Volk anstatt seines Volks.
Der König von Jiſsrael ging nach seinem Haus, verstört und
    trüb,
so kam er nach Samaria.

Nach diesen Dingen geschah:

Nabot der Jesreeliter hatte einen Weinberg, der in Jesreel an
   dem Palaste Achabs Königs von Samaria war.

Achab redete zu Nabot, sprechend:

Gib mir deinen Weinberg, er soll mir ein Kräutergarten werden,

denn er ist nah an meinem Haus,

und ich will dir statt seiner einen Weinberg geben, besser als
   er,

oder, dünkts deinen Augen besser, will ich dir in Silber den
   Preis für diesen geben.

Nabot sprach zu Achab:

Weitab mir das von IHM aus,

dir mein Vätereigentum zu geben!

Achab kam zurück in sein Haus, verstört und trüb

über die Rede, die Nabot der Jesreeliter zu ihm geredet hatte,

wie er gesprochen hatte: Nicht gebe ich dir mein Vätereigentum!

Er legte sich auf sein Bett, wandte sein Antlitz ab und wollte
   nicht Speise essen.

Isabel sein Weib kam zu ihm und redete zu ihm:

Um was ist dein Geist doch verstört, daß du keine Speise
   essen willst?

Er redete zu ihr:

Rede ich da zu Nabot dem Jesreeliter,

spreche zu ihm: Gib mir deinen Weinberg um Silber oder,
   hast du danach mehr Lust, ich gebe dir einen Weinberg
   statt seiner,

er aber spricht: Nicht gebe ich dir meinen Weinberg!

Isabel sein Weib sprach zu ihm:

Du –

jetzt sollst du das Königtum über Jisrael dartun, –

erhebe dich, iß Speise, dein Herz sei guten Muts,

ich selber will dir den Weinberg Nabots des Jesreeliters geben.

Sie schrieb Briefe mit Achabs Namen, siegelte sie mit seinem
   Siegel,

sie sandte die Briefe an die Ältesten und an die Edelbürtigen,
   die in seiner Stadt, die Mitbeisitzer Nabots.

Und in den Briefen schrieb sie solche Sprache:

Ruft ein Fasten aus,

und laßt Nabot sitzen zuhäupten des Volks,

und laßt zwei Männer, ruchlose Burschen, ihm gegenüber
sitzen,

die sollen wider ihn zeugen, sprechend:

Du hast Gott und dem König abgesegnet!

dann führt ihn hinaus und steinigt ihn zu Tod!

Die Männer seiner Stadt, die Ältesten und die Edelbürtigen,
die in seiner Stadt die Beisitzer waren, taten,

wie Isabel zu ihnen gesandt hatte, wie in den Briefen, die sie
zu ihnen gesandt hatte, geschrieben war:

sie riefen ein Fasten aus,

ließen Nabot sitzen zuhäupten des Volks,

die zwei Männer, ruchlose Burschen, kamen und setzten sich
ihm gegenüber,

die ruchlosen Männer zeugten wider Nabot dem Volk gegenüber, sprechend:

Nabot hat Gott und dem König abgesegnet!

man führte ihn hinaus vor die Stadt und steinigte ihn mit
Blöcken zu Tod.

Dann sandten sie an Isabel, zu sprechen:

Nabot ist zu Tode gesteinigt.

Es geschah, als Isabel hörte, daß Nabot zu Tode gesteinigt war,

Isabel sprach zu Achab:

Erhebe dich,

erbe den Weinberg Nabots des Jesreeliters,

den er sich weigerte dir um Silber zu geben,

denn kein Nabot lebt mehr,

denn er ist tot.

Es geschah, als Achab hörte, daß Nabot tot war,

Achab erhob sich, zum Weinberg Nabots des Jesreeliters
hinabzusteigen, ihn zu erben.

Aber SEINE Rede geschah zu Elijahu dem Tischbiter, ein
Sprechen:

Erhebe dich,

steig hinab, Achab König von Jifsrael entgegen, dem in Samaria,

wohlan, er ist im Weinberg Nabots, wohinab er stieg, ihn zu
erben.

rede zu ihm im Spruch:
So hat ER gesprochen:
Gemordet hast du
und hast auch schon geerbt?!
Weiter rede zu ihm im Spruch:
So hat ER gesprochen:
An dem Ort, wo die Hunde das Blut Nabots leckten,
werden die Hunde dein Blut lecken, auch deins!
Achab sprach zu Elijahu:
Hast du mich wieder herausgefunden, mein Feind?!
Er sprach:
Ich mußte dich herausfinden,
weil du dich verkauft hast, das in SEINEN Augen Böse zu tun, –
wohlan:
Ich lasse Böses an dich kommen,
ich fege hinter dir aus,
ich rotte von Achab, was an die Wand pißt,
Behaltnes und Belaßnes in Jiſsrael,
ich gebe, daß dein Haus wie das Haus Jarobams Sohns Nbats
    und wie das Haus Baaschas Sohns Achijas wird,
um den Verdruß, damit du mich verdrossen hast,
daß du Jiſsrael versündigtest
– und auch über Isabel hat ER geredet im Spruch:
Die Hunde fressen Isabel
auf dem Flurstück bei Jesreel –,
was dem Achab in der Stadt stirbt,
fressen die Hunde,
was auf dem Feld stirbt,
fressen die Vögel des Himmels! –
Doch war nicht einer wie Achab selbst,
der sich verkaufte, das in SEINEN Augen Böse zu tun,
wozu sein Weib Isabel ihn verlockte,
er vergreulte sich sehr, nachgehend den Klötzen,
allwies die Amoriter taten, die ER vor den Söhnen Jiſsraels
    her enterbte.
Es geschah aber, als Achab jene Rede hörte:
er riß seine Gewänder ein,
zog Sackleinen um sein Fleisch,
fastete,

lag auf Sackleinen,
ging lautlos einher.
Da geschah S<small>EINE</small> Rede zu Elijahu dem Tischbiter, ein Sprechen:
Hast du gesehn, daß Achab sich vor mir niederbeugt?
dafür, daß er sich vor mir niederbeugte,
will ich das Böse nicht in seinen Tagen kommen lassen,
in den Tagen seines Sohns lasse ich das Böse über sein Haus
kommen.

Drei Jahre hatten sie stillgesessen: kein Krieg zwischen Aram
und Jifsrael.
Im dritten Jahr aber geschahs, daß Jehoschafat König von Je-
huda zum König von Jifsrael hinabstieg.
Der König von Jifsrael hatte zu seinen Dienern gesprochen:
Wißt ihr noch, daß Ramot in Gilad unser ist?!
wir indes beschweigens, statt es aus der Hand des Königs von
Aram zu nehmen!
Er sprach nun zu Jehoschafat:
Willst du mit mir in den Kampf gen Ramot in Gilad gehn?
Jehoschafat sprach zum König von Jifsrael:
So du so ich,
so dein Volk so mein Volk,
so deine Rosse so meine Rosse.
Dann sprach Jehoschafat zum König von Jifsrael:
Beforsche doch des Tags noch S<small>EINE</small> Rede!
Der König von Jifsrael holte die Künder zuhauf, an vierhun-
dert Mann,
und sprach zu ihnen:
Soll ich in den Kampf um Ramot in Gilad gehn
oder soll ich drauf verzichten?
Sie sprachen:
Zieh hinauf,
der Herr gibts in des Königs Hand.
Jehoschafat sprach:
Ist hier I<small>HM</small> kein Künder sonst, daß wir durch ihn befor-
schen?
Der König von Jifsrael sprach zu Jehoschafat:

Sonst ist ein einziger Mann nur da, IHN durch den zu beforschen,
aber ich, einen Haß habe ich auf ihn,
denn er kündet über mich nie Gutes, sondern stets Böses einher,
Michajhu Sohn Jimlas ists.
Jehoschafat sprach:
Nimmer spreche der König solches!
Der König von Jisrael rief einen Höfling und sprach:
Eilends her mit Michajhu Sohn Jimlas!
Der König von Jisrael und Jehoschafat König von Jehuda
  saßen jeder auf seinem Stuhl,
mit Staatsgewändern bekleidet, in der Tenne am Toreinlaß
  von Samaria,
und alle Künder kündeten vor ihnen einher.
Zidkija Sohn Knaanas hatte sich eiserne Hörner gemacht,
er sprach:
So hat ER gesprochen:
Mit diesen stößest du Aram nieder,
bis sie alldahin sind.
Alle Künder kündeten solches, sprechend:
Zieh hinauf gen Ramot in Gilad
und habe Gelingen,
ER hats in des Königs Hand gegeben.
Der Bote aber, der gegangen war Michajhu zu rufen, redete
  zu ihm, sprechend:
Wohlan, einmündig doch haben die Künder Gutes zu dem
  König geredet,
sei doch deine Rede wie die Rede eines von ihnen,
rede Gutes!
Michajhu sprach:
Sowahr ER lebt:
das, was ER zu mir sprechen wird, ja, das werde ich reden.
Als er zum König kam, sprach der König zu ihm:
Michajhu,
sollen wir in den Kampf wider Ramot in Gilad gehn
oder sollen wir verzichten?
Er sprach zu ihm:
Zieh hinauf und habe Gelingen, ER hats in des Königs Hand
  gegeben.

Der König sprach zu ihm:
Bis zu wie vielen Malen muß ich dich beschwören,
daß du nicht anders zu mir mit SEINEM Namen reden sollst
 als nur getreulich!
Da sprach er:
Ich sah alles Jifsrael
auseinandergesprengt an den Bergen
wie Schafe, die keinen Hirten haben,
ER aber sprach:
Diese haben einen Herrscher nicht mehr,
zurückkehren mögen sie nun,
jedermann nach seinem Haus,
in Frieden.
Der König von Jifsrael sprach zu Jehoschafat:
Habe ich nicht zu dir gesprochen: Er kündet über mich nie
 Gutes, sondern stets Böses einher!
Er aber sprach weiter:
Ebendarum
höre SEINE Rede!
Ich sah
IHN sitzen auf seinem Stuhl
und alle Schar des Himmels umstehn ihn
zu seiner Rechten und zu seiner Linken,
ER aber sprach:
Wer kann Achab betören,
daß er ziehe,
daß er falle bei Ramot in Gilad?
Nun sprach der: Damit! und der sprach: Damit!
Da fuhr hervor der Brausewind,
er stand vor SEINEM Antlitz, er sprach:
Ich bins, der ihn betören wird.
ER sprach zu ihm:
Womit?
Er sprach:
Ausfahre ich,
ich werde ein Lügenbraus
im Mund all seiner Künder!
Da sprach er:
Du magst betören,

du wirsts auch vermögen,
fahr aus und mache es so! –
Und jetzt,
wohlan,
einen Lügenbraus hat E R in den Mund all dieser deiner Künder gegeben,
Böses über dir geredet hat E R.
Da trat heran Zidkijahu Sohn Knaanas,
er schlug Michajhu auf die Backe und sprach:
Woherum wär SEIN Geistbraus aus mir entlaufen, aus dir zu
   reden?!
Michajhu sprach:
Wohlan,
du siehsts an jenem Tag,
da du kammeraus kammerein kommst, dich zu verstecken.
Der König von Jifsrael sprach:
Nimm den Michajhu fest und geleite ihn zurück –
zu Amon dem Stadtobersten und zu Joasch dem Königssohn,
und sprich:
So hat der König gesprochen:
Setzt diesen ins Kerkerhaus,
und reicht ihm knapp Brot zu essen, knapp Wasser,
bis ich in Frieden wiederkomme.
Michajhu sprach:
Kehrst zurück du, zurück in Frieden,
dann hat in mir E R nicht geredet.
Er sprach:
Hörts, ihr Völker alle!

Der König von Jifsrael zog hinauf und Jehoschafat König von
   Jehuda gen Ramot in Gilad.
Der König von Jifsrael sprach zu Jehoschafat davon, sich zu
   verkappen und so in den Kampf zu kommen:
...du freilich magst mit deinen Gewändern bekleidet bleiben.
Der König von Jifsrael verkappte sich und kam so in den
   Kampf.
Der Aramäerkönig aber hatte den Wagenobersten, die bei
   ihm waren, zweiunddreißig, geboten, sprechend:
Kämpft nicht mit Klein noch mit Groß,

sondern einzig mit dem König von Jifsrael!

Es geschah nun, als die Wagenobern Jehoschafat sahn,

die sprachen: Das kann nur der König von Jifsrael sein!

Sie bogen ab, nach ihm hin, zum Kampf.

Aber Jehoschafat stimmte das Kriegsgeschrei an.

Es geschah, als die Wagenobern so ersahn, daß das nicht der
    König von Jifsrael war:

sie kehrten um, von ihm hinweg.

Unterdes aber hatte ein Mann in seiner Einfalt den Bogen ge-
    spannt,

der schoß den König von Jifsrael zwischen die Verheftungen
    und den Panzer.

Er sprach zu seinem Wagenlenker:

Wende deine Hand und fahre mich aus dem Lager,

denn ich bin erschöpft.

Da aber der Kampf an jenem Tag hochging,

blieb der König dann doch, im Wagenkorb stehend gehalten,
    angesichts der Aramäer.

Am Abend war er tot.

Er hatte das Blut aus der Schußwunde in den Schoß des Wa-
    gens vergossen.

Da lief ein Hall durchs Lager, als die Sonne herniederkam, ein
    Sprechen:

Jedermann in seine Stadt,

jedermann in seine Landschaft,

der König ist tot!

Sie kamen nach Samaria, sie begruben den König in Samaria.

Als man den Wagen am Teich von Samaria spülte,

leckten die Hunde sein Blut auf,

während die Huren badeten,

nach SEINER Rede, die er geredet hatte.

Das übrige Redewürdige von Achab, alles was er tat,

das Elfenbeinhaus, das er baute, all die Städte, die er baute,

ist das nicht aufgeschrieben im Buch: Denkwürdigkeiten der
    Tage von Jifsraels Königen?

Achab legte sich bei seinen Vätern hin,

sein Sohn Achasjahu trat statt seiner die Königschaft an.

Über Jehuda hatte im vierten Jahr Achabs Königs von Jifsrael
  die Königschaft Jehoschafat Sohn Afsas angetreten,
fünfunddreißigjährig war Jehoschafat, als er die Königschaft
  antrat,
und fünfundzwanzig Jahre hatte er Königschaft in Jerusalem.
Der Name seiner Mutter: Asuba Tochter Schilchis.
Er ging in aller Wegspur seines Vaters Afsa, wich nicht seitab
  davon,
das in SEINEN Augen Gerade tuend,
jedoch die Koppen wurden nicht beseitigt,
noch schlachteten und räucherten sie, das Volk, an den Koppen.
Jehoschafat machte Frieden mit dem König von Jifsrael.
Das übrige Redewürdige von Jehoschafat,
seine Herrschgewalt, wie er sie betätigte, und wie er kämpfte,
ist das nicht aufgeschrieben im Buch: Denkwürdigkeiten der
  Tage von Jehudas Königen?
Die übrige Heiligtumsbuhlschaft, die als Rest in den Tagen
  seines Vaters Afsa verblieben war, merzte er aus dem Land.
In Edom war damals kein König, als König galt der Vogt.
Tarschisch-Schiffe hatte Jehoschafat machen lassen, nach Ofir
  um Gold zu fahren
– man fuhr dann nicht, denn die Schiffe wurden zertrüm-
  mert –,
in Ezjon Gaber,
damals sprach Achasjahu Sohn Achabs zu Jehoschafat:
Meine Diener könnten mit deinen Dienern auf den Schiffen
  fahren.
Aber Jehoschafat wars nicht gewillt.
Jehoschafat legte sich bei seinen Vätern hin, er wurde bei
  seinen Vätern in der Stadt seines Vorvaters Dawid begraben.
Sein Sohn Joram trat statt seiner die Königschaft an.

Über Jifsrael hatte in Samaria im siebzehnten Jahr Jehoschafats Königs von Jehuda die Königschaft Achasjahu Sohn
  Achabs angetreten,
ein Doppeljahr hatte er Königschaft über Jifsrael.

Er tat das in SEINEN Augen Böse,

er ging in der Wegspur seines Vaters, in der Wegspur seiner
Mutter,

in der Wegspur Jarobams Sohns Nbats, der Jifsrael versündigt hatte,

er diente dem Baal, warf sich vor ihm hin, daß er IHN,
den Gott Jifsraels, verdroß,

allwie sein Vater getan hatte.

Nachdem Achab gestorben war, wurde Moab abtrünnig von
Jifsrael.

Achasja aber fiel durch das Gitterfenster in seinem Obergemach, das in Samaria war, er erkrankte.

Er entsandte Boten, er sprach zu ihnen:

Geht, beforscht den Baal-Sbub, den Fliegenmeister, den Gott
von Ekron,

ob ich von dieser Krankheit wiederaufleben werde.

Aber SEIN Bote redete zu Elija dem Tischbiter:

Mach dich auf, steig den Boten des Königs von Samarien entgegen und rede zu ihnen:

Wohl weil durchaus kein Gott in Jifsrael ist,

müßt ihr gehn, den Fliegenmeister, den Gott von Ekron, zu
beforschen?!

Darum, so hat E R gesprochen,

das Bett, das du bestiegen hast, von dem wirst du nicht mehr
herunterkommen,

sondern sterben mußt du, sterben.

Elija ging.

Als nun die Boten zu jenem wiederkehrten, sprach er zu ihnen:

Was seid ihr denn umgekehrt?

Sie sprachen zu ihm:

Uns entgegen stieg ein Mann, der sprach zu uns:

Geht, kehrt zum König wieder, der euch entsandt hat,

und redet zu ihm:

So hat E R gesprochen:

Wohl weil durchaus kein Gott in Jifsrael ist, sendest du, den
Fliegenmeister, den Gott von Ekron, zu beforschen?!

darum: das Bett, das du bestiegen hast, von dem wirst du
nicht mehr herunterkommen,

sondern sterben mußt du, sterben.

Er redete zu ihnen:

Wie war das Gebaren des Mannes, der euch entgegenstieg,
     der diese Rede zu euch redete?

Sie sprachen zu ihm:

Ein haariger Mann,

seine Hüften mit einem Lederriemen umriemt.

Er sprach:

Das ist Elija der Tischbiter.

Er sandte zu ihm, den Obern einer Fünfzigschaft und seine
     Fünfzig.

Der stieg zu ihm hinauf, da: er saß auf dem Berghaupt.

Er redete zu ihm:

Mann Gottes,

geredet hats der König:

Komm herab!

Elijahu antwortete, er redete zum Obern der Fünfzigschaft:

Bin ich denn ein Mann Gottes,

komme Feuer vom Himmel herab, es fresse dich und deine
     Fünfzig!

Feuer kam vom Himmel herab, es fraß ihn und seine Fünfzig.

Wieder sandte er zu ihm, einen andern Fünfzigschaftsobern
     und seine Fünfzig,

der redete das Wort zu ihm:

Mann Gottes,

so hat der König gesprochen:

Eilends komm herab!

Elija antwortete, er redete zu ihnen:

Bin ich ein Mann Gottes,

komme Feuer vom Himmel herab, es fresse dich und deine
     Fünfzig!

Feuer Gottes kam vom Himmel herab, es fraß ihn und seine
     Fünfzig.

Wieder sandte er einen Fünfzigschaftsobern, drittmals, und
     seine Fünfzig.

Als der dritte Fünfzigschaftsobre aufgestiegen und hingelangt
     war,

krümmte er seine Knie vor Elijahu,

er flehte ihn an, redete ihn an:

Mann Gottes,

sei doch meine Seele und die Seele dieser deiner fünfzig Diener etwas wert in deinen Augen!

da ist Feuer vom Himmel herabgekommen, das hat die ersten zwei Fünfzigschaftsobern und ihre Fünfzigschaften gefressen,

jetzt aber sei meine Seele etwas wert in deinen Augen!

SEIN Bote redete zu Elijahu:

Komm mit ihm hinab,

nimmer brauchst du dich vorm Antlitz jenes zu fürchten.

Er machte sich auf und kam mit ihm zum König herab.

Er redete zu ihm:

So hat E R gesprochen:

Zur Antwort dem, daß du Boten sandtest, den Fliegenmeister, den Gott von Ekron, zu beforschen,

als wäre durchaus kein Gott in Jifsrael, seine Rede zu erforschen:

darum,

das Bett, das du bestiegen hast, von ihm wirst du nicht mehr herunterkommen,

sondern sterben muß du, sterben.

Er starb gemäß SEINER Rede, die Elijahu geredet hatte.

Joram trat statt seiner die Königschaft an,

im zweiten Jahr Jorams Sohns Jehoschafats Königs von Jehuda,

denn einen Sohn hatte er nicht.

Das übrige Redewürdige von Achasjahu aber, was er getan hat,

ist das nicht aufgeschrieben im Buch: Denkwürdigkeiten der Tage von Jifsraels Königen?

So geschahs, als ER Elijahu im Sturm zum Himmel steigen
　　ließ:
Elijahu war und Elischa aus dem Ringwall fortgegangen.
Elijahu sprach zu Elischa:
Verweile doch hier,
denn ER hat mich bis nach Bet-El gesandt.
Elischa sprach:
Sowahr ER lebt, sowahr deine Seele lebt:
verlasse ich dich je,...!
Als sie nun nach Bet-El hinunterwanderten,
zogen die Jungkünder, die in Bet-El, zu Elischa heraus und
　　sprachen zu ihm:
Weißt du, daß ER heute deinen Herrn über deinem Haupt
　　hinwegnimmt?
Er sprach:
Auch ich weiß es. Schweigt!
Elijahu sprach zu ihm:
Elischa,
verweile doch hier,
denn ER hat mich nach Jericho gesandt.
Er aber sprach:
Sowahr ER lebt, sowahr deine Seele lebt:
verlasse ich dich je,...!
Als sie nun nach Jericho kamen,
traten die Jungkünder, die in Jericho, zu Elischa und sprachen
　　zu ihm:
Weißt du, daß ER heute deinen Herrn über deinem Haupt
　　hinwegnimmt?
Er sprach:
Auch ich weiß es. Schweigt!
Elijahu sprach zu ihm:
Verweile doch hier,
denn ER hat mich an den Jordan gesandt.
Er aber sprach:
Sowahr ER lebt, sowahr deine Seele lebt:
verlasse ich dich je,...!
So gingen sie beide.
Mitgegangen aber waren von den Jungkündern fünfzig Mann,
die blieben gegenüber stehn, von fern,

als die beiden am Jordan standen.
Elijahu nahm seinen Mantel,
er ballte ihn
und schlug das Wasser,
das spaltete sich hierhin und hierhin,
auf dem Sandgrund schritten die beiden hindurch.
Es geschah nun, als sie hindurchgeschritten waren,
zu Elischa sprach Elijahu:
Wünsche,
was soll ich dir tun,
ehe ich von dir hinweggenommen werde?
Elischa sprach:
Geschähe doch, daß mir würde von deinem Geistbraus das
    Erstlings-Doppelteil!
Er sprach:
Schweres hast du erwünscht!
darfst du mitansehn,
wie ich von dir hinweggenommen werde,
wirds dir so geschehn,
sonst aber: wirds nicht geschehn.
Es geschah:
während sie weitergingen, gingen und redeten,
da, Feuergefährt und Feuerrosse,
sie trennten die beiden.
Elijahu stieg im Sturm zum Himmel.
Elischa sah es –
er schrie:
Mein Vater, mein Vater,
du Jifsraels Fahrzeug, du seine Reisigen!
Schon sah er ihn nicht mehr.
Er faßte seine Gewänder und riß sie in zwei Rißfetzen.
Dann hob er den Mantel Elijahus auf, der von ihm abgefallen
    war,
kehrte um und blieb am Ufer des Jordans stehn,
er nahm den Mantel Elijahus, der von ihm abgefallen war, er
    schlug das Wasser und sprach:
Wo ist Er, der Gott Elijahus?
Auch er: als er das Wasser schlug, spaltete es sich hierhin und
    hierhin, und Elischa schritt hindurch.

Die Jungkünder, die aus Jericho, sahn von gegenüber ihm zu,
sie sprachen:

Elijahus Geistbraus ruht auf Elischa.

Sie kamen ihm entgegen, neigten sich vor ihm zur Erde und
sprachen zu ihm:

Da sind doch mit deinen Dienern fünfzig Mann, tüchtige
Burschen, anwesend –

dürften die doch ausgehn und deinen Herrn suchen,

es möchte etwa SEIN Geistbraus ihn davontragen und ihn
auf einen der Berge oder in eine der Schluchten geworfen
haben.

Er sprach:

Ihr braucht nicht zu senden.

Als sie ihn aber bis zum Schämen bedrängten, sprach er:

So sendet schon.

Sie sandten die fünfzig Mann aus, die suchten drei Tage und
fanden ihn nicht.

Als sie zu ihm zurückkehrten, während er in Jericho weilte,
sprach er zu ihnen:

Habe ich zu euch nicht gesprochen: Ihr braucht nimmer zu
gehn?

Die Männer der Stadt sprachen zu Elischa:
Da, gut ists doch in der Stadt weilen, wie mein Herr sieht,
aber das Wasser ist bös, so muß das Land fehlgebären.
Er sprach:
Holt mir eine neue Schüssel und legt Salz hinein.
Sie holten sie ihm.
Er trat an den Austritt des Wassers, warf Salz hinein und
sprach:
So hat E R gesprochen:
Ich heile dieses Wasser,
nicht mehr geschehe dorther
Sterben und Fehlgeburt!
Das Wasser wurde heil, bis auf diesen Tag,
nach der Rede Elischas, die er geredet hatte.

Er stieg von dort zurück nach Bet-El,
und wie er den Weg weiter hinanstieg, kamen eben kleine
Buben aus der Stadt,
die bespöttelten ihn, sie sprachen zu ihm:
Steig zu, Kahlkopf, steig zu, Kahlkopf!
Er wandte sich hinter sich, sah sie an und verwünschte sie mit
SEINEM Namen.
Zwei Bärinnen kamen aus dem Wald, die zerfleischten von
ihnen zweiundzwanzig Knaben.
Er aber ging von dort nach dem Berg Karmel,
von dort kehrte er nach Samaria zurück.

Im achtzehnten Jahr Jehoschafats Königs von Jehuda hatte
in Samaria die Königschaft über Jisrael Joram Sohn Achabs
angetreten,
und zwölf Jahre hatte er die Königschaft.
Er tat das in SEINEN Augen Böse, jedoch nicht seinem Vater
gleich, seiner Mutter gleich,
er beseitigte das Baalsstandmal, das sein Vater gemacht hatte;
an der Versündigung Jarobams Sohns Nbats jedoch, damit
er Jisrael versündigt hatte, haftete er,
von ihr wich er nicht ab.

Mescha König von Moab war Schafzüchter,

er hatte dem König von Jifsrael hunderttausend Mastläm-
mer und hunderttausend Widder in der Wolle zu liefern.

Es geschah nun, als Achab starb, daß der König von Moab
dem König von Jifsrael abtrünnig wurde.

Der König Joram fuhr an jenem Tag von Samaria aus und
musterte all Jifsrael.

Er ging heim und sandte zu Jehoschafat König von Jehuda,
zu sprechen:

Abtrünnig worden ist mir der König von Moab,
willst du mit mir in den Kampf gegen Moab gehn?
Er sprach:
Ich ziehe mit hinauf:
so du so ich,
so dein Volk so mein Volk,
so deine Rosse so meine Rosse.
Der sprach:
Welchen Weg wollen wir hinaufziehn?
Er sprach:
Den Weg der Wüste Edom.

So ging der König von Jifsrael vor und der König von Jehuda,
und der Unterkönig von Edom dazu.

Als sie aber den Weg eines Tagsiebents umhergewandert waren,
war da nicht Wasser mehr für das Heerlager und für das Vieh,
das in ihrer Fußspur.

Der König von Jifsrael sprach:
Wehe,
ja, ER hat diesen drei Königen gerufen, sie in die Hand Moabs
zu geben!

Jehoschafat sprach:
Ist hier kein Künder IHM,
daß durch den wir IHN beforschen?

Einer von den Dienern des Königs von Jifsrael antwortete,
er sprach:
Elischa Sohn Schafats ist hier,
der dem Elijahu das Wasser auf die Hände goß.

Jehoschafat sprach:
Ja wirklich, bei dem ist SEINE Rede.

Der König von Jifsrael, Jehoschafat und der König von
Edom stiegen zu ihm hinab.

Elischa sprach zum König von Jifsrael:

Was ist mir und dir gemein?!

geh zu den Kündern deines Vaters, zu den Kündern deiner
 Mutter!

Der König von Jifsrael sprach zu ihm:

Nimmer so!

E R ja hat diesen drei Königen gerufen, sie in die Hand Moabs
 zu geben!

Elischa sprach:

Sowahr E R der Umscharte lebt, vor dessen Antlitz ich bestellt bin:

Ja, wollte ich nicht das Antlitz Jehoschafats Königs von Jehuda hochhalten,

blickte ich dann wohl auf dich, sähe ich dich wohl an?!

jetzt aber nehmt mir einen Spielmann her!

Es geschah, wie der Spielmann spielte, da war SEINE Hand
 über ihm.

Er sprach:

So hat E R gesprochen:

Macht in diesem Bachtal Zisternen an Zisternen,

denn, so hat E R gesprochen,

nicht seht ihr Windbraus,

nicht seht ihr Erguß,

und dieses Bachtal füllt sich mit Wasser,

ihr selber trinkt, euer Heerlager und euer Vieh!

Aber ein Leichtes ist dies noch in SEINEN Augen,

er gibt Moab in eure Hand,

schlagen werdet ihr alle umwehrte Stadt, alle erwählte Stadt,

allen guten Baum werdet ihr fällen,

alle Wasserquellen verstopfen,

allen guten Acker mit Steinen zerschinden.

Es geschah am Morgen, etwa wann man die Hinleitspende
 darhöht:

da, des Wegs von Edom her kommt Wasser,

das Land wurde Wassers voll.

Man hatte in allem Moab gehört, daß die Könige herangezogen waren, sie zu bekämpfen,

so ließen sie sich zusammenschreien, von alljedem eben mit
 dem Gurt Umgürteten aufwärts,

und stellten sich an der Markgrenze auf.

Als sie nun des Morgens früh aufwaren,

und auf dem Wasser glänzte die Sonne,

sahn die Moabiter drüben das Wasser rot wie Blut.

Sie sprachen:

Dieses Blut –

im Schwertstreit haben die Könige miteinander gestritten,

erschlagen haben die einander, jedermann seinen Genossen,

jetzt an die Beute, Moab!

Als sie aber zum Lager Jifsraels kamen,

erhoben sich die von Jifsrael und schlugen Moab, daß die vor
　　ihnen flohen,

sie kamen immer weiter vor, im Vorkommen auf Moab los-
　　schlagend,

die Städte zerscherbten sie

– auf allen guten Acker warfen sie jedermann seinen Stein,
　　füllten ihn an damit,

alle Wasserquelle verstopften sie,

allen guten Baum fällten sie –,

bis ihrer Steine nur noch in der Burg Charoschet ein Rest
　　blieb,

auch da schlug es schon ringsumher von den Schleuderhebeln
　　ein.

Als der König von Moab sah, daß der Kampf ihm übermäch-
　　tig war,

nahm er siebenhundert schwertzückende Männer mit sich,
　　um zum König von Edom durchzustoßen,

aber sie vermochten es nicht.

Nun nahm er seinen erstgeborenen Sohn, der einst statt seiner
　　die Königschaft antreten sollte,

und höhte ihn als Darhöhung auf der Mauer,

so daß ein großer Wutgrimm auf Jifsrael entstand,

die mußten von ihm hinweg; in das Land zurückkehren.

Eine Frau von den Ehefrauen der Jungkünder schrie einst zu
　　Elischa auf, sprechend:

Dein Diener, mein Ehemann ist gestorben,

und du weißt selber, daß dein Diener SEIN fürchtig war,
und nun ist der Schuldherr gekommen, sich meine beiden
   Söhne zu Dienstknechten zu nehmen!
Elischa sprach zu ihr:
Was soll ich für dich tun?
vermelde mir, was du im Haus hast!
Sie sprach:
Kein Ding hat deine Magd im Haus allum, als nur einen
   Salbschuß Öls.
Er sprach:
Geh, heische dir Gefäße von draußen, von all deinen An-
   wohnern, leere Gefäße,
laß es nimmer zu wenige sein!
dann komm heim, schließ hinter dir und hinter deinen Söhnen
   die Tür,
gieß in all diese Gefäße,
und wie eins voll wird, laß es forträumen.
Sie ging von ihm hin,
dann schloß sie hinter sich und hinter ihren Söhnen die Tür,
die reichten ihr her und sie goß ein.
Es geschah, als die Gefäße voll waren,
sie sprach zu dem Sohn bei ihr:
Reich mir noch ein Gefäß mehr!
Er aber sprach zu ihr:
Es ist kein Gefäß mehr da.
Schon stand das Öl still.
Sie kam nun und meldete es dem Mann Gottes.
Er sprach:
Geh, verkauf das Öl und bezahl deine Schuld,
und vom übrigen kannst du mit deinen Söhnen leben.

Es geschah eines Tags, daß Elischa an Schunem vorbeiwan-
   derte.
Dort war eine großangesehne Frau,
die nötigte ihn, das Mahl mitzuessen,
es geschah nun, sooft er dann vorüber wanderte, mußte er
   dort rasten, das Mahl zu essen.
Einst sprach sie zu ihrem Mann:

Da habe ich nun erkannt,

das ist ein heiliger Mann Gottes, der immer bei uns vorüberwandert, –

machen wir doch einen kleinen gemauerten Dachaufbau

und halten dort für ihn Bett, Tisch, Stuhl und Leuchter,

es soll geschehn, wann er zu uns kommt, daß er dort raste.

So geschah eines Tags,

er kam dorthin, rastete im Dachaufbau, legte sich dort
hin.

Dann sprach er zu Gechasi seinem Knaben:

Rufe diese Schunemiterin.

Als er sie gerufen hatte – sie stand in Blickweite vor ihm –,
sprach er zu jenem:

Sprich doch zu ihr:

Da hast du dich um uns mit all dieser Sorgfalt abgesorgt, –

was ist für dich zu tun?

gilts, für dich zum König oder zum Heeresobersten zu reden?

Sie sprach:

Ich bin ja Sassin inmitten meiner Volkschaft.

Hernach sprach er:

Was ist also für sie zu tun?

Gechasi sprach:

Dennoch etwas:

sie hat keinen Sohn, und ihr Mann ist alt.

Er sprach:

Ruf sie her.

Als er sie gerufen hatte – sie stand am Einlaß, sprach er:

Zu dieser Frist, mit der lebenspendenden Zeit, halsest du einen
Sohn.

Sie sprach:

Nimmer, mein Herr, du Mann Gottes,

nimmer darfst du deine Magd täuschen!

Aber die Frau wurde schwanger, sie gebar einen Sohn

zu ebendieser Frist, mit der lebenspendenden Zeit,

wie Elischa zu ihr geredet hatte.

Als das Kind groß geworden war, geschahs eines Tags,

wie es draußen bei seinem Vater bei den Schnittern war,

es sprach zu seinem Vater:

Mein Kopf! mein Kopf!
Jener sprach zu einem Knaben:
Trag es zu seiner Mutter.
Er trug es fort, kam mit ihm zu seiner Mutter,
bis zum Mittag saß es auf ihren Knieen,
dann war es tot.
Sie stieg hinauf,
legte es auf das Bett des Manns Gottes,
schloß hinter ihm zu.
Als sie draußen war, rief sie ihren Mann und sprach:
Schick mir doch einen von den Knaben und eine der Eselin-
    nen,
daß ich zu dem Mann Gottes eile und wiederkehre.
Er sprach:
Weshalb willst du heut zu ihm gehn,
nicht Mondneuung ists, nicht Wochenfeier!
Sie sprach:
Bleib in Frieden!
Sie sattelte die Eselin und sprach zu ihrem Knaben:
Treib, geh los,
hemme mich nimmer im Reiten, es sei denn, ich spreche dich
    drum an.
So ging und kam sie zu dem Mann Gottes, zum Berg Karmel.
Es geschah nun, als der Mann Gottes sie von fern sah,
er sprach zu Gechasi seinem Knaben:
Da ist ja jene Schunemiterin,
jetzt eile doch ihr entgegen und sprich zu ihr:
Bist du in Frieden, ist dein Mann in Frieden, ist das Kind in
    Frieden?
Sie sprach:
In Frieden.
Als sie aber zu dem Mann Gottes, zum Berg hin gekommen
    war,
umfaßte sie seine Füße.
Gechasi trat heran, sie wegzustoßen,
der Mann Gottes aber sprach:
Laß sie,
denn verbittert ist ihr ihre Seele,
aber verhohlen hats E R vor mir,

hat mirs nicht ermeldet.
Sie sprach:
Habe ich einen Sohn von meinem Herrn erheischt?
habe ich nicht gesprochen: Lulle mich nicht ein!?
Er sprach zu Gechasi:
Gürte deine Lenden,
nimm meinen Stützstab in deine Hand
und geh,
triffst du jemand, grüße ihn nicht,
grüßt dich jemand, antworte ihm nicht!
dann halte meinen Stab auf das Antlitz des Knaben!
Aber die Mutter des Knaben sprach:
Sowahr ER lebt, sowahr deine Seele lebt:
verlasse ich dich nun,...!
Er erhob sich und ging hinter ihr.
Gechasi war ihnen vorausgewandert,
er hielt den Stab auf das Antlitz des Knaben,
aber kein Laut war, keine Regung,
so kehrte er um, ihm entgegen, und meldete es ihm, spre-
    chend:
Der Knabe ist nicht erwacht.
Elischa kam ins Haus,
da, tot lag der Knabe auf seinem eignen Bett.
Er kam hinein, schloß hinter ihnen beiden die Tür,
betete zu IHM,
dann stieg er auf, legte sich auf das Kind,
hielt auf seinen Mund seinen Mund, auf seine Augen seine
    Augen, auf seine Handballen seine Handballen,
so hockte er auf ihm.
Das Fleisch des Kindes wurde warm.
Er kehrte sich ab, ging im Haus einmal hierhin und einmal
    hierhin,
dann stieg er wieder auf und hockte auf ihm.
Der Knabe nieste bis zu sieben Malen,
der Knabe öffnete hell seine Augen.
Nun rief er Gechasi und sprach:
Rufe diese Schunemiterin her!
Der rief sie, sie kam zu ihm, er sprach:
Trag deinen Sohn fort.

Sie kam heran, fiel zu seinen Füßen, bückte sich zur Erde,
dann trug sie ihren Sohn hinaus.

Elischa war einst wieder nach dem Ringwall zurückgekehrt,
während im Land der Hunger war.
Als die Jungkünder vor ihm saßen, sprach er zu seinem
    Knaben:
Rücke den großen Kessel auf
und koche den Jungkündern eine Suppe!
Nun ging einer aufs Feld, Gemüse zu pflücken,
er fand ein Rankengewächs des Feldes und pflückte davon
    seinen Gewandschoß voll Koloquinten,
und als er wiederkam, hobelte ers in den Suppenkessel,
denn man kannte es nicht.
Dann schüttete man den Männern zu essen ein.
Aber es geschah, wie sie von der Suppe aßen, schrien die auf,
    sie sprachen:
Im Kessel ist der Tod, o Mann Gottes!
und vermochten nicht weiterzuessen.
Er sprach:
Holt Mehl!
Er warfs in den Kessel, dann sprach er:
Schütte dem Volk ein, daß sie essen!
Da war nichts Übles mehr im Kessel.

Aus Baal Schalischa kam einst ein Mann,
er kam mit zwanzig Gerstenbroten für den Mann Gottes:
    Erstlingsbrot,
dazu Frischgraupen in seinem Schnappsack.
Er aber sprach:
Gibs dem Volk, daß sie essen.
Doch sein Aufwärter sprach:
Wie soll ich dies an hundert Mann ausgeben?
Doch er sprach:
Gibs dem Volk, daß sie essen,
denn so hat E R gesprochen:
Zu essen und übrigzulassen!
Er gab an sie aus,

sie aßen und ließen übrig,
nach SEINER Rede.

Naaman, der Heeresoberste des Königs von Aram, war ein
  großer Mann im Antlitz seines Herrn, gehobenen Ant-
  litzes,
denn durch IHN hatte ER Aram eine Sieghilfe gegeben.
Und der Mann – heldentüchtig war er – wurde aussätzig.
Als einst Aramäer in Streifrotten ausgefahren waren,
hatten sie ein kleines Mädchen vom Land Jiſsrael gefangen,
die war vorm Antlitz des Weibes Naamans.
Sie sprach zu ihrer Gebieterin:
Ach daß doch mein Herr vorm Antlitz des Künders, des in
  Samaria, wäre!
alsdann würde der ihn seinem Aussatz entraffen!
Er kam und meldete es seinem Herrn, sprechend:
Solcherlei und solcherlei hat das Mädchen, das aus dem Land
  Jiſsrael, geredet.
Der König von Aram sprach:
Geh, komm hin,
ich schicke einen Brief an den König von Jiſsrael.
Er machte sich auf den Gang,
nahm in seine Hand zehn Barren Silbers, sechstausend Goldgewicht und zehn Wechselgewänder
und kam zum König von Jiſsrael mit einem Brief, der Sprache:
...Jetzt also, sobald dieser Brief zu dir kommt:
da schicke ich nun zu dir meinen Diener Naaman,
daß du ihn seinem Aussatz entraffest.
Es geschah, als der König von Jiſsrael den Brief gelesen hatte,
er riß seine Gewänder ein und sprach:
Bin ich ein Gott,
daß ich töten und beleben könnte?!
denn der schickt ja zu mir, einen Mann seinem Aussatz zu entraffen!
erkennt ja denn und erseht doch nur:
ja denn, Händel sucht er mit mir!
Es geschah aber, als Elischa der Mann Gottes hörte, daß der
  König von Jiſsrael seine Gewänder eingerissen hatte,
er schickte an den König, zu sprechen:

Warum hast du deine Gewänder eingerissen?
er komme doch zu mir und erkenne:
ja, noch west ein Künder in Jiſrael!
Naaman kam mit seinen Rossen, mit seinem Wagen,
er blieb an Elischas Hauseinlaß stehn.
Elischa schickte einen Boten zu ihm hinaus mit dem Spruch:
Geh,
bade siebenmal im Jordan,
dann kehrt dein Fleisch dir wieder,
du wirst rein.
Naaman ergrimmte,
er ging fort und sprach:
Nun hatte ich bei mir gesprochen:
Zu mir heraus, heraus wird er schreiten,
hinstehn,
IHN, seinen Gott, mit Namen berufen,
seine Hand nach der Stelle schwingen,
das Aussätzige hinweggraffen!
sind nicht Amana und Parpar, die Ströme von Damaskus,
     besser als alle Gewässer von Jiſrael,
kann ich nicht in ihnen baden daß ich rein werde?!
Er wandte sich, ging in Zornglut von dannen.
Aber seine Diener traten heran und redeten zu ihm, sie spra-
     chen:
Hätte wohl etwas Großes der Künder dir aufgeredet,
würdest dus nicht tun?
wie gar, da er zu dir spricht: Bade und werde rein!
Da stieg er hinab,
er tauchte siebenmal in den Jordan, nach der Rede des Manns
     Gottes,
und sein Fleisch kehrte wieder, dem Fleisch eines kleinen
     Knaben gleich,
er wurde rein.
Da kehrte er zu dem Mann Gottes zurück, er und all sein Troß,
kam, stand vor seinem Antlitz und sprach:
Nun erkenne ich doch,
daß in allem Erdland kein Gott ist
als nur in Jiſrael!
jetzt aber nimm doch eine Segenspende von deinem Diener an!

Er sprach:

Sowahr E R lebt, vor dessen Antlitz ich bestellt bin:

nähme ich etwas an,...!

Wie er auch in ihn drang es anzunehmen, er weigerte sich.

Naaman sprach:

Wo nicht, möge doch deinem Diener eine Maultiergespanns-
last Ackerschollen mitgegeben werden,

denn dein Diener wird nicht anderen Göttern mehr Darhöhung und Schlachtung tun

als nur I H M!

dies freilich möge E R deinem Diener verzeihn:

wann mein Herr in das Rimmonhaus kommt, sich dort niederzuwerfen,

und er stützt sich auf meine Hand,

werfe ich mich dann im Rimmonhaus nieder, wann er sich
im Rimmonhaus niederwirft,

möge E R dies deinem Diener verzeihn!

Er sprach zu ihm:

Geh in Frieden!

Als er von ihm eine Meile Landes gegangen war,

sprach Gechasi, der Knabe Elischas, des Manns Gottes, zu
sich:

Nun hat mein Herr diesen Aramäer Naaman geschont,

statt von seiner Hand anzunehmen, womit er gekommen
war, –

sowahr E R lebt,

ja denn, ich laufe ihm nach und nehme ihm irgendwas ab!

Gechasi jagte Naaman nach.

Als Naaman sah, daß ihm einer nachlief,

beugte er sich vom Wagen herab ihm entgegen und sprach:

In Frieden?

Er sprach:

In Frieden!

Mich schickt mein Herr, zu sprechen:

Da sind nun eben jetzt zu mir zwei Knaben vom Gebirg Efrajim gekommen, von den Jungkündern,

gib ihnen doch einen Barren Silbers und zwei Wechselgewänder!

Naaman sprach:

Beliebe, nimm einen Doppelbarren!
Er drängte ihn,
verschnürte einen Doppelbarren Silbers in zwei Börsen, dazu
    zwei Wechselgewänder
und gabs zweien seiner Knaben,
die trugens vor jenem her.
Als er an die Böschung kam, nahm ers aus ihrer Hand, und
    er brachte es im Hause unter,
nachdem er die Männer zurückgeschickt hatte und sie gegan-
    gen waren.
Wie er dann kam und wieder bei seinem Herrn stand,
sprach Elischa zu ihm:
Woher, Gechasi?
Er sprach:
Dein Diener ist nicht hierhin noch hiehin gegangen.
Er sprach zu ihm:
War mein Herz nicht mitgegangen,
als der Mann von seinem Wagen sich herumdrehte dir ent-
    gegen?!
Ists die Stunde, das Silber zu nehmen,
Gewänder zu nehmen,
Ölbäume, Weingärten, Schafe, Rinder, Dienstknechte, Mäg-
    de?!
An dir und an deinem Samen hafte jederzeit Naamans Aus-
    satz!
Er schritt hinaus von seinem Antlitz, aussatzweiß wie Schnee.

Die Jungkünder sprachen einst zu Elischa:
Merk doch,
die Wohnstelle, darin wir vor deinem Antlitz sitzen, ist uns
    zu eng,
laß uns doch bis an den Jordan gehn und von da jedermann
    einen Balken holen
und uns daselbst eine Wohnstelle machen, darin zu sitzen.
Er sprach:
Geht.
Aber einer sprach:
Beliebe doch, geh mit deinen Dienern.
Er sprach:

Ich also gehe mit.

Er ging mit ihnen, sie kamen an den Jordan, sie hieben die
 Hölzer.

Es geschah nun, wie einer den Balken zerfällte, daß das Eisen-
 blatt ins Wasser fiel,

er schrie auf, sprach:

Weh, mein Herr! und es war noch ein ausgebetnes!

Der Mann Gottes sprach:

Wohin ist es gefallen?

Als er ihn die Stelle sehn ließ,

schnitzte er ein Stielholz, das warf er dahin

und brachte so das Eisenbeil zum Schwimmen.

Er sprach:

Heb es dir auf.

Jener streckte seine Hand aus, nahms.

Der König von Aram kämpfte immer wieder gegen Jifsrael.

Beriet er sich mit seinen Dienern, sprechend:

Am gekannten genannten Ort legt einen Hinterhalt, –

dann schickte der Mann Gottes an den König von Jifsrael, zu
 sprechen:

Hüte dich, an jenem Ort vorüberzuziehn,

denn dort wollen sich die Aramäer in Hinterhalt legen.

Der König von Jifsrael schickte dann zu dem Ort, von dem
 ihm der Mann Gottes gesprochen und ihn gewarnt hatte,

so blieb er dort auf der Hut.

Nicht einmal wars und nicht zweimal.

Dem König von Aram wallte das Herz auf wegen dieser
 Sache,

er berief seine Diener und sprach zu ihnen:

Wollt ihr mir nicht melden,

wer von den Unsern zum König von Jifsrael hält?

Einer von seinen Dienern sprach:

Nichts desgleichen, mein Herr König!

sondern Elischa der Künder, der in Jifsrael, meldet dem König
 von Jifsrael die Reden,

die du in deiner Schlafkammer geredet hast.

Er sprach:

Geht und seht, wo er wohl ist,

ich will dann schicken und ihn festnehmen lassen.

Man meldete es ihm sprechend:

Da in Dotan ist er.

Er schickte dorthin Rosse, Fahrzeug und ein starkes Heer,
die kamen nachts und umzingelten die Stadt.

Als der Aufwärter des Manns Gottes sich früh erhob und
hinaustrat,

da: ein Heer hat die Stadt eingekreist, Roßmacht und Fahrzeug!

Er sprach, sein Knabe, zu ihm:

O weh, mein Herr,

wie wohl werden wirs machen?

Er aber sprach:

Fürchte dich nimmer,

mehr ja sind derer mit uns als derer mit ihnen.

Elischa betete und sprach:

DU,

erhelle doch seine Augen,

daß ers sehe!

ER erhellte die Augen des Knaben,

er sah,

da: das Gebirg voll Feuerrosse und -fahrzeugs im Kreis um
Elischa!

Als nun jene gegen ihn herabrückten, betete Elischa zu IHM,
er sprach:

Schlage doch diesen Stamm mit Blendung!

Er schlug sie mit Blendung, nach Elischas Rede.

Elischa sprach zu ihnen:

Dies ist nicht der Weg,

das ist nicht die Stadt,

geht mir nach,

ich gehe mit euch zu dem Mann, den ihr sucht.

Er ließ sie mit sich nach Samaria gehn.

Es geschah nun, als sie nach Samaria kamen,

Elischa sprach:

DU,

erhelle diesen die Augen,

daß sie sehen!

ER erhellte ihre Augen,

sie sahen sich um,
da waren sie mitten in Samaria.
Der König von Jifsrael sprach zu Elischa, als er sie sah:
Soll ich schlagen, mein Vater, erschlagen?
Er aber sprach:
Du sollst nicht schlagen!
erschlägst du etwa, die du mit deinem Schwert und mit dei-
    nem Bogen gefangen hast?!
setze ihnen Brot und Wasser vor,
sie mögen essen und trinken,
dann mögen sie zu ihrem Herrn gehn.
Er bewirtete sie mit einer großen Bewirtung,
sie aßen und tranken,
dann schickte er sie fort, und sie gingen zu ihrem Herrn.
Seither kamen keine Streifrotten Arams mehr in das Land
    Jifsraels.

Es geschah aber, daß Benhadad der König von Aram all sein
    Lagerheer zuhaufholte,
er zog herauf und engte Samaria ein.
Eine große Hungernsot war damals in Samaria, und da eng-
    ten sie es noch ein,
bis daß ein Eselskopf achtzig Silberstücke galt und der Viertel-
    pott Taubenmist fünf Silberstücke.
Einst geschahs, wie der König von Jifsrael auf der Mauer ein-
    herschritt:
ein Weib schrie zu ihm auf, sprechend:
Hilf, mein Herr König!
Er sprach:
Nimmer hilft ER dir ja,
woher soll ich dir helfen?!
etwa von der Tenne,
oder von der Kelter?!
Dann sprach der König zu ihr:
Was hast du?
Sie sprach:
Dieses Weib hat zu mir gesprochen:
Gib deinen Sohn her, wir wollen ihn den Tag essen,
und meinen Sohn essen wir morgen!

so haben wir meinen Sohn gekocht und ihn gegessen,

aber als ich am andern Tag zu ihr sprach: Gib deinen Sohn
    her, wir wollen ihn essen,

hatte sie ihren Sohn versteckt!

Es geschah, als der König die Rede des Weibes hörte,

er riß seine Gewänder ein

– weil er auf der Mauer einherschritt, sah das Volk: da, in-
    wendig, auf seinem Fleisch war das Sackleinenhemd –

und sprach:

So tue mir Gott,

so füge er hinzu,

bleibt der Kopf Elischas Sohn Schafats den Tag auf ihm
    stehn!

Elischa saß eben in seinem Haus, und die Ältesten saßen bei
    ihm.

Jener hatte einen Mann vor sich hergesandt,

doch eh noch der Bote zu ihm kam, sprach er zu den Alten:

Seht ihr, wie dieser Mördersohn sendet, mir den Kopf abzu-
    trennen?

seht zu: sowie der Bote kommt, schließt die Tür und stemmt
    euch an die Tür gegen ihn,

ist nicht der Schall der Fußtritte seines Herrn hinter ihm?

Noch redete aber der dann mit ihnen, da war schon zu ihm
    der König selber herabgestiegen,

der sprach:

Dieses Böseste da war von Iʜм her, –

was soll ich auf Iʜɴ noch hoffen?!

Elischa sprach:

Hört Sᴇɪɴᴇ Rede!

So hat Eʀ gesprochen:

Morgen zur Stunde

ein Sester Kernmehl um ein Münzgewicht,

ein Doppelsester Gerste um ein Münzgewicht

im Tormarkt von Samaria!

Aber der Wagendritte, auf dessen Hand sich der König stützte,
    antwortete dem Mann Gottes, er sprach:

Machte Eʀ auch am Himmel da Schleusen auf,

wie kanns nach dieser Rede geschehn!

Er aber sprach:

Du da wirsts mit deinen Augen sehn,
aber essen wirst du nicht davon.
Nun waren grad am Einlaß des Tors vier Männer, Aussätzige,
die sprachen jedermann zu seinem Genossen:
Was sitzen wir hier, bis wir sterben?
sprächen wir: In die Stadt laßt uns kommen! – der Hunger
　ist in der Stadt, wir sterben dort,
und bleiben wir hier sitzen, sterben wir auch,
so wollen wir hingehn, zum Lager der Aramäer abfallen,
lassen sie uns leben, leben wir,
lassen sie uns sterben, sterben wir eben.
In der Dämmerung hoben sie sich weg, zum Lager der Ara-
　mäer hinüberzukommen.
Sie kamen bis an den Rand des Lagers der Aramäer,
da: dort war kein Mann mehr!
Der Herr nämlich hatte dem Lager der Aramäer zu hören ge-
　geben
Erschallen von Fahrzeug,
Erschallen von Roßmacht,
Erschallen von großem Heer,
daß sie sprachen, jedermann zu seinem Bruder:
Da hat der König von Jisrael über uns her die Könige der
　Chetiter und die Könige von Ägypten gedungen,
über uns zu kommen!
Sie hoben sich hinweg, flohn in der Dämmerung,
sie ließen ihre Zelte, ihre Rosse, ihre Esel, das Lager wie es
　war zurück,
sie flohn, als gälts ihre Seele.
Jene Aussätzigen waren an den Rand des Lagers gekommen,
sie kamen in eins der Zelte, sie aßen, tranken,
trugen Silber, Gold und Gewänder davon, gingen, ver-
　scharrtens,
kehrten wieder, kamen in ein andres Zelt, trugen von dort
　davon, gingen, verscharrtens.
Dann sprachen sie, jedermann zu seinem Genossen:
Wir tun nicht richtig,
dieser Tag ist ein Tag der Freudenmär und wir beschweigens!
warteten wir bis zum Frühlicht, würden wir strafbar befun-
　den,

laßt uns fortgehn jetzt, heimkommen, im Königshaus es melden!

Sie kamen heran, riefen der Torwartschaft der Stadt zu und meldeten ihnen, sprechend:

In das Lager der Aramäer sind wir gekommen,

da war kein Mann dort noch Schall von einem Menschen,

sondern nur die Rosse angepflöckt, die Esel angepflöckt und die Zelte wie sie waren.

Man riefs den Torwarten zu, und sie meldeten es im Königshaus drinnen.

Der König erhob sich des Nachts und sprach zu seinen Dienern:

Ich wills euch doch vermelden, was uns die Aramäer angetan haben:

sie wissen, daß wir hungern, so sind sie aus dem Lager gerückt, sich auf dem Feld zu verstecken,

sprechend: Wenn die aus der Stadt gerückt sind, greifen wir sie lebendig und kommen dann in die Stadt!

Einer von seinen Dienern antwortete, er sprach:

Man nehme doch fünf von den restlichen Rossen, die als Rest hier geblieben sind;

ob denen da nun geschieht wie all der Menge von Jiſsrael, die als Rest hier geblieben sind,

ob denen da nun geschieht wie all der Menge von Jiſsrael, die schon dahin sind, –

wir wollen aussenden und sehn.

Sie nahmen die Rosse von zwei Fahrzeugen,

und der König sandte sie hinter dem Heerlager der Aramäer her, sprechend:

Geht und seht!

Sie gingen hinter jenen her bis an den Jordan,

da war all der Weg voll Kleider und Geräte, die die Aramäer in ihrem Hasten fortgeworfen hatten.

Als die Boten zurückkehrten und es dem König meldeten,

rückte das Volk aus, und sie plünderten das Lager der Aramäer.

So geschahs:

der Sester Kernmehl um ein Münzgewicht,

der Doppelsester Gerste um ein Münzgewicht,

nach SEINER Rede.

Der König hatte den Wagendritten, auf dessen Hand er sich
    stützte, über den Tormarkt verordnet,

aber sie zerstampften, das Volk, ihn im Tor, daß er starb,

wie der Mann Gottes geredet hatte, was er redete, als der Kö-
    nig zu ihm herabstieg.

Es war ja geschehn, als der Mann Gottes zum König redete,

sprechend: Ein Doppelsester Gerste um ein Münzgewicht,
    ein Sester Kernmehl um ein Münzgewicht, so gilts morgen
    zur Stunde im Tormarkt von Samaria,

damals hatte der Wagendritte dem Mann Gottes geantwortet,

er hatte gesprochen: Und machte ER auch am Himmel da
    Schleusen auf, wie kanns dieser Rede gleich geschehn!

jener aber hatte gesprochen: Du da wirsts mit deinen Augen
    sehn, aber essen wirst du nicht davon!

So geschah ihm nun:

sie zerstampften, das Volk, ihn im Tor, daß er starb.

Elischa hatte zu dem Weib, deren Sohn er wiederbelebt hatte,
    geredet, sprechend:

Erhebe dich, geh, du und dein Haus, gaste, wo du gasten
    magst,

denn ER hat dem Hunger gerufen,

schon ist der ins Land gekommen,

auf sieben Jahre.

Das Weib erhob sich, sie tat nach der Rede des Manns Got-
    tes,

sie ging, sie und ihr Haus, und gastete im Land der Philister
    sieben Jahre.

Nach Ablauf der sieben Jahre geschahs:

als das Weib aus dem Land der Philister heimgekehrt war,

mußte sie ausziehn, den König um ihr Haus und um ihr Feld
    anzuschreien.

Der König hatte eben zu Gechasi, dem Knaben des Manns
    Gottes, geredet, sprechend:

Erzähle mir doch von all dem Großen, das Elischa getan hat!

Es geschah nun, während der dem König erzählte, wie jener
    den Toten wiederbelebt hatte,

da: das Weib, deren Sohn er wiederbelebt hatte, den König
  anschreiend wegen ihres Hauses und wegen ihres Feldes!
Gechasi sprach:
Mein Herr König,
dies ist das Weib und das ihr Sohn, den Elischa wiederbelebt
  hat!
Der König befragte das Weib, und sie erzählte es ihm.
Dann gab der König ihr einen Kämmerer mit, sprechend:
Laß ihr heimkehren alles, was ihrer ist,
und alle Einkünfte des Feldes vom Tag ab, an dem sie das
  Land verließ, bis jetzt!

Elischa kam nach Damaskus, während Benhadad, der Ara-
  mäerkönig, krank war.
Man meldete dem, sprechend:
Jener Mann Gottes kommt hierher.
Der König sprach zu Chasael:
Nimm eine Spende zur Hand und geh dem Mann Gottes ent-
  gegen,
durch den beforsche IHN, mit dem Spruch:
Werde ich von dieser Krankheit aufleben?
Chasael ging ihm entgegen, eine Spende, allerlei Bestgut von
  Damaskus, eine Last von vierzig Kamelen, nahm er zu-
  handen mit.
Als er hinkam und vor seinem Antlitz stand, sprach er:
Mich sendet zu dir dein Sohn Benhadad, der Aramäerkönig,
  mit dem Spruch:
Werde ich von dieser Krankheit aufleben?
Elischa sprach zu ihm:
Geh, sprich nur zu ihm: Aufleben, aufleben sollst du! –
aber ER hat mich sehen lassen, daß er sterben, sterben muß.
Er machte seinen Blick stillstehn und richtete ihn auf jenen bis
  zur Beschämung.
Dann weinte der Mann Gottes.
Chasael sprach:
Weshalb weint mein Herr?
Er sprach:
Ich weiß ja, was Böses du den Söhnen Jifsraels tun wirst,

ihre Festungen wirst du mit Feuer beschicken,
ihre Jünglinge mit dem Schwert umbringen,
ihre Spielkinder hinschmettern,
ihre Schwangern aufschlitzen.
Chasael sprach:
Ja was ist denn dein Knecht, der Hund,
daß er so Großes tun sollte?!
Elischa sprach:
Als König über Aram hat ER mich dich sehen lassen.
Er ging von Elischa fort, er kam zu seinem Herrn.
Der sprach zu ihm:
Was hat Elischa zu dir gesprochen?
Er sprach:
Er hat zu mir gesprochen: Aufleben, aufleben sollst du!
Aber anderntags geschahs:
er nahm den Kolter, tauchte ihn ins Wasser und breitete ihn
    ihm so übers Antlitz, daß er sterben mußte.
Chasael trat statt seiner die Königschaft an.

Im fünften Jahr Jorams Sohn Achabs, Königs von Jifsrael –
 Jehoschafat war bis dahin König von Jehuda – hatte Joram
 Sohn Jehoschafats Königs von Jehuda die Königschaft angetreten,
zweiunddreißigjährig war er worden, als er die Königschaft
 antrat,
und acht Jahre hatte er Königschaft in Jerusalem.
Er ging in der Wegspur der Könige von Jifsrael:
wie die vom Haus Achabs taten – eine Tochter Achabs war
 ja sein Weib geworden –,
er tat das in SEINEN Augen Böse.
Aber ER war nicht gewillt, Jehuda zu verderben, seines
 Knechts Dawid halber,
wie er ihm versprochen hatte, ihm ein Fortleuchten und
 seinen Söhnen für alle Tage zu geben.
In seinen Tagen wurde Edom der Hand Jehudas abtrünnig,
sie königten einen König über sich.
Joram zog hinüber nach Zaïr und alles Fahrzeug mit ihm,
aber es geschah, daß er sich nachts aufmachen und sich durch
 Edom schlagen mußte,
das ihn und die Obern des Fahrzeugs eingekreist hatte,
und das Streitvolk floh zu seinen Zelten.
So wurde Edom der Hand Jehudas abtrünnig
– bis auf diesen Tag.
Ebendamals, zu jener Frist, wurde Libna abtrünnig.
Das übrige Redewürdige von Joram, alles was er tat,
ist das nicht aufgeschrieben im Buch: Denkwürdigkeiten der
 Tage von Jehudas Königen?
Joram legte sich bei seinen Vätern hin, er wurde bei seinen
 Vätern in der Dawidstadt begraben.
Sein Sohn Achasjahu trat statt seiner die Königschaft an.

Im zwölften Jahr der Jahre Jorams Sohns Achabs, Königs von
 Jifraels, hatte Achasjahu Sohn Jorams Königs von Jehuda
 die Königschaft angetreten,
zweiundzwanzigjährig war Achasjahu, als er die Königschaft
 antrat,
und ein Jahr hatte er Königschaft in Jerusalem.

Der Name seiner Mutter: Ataljahu Enkeltochter Omris
  Königs von Jifsrael.
Er ging in der Wegspur des Hauses Achabs,
er tat das in SEINEN Augen Böse dem Haus Achabs gleich, er
  war ja ein Eidam des Hauses Achabs.
Er ging mit Joram Sohn Achabs in den Kampf gegen Chasael
  den Aramäerkönig bei Ramot in Gilad,
aber die Aramäischen schossen Joram wund,
der König Joram mußte heimkehren, um sich in Jesreel von
  den Wunden heilen zu lassen, mit denen ihn die Aramäischen bei Rama verwundet hatten, als er Chasael den
  Aramäerkönig bekämpfte.
Um nach Joram Sohn Achabs in Jesreel zu sehen, da er krank
  war, reiste herab Achasjahu Sohn Jorams König von Jehuda.
Schon aber hatte Elischa der Künder einen der Jungkünder
  gerufen, hatte zu ihm gesprochen:
Gürte deine Lenden,
nimm diese Flasche Öls in deine Hand,
geh nach Ramot in Gilad,
kommst du dorthin, sieh dich dort um nach Jehu Sohn
  Jehoschafats Sohns Nimschis,
komm hinein, laß ihn sich aus der Mitte seiner Brüder er-
  heben,
laß ihn von Kammer zu Kammer mitkommen,
nimm die Flasche Öls,
gieß es ihm übers Haupt
und sprich:
So hat ER gesprochen:
Ich salbe dich zum König über Jifsrael.
Dann öffne die Tür und flieh, verharre nicht!
Der Knabe, der Künderknabe, ging nach Ramot in Gilad,
er kam hin, da saßen eben beisammen die Obersten des Heers.
Er sprach:
Eine Rede habe ich an dich, Oberst.
Jehu sprach:
An wen von uns allen?
Er sprach:
An dich, Oberst.
Als der sich nun erhob und ins Haus mitkam,

goß er ihm das Öl übers Haupt und sprach zu ihm:

So hat ER gesprochen, der Gott von Jifsrael:

Ich salbe dich zum König über MEIN Volk, über Jifsrael,

schlagen sollst du das Haus Achabs, deines Herrn,

rächen will ich an Isabels Hand

das Blut meiner Diener, der Künder,

das Blut all MEINER Diener,

schwinden muß alles Haus Achabs,

ausrotten will ich von Achab, was an die Wand pißt, Behaltnes
    und Belaßnes in Jifsrael,

ich will geben, daß das Haus Achabs werde wie das Haus
    Jarobams Sohns Nbats und wie das Haus Baaschas Sohns
    Achijas,

aber Isabel

sollen die Hunde fressen auf dem Acker von Jesreel,

und keiner ist, der sie begräbt!

Dann öffnete er die Tür und entfloh.

Als Jehu nun wieder bei den Dienern seines Herrn draußen
    war, sprach man zu ihm:

Ists Friedliches?

weshalb ist dieser Tolle zu dir gekommen?

Er sprach zu ihnen:

Ihr selber kennt ja den Mann und sein Geschwätz!

Sie sprachen:

Flausen!

vermeld es uns doch!

Er sprach:

Derlei und derlei hat er zu mir gesprochen,

einen Spruch: So hat ER gesprochen: Ich salbe dich zum
    König für Jifsrael.

Eilends nahmen sie jedermann sein Gewand und legtens ihm
    unter auf dem Stiegengerüst,

sie stießen in die Posaune und sprachen:

Jehu ist König geworden!

So brachte Jehu Sohn Jehoschafats Sohns Nimschis eine Ver-
    knotung gegen Joram zusammen.

Joram aber hatte bei Ramot in Gilad die Wache gehalten, er
    und alles Jifsrael, wider Chasael den Aramäerkönig,

dann war der König Joram heimgekehrt, um sich in Jesreel

von den Wunden heilen zu lassen, mit denen ihn die Ara-
mäischen verwundet hatten, als er Chasael den Aramäer-
könig bekämpfte.
Nun sprach Jehu:
Ists eurer Seele danach,
darf nimmer einer von der Stadt durchschlüpfend heraus,
    hinzugehn, es in Jesreel zu melden.
Jehu fuhr ab, er machte sich auf den Gang nach Jesreel,
denn dort lag Joram, Achasja König von Jehuda aber war
    herabgereist, nach Joram zu sehen.
Auf dem Turm in Jesreel stand der Späher,
der sah das Geschwader Jehus, wie er daherkam, und sprach:
Ein Geschwader sehe ich.
Joram sprach:
Nimm einen berittnen Fahrer und sende ihn ihnen entgegen,
    daß er spreche: In Frieden?!
Der Fahrer ging zu Pferd ihm entgegen und sprach:
So hat der König gesprochen: In Frieden?
Jehu sprach:
Was hast du mit dem Frieden?!
schwenk ein in mein Gefolg!
Der Späher meldete, sprechend:
Der Bote ist bis an sie gekommen und kehrt nicht zurück.
Nun sandte er einen zweiten Fahrer zu Pferd, der kam zu
    ihnen und sprach:
So hat der König gesprochen: In Frieden?
Jehu sprach:
Was hast du mit dem Frieden?!
schwenk ein in mein Gefolg!
Der Späher meldete, sprechend:
Er ist bis zu ihnen gekommen und kehrt nicht zurück,
das Antreiben aber gleicht dem Treiben Jehus Enkelsohns
    Nimschis,
der pflegt ja wie toll zu treiben.
Joram sprach:
Spann an!
Man bespannte sein Fahrzeug,
Joram König von Jifsrael zog hinaus mit Achasjahu König von
    Jehuda, jedermann auf seinem Fahrzeug,

sie zogen aus, Jehu entgegen.

Sie fanden ihn auf dem Acker Nabots des Jesreeliters.

Es geschah, als Joram Jehu sah, daß er sprach:

In Frieden, Jehu?

Der sprach:

Was Frieden!

bei den Hurereien deiner Mutter Isabel

und ihren vielen Zauberwerken!?

Joram drehte seine Hände herum und floh,

er sprach zu Achasjahu:

Verrat, Achasja!

Jehu aber hatte seine Hand schon voll am Bogen,

er schoß Joram zwischen seine Arme,

der Pfeil durchzückte ihm das Herz, er krümmte in seinem

    Fahrzeug sich nieder.

Er aber sprach zu Bidkar, seinem Wagendritten:

Lad auf, wirf ihn in das Ackerfeld Nabots des Jesreeliters,

denn gedenke, wie ich und du paarweis herfuhren als Gefolg

    seines Vaters

und ER dieses Lastwort ihm auflastete:

Sah ich gestern nicht das Blut Nabots und das Blut seiner

    Söhne – SEIN Erlauten –?

so will ichs dir vergelten auf diesem Acker – SEIN Erlauten –!

Jetzt also lad auf, wirf ihn auf den Acker nach SEINER Rede!

Kaum sahs Achasja König von Jehuda, floh er auf dem Weg

    nach Bet Gan,

aber Jehu jagte ihm nach, er sprach:

Auch ihn! erschießt ihn auf dem Gefährt!

Das geschah am Aufstieg von Gur, das bei Jiblam ist,

er floh noch nach Megiddo, dort starb er.

Seine Diener fuhren ihn nach Jerusalem

und begruben ihn in seinem Begräbnis bei seinen Vätern in

    der Dawidstadt.

Die Königschaft über Jehuda aber hatte Achasja im elften

    Jahr der Jahre Jorams Sohns Achabs angetreten.

Als Jehu nach Jesreel kommen sollte und Isabel es hörte,

belegte sie ihre Augen mit der Schminke,

sie machte ihren Kopf schön,

dann lugte sie durchs Fenster aus.

Wie Jehu ins Tor kam, sprach sie:

In Frieden nun, du Simri, der seinen Herrn umgebracht
   hat?!

Er hob sein Antlitz zum Fenster und sprach:

Wer hälts mit mir, wer?

Zwei drei Kämmerlinge lugten zu ihm hin.

Er sprach:

Stürzt sie herab!

Sie stürzten sie hinab,

von ihrem Blut spritzte an die Wand und an die Pferde,

die zerstampften sie.

Er kam hinein, aß und trank,

dann sprach er:

Ordnets doch mit dieser Verfluchten,

begrabt sie,

denn sie ist eines Königs Tochter.

Sie gingen, sie zu begraben,

aber sie fanden von ihr nichts als den Schädel, die Füße und die
   Handballen.

Sie kehrten zurück und meldeten es ihm.

Er sprach:

Das ist SEINE Rede, die er durch seinen Knecht Elijahu den
   Tischbiter geredet hat, im Spruch:

Auf dem Acker von Jesreel

sollen die Hunde fressen

das Fleisch der Isabel,

gleichwerden soll der Leichnam der Isabel

dem Dünger an der Fläche des Felds, auf dem Acker von
   Jesreel,

daß man nicht mehr wird sagen können: Das ist Isabel!

Siebzig Enkelsöhne hatte Achab in Samaria.

Jehu schrieb nun Briefe, die sandte er nach Samaria an die
   Obern aus Jesreel, an die Ältesten und an Achabs Prinzen-
   betreuer, der Sprache:

...Jetzt also,

sobald dieser Brief zu euch kommt

– ihr habt ja da die Enkelsöhne eures Herrn,

habt da das Fahrzeug und die Pferde, eine Festungsstadt und
    das Waffenlager –,
erseht aus den Enkelsöhnen eures Herrn den besten und
    richtigsten,
setzt ihn auf den Stuhl seines Großvaters
und kämpft für das Haus eures Herrn!
Sie fürchteten sich sehr, gar sehr, sie sprachen:
Die zwei Könige ja haben vor ihm nicht bestanden,
wie sollten wir bestehn, wir!
Dann sandte der über dem Hauswesen und der über der Stadt
    und die Ältesten und die Betreuer an Jehu, zu sprechen:
Wir sind deine Diener,
alles, was du uns zusprichst, wollen wir tun,
wir werden niemand königen,
was deinen Augen das Beste dünkt tu!
Nun schrieb er ihnen zum zweitenmal einen Brief, der
    Sprache:
Seid ihr für mich,
wollt ihr meiner Stimme gehorchen,
so nehmt die Köpfe der männlichen Enkelkinder eures Herrn
    auf
und kommt zu mir um die Stunde morgen nach Jesreel!
Die Königsenkel aber, siebzig männliche, waren bei den
    Großen der Stadt, die sie großzogen.
Es geschah nun, als der Brief zu ihnen kam:
sie nahmen die Königsenkel, sie metzelten sie nieder, siebzig
    Mann,
setzten ihre Köpfe in Körben beisammen, die sandten sie zu
    ihm nach Jesreel.
Ein Bote kam, meldete es ihm, sprechend:
Sie kommen mit den Köpfen der Königsenkel.
Er sprach:
Setzt sie in zwei Stapeln an den Einlaß des Tors bis zur Frühe!
In der Frühe dann geschahs, er trat heraus, blieb stehn,
er sprach zu allem Volk:
Ihr seid schuldlos, –
ich zwar habe ja meinen Herrn umknotet, habe ihn umge-
    bracht,
aber wer hat all diese erschlagen?

hieraus mögt ihr erkennen,
daß nichts zur Erde fällt von SEINER Rede,
die ER über das Haus Achabs geredet hat,
getan hat ER, was er durch seinen Diener Elijahu geredet hat!
Jehu erschlug alle noch vom Haus Achabs in Jesreel Restenden,
all seine Großen, seine Vertrauten und seine Priester,
ohne ihm auch nur einen Entronnenen als Rest zu lassen.
Dann machte er sich auf und ging, daß er nach Samaria käme.
Wie er aber unterwegs am Fesselhaus der Hirten war,
traf Jehu auf die Brüder Achasjahus Königs von Jehuda.
Er sprach:
Wer seid ihr?
Sie sprachen:
Achasjahus Brüder sind wir,
wir reisen hinunter zu Friedensbegrüßung der Söhne des
    Königs und der Söhne der Herrscherin.
Er sprach:
Greift sie lebendig!
Sie griffen sie lebendig, sie metzelten sie nieder an der Zisterne des Fesselhauses,
zweiundvierzig Mann,
restlos, nicht einen Mann ließ er von ihnen.
Als er von dort ging, traf er auf Jonadab Sohn Rechabs, ihm
    entgegenwandernd.
Der segnete ihn.
Er aber sprach zu ihm:
Ists wirklich richtig mit deinem Herzen,
wie mein Herz sich deinem Herzen gesellt?
Jonadab sprach:
Wirklich!
– Wirklich? gib deine Hand.
Er gab seine Hand,
er ließ ihn zu sich in das Gefährt steigen und sprach:
Geh mit mir
und sieh meinem Eifern für IHN zu!
Er ließ ihn in seinem Fahrzeug mitfahren.
Als er nach Samaria kam, schlug er den dem Achab in Samaria verbliebenen Rest, alle, bis er ihn ausgetilgt hatte,

nach SEINER Rede, die er zu Elijahu geredet hatte.

Dann ließ Jehu alles Volk zuhaufholen und sprach zu ihnen:

Achab hat dem Baal wenig gedient,

Jehu wird ihm viel dienen.

Und jetzt,

alle Baalskünder, all seine Diener, all seine Priester rufet zu
mir,

nimmer darf ein Mann vermißt werden,

denn eine große Schlachtung für den Baal habe ich vor,

allwer vermißt wird, soll nicht leben!

Das tat Jehu in Hinterlist, um die Baalsdiener verschwinden
zu lassen.

Sodann sprach Jehu:

Heiligt dem Baal eine Fest-Einbehaltung!

Sie riefen aus,

Jehu sandte in all Jiſsrael umher,

alle Baalsdiener kamen, restlos, nicht ein Mann war, der
nicht gekommen wäre.

Sie kamen in das Baalshaus,

das Baalshaus wurde voll von Rand zu Rand.

Er sprach zu dem, der über der Zeugstube war:

Bring Kleider heraus für alle Baalsdiener!

Der brachte für sie die Bekleidung heraus.

Dann kam Jehu und Jonadab Sohn Rechabs in das Baalshaus.

Er sprach zu den Baalsdienern:

Spürt umher, seht nach,

ob unter euch etwa von SEINEN Dienern welche anwesend
sind,

nein, einzig nur Baalsdiener!

Nun kamen sie hinein, um Schlachtungen und Darhöhungen
zu machen.

Jehu aber hatte sich draußen achtzig Mann bestimmt, er hatte
gesprochen:

Der Mann, der von den Männern, die ich in eure Hände
kommen lasse, einen entschlüpfen läßt,

seine Seele anstatt jenes Seele!

Es geschah, als man allzuende war, die Darhöhung zu machen,

Jehu sprach zu den Läufern und zu den Wagenritten:

Kommt, erschlagt sie,
nimmer darf ein Mann hinaus!
Sie erschlugen sie mit der Schneide des Schwerts.
Die Läufer und Wagendritten warfen sie hinaus.
Dann gingen sie in die Burg des Baalshauses,
sie brachten die Standmale des Baalshauses heraus, sie ver-
    brannten jedes,
sie schleiften das Standbild des Baals,
sie schleiften das Baalshaus und bestimmten es zur Miste
– bis auf den heutigen Tag.

So tilgte Jehu den Baal aus Jiſsrael.
Nur die Sünden Jarobams Sohns Nbats, damit er Jiſsrael ver-
    sündigt hatte, von ihrer Nachfolge wich Jehu nicht seitab,
die goldnen Kälber nämlich, das in Bet-El und das in Dan.
Zwar hatte ER zu Jehu gesprochen:
Dieweil du gutwillig warst, das in meinen Augen Gerade zu
    tun,
allwies in meinem Herzen war, du am Haus Achabs getan
    hast,
sollen Söhne im vierten Glied dir auf dem Stuhl Jiſsraels
    sitzen.
Jehu aber wahrte sich nicht,
in SEINER, des Gottes Jiſsraels, Weisung mit all seinem
    Herzen zu gehn,
er wich nicht ab von den Versündigungen Jarobams, mit
    denen er Jiſsrael versündigt hatte.
In jenen Tagen begann ER, Jiſsrael zu verstümmeln,
Chasael durfte sie schlagen in aller Gemarkung Jiſsraels,
vom Jordan gegen Aufgang der Sonne, alles Land des Gilad,
des Gaditen, des Rubeniten, des Mnaschiten,
von Aroer an, dem am Bach Arnon, so das Gilad, so das
    Baschan.
Das übrige Redewürdige von Jehu,
alles was er getan hat, all seine Herrschgewalt,
ist das nicht aufgeschrieben im Buch: Denkwürdigkeiten der
    Tage von Jiſsraels Königen?
Jehu legte sich bei seinen Vätern hin, man begrub ihn in
    Samaria,

sein Sohn Joachas trat statt seiner die Königschaft an.
Der Tage aber, die Jehu in Samaria Königschaft über Jisrael
   hatte, waren achtundzwanzig Jahre.

Als Atalja, Achasjahus Mutter, sah, daß ihr Sohn tot
    war,
erhob sie sich, sie vertilgte allen königlichen Samen.
Aber Jehoschaba Tochter des Königs Joram, Achasjahus
    Schwester, nahm Joasch, Achasjas Sohn,
sie stahl ihn mitten unter den Königssöhnen weg, die getötet
    werden sollten,
ihn und seine Amme, in der Kammer der Betten,
sie bargen ihn vor Ataljahu, daß er nicht getötet wurde.
Sechs Jahre war er mit jener in SEINEM Hause versteckt,
während Atalja über das Land Königschaft hatte.
Im siebenten Jahr aber sandte Jehojada, er ließ die Hundert-
    schaftsobern des Karertrupps und der Läufer holen,
ließ sie zu sich in SEIN Haus zusammenziehn.
Er schloß ihnen einen Bund,
er schwor sie in SEINEM Haus ein,
dann ließ er sie den Königssohn sehen.
Er gebot ihnen, sprechend:
Dies ist, was ihr tun sollt:
ein Drittel von euch, die ihr zur Wochenfeier aufzieht und die
    Hut des Königshauses hütet
– das Drittel am Ausweichtor und das Drittel am Tor hinter
    den Läufern aber, ihr mögt weiter die Hut jenes Hauses
    hüten, umschichtig –
und die zwei andern Haufen unter euch, alle, die zur Wochen-
    feier abtreten,
die sollen mitsammen die Hut SEINES Hauses um den König
    hüten:
ihr also umringt den König im Kreis, jedermann in seiner
    Hand seine Waffen,
und was bei den Säulenreihen heranzieht, wird getötet,
ihr sollt mit dem König sein, wann er hier hinaustritt und
    wann er dort einzieht.
Die Hundertschaftsobern taten alles, wie Jehojada der Priester
    geboten hatte,
sie holten jedermann seine Mannschaft,
die zur Wochenfeier Aufziehenden samt den zur Wochen-
    feier Abtretenden,
und sie zogen zu Jehojada dem Priester.

Der Priester gab den Hundertschaftsobern die Lanzen und
die Rüstungen, die des Königs Dawid gewesen waren,
die waren in SEINEM Haus,
und die Läufer faßten Stand, jedermann in seiner Hand seine
Waffen,
von der rechten Schulter des Hauses bis zur linken Schulter
des Hauses,
nach der Schlachtstatt zu und nach dem Haus zu, im Kreis um
den König.
Dann ließ er den Königssohn heraustreten,
er gab auf ihn den Weihreif und den Schmuck,
man königte ihn, man salbte ihn,
sie schlugen die Ballen aneinander und sprachen:
Der König lebe!
Als Atalja die Stimme der Läufer und des Volkes hörte,
kam sie zum Volk in SEIN Haus gezogen.
Sie sah:
da, der König steht auf dem Hochstand nach dem Rechtsbrauch,
und die Obern und die Trompeten um den König,
und alles Landvolk freut sich und stößt in die Trompeten.
Atalja riß ihre Gewänder ein und rief:
Aufruhr! Aufruhr!
Aber Jehojada der Priester gebot den Hundertschaftsobern,
den über das Heer Verordneten, er sprach zu ihnen:
Laßt sie hinaustreten nach dem Innenraum der Säulenreihen,
auch was ihr nachzog töte man mit dem Schwert!
Denn der Priester sprach zu sich: Nimmer darf in SEINEM
Haus sie getötet werden.
So legten sie Hand an sie,
sie wurde auf den Weg gezogen, wo die Pferde ins Königs-
haus einziehn,
dort wurde sie getötet.
Dann schloß Jehojada den Bund zwischen IHM und dem
König und dem Volk,
daß sie IHM zum Volk werden wollten,
und zwischen dem König und dem Volk.
Sie zogen, alles Landvolk, ins Haus des Baal und schleiften
es,

seine Schlachtstätten und seine Bilder zertrümmerten sie
völlig,
Mattan, den Priester des Baal, brachten sie vor den Schlachtstätten um.
Der Priester legte eine Ämterordnung für SEIN Haus fest,
dann holte er die Hundertschaftsobern, den Karertrupp, die
Läufer und alles Landvolk zusammen,
die führten den König aus SEINEM Haus hinab
und zogen auf dem Weg durchs Läufertor in das Königshaus,
da setzte er sich auf den Stuhl der Könige.
Alles Landvolk freute sich,
und die Stadt blieb still,
obgleich man Ataljahu im Königshaus mit dem Schwert getötet hatte.

Joasch war sieben Jahre, als er die Königschaft antrat.
Im siebenten Jahr Jehus hatte Joasch die Königschaft angetreten,
und vierzig Jahre hatte er Königschaft in Jerusalem.
Der Name seiner Mutter: Zibja aus Berscheba.
Joasch tat das in SEINEN Augen Gerade, all seine Tage,
da ihn Jehojada der Priester unterwies,
jedoch die Koppen wurden nicht beseitigt,
noch schlachteten und räucherten sie, das Volk, an den
Koppen.

Joasch sprach zu den Priestern:
Alles Silber der Darheiligungen, das man SEINEM Haus zukommen läßt:
Silber des Zählungs-Hindurchgangs,
jedermanns Silber für die Seelen seines Richtwert-Gelübdes,
und alles Silber, das SEINEM Haus zukommen zu lassen in
jemands Herz aufsteigt,
sollen die Priester an sich nehmen, jedermann von seiner
Sprengelschaft,
und sie hinwieder sollen das Zersplißne des Hauses verfestigen
überall, wo Zersplißnes sich findet.
Aber es geschah:

im dreiundzwanzigsten Jahr der Jahre des Königs Joasch
hatten die Priester noch Zersplißnes des Hauses nicht ver-
festigt.

Da berief der König Joasch Jehojada den Priester und die
Priester und sprach zu ihnen:

Weshalb laßt ihr das Zersplißne des Hauses unverfestigt?

jetzt aber sollt ihr nimmermehr Silber von euren Sprengel-
schaften nehmen,

sondern für den Spliß des Hauses sollt ihr es gegeben sein lassen.

Die Priester willigten ein:

kein Silber mehr vom Volk nehmen zu dürfen,

aber auch keinen Spliß des Hauses mehr verfestigen zu
müssen.

Doch Jehojada der Priester nahm einen Schrein,

er bohrte ein Loch in seine Tür

und gab ihn neben die Schlachtstatt, zur Rechten:

wann nun jemand in SEIN Haus kam,

gaben jeweils die schwellehütenden Priester dorthin alles
Silber, das man SEINEM Haus zukommen ließ.

Es geschah aber, sobald sie sahn, daß des Silbers im Schreine
viel war,

dann stieg herauf der Schreiber des Königs nebst dem Großpriester,

sie verschnürten, schätzten ab das Silber, das sich in SEINEM
Haus fand,

sie gaben jeweils das abgewogene Silber zuhanden der an
SEINEM Haus übergeordneten Werktätigen,

und die wendeten es zu

den Holzschneidern und den Bauzimmerern, die in SEINEM
Haus tätig waren,

den Maurern und den Steinhauern,

und Hölzer und Hausteine zu erwerben,

um das Zersplißne an SEINEM Haus zu verfestigen

und zu allem, was für das Haus zur Verfestigung aufzuwenden
war.

Jedoch sollten von dem Silber, das man SEINEM Haus zukommen ließ, nicht gemacht werden in SEINEM Haus

silberne Schalen, Zwicken, Sprengen, Trompeten, allerart
Goldgerät und Silbergerät,

sondern den Werktätigen sollte man es geben, damit sie dafür
SEIN Haus verfestigten.

Und nicht abrechnen sollten sie mit den Männern, in deren
Hand sie das Silber gaben, daß die es den Werktätigen
gäben,

sondern sie hattens auf Vertrauen zu tun.

Abschuldungssilber aber und Silber von Entsündungen sollte
nicht SEINEM Haus zukommen,

den Priestern sollten sie verbleiben.

Damals zog Chasael der Aramäerkönig hinauf, umkämpfte
Gat und bezwang es,

dann richtete Chasael sein Antlitz darauf, gegen Jerusalem
heraufzuziehn.

Aber Joasch König von Jehuda nahm alle Darheiligungen,
die Jehoschafat, Joram, Achasjahu, seine Väter, die Könige
von Jehuda, dargeheiligt hatten,

und seine eignen Darheiligungen,

alles Gold, das sich in den Schätzen SEINES Hauses und des
Königshauses fand,

und sandte es an Chasael den Aramäerkönig.

Der zog ab, ab von Jerusalem.

Das übrige Redewürdige von Joasch, alles was er getan hat,

ist das nicht aufgeschrieben im Buch: Denkwürdigkeiten der
Tage von Jehudas Königen?

Seiner Dienstleute etliche erhoben sich, sie knoteten eine Verknotung,

sie erschlugen Joasch am Haus der Bastei, die zur Straße
hinabsteigt:

Josachar Sohn Schimats und Jehosabad Sohn Schomers, seine
Dienstleute, schlugen ihn tot.

Man begrub ihn bei seinen Vätern in der Dawidstadt.

Sein Sohn Amazja trat statt seiner die Königschaft an.

Im dreiundzwanzigsten Jahr der Jahre Joaschs Sohns Achas-
    jahus, Königs von Jehuda, hatte Joachas Sohn Jehus die
    Königschaft über Jiſsrael angetreten
in Samaria, für siebzehn Jahre.
Er tat das in SEINEN Augen Böse,
er ging der Versündigung Jarobams Sohns Nbats nach, da-
    mit er Jiſsrael versündigt hatte, er wich nicht ab von ihr.
SEIN Zorn entflammte wider Jiſsrael,
er gab sie in die Hand Chasaels Königs von Aram und in die
    Hand Benhadads Sohns Chasaels all die Tage.
Als aber Joachas SEIN Antlitz zu besänftigen suchte,
hörte ER auf ihn,
denn er sah die Bedrängnis Jiſsraels, wie der Aramäerkönig
    sie bedrängte.
Hernach gab ER Jiſsrael einen Befreier,
daß sie unter Arams Hand hervorschritten,
und wie vortags und ehgestern durften die Söhne Jiſsraels in
    ihren Zelten sitzen.
Jedoch sie wichen nicht ab von der Versündigung des Hauses
    Jarobams, damit er Jiſsrael versündigt hatte, in ihr ging
    jener einher,
ja auch die Pfahlfrau blieb in Samaria stehn. –
Denn nicht hatte er Joachas einen Rest Streitvolks belassen,
es sei denn fünfzig Reisige und zehn Fahrberitte und zehn-
    tausend zu Fuß,
denn der Aramäerkönig hatte sie zusammenschwinden
    lassen,
wie Dreschstaub hatte er sie zugerichtet.
Das übrige Redewürdige von Joachas,
alles, was er getan hat, und seine Herrschgewalt,
ist das nicht aufgeschrieben im Buch: Denkwürdigkeiten der
    Tage von Jiſsraels Königen?
Joachas legte sich bei seinen Vätern hin, man begrub ihn
    in Samaria.
Sein Sohn Joasch trat statt seiner die Königschaft an.

Im siebenunddreißigsten Jahr der Jahre Joaschs Königs von
    Jehuda hatte Joasch Sohn des Joachas die Königschaft über
    Jiſsrael angetreten,

in Samaria, für sechzehn Jahre.

Er tat das in SEINEN Augen Böse, er wich nicht ab von aller
Versündigung Jarobams Sohns Nbats, damit er Jifsrael
versündigt hatte, er ging in ihr einher.

Das übrige Redewürdige von Joasch,
alles was er getan hat und seine Herrschgewalt,
wie er mit Amazja König von Jehuda kämpfte,
ist das nicht aufgeschrieben im Buch: Denkwürdigkeiten der
Tage von Jifsraels Königen?

Joasch legte sich bei seinen Vätern hin, und auf seinen Stuhl
setzte sich Jarobam.

Begraben wurde Joasch in Samaria, bei Jifsraels Königen.

Als Elischa an seiner Krankheit erkrankte, daran er sterben
sollte,
stieg Joasch König von Jifsrael zu ihm herunter,
er weinte über seinem Antlitz, er sprach:
Mein Vater, mein Vater,
du Jifsraels Fahrzeug, du seine Reisigen!
Elischa sprach zu ihm:
Hole einen Bogen und Pfeile.
Als er ihm einen Bogen und Pfeile geholt hatte, sprach er
zum König von Jifsrael:
Laß deine Hand um den Bogen fahren.
Er ließ seine Hand dran fahren,
Elischa aber hielt seine Hände um die Hände des Königs.
Dann sprach er:
Öffne das Fenster nach Osten zu.
Er öffnete. Elischa sprach:
Schieße.
Als jener schoß, sprach er:
Pfeil der Siegbefreiung für IHN,
Pfeil der Siegbefreiung gegen Aram!
schlagen sollst du Aram
bei Afek, bis es alldahin ist!
Er sprach weiter:
Hole die Pfeile her.
Als er sie geholt hatte, sprach er zum König von Jifsrael:
Schlage nach der Erde hin.

Er schlug dreimal, dann stellte ers ein.
Der Mann Gottes ergrimmte über ihn, er sprach:
Zu schlagen galts!
wärs fünf oder sechsmal gewesen,
alsdann würdest du Aram geschlagen haben, bis es alldahin
ist,
nun aber wirst du Aram nur dreimal schlagen.

Elischa war gestorben, man hatte ihn begraben.
Jeweils beim Kommen des Jahrs kamen ins Land Streifrotten
Moabs.
Nun geschah es, daß man eben einen Mann begrub,
wie sie da die Streifrotte sahn, warfen sie den Mann in das
Grab Elischas, sie aber gingen davon.
Als der Mann die Gebeine Elischas berührte,
wurde er lebendig, er erhob sich auf seine Füße.

Jifsrael bedrängt hatte Chasael der Aramäerkönig alle Tage
des Joachas.
Aber nun wurde ER ihnen günstig,
erbarmte sich ihrer,
wandte sich ihnen zu,
seines Bundes mit Abraham, Jizchak, Jaakob halber,
er war noch nicht gewillt, sie zu verderben,
er hatte sie bis jetzt noch nicht von seinem Antlitz hinweg
verworfen.
Als Chasael der Aramäerkönig starb, trat sein Sohn Benhadad
statt seiner die Königschaft an.
Da nahm Joasch Sohn des Joachas im Kampf die Städte aus der
Hand Benhadads Sohns Chasaels wieder,
die der aus der Hand des Joachas seines Vaters genommen
hatte,
dreimal schlug Joasch ihn,
so gewann er die Städte Jifsraels wieder.

Im zweiten Jahr Joaschs Sohns des Joachas Königs von Jifsrael
　　hatte Amazjahu Sohn Joaschs Königs von Jehuda die
　　Königschaft angetreten,
fünfundzwanzigjährig war er worden, als er die Königschaft
　　antrat,
und neunundzwanzig Jahre hatte er Königschaft in Jerusa-
　　lem.
Der Name seiner Mutter: Jehoaddan aus Jerusalem.
Er tat das in SEINEN Augen Gerade
– jedoch nicht wie sein Vorvater Dawid,
allwie sein Vater Joasch getan hatte, tat er –,
jedoch die Koppen wurden nicht beseitigt,
noch schlachteten und räucherten sie, das Volk, an den
　　Koppen.
Es geschah aber, als das Königreich fest in seiner Hand war:
er ließ seine Diener erschlagen, die den König, seinen Vater,
　　erschlagen hatten.
Aber die Söhne der Totschläger ließ er nicht sterben,
wie geschrieben ist im Buch der Weisung Mosches,
daß ER geboten hat, sprechend:
Nicht sollen Väter sterben um Söhne,
Söhne sollen nicht sterben um Väter,
sondern jedermann sterbe für seine eigene Sünde.
Er wars, der Edom im Salztal schlug, zehntausend,
und als er sich im Kampf der Felsenburg bemächtigt hatte,
rief er ihren Namen Joktel, Gottesruine,
– bis auf diesen Tag.
Damals sandte Amazja Boten an Joasch Sohn des Joachas
　　Sohns Jehus König von Jifsrael mit dem Spruch:
Geh,
wir wollen einander ins Antlitz sehn!
Aber Joasch König von Jifsrael sandte an Amazjahu König
　　von Jehuda den Spruch:
Die Distel, die auf dem Libanon,
sandte an die Zeder, die auf dem Libanon,
den Spruch:
Gib deine Tochter meinem Sohne zum Weib!
aber daher fuhr das Wild des Feldes, das auf dem Libanon,
und zerstampfte die Distel.

Geschlagen hast du Edom, geschlagen,
nun treibt dich dein Herz hochhinaus!
mach dich nur wichtig, aber bleib sitzen in deinem Hause,
warum willst du das Bösgeschick reizen,
daß du fallen mußt, du und Jehuda mit dir?
Aber Amazjahu hörte nicht darauf.
Da zog Joasch König von Jifsrael heran,
sie sahn einander ins Antlitz, er und Amazjahu König von
   Jehuda,
bei Bet Schamesch, dem in Jehuda.
Jehuda wurde vor Jifsrael hingestoßen,
sie flohn, jedermann nach seinen Zelten,
und Amazjahus selber Königs von Jehuda Sohns Joaschs Sohns
   Achasjahus bemächtigte sich Joasch König von Jifsrael bei
   Bet Schamesch.
Er kam nach Jerusalem, er riß Bresche in die Mauer von
   Jerusalem,
am Efrajimtor, bis zum Ecktor, vierhundert Ellen,
und er nahm alles Gold und Silber und alle Geräte, die sich in
   SEINEM Haus und bei den Schätzen des Königshauses
   fanden,
dazu Geiseln,
dann kehrte er nach Samaria zurück.
Das übrige Redewürdige von Joasch,
was er getan hat, seine Herrschgewalt, und wie er mit Amazjahu König von Jehuda kämpfte,
ist das nicht aufgeschrieben im Buch: Denkwürdigkeiten der
   Tage von Jifsraels Königen?
Joasch legte sich bei seinen Vätern hin und wurde in Samaria
   bei den Königen von Jifsrael begraben,
sein Sohn Jarobam trat statt seiner die Königschaft an.
Amazjahu Sohn Joaschs König von Jehuda aber lebte nach
   dem Tode Joaschs Sohns des Joachas Königs von Jifsrael
   noch fünfzehn Jahre.
Das übrige Redewürdige von Amazjahu,
ist das nicht aufgeschrieben im Buch: Denkwürdigkeiten der
   Tage von Jehudas Königen?
Man knotete wider ihn eine Verknotung in Jerusalem,
er floh nach Lachisch,

sie sandten nach Lachisch hinter ihm her, und die töteten ihn
    dort,
sie hoben ihn auf den Rossen hinweg,
und er wurde in Jerusalem bei seinen Vätern, in der Dawid-
    stadt begraben.
Dann nahmen sie, alles Volk Jehudas, den Asarja, sechzehn-
    jährig war er,
und königten ihn statt seines Vaters Amazjahu.
Er wars, der Elat ausbaute und es an Jehuda heimkehren ließ,
sogleich nachdem der König sich bei seinen Vätern hingelegt
    hatte.

Im fünfzehnten Jahr der Jahre Amazjahus Sohns Joaschs
    Königs von Jehuda hatte Jarobam Sohn Joaschs Königs von
    Jifsrael die Königschaft angetreten
in Samaria, für einundvierzig Jahre.
Er tat das in SEINEN Augen Böse,
er wich nicht ab von allen Versündigungen Jarobams Sohns
    Nbats, damit er Jifsrael versündigt hatte.
Er wars, der Jifsraels Grenzmark ihm heimkehren ließ,
von wo man nach Chamat kommt bis zum Meer der Steppe,
nach SEINER Rede, des Gottes Jifsraels, die er durch seinen
    Knecht Jona Sohn Amittajs den Künder, den aus Gat
    Chefer, geredet hatte,
denn ER hatte das Elend Jifsraels angesehn, obs auch sehr
    widerspenstig war:
Behaltnes dahin, Belaßnes dahin,
kein Helfer für Jifsrael!
und nicht hatte ER ja geredet, den Namen Jifsrael unterm
    Himmel auswischen zu wollen,
so befreite er sie durch die Hand Jarobams Sohns Joaschs.
Das übrige Redewürdige von Jarobam,
alles was er getan hat, seine Herrschgewalt,
wie er kämpfte,
wie er, was von Damaskus und von Chamat Jehudas gewesen
    war, an Jifsrael heimkehren ließ,
ist das nicht aufgeschrieben im Buch: Denkwürdigkeiten der
    Tage von Jifsraels Königen?
Jarobam legte sich bei seinen Vätern hin, bei Jifsraels Königen

Sein Sohn Secharja trat statt seiner die Königschaft an.

Im siebenundzwanzigsten Jahr der Jahre Jarobams Königs von
Jifsrael hatte Asarja Sohn Amazjas Königs von Jehuda die
Königschaft angetreten,
sechzehnjährig war er geworden, als er die Königschaft antrat,
und zweiundfünfzig Jahre hatte er Königschaft in Jerusalem.
Der Name seiner Mutter: Jecholjahu aus Jerusalem.
Er tat das in SEINEN Augen Gerade, allwie sein Vater Amaz-
jahu getan hatte,
jedoch die Koppen wurden nicht beseitigt,
noch schlachteten und räucherten sie, das Volk, an den
Koppen.
ER aber rührte den König mit Schaden, daß er aussätzig war
bis zum Tag seines Tods,
er hatte Sitz im Haus der Amtsledigkeit,
und über dem Gesamthaus war Jotam der Königssohn,
Richter für die Volkschaft des Lands.
Das übrige Redewürdige von Asarjahu, alles was er getan hat,
ist das nicht aufgeschrieben im Buch: Denkwürdigkeiten der
Tage von Jehudas Königen?
Asarja legte sich bei seinen Vätern hin, man begrub ihn
bei seinen Vätern, in der Dawidstadt.
Sein Sohn Jotam trat statt seiner die Königschaft an.

Im achtunddreißigsten Jahr der Jahre Asarjahus Königs von
Jehuda hatte Secharjahu Sohn Jarobams die Königschaft
über Jifsrael angetreten
in Samaria, für sechs Mondneuungen.
Er tat das in SEINEN Augen Böse, wie seine Väter taten,
er wich nicht ab von den Versündigungen Jarobams Sohns
Nbats, damit er Jifsrael versündigt hatte.
Gegen ihn machte Schallum Sohn Jabeschs eine Verknotung,
er schlug ihn in Jiblam, tötete ihn und trat statt seiner die
Königschaft an.
Das übrige Redewürdige von Secharja,
das ist ja aufgeschrieben im Buch: Denkwürdigkeiten der
Tage von Jifsraels Königen.
Das war SEINE Rede, die er zu Jehu geredet hatte, im Spruch:

Söhne in vierten Glied sollen dir auf dem Stuhl Jiſsraels
  sitzen, –
so ist es geschehn.

Im neununddreißigsten Jahr der Jahre Usijas Königs von
  Jehuda hatte also die Königschaft Schallum Sohn Jabeschs
  angetreten,
er hatte die Königschaft in Samaria einen Monat an Tagen.
Dann zog Menachem Sohn Gadis aus Tirza heran, kam nach
  Samaria,
schlug Schallum Sohn Jabeschs in Samaria und tötete ihn,
er trat statt seiner die Königschaft an.
Das übrige Redewürdige von Schallum, seine Verknotung,
  die er geknotet hat,
das ist ja aufgeschrieben im Buch: Denkwürdigkeiten der Tage
  von Jiſsraels Königen.
Damals schlug Menachem Tappuach und alles was darin war
  und seine Gemarkungen, von Tirza her,
denn es hatte ihm nicht geöffnet,
als er es schlug, ließ er all seine Schwangern aufschlitzen.

Im neununddreißigsten Jahr der Jahre Asarjas Königs von
  Jehuda hatte Menachem Sohn Gadis die Königschaft über
  Jiſsrael angetreten
für zehn Jahre, in Samaria.
Er tat das in SEINEN Augen Böse,
er wich nicht seitab von den Versündigungen Jarobams Sohns
  Nbats, damit er Jiſsrael versündigt hatte.
In seinen Tagen kam Pul König von Assyrien über das Land,
aber Menachem gab Pul tausend Barren Silbers,
damit dessen Hände mit ihm seien, das Königreich in seiner
  Hand zu befestigen
– Menachem schob den Silberzins ab auf Jiſsrael, auf alle
  Wehrgutsmächtigen, ums dem König von Assyrien geben
  zu können:
fünfzig Gewicht Silbers auf den einzelnen Mann –.
Der König von Assyrien kehrte heim, er blieb nicht länger im
  Land dort stehn.
Das übrige Redewürdige von Menachem, alles was er getan hat,

ist das nicht aufgeschrieben im Buch: Denkwürdigkeiten der
   Tage von Jifsraels Königen?
Menachem legte sich bei seinen Vätern hin.
Sein Sohn Pekachja trat statt seiner die Königschaft an.

Im fünfzigsten Jahr der Jahre Asarjas Königs von Jehuda hatte
   Pekachja Sohn Menachems die Königschaft über Jifsrael
   angetreten
in Samaria, für ein Doppeljahr.
Er tat das in SEINEN Augen Böse,
er wich nicht ab von den Versündigungen Jarobams Sohns
   Nbats, damit er Jifsrael versündigt hatte.
Wider ihn machte Pakach Sohn Remaljahus, sein Wagen-
   dritter, eine Verknotung,
er erschlug ihn in Samaria im Palast des Königshauses, mit
   Argob und mit Arje,
bei ihm waren fünfzig Mann von den Giladitersöhnen,
er tötete ihn und trat statt seiner die Königschaft an.
Das übrige Redewürdige von Pekachja, alles was er getan hat,
das ist ja aufgeschrieben im Buch: Denkwürdigkeiten der
   Tage von Jifsraels Königen.

Im zweiundfünfzigsten Jahr der Jahre Asarjas Königs von
   Jehuda hatte Pakach Sohn Remaljahus die Königschaft über
   Jifsrael angetreten
in Samaria, für zwanzig Jahre.
Er tat das in SEINEN Augen Böse,
er wich nicht ab von den Versündigungen Jarobams Sohns
   Nbats, damit er Jifsrael versündigt hatte.
In den Tagen Pakachs Königs von Jifsrael kam Tiglat Pilefser
   König von Assyrien,
er nahm Ijjon, Abel Bet Maacha, Janoach, Kadesch, Chazor,
   das Gilad, das Galiläische und alles Land Naftali,
die verschleppte er nach Assyrien.
Wider Pakach Sohn Remaljahus knotete Hoschea Sohn Elas
   eine Verknotung,
er schlug ihn, tötete ihn und trat statt seiner die Königschaft an
im zwanzigsten Jahr Jotams Sohns Usijas.
Das übrige Redewürdige von Pakach, alles was er getan hat,

das ist ja aufgeschrieben im Buch: Denkwürdigkeiten der
　　Tage von Jiſsraels Königen.

Im zweiten Jahr Pakachs Sohns Remaljahus Königs von
　　Jiſsrael hatte Jotam Sohn Usijahus Königs von Jehuda die
　　Königschaft angetreten,
fünfundzwanzigjährig war er worden, als er die Königschaft
　　antrat,
und sechzehn Jahre hatte er Königschaft in Jerusalem.
Der Name seiner Mutter: Jeruscha Tochter Zadoks.
Er tat das in SEINEN Augen Gerade,
allwie sein Vater Usijahu getan hatte, tat er,
jedoch die Koppen wurden nicht beseitigt,
noch schlachteten und räucherten sie, das Volk, an den
　　Koppen.
Er wars, der das obre Tor SEINES Hauses baute.
Das übrige Redewürdige von Jotam, alles was er tat,
ist das nicht aufgeschrieben im Buch: Denkwürdigkeiten der
　　Tage von Jehudas Königen?
In jenen Tagen begann ER gegen Jehuda Rzin den Aramäer-
　　könig und den Pakach Sohn Remaljahus auszuschicken.
Jotam legte sich bei seinen Vätern hin, er wurde bei seinen
　　Vätern in der Stadt seines Vorvaters Dawid begraben.
Sein Sohn Achas trat statt seiner die Königschaft an.

Im siebzehnten Jahr der Jahre Pakachs Sohns Remaljahus
    hatte Achas Sohn Jotams Königs von Jehuda die König-
    schaft angetreten,
zwanzigjährig war Achas, als er die Königschaft antrat,
und sechzehn Jahre hatte er Königschaft in Jerusalem.
Er tat nicht seinem Vorvater Dawid gleich das in SEINEN,
    seines Gottes, Augen Gerade,
er ging in der Wegspur der Könige von Jifsrael,
er führte sogar seinen Sohn durchs Feuer dar,
den Greueln der Stämme gleich, die ER vor den Söhnen
    Jifsraels her enterbt hatte,
er schlachtete und räucherte an den Koppen und auf den
    Hügeln und unter alljedem üppigen Raum.
Damals zog Rzin der Aramäerkönig und Pakach Sohn
    Remaljahus König von Jifsrael heran zum Kampf gegen
    Jerusalem,
sie engten Achas ein, aber sie vermochtens nicht zu erkämp-
    fen.
– Zu jener Frist ließ Rzin der Aramäerkönig Elat an Edom
    heimkehren,
er streifte die Judäer aus Elat hinweg,
die Edomiter kamen nach Elat zurück, sie blieben dort seßhaft
    bis auf diesen Tag. –
Achas sandte Boten an Tiglat Pilefser König von Assyrien,
    zu sprechen:
Ich bin dein Diener und dein Sohn,
zieh heran und befreie mich vom Zugriff des Aramäerkönigs
    und vom Zugriff des Königs von Jifsrael, die sich wider
    mich erhoben haben!
Achas nahm das Silber und das Gold, das sich in SEINEM Haus
    und bei den Schätzen des Königshauses fand, er sandte es
    dem König von Assyrien als Geschenk.
Der König von Assyrien hörte auf ihn,
der König von Assyrien zog gegen Damaskus heran und be-
    mächtigte sich seiner,
er verschleppte draus nach Kir, und den Rzin tötete er.
Der König Achas ging Tiglat Pilefser dem König von
    Assyrien entgegen nach Damaskus.
Als er nun die Schlachtstatt sah, die in Damaskus war,

sandte der König Achas an Urija den Priester ein Abbild der
Schlachtstatt und ihre Bauanweisung nach all ihrer Machart.
Urija der Priester baute die Schlachtstatt auf;
in allem dem gleich, was der König Achas aus Damaskus gesandt hatte,
so machte es Urija der Priester, bis der König Achas aus
Damaskus wiederkam.
Der König kam aus Damaskus,
der König sah die Schlachtstatt,
der König nahte an die Schlachtstatt heran und höhte selber
an ihr dar,
er ließ seine Darhöhung und seine Hinleite aufrauchen,
er goß seine Gußspende,
er sprengte das Blut der Friedmahle, die ihm oblagen, an die
Schlachtstatt.
Die eherne Schlachtstatt aber, die vor SEINEM Antlitz gewesen
war,
die ließ er jener nahrücken:
hinweg von der Antlitzseite des Hauses, von dem Zwischen-
raum zwischen jener Schlachtstatt und SEINEM Haus,
er gab sie an die Flanke jener Schlachtstatt, nach Mitternacht
zu.
Der König Achas gebot Urija dem Priester, sprechend:
An der großen Schlachtstatt sollst du aufrauchen lassen
die Darhöhung des Morgens und die Hinleite des Abends,
die Darhöhung des Königs und seine Hinleite,
die Darhöhung aller Volkschaft des Landes, ihre Hinleite und
ihre Güsse,
alles Darhöhungsblut und alles Schlachtungsblut, an sie sollst
du es sprengen,
um die eherne Schlachtstatt aber sich zu kümmern wird mir
obliegen.
Urija der Priester machte alles, wie der König Achas geboten
hatte.
Der König Achas verstümmelte die Fahrgestelle an den
Schlußplatten, er beseitigte das Kesselwerk von ihnen,
das Meer schaffte er von den ehernen Rindern herab, die
darunter waren, und gab es auf das Steinpflaster.
Und die Überschirmung für die Wochenfeier, die man am

Haus erbaut hatte, und den äußeren Königseingang schob
er in SEIN Haus
aus Rücksicht auf den König von Assyrien.
Das übrige Redewürdige von Achas, was er getan hat,
ist das nicht aufgeschrieben im Buch: Denkwürdigkeiten der
Tage von Jehudas Königen?
Achas legte sich bei seinen Vätern hin, er wurde bei seinen
Vätern in der Dawidstadt begraben.
Sein Sohn Chiskijahu trat statt seiner die Königschaft an.

Im zwölften Jahr des Achas Königs von Jehuda hatte Hoschea
　　Sohn Elas in Samaria die Königschaft über Jiſsrael an-
　　getreten
für neun Jahre.
Er tat das in SEINEN Augen Böse,
jedoch nicht wie die Könige Jiſsraels, die vor ihm gewesen
　　waren.
Schalmanaſser König von Assyrien zog herüber, über ihn her,
Hoschea wurde ihm dienstpflichtig, er hatte ihm Zinsspende
　　zu entrichten.
Aber der König von Assyrien fand Hoschea einer Ver-
　　knotung schuldig:
daß er Boten an Sſo König von Ägypten gesendet hatte
und nun nicht mehr wie Jahr um Jahr die Zinsspende für den
　　König von Assyrien herüberziehen ließ;
der König von Assyrien hielt ihn fest, er ließ ihn im Kerker-
　　haus anfesseln.
Der König von Assyrien zog nämlich über alles Land,
er zog gegen Samaria herüber, er engte es drei Jahre ein,
im neunten Jahr Hoscheas bezwang der König von Assyrien
　　Samaria,
er verschleppte Jiſsrael nach Assyrien
und siedelte sie an bei Chalach, beim Chabor, dem Strom von
　　Gosan, und in den Städten Mediens.

Es geschah also, da die Söhne Jiſsraels an IHM ihrem Gott sich
　　versündigt hatten,
der sie vom Land Ägypten, von unter der Hand Pharaos
　　Königs von Ägypten, hatte heraufziehn lassen,
fürchteten andere Götter,
gingen in den Satzungen der Stämme, die ER vor den Söhnen
　　Jiſsraels her enterbt hatte, und der Könige von Jiſsrael,
　　welche die aufgetan hatten,
die Söhne Jiſsraels klebten Dinge, die grundnichtig sind,
　　IHM ihrem Gotte an,
sie bauten sich Koppen aus in all ihren Städten, vom Wächter-
　　turm bis zur Festungsstadt:
sie erstellten sich Standmale und Pfähle auf alljedem hohen
　　Hügel, unter alljedem üppigen Baum,

sie ließen dort, an allen Koppen, aufrauchen, wie die Stämme,
   die E R vor ihnen her hinweggeschleppt hatte,
sie taten böse Dinge, I H N zu verdrießen,
sie dienten den Bildklötzen, wovon E R zu ihnen gesprochen
   hatte: Ihr sollt dieses Ding nicht tun!
Da vergegenwärtigte E R Jiſsrael und Jehuda durch all seine
   Künder, alljeden Schauempfänger, im Spruch:
Kehret um von all euren bösen Wegen,
wahret meine Gebote, meine Satzungen,
nach all der Weisung, die ich euren Vätern gebot
und die ich euch durch meine Diener, die Künder, übersandte!
Sie wollten aber nicht hören,
sie steiften ihren Nacken dem Nacken ihrer Väter gleich,
die I H M, ihrem Gott, nicht vertrauten,
sie verwarfen seine Gesetze,
seinen Bund, den er mit ihren Vätern geschlossen hatte,
seine Vergegenwärtigungen, die er ihnen vergegenwärtigte,
sie gingen dem Tand nach, daß zu Tand sie wurden,
den Stämmen nach, die rings um sie waren,
von denen E R ihnen verboten hatte, ihnen gleichzutun,
sie verließen all S E I N E ihres Gottes Gebote,
Gegoßnes machten sie sich, zwei Kälber,
die Pfahlfrau machten sie,
sie bückten sich aller Schar des Himmels,
sie dienten dem Baal,
sie führten ihre Söhne und ihre Töchter durchs Feuer dar,
sie schüttelten Schüttellose und erdeuteten,
sie verkauften sich, das in S E I N E N Augen Böse zu tun, ihn zu
   verdrießen.
Da erzürnte E R sehr über Jiſsrael,
er beseitigte sie von seinem Antlitz hinweg,
nichts blieb als Rest, einzig nur der Stab Jehuda.
– Auch die von Jehuda wahrten nicht S E I N E ihres Gottes Gebote,
sie gingen in den Satzungen Jiſsraels, welche die aufgetan
   hatten. –
Nun verwarf E R allen Samen Jiſsraels,
er drückte sie nieder,
er gab sie in die Hand von Räubern,

bis er sie von seinem Antlitz fortgeschleudert hatte.

Als nämlich Jiſsrael sich vom Haus Dawids losgerissen hatte,
    als sie Jarobam Sohn Nbats königten,
hatte Jarobam Jiſsrael von SEINER Nachfolge abgesprengt,
hatte sie mit einer großen Versündigung versündigt,
nun gingen die Söhne Jiſsraels in allen Sünden Jarobams ein-
    her, die er getan hatte,
sie wichen nicht ab davon,
bis daß ER Jiſsrael von seinem Antlitz hinweg beseitigte,
wie er durch all seine Diener, die Künder, geredet hatte,
verschleppt wurde Jiſsrael von seiner Scholle hinweg nach
    Assyrien
– bis auf diesen Tag.

Der König von Assyrien ließ nun aus Babel, aus Kut, aus
    Awwa, aus Chamat und Sfarwajim kommen,
daß sie statt der Söhne Jiſsraels in den Städten Samariens siedeln,
die erbten Samarien, sie siedelten in seinen Städten.
Aber es geschah zu Beginn ihres Dortsiedelns:
sie fürchteten sich nicht vor IHM,
da sandte ER die Löwen unter sie, die würgten nun immerfort
    unter ihnen.
Man sprach zum König von Assyrien, sprach:
Die Stämme, die du umgeschleppt hast und in den Städten
    Samariens hast siedeln lassen,
kennen nicht die Gerechtsame des Landesgottes,
nun hat der unter sie die Löwen gesandt,
und da, die töten sie, dieweil sie in Unkenntnis der Gerecht-
    same des Landesgottes sind.
Der König von Assyrien gebot, sprechend:
Laßt dorthin einen der Priester gehn, die ihr von dort ver-
    schleppt habt,
er gehe hin und siedle dort
und unterweise sie in der Gerechtsame des Landesgottes.
So kam einer von den Priestern hin, die sie aus Samaria ver-
    schleppt hatten, und siedelte in Bet El,
er wurde ihnen Unterweiser, wie sie IHN fürchten sollten.
Sie hatten sich aber Stamm für Stamm seine eigne Gottheit
    gemacht,

hatten die in je einem Koppenhaus untergebracht, das die
   Samarier gemacht hatten,
Stamm für Stamm in ihren Städten, wo sie ansässig waren:
die Männer von Babel machten die Sſukkotbnot,
die Männer von Kut machten den Nergal,
die Männer von Chamat machten die Aschima,
die Awwiter machten Nibchas und die Tartak,
und die Sfarwiter verbrennen ihre Söhne dem Adrammelech
   und Anammelech, den Göttern von Sfarwajim, im Feuer.
Nun wurden sie fürchtig vor I H M, sie machten sich aus
   ihrem Umkreis Priester der Koppen,
die machtens für sie in jedem Koppenhaus.
Vor I H M waren sie in Furcht,
aber dienstbar blieben sie ihren Göttern, nach der Gerechtsame der Stämme, woher man sie umgeschleppt hatte.
Bis auf diesen Tag machen sies nach den einstigen Gerecht-
   samen,
keineswegs sind sie S E I N fürchtig,
da sie es keineswegs nach seinen Satzungen und nach seinen
   Rechtsworten machen,
nach der Weisung und nach dem Gebot,
die E R geboten hatte den Söhnen Jaakobs, dem er den Namen
   beilegte: Jiſsrael,
hatte doch E R einen Bund mit ihnen geschlossen, hatte ihnen
   geboten, sprechend:
Fürchtet andere Götter nicht,
werft euch vor ihnen nicht nieder,
bedienet sie nicht,
schlachtet ihnen nicht,
sondern I H N,
der euch aus dem Land Ägypten heraufziehen ließ
mit großer Kraft, mit gestrecktem Arm,
ihn fürchtet,
vor ihm werft euch nieder,
ihm schlachtet,
die Gesetze, die Rechtsworte, die Weisung und das Gebot,
   die er für euch schreiben ließ, wahret sie tätig alle Tage,
und fürchtet andere Götter nicht,
den Bund, den ich mit euch geschlossen habe, vergeßt nicht

und fürchtet andere Götter nicht,
sondern fürchtet IHN euren Gott,
er ist es, der euch aus der Hand all eurer Feinde erretten kann!
Jene aber wolltens nicht hören,
sondern nach ihrer einstigen Gerechtsame taten sie weiter.
So waren diese Stämme zwar vor IHM fürchtig geworden,
aber ihren Schnitzbildern blieben sie dienstbar.
Auch ihre Söhne und Sohnessöhne,
wie ihre Väter taten, tun sie bis auf den heutigen Tag.

Es war im dritten Jahr Hoscheas Sohns Elas Königs von
    Jifsrael geschehn, daß Chiskija Sohn des Achas Königs von
    Jehuda die Königschaft antrat,
fünfundzwanzigjährig war er worden, als er die Königschaft
    antrat,
und neunundzwanzig Jahre hatte er Königschaft in Jerusalem.
Der Name seiner Mutter: Abi Tochter Secharjas.
Er tat das in SEINEN Augen Gerade,
allwie sein Vorvater Dawid getan hatte.
Er wars, der die Koppen beseitigte,
der die Standmale zertrümmerte,
der die Pfahlfrau ausrottete,
der die Viper aus Kupfererz zerstieß, die Mosche gemacht
    hatte,
denn bis zu jenen Tagen hatten die Söhne Jifsraels immerfort
    ihr geräuchert, man rief sie Erzbold.
Auf IHN den Gott Jifsraels verließ er sich,
keiner war ihm gleich unter allen Königen Jehudas nach ihm
    und denen, die vor ihm waren,
er haftete an IHM,
von seiner Nachfolge wich er nicht seitab,
er wahrte seine Gebote, die ER Mosche geboten hatte.
ER war bei ihm,
überall da, wo er ausfuhr, ergriff ers.
Er empörte sich gegen den König von Assyrien und wollte
    ihm nicht mehr dienstbar sein.
Er wars, der die Philister schlug, bis nach Gasa und dessen
    Gemarkungen, vom Wächterturm bis zur Festungsstadt.

Im vierten Jahr des Königs Chiskijahu, das ist das siebente Jahr
    Hoscheas Sohns Elas, Königs von Jifsrael, geschahs:
Schalmanafser König von Assyrien zog herüber, über Samaria
    her, er engte es ein
und bezwang es nach Ablauf dreier Jahre,
im sechsten Jahr Chiskijas, das ist das neunte Jahr Hoscheas
    Königs von Jifsrael, wurde Samaria bezwungen,
der König von Assyrien verschleppte Jifsrael nach Assyrien,
    er leitete sie nach Chala, nach dem Chabor, dem Strom von
    Gosan, und den Städten Mediens.

Darum, daß sie nicht gehört hatten auf SEINE ihres Gottes
  Stimme,
seinen Bund überschritten und alles was Mosche SEIN Knecht
  geboten hatte, –
nicht gehört und nicht getan.

Im vierzehnten Jahr des Königs Chiskijahu zog S|ancherib
  König von Assyrien herüber, über alle befestigten Städte
  Jehudas her und bemächtigte sich ihrer.
Da sandte Chiskija König von Jehuda an den König von
  Assyrien nach Lachisch, zu sprechen:
Ich habe gefehlt,
kehre dich von mir ab,
was du mir aufgibst, will ich tragen.
Der König von Assyrien legte Chiskija dem König von
  Jehuda dreihundert Barren Silbers und dreißig Barren
  Goldes auf.
Chiskija gab alles Silber her, das sich in SEINEM Haus und bei
  den Schätzen des Königshauses befand,
zu jener Frist mußte Chiskija die Türen SEINER Halle ver-
  stümmeln und die Pfeiler, die Chiskija König von Jehuda
  selber hatte überschalen lassen,
und sie dem König von Assyrien geben.

Der König von Assyrien sandte von Lachisch aus den Mar-
  schall, den Erzkämmerer und den Erztruchsessen mit einem
  starken Heer an den König Chiskijahu nach Jerusalem,
die zogen herauf und kamen an vor Jerusalem.
Sie nun zogen weiter, kamen hin und blieben stehn bei der
  Rinne des obern Teichs, die auf der Straße nach dem
  Wäscherfeld ist,
sie riefen nach dem König.
Da trat zu ihnen hinaus Eljakim Sohn Chilkijahus, der über
  dem Hauswesen war, und Schebna der Schreiber und
  Joach Sohn Afsafs der Erinnerer.
Der Erztruchseß sprach zu ihnen:
Sprecht doch zu Chiskijahu:
So hat der Große König, Assyriens König, gesprochen:
Was ist das für ein Verlaß, worauf du dich verlassen hast?!

sprichst du etwa, Rat und Gewalt zum Kampf sei bloß
 Lippenrede?!

Jetzt gilts: auf wen hast du dich verlassen, daß du dich gegen
 mich empörtest?!

jetzt gilts, wohlan:

verlassen hast du dich auf die Stütze dieses angeknickten
 Rohrs, auf Ägypten,

das, lehnt sich jemand darauf, ihm in den Ballen dringt und
 den durchsticht,

so Pharao König von Ägypten für alle, die auf ihn sich verlassen

Wenn ihr aber zu mir sprechen solltet: Auf IHN unsern Gott
 verlassen wir uns! –

ist das nicht der, dessen Koppen und dessen Schlachtstätten
 Chiskijahu beseitigt hat,

indem er zu Jehuda und zu Jerusalem sprach: Vor dieser
 Schlachtstatt da in Jerusalem sollt ihr euch niederwerfen!?

Jetzt gilts, wette doch mit meinem Herrn, mit dem König
 von Assyrien:

ich will dir zweitausend Rosse geben,

ob du dir auf sie Reiter zu geben vermagst!

wie willst du da auch nur einen Viztum, einen der kleineren
 Diener meines Herrn, umkehren machen?

Aber du verläßest dich ja für Fahrberitte und Reisige auf
 Ägypten!

Jetzt gilts:

bin ich etwa ohne IHN herübergezogen über diesen Ort her,
 ihn zu verderben?!

ER ists, der zu mir sprach: Zieh hinüber, über jenes Land hin
 und verdirb es!

Eljakim Sohn Chilkijahus sprach, und Schebna und Joach,
 zum Erztruchsessen:

Rede doch zu deinen Dienern aramäisch, wir sind ja drauf
 eingehört,

aber nimmer rede mit uns judäisch

vor den Ohren des Volks, das auf der Mauer ist!

Aber der Erztruchseß sprach zu ihnen:

Hat mich etwa auf deinen Herrn hin oder deinetwegen mein
 Herr entsandt, diese Rede zu reden,

nicht vielmehr auf die Leute hin, die auf der Mauer sitzen
um euch gesellt ihren Kot zu essen und ihren Harn zu trinken?!
Der Erztruchseß stand hin und rief mit großmächtiger Stimme
    auf judäisch,
er redete, sprach:
Höret die Rede des Großen Königs, des Königs von Assyrien!
So hat der König gesprochen:
Daß euch Chiskijahu nimmer berücke,
denn er vermag nicht aus meiner Hand euch zu retten!
und daß euch Chiskijahu nimmer auf IHN euch verlassen
    heiße,
sprechend: ER wird retten, uns retten und nicht wird diese
    Stadt in die Hand des Königs von Assyrien gegeben!
Höret nimmer auf Chiskijahu,
denn so hat der König von Assyrien gesprochen:
Macht mit mir einen Segnungsaustausch,
tretet zu mir über,
dann könnt ihr wieder jedermann von seinem Rebstock,
    jedermann von seinem Feigenbaum essen,
dann könnt ihr wieder jedermann das Wasser seiner Zisterne
    trinken,
bis ich komme und euch mitnehme in ein Land, eurem
    Lande gleich,
ein Land von Korn und Most,
ein Land von Brot und Weingärten,
ein Land von Glanzoliven und Honig,
daß ihr lebet und nicht sterbet, –
aber höret nimmer auf Chiskijahu,
wenn er euch lockt, sprechend: Retten wird uns ER!
Haben die Götter der Weltstämme gerettet, jeder sein Land
    errettet aus der Hand des Königs von Assyrien?
wo waren die Götter Chamats und Arpads,
wo waren die Götter Sfarwajims, Henas und Iwwas,
haben denn Samaria welche aus meiner Hand errettet?
wer sind die unter allen Göttern der Länder, die ihr Land aus
    meiner Hand errettet haben,
daß ER Jerusalem aus meiner Hand erretten sollte?!
Sie aber schwiegen, das Volk, und redeten nichts ihm zur
    Antwort,

denn das war ein Gebot des Königs, im Spruch: Antwortet
      ihm nicht!
Mit eingerißnen Gewändern kam Eljakim Sohn Chilkijas,
      der über dem Hauswesen war, und Schebna der Schreiber
      und Joach Sohn Afsafs der Erinnerer, zu Chiskijahu,
sie meldeten ihm die Reden des Erztruchsessen.
Es geschah nun, als der König Chiskijahu es hörte:
er riß seine Gewänder ein,
er hüllte sich ins Sackleinen
und kam in SEIN Haus.
Dann sandte er Eljakim, der über dem Hauswesen war,
      Schebna den Schreiber und die Ältesten der Priesterschaft,
      in das Sackleinen gehüllt, zu Jeschajahu dem Künder, dem
      Sohn des Amoz,
daß sie zu ihm sprächen:
So hat Chiskijahu gesprochen:
Ein Tag von Angst, Züchtigung, Schimpf ist dieser Tag,
ja: Kinder sind bis an den Durchbruch gekommen
und zum Gebären ist keine Kraft da!
vielleicht aber hört ER dein Gott auf all die Reden des Erz-
      truchsessen,
      den der König von Assyrien, sein Herr, gesandt hat, den
      lebendigen Gott zu höhnen,
und züchtigt wegen der Reden, die er angehört hat,
      ER dein Gott!
so trage du ein Gebet empor um den Rest, der sich noch
      findet!
Als die Diener des Königs Chiskijahu zu Jeschajahu gekom-
      men waren,
sprach Jeschajahu zu ihnen:
So sprecht zu eurem Herrn:
So hat ER gesprochen:
Fürchte dich nimmer vor den Reden, die du gehört hast,
mit denen die Knaben des Königs von Assyrien mich schmäh-
      ten!
Wohlan, ich gebe einen Widergeist ihm ein,
er hört ein Hörensagen,
kann kehrt er in sein Land zurück,
in seinem Lande aber fälle ich ihn durch das Schwert.

Als der Erztruchseß wieder zurückkehrte, fand er den König
  von Assyrien im Kampf gegen Libna:
ja: er hatte etwas gehört! ja: er war fortgezogen von Lachisch!
Er hatte nämlich über Tirhaka König von Äthiopien sprechen
  gehört: Wohl, er ist ausgefahren, mit dir zu kämpfen.
Dann sandte er wiederum Boten an Chiskijahu, mit dem
  Spruch:
So sprecht zu Chiskijahu König von Jehuda, im Spruch:
Daß dein Gott dich nimmer berücke,
auf den du dich verlässest, nach dem Spruch: Nicht wird
  Jerusalem in die Hand des Königs von Assyrien gegeben!
Wohlan, du selbst hast gehört,
was die Könige von Assyrien allen Ländern taten, sie zu bannen,
und du willst errettet werden?
Haben die Götter der Stämme, welche meine Väter ver-
  derbten, sie errettet,
Gosan und Charan und Razef und die Adensöhne, die in
  Telaſsar?
wo sind der König von Chamat, der König von Arpad, der
  König Laïrs, Sfarwajims, Henas, Iwwas?!
Chiskijahu nahm die Briefschaften aus der Hand der Boten,
  las sie und stieg zu SEINEM Haus hinan,
Chiskijahu breitete es vor SEIN Antlitz,
Chiskijahu betete vor SEINEM Antlitz,
er sprach:
DU, Gott Jiſsraels, der Sitz hat auf den Cheruben,
du einzig bist der Gott aller Königreiche des Erdlands,
du bists, der den Himmel und die Erde gemacht hat!
Neige, o DU, dein Ohr und höre,
öffne, o DU, deine Augen und sieh,
höre die Rede Sfancheribs, der einen sandte, den lebendigen
  Gott zu höhnen!
Getreu ists, DU,
verheert haben die Könige von Assyrien die Stämme und ihr
  Land
und gaben ihre Götter ins Feuer:
nicht Götter sind das ja, sondern Gemächt von Menschenhänden, Holz und Stein,

die konnten sie schwenden!
Jetzt aber, D U, unser Gott,
befreie uns doch aus seiner Hand,
daß alle Königreiche des Erdlands erkennen:
ja, Gott einzig bist D U!
Da sandte Jeschajahu Sohn des Amoz an Chiskijahu den
  Spruch:
So hat E R gesprochen, der Gott Jiſsraels:
Was du zu mir wider Sſancherib König von Assyrien gebetet
  hast, habe ich gehört.
Dies ist die Rede, die E R gegen ihn redet:
  Dich verachtet,
  dich verspottet
  die Tochter Zion, die Maid,
  hinter dir her schüttelt das Haupt
  die Tochter Jerusalem:
    Wen hast du gehöhnt,
    hast du geschmäht,
    gegen wen erhobst du die Stimme,
    trugst überheblich deine Augen empor?
    Gegen den Heiligen Jiſsraels!
    Meinen Herrn hast du durch deine Boten gehöhnt,
    du hast gesprochen:
    Ich bins, der mit der Menge meiner Reiter erstieg
    die Erhebung der Berge,
    des Libanons Flanken,
    nun rode ich
    den Hochwuchs seiner Zedern,
    die Erlesenheit seiner Zypressen,
    nun komme ich
    an die Nachthütte seines Randes,
    an den Busch seines Gartenhags, –
    ich bins, der fremde Wasser erbohrte und trank,
    nun trockne ich
    mit meinen Sohlentritten allen Flußlauf Ägyptens!
Hast du es nicht gehört:
von fernher habe ich das bereitet,
von Urtagen her es gebildet!?
kommen ließ ich es jetzt: du wurdest,

befestigte Städte niederzukrachen,
nun wüste Trümmerwälle,
daß ihre Sassen, kurz von Arm, bestürzt zuschanden werden,
sind Kraut des Feldes, grünend Gras, Dachbinse:
Versengnis vor dem Halmwuchs!
Ich kenne also
dein Sitzen, dein Fahren, dein Kommen
und dein Auftoben wider mich:
weil du wider mich auftobst
und dein Ungestüm in meine Ohren stieg,
lege ich meinen Haken in deine Nase
und meinen Zaum in deine Lippen,
ich heiße dich heimkehren
   auf dem Weg, den du gekommen bist.
Dies aber sei dir das Zeichen:
das Jahr ißt man Nachtrieb,
im zweiten Jahr Brachtrieb,
aber im dritten Jahr
säet und erntet,
pflanzt Weingärten und eßt ihre Frucht!
Und das Entronnene des Hauses Jehuda,
es, das als Rest verblieb,
fügt Wurzeln an nach unten,
bereitet Frucht nach oben:
denn von Jerusalem fährt ein Rest aus,
Entronnenes vom Berge Zion,
SEIN des Umscharten Eifer bereitet dies.
Darum hat ER so wider Assyriens König gesprochen:
Nicht kommt er in diese Stadt,
nicht schießt er darein einen Pfeil,
nicht berennt er mit einem Schild sie,
nicht schüttet er gegen sie einen Damm auf,
auf dem Weg, den er kam, auf dem kehrt er,
und in diese Stadt kommt er nicht
– SEIN Erlauten –,
ich umschilde diese Stadt, sie zu befreien,
um meinetwillen
und um Dawids willen, meines Knechts.

In jener Nacht geschahs:
SEIN Bote fuhr aus, er schlug im Lager Assyriens hundert-
    undfünfundachtzigtausend,
als man sich frühmorgens aufmachte, wohl, da waren sie alle
    Leichen, tot.
Da brach ab, ging davon, kehrte heim Sſancherib König von
    Assyrien,
er blieb nun sitzen in Ninive.
Es geschah aber, als er sich im Haus Niſsrochs seines Gottes
    niederwarf:
Adrammelech und Scharazer seine Söhne erschlugen ihn mit
    dem Schwert.
Während sie nach dem Land Ararat entwichen,
trat Eſsarhaddon sein Sohn statt seiner die Königschaft an.

In jenen Tagen war Chiskijahu zum Sterben erkrankt.
Da kam zu ihm Jeschajahu Sohn des Amoz, der Künder,
    er sprach zu ihm:
So hat E R gesprochen:
Gebiete über dein Haus,
denn du mußt sterben, kannst nicht leben bleiben.
Er aber drehte sein Antlitz zur Wand, er betete zu IHM,
    sprechend:
Ach, D U,
gedenke doch,
wie ich vor deinem Antlitz herging in Treue, mit befriedetem
    Herzen,
und das in deinen Augen Gute tat!
Chiskijahu weinte, ein großes Weinen.
Es geschah,
noch war vom mitteln Vorhof Jeschajahu nicht hinausgetreten,
da geschah zu ihm SEINE Rede, ein Sprechen:
Kehr um, sprich zu Chiskijahu, dem Herzog meines Volks:
So hat E R gesprochen, deines Vorvaters Dawid Gott:
Ich habe dein Beten gehört,
ich habe deine Tränen gesehn,
wohlan, ich heile dich,
am dritten Tage steigst du herauf zu MEINEM Haus,
ich füge zu deinen Tagen fünfzehn Jahre,

und vor dem Griff des Königs von Assyrien rette ich dich und
   diese Stadt,
ich überschilde diese Stadt,
um meinetwillen und um Dawids willen, meines Knechts.
Jeschajahu sprach:
Holt einen Feigenkuchen.
Sie holten, legten ihn auf das Geschwür,
da lebte er auf.
Chiskijahu sprach zu Jeschajahu:
Was ist das Zeichen dafür,
daß ER mich heilt, ich am dritten Tag zu SEINEM Haus hinauf-
   steige?
Jeschajahu sprach:
Dies sei dir das Zeichen von IHM her,
daß ER die Rede tut, die er geredet hat:
soll der Schatten zehn Stufungen vorgehn
oder soll er zehn Stufungen kehren?
Chiskijahu sprach:
Ein Leichtes wärs dem Schatten, sich um zehn Stufungen zu
   neigen,
nein, rückwärts soll der Schatten zehn Stufungen kehren.
Jeschajahu der Künder rief zu IHM,
da ließ der an den Stufungen, die hinab er gesunken war,
   am Stufungswerk des Achas,
den Schatten zehn Stufungen rückwärts kehren.

Zu jener Frist sandte Merodach Baladan Sohn Baladans,
   König von Babel, Briefschaften und eine Spende an
   Chiskijahu,
denn er hatte gehört, daß Chiskijahu krank gewesen war.
Chiskijahu hörte sie gern an,
er ließ sie das Haus seiner Kleinodien all besehn,
das Silber, das Gold, die Balsame, das gute Öl,
das Zeughaus all
und alles, was sich in seinen Schätzen fand,
nichts war, das Chiskija sie nicht hätte besehen lassen
in seinem Haus und in all seiner Verwaltung.
Aber Jeschajahu der Künder kam zum König Chiskijahu, er
   sprach zu ihm:

Was haben diese Männer gesprochen? woher kommen sie
zu dir?

Chiskijahu sprach:

Aus fernem Land sind sie gekommen, aus Babel.

Er sprach:

Was haben sie in deinem Haus gesehn?

Chiskijahu sprach:

Alles, was in meinem Hause ist, haben sie gesehn,
nichts war, das ich sie nicht hätte besehen lassen in meinen
Schätzen.

Jeschajahu sprach zu Chiskijahu:

Höre Seine Rede:

Wohlan, Tage kommen,
da wird alles, was in deinem Haus ist, was deine Väter aufgeschatzt haben bis zu diesem Tag,
hinweggetragen nach Babel.

Nichts soll übrigbleiben! –
hat E R gesprochen.

Und von deinen Enkelsöhnen,
deinen Nachfahren, die du gezeugt haben wirst,
wird man nehmen,
daß sie Kämmerlinge werden in der Halle des Königs von
Babel.

Chiskijahu sprach zu Jeschajahu:

Gütig noch ist Seine Rede, die du geredet hast.

Er sprach weiter:

Nicht wahr, da in meinen Tagen doch Frieden und Vertrauen
bleiben darf?

Das übrige Redewürdige von Chiskijahu, all seine Herrschgewalt,
wie er den Teich und die Rinne machte, das Wasser in die
Stadt kommen ließ,
ist das nicht aufgeschrieben im Buch: Denkwürdigkeiten der
Tage von Jehudas Königen?

Chiskijahu legte sich bei seinen Vätern hin,
sein Sohn Mnasche trat statt seiner die Königschaft an.

Zwölfjährig war Mnasche, als er die Königschaft antrat,
und fünfundfünfzig Jahre hatte er Königschaft in Jerusalem.
Der Name seiner Mutter: Chefziba.
Er tat das in SEINEN Augen Böse,
den Greueln der Stämme gleich, die ER vor den Söhnen
    Jifsraels her enterbt hatte,
er baute die Koppen wieder aus, die sein Vater Chiskijahu
    hatte schwinden lassen,
er errichtete Schlachtstätten für den Baal,
er machte eine Pfahlfrau, wie sie Achab König von Jifsrael
    gemacht hatte,
er warf sich vor aller Schar des Himmels nieder und diente
    ihnen,
er baute Schlachtstätten in SEINEM Haus, von dem ER ge-
    sprochen hatte: In Jerusalem will ich meinen Namen ein-
    setzen,
er baute Schlachtstätten für alle Schar des Himmels in beiden
    Höfen SEINES Hauses,
er führte seinen Sohn durchs Feuer dar,
er trieb Tagwählerei und Zeichendeuterei, machte sich zu tun
    mit Elb und Wisserischen,
er tat des in SEINEN Augen Bösen die Menge, zu Verdruß.
Er setzte sogar das Schnitzbild der Pfahlfrau, die er gemacht
    hatte, in das Haus,
von dem ER zu Dawid und zu seinem Sohn Schlomo ge-
    sprochen hatte:
In diesem Haus und in Jerusalem, das ich aus allen Stäben
    Jifsraels erwählte, will ich meinen Namen einsetzen für
    Weltzeit
und will hinfort den Fuß Jifsraels nicht schweifen lassen von
    der Scholle, die ich ihren Vätern gab,
wahren sie nur tätig alles, wie ichs ihnen geboten habe,
all die Weisung, die ihnen Mosche mein Knecht entbot.
Sie aber hörten nicht darauf, Mnasche irrte sie,
des Bösen zu tun mehr als die Stämme, die ER vor den
    Söhnen Jifsraels her vertilgt hatte.
Da redete ER durch seine Knechte, die Künder, im Spruch:
Dieweil Mnasche König von Jehuda diese Greuel getan
    hat,

Böses mehr als alles, was das Amoritervolk, das vor ihm war,
   tat,
und mit seinen Klötzen auch Jehuda versündigte,
darum, so hat E R, Jifsraels Gott, gesprochen
wohlan, über Jerusalem und Jehuda lasse ich Böses kommen,
daß alljedem, ders hört, seine beiden Ohren gellen,
ich strecke über Jerusalem hin die Meßschnur Samarias und
   die Setzwage des Hauses Achabs,
ich wische Jerusalem aus, wie man eine Schüssel auswischt,
auswischt und aufs Antlitz umdreht,
ich verstoße den Rest meines Eigentums, gebe sie in die
   Hand ihrer Feinde,
daß sie zur Beute und zum Raub werden all ihren Feinden,
dieweil sie das in meinen Augen Böse taten und mir ver-
   drießlich wurden
vom Tag, da ihre Väter aus Ägypten zogen, bis auf diesen
   Tag.
Auch unsträflichen Bluts vergoß Mnasche sehr viel,
bis er Jerusalem damit gefüllt hatte von Rand zu Rand,
außer seiner Versündigung, daß er Jehuda versündigte, das in
   SEINEN Augen Böse zu tun.
Das übrige Redewürdige von Mnasche,
alles was er getan hat, seine Versündigung, die er sündigte,
ist das nicht aufgeschrieben im Buch: Denkwürdigkeiten der
   Tage von Jehudas Königen?
Mnasche legte sich bei seinen Vätern hin, er wurde im Garten
   seines Hauses, im Usa-Garten, begraben.
Sein Sohn Amon trat statt seiner die Königschaft an.

Zweiundzwanzigjährig war Amon, als er die Königschaft
   antrat,
und zwei Jahre hatte er Königschaft in Jerusalem.
Der Name seiner Mutter: Meschullamet Tochter des Charuz
   aus Jatba.
Er tat das in SEINEN Augen Böse, wie sein Vater Mnasche
   getan hatte,
er ging in aller Wegspur, in der sein Vater gegangen war,
er diente den Klötzen, denen sein Vater gedient hatte, warf
   sich vor ihnen nieder,

er verließ Ihn, den Gott seiner Väter, und ging nicht in
Seinem Weg.

Die Diener Amons verknoteten sich wider ihn und töteten
den König in seinem Haus.

Aber das Landvolk erschlug alle die wider den König Amon
Verknoteten,

und sie könecken, das Landvolk, seinen Sohn Joschijahu statt
seiner.

Das übrige Redewürdige von Amon, was er getan hat,

ist das nicht aufgeschrieben im Buch: Denkwürdigkeiten der
Tage von Jehudas Königen?

Man begrub ihn in seinem Begräbnis im Usa-Garten,

sein Sohn Joschijahu trat statt seiner die Königschaft an.

Achtjährig war Joschijahu, als er die Königschaft antrat,
und einunddreißig Jahre hatte er Königschaft in Jerusalem.
Der Name seiner Mutter: Jedida Tochter Adajas aus Bozkat.
Er tat das in SEINEN Augen Gerade,
er ging in aller Wegspur seines Vorvaters Dawid,
wich nicht ab davon nach rechts oder links.

Es geschah im achtzehnten Jahr des Königs Joschijahu:
Der König sandte Schafan Sohn Azaljahus Sohns Meschullams
  den Schreiber in SEIN Haus, sprechend:
Steig hinauf zu Chilkijahu dem Großpriester,
daß er zur Gänze ausliefre das Silber, das in SEIN Haus zusammengekommen ist,
das die Schwellenhüter vom Volk eingesammelt haben,
und man gebe es zuhanden der in SEINEM Haus übergeordneten Werktätigen,
daß die es für die Werktätigen ausgeben, die in SEINEM Haus
  sind, um das Zersplißne des Hauses zu verfestigen,
für die Vorschneider, für die Bauzimmerer und für die Maurer,
und Hölzer und Hausteine zu erwerben, das Haus zu verfestigen,
jedoch soll mit ihnen nicht abgerechnet werden über das
  Silber, das man ihnen zuhanden gibt, denn sie habens auf
  Vertrauen zu tun.
Da sprach dann zu Schafan dem Schreiber Chilkijahu der
  Großpriester:
Ich habe in SEINEM Haus ein Buch der Weisung gefunden.
Chilkija übergab Schafan das Buch, daß er es vorlese.
Schafan der Schreiber kam zum König und ließ die Rede an
  den König kehren, er sprach:
Deine Diener haben das Silber ausgeschüttet, das sich in dem
  Haus fand,
sie haben es zuhanden der in SEINEM Haus übergeordneten
  Werktätigen gegeben.
Dann meldete Schafan der Schreiber dem Könige, sprechend:
Ein Buch hat mir Chilkija der Priester übergeben.
Schafan las es dem König vor.
Es geschah aber, als der König die Reden des Buchs der
  Weisung hörte:

er riß seine Gewänder ein,

der König gebot Chilkija dem Priester, Achikam Sohne
Schafans, Achbor Sohne Michajas, Schafan dem Schreiber
und Aſsaja dem Königsdiener, sprechend:

Geht, beforschet IHN

um mich, um das Volk, um alles Jehuda

wegen der Reden dieses aufgefundnen Buchs,

denn SEINE Zornglut ist groß, die sich gegen uns entzündet,

deswegen daß unsere Väter auf die Reden dieses Buches nicht
hörten,

gleich allem für uns da Geschriebnen zu tun.

So ging Chilkijahu der Priester, Achikam, Achbor, Schafan
und Aſsaja zu Chulda der Künderin,

dem Weibe Schallums Sohns Tikwas Sohns des Charchas, des
Gewänderverwahrers,

die hatte Sitz in Jerusalem, im Zweitbezirk,

sie redeten zu ihr.

Sie aber sprach zu ihnen:

So hat ER gesprochen, der Gott Jiſsraels:

Sprecht zu dem Mann, der euch zu mir entsandte:

So hat ER gesprochen:

Wohlan, Böses lasse ich kommen

an diesen Ort, über seine Insassen,

alle Mahnrede des Buchs, das der König von Jehuda gelesen
hat,

dafür daß sie mich verließen und räucherten anderen Göttern,

um mich zu verdrießen mit all dem Gemächt ihrer Hände, –

meine Zornglut entzündet sich gegen diesen Ort und wird
nicht erlöschen.

Zum König von Jehuda aber, der euch entsandte IHN zu beforschen, –

so sollt zu ihm ihr sprechen:

So hat ER gesprochen, der Gott Jiſsraels:

Zu der Mahnrede, die du gehört hast:

weil dein Herz erweicht ist,

du vor MEINEM Antlitz dich beugtest,

als du hörtest, was ich über diesem Ort und über seinen Insassen geredet habe: zu Staunen und zu Verwünschung zu
werden,

hast deine Gewänder eingerissen,
hast vor meinem Antlitz geweint,
habe auch ich, ich gehört
– SEIN Erlauten –,
darum:
wohlan, erst will ich dich zu deinen Vätern einsammeln, daß
du in deine Grabstätte eingesammelt bist in Frieden,
deine Augen sollen auf all das Böse nicht sehen, das ich über
diesen Ort kommen lasse.
Als sie nun die Rede an den König kehren ließen,
sandte der König aus,
und die Ältesten all von Jehuda und Jerusalem versammelten
sich zu ihm.
Der König stieg zu SEINEM Haus hinauf
und alle Männer von Jehuda, alle Insassen von Jerusalem mit
ihm,
die Priester und die Künder, und alles Volk von Klein bis
Groß,
er las in ihre Ohren alle Reden des Buchs des Bundes, das
in SEINEM Haus gefunden worden war.
Der König stand auf dem Hochstand,
er schloß vor SEINEM Antlitz den Bund,
in SEINER Nachfolge zu gehen,
seine Gebote, seine Vergegenwärtigungen und seine Satzungen zu wahren
mit allem Herzen und mit aller Seele,
neuaufzurichten die Reden dieses Bundes,
die in diesem Buch niedergeschriebnen.
Alles Volk stand ein in den Bund.

Der König gebot Chilkijahu dem Großpriester, den Zweit-
priestern und den Schwellenhütern,
hinwegzuschaffen aus SEINER Halle alle für den Baal, für die
Pfahlfrau und für alle Schar des Himmels gemachten
Geräte,
die verbrannte er außerhalb Jerusalems auf den Kidronflu-
ren,
und ihre Asche ließ er nach Bet-El tragen.
Er verabschiedete die Pfaffen,

welche die Könige von Jehuda begeben hatten, daß sie an den
  Koppen räucherten, in den Städten Jehudas und dem Umkreis von Jerusalem,
die dem Baal, der Sonne, dem Mond, den Wandelsternen`
  und aller Schar des Himmels Räuchernden.
Er schaffte die Pfahlfrau von SEINEM Haus hinweg, nach
  außerhalb Jerusalems, in das Bachtal Kidron,
verbrannte sie im Bachtal Kidron, zermalmte sie zu Staub
und warf ihren Staub auf die Grabstätte des Pöbelvolks.
Er schleifte die Häuser der Heiligtumsbuhlschaft, die an
  SEINEM Haus waren,
darin die Weiber Gehäuse für die Pfahlfrau webten.
Er ließ alle Priester aus den Städten Jehudas wegkommen,
vermakelte die Koppen, daran die Priester geräuchert hatten,
  von Gaba bis Berscheba,
und schleifte die Koppen der Bocksfüßer,
die am Toreinlaß Jehoschuas des Stadtobersten, dem zur
  Linken für jemand, der in das Haupttor der Stadt kommt.
Nur durften die Koppenpriester SEINE Schlachtstatt in Jerusalem nicht besteigen,
wohl aber aßen sie die Fladen inmitten ihrer Brüder.
Er vermakelte den Ofenplatz, den in der Schlucht des Sohns
  Hinnoms,
dawider daß jemand noch seinen Sohn oder seine Tochter
  dem Molech durchs Feuer darführe.
Er verabschiedete die Rosse, welche die Könige von Jehuda
  der Sonne gegeben hatten:
ihr Kommen an SEIN Haus, zur Laube des Kämmerers
  Ntanmelech, der in den Arkaden,
und den Sonnenwagen verbrannte er im Feuer.
Die Schlachtstätten, die auf dem Dach mit dem Stufungs-
  aufsatz des Achas waren, die die Könige von Jehuda gemacht hatten,
und die Schlachtstätten, die Mnasche in beiden Höfen
  SEINES Hauses gemacht hatte,
schleifte der König,
hieß von dort hinüberlaufen und ihren Staub in den Bach
  Kidron werfen.
Die Koppen, die Jerusalem zugewandt waren,

die zur Rechten des Verderberbergs,

die Schlomo König von Jiſsrael für die Aschtart, das Scheusal
der Sidonier, für Kmosch, das Scheusal Moabs, und für den
Molech, den Greuel der Söhne Ammons, ausgebaut hatte,
vermakelte der König.

Er zertrümmerte die Standmale,

er rodete die Pfahlbäume, ihren Ort füllte er mit Menschen-
gebeinen.

Und auch die Schlachtstatt, die in Bet-El war,

die Koppe, die Jarobam Sohn Nbats gemacht hatte, der
Jiſsrael versündigte,

auch diese Schlachtstatt und die Koppe schleifte er,

brannte die Koppe aus, zermalmte es zu Staub und verbrannte
die Pfahlfrau.

Vorher aber hatte sich Joschijahu umgewandt

und hatte die Gräber ersehn, die dort am Berg waren.

Er sandte hin, ließ die Gebeine aus den Gräbern nehmen,

verbrannte sie an der Schlachtstatt und vermakelte die damit,

nach SEINER Rede, die einst der Mann Gottes ausrief, der eben
dieses vorausrief.

Indes sprach er:

Was ist das für ein Merkstein, den ich da sehe?

Die Männer der Stadt sprachen zu ihm:

Das Grab ist des Manns Gottes, der aus Jehuda gekommen
war,

der eben dies, was du getan hast, einst vorausrief an der
Schlachtstatt von Bet-El.

Er sprach:

Laßt ihn ruhn,

nimmer störe man seine Gebeine!

So ließen seine Gebeine die Gebeine jenes Künders, der aus
Samarien war, mit durchschlüpfen. –

Und auch alle Koppenhäuser, die in den Städten Samariens
waren, die die Könige von Jiſsrael gemacht hatten zu Verdruß, beseitigte Joschijahu,

er tat mit ihnen nach allem Tun, das er in Bet-El getan
hatte,

er schlachtete alle Koppenpriester, die dort waren, an den
Schlachtstätten ab,

er verbrannte Menschengebeine daran.

Dann kehrte er nach Jerusalem zurück.

Der König gebot allem Volke, sprechend:

Macht IHM eurem Gott ein Übersprungsfest,

wies in diesem Buch des Bundes niedergeschrieben ist!

Denn nicht war ein diesem Übersprungsfest gleiches gemacht
   worden

von den Tagen der Richter an, die Jifsrael gerichtet hatten,
   und alle Tage der Könige von Jifsrael und der Könige von
   Jehuda,

sondern erst im achtzehnten Jahr des Königs Joschijahu
   wurde dieses Übersprungsfest IHM in Jerusalem gemacht.

Und auch die Elben und die Wisserischen

und die Wunschlarven und die Bildklötze

und alle Scheusäler, die im Land Jehuda und in Jerusalem zu
   sehn waren,

merzte Joschijahu aus,

um neuaufzurichten die Reden der Weisung,

die geschrieben waren in dem Buch, das Chilkijahu der
   Priester in SEINEM Haus gefunden hatte.

Nicht war vor ihm ein König seinesgleichen,

der so umkehrte zu IHM mit all seinem Herzen, mit all seiner
   Seele, mit all seiner Macht,

allgleich der Weisung Mosches,

und nach ihm ist nicht seinesgleichen erstanden.

Jedoch kehrte ER nicht mehr um von dem großen Flammen
   seines Zorns,

darin sein Zorn gegen Jehuda entflammt war

über all die Verdrusse, damit Mnasche ihn verdrossen hatte,

ER hatte gesprochen:

Auch Jehuda will ich von meinem Antlitz hinweg beseitigen,

wie ich Jifsrael beseitigt habe,

ich verschmähe

diese Stadt, die ich einst erwählte, Jerusalem,

und das Haus, von dem ich einst sprach: Dort soll mein
   Name dasein.

Das übrige Redewürdige von Joschijahu, alles, was er getan
   hat,

ist das nicht aufgeschrieben im Buch: Denkwürdigkeiten der
   Tage von Jehudas Königen?
In seinen Tagen zog der Pharao Necho König von Ägypten
   herauf, auf den König von Assyrien los, auf den Strom
   Euphrat zu,
der König Joschijahu rückte ihm entgegen,
aber der tötete ihn bei Megiddo, sowie er seiner ansichtig
   worden war.
Seine Diener fuhren ihn tot von Megiddo fort,
sie kamen mit ihm nach Jerusalem
und begruben ihn in seinem Begräbnis.
Das Landvolk nahm Joachas Sohn Joschijahus,
sie salbten ihn und königten ihn statt seines Vaters.

Dreiundzwanzigjährig war Joachas, als er die Königschaft antrat,

und drei Mondneuungen hatte er Königschaft in Jerusalem.

Der Name seiner Mutter: Chamutal Tochter Jirmejahus aus Libna.

Er tat das in SEINEN Augen Böse, allwie seine Väter getan hatten.

Aber der Pharao Necho ließ ihn in Fesseln legen in Ribla im Lande Chamat,

von der Königschaft in Jerusalem hinweg,

und gab dem Land eine Buße auf: hundert Barren Silbers und einen Barren Golds.

Der Pharao Necho königte den Eljakim Sohn Joschijahus an seines Vaters Joschijahu Statt,

er wandelte seinen Namen in Jojakim,

den Joachas aber nahm er mit,

der kam nach Ägypten, dort starb er.

Das Silber und das Gold gab Jojakim dem Pharao,

jedoch mußte er das Land besteuern, um das Silber nach des Pharao Geheiß zu geben,

jedermann nach seinem Steuersatz, so trieb er das Silber und das Gold von dem Landvolk ein, es dem Pharao Necho zu geben.

Fünfundzwanzigjährig war Jojakim, als er die Königschaft antrat,

und elf Jahre hatte er Königschaft in Jerusalem.

Der Name seiner Mutter: Sbudda Tochter Pdajas aus Ruma.

Er tat das in SEINEN Augen Böse, allwie seine Väter getan hatten.

In seinen Tagen zog Nebukadnezar König von Babel heran, Jojakim wurde ihm dienstbar,

drei Jahre, dann kehrte er sich ab, empörte sich gegen ihn.

Aber ER schickte gegen ihn aus

Streifrotten der Chaldäer, Streifrotten Arams, Streifrotten Moabs, Streifrotten der Söhne Ammons,

er schickte sie gegen Jehuda aus, es hinschwinden zu lassen,

nach SEINER Rede, die er durch seine Diener, die Künder, geredet hatte.

Auf SEIN Geheiß geschahs gegen Jehuda,
nur um es von seinem Antlitz zu beseitigen,
wegen der Sünden Mnasches – all dem gemäß, was er getan
　　hatte –,
besonders auch des unsträflichen Bluts, das er vergoß, füllte
　　Jerusalem mit unsträflichem Blut:
E R war nicht mehr gewillt zu verzeihen.
Das übrige Redewürdige von Jojakim, alles, was er getan hat,
ist das nicht aufgeschrieben im Buch: Denkwürdigkeiten der
　　Tage von Jehudas Königen?
Jojakim legte sich bei seinen Vätern hin,
sein Sohn Jojachin trat statt seiner die Königschaft an.
Hinfort aber konnte der König von Ägypten nicht wieder
　　von seinem Land ausfahren,
denn eingenommen hatte der König von Babel vom Grenz-
　　bach Ägyptens bis zum Strom Euphrat alles, was des
　　Königs von Ägypten gewesen war.

Achtzehnjährig war Jojachin, als er die Königschaft antrat,
und drei Mondneuungen hatte er Königschaft in Jerusalem.
Der Name seiner Mutter: Nchuschta Tochter Elnatans aus
　　Jerusalem.
Er tat das in SEINEN Augen Böse, allwie sein Vater getan hatte.
Zu jener Frist zogen die Diener Nebukadnezars Königs von
　　Babel herüber gegen Jerusalem,
die Stadt kam in die Enge.
Dann kam Nebukadnezar König von Babel selbst über die
　　Stadt, während seine Diener sie einengten.
Jojachin König von Jehuda mußte hinaus zum König von
　　Babel, er, seine Mutter, seine Diener, seine Obern und seine
　　Kämmerlinge,
der König von Babel nahm ihn fest, im achten Jahr seiner
　　Königschaft.
Dann schaffte er hinaus von dort alle Schätze SEINES Hauses
　　und die Schätze des Königshauses,
er verstümmelte SEINE Halle um alles Goldgerät, das Schlomo
　　gemacht hatte, der König von Jisrael,
wie E R geredet hatte.
Er verschleppte alles Jerusalem,

alle Obern, alle Tüchtigen des Heeres,
zehntausend Verschleppte,
alle Schmiede und Plattner,
nicht blieb ein Rest, außer der Armut des Landvolks.
Er verschleppte Jojachin nach Babel,
die Mutter des Königs, die Frauen des Königs, seine Käm-
    merlinge und die Leitwidder des Landes brachte er aus
    Jerusalem nach Babel in die Verschleppung,
dazu all jene Heeresmannschaft, siebentausend, und die
    Schmiede und die Plattner, tausend, Tüchtige alle, Kriegs-
    tatgeübte, die ließ der König von Babel in die Ver-
    schleppung nach Babel kommen.
An jenes Statt königte der König von Babel den Matanja,
    seinen Oheim,
er wandelte seinen Namen in Zidkijahu.

Einundzwanzigjährig war Zidkijahu, als er die Königschaft
    antrat,
und elf Jahre hatte er Königschaft in Jerusalem.
Der Name seiner Mutter: Chamutal Tochter Jirmejahus aus
    Libna.
Er tat das in SEINEN Augen Böse, allwie Jojakim getan hatte.
Nach SEINEM Zorn ja geschahs in Jerusalem und in Jehuda,
bis er sie von seinem Antlitz hinwegwarf.
Zidkijahu empörte sich wider den König von Babel,
aber dann geschahs, im neunten Jahr seiner Königschaft, in
    der zehnten Mondneuung, am zehnten auf die Neuung:
Nebukadnezar König von Babel kam über Jerusalem, er und
    all sein Heer,
er belagerte es, sie bauten ein Schanzengeheg rings herum,
die Stadt kam in die Enge,
bis ins elfte Jahr des Königs Zidkijahu, am neunten auf die
    Viertneuung,
der Hunger wurde in der Stadt immer stärker, das Landvolk
    hatte nicht Brot mehr,
da wurde die Stadt erbrochen.
Eben die Nacht waren die Kriegsmannen alle auf dem Weg
    durch das Tor der Doppelmauer, das am Königsgarten ist,
    während die Chaldäer noch rings um die Stadt waren,

nun gings fort, den Weg durch die Steppe,

sie aber, das Heer der Chaldäer, jagten dann dem König nach
und holten ihn in den Steppen von Jericho ein,

indes all sein Heer von ihm weg versprengt wurde,

sie ergriffen den König und zogen mit ihm zum König von
Babel nach Ribla hinauf,

da redeten sie mit ihm als Gericht,

die Söhne Zidkijahus metzelten sie vor seinen Augen nieder,

dann blendete er Zidkijahus Augen, fesselte ihn mit Doppel-
erzketten, er ließ ihn nach Babel mitkommen.

In der fünften Mondneuung, am siebenten auf die Neuung,
das war das neunzehnte Jahr der Jahre des Königs Nebukadnezar, des Königs von Babel,

mußte dann noch der Diener des Königs von Babel, Nebusaradan, der Führer der Leibdegen, nach Jerusalem kommen,

er verbrannte SEIN Haus, das Königshaus und alle Häuser von
Jerusalem, alljedes größere Haus verbrannte er im Feuer,

die Mauern Jerusalems ringsum schleiften sie, alles Heer der
Chaldäer, das mit dem Führer der Leibdegen war.

Das übrige Volk, das noch in der Stadt als Rest verblieben
war: die Abgefallnen, die zum König von Babel abgefallen
waren, und den übrigen Haufen

verschleppte Nebusaradan, der Führer der Leibdegen,

aber von der Landesarmut ließ der Führer der Leibdegen
einen Rest zurück, zu Winzern und zu Pflügern.

Die ehernen Säulen, die an SEINEM Haus waren, und die
Fahrgestelle und das eherne Meer, die bei SEINEM Haus
waren, zertrümmerten die Chaldäer, sie trugen deren Erz
nach Babel,

die Töpfe, die Schaufeln, die Zwicken, die Kellen, und alle
ehernen Geräte, damit man amtete, nahmen sie mit,

die Pfannen und die Sprengen, was Gold war in Gold, was
Silber war in Silber, nahm der Führer der Leibdegen.

Die Säulen, zwei,

das Meer, das eine,

die Fahrgestelle, die Schlomo für SEIN Haus gemacht
hatte:

nicht zu wägen war das Erz all dieser Geräte –

die Höhe der einen Säule achtzehn Ellen,

eine Bekrönung von Erz darauf, drei Ellen die Höhe der Bekrönung,

Gitterwerk und Granatäpfel auf der Bekrönung ringsum,
alles von Erz,

und diesen gleich für die zweite Säule nebst dem Gitterwerk…!

Der Führer der Leibdegen nahm Sfraja den Hauptpriester und
Zfanjahu den Zweitpriester und die drei Schwellenhüter,

und aus der Stadt nahm er den einen Kämmerer, der der
Kriegsmannschaft zugeordnet war, und fünf Männer von
denen, die das Antlitz des Königs sehen durften, die sich
in der Stadt fanden,

und des Scharobersten Schreiber, der die Volkschaft des
Landes zusammenzuscharen hatte, und sechzig Mann von
der Volkschaft des Landes, die noch in der Stadt gefunden
worden waren,

die nahm Nebusaradan, der Führer der Leibdegen, und brachte
sie zum König von Babel nach Ribla,

der König von Babel ließ sie in Ribla im Lande Chamat
erschlagen, töten.

So wurde Jehuda von seiner Scholle hinweg verschleppt.

Der Volksrest aber im Lande Jehuda,

den Nebukadnezar König von Babel als Rest belassen
hatte,

über die verordnete ꞏr Gdaljahu Sohn Achikams Sohns
Schafans.

Als alle Obern der Heersplitter, sie und die Mannschaft,
hörten, daß der König von Babel Gdaljahu verordnet hatte,

kamen sie zu Gdaljahu nach Mizpa,

nämlich Jischmael Sohn Ntanjas, Jochanan Sohn Kareachs,
Sfraja Sohn Tanchumets der Ntofatiter und Jaasanjahu der
Sohn des Maachatiters, sie und ihre Mannen.

Gdaljahu schwor ihnen und ihren Mannen zu, er sprach zu
ihnen:

Fürchtet euch nimmer vor den Chaldäerdienern,

siedelt im Lande, dient dem König von Babel, und gut wirds
euch ergehn.

Aber es geschah in der siebenten Mondneuung:

Jischmael Sohn Ntanjas Sohns Elischamas, von königlichem
  Samen, kam, zehn Männer mit ihm,
sie schlugen Gdaljahu tot, dazu die Judäer und die Chaldäer,
  die mit ihm in Mizpa waren.
Da machte sich auf alles Volk von Klein bis Groß und die
  Obern der Heersplitter, daß sie nach Ägypten entkämen,
denn sie fürchteten sich vor den Chaldäern.
Es geschah im siebenunddreißigsten Jahr seit der Verschleppung Jojachins Königs von Jehuda, in der zwölften
  Neuung, am siebenundzwanzigsten auf die Neuung:
Ewilmerodach König von Babel erhob im Jahr seines König-
  schaftsantritts das Haupt Jojachins Königs von Jehuda aus
  dem Kerkerhaus,
er redete gütig mit ihm
und gab seinen Stuhl über den Stuhl der Könige, die mit ihm
  in Babel waren,
er durfte die Gewänder seiner Kerkerhaft wechseln
und aß nun stets das Mahl vor seinem Antlitz, alle Tage
  seines Lebens,
sein Unterhalt wurde als steter Unterhalt ihm vom König
  gegeben, der Tagesbedarf an seinem Tag,
alle Tage seines Lebens.

INHALTSVERZEICHNIS

518 INHALTSVERZEICHNIS

Die Kapitel der üblichen Zählung

DAS BUCH

SCHMUEL

Die Hauptteile des Buchs

Die Kapitel der üblichen Zählung

ERSTES BUCH

ZWEITES BUCH

DAS BUCH

KÖNIGE

Die Hauptteile des Buchs

Die Kapitel der üblichen Zählung

ERSTES BUCH

ZWEITES BUCH

Die Schrift

Die Schrift

Verdeutscht von Martin Buber
gemeinsam mit Franz Rosenzweig

3

DEUTSCHE BIBELGESELLSCHAFT

Bücher der Kündung

Verdeutscht von Martin Buber

gemeinsam mit Franz Rosenzweig

—

DEUTSCHE BIBELGESELLSCHAFT

8. Auflage der neubearbeiteten
Ausgabe von 1958

ISBN 978-3-438-01491-7
© 1976/1978/1979 Gütersloher Verlagshaus, Gütersloh
Lizenzausgabe für die Deutsche Bibelgesellschaft, Stuttgart 1992
Titelfotos: Martin Buber – Interfoto, München;
Franz Rosenzweig – Jüdisches Museum, Frankfurt
Alle Rechte vorbehalten. Printed in Germany

DAS BUCH
JESCHAJAHU

Schauempfang Jeschajahus Sohns des Amoz,
den er über Jehuda und Jerusalem empfing
in den Tagen Usijahus Jotams Achas' Chiskijahus, Könige von
    Jehuda.

Horchet, Himmel,
lausche, Erde,
denn ER hat geredet:
Söhne zog ich groß, brachte ich hoch,
und die, abtrünnig wurden sie mir.
Ein Rind erkennt seinen Eigner,
ein Esel die Krippe seines Meisters,
der nicht erkennt, ist Jifsrael,
der nicht unterscheidet, mein Volk.

Weh,
wegverfehlender Stamm,
schuldbeschwertes Volk,
Saat Bösgesinnter,
verderbte Söhne!
sie haben IHN verlassen,
den Heiligen Jifsraels verschmäht,
rückwärts sich abgefremdet.

Worauf noch wollt geschlagen ihr werden,
da ihr euch immer weiter entfernt?!
Alles Haupt ist der Krankheit worden,
alles Herz ist siech!
Von Fußsohle bis Haupt
kein Heiles daran,
Beule, Strieme, frischer Schlag,
nicht ausgepreßt, nicht verbunden,
nicht ists mit Öl geweicht!

Euer Land eine Starrnis,
eure Städte feuerverbrannt,
euer Acker,
vor euren Blicken zehren die Fremden ihn auf –
Starrnis
wie nach jenem Umsturz, der einst den Fremden geschah!

Die Tochter Zion blieb übrig
wie eine Hütte im Weinberg,
wie ein Nachtdach im Gurkenfeld,
wie eine umschlossene Stadt.
Hätte nicht ER der Umscharte
uns Entronnenes eben noch übrig gelassen,
wir wären wie Sodom,
wir ähnelten Gomorra –

- So höret SEINE Rede,
ihr Sodomsschöffen,
so lauscht der Weisung unsres Gottes,
Gomorravolk:

Wozu mir eurer Schlachtungen Menge?
hat ER gesprochen,
satt bin ich der Darhöhung von Widdern,
des Mastkälberfetts,
Blut von Farren, Lämmern, Böcken,
danach gelüstet mich nicht.
Wenn ihr kommt, vor meinem Antlitz euch sehen zu lassen,
wer hat dies von euch gefordert,
das Zerstampfen meiner Höfe?!

Nicht weiter
laßt vor mich Falschspende kommen,
sie ist mir ein Greuelrauch!
Mondneuung und Wochenfeier,
Ausrufen von Gemeinberufung,
ich mags nicht:
Arglist und Festgewühl!

Eure Mondneuungen,
eure Begegnungszeiten
haßt meine Seele,
sie sind mir zur Bürde geworden,
ich bin des Tragens müde.
Und breitet ihr eure Arme aus,
ich verhülle vor euch meine Augen,
und betet ihr auch die Menge,
ich bin kein Hörender mehr:

eure Hände sind Blutes voll!

Badets ab,
läutert euch,
entfernt die Bosheit eures Spiels
aus dem Blick meiner Augen,
meidet Böstun,
lernet Guttun,
suchet das Recht,
lenket den Erschöpften,
rechtet für die Waise,
streitet für die Witwe!

Geht doch her, wir wollen uns vergleichen,
hat ER gesprochen,
wurden wie Scharlachzeug eure Sünden,
sollen sie sich weißen wie Schnee,
röteten wie Karmesin sie sich,
wie Wolle sollen sie werden:
seid ihr willig, gehorcht,
sollt das Gut des Lands ihr verzehren,
weigert ihr euch und trotzet,
werdet ihr vom Schwerte verzehrt.
Ja, geredet hats SEIN Mund.

Ach wie ist sie zur Hure geworden,
die getreue Burg!
von Recht war sie erfüllt,
Wahrspruch nachtete drin,
jetzt aber Mordgeübte!
Dein Silber wurde zu Schlacken,
dein Zechtrank mit Wasser verschnitten:
deine Fürsten sind die Fernsten,
Diebesgesellen,
alles liebt Bestechung,
jagt nach Geschenken,
für die Waise rechten sie nicht,
der Streit der Witwe kommt nicht an sie.

Darum,
Erlauten vom Herrn, Iнм dem Umscharten, dem Recken
  Jiſraels:
Weh,
ich letze mich an meinen Bedrängern,
ich räche mich an meinen Feinden,
ich kehre meine Hand wider dich,
ich schmelze deine Schlacken wie mit Laugensalz aus,
ich entferne alle deine Bleiklumpen.

Wiederkehren
lasse ich Richter dir dann wie vormals,
Berater dir wie im Anbeginn.
Danach wird man neu dich rufen:
Stadt des Wahrspruchs,
getreue Burg!
Zion wird durch Recht abgegolten,
seine Umkehrenden durch Bewährung.

Aber Niederbruch den Abtrünnigen,
den Fehlhaften mitsammen!
alldahin, die Iнn verlassen!
Ja, zuschanden wird man an den Gotteichen,
deren ihr begehrt habt,
schämen müßt ihr euch an den Heggärten,
die ihr erwählt habt!
ja, ihr werdet wie die Eiche,
deren Laub abwelkt,
und wie der Garten,
der kein Wasser hat!
Der Sperrige wird zum Werg
und was er schaffte zum Funken,
sie entzünden sich beide mitsammen,
und keiner ist, der löschte.

Die Rede, die Jeschajahu Sohn des Amoz über Jehuda und
  Jerusalem empfing:

Geschehn wirds in der Späte der Tage:
festgegründet ist der Berg SEINES Hauses
zu Häupten der Berge,
über die Hügel erhaben,
strömen werden zu ihm die Weltstämme alle,
hingehn Völker in Menge,
sie werden sprechen:
»Laßt uns gehn, aufsteigen
zu SEINEM Berg,
zum Haus von Jaakobs Gott,
daß er uns weise in seinen Wegen,
daß auf seinen Pfaden wir gehn!
Denn Weisung fährt von Zion aus,
von Jerusalem SEINE Rede.«
Richten wird er dann zwischen den Weltstämmen,
ausgleichen unter der Völkermenge:
ihre Schwerter schmieden zu Karsten sie um,
ihre Speere zu Winzerhippen,
nicht hebt mehr Stamm gegen Stamm das Schwert,
nicht lernen sie fürder den Krieg.
Haus Jaakobs,
laßt nun uns gehn,
einhergehn in SEINEM Licht!

Verworfen ja hast du dein Volk,
das Haus Jaakobs:
angefüllt ja wurden mit Östlichem sie,
sind Zeichengucker wie die Philister,
klatschzaubern mit Kindern der Fremde!
Und voll ward sein Land von Silber und Gold,
kein Ende seinen Schätzen,
und voll ward sein Land von Rossen,
kein Ende seinen Kampfwagen,
und voll ward sein Land von Gottnichtsen,
vorm Gemächt seiner Hände sank er hin,
vor dem, was seine Finger machten!
Aber gesenkt wird der Mensch,
aber geniedert der Mann,
nimmer willst du es ihnen tragen.

Da kommt man in die Felskluft,
man scharrt im Staub sich ein
vor SEINEM Schrecken,
vorm Glanze seiner Hehre:
Hoffartsaugen der Menschen geniedert,
Stolz der Männer gesenkt,
ragend einzig ER
an jenem Tag.

Ja, ein Tag ists IHM dem Umscharten
über alles Hehre und Stolze,
über alles Erhabne:
geniedert wirds!
über alle Libanon-Zedern,
die stolzen, die erhabnen,
über alle Baschan-Eichen,
über alle stolzen Berge,
über alle erhabnen Hügel,
über allen hohen Turm,
über alle steile Mauer,
über alle Tarschisch-Schiffe, –
über all die Wunschgebäude!
Gesenkt wird die Hoffart des Menschen,
der Männerstolz geniedert,

ragend einzig ER
an jenem Tag.

Und die Gottnichtse – gänzlich entgleitets,
da man kommt in die Höhlen der Felsen,
in die Schlupflöcher des Staubs
vor SEINEM Schrecken,
vor dem Glanze seiner Hehre,
wann er aufsteht, zu erschüttern das Erdland.

An jenem Tag
schleudert der Mensch fort
die Gottnichtse seines Silbers,
die Gottnichtse seines Goldes,
die man ihm machte, –
vor den Maulwürfen und den Fledermäusen hinzusinken
um kommen zu dürfen in die Spalten der Felsen,
in die Schlüfte der Schroffen,
vor SEINEM Schrecken,
vor dem Glanze seiner Hehre,
wann er aufsteht, zu erschüttern das Erdland.

Laßt doch ab ihr vom Menschen,
in dessen Nase bloß ein Hauch ist,
denn wofür ist er zu rechnen!

Ja, wohlan,
der Herr, ER der Umscharte
entfernt von Jerusalem und von Jehuda
Stützstab und Stützkrücke,
alle brotgleiche Stütze und alle wassergleiche Stütze, –
Held und Kriegsmann
und Richter und Künder
und Wahrsager und Ältesten,
Fünfzigschaftsobern und Hochangesehnen und Rat
und Weisen in Künsten und Raunegescheiten:
Ich gebe Knaben ihnen zu Obern,
Verspielte sollen über sie walten.

Aufeinander los treibt das Volk,
jedermann auf jedermann,
jeder Mann auf seinen Genossen,
sie erdreisten sich,
der Knabe wider den Alten,
der Geringe wider den Geehrten.
Wenn dann ein Mann seinen Bruder, von seinem Vaterschafts-
    haus her, anfaßt:
Du hast noch ein Gewand,
Schöffe mußt du uns sein,
dies Wankende, unter deiner Hand seis!
wird der anheben jenes Tags, so zu sprechen:
Ich mag nicht Wundverbinder sein,
in meinem Haus ist kein Brot, auch kein Gewand,
als Volksschöffen einsetzen dürft ihr mich nicht.

Ja denn,
Jerusalem strauchelt,
Jehuda fällt,
ist ja ihre Zunge, ihr Spiel gegen IHN,
seiner Ehre ins Auge zu trotzen!
Das Gepräg ihrer Antlitze überantwortet sie,
ihre Sünden melden wie Sodom sie an,

sie können sie nicht verhehlen.
Weh ihrer Seele,
denn sie reifen sich selber das Böse!

Sprecht
vom Bewährten: daß er am Guten ist,
denn die Frucht ihres Wirkens werden die essen,
und ein Wehe: dem Frevler das Böse,
denn was durch seine Hände reifte, wird ihm angetan

Mein Volk,
spielerisch ist seiner Treiber ein jeder
Weiber walten ihm ob.
O mein Volk!
die dich lenken, führen irre,
sie haben den Weg deines Wanderns verstört.

Da tritt ER in den Streit ein,
steht hin, abzuurteilen Völker,
ER selber kommt ins Gericht
mit den Ältesten seines Volks, dessen Obern:
...Und ihr,
abgeweidet habt ihr den Weinberg,
der Raub des Gebeugten ist in euren Häusern, –
was ist das mit euch,
daß ihr mein Volk zerklopft,
das Antlitz der Gebeugten zermahlt!
– Erlauten ists von meinem Herrn, IHM dem Umscharten. –

ER hat gesprochen:
Weil die Töchter Zions hochfahrend sind
und gehn, gereckt die Kehle,
scheelwinkend die Augen,
gehn trippelnden Gangs
und klirren mit ihren Füßen,
wird mein Herr den Scheitel der Töchter Zions vergrinden,
ER wird ihre Scham entblößen, –
entfernen wird mein Herr an jenem Tag das Gepränge:
des Knöchelgeklirrs, der Stirngeflechte, der Möndchen,
der Tropfgehänge, der Armspangen, der Flatterschleier,

der Prangekronen, der Schrittkettlein, der Knüpfschärpen.
der Duftgehäuse, der Runenplättchen,
der Siegelringe, der Nasenreife;
der Festkleider,
der Schauben, der Kragen,
der Täschchen, der Putzspiegel,
der Hemdchen, der Kopfbunde, der Überwurfflöre.
Es wird geschehn:
statt Balsams wird Moder sein,
statt eines Gürtels ein Strick,
statt Lockengekräusels Glatze,
statt Pludermantels Sackleinenumgürtung, –
Schandmal statt Schönheit!

Deine Leute fallen durchs Schwert,
deine Heldenschaft durch den Krieg. –

Ihre Pforten klagen und trauern,
ausgeraubt sitzt sie nieder zur Erde.

An jenem Tag halten sieben Weiber einen einzigen Mann fest,
sprechend:
Unser eignes Brot wollen wir essen,
in unser eignes Gewand uns kleiden,
nur dein Name werde über uns gerufen,
schaff unsre Schmach hinweg!

An jenem Tag
wird SEIN Sproß zu Zier und zu Ehren,
die Frucht des Landes zum Stolz und zum Prangen
den Entronnenen Jifsraels.
Geschehen wirds:
was als Rest blieb in Zion,
was übrig war in Jerusalem,
Heilig! wird von ihm gesprochen,
alles, was zum Leben eingeschrieben ist
in Jerusalem.
Hat mein Herr erst weggebadet
den Unflat der Töchter Zions,
hat die Blutflecken Jerusalems
ihm aus dem Innern gespült
durch den Geistbraus des Gerichts,
durch den merzenden Geistbraus,
dann schafft ER
über allem Grunde des Zionsbergs,
über dessen Berufenenschaft
eine Wolke des Tages, Rauch,
und Feuerglanzlohe des Nachts.
Ja, über allem ist als Brauthimmel
der Ehrenschein.
Eine Schirmhütte wird es sein
zum Schatten vor der Dürre bei Tag,
zur Bergung und zum Versteck vor Wetter und vor Regen.

So will ich denn singen von meinem Gefreundeten,
den Sang meines Freundes von seinem Wingert.

Einen Wingert hatte mein Gefreundter
an einem fettreichen Rücken.
Er grub ihn um
und entsteinte ihn
und bepflanzte ihn mit Edelrotrebe
und baute einen Turm ihm inmitten
und auch eine Kelterkufe hieb er drin aus –
und hoffte, daß er Trauben bringe,
doch er brachte Herlinge.

– Und jetzt,
Sasse von Jerusalem,
Mann von Jehuda,
so richtet denn zwischen mir und meinem Wingert!
Was war noch an meinem Wingert zu vollbringen,
das ich daran nicht vollbracht hätte?
weshalb,
nun ich hoffte, daß er Trauben bringe,
hat er Herlinge gebracht?!

Und jetzt,
so will ich euch denn kundtun,
was nun ich an meinem Wingert vollbringe:
seine Schirmhecke beseitigen,
daß er zur Abweide wird,
seine Schranke einreißen,
daß er zum Trottplatze wird,
zur Sturzhalde will ich ihn machen,
er werde nicht geschneitelt,
er werde nicht behackt,
in Dorn und Distel soll er schießen,
und den Wolken verbiete ich
Regen über ihn zu regnen.

Denn SEIN des Umscharten Wingert
ist das Haus Jifsrael,
Jehudas Mannschaft
ist die Pflanzung seines Ergötzens,

er hoffte auf gut Gericht,
und da: ein Blutgezücht!
auf treue Bewährnis,
und da: ein Schrei der Beschwernis!

Weh ihnen,
die Haus an Haus reihen,
Feld nahrücken an Feld,
bis zuende der Raum ist, –
einzig ihr angesiedelt im Innern des Lands!
In meinen Ohren ist ER der Umscharte:
Werden nicht die vielen Häuser zur Starrnis,
große und schöne siedlerlos, ...!
Denn zehn Joch Wingertboden
bringen ein einziges Schaff
und ein Malter Aussaat
bringt einen Scheffel.

Weh ihnen,
die, frühmorgens auf, dem Rauschsaft nachjagen,
die spät in der Dämmrung der Wein erhitzt,
Zither und Harfe, Pauke und Flöte
und Wein ist ihr Trinkgelag,
SEIN Werk erblicken sie nicht,
aufs Tun seiner Hände sehn sie nicht hin.

Drum wird mein Volk weggeschleppt,
um Erkenntnislosigkeit,
seine Ehre sind Hungerleider,
sein Getümmel verschmachtet vor Durst.
Drum weitet die Gruft ihren Schlund,
reißt auf ohne Maß ihren Rachen,
und hinabfahren muß sein Glanz,
sein Getümmel, sein Getöse,
was so vergnügt war in ihm.

Da wird gesenkt der Mensch,
da wird geniedert der Mann,
geniedert sind die Augen der Hohen,
ER der Umscharte erhöht sich im Gericht,
der heilige Gott wird im Wahrspruch erheiligt.
Die Lämmer weiden da wie auf ihrer Trift,
auf den Ödungen der Feisten zugast dürfen sie fressen.

Weh ihnen,
die Schuldstrafe herbeiziehn an Stricken des Wahns,

Sündbuße an Wagenseilen,
die sprechen:
Er beeile, beschleunige seine Tat,
damit wirs sehen,
es nahe, es komme der Ratschluß des Heiligen Jifsraels,
daß wirs erkennen!

Weh ihnen,
die zum Bösen sprechen: Gut!
und zum Guten: Böse!
die die Finsternis machen zum Licht
und das Licht zur Finsternis,
die Bitter machen zu Süß
und Süß zu Bitter!

Weh
den in ihren eignen Augen Weisen,
vor ihrem eignen Antlitz Gescheiten!

Weh
den Helden im Weintrinken,
den Männern, tüchtig, Rauschsaft zu mischen,
die den Frevler bewährt heißen um Bestechung
und das: Bewährt! vorenthalten jedem der Bewährten.

Drum,
wie Feuers Zunge Stoppeln frißt
und Heu in der Lohe zerschlafft,
wird ihre Wurzel wie Moder werden,
ihr Blust aufflattern wie Staub,
denn sie haben SEINE, des Umscharten, Weisung ver-
    worfen,
verschmäht den Spruch des Heiligen Jifsraels.

Darum
ist SEIN Zorn wider sein Volk entflammt,
seine Hand streckt darüber er aus,
er schlägt es,
die Berge erzittern,
ihre Leichen sind wie Unrat mitten auf den Straßen.
Bei alldem kehrt sein Zorn nicht um,

und noch ist seine Hand gereckt.
Er erstellt eine Bannerstange
Stämmen fernhin,
er pfeift einen herbei vom Erdenrand,
da:
eilends, leichtfüßig kommt er.
Kein Matter darunter,
kein Strauchelnder,
er schlummert nicht,
er schläft nicht ein,
nicht wird der Schurz seiner Lenden geöffnet,
nicht wird der Riemen seiner Schuhe gelöst.
Dessen Pfeile geschärft sind,
all seine Bogen gespannt,
die Hufe seiner Rosse wie Kiesel zu achten,
seine Räder wie der Wirbelwind,
sein Brüllen ist wie der Löwin,
wie Jungleuen brüllt er.
Er heult auf,
packt die Beute,
sichert sie,
keiner ist, der sie entrisse.
So heult er drüber herein,
an jenem Tag,
wie Heulen des Meers.
Man blickt über die Erde:
da ist Finsternis, ängstend,
zum Licht auf:
verfinstert in ihren Nebeln!

Im Todesjahr des Königs Usijahu
sah ich meinen Herrn sitzen auf hohem und ragendem Stuhl,
seine Säume füllten den Hallenraum.
Brandwesen umstanden oben ihn,
sechs Schwingen hatten sie, sechs Schwingen ein jeder,
mit zweien hüllt er sein Antlitz,
mit zweien hüllt er seine Beine,
mit zweien fliegt er.
Und der rief dem zu und sprach:
Heilig heilig heilig
ER der Umscharte,
Füllung alles Erdreichs
sein Ehrenschein!
Die Lager der Schwellen erbebten von der Stimme des Ru-
    fers,
und das Haus füllte sich mit Qualm.
Ich sprach:
Weh mir,
denn ich werde geschweigt,
denn ich bin ein Mann maklig an Lippen
und bin seßhaft inmitten eines Volkes maklig an Lippen, –
denn den König, IHN den Umscharten, haben meine Augen
    gesehn!
Aber von den Brandwesen flog eines zu mir,
eine Glühkohle in seiner Hand,
mit der Greifzange hatte es sie oben von der Statt gegriffen,
er berührte damit meinen Mund,
er sprach:
Da,
dies hat deine Lippen berührt,
so weicht dein Fehl,
so wird deine Sünde bedeckt.
Nun hörte ich die Stimme meines Herrn,
sprechend:
Wen soll ich senden,
wer wird für uns gehn?
Ich sprach:
Da bin ich,
sende mich!

Er sprach:
Geh,
sprich zu diesem Volk:
Hört nur, höret,
und unterscheidet nimmer,
seht nur, sehet,
und erkennet nimmer!
Zu verfetten ist das Herz dieses Volks,
seine Ohren zu verstumpfen,
seine Augen zu verkleben,
sonst könnte es mit seinen Augen sehn,
mit seinen Ohren hören,
in seinem Herzen unterscheiden,
umkehren
und Genesung würde ihm!
Ich sprach:
Bis wann,
mein Herr?
Er sprach:
Bis dahin,
daß Städte verheert sind,
kein Insasse mehr,
Häuser,
kein Mensch mehr darin,
des Menschen Boden verheert zu Öden.
Entfernen will ER den Menschen,
groß wird die Verlassenheit des Landesinnern.
Dann, wenn nur noch ein Zehntteil darin ist
und es wieder zur Abweide ward:
der Eiche gleich, der Steineiche gleich,
von denen beim Fällen ein Stumpf blieb:
sein Stumpftrieb ist Same der Heiligung.

Es geschah in den Tagen des Achas Sohns Jotams Sohns Usi-
　　jahus, Königs von Jehuda,
daß heranstieg Rzin König von Aram mit Pakach Sohn Re-
　　maljahus König von Jisrael wider Jerusalem, zu seiner Er-
　　kämpfung,
aber er vermochte es nicht zu erkämpfen.
Gemeldet war dem Hause Dawids worden, man sprach:
Aram überlagert Efrajim.
Da bebte sein Herz und das Herz seines Volks,
wie die Bäume des Waldes vor dem Windbraus beben.
ER aber sprach zu Jeschajahu:
Zieh doch hinaus, Achas entgegen,
du und Rest-kehrt-um dein Sohn,
ans Ende der Rinne des oberen Teichs,
an der Straße zum Wäscherfeld,
und sprich zu ihm:
Hüte dich, halte dich still,
fürchte dich nimmer,
nimmer weich werde dein Herz
vor diesen zwei qualmenden Fackelstummeln,
bei der Zornglut Rzins und Arams und des Remaljahusohns!
Dieweil Böses wider dich beschloß Aram samt Efrajim und
　　dem Remaljahusohn,
sprechend: Hinübersteigen wollen wir wider Jehuda,
es aufschrecken,
es uns aufbrechen
und als König in seiner Mitte den Sohn Tabels königen –
hat mein Herr, ER, so gesprochen:
Nicht soll das bestehn,
nicht soll das geschehen!
denn mag auch noch Damaskus Haupt Arams sein, Rzin
　　Haupt Damaskens,
jenes gilt:
»......................
....
und über fünfundsechzig Jahre
stürzt Efrajim aus dem Volksein« –
mag auch noch Samaria Haupt Efrajims sein, der Remaljahu-
　　sohn Haupt Samarias!

Vertraut ihr nicht, bleibt ihr nicht betreut.

Und weiter ließ ER zu Achas reden, im Spruch:
Heische dir ein Zeichen von IHM deinem Gotte her,
seis tief in der Gruft
oder hoch in der Luft!
Achas sprach:
Ich will nicht heischen,
ich will IHN nicht prüfen.
Da sprach er:
Hört doch, ihr Haus Dawids:
ists euch zu wenig, Männer zu ermüden,
daß ihr auch meinen Gott ermüden wollt?!
Darum
gibt von selber mein Herr euch ein Zeichen.
Da, die Junge wird schwanger
und gebiert einen Sohn.
Seinen Namen soll sie rufen:
Immanuel, Bei uns ist Gott!
Doch wird Rahm und Honig er essen müssen,
wann er erst weiß,
das Böse zu verwerfen,
das Gute zu erwählen,
denn ehe der Knabe weiß,
das Böse zu verwerfen,
das Gute zu erwählen,
wird zwar der Boden verlassen sein,
vor dessen zwei Königen du zusammenschrickst,
aber kommen lassen wird ER
auch über dich, über dein Volk, über dein Vaterhaus
Tage, wie sie nicht gekommen sind
seit dem Tag, da Efrajim wich von Jehuda, –
durch den König von Assyrien.
Geschehn wirds an jenem Tag,
pfeifen wird ER der Fliege,
der am Ende der Flußarme Ägyptens,
und der Biene,
der im Lande Assyrien,
und die kommen und ruhen alle

in den Dellen der Sturzhalden,
in den Klüften der Schroffen,
in allem Stechgesträuch,
auf allen Weidewiesen.

An jenem Tag
wird scheren mein Herr
mit dem Messer, gedungen von jenseits des Stroms,
mit dem König von Assyrien,
das Haupt und das Haar der Beine,
auch den Bart rafft es hinweg.

Geschehn wirds an jenem Tag:
jemand hält sich ein Kühlein oder zwei Schafe am Leben,
und geschehn wirds, ob der Menge des Milchgewinns ißt er
Rahm,
ja, Rahm und Honig essen muß alles im Innern des Landes
Übriggebliebne.

Geschehn wirds an jenem Tag,
es wird aller Ort, wo tausend Reben waren um tausend Silberstücke,
des Dorns und der Distel wird er,
mit Pfeilen und mit Bogen kommt man dahin,
denn Dorn und Distel wird all das Land sein;
und alle Bergäcker, die man mit der Jäthacke behackt,
du kommst nicht dorthin aus Furcht vor Dorn und Distel,
zum Schickplatz für Ochsen wirds und zum Trottplatz für
Schmalvieh.

ER sprach zu mir:
Nimm dir eine große Tafel
und schreibe darauf mit leuteüblichem Griffelstrich:
Für Eilebeute-Raubebald!
und zeugen lasse ich mir vertrauenwürdige Zeugen,
Urija den Priester und Secharjahu Sohn Jeberechjahus.
Als ich dann der Kündersfrau nahte, sie schwanger wurde, sie
    einen Sohn gebar,
sprach ER zu mir:
Rufe seinen Namen
Eilebeute-Raubebald,
denn ehe der Knabe weiß
zu rufen: Mein Vater, meine Mutter,
trägt man
das Vermögen Damaskens
und die Beute Samarias
vor den König von Assyrien.
Weiter noch redete ER zu mir, sprach:
Weil aber dieses Volk verachtet hat
die Wasser der Schiloachleitung, die sachte gehn,
und ums Ergötzen an Rzin und dem Remaljahusohn,
darum, wohlan,
läßt mein Herr herübersteigen, über sie her,
die Wasser des Stroms, die mächtigen, vielen
– den König von Assyrien und all seine Wucht –,
schon stieg über er, über all seine Ufer,
schon ging er über all seine Gestade,
schon wechselt er nach Jehuda,
er schwemmt,
er umflutet,
bis an den Hals reichts, –
es wird geschehn:
die Streckung seiner Schwingen
füllt dein Land, so breit es ist,
Immanuel, Bei-uns-ist-Gott!

Aber erbost euch nur, Völker –
und stürzet zusammen!
Lauscht auf, alle Fernen der Erde:

Rüstet euch – und stürzet,
rüstet euch – und stürzet,
schließt Beschluß, er zerbröckelt,
redet Rede, sie besteht nicht,
denn bei uns ist Gott!

Denn so hat ER zu mir gesprochen
im Zufassen der Hand,
da er mich abmahnte,
auf dem Weg dieses Volkes zu gehn,
im Spruch:
Sprecht nicht als Verrat an alles,
was dies Volk als Verrat anspricht,
seine Furcht fürchtet nicht,
erschauert nicht mit,
IHN den Umscharten, den heiliget,
er sei, was euch fürchten macht,
er, was euch erschauern macht.
Er wird zum Heiligtum werden –
aber zum Stein des Anstoßens,
aber zum Felsblock des Strauchelns
für beide Häuser Jifsraels,
zum Klappnetz und zum Schnepper
für den Sassen Jerusalems,
straucheln werden unter ihnen viele,
fallen, zerschellen,
geschnappt, gefangen werden.

Die Bezeugung ist einzuschnüren,
die Weisung ist zu versiegeln
in meinen Lehrlingen.
Harren will ich auf IHN,
der sein Antlitz dem Hause Jaakobs verbirgt,
auf ihn will ich hoffen:
wohlan,
ich und die Kinder, die ER mir gab,
sind zu Zeichen und zu Erweisen in Jifsrael da,
von IHM dem Umscharten her,
der auf dem Berge Zion einwohnt.

Wenn sie aber zu euch sprechen:
– Beforscht die Elben und die Wisserischen!
– Die zirpenden, die murmelnden?! –
– Soll nicht ein Volk seine Götter beforschen?
– Für die Lebenden die Toten?! –:
Zur Weisung hin!
zur Bezeugung hin!

Sprechen sie denn nicht solcher Rede gleich,
jeder, der kein Morgenrot hat?
Streift das aber erst umher beschwert und hungernd,
wirds geschehn, wenn man hungert:
man ergrimmt, man verwünscht seinen König und seinen Gott,
man wendet sich nach oben,
auf der Erde blickt man sich um:
wohl,
Angst und Verfinstrung,
Düster der Bangnis:
ins Dunkel verstoßen!

Denn wird düster nicht bald, dem nun bang ist?
Zog zur Stunde der Frühre noch leicht gegen es an,
nur übers Land Sbulun, nur übers Land Naftali hin,
überzieht der Spätre es wuchtend,
den Meerweg, das Jenseit des Jordans, den Weltstämmekreis.

Das Volk, die in Finsternis gehen,
ersehen ein großes Licht,
die Siedler im Todschattenlande,
Licht erglänzt über sie.

Reich machst du den Jubel,
groß machst du die Freude,
sie freun sich vor deinem Antlitz,
wie beim Erntefreudenfest,
gleichwie man jubelt beim Beuteverteilen.

Denn das Joch seiner Fron,
das die Schulter ihm beugt,

den Stock, der es antreibt,
du zerknickst sie wie am Midjantag.

Denn alljeder Stiefel,
herstiefelnd mit Gedröhn,
Rock in Blutlachen gewälzt,
zum Brande, Feuerfraß wirds.

Denn ein Neugeborner
ist uns geboren,
ein Sohn
ist uns gegeben,
auf seiner Schulter
wird die Fürstenschaft sein.

Seinen Wundernamen ruft man:
Ratsmann des heldischen Gottes,
Vater des Siegesgewinns,
Fürst des Friedens.

Zu reicher Fürstenschaft
und zum Frieden ohne Ende
über Dawids Stuhl,
über seiner Königsmacht,
zu gründen die, sie zu stützen
mit Gerechtigkeit, mit Wahrhaftigkeit,
von jetzt in die Zeit fort:
vollbringen wird das SEIN des Umscharten Eifer.

Rede sendet mein Herr auf Jaakob hin,
nieder fällt sie auf Jifsrael,
erkennen sollen sies, all das Volk,
Efrajim, Samariens Sasse,
in dem Hochmut, in der Herzensgroßsucht,
da sie sprachen:
»Ziegel sind eingefallen,
mit Quadern bauen wirs auf,
Maulbeerfeigen sind umgehaun,
mit Zedern tauschen wirs aus!«
ER wiegelt Rzins Unterfürsten gegen es auf,
seine Feinde stachelt er an,
Aram von vorn, die Philister von hinten,
sie fressen Jifsrael vollen Munds –
bei alledem kehrt sein Zorn nicht um,
und noch ist seine Hand gereckt.

Nicht kehrt das Volk um zu dem, der es schlug,
IHN den Umscharten suchen sie nicht.
Da rottet ER von Jifsrael aus
Kopf und Schwanz,
Palmwedel und Binse
an einem Tag.
  – Alte und Hochangesehne, das ist der Kopf,
  lugunterweisende Künder, das ist der Schwanz. –
Die dieses Volk lenken, führen irre,
die sich lenken lassen, werden verstört.
Darum mag an seinen Jünglingen mein Herr sich nicht freuen,
  sich nicht erbarmen seiner Waisen und Witwen,
denn entartet und böslich ist alles,
aller Mund redet Schändlichkeit.
Bei alledem kehrt sein Zorn nicht um,
und noch ist seine Hand gereckt.

Denn wie Feuer sengt der Frevel,
er frißt Distel und Dorn,
er zündet im Gestrüpp des Waldes,
und das wirbelt als Rauchsäulen hoch,
von SEINER, des Umscharten, Wallung
ist das Land ausgeglüht,

wie Feuers Fraß wurde das Volk.
Nicht schont ein Mann seinen Bruder,
man haut ein zur Rechten und hungert,
man frißt zur Linken und wird nicht satt,
jedermann 1rißt das Fleisch seines Arms,
Mnasche den Efrajim, Efrajim den Mnasche,
die zusammen über Jehuda her –
bei alledem kehrt sein Zorn nicht um,
und noch ist seine Hand gereckt.

Weh ihnen,
die Gesetzlein der Arglist aufsetzen,
den Schreiberlingen, die drauflos Plackerei schreiben,
abzudrängen vom Urteil die Armen,
meines Volks Gebeugten das Recht zu rauben,
daß Witwen ihre Beute werden
und sie Waisen plündern!
Was werdet ihr tun auf den Zuordnungstag,
auf das Unheil, das fernher kommt?
Zu wem werdet ihr fliehen um Hilfe,
wo eure Ehre lassen?
Wer dem Kauern am Platz der Gefangenschaft entgehn will,
an dem Platz der Erschlagnen müssen die niederfallen!
Bei alledem kehrt sein Zorn nicht um,
und noch ist seine Hand gereckt.

Weh Assyrien, der Rute meines Zorns,
ihnen, in deren Hand mein Groll ein Stecken ist!
Gegen einen entarteten Stamm sende ich es,
gegen das Volk meiner Wallung entbiete ich es,
Beute zu beuten und Raub zu rauben,
es zum Trott zu machen gleich dem Straßenlehm.
Das aber meints nicht so,
nicht so rechnet sein Herz,
sondern im Herzen ihm ist, zu vertilgen,
Stämme auszurotten, nicht wenige.
Denn es spricht:
»Sind nicht meine Feldobern allzumal Könige?
wars nicht wie mit Karkmisch mit Kalno?
oder nicht wie mit Arpad mit Chamat?
oder nicht wie mit Damaskus mit Samaria?
Gleichwie meine Hand gelangt hat
nach den Königreichen manches Gottnichtsleins,
und ihre Meißeldocken waren denen Jerusalems, Samarias
    über,
sollte nicht, wie ich Samaria und seinen Gottnichtslein tat,
so ich Jerusalem und seinen Schnitzpuppen tun?!«
Geschehen wirds,
wenn abwebt mein Herr all sein Tun an dem Berge Zion und
    an Jerusalem:
Zuordnen will ichs
der Frucht der Herzensgroßsucht des Königs von Assyrien
und der Prahlerei seiner überheblichen Augen.
Denn er hat gesprochen:
»Durch die Kraft meiner Hand habe ichs getan,
durch meine Weisheit, denn ich bin gescheit,
die Grenzen der Völker beseitigte ich,
ich plünderte ihr Erspartes,
wie ein Recke stürzte ich die Thronenden.
Wie in ein Vogelnest
langte meine Hand in die Habe der Völker,
wie verlaßne Eier man einrafft,
raffte ich, ich alles Erdland,
da war nichts, das den Flügel regte,
den Schnabel aufsperrte und zirpte.«

Darf prahlen die Axt wider den, der damit haut?
oder großtun die Säge wider den, der sie schwingt?
als wollte ein Stab den schwingen, der ihn erhebt,
als wollte ein Stecken den heben, der – nicht Holz ist!
Darum
sendet der Herr, ER der Umscharte,
in seine Fettigkeiten die Darre,
am Platz seines Ehrenscheins
flammt Flamme wie Entflammung des Feuers, –
das Licht Jifsraels wird zum Feuer,
sein Heiliger zu einer Lohe,
die sengt,
die verzehrt
seinen Dorn, seine Distel
an einem Tag,
den Ehrenschein seines Walds, seines Gartens
vernichtet er von Seele bis Fleisch,
daß es ist, wie wenn ein Siecher dahinsiecht,
und der Rest seiner Waldbäume,
zählbar werden sie sein,
ein Knabe schreibt sie auf.

Geschehn wirds an jenem Tag:
nicht mehr fortfahren wird der Rest Jifsraels,
die Entronnenschaft des Hauses Jaakobs,
sich zu stützen auf den, der es schlägt,
es stützt sich auf IHN,
den Heiligen Jifsraels,
in Vertrauen.
Ein Rest kehrt um,
Jaakobs Rest,
zum heldischen Gott.
Denn ob auch deines Volks,
Jifsrael,
wie des Sands am Meer wäre,
ein Rest nur in ihm kehrt um:
Vernichtung ist entschieden,
sie flutet Bewährung empor.
Denn Zunichte und Entscheidung,

mein Herr, ER der Umscharte, vollbrings im Innern alles Erdlands.

Darum,
so hat mein Herr, ER der Umscharte, gesprochen,
fürchte dich nimmer,
mein Volk, das den Zion zum Sitz hat,
vor Assyrien,
schlägt es dich mit der Rute,
hebts über dich seinen Stecken in der Weise Ägyptens.
Denn noch ein winziges Wenig,
dann ist jener Groll zunichte,
sie aufreiben will dann mein Zorn.
Dann regt wider es die Geißel
ER der Umscharte
wie zum Schlag gegen Midjan am Rabenfelsen,
und seinen Stecken, den überm Meer,
den hebt er dann in der Weise Ägyptens.
Geschehn wirds an jenem Tag,
von deiner Schulter weicht sein Frondruck,
von deinem Halse sein Joch.

   Und dann heißts:
   Am Nackenfett kann ein Joch zermürben.

Schon kommt er auf Ajjat zu!
er geht über Migron fort!
sein Zeug ordnet nach Michmasch er ab!
Sie gehn über den Übergang:
Gaba sei Nachtherberge uns!
Rama rennt,
Schauls Giba flieht.
Laß deine Stimme ergellen, Bat Gallim!
Horche, Lajscha!
Antworte ihr, Anatot!
Madmena schwankt von dannen,
die Sassen von Gebim zerstieben!
Noch heute steht er in Nob!
Schon schwenkt er seine Hand
wider den Berg der Tochter Zion,

den Hügel von Jerusalem!
Da aber:
der Herr, ER der Umscharte,
entzweigt Laubkronen mit Schreckensgewalt,
die Stolzwüchsigen sind schon gekappt,
die Ragenden werden geniedert,
die Gesträppe des Walds mit dem Eisen zerfetzt,
mit seiner Herrlichkeit wird der Libanon fallen.

Dann fährt ein Reis auf aus dem Strunke Jischajs,
ein Schößling aus seinen Wurzeln fruchtet,
auf dem ruht SEIN Geisthauch,
Geist der Weisheit und Unterscheidung,
Geist des Rats und der Heldenkraft,
Geist SEINER Erkenntnis und Fürchtigkeit,
mit SEINER Fürchtigkeit begeistet er ihn.

Nicht nach der Sicht seiner Augen wird er richten,
nicht nach Gehör seiner Ohren ausgleichen,
er richtet mit Wahrspruch die Armen,
er schafft Ausgleich mit Geradheit den Gebeugten der Erde,
er schlägt die Erde mit dem Stab seines Mundes,
mit dem Hauch seiner Lippen tötet er den Frevler,
Wahrspruch wird der Gurt seiner Hüften sein,
Treue der Gurt seiner Lenden.

Dann gastet der Wolf beim Lamm,
der Pardel lagert beim Böcklein,
Kalb und Jungleu mästen sich vereint,
ein kleiner Knabe treibt sie einher,
Kuh und Bärin sind Weidegenossen,
ihre Jungen lagern mitsammen,
der Löwe frißt Stroh wie ein Rind.
Der Säugling erlustigt sich
an der Höhle der Viper,
nach dem Lichtloch der Kreuzotter
patscht mit seiner Hand ein Entwöhntes.
Nicht übt man mehr Böses,
nicht wirkt man Verderb
auf all dem Berg meines Heiligtums,
denn die Erde ist voll
SEINER Erkenntnis,
wie Wasser, die das Meerbett bedecken.

Geschehn wirds an jenem Tag:
der Wurzelsproß Jischajs,
der als Banner der Völker steht,
die Weltstämme suchen ihn auf,
seine Ruhestatt ist ein Ehrenschein.

Geschehn wirds an jenem Tag:
heran tut mein Herr zum zweiten Mal seine Hand,
den Rest seines Volks zu erwerben,
was noch restet:
von Assyrien her, von Ägypten, von Patros,
von Äthiopien, von Elam, von Schinar,
von Chamat, von den Meeresküsten.
Ein Banner hebt er den Weltstämmen zu,
rafft die Verstoßnen Jifsraels ein,
holt die Versprengnis Jehudas zuhauf
von den vier Zipfeln der Erde.

Dann weicht die Eifersucht auf Efrajim,
verschwunden sind Jehudas Bedränger,
Efrajim beeifert nicht Jehuda,
Jehuda bedrängt Efrajim nicht,
sie fliegen meerwärts den Philistern auf die Schulter,
plündern vereint die Söhne des Ostens,
Edom und Moab sind ein Griff ihrer Hand,
die Söhne Ammons ihnen hörig.

Und bannte ER einst die Zunge des Meers von Ägypten,
nun schwenkt er seine Hand über den Strom,
mit der Dörrwut seines Windes,
er zerschlägt ihn zu sieben Bächen,
daß in Schuhn man hindurch sich bewegt.
Eine Straße wird dann für den Rest seines Volks,
was als Rest blieb aus Assyrien,
wie eine für Jifsrael war
am Tag, da es aus dem Lande Ägypten stieg.

Sprechen wirst du an jenem Tag:

Ich danke dir, DU,
daß du mir gezürnt hast:
dein Zorn kehrt um
und du tröstest mich.

Da: der Gott meiner Freiheit!

ich verlasse mich,
ich verzage nicht,
denn mein Sieg und Saitenspiel ist oh ER,
ER! und ward mir zur Freiheit.

Schöpfen sollt ihr Wasser mit Wonne
aus den Quellen der Freiheit!

Sprechen werdet ihr an jenem Tag:

Danket IHM,
ruft seinen Namen aus,
macht unter den Völkern sein Wirken bekannt,
sagt an, daß sein Name emporragt!
Saitenspielet IHM,
daß er Hohes tat,
bekannt sei dies auf aller Erde!
Jauchze, juble auf,
Sassenschaft Zions,
denn groß ist bei dir drinnen
der Heilige Jifsraels.

Lastwort über Babel, das Jeschajahu Sohn des Amoz empfing:

Auf kahlem Berge hißt ein Banner,
Stimmschall erhebt ihnen zu,
schwinget die Hand,
daß sie kommen nach Edelpfort!
Ich selber habe entboten
meine Geheiligten,
schon berufen meinem Zorn
meine Helden,
meine fröhlichen Hochgemuten.

– Getümmels Schall auf den Bergen,
nach Art einer Menge Volks:
Schall des Tosens von Königreichen,
versammelten Stämmen, –
ER der Umscharte
ordnet die Kampfschar selber.
Sie kommen aus fernem Land,
vom Rande des Himmels her,
ER und die Gewaffen seines Grolls,
alles Erdland zu zermürben.

Heulet auf,
denn SEIN Tag ist nah,
wie Gewalt vom Gewaltigen kommt er!
Darum müssen alle Hände erschlaffen,
alles Menschenherz schmelzen,
sie werden verstört,
Krämpfe packen sie und Wehn,
sie winden sich wie die Gebärende,
jedermann starrt seine Genossen an,
ihre Gesichter sind Flammengesichter.

Ja, ein grausamer, kommt SEIN Tag,
Aufwallen und Flammen des Zorns,
das Erdland zur Starrnis zu machen,
seine Sünder tilgt er daraus.

Denn die Sterne des Himmels,
seine Orionen,
sie lassen nicht schimmern ihr Licht,
in ihrer Ausfahrt schon ist die Sonne verfinstert,
der Mond läßt sein Licht nicht erglänzen.

– Zuordnen will ich der Weltburg die Bosheit,
den Frevlern ihre Verfehlung,
verabschieden die Hoffart der Frechen,
den Hochmut der Wütriche niedern.
Einen Mann lasse ich kostbarer werden als Feinerz,
einen Menschen als Ofirmetall.

Darum mache ich die Himmel erzittern,
die Erde schüttert, von ihrem Ort weg, –
in SEINER, des Umscharten, Wallung,
am Tag des Flammens seines Zorns.

Geschehen wirds:
wie ein aufgescheuchtes Gazellenrudel,
wie Schafe, die keiner zuhaufholt,
jedermann zu seinem Volke wenden sie sich,
jedermann zu seinem Lande entfliehn sie.
Alles Aufgefundne wird erstochen,
alles Aufgeraffte fällt durchs Schwert,
ihre Spielkinder werden vor ihren Augen zerschmettert,
geplündert ihre Häuser, ihre Weiber beschlafen.

Ja, ich erwecke über sie die Meder,
die Silbers nicht achten,
Gold, nicht begehren sie sein, –
Bogenschäfte schmettern die Knaben hin,
sie erbarmen sich der Leibesfrucht nicht,
ihr Auge schont nicht der Söhne.

Werden soll Babel,
die Zier der Königreiche,
die hohe Pracht der Chaldäer,
wie der Gottesumsturz
an Sodom und an Gomorra.
Nichtbesiedelt bleibts in die Dauer,

nichtbewohnt Geschlecht um Geschlecht,
nicht zeltet dort der Steppenaraber,
dort lassen Hirten nicht lagern.

Aber Wildnisspuk wird dort lagern,
ihre Häuser Schuhue erfüllen,
Strauße werden dort wohnen,
Bocksfüßer dort tanzen,
Eilandspuk wechselsingen in seinen Palästen,
Schakale in den Hallen des Behagens.

Nah am Kommen ist seine Stunde,
seine Tage ziehn sich nicht hin.

Denn ER erbarmt sich Jaakobs,
wieder erwählt er Jiſsrael,
bringt zur Ruhe sie auf ihrem Boden.

Gastsassenschaft hängt sich an sie,
sie gliedern dem Hause Jaakobs sich an,
Und nahmen einst Völker sie weg
und hießen sie mitkommen zu ihrem Ort
oder eigneten sie sich ein
– das Haus Jiſsrael auf SEINEM Boden! –
zu Knechten und zu Mägden,
so werden sie nun ihren Fängern Fänger,
sie schalten über ihre Treiber.

Dann wirds geschehn,
am Tag, da ER dir Ruhe bringt
von deinem Bekümmern,
von deinem Erzittern,
von dem harten Knechtsdienst, damit du geknechtet wurdest,
dann wirst du dieses Gleichwort dem König von Babel auf-
    lasten,
du wirst sprechen:

Ach wie muß feiern der Treiber,
feiern die Erdreistung!
Zersplittert hat ER den Stecken der Frevler,

den Stab der Zwingherrn,
der Völker schlug im Überwallen,
unablässigen Schlags,
schaltete im Zorn mit den Stämmen,
ein Hetzen ohne Einhalt.

Nun ruht alles Erdland, es rastet,
sie brechen in Jubel aus.
Ob dir freuen sich auch die Wacholder,
die Zedern des Libanon:
Seit du dich hingelegt hast,
steigt der Fäller nicht mehr herauf, auf uns zu.

Das Gruftreich drunten
zittert dir, deinem Kommen entgegen,
erweckt dir die Gespenster,
die Leitwidder der Erde,
läßt aufstehn von ihren Stühlen
der Stämme Könige alle.

Alle wechselsagen sie,
sie sprechen zu dir:
»Auch du bist wie wir versiecht,
bist uns gleichgeworden,
zur Gruft mußte hinab deine Hoffart,
das Rauschen deiner Harfen,
Maden sind dir untergebettet,
Gewürm ist dir Decke.«

Ach wie bist du vom Himmel gesunken,
Schimmerer, Sohn des Frührots,
niedergehauen zur Erde,
Überwinder der Stämme!
Du, du sprachest in deinem Herzen:
Himmelhoch steige ich auf,
höher als die göttlichen Sterne
erhebe ich meinen Stuhl,
sitze hin auf den Berg der Begegnung
am Lendenbuge des Nordens,
hochauf steige ich, wolkenkuppenhoch,
mit dem Höchsten messe ich mich dann!

Jedoch du mußtest zum Gruftreich hinab,
zum Lendenbuge der Tiefe!

Die dich einst sahen, betrachten dich nun,
sie besinnen dich:
»Ist dies der Mann,
der das Erdland zittern ließ,
Königreiche schüttern ließ,
den Weltkreis machte wie Wüste,
seine Städte niederriß,
seine Gefesselten nie losgab nach Haus?«

Der Stämme Könige alle,
allsamt liegen sie in Ehren,
jedermann in seiner Behausung,
du aber, hingeworfen bist du,
abseits von deinem Grab,
wie ein verabscheuter Wildling,
überkleidet mit Erwürgten,
Schwertdurchbohrten,
die hinabmußten tief unter Steine, –
wie ein zertretenes Aas.

Du darfst dich nicht jenen im Begräbnis vereinen,
denn du hast dein Land verderbt,
dein Volk hast du erwürgt.
In die Zeit hin wird nicht wiederberufen
der Bösewichtsame.
Bereitet seinen Söhnen die Schlachtbank
um die Schuld ihrer Väter,
daß gar nie sie aufstehn,
das Erdland ererben,
die Fläche der Welt mit Bedrängern füllen.

Ich stehe wider sie auf,
ist SEIN des Umscharten Erlauten,
ich rotte an Babel aus
Namen und Nachblieb,
Sproß und Schoß,
ist SEIN Erlauten,
ich mache es zum Erbe des Igels,

Wassersümpfen,
ich fege es hinweg
mit dem Fegebesen Vertilgung.
Erlauten ists von IHM dem Umscharten.

ER der Umscharte hat geschworen,
sprechend:
Geschiehts nicht so, wie ich es ermaß,
ersteht es nicht, wie ich es beschloß,
Assyrien in meinem Land zu zerbrechen,
auf meinen Bergen trete ichs nieder,
daß weiche von ihnen sein Joch,
sein Frondruck von der Schulter weiche,
......!
Dies ist der Beschluß,
beschlossen über alles Erdland,
dies ist die Hand,
gereckt über alle Stämme.
Ja, beschlossen hat ER der Umscharte,
wer vereitelts?
die gereckte Hand ist die seine,
wer kehrt sie ab?!

Im Todesjahr des Königs Achas geschah dieses Lastwort:

Freue dich nimmer,
du Philistäa allzumal,
daß der Stab deines Schlägers zerbrach,
denn aus der Wurzel der Schlange fährt eine Otter,
und deren Frucht ist ein geflügelter Drache.

Auf meiner Trift weiden sollen die Armen,
die Dürftigen in Sicherheit lagern,
aber deine Wurzel töte ich durch Hunger,
und jener erwürgt deinen Rest.

Heule, Ratstor,
schreie, Stadt,
wanken mußt du Philistäa allzumal,
denn qualmgleich kommt es von Norden,
in seiner Heergemeinde ist keiner vereinzelt.

Und was antwortet man
den Boten der Stämmewelt?
– Ja, ER hat Zion gegründet,
und darein bergen sich die Gebeugten seines Volks.

Lastwort über Moab:

Ja, in einer Nacht ist gewaltigt Stadt Moab, geschweigt,
ja, in einer Nacht ist gewaltigt Burg Moab, geschweigt.

Hinan steigt Bajit und Dibon
die Koppen zu Klagegewein,
über Nbo hin, über Medba
heult Moab,
auf all seinen Köpfen Glatze,
aller Bart gekappt,
auf seinen Gassen
gürten Sackleinen sie,
über seinen Dächern,
auf seinen Märkten
heult es allsamt,
es zerrinnt in Weinen,
Cheschbon schreit und Elale,
bis Jahaz hört man ihre Stimme.

Darob müssen Moabs Stürmer zetern,
seine Seele ists, die ihm so zittert.
Mein Herz, über Moab schreits auf.

Seine Entwichnen –
bis Zoar, Dritt-Eglat,
ja, den Steig nach Luchit,
unter Weinen steigt man ihn hinan,
ja, des Wegs nach Choronajim
erwecken sie Geschrei um den Niederbruch,
ja, die Wasser von Nimrim,
Starrnisse werden sie.

Ja, das Gras ist verdorrt,
das Kraut alldahin,
das Grün zunichte geworden.
Darum, das Erübrigte,
was man geschafft hat, ihr Aufbewahrtes,
über den Pappelnbach tragen sies fort.

Ja, das Geschrei
umkreist Moabs Grenzmark,

bei Eglajim sein Heulen,
an dem Elimbrunnen sein Heulen:
ja, Dimons Wassermengen,
die mehrten sich, Menschenbluts voll.

Ja denn:
Noch weiteres bringe ich über Dimon,
der Entronnenenschaft Moabs
einen Löwen
-- und dem Rest auf dem Boden.

Schickt wieder landesfürstlichen Lämmerzins
vom Geklüft wüstenwärts
zum Berg der Tochter Zion!
So nämlich wirds:
verflatternden Vögeln, freigeschickter Nestbrut gleich
werden die Töchter Moabs an den Arnonfurten sein:
»Laß du Rat uns zukommen,
schaff du Vermittlung!
mach der Nacht gleich deinen Schatten
am hellen Mittag,
verstecke die Geflüchteten,
Verflatterte offenbare nimmer!
in dir mögen gasten meine, Moabs, Geflüchtete,
sei ihnen Versteck vor dem Gewaltiger!«

Denn ein Ende hat dann hier die Pressung,
alldahin ist die Gewalt,
der Zertreter verschwunden vom Land.
Und gegründet in Huld ist ein Stuhl,
auf ihm sitzt in Treuen
in Dawids Zelt
ein Richter,
das Recht suchend,
des Wahrspruchs beflissen.

Wir haben die Hoffart Moabs gehört,
des sehr hochmütigen,
seinen Hochmut, seine Hoffart, sein Überwallen,
seine Schwätzereien, grundnichtig.

Aus diesem Grund muß Moab um Moab heulen,
aufheulen allsamt,
um die Rosinenkuchen von Burg-Charefset
stöhnt ihr, gar zerknirscht,
denn die Fluren Cheschbons,
verwelkt ists,
der Stock Sfibmas,
die Meister der Weltstämme haben seine Edelrotbeeren zer-
    stampft,
die bis Jaser reichten,
die sich zur Wüste verliefen,
seine Ranken,
die sich breiteten,
die das Meer überschritten.
Darum weine ich mit Jasers Weinen
um Sfibmas Stock,
ich netze dich mit meiner Träne,
Cheschbon, Elale,
denn über dein Herbsten,
über dein Heimsen
ist ein Hussaruf gefallen.
Eingerafft ist Freude und Jubel
aus dem Fruchtgarten,
in den Rebgärten
jubelt man nicht,
lärmt man nicht,
Wein in den Bütten keltert der Kelterer nicht,
der Heissaruf feiert.
Darum, meine Eingeweide,
um Moab rauschen sie gleich der Zither,
mein Innerstes über Burg-Charefs.
Einst wird das geschehn –
wenn Moab die Koppe beschreitet,
wenn es sich abarbeitet,
in sein Heiligtum kommt um zu beten
und nichts vermag.
Dieses war die Rede,
die Er über Moab geredet hat
ehemals.

Jetzt aber
hat ER geredet im Spruch:
In drei Jahren
gleich den Jahren eines Löhners
wird leicht Moabs Gewicht
mit all dem vielen Getümmel,
der Rest wenig, winzig, ohnmächtig.

Lastwort über Damaskus:

Bald ists mit Damaskens Stadttum aus,
es wird zu zerfallendem Schutthauf,
verlassen die Städte der Blofsstatt,
der Herden sollen sie sein,
die lagern, und keiner scheucht auf.
Wie Efrajims Bollwerk muß feiern,
so Damaskens Königtum,
und der Rest Arams,
auch die werden an Gewicht den Söhnen Jifsraels gleich.
Erlauten ists von IHM dem Umscharten.
Geschehn wirds an jenem Tag:
ärmlich ist Jaakobs Gewicht,
das Fett seines Fleisches gemagert,
es wird geschehn,
wie wenn ein Schnitter Halme rafft,
sein Arm Ähren schneidet,
dann wirds geschehn,
wie wenn einer Ähren nachlesen möchte im Gespenstergrund:
zum Aufpflücken nämlich restet daran
wie beim Olivenabklopfen,
zwei drei Beeren an der Spitze des Wipfels,
vier fünf in seinen, des Fruchtbaums, Zweigen.
Erlauten ists von IHM, dem Gott Jifsraels.

An jenem Tag
wird der Mensch merken auf den, der ihn machte,
seine Augen werden zu dem Heiligen Jifsraels hinsehn,
nicht mehr merkt er die Schlachtstätten, seiner Hände Gemächt,
was seine Finger machten, sieht er nicht mehr,
die Pfähle, die Glutsonnmale.

An jenem Tag
werden die Städte seiner Schutzwehr
der Verlassenschaft der Forstläufer und Wipfelhocker gleich,
die sie einst vor den Söhnen Jifsraels verließen,
eine Starrnis wirds.

Denn du hast den Gott deiner Freiheit vergessen,
des Felsens deiner Trutzwehr hast du nicht gedacht.
Darum magst du Zärtlingspflanzungen pflanzen,
besän sie mit Rankgewächsen für jenes Fremdbild,
am Tag deines Pflanzens schon magst du umhegen,
am Nachmorgen deine Saat sprießen machen:
der Ernteschnitt schwindet
am Tag der Erkrankung,
sehrenden Schmerzes.

Weh,
Getös vieler Völker,
wie das Tosen der Meereswellen tosen sie dahin
Lärm der Nationen,
wie das Lärmen mächtiger Wasser lärmen sie!
Die Nationen lärmen wie das Lärmen vieler Wasser,
er aber dräut darein,
schon fliehts in die Ferne,
gejagt,
wie Spreu auf den Bergen vorm Windbraus,
wie Stengelgewirbel vorm Sturm.
Zur Abendzeit, da, ein Ergrausen,
eh Morgen wird, sind sie dahin, –
dies ist das Teil unsrer Räuber,
das Los für unsere Plündrer.

Ha,
Land des Schwingengeschwirrs,
jenseit der äthiopischen Ströme,
das auf dem Meerfluß Herolde sendet,
im papyrusnen Fahrzeug über die Wasserfläche!
Geht heim, schnelle Boten,
zu dem Stamm, gestreckt und glatt,
zu dem Volk, gefürchtet seit es ist und fortan,
dem Stamm rank-schlank und trittfest,
dessen Land Ströme durchfurchen:
Alle Weltkreissassen,
Erdenlandsbewohner!
wie wenn einer das Banner auf den Bergen hißt,
sehet hin,
wie wenn einer in die Posaune stößt,
horchet auf!

Denn so hat ER zu mir gesprochen:
Ich halte mich still,
ich blicke hinein
in meine Veste,
wie klare Glut überm Licht,
wie Taugewölk in der Ernteglut:
denn vor der Ernte,
wann die Blüte vorüber ist
und reifende Traube die Dolde wird,
schneidet man die Rebschöße mit Hippen ab,
beseitigt zerknickt die Ranken,
überlassen werden sie mitsammen
dem Stoßvogel der Berge
und dem Getier des Landes,
daß darauf übersommert der Stoßvogel
und alles Getier des Landes darauf überwintert.
Zu jener Frist
wird IHM dem Umscharten Zoll dargebracht
von dem Volk, gestreckt und glatt,
aus dem Volk, gefürchtet, seit es ist und fortan,
dem Stamm rank-schlank und trittfest,
dessen Land Ströme durchfurchen,

zum Ort S<small>EINES</small>, des Umscharten, Namens hin,
dem Berg Zion.

Lastwort über Ägypten:

Da,
auf einer schnellen Wolke fährt ER
und kommt nach Ägypten,
die Gottnichtse Ägyptens
wanken vor seinem Antlitz,
und das Herz Ägyptens
schmilzt dem im Innern.

– Ich stachle Ägypten gegen Ägypten,
daß sie kämpfen,
jedermann gegen seinen Bruder,
jedermann gegen seinen Genossen,
Stadt gegen Stadt,
Königschaft gegen Königschaft,
ausgehöhlt wird Ägyptens Geist ihm im Innern,
seinen Ratschluß verstöre ich.
Mögen sie auch die Gottnichtse beforschen
und die Murmler und die Elben und die Wisserischen,
ich liefre Ägypten in die Hand einer strengen Herrschaft,
ein harter König soll über sie walten.
Erlauten ists vom Herrn, IHM dem Umscharten.

Die Wasser meerhin werden aufgetrunken,
der Strom versandet, trocknet aus,
die Stromgräben faulen,
die Flußarme Niederägyptens verarmen, versanden,
Rohr und Schilf verkümmern,
das Ried am Fluß, an der Mündung des Flusses
und alles Saatfeld des Flusses
vertrocknet, verweht, ist dahin.
Nun klagen die Fischer,
nun trauern alle, die in den Fluß Hamen werfen,
die das Netz übers Wasser breiten, härmen sich ab,
die gehechelten Flachs verarbeiten, werden zuschanden
und die Baumwolle spinnen,
seine Weber sind niedergeschlagen,
alle Lohnwerker seelenbetrübt.

Eitel Narren sind die Fürsten von Zoan,
Pharaos weiseste Räte ein verdummter Rat –
wie könnt ihr noch zu Pharao sprechen:
Sohn von Weisen bin ich,
o Sohn urzeitlicher Könige?!
Wo wohl sind sie nun, deine Weisen?!
mögen sie dir doch melden,
mögen sies nur erkennen,
was ER der Umscharte über Ägypten geratschlagt hat!
Vernarrt sind die Fürsten von Zoan,
betört sind die Fürsten von Memphis,
taumeln machen Ägypten die Stützen seiner Stämme,
ER hat ihm ins Innre einen Geist des Schwindels gemischt,
so machen sie Ägypten taumeln in all seinem Werk,
wie ein Berauschter taumelt in seinem Gespei.
Nicht geschieht mehr von Ägypten ein Werk,
wirke es Kopf oder Schwanz, Palmwedel oder Binse.

An jenem Tag
wird Ägypten wie Weiber sein,
erbeben wirds und erschrecken
vor dem Schwung SEINER Hand, des Umscharten,
die er über es schwingt.
Dann wird der Boden Jehudas für Ägypten zum Gruseln,
allwann mans seiner gedenken läßt, muß es erschrecken
vor SEINEM, des Umscharten, Ratschluß, den er über es
    beschloß.

An jenem Tag
werden fünf Städte im Land Ägypten sein,
die die Zunge Kanaans reden
und sich IHM dem Umscharten zuschwören,
Sonnenstadt wird die eine angesprochen.

An jenem Tag
wird IHM eine Schlachtstatt im Innern des Landes Ägypten
    sein,
ein Standmal neben dessen Markgrenze IHM.
Das wird zu einem Zeichen und einem Zeugen sein
IHM dem Umscharten im Lande Ägypten:

wenn sie zu IHM vor Bedrückern schreien,
sendet er ihnen einen Befreier,
der wird streiten, wird sie retten.
Zu erkennen gibt ER sich Ägypten,
erkennen werden IHN die Ägypter an jenem Tag,
werden dienen mit Schlachtmahl und Hinleitspende,
Gelübde IHM geloben, es bezahlen.
So trifft ER Ägypten:
treffend und heilend –
sie kehren um zu IHM hin,
er läßt sich ihnen erflehn,
er heilt sie.

An jenem Tag
wird eine Straße von Ägypten nach Assyrien sein,
kommen wird Assyrien zu Ägypten und Ägypten zu Assyrien,
dienen werden sie, Ägypten mit Assyrien.

An jenem Tag
wird Jifsrael das Dritte zu Ägypten und zu Assyrien sein,
ein Segen im Innern des Erdlands,
wozu ER der Umscharte es gesegnet hat,
sprechend:
Gesegnet Ägypten, mein Volk,
und Assyrien, Werk meiner Hände,
und Jifsrael, mein Eigentum!

Im Jahr, da der Marschall nach Aschdod kam,
als ihn Sfargon König von Assyrien sandte
– er bekämpfte dann Aschdod, eroberte es –,
zu jener Frist redete ER zuhanden Jeschajahus Sohns des Amoz,
    im Spruch:
Geh,
binde ab den Sackschurz von deinen Hüften,
deinen Schuh entschnüre von deiner Sohle!
Er tat das,
ging entblößt und barfuß.
ER sprach:
Wie mein Knecht Jeschajahu entblößt und barfuß gegangen
    ist,
über drei Jahre ist das ein Zeichen und ein Erweis
für Ägypten und für Äthiopien:
derart nämlich treibt hinweg der König von Assyrien
die Gefangenschaft Ägyptens und die Verschlepptenschaft
    Äthiopiens,
Junge und Alte,
entblößt und barfuß,
mit nackendem Steiß – das ist in Ägypten die Blöße.
Bestürzt sind sie dann, sind zuschandenworden
an Äthiopien, ihrem Ausblick,
an Ägypten, ihrem Geprahl,
sprechen wird der Sasse dieser Küste an jenem Tag:
Da,
so ists mit unserm Ausblick,
wohin wir um Hilfe flohen, um vom König von Assyrien ge-
    rettet zu werden, –
wie sollten wir entrinnen, wir?!

Lastwort über Meereswüste.

Wie Sturmwinde vom Süden
herüberwechselnd,
kommts aus der Wüste,
aus dem furchtbaren Land:
ein harter Schauempfang,
wirds mir vermeldet:
Der Verräter verrät,
der Gewaltiger gewaltigt!
eile hinan, Elam,
enge ein, Medien,
alles Seufzen ihrethalb
verabschiede ich nun!

– Darum:
meine Hüften sind voll Krampfs,
Wehen haben mich erfaßt
wie einer Gebärenden Wehn,
mir schwindelts hinweg das Gehör,
mir verwirrts das Gesicht,
das Herz taumelt mir,
der Schauder hat mich durchgraust,
die Dämmerkühlung, mein Wohlgefallen,
hats mir zu einem Beben gemacht:
Man ordnet die Tafel
– Spähwart, spähe doch aus! –
man ißt, man trinkt
– Auf, ihr Fürsten, salbet den Schild!

Denn so hat mein Herr zu mir gesprochen:
Geh, stelle den Späher dar,
was er sieht, soll er melden!
sieht er einen Reiterzug, Reisige paarweis
einen Zug von Eseln,
einen Zug von Kamelen,
merke er aufmerksam hin,
stark an Aufmerksamkeit,
dann soll er den Löwenschrei rufen!

Auf der Spähe für meinen Herrn

steh ich nun des Tags immerzu,
auf meiner Wacht
bin Posten ich alle Nächte –
da,
ein Zug kommt von Männern,
Reisige paarweis,
er sagt an,
er spricht:
Gefallen,
gefallen ist Babel,
alle Meißelbilder seiner Götter
hat man zur Erde niedergeschmettert!

Mein Ausgedroschnes,
das Erzeugnis meiner Tenne:
was ich erhorchte
von IHM dem Umscharten,
dem Gott Jifsraels,
habe ich euch gemeldet.

Lastwort über die Dumpfe:

Zu mir rufts von Sfeïr her:
Wächter,
wieviel von der Nacht noch,
Wächter,
wieviel von der Nacht?
Spricht der Wächter:
Morgen zieht herauf,
aber auch Nacht noch, –
wollt ihrs ermühen,
mögt ihr euch mühen,
einst sollt ihr kehren,
einst herwärts ziehen.

Lastwort wider die Steppe:

Im Busch in der Steppe nachtet,
Reisezüge der Dedaniter!
Dem Durstigen entgegen bringt Wasser,
Insassen des Landes Tema,
mit seinem Brot überraschet den Flüchtigen!
Denn vor Schwertern müssen sie flüchten,
vor dem geschliffenen Schwert,
vor dem gespannten Bogen,
vor der Wucht des Kampfs.
Denn so hat mein Herr zu mir gesprochen:
Noch Jahrfrist wie die Jahre des Löhners,
dann ist alle Gewichtigkeit Kedars alldahin,
gering wird der Rest der Bogenzahl der heldischen Kedar-
    söhne, –
ja denn, geredet hats ER, der Gott Jifsraels.

Lastwort über Schau-Tal:

Was ist dir doch,
daß du allsamt auf die Dächer gestiegen bist,
getümmelerfüllte,
aufrauschende Stadt,
übermütige Burg?

Deine Durchbohrten,
nicht Schwertdurchbohrte sinds,
im Kampf Getötete nicht,
all deine Befehliger
flüchten mitsammen,
gefesselt werden sie
ohne Bogenschuß,
all deine Aufgegriffnen
gefesselt insgesamt,
und waren schon fernhin entwichen.

Darum spreche ich:
Wendet euch von mir,
ich muß bitter weinen,
strengt euch nimmer an mich zu trösten
über die Gewalttat an der Tochter meines Volks!

Denn ein Tag der Verwirrung, Verheerung, Verstörung
ist meinem Herrn, IHM dem Umscharten,
in Schau-Tal.
Ab mauert die Mauer man,
bergan Angstgeschrei,
Elam erhebt schon den Köcher,
mit bemanntem Fahrzeug und Reisigen,
Kir entblößt den Schild,
es geschieht:
deine erlesnen Talgründe
haben sich mit Fahrzeug gefüllt,
und die Reisigen
traben, traben aufs Tor zu –
der Schirmung bar wurde Jehuda!

Blicken wirst du an jenem Tag
auf das Rüstzeug des Waldhauses,

die Risse der Dawidstadt
werdet ihr besehn, daß sie viel sind,
das Wasser des untern Teichs sammeln,
Jerusalems Häuser verbuchen,
Häuser schleifen, den Wall zu steilen,
zwischen beiden Mauern ein Becken bereiten
fürs Wasser des alten Teichs, –
aber auch dann blickt ihr nicht
auf ihn, der das bereitete,
ihn, der von fernher das bildete,
seht ihr nicht an.

Wohl ruft an jenem Tag
mein Herr, ER der Umscharte,
zum Weinen, zur Jammerung,
zur Glatze, zur Sackumgürtung,
aber da ist Wonne und Freude,
Rinderwürgen und Schafemetzen,
Fleischessen und Weintrinken:
Gegessen, getrunken,
denn morgen müssen wir sterben!
Offenbart hat sich mir in die Ohren
ER der Umscharte:
Wird je diese Schuld euch bedeckt,
bis ihr sterbet,…!
Mein Herr, ER der Umscharte, hats gesprochen.

So hat mein Herr, ER der Umscharte, gesprochen:
Geh und komm
über diesen Schaffner da,
über Schebna, der überm Hauswesen ist:
Was hast du hier
und wen hast du hier,
daß du dir hier
ein Grab ausgehauen hast!
haut aus in der Höhe sein Grab,
bezeichnet im Fels sich die Wohnstatt!
Wohlan,
ER wirbelt im Wirbel dich um,
du Kerl,
rollt, rollt dich zusammen,
knäuelt, knäuelt zum Knäuel dich,
einen Ball,
ins breit zuhandne Land fort,
dorthin gehörst du, zu sterben,
dorthin die Wagen deiner Ehrsucht,
du Schandfleck am Haus deines Herrn.
So stürze ich dich von deinem Posten,
von deinem Stande reißt man dich hinab.
Geschehn wirds an jenem Tag:
ich berufe meinen Knecht
Eljakim Sohn Chilkijahus,
ich bekleide ihn mit deinem Leibrock,
mit deiner Schärpe umfasse ich ihn,
deine Verwaltung gebe ich in seine Hand,
zum Vater wird er
dem Insassen Jerusalems,
dem Haus Jehudas,
ich gebe den Schlüssel des Dawidshauses
auf seine Schulter,
schließt er auf, ist da keiner, der zusperrt,
sperrt er zu, ist da keiner, der aufschließt,
als Pflock an getreuem Orte schlage ich ihn ein,
zum Ehrenstuhl wird er seinem Vaterhaus.
Hinge sich aber auch an ihn wieder alle Ehrsucht seines Vater-
    hauses,

die Sprößlinge und die Wildschößlinge,
alles Kleingerät, vom Schalengerät bis zu allerhand Kruggerät,
an jenem Tag,
Erlauten ists von IHM dem Umscharten,
müßte weichen der Pflock, der an getreuem Ort einge-
   schlagne,
würde abgehackt, fiele,
ausgerottet wäre die Last, die daran ist.
Ja, geredet hats ER.

Lastwort über Tyrus:

Heulet, ihr Tarschisch-Schiffe,
denn gewaltigt ists, hauslos!
Bei der Heimkunft vom Lande Zypern
ward es ihnen offenbar.
Verstummt, Sassen der Küste,
du, die Sidons Händler, die Meerfahrer, füllten!
Der des Schwarzstroms Aussaat, des Nilflusses
    Ernte,
auf vielen Wassern Einkunft war,
daß du Handelsplatz der Weltstämme wurdest,
in Schanden sei, Sidon,
denn Meer spricht, das Schutzwall-Meer, im
    Spruch:
Als hätte ich nie mich in Wehen gewunden,
hätte nie geboren,
nie Jünglinge großgezogen,
Maiden hochgebracht! –
Gleichwie beim Hörensagen von Ägypten einst,
winden sie sich beim Hörensagen von Tyrus.

Fahrt hinüber nach Tarschisch,
heulet, Sassen der Küste!
Ist das eure Frohlockende,
deren Ursprung von Tagen der Vorzeit ist,
die zu gasten fernhin ihre Füße trugen?!
Wer hat dieses beschlossen
über Tyrus, die Bekränzende,
deren Händler Fürsten waren,
deren Kanaanskrämer die Gewichtigen des Erdlands?
ER der Umscharte ists, ders beschloß,
preiszugeben den Stolz aller Zier,
leichtzumachen all die Gewichtigen des Erdlands.

Fahr nun über dein Land wie der Nilfluß,
du Tochter Tarschisch,
es gibt keine Werft mehr!
Er reckte seine Hand übers Meer,
ließ Königreiche erzittern,

über Kanaan hat ER geboten,
seine Schutzwehren zu vertilgen,
er hat gesprochen:
Du sollst hinfort nicht frohlocken.

Du Niedergepreßte,
Tochter Sidon, du Maid,
auf, fahr nur hinüber nach Zypern –
auch dort wird dir nicht Ruh!
Das ist ja ein Chaldäerland,
jenes Volk war damals noch gar nicht;
Assyrien wieder hats nun zu Flottenstützen bestimmt.
die haben ihre Warttürme aufgerichtet,
haben seine Paläste entblößt,
es hats zum Zerfalle gemacht.

Heulet, ihr Tarschisch-Schiffe,
denn eure Schutzwehr ist verheert!

Geschehn wirds an jenem Tag:
siebzig Jahre war Tyrus vergessen,
als wärens eines einzigen Königs Tage,
doch nach Ablauf von siebzig Jahren geschiehts
    Tyrus
wie im Gesänglein von der Hure:
»Nimm die Leier,
durchschweife die Stadt,
vergessene Hure!
spiele schön,
singe viel,
daß man sich deiner erinnre!«
Geschehn wirds nach Ablauf von siebzig Jahren:
zuordnen wird ER es Tyrus,
daß es kehrt zu seinem Hingabelohn:
huren wirds mit allen Königreichen des Erdlands
auf der Fläche des Bodens.
Aber sein Handelszins – sein Hingabelohn – ist dann IHM ge-
    heiligt,
er wird nicht aufgeschatzt,
nicht aufgehortet,

sondern der vor SEINEM Antlitz Siedelnden wird sein Handelszins sein
zu sättigendem Essen und stattlicher Hülle.

Da,
ER durchpflügt die Erde
und durchfurcht sie,
dreht ihr Antlitz um,
streut ihre Insassen aus.

Dann geschiehts
gleich dem Volk, gleich dem Priester,
gleich dem Knecht, gleich seinem Herrn,
gleich der Magd, gleich ihrer Gebietrin,
gleich dem Erwerber, gleich dem Verkäufer,
gleich dem Darleiher, gleich dem Entleiher,
gleich dem Schuldgläubiger, gleich dem, der ihm schuldet.

Durchpflügt, zerpflügt ist das Erdland,
durchplündert, zerplündert,
denn ER ists, der diese Rede geredet hat.
Die Erde verfällt, sie verfault,
der Weltkreis welkt, verfault,
hinwelken die Hohen des Erdvolks.

War doch die Erde unter ihren Insassen entartet,
denn sie übertraten die Weisungen,
sie entglitten dem Gesetz,
sie trennten den Urzeit-Bund.
Darum frißt ein Eidfluch die Erde,
büßen müssen, die auf ihr siedeln,
darum schrumpfen die Siedler der Erde,
nur ein winziger Rest bleibt vom Menschlein.

Der Most verfällt,
die Rebe welkt,
alle Herzensfreudigen seufzen,
feiern muß die Wonne der Pauken,
der Lärmenden Tosen schweigen,
feiern die Wonne der Leier,
nicht mehr trinkt man Wein zum Gesang,
seinen Trinkern ward bitter der Rauschsaft.

Zerschmettert ist die Burg des Irrsals,
abgesperrt alljedes Haus, ohne Zugang,
Gewimmer um den Wein in den Gassen,

verdämmert ist all die Freude,
fortgeschleppt die Wonne des Landes,
der Rest in der Stadt ist Verödung,
mit Getöse ward das Ratstor zerschlagen.
Denn so wirds geschehn
inmitten des Erdlands,
unter den Völkern,
wie beim Olivenabklopfen,
wie beim Nachpflücken,
wann das Herbsten allvorbei ist.

Die da erheben noch ihre Stimme,
jubeln,
übergellen das Meer im Stolze auf IHN:
»Darum verehret im Lichtost IHN,
an den Küsten des Westmeers SEINEN, des Gottes Jifsraels,
   Namen!
Vom Saum des Erdlands hören wir Liederspiel:
Zierde dem Bewährten!«

Ich aber spreche:
Auszehrung mir,
Auszehrung mir!
weh mir,
die Tückischen tücken,
Tücke tücken die Tückischen aus!
Schrecknis und Schrunde und Strick
über dich, Insasse der Erde!
Geschehen wirds:
wer vor der Stimme des Schrecknisses flieht,
stürzt in die Schrunde,
und wer hervor aus der Schrunde steigt,
fängt sich im Strick.

Denn in der Höhe öffnen sich Schleusen,
die Grundfesten der Erde schüttern,
die Erde klafft in Geklüft,
die Erde bröckelt in Brocken,
die Erde zuckt in Zuckungen.
Die Erde wankt und wankt wie ein Berauschter,
schwankt hin und her wie ein Nachtdach,

auf ihr wuchtet ihr Frevel,
sie fällt und steht nicht wieder auf.

Geschehn wirds an jenem Tag:
ER ordnet an
über die Schar der Höhe in der Höhe
und über die Könige des Bodens auf dem Boden,
sie werden einbehalten,
wie man Häftlinge einbehält in der Grube,
in Kerkersperre gesperrt,
und erst nach vielen Tagen werden sie wieder eingeordnet.

Der Bleichmond errötet,
der Glutball erblaßt,
denn ER der Umscharte tritt die Königschaft an
auf dem Berg Zion und in Jerusalem,
und angesichts seiner Ältesten ist
der Ehrenschein.

DU,
der du mein Gott bist,
ich erhebe dich,
deinen Namen bekenne ich,
denn du hast Wunder getan,
Ratschlüsse von fernher
vertrauensgetreu.

Denn du machtest Stadt zu Steinhauf,
feste Burg zum Zerfall,
Palast der Frechen zur Unstadt,
man baut ihn in Weltzeit nicht auf.
Darum muß trotziges Volk dich ehren,
dich fürchten wütiger Stämme Burg.

Denn Schutzwehr warst du den Armen,
Schutzwehr dem Dürftigen in seiner Drangsal,
Zuflucht vor dem Wetter,
Schatten vor der Hitze, –
denn das Schnauben der Wütigen
ist gleich einem Schloßenwetter,
gleich Hitze in der Wildnis:
das Tosen der Frechen dämpfst du,
Hitze mit Schattengewölk,
das Lied der Wütigen muß sich beugen.

Bereiten wird ER der Umscharte
allen Völkern auf diesem Berg
ein Gelage von fetten Speisen,
ein Gelage von firnen Weinen,
fetten Speisen, markreichen,
firnen Weinen, klargeseihten.

Er vernichtet auf diesem Berg
den Antlitzflor,
der alle Völker umflort,
das Gewebe,
das alle Stämme umwebt,
er vernichtet den Tod in die Dauer.

Abwischen wird mein Herr, ER,
von alljedem Antlitz die Träne,
und die Schmach seines Volkes abtun
von allem Erdland.
Ja, geredet hats ER.

Sprechen wird man an jenem Tag:
»Da,
dies ist unser Gott,
auf den wir hofften, daß er uns befreie,
dies ist ER, auf den wir hofften!
Jubeln wir!
freun wir uns seiner Befreiung!«

Ja, ruhn wird SEINE Hand auf diesem Berg,
eingepreßt wird Moab an seinem Platz,
wie ein Strohbund in das Wasser des Düngerpfuhls eingepreßt
   wird.
Und breitet es seine Hände darinnen aus,
wie der Schwimmer sie breitet zu schwimmen,
dann niedert er seine Hoffart
trotz der Listen seiner Hände.
Und das Bollwerk, das Steilwerk deiner Mauern
duckt er, niedert er, streicht er zur Erde
bis in den Staub.

An jenem Tag wird im Land Jehuda dieser Gesang gesungen:

Eine starke Stadt ist uns,
er umreiht Freiheit ihr
als Mauern und Wall.

Öffnet die Tore,
daß komme ein bewährter Stamm,
der Treue hält.

Festgegründetem Sinn
wahrst Frieden, Frieden du,
denn dir überläßt er sich.

Überlasset euch IHM fort und fort,
denn Er, oh, ER ist ein Fels
in die Zeiten hin.

Denn die Hochsiedelnden duckt er,
steile Burg, er erniedert sie, niedert sie zur Erde,
streicht sie bis in den Staub.

Zertreten soll sie der Fuß,
die Füße der Dulderschaft,
die Schritte der Armen.

Pfad dem Bewährten ist Geradheit,
du Gerader ebnest des Bewährten Geleis.
Ja, auf dem Pfade deiner Gerichte,
DU, erharren wir dich.

Nach deinem Namen,
nach deinem Gedenken
ist der Seele Begehr.
Mit meiner Seele begehre ich dein nachts,
ja, mit meinem Geist in meinem Innern
sehne ich dich herbei.

Denn wie deine Gerichte dem Erdland werden,
lernen Wahrspruch kennen die Sassen von Weltburg.
Würde Gunst dem Frevler,
ohne daß Wahrspruch er kennen lernte,
im Land der Redlichkeit
übte er Falsch,
ohne je SEINE Hoheit zu sehn.

DU,
erhoben ist deine Hand,
ohne daß sie hinschaun wollen, -
sie sollen schauen,
sie sollen erblassen,
der Eifer um das Volk,
ja, das Feuer wider deine Bedränger
soll sie verzehren.

DU,
richte den Frieden uns zu,
denn auch alles an uns Getane
hast du uns gewirkt.

DU,
unser Gott,
gemeistert haben uns Herrn außer dir, -
einzig dein,
deines Namens gedenken wir.

Tot sind sie -
ohne Wiederbelebung,

Gespenster –
ohne Auferstehn,
dazu hast du heimgesucht,
ausgetilgt hast du sie,
ihnen schwinden lassen alles Gedenken.

Noch zugefügt hast du dem Stamm hier, DU,
noch zugefügt dem Stamm, von dem du geehrt wardst:
hast ihn ferngebracht nach allen Enden der Erde!

DU,
in der Drangsal suchen sie dich auf:
Zauberzwang ward deine Züchtigung ihnen.

Wie eine Schwangre, die nah ist dem Gebären,
in ihren Wehn sich windet, schreit,
so waren unter deinem Antlitz wir, DU.

Wir waren schwanger, wir wanden uns,
und wie wir gebaren, wars Wind:
Befreiung am Lande blieb ungetan,
ungefällt die Sassenschaft Weltburgs.

Leben mögen deine Toten,
meine Leichen auferstehn!
Wachet, jubelt, Staubbewohner!
Denn dein Tau ist ein Tau der Lichtkräfte:
aufs Land der Gespenster lasse ihn niederfallen!

Geh, mein Volk,
komm in deine Kammern,
sperr deine Türen hinter dir zu,
versteck dich eine kleine Weile,
bis der Groll vorüberschritt.

Denn da fährt ER von seinem Ort aus,
die Verfehlung des Erdensassen an ihm heimzusuchen,
offenbaren muß das Erdland seine Blutbäche,
seine Erwürgten kann es nicht länger verhüllen.

An jenem Tag
sucht ER heim mit seinem Schwert,

dem harten, dem großen, dem starken,
den Lindwurm Flüchtige Schlange
und den Lindwurm Geringelte Schlange,
er erwürgt den Drachen, den am Meer.

An jenem Tag
wechselsaget den »Anmutigen Wingert«,
ihm eben zu:

– ICH,
ich selber behüte ihn,
jederweil muß ich ihn netzen,
muß, weil man ihn heimsuchen könnte,
nachts und tags ihn behüten...

– Mauer habe ich keine mehr!
wer gäbs, ich wär wieder Distel und Dorn,
wenn doch noch Krieg ist!

– So schritte ich auf ihn los,
setzte gleich ihn in Brand!

– Dann zeige er lieber stark sich
als meine schützende Wehr:
er mache Frieden mir,
Frieden mache er mir!

Die Herzugekommenen:
– Wurzel breite Jaakob,
knospe, blühe Jiſrael,
daß sie das Antlitz der Welt
erfüllen mit Gedeihn!

Hat ers denn geschlagen, wie der erschlagen ward, ders schlug?
oder wurde es erwürgt, wie die erwürgt wurden, die es
    würgten?
An seiner Hachel, an seinem Stengel nur hast dus bestritten, –
mit seinem heftigen Anhauch übersauste ers am Tage des
    Oststurms.
Darum wird durch dieses Jaakobs Verfehlung bedeckt,
und das sei alle Frucht der Beseitigung seiner Sünde:
daß er alle Schlachtstattsteine zersplitterten Kalksteinen gleich-
    macht,
nie mehr werden Pfahlbäume und Glutsonnmale erstehen.

Ja, vereinsamt ist dann die befestigte Stadt,
eine Flur, preisgegeben,
verlassen wie die Wüste.
Dort weidet das Kalb,
dort lagert sichs hin,
es zehrt allab ihre Büsche,
Ist dann das Gezweig vertrocknet,
wird das abgebrochen,
Weiber kommen, verheizen es.
Ja, nicht ist das ein Volk von Unterscheidung,
darum erbarmt sich seiner nicht, der es machte,
der es bildete, gnadet ihm nicht.

Geschehn wirds an jenem Tag:
ER klopft aus
von der Ähre des Stroms bis zu der des Grenzbachs Ägyptens,
und ihr, aufgelesen werdet ihr einer um einen,
Söhne Jifsraels.

Geschehn wirds an jenem Tag:
gestoßen wird in die große Posaune,
da kommen
die im Land Assyrien Verlornen
und die im Land Ägypten Verstoßnen,
sie werfen sich nieder vor IHM
auf dem Berg des Heiligtums
in Jerusalem.

Wehe
der stolzen Krone der Berauschten Efrajims
und der schon welkenden Blume seiner prächtigen Zier,
der auf dem Haupt von Schmand-Tal mit seinen vom Wein
    Niedergehaunen!
Wohlan,
einen Starken hat mein Herr, einen Hünen:
gleich Hagelwetter, beizendem Sturm,
gleich den Wettern mächtiger Wasserstürze
bringt mit der Hand der jene zur Erde.

Mit Füßen wird sie zertreten,
die stolze Krone der Berauschten Efrajims;
der schon welkenden Blüte seiner prächtigen Zier,
der auf dem Haupt von Schmand-Tal,
geschieht wie der Frühfeige, eh Sommer ist,
die nur eben zu sehn braucht, wer sie sieht,
und kaum hat er sie im Griff, verschlingt er sie schon.

An jenem Tag wird ER der Umscharte
zur zierenden Krone und zum prächtigen Kranz
dem Rest seines Volks,
zum Geistbraus der Gerechtigkeit
dem, der zu Gericht sitzt,
und zur Heldenkraft
denen, die den Kampf wieder torwärts kehren.

Doch auch die hier,
im Weine torkeln sie,
im Rauschsaft taumeln sie,
Priester und Künder,
torkeln im Rauschsaft,
verschlungen vom Wein,
taumeln vom Rauschsaft!
sie torkeln bei der Sicht,
sie schwanken im Schlichten.
Ja, alle Tische
voll von Gespei,

Unflat –
nirgends mehr Raum!

– Wem will der Kenntnis weisen,
wem Erhorchung bescheiden?
eben von Milch Entwöhnten,
den Brüsten grade Entwachsnen?
Ja, immerzu:
Spurgrad in der Spur,
spurgrad in der Spur,
schnurgrad an der Schnur,
schnurgrad an der Schnur,
ein Schrittlein dorthin,
ein Schrittlein dorthin!

– Ja denn:
durch Lippenwelsch,
durch andere Zunge
wird zu diesem Volke er reden,
der zu ihnen gesprochen hatte:
Dies sei die Ruhstatt,
laßt ruhn den Erschöpften,
dies sei der Rastplatz!
sie aber wollten nicht hören –
so wird nun SEINE Rede zu ihnen sein:
»Spurgrad in der Spur,
spurgrad in der Spur!
schnurgrad an der Schnur,
schnurgrad an der Schnur!
ein Schrittlein dorthin,
ein Schrittlein dorthin!«
Auf daß sie gehn, rücklings straucheln, zerschellen,
geschnappt, gefangen werden!

Darum –
höret SEINE Rede,
Männer des Witzes,
Gleichwort-Prediger diesem Volk,
dem in Jerusalem!
Ihr sprecht ja:
Wir haben einen Bund mit dem Tode geschlossen,

einen Einschauvertrag abgemacht für das Gruftreich,
der Geißelgießbach, wenn er einherfährt,
an uns kommt er nicht,
denn wir haben uns als Bergung den Trug eingesetzt,
in der Lüge haben wir uns versteckt!
Darum
hat ER, mein Herr, so gesprochen:
Wohlan,
ich gründe in Zion einen Stein,
Stein der Erprobtheit,
köstlichen Eckblock gründiger Gründung, –
wer vertraut, wird nichts beschleunigen wollen:
ich will Recht als Meßschnur einsetzen
und Bewährung als Flachwaage.
Dann zerkracht Hagel die Bergung des Trugs,
übergießen Wasser das Versteck,
zugedeckt wird euer Bund mit dem Tod,
euer Einschaublatt mit dem Gruftreich besteht nicht, –
wenn der Geißelgießbach einherfährt,
werdet ihr ihm zu Überranntem:
sooft er einherfährt, nimmt er euch hin,
und er fährt Morgen um Morgen einher,
bei Tage und bei der Nacht.
Eitel Grausen ist dann der Erhorchungsbescheid.

   Denn:
   Zu kurz ist das Bett, um sich zu dehnen,
   das Laken, will man sich drein wickeln, zu schmal.

Ja denn,
wie am Berge Prazim steht ER auf,
wie im Tale bei Gibon tobt er,
seine Tat zu tun,
– fremd seine Tat!, –
sein Werk zu wirken
– unheimlich sein Werk!
Und nun witzelt nimmer daher,
sonst verstärken sich noch eure Fesseln!
Denn ein »Zunichte!« und ein »Entschieden!«
habe ich von meinem Herrn, IHM dem Umscharten, gehört,

über alle Erde.

Lauschet, horchet meiner Stimme,
aufmerkt, horchet meinem Spruch!
Pflügt der Pflüger alletag, um zu säen,
öffnet und furcht seine Scholle?
Ists nicht so:
hat er ihre Fläche geebnet,
streut er Dill, sprengt Kümmel aus,
setzt Weizen reihenweise,
Gerste in bezeichnetes Stück
und Emmer als dessen Begrenzung:
zum Rechten erzieht ihn schon,
unterweist ihn sein Gott.
Nicht mit dem Schlitten wird Dill ja gedroschen,
noch Wagenrad über Kümmel gerollt,
mit dem Stecken wird Dill ja geklopft
und Kümmel mit dem Stabe.
Wird Brotkorn etwa zermalmt?
nicht dauernd ja drischt und drischt er drauf ein,
noch läßt er die Achse seines Wagens und seine Rosse darüber
    schüttern,
er zermalmt es nicht.
Auch dies ist von Ihm dem Umscharten ausgegangen,
wundersam ist er im Rat,
groß in Verwirklichung.

Weh,
Gottesherd, Gottesherd,
Burg, wo Dawid lagerte!
Füget Jahr zu Jahr,
mögen Feste kreisen:
ich bedränge Gottesherd,
daß Klage, Klageschrei werde,
dann erst wird sie mir einem Gottesherd gleich.

Ich umlagere dich wie ein Reif,
ich umenge dich mit einer Schanze,
ich umstelle dich mit Einengungsgeschütz.
Dann wirst du erniedert von der Erde her reden,
versunken kommt, vom Staub her, deine Sprache,
wie des Elben von der Erde her wird deine Stimme,
deine Sprache zirpt vom Staub her.

Wie feiner Mulm wird der Schwarm der dir Fremden,
wie Spreu, die hinfährt, der Wütigen Schwarm,
plötzlich, urplötzlich geschiehts.
Von IHM dem Umscharten wirds zugeordnet
mit Donnern, mit Dröhnen und mächtigem Stimmschall,
Windsbraut und Wirbelsturm
und fressenden Feuers Geloh.
Es wird geschehn
wie in nächtlicher Traumschau
dem Schwarm all der Stämme, der wider Gottesherd Ge-
　　scharten,
allen gegen es Gescharten, dem Fangnetz gegen es, den gegen
　　es Andrängenden,
es wird geschehn,
wie wenn der Hungrige träumt: da, er ißt,
er wacht auf und sein Schlund ist leer,
und wie wenn der Durstige träumt: da, er trinkt,
er wacht auf, da ist er matt und sein Schlund lechzt –
so wird dem Schwarm all der Stämme geschehn,
die wider den Berg Zion sich scharen.

Verstarrt euch nur –
und erstarrt!

verblendet euch nur –
und erblindet!
die ihr, nicht von Wein, berauscht seid,
die ihr, nicht von Rauschsaft, schwanket!
Geschüttet hat ER ja über euch
einen Geistbraus der Betäubung,
zugedrückt eure Augen, die Künder,
eure Köpfe, die Schauer, verhüllt.
So wurde euch das Schaublatt von allem
wie die Rede der eingesiegelten Verbriefung,
von der, gäbe man sie an einen Briefungskenner
mit dem Spruch: Lies das doch vor!
der sprechen müßte: Ich vermags nicht,
es ist ja eingesiegelt!
so ist nun die Verbriefung einem übergeben,
der nicht Briefungskenner ist,‎
mit dem Spruch: Lies das doch vor!,
der aber muß sprechen: Ich kenne mich in Briefen nicht aus.

Mein Herr sprach:
Dafür
daß dies Volk mit seinem Mund nur herantritt,
mit seinen Lippen nur mich ehrt,
aber fern von mir hält es sein Herz,
und geworden ist ihr Michfürchten
angelerntes Gebot der Leute,
drum
will da neu an diesem Volk ich Wunderbares tun,
Wunder um Wunder,
daß verlorengeht die Weisheit seiner Weisen
und der Sinn seiner Sinnreichen sich verbirgt.

Weh,
die tief vor IHM verbergen den Ratschluß,
im Finstern geschieht, was sie machen,
sie sprechen: Wer sieht uns? wer kennt uns?
O eurer Verkehrung!
ist dem Ton gleich der Bildner zu achten,
daß von dem, der es machte, das Gemächt sprechen dürfte:

Er hat mich nicht gemacht!
ein Gebild von seinem Bildner sprechen:
Er hats nicht ersonnen!
Ists nicht nur noch ein winziges Wenig,
dann wandelt Libanon sich wieder zum Garten,
und als Wald wird der Garten geachtet.
Hören werden an jenem Tag
die Tauben Reden der Verbriefung,
des Dunkels los, der Finsternis los
werden sehen die Augen der Blinden.
Dann werden erneun die Demütigen
die Freude um Ihn,
die Dürftigen der Menschheit jubeln
um den Heiligen Jißraels.
Hinweg ist ja der Wüterich,
der Spötter alldahin,
gerodet alle,
die nach Arg wachen,
Menschen versünden mit Rede,
den Mahner im Tore verstricken,
den Bewährten durch Irrsal beugen.

Darum hat so ER gesprochen
auf das Haus Jaakobs zu,
er, der einst Abraham abgalt:
Fortan soll Jaakob nicht mehr schambleich werden,
fortan sein Antlitz nicht mehr erfahlen,
denn wann immer er, seine Erzeugten, nun ansieht,
was ihm inmitten meine Hände machten,
werden sie heiligen meinen Namen,
erheiligen den Heiligen Jaakobs,
vor dem Gott Jißraels erschauern,
die Geistestaumligen erkennen den Sinn.
die Hetzer Vernunft erlernen.

Weh,
abwendige Söhne
– SEIN Erlauten –,
Ratschluß auszumachen
und nicht von mir her,
Verwebung zu weben
und mein Geistbraus ist nicht dabei, –
um Sünde an Sünde zu reihen!
die ausgehn, nach Ägypten hinabzuziehen,
und meinen Mund haben sie nicht befragt,
in Pharaos Schutz sich zu schützen,
sich in Ägyptens Schatten zu bergen!
So wird der Schutz Pharaos zur Enttäuschung euch werden,
das Bergen in Ägyptens Schatten zur Schmach!
Denn mögen Unterfürsten einem in Zoan schon sein,
Botschafter ihm nach Chanes gelangen,
enttäuscht wird alljeder an einem Volk,
das ihnen nicht nützen kann,
nicht zu Hilfe ists, nicht zu Nutzen,
sondern zu Enttäuschung, zu Hohn gar.

Lastwort über Mittagsuntier:

Im Land von Angst und Drangsal,
von Löwen, brüllenden Leun,
Raschlern und geflügelten Drachen
tragen sie ihren Reichtum auf Jungeselschulter.
auf Kamelhöcker ihre Schätze
zu einem Volk, das nichts nütze ist;
Ägypten nämlich,
Dunst und Leere ist, was die helfen,
darum rufe von diesem ich aus:
Das Ungetüm: es brüllt und – feiert!
Komm jetzt,
schreib das auf eine Tafel, die mit ihnen bleibt,
auf einem Brief zeichne es ein,
daß es werde für einen späten Tag,
auf die Zeiten hin zum Zeugen!
Denn ein Volk der Widerspenstigkeit ists,

verlogene Söhne,
Söhne, die SEINE Weisung nicht gewillt sind zu hören,
die zu den Sehern sprechen:
Ihr sollt nicht sehen!
zu den Schauern:
Regelrechtes sollt ihr uns nicht erschauen,
redet uns Glattes,
erschaut Vorspiegelung,
wendet euch von dem »Weg«,
biegt ab von dem »Pfad«,
schafft uns vom Antlitz fort
den »Heiligen Jifsraels«!
Darum hat der Heilige Jifsraels
so gesprochen:
Weil ihr diese Rede verachtet habt,
euch auf Pressung und Ränke verlaßt,
darauf euch stützt,
darum soll diese Schuld euch werden
gleich einem falldrohenden Riß,
klaffend an ragender Mauer,
deren Niederbruch plötzlich, urplötzlich kommt.
Zerbrechen wird es, wie ein Töpferkrug bricht,
ein Zersplittern, nicht schont man sein,
in seinen Splittern wird nicht eine Scherbe gefunden,
Feuer von der Esse zu scharren,
von dem Tümpel Wasser zu schöpfen.

Denn so hat mein Herr gesprochen,
ER, der Heilige Jifsraels:
In Umkehr und Ruhe
werdet ihr befreit,
in Stille, in Gelassenheit
geschieht euer Heldentum.
Ihr aber seids nicht gewillt,
ihr sprecht:
Nein,
auf Rossen wollen wir rennen!
– drum sollt ihr rennen: davon! –
auf Schnellen wollen wir reiten!

– drum sollen eure Verfolger euch überschnellen!
Ein Tausend vor dem Drohgeschrei eines,
vor dem Geschrei von fünfen werdet ihr insgesamt rennen,
bis daß euer noch übrigblieb
wie ein Mast auf dem Haupte des Bergs,
wie eine Bannerstange auf dem Hügel.

Und doch harrt ER, ebendarum,
euch wieder günstig zu sein,
erhebt sich, ebendarum,
euer sich zu erbarmen:
denn ein Gott des Rechtes ist ER,
o Glück aller, die seiner harren!
Ja denn,
du Volk in Zion,
das in Jerusalem siedelt,
weine weine nicht mehr,
günstig will er, gunstreich dir sein
auf die Stimme hin deines Schreis:
sowie er sie hört,
antwortet er dir schon.
Und gibt euch mein Herr auch nur karg Brot und knapp
    Wasser:
nicht seitab mehr hält sich dein Unterweiser,
deine Augen dürfen deinen Unterweiser sehn,
deine Ohren werden Rede von hinter dir hören,
den Spruch: Dies ist der Weg, geht auf ihm! –
ob ihr rechts wollt, ob ihr links wollt.
Ihr werdet vermakeln
deine silberne Meißeldocken-Verschalung,
deinen goldenen Gußbild-Umschurz,
wie Besudelndes wirfst dus hinweg,
Fort! sprichst du dazu.
Dann gibt er Regen deiner Saat,
womit du die Scholle besäst,
und Brot als Einkunft deiner Scholle, –
saftig ist das und markig.
Dein Vieh weidet an jenem Tag
auf geweiteter Aue;

die Stiere und die Esel,
die Diener der Scholle,
fressen Ampfergemengsel,
das mit Gabel und Worfschaufel geworfelt ward.
Dann wird geschehn:
auf alljedem hohen Berg,
auf alljedem erhabnen Hügel
sind wassersprudelnde Borne, –
an jenem Tage großen Würgens,
wann die Türme fallen.
Dann wird geschehn:
das Licht des Bleichmonds
ist wie das Licht der Glutsonne,
und das Licht der Glutsonne
wird siebenfältig sein
wie das Licht der Sieben Tage, –
an dem Tage, da ER
den Bruch seines Volkes verbindet,
die ihm geschlagne Wunde heilt.

Da,
SEIN Name kommt fernher,
brennend sein Zorn,
in der Wucht der Erhebung,
seine Lippen voll Grimms,
seine Zunge wie fressendes Feuer,
sein Atembraus wie ein flutender Strom,
der bis an den Hals langt,
Stämme zu schwingen in der Schwinge des Wahns,
eine irrleitende Halfter an den Backen der Völker.
Werden soll da euch Gesang
wie des Nachts, da der Festreihn sich heiligt,
und Freude des Herzens
wie des, der bei Flötenklang geht, –
um zu kommen auf SEINEN Berg,
hin zum Felsen Jifraels.
Hören läßt ER den Stolz seiner Stimme,
sehn das Niederfahren seines Arms
unter Zorndräuen und fressenden Feuers Geloh,

Orkan, Gewitter und Hagelgestein,
Ja, vor SEINER Stimme schrickt Assyrien zusammen,
mit dem einst als Rute er schlug,
Es wird geschehn:
allwann der Stecken der Fügung vorüberstreicht,
den ER auf es niederfahren läßt,
ists wie zu Pauken, zu Harfen:
mit Schwungopfer-Kämpfen bekämpft er sie.
Denn gerüstet vorlängst ist ein Ofenfeld,
auch das einem König errichtet,
ausgetieft, ausgeweitet sein Umkreis,
Feuerung und Holzscheite die Menge,
nun brennt darein
wie ein Schwefelflammenstrom
SEIN Hauch.

Weh,
die hinabziehn nach Ägypten um Hilfe,
auf Rosse sich stützen wollen,
verlassen sich auf Fahrberitte,
weil deren viel sind,
und auf Reisige,
weil sie sehr stark sind,
aber nicht merken sie
auf den Heiligen Jifsraels,
IHN befragen sie nicht.
Doch auch er ist weise,
so läßt Böses er kommen,
seine Reden schafft er nicht weg,
steht auf widers Haus der Boshaften,
wider den Hof der Argwirker.
Und Ägypten ist ja Mensch, nicht Gottheit,
ihre Rosse Fleisch, nicht Geistbraus!
ER reckt seine Hand,
schon strauchelt der Helfer,
schon fällt der Beholfne,
alldahin sind alle mitsammen.

Ja denn,
so hat ER zu mir gesprochen,
gleichwie der Löwe knurrt,
über seiner Beute der Jungleu,
über den die Vollzahl der Hirten
zusammengerufen wird,
er erschrickt nicht vor ihrer Stimme,
beugt sich nicht vor ihrem Getümmel,
gleichso zieht nieder ER der Umscharte,
zu scharen
um den Berg Zions,
um dessen Hügelstadt –
aber wie flatternde Muttervögel,
so will ER der Umscharte
Jerusalem überschirmen:
überschirmend
will er entreißen,

überspringend
will er erretten.
Kehret um zu ihm,
von dem man so tief hinabwich,
Söhne Jifsraels!

Ja denn,
an jenem Tag
werden sie verwerfen, jedermann
seine silbernen Gottnichtse,
seine goldenen Gottnichtse,
die eure Hände machten, zu Sünde euch.
Assyrien wird fallen
durch das Schwert Eines, nicht Mannes,
Eines, nicht Menschen, Schwert wird es fressen,
flüchten wird es vor dem Schwert,
seine Jugend fronpflichtig werden,
und was ihm Fels vor dem Grauen war,
vorbei ists,
vorm bloßen Banner erschrecken seine Fürsten.
SEIN Erlauten ists,
der seinen Herd in Zion hat,
sein Glutbecken in Jerusalem.

Wohlan,
um Wahrspruchs willen
ist dann ein König gekönigt,
und die Fürsten,
um Rechts willen sind sie gefürstet,
werden wird der Mann
wie ein Versteck vorm Windbraus,
ein Obdach vorm Wetter,
wie Wasserborne in Dürre,
wie der Schatten eines mächtigen Felsens
in ermattetem Land.

Dann sind nicht mehr verklebt
die Augen der Sehenden,
die Ohren der Hörenden
lauschen dann,
das Herz der Übereiligen einst,
nun unterscheidets, zu erkennen,
die Zunge der Stotternden einst,
nun eilt sie, Klares zu reden.

Nicht fürder ruft man den Schändlichen Edler,
den Schalk spricht man als vornehm nicht an.
Denn der Schändliche redet Schande,
tätig am Arg ist sein Herz,
indem er im Aufruhr sich umtut,
gegen IHN Taumliges redet,
der Schlund des Hungernden leer läßt,
dem Dürstenden Labung versagt.
Der Schalk – womit er schaltet, ist bös,
Zuchtloses ist, was der ratschlägt,
Gebeugte zu zermürben mit Lügensprüchen,
den Dürftigen, wann er redet vor Gericht.
Der Edle aber ratschlägt Edles,
Edles ist, wozu der aufsteht.

Steht auf,
ihr sorglosen Fraun,
hört meine Stimme!
ihr gesicherten Töchter,
lauscht meinem Spruch!
Über Jahr und Tag
erzittert ihr Gesicherten,
denn zunichte ist dann die Lese,
die Ernte ohne Einkunft.
Bebet, ihr Sorglosen,
zittert, ihr Gesicherten!
Man streife ab!
man entblöße sich!
den Trauergurt um die Lenden!
Die Brüste schlägt man jammernd,
um die köstlichen Felder,
um die fruchtreiche Rebe,
um die Scholle meines Volks,
aus der Dorngestrüpp schießt,
ja, um alle Häuser des Ergötzens
in der fröhlichen Burg.
Denn der Palast ist verlassen,
der Stadt Getümmel vorbei,
Bühl und Wartturm
gelten statt Höhlen auf Weltzeit,
der Wildesel Ergötzen,
der Herden Weideplatz.

Bis ausgeschüttet wird über uns
ein Geistbraus aus der Höhe:
dann wird zum Garten die Wüste,
als Wald wird der Garten geachtet,
in der Wüste von einst wohnt das Recht,
im Garten siedelt Wahrhaftigkeit,
die Tat der Wahrhaftigkeit wird Friede,
der Dienst der Wahrhaftigkeit Stillehalt
und sichre Gelassenheit
in Weltzeit.

Siedeln wird mein Volk
auf einer Aue des Friedens,
in sicheren Wohnungen,
in sorglosen Ruhestätten,
während es dreinhagelt
in den hinschlagenden Wald
und in der Niederung
die Stadt geniedert wird.
O eures Glücks,
die ihr an allen Wassern säen dürft,
freischicken den Fuß des Stiers und des Esels!

Weh,
Zerstörer,
du nicht Zerstörter,
Empörer,
gegen den man sich nicht empörte!
wann du fertig bist mit Zerstören,
wirst du zerstört werden,
wann du am Ziel bist der Empörung,
wird man gegen dich sich empören.

Du,
sei uns günstig,
auf dich hoffen wir!
mochtest du allmorgendlich jenen der Arm sein,
sei nun auch uns Befreiung in der Stunde der Drangsal!
Schon entweichen Völker vorm Schall des Getöses,
zerstieben Stämme vor seiner Erhebung!
Gerafft wird an euch Beute,
wie man Grillen aufrafft,
wie Grashüpfer rennen,
rennt man dahin!

Er ragt empor,
ja, in Erhabenheit wohnend,
füllt er Zion mit Recht und Wahrheit.
Er wird das Vertrauen deiner Notstunden sein,
Hort der Freiheiten,
der Weisheit, Erkenntnis,
Ihn zu fürchten ist sein Schatzgeschmeid.

Da,
die Gottesherdler schreien draußen,
bitterlich weinen die Boten des Friedens:
Verödet sind die Straßen,
der des Pfades wanderte feiert!
jener zertrennt das Bündnis,
verwirft die Städte,

achtet Menschen für nichts!
Das Land verfällt, es verfault,
der Libanon schämt sich, er verkümmert,
der Steppe gleich wird der Saron,
laubabschüttelnd Baschan und Karmel!

Jetzt stehe ich auf,
spricht ER,
jetzt erhebe ich mich,
jetzt richte ich mich hoch!
Ihr geht schwanger mit Stroh,
ihr gebäret Spreu,
ein Feuer ist euer Schnauben,
das frißt euch selber auf!
Kalkbrände werden die Völker,
als abgehauene Dornen
müssen sie im Feuer verlodern!
Hört nun, ihr Fernen,
was ich getan habe,
erkennt, ihr Nahen,
mein Heldentum!

In Zion ängsten sich die Sünder,
die Entarteten faßt ein Beben:
Wer mag von uns weilen
beim fressenden Feuer,
wer mag von uns weilen
bei Weltzeit-Lohen?!
Der in Bewährung geht,
der Gerades redet,
der verwirft den Ausbeutungsgewinn,
der eher seine Hände lahmschüttelte,
als daß er anfaßte eine Bestechung,
der eher sein Ohr taubstopfte,
als daß er anhörte einen Blutplan,
der eher seine Augen stumpfpreßte,
als daß er zusähe dem Bösen:
er ists,

der in der Erhabenheit anwohnen soll,
Felsennester sind seine ragende Burg,
Brot ist ihm übergeben,
Wasser ist ihm getreu.

Den König in seiner Schönheit
werden deine Augen schauen,
ein Land der Fernen besehn.
Dein Herz sinnt dem Schrecken nach:
Wo ist nun, der buchführte,
wo, der den Zins abwog,
wo, der die Türme verbuchte!
Das verwegene Volk
siehst du nicht mehr,
das Volk tiefer mißhörlicher Mundart,
zungenstammelnd, – ununterscheidbar!
Schau Zion an,
die Burg unsrer Begegnung!
deine Augen sehen Jerusalem,
eine sorglose Heimat,
ein Zelt, stets unaufgepackt,
unausgezogen seine Pflöcke auf Dauer,
unzerrissen all seine Seile.
Denn ist dort ein Mächtiger:
mit uns ist ER!
So ists nun eine Gegend von Strömen,
von breitarmigen Läufen,
die bleibt unbegangen von Ruderflotten,
Schiff des Mächtigen, nicht kanns sie befahren,
denn ER, Rechtschaffer uns,
ER, Gesetzstifter uns,
ER, König uns,
er befreit uns!
Schlaff hangen dann deine Seile,
ohne das Gestell ihres Mastes zu halten,
ohne das Segel zu spannen –
Raubbeute wird da in Menge verteilt,
selbst Lahme könnten sich Plündergut erplündern.

Doch braucht nun kein Anwohnender zu sprechen: Ich bin
　krank! –
das Volk, das hier siedelt, abgetragen ist ihm die Verfehlung.

Stämme, naht, um zu hören,
merket auf, Nationen!
das Erdland höre und was es füllt,
der Weltkreis und was all ihm entsproß!

Ja, ein Grimm ist bei IHM über alle Stämme,
eine Zornglut über all ihre Schar,
er hat sie gebannt,
sie zum Abschlachten gegeben.
Hingeworfen werden ihre Durchbohrten,
ihre Leichen, Gestank steigt draus auf,
von ihrem Blut zerfließen Berge.
Alle Himmelschar selbst, sie verfliegen,
der Himmel rollt sich ein wie ein Buch,
abwelken muß all seine Schar,
wie das Laub abwelkt vom Rebstock,
das Verwelkte vom Feigenbaum.

– Ja, abgefrischt ward im Himmel mein Schwert,
nun stürzt es auf Edom nieder,
auf das Volk meines Banns zum Gericht. –
Ein Schwert hat ER, das ist voll Blut,
vom Fette mästet es sich,
vom Blut der Lämmer und Böcke,
vom Nierenfette der Widder.
Ja, Schlachtung hat ER in Bozra,
großes Abschlachten in Edoms Land,
Wisente stürzen samt jenen,
Farren samt Stierrecken,
ihr Land erfrischt sich vom Blut,
ihr Staub wird vom Fette gemästet.

Ja, ein Tag der Ahndung ists IHM,
ein Jahr der Vergeltung für Zions Streit.
Zu Pech wandeln sich jenes Bäche,
zu Schwefel sein Staub,
sein Land wird zu brennendem Pech,
bei Nacht und bei Tag verlischts nicht,
in die Zeit hin steigt sein Qualm,
Geschlecht um Geschlecht bleibts öde,
in Dauer der Dauern wandert keiner hindurch,

Dohle und Igel erbens,
drin wohnen Ohreneule und Rabe.
Er streckt daran
die Meßschnur des Irrsals
und die Lotsteine des Wirrsals.
Seine Vornehmen –
Kein Königtum je mehr dort! ruft man,
mit all seinen Fürsten ists aus.
Gesträuch steigt durch seine Paläste hin,
in seinen Bollwerken Nessel und Distel,
eine Heimat der Schakale wirds,
den Straußen ein Gehöft,
der Wüstenspuk stößt auf den Küstenspuk da,
ein Bocksfüßer ruft seinem Genossen zu,
nur dort rastet die Lur,
eine Ruhestatt findet sie sich,
dort nistet die Sprungnatter, legt ab,
in ihrem Schatten brütet, hegt sie,
nur dort sammeln sich die Geier,
jeder zu seinem Genossen.
Forschet aus SEINEM Buch,
leset darin:
nicht eins wird von diesen vermißt,
niemand sucht nach seinem Genossen,
denn der Mund von Ihm hat geboten,
sein Geistbraus hat sie versammelt,
er hat ihnen das Los fallen lassen,
seine Hand hat das ihnen mit der Schnur zugeteilt,
in die Zeit hin sollen sies erben,
Geschlecht um Geschlecht darin wohnen.

Jauchzen sollen Wüste und Öde,
frohlocken soll die Steppe,
erblühn gleich dem Narzißlein,
blütenreich soll sie erblühn,
frohlocken soll sie,
ach, ein Frohmut und Jubel gar!
Der Ehrenschein des Libanon wird ihr gegeben,
die Herrlichkeit des Karmel und des Saron,
die werden SEINEN Ehrenschein sehn,
die Herrlichkeit unseres Gottes.

Erschlaffte Hände stärket,
festiget wankende Knie,
sprecht zu den Herzverscheuchten:
Seid stark,
fürchtet euch nimmer,
da: euer Gott,
Ahndung kommt,
das von Gott Gereifte,
er selber kommt
und befreit euch!

Dann werden Augen von Blinden erhellt,
eröffnet Ohren von Tauben,
dann springt wie ein Hirsch der Lahme,
die Zunge des Stummen jubelt.
Wasser brachen ja in der Wüste hervor
und Bäche in der Steppe,
der Samumsand wird zum Weiher,
das Durstige zu Wassersprudeln,
ein Viehlager in der Schakale Heimat,
ein Gehöft für Rohr und Schilf.

Eine Dammstraße wird dort sein, ein Weg,
Weg der Heiligung wird er gerufen,
nicht kann auf dem ein Makliger wandern.
Selber ER geht ihnen den Weg voran,
daß auch Toren sich nicht verlaufen.
Nicht wird dort ein Löwe sein,
reißendem Tier ist er unersteigbar,
nicht wirds dort gefunden.

Gehen werden ihn die Erlösten:
die von Ihm Abgegoltnen kehren zurück,
sie kommen nach Zion mit Jubel,
Weltzeit-Freude ist um ihr Haupt,
sie erlangten Wonne und Freude,
Gram und Seufzen müssen entfliehn.

Es war im vierzehnten Jahr des Königs Chiskijahu,
da zog Sfancherib König von Assyrien herüber,
über alle befestigten Städte Jehudas her,
er bemächtigte sich ihrer.

Dann sandte der König von Assyrien den Erztruchsessen
von Lachisch aus nach Jerusalem an den König Chiskijahu, mit
einem starken Heer.

Der blieb stehn bei der Rinne des oberen Teichs, auf der Straße
nach dem Wäscherfeld.

Zu ihm hinaus trat Eljakim Sohn Chilkijahus, der über dem
Hauswesen war, und Schebna, der Schreiber, und Joach
Sohn Afsafs, der Erinnerer.

Der Erztruchseß sprach zu ihnen:

Sprecht doch zu Chiskijahu:

So hat der Große König, Assyriens König, gesprochen:

Was ist das für ein Verlaß, worauf du dich verlassen hast?!

Ich spreche: Rat und Gewalt zum Kampf ist hier bloß Lippenrede!

Jetzt gilts: auf wen hast du dich verlassen, daß du dich gegen
mich empörtest?!

Wohlan, verlassen hast du dich auf die Stütze dieses angeknickten Rohrs, auf Ägypten,

das, lehnt sich jemand darauf, ihm in den Ballen dringt, den
durchsticht,

so Pharao König von Ägypten für alle, die auf ihn sich verlassen.

Wenn du aber zu mir sprechen solltest: Auf IHN unsern Gott
verlassen wir uns! –

ist das nicht der, dessen Koppen und dessen Schlachtstätten
Chiskijahu beseitigt hat,

indem er zu Jehuda und zu Jerusalem sprach: Vor dieser
Schlachtstatt da sollt ihr euch niederwerfen!?

Jetzt gilts, wette doch mit meinem Herrn, dem König von
Assyrien:

ich will dir zweitausend Rosse geben,

ob du dir auf sie Reiter zu geben vermagst!

wie willst du da auch nur einen Viztum, einen der kleineren
Diener meines Herrn, umkehren machen?

Aber du verlässest dich ja für Fahrberitte und Reisige auf
Ägypten!

Jetzt gilts:

bin ich etwa ohne IHN herübergezogen, über dieses Land her,
　　es zu verderben?!

ER ists, der zu mir sprach: Zieh hinüber, zu jenem Land hin,
　　und verdirb es!

Eljakim sprach, und Schebna und Joach, zum Erztruchsessen:
Rede doch zu deinen Dienern aramäisch, wir sind ja drauf
　　eingehört,

aber nimmer rede zu uns judäisch

vor den Ohren des Volks, das auf der Mauer ist!

Aber der Erztruchseß sprach:

Hat mich etwa an deinen Herrn oder an dich mein Herr ent-
　　sandt, diese Rede zu reden,

nicht vielmehr auf die Leute hin, die auf der Mauer sitzen

um euch gesellt ihren Kot zu essen und ihren Harn zu trinken!

Der Erztruchseß stand hin, er rief mit großmächtiger Stimme
　　auf judäisch,

er sprach:

Höret die Rede des Großen Königs, des Königs von Assyrien!

So hat der König gesprochen:

Daß euch Chiskijahu nimmer berücke,

denn er vermag euch nicht zu retten!

und daß euch Chiskijahu nimmer auf IHN euch verlassen
　　heiße,

sprechend: ER wird retten, uns retten, nicht wird diese Stadt
　　in die Hand des Königs von Assyrien gegeben!

Höret nimmer auf Chiskijahu,

denn so hat der König von Assyrien gesprochen:

Macht mit mir einen Segnungsaustausch,

tretet zu mir über,

dann könnt ihr wieder jedermann von seinem Rebstock,
　　jedermann von seinem Feigenbaum essen,

dann könnt ihr wieder jedermann das Wasser seiner Zisterne
　　trinken,

bis ich komme, euch mitnehme in ein Land, eurem Lande
　　gleich,

ein Land von Korn und Most,

ein Land von Brot und Weingärten.

Chiskijahu möchte etwa euch locken,

sprechend: Retten wird uns ER!

Haben die Götter der Weltstämme, jeder sein Land errettet
aus der Hand des Königs von Assyrien?

wo waren die Götter Chamats und Arpads,

wo waren die Götter Sfarwajims,

und haben denn Samaria welche aus meiner Hand errettet?!

wer sind die unter allen Göttern dieser Länder, die ihr Land
aus meiner Hand errettet haben,

daß ER Jerusalem aus meiner Hand erretten sollte?!

Sie aber blieben schweigsam und redeten nichts ihm zur Antwort,

denn das war ein Gebot des Königs, im Spruch: Antwortet
ihm nicht!

Mit eingerißnen Gewändern kam Eljakim Sohn Chilkijahus,
der über dem Hauswesen war, und Schebna der Schreiber
und Joach Sohn Afsafs, der Erinnerer, zu Chiskijahu,

sie meldeten ihm die Reden des Erztruchsessen.

Es geschah nun, als der König Chiskijahu es hörte:

er riß seine Gewänder ein,

er hüllte sie ins Sackleinen,

er kam in SEIN Haus.

Dann sandte er Eljakim, der über dem Hauswesen war,
Schebna den Schreiber und die Ältesten der Priesterschaft,
ins Sackleinen gehüllt, zu Jeschajahu Sohn des Amoz, dem
Künder,

daß sie zu ihm sprächen:

So hat Chiskijahu gesprochen:

Ein Tag von Angst, Züchtigung, Schimpf ist dieser Tag,

ja: Kinder sind bis an den Durchbruch gekommen

und zum Gebären ist keine Kraft da!

vielleicht aber hört ER dein Gott auf die Reden des Erztruchsessen,

den der König von Assyrien, sein Herr, gesandt hat, den lebendigen Gott zu höhnen,

er züchtigt wegen der Reden, die er angehört hat,

ER dein Gott!

so trage du ein Gebet empor um den Rest, der sich noch
findet!

Als die Diener des Königs Chiskijahu zu Jeschajahu kamen,

sprach Jeschajahu zu ihnen:
So sprecht zu eurem Herrn:
So hat ER gesprochen:
Fürchte dich nimmer von den Reden, die du gehört hast,
mit denen die Knaben des Königs von Assyrien mich schmähten!
Wohlan, ich gebe einen Widergeist ihm ein,
er hört ein Hörensagen,
dann kehrt er in sein Land zurück,
in seinem Lande aber fälle ich ihn durch das Schwert.

Als der Erztruchseß wieder zurückkehrte, fand er den König
von Assyrien im Kampf gegen Libna:
ja: er hatte etwas gehört! ja: er war fortgezogen von Lachisch!
Er hatte nämlich über Tirhaka König von Äthiopien sprechen
gehört: Wohl, er ist ausgefahren, mit dir zu kämpfen.
Nun sandte er, da er jenen angehört hatte, Boten an Chiskijahu,
mit dem Spruch:
So sprecht zu Chiskijahu König von Jehuda, im Spruch:
Daß dein Gott dich nimmer berücke,
auf den du dich verlässest, nach dem Spruch: Nicht wird Jerusalem in die Hand des Königs von Assyrien gegeben!
Wohlan, du selber hast gehört,
was die Könige von Assyrien allen Ländern taten, sie zu bannen,
und du willst errettet werden?
haben die Götter der Stämme, welche meine Väter verderbten, sie errettet,
Gosan und Charan und Razef und die Adensöhne, die in
Telafsar?
wo waren der König Chamats, der König Arpads, der König
Lairs, Sfarwajims, Henas, Iwwas?!
Chiskijahu nahm die Briefschaften aus der Hand der Boten,
las es, er stieg zu SEINEM Haus hinan,
Chiskijahu breitete es vor SEIN Antlitz,
Chiskijahu betete zu IHM, sprechend:
DU, Umscharter, Gott Jifsraels, der Sitz hat auf den Cheruben,
du einzig bist der Gott aller Königreiche des Erdlands,
du bists, der den Himmel und die Erde gemacht hat.

Neige, o D U, dein Ohr und höre,
erhelle, o D U, deine Augen und sieh,
höre all die Rede Sfancheribs, der sandte, den lebendigen
   Gott zu höhnen!
Getreu ists, D U,
verödet haben die Könige von Assyrien all die Länder und
   ihr eigenes Land,
es gab ihre Götter ins Feuer:
nicht Götter sind das ja, sondern Gemächt von Menschenhänden, Holz und Stein,
die konnten sie schwenden!
jetzt aber, D U, unser Gott,
befreie uns aus seiner Hand,
daß alle Königreiche des Erdlands erkennen:
ja, einzig da bist D U!
Da sandte Jeschajahu Sohn des Amoz an Chiskijahu den
   Spruch:
So hat E R gesprochen, der Gott Jifsraels:
Deswegen, was du zu mir wider Sfancherib König von
   Assyrien gebetet hast
– dies ist die Rede, die E R gegen ihn redet –:
   Dich verachtet,
   dich verspottet
   die Tochter Zion, die Maid,
   hinter dir her schüttelt das Haupt
   die Tochter Jerusalem:
     Wen hast du gehöhnt,
     hast du geschmäht,
     gegen wen erhobst du die Stimme,
     trugst überheblich deine Augen empor?
     Wider den Heiligen Jifsraels!
   Meinen Herrn hast du durch deine Knechte gehöhnt,
   du hast gesprochen:
   Ich bins, der mit der Menge meiner Reiter erstieg
   die Erhebung der Berge,
   des Libanon Flanken,
   nun rode ich
   den Hochwuchs seiner Zedern,
   die Erlesenheit seiner Zypressen,

nun komme ich
an die Erhebung seines Randes,
an den Busch seines Gartenhags, –
ich bins, der Wasser erbohrte und trank,
nun öde ich
mit meinen Sohlentritten allen Flußlauf Ägyptens!
Hast du es nicht gehört:
von fernher habe ich das bereitet,
von Urtagen an es gebildet!?
kommen ließ ich es jetzt: du wurdest,
befestigte Städte niederzukrachen,
nun wüste Trümmerwälle,
daß ihre Sassen, kurz von Arm, bestürzt zuschanden werden,
sind Kraut des Feldes, grünend Gras,
Dachbinse, Flur vorm Halmwuchs!
Ich kenne also
dein Sitzen, dein Fahren, dein Kommen
und dein Auftoben wider mich:
weil du wider mich auftobst
und deine Sorglosigkeit in meine Ohren stieg,
lege ich meinen Haken in deine Nase
und meinen Zaum in deine Lippen,
heiße dich heimkehren
auf dem Weg, den du gekommen bist.
Dies aber sei dir das Zeichen:
das Jahr ißt man Nachtrieb,
im zweiten Jahr Brachtrieb,
aber im dritten Jahr
säet und erntet,
pflanzt Weingärten und eßt ihre Frucht!
Und das Entronnene des Hauses Jehuda,
es, das als Rest verblieb,
fügt Wurzeln an nach unten,
bereitet Frucht nach oben:
denn von Jerusalem fährt ein Rest aus,
Entronnenes vom Berge Zion,
SEIN des Umscharten Eifer bereitet dies.
Darum hat ER so wider Assyriens König gesprochen:
Nicht kommt er in diese Stadt,

nicht schießt er darein einen Pfeil,

nicht berennt er mit einem Schild sie,

nicht schüttet er gegen sie einen Damm auf,

auf dem Weg, den er kam, auf dem kehrt er,

und in diese Stadt kommt er nicht,

– SEIN Erlauten –

ich überschilde diese Stadt, sie zu befreien,

um meinetwillen

und um Dawids willen, meines Knechts.

`SEIN Bote fuhr aus, er schlug im Lager Assyriens hundert-
undfünfundachtzigtausend,

als man sich frühmorgens aufmachte, wohl, da waren sie alle
Leichen, tot.

Da brach ab, ging davon, kehrte heim Sfancherib König von
Assyrien,

er blieb nun sitzen in Ninive.

Es geschah aber, als er sich im Haus Nifsrochs seines Gottes
niederwarf:

Adrammelech und Scharazer, seine Söhne, erschlugen ihn mit
dem Schwert.

Während sie nach dem Land Ararat entwichen,

trat Efsarhaddon sein Sohn statt seiner die Königschaft an.

In jenen Tagen war Chiskijahu zum Sterben erkrankt.
Da kam zu ihm Jeschajahu Sohn des Amoz, der Künder, und
　　sprach zu ihm:
So hat ER gesprochen:
Gebiete über dein Haus,
denn du mußt sterben, kannst nicht leben bleiben.
Chiskijahu aber drehte sein Antlitz zur Wand, er betete zu
　　IHM,
er sprach:
Ach, DU,
gedenke doch,
wie ich vor deinem Antlitz einherging in Treue, mit befrie-
　　detem Herzen
und das in deinen Augen Gute tat!
Chiskijahu weinte, ein großes Weinen.
Da geschah SEINE Rede zu Jeschajahu, es sprach:
Geh, sprich zu Chiskijahu:
So hat ER gesprochen, deines Vorvaters Dawid Gott:
Ich habe dein Beten gehört,
ich habe deine Tränen gesehn,
wohlan, ich will zu deinen Tagen fünfzehn Jahre fügen,
und vor dem Griff des Königs von Assyrien rette ich dich und
　　diese Stadt,
ich überschilde diese Stadt.
Und dies sei dir das Zeichen von IHM her
dafür, daß ER diese Rede tut, die er geredet hat:
wohlan, ich lasse den Schatten der Stufungen, der am Stu-
　　fungswerk des Achas durch die Sonne hinabgesunken war,
　　zehn Stufungen rückwärts kehren.
Die Sonne kehrte um am Stufungswerk, das hinab sie gesun-
　　ken war, zehn Stufungen.

Niederschrift Chiskijahus Königs von Jehuda,
um sein Kranksein und wie er von seiner Krankheit auflebte:

Schon hatte ich selber gesprochen:
Im Ebengewicht meiner Tage
muß ich dahingehn,
in die Tore des Gruftreichs

bin ich verordnet
für den Rest meiner Jahre!

Schon hatte ich gesprochen:
Nicht mehr werde ich oh Ihn sehn,
Ihn oh im Land der Lebendigen,
nicht mehr einen Menschen erblicken,
des Währens Siedlern gesellt,
abgebrochen wird meine Hütte,
von mir weggeschleppt
einem Hirtenzelt gleich!

Schon hatte ich aufgerollt
gleich einem Weber mein Leben:
nun schneidet vom Trummgarn er mich! –
vom Tage auf die Nacht
wirst du fertig mit mir!

Schon hatte ich mir vorgestellt:
auf den Morgen, dem Löwen gleich,
so zermalmt er all meine Gebeine! –
vom Tage auf die Nacht
wirst du fertig mit mir!

Dem Mauersegler, der Drossel gleich,
so wimmerte ich,
ich gurrte gleich der Taube,
meine Augen schmachten zur Höhe:
DU,
ein Würger ist über mir,
bürge für mich!

Was soll ich nun reden?!
Er hats mir zugesprochen,
und er selber hat es getan:
wandeln soll ich all meine Jahre zuend
über die Bitternis meiner Seele hinweg.

O mein Herr!
davon lebt man,
allein darin ist das Leben meines Geists,
so lässest du mich genesen,

so mich leben.

Wohl, zu einer Befriedung
war mir die Bitternis bitter,
du selber entrangst meine Seele
der Grube der Verwesung,
ja, du warfst hinter deinen Rücken
alle meine Sünden.

Nicht die Gruft ja kann huldigen dir
noch der Tod lobpreisen dir,
nicht die in die Tiefe sanken
besinnen deine Treue.

Wer lebt, wer lebt, der huldigt dir
gleich mir am heutigen Tag,
der Vater heißt die Söhne
erkennen deine Treue.

ER ist da: mich zu befrein!
Mein Saitenspiel wollen wir spielen
alle Tage unsres Neulebens
droben in SEINEM Haus.

Jeschajahu hatte nämlich gesprochen:
Man trage einen Feigenkuchen herbei
und pflastre ihn auf das Geschwür,
damit er neu auflebe!
Chiskijahu aber hatte gesprochen:
Was ist ein Zeichen dafür,
daß ich hinaufsteigen soll
droben zu SEINEM Haus?

Zu jener Frist sandte Merodach Baladan Sohn Baladans,
   König von Babel, Briefschaften und eine Spende an Chiskijahu,
er hatte nämlich gehört, daß er krank gewesen und wieder
   erstarkt war.
Chiskijahu freute sich über sie,
er ließ sie das Haus seiner Kleinodien besehn,
das Silber, das Gold, die Balsame, das gute Öl,
das Zeughaus all
und alles, was sich in seinen Schätzen fand,
nichts war, das Chiskijahu sie nicht hätte besehen lassen
in seinem Haus und in all seiner Verwaltung.
Aber Jeschajahu der Künder kam zum König Chiskijahu und
   sprach zu ihm:
Was haben diese Männer gesprochen? woher kommen sie zu
   dir?
Chiskijahu sprach:
Aus fernem Land sind sie zu mir gekommen, aus Babel.
Er sprach:
Was haben sie in deinem Haus gesehn?
Chiskijahu sprach:
Alles, was in meinem Haus ist, haben sie gesehn,
nichts war, das ich sie nicht hätte besehen lassen in meinen
   Schätzen.
Jeschajahu sprach zu Chiskijahu:
Höre SEINE des Umscharten Rede:
Wohlan, Tage kommen,
da wird alles, was in deinem Haus ist, was deine Väter auf-
   geschatzt haben bis zu diesem Tag,
hinweggetragen nach Babel.
Nichts soll übrigbleiben! –
hat ER gesprochen.
Und von deinen Enkelsöhnen,
deinen Nachfahren, die du gezeugt haben wirst,
wird man nehmen,
daß sie Kämmerlinge werden in der Halle des Königs von
   Babel.
Chiskijahu sprach zu Jeschajahu:
Gütig noch ist SEINE Rede, die du geredet hast.

Er sprach weiter:
Denn in meinen Tagen darf Frieden und Vertrauen bleiben.

Tröstet tröstet mein Volk,
spricht euer Gott,
redet zum Herzen Jerusalems
und rufet ihr zu,
daß vollendet ist ihr Scharwerk,
daß abgegnadet ist ihre Schuld,
daß gedoppelt von SEINER Hand sie empfängt
für all ihre Sündenbußen.

Stimme eines Rufers:
In der Wüste bahnt
SEINEN Weg,
ebnet in der Steppe
eine Straße für unseren Gott!
Alles Tal soll sich heben,
aller Berg und Hügel sich niedern,
das Höckrige werde zur Ebne
und die Grate zum Gesenk!
Offenbaren will sich
SEIN Ehrenschein,
alles Fleisch vereint wirds sehen.
Ja, geredet hats SEIN Mund.

Stimme eines Sprechers:
Rufe!
Es spricht zurück:
Was soll ich rufen!
alles Fleisch ist Gras,
all seine Holdheit der Feldblume gleich!
Verdorrt ist das Gras,
verwelkt ist die Blume,
da SEIN Windbraus sie angeweht hat!

– Gewiß,
Gras ist das Volk,
verdorrt ist das Gras,
verwelkt ist die Blume,
aber für Weltzeit besteht
die Rede unseres Gottes.

Auf einen ragenden Berg steig dir

als Glücksmärbringerin, Zion,
schwing hoch mit Kraft deine Stimme
als Glücksmärbringerin, Jerusalem,
schwinge sie hoch, fürchte dich nimmer,
sprich zu den Städten Jehudas:
Da, euer Gott!
da, mein Herr, ER,
er kommt als der Starke,
sein Arm hat für ihn gewaltet,
da, bei ihm ist sein Sold,
vor ihm her sein Werklohn:
wie ein Hirt weidet er seine Herde,
Lämmer hält er in seinem Arm,
trägt sie an seinem Busen,
die Mutterschafe leitet er sacht.

Wer hat mit seiner Faust die Wasser gemessen,
die Himmel abgegriffen mit der Spanne,
mit dem Dreiling den Staub der Erde gefaßt,
mit dem Schwebebalken Berge gewogen,
Hügel mit dem Schalenpaar?
Wer hat SEINEN Geistbraus begriffen,
ein Mann, dem seinen Ratschluß er kundgäbe?
mit wem hat er sich beraten,
der zu unterscheiden ihm hülfe,
der um den Pfad des Rechts ihn belehrte,
der Erkenntnis ihn lehrte,
der den Weg der Unterscheidungen ihm kundgäbe?

Stämme da, sie sind wie vom Schöpffaß ein Tropfen,
wie fürs Schalenpaar ein Korn gelten sie,
Eilande da, er lüpft sie wie Flocken.
Des Libanons wäre zum Brand nicht genug,
seines Wilds nicht genug, zur Darhöhung.
Alle Stämme sind wie Nichts vor ihm,
als vom Unding und Irrsal gelten sie ihm.

Und wem wollt ihr den Gottherrn vergleichen,
was als Gleichnis ihm zupassen?
Das Schnitzbild etwa,

das der Former gegossen hat,
mit Walzgold überzogen der Schmelzer,
Silberketten schmelzte er aus,
wer nur karge Hebe vermag
wählte ein Holz, das nicht morscht,
suchte sich einen weisen Former,
ein Schnitzbild aufzurichten,
das nicht wanken wird?

Wollt ihrs nicht erkennen?
wollt ihrs nicht hören?
wards aus Urfrühe nicht euch gemeldet?
habt ihr nicht unterschieden,
was der Erde Grundfeste ist?
Der über der Scheibe der Erde sitzt,
– wie Grillen sind da ihre Sassen!
der wie Flockentuch ausspannt die Himmel,
– wie als Zelt zum Siedeln spreitet er sie!
der gibt, daß Erlauchte zu Nichts werden,
die Richter der Erde wie das Irrsal macht!
kaum sind sie gepflanzt,
kaum sind sie gesät,
kaum wurzelt in der Erde ihr Reis,
bläst er sie auch schon an,
daß sie verdorren,
wie Stroh trägt der Sturm sie davon.

Wem wollt mich ihr vergleichen,
daß ich ähnlich wäre?
spricht der Heilige.
Tragt zur Höhe empor eure Augen
und seht:
Wer hat diese geschaffen?
Der ausgezählt vorführt ihre Schar,
sie alle aufruft bei Namen –
aus der Mächte-Vielheit,
der Hünen-Heerkraft
will niemand vermißt sein.

Warum sprichst du, Jaakob,

redest du, Jiſsrael :
Verborgen vor IHM ist mein Weg,
mein Recht entzieht sich meinem Gott?!
Erkanntest du es noch nicht
oder hörtest du es noch nicht:
der Urzeit-Gott, ER,
Schöpfer der Ränder der Erde,
er ermattet nicht,
er ermüdet nicht,
unausforschlich ist sein Unterscheiden.
Er gibt dem Ermatteten Kraft,
dem Ohnmächtigen mehrt er Kernhaftigkeit.
Jünglinge ermatten, ermüden,
Rüstige straucheln und straucheln,
aber die SEIN harren
tauschen Kraft ein,
wie die Adler treiben sie Schwingen,
sie rennen und werden nicht müde,
sie gehen und werden nicht matt.

Verstummt mir zu, Ozeanküsten!
mögen eintauschen Kraft die Nationen!
heran sollen sie,
dann erst dürfen sie reden, –
zum Gericht laßt miteinander uns nahn!

Wer hat erweckt den vom Aufgang her,
den in ihre Fußspur beruft die Wahrhaftigkeit,
er gibt Stämme vors Antlitz ihm,
streckt Könige nieder,
gibt jedwedes Schwert wie Staub hin,
jedwedes Bogenstrang, wie verwehtes Stroh?
jener verfolgt sie,
zieht in Frieden fort, einen Pfad,
den er nie mit seinen Füßen gekommen war.
Wer hats gewirkt und getan?
Der von der Urfrühe her die Geschlechter beruft:
ICH bin der Urfrühe
und mit den Letztspäten bin ich derselbe.

Ozeanküsten schautens,
sie erschauerten,
die Ränder der Erde erbebten:
es nahen welche, laufen zusammen,
helfen jedermann seinem Genossen,
zu seinem Bruder spricht er: Fest zu!
der Former heißt fest sein den Schmelzer,
der Hammerglätter den Klöpfelschläger,
von der Lötung spricht man: Gut ist die!
dann befestigt mans mit Nägeln,
daß es nicht wanke.

Du aber,
Jiſrael, mein Knecht,
Jaakob, den ich wählte,
Same Abrahams, meines Liebenden!
du, den ich erfaßte von den Rändern der Erde her,
von ihren Achseln her habe dich ich gerufen,
ich sprach zu dir:
Mein Knecht bist du!

Gewählt habe ich dich einst
und habe dich nie verworfen, –
fürchte dich nimmer,
denn ich bin bei dir,
starre nimmer umher,
denn ich bin dein Gott,
ich stärke dich,
ich helfe dir auch,
ich halte dich auch
mit der Rechten meiner Wahrhaftigkeit.
Wohl, enttäuscht und beschämt werden alle,
die wider dich entflammt sind;
wie Nichts werden, verschwinden
die Männer deiner Bestreitung;
du suchst sie, findest sie nicht,
die Männer deiner Befehdung;
wie Nichts werden, wies Unding
die Männer deiner Bekriegung:
denn ICH bin dein Gott,
der deine Rechte erfaßt hat,
der zu dir spricht:
Fürchte dich nimmer,
ich selber helfe dir.

Fürchte dich nimmer,
du Jaakobwürmlein,
ihr Jifsraelsleutchen,
ich selber helfe dir,
ist SEIN Erlauten,
dein Auslöser,
der Heilige Jifsraels ists.
Wohlan,
ich mache dich zu einem Schlitten,
einem scharfen, neuen, vielschneidigen,
dreschen sollst du Berge, durchmalmen,
Hügel wie Spreu machen,
du worfelst, Windbraus trägt sie fort,
der Sturm versprengt sie,
du selber aber,

jubeln wirst du um IHN,
dich um den Heiligen Jifsraels preisen.

Die Gebeugten und die Bedürftigen
suchen Wasser und da ist keins,
vor Durst lechzt ihre Zunge,
ICH werde ihnen willfahren,
ich, Jifsraels Gott, werde sie nicht verlassen.
Ich eröffne auf Kahlhängen Ströme,
inmitten der Gesenke Quellen,
mache Wüste zum Wasserteich,
wildes Erdland zu Wasserbornen,
ich gebe in die Wüste
Zeder, Akazie und Myrte und Ölbaum,
mache wachsen in der Steppe
Wacholder, Esche und Zypresse vereint,
damit sie sehen und erkennen,
bemerken und begreifen miteins:
Ja, SEINE Hand hat dieses getan,
der Heilige Jifsraels hats geschaffen.

Naht mit eurer Vorstreiterschaft,
spricht ER,
her eure Kernbeweise,
spricht Jaakobs König.
Her sollen sie und uns ermelden.
was sich fügen wird:
Das Frühere,
was es war, meldet,
daß wirs merken mit unserem Herzen,
daß wir sein Spätziel erkennen.
oder das Kommende
lasset uns hören!
meldet den Lauf für das Später,
daß wir erkennen:
Ja denn, ihr seid Götter!
mögt ihr auch Güte oder Bosheit erzeigen,
wir wollen um uns starren und uns fürchten miteins!...
Wohl –
vom Nichts seid ihr,

vom Unding ist euer Werk,
einen Greuel erwählt man an euch.

Vom Norden her weckte ich einen,
daß er herbeilief,
vom Aufgang der Sonne ihn,
der ausrufe meinen Namen,
er zertritt Satrapen wie Lehm,
wie ein Töpfer den Ton stampft.
Wer hats angemeldet von früh her,
daß wirs erkennten,
von vornherein,
daß wir sprächen: Wahrhaftig!?
Keiner auch war, ders meldete,
keiner auch, ders hören ließ,
keiner auch, der Sprüche von euch erhorchte! –
Als Frühster gab ich an Zion
ein: Wohl, da ists, da sind sie!,
an Jerusalem
ich einen Glücksmärbringer.
Sehe ich mich um –
kein Mann!
unter diesen –
kein Berater,
daß ich sie fragte,
sie Rede erstatteten!
Wohl, Arg sind sie alle,
ihre Gemächte Unding,
ihre Gußbilder Wind und Irrsal.

Mein Knecht hier,
an dem ich halte,
mein Erwählter,
dem meine Seele gnadet,
auf ihn gebe ich meinen Geisthauch,
den Weltstämmen führe er Recht hin.
Nicht schreit er,
nicht erhebt,
nicht läßt auf der Gasse seine Stimme er hören,
ein geknicktes Rohr bricht er nicht,
einen glimmenden Docht, den löscht er nicht ab,
Recht führt hinaus er in Treuen.
Er selber verglimmt nicht
und knickt nicht ein,
bis das Recht er setzte auf Erden
und seine Weisung die Ozeanküsten erwarten.

So hat der Gottherr, ER, gesprochen,
der die Himmel schuf und sie spannte,
der die Erde breitete zusamt den aus ihr Gesprossnen,
der dem Volk auf ihr Odem gab,
Hauch den sie Begehenden:
ICH rief dich an in Bewährung,
ich fasse dich an der Hand,
ich will dich verwahren,
ich will dich begeben
zu einem Volksbund,
zu einem Weltstämme-Licht,
blinde Augen zu erhellen,
aus dem Kerker Gefangne zu führen,
aus dem Hafthaus, die in Finsternis sitzen.
ICH BIN DA: das ist mein Name,
meinen Ehrenschein gebe ich nicht einem andern,
noch den Meißeldocken meinen Lobpreis:
das Frühre, hier, es kam,
Neues melde ich an,
eh es wächst, lasse ich euch es erhorchen.

Singt Ihm einen neuen Gesang,
seinen Preis vom Erdrande her,
die ihr auf das Meer auslauft und seine Fülle,
Küsten zusamt ihren Siedlern!
Anheben sollen die Wüste und ihre Städte,
die Gehöfte, die Kedar besiedelt,
jubeln die Siedler des Geklüfts,
juchheien vom Haupte der Berge,
Ihm sollen sie Ehren setzen,
seinen Preis an den Küsten vermelden.

Er fährt aus als Held,
als Kriegsmann weckt er den Eifer,
er schmettert,
ja dröhnt,
erzeigt sich heldisch an seinen Feinden:
»Von Zeiten her habe ich geschwiegen,
ich blieb still, ich bezähmte mich,
der Gebärenden gleich will ich stöhnen,
schnaufen und schnauben zumal,
öden will ich Berge und Hügel,
all ihr Kraut trocknen lassen,
Stromland umsetzen zu Küsten,
Sümpfe trockne ich aus, –
aber ich gängle Blinde
auf einem Weg, den sie nicht kennen,
auf Steigen, die sie nicht kennen,
bewege ich sie hin,
Finster mache ich ihnen zum Licht
und das Holperige zur Ebne...«
– Dies waren die Reden,
die ich nun betätige, die ich nicht lasse.
Zurückweichen müssen,
beschämt und sich schämend,
die sich mit Gemeißeltem sichern,
die zum Gußbilde sprechen:
Ihr seid unsere Götter.

Ihr Tauben, höret,

ihr Blinden, blickt auf, um zu sehn:
wer war blind, es sei denn mein Knecht?
taub, wie den nun als meinen Boten ich sende?
wer war blind wie der nun Gefriedete?
blind, wie der nun SEIN Knecht heißt?
Vieles hattest du gesehn,
beachtetest doch nichts –
hellhörig,
erhorchte er doch nichts!

ER begehrte um seiner Wahrhaftigkeit willen,
daß die Weisung man vergrößre, verherrliche,
und nun war das ein Volk, geplündert, beraubt,
verstrickt in Löchern sie alle,
in Hafthäuser waren sie gesteckt,
zur Plünderung wurden sie – da war kein Retter,
zum Raub – keiner sprach: Erstatte zurück!
Wer bei euch wird diesem ein Ohr leihn,
drauf merken, es gehört haben für später:
»Wer gab Jaakob dem Räuber hin,
den Plünderern Jifsrael?
wars nicht ER, an dem wir uns versündigt hatten,
in seinen Wegen gehn, nicht war mans gewillt,
auf seine Weisung hörte man nicht!
Da goß er über ihn aus
die Glut seines Zorns
und das Wüten des Kriegs,
das umloderte ihn rings
und er erkannte noch nicht,
es sengte ihn an
und er nahms noch nicht zu Herzen.«

Jetzt aber,
so hat ER gesprochen,
dein Schöpfer, Jaakob,
dein Bildner, Jifsrael,
fürchte dich nimmer,
denn ich habe dich ausgelöst,
ich habe dich mit Namen berufen,

du bist mein.
Wenn durchs Wasser du ziehst,
bin ich mit dir,
durch die Ströme,
sie überfluten dich nicht,
wenn quer durchs Feuer du gehst,
verbrennst du nicht,
und die Lohe,
sie sengt dich nicht an.
Denn ICH bin dein Gott,
der Heilige Jifsraels ist dein Befreier.
Als Deckung für dich gebe ich Ägypten,
Äthiopien und Sfeba statt deiner.
Dessen wegen,
daß du teuer bist in meinen Augen,
ehrenwichtig bist
und ich selber dich liebe,
gebe ich Menschen statt deiner,
Nationen statt deiner Seele:
fürchte dich nimmer,
denn ich bin mit dir.
Von Aufgang
lasse ich heimkommen deinen Samen,
von Abend
bringe ich dich zuhauf,
ich spreche zum Norden:
Gib her!
und zum Süden:
Umhafte nimmer,
laß kommen meine Söhne von fern,
meine Töchter vom Erdenrand,
alles, was mit meinem Namen gerufen ward, –
zu meiner Ehre habe ich es erschaffen,
es gebildet, ja, es gemacht!

Man führe vor
ein Volk, blind, und hat doch Augen,
die Tauben, und sind ihnen doch Ohren!
– Alle Weltstämme sind zuhaufgebracht,

die Nationen herangeholt.
Wer bei jenen
hätte solches angemeldet?
oder hätten sie Frühres uns zu erhorchen gewährt?
hergeben sollen jene ihre Zeugen,
daß sie bewahrheitet werden;
haben die etwas erhorcht,
mögen sie sprechen: Getreu ists!
Ihr selber seid meine Zeugen,
– Sein Erlauten –
und mein Knecht ists,
den ich erwählte,
damit ihr erkennt, mir vertraut und besinnt,
daß ich der bin:
Gottheit ward vor mir nicht gebildet,
wird nach mir nicht dasein,
doch ich, doch Ich Bin Da,
außer mir kein Befreier,
doch ich habs angemeldet,
ich habe Befreiung beschert
und habe Erhorchung gewährt,
kein Fremdes war bei euch.
Ihr also seid meine Zeugen,
– Sein Erlauten –
und so bin ich Gottheit.
Auch von heut an bin ichs,
kein Erretter aus meiner Hand!
ich wirke, wer wills verkehren?!

So hat Er gesprochen,
euer Auslöser,
der Heilige Jisraels:
Um euretwillen entsende ich nach Babel,
treibe allsamt sie als Flüchtlinge aus...,
nach Chaldäa,
...in den Schiffen ihres Jubels, –
Ich, euer Heiliger,
Jisraels Schöpfer,

euer König.
So hat ER gesprochen,
der einen Weg einst gab durch das Meer,
einen Pfad durch wütige Wasser,
der hinfahren ließ Wagen und Roßmacht,
Heertroß und Streiterwut, –
miteinander legten sie sich nieder
ohne wieder aufzustehn,
schwelten wie ein Docht,
erloschen:
Gedenket nimmer des Frühern,
dem Vormaligen sinnt nimmer nach!
wohlan, ich tue ein Neues,
jetzt wächst es auf,
erkennt ihrs nicht?
Auch in die Wüste setze ich einen Weg,
in die Einöde Ströme,
das Wild des Feldes wird mich verehren,
Schakale und Strauße,
daß in die Wüste ich Wasser gab,
Ströme in die Einöde,
mein Volk, meinen Erwählten zu erquicken, –
das Volk, das ich mir gebildet habe,
auf daß meinen Preis sie erzählen.

Und mich hattest du nicht gerufen,
o Jaakob,
daß du dich um mich gemüht hättest,
o Jifsrael,
nicht brauchtest du mir ein Lamm deiner Darhöhungen zu-
    kommen zu lassen,
mit deinen Schlachtungen nicht mich zu ehren,
nicht mochte ich dich Dienst tun lassen mit Hinleitspende,
nicht mit Weihrauch dich abmühn,
nicht mußtest du um Silber mir Würzrohr erwerben,
nicht mit deiner Schlachtungen Fett mich laben,
wohl aber hast du
Dienst tun lassen mich

mit deinen Versündigungen,
abgemüht mich
mit deinen Verfehlungen.
Ich selber, ich selber bins,
der deine Auflehnungen wegwischt,
um meinetwillen,
deiner Sünden gedenke ich nicht mehr.

Stelle es mir vors Gedächtnis,
miteinander wollen wir rechten,
erzähle du, damit du bewahrheitet wirst!
Dein früher Vorvater schon hat sich versündigt,
deine Dolmetscher lehnten sich wider mich auf,
endlich mußte ich geheiligte Fürsten preisgeben,
Jaakob dem Bann überliefern,
Jifsrael den Schmähungen.

Jetzt aber höre,
Jaakob, mein Knecht,
Jifsrael, den ich erwählte,
–so hat ER gesprochen,
der dich gemacht hat,
der dich gebildet hat vom Mutterleib auf,
dir hilft, –
fürchte dich nimmer,
mein Knecht Jaakob,
Jeschurun, den ich erwählte!
denn ich schütte Wasser auf Durstendes,
Rieselwellen auf Trocknis:
ich schütte meinen Geist auf deinen Samen,
meinen Segen auf deine Nachfahren,
daß sie wachsen wie zwischen Gras,
wie Pappeln an Wasseradern.
Der wird sprechen: Ich bin SEIN,
der sich auf Jaakobs Namen berufen,
der als seine Handmarke schreiben: IHM!
und sich auszeichnen mit Jifsraels Namen.

So hat ER gesprochen, Jifsraels König,

sein Löser, ER der Umscharte:
Ich bin der Urfrühe,
ich bin der Letztspäte,
außer mir ist kein Gott.
Wer ist mir gleich?
er rufe aus,
vermelde es,
schichte es vor mich hin:
seit ich einsetzte urzeitliches Volk,
den Verlauf
und was kommen wird
mögen sie ihrethalben melden!
Drum laßt euch nimmer erschrecken,
verzweifelt nimmer!
habe ichs nicht dir zu erhorchen gewährt von vormals,
es angemeldet,
und ihr seid meine Zeugen?!
West Göttliches außer mir?!
kein Fels ist, ich müßte ihn kennen!

Die Schnitzdockenbildner,
Irrsal sind sie allsamt,
unnütz sind ihre Köstlichen,
und sie selber sind deren Zeugen:
ohne Sehn sind sie, ohne Erkennen, –
damit sie sich schämen müssen.
Wer immer einen Abgott gebildet,
eine Docke gegossen hat,
zum Unnützen ists!
Wohl, beschämt werden einst alle ihr Zugesellten,
und die Former, die sonderlich unter den Menschen:
sie werden allsamt zuhauftreten, dastehn –
und erschrecken, sich schämen zumal.
Der Former in Eisen, mit dem Schrotmeißel,
am Gebläse arbeitet er,
bildet ihn mit den Hämmern,
mit seinem kräftigen Arm bearbeitet er ihn,
er hungert sich ab,
ob er auch kraftlos wird,

trinkt ja nicht Wasser,
ob er auch ermattet.
Der Former in Holz spannt eine Schnur,
er umreißt ihn mit dem Stift,
mit den Hobeln macht er ihn zurecht,
reißt ihn nach mit dem Zirkel,
so macht er ihn gleich dem Bau eines Mannes,
gleich einem Prachtstück von Menschen,
in einem Hause Sitz zu haben.
Erst mußte er Zedern hauen,
nahm Pinie und Eiche,
unter den Waldhölzern hatte er die sich erstarken lassen,
hatte eine Kiefer gepflanzt und groß zog sie der Regen,
nun hat der Mensch was zum Heizen,
er nimmt davon, er wärmt sich,
auch zündet ers an und bäckt Brot,
auch arbeitet er einen Abgott heraus,
dann wirft er sich nieder,
er macht es zu einer Schnitzdocke,
dann bückt er sich vor ihr.
Die Hälfte davon hat er im Feuer verbrannt,
über der Hälfte davon ißt er Fleisch,
brät einen Braten und sättigt sich,
wärmt sich auch und spricht:
Ha, ich werde warm, ich sehs lichterloh!
und den Rest macht er zu einem Abgott,
zu einer Schnitzdocke sich und bückt sich vor ihr,
wirft sich nieder, betet zu ihr und spricht:
Errette mich, denn du bist mein Schutzgott!
Sie erkennen nicht,
sie unterscheiden nicht,
denn verklebt sind
ihre Augen gegens Sehen,
ihre Herzen gegens Begreifen,
nicht läßts einer in sein Herz einkehren,
nicht ist Erkenntnis da, nicht Unterscheidung,
zu sprechen:
Die Hälfte davon habe ich im Feuer verbrannt,
habe auch Brot auf den Kohlen davon gebacken,

brate nun Fleisch und esse,
und das Übrige davon sollte zum Greuel ich machen,
vor einer Holzware sollte ich mich bücken?!
Wer Asche weidet,
ein betrogenes Herz hat ihn hingeneigt,
er rettet nicht seine Seele,
er spricht nicht:
Ist nicht Lüge in meiner Rechten?!

´ Bedenke dies, Jaakob,
Jifsrael, denn du bist mein Knecht,
zum Knecht habe ich dich gebildet,
du bist mein,
Jifsrael, du wirst mir niemals vergessen werden.
Wie Nebel wische ich weg deine Auflehnungen,
wie Gewölk deine Versündigungen, –
kehre um zu mir,
denn ich habe dich ausgelöst.

– Jubelt, ihr Himmel,
denn ER hats getan.
Jauchzet, Untergründe des Erdreichs,
in Jubel, Berge, brecht aus,
du Wald und darin alles Holz,
denn ER hat Jaakob ausgelöst
und mit Jifsrael prangt er.

So hat ER gesprochen,
dein Löser,
dein Bildner vom Mutterleib auf:
ICH selber,
der alles macht,
den Himmel spannt, ich einzig,
die Erde breitet, wer mit mir?,
der der Schwätzer Vorzeichen zerbröckelt,
die Wahrsager rasend macht,
die Weisen rückwärts sich kehren heißt,
ihre Kundigkeit narrt,
der die Rede seines Knechtes errichtet,
den Ratschluß seiner Boten vollbringt,
bins, der nun von Jerusalem spricht:
Es wird besiedelt!
und von den Städten Jehudas:
Sie werden aufgebaut,
seine Ödungen richte ich auf!
bins, der nun zum Tiefstrudel spricht:
Veröde,
deine Ströme trockne ich aus!
bins, der nun von Cyrus spricht:
Mein Hirt,
all meinen Willen wird er vollbringen,
von Jerusalem sprechend:
Es werde aufgebaut
und die Tempelhalle gegründet!

So hat ER gesprochen
zu Cyrus, zu seinem Gesalbten:
Den ich faßte an seiner Rechten,
Stämme vor ihm niederzustrecken,
öffnend der Könige Hüftgurt,
Türen vor ihm zu öffnen,
Pforten, daß sie sich nicht mehr schließen,
vor dir gehe ich selber einher,
Schwellungen werde ich ebnen,
eherne Türen zerschmettern,
eiserne Riegel zerhauen,

geben will ich dir
die Schätze der Finsternis,
das Eingescharrte der Verborgenheiten.
Um deswillen, daß du erkennest:
ja, ICH bin es,
der dich mit Namen anrief,
Jifsraels Gott,
um meines Knechts Jaakob willen,
Jifsraels, meines Erwählten.
Ich rief dich bei deinem Namen,
bezeichnete dich, und du kanntest mich nicht,
– ICH bins und keiner sonst,
außer mir ist kein Gott, –
ich rüstete dich, und du kanntest mich nicht.
Um deswillen, daß man erkenne,
die vom Sonnaufgang und die vom Abend,
daß nirgendwas neben mir ist,
ICH bins und keiner sonst:
der das Licht bildet
und die Finsternis schafft,
der den Frieden macht
und das Übel schafft,
ICH bins, der all dies macht.
Träufet, ihr Himmel, von oben,
Wahrhaftigkeit sollen rieseln die Lüfte,
die Erde soll sich öffnen,
Freiheit sollen sie fruchten lassen,
Bewährung soll sie sprießen zumal,
ICH selber habe es geschaffen.

Weh,
der mit seinem Bildner streitet,
Scherbe unter Scherben vom Lehm!
Spricht zu seinem Bildner der Ton:
Was machst du!
und:
Dein Werk, keine Handhabe ist dran!?
Weh,
der zum Vater spricht:
Was zeugst du!
zum Weib:
Was kreißest du!
So hat ER gesprochen,
der Heilige Jifsraels,
sein Bildner:
Über den Weltlauf
befraget mich!
meine Söhne,
das Werk meiner Hände
müßt ihr mir entboten sein lassen!
Ich selber habe die Erde gemacht
und auf ihr den Menschen erschaffen,
meine eignen Hände spannten die Himmel,
all ihre Schar habe ich entboten.
Ich selber habe einen erweckt in Wahrhaftigkeit,
ebnen will ich all seine Wege,
meine Stadt soll der erbauen
und freischicken meine Verschlepptenschaft,
nicht um Geldwert und nicht um Geschenk.
ER der Umscharte hats gesprochen.

So hat ER gesprochen:
Die Arbeit Ägyptens,
der Handel Äthiopiens,
die sfebäischen Männer von Unmaß,
zu dir sollen sie übertreten,
dein werden sie sein wollen,
hinter dir hergehn mögen,
in Fesseln herübertreten,

nach dir hin sich niederwerfen,
nach dir hin beten:
Nur in dir ist Gottheit,
keiner sonst, nirgends ein Gott!
Gewiß,
du bist eine Gottheit, die sich verbirgt,
Jifsraels Gott,
Befreier!
Beschämt, gar enttäuscht allesamt,
in Enttäuschung gehn hinweg miteinander
die Former der Gebilde,
Jifsrael aber, befreit ists durch IHN
zu Siegfreiheit für die Zeiten,
nicht werdet ihr beschämt,
nicht werdet ihr enttäuscht
fort in die Zeiten, ewig fort.

Ja denn,
so hat ER gesprochen:
Der den Himmel schafft,
er eben ist der Gott;
der die Erde bildet und sie macht,
er eben erhält sie;
nicht als Irrsal hat er sie erschaffen,
zum Besiedeln hat er sie gebildet –
ICH bins und keiner sonst.
Nicht im Verborgnen habe ich geredet,
in einem Orte des Finsterlands,
nicht gesprochen zu Jaakobs Samen:
Sucht mich im Irrsal!
ICH bin es,
der Wahrhaftigkeit redet,
der Gerades meldet.

Zuhauf! kommt!
miteinander stellet euch ein,
der Stämmewelt Entronnene!
Nichts haben erkannt,
die das Holz ihrer Schnitzdocke tragen,

zu einer Gottheit beten, die nicht befreit.
Meldets,
stellet jene heran
– mögen sie sich doch miteinander beraten –:
Wer hat von einsther erhorchen dies lassen,
von vormals es angemeldet?
bins nicht ICH?
kein Gott sonst ist neben mir,
Gottheit, wahrhaftig und befreiend,
außer mir keiner!
Wendet euch mir zu
und laßt euch befreien,
alle Enden der Erde,
denn ich bin Gottheit,
keiner sonst!
Ich habe bei mir geschworen,
aus meinem Mund fuhr Bewährtes,
Rede, die nicht zurückkehrt:
Ja,
mir beugen wird sich alles Knie,
zuschwören alle Zunge.
Nur bei IHM,
wird man sprechen,
habe ich Bewahrheitung und Macht.
Zu ihm kommen,
beschämt,
alle wider ihn Entflammten,
als durch IHN bewahrheitet preist sich
aller Same Jifsraels.

Bel hat sich gebeugt, Nebo krümmt sich nieder,
diese ihre Popanze sind zum Tier, zum Lastvieh geworden,
aufgepackt seid ihr zum Tragen, Tracht den ermatteten, –
sie haben sich gekrümmt, haben sich gebeugt zumal,
aber nicht vermögen die Tracht sie entrinnen zu lassen
und ihr Selbst geht mit in die Gefangenschaft.
Hört auf mich, Haus Jaakobs
und aller Überrest vom Haus Jifsraels,
ihr vom Mutterleib an Aufgepackten,
ihr vom Schoße an Getragnen
und bis ins Alter –
ich bin derselbe!
bis in das Greisentum –
ich selber belade mich,
ich selber habe es getan,
ich selber will weiter tragen,
ich selber belade mich
und lasse entrinnen.
Wem wollt ihr mich vergleichen
und anähneln
und zupassen,
daß wir uns glichen?!
Die schütten Gold aus dem Beutel,
mit dem Unzener wägen sie Silber,
dann dingen sie einen Schmelzer,
daß ers zu einem Abgott macht,
bücken sich, werfen sich auch hin;
tragen sie ihn auf der Schulter,
müssen sie ihn schleppen;
lassen sie ihn auf seinen Platz nieder,
steht er da,
weicht von seinem Ort nicht;
mag einer auch zu ihm schreien,
er antwortet nicht,
befreit ihn nicht von seiner Bedrängnis.

Gedenket dessen und erstrafft,
Abtrünnige, ins Herz laßts euch kehren!
gedenkt des Frühen von der Vorzeit her:

ja, ich bin Gottheit, keiner sonst,
Gott, nirgendwas ist nur gleich,
der von der Frühe her anmeldet die Späte,
von einst, was noch nicht getan ward,
der spricht: Mein Ratschluß bleibt aufrecht,
all mein Begehren, ich tus!
der vom Aufgang den Stoßvogel beruft,
vom Land der Ferne den Mann seines Rats:
so habe ich geredet,
so lasse ichs kommen,
gebildet habe ich,
so tue ichs.
Hört auf mich, ihr Herzensrecken,
die ihr von der Bewährung fern seid:
schon nähere ich meine Bewährung,
sie ist nicht mehr fern,
und meine Siegbefreiung,
sie verspätet sich nicht,
Siegfreiheit gebe ich an Zion,
mein Prangen über Jifsrael.

Steige herab,
sitze in den Staub,
Tochter Babel, du Maid,
sitze hin zur Erde,
entthront,
Chaldäertochter,
denn nicht bist du fortan, die sie rufen:
Zarte, Verwöhnte.
Nimm die Handmühle
und schrote Mehl!
Mache dich bar deines Schleiers,
stecke den Rockschweif auf,
mache den Schenkel bar,
schreite durch Ströme!
Bar wird deine Blöße,
ja, gesehen wird deine Schande.
Rache nehme ich,
lasse nicht Menschen dazwischentreten.
– Unser Auslöser,
ER der Umscharte ist sein Name,
der Heilige Jifsraels.
– Sitze hin zum Verstummen,
komm ein in die Finsternis,
Chaldäertochter,
denn nicht bist du fortan, die sie rufen:
Gebieterin der Königreiche.

Ergrimmt war ich über mein Volk,
so gab ich mein Eigentum preis,
lieferte in deine Hand sie,
du aber hast ihnen Erbarmen nicht zugewandt,
sehr wuchten ließest du auf dem Alten dein Joch.
Du sprachst:
In Weltzeit werde ich bleiben,
ewig Gebieterin.
Du wandtest dir dies nicht zu Herzen,
du gedachtest nicht deines Später.
Und jetzt höre dies, Wollüstige,
die gesichert dasitzt,

die in ihrem Herzen spricht:
Ich und nirgendwas sonst!
nicht werde als Witwe ich sitzen,
Kinderberaubtsein nicht kennen!
Kommen werden an dich diese zwei
im Nu, an Einem Tag,
Kinderberaubtsein und Witwenschaft,
in ihrer Gänze kommen sie über dich,
trotz der Menge deiner Zaubereien,
trotz der sehr großen Macht deiner Bannkünste.
Sicher warst du in deiner Bosheit,
du sprachst: Keiner sieht mich!
Deine Klugheit, deine Kenntnis,
die hat dich verkehrt,
daß du sprachst in deinem Herzen:
Ich und nirgendwas sonst!
Nun kommt über dich ein Böses,
du kennsts nicht, es wegzuhexen,
nun überfällt dich ein Schicksal,
du vermagst dich nicht dagegen zu decken,
plötzlich überkommt dich ein Unheil,
du kennst es nicht.

Stell dich doch hin mit deinen Bannkünsten,
mit der Menge deiner Zaubereien,
womit du dich mühtest von deiner Jugend auf!
vielleicht vermagst du Nutzen zu schaffen,
vielleicht scheuchst dus hinweg!
Abgeplagt hast du dich mit deiner Ratschläge Menge,
so mögen doch aufstehn und dich befreien
die Himmelsabteiler,
die die Sterne beschauen,
die bekanntmachen mondneuungsgenau,
wohers über dich kommt!
Wohl, sie sind wie Stroh geworden,
da sie das Feuer verbrennt,
nicht retten sie die eigene Seele
vor dem Griff der Lohe –
keine Kohle ists, sich zu wärmen,

noch Herdglut, daran zu sitzen!
So sind für dich geworden, durch die du dich mühtest,
deine Handelspartner, von deiner Jugend auf,
sie taumeln, jedermann nach seiner Seite hin,
keiner ist, der dich befreit.

Höret dies, Haus Jaakobs,
ihr, mit Jifsraels Namen gerufen,
die aus den Wassern Jehudas fuhren –
ihr, bei SEINEM Namen schwörend,
die des Gottes Jifsraels gedenken,
nicht in Treuen
und nicht in Bewährung, –
nach der Stadt des Heiligtums werden sie ja gerufen,
und an Jifsraels Gott lehnen sie sich,
ER der Umscharte sein Name:
Das Frühre, von eh habe ichs angemeldet,
aus meinem Mund fuhrs, ich ließ es erhorchen,
plötzlich tat ich, es kam:
weil ich wußte, daß du hart bist,
eine Eisensehne dein Nacken,
deine Stirn Erz,
habe von eh ich es angemeldet,
bevor es kam dichs erhorchen lassen, –
sonst möchtest du sprechen:
Mein Schnitzbild hat es getan,
mein Gemeißeltes, mein Gegoßnes es geboten!
Du hast es damals erhorcht,
nun schaue es alles,
und ihr, wollt ihrs nicht weitermelden?
Von jetzt an aber
lasse ich dich Neues erhorchen,
Verwahrtes, das du nicht kennst,
jetzt ists geschaffen, von eh nicht,
vor heute, da hörtest dus nicht,
sonst möchtest du sprechen:
Wohl, das war mir bekannt!
Nichts doch hast du erhorcht,
nichts doch hast du erkannt,
für nichts war von eh doch geöffnet dein Ohr.
Ja denn, bekannt war es mir:
tückisch wirst Tücke du üben,
Abtrünniger vom Schoß auf bist du gerufen.
Um meines Namens willen
halte ich hin meinen Zorn,

um meine Lobpreisung
zäume ich ihn gegen dich,
dich unausgerottet zu lassen.
Wohl, ich habe dich geschmolzen,
nicht zu Silbergewinn,
dich geprüft im Ofen des Elends.
Um meinet-, meinetwillen werde ichs tun, –
ja, wie würde das preisgegeben!
meinen Ehrenschein überlasse ich nicht einem andern.

Höre auf mich, Jaakob,
Jifsrael, mein Berufener!
Ich bin derselbe,
ich der Urfrühe,
ich der Letztspäte auch.
Hat doch meine Hand auch die Erde gegründet,
meine Rechte den Himmel gedehnt,
ich rufe ihnen zu,
da stehn sie zumal.
Zuhauf, ihr alle, und hört!
Wer bei jenen hat dies angemeldet:
den ER liebt,
wird sein Begehren an Babel tun,
sein Armwerk an den Chaldäern:
Ich selber, ich selber habe geredet,
habe ihn auch gerufen,
ihn kommen lassen,
daß sein Weg ihm gelinge.
Nahet mir,
höret dies!
nie, von der Frühe an,
habe ich im Verborgnen geredet,
von der Stunde an, als es ward,
war ich dabei.

– Jetzt also
hat mein Herr, ER, mich gesandt und seinen Geist.
So hat ER gesprochen,
dein Auslöser,
der Heilige Jifsraels:

ICH bin es, dein Gott,
der dich zunutz belehrt,
der dich bewegt auf dem Weg, den du gehn sollst.
Merktest du nur auf meine Gebote,
dein Friede würde wie der Strom,
wie die Meereswellen deine Bewahrheitung,
dein Same würde wie der Sand,
wie dessen Körner, was deinem Kerne entsprang,
nie würde ausgerottet,
nie ausgetilgt
vor meinem Antlitz sein Name.

— Fahret aus von Babel,
rennt aus Chaldäa!
mit Jubelschall
vermeldets, lasset dies hören,
laßts umfahren bis an den Rand der Erde
sprecht:
Ausgelöst hat ER
seinen Knecht Jaakob!
nicht dürsten sie
in den Öden, durch die er sie gehn läßt,
rieseln läßt er ihnen Wasser vom Felsen,
den Felsen spaltet er
und die Wasser fließen.

Kein Friede, hat ER gesprochen, für die Frevler!

Hört auf mich, Ozeanküsten,
fernher aufmerkt, Nationen!

ER berief mich vom Schoße auf,
von meiner Mutter Leib auf gedachte er meinen Namen.
Er machte meinen Mund einem scharfen Schwert gleich
– hat im Schatten seiner Hand mich versteckt!
er machte mich zu einem blanken Pfeil
– hat in seinem Köcher mich verborgen!
Er sprach zu mir:
Mein Knecht bist du,
Jifsrael du, mit dem ich prangen darf.
Und doch habe ich sprechen müssen:
Ins Leere habe ich mich gemüht,
in Irrsal und Dunst meine Kraft allvertan –!
Gleichwohl:
mein Recht war bei IHM,
mein Werklohn bei meinem Gott.

Jetzt aber
hat ER gesprochen,
der vom Mutterleib auf mich bildete zum Knecht sich,
Jaakob zu ihm zurückkehren zu lassen,
daß Jifsrael zu ihm heimgebracht werde
– gewichtig bin ich in SEINEN Augen
und mein Gott ist mein Sieg nun –,
er sprach:
Zu gering ists dafür, daß du mir Knecht wardst,
zu erstellen Jaakobs Stäbe,
die Bewahrten Jifsraels umkehren zu lassen, –
den Weltstämmen gebe ich dich zum Licht,
daß meine Freiheit werde bis an den Rand des Erdreichs.

So hat ER gesprochen,
der Auslöser Jifsraels,
sein Heiliger,
zu dem Seelenverachteten,
zum Abscheu der Stämmewelt,
zum Knecht der Zwingherrn:

Könige werdens sehn, und aufstehn,
Fürsten, und sich niederwerfen,
um SEINER willen, daß er treu ist,
des Heiligen Jiſraels, der dich wählte.

So hat ER gesprochen:
In der Stunde der Gnade
antwortete ich dir,
am Tag der Befreiung
half ich dir,
ich will dich aber verwahren,
ich will dich aber begeben
zu einem Volksbund,
das Erdreich herzustellen,
verödete Eigentume einzueignen,
zu den Gekerkerten zu sprechen:
Fahret aus!
zu denen in Finsternis:
Werdet offenbar!

An den Wegen sollen sie weiden,
auf allen Kahlhängen ist ihnen Weidegrund,
sie werden nicht hungern,
sie werden nicht dürsten,
nicht schlägt sie Samum und Sonne,
denn sie lenkt ihr Erbarmer,
an Wassersprudel leitet er sie.

All meine Berge mache ich zu Weg,
hoch laufen meine Straßen:
diese da kommen von fern,
diese da vom Norden, vom Westmeer,
diese vom Sfiniterland.
Jubelt, ihr Himmel,
frohlocke, Erde,
brecht, ihr Berge, in Jubel aus,
denn ER tröstet sein Volk,
seiner Gebeugten erbarmt er sich.

Zion spricht: ER hat mich verlassen,
vergessen hat mich mein Herr! –
Vergißt denn ein Weib ihren Säugling
ohn Erbarmen für den Sohn ihres Leibes?
auch diese mögen vergessen,
ich aber, ich vergesse dich nicht.
Da, auf beide Handflächen
habe ich dich eingegraben,
stets sind deine Gemäuer vor mir.
Schon eilen deine Söhne herbei;
deine Zerstörer, deine Veröder,
schon fahren sie von dir aus.
Hebe rings deine Augen und sieh,
alle kommen sie dir zuhauf!
sowahr ich lebe,
ist SEIN Erlauten,
ja, sie alle umkleidest du dir als Geschmeid,
als Brautschärpe knüpfst du sie um!
Ja, deine Ödungen, deine Starrnisse,
dein zerschundenes Land –
ja, zu eng wirst du jetzt vor Siedlerschaft,
da entfernt sind, die dich verschlangen.
Noch werden sprechen vor deinen Ohren
die Söhne deiner Vereinsamung:
Zu eng ist mir der Raum,
rück mir fort, daß ich Sitz habe!
Du sprichst dann in deinem Herzen:
Wer hat diese für mich geboren?
vereinsamt war ich und versteint,
hinweggeschleppt, umgetrieben,
und diese – wer zog sie groß?
ich da, allein war ich verblieben,
diese – wo sind sie her?

So hat mein Herr, ER, gesprochen:
Da, ich hebe meine Hand zu den Stämmen,
zu den Völkern schwinge ich mein Banner,
daß mit deinen Söhnen im Kleidbausch sie kommen,
deine Töchter auf der Schulter getragen.

Könige werden dir Betreuer,
ihre Fürstinnen dir Ammen,
Stirn zur Erde wirft man sich vor dir nieder,
man leckt den Staub deiner Füße, –
dann erkennst du, daß ICH es bin,
an dem nicht enttäuscht werden, die sein harren.

– Kann vom Helden zurückerbeutet werden die Beute
oder kann der Fang des Wüterichs entrinnen?
– Ja denn,
so hat ER gesprochen,
auch der Fang des Helden wird zurückerbeutet,
die Beute des Wüterichs entrinnt,
ich selber, ich bestreite deinen Bestreiter,
ich selber, ich befreie deine Söhne,
deine Placker lasse ich fressen ihr eigenes Fleisch,
an ihrem Blut berauschen sie wie an Most sich.
Alles Fleisch, sie sollen erkennen,
daß ICH dein Befreier bin,
dein Auslöser der Recke Jaakobs.

So hat ER gesprochen:
Wo ist der Scheidebrief eurer Mutter,
damit ich sie fortgeschickt hätte?
oder wer von meinen Gläubigern ists,
dem ich euch hätte verkauft?
Ob eurer Verfehlungen wurdet ihr da verkauft,
ob eurer Abtrünnigkeiten ward fortgeschickt eure Mutter.
Weshalb war kein Mann, als ich kam,
kein Antwortender, als ich rief?
Ist allzu kurz, fürs Abgelten allzu kurz mein Arm,
oder keine Kraft in mir, zu erretten?!
Da, mit meinem Dräuen trockne ein Meer ich,
mache Ströme zur Wüste,
stinkend wird ihre Fischbrut, weil kein Wasser mehr ist,
sterben muß sie vor Durst.
Ich kleide die Himmel in Düsternis,
mache Sackleinen ihnen zur Hülle.

Gegeben hat ER, mein Herr,
mir eine Lehrlingszunge.
Daß ich wisse,
den Matten zu ermuntern,
weckt er Rede am Morgen.
Am Morgen weckt er das Ohr mir,
daß ich wie die Lehrlinge höre.

Geöffnet hat ER, mein Herr,
mir das Ohr.
Ich aber, ich habe nicht widerstrebt,
ich bin nicht nach hinten gewichen,
den Schlagenden gab ich hin meinen Rücken,
den Raufenden meine Wangen beide,
mein Antlitz habe ich nicht verborgen
vor Schimpf und Bespeiung.

Mir hilft ER, mein Herr,
darum wurde ich nicht zum Schimpf,
darum konnte ich mein Antlitz kieselgleich machen,
ich wußte, daß ich nicht enttäuscht werde:
nah ist, der mich bewährtspricht!
Wer will mit mir streiten?
treten miteinander wir vor!
wer ist mein Rechtsgegner?
er stelle sich mir!

Da, mir hilft ER, mein Herr, –
wer ists,
der mich bezichtigen mag?
da, allsamt
zerfasern sie einem Gewand gleich,
die Motte frißt sie auf.

Wer unter euch ist SEIN fürchtig,
hörend auf die Stimme seines Knechts,
daß im Finstern er gehn kann, wo ihm kein Strahl ist:
er verläßt sich auf SEINEN Namen,
er stützt sich auf seinen Gott!
– Ihr alle da,

die ihr Feuer entzündet,
euch ausrüstet mit Fackeln,
geht in die lichte Lohe eures Feuers,
in die Fackelglut, die ihr entbrannt habt!
Von meiner Hand geschieht euch dieses,
zur Pein müßt ihr euch niederlegen.

Höret auf mich,
die ihr der Wahrhaftigkeit nachjagt,
die ihr MICH suchet!
Blicket auf den Fels,
daraus ihr wurdet gehauen,
auf die Brunnenhöhlung,
daraus ihr wurdet erbohrt!
blickt auf Abraham, euren Vater,
auf Sfara, die mit euch kreißte!
denn als Einzelnen
habe ich ihn berufen,
daß ich ihn segnete,
daß ich ihn mehrte.
– Ja denn,
ER tröstet Zion,
tröstet all ihre Ödungen,
macht Eden gleich ihre Wüste,
SEINEM Garten gleich ihre Steppe,
drin wird Wonne und Freude gefunden,
Danklied und Saitenspielschall.

– Merket auf mich,
du mein Volk!
meine Nation du,
auf mich lauschet!
denn Weisung,
von mir fährt sie aus,
und meine Gerechtigkeit,
zum Licht der Völker winke ich sie heran.
Meine Wahrheit ist nah,
meine Freiheit fuhr aus,
meine Arme werden die Völker richten,
auf mich harren die Ozeanküsten,

auf meinem Arm warten sie.

Hebt eure Augen zum Himmel,
blicket zur Erde drunten:
ja denn,
rauchgleich verfledern die Himmel,
gewandgleich muß die Erde zerfasern,
einem Mückenschwarm gleich müssen ihre Insassen sterben,
aber meine Befreiung,
für die Weltzeit ist sie da,
aber meine Bewährung,
nie stürzt sie ein.

Höret auf mich,
die ihr die Wahrhaftigkeit kennt,
du Volk
mit meiner Weisung in den Herzen!
Fürchtet nimmer den Hohn von Menschen,
durch ihre Schmähungen laßt euch nimmer bestürzen!
Denn gewandgleich frißt sie die Motte,
wollzeuggleich frißt sie die Schabe,
aber meine Bewährung,
für die Weltzeit ist sie da,
aber meine Befreiung
bis ins Endgeschlecht der Geschlechter.

Wache, wache,
kleide dich in Sieg,
du SEIN Arm!
Wache, wie in den Tagen von einst,
denen der Vorzeitgeschlechter!
warst nicht dus,
der das Ungetüm zerhieb,
den Drachen erstach?
warst nicht dus,
der das Meer austrocknete,
die Wasser des großen Wirbels?
der durch die Tiefen des Meers den Weg legte,
daß hindurchschritten Ausgelöste?
So mögen heimkehren die von IHM Abgegoltnen,
kommen nach Zion mit Jubel,
Weltzeit-Freude um ihr Haupt:
sie erlangten Wonne und Freude,
Gram und Seufzen müssen entfliehn.

– Ich selber, ich selber
bins, der euch tröstet:
wer bist du, daß du dich fürchtetest
vor einem Menschen, der sterben wird,
vorm Adamssohn, dahingegeben als Gras!
du vergaßest IHN, der dich machte,
der die Himmel spannt und die Erde gründet,
erschrocken warst du stets, all den Tag,
vor der Grimmglut des Bedrängers,
dieweil er zielte, zu verderben, –
und wo ist nun die Grimmglut des Bedrängers?!
Eilends wird der Krummgeschloßne entkettet,
nicht muß er hinsterben zur Grube,
nicht ermangelt er mehr seines Brots.

ICH selber bins, dein Gott,
der das Meer emporwinkt,
daß seine Wellen tosen,
dessen Name ist ER der Umscharte:
ich setzte meine Reden in deinen Mund,
und habe dich zugehüllt

mit dem Schatten meiner Hand:
einen Himmel zu pflanzen,
eine Erde zu gründen
und zu Zion zu sprechen:
Du bist mein Volk.

Erwache, erwache,
steh auf, Jerusalem,
die du von SEINER Hand trankst
den Becher seiner Grimmglut,
den Humpenbecher der Betäubung
trankst du, schlürftest du aus!
Keiner war, der sie leitete,
von allen Söhnen, die sie gebar,
keiner, der an der Hand sie faßte,
von allen Söhnen, die sie großzog!
Zweierlei ists, das dich betraf
– wer nickt dir zu?! –
Verwildrung, Verstörung,
Hungersnot, Schwerttod,
– wer tröstet dich?! –
Deine Söhne, umdunkelt,
liegen zuhaupt aller Gassen,
wie eine Antilope im Netz,
die SEINER Grimmglut vollen,
des Dräuens deines Gottes.
Drum höre doch dies, Gebeugte,
du, nicht von Wein, Berauschte!
So hat ER, dein Herr, gesprochen,
dein Gott, der für sein Volk streitet:
Da,
ich nehme aus deiner Hand
den Becher des Taumels,
den Humpenbecher meiner Grimmglut,
du sollst ihn fortan nicht trinken!
ich setze ihn in die Hand deiner Quäler,
die zu deiner Seele sprachen:
Wirf dich hin, daß wir drüber schreiten!
und du setztest deinen Rücken der Erde gleich,

einer Gasse gleich für die Schreitenden.

Erwache, erwache,
in deinen Sieg kleide dich, Zion!
kleide dich in deine Prachtgewänder,
Jerusalem, des Heiligtums Stadt!
denn nicht fortan noch kommt in dich
ein Vorhautiger oder ein Makliger.
Schüttle dir den Staub ab, steh auf,
Gefangne, Jerusalem!
öffne dir die Halsfesseln,
Gefangne, Tochter Zion!
Denn so hat ER gesprochen:
Umsonst seid ihr verkauft worden,
nicht mit Silber werdet ihr ausgelöst.
Ja denn,
so hat mein Herr, ER, gesprochen:
Nach Ägypten stieg mein Volk in der Frühzeit hinab,
dort zu gasten,
Assyrien hat es grundlos bedrückt,
jetzt aber
was habe ich hier!
– SEIN Erlauten –
umsonst ja ist hinweggenommen worden mein Volk,
seine Zwingherrn kreischen,
– SEIN Erlauten –
und stets, all den Tag,
wird mein Name gelästert.
Darum soll mein Volk
meinen Namen erkennen,
darum, an jenem Tag,
daß ichs bin, der redet:
Da bin ich.

Wie anmutig sind auf den Bergen
die Füße des Märebringers,
der hören läßt: Friede!,
der gute Märe bringt,
der hören läßt: Befreiung!,
der zu Zion spricht:
Dein Gott trat die Königschaft an!
Stimme deiner Späher, –
sie erheben die Stimme,
sie jubeln vereint,
denn Aug in Aug sehn sie,
wie ER nach Zion zurückkehrt.
Aufjauchzet, jubelt vereint,
Ödungen Jerusalems,
denn ER tröstet sein Volk,
er löst Jerusalem aus.
Bloßgestreift hat ER
den Arm seiner Erheiligung
vor aller Weltstämme Augen,
daß sehn alle Enden der Erde
die Befreiertat unseres Gottes.

Weichet! weichet!
fahret von dort aus!
Makliges rührt nimmer an!
fahret aus ihrer Mitte!
läutert euch,
Träger SEINER Geräte!
Nicht in Hast ja fahret ihr aus,
in Flucht nicht geht ihr hinweg,
ER ja geht vor euch her,
und eure Nachhut ist Jifsraels Gott.

Wohlan,
ergreifen wirds mein Knecht,
wird sich erheben,
emporgetragen werden,
mächtig ragen.
Ebenwie vor ihm die Vielen erstarrten
– so unmenschlich verderbt war sein Aussehn,
ungleich Adams Söhnen seine Gestalt –,
so wird er die vielen Weltstämme überraschen,
Könige werden ihren Mund über ihn spötzen,
denn was ihnen nie erzählt wurde,
das sehen sie,
wovon sie nie hörten,
des werden sie inne:

– Wer konnte vertrauen dem für uns Erhorchten?
SEIN Arm,
an wem hat er sich da offenbart?!
Wie ein Keimling stieg er auf vor sich hin,
wie eine Wurzel aus dürrer Erde,
nicht Gestalt hatte er, nicht Glanz,
daß wir ihn angesehn hätten,
nicht Aussehn,
daß wir sein begehrt hätten,
von Menschen verschmäht, gemieden,
ein Mensch der Schmerzen,
der Krankheit bekannt,
wie wenn das Antlitz sich vor uns verbergen muß:
so verschmäht –
wir achteten sein nicht.
Dennoch:
unsere Krankheiten hat der getragen,
unsere Schmerzen, sie hat er aufgeladen –
und wir,
wir achteten ihn für einen Schadengeplagten,
einen von Gott Geschlagnen und Niedergebeugten!
er aber,
durchbohrt war er für unsre Abtrünnigkeiten,
gemalmt für unsre Verfehlungen,

Züchtigung uns zum Frieden war auf ihm,
durch seine Strieme wurde uns Heilung:
wir alle,
wie Schmalvieh hatten wir uns verlaufen,
jeder seines Wegs hatten wir uns gewandt,
ER aber ließ auf ihn die Fehlbuße treffen
für uns alle.
Getrieben wurde er,
und er, er beugte sich hin,
öffnete nicht den Mund,
wie ein Lamm,
das zur Schlachtbank gebracht wird,
wie ein Mutterschaf,
das vor seinen Scherern verstummt,
öffnete nicht den Mund.
Aus der Abgehegtheit,
aus dem Gerichtsbann
ist er genommen worden, –
aber in seinem Geschlecht, wer mochte klagen,
daß er abgeschnitten war aus dem Land der Lebendigen,
ihm der Schade geworden war aus der Abtrünnigkeit meines
    Volks!
Man gab sein Grab neben Frevlern an,
neben Übeltätern bei seinen Toden,
obgleich er nie Unbill getan hatte,
Betrug nie in seinem Mund war...

– So wollte es ER:
sein Zermalmter,
den er verkränkt hatte,
setzt seine Seele das Schuldopfer ein,
soll noch Samen sehen,
Tage längern,
und durch seine Hand gerät SEIN Wille.
Der Pein seiner Seele los
wird er sehen,
wird ersatten
an dieser seiner Erkenntnis:
Bewähren sollte die Vielen der Bewährte, mein Knecht,

indem er ihre Fehle sich auflud,
drum teile ich die Vielen ihm zu,
die Menge teilt er als Beute,
dafür daß er entblößte seine Seele zum Tode,
unter die Abtrünnigen gerechnet ward.
Und trug doch, er, die Sünde der Vielen,
für die Abtrünnigen ließ er sich treffen.

Juble, Entwurzelte,
die nicht geboren hat,
brich in Jubel aus, jauchze,
die nicht gekreißt hat,
denn mehr sind
der Söhne der Verstarrten
als der Söhne der Verehlichten,
hat ER gesprochen.

Weite den Raum deines Zelts!
deiner Wohnungen Behänge spanne man auseinander!
spare nimmer,
verlängre deine Stricke,
deine Pflöcke verfestige!
denn rechts- und linkshin dehnst du dich aus,
Stämme beerbt dein Same,
erstarrte Städte besiedeln sie neu.

Fürchte dich nimmer,
denn du wirst nicht zuschanden,
schäme dich nimmer,
denn du brauchst nicht zu erröten!
denn die Schande deiner Ledigkeit
darfst du vergessen,
denn der Schmach deiner Witwenschaft
sollst du nicht mehr gedenken!
denn der dich ehelicht,
der dich machte ists,
ER der Umscharte sein Name!
der dich auslöst,
der Heilige Jisraels, ists,
Gott alles Erdreichs wird er gerufen.

Ja denn,
wie ein verlassenes Weib,
ein geistverhärmtes,
ruft ER dich zurück:
Das Weib der Jugend,
kanns denn verworfen werden?

hat dein Gott gesprochen.
Eine kleine Regung lang
habe ich dich verlassen,
aber in großem Erbarmen
hole ich dich wieder herbei.
Als der Groll überschwoll,
verbarg ich mein Antlitz
eine Regung lang vor dir,
aber in Weltzeit-Huld
erbarme ich mich nun dein,
hat dein Auslöser, ER, gesprochen.

Ja denn,
ein Noachsgewässer ist mir dies:
wie ich verschworen habe,
daß nochmals ein Noachsgewässer die Erde überzöge,
so habe ich verschworen,
dir zu grollen,
dich zu bedräuen.
Ja denn,
die Berge mögen weichen,
die Hügel mögen wanken,
meine Huld weicht nicht von dir,
der Bund meines Friedens wankt nicht,
hat dein Erbarmer, ER, gesprochen.

Gebeugte,
Verstürmte,
nie Getröstete!
Wohlan,
ich lege deine Steine in Hartmörtel ein,
ich gründe dich in Saphire,
aus Rubin mache ich deine Zinnen,
deine Tore von Karfunkelsteinen,
all deine Umfassung von Edelgestein.
All deine Söhne sind Lehrlinge IHM,
groß ist der Friede deiner Söhne,
durch Bewährung wirst du aufgerichtet.
Wisse dich fern dem Druck,
denn du hast ihn nicht zu fürchten,

und dem Sturz,
denn er darf dir nicht nahn:
reizt ein Gegner wohl Gegnerschaft auf,
von mir her hat er den Garaus,
wer als Gastsasse dir begegnet,
fällt dir zu.
Wohlan:
ich selber schuf den Schmied,
der das Essenfeuer anbläst
und nach seiner Machweise ausführt die Waffe,
und ich selber schuf den Verderber
zum Zerstören, –
aller Waffe, gegen dich gebildet,
geräts nicht,
alle Zunge, die zum Rechtstreit mit dir sich erhebt,
überweisest du des Frevels:
dies ist das Eigen MEINER Knechte,
ihre Bewährung von mir her.
SEIN Erlauten ists.

Ach, ihr Dürstenden alle,
kommt her zum Wasser!
auch wer kein Silber hat,
kommt, ermarktet und eßt!
ja, kommt her, ermarktet
– für Silber nicht, nicht für Geldwert –
Wein und Milch!
Warum wägt ihr Silber hin
für Nichtbrot,
eure Arbeit
für Nichtsättigendes?!
hört nur, höret auf mich,
daß ihr Gutes zu essen habet,
eure Seele am Mark sich erquicke!
Neigt eure Ohren,
kommt her zu mir!
hört,
daß auflebe eure Seele!
Schließen will ich euch
einen Weltzeit-Bund,
die getreuen Hulden Dawids:
gleichwie ich ihn begab
zum Zeugen für Nationen,
für Nationen Herzog, Gebieter,
gleichso wirst du herbeirufen
manchen Stamm, den du nicht kanntest,
zueilen werden sie dir,
mancher Stamm, der dich nicht kannte:
»Um SEINER deines Gottes willen,
des Heiligen Jifsraels,
denn er läßt dich prangen.«

Suchet IHN,
da er sich finden läßt!
rufet ihn an,
da er nah ist!
Der Frevler verlasse seinen Weg,
der Mann des Args seine Planungen,
er kehre um zu IHM,

und er wird sich sein erbarmen,
zu unserem Gott,
denn groß ist er im Verzeihn.
Denn:
»Nicht sind meine Planungen
eure Planungen,
nicht eure Wege
meine Wege.«
ist SEIN Erlauten.
Denn:
»Hoch der Himmel über der Erde,
so hoch
meine Wege über euren Wegen,
mein Planen über eurem Planen.«
Denn:
– Gleichwie der Regen und der Schnee
vom Himmel niedersinkt
und kehrt dorthin nicht zurück,
er habe denn erst die Erde durchfeuchtet,
sie gebären, sie sprossen lassen,
dem Säenden Samen gegeben,
dem Essenden Brot,
so geschiehts mit meiner Rede,
die aus meinem Munde fährt,
fruchtleer nicht kehrt sie wieder zu mir:
sie habe denn getan, was mein Wille war,
geraten lassen, wozu ich sie sandte. –

Ja denn,
in Freuden fahret ihr aus,
in Frieden werdet ihr hergebracht,
die Berge und die Hügel
brechen vor euch in Jubel aus,
alle Bäume des Feldes
klatschen in die Hände.
Anstatt des Kameldorns
steigt der Wacholder,
anstatt der Nessel
steigt die Myrte,

das wird IHM
zu einem Namensmal,
zu einem Zeichen für Weltzeit,
das nie ausgerodet wird.

So hat ER gesprochen:
»Hütet Gerechtigkeit,
tuet Wahrhaftiges,
denn nah ist meine Befreiung zu kommen,
meine Bewährung, sich zu offenbaren.«
O Glück des Menschen,
der dieses tut,
des Adamssohns,
der dran festhält,
die Wochenfeier vor Preisgabe hütend,
vor allem bösen Tun hütend seine Hand!
Und nimmer spreche der Sohn der Fremde,
der IHM Anhangende,
solche Sprache:
ER sondert, sondert mich ab von seinem Volk!
Und nimmer spreche der Hämling:
Ach wohl, ich bin ein dürrer Baum!
Denn so hat ER gesprochen:
»Den Hämlingen,
die meine Wochenfeiern hüten
und erwählen, was mein Wille ist,
festhaltend an meinem Bund,
ihnen gebe ich
in meinem Haus, in meinen Mauern
ein Handzeichen, ein Namensmal,
besser als Söhne und Töchter,
jedem gebe ich ein Namensmal für Weltzeit,
das nie ausgerodet wird.«
Und die Söhne der Fremde,
die IHM Anhangenden,
ihm zu amten
und SEINEN Namen zu lieben,
ihm Knechte zu werden:
»Allwer die Wochenfeier vor Preisgabe behütet,
die an meinem Bund Festhaltenden,
sie lasse ich kommen
zum Berg meines Heiligtums,
sie heiße ich sich freuen
in meinem Haus des Gebets,

ihre Darhöhungen und ihre Schlachtmahle
seien zu Begnadung auf meiner Schlachtstatt:
denn mein Haus,
das Haus des Gebets wird es gerufen werden
bei allen Völkern.«
SEIN, meines Herrn Erlauten ists
der Jifsraels Verstoßene zuhaufholt:
»Noch heranhäufen will ich ihm
über seine Zuhaufgeholten.«

Alles Getier des Feldes,
laufet zusammen!
zum Fraß herbei,
alles Getier in dem Wald!

Hier spähen Blinde,
sie alle erkennen nichts,
sie alle sind stumme Hunde,
vermögen nicht zu bellen,
˘jappend, hingelagert,
schlummerverliebt.
Seelenfrech sind die Hunde,
kennen nicht Sattsein!
Und selber die Hirten!
kennen nicht Unterscheiden,
sie alle eignem Weg zugewandt,
jedermann seinem Gewinn,
bis auf den letzten:
Lauft herbei,
ich hole Wein,
Rauschtrank wollen wir saufen,
und der morgende Tag sei wie dieser,
großartig im Überschwang!

Der Bewährte schwindet,
und kein Mensch nimmts zu Herzen,
die Menschen des Holdsinns werden entrafft,
indes keiner unterscheidet:
ja, ob der Bosheit wird entrafft der Bewährte.
In den Frieden kommt,
wo sie ruhen auf ihren Lagern,
wer grade vor sich hinging.
Ihr aber,
naht nur herzu,
Söhne der Hexe,
Buhlersame, selber verhurt!
Über wen erlustigt ihr euch,
über wen sperrt weit ihr das Maul auf,
reckt lang ihr die Zunge heraus?!

Seid ihr nicht Kinder der Abtrünnigkeit,
Same der Lüge?!
die ihr brünstig seid an den Göttereichen,
unter alljedem üppigen Baum!
die ihr Kinder in den Bachgründen metzt,
unten in Felsenklüften!
Bei den Schlüpfrigen des Grunds ist dein Schlupf,
sie, sie sind dein Los,
ihnen auch hast du Gußspende geschüttet,
Hinleite dargehöht –
soll ich das leiden?!
Hoch auf steilem, ragendem Berg
setztest dein Lager du hin,
dort auch machtest du zur Höhe dich auf,
Schlachtung zu schlachten.
Und hinter der Tür und dem Pfosten
setztest dein Mannsgedenk du,
ja, von mir hinweg
stelltest du offenbar aus,
machtest hoch und breit du dein Lager,
erhandeltest dir welche von denen,
deren Beilager du liebst,
schautest das Handmal an.
Zum Molech wallfahrtest du mit Öl,
mehrtest deine Salben,
sandtest deine Herolde bis in die Ferne,
stiegst nieder bis zum Gruftreich,
durch die Menge deines Wegs ermüdetest du
und sprachst doch nicht: Verzweifelt!
Belebung fandest du durch dein Handmal,
darum wurdest du nicht schwach.
Und vor wem solltest du bangen,
brauchtest du zu fürchten,
daß du versagen könntest?!
meiner gedenkst du doch nicht,
nimmst es nicht zu Herzen:
nichtwahr, ich schweige,
seit Urzeit,
von mir hast du nichts zu befürchten!

Ich aber,
vermelden will ich deine Bewährung.
Deine Gemächte,
sie werden dir dann nichts nützen:
wann du schreist,
mögen deine Angehäuften dich retten!
Sie alle
trägt ein Wind hinweg,
holt ein Lüftchen davon.
Wer aber an mir sich birgt,
eignet das Land,
erbt den Berg meines Heiligtums.

Es spricht:
Dämmet auf, dämmet auf,
bahnet einen Weg!
hebt fort, was straucheln macht,
vom Wege meines Volks!
Ja, so hat er gesprochen,
der Hohe und Ragende,
Ewig- und Heiligwohnender ist sein Name:
Hoch und heilig
wohne ich –
und bei dem Zermalmten
und Geisterniederten:
zu beleben den Geist der Erniederten,
zu beleben den Geist der Gemalmten.
Ja denn,
nicht auf Weltzeit will ich streiten,
nicht auf Dauer will ich grollen,
denn der Geist,
vor meinem Antlitz verzagt er,
die Hauchseelen,
die ich selber habe gemacht.
Um die Verfehlung seiner Gewinnsucht
ergrollte ich, schlug ich ihn,
mich verbergend, da ich grollte.
Er ging abgekehrt
auf dem Weg seines Herzens –
seine Wege, ich sah sie.
Aber ich will ihn heilen,
aber ich will ihn leiten,
mit Tröstungen ihn befrieden,
seine Trauernden,
als Schöpfer der Lippenfrucht.
Frieden, Frieden
dem Fernen und dem Nahen!
hat ER gesprochen,
ich heile ihn.

Doch die Frevler sind wie das aufgewühlte Meer,

denn es mag sich nicht stillen,
seine Wasser wühlen Schlamm und Kot auf:
Kein Friede, hat mein Gott gesprochen, für die Frevler!

Rufe aus der Kehle,
dämpfe nimmer,
posaunengleich erhebe deine Stimme,
vermelde
meinem Volk ihre Abtrünnigkeit,
Jaakobs Haus ihre Sünden!
Zwar mich beforschen sie tagtäglich,
gelüsten meine Wege zu wissen,
als wären sie gleich einem Stamm,
der Wahrhaftiges tat,
seines Gottes Recht nicht verließ,
heischen von mir Gerichte der Bewahrheitung,
gelüsten nach Gottesnähe:
Wozu haben wir uns kasteit—
du hast es nicht angesehn,
unsre Seelen wir gebeugt –
du willst es nicht wissen!
– Wohl:
am Tag eurer Kasteiung
findet ihr doch ein Gelüst aus
und treibt all euren Erwerb bei!
wohl:
zu Streit und Gerauf kasteiet ihr euch,
mit frevler Faust dreinzuschlagen, –
nicht kasteit ihr euch, wies heutzutag ist,
in der Erhabenheit eure Stimme hören zu lassen.
Soll dergleichen die Kasteiung sein,
die ich erwähle,
der Tag,
an dem der Mensch seine Seele beugt?!
Daß er seinen Kopf binsengleich hangen läßt,
Sackleinen und Asche sich unterbettet,
willst du dazu ausgerufen haben:
Kasteiung! Gnadentag Iʜᴍ!?
Ist nicht erst dies die Kasteiung,
die ich erwähle:
die Klammern des Frevels zu öffnen,
der Jochstange Bande zu sprengen
und Geknickte auszuschicken ledig?

alljedes Joch solltet ihr zertrümmern!
Ists nicht:
für den Hungernden brechen dein Brot,
daß schweifende Gebeugte
du ins Haus kommen lassest,
wenn du einen Nackenden siehst
daß du ihn hüllest:
vor deinem Fleisch verstecke dich nicht! –
Dann dringt dein Licht hervor
der Morgenröte gleich,
eilends wächst deine Wundhaut zu,
deine Wahrhaftigkeit geht vor dir einher,
Nachhut dir ist SEIN Ehrenschein.
Rufst du dann,
antwortet dir ER,
schluchzest du auf,
spricht er: Hier bin ich.
Räumst du aus deiner Mitte
Unterjochung, Fingerstrecken, Arggered,
reichst dem Hungernden dein eignes Seelenbegehr,
sättigst eine niedergebeugte Seele:
da strahlt dein Licht in der Finsternis auf,
sonnenhöhgleich wird dein Düster,
stetig geleitet dich ER,
sättigt in der Wildnis deine Seele,
ermuntert dein Gebein,
daß du gleich wirst einem erfrischten Garten,
einem Wasserborn gleich,
dessen Wasser nie versagt.
Trümmer der Vorzeit
bauen die Deinen auf,
Grundmauern von Geschlecht für Geschlecht
errichtest du wieder,
rufen wird man dich
Rißverzäuner,
Rückbringer der Pfade für die Besiedlung.
Hältst du zurück deinen Fuß
wegen der Wochenfeier,
vom Tun nach deinen Gelüsten

am Tag meiner Heiligung,
rufst die Feier du: Erquickung,
die MIR heilig ist: Ehrwürdige,
ehrst du sie,
statt deine Wege zu tun,
statt zu finden dein Gelüst
und Gerede zu reden,
dann wirst du dich laben an MIR,
ich fahre dich
über Kuppen des Lands,
ich atze dich
mit Jaakobs deines Vaters Eigen.
Ja, geredet hats SEIN Mund.

Wohlan,
nicht verkürzt hat sich SEIN Arm,
daß ers lassen müßte, zu befreien,
nicht verstumpft hat sich sein Ohr,
daß ers lassen müßte, zu erhören,
sondern eure Verfehlungen
sind Scheidewände geworden
zwischen euch und eurem Gott,
eure Versündigungen
verbergen euch das Antlitz,
daß ers lassen muß, zu hören.
Denn eure Hände sind besudelt mit Blut,
eure Finger mit Fehl,
eure Lippen reden Lüge,
eure Zunge flüstert Falschheit.
Keiner, der vorruft um Wahrheit!
keiner, der rechtet um Treue!
ein Sichverlassen auf Irrsal,
ein Wahngered!
ein Schwangergehn mit Pein,
ein Erzeugen von Arg!
Sie brüten Kreuzotterneier,
sie weben Spinnenfäden,
wer von ihren Eiern ißt, stirbt,
aus dem zerquetschten kriecht Raschlerbrut.
Ihre Fäden werden nie zum Gewand,
in ihre Machwerke hüllt man sich nicht,
Werke des Args sind ihre Werke,
Unbillübung ist an ihren Händen.
Behend sind ihre Beine zum Bösen,
eilen unsträfliches Blut zu vergießen,
Pläne des Args sind ihre Pläne.
Auf ihren Straßen Verwildrung, Verstörung,
den Weg des Friedens kennen sie nicht,
kein Recht ist in ihren Geleisen,
ihre Pfade haben sie sich gekrümmt,
allwer sich darauf bewegt,
kennt den Frieden nicht mehr.
Darum

bleibt uns die Rechtschaffung fern,
erreicht uns die Bewährtsprechung nicht.

Auf das Licht harren wir,
aber wohl, Finsternis ists,
auf das Erstrahlen,
im Düster müssen wir gehn.

Wir tappen an der Wand wie die Blinden,
wie ohne Augen tappen wir hin,
wir straucheln im Sonnglanz, wie wenn Dämmerung wäre,
in der Leibesfrische sind wir wie Tote.

Wir schnaufen allsamt wie die Bären,
wie die Tauben gurren wir, gurren,
wir harren auf Rechtschaffung –
es gibt keine,
auf Befreiung –
sie bleibt uns fern.

Denn viele sind vor dir
unsre Abtrünnigkeiten,
unsre Versündigungen,
das überantwortet uns,
denn unsre Abtrünnigkeiten
sind um uns her,
unsre Verfehlungen,
wir kennen sie:
IHM abtrünnig sein und verleugnend,
sich von unsres Gottes Nachfolge wenden,
Bedrückung und Auflehnung reden,
schwanger sein mit Reden der Lüge
und sie hervorstoßen aus dem Herzen.
Hintan hatte das Recht sich gewandt,
fernstehn mußte Bewährung,
auf dem Marktplatz ja strauchelte Treue,
Geradheit vermochte nicht zu kommen,
so wurde Treue zur Vermißten,
wer wider das Böse sich auflehnt, zum Ausgeplünderten.

ER sah es,
und böse wars in seinen Augen,
daß kein Recht war.

Er sah,
daß kein Mann war,
er erstaunte,
daß kein Dazwischentretender war:
so mußte sein Arm ihn befreien,
seine Wahrhaftigkeit, sie mußte ihn stützen.
Mit Wahrhaftigkeit bekleidete er sich
wie mit einem Panzer,
mit dem Helm der Freiheit sein Haupt,
in Gewänder der Ahndung kleidete er sich
als in ein Alltagskleid,
den Eifer schlug er um sich
wie einen Mantel.
Gemäß dem an Taten Gereiften,
dem gemäß zahlt er heim,
Grimmglut seinen Bedrängern,
das Ausgereifte seinen Feinden,
den Ozeanküsten zahlt er heim
das Ausgereifte.
Sehen wird man von Abend her
SEINEN Namen,
vom Aufgang der Sonne her
seinen Ehrenschein.
Denn es kommt
wie ein drängender Strom,
den SEIN Windbraus treibt.

– Aber für Zion
kommt ein Löser:
für die in Jaakob,
die umkehrten von der Abtrünnigkeit.
SEIN Erlauten ists.
Mein eigner Bund mit ihnen
ist dieses,
hat ER gesprochen:
Mein Geist,
der auf dir ist,
und meine Reden,
die ich lege in deinen Mund,

sollen nicht weichen
aus deinem Mund
und aus dem Mund deines Samens
und aus dem Mund des Samens deines Samens,
hat ER gesprochen,
von jetzt an und auf Weltzeit.

Erhebe dich,
werde licht,
denn dein Licht ist gekommen,
SEIN Ehrenschein,
über dir ist er erstrahlt.
Denn da
hüllt die Finsternis noch die Erde,
Wetterdunkel die Nationen,
aber über dir strahlt ER auf,
sein Ehrenschein läßt über dir sich sehn.
Weltstämme gehen in deinem Licht,
Könige im Glanz deines Strahlens.

Trage empor ringsum deine Augen,
sieh:
allsamt zuhauf sind dir sie gekommen,
deine Söhne
kommen von der Ferne,
deine Töchter
werden an der Seite gewartet.
Siehst du dich dann um,
schimmerst du auf,
dein Herz ist noch verschreckt,
aber es weitet sich schon.
Denn ein Meeresgetöse
wälzt über dich sich heran:
ein Heer von Stämmen,
sie kommen zu dir.
Der Schwall der Kamele
überhüllt dich,
Dromedarfohlen Midjans und Efas,
von Saba her kommen sie alle,
tragen Gold und Weihrauch heran
und bringen SEINE Lobpreisungen aus.
Alle Schafe von Kedar
sammeln sich dir zuhauf,
die Widder der Nabatäer
wollen dein zum Amten sein,
sie besteigen meine Schlachtstatt zugnaden,

und so lasse ich prangen das Haus meiner Pracht.

Wer sind diese,
die herbeifliegen wie Gewölk,
wie Tauben zu ihren Wandlöchern?
Ja, mir
harren Ozeanküsten entgegen,
die Tarschisch-Schiffe voran,
deine Söhne von der Ferne heimkommen zu lassen,
ihr Silber und ihr Gold mit ihnen.
– Um SEINEN, deines Gottes Namen,
um den Heiligen Jifsraels,
denn er läßt dich prangen.

– Söhne der Fremde baun deine Mauern auf,
ihre Könige wollen dir amten.
Denn zwar in meinem Groll
habe ich dich geschlagen,
aber in meiner Gnade
habe ich dein mich erbarmt.
Offen hält man stets deine Tore,
tags und nachts werden sie nicht geschlossen,
ein Heer von Stämmen zu dir kommen zu lassen,
ihre Könige, einhergeleitet.
Denn der Stamm und das Königreich,
die dir nicht wollen zu Dienst sein,
werden bald zu Dunst,
die Stämme veröden zur Ödnis.
Der Ehrenschein des Libanon
soll zu dir kommen,
Wacholder, Esche und Zypresse vereint,
die Stätte meines Heiligtums prangen zu machen,
ich lasse die Stätte meiner Füße ehrumschienen sein.

Bücklings gehn auf dich zu
die Söhne derer, die dich beugten,
zu deinen Fußsohlen bücken sich
alle die dich schmähten,
und sie rufen dich:
SEINE Stadt,

Zion des Heiligen Jifsraels.

Statt daß du eine Verlassene warst,
eine Gehaßte,
zu der keiner heranschritt,
setze ich dich ein
zum Stolze der Weltzeit,
ein Entzücken für Geschlecht um Geschlecht.
Der Erdstämme Milch sollst du saugen,
du saugst der Könige Überfluß.
Erkennen wirst du,
daß Iᴄʜ dein Befreier bin,
dein Löser der Recke Jaakobs.

Statt des Erzes lasse ich einkommen Gold,
statt des Eisens einkommen Silber,
statt der Hölzer Erz,
statt der Steine Eisen.
Als deine Aufpasserschaft
setze ich ein
den Frieden,
als deine Antreiber
die Bewährung.
Nicht hört man Unbill in deinem Land mehr,
in deinen Marken Verwildrung, Verstörung.
Befreiung rufst du deine Mauern an
und deine Tore Preisung.

– Nicht muß dir mehr die Sonne dasein
zu einem Licht am Tag,
noch zu einem Glanz
der Mond dir leuchten,
Eʀ selber ist dir da
zum Weltzeit-Licht,
dein Gott
zu deiner Pracht.
Nie mehr hinab
kommt dir nun deine Sonne,
und dein Mond,
nie wird er eingezogen,

denn ER ist dir da
zum Weltzeit-Licht,
die Tage deiner Trauer
sind nun vollendet.

– Dein Volk,
allsamt nun sind sie Bewährte,
auf Weltzeit erben sie nun das Land,
Schößling meiner Pflanzung,
Werk meiner Hände,
damit zu prangen.
Der Kleinste
wird zur Tausendschaft,
der Geringste
zum kernhaften Stamm.
ICH selber,
beschleunigen will ichs
zu seiner Frist.

SEIN, meines Herrn, Geist ist auf mir,
weil ER mich gesalbt hat,
mich entsandt hat,
Glücksmär zu bringen den Demütigen,
zu verbinden die gebrochenen Herzens,
zuzurufen Gefangenen: Loskauf!
Eingekerkerten: Auferhellung!
auszurufen ein Jahr SEINER Gnade,
einen Tag der Ahndung unseres Gottes,
alle Trauernden zu trösten,
den um Zion Trauernden zu ersetzen:
ihnen zu geben
prangenden Schmuck statt Schmutzes,
Wonneöl statt umflorender Trauer,
Lobpreis statt verglimmenden Geistes.
Rufen soll man sie
die Gotteichen der Wahrheit,
SEINE Pflanzung, damit zu prangen.

Trümmer der Vorzeit bauen sie auf,
Verödungen der Frühen stellen sie wieder her,
zertrümmerte Städte erneun sie,
Ödnisse von Geschlecht um Geschlecht.
Unzugehörige treten vor,
euch die Schafe zu weiden,
Söhne der Fremde,
euch Ackrer, euch Winzer zu sein,
ihr aber,
Priester IHM werdet ihr gerufen,
Unserm Gott Amtende spricht man euch an.
Der Erdstämme Reichtum sollt ihr genießen,
mit ihrem Ehrenschein dürfet ihr tauschen.
Statt des Doppelmaßes eurer Schande
und daß den Schimpf als »ihr Teil« man bejauchzte,
darum gilts:
– In ihrem Lande erben sie Doppelmaß,
Weltzeit-Freude soll ihnen werden.
Denn ICH bins,
der das Recht liebt,

der das Rauben durch Fälschung haßt, –
ihren Werklohn gebe ich ihnen in Treuen,
einen Weltzeit-Bund schließe ich ihnen,
bekannt wird unter Stämmen ihr Same,
ihre Nachfahrn inmitten der Völker,
alle, die sie sehn, merken an ihnen:
– Ja,
die sind ein Same,
den ER gesegnet hat.

Entzücken will ich mich, entzücken an IHM,
um meinen Gott will meine Seele jubeln,
denn er kleidet mich in Gewänder der Freiheit,
schlägt mich ein in den Mantel der Bewahrheitung,
wie ein Bräutigam priestergleich prangt,
wie eine Braut anlegt ihr Geschmeide.
Ja,
wie das Land sein Gewächs emporfahren läßt,
wie ein Garten wachsen läßt sein Gesäm,
so läßt wachsen mein Herr, ER,
die Bewährung,
den Lobpreis allen Erdstämmen zugegen.

Um Zions willen
darf ich nicht schweigen,
um Jerusalems willen
darf ich nicht stillsein,
bis für es Bewahrheitung
ausfährt wie Lichtglanz,
für es Befreiung
wie eine Fackel brennt.
Ansehn werden
deine Wahrhaftigkeit die Weltstämme,
deinen Ehrenschein die Könige alle.
Rufen wird man dich
mit einem neuen Namen,
den SEIN Mund prägt.
Du wirst ein Prachtkranz
in SEINER Hand,
ein königlicher Stirnbund
im Griff deines Gottes.
Nicht mehr spricht man dich an:
Verlassene!
dein Land spricht man nicht mehr an:
Verstarrte!
sondern dich ruft man:
An-ihr-mein-Gefallen!
und dein Land:
Verehelichte!
Denn ER hat Gefallen an dir
und geehelicht wird dein Land.
Denn wie der Jüngling die Maid ehelicht,
ehelicht dich dein Erbauer,
und wie der Freier an der Braut sich entzückt,
entzückt dein Gott sich an dir.

Über deine Gemäuer,
Jerusalem,
habe ich Wächter verordnet.
All den Tag,
all die Nacht,
immerdar

sollen sie nicht schweigen:
Die ihr IHN sollt erinnern,
nimmer euch Rast!
nimmer Rast gebt ihm,
bis er gründet,
bis er einsetzt
Jerusalem
als einen Lobpreis im Erdland!
Hat ER doch mit seiner Rechten geschworen,
mit dem Arme seines Siegs:
Gebe ich je noch dein Korn
zum Essen deinen Feinden,
trinken je die Söhne der Fremde
deinen Most, um den du dich mühtest,
...!
sondern
die es einheimsten, sollen es essen,
sollen MICH preisen,
die ihn einsammelten, sollen ihn trinken
in den Höfen meines Heiligtums.

– Zieht,
zieht durch die Tore!
bahnet dem Volke den Weg!
dämmet,
dämmet die Dammstraße auf!
räumt die Steine hinweg!
hebt ein Banner den Völkern zu!
Wohlan,
ER hats hören lassen
bis an den Rand der Erde:
Sprecht zur Tochter Zion:
Wohlan,
deine Freiheit kommt!
wohlan,
sein Sold ist bei ihm,
sein Werklohn vor seinem Antlitz.
Man wird sie rufen:
Volk in Heiligung!

durch Ihn Ausgelöste!
Dich aber ruft man:
Aufgesuchte!
Stadt, niemals verlassen!

– Wer ist dieser da,
der von Edom, dem »Rotland«, her kommt?
grellgefleckt die Gewänder,
von Bozra, der »Einherbste-Stadt«, her?
dieser da
im Blähen seines Kleids,
sich bäumend
in der Fülle seiner Kraft?

– Ich bins,
redend in Siegbewährung,
machtvoll, zu befreien.

– Weshalb die Röte an deinem Kleid,
deine Gewänder wie eines Keltertreters?

– Einsam trat ich die Kufe,
von den Völkern war niemand mit mir,
in meinem Zorn habe ichs zusammengetreten,
in meiner Grimmglut habe ichs zerpreßt,
der Saft davon spritzte an meine Gewänder,
all meine Kleider habe ich besudelt.
Denn ein Tag der Ahndung war mir im Herzen,
meiner Lösung Jahr war gekommen, –
ich blickte mich um:
keiner, der hülfe!
ich staunte umher:
keiner, der stützte!
so mußte mein Arm mich befreien,
mein Grimm, er mußte mich stützen, –
in meinem Zorn habe ich Völker zermalmt,
in meinem Grimm habe ich sie zerschmettert,
ihren Saft ließ ich rinnen zur Erde.

SEINER Hulden will ich gedenken lassen,
SEINER Preiswürdigkeiten,
gemäß allem, was ER uns reifte,
dem Haus Jifsrael großes Gut,
denen reifen ers ließ nach seinem Erbarmen,
nach der Fülle seiner Hulden.

Er sprach:
Sie sind gewißlich mein Volk,
Söhne, dies nicht verleugnen!
Er ward ihnen zum Befreier.
In all ihrer Drangsal
wars nicht ein Herold und Bote,
sein Antlitz wars,
das sie befreit hat,
in seiner Liebe,
in seiner Milde
hat er selber sie ausgelöst,
er hub sie,
er trug sie
alle Tage der Vorzeit.
Sie aber waren widerspenstig,
sie betrübten den Geist seiner Heiligung.
Da wandelte er sich ihnen zum Feind,
er selber kämpfte nun gegen sie.
Da mußte man gedenken
der Vorzeittage,
Mosches, des »Der-herauszieht«: sein Volk.
Wo ist nun er,
der aus dem Meer sie aufsteigen ließ
mit dem Hirten seiner Schafe?!
wo ist er,
der ihm ins Innere setzte
den Geist seiner Heiligung?!
der gehn ließ zur Rechten Mosches
seinen prangenden Arm!
der spaltete die Wasser
vor ihrem Antlitz her,
sich einen Weltzeit-Namen zu machen!

der sie gängelte durch die Wirbel hin,
wie durch die Wüste ein Roß,
sie strauchelten nicht!
wie das Vieh ins Tal niederzieht,
trieb SEIN Geist sie zur Ruhe.
So hast du dein Volk geleitet,
dir einen prangenden Namen zu machen.

Blicke vom Himmel,
sieh her
vom Söller deiner Heiligkeit, deines Prangens!
Wo ist dein Eifer,
dein Heldentum,
das Regen deiner Eingeweide,
dein erbarmender Busen,
daß sie sich mir vorenthalten?!
Du ja bist unser Vater!
Abraham ja kennt uns nicht,
Jifsrael merkt nicht auf uns,
DU selber bist unser Vater,
Unser-Löser-seit-Urzeit dein Name!

Warum, DU,
lässest du uns
abirren von deinen Wegen,
unser Herz erharten
gegen die Furcht vor dir?
Kehre um
deiner Knechte halber,
der Stäbe deines Eigentums!
Erst ein winziges ists her,
daß enterbten das Volk deiner Heiligung,
daß zerstampften dein Heiligtum
unsre Bedränger:
schon sind wir solche geworden,
denen von Urzeit her nie
du obgewaltet hast,
über denen nie
dein Name gerufen war.

O zerrissest du den Himmel,

zögest hernieder,
daß vor deinem Antlitz die Berge wankten!
wie Reisig das Feuer entfacht,
Feuer das Wasser erwallen macht!
deinen Namen zu kennen gebend
deinen Bedrängern,
daß vor deinem Antlitz die Erdstämme zittern,
da du Furchtbares tatest,
das wir nicht mehr erhofften,
herniederzogst,
daß vor deinem Antlitz die Berge wankten!

Von Urzeit her
hat man nicht gehört,
hat man nicht erlauscht,
nie hat etwas ein Auge ersehn
von einem Gott
außer dir,
ders tut für den, der sein harrt:
Du begegnest
dem Freudigen,
dem Täter der Wahrhaftigkeit,
denen, die dein gedenken
auf deinen Wegen.
Und nun bist du es, der grollt,
wir aber verfehlen sie weiter!
Auf sie zurück, für Weltzeit!
schon sind wir befreit.

Allsamt
sind wir wie der Maklige worden,
all unsre Bewährungen
wie ein regelbeflecktes Gewand,
wie Laub welken wir alle,
wie der Wind trägt unser Fehl uns davon.
Keiner ist,
der deinen Namen noch anruft,
der sich aufrafft, dich festzuhalten,
denn du hast uns dein Antlitz verborgen,
hast uns hinschmelzen lassen

in der Hand unsrer Verfehlungen.
Jetzt aber, Du –
du bist unser Vater!
wir sind der Ton,
du bist unser Bildner,
allsamt sind wir Tat deiner Hände –
grolle nimmer, Du, maßlos fort,
nimmer noch fort gedenke der Verfehlung!
Blicke doch nun her,
allsamt sind wir dein Volk!
Die Städte deiner Heiligung
sind Wüste geworden,
Zion, geworden ists Wüste,
Jerusalem Starrnis,
das Haus unsres Heiligtums,
unseres Prangens,
wo unsre Väter dich priesen,
wurde zur Feuersbrunst,
all unsre Köstlichkeit
wurde zur Ödung –
kannst du darob
dich noch bezähmen,
Du,
stillsein,
uns niederbeugen
maßlos fort?!

– Ich war zu beforschen
für sie, die nicht fragten,
ich war zu finden
für sie, die mich nicht suchten,
ich sprach: Hier bin ich! hier bin ich!
zu einem Stamm, der meinen Namen nicht anrief,
ich breitete all den Tag meine Hände
zu einem abwendigen Volk,
die gehn den nichtguten Weg,
ihren eignen Planungen nach!
Das Volk derer, die mich verdrießen
mir ins Antlitz stetig,

die in den Gärten schlachten,
die auf den Ziegeln räuchern,
die in den Grabkammern sitzen,
nachten in den Verliesen,
die das Fleisch des Schweins essen,
Unflatbrühe ist in ihren Gefäßen,
die sprechen: Bleib nah dir selber,
tritt zu mir nicht heran,
denn ich bin verheiligt für dich! –
diese sind Qualm in meiner Nase,
ein Feuer, all den Tag lodernd.
Wohlan,
vor meinem Antlitz ist das geschrieben,
ich will nicht stillsein,
ich habe denn heimgezahlt, –
in ihren Schoß zahle ich heim.
Eure Verfehlungen
und die Verfehlungen eurer Väter miteins,
hat ER gesprochen,
die räucherten auf den Bergen,
auf den Hügeln mich höhnten, –
ich messe ihren Lohn in ihren Schoß zu
auf den ersten Schlag.

So hat ER gesprochen:
Wie, findet sich Most in der Traube, man spricht:
Verderbe sie nimmer, denn ein Segen ist darin!
so werde ich tun um meiner Knechte willen:
zu hindern, daß alles verderbe.
Ich führe aus Jaakob Samen hervor,
aus Jehuda einen Erben meiner Berge,
erben sollen es meine Erwählten,
meine Knechte anwohnen dort,
der Saron wird wieder zur Trift der Schafe,
und noch das Rüttetal zum Rinderlager
für mein Volk: sie, die nach mir forschen.
Ihr aber,
die ihr MICH verließet,
den Berg vergaßt meines Heiligtums,

dem Glück herrichtetet den Tisch,
dem Geschick einfüllet den Mischkrug, –
dem Schwert beschicke ich euch,
zur Abschlachtung duckt ihr euch alle:
weil, als ich rief, ihr nicht antwortetet,
als ich redete, ihr nicht hörtet,
tatet das in meinen Augen Böse
und was mir nicht gefällt erwähltet.

Darum,
so hat mein Herr, ER, gesprochen,
wohlan,
meine Knechte werden essen,
und ihr, ihr werdet hungern,
wohlan,
meine Knechte werden trinken,
und ihr, ihr werdet dürsten,
wohlan,
meine Knechte werden sich freuen,
und ihr, ihr werdet euch schämen,
wohlan,
meine Knechte werden jauchzen
vor Herzenslust,
und ihr, ihr werdet schreien
vor Herzeleid,
vor Geistes Niederbruch
werdet ihr heulen.
Euren Namen übermittelt ihr
meinen Erwählten zum Fluchschwur:
...ebenso mag mein Herr, ER, dich töten!
– Seine Knechte aber ruft er mit geändertem Namen!
Daß wer sich segnet im Land
sich segne beim Gotte der Treue
und wer schwört im Land
schwöre beim Gotte der Treue:
denn vergessen sind dann die frühern Bedrängnisse,
denn verborgen sind sie von meinen Augen hinweg.

Denn, wohlan, ich schaffe

den Himmel neu,
die Erde neu,
nicht gedacht wird mehr des Frühern,
nicht steigts im Herzen mehr auf,
sondern entzückt euch, jubelt
fort und fort,
drob was ich schaffe!
Denn, wohlan, ich schaffe
aus Jerusalem einen Jubel,
aus seinem Volk ein Entzücken,
ich juble über Jerusalem,
ich entzücke mich an meinem Volk.
Nicht hört man mehr darin
Stimme des Weinens,
Stimme des Geschreis.
Nicht soll dorther mehr einer sein,
zart an Tagen und doch gealtert,
der seine Tage nicht vollendet,
denn als jugendlich wird der Hundertjährige sterben,
und der Sünder wird verwünscht, nur ein Hundertjähriger
   zu werden.
Sie bauen Häuser und siedeln,
pflanzen Reben, essen ihre Frucht:
sie bauen nicht, daß ein anderer siedle,
pflanzen nicht, daß ein anderer esse.
Denn wie die Tage des Baums sind die Tage meines Volks
   nun,
was das Tun ihrer Hände erbringt, sollen meine Erwählten
   verbrauchen.
Sie sollen nicht ins Leere sich mühen,
nicht zu Bestürzung gebären,
denn SEINER Gesegneten Same sind sie und ihre Nachfahrn
   mit ihnen.

– Geschehen wirds:
eh sie rufen, antworte ich,
sie reden noch, und ich erhöre.
Wolf und Lamm weiden wie eins,
der Löwe frißt Häcksel wie das Rind,

und die Schlange, Staub ist nun ihr Brot:
nicht übt man mehr Böses,
nicht wirkt man Verderb
auf all dem Berg meines Heiligtums,
hat ER gesprochen.

So hat ER gesprochen:
Der Himmel ist mein Stuhl,
die Erde der Schemel meiner Füße, –
was ists für ein Haus, das ihr mir bauen wollt,
was für ein Ort wäre mir Ruhestatt?!
Hat all dies meine Hand doch gemacht,
da ist all dies geworden,
ist SEIN Erlauten,
doch auf den blicke ich:
auf den Gebeugten,
Geistzerschlagnen,
meiner Rede Entgegenbebenden.

Ebender den Opferstier metzt,
ebender erschlägt einen Mann;
ebender das Lamm schlachtet,
ebender genickt einen Hund;
ebender höht Hinleitspende dar –
und Schweineblut;
ebender Weihrauch als Gedenkteil emporsteigen
    läßt,
ebender segnet ein Arggebild.
Haben die sich nun ihre Wege erwählt,
hat an ihren Scheusalen ihre Seele Gefallen,
erwähle auch ich nun: ihnen mitzuspielen,
wovors ihnen graut, lasse ich über sie kommen, –
weil ich gerufen habe
und kein Antwortender war,
geredet habe
und sie nicht hören wollten,
das in meinen Augen Böse taten
und erwählten, was mir nicht gefällt.

Höret SEINE Rede,
die ihr seiner Rede entgegenbebt:
Gesprochen haben eure Brüder,
die euch hassen, euch verstoßen
um meines Namens willen:
ER lege Ehre ein,
daß wir eure Freude besehn!

Zuschanden sollen die werden!

Schall eines Lärms aus der Stadt,
Schall aus der Tempelhalle,
Stimmschall von IHM:
das Gereifte zahlt er heim seinen Feinden!

Ehe sie kreißte,
wird sie geboren haben,
eh eine Wehe sie ankam,
ist sie eines Männleins genesen.
– Wer hat dem gleiches gehört,
wer hat dergleichen gesehn?
kreißt mit einem Land man an einem einzigen Tag
oder wird ein Stamm auf ein einziges Mal geboren?!
denn kaum wird Zion kreißen,
schon wird sie ihre Söhne gebären.
– Sollte ich,
ich durchbrechen lassen
und nicht lassen gebären?
hat ER gesprochen.
Wo ichs bin, der gebären läßt,
sollte ich absperren?
hat dein Gott gesprochen.

Freut euch mit Jerusalem,
jubelt um sie,
alle ihr, die sie lieben!
entzückt euch an ihr, seid entzückt,
alle ihr, die über sie trauern!
damit ihr sauget, euch sättigt
am Überfluß ihrer Tröstungen,
damit ihr schlürfet, euch erquicket
an der Brust ihres Ehrenscheins.

Denn so hat ER gesprochen:
Wohlan,
ich lenke zu ihr hin
wie ein Strom
den Frieden,
wie einen flutenden Bach

der Erdstämme Ehrenschein,
daß ihr zu saugen habt!
an der Seite sollt ihr getragen werden,
auf den Knien gekost!
Wie einen Mann, den seine Mutter tröstet,
so will ich selber euch trösten,
an Jerusalem werdet ihr getröstet.
Ihr sehts, euer Herz entzückt sich,
eure Gebeine sprossen wie Gras auf,
an seinen Knechten gibt SEINE Hand sich zu kennen, –
aber er beschilt seine Feinde.

Denn, wohlan,
ER kommt im Feuer,
wie die Windsbraut sind seine Gefährte,
in Glut seinen Zorn zu erstatten,
sein Dräuen in Feuerflammen.
Denn ER rechtet durch Feuer,
durch sein Schwert mit allem Fleisch,
groß ist die Zahl der von IHM Durchbohrten.
Die sich zuheiligen,
die sich zureinigen
für die Gartenweihen
hinter einem in der Mitte her,
die Fleisch des Schweins, des Scheuelzeugs und der Maus
    essen,
vereint sollen sie enden,
ist SEIN Erlauten.

Und ich –
ihre Taten und ihre Pläne,
zurechtgekommen ists,
alle Stämme und Zungen zuhaufzuholen,
daß sie kommen, sehn meinen Ehrenschein,
ich setze durch sie ein Zeichen:
Entronnene von ihnen sende ich an die Stämme,
Tarschisch, Put und Lud die Bogenspanner, Tubal und
    Jawan,
die fernen Ozeanküsten,
die nicht hörten mein Erhorchenlassen,

nicht sahn meinen Ehrenschein, –
sie sollen unter den Stämmen meine Ehre melden.

– Dann läßt man aus allen Stämmen heimkommen all eure
　　Brüder
als Hinleitspende IHM
auf Rossen, auf Fahrzeug, auf Sänften, auf Maultieren, auf
　　Dromedarstuten,
– Herauf zum Berg meines Heiligtums, nach Jerusalem!
　　hat ER gesprochen –,
gleichwie die Söhne Jifsraels die Hinleitspende in SEIN Haus
　　kommen zu lassen pflegen
in reinem Gefäß.
– Und auch von ihnen will ich zu Priestern nehmen,
zu den Lewiten hinzu,
hat ER gesprochen.
Ja denn,
wie der neue Himmel und die neue Erde,
die ich mache,
vor meinem Antlitz bestehen,
ist SEIN Erlauten,
so wird bestehn euer Samen und euer Name.
Geschehen wirds:
Mondneuung um Mondneuung
und Wochenfeier um Wochenfeier
kommt alles Fleisch, vor meinem Antlitz sich niederzuwerfen,
hat ER gesprochen.
Geht man aber hinaus,
dann muß man die Leichen der Männer ansehn,
die von mir abtrünnig wurden,
denn ihr Wurm stirbt nicht,
und ihr Feuer lischt nicht,
ein Schauder sind sie allem Fleisch.

DAS BUCH
JIRMEJAHU

Reden Jirmejahus Sohns Chilkijahus, von den Priestern, die in
   Anatot im Lande Binjamin waren,
zu dem SEINE Rede geschah in den Tagen Joschijahus Sohns
   Amons, Königs von Jehuda, im dreizehnten Jahr seiner
   Königschaft,
und geschah in den Tagen Jojakims Sohns Joschijahus, Königs
   von Jehuda,
bis ganz wurde das elfte Jahr Zidkijahus Sohns Joschijahus,
   Königs von Jehuda:
bis zur Verschleppung aus Jerusalem, in der fünften Mondneuung.

SEINE Rede geschah zu mir, es sprach:
Ehe ich dich bildete im Mutterleib,
habe ich dich gekannt,
ehe du aus dem Schoße fuhrst,
habe ich dich geheiligt,
als Künder den Weltstämmen habe ich dich gegeben.
Ich sprach:
Ach, mein Herr, DU,
da, ich weiß nicht zu reden,
ich bin ja ein Knabe.
ER aber sprach zu mir:
Sprich nimmer: Ich bin ein Knabe!
Ja denn,
allwohin ich dich schicke,
wirst du gehen,
allwas ich dir entbiete,
wirst du reden.
Fürchte dich nimmer vor jenen,
denn ich bin mit dir.
dich zu erretten.
SEIN Erlauten ists.
Dann schickte ER seine Hand aus,
er ließ sie meinen Mund berühren,
ER sprach zu mir:
Da,
ich gebe meine Reden in deinen Mund,

sieh,
ich verordne dich an diesem Tag
über die Weltstämme,
über die Königreiche,
auszureuten, einzureißen,
abzuschwenden, hinzuschleifen,
zu bauen, zu pflanzen.

SEINE Rede geschah zu mir, es sprach:
Was siehst du, Jirmejahu?
Ich sprach:
Eine Rute vom Zeitigreg, der Mandel, sehe ich.
ER sprach zu mir:
Gut hast du gesehn,
ja, zeitig rege ich mich über meiner Rede,
sie zu tun.

SEINE Rede geschah zu mir ein zweites Mal, es sprach:
Was siehst du?
Ich sprach:
Einen Kessel sehe ich unterheizt,
seine Vorderseite nordher voran.
ER sprach zu mir:
Von Norden her
eröffnet sich das Böse
über alle Insassen des Lands.
Denn, wohlan, ich berufe
nordher alle Königtumssippen,
ist SEIN Erlauten,
daß sie kommen,
daß sie geben
jedermann seinen Stuhl
vor die Öffnung der Tore Jerusalems,
und wider all seine Mauern rings
und wider alle Städte Jehudas.
Dann rede ich meine Gerichte an die,
um all ihr Böses,
daß sie mich verlassen haben,

ließen aufrauchen anderen Göttern,
warfen sich vor dem Gemächt ihrer Hände nieder.
Du aber
gürte deine Hüften,
stelle dich hin,
rede zu ihnen
alles, was ich selbst dir entbiete, –
sei nimmer bestürzt vor ihnen,
sonst bestürze ich dich vor ihnen!
Ich,
wohlan, ich gebe dich heut
zur Festungsstadt,
zur eisernen Säule,
zu ehernen Mauern
wider all das Land,
den Königen Jehudas,
seinen Obern,
seinen Priestern,
dem Volke des Lands:
sie werden gegen dich kämpfen
und werden dich nicht übermögen,
denn ich bin mit dir,
ist SEIN Erlauten,
dich zu erretten.

SEINE Rede geschah zu mir, es sprach:
Geh,
rufe in die Ohren Jerusalems, sprich:
So hat ER gesprochen:
Ich gedenke dir
die Holdschaft deiner Jugend,
die Liebe deiner Brautschaft,
da du mir nach durch die Wüste gingst,
durch ein Land, das nie besät wird:
ein Geheiligtes ist Jißrael IHM,
sein Anfangsteil von der Ernte,
alle, die den verzehren wollen,
müssen es büßen,
Böses kommt an sie,
SEIN Erlauten ists.

Höret SEINE Rede, Haus Jaakob,
und ihr Sippen alle vom Haus Jißrael!
So hat ER gesprochen:
Was haben eure Väter an mir Falsches befunden,
daß sie hinweg von mir sich entfernten,
gingen dem Tande nach,
wurden zu Tand?!
Sie sprachen nicht: Wo ist ER,
der uns heraufholte aus dem Land Ägypten,
der uns gängelte in der Wüste,
in einem Land von Steppe und Schluft,
in einem Land von Dürre und Dunkel,
in einem Land, das nie jemand durchreist hat,
darin nie ein Mensch hat gesiedelt?
Ins Obstgartenland ließ ich euch kommen,
seine Frucht, sein Gut zu verzehren, –
ihr kamt herein, –
ihr bemakeltet mein Land,
machtet mein Eigen zum Greuel.
Die Priester sprachen nicht: Wo ist ER?,
Die Weisungsbeflissnen kannten mich nicht,
die Hirten waren abtrünnig mir,
die Künder kündeten vom Baal her,

sie gingen denen nach,
die nichts nützen können.
Darum muß ich noch mit euch streiten,
ist SEIN Erlauten,
muß streiten mit den Söhnen eurer Söhne.
Denn reist zu den Küsten der Kittäer
und seht,
nach Kedar sendet
und besinnet recht,
seht zu, ob je diesem Gleiches geschah:
hat ein Stamm Götter vertauscht
– und die da sind nicht einmal Götter! – ?
mein Volk aber
tauschte seine Ehre gegen das,
was nichts nützen kann.
Erstarrt, ihr Himmel, darob,
schaudert, erbebet sehr!
ist SEIN Erlauten.
Denn zwiefach Böses getan hat mein Volk:
sie verließen mich,
Born des lebendigen Wassers,
um sich Gruben zu hauen,
brüchige Gruben,
die das Wasser nicht halten.

Ist denn Jifsrael ein Knecht
oder ist er als Sklav hausgeboren?
weshalb wurde er zum Raub,
drüber Jungleun brüllend ihre Stimme erheben,
machte man sein Land zum Erstarren,
verfielen seine Städte, insassenlos?
  – Auch noch die Söhne von Memphis und Tachpanches
    weiden den Scheitel dir ab! –
Was dir dies antut, ists nicht,
daß du IHN deinen Gott verließest
– schon zur Zeit, da er dich gängelte auf dem Weg –?!
Und jetzt,
was hast du vom Weg nach Ägypten,
des Schwarzflusses Wasser zu trinken?

und was hast du vom Weg nach Assyrien,
das Wasser des Stroms zu trinken?
Züchtigen wird dich dein Böses,
deine Abkehrungen werden dich strafen –
so erkenns,
so ersiehs:
ja, bös und bitter wirds,
daß du IHN, deinen Gott, verließest!

Und nicht trat dich Furcht vor mir an,
ist meines Herrn, SEIN des Umscharten Erlauten,
von urher ja zerbrachst du dein Joch,
sprengtest du deine Fesseln,
du sprachst: Nun diene ich nicht mehr!
Ja,
auf alljedem hohen Hügel,
unter alljedem üppigen Baum
recktest du Hure dich hin!
Ich selber
pflanzte dich als Edelrotrebe,
alles treue Saat, –
wie hast du dich mir verwandelt,
in Triebe bastardischen Weinstocks!
Ja, wüschest du dich mit Aschensalz,
verschwendetest Lauge an dich,
schmutzhaft bleibt vor mir deine Verfehlung!
Erlauten ists von meinem Herrn, IHM.

Wie sprichst du: Ich bin nicht bemakelt,
den Baalen ging ich nicht nach!
Sieh deinen Weg in der Schlucht an,
erkenne, was du getan hast!
Leichte Jungkamelin,
die ihre Brunstwege verflicht,
Wildesel, von der Wüste belehrt
in der Gier seiner Seele,
so schnappt sie nach Luft, –
ihre Geilheit,
wer könnte die umkehren machen!
Alle, die sie suchen,

brauchen sich nicht müde zu laufen,
in ihrem Monde treffen sie sie.
– Erspare deinem Fuße die Blöße,
deiner Kehle den Durst!
– Du aber sprachst:
Umsonst ists!
nein!
denn ich liebe die Fremden,
ich muß ihnen nachgehn!

Wie ein Dieb zuschanden wird,
wenn er betroffen wurde,
so werden zuschanden
die vom Haus Jiſsrael,
sie, ihre Könige, ihre Obern,
und ihre Priester und ihre Künder.
Zum Holz sprechend: Mein Vater bist du!
und zum Stein: Du hast mich geboren!
wandten sie ja den Nacken mir zu,
nicht das Antlitz mehr,
aber in der Zeit ihres Bösgeschicks
sprechen sie: Steh auf und befrei uns!
Und wo sind deine Götter,
die du dir gemacht hast?
sie sollen aufstehn,
ob sie dich befreien können
in der Zeit deines Bösgeschicks!
in der Zahl deiner Städte
waren ja deine Götter, Jehuda!

Wozu streitet ihr wider mich?!
Abtrünnig wart ihr mir alle,
ist SEIN Erlauten,
vergebens schlug ich eure Söhne,
sie nahmen Zucht nicht an,
euer Schwert fraß eure Künder
wie ein verderbrischer Löwe,
Ihr aber, Gegenwartsgeschlecht,
sehet zu:
– SEINE Rede ists –

War ich Jifrael eine Wüste
oder ein Land der Düsternis?
weshalb sprachen sie, mein Volk:
Wir habens abgeschüttelt,
zu dir kommen wir nicht mehr!?
Vergißt ein Mädchen seinen Schmuck,
eine Braut ihre Schärpe?
mein Volk aber hatte mich vergessen
seit Tagen ohne Zahl!

Wie gut richtest du deinen Weg,
Liebschaft aufzusuchen!
Dadurch hast du nun auch das Bösgeschick
deine Wege gelehrt!
Auch an deinen Kleidzipfeln noch
betrifft man Blut
dürftiger, unsträflicher Wesen,
die du nicht beim Einbruch betrafst.
Ja, bei alldem, da sprichst du:
Ich bin ja unsträflich,
gewiß kehrt sein Zorn sich von mir!
Wohlan, ich will mit dir rechten
um dein Sprechen: Nicht habe ich gesündigt,
  – Was rennst du so sehr,
  deinen Brunstweg wieder zu wechseln?!
  auch an Ägypten wirst du zuschanden,
  wie du zuschanden wardst an Assyrien!
  Auch von dannen mußt du hinwegziehn,
  über deinem Kopf deine Hände,
  denn Er verwirft deine Sicherungen,
  nicht wirds dir mit ihnen gelingen. –
Mit dem Spruch:
Wohl, schickt ein Mann sein Weib fort
und sie geht von ihm, wird eines andern Mannes,
darf er noch zu ihr wiederkehren?
  – Heißts nicht:
  Entarten muß solch ein Land, entarten!? –
Du aber,
gehurt hast du mit vielen Gesellen,

und nun: »Kehre wieder zu mir«!
SEIN Erlauten ists.
Zu den Kahlhängen hebe deine Augen,
sieh:
wo bist du nicht beschlafen worden?
An den Wegen ersaßest du sie,
wie ein Steppenaraber in der Wüste.
Da entartetest du das Land
mit deiner Hurerei,
mit deiner Bosheit,
die Wolkengüsse wurden gehemmt,
der Lenzregen war nicht mehr.
Aber dein ist eines Hurenweibs Stirn,
du weigerst, dich zu schämen.
Von jetzt an, nicht wahr?,
magst du mir gern rufen:
»Mein Vater,
mein Jugendtrauter du!«
»Will auf Weltzeit er grollen,
auf Dauer denn es bewahren?!«
Wohl, so redest du,
aber du tust weiter das Böse
– und meinst zu übermögen?!

ER sprach zu mir in den Tagen des Königs Joschijahu:
Hast du gesehen,
was Frau Abkehr, Jifsrael, tat?
Da ging sie hin
auf alljeden hohen Berg,
unter alljeden üppigen Baum,
dort hurte sie.
Ich sprach,
nachdem sie all dies hatte getan:
Kehre um zu mir!
Sie aber kehrte nicht um.
Das sah
ihre Schwester, Frau Verrätrisch, Jehuda,
sie sah,

daß, alldieweil gebuhlt hatte Frau Abkehr, Jiſsrael,
ich sie fortschickte,
ihr eine Trennungsurkunde gab,
aber nicht fürchtete sich die Verrätrin, Jehuda, ihre Schwester,
sie ging hin, hurte, auch sie.
Es geschah
durch die Leichtfertigkeit ihres Hurens,
da entartete sie das Land:
sie buhlte
mit dem Stein,
mit dem Baum.
Aber auch bei alle dem
kehrte nicht um zu mir
ihre Schwester, Frau Verrätrisch, Jehuda,
mit all ihrem Herzen,
sondern mit Lug,
ist SEIN Erlauten.

Weiter sprach ER zu mir:
Bewahrheitet hat ihre Seele Frau Abkehr, Jiſsrael,
eher als die Verrätrin, Jehuda.
Geh,
rufe diese Rede nordwärts,
sprich:
Kehre um, Frau Abkehr, Jiſsrael!
ist SEIN Erlauten,
nicht gesenkt wider euch will ich mein Antlitz lassen,
denn huldreich bin ich,
ist SEIN Erlauten,
nicht will auf Weltzeit ich grollen:
erkenne nur deine Verfehlung,
daß MIR, deinem Gott, du abtrünnig warst,
verstreutest deine Brunst an die Fremden
unter alljedem üppigen Baum,
und auf meine Stimme hörtet ihr nicht,
ist SEIN Erlauten.

Kehret um, abgekehrte Söhne,
ist SEIN Erlauten,
denn ich bins, der sich euer bemeistert!

So will ich euch nehmen,
einen von einer Stadt,
zweie von einer Sippe,
will euch kommen lassen nach Zion,
will euch Weidehirten geben
nach meinem Herzen,
weiden sollen die euch
in Erkenntnis und Begreifen.
Geschehen solls:
wenn ihr euch mehrt, ihr fruchtet im Land
in jenen Tagen,
ist SEIN Erlauten,
wird man nicht mehr sprechen:
Schrein SEINES Bundes!
nicht steigt der im Herzen dann auf,
nicht wird man seiner gedenken,
nicht wird man ihn vermissen,
nicht wird je wieder einer gemacht.
In jener Zeit
wird Jerusalem man rufen:
SEIN Thron!
Dahin stauen alle Weltstämme sich,
zu SEINEM Namen hin,
hin zu Jerusalem,
und der Sucht ihres bösen Herzens
gehen sie nicht mehr nach.

In jenen Tagen
werden sie gehn,
das Haus Jehuda samt dem Haus Jifsrael,
mitsammen werden sie kommen
aus dem Land des Nordens
in das Land, das ich euren Vätern zueignete.
Damals habe ich selber gesprochen:
Wie will ich dich einsetzen
unter den Söhnen!
Ich gab dir ein Wunschland,
ein Eigentum der Zier
vor den Zierden der Weltstämme.

Ich sprach zu mir,
»Mein Vater!« werdest du mich rufen,
von meiner Nachfolge dich nicht kehren.
Jedoch,
verriet je ein Weib seinen Genossen,
so verraten habt ihr mich,
Haus Jiſsrael!
SEIN Erlauten ists.

An den Kahlhängen
ist eine Stimme zu hören,
ein flehentliches Weinen der Söhne Jiſsraels,
daß sie ihren Weg verfehlten,
vergaßen IHN, ihren Gott.
– Kehret um,
abgekehrte Söhne,
ich will eure Abkehrungen heilen.
– Da sind wir,
wir laufen dir zu,
denn DU bists, unser Gott!
Ja doch, lügnerisch
war das von den Hügeln her,
das Toben auf den Bergen,
jedoch in IHM, unserm Gott,
ist die Befreiung Jiſsraels!
Gefressen hat die Schande
das Erarbeitete unsrer Väter
von unsrer Jugend an,
ihr Schmalvieh, ihr Pflugtier,
ihre Söhne, ihre Töchter!
In unsrer Schande müssen wir liegen,
unsre Schmach muß uns hüllen,
denn an IHM unserm Gott
haben wir gesündigt,
wir und unsere Väter,
von unsrer Jugend an
und bis auf diesen Tag,
nicht gehört haben wir
auf SEINE, unsres Gottes, Stimme.

– Kehrst du um, Jifsrael,
ist SEIN Erlauten,
zu mir kehrst du wieder.
Tust du deine Scheusale weg
vom Angesicht mir,
brauchst du nicht umzuschweifen.
Schwörst du dann: ER lebt!
in Treue, in Recht, in Bewährung,
werden Weltstämme mit ihm sich segnen,
preisen werden sie sich mit ihm.

Ja denn,
so hat ER gesprochen
zu der Mannschaft Jehudas
und zu Jerusalem:
Erackert euch einen Acker,
säet nimmer unter die Dornen!

Beschneidet euch IHM:
tut die Vorhäute weg eures Herzens,
Mannschaft Jehudas,
Insassen Jerusalems,
sonst fährt mein Grimm aus wie Feuer,
zündet, und keiner kann löschen,
wegen eures bösen Spiels.

Meldets in Jehuda,
in Jerusalem laßts hören,
sprecht:
Blast die Posaune im Land,
rufet mit vollem Laut,
sprecht:
Rennet zusammen!
in die Festungsstädte müssen wir kommen!
hebt das Banner nach Zion hin!
berget!
steht nimmer da!
Denn:
– Ein Böses lasse vom Norden ich kommen,
einen großen Niederbruch,
aus seinem Dickicht steigt schon der Löwe,
zog aus der Verderber der Stämme,
fuhr von seinem Orte einher,
dein Land zur Starre zu machen,
deine Städte werden verfallen,
insassenlos!
Um dies gürtet euch mit Säcken,
jammert und heult,
denn nicht kehrt sich von uns
die Flamme SEINES Zorns!

An jenem Tag wirds geschehn,
ist SEIN Erlauten,
schwinden wird das Herz des Königs,
und das Herz der Obern,
erstarren werden die Priester,
die Künder werden sich entsetzen.

Dann wird man sprechen:
Ach, mein Herr, DU,
getäuscht hast du wahrlich, getäuscht
dieses Volk und Jerusalem,
sprechend: Friede wird euch sein, –
und nun rührt das Schwert an die Seele!

Zugesprochen wirds in jener Zeit
diesem Volk und Jerusalem:
Ein harscher Braus,
von Kahlhöhn in der Wüste,
des Wegs auf die Tochter meines Volks zu,
nicht zum Worfeln,
nicht zum Säubern,
ein Braus zu voll dafür!
Auch mich schon, jetzt, kommt der an,
reden muß ich Gerichte an sie.

– Wohlan, wie Gewölk steigts herbei,
wie Sturm sind seine Gefährte,
seine Rosse leichter als Adler...
– Weh uns,
denn wir werden gewaltigt!
– Wasche vom Bösen dein Herz,
Jerusalem,
damit du befreit wirst!
bis wann soll dir im Innern noch nachten
dein Planen des Args?!
– Wohl, eine Stimme meldets von Dan,
Arg läßt eine hören
vom Gebirge Efrajim!
– Gebts den Weltstämmen zu gedenken,
wohlan,
laßts hören um Jerusalem!
– Beobachter kommen aus fernem Land,
sie erheben ihre Stimme
um die Städte Jehudas,
wie Feldhüter sind sie nun um es her!
– Weil es mir widerspenstig war!

ist SEIN Erlauten,
dein Weg, dein Spiel haben dir dieses getan,
deine Bosheit dies:
wohl, nun ists bitter,
wohl, nun rührts dir ans Herz!

– Mein Eingeweid, mein Eingeweid!
Ich muß mich krümmen!
Wände meines Herzens!
Mein Herz tobt mir auf,
ich kann nicht schweigen,
denn Posaunenhall hast du gehört,
meine Seele,
das Schmettern des Kriegs!
Niederbruch um Niederbruch
wird ausgerufen:
– Wohl, gewaltigt wird alles Land,
jäh gewaltigt
meine Gezelte,
in einem Nu
meine Behänge!
– Bis wann noch
soll ich das Banner sehen,
soll ich den Posaunenhall hören?

– Wohl, mein Volk ist närrisch,
mich wollen sie nicht kennen,
törichte Söhne sinds,
unbesonnene sinds,
weise sind sie Böses, zu tun,
aber Gutes üben,
das kennen sie nicht.

– Ich sah das Erdland an,
da war es Irrsal und Wirrsal,
zu den Himmeln empor,
hinweg war ihr Licht,
ich sah die Berge an,
da, sie schüttern,

und alle Hügel lockerten sich.

Ich sah,
da war der Mensch hinweg,
aller Himmelsvogel verflattert,
ich sah,
da war die Fruchtaue Wüste,
all ihre Städte niedergerissen –
vor IHM,
vor der Flamme seines Zorns.

Wohl, so hat ER gesprochen,
Starrnis werden soll alles Land,
nur daß ich den Garaus ihm nicht mache.
Darob trauert das Erdland,
umdunkeln die Himmel sich droben,
drob daß ich es redete
ich es entwarf
und lasse mirs nicht leidsein
und kehre nicht davon um.

– Vorm Schrei des Reisigen
und des Bogenschützen
flüchtet das Stadtvolk all,
sie kommen ins dichte Gebüsch,
auf die Schroffen steigen sie,
alle Städte bleiben verlassen,
niemand mehr siedelt darin.

Und du, Überwältigte,
was willst du tun?
Ob du dich in Karmesin kleidest,
ob du dich schmückst mit goldenem Schmuck,
ob du deine Augen aufränderst mit Bleiglanz,
vergebens richtest du dich schön her,
dich verschmähen nun die Hofierer,
an die Seele trachten sie dir.
Ja, einen Laut höre ich
wie von einer Kreißenden,
einen Angstruf

wie von einer Erstgebärenden, –
den Laut der Tochter Zion.
Sie ächzt,
sie breitet ihre Hände:
Weh mir, oh!
meine Seele erliegt ja den Würgern!

Streift durch die Gassen Jerusalems
und seht doch zu
und erkundet,
suchet auf ihren Plätzen,
ob ihr einen Mann findet,
obs einen gibt,
der Recht tut,
der nach Treue sucht, –
dann will ich ihr verzeihn!
Aber ob sie auch sprechen: Sowahr ER lebt!,
schwören gewiß sie zum Lug.

– DU,
sind nicht auf Treue aus deine Augen?!
Du hast sie geschlagen,
sie erbebten nicht,
du hast ihrer getilgt,
sie weigerten sich Zucht anzunehmen,
härter als ein Felsblock
ließen ihr Antlitz sie werden,
sie weigerten sich umzukehren.
Und ich, ich sprach zu mir:
Das sind doch die Geringen,
die freilich sind närrisch,
denn sie kennen nicht SEINEN Weg,
das Rechtsgeheiß ihres Gottes,
zu den Großen will ich nun gehn,
mit ihnen will ich reden,
denn die kennen SEINEN Weg,
das Rechtsgeheiß ihres Gottes.
Die jedoch, zumal
hatten das Joch sie zerbrochen,
hatten die Fesseln gesprengt.
– Drum soll vom Wald der Löwe sie schlagen,
der Steppenwolf soll sie gewaltigen,
an ihren Städten wacht der Pardel,
jeder, der heraustritt, wird zerrissen,
denn viel sind ihrer Abtrünnigkeiten,
mächtig ihre Abkehrungen.

– Wie soll ich dies dir verzeihn!
Deine Söhne haben mich verlassen,
sie schwören bei Nichtgöttern,
und mir schwur ich sie ein!
Sie haben sich verbuhlt,
 im Hurenhaus rotten sie sich,
Hengste sind sie geworden,
wohlgenährte, daherschweifende,
sie wiehern,
jeder dem Weib seines Genossen zu.
Soll ich dies nicht zuordnen,
ist SEIN Erlauten,
oder soll an einem Stamm wie der da
meine Seele nicht ahnden?!

Ersteigt ihre Terrassen
und verderbet
– nur den Garaus dürft nimmer ihr machen! –,
haut ihre Rebranken ab,
denn MEIN sind sie nicht mehr.
Denn verraten haben sie mich, verraten,
Haus Jifsrael und Haus Jehuda,
ist SEIN Erlauten,
sie verleugneten MICH,
sie sprachen: Mit dem ist es nichts,
nicht kommt über uns ein Böses,
Schwert und Hunger, nicht werden wirs sehn,
die Künder werden zu Windbraus,
das Redende ist nicht in ihnen,
ihnen selber werde solches getan!

– Darum hat ER so gesprochen,
der Umscharte Gott:
Weil ihr diese Rede geredet habt:
Wohlan,
ich wandle
meine Reden im Mund dir zu Feuer
und das Volk da in Holzscheite,

daß es sie verzehre.
Wohlan,
ich lasse über euch kommen
einen Stamm aus der Ferne,
Haus Jifsrael,
ist SEIN Erlauten,
ein urständiger Stamm ists,
ein Stamm von der Vorzeit her ists,
ein Stamm, du kennst nicht seine Zunge,
hörst nicht heraus, was er redet.
Sein Köcher ist wie ein offenes Grab,
allesamt sind sie Helden.
Der verzehrt deine Ernte, dein Brot,
sie verzehren dir Söhne und Töchter.
er verzehrt dein Schaf und dein Rind,
er verzehrt dir Weinstock und Feige,
er zerspellt deine Festungsstädte,
die, mit denen du dich sicherst,
mit dem Schwert.
  – Aber auch in jenen Tagen,
  ist SEIN Erlauten,
  will ich euch den Garaus nicht machen. –
Und geschehen solls, wenn ihr sprecht:
Wofür tat ER unser Gott uns all dies?
dann sollst du sprechen zu ihnen:
Gleichwie ihr mich verließet,
dientet Fremdgöttern in eurem Land,
so sollt ihr nun den Auswärtigen dienen
in einem Land, das euer nicht ist.

Meldet dies im Haus Jaakob,
laßts hören in Jehuda, sprecht:
Hört doch dies,
törichtes Volk ohne Herzsinn,
haben Augen und können nicht sehen,
haben Ohren und können nicht hören:
Mich wollt ihr nicht fürchten,
ist SEIN Erlauten,
vor meinem Antlitz nicht erbeben,

der dem Meer ich als Grenze Sand setzte,
Weltzeit-Maß, das es nicht überschreite,
sie branden und vermögen nichts, seine Wellen,
tosen und könnens nicht überschreiten!
Aber dieses Volk hat ein Herz
abwendig und widerspenstig,
sie wandten sich ab, sie gingen,
sprachen nicht in ihrem Herzen:
Laßt uns fürchten doch IHN, unsern Gott,
der zu seiner Zeit Regen gibt,
Herbstguß und Lenzschauer,
die Wochen, die Gemäße der Ernte,
er bewahrt sie für uns!
Eure Verfehlungen
haben dies nun verbogen,
eure Versündigungen
haben euch das Gute verwirkt.

In meinem Volk ja finden sich Frevler,
das späht aus, wie Vogelsteller geduckt,
sie richten die Verderberfalle,
Menschen wollen sie fangen.
Wie der Korb sich mit Flügeltier füllt,
so mit Ertrognem füllen sich ihre Häuser,
darob werden sie groß, werden reich,
glattfeist werden sie.
Sie überschwellen gar von Reden der Bosheit,
der Sache der Waise
walten sie als Sachwalter nicht,
daß sie sie glücken ließen,
das Recht der Dürftigen,
nicht errechten sie es.
Soll ich dies nicht zuordnen,
ist SEIN Erlauten,
oder soll an einem Stamm wie der da
meine Seele nicht ahnden?!

Was erstarren, was ergrausen macht,
geschieht in dem Land,

die Künder künden vom Luge her,
die Priester wirtschaften ihnen zur Hand,
und mein Volk, die lieben es so –
aber was wollt ihr tun am Ende davon?

Berget, Söhne Binjamins,
aus dem Innern Jerusalems!
In Tekoa, der »Stoßstadt«,
stoßet in die Posaune!
Über Bet Kerem
erhöht das Hochzeichen!
Denn ein Böses lugt vom Norden herein,
ein großer Niederbruch!
Du Anmutige, du Verwöhnte,
geschweigt wirst du nun,
Tochter Zion!

Auf sie zu kommen daher
Weidehirten mit ihren Herden,
stoßen rings um sie Zeltpflöcke ein,
weiden jeder an seiner Seite.
– Heiliget Krieg gegen sie,
auf, am Mittag steigen wir an!
– Weh uns, schon ja wandte der Tag sich,
ja, die Abendschatten strecken sich schon!
– Auf, nächtens steigen wir an
und verderben ihre Paläste!

Denn so hat ER der Umscharte gesprochen:
Fället ihr Gehölz,
schüttet einen Sturmwall auf
gegen Jerusalem!
Das ist die Stadt, der nun zugeordnet wird,
in ihrem Innern ist alles Bedrückung,
wie der Brunnen sein Wasser läßt sprudeln,
so sprudeln läßt sie ihre Bosheit,
Unbill und Gewalt hört man drin,
stets ist Qual und Schlag mir vorm Antlitz.
Empfange Zucht, o Jerusalem,
sonst reißt sich von dir los meine Seele,
sonst wandle ich dich in Starrnis,
in niebesiedeltes Land.

So hat ER der Umscharte gesprochen:
Sie sollen nachgepflückt, nachgepflückt werden,

wie ein Rebstock,
der Überrest Jiſraels, –
kehre deine Hand wie ein Winzer
über die Triebe hin!
– An wen soll ich hinreden
und bezeugen,
daß sie mich hören?!
vorhautig ist doch ihr Ohr,
sie vermögen nicht aufzumerken,
zum Hohn ward ihnen doch SEINE Rede,
sie haben nicht Gefallen an ihr!
Voll bin ich nun SEINER Glut,
ohnmächtig, sie zu verhalten,
geschüttet muß sie werden
über das Spielkind auf der Gasse,
über den Jünglingskreis mitsammen.

Ja denn,
samt dem Weib wird auch der Gatte verstrickt,
der Alte samt dem Vollbetagten,
ihre Häuser rücken anderen zu,
Felder und Weiber mitsammen.
Denn ich strecke meine Hand aus
über die Insassen des Lands,
ist SEIN Erlauten.
Denn von ihren Kleinen bis zu ihren Großen
will alles Ausbeutung beuten,
und von Künder bis Priester
tut alles Lüge.
Den Niederbruch meines Volks
meinen sie leichthin zu heilen
mit dem Sprüchlein: Frieden, Frieden!
aber da ist kein Friede.
Beschämt müßten sie werden,
denn das Greuliche haben sie getan,
doch nicht vermögen sie sich schamhaft zu schämen,
doch nicht kennen sie das Erröten,
darum werden sie fallen
unter den Fallenden,

in der Zeit, da ich ihnen zuordne,
werden sie straucheln,
hat ER gesprochen.

So hatte ER gesprochen:
An die Wege tretet
und seht euch um
und fragt nach den Pfaden der Vorzeit:
Wo ist hier der Weg zum Guten?
und gehet darauf
und findet euren Seelen die Rast!
Sie aber sprachen:
Wir gehen nicht.
Und wieder:
Ich erstelle über euch Wächter,
merkt auf den Hall der Posaune!
Sie aber sprachen:
Wir merken nicht.
Darum nun:
Hört, ihr Weltstämme,
kennt das Zeugnis, das wider sie steht,
hörs, o Erdland:
Wohlan,
ein Böses lasse ich kommen
an dieses Volk da,
die Frucht ihres Planens,
denn auf meine Reden
haben sie nicht gemerkt,
meine Weisung,
sie haben sie verschmäht.
Wozu mir da Weihrauch,
der aus Saba kommt,
und das feine Würzrohr
aus dem Land der Ferne?!
Eure Darhöhungen
sind nicht zugnaden,
eure Schlachtmahle
sind mir nicht angenehm.
Darum,

so hat ER gesprochen,
wohlan,
Strauchelsteine gebe ich vor dieses Volk,
daß sie dran straucheln, –
Väter und Söhne mitsammen,
der Anwohner und sein Genosse,
sie sollen schwinden.

So hat ER gesprochen:
Wohlan, ein Volk kommt
aus dem Land des Nordens,
ein großer Stamm erweckt sich
vom Lendenbug der Erde her.
Sie fassen Bogen und Speer,
grausam ists, sie erbarmen sich nicht,
wie das tosende Meer ihr Stimmhall,
sie reiten auf Rossen dahin,
wie ein Mann gerüstet zum Krieg,
Tochter Zion, wider dich.
– Wir habens gehört,
das Hörensagen von ihm,
unsre Hände sind erschlafft,
Angst hat uns erfaßt,
Krampf, wie der Gebärenden.
Ziehet nimmer aufs Feld,
nimmer geht auf den Weg,
denn das feindliche Schwert,
ein Grauen, ist ringsum.

– Tochter meines Volks,
umgürte das Sackleinen dir,
wälze dich in der Asche,
richte dir eine Trauer
wie um den Einzigen,
Jammrung der Bitternisse,
denn plötzlich kommt über uns
der Vergewaltiger.

– Als Warte hatte ich dich gegeben
wider mein Volk, als Bollwerk,
als Wardein prüfend nun sollst du
erkennen ihren Weg.
– Der Abwendigen Abwendigste alle,
Verleumdung Feiltragende sinds:
Kupfer und Eisen,
alle sind sie verderbt.
Der Blasbalg keucht,
vom Feuer ist das Blei schon dahin, –
umsonst hat man geschmelzt und geschmelzt,
nicht ausscheiden läßt sich das Böse.
Verschmähtes Silber
ruft man sie nun,
denn ER hat sie verschmäht.

Die Rede, die zu Jirmejahu von IHM her geschah,
es sprach:
Tritt in das Tor SEINES Hauses,
rufe dort diese Rede, sprich:
Höret SEINE Rede,
alles Jehuda,
die ihr durch diese Tore kommt,
vor IHM euch niederzuwerfen!
So hat ER der Umscharte gesprochen,
der Gott Jiſsraels:
Bessert eure Wege und eure Geschäfte,
und wohnen lasse ich euch
an diesem Ort.
Sichert euch nimmer mit den Reden der Lüge,
dem Spruch:
SEINE Halle, SEINE Halle, SEINE Halle ist das!
Ja,
bessert in Besserung ihr
eure Wege und eure Geschäfte,
tut Recht ihr, tuts
zwischen jedermann und seinem Genossen,
bedrücket nicht
den Gastsassen, die Waise, die Witwe,
vergießet nimmer
Blut des Unsträflichen
an diesem Ort,
geht anderen Göttern nicht nach,
euch zum Bösen,
dann will ich euch wohnen lassen
an diesem Ort,
in dem Land, das ich gab euren Vätern
von Urzeit her und für Weltzeit.
Ihr aber,
da sichert ihr euch mit den Reden der Lüge,
den unnützen!
Wie,
stehlen, morden, buhlen,
Lüge beschwören,
dem Baal aufrauchen lassen,

andern Göttern nachgehn,
die ihr nicht gekannt habt, –
dann wollt ihr herkommen,
vor mein Antlitz treten
in diesem Haus,
über dem mein Name gerufen ist,
wollt sprechen:
Wir sind errettet!
Um weiter all diese Greuel zu tun!
Ist dieses Haus,
über dem mein Name gerufen ist,
in euren Augen zur Räuberhöhle worden?
Wohl, auch ich selber sehe es so an,
ist SEIN Erlauten.
Ja,
geht doch nach meinem Ort, der in Schilo war,
wo vordem ich einwohnen ließ meinen Namen,
und seht, was ich ihm getan habe
wegen der Bosheit meines Volks Jifsrael!
Und nun:
weil ihr all diese Taten tut,
ist SEIN Erlauten,
als ich zu euch redete,
Rede vom Frühmorgen an,
hörtet ihr nicht,
als ich euch anrief,
antwortetet ihr nicht,
will ich dem Haus,
über dem mein Name gerufen ist,
mit dem ihr euch sichert,
und dem Ort,
den ich euch und euren Vätern gab,
so tun, wie ich Schilo habe getan,
fortschleudern will ich euch
von meinem Antlitz hinweg,
wie ich fortschleuderte all eure Brüder,
allen Efrajimsamen.

Du aber,

bete nimmer für dieses Volk,
erhebe nimmer für sie
Flehen und Gebet,
bedränge mich nimmer,
denn ich will dich nicht hören.
Siehst du nicht,
was sie machen
in den Städten Jehudas
und in den Gassen Jerusalems?
Die Kinder lesen Hölzer,
die Väter entzünden das Feuer,
die Weiber kneten Teig:
um Gebildwecken zu machen
für die Königin des Himmels!
Und Güsse gießt man
für andere Götter,
mich zu verdrießen.
Verdrießen sie mich,
ist SEIN Erlauten,
nicht sich selber nur,
ihr Antlitz zu beschämen?!
Darum,
so hat mein Herr, ER, gesprochen,
wohlan,
mein Zorn, mein Grimm
ergießt sich
an diesen Ort,
über den Menschen,
über das Vieh,
übers Gehölz des Feldes,
über die Frucht des Bodens,
zündet
und lischt nicht.

So hat ER der Umscharte gesprochen,
der Gott Jifsraels:
Eure Darhöhungen häuft noch
auf eure Schlachtmahle,
daß ihr Fleisch zu essen habt!

Denn nicht habe ich
mit euren Vätern geredet,
ihnen nicht geboten,
am Tag, als ich sie aus Ägypten führte,
Reden um Darhöhung und Schlachtmahl,
sondern diese Rede
habe ich ihnen geboten,
sprach:
Hört auf meine Stimme,
dann werde ich euch zum Gott
und ihr, ihr werdet mir zum Volk!
gehet in all dem Weg,
den ich euch gebiete,
damit euch gut sei!
Aber sie wollten nicht hören,
aber sie neigten ihr Ohr nicht,
gingen in den Ratschlägen weiter,
in der Sucht ihres bösen Herzens,
sie wurden zu einem Rücken,
nicht einem Angesicht mehr.
Vom Tag,
als eure Väter aus dem Land Ägypten fuhren,
bis zu diesem Tag
sandte ich all meine Diener, die Künder, zu euch
täglich, Sendung vom Frühmorgen an.
Aber sie horchten mir nicht,
sie neigten nicht ihr Ohr,
sie härteten ihren Nacken,
übten Bösres als ihre Väter.
Redest du nun all diese Rede zu ihnen
und sie horchen dir nicht,
rufst du sie auf
und sie antworten dir nicht,
dann sprich zu ihnen:
Dies ist der Stamm derer,
die auf SEINE, ihres Gottes, Stimme nicht hörten,
Zucht nicht annahmen, –
die Treue ist verschwunden,
aus ihrem Mund gerottet!

Schere dein Weihehaar ab
und wirfs fort,
auf den Kahlhöhn erhebe die Klage,
denn verschmäht hat ER,
verstoßen
das Geschlecht seines Überwallens.
– Denn das in meinen Augen Böse
taten die Söhne Jehudas,
ist SEIN Erlauten,
ihre Scheusale stellten sie auf
in dem Haus,
über dem mein Name gerufen ist,
es zu bemakeln,
und bauten die Kuppen des Ofenplatzes,
des in der Schlucht des Sohns Hinnoms,
im Feuer ihre Söhne und Töchter zu verbrennen,
was ich nie hatte geboten,
nie wars mir aufgestiegen im Herzen.
Darum:
wohlan, Tage kommen,
ist SEIN Erlauten,
dann wird man nicht mehr sprechen:
Ofenplatz, Schlucht des Sohns Hinnoms,
sondern: Schlucht des Würgens,
begraben wird man im Ofenplatz,
da sonst kein Raum ist.
Zum Fraß wird der Leichnam dieses Volks
dem Vogel des Himmels
und dem Getier des Erdlands,
und keiner scheucht auf.
Verabschieden will ich
aus den Städten Jehudas und aus den Gassen Jerusalems
Stimme von Wonne und Stimme von Freude,
Stimme von Bräutigam und Stimme von Braut,
denn zur Ödnis wird das Land.

Zu jener Zeit,

ist SEIN Erlauten,
zieht man aus ihren Gräbern
die Gebeine der Könige von Jehuda,
die Gebeine seiner Obern,
die Gebeine der Priester,
die Gebeine der Künder,
die Gebeine der Insassen Jerusalems,
man breitet sie hin
der Sonne, dem Mond und aller Schar des Himmels,
die sie liebten,
denen sie dienten,
denen sie nachgingen,
die sie beforschten,
vor denen sie sich niederwarfen:
nie heimst man sie ein,
nie begräbt man sie,
zu Dünger auf der Fläche des Bodens müssen sie werden.
Und noch erlesen ist der Tod
gegen das Leben all des Überrests,
der Restenden von dieser argen Sippschaft
an allen Orten,
wohin ich sie, die Restenden, versprengte.
Erlauten von IHM dem Umscharten ists.

Sprich zu ihnen:
So hat ER gesprochen:
Fällt man denn und steht nicht mehr auf,
kehrt sich einer ab und kehrt sich nicht mehr um?
weshalb bleibt sie abgekehrt,
dieses Volk, Jerusalem,
in dauernder Abkehr,
halten sie an der Trügerei fest,
weigern umzukehren?
– Ich merke auf, ich horche,
Grundnichtiges reden sie,
niemanden ists leid seines Bösen,
daß er spräche: Was habe ich getan!
Alles bleibt in seinem Lauf abgekehrt,
wie im Kampfe die Roßmacht flutet.

Auch der Storch am Himmel
kennt seine Gezeiten,
die Turtel, der Mauersegler, die Drossel
wahren die Frist ihres Kommens,
mein Volk aber,
sie kennen SEIN Rechtsgeheiß nicht!
Weh, wie mögt ihr sprechen:
weise sind wir,
SEINE Weisung ist bei uns!
Ja doch, wohl –
zur Lüge tätig war dann
der Lügengriffel der Schreiber!
Die Einsichtigen werden beschämt,
sie werden bestürzt, werden verstrickt,
wohl,
SEINE Rede haben sie verschmäht,
was für eine Einsicht können sie haben!

Darum gebe ihre Weiber ich andern,
ihre Felder den Enterbern.
Von Klein ja bis Groß
will alles Ausbeutung beuten,
von Künder bis Priester
tut alles Lüge.
Den Niederbruch der Tochter meines Volkes
meinen sie leichthin zu heilen
mit dem Sprüchlein: Frieden, Frieden!
aber da ist kein Friede.
Beschämt müßten sie werden,
denn das Greuliche haben sie getan,
doch nicht vermögen sie sich schamhaft zu schämen,
und nicht kennen sie das Erröten,
darum werden sie fallen
unter den Fallenden,
in der Zeit ihrer Zuordnung
werden sie straucheln,
hat ER gesprochen.

Raffend entraffe ich sie,
ist SEIN Erlauten,
am Weinstock sind keine Trauben,
am Feigenbaum keine Feigen,
abgewelkt ist das Laub, –
ich gebe sie hin
denen, die drüberwandern.

– Wozu sitzen wir herum?
rafft euch zusammen,
in die Festungsstädte lasset uns kommen,
daß wir uns dort schweigend halten!
denn der uns geschweigt hat,
ER ists, unser Gott,
Giftwasser ließ er uns schlucken,
denn gesündigt haben wir IHM.
Auf Frieden mochte man hoffen –
es ist kein Gutes mehr!
auf eine Zeit der Heilung –
und nun das Entsetzen!

Von Dan her hört man schon
das Schnauben seiner Rosse,
vom Wieherschall seiner Hengst-Recken
schüttert schon alles Erdland,
sie kommen,
sie fressen
das Land und seine Fülle,
die Stadt und die drin siedeln!

– Ja,
da schicke ich wider euch aus
Schlangen, Kreuzottern,
wider die kein Raunen gilt,
die sollen euch beißen,
ist SEIN Erlauten.

– Ein Aufblinken mir
über der Kümmernis!
mein Herz in mir siecht!
Da ist der Schall,
der Hilfeschrei der Tochter meines Volks
aus dem Land der Ferne:
Ist Er nicht mehr in Zion,
ist sein König nicht mehr darin?!
– Weshalb haben sie mich verdrossen
mit ihren Docken,
mit den Tandgebilden der Fremde?!
– Vorüber ist die Ernte,
das Obsten ist dahin,
wir aber,
wir wurden nicht befreit!
…Überm Niederbruch
der Tochter meines Volks
bin ich niedergebrochen,
ich bin umdunkelt,
Erstarrung hat mich gefaßt.
…Ist kein Balsam in Gilad
oder ist kein Heilkundiger dort,
weshalb wächst denn noch nicht eine Wundhaut
der Tochter meines Volks?
…Wer gäbs,
mein Haupt wäre ein Gewässer,
meine Augen ein Born der Träne,
Tag und Nacht wollte ich beweinen
die Durchbohrten der Tochter meines Volks!

Wer gäbe mir in der Wüste
eine Nachthütte der Wandrer!
dürfte ich mein Volk verlassen,
hinweg von ihnen gehn!
Alle sind sie ja verbuhlt,
eine Innung von Verrätern.
Sie spannen ihre Zunge,
ihren Lügenbogen,

nicht in Treuen
schalten sie im Land.
– Ja:
von Bösem zu Bösem fahren sie hin,
und mich erkennen sie nicht,
ist SEIN Erlauten.

Hüten müßt ihr euch,
jedermann vorm Genossen,
nimmer wähnt euch sicher
jeglicher beim Bruder,
denn jeglicher Bruder
schleicht als Fersenschleicher,
jeglicher Genosse
trägt Verleumdung feil.
Sie beschwindeln
jedermann den Genossen,
treulich reden können sie nicht:
sie lehrten ihre Zunge an
im Lügenreden,
im Fehlgehn
erschöpften sie sich.
– Dein Wohnsitz ist inmitten des Trugs,
in Trug weigern sie, mich zu erkennen,
ist SEIN Erlauten.

Darum,
so hat ER der Umscharte gesprochen,
wohlan, ich schmelze sie,
ich prüfe sie aus, –
wie soll ich denn tun
angesichts der Tochter meines Volks!
Ein stechender Pfeil ist ihre Zunge,
Trug ist das Reden:
mit seinem Munde
redet einer Frieden zu seinem Genossen,
aber in seinem Innern
legt er ihm einen Hinterhalt.
Soll ich dies nicht zuordnen an ihnen,

ist SEIN Erlauten,
oder soll an einem Stamm wie der da
meine Seele nicht ahnden?!

– Über die Berge hin
hebe ich Weinen an
und Wehgesang,
über die Wüstentriften
die Klage,
denn verfallen sind sie,
daß niemand drüberzieht,
sie hören nicht mehr
den Laut der Herde,
vom Vogel des Himmels
bis zum Getier
verflattert,
davongegangen!
– Und auch Jerusalem gebe ich hin
zu Trümmerwällen,
ein Gehege der Schakale,
und gebe hin die Städte Jehudas,
eine Starrnis, insassenlos.

Wer ist der weise Mann,
daß er dieses besänne!
was da SEIN Mund zu ihm redet,
daß er das melden könnte!
Woran schwindet dieses Land,
verfällt, der Wüste gleich,
daß niemand drüberzieht?
ER sprach es aus:
Dran, daß sie meine Weisung verließen,
die vor sie hin ich gab,
und auf meine Stimme nicht hörten
und gingen in jener nicht,
ihres Herzens Sucht gingen sie nach
und den Baalen nach,
wie ihre Väter sie lehrten.
Darum,

so hat ER der Umscharte gesprochen, der Gott Jifsraels:
wohlan,
Wermut gebe ich ihnen, diesem Volke zu essen,
Giftwasser ihnen zu schlucken,
ich zerstreue sie unter die Weltstämme,
von denen sie und ihre Väter nicht wußten,
das Schwert schicke ich aus, ihnen nach,
bis ich sie vernichtet habe.
So hat ER der Umscharte gesprochen.
Besinnet euch!

Ruft den Klagemüttern,
daß sie kommen,
zu den weisen Frauen schickt,
daß sie kommen,
daß sie eilen,
anzuheben über uns Wehgesang,
daß von Tränen unsre Augen rinnen,
unsre Lider Wassers überrieseln.
Ja denn,
Wehgesangs Schall ist vom Zion zu hören:
Wie sind wir gewaltigt!
sehr sind wir beschämt!
denn wir müssen das Land verlassen,
denn sie stürzen unsre Wohnungen nieder!
Ja denn,
hört, ihr Weiber, SEINE Rede,
vernehme euer Ohr die Rede seines Munds,
dann lehrt eure Töchter den Wehgesang,
jede ihre Genossin die Klage:
Ja denn,
gestiegen ist der Tod in unsre Fenster,
gekommen in unsre Paläste,
rottend
das Spielkind von der Gasse,
Jünglinge von den Märkten!
– Rede so,
ist SEIN Erlauten:

Fallen muß der Leichnam der Menschen
wie Dünger auf die Fläche des Felds,
wie ein Ährenbündel hinter dem Schnitter,
und keiner heimst.

So hat ER gesprochen:
Nimmer rühme sich der Weise
seiner Weisheit,
nimmer rühme sich der Held
seines Heldenmuts,
nimmer rühme sich der Reiche
seines Reichtums,
sondern dessen rühme sich,
wer sich rühmt:
zu begreifen
und mich zu erkennen,
daß ICH es bin,
der Huld, Recht und Wahrhaftigkeit macht auf Erden.
Ja, an solchen habe ich Gefallen,
ist SEIN Erlauten.

Wohlan, Tage kommen,
ist SEIN Erlauten,
da ordne ichs zu
allem Beschnittnen,
das doch eine Vorhaut hat,
Ägypten und Jehuda und Edom
und den Söhnen Ammons und Moab
und allen Haareckengestutzten, die in der Wüste siedeln,
Ja, vorhautig sind doch alle die Stämme,
auch alles Haus Jifsrael, vorhautig am Herzen.

Höret die Rede,
die ER an euch geredet hat,
Haus Jifsrael!
So hat ER gesprochen:
Zum Weg der Weltstämme hin
laßt euch nimmer belehren,
von den Zeichen des Himmels
laßt euch nimmer bestürzen,
mögen denn die Weltstämme bestürzt sein vor denen!
Denn die Sternsatzungsbilder der Völker,
Tand ists,
denn als Holz haut mans aus dem Wald,

mit dem Meißel wirds dann gemacht
von den Händen des Formers,
mit Silber, mit Gold verschönt ers,
man festigts mit Nägeln und Hämmern,
daß es nicht wanke.
Wie die Scheuche im Gurkenfeld sind die,
reden können sie nicht,
tragen muß man sie, tragen,
denn schreiten können sie nicht, –
fürchtet euch nimmer vor ihnen,
denn böstun können sie nicht,
aber auch Gutes zu wirken
ist nicht bei ihnen.

– Gar keiner ist dir gleich,
Du,
groß bist du und groß dein Name
in Heldenmacht.
Wer sollte dich nicht fürchten,
König der Weltstämme!
Denn dir gebührts,
denn trotz allen Kunstfertigen der Stämme,
trotz all ihrer Königsmache:
gar keiner ist dir gleich!
Einheitlich sind sie dumm, sind sie albern,
ists eine Zucht von Tandwerk:
ein Holz bleibt das!
Gewalztes Silber,
von Tarschisch läßt man es kommen,
Gold von Ufas her,
ein Gemächt nun des Formers,
der Schmelzershände,
ihr Gewand sind Purpur und Scharlach,
Kunstfertiger Gemächt sind sie alle.
Er aber,
ein Gott ists in Treuen,
das ist der lebendige Gott,
der König der Zeiten!
Die Erde schüttert vor seinem Grimm,

nicht halten seinem Dräuen die Weltstämme stand.
— Also sprecht zu ihnen:
Die Götter,
die Himmel und Erde nicht haben geschaffen,
abgeschafft werden sie vom Erdreich,
unterhalb dieses Himmels hinweg. –

Der mit seiner Kraft die Erde macht,
mit seiner Kunst das Rund errichtet,
den Himmel streckte mit seinem Besinnen:
beim Niederschallen,
da an den Himmel er Wassers Getös gibt,
Dämpfe steigen läßt vom Ende der Erde,
Blitze beim Regen macht,
aus seinen Kammern den Windbraus führt,
verdummt alljeder Mensch
mit seinem Wissen,
beschämt wird aller Schmelzer
mit seiner Docke.
Denn Lug ist, was er goß,
nicht ist Geistbraus darin,
Tand sind die,
ein Gaukelgemächt,
in der Zeit ihrer Zuordnung
werden sie abgeschafft.
Nicht wie diese in Jaakobs Teil,
denn der Bildner des Alls, der ists,
Jifsrael die Stabschaft seines Eigens,
sein Name ER der Umscharte.

Raffe deinen Kram von der Erde,
die du in der Einengung sitzest!
Denn so hat ER gesprochen:
Wohlan,
Diesmal schleudre ich ab
die Insassen des Erdlands,
und in die Enge treibe ich sie,
auf daß sie zu finden beginnen.

– Wehe mir
über meinen Niederbruch!
quälend ist mein Geschlagensein!
Und ich, ich hatte gesprochen:
Dies ist nun eben meine Qual,
ich will sie tragen!
Gewaltigt wurde mein Zelt,
alle meine Seile zerrissen!
Meine Kinder sind mir entführt,
keins ist mehr da,
keiner mehr, der mein Zelt mir spannt,
meine Behänge erstellt!

Denn die Hirten verdummten.
IHN beforschten sie nicht,
darum konnten sies nicht ergreifen,
all ihre Herde ist zerstreut.
Stimme des Erhorchten:
Da kommts!
Großes Schüttern aus nördlichem Land!
Jehudas Städte in Starrnis zu wandeln,
ein Gehege der Schakale!

– Ich erkenne es, DU:
ja,
nicht des Menschen ist sein Weg,
nicht des gehenden Manns
das Richten seines Schritts.
Züchtige mich, DU,
doch in Gerechtigkeit,

nimmer in deinem Zorn,
sonst lässest du zu wenig mich werden!

...Schütte deine Glut aus
über die Stämme,
die dich nicht kennen,
über die Sippen,
die deinen Namen nicht rufen!
Denn sie verzehren Jaakob,
sie verzehren ihn,
sie verheeren ihn,
seine Trift verstarren sie!

Die Rede, die zu Jirmejahu von I H M her geschah,
Es sprach:
Hört die Redeworte dieses Bunds
und redet sie
zur Mannschaft Jehudas
und an die Insassen Jerusalems!
Und das noch sprich zu ihnen:
So hat E R, der Gott Jifsraels, gesprochen:
Verflucht der Mann,
der nicht gehorcht den Worten dieses Bundes,
den ich euren Vätern entbot
des Tags, da ich sie führte
aus dem Land Ägypten,
aus dem Eisenschmelzofen,
sprechend:
Hört auf meine Stimme,
tut es,
allwie ich euch gebiete,
dann werdet ihr mir zum Volk,
und ich werde euch zum Gott!
Um den Schwur zu erstellen,
den ich schwur euren Vätern,
ihnen zu geben das Land,
Milch und Honig träufend, –
wies nun am Tag ist.
Ich aber antwortete, sprach:
Jawahr, D U!
Und weiter sprach E R zu mir:
Rufe all diese Worte
in den Städten Jehudas
und in den Gassen Jerusalems,
sprich:
Gehorcht den Worten dieses Bundes,
tut es!
Denn ermahnt habe ich eure Väter, ermahnt
vom Tag, da ich sie heraufholte
aus dem Land Ägypten
bis zu diesem Tag,
Mahnung vom Frühmorgen an,

sprechend:
Hört auf meine Stimme!
Sie aber wollten nicht hören,
sie aber neigten ihr Ohr nicht,
sie gingen, jedermann,
in der Sucht ihres bösen Herzens.
So ließ ich über sie kommen
alle Worte dieses Bunds,
die zu tun ich ihnen entbot,
sie aber taten nicht.
Und weiter sprach ER zu mir:
Aufruhr ist befunden
an der Mannschaft Jehudas
und an den Insassen Jerusalems,
rückgekehrt sind sie
zu den Verfehlungen ihrer Vorväter,
die sich weigerten, meine Worte zu hören,
auch sie gingen anderen Göttern nach,
ihnen zu dienen,
sie zertrennten,
das Haus Jifsrael und das Haus Jehuda,
meinen Bund,
den mit ihren Vätern ich schloß.
Darum,
so hat ER gesprochen,
wohlan, ein Böses lasse ich über sie kommen,
dem sie nicht zu entfahren vermögen,
und wenn sie zu mir schreien,
will ich sie nicht erhören:
dann sollen sie doch hingehn,
die Städte Jehudas
und die Insassen Jerusalems,
sollen zu den Göttern schreien,
denen sie aufrauchen ließen,
und die befreien, sie befreien nicht können
in der Zeit ihres Bösgeschicks.
An Zahl ja gleich deinen Städten
wurden deine Götter, Jehuda,
an Zahl gleich Jerusalems Gassen

habt ihr Schlachtstätten errichtet
dem Schandgebild,
Schlachtstätten, aufrauchen zu lassen
dem Baal.
Du aber,
bete nimmer um dieses Volk,
erhebe nimmer um sie
Flehen und Gebet,
denn ich höre nicht mehr
zur Zeit, da sie mich anrufen
um ihr Bösgeschick.
Was hat mein Freund noch
in meinem Haus,
wo die Vielen es bereiten:
das Ränkewerk –
und das Fleisch der Darheiligung!
– Frau, sie werden von dir hinwegziehn,
die ja dein Bösgeschick sind!
alsdann magst du frohlocken!

»Saftiger Ölbaum,
frucht- und gestaltschön«
hat ER deinen Namen gerufen –
nun zum Schall großen Getöses
steckt ers mit Feuer an,
daß seine Äste knacken.
ER der Umscharte,
der dich gepflanzt hat,
redet über dich das Böse.
– Zu Folge des Bösen
des Hauses Jiſsrael
und des Hauses Jehuda,
das sie taten,
mich zu verdrießen,
dem Baal aufrauchen zu lassen!

ER hat mirs zu erkennen gegeben,
und so habe ichs erkannt –
ihre Geschäfte ließest du mich da durchschauen.
Ich selber aber:
wie ein zutrauliches Lamm,
das zum Schlachten geführt wird,
erkannte ichs nicht,
daß wider mich sie Planungen planten:
»Laßt uns den Baum in seinem Mark verderben,
laßt uns ihn roden aus dem Lande des Lebens,
nicht werde mehr seines Namens gedacht!«
Aber DU, Umscharter,
Richter in Wahrhaftigkeit,
Prüfer von Nieren und Herz:
möge ich schauen deine Rache an ihnen,
denn überwälzt habe ich dir meinen Streit.
– Darum,
so hat ER gesprochen,
wider die Leute von Anatot,
die an die Seele dir trachten,
sprechend: Künde nicht in SEINEM Namen,
willst du nicht von unsrer Hand sterben! –
darum,
so hat ER der Umscharte gesprochen,
wohl, ich ordne ihnen zu:
die Jungmannen sterben durchs Schwert,
ihre Söhne, Töchter sterben durch Hunger,
nicht bleibt ihrer ein Rest,
denn das Böse lasse ich kommen
an die Leute von Anatot
im Jahr ihrer Zuordnung.

– Bewahrheitet bist du stets, DU,
wenn ich gegen dich streiten wollte,
dennoch muß ich mit dir reden
um die Gerechtigkeit.
Weshalb glückt der Weg der Frevler,
behagts allen, die verräterisch verraten?

Du selber pflanzest sie,
sie wurzeln auch schon ein,
sie gehen auf,
bereiten auch schon Frucht, –
nah bist du ihnen im Munde,
von ihren Nieren fern.
DU aber
kennst mich,
siehst mich,
prüfst mein Herz, das mit dir ist, –
reiße jene hervor
wie Schafe zur Schlachtbank,
verweihe sie
auf den Tag des Würgens!
Bis wann soll dorren das Erdland,
alles Feldes Kraut vertrocknen?
Um die Bosheit derer, die drin siedeln,
ist Getier und Vogel entrafft!
Sie sprechen ja:
Der sieht unsre Zukunft nicht!

– Mit Fußgängern ja erst bist du gelaufen,
schon sie haben dich erschöpft,
wie wirst du wetteifern mit Rossen?!
in friedlichem Land nur meinst du dich sicher,
wie wirst dus machen im Hochwuchs des Jordans?!
Auch deine Brüder ja, das Haus deines Vaters,
auch die verraten dich,
auch die rufen hinter dir her aus voller Kehle, –
du darfst ihnen nimmer trauen,
wenn sie zu dir Gutes reden!

– Ich habe mein Haus verlassen,
ich habe mein Eigen verworfen,
die Freundschaft meiner Seele
gab ich in den Griff ihrer Feinde.
Geworden war mir mein Eigen
gleich einem Löwen im Wald:
wider mich gabs aus seine Stimme –
darum mußte ich es hassen!
Ein buntgefärbter Geier,
so ist mir mein Eigen nun –
die Geierschaft rings drüber hin!
Geht, holt das Feldgetier alles,
heißt sie rennen zum Fraß!
Viele Hirten verderbten den Weinberg,
zerstampften das Ackerteil mir,
das Ackerteil meines Wunsches
gaben zu Wüste, Starrnis sie hin!
Man hats zu Starrnis gewandelt,
verstarrt trauerts mich an,
alles Land ist starr geworden,
denn zu Herzen wandte sichs keiner!
– Über alle Kahlhöhn der Wüste
kommen die Gewaltiger,
ja, ein Schwert hat ER, das frißt
von Lands Ende bis zu Lands Ende,
kein Friede mehr allem Fleisch!

Haben sie Weizen gesät,
Disteln müssen sie ernten,
haben sie sich abgequält,
wird es ihnen nicht nützen,
beschämt werden an eurem Ertrag sie
vorm Entflammen SEINES Zorns.
So hat ER gesprochen:
Wider all meine bösen Anwohner,
die antasten das Eigentum,
das ich übereignet habe
an mein Volk, an Jifsrael:
wohlan,

ich reute sie aus ihrem Boden,
das Haus Jehuda reute ich aus ihrer Mitte.
Aber es soll geschehn:
nachdem ich sie gereutet habe,
kehre ich um, erbarme mich ihrer,
heimkehren lasse ich sie,
jedermann zu seinem Eigen,
jedermann zu seinem Land.
Es soll geschehn:
lernen, erlernen sie
die Wege meines Volks,
bei meinem Namen zu schwören:
sowahr ER lebt!,
wie sie gelehrt hatten mein Volk,
beim Baal zu schwören,
dann werden sie erbaut
inmitten meines Volks.
Wollen aber welche nicht hören,
jenen Stamm reute ich aus:
Gereutet und geschwendet!
ist SEIN Erlauten.

So hat ER zu mir gesprochen:
Geh, erwirb dir einen leinenen Schurz,
lege ihn um deine Hüften,
in Wasser aber laß ihn nicht kommen.
Ich erwarb den Schurz SEINER Rede gemäß,
legte ihn um meine Hüften.
SEINE Rede geschah zu mir ein andermal, es
    sprach:
Nimm den Schurz, den du erworben hast,
der um deine Hüften ist,
und mach dich auf, geh an den Euphrat
und in einem Felsspalt verscharre ihn dort.
Ich ging, ich verscharrte ihn am Euphrat,
wie ER mir geboten hatte.
Es geschah nach Ablauf vieler Tage,
daß ER zu mir sprach:
Mach dich auf, geh an den Euphrat
und hole von dort den Schurz,
den dort zu verscharren ich dir geboten habe.
Ich ging an den Euphrat,
grub nach,
holte den Schurz
an dem Ort, wo ich ihn hatte verscharrt, –
da, der Schurz war verdorben,
taugte zu nichts mehr.
SEINE Rede geschah zu mir, es sprach:
So hat ER gesprochen:
Eben so werde ich verderben
den Hochmut Jehudas
und den großen Hochmut Jerusalems.
Dieses böse Volk,
die sich weigern, meine Reden zu hören,
die in der Sucht ihres Herzens gehn,
nachgehn anderen Göttern,
ihnen zu dienen, sich vor ihnen niederzuwerfen,
es werde wie dieser Schurz,
der zu nichts mehr taugt.
Denn wie der Schurz an den Hüften des Mannes haftet,
so angeheftet habe ich mir

alles Haus Jifsrael und alles Haus Jehuda,
ist SEIN Erlauten,
mir zum Volke zu werden,
zu einem Namen, zu einer Preisung, zu einem Ruhm, –
aber sie wollten nicht hören.
Sprich zu ihnen nun diese Rede:
So hat ER, der Gott Jifsraels, gesprochen:
Aller Krug wird mit Wein gefüllt.
Und wenn sie zu dir sprechen:
Ist uns das nicht bekannt und bekannt,
daß aller Krug mit Wein gefüllt wird?!
dann sprich zu ihnen:
So hat ER gesprochen:
Wohlan,
ich fülle alle Insassen dieses Lands,
die Könige, die auf dem Stuhle Dawids sitzen,
die Priester und die Künder
und alle Insassen Jerusalems
mit einer Trunkenheit,
ich zerschelle sie einen am andern,
die Väter und die Söhne mitsammen,
ist SEIN Erlauten,
ich schone nicht,
ich bedaure nicht,
ich erbarme nicht,
daß ichs ließe, sie zu verderben.

Höret! lauschet!
stolzieret nimmer!
denn ER hat geredet.
Ehre gebt IHM eurem Gott,
ehe es sich verfinstert,
eh eure Füße sich stoßen
an den Bergen der Dämmerung
und, dehnt ihr euch dem Licht zu,
er es macht zu Todesschatten,
taucht in Wetterdunkel!
Hört ihr das aber nicht,
im Verborgenen weint dann
meine Seele ob der Hoffart,
vergießt Tränen um Tränen,
nieder rinnt in der Träne mein Auge,
denn gefangengeführt wird SEINE Herde!

Sprecht zum König und zur Gebieterin:
Zuniederst setzet euch hin,
denn gesunken von euren Häuptern
ist die Krone eures Prangens!
Geschlossen sind die Städte des Mittags,
und keiner öffnet,
verschleppt wird Jehuda allsamt,
gänzlich verschleppt!
Hebt eure Augen und seht,
die vom Norden her kommen!

Wo ist, Stadt, die Herde.
die dir gegeben ward,
die Schafe deines Prangens?
Was wirst du sprechen,
wenn er verordnet,
die selbst über dich du einübtest,
die Vertrauten,
zum Haupt über dich?
werden nicht Wehn dich ergreifen
wie ein gebärendes Weib?
Wenn du aber sprichst in deinem Herzen:

Weshalb trifft mich dieses? –
um die Menge deiner Verfehlung
wirst du bar gemacht deiner Schleppen,
deine Beine gewaltsam entblößt.
Wandelt ein Mohr seine Haut,
ein Pardel seine Streifen?
so vermöchtet auch ihr gutzutun,
im Bösen Eingeübte!
– Im Wüstenwind lasse ich sie zerstieben,
wie verfliegende Spreu!
Dieses ist dein Los,
Gebühr, dir von mir zugemessen,
ist SEIN Erlauten,
die du mich vergessen hast,
sichertest dich mit der Lüge.
Auch ich habe nun deine Schleppen
aufgesteckt dir übers Antlitz,
daß sichtbar wird dein Schimpf.
Deine Verbuhltheit,
dein Lustgewieher,
die Unzucht deines Hurens
auf den Hügeln des Gefilds,
gesehen habe ichs,
deine Scheusäligkeit,
Weh dir, Jerusalem!
Du wirst nicht eher rein
als nach... wie lange noch?!

Welche Rede von IHM zu Jirmejahu geschah,
die Mangelszeiten beredend:

– Jehuda trauert,
seine Torstädte härmen sich ab,
beugen sich umdüstert zur Erde,
Jerusalems Wimmern steigt auf.
Ihre Herrlichen senden
ihre Geringen nach Wasser,
die kommen an die Gruben,
finden nirgends Wasser,
kehren heim, leer die Gefäße, –
nun, beschämt, verzagt,
umfloren sie ihr Haupt.
Um den bestürzten Boden,
denn nicht gibts mehr Regen im Land,
sind die Bauern beschämt,
sie umfloren ihr Haupt.
Ja, auch die Hindin im Feld
verläßt, was sie eben gebar,
denn nicht gibt es mehr Gras.
Die Wildesel stehn auf den Kahlhöhn,
schnappen schakalgleich nach Luft,
ihre Augen versagen,
denn es gibt kein Kraut.

– Überführen uns
unsre Verfehlungen,
DU,
tu um deines Namens willen!
Ja, viel sind unsrer Abkehrungen,
an dir haben wir gesündigt.
Hoffnungsziel Jifsraels,
sein Befreier zur Zeit der Drangsal,
warum bist du nun geworden
wie ein Gastsasse im Land,
wie ein Wandrer, der abbiegt zu nachten!
warum bist du nun geworden
wie ein eingeschüchterter Mann,

wie ein Held, der zu befrein nicht vermag!
Und bist doch drinnen bei uns,
DU,
über uns ist dein Name gerufen, –
nimmer darfst du uns liegen lassen!

So hat ER von diesem Volke gesprochen:
Sie lieben eben zu schweifen,
halten ihre Füße nicht ein!
– Zugnaden nimmt ER sie nicht an,
jetzt gedenkt er ihrer Verfehlung,
ordnet ihrer Versündigung zu.
ER sprach zu mir:
Bete nimmer zum Guten für dieses Volk!
wenn sie sich auch kasteien,
höre ich ihrem Flehen nicht zu,
wenn sie Darhöhung, Hinleite höhen,
nehme ich sie zugnaden nicht an,
ja, durch Schwert, durch Hunger, durch Seuche
vertilge ich selber sie.
Ich sprach:
Ach, mein Herr, DU,
da sprechen die Künder zu ihnen:
Ihr werdet ein Schwert nicht sehn,
Hunger wird bei euch nicht sein,
denn einen getreuen Frieden
gebe ich euch an diesem Ort.
ER aber sprach zu mir:
Lüge künden die Künder
mit meinem Namen,
ich habe sie nicht gesandt,
ich habe sie nicht entboten,
ich habe nicht geredet zu ihnen, –
erlogene Schau,
nichtige Wahrsagerei,
Trügerei ihres Herzens
künden die euch daher.
Drum,
so hat ER gesprochen,

wider die Künder,
die mit meinem Namen künden
und ich bins nicht, der sie gesandt hat:
jene sprechen:
»Schwert und Hunger wird in diesem Lande nicht sein!« –
durch das Schwert und durch den Hunger
werden jene Künder vergehn.
Und das Volk, denen jene künden,
hingeschlendert werden sie sein
in den Gassen Jerusalems
vor Hunger und Schwert,
und keiner ist, der jene begräbt,
jene, ihre Weiber, Söhne, Töchter, –
ihre Bosheit schütte ich aus über sie.
Sprich zu ihnen diese Rede!

Nieder rinnen
meine Augen in der Träne,
Nacht und Tag,
nimmer stillen sie sich.
Denn zusammengebrochen,
in großem Zusammenbruch,
ist die Maid,
die Tochter meines Volks,
von einem sehr quälenden Schlag.
Ziehe hinaus ich aufs Feld,
da sind Schwertdurchbohrte,
komme ich zurück in die Stadt,
da sind Hungerqualen!
Ja, der Künder auch, auch der Priester
müssen reisen nach einem Land,
das sie nicht kennen.

Hast du verworfen Jehuda, verworfen?
widerts deine Seele Zions?
weshalb hast du uns so geschlagen,
daß für uns keine Heilung ist?
Auf Frieden mochte man hoffen –
es ist kein Gutes mehr!
auf eine Zeit der Heilung –
und nun das Entsetzen!

Wir erkennen, DU,
unseren Frevel,
auch den Fehl unserer Väter,
ja, wir haben dir gesündigt.
Verschmähe nimmer –
um deines Namens willen!
verschände nimmer
den Thron deiner Ehre!
gedenke!
deinen Bund mit uns trenne nimmer!

Wesen denn Regenspender
unter der Weltstämme Tandgebilden?!
oder kann der Himmel selber

Streifschauer geben?!
Bist nicht du es,
DU, unser Gott?!
auf dich hoffen wir,
denn du, du hast all dies gemacht!

ER aber sprach zu mir:
Stünde Mosche und Schmuel
mir vorm Antlitz,
wollte doch nicht meine Seele
auf dieses Volk zu, –
schicks fort mir vom Antlitz,
sie sollen ziehn!
Es geschehe:
wenn sie zu dir sprechen:
Wohin sollen wir ziehn?
dann sprich zu ihnen:
So hat ER gesprochen:
Wer des Pesttods ist,
zum Pesttod,
wer des Schwertes ist,
zum Schwert,
wer des Hungers ist,
zum Hunger,
wer der Gefangenschaft ist,
zur Gefangenschaft!
Verordnen will ich über sie
vier Sippen,
ist SEIN Erlauten:
das Schwert,
niederzuhauen,
die Hunde,
fortzuzerren,
den Vogel des Himmels
und das Getier des Erdlands,
zu fressen
und zu verderben.
Zu einem Popanz gebe ich sie
allen Königreichen der Erde.–

Dem zu Folge,
was Mnasche, Sohn Chiskijahus, König von Jehuda, getan
    hat in Jerusalem.

Ah,
wen dauert es dein,
Jerusalem,
wer nickt dir zu,
wer wendet sich her,
nach dem Wohl dich zu fragen!
Du, du hast mich verstoßen,
ist Sein Erlauten,
rückwärts bist du gegangen.
Nun strecke ich meine Hand über dich
und verderbe dich,
ich bin erschöpft, mirs leidsein zu lassen.
Mit der Worfel worfle ich sie
in den Toren des Landes,
der Kinder beraube ich,
zum Schwinden verdamme ich
mein Volk:
von ihren Wegen kehren sie nicht um.
Dichter werden mir seine Witwen
als der Sand der Meere,
kommen lasse ich ihnen,
über die Mutter des Jungmanns,
im Mittagsglanz den Verstörer,
jäh lasse über jede ich fallen
Angstfieber und Verwirrung.
Nun welkt, die sieben gebar,
die Seele schwillt ihr auf,
ihre Sonne versinkt noch am Tag,
beschämt ward sie und entwürdigt.
Und noch den Überrest von ihnen
gebe ich dem Schwerte hin,
vors Antlitz ihren Feinden.
Sein Erlauten ists.

– Wehe mir,
meine Mutter,
daß du mich gebarst,
einen Mann des Streits,
einen Mann des Haders
für alles Land!
Ich habe nicht verborgt,
geborgt haben sie mir nicht,
doch verwünschen mich alle!
So spreche ich:
DU,
habe ich dir nicht geamtet
zum Guten,
bin ich nicht bei dir eingetreten
in der Zeit des Bösgeschicks,
in der Zeit der Drangsal
für den Feind,
…!

– Kann denn Eisen zertrümmern
nordisches Eisen mit Erz?!
Deine Macht und deine Schätze
gebe ich zu Plünderung hin,
nicht um irgend Entgelt,
für all deine Versündigungen
in all deinen Gemarkungen,
Dienen lasse ich dich deinen Feinden
in einem Lande, das du nicht kennst,
denn ein Feuer schwelt in meiner Nase,
auf euch will es niederlohn.

– Du selber weißt es,
DU!
gedenke mein,
ordne mir zu,
ahnde meine Sache
an meinen Verfolgern!
nimmer durch deine Langmut
laß hinweg mich genommen werden!
Wisse es,
wie ich Hohn um dich trage!
Fanden sich Reden von dir,
ich verschlang sie,
zur Wollust ward mir deine Rede,
zur Wonne meines Herzens,
denn gerufen über mir ist dein Name,
DU, Umscharter Gott!
Im Kreis der Scherzenden
gesessen habe ich nie,
daß ich fröhlich geworden wäre,
unter deiner Hand
einsam habe ich gesessen,
denn mit Unmut hast du mich gefüllt.
Warum ist mein Schmerz dauernd worden,
meine Schlagwunde versehrend,
weigert, sich heilen zu lassen?
Du wirst mir, wirst
gleichwie versiegendes Wasser,
ein Gewässer, das ungetreu ist!

–Wohl denn,
so hat ER gesprochen,
kehrst du um,
dann lasse ichs für dich wiederkehren,
vor meinem Antlitz sollst du stehn.
Bringst du das Echte hervor,
des Gemeinen entledigt,
wie mein Mund sollst du werden.
Zu dir müssen jene sich kehren,

nicht sollst du dich kehren zu ihnen.
Ich gebe dich für dieses Volk
zur ehernen, steilen Mauer:
sie mögen dich bekriegen,
sie werden dich nicht übermögen,
denn ich bin mit dir,
dich zu befreien,
dich zu erretten,
ist SEIN Erlauten,
aus der Hand der Bösen
will ich dich retten,
aus dem Griff der Wütigen
will ich dich lösen.

SEINE Rede geschah zu mir, es sprach:
Ein Weib sollst du dir nicht nehmen,
Söhne, Töchter sollst du nicht haben
an diesem Ort!
Denn so hat ER gesprochen
wider die Söhne, wider die Töchter,
die geboren werden
an diesem Ort,
wider ihre Mütter, die sie gebaren,
wider ihre Väter, die sie erzeugten
in diesem Land:
Des Qualensterbens müssen sie sterben,
nicht seien sie bejammert.
nicht seien sie begraben,
zu Dünger auf der Fläche des Bodens sollen sie werden,
durch Schwert und durch Hunger vertilgt,
ihr Leichnam werde zu Fraß
dem Vogel des Himmels
und dem Getier des Erdlands!
Ja,
so hat ER gesprochen,
in das Haus des Totengelages komm nimmer,
geh nimmer hin zu bejammern,
nicke ihnen nimmer zu!
Denn entrafft habe ich diesem Volk
meinen Frieden,
ist SEIN Erlauten,
die Huld und das Erbarmen.
Sterben sie, Große und Kleine,
in diesem Land,
begräbt man sie nicht,
man jammert nicht um sie,
nicht ritzt man sich Furchen,
nicht schert man sich die Glatze um sie,
nicht bricht man das Trauerbrot ihnen,
einen zu trösten um den Verstorbnen,
nicht kredenzt man den Trostbecher ihnen
um eines Vater, um eines Mutter.
Und ins Trinkhaus komm nicht,

mit ihnen zu sitzen,
um zu essen und um zu trinken.
Denn, so hat ER der Umscharte gesprochen, der
     Gott Jifsraels,
wohlan, ich verabschiede von diesem Ort,
vor euren Augen, in euren Tagen
Stimme von Wonne und Stimme von Freude,
Stimme von Bräutigam und Stimme von Braut,
Es soll geschehn:
wenn du diesem Volk meldest all diese Rede,
sie aber sprechen zu dir:
Um was redet ER wider uns
all dieses große Bösgeschick?
was ist unsre Verfehlung,
was unsre Versündigung,
die wir sündigten an IHM unserm Gott? –
sprich zu ihnen:
Drum daß mich eure Väter verließen,
ist SEIN Erlauten,
gingen anderen Göttern nach,
bedienten sie, warfen vor ihnen sich hin,
verließen mich
und wahrten nicht meine Weisung,
ihr aber tatet noch Bösres
als eure Väter,
wohl, und geht nun einher,
jedermann der Sucht seines bösen Herzens nach,
ohne auf mich zu hören.
Nun schüttle ich euch hinweg
aus diesem Land
in das Land, das ihr nicht kanntet,
ihr und eure Väter, –
dort müßt ihr andere Götter bedienen
Tag und Nacht,
da ich Gunst euch zu finden nicht gebe.
   – Dennoch:
Wohlan, Tage kommen,
ist ein Erlauten von IHM,
dann wird nicht mehr gesprochen werden:

Sowahr ER lebt,
der die Söhne Jifsraels heraufbrachte
aus dem Land Ägypten!
sondern:
Sowahr ER lebt,
der die Söhne Jifsraels heraufbrachte
aus dem Land des Nordens
und aus allen Ländern,
wohin er sie versprengte!
Kehren lasse ich sie auf ihren Boden,
den ich ihren Vätern gab. –
Wohlan,
ich sende um viele Fischer,
ist SEIN Erlauten,
die sollen sie fischen,
und danach will um Jäger, viele, ich senden,
die sollen sie jagen,
herunter von allem Berg,
herunter von allem Hügel
und noch aus den Spalten des Geklüfts.
Denn meine Augen sind über all ihren Wegen,
nirgends sind sie vor mir verborgen,
und ihr Fehl verheimlicht sich nicht meinen Augen.
Ich zahle erstmals heim,
ein Doppel ihres Fehls, ihrer Sünde,
dafür daß sie preisgaben mein Land
durch die Äser ihrer Scheusale
und mit ihren Greueln füllten mein Eigen.

– DU,
mein Schutz und meine Schutzwehr,
meine Zuflucht am Tage der Drangsal!
Zu dir werden die Weltstämme kommen
von den Rändern der Erde her,
sie werden sprechen:
»Nur Lug eigneten unsre Väter,
Tand, keins ist drunter, das nützte!
kann sich denn ein Mensch Götter machen?!
Götter sind die eben nicht!«

– Ebendarum, wohlan,
lasse diesmal ich sie erkennen,
kennen lasse ich sie
meine Hand, meine Heldenkraft,
erkennen sollen sie,
daß mein Name sei:
ER IST DA.

Eingeschrieben
ist Jehudas Versündigung
mit eisernem Griffel,
eingegraben
mit diamantner Spitze
auf die Tafel ihres Herzens
und an ihrer Schlachtstätten Hörner
– wie ihre Kinder Gedächtnis tragen,
so ihre Schlachtstätten –
und ihre Pfahlbäume,
an das üppige Gehölz,
auf die Hügel, die hohen.
Bergler im Gefild!
deine Macht,
all deine Schätze
gebe ich zur Plünderung hin,
deine Kuppen
um die Versündigung
in all deinen Gemarkungen.
Dann wirst du endlich ablockern,
was man dir geschuldet hat
von deinem Eigentum her,
das ich dir gegeben habe!
Dienen lasse ich dich deinen Feinden
in einem Lande, das du nicht kennst,
denn ein Feuer ließt in meiner Nase ihr schwelen,
für Weltzeit wills niederlohn.

So hat ER gesprochen:

Verflucht der Mann,
der mit Menschen sich sichert,
Fleisch sich zum Arme macht,
aber von IHM weicht sein Herz.
Der wird sein
wie ein Wacholder in der Steppe:
wenn Gutes kommt,
sieht er nichts davon,
Flammengrund in der Wüste bewohnt er,
salziges Geländ,
das nie besiedelt wird.

– Gesegnet der Mann,
der mit IHM sich sichert:
ER wird seine Sicherheit.
Der wird sein
wie ein Baum, ans Wasser verpflanzt,
an den Lauf sendet er seine Wurzeln:
wenn Glut kommt,
sieht er nicht darauf,
üppig bleibt sein Laub,
im Mangeljahr sorgt er nicht,
läßt nicht ab, Frucht zu bereiten.

– Schlichereich ist das Herz
mehr als alles
und sehrend wund ist es,
wer kennt es aus?

– ICH bins,
der das Herz ergründet,
der die Nieren prüft,
jedem zu geben nach seinem Weg,
nach der Frucht seiner Geschäfte.

Ein Rebhuhn, das ausheckt,

was es nicht gelegt hat,
so wer Reichtum machte,
aber rechtmäßig nicht:
in der Hälfte seiner Tage
wirds ihn verlassen,
und in seiner Späte
gilt er als Schelm.

Ein Thron der Ehre,
erhaben von Anfangszeit her,
ist der Ort unsres Heiligtums.
Hoffnungsziel Jifsraels,
DU,
alle, die dich verlassen,
werden beschämt,
die Abgewichnen auf Erden
werden eingeschrieben,
daß sie verlassen haben
den Born des lebendigen Wassers,
IHN.

Heile mich, DU,
dann bin ich heil,
befreie mich,
dann bin ich frei.
Ja, du bist mein Ruhm.
Wohl, jene sprechen zu mir:
Wo bleibt nun SEINE Rede?
komme sie doch!
Ich aber,
ich hetzte nicht hinter dir her
aus Bössinn,
den versehrenden Tag
wünschte ich nicht herbei,
du selber weißts:
was von den Lippen mir fuhr,
dir vorm Angesicht war es gewesen.
Werde mir nimmer zum Sturz,
meine Bergung du am Tage des Bösgeschicks!
Laß beschämt werden meine Verfolger,
nimmer möge beschämt werden ich,
bestürzt lasse jene werden,
nimmer möge bestürzt werden ich,
auf sie laß den Tag des Bösgeschicks kommen,
mit gedoppeltem Bruch brich sie nieder!

So hat ER zu mir gesprochen:
Geh, tritt ins Tor der Volkssöhne,
durch das Jehudas Könige kommen
und durch das sie ziehen,
und in alle Tore Jerusalems!
Sprich zu ihnen:
Höret SEINE Rede,
Könige von Jehuda
und alles Jehuda
und alle Insassen von Jerusalem,
die durch diese Tore kommen!
So hat ER gesprochen:
Hütet euch um eure Seelen
und tragt nimmer Traglast
am Tag der Feier,
daß ihr sie brächtet
durch die Tore Jerusalems!
Zieht aus euren Häusern nicht Traglast
am Tag der Feier,
allerart Arbeit sollt ihr nicht machen:
heiligt den Tag der Feier,
wie ich euren Vätern gebot,
sie aber wollten nicht hören,
sie aber neigten ihr Ohr nicht,
sie härteten ihren Nacken,
ungehört es zu lassen,
unangenommen die Zucht.
Es wird geschehn:
Hört ihr gehorsam auf mich,
ist SEIN Erlauten,
es zu lassen, Traglast zu bringen
durch die Tore dieser Stadt
am Tag der Feier,
zu heiligen den Tag der Feier,
es zu lassen, an ihm allerart Arbeit zu machen,
dann werden kommen
durch die Tore dieser Stadt
Könige und Fürsten:
die auf Dawids Stuhl sitzen,

mit Fahrzeug und Rossen fahren,
sie und ihre Fürsten,
die Mannschaft Jehudas
und die Insassen Jerusalems,
besiedelt bleibt diese Stadt
auf Weltzeit.
Herbeikommen werden sie
aus den Städten Jehudas,
aus dem Umkreis Jerusalems,
aus dem Lande Binjamin,
aus der Niederung,
aus dem Gebirg,
aus dem Mittag,
herbeibringend
Darhöhung und Schlachtmahl,
Hinleitspende und Weihrauch,
und die herbei das Dankopfer bringen
in SEIN Haus.
Gehorcht ihr mir aber nicht,
zu heiligen den Tag der Feier,
es zu lassen, Traglast zu tragen
durch die Tore Jerusalems kommend
am Tag der Feier,
dann entfache ich einen Brand
in seinen Toren,
der frißt Jerusalems Paläste
und lischt nicht.

Die Rede, die zu Jirmejahu von IHM her geschah, es
   sprach:
Auf,
steig hinab ins Haus des Töpfers,
dort will ich dich meine Rede hören lassen.
Ich stieg hinab ins Haus des Töpfers,
der machte grad die Arbeit an der Doppelscheibe.
Und verdarb das Gefäß, das er machte,
noch im Ton, in des Töpfers Hand,
dann machte er daraus ein andres Gefäß,
gleichwies zu machen rechtdünkt des Töpfers Augen.
SEINE Rede geschah zu mir, es sprach:
Vermag ich nicht,
wie dieser Töpfer,
es mit euch zu machen,
Haus Jifsrael?
ist SEIN Erlauten.
Da,
wie Ton in der Töpferhand,
so seid in meiner Hand ihr,
Haus Jifsrael!
Im Nu rede ich
über einen Stamm,
über ein Königreich,
auszureuten,
einzureißen,
abzuschwenden, –
aber kehrt jener Stamm um
von seinem Bösen,
derentwegen ichs über ihn redete,
lasse ichs mir leidsein des Bösen,
das für ihn zu machen ich plante.
Und wieder im Nu rede ich
über einen Stamm,
über ein Königreich,
aufzubauen,
einzupflanzen,
aber tut es
das in meinen Augen Böse,

daß ungehört bleibt meine Stimme,
lasse ichs mir leidsein des Guten,
damit ihm gutzutun
ich gesprochen hatte.
Jetzt aber sprich doch
zur Mannschaft Jehudas
und zu den Insassen Jerusalems,
sprich:
So hat ER gesprochen:
Da,
ich bilde töpfergleich
über euch ein Böses,
ich plane
über euch eine Planung, –
kehrt doch um,
von seinem bösen Weg jedermann,
gut lasset werden
eure Wege und eure Geschäfte!
Aber sie sprechen:
Umsonst ists!
denn unseren Planungen
wollen wir nachgehn,
tun wollen wir, jedermann,
nach der Sucht seines bösen Herzens.
Darum,
so hat ER gesprochen,
fragt doch unter den Weltstämmen nach,
wer diesem gleiches je hörte!
gar Schauerliches
hat die Maid Jifsrael getan.
Läßt denn nach am Fels im Gefild
die Schneeflut des Libanons?
versickern etwa die Wasser,
die fremden, kühlen, rieselnden?
Vergessen ja hat mich mein Volk,
dem Wahngebild ließen sie rauchen,
sie strauchelten auf ihren Wegen,
Bahnen von der Vorzeit her,
um nun Stege zu gehn,

ungeebneten Weg:
ihr Land zum Erstarren zu machen,
einem Weltzeit-Gezischel,
allwer dran vorüberwandert,
erstarrt, schüttelt sein Haupt.
Wie ein Ostwind zerstreue ich sie
vorm Antlitz des Feindes her,
zu sehn gebe ich sie
als Nacken, nicht als Antlitz
am Tag ihres Verhängnisses.

Sie sprechen:
– Auf, laßt uns Planungen planen
wider Jirmejahu!
geschwunden ist ja noch nicht
Weisung vom Priester,
Ratschluß vom Weisen,
Rede vom Künder!
Auf, laßt uns mit der Zunge ihn schlagen
und nimmer merken auf all seine Reden!
– Merke, D U, auf mich,
hör der Stimme zu meiner Bestreiter!
Wird mit Böses für Gutes gezahlt?!
ein Loch graben sie ja meiner Seele!
Gedenke, wie ich trat vor dein Antlitz,
über sie Gutes zu reden,
deinen Grimm abzukehren von ihnen!
Drum gib nun ihre Söhne dem Hunger,
der Hand des Schwertes liefre die hin,
kinderberaubt und verwitwet
laß ihre Weiber werden,
daß ihre Männer vom Pesttod erwürgt sind,
ihre Jugend schwertgeschlagen im Krieg!
Geschrei sei aus ihren Häusern zu hören,
wenn du Rotten jäh über sie bringst,
ein Loch gruben sie ja, mich zu verstricken,
für meine Füße versteckten sie Schlingen.
Du selber aber kennst, D U,

all ihren Todes-Ratschluß wider mich,
decke nimmer ihre Verfehlung,
ihre Sünde wisch nimmer weg dir vorm Antlitz,
vor deinem Antlitz laß nieder sie straucheln,
zur Zeit deines Zorns tus an ihnen!

So hat ER gesprochen:
Geh,
besorge beim Geschirrtöpfer einen Schöpfkrug
und von den Ältesten des Volks und von den Ältesten der
    Priesterschaft,
zieh hinaus zur Schlucht des Sohns Hinnoms,
die am Eingang des Scherbentors ist,
rufe dort die Redeworte aus, die ich zu dir rede,
sprich:
Höret SEINE Rede,
ihr Könige von Jehuda
und ihr Insassen von Jerusalem!
So hat ER der Umscharte gesprochen, der Gott Jifsraels:
Wohlan, über diesen Ort
lasse ich ein Bösgeschick kommen,
daß, allwers hört, die Ohren ihm gellen, –
weil sie mich verließen,
verfremdeten diesen Ort,
ließen aufrauchen dran anderen Göttern,
die sie nicht gekannt hatten,
sie, ihre Väter und die Könige von Jehuda,
füllten diesen Ort
mit Blut von Unsträflichen,
bauten die Baalskoppen,
ihre Söhne zu verbrennen im Feuer,
Darhöhungen dem Baal,
was ich nie geboten habe,
nie geredet habe,
nie stiegs im Herzen mir auf.
Darum,
wohlan, Tage kommen,
ist SEIN Erlauten,
dann ruft man nicht mehr diesen Ort
Ofenplatz, Schlucht des Sohns Hinnoms,
sondern Schlucht des Würgens.
Aushöhlen will ich
den Ratschluß Jehudas und Jerusalems
an diesem Ort.
Durchs Schwert lasse ich sie fallen

vors Antlitz hin ihrer Feinde,
durch deren Hand, die an die Seele ihnen trachten.
Ich gebe ihren Leichnam zum Fraß
dem Vogel des Himmels
und dem Getier des Erdlands.
Ich mache diese Stadt
zu einem Erstarren und Zischeln:
allwer dran vorüberwandert,
erstarrt und zischelt über all ihre Schläge.
Essen lasse ich sie
das Fleisch ihrer Söhne, das Fleisch ihrer Töchter,
jedermann das Fleisch seines Genossen sollen sie essen
in der Bedrängnis, in der Beengnis,
womit ihre Feinde sie beengen
und die an die Seele ihnen trachten.
Dann zerbrich den Krug
unter den Augen der Männer, die mit dir gehn,
sprich zu ihnen:
So hat ER der Umscharte gesprochen:
Ebenso zerbreche ich
dieses Volk und diese Stadt,
wie man das Gerät des Töpfers zerbricht,
das nicht wieder geheilt werden kann,
und im Ofenplatz werden sie begraben,
da kein Raum zum Begraben mehr ist.
Solches will ich tun diesem Ort,
ist SEIN Erlauten,
und seinen Insassen,
hinzugeben diese Stadt, daß sie dem Ofenplatz gleiche,
werden sollen die Häuser von Jerusalem
und die Häuser der Könige von Jehuda
gleich dem Ort des Ofenplatzes:
makelig –
alle Häuser nämlich,
auf deren Dächern sie aller Himmelsschar aufrauchen
    ließen
und gossen Güsse anderen Göttern.

Als Jirmejahu vom Ofenplatz gekommen war,

wohin ER ihn gesandt hatte zu künden,
trat er in den Hof SEINES Hauses.
Er sprach zu allem Volk:
So hat ER der Umscharte gesprochen, der Gott Jifsraels:
Wohlan, über diese Stadt
und über all ihre Tochterstädte,
lasse ich alles Böse kommen,
das über sie ich geredet habe,
denn gehärtet haben sie ihren Nacken,
ungehört meine Reden zu lassen.

Als nun Paschchur Sohn Immers, der Priester,
– der war Hauptverordneter in SEINEM Haus –
Jirmejahu diese Rede künden hörte,
ließ Paschchur Jirmejahu, den Künder, schlagen,
er ließ ihn in den Krummblock geben,
den am obern Binjaminstor, das an SEINEM Haus ist.
Am Nachmorgen dann wars,
da ließ Paschchur Jirmejahu aus dem Block holen.
Jirmejahu aber sprach zu ihm:
Nicht Paschchur ruft ER deinen Namen,
sondern Magor, Grauen, ringsum.
Denn so hat ER gesprochen:
Wohlan, ich übergebe dich dem Grauen,
dies für dich und für alle, die dich lieben,
fallen sollen sie durchs Schwert ihrer Feinde,
während deine Augen zusehn,
und ich gebe alles Jehuda
in die Hand des Königs von Babel,
daß der sie nach Babel verschleppe
oder durchs Schwert sie erschlage.
Ich gebe allen Hort dieser Stadt,
all ihr Erarbeitetes,
all ihre Kostbarkeit,
alle Schätze der Könige von Jehuda
gebe ich in die Hand ihrer Feinde,
daß die sie plündern, sie nehmen,
sie kommen lassen nach Babel.
Und du, Paschchur,

und alle Insassen deines Hauses,
ihr geht in die Gefangenschaft,
nach Babel wirst du kommen,
und dort wirst du sterben
und dort begraben werden,
du und alle, die dich lieben,
denen du in der Lüge hast künden lassen.

Betört hast du mich, Du,
ich ließ mich betören,
gepackt hast du mich,
du hast übermocht.
Ich bin zum Gelächter worden
alletag,
alles spottet mein.
Ja, sowie ich reden will,
muß ich schreien,
Unbill! rufen und: Gewalt!
zu Hohn ja und zu Posse
ist SEINE Rede mir worden
alletag.
Spreche ich: Ich will ihn nicht gedenken,
nicht mehr reden mit seinem Namen,
bleibts mir im Herzen
wie ein sengendes Feuer,
eingehegt mir im Gebein,
ich erschöpfe mich es zu verhalten,
ich vermags nicht.
Ja, ich höre das Flüstern der Vielen,
ein Grauen ringsum:
Meldets! wir wollens melden!
Was an Menschen mir im Friedensbund steht,
die passen meinem Ausgleiten auf:
Vielleicht wird er betört,
dann übermögen wir ihn,
nehmen an ihm unsre Rache!
Aber ER ist mit mir
wie ein trotziger Held,
drum müssen straucheln
meine Verfolger
und sie vermögen nichts,
werden sehr beschämt,
denn sie haben nichts ergriffen, –
eine Weltzeit-Schmach,
die nie vergessen wird.
Du Umscharter,
bewährter Prüfer,

der Nieren und Herz durchschaut!
mag ich schaun deine Rache an ihnen,
denn überwälzt habe ich dir meinen Streit.
Singet Ihm,
preiset Ihn,
denn er rettet des Bedürftigen Seele
aus der Hand der Bösgesinnten.

Verflucht sei der Tag,
an dem ich geboren bin!
der Tag, da mich meine Mutter gebar,
nimmer werde er gesegnet!
   – Verflucht sei der Mann,
   der meinem Vater brachte die Mär,
   sprach: Ein Kind, ein Sohn ist dir geboren!,
   hieß ihn sich freuen, sich freuen.
   Jener Mann müßte werden
   wie die Städte, die ER umgestürzt hat
   und ließ sichs nicht leidsein!
   Geschrei müßte er hören am Morgen,
   Kriegsgeschmetter zur Mittagszeit! –
Der mich nicht hat im Schoß sterben lassen,
daß meine Mutter mein Grab blieb,
in Weltzeit schwanger ihr Schoß!
Warum doch bin aus dem Schoß ich gefahren,
Pein zu schauen und Gram,
daß in Schande meine Tage vergehn!

Die Rede, die zu Jirmejahu von IHM her geschah,
als der König Zidkijahu zu ihm Paschchur Sohn Malkijas und
  Zfanja Sohn Maafsejas den Priester sandte, zu sprechen:
»Beforsche doch für uns IHN,
denn Nebukadrezar König von Babel kriegt wider uns,
vielleicht tut ER an uns all seinen Wundern gleich,
daß der hinweg von uns, wegziehe!«
und Jirmejahu hatte zu ihnen gesprochen:
»So sollt ihr zu Zidkijahu sprechen:
So hat ER, der Gott Jifsraels, gesprochen:
Wohlan,
ich wende die Kriegsgeräte, die in eurer Hand sind,
womit ihr den König von Babel und die Chaldäer bekriegt,
die euch einengen außer der Mauer,
ich hole sie ein mitten in diese Stadt.
Ich selber will euch bekriegen
mit gestreckter Hand, mit starkem Arm,
mit Zorn, mit Grimm, mit großem Unmut,
schlagen will ich die Insassen dieser Stadt,
den Menschen und das Vieh,
an einer großen Seuche sollen sie sterben.
Und danach,
ist SEIN Erlauten,
gebe ich
Zidkijahu, König von Jehuda,
seine Diener und das Volk,
die noch übrig sind in dieser Stadt
von der Seuche, vom Schwert, vom Hunger,
in die Hand Nebukadrezars, Königs von Babel,
in die Hand ihrer Feinde,
in deren Hand, die ihnen an die Seele trachten,
er schlägt sie mit der Schneide des Schwerts,
er bedauert sie nicht,
er schont nicht,
er erbarmt nicht!«

Zu diesem Volk sprich nun:
So hat ER gesprochen:
Wohlan,

ich gebe vor euch hin
den Weg des Lebens und den Weg des Todes.
Wer in dieser Stadt sitzen bleibt,
stirbt durchs Schwert, durch den Hunger, durch die Seuche,
wer hinausgeht und zufällt den Chaldäern, die euch einengen,
lebt, er hat seine Seele zur Beute.
Denn ich richte mein Antlitz gegen diese Stadt
zum Bösen, nicht zum Guten,
ist SEIN Erlauten,
in die Hand des Königs von Babel wird sie gegeben,
der verbrennt sie im Feuer.

– Aber zum Hause des Königs von Jehuda:
Höret SEINE Rede, Haus Dawids!
So hat ER gesprochen:
Urteilet morgendlich gerecht,
rettet den Geschundenen aus der Hand des Pressers,
sonst fährt mein Grimm aus wie Feuer,
zündet, und keiner löscht,
um die Bosheit eurer Geschäfte. –

Wohlan,
an dich will ich,
die du sitzest im Tal,
Felsbau der Ebene,
ist SEIN Erlauten,
die ihr sprecht:
»Wer kann über uns geraten!
wer kommt in unsre Gemächer!«
Ich ordne für euch zu
nach der Frucht eurer Geschäfte,
ist SEIN Erlauten,
ich entfache ein Feuer
im Waldhaus ihr,
das frißt alles rings um sich her.

So hat ER gesprochen:
Steig hinab ins Haus des Königs von Jehuda,
rede dort diese Rede, sprich:
Höre SEINE Rede,
König von Jehuda,
der auf Dawids Stuhl sitzt,
du, deine Diener, dein Volk,
die durch diese Tore kommen!
So hat ER gesprochen:
Tut Recht und Wahrhaftigkeit,
rettet den Geschundnen aus der Hand des Pressers,
den Gastsassen, die Waise, die Witwe plackt nimmer,
übt nimmer Unbill,
unsträfliches Blut vergießt nimmer
an diesem Ort.
Ja, tut ihrs, tut nach dieser Rede,
werden Könige kommen durch die Tore dieses Hauses,
die auf dem Stuhle Dawids sitzen,
die mit Gefährt und mit Rossen fahren,
der selber, seine Diener, sein Volk.
Hört ihr aber diese Redeworte nicht,
ich habe bei mir geschworen,
ist SEIN Erlauten,
daß dann zur Ödnis dieses Haus werden muß.

Denn so hat ER gesprochen
wider das Haus des Königs von Jehuda:
Warst du mir auch ein Gilad,
ein Libanonhaupt, –
sollte ich nun nicht aus dir Wüste machen,
aus den Städten Niebesiedeltes,
…!
Ich weihe wider dich Verderber,
jedermann mit seinem Gerät,
die roden deiner Zedern Erlesenheit,
lassen aufs Feuer sie fallen.
Dann ziehen viele Weltstämme
vorüber an dieser Stadt,
die sprechen, jedermann zu seinem Genossen:

Um was hat ER solches getan
dieser großen Stadt?
Die aber sprechen:
Drum daß sie verlassen haben
SEINEN, ihres Gottes, Bund,
warfen vor anderen Göttern sich nieder,
denen dienten sie.

Nimmer weint um ihn, der tot ist,
nimmer nicket um den,
weinen sollt ihr, weinen
um ihn, der davongeht,
denn nie mehr wieder
sieht er das Land seiner Geburt.
Denn so hat ER gesprochen
von Schallum Sohn Joschijahus, König von Jehuda,
der an seines Vaters Joschijahu Statt Königschaft hatte:
Der von diesem Orte ausfuhr,
kehrt dahin nicht mehr zurück,
nein, am Ort, wohin man ihn verschleppte,
da muß er sterben,
dieses Land wird er nicht mehr sehn.

Weh ihm,
der sein Haus unwahrhaft baut,
seine Hochgemächer ungerecht,
seines Genossen sich bedient ohn Entgelt,
ihm seinen Werklohn nicht gibt!
der spricht:
Im Großmaß baue ich mir ein Haus,
weiträumige Hochgemächer!
fensterreich schlitzt er sichs aus,
getäfelt wirds mit Zedern
und mit Mennig gestrichen.
Hast dazu du Königschaft,
daß du wetteiferst in Zedern?!
hat dein Vater nicht gegessen, getrunken –

und hat Recht und Wahrhaftigkeit getan,
da war ihm gut!
als Sachwalter waltete er
für den Armen, Bedürftigen,
da wars gut!
Ist nicht dies das Mich-erkennen?!
ist SEIN Erlauten.
Auf nichts sind ja deine Augen, dein Herz aus
als auf deine Ausbeuterei,
aufs Blut des Unsträflichen,
es zu vergießen,
aufs Pressen und aufs Knicken,
es zu betreiben.
Darum hat ER so gesprochen
von Jojakim Sohn Joschijahus, König von Jehuda:
Man wird ihn nicht bejammern:
Weh Bruder weh Schwester!
man wird ihn auch nicht bejammern:
Weh Herr weh seine Hehre!
Wie man einen Esel begräbt,
wird er begraben:
fortzerren und hinwerfen,
fernab von Jerusalems Toren.

Steig auf den Libanon, Frau,
und schreie,
auf dem Baschan gib aus deine Stimme,
schreie vom Seitengebirg,
denn deine Liebhaber alle
sind niedergebrochen.
Geredet zu dir habe ich
in den Zeiten deines Behagens,
du sprachst: Ich mag nicht hören!
Dies war dein Weg von deiner Jugend an,
auf meine Stimme hörtest du nicht.
Allen deinen Hirten
Hirt ist nun der Wind,
deine Liebhaber

gehn in die Gefangenschaft
ja, dann bist du beschämt, bist verzagt
ob all deiner Bosheit.
Die du sitzest im Libanon,
eingenistet in Zedern,
wie wirst du niedergebeugt,
wenn dich ankommen die Wehn,
Krampf, wie der Gebärenden!

Sowahr ich lebe,
ist SEIN Erlauten,
ja, wäre
Konjahu Sohn Jojakims, König von Jehuda,
ein Siegelring an meiner rechten Hand, –
ja, von da risse ich dich.
Ich gebe dich
in deren Hand, die an die Seele dir trachten,
in deren Hand, vor deren Antlitz dir graut,
in die Hand Nebukadrezars Königs von Babel,
in die Hand der Chaldäer.
Ich schüttle
dich und deine Mutter, die dich gebar,
auf ein anderes Land hin,
darin ihr nicht wurdet geboren,
und darin werdet ihr sterben. –
Nach dem Lande aber,
dahin zurückzukehren sich ihnen die Seele hebt,
dahinüber werden sie nicht kehren.

– Ist denn ein verachtetes Trümmergebild
oder ein Gerät, das keinem gefällt,
dieser Mensch Konjahu?!
weshalb wurden sie hinweggeschüttelt,
er und sein Same,
hingeworfen
auf ein Land, das sie nicht kannten?!

Land, Land, Land,

höre SEINE Rede!

So hat ER gesprochen:

Schreibt diesen Menschen als kinderlos ein,

einen Mann, dems sein Lebtag nicht gerät,

denn nicht gerät aus seinem Samen ein Mensch,

der auf dem Stuhle Dawids sitzt

und wieder herrscht in Jehuda.

Weh den Weidehirten,
die sich verlieren lassen,
sich zerstreuen lassen
die Schafe meiner Weide!
ist SEIN Erlauten.
Darum,
so hat ER gesprochen, der Gott Jifsraels,
wider die Weidehirten
die mein Volk weiden:
Ihr,
meine Schafe habt ihr zerstreut,
versprengt habt ihr sie,
und zusammengeordnet habt ihr sie nicht,
wohlan,
ich ordne euch zu
die Bosheit eurer Geschäfte,
ist SEIN Erlauten,
und hole selber zuhauf
den Überrest meiner Schafe
aus allen Erdenländern,
dahin ich sie habe versprengt werden lassen,
und lasse sie heimkehren
auf ihre Trift,
daß sie fruchten und sich mehren,
Weidehirten erstelle ich über sie,
die sollen sie weiden,
dann fürchten sie sich nie mehr,
dann werden sie nie bestürzt,
dann brauchen sie nie zusammengeordnet zu werden,
ist SEIN Erlauten.

Wohlan, Tage kommen,
ist SEIN Erlauten,
da erstelle ich dem Dawid einen wahrhaften Sproß,
der wird königlich Königschaft haben.
Ergreifen wird ers,
wird auf Erden Recht und Wahrhaftigkeit tun.
In seinen Tagen
ist Jehuda befreit,

wohnt Jifsrael sicher.
Und dies ist sein Name,
mit dem ER ihn ruft:
Unsere Bewährung.

Darum:
wohlan, Tage kommen,
ist SEIN Erlauten,
da wird man nicht mehr sprechen:
Sowahr ER lebt,
der heraufbrachte die Söhne Jifsraels
aus dem Land Ägypten!
sondern:
Sowahr ER lebt,
der heraufbrachte,
der kommen ließ
den Samen des Hauses Jifsrael
aus dem Land im Norden
und aus allen Ländern
– wohin ich sie habe versprengt werden lassen –,
daß auf ihrer Scholle sie siedeln.

Gegen die Künder.

Gebrochen ist mein Herz mir im Innern,
alle meine Gebeine flattern,
wie ein berauschter Mensch bin ich worden,
wie ein Mann, den der Wein überkam,
vor IHM,
vor der Rede seiner Heiligkeit:
Ja, von Verbuhlten voll ist das Land.
    – Schon dorrt von jenem Eidfluch das Erdland,
       vertrocknen die Triften der Steppe, –
so ward Böses ihr Laufziel,
Grundnichtiges ihre Mannheit.
Ja, auch der Künder, auch der Priester – entartet!
auch in meinem Hause fand ich ihre Bosheit,
ist SEIN Erlauten.
Drum soll ihr Weg ihnen werden
wie Gleitglätten im Dunkel,
stolpern sollen sie drauf, sollen fallen,
ja, das Böse lasse ich über sie kommen,
das Jahr ihrer Zuordnung,
ist SEIN Erlauten.

An den Kündern Samarias
hatte Widriges ich gesehn:
vom Baal aus kündeten sie,
machten irr mein Volk, Jifsrael.
Aber an den Kündern Jerusalems
habe Schauriges ich gesehn:
da ist ein Buhlen,
ein Umgehn mit der Lüge,
sie stärken die Hände der Bösgesinnten,
daß sies lassen, umzukehren
jedermann von seiner Bosheit.
Sie sind mir alle wie Sodom geworden,
seine Insassen wie Gomorra.
Darum,
so hat ER der Umscharte gesprochen
wider die Künder,

wohlan, Wermut gebe ich ihnen zu essen,
Giftwasser ihnen zu schlucken,
denn von den Kündern Jerusalems her
fuhr in all das Erdland Entartung.

So hat ER der Umscharte gesprochen:
Höret nimmer an
die Reden der Künder,
die für euch künden,
sie umdunsten euch,
ihres Herzens Geschau reden sie,
nicht aus MEINEM Mund!
Sie sprechen, sprechen zu denen,
die MEINE Rede verschmähen:
Frieden werdet ihr haben!
und wer alles in der Sucht seines Herzens geht,
da sprechen sie:
Nicht kommt das Böse an euch!
Ja, wer in MEINEM Einvernehmen steht,
daß er sieht, daß er hört dessen Rede,
wer auf meine Rede merkt,
der muß hören:
Da,
SEIN Stürmen,
Grimmglut fährt aus,
umwirbelnder Sturm,
auf der Frevler Haupt wirbelts nieder.
SEIN Zorn kehrt nicht um,
bis er getan hat,
bis er erstellt hat
die Entwürfe seines Herzens.
In der Späte der Tage
werdet ihr den Sinn dran ersinnen.
– Die Künder habe ich nicht gesandt,
sie aber, sie laufen,
nicht habe ich geredet zu ihnen,
sie aber, sie künden.
Hätten sie in meinem Einvernehmen gestanden,
müßten sie eben meine Rede

meinem Volke zu hören geben,
müßten die umkehren lassen
von ihrem bösen Weg,
von der Bosheit ihrer Geschäfte.

Bin ich ein Nahgott nur,
ist SEIN Erlauten,
und ein Ferngott nicht auch?!
birgt sich ein Mann im Verborgnen
und ich, ich sähe ihn nicht?!
ist SEIN Erlauten.
Der Himmel und die Erde,
bin ichs nicht, der sie erfüllt?!
ist SEIN Erlauten.
Ich hörte, was die Künder sprachen,
die Lüge künden mit meinem Namen,
sprechend: Mir träumte, mir träumte!
Bis wann noch!
Ists denn wirklich im Herzen der Künder,
die die Lüge künden,
Künder ihrer Herz-Trügerei:
planen sie, mein Volk meinen Namen vergessen zu lassen
über den Träumen, die sie erzählen,
jedermann seinem Genossen,
wie ihre Väter meinen Namen überm Baal vergaßen?!
Der Künder, bei dem ein Traum war,
erzähle einen Traum,
und bei dem meine Rede war,
rede meine Rede getreu:
was soll das Stroh bei dem Korn!
ist SEIN Erlauten.
Ist meine Rede nicht so:
dem Feuer gleich,
ist SEIN Erlauten,
und gleich einem Schmiedehammer,
der Felsen zerspellt?!
Darum,
wohlan, ich will an die Künder,
ist SEIN Erlauten,

die sich meine Rede erstehlen,
jedermann von seinem Genossen,
wohlan, ich will an die Künder,
ist SEIN Erlauten,
die hernehmen ihre Zunge
und Erlauten verlautbaren,
wohlan, an die will ich,
die Lügenträume verkünden,
ist SEIN Erlauten,
die sie erzählen,
die mein Volk irrmachen
mit ihren Lügen,
mit ihrem Geflunker,
ich aber,
ich habe sie nicht gesandt,
ich habe sie nicht entboten,
und nützen –
nützen können sie nichts diesem Volk.
ist SEIN Erlauten.

Und wenn dich dieses Volk fragt
oder ein Künder oder Priester,
sprechend: Was ists um SEIN Lastwort?!,
sprich zu ihnen:
Ihr seid die Last,
ich aber stoße euch ab,
ist SEIN Erlauten.
Und Künder und Priester und Volk,
wer da spricht: »SEIN Lastwort?!« –
zuordnen will ichs
jenem Mann und seinem Haus.
So sollt ihr sprechen
jedermann zu seinem Genossen,
jedermann zu seinem Bruder:
Was hat ER geantwortet?
und: Was hat ER geredet?
Aber »SEIN Lastwort?!« –
des sollt ihr nicht mehr gedenken!
– Denn Lastwort für jedermann wird

seine eigene Rede,
da ihr verdreht habt die Reden
des lebendigen Gottes,
unsres Gottes, SEIN, des Umscharten.
– So sollst du zum Künder sprechen:
Was hat ER dir geantwortet?
und: Was hat ER geredet?
Sprecht ihr »SEIN Lastwort?« aber,
alsdann,
so hat ER gesprochen,
– weil ihr spracht diese Rede: »SEIN Lastwort?!«
und ich hatte doch zu euch gesandt,
sprechend: Sprechet nicht »SEIN Lastwort?!« –
alsdann, wohl,
laste euch Last ich empor
und stoße euch ab
und die Stadt, die ich euch gab, euren Vätern,
von meinem Antlitz hinweg,
ich gebe über euch
Weltzeit-Hohn,
Weltzeit-Schmach,
die nie vergessen wird.

ER ließ mich sehn,
da: zwei Körbe Feigen,
bereitgestellt vor SEINER Halle
– nachdem Nebukadrezar König von Babel den Jechonjahu
　　Sohn Jojakims, König von Jehuda, und die Fürsten von Je-
　　huda und die Schmiede und die Plattner aus Jerusalem ver-
　　schleppt und sie nach Babel hatte kommen lassen, wars –,
der eine Korb sehr gute Feigen,
den Feigen der Frühreife gleich,
der andre Korb sehr schlechte Feigen,
die nicht gegessen werden können vor Schlechtigkeit.
ER sprach zu mir:
Was siehst du, Jirmejahu?
Ich sprach:
Feigen,
die guten Feigen sind sehr gut,
die schlechten aber sind sehr schlecht,
daß sie nicht gegessen werden können vor Schlechtigkeit.
SEINE Rede geschah zu mir, es sprach:
So hat ER, der Gott Jifsraels, gesprochen:
Diesen guten Feigen gleich,
derart betrachte ich
die Verschlepptenschaft Jehudas,
die ich von diesem Ort fortschickte ins Land der Chaldäer,
zum Guten,
ich richte mein Auge auf sie
zum Guten,
heimkehren lasse ich sie in dieses Land,
ich baue sie auf,
schleife nicht mehr nieder,
ich pflanze sie ein,
reute nicht mehr aus.
Ich gebe ihnen ein Herz,
mich zu erkennen,
daß ICH es bin,
sie werden mir zum Volk
und ich, ich werde ihnen zum Gott,
denn sie kehren zu mir um
mit all ihrem Herzen.

Den schlechten Feigen gleich aber,
die nicht gegessen werden können vor Schlechtigkeit,
ja, so hat ER gesprochen,
derart gebe ich
Zidkijahu König von Jehuda,
seine Fürsten
und den Überrest Jerusalems,
die in diesem Land überbleiben,
und auch die im Land Ägypten siedeln,
zum Popanz gebe ich sie, zum schlechten,
allen Königreichen der Erde,
zum Hohn und zum Gleichnis,
zum Witzwetzen und zur Verwünschung
an allen Orten, wohin ich sie versprenge.
Ich schicke wider sie aus
das Schwert, den Hunger, die Seuche,
bis sie ganz dahin sind von dem Boden,
den ich ihnen, ihren Vätern gab.

Die Rede, die an Jirmejahu geschah
an alles Volk Jehuda
im vierten Jahr Jojakims Sohns Joschijahus, Königs von Jehu-
     da, das ist das erste Jahr Nebukadrezars Königs von Babel, –
die Jirmejahu der Künder redete
an alles Volk Jehudas und zu allen Insassen Jerusalems,
sprechend:

Vom dreizehnten Jahr Joschijahus Sohns Amons, Königs von
     Jehuda,
und bis auf diesen Tag,
nun dreiundzwanzig Jahre
ist zu mir SEINE Rede geschehn,
ich redete sie zu euch, Rede vom Frühmorgen an,
und ihr hörtet nicht
– so hatte ER zu euch all seine Diener, die Künder, gesandt,
Sendung vom Frühmorgen an,
und ihr hörtet nicht,
neigtet euer Ohr nicht zu hören –
sprechend:
Kehrt doch um,
jedermann von seinem bösen Weg,
vor der Bosheit eurer Geschäfte,
und siedeln dürft ihr auf dem Boden,
den ICH euch, euren Vätern gab
von Urzeit her und für Weltzeit, –
anderen Göttern geht nimmer nach,
ihnen zu dienen, euch vor ihnen niederzuwerfen,
verdrießet mich nicht mit dem Gemächt eurer Hände,
und ich will euch nicht böstun.
Ihr aber hörtet nicht auf mich,
ist SEIN Erlauten,
um mich weiter zu verdrießen mit dem Gemächt eurer Hän-
     de,
euch zum Bösen.
Darum,
so hat ER der Umscharte gesprochen,
weil ihr meine Reden nicht hören wolltet,
wohlan,

ich sende aus,
nehme alle Sippen des Nordens herbei,
ist SEIN Erlauten,
und zu Nebukadrezar König von Babel, meinem Knecht,
ich lasse sie über dieses Land kommen,
über seine Insassen,
über all diese Stämme ringsum,
ich banne die,
mache sie zu einem Erstarren und Zischeln,
zu Weltzeit-Ödnissen,
schwinden lasse ich aus ihnen
Stimme von Wonne und Stimme von Freude,
Stimme von Bräutigam und Stimme von Braut,
Handmühlenstimme und Lampenlicht,
zur Ödnis, zur Starre
soll werden all dieses Land,
dienen sollen diese Stämme dem König von Babel
siebzig Jahre.
Aber es wird geschehn,
wann siebzig Jahre erfüllt sind,
dann ordne ich zu
an dem König von Babel und an jenem Stamm,
ist SEIN Erlauten,
ihre Verfehlung,
und an dem Land der Chaldäer,
ich mache zu Weltzeit-Starrnissen ihn,
kommen lasse ich über jenes Land
all meine Reden, die ich über es geredet habe,
    – alles, was in diesem Buch geschrieben ist,
    das Jirmejahu kündete über alle Stämme, –
ja, dienstbar werden müssen auch sie
mächtigen Stämmen, großen Königen,
ich zahle ihnen nach ihrem Werk,
nach dem Tun ihrer Hände.

Ja, so hat ER zu mir gesprochen,
der Gott Jifsraels:
Nimm diesen Becher Grimmglut-Weins
aus meiner Hand,

kredenze ihn allen Stämmen,
zu denen ich dich sende,
sie sollen ihn trinken,
sie sollen einherschwanken,
sie sollen einherrasen
angesichts des Schwerts,
das ich unter sie sende.

Ich nehme den Becher aus SEINER Hand,
ich kredenze ihn allen Stämmen, zu denen ER mich
sandte,
Jerusalem und den Städten Jehudas, seinen Königen, seinen
Fürsten,
sie hinzugeben zur Ödnis, zum Erstarren, zum Zischeln, zur
Verwünschung,
– wies nun am Tag ist, –
Pharao, dem König von Ägypten, seinen Dienern, seinen
Fürsten, all seinem Volk,
allem Gemisch, allen Königen des Landes Uz,
allen Königen des Landes Philistien, Askalon, Gasa, Ekron
und dem Rest von Aschdod,
Edom, Moab und den Söhnen Ammons,
allen Königen von Tyrus, allen Königen von Sidon, allen
Königen der Küste, die jenseits des Meers ist,
Dedan, Tema, Bus und allen Haareckengestutzten,
allen Königen Arabiens und allen Königen des Gemischs,
die in der Wüste wohnen,
allen Königen Simris, allen Königen Elams, allen Königen
Mediens,
allen Königen des Nordens, nahen und fernen,
allen Königreichen des Erdlands, die irgend auf der Fläche
des Bodens sind.
Und der König von »Duckduck« muß nach ihnen trinken. –
Nun sprich zu ihnen:
So hat ER der Umscharte gesprochen,
der Gott Jifsraels:
Trinkt, berauscht euch, speit,
fallt und steht nicht mehr auf
angesichts des Schwertes,
das ich unter euch sende!

Es soll aber geschehn:
wenn sie sich weigern,
den Becher zu nehmen aus deiner Hand
um zu trinken,
dann sprich zu ihnen:
So hat ER der Umscharte gesprochen:
Trinken müßt ihr, trinken!
wohl, mit der Stadt ja,
über der mein Name gerufen ist,
beginne ich das Böstun,
und ihr,
ihr wollt straflos, straflos bleiben!
Straflos bleibt ihr nicht,
denn ich berufe das Schwert
über alle Siedler der Erde,
ist SEIN, des Umscharten, Erlauten.
Du also künde ihnen all diese Rede,
sprich zu ihnen:
ER,
von der Höhe brüllt er,
von dem Hag seines Heiligtums
gibt er seine Stimme aus,
brüllt und brüllt über seiner Trift,
mit Heissa wie die Keltrer
singt er alle Siedler der Erde an.
Das Dröhnen kommt bis an den Erdrand,
denn mit den Weltstämmen hat ER den Streit,
über alles Fleisch hält er Gericht,
die Frevler, dem Schwert gibt er sie hin,
ist SEIN Erlauten.

So hat ER der Umscharte gesprochen:
Wohlan,
ein Böses fährt aus
von Stamm zu Stamm hin,
ein großer Sturm erwacht
vom Lendenbug der Erde.
An jenem Tag

sind SEINE Durchbohrten
vom Erdrand bis zum Erdrand,
sie werden nicht bejammert,
sie werden nicht eingeheimst,
sie werden nicht begraben,
zu Dünger auf der Fläche des Bodens müssen sie werden.

Heult, ihr Weidehirten, schreit!
wälzt euch, ihr Beherrscher der Herde!
Denn zur Schlachtung füllen euch sich die Tage,
zerspellen werde ich euch,
ihr fallt wie ein köstliches Gerät.
Zuflucht schwindet den Weidehirten,
Entrinnen den Beherrschern der Herde.
Da hallt das Schreien der Hirten,
das Heulen der Beherrscher der Herde,
denn ER gewaltigt ihre Weide.
Die Triften des Friedens verstummen
vorm Entflammen SEINES Zorns:
wie ein Jungleu verließ er sein Dickicht.
Ja, zur Starrnis wird ihr Land
vor dem verheerenden Schwert,
vorm Entflammen seines Zorns.

Gegen Anfang der Königschaft Jojakims Sohns Joschijahus,
  Königs von Jehuda,
geschah diese Rede von Ihm her, es sprach:.
So hat Er gesprochen:
Tritt in den Hof Meines Hauses,
rede an alle Städte Jehudas
– die kommen, sich in Meinem Hause niederzuwerfen –
alle Rede, die ich dir zu ihnen zu reden gebiete,
 kürze nimmer ein Redewort!
Vielleicht hören sie doch
und sie kehren um,
von seinem bösen Weg jedermann,
dann lasse ich mirs leid sein des Bösen,
das an ihnen zu tun ich plane
um die Bosheit ihrer Geschäfte.
Sprich zu ihnen:
So hat Er gesprochen:
Hört ihr nicht auf mich,
in meiner Weisung zu gehen,
die ich vor euch hin gab,
zu hören auf die Reden meiner Diener, der Künder,
– die ich zu euch sende,
Sendung vom Frühmorgen an,
und ihr wollt nicht hören, –
will ich dieses Haus hingeben wie Schilo,
und hingeben will ich diese Stadt
zur Verwünschung allen Stämmen der Erde.

Sie hörten zu,
die Priester, die Künder, alles Volk,
dem Jirmejahu, der diese Rede redete in Seinem Haus.
Es geschah,
als Jirmejahu allgeendet hatte zu reden
alles, was Er ihm zu allem Volk zu reden geboten hatte,
ergriffen ihn die Priester, die Künder und alles Volk, sprechend:
Sterben mußt du, sterben!
weshalb kündest du mit Seinem Namen, sprichst:
Schilo gleich soll dieses Haus werden,

diese Stadt veröden, insassenlos!

Alles Volk sammelte sich um Jirmejahu in SEINEM Haus.

Als aber die Obern von Jehuda von all dieser Rede hörten,
stiegen sie vom Königshaus zu SEINEM Haus auf,
sie setzten sich im Einlaß SEINES neuen Tors.

Da sprachen die Priester und die Künder zu den Obern und
   zu allem Volk, sprachen:
Rechtspruch auf Tod ist für diesen Mann,
denn gegen diese Stadt hat er gekündet,
wie ihrs gehört habt mit euren Ohren.

Jirmejahu sprach zu allen Obern und zu allem Volk, sprach:
ER ists, der mich gesandt hat,
gegen dieses Haus, gegen diese Stadt zu künden
all die Rede, die ihr gehört habt.

Jetzt also
bessert eure Wege und eure Geschäfte,
hört auf SEINE eures Gottes Stimme,
und leidsein will ER sichs lassen des Bösen,
das wider euch er geredet hat.

Ich aber,
hier bin ich in eurer Hand,
tut an mir, wies euren Augen gut und gerad dünkt,
nur wissen sollt ihr es, wissen,
daß, tötet ihr mich,
daß unsträfliches Blut ihr dann gebt
über euch, an diese Stadt, an ihre Insassen,
denn, in Treuen:
ER hat mich an euch hergesandt,
in eure Ohren all diese Rede zu reden.

Da sprachen die Obern und alles Volk zu den Priestern und
   zu den Kündern:
Keinesfalls ist für diesen Mann Rechtspruch auf Tod,
denn mit SEINEM, unsres Gottes, Namen durfte er zu uns reden.

Männer von den Ältesten des Landes standen auf,
die sprachen zu aller Versammlung des Volkes, sprachen:
Micha der Moraschtit hat in den Tagen Chiskijahus Königs
   von Jehuda gekündet,
er sprach zu allem Volk von Jehuda, sprach:

So hat ER der Umscharte gesprochen:
Zion wird als Feld gepflügt,
Jerusalem wird eine Schutthalde,
der Berg des Hauses zum Kuppenhain.
Hat ihn etwa töten lassen, töten
Chiskijahu, König von Jehuda, und alles Jehuda?!
fürchtet er nicht IHN,
sänftete IHM das Antlitz?!
da ließ ER sichs leidsein des Bösen,
das wider sie er geredet hatte!
wir aber wollen ein Großböses tun –
wider unsre eigenen Seelen!

Auch war dann ein Mann, der kündete mit SEINEM Namen,
Urijahu Sohn Schmajahus aus Kirjat Jearim,
der kündete wider diese Stadt und wider dieses Land
allwie die Reden Jirmejahus.
Der König Jojakim hörte seine Reden,
samt all seinen Helden und all seinen Obern.
Nun trachtete der König ihn zu töten.
Urijahu hörte davon, er fürchtete sich,
entwich, kam nach Ägypten.
Aber der König Jojakim sandte Männer nach Ägypten,
Elnatan Sohn Achbors und Mannschaft mit ihm nach
     Ägypten,
sie holten Urijahu aus Ägypten,
ließen ihn zum König Jojakim kommen,
der hieß ihn mit dem Schwert erschlagen,
seinen Leichnam aber auf die Gräberstätte des Pöbelvolks
     werfen.

Fortan jedoch war mit Jirmejahu die Hand Achikams Sohns
     Schafans,
daß man ihn nicht in die Hand des Volks gäbe, ihn zu töten.

Gegen Anfang der Königschaft Jojakims Sohns Joschijahus,
  Königs von Jehuda, geschah diese Rede von IHM her zu
  Jirmeja, zu sprechen:

So hat ER zu mir gesprochen:
Mache Bande und Stangen dir,
gib welche auf deinen Hals,
sende welche
an den König von Edom, an den König von Moab, an den
  König der Söhne Ammons,
an den König von Tyrus und an den König von Sidon
durch die Hand der Boten,
die nach Jerusalem zu Zidkijahu König von Jehuda gekommen sind,
entbiete sie zu ihren Herren, sprich:
So hat ER der Umscharte, der Gott Jifsraels, gesprochen:
So sollt ihr zu euren Herren sprechen:
Ich bins,
der die Erde, den Menschen, das Vieh auf der Fläche der Erde
  gemacht hat,
mit meiner großen Kraft, mit meinem gestreckten Arm,
ich gab sie jedem hin, der in meinen Augen gerad war.
Jetzt also bin ichs,
der all diese Erdenländer in die Hand Nebukadnezars Königs
  von Babel, meines Knechts, gegeben hat,
auch noch das Getier des Felds habe ich ihm gegeben, ihm zu
  dienen.
dienen sollen ihm alle Weltstämme und seinem Sohn und
  dem Sohn seines Sohns,
bis auch für sein Land die Zeit gekommen ist,
daß er mächtigen Stämmen, großen Königen dienstbar wird.
Es soll geschehn:
der Stamm und das Königreich,
die nicht dienen wollen ihm, Nebukadnezar, König von Babel,
und was seinen Hals nicht gibt ins Joch des Königs von Babel,
mit dem Schwert, mit dem Hunger, mit der Seuche
zuordnen will ichs diesem Stamm,
ist SEIN Erlauten,

bis ich sie ganz in seine Hand getan habe.
Ihr also, höret nimmer
auf eure Künder, auf eure Wahrsager, auf eure Träumer,
eure Tagwähler und eure Zaubrer,
die Spruch zu euch sprechen:
Nicht sollt ihr dem König von Babel dienen!
Denn Lüge künden die euch,
dazu nur, daß ihr fernhin von eurer Scholle müßt,
daß ich euch versprenge, daß ihr schwindet.
Der Stamm aber,
der seinen Hals ins Joch des Königs von Babel kommen
    läßt,
ihm dient,
den lasse ich ruhn auf seinem Boden,
ist SEIN Erlauten,
daß er den bediene und darauf siedle.

Zu Zidkija, König von Jehuda, redete ich allwie diese Rede,
    sprach:
Laßt eure Hälse ins Joch des Königs von Babel kommen,
dient ihm und seinem Volk,
und ihr dürft leben.
Warum sollt ihr sterben, du und dein Volk,
durch das Schwert, durch den Hunger, durch die Seuche,
wie ER geredet hat für den Stamm,
der dem König von Babel nicht dienen will!
Höret nimmer auf die Reden der Künder,
die zu euch Spruch sprechen:
Nicht dient ihr dem König von Babel!
Denn Lüge künden die euch,
denn ich habe sie nicht gesandt,
ist SEIN Erlauten,
die aber künden mit meinem Namen zur Lüge,
dazu nur, daß ich euch versprenge,
daß ihr schwindet, ihr und die Künder, die euch künden.

Und zu den Priestern und zu all diesem Volk redete ich, spre-
    chend:
So hat ER gesprochen:

Hört nimmer auf die Reden eurer Künder, die euch künden,
  sprechend:
Wohlan, die Geräte SEINES Hauses
werden jetzt, eilends aus Babel zurückgebracht!
Denn Lüge künden die euch.
Hört auf sie nimmer,
dient dem König von Babel,
und ihr dürft leben.
Warum soll diese Stadt zur Ödnis werden!
Sind sie aber Künder,
west bei ihnen SEINE Rede,
mögen sie doch IHN den Umscharten bedrängen,
daß nicht nach Babel kommen müssen die Geräte,
die überblieben sind in SEINEM Haus,
dem Haus des Königs von Jehuda und in Jerusalem.
Denn so hat ER der Umscharte gesprochen
von den Säulen, vom Meer, von den Fahrgestellen,
von den übrigen Geräten, die in dieser Stadt überblieben,
die nicht mitnahm Nebukadnezar König von Babel,
als von Jerusalem er nach Babel verschleppte
Jechonja Sohn Jojakims, König von Jehuda,
und alle Edeln von Jehuda und Jerusalem –
ja, so hat ER der Umscharte, der Gott Jifsraels, gesprochen
von den Geräten, die überblieben in SEINEM Haus,
dem Haus des Königs von Jehuda, und Jerusalem:
Nach Babel läßt man sie kommen,
dort werden sie sein
bis zum Tag, da für sie ich zuordne,
ist SEIN Erlauten,
ich hole sie herauf,
ich bringe sie zurück
an diesen Ort.

Es war in jenem Jahr,
gegen Anfang des Königtums Zidkijas, Königs von Jehuda,
im vierten Jahr, in der fünften Mondneuung,
da sprach zu mir Chananja Sohn Asurs, der Künder, der aus
    Gibon,
in SEINEM Haus, vor den Augen der Priester und alles Volks,
    sprach:
So hat ER der Umscharte, der Gott Jifsraels, gesprochen, im
  Spruch:
Ich zerbreche das Joch des Königs von Babel!
noch ein Jahrespaar an Tagen,
dann bringe zurück ich an diesen Ort
alle Geräte MEINES Hauses,
die mitnahm Nebukadnezar, König von Babel, von diesem
    Ort
und ließ sie kommen nach Babel,
und Jechonja Sohn Jojakims, König von Jehuda.
Und alle Verschlepptenschaft Jehudas,
die nach Babel gekommen sind,
bringe zurück ich an diesen Ort,
ist SEIN Erlauten,
ja, ich zerbreche das Joch des Königs von Babel.
Jirmeja, der Künder, sprach zu Chananja, dem Künder,
vor den Augen der Priester und vor den Augen alles Volks,
die zusammengetreten waren in SEINEM Haus,
Jirmeja, der Künder, sprach:
Jawahr, so tue ER,
ER erstellte deine Rede, die du gekündet hast,
zurückzubringen die Geräte SEINES Hauses und alle Ver-
    schlepptenschaft
aus Babel an diesen Ort!
Nur höre doch diese Rede,
die ich rede in deine Ohren und in die Ohren alles Volks:
die Künder,
wie sie vor dir und vor mir von Urzeit her waren
und kündeten gegen mächtige Länder, wider große König-
    reiche
zu Krieg, zu Hunger, zu Seuche, –
der Künder wieder,

der zu Frieden kündete:
wann die Rede eines Künders eintrifft,
wird der Künder erkannt,
welchen ER sandte, in Treuen.
Da nahm Chananja, der Künder, die Stange vom Hals
   Jirmejas, des Künders,
er zerbrach es,
Chananja sprach vor den Augen alles Volkes, sprach:
So hat ER gesprochen:
Ebenso zerbreche ich
das Joch Nebukadnezars, Königs von Babel,
noch ein Jahrespaar an Tagen,
von aller Weltstämme Hals!
Jirmeja, der Künder, aber ging seines Wegs.

SEINE Rede geschah zu Jirmejahu,
nachdem Chananja, der Künder, die Stange vom Hals
   Jirmejas, des Künders, zerbrochen hatte, sprach:
Geh, sprich zu Chananja, sprich:
So hat ER gesprochen:
Stangen von Holz zerbrachst du,
statt ihrer mußt du Stangen von Eisen machen!
Denn so hat ER der Umscharte, der Gott Jifsraels, gesprochen:
Ein Eisenjoch gebe ich auf den Hals all dieser Stämme,
zu dienen Nebukadnezar, König von Babel,
sie werden ihm dienen,
auch noch das Getier des Feldes gebe ich ihm.
Jirmeja, der Künder, sprach zu Chananja, dem Künder:
Höre doch, Chananja!
ER hat dich nicht gesandt,
du aber,
sichern hießest du sich das Volk mit der Lüge!
Darum,
so hat ER gesprochen,
wohlan,
ich sende dich fort von der Fläche des Bodens,
des Jahrs stirbst du,
denn Abwendiges gegen IHN hast du geredet. –

Chananja, der Künder, starb in jenem Jahr, in der siebenten
  Mondneuung.

Dies sind die Worte des Briefs,
den Jirmeja, der Künder, aus Jerusalem sandte
an die überbliebnen Ältesten der Verschlepptenschaft und an
   die Priester und an die Künder
– an alles Volk also, das Nebukadnezar aus Jerusalem nach
   Babel verschleppen ließ,
nachdem aus Jerusalem ziehn mußten Jechonja, der König,
   und die Gebieterin, und die Kämmerer, die Obern von Jehuda und Jerusalem, und die Schmiede und die Plattner, –
durch die Hand Elaſsas Sohns Schafans und Gmarjas Sohns
   Chilkijas
– die Zidkija, König von Jehuda, an Nebukadnezar König
   von Babel gesandt hatte –,
nach Babel, um auszusprechen:

So hat ER der Umscharte, der Gott Jiſsraels, gesprochen:
An alle Verschlepptenschaft, die ich aus Jerusalem nach Babel
   verschleppen ließ:
Baut Häuser und siedelt,
pflanzt Gärten und eßt ihre Frucht!
Nehmt Weiber und zeugt Söhne und Töchter,
nehmt euren Söhnen Töchter und eure Töchter gebt Männern,
daß sie Söhne und Töchter gebären,
mehrt euch dort, mindern dürft ihr euch nimmer!
Und fragt dem Frieden der Stadt nach, dahin ich euch verschleppen ließ,
betet für sie zu MIR,
denn in ihrem Frieden wird euch Frieden sein.

Ja, so hat ER der Umscharte, der Gott Jiſsraels, gesprochen:
Nimmer sollen euch eure Künder täuschen, die drin bei euch
   sind, und eure Wahrsager.
nimmer hört auf die Träumer, die ihr träumen heißet,
denn in der Lüge künden sie euch mit meinem Namen,
ich habe sie nicht gesandt,
ist SEIN Erlauten.

Ja, so hat ER gesprochen:
Ja denn,

erst wenn sich Babel siebzig Jahre erfüllten,
ordne ich zu für euch,
lasse über euch erstehn meine Rede, jene gute,
euch an diesen Ort heimkehren zu lassen.
Denn ich, ich weiß die Planungen,
die ich über euch plane,
ist SEIN Erlauten,
Planungen des Friedens, nicht zum Bösen mehr,
euch Zukunft und Hoffnung zu geben.
Dann ruft ihr mich an,
geht, betet zu mir,
und ich will euch erhören,
dann verlangt ihr nach mir,
und ihr werdet finden:
wenn ihr mich mit all eurem Herzen sucht,
will ich mich von euch finden lassen,
ist SEIN Erlauten.
Ich lasse euch Wiederkehr kehren,
ich hole euch zuhauf
aus allen Stämmen, aus allen Orten, wohin ich euch ver-
    sprengte,
ist SEIN Erlauten,
ich lasse euch heimkehren an den Ort,
woher ich euch habe verschleppen lassen.

Ihr sprecht ja: Erstehn ließ ER uns Künder nach Babel!
Ja denn, so hat ER gesprochen
von dem König, der auf Dawids Stuhle sitzt,
und von allem Volk, das in dieser Stadt sitzt,
euren Brüdern, die nicht mit euch in die Verschleppung zo-
    gen,
so hat ER der Umscharte gesprochen:
Nun sende ich aus wider sie
das Schwert, den Hunger, die Seuche,
ich gebe, daß sie werden wie die aufgeplatzten Feigen,
die nicht gegessen werden können vor Schlechtigkeit,
ich jage ihnen nach mit dem Schwert, mit dem Hunger, mit
    der Seuche,
ich gebe sie zum Popanz für alle Königreiche der Erde,

zum Droheid, zum Erstarren, zum Zischeln, zum Hohn
unter allen Stämmen, dahin ich sie versprengte, –
dafür, daß sie auf meine Rede nicht hörten,
ist SEIN Erlauten,
da ich zu ihnen meine Diener, die Künder sandte,
Sendung vom Frühmorgen an,
ihr aber hörtet nicht,
ist SEIN Erlauten.
Hört also ihr MEINE Rede,
alle Verschlepptenschaft,
die ich von Jerusalem nach Babel fortgesandt habe!

So hat ER der Umscharte, der Gott Jifsraels, gesprochen:
Von Achab Sohn Kolajas und von Zidkijahu Sohn Maafsejas,
die euch mit meinem Namen Lüge künden:
wohlan, ich gebe sie in die Hand Nebukadrezars Königs von
    Babel,
daß er sie vor euren Augen erschlage.
Hergenommen wird von ihnen eine Verwünschung
für alle Verschlepptenschaft Jehudas, die in Babel ist,
ein Spruch:
Mache dich ER wie den Zidkijahu und wie den Achab,
die der König von Babel im Feuer braten ließ!
weil sie Schändliches taten in Jifsrael,
buhlten mit den Weibern ihrer Genossen,
redeten Lügenreden mit meinem Namen,
was ich ihnen nicht hatte entboten –
ich aber bin der Wissende und der Zeuge,
ist SEIN Erlauten.

...Und von Schmajahu dem Nechelamiter sprich den Spruch:
So hat ER der Umscharte, der Gott Jifsraels, gesprochen:
Weil du mit deinem Namen Briefschaft sandtest
an alles Volk, das in Jerusalem ist, an Zfanja Sohn Maafsejas,
    den Priester, und an alle Priester, auszusprechen:
Gegeben hat ER dich als Priester an den Platz Jejohadas, des
    Priesters,
damit in SEINEM Haus Verordnete seien

wider alljeden einherrasenden, einherkündenden Mann,
daß du den in den Krummblock und in den Halszwang ge-
    best, –
jetzt also,
warum verschiltst du nicht Jirmejahu den Anatotiter, der euch
    einherkündet?!
da hat er ja gar zu uns nach Babel Spruch gesandt:
Langwierig ists, baut Häuser und siedelt, pflanzt Gärten und
    eßt ihre Frucht! –
– Es hatte nämlich Zfanja, der Priester, diesen Brief vor den
    Ohren Jirmejahus, des Künders, gelesen,
und SEINE Rede war zu Jirmejahu geschehen, sprechend:
Sende an alle Verschlepptenschaft den Spruch:
So hat ER von Schmaja dem Nechelamiter gesprochen:
Weil euch Schmaja gekündet hat,
da ich, ich ihn nicht gesandt hatte,
ließ an Lüge euch sicher werden,
darum,
so hat ER gesprochen,
wohlan, ich ordne es zu
Schmaja dem Nechelamiter und seinem Samen:
nicht wird ihm ein Mann bleiben, siedelnd inmitten dieses
    Volks,
nicht wird er das Gute sehn, das ich meinem Volke tue,
ist SEIN Erlauten,
denn Abwendiges hat er wider MICH geredet.

Die Rede, die zu Jirmejahu von IHM her geschah, im Spruch:
So hat ER gesprochen, der Gott Jifsraels, im Spruch:
Schreib dir in ein Buch alle Reden, die ich zu dir rede.

Denn, wohlan, Tage kommen,
ist SEIN Erlauten,
da lasse ich Wiederkehr kehren
meinem Volk, Jifsrael und Jehuda,
hat ER gesprochen,
lasse heimkehren sie zu dem Land,
das ich ihren Vätern gegeben habe,
sie sollens ererben.

Und dies sind die Reden, die ER von Jifsrael und von Jehuda
    geredet hat,
ja, so hat ER gesprochen:

Stimme hören wir einer Bangnis,
Schrecken und Friedlosigkeit –
forscht doch nach, seht euch um:
kann ein Mannsbild gebären?
weshalb sehe jeden Wehrhaften ich
die Hände an seinen Flanken
einer Gebärenden gleich,
und die Gesichter alle
zur Fahle gewandelt?

Weh! ja, groß ist jener Tag,
keiner gleicht ihm je,
Drangsal-Zeit für Jaakob ists, –
aber er wird draus befreit!
Geschehn wirds an jenem Tag,
Erlauten ists von IHM, dem Umscharten,
ich zerbreche sein Joch dir vom Hals,
deine Fesseln zerreiße ich.
Nicht mehr sollen Auswärtige sein sich bedienen:
dienen sollen sie MIR, ihrem Gott,
und ihrem König, dem Dawid,
den ich ihnen erstehen lasse.

Du also, fürchte dich nimmer,

mein Knecht Jaakob,
ist SEIN Erlauten,
Jifsrael, laß dich nimmer bestürzen!
denn, wohlan, ich befreie dich fernher,
aus ihrer Gefangenschaft Land deinen Samen.
Dann kehrt Jaakob heim,
still ist er und sorglos
und keiner scheucht auf.
Denn ich bin mit dir,
ist SEIN Erlauten,
dich zu befreien.

Denn machte ich den Garaus allen Stämmen,
wohin ich dich verstreut habe,
dir würde ich den Garaus doch nicht machen,
züchtigen nur will ich dich rechtens,
kann dich strafledig nicht ledigen.

Ja denn,
so hat ER gesprochen,
dein Niederbruch ist sehrend,
dein Geschlagensein quält,
kein Sachwalter waltet deiner Sache,
die Eiterung auszupressen,
keine Heilmittel sind dir zur Vernarbung,
deine Liebhaber vergaßen dich alle,
dir fragen sie nicht nach.
Denn ich schlug dich mit Feindesschlag,
eines Grausamen Züchtigung,
um die Menge deiner Verfehlung,
das Anwachsen deiner Sünden.
Was schreist um deinen Niederbruch du,
deinen sehrenden Schmerz!
um die Menge deiner Verfehlung,
das Anwachsen deiner Sünden
habe ich dir dieses getan. –
Darum
werden alle verzehrt, die dich verzehren wollen,
gehen, die dich bedrängen, allsamt in die Gefangenschaft,
werden, die dich berauben, zum Raub,
alle, die dich plündern, gebe ich zur Plünderung hin.
Ja,
ich lasse Wundhaut dich überziehn,
von deinen Schlägen heile ich dich.
ist SEIN Erlauten,
»Verstoßne« riefen sie dich ja schon:
»Zion ists, – der fragt keiner nach!«

So hat ER gesprochen:
Wohlan, Wiederkehr kehren
lasse ich Jaakobs Zelten,
seiner Wohnungen erbarme ich mich,
neu erbaut wird dann
auf ihrem Schutthügel die Stadt,
auf seinen rechtmäßigen Platz
setzt sich das Schloß.
Was dann auffährt aus ihnen,

Danklied ists und der Spielenden Schall.
Mehren will ich sie dann,
sie sollen sich nicht mindern,
gewichtigen will ich sie,
sie sollen sich nicht ringern.
Seine Söhne sind dann wie einst,
vor mir aufgerichtet seine Gemeinde,
all seinen Bedrückern ordne ichs zu.
Sein Machthaber soll aus ihm sein,
aus seinem Innern fährt sein Herrscher hervor,
den lasse ich mir nahen,
daß er heran zu mir trete, –
denn wer wollte sein Herz sonst verpfänden,
zu mir heranzutreten!
ist SEIN Erlauten.
Werden sollt ihr mir zum Volk,
und ich werde euch zum Gott.

Wohlan,
SEIN Stürmen,
Grimmglut fährt aus,
hinrollender Sturm,
auf der Frevler Haupt wirbelts nieder.
SEINE Zornflamme kehrt nicht um,
bis er getan hat,
bis er erstellt hat
die Entwürfe seines Herzens.
In der Späte der Tage
werdet ihrs besinnen.
Zu jener Zeit,
ist SEIN Erlauten,
werde ich zum Gott
allen Sippschaften Jifsraels,
und sie werden mir zum Volk.

So hat ER gesprochen:
Gefunden hat Gunst in der Wüste
das Volk, die dem Schwerte entrannen,
   – geh auf seinen Rastbefehl zu,

Jisrael,
fernher gibt sich ER mir zu sehen! –
und mit Weltzeit-Liebe liebe ich dich,
darum erstrecke ich dir die Huld.
Wieder will ich dich erbauen,
daß du auferbaut bist,
Maid Jisrael,
wieder schmückst du mit Pauken dich
und fährst aus in der Spielenden Reigen,
wieder pflanzest Weingärten du
auf den Bergen Samarias,
Pflanzer pflanzen und dürfen auch schon genießen.
Ja, es west ein Tag,
da rufen Wächter im Gebirg Efrajims:
Macht euch auf,
steigen wir den Zion hinan,
zu IHM unserm Gott!

Ja, so hat ER gesprochen:
Jubelt Freude Jaakob zu,
jauchzt den Weltstämmen zuhäupten,
lasset hören, preiset, sprecht:
Befreit hat ER sein Volk.
den Überrest Jisraels!
Wohlan,
aus dem Nordland lasse ich sie kommen,
hole zuhauf sie von den Flanken der Erde,
unter ihnen Blinde und Lahme,
Schwangre und Gebärende zumal, –
eine große Versammlung,
kehren hierher sie zurück.
Mit Weinen werden sie kommen,
mit Gnadenrufen leite ich sie,
gängle sie zu Wasserbächen,
auf ebenem Weg,
darauf sie nicht straucheln.
Denn zum Vater bin ich Jisrael worden,
mein Erstling ist Efrajim.

Weltstämme, hört SEINE Rede
und meldets den Küsten der Ferne,
sprecht:
Der Jifsrael worfelte,
holt es zuhauf,
hütets wie der Hirt seine Herde,
denn abgegolten hat ER Jaakob,
ihn gelöst aus des Stärkeren Hand.
Sie kommen,
jubeln auf der Zionshöhe,
erstrahlen an SEINER Guttat,
über Korn, über Most, über Glanzöl,
über jungen Schafen und Rindern,
wie ein erfrischter Garten
ist ihre Seele geworden,
fortan brauchen sie nicht zu schmachten.
Dann freut die Maid sich im Reigen,
Jünglinge und Alte zumal:
Ich wandle ihre Trauer in Wonne,
ich tröste sie,
nach ihrem Gram erfreue ich sie.
Der Priester Seele erfrische ich mit Mark,
mein Volk sättigt sich meiner Guttat,
ist SEIN Erlauten.

So hat ER gesprochen:
Eine Stimme ist in Rama zu hören,
ein Wehgesang,
ein Weinen der Bitternis.
Rachel verweint sich
um ihre Söhne,
weigert, sich trösten zu lassen
um ihre Söhne,
ach, keiner ist da!
So hat ER gesprochen:
Wehre

deiner Stimme das Weinen,
deinen Augen die Träne,
denn es west ein Lohn deinem Werk,
ist SEIN Erlauten,
aus dem Feindesland kehren sie heim,
eine Hoffnung west deiner Zukunft,
ist SEIN Erlauten,
Söhne kehren in ihre Gemarkung.

Gehört, gehört habe ich,
wie sich schüttelnd Efrajim klagt:
– Du hast mich gezüchtigt,
und ich empfing die Zucht
wie ein ungelehriges Stierkalb,
kehren lasse mich nun,
daß ich umkehren kann,
DU bist ja mein Gott!
Ja, nach meiner Abkehr
habe ichs mir leidsein lassen,
nachdem mir kundward,
klatschte ich mich auf die Lende,
ich schämte mich,
ich war gar verzagt,
denn meiner Frühe Schmach muß ich tragen.

– Ist mir denn Efrajim
ein so teurer Sohn
oder ein Kind des Ergötzens?!
Wie oft ich ja wider ihn rede,
muß ich sein denken noch, denken.
Drum wallt ihm mein Eingeweid zu,
ich muß sein mich erbarmen, erbarmen,
ist SEIN Erlauten.

Stelle Meilensteine dir auf,
setze Gemerke dir hin,
richte dein Herz auf die Straße,
den Weg, den du gegangen warst,
kehre wieder,

Maid Jifsrael,
kehre wieder
zu diesen deinen Städten!
Bis wann willst du dich spröde gehaben,
abkehrige Tochter du!

  – Ein Neues ja schafft nun ER auf Erden:
  das Weib muß umwandeln den Mann. –

So hat ER der Umscharte gesprochen, der Gott Jifsraels:
Noch wird man diese Rede sprechen
im Land Jehuda, in seinen Städten,
wann ich ihnen Wiederkehr kehren lasse:
Segne dich ER,
Wahrhaftigkeitstrift,
Berg der Heiligkeit!
Siedeln werden darin
Jehuda und all seine Städte zumal,
Bauern und die ziehn mit der Herde.
Ja, die ermattete Seele erfrische ich,
fülle alle schmachtende Seele.

– Darüber heißts:
  Ich erwachte,
  ich sah mich um,
  da erst wurde süß mir mein Schlaf. –

Wohlan, Tage kommen,
ist SEIN Erlauten,
da besame ich
Haus Jifsrael und Haus Jehuda
mit Samen von Menschen und Samen von Vieh.
Es soll geschehn:
wie ich zeitig mich regte über ihnen,
auszureuten, einzureißen,
abzuschwenden, niederzuschleifen,
böszutun,
so will ich zeitig mich regen über ihnen,
zu bauen, zu pflanzen,
ist SEIN Erlauten.

In jenen Tagen
wird man nicht mehr sprechen:
Väter aßen Herlinge,
Söhnen werden Zähne stumpf.
Sondern
– um eigne Schuld stirbt der Mann –:
Jeder Mensch, der Herlinge ißt,

dem werden stumpf die Zähne.

Wohlan, Tage kommen,
ist SEIN Erlauten,
da schließe ich
mit Haus Jifsrael und mit Haus Jehuda
einen neuen Bund.
Nicht wie der Bund,
den ich mit ihren Vätern geschlossen habe
am Tag, als an der Hand ich sie faßte,
sie aus dem Land Ägypten zu führen:
daß sie selber diesen meinen Bund trennen konnten, –
und war ichs doch, der sich ihrer bemeistert hatte,
SEIN Erlauten,
Denn dies ist der Bund,
den ich mit dem Haus Jifsrael schließe
nach diesen Tagen,
ist SEIN Erlauten:
ich gebe meine Weisung in ihr Innres,
auf ihr Herz will ich sie schreiben,
so werde ich ihnen zum Gott,
und sie, sie werden mir zum Volk.
Und nicht brauchen sie mehr zu belehren
jedermann seinen Genossen,
jedermann seinen Bruder,
sprechend: Erkennet IHN!
Denn sie alle werden mich kennen,
von ihren Kleinen bis zu ihren Großen,
ist SEIN Erlauten.
Denn ihren Fehl will ich ihnen verzeihen,
ihrer Sünde nicht mehr gedenken.

So hat ER gesprochen,
der die Sonne zum Licht gibt bei Tag,
nach Satzungen,
Mond und Sterne zum Lichte bei Nacht,
der das Meer emporwinkt,
daß seine Wellen toben,
sein Name ER der Umscharte:

Könnten diese Gesetze
mir vorm Antlitz je schwinden,
ist SEIN Erlauten,
dann nur könnte Jifsraels Samen
aufhören ein Stamm zu sein
mir vorm Antlitz alletag.
So hat ER gesprochen.
Könnten gemessen je werden
die Himmel droben,
könnten durchspäht je werden
die Erdgründe drunten,
dann nur könnte ich verwerfen
allen Samen Jifsraels
um alles, was sie getan haben,
ist SEIN Erlauten.

Wohlan, Tage kommen,
ist SEIN Erlauten,
da wird MIR die Stadt wiedererbaut
vom Turm Chananel bis zu dem Ecktor,
ihm gegenüber ausfährt die Meßschnur
weiter zum Hügel Gareb,
wendet sich hin nach Goa.
Und all das Tal
– die Äser und die Fettasche –,
alle Fluren bis zum Bach Kidron,
bis zur Ecke des Roßtors nach Osten,
geheiligt ist das dann MIR,
nie wird es gereutet,
nie wird es geschleift
in Weltzeit.

Die Rede, die zu Jirmejahu von IHM aus geschah
im zehnten Jahr Zidkijahus Königs von Jehuda,
das ist das achtzehnte Jahr Nebukadrezars.

Damals engte das Heer des Königs von Babel Jerusalem ein.

Jirmejahu, der Künder, aber war verhaftet im Wachthof, der
     am Haus des Königs von Jehuda ist,
da ihn Zidkijahu, König von Jehuda, hatte verhaften lassen,
     sprechend:

Weshalb kündest du den Spruch:

»So hat ER gesprochen:
Wohlan, ich gebe diese Stadt in des Königs von Babel Hand,
er soll sie bezwingen,
und Zidkijahu König von Jehuda entschlüpft nicht der Hand
     der Chaldäer,
denn gegeben wird er, übergegeben in die Hand des Königs
     von Babel,
daß dessen Mund zu seinem Munde rede,
daß dessen Augen in seine Augen sehn,
nach Babel läßt er gehn Zidkijahu,
und dort wird er bleiben,
bis ich ihm zuordne,
ist SEIN Erlauten.
Wenn ihr die Chaldäer bekriegt,
glückt es euch nicht.«

Jirmejahu sprach:

SEINE Rede ist zu mir geschehen, es sprach:

Wohlan, zu dir kommt Chanamel Sohn Schallums, deines
     Oheims, zu sprechen:
Kauf dir doch mein Feld, das in Anatot,
dein ist ja die Löser-Rechtspflicht zum Kaufen...

Zu mir kam in den Wachthof Chanamel, der Sohn meines
     Oheims
SEINER Rede gemäß, sprach zu mir:

Kauf doch mein Feld, das in Anatot, das im Lande Binjamin,
dein ist ja die Rechtspflicht des Erbes, dein die Löserschaft, kaufs
     dir!

Ich wußte, daß es das von IHM Geredete war:

kaufen sollte ich das Feld von Chanamel, dem Sohn meines
     Oheims, das in Anatot,

ihm zuwiegen das Silbergeld, sieben Vollgewicht und zehn
  war der Geldwert.
Ich schriebs in die Verbriefung, ich siegelte, ich ließ Zeugen
  bezeugen,
ich wog das Silbergeld auf dem Schalenpaar zu,
ich nahm den Kaufbrief: den versiegelten – Gebot und Satzungen – und den offnen,
ich gab den Kaufbrief an Baruch Sohn Nerijas Sohns Mach-
  fsejas
vor den Augen Chanamels, meines Oheimssohns,
und vor den Augen der Zeugen, die sich in den Kaufbrief geschrieben hatten,
vor den Augen aller Judäer, die im Wachthof saßen.
Ich entbot Baruch vor ihren Augen, sprechend:
So hat ER der Umscharte, der Gott Jifsraels, gesprochen:
Nimm diese Verbriefung, diesen Kaufbrief, so den versiegelten so diesen offnen Brief,
gib sie in ein Tongerät, damit sie viele Tage bestehen!
Denn, so hat ER der Umscharte, der Gott Jifsraels, gesprochen,
noch sollen gekauft werden Häuser, Felder, Weinberge in diesem Land.
Dann betete ich zu IHM,
nachdem ich den Kaufbrief an Baruch Sohn Nerijas gegeben
  hatte,
sprechend:
Ach, mein Herr, DU!
Wohlan,
– du bists, der den Himmel und die Erde gemacht hat,
mit deiner großen Kraft, mit deinem gestreckten Arm,
nicht ist irgend ein Ding dir unmöglich,
der Huld tut ins Tausendste,
aber den Fehl der Väter ihren Söhnen nach ihnen heimzahlt
  in den Schoß,
der große, der heldische Gott, sein Name ER der Umscharte,
groß an Rat, mächtig an Handlung,
dessen Augen hellsichtig sind über allen Wegen der Menschensöhne,
jedermann zu geben nach seinen Wegen, nach der Frucht seines Handelns,

der du Zeichen und Erweise setztest im Land Ägypten, bis auf
    diesen Tag während,
so an Jifsrael so an Menschheit,
machtest dir einen Namen, wies an diesem Tag ist,
führtest dein Volk, Jifsrael, aus dem Land Ägypten
mit Zeichen und mit Erweisen, mit starker Hand, mit gestreck-
    tem Arm, mit großer Furchtbarkeit,
gabst ihnen dieses Land,
das du ihren Vätern zuschwurst ihnen zu geben: Land, Milch
    und Honig träufend,
sie kamen, sie ererbten es,
aber sie hörten nicht auf deine Stimme,
in deiner Weisung gingen sie nicht,
alles, was du ihnen zu tun geboten hattest, taten sie nicht,
da hast du sie mit all diesem Bösen getroffen, –
wohlan,
die Sturmdämme sind schon an die Stadt gekommen, sie zu
    bezwingen,
gegeben ist die Stadt in die Hand der Chaldäer, die sie umkrie-
    gen,
angesichts des Schwerts, des Hungers und der Seuche,
was du geredet hast, ist geschehn,
wohlan, du siehsts –
und du selber hast nun zu mir gesprochen,
DU, mein Herr:
Kauf dir das Feld um den Geldwert und lasse Zeugen bezeu-
    gen!
Und die Stadt ist doch in die Hand der Chaldäer gegeben!
Da geschah SEINE Rede zu Jirmejahu, es sprach:
Wohlan,
ICH bins,
der Gott alles Fleisches,
ist mir irgend ein Ding unmöglich?!
Darum,
so hat ER gesprochen,
wohlan, ich gebe zwar diese Stadt in die Hand der Chaldäer,
in die Hand Nebukadrezars, Königs von Babel,
er soll sie bezwingen,
kommen sollen die Chaldäer, die diese Stadt umkriegen,

sollen diese Stadt mit Feuer anstecken, sollen sie verbrennen,
die Häuser, auf deren Dächern man dem Baal rauchen ließ
und Güsse goß anderen Göttern, mich zu verdrießen
– taten ja die Söhne Jifsraels und die Söhne Jehudas nur das in
    meinen Augen Böse von ihrer Jugend an,
verdrossen mich ja nur die Söhne Jifsraels mit dem Tun ihrer
    Hände,
– SEIN Erlauten –
ist ja mir zum Zorn und mir zum Grimm dieser Stadt worden,
vom Tag, da man sie baute, bis auf diesen Tag,
sie mir vom Angesicht wegzuräumen,
um all das Böse der Söhne Jifsraels und der Söhne Jehudas, das
    sie taten mich zu verdrießen:
sie, ihre Könige, ihre Obern, ihre Priester, ihre Künder,
die Mannschaft Jehudas, die Insassen Jerusalems,
wandten mir den Nacken zu, nicht das Angesicht,
und wie ich sie belehren mochte, vom Frühmorgen an beleh-
    ren,
keinmal gehorchten sie, Zucht anzunehmen,
sie setzten ihre Scheusale in das Haus, darüber mein Name ge-
    rufen ist, es zu bemakeln,
sie bauten die Baalskoppen, die in der Schlucht des Sohns Hin-
    noms,
ihre Söhne und ihre Töchter dem Molech darzuführen,
was ich ihnen nie geboten hatte, nie stiegs mir im Herzen auf,
    daß man diesen Greuel tue,
um Jehuda zu versündigen, –
jetzt aber:
darum,
so hat ER, der Gott Jifsraels, gesprochen,
wegen dieser Stadt,
von der ihr redet: Gegeben ist sie in die Hand des Königs von
    Babel, durchs Schwert, durch den Hunger, durch die Seu-
    che!,
wohlan,
zuhauf will ich die da aus allen Ländern holen,
wohin ich sie in meinem Zorn, in meinem Grimm, in großem
    Unmut versprengte,
ich lasse sie heimkehren an diesen Ort.

und lasse sie siedeln in Sicherheit,
sie werden mir zum Volk
und ich werde ihnen zum Gott.
Ich gebe ihnen ein einiges Herz und einen einigen Weg,
mich zu fürchten alle Tage,
ihnen zu Gute und ihren Söhnen nach ihnen.
Ich schließe ihnen einen Weltzeit-Bund,
daß ich mich nicht abkehre hinter ihnen her: davon, an ihnen
    Gutes zu üben.
Und meine Furcht gebe ich in ihr Herz,
daß sies lassen, von mir zu weichen.
Erfreuen will ich mich ihrer, Gutes an ihnen zu üben,
pflanzen will ich in dieses Land sie in Treuen,
mit all meinem Herzen und mit all meiner Seele.
Ja, so hat ER gesprochen,
wie ich an dieses Volk kommen ließ all dieses große Bösgeschick,
so lasse ich über sie kommen all das Gute, das ich über sie rede.
Gekauft soll Feld werden in diesem Land,
davon ihr redet: Starrnis ists, ohne Mensch und Vieh, gege-
    ben ists in die Hand der Chaldäer!,
Felder werden gekauft um Geldwert,
geschrieben in Brief und versiegelt,
Zeugen läßt man bezeugen,
im Lande Binjamin, rings um Jerusalem,
in den Städten Jehudas, in den Städten des Gebirgs,
in den Städten der Niederung, in den Städten des Mittags,
denn ich lasse ihnen Wiederkehr kehren,
ist SEIN Erlauten.

SEINE Rede geschah zu Jirmejahu ein zweites Mal, während er
noch im Wachthof einbehalten war, es sprach:

So hat ER gesprochen, ders macht,
ER, der es bildet, es aufzurichten,
ER IST DA sein Name:
Rufe mich an,
und ich antworte dir,
ich melde dir Großes und Steiles,
davon du nichts weißt.
Ja, so hat ER gesprochen, der Gott Jifsraels:
Über die Häuser dieser Stadt
und über die Häuser der Könige von Jehuda,
die daran sind einzustürzen
vor den Sturmdämmen und vor dem Eisen,
mit den Chaldäern gekommen
um zu kriegen,
um jene anzufüllen
mit den Leichen der Menschen,
die ich geschlagen habe
in meinem Zorn,
in meinem Grimm,
und derenthalben,
wegen all ihrer Bosheit,
ich mein Antlitz barg dieser Stadt:
Wohlan,
mit Wundhaut überziehe ich sie,
mit Heilsalbe, ich will sie heilen,
ich wälze ihnen daher
Gewährung von Frieden und Treue,
kehren lasse ich
Wiederkehr für Jehuda,
Wiederkehr für Jifsrael,
ich erbaue sie wie vormals,
reinige sie von allem Fehl,
womit sie an mir sündigten,
verzeihe alle Verfehlungen ihnen,
womit sie an mir sündigten,
womit sie mir abtrünnig waren.

Werden sollen sie mir
zu einem Namen der Wonne,
zum Ruhm und zur Verklärung,
vor allen Stämmen der Erde,
die hören von all dem Guten,
das ich an diesen tue,
erbeben, erzittern
über all das Gute,
über all die Befriedung,
die ich ihr tue.

So hat ER gesprochen:
Hören soll man noch an diesem Ort,
davon ihr sprecht: Verödet ist er, ohne Menschen, ohne Vieh!,
in den Städten Jehudas und in den Gassen Jerusalems,
den verstarrten, ohne Menschen, ohne Insassen, ohne Vieh,
Stimme von Wonne und Stimme von Freude,
Stimme von Bräutigam und Stimme von Braut,
Stimme derer, die sprechen:
Danket IHM dem Umscharten,
denn er ist gütig,
IHM, denn in Weltzeit
währt seine Huld!,
die in SEIN Haus Dankspende bringen.
Ja, Wiederkehr lasse ich kehren dem Land,
wies vormals war,
hat ER gesprochen.

So hat ER der Umscharte gesprochen:
Werden soll noch an diesem Ort,
dem verödeten, ohne Mensch, auch Vieh,
und an all seinen Tochterstädten
Trift der Hirten,
die Schafe lagern lassen.
An den Städten des Gebirgs,
an den Städten der Niedrung,
an den Städten des Mittags,
im Lande Binjamin,
rings um Jerusalem,

an den Städten Jehudas
sollen noch vorüberziehn Schafe
unter des Zählenden Händen,
hat ER gesprochen.

Wohlan, Tage kommen,
ist SEIN Erlauten,
erstehen lasse ich dann
jene gute Rede,
die ich geredet habe
von dem Haus Jifsrael
und über das Haus Jehuda:
in jenen Tagen,
in jener Zeit
lasse ich sprießen dem Dawid
einen Sproß der Wahrhaftigkeit,
der tut Recht und Wahrhaftigkeit auf Erden.
In jenen Tagen
ist Jehuda befreit,
Jerusalem wohnt sicher,
und dies ist, wie ER ihm ruft:
Unsere Bewährung.
Ja, so hat ER gesprochen,
nicht schließt je dem Dawid Mannesfolge ab,
auf dem Stuhl des Hauses Jifsrael sitzend,
und den Priestern und den Lewiten
schließt nicht Mannesfolge ab mir vorm Antlitz,
Darhöhung höhend,
Hinleite aufrauchen lassend,
Schlachtmahl bereitend alle Tage.

Weiter geschah SEINE Rede zu Jirmejahu, sprach:
So hat ER gesprochen:
Könntet ihr trennen meinen Bund mit dem Tag und meinen
    Bund mit der Nacht,
daß Tag und Nacht ausblieben zu ihrer Zeit,
dann nur würde auch mein Bund mit meinem Knecht Dawid
    getrennt,
daß ihm kein Sohn wäre, der auf seinem Stuhl Königschaft
    hat,

und mit den Lewiten und den Priestern, den mir Amtenden.
Wie die Schar des Himmels nicht zu zählen,
nicht zu messen ist der Sand des Meers,
so mehren will ich den Samen meines Knechtes Dawid
und die Lewiten, die mir amten.

Weiter geschah SEINE Rede zu Jirmejahu, es sprach:
Hast du nicht gesehn, was diese Volksleute reden,
sprechen: Zwei Sippen sinds, die ER hatte erwählt,
nun aber hat er sie verworfen!
Verschmäht heißen sie mein Volk,
unfähig, noch als Stamm vor ihrem Antlitz zu gelten.
So hat ER gesprochen:
Würde je zunichte mein Bund um Tag und Nacht,
Satzungen Himmels und Erden, machte ich sie zunichte,
dann nur könnte ich verwerfen auch Jaakobs Samen:
Dawid meinen Knecht,
aus seinem Samen Herrscher zu nehmen
für den Samen Abrahams, Jizchaks und Jaakobs.
Ja, ich lasse ihnen Wiederkehr kehren,
ich erbarme mich ihrer.

Die Rede, die zu Jirmejahu von I H M her geschah
– Nebukadrezar König von Babel und all sein Heer
und alle Königreiche der Erde, drüber seine Hand waltete, all
    die Völker
kriegten da wider Jerusalem und wider all seine Tochterstädte –,
es sprach:
So hat E R gesprochen, der Gott Jifsraels:
Geh, sprich zu Zidkijahu, König von Jehuda,
sprich zu ihm:
So hat E R gesprochen:
Wohlan,
ich gebe diese Stadt in die Hand des Königs von Babel,
daß er sie im Feuer verbrenne,
und du selber entschlüpfst seiner Hand nicht,
nein, gepackt wirst du, gepackt
und in seine Hand wirst du gegeben,
daß deine Augen in die Augen des Königs von Babel sehen
und sein Mund mit deinem Munde rede,
und nach Babel mußt du kommen.
Jedoch höre SEINE Rede,
Zidkijahu, König von Jehuda,
so hat E R über dich gesprochen:
Du sollst durchs Schwert nicht sterben,
sterben sollst du in Frieden,
und wie die Leichenbrände deiner Väter waren,
die vor dir gewesen sind,
desgleichen wird man dir brennen,
mit »Weh, Herr!« wird man dich bejammern.
Ja, die Rede gilt,
ich selber habs geredet,
ist SEIN Erlauten.
Jirmejahu der Künder redete zu Zidkijahu König von Jehuda
    all diese Rede in Jerusalem,
das Heer des Königs von Babel aber kriegte wider Jerusalem
    und wider alle überbliebenen Städte Jehudas, gegen Lachisch
    und gegen Aseka,
denn die waren überblieben von den Städten Jehudas, den
    Festungsstädten.

Die Rede, die zu Jirmejahu von IHM her geschah,

nachdem der König Zidkijahu einen Bund mit allem Volk geschlossen hatte, das in Jerusalem war,

ihnen Freilauf auszurufen:

daß jedermann wegschicke seinen Dienstknecht, jedermann
seine Magd, den Ebräer und die Ebräerin, geledigt,

ohne daß weiter jemand sich jenen Judäer, seinen Bruder, dienstbar machte,

sie hörtens, alle Obern und alles Volk, die in den Bund gekommen waren,

geledigt wegzuschicken jedermann seinen Dienstknecht, jedermann seine Magd,

ohne daß man sie sich fortan dienstbar machte,

sie gehorchten, schickten sie weg,

danach aber kehrten sie sich wieder ab, hießen zurückkehren
die Knechte und die Mägde, die sie geledigt weggeschickt
hatten,

nötigten sie zu Knechten und zu Mägden, –

da geschah SEINE Rede zu Jirmejahu, von IHM her, es sprach:

So hat ER, der Gott Jifsraels, gesprochen:

Ich selber habe den Bund mit euren Vätern geschlossen,

am Tag, da ich sie aus dem Land Ägypten, aus dem Haus
der Dienstbarkeit führte,

sprechend:

Gegen Ablauf von sieben Jahren sollt wegschicken ihr

jedermann seinen Bruder, den Ebräer, der dir verkauft worden
ist,

sechs Jahre soll er dir dienen, dann schicke ihn geledigt von
dir weg!

Aber eure Väter hörten auf mich nicht, sie neigten ihr Ohr
nicht.

Nun wart ihr heut umgekehrt, habt das in meinen Augen
Grade getan,

Freilauf auszurufen, jedermann für seinen Genossen,

habt einen Bund geschlossen mir vorm Antlitz, in dem Haus,
drüber mein Name gerufen ist,

dann aber kehrtet ihr euch wieder ab, gabt meinen Namen
preis,

hießet zurückkehren jedermann seinen Knecht, jedermann seine Magd,
die ihr geledigt in ihre Selbständigkeit geschickt hattet,
nötigtet sie, euch zu Knechten, zu Mägden zu werden!
Darum hat ER so gesprochen:
Ihr, ihr habt auf mich nicht gehört,
Freilauf auszurufen jedermann für seinen Bruder, jedermann
für seinen Genossen,
wohlan, ich rufe für euch Freilauf aus,
ist SEIN Erlauten,
dem Schwert, der Seuche, dem Hunger,
ich gebe euch zum Popanz allen Königreichen der Erde.
Ich gebe die Männer, die meinen Bund überschritten haben,
die nicht erstehen ließen die Rede des Bundes, den sie geschlossen hatten mir vorm Antlitz,
da sie das Kalb entzwei schlissen, zwischen seinen Hälften hindurchschritten,
die Obern Jehudas, die Obern Jerusalems, die Kämmerer, die
Priester und alle Volkschaft des Lands, die zwischen den
Hälften des Kalbs hindurchgeschritten sind,
ich gebe sie in die Hand ihrer Feinde, in die Hand derer, die
ihnen an die Seele trachten,
daß ihr Leichnam zum Fraß werde dem Vogel des Himmels
und dem Getier des Erdlands,
Zidkijahu, König von Jehuda, und seine Obern gebe ich
in die Hand ihrer Feinde, in die Hand derer, die ihnen an die
Seele trachten,
in die Hand des Heers des Königs von Babel, ihrer, die sich
eben von euch hinweggehoben haben,
wohlan, ich entbiete,
ist SEIN Erlauten,
heiße zurückkehren sie gegen diese Stadt,
sie sollen wider sie kriegen, sollen sie bezwingen, sollen sie im
Feuer verbrennen,
und die Städte Jehudas gebe ich hin als Starrnis, insassenlos.

Die Rede, die zu Jirmejahu von IHM her geschah
in den Tagen Jojakims Sohns Joschijahus, Königs von Jehuda,
    es sprach:
Geh zum Haus der Rechabiten, rede zu ihnen,
lasse sie in MEIN Haus kommen, nach einer der Lauben,
kredenze ihnen Wein.
Ich nahm Jaasanja Sohn Jirmejahus Sohns Chabazinjas, seine
    Brüder und alle seine Söhne
und alles Haus der Rechabiten,
ich ließ sie in SEIN Haus kommen
nach der Laube der Söhne Chanans Sohns Jigdaljahus, des
    Gottesmannes,
der neben der Laube der Obern, der oberhalb der Laube
    Maafsejahus Sohns Schallums, des Wächters der Schwelle,
ich gab vor die Söhne des Rechabitenhauses Kelche voll
    Weins und Becher,
dann sprach ich zu ihnen:
Trinkt Wein.
Sie aber sprachen:
Wir können Wein nicht trinken,
denn Jonadab Sohn Rechabs, unser Vorvater, hat über uns ge-
    boten, sprechend:
Ihr sollt nicht Wein trinken,
ihr und eure Söhne auf Weltzeit,
ein Haus sollt ihr nicht bauen,
Saat sollt ihr nicht säen,
einen Rebgarten sollt ihr nicht pflanzen,
das sollt ihr nicht haben,
nein, in Zelten siedelt all eure Tage,
damit ihr viele Tage lebet
auf der Fläche des Bodens, darauf ihr gastet.
Wir hörten auf die Stimme Jonadabs Sohns Rechabs, uns-
    res Vorvaters,
in allem, was er uns geboten hat,
keinen Wein zu trinken all unsre Tage,
wir, unsre Weiber, unsre Söhne und unsre Töchter,
keine Häuser zu bauen zu unserm Sitz,

Rebgarten, Saatfeld haben wir nicht,

in Zelten siedelten wir,

wir hörten, wir taten,

allwie uns Jonadab, unser Vorvater, hatte geboten.

Es geschah aber, als Nebukadrezar König von Babel gegen das
Land heranzog,

da sprachen wir: Kommt, nach Jerusalem müssen wir kommen

vor dem Heer der Chaldäer und vor dem Heer Arams!

und wir siedelten in Jerusalem.

SEINE Rede geschah zu Jirmejahu, sprach:

So hat ER der Umscharte gesprochen, der Gott Jifsraels:

Geh, sprich zur Mannschaft Jehudas und zu den Insassen
Jerusalems:

Wollt ihr nicht Zucht annehmen,

auf meine Rede zu hören?!

ist SEIN Erlauten,

Vollführt wurde die Rede Jonadabs Sohns Rechabs,

die er seinen Söhnen geboten hat, keinen Wein zu trinken,

sie haben bis auf diesen Tag nicht getrunken,

denn sie hörten auf das Gebot ihres Vaters,

ich aber,

ich habe zu euch geredet,

Rede vom Frühmorgen an,

und ihr habt auf mich nicht gehört.

Ich sandte zu euch all meine Diener, die Künder,

Sendung vom Frühmorgen an,

zu sprechen: Kehrt doch um, jedermann von seinem bösen
Weg,

bessert eure Geschäfte,

geht nimmer anderen Göttern nach, ihnen zu dienen,

und siedeln dürft ihr auf dem Boden, den ich euch und euren
Vätern gab! –

ihr aber neigtet euer Ohr nicht, ihr hörtet nicht auf mich.

Ja, vollführt haben die Söhne Jonadabs Sohns Rechabs

das Gebot ihres Vaters, das er ihnen gebot,

dieses Volk aber, sie haben auf mich nicht gehört.

Darum,

so hat ER, der Umscharte Gott, der Gott Jifsraels, gesprochen,

wohlan,

kommen lasse ich an Jehuda und an alle Insassen Jerusalems

all das Böse, das ich über sie geredet habe:

weil ich zu ihnen redete

und sie wollten nicht hören,

ich rief sie an

und sie antworteten nicht.

Zum Haus der Rechabiten aber sprach Jirmejahu:

So hat ER der Umscharte gesprochen, der Gott Jifsraels:

Dieweil ihr dem Gebot eures Vaters Jonadab gehorcht habt,

wahrtet all seine Gebote,

tatet, allwie er euch geboten hat,

darum,

so hat ER der Umscharte gesprochen, der Gott Jifsraels,

soll nicht abschließen Mannesfolge dem Jonadab Sohne Re-
    chabs,

vor meinem Antlitz stehend, alle Tage.

Es geschah im vierten Jahr Jojakims Sohns Joschijahus, Königs
 von Jehuda,
da geschah diese Rede zu Jirmejahu von IHM her, es sprach:
Nimm dir eine Buchrolle, schreibe darauf alle Redeworte,
 die ich zu dir über Jisrael, über Jehuda und über alle Weltstämme geredet habe
vom Tag an, da ich zu dir redete, von den Tagen Joschijahus,
 bis zu diesem Tag!
Vielleicht hören die vom Hause Jehuda all das Böse, das ich
 ihnen anzutun plane,
auf daß sie umkehren, jedermann von seinem bösen Weg,
daß ich ihnen verzeihn kann ihren Fehl, ihre Versündigung.
Jirmejahu rief Baruch Sohn Nerijas,
Baruch schrieb dem Mund Jirmejahus all SEINE Rede ab,
 die er zu ihm geredet hatte, auf eine Buchrolle.
Dann gebot Jirmejahu dem Baruch, sprechend:
Ich werde abgehalten,
ich darf in SEIN Haus nicht kommen,
so komm du hin, rufe von der Rolle, die du meinem Mund
 abgeschrieben hast, SEINE Reden aus
vor den Ohren des Volkes in SEINEM Haus an einem Tag der
 Kasteiung,
und auch vor den Ohren alles Jehuda, die aus ihren Städten
 kommen, sollst du sie rufen:
vielleicht fällt ihr Gunstheischen vor SEIN Antlitz nieder,
indem sie umkehren, jedermann von seinem bösen Weg,
denn groß ist der Zorn und die Glut, davon ER gegen dieses
 Volk hat geredet.
Baruch Sohn Nerijas tat, allwie ihm Jirmejahu der Künder geboten hatte.
SEINE Reden in SEINEM Haus von der Rolle auszurufen.
Als man nämlich, es war im fünften Jahr Jojakims Sohn Joschijahus, Königs von Jehuda, in der neunten Móndneuung,
 ausrief Kasteiung vor SEINEM Antlitz
allem Volk in Jerusalem und allem Volk, die aus den Städten
 Jehudas nach Jerusalem kamen,
rief Baruch von dem Buch die Reden Jirmejahus in SEINEM
 Haus aus,

in der Laube Gmarjahus Sohns Schafans, des Schreibers, im
    obern Hof, am Einlaß des neuen Tors SEINES Hauses,
vor den Ohren alles Volkes.
Als nun Michajhu Sohn Gmarjahus Sohns Schafans alle SEINE
    Reden aus dem Buch gehört hatte,
stieg er hinab zum Königshaus, in die Laube des Schreibers,
eben saßen dort alle Obern beisammen,
Elischama der Schreiber, Dlajahu Sohn Schmajahus, Elnatan
    Sohn Achbors, Gmarjahu Sohn Schafans, Zidkijahu Sohn
    Chananjahus und all die Obern,
ihnen meldete Michajhu all die Reden, die er gehört
    hatte,
als Baruch sie vor den Ohren des Volkes von dem Buch aus-
    rief.
Da sandten alle Obern zu Baruch den Jehudi Sohn Ntanjahus
    Sohns Schelemjahus Sohns Kuschis, zu sprechen:
Die Rolle, von der du vor den Ohren des Volkes ausgerufen
    hast,
nimm sie in deine Hand und geh her!
Baruch Sohn Nerijahus nahm die Rolle in seine Hand und
    kam zu ihnen.
Sie sprachen zu ihm:
Setze dich doch, rufs auch vor unsern Ohren aus!
Baruch riefs vor ihren Ohren aus.
Es geschah, als sie all die Reden gehört hatten:
sie erbebten einander zu,
dann sprachen sie zu Baruch:
Melden, melden müssen wir dem König all diese Rede.
Noch aber fragten sie Baruch, sprechend:
Melde uns doch,
wie hast du all diese Reden geschrieben, –
seinem Mund ab?
Baruch sprach zu ihnen:
Seinem Mund ab, er rief mir diese Reden zu,
und ich schriebs mit Tinte ins Buch.
Die Obern sprachen zu Baruch:
Geh, verbirg dich, du und Jirmejahu,
niemand soll wissen, wo ihr seid!
Sie kamen zum König in den Schloßhof,

die Rolle aber hatten sie in der Laube Elischamas des Schreibers verwahrt.

Sie meldeten vor den Ohren des Königs all die Rede.

Da sandte der König den Jehudi, die Rolle zu nehmen,

der nahm sie aus der Laube Elischamas des Schreibers.

Jehudi rief sie vor den Ohren des Königs aus und vor den
Ohren aller Obern, die den König umstanden.

Der König aber saß im Winterhaus – in der neunten Mondneuung wars –, vor sich das Kohlenbecken entzündet.

Es geschah, sooft Jehudi drei oder vier Spalten ausgerufen
hatte,

da riß jener es mit dem Schreibersmesser ab und warfs ins Feuer, das auf dem Kohlenbecken,

bis die ganze Rolle im Feuer, dem im Kohlenbecken, war.

Sie erbebten nicht,

sie rissen nicht ihre Kleider ein,

der König und all seine Diener, die all diese Rede hörten,

und wie auch Elnatan und Dlajahu und Gmarjahu den König
bedrängten, die Rolle unverbrannt zu lassen,

hörte er nicht auf sie.

Dann gebot der König Jerachmel dem Königssohn, Sfrajahu
Sohn Asriels und Schelemjahu Sohn Abdels, Baruch den
Schreiber und Jirmejahu den Künder festzunehmen.

Aber ER hatte sie verborgen.

SEINE Rede geschah zu Jirmejahu,

nachdem der König die Rolle mit den Reden, die Baruch dem
Mund Jirmejahus abschrieb, verbrannt hatte,

es sprach:

Nimm dir wieder eine andre Rolle,

schreibe drauf all die vorigen Reden,

die auf der vorigen Rolle waren, die Jojakim König von Jehuda verbrannt hat.

Und über Jojakim König von Jehuda sprich:

So hat ER gesprochen:

Du bists, der diese Rolle verbrannt hat,

um auszusprechen: Weshalb hast du darauf den Spruch geschrieben:

Kommen, kommen wird der König von Babel,

verderben wird er dieses Land,
wird draus verabschieden Mensch und Vieh -?
Darum,
so hat E R über Jojakim König von Jehuda, gesprochen,
bleibe ihm einer nicht, der auf Dawids Stuhl sitzt,
und sein Leichnam werde hingeworfen
der Hitze bei Tag,
dem Froste bei Nacht!
Zuordnen will ich ihm, seinem Samen, seinen Dienern ihre
Verfehlung,
kommen lassen will ich über sie, über die Insassen Jerusalems
und an die Mannschaft Jehudas all das Böse,
davon ich zu ihnen redete, sie aber wollten nicht hören.
Jirmejahu nahm eine andre Rolle, er gab sie Baruch Sohn
Nerijahus dem Schreiber,
der schrieb darauf, dem Mund Jirmejahus ab, all die Reden
des Buchs,
das Jojakim König von Jehuda im Feuer verbrannt hatte,
und noch hinzugefügt wurde zu denen, viele Reden ihresgleichen.

Zidkijahu Sohn Joschijahus hatte statt Konjahus Sohns Jojakims die Königschaft angetreten,
da ihn Nebukadrezar König von Babel im Land Jehuda gekönigt hatte.
Aber nicht hörte er, er und seine Diener und die Volkschaft
 des Landes auf SEINE Rede,
die er durch Jirmejahu den Künder redete.

Einst sandte der König Zidkijahu Juchal Sohn Schelemjas und
 Zfanja Sohn Maafsejas den Priester zu Jirmejahu dem Kün-
 der, zu sprechen:
Bete doch für uns zu IHM unserm Gott!
Jirmejahu kam und zog nämlich damals inmitten des Volkes,
 man hatte ihn noch nicht in das Hafthaus gegeben.
Es war aber das Heer Pharaos aus Ägypten gezogen,
die Chaldäer, die Jerusalem einengten, hatten das Vernehmen
 von ihnen vernommen,
sie hatten sich hinweggehoben, von Jerusalem weg.
Da geschah SEINE Rede zu Jirmejahu dem Künder, es sprach:
So hat ER, der Gott Jifsraels, gesprochen:
So sprecht zum König von Jehuda, der euch zu mir sendet, mich
 zu beforschen:
Wohlan,
das Heer Pharaos, das euch zu Hilfe auszog,
kehrt in sein Land Ägypten zurück,
die Chaldäer kehren wieder, kriegen gegen diese Stadt,
bezwingen sie, verbrennen sie im Feuer.
So hat ER gesprochen:
Täuschet nimmer eure Seelen,
sprechend: Fortgegangen sind, hinweggegangen von uns die
 Chaldäer! –
nein,
sie gehen nicht fort.
Nein,
schlügt ihr alles Heer der Chaldäer, die euch bekriegen,
übrig blieben von ihnen etliche Männer, zerstochen, jedermann in seinem Zelt,
die stünden auf,
die verbrennten diese Stadt im Feuer.

Es war, als das Heer der Chaldäer sich vor dem Heer Pharaos
  von Jerusalem hinweghob,
da zog Jirmejahu aus Jerusalem, ins Land Binjamin zu gehn,
  um sein Erbteil dort zu empfangen,
mitten unterm Volk.

Wie er aber am Binjamintore war,
war dort ein Wachtmeister, Jirija Sohn Schelemjas Sohns
  Chananjas mit Namen,
der packte Jirmejahu, den Künder, sprechend:
Abfallen willst du zu den Chaldäern!
Jirmejahu sprach:
Lüge! ich bin keiner, der zu den Chaldäern abfällt.
Er aber hörte nicht auf ihn,
Jirija packte Jirmejahu an, er brachte ihn zu den Obern.
Die Obern entrüsteten sich über Jirmejahu, sie ließen ihn
  schlagen,
sie gaben ihn ins Gefängnishaus, ins Haus Jonatans des Schrei-
  bers,
denn das hatten sie zum Hafthaus gemacht.
So kam Jirmejahu ins Zisternenhaus, in die Gewölbe,
dort saß Jirmejahu viele Tage.
Einst aber sandte König Zidkijahu, er ließ ihn holen.
Der König befragte ihn in seinem Haus insgeheim, er
  sprach:
Ist Rede da von IHM her?
Jirmejahu sprach:
Sie ist da.
Er sprach weiter:
In die Hand des Königs von Babel wirst du gegeben.
Weiter sprach Jirmejahu zum König Zidkijahu:
Was habe ich an dir, an deinen Dienern, an diesem Volk ge-
  sündigt,
daß ihr mich ins Hafthaus gegeben habt?!
Wo aber sind eure Künder, die euch den Spruch kündeten:
Nicht kommt der König von Babel über euch, über dieses
  Land!
Jetzt also höre doch, mein Herr König,

möge mein Gunstheischen vor dein Antlitz niederfallen,
schicke mich nimmer wieder ins Haus Jonatans des
    Schreibers,
daß ich dort nicht sterben muß.
Der König Zidkijahu gebot,
man verwahrte Jirmejahu im Wachthof,
man gab ihm täglich einen Brotlaib aus der Bäckergasse,
bis alles Brot aus der Stadt ganz dahin war.
So saß Jirmejahu im Wachthof.

Es hörte aber Schfatja Sohn Matans, und Gdaljahu Sohn
    Paschchurs und Juchal Sohn Schelemjahus und Paschchur
    Sohn Malkijas, die Rede, die Jirmejahu zu allem Volke re-
    dete, sprechend:
So hat ER gesprochen:
Wer in dieser Stadt sitzen bleibt,
stirbt durchs Schwert, durch den Hunger und durch die
    Seuche,
wer hinaustritt zu den Chaldäern, darf leben,
er hat seine Seele zur Beute und lebt.
So hat ER gesprochen:
Gegeben wird diese Stadt, übergeben
in die Hand des Heers des Königs von Babel,
er soll sie bezwingen.
Da sprachen die Obern zum König:
Töten möge man doch diesen Mann!
dadurch erschlafft er ja die Hände der Kriegsmannschaft,
derer, die noch in dieser Stadt überblieben,
und die Hände alles Volkes,
indem er zu ihnen dergleichen Rede redet, –
dieser Mann trachtet ja diesem Volk nie zur Befriedung,
sondern zum Bösen.
Der König Zidkijahu sprach:
Wohl, er ist in eurer Hand,
der König vermag ja nichts wider euch.
Sie nahmen Jirmejahu, sie warfen ihn in die Zisterne Malki-
    jahus des Königssohns, die im Wachthof ist,
an Stricken ließ man Jirmejahu hinab,
in der Zisterne aber war kein Wasser, sondern nur Schlamm,

Jirmejahu sank in den Schlamm.

Als aber Ebed Melech der Mohr, ein Hämling, hörte,
er war eben im Königshaus,
daß man Jirmejahu in die Zisterne gegeben hatte,
der König aber saß damals im Binjamintor,
trat Ebed Melech aus dem Königshaus, er redete zum König,
    sprechend:
Mein Herr König,
Böses haben diese Männer verübt mit allem, was sie Jirmejahu
    dem Künder taten,
damit, daß sie ihn in die Zisterne geworfen haben,
daß er auf der Stelle vor Hunger sterben muß.
– Denn kein Brotvorrat war mehr in der Stadt. –
Der König gebot Ebed Melech dem Mohren, sprechend:
Nimm an die Hand dir von hier dreißig Männer,
bringe Jirmejahu den Künder aus der Zisterne herauf,
ehe er stirbt!
Ebed Melech nahm die Männer an seine Hand,
kam ins Königshaus unterhalb der Vorratskammer,
nahm von dort Haderlappen und Fetzenlappen,
die ließ er an Stricken zu Jirmejahu in die Zisterne hinab.
Ebed Melech der Mohr sprach zu Jirmejahu:
Lege doch die Hader- und Fetzenlappen unter deine Armge-
    lenke unterhalb der Stricke!
Jirmejahu tat so,
sie zogen Jirmejahu an den Stricken, sie brachten ihn aus der
    Zisterne herauf.
Dann saß Jirmejahu weiter im Wachthof.

Der König Zidkijahu sandte, er ließ Jirmejahu den Künder
    zu sich holen
zum dritten Eingang, der nach SEINEM Hause führt.
Der König sprach zu Jirmejahu:
Ich will dich um die Rede fragen,
verhehle mir aber nimmer ein Redewort!
Jirmejahu sprach zu Zidkijahu:
Wenn ichs dir melde,
wirst du mich denn töten nicht, töten?
und wenn ich dir rate,

wirst du doch nicht auf mich hören.

Da schwur der König Zidkijahu dem Jirmejahu insgeheim,
    sprechend:

Sowahr ER lebt, der uns diese Seele gemacht hat:

töte ich dich,

gebe ich dich in die Hand dieser Männer, die dir an die Seele
    trachten,

…!

Jirmejahu sprach zu Zidkijahu:

So hat ER, der Umscharte Gott, der Gott Jifsraels gesprochen:

Trittst du hinaus, hinaus zu den Obern des Königs von Babel,

dann darf deine Seele noch leben,

diese Stadt wird nicht im Feuer verbrannt,

du lebst fort, du und dein Haus.

Trittst du aber nicht hinaus zu den Obern des Königs von
    Babel,

dann wird diese Stadt in die Hand der Chaldäer gegeben,

sie verbrennen sie im Feuer,

und du selber kannst ihrer Hand nicht entschlüpfen.

Der König Zidkijahu sprach zu Jirmejahu:

Besorgt bin ich vor den Judäern, die zu den Chaldäern abge-
    fallen sind,

man möchte mich etwa in ihre Hände übergeben, daß sie ihr
    Spiel mit mir treiben.

Jirmejahu sprach:

Man wird nicht übergeben –

höre doch nur auf SEINE Stimme

in dem, was ich zu dir rede,

und dir solls gut ergehn,

und deine Seele soll leben.

Weigerst du dich aber hinauszutreten,

dann ists dieses Geredete, wie ER mich hats sehen lassen:

wohlan,

alle Weiber, die noch überblieben sind im Haus des Königs
    von Jehuda,

werden hinausgebracht zu den Obern des Königs von Babel,

und sie sprechen dabei:

Verlockt haben sie dich,

übermocht haben sie dich,

die Männer, die dir im Friedensbund standen:
kaum sanken in den Sumpf deine Füße,
waren jene schon rückwärts entwichen!
Alle deine Weiber und deine Kinder werden hinausgebracht
    zu den Chaldäern,
und du selber kannst ihrer Hand nicht entschlüpfen,
nein, von der Hand des Königs von Babel wirst du gepackt,
und diese Stadt, im Feuer wird sie verbrannt.
Zidkijahu sprach zu Jirmejahu:
ʹNimmer darf jemand von dieser Unterredung wissen,
daß du nicht sterben mußt.
Und wenn die Obern hören, daß ich mit dir geredet habe,
zu dir kommen, zu dir sprechen:
Melde uns doch, was hast du zum König geredet?
verhehls uns nimmer, so mußt du nicht durch uns sterben!
und was hat der König zu dir geredet? –
dann sprich zu ihnen:
Niederfallen ließ ich mein Gunstheischen vors Antlitz des
    Königs,
mich nicht in Jonatans Haus zurückzuschicken, dort zu
    sterben.
Als nun alle Obern zu Jirmejahu kamen, sie ihn befragten,
meldete er ihnen all dieser Rede gleich, wie der König gebo-
    ten hatte,
sie aber wandten sich schweigend von ihm, denn die Unterre-
    dung war nicht gehört worden.
Jirmejahu saß weiter im Wachthof
bis zu dem Tag, an dem Jerusalem bezwungen wurde.

Es geschah, als Jerusalem bezwungen wurde,
– im neunten Jahre Zidkijahus Königs von Jehuda, in der zehn-
    ten Mondneuung, war Nebukadrezar König von Babel und
    all sein Heer gegen Jerusalem gekommen, sie hatten es ein-
    geengt,
im elften Jahr Zidkijahus aber, in der vierten Mondneuung,
    am neunten auf die Neuung, wurde die Stadt erbrochen, –
da kamen alle Obern des Königs von Babel, sie saßen im Tor
    der Mitte,

Nergal Sſarezer von Sſimgar, Nbo Sſarſsechim sowie der
Großkämmerer – Nergal Sſarezer war der Großmagier –
und alle übrigen Obern des Königs von Babel.

– Es war aber geschehn, als Zidkijahu König von Jehuda sie
sah, und alle Kriegsmannen,
da flohen sie, zogen nachts aus der Stadt, auf dem Weg beim
Königsgarten, durch das Tor der Doppelmauer,
er zog fort, den Weg durch die Steppe,
jene aber, das Heer der Chaldäer, jagten ihnen nach, sie holten
Zidkijahu in den Steppen von Jericho ein,
sie nahmen ihn gefangen, sie brachten ihn hinauf zu Nebukadrezar König von Babel nach Ribla im Lande Chamat,
da redete er gerichtsmäßig mit ihm,
der König ließ die Söhne Zidkijahus in Ribla vor seinen Augen niedermetzeln,
alle Edeln von Jehuda ließ niedermetzeln der König von Babel,
dann ließ er Zidkijahus Augen blenden, ließ mit Doppelerz
fesseln, ihn so nach Babel mitkommen zu lassen.
Das Haus des Königs und das Haus des Volkes verbrannten
die Chaldäer im Feuer,
und die Mauern Jerusalems rissen sie nieder.
Das übrige Volk, das noch in der Stadt als Rest verblieben
war:
die Abgefallnen, die zu ihm abgefallen waren, und den übrigen Volksrest
verschleppte Nebusaradan, der Großanführer der Leibdegen,
nach Babel,
aber von der Volksarmut, denen die gar nichts hatten, ließ Nebusaradan, der Anführer der Leibdegen, einen Rest im Land
Jehuda zurück,
er gab ihnen Weinberge und Pflugland an jenem Tag. –

Nebukadrezar König von Babel hatte durch Nebusaradan,
den Großanführer der Leibdegen, über Jirmejahu geboten,
sprechend:
Nimm ihn, und deine Augen richte auf ihn, laß ihm gar nichts
Böses tun,

sondern wie er zu dir reden wird, so tue an ihm.

Drum sandte Nebusaradan, der Großanführer der Leibdegen,
    und Nebuschasban, der Großkämmerer, und Nergal Sfare-
    zer, der Großmagier, und alle Großen des Königs von Babel,
    sie sandten, ließen Jirmejahu aus dem Wachthof nehmen,
    sie übergaben ihn Gdaljahu Sohn Achikams Sohns Schafans,
    ihn frei nach Hause ziehen zu lassen.

Hinfort saß er inmitten des Volks.

Zu Jirmejahu war aber SEINE Rede geschehn, als er noch im
    Wachthof einbehalten war, sprechend:
Geh, sprich zu Ebed Melech dem Mohren, sprich:
So hat ER der Umscharte gesprochen, der Gott Jifsraels:
Nun lasse ich meine Rede über diese Stadt kommen,
zum Bösen, nicht zum Guten,
das wird dir vorm Angesicht sein an jenem Tag,
dich aber will ich retten an jenem Tag,
ist SEIN Erlauten,
du wirst nicht in die Hand der Männer gegeben, vor deren
    Angesicht du bangst,
nein, entschlüpfen lasse ich dich, entschlüpfen,
durchs Schwert sollst du nicht fallen,
sollst deine Seele zur Beute haben,
denn du hast dich auf mich verlassen,
ist SEIN Erlauten.

Die Rede, die zu Jirmejahu von IHM her geschah,

nachdem ihn Nebusaradan, der Anführer der Leibdegen, von
  Rama aus freigeschickt hatte,

da er ihn herausholen ließ,

– er war nämlich, mit Armketten gefesselt, inmitten aller Verschlepptenschaft Jerusalems und Jehudas, die nach Babel
  verschleppt wurden –

der Anführer der Leibdegen ließ Jirmejahu heranholen, er
  sprach zu ihm:

ER, dein Gott, hat dieses Böse wider diesen Ort geredet,

er hats nun kommen lassen, getan hat ER, wie er geredet hatte,

denn gesündigt habt ihr an IHM, nicht gehört auf seine Stimme,

so ist diese Rede nun euch geworden.

Jetzt aber, wohlan, ich öffne heut die Ketten, die an deiner
  Hand sind:

ists in deinen Augen gut mit mir zu kommen nach Babel,
  komm,

ich will mein Auge auf dich richten,

ists aber in deinen Augen bös, mit mir zu kommen nach Babel,
  laß es,

sieh, alles Land ist vor dir, wohins in deinen Augen gut und
  recht ist zu gehn, dorthin geh!

Jener aber kehrt nicht mehr zurück,

kehre dich also zu Gdalja Sohn Achikams Sohns Schafans, den
  der König von Babel über die Städte Jehudas verordnet hat,

sitze bei ihm inmitten des Volkes,

oder wohin immer es in deinen Augen recht ist zu gehen, geh!

Der Anführer der Leibdegen gab ihm Zehrung und ein Geschenk, dann schickte er ihn frei.

Jirmejahu kam zu Gdalja Sohn Achikams nach Mizpa,

er saß bei ihm inmitten des Restvolks im Land.

Es hörten aber alle Obern der Heersplitter, die noch im Feld
  waren, sie und ihre Mannschaft,

daß der König von Babel Gdalja Sohn Achikams über das
  Land verordnet hatte

und daß er ihm zugeordnet hatte Männer, Weiber und Kinder
  von der Volksarmut, die nicht nach Babel verschleppt worden waren.

Da kamen sie zu Gdalja nach Mizpa,

Jischmael Sohn Ntanjahus, Jochanan und Jonatan Söhne Kareachs, Sraja Sohn Tanchumets, die Söhne Efajs des Ntofa-
titers und Jesanjahu Sohn des Maachatiters, sie und ihre
Mannschaft.

Gdaljahu Sohn Achikams Sohns Schafans schwur ihnen und
ihrer Mannschaft, sprechend:

Fürchtet euch nimmer, den Chaldäern zu dienen,

siedelt im Land und dient dem König von Babel, und euch
wird gut sein.

Ich, ich habe nun Sitz in Mizpa, euch vor den Chaldäern zu
vertreten, die zu uns kommen werden,

ihr aber, heimset nun Wein und Obst und Öl, bringts in eure
Behälter,

und siedelt in den Städten, die ihr erfaßt.

Auch alle Judäer, die in Moab, bei den Söhnen Ammons, in
Edom, und die in allen Ländern waren, hörten,

daß der König von Babel Jehuda einen Überrest gewährt hatte
und daß er darüber verordnet hatte Gdaljahu Sohn Achikams
Sohns Schafans,

da kehrten all die Judäer aus all den Orten, wohin sie versprengt waren, zurück,

sie kamen ins Land Jehuda, zu Gdaljahu nach Mizpa,

heimsten Wein und Obst, sehr viel.

Jochanan Sohn Kareachs aber und alle Obern der Heersplitter,
die noch im Feld gewesen waren, kamen zu Gdaljahu nach
Mizpa, sie sprachen zu ihm:

Weißt dus auch, weißt, daß Baalis König der Söhne Ammons
Jischmael Sohn Ntanjas hergesandt hat, dich am Leben zu
schlagen?

Aber Gdaljahu Sohn Achikams wollte es ihnen nicht glauben.

Jochanan Sohn Kareachs sprach dann insgeheim zu Gdaljahu
in Mizpa, sprach:

Ich will doch hingehn und Jischmael Sohn Ntanjas erschlagen,
und niemand wird darum wissen,

warum soll er dich am Leben schlagen,

daß alle von Jehuda, die sich um dich gesammelt haben, sich
zerstreuen,

daß der Überrest Jehudas schwindet!
Aber Gdaljahu Sohn Achikams sprach zu Jochanan Sohn Ka-
    reachs:
Nimmer darfst du diese Rede tun,
denn Falsches redest du wider Jischmael.

Es geschah in der siebenten Mondneuung,
da kam Jischmael Sohn Ntanjas Sohns Elischamas, von
    königlichem Samen und der Großen des Königs einer,
  ¬und zehn Männer mit ihm zu Gdaljahu Sohn Achikams
    nach Mizpa,
sie aßen dort das Mahl beisammen in Mizpa,
dann stand Jischmael Sohn Ntanjas auf und die zehn Männer,
    die mit ihm waren,
sie erschlugen Gdaljahu Sohn Achikams Sohns Schafans mit
    dem Schwert.
So tötete er ihn, den der König von Babel über das Land ver-
    ordnet hatte.
Auch alle Judäer, die mit ihm, mit Gdaljahu, in Mizpa waren,
    und die Chaldäer, die sich dort befanden, die Kriegsmänner,
    erschlug Jischmael.
Es geschah nun am andern Tag nach der Tötung Gdaljahus,
    niemand wußte noch darum,
da kamen Männer aus Sichem, aus Schilo und aus Samaria,
    achtzig Mann,
den Bart geschoren, die Gewänder eingerissen, mit Trauer-
    Ritzfurchen,
Hinleitspende und Weihrauch in ihren Händen, sie in SEINEM
    Haus darzubringen.
Jischmael Sohn Ntanjas zog hinaus von Mizpa ihnen entgegen,
    ging und weinte im Gehn,
es war, als er auf sie traf, da sprach er zu ihnen:
Kommt zu Gdaljahu Sohn Achikams!
Wie sie nun mitten in die Stadt gekommen waren,
metzelte Jischmael Sohn Ntanjas sie in die Zisterne nieder,
    er und die Männer, die mit ihm waren.
Zehn Männer aber befanden sich unter jenen, die sprachen zu
    Jischmael:
Töte uns nimmer,

denn wir haben Verscharrtes im Feld, Weizen, Gerste, Öl und
Honig.

Da ließ er ab und tötete sie nicht inmitten ihrer Brüder.

Die Zisterne aber, darein Jischmael alle Leichname der Männer warf, die er dem Gdaljahu zuseiten erschlagen hatte,

die hatte der König Afsa machen lassen wegen Baaschas Königs von Jifsrael,

sie füllte Jischmael Sohn Ntanjahus mit Durchbohrten.

Dann führte Jischmael allen Überrest des Volks, der in Mizpa
war, gefangen hinweg,

die Königstöchter und allen Volksrest in Mizpa, darüber Nebusaradan, den Großanführer der Leibdegen, den Gdaljahu
Sohn Achikams verordnet hatte,

die führte Jischmael Sohn Ntanjas gefangen hinweg,

so ging er, zu den Söhnen Ammons auszuwandern.

Als aber Jochanan Sohn Kareachs und alle Obern der Heersplitter, die mit ihm waren, von all dem Bösen hörten, das
Jischmael Sohn Ntanjas getan hatte,

nahmen sie alle Mannschaft, sie gingen, mit Jischmael Sohn
Ntanjas zu kämpfen.

Sie fanden ihn an dem großen Wasser, das bei Gibon ist.

Wie nun alles Volk, das mit Jischmael war, Jochanan Sohn Kareachs sah und alle Obern der Heersplitter, die mit ihm waren, freuten sie sich,

sie wandten sich, alles Volk, das Jischmael aus Mizpa gefangen
hinweggeführt hatte,

sie gingen hinweg, zu Jochanan Sohn Kareachs.

Jischmael Sohn Ntanjas aber entschlüpfte mit acht Männern
dem Jochanan, er ging zu den Söhnen Ammons.

Da nahm Jochanan Sohn Kareachs und alle Obern der Heersplitter, die mit ihm waren, allen Überrest des Volks, den er
von Jischmael Sohn Ntanjas zurückgeholt hatte,

den aus Mizpa, nachdem jener Gdalja Sohn Achikams erschlagen hatte, gebrachten,

Männer, Kriegsleute auch, Weiber, Kinder, und die Kämmerer, die er von Gibon zurückgeholt hatte,

sie gingen, sie verweilten in der Gasthalterei des Kimham, der
bei Betlehem,

um nach Ägypten weiterzukommen,

der Chaldäer wegen, denn sie fürchteten sich vor ihnen,
weil Jischmael Sohn Ntanjas Gdaljahu Sohn Achikams er-
    schlagen hatte, den der König von Babel über das Land ver-
    ordnete.

Da traten heran alle Obern der Heersplitter, Jochanan Sohn
    Kareachs und Jesanja Sohn Hoschajas und alles Volk von
    Klein bis Groß,
sie sprachen zu Jirmejahu dem Künder:
Möge doch unser Gunstheischen vor dein Antlitz niederfallen!
bete für uns zu IHM deinem Gott
für all diesen Überrest,
denn ein Weniges resten wir von Vielem,
wie deine Augen uns sehn!
Möge ER dein Gott uns melden
den Weg, auf dem wir sollen gehn,
die Rede, die wir sollen tun!
Jirmejahu der Künder sprach zu ihnen:
Ich habs gehört,
wohl, beten will ich zu IHM eurem Gott eurer Rede gemäß,
und es sei, alles Redewort, das ER euch erwidern wird,
das will ich euch melden, will nicht ein Wort euch vorenthal-
    ten.
Sie aber sprachen zu Jirmejahu:
ER sei gegen uns ein treuer und vertrauter Zeuge,
werden wir nicht aller Rede gemäß, damit ER, dein Gott, dich
    zu uns sendet, also tun!
obs gut, obs bös dünkt,
auf SEINE unsres Gottes Stimme, zu dem wir dich senden, wol-
    len wir hören,
damit uns gut sei, weil wir auf SEINE, unsres Gottes, Stimme
    hörten.

Da geschahs, nach Ablauf eines Tagzehnts,
da geschah SEINE Rede zu Jirmejahu.
Er berief nun Jochanan Sohn Kareachs und alle Obern der
    Heersplitter, die mit ihm waren, und alles Volk von Klein
    bis Groß,
er sprach zu ihnen:

So hat ER gesprochen, der Gott Jifsraels,
zu dem ihr mich sandtet, euer Gunstheischen vor sein Antlitz
   niederfallen zu lassen:
Sitzet ihr seßhaft in diesem Land,
dann baue ich euch auf,
ich schleife nicht mehr nieder,
dann pflanze ich euch ein,
ich reute nicht mehr aus,
denn leidsein lasse ichs mir all des Bösen,
das ich euch angetan habe.
Fürchtet euch nimmer vorm Antlitz des Königs von Babel
vor dessen Antlitz ihr in Furcht seid,
fürchtet euch nimmer vor ihm,
ist SEIN Erlauten,
denn ich bin mit euch,
euch zu befreien,
euch aus seiner Hand zu retten.
Erbarmen gebe ich euch,
er soll sich euer erbarmen,
auf eurem Boden euch siedeln lassen.
Sprecht ihr aber: Wir wollen in diesem Lande nicht siedeln!,
SEINE eures Gottes Stimme ungehört lassend,
sprechend: Nein,
sondern ins Land Ägypten wollen wir kommen,
daß wir Krieg nicht mehr sehn,
daß wir Posaunenhall nicht mehr hören,
daß wir nach Brot nicht mehr hungern,
und dort wollen wir siedeln! –
dann hört jetzt dafür SEINE Rede,
Überrest von Jehuda:
So hat ER der Umscharte gesprochen, der Gott Jifsraels:
Richtet ihr nun euer Antlitz, richtets hin, nach Ägypten zu
   kommen,
kommt ihr hin, dort zu gasten,
dann solls geschehn:
das Schwert, davor ihr euch fürchtet,
dort, im Land Ägypten, wirds euch erreichen,
der Hunger, davor ihr euch sorget,
dort, in Ägypten, wird er sich an euch heften,

dort werdet ihr sterben.

Es soll geschehn:

alle Männer, die ihr Antlitz richten, nach Ägypten zu kommen, dort zu gasten,

dort werden sie sterben durch Schwert, durch Hunger und
durch Seuche,

nicht bleibt ihnen Bewahrtes, Entronnenes

vor dem Bösen, das ich über sie kommen lasse.

Denn so hat ER der Umscharte gesprochen, der Gott Jiſsraels:

Wie mein Zorn, mein Grimm sich ergoß

über die Insassen Jerusalems,

so wird mein Grimm niederfließen

über euch, wann ihr kommt nach Ägypten,

zum Droheid werdet ihr und zum Erstarren

und zur Verwünschung und zum Hohn,

diesen Ort sollt ihr nie wieder sehn.

ER hat das auf euch zu geredet,

Überrest von Jehuda:

Nimmer sucht nach Ägypten zu kommen!

Wisset gewiß,

ja, ich bezeuge es heut gegen euch:

wenn ihr, ihr irremachtet, dann nur euch selber!

Wenn ihr mich sandtet zu IHM, eurem Gott,

sprechend: Bete zu IHM, unserm Gott, für uns,

und allwie ER, unser Gott, spricht, so melds uns, wir tuns,

nun habe ich es heut euch gemeldet,

ihr aber hörtet nicht auf SEINE, eures Gottes, Stimme

in allem, womit er mich zu euch sandte,

dann wissets jetzt gewiß,

daß ihr sterben müßt durch Schwert, durch Hunger und durch
Seuche

an dem Ort, dahin zu kommen euchs verlangt, dort zu gasten.

Es geschah, als Jirmejahu allbeendet hatte, zu allem Volk all
SEINE, ihres Gottes, Rede zu reden,

womit ER ihr Gott ihn zu ihnen gesandt hatte, all diese Rede,

da sprach Asarja Sohn Hoschajas, und Jochanan Sohn Kareachs, und alle vermessenen Männer,

zu Jirmejahu sprechen die:

Lüge redest du,

nicht hat ER unser Gott dich gesandt
zu sprechen: Ihr sollt nicht nach Ägypten kommen, dort zu
    gasten, –
sondern Baruch Sohn Nerijas hat dich wider uns verlockt,
um uns in die Hand der Chaldäer zu geben,
daß sie uns töten oder uns nach Babel verschleppen.
Nicht wollte Jochanan Sohn Kareachs, und alle Obern der
    Heersplitter und alles Volk, auf SEINE Stimme hören,
im Land Jehuda weiter zu siedeln,
es nahm Jochanan Sohn Kareachs, und alle Obern der Heer-
    splitter, allen Überrest Jehudas,
jene, die aus allen Weltstämmen, dahin sie waren versprengt
    worden, zurückgekehrt waren, im Land Jehuda zu gasten,
die Männer, die Weiber und die Kinder, die Königstöchter,
    und alle Seelen, die Nebusaradan, der Anführer der Leib-
    degen, bei Gdaljahu Sohn Achikams Sohns Schafans hinter-
    lassen hatte,
auch Jirmejahu den Künder und Baruch Sohn Nerijahus,
sie kamen ins Land Ägypten,
denn sie hörten nicht auf SEINE Stimme.
Sie kamen aber bis Tachpanches.

SEINE Rede geschah zu Jirmejahu in Tachpanches, es sprach:
Nimm in deine Hand große Steine
und scharre sie im Schutt am Ziegelbau ein, der am Einlaß des
    Hauses Pharaos in Tachpanches ist,
vor den Augen judäischer Männer
sprich zu ihnen:
So hat ER der Umscharte gesprochen, der Gott Jifsraels:
Wohlan, ich sende hin,
ich hole Nebukadrezar König von Babel, meinen Knecht,
ich setze seinen Stuhl oberhalb dieser Steine, die ich verschar-
    ren ließ,
er soll seinen Prachthimmel über ihnen spannen.
Er kommt daran,
er schlägt das Land Ägypten,
was des Pesttods ist, zum Pesttod,
was der Gefangenschaft ist, zur Gefangenschaft,
was des Schwertes ist, zum Schwert.

Mit Feuer anstecken lasse ich
die Häuser der Götter Ägyptens,
er soll sie verbrennen,
er soll die hinwegführen.
Er laust das Land Ägypten,
wie der Hirt sein Gewand laust,
dann zieht im Frieden er wieder von dort.
Er zerbricht die Standmale
des Sonnenhauses im Land Ägypten,
die Häuser der Götter Ägyptens
verbrennt er im Feuer.

Die Rede, die zu Jirmejahu geschah,
hin zu allen Judäern, die im Land Ägypten siedeln,
die siedeln in Migdol, in Tachpanches, in Memphis, im Lande
    Patros,
es sprach:
So hat ER der Umscharte gesprochen, der Gott Jifsraels:
Selber habt ihr all das Böse gesehn,
das ich über Jerusalem und über alle Städte Jehudas habe kom-
    men lassen,
wohl, eine Ödnis sind sie an diesem Tag,
keiner mehr siedelt darin, –
ihres Bösen wegen, das sie taten, mich zu verdrießen,
hinzugehen, mit Rauchopfern anderen Göttern zu dienen,
von denen sie selber nichts wußten, ihr und eure Väter.
Wohl sandte ich zu euch all meine Diener, die Künder,
Sendung vom Frühmorgen an,
zu sprechen: Tut doch nimmer dieses Greuelding, das ich
    hasse!,
sie aber wollten nicht hören,
sie aber neigten ihr Ohr nicht,
von ihrer Bosheit umzukehren,
abzulassen, andern Göttern aufrauchen zu lassen.
Da ergoß sich mein Grimm und mein Zorn,
zündete die Städte Jehudas, die Gassen Jerusalems,
daß sie zur Einöde und zur Starrnis wurden,
wies an diesem Tag ist.
Jetzt aber,
so hat ER, der Umscharte Gott gesprochen, der Gott Jifsraels,
warum tut ihr so große Bosheit gegen eure eignen Seelen,
daß ihr euch selber ausrottet aus Jehudas Mitte
Mann und Weib, Spielkind und Säugling,
ohne euch einen Überrest übrig zu lassen:
indem ihr mich verdrießt durch die Gemächte eurer Hände,
aufrauchen laßt andern Göttern im Land Ägypten, dahin ihr
    zu gasten kamt,
so daß ihr euch selber ausrottet,
so daß ihr zur Verwünschung und zum Hohn bei allen Stäm-
    men der Erde werdet?!
Habt ihr das Böse eurer Väter vergessen,

das Böse der Könige Jehudas, das Böse der Weiber eines jeden,
euer Böses und das Böse eurer Weiber,
das man tat im Lande Jehudas und in den Gassen Jerusalems?
Man ist bis auf diesen Tag nicht zerknirscht,
man fürchtet nicht,
man geht nicht in meiner Weisung, in meinen Satzungen,
die ich euch vors Angesicht, euren Vätern vors Angesicht gab.
Darum,
so hat ER der Umscharte gesprochen, der Gott Jifsrael,
wohlan, ich richte auf euch mein Angesicht zum Bösen,
auszurotten alles Jehuda,
ich nehme den Überrest Jehudas,
sie, die ihr Angesicht darauf gerichtet hatten, ins Land Ägyp-
　　ten zu kommen, dort zu gasten,
vergehn müssen sie allsamt,
im Land Ägypten müssen sie fallen,
durch Schwert, durch Hunger vergehn sie
von Klein bis Groß,
durch Schwert und durch Hunger müssen sie sterben,
zum Droheid werden sie, zum Erstarren
und zur Verwünschung und zum Hohn.
Zuordnen will ichs den Siedlern im Land Ägypten,
wie ichs Jerusalem zugeordnet habe,
durch Schwert, durch Hunger und durch Seuche,
nicht bleibt dem Rest Jehudas ein Entronnenes, Bewahrtes,
ihnen, die dort zu gasten gekommen sind ins Land Ägypten,
so daß sie ins Land Jehuda zurückkehren dürften,
wohin zurückzukehren, um dort wieder zu siedeln, sich ihnen
　　die Seele hebt,
denn sie kehren nie zurück, es sei denn ein paar Entronnene.

Da antworteten Jirmejahu alle Männer,
die wußten, daß ihre Weiber andern Göttern aufrauchen lie-
　　ßen,
und alle Weiber, die umherstanden, eine große Versammlung,
alles Volk derer, die im Land Ägypten, in Patros auch, siedel-
　　ten,
sprechend:
Die Rede, die du zu uns geredet hast mit SEINEM Namen –

wir hören nicht auf dich,

nein, tun, tun wollen wir alle die Rede, die uns aus dem Munde fährt,

aufrauchen zu lassen der Königin des Himmels und ihr Güsse
zu gießen,

wie wir getan haben, wir und unsre Väter, unsre Könige und
unsre Obern,

in den Städten Jehudas und in den Gassen Jerusalems,

wir wurden satt an Brot, waren gut dran und sahen Böses
nie,

seit wir aber aufhörten der Königin des Himmels aufrauchen
zu lassen und ihr Güsse zu gießen,

mangelts uns an allem, wir vergehn durch Schwert und durch
Hunger.

– Und wenn wir nun aufrauchen lassen der Königin des Himmels und Güsse ihr gießen,

ists etwa ohne unsere Ehegatten,

daß wir ihr Gebildwecken machen, sie abzugestalten, und
Güsse ihr gießen?!

Jirmejahu sprach zu allem Volk,

an die Männer, an die Weiber, an alles Volk, die ihm solche
Rede geantwortet hatten,

sprach:

Wars nicht eben das Rauchopfer, das ihr aufrauchen ließet in
den Städten Jehudas und in den Gassen Jerusalems,

ihr und eure Väter, eure Könige und eure Obern, und die
Volkschaft des Lands,

wessen ER gedachte, ließ zu Herzen sichs steigen,

daß ER es nicht mehr zu ertragen vermochte,

um die Bosheit eures Spiels, um die Greuel, die ihr tatet!

So wurde euer Land zur Ödnis, zum Erstarren, zur Verwünschung,

insassenlos, wies an diesem Tag ist.

Drum weil ihr so aufrauchen ließt und weil ihr an IHM sün-
digtet,

hörtet nicht auf SEINE Stimme, gingt nicht in seiner Weisung,
in seinen Satzungen, in seinen Vergegenwärtigungen,

deshalb ist euch dieses Böse begegnet, wies an diesem Tag ist.

Weiter sprach Jirmejahu zu allem Volk und zu allen Weibern:

Höret SEINE Rede,
alles Jehuda, das im Land Ägypten ist!
So hat ER der Umscharte gesprochen, der Gott Jifsraels:
Ihr und eure Weiber,
mit eurem Mund habt ihr geredet und erfülltets mit euren
Händen,
was ihr sprecht: Tun, tun wollen wir unsre Gelübde, die wir
gelobten,
aufrauchen zu lassen der Königin des Himmels und ihr Güsse
zu gießen! –
so laßt nur erstehn eure Gelübde,
so tut, tut sie nur, eure Gelübde!
Darum,
– höret SEINE Rede,
alles Jehuda, die ihr im Land Ägypten siedelt –
wohlan,
ich schwöre bei meinem großen Namen,
hat ER gesprochen,
wird je noch mein Name gerufen vom Mund irgendeines
Mannes von Jehuda irgendwo im Land Ägypten,
daß einer spräche: Sowahr mein Herr, ER, lebt!,
…!
Wohlan,
zeitig rege ich mich über euch,
zum Bösen, nicht zum Guten,
vergehn muß alle Mannschaft Jehudas, die im Land Ägyptens
ist,
durch Schwert und durch Hunger, bis sie vertilgt sind.
Nur ein paar Schwertentronnene
kehren aus dem Land Ägypten ins Land Jehuda zurück,
zählige Leute,
dann werden alle vom Überrest Jehudas erkennen,
die ins Land Ägypten kamen, da zu gasten,
wessen Rede besteht, meine oder ihre.
Und dies sei euch das Zeichen,
ist SEIN Erlauten,
daß ichs euch zuordnen werde an diesem Ort,

damit ihr erkennt, daß meine Reden über euch zum Bösen
bestehn, bestehn werden:

So hat ER gesprochen:

Wohlan, ich übergebe Pharao Chofra, König von Ägypten,
in die Hand seiner Feinde, in die Hand derer, die ihm an die
Seele trachten,

wie ich übergeben habe Zidkijahu, König von Jehuda,
in die Hand Nebukadrezars, Königs von Babel, seines Feindes,
dessen, der ihm an die Seele getrachtet hat.

Die Rede, die Jirmejahu der Künder redete zu Baruch Sohn
　　Nerijas,
als der diese Reden dem Mund Jirmejahus ab ins Buch schrieb,
im vierten Jahr Jojakims Sohns Joschijahus, Königs von Jehu-
　　da, sprechend:
So hat ER, der Gott Jifsraels, an dich, Baruch, gesprochen:
Du sprachst: Weh mir, oh,
denn Gram fügt ER mir zum Schmerz,
ich seufze mich müde
und Ruhe finde ich nicht!
So – sprich das zu ihm –,
so hat ER gesprochen:
Wohlan,
was ich baute,
muß ich schleifen,
was ich pflanzte,
muß ich reuten,
und es gilt die Erde all, –
und du,
du wolltest dir Großes begehren?!
Begehrs nimmermehr!
Ja, wohlan,
Böses lasse ich kommen
über alles Fleisch,
ist SEIN Erlauten,
aber dir gebe ich
deine Seele zur Beute
an allen Orten, dahin du gehst.

Welche Rede von IHM zu Jirmejahu dem Künder geschah
über die Weltstämme.

Wider Ägypten:
   – Über das Heer des Pharao Necho, Königs von Ägypten,
   das am Strom Euphrat bei Karkemisch stand,
   das Nebukadrezar König von Babel schlug, im vierten Jahr
   Jojakims Sohns Joschijahus, Königs von Jehuda,

Rüstet Schild und Tartsche,
tretet an zum Kampf!
Schirret die Rosse,
steigt, ihr Reisigen, auf!
Stellt euch in Helmen!
Feget die Speere!
Legt die Panzer an!

Weshalb muß ichs sehn?!
Da sind sie, bestürzt,
sie weichen zurück,
ihre Helden zerstieben,
fliehen in Flucht,
wenden sich nicht!
Grauen ringsum!
ist SEIN Erlauten.

Nimmer entflicht nun der Schnelle,
nimmer rettet der Held sich!
nordhin,
dem Strom Euphrat zuseiten,
straucheln sie,
fallen!

Wer ists, der steigt wie der Nilfluß,
wie Ströme wogen seine Gewässer?
Ägypten, wie der Nil steigt es auf,
Wasser wogen wie Ströme dahin,
es spricht: Ich steige auf,
ich bedecke die Erde,
lasse Stadt und die Siedler drin schwinden.

Drauf nun, ihr Rosse!

raset, ihr Wagen!
Laßt ausziehn die Helden,
Kusch und Put,
fassend den Schild,
Ludier nun,
fassend spannend den Bogen!

Aber jener Tag
ist meinem Herrn, IHM dem Umscharten,
ein Tag der Ahndung,
zu ahnden an seinen Bedrängern.
Das Schwert schlingt, es wird satt,
erfrischt sich an ihrem Blut.
Denn Schlachtung hat mein Herr,
ER der Umscharte,
im Land des Nordens,
am Euphratstrom.

Steige nur nach Gilad,
hole Balsam her,
Tochter Ägypten, du Maid!
vergebens mehrst Heilmittel du,
für dich gibts keine Harschung!
Die Weltstämme hören deinen Schimpf,
dein Kreischen füllt die Erde,
Held ist über Held ja gestrauchelt,
mitsammen beide gefallen!

Die Rede, die ER zu Jirmejahu dem Künder redete,
aufs Kommen Nebukadrezars Königs von Babel, das Land
    Ägypten zu schlagen:
Meldets in Ägypten,
laßts hören in Migdol,
laßts hören in Memphis, in Tachpanches,
sprecht:
Stelle dich,
mache dich bereit,
denn rings um dich schlingt das Schwert!

Deine Reckengewalt,

weshalb wird sie hinweggeschwemmt?
Sie hält nicht stand,
denn ER stößt sie nieder!
Viele verstrauchelt er,
der Mann fällt gar über seinen Genossen,
sie sprechen:
Auf, kehren wir heim
zu unserm Volk, zum Land unsrer Geburt
vor dem verheerenden Schwert!

Rufet ihr immerhin dort,
du Pharao König von Ägypten:
Lärm nur! überschritten die Frist!
– Sowahr ich lebe,
ist das Erlauten des Königs,
dessen Name ER der Umscharte:
ja,
wie der Tabor unter den Bergen,
wie der Karmel am Meer,
wirds kommen.

Richte dir Wandergerät,
Siedlerin, Tochter Ägypten,
denn Memphis wird zum Erstarren,
zerstört, insassenlos!

Eine Kalbe, schöntuerisch,
das ist Ägypten, –
nordher die Bremse,
sie kommt, kommt!
Auch deine Söldner drinnen
sind Mastkälbern gleich:
ja, auch die wenden sich,
fliehen mitsammen,
halten nicht stand,
der Tag ihres Verhängnisses
ist über sie ja gekommen,
ihrer Zuordnung Zeit.

Seine Stimme ist wie einer Schlange,
die hinwegziehen muß,

denn sie ziehen mit Macht herbei,
mit Äxten kommen sie über es,
wie Holzhauer fällen sie seinen Wald,
ist SEIN Erlauten,
denn nicht auszuforschen ists,
denn mehr als der Heuschrecken sind ihrer,
sie haben keine Zahl.
Zuschanden ward die Tochter Ägypten,
in die Hand des Nordvolks gegeben!

Gesprochen hat ER der Umscharte,
der Gott Jifsraels:
Wohlan, ich ordne zu
dem Amon von Theben
und dem Pharao und Ägypten,
seinen Göttern und seinen Königen,
Pharao und ihnen, die mit ihm sich sichern,
ich übergebe sie
in deren Hand, die ihnen an die Seele trachten,
in die Hand Nebukadrezars Königs von Babel
und in die Hand seiner Diener. –
Danach aber solls wieder bewohnt sein
wie in den Tagen der Vorzeit,
ist SEIN Erlauten.

Du aber fürchte dich nimmer,
mein Knecht Jaakob,
Jifsrael, laß dich nimmer bestürzen!
denn, wohlan, ich befreie dich fernher,
aus ihrer Gefangenschaft Land deinen Samen.
Dann kehrt Jaakob heim,
still ist er und ist sorglos,
und keiner scheucht auf.
Du fürchte dich nimmer,
mein Knecht Jaakob,
ist SEIN Erlauten,
denn ich bin mit dir.
Denn machte ich den Garaus allen Stämmen,
dahin ich dich versprengt habe,
dir würde ich den Garaus nicht machen,

züchtigen nur will ich dich rechtens,
kann dich strafledig nicht ledigen.

Welche Rede von I H M zu Jirmejahu dem Künder geschah
gegen die Philister, ehe der Pharao Gasa schlug:

So hat E R gesprochen:
Wohlan, Wasser steigen vom Norden,
werden zum flutenden Bach,
überfluten das Land, seine Fülle,
die Stadt und die Insassen drin,
daß aufschreien die Menschen,
aller Sasse des Landes heult.
Vorm Hall des Stampfens
der Hufe seiner Hengst-Recken,
vorm Schüttern seines Fahrzeugs,
dem Tosen seiner Räder
wenden nimmer sich Väter zu Kindern,
vor Erschlaffung der Hände,
ob dem Tag, herbeigekommen,
zu gewaltigen alle Philister,
auszurotten für Tyrus und Sidon
allen noch bewahrten Helfer,
denn E R gewaltigt die Philister,
von der Kaftorküste den Rest.
Glatzschur kam über Gasa,
schweigsam ward Askalon, –
Überrest ihres Tals,
bis wann ritzest du noch Furchen dir ein?!

– Wehe, Schwert von I H M,
bis wohin hältst du nicht still?
in deine Scheide fahre,
raste und schweig!
– Wie könnte es stille halten?!
E R selber hat es entboten
wider Askalon, wider den Meerstrand,
dorthin hat ers bestellt.

Wider Moab:

So hat ER der Umscharte gesprochen, der Gott Jifsraels:
Wehe über Nbo,
denn es wird gewaltigt!
zuschanden, bezwungen Kirjatajim!
zuschanden das Steilwerk, gestürzt!
Mit Moabs Ruhm ists dahin!
Vor Cheschbon, dem »Planheim« –
 plant Böses man wider es:
Geht, rotten wirs aus der Stämmewelt aus!
Madmen auch, du »Schweigpfuhl«,
geschweigt wirst du nun,
hinter dir her geht das Schwert.
Geschreis Hall von Choronajim:
Gewalt und Niederbruch groß!
Niedergebrochen ist Moab!
lassen Schrei bis nach Zoar sie hören.
Ah, den Steig nach Luchit
steigt Weinen hinan über Weinen,
ah, am Hang von Choronajim
hört man des Niederbruchs Zetergeschrei:
Flieht, entschlüpft mit dem Leben!
In der Wüste werden sie bleiben
wie der Wacholder.

Ja, weil du gesichert dich meintest
mit deinen Geschaften, mit deinen Schätzen,
wirst du nun auch bezwungen,
in die Verschleppung zieht Kmosch,
seine Priester, seine Obern mitsammen.
Der Gewaltiger kommt
über alljede Stadt,
nicht eine Stadt darf entschlüpfen, –
das Tal ist verloren,
die Ebne wird vernichtet,
wie ER gesprochen hat.
Gebt Schwungfedern Moab,
denn es soll sich schwingen, entschwinden!
Seine Städte werden zum Erstarren,

gar keiner mehr siedelt darin.

  – Verflucht, wer lässig treibt SEINE Arbeit,
  verflucht, wer vorm Blute sein Schwert hemmt! –

Sorgenfrei war Moab von jung auf,
stille lag es auf seinen Hefen,
ward nicht geleert von Gefäß in Gefäß
– in die Verschleppung mußte es nicht gehn –,
daher haftet an ihm sein Geschmack,
sein Duft hat sich nicht geändert.
Drum, wohlan, Tage kommen,
ist SEIN Erlauten,
da schicke ich ihm Schröter,
die schroten es aus,
leeren seine Gefäße –
und zerschellen die Krüge dabei.
Zuschanden wird Moab an Kmosch,
wie zuschanden wurden die vom Haus Jifsrael
an Betel, ihrer Sicherung.

Wie sprecht ihr: Helden sind wir,
wehrhafte Männer zum Kampf!
Gewaltigt wird Moab,
bald hat man seine Städte erstiegen,
die Erlesnen seiner Jugendlese
müssen zur Schlachtbank hinab.
– Erlauten ists des Königs,
des Name ER der Umscharte. –
Nah am Kommen ist Moabs Verhängnis,
sein Bösgeschick eilt geschwind.
Nicket klagend ihm zu,
alle ihr rings um es!
alle, die seinen Namen kennen,
sprecht:
Weh wie ist zerbrochen
der trotzige Stecken,
der prangende Stab!

Hinab von der Ehre,
sitz in der Dürre nieder,

Siedlerin, Tochter Dibon,
denn der Gewaltiger Moabs
steigt über dich nun heran,
deine Festungen verderbt er!
Stell an den Weg dich, späh aus,
Siedlerin, du Aroer,
den Flüchtling, die Entschlüpfte frag,
sprich: Was ist geschehn?
Zuschanden ist Moab geworden,
ah, es ist gestürzt!
heulet und schreiet,
meldets am Arnon:
Ah, Moab ist gewaltigt!

Gericht ist ans Flachland gekommen,
an Cholon, an Jahaz,
über Mefaat, über Dibon, über Nbo,
über Bet Diblatajim,
über Kirjatajim,
über Bet Gamul,
über Bet Meon,
über Krijot, über Bozra,
über alle Moabland-Städte,
die fernen und die nahen.
Abgehaun ist Moabs Horn,
sein Arm ist gebrochen,
ist SEIN Erlauten.

Berauscht es
– wider IHN ja hats großgetan! –,
daß hinklatsche Moab in sein Gespei,
daß auch es zum Gelächter werde!
War dir etwa nicht ein Gelächter
Jifsrael einst?!
wards unter Dieben etwa ertappt,
daß du, sooft du von ihm redetest,
dich schütteln mußtest?!
Verlaßt die Städte,
wohnt im Geklüft,
Insassen Moabs!

werdet der Wildtaube gleich,
die innseits des Schrundenmunds nistet!

Wir haben von Moabs Hoffart gehört,
des sehr hoffärtigen,
seiner Überhebung, seiner Hoffart, seinem Hochmut,
dem Stolz seines Herzens.
– Ich selber kenne,
ist SEIN Erlauten,
sein Überwallen,
seine Schwätzereien, grundnichtig,
Grundnichtiges haben sie getan.

– Darob muß über Moab ich heulen,
schreien um Moab allsamt,
wegen der Mannschaft von Burg-Chares stöhnen.
Mehr, als man Jasar beweinte,
weine ich um dich, Rebstock von Sfibma!
Deine Ranken drangen ans Meer,
bis nach Jaser reichten sie,
über dein Obsten,
über dein Herbsten
fiel der Gewaltiger her,
weggerafft ist die Freude, der Jubel
aus dem Fruchtgarten, aus dem Land Moab.
– Ich verabschiede den Wein aus den Bütten,
nicht wird man mit Heissa mehr keltern,
ein Hussa, nicht ein Heissa ists nun!

Von Cheschbons Geschrei bis Elale,
bis Jahaz geben ihre Stimme sie hin,
von Zoar bis Choronajim, Dritt-Eglat,
ah, auch die Wasser von Nimrim,
zu Starrnissen werden sie.
Ich verabschiede für Moab,
ist SEIN Erlauten,
jeden, der zur Kuppe steigen
und aufrauchen lassen will seinen Göttern.

– Darob, mein Herz, wegen Moab
schluchzt es wie Flöten,

mein Herz, um die Mannschaft von Burg-Chares
schluchzt es wie Flöten,
darob – das Erübrigte,
was man geschafft hat, ging verloren.
Ah, aller Kopf eine Glatze,
aller Bart gekappt,
an allen Händen Ritzfurchen,
an den Hüften Sackleinen,
über allen Dächern Moabs,
auf seinen Marktplätzen
ist alles Jammerung.

– Ja, zerbrochen habe ich Moab
wie ein Gefäß, das mißfällig ward,
ist SEIN Erlauten.

– Wie ist es gestürzt!
heulet!
Wie hat Moab den Nacken gewandt!
Schande!
Moab ist zum Gelächter geworden
und zur Bestürzung für alle ringsum.

Denn so hat ER gesprochen:
Wohlan,
wie der Adler schießt er herab,
gegen Moab breitet er seine Flügel!
Bezwungen sind dann die Burgen,
die Felswachten sind erobert,
das Herz der Helden Moabs
wird an jenem Tag wie das Herz
eines Weibes in Kindesbanden.
Moab wird aus dem Volksrang getilgt,
denn wider IHN hat es großgetan.
Schrecknis und Schrunde und Schlinge
über dich, du Insasse Moabs,
ist SEIN Erlauten,
wer vor dem Schrecknis flieht,
fällt in die Schrunde,
und wer hervor aus der Schrunde steigt,

verstrickt sich in die Schlinge.
Denn ich lasse an Moab kommen
das Jahr ihrer Zuordnung,
ist SEIN Erlauten.

Im Schatten Cheschbons
bleiben kraftlos Fliehende stehn, –
ah, von Cheschbon fährt Feuer aus,
Lohe von Sichon hervor,
die frißt Moabs Schläfe,
den Scheitel der Söhne des Lärms.
Weh dir, Moab!
verloren das Volk des Kmosch!
denn deine Söhne sind ins Gefängnis genommen,
deine Töchter in die Gefangenschaft.

Aber ich lasse Moab Wiederkehr kehren
in der Späte der Tage,
ist SEIN Erlauten.

Bis hierher das Gericht über Moab.

Wider die Söhne Ammons:

So hat ER gesprochen:
Hat Jifsrael keine Söhne,
oder hats keinen Erben?
weshalb beerbt der Milkom Gad,
und sein Volk besetzt dessen Städte?
Darum, Tage kommen,
ist SEIN Erlauten,
da lasse ich hören
zu dem Großort der Söhne Ammons hin
Geschmetter des Kriegs,
zu einem Schutthaufen der Starrnis wird er,
seine Töchter mit Feuer zerstört.
Dann beerbt Jifsrael, die es beerbten,
hat ER gesprochen.

Aufheule, Cheschbon,
denn gewaltigt wards, eine Ruine!
Schreiet, Töchter des Großorts,
gürtet die Säcke um,
jammert, streift umher in den Hürden,
denn der Milkom geht in die Verschleppung,
seine Priester und seine Obern mitsammen.
Was rühmst du dich der Täler,
deines Tals, das übertrieft,
abgekehrte Tochter du,
die mit ihren Schätzen sich sichert:
Wer kann an mich kommen!
Wohlan, kommen lasse ich an dich
das Schrecknis,
ist meines Herrn, SEIN des Umscharten Erlauten,
rings um dich überallher,
versprengt werdet ihr, jedermann vor sich hin,
und keiner holt das Verflatterte zuhauf.

Hernach aber
lasse ich den Söhnen Ammons die Wiederkehr kehren,
ist SEIN Erlauten.

Wider Edom:

So hat ER der Umscharte gesprochen:
Ist keine Weisheit in Teman mehr?
den Besinnlichen ging der Ratschluß verloren,
ihre Weisheit ist ranzig geworden.
Fliehet, wendet euch,
setzet euch tiefhin,
Insassen von Dedan,
denn Efsaws Verhängnis lasse ich kommen über ihn,
die Zeit, da ich ihm zuordne.
    – Wenn Winzer an dich kommen,
    lassen Nachlese übrig sie nicht,
    wenn Diebe in der Nacht,
    verderben sie, sich zu Genüge. –
Ja, ich selber entblöße Efsaw,
offenbare seine Heimlichkeiten,
verstecken kann nun er sich nicht!
gewaltigt ist sein Same,
seine Brüder, seine Anwohner auch,
er ist dahin.

    – Überlasse deine Waisen,
    ich selber will am Leben sie halten,
    und deine Witwen,
    sie seien gesichert durch mich.

Ja, so hat ER gesprochen:
Wohl, an denen es rechtens nicht ist
zu trinken den Becher,
trinken müssen sie, trinken,
und du da,
du willst straflos, straflos bleiben!
Straflos bleibst du nicht,
sondern trinken, trinken mußt du!
Denn ich habe bei mir geschworen,
ist SEIN Erlauten:
Ja denn,
zum Erstarren, zum Hohn,
zur Öde, zur Verwünschung
werden soll Bozra,

all ihre Städte,
zu Weltzeit-Ödungen sollen sie werden.

– Ein Vernehmen von I H M her vernahm ich,
unter die Weltstämme ist ein Herold gesandt:
Zuhauf! kommt über es!
hebt euch zum Kampf!
Ja, klein mache ich dich unter den Stämmen,
verachtet unter den Menschen, –
dein Scheu-Erregen hat dich berückt,
die Vermessenheit deines Herzens.
Die in Schluchten du wohnst des Geklüfts,
festhältst den Gipfel der Höhe,
wenn wie der Adler du ragend dein Nest baust,
von dort noch hole ich dich nieder,
ist S E I N Erlauten.
Zu einem Erstarren wird Edom,
allwer dran vorüberwandert,
erstarrt und zischelt über all seine Schläge.
Wie der Umsturz an Sodom und Gomorra und seiner
     Anwohnerschaft,
hat E R gesprochen:
niemand wird dort siedeln,
nie ein Menschensohn drin gasten.

Wohlan,
wie ein Löwe steigt er auf
vom Hochwuchs des Jordans
zur urständigen Trift, –
ja, nun winke ich hin,
lasse ihn davon weg wieder laufen,
und wer erwählt ist, den verordne ich drüber.
Denn wer ist mir gleich,
wer lüde mich vor!
wer doch ist ein Hirt,
der mir ins Antlitz bestünde!
– Drum hört S E I N E N Ratschluß,
den er beschloß gegen Edom,
und seine Planungen,
die gegen Temans Insassen er plant:

Zerren nicht die Schäferbuben sie fort,
erstarrt nicht über sie ihre Trift,
...!
Vom Hall ihres Sturzes
schüttert die Erde,
ein Geschrei, am Schilfmeer
hört man seinen Hall.
Wohlan,
wie ein Adler steigt er auf,
nun schießt er herab,
über Bozra breitet er seine Flügel,
und das Herz der Helden Edoms
wird an jenem Tag wie das Herz
eines Weibs in Kindesbanden.

Wider Damaskus:

Beschämt ist Chamat und Arpad,
denn sie vernahmen böses Vernehmen,
sie bangen, –
so ist am Meer Besorgnis,
wenn es sich nicht stillen mag:
Erschlafft ist Damaskus,
es wendet sich zu fliehn,
Beklemmung hat es erfaßt,
Angst und Wehen haben es gepackt
wie die Gebärende.
– Wie wird sie nicht losgelassen,
die Stadt des Ruhms,
die Burg meines Ergötzens!
– Ebendrum müssen ihre Jünglinge fallen
auf ihren Plätzen,
alle Kriegsmänner werden geschweigt
an jenem Tag,
– SEIN des Umscharten Erlauten –
ein Feuer entfache ich
an Damaskens Mauer,
das frißt Benhadads Paläste.

Wider Kedar und wider die Königschaft von Chazor
[die Nebukadrezar König von Babel geschlagen hat]:

So hat ER gesprochen:
Hebt euch, steigt auf gegen Kedar,
gewaltigt die Söhne des Ostens!
Ihre Zelte nehme man, ihre Schafe, –
ihre Teppichbehänge,
all ihr Gerät, ihre Kamele
führe man sich hinweg,
man rufe über sie:
Grauen ringsum!
Fliehet, entschweifet geschwind,
setzet euch tiefhin,
Insassen von Chazor,
ist SEIN Erlauten,
denn Nebukadrezar König von Babel
beschließt über euch einen Ratschluß,
plant über euch eine Planung.

Hebt euch, steiget auf
gegen den behaglichen Stamm,
den in Sicherheit siedelnden,
ist SEIN Erlauten,
der hat nicht Türen, nicht Riegel,
einsam wohnen sie!
Zum Raub werden ihre Kamele,
das Getümmel ihrer Herden zur Beute!
Nach allem Wind worfle ich sie,
die Haareckengestutzten,
allseits kommen lasse ich ihr Verhängnis,
ist SEIN Erlauten,
zum Geheg der Schakale wird Chazor,
eine Starrnis für Weltzeit,
niemand wird dort siedeln,
nie ein Menschensohn drin gasten.

Welche Rede von IHM zu Jirmejahu dem Künder geschah
gegen Elam
im Anfang des Königtums Zidkijas, Königs von Jehuda, es
   sprach:

So hat ER der Umscharte gesprochen:
Wohlan, ich breche den Bogen Elams,
den Anfang ihrer Heldenkraft,
kommen lasse ich an Elam
⎯ vier Winde von vier Rändern des Himmels,
ich worfle sie nach all diesen Winden
und es soll ein Volk nicht geben,
dahin nicht kämen Versprengte Elams.
Nieder stürze ich Elam
vor ihre Feinde hin,
vor die hin, die an die Seele ihnen trachten,
Böses lasse ich über sie kommen,
das Entflammen meines Zorns,
ist SEIN Erlauten,
hinter ihnen her schicke ich das Schwert,
bis ich ihnen den Garaus gemacht habe.

lasse schwinden von dort König und Fürsten,
ist SEIN Erlauten,
Meinen Stuhl stelle auf ich in Elam,
Aber es wird geschehn
in der Späte der Tage,
da lasse ich Wiederkehr kehren für Elam,
ist SEIN Erlauten.

Die Rede, die ER gegen Babel, gegen das Land der Chaldäer
   geredet hat durch Jirmejahu den Künder:

Meldets unter den Weltstämmen,
laßts hören, hebt das Banner,
laßt hören, verhehlts nimmer, sprecht:
Bezwungen ist Babel,
zuschanden ward Bel,
gestürzt Merodach,
zuschanden diese ihre Puppen,
gestürzt diese seine Klötze!
Denn auf stieg, herauf über es
ein Stamm vom Norden,
der macht sein Land zum Erstarren.
nicht bleibt ein Insasse drin,
vom Menschen bis zum Vieh
geflüchtet, davongegangen!

In jenen Tagen, in jener Zeit,
ist SEIN Erlauten,
werden die Söhne Jifsraels kommen,
sie und die Söhne Jehudas vereint,
gehn und weinen im Gehen.
Sie suchen IHN, ihren Gott,
nach Zion fragen sie,
auf den Weg hierher ihr Antlitz:
Kommt, hangen wir IHM an
in einem Weltzeit-Bund, nie zu vergessen!

– Abgeschwenkte Schafe,
das war mein Volk,
ihre Hirten haben sie abirren lassen,
hießen sie zu den Bergen sich kehren,
von Berg zu Hügel mußten sie gehn,
vergaßen ihre Lagerstätte,
   – alle, die sie fanden,
   durften sie verzehren,
   ihre Bedränger sprachen:
»Wir sind nicht bußfällig!«
deswegen daß IHM sie sündig waren, –

die Trift der Wahrhaftigkeit,
und ihrer Väter Hoffnungsziel, IHN.

Entschweifet aus Babels Mitte,
aus dem Land der Chaldäer zieht,
seid wie Böcke den Schafen zuvor!
Denn, wohlan, ich selber erwecke
und lasse steigen wider Babel
großer Stämme Versammlung
aus dem Lande des Nordens,
sie reihen sich gegen es,
von dorther wird es bezwungen:
jedes Pfeile wie ein griffsichrer Held,
der nie leerer Hände von dannen sich kehrt.
So wird Chaldäa zur Beute,
alle, die es beuten, sättigen sich,
ist SEIN Erlauten.

Ja, freuet euch nur,
ja, erlustiget euch,
Räuber ihr meines Eigentums,
ja, stampft wie die dreschende Kalbe,
wie die Hengst-Recken wiehert!
Gar zuschanden wird eure Mutter,
entwürdigt, die euch gebar, –
wohl, das ist der Weltstämme Zukunft:
Wüste, Heide und Steppe!
Vor MEINEM Groll nichtbesiedelt,
bleibts eine Starrnis allsamt,
allwer an Babel vorüberwandert,
erstarrt und zischelt über all seine Schläge.

Reiht euch rings wider Babel,
ihr Bogenspanner alle,
schießet hinein,
schont nimmer des Pfeils,
denn MIR hat es gesündigt!
Schmettert rings wider es:
»Schon muß die Hand es strecken!
Schon fallen seine Türme!
Geschleift sind seine Mauern!«

Denn das ist MEINE Ahndung,
die ahndet an ihm,
tut ihm, wie es getan hat!
Den Säenden rottet aus Babel
und der die Sichel zur Erntezeit faßt!
Vor dem verheerenden Schwert
wenden, jedermann zu seinem Volk, sie,
fliehn sie, jedermann nach seinem Land.

Zerstobnes Schmalvieh ist Jifsrael,
das Löwen abgesprengt haben:
erst fraß es der König von Assyrien,
nun zuletzt benagt ihm die Knochen
Nebukadrezar König von Babel.
Darum,
so hat ER der Umscharte gesprochen, der Gott Jifsraels,
wohlan, ich ordne es zu
an dem König von Babel und an seinem Land,
wie ichs zugeordnet habe
an dem König von Assyrien.
Zu seiner Trift lasse ich Jifsrael kehren,
daß es abweide Karmel und Baschan,
in dem Gebirg Efrajim und dem Gilad
soll seine Seele ersatten.
In jenen Tagen, in jener Zeit,
ist SEIN Erlauten,
wird man die Verfehlung Jifsraels suchen,
und da ist keine mehr,
die Sünden Jehudas,
und sie werden nicht gefunden,
denn ich verzeihe denen,
die ich übriglasse als Rest.

Herauf widers Land Mratajim, »Doppelauflehnung«,
steige auf, herauf wider es,
gegen Pkods, der »Zuordnung«, Siedler,
mit dem Eisen banne hinter ihnen her,
ist SEIN Erlauten,
tu, allwie ich dir gebot!

– Kriegshall im Lande,
großer Niederbruch!
Ah wie ward zerhaun, zerbrochen
alles Erdlands Schmiedehammer!
ah wie ist zum Erstarren worden
unter den Weltstämmen Babel!
– Ich habe dir Schlingen gelegt,
und du hast dich auch, Babel, verstrickt:
du wußtest es selber noch nicht,
schon wardst gefunden du, schon auch gepackt,
denn gegen MICH hast du dich erregt.

– Seine Waffenkammer hat ER geöffnet,
die Geräte seines Unmuts geholt,
denn Arbeit hat mein Herr, ER der Umscharte,
im Land der Chaldäer.
Kommt drüber, bis aufs letzte!
Öffnet seine Speicher!
Wie Kornhäufer schüttet es auf!
Bannt es! nimmer bleibe ihm ein Rest!
Unters Eisen schickt all seine Farren,
sie sollen zur Schlachtbank hinab,
weh über sie, ihr Tag ist gekommen,
ihrer Zuordnung Zeit!
Fliehender, Entrinnender Stimme
vom Lande Babel her! –
zu melden in Zion
SEINE unsres Gottes Ahndung,
Ahndung seiner Tempelhalle.

In Gehorsam befehlt gegen Babel
Schützen, alle Bogenspanner!
Lagert rings euch um sie,
nimmer bleibe Entrinnen!
Zahlt heim ihm nach seinem Werk,
allwie es getan hat, tut ihm!
Denn gegen IHN hat es sich vermessen,
gegen den Heiligen Jifsraels.
Darum müssen seine Jünglinge fallen
auf seinen Marktplätzen,

all ihre Kriegsmänner werden geschweigt
an jenem Tag,
ist SEIN Erlauten.
Wohl, an dich will ich, Vermessenheit,
ist meines Herrn, SEIN des Umscharten Erlauten,
denn dein Tag ist gekommen,
die Frist, da ich dir zuordnen will:
nun strauchelt Vermessenheit,
nun fällt sie,
und keiner richtet sie auf,
ich entfache ein Feuer
in ihren Städten,
das frißt alles rings um sie her.

So hat ER der Umscharte gesprochen:
Gepreßt sind die Söhne Jifsraels
und die Söhne Jehudas vereint,
alle, die sie gefangenführten,
halten sie fest,
weigern, sie freizuschicken.
Fest jedoch ist ihr Löser,
sein Name ER der Umscharte,
streitbar streitet er ihren Streit,
so daß er ruhen die Erde,
zittern macht die Insassen Babels.
Eisen über die Chaldäer,
ist SEIN Erlauten,
an die Insassen Babels,
an seine Obern, seine Weisen!
Eisen an die Schwätzer, –
als Narren zeigen sie sich!
Eisen an seine Helden, –
sie verzagen!
Eisen an seine Rosse, an sein Fahrzeug,
an all das Gemisch inmitten, –
sie werden zu Weibern!
Eisen an seine Schätze, –
sie werden geraubt!
Eisen an seine Gewässer, –

sie trocknen aus!
Denn ein Land der Meißeldocken ist das,
mit den Gräßlichen rasen sie hin.
Drum soll da Wüstenspuk mit Küstenspuk siedeln,
siedeln sollen drin Strauße,
besiedelt wirds nie wieder, auf Dauer,
nie bewohnt, für Geschlecht um Geschlecht.
Wie der Umsturz Gottes
‿ an Sodom, Gomorra und seiner Anwohnerschaft,
ist SEIN Erlauten,
niemand wird dort siedeln,
nie ein Menschensohn drin gasten.

Wohlan, ein Volk kommt nordher,
ein großer Stamm, viele Könige,
erweckt von den Flanken der Erde her.
Sie fassen Bogen und Speer,
grausam sind die, sie erbarmen sich nicht,
wie das tosende Meer ihr Stimmhall,
sie reiten auf Rossen dahin,
wie ein Mann gerüstet zum Krieg,
Tochter Babel, wider dich.
Babels König vernimmt ihr Vernehmen
und seine Hände erschlaffen,
Angst hat ihn erfaßt,
Krampf wie der Gebärenden.
Wohlan, wie ein Löwe
vom Hochwuchs des Jordans
zur urständigen Trift,
so steigt es auf, –
ja, nun winke ich hin,
lasse sie davon weg wieder laufen,
und wer erwählt ist, den verordne ich drüber.
Denn wer ist mir gleich,
wer lüde mich vor!
wer doch ist ein Hirt,
der mir ins Antlitz bestünde!
– Drum hört SEINEN Ratschluß,
den er beschloß gegen Babel,

und seine Planungen,
die gegens Land der Chaldäer er plant:
Zerren nicht die Schäferbuben sie fort,
erstarrt nicht die Trift über sie,
...!
Vom Hall »Erobert ist Babel!«
schüttert die Erde,
unter den Weltstämmen
vernimmt man das Geschrei.

So hat ER gesprochen:
Wohlan, ich erwecke wider Babel,
gegen die Siedler von Herz-des-Aufruhrs
einen Verderbergeist,
ich sende nach Babel Auswärtige,
die sollen es auswerfeln,
entleeren sollen sie sein Land, –
denn einst sind die rings darüber geraten
am Tage des Bösgeschicks.
Nimmer kann nun spannen,
der seinen Bogen spannen will,
nimmer sich in seinem Panzer recken.
Schonet seiner Jünglinge nimmer,
bannet all seine Schar!
– Gefallen liegen Durchbohrte im Land der Chaldäer,
Erstochne in seinen Gassen!
Denn nicht verwitwet ist Jifsrael und Jehuda
von seinem Gott, von IHM dem Umscharten,
denn jener Land ist voller Schuld
an dem Heiligen Jifsraels.

Fliehet aus Babels Mitte,
entschlüpfet jedermann mit dem Leben!
nimmer sollt geschweigt ihr werden
durch ihre Verfehlung!
Denn IHM ist das die Zeit der Ahndung,
das Gereifte zahlt er ihm heim.
Ein Goldwein-Becher war Babel
in SEINER Hand,
es berauschte die Erde all,

die Weltstämme tranken von seinem Wein,
die Weltstämme wurden drob rasend.
Plötzlich ist Babel gefallen,
es ist zerbrochen,
heulet über es!
– Holt Balsam für seinen Schmerz,
vielleicht wird es geheilt!
– Wir wollten Babel heilen,
zu heilen ist es nicht mehr!
laßt es, gehn wir davon,
jedermann nach seinem Land!
denn an den Himmel rührt sein Gericht,
es hebt sich bis in die Lüfte.
– Ausgeführt hat ER unsre Bewährung,
kommt, erzählen wir in Zion
SEINE unsres Gottes Tat!

– Schärfet die Pfeile!
wappnet mit Schilden!
Erweckt hat ER den Geist
der Könige Mediens,
denn wider Babel ist sein Entwurf,
es zu verderben,
denn das ist SEINE Ahndung,
Ahndung seiner Tempelhalle.
Nach den Mauern Babels hin
erhebt das Banner!
festigt die Bewachung!
stellt die Wachtposten auf!
richtet die Laurer an!
Denn so hat ER entworfen,
so hat er getan,
was er redete gegen die Insassen Babels.
Die du wohnst an vielen Wassern,
vielfältig an Schatzkammern du,
gekommen ist dein Ende,
deines Abschnittes Elle!
Geschworen hat ER der Umscharte
bei sich selber:

Ja, mochte ich dich vollwerden lassen
von Menschen, wie wenns Grashüpfer wären,
wechselrufen soll man über dich
das Hussa!

– Der mit seiner Kraft die Erde macht,
mit seiner Weisheit das Rund errichtet,
den Himmel streckte mit seinem Besinnen:
beim Niederschallen,
da an den Himmel er Wassergetös gibt,
Dämpfe steigen läßt vom Ende der Erde,
Blitze beim Regensturz macht,
aus seinen Kammern den Windbraus führt,
verdummt alljeder Mensch
mit seiner Kenntnis,
beschämt wird aller Schmelzer
mit seiner Docke.
Denn Lug ist, was er goß,
nicht ist Geistbraus darin,
Tand sind die,
ein Gaukelgemächt,
in der Zeit ihrer Zuordnung
werden sie abgeschafft.
Nicht wie diese ist Jaakobs Teil,
denn der Bildner des Alls, der ists,
Stabschaft jener seines Eigens,
sein Name ER der Umscharte.

– Eine Keule bist du mir gewesen,
ein Kriegsgerät,
niederkeulte ich mit dir Stämme,
verderbte mit dir Königreiche,
niederkeulte ich mit dir Roß und Reiter,
niederkeulte ich mit dir Fahrzeug und Fahrer,
niederkeulte ich mit dir Mann und Weib,
niederkeulte ich mit dir Alten und Knaben,
niederkeulte ich mit dir Jüngling und Mädchen,
niederkeulte ich mit dir Hirt und Herde,
niederkeulte ich mit dir Bauer und Joch,
niederkeulte ich mit dir Viztume, Satrapen.

Heimzahlen will ich nun Babel,
allen Insassen Chaldäas
all ihr Böses, das sie taten an Zion
vor euren Augen,
ist SEIN Erlauten.

Wohlan, an dich will ich,
Berg des Verderbers.
ist SEIN Erläuten,
der all die Erde verderbte.
Ich strecke meine Hand wider dich,
ich wälze dich ab von den Schroffen,
ich mache dich zu einem Berg des Brandes.
Nie soll man von dir nehmen
einen Stein zur Ecke,
einen Stein zum Grunde,
denn Weltzeit-Starrnis sollst du werden,
ist SEIN Erlauten.

Erhebt ein Banner auf Erden,
unter den Weltstämmen stoßt in die Posaune,
die Weltstämme heiligt wider es,
in Gehorsam befehlt wider es Reiche,
Ararat, Minni und Aschknas,
Präfekten ordnet wider es ab,
Rosse laßt wie borstige Grashüpfer aufziehn!
Die Weltstämme heiligt wider es,
die Könige Mediens,
seine Viztume und all seine Satrapen,
alles Erdland seines Waltens!
Da schüttert die Erde, sie krampft sich,
denn SEIN Planen wider Babel ersteht,
Babels Land zum Erstarren zu machen,
insassenlos.
Babels Helden lassen vom Kampf,
in den Felsnestern sitzen sie,
ihr Heldenmut schrumpft,
sie sind zu Weibern geworden.
Seine Wohnungen hat man angesteckt,
seine Riegel sind zerbrochen.

Läufer läuft dem Läufer entgegen,
Melder entgegen dem Melder,
zu melden dem König von Babel,
daß bezwungen seine Stadt ward, bis aufs letzte,
eingenommen die Furten,
noch das Röhricht mit Feuer verbrannt, –
die Kriegsleute sind verstört.
Denn so hat ER der Umscharte gesprochen, der Gott
    Jifsraels:
Die Tochter Babel gleicht einer Tenne
zur Zeit, da man sie gestampft hat,
ein geringes noch
und ihr kommt die Zeit der Ernte.

– Gefressen hat mich,
aufgezehrt hat mich
Nebukadrezar König von Babel,
mich weggeschoben, ein leeres Gefäß,
mich verschlungen wie ein Drache,
seinen Bauch mit meinen Leckerbissen gefüllt,
ausgeschwenkt hat er mich.
Meine Unbill, meine Zerfleischung über Babel!
spreche die Siedlerin Zion.
Mein Blut an die Siedler Chaldäas!
spreche Jerusalem.
Darum hat ER so gesprochen:
Wohl, ich streite deinen Streit,
ich ahnde deine Ahndung,
ich dorre sein Meer,
ich trockne seinen Born aus.
Zu Trümmerwällen wird Babel,
ein Gehege der Schakale,
ein Ding des Erstarrens und Zischelns,
insassenlos.
Noch brüllen sie wie Jungleun mitsammen,
noch knurren sie wie Löwenkätzchen, –
wann sie heiß sind, richte ich ihnen das Trinkmahl,
daß sie sich erlustigen und entschlafen,
Weltzeit-Schlafs, nie wieder erwachen,

ist SEIN Erlauten.
So lasse ich gleich Lämmern sie zum Schlachten hinab,
gleich Widdern samt den Leitböcken.

– Weh, wie ist bezwungen Duckduck,
erobert der Ruhm aller Erde!
weh, wie ist zum Erstarren geworden
unter den Weltstämmen Babel!
Herauf stieg auf Babel das Meer,
bedeckt wards vom Getös seiner Wellen.
Seine Städte wurden zum Erstarren,
ein Erdland von Heide und Steppe,
ein Land, nie siedelt irgend ein Mann drin,
hindurch wandert ein Menschensohn nie.
– Ich ordne dem Bel in Babel es zu,
sein Verschlungnes reiße ich aus dem Maul ihm,
nicht strömen mehr ihm Weltstämme zu, –
auch Babels Mauer ist gefallen.

– Zieht aus ihrer Mitte, mein Volk!
entschlüpfet jedermann mit dem Leben
vorm Entflammen SEINES Zorns!
Weich möchte euch das Herz etwa werden
und ihr euch fürchten beim Vernehmen,
das im Land sich vernehmen läßt,
da in dem Jahr ein Vernehmen daherkommt
und in dem Jahr danach ein Vernehmen,
und Unbill im Land ist,
Waltender wider Waltenden.
– Drum: wohlan, Tage kommen,
da ordne ich Babels Meisseldocken zu,
und all sein Land wird beschämt,
all seine Durchbohrten fallen in seiner Mitte, –
dann werden über Babel jauchzen
Himmel, Erde und was alles darin ist,
denn nordher kommt es an sie,
die Gewaltiger,
ist SEIN Erlauten,

So ist nun Babel am Fallen,

Durchbohrte ihr Jifsraels,
so fielen einst für Babel
Durchbohrte alles Erdlands.
Die ihr aber dem Schwerte entrannt,
geht fort, bleibt nimmer stehn!
gedenkt aus der Ferne SEIN,
Jerusalem steige im Herzen euch auf:
– Wir schämen uns,
denn Hohn haben wir vernommen,
Schmach bedeckt uns das Antlitz,
denn gekommen sind Auswärtige
über die Heiligtümer SEINES Hauses.
– Drum, wohlan, Tage kommen,
ist SEIN Erlauten,
da ordne ichs an seinen Meisseldocken zu,
in all seinem Lande stöhnt der Durchbohrte.
Wenn Babel zum Himmel stiege,
wenns die Höhe seines Trotzes noch steilte,
von mir her kommen Gewaltiger dran,
ist SEIN Erlauten.

Geschreis Hallen von Babel,
großer Niederbruch vom Land der Chaldäer!
Ja, ER gewaltigt Babel,
schwinden macht er den Großhall daraus:
vielen Wassern gleich tosen ihre Wellen,
ihr dröhnender Hall gibt sich her.
Ja, gekommen ist über es
der Gewaltiger, über Babel,
bezwungen sind seine Helden,
ihre Bogen zersplittern.
Ja, ein Gott des Vergeltungsreifens
ist ER, heim zahlt er, heim.
– Ich berausche seine Obern, seine Weisen,
seine Viztume, Satrapen und Helden,
daß sie Weltzeit-Schlafs entschlafen,
nie wieder erwachen!
ist das Erlauten des Königs,
ER der Umscharte sein Name.

So hat ER der Umscharte gesprochen:
Babels Ringmauer, die breite,
bloßgelegt wird sie, niedergelegt,
seine ragenden Tore
werden angesteckt mit Feuer.
Völker haben sich fürs Leere gemüht,
Nationen fürs Feuer, ermatteten.

Die Rede, die Jirmejahu der Künder dem Sfraja Sohn Nerijas
    Sohns Machssejas entbot,
als der mit Zidkijahu König von Jehuda im vierten Jahr seiner
    Königschaft nach Babel ging – Sfraja aber war Quartier-
    meister.
Jirmejahu hatte alles Böse, das über Babel kommen soll, in
    ein einziges Buch geschrieben: alle diese Reden, die geschrie-
    ben sind gegen Babel.
Nun sprach Jirmejahu zu Sfraja:
Wann du nach Babel kommst, sieh zu,
rufe all diese Reden aus,
erst aber sprich:
DU, geredet hast du gegen diesen Ort, ihn auszurotten,
daß er ohne einen Insassen bleibe, von Mensch bis Vieh,
denn Weltzeit-Starrnisse, das soll er werden.
Es geschehe aber, wann du vollendet hast dieses Buch auszu-
    rufen,
knüpfe einen Stein dran, wirfs mitten in den Euphrat,
 sprich:
Ebenso sinke Babel,
hebe sich nicht wieder! –
– Das wegen des Bösen,
das ich über es kommen lasse:
sie sollen ermatten!

Bis hierher die Reden Jirmejahus.

Einundzwanzigjährig war Zidkijahu, als er die Königschaft
　　antrat,
und elf Jahre hatte er Königschaft in Jerusalem.
Der Name seiner Mutter: Chamutal Tochter Jirmejahus aus
　　Libna.
Er tat das in SEINEN Augen Böse, allwie Jojakim getan hatte.
Nach SEINEM Zorn ja geschahs in Jerusalem und Jehuda,
bis er sie von seinem Antlitz hinwegwarf.
Zidkijahu empörte sich wider den König von Babel,
aber dann geschahs, im neunten Jahr seiner Königschaft, in
　　der zehnten Mondneuung, am zehnten auf die Neuung:
Nebukadrezar König von Babel kam über Jerusalem, er und
　　all sein Heer,
sie belagerten es, sie bauten ein Schanzengeheg rings herum,
die Stadt kam in die Enge,
bis ins elfte Jahr des Königs Zidkijahu, in der vierten Mond-
　　neuung, am neunten auf die Neuung,
der Hunger wurde in der Stadt immer stärker, das Landvolk
　　hatte nicht Brot mehr,
da wurde die Stadt erbrochen.
Alle Kriegsmannen waren entwichen,
sie waren nachts aus der Stadt gezogen, auf dem Weg durch
　　das Tor der Doppelmauer, das am Königsgarten ist, wäh-
　　rend die Chaldäer noch rings um die Stadt waren,
nun gingen sie weiter, den Weg durch die Steppe.
Jene aber, das Heer der Chaldäer, jagten dann dem König
　　nach, sie holten Zidkijahu in den Steppen von Jericho ein,
indes all sein Heer von ihm weg versprengt wurde,
sie ergriffen den König, sie brachten ihn zum König von Ba-
　　bel nach Ribla im Land Chamat hinauf,
da redete er gerichtsmäßig mit ihm.
Der König von Babel metzelte die Söhne Zidkijahus vor sei-
　　nen Augen nieder,
und auch alle Obern von Jehuda metzelte er nieder in Ribla,
dann blendete er Zidkijahus Augen, fesselte ihn mit Doppel-
　　erzketten,
der König von Babel ließ ihn nach Babel mitkommen,
er gab ihn in das Strafordnungshaus, bis an den Tag seines
　　Todes.

In der fünften Mondneuung, am zehnten auf die Neuung, das
war das neunzehnte Jahr der Jahre des Königs Nebukadrezar, des Königs von Babel,

mußte dann noch Nebusaradan, der Führer der Leibdegen,
der vorm Antlitz des Königs von Babel stand, wider
Jerusalem kommen,

er verbrannte SEIN Haus, das Königshaus und alle Häuser von
Jerusalem, alljedes Haus eines Großen verbrannte er im
Feuer,

alle Mauern Jerusalems ringsum schleiften sie, alles Heer der
Chaldäer, das mit dem Führer der Leibdegen war.

Aber von der Volksarmut – das übrige Volk nämlich, die noch
in der Stadt als Rest Verbliebnen: die Abgefallnen, die zum
König von Babel abgefallen waren, und das übrige Ge-
werk verschleppte Nebusaradan, der Führer der Leibdegen –

von der Landesarmut ließ Nebusaradan, der Führer der Leibdegen, einen Rest zurück, zu Winzern und zu Pflügern.

Die ehernen Säulen, die zu SEINEM Haus gehörten, und die
Fahrgestelle und das eherne Meer, die bei SEINEM Haus waren, zertrümmerten die Chaldäer, sie trugen all deren Erz
nach Babel,

die Töpfe, die Schaufeln, die Zwicken, die Sprengen, die Kellen, und alle ehernen Geräte, mit denen man amtete, nahmen sie mit,

die Becken, die Pfannen, die Sprengen, die Töpfe, die Leuchter, die Kellen, die Schalen, was Gold war in Gold, was Silber war in Silber, nahm der Führer der Leibdegen.

Die Säulen, zwei,

das Meer, das eine,

Die Rinder, zwölf, von Erz, die drunter waren,

die Fahrgestelle, die der König Schlomo für SEIN Haus gemacht hatte:

nicht zu wägen war ihr Erz, all dieser Geräte.

Und die Säulen: die Höhe der einen Säule achtzehn Ellen, umringen konnte die ein Faden von zwölf Ellen, ihre Dicke
vier Finger, hohl war sie,

eine Bekrönung von Erz darauf, fünf Ellen die Höhe der einzelnen Bekrönung,

Gitterwerk und Granatäpfel auf der Bekrönung ringsum, alles
von Erz,

und diesen gleich für die zweite Säule,

die Granatäpfel aber: der Granatapfel waren sechsundneunzig
nach der freien Luft, – aller Granatäpfel hundert nebst dem
Gitterwerk ringsum.

Der Führer der Leibdegen nahm Sfraja den Hauptpriester
und Zfanja den Zweitpriester und die drei Schwellenhüter,

und aus der Stadt nahm er den einen Kämmerer, welcher der
Kriegsmannschaft zugeordnet war, und sieben Männer von
denen, die das Antlitz des Königs sehen durften, die sich in
der Stadt fanden,

und des Scharobersten Schreiber, der die Volkschaft des Landes zusammenzuscharen hatte, und sechzig Mann von der
Volkschaft des Landes, die noch mitten in der Stadt gefunden worden waren,

die nahm Nebusaradan, der Führer der Leibdegen, und ließ
sie zum König von Babel nach Ribla gehn,

der König von Babel ließ sie in Ribla im Lande Chamat
erschlagen, töten.

So wurde Jehuda von seiner Scholle hinweg verschleppt.

Dies ist das Volk, das Nebukadrezar verschleppte:

im siebenten Jahr dreitausendunddreiundzwanzig Judäer,

im achtzehnten Jahr Nebukadrezars aus Jerusalem achthun-
dertzweiunddreißig Seelen,

im dreiundzwanzigsten Jahr Nebukadrezars verschleppte Nebusaradan, der Führer der Leibdegen, an Judäern, sieben-
hundertfünfundvierzig Seelen;

aller Seelen viertausend und sechshundert.

Es geschah im siebenunddreißigsten Jahr seit der Verschleppung Jojachins Königs von Jehuda, in der zwölften Neuung, am fünfundzwanzigsten auf die Neuung:

Ewilmerodach König von Babel erhob im Jahr seines König-
tumsantritts das Haupt Jojachins Königs von Jehuda, er
ließ ihn aus dem Kerkerhaus holen,

er redete gütig mit ihm,
er gab seinen Stuhl oberhalb des Stuhls der Könige, die mit
ihm in Babel waren,
er durfte die Gewänder seiner Kerkerhaft wechseln,
er aß nun stetig das Mahl vor seinem Antlitz, alle Tage seines
Lebens,
sein Unterhalt wurde als steter Unterhalt ihm von dem König
von Babel gegeben, der Tagesbedarf an seinem Tag, bis
zum Tag seines Todes,
alle Tage seines Lebens.

DAS BUCH
JECHESKEL

Es geschah im dreißigsten Jahr, im Vierten, am fünften auf die
  Mondneuung,
als ich inmitten der Verschlepptenschaft am Stromarm Kbar
  war:
der Himmel öffnete sich,
ich sah Gottgesichte.
  Am fünften auf die Neuung
  – es war das fünfte Jahr seit König Jojachins Verschlep-
    pung –
  geschah SEINE Rede, geschah
  an Jecheskel Sohn Busis den Priester
  im Land der Chaldäer, am Stromarm Kbar,
  SEINE Hand war dort über ihm.
Ich sah,
da, ein Sturmbraus kam vom Norden:
große Wolke und insichgreifendes Feuer,
ihr ringsum ein Glanz,
aus jenes Mitte aber,
wie der Anblick des Asem-Erzes aus der Mitte des Feuers,
aus jenes Mitte vier Lebendiger Gestalt.
Und dies ihr Ansehn:
Menschgestalt an ihnen,
jedem einen der Antlitze vier,
jedem einen vier Flügel ihnen.
Ihre Beine – ein gerades Bein,
ihre Fußballen wie der Fußballen eines Kalbs,
und die funkelten wie der Anblick geglätteten Kupfers.
Menschenhände unterhalb ihrer Flügel,
an ihren vier Geviertseiten.
Ihre Antlitze aber und ihre Flügel, der Vier,
– ihre Flügel, jeder an sein Geschwister geheftet, –
drehten sich nicht im Gehn,
jeder in der Richtung seines Antlitzes, gingen sie.
Die Gestalt ihrer Antlitze aber:
ein Menschenantlitz,
zur Rechten ein Löwenantlitz, den Vier,
von links her ein Stierantlitz, den Vier,
und ein Adlerantlitz den Vier.
Ihre Antlitze das,

ihre Flügel aber drüberhin ausgespannt,
jedem zwei aneinandergeheftet,
und zwei hüllten ihre Körper zu.

Jeder in der Richtung seines Antlitzes, gingen sie,
wohin der Geistbraus gehn hieß, gingen sie,
drehten sich nicht im Gehn.

Und die Gestalt der Lebendigen: ihr Ansehn
– wie brennende Feuerkohlen, anzuschn wie Fackeln,
gings zwischen den Lebendigen um,
und Glanz war am Feuer,
und aus dem Feuer fuhr ein Blitz,
und die Lebendigen liefen und kehrten –
wie das Ansehn des Wetterleuchtens.

Ich sah die Lebendigen an,
da war je ein Rad auf der Erde
neben den Lebendigen, nach der Antlitzvierheit zu.

Das Ansehn der Räder und ihr Gemächt
wie der Anblick des Chalzedon,
und einerlei Gestalt den Vieren,
und ihr Ansehn und ihr Gemächt,
als wäre ein Rad inmitten des anderen Rads.

Nach ihren vier Geviertseiten gingen bei ihrem Gehn sie,
drehten sich nicht im Gehn.

Ihre Felgen aber,
Schwungmacht war deren, Furchtbarkeit war deren:
ihre Felgen voller Augen ringsum, den Vieren.

Wann aber die Lebendigen gingen, gingen die Räder dane-
    ben.
und hoben die Lebendigen sich von der Erde,
hoben die Räder sich.

Wohin der Geistbraus gehn hieß, gingen jene,
dahin ließ auch sie der Braus gehn,
die Räder hoben sich mit jenen zugleich,
denn der Braus des Lebendigen war in den Rädern.

Wann jene gingen, gingen sie,
wann jene standen, standen sie,
und hoben jene sich von der Erde,
hoben die Räder sich mit ihnen zugleich,
denn der Braus des Lebendigen war in den Rädern.

Gestalt aber war über des Lebendigen Häuptern,
ein Gewölb, wie der Anblick des furchtbaren Eises,
über ihren Häuptern gestreckt oberhalb.
Unter dem Gewölb waren ihre Flügel gerade,
jeder auf sein Geschwister zu,
zwei aber hatte der, die hüllten ihnen,
und zwei hatte der, die hüllten ihnen
ihre Körper zu.
Ich hörte den Hall ihrer Flügel
wie den Hall großer Wasser,
wie den Stimmhall des Gewaltigen,
wann sie gingen,
ein hallendes Tosen, wie eines Heerlagers Hall.
Wann sie aber standen,
ließen sie niederhangen ihre Flügel:
ein Stimmhall geschah
oberhalb des Gewölbs, das über ihren Häuptern war,
wann sie nun standen,
ließen sie niederhangen ihre Flügel.
Oberhalb des Gewölbs aber, das über ihren Häuptern war,
anzusehn wie Saphirstein
Gestalt eines Stuhls,
und auf der Gestalt des Stuhls
eine Gestalt
anzusehn wie ein Mensch,
oben darauf.
Ich sah:
wie der Anblick des Asem-Erzes,
anzusehn wie ein Feuer, das rings ein Gehäus hat,
vom Ansehn seiner Hüften aufwärts,
und vom Ansehn seiner Hüften abwärts
sah ich: anzusehn wie ein Feuer, das rings einen Glanz hat.
Anzusehn wie der Bogen, der im Gewölk wird am Regentag,
so anzusehn rings war der Glanz.
Das war das Ansehn der Gestalt SEINER Erscheinung.
Ich sah,
ich fiel auf mein Antlitz.

Nun hörte ich eines Redenden Stimmhall,

der sprach zu mir:
Menschensohn,
steh auf deine Füße,
ich will mit dir reden.
Geistbraus kam in mich, sowie er zu mir redete,
er stellte mich auf meine Füße,
ich hörte den zu mir Redenden.
Er sprach zu mir:
Menschensohn,
ˉich schicke dich zu den Söhnen Jifsraels,
zu den empörerischen Stämmen, die sich gegen mich empörten,
sie und ihre Väter waren abtrünnig mir
bis auf ebendiesen Tag.
Die Söhne also,
starren Antlitzes, harten Herzens, –
ich schicke dich zu ihnen,
sprich zu ihnen:
So hat mein Herr, ER, gesprochen…!
Sie nun,
ob sie hören, ob sies lassen
– denn sie sind Haus Widerspann –,
erkennen werden sie,
daß ein Künder dawar in ihrer Mitte.
Du aber, Menschensohn,
fürchte dich nimmer vor ihnen,
vor ihren Reden fürchte dich nimmer,
weil Nesseln und Stachel um dich sind
und unter Skorpionen du siedelst,
vor ihren Reden fürchte dich nimmer,
vor ihrem Antlitz sei nimmer bestürzt,
denn sie sind Haus Widerspann.
Reden sollst du meine Reden zu ihnen,
ob sie hören, ob sies lassen,
denn sie sind Widerspann.
Du aber, Menschensohn,
höre, was ich zu dir rede,
sei nimmer widerspenstig
wie das Haus Widerspann!

Sperre deinen Mund auf
und iß, was ich dir gebe!
Ich sah,
da, eine Hand, zu mir ausgeschickt,
und da, eine Buchrolle in ihr,
die breitete er vor mich hin,
sie war vorn und hinten beschrieben,
und geschrieben war drüber:
Klagrufe, Seufzen und Weheschrei.
Er aber sprach zu mir:
Menschensohn,
was dir gereicht wird, iß,
iß diese Rolle,
und geh, rede zum Haus Jifsrael!
Ich öffnete meinen Mund,
er aber ließ diese Rolle mich essen.
Dann sprach er zu mir:
Menschensohn,
atze deinen Leib,
fülle deinen Bauch
mit dieser Rolle, die ich dir gebe!
Ich aß sie,
sie ward in meinem Munde wie Honig süß.
Er aber sprach zu mir:
Menschensohn,
geh, komm zum Hause Jifsrael,
rede mit meiner Rede zu ihnen!
Denn nicht zu einem Volk tiefer Lippe
und schwerer Zunge bist du geschickt, –
zum Haus Jifsrael:
nicht zu vielen Völkern tiefer Lippe, schwerer Zunge,
aus deren Rede du nichts heraushörst, –
schickte ich dich zu denen, sie würden hören auf dich,
aber die vom Haus Jifsrael werden nicht gewillt sein auf dich
　　zu hören,
denn sie sind keinmal auf mich zu hören gewillt,
denn alles Haus Jifsrael,
harter Stirn und starren Herzens sind sie.
Da, ich gebe deinem Antlitz,

hart zu sein gemäß ihrem Antlitz,
deiner Stirn,
hart zu sein gemäß ihrer Stirn,
wie Diamant, härter als Kiesel,
gebe deiner Stirn ich zu sein,
fürchte sie nicht,
sei nicht vor ihrem Antlitz bestürzt,
denn sie sind Haus Widerspann.
Weiter sprach er zu mir:
Menschensohn,
alle Reden, die ich zu dir reden werde,
nimm auf mit deinem Herzen,
mit deinen Ohren höre,
dann geh, komm zu der Verschlepptenschaft,
zu den Söhnen deines Volkes,
rede zu ihnen,
sprich zu ihnen: So hat mein Herr, ER, gesprochen!,
ob sie hören, ob sies lassen.
Geistbraus erhob mich,
hinter mir aber hörte ich den Hall eines großen Schütterns,
– Gesegnet SEINE Erscheinung von ihrem Orte aus! –
den Hall der Flügel der Lebendigen, jeder sein Geschwister
    berührend,
den Hall der Räder ihnen gemäß,
den Hall eines großen Schütterns.
Geistbraus hob mich, er nahm mich hinweg,
ich ging mit Bitternis in der Glut meines Geistes,
SEINE Hand hielt hart mich gefaßt,
ich kam zu der Verschlepptenschaft in Tel Abib,
ihnen, die am Stromarm Kbar sitzen,
ich setzte mich hin,
sie sitzen dort,
so saß auch ich dort
sieben Tage in ihrer Mitte, betäubt.

Es geschah aber nach Ablauf der sieben Tage,
SEINE Rede geschah zu mir, es sprach:
Menschensohn,
als Späher habe ich dich dem Haus Jifsrael gegeben.

Hörst du Rede von meinem Mund, sollst du von mir her sie
    warnen.
Wann ich spreche zum Frevler: Sterben mußt du, sterben!
und du warnst ihn nicht,
redest nicht, um den Frevler von seinem Frevelsweg ab-
    zuwarnen,
ihn am Leben zu halten:
ein Frevler ist er, um seine Verfehlung wird er sterben,
von deiner Hand aber will ich heimfordern sein Blut.
Du aber, –
wenn du einen Frevler gewarnt hast
und er kehrt nicht um von seinem Frevel, von seinem Frevels-
    weg:
er, um seine Verfehlung wird er sterben,
du aber, deine Seele hast du gerettet.
Wann ein Bewährter sich abkehrt von seiner Bewährung,
tut Falsch,
da ich das als Strauchelstein vor ihn hingab,
er, sterben wird er, denn du hast ihn nicht gewarnt,
um seine Versündigung wird er sterben,
seiner Bewährungen, die er tat, wird nicht gedacht,
von deiner Hand aber will ich sein Blut fordern.
Du aber, –
wenn du einen Bewährten gewarnt hast, daß er ohne zu sün-
    digen bleibt:
bewährt ist er, er hat nicht gesündigt,
leben wird er, leben, denn gewarnt ist er worden,
du aber, deine Seele hast du gerettet.

SEINE Hand war über mir dort,
er sprach zu mir:
Mach dich auf,
zieh in die Ebene hinaus,
dort will ich mit dir reden.
Ich machte mich auf, zog hinaus in die Ebene,
und da stand dort SEINE Erscheinung,
wie die Erscheinung, die ich am Stromarm Kbar gesehen
    hatte.
Ich fiel auf mein Antlitz.
Doch Geistbraus kam in mich, der stellte mich auf meine
    Füße.
Er aber redete mit mir, er sprach zu mir:
Geh, verschließe dich mitten in deinem Haus!
Du nämlich, Menschensohn –
da, man gibt Stricke an dich, man fesselt dich mit ihnen,
daß du nicht ausziehn kannst mitten unter sie.
Und deine Zunge will ich an deinen Gaumen kleben,
daß du verstummen mußt
und sollst nicht weiter ihnen ein mahnender Mann sein,
denn sie sind Haus Widerspann.
Wann ich aber mit dir rede, will ich den Mund dir öffnen,
du sprichst dann zu ihnen: So hat mein Herr, ER, gespro-
    chen…!
Wer hört, mag hören,
wers läßt, mags lassen,
denn sie sind Haus Widerspann.

Du aber, Menschensohn,
nimm eine Lehmplatte dir,
gib sie vor dich hin,
ritze darein eine Stadt,
Jerusalem,
Einengung gib wider sie,
baue wider sie ein Schanzengeheg.
schütte wider sie einen Damm,
gib wider sie Heereslager,
setze wider sie Sturmböcke rings!
Du aber nimm dir eine eiserne Pfanne,

und gib sie als eiserne Mauer
zwischen dich und die Stadt,
richte fest dein Antlitz auf sie,
in der Einengung soll sie dann sein,
einengen sollst du sie, –
ein Zeichen sei das für das Haus Jifsrael.
Und du liege auf deine linke Seite,
tue den Fehl des Hauses Jifsrael drauf.
Die Zahl der Tage, die du drauf liegst,
sollst ihren Fehl du tragen.
Ich nämlich, ich übergebe dir
die Jahre ihres Fehls als Tagzahl,
dreihundert und neunzig Tage,
daß du den Fehl des Hauses Jifsrael tragest.
Bist du dann fertig mit diesen,
liege zum andern auf deine rechte Seite,
trage den Fehl des Hauses Jehuda
vierzig Tage,
Tag als Jahr, Tag als Jahr gebe ichs dir.
Und zur Einengung Jerusalems hin
sollst dein Antlitz du richten,
bloßgestreift deinen Arm,
du sollst wider es künden.
Ich gebe da Stricke an dich,
kannst dich wenden nicht von Seite zu Seite,
bis du fertig hast deiner Einengung Tage.
Nun aber nimm du für dich
Weizen, Gerste, Bohnen, Linsen, Hirse, Spelt,
gib sie in ein einziges Gefäß,
bereite dir daraus Brot:
die Tagzahl, die du liegst auf deiner Seite,
dreihundertundneunzig Tage sollst du es essen.
Und dein Essen, das du essen sollst: gewogen,
des Tages zwanzig Gewicht,
zur Stunde iß es und wieder zur Stunde.
Und auch Wasser trinke abgemessen,
einen Sechstelkrug,
zur Stunde trinke und wieder zur Stunde.
Als einen Gerstenback sollst du es essen,

und den backe auf Ballen von Menschenkot
jenen vor Augen.

Weiter sprach ER:
Ebenso müssen die Söhne Jifsrael
ihr Brot, ein makliges, essen
unter den Stämmen, dahin ich sie versprenge.
Ich aber sprach:
Ach, mein Herr, DU,
meine Seele da ist nicht bemakelt,
Aas, Zerrißnes habe ich nicht gegessen
von meiner Jugend bis jetzt,
Unflatfleisch kam in meinen Mund nie.
Er sprach zu mir:
Sieh, ich gebe dir Rindermist
anstatt Menschenballen,
darauf sollst du dein Brot bereiten.
Weiter sprach er zu mir:
Menschensohn, da,
ich zerbreche den Stab des Brots in Jerusalem:
daß Brot sie essen abgewogen, in Sorge,
Wasser abgemessen trinken, in Starre,
damit sie Brots und Wassers ermangeln,
erstarren, jedermann und sein Bruder,
modern in ihrer Verfehlung.

Du aber, Menschensohn,
nimm dir ein scharfes Schwert,
als ein Schermesser sollst du dirs nehmen,
über dein Haupt, über deinen Bart führs,
dann nimm eine Schalenwaage dir und teils:
ein Drittel verbrenne in der Lohe
mitten in der Stadt
sowie die Tage der Einengung voll sind,
nimm ein Drittel, schlags mit dem Schwert ringsumher,
und ein Drittel streue in den Wind:
ein Schwert zücke ich hinter ihnen her.
Ein geringes an Zahl nimm davon aber,
die binde eng in deine Kleidzipfel,
doch von diesen auch sollst du noch nehmen,

sollst mitten ins Feuer sie werfen,
sie aufgehn lassen im Feuer:
Feuer zieht von da her
über alles Haus Jisrael.
So hat mein Herr, ER, gesprochen:
Das ists um Jerusalem:
in die Mitte der Weltstämme setzte ich es,
Länder rings um es hin,
es aber war widerspenstig
gegen meine Rechtsgeheiße,
frevelhafter als die Weltstämme noch, –
gegen meine Satzungen,
als die Länder, die rings um es sind,
denn meine Rechtsgeheiße
haben sie verschmäht,
und meine Satzungen,
sie sind darin nicht gegangen.
Darum,
so hat mein Herr, ER, gesprochen,
weil ihr tobtet mehr als die Stämme,
die rings um euch sind,
in meinen Satzungen nicht ginget,
meine Rechte nicht tatet,
tatet nach den Rechten der Stämme,
die rings um euch sind, –
darum,
so hat mein Herr, ER, gesprochen,
da, auch ich will nun an dich;
ich tue in deiner Mitte ein Rechten
den Weltstämmen vor Augen.
Was ich nie tat, tue ich an dir,
desgleichen ich nie mehr tun werde,
wegen all deiner Greuel.
Darum
werden Väter Kinder verzehren.
in deiner Mitte,
Kinder werden ihre Väter verzehren.
Gerichte tue ich an dir,
streue all deinen Überrest

in allen Wind.
Darum, sowahr ich lebe,
ist meines Herrn, SEIN Erlauten,
weil du bemakeltest mein Heiligtum
mit all deinen Scheusalen, all deinen Greueln,
stutze auch ich nun zu,
dauern solls nicht mein Auge,
auch ich schone nicht.
Ein Drittel von dir,
durch die Seuche sollen sie sterben,
durch Hunger erschöpft werden in deiner Mitte,
ein Drittel von dir,
durchs Schwert sollen sie rings um dich fallen,
und ein Drittel von dir,
in allen Wind streue ichs,
ein Schwert zücke ich hinter ihnen her.
Erschöpfen muß sich mein Zorn,
meine Grimmglut muß ich stillen an ihnen,
ich muß mich letzen.
Dann werden sie erkennen,
daß ICH es bin, der geredet hat,
an meinem Eifer,
wann meinen Grimm ich erschöpfe an ihnen.
Ich mache dich zur Öde, zur Schande
unter den Stämmen, die rings um dich sind,
allen Wandrern vor Augen,
Schande sei es und Schimpf,
Mahnungsschreck und Erstarren
den Stämmen, die rings um dich sind,
wann ich Gerichte tue an dir
mit Zorn, mit Grimm, mit grimmigem Züchtigen,
– ICH bins, der geredet hat –
wann die Hungerpfeile ich sende,
die schlimmsten unter ihnen,
die zum Verderben gereichen,
die sende, euch zu verderben,
an euch den Hunger verbrauche.
Den Stab des Brotes zerbreche ich,
Hunger sende ich über euch,

dazu schlimmes Getier,
daß es dich der Kinder beraube,
Seuche, Blutpest soll dich durchwandern,
ein Schwert lasse ich über dich kommen.
ICH bins, der geredet hat.

SEINE Rede geschah zu mir, es sprach:
Menschensohn,
richte dein Antlitz gegen Jifsraels Berge
und künde gegen sie, sprich:
Jifsrals Berge,
hört meines Herrn, SEINE, Rede!
so hat mein Herr, ER, gesprochen
zu den Bergen und zu den Hügeln,
zu den Bachgründen und zu den Schluchten:
Da, ich selber,
ein Schwert lasse ich über euch kommen,
eure Koppen mache ich schwinden,
eure Schlachtstätten sollen verstarren,
eure Glutmale zerbrechen,
ich fälle eure Durchbohrten
vor eure Klötze hin,
der Söhne Jifsraels Leichname gebe ich
vor ihre Klötze hin,
ich streue eure Gebeine
rings um eure Schlachtstätten aus.
In all euren Siedlungen
veröden müssen die Städte,
verstarren müssen die Koppen,
damit eure Schlachtstätten veröden, verstarren,
eure Klötze zerbrechen, zergehn,
umgehaun eure Glutmale,
eure Machwerke weggewischt werden,
in eurer Mitte fällt der Durchbohrte:
dann werdet ihr erkennen,
daß ICH es bin.

Übrig lasse ich doch...
Wann nun Schwertentronnene euch
unter den Weltstämmen sind,
wann ihr verstreut seid unter die Länder,
dann werden meiner gedenken
eure Schwertentronnenen
unter den Weltstämmen,
wohin sie verbracht sind,

da ich brechen lasse
ihr verbuhltes Herz,
das von mir gewichen ist,
ihre Augen, verbuhlt
hinter ihren Klötzen her:
ekeln werden sie sich vor sich selber,
um das Böse, das sie haben getan,
wegen all ihrer Greuel,
dann werden sie erkennen,
daß ICH es bin,
der umsonst nicht geredet hat,
ihnen dieses Böse zu tun.

So hat mein Herr, ER, gesprochen:
Schlage in deine Hand,
stampfe mit deinem Fuß
und sprich: Weh!
um alle bösen Greuel
derer vom Haus Jisrael,
daß sie fallen müssen
durchs Schwert, durch den Hunger, durch die Seuche:
der Ferne stirbt durch die Seuche,
der Nahe fällt durch das Schwert,
und der Verbliebne, Eingeengte
stirbt durch den Hunger,
meinen Grimm erschöpfe ich an ihnen, –
dann werdet ihr erkennen,
daß ICH es bin.

Wann inmitten ihrer Klötze,
rings um ihre Schlachtstätten
ihre Durchbohrten sind,
um alljeden hohen Hügel,
auf allen Häuptern der Berge,
unter alljedem üppigen Baum,
unter alljeder dichten Eiche,
an welchem Ort sie dargaben einst
Ruch des Geruhens
für all ihre Klötze,

ich strecke meine Hand über sie,
gebe hin zu Erstarren und Starrnis
das Land von der Wüste bis Ribla
in all ihren Siedlungen:
dann werden sie erkennen,
daß ICH es bin.

SEINE Rede geschah zu mir, es sprach:
Du nun, Menschensohn:
So hat mein Herr, ER, gesprochen
zu dem Boden Jifsraels:
Ende!
das Ende ist gekommen
über die vier Zipfel des Landes,
jetzt über dir ist das Ende.
Meinen Zorn sende ich aus wider dich,
ich richte deinen Wegen gemäß,
über dich gebe ich all deine Greuel,
dauern solls dein nicht mein Auge,
schonen werde ich nicht,
ja, über dich gebe ich deine Wege,
in deiner Mitte sind nun deine Greuel, –
dann werdet ihr erkennen,
daß ICH es bin.

So hat mein Herr, ER, gesprochen:
Böses hinter Bösem,
da, es ist gekommen!
Ende ist gekommen,
gekommen ist das Ende,
die Ernte an dich, –
da, es ist gekommen!
Gekommen ist das Verflochtne
gegen dich, Insasse des Lands,
gekommen ist die Frist,
nah ist der Tag:
Kriegsgetöse ists,
nicht der Heißaruf mehr in den Bergen!
Nahe jetzt

schütte ich meinen Grimm über dich,
erschöpfe an dir meinen Zorn,
richte dich deinen Wegen gemäß,
über dich gebe ich all deine Greuel,
dauern solls nicht mein Auge,
schonen werde ich nicht,
deinen Wegen gemäß
gebe ichs über dich,
in deiner Mitte sind nun deine Greuel, –
dann werdet ihr erkennen,
daß ICH es bin,
der schlägt.

Da ist der Tag,
da, gekommen ists,
schon tritt das Verflochtne hervor:
der Stecken sproßt,
die Vermessenheit blüht auf,
die Unbill erwächst
zum Stecken des Frevels.
Nichts wird aus ihnen,
nichts aus ihrem Getümmel,
aus ihrer tummelnden Menge nichts,
nicht ein Wimmern mehr ist bald unter ihnen.
Gekommen ist die Frist,
eingetroffen der Tag!
Nimmer freue sich der Erwerber,
nimmer traure der Verkäufer
– denn ein Entflammen ist
gegen all ihr Getümmel –,
daß zum verkauften Gut
der Verkäufer nie zurückkehrt,
ob auch am Leben sie sind
unter den Lebenden noch,
denn ein Schauempfang gilt
gegen all ihr Getümmel:
Das kehrt nicht zurück,
jedermann, um seinen Fehl ist sein Leben,
die erstarken nicht mehr!

Sie blasen ins Blashorn,
man rüstet alles zu,
doch in den Kampf geht keiner,
denn mein Entflammen ist
gegen all ihr Getümmel.

Draußen das Schwert,
von innen die Seuche und der Hunger:
wer auf dem Felde ist,
stirbt durch das Schwert,
wer in der Stadt,
den fressen Hunger und Seuche.
Und entrannen Entronnene ihnen,
sollen in den Bergen sie sein
wie die Tauben der Schluchten,
Gurrende allesamt,
jeder um seine Verfehlung.
Alle Hände erschlaffen,
alle Knice überlaufen mit Wasser,
sie gürten Sackleinen um,
ein Schauder hüllt sie ein,
Schamröte ist an allen Gesichtern,
die Glatze auf all ihren Köpfen.
Ihr Silber werfen sie auf die Gassen,
ihr Gold ist zu Unrat geworden,
ihr Silber und ihr Gold
vermag sie nicht zu retten
am Tag MEINES Überwallens,
sie sättigen damit nicht ihre Seele,
sie füllen damit nicht ihren Leib,
denn der Strauchelstein ihres Fehls wars.
Die Köstlichkeit meines Schmucks,
zur Hoffart haben sie die verwandt,
die Bilder ihrer Greuel,
ihrer Scheusale machten sie draus,
darum habe ich gegeben,
daß es ihnen zu Unrat werde,
in der Auswärtigen Hand gebe ichs zur Beute,
den Frevlern des Erdlands zur Plünderung,

daß sie es preisstellen,
mein Antlitz wende ich von denen,
daß sie meinen Geheimschatz preisstellen,
hinkommen sollen die Räuber
preisstellen sollen sie ihn:
»Kettlein mache daraus!«
Ja, blutigen Unrechts voll ist das Land,
der Unbill voll ist die Stadt.
So lasse ich die Bösesten der Weltstämme kommen,
daß die ihre Häuser ererben,
verabschiede der Trotzigen Hoffart,
daß ihre Heiligtümer preisgestellt werden.
Die Beklemmung kommt,
Frieden suchen sie, und ist keiner,
Fügung auf Fügung wird kommen,
Vernehmen über Vernehmen,
nun suchen beim Künder sie Schau!
Entschwunden ist Weisung vom Priester,
Ratschluß von den Ältesten,
der König trauert,
der Fürst kleidet sich in Erstarren,
schrecklahm sind die Hände des Landvolks.
Von ihrem Weg her tue ichs ihnen,
nach ihren Rechten richte ich sie,
dann werden sie erkennen,
daß Ich es bin.

Es geschah im sechsten Jahr, im Sechsten, am fünften auf die
    Neuung,
ich sitze in meinem Haus und die Ältesten Jehudas sitzen vor
    mir:
dort fiel auf mich meines Herrn, SEINE, Hand.
Ich sah:
da, Gestalt, anzusehn wie ein Mann,
vom Ansehn seiner Hüften abwärts ein Feuer,
von seinen Hüften aufwärts wie das Ansehn eines Glasts,
wie der Anblick des Asem-Erzes.
Er schickte die Form einer Hand aus, er nahm mich an einer
    Locke meines Kopfes,
ein Geistbraus trug mich zwischen der Erde und dem Him-
    mel,
der brachte mich in Gottgesichten nach Jerusalem
an den Einlaß des Innentors, das nach Norden gewandt ist,
noch war der Sockel dort des Eiferbilds, das Eifer erregt.
Und da: dort war die Erscheinung des Gottes Jisraels,
wie das Gesicht, das ich in der Ebene gesehen hatte.
Er sprach zu mir:
Menschensohn,
trage doch deine Augen empor des Weges nach Norden!
ich trug meine Augen empor des Weges nach Norden,
und da, nördlich vom Tore zur Schlachtstatt, am Eingang,
war jenes Eiferbild.
Er aber sprach zu mir:
Menschensohn,
siehst du, was sie tun,
Greuel groß, die sie hier tun, die vom Haus Jisrael,
sich von meinem Heiligtum zu entfernen?
Aber noch mehr davon sollst du, große Greuel sehn.
Er brachte mich zum Einlaß des Hofs,
ich sah, da war ein Loch in der Mauer.
Er aber sprach zu mir:
Menschensohn,
durchstoße doch die Mauer!
Ich durchstieß die Mauer, da war ein Einlaß.
Weiter sprach er zu mir:
Geh hinein,

sieh die bösen Greuel, die sie hier tun!

Ich ging hinein, ich sah, da war allerhand Formung,

Gewürm und Vieh, Scheusäligkeit,

all die Klötze des Hauses Jiſrael,

eingemeißelt rings, rings in die Mauer,

und siebzig Männer, von den Ältesten des Hauses Jiſrael

– Jaasanjahu Sohn Schafans in ihrer Mitte stehend –,

standen vor ihnen, jedermann sein Rauchbecken in seiner Hand,

und der Duft der Räucherwolke stieg.

Er aber sprach zu mir:

Hast du gesehen, Menschensohn,

was die Ältesten des Hauses Jiſrael im Finstern tun,

jedermann in seiner Schaustückkammer?

sie sprechen ja: ER sieht uns nicht mehr,

verlassen hat ER das Land!

Weiter sprach er zu mir:

Noch mehr davon sollst du sehn,

große Greuel, die sie tun.

Er brachte mich zum Einlaß des Tors SEINES Hauses,

das nach Norden hin ist,

da saßen dort Weiber,

die beweinten den Tammus.

Er aber sprach zu mir:

Hast du gesehen, Menschensohn?

noch mehr davon sollst du sehn,

größere Greuel als diese.

Er brachte mich zum innern Hof SEINES Hauses,

da, am Einlaß SEINER Halle, zwischen Flursaal und Schlacht-
    statt

waren etwa fünfundzwanzig Männer,

ihre Rücken zu SEINER Halle, ihre Antlitze ostwärts,

und die warfen sich ostwärts nieder, vor der Sonne.

Er aber sprach zu mir:

Hast du gesehen, Menschensohn?

ists zu gering dem Hause Jehuda gewesen,

die Greuel zu tun, die sie hier getan haben?

sie füllen ja mit Unbill das Land,

immer mehr wollen sie mich verdrießen,

und nun stecken sie sich die Rute an die Nase!

Aber ich auch, im Grimm will ich tun,
dauern solls nicht mein Auge,
ich werde nicht schonen,
mögen sie in meine Ohren rufen mit lauter Stimme,
ich höre sie nicht.
Er rief in meine Ohren mit lauter Stimme, sprechend:
Nahet, Strafzuordner der Stadt,
jedermann sein Gerät des Verderbens in seiner Hand!
Da kamen sechs Männer
des Wegs vom oberen Tor, das nordwärts gewandt ist,
jedermann sein Gerät des Zermalmens in seiner Hand,
in der Mitte ein einzelner Mann,
in Leinwand gekleidet, das Farbbrett des Schreibers an seinen
     Hüften,
die kamen, stellten sich neben die eherne Schlachtstatt.
Die Erscheinung des Gottes Jißrael aber war aufgestiegen,
auf vom Cherub, auf dem sie gewesen war,
hin zur Schwelle des Hauses.
Er rief dem in Leinwand gekleideten Mann, der an seinen
     Hüften das Farbbrett des Schreibers hatte,
ER sprach zu ihm:
Schreite mitten durch die Stadt, mitten durch Jerusalem,
male ein Mal auf die Stirnen der Männer,
die seufzen und ächzen über all die Greuel, die in seiner Mitte
     getan sind.
Zu jenen aber sprach er in meine Ohren:
Schreitet durch die Stadt hinter ihm und schlagt!
nimmer dauern solls euer Auge,
nimmer dürft ihr schonen,
Alte, Jünglinge, Mädchen, Kinder und Weiber bringt um:
Zum Verderben!
Doch all die Männer, an denen das Mal ist,
nimmer tretet die an!
Und an meinem Heiligtum beginnt!
Sie begannen mit den Männern, den Ältesten, die vor dem
     Haus waren.
Indes sprach er zu ihnen:
Bemakelt das Haus!
füllt die Höfe mit Durchbohrten!...

nun ziehet weiter!

Sie zogen weiter und schlugen in der Stadt.

Es geschah, als sie im Schlagen waren und ich war übriggeblieben,

ich fiel auf mein Antlitz, ich schrie, ich sprach:

Ach, mein Herr, DU!

willst du allen Überrest Jifsraels verderben,

daß du deinen Grimm schüttest über Jerusalem?

Er sprach zu mir:

Sehr, sehr groß ist die Verfehlung des Hauses Jifsrael und Jehudas,

gefüllt hat das Land sich mit Blutschuld,

voller Rechtsbeugung ist die Stadt,

sie sprechen ja: Verlassen hat ER das Land,

ER sieht nicht mehr!

aber ich auch, dauern solls nicht mein Auge,

ich werde nicht schonen,

ihren Abweg gebe ich auf ihr Haupt.

Da aber war schon der in Leinwand gekleidete Mann, der das
 Farbbrett an den Hüften hatte,

er erstattete Rede, sprechend:

Ich habe getan, wie du mir geboten hast.

Ich sah,

da, am Gewölb, dem überm Haupt der Cheruben,

wars wie Saphirstein,

wie das Ansehn der Gestalt eines Throns war er über ihnen zu
 sehn.

Er aber sprach zu dem in Leinwand gekleideten Mann,

er sprach:

Komm in die Zwischenräume des Kreisenden, das unterhalb
 je eines Cheruben ist,

und fülle deine Fäuste mit Glutkohlen aus den Räumen zwischen den Cheruben

und streue sie über die Stadt!

Der kam vor meinen Augen hin.

Die Cheruben aber standen zur Rechten des Hauses, als der
 Mann hinkam,

und die Wolke füllte den inneren Hof,

– als nämlich SEINE Erscheinung sich erhoben hatte,

auf vom Cherub, hinüber zur Schwelle des Hauses,

hatte das Haus sich mit der Wolke erfüllt,

und der Hof hatte sich erfüllt mit dem Glanz SEINER Erscheinung,

der Hall aber der Cherubenflügel war bis an den äußern Hof
zu hören,

wie der Stimmhall des Gewaltigen Gottes, wann er redet.

Es geschah nun, als er dem in Leinwand gekleideten Manne geboten hatte, sprechend:

Nimm Glut aus den Zwischenräumen des Kreisenden, den
R̤ ̤nen zwischen den Cheruben!,

der kam hin, er stellte sich neben ein Rad,

ein Cherub aber schickte seine Hand aus von dem Raum zwischen den Cheruben her

an die Glut, die zwischen den Cheruben war,

trug etwas davon, gabs in die Fäuste des in Leinwand Gekleideten,

der nahms, zog hinweg.

Es war aber an den Cheruben die Form einer Menschenhand
unter ihren Flügeln zu sehn.

Ich sah nämlich, da, vier Räder den Cheruben zuseiten,

ein Rad zuseiten einem Cherub, ein Rad zuseiten einem
Cherub,

und das Aussehn der Räder wie der Anblick des Chalze-
donsteins,

das war ihr Aussehn: einerlei Gestalt den Vieren,

als wäre ein Rad inmitten des anderen Rads.

Bei ihrem Gehn gingen nach ihren vier Geviertseiten sie,

drehten sich nicht im Gehn,

denn nach der Gegend, wohin der zuhäupten sich wandte,
hinter dem her gingen sie,

drehten sich nicht im Gehn:

all ihr Fleisch, ihre Rücken, ihre Hände, ihre Flügel.

Und die Räder waren voller Augen rings, so waren ihre
Räder den Vieren.

Den Rädern aber, ihnen wurde in meine Ohren gerufen:
Kreisendes!

Jedem einen aber waren der Antlitze vier:

das eine Antlitz ein Cherubsantlitz,

das zweite Antlitz ein Menschenantlitz,

das dritte ein Löwenantlitz,

das vierte ein Adlerantlitz.

Wie sich dann die Cheruben erhoben

– das war das Lebendige, das ich am Stromarm Kbar gesehen
　　hatte –:

wann die Cheruben gegangen waren, waren die Räder neben
　　ihnen gegangen,

und wann nun die Cheruben ihre Flügel schwangen, sich von
　　der Erde zu erheben,

drehten sich auch die Räder nicht ab von ihrer Seite,

wann jene standen, standen sie,

wann jene sich erhoben, erhoben sie sich mit ihnen,

denn der Braus des Lebendigen war in ihnen.

Es zog nun nämlich SEINE Erscheinung von über der Schwelle
　　des Hauses,

sie stand über den Cheruben,

die Cheruben aber schwangen ihre Flügel, sie erhoben sich
　　von der Erde vor meinen Augen,

hinwegziehend, die Räder zugleich mit ihnen,

stehn bliebs am Eingang des östlichen Tors SEINES Hauses,

und über ihnen, oben, die Erscheinung des Gottes Jifsraels.

Das war das Lebendige, das ich unter dem Gotte Jifsraels am
　　Stromarm Kbar gesehen hatte:

ich erkannte, daß dies Cheruben waren, Vier.

Jedem einen der Antlitze vier,

jedem einen vier Flügel,

und die Gestalt einer Menschenhand unter ihren Flügeln.

Und die Gestalt ihrer Antlitze:

dies waren die Antlitze, deren Ansehn ich am Stromarm
　　Kbar gesehen hatte.

Und sie, jeder in der Richtung seines Antlitzes, gingen sie.

Mich aber schwang ein Geistbraus empor,

er ließ mich an das östliche Tor SEINES Hauses kommen, das
　　ostwärts gewandt ist.

Und da, am Einlaß des Tors, waren fünfundzwanzig Männer,

in ihrer Mitte sah ich Jaasanja Sohn Asurs und Platjahu Sohn
　　Bnajahus, Obre des Volks.

Er aber sprach zu mir:

Menschensohn,
diese sind die Männer,
die in dieser Stadt Arg planen und bösen Rat raten,
die sprechen:
Fürs nächste gilts nicht, Häuser zuzubauen,
sie ist der Kessel und wir sind das Fleisch!
Darum künde wider sie,
künde, Menschensohn!
SEIN Geistbraus fiel auf mich,
er aber sprach zu mir:
Sprich:
So hat ER gesprochen:
Das habt ihr gesprochen, Haus Jifsrael,
und was in eurem Geiste aufsteigt, ich kenne es:
gemehrt habt ihr eure Durchbohrten in dieser Stadt,
gefüllt mit Durchbohrten ihre Gassen.
Darum – so hat mein Herr, ER, gesprochen –:
eure Durchbohrten, die ihr hinstrecktet in ihrer Mitte,
die sind das Fleisch und sie ist der Kessel,
euch aber führe ich aus ihrer Mitte.
Schwert fürchtet ihr, Schwert lasse ich über euch kommen,
– Erlauten ists von meinem Herrn, IHM, –
ausführen will ich euch von ihrer Mitte,
will euch geben in die Hand von Auswärtigen,
Gerichte will ich an euch tun,
durchs Schwert müsset ihr fallen,
auf Jifsraels Grenzmark will ich euch richten,
dann werdet ihr erkennen, daß ICH es bin:
sie wird euch nicht der Kessel sein,
in dessen Mitte ihr das Fleisch wärt,
an Jifsraels Grenzmark will ich euch richten.
Dann werdet ihr erkennen, daß ICH es bin,
in dessen Gesetzen ihr nicht ginget
und dessen Rechte ihr nicht tatet,
aber nach den Rechten der Stämme, die rings um euch sind,
    habt ihr getan.
Wie ich nun kündete, geschahs,
daß Platjahu Sohn Bnajas starb.
Ich fiel auf mein Antlitz, ich schrie mit lauter Stimme:

Ah, mein Herr, D U ,
den Garaus machst du dem Überrest Jiſsraels!
SEINE Rede geschah zu mir, es sprach:
Menschensohn, um deine Brüder,
deine Brüder, die mit dir verschleppten Männer und das Haus
   Jiſsrael allsamt,
von denen die Insassen Jerusalems gesprochen haben:
Fern sind sie nun I H M geworden,
uns ists zu Erbe gegeben, das Land! –
darum sprich: So hat mein Herr, E R , gesprochen:
Ja, unter die Weltstämme habe ich sie entfernt,
und ja, in die Länder habe ich sie versprengt,
nur noch ein weniges wurde ich ihnen zum Heiligtum
in den Ländern, wohin sie gekommen sind, –
darum sprich: So hat mein Herr, E R , gesprochen:
Aber ich hole euch zuhauf aus den Völkern,
aber ich sammle euch aus den Ländern,
wohin ihr versprengt worden seid,
ich gebe euch den Jiſsraelsboden.
Dorthin sollen sie kommen,
hinwegräumen sollen sie daraus
all seine Scheusale,
alle seine Greuel.
Ich gebe ihnen ein einiges Herz,
einen neuen Geist gebe in ihre Brust ich,
das Steinherz räume ich aus ihrem Fleisch,
ich gebe ihnen ein Fleischherz:
damit sie in meinen Satzungen gehn,
meine Rechtsgeheiße wahren, sie tun.
Sie sollen mir werden zum Volk
und ich, ich werde ihnen zum Gott.
Deren Herz aber geht nach dem Herzen
ihrer Scheusale und ihrer Greuel,
deren Abweg gebe ich auf ihr Haupt.
Erlauten ists von meinem Herrn, I H M .

Die Cheruben schwangen ihre Flügel.
die Räder sich mit ihnen zugleich,
die Erscheinung des Gottes Jiſsraels

war auf ihnen, obenauf.

So stieg auf SEINE Erscheinung,
auf mitten aus der Stadt,
sie stand auf dem Berg, der östlich der Stadt ist.

Mich aber schwang ein Geistbraus empor,
der ließ mich nach Chaldäa zur Verschlepptenschaft kommen,
im Gesicht, im Geistbraus Gottes,
aber aufgestiegen war, von mir auf, das Gesicht,
das ich gesehen hatte.

Nun redete ich zur Verschlepptenschaft all SEINE Rede,
die er mich hatte sehen lassen.

SEINE Rede geschah zu mir, es sprach:
Menschensohn,
du sitzest inmitten des Hauses Widerspann,
die Augen haben zum Sehen und nicht sehen,
die Ohren haben zum Hören und nicht hören,
denn sie sind Haus Widerspann.
Du aber, Menschensohn,
richte dir Gerät der Verschlepptenwanderschaft,
rüste dich zum Wandern tags vor ihren Augen,
damit du von deinem Ort an einen andern Ort vor ihren
　　Augen wanderst, –
ob sie wohl darauf sehen,
denn sie sind Haus Widerspann!:
tags ziehst du dein Gerät wie Wandergerät hinaus vor ihren
　　Augen,
und am Abend ziehst du selber hinaus vor ihren Augen,
wie die Züge auf die Verschlepptenwanderschaft, –
vor ihren Augen durchstoße dir die Mauer, daß du durch sie
　　hinausziehest,
vor ihren Augen trags auf der Schulter,
im Dunkel zieh dann hinaus,
dein Antlitz verhülle, daß du das Land nicht siehst,
denn als Erweis gebe ich dich dem Hause Jißrael.
Ich tat so, wie mir geboten worden war:
mein Gerät zog ich tags hinauf wie Wandergerät,
und am Abend durchstieß ich mit der Hand mir die Mauer,
im Dunkel zog ich hinaus,
auf der Schulter trug ichs fort vor ihren Augen.
Am Morgen geschah SEINE Rede zu mir, es sprach:
Menschensohn,
haben sie zu dir nicht gesprochen,
das Haus Jißrael, das Haus Widerspann:
Was tust du?
Sprich zu ihnen:
So hat mein Herr, ER, gesprochen:
Dem Kronenträger gilt dieses Tragen in Jerusalem
und allem Haus Jißrael, in dessen Mitte die sind.
Sprich:
»Ich bin euch Erweis,

wie ich getan habe, wird ihnen getan.«
In die Verschleppung gehn sie, in die Gefangenschaft.
Und der Kronenträger, der in ihrer Mitte ist,
auf der Schulter wird er tragen, im Dunkel,
und wird so ausziehn,
die Mauer wird man durchstoßen, durch sie ihn hinauszuziehn,
sein Antlitz wird er verhüllen,
dieweil er eignen Auges das Erdland nicht mehr sehn soll:
ich breite mein Netz über ihn,
von meiner Schlinge wird er gegriffen,
nach Babel lasse ich ihn kommen, ins Land der Chaldäer,
aber auch das wird er nicht sehn,
und dort wird er sterben.
Und alles, was rings um ihn ist,
seine Hilfe, all seine Schwadronen,
streue ich in allen Wind,
und ein Schwert zücke ich hinter ihnen her.
Dann werden sie erkennen, daß ICH es bin:
wann unter die Weltstämme ich sie sprenge,
sie streue in die Erdenländer.
Zählige Männer lasse ich übrig von ihnen,
vom Schwert, vom Hunger, von der Seuche,
damit sie all ihre Greuel erzählen
unter den Weltstämmen, wohin sie kommen, –
dann werden die erkennen, daß ICH es bin.
SEINE Rede geschah zu mir, es sprach:
Menschensohn,
dein Brot iß mit Beben,
dein Wasser trink mit Zittern und Sorge,
und zum Volk des Landes sprich:
So hat mein Herr, ER, gesprochen
von den Siedlern Jerusalems, auf den Boden Jifsraels hin:
Ihr Brot werden mit Sorge sie essen,
ihr Wasser werden mit Erstarren sie trinken,
um des willen daß aus seiner Fülle verstarren muß das Land
ob der Unbill aller, die darin siedeln,
veröden müssen die besiedelten Städte,
eine Starrnis muß das Land werden,
dann werdet ihr erkennen, daß ICH es bin.

SEINE Rede geschah zu mir, es sprach:
Menschensohn,
was habt ihr da für ein Gleichwort
auf dem Boden Jifsraels, den Spruch:
»In die Länge ziehn sich die Tage,
zunichte wird alle Schau«! –
Darum sprich zu ihnen:
So hat mein Herr, ER, gesprochen:
Ich verabschiede dieses Gleichwort,
daß sie damit nicht mehr wörteln in Jifsrael,
sondern das rede zu ihnen:
In die Nähe rücken die Tage,
der Redegehalt aller Schau!
Denn nicht ist dann mehr allirgend Wahnschau
und schmeichelglatte Wahrsagerei
dem Haus Jifsrael inmitten,
sondern ICH rede, was ich rede,
geredet ists und getan wirds,
säumen wird es nicht mehr,
sondern in euren Tagen,
Haus Widerspann,
rede ich eine Rede und ich tue sie,
Erlauten ists von meinem Herrn, IHM.
Wieder geschah SEINE Rede zu mir, es sprach:
Menschensohn,
da sprechen die vom Haus Jifsrael:
»Die Schau, die er schaut,
gilt auf die Fülle der Tage,
er kündet auf ferne Zeiten!« –
darum sprich zu ihnen:
So hat mein Herr, ER, gesprochen:
Säumen wird es nicht mehr,
all meine Reden, die ich rede,
geredet ists und getan wirds.
Erlauten ists von meinem Herrn, IHM.

SEINE Rede geschah zu mir, es sprach:
Menschensohn,
künde wider Jifsraels Künder,
die Künderei treiben,
sprich zu ihnen, die künden aus dem eigenen Herzen:
Höret SEINE Rede!
so hat mein Herr, ER, gesprochen:
Weh über die schändlichen Künder,
die nachgehn dem eigenen Geist
und ohne daß sie gesehen hätten!
Wie Füchse in Trümmern,
deine Künder, Jifsrael, sinds geworden!
Ihr seid nicht in die Breschen gestiegen,
daß eine Mauer gemauert ihr hättet
um das Haus Jifsrael,
dem Kampf zu stehen an MEINEM Tag!
– Wahn haben sie geschaut,
täuschende Wahrsagung,
die sprechen: »Erlauten von IHM«,
da ER sie doch nicht gesandt hat,
und dann harren sie,
daß das Redewort er sich bestätigen lasse.
– Habt ihr nicht nur Wahnschau geschaut,
täuschende Wahrsagerei gesprochen,
und sprecht: »Erlauten von IHM«, –
da doch ich, ich geredet nicht habe!
Darum, so hat mein Herr, ER, gesprochen,
weil ihr Wahn redet, Täuschung schaut,
darum will ich nun an euch,
Erlauten ists von meinem Herrn, IHM,
meine Hand gerät an die Künder,
die Wahn schauen und Täuschung wahrsagen,
im Kreise meines Volkes
sollen sie nicht sein,
in die Schrift des Jifsraelhauses
werden sie nicht geschrieben,
auf den Boden Jifsraels
dürfen sie nicht kommen
– dann werdet ihr erkennen, daß ICH Herr es bin –:

weil und dieweil sie mein Volk irreführen,
sprechend »Frieden!«, und ist kein Friede!
Das baut eine Steinschicht auf,
und die verstreichen sie nun mit Schleim!
Sprich zu den Schleimverstreichern,
daß sie schleift und fällt:
es gerät abschwemmender Regen,
ich gebe, daß Hagelschloßen fallen,
der Sturmwind niedersaust.
Ist nun gefallen die Wand,
wird dann etwa zu euch nicht gesprochen:
Wo ist der Lehmstrich, mit dem ihr verstrichet?!
Darum, so hat mein Herr, ER, gesprochen,
lasse den Sturmwind ich sausen
mit meiner Grimmglut,
abschwemmender Regen gerät
in meinem Zorn,
Hagelschloßen ingrimmig, zum Garaus,
niederreißen will ich die Wand,
die ihr mit Schleim habt verstrichen,
an die Erde lasse ich sie rühren,
daß ihr Grund offenbar wird,
sie fällt, ihr vergeht ihr inmitten,
dann werdet ihr erkennen, daß ICH es bin,
– wenn ich ausließ meinen Grimm an der Wand
und an denen, die mit Schleim sie verstrichen,
und wenn von euch gesprochen wird:
Dahin ist die Wand! dahin, die sie verstrichen! –
ihr Künder von Jiśrael,
die ihr über Jerusalem kündet
und ihm Schau eines Friedens erschaut,
und ist doch kein Friede!
Erlauten ists von meinem Herrn, IHM.

Und du, Menschensohn,
richte dein Antlitz auf die Töchter deines Volks,
die einherkünden aus dem eigenen Herzen,
künde wider sie, sprich:

So hat mein Herr, ER, gesprochen:
Weh den Frauen,
die Bannbinden nähn über alle Handgelenke,
die Zauberschleier machen über Köpfe allen Wuchses,
Seelen zu erjagen!
Jagt ihr Seelen ab meinem Volk,
euch Seelen am Leben zu halten?!
Ihr stellt preis mich vor meinem Volk
um ein paar Griff Gerste, um ein paar Happen Brots,
Seelen sterben zu lassen, die nicht sterben sollten,
Seelen leben zu lassen, die nicht leben sollten,
indem mein Volk ihr täuscht, sie, die auf die Täuschung
     hören.
Darum, so hat mein Herr, ER, gesprochen,
will ich nun an eure Bannbinden,
womit ihr Seelen als Flatternde jagt,
ich zerre sie euch von den Armen,
freischicke ich die Seelen, die ihr jagt,
Seelen als Flatternde,
ab zerre ich eure Zauberschleier,
ich rette mein Volk aus eurer Hand,
daß sie weiter nicht in eurer Hand ein Jagdfang seien, –
dann werdet ihr erkennen, daß ICH es bin.
Weil durch Lug ihr das Herz des Bewährten gekränkt habt,
den ich selber nicht wollte krank werden lassen,
und gestärkt habt die Hände des Frevlers,
ihn am Leben zu halten,
ohne daß er umkehrt von seinem bösen Weg,
darum sollt ihr Wahn nicht mehr schauen,
Wahrsagung fürder nicht sagen,
ich rette mein Volk aus eurer Hand, –
dann werdet ihr erkennen, daß ICH es bin.

Zu mir kamen Männer von den Ältesten Jifsraels,
sie saßen vor mir.
SEINE Rede geschah zu mir, es sprach:
Menschensohn,
diese Männer haben ihre Klötze in ihr Herz geschlossen,

den Strauchelstein ihrer Verfehlung haben sie sich grade vors
  Antlitz gegeben, –
lasse ich mich beforschen von denen, beforschen?!
Darum rede sie an, sprich zu ihnen:
So hat mein Herr, ER, gesprochen:
Mann um Mann vom Haus Jifsrael,
der seine Klötze in sein Herz schließt
und den Strauchelstein seiner Verfehlung sich grade vors
  Antlitz setzt
und kommt zum Künder, –
ICH selber will mich ihm antworten machen,
der mit der Menge seiner Klötze kommt:
damit ich das Haus Jifsrael an ihrem Herzen fasse,
die sich mir entfremdeten mit all ihren Klötzen.
Darum sprich zum Haus Jifsrael:
So hat mein Herr, ER, gesprochen:
Kehrt um! kehrt euch ab von euren Klötzen,
von all euren Greueln weg euer Antlitz!
denn Mann um Mann vom Haus Jifsrael
und von der Gastschaft, die in Jifsrael gastet,
entfremdet er meiner Nachfolge sich,
schließt seine Klötze er in sein Herz
und setzt den Strauchelstein seiner Verfehlung grad sich vors
  Antlitz,
und dann kommt er zum Künder, mich für sich zu beforschen,
ICH will mit mir selber mich ihm antworten machen:
ich gebe mein Antlitz wider jenen Mann,
ich verstarre ihn zu einem Zeichen und zu Gleichnissen,
ich rode ihn aus der Mitte meines Volks, –
dann werdet ihr erkennen, daß ICH es bin.
Wenn aber ein Künder betört wird und Rede redet,
ICH selber lasse betört sein jenen Künder,
ich strecke meine Hand wider ihn
und tilge ihn aus der Mitte meines Volks Jifsrael.
Ihre Verfehlungen sollen sie tragen,
gleich wird der Fehl des Beforschers, gleich der Fehl des Künders sein, –
damit die vom Haus Jifsrael von meiner Nachfolge nicht mehr
  abirren

und sich nicht mehr bemakeln mit all ihren Abtrünnigkeiten.
Dann werden sie mir zum Volk
und ich, ich werde ihnen zum Gott.
Erlauten ists von meinem Herrn, Iʜᴍ.

SEINE Rede geschah zu mir, es sprach:
Menschensohn,
wenn ein Land gegen mich sündigte,
in Treubruch untreu zu werden,
ich meine Hand über es strecke,
den Brotstab ihm zerbreche,
Hunger schicke darein,
rotte draus Mensch und Vieh,
und ihm inmitten sind diese drei Männer:
Noach, Daniel und Ijob,
sie selber in ihrer Bewährung retten die eigne Seele,
Erlauten ists von meinem Herrn, IHM.
Lasse böses Getier ich durchs Land ziehn,
der Kinder es zu berauben,
daß es eine Starrnis wird,
die des Getiers wegen keiner durchzieht,
ihm inmitten aber sind die drei Männer,
sowahr ich lebe,
Erlauten ists von meinem Herrn, IHM,
ob sie Söhne, ob Töchter retten,…!
sie selber, allein, werden gerettet,
und das Land wird eine Starrnis.
Oder bringe über jenes Land ich ein Schwert,
spreche: Schwert durchziehe das Land,
rotte draus Mensch und Vieh,
ihm inmitten aber sind die drei Männer,
sowahr ich lebe,
Erlauten ists von meinem Herrn, IHM,
nicht erretten sie Söhne und Töchter,
sondern sie allein werden gerettet.
Oder schicke ich an jenes Land Seuche,
schütte in Blutpest darauf meinen Grimm,
draus zu rotten Mensch und Vieh,
und Noach, Daniel und Ijob sind ihm inmitten,
sowahr ich lebe,
Erlauten ists von meinem Herrn, IHM,
ob einen Sohn, ob eine Tochter sie retten,…!
sie selber in ihrer Bewährung retten die eigne Seele.
Ja – so hat mein Herr, ER, gesprochen –,

wie erst, da meine vier bösen Gerichte,
Schwert, Hunger, böses Getier und Seuche,
ich schicke an Jerusalem hin,
Mensch und Vieh draus zu rotten!
Und doch bleibt nun drin eine Entronnenschaft,
die Hinausgeführten, Söhne und Töchter.
Nun fahren sie zu euch aus,
ihr seht ihren Weg und ihre Geschäfte,
einen Trost habt ihr über das Böse,
das ich über Jerusalem brachte,
was alles ich brachte darüber, –
einen Trost verschaffen sie euch:
wenn ihren Weg ihr seht, ihre Geschäfte,
dann werdet ihr erkennen,
daß ich ohnnot nicht tat, was ich alles dran tat.
Erlauten ists von meinem Herrn, IHM.

SEINE Rede geschah zu mir, es sprach:
Menschensohn,
was hätte das Holz des Weinstocks
all dem Reisholz voraus,
das unterm Gehölz des Walds steckt?
wird davon Holz genommen, es zu einem Werk zu machen?
oder nimmt man von ihm einen Pflock, allerhand Geräte dran
    zu hängen?
Wohl, dem Feuer zum Fraße ists gegeben worden,
und schon hat das Feuer seine beiden Enden gefressen
und sein Mittelstück steht in Flammen,
solls zu einem Werke noch taugen?
Wohl, da es ganz ist, wirds zu einem Werk nicht gemacht,
wie erst, wenn das Feuer es anfraß und es in Flammen steht,
kanns nun zu einem Werk gemacht werden?
Darum, so hat mein Herr, ER, gesprochen,
wie das Holz des Weinstocks unterm Gehölz des Waldes,
das ich dem Feuer zum Fraße gegeben habe,
so gebe ich die Insassen Jerusalems hin,
ich gebe mein Antlitz wider sie,
Aus dem Feuer sind einst sie gefahren,
jetzt soll das Feuer sie fressen, –

dann werdet ihr erkennen,
daß ICH es bin:
wann mein Antlitz ich wider sie setze,
ich das Land hingebe zu Starrnis,
weil in Treubruch sie untreu wurden.
Erlauten ists von meinem Herrn, IHM.

SEINE Rede geschah zu mir, es sprach:
Menschensohn,
laß Jerusalem seine Greuel erkennen,
sprich:
So hat mein Herr, ER, zu Jerusalem gesprochen:
Dein Ursprung, deine Geburt
sind vom Kanaaniterland her,
dein Vater war der Amoriter,
deine Mutter Chetiterin.
Und das war deine Geburt:
am Tag, da du geboren wurdest,
ward deine Nabelschnur nicht abgeschnitten,
wardst nicht in Wasser gebadet zur Säubrung,
mit Salz wurdest du nicht besalzt,
in Windeln wurdest du nicht gewindelt,
nicht ein Auge hats dein gedauert,
dir eins von diesen zu tun,
Schonung dir zu gewähren, –
wardst aufs flache Feld hingeworfen,
da mißfällig war deine Seele
am Tag, da du geboren wurdest.
Ich aber trat zu dir, ich sah dich,
wie du zappeltest in deinem Blut,
ich sprach zu dir in deinem Blut:
»Lebe!«
Ich sprach zu dir:
»In deinem Blute lebe!«
Wachstum gab ich dir wie dem Sprosse des Feldes,
du wuchsest, du wurdest groß,
du kamst bis in die Reife,
gesteift schon waren die Brüste,
hervorgesproßt war dein Haar,
aber bar noch warst du und bloß.
Wieder trat ich zu dir, ich sah dich:
Zeit der Minne war nun deine Zeit.
Ich breitete über dich meinen Flügel,
ich hüllte deine Blöße ein,
ich schwur mich dir zu,
ich kam in den Bund mit dir,

Erlauten ists von meinem Herrn, Iнм,
du wurdest mein.
Ich badete dich in Wasser,
ich spülte dein Blut von dir ab,
ich salbte dich mit Öl.
Ich kleidete in Buntgewirk dich,
beschuhte dich mit Seekuhhaut,
schlang dir einen Kopfbund von Linnen,
hüllte in Seide dich ein.
Ich schmückte dich mit dem Brautschmuck,
gab Spangen an deine Arme,
eine Kette um deinen Hals,
gab einen Reif an deine Nase
und Ringlein an deine Ohren
und auf dein Haupt eine prächtige Krone.
Du schmücktest mit Gold dich und Silber,
Linnen, Seide, Buntgewirk waren Kleid dir,
Kerngrieß aßest du, Honig und Öl.
Schön wurdest du, sehr, übersehr,
du taugtest zur Königschaft.
Über die Weltstämme hin zog dein Name
um deiner Schönheit willen,
denn völlig war sie in meinem Geschmeidsglanz,
den ich dir angelegt hatte.
Erlauten ists von meinem Herrn, Iнм.
Aber sicher wurdest du da
ob deiner Schönheit,
du hurtest, –
ob deines Namens,
du schüttetest deine Hurerei
über alljeden, der herantrat,
wer es auch sei.
Du nahmst von deinen Gewändern,
machtest dir gefleckte Zeltkoppen,
hurtest darauf.
  – Die kommen nicht wieder,
    das geschieht nie mehr! –
Du nahmst deine Prachtgeräte,
von meinem Gold und von meinem Silber,

das ich dir gegeben hatte,
machtest dir Mannsgebilde,
damit hurtest du.
Du nahmst deine Buntwirkgewänder,
hülltest jene darein.
Mein Öl und mein Räucherwerk
hast du vor sie hingegeben.
Und mein Brot, das ich dir gab
– Kerngrieß, Öl und Honig, damit ich dich atzte –,
vor sie hast dus hingegeben
zu einem Ruch des Geruhens.
Das ist geschehn.
Erlauten ists von meinem Herrn, IHM.
Du nahmst deine Söhne, deine Töchter,
die du mir geboren hattest,
du schlachtetest sie ihnen zum Essen.
Wars an deiner Hurerei noch zu wenig,
daß du metztest meine Söhne und gabst sie,
führtest jenen sie dar?!
Und bei all deinen Greueln und Hurereien
gedachtest du nie deiner Jugendtage,
da du bar warst und bloß,
zappelnd in deinem Blut warst.
Es geschah nach all deiner Bosheit
– Wehe, wehe dir! –
ist das Erlauten von meinem Herrn, IHM –,
daß du dir einen Schwibbogen bautest,
auftatest dir einen Hochstand
bei alljedem breiten Platz,
an alljede Wegesecke
bautest du deinen Hochstand,
vergreueltest deine Schönheit,
spreiztest deine Beine
alljedem, der herantrat.
Du mehrtest deine Hurerei,
du hurtest nach den Söhnen Ägyptens hin,
deinen großgliedigen Nachbarn.
Du mehrtest deine Hurerei,
mich zu verdrießen,

– damals streckte ich meine Hand wider dich,
ich schmälerte dein Festgesetztes
gab dich der Gier deiner Hasserinnen,
der Philistertöchter,
die sich deines Unzuchtwegs schämten, –
du hurtest nach den Söhnen Assyriens hin,
da du ungesättigt warst,
du hurtest mit ihnen,
wurdest auch noch nicht satt.
Du mehrtest deine Hurerei
nach dem Krämerland Chaldäa hin,
und auch davon wurdest du nicht satt.
Was war dein Herzlein so schmachtend,
Erlauten ists von meinem Herrn, Ihm,
da du all dieses getan hast,
eines freischaltenden Hurenweibs Tun,
da du deinen Schwibbogen bautest
an alljeder Wegesecke
und auftatest deinen Hochstand
an alljedem breiten Platz!
Und doch warst du nicht wie die Hure,
des Hingabelohns konntest du spotten:
»Buhlt ein Weib, seinem Mann unterstehend,
nimmt es – nur die Fremden selber!«
Angebind gibt man allen Huren,
du aber gabst dein Gebindnis
allen deinen Liebhabern hin,
du beschenktest sie, zu dir zu kommen
ringsher, in deine Hurerei,
ein Widerspiel wars bei dir zu den Weibern
in deiner Hurerei:
dir hurte man nicht nach;
da ja du den Hingabelohn gabst
und nicht gab man Hingabelohn dir,
wardst du zum Widerspiel.
Darum, Hure, höre Seine Rede!
so hat mein Herr, Er, gesprochen:
Weil ausgegossen wurde dein Erz,
deine Blöße offen ward,

in deiner Hurerei
an deine Liebhaber hin,
an all deine greulichen Klötze,
und für das Blut deiner Söhne,
die du ihnen gegeben hast,
darum hole ich nun zuhauf
deine Liebhaber alle,
denen du wohlschmeckend warst,
alle, die du geliebt hast,
samt allen, die dir überdrüssig wurden,
hole ringsher sie wider dich,
ich mache offen ihnen deine Blöße,
daß sie alle deine Blöße sehen.
Dann richte ich dich nach dem Recht
für die da buhlen und Blut vergießen,
ich gebe dich hin zur Blutrache
des Grimms und der Eifersucht.
Ich gebe in ihre Hand dich,
deinen Schwibbogen reißen sie nieder,
deine Hochstände schleifen sie,
streifen deine Gewänder dir ab,
nehmen deine Prachtgeräte,
lassen dich bar und bloß.
Sie bringen auf wider dich die Versammlung,
die mit Steinen dich überschütten,
mit ihren Schwertern dich zerstücken,
deine Häuser mit Feuer verbrennen,
sie tun Gerichte an dir
vor den Augen vieler Weiber.
Da verabschiede ich dich als Hure,
Hingabelohn gibst du nicht mehr.
Ich stille an dir meine Grimmglut,
bis mein Eifer sich von dir hinweghebt,
ich ruhn darf und nicht mehr grolle.
Weil deiner Jugendtage du nicht gedacht hast,
reiztest mich auf durch all dies,
gebe auch ich hier deinen Weg auf dein Haupt,
Erlauten ists von meinem Herrn, Iнм,
daß du nicht mehr die Unzucht übst

samt all deinen Greulichkeiten.
Wohl, wer alles Gleichworte sagt,
sagt den Spruch über dich:
Wie die Mutter war, ist die Tochter.
Die Tochter deiner Mutter bist du,
da mißfällig wurden ihr Mann und ihre Söhne,
die Schwester deiner Schwestern bist du,
da mißfällig wurden ihre Männer, ihre Söhne.
Eure Mutter war eine Chetiterin,
euer Vater ein Amoriter.
Deine große Schwester, Samaria ists
mit ihren Töchtern, zur Linken dir sitzend,
deine kleine Schwester, zur Rechten dir sitzend,
ist Sodom mit ihren Töchtern.
Du bist nicht in ihren Wegen gegangen,
ihren Greueln hast du nicht gleichgetan:
als sei das ein allzu Geringes,
triebst dus verderbter als sie in all deinen Wegen.
Sowahr ich lebe,
Erlauten ists von meinem Herrn, IHM:
hat Sodom, sie mit ihren Töchtern, getan,
was du tatest, du mit deinen Töchtern,...!
Wohl, dies war Sodoms Fehl, deiner Schwester:
auf Brotsattheit und sorglose Ruhe
hatte Stolz sie und ihre Töchter,
doch die Hand des Gebeugten, des Dürftigen
hat sie niemals gefaßt,
Hoffärtige waren sie,
taten ein Greuel vor mir,
da hob ich sie hinweg,
gleichwie du gesehen hast.
Und Samaria, nicht der Hälfte
deiner Sünden gleich hat sie gesündigt.
Gemehrt hast du deine Greuel
über die jener beiden hinaus,
ließest bewährt deine Schwestern erscheinen
durch all die Greuel, die du getan hast.
Trage nun auch du deine Beschämung,
die du mitteltest für deine Schwestern:

durch deine Sünden,
die du greulicher übtest als sie,
erschienen sie bewährt gegen dich;
und nun erröte auch du,
trage deine Beschämung,
daß deine Schwestern du bewährt hast erscheinen lassen.
Einst lasse ich ihnen die Wiederkehr kehren,
Sodom Wiederkehr und ihren Töchtern,
Samaria Wiederkehr und ihren Töchtern,
und dir lasse ich Wiederkehr kehren
in ihrer Mitte:
damit du tragest deine Beschämung,
über alles dich schämst, was du tatest,
ihnen zum Trost.
Deine Schwestern
Sodom und ihre Töchter kehren zu ihrem Vordem,
Samaria und ihre Töchter kehren zu ihrem Vordem,
und du und deine Töchter kehren zu eurem Vordem.
Und war Sodom deine Schwester nicht zu einer Märe ge-
    worden
dir im Mund an einem Tag deines Stolzes,
ehe eröffnet ward deine Bosheit, wies jetzt ist,
ein Hohn den Töchtern Edoms und rings um sie allen,
den Töchtern der Philister, die ringsher ihre hämische Lust an
    dir haben?!
Deine Unzucht und deine Greuel,
du selber mußt sie nun tragen.
ist SEIN Erlauten.
Denn so hat mein Herr, ER, gesprochen:
Habe ich an dir getan dem gleich, was du tatest,
die den Droheid verachtete, trennend den Bund,
dann will ich selber gedenken meines Bundes mit dir
in den Tagen deiner Jugend,
einen Weltzeit-Bund lasse ich dir erstehn.
Dann gedenkst du deiner Wege und schämst dich,
wann du zu dir nimmst deine Schwestern, die größern samt
    den kleinern,
zu Töchtern ich sie dir gebe, aber nicht von deinem Bund
    aus:

dann lasse ich, ich meinen Bund mit dir erstehn,
dann wirst du erkennen, daß ICH es bin, –
damit du gedenkest und errötest
und nicht Mundöffnen mehr dir werde deiner Beschämung
   wegen,
wann ich dir Bedeckung gewähre für alles, was du getan hast.
Erlauten ists von meinem Herrn, IHM.

SEINE Rede geschah zu mir, es sprach:
Menschensohn,
flicht ein Rätselgeflecht,
sag eine Gleichnisansage
zu dem Haus Jifsrael, sprich:
So hat, mein Herr, ER, gesprochen:
Der große Adler,
groß an Flügeln,
lang von Schwingen,
vollen Gefieders,
des eigen das Buntgewand ist,
kam zu dem Libanon,
nahm die Spitze einer Zeder,
pflückte das Haupt ihrer Schossen,
brachte nach Krämerland es,
in Händlerstadt setzte ers ein.
Von den Sämlingen des Lands nahm er einen,
gab ihn in ein Saatfeld
– nahm eins an vielem Wasser –,
als Uferstrauch setzte er ihn ein,
daß er sprosse, zur Rebe werde,
einer wuchernden, niederen Wuchses,
ihre Zweige ihm zuzuwenden,
ihre Wurzeln seien ihm untertan.
Er wurde zur Rebe,
Äste bereitete sie,
Ranken schickte sie aus.
Da war noch ein großer Adler,
groß an Flügeln,
reichen Gefieders.
Nun bog diese Rebe ihre Wurzeln ihm zu,
schickte ihm ihre Zweige entgegen,
daß er sie tränke,
mehr als das Beet, darein sie gesteckt war, –
in ein besseres Feld,
an ein reicheres Wasser
möchte verpflanzt sie werden,
Laub zu bereiten,
Frucht zu tragen,

zu einer herrlichen Rebe zu werden.

Sprich:

So hat mein Herr, Er, gesprochen:

Wirds taugen?

zerrt dann jener ihr nicht an den Wurzeln,

knickt ihre Frucht ab, daß sie dorrt,

all ihr frisches Gesproß, es verdorrt, –

und nicht bedarfs ja großen Arms, vielen Volks,

mit den Wurzeln sie wegzutragen.

Nun ist sie verpflanzt – wird es taugen?

muß sie nicht dorren, verdorren,

sowie sie der Ostwind berührt,

auf dem Beet ihres Sprießens dorren?!

Seine Rede geschah zu mir, es sprach:

Sprich doch zum Haus Widerspann:

Wißt ihr nicht, was dieses heißt?

Sprich:

Nun kam der König von Babel nach Jerusalem,

er nahm dessen König und dessen Obre,

ließ sie zu sich kommen nach Babel,

er nahm einen vom Königssamen,

er schloß mit ihm einen Bund,

ließ in einen Droheid ihn kommen,

er nahm hinweg die Leitwidder des Landes:

daß es ein niedriges Königreich werde,

ohne empor sich zu tragen,

wahrend seinen Bund, daß es bestehe.

Aber wider ihn empörte sich der,

nach Ägypten schickte er seine Boten,

daß es Rosse und viel Kriegsvolks ihm gebe.

Wirds taugen?

Wird entschlüpfen, der dieses tat?

Hat den Bund getrennt – und sollte entschlüpfen?!

Sowahr ich lebe,

Erlauten ists, von meinem Herrn, Ihm:

muß nicht am Orte des Königs,

der ihn gekönigt hatte,

dessen Eid er verachtete,

dessen Bund mit ihm er trennte,

inmitten von Babel er sterben,...!
Und nicht mit großer Streitmacht,
mit vieler Heeresversammlung
wird der Pharao im Krieg für ihn handeln,
Sturmdamm schüttend, Wandelturm bauend,
viele Seelen auszurotten:
den Droheid hat er verachtet,
da er trennte den Bund
– er hatte ja die Hand ihm ergeben –
all dieses hat er getan,
er entschlüpft nicht.
Darum, so hat mein Herr, ER, gesprochen,
sowahr ich lebe:
meinen Eid, den er hat verachtet,
meinen Bund, den er hat getrennt, –
gebe den ich ihm nicht auf sein Haupt,...!
Mein Netz breite ich über ihn,
von meiner Schlinge wird er gegriffen,
nach Babel lasse ich ihn kommen,
dort will ich rechten mit ihm
um seine Untreue, daß er mir treubrüchig ward.
Und wo all seine Zuflucht ist,
in allen seinen Schwadronen,
durchs Schwert sollen sie fallen,
die Überbliebenen aber,
in allen Wind werden sie gebreitet, –
dann werdet ihr erkennen,
daß ICH es bin, der geredet hat.
So hat mein Herr, ER, gesprochen:
Dann will selber ich nehmen,
um es zu stecken,
von dem Wipfel der hohen Zeder,
von ihrer Schößlinge Haupt pflückte ich einen zarten,
dann will selber ich ihn verpflanzen
auf einen ragenden, türmenden Berg,
an die Berghöhe Jifsraels
verpflanze ich ihn,
daß er Laub trage, Früchte bereite,
zu einer herrlichen Zeder werde,

unter der sollen wohnen
alle Zwitschernden, alle Geflügelten,
wohnen im Schatten ihrer Zweige.
Dann werden erkennen
alle Bäume des Gefilds,
daß ICH es bin,
der den hohen Baum niedert,
der den niedern Baum höht,
der den saftigen Baum dörrt,
der den dürren Baum treiben macht:
ICH bin es,
ders redet,
ders tut.

Seine Rede geschah zu mir, es sprach:
Was ists mit euch,
daß ihr wörtelt mit diesem Gleichwort
auf dem Boden Jifsraels, sprechend:
Väter essen Herlinge,
Söhnen werden Zähne stumpf!
Sowahr ich lebe,
Erlauten ists von meinem Herrn, Ihm:
wirds euch fortan noch möglich sein,
mit diesem Gleichwort zu wörteln in Jifsrael, ..!
Wohlan, alle Seelen, mein sind sie,
gleich die Seele des Vaters,
gleich die Seele des Sohns,
mein sind sie:
die sündige Seele, die stirbt.
Wenn jemand ein Bewährter ist,
tut Recht und Wahrhaftigkeit,
beim Berggelag ißt er nicht mit,
er hebt nicht seine Augen
zu den Klötzen des Hauses Jifsrael,
bemakelt nicht das Weib des Genossen,
naht dem Weib in der Sondrung nicht,
niemanden plackt er,
läßt heimkehren sein Darlehnspfand,
Raub raubt er nicht,
sein Brot gibt dem Hungernden er,
den Nackten hüllt er in Gewand,
er gibt nicht um Zins,
nimmt Mehrung nicht,
vom Falsch kehrt er ab seine Hand,
übt zuverlässiges Recht
zwischen Mann und Mann,
in meinen Satzungen geht er,
hütet meine Rechtsgeheiße,
Zuverlässigkeit zu üben,
ein Bewährter ist er,
leben soll er, leben,
Erlauten ists von meinem Herrn, Ihm.
Zeugt der einen verbrecherischen Sohn,

der Blut vergießt
und tut, ach, mehr als eins von jenen
– er aber tat all jene nicht –,
denn wohl ißt er beim Berggelag mit,
er bemakelt das Weib des Genossen,
den Bedrückten, den Dürftigen plackt er,
Raubgut raubt er,
ein Pfand läßt er heimkehren nicht,
zu den Klötzen hebt er seine Augen,
Greuliches tut er,
er gibt um Zins,
nimmt Mehrung, –
sollte der leben bleiben?
Leben darf er nicht,
all die Greuel hat er getan,
sterben muß er, sterben,
seine Blutlast wird auf ihm sein.
Zeugte der nun einen Sohn,
der sah alle Sünden seines Vaters, die er getan hat,
sah ein: er tut nicht ihresgleichen,
beim Berggelag aß er nicht mit,
er hob nicht seine Augen
zu den Klötzen des Hauses Jifsrael,
bemakelte nicht das Weib des Genossen,
niemanden hat er geplackt,
Pfandgut hat er nicht gepfändet,
Raub raubte er nicht,
sein Brot gab dem Hungernden er,
den Nackten hüllte er in Gewand,
von Bedrückung kehrte er seine Hand ab,
Zins und Mehrung nahm er nicht,
meine Rechtsgeheiße tat er,
in meinen Satzungen ging er,
der stirbt nicht um seines Vaters Verfehlung,
leben soll er, leben.
Sein Vater,
da er erpresserisch preßte,
räuberisch den Bruder beraubte
und, was nicht gut ist, tat

inmitten seiner Volksleute,
nun, er starb um seine Verfehlung.
Da sprecht ihr:
»Weshalb trägt der Sohn nicht mit
an der Verfehlung des Vaters?«
Recht und Wahrhaftigkeit
hat der Sohn doch getan,
meine Satzungen alle gehütet,
daß er sie tue, –
leben soll er, leben!
Die sündige Seele, die stirbt.
Der Sohn trägt nicht an der Verfehlung des Vaters,
der Vater trägt nicht an der Verfehlung des Sohns,
die Bewährung des Bewährten, auf ihm ist sie,
und der Frevel des Frevlers, auf ihm ist er.
Der Frevler aber, wenn er umkehrt
von all seinen Sünden, die er getan hat,
hütet all meine Satzungen,
tut Recht und Wahrhaftigkeit,
leben soll er, leben,
er muß nicht sterben:
all seine Abtrünnigkeiten, die er getan hat,
werden ihm nicht zugedacht,
durch seine Wahrhaftigkeit, die er getan hat,
wird er leben.
Habe ich denn Gefallen, Gefallen
am Sterben eines Frevlers,
Erlauten ists von meinem Herrn, IHM,
nicht daran nur,
daß er von seinem Weg umkehre und lebe?
Wann aber der Bewährte sich abkehrt
von seiner Bewährung
und tut Falsch,
tut allen Greueln gleich, die der Frevler getan hat,
sollte der leben bleiben?
all seine Bewährungen, die er getan hat,
nicht zugedacht werden sie, –
um seine Untreue, da er treubrüchig wurde,
um seine Sünde, da er sündigte,

um sie muß er sterben.
Da sprecht ihr:
Nicht abzumessen ist der Weg meines Herrn!
Hört doch, Haus Jifsrael!
ists mein Weg, der nicht abzumessen ist?
sind es nicht eure Wege,
die nicht abzumessen sind?
Wann der Bewährte sich abkehrt von seiner Bewährung
und tut Falsch und stirbt darüber,
um sein Falsch, das er tat, muß er sterben,
und wann der Frevler umkehrt von seinem Frevel, den er
   tat,
tut Recht und Wahrhaftigkeit,
der belebt seine Seele:
sieht er ein, kehrt er um
von all seinen Abtrünnigkeiten, die er tat,
leben soll er, leben,
er muß nicht sterben.
Da sprechen die vom Haus Jifsrael:
Nicht abzumessen ist der Weg meines Herrn!
Sind es meine Wege,
die nicht abzumessen sind,
Haus Jifsrael?
sind es nicht eure Wege,
was nicht abzumessen ist?
Darum:
jedermann nach seinen Wegen
werde ich euch richten,
Haus Jifsrael,
ist meines Herrn, SEIN Erlauten.
Kehret um! kehret euch ab
von all euren Abtrünnigkeiten!
nicht werde euch das mehr
zum Strauchelstein der Verfehlung!
Werft von euch all eure Abtrünnigkeiten,
mit denen ihr abtrünnig wart!
Bereitet euch
ein neues Herz und einen neuen Geist!
Warum wollt ihr sterben,

Haus Jiſsrael?!
Denn ich habe nicht Gefallen
am Sterben dessen, der sterben muß,
ist meines Herrn, SEIN Erlauten:
kehret um und lebet!

Und du hebe eine Klage an
um die Fürsten Jifsraels, sprich:

Was wars um deine Mutter? eine Löwin,
zwischen Leuen lagerte sie,
inmitten reifender Tiere
zog ihre Welpen sie groß.

Sie brachte einen auf von ihren Welpen,
ein Reifling wurde daraus,
der lernte Beute erbeuten,
Menschen fraß bald er die Schar.

Man nahm Stämme wider ihn in Gehorsam,
in ihrer Grube gefaßt
führten sie ihn an den Haken
in das ägyptische Land.

Jene sah, daß sie umsonst sich abharrte, –
als ihre Hoffnung schwand,
nahm von den Welpen sie einen,
tat ihn als Reifling hinaus.

Der erging sich nun inmitten der Leuen,
ein Reifling wurde daraus,
er lernte Beute erbeuten,
Menschen fraß bald er die Schar.

Deren Paläste bekam er zu kennen,
machte ihre Städte öd,
des Erdlands Fülle erstarrte
vor dem Schall seines Gebrülls.

Da gab Stämme man um ihn auf die Lauer
von den Gauen ringsher,
ihr Netz über ihn zu breiten.
In ihrer Grube gefaßt,

gaben sie ihn in den Käfig an Haken,
führten ihn zum König von Babel,
zu führen ihn ins Burgverlies,
daß man seinen Schall nicht mehr höre
auf den Bergen Jifsraels.

Deine Mutter, wie eine Rebe,

erschlaffend ans Wasser verpflanzt,
fruchtdicht und rankenreich
ward sie vom vielen Wasser.
Es wurden ihr mächtige Stöcke
zu Stäben der Waltenden,
ihr Wuchs ragte über das Laubwerk,
sichtbar war sie in ihrem Wuchs,
in der Menge ihres Gezweigs.
Doch im Grimm ward sie gesenkt,
hingeworfen zur Erde,
ihre Frucht trocknet der Ostwind,
abgerissen sind und vertrocknet
mancher ihrer mächtigen Stöcke,
manchen frißt das Feuer.
Und jetzt ist sie rückverpflanzt in die Wüste,
in das Land von Dürre und Durst.
Da fährt Feuer aus
von einem Stock ihres Geästs,
es frißt ihre Frucht.
Nicht bleibt an ihr
ein mächtiger Stock,
ein Waltestab.

Ein Klaglied ist das,
zur Klage ist sie geworden.

Es geschah im siebenten Jahr,
im Fünften, am zehnten auf die Mondneuung,
da kamen Männer von den Ältesten Jifsraels, IHN zu beforschen,
die saßen vor mir.
SEINE Rede geschah zu mir, es sprach:
Menschensohn,
rede zu den Ältesten Jifsraels,
sprich zu ihnen:
So hat mein Herr, ER, gesprochen:
Kommt ihr mich zu beforschen?
Sowahr ich lebe:
ließe ich von euch mich beforschen, ...
Erlauten ists von meinem Herrn, IHM.
Willst du sie zu Gericht ziehn,
zu Gericht ziehn, Menschensohn?
Laß sie die Greuel ihrer Väter erkennen,
sprich zu ihnen:
So hat mein Herr, ER, gesprochen:
Am Tag, da ich Jifsrael erwählte,
meine Hand hob zum Samen des Jaakobhauses,
mich ihnen kenntlich machte im Lande Ägypten,
meine Hand ihnen zuhob,
sprechend: ICH bins, euer Gott, –
an jenem Tag erhob meine Hand ich ihnen,
sie aus dem Land Ägypten zu bringen
ins Land, das ich ihnen ausgespürt hatte,
das Milch und Honig träufende,
Zierde ist es vor allen Ländern,
ich sprach zu ihnen:
Werft weg, jedermann die Scheusale seiner Augen,
mit den Klötzen Ägyptens bemakelt euch nimmer,
ICH bin euer Gott!
Aber widerspenstig waren sie mir,
aber nicht gewillt, mir zu gehorchen,
jedermann die Scheusale seiner Augen
warfen sie nicht weg,
die Klötze Ägyptens
verstießen sie nicht.

Da sprach ich zu mir,
ich wolle meinen Grimm auf sie schütten,
meinen Zorn auslassen an ihnen
inmitten des Landes Ägypten.

Aber ich tat anders
um meines Namens willen,
daß nicht preisgestellt er würde
vor den Augen der Weltstämme,
in deren Mitte sie waren,
vor deren Augen ich mich ihnen kenntlich gemacht hatte,
sie aus dem Land Ägypten zu bringen:
ich brachte sie aus dem Land Ägypten,
ließ kommen sie in die Wüste,
ich gab meine Satzungen ihnen,
meine Rechtsgeheiße ließ ich sie erkennen,
als welche der Mensch tut und lebt durch sie.

Auch gab ich ihnen meine Wochenfeiern,
daß sie würden zu einem Zeichen
zwischen mir und ihnen,
zu erkennen, daß ICH es bin,
der sie heiligt.

Aber widerspenstig waren sie mir,
das Haus Jiſsrael, in der Wüste,
sie gingen in meinen Satzungen nicht,
verschmähten meine Rechtsgeheiße,
als welche der Mensch tut und lebt durch sie,
meine Wochenfeiern haben sie sehr preisgestellt.

Da sprach ich zu mir,
ich wolle meinen Grimm auf sie schütten in der Wüste,
ihnen den Garaus zu machen.

Aber noch tat ich anders
um meines Namens willen,
daß nicht preisgestellt er würde
vor den Augen der Weltstämme,
vor deren Augen ich sie herausgebracht hatte.

Doch ich erhob ihnen auch meine Hand in der Wüste,
sie nicht kommen zu lassen in das Land,
das ich gegeben hatte,
das Milch und Honig träufende,

Zierde ist es vor allen Ländern:
weil sie meine Rechtsgeheiße verschmähten,
meine Satzungen, sie gingen darin nicht,
meine Wochenfeiern stellten sie preis,
denn hinter ihren Klötzen her ging ihr Herz.
Aber noch dauerte es ihrer mein Auge,
daß ichs ließ, sie zu verderben,
ich machte ihnen nicht den Garaus in der Wüste.
Ich sprach zu ihren Söhnen in der Wüste:
Geht nimmer in den Gesetzen eurer Väter,
wahret nimmer ihre Rechtsgeheiße,
bemakelt mit ihren Klötzen euch nimmer,
ICH bin euer Gott:
in meinen Satzungen geht,
meine Rechtsgeheiße wahret, tut sie,
meine Wochenfeiern heiligt,
daß sie werden zu einem Zeichen
zwischen mir und euch,
zu erkennen, daß ICH euer Gott bin.
Aber widerspenstig waren mir die Söhne,
in meinen Satzungen gingen sie nicht,
meine Rechtsgeheiße wahrten sie nicht, sie zu tun,
als welche der Mensch tut und lebt durch sie,
meine Wochenfeiern stellten sie preis.
Da sprach ich zu mir,
ich wolle meinen Grimm auf sie schütten,
meinen Zorn auslassen an ihnen in der Wüste.
Ich hielt aber zurück meine Hand,
tat anders um meines Namens willen.
daß nicht preisgestellt er würde
vor den Augen der Weltstämme,
vor deren Augen ich sie herausgebracht hatte.
Doch ich auch, ich erhob ihnen meine Hand in der Wüste,
sie unter die Weltstämme zu sprengen,
sie in die Länder zu streuen,
weil sie meine Rechtsgeheiße nicht taten,
meine Satzungen verschmähten,
meine Wochenfeiern preisstellten
und hinter den Klötzen ihrer Väter

waren ihre Augen her.
Doch ich auch, ich gab ihnen
nichtgut werdende Gesetze,
Rechtsgeheiße, durch die sie nicht leben,
ließ sie sich bemakeln durch ihre Gaben,
wann sie darführten allen Bruch eines Schoßes,
damit ich sie erstarren mache,
damit sie erkennen, daß ICH es bin.
Drum rede zum Haus Jifsrael,
Menschensohn, sprich zu ihnen:
So hat mein Herr, ER, gesprochen:
Noch damit beschimpften mich eure Väter,
daß in Treubruch sie untreu mir wurden:
kaum hatte in das Land ich sie kommen lassen,
das ihnen zu geben meine Hand ich erhoben hatte,
da ersahen sie sich
alljeden ragenden Hügel
und alljedes dichte Gehölz,
dort schlachteten sie ihre Schlachtmähler, sie
gaben dort den Verdruß ihrer Darnahungen hin,
legten dort ihre Rüche des Geruhens nieder,
gossen dort ihre Güsse.
 – Man sprach damals zu ihnen:
 Was ist das für eine Koppe,
 wo ihr die Verkoppelten seid!
 So rief man deren Namen: Koppe,
 bis auf diesen Tag. –
Drum sprich zum Haus Jifsrael:
So hat mein Herr, ER, gesprochen:
Wie, noch immer bemakelt ihr euch
auf dem Weg eurer Väter,
hurt euren Scheusalen nach,
und mit dem Spenden eurer Gaben,
mit dem Führen eurer Kinder durchs Feuer
bemakelt ihr an all euren Scheusalen euch
bis heuttags –
und ich soll von euch mich beforschen lassen,
Haus Jifsrael!
Sowahr ich lebe,

Erlauten ists von meinem Herrn, IHM,
ließe ich von euch mich beforschen,...!
Und was aufsteigt in eurem Geist,
das wird, wird nicht geschehn,
die ihr sprecht:
Wie die Weltstämme wollen wir werden,
wie die Sippen der Erdenländer,
Holzes und Steins zu pflegen!
Sowahr ich lebe,
Erlauten ists von meinem Herrn, IHM:
wenn ich nicht mit starker Hand,
mit ausgestrecktem Arm,
mit ausgeschütteter Grimmglut
mich als König über euch erzeige,...!
Aus den Völkern will ich euch bringen,
aus den Ländern hole ich euch zuhauf
dahin ihr zersprengt worden seid,
mit starker Hand,
mit ausgestrecktem Arm,
mit ausgeschütteter Grimmglut.
In die Völkerwüste lasse ich euch kommen,
dort will ich rechten mit euch
Antlitz zu Antlitz:
wie ich rechtete mit euren Vätern
in der Wüste des Landes Ägypten,
so werde ich rechten mit euch,
Erlauten ists von meinem Herrn, IHM.
Ich führe euch unter dem Stab durch,
lasse in das umschränkende Gehege euch kommen,
da schränke ich von euch ab
die Empörer, die mir Abtrünnigen,
aus ihrem Gastschaftsland bringe ich sie fort,
doch zum Jifsraelsboden kommen sie nicht, –
dann werdet ihr erkennen, daß ICH es bin.
Und ihr, Haus Jifsrael.
so hat mein Herr, ER, gesprochen,
jedermann seinen Klötzen,
geht, dient ihnen nur, und hernach...,
da ihr nicht auf mich hören wollt!

doch meiner Heiligung Namen
preisstellen sollt ihr nicht länger
mit euren Gaben, mit euren Klötzen.
Denn auf dem Berg meiner Heiligung,
auf der Berghöhe Jiſsraels,
Erlauten ists von meinem Herrn, IHM,
dort werden einst sie mir dienen,
alles Haus Jiſsrael,
allsamt im Land,
dort nehme ich zugnaden sie an:
dort fordre ich eure Heben,
den Anbeginnsteil eurer Spenden,
an all euren Darheiligungen,
nehme zugnaden euch an im Ruch des Geruhens,
wann ich aus den Völkern euch bringe,
hole zuhauf euch aus den Ländern,
dahin ihr zersprengt worden seid.
Ich erheilige mich an euch
vor den Augen der Weltstämme,
dann werdet ihr erkennen, daß ICH es bin:
wann ich zum Jiſsraelboden euch kommen lasse,
zum Land, das euren Vätern zu geben ich meine Hand erhob.
Dort werdet ihr gedenken
eurer Wege und all eurer Geschäfte,
womit ihr euch bemakelt habt,
ekeln wird es euch vor euch selber
um all euer Böses, das ihr getan habt.
Dann werdet ihr erkennen,
daß ICH es bin:
wann ich tue an euch
um meines Namens willen,
nicht nach euren bösen Wegen
und nach euren verderbten Geschäften,
Haus Jiſsrael.
Erlauten ists von meinem Herrn, IHM.

SEINE Rede geschah zu mir, es sprach:
Menschensohn,
richte dein Antlitz des Wegs nach Süden
und laß fließen das Wort gegen Mittag,
künde gegen den Wald des Gefilds im Dürrgau,
sprich zum Walde des Dürrgaus:
Höre SEINE Rede!
so hat mein Herr, ER, gesprochen:
Wohlan, ich entzünde in dir ein Feuer,
es soll in dir fressen
allen frischgrünen Baum
und allen trockenen Baum,
nicht erlöschen soll
das Lodern der Lohe,
angesengt sollen die Antlitze werden
von dem Dürrgau nach Norden,
alles Fleisch soll sehen,
daß ICH es bin, ders entflammt hat:
es lischt nicht.
Ich aber sprach:
Ah, mein Herr, DU!
jene sprechen von mir:
Dichtet der nicht lauter Gleichnisgedichte?!

SEINE Rede geschah zu mir, es sprach:
Menschensohn,
richte dein Antlitz gegen Jerusalem
und laß fließen das Wort gegen die Heiligtümer,
künde gegen Jiſsraels Boden,
sprich zu Jiſsraels Boden:
So hat mein Herr, ER, gesprochen:
Wohlan, ich will an dich,
ich ziehe mein Schwert aus seiner Scheide,
ich rotte aus dir
Bewährte und Frevler!
Weil aus dir ich zu rotten habe
Bewährte und Frevler,
drum zieht aus mein Schwert von seiner Scheide
gegen alles Fleisch

von dem Dürrgau nach Norden, –
dann wird alles Fleisch erkennen,
daß Ich es bin,
der sein Schwert zog aus seiner Scheide:
es kehrt nicht mehr zurück.
Und du, Menschensohn,
seufze mit brechenden Lenden,
mit Bitternis seufze
vor ihren Augen.
Es sei, wenn sie zu dir sprechen:
Weswegen seufzest du?, sprich:
Ob des Erhorchten, daß es kommt,
da zerrinnen wird alljedes Herz,
erschlaffen werden alle Hände,
ertrüben wird aller Geist,
alle Knie überlaufen mit Wasser:
Wohlan, es kommt, es geschieht!
Erlauten ists von meinem Herrn, Ihm.
Wieder geschah Seine Rede zu mir, es sprach:
Menschensohn, künde, sprich:
So hat Er gesprochen:
Sprich:
Ein Schwert, ein Schwert, geschärft ists
und ist auch schon gefegt!
um Schlachtung zu schlachten, geschärft,
um die Blitzkraft zu haben, gefegt!
– Oder treiben wir etwa Scherz?
Den Stecken hast du verachtet,
mein Sohn, alles, was aus Holz ist!
da gab man das hin zum Fegen:
daß mit der Hand man es fasse,
dazu ist das geschärft, ein Schwert,
dazu ist das gefegt,
daß in den Griff des Würgers mans gebe!
  – Schreie, heule, Menschensohn,
  denn das will an mein Volk,
  das an alle Fürsten Jiſraels,
  dem Schwert sind sie verfallen
  mitsamt meinem Volk.

Darum klatsche dir an die Hüfte! –
Denn Prüfung
– und was sollte sie, da du den Stecken verachtest! –
ists nicht mehr, was nun geschieht,
Erlauten von meinem Herrn, IHM.
Und du, Menschensohn, künde
und schlage Hand wider Hand:
das Schwert spaltet zum dreifachen sich.
Das ist das Schwert der Niedergeworfnen,
das Schwert für den großen Verworfnen,
das sie umkreist.
Damit wanke das Herz
und viel Strauchelns sei,
gebe ich an all ihre Tore
das Wirbeln des Schwerts:
Du, zum Blitzen gemacht,
zum Schlachten gefegt,
eine dich nun,
fahre rechtshin, setze an, fahre linkshin,
wohin deine Schneiden bestimmt sind!
Auch ich selber schlage Hand wider Hand,
meine Grimmglut stille ich,
ICH bins, der geredet hat.

SEINE Rede geschah zu mir, es sprach:
Und du, Menschensohn,
setze dir der Wege zwei,
darauf das Schwert des Königs von Babel komme,
von dem Land des einen sollen sie beide ausgehn,
und ein Handmal haue aus,
an der Spitze des Wegs zu je einer Stadt haue es aus:
je ein Wegziel setze, dahin das Schwert komme,
den Großort der Söhne Ammons
und Jehuda im umwehrten Jerusalem.
Denn der König von Babel tritt hin
an die Weggabelung,
zur Spitze der beiden Wege,
Losung zu erlosen,
schüttelt die Pfeile

befragt die Wunschlarven,
besieht die Leber.
In seine Rechte fällt
das Los »Jerusalem«:
daß er Sturmböcke setze,
den Mund öffne zum Mordruf,
die Stimme erhebe zum Kampfgeschmetter,
Sturmböcke setze wider die Tore,
einen Damm aufschütte,
ein Schanzengeheg baue.
Freilich, denen hier dünkts
wie eine Wahnlosung in ihren Augen,
sie haben Leute, die Schwüre drauf schwören,
aber eben das läßt ihres Fehls gedenken,
so daß sie gefaßt werden können.
Darum, so hat mein Herr, ER, gesprochen,
weil ihr eures Fehls laßt gedenken,
da eure Abtrünnigkeiten sich offenbaren,
daß eure Sünden sichtbar werden
an allen euren Geschäften,
weil man euer gedenken muß,
soll der Zugriff euch erfassen.
Und du, Verworfener, Frevler,
Fürst von Jiſrael,
dessen Tag kommt
zur Zeit des Endesfehls,
so hat mein Herr, ER, gesprochen:
Weggetan den Kopfbund!
abgehoben die Krone!
Dies ist nicht mehr dies!
Das Niedre werde erhöht!
Das Hohe werde erniedert!
Umsturz, Umsturz, Umsturz,
darein versetze ichs!
Auch dieses, ein Niegewesnes,
bis daß kommt, dem zusteht das Recht,
ihm gebe ichs.

Und du, Menschensohn, künde, sprich:

So hat mein Herr, ER, gesprochen
zu den Söhnen Ammons, zu ihrem Hohn:
Du sprichst: Ein Schwert ist hier, ein Schwert,
gezückt zur Schlachtung,
gefegt, in sichs zu halten, damit es blitze!
– da man dir Wahn erschaute,
da man dir Trug erloste,
dich gäbe man an die Hälse
der Verworfnen-Niedergeworfnen,
der Frevler, deren Tag kam
zur Frist des Endesfehls –:
Kehren lasse mans in seine Scheide!
Am Ort, wo du geschaffen wardst,
in dem Land deines Ursprungs
will ich dich richten.
Ich schütte meinen Groll über dich,
mit dem Feuer meines Unmuts
fauche ich über dich hin,
ich gebe dich in die Hand viehischer Männer,
der Schmiede des Verderbens,
dem Feuer wirst du zum Fraß,
dein Blut bleibt inmitten des Erdreichs,
nicht wird mehr deiner gedacht,
denn ICH bins, der geredet hat.

SEINE Rede geschah zu mir, es sprach:
Und du, Menschensohn,
willst du zu Gericht ziehn,
zu Gericht die Stadt der Blutschuld?
Laß sie all ihre Greuel erkennen!
Sprich: So hat mein Herr, ER, gesprochen:
Stadt, die Blut in ihrer Mitte vergießt,
daß ihre Zeit komme,
und über sich Klötze macht,
sich zu bemakeln!
Durch dein Blut, das du vergossest,
bist du strafwürdig worden,
durch deine Klötze, die du machtest,
bist du bemakelt.
Nahgebracht hast du deinen Tag,
bis in deine Jahre bist du gekommen,
darum gebe ich dich den Stämmen als Hohn,
allen Erdenländern als Spott,
dich verspotten die dir nahen und fernen:
Du makligen Namens!
du groß an Getümmel!
Wohl, die Fürsten von Jifsrael,
jedermann für seinen eignen Arm waren sie in dir,
Blut zu vergießen.
Vater, Mutter hielt gering man in dir,
am Gastsassen übte man Erpressung in deiner Mitte,
Waise, Witwe plackte man in dir.
Meine Heiligtümer hast du verachtet,
meine Wochenfeiern hast du preisgestellt.
Verleumderische Männer waren in dir,
Blut zu vergießen.
Beim Berggelag aß man in dir,
Unzucht übte man in deiner Mitte,
die Blöße des Vaters machte mancher bar in dir,
die Sondrungsmaklige beugte man in dir,
mancher Mann übte Greuel mit dem Weib seines Genossen,
mancher Mann bemakelte seine Schwiegerin mit Unzucht,
mancher Mann beugte seine Schwester, seines Vaters Toch-
　　ter, in dir.

Bestechung nahm man in dir,
Blut zu vergießen,
Zins und Mehrung hast du genommen,
ausgebeutet hast du deine Genossen mit Pressung.
Mich aber hast du vergessen,
Erlauten ists von meinem Herrn, Iнм.
Nun schlage ich mit meiner Hand drein,
in deine Ausbeuterei, die du übst,
auf dein Blutwerk, das geschieht in deiner Mitte.
Wird nun standhalten dein Herz,
werden stark bleiben deine Hände in den Tagen,
da ich mich an dich mache?!
Iсн bins, ders redet, ders tut:
ich versprenge unter die Weltstämme dich,
streue dich in die Erdenländer,
ganz tilge ich aus dir deinen Makel,
preisgestellt an dir will ich werden
vor der Weltstämme Augen,
dann wirst du erkennen, daß Iсн es bin.

Seine Rede geschah zu mir, sprach:
Menschensohn,
geworden sind mir die vom Haus Jiſsrael
zu einer Schlackenmasse allsamt;
was Erz, Zinn, Eisen, Blei inmitten des Ofens sind,
ein silberhaltiges Schlackenwerk sind sie geworden.
Darum, so hat mein Herr, Er, gesprochen,
weil ihr alle zu Schlackenwerk worden seid,
drum häufe ich euch nun inmitten Jerusalems.
Wie man Silber, Erz, Eisen, Blei, Zinn mitten in den Ofen
    häuft,
um Feuer dran zu fachen, es zu schmelzen,
derart häufe ich in meinem Zorn, in meinem Grimm,
ich schiebe ein, ich schmelze euch.
Ich geselle euch zueinander,
ich fauche wider euch mit dem Feuer meines Unmuts,
daß ihr schmelzet ihm inmitten.
Wie man Silber ausschmelzt inmitten des Ofens,
so werdet ihr geschmelzt ihm inmitten.

Dann werdet ihr erkennen, daß ICH es bin,
der seine Grimmglut goß über euch.

SEINE Rede geschah zu mir, es sprach:
Menschensohn, sprich zu ihm:
Du bist ein Land am Tage des Grolls,
nicht beregnet ist es, nicht benetzt.
Dessen Fürsten ihm inmitten
sind wie ein brüllender Löwe, der Raub raubt:
fressen Seelen, nehmen Hort und Wert,
seine Witwen mehren sie ihm inmitten.
Seine Priester verstümmeln meine Weisung,
meine Heiligtümer geben sie preis,
scheiden nicht zwischen Heiligem und Preisgegebnem,
machen nicht kenntlich, wies zwischen Maklig und Rein ist,
vor meinen Wochenfeiern bergen sie ihre Augen,
preisgegeben bin ich in ihrer Mitte.
Seine Obern in seinem Innern
sind wie Wölfe, die Raub rauben,
Blut vergießend, Seelen schwendend,
um Ausbeutung zu beuten.
Seine Künder tünchen ihnen mit Schleim,
schauen Wahn, losen ihnen Trug,
sprechen: So hat mein Herr, ER, gesprochen!
und ER hat nicht geredet.
Die vom Landvolk pressen, pressen, plündern, plündern,
placken den Bedrückten, den Dürftigen,
pressen den Gastsassen wider Recht.
Ich suchte unter ihnen einen Mann,
der die Mauer zumauerte,
der träte vor mir in die Bresche
für das Land, daß ichs nicht verderbte, -
ich habe nicht gefunden.
Nun gieße ich über sie meinen Groll,
vernichte sie im Feuer meines Unmuts,
ihren Abweg gebe ich auf ihr Haupt.
Erlauten ists von meinem Herrn, IHM.

SEINE Rede geschah zu mir, es sprach:
Menschensohn!
Zwei Weiber waren, Töchter Einer Mutter,
die hurten in Ägypten,
in ihrer Jugend hurten sie,
dort wurden ihre Brüste betastet,
ihres Mädchentums Zitzen befühlt.
Und ihre Namen sind:
der Größern Ohola, Ihr-eigen-Zelt,
und ihrer Schwester Oholiba, Mein-Zelt-in-ihr.
Sie wurden mein, gebaren Söhne und Töchter.
Und ihre Namen sind:
Samaria-Ohola,
Jerusalem-Oholiba.
Ohola hurte, mir unterstehend,
sie hofierte ihren Liebhabern, den Assyrern:
Thronvertraute im hyazinthenen Kleid,
Viztume und Satrapen,
reizende Burschen sie alle,
Reisige, Pferdelenker.
An die gab sie ihre Hurerei hin,
sie alle Lese der Söhne Assyriens,
und von allen, denen sie hofierte,
von all deren Klötzen ließ sie sich bemakeln.
Doch ihre Hurerei von Ägypten her
mied sie deshalb noch nicht,
in ihrer Jugend hatten sie bei ihr gelegen,
die hatten ihres Mädchentums Zitzen befühlt,
hatten auf sie ihr Huren geschüttet.
Darum gab ich sie in ihrer Liebhaber Hand,
in die Hand der Söhne Assyriens,
denen sie hofiert hatte.
Die haben offenbar gemacht ihre Blöße,
haben ihre Söhne und Töchter genommen
und sie selber mit dem Schwert umgebracht,
ein Schreckname ward sie für die Weiber
mit den Gerichten, die man an ihr tat.

Das sah ihre Schwester Oholiba,
die hofierte nun noch verderbter als sie,
ihr Huren ging übers Huren ihrer Schwester.
Sie hofierte den Söhnen Assyriens:
Viztume und Satrapen,
Thronvertraute, in den Prunkrock gekleidet,
Reisige, Pferdelenker,
reizende Burschen sie alle.
Ich sah, daß sie sich bemakelte,
einerlei Weg wars für beide.
Sie aber fügte noch zu ihrer Hurerei,
sie sah Männer, Zeichnung an der Wand,
Chaldäerbilder, mit Mennig gezeichnet,
um ihre Lenden Schurzgurte,
auf ihren Köpfen niederwallende Bunde,
wie Drittkämpfer anzusehen sie alle,
Gestaltung der Söhne Babels,
Chaldäa das Land ihrer Geburt,
auf der Augen Sicht hin hofierte sie ihnen,
sandte Boten zu ihnen nach Chaldäa,
Babels Söhne kamen zu ihr
zum Beilager der Minne,
bemakelten sie mit ihrer Hurerei,
sie bemakelte sich durch sie,
bis ihre Seele sich losmachte von ihnen.
Da sie aber offenbar gemacht hatte ihr Huren,
darin sie ihre Blöße offenbar gemacht hatte,
machte sich von ihr los meine Seele,
wie meine Seele sich von ihrer Schwester losgemacht hatte.
Sie aber mehrte ihre Hurerei,
der Tage ihrer Jugend gedenkend,
da sie gehurt hatte im Lande Ägypten,
sie hofierte dessen Beischläfern,
deren Glied ein Eselsglied ist
und ihre Geilung eine Hengstgeilung:
du suchtest nach der Unzucht deiner Jugend,
da die von Ägypten deine Zitzen befühlten,
betasteten die Brüste deiner Jugend.
Darum, Oholiba,

so hat mein Herr, ER, gesprochen,
wohlan, ich erwecke deine Liebhaber über dich,
sie, von denen deine Seele sich losgemacht hat,
ich lasse ringsher über dich kommen
die Söhne Babels, alle Chaldäer,
Pkod, Schoa und Koa, alle Söhne Assyriens mit ihnen,
reizende Burschen, Viztume und Satrapen sie alle,
Drittkämpfer, Berufne, Pferdelenker sie alle,
sie kommen über dich,
ëine Menge von Fahrzeug und Rädern, in einer Völkerver-
    sammlung,
mit Tartsche, Schild und Helm setzen sie ringsher an wider
    dich,
das Gericht gebe ich ihnen anheim, sie richten dich nach ihren
    Rechten.
Ich gebe auf dich meinen Eifer,
daß im Grimm sie tun an dir, schneiden Nase und Ohren dir
    ab,
dein Nachblieb fällt durch das Schwert, die nehmen dir Söhne
    und Töchter,
und was dir hier nachbleibt, wird vom Feuer gefressen.
Sie streifen die Gewänder dir ab, nehmen fort deine Pracht-
    geräte.
Dann verabschiede ich von dir deine Unzucht,
deine Hurerei vom Land Ägypten her,
du hebst nicht mehr deine Augen zu jenen,
Ägyptens wirst du fortan nicht gedenken.
Denn, so hat mein Herr, ER, gesprochen,
wohlan, ich gebe dich in die Hand derer, die du hassest,
in die Hand derer, von denen deine Seele abgerückt ist,
im Haß sollen sie an dir tun,
dein Erarbeitetes nehmen sie, lassen dich nackt und bloß,
daß die Blöße deines Hurens offenbar wird.
Deine Unzucht und deine Hurerei haben dir dies angetan,
da du nachhurtest den Weltstämmen,
weil du dich bemakeltest mit ihren Klötzen.
Du bist auf dem Weg deiner Schwester gegangen,
ihren Becher gebe ich in deine Hand.
So hat mein Herr, ER, gesprochen:

Deiner Schwester Becher mußt du trinken, den tiefen und
   weiten,
– zu Gelächter wirst du und zu Gespött: »Die hält viel aus!«,
von Trunkenheit wirst du voll und von Gram –,
den Becher des Erstarrens und Verstarrens, deiner Schwester
   Samaria Becher,
du trinkst ihn, schlürfst aus, du malmst seine Scherben,
die Brüste reißest du dir auf,
denn ich bins, der geredet hat, –
Erlauten ists von meinem Herrn, Iʜᴍ.
Darum, so hat mein Herr, Eʀ, gesprochen,
weil du mich vergessen hast,
warfst mich hinter deinen Rücken,
trag auch du nun deine Unzucht und deine Hurerei!

Weiter sprach Eʀ zu mir:
Menschensohn,
willst du zu Gericht ziehn Ohola und Oholiba?
vermelde ihnen ihre Greuel!
Denn sie haben gebuhlt und Blut ist an ihren Händen:
gebuhlt haben sie mit ihren Klötzen,
und haben auch ihre Söhne, die sie mir geboren hatten, ihnen
   zum Fraß dargeführt.
Noch dies haben sie mir getan:
mein Heiligtum haben sie bemakelt – an demselben Tag –
und haben preisgestellt meine Wochenfeiern;
wann sie ihre Söhne ihren Klötzen metzten,
kamen sie in mein Heiligtum, an demselben Tag, es preiszustellen,
und, wohl, so haben sie inmitten meines Hauses getan.
Ja, sie schickten gar zu Männern, die fernher gekommen
   waren,
– zu denen war ein Bote geschickt, und wohl, schon kamen
   sie,
für die du gebadet, deine Augen umschminkt und dich
   mit Schmuck geschmückt hattest,
dann saßest du auf einem glänzenden Lager, davor ein Tisch
   zugerichtet,
und hattest mein Räucherwerk und mein Öl darauf gesetzt,

indes der Stimmenschall des sorglosen Getümmels heran-
    kam, –
und zu Männern aus dem Menschenhaufen, die ließ man
    mitkommen, Zechlustige aus der Wüste,
man gab Spangen an ihre Arme und eine prächtige Krone auf
    ihr Haupt.
Ich sprach zu mir: »Buhlerei der Zermorschten?
zum Ekel werden muß jetzt ihr Huren und sie!«
Aber man kam zu ihr, wie man zu einem Hurenweib kommt,
so kamen sie zu Ohola und nun zu Oholiba, dem Weibe der
    Unzucht.
Bewährte Männer, die sollen sie beide richten,
nach dem Recht derer, die sich verbuhlen, nach dem Recht
    derer, die Blut vergießen,
denn verbuhlt sind sie und Blut ist an ihren Händen.
Ja denn, so hat mein Herr, ER, gesprochen,
man lade wider sie eine Versammlung,
man gebe sie hin zum Popanzspiel und zur Plünderung.
Die Versammlung, sie werden Steine auf sie werfen,
sie mit ihren Schwertern zerhauen,
ihre Söhne und ihre Töchter wird man erwürgen,
ihre Häuser wird man im Feuer verbrennen.
Verabschieden will ich die Unzucht vom Erdland,
daß alle Weiber sich warnen lassen und nicht tun eurer Un-
    zucht gleich.
Eure Unzucht wird man auf euch geben,
die Versündigungen mit euren Klötzen müßt ihr tragen,
dann werdet ihr erkennen, daß ICH Herr es bin.

SEINE Rede geschah zu mir im neunten Jahr, in der zehnten
   Mondneuung, am zehnten auf die Neuung, es sprach:
Menschensohn,
schreib dir den Namen des Tags auf,
eben dieses Tags,
der König von Babel stemmt sich gegen Jerusalem
an eben diesem Tag.
Und sag eine Gleichnisansage zu dem Haus Widerspann,
sprich zu ihnen: So hat mein Herr, ER, gesprochen:
Heraufzurücken ist der Kessel, zu rücken,
und Wasser ist auch drein zu schütten,
seine Fleischstücke sind drein zu sammeln,
alle guten Stücke, Lende und Schulter,
mit erlesnen Knochen ist er zu füllen,
von erlesnem Kleinvieh sind die zu nehmen,
das Holz auch ist drunter zu schichten,
sieden soll sein Gesött,
auch seine Knochen kochen ihm inmitten.
Darum, so hat mein Herr, ER, gesprochen,
wehe, Stadt der Blutschuld,
Kessel, daran sein Rost haftet,
von dem sein Rost nicht abgehn will,
ließ auch Stück um Stück er herausgehn
und ein Los fiel drüber nicht!
Ja, ihr Mordblut blieb ihr inmitten,
auf die Felsenplatte hat sies getan
– hat es nicht auf die Erde gegossen,
es mit Staub zu verhüllen –,
den Grimm steigen zu lassen.
   Ahndungen zu ahnden,
   gebe ich ihr eigenes Blut
   auf die Felsenplatte,
   ohne daß es verhüllt wird.
Darum, so spricht mein Herr, ER,
wehe, Stadt der Blutschuld!
Ich auch mache den Schichtkreis groß,
man mehre die Holzscheite,
man entzünde das Feuer,
man lasse alle werden das Fleisch,

man verbraue die Brühe,
bis noch die Knochen anglühn.
Leer nun stelle man ihn auf seine Kohlen,
damit er sich erhitze
und sein Erz erglühe
und ihm inmitten schmelze sein Makel,
alle werde sein Rost!
Die Bemühungen hat man erschöpft,
sein vieler Rost will nicht von ihm abgehn,
sein stinkender Rost.
Wegen seiner Unzuchtsbemaklung,
weil ich dich reinigen wollte
und du wurdest nicht rein von deinem Makel,
nicht wirst du fortan mehr rein,
bis meine Grimmglut ich stillte an dir.
ICH bins, der geredet hat,
es kommt, ich werde es tun,
ich gebe nicht frei,
mich dauerts nicht,
ich lasse mirs nicht leidsein.
Nach deinen Wegen, nach deinen Geschäften
wird man dich richten.
Erlauten ists von meinem Herrn, IHM.

SEINE Rede geschah zu mir, es sprach:
Menschensohn,
ich nehme dir nun die Lust deiner Augen
durch einen Niederstoß,
du aber sollst nicht bejammern,
du sollst nicht beweinen,
nicht soll die Träne dir kommen,
seufze nur leis.
Eine Totentrauer sollst du nicht machen,
dein Kopfziertuch winde dir um,
deine Schuhe ziehe dir an die Füße,
den Lippenbart mumme nicht ein
und iß nicht das Leutebrot.
Als ich am Morgen darauf zum Volk redete
– am Abend war mir mein Weib gestorben,
und am Morgen hatte ich getan, wie mir geboten war –,
sprachen sie, das Volk, zu mir:
Willst du uns nicht vermelden,
was dies uns meine, daß du das tust?
Ich sprach zu ihnen:
SEINE Rede geschah zu mir, es sprach:
Sprich zum Haus Jiſsrael:
So hat mein Herr, ER, gesprochen:
Nun gebe ich mein Heiligtum preis,
den Stolz eures Trotzes,
die Lust eurer Augen
und die Last eurer Seele.
Eure Söhne und Töchter, die ihr verlassen mußtet,
sie fallen durchs Schwert.
   – Ihr aber werdet tun, was ich tat,
   den Lippenbart mummt ihr nicht ein,
   das Leutebrot esset ihr nicht,
   euer Ziertuch auf euren Häupten,
   eure Schuhe an euren Füßen,
   werdet ihr nicht bejammern,
   werdet ihr nicht beweinen. –
Modern müßt ihr in eurem Fehl,
anstöhnen einer den andern.
Jecheskel sei euch zum Erweis:

wanns kommt, tut ihr allem gleich, was er tat.
Dann werdet ihr erkennen, daß ICH Herr es bin. –
Und du, Menschensohn,
nicht wahr?, an jenem Tag,
wann ich ihnen ihre Trutzburg genommen habe,
die Wonne ihres Gepränges,
die Lust ihrer Augen
und die Tracht ihrer Seele,
ihre Söhne auch und ihre Töchter,
an jenem Tag kommt der Entronnene zu dir,
es den Ohren zu Gehör zu bringen –
an jenem Tag öffnet dir der Entronnene den Mund,
du darfst reden, brauchst nicht mehr zu verstummen,
dann bist du zum Erweis ihnen geworden,
dann werden sie erkennen, daß ICH es bin.

SEINE Rede geschah zu mir, es sprach:
Menschensohn,
richte dein Antlitz auf die Söhne Ammons zu
und künde wider sie,
sprich zu den Söhnen Ammons:
Höret meines Herrn, SEINE, Rede!
So hat mein Herr, ER, gesprochen:
Weil du Ha! sprachst auf mein Heiligtum zu,
daß es preisgestellt ist,
und auf den Boden Jifsraels zu,
daß er verstarrt ist,
und auf das Haus Jehuda zu,
daß sie in die Verschleppung gingen,
darum, wohlan,
gebe ich dich den Söhnen des Ostens zum Erbe,
daß sie ihre Zeltringe in dir ansiedeln,
ihre Wohnungen in dich geben,
die werden deine Frucht essen,
die werden deine Milch trinken,
den Großort gebe ich zur Kameltrift,
das Ammonssöhneland zum Schafslagerplatz.
Dann werdet ihr erkennen, daß ICH es bin.
Denn, so hat mein Herr, ER, gesprochen,
weil du in die Hände klatschtest,
mit den Füßen stampftest,
freutest dich mit all deiner hämischen Lust
von der Seele aus
auf den Boden Jifsraels zu,
darum, wohlan,
strecke ich meine Hand über dich,
ich gebe dich den Weltstämmen zur Plündrung,
ich rotte dich aus den Völkern,
ich schwende dich aus den Ländern,
ich tilge dich,
dann wirst du erkennen,
daß ICH es bin.

So hat mein Herr, ER, gesprochen:
Weil Moab, wie Sfeïr, spricht:

»Wohl, allen Weltstämmen gleichts,
das Haus Jehuda!«
darum, wohlan,
öffne ich die Flanke Moabs
– daß es der Städte ledig wird, seiner Städte bis ans Ende,
der Zierde des Landes, Bet Jeschimot, Baal Mon, Kirjatajim –
den Söhnen des Ostens
[noch zu dem Ammonssöhneland, das zum Erbe ich übergebe,
damit des Ammonssöhnelands unter den Weltstämmen nicht
    gedacht werde],
an Moab will ich Gerichte tun,
dann werden sie erkennen,
daß ICH es bin.

So hat mein Herr, ER, gesprochen:
Weil Edom rachsüchtig Rache am Haus Jehuda übte,
als die Sträflichen Strafe empfingen, sie sich rächten an ihnen,
darum, so hat mein Herr, ER, gesprochen,
strecke ich meine Hand über Edom,
rotte daraus Mensch und Vieh,
gebe, daß von Teman bis Dedan es Einöde werde,
durchs Schwert sollen sie fallen,
ich gebe meine Rache an Edom in die Hand meines Volks
    Jifsrael,
sie sollen sie üben an Edom nach meinem Zorn und nach mei-
    nem Grimm,
daß sie meine Rache erkennen.
Erlauten ists von meinem Herrn, IHM.

So hat mein Herr, ER, gesprochen:
Weil die Philister Rache übten, rachsüchtig sich rächten
mit hämischer Lust, von der Seele aus,
zum Verderben, in Weltzeit-Feindschaft,
darum, so hat mein Herr, ER, gesprochen,
wohlan, strecke ich meine Hand über die Philister,
ich rotte die Kreterrotten,
ich lasse den Überrest schwinden am Strande des Meers,
ich übe große Rachetaten an ihnen
mit Züchtigungen des Grimms,

dann werden sie erkennen,
daß ICH es bin,
wann meine Rache ich an sie gebe.

Es geschah im elften Jahr, am ersten auf die Mondneuung, da
　　geschah SEINE Rede zu mir, es sprach:
Menschensohn,
dieweil Tyrus über Jerusalem sprach:
»Ha! zerschlagen die Völkertür!
zu mir wendet sichs, voll werde ich, die öd!«,
darum, so hat mein Herr, ER, gesprochen,
wohlan, über dich will ich, Tyrus,
viele Stämme führe über dich ich herüber,
wie das Meer herüberführt seine Wogen,
sie verderben die Mauern von Tyrus,
seine Türme reißen sie ein.
Ich fege noch seinen Schutt von ihm weg,
ich mache es zur Felsenplatte,
ein Netzbreiteplatz wirds inmitten des Meers,
denn ich bins, der geredet hat,
Erlauten ists von meinem Herrn, IHM.
Den Weltstämmen wird es zur Beute,
seine Töchter, die im Gefild,
vom Stahl werden sie umgebracht.
Dann werden sie erkennen, daß ICH es bin.
Denn, so hat mein Herr, ER, gesprochen,
wohlan, an Tyrus lasse ich kommen
Nebukadrezar, König von Babel,
vom Norden her, der Könige König,
mit Rossen, mit Fahrzeug, mit Reisigen,
eine Ansammlung, vieles Volk.
Deine Töchter, die im Gefild,
mit dem Stahl bringt er sie um.
Schanzenwerk gibt er wider dich,
schüttet wider dich einen Damm,
errichtet wider dich ein Schilddach,
an deine Mauern gibt er den Stoß einer Ramme,
mit seinem Stahl schleift er deine Türme.
Vom Schwall seiner Rosse deckt dich ihr Staub,
vom Lärm der Reisigen, Räder, Gefährte
schüttern deine Mauern,
wann er kommt in deine Tore,
wie man eben in eine aufgebrochene Stadt kommt.

Mit den Hufen seiner Rosse zerstampft er all deine Gassen,
dein Volk bringt er mit dem Stahl um,
die Standmale deines Trotzes, das sinkt zur Erde.
Sie plündern deine Macht,
sie beuten deinen Handelsschatz,
sie reißen ein deine Mauern,
deine köstlichen Häuser schleifen sie,
und deine Steine, dein Holz, deinen Schutt
werfen sie mitten ins Wasser.
Ich verabschiede das Getös deiner Lieder,
der Lärm deiner Leiern wird nicht wieder gehört.
Ich mache dich zur Felsenplatte,
ein Netzbreiteplatz sollst du werden,
nicht wirst du wieder erbaut,
denn ICH bins, der geredet hat.
Erlauten ists von meinem Herrn, IHM.

So hat mein Herr, ER, zu Tyrus gesprochen:
Ists nicht so: vom Lärm deines Falles,
wann der Durchbohrte stöhnt,
wann das Würgen würgt in deiner Mitte,
schüttern die Ozeanküsten.
Dann sinken von ihren Thronen
alle Fürsten des Meers,
sie tun ihre Mäntel von sich,
streifen ab die buntgewirkten Gewänder,
kleiden sich in zitternde Scheu,
sitzen auf der Erde,
erzittern jederweil,
erstarren über dich.
Sie heben Klage über dich an,
sie sprechen zu dir:
Weh wie bist du verschwunden,
Siedlungsreiche du, von den Meeren,
du die gepriesene Stadt,
die stark war auf dem Meer,
sie und ihre Besiedler,
die ihren Schrecken gaben
auf alle seine Besiedler!

Nun erzittern die Küsten
am Tage deines Falls,
bestürzt sind die Inselküsten,
die im Meer, daß du daraus zogst!
Ja denn,
so hat mein Herr, Er, gesprochen,
wann zur veröderten Stadt ich dich mache,
den Städten gleich, die nicht besiedelt mehr sind,
wann die Wirbelflut ich über dich führe,
daß dich die vielen Wasser verhüllen,
dann senke ich dich
zu den in die Grube Gesunknen,
zu dem Volke der Urzeit,
dann setze ich dich
in das Unterste des Erdreichs,
in die Ödnis von urher
mit den in die Grube Gesunknen,
damit du nicht mehr siedelst und Ruhm machst
im Reich der Lebendigen.
Ich mache aus dir ein Ergrausen
und schon bist du dahin,
gesucht wirst du dann
und wirst in Weltzeit nicht wieder gefunden.
Erlauten ists von meinem Herrn, Ihm.

Seine Rede geschah zu mir, es sprach:
Und du, Menschensohn,
hebe über Tyrus ein Klaglied an, sprich:
An Tyrus,
die an des Meeres Zugängen sitzt,
Händlerin der Völker
nach den vielen Küsten hin:
So hat mein Herr, Er, gesprochen:
Du selber sprachst es, o Tyrus:
Ich bin die Ganzschöne.
Deine Mark ist im Herzen der Meere,
deine Erbauer haben deine Schönheit ganz werden lassen.
Aus Wacholdern von Snir bauten sie dir alle Planken,
nahmen vom Libanon Zeder, für dich einen Mast zu machen,

aus Eichen von Baschan machten sie deine Ruder,

dein Getäfel machten sie aus Elfenbein und Zypressen von den
　　Kittäerküsten,

Linnen mit Buntgewirk aus Ägypten war dein Tuch, dir zum
　　Segel zu dienen,

Hyazinth und Purpur von den Elischaküsten war dein Deck.

Die Insassen von Sidon und Arwad waren dir Ruderer,

deine eignen Weisen, Tyrus, waren in dir, sie selber deine
　　Steuerleute,

die Ältesten von Byblos und seine Weisen waren in dir, dein
　　Zersplißnes verfestigend,

alle Schiffe des Meers und ihre Matrosen waren in dir, deine
　　Tauschware zu tauschen.

Perser, Lud und Put waren in deiner Heermacht als deine
　　Kriegsmannen,

Schild und Helm hingen sie in dir auf, die gaben dir den Glanz,

die Söhne Arwads mit deiner Heermacht, auf deinen Mauern
　　waren sie rings, die Gamader auf deinen Türmen,

ihre Tartschen hingen sie an deinen Mauern rings auf,

die haben deine Schönheit ganz werden lassen.

Tarschisch war deine Verkäufrin ob der Menge all des Guts,

für Silber, Eisen, Zinn und Blei gaben sie deinen Überschuß
　　hin,

Jawan, Tubal und Maschech, die waren deine Händler,

für Menschenseelen und Erzgerät gaben deine Tauschware sie,

vom Haus Togarma gaben sie Waffenpferde, Rosse, Maultie-
　　re um deinen Überschuß hin,

Dedans Söhne waren deine Händler, viele Küsten Verkäufer-
　　schaft dir zuhanden,

Elfenbein-Hörner und Ebenholz lieferten sie dir als Entgelt,

Aram deine Verkäuferin ob der Menge deiner Arbeiten,

für Türkis, Purpur, Gewirk, Byssus, Korallen und Rubine ga-
　　ben sie deinen Überschuß hin,

Jehuda und das Land Jisrael, die waren deine Händler,

für Weizen von Minnit, Süßzeug, Honig, Öl und Mastix ga-
　　ben deine Tauschware sie,

Damaskus deine Verkäufrin, mit der Menge deiner Arbeiten,
　　ob der Menge all des Guts,

für Wein von Chelbon und hellfarbne Wolle,

Wadan und Jawan von Usal, für deinen Überschuß gaben sie
    Eisen und Barren,
Kassia und Würzrohr waren in deiner Tauschware,
Dedan Händlerin dir, für Sattelgewänder zum Reiten,
Arabien und alle Fürsten von Kedar, die waren Verkäufer dir
    zuhanden,
für Lämmer und Widder und Böcke, dafür waren sie deine
    Verkäufer,
die Saba- und Raama-Händler, die waren Händler dir,
für den Auszug aller Balsame und für allerlei Edelgestein und
    Gold gaben sie deinen Überschuß hin,
Charan und Kanne und Eden, Sabas Händler, Assyrien und
    alles Medien waren dir Händlerschaft,
die waren dir Händler für Prunkröcke, für Burnusse von Hya-
    zinth und Buntgewirk,
für Hüllen von Mischgeweb, für geknüpfte und dichtgeschnür-
    te Stricke waren sie in deinem Händlertum,
Tarschisch-Schiffe waren Reisende mit deiner Tauschware dir.
Du wurdest voll, wurdest sehr schwer im Herzen der Meere.
In große Wasser brachten, die dich ruderten, dich,
ein Ostwind zerschlug dich im Herzen der Meere.
Dein Gut und dein Überschuß, deine Tauschware,
deine Matrosen und deine Steuerleute,
die dein Zersplißnes verfestigen, und die deine Tauschwaren
    tauschen,
all deine Kriegsmannen, die in dir sind,
all deine Ansammlung, die dir inmitten ist,
sie fallen im Herzen der Meere am Tag deines Falls.
Vom lauten Schrei deiner Steuerleute schüttern die Fluren.
Dann steigen von ihren Schiffen alle, die das Ruder führen,
Matrosen, alle die durchs Meer steuern, treten ans Land,
sie lassen über dich laut ihre Stimme hören,
sie schreien bitterlich,
bringen Staub auf ihr Haupt,
in der Asche wälzen sie sich,
lassen sich um dich eine Glatze ausglätten,
gürten Säcke um,
weinen um dich aus verbitterter Seele, ein bitteres Jammern,
heben um dich in ihrem Weh ein Klagelied an,

sie klagen über dich:
Wer war wie Tyrus,
wie die nun inmitten des Meeres Verstummte!
Wann dein Überschuß auszog vom Meerstrand,
sättigtest du Völker die Menge,
durch die Menge deines Guts, deiner Waren
bereichertest du die Könige der Erde.
Nun bist du zerschlagen,
hinweg von dem Meerstrand,
in Wassertiefen.
Deine Tauschware
und all deine Versammlung,
dir inmitten sind sie gefallen.
Alle Siedler der Küsten
erstarren über dich,
ihre Könige
schaudern und schaudern,
zuckenden Angesichts,
die Kaufherrn unter den Völkern
zischeln über dich,
ein Ergrausen bist du geworden,
dahin bist du für Weltzeit.

SEINE Rede geschah zu mir, es sprach:
Menschensohn,
sprich zu dem Herzog von Tyrus:
So hat mein Herr, ER, gesprochen:
Weil dein Herz hochfahrend war,
du sprachst: »Ein Gott bin ich,
ich besitze einen Gottheitssitz
im Herzen der Meere!«
da du doch Mensch und nicht Gott bist,
gibst dir nur ein Herz
einem Gottheitsherzen gleich
– wohl, weiser bist du als Daniel,
alles Heimliche, dir bleibts nicht dunkel,
mit deiner Weisheit, mit deinem Besinnen
hast du ja Macht dir erworben,
erwarbst Gold in deine Kammern und Silber,

mit deinem Reichtum an Weisheit,
mit deinem Händlertum
hast du reich gemehrt deine Macht,
hochfahrend ward nun dein Herz
an deiner Macht –:
darum, so hat mein Herr, ER, gesprochen,
weil du ein Herz dir gibst
einem Gottheitsherzen gleich,
darum, wohlan,
lasse Auswärtige ich über dich kommen,
die wütigsten unter den Stämmen,
daß sie ihre Schwerter zücken
wider deine schöne Weisheit,
preisstellen deine Strahlung,
sie stürzen dich zur Grube,
du stirbst des Durchbohrten Versterben
im Herzen der Meere.
Wirst du sprechen dann, sprechen:
Eine Gottheit bin ich –
deinem Würger ins Angesicht,
da du doch Mensch und nicht Gott bist
in dessen Hand, der dich durchbohrt?
Das Sterben der Vorhautigen stirbst du
in der Hand der Auswärtigen,
denn ich bins, der geredet hat.
Erlauten ists von meinem Herrn, IHM.

SEINE Rede geschah zu mir, es sprach:
Menschensohn,
hebe ein Klaglied an über den König von Tyrus,
sprich zu ihm:
So hat mein Herr, ER, gesprochen:
Ein Absiegel des Urmaßes du,
voller Weisheit, ganz schön,
in Eden warst du, dem Gottesgarten.
Deine Schirmung alles Edelgestein,
Spinell, Chrysolith und Onyx,
Chalzedon, Karneol und Nephrit,
Saphir, Türkis und Beryll,

und golden geschmiedet an dir
deine Fassung und deine Höhlung:
am Tage deiner Erschaffung
wurden auch sie gestiftet.
Mit dem gereckten schirmenden Cherub
habe ich dich zusammengetan,
auf dem Berg der Gottesheiligung warst du,
inmitten der Feuersteine ergingst du dich.
Geschlichtet warst du in deinen Wegen
vom Tage deiner Erschaffung
bis man an dir die Verfälschung fand:
durch deinen vielen Handel
füllte sichs dir inmitten von Unbill,
du hast gesündigt.
Da gab ich dich preis
von dem Gottesberge hinweg,
dich tilgte der schirmende Cherub
aus der Mitte der Feuersteine.
Dein Herz war hochfahrend worden
um deine Schönheit,
du hattest deine Weisheit verderbt
wegen deiner Strahlung:
zur Erde warf ich dich,
vor die Könige tat ich dich hin,
daß sie ihre Lust an dir sehn.
Durch deine viele Verfehlung,
durch die Falschheit deines Handels
gabst du deine Heiligtümer preis:
da ließ ich Feuer aus der Mitte dir fahren,
das hat dich gefressen,
machte zu Asche dich auf der Erde
vor aller Augen, die dich sahn.
Alle, die unter den Völkern dich kannten,
erstarren über dich,
ein Ergrausen bist du geworden,
dahin bist du für Weltzeit.

SEINE Rede geschah zu mir, es sprach:
Menschensohn,
richte dein Antlitz auf Sidon
und künde wider es, sprich:
So hat mein Herr, ER, gesprochen:
Wohlan, ich will an dich, Sidon,
ich erscheinige mich mitten in dir, –
dann wird man erkennen, daß ICH es bin,
wann Gerichte ich daran übe,
mich erheilige dran.
Ausschicken will ich darein
Seuche, Blutpest in seine Gassen,
gefallen liegen ihm inmitten Durchbohrte,
während ringsher das Schwert es umzieht, –
dann wird man erkennen, daß ICH es bin.
Nicht mehr hat dann das Haus Jifsrael
einen quälenden Stachel,
einen schmerzenden Dorn
von allen rings um sie her, die ihnen hämisch gesinnt sind, –
dann werden sie erkennen,
daß ICH Herr es bin.

So hat mein Herr, ER, gesprochen:
Wann zuhauf ich das Haus Jifsrael hole
aus den Völkern, unter die sie verstreut sind,
mich erheilige vor der Weltstämme Augen,
und sie siedeln auf ihrem Boden,
den ich Jaakob gab, meinem Knecht,
siedeln in Sicherheit drauf,
bauen Häuser, pflanzen Weinberge, –
siedeln in Sicherheit,
wann ich Gerichte übe
an allen ihnen hämisch Gesinnten
rings um sie her:
dann werden sie erkennen,
daß ICH ihr Gott es bin.

Im zehnten Jahr, im Zehnten, am zwölften auf die Neuung
  geschah SEINE Rede zu mir, es sprach:
Menschensohn,
richte dein Antlitz wider Pharao, den König von Ägypten,
und künde wider ihn und wider alles Ägypten,
rede, sprich:
So hat mein Herr, ER, gesprochen:
Wohlan, ich will wider dich, Pharao, König von Ägypten,
du großer Drache, der inmitten seiner Flußarme lagert,
der gesprochen hat: »Mein ist mein Fluß, ich bins, der ihn mir
  gemacht hat!«
Ich gebe in deine Kinnbacken Haken,
ich hefte das Fischvolk deiner Flußarme dir an die Schuppen,
ich ziehe dich herauf mitten aus deinen Flußarmen
und alles Fischvolk deiner Flußarme, das an den Schuppen dir
  haftet,
ich schleudre dich in die Wüste, dich und alles Fischvolk
  deiner Flußarme,
auf der Fläche des Gefilds sollst du hingefallen liegen,
du wirst nicht eingeheimst, du wirst nicht eingeholt,
dem Wild der Erde und dem Vogel des Himmels gebe ich
  dich zum Fraß:
dann werden alle Insassen Ägyptens erkennen,
daß ICH es bin.
Weil sie eine Rohrstütze dem Hause Jißrael waren
– wann die mit der Hand dich fassen, knickst du ein,
reißest ihnen die Schulter all auf,
wann sie sich auf dich stützen, zerbrichst du,
lähmst ihnen die Hüften all –,
darum, so hat mein Herr, ER, gesprochen,
wohlan, das Schwert lasse ich an dich kommen,
Mensch und Vieh rotte ich aus dir.
Zu Starrnis und Öde soll das Land Ägypten werden,
dann werden sie erkennen,
daß ICH es bin.
Weil er sprach: »Mein ist der Fluß, ich bins, ders gemacht
  hat!«:
darum, wohlan, will ich an dich und an deine Flußarme,
ich gebe das Land Ägypten zu Einöden, Starrnis-Öde hin

von Migdol nach Syene und bis zur Grenze Äthiopiens.
Nicht durchschreitet es Fuß des Menschen,
Fuß des Viehs durchschreitet es nicht,
nicht besiedelt wirds, vierzig Jahre,
ich gebe das Land Ägypten als Starrnis hin inmitten verstarrter
　　Länder,
seine Städte, inmitten verödeter Städte sollen sie Starrnis sein,
vierzig Jahre,
ich zerstreue Ägypten unter die Weltstämme,
ich worfle es unter die Länder.
Ja denn, so hat mein Herr, ER, gesprochen,
am Ende der vierzig Jahre
hole ich Ägypten zuhauf aus den Völkern, dahin sie zerstreut
　　worden waren,
Wiederkehr lasse für Ägypten ich kehren,
zurückkehren lasse ich sie in das Land Patros, zum Land ihres
　　Ursprungs,
daß sie da ein niedriges Königreich werden:
niedriger soll das sein als die andern Königreiche,
über die Weltstämme soll es sich nicht wieder erheben,
ich mindre sie, daß ihnen kein Schalten mehr mit den Welt-
　　stämmen sei.
Nicht wieder kann zur Sicherung werden dem Haus Jiſsrael,
der den Fehl zu Gedächtnis bringt, wann sie sich hinter ihnen
　　her wenden.
Dann werden sie erkennen,
daß ICH Herr es bin.

Es geschah dann im siebenundzwanzigsten Jahr, im Ersten, ei-
　　nen auf die Neuung,
daß SEINE Rede zu mir geschah, es sprach:
Menschensohn,
Nebukadrezar, König von Babel, hat sein Heer gegen Tyrus
　　großen Dienst dienen lassen.
alljeder Kopf ist kahl geworden, alljede Schulter wundgerie-
　　ben,
doch Lohn ist ihm und seinem Heer von Tyrus nicht gewor-
　　den
um den Dienst, den er um es diente.

Darum, so hat mein Herr, Er, gesprochen,
wohlan, ich gebe Nebukadrezar König von Babel das Land
　Ägypten,
daß er hinweghebe dessen Gepränge,
dessen Beute erbeute,
raube dessen Raub,
das sei Lohn seinem Heer:
als Werksold, daß wider jenes er diente, gebe das Land Ägyp-
　ten ich ihm,
daß für mich sie gearbeitet haben.
Erlauten ists von meinem Herrn, Ihm,
An jenem Tag
lasse ich ein Horn dem Hause Jifsrael sprossen
und dir gebe ich Eröffnung des Mundes in ihrer Mitte, –
dann werden sie erkennen,
daß Ich es bin.

Seine Rede geschah zu mir, es sprach:
Menschensohn, künde, sprich:
So hat mein Herr, Er, gesprochen:
Heulet: »Ach um den Tag!«
Denn nah ist ein Tag,
nah ein Tag, der Sein ist:
ein Tag des Gewölks,
der Weltstämme Frist wird das sein.
Dann kommt ein Schwert an Ägypten,
ein Krampf gerät an Äthiopien,
wann in Ägypten Durchbohrte fallen
und man sein Gepränge hinwegnimmt
und seine Grundfesten werden zerstört.
Äthiopien und Put und Lud
und all das Gemisch und Kub
und die Söhne des Bundeslands,
durchs Schwert fallen sie mit ihnen.
So hat Er gesprochen:
Dann fallen, die Ägypten stützten,
dann sinkt der Stolz seines Trotzes;
von Migdol bis nach Syene,

sie fallen darin durchs Schwert,

Erlauten ists von meinem Herrn, Iʜᴍ,

sie sollen verstarren inmitten verstarrter Länder,

inmitten verödeter Städte sollen seine Städte sein.

Dann werden sie erkennen,

daß Iᴄʜ es bin:

wann ich Feuer an Ägypten gebe,

all seine Helfer zusammenbrechen.

An jenem Tag

fahren Boten von mir aus auf Schiffen,

Äthiopien, das sich sicher meint, zu erschrecken,

ein Krampf gerät an sie an Ägyptens Tag:

ja, wohlan, es kommt!

So hat mein Herr, Eʀ, gesprochen:

Dann verabschiede ich Ägyptens Gepränge

durch die Hand Nebukadrezars, Königs von Babel.

Er und sein Volk mit ihm, die wütigsten unter den Stämmen,

sind hergebracht, das Land zu verderben,

sie zücken ihre Schwerter wider Ägypten,

sie füllen das Land mit Durchbohrten.

Ich gebe die Flußarme hin als Ödnis,

verkaufe das Land in die Hand der Bösen,

verstarre das Land und seine Fülle durch die Hand der Auswärtigen, –

Iᴄʜ bins, der geredet hat.

So hat mein Herr, Eʀ, gesprochen:

Dann lasse ich die Dreckklötze schwinden,

dann verabschiede ich die Gottnichtse aus Nof,

der Dunst vom Lande Ägypten, der wird nicht mehr sein,

Furcht gebe ich ins Land Ägypten.

Ich verstarre Patros,

ich gebe Feuer an Zoan,

ich tue Gerichte an No,

ich schütte meinen Grimm auf Sᴉin, die Trutzburg Ägyptens,

ich rotte das Gepränge von No.

Ich gebe Feuer an Ägypten,

Sᴉin muß im Krampf sich winden und winden,

für No ist bestimmt, aufgesprengt zu werden,

Nof: Bedränger am lichten Tag!
Die Jungmannschaft von On und Pi-Baſset,
durchs Schwert sollen sie fallen,
sie selber gehn in die Gefangenschaft.
In Tachpanches finstert der Tag,
wann ich dort die Stäbe Ägyptens zerbreche,
der Stolz seines Trotzes darin verabschiedet wird.
Es selber, Gewölk wirds verhüllen,
seine Töchter gehn in die Gefangenschaft,
ich tue an Ägypten Gerichte,
dann werden sie erkennen,
daß ICH es bin.

Es geschah im elften Jahr, im Ersten, am siebenten auf die
    Neuung,
da geschah SEINE Rede zu mir, es sprach:
Menschensohn,
den einen Arm des Pharao, Königs von Ägypten, habe ich
    zerbrochen,
und, wohl, er ist nicht verbunden, daß man Heilmittel dran
    gegeben hätte,
daß man eine Wicklung drum legte, ihn zu verbinden,
ihn wieder kräftig zu machen, das Schwert zu fassen.
Darum, so hat mein Herr, ER, gesprochen,
wohlan, ich will an Pharao, König von Ägypten,
ich zerbreche ihm die Arme, den kräftigen und den gebroch-
    nen,
ich lasse das Schwert seiner Hand entfallen.
Dann zerstreue ich Ägypten unter die Weltstämme,
dann worfle ich sie unter die Länder.
Ich kräftige nämlich die Arme des Königs von Babel,
ich gebe ihm mein Schwert in die Hand,
aber ich zerbreche die Arme des Pharao,
ächzen soll er vor ihm, eines Durchbohrten Ächzen.
Kräftig mache ich die Arme des Königs von Babel,
aber die Arme des Pharao sollen fallen,
dann werden sie erkennen,
daß ICH es bin.

Wann mein Schwert ich in die Hand des Königs von Babel
　gebe,
er es wider das Land Ägypten streckt,
ich Ägypten unter die Weltstämme zerstreue,
ich unter die Länder sie worfle,
dann werden sie erkennen,
daß ICH es bin.

Es geschah im elften Jahr, im Dritten, einen Tag nach der
　Neuung,

Menschensohn,
sprich zu Pharao, König von Ägypten, und zu seinem Ge-
　pränge:
Wem dünkst du dich in deiner Größe gleich?
Etwa Assyrien:
eine Zeder auf dem Libanon der,
schönlaubig – ein schattender Forst! –,
ragenden Wuchses – sein Wipfel war zwischen Wolken!
Wasser hatten ihn großgezogen,
Urflut ihn emporgehoben:
ihre Ströme ließ sie rings um ihre Eigenpflanzung gehn,
indes sie sonst nur Rinnsale sandte an alle Bäume des
　Feldes.
Drum ragte sein Wuchs über alle Bäume des Feldes,
viel wurden seine Zweige,
lang wurden seine Äste
von dem vielen Wasser, daher er sie ausgeschickt hatte.
In seinen Zweigen nisteten allerart Vögel des Himmels,
unter seinen Ästen gebar alles Wild des Feldes,
in seinem Schatten saßen allerhand Weltstämme, viele.
Schön war er in seiner Größe geworden,
in der Länge seiner Triebe,
denn an vielem Wasser war seine Wurzel.
Nicht konnten sich ihm Zedern im Gottesgarten gesellen,
Wacholder glichen nicht seinem Gezweig,
Platanen hatten Äste nicht wie die seinen,
alles Baumwesen im Gottesgarten,

nicht einer glich ihm in seiner Schönheit.
Schön hatte ich ihn gemacht
in der Fülle seiner Triebe,
ihn neideten alle Bäume von Eden,
die im Gottesgarten sind.
Darum hat so mein Herr, ER, gesprochen,
dieweil auch du ragend an Wuchs bist:
...Als seinen Wipfel er gab zwischen die Wolken,
ob seines Ragens sein Herz sich erhob,
gab ich ihn in die Hand eines Leitwidders der Welt-
    stämme,
daß nach seinem Frevel er ihm tue, ja tue,
verstoßen habe ich ihn.
Nun rodeten die Auswärtigen ihn,
die wütigsten unter den Weltstämmen,
sie schleuderten ihn hin,
auf die Berge, in alle Täler
fielen nun seine Triebe,
seine Äste brachen nieder
in alle Bachgründe der Erde,
seinem Schatten entstiegen
alle Völker der Erde,
sie verschleuderten ihn.
Wohnung auf seinem Abfall
nahmen alle Vögel des Himmels,
und auf seinen Ästen
weilte alles Wild des Feldes.
Damit in ihrem Wuchse nicht ragen
alle reichbewässerten Bäume,
zwischen die Wolken nicht geben ihren Wipfel,
in ihrem Ragen nicht an sie heranstehn
alle Wassertrinkenden,
denn zum Tod sind sie alle gegeben,
in das unterste Erdreich,
inmitten der Menschensöhne,
hin zu den in die Grube Gesunknen.
So hat mein Herr, ER, gesprochen:
Am Tag, da er sank in die Tiefe,
ließ verhüllt ich die Urflut trauern,

ich hemmte ihre Ströme,
daß die vielen Gewässer stockten,
ließ den Libanon sich um ihn überdüstern,
um ihn schmachten alle Bäume des Feldes.
Mit dem Getös seines Fallens
habe ich die Weltstämme erschüttert,
als ich zur Tiefe ihn senkte
mit den in die Grube Gesunknen.
Nun trösten sich im untersten Erdreich
alle Bäume von Eden,
des Libanon beste Lese,
alle Wassertrinkenden:
auch sie sanken mit ihm zur Tiefe,
hin zu den vom Schwerte Durchbohrten,
die sein Arm gewesen waren,
die in seinem Schatten saßen,
mitten unter den Weltstämmen.
Wem dünkst du dich also gleich
an Gewicht und an Größe
unter den Bäumen von Eden?
Gesenkt wirst du mit den Bäumen von Eden
in das unterste Erdreich,
mußt inmitten der Vorhautigen liegen,
mit den vom Schwerte Durchbohrten:
Das ist Pharao und all sein Gepränge!
Erlauten ists von meinem Herrn, Ihm.

Es geschah im zwölften Jahr, in der zwölften Mondneuung,
    am ersten auf die Neuung.
Seine Rede geschah zu mir, es sprach:
Menschensohn,
hebe ein Klaglied an über Pharao, König von Ägypten, sprich
    zu ihm:

Du dünkst dich der Jungleu der Stämme
und warst doch nur wie der Drache im Meer,
du drangst in deinen Stromläufen vor,
trübtest mit deinen Füßen das Wasser,
wühltest jenen die Ströme auf.

So hat mein Herr, ER, gesprochen:
Ich breite nun mein Netz über dich
in vieler Völker Versammlung,
daß in meinem Garn sie dich hochziehn,
aufs Land dann stoße ich dich hin,
schleudre dich auf die Fläche des Feldes.
Wohnen lasse ich auf dir
alle Vögel des Himmels,
ersatten lasse ich an dir
das Wild alles Erdlands.
Ich gebe dein Fleisch auf die Berge,
mit deinem Würmen fülle ich die Täler,
ich feuchte das Land deiner Schwemmung
mit deinem Blute bis an die Berge,
die Gründe werden voll von dir her.
Wann du erlischst, verhülle ich den Himmel,
ich überdüstre seine Sterne,
die Sonne hülle ich zu mit Gewölk,
und der Mond läßt sein Licht nicht mehr leuchten.
Alle Lichtesleuchten am Himmel
verdüstere ich da um dich,
Finsternis gebe ich auf dein Land,
Erlauten ists von meinem Herrn, IHM.
Ich bekümmre das Herz vieler Völker,
wann deinen Sturz ich unter die Stämme ausbringe
hin zu Ländern, die du nicht kanntest,
viele Völker lasse um dich ich erstarren,
ihre Könige schaudern, schaudern um dich,
wann mein Schwert vor ihrem Antlitz ich schwinge,
alleweil müssen sie zittern,
jedermann um seine Seele,
am Tag deines Falles.
Denn, so hat mein Herr, ER, gesprochen,
das Schwert des Königs von Babel kommt an dich,
dein Gepränge fälle ich durch Schwerter von Helden
– die wütigsten unter den Stämmen sie alle –,
sie gewaltigen die Hoffart Ägyptens,
daß vertilgt wird all sein Gepränge.
All sein Vieh lasse ich schwinden

hinweg von den vielen Wassern,
nicht mehr trübt die der Fuß eines Menschen,
Viehhufe trüben sie nicht.
Damals lasse ich ihre Wasser sich setzen,
ihre Ströme lasse ich fließen wie Öl.
Erlauten ists von meinem Herrn, IHM.
Wann zur Starrnis ich Ägyptenland mache,
das Land verstarrt, bar seiner Fülle,
wann ich schlage alle, die darin siedeln,
dann werden sie erkennen,
daß ICH es bin.

Ein Klaglied ist das,
man wird es klagen.
klagen werden es die Töchter der Stämme.
um Ägypten, um all sein Gepränge
werden sie es klagen.
Erlauten ists von meinem Herrn, IHM.

Es geschah im zwölften Jahr, am fünfzehnten auf jene Neu-
    ung,
SEINE Rede geschah zu mir, es sprach:
Menschensohn,
seufze um Ägyptens Gepränge
und senke es
– es zusamt den Töchtern herrlicher Stämme –
in das Unterste des Erdreichs,
mit den in die Grube Gesunknen:

Wem bist du an Wert voraus?!
sinke hinab,
laß dich zu den Vorhautigen legen!
Inmitten der Schwertdurchbohrten werden sie fallen,
das Schwert ist gegeben,
zieht hinab es und all sein Gepränge!
Reden sollen zu ihm die mächtigsten Helden,
mitten aus dem Gruftreich, sie samt seinen Helfern:
Sie sanken,
sie liegen,

die Vorhautigen,
vom Schwerte durchbohrt!

Dort ist Assyrien und all seine Versammlung,
rings um seine sind ihre Kammern,
– sie alle Durchbohrte,
gefallen durch das Schwert! –
da seine Kammern man gab
in den Rückenteil der Grube,
so blieb ihre Versammlung
rings um seine Kammer,
sie alle Durchbohrte,
gefallen durch das Schwert,
die einst den Schrecken gaben
übers Land der Lebendigen!

Dort ist Elam und sein Gepränge
rings um seine Kammer,
– sie alle Durchbohrte,
gefallen durch das Schwert,
die, Vorhautige, sanken
ins Unterste des Erdlands,
die ihren Schrecken einst gaben
übers Land der Lebendigen,
nun tragen sie ihre Schmach
mit den in die Grube Gesunknen.
Inmitten von Durchbohrten
gab man ihm nun sein Lager
mit all seinem Gepränge,
rings um seine sind ihre Kammern,
– sie alle, Vorhautige,
vom Schwerte durchbohrt,
denn gegeben war ihr Schrecken
übers Land der Lebendigen,
nun tragen sie ihre Schmach
mit den in die Grube Gesunknen,
mitten unter Durchbohrte ist auch er hingegeben.

Dort ist Maschech, Tubal und all sein Gepränge,
rings um seine sind ihre Kammern,
– sie alle, Vorhautige,

vom Schwerte Durchbohrte,
denn sie gaben ihren Schrecken
übers Land der Lebendigen.
Sie liegen nicht bei den Helden,
die in der Urzeit fielen,
die sanken zum Gruftreich
mitsamt ihrem Kriegszeug,
denen ihre Schwerter man gab
ihnen unter das Haupt,
denen ihr Schild verblieb
auf ihren Gebeinen,
denn ein Schrecken waren die Helden
überm Land der Lebendigen.
Du nun, inmitten der Vorhautigen
zerbrochen, liegen mußt du
bei den vom Schwerte Durchbohrten!

Dortselbst ist Edom, seine Könige
und all seine Fürsten,
die hingegeben wurden
in ihrem Heldentum
zu den vom Schwerte Durchbohrten,
sie, bei den Vorhautigen müssen sie liegen,
bei den in die Grube Gesunknen.

Dortselbst sind die Lehngrafen des Nordreichs,
sie alle, und alle Sidonier,
die hin zu den Durchbohrten sanken
trotz ihres Schreckens,
beschämt ihres Heldentums,
nun, Vorhautige, liegen
bei den vom Schwerte Durchbohrten,
und tragen ihre Schmach
mit den in die Grube Gesunknen.

Die sieht Pharao nun
und tröstet sich um all sein Gepränge.
Schwertdurchbohrte sind sie,
Pharao und all sein Heer,
Erlauten ists von meinem Herrn, IHM,
denn nun gebe ich meinen Schrecken

übers Land der Lebendigen.
Hingelegt in der Vorhautigen Mitte,
bei den vom Schwerte Durchbohrten
ist Pharao und all sein Gepränge.
Erlauten ists von meinem Herrn, IHM.

SEINE Rede geschah zu mir, es sprach:
Menschensohn,
rede zu den Söhnen deines Volks,
sprich zu ihnen:
Ein Land – wenn ich ein Schwert drüber kommen lasse,
das Landvolk nimmt einen Mann aus seinem Kreis,
sie geben ihn sich zum Späher,
er sieht das Schwert übers Land kommen,
stößt in die Posaune,
warnt das Volk,
der Hörer aber hört zwar den Schall der Posaune,
doch er läßt sich nicht warnen,
und das Schwert kommt und nimmt ihn,
sein Blut wird auf seinem Haupt sein:
er hat den Schall der Posaune gehört
und hat sich nicht warnen lassen,
sein Blut wird auf ihm sein, –
hätte er sich warnen lassen,
dann hätte seine Seele entschlüpfen dürfen.
Der Späher aber,
wenn das Schwert er kommen sieht
und stößt nicht in die Posaune,
und das Volk ist nicht gewarnt,
und das Schwert kommt und nimmt eine Seele von ihnen,
der wird um seinen Fehl hingenommen,
aber von der Hand des Spähers
fordere ich sein Blut.
Du also, Menschensohn –
als einen Späher habe ich dich gegeben
dem Hause Jiſsrael:
hörst du von meinem Mund Rede,
sollst du von mir aus sie warnen.
Wann ich zum Frevler spreche:
»Frevler, sterben mußt du, sterben!«,
du aber redest es nicht,
den Frevler von seinem Weg abzuwarnen,
er zwar, ein Frevler,
um seine Verfehlung wird er sterben,
aber von deiner Hand

heische ich sein Blut.

Du aber,

wenn du den Frevler abwarntest von seinem Weg,

von ihm umzukehren,

und er kehrt nicht um von seinem Weg,

er, um seine Verfehlung wird er sterben,

du aber hast deine Seele gerettet.

Du also, Menschensohn,

sprich zum Haus Jifsrael:

So habt ihr gesprochen, den Spruch:

Ja, unsre Abtrünnigkeiten,

unsre Sünden sind über uns,

durch sie vermodern wir,

wie noch dürften wir leben!

Sprich zu ihnen:

Sowahr ich lebe,

Erlauten ists von meinem Herrn, I m:

Habe ich denn Gefallen am Sterben des Frevlers?

sondern daß ein Frevler umkehre

von seinem Wege und lebe!

Kehret um, kehret um

von euren bösen Wegen,

warum wollt ihr sterben,

Haus Jifsrael?

Du also, Menschensohn,

sprich zu den Söhnen deines Volks:

Die Bewährtheit des Bewährten

wird ihn nicht erretten

am Tag seiner Abtrünnigkeit,

und der Frevel des Frevlers,

er wird darüber nicht straucheln

am Tage, da er umkehrt

von seinem Frevel,

wie der Bewährte drob nicht kann leben

am Tage, da er sündigt.

Wann zum Bewährten ich spreche:

»Leben sollst du, leben!«,

er aber wähnt sich sicher durch seine Bewährtheit

und tut Falsch,

all seine Bewährungen,
nicht zugedacht werden sie,
um sein Falsch, das er tat,
um das wird er sterben.
Und wann ich zum Frevler spreche:
»Sterben mußt du, sterben!«,
er aber kehrt um von seiner Sünde,
tut Recht und Wahrhaftigkeit,
läßt der Frevler rückkehren das Pfand,
erstattet er das Geraubte,
geht er in den Satzungen des Lebens,
ungetan zu lassen das Falsch,
leben soll er, leben,
er muß nicht sterben,
all seine Sünden, die gesündigt er hat,
nicht zugedacht werden sie ihm,
er tat Recht und Wahrhaftigkeit,
leben soll er, leben.
Da sprechen die Söhne deines Volks:
»Nicht zu bemessen ist der Weg meines Herrn!«
Sie sind es,
deren Weg nicht zu bemessen ist!
Wann der Bewährte sich abkehrt
von seiner Bewährung,
tut er Falsch,
wird er darum sterben;
wann der Frevler umkehrt
von seinem Frevel,
tut er Recht und Wahrhaftigkeit,
er, dadurch wird er leben.
Da sprecht ihr:
»Nicht zu bemessen ist der Weg meines Herrn!«
Jedermann nach seinen Wegen
richten werde ich euch,
Haus Jifsrael!

Es geschah im zwölften Jahr, im Zehnten, am fünften auf die
   Neuung,
von unsrer Verschleppung an,
da kam zu mir der Entronnene aus Jerusalem, sprechend:
»Die Stadt ist geschlagen!«
Aber SEINE Hand war schon auf mir gewesen
am Abend, eh der Entronnene kam,
nun öffnete er meinen Mund, als am Morgen er zu mir kommen sollte:
mein Mund war geöffnet, und ich habe nicht mehr stumm
   bleiben müssen.
SEINE Rede geschah zu mir, sprach:
Menschensohn,
die Insassen jener Trümmer auf dem Boden Jifsraels sprechen
   den Spruch:
»Einer war Abraham,
er erbte das Land,
wir aber sind viele,
uns ist das Land zum Erbe gegeben!«
Darum sprich zu ihnen:
So hat mein Herr, ER, gesprochen:
Ihr esset über dem Blut,
zu euren Klötzen hebt ihr eure Augen,
und Blut vergießet ihr, –
und das Land wollt ihr erben?!
Auf euer Schwert habt ihr euch gestellt,
Greuliches habt ihr getan,
jedermann das Weib seines Genossen habt ihr bemakelt, –
und das Land wollt ihr erben?!
So sprich zu ihnen:
So hat mein Herr, ER, gesprochen:
Sowahr ich lebe,
fallen nicht die in den Trümmern durchs Schwert,...!
und die auf der Fläche des Feldes,
dem Wild gebe ich sie zum Fraß,
und die in den Felsennestern und in den Höhlen,
an der Pest sollen sie sterben.
Ich gebe das Land hin zu Erstarren und Starrnis,
verabschiedet wird der Stolz seines Trotzes,

verstarren werden Jifsraels Berge,
da keiner hindurchzieht.
Dann werden sie erkennen,
daß ICH es bin:
wann das Land ich hingebe zu Erstarren und Starrnis
für all das Greuliche, das sie getan haben.
Du aber, Menschensohn,
die Söhne deines Volkes,
die über dich sich bereden
bei den Mauern, an den Toreinlässen der Häuser,
einer redet mit einem,
jedermann mit seinem Bruder,
sprechend: Kommt doch und hört,
was das für eine Rede ist,
die ausfährt von IHM!
sie kommen zu dir,
wie Volk pflegt zusammenzukommen,
und setzen sich vor dich hin
als mein Volk,
hören deine Reden sich an,
aber sie tun sie nicht,
denn zärtlich tun die mit ihrem Mund,
ihrer Ausbeutung geht ihr Herz nach.
Wohl,
wie ein zärtlicher Gesang bist du ihnen,
stimmschön, saitenspielköstlich,
so hören sie deine Reden sich an,
aber tun sie keinesfalls:
wann es kommt
– wohl, es kommt! –,
dann werden sie erkennen,
daß ein Künder dawar in ihrer Mitte.

SEINE Rede geschah zu mir, sprach:
Menschensohn,
künde wider die Hirten Jifsraels,
künde, sprich zu ihnen, zu den Hirten:
So hat mein Herr, ER, gesprochen:
Weh, Weidehirten Jifsraels,
die sich selber geweidet haben!
Sollen die Hirten nicht die Schafe weiden?!
Die Milch verzehrt ihr,
mit der Wolle kleidet ihr euch,
das Gemästete schlachtet ihr,
die Schafe weidet ihr nicht.
Die Kränkelnden stärktet ihr nicht,
das Kranke heiltet ihr nicht,
das Gebrochne verbandet ihr nicht,
das Abgesprengte holtet ihr nicht zurück,
nach dem Verlornen forschtet ihr nicht,
mit Überstärke schaltetet ihr und mit Zwang.
Da zerstreuten sie sich, eines Hirten ermangelnd,
wurden zum Fraß allem Wilde des Feldes,
da zerstreuten sie sich.
Nun irren meine Schafe umher
auf allen Bergen, –
über alle ragenden Höhen,
über alle Fläche des Lands
sind meine Schafe zerstreut,
und da ist keiner, der nachfragt,
und da ist keiner, der forscht.
Darum, Hirten, hört SEINE Rede!
Sowahr ich lebe,
ist das Erlauten von meinem Herrn, IHM,
geschiehts nicht so,...!:
weil meine Schafe wurden zum Raub,
zum Fraß sind meine Schafe geworden
allem Wilde des Felds,
da kein Hirt war,
meine Hirten fragten meinen Schafen nicht nach,
sich selber weideten die Weidehirten,
meine Schafe weideten sie nicht,

darum – Hirten, hört SEINE Rede,
so hat mein Herr, ER, gesprochen –,
wohlan, ich will an die Hirten,
ihrer Hand fordre ich ab meine Schafe,
ich verabschiede sie Schafe zu weiden,
nicht mehr weiden die Weidehirten sich selber,
vor ihrem Mund rette ich meine Schafe,
zum Fraß sollen sie ihnen nicht werden.
Denn, so hat mein Herr, ER, gesprochen,
wohlan, ich selber bin da,
daß ich nachfrage meinen Schafen,
daß ich sie zusammensuche:
wie der Hirt zusammensucht seine Herde
am Tag, da er seiner gebreiteten Schafherde mitteninne
     ist,
so suche ich meine Schafe zusammen,
ich rette sie aus all den Orten,
dahin sie verstreut worden sind
am Tag von Wolke und Wetterdunkel.
Ich führe sie aus den Völkern,
bringe sie aus den Ländern zuhauf,
zu ihrem Boden lasse ich sie kommen,
da weide ich sie an Jifsraels Bergen,
in den Gründen, in allen Sitzen des Lands.
Auf guter Weide weide ich sie,
auf Jifsraels ragenden Bergen
soll ihre Trift sein,
dort lagern auf guter Trift sie,
fette Weide weiden sie ab
an Jifsraels Bergen.
Ich selber weide meine Schafe,
ich selber lasse sie lagern,
Erlauten ists von meinem Herrn, IHM.
Dem Verlorenen forsche ich nach,
das Abgesprengte hole ich zurück,
das Gebrochene verbinde ich,
ich stärke das Kranke,
aber das Feiste,
das Überstarke vertilge ich,

ich weide sie, wie es recht ist.
Ihr also, meine Schafe,
so hat mein Herr, ER, gesprochen,
wohlan,
ich richte zwischen Tier und Tier.
Zu den Widdern das und zu den Böcken:
Ist es euch zu wenig,
die beste Weide abzuweiden,
daß ihr das Übrige eurer Weide mit euren Füßen zerstampft,
und das geklärte Wasser zu trinken,
daß ihr das Übriggelaßne mit euren Füßen trübt,
und meine Schafe,
das von euren Füßen Zerstampfte müssen sie weiden,
das von euren Füßen Getrübte müssen sie trinken.
Darum, so hat mein Herr, ER, gesprochen,
wohlan, ich selber bin da,
daß ich richte zwischen fettem Tier und magerem Tier.
Weil mit Seite, mit Schulter ihr dränget,
mit euren Hörnern alle Kränklichen stoßet,
bis ihr sie hinaus zerstreut habt,
befreie ich meine Schafe,
sie sollen nicht mehr zum Raub sein,
ich richte zwischen Tier und Tier.
Dann erstelle ich über sie
einen einzigen Weidehirten,
der sie weiden soll,
meinen Knecht Dawid,
der soll sie weiden,
der soll ihnen zum Hirten werden.
ICH werde ihnen zum Gott,
mein Knecht Dawid Fürst ihnen inmitten,
ICH bins, der geredet hat.
Einen Bund des Friedens schließe ich ihnen,
Böswild verabschiede ich aus dem Land,
in der Wüste können sie in Sicherheit sitzen,
in den Wäldern können sie schlafen.
Segen gebe ich ihnen bei,
rings um meinen Hügel,
Erguß sende ich zu seiner Zeit,

Segengüsse werden das sein.
Der Baum des Feldes gibt seine Frucht,
das Erdland gibt sein Gewächs,
auf ihrem Boden sind sie in Sicherheit.
Dann werden sie erkennen,
daß Iᴄʜ es bin,
wann die Stangen ihres Jochs ich zerschlage
und sie aus der Hand der sie Knechtenden rette.
Den Weltstämmen sind sie nicht mehr zum Raub,
das Wild des Landes darf sie nicht fressen,
in Sicherheit siedeln sie nun,
und keiner ist, der aufscheucht.
Ich erstelle ihnen eine Pflanzung zum Ruhm,
nicht mehr sind im Land Hungersentraffte,
nicht mehr müssen sie die Schmach der Weltstämme tragen.
Dann werden sie erkennen,
daß Iᴄʜ, ihr Gott, bin mit ihnen
und sie mein Volk sind, das Haus Jiſsrael,
Erlauten ists von meinem Herrn, Iʜᴍ.
O ihr meine Schafe,
ihr Schafe meiner Weide,
Menschheit seid ihr, ich euer Gott.
Erlauten ists von meinem Herrn, Iʜᴍ.

SEINE Rede geschah zu mir, es sprach:
Menschensohn,
richte dein Antlitz gegen das Gebirge Sſeïr
und künde gegen es, sprich zu ihm:
So hat mein Herr, ER, gesprochen:
Wohlan, an dich will ich, Gebirge Sſeïr,
ich strecke meine Hand gegen dich,
ich gebe dich hin zu Erstarren und Starrnis.
Deine Städte lege ich in Öde,
du selber wirst ein Erstarrtes,
dann wirst du erkennen, daß ICH es bin.
Weil eine Weltzeit-Feindschaft du hattest,
die Söhne Jiſsraels dem Schwert liefertest zuhanden
in der Frist ihres Verhängnisses,
in der Frist des Endesfehls,
darum, sowahr ich lebe,
Erlauten ists von meinem Herrn, IHM,
ja, zu Blut mache ich dich,
Blut soll dich verfolgen:
hast du Blut nicht gehaßt,
Blut soll dich verfolgen.
Das Gebirge Sſeïr gebe ich hin
zu Starre und Starrnis,
ich rotte daraus hinweg,
wer immer zieht oder kehrt,
mit seinen Durchbohrten fülle ich seine Berge;
deine Hügel und deine Schluchten,
deine Bachgründe alle,
Schwertdurchbohrte fallen darin.
Zu Weltzeit-Starrnissen gebe ich dich hin,
deine Städte werden nicht mehr besiedelt.
Dann werdet ihr erkennen, daß ICH es bin.
Weil du gesprochen hast:
»Die beiden Stämme,
die beiden Länder,
mein sollen sie sein,
wir werdens erben!«
– und ER war doch dort da, –
darum, sowahr ich lebe,

Erlauten ists von meinem Herrn, IHM,
ich mache es
nach deinem Zorn, nach deinem Eifer,
wie dus an ihnen gemacht hast
aus deinem Haß gegen sie,
ich lasse mich unter ihnen erkennen,
da ich dich richten werde.
Dann wirst auch du erkennen, daß ICH es bin,
der all dein Schmähen gehört hat,
das du sprachst gegen Jifsraels Berge,
sprachst: »Sie verstarren,
zum Fraß uns sind sie gegeben!«
groß tatet ihr mit eurem Mund gegen mich,
wirbeltet gegen mich eure Reden, –
ich bins, der gehört hat.
So hat mein Herr, ER, gesprochen:
Gleicherweis freut sich alle Erde,
daß ich aus dir eine Starrnis mache,
gleichwie du dich freutest über das Eigentum des Jifsrael-
　　hauses,
daß es verstarren mußte.
Ebenso mache ich es mit dir:
Starrnis muß das Gebirg Sfeïr werden
und alles Edom allsamt, –
dann werden sie erkennen, daß ICH es bin.

Und du, Menschensohn,
künde auf die Berge Jifsraels zu,
sprich: Berge Jifsraels,
höret SEINE Rede,
so hat mein Herr, ER, gesprochen:
Weil der Feind über euch gesprochen hat: »Ha!«
und: »Urzeit-Kuppen! uns wards zum Erbe!«
darum künde, sprich:
So hat mein Herr, ER, gesprochen:
Weil und dieweil man ringsumher euch anschnaubt und nach
　　euch schnappt,
daß ihr Erbe wurdet dem Rest der Weltstämme,
kamt auf den Rand der Zunge und ins Gerücht der Leute,

darum – Berge Jifsraels, hört meines Herrn, SEINE, Rede! –
hat so mein Herr, ER, gesprochen
von den Bergen und von den Hügeln,
von den Gründen und von den Schluchten,
von den verstarrenden Öden und von den verlassenen Städten,
die zum Raub geworden sind und zum Spott
dem Rest der Weltstämme, die ringsum sind,
darum hat so mein Herr, ER, gesprochen:
Rede ich nicht im Feuer meines Eifers
wider den Rest der Weltstämme und wider Edom allsamt,
daß mein Land sie zum Erbe sich gaben
mit aller Freude des Herzens, mit der hämischen Lust der
    Seele,
um draus zu vertreiben, zum Raub,...!
Darum künde über Jifsraels Boden,
sprich zu den Bergen und zu den Hügeln,
zu den Gründen und zu den Schluchten:
So hat mein Herr, ER, gesprochen:
Wohlan,
in meinem Eifer,
in meiner Grimmglut rede ich nun:
weil ihr die Beschämung der Weltstämme tragt,
darum, so hat mein Herr, ER, gesprochen,
erhebe ich da meine Hand:
Die Stämme, die rings um euch sind,
müssen nicht selber sie ihre Beschämung tragen,...!

Ihr aber, Berge Jifsraels,
bringen sollt ihr euer Gezweig,
tragen sollt ihr eure Frucht
für mein Volk Jifsrael,
denn sie sind nah am Kommen.
Denn, wohlan, ich will zu euch,
ich wende mich zu euch,
beackert werdet ihr und besät.
Ich mehre Menschen auf euch,
alles Haus Jifsrael allsamt,
besiedelt werden die Städte
und die Ödnisse auferbaut,

ich mehre auf euch Mensch und Vieh,
sie sollen sich mehren, sollen fruchten.
Ich besiedle euch neu
wie in eurer Vorzeit,
ich tue euch Gutes
noch über eure Frühe,
dann werdet ihr erkennen, daß Ich es bin.
Menschen lasse ich über euch gehen,
mein Volk Jifsrael,
sie erben dich wieder,
du wirst ihnen zum Eigentum,
machst sie nicht wieder kinderlos.
So hat mein Herr, Er, gesprochen:
Weil man von euch spricht:
Menschenfresserin du,
eine bist du, die den eignen Stamm kinderlos macht!
darum: Menschen wirst hinfort du nicht fressen,
den eignen Stamm wirst du hinfort nicht kinderlos machen,
Erlauten ists von meinem Herrn, Ihm.
Ich lasse hinfort dich nicht hören
die Beschämung der Weltstämme,
die Beschimpfung der Völker
sollst du hinfort nicht mehr tragen,
deinen Stamm sollst du hinfort nicht kinderlos machen.
Erlauten ists von meinem Herrn, Ihm.

SEINE Rede geschah zu mir, es sprach:
Menschensohn,
die vom Haus Jifsrael,
da sie auf ihrem Boden noch saßen,
bemakelten sie ihn
mit ihrem Weg, mit ihren Geschäften,
gleich dem Makel der Monatssondrung
ist ihr Weg mir vorm Antlitz gewesen.
Da goß ich über sie meine Grimmglut
um das Blut, das sie vergossen im Land,
und daß sies bemakelten mit ihren Klötzen.
Unter die Weltstämme zerstreute ich sie,
in die Länder wurden sie geworfelt,
nach ihrem Weg, nach ihren Geschäften
habe ich sie gerichtet.
Als sie aber zu den Weltstämmen kamen,
wohin sie gekommen waren,
stellten sie den Namen meiner Heiligung preis,
indem man von ihnen sprach:
»SEIN Volk sind diese,
aus seinem Land mußten sie fahren!«
Da dauerte es mich
des Namens meiner Heiligung,
den preisstellten die vom Haus Jifsrael
unter den Weltstämmen, wohin sie gekommen waren.
Darum sprich zum Haus Jifsrael:
So hat mein Herr, ER, gesprochen:
Nicht um euretwillen tue ichs,
Haus Jifsrael,
sondern für den Namen meiner Heiligung,
den ihr preisstelltet unter den Stämmen,
wohin ihr gekommen seid.
Erheiligen will ich
meinen großen Namen,
den unter den Weltstämmen preisgestellten,
den ihr preisstelltet in ihrer Mitte.
Dann werden die Weltstämme erkennen,
daß ICH es bin,
Erlauten ists von meinem Herrn, IHM,

wann ich mich an euch vor ihren Augen erheilige.
Ich nehme euch aus den Weltstämmen,
ich hole zuhauf euch aus allen Ländern,
ich lasse euch kommen zu eurem Boden.
Ich sprenge reines Wasser auf euch,
daß ihr rein werdet:
von all euren Bemaklungen,
von all euren Dreckklötzen
reinige ich euch.
Ich gebe euch ein neues Herz,
einen neuen Geist gebe ich euch in das Innre,
das Herz von Stein schaffe ich aus eurem Fleisch weg,
ich gebe euch ein Herz von Fleisch.
Meinen Geist gebe ich euch in das Innre,
ich mache, daß ihr geht in meinen Gesetzen
und meine Rechtsgeheiße wahret, sie tut.
Dann siedelt ihr in dem Land,
das ich euren Vätern gab,
ihr werdet mir zum Volk
und ich, ich werde euch zum Gott:
ich befreie euch von all euren Makeln.
Ich rufe dem Getreide,
lasse es sich mehren,
Hunger gebe ich nie über euch,
ich lasse sich mehren
die Frucht der Bäume,
das Gedeihen des Feldes,
damit ihr nicht mehr hinnehmen müsset
unter den Weltstämmen den Schimpf des Hungers.
Dann gedenkt ihr eurer bösen Wege,
eurer Geschäfte, die nicht gut gewesen sind,
ekeln wird es euch vor euch selber
um eure Verfehlungen,
um eure Greuel.
Nicht um euretwillen tue ich,
Erlauten ists von meinem Herrn, IHM,
das sei euch kund!
Errötet, schämt euch ob euren Wegen,
Haus Jiſsraels!

So hat mein Herr, Er, gesprochen:
Am Tag,
da ich euch reinige von all euren Verfehlungen,
neu besiedle die Städte,
die Ödnisse auferbaut werden,
und das verstarrte Land wird bestellt,
statt daß es Starrnis war vor aller Wanderer Augen,
dann wird man sprechen:
»Dieses verstarrte Land da,
wie der Garten von Eden ist es geworden,
die verödeten Städte,
die verstarrten, die geschleiften,
umwehrt nun sind sie, besiedelt!«
Dann werden die Stämme erkennen,
die rings um euch überblieben,
daß Ich es bin,
der die geschleiften auferbaute,
der das Verstarrte wiederbepflanzte:
Ich bin es,
ders redet,
ders tut.

So hat mein Herr, Er, gesprochen:
Dies noch ihnen zu tun
lasse ich mich vom Haus Jifsrael erbitten:
ich will sie mehren wie Menschenschafe.
Wie die Schafe der Darheiligungen,
wie Jerusalems Schafe in seinen Begegnungsgezeiten,
so voller Menschenschafe werden die verödeten Städte sein.
Dann werden sie erkennen,
daß Ich es bin.

Über mir war SEINE Hand,
im Geistbraus entführte mich ER,
ließ mich nieder inmitten der Ebne,
die war voller Gebeine.
Er trieb mich rings, rings an ihnen vorbei,
da, ihrer waren sehr viele
hin über die Fläche der Ebne,
und da, sehr verdorrt waren sie.
Er aber sprach zu mir:
Menschensohn,
werden diese Gebeine leben?
Ich sprach:
Mein Herr, DU,
du selber weißt.
Er aber sprach zu mir:
Künde über diese Gebeine,
sprich zu ihnen:
Ihr verdorrten Gebeine,
höret SEINE Rede!
so hat mein Herr, ER, gesprochen
zu diesen Gebeinen:
Da, Geistbraus lasse ich kommen in euch,
und ihr lebt.
Ich gebe über euch Sehnen,
ich lasse Fleisch euch überziehn,
ich überspanne euch mit Haut,
Geistbraus gebe ich in euch,
und ihr lebt
und erkennt,
daß ICH es bin.
Ich kündete, wie mir war geboten.
Als ich gekündet hatte, geschah ein Rauschen,
und da, ein Schüttern,
die Gebeine rückten zusammen,
Gebein zu seinem Gebein.
Ich sah,
da waren über ihnen Sehnen,
Fleisch überzog sie,
Haut überspannte sie obendrauf,

doch kein Geistbraus war in ihnen.
Er aber sprach zu mir:
Künde auf den Geistbraus zu,
künde, Menschensohn,
sprich zum Geistbraus:
So hat mein Herr, ER, gesprochen:
Von den vier Brausewinden,
Geistbraus, komm,
wehe diese Erwürgten an,
daß sie leben!
Ich kündete, wie er mir geboten hatte.
Der Geistbraus kam in sie ein,
sie lebten.
Sie standen auf ihren Füßen,
ein sehr sehr großes Heer.
Er aber sprach zu mir:
Menschensohn,
diese Gebeine,
die sind alles Haus Jifsrael.
Da sprechen sie:
Verdorrt sind unsre Gebeine,
geschwunden unsere Hoffnung,
losgeschnitten sind wir!
Darum künde, sprich zu ihnen:
So hat mein Herr, ER, gesprochen:
Da, ich öffne eure Gräber,
ich ziehe euch aus euren Gräbern,
mein Volk,
ich lasse euch kommen
zu dem Boden Jifsraels.
Dann werdet ihr erkennen,
daß ICH es bin.
Wann ich öffne eure Gräber,
wann ich euch ziehe aus euren Gräbern,
mein Volk,
gebe in euch meinen Geistbraus,
daß ihr lebet,
lasse euch nieder auf eurem Boden,
dann werdet ihr erkennen,

daß I CH es bin,
ders redet,
ders tut.
SEIN Erlauten ists.

SEINE Rede geschah zu mir, sprach:
Und du, Menschensohn,
nimm dir ein Holz
und schreibe darauf:
»Des Jehuda und der Söhne Jifsraels, die seine Gefährten sind.«
Und nimm wieder ein Holz
und schreib darauf:
»Des Joſsef«,
als das Holz Efrajims und alles Hauses Jifsrael, die seine Ge-
　　fährten sind.
Dann rücke sie dir aneinander zu Einem Holz,
sie sollen zur Einheit werden in deiner Hand.
Und wenn zu dir sprechen die Söhne deines Volks, sprechen:
»Willst du uns nicht melden, was diese dir sollen?«,
rede zu ihnen:
So hat mein Herr, E R, gesprochen:
Da, ich nehme das Holz Joſsefs,
das in der Hand Efrajims und der Jifsraelstäbe, seiner Gefähr-
　　ten, ist,
ich gebe mit ihnen zusammen, daran das Holz Jehudas,
ich mache sie zu Einem Holz,
daß sie eins sind in meiner Hand.
Die Hölzer, auf die du geschrieben hast,
seien in deiner Hand ihnen vor Augen,
und rede zu ihnen:
So hat mein Herr, E R, gesprochen:
Da, ich nehme die Söhne Jifsraels
weg aus den Weltstämmen, wohin sie gehen mußten,
ich bringe sie zuhauf ringsumher,
ich lasse sie kommen zu ihrem Boden.
Ich mache sie zu Einem Stamm
im Land, in Jifsraels Bergen,
ein König wird ihnen allen zum König,
sie werden nicht mehr zu zwei Stämmen,

sie spalten sich nicht mehr zu zwei Königreichen.
Und nicht mehr bemakeln sie sich
mit ihren Klötzen, mit ihren Scheusalen,
mit all ihren Abtrünnigkeiten.
Ich befreie sie von all ihren Abkehrungen,
damit sie gesündigt haben,
ich reinige sie,
sie werden mir zum Volk
und ich, ich werde ihnen zum Gott.
Mein Knecht Dawid ist über sie König,
Ein Hirt ist für sie alle.
Sie gehn in meinen Rechtsgeheißen,
wahren meine Satzungen,
tun sie.
Sie siedeln in dem Land,
das ich meinem Knecht, dem Jaakob, gab,
darin siedelten ihre Väter,
nun siedeln darin sie,
ihre Söhne, die Söhne ihrer Söhne
auf Weltzeit,
und Dawid, mein Knecht, ist ihnen Fürst
auf Weltzeit.
Einen Bund des Friedens schließe ich ihnen,
der bleibt mit ihnen als Weltzeitbund,
ich pflanze sie ein,
ich mehre sie.
Mein Heiligtum gebe ich in ihre Mitte
auf Weltzeit,
meine Wohnung wird sein über ihnen.
Ich werde ihnen zum Gott
und sie, sie werden mir zum Volk.
Dann erkennen die Weltstämme,
daß ICH es bin,
der Jifsrael heiligt:
wann mein Heiligtum bleibt in ihrer Mitte
auf Weltzeit.

SEINE Rede geschah zu mir, es sprach:
Menschensohn,
richte dein Antlitz auf den Gog des Landes Magog,
den Oberfürsten von Maschech und Tubal,
und künde wider ihn, sprich:
So hat mein Herr, ER, gesprochen:
Wohl, an dich will ich, Gog,
Oberfürst von Maschech und Tubal,
abkehren will ich dich,
will Haken in deine Kinnbacken legen,
will führen dich und all dein Heer,
Rosse, Reisige, in den Prunkrock sie alle gekleidet,
eine große Versammlung,
mit Tartsche und Schild, schwertfassend sie alle,
mit ihnen Perser, Kusch und Put,
sie alle mit Schild und Helm,
Gomer und all seine Schwadronen,
das Haus Togarma vom Lendenbug des Nordens und all seine
   Schwadronen,
viele Völker mit dir.
Bereite, mach dich bereit,
du und all deine Ansammlungen,
die um dich sich gesammelt haben,
daß du zur Hut ihnen seist!
Nach vielen Tagen wirst du abgeordnet,
in der Späte der Jahre kommst du
nach einem Land, das vom Schwert abgekehrt ward,
aus vielen Völkern zuhauf gebracht,
auf die Berge Jiſsraels,
die einst zur steten Einöde warden,
aber dieses ward geführt aus den Völkern,
in Sicherheit siedeln sie alle.
Da steigst du auf,
du kommst wie die Windsbraut,
bist wie Gewölk, das Land zu bedecken,
du und deine Schwadronen,
viele Völker mit dir.
So hat mein Herr, ER, gesprochen:
An jenem Tage geschieht es,

Rede steigt im Herzen dir auf,
du planst einen bösen Plan,
sprichst: »Ich steige hinan
auf ein Land von Bauernhöfen los,
ich komme an die Stillen,
die in Sicherheit siedeln,
– ohne Mauer siedeln sie alle,
haben keine Riegel und Türen« –,
Plünderung zu plündern, Raub zu rauben,
deine Hand zu kehren
wider neubesiedelte Öden,
gegen ein Volk, aus Weltstämmen geholt,
das sich Herde und Hort wiedererwirbt,
sie sitzen auf dem Nabel des Erdlands.
Saba, Dedan und die Händler von Tarschisch,
all ihre Junglöwen sprechen zu dir:
»Plünderung zu plündern kommst du?
Raub zu rauben hast du deine Versammlung versammelt?
Silber und Gold fortzutragen?
Herde und Hort zu nehmen?
einen großen Raub zu rauben?«
Darum künde, Menschensohn,
sprich zu Gog:
So hat mein Herr, ER, gesprochen:
Nicht wahr? an jenem Tag,
wann in Sicherheit mein Volk Jifsrael siedelt,
wirst dus erkennen, –
du kommst von deinem Ort,
vom Lendenbuge des Nordens,
du und viele Völker mit dir,
Pferdelenker sie alle,
eine große Versammlung,
ein vielfältiges Heer,
dann steigst du hinan,
auf mein Volk Jifsrael los,
wie Gewölk, das Land zu verhüllen.
In der Späte der Tage geschiehts,
kommen lasse ich dich, auf mein Land los,
damit mich die Weltstämme erkennen,

wann vor ihren Augen ich an dir mich erheilige,
du Gog!
So hat mein Herr, ER, gesprochen:
Bist dus doch,
von dem ich redete in frühen Tagen
durch meine Knechte, Jifsraels Künder,
die in jenen Tagen kündeten, zwei,
dich über sie kommen zu lassen:
»Geschehn wirds an jenem Tag.
Am Tag, da Gog kommt
auf den Boden Jifsraels,
Erlauten ists von meinem Herrn, IHM,
steigt in meine Nase die Grimmglut.«
In meinem Eifer habe ichs geredet,
im Feuer meines Überwallens:
»Ist an jenem Tag nicht großes Schüttern
auf dem Boden Jifsraels,...!
Sie schüttern vor meinem Antlitz,
die Fische des Meers,
das Geflügel des Himmels,
das Getier des Feldes
und alles Gerege, das sich regt auf dem Boden,
und alle Menschheit auf der Fläche des Bodens.
Eingerissen werden die Berge,
es zerfallen die Felsenklüfte,
alle Mauer fällt zur Erde.«
Aber rufen will ich wider ihn
zu all meinen Bergen das Schwert,
Erlauten ists von meinem Herrn, IHM,
gegen seinen Bruder ist jedermanns Schwert.
Rechten will ich mit ihm
durch Seuche und durch Blutpest, –
überschwemmenden Guß,
Hagelsteine, Feuer und Schwefel
regne ich über ihn,
über seine Schwadronen,
über die vielen Völker, die mit ihm sind.
Ich will mich groß erzeigen,
ich will mich erheiligen,

ich will mich erkennbar machen
vor der vielen Weltstämme Augen,
dann werden sie erkennen,
daß ICH es bin.
Du also, Menschensohn,
künde wider Gog, sprich:
So hat mein Herr, ER, gesprochen:
Wohl, an dich will ich, Gog,
Oberfürst von Maschech und Tubal,
abkehren will ich dich,
hochtreiben will ich dich,
will dich aufsteigen lassen
vom Lendenbuge des Nordens,
will dich kommen lassen
auf die Berge Jifsraels.
Da schlage ich deinen Bogen
dir aus der linken Hand,
und deine Pfeile lasse ich
dir aus der rechten Hand fallen.
Auf den Bergen Jifsraels
fallen wirst du dann selber
und all deine Schwadronen
und die Völker, die mit dir sind.
Dem Geiervogel,
allerhand Beschwingtem,
und dem Getier des Feldes
gebe ich dich zum Fraß,
auf der Fläche des Feldes
bleibst gefallen du liegen,
denn ich bins, der geredet hat.
Erlauten ists von meinem Herrn, IHM.
Feuer schicke ich aus an Magog,
an die sichern Siedler der Küsten,
dann werden sie erkennen,
daß ICH es bin.
Den Namen meiner Heiligung
will ich erkennen lassen
inmitten meines Volks Jifsrael,
nicht preisstellen lasse ich

den Namen meiner Heiligung mehr,
die Weltstämme sollen erkennen,
daß I c h es bin,
heilig in Jifsrael.
Wohl, es kommt, es geschieht,
Erlauten ists von meinem Herrn, I h m,
das ist der Tag,
von dem ich geredet habe.
Da ziehen hinaus
die Insassen von Jifsraels Städten,
sie zünden, sie heizen
mit Rüstung, Schild, Tartsche,
mit Bogen, mit Pfeilen,
mit Handstock, mit Lanze,
sie entzünden damit
ein siebenjähriges Feuer.
Nicht tragen sie Hölzer vom Feld,
nicht hauen sie von den Wäldern,
sondern mit Rüstungen entzünden sie Feuer.
Sie plündern ihre Plündrer,
berauben ihre Räuber.
Erlauten ists von meinem Herrn, I h m.
Geschehn wirds an jenem Tag,
ich gebe Gog eine Namensmal-Stätte,
ein Grab in Jifsrael,
die Schlucht der Hindurchziehenden
östlich des Meers,
das Maul stopft sie den Hindurchziehenden,
dort begräbt man Gog und all sein Getümmel,
man rufts: Gej-hamon-Gog,
Gogsgetümmelschlucht.
Begraben wird sie das Haus Jifsrael,
um das Land zu reinigen,
sieben Mondneuungen hindurch,
alle Volkschaft des Lands wird begraben,
zum Namensruhm wird ihnen der Tag,
da ich meine Ehre erzeige.
Erlauten ists von meinem Herrn, I h m.
Man sondert aus eine ständige Mannschaft,

die sollen das Land durchziehn,
sollen begraben die Hindurchziehenden,
die auf der Fläche des Lands überblieben,
es zu reinigen.
Nach Ablauf der sieben Mondneuungen sollen sie suchen:
ziehn die Durchziehenden über Land:
sieht einer ein Menschengebein,
dann baut er daneben ein Mal,
bis die Begrabenden es begraben
in Gej-hamon-Gog.
  – Und auch der Name einer Stadt ist Hamona. –
So reinigen sie das Land.
Und du, Menschensohn,
so hat mein Herr, ER, gesprochen,
sprich zum Vogel, allerhand Beschwingtem,
und zu allem Getier des Feldes:
Eilet zuhauf, kommt,
scharet euch ringsumher
zu meinem Schlachtmahl, das ich euch schlachte,
ein großes Mahl auf Jifsraels Bergen,
fresset Fleisch, trinket Blut!
Fleisch von Helden dürft ihr fressen,
Blut von Fürsten der Erde trinken:
Widder, Lämmer und Böcke,
Farren, Baschan-Mastkälber sie alle.
Da freßt ihr Fett bis zur Sättigung,
trinkt Blut bis zur Berauschung
von meinem Schlachtmahl, das ich schlachtete euch,
sättigt euch an meinem Tisch
an Rossen und Wagenpferden,
Helden und Kriegsmannschaft allerart.
Erlauten ists von meinem Herrn, IHM.
Unter die Weltstämme gebe ich meine Ehre,
sehen werden die Weltstämme alle
mein Gericht, das ich getan habe,
meine Hand, die ich an sie legte.
Erkennen werden die vom Haus Jifsrael,
daß ICH ihr Gott bin,
von jenem Tag an und forthin.

Erkennen werden die Weltstämme,
daß durch seinen Fehl das Haus Jifsrael verschleppt ward,
darum daß sie mir treubrüchig wurden:
ich verbarg mein Antlitz vor ihnen,
ich gab sie in die Hand ihrer Bedränger,
dem Schwert verfielen sie alle.
Nach ihrer Bemakelung,
nach ihren Abtrünnigkeiten
habe ich ihnen getan,
ich verbarg mein Antlitz vor ihnen.
Deshalb, so hat mein Herr, ER, gesprochen,
will ich jetzt Jaakob die Wiederkehr kehren lassen,
mich alles Hauses Jifsrael erbarmen,
will für den Namen meiner Heiligung eifern.
Nur ihre Schmach sollen sie tragen,
all ihre Untreue, da sie mir treubrüchig wurden:
wann auf ihrem Boden sie in Sicherheit siedeln
und keiner ist, der aufscheucht, –
wann ich sie heimkehren hieß aus den Völkern,
sie zuhauf brachte aus den Ländern ihrer Feinde,
mich erheiligte an ihnen
vor den Augen der vielen Weltstämme.
Dann werden sie erkennen,
daß ICH ihr Gott bin:
da ich sie verschleppt hatte zu den Weltstämmen,
nun aber sie einander gesellte, heim zu ihrem Boden,
dort aber keinen übrig ließ von ihnen.
Nicht mehr verberge ich vor ihnen mein Antlitz,
der ich nun meinen Geistbraus schütte
über das Haus Jifsrael.
Erlauten ists von meinem Herrn, IHM.

Im fünfundzwanzigsten Jahr unsrer Verschleppung, im Anfang des Jahrs, am zehnten auf die Neuung,
im vierzehnten Jahr, nachdem die Stadt geschlagen ward,
an ebendem Tag war über mir SEINE Hand.
Er brachte mich dorthin,
in Gottesgesichten brachte er mich nach dem Land Jifsrael,
er setzte mich nieder auf einen sehr hohen Berg,
und drauf war wie Bauwerk einer Stadt, südwärts.
Dorthin brachte er mich,
und da: ein Mann,
sein Ansehn wie das Ansehn des Erzes,
eine flächserne Schnur in seiner Hand und die Meßrute,
der stand im Tor.
Der Mann redete zu mir:
Menschensohn,
sieh mit deinen Augen,
mit deinen Ohren höre,
richte dein Herz auf alles, was ich dich sehen lasse,
denn damit mans dich sehen lasse, hat man dich hergebracht:
alles, was du siehst, melde dem Haus Jifsrael!
Und da, eine Mauer rings, rings außerhalb des Hausplatzes,
und in der Hand des Mannes die Meßrute, sechs Ellen, je zu
    einer Elle und einer Faust,
er maß die Breite des Bauwerks: eine Rute,
und die Höhe: eine Rute.
Dann kam er in das Tor, dessen Vorderseite des Wegs nach
    Osten ist,
er stieg auf seinen Stufen hinauf,
er maß den Schwellenraum des Tors: eine Rute Breite,
den einen Schwellenraum: eine Rute Breite.
Und das Nischengemach: eine Rute Länge und eine Rute
    Breite,
und zwischen den Nischengemächern fünf Ellen,
und die Torschwelle neben dem Flursaal des Tors, hausbinnen,
    eine Rute.
Er maß den Flursaal des Tors, hausbinnen: eine Rute
– er maß zwar den Flursaal des Tors acht Ellen, aber seine
    Widderpfeiler zwei Ellen –,
der Flursaal des Tors aber war hausbinnen.

Und die Nischengemächer des Tors des Wegs nach Osten,
drei hüben und drei drüben,
einerlei Maß bei den dreien,
und einerlei Maß bei den Widderpfeilern hüben und drüben.
Er maß die Breite des Toreinlasses: zehn Ellen,
die Länge des Tors: dreizehn Ellen.
Und Grenzwehr vor den Nischengemächern: eine Elle,
und drüben eine Elle Grenzwehr,
und das Nischengemach: sechs Ellen hüben und sechs Ellen
    drüben.
Er maß das Tor vom Dach des Nischengemachs bis zu seinem
    Dach: Breite fünfundzwanzig Ellen,
Einlaß dem Einlaß gegenüber.
Er machte für die Widderpfeiler aus: sechzig Ellen,
auf das Pfeilerwerk des Hofs zu aber ist jedes Tor, rings rings-
    um.
Und von der Vorderseite des Zugangstors bis zur Vorderseite
    des Flursaals am innern Tor: fünfzig Ellen,
und abgeblendete Fenster an den Nischengemächern und an
    ihren Widderpfeilern hat das Tor nach innen hin rings
    ringsum,
und ebenso haben die Flurbögen Fenster rings ringsum nach
    innen hin,
an jedem Widderpfeiler aber ist Palmenwerk.
Er brachte mich zum äußeren Hof,
und da, Lauben und ein Steinpflaster, rings rings um den Hof
    gemacht,
dreißig Lauben an dem Pflaster,
und das Pflaster gegen die Schulter der Tore, gleichlaufs der
    Länge der Tore, – das untere Pflaster.
Er maß die Breite von der Vorderseite des unteren Tors zur
    Vorderseite des inneren Tors außen: hundert Ellen.
[Dies der Osten. Und der Norden:]
Und das Tor, dessen Vorderseite des Wegs nach Norden
    ist, zum äußeren Hof, er maß seine Länge und seine Breite.
Und seine Nischengemächer, drei hüben und drei drüben, und
    seine Widderpfeiler und seine Flurbögen,
es war an Maß gleich dem ersten Tor, fünfzig Ellen seine Län-
    ge, und die Breite fünfundzwanzig nach der Elle,

und seine Fenster und seine Flurbögen und seine Palmen an
    Maß gleich dem Tor, dessen Vorderseite nach Osten zu ist,
und auf sieben Stufen steigt man hinauf,
und einer seiner Flurbögen vor ihnen,
und ein Tor zum innern Hof gegenüber dem Tor, nach Nor-
    den und nach Osten.
Er maß von Tor zu Tor: hundert Ellen.
Er hieß mich des Wegs nach Süden gehn,
  und da, ein Tor des Wegs nach Süden hin,
er maß seine Widderpfeiler und seine Flurbögen, jenen Maßen
    gleich,
und Fenster an ihm und an seinen Bögen rings ringsum gleich
    jenen Fenstern,
fünfzig Ellen Länge, Breite fünfundzwanzig Ellen,
und sieben Stufen sein Stufenaufstieg,
und einer seiner Flurbögen vor ihnen,
und Palmen daran, eine hüben und eine drüben an seinen
    Widderpfeilern,
und ein Tor zum innern Hof des Wegs nach Süden.
Er maß von Tor zu Tor, des Wegs nach Süden: hundert Ellen.
Er brachte mich zum inneren Hof durch das Südtor,
er maß das Südtor jenen Maßen gleich,
und seine Nischengemächer und seine Widderpfeiler und seine
    Flurbögen jenen Maßen gleich,
und Fenster an ihm und an seinen Bögen rings ringsum,
fünfzig Ellen Länge, Breite fünfundzwanzig Ellen,
und Bögen rings ringsum, Länge fünfundzwanzig Ellen, Breite
    fünf Ellen,
und seine Bögen zum äußern Hof hin,
und Palmen an seinen Widderpfeilern,
und acht Stufen sein Stufensteig.
Er brachte mich zum inneren Hof des Wegs nach Osten,
er maß das Tor jenen Maßen gleich,
und seine Nischengemächer und seine Widderpfeiler und seine
    Flurbögen jenen Maßen gleich,
und Fenster an ihm und an seinen Bögen rings ringsum,
Länge fünfzig Ellen, Breite fünfundzwanzig Ellen,
und seine Bögen zum äußern Hof hin,
und Palmen an seinen Widderpfeilern hüben und drüben,

und acht Stufen sein Stufensteig.

Er brachte mich zum Nordtor,

er maß jenen Maßen gleich,

seine Nischengemächer, seine Widderpfeiler und seine Flurbögen,

und Fenster an ihm rings ringsum,

Länge fünfzig Ellen, Breite fünfundzwanzig Ellen,

und seine Bögen zum äußern Tor hin,

und Palmen an seinen Widderpfeilern hüben und drüben,

und acht Stufen sein Stufensteig.

Und eine Laube, ihr Einlaß im Flurbogen der Tore,

dort sollte man die Darhöhung abspülen.

Und im Flursaal des Tors zwei Tische hüben und zwei Tische
drüben,

auf ihnen die Darhöhung, die Entsündung und die Abschuldung zu metzen,

und an der Schulter draußen, für den zum Toreinlaß Aufsteigenden nordwärts, zwei Tische,

und an der andern Schulter, der zum Flursaal des Tors hin,
zwei Tische:

vier Tische hüben und vier Tische drüben zu Schultern des
Tors, acht Tische, auf denen sollte man metzen,

dazu acht Tische für die Darhöhung, Quadersteine, Länge
anderthalb Elle, Breite anderthalb Elle, Höhe eine Elle,

auf denen sollte man das Gerät niederlegen, womit man die
Darhöhung metzte und das Schlachtmahl,

und Pflockreihen, eine Faust stark, rings ringsum im Hause errichtet, auf die Tische hin, für das Opferfleisch.

Und außerhalb des innern Tors zwei Lauben im innern Hof,

die an der Schulter des Nordtors, ihre Vorderseite des Wegs
nach Süden,

eine aber an der Schulter des Südtors, die Vorderseite des
Wegs nach Norden.

Er redete zu mir:

Da die Laube, deren Vorderseite des Wegs nach Süden ist, ist
für die Priester, die die Verwahr des Hauses wahren,

und die Laube, deren Vorderseite des Wegs nach Norden hin
ist, ist für die Priester, die die Verwahr der Schlachtstatt
wahren,

das sind die Söhne Zadoks, die aus den Söhnen Lewis I H M her-
zu nahen, ihm zu amten.
Er maß den Hof: Länge hundert Ellen, Breite hundert Ellen,
Geviert.
Und die Schlachtstatt ist an der Vorderseite des Hauses.

Er brachte mich zum Flursaal des Hauses,
er maß das Pfeilerwerk des Flursaals fünf Ellen hüben und
fünf Ellen drüben,
und die Breite des Tors drei Ellen hüben und drei Ellen drüben,
die Länge des Flursaals zwanzig Ellen, die Breite elf Ellen,
auf zehn Stufen steigt man zu ihm hinauf.
Und Säulen sind an den Widderpfeilern, eine hüben und eine
drüben.
Er brachte mich zur Halle,
er maß die Widderpfeiler sechs Ellen Breite hüben und sechs
Ellen Breite drüben, die Breite des Zelts,
und die Breite des Einlasses zehn Ellen,
und die Schultern des Einlasses fünf Ellen hüben und fünf Ellen drüben,
er maß seine Länge vierzig Ellen, Breite zwanzig Ellen.
Er kam ins Innere,
er maß den Widderpfeiler des Einlasses zwei Ellen, und den
Einlaß sechs Ellen, und die Schultern des Einlasses je sieben
Ellen.
Er maß seine Länge zwanzig Ellen, Breite zwanzig Ellen,
an der Vorderseite der Halle.
Er sprach zu mir:
Dies ist das Heiligende der Heiligtume.
Er maß die Wand des Hauses sechs Ellen,
und die Breite des Wangenkammern-Gadens, rings rings um
das Haus, vier Ellen rings,
[und die Wangenkammern: Kammergeschoß über Kammergeschoß, dreifach, – dreißigmal,
und Absätze sind in der Wand, die das Haus für die Wangenkammern hat, rings ringsum,
daß die gehalten sind, aber nicht gehalten werden müssen von
der Wand des Hauses,]

er verbreitert sich für die Kammern, wie er sich rings höher
　　und höher windet,
denn das Gewind des Hauses zieht sich höher und höher, rings
　　rings um das Haus,
deshalb ist die Verbreiterung am Haus nach der Höhe hin,
und so steigt man vom untern Geschoß höher zum höchsten
　　über das mittle.
Ich sah an dem Haus eine Erhebung rings ringsum,
die Grundfesten der Wangenkammern, eine volle Rute, sechs
　　Ellen der Sparren.
Und die Breite der Außenmauer, der für den Kammerngaden,
　　den, fünf Ellen,
und so was freiliegt am Wangenkammernhaus, dem am Haus.
Und zwischen den Lauben, rings um das Haus, Breite von
　　zwanzig Ellen rings ringsum.
Und der Einlaß des Kammerngadens zum Freiliegenden hin:
ein Einlaß des Wegs nach Norden und ein Einlaß nach Süden.
Und die Breite des freien Platzes fünf Ellen rings ringsum.
Und das Gebäude, das an der Vorderseite des abgetrennten
　　Raums, am Saum des Wegs nach Westen hin ist, Breite
　　siebzig Ellen,
und die Wand des Gebäudes, fünf Ellen Breite rings ringsum,
und seine Länge neunzig Ellen.
Und er maß das Haus, Länge hundert Ellen,
und das Abgetrennte und der Bau und seine Mauern, Länge
　　hundert Ellen,
und die Breite der Vorderseite des Hauses und das Abgetrenn-
　　te nach Osten hin hundert Ellen.
Und er maß die Länge des Gebäudes vor dem Abgetrennten,
　　das an seiner Hinterseite ist, und seine Altane hüben und
　　drüben: hundert Ellen.
Und die Halle, und das Innere, und die Flursäle des Hofs:
die Schwellen und die abgeblendeten Fenster und die Altane
　　rings an den dreien, gegenüber der Schwelle
Holzgetäfel rings ringsum,
und der Boden, und bis zu den Fenstern [die Fenster aber ge-
　　deckt], bis über dem Einlaß und bis ins innere Haus und
　　nach außen, und an der Wand überall, rings ringsum, im
　　Innern und im Äußern, nach Maßen,

da wars gemacht: Cheruben und Palmen

– je eine Palme zwischen Cherub und Cherub, und der Cherub hat der Antlitze zwei, ein Menschenantlitz nach der Palme hüben und ein Löwenantlitz nach der Palme drüben –,
gemacht an all dem Haus rings ringsum, vom Boden bis über
   dem Einlaß sind die Cheruben und die Palmen gemacht an
   der Wand.
Und an der Halle die Pfosten sind geviert.
Und vor dem Heiligtum ists anzusehn wie das Ansehn einer
   Schlachtstatt von Holz,
drei Ellen hoch, ihre Länge zwei Ellen,
sie hat ihre Eckstücke,
ihr Sockel und ihre Wände sind von Holz.
Er redete zu mir:
Dies der Tisch, der vor Ihm ist.
Und zwei Türflügel hat die Halle, und das Heilige,
und zwei Türblätter hat jeder Türflügel, zwei wendbare Türblätter,
zwei hat der eine Türflügel, und zwei Türblätter der andre,
und gemacht ist an ihnen, an den Türen der Halle: Cheruben
   und Palmen, wie sie an den Wänden gemacht sind.
Und ein dickes Gebälk von Holz ist an der Vorderseite des
   Flursaals draußen,
und abgeblendete Fenster, und Palmen hüben und drüben sind
   an den Schultern des Flursaals und den Wangenkammern
   des Hauses und den dicken Balken.

Er führte mich hinaus in den äußern Hof, des Wegs nach Norden,
er brachte mich zu der Laube, die gegenüber dem Abgetrennten, und der, die gegenüber dem Bauwerk nach Norden zu ist.
Vor der Länge jener hundert Ellen, am Nordsaum – die Breite
   aber ist fünfzig Ellen –,
gegenüber den zwanzig des innern Vorhofs, und gegenüber
   dem Pflaster des äußern Vorhofs,
Altan vor Altan im Drittgeschoß.
Und vor den Lauben ein Gang, zehn Ellen Breite, zum Innern
   hin, an einen Zwischenweg von einer Elle,

und ihre Einlässe nach Norden,

und die obersten Lauben sind verkürzt,

denn die Altane zehren ihnen gegen die untern und mitteln
an Bau ab,

denn dreistöckig sind sie und haben keine Säulen wie die Säulen der Höfe,

darum ist gegen die untern und gegen die mitteln, vom Boden
an, Raum ausgesondert.

Und die Schranke, die nach außen zu gleichlaufs den Lauben
ist, des Wegs gegen den äußern Hof, vor den Lauben hin,
ihre Länge fünfzig Ellen.

Denn die Länge der Lauben, die nach dem äußern Hof zu
sind, ist fünfzig Ellen, aber vor der Halle ja hundert Ellen.

Und unterhalb jener Lauben der Zutritt von Osten her, wenn
man vom äußern Hof zu ihnen hereintritt.

In der Breite der Schranke des Hofs, des Wegs nach Osten, an
der Vorderseite des Abgetrennten und an der Vorderseite
des Gebäudes sind Lauben,

mit einem Weg vor ihnen her,

anzusehn wie die Lauben, die des Wegs nach Norden sind,

denen gleich an Länge, so denen an Breite und all ihren Aus-
gängen, und ihnen gleich an Einrichtungen.

Und ihren Einlässen gleich die Einlässe der Lauben, die des
Wegs nach Süden sind,

ein Einlaß zu Häupten des Wegs, des regelrechten Wegs vor
der Abschränkung hin,

des Wegs von Osten, wo man hereinkommt.

Er sprach zu mir:

Die Nordlauben, die Südlauben, die an der Vorderseite des
Abgetrennten sind,

das sind die Lauben des Geheiligten,

wo die Priester, die IHM nah sind, das Abgeheiligte von den
Darheiligungen essen sollen,

dort sollen sie das Geheiligte des Darheiligungen niederlegen,
die Hinleitspende, die Entsündung und die Abschuldung,

denn der Ort ist geheiligt.

Wann die Priester hereingekommen sind,

dürfen sie nicht gleich hinaus vom Geheiligten in den äußern
Hof:

sie sollen dort ihre Gewänder niederlegen, in denen sie geamtet haben,
denn geheiligt sind die,
in andre Gewänder sollen sie sich kleiden,
dann erst sollen sie dem nahen, was des Volkes ist.
Als er die Messungen des innern Hauses vollendet hatte,
führte er mich hinaus des Wegs zum Tor, dessen Vorderseite
zum Weg nach Osten hin ist,
da maß er rings ringsum,
maß gegen den Ostwind mit der Meßrute: fünfhundert Ruten, mit der Meßrute rings,
maß gegen den Nordwind: fünfhundert Ruten, mit der Meßrute rings,
gegen den Südwind zu maß er: fünfhundert Ruten, mit der
Meßrute,
er wandte sich nach dem Westwind, maß: fünfhundert Ruten, mit der Meßrute,
auf die vier Winde zu maß ers,
eine Mauer hatte es rings ringsum, Länge fünfhundert, Breite fünfhundert,
zu scheiden zwischen dem Heiligen und dem Preisgegebnen.

Er ließ mich zum Tore gehen, jenem Tor, das zum Weg nach
Osten gewandt ist.
Und da, die Erscheinung des Gottes Jifsrael kam des Wegs
vom Osten her,
und ihr Hall wie der Hall großer Wasser,
und die Erde leuchtete von seiner Erscheinung,
und Gesicht war das Gesicht, das ich sah,
wie das Gesicht, das ich sah, als er kam die Stadt zu verderben,
Gesichte wie das Gesicht, das am Stromarm Kebar ich sah.
Ich fiel auf mein Antlitz.
Und SEINE Erscheinung kam in das Haus
des Wegs durch das Tor, dessen Vorderseite des Wegs nach
Osten hin ist.
Geistbraus erhob mich, er brachte mich zum inneren Hof,
und da, SEINE Erscheinung füllte das Haus.
Ich hörte einen zu mir aus dem Hause reden
– der Mann aber stand noch neben mir –,

er sprach zu mir:
Menschensohn,
den Ort meines Throns
und den Ort meiner Fußsohlen,
wo ich einwohnen will inmitten der Söhne Jifsraels auf Welt-
    zeit,
nicht mehr bemakeln werden die vom Haus Jifsrael
den Namen meiner Heiligung,
sie und ihre Könige, mit ihrer Hurerei
und mit den Leichen ihrer Könige, sobald die tot sind:
da sie ihre Schwelle zu meiner Schwelle gaben
und ihren Pfosten neben meinen Pfosten,
und nur die Wand war zwischen mir und ihnen,
sie bemakelten den Namen meiner Heiligung
mit den Greueln, die sie taten,
daß ich in meinem Zorne sie vertilgte, –
jetzt aber werden sie mir ferne halten
ihr Huren und die Leichen ihrer Könige,
in ihrer Mitte will ich einwohnen auf Weltzeit.
Du, Menschensohn,
vermelde dem Haus Jifsrael das Haus,
daß sie sich schämen ihrer Verfehlungen,
dann dürfen sie den Abriß nachmessen:
wenn sie sich schämen all dessen, was sie taten,
mache ihnen kenntlich, schreibe vor Augen ihnen
die Bildung des Hauses und seine Ordnung,
seine Ausgänge und seine Zutritte,
all seine Bildung, dazu all seine Satzungen,
all seine Gebilde, dazu all seine Anweisungen,
daß sie seine Bildung und all seine Satzungen wahren,
daß sie die tun.
Dies ist die Weisung für das Haus:
auf dem Haupt des Berges, all seine Markgrenze rings rings-
    um,
Geheiligtes unter Geheiligtem ists.
Ja, dies ist die Weisung für das Haus.

Das aber sind die Maße der Schlachtstatt nach Ellen, die Elle
    zu einer Elle und einer Faust:

Der Schoßgrund eine Elle, und eine Elle Breite,
und dessen Grenzfläche an seinem Rande rings eine Spanne.
Und dies ist die Höhe der Schlachtstatt:
von dem Schoßgrund am Boden bis zur untersten Einfassung
    zwei Ellen, Breite eine Elle,
und von der kleinen Einfassung bis zur großen Einfassung vier
    Ellen, Breite eine Elle,
und der Herd vier Ellen,
vom Herd nach oben zu sind die Hörner, vier.
Und der Herd, zwölf Länge bei zwölf Breite, geviert nach
    seinen vier Viertseiten.
Und die Einfassung: vierzehn Länge bei vierzehn Breite nach
    ihren vier Viertseiten,
und die Grenzfläche rings um sie: eine halbe Elle,
und der Schoßgrund an ihr eine Elle rings.
Und seine Stufen sind nach Osten gewandt.
Er sprach zu mir:
Menschensohn,
so hat der Herr, ER, gesprochen:
Dies sind die Satzungen der Schlachtstatt,
am Tag,
da sie gemacht wird, darauf Darhöhung zu höhen und darauf
    Blut zu sprengen:
den Priestern, den lewitischen, den vom Samen Zadoks, die
    mir nah sind, – Erlauten von meinem Herrn, IHM – mir zu
    amten,
gibst du einen Farren, Jungrind, zur Entsündung.
Du nimmst von seinem Blut,
gibst es an ihre vier Hörner und an die vier Ecken der Ein-
    fassung und an die Grenzfläche rings,
entsündest sie, bedeckst sie.
Dann nimmst du den Farren, die Entsündung,
du verbrennst ihn am vorbestimmten Platz des Hauses, außer-
    halb des Heiligtums.
Und am zweiten Tag nahst du dar einen heilen Ziegenbock
    zu Entsündung,
sie sollen die Schlachtstatt entsünden, wie sie mit dem Farren
    entsündet haben.
Wann du nun geendet hast zu entsünden,

nahst du dar einen heilen Farren, Jungrind, und einen heilen
    Widder von den Schafen,
du nahst sie dar vor IHM:
die Priester werfen darauf Salz und höhen sie als Darhöhung
    IHM.
Ein Tagsiebent sollst du einen Bock täglich dartun,
und dartun sollen sie einen Farren, Jungrind, und einen Wid-
    der von den Schafen, heile.
Ein Tagsiebent sollen sie die Schlachtstatt bedecken, sollen sie
    reinigen,
sie sollen sie bevollmächtigen.
Und haben sie die Tage zu Ende gebracht,
solls am achten Tag und weiterhin geschehn:
die Priester tun auf der Schlachtstatt eure Darhöhungen und
    eure Friedmahle dar,
ich nehme zugnaden euch an.
– Erlauten von meinem Herrn, IHM –

Er ließ mich zurückkehren des Wegs nach dem äußern Tor
    des Heiligtums, das nach Osten gewandt ist, und das war
    verschlossen.
ER aber sprach zu mir:
Dieses Tor bleibe verschlossen,
es werde nicht geöffnet,
niemand soll darein kommen,
denn: ER, der Gott Jifsraels, ist darein gekommen,
nun solls verschlossen sein.
Doch der Fürst, – Fürst ist der, er mag drin sitzen,
Speise zu essen vor IHM,
auf dem Weg durch den Flursaal des Tors komme er hinein,
auf ebendem Weg gehe er hinaus.

Er brachte mich des Wegs nach dem Norden zur Vorderseite
    des Hauses.
Ich sah, da, SEINE Erscheinung füllte SEIN Haus,
ich fiel auf mein Antlitz.
ER aber sprach zu mir:
Menschensohn,
richte dein Herz drauf!

sieh mit deinen Augen!
mit deinen Ohren höre
alles, was ich mit dir rede
von allen Satzungen MEINES Hauses
und von allen seinen Anweisungen,
richte dein Herz
auf das Hereinkommen zum Haus durch alle Ausgänge des
    Heiligtums!
Sprich zu Widerspann, zu dem Haus Jisrael:
So hat mein Herr, ER, gesprochen:
Genug euch all eurer Greuel,
Haus Jifsrael,
da ihr kommen ließt die Söhne der Fremdschaft,
vorhautig am Herzen, vorhautig am Fleisch,
in meinem Heiligtume zu sein,
es preiszustellen, mein Haus,
da ihr darnahtet mein Brot: Fett und Blut,
man trennte meinen Bund,
noch zu all euren Greueln,
ihr wahrtet nicht die Verwahr
des mir Geheiligten,
zu Wahrern meiner Verwahr
in meinem Heiligtum
setztet ihr sie euch ein.
So hat mein Herr, ER, gesprochen:
Alljeder Sohn der Fremdschaft,
vorhautig am Herzen, vorhautig am Fleisch,
in mein Heiligtum darf er nicht kommen, –
alljeder Sohn der Fremdschaft nämlich,
der inmitten der Söhne Jifsraels ist!
Sondern die Lewiten,
die hinweg von mir sich entfernten,
als Jifsrael abgeirrt war,
die hinweg von mir abirrten
hinter ihren Klötzen her,
ihren Fehl haben sie zu tragen,
sie sollen in meinem Heiligtum Amtende sein,
Wachen an den Toren des Hauses,
amtend am Haus,

die sollen die Darhöhung und das Schlachtmahl metzen fürs
   Volk,
die sollen vor ihnen stehen, ihnen zu amten.
Weil sie ihnen geamtet haben vor ihren Klötzen
und wurden dem Haus Jifsrael zum Strauchelstein der Verfehlung,
darum trage ich meine Hand empor wider sie:
Erlauten ists von meinem Herrn, IHM,
ihren Fehl haben sie zu tragen,
nicht dürfen sie zu mir treten, mir zu priestern,
an alles mir Geheiligte zu treten,
zum Geheiligten unter dem Geheiligten,
ihre Schmach haben sie zu tragen,
ihre Greuel, die sie getan haben.
Sie gebe ich hin
als Wahrer der Verwahr des Hauses
für all seinen Dienst,
für alles, was darin zu tun ist.
Die lewitischen Priester aber, die Söhne Zadoks,
die die Verwahr meines Heiligtums haben gewahrt,
als die Söhne Jifsraels von mir hinweg abgeirrt waren,
die sollen mir nahen, mir zu amten,
vor mir sollen sie stehen,
mir Fett und Blut darzunahn,
Erlauten ists von meinem Herrn, IHM,
zu meinem Heiligtum sollen die kommen,
zu meinem Tische sollen die nahn,
mir zu amten,
und sollen wahren meine Verwahr.
Es geschehe:
wann sie zu den Toren des innern Hofs herein kommen,
in leinene Gewänder sollen sie sich kleiden,
Wolle darf an sie nicht heran,
wann sie in den Toren des innern Hofs und hausbinnen amten,
Ziertücher von Flachs seien auf ihrem Haupt,
Wickelhosen von Flachs seien an ihren Lenden,
sie sollen sich mit Schweißigem nicht gürten.
Und wann sie hinausgehen zum äußern Hof,
zum äußern Hof, zu dem Volk,

sollen abstreifen sie ihre Gewänder,
in denen sie geamtet haben,
sollen sie in den Lauben des Geheiligten niederlegen,
sollen sich in andre Gewänder kleiden,
daß sie das Volk nicht verheiligen mit ihren Gewändern.
Und ihr Haupthaar sollen sie nicht glattscheren,
doch auch Entfeßlung ihm nicht gewähren,
stutzen, zustutzen sollen sie ihr Haupthaar.
Und Wein sollen sie, alljeder Priester, nicht trinken,
wann sie zum innern Hof hereinkommen.
Und eine Witwe oder eine Verstoßne
sollen sie sich nicht nehmen zu Weibern,
sondern Jungfraun vom Samen des Hauses Jifsrael,
doch die Witwe, die eines Priesters verwitwet ist,
dürfen sie nehmen.
Und unterweisen sollen mein Volk sie
im Abmerken zwischen Heiligem und Preisgegebnem,
das Abmerken zwischen Makligem und Reinem
sollen sie ihnen kenntlich machen.
Und bei einer Streitsache,
da sollen die zum Richten hintreten,
nach meinen Rechtsgeheißen sollen sie sie richten.
Und meine Weisungen und meine Satzungen
für all meine Begegnungszeiten sollen sie wahren
und heiligen meine Wochenfeiern.
Und zu einem toten Menschen soll er nicht kommen, sich zu
    bemakeln,
es sei denn zu Vater oder zu Mutter oder zu Sohn oder zu
    Tochter, zu Bruder oder zu Schwester, die noch nicht eines
    Manns ward,
da dürfen sie sich bemakeln, –
und nach seiner Reinigung zähle man ihm ein Tagsiebent,
dann, am Tag da er ins Heilige kommt,
zum innern Hof, im Heiligen zu amten,
soll er seine Entsündung darnahn.
Erlauten ists von meinem Herrn, Ihm.
Zum Eigentum werde ihnen das:
Ich bin ihr Eigentum, –
gebt ihnen Hufe in Jifsrael nicht:

ich bin ihre Hufe.

Hinleite, Entsündung, Abschuldung,
die sollen sie essen,
alles Gebannte in Jifsrael,
ihnen solls werden,
aller Erstlinge Anbeginn aller Art
und alle Hebe aller Art,
von allen euren Heben,
den Priestern solls werden,
und den Anbeginn eurer Teige
sollt ihr dem Priester spenden:
Segen auf dein Haus zu legen.
Alles Gefallne und Zerrißne von Vögeln oder vom Vieh sollen
  die Priester nicht essen.
Wann ihr aber das Land durch Los zufallen lasset als Eigentum,
erhebet Ihm eine Hebe,
ein Geheiligtes von dem Land,
Länge fünfundzwanzigtausend, Breite zehntausend,
geheiligt ists in all seiner Umgrenzung ringsum.
Davon sei für das Heiligtum:
fünfhundert zu fünfhundert, ein Geviert, rings
und fünfzig Ellen als Weidetrieb ihm ringsum.
Von jenem Ausmaß miß es ab
– Länge fünfundzwanzigtausend, Breite zehntausend –,
daß darauf das Heiligtum sei,
vom Geheiligten ausgeheiligt.
Von dem Lande Geheiligtes ists,
der Priester, der am Heiligtum Amtenden, soll es sein,
die nahen, Ihm zu amten,
es sei ihnen als Ort für Häuser
und der Heiligtumsplatz fürs Heiligtum.
Fünfundzwanzigtausend Länge, zehntausend Breite,
das sei der Lewiten, der am Haus Amtenden.
als Hufe ihnen, Städte als Wohnsitz.
Und als Hufe der Stadt sollt ihr geben:
fünftausend Breite, Länge fünfundzwanzigtausend,
gleichlaufs der geheiligten Hebe,
alles Hauses Jifsrael soll es sein.

Und dem Fürsten:

diesseits und jenseits der geheiligten Hebe und der Hufe der
    Stadt,

vor der geheiligten Hebe hin und vor der Hufe der Stadt hin,

westlich in westlicher Richtung und östlich in östlicher Rich-
    tung,

und an Länge gleich einem der Anteile von der westlichen
    Grenze bis zur östlichen Grenze,

zum Lande sei es ihm, zur Hufe in Jifsrael,

und nicht mehr placken sollen meine Fürsten mein Volk,

das Land sollen sie dem Haus Jifsrael nach seinen Zweigen ge-
    ben.

So hat mein Herr, ER, gesprochen:

Genug euch, Fürsten Jifsraels!

schafft Unbill hinweg und Gewalt!

tut Recht und Wahrhaftigkeit!

hebt von meinem Volk ab

eure Schuldnervertreibungen!

Erlauten ists von meinem Herrn, IHM.

Wahrhafte Waage,

wahrhafter Scheffel,

wahrhafter Eimer

soll bei euch sein,

Scheffel und Eimer sei von Einem Gehalt,

daß den Zehnten des Malters der Eimer betrage

und das Zehntel des Malters der Scheffel,

nach dem Malter sei sein Verhältnis.

Und Gelds das Vollgewicht: zwanzig Korn.

Zwanzig Vollgewicht, fünfundzwanzig Vollgewicht, fünf-
    zehn Vollgewicht, das sei euch die Mark.

Dies ist die Hebe, die ihr erheben sollt:

das Sechstel eines Scheffels vom Malter Weizen,

und das Sechstel vom Scheffel vom Malter Gerste.

Und der Satz für das Öl ist der Eimer,

Öl: der Zehnte eines Eimers vom Faß zu zehn Eimern, einem
    Malter,

denn zehn Eimer sind ein Malter.

Und ein Schaf von der Herde, von zweihundert,
vom getränkten Gebiet Jifsraels,
zu Hinleite, zu Darhöhung, zu Friedmahlen
über euch zu bedecken.
– Erlauten von meinem Herrn, IHM –
Alles Volk des Landes,
ihnen obliegt diese Hebe
für den Fürsten in Jifsrael,
doch des Fürsten Obliegenheit ist:
die Darhöhungen, die Hinleite, die Güsse
an den Festen, an den Mondneuungen, an den Wochenfeiern,
zu allen Begegnungszeiten des Hauses Jifsrael,
er soll machen
die Entsündung und die Hinleite
und die Darhöhung und die Friedmahle,
zu bedecken um das Haus Jifsrael.

So hat mein Herr, ER, gesprochen:
Im Ersten, am ersten auf die Neuung
sollst du einen heilen Farren, ein Jungrind, nehmen,
sollst das Heiligtum entsünden.
Der Priester nehme vom Blut der Entsündung,
er gebe an die Pfosten des Hauses,
und an die vier Spitzen der Einfassung an der Schlachtstatt
und an die Pfosten des Tors des inneren Hofs.
Und eben das sollst du machen am siebenten auf die Neuung,
wegen jedes etwa irrenden Mannes und jedes Betörten,
bedecken sollt ihr das Haus.
Im Ersten, am vierzehnten Tag auf die Neuung,
sei der Übersprung euch, ein Fest,
ein Tagsiebent soll man Fladen essen.
Der Fürst mache an jenem Tag
für sich und für alles Volk des Lands
einen Entsündungsfarren,
und das Siebent der Festtage
mache als Darhöhung er für IHN
ein Siebent von Farren und ein Siebent von Widdern,
    heile, auf den Tag,
das Siebent der Tage,

und als Entsündung einen Ziegenbock auf den Tag,
und als Hinleite
ein Scheffel auf den Farren und ein Scheffel auf den Widder
    mache er zurecht
und Öls einen Krug auf den Scheffel.
Im Siebenten, am fünfzehnten Tag auf die Neuung, am Fest,
soll er wie dieses ein Tagsiebent machen,
wie die Entsündung, wie die Darhöhung, wie die Hinleite und
    wie das Öl.

So hat mein Herr, ER, gesprochen:
Das Tor des inneren Hofs, das nach Osten gewandt ist,
sei an den sechs Werktagen geschlossen,
aber am Tag der Feier werde es geöffnet
und am Tag der Mondneuung werde es geöffnet.
Der Fürst komme des Wegs durch den Flursaal des Tors von
    außen,
er trete an den Pfosten des Tors,
dann sollen die Priester seine Darhöhung und seine Fried-
    mahle machen,
er werfe sich an der Schwelle des Tors nieder und gehe,
aber das Tor werde bis zum Abend nicht geschlossen.
Das Volk des Landes werfe sich nieder im Einlaß jenes Tors
an den Wochenfeiern und an den Mondneuungen vor IHM.
Und die Darhöhung, die der Fürst IHM darnaht:
am Tag der Feier
sechs heile Lämmer und einen heilen Widder,
und die Hinleite:
ein Scheffel auf den Widder
und als Hinleite auf die Lämmer, was seine Hand geben
    mag,
und Öls einen Krug auf den Scheffel;
und am Tag der Mondneuung
einen Farren, Jungrind, heil, und sechs Lämmer und einen
    Widder, heil sollen sie sein,
und ein Scheffel auf den Farren und ein Scheffel auf den Wid-
    der mache er als Hinleite,
und auf die Lämmer, wie weit seine Hand reicht,
und Öls einen Krug auf das Scheffel.

Und wann der Fürst hereinkommt,
des Wegs durch den Flursaal des Tors komme er,
und desselben Wegs gehe er.
Und wann das Volk des Lands vor IHN kommt zu den Begegnungszeiten,
wer des Wegs durchs Nordtor kam sich niederzuwerfen
gehe des Wegs durchs Südtor,
und wer des Wegs durchs Südtor kam
gehe des Wegs durchs nördliche Tor,
man kehre nicht des Wegs durchs Tor, aus dem man kam,
sondern dem gegenüber gehe man fort.
Und der Fürst in ihrer Mitte:
wann sie kommen, komme er,
wann sie gehen, gehe er.
Und an den Festen und zu den Begegnungszeiten sei die Hinleite:
ein Scheffel auf den Farren und ein Scheffel auf den Widder,
und auf die Lämmer, was seine Hand geben mag,
und Öls einen Krug auf das Scheffel.
Und wenn der Fürst eine Willigung dartut,
Darhöhung oder Friedmahle als Willigung IHM,
öffne man ihm das Tor, das nach Osten gewandt ist,
er mache seine Darhöhung und seine Friedmahle,
wie ers am Tag der Wochenfeier macht,
dann gehe er, man schließe das Tor, nachdem er ging.
Und ein einjähriges heiles Lamm sollst du täglich als Darhöhung IHM machen,
dartun sollst du es Morgen um Morgen,
und als Hinleite mache drauf Morgen um Morgen das Sechstel
  eines Scheffels
und Öl das Drittel eines Krugs, das Kernmehl anzurühren, –
Hinleite IHM, Weltzeit-Satzungen, stetig.
Machen soll man das Lamm, die Hinleite, das Öl
Morgen um Morgen, als Darhöhung stetig.

So hat mein Herr, ER, gesprochen:
Wenn der Fürst einem seiner Söhne eine Gabe gibt,
dessen Eigentum ists, seinen Söhnen soll es bleiben,
ihre Hufe ists als Eigentum.

Wenn er aber von seinem Eigentum eine Gabe einem seiner
Diener gibt,
bleibe es dem bis zum Jahr des Freilaufs,
dann kehrt es an den Fürsten zurück, –
nur das seinen Söhnen Zugeeignete soll denen bleiben.
Nicht darf der Fürst vom Eigentum des Volkes nehmen,
sie von ihrer Hufe hinweg zu placken:
von seiner Hufe soll er seinen Söhnen zueignen,
damit nicht abgesprengt werde mein Volk, jedermann von
seiner Hufe.

Er brachte mich hinein, wo man an der Schulterseite des Tors
hineinkommt,
zu den Heiligtumslauben für die Priester, die nordwärts gewandt sind,
und da war ein Ort am Lendenbug, westwärts.
Er sprach zu mir:
Dies ist der Ort, wo die Priester die Abschuldung und die Entsündung kochen sollen,
backen sollen die Hinleite,
ohne es nach dem äußeren Hof zu führen, das Volk zu verheiligen.
Er führte mich nach dem äußeren Hof
und ließ mich ihn nach den vier Ecken des Hofs durchqueren,
und da war ein Hof in einer Ecke des Hofs, und wieder ein
Hof in einer Ecke des Hofs,
in den vier Ecken des Hofs abgezirkte Höfe,
vierzig die Länge, dreißig die Breite, einerlei Maß für die vier
Ecken,
und eine Steinreihe rings um sie, rings um die vier,
und Kochherde errichtet unterhalb der Steinreihen rings.
Er sprach zu mir:
Diese sind das Küchenhaus,
wo die am Haus Amtenden das Schlachtmahl des Volkes kochen.

Er hieß mich an den Einlaß des Hauses zurückkehren,
und da ging Wasser hervor, unterhalb der Hausschwelle ostwärts

– denn das Antlitz des Hauses war nach Osten zu –,

und das Wasser floß herab unterhalb der rechten Schulterseite
    des Hauses, südlich der Schlachtstatt.

Er ließ mich des Wegs durchs nördliche Tor gehn

und draußen des Wegs zum äußeren Tor herumkreisen, des
    Wegs nach dem ostwärts gewandten,

und da sprudelte Wasser von der rechten Schulterseite her.

Als der Mann nun nach Osten hinausging, eine Schnur in
    seiner Hand,

maß er tausend nach der Elle und ließ mich das Wasser durch-
    waten, Wasser an die Knöchel,

wieder maß er tausend und ließ mich das Wasser durchwaten,
    Wasser an die Knie,

und maß wieder tausend, und ließ mich Wasser an die
    Hüften durchwaten,

wieder maß er tausend, ein Bach, den ich nicht zu durch-
    waten vermochte,

denn das Wasser hatte sich erhoben, Schwimmwasser, ein
    Bach, der nicht durchwatet werden kann.

Er aber sprach zu mir:

Hast du gesehn, Menschensohn?

Er geleitete mich und ließ mich an das Ufer des Baches zu-
    rückkehren.

Als ich zurückkehrte, da war am Ufer des Baches sehr vieles
    Gehölz, diesseits und jenseits.

Er sprach zu mir:

Dieses Wasser geht in den östlichen Gau,

es fließt hinab nach der Steppe, –

und kommts zum Meer, ins Meer das ausgegangne,

wird dessen Wasser gesund.

Geschehen solls,

alles lebende Wesen, das sich regt,

überall, wohin Bachläufe kommen,

wird leben,

des Fischvolks wird sehr viel sein,

denn sind dorthin diese Wasser gekommen,

werden jene gesund, –

alles lebt, wohin nur der Bach kommt.

Geschehen solls,

die Fischer stehen daran,
von Engedi bis Eneglajim ists ein Netzbreiteplatz geworden,
sein Fischvolk ist der Art nach wie das Fischvolk des großen
    Meeres,
sehr viel.
Seine Lachen aber und seine Tümpel,
die werden nicht gesund,
zu Salz sind sie hingegeben.
Und am Bach steigt empor,
an seinem Ufer diesseits und jenseits,
allerhand eßbar Gehölz,
dessen Laub welkt nicht,
dessen Frucht hört nicht auf,
monatsweise trägts Erstlinge,
denn sein Wasser, vom Heiligtum geht das aus,
drum taugt seine Frucht zum Essen
und sein Laub zur Arzenei.

So hat mein Herr, ER, gesprochen:
Dies ist die Abgrenzung, wie ihr das Land eineignen sollt
nach den zwölf Stäben Jifsraels,
– Jofsefs ein doppeltes Schnurmaß –,
aneignen aber sollt ihrs jedermann wie sein Bruder:
das euren Vätern zu geben ich meine Hand erhoben habe,
dieses Land fällt als Eigentum wieder euch zu.
Dies ist die Grenze des Landes am Nordrand:
von dem großen Meer des Wegs über Chetlon bis wo man
　　nach Zdad kommt,
Chamat, Brota, Sfibrajim, das zwischen der Grenzmark von
　　Damaskus und der Grenzmark von Chamat ist,
das mittlere Chazar, das an der Grenze von Chawran,
das ist die Grenze: vom Meer nach Chazar Enon,
die Grenzmark von Damaskus nördlich bleibend und im
　　Norden die Grenzmark von Chamat.
Dies ist der Nordrand.
Und der Ostrand:
von zwischen Chawran und Damaskus und von zwischen
　　Gilad und dem Land Jifsraels der Jordan,
von der Grenze ans östliche Meer, nach Tamar,
dies der Ostrand.
Und der Südrand:
im Mittag von Tamar bis zu den Wassern von Gezänke bei
　　Kadesch,
nach dem Bach, zum großen Meer,
dies der Mittagsrand, im Süden.
Und der Westrand:
das große Westmeer von der Grenze bis gegenüber von da,
　　wo man nach Chamat kommt,
dies ist der Westrand.
Verteilt ihr euch dieses Land nach den Stäben Jifsraels,
solls geschehn: ihr laßt darüber das Los zu Eigentum fallen
euch und den Gastsassen, die gasten in eurer Mitte,
die Söhne gezeugt haben in eurer Mitte,
sie seien euch wie ein Sproß unter den Söhnen Jifsraels,
bei euch falle ihnen Los inmitten der Stäbe Jifsraels.
Es soll geschehn: in dem Stab, bei dem der Gastsasse
　　gastet,

dort sollt ihr ihm Eigentum geben.
– Erlauten von meinem Herrn, I H M –

Und dies sind die Namen der Stäbe:
Vom nördlichen Ende zur Hand des Wegs nach Chetlon,
dann wo man nach Chamat kommt, hin nach Chazar Enon,
die Grenze von Damaskus nördlich bleibend, zur Hand von
Chamat,
das wird ihm – Ost-, Westrand –: Dan, einer.
Und an Dans Grenze vom Ostrand bis zum Westrand:
Ascher, einer.
Und an Aschers Grenze vom Ostrand bis zum Westrand:
Naftali, einer.
Und an Naftalis Grenze vom Ostrand bis zum Westrand:
Mnasche, einer.
Und an Mnasches Grenze vom Ostrand bis zum Westrand:
Efrajim, einer.
Und an Efrajims Grenze vom Ostrand bis zum Westrand:
Ruben, einer.
Und an Rubens Grenze vom Ostrand bis zum Westrand:
Jehuda, einer.
Und an Jehudas Grenze vom Ostrand bis zum Westrand sei
die Hebe, die ihr erheben sollt,
fünfundzwanzigtausend die Breite, die Länge wie bei der An-
teile einem, vom Ostrand bis zum Westrand,
und das Heiligtum sei dem inmitten.
Die Hebe, die ihr erheben sollt I H M:
Länge fünfundzwanzigtausend, Breite zehntausend.
Und dieser sei die geheiligte Hebe:
der Priester nordwärts fünfundzwanzigtausend, westwärts
Breite zehntausend, ostwärts Breite zehntausend, südwärts
Länge fünfundzwanzigtausend,
und S E I N Heiligtum sei dem inmitten.
Der Priester, der Geheiligten, Söhne Zadoks, die wahrten
meine Verwahr,
die, als die Söhne Jifsraels abgeirrt sind, nicht abirrten, wie die
Lewiten abgeirrt sind,
ihrer sei das Hebegut aus der Hebe des Landes, vom Geheiligten ausgeheiligt, an der Grenze der Lewiten.

Und die Lewiten: gleichlaufs der Grenze der Priester
fünfundzwanzigtausend die Länge, die Breite zehntausend
[alljede Länge fünfundzwanzigtausend, Breite zehntausend].
Sie dürfen davon nicht verkaufen,
nicht tauschen darf man, nicht überweisen
die Anbeginnspende des Landes,
denn ein IHM Geheiligtes ists.
Und die fünftausend, das Übrige an Breite vor den fünfund-
    zwanzigtausend hin,
Preisgegebnes ist das, für die Stadt, zu Wohnsitz, zu Weide-
    trieb,
die Stadt sei dem inmitten.
Und dies ihre Maße:
der Nordrand viertausendundfünfhundert,
der Südrand viertausendundfünfhundert,
am Ostrand viertausendundfünfhundert
und der westliche Rand viertausendundfünfhundert.
Und als Weidetrieb sei der Stadt:
nördlich zweihundertundfünfzig,
südlich zweihundertundfünfzig,
östlich zweihundertundfünfzig
und westlich zweihundertundfünfzig.
Und das Übrige an Länge, gleichlaufs der geheiligten Hebe,
zehntausend östlich und zehntausend westlich,
was gleichlaufs der geheiligten Hebe ist,
dessen Ertrag sei zu Speise denen, die Dienst leisten der Stadt.
Wer Dienst leistet der Stadt,
Dienst leiste man ihm von allen Stäben Jifsraels her.
Alle Hebe:
fünfundzwanzigtausend bei fünfundzwanzigtausend,
als ein Geviert sollt ihr die geheiligte Hebe erheben nebst der
    Hufe der Stadt.
Und das Übrige ist des Fürsten:
diesseits und jenseits der geheiligten Hebe und von der Hufe
    der Stadt,
vor den fünfundzwanzigtausend Hebe bis zur östlichen
    Grenze
und westlich vor den fünfundzwanzigtausend an der westli-
    chen Grenze

gleichlaufs jener Anteile ists des Fürsten:

die geheiligte Hebe sei und das Heiligtum des Hauses dem inmitten,

auch die Hufe der Lewiten und die Hufe der Stadt sei dem inmitten, was des Fürsten ist, –

zwischen der Grenze Jehudas und der Grenze Binjamins seis
des Fürsten.

Und die übrigen Stäbe:

Vom Ostrand bis zum Westrand: Binjamin, einer.

Und an Binjamins Grenze vom Ostrand bis zum Westrand:
Schimon, einer.

Und an Schimons Grenze vom Ostrand bis zum Westrand:
Jifsachar, einer.

Und an Jifsachars Grenze vom Ostrand bis zum Westrand:
Sbulun, einer.

Und an Sbuluns Grenze vom Ostrand bis zum Westrand:
Gad, einer.

Und an Gads Grenze, zum Südrand, mittagwärts,

da sei die Grenze von Tamar an zu den Wassern von Gezänke
bei Kadesch, zum Bach am großen Meer.

Dies ist das Land, über das ihr Eigentumslos fallen lassen sollt
für die Stäbe Jifsraels,

und diese ihre Einteilungen.

– Erlauten von meinem Herrn, IHM –

Und diese sind die Ausgänge der Stadt:

vom Nordrand an viertausendundfünfhundert Ausmaß

– die Tore der Stadt aber nach den Namen der Stäbe Jifsraels –,

der Tore drei nördlich,

das Rubentor eins, das Jehudator eins, das Lewitor eins,

und vom Ostrand an viertausendundfünfhundert Ausmaß,

der Tore drei,

das Jofseftor eins, das Binjamintor eins, das Dantor eins,

und Südrand viertausendundfünfhundert Ausmaß,

der Tore drei,

das Schimontor eins, das Jifsachartor eins, das Sbuluntor eins,

Westrand viertausendundfünfhundert,

ihrer Tore drei,

das Gadtor eins, das Aschertor eins, das Naftalitor eins.

Ringsum achtzehntausend.
Und der Name der Stadt ist von heute an:
E R-ist-Hier.

HOSCHEA

Seine Rede,
die geschah zu Hoschea Sohn Beeris
in den Tagen Usijas Jotams Achas' Jechiskijas, Könige von
　　Jehuda,
in den Tagen Jarobams Sohns Joaschs, Königs von Jifsrael:

Anbeginn Seines Redens an Hoschea ists,
da sprach Er zu Hoschea:
Geh hin,
nimm dir ein hurerisches Weib und Kinder der Hurerei,
denn verhurt hurt das Land, von Meiner Nachfolge ab.
Er ging und nahm die Gomer Tochter Diblajims.
Sie wurde schwanger und gebar ihm einen Sohn.
Da sprach Er zu ihm:
Rufe seinen Namen Jesreel, »Den-Gott-sät«,
denn nur ein weniges noch,
dann ordne ich die Bluttat von Jesreel zu
dem Hause Jehus,
ich verabschiede die Königsherrschaft
des Hauses Jifsrael,
geschehn wirds an jenem Tag,
ich breche den Bogen von Jifsrael
im Tale von Jesreel.
Sie wurde wieder schwanger und gebar eine Tochter.
Da sprach er zu ihm:
Rufe ihren Namen Lo-ruchama,
»Ihr-wird-Erbarmen-nicht«,
denn nicht weiter erbarme ich mich noch
des Hauses Jifsrael,
daß ichs ihnen trüge, trüge, –
aber des Hauses Jehuda
erbarme ich mich,
ich befreie sie durch Mich ihren Gott,
nicht befreie ich sie durch Bogen, durch Schwert,
durch Kriegszeug, durch Rosse, durch Reisige.
Sie entwöhnte Lo-ruchama,
wurde schwanger und gebar einen Sohn.
Da sprach er:

Rufe seinen Namen Lo-ammi,
»Nicht-mein-Volk«,
denn ihr seid nicht mein Volk,
und ich, für euch bin ich nicht da.

– Aber einst wird die Zahl der Söhne Jifsraels wie des Sands
   des Meeres sein,
der nicht gemessen und nicht gezählt werden kann,
es soll geschehn:
an ebendem Ort, wo zu ihnen gesprochen ward: Mein Volk
   seid ihr nicht!,
wird zu ihnen gesprochen: Söhne des lebendigen Gottes!
Zuhauf kommen dann die Söhne Jehudas und die Söhne
   Jifsraels mitsammen,
sie setzen sich Ein Haupt und ziehen vom Lande herauf,
denn groß ist der Tag des Den-Gott-sät.
Sprecht zu euren Brüdern: Mein Volk! und zu euren
   Schwestern: Dir wird Erbarmen! –

Bestreitet eure Mutter, bestreitet!
Denn sie ist nicht mein Weib
und ich bin nicht ihr Mann!
Sie tue ab ihre Hurenzeichen
vom Angesicht sich,
ihre Buhlerinnenmale ab
zwischen ihren Brüsten!
Sonst ziehe nackt ich sie aus,
stelle sie hin wie am Tag ihrer Geburt,
richte sie zu gleich der Wüste,
mache dem Wildland sie gleich,
lasse sie sterben im Durst.
Ihrer Kinder erbarme ich mich nicht,
denn sie sind Kinder der Hurerei.
Denn gehurt hat ihre Mutter,
schändlich hielt sich, die sie gebar,
denn gesprochen hat sie:
Meinen Liebhabern will ich nachgehn,
den Gebern meines Brots und meines Wassers,
meiner Wolle und meines Flachses,
meines Öls und meiner Tränke.

Darum verzäune ich
ihren Weg mit Dornenhecken,
vermaure es ihr mit einer Mauer,
daß sie ihre Pfade nicht finde.
Sie jagt ihren Liebhabern dann nach
und kann sie nicht erreichen,
sucht sie und findet nicht.
Dann spricht sie: Ich will gehn,
zu meinem ersten Mann kehre ich zurück,
denn besser war mir damals als jetzt.
Sie, weiß sie es nicht mehr,
daß ich es bin, der ihr gab
das Korn, den Most, den Olivensaft,
der Silber ihr mehrte und Gold, –
für den Baal haben sies vertan!
Darum nehme ich wieder zurück
mein Korn zu seiner Frist,
meinen Most zu seiner Gezeit,
ich entreiße meine Wolle, meinen Flachs,
die ihre Nacktheit einhüllen sollten.
Jetzt offenbare ich ihre Schmach
vor ihrer Liebhaber Augen,
meiner Hand entreißt sie niemand!
Ich verabschiede all ihr Ergötzen,
ihren Festreihn, ihre Mondneuung
und ihre Wochenfeier
und all ihre Begegnungsgezeit.
Ich verstarre ihr Rebe und Feige,
von denen sie gesprochen hat:
Bewerbungsgebind sind sie mir,
das mir meine Liebhaber gaben!
Zum Waldgestrüpp mache ich sie,
das Getier des Felds soll sie fressen.
Nun ordne ich ihr zu
die Tage der Baale,
da sie ihnen hat aufrauchen lassen,
sie schmückte sich mit Ohrreif und Halsband,
ging ihren Liebhabern nach –
und mich hat sie vergessen!

SEIN Erlauten ists.

Darum doch werde einst ich sie locken,
ich lasse sie gehn in die Wüste,
da rede ich ihr zu Herzen.
Von dort her gebe ich ihr ihre Weinberge wieder
und das Rüttetal zur Hoffnungspforte.
Willfährig ist sie dort
wie in den Tagen ihrer Jugend,
wie am Tag, als sie zog aus dem Lande Ägypten.
Geschehn wirds an jenem Tag,
SEIN Erlauten ists,
da wirst du rufen: Mein Mann!
und wirst nicht mehr rufen: Baali, mein Gemahl!
Die Namen der Baale tue ich ihr aus dem Mund,
derer werde nicht mehr bei Namen gedacht.
Einen Bund schließe ich ihnen an jenem Tag
mit dem Getier des Feldes
und mit dem Vogel des Himmels
und dem Gewürm des Bodens.
Bogen, Schwert und Kriegszeug
zerbreche ich, vom Erdland hinweg,
in Sicherheit lasse ich sie ruhn.
Ich verlobe dich mir auf Weltzeit,
ich verlobe dich mir
in Wahrhaftigkeit und in Recht,
in Huld und in Erbarmen,
ich verlobe dich mir
in Treuen,
erkennen wirst du MICH.
Geschehn wirds an jenem Tag,
ich willfahre,
SEIN Erlauten ists,
ich willfahre dem Himmel,
und der willfährt der Erde,
und die Erde willfährt
dem Korn, dem Most, dem Olivensaft,
und die willfahren dem Den-Gott-sät.
Ich säe sie mir ein im Erdland,

der Ihr-wird-Erbarmen-nicht erbarme ich mich,
zu Nicht-mein-Volk spreche ich: Mein Volk bist du!
und er spricht: Mein Gott!

ER sprach zu mir:
Geh noch hin,
liebe ein Weib, vom Genossen geliebt und buhlerisch,
wie ICH die Söhne Jifsraels liebe,
da sie doch zu andern Göttern sich wenden,
Liebhabern von Trauben-Gebildkuchen.
Ich erstand sie mir um fünfzehn Silbers, einen Scheffel Gerste
   und ein Maß Gerste,
dann sprach ich zu ihr:
Viele Tage sollst du mir sitzen,
nicht huren, nicht eines Manns werden,
und auch ich bin so zu dir.
Denn viele Tage werden sitzen die Söhne Jifsraels
ohne König und ohne Fürst,
ohne Schlachtopfer und ohne Standmal,
ohne Losungsumschurz und Wunschlarven.
Danach werden umkehren die Söhne Jifsraels,
werden verlangen IHN, ihren Gott,
und Dawid, ihren König,
werden hinbeben zu IHM
und zu seiner Güte
in der Späte der Tage.

Höret SEINE Rede,
Söhne Jifsraels,
denn ER hat einen Streit
mit den Insassen des Lands,
denn keine Treue und keine Huld
und kein Erkennen Gottes ist mehr im Land;
Fluchen, Lügen, Morden, Stehlen, Buhlen,
das hat sich ausgebreitet,
Bluttat rührt an Bluttat.
Darum muß verfallen das Erdland,
welken alles, was darauf siedelt,
samt Getier des Felds, samt Vogel des Himmels,
auch die Fische des Meers werden entrafft.

Doch nimmer darf jemand bestreiten,
nimmer verwarnen darf jemand –
wie mich Bestreitende ist ja, Priester, dein Volk.
Strauchelst du bei Tag,
strauchelt nachts auch der Künder mit dir.
Deine Mutter mache ich verstummen,
verstummen muß mein Volk,
weil sie ohne Erkenntnis sind.
Du denn,
die Erkenntnis hast du verworfen:
ich verwerfe dich, mir weiter zu priestern;
hast vergessen die Weisung deines Gottes:
auch ich, deine Söhne vergesse ich.
Wie viel ihrer wurden, so sündigten sie mir, –
ihre Ehre vertausche ich mit Schmach.
Sie nähren sich von der Sünde meines Volks,
zu seiner Verfehlung heben sie ihre Gier, –
gleich soll das Volk, gleich der Priester dran sein,
seine Wege ordne ich ihm zu,
erstatte seine Handlungen ihm.
Dann nähren sie sich und werden nicht satt,
huren und breiten sich nicht.
denn MICH haben sie verlassen,
um das Hurenwerk zu bewahren.

Wein und Most benimmt das Herz meines Volks.

Es pflegt sein Holz zu befragen,
sein Stecken solls ihm vermelden,
denn der Hurgeist führt irre,
daß sie hinweg sich verhuren
von der Untertanschaft ihres Gottes.
Sie schlachtopfern auf den Häuptern der Berge,
sie räuchern auf den Hügeln,
unter Eiche, Pappel, Terebinthe,
denn gut ist ihr Schatten.
Drum müssen eure Töchter huren,
und eure Schwiegerinnen sich verbuhlen.
Nicht ordne ichs euren Töchtern zu,
daß sie huren,
noch euren Schwiegerinnen,
daß sie sich verbuhlen: –
denn sie selber,
mit den Huren sondern sie sich ab,
mit den Weihdirnen schlachtopfern sie.
Ein Volk, das nicht gescheit ist, gleitet ab.
Mußt du, Jifsrael, huren,
verschulde doch Jehuda sich nimmer:
nimmer sollt nach dem Ringwall ihr kommen,
nimmer aufsteigen zum Hause des Args,
nimmer schwören da: Sowahr ER lebt!
Wie eine störrige Färse
störrig ward Jifsrael,
weiden wird es jetzt ER
wie ein Lamm – in der Weite:
Efrajim ist mit den Docken verbündet,
so überlasse man ihn.
Stieg ihnen der Zechtrank zu Kopf,
verhuren, verhuren sie sich,
das Schmachgebild lieben sie, lieben
als was sie beschirmen soll.
Schon umfängt der Windbraus
mit seinen Fittichen sie,
beschämt bleiben ihre Schlachtstätten da.

Höret dies, ihr Priester!
aufmerkt, Haus Jifsrael!
ihr vom Königshaus, lauscht!
denn euch gilt das Gericht.
Denn ihr wurdet eine Schlinge für Mizpa,
ein Netz über Tabor gespannt, –
tiefhin breiteten die Ausschweifenden es:
ich aber bin ihnen Züchtigung allen.
Mir nämlich ists bekannt, Efrajim,
Jifsrael, es ist vor mir nicht verhohlen,
daß du dich jetzt verhurt hast, Efrajim,
sich bemakelt hat Jifsrael.
Was sie verübt haben, gibt nun nicht zu,
daß sie umkehren zu ihrem Gott,
denn ein Hurgeist ist ihnen im Innern,
und IHN erkennen sie nicht.
Die Hoffart Jifsraels überantwortet es
ins Angesicht ihm,
Jifsrael und Efrajim straucheln
über ihre Verfehlung,
auch Jehuda strauchelt mit ihnen.
Mit ihren Schafen, mit ihren Rindern
mögen sie gehn, IHN zu suchen,
finden werden sie nicht,
abgestreift hat er sie.
Sie haben IHN verraten,
ja, bastardische Söhne geboren,
eine Mondneuung frißt sie
samt ihren Anteilen jetzt.
Stoßt in die Posaune zu Giba,
in die Drommete zu Rama,
schmettert am Hause des Args:
Man ist hinter dir her, Binjamin!
Efrajim wird zum Erstarren
am Tage der Rechenschaft,
wider Jifsraels Stäbe
mache ichs treulich bekannt.
Wie die Grenzverrücker
sind Jehudas Fürsten geworden,

über sie gieße ich wie Wasser
mein Überwallen.
Efrajim ist ein Presser,
ein Knicker des Rechts,
wenn einer sich unterwand,
dem Gebot nachzugehn.
Ich bin Efrajim wie eine Motte.
dem Haus Jehuda wie Wurmfraß.
Efrajim sah seine Krankheit,
Jehuda sein Eitergeschwür,
da ging Efrajim zu Assyrien,
jener sandte zu König Streithans, –
aber der kann euch nicht heilen,
euch das Geschwür nicht kurieren.
Denn ich bin Efrajim wie ein Leu,
dem Haus Jehuda wie ein Löwenjunges,
ich, ich zerfleische und gehe
trage fort, und keiner entreißt.
Ich gehe, an meinen Ort kehre ich,
bis sie sich schuldbar wissen
und mein Angesicht suchen.
Da sie bedrängt sind, ersehnen sie mich:
»Laßt uns gehn,
wir wollen·umkehren zu IHM,
denn selber er hat zerfleischt,
er wird uns heilen,
er hat geschlagen,
er wird uns verbinden,
nach einem Tagepaar belebt er uns wieder,
läßt erstehn uns am dritten Tag,
daß wir in seinem Angesicht leben.
Erkennen wollen wir,
nachjagen SEINER Erkenntnis.
Wie das Nachtvergrauen
urgewiß ist seine Ausfahrt,
er kommt uns wie der Erguß,
wie der Lenzregen feuchtet das Land er.«
– Was tue ich mit dir, Efrajim,
was tue ich mit dir, Jehuda,

ist doch eure Huld wie Morgengewölk,
wie der früh vergehende Tau!
Drum behieb ich durch die Künder,
würgte sie durch meines Munds Sprüche,
und mein Recht fuhr aus wie das Licht:
ja, ich habe an Huld Gefallen,
an Schlachtmahl nicht,
an Gotterkenntnis
mehr als an Darhöhungen.

Sie aber, nach Menschenweise,
haben den Bund übertreten,
verraten haben sie mich dort.
Gilad, der Argwirkenden Burg,
Blutes bespurt,
deine Kraft sind die Rottenleute:
mögen sie die Bande der Priester
morden auf dem Wege nach Sichem,
denn sie haben Unzucht getan.
Am Hause Jifsrael
habe ich Schauerliches gesehn,
dort ist bei Efrajim Hurerei,
bemakelt ist Jifsrael.
Auch dir, Jehuda,
eingeimpft hat es ein Reis.

Wann ich kehren will lassen
Wiederkehr meinem Volk,
wann ich Jifsrael heilen will,
offenbart sich Efrajims Fehl,
Samariens Bosheit,
daß sie Lug wirken:
das kommt als Dieb hinein,
als Rotte draußen streifts,
ohne daß zu ihrem Herzen sie sprächen.
Ich gedenke all ihres Bösen,
jetzt umringen ihre Handlungen sie,
sie sind meinem Angesicht gegenwärtig.

Mit ihrer Bosheit vergnügen sie den König,
mit ihren Schmeicheleien die Fürsten,
Abgebuhlte sie alle,
einem Ofen zu vergleichen,
der ohne Bäcker brennt
– der nämlich feiert vom Schüren
vom Kneten des Teiges an
bis er durchsäuert ist –:
»Festtag unseres Königs!«,
da machen sie ihn krank,
mit der Weinglut die Fürsten;
an seiner Hand zieht er sie herzu,
die ihn zum Narren haben;
wenn sie nahn, während sie lauern,
ist ihr Herz einem Ofen gleich
– all die Nacht noch schläft ja ihr Bäcker –;
am Morgen brennt es dann auf
gleich einem lodernden Feuer;
sie alle erglühn gleich dem Ofen,
sie verzehren ihre Richter.
All ihre Könige fallen,
unter ihnen ruft keiner mich an.

– Efrajim, mit den Völkern
läßt er sich verrühren,
Efrajim ward ein Aschenkuchen,
der ungewendet bleibt.
Seine Kraft haben die Fremden verzehrt,
er aber weiß von nichts,
schon hat Grauhaar sich ihm angesprengt,
er aber weiß von nichts.
Die Hoffart Jifsraels überantwortet es
vom Angesicht ihm,
und sie kehren nicht um zu IHM ihrem Gott,
sie suchen ihn bei alldem nicht.
Der Taube gleich ist Efrajim worden,
die, betört, keinen Herzsinn mehr hat,
nun rufen sie Ägypten,
nun fliegen sie nach Assyrien.

Sowie sie nur hinfliegen,
spanne ich mein Netz über sie,
hole sie herab wie den Vogel des Himmels,
ich beseitige sie,
wie man noch sagen hört von jener ihrer Gemeinschaft.

– Wehe ihnen,
daß sie mir entflattern!
Unheil ihnen,
daß sie mir abtrünnig sind!
Ich da,
ich kaufe sie los,
und sie,
Täuschungen reden sie wider mich!
Nicht zu mir
schrein sie in ihrem Herzen,
wenn sie auf ihren Betlagern heulen,
sich schütteln um Korn und Most, –
abwendig sind sie gegen mich!
Ich bins, der gewandt machte,
der stärkte ihre Arme,
und gegen mich planen sie Böses!
Sie kehren sich dazu,
was nicht frommen kann,
sie sind wie ein trüglicher Bogen.
Fallen müssen ihre Fürsten durchs Schwert
um der Wut ihrer Zunge willen.
    – Das ist ihr Gestammel im Lande Ägypten.

An deinen Gaum die Posaune:
»Über SEIN Haus her, wie ein Adler!«
Weil sie meinen Bund übertraten,
wider meine Weisung abtrünnig waren!
Zu mir schreien sie nun: »Mein Gott!«
– Wir kennen dich, Jifsrael!
Jifsrael widers des Guten,
der Feind jage ihm nach!

Die haben gekönigt,
aber nicht von mir her,
haben gefürstet,
aber ich wußte drum nicht.
Aus ihrem Silber und Gold
haben sie sich Puppen gemacht, –
damits ausgerottet werde!
Mich widerst deines Kalbes, Samarien,
– entflammt gegen sie ist mein Zorn:
bis wann noch?!
sie vertragen Straffreiheit nicht! –
Ja doch,
auch es ist aus Jifsrael,
gemacht hats ein Former,
ein Gott ist es nicht,
ja doch,
zu Splittern wirds,
Samariens Kalb!
Ja doch,
sie säen Wind
und ernten Sturm,
Halmstand ist nicht mehr,
was da so sprießt
macht keinen Gries, –
machts etwa welchen,
werden ihn die Fremden verschlingen.

Verschlungen wird Jifsrael,
jetzt sind sie in der Stämmewelt worden
wie ein Gerät, dran kein Gefallen man hat.
Denn sie ja sind nach Assyrien gezogen:
selbst der Wildesel sondert sich ab,
Efrajim läßt werben mit Liebesgeschenken.
Ob sie auch die Weltstämme umwerben,
jetzt halte ich sie zuhauf,
daß sie sich ein Weilchen noch winden
unter Königs-, Fürstenlast.
Wenn Efrajim Schlachtstätten mehrte,
zum Sündigen sind sie ihm geworden, –

Schlachtstätten zum Sündigen!
Ich schrieb ihm meiner Weisungen Fülle,
gleichwie Fremdes sind sie geachtet.
Schlachtmahle, mir ein Geschenk?
als Fleisch sollen sies schlachten und essen!
– ER nimmt sie zugnaden nicht an.
Jetzt gedenkt er ihrer Verfehlung,
ihren Sünden ordnet er zu,
die da kehren nach Ägypten zurück.
Jifsrael vergaß ihn, der es machte,
Hallen baute es sich,
gefestigte Städte mehrte Jehuda:
In seine Städte schicke ich Feuer,
fressen soll es ihre Paläste.

Nimmer freue dich, Jifsrael,
bis zum Jubel, den Völkern gleich,
denn du bist von deinem Gott abgehurt,
hast liebgewonnen den Hingabelohn
über alle Tennen mit Korn.
Tenne und Kelter weide sie nicht,
der Most versage ihnen!

Sie bleiben in SEINEM Land nicht,
Efrajim kehrt zurück nach Ägypten,
in Assyrien essen Makliges sie.
Nicht mehr gießen Wein sie nun IHM,
ihre Schlachtmahle sind ihm nicht angenehm,
gleich dem Totenklagebrot ist das ihre:
die es essen, sind alle bemakelt,
ja, das Brot ihres Leichnams ists:
in SEIN Haus darf es nicht kommen.

Was werdet ihr tun am Begegnungstag,
an dem Tage SEINES Reigens?

Wollen ja denn sie dem Unheil entgehn:
Ägypten holt sie zuhauf,
Memphis baut ihnen das Grab!

Ihre silberne Köstlichkeit,
die Nessel erbt sie,
die Distel in ihren Zelten.

Nun kommen die Tage der Zuordnung,
nun kommen die Tage des Zahlens,
wissen solls Jifsrael!
»Närrisch ist der Künder,
rasend der Mann des Geists!«
Zur Vielfältigkeit deiner Verfehlung
auch des Widersachertums viel!
Der als Späher, o Efrajim,
zugesellt ist meinem Gott,
ein Künder, –
Vogelstellerschlinge
auf all seinen Wegen,
Widersachertum
noch im Haus seines Gottes!

Tief sind sie verderbt
wie in den Tagen von Giba:
ihrer Verfehlung gedenkt er,
ihren Sünden ordnet er zu.

Wie wenns Trauben in der Wüste wären,
befand ich da Jifsrael,
wie Erstreifes am Feigenbaum in seinem Anfang
sah eure Väter ich an, –
kaum kamen die nach Baal-Por
weihten sie dem Schandzeug sich zu,
wurden greulich wie ihr Lieben.
Efrajim, wie geflügelt
entfliegt ihre Mächtigkeit nun,
weg Geburt, weg Mutterleib, weg Empfängnis!
sollten dennoch ihre Söhne sie großziehn,
ersticke ich ihnen die, daß sie menschenarm werden,
doch ihnen selber auch wehe,
da ich von ihnen gewichen bin!
Efrajim, die »Doppelfrucht«,
wie ich sie einst ersah zum Gebild,
sie dann verpflanzt in die Trift,
Efrajim, nun ist er daran,
seine Söhne zum Würger zu führen.
– Gib ihnen, o DU,
was du ihnen geben magst,
gib ihnen kindererstickenden Schoß
und verschrumpfende Brüste!

– All ihre Bosheit ist im Ringwall beisammen,
dort habe Haß ich gefaßt gegen sie,
um des Bösen ihrer Handlungen willen
aus meinem Haus treibe ich sie,
nicht kann ich fortan noch sie lieben,
all ihre Fürsten sind die Fernsten.
Geschlagen ist Efrajim,
ihre Wurzel vertrocknet,
sie müssens lassen, Frucht zu bereiten.
Sollten sie doch auch gebären
töte die Kostbarkeiten ich ihres Leibes.
– Verwerfen will sie mein Gott,
denn sie haben ihm nicht gehorcht,
Schweifende werden sie unter den Stämmen.

Ein verwildernder Weinstock ist Jifsrael,
mit Frucht verfährt es sich selber gleich:
ebenwie seiner Frucht mehr wird,
läßt es mehr an Schlachtstätten werden,
ebenwie sein Land wohlgerät,
lassen Standmale sie wohlgeraten, –
abteilig ist ihr Herz.
Jetzt müssen sies büßen:
Er selber
bricht ihren Schlachtstätten das Genick,
gewaltigt die Standmale ihnen.

Ja, jetzt sprechen sie:
»Haben wir keinen König?« –
wenn Ihn wir nicht fürchten,
der König da,
was kann der für uns tun!
Sie reden Gerede,
Wahn beeidend, Bündnis schließend,
nun schießt Gericht auf wie Giftkraut
auf den Rainen des Gefilds.

Um das Kälberzeug im Hause des Args
bangt Samariens Bewohnerschaft,
ja, schon trauert um es sein Volk,
um es wandeln seine Pfaffen im Bittgang,
um seinen Ehrenschein, daß er wegwandern soll.
Auch es wird nach Assyrien gebracht,
eine Spende für König Streithans.
Efrajim nimmt Beschämung dahin,
seines Ratschlags muß sich Jifsrael schämen.
Geschweigt wird Samarien,
sein König
ist wie ein Span auf der Fläche des Wassers.
Vertilgt werden die Koppen des Args,
der Sündenplatz Jifsraels,
über seine Schlachtstätten steigt
Dornicht und Stachelstrauch.
Sie sprechen zu den Bergen: Bedeckt uns!,

zu den Hügeln: Fallt über uns!

Seit den Tagen von Giba, der »Hügelstadt«,
sündigst du, Jifsrael, –
dort sind sie stehengeblieben.
Soll sie nicht wie in Giba erreichen
der Krieg wider die Söhne der Falschheit
nach meiner Begier,
daß ich sie züchtigen kann
– herangeholt werden wider sie Völker,
wann ich sie züchtige –
für ihre zwiefachen Verfehlungen?

Efrajim war eine angelehrte Kalbe,
die einherzutraben liebt,
ich selber strich ihr dann
über ihren schönen Nacken.
Anschirren will ich Efrajim nun,
pflügen soll Jehuda,
furchen Jaakob für sich.
Säet euch zur Bewährung,
erntet nach Holdsinns Geheiß,
erackert euch einen Acker,
und so ists an der Zeit IHN zu suchen,
bis er kommt und die Wahrheit euch weist.
Eingepflügt habt ihr den Frevel,
Verfälschung habt ihr geerntet,
die Frucht gegessen der Heuchelei.

Ja, sicher hast du dich gemeint
durch deinen Zug, durch die Menge deiner Helden,
doch ein Tosen erhebt wider dein Volk sich,
und all deine Festungen werden gewaltigt
– wie Schalman gewaltigte Bet-Arbel –
am Tage der Schlacht:
Mutter über Kindern zerschmettert!
Solches hat euch Bet-El getan,
das »Gotteshaus«,
der Bosheit eures Böstreibens wegen, –

mit dem Morgengrauen dann
geschweigt ist er, geschweigt,
Jifsraels König.

Als Jifsrael jung war, liebte ich ihn,
von Ägypten an rief ich meinem Sohn zu.
Wer sie anruft, alsbald gehn sie hinweg!
Sie haben den Baalen geschlachtet,
den Schnitzdocken aufrauchen lassen.
Und doch stellte ich selber den Fuß Efrajim zurecht,
indem ich an meine Arme ihn nahm,
sie aber erkannten nicht, daß ich sie heile.
Ich hielt sie an Menschenbanden,
an Stricken der Liebe,
so war ich ihnen,
wie wer an die Wangen den Säugling sich hebt,
ich reichte ihm die Atzung.
Nach Ägypten zwar muß er nicht kehren,
aber Aschur, der sei nun sein König,
denn umzukehren weigern sie sich.
Nun wirbelt auf seine Städte nieder das Schwert,
macht seinen Schwätzern den Garaus,
es frißt, – von ihren Ratschlägen her.
Noch aber schwebt mein Volk in der Abkehr von mir,
und ruft mans nach oben,
mitsammen nicht hebt sichs empor.

Wie soll ich drangeben dich, Efrajim,
ausliefern dich, Jifsrael!
wie soll ich hingeben dich wie Adma,
dich zurichten wie Zboim!
Mein Herz dreht sich an mir um,
mitsammen wallen meine Mitleiden auf.
Ich will nicht tun nach dem Flammen meines Zorns,
ich will nicht kehren, Efrajim zu verderben,
denn Gott bin ich und nicht Mann,
der Heilige drinnen bei dir,
als ein Merzender komme ich nicht.

– Ihm nach werden sie gehn:
wie ein Löwe brüllt er hin.
Wenn er selber hinbrüllt,
flattern Söhne vom Westmeer herzu,

flattern von Ägypten herzu wie ein Vogel,
vom Land Assyrien her wie eine Taube:
»In ihre Häuser siedle ich sie ein«
ist SEIN Erlauten.

Mit Heuchelei umringt Efrajim mich,
mit Betrug das Haus Jiſsrael,
dieweil Jehuda noch um Gott schweift,
um den Heiligen der »Getreue«.
Efrajim weidet Wind, jagt dem Ost nach,
all den Tag mehrt er Lug und Gewalttat,
dabei schließen mit Assyrien sie Bündnis,
Öl wird nach Ägypten gebracht.
– Eine Streitsache hat ER mit Jehuda,
an Jaakob zuzuordnen nach seinen Wegen,
nach seinen Handlungen will er ihm erstatten.

War im Mutterleib er dem Bruder auf der Ferse:
in seiner Mannesmacht focht er mit Gottheit,
er befocht den Boten und übermochte.
Er weinte, er flehte Ihm Gunst ab, –
in Bet-El sollte er Ihn finden
und dort sollte Er reden, zu uns
– ER selber, der Gott der Scharen,
ER IST DA, das ist sein Gedenken –:
»Du hier, durch deinen Gott kehrst du heim einst!
hüte Huld und Gerechtigkeit
und harre stetig auf deinen Gott!«

– Ein Kanaankrämer,
in dessen Hand die Waage des Trugs ist,
der zu erpressen liebt,
spricht Efrajim:
»Ich habe mich doch bereichert,
gefunden hab ich mir Vermögen,
all mein Ermühtes
läßt an mir Verfehlen nicht finden,
das Sünde wäre.«
ICH aber, dein Gott,

vom Lande Ägypten an
  – noch siedle ich einst in Zelte dich ein
  wie in jenen Tagen der Begegnung –
habe ich auf die Künder nieder geredet,
ich bins, der Schau gemehrt hat,
durch die Künder gebe ich Gleichspruch nun aus:
Ist Gilad »Mächtigkeit«,
werden sie doch nur ein Wahn!
schlachten sie Ochsen im Ringwall,
auch ihre Schlachtstätten sind bald wie Trümmerwälle
auf den Rainen des Gefilds.

– Jaakob flüchtete ins Gefild von Aram,
Jifsrael diente da um ein Weib,
um ein Weib hütete er.
Aber durch einen Künder
führte ER Jifsrael herauf aus Ägypten,
durch einen Künder ward es behütet.

– Den bitterlich verdrießt Efrajim,
lädt seine Blutlast ihm auf,
sein Herr erstattet ihm seinen Hohn.
Da erschauernd Efrajim redete,
erhob ER sich in Jifsrael,
dann verschuldete er durch den Baal sich,
hinsterben mußte er.
Und jetzt fahren sie zu sündigen fort,
machen aus ihrem Silber sich Gußbild,
Puppen nach ihrer Gescheitheit,
Gemächt von Formern all das,
ihnen sprechen sie meine Schlachtmahle zu.
Menschen, die Kälber küssen!
Drum werden sie wie Morgengewölk,
wie der früh vergehende Tau,
wie Spreu sturmverweht aus der Tenne,
wie der Rauch aus der Luke.

ICH aber, dein Gott,
vom Lande Ägypten an

– einen Gott außer mir erkennst du nicht,
  es gibt keinen Befreier als mich –
habe ich selber dich erkannt in der Wüste,
im ausgeloderten Land.
Wie sie weideten, wurden sie satt,
sie waren satt, da überhob sich ihr Herz,
drüber haben sie mich vergessen.
Nun werde ich ihnen wie ein Leu,
wie ein Pardel luge ich am Weg aus,
betreffe sie wie die jungenberaubte Bärin,
ich reiße den Verschluß ihres Herzens auf,
ich verzehre sie dort wie die Löwin, –
Getier des Feldes zerschlitzt sie.

Ich verderbe dich, Jifsrael,
denn in mir war deine Hilfe!
Herbei nun mit deinem König,
daß er dich befreie
in all deinen Städten!
Und deine Rechtschaffer...!
Daß du sprachst: Gib mir König und Fürsten! –
in meinem Zorn gebe ich dir einen König,
in meinem Überwallen nehme ich ihn.

Eingebündelt ist der Fehl Efrajims,
aufbewahrt seine Sünde.
Kommen ihn die Wehn der Gebärenden an,
ein unweises Kind ist das,
denn nicht tritt es zeitig in den Durchbruch der Kinder.

Erst aus der Hand des Gruftreichs gelte ich sie ab,
erst aus dem Tod erlöse ich sie.
Herbei mit deinen Seuchen, Tod,
herbei mit deinem Pestfieber, Gruft!
Vor meinen Augen muß die Tröstung sich bergen.

Ja, er, der zwischen Riedgräsern »fruchtet«:
kommt der Ost, der Wind von IHM her,
heransteigend aus der Wüste,

dann versiegt sein Born,
dann vertrocknet sein Quell:
hinweg plündert jener den Schatz
alles köstlichen Geräts.

Büßen muß Samarien die Schuld,
daß es widerspenstig war seinem Gott,
durchs Schwert müssen sie fallen,
ihre Spielkinder werden zerschmettert,
ihre Schwangeren aufgeschlitzt.

Kehre um, Jiſsrael,
hin zu IHM deinem Gott!
über deinen Fehl ja bist du gestrauchelt.
Nehmet Worte mit euch
und kehret um zu IHM!
Sprechet zu ihm:
»Alles an Fehl trage davon
und ein Gutes nimm an,
daß wir die Farren mit unsern Lippen entgelten!
Assyrien kann uns nicht befrein,
auf Rossen wollen wir nicht reiten,
nicht sprechen wir mehr: Unser Gott!
zu dem Gemächt unsrer Hände,
da doch in dir
der Verwaiste Erbarmen findet.«
– Ich werde ihre Abkehrung heilen,
werde sie aus Willigung lieben,
ja, mein Zorn kehrt sich von ihm ab.
Wie der Tau werde ich für Jiſsrael sein,
blühn solls wie die Lilie,
Wurzeln schlagen wie der Libanonwald.
Seine Schößlinge gehen weithin,
wie des Ölbaums ist sein Glanz,
es hat einen Duft wie der Libanonwald.
Heimgekehrt, die heimisch sind ihm im Schatten,
lassen aufleben sie das Getreid,
selber blühn wie die Rebe sie auf,
sein Ruhm ist wie des Libanonweins.

Efrajim, die »Doppelfrucht«,
was hätte nun noch er gemein mit den Puppen!
Ich bins, der willfahrt hat
und der auf ihn blicken wird:
ich bin wie der immergrüne Wacholder,
von mir her wird dein Fruchten erlangt.

– Wer weise ist,
unterscheide dies,
gescheit,
erkenne es:
daß gerade sind SEINE Wege, –
die Bewährten gehen darauf,
die Abtrünnigen straucheln darauf.

JOEL

Seine Rede,
die an Joel Sohn Ptuels geschah:

Höret dies, ihr Alten,
lauschet, alle Siedler des Landes:
Ist dieserart in euren Tagen geschehn
oder in eurer Väter Tagen?
Euren Söhnen erzählet davon,
eure Söhne ihren Söhnen,
ihre Söhne einem andern Geschlecht!
Was überließ der Säger,
das fraß der Heuschreck,
was überließ der Heuschreck,
das fraß der Hüpfer,
was überließ der Hüpfer,
das fraß der Schröter.

Erwacht, Berauschte, und schluchzt!
heult, ihr Weintrinker alle,
um den Traubensaft, daß er euch vorm Mund ward vertilgt!
Denn ein Stamm zog über mein Land auf,
ein mächtiger, ohne Zahl,
seine Zähne Zähne des Leun,
sein ist der Löwin Gebiß,
er macht meinen Rebstock zur Starrnis,
meinen Feigenstamm zum Spanholz,
bloß schält er ihn, blößt und wirft hin,
weiß wurden an jenem die Ranken.

Jammre du wie eine Maid,
mit Sackleinen gegürtet um ihn,
der ihre Jugend ehelichen sollte!
Vertilgt ist Hinleitspende und Guß,
aus Seinem Hause hinweg,
die Priester trauern, die Ihm amten.
Gewaltigt ist das Gefild,
betrauern muß es der Boden,
ja, gewaltigt ist das Getreid,
verdorrt ist der Most,
hingewelkt ist das Öl.

Verdüstert, ihr Bauern,
heulet, ihr Winzer,
um Weizen, um Gerste,
daß die Ernte des Feldes entschwand!
Die Rebe verdorrt,
die Feige welkt ab,
Granate, auch Dattelpalme und Apfel,
alle Bäume des Feldes sind dürr.
Ja, verdorrt ist die Lust,
von den Menschensöhnen hinweg.

Gürtet euch und klaget, ihr Priester,
heulet, Amtsleute der Schlachtstatt!
kommet, nachtet in Säcken,
Amtsleute meines Gottes,
denn vorenthalten ist dem Haus eures Gottes
Hinleitspende und Guß!
Heiligt Kasteiung zu,
rufet Einschließung aus,
ladet die Alten,
alle Siedler des Landes
in SEIN eures Gottes Haus
und schreiet zu IHM:
Oh um den Tag!
Ja, SEIN Tag ist nah,
wie Gewalt vom Gewaltigen kommt er.
Ist nicht uns vor den Augen
ausgetilgt worden die Speise,
hinweg vom Haus unsres Gottes
Freude und Jubelklang!
Unter ihren Deckeln faulen die Tonnen,
die Speicher sind verödet,
die Scheunen sind verfallen,
denn ausgedorrt ist das Getreid.
Wie seufzen die Tiere,
umirren die Rinderherden,
denn sie haben keine Weide,
auch die Schafherden müssen büßen.

Zu dir rufe ich, DU,
denn Feuer frißt die Triften der Wüste,
Lohe durchlodert
alle Bäume des Feldes!
Auch das Getier des Feldes
lechzt zu dir empor,
denn verdorrt sind die Wasserbetten,
Feuer frißt die Triften der Wüste.

»Stoßt in die Posaune auf Zion,
schmettert auf meinem Heiligtumsberg!«
Alle Siedler des Landes erzittern,
denn SEIN Tag kommt heran,
denn er ist nah:
Tag von Finsternis und Umschwärzung,
Tag von Wolke und Wetterdunkel.
Wie Morgengraun breitet sichs auf den Bergen,
ein weites mächtiges Volk,
desgleichen von Urzeit nicht war
und ihm hintennach nicht wieder sein wird
bis in die Jahre von Geschlecht um Geschlecht.
Vor ihm her frißt das Feuer,
hinter ihm lodert die Lohe.
Edens Garten gleich ist vor ihm das Land,
hinter ihm eine starre Wüste,
ein Entrinnen gibts gar nicht bei ihm.
Gleich dem Aussehn von Rossen sein Aussehn,
wie Renner, so laufen sie hin.
Am Schall den Kampfwagen gleich
tanzen sie über Häupter der Berge,
am Schall gleich der Feuerlohe,
die die Stoppeln frißt,
gleich einem mächtigen Volk,
gerüstet zum Krieg.
Vor seinem Antlitz winden sich Völker,
alle Antlitze holen Siedeglut auf.
Wie Helden laufen sie hin,
wie Kriegsmänner ersteigen sie Mauern.
Sie gehn, jedermann in seinen Wegen,

ihre Pfade verschlingen sie nicht,
sie drängen nicht einer den andern,
sie gehn, jeglicher in seiner eigenen Bahn.
Mittdurch Geschosse fallen sie ein,
brechen die Reihen nicht.
Sie überschwemmen die Stadt,
sie laufen die Mauer hinan,
sie steigen in die Häuser,
durch die Fenster kommen sie ein
wie der Dieb.
Davor zittert das Erdland,
schüttern die Himmel,
Sonne und Mond verdämmern,
die Sterne raffen ihren Strahl ein.
Und ER gibt seinen Stimmschall aus
vor seinem Heere hin,
denn sehr weit ist sein Lager,
denn mächtig der Täter seines Worts,
denn groß ist SEIN Tag
und furchtbar sehr,
wer hielte ihn aus!

Doch auch jetzt
ist SEIN Erlauten:
»Kehret um zu mir her
mit all eurem Herzen!« –
mit Kasteiung, mit Weinen, mit Klage.
Zerreißt euer Herz,
nimmer eure Gewänder,
und kehret um zu IHM eurem Gott!
denn gönnend und erbarmend ist er,
langmütig und reich an Huld,
leidsein läßt er sichs des Übels.
Wer weiß, er kehrt um,
läßt sichs leidsein,
und übrig läßt er hinter sich Segen:
Hinleitspende und Guß
für IHN euren Gott.

Stoßt in die Posaune auf Zion,
heiligt Kasteiung zu,
rufet Einschließung aus!
Ladet das Volk,
heiligt die Versammlung,
holet die Alten zuhauf,
ladet die Spielkinder noch
und die an den Brüsten saugen,
hervorschreite
aus seiner Kammer der Neuvermählte,
aus ihrem Gemache die Braut!
Zwischen Flursaal und Schlachtstatt
weinen sollen die Priester,
die IHM Amtenden,
sie sollen sprechen:
»Schone, DU, dein Volk!
gib dein Eigentum nimmer dem Hohn,
daß ihr Gleichwort darüber die Weltstämme sagen!
Warum soll man unter den Völkern sprechen:
Wo ist ihr Gott?!«

Da eiferte ER um sein Land,
da dauerte es ihn seines Volks,
ER antwortete,
er sprach zu seinem Volk:
»Wohlan, ich sende euch
Getreide, Most und Öl,
daß ihr euch dran sättiget.
Nicht gebe ich euch mehr hin
als einen Hohn unter den Stämmen.
Und den Nordischen entferne ich von euch,
treibe ihn in ein dürr ödes Land,
seinen Vortrab in das östliche Meer,
seine Nachhut in das äußerste Meer.
Heben wird sich sein Gestank,
erheben sein Moderruch,
denn er hat sich groß aufgetan.«
Boden, fürchte dich nimmer,
juble und freue dich,

denn ER hat Großes getan!
Getier des Feldes, fürchtet euch nimmer,
denn es grünen die Triften der Wüste!
Denn der Baum trägt seine Frucht,
Feige, Rebe geben her ihre Kraft.
Und ihr, Söhne Zions, jubelt,
freut euch an IHM, eurem Gott!
Denn er hat euch gegeben,
was zur Bewährung soll regen,
er ließ euch nieder die Feuchtung,
Herbstregen und Lenzschauer
wie im Anbeginn,
daß mit Korn die Tennen sich füllen,
die Kufen Most und Öl schwemmen:
»Nun erstatte ich euch die Jahre,
die Heuschreck fraß, Hüpfer, Schröter und Säger,
meine große Heereskraft,
die ich sendete wider euch.
Nun eßt ihr, eßt und ersattet,
ihr preiset MEINEN eures Gottes Namen,
der wundersam an euch getan hat:
in Weltzeit nicht wird zuschanden mein Volk.
Nun werdet ihr erkennen,
daß ich drinnen bei Jifsrael bin
und ICH euer Gott bin, keiner sonst,
in Weltzeit nicht wird zuschanden mein Volk.«

Danach aber wird es geschehn:
»Über alles Fleisch schütte ich meinen Geistbraus,
daß künden eure Söhne und Töchter,
eure Alten Träume träumen,
eure Jünglinge Schau ersichten.
Und auch über die Knechte, über die Mägde
schütte in jenen Tagen ich meinen Geistbraus.
Erweise gebe ich aus
am Himmel und an der Erde:
Blut und Feuer und Rauchsäulen.«
Die Sonne wandelt in Finsternis sich,

der Mond in Blut,
ehe herankommt SEIN Tag,
der große und furchtbare.
So aber wird es geschehn:
allwer ausruft SEINEN Namen,
wird entschlüpfen dürfen,
denn auf dem Berge Zion
und in Jerusalem
wird ein Entrinnen sein,
wie ER gesprochen hat:
bei den Bewahrten ist jeder,
den ER beruft.

– Ja, wohlan,
in jenen Tagen,
in jener Zeit,
da ich Wiederkehr kehren lasse
für Jehuda und Jerusalem,
hole alle Weltstämme ich zuhauf,
ich führe sie nieder
in das Tal Jehoschafat, »ER richtet«,
ich rechte mit ihnen dort
um mein Volk, mein Eigen, Jifsrael,
das sie versplitterten unter die Stämme
und mein Land teilten sie auf,
das Los warfen sie über mein Volk,
den Knaben gaben sie um die Hure,
verkauften das Mädchen um Wein
und soffen.

Und was wollt ihr mir auch,
Tyrus und Sidon
und alle Kreise Philistiens?
Habt ihr mir heimzuzahlen
ein Zugefügtes,
oder etwas mir zuzufügen?
Leichthin, eilend
kehre ich das von euch Gefügte
euch widers Haupt,

die mein Silber ihr nahmt und mein Gold,
meine guten Kostbarkeiten
in eure Tempelhallen verbrachtet,
Jehudas Söhne, Jerusalems Söhne
an die Ioniersöhne verkauftet,
sie aus ihrer Mark zu entfernen.
Wohlan, ich erwecke sie
los von dem Ort, dahin ihr sie verkauftet,
ich kehre das von euch Gefügte
euch widers Haupt,
ich verkaufe eure Söhne und Töchter
durch die Hand der Söhne Jehudas,
die verkaufen sie als Gefangne
an einen fernen Stamm hin.
– Ja, ER hats geredet.

– Ruft dies unter den Weltstämmen aus:
Den Krieg heiliget zu,
erwecket die Helden,
anrücken,
aufziehen
sollen die Kriegsmänner alle!
Eure Karste schmiedet zu Schwertern um,
eure Winzerhippen zu Lanzen,
der Schwache spreche: Ich bin ein Held!
Eilt herzu, kommt,
alle Weltstämme ringsum,
schreitet zuhauf!
   – Dorthin niedersteigen laß, DU, deine Helden –!
Wachen, aufziehn sollen die Stämme
in das Tal Jehoschafat, »ER richtet«,
denn dort will ich sitzen, zu richten
alle Weltstämme ringsum.

Schicket die Sichel an,
denn ausgereift ist die Ernte,
kommet, tretet,
denn gefüllt hat sich die Kelter,

die Kufen schwimmen,
denn ihrer Bosheit ist viel.

– Getümmel um Getümmel
im Tal der Entscheidung!
Denn genaht ist SEIN Tag
im Tal der Entscheidung.
Sonne und Mond verdämmern,
die Sterne raffen ihren Strahl ein.
ER brüllt von Zion,
gibt von Jerusalem aus seinen Stimmschall,
daß Himmel und Erde schüttern.
Doch Bergung ist ER seinem Volk,
Schutzwehr Jifsraels Söhnen.
– Dann werdet ihr erkennen,
daß ICH es bin, euer Gott,
der einwohnt auf dem Zion,
dem Berg meines Heiligtums.
Dann wird geheiligt Jerusalem sein,
Unzugehörige durchziehn es nicht mehr.

– An jenem Tag wirds geschehn:
Rebensaft träufen die Berge,
die Hügel übergehen von Milch,
alle Bachbetten Jehudas
übergehen von Wasser.
Ein Quell entspringt SEINEM Haus,
der tränkt den Akaziengrund.
Ägypten wird zur Starrnis,
zur starren Wüste wird Edom,
ob der Unbill an den Söhnen Jehudas,
daß sie unsträfliches Blut
vergossen in ihrem Land.
Doch Jehuda bleibt für Weltzeit besiedelt,
Jerusalem für Geschlecht um Geschlecht:
»Unsträflich erkläre ich ihr Blut,
das ich nicht hatte unsträflich erklären wollen.«
ER ists, der einwohnt auf dem Zion.

AMOS

Die Reden des Amos,
der unter den Viehhaltern war, aus Tekoa:
was er empfing über Jifsrael
in den Tagen Usijas, Königs von Jehuda,
in den Tagen Jarobams Sohns Joaschs, Königs von Jifsrael,
zwei Jahre vor dem Erdbeben.
Da sprach er:
ER brüllt von Zion her,
von Jerusalem gibt er aus seine Stimme,
daß die Triften der Hirten welken,
daß das Haupt des Karmel dorrt.

So hat ER gesprochen:
Ob dreier Frevel Damaskens,
ob vierer kehre ichs nicht ab.
Drob daß mit den eisernen Schlitten sie Gilad zerdroschen,
schicke Feuer ich an Chasaels Haus,
das frißt Benhadads Paläste,
zerbreche ich den Riegelbalken Damaskens,
rotte den Thronenden ich von der Ebne des Args,
den Halter des Stabs vom Hause der Lust,
verschleppt wird das Volk Arams nach Kir,
hat ER gesprochen.

So hat ER gesprochen:
Ob dreier Frevel Gasas,
ob vierer kehre ichs nicht ab.
Drob daß Verschlepptenschaft sie in Vollzahl verschleppten
an Edom sie auszuliefern,
schicke Feuer ich an die Ringmauern Gasas,
das frißt seine Paläste,
rotte den Thronenden ich von Aschdod,
den Halter des Stabs von Askalon,
meine Hand kehre ich wider Ekron,
daß der Rest der Philister schwindet,
hat mein Herr, ER, gesprochen.

So hat ER gesprochen:

Ob dreier Frevel Tyrus',
ob vierer kehre ichs nicht ab.
Drob daß Verschlepptenschaft in Vollzahl an Edom sie aus-
  lieferten
und gedachten des Bruderbunds nicht,
schicke Feuer ich an die Ringmauer Tyrus,
das frißt seine Paläste.

So hat ER gesprochen:
Ob dreier Frevel Edoms,
aber ob vierer kehre ichs nicht ab.
Drob daß mit dem Schwert seinen Bruder er jagte
und verderbte in sich das Erbarmen,
am Zerfleischen ewig sein Zorn ist,
sein Grimm, dauernd hütet er ihn,
schicke Feuer ich an Teman,
das frißt Bozras Paläste.

So hat ER gesprochen:
Ob dreier Frevel der Ammonssöhne,
ob vierer kehre ichs nicht ab.
Drob daß sie Gilads Schwangere schlitzten,
nur um ihre Grenzen zu erweitern,
zünde Feuer ich an der Mauer des »Großorts«,
das frißt seine Paläste,
im Schmettern am Tage des Kriegs,
im Sturm am Tage des Wetters,
da geht in die Verschleppung ihr König,
er und seine Fürsten mitsammen,
hat ER gesprochen.

So hat ER gesprochen:
Ob dreier Frevel Moabs,
ob vierer kehre ichs nicht ab.
Drob daß zu Kalk es verbrannte
die Gebeine des Königs von Edom,
schicke Feuer ich an Moab,
das frißt Krijots Paläste,
Moab stirbt im Getös,

im Schmettern, im Schall der Posaune,
aus dem Innern ihm rotte ich den Richter,
all seine Fürsten erwürge ich mit ihm,
hat ER gesprochen.

So hat Er gesprochen:
Ob dreier Frevel Jehudas,
ob vierer kehre ichs nicht ab.
Drob daß sie SEINE Weisung verschmähten,
nicht hüteten seine Gesetze,
 – ihre Trugbilder irrten sie,
   denen nachgingen schon ihre Väter, –
schicke Feuer ich in Jehuda,
das frißt die Paläste Jerusalems.

So hat ER gesprochen:
Ob dreier Frevel Jifsraels,
ob vierer kehre ichs nicht ab,
drob daß den Bewährten sie verkaufen um Silber,
den Dürftigen um eines Paars Schuhe willen,
die nach der Armen Haupt treten
auch noch im Erdenstaub
und die Gebeugten abdrängen vom Weg,
der Mann und sein Vater gehn zu der Dirne,
den Namen meiner Heiligung preiszugeben,
auf gepfändeten Gewandtüchern
drängen sie sich neben alljede Schlachtstatt,
und den Wein der Gebüßten
saufen sie im Haus ihres Gottes.

Und doch bin ichs,
der vor ihnen her den Amoriter vertilgte,
dessen Wuchs wie Zedernwuchs war
und sperrig war er wie die Eichen,
ich vertilgte seine Frucht droben
und seine Wurzeln drunten.
Und doch bin ichs,
der aus dem Land Ägypten euch brachte herauf,
und euch gängelte durch die Wüste

vierzig Jahre,
das Land des Amoriters zu ererben,
ich ließ von euren Söhnen zu Kündern erstehn,
von euren Jünglingen zu Kampfgeweihten, –
war dies etwa nicht, Söhne Jifsraels?
ist SEIN Erlauten.
Ihr aber tränktet die Geweihten mit Wein,
und den Kündern gebotet ihr, sprechend:
Ihr sollt nicht künden!

Wohlan,
ich mache es unter euch stocken,
gleichwie der Wagen stockt,
der sich mit Garben gefüllt hat,
die Zuflucht entschwindet dem Leichten,
der Starke strafft nicht seine Kraft,
der Held rettet nicht seine Seele,
der den Bogen faßt kann nicht bestehn,
der Leichtfüßige rettet nicht,
auch der Reiter zu Pferd
rettet nicht seine Seele,
der Herzensstraffste selbst unter den Helden,
nackt flieht er an jenem Tag,
SEIN Erlauten ists.

Höret diese Rede,
die ER geredet hat über euch,
Söhne Jifsraels:
Über all die Sippe,
die ich heraufbrachte vom Lande Ägypten,
zu sprechen:
Euch nur habe ich auserkannt
von allen Sippen des Bodens, –
darum ordne euch ich zu
alle eure Verfehlungen.

– Gehen wohl zwei mitsammen,
ohne einander begegnet zu sein?
Brüllt der Löwe im Wald
und hat nichts zum Zerfleischen?
gibt der Jungleu aus seine Stimme
von seinem Gehege her,
ohne gefangen zu haben?
fällt ein Vogel im Klappnetz zur Erde
und war kein Schnellholz daran?
springt ein Netz vom Boden empor
und hat einen Fang nicht gefangen?
oder bläst man in der Stadt die Posaune
und das Volk schrickt nicht auf?
Oder geschieht in der Stadt ein Unheil
und ER ists nicht, ders getan hat?
Ja denn, nicht tut mein Herr, ER, irgendwas,
er habe denn seinen Beschluß offenbart
seinen Knechten, den Kündern.
Der Löwe hat gebrüllt,
wer fürchtete sich nicht!
mein Herr, ER, hat geredet,
wer kündete nicht! –

Laßts über die Paläste in Aschdod hin hören,
über die Paläste hin im Lande Ägypten,
sprecht: Sammelt euch auf die Berge Samariens,
seht die vielen Wirren ihm inmitten,
die Pressungen drinnen bei ihm!

Sie wissen Redliches nicht mehr zu tun,
Erlauten von IHM,
die Unbill und Gewalt aufhäufen
in ihren Palästen.
Darum, so hat mein Herr, ER, gesprochen,
den Bedränger her! rings um das Land!
der zerre herunter von dir deine Trotzmacht,
geplündert werden deine Paläste.

So hat ER gesprochen:
Wie der Hirt dem Maul des Löwen entreißt
zwei Schenkelchen oder einen Ohrlappen,
derart reißen sich frei
die Söhne Jifsraels,
die in Samaria sitzen
in der Ecke des Ruhebetts,
auf damaskischer Lotterbank.

Hörts und bezeugts wider Jaakobs Haus,
Erlauten von meinem Herrn, IHM, dem Umscharten Gott:
ja, an dem Tag,
da ich Jifsraels Frevelwerke zuordne ihm,
ordne ichs zu den Schlachtstätten von Betel,
daß die Hörner der Schlachtstatt abgehaun werden,
daß sie zur Erde fallen,
Winterhaus samt Sommerhaus schlage ich,
daß die Elfenbeinhäuser verschwinden,
daß die vielen Häuser vergehn.
Erlauten von IHM ists.

Diese Rede hört, Baschanskühe,
auf dem Berge Samariens ihr,
die die Armen pressen,
die die Dürftigen knicken,
die sprechen zu ihren Herren:
»Bring heran, daß wir zu trinken haben!«
Mein Herr, ER, hat geschworen
bei seiner Heiligkeit:
Ja, wohlan, über euch kommen Tage,

da hebt man hervor euch an Angeln,
euren Nachblieb an Fischerhaken,
durch die Breschen müßt ihr hinaus,
jegliche vor sich hin,
ihr werdet nach dem Bannort geworfen.
Erlauten von IHM ists.

Kommt nur nach Betel und frevelt,
nach dem Ringwall, mehrt da den Frevel!
bringt morgens drauf eure Schlachtmähler dar,
zum Tagedritt eure Zehnten!
von Gesäuertem laßt Dankopfer rauchen,
ruft Willigungen aus, lassets hören!
ihr liebt es ja solcherweise,
Söhne Jifsraels!
Erlauten ists von meinem Herrn, IHM.

Und doch habe auch ich euch gegeben
Zähneblankheit in all euren Städten,
Brotmangel an all euren Orten,
umgekehrt seid ihr aber nicht zu mir her.
Erlauten von IHM ists.

Und doch habe auch ich selber
euch den Erguß vorenthalten,
da es noch drei Mondneuungen war bis zur Ernte,
und ließ ich über eine Stadt regnen,
ließ ich nicht regnen über eine andere Stadt,
ein Flurteil wurde beregnet
und eine Flur, die nicht beregnet ward, dorrte,
da wankten jeweils zu einer Stadt zwei drei Städte,
Wasser zu trinken, und sie wurden nicht satt;
umgekehrt seid ihr aber nicht zu mir her.
Erlauten von IHM ists.

Mit Kornversengung schlug ich euch, mit Vergilbung;
eurer Gärten, eurer Weinberge Fülle,
curer Feigen- und eurer Ölbäume
fraß immer wieder die Sägerbrut auf;

umgekehrt seid ihr aber nicht zu mir her.
Erlauten von IHM ists.

Ich sandte wider euch Seuche
in der Weise Ägyptens,
ich erwürgte eure Jungmannen
mit dem Schwert,
während man eure Rosse fing,
eures Lagers Gestank
ließ in eure Nase ich steigen;
umgekehrt seid ihr aber nicht zu mir her.
Erlauten von IHM ists.

Ich stürzte euch um,
wie der Gottesumsturz geschah
an Sodom und an Gomorra,
ihr wurdet wie ein Scheit,
aus dem Brande gerissen;
umgekehrt seid ihr aber nicht zu mir her.
Erlauten von IHM ists.

Darum
will ich so dir tun, Jifsrael!
Deswegen,
daß ich dir dieses tun will,
bereite dich,
deinem Gott gegenüberzustehn,
Jifsrael!
– Ja denn, wohlan,
der die Berge bildet,
der den Geistbraus schafft,
der dem Menschen ansagt,
was sein Sinnen ist,
macht nun aus Morgenrot Trübnis
und tritt einher auf den Kuppen der Erde,
sein Name:
ER IST DA, der Umscharte Gott.

Höret diese Rede,
die ich über euch anhebe als Klage,
Haus Jifsrael:
Gefallen ist,
steht nicht wieder auf
die Maid Jifsrael,
ist hingestoßen
auf ihren Boden,
und da ist keiner, der sie erstehn läßt.

Denn so hat mein Herr, ER, gesprochen:
Die Stadt, die mit tausend ausrückt,
hundert läßt sie als Rest,
und die Stadt, die mit hundert ausrückt,
zehn läßt sie als Rest
dem Hause Jifsraels.

Ja denn,
so hat mein Herr, ER, gesprochen
zum Hause Jifsrael:
Suchet mich, und ihr dürft leben.
Betel sucht nimmer auf,
kommt nach dem Ringwall nicht,
ziehet nicht nach Berscheba,
denn der Ringwall,
rings gewalzt wird er, abgewalzt,
und Betel, das »Gotteshaus«,
wird zur Argstätte.
– Suchet IHN, und ihr dürft leben.
Sonst gerät er wie Feuer
ans Haus Jofsef,
das frißt, und da ist keiner, der löscht
für Betel.

Die ihr Recht wandelt in Wermut,
Bewährung zur Erde senkt!
Der die Glucke macht und den Orion,
zu Frühlicht den Todschatten wandelt
und den Tag verfinstert in Nacht,

der die Wasser des Meeres emporruft,
sie schüttet übers Antlitz der Erde,
sein Name: ER IST DA,
er ists, der blitzen läßt
Überwältigung auf die Trotzmacht,
Überwältigung kommt nieder aufs Bollwerk.

Sie hassen im Tor den Ausgleichenden,
verabscheun ihn, der schlichtig redet,
darum: Weil ihr den Armen zertrampelt,
Zinslast an Getreide ihm abnehmt,
Quadernhäuser möget ihr bauen,
siedeln aber sollt ihr nicht drin,
mögt köstliche Rebhänge pflanzen,
ihren Wein aber sollt ihr nicht trinken.
Denn ich weiß, eurer Frevel sind viele,
eure Sünden ungeheuer,
die ihr bedrängt den Bewährten,
die ihr Zudeckungsgeld nehmt
und die Dürftigen beuget im Tor!

Darum
– mag der Kluge in solcher Zeit schweigen,
denn es ist eine böse Zeit –:
Suchet das Gute,
nimmer das Böse,
damit ihr leben bleibet
und ER, der Umscharte Gott,
derart dasei mit euch,
wie ihr zu sprechen pflegt!
Hasset das Böse,
liebet das Gute,
das Recht setzet im Tor ein,
Gunst schenkt dann vielleicht ER,
der Umscharte Gott,
dem Überreste Joſsefs.

Darum hat so ER gesprochen,
der Umscharte Gott, mein Herr:

Auf allen Plätzen ist ein Jammern,
auf allen Gassen sprechen sie: Ach! ach!
Man ruft den Bauern zu Trauer und Jammer,
zu den Leidspruchkundigen hin,
auf allen Rebhängen ist ein Jammern,
wenn ich dir innendurch ziehe,
hat ER gesprochen.

Weh,
die sich sehnen nach SEINEM Tag!
Was doch soll euch SEIN Tag?
Der ist Finsternis und nicht Licht.
Wie wenn jemand flieht vor dem Löwen
und da betrifft ihn der Bär,
und kommt er nun nach Haus,
lehnt seinen Arm an die Wand,
beißt ihn die Schlange:
ist nicht eben Finsternis SEIN Tag
und nicht Licht,
dunkel, und hat nicht einen Strahl?

Eure Festreigen hasse, verschmähe ich,
eure Einschließungen mag ich nicht riechen,
ja, wenn ihr mir Hochgaben darhöht
und eure Hinleitspenden,
schätze ichs nicht zugnaden,
eurer Mastochsen Friedmahl
blicke ich nicht an.
Tu mir das Geplärr deiner Lieder hinweg,
dein Lautenspiel will ich nicht hören.
Rauschte nur wie die Wasser Gerechtigkeit auf,
Wahrhaftigkeit wie urständige Bachflut!

Habt ihr mir Schlachtungen, Spende gereicht
in der Wüste vierzig Jahre,
Haus Jiſsrael?
oder habt ihr da als euren König den Sakkut getragen
oder den Kewan, eure Schattenwesen,
euer Gottgestirn, das ihr euch seither gemacht habt?...

Verschleppen lasse ich euch nun
noch über Damaskus hinaus,
hat ER gesprochen,
sein Name: Gott der Umscharte.

Weh,
ihr Sorglosen auf dem Zion,
ihr Sichern auf dem Berge Samariens,
Ausgezeichnete im Anbeginnsstamm,
die ihr hinkommt vor die da:
»Haus Jifsrael,
zieht nach Kalne und seht,
geht von dort nach Groß-Chamat,
steigt hinab nach Gat der Philister,
sind sie besser dran
als diese Königreiche
oder ist ihre Gemarkung größer
als eure Gemarkung?«
Die den bösen Tag wollen scheuchen
und fördern das Thronen der Unbill!
Die auf Elfenbeinbetten liegen,
auf ihre Lotterbänke geräkelt,
und von der Herde wegessen die Lämmer,
die Kälblein mitten vom Stall,
die zum Klang der Laute grölen
– wie Dawid haben Sanggerät sie sich erdacht –!,
die aus meinen Sprengen Wein trinken
und versalben das Anbeginnsöl, –
um den Niederbruch Jofsefs
kränken sie sich nicht!
Drum sollen sie jetzt verschleppt werden
zum Beginn der Verschleppten,
daß das Gekreisch der sich Räkelnden abrückt,
Erlauten ists von IHM, dem Umscharten Gott.

Bei seiner Seele hat mein Herr, ER, geschworen:
Ich verabscheue Jaakobs Hoffart,
seine Paläste hasse ich,
ich liefre aus die Stadt und was sie füllt,

es soll geschehn:
überbleiben in einem einzigen Hause zehn Menschen,
müssen sie sterben,
und tragen nun jenes Vetter und Oheim,
die Gebeine aus dem Hause zu bringen,
und einer spricht zu dem zuhinterst im Haus:
Ist noch was bei dir?
der aber spricht: Aus –,
spricht er: Nun still!
Denn es ist nicht an dem, SEINEN Namen zu erwähnen.

Ja denn, wohlan, ER gebietet,
und man schlägt
das große Haus in Trümmer,
das kleine Haus in Splitter.
– Laufen Pferde einen Felsen empor
oder ist er mit Rindern zu pflügen,
daß ihr das Recht in Schierling verwandelt,
die Frucht der Bewährung in Wermut?
Die ihr euch eines »Undings«, Lodabar, erfreut,
die ihr sprecht: Haben wir mit unsrer Stärke
uns nicht das »Hörnerpaar«, Karnajim, genommen? –
ja denn, wohlan,
ich erstelle, Haus Jifsrael, wider euch einen Stamm,
Erlauten ists von IHM, dem Umscharten Gott,
die sollen euch treiben
von da, woher man nach Chamat kommt,
bis zum Steppenbach.

Solches ließ mein Herr, ER, mich sehn:
da, er bildete einen Heuspringerschwarm,
als der Späthalm anfing zu steigen
[nach der Königsmahd kam da der Späthalm],
es war,
als wollte er das Kraut des Landes abfressen.
Ich sprach:
»Mein Herr, DU,
verzeih doch!
welcherart soll Jaakob bestehn,
er ist ja klein!«
IHM wards dessen leid,
»Es soll nicht geschehn!«
hat ER gesprochen.

Solches ließ mein Herr, ER, mich sehn:
da, mein Herr, ER, berief,
mit Feuer zu streiten,
das fraß die weite Grundflut
und wollte die Ackerschicht fressen.
Ich sprach:
»Mein Herr, DU,
laß doch ab!
welcherart soll Jaakob bestehn,
er ist ja klein!«
IHM wards dessen leid,
»Auch das soll nicht geschehn!«
hat mein Herr, ER, gesprochen.

Solches ließ er mich sehn:
da war mein Herr hingetreten
auf eine senkrechte Mauer,
ein Senkblei in seiner Hand.
ER sprach zu mir:
»Was siehst du, Amos?«
Ich sprach: »Ein Senkblei«.
Mein Herr aber sprach:
»Da, ich lege ein Senkblei an
bei meinem Volk Jifsrael drinnen,
ich übergehe ihm nichts mehr,

Jizchaks Koppen sollen verstarren,
veröden Jifsraels Heiligtümer,
wider Jarobams Haus stehe ich auf
mit dem Schwert.«

Es sandte aber Amazja, Priester von Betel, zu Jarobam
    König von Jifsrael, um zu sprechen:
Wider dich zettelt Amos beim Haus Jifsrael drinnen,
das Land vermag all seine Reden nicht zu ertragen,
denn so hat Amos gesprochen:
Durchs Schwert wird Jarobam sterben,
und Jifsrael wird verschleppt werden, von seinem Boden
    verschleppt.
Zu Amos aber sprach Amazja:
Geh, Schauempfänger, flüchte dich ins Land Jehuda,
iß dort Brot, und dort kannst du künden,
aber in Betel darfst du fortan nicht künden,
denn königliches Heiligtum ist es, ist Königtums Haus.
Amos antwortete, er sprach zu Amazja:
Nicht Künder bin ich, nicht eines Künders Jünger bin ich,
sondern Rinderhirt bin ich und Maulbeerfeigenzüchter.
Aber ER nahm mich von hinter der Herde weg,
und ER sprach zu mir: »Geh,
künde auf mein Volk Jifsrael zu!«
Und nun höre SEINE Rede!
Du sprichst: »Künde wider Jifsrael nicht,
träufe nicht das Wort wider Jizchaks Haus!«
Darum, so hat ER gesprochen,
soll dein Weib huren in der Stadt,
deine Söhne und Töchter durch das Schwert fallen,
dein Boden wird mit der Meßschnur verteilt,
du selber stirbst auf makligem Boden,
und Jifsrael,
von seinem Boden verschleppt wirds, verschleppt.

Solches ließ mein Herr, ER, mich sehn:
da, ein Korb mit vollreifem Obst.
Er sprach:

Was siehst du, Amos?
Ich sprach:
Einen Korb mit vollreifem Obst.
ER aber sprach zu mir:
Die volle Zeit ist gekommen
für mein Volk Jiſsrael,
ich übergehe ihm nichts mehr.
Heulen werden die Sängerinnen
im Hallenbau an jenem Tag
– Erlauten ists von meinem Herrn, IHM –:
»Genug!
Leichen allerorten!
zusammenwerfen!
dann still!«

Höret dies,
die den Dürftigen ihr tretet,
drauf aus seid, ein Ende zu machen den Gebeugten im Land,
sprechend:
Wann ist die Mondneuung vorüber,
daß wir wieder Marktkorn vermarkten,
die Wochenendfeier,
daß wir wieder Getreide eröffnen
  – den Scheffel zu verkleinern,
  das Geldgewicht zu vergrößern,
  die Waage des Trugs zu krümmen!
  um den Silberling Arme zu kaufen,
  den Dürftigen um eines Paars Schuhe willen! –
und den Abfall des Getreids mit vermarkten!
Geschworen hat ER beim Stolz Jaakobs:
»Vergesse in die Dauer ich je all ihr Tun,...!«
Muß darüber nicht das Erdland erbeben,
daß alljeder trauert, der in ihm siedelt,
daß es steigt überall wie der Nilfluß,
wie der Fluß Ägyptens aufgewühlt wird und sinkt?!

Geschehn wirds an jenem Tag,
Erlauten ists von meinem Herrn, IHM,
ich lasse die Sonne eingehn im Hochglanz,
verfinstre das Erdland am lichten Tag,
ich verwandle eure Festreihn in Trauer,
all euer Singen in Klagelied,
ich bringe Sackleinen auf alle Hüften
und auf alljedes Haupt eine Glatze, –
wie die Trauer um den Einzigen mache ichs,
die Späte dann wie den Bitternistag.

Wohlan, Tage kommen,
Erlauten ists von meinem Herrn, IHM,
da sende ich einen Hunger ins Land,
nicht einen Hunger nach Brot,
und nicht einen Durst nach Wasser,
sondern, MEINE Reden zu hören.
Dann wanken vom Meer sie bis ans Meer

und vom Norden bis an den Osten,
sie streifen um, MEINE Rede zu suchen,
aber sie finden sie nicht.

An jenem Tag
verschmachten die schönen Mädchen
und die Jünglinge vorm Durst
– sie, die bei Samarias Schuldgebild schwuren
und sprachen: »Sowahr dein Gott lebt, Dan!«
und: »Sowahr der Weg lebt nach Berscheba!« –,
fallen und stehn nicht mehr auf.

Ich sah meinen Herrn
an die Schlachtstatt getreten,
wie er sprach:
Schlage den Säulenknauf,
daß die Dachschwellen schüttern,
spelle sie ab, den allen aufs Haupt!
Ihren Nachblieb bringe durchs Schwert ich um,
nicht ein Fliehender soll von ihnen entfliehn,
nicht ein Entrinnender von ihnen entschlüpfen.
Bohren sie ins Gruftreich sich ein,
dorther nimmt sie meine Hand,
steigen zum Himmel sie auf,
dorther hole ich sie herab,
verstecken sie sich auf dem Haupte des Karmel,
dorther erspüre ich und nehme ich sie,
bergen sie vor meinen Augen auf dem Meeresgrund sich,
dorther entbiete ich die Schlange und sie beißt sie,
gehn sie gefangen einher vor ihren Feinden,
dorther entbiete ich das Schwert und es zerhaut sie, –
ich richte mein Auge auf sie,
zum Bösen, nicht zum Guten.

Mein Herr, ER der Umscharte,
der an das Erdland rührt, daß es lockert,
daß alle trauern, die darauf siedeln,
daß es hochsteigt überall wie der Nilfluß,
daß es wie der Fluß Ägyptens dann sinkt, –
der im Himmel sein Hochgemach baut,
auf der Erde gründet sein Gerüst,
der die Wasser des Meeres beruft
und sie schüttet übers Antlitz der Erde,
sein Name: ER IST DA.

»Seid ihr mir nicht wie die Mohrensöhne,
Söhne Jifsraels?«
SEIN Erlauten ists,
»habe ich nicht Jifsrael aus dem Land Ägypten heraufgebracht, –
und die Philister aus Kaftor,
und die Aramäer aus Kir?«

Wohl, SEINE, meines Herrn Augen
sind wider das sündige Königreich:
»Ich vertilge es vom Antlitz der Erde,
nur daß ich doch nicht tilgen, austilgen will
das Haus Jaakob.«
SEIN Erlauten ists.
»Ja, wohlan, ich gebiete
und mit all der Stämmewelt lasse ich schütteln
das Haus Jifsrael,
‛wie mit dem Grobsieb geschüttelt wird,
nicht ein Kiesel fällt zur Erde.
durchs Schwert sterben alle Sünder meines Volks,
die sprechen: Nicht beschleicht, übereilt uns das Böse.«

An jenem Tag
erstelle ich Dawids zerfallende Hütte wieder,
ich verzäune ihre Risse,
ihre Trümmer stelle ich wieder her,
ich baue sie wie in den Tagen der Vorzeit,
damit sie erben den Überrest Edoms
und alle Stämme, über denen mein Name gerufen ward.
Erlauten ists von IHM, der dies tut.

Wohlan, Tage kommen,
Erlauten von IHM,
da tritt Pflüger an Schnitter,
Traubenkeltrer an Samenstreuer,
Most träufen die Berge,
und alle Hügel lockern sich nieder.
Wiederkehr lasse ich kehren
meinem Volke Jifsrael,
daß sie verstarrte Städte aufbauen, besiedeln,
Rebhänge pflanzen, deren Wein trinken,
Gärten machen, deren Frucht essen.
Ich pflanze in ihren Boden sie ein,
sie werden nicht mehr aus ihrem Boden gereutet,
den ich ihnen gegeben habe.
ER, dein Gott, hats gesprochen.

OBADJA

Obadjas Schauempfang:

So hat mein Herr, ER, zu Edom gesprochen
[ein Vernehmen vernahmen wir von IHM her,
unter die Weltstämme ward ein Herold gesandt:
Erhebt euch, zum Kampf heben wir uns wider es!]:
Wohlan, klein mache ich dich unter den Stämmen,
sehr verachtet mußt du sein.
Die Vermessenheit deines Herzens hat dich berückt,
der in Geklüfts Schluchten wohnt,
die Höhe sein Sitz,
der in seinem Herzen spricht:
Wer kann mich niederholen zur Erde!
Schwingst du dich hoch wie der Adler,
setzest du zwischen Sterne dein Nest,
von dort noch hole ich dich nieder,
ist SEIN Erlauten.
Kamen Diebe an dich
oder nächtliche Räuber,
wie bist so du geschweigt?
üben sie nicht Diebstahl nur sich zur Genüge?
kamen Winzer an dich,
lassen Nachlese übrig sie nicht?
Wie ward Efsaw durchstöbert,
aufgewühlt sein Verscharrtes?
Bis an die Grenze
haben sie dich getrieben,
alle Männer deines Bundes,
berückt haben sie dich,
übermocht haben dich
die Männer deines Friedens,
als dein Brot
setzen Fauliges sie dir an den Platz:
Es ist keine Besinnung in ihm!
Heißts nicht: An jenem Tag,
ist SEIN Erlauten,
lasse ich Weise schwinden aus Edom,
Besinnung aus Efsaws Gebirg!
Deine Helden, Teman, verzagen

so daß gerottet wird jedermann
von Eſsaws Gebirg.
Vom Gemetzel her,
von der Unbill her
an Jaakob, deinem Bruder,
hüllt nun Schande dich ein,
ausgerottet wirst du auf Weltzeit.
Am Tag, als du dabei standest,
am Tag, als Ausländer seine Heermacht fingen,
in seine Tore Fremde kamen
und Los warfen über Jerusalem,
warst auch du wie einer von ihnen.
Nimmer besieh dir den Tag deines Bruders,
den Tag seines Fremdgeschicks,
nimmer freue dich ob der Söhne Jehudas
am Tag ihres Schwindens,
nimmer tue dein Maul groß auf
am Tag der Drangsal,
nimmer komm ins Tor meines Volks
am Tag ihrer Verhängnis,
nimmer besieh auch du noch sein Übel
am Tag seiner Verhängnis,
nimmer leg an seine Habe Hand an
am Tag seiner Verhängnis,
nimmer steh an dem Ausschlupf,
seine Entronnenen auszurotten,
nimmer liefre aus seine Bewahrten
am Tag der Drangsal!
Ja denn,
nah ist SEIN Tag
über alle Weltstämme:
wie du getan hast, wird dir getan,
dein Gefügtes kehrt zurück auf dein Haupt.

Ja denn,
wie ihr habt trinken müssen
auf dem Berg meines Heiligtums,
müssen trinken alle Weltstämme, stetige Reihe,
sie müssen trinken, schlucken,

müssen werden, als wären sie nicht.
Auf dem Berg Zion aber
wird ein Entrinnen sein,
ein Ausgeheiligtes ist er geworden.
Seine Erbteile erbt das Haus Jaakobs neu.
Das Haus Jaakobs wird ein Feuer,
das Haus Joſsefs eine Flamme
und das Haus Eſsaws zu Stoppeln,
jene zünden drein, sie verzehrens,
dem Haus Eſsaw bleibt nicht ein Bewahrtes,
denn ER ists, der geredet hat.
  – Sie erben den Mittag mit Eſsaws Gebirg,
  die Niedrung mit Philistien,
  sie erben das Gefild Efrajims
  und das Gefild Samariens,
  Binjamin mit dem Gilad,
  diese verschleppte Heermacht
  von den Söhnen Jiſsraels
  das Kanaanitische bis Zarfat,
  und die Verschleppten Jerusalems,
  sie die in Sfarad sind,
  erben die Städte des Mittags. –
Den Berg Zion ersteigen Befreier,
den Berg Eſsaws zu richten,
und SEIN wird das Königtum.

JONA

SEINE Rede geschah zu Jona Sohn Amitajs, es sprach:
Steh auf,
wandre nach Ninive, der großen Stadt,
und rufe über ihr aus,
daß ihre Bosheit vor mein Antlitz herübergezogen ist.
Jona stand auf,
nach Tarschisch zu flüchten, von SEINEM Antlitz fort.
Er stieg nach Jaffa hinab, fand ein Schiff, das nach Tarschisch
    ging, gab den Fährlohn dafür,
bestiegs, mit ihnen nach Tarschisch zu gehn, von SEINEM
    Antlitz fort.
ER aber schleuderte einen großen Wind aufs Meer,
ein großer Sturm ward auf dem Meer,
daß das Schiff zu zerbrechen meinte.
Die Seeleute fürchteten sich, sie schrien, jedermann zu seinem
    Gott,
sie schleuderten ins Meer die Geräte, die im Schiff waren,
    sich darum zu erleichtern.
Jona aber war ins hinterste Verdeck gestiegen, hatte sich ge-
    legt und war eingeschlafen.
Da näherte sich ihm der Kielherr und sprach zu ihm:
Wie kannst du schlafen!
steh auf, ruf deinen Gott an!
vielleicht bedenkt sich unsertwegen der Gott, daß wir nicht
    hinschwinden müssen!
Jene aber sprachen einer zum andern:
Wohlan, wir wollen Lose werfen,
daß wir erkennen, wessenthalb uns dieses Böse geworden ist.
Sie warfen Lose,
das geworfne Los fiel auf Jona.
Sie sprachen zu ihm:
Vermelde uns doch,
du, dessenthalben dieses Böse uns ward,
welches ist dein Geschäft?
und woher kommst du?
welches ist dein Land?
und von welchem Volk bist du?
Er sprach zu ihnen:
Ich bin ein Ebräer,

und IHN, den Gott des Himmels, fürchte ich,
der das Meer und das Trockne gemacht hat.
Die Männer fürchteten sich, eine große Furcht,
sie sprachen zu ihm:
Was hast du da getan!
Denn die Männer erkannten nun,
daß vor SEINEM Antlitz er flüchtig war,
denn damit hatte ers ihnen gemeldet.
Sie sprachen zu ihm:
Was sollen wir mit dir tun,
daß das Meer von uns ab sich stille?
denn das Meer stürmt immer heftiger noch!
Er sprach zu ihnen:
Ergreift mich und schleudert mich ins Meer,
daß das Meer von euch ab sich stille!
denn ich erkenne,
daß meinethalb dieser große Sturm wider euch ist.
Die Männer ruderten drauflos,
es ans Trockne zurückzubringen,
aber sie vermochtens nicht,
denn das Meer stürmte immer heftiger wider sie.
Da riefen sie IHN an, sie sprachen:
Ach, DU,
laß uns nimmer doch schwinden um die Seele dieses Manns!
nimmer auch mögst du unsträfliches Blut über uns geben!
denn selber, DU, tust du, wies dir gefällt.
Sie ergriffen Jona und schleuderten ihn ins Meer.
Da hielt das Meer in seinem Wüten ein.
Die Männer fürchteten IHN, eine große Furcht,
sie schlachteten Schlachtmahl IHM, sie gelobten Gelübde.
ER aber bestimmte einen großen Fisch zu,
Jona zu verschlingen.
Jona war im Leib des Fisches
drei Tage und drei Nächte.

Jona betete zu IHM seinem Gott aus dem Fischleib,
er sprach:

Ich rief aus meiner Drangsal zu IHM,

er antwortete mir,
ich flehte aus dem Bauche des Gruftreichs,
du hörtest meine Stimme.

Mich hatte der Strudel geworfen
ins Herz der Meere,
mich umringte der Strom,
all deine Brandungen,
deine Wogen,
über mich sind sie gefahren.

Schon sprach ich, ich sei vertrieben
von deinen Augen hinweg, –
dürfte ich nur je wieder blicken
zur Halle deines Heiligtums!

Die Wasser umtobten mich
bis an die Seele,
mich umringte die Wirbelflut,
Tang war gewunden
mir ums Haupt.

Zu den Wurzelschnitten der Berge
sank ich hinab,
das Erdland, seine Riegel
auf Weltzeit hinter mir zu, –
da hobst aus dem Schlamme mein Leben
DU, mein Gott.

Als meine Seele in mir
verschmachten wollte,
habe ich DEIN gedacht,
zu dir kam mein Gebet,
zur Halle deines Heiligtums.

Die der Dunstgebilde warten des Wahns,
deren Huld müssen die lassen!
Ich aber,
mit der Stimme des Lobs
will ich schlachtopfern dir,
was ich gelobte bezahlen, –
die Befreiung ist DEIN!

ER sprach zum Fisch,
da spie der Jona aufs Trockne.
SEINE Rede geschah zu Jona ein zweites Mal, es sprach:
Steh auf,
wandre nach Ninive, der großen Stadt,
und rufe den Ruf ihr zu,
den ich zu dir rede.
Jona stand auf, er wanderte nach Ninive, SEINER Rede ge-
    mäß.
Ninive aber war eine große Stadt vor Gott, drei Tage zu
    durchwandern.
Jona begann, in die Stadt hineinzugehen, eine Tageswande-
    rung, und rief, er sprach:
Noch vierzig Tage, und Ninive wird umgestürzt!
Die Männer Ninives wurden Gott vertrauend,
sie riefen Kasteiung aus, kleideten in Sackleinen sich, von
    Groß bis Klein.
Die Rede gelangte zum König von Ninive,
er stand von seinem Thron auf, legte seinen Mantel ab, be-
    deckte sich mit dem Sack, setzte sich in die Asche.
Er ließ ausschrein, ließ sprechen:
In Ninive, auf Befehl des Königs und seiner Großen zu spre-
    chen:
Mensch und Getier, Rind und Schaf,
sollen nimmer das geringste verkosten,
man soll nimmer weiden,
Wasser soll man nimmer trinken!
mit Sackleinen soll man sich bedecken,
Mensch und Getier,
man soll zu Gott rufen mit Macht,
und umkehren sollen sie, jedermann von seinem bösen Weg,
von der Unbill, die an ihren Händen ist!
wer weiß, umkehren möchte der Gott,
es möchte ihm leidsein,

und er kehrt um vom Flammen seines Zorns,
und wir schwinden nicht!
Gott sah ihr Tun,
daß sie umkehrten von ihrem bösen Weg,
und leid wards Gott des Bösen,
das ihnen zu tun er geredet hatte,
und er tat es nicht.

Das erboste Jona, einer großen Erbosung,
es entflammte ihn,
er betete zu IHM, er sprach:
Ach, DU!
war nicht dies meine Rede gewesen,
als ich noch auf meinem Boden war?
deswegen wollte ich zuvorkommen, nach Tarschisch zu
  flüchten!
ich wußte ja,
daß du eine gönnende und erbarmende Gottheit bist,
langmütig, reich an Huld,
und leid wirds dir des Bösgeschicks.
Jetzt aber, DU,
nimm doch meine Seele von mir,
denn mehr recht ists, daß ich sterbe, als daß ich lebe.
ER aber sprach:
Hats dich rechtschaffen entflammt?
Jona wanderte zur Stadt hinaus,
er setzte sich östlich der Stadt,
dort machte er sich eine Hütte,
er saß darunter im Schatten,
bis er sähe, was in der Stadt geschehen würde.
ER, Gott, aber hatte eine Rizinusstaude zubestimmt,
daß sie aufschösse, über Jona hinauf,
um über seinem Haupt Schatten zu sein,
ihm von seiner Erbosung abzuschatten.
Jona freute sich über die Staude, eine große Freude.
Gott aber bestimmte einen Wurm zu,
als das nächste Morgengrauen aufstieg,

der stach die Staude, daß sie verdorrte.

Es geschah, als die Sonne erstrahlte,

da bestimmte Gott einen schneidenden Ostwind zu,

die Sonne stach auf Jonas Haupt nieder,

er verschmachtete,

er wünschte seiner Seele zu sterben,

er sprach:

Mehr recht ists, daß ich sterbe, als daß ich lebe.

Gott aber sprach zu Jona:

Hats dich rechtschaffen entflammt

um die Rizinusstaude?

Er sprach:

Rechtschaffen hats mich entflammt

bis ans Sterben.

ER aber sprach:

Dich also dauerts der Staude,

um die du dich nicht gemüht hast,

die du nicht hast großgezogen,

die als Kind einer Nacht ward

und als Kind einer Nacht schwand!

Mich aber sollte nicht dauern

Ninives, der großen Stadt,

darin es mehr als zwölf Myriaden von Menschen gibt,

die zwischen Rechts und Links nicht wissen zu unterscheiden,

und Getiers die Menge?!

MICHA

SEINE Rede,
die zu Micha dem Moreschetiter geschah
in den Tagen Jotams, Achas', Chiskijas, Könige von Jehuda,
was er empfing über Samarien und Jerusalem.

Hörts, ihr Völker alle!
Merk auf, Land und was es füllt!
Mein Herr, ER, werde wider euch zum Bezeuger,
mein Herr von der Halle seines Heiligtums aus.
Denn, wohlan, ER fährt aus von seinem Ort,
steigt nieder, tritt auf die Kuppen des Landes,
unter ihm schmelzen Berge
und Täler spalten sich auf,
wie das Wachs vor dem Feuer,
wie Gewässer niederrollend am Hang.

– Um Jaakobs Abtrünnigkeit all dies,
um die Sünden des Hauses Jifsraels!
Was ist Jaakobs Abtrünnigkeit,
ists nicht Samaria?
und was ist Jehudas Koppenschuld,
ists nicht Jerusalem?
Ich mache Samaria zur Ruine im Feld,
zu Rebenanpflanzungen,
ich rolle in die Schlucht ihre Steine,
ihre Gründe lege ich offen.
All ihre Meißelbilder werden zermalmt,
all ihre Weihgaben im Feuer verbrannt,
aus all ihren Schnitzpuppen mache ich eine Starrnis,
denn vom Huren-Hingabelohn wards zuhauf gebracht,
zu Hurenlohn kehrt sichs nun wieder.

– Darüber muß ich jammern und heulen,
barfüßig gehn und entblößt,
Jammer anstimmen wie die Schakale,
Trauerlied wie die Straußen.
Oh sehrend ist ihr Geschlagensein!
oh es ist bis an Jehuda gekommen,
es rührt bis ans Tor meines Volks,
bis an Jerusalem!

Gestehets nimmer in Gat,
ächzet nimmer in Akko!
in Bet-Afra, dem »Staubhaus«,
wälze im Staube dich!
wandert vorbei
an der Siedlerin Schafirs, der »Schmuckburg«,
der schändlich Entblößten!
nicht zieht entgegen
die Siedlerin Zaanans, des »Auszugs«!
Bet-Ezels, des »Wurzelhauses«, Jammer
nimmt euch dessen Halt!
Oh noch bangt um das Gute
die Siedlerin Marots, der »Bitternis«,
da doch das Böse schon niederstieg
von Ihm her zu Jerusalems Tor!

Ans Gefährt Renner laß schirren,
Siedlerin du von Lachisch!
der Anfang der Entsündung ist das
für die Tochter Zion,
denn in dir sind gefunden worden
Jifsraels Abtrünnigkeiten.
Darum mußt du Aussteuer geben
für Moraschet, die »Verlobte«, von Gat.
Die beiden Bet-Achsib, »Trughausen«,
werden zum Trugbach
den Königen von Jifsrael.
Noch lasse ich den, ders ererbt, dir kommen,
Siedlerin Mareschas, des »Erbdorfs«!
Bis nach Adullam, dem »Schlupfwinkel«, kommt
der Ehrenschein Jifsraels. –
Schere, Frau, dich glatt
um die Kinder deiner Verwöhnung,
mach deine Glatze breit wie des Geiers,
denn hinweggeschleppt sind sie von dir!

Wehe,
die Arg planen,
Böses im Werk haben
auf ihren Lagern,
im Licht des Morgens tun sies,
denn es steht in der Macht ihrer Hand!
Gelüstet sie nach Feldern, sie rauben,
nach Häusern, sie nehmen weg,
sie pressen den Bürger und sein Haus,
den Mann und sein Eigentum.
Darum, so hat ER gesprochen,
wohlan, ich plane
wider diese Sippe Böses,
woraus ihr eure Hälse nicht zieht,
und hochher geht ihr nicht mehr,
denn das wird eine böse Zeit.
  – An jenem Tag
  hebt über euch ein Gleichwort man an,
  man klagt eine klägliche Klage,
  man spricht:
  Gewaltigt sind wir, vergewaltigt,
  den Anteil meines Volkes vertauscht Er,
  ach wie entzieht ers mir!
  dem Abgekehrten teilt unsre Feldmark er zu!
– Drum wirst du nicht einen haben,
der nach dem Los die Meßschnur dir werfe
in SEINEM Gesamt.

– »Träufet nimmer das Wort!«
Ob mans träuft, ob mans nicht träuft
an diese da hin,
der Schimpf selber wird nicht weichen.
Wird noch immer gesprochen,
Haus Jaakob:
»Ist ER kurzmütig worden?
oder sind seine Handlungen sonst dieserart?«
Verheißen meine Reden nicht Gutes
dem, der geraden Gangs ist?

Aber was zuvorderst ist meinem Volk,
als ein Feind steht es auf:
vorn am Gewand reißt den Mantel ihr ab
den sicher Einherwandernden,
dem Krieg Abgekehrten,
die Weiber meines Volkes verjagt ihr,
jede aus dem Haus ihrer Verwöhntheit,
von ihren Kindern nehmt ihr hinweg
auf immer meine Zier.
Steht nun auf, geht von dannen!
denn dies ist nicht Ruhestatt mehr,
um des Bemakeltseins willen
muß es euch zermürben,
durchdringende Zermürbung! –
Flunkerte doch ein Mann,
der im Lügenbraus einhergeht:
»Zu Wein und Rauschtrank
träufe ich dir das Wort!«
Das wäre
der Wortträufer für dieses Volk!

»Heranholen will ich, heran
dich Jaakob, all,
zuhauf bringen, zuhauf
den Überrest Jifsraels,
ihn eintun mitsammen
wie die Schafe der Hürde,
wie die Herde inmitten der Trift, –
tosen soll es von Menschen.«
Nun steigt der Durchbrecher vor ihnen,
sie brechen durch, ziehn ins Tor und heraus,
ihr König zieht ihnen voran,
ER selber ihnen zuhäupten.

Ich habe noch gesprochen:
Hört doch, ihr Häupter Jaakobs
und ihr Schöffen im Haus Jifsraels!
Ists nicht an euch, das Recht zu kennen,
die ihr das Gute hasset,
die ihr das Böse liebt?!
die ihr von den Leuten ihre Haut abzerrt,
ihr Fleisch von ihren Knochen herab?!
Und die verzehrt haben das Fleisch meines Volks,
ihre Haut von ihnen gerissen,
ihre Knochen gespellt,
es zerstückt haben wie das im Topf ist,
wie Braten mitten im Kessel,
sie werden einst schreien zu IHM
und er wird ihnen antworten nicht,
verbergen wird er vor ihnen sein Antlitz
in jener Zeit,
dieweil bös ihre Handlungen waren.

So hat ER gesprochen:
Wider die Künder, die mein Volk irreführen!
haben sie mit ihren Zähnen zu beißen,
dann rufen sie: Frieden!
wer aber ihnen nichts in den Mund gibt,
Krieg heiligen sie gegen den!
Drum sei euch Nacht ohne Schau,
euch Finsternis ohne Wahrsagerei,
die Sonne gehe ein ob den Kündern,
ob ihnen verdämmre der Tag!
Die Schauempfänger müssen erblassen,
die Wahrsager erröten,
alle mummen sie den Lippenbart ein,
denn keine Gottesantwort ist mehr.
Ich jedoch, mit Kraft bin ich erfüllt
von SEINEM Geistbraus her,
mit Rechtsinn und Heldenmut,
seine Abtrünnigkeit Jaakob zu sagen,
seine Versündigung Jifsrael.

Höret doch dies,

ihr Häupter im Haus Jaakobs
und ihr Schöffen im Haus Jifsraels!
die verabscheuen das Recht
und alles Gerade verkrümmen,
die Zion mit Bluttat bauen,
Jerusalem mit Falschheit!
Seine Häupter ihr,
die für Bestechung richten,
seine Priester ihr,
die für Kaufpreis unterweisen,
seine Künder ihr,
die wahrsagen für Silber,
und stützen sich auf IHN,
sprechen: »Ist ER nicht drinnen bei uns?
Böses kann nicht über uns kommen!«
Ebendrum, euretwegen:
Zion wird als Feld gepflügt,
Jerusalem wird eine Ruinenstatt,
der Berg des Hauses zum Kuppenhain!

Geschehn wirds in der Späte der Tage:
der Berg Seines Hauses ist festgegründet
zuhäupten der Berge,
er ist über die Hügel erhaben,
auf ihn zu werden Völker strömen,
hingehn Stämme in Menge,
sie werden sprechen:
»Laßt uns gehn, aufsteigen
zu Seinem Berg
und zum Haus von Jaakobs Gott,
daß er uns weise in seinen Wegen,
daß auf seinen Pfaden wir gehn!
Denn Weisung fährt von Zion aus,
von Jerusalem Seine Rede.«
Richten wird er dann zwischen der Völkermenge,
ausgleichen unter mächtigen Stämmen
bis in die Ferne hin:
ihre Schwerter schmieden zu Karsten sie um,
ihre Speere zu Winzerhippen,
nicht heben sie mehr Stamm gegen Stamm das Schwert,
nicht lernen sie fürder den Krieg,
sondern sie sitzen
jedermann unter seinem Rebstock,
unter seinem Feigenbaum,
und keiner scheucht auf,
denn Sein, des Umscharten, Mund hat geredet.
Mögen denn alle Völker noch gehn
jeder im Namen seines Gottes,
wir aber gehn
in Seinem, unseres Gottes Namen
auf Weltzeit und Ewigkeit.

An jenem Tag,
ist Sein Erlauten,
hole das Hinkende ich heran,
das Versprengte bringe ich zuhauf
und dem ich bösgetan habe.
Das Hinkende mache ich zum Überrest,
das weithin Verschlagne zum mächtigen Stamm.

– Und Königschaft hat über sie ER
auf dem Berge Zion
von nun an und für Weltzeit. –
Und du, Herdenturm,
Bühel der Tochter Zion,
auf dich schreitet es zu,
wiederkommt das einstmalige Walten,
ein Königsbereich
für die Tochter Jerusalem.

Warum nun tobst du solch Toben?
Ist kein König in dir,
oder ist dein Berater entschwunden,
daß ein Krampf dich erfaßt hat
wie die Gebärende?!
Winde dich nur im Krampf,
aber laß hervorbrechen auch,
o Tochter Zion,
wie die Gebärende!
Ja denn,
mußt du nun hinaus von der Burgstadt,
mußt auf dem Feld Wohnung nehmen,
kommen mußt du bis Babel:
dort wirst du errettet,
dort löst ER dich ein
aus der Hand deiner Feinde.
Wohl sammeln sich nun heran wider dich
Stämme in Menge, die sprechen:
»Entartet ists.
Lust schaut unser Auge an Zion!«
Die aber, sie kennen nicht SEINE Pläne,
unterscheiden nicht seinen Ratschluß:
daß er sie häuft wie Garben zur Tenne.
Steh auf und drisch,
o Tochter Zion!
Denn eisern mache ich dein Horn,
und ehern mache ich deine Hufe,
daß du viele Völker zermalmest
und MIR zubannest ihren Gewinn,

ihr Vermögen dem Herrn aller Erde.

– Ritzen magst du dich nun,
Tochter der Rottenstreife!
In Einengung hat man uns versetzt,
mit dem Stecken schlagen sie auf die Wange
den Richter Jifsraels!
Du aber, Betlehem-Efrat,
gering, um zu sein
unter den Tausendschaften Jehudas,
aus dir fährt mir einer hervor,
in Jifsrael Walter zu sein,
dessen Ausfahrt ist von urher,
von den Tagen der Frühzeit.
[Drum gibt Er sie hin bis zur Zeit nur,
da die Gebärerin hat geboren,
dann kehrt der Überblieb heim seiner Brüder
samt den Söhnen Jifsraels.]
Hin tritt er und weidet in SEINER Macht,
im Stolze SEINES, seines Gottes, Namens,
sie aber siedeln,
denn groß wird er nun
bis an die Ränder des Erdlands.
Dieser wird Friede sein:
wenn Assyrien in unser Land kommt,
in unsre Paläste dringt,
erstellen wir gegen es
sieben Weidehirten,
acht Menschenherzöge,
die weiden Assyriens Land mit dem Schwert,
Nimrods Land mit gezücktem Stahl,
so rettet er vor Assyrien,
wenn es in unser Land kommt,
wenn es in unsre Gemarkung dringt.

Werden soll der Rest Jaakobs
der Völkermenge innen
wie Tau von IHM her,
wie Streifschauer überm Gekräut,
das auf einen Mann nicht wartet,

auf Menschensöhne nicht harrt.
Werden soll der Rest Jaakobs
unter den Weltstämmen,
der Völkermenge innen
wie unterm Waldgetier ein Löwe,
wie unter Schafherden ein Jungleu,
zieht hindurch er, dann stampft er nieder,
zerfleischt, und keiner ist, der errette.
  – Erhöht sei deine Hand
` über deine Bedränger,
  all deine Feinde
  mögen ausgerottet werden! –

Geschehn wirds an jenem Tag,
ist SEIN Erlauten,
da rotte ich aus
deine Rosse aus deiner Hütte,
schwinden lasse ich deine Gefährte,
da rotte ich aus
die festen Städte deines Lands,
da reiße ich nieder
deine Bollwerke alle,
da rotte ich aus
die Zauberkünste dir aus der Hand,
Tagewähler bleiben dir nicht,
da rotte ich aus
deine Meißelbilder und deine Malsteine
dir aus dem Innern,
nicht mehr wirfst du dich hin
dem Gemächt deiner Hände,
da reute ich
deine Pfahlbäume dir aus dem Innern.
Aber da tilge ich
deine Bedränger,
aber da übe ich
in Zorn und Grimmglut
an den Weltstämmen Ahndung,
die nicht haben hören wollen.

Höret doch, was ER spricht:
»Auf! sag den Streit auf die Berge zu an,
daß die Hügel hören deine Stimme!«
Hört, ihr Berge, SEINEN Streit
und ihr Urständigen, Gründe der Erde!
Denn einen Streit hat ER mit seinem Volk,
mit Jiſsrael rechnet er ab.

– Mein Volk,
was habe ich dir getan?
und womit habe ich dich ermüdet?
überantworte mich!
Ja, ich habe dich heraufsteigen lassen
aus dem Lande Ägypten,
aus dem Haus der Dienstbarkeit
habe ich dich abgegolten,
vor dir her habe ich Mosche gesandt,
Aharon und Mirjam.
Mein Volk,
gedenke doch,
was Balak ratschlagte, der König von Moab,
und was ihm Bilam Sohn Bors antworten mußte,
wie es von Schittim an war bis nach Gilgal,
damit du MEINE Bewährungen erkennest!

– Womit soll ich entgegenkommen IHM,
mich bücken vor dem Gott der Höhe?
Soll ich ihm entgegen mit Darhöhungen kommen,
mit einjährigen Kälbern?
schätzt zugnaden ER Tausende von Widdern,
Mengen von Ölbächen?
soll um meine Abtrünnigkeit meinen Erstling ich geben,
um meine Seelenschuld die Frucht meines Leibes?

– Angesagt hat mans dir, Mensch,
was gut ist,
und was fordert ER von dir sonst
als Gerechtigkeit üben und in Holdschaft lieben
und bescheiden gehen mit deinem Gott!

SEINE Stimme ruft der Stadt zu
– Verwirklichung ist ihr,
der deinen Namen ersieht –:
Höret, Stabschaft
und wer das bestellt hat!
Gibts wirklich noch im Hause des Frevlers
Schätze des Frevelwerks
und das Scheffelmaß, das die Auszehrung hat,
das verwünschte?!
Kann ich für lauter erklären
bei einer Waage des Frevelwerks
und bei einem Beutel von Steinen des Betrugs
sie, in der die Reichen voll sind der Unbill,
in der die Ansässigen lügenhaft reden
und ihre Zunge ist ihnen trügrisch im Mund!
So schlage auch ich, Mann, dich nun krank,
verstarrt deiner Sünden wegen.
Wohl issest du, wirst aber nicht satt,
deine Flauheit bleibt dir im Innern.
Du schwängerst, aber sie kann hervorbringen nicht,
bringt eine doch hervor, gebe ichs dem Schwert.
Wohl säest du, erntest aber nicht,
wohl kelterst Oliven du, salbst aber mit Öl nicht,
und Most, trinkst aber nicht Wein.
Man hat sich an die Satzungen Omris gehalten
und an alles Tun des Hauses Achabs,
in deren Ratschlägen seid ihr gegangen,
auf daß ich dich hingebe dem Erstarren,
und ihre Ansässigen dem Gezischel,
die Schmach meines Volks müßt ihr tragen.

Weh wehe mir!
oh, geworden bin ich,
wie wann die Obsternte geheimst ist,
wie wann man aufgepflückt hat beim Herbsten:
keine Traube zum Essen!
nach einer Frühfeige begehrt meine Seele.
Verschwunden ist vom Erdreich der Holdmütige,
kein Gerader ist mehr unter den Menschen,
sie alle lauern auf Blut,
jedermann seinen Bruder
jagen sie mit dem Garn.
Für das Böse gibts Hände genug,
es aufs beste auszuführen:
der Fürst heischt,
der Richter ist für Zahlung zu haben,
und der Große selber redet die Gier seiner Seele heraus,
so drehen sies zurecht.
Ihr Bester ist wie ein Stachelgewächs,
der »Gerade« einem Heckendorn voraus.
Deiner Späher Tag,
deine Zuordnung kommt,
jetzt muß ihre Verwirrung geschehn. –
Nimmer dürft ihr dem Genossen vertrauen,
nimmer euch auf den Gefährten verlassen!
vor ihr, die dir im Schoß liegt,
hüte die Pforten deines Munds!
denn der Sohn verschändet den Vater,
die Tochter steht wider ihre Mutter,
die Schnur wider ihre Schwieger,
des Mannes Feinde
sind die Leute seines Hauses.
Ich aber spähe nach IHM aus,
harre auf den Gott meiner Freiheit,
erhören wird mich mein Gott.

– Meine Feindin, freu dich mein nimmer!
Wenn ich fiel, stehe ich wieder auf,
wenn ich in Finsternis sitze,
ER ist mir Licht.

Tragen will ich SEIN Dräuen
– denn ich habe gesündigt an ihm –,
bis daß meinen Streit er streitet,
dartut mein Recht,
ans Licht führt er mich hinaus,
seine Bewahrheitung sehe ich an.
Sehen wirds meine Feindin,
und Scham wird einhüllen sie,
die zu mir spricht:
»Wo ist ER, dein Gott!«
Meine Augen werden sie ansehn:
schon ist sie zum Trott geworden
wie Gassenkot.

– Ein Tag ists, Stadt,
deine Gehege zu erbauen,
an demselben Tag fernt sich die Grenze.
Desselben Tags, da kommt man zu dir
von Assyrien her bis zu Ägypten,
von Ägypten bis zum Strom,
ans Meer meerher, bergab bergauf.
Jenes Erdland wird aber zur Starrnis
seiner Insassen wegen,
ob der Frucht ihrer Handlungen.

– Mit deinem Stabe weide dein Volk,
die Schafe deines Eigentums,
die wohnen für sich, ein Gehölz
in eines Fruchtgartens Mitte!
Laß beweiden sie Baschan und Gilad
wie in den Tagen der Vorzeit!
Wie in den Tagen, da du ausfuhrst
von dem Lande Ägypten,
laß Wunder uns sehn!
Die Weltstämme sollens sehn und sich schämen
all ihrer Heldengewalt,
sie legen die Hand auf den Mund,
die Ohren sind ihnen betäubt.
Wie die Schlange Staub müssen sie lecken,

wie was auf der Erde schleicht
herbeizittern aus ihren Verliesen,
sie beben DIR unserm Gotte zu,
sie fürchten sich vor dir.

Wer ist Gottheit wie du,
Verfehlung tragend,
hinwegschreitend über Abtrünnigkeit
dem Rest seines Eigentums!
der nicht auf ewig festhält seinen Zorn,
denn es verlangt ihn nach Huld!
der nun rückkehrend sich unser erbarmt,
unsre Verfehlungen bezwingt!
Ja, werfen wirst du all ihre Sünden
in die Strudel des Meers,
Treue wirst du dem Jaakob schenken,
Huld dem Abraham,
die du zugeschworen hast unseren Vätern
von den Urtagen her.

NACHUM

Lastwort um Ninive,
Buch der Schau Nachums des Elkoschiters.

Ein eifernder ahndender Gott ist ER,
ahndend ER und Meister des Grimms,
ahndend ER an seinen Bedrängern
und grollend ist er seinen Feinden.
ER ist langmütig, groß an Kraft,
aber strafledig ledigt er nicht,
ER, durch Wetter und Windsbraut sein Pfad
und Gewölk der Staub seiner Füße,
der das Meer beschilt und trocknet es aus,
alle Ströme macht er versiegen,
welken muß Baschan und Karmel,
die Blüte des Libanons welken.
Berge schüttern von ihm her,
und die Hügel lockern sich auf,
vor seinem Antlitz hebt sich das Land,
der Erdkreis und alle die darauf siedeln.
Seiner Rüge ins Antlitz wer bliebe aufrecht,
wer bestünde im Flammen seines Zorns!
seine Grimmglut leckt wie Feuer,
Felsen zerspringen von ihm her.
Gütig ist ER,
eine Schutzwehr am Tag der Bedrängnis,
er kennt, die sich an ihm bergen,
doch mit überherfahrendem Schwall
macht den Garaus er dem Ort, draus sie kam,
seinen Feinden jagt die Finsternis nach.

Was sinnet ihr IHM an!
den Garaus macht er,
nicht zweimal ersteht die Bedrängnis.
Denn seien zu Gestrüpp sie verstrickt
und wie von ihrem Zechtrank durchtränkt,
sie werden verzehrt
wie dürre Stoppeln vollauf:
von dir ist ausgegangen,

der Böses sann wider Ihn,
der Ruchloses berät.
So hat Er gesprochen:
»Ob sie auch unversehrt, ihrer so viel sind,
so werden sie doch abgemäht
und es ist vorüber, –
habe ich dich aber gebeugt,
nicht beuge ich dich nun mehr,
jetzt zerbreche ich sein Gestäng von dir ab,
deine Bande sprenge ich auf.«
Über dich da aber hat Er entboten:
»Deines Namens werde nicht mehr besamt,
vom Haus deiner Götter rotte ich Schnitzwerk und Gußbild,
dein Grab errichte ich draus,
denn nichtswürdig bist du gewesen.«

Da,
auf den Bergen
die Füße eines Märebringers,
der hören läßt: Friede!
Deine Festreihn reihe, Jehuda,
zahle deine Gelübde,
denn nicht überzieht dich hinfort der Ruchlose mehr,
er wird allsamt ausgerottet.
Dir widers Antlitz steigt der Zertrümmrer hinan: –
wache vom Wachtturm!
späh auf den Weg!
festige die Lenden!
verstärke mächtig die Kraft!
Ja denn,
wiederkehren läßt Er
die Hoheit Jaakobs
wie die Hoheit Jiſsraels,
denn verwüstet haben sie die Verwüster
und haben ihre Ranken verderbt.

Der Schild seiner Helden ist rotgefärbt,
die Wehrmänner karmesingewandet,
in der Stahlbeschläge Feuerglanz das Fahrzeug

– am Tag, da ers gerüstet hat –,
und die Reisigen sind schleiergeschmückt
Auf den Straßen rasen die Gefährte,
überrennen sich auf den Plätzen,
ihr Ansehn ist wie der Fackeln,
wie Blitze fahren sie drein.
Nun ruft er seine Tapfern zusammen,
sie stolpern auf ihren Gängen,
eilen auf die Stadtmauer zu,
das Schutzdach wird zugerüstet.
Die Stromtore öffnen sich,
die Palasthalle wankt, widersteht noch,
da, verschleppt wird, hinweggehoben
sie, deren Mägde wimmern
– gleich der Stimme von Tauben ists –
und schlagen sich auf ihr Herz:
Ninive,
einem Becken der Wasser gleich
von ihren Urtagen her,
jetzt aber fliehen die –
»Haltet ein! haltet!«,
doch keines wendet sich.
»Plündert Silber! plündert Gold!«
Kein Ende hat das Gepränge,
der Ehrenschein
aus allerart kostbarem Gerät!
Leerung, Ausleerung, Verheerung!
Zerrinnendes Herz,
Schlottern der Knie,
ein Krampf in allen Lenden,
aller Antlitze holen Siedeglut auf.
Wo ist nun das Gehege der Leuen,
was für die Jungen ein Weideplatz war,
da sich Leu, Löwin erging,
Leuenbrut, die keiner scheucht?
der Leu raubte seiner Brut zur Genüge,
für seine Löwinnen würgte er,
füllte seine Höhlen mit Raub,
mit Geraubtem seine Gehege.

Wohlan, ich will an dich,
Erlauten ists von Ihm dem Umscharten,
in Rauch lasse ich ihr Fahrzeug verbrennen,
das Schwert frißt deine Jungen,
ich rotte deinen Raub von der Erde,
die Stimme deiner Boten wird nicht mehr gehört.

Weh, Stadt des Blutvergießens!
allsamt ist sie Betrug,
des Übergriffs voll,
nie weicht das Rauben!
Peitschenschall,
Schall rasselnden Rads,
galoppierenden Rosses,
aufhüpfenden Fahrzeugs!
Bäumende Reisige,
Lohe des Schwerts,
Lanzenblitz!
Durchbohrte in Menge,
Tote in Haufen,
kein Ende des Leichenfelds,
man strauchelt über ihre Leichen!
Um die Menge der Hurerei
der Hure, der Reiztüchtigen,
Meistrin der Zauberränke,
die durch ihr Huren Stämme verkaufte,
durch ihre Zauberränke Sippen!
Wohlan, ich will an dich,
Erlauten ists von Ihm dem Umscharten,
deine Schleppen decke ich auf, dir ins Antlitz,
lasse Stämme sehn deine Blöße,
Königreiche deinen Schimpf.
Ich bewerfe dich mit Scheusäligkeit,
ich verschände dich,
mache dich einem Schaustück gleich.
Es soll geschehn,
allwer dich ansieht, weist dir den Nacken,
spricht: »Gewaltigt ist Ninive,
wer noch nickte ihr zu!«

Woher soll ich Tröster dir suchen?

Bist besser du als Amons Theben,
die innerhalb der Flußarme siedelt,
Wasser rings um sie her,
der ein meerhafter Wall,
vom Meer her, Mauer war?!
Äthiopien war ihre Stärke
und Ägypten, ohne Ende,
Put und die Libyer ihre Helfer.
Auch sie ist zur Verschleppung gegangen,
in die Gefangenschaft,
auch ihre Kinder wurden zerschmettert
zuhäupten aller Straßen,
über ihre Geehrten warf man das Los,
all ihre Großen wurden mit Ketten gefesselt.
Auch du trinkst dir den Rausch, wirst umnachtet,
Bergung suchst auch du dir vor dem Feind.
Alle deine Bollwerke,
Feigenbäume mit Frühfrüchten sinds:
werden sie geschüttelt,
fallen dem Verzehrer sie in den Mund.
Deine Volksmannen, wohl,
Weiber sinds drinnen bei dir,
geöffnet, offen stehn deinen Feinden
die Tore deines Landes,
Feuer hat deine Riegel gefressen.
Für die Einengungszeit schöpfe dir Wasser,
befestige deine Bollwerke,
in den Lehm geh, stampfe den Ton,
fasse die Ziegelform:
dort wird dich verzehren das Feuer,
[wird dich ausrotten das Schwert,]
dich wie den Grashüpferschwarm fressen.

Gewichtige dich nur wie der Grashüpferschwarm,
gewichtige dich nur wie der Heuschreck
– über die Sterne des Himmels
hast du ja deine Krämer gemehrt! –:

entpuppt verfliegt doch der Grashüpfer sich.
Deine Patrone sind wie der Heuschreck,
deine Präfekten wie das Sprenger-Gespreng,
die sich an die Wände lagern
am Tag der Kälte, –
die Sonne erstrahlt und das schwindet,
und nie kennt man mehr seinen Ort:
wo mögen sie sein?

˒ Deine Hirten schlummern,
König von Assyrien,
deine Tapfern ruhn,
dein Volk, zerstoben sind sie auf den Bergen,
und keiner ist, der zusammenholt.
Deinem Niederbruch ist keine Lindrung,
dein Geschlagensein quält,
alle, die von dir Vernehmen vernahmen,
klatschen über dich in die Hände,
denn über wen war nicht stetig
deine Bosheit ergangen!

CHABAKKUK

Lastwort,
das Chabakkuk der Künder schauend empfing.

»Bis wann noch, DU!«
habe ich gefleht
und du hörst nicht,
ich schreie zu dir: »Gewalt!«
und du befreist nicht.
Warum lässest Arg du mich sehn
und blickst der Peinigung zu?
Unbill ist und Gewalttat vor mir,
Streit geschieht und Hader erhebt sich.
Deshalb gerinnt die Weisung,
zu Dauer fährt das Recht nicht hervor,
denn der Frevler umzingelt den Bewährten, –
deshalb fährt ein Recht aus, das verkrümmt ist.

Auf die Weltstämme seht, blicket hin,
erstaunet, staunet euch an!
denn in euren Tagen wirkt einer ein Werk,
nie glaubtet ihrs, würde es erzählt.
– Denn wohlan, die Chaldäer stelle ich auf,
den rauhen und raschen Stamm,
der die Weiten der Erde durchwandert,
Wohnplätze zu ererben, die nicht sein sind.
Gräßlich und furchtbar ist er,
von ihm selber fährt aus
sein Recht und seine Erhobenheit.
Leichter sind seine Rosse als Pardel,
schärfer als Steppenwölfe,
seine Reisigen reißen drein,
fernher kommen seine Reisigen, fliegen,
wie ein Geier hastet zum Fraß.
Zu Gewaltigung kommts allsammt,
ostwärts ist ihrer Antlitze Gleis,
Gefangne rafft er wie Sand.
Der treibt mit Königen Spott,
Würdenträger sind ihm ein Gelächter,

der verlacht alles Bollwerk,
Erdstaub schichtet er auf und eroberts,
dann wechselt der Wind, er zieht ab.

– Und er verschuldet sich:
diese seine Kraft wird ihm zum Gott!
Bist du nicht von urher mein Gott, DU,
mein Heiliger? wir werden nicht sterben!
DU, zum Gericht nur hast du eingesetzt ihn,
Fels, zum Ermahnen nur hast du ihn gegründet.
Du, an Augen zu rein, daß du Bösem zusähst,
der auf Pein du nicht zu blicken vermagst,
warum solltest du nun zublicken den Tückischen,
stumm bleiben, wenn der Frevler den Bewährtern verschlingt?
Du machtest den Menschen den Seefischen gleich,
dem Gewürm gleich, über das niemand waltet!
Alles hat er mit dem Hamen gezogen,
schleift in seinem Netze er fort,
rafft in seinem Garne er ein,
darum freut er sich und jubelt,
darum schlachtet er seinem Netz,
räuchert er seinem Garn,
denn durch sie ist sein Anteil fett
und mastig sein Fressen.
Darf darum er leeren sein Netz,
darf stets er
Stämme würgen, nichts schonend?

»Auf meine Wacht will ich treten,
auf den Wartturm mich stellen,
und ausspähn, um zu sehen,
was er an mich will reden,
was ich erwidern darf
auf meine Mahnung.«
ER antwortete mir,
er sprach:
Schreib nieder die Schau,
klar prägs auf die Tafeln,
daß sie ihrem Leser geläufig sei.

Denn noch ist es Schau auf die Frist,
doch es haucht dem Ende zu,
es täuscht nicht,
wenn es zaudert, harre sein,
denn kommen, kommen wirds,
es bleibt nicht aus.
Da, gebläht ist sie,
in jenem nicht gerad seine Seele,
dieweil der Bewährte
leben wird durch sein Vertrauen.
Ja, der Tückische nimmts leicht gar,
der giergeschwollene Mann,
der nie innehaltende,
der wie die Gruft aufsperrt seine Seele,
wie der Tod ist er, wird nicht satt:
an sich rafft alle Weltstämme er,
holt heran alle Völker sich.
Werden nicht ein Gleichwort erheben
über ihn einst all diese
ein Spottlied, Rätsel auf ihn?
Man wird sprechen:

Weh,
der mehrt, was nicht sein ist
– bis wann denn? –,
und lastet Pfänder sich auf!
Werden nicht plötzlich deine Beißer erstehn
und deine Rüttler erwachen,
daß du ihnen zum Raubgut wirst!
Weil du viele Stämme geplündert hast,
plündert dich nun all der Völkerrest aus,
um das Blut der Menschen, die Gewalttat am Land,
der Stadt und allen, die darin siedeln.

Weh,
der seinem Haus böse Ausbeutung beutet,
um in die Höhe zu setzen sein Nest,
sich vor der Faust des Bösen zu retten!
Beraten hast du Schmach deinem Haus,
viele Völker zu verstümmeln,

deine Seele versündigend.
Denn der Stein aus der Wand wird schreien,
der Sparren aus dem Holz ihm erwidern.

Weh,
der die Burg mit Bluttat erbaut
und errichtet die Stadt mit Verfälschung!
Ist nicht von IHM dem Umscharten her dies:
»Mühen sollen sich Völker fürs Feuer,
Nationen fürs Leere ermatten!«
Denn: »Füllen muß sich das Erdland
mit der Erkenntnis MEINER Erscheinung,
wie die Wasser das Meerbett decken.«

Weh,
der seinem Genossen einschenkt
– deinen Geifer mischest du bei! –
und gar berauscht macht,
um ihre Blöße anzublicken!
Du hast dich an Schande gesättigt
statt an Ehrenschein,
trink auch du und entblöße dich!
Auf dich zu kreist nun der Becher
aus SEINER Rechten, –
Schandgespei auf deine Ehre!
Denn die Gewalttat am Libanon
wird zudecken dich,
die Unbill an den Tieren
wird dich stürzen.
Um das Blut der Menschen,
die Gewalttat am Land,
der Stadt und allen, die darin siedeln!

Was frommte das Schnitzwerk,
daß sein Bildner es schnitzte,
das Gegoßne und der Lügen-Unterweiser?
daß der Bildner seiner Bildung sich darauf verließ,
um stumme Gottnichtse zu machen?
Weh,
der zum Holze spricht:

»Wach auf!«,
»Ermuntre dich!«
zum schweigenden Stein!
Das soll unterweisen?!
Da, in Gold und Silber gefaßt ist das,
und allweg ist ihm im Innern kein Geistbraus.
ER aber
in der Halle seines Heiligtums –
still vor seinem Antlitz,
o alle Erde!

Flehruf Chabakkuks des Künders
[nach der »umirrenden« Weise].

DU, Vernehmen vernahm ich von dir,
fürchtend, DU, erfuhr ich dein Wirken, –
in den nahenden Jahren
lasse aufleben es,
in den nahenden Jahren
gibs zu erkennen,
im Grimm-Erbeben denk des Erbarmens!

Gott, von Teman kommt er,
der Heilige vom Parangebirg.
   / Empor! /
Den Himmel verdeckt seine Hehre,
sein Ruhm füllt das Erdreich,
daß es scheinend wie von Sonnenlicht wird,
Strahlen sind ihm zur Seite,
und Versteck ist doch dort seiner Macht.
Die Seuche geht vor ihm her,
in seiner Fußspur zieht die Pest aus.

Er steht auf,
da macht das Erdreich er schwanken,
er sieht hin,
da sprengt die Weltstämme er,
schon bersten die ewigen Berge,
einsinken die Urzeitshügel, –
vorzeitliche Gänge sinds ihm.
Unter dem Harm
– ich sehe die Zelte von Kuschan –
beben im Lande Midjan die Behänge.

Ist wider Ströme entflammt,
DU, wider die Ströme dein Zorn,
widers Meer dein Überwallen,
daß dus auf deinen Rossen befährst,
deinem Fahrzeug der Befreiung?
   Möge sich zu Blöße dein Bogen entblößen:
   jene Schwüre verdrängen den Urteilsspruch!
   / Empor! /

Ströme spaltest du zu Erdreich,
dich sahn die Berge, sie zittern
der Wetterschwall des Wassers stürzt nieder,
ihren Hall gibt die Wirbelflut aus,
in der Höhe streckt ihre Hände die Sonne,
der Mond bleibt in seinem Söller stehn,
Beim Licht deiner Pfeile, vergehn sie,
beim Blitzesschein deines Speers.

Im Groll schreitest über die Erde,
im Zorn stampfst Weltstämme du.
Du ziehst aus, deinem Volke zur Freiheit,
zur Freiheit für deinen Gesalbten,
du zerhaust dem Frevlerhause das Haupt,
blößest den Grund bis zum Hals.
    / Empor! /

Mit seinen eigenen Stöcken
durchbohrst du das Haupt seiner Mannschaft.
Sie stürmen an, uns zu zerstreuen,
ihr Frohlocken ist,
als könnten sie den Armen im Verborgenen verzehren, –
da stampftest du seine Rosse in das Meer,
den Schlamm der großen Wasser.

Das vernahm ich,
mein Leib erbebte,
meine Lippen ergellten vom Hall,
Morschheit kam in meine Gebeine,
ich bebte an meinem Platz, –
der auf den Tag der Drangsal ich ruhn muß,
daß er heransteige für das Volk,
das sich wider uns rottet.

Mag denn die Feige nicht blühn,
kein Ertrag an den Weinstöcken sein,
der Trieb des Ölbaums versagen,
die Flur Speise nicht treiben,
die Schafe der Hürde entrissen
und kein Rind mehr sein in den Ställen:

ich, freuen will ich mich SEIN,
jubeln des Gotts meiner Freiheit.
ER, mein Herr, ist meine Kraft,
er läßt meine Füße wie der Hindinnen werden,
auf meine Kuppen läßt er mich treten.

Für den Chorleiter, mit Saitenspiel.

ZFANJA

Seine Rede,
die geschah zu Zfanja Sohn Kuschis Sohns Gdaljas Sohns
    Amarjas Sohns Chiskijas
in den Tagen Joschijahus Sohns Amons, Königs von Jehuda.

Ich raffe, raffe alles
vom Antlitz des Bodens hinweg,
ist Sein Erlauten.
Ich raffe Mensch und Vieh,
raffe Vogel des Himmels und Fische des Meers,
die Strauchelnden mit den Frevlern,
ich tilge den Menschen
vom Antlitz des Bodens hinweg,
ist Sein Erlauten.

Meine Hand strecke ich wider Jehuda
und wider alle Siedler Jerusalems
und tilge von diesem Ort
den Rest des Baalstreibens
und den Namen der Pfaffen
mitsamt den Priestern.
– So die auf den Dächern sich niederwerfen
der Himmelsschar,
so die sich niederwerfen, Ihm zugeschworen
und ihrem Molech verschworen zugleich,
so die Seiner Nachfolge entwichen,
welche Ihn nicht mehr suchen
und nicht nach ihm fragen. –

    – Still vor meinem Herrn, Ihm!
    ja, nah ist Sein Tag,
    ja, gerüstet hat Er ein Schlachtmahl,
    zugeheiligt seine Geladnen.
    Geschehn wird das am Tag Seines Schlachtmahls:

– Zuordnen will ichs den Fürsten
und den Königssöhnen
und allen, die in Fremdkleid sich kleiden,
zuordnen will ich es allem,
was über die Schwelle hüpft,

an jenem Tag,
ihnen, die ihres Herren Haus füllen
mit Unbill und Betrug.

Geschehn wirds an jenem Tag,
ist SEIN Erlauten:
vom Fischtor her hallt Geschrei,
vom Zweitbezirk her Jammern,
von den Hügeln her großer Zusammenbruch.
Heult, ihr Siedler des Mörsers!
geschweigt wird alles Volk ja der Krämer,
ausgetilgt alle Silberwäger.

Geschehn wirds zu jener Frist:
ich durchforsche Jerusalem mit Leuchten,
ich ordne den Männern es zu,
die stocken auf ihren Hefen,
die sprechen in ihrem Herzen:
Nicht Gutes tut ER und nicht Böses!
Ihre Habe soll zur Plünderung werden,
ihre Häuser zur Verstarrung.
Häuser bauen sie –
sie werden die nicht besiedeln,
Rebhänge pflanzen sie –
ihren Wein werden sie nicht trinken.

– Nah ist SEIN großer Tag,
nahe und eilend sehr,
der Hall SEINES Tags ist bitter,
erdröhnen läßts da der Held.
Des Überwallens Tag ist jener Tag,
Tag von Angst und Bedrängnis,
Tag von Windsbraut und Wirbelwind,
Tag von Finsternis und Verdüstrung,
Tag von Wolke und Wetterdunkel,
Tag von Posaune und Schmettern
über die umwehrten Städte,
über die ragenden Zinnen.

– Angst lasse ich der Menschheit werden,
daß sie wie Blinde einhergehn,

denn an MIR haben sie gesündigt,
ihr Blut wird verschüttet wie Staub
und ihr Lebenssaft wie Kot.
– Auch ihr Silber, auch ihr Gold
vermag sie zu retten nicht
am Tag SEINES Überwallens.
Im Feuer seines Eifers
verzehrt wird alles Erdreich,
Garaus im Grausen macht er
allen Siedlern des Erdreichs.

Stoppelt zusammen euch, stoppelt ein,
o Stamm, der sich scheuen nicht kann,
eh das Festgesetzte wird geboren
– wie Spreu dahin fährt der Tag –,
nicht ehe über euch kommt
die Flamme SEINES Zorns,
nicht ehe über euch kommt
der Tag SEINES Zorns!
Suchet IHN,
all ihr Gedemütigten des Erdlands,
die auswirken sein Recht!
Suchet Bewährung,
suchet Demut,
vielleicht werdet ihr geborgen
am Tage SEINES Zorns.

Denn Gasa, vergessen wirds,
und Askalon zur Starrnis,
Aschdod, in der Mittagshelle treibt man es aus,
und Ekron, »Wurzellos«, wird entwurzelt.
Weh, Sassen des Meeresstrichs,
Stamm der Kreter!
wider euch SEINE Rede:
– Kanaanäisches Land der Philister,
schwinden lasse ich dich,
daß kein Insasse bleibt.
– Aus dem Meeresstrich sollen werden
»Krater«-Gelasse der Hirten
und Schafpferche.
Der Strich soll werden
dem Überrest des Hauses Jehuda,
darauf sollen sie weiden,
in den Häusern von Askalon
sollen sie lagern am Abend,
denn ER, ihr Gott, ordnets ihnen zu,
läßt ihnen Wiederkehr kehren.

– Ich habe Moabs Höhnen vernommen
und die Schmähungen der Söhne Ammons,
womit sie schmähten mein Volk,

großtaten wider ihre Gemarkung.

Darum, sowahr ich lebe,
Erlauten ists von Ihm dem Umscharten, dem Gott Jifsraels,
ja, Moab soll Sodom gleich werden,
die Söhne Ammons Gomorra gleich,
Wicken-Gewucher, Salz-Kratergrube,
Starrnis auf Weltzeit.
Der Rest meines Volks soll sie plündern,
der Überblieb meines Stamms sie beerben.
– Dies sei ihnen für ihre Hoffart,
daß sie gehöhnt, großgetan haben
wider Sein des Umscharten Volk.

Furchtbar ist Er über ihnen,
ja, er verschrumpft alle Götter des Erdlands,
daß sich niederwerfen müssen vor ihm
ein jedes von seinem Ort aus,
alle Küsten der Weltstämme.
Auch ihr, Äthiopier!:
»Von meinem Schwert Durchbohrte sind sie!«
Er streckt seine Hand gegen Norden,
Assyrien läßt er verschwinden,
macht Ninive zur Starrnis,
ausgedörrt gleich einer Wüste:
Herden lagern ihm inmitten,
allerart Schwarmgetier,
so Dohle, so Eule
nachten auf seinen Knäufen,
der Hall singt durchs Fensterloch
[Verödung ist auf der Pfoste,
denn das Zedernwerk blößte er ab]:
Ist dies die fröhliche Stadt,
die gesichert saß,
die in ihrem Herzen sprach:
»Ich und nirgendwas sonst!«
Wie ist sie zur Starrnis worden,
ein Lagerplatz dem Getier,
allwer dran vorüberwandert
zischelt, schwenkt seine Hand.

Weh, Befleckte, Besudelte,
du quälerische Stadt!
Sie hört nicht auf die Stimme,
sie nimmt Zucht nicht an,
sie will sich nicht sichern an IHM,
sie naht nicht ihrem Gott.
Ihre Obern drinnen bei ihr,
˗ brüllende Löwen sinds,
ihre Richter Steppenwölfe,
die an den Morgen nichts zu malmen mehr haben,
ihre Künder überschäumend,
Männer der Treulosigkeit,
ihre Priester stellen das Geheiligte preis,
vergewaltigen die Weisung.
ER ist bewährt, ihr im Innern,
er übt nicht Verfälschung,
Morgen um Morgen
gibt sein Recht er ans Licht,
nie wird es vermißt, –
doch der Falsche kennt nicht die Scham.

– Ausgerottet habe ich Stämme,
verstarrt sind ihre Zinnenburgen,
geödet habe ich ihre Straßen,
daß sie ohne einen Wanderer blieben,
verheert sind ihre Städte,
daß sie ohne Mann blieben, kein Insasse drin.
Ich sprach: »Nun sollst du mich fürchten,
sollst Zucht annehmen!« –
daß ihr Gehege nicht werde gerodet,
allwie ichs ihr zugeordnet hatte.
Sie jedoch gingen nur früher noch dran,
verderbten ihre Handlungen alle.
Darum: wartet nur auf mich,
ist SEIN Erlauten,
auf den Tag, da ich stehe als Bezeuger!
Denn mein Recht ists, die Stämme herzuraffen,
zuhauf die Königreiche zu holen,

meinen Groll über sie zu schütten,
alle Flamme meines Zorns,
denn im Feuer meines Eifers
verzehrt wird alles Erdland.

Dann aber wandle den Völkern ich an
eine geläuterte Lippe,
– daß sie alle ausrufen SEINEN Namen,
mit geeinter Schulter ihm dienen. –
Von jenseits der Ströme Äthiopiens,
das Flehen der Maid »Verstreuung«
bringen sie als Spende mir dar.
An jenem Tag
brauchst du dich nicht zu schämen
all deiner Handlungen,
womit du mir abtrünnig wurdest,
denn dann schaffe ich aus dem Innern dir weg
deine vergnügten Hochgemuten,
dich zu überheben fährst nicht mehr du fort
auf dem Berg meines Heiligtums.
Resten lasse ich dir im Inneren
ein Volk, gebeugt und verarmt,
sie bergen sich an MEINEM Namen,
der Überrest Jifsraels.
Sie üben nicht Verfälschung,
sie reden Täuschung nicht,
nicht wird in ihrem Mund gefunden
eine Zunge der Hinterlist.
Ja, die weiden, sie lagern,
und keiner scheucht auf.

– Juble, o Tochter Zion!
schmettert ihr, Jifsrael!
freue und vergnüge dich
mit aller Herzensmacht,
Tochter Jerusalem!
Weggeschafft hat ER deine Strafgerichte,
fortgeräumt deinen Feind.
der König von Jifsrael,
ER, ist drinnen bei dir,

du wirst Böses nicht mehr besehn.
An jenem Tag wird gesprochen
zu Jerusalem:
Nimmer sollst du erschauern!
Zion,
nimmer sollen deine Hände erschlaffen!
ER, dein Gott, ist drinnen bei dir,
ein Held, der befreit,
Er entzückt sich an dir in der Freude:
bald verstummt er in seiner Liebe,
bald jauchzt er im Jubel um dich.

- Die Bekümmerten, fern dem Begegnungsfest,
sammle ich herbei
- von dir sind sie doch! -,
weg von da, wo sie Hohn um dich tragen.
Wohl, ich mache mich an all deine Zwingherrn
zu jener Zeit,
ich befreie das Hinkende,
das Versprengte hole ich zuhauf,
ich setze sie ein zum Lobpreis
und zum Ruhm in allem Erdland ihre Schande.
Zu jener Zeit lasse herein ich euch kommen,
zu eben der Zeit, da ich euch holte,
ja, ich gebe euch zum Ruhm und zum Lobpreis
unter allen Völkern der Erde,
wann ich vor ihren Augen euch Wiederkehr kehren lasse.
ER hats gesprochen.

CHAGGAJ

Im zweiten Jahr des Königs Darius,
in der sechsten Mondneuung, am ersten Tag auf die Neuung
geschah SEINE Rede durch Chaggaj, den Künder,
an Serubbabel Sohn Schealtiels, Viztum von Jehuda, und an
   Jehoschua Sohn Jehozadaks, den Großpriester, der Spruch:
So hat ER, der Umscharte gesprochen, den Spruch:
Dieses Volk, sie sprechen:
Noch ist die Zeit nicht, daß es komme,
die Zeit für SEIN Haus, erbaut zu werden.
Doch SEINE Rede geschah durch Chaggaj den Künder, der
   Spruch:
Ist für euch selber die Zeit,
in euren getäfelten Häusern zu sitzen,
und dieses Haus ist verödet?!
Und nun,
so hat ER der Umscharte gesprochen,
richtet euer Herz auf eure Wege!
Gesät habt ihr viel,
doch der Einkunft ist wenig,
gegessen,
aber keinmal zur Sättigung,
getrunken,
aber keinmal zum Rausch,
euch gekleidet,
aber keinmal, daß einem warm würde,
und wer um Lohn sich verdingt,
dingt sich um Lohn in löchrigen Beutel.
So hat ER der Umscharte gesprochen:
Richtet euer Herz auf eure Wege!
Ersteigt den Berg,
bringt Holz herbei
und baut das Haus,
daß ichs annehme zugnaden
und mich erscheinige!
hat ER gesprochen.
Nach vielem gewendet,
da, zu wenigem wards,
und ließt ins Haus ihrs einkommen,
blies ich darein.

Weswegen?
ist SEIN des Umscharten Erlauten.
Wegen meines Hauses,
daß es verödet ist,
und ihr rennt, jedermann für sein Haus!
Drum verhaftet über euch der Himmel den Tau
und die Erde verhaftet ihr Wachstum.
Ich rief eine Ödung
über die Erde, über die Berge,
übers Korn, über den Most, über den Olivensaft,
über was die Erde hervortreibt,
über den Menschen, über das Vieh,
über allen Mühertrag der Hände.

Es hörte Serubbabel Sohn Schealtiels und Jehoschua Sohn
 Jehozadaks, der Großpriester,
und aller Überrest des Volkes
auf SEINE ihres Gottes Stimme,
auf die Reden Chaggajs des Künders, gleichwie ER ihr Gott
 ihn gesendet hatte,
und sie fürchteten sich, das Volk, vor IHM.
Chaggaj aber, SEIN Bote, sprach in SEINER Botschaft zum Volke den Spruch:
Ich bin mit Euch, ist SEIN Erlauten.
ER weckte den Geist Serubbabels Sohns Schealtiels, des
 Viztums von Jehuda, und den Geist Jehoschuas Sohns Jehozadaks, des Großpriesters,
und den Geist alles Überrests des Volkes,
daß sie kamen und botmäßige Arbeit taten
in SEINEM, des Umscharten, ihres Gottes, Haus,
am vierundzwanzigsten Tag auf die Mondneuung, im Sechsten,
im zweiten Jahr des Königs Darius.

Im Siebenten, am einundzwanzigsten auf die Neuung
geschah SEINE Rede durch Chaggaj den Künder, im Spruch:
Sprich doch zu Serubbabel Sohn Schealtiels, Viztum von Je-
    huda, und zu Jehoschua Sohn Jehozadaks, dem Großpriester,
und zum Überrest des Volkes, den Spruch:
Wer ist unter euch noch übrig,
der dieses Haus in seinem frühern Ehrenschein sah?
und wie seht ihr es nun?
ist es nicht, als wäre keins, in euren Augen?
Nun aber, fest zu, Serubbabel, ist SEIN Erlauten,
fest zu, Jehoschua Sohn Jehozadaks, Großpriester,
fest zu, alles Volk des Lands, ist SEIN Erlauten,
machts!
Denn ich bin mit euch, ist SEIN des Umscharten Erlauten,
mitsamt der Rede, durch die ich Bund schloß mit euch,
als ihr ausfuhrt von Ägypten,
mein Geist steht in eurer Mitte,
fürchtet euch nimmer!
Denn, so hat ER der Umscharte gesprochen,
noch auf eins, es ist um ein weniges nur,
erschüttre ich
den Himmel und die Erde
und das Meer und das Trockne,
erschüttre alle Weltstämme ich,
daß sie kommen,
aller Weltstämme Köstlichkeit,
mit Ehrenschein fülle ich dies Haus,
hat ER der Umscharte gesprochen.
Mein ist das Silber, mein ist das Gold,
ist SEIN des Umscharten Erlauten.
Größer soll der Ehrenschein werden
diesem späten Haus als dem frühen,
hat ER der Umscharte gesprochen,
und an diesem Ort gebe ich Frieden,
ist SEIN des Umscharten Erlauten.

Am vierundzwanzigsten, des Neunten, im zweiten Jahre des
  Darius,
geschah SEINE Rede durch Chaggaj den Künder, im Spruch:
So hat ER der Umscharte gesprochen:
Frage doch die Priester um Weisung, im Spruch:
Trägt nun jemand Fleisch der Darheiligung im Zipfel seines
  Gewands
und rührt mit seinem Zipfel an Brot, an Gesott, an Wein, an
  Fett, an allerhand Essen,
wirds verheiligt?
Die Priester antworteten, sie sprachen:
Nein.
Chaggaj sprach:
Doch rührt ein durch einen Leichnam Bemakelter an das alles,
wird es maklig?
Die Priester antworteten, sie sprachen:
Es wird maklig.
Da antwortete Chaggaj, er sprach:
So ists um dieses Volk,
so ists um diesen Schwarm
vorm Antlitz mir,
ist SEIN Erlauten,
so um alles Tun ihrer Hände,
wohin sie nahn, maklig ists.
Richtet doch euer Herz drauf
von diesem Tag an und weiterhin,
bevor Stein gesetzt ward auf Stein
an MEINER Tempelhalle:
eh sie da waren, –
kam man zum Zwanzigmaß-Kornhaufen,
waren es zehn,
kam man zur Kelter, fünfzig Eimer aus der Kufe zu schöpfen,
waren es zwanzig,
ich schlug euch
mit Versengung und mit Vergilbung,
mit Hagel alles Tun eurer Hände,
aber zu mir hin gabs nichts bei euch,
ist SEIN Erlauten.
Richtet doch euer Herz drauf

von diesem Tag an und weiterhin,
vom vierundzwanzigsten Tag im Neunten,
von dem Tag an, da gegründet ward MEINE Halle,
richtet euer Herz drauf!
Ist noch die Aussaat im Speicher?
noch trägt Rebe, Feige, Granate, Ölbaum nicht: –
von diesem Tage an segne ich.

SEINE Rede geschah ein zweites Mal zu Chaggaj am vierundzwanzigsten auf die Neuung, im Spruch:
Sprich zu Serubbabel, Viztum von Jehuda, den Spruch:
Ich erschüttre den Himmel und die Erde,
ich stürze den Thron der Königreiche,
ich vernichte die Stärke der Königreiche der Weltstämme,
ich stürze das Fahrzeug und seine Fahrer,
sinken müssen die Rosse und ihre Reiter,
jedermann durch das Schwert seines Bruders.
An jenem Tag,
SEIN des Umscharten Erlauten ists,
nehme ich dich,
Serubbabel Sohn Schealtiels, mein Knecht,
SEIN Erlauten ists,
ich stecke dich an wie einen Siegelring,
denn dich habe ich erwählt.
SEIN des Umscharten Erlauten ists.

SECHARJA

In der achten Mondneuung im zweiten Jahr des Darius
geschah SEINE Rede zu Secharja Sohn Berechjas Sohns Iddos,
  dem Künder, im Spruch:
Grimmig war ICH über eure Väter ergrimmt,
nun aber sprich zu ihnen:
So hat ER der Umscharte gesprochen:
Kehret um zu mir,
ist SEIN des Umscharten Erlauten,
und ich kehre um zu euch,
So hat ER der Umscharte gesprochen:
Seid nimmer wie eure Väter,
denen die frühen Künder zuriefen, sprechend:
So hat ER der Umscharte gesprochen:
Kehret doch um
von euren bösen Wegen,
von euren bösen Geschäften!
Aber sie hörten nicht,
sie merkten nicht auf mich.
ist SEIN Erlauten.
Eure Väter,
wo sind sie?!
und die Künder,
können auf Weltzeit sie leben?!
Jedoch meine Reden
und meine Festsetzungen,
die ich meinen Knechten, den Kündern, entbot,
haben sie nicht eure Väter erreicht?
Dann kehrten sie um,
sie sprachen:
Gleichwie ER der Umscharte gesonnen hatte uns zu tun,
nach unsern Wegen und nach unsern Geschäften,
so hat er an uns getan.

Am vierundzwanzigsten Tag auf die elfte Mondneuung, das
   ist der Monat Schbat,
im zweiten Jahr des Darius
geschah SEINE Rede zu Secharja Sohn Berechjahus Sohns Iddos, dem Künder, im Spruch.

Ich sah heutnachts,
da, ein Mann auf rotem Pferde reitend,
der hält zwischen den Myrten, denen im Hohl,
und hinter ihm Pferde, rote, fuchsige und weiße.
Ich sprach:
Was sind diese, mein Herr?
Der Bote, der an mich redet, sprach zu mir:
Ich lasse dich sehn, was diese hier sind.
Der Mann aber, der zwischen den Myrten hielt, antwortete,
   sprach:
Diese sinds, die ER gesandt hat,
das Erdland zu begehen.
Sie antworteten SEINEM Boten, der zwischen den Myrten
   hielt, sprachen:
Das Erdland haben wir begangen,
und da, gelassen ruht alles Erdland.
SEIN Bote antwortete, sprach:
DU, Umscharter,
bis wann noch willst selber du dich nicht erbarmen
Jerusalems und der Städte Jehudas,
denen du siebzig Jahre nun grollst?
ER antwortete dem Boten, der an mich redet,
gute Rede, tröstliche Rede.
Der Bote, der an mich redet, sprach zu mir:
Rufe, sprich:
So hat ER der Umscharte gesprochen:
Ich eifre um Jerusalem und um Zion
eines großen Eifers,
und eines großen Grimms
bin ich ergrimmt über die sorglosen Stämme,
da ein weniges nur ich ergrimmt war,
die aber halfen zum Bösen.
Darum,

so hat ER gesprochen,
kehre ich Jerusalem mich zu im Erbarmen,
mein Haus wird darinnen gebaut,
Erlauten ists von IHM dem Umscharten,
über Jerusalem wird die Richtschnur gespannt.
Nochmals rufe, sprich:
So hat ER der Umscharte gesprochen:
Noch werden meine Städte vom Guten überfließen! –
Leid wirds IHM Zions noch,
er wählt nochmals Jerusalem.

Ich erhob meine Augen, ich sah,
da waren vier Hörner.
Ich sprach zu dem Boten, der an mich redet:
Was sind diese?
Er sprach zu mir:
Diese sind die Hörner,
die Jehuda, Jifsrael, Jerusalem zerstreuten.
ER aber ließ mich vier Schmiede sehn.
Ich sprach:
Was kommen diese zu tun?
Er sprach den Spruch:
Diese Hörner,
die Jehuda zerstreuten,
dermaßen, daß niemand sein Haupt hob,
sie zu scheuchen sind nun diese gekommen,
abzuwerfen die Hörner der Stämme,
die wider das Land Jehuda hoben das Horn.
es zu zerstreuen.

Ich hob meine Augen und sah,
da war ein Mann,
eine Meßschnur in seiner Hand.
Ich sprach:
Wohin gehst du?
Er sprach zu mir:
Jerusalem zu messen,
zu sehn,
wieviel seine Breite,

wieviel seine Länge sei.
Da trat der Bote, der an mich redet, vor,
und ein anderer Bote trat ihm entgegen,
er aber sprach zu ihm:
Lauf,
rede zu dem Burschen dort, sprich:
Dorfoffen soll Jerusalem siedeln,
ob der Menge von Menschen und Vieh ihm inmitten,
selber ich werde für es,
ist SEIN Erlauten.
eine Feuermauer ringsum,
und zum Ehrenschein werde ich ihm inmitten.

Hui! hui!
flieht aus dem Lande des Nordens!
ist SEIN Erlauten.
Habe ich euch ja wie die vier Winde des Himmels zerbreitet!
ist SEIN Erlauten.
Hui! nach Zion entrinne,
Ansassin der Tochter Babel!
Denn so hat ER der Umscharte gesprochen,
der mich um Ehre entsandt hat,
von den Weltstämmen, die euch beuten:
Ja, wer euch anrührt, rührt meinen Augapfel an!
ja denn, da schwinge ich meine Hand wider sie,
Beute werden sie ihren Knechten!
   – Dann werdet ihr erkennen,
   daß mich ER der Umscharte gesandt hat. –
Jauchze, freue dich, Tochter Zion,
denn da komme ich,
daß ich einwohne dir inmitten,
ist SEIN Erlauten.
Viele Weltstämme hangen MIR an
an jenem Tag,
sie werden mir zum Volk,
da ich einwohne dir inmitten.
– Dann wirst du erkennen,
daß mich ER der Umscharte gesandt hat zu dir:
als sein Teil eignet ER sich Jehuda zu

auf dem Heiligkeitsboden,
nochmals wählt er Jerusalem.
Still, alles Fleisch, vor Iнм!
Denn schon regt er sich
vom Hag seiner Heiligkeit.

Er ließ mich Jehoschua den Großpriester sehn,
wie er stand vor SEINEM Boten,
und der Hinderer stand ihm zur Rechten,
ihn zu behindern.
ER aber sprach zum Hinderer
– ER verschelte dich, Hinderer,
ER verschelte dich, der Jerusalem wählt –:
Ist dieses nicht ein Scheit,
aus dem Feuer gerettet?!
Und Jehoschua war mit schmutzigen Gewändern bekleidet,
so stand er vor dem Boten.
Der entgegnete,
er sprach zu denen, die vor ihm standen, sprach:
Streift die schmutzigen Gewänder ihm ab!
Zu ihm aber sprach er:
Sieh,
ich habe deinen Fehl von dir abgetan
und lasse in Festtracht dich kleiden.
Und sprach:
Man setze einen reinen Bund ihm aufs Haupt!
Sie setzten den reinen Bund ihm aufs Haupt,
sie bekleideten ihn mit Gewändern,
und SEIN Bote stand dabei.
Dann bezeugte SEIN Bote dem Jehoschua, sprechend:
So hat ER der Umscharte gesprochen:
Gehst du in meinen Wegen,
wahrst du meine Verwahrung,
sollst dus auch sein, der bescheidet mein Haus,
sollst du auch meiner Höfe wahren,
ich will dir Zugänge geben
zwischen diesen Stehenden hier.
Höre doch, Jehoschua, Großpriester,
du und deine Genossen, die vor dir sitzen
– sie sind ja Männer des Erweises –:
Ja, wohlan, ich lasse kommen
meinen Knecht »Sproß«.
Ja, wohlan, der Stein,
den ich vor Jehoschua hin gebe,
auf dem einen Stein sieben Augen,

ich selber, wohlan, steche ihm den Siegelstich ein,
Erlauten ists von IHM dem Umscharten,
weichen lasse ich den Fehl jenes Landes
an Einem Tag.
An jenem Tag,
Erlauten ists von IHM dem Umscharten,
rufet ihr jedermann seinen Genossen
unter den Weinstock, unter den Feigenbaum.

Der Bote, der an mich redet, kehrte sich um,
er weckte mich wie einen Mann, der aus dem Schlafe geweckt
    wird.
Er sprach zu mir:
Was siehst du?
Ich sprach:
Ich habe geschn,
da, ein Leuchter, golden ganz, und seine Kugelampel ihm zu-
    häupten,
und seine sieben Lichte darauf: sieben,
und sieben Gießrohre für die Lichte, die ihm zuhäupten waren,
und zwei Ölbäume daran, einer zur Rechten der Ampel und
    einer an ihrer Linken.
Ich entgegnete weiter, ich sprach zu dem Boten, der an mich
    redet, sprach:
Was sind diese, mein Herr?
Der Bote, der an mich redet, entgegnete, er sprach zu
    mir:
Hast du nicht erkannt, was diese hier sind?
Ich sprach:
Nein, mein Herr.
Er entgegnete, er sprach zu mir, sprach:
    Dies ist SEINE Rede zu Serubbabel, der Spruch:
    Nicht durch Macht und nicht durch Kraft,
    sondern durch meinen Geistbraus!
    hat ER der Umscharte gesprochen.
    Wer bist du, großer Berg!
    vor Serubbabel zur Ebne!
    Hervor holt er den Giebelstein, –
    Jubelrufe: Gunst, Gunst dem!

Und SEINE Rede geschah zu mir, es sprach:
Serubbabels Hände haben dies Haus gegründet,
seine Hände werden es fertigmachen
[dann werdet ihr erkennen,
daß mich ER der Umscharte gesandt hat zu euch].
Ja, wer verachtete den Tag der Geringheit,
sie freuen sich dann:
sie sehen den Stein der Aussonderung in der Hand Serub-
babels.
Diese sieben,
SEINE Augen sind das, die all die Erde durchschweifen.
Ich entgegnete, ich sprach zu ihm:
Was sind diese zwei Ölbäume an der Rechten des Leuchters
und an seiner Linken?
Ich entgegnete ein zweites Mal, ich sprach zu ihm:
Was sind die beiden Ölbaumwipfel, die zuhanden der zwei
Goldtrichter, die das Goldige von sich entleeren?
Er sprach zu mir, sprach:
Hast du nicht erkannt, was diese sind?
Ich sprach:
Nein, mein Herr.
Er aber sprach:
Diese sind die zwei Söhne des Glanzsafts,
die bei dem Herrn alles Erdlands stehen.

Wieder hob ich meine Augen und sah,
da, eine Buchrolle, fliegend.
Er aber sprach zu mir:
Was siehst du?
Ich sprach:
Ich sehe eine Buchrolle fliegen,
ihre Länge zwanzig nach der Elle, ihre Breite zehn nach der
Elle.
Er sprach zu mir:
Dies ist der Eidfluch,
der ausfährt übers Antlitz all des Landes.
Denn alles, was stiehlt,
ihm nach wirds von hier weggeräumt,
und alles, was schwört,

ihm nach wirds von hier weggeräumt.

Ausfahren lasse ich ihn,

Erlauten ists von Iнм dem Umscharten,

daß er komme ins Haus des Stehlers

und ins Haus dessen, der schwört bei meinem Namen zum
　　Lug,

inmitten seines Hauses nachte

und samt seinen Holzbalken und seinen Steinen es vertilge.

Der Bote, der an mich redet, trat heraus, er sprach zu mir:

Hebe doch deine Augen und sich,

was dieser Ausfahrende ist!

Ich aber sprach:

Was ist es?

Er sprach:

Dies ist der ausfahrende Scheffel.

Weiter sprach er:

Dies ist ihr Fehl in allem Erdland.

Da hob sich eine Bleiplatte ab,

nun saß inmitten des Scheffels ein Weib.

Er sprach:

Dies ist die Bosheit.

Er warf sie mitten in den Scheffel zurück

und warf den Bleistein auf dessen Mündung.

Ich hob meine Augen und sah,

da fuhren zwei Weiber aus,

Wind war in ihren Flügeln,

Flügel aber hatten die wie die Flügel des Storchs.

Sie hoben den Scheffel zwischen das Erdland und den
　　Himmel.

Ich sprach zu dem Boten, der an mich redet:

Wohin bringen die den Scheffel?

Er sprach zu mir:

Ein Haus ihm im Lande Schinar zu bauen, –

ist das erstellt,

auf sein Gestell wird er dort niedergelassen.

Wieder hob ich meine Augen und sah,

da, vier Wagen, ausfahrend zwischen den zwei Bergen,

die Berge aber waren Berge von Erz.
Am ersten Wagen die Pferde rot,
am zweiten Wagen die Pferde schwarz,
am dritten Wagen die Pferde weiß,
am vierten Wagen die Pferde gescheckt,
gestraffte.
Ich entgegnete, sprach zu dem Boten, der an mich redet:
Was sind diese, mein Herr?
Der Bote entgegnete, er sprach zu mir:
Dies sind die vier Brausewinde des Himmels,
ausfahrend,
nachdem sie den Herrn alles Erdlands umstanden haben.
Woran die schwarzen Pferde sind,
die fahren aus nach dem Nordland,
die weißen aber fahren hinter ihnen her,
und die gescheckten fahren aus nach dem Südland.
So fuhren die Gestrafften aus, sie trachteten, vorwärts zu
    gehn,
zu begehen das Erdland.
Er aber sprach:
Geht, begeht das Erdland!
Sie begingen das Erdland.
Er aber schrie mir zu, er sprach zu mir, sprach:
Sieh die nach dem Nordland Ausfahrenden an!
sie lassen meinen Geistbraus im Nordland nieder.

SEINE Rede geschah zu mir, es sprach:
Du sollst von der Verschlepptenschaft nehmen,
von Cheldaj, von Tobija, von Jedaja,
– komm du an ebendem Tag,
komm in das Haus Joschijas Sohns Zfanjas –,
die von Babel gekommen sind,
nimm Silber und Gold,
mache eine Reifenkrone,
setze sie auf das Haupt Jehoschuas Sohns Jehozadaks, des
    Großpriesters,
sprich zu ihm den Spruch:
So hat ER der Umscharte gesprochen, im Spruch:
Da ist ein Mann,

Sproß ist sein Name,
von seinem Boden sprießt er empor,
er baut MEINE Halle.

Er ists, der bauen soll MEINE Halle,
er ists, der tragen soll Hehre,
auf seinem Thron soll er sitzen, soll walten,
ein Priester aber soll sein
auf seinem eigenen Thron,
und Friedensrat soll sein zwischen beiden.

Die Reifenkrone aber soll sein
des Chelem, des Tobija und des Jedaja
und zu einem Gunstzeichen des Zfanjasohns
zum Gedächtnis in MEINER Halle.

– Ferne werden kommen,
werden bauen an SEINER Halle,
dann werdet ihr erkennen,
daß ER der Umscharte mich gesandt hat zu euch.
Das wird geschehen,
hört ihr nur, hört auf SEINE eures Gottes Stimme.

Es geschah im vierten Jahr des Königs Darius,
da geschah SEINE Rede zu Secharja,
am vierten auf die neunte Mondneuung, im Kißlew.
Gesandt hatte Betel
– Scharezer und Regemmelech und seine Leute –,
SEIN Antlitz zu sänftigen,
zu sprechen zu den Priestern, die an SEINEM des Umscharten
  Haus waren, und zu den Kündern, zu sprechen:
Soll ich weinen im fünften Mond, mich geweiht haltend,
wie ichs getan habe so viele Jahre schon?
Da geschah SEINE des Umscharten Rede zu mir, es sprach:
Sprich zu aller Volkschaft des Lands und zu den Priestern,
  sprich:
Wenn ihr fastetet, wehklagend, im Fünften und im Siebenten,
nun siebzig Jahre,
bin ichs, dem ihr das Fasten gefastet habt?!
Und wenn ihr esset und wenn ihr trinket,
seid nicht ihr die Essenden, ihr die Trinkenden?!
– Ist nicht das die Rede,
die ER durch die frühen Künder rief,
als Jerusalem noch besiedelt und befriedet war
und seine Städte rings um es
und der Mittaggau und die Niedrung besiedelt?! –
SEINE Rede geschah weiter zu Secharja, es sprach:
So hat ER der Umscharte gesprochen, den Spruch:
»Richtet treues Gericht!
Übet Holdschaft und Erbarmen
jedermann an seinem Bruder!
Witwe und Waise,
Gastsassen und Niedergebeugten
presset nimmer!
Böses ein Mann seinem Bruder
sollt nimmer in eurem Herzen ihr planen!«
Aber sie weigerten sich aufzumerken,
sie machten die Schulter widerspenstig,
ihre Ohren täubten sie gegens Hören,
ihr Herz wandelten sie zu Demant
gegen das Hören der Weisung und der Rede,
die ER der Umscharte in seinem Geistbraus sandte

durch die frühen Künder.
Da geschah ein großer Grimm von IHM dem Umscharten aus,
es geschah: gleichwie er rief und sie nicht hörten,
»so sollen sie rufen und ich werde nicht hören«,
hat ER der Umscharte gesprochen.
Ich verstürmte sie über die Weltstämme all,
die sie nicht gekannt haben,
verstarrt blieb hinter ihnen das Land,
ohne Ziehende, ohne Kehrende,
das köstliche Land haben sie zu Starrnis gewandelt.
SEINE Rede geschah weiter, zu sprechen:
So hat ER der Umscharte gesprochen:
»Ich eifre um Zion
eines großen Eifers,
in großer Glut eifre ich drum.«
So hat ER gesprochen:
»Ich kehre nach Zion,
ich wohne ein
inmitten Jerusalems.«
  – Jerusalem wird gerufen:
  Stadt der Treue,
  und SEIN des Umscharten Berg:
  Berg der Heiligkeit. –
So hat ER der Umscharte gesprochen:
»Noch werden sitzen
Greise und Greisinnen
auf den Plätzen Jerusalems,
jedermann seinen Stützstab in seiner Hand wegen der Menge
    der Tage.
Und die Plätze der Stadt werden voll sein von Knaben und
    Mädchen,
die auf ihren Plätzen spielen.«
So hat ER der Umscharte gesprochen:
»Wenn das in den Augen des Überrests dieses Volkes wunder-
    bar ist in den Tagen da,
soll es auch in meinen Augen wunderbar sein?«
Erlauten ists von IHM dem Umscharten.
So hat ER der Umscharte gesprochen:
»Wohlan, ich befreie mein Volk

aus dem Land des Sonnenaufgangs und aus dem Land der
  Sonnenrüste,
ich bringe sie herbei,
einwohnen sollen sie
in der Mitte Jerusalems,
sie sollen mir werden zum Volk
und ich, ich will ihnen werden zum Gott
in Treue und in Wahrhaftigkeit.«
So hat ER der Umscharte gesprochen:
Mögen festigen sich eure Hände,
die ihr in diesen Tagen hört diese Rede aus dem Munde der
  Künder!
  – Ihrer, die da sind am Tag, wenn gegründet ward SEIN des
    Umscharten Haus,
  die Tempelhalle, um erbaut zu werden. –
Denn vor den Tagen da
wurde dem Menschen nicht Lohn
und kein Lohn war dem Vieh,
dem Hinauswandernden, dem Hereinkommenden
war kein Friede vor dem Bedränger,
ich ließ alles Menschentum los,
jedermann wider seinen Genossen.
Jetzt aber
bin ich nicht wie in frühern Tagen für den Überrest dieses
  Volks,
Erlauten von IHM dem Umscharten,
nein, Saat des Friedens ists!
Der Weinstock gibt seine Frucht,
das Erdland gibt sein Gewächs,
der Himmel gibt seinen Tau,
all das eigne ich zu
dem Überrest dieses Volks.
Werden solls:
Wie ihr eine Verwünschung seid worden
unter den Weltstämmen,
Haus Jehuda und Haus Jifsrael,
so befreie ich euch,
daß ihr Segen werdet.
Fürchtet euch nimmer,

mögen festigen sich eure Hände!

Ja, so hat ER der Umscharte gesprochen:

Gleichwie ich gesonnen habe euch Böses zu tun,

als eure Väter mich ergrimmten

– ER der Umscharte hats gesprochen –,

und ließ mirs nicht leidwerden,

so sinne umkehrig ich in diesen Tagen,

Jerusalem und dem Hause Jehuda Gutes zu tun:

fürchtet euch nimmer!

Dies ist die Rede, die ihr betätigen sollt:

Redet treulich

jedermann zu seinem Genossen,

Treue und Friedensrecht richtet in euren Toren!

Ein Mann Böses seinem Genossen,

planets nimmer in eurem Herzen,

den Lügenschwur liebet nimmer!

denn all dies ist, was ich hasse,

ist SEIN Erlauten.

SEINE des Umscharten Rede geschah weiter zu mir, es
   sprach:

So hat ER der Umscharte gesprochen:

Das Fasten des Vierten, das Fasten des Fünften, das Fasten des
   Siebenten, das Fasten des Zehnten,

werden solls dem Hause Jehuda zu Lust, zu Freude, zu guten
   Festgezeiten, –

aber die Treue und den Frieden liebet!

So hat ER der Umscharte gesprochen,

Noch ists, daß Völker kommen,

Insassen vieler Städte,

und die Insassen der einen gehen zu einer andern,

um zu sprechen:

Den Gang wollen wir gehn,

SEIN Antlitz zu sänftigen!

und:

IHN den Umscharten aufzusuchen

gehen will auch ich!

Sie kommen,

viele Völker,

mächtige Stämme,

IHN den Umscharten aufzusuchen
in Jerusalem,
SEIN Antlitz zu sänftigen.
So hat ER der Umscharte gesprochen:
In jenen Tagen ists,
da werden fassen zehn Männer
von allen Stämmewelt-Zungen,
anfassen den Rockzipfel eines jüdischen Mannes,
sprechend:
Mit euch wollen wir gehn,
denn, wir habens gehört,
Gott ist mit euch.

Die Last SEINER Rede ist auf dem Lande Chadrach,
Damaskus ist ihre Niederlassung
– denn ein Auge hat ER auf die Menschen
und alle Jisraelstäbe –,
auch Chamat, das daran grenzt,
Tyrus und Sidon, das ist ja sehr weise.
Tyrus baute einen Türmewall sich,
es schichtete Silber wie Staub,
gelbes Gold wie Gassenkot.
Nun enterbt es mein Herr,
seine Wehr schlägt er ins Meer,
es selber wird vom Feuer gefressen.
Askalon muß es sehn, muß sich fürchten,
Gasa, und muß winden sich sehr,
Ekron, denn sein Blickziel ist zuschanden geworden.
Bald schwindet der König aus Gasa,
Askalon ist unbesiedelt,
Bastardenbrut siedelt in Aschdod.
»Die Hoffart der Philister rotte ich aus,
seine Blutmähler tue ich ihm aus dem Mund,
seine Greuelspeisen ihm zwischen den Zähnen hinweg.«
Dann bleibt auch er als ein Rest unserm Gott,
er wird wie ein Häuptling in Jehuda
und Ekron wie die Jebußiterstadt.
»Ich lagre vor meinem Haus als ein Posten,
Ziehenden und Kehrenden entgegen,
nicht wieder überzieht sie ein Treiber,
denn mit meinen Augen sehe ichs jetzt an.«

Juble sehr, Tochter Zion,
schmettre, Tochter Jerusalem!
nun kommt dir dein König,
ein Erwahrter und Befreiter ist er,
ein Gebeugter, und reitet auf dem Esel,
auf dem Füllen, dem Grautierjungen.
– »Streitgefährt tilge ich aus Efrajim,
Roßmacht aus Jerusalem,
ausgetilgt wird der Bogen des Kriegs.« –
Er redet den Weltstämmen Frieden,

von Meer zu Meer ist sein Walten,
vom Strom bis an die Ränder der Erde.
»Auch du: um das Blut deines Bundes
schicke ich los die Gefesselten dein
aus der Grube, drin kein Wasser ist.«
Kehret zur Steilburg zurück,
auf Hoffnung Gefesselte ihr!
auch der heutige Tag meldet es neu:
»Doppelmaß erstatte ich dir.«
Denn:
»Ich habe mir Jehuda als Bogen gespannt,
den Efrajimköcher gefüllt,
noch schwinge deine Söhne ich, Zion
– über deine Söhne, Griechenland –,
ich mache dich einem Heldenschwert gleich.«
Über ihnen läßt ER sich sehn,
dem Blitz gleich fährt sein Pfeil aus,
in die Posaune stößt mein Herr, ER,
er geht in den südlichen Stürmen,
sie umschildet ER der Umscharte.
   – Die Schleudersteine fressen bezwingend,
   saufen tosend wie Wein,
   werden wie die Blutsprenge voll, –
   wie die Ecken der Schlachtstatt.
ER ihr Gott befreit sie
an jenem Tag als seine Volksschafe.
Ja,
des Weihreifs Edelgestein,
überglitzern sie seinen Boden.
Ja,
wie ist doch SEINE Gutheit,
wie SEINE Schöne!
Korn läßt er, Jünglinge,
und Most, Maiden, gedeihn.

Erbittet Regen von I H M
in des Lenzschauers Zeit!
Wetterstrahlen macht E R,
wird Regenerguß ihnen geben,
für jedermann Kraut auf dem Feld.
Denn Arg haben die Wunschlarven geredet,
Lug die Wahrsager geschaut,
den Wahn redeten die Träume,
ihr Trösten war Dunst.
Darum haben sie ziehn müssen wie Schafe,
elend, denn da war kein Hirt.

»Über die Hirten entflammt ist mein Zorn,
über die Leitböcke will ich Musterung halten.«
Ja, ER der Umscharte mustert
seine Herde, das Haus Jehuda,
er macht sie gleich einem Roß,
das im Krieg seine Hehre erzeigt.
Daraus geht die Zinne hervor,
daraus der Zeltpflock,
daraus der Bogen des Kriegs,
daraus alles Treibertum mitsammen.
Sie werden Helden gleich,
in den Gassenkot niederstampfend im Krieg,
sie kriegen,
denn ER ist bei ihnen,
sie machen die Rossereiter zuschanden.
»Heldisch lasse das Haus Jehudas ich werden,
das Haus Joſsefs befreie ich,
heimkehren lasse ich sie,
denn ich habe mich ihrer erbarmt.
Sie werden,
als hätte mich nie ihrer gewidert,
denn ICH bin ihr Gott
und willfahre ihnen.«
Sie werden wie heldengleich,
die von Efrajim,
fröhlich ist ihr Herz wie von Wein,
ihre Söhne sehens, sie freun sich,
ihr Herz jubelt um IHN.
»Ich pfeife ihnen zu
und hole sie zuhauf,
denn ich habe sie ausgelöst,
mehren sollen sie sich,
wie sie sich gemehrt haben einst.
Säe ich sie auch unter die Völker,
in den Fernen gedenken sie mein,
aufleben sollen sie mit ihren Söhnen,
heimkehren sollen sie.
Heimkehren lasse ich sie aus dem Land Ägypten,
aus Assyrien hole ich sie zuhauf,

ins Land Gilad und Libanon lasse ich sie kommen,
und es langt ihnen nicht zu.«
Er durchzieht das Meer mit Drangsal,
er schlägt im Meere die Wogen,
alle Strudel des Flusses versiegen,
gesenkt wird die Hoheit Assyriens
und der Stab Ägyptens weicht.
»Heldisch lasse ich sie werden durch MICH,
in meinem Namen ergehen sie sich«,
ist SEIN Erlauten.

Öffne, Libanon, deine Pforten,
und Feuer fresse deine Zedern!
Heule, Wacholder,
daß gefallen ist die Zeder,
da die Herrlichen überwältigt wurden!
Heulet, Eichen Baschans,
dem der steile Wald ist gesenkt!
Da schallt Heulen der Hirten,
denn ihre Herrlichkeit ward überwältigt,
da schallt Brüllen der Jungleun,
denn überwältigt ward die Hoheit des Jordans.

So hat ER, mein Gott, gesprochen:
»Weide die Schafe der Metzelung,
deren Erwerber sie abmetzeln
und müssens nicht büßen,
und ihre Verkäufer, das spricht:
Gesegnet ER, ich bereichere mich!
und ihre Weidehirten,
das will ihrer nicht schonen.
Denn schonen will ich nicht mehr
der Insassen des Erdlands,
ist SEIN Erlauten,
ich lasse nun die Menschheit geraten
jedermann in die Hand seines Hirten
und in die Hand seines Königs,
die mögen das Erdland zertrümmern,
und ich rette aus ihrer Hand nicht.«
Ich weidete die Schafe der Metzlung
für die Schafhändler:
ich nahm mir zwei Stecken,
einen rief ich »Freundschaft«
und einen rief ich »Verbundenheit«,
die drei Hirten aber ließ ich scheiden in einem Monat.
Doch mir zog sich über sie die Seele zusammen,
und auch ihre Seele wurde mein überdrüssig.
Ich sprach:
Ich will euch nicht weiden,
das Sterbende mag sterben,
das sich Abscheidende mag scheiden,
und die als Rest verblieben,
mögen jedes des Genossen Fleisch fressen.
Ich nahm meinen Stecken, die »Freundschaft«,
ich hieb ihn entzwei,
meinen Bund zu sprengen,
den ich mit allen Völkern geschlossen hatte.
Gesprengt ward der an jenem Tag,
so erkannten die Schafhändler,
diejenigen, die mein achteten,
daß SEINE Rede das war.
Ich sprach zu ihnen:

Ists gut in euren Augen,
überreicht mir meinen Lohn,
ists aber nicht, laßt es.
Sie wogen mir meinen Lohn zu,
dreißig Silberlinge.
ER aber sprach zu mir:
Wirf dem Schatzverweser sie hin,
den Wert, den ich ihnen wert bin.
Ich nahm die dreißig Silberlinge,
ich warfs in SEIN Haus, dem Schatzverweser hin.
Dann hieb ich meinen anderen Stecken, die »Verbundenheit«,
   entzwei,
die Brüderschaft zwischen Jehuda und Jisrael zu sprengen.
ER aber sprach zu mir nochmals:
Nimm dir des Narrenhirten Geräte!
Denn nun erstelle ich selber einen Hirten im Land,
die sich Abscheidenden ordnet er nicht ein,
das Junge sucht er nicht auf,
das Gebrochne heilt er nicht,
er versorgt nicht das Steifgewordne,
aber das Fleisch des Gemästeten ißt er
und zerkliebt ihnen die Klauen.
Weh,
mein nichtiger Hirt,
der die Schafe im Stich läßt!
Schwert über seinen Arm,
über sein rechtes Auge!
sein Arm dorre, verdorre,
sein rechtes Auge lösche, erlösche!

Lastwort SEINER Rede über Jifsrael,
Erlauten von IHM,
der den Himmel ausspannt,
der die Erde gründet,
der den Geist des Menschen ihm im Innern bildet:
Wohlan, ich mache Jerusalem
zu einer Taumelschale allen Völkern ringsum.
   – Und die wird über Jehuda auch sein,
   in der Einengung Jerusalems. –
Geschehn wirds an jenem Tag,
machen will ich Jerusalem
zu einem Bürdestein allen Völkern.
   – Die ihn sich aufbürden alle
   ritzen, ritzen sich daran wund. –
wider es werden sich rotten
alle Stämme der Erde.
An jenem Tag,
ist SEIN Erlauten,
schlage ich alljedes Roß mit Verwirrung
und seine Reiter mit Irrung, –
überm Hause Jehuda halte offen ich meine Augen,
aber alljedes Roß der Völker schlage ich mit Erblindung.
Dann sprechen in ihrem Herzen die Häuptlinge Jehudas:
Stärkung sind mir die Insassen Jerusalems
durch IHN den Umscharten, ihren Gott.
An jenem Tag
mache ich die Häuptlinge Jehudas
gleich einem Feuerbecken im Holzstoß,
gleich einer Feuerfackel im Garbenhaufen,
daß sie verzehren rechtshin und linkshin
alle Völker ringsum,
und Jerusalem siedelt wieder an seinem Platz,
in Jerusalem.
   – Aber befreien wird ER die Zelte Jehudas zuerst,
   damit nicht allzu groß werde das Prunken des Hauses Dawids
   und das Prunken des Insassen Jerusalems gegen Jehuda.
An jenem Tag wird ER beschilden
den Insassen Jerusalems,
geschehen wirds:

der Strauchelnde unter ihnen ist an jenem Tage gleich Dawid,
das Haus Dawids aber einer Gottesmacht gleich,
gleich seinem Boten ihnen voran. –
Geschehn wirds an jenem Tag,
ich trachte alle Stämme zu rotten,
die gekommen sind gegen Jerusalem.
Aber ausschütten will ich
über das Haus Dawids
und über den Insassen Jerusalems
einen Geist von Gunst und Gunsterflehn,
aufblicken werden sie zu mir.
Den sie erstochen haben,
nun werden sie um ihn jammern
gleich dem Jammer um den Einzigen,
bitter klagen um ihn,
wie man bitter klagt um den Erstgebornen,
groß wird an jenem Tag in Jerusalem der Jammer
gleich dem Jammer um Hadad-Rimmon in der Ebene von
    Megiddo,
jammern wird das Land je Sippen, Sippen gesondert,
die Sippe des Hauses Dawids gesondert und ihre Weiber ge-
    sondert,
die Sippe des Hauses Natans gesondert und ihre Weiber ge-
    sondert,
die Sippe des Hauses Lewis gesondert und ihre Weiber ge-
    sondert,
die Schimisippe gesondert und ihre Weiber gesondert,
alle restlichen Sippen je Sippen, Sippen gesondert und ihre
    Weiber gesondert.

An jenem Tag wird eine Quelle eröffnet sein
dem Hause Dawids und den Insassen Jerusalems
gegen Versündigung und Befleckung.
Geschehn wirds an jenem Tag,
Erlauten ists von IHM dem Umscharten,
ich tilge aus dem Lande die Namen der Schnitzpuppen,
ihrer wird nicht nochmals gedacht,
und auch die Künder und den Geist des Makels
räume ich aus dem Land.

Geschehen wirds,
wenn jemand noch kündet,
sprechen zu ihm sein Vater und seine Mutter, seine Erzeuger:
Du sollst nicht leben,
denn Lüge hast du in Seinem Namen geredet!
ihn erstechen sein Vater und seine Mutter, seine Erzeuger,
da er gekündet hat.
Geschehn wirds an jenem Tag,
die Künder schämen sich, jedermann seiner Schau,
daß er gekündet hat,
und sie kleiden sich nicht in den härenen Mantel,
um sich zu verleugnen.
Der spricht: Ich bin nicht ein Künder,
ich bin ein Mann des Ackerdienstes,
denn dem Acker hat man mich geworben von meiner Jugend
    an.
Spricht man aber zu ihm: Was sind das für Wundenschläge
    zwischen deinen Armen?,
spricht er: Es ist, daß ich wundgeschlagen wurde im Haus
    meiner Liebschaft.

Schwert!
erwache gegen meinen Hirten,
gegen den mir zugesellten Mann!
Erlauten ists von IHM dem Umscharten.
Schlage den Hirten,
daß sich die Schafe zerstreuen,
gegen die Buben kehre ich meine Hand.
Geschehn wirds in all dem Land,
Erlauten von IHM ists,
zwei Teile darin werden ausgetilgt, sie vergehn,
und ein Drittel, es überbleibt drin.
Ins Feuer lasse das Drittel ich kommen,
ich schmelze sie, wie man Silber schmelzt,
ich prüfe sie, wie man Gold prüft.
Das, anrufen wirds meinen Namen,
und ich, willfahren werde ich ihm,
ich spreche:
Mein Volk ist das!
und es wird sprechen:
DU, mein Gott!

Wohlan,
ein Tag kommt für IHN,
da wird deine Beute geteilt dir im Innern.
»Ich hole alle Weltstämme zusammen
wider Jerusalem zum Krieg«,
die Stadt wird erobert,
die Häuser werden geplündert,
und die Weiber werden beschlafen,
die Hälfte der Stadt zieht in die Verschleppung aus,
doch das übrige Volk wird aus der Stadt nicht getilgt.
Aber dann zieht ER aus,
er kriegt mit jenen Stämmen,
wie am Tag seines Kriegens,
an dem Tage des Nahkampfs.
Seine Füße stehn an jenem Tag auf dem Ölberg,
dem vor Jerusalem östlich,
der Ölberg spaltet sich,
gehälftet, sonnaufgangwärts und meerwärts,
zu einer sehr großen Schlucht,
nordwärts weicht die Hälfte des Bergs,
mittagwärts seine andere Hälfte.
In die Bergschlucht werdet ihr fliehn,
   – denn die Bergschlucht reicht bis zur Achselwand, –
ihr werdet fliehn, wie ihr vor dem Erdbeben floht
in den Tagen Usijas Königs von Jehuda.
Dann kommt ER, mein Gott, –
alle Heiligen sind bei dir.

Geschehn wirds an jenem Tag,
nicht wird mehr dasein das Licht:
die Köstlichen werden gefrieren.
Ein einziger Tag wird es sein,
als der SEINE gibt der sich zu erkennen,
das ist nicht Tag und nicht Nacht,
aber es wird geschehn,
zur Abendzeit wird dasein ein Licht.
Geschehn wirds an jenem Tag,
ausfahren werden lebendige Wasser
von Jerusalem,

eine Hälfte ihrer zum östlichen Meer
und eine Hälfte ihrer zum äußeren Meer,
im Sommer und im Winter geschiehts.
ER wird werden zum König
über alles Erdland.
An jenem Tag
wird ER der Einzige sein
und sein Name der einzige.
Er umspannt alles Land wie mit einer Steppe
von Gaba nach Rimmon im Mittag von Jerusalem,
es selber ragt auf, siedelt an seinem Platz
vom Binjamintor bis zum Orte des frühern Tors, bis zum
    Ecktor, und vom Chananelturm bis zu den Königskeltern,
sie siedeln darin, und ein Bann ist nicht mehr,
in Sicherheit siedelt Jerusalem.

Dies aber wird der Niederstoß sein,
mit dem ER auf alle Völker stößt,
die sich wider Jerusalem scharten:
er läßt einem modern das Fleisch,
während er auf den Füßen steht,
seine Augen modern in ihren Höhlen,
seine Zunge modert in seinem Mund.
   – Geschehn wirds an jenem Tag,
    eine große Verstörung durch IHN wird unter ihnen sein,
    sie fassen jedermann die Hand des Genossen,
    dessen Hand hebt sich wider die Hand des Genossen.
    Und auch Jehuda kriegt in Jerusalem,
    eingesammelt wird die Macht all der Stämme rings,
    Gold und Silber und Gewänder, sehr viel. –
Und so wird der Niederstoß sein
gegen Roß, Maultier, Kamel, Esel und alles Vieh,
was immer in jenen Lagern sein wird,
diesem Niederstoß gleich.

Geschehen wirds,
alles Überbliebne von allen Stämmen, die wider Jerusalem
    kamen,
die steigen Jahr für Jahr nun heran,

sich hinzuwerfen vor dem König, IHM dem Umscharten,
und den Festreihn der Hütten zu reihen.
Geschehen wirds,
welche von den Sippen des Erdlands nicht heransteigt nach
   Jerusalem,
sich hinzuwerfen vor dem König, IHM dem Umscharten,
über ihnen wird Regen nicht sein.
Und steigt die Ägyptersippe nicht heran,
und es kommt nicht so, auf sie trifft es nicht zu,
soll doch der Niederstoß geschehn,
mit dem ER auf die Stämme stößt, die nicht heransteigen, den
   Festreihn der Hütten zu reihen.
Dies wird die Entsündung Ägyptens sein
und die Entsündung all der Stämme, die nicht heransteigen,
   den Festreihn der Hütten zu reihen.

An jenem Tag wirds noch auf den Schellen der Rosse sein:
»Heiligung IHM«,
es wird sein:
die Töpfe in SEINEM Haus sind wie die Sprengen vor der
   Schlachtstatt,
es wird sein,
alljeder Topf in Jerusalem und in Jehuda ist geheiligt IHM dem
   Umscharten,
alle Schlachtungsopfernden kommen, sie nehmen von ihnen,
   sie kochen darin,
und nicht wird mehr ein Kanaankrämer in SEINEM des Umscharten Haus sein
an jenem Tag.

MALACHI

Lastwort SEINER Rede an Jiſsrael
durch Malachi, »Meinen Boten«.

Ich liebe euch,
hat ER gesprochen.
Ihr aber sprecht:
»Wie liebst du uns?«
Ist nicht Bruder Eſsaw dem Jaakob?,
ist SEIN Erlauten,
aber ich liebte Jaakob
und Eſsaw haßte ich,
ich wandelte sein Gebirge in Starrnis,
sein Eigentum zur Schakalswüste.
Wenn Edom spräche:
»Wir sind niedergeschmettert,
aber wieder baun wir die Ödnisse auf!«,
hat so ER der Umscharte gesprochen:
Sie, sie mögen bauen,
ich aber, ich werde schleifen.
Rufen wird man sie »Frevelsmark«
und »Volk, dem ER grollt auf Weltzeit«.
Eure Augen werdens sehn,
und selber ihr werdet sprechen:
»Groß erzeigt sich ER
über die Mark Jiſsraels.«

Ein Sohn ehrt den Vater,
ein Diener seine Herrschaft.
Bin Vater ich, wo ist meine Ehre?
bin Herrschaft ich, wo ist meine Furcht?
hat ER der Umscharte zu euch gesprochen,
Priester, meines Namens Verächter!
Ihr aber sprecht:
»Wie verachten wir deinen Namen?«
Die Sudelbrot darreichen auf meiner Schlachtstatt!
Ihr aber sprecht:
»Wie besudeln wir dich?«
Da ihr bei euch sprecht: »SEIN Tisch, der ist mißachtbar«!

Wenn ihr ein Blindes darreicht zum Schlachten – kein Übel!
wenn ihr ein Lahmes, Krankes darreicht – kein Übel!
Nahe doch deinem Viztum es dar, –
ob ers wohl annimmt zugnaden
oder dein Antlitz emporhebt?
hat ER der Umscharte gesprochen.
Und nun:
»Sänftet doch das Gottesantlitz,
daß er uns Gunst gewähre!«
Geschieht dies von eurer Hand, –
kann man von euch einem emporheben das Antlitz?
hat ER der Umscharte gesprochen.

Wäre auch nur wer unter euch,
der die Pforten schlösse,
daß ihr nicht umsonst meine Schlachtstatt heizen müßtet!
Ich habe an euch keine Lust,
hat ER der Umscharte gesprochen,
Spende nehme ich zugnaden von eurer Hand nicht an.
Denn vom Aufgang der Sonne bis zu ihrer Rüste
unter den Weltstämmen groß ist mein Name,
allerorten wird meinem Namen Rauchwerk dargereicht und
   reine Spende.
Ja denn, unter den Weltstämmen groß ist mein Name,
hat ER der Umscharte gesprochen,
ihr aber gebt ihn preis, da ihr bei euch sprecht:
»SEIN Tisch, besudelt ist der,
und seine Speise, verächtlich ists sie zu essen«,
und sprecht: »Das hier ist Ungemach!«
und möchtet sie wegblasen lassen,
hat ER der Umscharte gesprochen.
Dann bringt ihr wieder Verstümmeltes dar,
das Lahme und das Kranke,
das bringt ihr dar als Spende, –
soll ich das zugnaden annehmen aus eurer Hand?!
hat ER gesprochen.
  – Und verflucht ist der Ränkische:
   ein Männliches hat in seiner Herde er, das gelobt er,
   und dann schlachtet er meinem Herrn ein Verdorbnes. –

Ja denn,
ich bin ein großer König,
hat ER der Umscharte gesprochen,
und unter den Weltstämmen gefürchtet mein Name.

Und nun diese Entbietung an euch,
ihr Priester!
Höret ihr nicht hin,
wendet ihr euchs nicht zu Herzen,
meinem Namen Ehre zu geben,
hat ER der Umscharte gesprochen,
dann sende ich unter euch die Verfluchung,
zu Fluch mache eure Segnungen ich.
Und ich habs euch zum Fluch schon gemacht,
denn ihr seid keine, die zu Herzen sichs wenden.
Wohl, ich verschelte den Samen euch,
ich streue Mist euch ins Antlitz,
den Mist eurer Festopfertiere, –
man trägt euch noch zu ihm hin.
Dann werdet ihr erkennen,
daß ich an euch gesandt habe diese Entbietung,
damit mein Bund sei mit Lewi,
hat ER der Umscharte gesprochen.
Mein Bund ist mit ihm gewesen:
»Das Leben und der Friede!«,
die gab ich ihm,
»Furcht!«,
er fürchtete mich,
vor meinem Namen hatte er Scheu.
Getreue Weisung war ihm im Mund,
Fälschung fand sich ihm nicht auf den Lippen,
in Frieden ging er mit mir, in Geradheit,
und viele kehrte er ab von dem Fehl.
  –Denn:
  Priesters Lippen bewahren Erkenntnis,
  Weisung sucht man aus seinem Mund,
  denn er ist ein Bote von IHM dem Umscharten. –
Ihr aber, abgewichen seid ihr vom Weg,
ließet viele straucheln in der Weisung,

den Lewibund habt ihr verderbt,
hat ER der Umscharte gesprochen.
So mache auch ich euch
allem Volk verachtet und niedrig,
dem gemäß, daß ihr keine seid,
die meine Wege wahren
und der Weisung zuheben das Antlitz.

– Ist nicht Ein Vater uns allen?
hat nicht Ein Gott uns geschaffen?
weshalb verraten wir jedermann seinen Bruder,
preiszugeben den Bund unsrer Väter?
– Jehuda hat verraten,
in Jifsrael und in Jerusalem ist ein Greuel getan,
denn Jehuda hat SEIN Geheiligtes, das er liebt, preisgegeben
und hat die Tochter eines Fremdgotts geehlicht.
Dem Mann, der das tut, tilge E R
Wachenden und Erwidrer aus Jaakobs Zelten,
Darreicher der Spende für I H N den Umscharten.
Und dies tut ihr zum zweiten:
SEINE Schlachtstatt mit Tränen bedecken,
Weinen und Gestöhn,
da er sich keinmal zur Spende mehr neigt,
ein zugnaden Geschätztes aus eurer Hand zu nehmen,
ihr sprecht: Weswegen?
Deswegen, weil E R Zeuge gewesen ist
zwischen dir und dem Weib deiner Jugend,
das du nun verraten hast,
und es ist doch deine Gefährtin und das Weib deines Bundes!
Und hat er nicht in Eins sie gemacht,
ein Fleisch, das einen Geist hat?
und wonach trachtet das Eine?
nach Gottessamen!
So wahret euch um euren Geist:
das Weib deiner Jugend darf er nimmer verraten!
Wenn einer fortschickt aus Haß,
hat E R, der Gott Jifsraels, gesprochen,
deckt Unbill er über sein Kleid,
hat E R der Umscharte gesprochen.
Wahrt euch um euren Geist:
verratet nicht!

Ihr mühet IHN durch eure Reden ab!
Und ihr sprecht:
»Wodurch mühen wir ab?«
Indem ihr sprechet:
»Alljeder, der Böses tut,
gut ist es in SEINEN Augen,
an denen hat er Lust!«
oder:
»Wo bleibt der Gott des Gerichts!«
– Da sende ich meinen Boten,
daß er den Weg vor mir bahne:
plötzlich wird zu seiner Tempelhalle kommen
der Herr, den ihr suchet,
der Bote des Bundes aber, nach dem ihr Lust habt,
da kommt er!
hat ER der Umscharte gesprochen,
– Aber wer hielte aus
den Tag seines Kommens?!
aber wer ists, der bestünde,
wann er sich sehen läßt?!
denn er ist wie das Feuer des Schmelzers
und wie die Lauge der Walker.
Er setzt sich,
ein Schmelzer und Silberreiniger,
er reinigt die Söhne Lewis,
er schlämmt sie wie Gold und Silber,
sie werden SEIN,
Darreicher der Spende in Wahrhaftigkeit.
Dann wird IHM angenehm sein
Jehudas und Jerusalems Spende
wie in den Tagen der Vorzeit,
wie in den urfrühen Jahren.
– Dann nahe ich euch zum Gericht,
ich werde ein eilfertiger Zeuge
wider die Zauberer, wider die Buhler,
wider die zum Lug Schwörenden,
wider sie, die am Lohn pressen den Löhner,
Witwe und Waise,
und den Gastsassen beugen,

und fürchten mich nicht,
hat ER der Umscharte gesprochen.

Ja,
ICH habe mich nicht geändert,
und ihr, Jaakobssöhne, ihr habt nie aufgehört:
seit den Tagen eurer Väter
seid ihr von meinen Gesetzen gewichen,
habt ihr sie nicht gewahrt.
Kehret um zu mir
und ich kehre um zu euch,
hat ER der Umscharte gesprochen.
Ihr aber sprecht:
»Wie sollen umkehren wir?«
Will der Mensch Gott prellen?
denn ihr prellt mich!
Ihr aber sprecht:
»Wie hätten wir dich geprellt?«
Den Zehnten! und die Hebe!
Mit dem Fluch seid ihr verflucht,
und mich wollt ihr noch prellen,
du Stamm allesamt!
Ins Vorratshaus laßt kommen allen Zehnten,
daß Zehrung in meinem Haus sei,
und prüfet mich doch daran,
hat ER der Umscharte gesprochen,
ob ich nicht die Himmelsschleusen euch öffne,
Segnung euch niederschütte
bis zum Unmaß!
dann verschelte für euch ich den Fresser,
er verdirbt euch die Ackerfrucht nicht,
und der Weinstock im Feld trägt euch nicht fehl,
hat ER der Umscharte gesprochen.
Alle Weltstämme preisen euch glücklich dann,
denn das Land der Lust, ihr seids geworden,
hat ER der Umscharte gesprochen.

Hart sind gegen mich eure Reden,
hat ER gesprochen.

Ihr aber sprecht:

»Wie unterreden wir uns gegen dich?«

Gesprochen habt ihr:

»Wahn ist es, Gott zu dienen,

und was ists für Gewinn,

wenn wir wahren seine Verwahrung,

wenn wir umdüstert gehn

vor IHM dem Umscharten her?

nun preisen wir glücklich die Frechen,

des Frevels Täter werden erbaut doch,

sie prüfen doch Gott – und entschlüpfen.«

Hinwieder unterreden sich die MICH Fürchtenden,

jedermann mit seinem Genossen:

»...Aber ER merkt auf, er hört,

ein Buch des Gedenkens wird geschrieben vor ihm

für die IHN Fürchtenden,

für die seines Namens Achtenden.«

Die werden mir,

hat ER der Umscharte gesprochen,

an dem Tag, den ich mache,

ein Sonderschatz,

ich will ihrer schonen,

wie ein Mann seines Sohnes schont,

der ihn bedient.

Dann werdet ihr umkehrig sehn

den Unterschied des Bewährten vom Frevler,

den Unterschied des Gott Dienenden von dem, der ihm nicht

    dient.

Denn, wohlan, der Tag kommt,

wie ein Ofen brennend,

da werden alle Frechen,

alljeder Frevelstäter,

Stoppeln,

der Tag, der kommt, sengt sie ab,

hat ER der Umscharte gesprochen,

daß er nicht Wurzel noch Halm ihnen läßt.

Euch aber strahlt auf,

Fürchtige meines Namens,

die Sonne der Bewahrheitung,

in ihren Flügeln die Heilung.
Dann zieht hinaus ihr und springt
wie Kälber vom Stall,
über die Frevler stampfet ihr hin,
denn unter euren Fußsohlen werden sie Asche
an dem Tag, den ich mache,
hat ER der Umscharte gesprochen.

Gedenket der Weisung Mosches meines Knechts,
die ich ihm am Choreb für Jifsrael allsamt entbot,
Gesetze und Rechtsgeheiße.

Wohlan, ich sende euch Elija den Künder,
bevor MEIN Tag, der große und furchtbare kommt,
daß er umkehren lasse
der Väter Herz zu den Söhnen,
der Söhne Herz zu ihren Vätern, –
sonst komme ich und schlage das Land mit dem Bann.

INHALTSVERZEICHNIS

JESCHAJAHU

Die Hauptteile und Abschnitte des Buches

Die Kapitel der üblichen Zählung

DAS BUCH

JIRMEJAHU

Die Hauptteile des Buches

Die Kapitel der üblichen Zählung

DAS BUCH

JECHESKEL

Die Hauptteile des Buchs

Die Kapitel der üblichen Zählung

DAS BUCH
DER ZWÖLF

Die Hauptteile und Abschnitte des Buchs

Die Kapitel der üblichen Zählung

Die Schrift

Die Schrift

Verdeutscht von Martin Buber
gemeinsam mit Franz Rosenzweig

———————

4

Die Schriftwerke

Verdeutscht von Martin Buber

—

DEUTSCHE BIBELGESELLSCHAFT

6. Auflage der neubearbeiteten
Ausgabe von 1962

Im Anhang
Martin Buber:
Zur Verdeutschung des letzten Bandes der Schrift

ISBN 978-3-438-01491-7
© 1976/1978/1979 Gütersloher Verlagshaus, Gütersloh
Lizenzausgabe für die Deutsche Bibelgesellschaft, Stuttgart 1992
Titelfotos: Martin Buber – Interfoto, München;
Franz Rosenzweig – Jüdisches Museum, Frankfurt
Alle Rechte vorbehalten. Printed in Germany

DAS BUCH DER
PREISUNGEN

I

O Glück des Mannes,
der nicht ging im Rat der Frevler,
den Weg der Sünder nicht beschritt,
am Sitz der Dreisten nicht saß,
sondern Lust hat an SEINER Weisung,
über seiner Weisung murmelt tages und nachts!
Der wird sein
wie ein Baum, an Wassergräben verpflanzt,
der zu seiner Zeit gibt seine Frucht
und sein Laub welkt nicht:
was alles er tut, es gelingt.
Nicht so sind die Frevler,
sondern wie Spreu, die ein Wind verweht.
Darum bestehen Frevler nicht im Gericht,
Sünder in der Gemeinde der Bewährten.
Denn ER kennt den Weg der Bewährten,
aber der Weg der Frevler verliert sich.

II

Wozu tosen die Weltstämme,
murren Nationen – ins Leere!
Erdenkönige treten vor,
mitsammen munkeln Erlauchte
wider IHN, wider seinen Gesalbten:
»Sprengen wir ihre Fesseln,
werfen wir ihre Seile von uns!«
Der im Himmel Thronende lacht,
mein Herr spottet ihrer.
Dann redet in seinem Zorn er zu ihnen,
verstört sie in seinem Entflammen:
»Ich aber,
belehnt habe ich meinen König
auf Zion, meinem Heiligtumsberg.«

– Berichten will ichs zum Gesetz,
ER hat zu mir gesprochen:

»Mein Sohn bist du,
selber habe ich heut dich gezeugt.
Heische von mir und ich gebe
die Weltstämme als Eigentum dir,
als Hufe dir die Ränder der Erde, –
du magst mit eisernem Stab sie zerschellen,
sie zerschmeißen wie Töpfergerät.«
Und nun, Könige, begreifts,
nehmet Zucht an, Erdenrichter!
Werdet IHM dienstbar mit Furcht
und frohlocket mit Zittern!
Rüstet euch mit Läutrung, sonst zürnt er,
und am Wege seid ihr verloren,
wenn entbrennt über ein kleines sein Zorn.
O Glück aller, die sich an ihm bergen!

III

Ein Harfenlied Dawids:
als er vor seinem Sohn Abschalom auf der Flucht war.

DU,
wie viel sind meine Bedränger worden!
Viele stehen wider mich auf,
viele sprechen von meiner Seele:
»Keine Befreiung ist dem bei Gott.«
    / Empor! /
DU aber bist ein Schild um mich her,
meine Ehre und was hochträgt mein Haupt.

Meine Stimme zu IHM – ich rufe,
er antwortet mir von seinem Heiligtumsberg.
    / Empor! /
Ich, hinlegte ich mich und entschlief, –
ich erwachte, denn ER hat mich gehalten.
Vor Volks Mengen fürchte ich mich nicht,
die ansetzen wider mich rings.

Steh auf, DU,

befreie mich, mein Gott!
schlugst ja alle meine Feinde aufs Kinn,
die Zähne der Frevler zerbrachst du.
DEIN ist die Befreiung:
über dein Volk deinen Segen!
  / Empor! /

IV

Des Chormeisters, zum Saitenspiel,
ein Harfenlied Dawids.

Wann ich rufe, antworte mir,
Gott meiner Bewahrheitung!
In der Enge weitetest du mirs,
leih mir Gunst, hör mein Gebet!

Mannessöhne, bis wann
wird meine Ehre zum Schimpf,
wollet Leeres ihr lieben,
wollet Täuschung ihr suchen?
  / Empor! /

Erkennts nun: ja, ausgesondert
hat ER sich einen Holden,
ER hört es,
wann ich zu ihm rufe!
Erbebet
und sündiget nimmer!
Besprechts in eurem Herzen,
auf eurem Lager,
und werdet still!
  / Empor! /
Opfert Opfer des Wahrbrauchs
und werdet sicher an IHM!

Viele sprechen:
»Wer läßt Gutes uns sehn?!«
Bannergleich heb über uns
das Licht deines Antlitzes, DU!

Freude gibst du mir ins Herz,
beßre als da ihnen viel Kornes und Mosts ward.
In Frieden will ich zugleich
niederliegen und schlafen,
denn du bist es, DU,
der mir Sitz schafft, einsam, gesichert.

V

Des Chormeisters, zum Gesumm,
ein Harfenlied Dawids.

Meinen Sprüchen lausche, DU,
achte auf mein Seufzen,
merk auf die Stimme meines Stöhnens,
o mein König und mein Gott,
denn zu dir bete ich.
DU,
morgens hörst du meine Stimme,
morgens rüste ich dir zu,
und ich spähe.

Denn nicht bist du eine Gottheit,
die Lust hat am Frevel,
ein Böser darf nicht bei dir gasten,
Prahler sich dir vor die Augen nicht stellen,
die Argwirkenden hassest du alle,
die Täuschungsredner lässest du schwinden. –
Ein Greuel ist DIR der Mann von Bluttat und Trug.

Ich aber,
durch die Fülle deiner Huld
komme ich in dein Haus,
werfe mich hin
zu deiner Heiligtumshalle
in deiner Furcht.
DU,
leite mich in deiner Wahrhaftigkeit
um meiner Verleumder willen,

mache gerad vor mir deinen Weg!

Denn kein Festes ist deren einem im Mund,
ihr Eingeweid ist Verhängnis,
ein geöffnetes Grab ihr Schlund,
ihre Zunge glätten sie.
Büßen lasse sie, Gott,
von ihren Ratschlägen mögen sie fallen,
um die Fülle ihrer Abtrünnigkeiten
stoße sie fort,
denn sie sind dir widerspenstig.

Aber freuen werden sich alle,
die sich an dir bergen,
in die Zeit hin werden sie jubeln,
da du sie überschirmst,
sich entzücken an dir,
die deinen Namen lieben.
Denn du bists, der segnet den Bewährten, DU,
wie mit einem Schilddach krönst du ihn mit Gnade.

VI

Des Chormeisters, zum Saitenspiel auf der Achten,
ein Harfenlied Dawids.

DU,
nimmer strafe in deinem Zorn mich,
nimmer züchtige in deiner Glut mich!
Leih Gunst mir, DU,
denn ich bin erschlafft,
heile mich, DU,
denn mein Gebein ist verstört,
und sehr verstört ist meine Seele.
Du aber, DU, bis wann noch –!
Kehre wieder, DU,
entschnüre meine Seele,
befreie mich
deiner Huld zu willen!
Denn im Tod ist kein Deingedenken,

im Gruftreich, wer sagt dir Dank?!

Müd bin ich von meinem Ächzen,
allnächtlich schwemme ich mein Bett,
meinen Pfühl flöße ich mit meiner Träne,
stumpf ward mein Auge vom Gram,
stierend auf all meine Bedränger. –

Weichet von mir,
ihr Argwirkenden alle,
denn gehört hat ER die Stimme meines Weinens.
Gehört hat ER mein Flehen,
ER nimmt mein Beten an.
Zuschanden werden, sehr verstört
alle meine Feinde,
sie kehren sich hinweg,
zuschanden werden sie im Nu.

VII

Eine »umirrende Weise« Dawids,
die er IHM sang, wegen der Reden Kuschs des Benjaminiten.

DU, mein Gott,
an dem ich mich berge,
befreie mich von all meinen Verfolgern,
rette mich!
sonst zerreißt man löwengleich meine Seele,
zerspellt, und kein Rettender ist.

DU, mein Gott,
habe ich dieses getan,
gibts an meinen Händen Falsch,
fertigte ich Böses dem mir Friedgesinnten zu
– da ich entschnürte den,
der mich bedrängt hatte ums Leere! –,
verfolge der Feind meine Seele, hole ein
und stampfe zur Erde mein Leben,
lasse meine Ehre wohnen im Staub!
     / Empor! /

Steh auf, DU, in deinem Zorn,
erhebe dich
wider das Aufwallen meiner Bedränger,
rege dich mir zu
in dem Gericht, das du entbietest!
Umringt die Gemeinde dich dann der Nationen,
über ihr hin kehre zur Höhe!

DU, der Urteil spricht den Völkern,
rechte für mich, DU,
nach meiner Wahrhaftigkeit,
nach meiner Schlichtheit, die an mir ist!
Daß der Frevler Bosheit doch ende
und du festigest den Wahrhaftigen!
Der Herzen und Nieren prüft,
Gott, Wahrhaftiger! –
Mein Schild ist bei Gott,
dem Befreier der Herzensgeraden,
Gott, dem wahrhaftigen Richter,
dem Gottherrn, alletag dräuend.

Wetzt jener nicht wieder sein Schwert,
spannt seinen Bogen und festet ihn?
Für sich selber festigt Todeszeug er,
macht er seine Pfeile zu Bränden!
Wohl, um Arg sind seine Wehn,
mit Pein geht er schwanger,
aber Täuschung gebiert er.
Ein Loch bohrt er,
er schaufelt es aus,
aber er fällt
in die Grube, die er machte.
Seine Peinigung kehrt ihm aufs Haupt heim,
auf seinen Scheitel senkt sich seine Unbill.

Danken will ich IHM
gemäß seiner Wahrhaftigkeit,
harfen dem Namen
SEIN, des Höchsten.

VIII

Des Chormeisters, nach der Kelterweise,
ein Harfenlied Dawids.

DU, unser Herr,
wie herrlich ist dein Name
in allem Erdreich!

Du, dessen Hehre der Wettgesang gilt
- über den Himmel hin,
aus der Kinder, der Säuglinge Mund
hast du eine Macht gegründet,
um deiner Bedränger willen,
zu verabschieden Feind und Rachgierigen.

Wenn ich ansehe deinen Himmel,
das Werk deiner Finger,
Mond und Sterne, die du hast gefestet,
was ist das Menschlein,
daß du sein gedenkst,
der Adamssohn,
daß du zuordnest ihm!

Ließest ihm ein Geringes nur mangeln,
göttlich zu sein,
kröntest ihn mit Ehre und Glanz,
hießest ihn walten
der Werke deiner Hände.
Alles setztest du ihm zu Füßen,
Schafe und Rinder allsamt
und auch das Getier des Feldes,
den Vogel des Himmels
und die Fische des Meers,
was die Pfade der Meere durchwandert.

DU, unser Herr,
wie herrlich ist dein Name
in allem Erdland!

IX

Des Chormeisters, nach »Stirb für den Sohn«,
ein Harfenlied Dawids.

Danken will ich Dir
mit all meinem Herzen,
all deine Wunder will ich erzählen,
an dir mich freun und entzücken,
deinem Namen harfen, o Höchster,
wann meine Feinde rückwärts sich kehren,
straucheln, vor deinem Antlitz entschwinden.
Denn du entbotest Recht mir und Urteil,
saßest auf dem Stuhl
als ein Richter des Wahrspruchs,
beschaltest die Erdstämme,
machtest den Frevler schwinden,
ihren Namen wischtest du aus
für Zeit und Ewigkeit.

Der Feind, vernichtet sind sie,
Trümmerhaufen sinds in die Dauer;
die Städte, die du gestürzt hast,
entschwunden ist ihr Gedächtnis. –
ER aber sitzt für die Zeit,
festet seinen Stuhl zum Gericht,
er selber
richtet die Welt mit Wahrspruch,
urteilt den Nationen mit Geradheit.

So wird ER ein steiler Horst
für den Geduckten,
ein Horst für die Stunden der Drangsal. –
An dir wissen sich sicher,
die deinen Namen kennen,
denn die dich suchen, verlässest DU nicht.

Harfet IHM,
der auf dem Zion Sitz hat,
meldet seine Handlungen unter den Völkern!
Denn als einer, der Bluttat heimsucht,

hat er derer da gedacht,
nicht vergessen hat er
den Schrei der Gebeugten. –
Leih Gunst mir, DU,
sieh, wie ich von meinen Hassern gebeugt bin,
du, der mich enthebt den Toren des Sterbens,
damit ich all deine Preisung erzähle,
in den Toren der Tochter Zion
jauchze um dein Befreien. –

Stämme sind in der Grube versunken,
die sie bereitet hatten,
im Netz, das sie heimlich legten,
hat ihr Fuß sich verfangen.
Kund hat ER sich getan,
Gericht hat er bereitet,
durch das Wirken seiner Hände
verstrickt ist der Frevler worden.
      / Auftönen: Empor! /

Zum Gruftreich müssen die Frevler kehren,
alle Stämme, die Gottes vergessen.
Denn nicht in die Dauer
wird vergessen der Dürftige werden,
die Hoffnung der Gebeugten
schwinden auf ewig. –
Steh auf, DU!
nimmer trotze das Menschlein!
gerichtet sollen werden die Stämme
vorm Antlitz dir!
Furcht weise, DU, ihnen zu,
die Stämme sollens erkennen:
das Menschlein sind sie.
      / Empor! /

X

Warum, DU, verbleibst du in der Ferne,
verhehlst dich für die Stunden der Drangsal?

Bei der Hoffart des Frevlers fiebert der Gebeugte,
– verfangen mögen sie sich in den Ränken, die sie spinnen!
Wenn der Frevler lobpreist
– um die Begier seiner Seele! –,
und der Gewinnsüchtige segnet,
lästert er IHN.
Der Frevler, nach seiner Hochnäsigkeit:
»Der sucht nie heim!
da gibts keinen Gott!«
sind all seine Ränke.
Geraten doch seine Wege
zu aller Stunde,
in der Höhe sind deine Gerichte,
von ihm weg,
alle seine Bedränger –
er bläst auf sie.
Er spricht in seinem Herzen:
»Nie wanke ich,
auf Geschlecht um Geschlecht einer,
der nicht im Bösgeschick ist.«
Meineids voll ist sein Mund
und Trügerein und Erpressung,
unter seiner Zunge
Peinigung und Arglist.
Er sitzt auf der Lauer der Gehöfte,
in Verstecken würgt er den Unsträflichen,
seine Augen stellen dem Elenden nach.
Er lauert im Versteck
wie der Löwe in seinem Dickicht,
er lauert, den Gebeugten zu haschen,
er hascht den Gebeugten,
da er ihn in sein Netz zieht.
Jener duckt sich, bückt sich und fällt,
die Elenden ihm in die Klauen.
Er spricht in seinem Herzen:
»Der Herrgott vergißt,
hält sein Antlitz versteckt,
sieht nie her, in die Dauer.«
Steh auf, DU!

Gottherr, heb deine Hand!
nimmer vergiß die Gebeugten!
Weshalb darf der Frevler Gott lästern,
in seinem Herzen sprechen:
»Du suchst nicht heim!«
Du hast es gesehn!
denn du selber,
auf Pein und Gram blickst du,
es in deine Hand zu geben
überläßts der Elende dir,
die Waise –
du selber bist Helfer geworden.
Zerbrich den Arm des Frevlers!
der Böse,
sucht man nach seinem Frevel,
nie mehr findet man ihn. –

König ist ER
in Weltzeit und Ewigkeit!
Geschwunden sind jene Stämme
aus seinem Land!
Das Begehren der Gebeugten,
gehört hast du es, DU:
festigst ihr Herz,
dein Ohr merkt auf,
zu rechten
für die Waise, für den Geduckten.
Nie mehr wüte jener fortan
den Menschen hinweg aus dem Land!

XI

Des Chormeisters,
von Dawid.

An IHM berge ich mich!
Wie doch sprecht ihr zu meiner Seele:
»Auf euren Berg flattere, Vöglein!

Denn die Frevler, da, spannen den Bogen,
bereiten ihren Pfeil auf der Sehne,
im Dunkel zu schießen auf Herzensgerade.
Werden die Grundpfeiler geschleift,
der Bewährte – was kann er wirken?!«
ER in seiner Heiligtumshalle,
ER, im Himmel sein Stuhl,
seine Augen schauen,
seine Wimpern prüfen
die Adamskinder.
ER, als ein Wahrhaftiger prüft er,
den Frevler und Unbill-Liebenden haßt seine Seele.
Er regnet Essenbrand auf die Frevler;
Feuer und Schwefel und Samumwind,
das ist ihre Bechergebühr.
Denn ER, ein Wahrhaftiger,
liebt Wahrhaftigkeit,
Gerades will schauen sein Antlitz.

XII

Des Chormeisters, auf der Achten,
ein Harfenlied Dawids.

Befreie, DU!
denn zuend ist der Holdmütige,
denn aus ists mit der Treue
unter den Adamskindern.
Wahnspiel reden sie
jedermann mit seinem Genossen,
glatter Lippe
mit zweierlei Herz reden sie.
Ausrotte ER
alle glatten Lippen,
die großrednerische Zunge!
sie, die sprechen:
»Durch unsre Zunge sind wir überlegen,
unsre Lippen sind mit uns,
wer ist uns Herr!«

»Ob der Vergewaltigung der Gebeugten,
ob des Ächzens der Dürftigen
jetzt stehe ich auf«,
spricht E R,
»in Freiheit setze ich
ihn, den man bebläst.«
Sprüche von I H M,
reine Sprüche sind sie,
Silber, ausgeschmolzen im Schüttofen zur Erde,
geseigert siebenfach.
Hüten wirst du sie, D U,
wirst einen bewahren vor dem Geschlecht da in Weltzeit,
die sich frevlerisch ringsum ergehn,
da Gemeinheit obenauf kam
bei den Adamskindern.

XIII

Des Chormeisters,
ein Harfenlied Dawids.

Bis wann, D U,
vergissest du dauernd mein?
bis wann
versteckst du dein Antlitz vor mir?
bis wann
muß ich Ratschläge hegen in meiner Seele,
Kummer in meinem Herzen tagüber?
bis wann
erhebt sich mein Feind über mich?

Blicke her,
antworte mir,
D U, mein Gott!
erleuchte meine Augen,
sonst muß ich entschlafen zum Tod!
sonst wird sprechen mein Feind:
»Ich habe ihn übermocht!«,
werden meine Bedränger jauchzen,

daß ich wanke.
Ich aber,
an deiner Huld sichre ich mich,
mein Herz wird jauchzen um dein Befreien. –

Singen will ich IHM,
denn er hat es mir reifen lassen.

XIV

Des Chormeisters,
von Dawid.

Der Nichtige spricht in seinem Herzen:
»Da gibts keinen Gott!«
Verderbt, greulich ward ihre Sitte,
keiner ist mehr, der Gutes tut.

Vom Himmel nieder lugt ER
auf die Adamskinder,
zu sehn, ob ein Begreifender west,
ein nach Gott Fragender.

Alles ist abgewichen,
angefault sind sie mitsammen,
keiner ist mehr, der Gutes tut,
auch kein einziger mehr!

Haben sies nicht erkannt,
die Argwirkenden alle,
die verzehren mein Volk:
sie verzehren ein Brot,
drüber IHN man nicht anrufen kann!

Dort, sie schrecken zusammen im Schreck,
denn Gott ist im bewährten Geschlecht:
»Den Ratschlag des Gebeugten
wolltet ihr zuschanden machen?!«
Ja, ER ist seine Bergung.

Wer gibt vom Zion her
Befreiung Jifsraels!

Wann kehren läßt E R
Wiederkehr seinem Volk,
wird Jaakob jauchzen,
wird sich Jiſrael freun.

XV

Ein Harfenlied Dawids.

D U,
wer darf gasten in deinem Zelt?
wer wohnen auf deinem Heiligtumsberg?
Der in Schlichtheit geht,
der Wahrhaftigkeit wirkt,
der treulich redet in seinem Herzen,
mit seinem Zungenkram nicht umherrennt,
seinem Genossen Übles nicht tut,
Hohn auf den ihm Nahen nicht lädt,
der Verworfne ist in seinen Augen verächtlich,
aber die I H N Fürchtenden ehrt er,
verschwur zum Übel er sich, ändert ers nicht,
sein Geld gibt er nicht auf Zins,
Bestechung nimmt er wider Unsträfliche nicht:
der dies tut,
wird in Weltzeit nicht wanken.

XVI

Ein Sühngedicht Dawids.

Behüte mich, Gott,
denn an dir berge ich mich! –

Ich spreche zu I H M:
»Mein Herr bist du,
mein Gut,
nichts über dich!«,
zu den Heiligen, die im Lande sind:

»...mein Herrlicher,
an dem all meine Lust ist.«

Mehren mögen sich die Trübnisse ihnen,
die einen Anderen freiten,
nie gieße ich mit
ihre Opfergüsse – von Blut! –,
nie trage ich ihre Namenrufe
auf meinen Lippen. –

DU,
meine Anteil- und Becher-Gebühr!
du bists, der mein Los umfängt.
Schnurmaße fielen mir zu
in der Mildigkeit,
wohl, anmutig ist mir das Eigen. –

Ich segne IHN,
der mich beraten hat,
wohl, nachts mahnen mich meine Nieren.
Ich hege IHN mir stets gegenüber.
Wenn er mir zur Rechten ist,
nie kann ich wanken.

Darum freut sich mein Herz,
jauchzt meine Ehre,
ja, mein Fleisch wird sicher wohnen.
Denn du überlässest nicht
meine Seele dem Gruftreich,
du gibst nicht zu,
daß dein Holder die Schluft besehe.

Du lehrst mich kennen
den Pfad des Lebens,
Sättigung mit Freuden
ist vor deinem Antlitz,
Mildheit in deiner Rechten
immerdar.

XVII

Ein Gebet Dawids.

Höre Wahrhaftiges, D U,
merke auf mein Wimmern,
lausche meinem Gebet
von Lippen ohne Trug!

Von deinem Antlitz
fährt meine Gerechtigkeit aus,
deine Augen schauen Geradheit.
Geprüft hast du mein Herz,
gemustert nachts,
mich ausgeschmolzen,
nie findest du mehr,
wovon ich gesonnen hatte:
»Nie trete es mir über den Mund.«

Bei den Händeln der Menschen
im Wort deiner Lippen bleibend,
hüte ich mich der Pfade des Durchbrechers, –
da mein Schreiten ich halte in deinen Geleisen,
wanken nie meine Tritte.

Ich bins, der dich rief,
ja, Gott, du antwortest mir,
neige mir dein Ohr,
höre meinen Spruch!

Wunderbar erzeig deine Hulden,
Befreier der sich Bergenden du
vor den Aufständischen,
mit deiner rechten Hand!

Behüte mich
wie das Püpplein im Augapfel,
im Schatten deiner Flügel
verstecke mich!

Vor den Frevlern, die mich gewaltigen,
meinen Seelenfeinden, die mich umzingeln!

Ins Fett schließen sie ihr Herz ein,
mit ihrem Mund reden sie Hoffart.

Bei unserm Schreiten – jetzt umringen sie uns,
sie setzen ihre Augen darauf,
einen zur Erde zu neigen.
Es scheint ein Löwe, dens lüstert zu zerreißen,
ein Leu, der sitzt in Verstecken.

Steh auf, D U,
tritt seinem Antlitz entgegen,
stürze ihn ins Knie!
entrinnen mache meine Seele
vorm Frevler mit deinem Schwert,
vor den Leuten mit deiner Hand, D U,
vor den Leuten aus der Weile!

Der Anteil jener ist noch im Leben,
mit deinem Gespeicherten füllst du ihren Bauch, –
mögen satt werden die Söhne,
mögen sie ihren Kindern ihren Rest hinterlassen!
Ich aber,
in Wahrhaftigkeit
werde ich dein Antlitz schauen,
mich sattsehn beim Erwachen
an deiner Gestalt.

XVIII

Des Chormeisters.
Von SEINEM Knecht, von Dawid,
der zu IHM die Worte dieses Gesangs redete
am Tag, da ER ihn vor dem Griff all seiner Feinde und vor der
    Hand Schauls gerettet hatte,
er sprach:

Ich minne dich,
D U, meine Stärke!
D U, mein Schroffen, meine Bastei,
und der mich entrinnen macht,

mein Gott, mein Fels, an dem ich mich berge,
mein Schild, Horn meiner Freiheit,
mein Steilhorst!
Gepriesen, rufe ich, E R,
schon bin ich von meinen Feinden befreit.

Mich umfingen Stricke des Todes,
Sturzbäche Unheils umgrausten mich,
Stricke des Gruftreichs umrangen mich,
mich überraschten Schlingen des Tods.
Da mir angst war, rufe ich I H N,
ich schreie zu meinem Gott:
von seiner Halle hört er meine Stimme,
mein Schrei zu seinem Antlitz kommt in seine Ohren.

Da schütterte, zitterte die Erde,
die Gründe der Berge erbebten,
erschüttert, denn auf flammte er.
Hoch entstieg Dampf seiner Nase,
Feuer fraß aus seinem Mund,
Kohlengluten zündeten draus.

Er neigte die Himmel, fuhr nieder,
Wetterdunkel ihm unter den Füßen,
er ritt auf dem Cherub, flog an,
schoß herab auf Schwingen des Sturms.
Finsternis setzt er als sein Versteck
rings um sich, als seine Verschirmung,
Finsterkern der Wasser,
Dichtgewölk der Lüfte,
von dem Schein vor ihm her
verwallte sein Gewölk, –
Hagel und Feuerkohlen!

So donnert im Himmel E R,
der Höchste gibt aus seine Stimme,
Hagel und Feuerkohlen,
seine Pfeile schickt er, sprengt sie um,
Blitze viel, tummelt sie hin.
Sichtig wurden die Betten des Wassers,
offenbar die Gründe des Lands,

von deinem Dräuen, D U,
vom Sturmanhauch deiner Nase. –

Er schickt von oben, er nimmt mich,
er enttaucht mich den vielen Wassern,
er entreißt mich meinem trotzigen Feind,
meinen Hassern, denn sie waren zu stark mir.
Sie überraschten mich am Tag meines Scheiterns,
aber E R ist mir zur Stütze geworden,
in die Weite hat er mich herausgeholt,
schnürt mich los, denn er hat an mir Lust.

E R läßt mirs reifen nach meiner Wahrhaftigkeit,
nach der Lauterkeit meiner Hände wendet er mir zu.
Ja, ich habe SEINE Wege gehütet,
von meinem Gott habe ich mich nicht fortgefrevelt.
All seine Rechtsgeheiße sind ja vor mir,
und seine Satzungen, ich lasse sie nicht von mir weichen.
Schlicht bin ich bei ihm gewesen,
vor meinem Fehl habe ich mich behütet.

E R wandte mir zu nach meiner Wahrhaftigkeit,
nach der Lauterkeit meiner Hände vor seinen Augen. –
Mit dem Holden bist du hold,
mit dem schlichten Mann bist du schlicht,
mit dem Geläuterten bist du lauter,
aber mit dem Krummen bist du gewunden.
Ja, du bists, der gebeugtes Volk freimacht
und überhebliche Augen erniedert.
Ja, du bists, der meine Leuchte erhellt.
– E R, mein Gott, durchscheint meine Finsternis. –
Ja, mit dir berenne ich die Zinne,
mit meinem Gott erspringe ich die Schanze.
Der Gottherr, schlicht ist sein Weg,
schlackenlos ist SEIN Spruch,
ein Schild ist er allen, die sich an ihm bergen.

Ja, wer ist ein Gott außer IHM,
wer ein Fels neben unserem Gott!
dem Gottherrn, der mit Macht mich umpanzert
und schlicht zu werden gibt meinem Weg!

Er macht mir die Füße hindinnengleich,
auf meine Kuppen stellt er mich hin,
er belehrt meine Hände zum Kampf,
läßt meine Arme den Erzbogen spannen. –
Du gabst mir den Schild deiner Freiheit,
deine Rechte bestätigt mich,
deine Antwort macht mich reich.

Du weitest meinen Stapf unter mir,
meine Knöchel schwanken nicht mehr,
nachjag ich meinen Feinden, erreich sie,
wende nicht, bis sie vertilgt sind,
ich zerschmettre sie, daß empor sie nicht können,
sie fallen unter meine Füße.

Du panzerst mit Macht mich zum Kampf,
duckst unter mich, die wider mich sich empörten,
meiner Feinde gibst du den Nacken mir hin,
meiner Hasser, daß ich sie schweige. –
Sie schrein, doch da ist kein Befreier,
auf IHN zu, nicht antwortet er ihnen.
Ich zerreibe sie wie Staub vor dem Wind,
wie Gassenkot leere ich sie hin.

Aus des Volkes Fehden ließest du mich entrinnen,
zum Haupt von Stämmen setztest du mich ein.
Volk, das ich nicht kannte, sie dienen mir,
aufs Hören des Ohrs gehorchen sie mir,
Söhne der Fremde, sie schmeicheln mir,
Söhne der Fremde, sie zermürben,
aus ihren Schlössern schlottern sie herbei.

ER lebt!
gesegnet mein Fels!
erhaben der Gott meiner Freiheit,
der Gottherr, der mir Rächertum gab,
der Völker unter mich trieb,
vor meinen Feinden ließ mich entrinnen! –
Wohl, du enthebst mich den wider mich Empörten,
du entreißest mich dem Manne der Unbill.

Darum danke ich dir
unter den Erdstämmen, D U,
deinem Namen harfe ich:
der seinem König große Befreiungen schafft,
hold tut an seinem Gesalbten, an Dawid,
und an dessen Samen
auf Weltzeit.

XIX

Des Chormeisters,
ein Harfenlied Dawids.

Die Himmel erzählen die Ehre Gottes,
die Tat seiner Hände meldet das Gewölb:
Sprache sprudelt Tag dem Tag zu,
Kunde zeigt Nacht der Nacht an,
kein Sprechen ists, keine Rede,
unhörbar bleibt ihre Stimme, –
über alles Erdreich fährt ihr Schwall,
an das Ende der Welt ihr Geraun.
Dem Sonnenball setzte ein Zelt er an ihnen,
der fährt wie ein Bräutigam aus seinem Gemach,
entzückt sich wie ein Held, zu laufen die Bahn,
vom Ende der Himmel ist seine Ausfahrt,
sein Umschwung an ihren Enden,
nichts bleibt vor seiner Hitze verborgen.

SEINE Weisung ist schlicht,
die Seele wiederbringend,
SEINE Vergegenwärtigung treu,
den Einfältigen weisemachend,
SEINE Anordnungen sind gerade,
das Herz erfreuend,
SEIN Gebot ist lauter,
die Augen erleuchtend,
SEINE Fürchtigkeit rein,
auf ewig bestehend.

SEINE Rechtsgeheiße sind Treue,
sie bewähren sich miteinander:
die köstlicher sind als Gold,
als Feinerzes viel,
süßer sind als Honig
und Seim der Waben.

Warnen läßt sich durch sie auch dein Knecht,
in ihrer Wahrung ist vieler Lohn.
Irrungen – wer unterscheidets?
von verborgenen ledige mich!
Auch vor Vermeßnem halte ein deinen Knecht,
nimmer möge es über mich walten!
Dann werde ich schlicht sein können,
entledigt der vielen Abtrünnigkeit.

Zugnaden seien
die Sprüche meines Mundes,
das Tönen meines Herzens
vor deinem Antlitz, DU,
mein Fels, mein Erlöser!

XX

Des Chormeisters,
ein Harfenlied Dawids.

Antworte dir ER
am Tage der Drangsal,
Horst sei dir
der Name von Jaakobs Gott!
Er sende dir Hilfe
vom Heiligtum her,
vom Zion her bestätige er dich!
Er nehme an den Gedenkteil
all deiner Hinleitspenden,
von deiner Darhöhung
die Aschenhebe noch!
   / Empor! /

Er gebe dir
nach deinem Herzen,
und all deinen Ratschluß
erfülle er!
Jubeln wollen wir
in deiner Befreiung,
im Namen unsres Gottes
Fahnen schwingen.
ER erfülle
all deine Wünsche!

Jetzt weiß ich,
daß ER befreit
seinen Gesalbten,
ihm antwortet
vom Himmel seiner Heiligkeit,
mit den Heldenkräften
seiner befreienden Rechten.
Diese da des Fahrzeugs
und diese da der Rosse,
wir aber –
des Namens SEIN, unsres Gottes,
gedenken wir.
Jene knicken ein, fallen,
wir aber,
wir erstehn und überdauern.

Befreie, DU,
o König, der antwortet uns
am Tag unseres Rufens!

XXI

Des Chormeisters,
ein Harfenlied Dawids.

– DU, in deinem Siege
freut der König sich,

in deinem Befreien
wie jauchzt er sehr!
Das Begehr seines Herzens,
gegeben hast dus ihm,
das Anliegen seiner Lippen
hast nie du versagt.
   / Empor! /
Ja, du überraschest ihn
mit Segnungen des Guten,
setzest auf sein Haupt
ein Diadem von Edelerz.
Er bat dich um Leben,
du gabst es ihm,
Länge der Tage
in Zeit und Ewigkeit.
Seine Ehre ist groß
durch dein Befreien,
Hehre und Glanz
ließest du auf ihn nieder.
Ja, du setztest ihn ein
zu Segnungen auf ewig,
beseligtest ihn
mit der Freude an deinem Antlitz.
– Ja, der König ist sicher an IHM,
durch die Huld des Höchsten wird er nicht wanken. –
Langen wird deine Hand
an all deine Feinde,
deine Rechte erlangen
deine Hasser.
Du wirst sie versetzen
wie in einen Feuerofen
zur Stunde deiner Antlitzerscheinung. –
ER in seinem Zorn
wird sie verwirren,
fressen wird sie das Feuer. –
Ihre Frucht, von der Erde weg
wirst du sie schwinden lassen,
ihre Brut von den Menschenkindern.
Wenn sie Böses dir zuneigen,

Ränkewerk planen,
sie werden nichts vermögen.
Denn du setzest sie rücklings,
dann zielst du mit deinen Sehnen
ihnen ins Antlitz.

– In deinem Sieg rage, DU!
Wir wollen singen und harfen
deinem Heldentum.

XXII

Des Chormeisters, nach »Hindin Morgenröte«,
ein Harfenlied Dawids.

Mein Gott, mein Gott,
warum hast du mich verlassen?
Fern bleiben meiner Befreiung
die Worte meines Notschreis.
»Meine Gottheit!« rufe ich tags
und du antwortest nicht,
nachts, und nicht wird mir Stillung.

O Heiliger du,
auf Jisraels Preisungen thronend,
an dir wußten unsre Väter sich sicher,
sicher, und du ließest sie entrinnen,
zu dir schrien sie und durften entschlüpfen,
an dir gesichert wurden nie sie beschämt.

Ich aber, Wurm und nicht Mensch,
Hohn der Leute, verachtet vom Volk, –
die mich sehn, spotten mein alle,
verziehn die Lippe, schütteln den Kopf:
»Wälz es auf IHN!« – »Der läßt ihn entrinnen,
rettet ihn, denn er hat an ihm Lust!«

Ja, du bists,
der aus dem Leib mich hervorbrechen ließ,
mich sicherte an der Brust meiner Mutter.

Auf dich bin ich vom Schoß an geworfen,
vom Leib meiner Mutter her bist du mein Gott.
Nimmer bleibe mir fern,
nah ja ist die Bedrängnis,
da ist ja kein Helfer!

Umringt haben mich viele Farren,
Baschans Stierrecken mich umschränkt.
Ihr Maul sperren sie wider mich auf,
eine Löwenschar, reißend und schreiend.
Ich bin hingeschüttet wie Wasser,
trennen wollen sich all meine Knochen,
mein Herz ist worden wie Wachs,
in meinen Eingeweiden zerflossen,
meine Kraft ist dürr wie ein Scherben,
an meinen Schlund geklebt meine Zunge.

Du rückst mich in den Staub des Todes!
Hunde habe mich ja umringt,
umkreist mich eine Rotte von Bösgesinnten,
sie fesseln mir Hände und Füße,
zählen kann ich all meine Knochen.
Jene blicken herzu, sie besehn mich,
sie teilen unter sich meine Kleider,
über mein Gewand lassen sie fallen das Los.

Oh DU,
nimmer bleibe fern!
du mein Wesensstand,
zu meiner Hilfe eile!
Rette meine Seele vorm Schwert,
meine Einzige vor der Tatze des Hundes,
befreie mich aus dem Maul des Löwen, –
wider Wisenthörner gibst du mir Antwort!

Ich will von deinem Namen meinen Brüdern erzählen,
inmitten der Versammlung will ich dich preisen:
»Ihr IHN Fürchtenden, preiset ihn,
aller Same Jaakobs, ehret ihn,
erschauert vor ihm, aller Same Jifsraels!
Denn er hat nicht mißachtet,

hat nicht verschmäht
die Gebeugtheit des Gebeugten,
hat sein Antlitz vor ihm nicht versteckt,
hat gehört, wenn er zu ihm gestöhnt hat.«
Von dir her ist mein Preisen
in großer Versammlung. –
Meine Gelübde will ich bezahlen
den ihn Fürchtenden zugegen.

Essen sollen die sich Hinbeugenden
und sie sollen ersatten,
preisen sollen IHN, die nach ihm fragen!
Aufleben soll euch auf ewig das Herz! –
Bedenken werdens
und werden umkehren zu DIR
alle Ränder der Erde,
vor dir sich bücken aller Stämmewelt Sippen. –
Denn SEIN ist die Königschaft,
er waltet der Weltstämme.

Gegessen haben sie nun
– und haben sich gebückt –
alle Markigkeiten der Erde,
sie knien vor ihm,
die in den Staub waren gesunken,
wer seine Seele nicht halten konnte am Leben.
Der Same darf ihm nun dienen,
erzählt wird von meinem Herrn dem Geschlecht,
die kommen, die melden
seine Bewährung
dem nachgeborenen Volk:
daß ers getan hat.

XXIII

Ein Harfenlied Dawids.

ER ist mein Hirt,
mir mangelts nicht.

Auf Grastriften
lagert er mich,
zu Wassern der Ruh
führt er mich.
Die Seele mir
bringt er zurück,
er leitet mich
in wahrhaftigen Gleisen
um seines Namens willen. –
Auch wenn ich gehn muß
durch die Todschattenschlucht,
fürchte ich nicht Böses,
denn du bist bei mir,
dein Stab, deine Stütze –
die trösten mich.
Du rüstest den Tisch mir
meinen Drängern zugegen,
streichst das Haupt mir mit Öl,
mein Kelch ist Genügen.
Nur Gutes und Holdes
verfolgen mich nun
alle Tage meines Lebens,
ich kehre zurück
zu Deinem Haus
für die Länge der Tage.

XXIV

Von Dawid, ein Harfenlied.

Sein ist die Erde und was sie füllt,
der Boden und seine Siedler.
Denn selber er gründete ihn über Meeren,
festigte über Strömungen ihn.

– Wer darf Seinen Berg ersteigen?
wer darf stehn an seinem Heiligtumsort?
– Der an Händen Unsträfliche,
der am Herzen Lautere,

der zum Wahnhaften nicht hob seine Seele
und zum Truge nicht schwur.
Segen erhebt er von IHM,
Bewahrheitung vom Gott seiner Freiheit.
Dieses ist das Geschlecht
derer, die nach ihm fragen.
– Die dein Antlitz suchen, Jaakob ists.
  / Empor! /

– Hebet, Tore, eure Häupter,
erhebt euch, Pforten der Weltzeit,
daß der König der Ehre komme!
– Wer ists, der König der Ehre?
– ER, sieghaft und heldisch,
ER, heldisch im Kampf.
– Hebet, Tore, eure Häupter.
hebt sie, Pforten der Weltzeit,
daß der König der Ehre komme!
– Wer ist das, der König der Ehre?
– ER, der Umscharte,
das ist der König der Ehre.
  / Empor! /

XXV

Von Dawid.

Zu dir, DU,
hebe ich meine Seele.

Mein Gott,
an dir sichre ich mich.
Möge nimmer zuschanden ich werden,
mögen meine Feinde sich an mir nimmer ergötzen!
Alle auch, die auf dich hoffen,
zuschanden werden sie nicht,
die werden zuschanden,
die ums Leere haben verraten.

Laß mich, DU, deine Wege erkennen,

lehre mich deine Pfade!
Führe mich in deiner Treue den Weg,
so lehre mich!
Denn du bist der Gott meiner Freiheit,
auf dich hoffe ich all den Tag.

Gedenke deines Erbarmens, DU,
und deiner Hulden,
denn sie sind von der Urzeit her.
Der Versündigungen meiner Jugend
und meiner Abtrünnigkeiten
wolle nimmer gedenken,
deiner Huld nach gedenke du mein,
um deiner Güte willen, DU! –

Gut und gerade ist ER,
drum unterweist er die Sündigen
in dem Weg.
Des Wegs führt er die sich Hinbeugenden
im Rechtsgeheiß,
lehrt die sich Beugenden seinen Weg.
Alle SEINE Pfade,
Huld und Treue sind sie
denen, die wahren seinen Bund,
seine Vergegenwärtigungen. –
Um deines Namens willen, DU,
so verzeih meinen Fehl,
denn sein ist viel.

Wer ists, der Mann, der IHN fürchtet?
ihn unterweist er im Weg, den er wähle.
Seine Seele nächtigt im Guten,
sein Same ererbt das Land.
SEIN Einvernehmen ist der ihn Fürchtenden,
sein Bund ists, sie erkennen zu lassen.
Auf IHN ist mein Augenmerk stets,
denn er ists,
der aus dem Netz holen wird meine Füße.

Wende dich zu mir
und leihe mir Gunst,

denn einsam bin ich und gebeugt.
Meines Herzens Beengungen weite,
aus meinen Nöten hole mich hervor!
Sieh meine Gebeugtheit und Pein
und ertrage all meine Sünden!
Sieh meine Feinde an,
daß ihrer viele sind
und sie unbilligen Hasses mich hassen!
Behüte meine Seele,
rette mich,
lasse nimmer zuschanden mich werden,
denn ich berge mich an dir.
Schlichtheit und Geradheit
mögen mich bewahren,
denn ich hoffe auf dich.

Gilt, o Gott, Jifsrael ab
aus all seinen Einengungen!

XXVI

Von Dawid.

Rechte für mich, DU,
denn ich, in meiner Schlichtheit bin ich gegangen
und an DIR habe ich mich gesichert,
ich werde nicht schwanken.

Prüfe mich, DU, und erprobe mich,
schmilz mir Nieren und Herz aus!
Denn Holdschaft zu dir ist mir vor den Augen,
ich ergehe mich in der Treue zu dir.
Ich saß nicht bei Leuten des Wahnspiels,
bei Verhohlenen trat ich nicht ein,
ich hasse die Versammlung der Bösgesinnten,
bei Frevlern sitze ich nicht.

Ich bade meine Hände in Unsträflichkeit,
daß ich deine Opferstatt umkreisen darf, DU,
Stimme des Danks hören zu lassen,

all deine Wunder zu erzählen.
DU, ich liebe den Hag deines Hauses,
den Ort, wo dein Ehrenschein wohnt.

Entraffe nimmer meine Seele mit Sündern,
mein Leben mit Blutmenschen,
an deren Fingern Zuchtlosigkeit ist
und deren Rechte voll ist der Bestechung!

Mich aber, der in meiner Schlichtheit ich gehe,
gilt mich ab und leihe mir Gunst! –
Mein Fuß tritt auf ebenen Plan:
in den Weihversammlungen segne ich IHN.

XXVII

Von Dawid.

Mein Licht und meine Freiheit ist ER,
vor wem mich fürchten?
Die Trutzwehr meines Lebens ist ER,
vor wem erschrecken?

Nahen Bösgesinnte wider mich,
mein Fleisch zu fressen,
gegen mich meine Bedränger und Feinde,
straucheln die, fallen.

Wenn ein Heerlager wider mich lagert,
nicht fürchtet mein Herz,
wenn ein Kampf ersteht wider mich,
dabei bin ich gesichert.

Eines habe von IHM ich erwünscht,
das ists, was ich suche:
Sitz zu haben in SEINEM Haus
all meine Lebenstage,
SEINE Mildigkeit schauen zu dürfen,
morgendlich in seiner Halle zu sein.

Denn er verwahrt mich in seiner Schirmung

am Tag des Bösgeschicks,
er versteckt mich im Versteck seines Zeltes,
auf den Fels hebt er mich.

Und dann hebt sich mein Haupt über meine Feinde
rings um mich her,
opfern werde ich in seinem Zelte
Opfer mit Jubelschmettern,
singen und harfen IHM. –

Höre, DU, meine Stimme, ich rufe,
leihe Gunst mir, antworte mir!
Dir spricht mein Herz nach:
»Suchet mein Antlitz!« –
dein Antlitz suche ich, DU!
verstecke dein Antlitz nimmer vor mir!

Nimmer lehne im Zorn deinen Knecht ab!
Meine Hilfe bist du gewesen,
nimmer verstoße mich,
nimmer verlasse mich,
Gott meiner Freiheit!
– Ja, mögen mich mein Vater, meine Mutter verlassen,
ER holt mich heim. –

Weise mir, DU, deinen Weg,
leite mich auf ebenem Pfad
um meiner Verleumder willen!
Gib mich nimmer dem Übermut meiner Bedränger,
denn Lügenzeugen stehn auf wider mich,
der Unbill Schnaubende! –

Oh vertraute ich nicht,
SEINE Güte zu sehn
im Lande des Lebens!
Hoffe zu IHM!
sei stark,
dein Herz straffe sich,
und hoffe zu IHM!

XXVIII

Von Dawid.

Zu dir rufe ich, DU,
mein Fels, sei nimmer mir taub!
Sonst, schweigst du mich ab,
gleiche ich den in die Grube Gesunknen.
Höre die Stimme meines Gunsterflehns,
wann ich stöhne zu dir,
wann meine Hände ich hebe
zur Zelle deines Heiligtums!

Zieh mich nimmer hinweg mit den Frevlern,
mit den Argwirkenden,
die Frieden reden mit ihren Genossen
und Böses ist in ihrem Herzen!
Gib ihnen nach ihrem Wirken,
nach der Bosheit ihrer Sitten,
nach dem Tun ihrer Hände gib ihnen,
das von ihnen Gefertigte laß auf sie kehren! –
Denn sie achten nicht auf SEINE Werke
und auf das Tun seiner Hände:
er wird sie niederreißen und nicht wiedererbaun.

Gesegnet ER,
denn er hat gehört
die Stimme meines Gunsterflehns!
ER ist meine Wehr und mein Schild,
gesichert an ihm war mein Herz,
und mir ist geholfen worden.
Fröhlich ist nun mein Herz,
durch meinen Gesang will ich ihm danken.
ER ist Wehr seinem Volk,
Trutzwehr der Befreiungen
seines Gesalbten ist er.

Befreie dein Volk,
segne dein Eigentum,
weide sie,

trage sie
bis in die Weltzeit hin!

XXIX

Ein Harfenlied Dawids.

Zollt IHM, Göttersöhne,
zollt IHM Ehre und Macht!
zollt IHM seines Namens Ehre,
werft euch IHM im Erglänzen der Heiligung hin!

SEIN Schall ist über den Wassern,
der Gott der Ehre hat gedonnert,
ER über den vielen Wassern.
SEIN Schall ist in der Kraft,
SEIN Schall ist in dem Glanz,
SEIN Schall bricht Zedern entzwei,
zerbrochen hat ER die Libanonzedern.
Wie ein Kalb läßt er sie hüpfen,
Libanon und Sſirjon wie ein Wisentjunges.
SEIN Schall haut Feuerlohen aus,
SEIN Schall macht die Wüste sich winden,
sich winden, ER, die Wüste von Kadesch.
SEIN Schall macht die Hindinnen kreißend sich winden
und er schält die Wälder ab.
Und in seiner Halle
spricht alles: Ehre!

ER thronte schon über der Flut,
als König thront ER in Weltzeit.
ER wird Wehr seinem Volke geben,
ER wird sein Volk segnen mit Frieden.

XXX

Ein Harfenlied, Sang der Weihung des Hauses, von Dawid.

Erheben will ich dich, DU,
denn du hast mich heraufgewunden,
ließest meine Feinde sich meiner nicht freun.

DU, mein Gott,
zu dir habe ich gestöhnt,
und du hast mich geheilt.
DU, mein Gott,
aus dem Gruftreich hast du meine Seele geholt,
hast mich belebt
hervor aus den in die Grube Gesunknen.
Harfet IHM, ihr seine Holden,
bekennt euch zum Gedenken seiner Erheiligung!
Denn einen Nu in seinem Zorn,
ein Leben in seiner Gnade!
Am Abend geht ein Weinen zu nachten,
und um den Morgen ists Jubel.

Ich freilich, ich hatte gesprochen
in meiner Zufriedenheit:
»Auf Weltzeit wanke ich nie.«
DU, mit deiner Gnade
hattest du Wehr meinem Berge bestellt, –
du verstecktest dein Antlitz,
ich ward verstört.
Angerufen habe ich dich, DU,
um Gunst meinen Herrn angefleht:
»Was für Gewinn ist an meinem Blut,
an meinem Sinken zur Schluft?
kann der Staub dich bekennen?
kann er deine Treue vermelden?
Höre mich, DU, leihe mir Gunst!
DU, sei ein Helfer mir!«
Du wandeltest meinen Trauergang mir zum Reigen,
du öffnetest mein Sackgewand
und umschürztest mich mit Freude,
auf daß das Ehren harfe dir
und nicht stille werde:
DU, mein Gott,
in Weltzeit will ich dir danken.

XXXI

Des Chormeisters,
ein Harfenlied Dawids.

An dir, DU, berge ich mich,
in Weltzeit möge ich nimmer zuschanden werden!
In deiner Wahrhaftigkeit laß mich entrinnen!
Neige dein Ohr mir zu,
eilends errette mich,
werde zum Trutzfelsen mir,
zum Basteienhaus, mich zu befrein.
Ja, du bist mein Schroffen, meine Bastei,
um deines Namens willen
wirst du mich leiten,
wirst du mich führen,
aus dem Netz wirst du mich holen,
das sie heimlich mir legten.
Ja, du bist meine Trutzwehr.

In deine Hand
verordne ich meinen Geist:
du giltst mich ab,
DU, Gott der Treue!
Ich hasse sie,
die Dunstgebilde hüten des Wahns,
ich aber, zu DIR hin
sichere ich mich.
Jauchzen werde ich, mich freuen
an deiner Huld,
der du meine Gebeugtheit ersahst,
die Bedrängnisse meiner Seele erkanntest,
und nicht beschlossest du in Feindeshand mich,
stelltest meine Füße ins Weite.

Gunst leihe mir, DU,
denn ich bin bedrängt.
Stumpf ward im Gram mein Auge,
meine Seele und mein Leib.
Denn im Kummer verzehrt sich mein Leben,

meine Jahre in Ächzen,
in meinem Fehlgehn strauchelt die Kraft mir,
und meine Gebeine erstumpfen.
Vor all meinen Bedrängern ward ich ein Hohn,
meinen Anwohnern gar sehr,
ein Schrecken meinen Bekannten,
die mich draußen sehn, entflattern vor mir.
Vergessen bin ich wie ein Toter dem Herzen,
wie ein verlornes Gerät bin ich worden.

Ja, ich höre das Flüstern der Vielen,
ein Grauen ringsumher,
da sie mitsammen wider mich munkeln:
sie ränkeln, mir die Seele zu nehmen.
Ich aber,
bei dir sichere ich mich, D U,
ich spreche: Du bist mein Gott.
In deiner Hand sind meine Fristen,
rette mich vor der Hand meiner Feinde,
vor meinen Verfolgern!
Laß dein Antlitz über deinen Knecht leuchten,
befreie mich in deiner Huld!
D U,
nimmer kann ich zuschanden werden,
da ich dich habe angerufen!
zuschanden werden die Frevler,
werden zum Gruftreich geschweigt,
die Lügenlippen verstummen,
die wider den Bewährten frech reden,
mit Hoffart und Verachtung.

Wie reich ist dein Gut,
das du verspart hast
denen, die dich fürchten,
gewirkt hast
ihnen, die sich an dir bergen.
den Menschenkindern zugegen!
Du versteckst sie
im Versteck deines Antlitzes
vor den Zettelungen der Leute,

versparst sie in einer Schirmung
vorm Streit der Zungen. –
Gesegnet ER,
denn wunderbar lieh er mir seine Huld
in eingeengter Stadt! –

Ich freilich,
in meiner Bestürzung hatte ich gesprochen:
»Abgeschnitten bin ich,
von deinen Augen hinweg!«
Jedoch du hattest gehört
die Stimme meines Gunsterflehns,
als ich stöhnte zu dir.

Liebet IHN,
ihr seine Holden alle!
Die Getreuen wahrt ER,
aber er zahlt nach dem Faden
dem, der hoffärtig handelt.
Seid stark,
euer Herz straffe sich,
die all ihr harret auf IHN!

XXXII

Von Dawid, eine Eingebungsweise.

O Glück dessen,
dem Abtrünnigkeit getragen,
Versündigung zugehüllt ward!
O Glück des Menschen,
dem eine Verfehlung nicht zurechnet ER,
da in seinem Geiste kein Trug ist!

Als ichs verschweigen wollte,
morschten meine Gebeine
von meinem Geschluchz alletag,
denn tages und nachts
wuchtete auf mir deine Hand,
verwandelt war mein Saft

in Sommerdörrnisse.
/ Empor! /

Meine Sünde wollte ich dir kundtun,
mein Fehlen verhüllte ich nicht mehr,
ich sprach: »Eingestehen will ich
IHM meine Abtrünnigkeiten!« –
und du selber trugst den Fehl meiner Sünde.
/ Empor! /

Um dies bete jeder Holde
zu dir in der Stunde des Findens!
Beim Anspülen vieler Wasser, gewiß,
an ihn gelangen sie nicht.
Du bist mir ein Versteck,
vor der Drangsal bewahrst du mich,
mit dem Jubel des Entrinnens
umgibst du mich.
/ Empor! /

»Ich will dir eingeben,
ich will dich unterweisen
im Weg, den du gehn sollst,
raten will ich,
auf dich ist mein Augenmerk.
Nimmer seid wie ein Pferd,
wie ein Maultier ohne Verstand,
mit Zaum und Halfter
muß man bändigen seine Wildheit,
[sonst dürfte nie es dir nahn]!«

Viele Schmerzen hat der Frevler,
wer aber sich sichert an IHM,
den umgibt er mit Huld.
Freut euch an IHM,
jauchzt, ihr Bewährten,
jubelt auf,
all ihr Herzensgeraden!

XXXIII

Jubelt, ihr Bewährten, um IHN!
Den Geraden ist Preisung geziemend.
Sagt IHM Dank zur Leier,
auf zehnsaitiger Laute spielt ihm,
singt ihm einen neuen Gesang,
trefflich rührets zum Schmettern!

Denn gerade ist SEINE Rede,
alles was er macht ist in Treuen.
Er liebt Wahrheit und Recht,
SEINER Huld ist das Erdreich voll.

Durch SEINE Rede sind die Himmel gemacht,
durch den Hauch seines Munds all ihr Heer.
Die Meereswasser stapelt er staudammgleich,
gibt in Speicher die Wirbel.

Fürchten muß sich vor IHM alles Erdreich,
vor ihm erschauern alle Siedler des Bodens!
Denn er ists der sprach und es ward,
er der gebot und es erstand.

ER zerbröckelt den Rat der Weltstämme,
erstickt die Pläne der Völker, –
SEIN Rat, in die Zeiten besteht der,
seines Herzens Pläne für Geschlecht um Geschlecht.

O Glück des Stammes, dem ER Gott ist,
des Volks, das er zu eigen sich wählte!

Vom Himmel nieder blickt ER,
er sieht alle Adamskinder,
von der Feste seines Sitzes beschaut er
alle Siedler der Erde,
der ihr Herz bildet zumal,
der unterscheidet all ihre Gemächte.

Keine Befreiung wird dem König
durch die Fülle der Heermacht,
der Held wird nicht errettet

durch die Fülle der Kraft,
Täuschung ist das Roß zur Befreiung,
durch seine Machtfülle hilfts nicht entschlüpfen.

Da, SEIN Augenmerk ist
auf die ihn Fürchtenden,
die seiner Huld Harrenden,
ihre Seele vom Tode zu retten,
sie in Hungersnot am Leben zu halten.

Unsre Seele wartet IHM zu,
er ist uns Hilfe, uns Schild.
Ja, an ihm freut sich unser Herz,
denn an seinem Heiligungsnamen
haben wir uns gesichert.

Sei deine Huld, DU, über uns,
gleichwie wir geharrt haben dein!

XXXIV

Von Dawid,
als er vor Abimelech sein Gebaren änderte, und der trieb ihn
    fort und er ging.

Segnen will ich allstündlich IHN,
stets ist in meinem Mund seine Preisung.
Um IHN preist sich meine Seele,
die sich Beugenden hörens und freun sich.
Sagt von SEINER Größe mit mir,
erheben wir seinen Namen mitsammen!

Ich habe IHN gesucht
und er hat mir geantwortet,
aus all meinen Grausen hat er mich gerettet.
Die auf ihn blicken, schimmern auf,
nimmer wird ihr Antlitz beschämt.
Der Gebeugte da hat gerufen
und ER hat gehört,
aus all seinen Bedrängnissen hat er ihn befreit.

Es lagert ein Bote von IHM
rings um die ihn Fürchtenden
und schnürt sie los.

Schmeckt und seht, wie ER gut ist, –
o Glück des Mannes, der sich an ihm birgt!
Fürchtet IHN, ihr ihm Geheiligten,
denn die ihn Fürchtenden haben keinen Mangel.
Jungleun müssen darben und hungern,
aber die nach IHM fragen ermangeln nicht alles Guts.

Geht, Söhne, her, hört mir zu,
IHN fürchten will ich euch lehren.

Wer ist der Mensch,
der Lust hat am Leben,
Tage liebt, Gutes zu sehn?
Wahre deine Zunge vorm Bösen,
deine Lippen vorm Trugreden,
weiche vom Bösen, tu Gutes,
trachte nach Frieden, jage ihm nach!

SEINE Augen gehn auf die Bewährten hin,
seine Ohren auf ihr Stöhnen,
SEIN Antlitz auf die Täter des Bösen,
ihr Gedächtnis von der Erde zu rotten.
Jene schrien und ER hörte,
aus all ihren Bedrängnissen rettete er sie.
Nah ist ER denen gebrochenen Herzens,
und die am Geist Geduckten befreit er.

Des Bewährten Bösgeschicke sind viele,
aber aus allen rettet ER ihn.
Er behütet alle seine Gebeine,
von ihnen wird nicht eines gebrochen.
Töten wird den Frevler das Bösgeschick,
des Bewährten Hasser werden es büßen.
ER gilt die Seele seiner Knechte ab,
nicht büßen alle, die sich bergen an ihm.

XXXV

Von Dawid.

Bestreite D U, meine Bestreiter,
bekriege meine Bekrieger!
Schild und Tartsche erfasse,
in meiner Hilfe steh auf!
Zücke Lanze und Axt
meinen Verfolgern entgegen!
Sprich zu meiner Seele:
»Ich bin deine Befreiung!«
Zu Schande und Schimpf sollen werden,
die nach der Seele mir trachten,
zurück prallen, sich schämen,
die Böses mir planten,
sie sollen werden wie Spreu vor dem Wind,
und der stößt, SEIN Bote ists!
Ihr Weg werde Finsternis
und Schlüpfrigkeiten,
und der sie jagt, SEIN Bote ists!
Denn grundlos legten sie mir ihr Grubennetz aus,
grundlos schaufelten sie meiner Seele.
Verheerung komme an den, eh ers erkennt,
sein Netz fange ihn, das er gelegt hat,
in der Verheerung falle er drein!
Meine Seele aber,
jauchzen wird sie um IHN,
sich entzücken an seinem Befreien!
Sprechen werden all meine Gebeine:
O D U, wer ist dir gleich,
der den Gebeugten errettet
vor dem, der stärker als er ist,
den Gebeugten, den Dürftigen
vor seinem Berauber!

Unbillzeugen stehn auf,
heischen von mir, was ich nicht kenne.
Sie zahlen mir Böses für Gutes,

Verwaisung ists meiner Seele.
Ich ja, wann sie erkrankten,
Sackleinen war mein Kleid,
in Kasteiung beugte ich meine Seele
[mein Gebet kehre mir in den Busen!],
als wärs mir ein Genosse, ein Bruder,
bin ich einhergegangen,
wie der um die Mutter trauert,
düsterfarben, war ich gebückt;
bei meinem Ausgleiten aber
frohlocken sie, rotten sie sich,
rotten wider mich sich zusammen,
schlagsüchtig, ich erkenne sie nicht,
zerren und wollen nicht ruhn,
mit ruchlos lallender Fratze
fletschen sie wider mich ihre Zähne.

Mein Herr,
wie lang siehst du es an?!
Wiederkehren laß meine Seele
von ihren Verheerungen,
von den Leun meine Einzige!
Ich will dir danken
in großer Versammlung,
in mächtigem Volk
will ich dich preisen.
Nimmer dürfen über mich sie frohlocken,
die lügnerisch mich befeinden,
die grundlos mich hassen
einkneifen das Aug!
Denn Friedlosigkeit reden sie,
wider die Gelaßnen im Land
ersinnen sie Reden des Trugs.
Ihren Mund weiten sie wider mich,
sprechen: »Ha! ha!
nun hats unser Auge ersehn!«
Gesehen hast du es, DU!
nimmer schweige, mein Herr,
nimmer bleibe mir fern!

Rege dich, erwache
für mein Recht, mein Gott,
mein Herr, für meinen Streit!
Rechte für mich
nach deiner Wahrhaftigkeit,
DU, mein Gott!
Nimmer dürfen über mich sie sich freuen,
nimmer dürfen in ihrem Herzen sie sprechen:
»Ha! unsre Seelenlust!«,
nimmer sprechen: »Wir haben ihn verschlungen!«
Zuschanden müssen werden und sich schämen zumal,
die sich über mein Bösgeschick freuen,
in Schande sich kleiden und Schimpf,
die großtun wider mich!
Jubeln werden, sich freuen,
die Lust haben an meiner Bewahrheitung,
stets werden sie sprechen:
»Groß ist ER,
der Lust hat am Frieden seines Knechts!«
Und austönen wird meine Zunge
deine Bewährung,
all den Tag deinen Preis.

XXXVI

Des Chormeisters,
von SEINEM Knecht, von Dawid.

Ein Erlauten der Abtrünnigkeit, vom Frevler:
»Drinnen in meinem Herzen
gibts keinen Schrecken Gottes –
ihm in die Augen!«
denn glattgemacht hat der es ihm
– in seinen Augen –:
um seinen Fehl zu befinden,
den hassenswerten!
Die Reden seines Mundes,
Arg ists und Trug,

er hat aufgehört zu begreifen,
gutzutun,
Arg plant er noch auf seinem Lager,
er stellt sich auf den unguten Weg,
nicht überdrüssig wird er des Bösen.

DU,
am Himmel ist deine Huld,
deine Treue bis in die Lüfte,
deine Bewährung Gottesbergen gleich,
deine Gerichte dem großen Wirbel,
Mensch und Tier machst du frei, DU.
Wie köstlich ist deine Huld, Gott:
die Menschenkinder,
im Schatten deiner Flügel
dürfen sie sich bergen,
am Mark deines Hauses sich laben,
du tränkst sie vom Bach deiner Wonnen.
Denn bei dir ist der Born des Lebens,
in deinem Lichte sehen wir Licht.

Erhalte deine Huld
denen, die dich kennen,
deine Bewährung
den Herzensgeraden!
Nimmer komme an mich
der Fuß der Hoffart!
die Hand der Frevler,
nimmer scheuche sie mich!
Dort, sie fallen,
die Argwirkenden,
werden umgestoßen
und vermögen sich nicht zu erheben.

XXXVII

Von Dawid.

Entflamme nimmer gegen die Bösgesinnten,
beneide nimmer die Täter des Falschs,

denn schnell werden sie erschlaffen wie Gras,
werden welken wie grünes Kraut.
Sei gesichert an IHM und tue gut,
wohne im Land und weide in Vertrauen,
und erquicke dich an IHM,
und deines Herzens Wünsche wird er dir geben.
Wälze IHM deinen Weg zu
und sei gesichert bei IHM,
er wirds tun.
Er führt hervor wie das Licht deine Wahrheit,
dein Recht wie die Mittagshelle.
Sei IHM still und erharre ihn!
Entflamme nimmer gegen einen,
dem sein Weg gelingt,
gegen den Menschen, der Ränke auftut!
lasse vom Zorn, entsage dem Grimm,
entflamme nimmer, nur zum Bösen taugts!

Denn ausgerottet werden die Bösgesinnten,
aber die auf IHN hoffen, die erben das Erdland.
Ein geringes noch,
und kein Frevler ist mehr da,
du achtest auf seinen Ort –
er ist nicht mehr!
Aber die Hingebeugten erben das Land,
erquicken sich an der Fülle des Friedens.
Ränkelt gegen den Bewährten der Frevler,
fletscht er wider ihn seine Zähne,
mein Herr lacht seiner,
denn er sieht, wie herankommt sein Tag.
Ein Schwert haben die Frevler gezückt,
sie haben ihren Bogen gespannt,
den Gebeugten, Dürftigen zu fällen,
die Wegesgeraden zu schlachten, –
in ihr eigenes Herz kommt ihr Schwert,
ihre Bogen werden zerbrochen.

Besser ist dem Bewährten Geringes
als der vielen Frevler Gepränge,

denn der Frevler Arme werden zerbrochen,
aber die Bewährten hält ER.
ER kennt die Tage der Schlichten,
ihr Eigentum bleibt auf Weltzeit.
Zur Zeit des Bösgeschicks werden sie nicht zuschanden,
sie werden satt in den Tagen des Hungerleidens.
Ja, die Frevler gehen verloren,
SEINE Feinde, wie die Pracht der Auen
schwinden sie, im Rauch schwinden sie hin.
Der Frevler entleiht und will nicht bezahlen,
der Bewährte aber gönnt und gibt.
Ja, SEINE Gesegneten erben das Land,
SEINE Verfluchten werden ausgerottet.
Von IHM her sind die Stapfe des Mannes
bereitet, an seinem Weg hat er Lust,
wenn er fällt, wird er nicht hingestreckt,
denn ER ists, der seine Hand hält.
Ich war jung, alt auch bin ich worden
und sah nie einen Bewährten verlassen
und seinen Samen suchend nach Brot:
all den Tag vergönnt er und leiht,
sein Same ist zum Segen.

Weiche vom Bösen, tu Gutes,
und so wohne auf Weltzeit!
Denn ER liebt die Gerechtigkeit
und verläßt die ihm Holden nicht,
auf Weltzeit sind sie behütet,
der Frevler Same aber wird ausgerottet.
Die Bewährten erben das Land,
und ewig wohnen sie drauf.
Weisheit tönt der Mund des Bewährten,
Gerechtigkeit redet seine Zunge,
seines Gottes Weisung ist ihm im Herzen,
nie schwanken seine Schritte.
Der Frevelsschuldige bespäht den Bewährten
und sucht ihn zu töten, –
ER überläßt ihn nicht seiner Hand
und schuldigt ihn nicht, wann man ihn richtet.

Hoffe IHM zu,
hüte seinen Weg,
und er wird dich erhöhn,
zu erben das Land,
die Ausrottung der Frevler
wirst du besehn.
Ich sah einen Frevler trotzig
und sich entfaltend wie ein üppiger Sproß,
man zog vorüber –
da war keiner mehr,
ich suchte ihn –
er war nicht zu finden.
Hüte den Schlichten,
sieh auf den Geraden:
daß Nachblieb hat ein Mann des Friedens.
Die Abtrünnigen aber,
mitsammen werden sie vertilgt,
ausgerottet wird der Nachblieb der Frevler.
Das Freiwerden der Bewährten,
von IHM her ists,
ihre Trutzwehr in der Stunde der Drangsal.
ER hilft ihnen,
er läßt sie entrinnen,
entrinnen läßt er sie vor den Frevlern,
er befreit sie,
denn an ihm haben sie sich geborgen.

XXXVIII

Ein Harfenlied Dawids,
zum Gedenkenlassen.

DU! nimmer
strafe in deinem Grimm mich,
züchtige in deiner Glut mich!
Denn in mich sind deine Pfeile gefahren,
deine Hand fährt auf mich ein.
Kein Heiles ist an meinem Fleisch

von deinem Dräuen her,
kein Friede in meinen Gebeinen
von meiner Sünde her.
Denn meine Verfehlungen
überlagern mein Haupt,
gleich einer schweren Last,
allzu schwer sind sie mir worden.
Stinkig, faulig sind meine Beulen
von meiner Torheit her,
verkrümmt, geduckt bin ich gar sehr,
düsterfarben gehe ich all den Tag,
ja, voller Brands sind meine Lenden,
kein Heiles ist an meinem Fleisch.
Gar sehr bin ich erlahmt und zerschlagen,
schluchzen muß ich
vor dem Tumult meines Herzens.
Mein Herr,
gegenwärtig dir ist all mein Begehren,
mein Ächzen ist vor dir nicht versteckt.
Zuckend pocht mein Herz,
meine Kraft hat mich verlassen,
das Licht meiner Augen –
auch die sind nicht mehr mit mir.
Meine Lieben, meine Genossen,
seitab stehen sie meiner Plage,
meine Nahen,
fernhin haben sie sich gestellt.
Schlingen legen,
die nach der Seele mir trachten,
die mir Böses suchen reden Verhängnis,
Trügerei murmeln sie all den Tag.
Ich aber bin gleich einem Tauben,
höre nicht,
gleich einem Stummen,
der seinen Mund nicht öffnet,
gleiche einem Mann, der nicht hört,
in dessen Mund keine Entgegnungen sind.

Denn dir zu harre ich, DU,

du bists, der antworten soll,
mein Herr, mein Gott!
Denn ich spreche:
Sonst frohlocken sie um mich,
wann mein Fuß wankt, tun sie über mich groß!
Denn fürs Ausgleiten halte ich mich bereit,
stets ist mir gegenwärtig mein Leiden.
Denn ich melde meine Verfehlung,
um meine Sünde sorge ich mich.
Die mich ums Leben befeinden, sind Menge,
viele sind, die mich hassen aus Lug,
die Böses zahlen für Gutes,
sie behadern mich
dafür, daß ich nachjage dem Guten.
Nimmer verlasse mich, D U,
mein Gott, sei nimmer mir fern,
eile zu meiner Hilfe,
mein Herr, meine Befreiung!

XXXIX

Des Chormeisters, für Jedutun,
ein Harfenlied Dawids.

Gesprochen hatte ich:
»Bewahren will ich meine Wege
vorm Sündigen mit meiner Zunge,
verwahren meinen Mund mit Zaumwerk,
solang noch der Frevler vor mir ist!«
Zu Tiefstille bin ich verstummt,
schweigen muß ich vom Guten,
doch mein Leid ist aufgerührt,
mein Herz glüht mir im Innern,
bei meinem Seufzen entbrennt ein Feuer –
ich rede mit meiner Zunge:

Lasse, D U, mein Ende mich kennen,
meiner Tage Maß, was es sei,
kennen will ich, wie ich hinfällig bin.

Spannenbreite, ach, gabst du meinen Tagen,
meine Weile, vor dir ist sie wie nichts,
allsamt ein Dunst nur ist all der aufrechte Mensch.
/ Empor! /

Nur als ein Schattenbild geht jedermann,
nur Dunst ist, um was sie lärmen,
man schüttet auf und kennt nicht, wers heimst.
Und nun, was hoff ich, mein Herr?
Mein Harren, dir gilt es.
Rette mich aus all meinen Abtrünnigkeiten,
setze mich des Nichtigen Hohn nimmer aus!
Ich bin verstummt, ich öffne nicht meinen Mund,
denn du bists, ders gemacht hat.
Tu ab von mir deine Plage,
vor deiner Hand Befehdung muß ich dahin!
Mit Strafen für Fehl
züchtigst du den Mann,
zerfaserst mottengleich seine Pracht.
Ein Dunst nur ist aller Mensch!
/ Empor! /

Höre, D U, mein Gebet,
meinem Stöhnen lausche,
zu meinen Tränen bleib nimmer taub!
Ein Gast ja bin ich bei dir,
ein Beisaß wie all meine Väter, –
laß sichs abheften von mir,
daß ich aufblinken kann,
eh ich gehe und nicht mehr bin!

XL

Des Chormeisters,
von Dawid, ein Harfenlied.

– Erhofft, erhofft habe ich I H N,
und er hat sich zu mir geneigt,
hat mein Stöhnen erhört.

Hoch zog er mich
aus dem brodelnden Loch,
aus dem Moorschlamm,
stellte auf Gestein meine Füße,
festigt meine Schritte.
Und er gab mir in den Mund
neuen Gesang,
Preisung unserem Gott.
Viele schauens
und erschauern
und werden sicher an IHM.

– O Glück des Mannes,
der einsetzte IHN
als seine Sicherheit
und sich nicht kehrte
an Ungestüme,
in Täuschung Verstrickte!

– Viel hast du getan,
DU, mein Gott,
deiner Wunderwerke,
deiner Planungen
an uns
– nichts ist dir anzureihn! –,
will ich melden,
will ich reden,
Übermenge sind sie dem Erzählen.

Nach Schlachtmahl, Hinleitspende
gelüstets dich nicht:
Ohren hast du mir gebohrt.
Darhöhung, Entsündungsgabe
heischest du nicht.
Nun spreche ich:
Da komme ich
mit der Rolle eines Buchs,
auf mir ists geschrieben:
Zu tun dein Gefallen,
mein Gott, habe ich Lust,

deine Weisung ist meinem Innern inmitten.

Ich bringe Wahrhaftiges aus
in großer Versammlung,
da, meine Lippen verhalte ich nicht,
selber weißt du es, DU,
deine Bewährung hülle ich nicht
mitten mir im Herzen,
dein Betreuen,
dein Befreiertum
spreche ich aus,
nicht verhehle ich
deine Huld,
deine Treue
großer Versammlung.

DU, enthalte du mir dein Erbarmen nicht vor!
deine Huld,
deine Treue
mögen stets mich behüten!
Denn mich umzingeln
Bösgeschicke bis zur Unzahl,
meine Fehle holen mich ein,
daß ich aufzusehn nicht vermag:
Übermenge sind sie,
mehr als Haare meines Haupts, –
und mein Herz verläßt mich.
Lasse, DU, dirs gefallen
mich zu erretten,
DU, zu meiner Hilfe eile!

Zuschanden müssen werden und sich schämen zumal,
die mir nach der Seele trachten, sie hinzuraffen,
zurückprallen, zu Schimpfe werden,
die an meinem Bösgeschick sich erlustigen,
erstarren zufolge ihrer Schande,
die zu mir sprechen: Ha! ha!
Entzücken sollen sich, sich freuen an dir
alle, die nach dir trachten,
stets sollen sprechen:

»Groß ist E R !«,
die dein Befreiertum lieben.

Ich hier,
gebeugt und bedürftig, –
mein Herr plane für mich!
Was mir aufhilft,
was mich entrinnen macht
bist du:
mein Gott, säume nimmer!

XLI

Des Chormeisters,
ein Harfenlied Dawids.

O Glück dessen, der auf den Schwachen bedacht ist!
Am Tag des Bösgeschicks läßt E R ihn entschlüpfen.
E R bewacht ihn, hält ihn am Leben,
daß er beglückt sei auf Erden
– nimmer gibst du ihn dem Übermut seiner Feinde! –
E R stützt ihn auf dem Bette des Siechtums
– all sein Lager wendest du, da er krank ist –.

Ich da habe gesprochen:
»D U , leihe mir Gunst,
heile mein Gemüt, denn dir habe ich gesündigt!
Böses sprechen von mir meine Feinde:
›Wann stirbt er, daß schwinde sein Name!‹
Und kommt einer, sichs zu besehn,
Wahnspiel redet er,
sein Herz sammelt sich Arg ein,
kommt er auf die Gasse, redet ers aus.
Einig tuscheln sie sichs zu wider mich,
wider mich all meine Hasser,
sie spinnen Böses mir an:
›Unheimlich Ding ist ergossen in ihn,
nun er sich legte, steht er nie wieder auf!‹
Auch der Mann meines Friedensbunds,

auf den ich mich verließ,
Mitesser meines Brots,
macht die Große Ferse über mich.
Du aber, DU, leihe mir Gur-t!
richte mich auf,
daß ichs ihnen bezahle!«

Daran habe ich erkannt,
daß du Lust hast an mir:
daß mein Feind nicht jubeln darf über mich.
Mich da
in meiner Schlichtheit,
du hast mich gefaßt,
stelltest mich vor dein Antlitz
auf Weltzeit. –

Gesegnet ER,
der Gott Jisraels,
von der Weltzeit her und für die Weltzeit!
Jawahr, jawahr!

XLII

Des Chormeisters,
eine Eingebungsweise der Korachsöhne.

Wie die Hinde lechzt
an Wasserbetten,
so lechzt meine Seele,
Gott, nach dir.

Meine Seele dürstet
nach Gott, nach dem lebenden Gottherrn:
wann darf ich kommen,
mich sehn lassen vor Gottes Antlitz?

Meine Träne ist mir Brot worden
tages und nachts,
da man all den Tag zu mir spricht:
Wo ist dein Gott?

Dieses will ich gedenken
und ausschütten meine Seele in mir:
wie im Schwarme ich zog,
voran wallte zu Gottes Haus
mit der Stimme Jubels und Danks,
im Rauschen des Festreihns.

Was versenkst du dich, meine Seele,
und rauschest in mir!
Harre auf Gott!
ja, noch werde ich ihm danken
seines Antlitzes Befreiungen,
meinem Gott.

In mir versenkt sich meine Seele,
drum daß ich gedenke dein
vom Lande des Jordan,
der Hermonsgipfel
vom Geringen Berg:

Wirbel ruft dem Wirbel
beim Hall deiner Rinnen,
all deine Brandungen,
deine Wogen,
über mich sind sie gefahren. –

Tags, daß seine Huld ER entbiete,
und nachts bei mir ist sein Sang,
Gebet zum Gottherrn meines Lebens.
Ich spreche zu meinem göttlichen Fels:

Warum hast du mich vergessen?
warum muß ich düsterfarb gehn
in der Umklammrung des Feinds?
Mit Mordqual mir ins Gebein
höhnen mich meine Bedränger,
da sie all den Tag zu mir sprechen:
Wo ist dein Gott?

Was versenkst du dich, meine Seele,
was rauschest du in mir!
Harre auf Gott!

ja, noch werde ich ihm danken –
meines Antlitzes Befreiungen,
ihm, meinem Gott.

XLIII

Rechte für mich, Gott,
streite meinen Streit!
vor dem unholden Stamm,
vorm Mann des Trugs und des Falschs
laß mich entrinnen!

Du bist ja der Gott meiner Trutzwehr,
warum hast du uns verabscheut,
warum muß ich düsterfarb gehn
in der Umklammrung des Feinds!

Sende dein Licht und deine Treue,
die sollen mich leiten,
mich zu deinem Heiligtumsberg kommen lassen,
zu deinen Wohnungen hin:

daß ich zu Gottes Opferstatt komme,
zum Gottherrn meiner jauchzenden Freude
und Dank sage dir auf der Leier,
Gott, mein Gott!

Was versenkst du dich, meine Seele,
was rauschest du in mir!
Harre auf Gott!
ja, noch werde ich ihm danken –
meines Antlitzes Befreiungen,
ihm, meinem Gott.

XLIV

Des Chormeisters,
von den Korachsöhnen, eine Eingebungsweise.

Gott!

Mit unsern Ohren haben wirs gehört,
unsre Väter habens uns erzählt,
Werk, das du wirktest in ihren Tagen,
in den Tagen von voreinst.
Du selbst, deine Hand, hast Stämme enterbt,
sie aber eingepflanzt,
hast Nationen zerschellt,
sie aber ausgeschickt.
Nicht mit ihrem Schwert ja ererbten das Land sie,
ihr Arm, nicht befreite er sie,
sondern deine Rechte, dein Arm
und deines Antlitzes Licht.
Ja, du hast sie begnadet.

Du bist es, mein König, o Gott –
entbiete Jaakobs Befreiungen!
Mit dir
rammen wir unsre Bedränger,
mit deinem Namen
zerstampfen wir die wider uns Erstandnen.
Ja, nicht mit meinem Bogen sichre ich mich,
mein Schwert, nicht wirds mich befrein,
du ja befreist uns von unsern Bedrängern,
unsre Hasser lässest zuschanden du werden.
Gottes preisen wir uns all den Tag,
in Weltzeit danken wir deinem Namen.
/ Empor! /

Wohl, du hast uns verworfen
und hast uns Schimpf angetan,
zogst in unsern Scharen nicht aus,
triebst uns vor dem Bedränger zurück,
daß sich vollplünderten unsere Hasser,
gabst wie Schafe uns hin, die als Fraß gehn,
unter die Erdstämme worfeltest du uns,
verkauftest dein Volk für ein Ungeld,
nicht steigertest du ihren Preis,
machtest unsern Anwohnern aus uns einen Hohn,
Spott und Posse denen rings um uns her,
machtest ein Gleichnis aus uns unter Stämmen,

ein Kopfschütteln unter Nationen.
All den Tag ist mir mein Schimpf gegenwärtig,
die Schamröte meines Antlitzes hüllt mich,
vor der Stimme des Höhners und Hudlers,
vor des Feindes, des Rachsüchtigen Antlitz.

All dies ist gekommen an uns,
und doch haben wir dein nicht vergessen,
nicht gelogen haben wir deinem Bund.
Nicht wich zurück unser Herz,
bog von deinem Pfad ab unser Schritt,
wenn du uns ducktest am Ort der Schakale,
uns umhülltest mit Todesschatten.
Hätten wir des Namens unsres Gottes vergessen,
zu fremder Gottheit unsre Hände gebreitet,
würde Gott dieses nicht erforschen?
er kennt ja die Heimlichkeiten des Herzens.
Ja, um dich werden all den Tag wir gewürgt,
wie Schafe für die Schlachtbank geachtet.

Rege dich!
warum schläfst du, mein Herr!
erwache!
nimmer verwirf uns in die Dauer!
warum versteckst du dein Antlitz,
vergissest unsre Not, unsre Umklammrung!
Unsre Seele ist ja gesenkt in den Staub,
unser Leib klebt am Boden.
Steh auf
zur Hilfe uns!
gilt uns ab
deiner Huld zu willen!

XLV

Des Chormeisters, nach »Lilien«,
von den Korachsöhnen, eine Eingebungsweise, ein Freund-
    schaftsgesang.

Von guter Rede summt mir das Herz,

ich spreche: Einem König gilt mein Tun.
O meine Zunge, geschwinder Schreibergriffel!

Schön, schön bist du vor Menschensöhnen,
Gunstreiz ist dir auf den Lippen ergossen,
drum: Gott hat dich in die Zeit hin gesegnet.

Gürte, Held, dein Schwert an die Hüfte,
deine Hehre und deinen Glanz!
Dein Glanz ists: dringe durch!
reite
für die Sache der Treue,
der gebeugten Wahrhaftigkeit,
und im Furchtgebietenden unterweise dich deine Rechte!
Deine gespitzten Pfeile
– Völker fallen unter dir hin –
ins Herz der Feinde des Königs!

Dein Stuhl ist Gottes
in Zeit und Ewigkeit,
ein Stab der Geradheit
der Stab deines Königtums.
Du liebst Wahrhaftigkeit
und hassest Frevel,
drum hat Gott, dein Gott dich gesalbt
mit Öl des Entzückens
vor deinen Gefährten.

Myrrhe, Aloe, Kassia,
all deine Gewandkammern sinds,
von Elfenbeinhallen her
erfreut dich Saitenklang,
unter deinen Köstlichen sind Königstöchter,
zur Rechten dir steht die Gemahlin
in Ofirmetall.

Höre, Tochter, sieh her,
neige dein Ohr
und vergiß dein Volk und das Haus deines Vaters!
Begehrt deine Schönheit der König,
er ist ja dein Herr,

so bücke dich ihm!
Und die Tochter Tyrus mit Spende,
dein Antlitz sänften
die Reichen der Völkerschaft.
In schwerer Pracht ganz
ist die Königstochter im Binnenraum,
aus Goldgeflechten ihr Kleid,
über Buntgewirk
wird sie zum König geführt,
Mädchen ihr nach,
ihre Genossinnen:
»Für dich hat man sie kommen lassen.«
Sie werden geführt mit Freudenrufen und Jauchzen,
sie kommen in die Königshalle.

An deiner Väter Statt
werden dir Söhne sein,
zu Fürsten wirst du sie setzen
in allem Land. –

Gedenken will ich deinen Namen
in allem Geschlecht und Geschlecht,
drum: Völker werden dir danken
in Zeit und Ewigkeit.

XLVI

Des Chormeisters,
von den Korachsöhnen, in der Jugend-Tonart, ein Gesang.

Gott ist uns Bergung und Wehr,
als Hilfe in Bedrängnissen
gar sehr befunden.
Drum fürchten wir nicht,
ob die Erde wechselt,
ob die Berge wanken
im Herzen der Meere.
Mögen seine Wasser toben, schäumen,
vor seinem Hochfahren die Berge schüttern:
　/ Empor! /

Ein Strom ist, dessen Läufe
erfreun die Gottesstadt,
heiligste der Wohnungen des Höchsten.
Gott ist drinnen in ihr,
nie wird sie wanken:
helfen wird ihr Gott
um die Morgenwende.
Weltstämme toben,
Königreiche wanken –
er gibt seine Stimme aus:
die Erde birst!
Bei uns ist ER der Umscharte,
Jaakobs Gott uns steiler Horst.
   / Empor! /

Geht aus, schaut SEINE Werke,
der Erstarren einsetzt auf Erden:
die Kriege verabschiedet er
bis ans Ende des Erdreichs,
er zerbricht den Bogen,
die Lanze splittert er,
er verbrennt die Wagen im Feuer:
»Lasset ab und erkennt, daß ich Gott bin!
erhoben unter den Stämmen,
erhoben will ich auf Erden sein.«
Bei uns ist ER, der Umscharte,
Jaakobs Gott uns steiler Horst.
   / Empor! /

XLVII

Des Chormeisters,
von den Korachsöhnen, ein Harfenlied.

Alle Völker ihr, klatscht in die Hand!
schmettert Gotte mit Jubelhall zu!
Ja, ER, der Höchste, ist furchtbar,
großer König ob allem Erdreich!

Er zwingt unter uns Völker,

Nationen uns unter die Füße,
er erwählt uns unser Eigentum,
den Stolz Jaakobs, den er liebt.

/ Empor! /

Hoch stieg Gott unter Schmettern,
ER beim Hall der Posaune.
Harfet Gotte zu, harfet!
harfet unserm Könige, harfet!
Denn König alles Erdreichs ist Gott –
eine Eingebungsweise spielt auf!
Die Königschaft trat Gott an
über die Weltstämme,
Gott setzte sich
auf den Stuhl seines Heiligtums.
Versammelt sind die Edeln der Völker,
das Volk von Abrahams Gott.
Ja, Gottes sind die Schilde des Erdreichs,
sehr erhöht ist er.

XLVIII

Ein Gesang, Harfenlied der Korachsöhne.

Groß ist ER und sehr gepriesen
an der Stadt unseres Gottes,
dem Berg seines Heiligtums:
gipfelschön,
Entzücken alles Erdreichs
ist der Zionsberg,
der nördliche Rücken.
Burg des mächtigen Königs!
Gott tat an ihren Palästen sich kund
als steiler Horst.
Denn da, Könige trafen zusammen, –
mitsammen zogen sie her.
Kaum sahn die, so mußten sie staunen,
verstört waren sie, waren bestürzt.
Ein Zittern faßte sie dort,

ein Krampf wie der Gebärenden:
mit einem Winde von Osten her
zerbrichst du die Tarschisch-Schiffe. –
Wie wirs gehört hatten, so sahn wirs
an SEINER, des Umscharten, Stadt,
an der Stadt unseres Gottes:
aufrecht hält Gott sie auf Weltzeit.
  / Empor! /

Wir besinnen, Gott, deine Huld
drinnen in deiner Halle.
Wie dein Name, Gott, so ist dein Preis
hin an die Enden der Erde.
Der Bewährung voll ist deine Rechte,
des freut sich der Zionsberg,
die Töchter Jehudas jauchzen
um deiner Gerichte willen.

Umkreiset den Zion, umzirkt ihn,
zählt seine Türme,
setzt euer Herz an seinen Wall,
erklimmet seine Paläste,
damit ihrs erzählet
dem späten Geschlecht:
Ja, dieses ist Gott,
unser Gott ists
in Weltzeit und Ewigkeit,
er wird uns lenken
über den Tod.

XLIX

Des Chormeisters,
von den Korachsöhnen, ein Harfenlied.

Hört dies, ihr Völker alle,
lauschet, all ihr Siedler der Weile,
so Söhne der Leute,
so Söhne der Herrn,

Reicher und Dürftiger mitsammen!
Weisheit wird reden mein Mund,
Vernunft ist das Tönen meines Herzens.
Ich neige einem Gleichspruch mein Ohr,
ich erschließe zur Leier mein Rätsel.

Warum soll ich fürchten
in den Tagen des Bösgeschicks,
da die Fehlhaftigkeit
mich umkreist meiner Fersenschleicher,
die sich sicher wähnen durch ihre Habe,
ob der Fülle ihres Reichtums sich preisen!
Kann doch den Bruder gültig abgelten niemand,
kann Gotte für ihn Deckung nicht geben
– zu teuer ist die Abgült ihrer Seele,
man muß drauf in Weltzeit verzichten –,
daß er noch in die Dauer lebe,
nicht die Grube sehen müsse!
Nein, sehn muß er! Sterben die Weisen,
schwinden auch Narr und Tölpel mitsammen,
andern lassen sie ihre Habe, ihr Innres,
ihre Häuser auf Weltzeit,
ihre Wohnungen auf Geschlecht um Geschlecht.
Sie riefen ihre Namen
über Ländereien aus,
aber der Mensch, in der Köstlichkeit
darf er nicht übernachten,
er ist dem Vieh zu vergleichen, das stummgemacht wird.

Dies ist der Weg jener, die Dreistigkeit hegen,
ihnen nach müssen, denen ihr Mundwerk gefällt.
   / Empor! /
Wie Schafe traben sie ins Gruftreich,
der Tod ists, der sie weidet,
während morgendlich mit dem Ihren schalten die Geraden.
Ihr Gebild soll im Gruftreich zermorschen,
es braucht keinen Söllerbau mehr!
Meine Seele jedoch wird abgelten Gott
aus der Hand des Gruftreichs, wenn er mich nimmt!
   / Empor! /

Nimmer fürchte, wenn reich wird ein Mann,
wenn das Gewicht seines Hauses sich mehrt!
Denn im Tod nimmt er all das nicht mit,
seine Gewichtigkeit sinkt ihm nicht nach.
Wenn er beim Leben auch segnet seine Seele:
»...und man dankts dir, daß du gütlich dir tatst«,
kommen muß sie zum Geschlecht seiner Väter,
die für die Dauer das Licht nicht mehr sehn.
Der Mensch in der Köstlichkeit, –
vernimmt er nicht,
ist er dem Vieh zu vergleichen, das stummgemacht wird.

L

Ein Harfenlied Afsafs.

Der Gottherr, Gott, E R hat geredet,
aufgerufen hat er die Erde
vom Aufstrahlen der Sonne
bis zu ihrem Untergang.
Vom Zion, Vollendung der Schönheit,
ist Gott erschienen
– unser Gott kommt,
nimmer schweigt er! –,
vor ihm her frißt ein Feuer,
rings um ihn stürmt es sehr.
Er ruft dem Himmel droben, der Erde,
zu urteilen seinem Volk:
»Ladet mir die mir Holden,
die überm Schlachtmahl schlossen meinen Bund!«
Und der Himmel meldet seinen Wahrspruch,
da Gott selber Richter ist:

    / Empor! /

»Höre, mein Volk, ich will reden,
Jifsrael, wider dich will ich zeugen,
ich, Gott, dein Gott.
Nicht um deine Schlachtopfer mahne ich dich,
sind doch deine Darhöhungen stets mir zugegen.

Ich mag aus deinem Hause den Farren nicht nehmen,
aus deinen Pferchen die Böcke.
Denn mein ist alles Waldgetier,
auf dem Bergetausend das Wild,
ich kenne alle Vögel der Berge,
das Gewimmel des Felds ist bei mir.
Hungerte ich, ich sagte dir es nicht an,
denn der Boden und seine Fülle ist mein.
Soll das Fleisch der Stiere ich essen,
trinken das Blut der Böcke?!
Opfere Gotte Dank,
zahle dem Höchsten so deine Gelübde!
Und dann rufe mich am Tage der Drangsal,
ich will dich losschnüren und du wirst mich ehren.«

Zum Frevler aber sagt Gott:
»Was hast du aufzuzählen meine Gesetze
und trägst meinen Bund in deinem Munde!
Und du bist es, dem Zucht verhaßt ist,
und wirfst hinter dich meine Reden.
Siehst einen Dieb du, gefällts dir bei ihm,
und bei Verbuhlten hast du dein Teil,
deinen Mund schickst auf Böses du aus,
und deine Zunge spannt den Betrug vor.
Sitzest du, verredest du deinen Bruder,
gibst Unglimpf auf den Sohn deiner Mutter.
Dieses hast du getan –
schwiege nun ich, du meintest, es sei,
daß ich deinesgleichen wäre.
Ich ermahne dich, ich reihe dirs vor die Augen:
vernehmt dies doch, ihr Gottesvergeßnen,
sonst zerreiße ich, und da ist kein Retter!
Wer Dank opfert, ehrt mich.
Wer Weg macht,
Gottesfreiheit lasse ich ihn ansehn.«

LI

Des Chormeisters,
ein Harfenlied Dawids:
als zu ihm Natan der Künder gegangen kam, damals als er zu
   Batscheba eingegangen war.

Gunst leihe mir, Gott,
nach deiner Huld!
nach der Fülle deines Erbarmens
lösche meine Abtrünnigkeiten!
wasche mich völlig ab
von meinem Fehl,
von meiner Sünde reinige mich!

Denn meine Abtrünnigkeiten,
selber erkenne ich sie,
meine Sünde ist mir stets gegenwärtig
– an dir allein habe ich gesündigt,
das in deinen Augen Böse getan –,
damit du wahr erscheinst in deinem Reden,
klar in deinem Richten.

Wohl, wurde gekreißt ich in Fehl,
empfing brünstig mich meine Mutter in Sünde,
wohl, doch hast du Gefallen an Treue
bis in den Fibern,
machst im Geheimsten Weisheit mir kenntlich:
entsündige mich mit Ysop,
daß ich rein werde,
wasche mich,
daß ich weißer werde als Schnee!

Lasse mich hören Entzücken und Freude,
jauchzen sollen die Gebeine,
die du geschlagen hast!
Verstecke dein Antlitz vor meinen Sünden,
all meine Fehle lösch aus!
Ein reines Herz schaffe mir, Gott,
einen festen Geist erneue in meinem Innern!
Verwirf mich nimmer von deinem Antlitz,

den Geist deiner Heiligung nimm nimmer von mir!
Laß das Entzücken deiner Freiheit mir kehren,
mit dem Geist der Willigkeit stütze mich:
ich soll die Abtrünnigen lehren deine Wege,
daß die Sündigen umkehren zu dir.

Rette aus Bluttat mich, Gott,
Gott meines Freiwerdens:
jubeln soll meine Zunge
deine Bewährung!
Mein Herr, öffne meine Lippen,
und mein Mund wird deinen Preis melden.
Denn Gefallen am Schlachtmahl hast du nicht, daß ichs gäbe,
Darhöhung schätzest du nicht zugnaden:
Schlachtmahle für Gott sind ein gebrochener Geist,
ein gebrochenes, zerschlagenes Herz,
Gott, du wirsts nicht verschmähen. –

Tue Zion gut in deiner Gnade,
baue die Mauern Jerusalems auf,
dann wirst du dir Schlachtmahle des Wahrbrauchs gefallen
    lassen,
Darhöhung und Ganzopferbrand,
dann sollen auf deine Schlachtstatt Farren dargehöht werden.

LII

Des Chormeisters,
eine Eingebungsweise Dawids:
als Doeg der Edomiter kam und es Schaul meldete und zu ihm
    sprach: Dawid ist in das Haus Achimelechs gekommen.

Was preisest du dich der Bosheit, Gewaltsmann,
als einer Gotteshuld all den Tag!
Verhängnis plant deine Zunge,
einem geschliffnen Schermesser gleich,
Täter der Trügerei!
Du liebst Böses mehr als Gutes,
Lüge mehr als Wahrheit reden.
    /Empor!/

Du liebst alle Reden des Verblüffens,
Zunge des Betrugs!
So wird Gott auch für die Dauer dich stürzen,
dich raffen, aus dem Zelte dich reissen,
dich entwurzeln aus dem Lande des Lebens!
  / Empor! /

Die Bewährten werdens schaun und erschauern,
und auflachen werden sie über ihn:
»Da ist der Mann,
der Gott zu seiner Trutzwehr nicht machte
und sich sicherte mit der Fülle seines Reichtums,
auf seine Verhängnismacht trotzte!«
Ich aber bin wie ein üppiger Ölbaum
in Gottes Haus,
ich weiß mich sicher in Gottes Huld
für Weltzeit und Ewigkeit. –
Auf Weltzeit will ich dir danken,
denn du hast es getan,
deinen Namen erharren, denn er ist gütig,
den dir Holden zugegen.

LIII

Des Chormeisters, nach »Die Krankheit...«
eine Eingebungsweise Dawids.

Der Nichtige spricht in seinem Herzen:
»Da gibts keinen Gott!«
Verderbt, vergreuelt haben sie das Falsch,
keiner ist mehr, der Gutes tut.

Vom Himmel nieder lugt Gott
auf die Adamskinder,
zu sehn, ob ein Begreifender west,
ein nach Gott Fragender.

All das ist abgewichen,
angefault sind sie mitsammen,

keiner ist mehr, der Gutes tut,
auch kein einziger mehr!

Haben sies nicht erkannt,
die Argwirkenden,
die mein Volk Verzehrenden:
sie verzehren ein Brot,
drüber Gott man nicht anrufen kann!

Dort, sie schrecken zusammen im Schreck,
da Schreckendes nicht geschah,
denn Gott hat deines Belagrers Gebeine zerstreut.
Du machst sie zuschanden,
denn Gott hat sie verworfen. –

Wer gibt von Zion her
Befreiungen Jifsraels!
Wann kehren läßt Gott
Wiederkehr seinem Volk,
wird Jaakob jauchzen,
wird sich Jifsrael freun.

LIV

Des Chormeisters, zum Saitenspiel,
eine Eingebungsweise Dawids, –
als die Sifiter kamen und zu Schaul sprachen: Versteckt sich
    nicht Dawid bei uns?

Gott, mit deinem Namen befreie mich,
mit deiner Gewalt urteile mir!
Gott, höre mein Gebet,
lausche den Sprüchen meines Munds!
Denn Abgefremdete erheben sich wider mich,
Wütige trachten mir nach der Seele,
sie halten Gott sich nicht entgegen.
    /Empor!/

Da, Gott ist Helfer mir,
mein Herr ist Stütze meiner Seele:

auf meine Verleumder kehre sich das Böse,
in deiner Treue schweige sie!
In Willigkeit werde ich opfern dir,
deinem Namen danken, DU, denn er ist gütig,
denn aus aller Drangsal hat er mich gerettet,
meine Feinde darf mein Auge besehn.

LV

Des Chormeisters, zum Saitenspiel,
eine Eingebungsweise Dawids.

Lausche, Gott, meinem Gebet!
nimmer hehle dich meinem Flehn!
merke auf mich, antworte mir!
Ich streife mit meiner Klage umher.
Verstört bin ich
von der Stimme des Feindes,
vor dem Martern des Frevlers,
denn sie rollen Arg auf mich nieder,
im Zorn behadern sie mich.
Mein Herz windet sich mir im Innern,
Todesängste sind auf mich gefallen,
Furcht und Zittern kommt mich an,
zugehüllt hat mich der Schauder,
daß ich spreche:
Wer gibt eine Schwinge mir gleich der Taube,
ich entflöge und suchte Wohnung,
wohl, ich flatterte fernhin,
nächtigte in der Wüste!
    / Empor! /
Ich ereilte mir ein Entrinnen
vor dem sausenden Wind, vor dem Sturm.

Wirre, mein Herr,
spalte ihre Zunge!
Denn ich sehe Unbill und Streit in der Stadt,
tags und nachts umkreisen sie die
auf ihren Mauern,

ihr im Innern sind Arg und Pein,
ihr im Innern ist Verhängnis,
nicht rührt sich von ihrem Markte
Erpressung und Betrug.

Doch nicht ein Feind höhnt mich
– ich wollte es tragen –,
nicht mein Hasser hat großgetan wider mich
– ich wollte mich vor ihm verstecken –,
nein, du, ein Mensch mir gleichwert,
mein Gefährte und mein Vertrauter,
die miteinander süßes Einvernehmen wir pflogen,
ins Haus Gottes gingen im Getümmel. –
Der Tod überrumple sie!
lebend sollen sie sinken ins Gruftreich!
denn wo sie gasten, ist Böses ihnen im Innern.

Ich, zu Gott rufe ich
und ER wird mich befrein,
abends, morgens und mittags
klage ich und ich stöhne. –
Gehört hat er doch meine Stimme,
hat meine Seele abgegolten in Frieden
vor dem Angriff auf mich,
denn zu vielen waren sie mir entgegen.
Erhören wird der Gottherr und antworten ihnen,
er, der von ureinst her thront,
      / Empor! /
da es für sie kein Wechselseits gibt
und sie Gott nicht fürchten.

Jener legt seine Hand an die ihm Befriedeten,
seinen Bund gibt er preis,
glatt sind die Rahmworte seines Munds,
aber Angriff ist sein Herz,
seine Reden dünken weicher als Öl,
aber gezückte Degen sind sie.
Wirf auf IHN dein Geschick,
er selber wird dich versorgen,
er gibt auf Weltzeit nicht zu,

daß ein Bewährter wanke.
Du selber, Gott, wirst sie senken
in die Brunnentiefe der Grube,
die Männer von Bluttat und Trug
erreichen die Hälfte nicht ihrer Tage.
Ich aber, ich weiß mich sicher an dir.

LVI

Des Chormeisters, nach »Verstummte Taube unter Fernen«,
von Dawid, ein Sühngedicht, –
als ihn die Philister festhielten in Gat.

Gunst leihe mir, Gott,
denn die Leute schnappen nach mir,
bekriegend umklammern sie mich all den Tag,
all den Tag schnappen meine Verleumder,
ja, viele sinds, die mich hochher bekriegen.
Den Tag, da ich fürchten müßte,
ich, mit dir bin ich sicher.
An Gott, dessen Rede ich preise,
an Gott habe ich mich gesichert,
ich fürchte mich nicht,
was kann Fleisch mir tun!

All den Tag trüben sie meine Worte,
wider mich ist all ihr Planen zum Bösen,
sie reizen auf, setzen Nachsteller an,
die bewachen meine Fersen.
Gleichwie sie meiner Seele zuharren:
zum Arg ein Entrinnen ihnen!
in den Völkerzorn laß, Gott, sie sinken!
Selber zählst du mein Schleichen –
in deinen Schlauch tu meine Träne,
ist nicht in deiner Zählung auch sie?
Dann müssen rückwärts meine Feinde sich kehren
am Tag, da ich rufe, –
dies erkannte ich, daß Gott für mich ist.
An Gott, dessen Rede ich preise,

an IHM, dessen Rede ich preise,
an Gott habe ich mich gesichert,
ich fürchte mich nicht,
was kann ein Mensch mir tun!

Deine Gelübde, Gott, liegen mir ob,
Dankbarkeit will ich dir zahlen,
denn du rettest meine Seele vom Tod,
nicht wahr? meine Füße vom Anstoß,
einherzugehen vor Gottes Antlitz,
im Lichte des Lebens.

LVII

Des Chormeisters, »Verderbe nimmer«,
von Dawid, ein Sühngedicht, –
da er vor Schaul auf der Flucht war in der Höhle.

Leihe Gunst mir, Gott, leihe mir Gunst,
denn an dir birgt sich meine Seele.
Ich berge mich im Schatten deiner Flügel,
bis vorüberzog das Verhängnis.

Ich rufe zu Gott dem Höchsten,
dem Gottherrn, ders vollführt über mich.
Er wird vom Himmel senden und mich befrein,
mag auch höhnen, der nach mir schnappt.
/ Empor! /
Senden wird Gott
seine Huld und seine Treue.

Meine Seele ist inmitten von Löwen,
liegen muß ich bei Sengenden,
Menschenkinder sinds,
deren Zähne sind Speer und Pfeile,
deren Zunge ein scharfes Schwert.
Schwinge dich über den Himmel, Gott,
über alles Erdreich deine Ehre!

Sie hatten ein Netz für meine Tritte befestigt,

er bog mir die Seele zurück,
sie hatten vor mir eine Grube gebohrt,
nun fielen sie mitten hinein.
   / Empor! /

Fest ist mein Herz, Gott,
fest ist mein Herz,
singen will ich, harfen will ich.
Ermuntre dich, meine Ehre,
ermuntre dich, du Laute und Leier,
ermuntern will ich das Morgenrot.

Unter den Völkern will ich dir danken,
mein Herr,
unter den Nationen dir harfen,
denn bis an den Himmel groß ist deine Huld,
bis an die Lüfte deine Treue.
Schwinge dich über Himmel, Gott,
über alles Erdreich deine Ehre!

LVIII

Des Chormeisters, »Verderbe nimmer«,
von Dawid, ein Sühngedicht.

Treulich: redet ihr, Gottwesen, Wahrspruch?
richtet ihr mit Geradheit die Menschenkinder?
Vielmehr herzhaft wirkt ihr Verfälschung,
im Land wägt ihr die Unbill eurer Hände dar! –
Abgefremdet sind die Frevler vom Schoß an,
vom Mutterleib an abgeirrt die Redner der Täuschung.
Ein Gift haben sie, dem Schlangengift ähnlich,
sind gleich der tauben Otter, die ihr Ohr verstockt,
welche nicht hört auf die Stimme der Zaubrer,
des erzklugen Haftbannhefters.

– Gott, zermalme ihnen die Zähne im Mund,
das Gebiß der Leuen zerkrache, DU!
Sie sollen zerrinnen wie Wasser, die sich verlaufen!
– Spanne der nur, wie gekappt sind seine Pfeile!

Wie die Schnecke verrinnt, muß er zerlaufen! –
Fehlgeburt des Weibes, schaun sie die Sonne nie!
Eh sies merken, eure Stacheln des Wegdorns:
ob er lebensfrisch ob ausgedörrt ist,
schon hats ihn hinweggestürmt.

Freuen soll sich der Bewährte,
denn er hat Ahndung geschaut,
er darf seine Tritte baden
im Frevlerblut.
Sprechen wird der Mensch:
Gewiß, Frucht ist dem Bewährten,
gewiß, Gottheit west,
im Erdlande richtend!

LIX

Des Chormeisters, »Verderbe nimmer«,
von Dawid, ein Sühngedicht:
als Schaul gesandt hatte und sie das Haus bewachten, ihn zu
töten.

Vor meinen Feinden rette mich, mein Gott,
steilhin entrücke mich vor den gegen mich Aufgestandnen!
Vor den Argwirkenden rette mich,
befreie mich vor den Männern der Bluttat!
Denn da lauern sie auf meine Seele,
die Trotzigen reizen wider mich auf –
nicht meine Abtrünnigkeit ists, meine Sünde nicht, DU!
Ohne Verfehlung rennen sie an, richten sich:
rege dich mir entgegen und sieh –
bist du, DU, Gott, Umscharter, doch der Gott Jifsraels!
Erwache, all den Weltstämmen zuzuordnen!
Leih nimmer Gunst all den Arg Tückenden!
/ Empor! /

Abendlich kehren sie wieder,
heulen wie das Hundepack
und umkreisen die Stadt,

da geifern mit ihrem Mund sie,
Schwerter sind auf den Lippen ihnen,
denn: »Wer hörts?!«
Du aber, DU, wirst ihrer lachen,
wirst all der Weltstämme spotten.

Meine Trutzwehr! ich warte dir zu.
Ja, Gott ist mein Horst!
Mein Gott der Huld überrascht mich,
Gott läßt mich niedersehn auf meine Verleumder. –

Erwürge sie nimmer,
sonst möchte es mein Volk einst vergessen!
mit deinem Heere treibe sie um,
laß sie sinken, unser Schild du, mein Herr,
durch ihres Munds Sünde, ihrer Lippen Gered,
daß sie sich in ihrer Hoffart verfangen,
vom Meineid, von der Heuchelei selbst erzählen.
Vollziehs in der Grimmglut, vollziehs,
und nichts sind sie, und sie erkennen,
daß Gott in Jaakob der Waltende ist
– bis an die Ränder der Erde.
   /Empor!/

Und kehren sie abendlich wieder,
heulen wie das Hundepack
und umkreisen die Stadt,
sie die umhertreiben nach Fraß
und, werden sie nicht satt, knurren:
ich, deine Wehr will ich singen,
morgendlich bejubeln deine Huld.
Denn du bist mir ein Horst geworden,
eine Zuflucht am Tag, da ich bedrängt war.
Meine Wehr! ich spiele dir auf:
Ja, Gott ist mein Horst,
mein Gott der Huld!

LX

Des Chormeisters,
nach »Lilie«, eine Bezeugung, ein Sühngedicht Dawids – zum
   Lehren –:
als er mit dem Aramäer des Zwiestromlandes und mit dem
   Aramäer von Zoba focht und Joab kehrte zurück und schlug
   Edom im Salztal, zwölftausend.

Gott, du hast uns verworfen,
du hast uns durchbrochen,
du hast gezürnt –
laß es uns wiederkehren!
Du hast das Land erschüttert, zerspellt –
heile seine Risse, es wankt ja!

Hast du Hartes dein Volk sehen lassen,
hast uns mit Wein zum Taumel getränkt,
den dich Fürchtenden gabst du ein Bannerzeichen,
daß es sich abzeichne vor der Redlichkeit her.
   / Empor! /
Damit deine Freunde losgeschnürt werden,
befreie mit deiner Rechten, antworte uns! –

Gott hat in seinem Heiligtum geredet:
»Ergötzen will ich mich,
Sichem will ich verteilen,
die Tiefebne von Sſukkot vermessen,
mein ist Gilad und mein Mnasche,
Efrajim Helmwehr meines Haupts,
Jehuda mein Richtstab, –
Moab ist Waschbecken mir,
auf Edom werfe ich meinen Schuh,
schmetterst du, Philistien, noch über mich auf?«

Wer bringt mich in die verschanzte Stadt?
wer geleitet mich bis nach Edom?
Nicht du, Gott, der du uns hast verworfen,
und zogst, Gott, mit unsern Scharen nicht aus?
Schenke vor dem Dränger uns Hilfe:
Befreiertum von Menschen ist Wahn! –

Mit Gott werden wir Mächtiges tun,
er ists, der niederstampft unsre Bedränger.

LXI

Des Chormeisters, auf Saitengerät,
von Dawid.

Höre, Gott, mein Wimmern,
merke auf mein Gebet!
Vom Ende des Erdreichs rufe ich zu dir,
wann mein Herz verzagt:
Auf den Fels, mir zu ragend, geleite mich!
Denn du bist mir Bergung gewesen,
Turm der Wehr vorm Antlitz des Feinds.

Ich will gasten in deinem Zelt für die Zeiten,
will mich bergen im Versteck deiner Flügel.
  / Empor! /
Denn du bist es, Gott,
der auf mein Geloben gehört hat,
hat herausgegeben das Erbe
derer, die deinen Namen fürchten. –

Tage füge zu den Tagen des Königs,
Jahre ihm wie Geschlecht um Geschlecht!
Er throne vor Gott in die Zeit,
Huld und Treue bestimme, daß sie ihn hüten!

So will deinem Namen ewig ich harfen,
tagtäglich mein Gelöbnis zu zahlen.

LXII

Des Chormeisters über Jedutun,
ein Harfenlied Dawids.

Nur auf Gott zu ist Stille meine Seele,
von ihm her ist meine Befreiung.
Nur er ist mein Fels, meine Befreiung,

mein Horst – ich kann nicht gar wanken.

Bis wann wollt einen Mann ihr bedrohn
– allsamt ihr zu morden bereit –,
wie eine geneigte Mauer,
eine eingestoßene Wand?

Nur ratschlagend, wie ihn von seinem Hochstand zu stoßen
an Täuschung haben sie Gefallen,
sie segnen jeder mit seinem Mund
und verfluchen mit ihrem Innern.
　/ Empor! /

Nur zu Gott sei still, meine Seele,
denn von ihm her ist meine Hoffnung.
Nur er ist mein Fels, meine Befreiung,
mein Horst – ich kann nicht wanken.

Bei Gott ist meine Freiheit und Ehre.
Der Fels meiner Macht,
meine Bergung ist in Gott.
Seid allstündlich sicher an ihm,
Volk, schüttet euer Herz vor ihm aus!
Gott ist die Bergung uns.
　/ Empor! /

Nur ein Dunst sind die Menschensöhne,
eine Täuschung die Mannessöhne,
auf der Waage müssen hochschnellen sie
mehr als ein Dunst noch mitsammen.

Mit Bedrückung sichert euch nimmer!
laßt euch nimmer umdunsten von Raub!
Habe, wenn sie gedeiht,
setzt das Herz nimmer daran!

Eines hat Gott geredet,
zwei sinds, die ich habe gehört:
daß Gottes die Macht ist,
und dein, mein Herr, ist die Huld,
denn du,
du zahlst jedermann nach seinem Tun.

LXIII

Ein Harfenlied Dawids, –
als er in der Wüste Jehuda war.

Gott! mein Gottherr bist du,
ich sehne dich herbei.
Meine Seele hat nach dir gedürstet,
mein Fleisch ist fahl worden nach dir
im Heideland, matt, ohne Wasser.

So habe ich im Heiligtum dich erschaut,
deine Macht und deine Ehre zu sehen,
denn besser ist deine Huld als das Leben:
meine Lippen dürfen dich loben.
So will ich in meinem Leben dich segnen,
mit deinem Namen heben meine Hände.
Wie an Fett und Mark wird meine Seele ersatten,
jubelnder Lippen preist dann mein Mund.

Gedenke auf meinem Lager ich dein,
in Nachtwachen murmle ich dir zu.
Denn du bist mir Hilfe gewesen,
im Schatten deiner Flügel habe ich gejubelt.
Nachgehangen dir hat meine Seele,
mich hat deine Rechte gehalten.

Und jene, die zur Verheerung
trachten mir nach der Seele,
sie kommen ins unterste Erdreich,
man liefert jeden dem Schwerte zuhanden,
sie werden Gebühr der Schakale.
Doch der König wird sich freuen an Gott,
preisen wird sich, allwer bei ihm schwört,
daß der Mund der Lügenredner gestopft ward.

LXIV

Des Chormeisters,
ein Harfenlied Dawids.

Höre meine Stimme, Gott, wann ich klage!
vor Feindes Schrecknis bewahre mein Leben!
Verstecke mich vorm Klüngel der Bösgesinnten,
vor der Argwirkenden Getümmel,
die wie ein Schwert ihre Zunge wetzen,
als ihren Pfeilbogen spannen bittere Rede,
in Verstecken auf den Schlichten zu schießen,
plötzlich schießen sie auf ihn, fürchten sich nicht.
Sie machen böse Rede sich fest,
erzählen, wie sie Schlingen legen wollen,
sprechen: »Wer wirds durchschaun!
Die Verfälschungen mögen aufspüren sie,
wir habens geschafft!
nachgespürt wird der Spur,
aber das Innre des Mannes, das Herz ist tief!«
Da schießt sie Gott mit dem Pfeil,
plötzlich sind ihnen die Schläge geschehn,
womit jenen sie straucheln machen wollten:
über sie ihre Zunge!
Schütteln müssen sich, allwer sie ansieht,
fürchten müssen sich alle Menschen,
melden müssen sie Gottes Werk
und seine Tat begreifen.
An IHM freut sich der Bewährte,
an ihm birgt er sich,
es preisen sich alle Herzensgeraden.

LXV

Des Chormeisters,
ein Harfenlied Dawids, ein Gesang.

Dir ist Preisung geziemend,
Gott, auf dem Zion,
dir wird Gelübde bezahlt.
Hörer du des Gebets,
zu dir hin darf alles Fleisch kommen.
Die Reden der Verfehlungen,

überwältigen sie mich:
unsre Abtrünnigkeiten,
du bists, der sie bedeckt.
O Glück dessen,
den du wählst und näherst,
daß in deinen Höfen er wohne!
Mögen wir ersatten
an dem Gut deines Hauses,
der Heiligkeit deiner Halle!
Furchtgebietend,
in Wahrhaftigkeit antwortest du uns,
Gott unserer Freiheit,
Sicherheit aller Enden der Erde
und des Meeres der Fernen!
Der mit seiner Kraft aufrichtet Berge,
umpanzert mit Heldengewalt,
der schwichtigt das Toben der Meere,
das Toben ihrer Wogen,
und das Rauschen der Nationen!
Erschauern die Siedler der Enden
von deinen Zeichen,
die Aufgänge des Morgens und Abends
machst du jubeln.

Du ordnest dem Erdreich zu
und heißest es strotzen,
vielfältig bereicherst du es,
mit dem Gottesbach voller Wasser
zurichtest den Kornstand du ihnen.
Ja, so richtest du es her:
seine Furchen netzend,
senkend seine Schollen,
du lockerst es mit Rieselregen,
du segnest sein Gesproß.

Mit deinem Gute krönst du das Jahr,
von Fette triefen deine Geleise,
die Anger der Wüste triefen,
mit Gejauchze gürten sich die Hügel,
die Wiesen bekleiden sich mit Schafen,

mit Getreide umhängen sich die Täler,
sie schmettern einander zu,
sie singen gar.

LXVI

Des Chormeisters, ein Gesang, ein Harfenlied.

Schmettert Gotte zu, alles Erdreich!
harfet der Ehre seines Namens!
setzt als Ehrung ein seinen Preis!
Sprecht zu Gott:
»Wie furchtbar sind deine Taten!
Ob der Fülle deiner Macht
schmeicheln dir deine Feinde,
alles Erdreich, dir werfen sie sich hin,
harfen dir, harfen deinem Namen.«
　/ Empor! /

Geht, seht die Handlungen Gottes an,
über den Menschensöhnen er furchtbar am Werk!
der das Meer in Trockenes wandelt,
durch den Strom ziehn sie zu Fuß –
da freun wir uns sein!
der mit seiner Heldenkraft waltet in die Zeit,
auf die Weltstämme spähn seine Augen,
die Störrigen – nimmer dürfen sie sich überheben!
　/ Empor! /

Segnet, Völker, unseren Gott,
laßt hören die Stimme seiner Preisung!
der unsre Seele setzte ins Leben
und nicht zugab, daß unser Fuß wanke! –
Wohl, geprüft hast du uns, Gott,
uns ausgeschmelzt, wie Silber man schmelzt:
du hast uns kommen lassen ins Verlies,
Marter uns gesetzt an die Hüften,
auf dem Kopf uns reiten lassen die Leute,
wir sind gekommen in Feuer und Wasser, –
aber herausgeführt hast du uns, ins Genügen.

Mit Darhöhungen in dein Haus will ich kommen,
zahlen will ich dir meine Gelübde,
was hervorstießen meine Lippen,
mein Mund redete, da ich bedrängt war,
will dir Darhöhungen von Fettschafen höhen
samt dem Aufrauchen von Widdern,
Rinder samt Böcken dir dartun.
  / Empor! /

Geht her, höret, ich will erzählen,
ihr Gott Fürchtenden alle,
was er meiner Seele getan hat!
Mit meinem Munde rief ich zu ihm,
Erhebung war mir unter der Zunge.
Hätte ichs in meinem Herzen auf Arg abgesehn,
nicht hören würde mein Herr,
jedoch Gott hat es gehört,
hat auf die Stimme meines Betens gemerkt.
Gesegnet Gott,
der mein Gebet nicht abwandte,
seine Huld nicht von mir!

LXVII

Des Chormeisters, zum Saitenspiel,
ein Harfenlied, ein Gesang.

Gott leihe uns Gunst, segne uns,
er lasse mit uns leuchten sein Antlitz! –
  / Empor! /
Daß man auf Erden erkenne deinen Weg,
in aller Stämmewelt dein Befreien!

Die Völker danken dir, Gott,
die Völker danken dir alle,
die Nationen freun sich und jubeln.
Denn du richtest Völker mit Geradheit,
Nationen, du leitest sie auf Erden.
  / Empor! /

Die Völker danken dir, Gott,
die Völker danken dir alle.
Die Erde gab ihr Gewächs,
Gott, unser Gott segnet uns.
Gott segnet uns,
und ihn fürchten alle Ränder der Erde.

LXVIII

Des Chormeisters,
von Dawid, ein Harfenlied, ein Gesang.

Gott steht auf,
seine Feinde zerstieben,
seine Hasser entfliehen
vor seinem Angesicht.

Wie Rauch verweht, da es weht,
wie Wachs angesichts des Feuers zerfließt,
schwinden die Frevler angesichts Gottes,
die Bewährten aber freun sich,
ergötzen sich vorm Angesicht Gottes,
entzücken sich in der Freude.

Singet Gotte zu,
harfet seinem Namen,
tragts empor ihm,
der auf Dunkelwolken reitet,
mit »Hie Er! ist sein Name«,
jubiliert ihm vorm Angesicht,
dem Vater der Waisen,
dem Anwalt der Witwen,
Gott im Hag seines Heiligtums!
Gott
setzt die Vereinsamten wieder in Hausstand,
führt die Gefesselten heraus zu Gedeihen,
jedoch die Störrigen müssen wohnen im Kahlland. –

Gott,
als einher vor deinem Volke du fuhrst,

als du durch die Einöde schrittest,
  / Empor! /
schütterte die Erde,
auch die Himmel troffen
angesichts Gottes
– dies ist ein Sinai! –,
angesichts Gottes,
des Gottes Jiſsraels.

Einen Regen der Freigebigkeit
schwingst nieder du, Gott,
dein Eigentum, das erschöpfte,
du selber richtest es auf,
dein Rudel, sie werden drin seßhaft,
in deiner Güte richtest du her
für den Gebeugten, o Gott!

Mein Herr gibt den Spruch aus
– der Heroldinnen groß ist die Schar –:
»Die Könige der Scharen,
sie müssen entflattern, entflattern,
aber die Anmutige des Hauses,
verteilen darf sie die Beute
– wollt liegen ihr zwischen den Hürden?! –,
Taubenflügel, silberüberspannt,
Gefieder dran aus grüngelbem Feinerz.
Wann der Gewaltige die Könige drin zerspreitet,
schneeig wirds auf dem ›Schattenbühl‹.«

Ein gottmächtiger Berg, Baschans Berg,
ein vielgiebliger Berg, Baschans Berg!
Warum beschielet ihr, gieblige Berge,
den Berg, den Gott sich zum Sitze begehrt hat?
einwohnen auch wird E R da in die Dauer!

Gottes Reiterei sind Myriaden,
Tausendschaften im Wechselzug,
mein Herr unter ihnen:
der Sinai im Heiligtum! –
Aufgestiegen bist du zur Höhe,
hast Gefangne gefangen,

Gaben genommen an Menschen,
und sinds Störrige auch,
um nun einzuwohnen:
»Hie Er! Gott!«

Gesegnet mein Herr!
Tagtäglich lädt er sichs für uns auf,
die Gottheit ist unsre Befreiung!
　/ Empor! /
Die Gottheit ist für uns,
Gottheit der Befreiungstaten,
bei Ihm, unserm Herrn,
kann man dem Tod auch entfahren.

Wohl, Gott zerrüttet das Haupt seiner Feinde,
den Haarscheitel dessen,
der in seinen Verschuldungen sich ergeht.
Mein Herr hat gesprochen:
»Aus Baschan hole ich zurück,
hole zurück aus den Strudeln des Meers,
damit deinen Fuß du rüttelst im Blut,
die Zunge deiner Hunde ihre Gebühr von den Feinden habe.«

Sie sehn deine Gänge an, Gott,
meiner Gottheit, meines Königs Gänge ins Heiligtum:
voran Sänger, hinterher Saitenspieler,
inmitten paukenschlagender Jungfraun.
– Segnet in Weihversammlungen Gott,
meinen Herrn, ihr aus Jiſsraels Quell! –
Dort ist Binjamin, der Jüngste, der sie befehligt:
die Fürsten Jehudas, ihr Kriegslärm,
die Fürsten Sbulums, die Fürsten Naftalis.

– Entboten hat dein Gott deine Macht! –
Erhalte in Macht, Gott, was du an uns wirktest,
von deiner Halle über Jerusalem hin!
Zoll sollen Könige darbringen dir.
Beschilt das Getier im Rohr,
die Horde der Stierrecken
unter den Völkerkälbern,
was um Silberbarren einhertrampt! –

Er zersprüht die Völker, die Lust haben an Schlachten!
Herbeilaufen werden aus Ägypten die Bronzegeschmückten,
Äthiopien wird seine Hände Gott zueilen lassen.

Königreiche der Erde,
singt Gotte zu,
harfet meinem Herrn!
  / Empor! /
Ihm, der durch die Himmel des Urhimmels reitet!
Da, er gibt seine Stimme aus, Stimme der Macht!
Übergebt die Macht Gott!
Über Jifsrael seine Hoheit,
seine Macht in den Lüften!
– Furchtbar du aus deinen Heiligtumen, Gott,
Gottheit Jifsraels! –
Er gibt dem Volke Macht und Kernfestigkeit:
gesegnet sei Gott!

LXIX

Des Chormeisters, nach »Lilien«,
von Dawid.

Befreie mich, Gott,
denn das Wasser kommt an die Seele.
Ich sinke in das strudelnde Moor
und ist kein Stand,
ich komme in die Tiefen des Wassers,
der Schwall spült mich hinweg.
Ich habe mich müd gerufen,
meine Kehle ist entflammt,
meine Augen zehren sich auf,
wie ich harre auf meinen Gott.
Mehr wurden als Haare auf meinem Haupt,
die grundlos mich hassen,
Menge wurden, die mich schweigen wollen,
die aus Lug mich befeinden.
Wo ich nicht raubte, da soll ich erstatten.
Du, Gott, du kennst meine Torheit,

meine Verschuldungen sind dir nicht verhohlen.
Laß beschämt nimmer werden an mir
die auf dich hoffen, mein Herr, D U Umscharter,
laß zu Schimpfe nimmer werden an mir
die dich suchen, Gott Jiſsraels!
Denn deinetwegen trage ich Hohn,
hüllt Beschimpfung mein Antlitz ein.
Entfremdet ward ich meinen Brüdern,
ausheimisch den Söhnen meiner Mutter.
Denn der Eifer um dein Haus hat mich gefressen,
das Höhnen deiner Höhner ist auf mich gefallen.
Weinte ich in der Kasteiung die Seele mir aus,
wurde es mir zur Verhöhnung;
gab ich Sackleinen mir als Kleid,
wurde ich zum Gleichwörtlein ihnen.
Von mir schwatzen, die umsitzen im Tor,
und der Met-Zecher Klimperlieder.
Ich aber, mein Gebet ist zu dir,
D U, um eine Stunde der Gnade.
Gott, in der Fülle deiner Huld
antworte mir
mit der Treue deiner Freiheit!
Reiße mich aus dem Schlamm,
daß ich nimmer versinke,
entrissen sei ich meinen Hassern
und den Wassertiefen!
Nimmer spüle mich der Schwall des Wassers hinweg,
nimmer verschlinge mich der Strudel,
nimmer mache der Brunnen seinen Mund über mir zu!
Antworte mir, D U,
denn gütig ist deine Huld,
nach der Fülle deines Erbarmens
wende dich zu mir!
Versteck dein Antlitz nimmer vor deinem Knecht,
denn ich bin bedrängt,
eilends antworte mir!
Nahe meiner Seele,
löse sie aus,
um meiner Feinde willen

gilt mich ab!
Du, du kennst
meine Verhöhnung, meine Beschämung, meinen Schimpf,
dir gegenwärtig sind all meine Bedränger.
Der Hohn hat mein Herz gebrochen,
versehrt bin ich worden.
Ich hoffte auf ein Zunicken,
da ist keins,
auf Tröster,
ich finde sie nicht.
Sie haben Wermut in meine Labung gegeben,
für meinen Durst geletzt mich mit Essig.
Ihr Tisch werde vor ihnen zur Falle,
den Zufriednen zur Schlinge!
finster seien ihre Augen, sichtlos!
ihre Hüften lasse stets schwanken!
dein Dräun schütte über sie,
sie erreiche die Flamme deines Zorns!
öd werde ihr Lagerring,
in ihren Zelten sei ein Insasse nimmer!
Denn sie jagen, den selber du schlugst,
beim Schmerze deiner Durchbohrten erzählen sie sichs.
Gib Fehl noch über ihre Verfehlung,
in deinen Bewährtspruch mögen nimmer sie kommen!
Gewischt seien sie aus dem Buche des Lebens,
bei den Bewährten seien sie nimmer geschrieben!
Ich aber,
ein Gebeugter und Schmerzensreicher, –
dein Befreien, Gott, entrücke mich steilhin!
Preisen werde ich im Gesang Gottes Namen,
im Dank seine Größe sagen, –
besser dünkt das IHN als ein Stier,
ein Farre, ein gehörnter, gehufter.
Die sich Beugenden sehens, sie freun sich,
ihr, die ihr nach Gott fraget, euer Herz lebe auf!
Denn ER hört auf die Dürftigen,
seine Gefesselten verachtet er nicht.
Preisen sollen ihn Himmel und Erde,
die Meere und allwas sich drin regt!

Denn Gott wird Zion befreien,
aufbauen die Städte Jehudas,
daß man dort siedle und sie ererbe!
Der Same seiner Knechte wirds eignen,
die seinen Namen lieben, werden drin wohnen.

LXX

Des Chormeisters,
von Dawid, zum Gedenkenlassen.

Gott, mich zu erretten,
DU, zu meiner Hilfe eile!
Zuschanden sollen werden und sich schämen,
die nach der Seele mir trachten,
zurück prallen, zu Schimpfe werden,
die Lust haben an meinem Übel,
kehrtmachen zufolg ihrer Schande
die sprechen: Ha! ha!
Entzücken sollen sich, sich freuen an dir
alle, die nach dir trachten,
stets sollen sprechen:
»Groß ist Gott!«,
die dein Befreien lieben.
Ich hier,
gebeugt und bedürftig, –
Gott, eile mir herbei!
Was mir hilft,
was mich entrinnen macht
bist du:
DU, säume nimmer!

LXXI

An dir, DU, habe ich mich geborgen,
möge ich in Weltzeit nimmer zuschanden werden!
in deiner Wahrhaftigkeit

rette mich und laß mich entrinnen!
neig dein Ohr mir zu und befreie mich!
werde mir zum Felsenhag,
dahin ich stets kommen darf!
Geboten hast du, mich zu befreien,
denn du bist mein Schroffen und meine Bastei.
Mein Gott,
lasse mich vor der Hand des Frevlers entrinnen,
vor dem Griff des Verfälschers und Nötigers!
Denn meine Hoffnung bist du, mein Herr,
DU meine Sicherheit von meiner Jugend auf.
An dir habe ich mich vom Schoß an gehalten,
vom Leib meiner Mutter an bist du mein Entbinder,
dir stets gilt mein Preisen.
Wie ein Erweis bin ich vielen geworden,
da du meine Bergung in Macht bist.
Mein Mund füllt sich deines Preises,
all den Tag deines Ruhms.

Schleudre nimmer fort mich zur Zeit des Alters,
wann meine Kraft dahin ist, verlasse mich nimmer!
Denn meine Feinde sprechen gegen mich,
die meine Seele überwachen, beraten sich miteinander,
sprechend: »Gott hat ihn verlassen,
jaget, packt ihn, denn kein Retter ist mehr!«
Gott, bleib mir nicht fern!
mein Gott, zu meiner Hilfe eile!
Zuschanden sollen werden, dahingehn,
die meine Seele behadern,
Hohn und Schimpf um sich schlingen,
die nach meinem Bösgeschick trachten!

Doch ich, ich will stetig harren
und all deiner Preisung noch fügen hinzu.
Mein Mund wird deine Bewährung erzählen,
all den Tag dein Befreierwerk,
denn Abzählungen kenne ich nicht.
Ich komme
mit meines Herrn, DEINEN, Heldengewalten,
stifte deiner Bewährung Gedächtnis,

deiner allein.
Gott, von meiner Jugend an hast du mich belehrt,
und bis nun vermelde ich deine Wunder.

Auch bis zu Alter und Greisentum,
Gott, verlasse mich nimmer,
bis ich vermeldet habe dem Geschlecht deinen Arm,
deine Heldengewalt allem was kommt,
und deine Bewährung, Gott, bis zur Höhe,
wie du Großes getan hast, –
Gott, wer ist dir gleich!
Der du uns hast sehen lassen
Bedrängnisse viel und Übel,
umkehrend belebst du uns,
und aus den Wirbeln des Erdreichs,
umkehrend, lässest du uns steigen.
Mehren willst du meine Größe,
und dich wendend tröstest du mich.

Ich auch, ich will dir danken
mit Lautengerät,
deiner Treue, mein Gott,
spielen dir auf der Leier,
Heiliger Jiſsraels!
Mir jubeln die Lippen,
wenn ich dir harfe,
und meine Seele, die du abgegolten hast.
Meine Zunge auch, all den Tag
tönt sie deine Bewährung aus,
daß zuschanden sind, daß sich schämen,
die nach meinem Bösgeschick trachteten.

LXXII

Von Schlomo.

Gott,
deine Rechtsbräuche dem Könige gib,
deinen Wahrspruch dem Königssohn!

Er urteile deinem Volke in Wahrheit,
in Gerechtigkeit deinen Gebeugten!
Frieden tragen dann die Berge dem Volk zu,
die Hügel in Wahrhaftigkeit.
Er rechte für die Gebeugten des Volks,
befreie die Söhne des Dürftigen
und ducke den Unterdrücker!
Man fürchtet dich mit dem Sonnenschein dann,
angesichts des Monds für Geschlecht der Geschlechter.
Er senke sich wie Regen auf die Matte,
wie Rieseln, Getröpfel zur Erde.
In seinen Tagen sproßt der Bewährte,
Friedens Fülle ist, bis es keinen Mond gibt.
Er befehligt vom Meere zum Meer
und vom Strom zu den Rändern der Erde.
Schiffsmächte knien ihm vorm Angesicht,
seine Feinde lecken den Staub.
Die Könige von Tarschisch und den Inseln,
Zinsspende entrichten sie,
die Könige von Saba und Sseba,
Tribut nahen sie dar.
Ihm bücken alle Könige sich,
alle Stämme dienen ihm.
Denn er rettet den Dürftigen, der aufstöhnt,
den Gebeugten, dem kein Helfer ist.
Ihn dauert des Armen und Dürftigen,
die Seelen der Dürftigen befreit er,
löst ihre Seele aus Pressung und Unbill,
teuer ist in seinen Augen ihr Blut.
Er lebe!
Man gibt ihm von Sabas Gold,
man betet für ihn beständig,
all den Tag segnet man ihn:
»Er sei wie Schwellen des Getreids überm Erdland,
am Haupte der Berge
woge libanongleich auf seine Frucht,
mögen der Stadt sie entblühen wie Kraut der Erde!
Sein Name bleibe auf Weltzeit,
angesichts der Sonne pflanze sein Name sich fort,

mögen alle Stämme sich segnen mit ihm,
ihn glücklich heißen.«

Gesegnet ER, Gott,
der Gott Jisraels,
der Wunder tut, er allein,
gesegnet der Name seiner Ehre
auf Weltzeit,
mit seinem Ehrenschein fülle sich alles Erdland!
Jawahr, jawahr!

Zu Ende sind die Gebete Dawids Sohnes Jischajs.

LXXIII

Ein Harfenlied Aßafs.

Gewiß, gut ist zu Jisrael Gott:
zu den am Herzen Lautern.

Ich aber, ein weniges noch,
so bogen ab meine Füße,
ein Nichts, und mein Schritt kam ins Stolpern.
Denn eifersüchtig war ich auf die Prahler,
da den Frieden der Frevler ich sah.
Denn keine Beklemmungen gibt es für sie,
heil und feist ist ihr Wanst,
in der Menschenpein sind sie nie,
mitsamt den Leuten werden sie nicht geplagt.
Drum ist Hoffart ihr Halsgeschmeid,
hängt Unbill als Putz ihnen um.
Aus dem Fett dringt ihr Auge hervor,
drüber ziehn die Malereien des Herzens.
Sie grinsen und reden im Bösen,
Bedrückung reden sie von oben her.
Sie setzen an den Himmel ihren Mund,

und ihre Zunge ergeht sich auf der Erde.
Drum jenes: »Bringe er sein Volk nur wieder hierher,
Wassers können sie sich schlürfen die Fülle!«
Und sie sprechen: »Wie kennte Gott das!
gibts Kenntnis beim Höchsten?!«
Da sind nun diese: Frevler,
zufrieden hin in die Zeit
haben sie Macht erlangt!
Nur ins Leere
klärte ich mein Herz,
badete meine Hände in Unsträflichkeit,
war geplagt doch all den Tag,
morgendlich ward Züchtigung mir!
Hätte ich gesprochen: »Erzählen will ichs wies ist!«,
da hätte ich das Geschlecht deiner Söhne verraten.
Doch wie ich plante dies zu erkennen,
Pein war es meinen Augen,
bis ich an Gottes Heiligtume kam,
auf jener Späte konnte ich nun achten:
nur auf Schlüpfriges hast dus ihnen gesetzt,
in Berückungen lässest du sie verfallen.
Wie werden sie zu Starrnis im Nu,
verscheiden, schwinden vor Grausen!
Wie einen Traum nach dem Erwachen, mein Herr,
verlachst du, wann du dich regst, ihr Schattengebild.
Wenn aufgor mein Herz,
ich mirs schneiden ließ in die Nieren,
dumm war ich und erkannte nicht,
ein Vieh bin ich bei dir gewesen.

Und doch bleibe ich stets bei dir,
meine rechte Hand hast du erfaßt.
mit deinem Rate leitest du mich,
und danach nimmst du mich in Ehren hinweg.
Wen habe ich im Himmel!
aber bei dir
habe ich nicht Lust nach der Erde.
Verendet mein Fleisch und mein Herz,
der Fels meines Herzens, mein Teil, Gott bleibt in die Zeit.

Denn, da, die dir fern sind, verlieren sich,
du schweigst alljeden, der abhurt von dir, –
ich aber, Gott nahn ist mir das Gute,
in meinen Herrn, DICH, habe ich meine Bergung gesetzt:
all deine Arbeiten zu erzählen.

LXXIV

Eine Eingebungsweise Aſsafs.

Warum, Gott,
verabscheust du in die Dauer,
raucht dein Zorn
wider die Schafe deiner Weide?
Gedenke
deiner Gemeinde,
die du ureinst erwarbst,
erkauftest als Stab deines Eigens!
dieses Zionsbergs,
darauf du einwohntest!
Hebe deine Tritte
zu den Verheerungen, die dauern.
alles mißhandelt
hat der Feind im Geheiligten!
Deine Bedränger brüllten auf
drin an deiner Gegenwartsstatt,
setzten ihre Zeichen als Zeichen.
Zu kennen wars,
wie wo einer ausholt nach oben
im Baumgeflecht mit Äxten.
Und nun, sein Schnitzwerk mitsammen,
sie habens mit Barte und Beilen zerhackt.
In Feuer steckten sie
dein Heiligtum,
zum Erdland preisgaben sie
die Wohnung deines Namens.
Sie sprachen in ihrem Herzen:
»Ihre Brut mitsammen!«

Sie verbrannten
alle Begegnungsstätten der Gottheit im Land.
Zeichen uns sehen wir nicht,
es gibt keinen Künder mehr,
nicht ist einer mit uns,
der kennte, bis wann.
Bis wann, Gott, darf der Bedränger höhnen?
Darf der Feind deinen Namen schmähn in die Dauer?
Warum ziehst du zurück deine Hand?
Deine Rechte, hervor aus deinem Busen!
beends!

Ist doch Gott mein König
von ureinst her,
der Befreiungen wirkt
im Innern des Erdlands!
Du,
du zerklobest mit deiner Macht das Meer,
du zerbrachst Drachenhäupter überm Wasser,
du,
du zerstücktest die Häupter des Lindwurms,
du gabst ihn als Fraß dem Wüstenspuk-Volk,
du,
du erspaltetest Quell und Bachtal,
du,
du vertrocknetest urständige Ströme.
Dein ist der Tag,
dein auch die Nacht,
du,
du festetest Geleucht und Sonne,
du,
du errichtest alle Schranken des Erdlands,
Sommer und Winter,
du, du bildetest sie.

Gedenke dies:
der Feind höhnt DICH!
nichtig Volk schmähn deinen Namen!
Nimmer gib dem Wildlebenden
die Seele deiner Turtel!

das Leben deiner Gebeugten,
nimmer vergiß es in die Dauer!
Blick auf den Bund!
Denn gefüllt haben sich
die finstern Plätze des Erdlands
mit Triften der Unbill.
Nimmer möge sich abkehren müssen
der Geduckte beschimpft!
der Gebeugte, der Dürftige
sollen deinen Namen preisen!
Steh auf, Gott!
streite deinen Streit!
gedenke deiner Verhöhnung
durch den Nichtigen all den Tag!
Vergiß nimmer
die Stimme deiner Bedränger,
das Toben der gegen dich Aufständischen,
das stetig hinansteigt!

LXXV

Des Chormeisters,
»Verderbe nimmer«, ein Harfenlied Aſsafs, ein Gesang.

– Wir danken dir, Gott, wir danken.
Nah ist dein Name ihnen,
die deine Wunder erzählen.

– Ja, ich ergreife die Frist,
selber richte ich mit Geradheit.
Sie wanken,
die Erde mit all ihren Siedlern, –
ich selber
verfestige Säulen.
/ Empor! /
Ich spreche zu den Prahlern:
Prahlet nimmer!,
zu den Frevlern:
Hebt nimmer das Horn, nimmer

hebt euer Horn zur Höhe,
redet frechgereckten Halses!

– Ja, nicht vom Aufgang, vom Abend,
nicht von der Bergwüste her einer, –
Gott ja ist es, der richtet,
den niedert er und den erhebt er.
Ja, ein Becher ist in SEINER Hand,
ein Wein schäumt voller Mischung,
von dem schenkt er ein,
seine Hefen gar müssen schlürfen, trinken
alle Frevler der Erde.
Ich aber, in die Zeit will ichs melden,
harfen dem Gott Jaakobs.

– ... Und alle Hörner der Frevler haue ich ab,
heben sollen sich die Hörner des Bewährten!

LXXVI

Des Chormeisters, zum Saitenspiel,
ein Harfenlied Afsafs, ein Gesang.

Kundworden ist Gott in Jehuda,
in Jifsrael groß ist sein Name.
In Schalem wurde seine Verschirmung,
sein Geheg auf dem Zion.
Dort zerbrach er die Flitze des Bogens,
Schild und Schwert und Kriegsgerät.
  / Empor! /

Umlichtet bist du,
herrlich vor den Raubbergen her.
Beute wurden die Herzensrecken,
entschlummerten in ihren Schlaf,
alle Heermannen fanden nicht ihre Hände.
Vor deinem Schelten, Gott Jaakobs,
betäubt ward so Fahrzeug, so Roß.

Du, furchtbar bist du,

wer bestünde vor dir
vom Nun deines Zornes an!
Vom Himmel ließest Urteil du hören,
die Erde fürchtete und stockte,
da Gott aufstand zum Gericht,
zu befrein alle Gebeugten der Erde.

/ Empor! /

Denn noch des Menschen Grimm muß dich bekennen,
den Rest der Grimmgluten gürtest du um. –
Gelobt und zahlet IHM eurem Gott!
Alle rings um ihn her
sollen Zoll dem Furchtgebietenden bringen,
der den Übermut der Herzöge stutzt,
furchtbar den Erdkönigen.

LXXVII

Des Chormeisters über Jedutun,
von Aſsaf, ein Harfenlied.

Meine Stimme zu Gott – ich muß schrein!
meine Stimme zu Gott, daß er mir lausche!
Am Tag meiner Drangsal suche ich meinen Herrn,
nachts ist hingereckt meine Hand und erlahmt nicht,
meine Seele weigert, sich trösten zu lassen.
Will ich Gottes gedenken, muß ich wimmern,
will ich klagen, verzagt mein Mut.

/ Empor! /

Du spreizest meinen Augen die Lider,
ich bin aufgerührt und kann nicht reden.
Ich erwäge die Tage von einst,
die Jahre der Vorzeiten.
Gedenken will ich
meines Saitenspiels in der Nacht,
mit meinem Herzen Klage halten,
und mein Gemüt tappt umher:
Wird mein Herr in die Zeiten verabscheun?

wird er nie mehr annehmen zugnaden?
ist für die Dauer dahin seine Huld?
der Spruch zuend auf Geschlecht um Geschlecht?
Hat die Gottheit vergessen, Gunst zu erzeigen,
oder im Zorn ihr Erbarmen versperrt?
 / Empor! /

Doch ich spreche – mein Sänftigen ists –:
Den Jahren der Rechten des Höchsten
will ich Gedächtnis stiften,
oh Seinem Handeln. –
Ja, gedenken muß ich von einst deines Wunders,
nachsinnen all deinem Werk,
um deine Handlungen muß ich klagen.

Gott, im Heiligen ist dein Weg.
Wer ist Gottheit, groß wie Gott!
Du bist die Gottheit, die Wunder tut,
du gabst deine Macht unter den Völkern zu kennen:
du erlöstest mit dem Arme dein Volk,
die Söhne Jaakobs und Joſsefs.
 / Empor! /

Die Wasser sehen dich, Gott,
die Wasser sehn dich, sie kreißen,
ja, die Urwirbel erbeben.
In Wasser ergießt sich das Gewölk,
die Lüfte geben den Hall aus,
ja, deine Pfeile ergehn sich.

Im Radkreisen ist der Hall deines Donners,
die Blitze erhellen den Weltraum,
es bebt, es schüttert die Erde.
Durch das Meer hin ist dein Weg,
dein Steig durch die vielen Wasser,
doch nicht werden deine Tapfen erkannt.

Wie eine Schafherde leitest du dein Volk
durch Mosches und Aharons Hand.

LXXVIII

Eine Eingebungsweise Aſsafs.

Lausche, mein Volk, meiner Weisung!
neigt euer Ohr den Sprüchen meines Munds!
Meinen Mund will ich öffnen im Gleichwort,
Rätsel sprudeln von ureinst.
Was wir hörten, daß wirs erkennen,
und uns unsre Väter erzählten,
nicht hehlen wirs ihren Söhnen
in einem späten Geschlecht,
SEINE Preisungen erzählend,
seine Siegesmacht und seine Wunder,
die er getan hat.

Er erstellte in Jaakob Zeugnis,
Weisung setzte er in Jiſsrael ein,
die er unseren Vätern entbot,
ihre Söhne sie kennen zu lehren,
damit ein spätes Geschlecht erkenne,
Söhne, einst geborene, aufstehn
und ihren Söhnen erzählen,
daß auf Gott sie ihre Zuversicht setzen
und nicht vergessen des Handelns der Gottheit
und ihre Gebote wahren
und nicht werden wie ihre Väter
ein störriges und widerspenstiges Geschlecht,
ein Geschlecht, das nicht festigt sein Herz
und nicht treu ist mit der Gottheit sein Geist.

Die Söhne Efrajims,
wohlbewaffnete Bogenschützen,
die sich wandten am Tage der Schlacht!
Sie hüteten Gottes Bund nicht,
weigerten sich in seiner Weisung zu gehn.
Sie vergaßen sein Handeln,
seine Wunder, die er sie sehn ließ:
Wunderbares tat er vor ihren Vätern
in dem Land Ägypten, Zoans Gefild, –

er spaltete Meer und führte sie durch,
staute Wasser wie einen Damm,
leitete sie mit der Wolke am Tag,
all die Nacht mit dem Feuerschein,
Felsen spaltete er in der Wüste
und letzte sie wie von Urwirbelfülle,
Rinnsale holte er aus dem Gestein,
ließ Wasser niederfließen wie Ströme.

-- Sie aber sündigten gegen ihn weiter,
in der Heide widerspenstig dem Höchsten.
Sie prüften die Gottheit in ihrem Herzen,
ihrer Seele Atzung erheischend,
sie redeten wider Gott, sie sprachen:
»Vermag die Gottheit einen Tisch in der Wüste zu rüsten?
Wohl, den Fels hat er geschlagen,
und Wasser quoll, Bäche spülten heran, –
vermag er Brot auch zu geben,
kann er Wildbret zurichten seinem Volk?«
Drum, es hörend, wallte ER auf,
Feuer entfachte gegen Jaakob sich,
ja, Zorn stieg gegen Jiſsrael.
Denn Gotte vertrauten sie nicht,
sicherten sich nicht in seinem Befreien.
Da gebot er den Lüften von oben,
die Himmelstüren öffnete er
und regnete das Man auf sie hin zum Essen,
gab ihnen Himmelskorn.
Brot der Recken aß jedermann,
Zehrung sandte er ihnen zur Satte.
Den Ost hieß er ausziehn am Himmel,
mit seiner Macht lenkte den Süd er,
und regnete Wildbret auf sie hin wie Staub,
wie Sand der Meere geflügelte Vögel,
ließ die fallen ins Innre seines Lagers,
rings um seine Wohnungen hin.
Sie aßen und wurden sehr satt,
ihr Begehr ließ er zukommen ihnen.
Nicht fremdete sie ihrer Begier,

noch war in ihrem Munde ihr Essen,
da stieg Gottes Zorn gegen sie,
würgte unter ihren Feisten,
die Jünglinge Jiſsraels knickte er.

Bei all dem sündigten sie noch,
sie vertrauten nicht seinen Wundern.
Da ließ er im Dunst ihre Tage schwinden,
ihre Jahre in der Verstörung.
Würgte er sie, dann fragten sie nach ihm,
als kehrten sie um und ersehnten die Gottheit,
gedächten, daß Gott ihr Fels sei,
Gottheit, der Höchste, ihr Erlöser.
Mit ihrem Mund wollten sie ihn betören,
ihn täuschen mit ihrer Zunge,
nicht gefestigt bei ihm war ihr Herz,
nicht treu sie in seinem Bund.
Er aber ist erbarmend,
er bedeckt die Verfehlung
und verderbt nicht,
er ließ seinen Zorn vielmal abkehren sich,
er erregte nicht all seinen Grimm.
Er gedachte, daß Fleisch sie seien,
Hauch, der geht und kehrt nicht zurück.

Wie oft widerstrebten sie ihm in der Wüste,
betrübten in der Einöde ihn,
wiederholend prüften sie Gottheit,
den Heiligen Jiſsraels probten sie aus.
Nicht gedachten sie seiner Hand,
des Tags, da er sie abgalt vom Bedränger,
als in Ägypten seine Zeichen er setzte,
seine Erweise in Zoans Gefild:
in Blut wandelte deren Flußarme,
daß ihre Rinnsale untrinkbar wurden,
er schickte das Geziefer an sie, und es fraß sie,
den Frosch, und er verderbte sie,
er gab ihr Gewächs dem Schröter,
dem Heuschreck ihren Fleiß,
mit dem Hagel würgte er ihre Rebe,

ihre Maulbeerfeigen mit dem Wettersturz
und überlieferte dem Hagel ihr Vieh,
ihre Zucht den Brandflitzen,
er schickte die Flamme seines Zornes an sie,
Überwallen und Dräun und Bedrängnis,
Schickung von Boten der Übel,
er ebnete seinem Zorn eine Bahn,
er enthielt dem Tod ihre Seele nicht vor
und lieferte ihr Leben der Pest aus
und schlug allen Erstling in Ägypten,
der Manneskraft Anfangsproß in den Zelten Chams.
Er ließ sein Volk hinausziehn wie Schafe,
lenkte wie eine Herde sie in der Wüste,
leitete sicher sie, daß sie nicht erschraken,
da ihre Feinde zuhüllte das Meer,
er ließ sie zum Bereich seines Heiligtums kommen,
diesem Berg, den seine Rechte erwarb,
er vertrieb Stämme vor ihnen,
verfällte ihnen Eigentum mit der Meßschnur
und hieß in deren Zelten wohnen
die Zweige Jißraels.

Gott den Höchsten prüften sie, widerstrebten,
hüteten seine Zeugnisse nicht,
wie ihre Väter schwenkten sie ab und verrieten,
schnellten um wie ein trügrischer Bogen.
Mit ihren Koppen verdrossen sie ihn,
ereiferten ihn mit ihren Meißeldocken.
Gott hörte es und wallte auf,
er verwarf Jißrael gar,
er entsagte der Wohnung zu Schilo,
dem Zelt, da er unter den Menschen eingewohnt hatte.
In die Gefangenschaft gab er seine Macht,
sein Prangen in die Hand des Bedrängers,
er überlieferte dem Schwerte sein Volk,
gegen sein Eigentum wallte er auf:
dessen Jünglinge fraß das Feuer,
dessen Maiden ward die Brautpreisung nicht,
dessen Priester fielen durchs Schwert,

dessen Witwen konnten nicht beweinen.

Mein Herr erwachte einem Schlafenden gleich,
einem Helden gleich, der sich aufrüttelt vom Wein,
er schlug seine Bedränger hinten,
Weltzeithohn gab er über sie.
Er verwarf das Zelt Joſsefs,
den Stab Efrajim erwählte er nicht,
doch er wählte den Zweig Jehuda,
den Berg Zion, den er liebte,
baute den Höhn gleich sein Heiligtum,
der Erde gleich, die er auf Weltzeit gegründet,
er erwählte Dawid seinen Knecht,
nahm ihn von den Pferchen der Schafe,
von hinter den Säugenden ließ er ihn kommen,
zu weiden Jaakob, sein Volk,
Jiſsrael, sein Eigentum.
Und er hat sie nach der Schlichtheit seines Herzens geweidet,
sie geleitet mit der Vernunft seiner Hände.

LXXIX

Ein Psalm Aſsafs.

Gott!
Die Weltstämme sind in dein Eigen gekommen,
haben deines Heiligtums Halle bemakelt,
Jerusalem zu Ruinen gemacht,
hingegeben den Leichnam deiner Knechte
als Fraß dem Vogel des Himmels,
das Fleisch deiner Holden dem Getier der Erde,
ihr Blut verschüttet wie Wasser
rings um Jerusalem her,
und keiner war, der begrübe.
Wir sind ein Hohn unsern Anwohnern worden,
Spott und Posse denen rings um uns her.
Bis wohin, DU?
wirst dauernd du zürnen,
wird wie Feuer zünden dein Eifer?

Schütte deine Glut auf die Stämme,
die dich nicht erkennen,
auf die Königreiche,
die deinen Namen nicht rufen!
Denn man frißt Jaakob,
seine Trift veröden sie!

Gedenke Fehle der Vordern uns nimmer!
daß dein Erbarmen bald uns überrasche!
Denn sehr schwach sind wir worden.
Hilf uns, Gott unsrer Freiheit,
wegen der Ehre deines Namens!
Rette uns, bedecke unsre Sünden
um deines Namens willen!
Warum sollen die Weltstämme sprechen:
»Wo ist ihr Gott?«!
An den Weltstämmen werde kund uns vor Augen
die Ahndung des Bluts deiner Knechte,
des verschütteten!
Vors Antlitz komme dir
des Gefesselten Ächzen!
Der Größe deines Armes gemäß
laß überbleiben die Kinder des Sterbens!
laß auf unsre Anwohner sich kehren,
in ihren Busen siebenfach
den Hohn, mit dem sie dich höhnten,
mein Herr!
Wir aber, dein Volk,
die Schafe deiner Weide,
wollen in die Zeit hin dir danken,
in Geschlecht um Geschlecht
deine Preisung erzählen.

LXXX

Des Chormeisters, nach »Lilien«,
eine Bezeugung Aſsafs, ein Harfenlied.

Hirt Jiſsraels, lausche!

Der wie Schafe Joſef lenkt,
der auf den Cheruben Sitz hat,
erscheine!
Vor Efrajim, Binjamin, Mnasche
rege deine Heldengewalt
und komm uns zur Befreiung!
Gott,
laß es uns wiederkehren!
lichte dein Antlitz
und wir sind befreit!

DU, Gott, Umscharter!
Bis wann zornrauchest du
beim Gebet deines Volks:
hast gespeist sie mit Tränenbrot,
mit Tränen sie geletzt dreilingweis,
machst unsern Anwohnern uns zum Zwist,
unsre Feinde spotten drauf los!
Gott, Umscharter,
laß es uns wiederkehren!
lichte dein Antlitz
und wir sind befreit!

Eine Rebe ließest du ziehn aus Ägypten,
vertriebst Stämme, sie aber pflanztest du ein.
Geräumt hast du vor ihr her,
ihre Wurzeln wurzelte sie ein
und füllte das Land.
Berge wurden von ihrem Schatten verhüllt,
ihre Äste Gotteszedern.
Ihre Ranken schickte sie bis zum Meer aus,
an den Strom ihre Schößlinge.
Warum rissest du ein ihre Wände,
daß alle Wegeswandrer sie rupfen?
Der Eber aus dem Wald nagt an ihr,
des Felds Gewimmel weidet sie ab.
Gott, Umscharter,
kehre doch um,
blicke vom Himmel, sieh an,
ordne dieser Rebe zu,

dem Senkling, den deine Rechte gepflanzt hat,
überm Sohn, den du dir hast erstarken lassen!
Schon wird sie versengt vom Feuer, verstümmelt!

Mögen sie vor der Drohung deines Antlitzes schwinden!
Deine Hand sei überm Mann deiner Rechten,
überm Menschensohn, den du dir hast erstarken lassen,
und nie wollen wir abschwenken von dir!
Belebe uns,
und ausrufen wollen wir deinen Namen!
DU, Gott, Umscharter,
laß es uns wiederkehren!
lichte dein Antlitz
und wir sind befreit!

LXXXI

Des Chormeisters, nach der Kelterweise,
von Afsaf.

Jubelt Gotte auf, unsrer Macht,
schmettert dem Gott Jaakobs,
hebt das Harfenspiel an, schlagt die Pauke,
die milde Leier, die Laute dazu!
Stoßt zur Neuung in die Posaune,
zum Vollmond am Tag unsres Festes!
Denn Satzung für Jifsrael ists,
Gerechtsame für den Gott Jaakobs,
als Zeugnis hat ers in Josef erstellt,
da gegen das Land Ägypten er ausfuhr,
ich die Sprache hörte, die ich nicht kannte.
»Ich habe seine Schulter der Bürde entzogen,
seine Hände entkamen dem Lastkorb. –
In der Drangsal hast du gerufen
und ich habe dich losgeschnürt,
ich antwortete dir im Donnerversteck,
ich probte dich am Wasser von ›Gezänke‹.
   / Empor! /

Höre, mein Volk,
wider dich will ich zeugen –
Jifrael, wenn du auf mich hörtest!
›Nicht sei fremde Gottheit bei dir,
wirf dich auswärtiger Gottheit nicht hin!
ICH bin dein Gott,
der dich heraufbrachte aus dem Lande Ägypten.
Mache weit deinen Mund auf
und ich will ihn füllen.‹
Aber mein Volk hörte nicht auf meine Stimme,
Jifrael willfahrte mir nicht.
Da schickte ich es fort in die Sucht ihres Herzens:
›In ihren Ratschlüssen mögen sie gehn!‹

Daß doch mein Volk auf mich hörte!
Jifrael, möchten sie gehn in meinen Wegen!
Wie leicht zwänge ihre Feinde ich nieder,
kehrte meine Hand wider ihre Bedränger!
schmeicheln müßten ihm MEINE Hasser,
in die Zeit hin wärs ihre Frist,
es aber würde ich mit Weizenfett speisen,
aus dem Felsen es sättigen mit Honig.«

LXXXII

Ein Harfenlied Afafs.

Gott steht in der Gottesgemeinde,
im Ring der Gottwesen hält er Gericht.
»Bis wann wollt ihr richten falsch,
das Antlitz der Frevler erheben!«
   / Empor! /
»Für den Schwachen, die Waise rechtet,
bewahrheitet den Gebeugten, den Armen,
den Schwachen, Dürftigen lasset entrinnen,
rettet aus der Hand der Frevler!«

Sie erkennen nicht, habens nicht acht,
in Verfinstrung gehn sie einher.

Alle Gründe des Erdreichs wanken:
»Selber ich hatte gesprochen:
›Götter seid ihr,
Söhne des Höchsten ihr alle!‹ –
jedoch wie Menschen müsset ihr sterben,
wie irgendeiner der Fürsten fallen.«

Erhebe dich, Gott,
richte das Erdreich!
Denn du bists, der zu eigen hat
die Weltstämme alle.

LXXXIII

Ein Gesang, ein Harfenlied Aſsafs.

Gott, nimmer Stillbleiben dir!
du sollst nimmer schweigen,
sollst nimmer rasten, Gottherr!
Denn, da, deine Feinde lärmen,
deine Hasser tragen das Haupt hoch.
Anschlag erlisten sie wider dein Volk.
wider deine Aufgesparten beraten sie sich,
sie sprechen: »Kommt,
wir wollen sie aus dem Stammestum merzen,
nicht mehr gedacht werde des Namens Jiſsrael!«
Ja, von Herzen beraten sie sich miteinander,
wider dich schließen sie einen Bund:
die Zelte Edoms und der Jischmaeliten,
Moab und die Hagarener,
Gebal und Ammon und Amalek,
Philistien samt den Siedlern von Tyrus,
auch Assyrien gliedert sich ihnen an,
sind ein Arm Lots Söhnen geworden.
  / Empor! /
Tue ihnen wie Midjan,
wie Sſiſsra, wie Jabin am Kischonbach,
die vertilgt wurden zu En Dor,
Dünger dem Acker wurden!

Mache sie, ihre Edeln, wie »Rabe« und »Wolf«,
wie Sebach und Zalmunna all ihre Lehngrafen,
sie, die gesprochen haben:
»Wir wollen uns die Triften Gottes ererben!«
Mein Gott,
mache sie wie ein Stengelgewirbel,
wie Stroh vor dem Wind!
Wie Feuer, das entzündet den Wald,
wie Lohe, die die Berge umlodert,
so jage sie mit deinem Sturm,
mit deinem Wetter verstör sie!
Ihre Gesichter fülle mit Schmach,
daß deinen Namen sie suchen, DU!
Sie sollen zuschanden und verstört sein auf ewig,
sollen sich schämen und schwinden!
Dann werden sie erkennen, daß du
– dein Name: ER IST DA –
einzig der Höchste bist
über allem Erdreich.

LXXXIV

Des Chormeisters, nach der Kelterweise,
von den Korachsöhnen, ein Harfenlied.

Wie freundlich sind deine Wohnungen,
DU, Umscharter! –

Gebangt hat, ja sich verzehrt meine Seele
nach SEINEN Höfen,
mein Herz und mein Fleisch, sie gellen
der lebendigen Gottheit zu. –
Auch der Vogel findet ein Haus,
die Schwalbe ein Nest sich,
drein ihre unflüggen Jungen sie legt, –
so deine Opferstätten,
DU, Umscharter,
mein König und mein Gott!

O Glück derer, die in deinem Haus sitzen,

noch werden sie dich preisen dürfen!
/ Empor! /
O Glück des Menschen, der Macht hat in dir, –
in seinem Herzen die Pilgerstraßen!

Durchschreitend das »Tal des Weinens«,
machen sie einen Quellplatz daraus,
den auch der Herbstregen mit Segnung umschlingt.
Sie gehen von Tucht zu Tucht:
man wird sich sehen lassen vor Gott
auf dem Zion.
»DU, Gott, Umscharter,
höre mein Gebet!
lausche, Gott Jaakobs!«
/ Empor! /
»Unser Schild du,
sieh her, Gott,
blicke aufs Antlitz deines Gesalbten!«

Ja, besser ist ein Tag in deinen Höfen
als tausend sonst,
ich ziehe vor, an der Schwelle zu stehn
im Haus meines Gottes,
als zu herbergen
in den Zelten des Frevels. –

Ja, ER ist Sonne und Schild,
Gunst und Ehre gibt Gott,
das Gute versagt ER nicht
ihnen, die in der Schlichtheit gehn. –

DU, Umscharter,
Glück ist des Menschen, der sich sichert an dir.

LXXXV

Des Chormeisters,
von den Korachsöhnen, ein Harfenlied.

– Begnadet, DU, hast einst du dein Land,

hast für Jaakob die Wiederkehr kehren lassen,
hast den Fehl deines Volkes getragen,
hast all ihre Sünde verhüllt.
      / Empor! /
Du hast dein Aufwallen all eingerafft,
dich abgekehrt von der Flamme deines Zorns.

Laß es uns wiederkehren,
Gott du unserer Freiheit!
Deinen Unmut über uns brich!
Willst du in Weltzeit uns zürnen,
deinen Zorn hinziehn für Geschlecht um Geschlecht?
Willst nicht du, wiederkehrend du uns beleben,
daß dein Volk an dir sich erfreue?
Laß uns, DU, sehn deine Huld,
deine Freiheit gib uns!

– Horchen will ich,
was der Gottherr redet, ER!
Ja, er redet Frieden
zu seinem Volk, zu seinen Holden,
und: »Daß zum Narrenwerk sie nimmer sich kehren!«
Gewiß, seine Freiheit ist den ihn Fürchtenden nah,
daß in unserm Lande der Ehrenschein wohne,
Huld und Treue einander treffen,
Wahrhaftigkeit und Friede sich küssen.
Treue sprießt aus dem Erdland,
Wahrhaftigkeit lugt nieder vom Himmel.
Zugleich gibt ER das Gute
und unser Land gibt sein Gewächs.
Wahrhaftigkeit geht vor ihm her,
setzt zu einem Weg ihre Tritte.

LXXXVI

Ein Gebet Dawids.

Neige, DU, dein Ohr,
antworte mir,

denn gebeugt und bedürftig bin ich.
Behüte meine Seele,
denn ein Holder bin ich,
befreie deinen Knecht,
du mein Gott,
der sich sichert an dir!
Gunst leih mir, mein Herr,
denn zu dir rufe ich all den Tag.
Erfreue die Seele deines Knechts,
denn zu dir, mein Herr,
hebe ich meine Seele.
Denn du, mein Herr,
bist gut und verzeihend,
reich an Huld den dich Rufenden allen.
Lausche, D U, meinem Gebet,
merke auf die Stimme meines Gunsterflehns!
Am Tag meiner Bedrängnis rufe ich dich,
denn du antwortest mir.

Keines gleicht dir unter den Gottwesen, mein Herr,
keine gleicht deinen Taten.
Alle Weltstämme, die du aufgetan hast,
werden kommen, vor dein Antlitz sich werfen,
mein Herr, und deinen Namen ehren.
Denn groß bist du und wundertätig,
du, Gott, allein.

Weise mir, D U, deinen Weg.
gehen will ich in deiner Treue.
Einige mein Herz,
deinen Namen zu fürchten!
Ich will dir danken,
mein Herr, mein Gott,
mit all meinem Herzen,
in die Zeit hin ehren deinen Namen,
denn groß war über mir deine Huld
und du hast meine Seele gerettet
aus dem untersten Gruftreich.

Gott!

Vermeßne stehen wider mich auf,
die Schar der Wütigen trachtet mir nach der Seele,
sie halten sich dich nicht entgegen.
Du aber, mein Herr,
bist Gottheit erbarmend und gönnend,
langmütig, reich an Huld und Treue.
Wende dich mir zu, leihe mir Gunst,
gib deinen Sieg deinem Knecht,
befreie den Sohn deiner Magd!
Tu an mir ein Zeichen zum Guten,
meine Hasser sollen sehen, in Schanden,
daß selber D U mir hilfst und mich tröstest.

LXXXVII

Von den Korachsöhnen, ein Harfenlied, ein Gesang.

Seine Gründung auf den Heiligungsbergen,
E R liebt sie,
die Tore Zions
mehr als alle Wohnstätten Jaakobs.

Ehrenreiches ist geredet von dir,
Stadt Gottes:
/ Empor! /
»Lasse ich des Ungetüms und Babels gedenken
um die mich Erkennenden,
da, Philistiens, Tyrus' samt Äthiopien,
heißts: ›Dieser ward dort geboren‹.
Von Zion wird aber gesprochen:
›Mann für Mann ist in ihr geboren,
selber aufrecht hält sie der Höchste‹.
E R zählt auf
beim Einschreiben der Völker:
›Dieser ward dort geboren‹.«
/ Empor! /

Sie aber singen wie flötenblasend:
»All meine Quellen sind in dir.«

LXXXVIII

Ein Gesang, Harfenlied der Korachsöhne, des Chormeisters,
nach »Die Sänftigung, zum Wechselsagen«,
eine Eingebungsweise Hemans des Esrachiten.

DU,
Gott meiner Befreiung!
Tages schreie ich,
in der Nacht auf dich zu.
Komme vor dich mein Bitten,
neige dein Ohr meinem Jammern!
Denn gesättigt ist meine Seele mit Übeln,
mein Leben ist ans Gruftreich gelangt.
Ich bin zu ihnen gerechnet,
die in die Schluft sinken,
bin worden wie ein Mann ohne Wesen,
unter die Toten geledigt,
gleichwie die Durchbohrten,
die im Grab Liegenden,
derer du nicht mehr gedenkst,
sind sie doch von deiner Hand abgeschnitten.
Du hast mich in die unterste Schluft gesetzt,
in Finsternisse, in Strudel.
Auf mich hat dein Grimm sich gestemmt,
all deine Brandungen hast du wechselsagen lassen.
   / Empor! /
Meine Bekannten hast du von mir entfernt,
hast mich ihnen zum Greuel gesetzt.
Ich bin eingekerkert, kann nicht hinaus,
aus der Gebeugtheit schmachtet mein Auge.
Ich rufe dich, DU, alletag,
ich breite zu dir meine Hände.
Wirst du an den Toten ein Wunder tun,
oder werden Gespenster aufstehn, dir danken?
   / Empor! /
Wird deine Huld im Grabe erzählt,
in der Verlorenheit deine Treue?
Wird dein Wunder in der Finsternis erkannt,

im Land des Vergessens deine Bewährung?
Ich aber, zu dir stöhne ich, DU,
am Morgen empfängt dich mein Gebet.
Warum, DU,
verabscheust du meine Seele,
versteckst du dein Antlitz vor mir?
Gebeugt bin ich und am Verscheiden von jung auf,
deine Ängste habe ich getragen,
ich bin zerrüttet.
Über mich sind deine Flammen gefahren,
deine Schrecknisse vernichten mich.
Sie umringen mich all den Tag wie Gewässer,
sie schlagen über mir zusammen.
Entfernt hast du von mir
Liebenden und Genossen, –
meine Bekanntschaft ist die Finsternis.

LXXXIX

Eine Eingebungsweise Etans des Esrachiten.

DEINE Hulden will ich in Weltzeit besingen,
kundtun für Geschlecht um Geschlecht
deine Treue mit meinem Mund.
Ja, ich spreche:
in Weltzeit baut sich die Huld auf,
der Himmel –
an ihm befestigst du deine Treue:

»Ich habe den Bund meinem Erwählten gestiftet,
habe Dawid meinem Knechte geschworen:
›Auf Weltzeit feste ich deinen Samen,
baue deinen Stuhl für Geschlecht um Geschlecht‹.«
　　/ Empor! /
Und der Himmel dankt dir dein Wunder, DU,
deine Treue auch in der Versammlung der Heiligen.

Denn wer im Luftraum reihte sich DIR an,
ähnelte DIR unter den Gottessöhnen!

dem Gottherrn,
hoch gescheut in dem Kreise der Heiligen,
furchtbar über alle rings um ihn her!
DU, Umscharter Gott, wer gleicht dir,
Hortesstarker oh Du, und deiner Treue
rings um dich her!

Du überwaltest den Hochmut des Meers,
wann seine Wellen steigen, du bists, der sie schwichtigt.
Du bists, der das Ungetüm duckte, daß es wie durchbohrt war,
mit dem Arm deiner Macht zerstreutest du deine Feinde.
Dein ist der Himmel, dein auch die Erde,
das Land und seine Fülle, du hast sie gegründet,
Nord und Süd, du hast sie geschaffen.
Tabor und Hermon jubeln um deinen Namen.
Dein ist der Arm mit der Heldenkraft,
deine Hand ist mächtig, deine Rechte erhoben.
Wahrheit und Recht sind Grundfeste deines Stuhls,
Huld und Vertrauen empfangen dein Antlitz.
O Glück des Volkes,
die den Schmetterruf kennen!
DU, im Licht deines Antlitzes gehn sie.
Um deinen Namen jauchzen sie all den Tag,
durch deine Bewährung sind sie erhoben.
Denn du bist das Prangen ihrer Macht,
durch deine Gnade erhebst du unser Horn.
Denn DEIN ist unser Schild,
des Heiligen Jifsraels unser König.

Damals hast du in einer Schau zu deinen Holden geredet,
du hast gesprochen:
»Ich habe auf einen Helden Hilfe niedergelassen,
ich habe einen Erwählten erhoben aus dem Volk,
ich habe Dawid gefunden, meinen Knecht,
mit meinem Heiligungsöl habe ich ihn gesalbt,
daß meine Hand fest bei ihm sei,
mein Arm auch ihn straffe.
Nicht soll ihn überrumpeln ein Feind,
ein Sohn der Falschheit ihn nicht beugen,

ich will seine Bedränger zerschlagen vor ihm,
seine Hasser will ich niederstoßen.
Meine Treue und meine Huld ist bei ihm,
in meinem Namen erhebt sich sein Horn.
Ich setze auf das Meer seine Hand,
auf die Ströme seine Rechte.
Der soll mich rufen: ›Mein Vater bist du,
mein Gott, der Fels meiner Befreiung!‹
Ich auch mache ihn zum Erstling,
zuhöchst den Königen der Erde.
Auf Weltzeit wahre ich ihm meine Huld,
mein Bund bleibt ihm getreu.
Ich setze auf ewig ein seinen Samen,
seinen Stuhl wie die Tage des Himmels.
Verlassen seine Söhne meine Weisung,
gehn in meinen Rechten nicht,
geben sie meine Satzungen preis,
wahren nicht meine Gebote,
will ich zwar mit dem Stecken zuordnen ihrer Abtrünnigkeit,
mit Streichen ihrer Verfehlung,
aber meine Huld will ich nicht abtrennen von ihm,
nicht lügen an meiner Treue,
preisgeben will ich nicht meinen Bund,
die Äußerung meiner Lippen nicht ändern.
Einmal schwur bei meiner Heiligkeit ich:
›Sollte je Dawid ich täuschen, . . . !‹
Sein Same soll bleiben auf Weltzeit,
sein Stuhl mir wie die Sonne zugegen,
wie der Mond, in Weltzeit gefestet,
ein Zeuge im Luftraum, getreu!«
  / Empor! /

Du aber,
verabscheut hast du, verworfen,
bist aufgewallt gegen deinen Gesalbten,
hast den Bund deines Knechtes entwürdigt,
seinen Weihereif preisgegeben zur Erde,
eingerissen all seine Wände,
seine Bollwerke in Schutt gelegt.

Alle Wegeswandrer dürfen ihn plündern,
er ist ein Hohn seinen Anwohnern worden.
Du hast die Rechte seiner Bedränger erhoben,
hast alle seine Feinde erfreut,
auch die Felsenhärte seines Schwerts abgekehrt,
hast ihn im Kampf nicht standhalten lassen.
Verabschiedet hast du seine Reine,
hast seinen Stuhl zur Erde geschleudert,
hast seiner Jugend Tage verkürzt,
- hast um ihn Schande geschlungen.
    / Empor! /

Bis wohin, D U,
willst du dich in die Dauer verbergen,
wird wie Feuer zünden dein Grimm?
Gedenke: ich, was ists für ein Weilen,
zu wie Wahnhaftem hast du erschaffen
alle Adamskinder!
Wer ist der Mann, der lebte
und müßte nicht den Tod sehn,
dem die Seele entschlüpfen dürfte
aus der Hand des Gruftreichs!
    / Empor! /
Wo sind deine frühen Hulden, mein Herr,
die du Dawid zugeschworen hast
bei deiner Treue!
Gedenke, mein Herr,
der Verhöhnung deiner Knechte!
da ich am Busen einst trug
all die Vielen, die Völker,
die die nun höhnen als deine Feinde,
D U,
die nun verhöhnen
die Tapfen deines Gesalbten.

Gesegnet E R auf Weltzeit!
Jawahr, jawahr!

XC

Ein Gebet Mosches, des Mannes Gottes.

Mein Herr,
du bist, du Hag uns gewesen
in Geschlecht um Geschlecht.

Eh die Berge wurden geboren,
Erde kreißte und Welt,
von Zeiten her bis in Zeiten
Gottheit bist du.

Bis zum Mulm lässest den Menschen du kehren,
und du sprichst: Kehrt zurück, Adamskinder!
– Denn tausend Jahre sind dir in den Augen
wie der gestrige Tag, wenn er vorbeizog,
oder eine Wache in der Nacht. –

Du ergießest sie,
ein Schlaf ists, da sie werden,
am Morgen treibts dann wie Gras:
das am Morgen blühte und trieb,
am Abend erschlafft es und dorrt.

Ja, wir vergehen durch deinen Zorn,
durch deinen Grimm sind wir verstört:
du stellst unsre Fehle dir gegenüber,
unsern Hehl vor deines Antlitzes Leuchte.
Ja, in deinem Aufwallen wenden all unsre Tage,
wir lassen unsre Jahre wie einen Seufzer vergehn.

Die Tage unsrer Jahre sind für sich siebzig Jahre,
und wars in Kräften, sinds achtzig Jahre,
und ihr Ungestüm ist Mühsal und Harm,
wenns mäht, eilends, entfliegen wir.

Wer erkennt die Macht deines Zorns
und, wie du zu fürchten bist, dein Überwallen!
Unsre Tage zu bestimmen, laß es recht kennen,
daß ein Herz der Weisheit einkomme uns!

Kehre um, DU! bis wann!

lasse es dir leid werden deiner Knechte!

Zum Morgen sättige mit deiner Huld uns,
daß wir jubeln und uns erfreuen
an all unsern Tagen.
Erfreue uns,
den Tagen gleich, da du uns beugtest,
den Jahren, da wir das Böse sahn.

Sichtbar werde deinen Knechten dein Wirken,
dein Glanz über ihren Kindern!
Meines Herrn, unsres Gottes, Mildigkeit
sei über uns!
Das Tun unsrer Hände richte auf über uns,
das Tun unsrer Hände, richte es auf!

XCI

Du, der im Versteck des Höchsten sitzt,
im Schatten des Gewaltigen darf nachten,
sprich zu Ihm:
»Meine Bergung, meine Bastei,
mein Gott, an dem ich mich sichre!«
Er ists ja, der dich rettet
vor dem Sprenkel des Voglers,
vor der Pest des Verhängnisses.
Er schirmt dich mit seiner Schwinge,
du birgst dich ihm unter den Flügeln,
Schilddach, Ringmauer ist seine Treue.
Nicht mußt du vor dem Nachtgraus dich fürchten,
vor dem Pfeil, der am Tage fliegt,
vor der Pest, die umgeht im Dunkel,
vorm Fieber, das im Sonnenglast gewaltigt.
Mag ein Tausend zuseiten dir fallen,
zur Rechten dir eine Myriade,
dich tritt es nicht an.
Mit deinen Augen nur blickst du,
siehst, wie den Frevlern gezahlt wird.
Ja, du bist, DU, meine Bergung!

– Du hast den Höchsten zum Hag dir gemacht,
Böses wird dir nicht widerfahren,
deinem Zelt ein Streich nicht nahn.
Denn seine Boten befiehlt er dir zu,
dich zu hüten auf all deinen Wegen,
auf den Händen tragen sie dich,
an einen Stein könnte sonst stoßen dein Fuß.
Du magst schreiten über Raubwelp und Otter,
Leu und Drachen magst du niederstampfen.

– Ja, er hat sich an mich gehangen
und so lasse ich ihn entrinnen,
steilhin entrücke ich ihn,
denn er kennt meinen Namen.
Er ruft mich und ich antworte ihm,
bei ihm bin ich in der Drangsal,
ich schnüre ihn los und ich ehre ihn.
An Länge der Tage sättige ich ihn,
ansehn lasse ich ihn mein Befreien.

XCII

Ein Harfenlied, Gesang für den Tag der Wochenfeier.

Gut ist es, DIR zu danken,
deinem Namen, Höchster, zu harfen,
deine Huld zu vermelden am Morgen,
in den Nächten deine Treue,
zum Zehnsait und zur Laute,
zum Getön auf der Leier.

Denn mit deinem Werk, DU, hast du mich erfreut,
ich bejuble die Taten deiner Hände.
Wie groß sind deine Taten, DU,
gar tief sind deine Planungen!
Ein dummer Mensch kanns nicht erkennen,
ein Narr kann dies nicht merken.

Wann die Frevler sprossen wie Kraut
und alle Argwirkenden blühn,

ists, damit vertilgt sie werden auf ewig,
du aber bist erhaben in Weltzeit, DU.
Denn, da, deine Feinde, DU,
denn, da, deine Feinde verlieren sich,
es zerstieben die Argwirkenden alle.

Du erhebst wie des Wisents mein Horn,
durchfeuchtet bin ich mit frischem Öl.
Mein Aug blickt nieder auf meine Verleumder,
von den wider mich Aufgestandnen, den Bösgesinnten,
bekommen meine Ohren zu hören.
Der Bewährte sproßt wie die Palme,
er schießt wie eine Zeder auf dem Libanon auf.

Die in SEIN Haus wurden verpflanzt,
sprießen in den Höfen unseres Gottes,
noch im Greisentum werden sie gedeihn,
werden markig sein und frisch,
zu vermelden, daß ein Gerader ER ist,
mein Fels, Falsch ist an ihm nicht.

XCIII

ER trat die Königschaft an,
in Hoheit ist er gekleidet,
gekleidet ist ER in Macht,
hat damit sich umpanzert,
gefestet, wohl, ist die Welt,
nie wankt sie.

Fest steht dein Stuhl von je,
von urher bist du.
Erhoben Ströme, DU,
erhoben Ströme ihren Hall,
erheben Ströme ihren Schlag:
über das Hallen
der vielen herrischen Wasser,
der Meeresbrandungen
herrlich in der Höhe bist DU.

Deine Zeugnisse,
sie sind gar getreu,
deinem Hause ziemt Heiligung,
DU, in die Länge der Tage.

XCIV

Gott der Ahndungen, DU,
Gott der Ahndungen, erscheine!
Erhebe dich, Richter der Erde!
Kehre wider die Hoffärtigen das Gereifte!

Bis wann dürfen die Frevler, DU,
bis wann dürfen die Frevler frohlocken,
dürfen sprudeln, frech reden,
dürfen sich besprechen die Argwirkenden alle?

Dein Volk, DU, ducken sie,
dein Eigen beugen sie nieder,
die Witwe, den Gastsassen würgen,
die Waisen morden sie hin.
Und sprechen: »Nicht sieht es Er!«
und: »Nicht merkt es Jaakobs Gott!«

Merkt auf, ihr Dummen im Volk!
ihr Narren, wann wollt ihrs begreifen!
Der das Ohr pflanzt, sollte nicht hören?
oder der das Auge bildet, sollte nicht blicken?
der den Stämmen Zucht schafft, sollte nicht rügen?
Der den Menschen Erkenntnis lehrt,
ER, kennt die Pläne des Menschen:
daß sie Dunst sind.

O Glück des Mannes,
den du in Zucht nimmst, oh Du,
und belehrst ihn aus deiner Weisung,
ihn gegen die Tage des Bösen zu feien,
bis dem Frevler die Grube man bohrt!

Denn nicht entsagen wird ER seinem Volk,

sein Eigen wird er nicht verlassen.
Denn zur Wahrheit hin wird der Richtspruch sich kehren,
ihm nach folgen alle Herzensgeraden.

Wer steht für mich auf
vor die Bösgesinnten,
wer tritt für mich hin
vor die Argwirkenden!
Wäre ER mir nicht Hilfe,
um ein kleines wohnte in der Tiefstille meine Seele.

Spreche ich: Mein Fuß wankt!,
schon stützt mich, DU, deine Huld,
wann meine Sorgen mir im Innern sich mehren,
erquicken deine Tröstungen mir die Seele.

Darf der Verhängnisstuhl dir sich verbünden,
der Pein bildet »nach dem Gesetz«?!
Sie rotten sich wider die Seele des Bewährten,
unsträfliches Blut zeihen sie Frevels.

Aber ER wird mir zum Horst,
mein Gott zum Felsen meiner Bergung.
Ihr Arg läßt er über sie kehren,
in ihrer Bosheit schweigt er sie,
es schweigt sie ER unser Gott.

XCV

Auf, laßt uns jubeln IHM,
schmettern dem Fels unsrer Freiheit,
sein Antlitz empfangen mit Dank,
mit Harfenspiel schmettern ihm zu!
Denn großer Gottherr ist ER,
großer König ob allen Göttern,
er, in dessen Hand sind die Schächte der Erde,
dessen die Firste der Berge sind,
er, dessen das Meer ist, er hats gemacht,
das Trockne, das seine Hände haben gebildet.

Kommt, uns hinwerfen wollen wir und uns bücken,

knien vor IHM, der uns gemacht hat.
Denn er ist unser Gott
und wir das Volk seiner Weide,
die Schafherde seiner Hand,
heut noch, hört auf seine Stimme ihr nur:
»Verhärtet nimmer euer Herz wie bei ›Gezänke‹,
wie am Tag von ›Prüfe‹ in der Wüste,
als mich prüften euere Väter,
mich probten, da mein Werk sie doch sahn!
Vierzig Jahre widerte michs des Geschlechts,
ich sprach: ›Die sind ein Volk schweifenden Herzens,
meine Wege kennen die nicht!‹ –
daß in meinem Zorne ich schwur:
›Kommen je sie zu meiner Ruhstatt,...!‹«

XCVI

Singt IHM einen neuen Gesang,
singt IHM, alles Erdreich!
Singt IHM, segnet seinen Namen,
von Tag zu Tag heroldet sein Befreien!
erzählt unter den Stämmen seine Ehre,
unter allen Völkern seine Wunder!

Denn ER ist groß und sehr zu preisen,
zu fürchten er über alle Götter.
Denn Gottnichtse sind alle Götter der Völker,
ER aber hat den Himmel gemacht.
Vor seinem Antlitz ist Hehre und Glanz,
in seinem Heiligtume ist Macht und Prangen.

Zollt IHM, Sippen der Völker,
zollt IHM Ehre und Macht,
zollt IHM seines Namens Ehre!
Traget Spende, kommt in seine Höfe,
werft euch IHM im Erglänzen der Heiligung hin,
vor seinem Antlitz windet euch, alles Erdreich!
Saget unter den Stämmen:
ER trat die Königschaft an,

gefestet, wohl, ist die Welt, nie wankt sie,
er urteilt den Völkern mit Geradheit.

Freuen sollen sich die Himmel,
jauchzen soll das Erdreich,
das Meer dröhnen und was es füllt,
das Gefild sich ergötzen und alles was drauf ist,
dann sollen jubeln alle Bäume des Waldes
vor SEINEM Antlitz, da er kommt,
da er kommt, das Erdreich zu richten:
er richtet die Welt mit Wahrspruch,
die Völker mit seiner Treue.

XCVII

ER trat die Königschaft an,
jauchzen soll das Erdreich,
sich erfreuen die vielen Küsten!

Rings um ihn ist Wolke und Wetterdunkel,
seines Stuhls Grundfeste Wahrheit und Recht.
Vor seinem Antlitz geht Feuer her,
auf seine Bedränger rings lodert ein.
Seine Blitze erleuchten den Weltraum,
die Erde sieht es und windet sich,
die Berge zerfließen wie Wachs
vor SEINEM Antlitz,
vorm Antlitz des Herrn alles Erdreichs.
Die Himmel melden seine Bewährung,
alle Völker sehn seinen Ehrenschein.

Beschämt werden alle Diener des Meißelwerks,
die um die Gottnichtse sich preisen, –
alle Götter warfen sich nieder vor ihm.
Zion hört es und freut sich,
die Töchter Jehudas jauchzen
um deiner Gerichte willen, DU.
Denn über allem Erdreich, DU, bist du der Höchste,
über allen Göttern bist du gar erhöht.

Ihr IHN Liebenden, hasset das Böse!
Der die Seelen seiner Holden behütet,
wird aus der Hand der Frevler sie retten.
Licht ist ausgesät dem Bewährten
und den Herzensgeraden Freude:
freut euch, ihr Bewährten, an IHM,
bekennt euch zum Gedächtnis seiner Erheiligung!

XCVIII

Ein Harfenlied.

Singt IHM einen neuen Gesang,
denn Wunderbares hat er getan,
freie Bahn schaffte ihm seine Rechte,
der Arm seiner Heiligkeit.
Zu kennen gab ER sein Befreien,
den Augen der Weltstämme
offenbarte er seine Bewährung,
gedachte seiner Huld, seiner Treue
dem Hause Jiſsrael,
es sahn alle Ränder der Erde
das Befreiertum unseres Gottes.

Schmettert IHM zu, alles Erdreich!
ausbrecht, jubelt, spielt auf!
spielt IHM auf mit der Leier,
mit der Leier und Saitenspielschall!
mit Drommeten und Schall der Posaune
schmettert vor dem Könige, IHM!
Das Meer dröhne und was es füllt,
das Weltland und die darauf siedeln,
in die Hand klatschen sollen die Ströme,
die Berge jubeln miteinander
vor IHM,
da er kommt, das Erdreich zu richten:
er richtet die Welt mit Wahrspruch,
die Völker mit Geradheit.

XCIX

ER trat die Königschaft an,
die Völker erbeben.
Er sitzt auf Cheruben,
die Erde wogt.
ER ist auf Zion groß,
über allen Völkern er erhaben.

Deinen Namen sollen sie bekennen:
»Groß und furchtbar, heilig ist er!«
und die Macht des Königs,
der das Recht liebt.
Du bists,
der Geradheit hat gefestigt;
Recht und Wahrhaftigkeit
in Jaakob, du bists, ders gemacht hat.
Erhebet IHN, unseren Gott,
werft euch hin dem Schemel seiner Füße,
heilig ist er.

Mosche und Aharon
unter seinen Priestern,
Schmuel
unter denen, die rufen seinen Namen, –
sie rufen zu IHM,
und er, er antwortet ihnen.
In der Wolkensäule
redet er zu ihnen,
die wahrten
seine Vergegenwärtigungen,
das Gesetz, das er ihnen gab.
DU, unser Gott,
du bists, der antwortete ihnen,
tragende Gottheit
bist du ihnen gewesen,
die Händel wider sie ahndend.
Erhebet IHN, unseren Gott,
werft euch dem Berg seines Heiligtums hin!
Denn heilig ist ER, unser Gott.

C

Ein Harfenlied, zum Dankopfer.

Schmettert IHM zu, alles Erdreich!
dienet IHM in der Freude!
kommt mit Jubelruf vor sein Antlitz!

Erkennet, daß ER Gott ist,
er hat uns gemacht, er, wir sind sein,
sein Volk, Schafe seiner Weide.
Kommt in seine Tore mit Dank,
in seine Höfe mit Preisung!
dankt ihm, segnet seinen Namen!

Denn gütig ist ER,
in Weltzeit währt seine Huld,
für Geschlecht um Geschlecht seine Treue.

CI

Von Dawid, ein Harfenlied.

Huld und Gerechtigkeit will ich besingen,
will, DU, harfen dir,
will auf den Weg des Schlichten bedacht sein:
wann kommst du auf mich zu?

Ich ergehe mich in der Schlichtheit meines Herzens
im Innern meines Hauses,
ruchlos Ding stelle ich vor die Augen mir nicht.
Der Abschwärmenden Tun hasse ich,
es darf sich nicht an mich kleben.
Ein verkrümmtes Herz muß von mir weichen,
Böses will ich nicht kennen.
Wer an seinem Genossen heimlich Zungenwerk übt,
ihn schweige ich,
den hochfahrender Augen, geschwollenen Herzens,
ihn ertrage ich nicht.
Mein Augenmerk ist auf den Getreuen des Landes,

zu sitzen mir gesellt,
wer auf dem Wege des Schlichten geht,
der soll mir amten.
Nicht darf sitzen im Innern meines Hauses,
wer Trügrisches tut;
wer Lügen redet,
kann vor meinen Augen nicht aufrecht bleiben.
Morgendlich mache ich still
alle Frevler des Landes,
zu tilgen aus SEINER Stadt
alle Argwirkenden.

CII

Gebet eines Gebeugten, wenn er verzagt
und schüttet seine Klage vor IHN.

DU, höre mein Gebet,
mein Stöhnen komme zu dir!
Versteck vor mir nimmer dein Antlitz!
am Tag, da ich bedrängt bin,
neige mir dein Ohr,
am Tag, da ich rufe,
eilends antworte mir!
Denn in Rauch gehn auf meine Tage,
meine Gebeine verglimmen wie Herdglut.
Geschlagen ist wie Kraut,
verdorrend mein Herz.
Ja, mein Brot vergesse ich zu essen
vor dem Laut meines Ächzens,
an meinem Fleisch klebt mein Gebein.
Ich ähnle der Dohle der Wildnis,
bin wie der Kauz der Trümmer geworden,
ich durchwache und heule wie ein Vogel,
ein vereinsamter, auf dem Dach.
All den Tag höhnen mich meine Feinde,
die mich beschwatzen, schwören bei mir.
Ja, ich esse Asche wie Brot,

würze meinen Trank mit dem Weinen,
vor deinem Dräun, deinem Groll,
denn du hobst mich und warfest mich hin.
Meine Tage sind, wie wenn der Schatten sich neigt,
und ich, wie ein Kraut dorre ich ab.

Du aber, DU, thronst in Weltzeit,
dein Gedenken ist für Geschlecht um Geschlecht.
Selber wirst aufstehen du,
wirst dich Zions erbarmen,
denn die Stunde ists, ihm Gunst zu erzeigen,
denn gekommen ist die Frist
– denn deine Knechte haben an seinen Steinen Gefallen,
günstig sind sie seinem Staub –,
daß DEINEN Namen die Weltstämme fürchten,
alle Erdenkönige deine Ehre:
»Ja, erbaut hat ER Zion,
läßt in seinem Ehrenscheine sich sehn,
hat sich gewandt zum Gebet des Entblößten,
nicht mißachtet hat er ihr Gebet.«
Geschrieben wird es für spätes Geschlecht,
neuerschaffnes Volk wird oh Ihn preisen,
daß von seiner Heiligkeit Höhe er lugte,
blickte, ER, vom Himmel zur Erde,
des Gefesselten Ächzen zu hören,
loszumachen die Kinder der Sterblichkeit,
damit sie auf Zion SEINEN Namen erzählen,
seine Preisung in Jerusalem,
wann die Völker mitsammen ziehen zuhauf,
die Königreiche, IHM zu dienen.

Gebeugt hat man auf dem Weg meine Kraft,
verkürzt hat man meine Tage.
Ich spreche: Mein Gott,
nimmer heiße hinwegsteigen mich
in der Hälfte meiner Tage,
du, dessen Jahre sind
ins Geschlecht der Geschlechter!
Vormals hast du die Erde gegründet,
Himmel sind ein Werk deiner Hände,

die werden schwinden und du, du wirst bestehn,
wie ein Gewand werden allsamt sie zerfasern,
du wechselst sie wie ein Kleid und sie wechseln,
du aber bist derselbe
und deine Jahre enden nie:
mögen Wohnung haben die Kinder deiner Knechte,
vor deinem Antlitz aufrecht bleiben ihr Same!

CIII

Von Dawid.

Segne, meine Seele, IHN,
all mein Innres, seiner Heiligung Namen!
Segne, meine Seele, IHN,
und vergiß nimmer, was all er fertigte dir:
der all dein Fehlen verzeiht,
der all deine Erkrankung heilt,
der dein Leben aus der Grube erkauft,
der mit Huld und Erbarmen dich krönt,
der deine Reife sättigt mit Gutem,
daß sich wie des Adlers deine Jugend erneut!

ER wirkt Bewahrheitungen,
Rechtfertigungen allen Bedrückten.
Seine Wege gab er Mosche zu wissen,
den Söhnen Jifsraels sein Handeln:
erbarmend und gönnend ist ER,
langmütig und reich an Huld,
nicht streitet er in die Dauer,
nicht trägt in die Zeit hin er nach.

Nicht nach unsern Sünden wirkt er an uns,
nicht nach unsern Fehlen fertigt ers uns,
sondern wie hoch Himmel über der Erde,
ist seine Huld den ihn Fürchtenden überlegen,
wie fern Aufgang von Abend,
entfernt er von uns unsre Abtrünnigkeiten.
Wie ein Vater sich der Kinder erbarmt,

erbarmt sich ER der ihn Fürchtenden.
Denn er ists, der weiß um unser Gebild,
eingedenk, daß wir Staub sind.

Das Menschlein, wie des Grases sind seine Tage,
wie die Blume des Feldes, so blühts:
wenn der Wind drüber fährt, ist sie weg,
und ihr Ort kennt sie nicht mehr.
Aber SEINE Huld,
von Weltzeit her und für Weltzeit
ist über den ihn Fürchtenden sie,
seine Bewährung für Kinder der Kinder
denen, die seinen Bund hüten,
denen, die seiner Verordnungen gedenken,
sie auszuwirken.

ER hat seinen Stuhl im Himmel errichtet,
und sein Königtum waltet des Alls.
Segnet IHN, ihr seine Boten
– starke Helden, Werker seiner Rede –,
im Horchen auf den Schall seiner Rede!
Segnet IHN, ihr all seine Scharen,
die ihm amten, Werker seines Gefallens!
Segnet IHN, ihr all seine Werke
an allen Orten seines Waltens!
Segne, meine Seele, IHN!

CIV

Segne, meine Seele, IHN!
DU, mein Gott,
du bist sehr groß,
bekleidet mit Hehre und Glanz,
der das Licht um sich schlingt wie ein Tuch,
den Himmel wie einen Zeltteppich spannt.

Er, der im Wasser seine Hochgemächer bälkt,
er, der Gewölk sich als Fahrzeug setzt,
er, der auf Fittichen des Winds sich ergeht,

der zu seinen Boten die Winde macht,
zu ihm Amtenden loderndes Feuer,
er hat auf ihre Festen die Erde gegründet,
sie wankt in Zeit und Ewigkeit nie.
Der Urwirbel, wie mit einem Kleid bedecktest du ihn.
Über den Bergen standen die Wasser,
vor deinem Schelten sind sie geflohn,
vorm Laut deines Donners enthastet,
haben Berge erstiegen, sind in Täler gesunken,
an den Ort, den du gründetest ihnen.
Du hast ihnen die Schranke gesetzt,
die überschreiten sie nie,
kehren nie wieder, die Erde zu decken.

Du, der Quellen schickt in die Bäche
– zwischen Bergen gehen sie hin,
tränken alles Getier des Feldes,
Wildesel stillen ihren Durst,
dran wohnt das Geflügel des Himmels,
zwischen dem Gezweig her geben sie Laut –,
der aus seinen Hochgemächern die Berge tränkt,
von deiner Werke Frucht ersattet die Erde.

Der für das Vieh Gras sprießen läßt,
für des Menschen Ackerdienst Kraut,
aus der Erde Brot zu holen
und Wein, der das Herz der Leute erfreut,
mehr als von Öl schimmern läßt das Antlitz,
aber Brot labt das Herz der Leute.
Gesättigt werden SEINE Bäume,
die Zedern des Libanon, die er gepflanzt hat,
worin Vögel nisten:
der Storch, sein Haus sind Wacholder.
Berge – für die Steinböcke sind die hohen,
Klüfte sind der Klippdachse Schutz.

Der den Mond gemacht hat für Gezeiten,
die Sonne, die ihren Untergang kennt,
bringst Finsternis du, und wird Nacht,
regt sich drin alles Waldgetier:

die Jungleuen brüllen nach Raub,
vom Gottherrn ihre Nahrung zu fordern, –
strahlt die Sonne auf, ziehen sie heim,
lagern sich in ihre Gehege,
hervor kommt, an seine Arbeit, der Mensch,
an seinen Dienst bis zum Abend.

Wie viel sind deine Werke, DU!
alle hast du mit Weisheit gewirkt,
Deiner Stiftung voll ist die Erde.
Das Meer da, groß, breit zuhanden,
ein Gerege ist dort ohne Zahl,
kleine Tiere mit großen, –
dort, wo sich Schiffe ergehen,
ist der Lindwurm, den du bildetest, darin zu spielen.

Sie alle warten auf dich,
ihre Nahrung zu geben zu deren Stunde.
Du gibst ihnen, sie lesen auf,
du öffnest deine Hand, sie ersatten an Gutem.
Du birgst dein Antlitz, sie werden verstört,
du ziehst ihren Geist ein, sie verscheiden
und kehren zu ihrem Staub.
Du schickst deinen Geist aus, sie sind erschaffen
und du erneuerst das Antlitz des Bodens.

Auf Weltzeit sei Seine Ehre,
ER freue sich seiner Werke:
der zur Erde blickt und sie zittert,
an die Berge rührt und sie rauchen!
In meinem Leben will ich IHM singen,
wann ich noch da bin harfen meinem Gott.
Angenehm sei ihm mein Bericht!
ich aber, ich freue mich an IHM.
Möchten die Sünder vom Erdreich hinweg,
der Frevler keiner mehr sein!

Segne, meine Seele, IHN!
Preiset oh Ihn!

CV

Danket IHM,
ruft seinen Namen aus,
tut unter den Völkern seine Handlungen kund!

Singet ihm,
harfet ihm!
Besinnet all seine Wunder!
Preist euch um den Namen seiner Heiligkeit!
Freue sich das Herz der IHN Suchenden!
Fragt nach IHM und seiner Macht,
suchet stetig sein Antlitz!
Gedenkt der Wunder, die er getan hat,
seiner Erweise,
der Gerichte seines Munds,
Same Abrahams, seines Knechts,
Söhne Jaakobs, seine Erwählten!

Das ist ER, unser Gott,
in allem Erdreich seine Gerichte.
Auf Weltzeit gedenkt er seines Bunds
– der Rede, die er hat entboten
auf tausend Geschlechter –,
den er mit Abraham schloß,
seines Schwures an Jizchak;
er erstellte es Jaakob zum Gesetz,
Jifsrael zum Weltzeitbund,
sprechend:
»Dir gebe ich das Land Kanaan,
Schnurbereich eures Eigentums.«

Als sie zählige Leute waren,
geringgültig und gastend darin,
einhergingen von Stamm zu Stamm,
von Königreich zu anderem Volk,
ließ er Menschen nicht zu, sie zu bedrücken,
ermahnte Könige ihretwegen:
»Rühret nimmer an meine Gesalbten,
meinen Kündern tut nimmer übel!«

Als er Hunger über das Land rief,
allen Brotstock zerbrach,
hatte er vor ihnen her gesandt einen Mann,
zum Knecht war Joſsef verkauft,
sie quälten seine Füße mit der Kette,
ins Eisen kam seine Seele,
bis zur Stunde, da kam, was er hatte geredet,
SEIN Spruch als schlackenlos ihn erwies:
er sandte einen König, daß er ihn entfeßle,
einen Völkerwalter, daß er loslasse ihn,
der setzte als Herrn ihn über sein Haus,
als Walter über all seine Habe,
seine Fürsten durch dessen Seele zu binden,
und daß seine Ältesten er weise mache.
So kam Jiſsrael nach Ägypten,
Jaakob gastete im Lande Chams.

Sehr fruchten ließ er sein Volk,
ließ es zu stark werden dessen Bedrängern,
ihr Herz wandelte sich, sein Volk zu hassen,
an seinen Knechten Tücke zu üben.
Er sandte Mosche, seinen Knecht,
Aharon, den er hatte erwählt,
sie setzten an sie die Rede seiner Zeichen,
seine Erweise im Lande Chams:
er sandte Finsternis und finster wards
– widerstrebten sie nicht seiner Rede? –;
er wandelte ihre Wasser zu Blut
und ließ ihr Fischgeschlecht sterben;
er machte von Fröschen wimmeln ihr Land,
in die Kammern ihrer Könige hin;
er sprach und Geziefer kam,
Mücken in all ihre Gemarkung;
als ihre Regen gab er Hagel,
Feuerlohe über ihr Land,
er schlug ihnen Rebe und Feige,
zerbrach das Gehölz ihrer Mark;
er sprach und der Heuspringer kam,
ein Grillenschwarm ohne Zahl,

der fraß in ihrem Land alles Kraut,
der fraß die Frucht ihres Ackers;
er schlug in ihrem Land alle Erstgeburt,
den Anfang all ihrer Manneskraft.
Hinaus führte er jene mit Silber und Gold,
kein Strauchelnder war in seinen Stäben.
Ägypten freute sich ihrer Ausfahrt,
denn ihr Schrecken war auf sie gefallen.

Er spreitete eine Wolke zum Schirm,
ein Feuer, die Nacht zu erleuchten.
Es heischte, er ließ Wachteln kommen,
er sättigte mit Himmelsbrot sie,
er öffnete den Fels, Wasser quoll,
ging als ein Strom durch die Heiden.
Denn er gedachte seiner Heiligungsrede,
Abrahams, seines Knechts.
Er führte sein Volk aus in Entzücken,
in Jubel seine Erwählten,
er gab Länder der Weltstämme ihnen,
sie ererbten Müh der Nationen,
auf daß sie seine Gesetze hüten,
seine Weisungen bewahren.

Preiset oh Ihn!

CVI

Preiset oh Ihn!

– Danket IHM, denn er ist gütig,
denn in Weltzeit währt seine Huld.

– Wer raunte SEINE Gewalten aus,
ließe all seine Preisung hören!

– O Glück ihrer, die hüten das Recht,
sein, der allstündlich Bewährung übt!

– Denk mein, DU, bei deines Volkes Begnadung,
ordne dein Befreien mir zu,

anzusehn das Gut deiner Erwählten,
mich zu erfreun an der Freude deines Stamms,
mich zu preisen zusamt deinem Eigen!

Gesündigt haben wir zusamt unsern Vätern,
haben uns verfehlt, haben gefrevelt.

Unsre Väter in Ägypten,
nicht haben sie deine Wunder begriffen,
nicht gedacht der Fülle deiner Hulden. –

Sie widerstrebten beim Meer schon, am Schilfmeer,
aber um seines Namens willen befreite er sie,
seine Gewalt erkennen zu lassen.
Er beschalt das Schilfmeer und es ward trocken,
er ließ durch die Wirbel sie gehn wie durch Wüste,
er befreite sie aus der Hand des Hassers,
er löste sie aus der Hand des Feindes,
die Wasser deckten ihre Bedränger,
es überblieb nicht einer von ihnen.
Da vertrauten sie seinen Worten,
sangen sie seinen Preis.

Schnell vergaßen sie seine Taten,
wollten seinem Ratschluß sich nicht gedulden,
begehrlich gierten sie in der Wüste,
sie prüften in der Öde den Gottherrn,
und er gab ihnen ihr Geheisch,
aber er schickte an ihre Seele die Darre.
Sie eiferten gegen Mosche im Lager,
gegen Aharon, Ihm geheiligt,
die Erde öffnete sich, schlang Datan ein,
überdeckte die Gemeinde Abirams,
Feuer zündete in ihre Gemeinde,
Lohe verloderte die Frevler.

Sie machten am Choreb ein Kalb
und warfen vorm Gußbild sich nieder,
sie tauschten ihre Ehre
gegen die Gestalt eines Rindes, das Kraut frißt,
vergaßen den Gottherrn, ihren Befreier,

der Großes tat in Ägypten,
Wunderbares im Lande Chams,
Furchtbares am Schilfmeer.
Und schon sprach er, sie zu vertilgen,
wäre nicht Mosche, sein Erwählter, gewesen:
er trat vor ihn in die Bresche,
abzukehren seinen Grimm vom Verderben.

Sie mißachteten das köstliche Land,
vertrauten nicht seiner Rede,
sie hetzten in ihren Zelten,
hörten nicht auf SEINE Stimme,
und er hob seine Schwurhand ihnen zu,
sie in der Wüste zu fällen
und ihren Samen unter die Erdstämme zu fällen
und sie in die Länder zu worfeln.

Sie verjochten sich dem Baal von Por,
sie aßen Schlachtopfer für Tote,
sie verdrossen mit ihren Sitten,
und der Niederstoß brach in sie ein.
Aber Pinchas trat hin, schlug sich ins Mittel,
und der Niederstoß wurde gehemmt,
und das ward ihm zur Bewährung geachtet
für Geschlecht um Geschlecht in die Zeit.
Sie ergrimmten ihn am Wasser von »Gezänke«,
daß ihrethalb Mosche übel geschah,
denn sie erbitterten ihm den Geist
und er verwog sich mit seinen Lippen.

Sie tilgten die Völker nicht,
von denen ER gesprochen hatte zu ihnen,
sie vermischten sich den Stämmen,
sie lernten ihre Taten,
sie dienten ihren Schnitzdocken
und die wurden ihnen zur Schlinge:
sie schlachteten ihre Söhne
und ihre Töchter den Wichten,
sie vergossen unsträfliches Blut,
Blut ihrer Söhne und Töchter,

die sie schlachteten Kanaans Docken,
daß das Land entartete durch Blutschuld,
sie bemakelten sich mit ihren Taten,
sie verhurten sich mit ihren Sitten.

SEIN Zorn entflammte gegen sein Volk,
und er vergreuelte sein Eigentum.
Er gab sie in der Erdstämme Hand,
ihre Hasser durften über sie walten,
ihre Feinde klemmten sie ein,
unter deren Hand wurden sie niedergezwungen.
Er rettete sie viele Male,
sie aber widerstrebten ihm mit ihrem Ratschluß,
und sie wurden ausgemergelt durch ihren Fehl.
Er aber sah auf ihre Bedrängnis,
wann er ihr Jammern hörte,
und gedachte ihnen seines Bunds
und ließ es leid werden sich
nach der Fülle seiner Hulden
und gab ihnen, Erbarmen zu finden
vor all ihren Fängern.

Befreie uns, DU, unser Gott,
aus den Erdstämmen hole uns zuhauf,
deiner Heiligkeit Namen zu danken,
uns deiner Preisung zu rühmen.

Gesegnet ER,
der Gott Jifsraels,
von der Weltzeit her und für die Weltzeit!
Und alles Volk spreche: Jawahr!
Preiset oh Ihn!

CVII

Danket Ihm, denn er ist gütig,
denn in Weltzeit währt seine Huld.
Sprechen sollens Seine Erlösten,
die aus der Hand des Bedrängers er löste
und holte sie zuhauf aus den Ländern,
von Aufgang und von Abend, vom Nord und vom Meer.

Die in der Wüste schweiften,
auf verödetem Weg,
nicht fanden besiedelte Stadt,
hungernd, dazu dürstend,
ihre Seele in ihnen verzagt,
die zu Ihm schrien in ihrer Drangsal,
die er rettete aus ihren Nöten
und ließ sie auf gradem Weg sich bewegen,
in besiedelte Stadt zu gehn:
danken sollen sie Ihm seine Huld,
seine Wunder an Menschenkindern,
daß er sättigte die verschmachtende Seele,
die hungernde Seele füllte mit Gutem.

Die in Finsternis saßen
und Todesschatten,
gefesselt in Qual und Eisen
– denn Gottessprüchen hatten sie widerstrebt,
geschmäht den Ratschluß des Höchsten,
und er bezwang ihr Herz mit der Pein,
sie strauchelten, und da war kein Helfer –
die zu Ihm schrien in ihrer Drangsal,
die er aus ihren Nöten befreite,
führte aus Finsternis und Todschatten sie
und zerriß ihre Fesseln:
danken sollen sie Ihm seine Huld,
seine Wunder an Menschenkindern,
daß er eherne Türen brach,
zerhieb eiserne Riegel.

Toren, von ihrem Abtrünnigkeitsweg,

von ihren Verfehlungen her gequält
– alle Speise ward ihrer Seele zum Greuel,
und sie gelangten an die Pforten des Tods –,
die zu IHM schrien in ihrer Drangsal,
die er aus ihren Nöten befreite,
sandte sein Wort und heilte sie,
ließ sie ihren Fallgruben entschlüpfen:
danken sollen sie IHM seine Huld,
seine Wunder an Menschenkindern,
und sollen Dankopfer opfern
und mit Jubel seine Taten erzählen.

Die aufs Meer niederzogen in Schiffen,
Werktätige auf großen Wassern,
selber da SEINE Taten sahen,
seine Wunder im Strudel
– wie er sprach und bestellte den Wind,
den Sturm, und er hob seine Wogen –,
himmelan stiegen, urwirbeltief sanken,
ihre Seele berstend im Übel,
sich drehten, schwankten wie ein Trunkner,
all ihre Weisheit verwirrt,
die zu IHM schrien in ihrer Drangsal,
die er führte aus ihren Nöten,
bannte den Sturm zur Stille
daß ihre Wogen sich legten,
und sie freuten sich, daß die ruhten,
und er leitete sie zum Hafen ihres Wunsches:
danken sollen sie IHM seine Huld,
seine Wunder an Menschenkindern,
ihn erheben in der Versammlung des Volks,
im Sitze der Alten ihn preisen.

Er macht Ströme zu Wüste,
Wassersprünge zu Durstsand,
Fruchtland zu Salzsteppen,
ob der Bosheit der darauf Siedelnden.
Er macht Wüste zum Wasserteich,
Heideland zu Wassersprüngen.

Er siedelt dort Hungernde an,
die besiedelte Stadt errichten,
Felder besäen, Weinberge pflanzen,
Fruchtung auftun als Einkunft.
Er segnet sie, sie mehren sich sehr,
und ihr Vieh mindert sich nicht.
Mindern sie dann aber doch sich und sinken
durch Hemmung in Bösgeschick und Kummer,
gießt er über die Edeln Verachtung
und läßt in unwegsamer Wildnis sie schweifen,
aber den Dürftigen entrückt er der Qual
und macht Sippen draus, herdengleich.
Die Geraden sehens und freun sich,
und alles Falsch versperrt seinen Mund.

Wer weise ist, wahre dies,
innewerden mögen sie SEINER Hulden!

CVIII

Ein Gesang, ein Harfenlied Dawids.

Fest ist mein Herz, Gott,
singen will ich, harfen will ich,
ja, meine Ehre!
Ermuntre dich, du Laute und Leier,
ermuntern will ich das Morgenrot.

Unter den Völkern will ich dir danken, DU,
und unter den Nationen dir harfen,
denn über den Himmel groß ist deine Huld,
bis an die Lüfte deine Treue.
Schwinge dich über Himmel, Gott,
über alles Erdreich deine Ehre!

Damit deine Freunde losgeschnürt werden,
befreie mit deiner Rechten, antworte mir! –

Gott hats in seinem Heiligtum geredet:
Ergötzen will ich mich,

Sichem will ich verteilen,
die Tiefebne von Sfukkot vermessen,
mein ist Gilad, mein Mnasche,
Efrajim Helmwehr meines Haupts,
Jehuda mein Richtstab, –
Moab ist Waschbecken mir,
auf Edom werfe ich meinen Schuh,
über Philistien schmettre ich auf.

– Wer bringt mich in die Bollwerkstadt?
wer geleitet mich bis nach Edom?
Nicht, Gott, der du uns hast verabscheut
und zogst, Gott, mit unsern Scharen nicht aus?
Leih vor dem Bedränger uns Hilfe:
Befreiertum von Menschen ist Wahn!
Mit Gott werden wir Mächtiges tun,
er ists, der niederstampft unsre Bedränger.

CIX

Des Chormeisters,
von Dawid, ein Harfenlied.

Gott meiner Preisung,
schweige nimmer!
Denn der Mund des Frevels
und der Mund des Betrugs,
wider mich öffnen sie sich,
reden mit Lügenzunge mich an,
mich umringen Reden des Hasses.
Sie bekämpfen mich grundlos,
für meine Liebe behadern sie mich
– ich aber bin Gebet –,
sie legen mir Böses für Gutes bei
und Haß für meine Liebe.

»Man verordne wider ihn einen Frevler,
ein Hindrer stehe zu seiner Rechten!
Wann er gerichtet wird,

gehe er als frevelsschuldig hervor,
sein Gebet werde zur Versündigung!
Seiner Tage sollen wenige sein,
seine Amtsordnung soll ein anderer nehmen,
Waisen sollen seine Kinder werden,
eine Witwe sein Weib,
streifen, streifen sollen seine Kinder und betteln,
umhersuchen, von ihren Trümmern aus.
Der Gläubiger soll alles, was sein ist, umstricken,
Fremde plündern seinen Fleiß.
Nimmer sei ihm einer, der Holdschaft hält,
nimmer sei ein Gönner seinen Waisen!
Zum Ausrotten sei Nachfolge ihm,
in nachfolgendem Geschlecht werde ihr Name verwischt!
Des Fehls seiner Väter sei bei Ihm gedacht,
nimmer verwischt werde die Sünde seiner Mutter,
sie seien Ihm stets gegenwärtig
und er rotte von der Erde ihr Gedenken!
Dieweil er nicht gedacht hatte Holdschaft zu tun,
jagte den gebeugten und bedürftigen Mann,
den herzverschüchterten totzumachen,
und liebte den Fluch – und er kommt auf ihn! –
und hatte am Segen nicht Lust – und er bleibt fern ihm! –
und kleidete in den Fluch sich wie in seinen Rock.
und wie Wasser kam der in sein Innres,
wie Öl in seine Gebeine:
sei er ihm wie ein Gewand, das er um sich schlingt,
wie ein Riemen, den stets er umgürtet!«
Dies ist meiner Behindrer Werklohn von Ihm her,
ihrer, die Böses reden wider meine Seele.

Du aber, Du, mein Herr,
tue an mir um deines Namens willen!
da gütig ist deine Huld, rette mich!
Denn gebeugt und bedürftig bin ich,
und durchbohrt ist mein Herz mir im Innern.
Wie ein Schatten, wann er sich neigt, fahre ich hin,
ich klappre wie ein Heuschreck,
meine Knie schlottern vom Fasten,

fettledig schrumpft mein Fleisch.
Ich, ein Hohn bin ich ihnen geworden,
sie sehn mich an, schütteln ihren Kopf.
Hilf mir auf, DU, mein Gott,
befreie mich nach deiner Huld!
Sie sollen erkennen, daß dies deine Hand ist,
selber DU es getan hast.
Mögen die fluchen, du wirst segnen.
Erheben sie sich, werden sie zuschanden,
aber dein Knecht darf sich freuen.
Meine Behindrer müssen sich kleiden in Schimpf,
wie einen Mantel um sich schlingen ihre Schande. –
Sehr danken will ich IHM mit meinem Munde,
inmitten der Vielen ihn preisen,
denn dem Bedürftigen steht er zur Rechten:
von den seine Seele Richtenden zu befreien.

CX

Von Dawid, ein Harfenlied.

Erlauten von IHM zu meinem Herrn:
»Sitze zu meiner Rechten,
bis ich deine Feinde lege
als Schemel zu deinen Füßen!«

Das Szepter deiner Macht streckt ER aus:
Vom Zion schalte im Gebiet deiner Feinde!

Dein Volk, Willigkeit ists
am Tag deines Heereszugs
in Glanzgewändern der Heiligung:
vom Schoß des Morgengrauns her,
ist der Tau deiner Kindschaft an dir.
Geschworen hat ER
und läßt sichs leid werden nicht:
»Du bist Priester auf Weltzeit,
um meine Sache,
›Bewährungskönig‹, Malki-Zedek.«

Mein Herr ist dir zur Rechten,
der an seinem Zorntag Könige zerschmettert.
Aburteilen unter den Erdstämmen wird er
den, der Leichen gehäuft hat,
er zerschmettert das Haupt über großes Land,
ihn, der auf dem Kriegsweg von jedem Bach trank,
darum das Haupt erhob.

CXI

Preiset oh Ihn!

Danken will ich IHM
mit allem Herzen
im Kreis der Geraden,
der Gemeinde.

Groß sind SEINE Taten,
erfragbar allen
die Lust haben dran,
Hehre und Glanz sein Werk,
seine Bewährung
besteht auf ewig,
Gedenken tat seinen Wundern er auf.

Gönnend und erbarmend ist ER,
gab den ihn Fürchtenden Zehrung,
gedenkt seines Bunds in die Zeit,
die Kraft seiner Taten
hat er seinem Volk angesagt,
da er ihnen Eigentum der Erdstämme gab.

Die Taten seiner Hände
sind Treue und Recht,
all seine Ordnungen sind getreu,
für ewig, für Weltzeit gegründet,
in Treue und Geradheit getan.
Abgeltung sandte er seinem Volk,
entbot seinen Bund in die Zeit.

Heilig und furchtbar

ist sein Name,
Anfang der Weisheit
ist Ihn fürchten,
ein Begreifen, gut für alle, die so tun.
Auf ewig besteht sein Preis.

CXII

Preiset oh Ihn!

O Glück des Mannes,
der Ihn fürchtet,
sehr Lust hat an seinen Geboten!
Heldisch auf Erden
wird sein Same sein,
»Geschlecht der Geraden«
wird er gesegnet.
Behagen und Reichtum
sind bei ihm zuhaus.
Seine Bewährung
besteht auf ewig.
In der Finsternis strahlt
den Geraden ein Licht,
gönnend, erbarmend, wahrhaftig.
Gut ists um den Mann,
der vergönnt und leiht,
gerecht seine Sachen versorgt,
denn er wankt nicht in Weltzeit.
Zu Weltzeitgedenken
wird der Bewährte.
Vor bösem Gerücht
braucht er sich nicht zu fürchten:
gefestigt ist sein Herz,
gesichert an Ihm.
Gegründet ist sein Herz,
er fürchtet sich nicht,
bis er niedersehn darf auf seine Bedränger.
Ausgestreut hat er,

hat den Dürftigen gegeben,
seine Bewährung
besteht auf ewig,
sein Horn ragt in Ehren.
Der Frevler siehts
und es verdrießt ihn,
er fletscht seine Zähne –
und zerrinnt:
verloren geht das Begehren der Frevler.

CXIII

Preiset oh Ihn!

Preiset, ihr SEINE Knechte,
preiset SEINEN Namen!
SEIN Name sei gesegnet
von jetzt bis hin in die Zeit,
vom Aufstrahlen der Sonne
bis zu ihrer Heimkunft
SEIN Name gepriesen!

E R ist über alle Weltstämme erhaben,
sein Ehrenschein über den Himmel.
Wer ist wie E R, unser Gott,
der Sitz hat in der Höhe,
der Sicht hat in die Tiefe
im Himmel und auf der Erde,
vom Staub aufrichtet den Armen,
vom Kot der Dürftigen erhebt,
ihm Sitz zu geben neben den Edlen,
neben den Edlen seines Volks,
Sitz gibt der Sprossenlosen im Haus
als einer frohen Mutter von Kindern!

Preiset oh Ihn!

CXIV

Als Jifsrael zog aus Ägypten,
Jaakobs Haus aus dem stammelnden Volk,
ward Jehuda zum Heiligtum ihm,
Jifsrael sein Waltebereich.

Das Meer sah es und floh,
der Jordan bog rückwärts aus,
die Berge hüpften wie Widder,
Hügel wie die jungen Schafe.

Was ist dir, du Meer, daß du fliehst,
du Jordan, biegst rückwärts aus,
ihr Berge, hüpfet wie Widder,
Hügel, wie die jungen Schafe?

Vorm Antlitz des Herrn winde dich, Erde,
vorm Antlitz des Gottes Jaakobs,
der den Fels in einen Wasserteich wandelt,
einen Kiesel zum Wasserquell!

CXV

Nicht uns, DU, nicht uns,
sondern deinem Namen gib Ehre,
um deine Huld, um deine Treue!
Warum sollen die Weltstämme sprechen:
»Wo ist doch ihr Gott?«!
Unser Gott ist im Himmel,
er macht alles, wies ihm gefällt.

Ihre Docken sind Silber und Gold,
Gemächt von Menschenhänden,
haben einen Mund und können nicht reden,
haben Augen und können nicht sehn,
haben Ohren und können nicht hören,
haben eine Nase und können nicht riechen,
ihre Hände, sie können nicht tasten,
ihre Füße, sie können nicht gehn,

nicht tönen sie mit ihrer Kehle.
Ihnen gleich werden, die sie machten,
alles, was sich sichert an ihnen.

– Jisrael, sei sicher an IHM!
– Er ist ihre Hilfe, ihr Schild.
– Haus Aharons, seid sicher an IHM!
– Er ist ihre Hilfe, ihr Schild.
– Ihr IHN Fürchtenden, seid sicher an IHM!
– Er ist ihre Hilfe, ihr Schild.

– ER hat unser gedacht, er wird segnen,
segnen das Haus Jisraels,
segnen das Haus Aharons,
segnen die IHN Fürchtenden,
die Kleinen samt den Großen.

– Füge ER für euch noch hinzu,
für euch und für eure Kinder!
Gesegnet seiet ihr IHM,
der Himmel und Erde gemacht hat!

– Der Himmel, SEIN Himmel ists,
den Menschenkindern gab er die Erde.
Nicht die Toten preisen oh Ihn,
nicht alldie in die Tiefstille sanken.
Wir aber segnen oh Ihn,
von jetzt an bis hin in die Zeit.

Preiset oh Ihn!

CXVI

Ich liebe,
denn ER hört
meine Stimme, mein Gunsterflehn.
Denn er hat sein Ohr mir geneigt,
und meine Tage hindurch rufe ich an.
Umschwirren mich Streiche des Todes,
treffen des Gruftreichs Drangsalen mich,

treffe ich Bedrängnis und Kummer,
SEINEN Namen rufe ich an:
»Ach doch, DU,
lasse meine Seele entschlüpfen!«
Gönnend ist ER und wahrhaftig,
unser Gott ein Erbarmender.
ER ist ein Hüter der Einfältigen,
bin ich erschwacht, er befreit mich.
Kehre, meine Seele, zu deiner Ruhestatt um,
denn ER fertigts für dich.

Ja, du hast entwunden
meine Seele dem Tod,
mein Auge der Träne,
meinen Fuß dem Anstoß,
vor DEINEM Antlitz darf ich mich ergehn
in den Ländern des Lebens.

Ich vertraue,
wenn ich reden muß:
»Ich da, ich bin sehr gebeugt!«
Ich da, ich sprach in meiner Bestürzung:
»Alle Menschheit täuscht!«
Womit soll ich nun IHM erstatten
all seine Zufertigung für mich!
Den Becher der Befreiungen heb ich
und rufe SEINEN Namen an,
ich zahle IHM meine Gelübde
zugegen doch all seinem Volk.

Teuer ist in SEINEN Augen
das Versterben seiner Holden.
Ach doch, DU,
ich bin ja dein Knecht,
bin dein Knecht, der Sohn deiner Magd, –
gelöst hast du meine Fesseln.
Dir opfre ich Opfer des Danks,
und DEINEN Namen rufe ich an. –
Ich zahle IHM meine Gelübde
zugegen doch all seinem Volk

in den Höfen SEINES Hauses
in deiner Mitte, Jerusalem.

Preiset oh Ihn!

CXVII

Preiset, alle Weltstämme, IHN,
rühmt ihn, all ihr Nationen!
Denn gewaltig ist über uns seine Huld,
SEINE Treue währt in Weltzeit.
Preiset oh Ihn!

CXVIII

Danket IHM, denn er ist gütig,
denn in Weltzeit währt seine Huld!
Spreche doch Jifsrael:
Denn in Weltzeit währt seine Huld!
Spreche doch das Haus Aharons:
Denn in Weltzeit währt seine Huld!
Sprechen doch die IHN Fürchtenden:
Denn in Weltzeit währt seine Huld!

Aus der Drangsal rief ich: Oh Er!
in der Weite gab mir Antwort oh Er.
ER ist für mich, ich fürchte nicht,
was kann ein Mensch mir tun!
ER ist für mich, meine Helferschaft, –
meine Hasser werde ich besehn.
Besser ists, sich bergen an IHM,
als sich sichern an Menschen.
Besser ists, sich bergen an IHM,
als sich sichern an Edeln.
Haben Erdstämme allerart mich umrungen,
mit SEINEM Namen, wohl, kappe ich sie.
Haben sie mich umringt, ja umrungen,
mit SEINEM Namen, wohl, kappe ich sie.

Haben sie mich umringt wie Bienen,
sie verschwelen wie Dornenfeuer,
mit SEINEM Namen, wohl, kappe ich sie.
Gestoßen, hingestoßen ward ich zum Fallen,
aber ER hat mir aufgeholfen.

Mein Stolz und Saitenspiel ist oh Er,
und ward meine Freiheit.
Die Stimme des Jubels und der Befreiung
ist in den Zelten der Bewährten:
»SEINE Rechte tut Mächtiges!
SEINE Rechte ist erhoben,
SEINE Rechte tut Mächtiges!«
Ich sterbe nicht, nein, ich darf leben
und oh Seine Taten erzählen.
Gezüchtigt hat oh Er mich, gezüchtigt,
aber dem Sterben hat er mich nicht übergeben.

– Öffnet mir die Tore der Wahrheit.
ich will in sie kommen, danken will ich oh Ihm!
– Dies ist das Tor zu IHM,
Bewährte kommen darein.
– Ich danke dir, daß du mich gebeugt hast
und wardst mir zur Befreiung.

– Der Stein, den die Bauherrn verwarfen,
er ist zum Eckhaupt geworden.
– Geworden ist dies von IHM her,
ein Wunder ist das vor unseren Augen.

– Dieser ist der Tag, den ER aufgetan hat.
– Jauchzen wir und freuen uns sein!

– Ach doch, DU, befreie doch!
– Ach doch, DU, laß doch gelingen!

– Mit SEINEM Namen gesegnet, der kommt!
– Aus SEINEM Hause segnen wir euch!

– Gottherr ist ER und er leuchtete uns!

– Haltet den Festreihn mit Seilen gebunden

bis an die Hörner der Schlachtstatt!

– Mein Gottherr bist du,
ich will dir danken,
mein Gott,
ich will dich erheben.

– Danket IHM, denn er ist gütig,
denn in Weltzeit währt seine Huld.

CXIX

O Glück ihrer, die schlichten Wegs sind,
die in SEINER Weisung gehn,
o Glück ihrer, die seine Zeugnisse wahren,
die mit allem Herzen fragen nach ihm!
Falsch haben sie durchaus nicht geübt,
in seinen Wegen sind sie gegangen. –
Deine Ordnungen hast du selber entboten,
sie sehr zu behüten.
Ach daß gefestet seien meine Wege,
zu hüten deine Gesetze!
Dann würde ich nicht zuschanden,
wann ich blicke auf all deine Gebote.
Ich danke dir in Herzensgeradheit,
wann ich die Rechtsgeheiße lerne deiner Bewährung.
Ich will deine Gesetze hüten, –
verlaß mich nimmer gar sehr!

Wodurch klärt ein Jüngling seine Bahn?
Sich hütend gemäß deiner Rede.
Mit all meinem Herzen frage ich dir nach, –
von deinen Geboten laß mich abirren nimmer!
In meinem Herzen speicherte ich deinen Spruch,
damit an dir ich nicht sündige.
Gesegnet seiest du, DU,
lehre mich deine Gesetze!
Mit meinen Lippen zähle ich auf
alle Rechtsgeheiße deines Mundes.

Am Weg deiner Zeugnisse entzücke ich mich
wie über allem Behagen.
Deine Anordnungen will ich besinnen,
anblicken deine Bahnen,
mich an deinen Gesetzen erquicken,
nicht vergessen deine Rede.

Fertige deinem Knechte es zu: möge ich leben,
und hüten will ich deine Rede.
Mache meine Augen bar, daß ich erblicke
Wunder aus deiner Weisung.
Ein Gast bin ich auf der Erde,
nimmer verhehle mir deine Gebote!
Mir zermürbt sich vom Verlangen die Seele
nach deinen Rechtsgeheißen zu aller Stunde.
Du beschiltst die Vermeßnen, verwünscht sind,
die abirren von deinen Geboten.
Wälze von mir Hohn und Verachtung,
denn deine Zeugnisse habe ich bewahrt.
Säßen auch Fürsten, wider mich sich beredend,
dein Knecht besinnt deine Gesetze.
Wohl, deine Zeugnisse sind meine Erquickung,
meine Ratsleute sie.

Meine Seele haftet am Staub,
belebe mich gemäß deiner Rede!
Meine Wege erzählte ich und du antwortetest mir. –
lehre mich deine Gesetze,
lasse deiner Ordnungen Weg mich verstehn,
besinnen will ich deine Wunder.
Vor Gram entsickert mir die Seele,
erhalte mich gemäß deiner Rede!
Den Lügenweg rücke mir ab,
vergönne mir deine Weisung!
Den Weg der Treue habe ich gewählt,
deine Rechtsgeheiße gehegt.
An deinen Zeugnissen hafte ich –
D U, beschäme mich nimmer!
Ich laufe den Weg deiner Gebote.

denn du weitest mein Herz.

Weise mir, DU, den Weg deiner Gesetze,
bewahren will ich ihn, als Lohn.
Mache mich verstehn und deine Weisung bewahr ich,
mit allem Herzen hüte ich sie.
Laß mich auf dem Pfad mich deiner Gebote bewegen,
denn an ihm habe ich Lust.
Zu deinen Zeugnissen neige mein Herz,
nimmer zum Gewinn!
Zieh meine Augen vom Sehn des Wahngetriebs ab,
belebe mich durch deinen Weg!
Halte deinem Knecht deinen Spruch,
der gilt für das, was dich fürchtet!
zieh meine Verhöhnung hinweg, davor mir graut,
denn deine Rechtsgeheiße sind gut.
Da, nach deinen Ordnungen verlangts mich,
belebe mich durch deine Bewährung!

Und kommen mögen mir, DU, deine Hulden,
dein Befreiertum gemäß deinem Spruch,
daß ich meinem Höhner Rede antworten kann,
denn in deiner Rede bin ich gesichert.
Nimmer entreiße gar sehr meinem Mund die getreue Rede,
denn ich harre deines Gerichts.
Hüten will ich deine Weisung
stets in Weltzeit und Ewigkeit.
Ergehn darf ich mich in der Weite,
denn ich frage deinen Ordnungen nach.
Von deinen Zeugnissen will ich vor Königen reden,
und nie werde ich zuschanden.
Ich erquicke mich an deinen Geboten,
die ich liebe.
Ich hebe meine Hände zu deinen Geboten,
die ich liebe,
und besinnen will ich deine Gesetze.

Gedenke der Rede zu deinem Knecht,
drum daß du mich hast harren lassen.
Dies ist mein Trost in meinem Gebeugtsein,

daß dein Spruch mich belebt.
Mich bewitzeln die Vermeßnen übersehr –
von deiner Weisung biege ich nicht ab.
Ich gedenke deiner Gerichte von der Urzeit,
DU, und ich getröste mich.
Samumglut faßt mich vor den Frevlern,
die deine Weisung verlassen.
Harfenweisen werden mir deine Gesetze
in meiner Gastschaft Haus.
In der Nacht gedenke deines Namens ich, DU,
und will deine Weisung hüten.
Dieses ist mir geworden,
da ich deine Ordnungen wahrte.

»Mein Teil ist ER«, habe ich gesprochen:
deine Reden zu hüten.
Ich sänfte mit allem Herzen dein Antlitz –
leih Gunst mir gemäß deinem Spruch!
Ich plane meine Wege um,
kehre zu deinen Zeugnissen meine Füße.
Ich eile, ich verzögre mich nicht,
deine Gebote zu hüten.
Umwinden mich Stricke der Frevler,
deine Weisung vergesse ich nicht.
Mittnachts stehe ich auf dir zu danken
für die Gerichte deiner Bewährung.
Die dich fürchten, allen bin ich Gefährte
und den Hütern deiner Ordnungen.
Deine Huld, DU, füllt die Erde,
deine Gesetze lehre mich!

Gut hast du an deinem Knechte getan,
DU, gemäß deiner Rede,
lehre mich das Gut an Erfahren und Kennen,
denn ich vertraue deinen Geboten.
Ehe ich gebeugt ward, war ein Irrender ich,
jetzt aber hüte ich deinen Spruch.
Gütig bist du und Gutes wirkend,
lehre mich deine Gesetze!

Lug schmieren die Vermeßnen mir auf,
der ich mit allem Herzen deine Ordnungen wahre.
Stumpf wie Fett ist ihr Herz,
ich aber, an deiner Weisung habe ich Erquicken.
Gut ists mir, daß ich wurde gebeugt:
damit ich deine Gesetze lerne.
Gut ist mir die Weisung deines Mundes
mehr als Tausende Goldes und Silbers.

Deine Hände haben mich gemacht und gefestet,
laß mich verstehn, auf daß deine Gebote ich lerne!
Die dich Fürchtenden werden mich sehn und sich freuen,
denn auf deine Rede habe ich geharrt.
Ich erkenne, DU, daß Wahrheit sind deine Rechtsgeheiße
und in Treuen du mich gebeugt hast.
Sei es doch deine Huld, mich zu trösten,
gemäß deinem Spruch an deinen Knecht!
Dein Erbarmen komme mir, daß ich lebe,
denn deine Weisung ist meine Erquickung.
Zuschanden müssen die Vermessenen werden,
daß sie lügenhaft mich verzerrten,
der ich deine Ordnungen besinne,
mir zukehren müssen sich, die dich fürchten,
die deine Zeugnisse kennen.
Mein Herz sei schlicht in deinen Gesetzen,
damit ich zuschanden nicht werde.

Nach deinem Befreien verzehrt sich meine Seele,
ich harre auf deine Rede,
nach deinem Spruch verzehren sich meine Augen,
da ich spreche: Wann wirst du mich trösten?
Denn wie ein Schlauch im Qualm bin ich worden, –
deine Gesetze habe ich nicht vergessen.
Wieviel sind der Tage deines Knechts! –
wann tust du Gericht an meinen Verfolgern?
Die Vermeßnen haben mir Gruben gebohrt,
sie, die nicht deiner Weisung gemäß sind.
Alle deine Gebote sind Treue,
lügnerisch verfolgt man mich, hilf mir auf!
Fast hätten sie aufgezehrt mich auf Erden,

ich aber verlasse deine Ordnungen nicht.
Belebe mich gemäß deiner Huld,
daß ich das Zeugnis hüten kann deines Mundes!

In Weltzeit, DU:
deine Rede ist mit dem Himmel errichtet,
für Geschlecht um Geschlecht bleibt deine Treue,
du hast die Erde gefestet, sie stand.
Nach deinen Rechtsgeheißen bestehn sie noch heut,
denn das All, es sind deine Knechte.
Wäre deine Weisung nicht mein Erquicken,
in meinem Gebeugtsein wäre dann ich geschwunden.
Deine Ordnungen vergesse ich nicht in die Zeit,
denn du belebst mich durch sie.
Dein bin ich, befreie mich,
denn deinen Ordnungen frage ich nach.
Auf mich harrten Frevler, mich verschwinden zu lassen,
deine Zeugnisse will ich verstehen.
Aller Vollendung sehe ich eine Grenze, –
gar weit ist dein Gebot.

Wie liebe ich deine Weisung!
all den Tag ist sie mein Sinnen.
Mehr als meine Feinde macht mich klug dein Gebot,
denn in die Zeit hin ists mein,
mehr als all meine Lehrer darf ich begreifen,
denn deine Zeugnisse sind mir das Sinnen,
mehr als die Alten kann ich verstehen,
denn deine Ordnungen habe ich bewahrt.
Vor allem bösen Pfad hemmte ich meine Füße,
damit ich deine Rede hüte.
Von deinen Rechtsgeheißen wich ich nicht ab,
denn du bists, der mich unterwies.
Wie lind sind sie meinem Gaumen,
mehr als Honig dein Spruch meinem Mund.
An deinen Ordnungen werde ich verständig,
drum hasse ich allen Lügenpfad.

Eine Lampe ist meinem Fuß deine Rede,
ein Licht meinem Steig.

Geschworen habe ich und ich wills halten,
deiner Bewährung Rechtsgeheiße zu hüten.
Gar sehr bin ich gebeugt,
DU, belebe mich gemäß deiner Rede!
Die Willigungen meines Munds nimm zugnaden doch an,
DU, und lehre mich deine Rechtsgeheiße!
Meine Seele ist mir in der hohlen Hand stets,
aber deine Weisung habe ich nicht vergessen.
Einen Sprenkel haben mir die Frevler gelegt,
von deinen Ordnungen bin ich nicht abgeschweift.
In Weltzeit habe ich deine Zeugnisse eigen,
denn das Entzücken meines Herzens sind sie.
Geneigt habe ich mein Herz, deine Gesetze zu tun,
in Weltzeit ists Lohn.

Ich hasse die Zwiegegabelten,
aber ich liebe deine Weisung.
Du bist mein Versteck und mein Schild,
ich harre auf deine Rede.
Weicht, ihr Boshaften, von mir,
die Gebote meines Gottes will ich wahren.
Stütze mich gemäß deinem Spruch, daß ich lebe,
an meiner Erwartung laß mich nimmer zuschanden werden!
Bestätige mich, und ich bin befreit,
stets will ich betrachten deine Gesetze.
Du ächtest alle, die abirren von deinen Gesetzen,
denn ihre Trugkunst ist Lüge.
Als Schlacken enträumst du alle Frevler der Erde,
darum liebe deine Zeugnisse ich.
Von deinem Schrecken grieselts durchs Fleisch mir,
ich fürchte mich vor deinen Gerichten.

Ich tat Recht und Wahrhaftigkeit,
überliefre mich nie meinen Bedrückern!
Für deinen Knecht bürge zum Guten,
nimmer bedrücken dürfen mich die Vermeßnen!
Nach deiner Befreiung verzehren sich meine Augen,
nach dem Spruche deiner Bewährung.
Tu an deinem Knecht gemäß deiner Huld,

deine Gesetze lehre mich!
Dein Knecht bin ich, mache mich verstehn,
daß deine Zeugnisse ich erkenne.
Es ist die Stunde, für DICH zu tun:
sie zerbröckeln deine Weisung.
Darum liebe ich deine Gebote
mehr als Gold und als Feinerz,
darum halte ich alle Ordnungen in allem gerad ein,
allen Lügenpfad hasse ich.

Deine Zeugnisse sind wundersam,
darum wahrt sie meine Seele.
Die Eröffnung deiner Reden leuchtet,
Einfältige macht sie verständig.
Ich reiße meinen Mund auf und schnappe,
denn mich verlangts nach deinen Geboten.
Wende dich mir zu und leihe mir Gunst
gemäß dem Recht für sie, die deinen Namen lieben!
Meine Tritte festige mit deinem Spruch,
laß nimmer allerart Arg mit mir schalten!
Gilt von Menschenbedrückung mich ab,
auf daß ich deine Ordnungen hüte!
Dein Antlitz laß leuchten deinem Knecht
und lehre mich deine Gesetze!
In Wasserbächen fließen meine Augen nieder
über jene, die deine Weisung nicht hüten.

Du bist wahrhaftig, DU,
und gerade in deinen Gerichten.
Deine Zeugnisse hast du in Wahrhaftigkeit entboten
und gar in Treuen.
Aufgerieben hat mich mein Eifer,
denn meine Bedränger haben deine Reden vergessen.
Ausgeschmolzen ist dein Spruch gar,
und dein Knecht liebt ihn.
Gering bin ich und verachtet,
deine Ordnungen habe ich nicht vergessen.
Deine Bewährung ist wahr in Weltzeit
und deine Weisung getreu.
Haben Drangsal und Not mich betroffen,

deine Gebote sind meine Erquickung.
Deine Zeugnisse sind in Weltzeit bewährt,
verstehen lasse mich, auf daß ich lebe!

Ich rief mit allem Herzen, antworte mir, D U,
wahren will ich deine Gesetze.
Ich habe dich gerufen, befreie mich,
ich will deine Zeugnisse hüten.
In der Dämmrung schon komme ich vor und muß stöhnen:
»Ich harre auf deine Rede.«
Den Nachtwachen kommen meine Augen zuvor,
deinen Spruch zu besinnen.
Höre gemäß deiner Huld meine Stimme,
D U, belebe mich gemäß deinem Recht!
Nahn sie, die nachfolgen der Zuchtlosigkeit
– fern sind sie deiner Weisung –,
nahe bist du, o D U,
und all deine Gebote getreu.
An deinen Zeugnissen erkenne ich von vormals,
daß auf Weltzeit du sie hast gegründet.

Sieh mein Gebeugtsein an und entschnüre mich,
denn deine Weisung habe ich nicht vergessen.
Streite meinen Streit und löse mich aus,
nach deinem Spruche belebe mich!
Fern ist den Frevlern die Befreiung,
denn nach deinen Gesetzen fragen sie nicht.
Viel ist deines Erbarmens, D U,
gemäß deinen Gerichten belebe mich!
Viele sinds, die mich verfolgen und drängen,
von deinen Zeugnissen bog ich nicht ab.
Sah ich Verräter, es widerte mich,
daß sie deinen Spruch nicht hüten.
Sieh, daß ich deine Ordnungen liebe,
D U, gemäß deiner Huld belebe mich!
Das Hauptstück deiner Rede ist Treue,
in Weltzeit bleibt alle Gerechtigkeit deiner Bewährung.

Fürsten verfolgen mich grundlos,
aber nur vor deiner Rede erschrak je mein Herz.

Ich entzücke an deinem Spruch mich,
wie wer viele Beute findet.
Lüge hasse und verabscheue ich,
deine Weisung ists, die ich liebe.
Dich preise ich des Tags siebenmal
um die Gerichte deiner Bewährung.
Friedens viel ist ihrer, die deine Weisung lieben,
und für sie gibt es kein Straucheln.
Dein Befreien erhoffe ich, D U,
und tue deine Gebote.
Deine Zeugnisse hütet meine Seele
und ich liebe sie sehr.
Deine Ordnungen und deine Zeugnisse hüt ich,
denn all meine Wege sind vor dir.

Deinem Antlitz nahe mein Jammern, D U,
gemäß deiner Rede mach mich verstehn!
Vor dein Antlitz komme mein Flehen,
gemäß deinem Spruch rette mich!
Meine Lippen werden Preisung sprudeln,
denn lehren wirst du mich deine Gesetze.
Wechselsagen wird deinen Spruch meine Seele,
denn alle deine Gebote sind Wahrheit.
Dasei deine Hand, mir aufzuhelfen,
denn deine Ordnungen habe ich erwählt.
Nach deiner Befreiung verlange ich, D U,
deine Weisung ist mein Erquicken.
Meine Seele lebe, daß sie dich preise,
und mir helfe dein Gericht!
Ich bin abgeschweift,
wie ein verlorenes Schaf suche deinen Knecht,
denn deine Gebote habe ich nicht vergessen.

CXX

Ein Aufstiegsgesang.

Zu IHM in meiner Bedrängnis
rufe ich und er antwortet mir.

DU, rette meine Seele
vor der Lügenlippe,
vor der trügrischen Zunge!
Was wird er dir geben,
was dir dazutun,
trügrische Zunge?
Eines Helden Pfeile, gespitzt
Ginsterkohlen dazu!

O wehe mir,
daß ich gegastet habe in Maschech,
angewohnt bei Kedars Gezelten!
Lang genug hat meine Seele gewohnt
bei dem Hasser des Friedens:
ich bin Friede, aber ob ichs auch rede,
sie sind des Kriegs.

CXXI

Ein Aufsteiggesang.

– Zu den Bergen hebe ich meine Augen:
woher wird meine Hilfe kommen?
Meine Hilfe ist von IHM her,
der Himmel und Erde gemacht hat.
– Nimmer gebe deinen Fuß er dem Wanken,
nimmer schlummre dein Hüter!
– Wohl, nicht schlummert, nicht schläft er,
der Hüter Jiſsraels.

– ER ist dein Hüter,
ER ist dein Schatten
über deiner rechten Hand.
Tags schlägt dich nicht die Sonne
noch Mond bei Nacht.
ER hütet dich vor allem Bösen,
hütet deine Seele.
ER hütet deine Ausfahrt und Heimkunft
von jetzt an bis hin in die Zeit.

CXXII

Ein Aufstiegsgesang Dawids.

Ich freute mich, als man zu mir sprach:
»Zu SEINEM Haus wollen wir gehn!«
Stehn geblieben sind unsre Füße
in deinen Toren, Jerusalem.

Jerusalem du, auferbaut
als eine Stadt, die in sich verfugt ist zusamt,
da hinauf dort die Stäbe ziehn,
die Volksstäbe oh Sein,
– Bezeugung an Jisrael ists,
SEINEM Namen zu danken.
Ja, dorthin sind Stühle gesetzt fürs Gericht,
Stühle für Dawids Haus.

Erwünschet den Frieden Jerusalems:
Die dich lieben, seien befriedet!
Friede sei in deiner Umwallung,
Zufriedenheit in deinen Palästen!
Um meiner Brüder, meiner Genossen willen
will ich Frieden doch erreden für dich,
um SEINES, unsres Gottes, Hauses willen
will ich um Gutes ansuchen für dich.

CXXIII

Ein Aufstiegsgesang.

Zu dir habe ich meine Augen erhoben,
der in den Himmeln thront!
Wohl, wie die Augen von Knechten
auf die Hand ihres Herrn,
wie die Augen einer Magd
auf die Hand ihrer Gebietrin,
so unsere Augen
auf IHN unseren Gott,
bis er uns Gunst leiht.

Gunst leihe, leihe uns, DU,
denn satt genug wurden wir der Verachtung,
zur Genüge satt ward unsre Seele
des Spottes der Wohlgemuten,
der Verachtung der Hochfahrenden.

CXXIV

Ein Aufstiegsgesang Dawids.

Wärs nicht ER, der für uns war
– spreche doch Jifsrael –,
wärs nicht ER, der für uns war,
als Menschen gegen uns standen,
dann hätten sie uns lebend verschlungen,
als auf uns einflammte ihr Zorn,
dann hätten uns hinweg die Wasser gespült,
wäre ein Wildbach über unsre Seele gezogen,
dann wärs über unsre Seele gezogen,
die aufsiedenden Wasser.

Gesegnet sei ER,
der uns zum Zerreißen nicht gab ihren Zähnen!
Unsre Seele gleicht dem Vogel,
der dem Sprenkel der Fänger entschlüpfte,
der Sprenkel zerbrach
und wir sind entschlüpft.
Unsre Hilfe ist in SEINEM Namen,
der Himmel und Erde gemacht hat.

CXXV

Ein Aufstiegsgesang.

Die sich sichern an IHM,
sind wie der Zionsberg,
nie wankt er,
für Weltzeit ist er hingesetzt.

Jerusalem,
Berge sind rings um es her,
so ist ER rings um sein Volk
von jetzt an und auf Weltzeit.

Denn nicht wird ruhn
der Stab des Frevels
auf dem Losteil der Bewährten,
damit nicht strecken die Bewährten
zum Falsch ihre Hände.
Tue gut, DU, den Guten,
den an ihren Herzen Geraden! –
Die abbiegen aber,
ihre Krümmnisse läßt ER sie gehn,
die Argwirkenden.
Friede über Jifsrael!

CXXVI

Ein Aufstiegsgesang.

Wann ER kehren läßt die Heimkehrerschaft Zions,
werden wie Träumende wir.
Lachens voll ist dann unser Mund,
unsere Zunge Jubels.
Man spricht in der Stämmewelt dann:
»Großes hat ER an diesen getan!« –
Großes hatte an uns ER getan,
Frohe waren wir worden.

Lasse, DU, uns Wiederkehr kehren
wie den Bachbetten im Südgau!
Die nun säen in Tränen,
im Jubel werden sie ernten.
Er geht und weint im Gehn,
der austrägt den Samenwurf,
im Jubel kommt einst, kommt,
der einträgt seine Garben.

CXXVII

Ein Aufstiegsgesang Schlomos.

Will ER ein Haus nicht erbauen,
wahnhaft mühn sich dran seine Erbauer.
Will ER eine Stadt nicht behüten,
wahnhaft durchwacht der Hüter.
Wahnheit ists euch,
die ihr überfrüh aufsteht,
die ihr euch überspät hinsetzt,
die das Brot der Trübsal ihr esset: –
Rechtes,
im Schlaf gibt ers seinem Freund.

Da, von IHM eine Zueignung: Söhne,
ein Sold: die Frucht des Leibes.
Wie Pfeile in des Wehrmanns Hand,
so sind die Söhne der Jugend.
O Glück des Mannes,
der seinen Köcher mit ihnen gefüllt hat!
Die werden nicht zuschanden,
wenn sie mit Feinden reden im Tor.

CXXVIII

Ein Aufstiegsgesang.

O Glück alljedes, der IHN fürchtet,
der in seinen Wegen geht!
Der Fleiß deiner Hände,
wenn du davon issest, o deines Glücks!
gut darfst du es haben.
Dein Weib wie ein fruchtbarer Weinstock
im Rückgemach deines Hauses,
deine Kinder wie Ölbaumreiser
rings um deinen Tisch:
da! denn so wird gesegnet
der Mann, der IHN fürchtet.

Segne ER dich vom Zion her!
sieh an, wie es Jerusalem gut hat,
alle Tage deines Lebens,
sieh deinen Kindern Kinder!
Friede über Jifsrael!

CXXIX

Ein Aufstiegsgesang.

Zur Genüge haben sie mich bedrängt
von meiner Jugend auf
– spreche doch Jifsrael –,
zur Genüge haben sie mich bedrängt
von meiner Jugend auf,
dennoch haben sie mich nicht übermocht.
Auf meinem Rücken pflügten die Pflüger,
lang zogen sie ihre Strecke,
ER ist bewährt, er zerspliß
den Strang der Frevler.
Schämen müssen sich, hinter sich prallen
alle, die Zion hassen,
wie Gras der Dächer müssen sie werden,
das eh mans ausraufte verdorrt ist,
wovon der Schnitter sich die Hohlhand nicht füllt
noch der Garbenbinder den Bausch
und die vorbeiwandern nicht sprechen:
»SEINEN Segen euch zu!«
»Wir segnen euch mit SEINEM Namen!«

CXXX

Ein Aufstiegsgesang.

Aus Tiefen rufe ich dich, DU!
mein Herr, auf meine Stimme höre!
aufmerksam seien deine Ohren
der Stimme meines Gunsterflehns!

Wolltest Fehle du bewahren, oh Du,
mein Herr, wer könnte bestehn!
Bei dir ja ist die Verzeihung,
damit du gefürchtet werdest. –

Ich erhoffe IHN, meine Seele hofft,
ich harre auf seine Rede,
meine Seele auf meinen Herrn,
mehr als Wächter auf den Morgen zu
wachen auf den Morgen zu.

Harre IHM zu, Jisrael!
Denn bei IHM ist die Huld,
Abgeltung viel bei ihm,
er ists, der Jisrael abgelten wird
aus all seinen Fehlen.

CXXXI

Ein Aufstiegsgesang Dawids.

DU!
Nicht überhebt sich mein Herz,
nicht versteigen sich meine Augen,
nicht gehe ich um mit Großem,
mit mir zu Wunderbarem.
Habe ich nicht geebnet,
stillgemacht meine Seele:
wie ein Entwöhntes an seiner Mutter,
wie das Entwöhnte ist an mir meine Seele.
Harre IHM zu, Jisrael,
von jetzt an und bis hin in die Zeit!

CXXXII

Ein Aufstiegsgesang.

Gedenke dem Dawid, DU,
all sein Hingebeugtsein,
da er es zuschwur DIR,

es dem Recken Jaakobs gelobte:
»Komme je ich ins Zelt meines Hauses,
besteige je ich das Bett meines Lagers,
gebe je ich Schlaf meinen Augen,
meinen Wimpern Schlummer,
bis die Stätte ich finde, die SEIN ist,
für den Recken Jaakobs die Wohnung,...!«
»Wohl, wir haben davon in Efrata gehört,
es gefunden in Jearims Gefild,
wir wollen kommen zu seiner Wohnung,
uns hinwerfen zum Schemel seiner Füße!«
»Steh auf, DU, – zu deinem Ruheort hin,
du und der Schrein deiner Macht!
Deine Priester sollen in Bewährung sich kleiden
und deine Holden sollen jubeln!«
Um Dawids deines Knechtes willen
lasse das Antlitz deines Gesalbten sich nimmer abkehren
    müssen!

Zugeschworen hat ER es dem Dawid,
treulich, er kehrt sich nicht davon ab:
»Von der Frucht deines Leibes
setze ich dir auf den Stuhl:
wahren meinen Bund deine Söhne,
meine Vergegenwärtigung, die ich sie lehre,
sollen auch ihre Söhne auf ewig
sitzen dir auf dem Stuhl.«

Denn ER hat den Zion erwählt,
hat ihn begehrt sich zum Sitz:
»Auf ewig ist mein Ruheort dies,
hier werde ich sitzen, denn ich begehrs.
Seine Kost will segnen ich, segnen,
seine Dürftigen sättigen mit Brot.
Seine Priester will ich kleiden in Heil,
seine Holden jubeln machen, jubeln.
Dort lasse ein Horn ich sprießen dem Dawid,
rüste eine Leuchte ich meinem Gesalbten.
Seine Feinde will ich kleiden in Schande,
aber auf ihm wird sein Weihereif blühn.«

CXXXIII

Ein Aufstiegsgesang Dawids.

Wohlan, wie gut und wie mild ists,
wenn Brüder mitsammen auch siedeln!
Gleichwie das gute Öl auf dem Haupt
sich hinabsenkt auf den Bart,
Aharons Bart,
der sich auf den Schlitz seines Kollers hinabsenkt,
gleichso der Tau des Hermon,
der sich herabsenkt auf Zions Gebirg:
denn dorthin hat ER entboten den Segen,
Leben auf Weltzeit.

CXXXIV

Ein Aufstiegsgesang.

Wohlan, segnet IHN,
ihr all SEINE Knechte,
die in den Nächten in SEINEM Haus stehn!
Hebt in Heiligung eure Hände
und segnet IHN!
– Segne dich vom Zion her ER,
der Himmel und Erde gemacht hat!

CXXXV

Preiset oh Ihn!

– Preiset SEINEN Namen,
preiset, ihr SEINE Knechte,
die ihr in SEINEM Haus steht,
in den Höfen des Hauses unsres Gottes!
Preiset oh Ihn, denn ER ist gütig,
harfet seinem Namen, denn er ist mild!
Denn erwählt hat oh Er Jaakob sich,

zu seinem Sonderschatz Jifsrael.

– Ja, ich habe erkannt, daß ER groß ist,
unser Herr allen Göttern zuvor.
Allwozu ER Lust hat, macht er
im Himmel und auf der Erde,
in den Meeren und in den Urwirbeln allen:
der Nebel aufführt vom Ende des Erdlands,
Blitze zum Regen macht,
der den Wind holt aus seinen Kammern,
Er, der Ägyptens Erstlinge schlug
vom Menschen bis zum Getier,
Zeichen und Erweise sandte
in deine Mitte, Ägypten,
wider Pharao und wider all seine Knechte,
er, der viele Weltstämme schlug
und mächtige Könige erwürgte:
Sfichon den Amoriterkönig
und Og König des Baschan
und alle Königschaften Kanaans,
und gab ihr Land hin als Eigen,
Eigen Jifsrael seinem Volk.

– DU, dein Name ist für Weltzeit,
DU, dein Gedenken für Geschlecht um Geschlecht.

– Ja, zuurteilen wird ER seinem Volk,
lcid sein wirds ihm seiner Knechte.

– Die Docken der Stämmewelt,
Silber sind sie und Gold,
Gemächt von Menschenhänden,
haben einen Mund und können nicht reden,
haben Augen und können nicht sehn,
haben Ohren und leihen nicht Ohr,
auch keinen Odem gibts ihnen im Mund.
Ihnen gleich werden, die sie machten,
alles, was sich sichert an ihnen.

– Haus Jifsraels, segnet IHN!
– Haus Aharons, segnet IHN!
– Haus des Lewi, segnet IHN!

– Ihr IHN Fürchtenden, segnet IHN!

– Gesegnet vom Zion her ER,
der einwohnt in Jerusalem!
Preiset oh Ihn!

CXXXVI

Danket IHM, denn er ist gütig,
denn in Weltzeit währt seine Huld.

Danket dem Gotte der Götter,
denn in Weltzeit währt seine Huld.
Danket dem Herrn der Herren,
denn in Weltzeit währt seine Huld.
Der große Wunderwerke machte allein,
denn in Weltzeit währt seine Huld.
Der mit Sinn machte den Himmel,
denn in Weltzeit währt seine Huld.
Der das Erdland dehnte über die Wasser,
denn in Weltzeit währt seine Huld.
Der die großen Lichter machte,
denn in Weltzeit währt seine Huld.
Die Sonne zur Waltung des Tags,
denn in Weltzeit währt seine Huld.
Mond und Sterne zu Waltungen der Nacht,
denn in Weltzeit währt seine Huld.
Der Ägypten in seinen Erstlingen schlug,
denn in Weltzeit währt seine Huld.
Und Jifsrael fahren ließ aus ihrer Mitte,
denn in Weltzeit währt seine Huld.
Mit starker Hand und gerecktem Arm,
denn in Weltzeit währt seine Huld.
Der das Schilfmeer schnitt in Schnitte,
denn in Weltzeit währt seine Huld.
Und Jifsrael ziehn ließ mitten durch,
denn in Weltzeit währt seine Huld.
Und schüttelte Pharao und sein Heer in das Schilfmeer,
denn in Weltzeit währt seine Huld.

Der durch die Wüste gehn ließ sein Volk,
denn in Weltzeit währt seine Huld.
Der große Könige schlug,
denn in Weltzeit währt seine Huld.
Und herrische Könige erwürgte,
denn in Weltzeit währt seine Huld.
Sſichon den Amoriterkönig,
denn in Weltzeit währt seine Huld.
Und Og König des Baschan,
denn in Weltzeit währt seine Huld.
Und gab ihr Land hin als Eigen,
denn in Weltzeit währt seine Huld.
Eigen Jiſrael seinem Knecht,
denn in Weltzeit währt seine Huld.
Der in unsrer Erniedrigung unser gedachte,
denn in Weltzeit währt seine Huld.
Und entriß uns unsern Bedrängern,
denn in Weltzeit währt seine Huld.
Der Speise gibt allem Fleisch,
denn in Weltzeit währt seine Huld.

Danket dem Gotte des Himmels,
denn in Weltzeit währt seine Huld.

CXXXVII

An den Stromarmen Babylons,
dort saßen wir und wir weinten,
da wir Zions gedachten.
An die Pappeln mitten darin
hingen wir unsre Leiern.
Denn dort forderten unsere Fänger
Sangesworte von uns,
unsre Foltrer ein Freudenlied:
»Singt uns was vom Zionsgesang!«
Wie sängen wir SEINEN Gesang
auf dem Boden der Fremde!
Vergesse ich, Jerusalem, dein,

meine Rechte vergesse den Griff!
meine Zunge hafte am Gaum,
gedenke ich dein nicht mehr,
erhebe ich Jerusalem nicht
übers Haupt meiner Freude.

Den Edomssöhnen gedenke, DU,
den Tag von Jerusalem,
die gesprochen haben: »Legt bloß,
legt bloß bis auf den Grund in ihr!«

Tochter Babel, Vergewaltigerin!
Glückauf ihm, der dir zahlt
dein Gefertigtes, das du fertigtest uns:
Glückauf ihm, der packt und zerschmeißt
deine Kinder an dem Gestein.

CXXXVIII

Von Dawid.

Danken will ich dir mit all meinem Herzen,
Göttern gegenüber will ich dir harfen.
Ich will mich hinwerfen zu deiner Heiligtumshalle
und will deinem Namen danken
um deine Huld und um deine Treue.
Denn großgemacht hast du deinen Zuspruch
über all deinen Namen hinaus.
Am Tag, da ich rief, hast du geantwortet mir,
du hast mich erkühnt, in meiner Seele ist Macht.

Dir danken, DU, alle Könige der Erde,
denn sie hörten die Sprüche deines Munds! –
Sie singen von SEINEN Wegen,
denn groß ist SEINE Ehre.
Denn ER ist erhaben, und sieht den Niedern,
und den Hochfahrenden erkennt er von fern. –
Muß ich gehn durch das Innre der Drangsal,
belebst du mich,

wider den Zorn meiner Feinde
schickst du aus deine Hand,
und mich befreit deine Rechte.
– ER vollbringt es für mich! –
DU, deine Huld währt in Weltzeit:
was deine Hände haben bereitet,
lasse nimmer davon!

CXXXIX

Des Chormeisters,
von Dawid, ein Harfenlied.

DU,
du erforschest mich und du kennst,
du selber kennst mein Sitzen, mein Stehn,
du merkst auf mein Denken von fern,
meinen Pfad und meine Rast sichtest du,
in all meinen Wegen bist du bewandert.
Ja, kein Raunen ist mir auf der Zunge,
da, schon erkannt, DU, hast dus allsamt.
Hinten, vorn engst du mich ein,
legst auf mich deine Faust.
Zu sonderlich ist mir das Erkennen,
zu steil ists, ich übermags nicht.

Wohin soll ich gehn vor deinem Geist,
wohin vor deinem Antlitz entlaufen!
Ob ich den Himmel erklömme, du bist dort,
bettete ich mir im Gruftreich, da bist du.
Erhübe ich Flügel des Morgenrots,
nähme Wohnung am hintersten Meer,
dort auch griffe mich deine Hand,
deine Rechte faßte mich an.
Spräche ich: »Finsternis erhasche mich nur,
Nacht sei das Licht um mich her!«,
auch Finsternis finstert dir nicht,
Nacht leuchtet gleichwie der Tag,
gleich ist Verfinsterung, gleich Erleuchtung.

Ja, du bists,
der bereitete meine Nieren,
mich wob im Leib meiner Mutter!
Danken will ich dir dafür,
daß ich furchtbar bin ausgesondert:
sonderlich ist, was du machst,
sehr erkennts meine Seele.
Mein Kern war dir nicht verhohlen,
als ich wurde gemacht im Verborgnen,
buntgewirkt im untersten Erdreich,
meinen Knäul sahn deine Augen,
und in dein Buch waren all sie geschrieben,
die Tage, die einst würden gebildet,
als aber war nicht einer von ihnen.
Und mir
wie köstlich, Gottherr, sind deine Gedanken,
ihre Hauptstücke wie kernkräftig!
ich will sie buchen, ihrer wird mehr als des Sands! –
Ich erwache: noch bin ich bei dir.

O daß du, Gott, umbrächtest den Frevler:
»Ihr Blutmänner, weichet von mir!«,
sie, die dich zu Ränken besprechen,
es hinheben auf das Wahnhafte, deine Gegner!
Hasse ich deine Hasser nicht, DU,
widerts mich der dir Aufständischen nicht?
ich hasse sie mit der Allheit des Hasses,
mir zu Feinden sind sie geworden.
Erforsche, Gottherr, mich, kenne mein Herz,
prüfe mich, kenne meine Sorgen,
sieh, ob bei mir Weg der Trübung ist,
und leite mich auf dem Wege der Weltzeit!

CXL

Des Chormeisters,
ein Harfenlied Dawids.

Entziehe mich, DU, dem bösen Menschen,

vorm Mann der Unbilden bewahre mich,
ihnen, die Böses im Herzen planen,
alletag Kriege schüren!
Sie wetzen schlangengleich ihre Zunge,
hinter ihren Lippen ist Otterngift.
   / Empor! /

Hüte mich, DU, vor den Händen des Frevlers,
vorm Mann der Unbilden bewahre mich,
ihnen, die meine Tritte umzustoßen planen!
Die Hoffärtigen legen mir Sprenkel und Stricke,
spreiten ein Netz zuseiten des Gleises,
Schlingen stellen sie mir.
   / Empor! /

Ich spreche zu IHM: Du bist mein Gott,
lausche, DU, der Stimme meines Gunsterflehns!
DU, mein Herr, Macht meiner Befreiung,
der am Waffentag du schirmtest mein Haupt,
nimmer, DU, gib das Begehren des Frevlers,
worum er ränkelt, beschers nimmer, daß sie sich überhöben!
   / Empor! /

Das Haupt der mich Umkreisenden,
die Pein ihrer Lippen decke es zu,
Kohlen für sich selber mögen sie rollen ins Feuer,
er lasse sie fallen in Schlünde,
daß nie sie erstehn!
Der Mann der Zunge,
nie darf er aufrecht bleiben auf Erden,
der Mann der Unbill,
das Böse muß ihn jagen zum Absturz.
Ich habe erkannt, daß ER ausführt
die Sache des Gebeugten,
das Recht der Bedürftigen. –
Gewiß,
die Bewährten werden danken deinem Namen,
vor deinem Antlitz werden sitzen die Geraden.

CXLI

Ein Harfenlied Dawids.

DU, ich rufe dich an,
eile mir herbei!
Lausche meiner Stimme,
wann ich rufe zu dir!
Gerichtet sei mein Gebet
als ein Räucherwerk vor dein Antlitz,
das Erheben meiner Hände
als Hinleitspende des Abends!

Bestelle, DU, meinem Mund eine Hut,
verwahre die Tür meiner Lippen!
zu bösem Ding laß sich mein Herz nimmer neigen,
mich zu beschäftigen an Geschäften des Frevels
mit den Arg wirkenden Männern!
nie möge ich kosten von ihren Annehmlichkeiten!

Stäupe mich der Bewährte, Huld ists,
er strafe mich, Öl ists fürs Haupt,
nimmer wirds anfechten mein Haupt!
Weil dem noch so ist, gilt gegen jener Bosheit mein Gebet.
Geraten sie ihren Richtern in die steinernen Hände,
dann hören sie erst meine Sprüche, daß sie annehmlich waren.
Wie wenn in der Erde man furcht und wühlt,
ist unser Gebein an den Rachen des Gruftreichs verstreut.
Nein, zu dir, DU, mein Herr, gehn meine Augen,
an dir berge ich mich, – leere meine Seele nicht hin!
Hüte mich vor den Händen,
die mich im Sprenkel verstricken wollen,
den Fallen der Argwirkenden!
Die Frevler sollen, in sein Garn jeder, fallen zugleich,
ich aber, derweil schreite ich vorbei.

CXLII

Eine Eingebungsweise Dawids, als er in der Höhle war, ein
 Gebet.

Meine Stimme zu Iʜᴍ – ich schreie,
meine Stimme zu Iʜᴍ – ich flehe.
Ich schütte vor ihn meine Klage,
meine Drangsal melde ich vor ihm:
Wann in mir mein Geist verzagt,
du bists doch, der meine Bahn weiß.
Auf dem Pfad, den ich soll gehn,
haben sie mir den Sprenkel gelegt.
Blicke zur Rechten und sieh,
keiner ist, der mich anerkennt,
die Zuflucht ist mir verloren,
nach meiner Seele fragt keiner.
Zu dir habe ich aufgeschrien, Dᴜ,
habe gesprochen: »Du bist meine Bergung,
mein Teil im Lande des Lebens«.
Merke auf mein Jammern,
denn sehr schwach bin ich worden!
Rette mich vor meinen Verfolgern,
denn sie wurden mir überstark!
Hole aus dem Verschluß meine Seele,
deinem Namen zu danken!
Um mich werden die Bewährten sich scharen,
weil dus zufertigst für mich.

CXLIII

Ein Harfenlied Dawids.

Dᴜ, höre mein Gebet,
lausche meinem Gunsterflehn!
In deiner Treue antworte mir,
in deiner Wahrhaftigkeit!
Komm nimmer mit deinem Knecht ins Gericht,

denn allwer lebt wird nicht bewahrheitet vor dir.

Denn der Feind verfolgt meine Seele,
duckt zur Erde mein Leben,
setzt mich in Finsternisse
wie Urzeittote.
Mein Geist verzagt in mir,
mein Herz mir inmitten erstarrt.

Ich gedenke der Tage von ureinst,
‾ grüble all deinem Wirken nach,
die Tat deiner Hände besinne ich: –
ich breite meine Hände zu dir,
meine Seele dir wie ermattetes Land.
    / Empor! /

Eilends antworte mir, DU!
Mein Geist zehrt sich auf.
Verstecke nimmer dein Antlitz vor mir,
daß ich gleich würde ihnen,
die in die Schluft sinken!
Gib am Morgen deine Huld mir zu hören,
denn an dir sichre ich mich!

Tu mir kund den Weg, den ich gehn soll,
denn zu dir hebe ich meine Seele!
Vor meinen Feinden rette mich, DU!
Zu dir hin berge ich mich.
Lehre dein Gefallen mich tun,
denn du bist mein Gott!
Mich leite gütig dein Geist
auf geebnetem Land!

Um deines Namens willen, DU,
wirst du mich beleben,
in deiner Wahrhaftigkeit
holen wirst du
meine Seele aus der Drangsal,
in deiner Huld
wirst du meine Feinde vernichten,
wirst sich verlieren lassen

alle, die meine Seele bedrängen:
denn ich bin dein Knecht.

CXLIV

Von Dawid.

Gesegnet, DU, mein Fels,
der zur Schlacht meine Hände belehrt,
meine Finger zum Kampf!
Meine Huld und meine Bastei,
mein Horst und mein Entrinnen du mir,
mein Schild und woran ich mich berge!
Du, der Völker unter mich streckt!

DU, was ist der Mensch,
daß du ihn magst kennen,
der Mannessohn,
daß du ihn magst beachten!
der Mensch, der dem Dunste ähnelt,
dessen Tage gleichen dem ziehenden Schatten!

DU, neige deine Himmel
und fahre nieder!
rühre die Berge an,
daß sie rauchen!
Blitzen laß Blitze,
sprenge sie um,
schick deine Pfeile aus,
tummle sie hin!
Deine Hände schick aus von der Höhe,
entringe mich,
entreiße mich den vielen Wassern,
der Hand der Söhne der Fremde,
deren Mund Wahnspiel redet
und ihre Rechte ist eine Rechte des Lugs!

Gott, neuen Gesang singe ich dir,
auf Zehnsaitleier spiele ich dir auf:

Der Königen Freiwerden gibt,
seinen Knecht Dawid dem bösen Schwerte entrang,
entringe, entreiße mich
der Hand der Söhne der Fremde,
deren Mund Wahnspiel redet
und ihre Rechte ist eine Rechte des Lugs:
daß unsre Söhne wie Pflänzlinge seien,
großgewachsen in ihrer Jugend,
unsre Töchter wie Eckpfeiler,
geschnitzt am Bau einer Halle,
unsre Scheuern gefüllt,
Gattung um Gattung bescherend,
unsre Schafe tausendfältig, myriadenfach
auf unseren Fluren,
unsre Rinder trächtig,
kein Bruch, kein Fehlwurf, –
und kein Gekreisch auf unseren Märkten.
O Glück des Volkes, dems also ergeht!
o Glück des Volkes, dessen Gott ER ist!

CXLV

Eine Preisung Dawids.

Mein Gott, o König, dich will ich erheben,
deinen Namen segnen in Weltzeit und Ewigkeit.
Alletag will ich dich segnen,
deinen Namen preisen in Weltzeit und Ewigkeit:
»Groß ist ER und sehr gepriesen,
seine Größe ist unerforschlich.«
Deine Werke rühmt Geschlecht dem Geschlecht,
sie melden deine Gewalten.
Den Glanz des Ehrenscheins deiner Hehre
und deiner Wunder Begebnisse will ich berichten,
daß man bespreche die Macht deiner Furchtbarkeiten,
deine Größe, ich will sie erzählen:
aussagen soll man deiner vielen Güte Gedächtnis,
umjubeln soll man deine Bewährung. –

Gönnend und erbarmend ist ER,
langmütig und groß an Huld.
Gütig ist ER allem,
sein Erbarmen über all seinen Werken.
Dir danken, DU, all deine Werke,
deine Holden segnen dich.
Sie sprechen von deines Königtums Ehrenschein,
sie reden von deiner Gewalt:
»kundzumachen seine Gewalten den Menschenkindern
und den Schein seiner Königtumshehre«.
Dein Königtum ist ein Königtum aller Zeiten,
deine Herrschaft durch alles Geschlecht und Geschlecht. –
Allen Fallenden ist ein Haltender ER,
ein Aufreckender allen Gebückten.

Aller Augen warten auf dich,
ihre Nahrung gibst du ihnen zu ihrer Frist,
der du deine Hand öffnest
und alles Lebende sättigst mit Gefallen. –
Wahrhaftig ist ER in all seinen Wegen,
huldreich in all seinen Werken.
Nah ist ER den ihn Rufenden allen,
allen, die ihn rufen in Treuen.
Das Gefallen der ihn Fürchtenden wirkt er,
ihr Stöhnen hört er, und er befreit sie.
ER hütet alle, die ihn lieben,
aber alle Frevler vertilgt er.
SEINE Preisung redet mein Mund,
daß alles Fleisch den Namen seiner Heiligung segne
in Weltzeit und Ewigkeit.

CXLVI

Preiset oh Ihn!

Preise, meine Seele, IHN!
In meinem Leben will ich IHN preisen,
wann ich noch da bin, harfen meinem Gott.

Sichert an den Edeln euch nimmer,
an einem Menschensohn, bei dem kein Befreiertum ist!
Fährt sein Geist aus, kehrt er zu seiner Scholle,
an jenem Tag sind seine Entwürfe geschwunden.

O Glück dessen, dem zu Hilfe Jaakobs Gottherr ist,
seine Erwartung geht auf IHN seinen Gott:
Der gemacht hat Himmel und Erde,
das Meer und was in ihnen ist alles,
er, der Treue hütet in Weltzeit,
der Recht ausmacht den Bedrückten,
der Brot gibt den Hungernden,
ER löst die Gefesselten,
ER erhellt die Blinden,
ER reckt die Gebückten auf,
ER liebt die Bewährten,
ER hütet die Gastsassen,
Waise und Witwe läßt er überdauern,
aber den Weg der Frevler verkrümmt er.

König bleibt ER in Weltzeit,
dein Gott, Zion, auf Geschlecht um Geschlecht.
Preiset oh Ihn!

CXLVII

Preiset oh Ihn!

Denn gut ists, harfen unserem Gott,
denn fein ists, Preisung geziemt.
ER erbaut Jerusalem auf,
die Verstoßnen Jifsraels stapelt er ein,
er, der heilt die gebrochenen Herzens
und der ihre Wunden verbindet.
Der den Sternen die Zahl zubestimmt,
allen ruft Namen er zu.
Groß ist unser Herr, reich an Kraft,
für seine Vernunft ist keine Zahl.
Die sich Beugenden macht ER überdauern,
die Frevler niedert er bis zur Erde.

Wechselsinget IHM zum Dank,
spielt unserm Gott auf der Leier,
der den Himmel hüllt in Gewölk,
der der Erde Regen bereitet,
der die Berge Gras sprießen heißt,
dem Vieh seine Speise gibt,
den jungen Raben, wonach sie rufen.
Nicht an des Rosses Gewalt hat er Lust,
nicht an den Schenkeln des Mannes Gefallen,
Gefallen hat an den ihn Fürchtenden ER,
an ihnen, die auf seine Huld harren.

Rühme, Jerusalem, IHN,
Zion, preise deinen Gott,
daß die Riegelbalken deiner Tore er stärkt,
deine Söhne dir im Innern segnet,
der in Frieden setzt deine Gemarkung,
mit Weizenfette sättigt er dich.
Der seinen Spruch sendet zur Erde,
gar schnell läuft sein Wort her,
der Schnee gibt wie Wolle,
Reif verstreut er wie Asche,
der sein Eis hinwirft wie Brocken,
vor seinem Froste wer kann bestehn!
er sendet sein Wort und es schmelzt sie,
er bläst seinen Wind, Wasser rinnen.
Jaakob sagt seine Worte er an,
Jifsrael seine Gesetze und Rechtsgeheiße.
Nicht hat er irgendeinem Stamm so getan,
die Rechtsgeheiße, sie blieben unbekannt ihnen.

Preiset oh Ihn!

CXLVIII

Preiset oh Ihn!

Preist IHN vom Himmel her,
preist ihn in den Höhen!
Preist ihn, all seine Boten,

preist ihn, all seine Schar!
Preist ihn, Sonne und Mond,
preist ihn, alle lichten Sterne!
Preist ihn, ihr Himmelshimmel,
und ihr Wasser über dem Himmel!

Preisen sollen sie SEINEN Namen,
denn er gebot und sie waren geschaffen,
er bestellte sie für ewige Zeit,
Gesetz gab er, das man nie überschreite.

Preist IHN von der Erde her,
Seedrachen, Urwirbel ihr alle,
Feuer, Hagel, Schnee und Dampf,
Sturmwind, der vollstreckt seine Rede,
ihr Berge und alle Hügel,
Fruchtholz und alle Zedern,
du Wildlebendes und alles Vieh,
Kriechgereg und geflügelter Vogel,
Erdenkönige und alle Nationen,
Fürsten und alle Richter der Erde,
Jünglinge und auch Maiden,
Alte, Knaben gesellt!

Preisen sollen sie SEINEN Namen,
denn ragend bleibt sein Name allein,
seine Hehre über Erde und Himmel.
Er hat das Horn seines Volkes erhoben,
Preisung ists all seinen Holden,
den Söhnen Jifsraels, dem Volk seiner Nähe.

Preiset oh Ihn!

CXLIX

Preiset oh Ihn!

Singt IHM einen neuen Gesang,
seinen Preis in der Versammlung der Holden!
Sein, der es machte, soll sich Jifsrael freun,
um ihren König jauchzen Zions Söhne!

Sie sollen preisen seinen Namen im Reigen,
mit Pauken und Leier aufspielen ihm!
Denn ER begnadet sein Volk,
die sich Beugenden läßt in der Befreiung er prangen.

Die Holden sollen sich am Ehrenschein entzücken,
sie sollen jubeln auf ihren Lagern,
in ihrer Kehle Erhebung Gottes,
in ihrer Hand ein zweischneidig Schwert.

An den Weltstämmen Ahndung übend,
an den Nationen Züchtigungen,
deren Könige fesselnd mit Ketten,
deren Geehrte mit Eisenbanden,
geschriebnes Recht übend an ihnen
Glanz ist er all seinen Holden.

Preiset oh Ihn!

CL

Preiset oh Ihn!

Preiset Gott in seinem Heiligtum,
preiset ihn am Gewölb seiner Macht!
Preiset ihn in seinen Gewalten,
preiset ihn nach der Fülle seiner Größe!
Preiset ihn mit Posaunenstoß,
preiset ihn mit Laute und Leier,
preiset ihn mit Pauke und Reigen,
preiset ihn mit Saitenklang und Schalmei,
preiset ihn mit Zimbelnschall,
preiset ihn mit Zimbelngeschmetter!
Aller Atem preise oh Ihn!

Preiset oh Ihn!

Gleichsprüche Schlomos Sohns Dawids, Königs von Jifsrael,
zu erkennen Weisheit und Zucht,
zu verstehn der Verständigkeit Reden,
anzunehmen Zucht der Besinnung,
Wahrhaftigkeit, Gerechtsein, Geradnis.
Um den Einfältigen Klugheit zu geben,
dem Jüngling Kenntnis und Erwägung,
hörs der Weise und mehre Vernunft,
der Verständige, Lenkungskünste erwerb er, –
Gleichspruch und Andeutung verstehen zu machen,
der Weisen Worte und ihre Rätsel.

SEINE Furcht, Anfang ists der Erkenntnis,
der Weisheit und Zucht, die die Narren verachten.

Höre, mein Sohn, die Zucht deines Vaters,
verstoße nimmer die Weisung deiner Mutter!
Denn ein Kranz, gunstverleihend, sind sie deinem Haupt,
ein Kettengeschmeid deinem Hals.

Mein Sohn, locken Sünder dich,
nimmer willige ein!
Sprechen sie: »Geh mit uns, wir wollen lauern auf Blut,
dem Unsträflichen nachstellen grundlos,
wie das Gruftreich sie lebend verschlingen,
sie ganz, als wenn zur Grube sie sänken,
kostbare Habe finden wir allerart,
füllen unsre Häuser mit Raub,
in unsre Mitte wirfst du dein Los,
Ein Beutel ist unser aller!« –:
mein Sohn, des Wegs geh nimmer mit ihnen,
hemme deinen Fuß vor ihrem Steig,
wenn ihre Füße laufen zum Bösen,
eilen, Blut zu vergießen!
Ja, grundlos ist das Netz gespannt
allen Flügelwesen in die Augen,
sie aber, auf ihr eigenes Blut lauern sie,
stellen den eigenen Seelen nach.

So sind die Pfade jedes, der Ausbeutung beutet:
ihrem Herrn nimmt die die Seele.

Die hohe Weisheit klagt auf der Gasse,
über die Plätze gibt ihre Stimme sie hin,
zuhäupten der lärmenden Straßen ruft sie,
in den Einlässen der Tore in der Stadt redet sie ihre Reden:
»Bis wann noch, Einfältige, wollt die Einfalt ihr lieben,
haben Dreiste an der Dreistigkeit Gefallen,
hassen Toren Erkenntnis,
kehrt ihr von meiner Rüge euch ab!
Nun lasse sprudeln ich auf euch meinen Geist,
kund mache ich euch meine Worte.
Weil ich rief und ihr weigertet euch,
ich meine Hand streckte und kein Merkender war,
und ihr fahren ließet all meinen Rat,
meiner Rüge nicht willig wart,
werde auch ich bei eurem Unheil lachen,
höhnen, wann eure Schrecknis kommt,
wann wie Verheerung kommt eure Schrecknis
und euer Unheil rennt heran wie der Sturm,
wann Angst und Drangsal kommt über euch.
Sodann werden sie mich rufen,
aber antworten werde ich nicht,
werden sie herbeisehnen mich,
aber werden mich nicht finden.
Dafür daß sie haßten Erkenntnis
und SEINE Furcht nicht erwählten,
meinem Rat nicht willig waren,
all meine Rüge verschmähten,
mögen sie dann essen von der Frucht ihres Wegs,
an ihren Ratschlägen ersatten!
Denn die Abkehr der Einfältigen erwürgt sie,
die Zufriedenheit der Toren macht sie schwinden.
Wer aber auf mich hört, der wohnt sicher,
sorglos vor der Schrecknis des Bösgeschicks.«

Mein Sohn, nimmst meine Reden du an,
speicherst meine Gebote bei dir,
daß dein Ohr auf die Weisheit merkt,
du dein Herz dem Verständnis neigst,
ja, rufst du dem Verstand,
gibst deine Stimme dem Verständnis hin,
suchst du nach ihm wie nach Silber,
spürst wie verscharrten Schätzen ihm nach,
dann wirst du SEINE Furcht verstehen,
wirst die Erkenntnis Gottes finden.
Denn ER ists, der Weisheit gibt,
aus seinem Mund ist Kennen und Verständnis,
den Geraden speichert er Sinnhaftigkeit auf,
den in Schlichtheit Gehenden ist er ein Schild,
die Pfade des Rechtes zu wahren,
er hütet den Weg der ihm Holden.
Dann wirst du Wahrhaftigkeit verstehen und Recht
und Geradheit, alles Gleis des Guten.
Denn ins Herz wird Weisheit dir kommen,
Erkenntnis mild tun deiner Seele,
Erwägung wird dich behüten,
Verständigkeit dich bewahren:
da sie dich rettet vorm Wege des Bösen,
vorm Mann, der Verdrehungen redet,
jenen, die die Pfade der Gradnis verlassen
um in der Finsternis Wegen zu gehen,
die sich freuen Böses zu tun,
die Verdrehungen des Bösen bejauchzen,
ihnen, deren Pfade gekrümmt sind
und schief ziehn sie in ihren Geleisen;
da sie dich rettet vorm fremden Weibe,
vor der Ausheimischen, die glatt redet,
die den Gefährten ihrer Jugend verläßt,
vergessen hat den Bund ihres Gottes, –
denn zum Tode sinkt sie, ihr Haus,
an die Gespenster hin ihre Geleise,
alldie zu ihr kommen kehren nicht wieder,
erreichen nicht die Pfade des Lebens;
damit du gehst in dem Weg der Guten

und der Bewährten Pfade hütest.
Denn die Geraden werden wohnen im Land,
die Schlichten drin überbleiben,
die Frevler aber werden aus dem Lande gerodet,
die Tückischen jätet man daraus.

Mein Sohn, nimmer vergiß meine Weisung,
meine Gebote wahre dein Herz,
denn Länge der Tage, Jahre des Lebens
und Frieden werden sie dir mehren.
Daß Holdschaft und Treue dich nimmer verlassen!
Winde sie dir um den Hals,
schreib sie auf die Tafel deines Herzens,
und finde Gunst und gutes Gefühl
in den Augen Gottes und der Menschen!
An Ihm sichre dich mit all deinem Herzen,
auf deinen Verstand stütze dich nimmer!
Ihn erkenne auf all deinen Wegen,
und selber macht er deine Pfade gerad.
Sei nimmer weise in deinen eigenen Augen,
fürchte Ihn und weiche vom Bösen!
Heilsamkeit ists deinem Nabel,
Labsal deinen Gebeinen.
Ehre Ihn von deiner Habe,
vom Anfang all deines Ertrags,
und füllen werden sich deine Scheuern mit Sätte,
deine Kufen von Most überfließen.

Seine Zucht, mein Sohn, verwirf nimmer,
laß seiner Rüge nimmer dich widern,
denn wen Er liebt, den rügt er,
und wie ein Vater den Sohn, dem er wohlwill.
O Glück des Menschen, der Weisheit fand,
des Menschen, der sich Verständnis bescherte!
Denn ihr Gewinn ist besser als Silbers Gewinn,
als gelben Goldes ihr Ertrag,
kostbarer ist sie als Korallen,
und all deine Kleinode entgelten sie nicht,

Länge der Tage hat sie in der Rechten,
in der Linken sie Reichtum und Ehre,
ihre Wege sind Wege der Mildigkeit,
und all ihre Steige sind Friede,
Baum des Lebens ist ihnen sie, die sie fassen,
und was sich an ihr hält ist beglückt.

Durch Weisheit hat ER die Erde gegründet,
gefestigt den Himmel durch Verstand,
durch seine Erkenntnis brachen die Flutwirbel auf
und die Lüfte träufelten Tau.
Mein Sohn, laß sie nimmer aus den Augen dir rücken,
wahre Besinnung und Erwägung,
und Leben werden sie sein deiner Seele,
Gunstverleihendes deinem Hals.
Dann wirst du sicher gehn deinen Weg,
anstoßen wird dein Fuß nicht,
legst du dich hin, brauchst du nicht zu erschrecken,
hast du dich gelegt, süß ist dein Schlaf,
vor jäher Schrecknis hast du nimmer zu fürchten,
vor der Frevler Verheerung, wenn sie kommt,
denn ER wird in deiner Zuversicht dasein
und vor dem Fangeisen hüten deinen Fuß.

Gutes weigre nimmer ihm, dems gebührt,
wanns in der Macht deiner Hand ist es zu tun.
Sprich zu deinem Genossen nimmer: »Geh und kehr wieder,
morgen geb ichs«, da dus doch bei dir hast.
Schmiede nimmer Böses deinem Genossen,
da er doch gesichert sich wähnend bei dir sitzt.
Streite nimmer mit einem Menschen grundlos,
hat er dir nicht ein Böses gefertigt.
Beneide nimmer einen Mann der Unbill,
nimmer erwähle all seine Wege.
Denn der Schiefe ist IHM ein Greuel,
aber Traulichkeit hat er mit den Geraden.
In des Frevlers Haus ist SEIN Fluch,
aber er segnet die Trift der Bewährten.

Gilts den Dreisten, ist ers, der überdreistet,
aber Gunst gibt er den Gebeugten.
Ehre wird den Weisen zu eigen,
aber was die Toren abheben ist Schmach.

Höret, Söhne, die Zucht eines Vaters,
merkt auf, Verstand kennen zu lernen!
Denn gutes Vernehmen gebe ich euch,
nimmer verlaßt meine Weisung!
Denn ein Sohn bin ich meinem Vater gewesen,
ein zarter, einziger angesichts meiner Mutter.
Da unterwies er mich, sprach zu mir:
»Daß dein Herz meine Reden behalte!
hüte meine Gebote und lebe!
Erwirb Weisheit, erwirb Verstand, vergiß nimmer,
bieg nicht ab von den Reden meines Mundes.
Verlasse sie nicht und sie wird dich behüten,
liebe sie und sie wird dich bewahren.
Der Weisheit Anfang ist: Erwirb Weisheit,
um all deinen Erwerb erwirb Verstand!
Schmiege dich an sie und sie wird dich erhöhen,
wird dich ehren, wenn du sie umschlingst,
deinem Haupt gibt sie einen Kranz, gunstverleihend,
beschenkt dich mit prangender Krone.

Höre, mein Sohn, meine Reden nimm an,
und dir werden viele Jahre des Lebens.
Auf dem Weg der Weisheit habe ich dich unterwiesen,
dich bewegen ließ ich dich in der Gradheit Geleisen.
Wenn du gehst, wird dein Schritt nicht beengt sein,
läufst du, wirst du nicht straucheln.
Halt an der Zucht fest, laß nimmer los,
bewahre sie, denn sie ist dein Leben.
Auf den Pfad der Frevler komm nimmer,
nimmer wandre auf dem Wege der Bösen,
laß ihn fahren, zieh nimmer drüber,
schweife ab davon und zieh weiter!
Denn übten sie Böses nicht, schlafen sie nicht,

machten sie nicht straucheln, sind des Schlafs sie beraubt.
Denn sie haben Speise des Frevels gespeist,
getrunken Wein der Gewaltsamkeiten.
Aber der Pfad der Bewährten ist wie der Lichtschein,
fortgehend leuchtets bis zur Richte des Tags,
der Weg der Frevler ist wie das Düster,
sie erkennen nicht, woran sie straucheln.

Mein Sohn, merke auf meine Worte,
meinen Reden neige dein Ohr,
laß sie nimmer aus den Augen dir rücken,
hüte sie in deiner Herzensmitte,
denn sie sind Leben jedem, der sie findet,
all seinem Fleisch eine Heilung.
Über alle Hut wahre dein Herz,
denn aus ihm ist das Entspringen des Lebens.
Schaffe Verkrümmung des Munds von dir ab,
Schiefheit der Lippen halte von dir fern,
deine Augen sollen stracks vor sich blicken,
deine Wimpern gradaus zielen auf dein Gegenüber.
Ebne das Geleis deines Fußes
und ausgerichtet seien all deine Wege,
bieg zur Rechten nimmer ab noch zur Linken,
weichen lasse deinen Fuß von dem Bösen.

Mein Sohn, merke auf meine Weisheit,
meiner Verständigkeit neige dein Ohr,
Erwägungen zu hüten,
daß deine Lippen Erkenntnis wahren.
Denn Seim träufeln der Fremdbuhle Lippen,
glätter als Öl ist ihr Gaum,
aber am Ende ist sie bitter wie Wermut,
scharf wie ein doppelschneidiges Schwert.
Ihre Füße steigen nieder zum Tod,
am Gruftreich haften ihre Schritte.
Weil du sonst auf ebnen Lebenspfad könntest streben,
schwanken ihre Geleise:
du kannst nichts erkennen.«

Und nun, Söhne, höret auf mich,
weicht nimmer von den Reden meines Mundes!
Führe fern von ihr ab deinen Weg,
nahe nimmer dem Einlaß ihres Hauses,
sonst mußt du deine Hehre anderen geben,
einem Grausamen deine Jahre,
sonst sättigen sich an deiner Kraft Fremde
und in eines Ausheimischen Haus ist dein Fleiß,
und du stöhnst um dein Ende,
wann dein Fleisch und dein Leib sich verzehrt,
und du sprichst: »Ach, wie habe Zucht ich gehaßt
und verschmäht hat mein Herz die Rüge,
daß ich auf meiner Unterweiser Stimme nicht horchte
und meinen Lehrern nicht neigte mein Ohr, –
in alles Böse schier bin ich geraten
inmitten von Gesamt und Gemeinde!«

Trink Wasser aus deiner eignen Zisterne,
Rinnendes aus deiner Brunnenmitte.
Sollen deine Quellen nach außen überfließen?
auf die Gassen die Wassergräben?
Sie sollen für dich allein sein,
für Fremde nie neben dir.
Dein Born sei gesegnet!
Freue dich an dem Weib deiner Jugend,
der lieblichen Hinde,
der gunstreizenden Gemse,
an ihrer Minne darfst du allzeit dich letzen,
stets taumeln in ihrer Liebe.
Und warum, mein Sohn, wolltest an der Fremden du taumeln,
der Ausheimischen Brust umschlingen!
Gestreckt vor SEINEN Augen ja sind jedermanns Wege,
ebenmäßig schaut er all seine Gleise.
Die eignen Verfehlungen fangen den Frevler,
er wird von den Stricken seiner Sünde gehalten, –
der stirbt, weil er keine Zucht hat,
in der Fülle seiner Narrheit taumelt er hin.

Mein Sohn, hast du gebürgt für deinen Genossen,
hast für den Fremden Handschlag gegeben,
bist verstrickt in den Reden deines Mundes,
gefangen in den Reden deines Mundes,
tu dieses denn, mein Sohn: daß du dich entreißest,
wenn du in den Handschlag kamst deines Genossen,
geh, rackre dich ab und ranzioniere deinen Genossen,
nimmer gib deinen Augen Schlaf, deinen Wimpern
    Schlummer,
entreiß dich, wie dem Griff die Gazelle,
wie der Vogel dem Zugriff des Weidmanns.

Geh zur Ameise, Fauler,
sieh ihre Wege an und werde weise!
Die nicht Schöffen, Vogt hat und Walter,
pflegt im Sommer ihr Brot zu bereiten,
hat eingekellert ihre Nahrung zur Ernte.
Bis wann willst du noch, Fauler, liegen,
wann aufstehn von deinem Schlaf?
»Ein wenig Schlaf nur, ein wenig Schlummer,
ein wenig Händeverschränken im Liegen!«
Und wie ein Draufgänger kommt deine Armut,
dein Mangel wie ein gewappneter Mann.

Ein ruchloser Mensch ist der harmwirkende Mann,
der mit verkrümmtem Munde geht,
der mit seinen Augen zwinkert,
der mit seinen Füßen anzeigt,
der mit seinen Fingern hinweist,
Verdrehungen sind ihm im Herzen,
allzeit schmiedet er Böses,
Hader sendet er aus.
Drum kommt urplötzlich sein Scheitern,
plötzlich wird er gebrochen,
und da ist keine Heilung mehr.

Sechs sind es, die ER haßt,

sieben sind seiner Seele ein Greuel:
hochfahrende Augen,
eine Lügenzunge,
Hände, die unsträfliches Blut vergießen,
ein Herz, das Harmpläne schmiedet,
Füße, die eilends zulaufen dem Böstun,
der Täuschungen einbläst, ein Zeuge des Lugs,
und der zwischen Brüder Hader entsendet.

Wahre, mein Sohn, das Gebet deines Vaters,
verwirf nimmer die Weisung deiner Mutter.
Winde sie stets dir ums Herz,
knüpfe sie dir um den Hals.
Wann du dich ergehst, soll es dich leiten,
wann du liegst, solls dich behüten,
und erwachst du, sagt sichs dir ein.
Ja, eine Lampe ist das Gebot,
die Weisung ist ein Licht,
Weg des Lebens sind die Rügen der Zucht:
dich zu hüten vorm Weib des Genossen,
vor der Ausheimischen Zungenglätte.
Begehre in deinem Herzen nimmer ihre Schönheit,
mit ihren Wimpern soll sie nimmer dich nehmen.
Denn ein Hurenweib gilt bis hinab zu einem Brotlaib,
aber das Weib eines Mannes erjagt die kostbare Seele.
Kann jemand Feuer sich in den Busenbausch scharren
und seine Gewänder brennten nicht an?
oder geht jemand auf Kohlen
und seine Füße würden nicht versengt?
So wer kommt zum Weibe seines Genossen,
ungestraft bleibt nicht, allwer es berührt.
Man verachtet nicht den Dieb, wenn er Diebstahl verübte
seine Gier zu stillen – denn es hungerte ihn –
und betroffen es siebenfach will bezahlen,
alle Habe seines Hauses hergibt.
Doch wer mit einem Weibe buhlt, dem mangelts an Herzsinn,
ein Verderber seiner selbst, nur der tut das,
Plage und Schmach betrifft ihn,

und sein Schimpf ist unverwischbar.
Denn Eifersucht ist Grimmglut des Mannes,
er schont nicht am Rachetag,
er achtet alles Lösegelds nicht
und willfahrt nicht, wie auch Beschenkung du mehrst.

Mein Sohn, hüte meine Reden,
meine Gebote speichre bei dir auf!
hüte meine Gebote – und lebe,
meine Weisung, wie den Kern deiner Augen!
winde sie dir um die Finger,
schreibe sie auf die Tafel deines Herzens!
Sprich zur Weisheit: »Du bist meine Schwester«,
als Verwandte rufe die Verständigkeit an,
dich zu hüten vorm fremden Weibe,
vor der Ausheimischen, die glatt redet.
Denn am Fenster meines Hauses,
hinterm Gitter lugte ich aus,
und unter den Einfältigen sah ich,
gewahrte unter den Söhnen
einen Jüngling, des Herzsinns ermangelnd.
Der zog umher auf dem Markt, bei ihrer Ecke,
beschritt den Weg an ihrem Haus,
in der Dämmrung erst, im Sinken des Tags,
nun im Kern der Nacht und des Dunkels.
Und da: das Weib, ihm entgegen,
im Putz der Hure, verschlagenen Herzens.
Lärmisch ist sie und störrig,
in ihrem Haus haben ihre Füße nicht Wohnung,
bald auf der Gasse ist sie, bald auf den Plätzen,
bei jeder Ecke lauert sie auf.
Die faßte ihn und küßte ihn ab,
frechen Antlitzes sprach sie zu ihm:
»Friedmahlopfer liegen mir ob,
heut bezahle ich meine Gelübde,
drum trat ich heraus, dir entgegen,
dein Antlitz herbeizusehnen,
und ich habe dich gefunden.

Mit Prunkdecken habe mein Bett ich gedeckt,
mit Bunttüchern von ägyptischem Garn,
besprengt habe ich mein Lager
mit Myrrhe, Aloe und Zimmet.
Komm,
wir wollen bis zum Morgen uns letzen an Minne,
im Liebesspiel schwelgen aneinander.
Denn der Mann ist nicht zuhaus,
er ist auf eine Reise in die Ferne gegangen,
den Geldbeutel hat er mit sich genommen,
zum Vollmondstag erst kommt er nachhaus.«
So viel vernehmen lassend, bog sie ihn heran,
sie stieß ihn auf sich zu durch ihrer Lippen Glätte:
einfältiglich geht er hinter ihr her,
wie ein Stier, der zur Schlachtbank kommt,
wie mit Knöchelgeklirr zum Strafgericht ein Narr,
bis ein Pfeil ihm die Leber spaltet,
wie ein Vogel zur Schlinge eilt
und weiß nicht, daß sein Leben es gilt.

Und nun, Söhne, höret auf mich,
merket auf die Reden meines Mundes:
Nimmer schweife ab zu ihren Wegen dein Herz,
nimmer verirr dich auf ihre Steige!
Denn viele sind die Durchbohrten, die sie gefällt hat,
eine mächtige Schar alle von ihr Erwürgten.
Wege des Gruftreichs sind die ihres Hauses,
sie führen hinab zu den Kammern des Tods.

Ruft nicht die Weisheit?
gibt die Verständigkeit ihre Stimme nicht aus?
Zuhäupten der Höhn auf dem Weg,
aufrecht an dem Treffpunkt der Steige,
zur Seite der Tore, an der Mündung der Burgstatt,
an der Pforten Einlasse klagt sie:
»Euch, Männer, rufe ich an,
meine Stimme die Menschenkinder.
Lernt, Einfältige, Klugheit verstehen,
Toren, verstehen den Herzsinn!
– Höret, denn führerisch red ich,
was die Lippen mir öffnet, ist Gradheit,
denn Treuliches murmelt mein Gaum,
ein Greuel ist meinen Lippen der Frevel,
in Wahrheit sind alle Reden meines Mundes,
keine gewundne und krumme ist drunter,
ebenhin für den Verständigen sind sie alle,
für die Finder der Erkenntnis gerade.
Nehmt meine Zucht an, nicht Silber,
Erkenntnis lieber als erlesenes Gelbgold,
denn besser als Korallen ist Weisheit,
und alle Kleinode entgelten sie nicht.

Ich, die Weisheit, wohne der Klugheit an,
der Erwägungen Kenntnis befind ich.
IHN fürchten heißt hassen das Böse:
die Hoffart, den Hochmut, den bösen Weg
und den Mund der Verdrehungen haß ich.
Mein ist Rat und Besinnung,
ich bin das Verstehen, mein ist die Macht.
Durch mich haben Könige Königschaft,
verfügen wahrheitlich Potentaten,
durch mich sind Obere obenan
und Edle, alle Richter der Erde.
Ich, die mich lieben liebe ich,
die mich ersehnen werden mich finden.
Bei mir ist Reichtum und Ehre,
stattliche Habe und Bewährung.

Meine Frucht ist besser als Gelbgold und Feinerz,
meine Einkunft als erlesenes Silber.
Auf dem Pfad der Bewährung geh ich,
inmitten der Steige des Rechts,
den mich Liebenden Bleibendes zu übereignen,
daß ich ihre Schatzkammern fülle.

ER hat mich als Anfang seines Weges gestiftet,
als vorderstes seiner Werke von je.
Von urher bin ich belehnt, von der Frühe,
von den Vorzeiten der Erde.
Als keine Flutwirbel waren, entsprang ich,
als keine Quellen waren, die wasserschweren,
eh die Berge eingesenkt wurden,
vor den Hügeln entsprang ich,
da er noch nicht gemacht hatte Erdland und Fluren
und die frühste Staubschicht des Runds.
Als er den Himmel bereitete, war ich dabei,
als er den Umkreis schränkte über dem Wirbel,
als er den Luftraum festigte droben,
als stark wurden die Quellen der Wirbelflut,
als er seine Schranke setzte dem Meer,
daß die Wasser nicht sein Geheiß überschreiten,
als er die Gründe des Erdreichs schränkte,
war ich neben ihm als Pflegling,
war Ergötzen ich Tag um Tag,
spielend zu aller Stunde vor ihm,
spielend auf dem Rund seiner Erde,
mein Ergötzen an den Menschenkindern.

Und nun, Söhne, höret auf mich!
O Glück deren, die hüten meine Wege!
Höret Zucht und werdet weise,
nimmer lasset sie fahren.
O Glück des Menschen, der auf mich hört,
Tag um Tag an meinen Türen zu wachen,
meiner Eingänge Pfosten zu hüten!
Denn wer mich findet, hat Leben gefunden,

Gnade hat er von IHM sich beschert.
Wer mich verfehlt, tut seiner Seele Gewalt an,
alldie mich hassen, lieben den Tod.«

Die hohe Weisheit hat ein Haus sich erbaut,
hat ihrer Pfeiler ausgehaun sieben,
hat ihr Schlachtvieh geschlachtet,
hat ihren Wein gemischt,
hat auch ihren Tisch schon bereitet,
hat ausgesandt ihre Mägde, läßt rufen
auf den Höhenrücken der Burgstatt:
»Wer ist einfältig? er kehre hier ein!«
Wems an Herzsinn mangelt, zu ihm spricht sie:
»Kommt her, Brot eßt von meinem Brot,
trinkt vom Wein, den ich mischte!
Laßt ab von der Einfalt und lebt,
wandelt auf dem Weg des Verstands!«

Wer einen Dreisten in Zucht nimmt, holt Schmach sich,
wer einen Frevler rügt, ihm wirds ein Gebrest.
Rüge nimmer den Dreisten, sonst wird er dich hassen,
rüge den Weisen, und er wird dich lieben.
Gib dem Weisen, so wird er noch weiser,
dem Bewährten schenk Kenntnis, und er wächst an Vernunft.
Der Weisheit Anbeginn ist IHN fürchten,
- das Heilige erkennen, Verstand.
Denn durch mich mehren sich deine Tage,
wachsen Lebensjahre dir zu.
Wenn du weise bist, weise bist du dir zugut,
bist du dreist, du allein wirst es tragen.

Frau Torheit ist lärmisch,
die Einfaltsdame, die nie was erkannt hat,
da sitzt sie am Eingang ihres Hauses,
auf dem Höhenstuhle der Burgstatt,
zurufend ihnen, die ziehen des Wegs,
die an gerade Pfade sich halten:

»Wer ist einfältig? er kehre hier ein!«
Mangelts einem an Herzsinn, spricht sie zu ihm:
»Gestohlenes Wasser ist süß,
Brot der Heimlichkeit angenehm.«
Und er erkennt nicht, daß Gespenster dort sind,
die von ihr Gerufnen in den Tiefen des Gruftreichs!

Gleichsprüche Schlomos.

Ein weiser Sohn erfreut den Vater,
ein törichter Sohn ist der Gram seiner Mutter.

Nicht nützen Schätze des Frevels,
aber Bewährung rettet vom Tod.
Nicht läßt ER hungern die Seele des Bewährten,
aber die Sucht der Frevler drängt er hinweg.

Arm wird, wer mit träger Faust werkt,
aber der Fleißigen Hand macht reich.
Im Sommer heimst ein achtsamer Sohn,
wer zur Ernte schlummert, ist ein schandbarer Sohn.

Segenskräfte sind ums Haupt des Bewährten,
aber der Mund der Frevler verhüllt nur die Unbill.
Des Bewährten Gedächtnis bleibt im Segen,
aber der Name der Frevler wird verwesen.

Wer weisen Herzens ist, nimmt an die Gebote,
wer närrischer Lippen ist, gleitet ab.
Wer in Schlichtheit geht, geht sicher,
wer seine Wege krümmt, wird erkannt.
Wer mit dem Auge zwinkert, schafft Leid,
wer närrischer Lippen ist, gleitet ab.

Ein Born des Lebens ist der Mund des Bewährten,
aber der Mund der Frevler verhüllt nur die Unbill.
Haß erregt Hader,
aber alle Missetaten hüllt die Liebe zu.

Auf des Verstehenden Lippen wird Weisheit gefunden
und ein Stecken für den Rücken dessen, der Herzsinns
    ermangelt.
Die Weisen sparen Erkenntnis auf,
aber Narrenmund ist ein nahender Einsturz.

Des Reichen Habe ist die Burg seines Trotzes,
Sturz der Schwachen ist ihre Armut.
Der Lohn des Bewährten gereicht zum Leben,

die Einkunft des Frevlers zur Sündenpein.
Pfad zum Leben ists, hält einer Zucht,
läßt einer von der Rüge, verirrt er sich.

Verhehlt einer Haß, das sind Lügenlippen,
und wer Gerücht aussprengt, der ist ein Tor.
Bei vielem Gered fehlts an Missetat nicht,
aber wer mit seinen Lippen kargt, ist achtsam.
Erlesenes Silber ist die Zunge des Bewährten,
das Herz der Frevler gilt wenig.
Die Lippen des Bewährten geben vielen zu weiden,
aber die Narren sterben durch Mangel an Herzsinn.

SEIN Segen, er ists der reich macht,
neben ihm fügt die Rackerei nichts hinzu.

Wie ein Spiel ist Zuchtlosigkeit üben dem Toren,
so Weisheit dem Mann von Verständnis.
Wovors den Frevler graut, das überkommt ihn,
aber was die Bewährten wünschen, gibt Er.
Sowie das Wetter hinfuhr, ist kein Frevler mehr da,
aber der Bewährte ist auf Weltzeit ein Grund.
Wie Essig den Zähnen, wie Rauch den Augen,
so ist der Faule ihnen, die ihn senden.

SEINE Furcht mehrt die Tage,
aber der Frevler Jahre werden verkürzt.
Die Erwartung der Bewährten ist Freude,
aber die Hoffnung der Frevler schwindet.
Trutzfeste ist der Schlichtheit SEIN Weg,
aber Absturz den Harmwirkenden.
Der Bewährte wird in Weltzeit nicht wanken,
aber die Frevler werden das Land nicht bewohnen.

Der Mund des Bewährten läßt Weisheit sprießen,
aber die Zunge der Verdrehung wird ausgerottet.
Die Lippen des Bewährten kennen das Wohlgefallen,
der Mund der Frevler nur die Verdrehung.

Trügliche Waagschalen sind IHM ein Greuel,
aber ein völliger Gewichtstein sein Wohlgefallen.

Kam Vermessenheit, kommt Schimpf,
aber mit den Bescheidenen ist Weisheit.

Die Schlichtheit der Geraden geleitet sie,
die Wühlerei der Tückischen überwältigt sie.

Nicht nutzt Habe am Tag des Überwallens,
aber Bewährung rettet vom Tod.
Die Bewährung des Schlichten macht gerad seinen Weg,
aber durch seinen Frevel fällt der Frevler.
Die Bewährung der Geraden errettet sie,
aber in der Sucht der Tückischen werden sie selber gefangen.

Wann ein frevelhafter Mensch stirbt, schwindet die Hoffnung,
die Erwartung der Manneskraft schwand.

Der Bewährte wird aus Bedrängnis entschnürt,
der Frevler kommt an seine Stelle.
Durch den Mund verderbt der Heuchler seinen Genossen,
aber durch Erkenntnis werden die Bewährten entschnürt.

Bei der Bewährten Wohlstand entzückt sich der Stadtkreis,
aber wann die Frevler schwinden ist Jubel.
Durch der Geraden Segnung erhebt sich die Stadt,
aber durch den Mund der Frevler wird sie geschleift.

Seinen Genossen verlästert, wer des Herzsinns ermangelt,
aber der Mann von Verstand schweigt.
Wer mit Klatschkram umherzieht, offenbart auch Geheimnis,
aber wer treuen Geistes ist, hält die Sache verhüllt.

Ohne Lenkung verfällt ein Volk,
Befreiungssieg wird, wo viel Ratgebung ist.

Bös, gar bös ists, wenn für den Fremden man bürgte,
aber wer Handschlag haßt, ist sicher.

Ein Weib von Gunstreiz hält fest an der Ehre,
Wüteriche halten am Reichtum fest.

Der Mann von Huld fertigts der eigenen Seele zu,
der Grausame zerrüttet das eigene Fleisch.

Der Frevler erwirbt verlognen Gewinn,
wer Bewährung aussät, treulichen Lohn.

Redlichkeit der Bewährung – zum Leben führts,
wer dem Bösen nachjagt – zu seinem Tod führts.

Ein Greuel IHM sind die verkrümmten Herzens,
sein Wohlgefallen die schlichten Wegs.

Hand zu Hand: nicht bleibt straffrei der Böse,
aber des Bewährten Same darf entrinnen.

Ein goldner Reif im Rüssel eines Schweins:
ein schönes Weib, der Schicklichkeit entratend.

Der Wunsch der Bewährten ist nur das Gute,
die Hoffnung der Frevler ist Überwallen.

Da ist einer, der ausstreut und ihm wird noch gemehrt,
und einer kargt am Gebührenden und es führt nur zum
    Mangel.
Eine Segensseele gedeiht,
und wer labt, wird auch selber gelabt.
Wer Korn vorenthält, dem fluchen die Leute,
aber Segen wird dem Haupt des Vermarkters.

Wer das Gute erstrebt, sucht Wohlgefallen,
aber wer nach dem Bösen trachtet, den überkommt es.
Wer mit seinem Reichtum sich sichert, der fällt,
aber wie Laub schießen auf die Bewährten.
Wer sein Haus zerrüttet, kriegt Wind zu eigen,
Knecht wird dem Herzensweisen der Narr.

Die Frucht des Bewährten: ein Baum des Lebens,
Seelen nimmt der Weise ein.
Wohl, vergolten wird dem Bewährten auf Erden,
nun gar dem Frevler und Sünder!

Zucht liebt, wer Erkenntnis liebt,
aber es haßt die Rüge der Dumme.
Der Gute beschert sich Gefallen von IHM,
aber den Mann von Ränken schuldigt ER Frevels.
Ein Mensch bleibt nicht aufrecht bei Frevel,

aber die Wurzel der Bewährten wankt nie.

Ein Weib von Tucht ist die Krone ihres Gatten,
aber wie Wurmfraß in seinem Gebein ist die Schändliche.

Die Pläne der Bewährten sind Gerechtigkeit,
die Lenkungskünste der Frevler sind Trug.
Die Worte der Frevler sind Lauern auf Blut,
aber der Mund der Geraden errettet die.
Umgestürzt die Frevler, und aus ists,
aber das Haus der Bewährten besteht.

Gemäß seinem Begreifen wird gepriesen ein Mann,
wer verschrobenen Herzens ist, gerät in Verachtung.

Besser, wer gering bleibt und sein eigner Arbeiter,
als wer sich wichtig macht und es mangelt an Brot.
Es kennt der Bewährte die Seele seines Viehs,
aber das Gefühl der Frevler ist grausam.

Wer seinen Acker bearbeitet, wird Brotes satt,
wer Leerem nachjagt, dem mangelts an Herzsinn.

Wonachs den Frevler gelüstet, ist ein Fangnetz von Bös-
    geschick,
aber die Wurzel der Bewährten ergibt.
Im Frevel der Lippen ist eine Verstrickung des Bösen,
doch der Bewährte entkommt der Drangsal.
Was der Mund eines Mannes fruchtet, davon wird er des
    Guten satt,
was die Hände eines Menschen reifen lassen, das kehrt zu ihm
    zurück.

Der Weg des Narren ist gerad in seinen Augen,
aber wer auf Rat hört, ist weise.
Der Narr, selben Tags wird sein Verdruß kund,
aber wer den Schimpf verhüllt, ist klug.

Treulichkeit haucht ein, wer Wahrhaftigkeit meldet,
aber der Lügenzeuge nur Trug.
Mancher plappert Schwertstichen gleich,
aber die Zunge der Weisen ist Heilung.
Die treue Lippe ist auf ewig gefestet,

einen Nu lang nur die Zunge der Lüge.

Der Trug geht den Bösgeschickschmieden ans Herz,
aber die zum Frieden raten, bei ihnen ist Freude.
Keinerlei Harm widerfährt dem Bewährten,
aber voll werden die Frevler des Bösen.
Ein Greuel Iнм sind die Lippen der Lüge,
die Treulichkeit üben, sein Wohlgefallen.

Ein kluger Mensch verhüllt Erkenntnis,
aber ein Torenherz ruft Narretei aus.

Der Fleißigen Hand wird walten,
aber die träge wird fronpflichtig werden.
Besorgnis im Mannesherzen, man dränge sie nieder,
eine gute Anrede überfreut sie schon wieder.

Ausschwärmen läßt der Bewährte seine Genossenschaft,
aber der Weg der Frevler führt selber sie irre.

Nicht stört der Träge seinen Netzfang auf,
aber köstliche Menschenhabe ist des Fleißigen.

Auf dem Pfad der Bewährung ist Leben,
die Wegreise des Steiges heißt Nimmertod.

Ein weiser Sohn, das ist die Zucht des Vaters,
aber ein Dreister hört nicht die Schelte.

Was der Mund eines Mannes fruchtet, davon genießt er des
    Guten,
aber die Seele der Tückischen ist Unbill.
Wer seinen Mund wahrt, behütet seine Seele,
wer seine Lippen aufsperrt, dem wird der Sturz.

Drauf los wünscht, wo nichts da ist, seine Seele: das ist der
    Faule,
aber die Seele der Fleißigen gedeiht.

Die Sache der Lüge haßt der Bewährte,
aber der Frevler will nur anrüchig und schmählich machen.

Bewährung bewacht ihn, dessen Weg schlicht ist,
aber Frevelei unterwühlt die Sünderbahn.

Mancher stellt sich reich, und gar nichts ist da,
stellt sich arm, und der Habe ist viel.

Deckung für jemands Seele kann sein Reichtum werden,
aber arm wird, wer die Schelte nicht hört.

Das Licht der Bewährten frohlockt,
aber die Lampe der Frevler verschwelt.

Bei Vermessenheit ergibts nur Gerauf,
mit den Beratsamen aber ist Weisheit.

Dunsterworbne Habe wird wenig,
aber sein, der handweise stapelt, wird viel.

Hingezogne Erwartung macht das Herz krank,
aber ein Lebensbaum ists, wenns kommt, was man wünschte.

Wer das Wort mißachtet, bleibt ihm verpfändet,
wer das Gebot fürchtet, dem wird vergolten.

Des Weisen Lehre ist Born des Lebens,
um auszuweichen den Schlingen des Tods.

Guter Sinn ergibt Gunst,
aber der Weg der Tückischen wird eine urständige Flut.

Der Kluge handelt überall kundig,
aber der Tor entfaltet die Narrheit.

Ein frevelhafter Bote fällt ins Böse,
aber ein getreuer Werber ist Heilung.

Armut und Schimpf: wer die Zucht fahren läßt,
wer aber die Rüge hütet, wird geehrt.

Darf geschehn, was man wünscht, ists der Seele süß,
aber Greuel den Toren ist weichen vom Bösen.

Wer mit Weisen umgeht, wird weise,
wer bei Toren sich barg, dem gehts bös.

Den Sündern nach jagt das Böse,
aber den Bewährten vergilt sich das Gute.

Der Gute übereignet den Kindeskindern,

aber aufgespart dem Bewährten ist die Habe des Sünders.

Viel Speise ist im Ackern der Armen,
aber manches wird entrafft durch Ungerechtigkeit.

Wer mit seinem Stecken kargt, haßt seinen Sohn,
wer ihn liebt, bereitet ihm Zucht.

Der Bewährte ißt, bis seine Seele satt ist,
aber dem Bauch der Frevler mangelts immer.

Der Frauen Weisheit erbaut ihr Haus,
Narrheit, die schleifts mit den eigenen Händen.

In seiner Geradheit geht, wer IHN fürchtet,
seine Wege verschieft, wer ihn mißachtet.

Im Munde des Narren ist ein Reis des Hochmuts,
aber die Lippen der Weisen behüten sie.

Wo keine Rinder sind, hat man Korns nur die Krippe,
aber viele Erträge gibts durch die Kraft des Stiers.

Ein getreuer Zeuge enttäuscht nicht,
aber ein lügenhafter Zeuge bläst Täuschungen ein.

Mag der Dreiste Weisheit suchen, keine ist da,
aber leicht ist Erkennen dem Aufmerksamen.

Geh hinweg von dem törichten Mann
und an dem du keine Lippen der Erkenntnis erkannt hast.

Die Weisheit des Klugen ist: auf seinen Weg merken,
und die Narrheit des Toren ist: Trug.

Die Narren macht Schuld dreist,
aber unter den Geraden ist Wohlgefallen.

Das Herz allein weiß um die Bitternis seiner selbst,
und auch in seine Freude kann sich ein Fremder nicht mengen.

Das Haus der Frevler wird ausgetilgt werden,
aber das Zelt der Geraden wird blühen.

Mancher Weg ist im Angesicht eines Mannes gerad,
aber das Ende davon sind Wege des Todes.

Auch beim Lachen kann ein Herz leiden,
und der Fröhlichkeit Ausgang ist Gram.

Satt wird von seinen Wegen, dessen Herz abgeschwenkt ist,
von dem aber, was an ihm ist, der gute Mann.

Der Einfältige traut aller Rede,
aber der Kluge merkt auf seinen Schritt.

Der Weise scheut sich und weicht dem Bösen aus,
der Tor aber überwallt und wähnt sich gesichert.

Der Kurzmütige, der Narrheit übt,
und der Mann von Ränken ist verhaßt.

Die Einfältigen hegen Narrheit als Eigentum,
aber die Klugen krönen sich mit Erkenntnis.

Niedern müssen sich die Bösen vor den Guten,
die Frevler an den Toren des Bewährten.

Auch seinem Genossen ist der Arme verhaßt,
aber die den Reichen lieben sind viele.
Wer seinen Genossen verachtet, sündigt,
wer aber Gönner ist den Gebeugten, beglückt der!

Gehn, die Böses schmieden, nicht irre?
aber Huld und Treue ist ihrer, die Gutes schmieden.

Durch alle Mühe wird Überfluß,
aber Lippengered gereicht nur zum Mangel.

Den Weisen ists ein Kranz, wenn sie reich sind,
die Narrheit der Toren bleibt Narrheit.

Seelen rettet ein treuer Zeuge,
wer Täuschungen einbläst, nur den Betrug.

In SEINER Furcht ist einer mächtig gesichert,
seinen Kindern wirds eine Bergung.
SEINE Furcht ist Born des Lebens,
auszuweichen den Schlingen des Todes.

In dem Wachstum des Volks ist der Glanz des Königs,
aber im Schrumpfen der Nation ist der Sturz des Potentaten.

Der Langmütige hat vielen Verstand,
der Kurzatmige treibt die Narrheit empor.

Leben der Leiblichkeit ist ein heiles Herz,
Wurmfraß des Gebeins ist der Neid.

Wer den Schwachen preßt, höhnt Ihn, der ihn gemacht hat,
Ihn ehrt, wer den Dürftigen begünstigt.

Gehts ihm bös, wird umgestoßen der Frevler,
aber noch in seinem Tod ist der Bewährte geborgen.

Im Herzen des Verständigen ruht die Weisheit still,
aber was im Bereich der Toren ist, wird kundbar.

Die Wahrhaftigkeit hebt einen Stamm empor,
aber Unholdschaft den Nationen ist die Versündigung.

Das Wohlgefallen des Königs gebührt dem achtsamen Diener,
aber sein Überwallen ist des schandbaren Teil.

Eine linde Antwort kehrt die Grimmglut ab,
aber eine schnöde Rede macht den Zorn steigen.

Die Zunge der Weisen sagt die Erkenntnis gut,
aber der Mund der Toren sprudelt die Narrheit hervor.

Allerorten sind SEINE Augen,
die Bösen und die Guten betrachtend.

Die heile Zunge ist ein Lebensbaum,
eine Verzerrung aber daran ist ein Bruch am Geist.

Der Narr schmäht die Zucht seines Vaters,
wer aber die Rüge hütet, wird klug.

Das Haus des Bewährten ist ein großer Hort,
aber in der Einkunft des Frevlers ist Zerrüttung.

Die Lippen der Weisen streuen Erkenntnis,
aber das Herz der Toren Haltlosigkeit.

Der Frevler Schlachtopfer ist IHM ein Greuel,
der Geraden Gebet ist ihm ein Wohlgefallen.
Ein Greuel IHM ist der Weg des Frevlers,
wer aber der Bewährung nachjagt, den liebt er.

Bös dünkt die Zucht ihn, der den Pfad verläßt, –
wer die Rüge haßt, der muß sterben.

Gruftreich und Verlorenheit sind IHM gegenwärtig,
wie gar die Herzen der Menschenkinder.

Nicht liebts der Dreiste, daß man ihn rüge,
zu den Weisen mag er nicht gehn.

Ein frohes Herz macht das Angesicht heiter,
bei Herzens Trübsal ist auch der Geist geknickt.

Des Verständigen Herz sucht Erkenntnis,
der Mund der Toren weidet sich an der Narrheit.

Alle Tage des Gebeugten sind bös,
wer aber heitern Herzens ist, hat ein stetes Gelag.

Besser wenig in Furcht vor IHM,
als ein großer Schatz und Verwirrung dabei.
Besser ein Gericht Krauts, wo Liebe ist,
als ein gemästeter Ochs und Haß ist dabei.

Ein Mann von Grimmglut erregt nur Hader,
aber ein Langmütiger beschwichtigt den Streit.

Der Weg des Faulen ist wie eine Dornenhecke,
aber der Geraden Pfad ist gebahnt.

Ein weiser Sohn erfreut den Vater,
ein Mensch von Torenart mißachtet seine Mutter.

Narrheit ist Freude, wems an Herzsinn mangelt,
aber der Mann von Verstand geht geradehin.

Da bröckeln Pläne, wo Einvernehmen fehlt,
wo viele miteinander beraten, stehts aufrecht.

Freude wird dem Mann durch die Antwort seines Mundes:
eine Rede zu ihrer Zeit, wie gut!

Ein Pfad des Lebens, nach oben, ist des Begreifenden,
damit er ausweiche dem Gruftreich unten.

Das Haus der Hoffärtigen reutet ER aus
und richtet den Grenzstein der Witwe wieder auf.

Ein Greuel IHM sind die Pläne der Bosheit,
aber als rein gelten die Sprüche der Mildigkeit.

Sein Haus zerrüttet, wer Ausbeutung beutet,
wer aber Zweckgaben haßt, wird leben.

Das Herz des Bewährten sinnt, wie zu antworten sei,
aber der Mund der Frevler sprudelt das Böse.

Fern ist ER von den Frevlern,
aber das Gebet der Bewährten erhört er.

Leuchten der Augen erfreut das Herz,
was man Gutes zu hören kriegt, erquickt das Gebein.

Ein Ohr, das auf die Rüge des Lebens hört,
im Bereich der Weisen darfs nächtigen.

Wer Zucht fahren läßt, verwirft seine Seele,
wer auf die Rüge hört, erwirbt sich ein Herz.

IHN fürchten ist Zucht zur Weisheit,
voraus geht der Ehre das Hingebeugtsein.

Des Menschen sind die Entwürfe des Herzens,
aber von IHM her ist die Antwort der Zunge.
Sind in jemands Augen lauter all seine Wege,
der Ermesser der Geister ist ER.
Wälze IHM zu deine Taten,
und aufgerichtet werden deine Pläne.

Alles Ding wirkt ER für dessen Antwortgeben,
so auch den Frevler, für den Tag, da es bös wird.

Ein Greuel IHM ist jeder hoffärtigen Herzens,
Hand zu Hand: er bleibt straffrei nicht.

Durch Holdschaft und Treue wird Verfehlung gedeckt,
aber durch SEINE Furcht weicht man vom Bösen.

Hat ER an den Wegen eines Mannes Gefallen,
läßt er auch dessen Feinde Frieden schließen mit ihm.

Besser wenig mit Bewährung,
als viele Einkünfte mit Unrecht.

Das Herz des Menschen plant seinen Weg,
aber ER richtet dessen Schritt aus.

Eine Orakelmacht ist auf den Lippen des Königs,
am Recht kann sich sein Mund nicht vergehn.
Schwebebalken und Waagschalen der Richtigkeit sind SEIN,
sein Werk alle Gewichtsteine des Beutels.
Ein Greuel ist Königen Frevel wirken,
denn durch Wahrhaftigkeit hält sich aufrecht der Thron.
Wohlgefallen sind Königen wahrhaftige Lippen,
wer Geradnis redet, den liebt man.
Grimm des Königs, das sind Boten des Todes,
aber ein weiser Mann versöhnt ihn.
Im Leuchten des Königsgesichts ist Leben,
sein Wohlgefallen wie eine Lenzregenwolke.

Weisheit erwerben, wie viel besser als Gold,
Verstand erwerben ist erlesner als Silber.

Die Bahn der Geraden ist: weichen vom Bösen,
seine Seele behütet, wer seinen Weg wahrt.

Voraus dem Zusammenbruch: Hoffart,
voraus dem Straucheln: Überhebung des Geistes,
Besser am Geist geniedert mit den Gebeugten,
als Raub teilen mit den Hoffärtigen.

Wer des Wortes achtet, findet das Gute,
wer an IHM sich sicher weiß, beglückt der!

Wer weisen Herzens ist, wird verständig genannt,
Süße der Lippen steigert die Vernehmbarkeit.

Born des Lebens ist die Achtsamkeit ihrem Eigner,
aber Züchtigung der Narren ist die Narrheit.

Das Herz des Weisen macht seinen Mund achtsam,
seinen Lippen steigerts die Vernehmbarkeit.
Eine Honigwabe sind der Mildigkeit Sprüche,
Süße für die Seele, Heilkraft fürs Gebein.

Mancher Weg ist im Angesicht eines Mannes gerad,
aber das Ende davon sind Wege des Todes.

Die Seele des sich Mühenden müht sich für ihn,
denn sein eigener Mund treibt ihn an.

Der ruchlose Mann bohrt nach Bösem,
und auf seinen Lippen ist wie sengendes Feuer.
Der Mann der Verdrehungen entsendet den Hader,
der Hetzer trennt den Gefährten ab.
Der Mann der Unbill verlockt seinen Genossen
und führt ihn auf einen Weg, der nicht gut ist.

Blinzt einer seine Augen ein, ists, Verdrehungen zu planen,
kneift einer seine Lippen zu, hat er das Böse vollzogen.

Ein stolzer Kranz ist Greisenhaar,
auf dem Weg der Bewährung erlangt mans.

Besser ist ein Langmütiger als ein Held,
wer seines Aufbrausens waltet, als wer eine Stadt bezwingt.

Im Bausch wirft man das Los,
aber alle Entscheidung drüber ist von IHM her.

Besser ein trockner Bissen und Friedlichkeit dabei
als ein Haus voll Schlachtmähler mit Streit.

Ein achtsamer Knecht waltet des schandbaren Sohns,
und inmitten der Brüder teilt er das Erbe.

Der Tiegel fürs Silber, der Ofen fürs Gold,
aber der Herzen Prüfer ist ER.

Der Bösgesinnte merkt auf die Lippe des Harms,
die Lüge leiht der Verhängniszunge das Ohr.

Wer des Armen spottet, höhnt Ihn, der ihn gemacht hat,
wer sich an einem Scheitern freut, bleibt nicht straffrei.

Kranz der Alten sind Kindeskinder,
Stolz der Kinder sind ihre Väter.

Nicht ziemt dem Gemeinen die Sprache des Überragens,
wie gar dem Edlen die Sprache der Lüge.

Ein Gunststein ist das Geschenk in den Augen seines Inhabers:

wohin immer er sich wendet, er wirds ergreifen.

Zuhüllt ein Vergehen, wer Liebe sucht,
wer die Sache aber wieder hervorholt, trennt von sich den
    Gefährten.

Schelte bestürzt den Verständigen mehr
als hundert Schläge den Toren.

Nur nach Widerspenstigkeit sucht der Böse,
aber ein grausamer Bote wird wider ihn entsandt.

Eine jungenberaubte Bärin begegne einem Mann,
aber nimmer ein Tor mit seiner Narretei.

Wer Böses erstattet für Gutes,
aus seinem Haus wird das Bösgeschick nicht weichen.

Ein Dammbruch der Wasser, so der Anfang des Haders,
ehs im Streite zum Platzen kommt, lasse ab!

Wer bewahrheitet den Frevler und wer verfrevelt den
    Bewährten,
ein Greuel Ihm sind beide zumal.

Was soll doch in der Hand des Toren der Kaufpreis,
Weisheit zu erwerben? Er hat ja keinen Herzsinn!

Zu aller Stunde liebt der Genosse,
der Bruder ist für die Bedrängnis geboren.

Ein Mensch des Herzsinns ermangelnd ist, wer Handschlag
    gibt,
wer bürgschaftsgültig bürgt vor seinem Genossen.

Frevel liebt, wer Rauferei liebt,
wer seine Pforte hochmacht, sucht die Zertrümmerung.

Wer verkrümmten Herzens ist, findet nicht Gutes,
wer mit seiner Zunge wendig ist, fällt in das Bösgeschick.

Wer einen Toren zeugt, dem wirds zum Gram,
nicht froh wird der Vater eines Gemeinen.

Ein frohes Herz macht Wunden gut verharschen,
ein geknickter Mut dörrt das Gebein.

Bestechung nimmt der Frevler aus dem Bausch an,
die Pfade des Rechtes zu biegen.

Der Verständige hat Weisheit vorm Angesicht,
des Toren Augen sind am Rande der Welt.

Ein Verdruß seinem Vater ist ein törichter Sohn
und seiner Gebärerin eine Verbitterung.

Ists ungut schon, den Gerechten zu büßen,
wider die Geradheit ists, Edle zu schlagen.

Mit seinen Worten kargt, wer Erkenntnis kennt,
kühlen Mutes ist der Mann von Verstand.

Auch ein Narr wird, schweigt er, für weise gerechnet,
stopft seine Lippen er zu, für verständig.

Dem Wunsch nur trachtet der sich Absondernde nach,
gegen alle Besinnlichkeit platzt er los.

Nicht hat der Tor Lust an Verständnis,
sondern daran, daß sich sein Herz offenbare.

Wann der Frevler kommt, kommt die Verachtung
und dem Schimpfe zugesellt Hohn.

Tiefe Wasser sind manches Munds Reden,
ein sprudelnder Bach, ein Born der Weisheit.

Das Angesicht eines Frevlers erheben, nicht gut ists,
den Bewährten zu beugen im Gericht.

Des Toren Lippen kommen mit Streit,
sein Mund ruft Prügel herbei.
Des Toren Mund ist sein eigener Sturz,
seine Lippen der Fallstrick seiner Seele.
Die Reden des Hetzers sind, wie was leicht geschluckt wird,
die gleiten nieder in die Kammern des Busens.

Auch wer in seiner Arbeit sich lässig zeigt,
ist Bruder ihm, der verderbt.

Ein Turm des Trutzes ist SEIN Name,
darein läuft der Bewährte und ragt.

Die Habe des Reichen sei die Burg seines Trotzes,
gleich einer ragenden Mauer, so malt er sichs aus.

Vor dem Zusammenbruch wird hochfahrend das Herz eines
    Manns,
aber voraus der Ehre geht das Hingebeugtsein.

Erstattet einer Rede, eh er gehört hat,
Narrheit ists ihm und Unglimpf.

Der Mut eines Mannes hält sein Kranksein aus,
aber ein geknickter Mut, wer trägt ihn?

Das Herz des Verständigen erwirbt noch Erkenntnis,
das Ohr der Weisen sucht noch nach Erkenntnis.

Die Freigebigkeit eines Menschen macht ihm Raum,
und vor die Großen geleitet sie ihn.

Mit seiner Streitsache ist der erste gerecht,
dann aber kommt sein Genosse und forscht ihn aus.

Das Los verabschiedet den Hader
und trennt die Mächtigen voneinander.

Ein Bruder, dem man abtrünnig ward, ist härter als eine
    Trutzburg,
solcher Hader ist wie der Riegel eines Palastes.

Was der Mund eines Mannes fruchtet, davon wird sein Leib
    satt,
satt wird er von der Einkunft seiner Lippen.
Tod und Leben sind in der Macht der Sprache,
und die sie lieben, dürfen ihre Frucht essen.

Wer ein Weib fand, fand ein Gut,
er hat sich Gefallen von IHM her beschert.

Flehentlich redet der Arme,
aber der Reiche antwortet trotzig.

Ein Mann mit lauter Gesellen, der kann wohl dran zerschellen,
aber einen Liebenden gibts, der hangt mehr an als ein Bruder.

Besser dran ist ein Armer, in seiner Schlichtheit gehend,

als ein die Lippen Verkrümmender, der doch ein Tor ist.

Ists schon an der Seele nicht gut, wo Erkenntnis nicht ist.
wer mit seinen Füßen hastet, tritt fehl.

Des Menschen Narrheit unterwühlt seinen Weg,
aber mit IHM grollt dann sein Herz.

Wohlhabenheit bringt viele Gesellen herzu,
wer aber geschwächt ist, von dem trennt sich seine
    Gesellschaft.

Ein Lügenzeuge kann nicht straflos bleiben,
wer Täuschungen einbläst, kann nicht entrinnen.

Viele glätten das Anlitz des Edeln,
alles gesellt sich dem freigebigen Mann.

Alle Brüder des Verarmten hassen ihn,
wie gar seine Genossenschaft, sie entfernen sich von ihm.
Jagt dem einst Gesprochnen er nach, das gilt nun nicht mehr.

Herzsinn erwirbt, wer seine Seele liebt,
wer Verständigkeit hütet, muß das Gute finden.

Ein Lügenzeuge kann nicht straflos bleiben,
wer Täuschungen einbläst, wird schwinden.

Nicht ziemt dem Toren Verwöhnung,
geschweige denn dem Knecht, der Fürsten zu walten.

Langmütig macht den Menschen das Begreifen,
an dem Vergehn vorüberziehn ist sein Stolz.

Wie des Leun Gebrumm ist der Groll des Königs,
aber wie Tau auf Gekräut ist sein Wohlgefallen.

Verhängnis seinem Vater ist ein törichter Sohn,
ein beharrliches Dachgesicker ist das Hadern des Weibes.

Haus und Habe sind Übereignung der Väter,
aber von IHM her ist ein achtsames Weib.

Faulheit läßt in Betäubung fallen,
die Seele des Trägen muß hungern.

Wer das Gebot hütet, hütet seine Seele,
wer seine Wege vernachlässigt, ist des Todes.

IHM leiht, wer dem Schwachen ein Gönner ist,
was er fertigte, wird ER ihm bezahlen.

Züchtige deinen Sohn, denn noch gibt es Hoffnung,
aber seinen Tod zu verlangen verhebe sich nicht deine Seele
– großer Grimm trägt Strafe davon –,
sondern rette ihn und fahre noch fort:
»Höre Rat, nimm Zucht an,
damit du weise wirst in deiner Zukunft.«

Viele Pläne sind im Herzen des Mannes,
aber SEIN Ratschluß, der bleibt aufrecht.

Das Erwünschte am Menschen ist seine Holdschaft,
und ein Armer ist besser als ein täuschender Mann.

SEINE Furcht, zum Leben gereicht sie,
gesättigt nächtigt man, mit Bösem nie bedacht.

Hat der Faule seine Hand in die Schüssel gesteckt,
führt er sie auch zu seinem Mund nicht zurück.

Den Dreisten schlage und der Einfältige wird klug,
rügt man den Verständigen, lernt jener Erkenntnis verstehn.

Wer den Vater gewaltigt, die Mutter in die Flucht treibt,
das ist ein schandbarer und schmählicher Sohn.

Laß ab, mein Sohn, Zucht anzuhören,
um dann von der Erkenntnis Worten abzutaumeln!

Ein ruchloser Zeuge überdreistet das Recht,
der Mund der Frevler wirrt noch den Harm.

Bereit sind für die Dreisten Gerichte
und Prügel für den Rücken der Toren.

Der Wein ist ein Erdreister, der Rauschtrank ist ein Lärmer,
wer davon taumelt, wird nie weise.

Wie eines Leun Gebrumm ist das Schrecken des Königs,
wer ihn aufwallen macht, verwirkt sein Leben.

Ehre dem Mann ists, abseits sitzen vom Streit,
aber jeder Narr platzt los.

Im Herbst pflügt nicht der Faule,
fragt in der Erntezeit er, ist nichts da.

Tiefes Wasser ist der Ratschluß im Herzen des Manns,
der Mann von Verstand aber schöpft ihn herauf.

Die Menschenmenge ruft aus, jedermann seine Holdschaft,
aber der Mann, dem zu vertraun ist, wer findet den!

Der in seiner Schlichtheit einhergeht, der Bewährte,
beglückt seine Kinder nach ihm!

Ein König, auf dem Urteilstuhl sitzend,
worfelt mit seinen Augen alles Schlechte hinweg.

Wer kann sprechen: »Geläutert hab ich mein Herz,
rein bin ich geworden von meiner Sünde«!

Zweierlei Gewichtstein, zweierlei Scheffel,
ein Greuel IHM sind sie beide zumal.

Schon ein Knabe läßt an seinem Treiben sich unterscheiden:
ob lauter, ob gerade seine Werkweise ist.

Ein hörendes Ohr, ein sehendes Auge,
ER hat sie beide zumal gemacht.

Liebe nimmer den Schlaf, sonst verarmst du,
halte deine Augen hell, wirst Brots satt.

»Schlecht, schlecht!« sagt der Erwerber,
aber begibt er sich fort, dann preist er sich drum.

Gibts auch Gold und in Menge Korallen,
der kostbare Schmuck sind Lippen der Erkenntnis.

Nimm ihm das Gewand, denn er hat für einen Unzugehörigen
    gebürgt,
und des Fremdweibs halber pfände ihn.

Schmeckt einem Mann erlogenes Brot,
danach füllt sich der Mund ihm mit Kies.

Planen festigt sich durch Rat,
mit Lenkungskunde führe drum Krieg.

Geheimnis offenbart, wer mit Klatschkram umherzieht,
wer seine Lippen aufreißt, mit dem laß dich nicht ein!

Wer seinem Vater oder seiner Mutter flucht,
dessen Lampe verschwelt im Kern der Finsternis.

Ein Eigentum, im Anbeginn zusammengeschnappt,
dessen Ende wird nicht gesegnet sein.

Sprich nimmer: »Möchte ich das Böse vergelten können!«
Hoffe auf IHN und er wird dich befrein.

Ein Greuel IHM ist zweierlei Gewichtstein,
die Waagschalen des Trugs sind nichts Gutes.

»Von IHM her sind die Stapfe des Mannes.«
Und der Mensch, wie verstünde er da seinen Weg!

Ein Fallstrick des Menschen ists, er stammelt: »Geheiligt!«
und erst nach dem Geloben schickt er sich an zu erwägen.

Die Frevler hinweg worfelt ein weiser König,
er läßt das Dreschrad über sie rollen.

Eine Lampe von IHM ist der Atemgeist des Menschen,
sie durchspürt alle Kammern des Busens.

Huld und Treue bewahren den König,
er stützt auf Huld seinen Thron.

Stolz der Jünglinge ist ihre Kraft,
Glanz der Alten das Greisenhaar.

Wundstriemen scheure dem Bösen,
sie pochen an des Busens Kammern.

Wassergräben ist ein Königsherz in SEINER Hand,
allwohin er will, leitet ers.

Ist in jemands Augen gerad all sein Weg,
der Ermesser der Geister ist ER.

Wahrheit und Recht tun,

erlesner ists als Schlachtopfer IHM.

Überhebliche Augen, ein Herz, das sich breitmacht, -
was so die Frevler erackern, ist die Sündenpein.

Das Planen des Fleißigen führt nur zum Überfluß,
aber jeder, der hastet, fährt nur zum Mangel.

Erwirken von Schätzen durch Lügenzunge:
verwehender Dunst, Fallstricke des Tods.

Die Gewalttat der Frevler zerrt sie nach,
denn sie weigern sich Recht zu tun.

Ein Zickzack ist der Weg des gaunerischen Manns,
aber der Lautere, gerad ist sein Werk.

Besser ein Weilen in einer Ecke des Dachs
als ein haderndes Weib und ein gemeinsames Haus.

Die Seele des Frevlers wünscht das Böse,
Gunst kann sein Genosse in seinen Augen nicht finden.

Büßt man den Dreisten, wird der Einfältige weise,
und achtet man des Weisen, nimmt jener Erkenntnis an.

Es achtet ein Bewährter auf das Frevlerhaus,
unterwühlt die Frevler, zum Bösgeschick.

Wer sein Ohr vorm Schrei des Schwachen verstopft,
auch er selber wird rufen und Antwort nicht finden.

Gabe im Versteck stülpt den Zorn um,
Beschenkung in den Bausch den trotzigen Grimm.

Freude ists dem Bewährten, wird Recht getan,
aber Entsetzen den Harmwirkenden.

Ein Mensch, der vom Weg der Achtsamkeit abirrt,
wird ruhn in der Gespenster Versammlung.

Ein Mann des Mangels wird, wer Lustbarkeit liebt,
wer Wein und Salböl liebt, wird nicht reich.

Deckung wird für den Bewährten der Frevler,
an des Geraden Stelle tritt der Tückische.

Besser ein Weilen in wüstem Land
als ein Weib des Haders und Verdruß.

Ein Schatz, Köstlichkeit und Öl, ist im Anwesen des Weisen,
aber der Mensch von Torenart verschlemmt ihn.

Wer der Bewährung und der Holdschaft nachjagt,
findet Leben, Bewährung und Ehre.

Eine Heldenstadt ersteigt der Weise
und senkt das Bollwerk ihrer Sicherheit.

Wer seinen Mund und seine Zunge hütet,
hütet vor Bedrängnissen seine Seele.

Ein geblähter Vermeßner, sein Name ist Dreistling:
der mit überwallender Vermessenheit handelt.

Das Begehren des Faulen läßt ihn sterben,
denn seine Hände weigern sich zu tun.

All den Tag begehrt die Begierde,
aber der Bewährte gibt, er geizt nicht.

Der Frevler Schlachtopfer ist ein Greuel,
wie gar wenn mans mit Hinterlist darbringt.

Der Täuschungszeuge muß schwinden,
aber der hörende Mann darf für die Dauer reden.

Ins Gesicht trotzt einem der frevelhafte Mann,
aber der Gerade, ausgerichtet hält der seinen Weg.

Keine Weisheit und kein Verstand
und kein Rat gilt IHM gegenüber.

Hergerichtet ist das Roß für den Tag des Kampfes,
aber der Sieg ist bei IHM.

Erlesen ist vor Reichtums Menge ein Name,
Gunst ist besser als Silber und Gold.

Reicher und Armer gehören zusammen,
der sie alle macht, ist ER.

Der Kluge ersieht das Bösgeschick und versteckt sich,

die Einfältigen gehn weiter und müssen es büßen.

In der Folge der Demut ist IHN fürchten,
das ist Reichtum und Ehre und Leben.

Fanghaken und Schlingen sind auf dem Weg des Krummen,
seine Seele behütet, wer sich von ihnen entfernt.

Übe den Knaben ein gemäß dem Wege für ihn,
auch wenn er alt wird, weicht er nicht davon.

Der Reiche waltet über die Armen,
Knecht ist der Entleiher dem darleihenden Mann.

Wer Falsch sät, wird Harm ernten,
der Stecken seines Überwallens ist bald dahin.

Wer guten Auges ist, wird gesegnet,
weil er von seinem Brote dem Schwachen gab.

Vertreibe den Dreisten, dann zieht der Hader mit fort,
Fehde feiert und Schimpf.

Den liebt ER, der reines Herzens ist,
wer gönnender Lippen ist, der König wird sein Genoß.

SEINE Augen bewachen das Erkennen,
aber er fegt die Worte des Tückischen um.

Der Faule spricht: »Ein Löwe ist draußen!
mitten in den Straßen kann ich ermordet werden!«

Eine tiefe Schluft ist der Mund der auswärtigen Weiber,
der von IHM Verabscheute fällt darein.

Ist Narrheit ans Herz des Knaben geknüpft,
der Stecken der Zucht wird daraus sie entfernen.

Preßt man den Schwachen, gereichts dem zur Mehrung,
gibt man dem Reichen, das gereicht nur zum Mangel.

Neige dein Ohr und höre die Reden der Weisen,
dein Herz richte auf meine Erkenntnis,
denn mild tuts, wenn du dir im Busen sie hütest,
sie mitsammen sich festigen auf deinen Lippen.
Daß in IHM deine Sicherheit sein soll,
gebe ich heut dir zu erkennen, ja dir.
Schrieb ichs dir nicht schon ehgestern auf,
an Ratschlägen und Kunde,
dich die Redlichkeit getreuer Worte kennen zu lassen,
damit du in Treuen Antwort erstattest denen, die dich
    sandten?

Beraube nimmer den Schwachen, weil er schwach ist,
ducke nimmer den Gebeugten im Tor!
Denn ER streitet ihren Streit,
und die sie schädigen, schädigt er an der Seele.

Geselle dich dem Zornmütigen nimmer,
mit dem Grimmsüchtigen gehe nicht um,
sonst wirst du seiner Pfade gewohnt
und holst Verstrickung für deine Seele.

Sei nimmer unter denen, die Handschlag leisten,
unter denen, die für Darlehen bürgen:
hast du nichts zum Bezahlen,
warum soll man dein Lager unter dir wegholen!

Verrücke nimmer Vorzeit-Grenze,
die deine Väter haben gemacht!

Erschaust du einen Mann, seiner Arbeit beflissen, –
vor Könige mag er sich stellen,
vor Finsterlinge stellt er sich nie.

Wenn du dich setzest, mit einem Waltenden zu speisen,
achte, achte darauf, wer vor dir ist.
Du hältst das Messer an deinen eigenen Schlund,
bist ein Gierschlund du.
Gelüste nimmer nach seinen Leckereien,
das ist enttäuschende Speise.

Plage dich nicht ab, reich zu werden,

von deinem Verstand aus lasse ab.
Fliegen deine Augen drüber hin? schon ists weg,
denn es macht sich, macht sich Schwingen,
wie ein Adler entfliegt es gen Himmel.

Speise nimmer von der Speise des Scheeläugigen,
sei nimmer lüstern nach seinen Leckereien.
Denn wie einer, der in seiner Seele abschätzt, so ist er.
»Iß und trink!« spricht er zu dir,
aber sein Herz ist bei dir nie.
Deinen Bissen, den du gegessen hast, mußt du ausspein,
und deine milden Reden hast du vergeudet.

In die Ohren eines Toren rede nimmer,
denn er verachtet die Sinnkraft deiner Worte.

Verrücke nimmer Vorzeit-Grenze,
in Felder der Waisen dringe nimmer ein.

Denn ihr Löser ist stark,
der wird ihren Streit gegen dich streiten.

Laß dein Herz kommen zu Zucht,
zu den Erkenntnissprüchen deine Ohren.

Enthalte nimmer dem Knaben die Zucht vor.
Wenn du ihn mit dem Stecken schlägst, stirbt er davon nicht.
Wohl, du schlägst ihn mit dem Stecken,
aber du rettest seine Seele vorm Gruftreich.

Mein Sohn, wird dein Herz weise,
freut sich auch mein eigenes Herz.
Meine Nieren ergötzen sich,
wann deine Lippen Geradheit reden.

Dein Herz eifre nicht um die Sünder,
sondern um SEINE Furcht all den Tag.
Ja denn, es gibt eine Zukunft,
deine Hoffnung wird nicht gerodet.

Höre du, mein Sohn, und werde weise,
laß dein Herz den einen Weg wandern.
Sei unter den Weinzechern nimmer,
unter ihnen, die an Fleisch sich verprassen,

denn ein Zecher und Prasser verarmt,
Schlummrigkeit kleidet in Lumpen.

Gehorche deinem Vater, ihm, der dich gezeugt hat,
verachte nimmer, wenn sie alt ward, deine Mutter.
Treulichkeit erwirb und verkaufe nimmer,
Weisheit und Zucht und Verstand.
Es jubelt, jubelt eines Rechtschaffenen Vater,
wer einen Weisen zeugte, freut sich an ihm.
Möge sich dein Vater freuen und deine Mutter,
jubeln, die dich gebar!

Gib, mein Sohn, mir dein Herz,
lasse deinen Augen meine Wege gefallen.
Denn eine tiefe Schluft ist die Hure,
ein enger Brunnenschacht die Ausheimische.
Ja, wie ein Strolch lauert die auf,
Verräter mehrt sie unter den Menschen.

Wessen ist Ach, wessen Oweh,
wessen Hader, wessen Klage,
wessen Wunden grundlos,
wessen Verfärbung der Augen?
Derer, die beim Weine säumen,
die kommen, Mischtrank zu prüfen.
Sieh nimmer den Wein an, wie er so rot spielt,
wie er im Becher hergibt sein Blinken,
geradeswegs eingeht!
Am Ende beißt er wie eine Schlange
und spritzt wie eine Viper.
Deine Augen werden Befremdliches sehn,
dein Herz wird Verdrehtes reden,
du wirst sein wie liegend im Herzen des Meers,
liegend mit beschädigtem Kopf:
»Man hat mich hingeschlagen,
mich schmerzt nichts,
man hat mich niedergehaun,
ich spüre nichts.
Wann werde ich munter?

Nochmals suche ich, wieder ihn auf!«

Eifre nimmer den Männern der Bosheit nach,
gelüste nimmer, es mit ihnen zu halten,
denn ihr Herz sinnt Vergewaltigung
und Pein reden ihre Lippen.

Durch Weisheit wird ein Haus erbaut,
durch Verständigkeit wird es gefestigt,
durch Erkenntnis füllen sich die Kammern
mit allerhand kostbarer und freundlicher Habe.

Ein weiser Mensch ist in Mächtigkeit,
ein Mann von Erkenntnis verstärkt die Kraft.
Denn mit Lenkungskunde führst du deinen Kampf aus,
Befreiungssieg wird, wo viel Ratgebung ist.

Zu hoch sind Weisheiten für den Narren,
im Tor tut seinen Mund er nicht auf.

Wer plant Böses zu tun,
Ränkemeister wird man den rufen.

Ein Ränkeln der Narrheit ist die Sünde,
ein Greuel den Menschen ist der Dreistling.

Hast du dich schlaff bezeigt am Tag der Bedrängnis,
notdürftig wird deine Kraft.
Zu retten die zum Tode Geholten,
die zur Würgung Wankenden, enthältst du dich vor,
da du sprichst: »Wir haben ja davon nicht gewußt!« –
ists denn nicht so: der die Herzen wägt, der merkt,
der deine Seele bewacht, der weiß,
und er erstattet dem Menschen nach seinem Werk?!

Iß, mein Sohn, Honig, denn er ist gut,
Seim, süß deinem Gaumen,
als ebensolches erkenne die Weisheit für deine Seele:
hast du sie gefunden, gibts eine Zukunft,
deine Hoffnung wird nicht gerodet.

Laure nimmer, Frevler, der Trift des Bewährten nach,
gewaltige nimmer seinen Lagerplatz!

Denn fällt der Bewährte siebenmal, er steht auf,
aber die Frevler straucheln ins Bösgeschick.

Fällt dein Feind, freue dich nimmer,
strauchelt er, juble nimmer dein Herz,
sonst sieht ER es und bös dünkts seine Augen,
und seinen Zorn kehrt von ihm er herzu.

Um die Böswilligen erhitze dich nimmer,
um die Frevler eifere nimmer,
denn nicht hat eine Zukunft der Böse,
die Lampe der Frevler verschwelt.

Fürchte IHN, mein Sohn, und den König,
mit den Schillernden laß nimmer dich ein,
denn plötzlich ersteht ihr Unheil,
das Mißlingen von beiden her, wer kennt es voraus!

Auch diese sind von den Weisen:

Ansehn wahrnehmen im Gericht ist nie gut.
Wer zum Frevler spricht: »Du bist im Recht«,
den verwünschen Völker, den verabscheun Nationen.
Den Rügenden aber ergeht es mild,
über sie kommt die Segnung des Guten.

Die Lippen küßt,
wer treffende Rede erstattet.

Bereite deine Arbeit draußen,
besorge sie dir auf dem Feld,
danach erst magst ein Haus du dir bauen.

Sei nimmer grundlos Zeuge gegen deinen Genossen,
daß du mit deinen Lippen Beschwatzung übest.
Sprich nimmer: »Wie er mir tat, so tue ich ihm,
ich erstatte dem Mann nach seinem Werk«!

Am Feld eines faulen Mannes ging ich vorbei,
am Weinberg eines Menschen, des Herzsinns ermangelnd,
und da, ganz wars aufgeschossen in Nesseln,
seine Fläche überhüllte Gestrüpp,

und seine Steinmauer war eingerissen.
Ich schaute hin, selber richtete ich mein Herz drauf,
ich sah es, Zucht nahm ich an:
»Ein wenig Schlaf nur, ein wenig Schlummer,
ein wenig Händeverschränken im Liegen!«
Und wie ein Draufgänger kommt deine Armut,
dein Mangel wie ein gewappneter Mann.

Auch dies sind Gleichsprüche Schlomos,
welche die Männer Chiskijas Königs von Jehuda ausgezogen
　haben.

Ists Gottes Ehre, eine Sache verbergen,
der Könige Ehre ist, eine Sache erforschen.
Der Himmel an Höhe, die Erde an Tiefe,
aber der Könige Herz ist an keiner erforschlich.

Hinweg die Schlacken vom Silber,
und ein Gerät kann dem Feinschmied gelingen,
hinweg den Frevler vorm König,
und dessen Thron wird durch Bewährung gefestigt.

Prunke nimmer vor einem König,
an den Platz der Großen stelle dich nimmer,
denn besser ists, man spricht zu dir: »Steig empor!«,
als daß man dich vor dem Edeln erniedre.

Wen deine Augen haben gesehn,
zum Streiten fahr nimmer allzu rasch aus,
sonst – was tust du am Ende davon,
wann dich dein Genosse beschämt?

Streite deinen Streit aus mit deinem Genossen,
aber anderweitiges Geheimnis offenbare nimmer,
sonst tadelt dich, wer dich hörte,
und das Gerücht um dich kehrt sich nicht mehr ab.

Goldäpfel in silbernen Schaugeräten:
eine Rede, geredet gemäß ihren Bedingnissen.
Goldner Ohrreif mit Edelerzgeschmeid:
ein weiser Rüger zu hörendem Ohr.

Wie Schneekühlung am Erntetag:
ein Herold treu seinen Sendern, –
er erquickt seinem Herrn die Seele.

Wolkendünste mit Wind und kein Regen:
wer sich erlogener Gabe berühmt.

Durch Langatmigkeit wird ein Schöffe erweicht,
eine linde Zunge bricht einen Knochen.

Fandst du Honig, iß dein Genügen,
sonst wirst du seiner übersatt und speist ihn aus.

Mache zur Seltenheit deinen Fuß im Haus deines Genossen,
sonst wird er deiner übersatt und dann haßt er dich.

Keule und Schwert und gespitzter Pfeil:
wer gegen seinen Genossen aussagt als Lügenzeuge.

Bröckelnder Zahn und schlotternder Fuß:
Sicherheit des Verräters am Tag der Bedrängnis.

Kleid abstreifen am Tage des Frosts,
Essig auf Laugensalz, –
und wer mit Gesänglein ansingt ein mißmutiges Herz.

Hungert deinen Hasser, speise ihn mit Brot,
dürstet ihn, tränke ihn mit Wasser!
Denn Glühkohlen scharrst du ihm aufs Haupt,
E R aber wird dirs vergelten.

Wind von Norden drosselt den Erguß,
ein drohendes Antlitz das heimliche Züngeln.

Besser weilen in einer Ecke des Dachs
als ein haderndes Weib und ein gemeinsames Haus.

Kühles Wasser auf ein ermattetes Wesen:
eine gute Nachricht aus fernem Land.

Eine getrübte Quelle, ein verdorbener Born:
ein Bewährter wankend vor einem Frevler.

Beim Honigessen ist mehr nicht besser,
noch das Äußerste an Ehrung als Ehre.

Eine erbrochene Stadt, ohne Mauer:
ein Mann, dessen Geist ohne Bändigung ist.

Wie Schnee im Sommer, wie Regen in der Ernte,
so schickt sich Ehrung nicht für den Toren.

Wie der Sperling im Flattern, wie die Schwalbe im Fliegen,
so der grundlose Fluch, er trifft nicht ein.

Dem Pferd die Peitsche, dem Esel den Zaum,

und dem Rücken der Toren den Stecken.

Nimmer antworte dem Toren seiner Narrheit nach,
sonst wirst auch du selber ihm gleich.
Antworte dem Toren seiner Narrheit nach,
sonst wird er weise in seinen eigenen Augen.

Die Füße hackt sich der ab, schlingt Unbill,
wer Rede sendet durch einen Toren.
An einem Lahmen baumeln die Schenkel –
und ein Gleichspruch im Torenmund.
Wie ein Juwelengebind in einem Steinhaufen,
so wer einem Toren Ehre spendet.
Eine Distel geriet in eines Trunkenen Hand –
und ein Gleichspruch in Torenmund.
Zuviel drosselt Alles –
so wer einen Toren dingt, wer Landstreicher dingt.
Wie ein Hund, der zu seinem Gespei sich kehrt:
ein Tor, der seine Narrheit wiederholt.
Siehst du einen Mann, weise in seinen eigenen Augen,
ein Tor hat mehr Hoffnung als er.

Der Faule spricht: »Ein Leu ist auf dem Weg,
ein Löwe zwischen den Straßen!«
Die Tür dreht sich in ihrer Angel
und der Faule auf seinem Bett.
Hat der Faule seine Hand in die Schüssel gesteckt,
erschöpfts ihn, sie zu seinem Munde zu führen.
Weiser ist der Faule in seinen eigenen Augen
als sieben, die passend erwidern.

Wer einen vorbeilaufenden Hund an den Ohren packt:
wems überläuft bei einem Streit, der ihn nichts angeht.

Wie einer, der den Verrückten spielend schleudert
    Brandgeschosse, Pfeile und Tod,
so ein Mann, der seinen Genossen betrog und spricht: »Scherze
    ich nicht nur?«

Wo das Holz alle wird, lischt das Feuer,
wo kein Hetzer ist, verstummt der Hader.

Schwarze Kohlen zu glühnden und Holz zu Feuer –
und ein Mann des Haders, dem Streit einzuheizen.
Die Reden des Hetzers sind, wie was leicht geschluckt wird,
die gleiten nieder in die Kammern des Busens.

Silberschaum, einer Scherbe überglasiert:
brünstige Lippen und boshaftes Herz.
Mit seinen Lippen verstellt sich der Hasser,
aber in seiner Inwendigkeit hegt er den Trug;
wenn er seine Stimme hold macht, traue ihm nimmer,
denn in seinem Herzen sind sieben Greuel.
Mag der Haß sich in Heuchelei hüllen,
seine Bosheit wird offenbar in der Versammlung.
Wer eine Grube bohrt, fällt darein,
wer einen Stein aufwälzt, auf den rollt er zurück.
Lügenzunge haßt die von ihr schon Geknickten,
glatter Mund bereitet in einem fort Sturz.

Rühme dich nicht des morgenden Tags,
denn du weißt nicht, was ein Tag gebiert.

Ein Fremder rühme dich, nicht dein Mund,
ein Ausheimischer, nimmer deine Lippen.

Schwere des Steines, Bürde des Sands, –
Verdruß über den Narren ist schwerer als beide.

Grausamkeit des Grimms, Überschwall des Zorns, –
aber wer kann vor Eifersucht bestehn?

Besser offenbar werdende Rüge
als verhohlen bleibende Liebe.

Zum Trauen sind die Wunden, die der Liebende schlägt,
aber wirblig sind die Küsse des Hassers.

Ein sattes Wesen zertritt Honigseim,
ein hungerndes Wesen, da ist alles Bittere süß.

Wie ein Vogel, verflattert aus seinem Nest,
so ist ein Mann, verflattert von seiner Stätte.

Salböl und Räucherwerk erfreut das Herz –
und des Genossen süßer Zuspruch aus Ratschluß der Seele.

Deinen Genossen, der deines Vaters Genosse war, gib nimmer
  auf.
Nimmer mußt du dann ins Haus deines Bruders kommen am
  Tag deines Scheiterns.
Besser ist ein Anwohner, der sich nah hält, als ein Bruder, der
  sich fern hält.

Werde weise, mein Sohn, und erfreue mein Herz,
daß ich dem, der mich schmäht, kann Rede erstatten.
Der Kluge ersieht das Übel, er birgt sich,
die Einfältigen gehen weiter, sie büßen.

Nimm ihm das Gewand, denn er hat für einen Ausheimischen
  gebürgt,
einer Fremden halber pfände ihn.

Wer seinem Genossen mit überlauter Stimme in der Morgen-
  frühe den Segensgruß bietet,
als Fluch wirds ihm angerechnet.

Beharrliches Dachgesicker am Pladderregentag
und ein Weib des Haders bleibt sich gleich.
Wer solch eine verwahrt, Wind verwahrt er,
Öl ists, was seiner Rechten begegnet.

Eisen schärft man an Eisen,
und ein Mann schärft das Angesicht seines Genossen.

Wer des Feigenbaums wartet, ißt seine Frucht,
wer seinen Herrn hütet, wird geehrt.

Wie im Wasser das Angesicht entgegen dem Angesicht,
so das Herz des Menschen entgegen dem Menschen.

Gruftreich und Verlorenheit werden nicht satt,
und die Augen des Menschen werden nicht satt.

Der Tiegel fürs Silber, der Ofen fürs Gold,
ein Mann aber gilt danach, worein er seinen Ruhm setzt.

Zerstampftest du in der Stampfe den Narren
mit dem Kolben mitten unter der Grütze,
nicht wiche seine Narrheit von ihm.

Mache bekannt dich, bekannt mit dem Aussehn deines
    Schmalviehs,
richte dein Herz auf die Herden.
Denn nicht in Weltzeit hin währt ein Hort, –
ein Diadem etwa in Geschlecht um Geschlecht?
Ist das Heu geräumt, das neue Gras sichtbar,
eingeheimst die Kräuter der Berge,
sind Lämmer da dich zu kleiden,
als Kaufpreis für ein Feld Böcke da,
Ziegenmilch genug dir zur Speise und zur Speise deines Hauses
und noch für deine Mägde Lebensunterhalt.

Es fliehn, da keiner verfolgt, die Frevler,
aber die Bewährten sind wie der Löwe, gesichert.

Durch die Abtrünnigkeit eines Landes werden seiner Fürsten
    viele,
aber durch einen verstehenden, erkennenden Menschen dauert
    das Rechtmäßige.

Ein Kerl hat geerbt – und bedrückt die Geringen:
ein fortschwemmender Regen, draus kein Brot wird.

Die die Weisung verlassen, preisen den Frevler,
die die Weisung behüten, empören sich gegen jene.

Die Leute böser Art verstehn die Gerechtigkeit nicht,
aber die IHN suchen, verstehen alles.

Besser dran ist ein Armer, in seiner Schlichtheit gehend,
als einer krummen Doppelwegs, seis auch ein Reicher.

Die Weisung wahrt ein verständiger Sohn,
wer sich Prassern gesellt, beschämt seinen Vater.

Wer seine Habe durch Zins und durch Mehrschatz mehrt,
der häuft sie für einen Gönner der Geringen.

Wer sein Ohr vom Hören der Weisung abzieht,
auch sein Gebet ist ein Greuel.

Wer Gerade auf bösen Weg irrführt,
der fällt in die eigene Grube,
aber den Schlichten wird das Gute zu eigen.
Weise ist ein reicher Mann in seinen eigenen Augen,
aber ein geringer, der verständig ist, kann ihn ergründen.

Wo die Bewährten triumphieren, ist das Gepränge groß,
wo sich die Frevler erheben, muß ein Mensch aufgespürt
    werden.

Wer seine Abtrünnigkeiten verhüllt, dem gelingts nicht,
wer aber bekennt und läßt, findet Erbarmen.

Glück ist des Menschen, der stets Scheu hegt,
wer aber sein Herz verhärtet, verfällt dem Bösgeschick.

Ein knurrender Löwe, ein lungernder Bär:
ein frevelhafter Herrscher über ein geringes Volk.

Ein Herzog, Verstands ermangelnd, an Bedrückungen
    groß, ...!
wer aber Ausbeutung haßt, wird lang leben.

Ein Mensch, gedrückt von Blutschuld an einem Wesen,
mag hin ins Loch er fliehen, man halte nimmer ihn auf!

Wer schlicht einhergeht, wird befreit,
wessen ein verkrümmter Doppelweg ist, fällt mit eins.

Wer seinen Acker bearbeitet, wird Brots satt,
wer Leerem nachjagt, wird armutssatt.

Ein Mann von Treuen hat der Segnungen viel,
wer aber reich zu werden hastet, bleibt ungestraft nicht.

Ansehn betrachten ist nicht gut,
um einen Bissen Brots kann eine Person abtrünnig werden.

Nach Habe schnappt der scheeläugige Mann
und weiß nicht, daß ihn Mangel überkommen wird.

Wer einen Menschen rügt, findet hinterher Gunst
mehr als der Glattzüngige.

Wer seinen Vater und seine Mutter beraubt und spricht: »Das
    ist keine Missetat!«,

der ist des Verderber-Mannes Gefährte.

Wer giergeweiteter Seele ist, erregt nur Hader,
wer aber seine Sicherheit an IHM hat, gedeiht.

Wer mit seinem Herzen sich sichert, der ist ein Tor,
wer aber in Weisheit geht, der wird entrinnen.

Wer dem Armen gibt, hat keinen Mangel,
wer aber seine Augen verbirgt, hat der Verwünschungen viel.

Wann sich die Frevler erheben, versteckt sich der Mensch,
wann sie aber verschwinden, wachsen die Bewährten.

Ein Mann, Rügen empfangend, der den Nacken steif hält,
plötzlich wird er gebrochen und da ist keine Heilung.

Wann die Bewährten wachsen, freut sich das Volk,
wann aber die Frevlerschaft waltet, seufzt ein Volk.

Ein Mann, der Weisheit liebt, erfreut seinen Vater,
wer sich aber Huren gesellt, verschwendet die Habe.

Ein König macht durch Recht das Land bestehn,
ein Mann aber, der auf Abhebungen aus ist, zerstört es.

Ein Mensch, der seinem Genossen schmeichelt,
ein Netz spannt er ihm vor die Tritte.

In des bösen Mannes Missetat ist Verstrickung,
aber der Bewährte jubelt und freut sich.

Der Bewährte erkennt die Sache der Geringen,
der Frevler versteht nicht zu erkennen.

Männer der Dreistigkeit rühren die Stadt auf,
Weise aber dämpfen den Zorn.

Rechtet ein weiser Mann mit einem närrischen Mann,
tobt der und der lacht, aber es gibt keine Ruh.

Die Blutmänner hassen den Schlichten,
die Geraden aber suchen seine Seele auf.

All seinen Atem schnaubt der Tor aus,
aber der Weise schwichtigt zurückhaltend ihn.

Ein Herrscher, der auf Lügenrede lauscht,
all seine Beamten sind Frevler.

Der Arme und der Mann der Schuldfordrungen gehören
  zusammen,
der die Augen beider erleuchtet, ist E R.

Ein König, der den Geringen getreulich Recht schafft,
sein Thron ist auf ewig gefestigt.

Stecken und Rüge gibt Weisheit,
aber ein Knabe sich überlassen bringt seiner Mutter Schimpf.

Wann die Frevler wachsen, wächst die Abtrünnigkeit,
aber die Bewährten werden ihrem Falle zusehn.

Züchtige deinen Sohn und er wird dir Ruhe bereiten,
wird Wonne spenden deiner Seele.

Wo keine Schauung ist, wird ein Volk zügellos,
aber glücklich es, hütets die Weisung!

Durch Reden empfängt ein Knecht nicht Zucht,
wenn er versteht, gibts doch keine Antwort.

Erschaust du einen Mann, der in seinem Reden sich überhastet,
ein Tor hat mehr Hoffnung als er.

Verhätschelt einer seinen Knecht von der Knabenschaft an,
am Ende wird er dazugezählt.

Ein Mann des Zornes erregt Zank,
ein Grimmsüchtiger macht viel Abtrünnigkeit.

Die Hoffart des Menschen wird ihn erniedern,
aber wer im Geist sich erniedert, wird Ehre erlangen.

Wer mit dem Diebe teilt, haßt die eigene Seele,
den Droheid hört er und kanns nicht melden.

Vor Menschen erbeben bringt Verstrickung,
wer aber an I H M sich sichert, wird ragen.

Viele suchen des Herrschers Angesicht auf,
aber von I H M her wird einem Manne sein Recht.

Ein Greuel den Bewährten ist der Mann von Falsch,
ein Greuel dem Frevler ist der Wegesgerade.

Reden Agurs Sohns Jakes.

Das Lastwort:
Erlauten des Mannes an Itiel, »Mit mir ist Gott«:
Lo iti el, mit mir ist Gott nicht,
daß ich übermöchte.
Denn ich bin zu dumm um als Mensch zu gelten,
mein ist nicht Adamsverstand,
ich habe nicht Weisheit gelernt,
daß ich Kunde vom Heiligen kennte.
Wer steigt zum Himmel auf und fährt nieder?
wer ballt den Wind in seinen Fäusten?
wer wickelt die Wasser ins Tuch?
wer macht alle Enden der Erde bestehn?
was ist sein Name, was der Name seines Sohns?
du kennst sie ja! –
Alles Wort Gottes ist ausgeschmolzen,
ein Schild ist er denen, die sich bergen an ihm.
Füge nichts seinen Reden hinzu,
sonst überführt er dich und als Täuscher bist du befunden.

– Zweierlei erbitte ich von dir,
weigre nimmer mirs, eh ich sterbe!
Wahn und täuschende Rede halte mir fern!
Armut und Reichtum gib mir nimmer,
füttre mich mit dem Brot, das mir festgesetzt ist!
sonst möchte ich ersatten und verleugnen
und sprechen: Wer ist ER!,
oder sonst möchte ich verarmen und stehlen
und mich am Namen meines Gottes vergreifen. –

Verleumde nimmer einen Knecht bei seinem Herrn,
sonst flucht er dir und du mußt büßen.

Ein Geschlecht, das flucht seinem Vater
und segnet seine Mutter nicht!
Ein Geschlecht, rein in den eigenen Augen,
und ist doch von seinem Kot nicht gewaschen!
Ein Geschlecht – wie überheben sich seine Augen
und seine Wimpern sind hochgetragen!

Ein Geschlecht – Schwerter sind seine Zähne,
Messer seine Gebisse,
die Elenden wegzufressen von der Erde,
die Bedürftigen von der Menschheit!
Zwei Töchter hat der Vampir –
– »Hol herbei!« – »Hol herbei!«

Ihrer drei werden nicht satt,
vier sprechen nie: Genug!:
das Gruftreich und der verschlossene Schoß,
die Erde wird Wassers nicht satt,
und das Feuer spricht nie: Genug!

Ein Aug, das des Vaters spottet,
das verachtet, der Mutter botmäßig zu sein,
aushacken sollens die Raben am Bach,
fressen sollens die jungen Geier!

Ihrer drei sind mir zu wundersam,
vier, ich erkenne sie nicht:
der Weg des Adlers himmelan,
der Weg der Schlange auf den Fels,.
der Weg des Schiffs ans Herz des Meers,
und der Weg des Manns an die Frau.

[So ist der Weg des verbuhlten Weibes:
sie ißt, wischt sich den Mund
und spricht: Ich habe Harm nicht getan!]

Unter dreien zittert die Erde,
unter vieren kann sies nie ertragen:
unter einem Knecht, wenn er König wird,
einem Nichtigen, wenn er an Brot sich sättigen darf,
unter einer Verhaßten, wenn sie geehelicht wird,
und einer Magd, wenn sie ihre Gebietrin beerbt.

Ihrer vier sind die Kleinen der Erde, ·
und doch sind sie gewitzigte Weise:
die Ameisen, ein Volk, das nicht mächtig ist,
aber sie rüsten im Sommer ihr Brot;
Klippdächse, ein Volk, das nicht stark ist,
aber sie setzen ihr Haus ins Geklüft;

keinen König hat der Heuschreck,
aber in Schlachtreihn ziehn sie allesamt aus;
die Eidechse kannst du mit Händen greifen,
aber sie weilt in Königshallen.

Ihrer drei haben guten Schritt,
vier haben guten Gang:
der Löwe, der Held unterm Getier,
der umkehrt vor keinem;
der lendenstraffe Hahn; der Ziegenbock gar;
und ihm gesellt König Nimmer-Widerstand.

– Hast du tollkühn gehandelt, als du dich so überlegen
     betrugst,
oder hast dus erwogen, – nun die Hand auf den Mund!
Denn Stauchen von Milch treibt Quark
und Stauchen der Nase treibt Blut,
aber Stauchen der Nüstern treibt Streit.

Reden an König Lemuel,
ein Lastwort, womit ihn seine Mutter warnte.

Wie doch, mein Sohn, wie doch, Sohn meines Leibes,
wie doch, Sohn meiner Gelübde!
Gib nimmer an Weiber deine Tucht,
deine Wege an sie, die an Königen zehren!
Nimmer den Königen ziemts, Lemuel,
nimmer den Königen, Wein zu trinken,
den Potentaten ein: Wo ist Rauschsaft?
Einer trinkt sonst und vergißt, was gesetzhaft ist,
und verdreht die Sache aller Kinder des Elends.
Rauschsaft gebt dem Verlornen,
Wein denen verbitterter Seele!
Solch einer trinkt und vergißt seine Armut,
seiner Pein gedenkt er nicht mehr. –
Öffne deinen Mund für den Stummen,
um die Sache aller Kinder der Vergänglichkeit!
öffne deinen Mund, richte wahrhaft,
Sachwalter sei des Elenden und des Bedürftigen!

Ein Weib von Tucht, wer findets!
Ihr Wert ist weit über Korallen.
An ihr sichert sich das Herz ihres Gatten,
und an Gewinn mangelts ihm nie.
Sie fertigt Gutes ihm zu, nie Schlimmes,
all ihre Lebenstage.
Sie sorgt für Wolle und Flachs
und verarbeitets mit Lust ihrer Hände.
Sie gleicht den Handelsschiffen,
aus der Ferne bringt sie ihr Brot.
Sie steht auf, wenn es noch Nacht ist,
und gibt Futter her für ihr Haus,
für ihre Mägde das Festgesetzte.
Sie sinnt auf einen Acker, sie kauft ihn,
pflanzt von ihrer Hände Frucht einen Weinberg.
Sie gürtet mit Macht ihre Lenden,
sie strengt ihre Arme an.

Sie bekommt zu schmecken, wie gut ihr Handelswerk ist,
in die Nacht hinein lischt nicht ihr Licht.

Ihre Finger streckt sie nach dem Rocken,
ihre Hände fassen die Spindel.

Ihre Hand breitet sie dem Elenden zu,
streckt ihre Finger dem Dürftigen entgegen.

Sie fürchtet für ihr Haus nicht den Schnee,
denn all ihr Haus ist doppelt gekleidet.

Pfühle arbeitet sie sich,
Byssus ist und Purpur ihr Kleid.

Anerkannt ist in den Toren ihr Gatte,
wann er sitzt bei den Alten des Landes.

Linnen arbeitet sie und verkaufts,
Gurte gibt sie dem Kanaankrämer.

Macht und Glanz ist ihr Kleid,
und sie lacht den späteren Tag an.

Mit Weisheit öffnet sie ihren Mund,
auf ihrer Zunge ist holde Lehre.

Sie betrachtet die Hergänge ihres Hauses,
daß man Brot der Faulheit nicht esse.

Ihre Söhne stehen auf und preisen ihr Glück,
ihr Gatte, und er rühmt sie:

»Viele sind der Töchter, die sich tüchtig erzeigten,
aber du übersteigst sie alle!«

Der Reiz ist ein Trug, die Schönheit ein Hauch, –
ein Weib, das IHN fürchtet, das werde gepriesen!

Spendet ihr von der Frucht ihrer Hände,
und in den Toren preise man ihre Werke!

DAS BUCH
IJOB

Ein Mann war im Lande Uz, Ijob sein Name.

Schlicht und gerade war jener Mann, Gott fürchtend und vom
   Bösen weichend.

Sieben Söhne und drei Töchter waren ihm geboren.

Seines Herdenerwerbs war: siebentausend Kleinviehs, dreitausend Kamele, fünfhundert Joch Rinder und fünfhundert
   Eselinnen, dazu sehr vieles Gesind.

Groß war jener Mann, über alle Söhne des Ostens.

Reihumgehend machten seine Söhne ein Trinkgelag, in eines
   jeden Mannes Hause an seinem Tage,

sie sandten, ihre drei Schwestern zu rufen, mit ihnen zu essen
   und zu trinken.

Waren aber die Tage des Gelags umgelaufen, sandte Ijob und
   hieß sie sich heiligen,

er stand frühmorgens auf und höhte Darhöhungen nach ihrer
   aller Zahl,

denn Ijob sprach: »Vielleicht haben meine Söhne gesündigt
   und Gotte in ihrem Herzen abgesegnet.«

Solchermaßen pflegte Ijob all die Tage zu tun.

Eines Tags geschahs,

die Gottessöhne kamen, vor IHN zu treten,

auch der Hinderer kam mitten unter ihnen.

ER sprach zum Hinderer:

»Woher kommst du?«

Der Hinderer antwortete IHM, er sprach:

»Vom Schweifen über die Erde,

vom Mich-ergehen auf ihr.«

ER sprach zum Hinderer:

»Hast du dein Herz auf meinen Knecht Ijob gerichtet:

daß keiner auf Erden ihm gleich ist,

ein Mann schlicht und gerade, Gott fürchtend und vom Bösen
   weichend?«

Der Hinderer antwortete IHM, er sprach:

»Ists umsonst, daß Ijob Gott fürchtet?

Bist nicht dus, der ihn und sein Haus und alles Seine rings um-
   schirmt hat?

Das Tun seiner Hände hast du gesegnet,

und sein Erwerb hat sich im Erdland gebreitet.

Hingegen schicke doch deine Hand aus
und rühre an alles Seine,
ob er nicht in dein Antlitz dir absegnet!«
ER sprach zum Hinderer:
»Da, alles Seine ist in deiner Hand,
nur gegen ihn schicke deine Hand nimmer aus!«
Der Hinderer fuhr aus, von SEINEM Antlitz hinweg.

Eines Tags geschahs,
seine Söhne und seine Töchter aßen und tranken Wein im
    Haus ihres erstgebornen Bruders,
da kam ein Bote zu Ijob und sprach:
»Die Rinder waren beim Pflügen und die Eselinnen beim Wei-
    den ihnen zur Seite,
da fielen Sabäer ein und nahmen sie weg,
und die Knaben schlugen sie mit der Schneide des Schwerts,
nur ich allein bin entronnen,
dirs zu melden.«
Noch war dieser am Reden, schon kam dieser und sprach:
»Gottesfeuer ist vom Himmel gefallen,
hat ins Schmalvieh, in die Knaben gezündet, hat sie verzehrt,
nur ich allein bin entronnen,
dirs zu melden.«
Noch war dieser am Reden, schon kam dieser und sprach:
»Chaldäer haben drei Haufen erstellt,
streiften über die Kamele hin und nahmen sie weg,
und die Knaben schlugen sie mit der Schärfe des Schwerts,
nur ich allein bin entronnen,
dirs zu melden.«
Noch war dieser am Reden, schon kam dieser und sprach:
»Deine Söhne und deine Töchter waren dabei, im Haus ihres
    erstgebornen Bruders zu essen und Wein zu trinken,
da, ein großer Wind kam von jenseit der Wüste,
rührte an die vier Ecken des Hauses,
es fiel auf die Knaben, und sie starben,
ich allein bin entronnen, dirs zu melden.«
Ijob stand auf,
er zerriß seinen Kittel,
er schor sein Haupt,

er fiel zur Erde und beugte sich
und sprach:
»Nackt bin ich aus dem Leib meiner Mutter gefahren,
nackt kehre ich wieder dahin.
Er ists, der gab, und Er ists, der nahm,
Sein Name sei gesegnet!« –
Bei alledem sündigte Ijob nicht und gab Gott nicht Unziem-
    liches bei.

Eines Tags geschahs,
die Gottessöhne kamen, vor Ihn zu treten,
auch der Hinderer kam mitten unter ihnen, vor Ihn zu treten.
Er sprach zum Hinderer:
»Von wannen kommst du?«
Der Hinderer antwortete Ihm, er sprach:
»Vom Schweifen über die Erde,
vom Mich-ergehen auf ihr.«
Er sprach zum Hinderer:
»Hast du dein Herz auf meinen Knecht Ijob gerichtet:
daß keiner auf Erden ihm gleich ist,
ein Mann schlicht und gerade, Gott fürchtend und vom Bö-
    sen weichend?
Und noch hält er an seiner Schlichtheit.
Du aber hast mich gegen ihn gereizt,
ihn umsonst zu verschlingen.«
Der Hinderer antwortete Ihm, er sprach:
»Haut um Haut,
alles, was eines Mannes ist, gibt er um sein Leben.
Hingegen schicke doch deine Hand aus
und rühre an sein Gebein und an sein Fleisch, –
ob er nicht in dein Antlitz dir absegnet!«
Er sprach zum Hinderer:
»Da, er ist in deiner Hand,
bloß sein Leben wahre!«
Der Hinderer fuhr aus von Seinem Antlitz
und schlug Ijob mit einem bösen Geschwür von der Sohle
    seines Fußes bis zu seinem Scheitel.
Der nahm sich eine Scherbe, sich damit zu schaben,
während er inmitten der Asche saß.

Sein Weib sprach zu ihm:
»Noch hältst du an deiner Schlichtheit!
Segne Gott ab und stirb!«
Er sprach zu ihr:
»Gleich dem Reden einer der Nichtigen redest du.
Auch das Gute empfangen wir von Gott –
und wollen das Böse nicht empfangen?«
Bei alledem sündigte Ijob nicht mit seinen Lippen.

Ijobs drei Genossen hörten von all diesem Bösen, das über ihn
     gekommen war.
Sie kamen, jedermann von seinem Ort,
Elifas der Temaniter, Bildad der Schuachiter und Zofar der
     Naamaiter,
sie vereinbarten miteinander, hinzukommen,
ihm zuzunicken und ihn zu trösten.
Sie hoben ihre Augen von fern
und erkannten ihn nicht.
Sie erhoben ihre Stimme und weinten,
sie zerrissen jedermann seinen Kittel
und sprengten Staub über ihren Häuptern himmelwärts.
Sie saßen mit ihm auf der Erde
sieben Tage und sieben Nächte.
Keiner redete Rede zu ihm,
denn sie sahen, daß der Schmerz sehr groß war.

Danach öffnete Ijob seinen Mund
und verfluchte seinen Tag.

Ijob hob an, er sprach:

»Schwinde der Tag, an dem ich geboren ward,
die Nacht, die sprach: ›Ein Männliches ist empfangen!‹

Jener Tag werde Finsternis,
nimmer frage nach ihm Gott von oben,
nimmer scheine Helle über ihn!

Ihn einfordern sollen Finsternis und Todschatten,
Gewölk über ihm wohnen,
Tagsverdüsterungen ihn umgrausen!

Jene Nacht, Dunkel nehme sie hin,
nimmer eine sie sich den Tagen des Jahrs,
in die Zahl der Monde komme sie nicht!

Da, jene Nacht, sie versteine,
Gejubel komme nimmer in sie!

Die Tagverhexer solln sie verwünschen,
die den Lindwurm zu wecken Bereiten!

Erfinstern sollen die Sterne ihrer Dämmrung,
sie harre des Lichts und da ist keins,
das Aufschimmern des Morgenrots ersehe sie nimmer!

Denn sie hat die Pforten meines Mutterleibs nicht geschlossen,
daß er den Harm meinen Augen verbärge.

Warum starb ich vom Schoße nicht weg,
fuhr aus dem Mutterleib nicht und verschied?

Weshalb sind mir Knie begegnet,
wozu Brüste, daß ich dran söge?

Denn jetzt dürfte ich liegen und stillsein,
dürfte schlafen und mir wäre Ruh

bei Urkönigen, Ratgebern des Erdreichs,
die sich Trümmer wiedererbauten,

oder bei Fürsten, denen Gold eignete,
die ihre Häuser füllten mit Silber.

Oder verscharrter Fehlgeburt gleich wäre ich nichts,
Kindern gleich, die das Licht nicht ersahn.

Dort lassen ab die Schuldigen vom Toben,
dort ruhn, deren Kraft erschöpft ist,

mitsammen sind die einst Gefangenen sorglos,
hören die Stimme des Treibers nicht mehr.

Kleiner und Großer, dort ists dasselbe,
ledig ist der Knecht seines Herrn.
Warum gibt Er Licht dem Verhärmten,
den Seelenverbitterten Leben,
die auf den Tod warten und da ist keiner,
mehr als nach verscharrten Schätzen schürfen nach ihm,
die aufs Übergewälzte sich freuen,
entzückt sind, wenn sie fanden ein Grab,
dem Mann, dessen Weg im Verborgnen blieb,
abgeschirmt hat sich Gott gegen ihn!
Denn meinem Brot kommt mein Ächzen zuvor,
wassergleich ergießen meine Notschreie sich.
Denn wes Schreck mich schreckte, ereilt mich,
wessen mich schauderte, überkommt mich.
Nicht wird mir Friede, nicht Stille, nicht Ruh,
schon kommt das Erbeben.«

Elifas der Temaniter entgegnete, er sprach:
»Versucht man Rede an dich, wirst du ermüden!
Aber Worte verhalten, wer kanns!
Du verwiesest ja viele,
stärktest erschlaffende Hände,
deine Worte richteten den Strauchelnden auf,
festigten die wankenden Knie:
da es nun an dich kommt, bist dus müd,
reicht es bis zu dir, wirst du verstört?
Ist deine Fürchtigkeit nicht deine Zuversicht,
deine Hoffnung die Schlichtheit deiner Wege?
Gedenk doch, welcher Unsträfliche schwand,
wo wurden Gerade vertilgt?
Wie weit ich hinsah:
die Arg pflügen, die Harm säen, erntens.
Vom Anhauch Gottes entschwanden sie,
vom Brausen seines Zornes wurden sie zunicht.
Gebrüll des Löwen, Fauchen des Raubwelps,
schon sind die Leuenzähne zerschlagen.
Das Pardeltier schwindet aus Mangel an Beute,
die Jungen der Löwin verstreun sich.

Zu mir hat sich Rede gestohlen,
mein Ohr nahm ein Wispern draus auf.
Im Gegrübel aus nächtlicher Schau,
wenn Betäubung auf Menschen fällt,
geriet Schreck an mich und ein Zittern,
schreckte die Menge meines Gebeins.
Ein Windbraus streicht mir übers Antlitz,
das Stürmen macht mein Fleisch griseln.
Einer steht, nicht erkenn ich sein Aussehn,
als Gestalt mir den Augen entgegen,
was ich höre, ist Schweigen und Stimme:
›Ist das Menschlein bewahrheitet vor Gott,
ist der Mann rein vor dem, der ihn machte?
Vertraut der ja nicht seinen Dienern,
zeiht seine Boten des Mißgriffs!
Nun gar sie, die Lehmgehäusen einwohnen,
deren Gründung im Staub ist!
man zermalmt sie, einer Motte zuvor,
vom Morgen zum Abend sind sie zerknickt,
ohne daß man des achtete, schwinden sie auf ewig.
Wird nicht ihr Bindseil in ihnen entrafft?
Sie sterben, – in Weisheit nicht!‹
Rufe doch! gibts dir einen Antwortenden?
und an wen von den Heiligen wendest du dich?
Den Narren bringt ja der Unmut um,
den Einfältigen tötet die Ereiferung.
Ich selber sah einen Narren wurzeln, –
ein Plötzliches, und ich mußte seine Trift verwünschen.
Seine Söhne bleiben fern der Befreiung,
sie werden im Tore zermalmt, und kein Retter ist,
Was sie ernteten, der Hungrer verzehrts,
er nimmts an der Fanghaken einen, –
das Garn erschnappt ihre Habe.
Denn nicht vom Staube fährt das Arg aus,
der Harm entsprießt nicht dem Boden,
sondern der Mensch ists, der den Harm erzeugt,
hochhin fliegen die Flammenkinder.
Ich jedoch frage hin zum Gottherrn,
zu Gott hin bringe ich meine Sache,

der Großes tut, unerforschlich,
Wunderbares, bis wo keine Zahl ist,
der Regen gibt übers Antlitz der Erde,
Wasser sendet übers Antlitz der Fluren;
der, Niedre zur Höhe zu bringen,
daß Verdüsterte die Freiheit erklimmen,
die Planungen der Listigen zerbröckelt,
daß ihre Hände nicht Geratendes tun;
der die Klugen fängt in ihrer List,
daß sich der Gewundenen Rat überstürzt:
am Tage stoßen auf Finsternis sie,
und wie nachts tappen sie am Mittag;
er befreit vom Schwert, von deren Maul,
von der Hand des Stärkern den Dürftigen,
und dem Geringen wird Hoffnung,
sperren muß Falschheit ihr Maul.
Da: o Glück des Menschleins, das von Gott gerügt wird!
Die Zucht des Gewaltigen verschmähe nimmer!
Denn er selber fügt Schmerz zu und verbindet,
er haut drein und seine Hände heilen.
In sechs Bedrängnissen rettet er dich,
in sieben darf das Böse nicht an dich rühren:
in der Hungersnot kauft er vom Tode dich los,
im Krieg aus den Händen des Schwerts,
beim Geißelschlag der Zunge wirst du versteckt,
fürchtest dich nicht vor Gewaltigung, wenn sie daherkommt,
Gewalt und Darbnis verlachst du,
und vor dem Getier des Landes fürchtest du dich nimmer.
Denn mit den Blöcken des Tales hast du einen Bund,
und das Getier des Feldes hat dir sich befriedet.
Du weißt, daß in Frieden dein Zelt ist,
du musterst deinen Hof und missest nichts,
du weißt, daß dein Same sich mehrt,
deine Nachfahrn wie das Kraut des Erdreichs.
In rüstiger Reife kommst du zu Grabe,
gleich dem Aufstieg der Garbe zu ihrer Frist.
Da: dies haben wir erforscht, so ists,
höre es und wisse es dir!«

Ijob entgegnete, er sprach:
»Würde nur gewichtrecht mein Gram und mein Verhängnis
   gewogen
im Schalenpaar, das mitsammen sie trüge,
schwerer wiese es sich als der Sand am Meer.
Darum lallen meine Reden.
Denn in mir sind die Pfeile des Gewaltigen,
deren Glutgift mein Geist trinkt,
die Ängstigungen Gottes umreihn mich.
Bräht ein Zebra über dem Gras
oder brüllt ein Rind über seinem Gemengsel?
Wird Fades ungesalzen gegessen
oder ist im Eibischschleime Geschmack?
Dran zu rühren meine Seele sich weigert,
die sind als Siechtum mein Brot.
Wer gäbs, mein Wunsch käme,
mein Erhofftes gäbe Gott mir:
Gott beliebte mich zu zermalmen,
ließe seine Hand schnellen und schnitte vom Trumm mich!
Und noch ein Trost würde mir
– aufhüpfen wollt ich in Wehn, da er nicht schont! –:
daß ich die Sprüche des Heiligen nicht verhehlte.

Was ist meine Kraft, daß ich harren könnte,
was mein Ende, daß ich dulden hieße die Seele!
Ist denn Kraft der Steine meine Kraft?
ist denn mein Fleisch von Erz?
Wohl, so denn in mir keine Hilfe mir ist,
so Geraten mir entstoßen ward,
gebührt dem Verzagten Huld von seinem Freunde, –
und würde er von der Furcht des Gewaltigen lassen.
Meine Brüder trügen wie ein Wildbach,
wie ein Bett von Bächen, die verrinnen,
den vom Froste getrübten,
auf sie nieder barg sich der Schnee,
zur Zeit, da es sie sengt, sind sie versiegt,
in der Hitze verdunsten sie von ihrem Ort weg.
Die Wanderzüge biegen vom Weg ab,

versteigen sich ins Irrsal, verschwinden.

Die Züge Temas blickten hin,
die Gänge Sabas hofften darauf,
sie wurden zuschanden, denn man wähnte sich sicher,
sie kamen bis dahin und mußten sich schämen.

Ja denn, ihr seid ein Nichts geworden,
ihr schaut das Gräßliche und ihr erschaudert.

Habe ich denn gesprochen: ›Reichet mir was
und von eurem Vermögen bestechet für mich!‹
und: ›Laßt mich der Hand des Drängers entrinnen!‹
und: ›Aus der Hand der Wütriche löset mich aus!‹?

Unterweist mich, und ich will verstummen,
und worin ich fehlte, lasset michs merken!

Wie schneidend sind die ›Sprüche der Geradheit‹!
Und wessen rügt eure Rüge?

Sinnt ihr etwa drauf, Worte zu rügen?
Und mein Sprechen ›Verzweifelt!‹, ists für den Wind?

Wollt ihrs gar um den Verwaisten her niederfallen lassen,
es aushöhlen um euren Genossen her?

Nun aber, unterfangt euch, wendet euch mir zu, –
ob ich ins Antlitz euch lüge!

Kehrt doch um! Nimmer soll Falschheit geschehn!
Und kehrt um, solang noch meine Wahrhaftigkeit wider sie
    steht:
ob es Falschheit gibt auf meiner Zunge!
Oder weiß nicht mein Gaumen Verhängnis zu merken?

Ist nicht Scharwerk des Menschleins auf Erden
und des Söldners Tagen gleich seine Tage?
Wie ein Sklave lechzt er nach Schatten,
wie ein Söldner erhofft er seine Löhnung.

So habe ich Monde der Vergeblichkeit zu eigen bekommen,
Nächte des Harms teilte man mir zu.

Lege ich mich, muß ich sprechen: Wann stehe ich auf?
[Mißt man den Abend aus?!]
und ich ersatte der Unrast bis zur Dämmerung.

Schon will mein Fleisch sich mit Maden bekleiden,
meine Haut mit Staubklumpen,
ein Nu noch, und es zerfließt!

Meine Tage eilen mehr als ein Weberschiffchen,
entgleiten im Hoffnungslosen. –
Gedenke, daß mein Leben ein Wind ist!
Nie wieder wird mein Auge ein Gutes sehn,
nicht gewahrt mich ein Auge, das nach mir sieht,
deine Augen zu mir hin – mich gibts nicht mehr.
Die Wolke entgleitet, vergeht,
so steigt nicht auf, wer ins Gruftreich sank,
er kehrt nicht wieder zu seinem Haus,
sein Ort erkennt ihn nicht wieder.

Auch ich will nicht wehren meinem Munde,
in der Drangsal meines Geistes will ich reden,
in meiner Seele Bitternis klagen.
Bin ich das Meer, bin ich der Drache,
daß du eine Wacht wider mich stellst?!
Wenn ich spreche: ›Mein Bett wird mich trösten,
mein Lager meine Klage enttragen‹,
bestürzest du mich mit Träumen,
ängstest durch Schaugeschehnisse mich.
Das Ersticken wählt meine Seele sich,
den Tod lieber als mein Gebein,
ich verwerfs, ich mag nicht immerzu leben, –
laß als von mir! ein Dunst sind ja meine Tage!
Was ist das Menschlein, daß du sein groß achtest,
daß du dein Herz auf es richtest,
musterst es jeden Morgen,
jeden Nu probst du es aus!
Wie lang noch wendest du dich nicht von mir ab,
gibst mich nicht los, bis meinen Geifer ich schlucke?
Habe ich gesündigt, was bewirke ich dir,
Hüter des Adamsgeschlechts?
Warum hast du mich dir zum Anstoß gemacht,
daß ich mir selber zur Last bin?
Weshalb erträgst du meine Abtrünnigkeit nicht,
daß du vorbeilassest meine Verfehlung?
Denn jetzt dürfte ich mich in den Staub niederlegen,
du suchst mich, und es gibt mich nicht mehr.«

Bildad der Schuachiter entgegnete, er sprach:
»Bis wann wirst du dergleichen wörteln?
Die Sprüchlein deines Munds sind ein heftiger Wind!
Sollte Gott je krümmen das Recht,
der Gewaltige die Bewahrheitung krümmen?
Haben wider ihn deine Söhne gesündigt,
er schickte sie in die Hand ihrer Abtrünnigkeit.
Du aber, suchst du Gott an,
flehst zum Gewaltigen:
bist du lauter und redlich,
wohl denn, nun regt er sich über dir
und befriedet die Trift deiner Wahrhaftigkeit, –
deine Frühe ist dann ein Geringes gewesen,
so sehr ist deine Späte Gedeihn.
Denn frage doch ein frühes Geschlecht,
merke aufs Forschen ihrer Väter
– denn von gestern sind wir und wissen nicht,
denn ein Schatten sind unsre Tage auf Erden –,
unterweisen sie dich nicht, sprechen zu dir,
bringen Worte aus ihrem Herzen hervor:
Schießt Papyrus auf, wo kein Sumpf ist?
gedeiht Riedgras ohne Wasser?
noch ists in seiner Knospe, nicht pflückbar
und muß vor allem Grase verdorren, –
so sind die Pfade aller Gottvergessnen,
die Hoffnung des Entarteten schwindet.
Dessen Zuversicht ein Sommerfaden ist,
ein Spinnenhaus seine Sicherheit,
er lehnt sich an sein Haus, nicht hälts stand,
er fasst daran, nicht beharrts.
Mag der saften im Angesicht der Sonne
und über seinen Gartenplatz hinaus sein Trieb sich ziehn,
über Geröll sich seine Wurzeln verflechten,
mag ein Steingehäuse er spalten:
rafft man ihn von seiner Stätte,
verleugnet sie ihn: ›Dich sah ich nie.‹
Wohl, das ist die Wonne seines Wegs, –
und aus dem Staub sprießen welche nach. –

Wohl, nie verwirft Gott den Schlichten,
aber die Hand der Bösgesinnten hält er nicht fest.
Noch füllt er den Mund dir mit Lachen,
mit Jauchzen die Lippen dir,
in Schande kleiden sich deine Hasser,
der Frevler Zelt ist nimmermehr.«

Ijob entgegnete, er sprach:
»Traun, ich weiß, daß dem so ist:
wie würde bewahrheitet ein Menschlein vor Gott!
Verlangts es, mit ihm zu streiten,
nicht auf eins von tausend antwortet er ihm.
Der Herzensweise und Kraftgestraffte,
wer härtete sich wider ihn und bliebe heil!
Der Berge verrückt und man kennt sie nicht mehr,
die er wandelte in seinem Zorn,
der die Erde schüttert von ihrer Stelle,
daß ihre Säulen wanken,
der zur Sonne spricht und sie erstrahlt nicht,
und er siegelt die Sterne ein,
der den Himmel spannt, er allein,
und er schreitet über Kuppen des Meers,
der den Leun macht, Orion und die Glucke
und die Kammern des Südens,
der Großes macht, bis wo kein Forschen gilt,
Wunderbares, bis wo keine Zahl ist:
wohl, er fährt an mir hin, und ich sehs nicht,
er schwebt vorbei, und ich merke es nicht,
wohl, er entrafft, wer hemmte ihn!
wer spräche zu ihm: ›Was tust du?‹!
Der Gottherr, er kehrt nicht ab seinen Zorn,
er, unter den sich die Helfer des Ungetüms duckten.
Nun gar ich, ich sollte antworten ihm,
auf ihn zu meine Worte wählen!
der ich, bin ich bewährt, nicht entgegnen kann,
meinen Widersacher anflehen muß!
Riefe ich und er entgegnete mir,
ich glaubte nicht, daß meiner Stimme er lauschte.

Der im Sturm nach mir schnappt
und mehrt umsonst meine Wunden,
der mir nicht gewährt, Atem zu holen,
doch mich sättigt – mit Bitternissen:
Gehts um straffe Kraft? da ist er!
um Gerechtigkeit? wer lüde ihn vor!
Bin ich bewährt, mein Mund schuldigte mich,
bin ich schlicht, er verkrümmte mich,
bin ich schlicht, darf ich meine Seele nicht kennen,
verwerfen soll ich mein Leben!
Eins ists! Drum spreche ichs aus:
Schlichte und Schuldige – er tilgt!
Tötet jäh die Geißel,
er spottet des Verzagens der Unsträflichen.
Ein Land ist in die Hand eines Schuldigen gegeben, –
er verhüllt das Angesicht seiner Richter, –
ist ers nicht, wer also wärs?
Meine Tage eilen mehr als ein Läufer,
sie entfliehn, und haben nichts Gutes gesehn,
auf Rohrkähnen streichen sie dahin,
sind dem Geier gleich, der flattert nach Fraß.
Sprecke ich: ›Ich will meine Klage vergessen,
mein Angesicht freilassen, aufblinken‹,
grauts mir in all meinen Qualen:
ich weiß, unsträflich lassest du mich nicht erscheinen.
Ich soll, ich soll schuldig sein, –
wozu mag um Dunst ich mich mühn!
Badete ich im Schnee mich,
reinigte meine Hände mit Lauge,
dann würdest du in die Grube mich tauchen,
daß mich meine Gewänder verabscheun.
Denn nicht ein Mann mir gleich ists, daß ich entgegnete ihm,
daß ins Gericht wir kämen miteinander,
nicht gibts zwischen uns einen Entscheider,
daß der auf uns beide seine Hand legte.
Höbe er nur von mir seinen Stab
und sein Entsetzen ängstete mich nimmer:
reden dürfte ich ohne ihn zu fürchten
– denn nicht so ists um mich bestellt,

meines Lebens überdrüssig ist meine Seele –,
freilassen dürfte ich von mir meine Klage,
sprechen wollte ich zum Gottherrn:
‚Schuldige mich nimmer!
Laß mich wissen, warum du mich bestreitest!
Steht es dir gut an, daß du bedrückst,
daß du verwirfst die Arbeit deiner Hände,
aber überm Rat der Schuldigen aufstrahlst?!
Hast du Fleisches Augen,
oder siehst du, wie das Menschlein sieht,
sind des Menschleins Tagen gleich deine Tage
oder deine Jahre gleich Mannestagen,
daß du suchst nach meinem Fehl
und nach meiner Sünde fahndest,
obzwar du weißt, daß ich nicht schuldig bin, –
und deiner Hand entreißt mich keiner!
Deine Hände haben mich gebildet, mich gemacht,
mitsammen ringsum, – und du verschlingst mich!
Gedenk doch, daß wie aus Lehm du mich machtest,
und willst mich zum Staub kehren lassen!
Gossest du wie Milch mich nicht hin,
ließest wie Quark mich gerinnen?
Hast mit Haut und Fleisch mich bekleidet,
mich mit Gebein und Sehnen durchflochten,
Leben und Holdschaft hast du mir zugetan,
und deine Verordnung hat meinen Odem bewacht, –
aber dies hast du in deinem Herzen geborgen,
ich weiß, daß dir dieses im Sinn war:
sündigte ich, wolltest du mich bewachen,
mich um meinen Fehl nicht unsträflich werden lassen, –
werde ich schuldig, weh mir!
bin ich aber bewährt, darf mein Haupt ich nicht heben.
Sättige dich an der Schmach,
besieh mein Elend, wenn es hochschießt!
Wie einen Raubwelp willst du mich jagen
und dich wiederum wunderbar erweisen an mir,
erneuen deine Zeugen mir entgegen,
deinen Unmut wider mich steigern, –
›Ablösungen und Scharwerk‹ gilt für mich.

Und warum hast du mich aus dem Schoße gezogen?
verscheiden hätte ich sollen, ohne daß ein Auge mich sah:
ich wäre, als sei nie ich geworden,
vom Mutterleib zum Grabe würde ich gebracht.‘
Sind nicht wenige mehr meine Tage?
er höre auf! er lasse ab von mir,
daß ich ein weniges aufblinken kann,
eh ich gehe, nicht wiederzukehren,
ins Land der Finsternis und des Todschattens,
Land der Trübnis, dem Urdunkel gleich,
Todschatten, ohne Richtungszeichen,
und strahlt es auf, bleibts dem Urdunkel gleich.«

Zofar der Naamaiter entgegnete, er sprach:
»Der Reden viel – soll man dem nicht entgegnen?
oder soll ein Lippenmann bewahrheitet werden?
Dein Geschwätz macht die Leute schweigen,
du höhnst, und keiner darf schimpfen!
Du sprichst: ›Rein ist meine Botschaft,
lauter bin ich gewesen‹ – in deinen Augen!
Jedoch, wer gäbs, der Gottherr spräche,
öffnete wider dich seine Lippen
und sagte dir Verhohlnes der Weisheit an,
wie ein Doppelwesen am Sinn ist:
so erkenn,
daß der Gottherr von deinens Fehl dir Vergessen gewährt!
Willst du Gottes Urgrund finden,
oder hinfinden bis zur Vollendung des Gewaltigen?
Himmelshöhn – was wirkst du?
Tiefer als das Gruftreich – was kennst du?
Länger als die Erde an Maß
und breiter als das Meer!
Fährt einher er, setzt gefangen, versammelt,
wer wollte ihn umkehren machen!
Denn er, er kennt die Leute des Wahns,
er sieht das Arg und brauchts nicht zu betrachten.
Doch auch ein hohler Mann kann herzhaft werden,
wird ja als Wildeselfüllen jeder Mensch geboren:

Du, wenn du ausrichtest dein Herz
und zu ihm deine Hände breitest,
ist Arg an deiner Hand, entfernst dus,
lässest Falsch in deinen Zelten nicht wohnen,
wohl, dann darfst du dein Antlitz ohne Flecken erheben,
gefestet bist du und hast nichts zu fürchten,
wohl, du selber vergissest den Harm,
denkst sein wie verronnenen Wassers,
mittagshell ersteht das Währen,
die Trübnis wird dem Morgen gleich,
du weißt dich gesichert, denn Hoffnung west,
ausfindig machst du, wo sicher du ruhst,
lagerst du, ist da keiner, der aufstört,
viele sänftigen das Angesicht dir.
Den Frevlern aber zehren die Augen sich auf,
die Zuflucht entschwindet vor ihnen,
ihre Hoffnung ist der Aushauch der Seele.«

Ijob entgegnete, er sprach:
»Traun, ja, ihr seid das Volk,
mit euch stirbt die Weisheit aus!
Auch ich habe ein Herz, eurem gleich,
nicht sinke ich unter euch ab.
Und bei wem wäre dergleichen nicht! –
Dem eignen Genossen ein Gelächter, das ward ich.
Der einst zu Gott rief und er entgegnete ihm,
der Bewährte, Geschlichtete ist ein Gelächter.
 Dem Mißgeschick Verachtung!« – das gehört zu des Sorg-
    losen Gesinnung,
gerichtet ist das für die, deren Fuß wankt,
während befriedet die Zelte der Vergewaltiger bleiben,
Sicherheit derer ist, die den Gottherrn erzürnten,
wer die Gottheit in seiner Faust hält:
›Aber frag doch das Vieh, daß es dich unterweise,
den Vogel des Himmels, daß ers dir vermelde,
oder rede das Erdreich an, daß es dich unterweise,
die Fische des Meeres sollens dir erzählen.‹
 – Wer kennte ihnen allen nicht an,

daß SEINE Hand dies gemacht hat,
in dessen Hand die Seele alles Lebendigen ist
und der Geist von jedermanns Fleisch!
Muß das Ohr nicht die Worte prüfen,
wie der Gaum die Speise kostet?
– ›Bei den Greisen ist Weisheit,
Länge der Tage, das heißt Vernunft:
Bei Ihm ist Weisheit und Stärke,
sein ist der Rat und die Vernunft.‹
– Wohl, er reißt nieder, und nie wirds aufgebaut,
sperrt einen Mann ein und nie wird ihm geöffnet,
wohl, er dämmt die Wasser, und sie versiegen,
er läßt sie los, und sie wühlen das Land auf.
– ›Bei ihm ist Macht und Heil.‹
– Sein ist, der irrt und der irreführt,
er stellt Ratsherren bloß
und versetzt Richter in Raserei,
er löst die Fesseln, die von Königen gebundnen,
und fesselt sie, mit einem Strick um die Lenden,
er stellt Priester bloß
und verdreht Urständige,
Getreuen entzieht er die Sprache
und nimmt Alten den Verstand,
er gießt über Edle Verachtung
und Vielumfassenden lockert den Gurt er,
er enthüllt tief im Finstern Verhohlnes,
und Todschattenhaftes hebt er ans Licht,
er macht Stämme gedeihn und macht sie schwinden,
dehnt Stämme aus und leitet sie hinweg,
den Volkshäuptern eines Landes entzieht er den Herzsinn
und macht sie sich im weglosen Irrsal verlaufen,
sie tappen in der Finsternis lichtlos,
umherlaufen macht er sie dem Trunkenen gleich.

Wohl, alles hat mein Auge gesehn,
mein Ohr hats gehört und hats vermerkt;
eurem Wissen gleich weiß ich auch,
ich sinke nicht unter euch ab.
Aber ich, zum Gewaltigen will ich reden,

mich verlangts, es Gott zu erweisen.
Ihr aber seid Lügenkleber,
nichtige Ärzte ihr alle.
Wer gäbs, ihr möchtet schweigen, schweigen,
daß euch das als Weisheit gälte!
Hört doch meinen Verweis,
lauscht dem Rechten meiner Lippen!
Wollt für den Gottherrn ihr Falsches reden,
Trügerisches reden für ihn?
Wollt ihr ihm das Antlitz erheben
oder des Gottherrn Streit führen?
Wärs gut, wenn er euch durchforschte?
Oder meint ihr, wie man Menschlein narrt, ihn zu narren?
Verweisen wird ers euch, verweisen,
wenn Erhebung des Antlitzes ihr insgeheim übt.
Wird seine Erhebung euch nicht bestürzen,
sein Schreck euch nicht überfallen?
Euren Denksprüchen ist Asche das Gleichnis,
zu Buckeln von Lehm werden die Schildbuckel euch.
Schweigt, laßt von mir, ich selber will reden,
was immer über mich ergehe,
was immer!
Ich fasse mein Fleisch mit meinen Zähnen,
meine Seele lege ich in meine Hand, –
wohl, er mag mich erschlagen, ich harre dessen,
jedoch meine Wege will ins Antlitz ich ihm erweisen.
Auch das schon ist mir Befreiung,
denn ein Entarteter tritt ihm nicht vors Antlitz.
Höret, horcht meinem Wort,
meine Ansage sei in euren Ohren!
Wohl denn, ich habe die Sache gerüstet,
ich weiß, daß ich, ich bewahrheitet bin.
Wer ists, der mich bestreiten kann?
denn nunmehr schweige ich und verschiede. –
Nur zweierlei tu mir nicht an,
dann verstecke ich mich nicht dir vorm Antlitz:
deine Hand entferne von mir,
dein Schrecken darf nimmer mich ängsten.
So rufe, und ich, ich entgegne,

oder ich rede, und du antworte mir!
Wie viele sind meiner Fehle und Sünden?
meine Abtrünnigkeit, meine Versündung lasse mich wissen!
Warum versteckst du dein Antlitz
und erachtest für deinen Feind mich?
Willst ein verwehtes Blatt du scheuchen
oder eine dürre Stoppel jagen,
daß du Verbitterungen mir anschreibst,
Verfehlungen meiner Jugend mich lässest erben,
die Füße mir in den Block legst,
beobachtest all meine Pfade
und zeichnest dich meinen Fußwurzeln ein?

Der da, wie Moder zerfällt er,
wie ein Kleid, das die Motte fraß, –
ein Mensch, vom Weibe geboren,
kurz von Tagen, satt der Unrast,
wie eine Blume schoß auf er und welkt;
und gar über dem hältst dein Auge du offen,
bringst mich vor dir ins Gericht!
[Wer gäbs: aus Makligem Reines! Nicht eins!]
Sind festgelegt seine Tage,
ist die Zahl seiner Monde bei dir,
tatest du die Schranke ihm zu, die er nicht überschreite, –
blick weg von ihm, daß er aussetzen kann,
bis er wie der Mietling seinen Tag sich gefallen läßt!
Denn für den Baum gibts Hoffnung:
wird er abgehaun, er kann sich erneuen,
sein Schößling setzt nicht aus;
altert in der Erde seine Wurzel,
stirbt im Staube sein Stumpf ab,
vom Duft des Wassers sproßt er.
treibt Gezweig wie ein Pflänzling.
Der Mann aber stirbt, er erschwacht,
verscheiden muß der Mensch – und wo ist er?
Mögen Wasser aus dem See verfließen,
mag vertrocknen, versiegen der Strom:
der Mensch liegt und steht nicht mehr auf,
bis kein Himmel ist, erwachen die nicht,

rütteln sich aus ihrem Schlafe nicht auf.
Wer gäbs, du verwahrtest mich im Gruftreich,
verstecktest mich, bis sich abkehrt dein Zorn,
setztest mir eine Schranke, aber dann gedächtest du mein!
Stirbt ein Mann, lebt er wieder auf?
Alle Tage meines Scharwerks wollte ich harren,
bis daß meine Ablösung käme:
du rufst, und ich, ich entgegne dir,
nach dem Werk deiner Hände hast du dich gesehnt.
Wenn du auch jetzt meine Schritte zählst,
du beobachtest dann meine Sünde nicht mehr,
meine Abtrünnigkeit ist in einem Bündel versiegelt,
überklebt hast du meine Verfehlung.
Jedoch ein Berg wird, sinkend, zerstückelt,
ein Fels rückt von seinem Platz,
Steine zerreibt das Wasser,
der Erguß schwemmt den Erdboden weg, –
und des Menschleins Hoffnung machst du schwinden:
du überwältigst einen für immer, und er vergeht,
sein Antlitz entstellend schickst du ihn hinweg.
Legen Ehre ein seine Kinder, er weiß es nicht,
werden sie gering, nicht bemerkt ers.
Nur sein Leib, um den schmerzts ihn,
nur seine Seele, um die trauert er«.

Elifas der Temaniter entgegnete, er sprach:
»Darf ein Weiser windiges Wissen entgegnen,
seinen Bauch mit Ostwind füllen,
mit Gerede erweisend, das nicht frommt,
Worten, womit er nicht nützt?
Du gar, du zerbröckelst die Fürchtigkeit,
verknappst das Sinnen vor Gott.
Denn dein Fehl übt deinen Mund ein,
und die Zunge der Schlauen erwählst du.
Schuldigen soll dein Mund dich, nicht ich,
deine Lippen wider dich entgegnen.
Wardst du als der erste der Menschen geboren,
vor den Hügeln hervorgebracht?

Hast du im Ratskreis Gottes gehorcht,
von der Weisheit für dich abgeknappt?
Was weißt du, was wir nicht wüßten,
merktest du, was nicht bei uns wäre?
Auch ein Ergrauter ist unter uns, auch ein Greis,
an Tagen vermöglicher als dein Vater!
Hast du an den Tröstungen des Gottherrn zu wenig,
ist die Rede zu leise für dich?
Was reißt dein Herz dich um,
was rollen deine Augen,
daß du dein Schnauben gegen Gott kehrst
und deinem Mund lässest Worte entfahren!
Was ist das Menschlein, daß es als rein gelten könnte,
und daß sich bewahrheitete der vom Weibe Geborne?
Wohl, Er vertraut seinen Heiligen nicht,
der Himmel ist in seinen Augen nicht rein,
nun gar der Abscheuliche, Angefaulte,
der Mann, der wie Wasser das Falsch trinkt!
Ich wills dir ansagen, höre mir zu,
das, was ich schaute, erzähle ich,
welches Weise vermeldeten
und verhehltens nicht, von ihren Vätern her,
denen allein das Land ward gegeben,
nicht ging ein Unzugehöriger ihnen inmitten:
Alle Tage des Schuldigen windet er sich, –
die Zahl der Jahre über, die aufbewahrt sind dem Wütrich,
ist die Stimme der Schrecknisse in seinen Ohren,
im Frieden werde ihn der Vergewaltiger überkommen,
Er vertraut nicht, aus der Finsternis heimkehren zu können,
er, der ausersehn ist für das Schwert,
er schweift umher, um zu kämpfen – wo?;
er weiß, daß zur Hand ihm ein Finsternistag bereit ist,
die Drangsal ängstet ihn, ihn greift die Bangnis an,
einem König gleich, der zum Sturme sich anschickt.
Denn gegen den Gottherrn streckte er seine Hand,
gegen den Gewaltigen überhob er sich,
steifhalsig rannte er gegen ihn an
mit der Dichtheit seiner Schildbuckel;
denn mit seinem Fett deckte er sich das Antlitz,

setzte Schmeer an die Lende;
Wohnung nahm er in ausgetilgten Städten,
Häusern, nicht mehr besiedelt,
deren Geschick war, Trümmer zu werden.
Er bleibt nicht reich, seine Habe besteht nicht,
nicht mehr neigt sich solcher Sichel zur Erde,
nicht entgeht er der Finsternis,
seinen Schößling dörrt die Glut,
vom Anblasen Seines Mundes vergeht er.
Nimmer traue er dem Wahnbild, er ist geirrt.
denn Wahn wird sein Eintausch sein:
noch ist sein Tag nicht, und schon erfüllt sichs,
sein Wedel grünt nicht mehr,
er stößt rebstockgleich seinen Herbling ab,
wirft ölbaumgleich ab seine Blüte.
Denn die Rotte der Entarteten ist versteint,
Feuer frißt die Zelte der Bestechung,
man geht schwanger mit Harm und gebiert Arg.
Ihr Bauch bereitet den Selbstbetrug.«

Ijob entgegnete, er sprach:
»Dergleichen habe ich viel nun gehört,
Tröster zum Härmen seid ihr alle.
Haben ein Ende die windigen Reden?
oder was reizt dich, daß du entgegnest?
Würde auch ich euch gleich reden,
wenn eure Seele anstatt meiner Seele wäre?
Würde ich Worte gegen euch knüpfen,
meinen Kopf über euch schütteln?
Ich würde mit meinem Munde euch stärken,
die Gebärde meiner Lippen würde lindern. –

Rede ich, wird nicht gelindert mein Schmerz,
und lasse ichs, was ginge von mir weg!
Dennoch, jetzt, da er mich erschöpft hat
[Du hast all meine Runde verödet,
du hast mich gepackt,
zum Zeugen ward mein Siechtum und erstand wider mich,

ins Antlitz entgegnet es mir!]:
Sein Zorn ists, der mich zerreißt und befehdet,
er knirscht mit seinen Zähnen über mir,
mein Bedränger, er wetzt wider mich seine Augen.
So sperren sie gegen mich ihr Maul auf,
schimpflich schlagen sie mich auf die Wangen,
sie scharen gegen mich sich zusammen.
Ausgeliefert Falschgesinnten hat mich der Gottherr,
mich in Schuldbeladner Hände geschleudert.
Friedsam war ich, er hat mich zersprengt,
hat mich am Nacken gefaßt und mich zerkrümelt,
er hat mich sich zur Zielscheibe gesetzt,
seine Schützen umringen mich,
er spaltet mir die Nieren, nicht schont er,
er schüttet meine Galle zur Erde,
er durchbricht mich, Bruch auf Bruch,
heldengleich rennt er mich nieder.
Sackleinen habe ich um die Haut mir genäht,
habe mein Horn in den Staub gesteckt.
Mein Antlitz ist gerötet vom Weinen,
auf den Wimpern liegt der Todschatten mir,
drob daß Unbill mir nicht an den Händen
und mein Gebet rein ist.

Erde, bedecke nimmer mein Blut,
seinem Schrei werde nimmer ein Aufhalt!
Auch jetzt noch, wohl, ist mir im Himmel ein Zeuge,
ein Beglaubiger mir in den Höhen.
Sind meine Spötter meine Genossen,
auf Gott zu sickerts mir aus dem Auge,
daß er Entscheidung stifte dem Manne bei Gott
und zwischen dem Menschen und seinem Genossen.
Denn nur zählige Jahre verlaufen
und ich gehe den Pfad, auf dem ich nicht kehre. –
Mein Geist ist zermürbt, meine Tage verschwelen,
für mich ist der Gräberplatz.
Ists nicht so:
Witzlinge sind mir beigetan,
auf ihrem Getrotz muß mein Auge weilen.

Setze doch ein, bürge für mich bei dir,
wer sonst möchte Handschlag mir leisten!
Denn ihr Herz hast du vorm Begreifen geborgen,
deshalb darfst du sie nicht erhöhen. –
Für einen Anteil zeigt einer Genossen an
und die Augen seiner Söhne verschmachten?
Er hat mich zum Gleichnis für Völker gestellt,
zu einem ins Antlitz Bespienen bin ich geworden.
Ermattet ist mein Auge vor Gram,
all meine Glieder sind schattengleich.
Drüber erschaudern die ›Geraden‹,
der ›Unsträfliche‹ erregt über den ›Entarteten‹ sich:
Der ›Bewährte‹ hält an seinem Weg fest,
der ›an Händen Lautre‹ fügt sich Stärke noch zu.
Jedoch sie alle…!
Kommt doch wieder heran,
ich werde unter euch einen Weisen nicht finden. –
Meine Tage sind dahingegangen,
meine Strebungen sind zertrennt,
die Wünsche meines Herzens.
Die da wollen die Nacht zum Tag machen:
›Licht ist nah – von der Finsternis weg!‹
Erhoffte ich etwas, wärs die Gruft als mein Haus,
daß ich mein Lager in der Finsternis bette,
zur Grube rufe: ›Mein Vater bist du‹,
›Meine Mutter!‹ und ›Meine Schwester!‹ zum Gewürm.
Wo wäre somit meine Hoffnung?
Meine Hoffnung, wer kann sie erspähn?
Als ein Stück von mir sinkts in die Gruft,
mitsammen im Staube zu ruhn.«

Bildad der Schuachiter entgegnete, er sprach:
»›Bis wann setzt ihr den Treibstecken an Worte?
Merkt erst auf, dann laßt uns reden!‹
– Weshalb werden wir dem Vieh gleich geachtet,
sind vermakelt in euren Augen?
Du, der in seinem Zorn sich selber zerreißt,
soll sich deinethalb das Erdreich entvölkern,

der Fels von seinem Platze rücken?
Dennoch: das Licht der Schuldigen verschwelt,
nicht ein Funken erglänzt seines Feuers,
in seinem Zelt hat sich die Leuchte verfinstert,
die Lampe über ihm verschwelt.
Beengt werden die Schritte seiner Wucht,
sein eigner Rat wirft ihn nieder.
Denn durch seine Füße wird ins Netz er gejagt,
über Flechtwerk ergeht er sich,
die Ferse ergreift das Garn,
fest hält ihn die Schlinge,
im Boden steckt ihm der Strick,
die Falle ihm auf dem Steige.
Ringsum ängstet Grausiges ihn,
hetzt ihn, ihm auf dem Fuß.
Ausgehungert wird seine Wucht,
für sein Ausgleiten steht das Unheil bereit.
Stückweise frißt ihm die Haut ab,
stückweise ihn der Erstling des Tods.
Abgetrennt wird er seinem Zelt, seiner Sichrung,
schreiten heißts ihn zum König des Grausens,
wohnen wirds in seinem Zelt ohne die Seinen,
und über seine Trift wird Schwefel gestreut.
Drunten dorren seine Wurzeln,
droben welkt sein Gezweig,
sein Gedächtnis schwand von der Erde,
nicht hat er mehr einen Namen auf der Gasse.
Man stürzt ihn vom Licht in die Finsternis,
vom Erdrund verscheucht man ihn,
nicht ist ihm Schoss, nicht Sproß in seinem Volke,
nicht ein Entronnener, wo er gegastet hatte.
Über seinen Richttag erstarren die Späten,
die Frühen ergreift der Schauder.
Ja, diese sind die Wohnstätten der Falschheit,
dies der Platz dessen, der Gott nicht kennt.«

Ijob entgegnete, er sprach:
»Bis wann noch grämt ihr meine Seele,

malmet ihr mich mit Worten?
Zehnmal nun habt ihr mich geschmäht,
ihr zögert nicht, mich zu mißhandeln.
Und wäre ich einst wirklich entgleist,
verweilt dann bei mir meine Entgleisung?
Dürftet ihr drum wirklich wider mich großtun
und wider mich meine Schande erweisen? –
Wisset also, daß mirs der Gottherr gekrümmt hat,
mit seinem Fangseil hat er mich umwunden.
Wohl, ich schreie: ›Unbill!‹ und mir wird nicht entgegnet,
ich klage, und da ist kein Recht,
Meinen Pfad hat er vermauert, ich kann nicht weiter,
auf meine Steige legt Finsternis er,
meine Ehre hat er mir abgestreift,
die Krone mir vom Haupte gezogen.
Er reißt mich rings nieder, daß ich vergehe,
wie einen Baum hebt meine Hoffnung er aus.
er läßt seinen Zorn mich umlodern,
seinen Widersachern gleich achtet er mich.
Mitsammen kommen seine Rotten,
bahnen sich ihren Weg auf mich zu,
lagern sich rings um mein Zelt.
Meine Brüder hat von mir er entfernt,
die mich kannten, sind durchaus mir entfremdet,
ausbleiben die mir Nahen,
meine Bekannten haben mich vergessen,
die Ansassen meines Hauses und meine Mägde,
sie achten mich für einen Fremden,
ein Auswärtiger bin ich in ihren Augen geworden,
ich winke meinem Knecht, er entgegnet nicht,
mit meinem Munde muß ich ihn anflehn.
Mein Odem ist fremd meinem Weibe,
ich ekle die Söhne meines Mutterleibs an,
sogar die Büblein haben mich verworfen,
steh ich auf, bereden sie mich,
mich scheun die Leute meines Einvernehmens,
die ich liebte, haben gegen mich sich gewandt.

An meiner Haut, an meinem Fleisch klebt mein Gebein,

ich bin entronnen mit der Haut meiner Zähne, –
schenkt mir Gunst, schenkt Gunst, ihr meine Genossen,
denn Gottes Hand hat mich angerührt.
Warum verfolgt ihr mich wie der Gottherr
und werdet meines Fleisches nicht satt?
Wer gäbs doch, meine Worte würden geschrieben,
wer gäbs, auf einem Brief eingezeichnet,
mit Eisengriffel nebst Blei
auf immer in den Felsen gehaun! –
– da ich doch weiß, mein Auslöser lebt,
und als der Spätgekommne wird vortreten er überm Staub,
und noch nachdem meine Haut, dies da, zerfetzt ist,
noch von meinem Fleisch aus werde ich Gott schauen.
Was ich selber mir erschaue,
meine Augen sehn, nicht eines Fremden,
in meinem Leib verzehren sich danach meine Nieren.

Wenn ihr sprecht: ›Wie verfolgen wir ihn denn!‹,
die Wurzel der Sache, in mir sei sie zu finden,
erschauert, ihr, vor dem Schwert
– denn Grimmglut ists, Verfehlungen fürs Schwert –,
auf daß ihr erkennt, daß ein Urteil ist!«

Zofar der Naamaiter entgegnete, er sprach:
»Deswegen antwortet mir mein Grübeln,
um deswillen ist meine Regung in mir:
Zuchtrede, mir zu Schimpf, muß ich hören,
aus meiner Einsicht entgegnet der Geist:
Weißt du dies, was seit jeher ist,
seit man Menschen setzte auf die Erde, –
daß der Jubel der Schuldigen von nah her ist,
die Freude des Entarteten für einen Nu?
Steigt solch eines Hoheit zum Himmel,
reicht sein Haupt an die Wolke,
seinem Kot gleich schwindet er für immer,
die ihn sahen, sprechen: ›Wo ist er?‹,
dem Traum gleich entfliegt er und man findet ihn nicht,
er entschweift einer Nachtschau gleich,

das Auge mustert ihn und nimmer wieder,
nie mehr gewahrts ihn an seinem Platz.
Seine Söhne müssen die Schwachen begütigen,
seine Hände müssen so sein Vermögen erstatten.
Mochte sein Gebein noch der Jugendkraft voll sein,
mit ihm legt sie sich in den Staub.
War das Böse süß seinem Mund,
hehlte ers unter seiner Zunge,
schonte es und ließ es nicht los,
hiels inmitten seines Gaumens zurück,
in seinem Eingeweid wandelt sein Brot sich,
Viperngalle wirds ihm im Leib.
Habe, die er schlang, muß er ausspein,
aus seinem Bauch treibt es der Gottherr.
Was er sog, ist Viperngift,
ihn bringt die Zunge des Raschlers um.
Nimmer darf er sich laben an den Bächen,
den Strömen von Honig und Sahne.
Er erstattet den Erwerb, kanns nicht schlucken,
als sein Eintauschgut, kann drin nicht schwelgen,
Denn er knickte die Schwachen, ließ sie liegen,
raubte sein Haus, baute es nicht.
So denn kennt er in seinem Bauch nicht Befriedung,
mit seiner Köstlichkeit kann er nimmer entrinnen.
Keiner entrann seinem Fressen,
deshalb kann sein Gut nicht währen.
In der Fülle seines Genügens wirds eng ihm,
alle Hand der Verhärmten kommt über ihn.
So geschiehts nun, den Bauch ihm zu füllen:
Los läßt Er wider ihn die Flamme seines Zorns,
er beregnet ihn in seinen Lebenssaft hinein.
Entflieht er der Eisenwaffe,
zerschneidet ihn der eherne Bogen,
er reißts heraus, es fährt ihm aus dem Rücken,
der Blitzpfeil geht ihm aus der Galle, –
das Gräßliche ist über ihm! –
Ist in alle Finsternis sein Aufgespartes verscharrt,
fressen wirds ein Feuer, das nicht entfacht ward,
abweiden wirds, was in seinem Zelt noch entrann.

Seinen Fehl macht der Himmel offenbar,
die Erde lehnt sich wider ihn auf,
fortgeschleppt wird der Ertrag seines Hauses,
am Tag seines Zornes entschwimmts.
Dies ist von Gott her des Schuldigen Teil,
Eigentum, vom Gottherrn ihm zugesprochen.«

Ijob entgegnete, er sprach:
»Höret, horcht auf mein Wort,
mag das euer Trösten sein!
Ertragt mich, daß selber ich rede; –
nach meiner Rede magst du spotten!
Ich da, gilt meine Klage denn Menschen?
Somit, weshalb sollte ich nicht kurzmütig sein?
Wendet euch mir zu und erstarret,
legt die Hand auf den Mund!
Gedenke ich dessen, bin ich bestürzt,
ein Schauder faßt mir ins Fleisch:
Weshalb leben die Schuldigen,
altern, wachsen an Macht gar?
Aufrecht bleibt vor ihrem Antlitz, bei ihnen ihr Same,
ihre Nachfahren vor ihren Augen.
Ihre Häuser sind im Frieden, ohne Schrecknis,
nicht ist der Gottesstab über ihnen.
Solch eines Stier bespringt und versagt nie,
seine Kuh kalbt und wirft nicht fehl.
Wie Schafe schicken sie ihre Büblein aus,
und ihre Kinder tanzen.
Sie heben an mit Pauke und Leier,
erfreun sich am Klang der Schalmei.
Sie verbrauchen ihre Tage, sich gütlich zu tun,
und in einem Rasten sinken sie in das Gruftreich.
Und sie sprachen doch zum Gottherrn: ›Weiche von uns!‹
und: ›Nach Erkenntnis deiner Wege verlangts uns nicht.
Was ist der Gewaltige, daß wir ihm dienen sollen,
was nützts uns, daß wir in ihn dringen!‹
[Wohl, nicht in ihrer Hand ist ihr Gutbefinden,
fern von mir ist der Schuldigen Rat.]

Wie oft verschwelt die Lampe der Schuldigen,
kommt über sie ihr Unheil,
teilt er Schnurmasse zu in seinem Zorn,
werden sie wie Häcksel vorm Wind,
wie Spreu, die der Sturm entführt hat?
Gott spare jenes Söhnen sein Arg auf?
Ihm selber müßte ers vergelten, daß ers zu wissen bekomme,
seine Augen müßten sein Elend besehn,
von der Grimmglut des Gewaltigen müßte er trinken!
Denn was könnte danach ihn seines Hauses verlangen,
ward erst die Zahl seiner Monde verknappt!
– ›Will einer den Gottherrn Erkenntnis lehren,
ihn, der hochher richtet?‹
– Dieser da stirbt eben in seinem Vollenden,
in allem sorglos und befriedet,
noch seine Preßoliven sind voller Fett,
das Mark seines Gebeins ist durchtränkt,
und dieser da stirbt mit bitterer Seele,
er hat von nichts Gutem genossen:
mitsammen liegen sie im Staub,
Maden hüllen sie ein.

Wohl, ich kenne eure Pläne,
die Ränke, die ihr unbillig gegen mich spinnt.
Denn ihr sprecht: ›Wo ist das Haus des Edlen
und wo das Wohnzelt der Schuldigen?‹
Habt ihr nicht die Wegeswandrer gefragt?
könnt ihr ihre Zeichen dahin verkennen,
daß der Böse behalten werde für den Tag des Unheils,
sie verbracht werden für den Tag des Überwallens?
Wer vermeldet seinen Weg ihm ins Antlitz?
er ists, der getan hat, wer vergilt ihm?
Zur Gräberstätte wird er gebracht,
und überm Hügel wacht man,
die Schachtschollen sind sein Erquicken.
Alle Menschen ziehen hinter ihm her,
Unzählige ihm voran.

Wie nun mögt ihr so dunstig mich trösten!
Von euren Antworten überbleibt nur die Treulosigkeit.«

Elifas der Temaniter entgegnete, er sprach:
»Kann ein Mann dem Gottherrn frommen?
Der Begreifende frommt sich selber.
Hat der Gewaltige Lust daran, daß du dich bewährst?
oder hat er Gewinn, wenn deine Wege du schlichtest?
Wird um deine Fürchtigkeit er dich ermahnen,
wird mit dir ins Gericht gehn:
›Ist nicht deiner Bosheit viel,
endlos deine Verfehlungen?
Denn du pfändetest deine Brüder umsonst,
streiftest Entblößten die Kleider ab,
nicht tränktest du mit Wasser den Matten,
dem Hungernden verweigertest du Brot.
[»Der Mann des Arms, sein ist das Land,
der Ansehnliche sitzt darin fest!«]
Witwen hast du leer fortgeschickt,
die Arme der Waisen durfte man zermalmen.
Deshalb sind rings um dich Schlingen,
jäh bestürzt dich der Schrecken.
Oder siehst du die Finsternis nicht,
den Wasserschwall, der dich einhüllen will?<
Ist nicht Gott in Himmelshöhe?
Und sieh das Haupt der Sterne, wie sie ragen!

Nun aber sprichst du: ›Was weiß Gott!
Kann hinterm Wetterdunkel er richten?
Gewölk ist ihm Versteck, und er sieht nicht,
am Himmelskreis wandelt er dahin!‹
Hältst den Pfad der Vorzeit du inne,
drauf die Leute der Arglist schritten,
die gepackt wurden, als die Frist noch nicht war:
ein Strom, ergoß sich ihr Grund –?
sie sprachen zum Gottherrn: ›Weiche von mir!‹
und: ›Was mag für uns der Gewaltige wirken!‹
[– er, mit Gutem hatte er ihre Häuser gefüllt!]

und dazu: ›Fern von mir ist der Schuldigen Rat!‹
Die Bewährten sehens und freun sich,
ihrer spottet der Unsträfliche:
›Ists nicht so: unsre Empörerschaft wird getilgt,
ihren Rest wird das Feuer fressen!‹

Werde ihm doch fromm und befriede dich,
davon wird dir das Gute kommen.
Nimm doch Weisung aus seinem Mund an,
setze dir seine Sprüche ins Herz!
Kehrst du um zum Gewaltigen, wirst du aufgebaut,
entfernst aus deinen Zelten die Falschheit.
Leg zum Staub das erlesene Erz,
zum Kies der Bäche das Ofirgold,
dann wird der Gewaltige deine Erzbarren sein,
firstklares Silber dir.
Denn dann wirst du am Gewaltigen dich erquicken,
wirst zum Gottherrn dein Antlitz erheben,
zu ihm flehn und er wird dich erhören,
bezahlen wirst du deine Gelübde,
Du bestimmst im Spruch und es ersteht dir,
über all deinen Wegen strahlt Licht.

Hat man einen erniedert, sprich: ›Es war Hoffart!‹
Der die Augen senkt, ihn befreit er,
ließ einen nicht Unsträflichen er entrinnen,
entrann er, dann: ›Durch die Läuterung deiner Hände‹!«

Ijob entgegnete, er sprach:
»Auflehnung ist auch heut meine Klage, –
meine Hand muß mein Stöhnen bezwingen.
Wer gäbs, ich wüßte ihn zu finden,
ich käme bis zu seinem Throngestell!
Ich wollte ihm vorm Antlitz die Rechtssache rüsten,
mit Erweisen füllte sich mein Mund,
ich wüßte dann die Worte, die er mir entgegnet,
merkte, was er zu mir spricht.
Würde er mit Überkraft dann mich bestreiten?

Nein, nur er selber merkte auf mich!
Dort erwiese sich bei ihm ein Gerader,
auf ewig ließe ich hervordringen mein Recht.
[Wohl, nach vorn geh ich, er ist nicht da,
rückwärts, ich bemerke ihn nicht,
links, ob er da wirke, ich kanns nicht schauen,
lenke er rechtshin, ich vermags nicht zu sehn.]
Denn er kennt den Weg, der mir eignet,
prüfte er mich, goldgleich stiege ich hervor.
In seiner Spur hielt sich mein Fuß,
seinen Weg hütete ich und bog nicht ab:
Gebot seiner Lippen ists,
ich wich nicht von dem mir Gesetzten,
ich verwahrte die Sprüche seines Mundes.
Er aber bleibt bei dem einen, wer brächte ihn ab!
seine Seele begehrts und er tuts.
Denn er vollführt das mir Festgesetzte, –
dergleichen ist vieles bei ihm,
Deswegen bin ich vor ihm bestürzt,
betrachte ichs, erschrecke ich vor ihm.
Der Gottherr ists, der das Herz mir erweicht hat,
der Gewaltige, der mich bestürzt hat.
Denn nicht vor Verfinstrung werde ich erstickt,
nicht vor umhüllendem Dunkel. –
Weshalb sind vom Gewaltigen her nicht ausgespart Fristen,
schauen, die ihn kennen, seine Richttage nicht?

Jene verrücken die Grenzen,
rauben Herden und weiden sie selber,
entführen Waisen den Esel,
pfänden das Rind der Witwe,
treiben die Dürftigen vom Wege,
verkriechen müssen sich mitsammen die Armen des Landes.
Wohl, Zebras sie in der Wüste,
ziehn zu ihrer Arbeit die aus:
nach Zehrung suchen sie sich ab,
die Steppe reicht solch einem Brot für die Knaben,
auf der Flur ernten sie jenem das Gemengsel ab,
stoppeln im Weinberg des Schuldigen nach.

Entblößt nachten sie, ohne Gewand,
in der Kälte haben sie keine Hülle,
sie triefen von der Strömung der Berge,
schutzlos umklammern sie den Felsen.
[Man hat von der Brust weg die Waise geraubt,
den Säugling des Armen hat als Pfand man genommen.]
Entblößt gehen sie, ohne Gewand,
hungernd tragen sie Garben,
– zwischen jener Mauern dürfen mittags sie weilen –,
treten die Kelter und dürsten.
Im Angstfieber müssen Sterbende ächzen,
die Seele Durchbohrter um Hilfe schrein.
Aber Gott setzt es nicht als Ungehöriges an.

Jene waren von den Aufrührern wider das Licht,
seine Wege haben sie nicht erkannt,
in seinen Steigen nicht verweilt.
Vorm Frühlicht steht der Mörder auf,
schlägt Arme, Dürftige nieder,
und in der Nacht treibt ers dem Dieb gleich.
Das Auge des Buhlers lauert auf die Dämmrung,
es spricht draus: ›Nicht soll ein Aug mich gewahren!‹,
einen Schleier legt er ums Antlitz.
Im Finstern bricht in die Häuser man ein.
Sie schließen sich ein bei Tage;
das Licht kennen sie nicht.
Denn mitsammen ihnen gilt als Morgen der Todesschatten,
denn geläufig ist solch einem der grausende Todesschatten,
leicht fährt der da auch übers Wasser hin.

– ›Verwünscht ist ihr Ackerteil im Lande!
nie mehr darf solch einer sich weinbergwärts wenden!
Dürre, auch Hitze raffen das Schneewasser fort,
das Gruftreich sie, die gesündigt haben.
Den vergißt der Mutterschoß,
die Made läßt ihn sich schmecken,
nie wieder wird seiner gedacht,
baumgleich wird die Falschheit zerschlagen,
wer die Sprossenlose, die nicht gebar, plündert,

der Witwe Ungutes tut.‹

– Und doch zieht Er mit seiner Kraft es hin für die Starken,
solch einer steht auf, und traute seinem Leben nicht mehr:
Er begabt ihn mit Sicherheit, er wird gestützt,
Wären aber Seine Augen über all ihren Wegen,
sie stiegen nur ein wenig, dann gäbs den nicht mehr,
sie würden geduckt, verstummten gleich allen,
würden einer Ährenspitze gleich erschlaffen.
Und wäre dem etwa nicht so? Wer straft mich Lügen
und macht zunichte mein Wort?«

Bildad der Schuachiter entgegnete, er sprach:
»Der Waltende, bei ihm ist der Schrecken, –
Frieden macht er in seinen Höhn.
Gibts eine Zahl für seine Scharen?
und über wem erstünde sein Licht nicht!
Wie wäre das Menschlein bewahrheitet vor Gott,
wie gälte als rein der vom Weibe Geborne!
Wohl, er verwarnt den Mond, und er hellt sich nicht auf,
die Sterne gelten nicht als rein in Seinen Augen.
Nun gar das Menschlein, die Made,
der Adamssohn, der Wurm!«

Ijob entgegnete, er sprach:
»Wie hast du der Unkraft geholfen,
den Arm der Ohnmacht befreit!
Wie hast du die Unweisheit beraten,
Sinn in Menge kundgetan!
Mit wem zuseiten hast du Worte vermeldet?
wessen Einhauch ging von dir aus?

Die Gespenstischen winden sich,
die unterhalb des Wassers und dessen Anwohner,
entblößt ist Ihm zugegen das Gruftreich,
die Verlorenheit hat keine Hülle.
Überm Wirrsal dehnte er den Nordgau,

überm Ohnwesen hing die Erde er auf,
schnürte die Wasser in seine Verdichtung,
daß drunter nicht eine Wolke birst,
er umgriff das Antlitz des Vollmonds,
breitete über ihn seine Wolke,
er zirkte eine Schranke übers Wasser hin ab,
bis wo sich Licht an Finsternis vollendet, –
die Säulen des Himmels schwankten,
entsetzten sich um sein Schelten.
Mit seiner Kraft schwichtigte er das Meer,
mit seiner Merksamkeit zerhieb er das Ungetüm,
durch seinen Odem wurde der Himmel geklärt,
seine Hand durchbohrte die Flüchtige Schlange.
Wohl, dies sind nur Säume seines Wegs, –
und welch ein Wispern ist die Rede, die wir davon hörten!
Der Donner seiner Mächtigkeit aber, wer würde des inne!«

Ijob hob weiter sein Gleichwort an, er sprach:
»Beim lebendigen Gottherrn, der mein Recht hieß entwei-
    chen,
dem Gewaltigen, der mir die Seele verbittert,
– denn noch ist all mein Atem in mir,
der Gotteshauch in meiner Nase –:
Reden meine Lippen Falschheit,
murmelt meine Zunge Täuschung, …!
Weitab mir, daß ich euch bewahrheite!
bis ich verscheide, lasse ich meine Schlichtheit nicht weichen.
An meiner Bewährtheit halte ich und lockere nicht,
nicht höhnt mein Herz etwelche meiner Tage.
Es sei mein Feind dem Schuldigen gleich,
dem Falschgesinnten, wer gegen mich aufsteht!
[›Denn was ist des Entarteten Hoffnung, wenn losschneidet,
wenn herausholt Gott seine Seele?
wird der Gottherr seinen Schrei hören,
wenn die Drangsal ihn überkommt?
oder kann er sich am Gewaltigen erquicken,
darf Gott anrufen allezeit?‹]
Über die Hand des Gottherrn hatte ich euch belehrt,
wie es beim Gewaltigen ist, nicht hatte ichs verhehlt, –

wohl, da habt ihrs alle selber erschaut, –
was wollt ihr nun mit Dunst mich umdunsten!

[›Dies ist der Anteil des schuldigen Menschen bei Gott,
das Eigentum des Wüterichs, das jeder vom Gewaltigen empfängt:
mehren sich seine Söhne, ists für das Schwert,
seine Nachfahren werden Brotes nicht satt,
seine Entronnenen werden im Pesttod begraben,
seine Witwen beweinen nicht.
Scharrt er Silber zusammen wie Staub,
richtet Gewand er wie Lehm her,
er richtets her und der Bewährte gewandet sich,
das Silber teilt der Unsträfliche sich zu.
Wie Mottenfraß hat sein Haus er gebaut,
wie ein Schirmdach, das ein Hüter sich machte.
Reich legt er sich hin und darfs nicht wiederholen,
kaum öffnet er seine Augen, gibts ihn nicht mehr.
Wie die Wasser erreicht ihn das Grausen,
über Nacht entführt ihn der Orkan,
der Ost trägt ihn hinweg und er vergeht,
er stürmt von seinem Platze ihn fort;
Er bewirft ihn und schont nicht,
vor seiner Hand flieht er und flieht.
Man klatscht über ihn in die Hände,
man bezischt ihn von seinem Platz aus.‹]

Fürs Silber gibts ja einen Fundort,
einen Platz fürs Gold, wo mans seigert,
Eisen holt man aus dem Staub,
das Gestein, das zu Kupfer man schmilzt.
Man hat der Finsternis ein Ende gesetzt,
alles Letzte durchforscht ebender.
Durchs Gestein von Dunkel und Todesschatten
bricht der Schacht von der Kalkschicht weg;
die des Fußtapfs Vergessnen,
sie hangen abseits der Menschenwelt, schweben.
Die Erde, draus das Brotkorn hervorkommen wird,
ihr Untres ist wie von Feuer umwühlt.

Des Saphirs Platz sind ihre Steine,
Goldstaubkörner sind für einen darin.

Ein Steig, den kennt der Stoßvogel nicht,
nie mustert ihn das Auge des Weihs,
nie betreten ihn die Söhne der Kühnheit,
nie streicht der Raubwelp darüber.

Zum Kiesel schickt man seine Hand aus,
von der Wurzel umwühlt man die Berge,
Felsen durchspaltet man mit Stollen,
und allerhand Köstliches besieht nun dessen Auge,
gegens Sickern bindet er die Adern ab, –
so kommt das Heimliche ans Licht hervor.

Aber die Weisheit, woher läßt sie sich finden,
welches ist der Ort der Merksamkeit?

Ein Menschlein kennt nicht ihren Wert,
im Land der Lebendigen wird sie nicht gefunden.

Der Urwirbel spricht: ›In mir ist sie nicht‹,
und das Meer spricht: ›Nirgends bei mir‹,
man kann Barren nicht für sie geben,
ihren Preis nicht in Silber wägen,
man kann nicht abgelten sie mit Ofirmetall,
mit köstlichen Karneol und Saphir,
mit Gold und Glas kann man sie nicht bewerten,
noch ist Feinerzgerät ihr Tauschpreis,
Korallen und Kristall, des ist nicht zu gedenken,
der Heraufzug von Weisheit ist mehr als von Perlen,
mit äthiopischem Chrysolith kann man sie nicht bewerten,
mit reinem Ofirmetall gilt sie man nicht ab.

Aber die Weisheit, woher doch kommt sie?
welches ist der Ort der Merksamkeit?

Vor alles Lebendigen Augen ist sie verhohlen,
noch vor dem Vogel des Himmels versteckt.

Die Verlorenheit und der Tod sprechen:
›Mit unsern Ohren hörten wir ein Hörensagen von ihr.‹

Gott ists, der den Weg zu ihr vermerkte,
er ists, der ihren Ort kennt.

Denn er, er blickt zu den Enden der Erde,
unter all dem Himmel sieht er sich um,
dem Winde ein Gewicht zu machen,

die Wasser steckt er mit der Meßstrecke ab,
Als er dem Regen machte eine Schranke,
einen Weg dem schallenden Wetterstrahl,
damals sah ers und zählte es,
merkte es und erforschte es.
[Zum Menschen aber hat er gesprochen,
wohl, die Furcht meines Herrn, das sei Weisheit,
und vom Bösen weichen Merksamkeit].«

Ijob hub weiter sein Gleichwort an, er sprach:
»Wer gäbe mir gleich den Monden von vordem,
den Tagen, da Gott mich bewahrte,
wann seine Lampe überm Haupte mir schien,
bei seinem Licht ich durch Finsternis ging,
wie ich war in den Tagen meiner Frühe,
wann Gottes Einvernehmen mir überm Zelt war,
wann der Gewaltige noch war bei mir,
rings um mich meine Knaben,
wann meine Gänge badeten in Sahne,
bei mir der Fels Öls Borne ergoß!
Wann aus dem Tor ich trat, hin zur Burgstadt,
den Sitz mir bereitete auf dem Markt,
ersahn mich Knaben und versteckten sich,
Greise erhoben sich und blieben stehn,
Obre hielten ihre Worte zurück,
legten sich die Hand an den Mund,
Anführern stockten die Worte,
am Gaum haftete ihre Zunge.
Denn das Ohr hörte und pries mich glücklich,
das Auge sah und bezeugte mir,
daß ich den aufstöhnenden Armen heraushieb,
die Waise, die nicht Helfer hatte.
Der Segen des Verlornen kam über mich,
das Herz der Witwe machte ich jubeln,
ich kleidete mich in Bewährung, es bekleidete mich
meine Gerechtigkeit wie Kittel und Kopfbund.
Augen war ich dem Blinden,
Füße dem Hinkenden ich,
den Dürftigen ich ein Vater,

Streit mir Unbekannter, ich habe ihn geprüft,
der Falschheit zerschlug ich das Gebiß,
entriß ihren Zähnen die Beute. –
[Und ich sprach: ›Bei meinem Nest einst verscheid ich,
sandgleich mehre ich meine Tage:
ist meine Wurzel ja zum Wasser hin offen,
und Tau nächtigt in meinem Gezweig.
Neu bei mir bleibt mein Ehrenschein,
in meiner Hand tauscht mein Bogen sich um.]
Auf mich hörten sie und sie harrten,
bei meinem Rat wurden sie still,
nach meiner Rede wiederholten sie nichts,
mein Wort träufelte auf sie nieder,
sie harrten auf mich wie auf den Regen,
sperrten ihren Mund für den Lenzschauer auf.
Getrauten sie sich nicht, ich lachte ihnen zu,
und hinfallen ließen sie nie meines Antlitzes Licht.
Ich wählte ihren Weg und saß zuhäupten,
königgleich wohnte ich der Schar ein,
gleichwie wenn einer Trauernde tröstet.
Jetzt aber lachen über mich die,
Jüngere an Tagen als ich,
deren Väter ich verwarf,
meinen Herdenhunden sie zu gesellen, –
wozu mir auch die Kraft ihrer Hände,
da die Rüstigkeit ihnen entschwand!
von Mangel und Darbnis versteift,
sie, die die Heide benagen,
gestern nachts noch in Ödnis und Verödung,
die Melde pflückten am Gesträuch,
Ginsterwurzel war ihnen das Brot,
aus dem Binnenraum wurden sie verjagt,
wie einem Dieb schrie man ihnen nach,
am Hang der Bäche zu wohnen,
in Staublöchern und Klüften,
sie brähten zwischen den Sträuchern,
unterm Gestrüpp drängten sie sich zusammen.
Söhne von Gemeinem, auch Namenloser Söhne,
die gepeitscht wurden aus dem Land.

Und jetzt ward ich ihnen zum Klimperlied,
zum Wörtlein bin ich ihnen geworden,
sie scheuen mich, entfernen sich von mir,
sparen nicht mit dem Ausspein vor mir.
Denn Er hat meine Sehne gelöst und hat mich gebeugt,
so konnte man den Zügel freilassen vor mir.
Zur Rechten erhoben sie sich – ein Blust! –,
sie schicken mir den Fuß frei,
aber ihre Unheilspfade bahnen sie auf mich zu,
meinen Steig zerrütten sie,
brauchbar sind sie zu meinem Verhängnis,
nicht ist ihnen ein Helfer vonnöten,
durch eine breite Bresche rennen sie drein,
unter der Verödung wälzen sie sich einher.
Zum Grausen hat sichs mir gewandelt,
windgleich verjagts meine Würde,
gleich einer Wolke zog meine Freiheit hinweg.
Und jetzt schüttet in mir meine Seele sich hin,
erfaßt hats mich in den Tagen des Elends,
nachts hackts von mir mein Gebein ab,
nie legen meine Nager sich hin,
vor so großer Kraft entstellt sich mein Gewand,
wie meines Leibrocks Halsmündung schnürt es mich ein.
Er hat in den Lehm mich geworfen,
daß dem Staub und der Asche ich ähnle. –

Ich schreie zu dir auf, du entgegnest mir nicht,
ich bleibe stehn, daß du mich bemerkest,
da wandelst du dich zu einem Grausamen mir,
befehdest mich mit deiner eigenen Hand,
du hebst mich auf den Wind, lässest mich reiten –
und machst die Besinnung mir schmelzen.
Denn ich weiß, in den Tod treibst du mich,
ins Begegnungshaus alles Lebendigen.

›Daß Er doch an die Ruine die Hand nicht noch schicke?‹
Flehte drum in seinem Scheitern einer,
weinte ich da nicht um ihn, des der harte Tag war,
meine Seele um den Dürftigen bekümmert? –
Ja, ich erhoffte das Gute, und das Böse kam,

ich harrte des Lichts, und das Dunkel kam.
Mein Eingeweid siedet und ruht nicht,
die Tage des Elends haben mich überrascht,
düsterfarben geh ich, nicht scheint mir der Glutball,
erheb ich in der Ansammlung mich, muß ich aufschrein,
ein Bruder bin ich den Schakalen geworden,
ein Genosse den Straußen,
meine Haut ist mir abgeschwärzt,
mein Gebein ist vor Hitze verbrannt,
meine Leier ist zur Trauer geworden,
zu einer Stimme Weinender meine Schalmei.

Einen Bund hatte ich für meine Augen geschlossen:
wie sollte ich eine Maid betrachten! –
Und was ist die Zuteilung Gottes von oben,
die Zueignung des Gewaltigen von den Höhen her,
ist sie nicht das Unheil für den Falschen,
das Fremdgeschick für die Argwirkenden?
Sieht meine Wege nicht Er
und zählt all meine Schritte?
Ging ich je mit dem Wahnhaften um,
eilte zum Truge mein Fuß?
– wäge er mich auf wahrhaften Schalen,
Gott erkenne meine Schlichtheit! –,
bog mein Tritt je vom Wege ab,
ging mein Herz meinen Augen nach,
haftet an der Hand mir ein Flecken,
möge ich sän und ein andrer es essen,
mögen meine Nachfahrn entwurzelt werden!
Ließ mein Herz sich je von einem Weibe betören,
lauerte ich an der Pforte meines Genossen,
möge mein Weib einem anderen mahlen,
andre über ihr niederknien!
[Denn das wäre Unzucht,
das eine Verfehlung zum Sühnen,
Feuer wärs, das bis in die Verlorenheit frißt,
all meine Einkunft müßte es entwurzeln.]
Verwarf ich je das Recht meines Knechts
und meiner Magd in ihrem Streite mit mir,

was wollte ich machen, wenn sich der Gottherr erhöbe,
wenn er musterte, was antworten ihm?
Hat nicht, der mich im Mutterleib machte, jenen gemacht,
nicht der Eine im Schoß uns bereitet?
Weigerte Schwachen ich je das Begehr,
ließ die Augen der Witwe verschmachten,
aß ich je allein meinen Bissen,
die Waise aß nicht davon mit?
[Er ja zog mich groß von meiner Knabenschaft an wie ein
　　Vater,
vom Leibe meiner Mutter an lenkte er mich!]
Sah ich je einen Verlornen ohne Gewand,
keine Hülle am Dürftigen,
segneten mich nicht seine Lenden,
da er von der Schur meiner Lämmer erwarmte?
Schwang ich je meine Hand gegen einen Biedern,
drum daß ich im Ratstor mir Hilfe ersah,
möge mir das Achselbein vom Schulterblatt fallen,
mein Arm werde aus seiner Röhre gebrochen!
[Denn ein Schrecken ist mir das Unheil vom Gottherrn aus,
fährt er empor, vermag ich nichts mehr.]
Setzte ich je aufs Gold meine Zuversicht,
sprach zum Feinerz: ›Meine Sicherung‹,
freute mich, daß meiner Habe viel war,
daß meiner Hand ich Mächtiges fand?
Sah ich je das Licht, wie es strahlte,
den Mond köstlich einhergehn
und insgeheim ward das Herz mir betört,
daß meine Hand sich an den Mund mir preßte zum Kuß?
[Auch das ist eine Verfehlung zum Sühnen,
denn ich hätte den Gottherrn droben verleugnet.]
Freute ich mich je übers Scheitern meines Hassers
und ließ michs erregen, daß das Böse ihn fand
– nicht gewährte doch meinem Gaum ich zu sündigen,
in der Verwünschung jenes Seele zu fordern. –?
Sprachen nicht die Leute meines Zeltes:
›Wo gäbs einen, der von seinem Fleische nicht satt ward‹?
Draußen durfte kein Gastsasse nachten,
meine Türen hielt für den Wandrer ich offen. –

Verhüllte ich etwa nach Menschenart meine Abtrünnigkeit,
in meinem Busen meinen Fehl zu verscharren,
drum daß das große Getümmel ich scheute
und mich schüchterte die Verachtung der Sippen,
so daß ich still blieb, nicht trat aus der Pforte?

Wer gäbe mir den, der auf mich hörte,
– da ist mein Schlußstrich, entgegne der Gewaltige mir! –
oder eine Urkunde, die mein Bestreiter schrieb
[trüge ich sie mir nicht auf der Schulter,
umwände sie mir als Diadem?]:
die Zahl meiner Schritte wollte ich ihm melden,
einem Anführer gleich ihm nahn.

... Schreit über mich mein Acker,
weinen seine Furchen mitsammen,
aß ich sein Mark ohne Entgelt,
zerblies ich seinem Vorbesitzer die Seele,
sprieße statt Weizens Dorn,
statt Gerste Taumellolch!...«

Zu Ende sind die Reden Ijobs.

Jene drei Männer hatten aufgehört, Ijob zu entgegnen,
bewahrheitet war er ja in seinen Augen.
Nun aber entflammte der Zorn Elihus Sohns Berachels Sohns
    Busis, von der Ramsippe,
wider Ijob entflammte sein Zorn, daß der seine Seele eher als
    Gott bewahrheitet meinte,
und wider die drei Genossen entflammte sein Zorn, daß sie eine
    Entgegnung nicht fanden, Ijob zu schuldigen.
Elihu hatte aber mit Rede Ijob zugewartet,
denn älter als er waren sie an Tagen.
Nun sah Elihu, daß keine Entgegnung im Mund der drei Män-
    ner war, und sein Zorn entflammte.
Elihu Sohn Berachels entgegnete, er sprach:
»Jung bin ich an Tagen
und ihr seid Greise,
darum habe ich mich verkrochen,
ich fürchtete, mein Wissen euch anzusagen,
ich sprach zu mir: die Tage sollen reden,
die Vielheit der Jahre Weisheit kundtun.
Jedoch, der Geist ists im Menschlein,
der Odem des Gewaltigen, der sie merken heißt,
nicht eben die Vielzeitigen sind weise
und eben die Alten merken das Recht!
Deshalb spreche ich: Höre mich an!
Ansagen will auch ich mein Gewußtes.
Wohl, ich habe eurer Reden geharrt,
habe gelauscht auf eure Merksamkeit,
auf daß ihrs erforschtet in Worten.
Ich habe auf euch gemerkt,
und wohl, da ist keiner, ders Ijob erwiese,
von euch, der entgegnete seinen Sprüchen!
Nun möchtet etwa ihr sprechen: ›Wir haben Weisheit be-
    funden,
der Gottherr mag ihn verwehn, nicht ein Mann!‹
Gegen mich hat er nicht Worte gerüstet,
mit euren Sprüchen antworte ich ihm nicht! –
Eingeschüchtert sind sie, haben nichts mehr entgegnet,
von sich die Worte hinweggerückt
[noch harrte ich, denn sie redeten nicht,

denn sie standen und entgegneten nichts].
Entgegnen will auch ich meines Teils,
auch ich ansage mein Gewußtes.
Denn ich bin der Worte voll,
der Geist mir im Innern bedrängt mich.
Wohl, wie uneröffneter Wein ist mein Innres,
wie neue Schläuche ist es am Bersten,
reden muß ich, daß geräumig mir werde,
meine Lippen öffnen, entgegnen.
Nimmer doch kann ich jemand das Antlitz erheben,
nie lobhudeln kann ich einen Menschen,
denn ich weiß nichts von Lobhudelei –
leicht trüge mich hinweg, der mich machte.
Somit höre doch, Ijob, meine Worte,
lausche all meinen Reden!
Wohl, da habe meinen Mund ich geöffnet,
die Zunge redet mir am Gaumen.
Geradheit meines Herzens sind meine Sprüche,
das Wissen meiner Lippen, in Lauterkeit worten sie es.
Der Geist des Gottherrn hat mich gemacht,
der Hauch des Gewaltigen belebt mich.
Vermagst dus, antworte mir,
rüste dich mir ins Antlitz, stell dich!
Wohl, vorm Gottherrn bin ich deinesgleichen,
auch ich ward aus Lehm gekniffen,
wohl, Entsetzen vor mir wird dich nicht ängsten,
meine Wucht dich nicht belasten.

Eben hast du in meine Ohren gesprochen,
den Laut von Worten habe ich gehört:
›Rein bin ich, ohne Abtrünnigkeit,
ich da sauber, nicht ein Fehl ist an mir,
wohl, Befechtungen findet Er gegen mich,
will mich als ihm feindlich erachten,
er legt in den Block meine Füße,
er beobachtet all meine Pfade.‹
– Wohl, darin bist du nicht bewahrheitet, ich entgegne es dir,
denn größer als das Menschlein ist Gott.
Weshalb hast wider ihn du gestritten?

Drum daß dem auf all seine Reden er entgegnen nicht will?
Denn zu Einem Mal redet der Gottherr,
und zum zweiten mag mans nicht gewahr werden.
In dem Traum nächtlicher Schau,
wann Betäubung auf Menschen fällt,
in Schlummerzeiten auf dem Lager,
da macht er das Ohr der Leute bar,
und um ihre Zucht siegelt ers ein,
Menschen zu entziehen der Untat,
daß die Hoffart vor dem Manne er berge,
daß er seine Seele vor der Grube verhalte,
sein Leben davor, in den Spieß zu rennen.
Ermahnt wird er auf seinem Lager durch Schmerzen,
beständigen Streit seines Gebeins,
sein Lebensgeist macht das Brot ihn widern,
seine Seele die begehrte Speise,
sein Fleisch verzehrt sich vom Ansehn weg,
kahl werden ihm die Gebeine, man sieht sie nicht mehr,
der Grube naht seine Seele,
sein Lebensgeist den Tötern:
wenns da über ihm einen Boten gibt,
einen Dolmetsch, einen von tausend,
für den Menschen sein Geradsein anzumelden,
und Gott solch einem Gunst schenkt,
spricht Er:
›Erkaufe ihn vom Abstieg in die Grube.
ich habe Deckung gefunden.‹
Sein Fleisch schwillt von Jugend,
zu den Tagen seiner Frische kehrt er wieder.
Er fleht zu Gott, und der nimmt zu Gnaden ihn an,
er darf Sein Antlitz sehn im Jubelschrei.
Er läßt die Bewahrheitung wiederkehren zum Menschlein.
Das singt an die Leute hin, es spricht:
›Ich habe gesündigt,
habe das Grade verkrümmt,
und Er hats mir nicht vergolten,
Er hat meine Seele von der Fahrt in die Grube erkauft.
ins Licht darf mein Lebensgeist sehn.‹
Wohl, all dies wirkt der Gottherr,

zwei, dreimal an dem Mann,
seine Seele von der Grube umkehren zu lassen,
vom Licht des Lebens erleuchtet zu werden.

Merk auf, Ijob, höre mir zu,
sei still, und ich, ich will reden,
gibts Worte, erwidre mir,
rede, denn ich wünsche deine Bewahrheitung,
sind da keine, hör du mir zu,
sei still, und ich übe Weisheit dir ein.«

Elihu entgegnete weiter, er sprach:
»Hört, ihr Weisen, meine Worte,
ihr Kundigen, lauschet mir!
Denn das Ohr prüft die Worte,
der Gaum schmeckt, was er essen soll.
Laßt uns das Recht uns erwählen,
erkunden unter uns, was gut ist!
Denn Ijob sprach: ›Bewahrheitet bin ich,
entweichen hieß der Gottherr mein Recht, –
soll meinem Recht zuwider ich lügen?
meine Pfeilwunde ist sehrend,
ohne daß eine Abtrünnigkeit war!‹
Wer wäre ein Mann, Ijob gleich,
der Gespött wie Wasser trinkt!
So wandelt er in der Gesellschaft der Argwirkenden,
umzugehn mit den Leuten der Schuldlast!
Denn er sprach: ›Nicht frommts einem Mann
dran Gefallen zu haben, mit Gott zu sein!‹
Drum, ihr Menschen von Herzsinn, hört auf mich!
Weitab ists dem Gottherrn von der Schuld,
dem Gewaltigen von dem Falsch.
Denn das Wirken des Menschen, Er zahlts ihm,
nach des Mannes Wandel läßt Er es ihn treffen,
Ja, traun, nicht kann sich verschulden der Gottherr,
der Gewaltige nicht das Recht krümmen.
Wer hat seine Erde ihm zugeordnet,
wer hat all das Rund hingesetzt?
Setzte er sein Herz auf sich selber,

holte seinen Geist und seinen Hauch zu sich ein,
alles Fleisch verschiede mitsammen, –
der Mensch kehrte zum Staube zurück,
Ists so, merks, höre darauf,
lausche der Stimme meiner Worte!
Kann gar einer, der das Recht haßt, den Zügel führen?
oder kannst den mächtig Bewährten du schuldigen,
der zu einem König ›Ruchloser‹ spricht,
›Schuldbeladner!‹ zu Edelleuten,
Er, der nie das Antlitz von Fürsten erhebt,
nie Vornehm vor Gering anerkennt,
denn sie alle sind Werk seiner Hände!
Im Nu sterben jene,
mitternächtlich schüttert ein Volk, da sie entfahren, –
man hat den Zwingherrn beseitigt, nicht war eine Hand
    dabei.
Denn Seine Augen sind über jedermanns Wegen,
all seine Schritte sieht Er.
Keine Finsternis, kein Todschatten ist,
darin sich Argwirkende bärgen.
Nicht setzt er denn noch einem Manne an,
mit Gott ins Gericht zu gehn,
er zerschmettert die Mächtigen, nicht braucht er zu erfor-
    schen,
und bestellt andre an ihre Statt.
Drum: Er kennt ihr Betreiben,
über Nacht dreht er um, und sie sind zermalmt,
unter Schuldigen klatscht er sie nieder,
an einem Ort, wo man zusieht,
drum daß sie von seiner Nachfolge wichen,
nichts begriffen von all seinen Wegen,
den Schrei des Schwachen vor ihn kommen zu lassen,
daß den Schrei der Gebeugten er höre,
[ist Er's aber, der stillhält, wer kann schuldigen?
verbirgt er sein Antlitz, wer wird sein gewahr?]
über einen Stamm, über einen Menschen zumal, –
wider die Königschaft des entarteten Menschen,
derer, die ein Volk sich verstricken lassen.

Denn sprach je einer zu Gott: ›Ich habs getragen,
ich schädige nicht mehr,
außer dem, was ich erschaute, unterweise selber du mich!
habe falsch ich gewirkt, nichts füge ich hinzu‹, –
sollte doch Er's vergelten, drum daß du jenes verwarfst:
›Denn du hast zu wählen, nicht ich!‹?
Und was weißt du? Rede!

Leute von Herzsinn müssen zu mir sprechen,
ein weiser Mann, der mir zuhört:
›Ijob – der redet nicht aus Wissen,
nicht aus dem Begreifen her sind seine Reden.
Ach wäre nun Ijob ausgeprüft bis auf ewig
wegen der Antworten unter den Männern des Args!
Denn zu seiner Sünde fügt er Abtrünnigkeit,
macht mitten unter uns ein Geklatsch
und mehrt seine Sprüchlein wider den Gottherrn.‹«

Elihu entgegnete weiter, er sprach:
»Achtest du dies für das Recht,
sprichst es ›meine Bewahrheitung vom Gottherrn‹ an,
daß du besprichst, was es dir fromme:
›Was nützt mir meine Enthaltung von Sünde?‹
Ich selber will dir in Worten erwidern
und deinen Genossen mit dir.
Blicke zum Himmel und sieh,
gewahre das Luftreich, dir überhoch!
Hast du gesündigt, was bewirkst du an Ihm?
ist deiner Abtrünnigkeit viel, was tust du Ihm an?
hast du dich bewährt, was gibst du Ihm?
oder was nimmt Er aus deiner Hand hin?
Für einen Mann, dir gleich, ist deine Schuld,
für einen Menschensohn deine Bewährtheit.
– ›Vor der großen Bedrückung schreien sie auf,
rufen um Hilfe vorm Arm der Großen.‹
Aber man hat nicht gesprochen: ›Wo ist Gott, der mich
　　machte,
der Lieder eingibt in der Nacht,
der uns einübt vorm Getier der Erde,

vorm Vogel des Himmels uns weise macht!‹
– ›Dort schrein sie – nicht entgegnet er drauf –
über die Hoffart der Bösen.‹
Nur Wahnhaftes will der Gottherr nicht hören,
will der Gewaltige nicht gewahren.
Nun sprichst du gar, du gewahrest ihn nicht,
das Urteil sei vor ihm und du harrest dessen!
und jetzt, da keinen sein Zorn heimgesucht habe,
in dem Gestampf kenne er sich nicht aus!
Ijob – für Dunst sperrt der seinen Mund auf,
ohne Kenntnis reiht er mächtige Worte.«

Elihu fügte hinzu, er sprach:
»Warte ein wenig mir zu, und ich sage es dir an,
denn für den Gottherrn sind noch Worte da.
Ich trage fernher mein Gewußtes herbei
und gebe Bewahrheitung ihm, der mich bewirkte.
Denn, traun, nicht sind Lug meine Worte,
ein am Wissen Vollständiger ist bei dir.
Wohl, der Gottherr ist mächtig, er verschmäht aber nicht,
mächtig ist er an Herzenskraft.
Nicht hält er den Schuldigen am Leben,
den Elenden gibt er das Recht,
vom Bewährten hebt er seine Augen nicht ab.
Und so ists mit den Königen: hin zum Thron,
da er sie hinsetzte ›auf ewig‹,
sie aber haben sich überhoben... –
sind sie erst mit Fesseln gebunden,
in den Stricken des Elends gefangen,
vermeldet er ihnen ihr Werk,
ihre Abtrünnigkeiten; daß sie überschwollen,
und macht ihr Ohr bar für die Zucht,
spricht ihnen zu, daß sie umkehren vom Arg.
Wenn sie hören und dienen,
verbringen sie ihre Tage in Guten,
ihre Jahre im Behagen,
wenn sie aber nicht hören,
in den Spieß müssen sie rennen,
im Unwissen verscheiden.

Zorn hegen die entarteten Herzens,
sie rufen ihn nicht an, wenn er sie band, –
in der Jugend muß derer Seele sterben,
ihr Lebensgeist in der Weihezeit.

Er entschnürt den Elenden durch sein Elend,
durch die Qual macht er das Ohr ihnen bar.
So wollte auch dich er dem Rachen der Bedrängnis entlok-
　　ken, –
in eine Weite, an deren Statt es nie eng wird,
und die Ruhe deines fettreichen Tisches.
Bist du aber vom Urteilen des Schuldigen erfüllt,
greifen Urteil und Gerechtigkeit zu.
Denn ein Grimm ist: es könnte dich sonst in Genüge ver-
　　stocken.
Und das große Deckgeld leite nimmer dich ab!
Tritt dein Schrei in Bedrängnis gegen ihn auf den Plan
und all die Kraftanstrengungen?
Lechze nicht nach der Nacht,
da Völker auffliegen vor ihrer Statt!
Wahre dich! wende dich nimmer dem Arg zu,
daß du es eher wähltest als das Elend!

Wohl, der Gottherr ragt in seiner Kraft,
wer ist ein Unterweiser ihm gleich?
Wer ordnet für ihn seinen Weg zu
und wer spricht: ›Du hast Falschheit gewirkt‹?
Gedenk, daß sein Werk du überragend heißest,
das die Leute besingen.
Jedermann, sie schaun drauf los,
das Menschlein blickt hin aus der Ferne.
Wohl, überragend ist der Gottherr, uns nicht wißbar,
unergründlich ist die Zählung seiner Jahre.
Denn die Wassertropfen holt er hervor,
daß in seinem Nebel den Regen sie sehen,
den die Lüfte rieseln lassen,
über die vielen Menschen träufen.
Merkt einer gar auf des Gewölks Breitungen,
das Krachen Seiner Verschirmung!

Wohl, Er breitet um sich sein Geleucht
und holt eine Hülle von den Wurzeln des Meers.
Denn damit urteilt Völkern Er zu,
gibt Er Speise in Macht aus.
In Geleucht hüllt Er beide Hände
und entbietets als einer, der treffen läßt.
Sein Geschmetter meldet Ihn an,
der eifern heißt den Zorn wider die Falschheit.
Darob erbebt gar mein Herz,
auf schnellt es von seiner Stelle.
Höret, hört auf das Tosen Seines Schalls,
das Murmeln, das Seinem Munde entfährt!
Unter alle Himmel hin läßt Er es ziehen,
Sein Geleucht zu den Rändern der Erde,
hinter dem her dröhnt der Schall,
Er donnert mit dem Schall seiner Hoheit,
er hemmt jene nicht, wenn gehört wird sein Schall,
wunderbar mit seinem Schall donnert der Gottherr,
er tut Großes, um das wir nicht wissen.
Wenn den Schnee er anspricht: ›Senk dich zur Erde!‹,
den Regenguß, seine heftigen Regengüsse,
versiegelt er die Hand aller Menschen,
daß es wisse jedermann, den er machte.
In seinen Schlupf hin kommt da das Wild,
bleibt wohnen in seinem Gehege.
Der Orkan kommt aus der Kammer,
die Kälte von den Zerstiebern her.
Vom Anhauch des Gottherrn wird Frost gegeben,
die Weite des Wassers in die Enge.
Hat er erst mit Feuchte die Verdichtung beladen,
zerstreut er die Wolke seines Geleuchts,
und die dreht sich rundum:
seiner Steuerung gemäß, daß sie wirken
alles, was er ihnen gebietet,
übers Antlitz des Runds hin, zur Erde,
sei es als Zuchtstab – taugts seiner Erde –,
sei es als Huldtat, eintreffen läßt ers.
Lausche diesem, Ijob,
steh und merke auf die Wunder des Gottherrn!

Weißt du, wie's Gott ihnen auferlegt
und schon erscheint das Geleucht seiner Wolke?
Weißt du um die Schwebungen der Verdichtung,
das Wunderwerk des an Wissen Vollkommnen,
du, dem sich die Kleider erhitzen,
wann die Erde stilliegt vom Süd?
Kannst du mit Ihm die Lüfte breithämmern,
sie wie einen gegossenen Spiegel festen?
Laß uns wissen, was wir zu Ihm sprechen sollen!
Nichts reihen wir auf vor Finsternis!
Muß Ihms erzählt werden, wenn ich rede?
oder, sprach ein Mann, muß es Ihm denn berichtet werden?
Und nun:
eben konnte das Licht man nicht sehn –
und nun ist das hell in den Lüften,
da der Wind einherfuhr und sie klärte.
Vom Norden dringt ein Goldglanz heran, –
furchtbar ist die Hehre um Gott!
Der Gewaltige, wir finden ihn nicht,
ihn, an Kraft und Recht überragend,
groß an Wahrhaftigkeit, und entgegnet doch nicht!
Darum fürchten die Menschen ihn,
der auch alle Herzensweisen nicht ansieht.«

ER aber entgegnete Ijob aus dem Sturme, er sprach:
»Wer ist das, der Rat verfinstert
mit Worten ohne Erkenntnis!
Gürte doch wie ein Mann deine Lenden,
ich will dich fragen und du laß es mich kennen!

Wo warst du, als ich gründete die Erde?
melde es, kennst du Merksamkeit!
Wer setzte ihre Messungen, daß du es kenntest?
oder wer spannte die Schnur über sie?
worein wurden ihre Sockel gesenkt?
oder wer warf den Eckstein ihr auf,
da die Morgensterne jubelten zusamt
und alle Gottessöhne jauchzten?
Der verhegte mit Türen das Meer,
da es sprudelnd dem Schoße entdrang, –
da ich als Gewand ihm umlegte die Wolke,
ihm als Windeln das Wetterdunkel,
da ich ausbrach für es meine Schranke
und legte es hinter Riegel und Türen
und sprach: ›Bis hierhin kommst du, nicht weiter,
hier setzts an wider die Hoffart deiner Wogen.‹
Hast du an deiner Tage einem den Morgen entboten,
dem Aufgraun zuerkannt seinen Ort,
die Säume der Erde zu erfassen
[daß von ihr abgeschüttelt werden die Schuldigen],
sie wandelt sich wie Siegelton –
um sie stehts ab gleich einem Gewand
[entzogen wird den Schuldigen ihr Licht,
und der erhobene Arm wird gebrochen].
Bist du bis zum Entspringen des Meers gekommen
und hast du dich an des Urwirbels Grunde ergangen,
sind die Tore des Todes dir offenbar worden,
und hast du die Tore des Todschattens gesehn?
Hast du gemerkt auf die Weiten der Erde?
melde, ob du ihr All kennst!
Wo doch ist der Weg zur Wohnstatt des Lichts,
und die Finsternis, wo ist ihr Ort,
daß du sie holtest in ihren Bereich

und daß die Steige ihres Hauses du merktest?
Du kennsts ja, denn damals wardst du geboren,
und die Zahl deiner Tage ist groß!
Bist du zu den Speichern des Schnees gekommen
und hast du die Speicher des Hagels besehn,
die für die Frist der Drangsal ich sparte,
für den Tag des Kampfs und der Kriegschaft?
Wo doch ist der Weg, da sich der Lichtnebel teilt, –
nun streut der Ost über das Erdland sich hin?
Wer spaltete dem Schwall seine Rinne,
einen Weg dem schallenden Wetterstrahl,
ein Gelände, wo niemand ist, zu beregnen,
eine Wüste, darin kein Mensch ist,
zu sättigen Ödnis und Verödung
und den Auftrieb des Junggrases sprießen zu lassen?
Gibts für den Regen einen Vater,
oder wer zeugte die Küglein des Taus?
aus wessen Leib ging der Frost hervor,
und der Reif des Himmels, wer erzeugte ihn?
Wie im Stein hält sich das Wasser versteckt,
und des Urwirbels Antlitz fügt sich zusammen.
Knüpfst du das Gewinde der Glucke
oder lösest du dem Orion die Bande?
führst zu seiner Frist du hervor das Zerstiebergestirn,
und die Löwin samt ihren Söhnen, hütest du sie?
Kennst du die Umschränkungen des Himmels?
setzest du auf die Erde seine Urkunde nieder?
Erhebst du deine Stimme gegens Gewölk,
da der Wasserschwall dich einhüllt?
sendest du Blitze aus und sie gehn,
und sie sprechen zu dir: ›Da sind wir‹?
Wer hat in den Ibis Weisheit gelegt
oder wer Merksamkeit gegeben dem Hahn?
Wer zählt mit Weisheit die Lüfte ab,
und die Krüge des Himmels, wer legt sie um,
wann der Staub sich ergießt zu Gegoßnem –
und die Schollen kleben aneinander?

Erjagst für den Leuen du Beute

und stillst die Gier seiner Welpen,
wenn sie in den Gehegen sich ducken,
im Dickicht hocken auf Lauer?
Wer bereitet seine Nahrung dem Raben,
wenn seine Jungen schreien zum Gottherrn,
umirren ohne eine Speise?
Erkennst die Frist du aus für der Felsenböcke Geburt,
bewachst das Kreißen der Hinden,
zählst die Monate ab, die sie füllen,
daß die Frist du kennest ihrer Geburt
– sie kauern, lassen ihre Jungen sie spalten,
werfen ab ihre Wehen,
ihre Kinder erstarken, werden groß im Gefild,
ziehn davon, kehren zu ihnen nicht wieder –?
Wer hat das Zebra in die Freiheit entsandt,
und des Wildesels Bande, wer hat sie gelöst,
dem ich die Steppe als Haus verlieh,
als Wohnung den Salzboden ihm,
– er verlacht das Getümmel der Stadt,
das Lärmen des Treibers, er hörts nicht,
er erspürt sich die Berge als Weide
und durchforscht sie nach allerhand Grün –?
Wird der Wisent willig sein dir zu dienen,
wird er nächtigen an deiner Krippe?
knüpfst den Wisent du an die Furche seines Seils
oder reißt er Täler hinter dir auf?
bist du sein sicher, daß sein Kraftgewinn groß ist,
überlässest du ihm deine Mühe,
vertraust du ihm, daß er deine Saat wiederbringt
und heimst sie dir in die Tenne?
    – Lustig schlägt der Fittich der Straußin,
    ist ihre Schwinge drum wie des Storchs und des Falken?
Sie übergibt ja ihre Eier dem Erdreich,
läßt sie erwarmen im Staub
und vergißt, daß sie ein Fuß kann zerdrücken,
das Wild des Feldes zertreten,
hart hält sie ihre Kinder als nicht ihre
[Ins Leere die Müh? Ohne Bangnis!],
denn Gott hieß sie der Klugheit vergessen,

nicht ließ er sie Anteil an der Merksamkeit haben.
Zur Zeit doch, da in die Höhe sie schnellt,
lacht des Rosses sie und seines Reiters. –
Gibst dem Roß du die Mächtigkeit,
bekleidest seinen Hals mit Geflatter?
lässest du wie der Heuschreck ihn schüttern,
Ängstigung die Hehre seines Schnaubens?
[Sie scharren im Tal, jedes kraftentzückt,
nun ziehts aus, der Waffnung entgegen,
es verlacht den Schrecken, es zagt nicht,
es kehrt vor dem Schwerte nicht um,
über ihm klirrt der Köcher,
das Lodern von Lanze und Speer,
mit Geschütter und Getob schlürfts den Boden es auf,
erst trauts nicht, daß das Horn schon erschallt,
dann, bei jedem Hornstoß, sprichts: ›Hui!‹
und von ferne witterts den Kampf,
der Heerfürsten Donnerruf und das Geschmetter.]
Schwingt durch deine Merksamkeit der Falke sich auf,
breitet seinen Fittich gen Süden?
geschieht auf dein Geheiß der Emporflug des Adlers
und daß er hoch seinen Horst baut?
[Am Fels nimmt er Wohnung und nächtigt,
auf Felsenzacke und steiler Warte,
dorther erspäht er sich Fraß,
seine Augen blicken fernhin,
seine Nestlinge schlucken Blut,
und wo Durchbohrte sind, dort ist er.«]

ER entgegnete Ijob weiter, er sprach:
»Will mit dem Gewaltigen streiten der Tadler?
Der Gott verweist, entgegnet er drauf?«

Ijob entgegnete IHM, er sprach:
»Wohl, ich bin zu gering, – was antworte ich dir!
Ich lege meine Hand auf meinen Mund.
Einmal habe ich geredet und entgegne nicht mehr,
zweimal, und nichts füge ich hinzu.«

ER aber entgegnete Ijob aus dem Sturme, er sprach:
»Gürte doch wie ein Mann deine Lenden,
ich frage dich und du lasse michs kennen.
Willst du gar mein Recht zerbröckeln,
mich schuldigen, damit du bewahrheitet seist?
Und hast du einen Arm gleich des Gottherrn,
kannst du donnern in einem Schalle gleich ihm?
Schmücke dich mit Stolz und Erhabenheit doch,
in Hehre und Glanz gewande dich!
Lasse die Wallungen deines Zorns überströmen,
sieh alles Stolze an und erniedre es,
sieh alles Stolze an, bezwings,
zerstampfe die Schuldigen an ihrer Statt,
scharre sie zusamt in den Staub,
steck ihr Antlitz noch in die Scharrung!
So wollte auch ich dich rühmen,
daß dich deine Rechte befreit hat.

Da ist doch das Urtier,
das ich machte, dir bei,
Gras frißt es wie das Rind.
Da ist doch seine Kraft in seinen Lenden,
seine Stärke in den Strängen seines Bauchs!
Es steift seinen Schwanz zederngleich,
die Sehnen seiner Schenkel sind verflochten,
seine Gebeine sind Röhren von Erz,
seine Knochen Eisenstangen gleich.
Das ist der Erstling auf den Wegen des Gottherrn,
der es machte, reichte sein Schwertgebiß ihm.
Ja denn, Berge tragen Futter ihm zu, –
alles Wild des Feldes, sie können dort spielen.
Unter Lotosgebüsch legt es sich nieder,
im Versteck von Schilf und Sumpf,
Lotosbüsche beschirmen es schattend,
die Weiden des Bachs umringens.
Preßt der Strom es, hastet es nicht,
es bleibt sicher, wenn ihm der Jordan ans Maul dringt.
Das hole, ihm in die Augen, sich einer,
durchloche mit Pflöcken ihm die Nase!

Willst du den Lindwurm am Hamen ziehn,
mit dem Seil ihm die Zunge senken,
die Binse an die Nase ihm legen,
mit dem Dorn seine Backe durchstechen?
Wird er vielfach dich anflehn um Gunst
oder Zärtliches zu dir reden?
Wird er einen Bund mit dir schließen,
daß du ihn auf die Dauer zum Knecht nimmst?
Willst wie mit einem Vöglein du mit ihm spielen,
für deine Mädchen anbinden ihn?
Sollen um ihn die Gefährten feilschen,
soll man ihn unter die Kanaankrämer zerstücken?
Willst du die Haut mit Stacheln ihm spicken,
den Kopf ihm mit Fischharpunen?
Lege mal an ihn deine Hand,
nimmer wirst an Kampf du mehr denken.
  – Wohl, seine Erwartung muß trügen:
  sieht er ihn auch nur an, ist er schon niedergestreckt.
  Nicht so verwegen ist einer, daß er ihn weckte.
  [Wer ists, er trete vor mich!
  wer stellt sich mir gegenüber, daß ichs vergelte?
  was unterm Himmel all sei, mein ist das!]
  Nicht schwiege ich auf ihn hin
  und sein Machtgerede und die Anmaßlichkeit seines Rü-
      stens. –
Wer hob die Antlitzseite seines Panzergewands?
wer kam an sein Kieferdoppel?
seines Antlitzes Pforten, wer öffnete sie?
rings um seine Zähne ist Ängstigung,
hochgemut sind die Rillen seiner Schilder,
mit dichtem Siegel Geschloßnes,
eins an eins drängen sie sich,
ein Hauch kann dazwischen nicht kommen,
jedes klebt am Bruderglied,
aneinander gefügt sind sie, nie getrennt von einander.
Sein Niesen strahlt Licht aus,
seine Augen sind wie Wimpern des Frührots,
aus dem Maul fahren ihm Fackeln,
Feuerfunken sprühen hervor,

aus seinen Nüstern zieht Rauch,
wie von einem unterheizten Topfe nebst Binsen,
sein Atem entzündet Kohlen,
Lohe zieht ihm aus dem Maul.
Auf seinem Nacken nächtigt die Macht,
vor ihm her schlottert das Verzagen davon:
Die Wampen seines Fleisches haften,
das ist ihm angegossen, ohne Wanken,
festgegossen ist das Herz ihm, dem Klumpen gleich,
wie der untere Mühlstein fest.
Die Starken erschauern vor seinem Auffahren,
vor Zerschlagenheit rücken sie hinweg.
Erreicht einer mit dem Schwert ihn, ohne Standhalten ists.
Wurfspeer – ein Abschütteln, Pfeil auch,
das Eisen achtet für Häcksel er,
für morschendes Holz das Erz,
der Sohn des Bogens bringt ihn nicht zum Fliehn,
zu Halmen wandeln Schleudersteine sich ihm,
Halmen gleich sind ihm Knüttel geachtet,
er verlacht das Klirren des Speers.
Unter sich hat er Scherbenspitzen,
streckt einen Dreschschlitten über den Schlamm,
einem Kessel gleich läßt den Strudel er sieden,
macht das Meer dem Salbenbräu gleich,
hinter ihm her leuchtet ein Steig,
für Greisenhaar kann man den Wirbel erachten. –
In der Staubwelt ähnelt keins ihm,
der zum Bangnislosen gemacht ist,
alles Hohe besieht er sich,
er ist König allen Söhnen der Kühnheit.«

Ijob entgegnete IHM, er sprach:
»Ich habe erkannt, daß du alles vermagst
und nie ein Entwurf dir zu steil ist.
– ›Wer ist das, der Rat verschleiert ohne Erkenntnis?‹ –
Drum habe ich gemeldet, was ich nicht merke,
mir zu Wunderbares, ich kenns nicht.
– ›Höre doch und ich selber will reden,

ich will dich fragen und du laß es mich kennen!« –
Aufs Hörensagen des Ohrs habe ich dich gehört,
jetzt aber hat dich mein Auge gesehn.
Drum verwerfe ich und es gereut mich
hier in dem Staub und der Asche.«

Es geschah, als ER diese Rede zu Ijob geredet hatte:

ER sprach zu Elifas dem Temaniter:

»Entflammt ist mein Zorn gegen dich und gegen deine beiden
　Genossen,

denn nicht habt richtig von mir ihr geredet, meinem Knechte
　Ijob gleich.

Und jetzt,

nehmt euch sieben Farren und sieben Widder

und geht zu meinem Knechte Ijob

und höht es als Darhöhung eurethalb dar,

und mein Knecht Ijob bete für euch,

denn auf ihn will ich achten,

daß euch nichts Schändliches angetan werde,

denn nicht habt richtig von mir ihr geredet, meinem Knechte
　Ijob gleich.«

Sie gingen, Elifas der Temaniter, Bildad der Schuachiter und
　Zofar der Naamaiter,

und taten, gleichwie ER zu ihnen geredet hatte.

ER aber achtete auf Ijob,

ER ließ Ijob Wiederkehr kehren, als er betete für seinen Genos-
　sen.

ER mehrte, was Ijob gehabt hatte, aufs Zwiefältige.

Zu ihm kamen alle seine Brüder und alle seine Schwestern und
　alle seine Bekannten von früher her

und aßen das Brot mit ihm in seinem Haus

und nickten ihm zu und trösteten ihn ob all des Übels, das ER
　über ihn hatte kommen lassen,

und gaben ihm jedermann einen Lämmerwert und jedermann
　einen goldenen Ring.

ER segnete die Späte Ijobs mehr als seine Frühe.

Sein wurden vierzehntausend Schafe, sechstausend Kamele,
　tausend Joch Rinder und tausend Eselinnen.

Sein wurden ein Siebent von Söhnen und drei Töchter,

er rief den Namen der einen Jemima, Täubchen, und den Na-
　men der zweiten Kzia, Zimtblüte, und den Namen der drit-
　ten Keren-ha-puch, Schminkhörnlein,

nicht fand in all dem Land man so schöne Weiber wie Ijobs
　Töchter.

Ihr Vater gab ihnen Eigentum inmitten ihrer Brüder.

Ijob lebte danach hundertundvierzig Jahre,
er sah seine Söhne und die Söhne seiner Söhne, vier Geschlechter.
Und Ijob starb, alt, an Tagen satt.

DAS BUCH

DER GESANG DER GESÄNGE

Der Gesang der Gesänge, der Schlomos ist.

Er tränke mich mit den Küssen seines Mundes! –

Ja, gut tut mehr als Wein deine Minne,
gut tut der Duft deiner Öle,
als Öl hat sich dein Name ergossen,
darum lieben dich die Mädchen.
Zieh mich dir nach, laufen wir!

Brächte der König mich in seine Gemächer,
jauchzen wollten wir und uns freuen an dir.
Mehr als Wein rühmen wir deine Minne:
geradeaus liebt man dich.

Schwarz bin und anmutig ich,
Töchter Jerusalems,
wie die Zelte von Kedar, wie die Behänge Schlomos.
Sehet nimmer mich an,
daß ich eine Schwärzliche bin,
drum daß mich die Sonne versengte!

Die Söhne meiner Mutter sind entflammt wider mich.
Sie setzten mich als Hüterin der Wingerte ein,
aber meinen eignen Wingert habe ich nicht gehütet.

Melde mir doch, den meine Seele liebt,
wo doch weidest du,
wo doch lagerst du am Mittag, –
denn warum soll ich wie eine Schmachtende sein
an den Herden deiner Genossen!
– Wenns dir nicht zu wissen getan ist,
Schönste unter den Weibern,
zieh vor dich hin in den Spuren des Kleinviehs,
und weide deine Zicklein um die Wohnstätten der Hirten!

Einer Stute in Pharaos Gefährt
vergleiche, meine Freundin, ich dich,
Anmutig sind deine Wangen in Kettlein,

dein Hals im Muschelngeschling, –
Goldkettlein machen wir dir,
Silberklümplein daran.

– Solang der König an seiner Tafel ist,
gibt meine Narde ihren Duft,
Ein Myrrhenbüschel ist mir mein Minner,
es weilt mir zwischen den Brüsten,
eine Zypertraube ist mir mein Minner,
in Engedis Wingertgeländ.

– Da, schön bist du, meine Freundin,
da, schön bist du, deine Augen sind Tauben.
– Da, schön bist du, mein Minner, gar hold,
– Frisch gar ist unser Bett,
das Gebälk unsres Hauses sind Zedern,
unsre Sparren sind Wacholder.

– Ich bin das Narzisslein des Scharon,
die Lilie der Tiefebenen.
– Wie eine Lilie unter den Dornen,
so ist meine Freundin unter den Töchtern.
– Wie ein Apfelbaum unter dem Waldgehölz,
so ist mein Minner unter den Söhnen.
Nach seinem Schatten begehre ich, sitze nieder,
und süß ist seine Frucht meinem Gaum.

Er hat ins Haus des Weins mich gebracht,
und über mir ist sein Banner, Liebe.
Stärket mich mit Rosinengepreß,
erquickest mich mit Äpfeln,
denn ich bin krank vor Liebe.
Seine Linke ist mir unterm Haupt,
und seine Rechte kost mich. –
Ich beschwöre euch,
Töchter Jerusalems,
bei den Gazellen oder bei den Hinden der Flur:
störtet, aufstörtet ihr die Liebe,
bis ihrs gefällt, …!

Hall meines Minners!
Da, eben kommt er!
hüpft über die Berge,
springt über die Hügel!
Mein Minner gleicht der Gazelle
oder dem Hirschböcklein.
Da, eben steht er
hinter unserer Mauer,
lugt durch die Fenster,
guckt durch die Gitter.
Mein Minner hebt an,
er spricht zu mir:
»Mach dich auf,
meine Freundin,
meine Schöne,
und geh vor dich hin!
Denn da, vorbei ist der Winter,
der Regen schwand, er verging,
die Blüten lassen im Lande sich sehn,
angelangt ist die Zeit des Liedes,
der Stimmhall der Turtel läßt in unserm Lande sich hören,
die Feige färbt ihre Knoten,
die Reben, knospend, geben Duft, –
mach dich auf zum Gehn,
meine Freundin, meine Schöne,
und geh vor dich hin!«

– Meine Taube in den Felsenschlüften,
im Verstecke des Steigs,
laß mich dein Angesicht sehn,
laß mich deine Stimme hören,
denn süß ist deine Stimme,
anmutig ist dein Gesicht.

– Fangt uns die Füchse,
die kleinen Füchse,
Wingerte verderben sie,
und unsre Wingerte knospen!

– Mein Minner ist mein,
und ich bin sein,
der unter Lilien weidet.
Solang der Tag im Verwehn ist
und die Schatten weichen,
wende dich herzu,
gleiche du, mein Minner,
der Gazelle oder dem Hirschböcklein
über die Berge der Trennung hin!

Auf meiner Ruhestatt
in den Nächten
suche ich ihn,
den meine Seele liebt,
suche ich ihn
und finde ihn nicht.
Aufmachen will ich mich doch
und die Stadt durchziehn,
über die Plätze, über die Gassen,
suchen, den meine Seele liebt!
Ich suchte ihn
und ich fand ihn nicht.
Mich fanden die Wächter,
die in der Stadt einherziehn –
»Den meine Seele liebt,
saht ihr ihn?«
Kaum war ich an ihnen vorbei,
da fand ich,
den meine Seele liebt.
Ich faßte ihn an
und ließ ihn nicht los,
bis daß ich ihn brachte
ins Haus meiner Mutter,
in die Kammer meiner Gebärerin.
Ich beschwöre euch,
Töchter Jerusalems,
bei den Gazellen oder bei den Hinden der Flur:
störtet, aufstörtet ihr die Liebe,
bis ihrs gefällt, …!

– Was ist dies,
heransteigend von der Wüste
Rauchsäulen gleich,
umdampft von Myrrhe und Weihrauch,
von allem Pulver des Krämers?
Da, sein Tragbett, das Schlomos,
sechzig Helden rings um es her,
von den Helden Jifsraels,
Schwertträger sie alle,
Kampfgeübte,
jedermann an seiner Hüfte sein Schwert,
wegen des Schreckens in den Nächten.
Eine Sänfte machte sich der König Schlomo
aus Hölzern des Libanon,
ihre Ständer machte er silbern,
ihre Lehne golden,
ihren Sitz purpurn,
ihr Inwendiges eingelegt,
Liebesarbeit von den Töchtern Jerusalems.
Geht heran,
seht herzu,
Töchter Zions,
auf den König Schlomo in der Krone,
damit seine Mutter ihn krönte
am Tag seiner Vermählung,
am Tag seiner Herzensfreude.

– Da, du bist schön,
meine Freundin,
du bist schön.
Deine Augen sind Tauben,
hinter deinem Schleier hervor,
dein Haar ist wie eine Herde von Ziegen,
die vom Gebirge Gilad wallen,
deine Zähne sind wie eine Herde von Schurschafen,
die aus der Schwemme steigen,

die alle zwieträchtig sind,
fehlwürfig keins unter ihnen.
Wie eine Karmesinschnur sind deine Lippen
und anmutig dein Redegerät.
Wie ein Riß der Granatfrucht ist deine Schläfe,
hinter deinem Schleier hervor.
Wie Dawids Turm ist dein Hals,
für Umreihungen ist der gebaut,
das Tausend der Schilde hängt dran,
alle Rüstung der Helden.
Deine zwei Brüste sind wie zwei Kitzlein,
Zwillinge einer Gazelle,
die unter Lilien weiden.
Solang der Tag im Verwehn ist
und die Schatten weichen,
gehe ich zum Myrrhenberg,
zum Weihrauchhügel.
Schön bist du, meine Freundin, allsamt,
kein Flecken an dir.

Mit mir vom Libanon, Braut,
mit mir vom Libanon komm,
schau nieder vom Haupt des Amana,
vom Haupt des Schnir und des Chermon,
von den Gehegen der Löwen, von den Bergen der Pardel!

Du hast mir das Herz versehrt,
meine Schwester-Braut,
du hast mir das Herz versehrt
mit einem deiner Augen,
mit einer Drehung deines Halsgeschmeids.
Wie schön ist deine Minne, meine Schwester-Braut,
wie gut tut deine Minne, mehr als Wein
und der Duft deiner Öle als alle Balsame!
Seim träufen deine Lippen, Braut,
Honig und Milch sind unter deiner Zunge,
der Duft deiner Tücher ist wie des Libanon Duft.

Ein verriegelter Garten ist meine Schwester-Braut,

ein verriegelter Born,
ein versiegelter Quell.
Was dir sich entrankt,
ein Granatenhain ists
mit köstlicher Frucht,
Zyperblumen mit Narden,
Narde, Aloe, Kalmus und Zimt
mit allem Auszug der Balsame.
Ein Gartenquell ists,
ein Brunnen lebendigen Wassers,
rieselnd vom Libanon her.
Erwache, Nord,
komm, Süd,
wehe durch meinen Garten,
daß seine Balsame rieseln!
In seinen Garten komme mein Minner
und esse von seiner köstlichen Frucht.
– Ich komme zu meinem Garten,
meine Schwester-Braut,
ich pflücke meine Myrrhe mit meinem Balsam,
ich esse meine Wabe mit meinem Honig,
ich trinke meinen Wein mit meiner Milch.
Esset, Freunde, trinket, und berauschet euch an der Minne!

– Ich schlafe,
und mein Herz wacht.
Hall meines Minners!
Er pocht:
»Öffne mir,
meine Schwester, meine Freundin,
meine Taube, meine Heile,
da mein Haupt voller Tau ist,
meine Locken voller Tröpfen der Nacht.«
Ich habe meinen Rock abgestreift,
wie doch soll ich ihn wieder antun!
Ich habe meine Füße gebadet,
wie doch soll ich sie wieder beschmutzen!
Mein Minner streckt die Hand durch die Luke,
und mein Leib wallt auf ihn zu.

Ich mache mich auf,
meinem Minner zu öffnen, –
meine Hände triefen von Myrrhe,
meine Finger von Myrrhenharz
am Griffe des Riegels.
Ich öffne, ich meinem Minner, –
mein Minner ist abgebogen, hinweg.
Meine Seele geht aus,
seiner Rede nach,
ich suche ihn, nicht finde ich ihn,
ich rufe ihn, nicht entgegnet er mir.
Mich finden die Wächter,
die in der Stadt einherziehn,
sie schlagen mich, verwunden mich,
meinen Burnus heben sie mir ab,
die Wächter der Mauern.
– »Ich beschwöre euch,
Töchter Jerusalems,
findet ihr meinen Minner,
was wollt ihr ihm melden?
Daß ich krank vor Liebe bin.«
– »Was ist dein Minner mehr als irgendein Minner,
Schönste unter den Weibern,
was ist dein Minner mehr als irgendein Minner,
daß du so, so uns beschwörst?«
– »Mein Minner ist blank und rötlich,
ragend aus einer Myriade,
sein Haupt gediegenes Feinerz,
seine Locken Dattelrispen,
schwarz wie der Rabe,
seine Augen wie Tauben
an Wasserbächen,
in Milch gebadet,
am Gefüllten ruhend,
seine Wangen wie Balsambeete,
die Würzkräuter wachsen lassen,
seine Lippen Lilien,
von Myrrhenharz triefend,
seine Hände goldene Walzen,

von Chalzedonen umfüllt,
sein Leib eine Elfenbeinplatte,
mit Saphiren besteckt,
seine Schenkel Alabasterständer,
auf Feinerzsockel gegründet,
sein Ansehn wie des Libanonbaums,
auserlesen wie Zedern,
sein Gaum Süßigkeiten,
und allsamt ist er Wonnen.
Dies ist mein Minner,
dies ist mein Freund,
Töchter Jerusalems!«
– »Wohin ist dein Minner gegangen,
Schönste unter den Weibern,
wohin hat sich dein Minner gewandt?
wir wollen mit dir ihn suchen.«
– »Mein Minner steigt zu seinem Garten hinab,
zu den Balsambeeten,
in den Gartengründen zu weiden,
Lilien zu lesen.
Ich bin meines Minners,
mein Minner ist mein,
der unter Lilien weidet.«

– Schön bist du, meine Freundin,
wie Tirza, die »Gnadenstadt«,
anmutig wie Jerusalem,
furchtbar wie sie, die Fahnenumschwungnen.
Kehre von mir ab deine Augen,
drum daß sie mich verwirren!
Dein Haar ist wie eine Herde von Ziegen,
die vom Gilad wallen,
deine Zähne wie eine Herde von Schafen,
die aus der Schwemme steigen,
die alle zwiträchtig sind,
fehlwürfig keins unter ihnen.
Wie ein Riß der Granatfrucht ist deine Wange,
hinter deinem Schleier hervor.

Sechzig sinds der Königinnen,
achtzig der Kebsen,
und Mädchen ohne Zahl, –
eine einzige ist meine Taube,
meine Heile,
eine einzige ist sie bei ihrer Mutter,
eine Erkorne bei ihrer Gebärerin.
Die Töchter sehn sie, und heißen sie beglückt,
die Königinnen und Kebsen, und preisen sie.

– Wer ist diese,
die vorglänzt wie das Morgenrot,
schön wie der Mond,
lauter wie der Glutball,
furchtbar wie die Fahnenumschwungnen?
– Zu meinem Nußgarten stieg ich hinab,
die Triebe im Tal zu besehn,
zu sehn, ob die Rebe treibt,
ob die Granaten erblühn,
da – ich kenne meine Seele nicht mehr –
versetzt michs ins Gefährt
meines Gesellen, des edlen.

– Dreh dich, dreh dich,
Schulamitin,
dreh dich, dreh dich,
daß wir dich beschauen!
– Was wollt ihr an der Schulamitin beschaun?
– Etwas, das dem Reigen des Doppellagers gleicht!
Wie schön sind deine Tritte in den Schuhn,
Tochter des Edlen!
Die Biegungen deiner Hüften
sind gleichwie Spangen,
Werk der Hände eines Meisters.
Dein Schoß ist eine Rundschale, –
nimmer ermangle sie des Mischtranks!
Dein Bauch ist ein Weizenhaufen,
von Lilien umsteckt.
Deine zwei Brüste sind wie zwei Kitzlein,

Zwillinge einer Gazelle.
Dein Hals ist wie ein Elfenbeinturm.
Deine Augen sind die Teiche in Cheschbon
am Tore von Bat-rabbim.
Deine Nase ist wie der Libanonturm,
der nach Damaskus hin späht.
Dein Haupt auf dir ist wie der Karmel,
die Flechten deines Hauptes wie Purpur, –
ein König verstrickt sich in den Ringeln.

– Wie schön und wie mild bist du,
Liebe, im Genießen!
Dieser Wuchs dein ähnelt der Palme
und deine Brüste den Trauben.
Ich habe zu mir gesprochen:
Ersteigen will ich die Palme,
greifen will ich ihre Rispen,
daß doch deine Brüste seien wie Trauben des Rebstocks
und deines Nasenatems Duft wie von Äpfeln
und dein Gaum wie der gute Wein…
– …der gradaus in meinen Minner eingeht, …
– …noch im Schlaf macht er die Lippen sich regen.

– Ich bin meines Minners,
nach mir ist sein Begehren.
Geh heran, mein Minner,
ziehn wir ins Feld hinaus,
nachten wir an den Dörfern,
besuchen die Wingerte wir in der Frühe,
besehn wir,
ob der Rebstock treibt,
ob die Knospe sich öffnet,
ob die Granaten erblühn; –
dort will ich meine Minne dir geben.
Die Minnebeeren geben Duft aus,
an unsern Türen sind allerhand Köstlichkeiten,
neue, auch alte,
für dich, mein Minner, habe ich sie aufgespart.

Wer gibt dich mir als Bruder,
der an meiner Mutter Brüsten sog!
Fände ich dich auf der Gasse, ich küßte dich
und sie dürften mein doch nicht spotten,
ich führte dich,
ich brächte dich
in meiner Mutter Haus,
du müßtest mich lehren,
mit Würzwein tränkte ich dich,
mit Granatenmost. –
Seine Linke mir unterm Haupt,
und seine Rechte kost mich:
ich beschwöre euch,
Töchter Jerusalems,
störtet, aufstörtet ihr die Liebe,
bis ihrs gefällt, ...!

– Wer ist diese,
heransteigend von der Wüste,
an ihren Minner gelehnt?
– Unter dem Apfelbaum
habe ich dich aufgestört,
eben dort kam in Wehn mit dir deine Mutter,
eben dort lag in Wehn deine Gebärerin.

Setze mich wie ein Siegel
dir auf das Herz,
wie einen Siegelreif dir um den Arm,
denn gewaltsam wie der Tod ist die Liebe,
hart wie das Gruftreich das Eifern,
ihre Flitze Feuerflitze, –
eine Lohe oh von Ihm her!
Die vielen Wasser vermögen nicht die Liebe zu löschen,
die Ströme können sie nicht überfluten.
Gäbe ein Mann allen Schatz seines Hauses um die Liebe,
man spottete, spottete sein.

– »Unser ist eine Schwester, eine kleine,
sie hat noch keine Brüste, –
was wollen mit unsrer Schwester wir tun
am Tag, da man um sie redet?«
– »Ist sie eine Mauer,
baun eine Silberzinne wir drauf,
und ist sie eine Pforte,
rammeln eine Zedernplanke wir dran.«
– ꞋNun ich eine Mauer bin,
meine Brüste Türmen gleich,
so ward ich in seinen Augen
wie eine, die Befriedung fand.

– Einen Wingert hatte Schlomo in Baal-Hamon,
er übergab den Wingert den Hütern, –
jedermann brächte für seine Frucht tausend Vollgewicht Silbers herbei.
Den Wingert, der mir eignet, habe ich mir vom Antlitz, –
dein, Schlomo, seien die tausend
und der Fruchthüter zweihundert.«

– Die du in den Gärten verweilst,
Gefährten lauschen deiner Stimme,
lasse mich hören!
– Flieh herzu, mein Minner,
gleiche du der Gazelle
oder dem Hirschböcklein –
über die Berge der Balsame!

DAS BUCH
RUT

Es war in den Tagen, als die Richter richteten,

da war Hunger im Land,

so ging ein Mann aus Betlehem in Jehuda, in den Gefilden
   Moabs zu gasten,

er und seine Frau und seine beiden Söhne,

der Name des Manns war Elimelech, der Name seiner Frau
   Noomi, der Name seiner beiden Söhne Machlon und Kiljon,

Efratiter aus Betlehem in Jehuda.

Sie kamen in die Gefilde Moabs und waren fortan dort.

Elimelech, der Mann Noomis, starb, sie verblieb, sie und ihre
   zwei Söhne.

Sie nahmen sich Frauen, Moabiterinnen,

der Name der einen war Orpa, der Name der andern Rut.

An zehn Jahre hatten sie dort verweilt,

so starben auch die beiden, Machlon und Kiljon,

die Frau verblieb ohne ihre Kinder und ohne ihren Mann.

Sie machte sich auf, sie und ihre Schwiegerinnen, und kehrte
   aus den Gefilden Moabs heim,

denn sie hatte in den Gefilden Moabs gehört, daß ER es seinem
   Volke zugeordnet hatte, ihnen Brot zu geben,

sie zog hinweg von dem Ort, wo sie gewesen war, sie und ihre
   beiden Schwiegerinnen mit ihr.

Als sie des Wegs gingen, ins Land Jehuda heimzukehren,

sprach Noomi zu ihren beiden Schwiegerinnen:

»Geht doch, kehrt doch um, jede ins Haus ihrer Mutter!

ER tue hold an euch,

wie ihr an den Verstorbnen und an mir getan habt!

ER gebe euch, daß eine Ruhstatt ihr findet,

jede im Haus ihres Mannes!«

Sie küßte sie, sie aber erhoben ihre Stimme und weinten.

Dann sprachen sie zu ihr:

»Nein, mit dir kehren wir zu deinem Volke heim.«

Noomi sprach:

»Kehrt um, meine Töchter!

warum wollt ihr mir zugesellt gehn?

kann ich denn noch Söhne in meinem Leib haben,

daß sie euch zu Männern würden?

kehrt um, meine Töchter, geht!

denn zu alt bin ich, eines Mannes zu werden:

wenn ich sprechen könnte, es gäbe mir Hoffnung,

noch diese Nacht würde ich eines Mannes, und ich wollte
　　noch Söhne gebären, –

möchtet ihr daraufhin warten, bis sie groß werden?

möchtet ihr daraufhin euch versperren, nicht eines Mannes
　　zu sein,

nimmer doch, meine Töchter!

Denn sehr bitter ists mir um euch,

so denn Seine Hand wider mich ausfuhr!«

Sie erhoben ihre Stimme und weinten wieder.

Dann küßte Orpa ihre Schwiegermutter,

Rut aber hing sich an sie.

Sie aber sprach:

»Da, deine Schwägerin kehrt heim

zu ihrem Volk und zu ihrem Gott,

kehre um, deiner Schwägerin folgend!«

Rut sprach:

»Nimmer dringe in mich, dich zu verlassen,

vom Dir-folgen umzukehren!

Denn wohin du gehst, will ich gehn,

und wo du nachtest, will ich nachten dir gesellt.

Dein Volk ist mein Volk

und dein Gott ist mein Gott.

Wo du sterben wirst, will ich sterben

und dort will ich begraben werden.

So tue ER mir an, so füge er hinzu:

ja denn, der Tod wird zwischen mir und dir scheiden.«

Als sie sah, daß sie festen Sinns war, mit ihr zu gehen,

gab sies auf, ihr zuzureden.

So gingen sie beide, bis sie nach Betlehem kamen.

Es geschah, als sie nach Betlehem kamen,

da rauschte all die Stadt über sie auf,

sie sprachen: »Ist dies Noomi?«

Sie sprach zu ihnen:

»Nimmer ruft mich Noomi, Behagen,

ruft mich Mara, Bitternis,

denn der Gewaltige hat mich sehr verbittert.

Ich da, voll bin ich von hinnen gegangen

und leer hat ER mich heimkehren lassen, –
warum ruft ihr mich Noomi?
ER hat gegen mich gezeugt,
der Gewaltige hat mich mißhandelt.«
So kehrte Noomi heim
und Rut, die Moabiterin, ihre Schwiegerin, ihr gesellt,
heim von den Gefilden Moabs.
Sie kamen aber nach Betlehem zu Beginn des Gerstenschnitts.

Einen Verwandten hatte Noomi, von ihrem Manne her,
einen tüchtigen Mann von Elimelechs Sippe,
sein Name war Boas.
Rut, die Moabiterin, sprach zu Noomi:
»Laß mich doch aufs Feld gehn,
daß ich Ähren auflese, hinter jemand her,
in dessen Augen ich Gunst finde.«
Sie sprach: »Geh, meine Tochter.«
Sie ging, kam hin und las auf dem Feld hinter den Schnittern
     auf.
Und es fügte sich eine Fügung:
das Feldstück war das Boas, der von Elimelechs Sippe war.
Da, Boas kam von Betlehem her
und sprach zu den Schnittern:
»ER sei mit euch!«
Sie sprachen zu ihm:
»Dich segne ER!«
Boas sprach zu seinem Jungknecht,
der über die Schnitter bestellt war:
»Wessen ist diese Junge?«
Der Jungknecht, der über die Schnitter bestellt war, entgeg-
     nete, er sprach:
»Eine junge Moabiterin ists,
die mit Noomi von den Gefilden Moabs zurückgekehrt ist,
sie sprach: ›Laß mich nachlesen doch,
daß ich aufsammle unter den Garben hinter den Schnittern
     her!‹
Sie kam und stand vom Morgen an bis jetzt,
nur ein weniges war ihres Weilens im Haus.«
Boas sprach zu Rut:

»Nicht wahr, du hörst es, meine Tochter:
geh nimmer auf ein anderes Feld lesen,
zieh gar nicht von hier weg,
und da halte an meine Jungmägde dich,
deine Augen aufs Feld, wo sie schneiden,
und geh hinter ihnen her.
– Gebiete ich den Jungknechten nicht,
dich unangetastet zu lassen? –
Dürstets dich aber, geh zu den Gefäßen
und trink davon, was die Jungknechte schöpfen.«
Sie fiel auf ihr Antlitz, bückte sich zur Erde
und sprach zu ihm:
»Weshalb habe ich Gunst in deinen Augen gefunden,
daß du mich anerkennst, die ich eine Fremde bin?«
Boas entgegnete, er sprach zu ihr:
»Gemeldet wards mir, gemeldet
alles, was du an deiner Schwiegermutter tatest
nach dem Tode deines Mannes,
daß du deinen Vater und deine Mutter und dein Geburtsland
     verließest
und gingst zu einem Volk, das du gestern und ehdem nicht
     kanntest.
Vergelte ER dir dein Werk
und dir werde gültiger Lohn
von IHM, dem Gott Jißraels,
unter dessen Flügeln dich zu bergen du kamst!«
Sie sprach:
»Möchte ich weiter Gunst in deinen Augen finden, mein Herr,
da du mich hast getröstet,
und da du zum Herzen deiner Dienerin hast geredet,
und ich bin ja nicht einmal einer deiner Dienerinnen gleich!«
Zur Essenszeit sprach Boas zu ihr:
»Tritt heran, iß vom Brot
und tauche deinen Bissen in die Sauertunke!«
Sie setzte sich zuseiten der Schnitter.
Er reichte ihr Korngeröst,
sie aß, daß sie satt wurde, und ließ übrig.
Dann stand sie auf um zu lesen.
Boas gebot seinen Jungknechten, sprechend:

»Auch zwischen den Garben mag sie lesen,
und ihr dürft sie nicht beschämen,
ihr sollt für sie sogar aus den Büscheln zupfen, ja zupfen
und es liegen lassen, daß sie es lese,
und ihr dürft sie nicht schelten.«
Sie las auf dem Feld bis zum Abend,
dann klopfte sie aus, was sie gelesen hatte:
es war etwa ein Scheffel Gerste.
Sie nahms auf, kam in die Stadt
und ihre Schwiegermutter sah, was sie gelesen hatte.
Dann holte sie hervor und gab ihr, was sie nach ihrer Sättigung
    übrig gelassen hatte.
Ihre Schwiegermutter sprach zu ihr:
»Wo hast du heute gelesen,
welchenorts geschafft?
Gesegnet sei, der dich anerkannt hat!«
Nun meldete sie ihrer Schwiegermutter,
bei wem sie geschafft hatte, sprach:
»Der Name des Manns, bei dem ich heut schaffte, ist Boas.«
Noomi sprach zu ihrer Sohnsfrau:
»Gesegnet er IHM,
der seine Huld nicht versagt den Lebenden und den Toten!«
Noomi sprach weiter zu ihr:
»Nahverwandt ist uns der Mann,
von unsern Lösern ist er.«
Rut, die Moabiterin, sprach zu ihr:
»Er hat auch noch zu mir gesprochen:
›An meine Jungknechte sollst du dich halţen,
bis sie mit all meinem Schnitt zu Ende sind.‹«
Noomi sprach zu Rut, ihrer Sohnsfrau:
»Gut ists, meine Tochter, daß du mit seinen Jungmägden aus-
    ziehst,
so wird man nicht auf einem andern Feld dich behelligen.«
Hinfort hielt sie sich an Boas' Mägde beim Lesen,
bis Gerstenschnitt und Weizenschnitt zu Ende waren.
Dann verweilte sie bei ihrer Schwiegermutter.

Noomi, ihre Schwiegermutter, sprach zu ihr:
»Meine Tochter,

nicht wahr, ich will dir eine Ruhstatt suchen, wo dus gut hast.

Nun, ist nicht Boas von unsrer Verwandtschaft,

er, mit dessen Mägden du gewesen bist?

Da, diese Nacht worfelt er auf der Gerstentenne.

Bade, salbe dich, leg deine Tücher um

und geh zur Tenne hinab,

laß dich aber von dem Mann nicht bemerken,

bis er mit dem Essen und Trinken zu Ende ist.

Und es sei, wenn er sich hinlegt,

mußt du den Ort kennen, wo er liegt,

dann kommst du und deckst den Platz zu seinen Füßen auf

und legst dich nieder,

so wird er dir vermelden, was du zu tun hast.«

Sie sprach zu ihr:

»Alles, was du mir zusprichst, will ich tun.«

Sie stieg zur Tenne hinab und tat alles, was ihr ihre Schwiegermutter geboten hatte,

Boas aß und trank und sein Herz war guten Muts.

Er kam, sich am Rand des Getreidehaufens niederzulegen.

Da kam sie im stillen, deckte den Platz zu seinen Füßen auf
und legte sich nieder.

Um Mitternacht geschahs,

der Mann fuhr auf, beugte sich vor,

da, ein Weib liegt zu seinen Füßen,

Er sprach:

»Wer bist du?«

Sie sprach:

»Ich bin Rut, deine Sklavin.

Breite deinen Kleidzipfel über deine Sklavin,

denn ein Löser bist du.«

Er sprach:

»Gesegnet du Ihm, meine Tochter!

Besser noch hast du deine späte Huld erzeigt als die frühre,

da du nicht den Jünglingen, ob arm ob reich, nachgegangen
bist.

Und nun, meine Tochter, fürchte dich nimmer,

alles, um was du mich ansprechen wirst, will ich dir tun,

weiß ja all das Tor meines Volks, daß du ein Weib von Tucht
bist.

Und nun, ja, traun, ich bin zwar ein Löser,
doch gibts auch noch einen Löser, näher als ich,
Nachte die Nacht, und am Morgen solls so sein:
löst er dich, ists gut,
gefällts ihm aber nicht, dich zu lösen, löse ich selber dich,
sowahr ER lebt.
Liege bis zum Morgen!«
Sie lag zu seinen Füßen bis zum Morgen
und stand auf, ehe jemand seinen Genossen erkennt,
er nämlich sprach:
»Nimmer solls bekannt werden, daß das Weib auf die Tenne
Dann sprach er:　　　　　　　　　　　　　　[kam.«
»Lange den Überwurf her, den du umhast,
und fasse dran.«
Sie faßte dran, er maß Gerste sechsfach zu, luds ihr auf und
　　　kam in die Stadt.
Sie aber kam zu ihrer Schwiegermutter.
Die sprach: »Woran bist du, meine Tochter?«
So meldete sie ihr alles, was ihr der Mann getan hatte.
Sie sprach: »Diese sechs Maß Gerste hat der Mann mir gegeben,
denn er sprach: ›Nicht sollst du leerer Hände zu deiner Schwie-
　　　germutter kommen.‹«
Da sprach sie:
»Bleib sitzen, meine Tochter, bis dir merklich wird, wie die
　　　Sache ausfällt!
denn dieser Mann, wird nicht rasten, bis er, noch heute, die
　　　Sache zu Ende gebracht hat.«

Boas war hinauf zum Tore gegangen und war dort verweilt.
Nun kam jener Löser vorüber, von dem Boas geredet hatte.
Er aber sprach:
»Bieg ab, setz dich her, Soundso!«
Er bog ab und setzte sich.
Er nahm zehn Männer von den Alten der Stadt und sprach:
»Setzt euch hierher!«
Sie setzten sich.
Er aber sprach zum Löser:
»Das Feldstück, das unsres Bruders Elimelech war,
Noomi verkaufts, die vom Gefilde Moabs heimgekehrt ist.

Ich nun, ich habe zu mir gesprochen,
ich wolle es deinem Ohr offenbaren, sprechend:
Erwirbs zugegen den hier Sitzhabenden und zugegen den Ältesten meines Volks!
Willst du lösen, löse,
wirds aber nicht gelöst, melde es mir, daß mirs kund sei,
denn außer dir ists an keinem; zu lösen, als an mir, der dir
   nachsteht.«
Er sprach:
»Ich, lösen will ich.«
Boas aber sprach:
»Am Tag, da du das Feld aus der Hand Noomis erwirbst,
erwirbst du von Rut, der Moabiterin, der Frau des Verstorbnen,
den Namen des Verstorbnen auf seinem Eigentum zu erhalten.«
Der Löser sprach:
»Nicht vermag ich für mich zu lösen,
sonst schädige ich mein Eigentum.
Löse du meine Lösung für dich,
denn nicht vermag ich zu lösen.«
Dieses aber galt vordem in Jifsrael bei Lösung und bei
   Tausch:
um alljede Sache haltbar zu machen,
zog der Mann seinen Schuh aus und gab ihn seinem Genossen,
und dies war die Bezeugung in Jifsrael.
Der Löser sprach zu Boas:
»Erwirbs dir!«
und zog seinen Schuh aus.
Boas sprach zu den Ältesten und zu allem Volk:
»Zeugen seid ihr heute,
daß ich alles, was Elimelechs war, und alles, was Kiljons und
   Machlons war, aus der Hand Noomis erworben habe.
Und auch Rut, die Moabiterin, Machlons Frau, habe ich mir
   zur Frau erworben,
den Namen des Verstorbnen auf seinem Eigentum zu erhalten,
daß nicht ausgerottet werde der Name des Verstorbnen
aus der Gemeinschaft seiner Brüder und aus dem Tor seines
   Ortes.
Des seid heute ihr Zeugen.«

Alles Volk im Tor und die Ältesten sprachen:

»Zeugen.

Gebe ER der Frau, die in dein Haus kommt,

wie Rachel und wie Lea zu werden, die beide das Haus Jifsraels
erbauten!

Tucht übe in Efrata, und rufe dir einen Namen aus in Betlehem!

Dein Haus sei wie das Haus des Parez, den Tamar dem Jehuda
gebar,

von dem Samen, den ER dir von dieser Jungen gibt!«

Boas nahm Rut, und sie wurde ihm zur Frau,

er ging zu ihr ein, ER gab ihr Schwangerschaft, und sie gebar
einen Sohn.

Die Frauen sprachen zu Noomi:

»Gesegnet ER,

der dirs heut an einem Löser nicht fehlen ließ,

und gerufen werde sein Name in Jifsrael!

Er werde dir

zum Seelenwiederbringer

und zum Versorger deines Greisentums!

denn deine Schwiegerin, die dich liebt, ists, die ihn gebar,

sie, die dir besser ist als sieben Söhne.«

Noomi nahm das Kind, legte es in ihren Schoß und ward ihm
zur Pflegerin.

Die Nachbarinnen riefen ihm einen Namen aus, sprechend:
»Der Noomi ist ein Sohn geboren«,

sie riefen seinen Namen: Obed.

Der wurde der Vater Jischajs, des Vaters Dawids.

Und dies sind die Zeugungen Parezs:

Parez zeugte Chezron,

Chezron zeugte Ram,

Ram zeugte Aminadab,

Aminadab zeugte Nachschon,

Nachschon zeugte Sfalma,

Sfalma zeugte Boas,

Boas zeugte Obed,

Obed zeugte Jischaj,

Jischaj zeugte Dawid.

Wehe wie weilt die Stadt einsam,
die einst viel bevölkerte,
einer Witwe gleich ist sie worden,
die unter den Weltstämmen so viel war,
die Fürstin unter den Gauen,
zur Frönerin ist sie geworden.

Sie weint und weint die Nacht durch,
über ihre Wange hin ihre Träne,
für sie ist kein Tröster da
von ihren Liebenden allen,
es verrieten sie all ihre Freunde,
zu Feinden warden sie ihr.

Entwandert ist Jehuda
vor Elend und der vielen Knechtschaft,
unter den Weltstämmen weilt es,
eine Ruhe findet es nicht,
all seine Verfolger erreichens
mitten in der Bedrängnis.

Die Wege Zions trauern,
fort sind, die einst zur Begegnungszeit kamen,
verstarrt sind all ihre Tore,
ihre Priester stöhnen,
ihre Maiden sind vergrämt,
und sie, bitter ist ihr.

Ihre Bedränger sind zum Haupt worden,
ihre Feinde sind zufrieden,
denn E R ists, der sie peinigt
um ihre vielen Abtrünnigkeiten.
Ihre Kindlein gingen gefangen
vor dem Bedränger einher.

Von der Tochter Zions schwand all ihr Glanz,
ihre Obern sind wie Hirsche geworden,
die nichts zu weiden finden,
kraftlos gingen sie vorm Verfolger dahin.

Jerusalem gedenkt
in den Tagen ihres Elends und ihres Schweifens
all ihrer Köstlichkeiten,
die dawaren von ureinst her,
als ihr Volk in die Hand des Bedrängers fiel

und keiner war, der ihr hülfe.
Die Bedränger besehen sie,
sie lachen über ihr Verabschiedetsein.
Jerusalem hat gesündigt, hat sich versündigt,
drum ist sie zu einem Unflat geworden,
alle, die sie ehrten, dünkt sie gemein,
denn sie haben ihre Blöße gesehn.
Selber gar stöhnt sie auf
und kehrt rückwärts sich ab.
Ihr Makel ist bis auf ihrer Schleppe.
Sie dachte nicht an ihre Späte,
so sank sie wunderlich ab
– für sie ist kein Tröster da –:
»Sieh, DU, mein Elend an,
denn der Feind macht sich groß!«
Der Bedränger breitet seine Hand
über all ihre Köstlichkeiten.
Ja, sie sah
die Weltstämme in ihr Heiligtum kommen:
»...von denen du geboten hast,
sie sollten in das Gesamt dir nicht eingehn.«
All ihr Volk, sie stöhnen,
sie suchen nach Brot,
sie gaben ihre Köstlichkeiten für Speise,
die Seele zu erhalten:
»...sieh, DU, blick her,
denn ich bin gemeingemacht worden.
Sei es nur zu euch hin, ihr alle, die ihr des Wegs zieht:
blicket her und seht,
obs einen Schmerz gibt wie mein Schmerz,
da mir so mitgespielt hat,
da mich so gepeinigt hat ER
am Tag des Flammens seines Zorns.
Aus der Höhe sandte ins Gebein er mir Feuer,
senkte es drein,
er spannte ein Netz meinen Füßen,
zum Verstarren gab er mich hin, –
ein Siechen alletag.
Gewacht ward über meinen Abtrünnigkeiten,

mit seiner Hand hat er sie verflochten,
sie sind um den Hals mir gestiegen.
Straucheln machte er meine Kraft,
mein Herr gab mich in Hände,
draus ich mich nicht zu erheben vermag.
Er ächtete all meine Recken,
mein Herr mir mittinnen,
eine Begegnungszeit rief er über mich aus,
meine Jünglinge zu zerschlagen,
die Kelter trat mein Herr
Jehudas Tochter, der Maid.
Darüber weint mein Auge sich aus,
vom Wasser überfließt mein Auge,
denn fern von mir ist ein Tröster,
der mir die Seele erhielte,
verstarrt sind meine Söhne,
denn der Feind ist übermächtig.«
Zion breitet ihre Hände aus,
für sie ist kein Tröster da,
aufgeboten hat gegen Jaakob ER
von ringsumher seine Bedränger,
Jerusalem ist unter ihnen zum Unflat geworden.
»ER, bewahrheitet ist er,
denn widerspenstig war ich seinem Mund.
Hörets doch, ihr Völker alle, und seht meinen Schmerz!
Meine Maiden und meine Jünglinge gingen in die Gefangen-
    schaft.
Ich rief meinen Liebhabern, sie, sie betrogen mich.
Meine Priester, meine Ältesten in der Stadt, sie verschieden,
da sie sich Speise suchten, daß sie ihre Seele erhalten.
Sieh her, DU,
denn ich bin in der Drangsal.
Mein Eingeweid gärt,
mein Herz dreht sich inmitten mir um,
weil ich widerspenstig, widerspenstig war.
Von draußen raubt die Kinder das Schwert,
was drinnen ist, gleicht dem Tod selber.
Sie hörten, daß ich stöhne,
für mich ist kein Tröster,

all meine Feinde hörten von meinem Bösgeschick,
sie ergötzen sich,
denn der es gewirkt hat bist du,
Bringst du den Tag, den du ausriefst,
werden sie mir gleich sein,
all ihre Bosheit kommt dann vor dich,
und du handelst an ihnen, gleichwie an mir du gehandelt hast
für all meine Abtrünnigkeiten.
Ja, viel ist meines Stöhnens,
- und mein Herz ist Siechtum.

Wehe wie umwölkte in seinem Zorn
mein Herr die Tochter Zions,
schleuderte von Himmelshöhen zu Boden
die Pracht Jifsraels
und gedachte nicht des Schemels seiner Füße
am Tag seines Zorns.
Mein Herr tilgte ohne zu schonen
alle Triften Jaakobs,
schleifte in seinem Überwallen
die Bollwerke der Tochter Jehudas,
stürzte zu Boden, gab preis
das Königreich und seine Obern,
kappte im Flammen seines Zorns
alles Horn Jaakobs.
Die Rechte zog er ihm zurück vor dem Feind
und zündete in Jaakob, wie Feuerlohe,
die ringsumher frißt.
Er spannte seinen Bogen wie ein Feind,
stand da, seine Rechte wie eines Bedrängers,
und erwürgte alles, was dem Aug köstlich war,
im Zelte der Tochter Zions
ergoß wie Feuer er seinen Grimm.
Wie ein Feind wurde mein Herr,
er tilgte Jifsrael,
tilgte all seine Paläste,
seine Bollwerke verdarb er,
und er häufte bei der Tochter Jehudas

Klage und Klageschrei.
Er stieß, wie einem Garten, seine Schirmung nieder,
verdarb ihm seine Begegnungsgezeit,
ER verdarb in Zion
Begegnungszeit und Wochenfeier,
verwarf im Dräuen seines Zorns
König und Priesterschaft.
Mein Herr verschmähte seine Opferstatt,
entwürdigte sein Heiligtum,
überlieferte in die Hand des Feindes
die Ummauerung seiner Paläste, –
ein Hallen gab man aus in SEINEM Hause
wie am Tage der Begegnung.
ER plante es aus,
die Ummauerung der Tochter Zions zu verderben,
er streckte die Schnur,
zog seine Hand nicht zurück vom Zerstören,
trauern machte er Wall und Mauer,
sie verfielen mitsammen.
In den Boden sanken ihre Tore,
schwinden machte er, zerbrach ihre Riegel,
unter den Weltstämmen sind ihr König und ihre Obern,
keine Unterweisung ist da,
auch ihre Künder finden nicht Schau mehr von IHM,
Am Boden sitzen, verstummt,
die Greise der Tochter Zions,
sie streuen Staub sich aufs Haupt,
sie gürten sich Sackleinen um,
zum Boden neigten ihr Haupt
die Maiden Jerusalems.
Meine Augen versagen vor Tränen,
mein Eingeweid gärt,
meine Leber schüttet sich zu Boden
über den Zusammenbruch der Tochter meines Volks.
Spielkind und Säugling schmachten
in den Gassen der Burg,
sie sprechen zu ihren Müttern:
»Wo ist Korn und Wein?«,
da sie wie ein Durchbohrter verschmachten

in den Gassen der Stadt,
da sich ihre Seele verschüttet
in den Schoß ihrer Mutter.
Was setze ich als Zeugnis dir bei,
was vergleiche ich dir,
Tochter Jerusalems,
was stelle ich dir zuseit,
daß ich dich tröste,
Tochter Zions, du Maid?
Dein Zusammenbruch ist ja groß wie das Meer,
wer könnte dich heilen!
Deine Künder erschauten Wahn und Schleimtünche dir,
nicht machten offenbar sie deine Verfehlung,
dich in Umkehr kehren zu lassen,
sie erschauten »Lastworte« dir:
Wahn und Verführung.
Über dich klatschen in die Hände
alle, die des Weges ziehn,
sie zischeln, schütteln ihr Haupt
über die Tochter Jerusalems:
»Ist dies die Stadt, die man ansprach:
›Allschöne, Ergötzen aller Erde!‹«
Über dich reißen ihren Mund auf
all deine Feinde,
sie zischeln, blecken die Zähne,
sie sprechen: »Wir tilgten!
dies eben ist der Tag, den wir erhofften!
wir fanden, wir sahn!«
ER hat getan, was er entworfen hatte,
vollzogen hat er seinen Spruch,
den er entboten hatte von Urtagen her.
Er hat geschleift und hat nicht geschont,
er hat den Feind an dir erfreut,
hat das Horn deiner Bedränger erhoben. –
Ihr Herz schreit zu meinem Herrn.
Mauer der Tochter Zions!
Wie ein Bach lasse fließen die Träne
tages und nachts,
nimmer gewähre dir ein Erschlaffen,

nimmer lasse deinen Augapfel rasten!
Stehe auf,
jammre in der Nacht,
im Anfang der Wachen
schütte wie Wasser dein Herz aus
meines Herrn Antlitz entgegen,
hebe zu ihm deine Hände
um deiner Spielkinder Seele,
die vor Hunger verschmachten
im Anfang aller Gassen:
»Sieh, DU, blicke her,
wem sonst hast du so mitgespielt?
Sollen Frauen ihre Frucht verzehren,
die wohlgepflegten Kindlein?
soll erwürgt werden im Heiligtum meines Herrn
Priester und Künder?
Am Boden liegen in den Gassen
Knabe und Greis!
Meine Maiden und meine Jünglinge,
durchs Schwert sind sie gefallen!
Gewürgt hast du am Tag deines Zorns,
geschlachtet hast du, hast nicht geschont!
Berufen hast du, wie zu einem Tag der Begegnung,
von ringsumher, vor denen mir graute!
Nicht war am Tag DEINES Zorns
ein Entkommner, ein Entronnener da.
Die ich gepflegt und großgezogen hatte,
mein Feind hat sie vernichtet.«

Ich bin der Mann, der das Elend besah
unterm Stabe Seines Überwallens.
Mich trieb steten Ganges er
in die Finsternis, da Licht nicht mehr ist,
wiederkehrend wandte er, gegen mich nur,
seine Hand all den Tag.
Er zerfaserte mein Fleisch und meine Haut,
zerbrach mein Gebein,
verbaute mich, umzirkte

Giftzeug und Ungemach,
in Verfinstrungen setzte er mich
wie die von Urzeit her Toten,
umzäunte mich, daß ich nicht hinaus kann,
beschwerte mich mit Erzketten.
Wie ich auch schreie und flehe,
umstopft hat er mein Gebet.
Mit Quadern zäunte meine Wege er ab,
verkrümmte meine Steige.
Ein lauernder Bär ist er mir,
ein Löwe in Verstecken.
Er wirrte meine Wege und spaltete mich auf,
verstarrt machte er mich.
Er spannte seinen Bogen
und stellte mich dem Pfeile als Ziel,
in die Nieren entsandte er mir die Söhne seines Köchers.
Ein Gelächter ward ich all meinem Volk,
ihr Klimperliedlein all den Tag über.
Er sättigte mit Bitternissen mich,
flößte mir Wermut ein,
meine Zähne machte er am Kiese sich malmen,
in Asche zerrte er mich nieder. –
Du verwarfst meine Seele, vom Frieden hinweg,
das Gutgeschick mußte ich vergessen.
So sprach ich:
»Schwand meine Dauer und mein Erharrtes
von Ihm her,
muß das Gedenken meines Elends und meines Schweifens,
der Wermut und des Giftzeugs
gedenken, gedenken meine Seele und in mir sinken, –
dieses lasse ins Herz ich mir kehren,
um des willen harre ich:
Seine Hulden, daß sie nicht dahin sind,
daß sein Erbarmen nicht endet.«
Neu ists an jedem Morgen,
groß ist deine Treue,
»Mein Anteil ist Er«, spricht meine Seele,
»um des willen harre ich sein.«
Gut ist Er zu denen, die ihn erhoffen,

zu der Seele, die ihn sucht.

Gut ists, wenn still einer harrt
auf SEINE Befreiung.

Gut ists dem Mann,
wenn in seiner Jugend er ein Joch trug.

Er sitze einsam und still,
wenn Er es ihm auflegt, –

er halte seinen Mund in den Staub hin:
»Vielleicht west eine Hoffnung!«

Er halte seine Wange hin dem, der ihn schlagt,
er sättige sich an der Schmach.

Denn mein Herr verwirft nicht für immer,

denn betrübt er, erbarmt er sich
nach der Größe seiner Huld,

denn nicht aus Herzenslust demütigt er
und betrübt die Menschensöhne.

Daß einer unter seine Füße tritt
alle Gefangnen des Landes,

daß einer das Recht eines Mannes beugt
dem Antlitz des Höchsten zugegen,

daß einer dem andern seine Streitsache krümmt,
sieht es mein Herr etwa nicht?

Wer ists der sprach und es ward,
daß nicht mein Herr es geböte?

Fährts nicht vom Munde des Höchsten aus,
die Bösgeschicke und das Gute?

Was hat der lebende Mensch zu klagen?
jedermann über seine eigene Sünde!

Prüfen, erforschen wir unsre Wege
und kehren wir um bis zu IHM hin,

tragen wir unser Herz auf den Händen
dem Gottherrn im Himmel zu!

Wir, wir waren abtrünnig und widerspenstig,
du, du hast nicht verziehn.

Du schirmtest im Zorne dich ab
und du verfolgtest uns,

du würgtest und schontest nicht,

mit der Wolke schirmtest dus um dich ab
gegen das Herzudringen eines Gebets.

Du machtest aus uns Kehricht und Wegwurf
den Weltstämmen mittinnen,
all unsre Feinde rissen ihren Mund über uns auf.
Schrecknis und Schrunde ward uns,
das Zerbersten und der Zusammenbruch.
Von Wasserbornen überfließt mir das Auge
über den Zusammenbruch der Tochter meines Volks.
Mein Auge verrinnt, nicht ists zu stillen,
da keine Erschlaffungen sind,
bis vom Himmel nieder E R lugt und sieht.
Mein Auge spielt meiner Seele mit
um alle Töchter meines Volks.
Mich jagten, jagten wie einen Vogel,
die mich grundlos befeinden,
sie schweigten meinen Lebensgeist in der Grube
und walzten auf mich einen Stein,
sie schwemmten mir Wasser übers Haupt, –
ich sprach zu mir: »Ich bin abgeschnitten«.
Ich rief deinen Namen an, D U,
aus der untersten Grube,
du hast meine Stimme gehört:
»Nimmer entziehe dein Ohr
meinem Atemstoß, meinem Hilfeerflehn!«
Du warst nah am Tag, da ich dich rief,
du sprachst: »Fürchte dich nimmer!«
Du strittest, mein Herr, die Streite meiner Seele,
du löstest mein Leben aus.
Du sahst, D U, mein Gekrümmtsein:
»Rechte um mein Recht!«
Du sahst all ihre Rachgier,
all ihr Planen gegen mich,
du hörtest ihr Schmähen, D U,
all ihr Planen wider mich,
das Lippenschwert derer, die gegen mich stehn,
ihr Gemurmel all den Tag über.
Ihr Sitzen und ihr Aufstehn, blicke darauf:
ich bin ihr Klimperliedlein!
Das Gefertigte wirst du auf sie kehren lassen, D U,
nach dem Tun ihrer Hände,

wirst ihnen Verkrustung des Herzens geben,
deinen Fluch ihnen,
wirst im Zorn sie verfolgen und sie vernichten
von unter DEINEM Himmel hinweg.

Wehe wie ist das Gold erblichen,
das Erz, das feine, verfahlt,
die heiligen Steine verschüttet
zuhäupten aller Gassen!
Zions Söhne, die kostbarn,
abgeltbar mit Edelmetall,
weh, man achtet sie für irdene Krüge,
Machwerk von Töpferhänden!
Auch Schakale reichen die Brust,
sie säugen ihre Welpen,
zur Grausamen ward die Tochterschaft meines Volkes,
wie Strauße in der Wüste,
des Säuglings Zunge klebt vor Durst ihm am Gaumen,
Kinder betteln um Brot, keiner brichts ihnen,
die Leckereien aßen, verstarren auf den Gassen,
die auf Scharlach Gehegten umfangen den Mist.
Größer war der Fehl der Tochter meines Volks
als die Sünde Sodoms,
das im Nu umgestürzt ward,
nicht gabs dort ein Händeringen.
Blanker als Schnee waren ihre Geweihten,
klarer als Milch,
rosiger der Leib als Korallen,
saphirblau ihr Geäder.
Finstrer als die Schwärze ward ihre Gestalt,
unkenntlich wurden sie auf den Gassen,
die Haut schrumpfte ihnen am Leib,
dorrte, wurde wie Holz.
Gut hattens die vom Schwerte Durchbohrten
mehr als die durchbohrt wurden vom Hunger,
die sich verbluteten, die Erstochnen,
mehr als die vom Ungedeihen des Felds.
Hände weichherziger Frauen

haben ihre Kinder gekocht,
zur Labung wurden sie ihnen
beim Zusammenbruch meines Volks.
Seinen Grimm brauchte ER auf,
er ergoß die Glut seines Zorns,
er entzündete in Zion ein Feuer,
das verzehrte noch die Grundfesten dran.
Nicht geglaubt hattens die Könige der Erde,
alle Insassen des Runds,
daß je käme Bedränger und Feind
in die Tore Jerusalems.
Um die Versündigung ihrer Künder,
um die Verfehlungen ihrer Priester wars,
die das Blut Bewährter ihr inmitten vergossen:
nun schwanken durch die Gassen sie blind,
die mit Blut sich besudelt haben,
daß man ihre Gewänder nicht anrühren mag.
»Weichet! Maklig!« rufen sie vor sich hin,
»Weichet, weichet, rührt nimmer an!«
Da sie entwandern, entschwanken,
spricht unter den Weltstämmen man:
»Nie wieder finden die eine Gaststatt!
Vor SEINEM Antlitz hat er sie zerteilt,
nie wieder blickt er sie an.«
Man erhebt nicht das Antlitz von Priestern,
nicht erzeigt man Gunst mehr den Alten.
Noch sahn wir die Augen uns aus
nach unsrer Hilfe, – ein Dunst!,
auf unsrer Späherwarte spähten wir aus
nach einem Stamm, – der befreien nicht kann.
Zu eingeengt waren uns die Schritte,
über unsre Plätze zu gehen,
unser Ende naht,
voll sind unsere Tage,
ja, unser Ende kommt heran.
Schneller sind unsre Verfolger
als die Adler des Himmels,
gehetzt werden wir auf den Bergen,
sie lauern in der Wüste uns auf.

Unser Lebensodem, SEIN Gesalbter,
in ihren Fallgruben ward er gefangen,
er, von dem wir gesprochen hatten:
»In seinem Schatten werden unter den Weltstämmen wir
leben.«
Ergötze, erfreue dich nur,
Tochter Edoms, die im Lande Uz siedelt!,
auch an dich wird der Becher kommen,
du wirst dich berauschen,
du wirst dich entblößen.
Dahin ist dann dein Fehl, Tochter Zions,
nicht verschleppt Er dich wieder,
deinem Fehl ordnet Er es zu, Tochter Edoms,
Er entblößt deine Versündigungen.

Gedenke, DU, was an uns geschah,
blicke her und sieh unsre Schmach!
Unser Eigen drehte sich Ausheimischen zu,
unsre Häuser Fremden.
Waisen wurden wir, Vaterlose,
Witwen gleich unsre Mütter.
Unser Wasser, wir trinkens um Geld,
unser Holz, um Entgelt kommts uns ein.
Dicht am Nacken werden wir verfolgt,
ermatten wir, wird uns nicht Ruh.
Hatten wir Ägypten die Hand ergeben,
Assyrien, Brots zu ersatten,
haben unsre Väter gesündigt,
sie sind nicht mehr,
wir tragen, wir, ihre Fehle.
Knechte walten über uns,
da ist keiner, der ihrer Hand uns entrisse.
Wir setzen unsre Seele dran, daß unser Brot wir bekommen,
vor dem Schwert in der Wüste,
unsre Haut, wie ein Ofen erglüht sie
vor den Fieberqualen des Hungers.
Frauen haben sie in Zion gebeugt,
Maiden in den Städten Jehudas,

von ihrer Hand wurden Obre gehenkt,
Älteste wurden verunehrt,
Jünglinge müssen zur Mühle tragen,
Knaben straucheln unter der Holzlast.
Die Alten feiern von der Torberatung,
die Jünglinge von ihrem Saitenspiel.
Feiern muß unsres Herzens Ergötzen,
zu Trauer wandelte sich unser Reigen.
Gefallen ist die Krone unsres Haupts, –
wehe, ach, über uns, daß wir sündigten!
Ward darob siech unser Herz,
verfinstert sind uns die Augen über dieses:
über den Zionsberg, daß er verstarrt ist, –
Füchse ergehn sich darauf.
DU, in Weltzeit wolltest du sitzen
auf deinem Thron, Geschlecht um Geschlecht, –
warum vergissest du uns in die Dauer,
verlässest uns für die Länge der Tage?
Umkehren mache, DU, uns zu dir,
daß wir heimkehren können,
erneue unsre Tage wie ureinst!
Denn verwürfest, verwürfest du uns,
du grolltest uns allzusehr.

Reden »Versammlers«, Sohns Dawids, Königs in Jerusalem.

Dunst der Dünste, spricht Versammler, Dunst der Dünste,
   alles ist Dunst.
Welchen Vorteil hat der Mensch von all seiner Mühe,
damit er sich abmüht unter der Sonne?
Ein Geschlecht geht, ein Geschlecht kommt,
und die Erde steht in Weltzeit.
Strahlt die Sonne auf, kommt die Sonne hinab,
sie strebt zu ihrem Ort,
dort verstrahlt sie.
Nach dem Süden geht,
nach dem Norden kreist,
kreist und kreist und geht der Wind,
in seinen Kreisen kehrt der Wind.
Alle Bäche gehn zum Meer
und das Meer ist keinmal voll,
an den Ort, dahin die Bäche gehn,
dorthin kehren sie sich zum Weitergehn.
Ermüdend sind alle beredbaren Dinge,
niemand kann sie zu Rede machen.
Nicht sättigt sich das Auge am Sehn,
nicht füllt sich das Ohr mit Hören.
Was im Sein war, ist was sein wird,
und was man tat, ist was man tun wird,
keinerlei Neues unter der Sonne!
Ist ein Ding, davon einer spricht:
»Sieh dieses an, das ist neu«,
längst ists gewesen, in der Weltdauer,
die vor uns gewesen ist.
Kein Gedenken ist für die Frühen,
und auch für die Späten, die sein werden,
für sie wird kein Gedenken sein
bei denen, die spätest dasein werden.

Ich, »Versammler«,
war König über Jisrael
in Jerusalem.
Ich gab mein Herz daran,

in der Weisheit zu forschen und zu spüren
nach allem, was unter dem Himmel getan wird:
ein übles Geschäft hat da Gott den Menschenkindern gegeben,
sich damit zu befassen.
Ich habe alles Tun gesehn, das unter dem Himmel getan ward,
und da, alles ist Dunst und ein Trachten nach Wind.
Verkrümmtes, nicht vermag mans grade zu richten,
Mangel, nicht vermag mans in Zahl zu bringen.
Ich habe, ich, mit meinem Herzen geredet,
sprechend:
Ich da, meine Weisheit habe ich großgemacht und gemehrt
über alles, was vor mir über Jerusalem war,
und mein Herz hat viel eingesehen, Weisheit und Kenntnis.
Und nun gab ich mein Herz dran zu erkennen
Weisheit und Kenntnis als Tollheit und Narrheit, –
ich erkannte, daß auch dies ein Trachten nach Wind ist.
Denn in einer Fülle von Weisheit ist Verdrusses die Fülle,
und wer Kenntnis mehrt, mehrt Schmerz.
Ich nun, ich sprach zu meinem Herzen:
»Geh doch los, ich will dich mit Freude versuchen,
und besieh das Gute!«
Und da, auch dies ist Dunst.
Zum Lachen sprach ich: »Toll ists!«
und zur Freude: »Was tut die auf!«
Ich spürte in meinem Herzen es aus,
mein Fleisch zu laben mit Wein
– nur daß mein Herz sich mit Weisheit führte –
und mich an die Narrheit zu halten,
bis daß ich sähe,
wo denn für die Menschensöhne das Gute sei,
auf daß unterm Himmel sies tun
die Zahl ihrer Lebenstage hindurch.
Groß legte ich mein Tun an,
ich baute mir Häuser,
ich pflanzte mir Rebenhänge,
ich machte mir Gärten und Haine
und pflanzte allerart Fruchtbäume darein,
ich machte mir Wasserteiche,
draus einen Wald, Bäume sprießend, zu tränken.

Ich erwarb mir Knechte und Mägde,

Haussöhne waren mir eigen,

auch viel Erwerbs an Rindern und Kleinvieh war mein,

mehr als aller, die vor mir in Jerusalem waren.

Auch stapelte ich Silber und Gold,

Sonderschatz von Königen und den Gauen.

Ich schaffte mir Sänger und Sängerinnen an,

und die Wonne der Menschensöhne, die Dame und die Damen.

Ich wurde groß und nahm zu

mehr als alles, was vor mir in Jerusalem war.

Und gar meine Weisheit, die stand mir bei.

Was meine Augen alles wünschten, nicht versagte ichs ihnen,

nicht weigerte ich mein Herz aller Freude,

denn mein Herz freute sich von all meiner Mühe her,

und mein Teil war dies von all meiner Mühe her. –

Ich aber, ich wandte mich der Allheit meines Tuns zu, das ich
    getan hatte,

und der Mühe, damit ich es zu tun mich abgemüht hatte,

und da, alles ist Dunst und ein Trachten nach Wind,

und kein Vorrang ist unter der Sonne.

Ich aber, ich wandte mich dazu, Weisheit zu besehn und Toll-
    heit und Narrheit.

[Denn was ists um den Menschen, der dem König nachfolgt?

    Es hängt daran, was man vorlängst tat.]

Und ich, ich sah,

daß die Weisheit einen Rang vor der Narrheit hat

gleich dem Rang des Lichts vor der Finsternis:

der Weise hat in seinem Kopf seine Augen,

und der Tor geht im Finstern einher.

Aber ich, auch das habe ich erkannt,

daß Eine Widerfahrnis ihnen allen widerfährt,

und ich sprach, ich, in meinem Herzen;

Gleich der Widerfahrnis des Toren mir, auch mir wider-
    fährts,

und wozu bin ich dann überaus weise geworden?

Und ich redete in meinem Herzen, daß auch dieses Dunst ist,

denn, dem Toren gesellt, bleibt dem Weisen kein Gedächtnis
    auf immer,

in den kommenden Tagen ist all das vergessen, –
und wie kann der Weise sterben dem Toren gesellt!
So wurde mir das Leben verhaßt.
denn übel erschien mir das Tun, das unter der Sonne getan
    wird,
denn all das ist Dunst und ein Trachten nach Wind.
Ich, ich haßte nun all mein Mühn,
damit ich mich abmühte unter der Sonne,
daß ichs dem Menschen hinterlasse, der mir nachfolgen wird, –
und wer weiß, ob er weise sein wird oder töricht!
und da soll er walten über all mein Ermühtes,
das ich ermühte und weislich erwarb unter der Sonne, –
auch dies ist Dunst!
Und ich, ich drehte mich ab, mein Herz verzweifeln zu las-
    sen
um all die Müh, damit ich mich abgemüht hatte unter der
    Sonne.
Denn da west ein Mensch, der mit Weisheit sich abmüht,
mit Wissen und mit Geschick,
und einem Menschen, der sich drum nicht mühte, muß als des-
    sen Anteil ers übergeben, –
auch dies ist Dunst und des Übels viel!
Denn was bleibt dem Menschen von all seiner Müh
und von der Strebung seines Herzens,
damit er sich abmüht unter der Sonne?
Denn all seine Tage sind Schmerzen, und Verdruß ist sein Ge-
    schäft,
auch nachts ruht sein Herz nicht.
Auch dieses, Dunst ists.

Mag für den Menschen kein Gutes sein, wie daß er ißt und
    trinkt
und gibt seiner Seele Gutes zu besehn in ihrem Mühn,
habe doch auch dies ich gesehn,
daß das von der Hand Gottes her ist,
denn wer könnte essen und schmecken, außer von ihm her!
Denn einem Menschen, der vor ihm als gut besteht,
hat er Weisheit, Wissen und Freude gegeben,
dem Sündigen das Geschäft, zu häufen und zu stapeln,

um es dem zu übergeben, der vor Gott als gut besteht:
auch dies ist Dunst und ein Trachten nach Wind.

Für alles ist eine Zeit,
eine Frist für alles Anliegen unter dem Himmel:
eine Frist fürs Geborenwerden
und eine Frist fürs Sterben,
eine Frist fürs Pflanzen
und eine Frist fürs Entwurzeln des Gepflanzten,
eine Frist fürs Erschlagen
und eine Frist fürs Heilen,
eine Frist fürs Niederbrechen,
und eine Frist fürs Erbauen,
eine Frist fürs Weinen
und eine Frist fürs Lachen,
eine Frist fürs Klagen
und eine Frist fürs Tanzen,
eine Frist fürs Steinewerfen
und eine Frist fürs Steinestapeln,
eine Frist fürs Umschlingen
und eine Frist, von Umschlingung sich fernzuhalten,
eine Frist fürs Suchen
und eine Frist fürs Verlorengeben,
eine Frist fürs Bewahren
und eine Frist fürs Verschleudern,
eine Frist fürs Aufreißen
und eine Frist fürs Vernähen,
eine Frist fürs Schweigen
und eine Frist fürs Reden,
eine Frist fürs Lieben
und eine Frist fürs Hassen,
eine Frist des Kriegs
und eine Frist des Friedens.
Was ist da der Vorteil dessen, ders tut,
bei dem, womit er sich abmüht?

Ich habe das Geschäft gesehn,
das Gott den Menschensöhnen gab,

sich damit zu befassen.

Alles hat er schön zu seiner Frist dargetan,

auch die Weltdauer hat er ihnen ins Herz gegeben,

nur daß der Mensch das Tun, das Gott tut, vom Anbeginn bis
    zum Ausgang nicht findet.

Ich habe zwar erkannt, daß unter ihnen kein Gut ist

als sich zu freuen und sich gutzutun in seinem Leben,

aber auch alljedem Menschen:

daß er ißt und trinkt und Gutes besieht in all seinem Mühn,

eine Gabe Gottes ists.

Ich habe erkannt:

ja denn, alles, was Gott tut,

in Weltdauer wird das sein,

hinzu kann man keins fügen,

davon kann man keins mindern,

Gott hats getan,

daß vor ihm man sich fürchte.

Was geworden ist, urlängst ist das,

und was werden soll, urlängst ists geworden,

und das Verjagte, Gott suchts hervor.

Und noch sah ich unter der Sonne

den Ort der Gerechtigkeit – dort ist der Frevel,

und den Ort der Bewahrheitung – dort ist der Frevler.

Da sprach ich, ich in meinem Herzen:

Den Bewährten und den Frevler wird Gott richten.

Denn eine Frist ist dort

für alles Anliegen und für alles Tun.

Ich sprach, ich in meinem Herzen:

Um die Sache der Menschensöhne ists,

daß man sie prüfe – Gott –

und daß man sehe, wie sie ein Getier, sie für sich sind.

Denn Eine Widerfahrnis ist der Menschensöhne

und Eine Widerfahrnis des Getiers,

eine einzige Widerfahrnis für sie,

dem Sterben von diesem ist das Sterben von diesem gleich,

und ein einziger Anhauch ist für alle,

und da ist kein Vorrang des Menschen überm Tier,

denn alles ist Dunst.

Alles geht an Einen Ort,
alles ward aus dem Staub
und alles kehrt wieder zum Staub.
Wer erkennts,
der Hauch in den Menschensöhnen, ob er nach oben steige,
und der Hauch in dem Getier, ob er nach unten sinke zur Erde.
So sah ich,
daß da kein Gut darüber ist, daß der Mensch sich seines Tuns
    freut,
denn das ist sein Teil,
denn wer brächte ihn dahin zu sehn,
was nach ihm wird!

Und ich wieder,
ich sah allerhand Bedrückungen, die getan werden unter der
    Sonne,
und da, die Träne der Bedrückten, und für sie ist kein Tröster,
von der Hand ihrer Bedrücker die Wucht! und für sie ist kein
    Tröster.
So preise ich die Gestorbnen, die vorlängst starben,
über die Lebenden, die annoch leben,
über die beiden gut aber hats jener, der noch nicht ward,
der das üble Tun nicht sah, das getan wird unter der Sonne.

Ich, gesehn habe ich –
alle Mühe und alles Geschick im Tun,
daß das ein Eifern des Manns ist, seinem Genossen vorweg zu
    sein, –
auch dies ist Dunst und ein Trachten nach Wind.
[Der Tor schlingt seine Hände ineinander
und frißt sein eigenes Fleisch.]
Besser ist eine Handvoll Ruhe
als beide Fäuste voll Müh und das Trachten nach Wind.
Und ich wieder,
ich sah einen Dunst unter dem Himmel:
da ist einer, kein zweiter dabei,
auch kein Sohn oder Bruder ist ihm,
und kein Ende ist all seiner Müh,
auch am Reichtum wird sein Auge nicht satt:

Für wen doch mühe ich mich
und lasse meine Seele des Guten ermangeln!
Auch dies ist Dunst, ein übles Geschäft ist das.

— Besser sind die zwei dran als der eine,
da es für sie guten Lohn gibt in ihrer Müh.
Denn wenn sie fallen,
richtet der eine seinen Genossen auf,
aber weh ihm, dem einen,
fällt er und da ist kein zweiter, ihn aufzurichten.
Auch wird, liegen zwei beisammen, ihnen warm,
wie würde aber dem warm, der allein ist!
Und überwältigt wer den einen,
stehen die zwei gegen ihn auf,
und die dreifaltige Schnur haut man so schnell nicht entzwei. —

Besser dran ist ein Jüngling, entbehrend und weise,
als ein alter und törichter König,
der nicht mehr weiß sich warnen zu lassen.
Denn aus dem Gefangnenhaus steigt zur Königschaft er,
ob er auch in jenes Königreich geboren ward als ein Armer.
Ich sah all die Lebenden sich unter der Sonne ergehn,
gesellt dem Jüngling, dem zweiten, der an jenes Platze stand.
[Kein Ende ist all des Volks, all dessen, das vor ihnen war,
auch die Spätern, sie werden sich sein nicht erfreuen,
denn auch dies ist Dunst und ein Trachten nach Wind.]

Hüte deinen Fuß, wenn du zum Hause Gottes gehst!
Nahn um zu hören ist mehr als das Schlachtopfergeben der
    Toren,
denn unwissend sind sie, zum Übeltun hin.
Nimmer haste mit deinem Mund,
und dein Herz eile nicht,
zu Gottes Antlitz hin Rede hervorzubringen,
denn Gott ist im Himmel und du bist auf der Erde,
darum sei deiner Rede wenig.
Denn »mit vielem Geschäft kommt der Traum
und die Stimme des Toren mit vielem Gerede«.
Wenn du Gott ein Gelübde gelobst.

säume nicht es zu bezahlen,
denn an Toren ist kein Gefallen, –
was du gelobt hast, zahle!
besser ist, daß du nicht gelobest,
als daß du gelobest und nicht zahlest.
Gib nimmer deinen Mund her, dein Fleisch in Sünde zu ver-
    setzen,
und sprich nimmer dem Boten ins Antlitz, daß es ein Irrtum
    gewesen sei, –
weshalb soll Gott um deine Stimme grollen
und das Tun deiner Hände zermürben!
Ja denn,
den vielfältigen Träumen und den Dünsten und dem vielen
    Gerede entgegen,
ja denn, fürchte Gott!

Siehst Bedrückung des Armen und Raub des Rechts und der
    Wahrheit du im Gebiet,
staune die Sache nicht an,
denn oberhalb des Hohen ist ein Höherer der Wächter
und Höhere über ihnen. –
Der Vorrang aber eines Landes in allem ist das:
ein König über bebautes Feld.

Der Silber liebt, wird Silbers nicht satt,
und wers im Haufen liebt, nicht ist da Einkunft, –
dies auch ist Dunst.
Mit der Mehrung des Guts mehren sich, die es verzehren,
und was gilt die Geschicklichkeit für seinen Besitzer,
als daß es seine Augen besehen dürfen?
Der Schlaf ist dem Dienenden süß,
ob er wenig, ob er viel aß,
des Reichen Sattsamkeit aber,
sie läßt ihm keine Muße zum Schlafen.
Ein Übel west, leidhaft, ich sah es unter der Sonne:
Reichtum, wohlbewacht, seinem Besitzer zum Übel;
geht durch ein übles Geschäft jener Reichtum verloren,
und er hat einen Sohn gezeugt,
bleibt kein Etwas dem in der Hand, –

gleichwie er dem Leib seiner Mutter entsprang,
nackt wird er wieder gehn, wie er kam
nicht ein Etwas hinwegtragen um seine Müh,
das mitginge in seiner Hand.
Und auch dies ist ein Übel, leidhaft:
gleichlaufs wie er kam wird er gehn,
und was für Vorteil hat er,
daß er sich müht – in den Wind!
Auch ißt er all seine Tage im Finstern, –
läßt viel sichs verdrießen, dazu sein Leiden und Groll.
Da ists, das ich ersehn habe, ich, das Gut, das schön ist:
zu essen und zu trinken und Gutes zu besehn
in all seiner Müh, damit einer sich müht unter der Sonne,
die Zahl seiner Lebenstage, die Gott ihm gegeben hat,
denn das ist sein Teil.
Auch alljeder Mensch, dem Gott Reichtum und Rüstzeug
     gab
und ließ ihn dessen walten,
davon zu essen, sein Teil heimzutragen und sich in dieser sei-
     ner Mühe zu freun:
das ist eine Gabe Gottes
[denn nicht viel wird er seiner Lebenstage gedenken].
Denn Gott ists, der der Freude seines Herzens willfährt,

Ein Übel west, das ich sah unter der Sonne,
und viel ist dessen über den Menschen:
ein Mann, dem Gott Reichtum, Rüstzeug und Ehre gibt,
und keins mangelt seiner Seele von allem, was er mag begeh-
     ren,
aber nicht läßt Gott ihn walten, davon zu genießen,
denn ein fremder Mann, genießen darf er es.
Dies ist ein Dunst, und ein übles Leiden ist das.

Würde ein Mann hundert zeugen und viele Jahre leben,
wie viel auch der Tage seiner Jahre wären,
und nicht sättigte sich seine Seele am Guten,
ich spräche: »Ob die auch ein Begräbnis nicht fand,
die Fehlgeburt ist besser dran als er.«
Denn kam im Dunst sie und geht in Finsternis sie

und in Finsternis bleibt ihr Name gehüllt.
auch die Sonne sah sie nicht und kannte sie nicht:
eher bei diesem als bei diesem ist die Ruh,
und ob er zweimal tausend Jahre lebte
und hat das Gute nicht besehn.
Wandelt zu Einem Orte nicht alles hin? –

»Alles Mühn des Menschen, für seinen Mund ists,
doch ist die Seelengier niemals gefüllt.«
Was wäre denn des Weisen Rang vor dem Toren,
was des Elenden, der doch dem Leben zugegen zu wandeln
    weiß! –
Besser ist Sicht der Augen als Anwandlung der Seele, –
auch dies ist Dunst und ein Trachten nach Wind.

Was je ward, vorlängst war ausgerufen sein Name,
und man weiß, daß er, der Mensch, Adam, Der vom Acker-
    boden ist
und vermag nicht zu rechten mit Ihm, der stärker als er ist.
Ja denn,
es west der Reden mehr, die den Dunst mehren, –
welch einen Gewinn hat der Mensch?
Denn wer weiß,
was für den Menschen gut ist im Leben,
die Zahl der Tage seines Dunstlebens hindurch,
die er vertut schattengleich?
Nämlich:
wer meldets dem Menschen, was nach ihm sein wird unter
    der Sonne?

Ein Name ist besser als gutes Salböl,
und der Tag des Sterbens als der Tag der Geburt.
Besser ist zu gehn in ein Haus der Trauer
als zu gehn in ein Haus des Gelages,
dieweil alljedem Menschen jenes der Schluß ist,
und der Lebende gebe seinem Herzen es ein.
Besser ist Verdrossenheit als Gelächter,
denn bei üblem Aussehn kann der Herzsinn sich bessern:

das Herz der Weisen ist im Hause der Trauer,
das Herz der Toren aber im Hause der Freude.
Besser ists, anzuhören das Schelten des Weisen,
als wenn jemand zuhört dem Gesinge der Toren.
Denn wie das Geknister der Nesseln unterm Kessel,
so ist das Gelächter des Toren.
Aber auch dies ist Dunst.
Denn die Pressung kann den Weisen toll machen,
Bestechung kann den Herzsinn schwinden lassen.
Besser ist der Ausgang einer Sache als ihr Anfang,
besser ist langmütig als hochmütig.
Nimmer haste in deinem Geist, dichs verdrießen zu lassen,
denn Verdrießlichkeit ruht den Toren im Busen.
Nimmer sprich: »Was ists, daß die anfänglichen Zeiten besser
   waren als diese?«,
denn nicht aus Weisheit fragst du danach.
Gut ist Weisheit bei Eigentum
und ein Rang denen, die die Sonne sehn.
Denn im Schatten der Weisheit heißt im Schatten des Silbers,
aber der Vorrang von Wissen ist: die Weisheit belebt ihren
   Meister.
Sieh das von Gott Gemachte an,
denn wer könnte ebnen, was er gekrümmt hat? –
Am Tag des Guten sei guter Dinge,
und am Tag des Übels sieh ein:
auch dies gleichlaufs mit diesem hat Gott gemacht,
um der Sache willen,
daß der Mensch sich danach nicht ein Irgendetwas finde.

Allerhand habe ich gesehn in meinen Dunsttagen:
da west ein Bewährter, der bei seiner Bewährung schwindet,
und da west ein Frevler, der bei seinem Übeltun lange besteht.
Sei nimmer ein Vielbewährter
und zeig nicht übermäßig dich weise,
warum willst du verstarren!
Frevle nimmer viel, sei nimmer ein Narr,
warum willst du sterben, wann noch nicht deine Frist ist! –
Gut ist,
daß du an dies da dich haltest

und deine Hand auch nicht lassest von diesem da,
denn wer Gott fürchtet wird all dessen ledig.
Die Weisheit erkühnt den Weisen mehr als zehn Schaltende,
  die in der Stadt sind. –
Denn unter Menschen ist kein Bewährter, der das Gute tut
  und nie sündigt.
Auch alles Gered, das sie reden, gib nimmer dein Herz daran,
damit du nicht deinen Knecht dich geringmachen hörest, –
denn von vielen Malen weiß auch dein Herz,
da auch du andre geringgemacht hast.

All dies habe ich um die Weisheit erprobt
– ich hatte gesprochen: »Weise will ich werden« –,
aber sie ist mir fern.
Fern blieb alles, was war,
und tief, tief, wer kanns finden!
Ich habe mich umgetan samt meinem Herzen,
zu erkennen und zu erspüren,
auf der Suche nach Weisheit und Rechenschaft,
und Frevel, Torheit, und Narrheit, Tollheit zu kennen.

Da finde ich,
bittrer als den Tod, ein Weib,
jenes, das Fanggarne ist
und Schleppnetze ihr Herz,
Fesseln ihre Hände.
Der, der vor Gott als gut besteht, darf ihr entrinnen,
der Sünder aber wird durch sie verstrickt.
Sieh, dies habe ich gefunden,
spricht Versammler,
eins um eins, Rechenschaft zu finden.
Was immerzu meine Seele gesucht hat
und ich habe es nicht gefunden:
Einen Menschen aus tausend habe ich gefunden,
aber ein Weib habe ich unter all diesen nicht gefunden.

Dieses bloß, sieh, habe ich gefunden:
daß Gott den Menschen gradsinnig gemacht hat,
sie aber suchen der Berechnungen viel.

Wer ist so weise,
und wer erkennt die Bedeutung der Sache?
Die Weisheit des Menschen wird sein Antlitz erleuchten,
aufhellen wird sich seines Antlitzes Strenge.

Ich sage:
auf den Mund des Königs achte,
ists aber um die Sache eines Gottesschwurs,
haste nimmer, geh von seinem Antlitz hinweg,
auf eine schlimme Sache stell nimmer dich ein,
denn alles, woran er Gefallen hat, tut er,
dieweil des Königs Sache das Schalten ist,
und wer spräche zu ihm: »Was tust du!«
Wer das Gebot beachtet, lernt eine üble Sache nicht kennen,
aber die Frist und die rechte Art, das Herz des Weisen kennt sie.
[Denn für alles Anliegen west eine Frist und eine rechte Art,
denn des Übels ist viel über dem Menschen.
Denn keiner kennt, was werden will,
denn sowie es werden will, wer meldets ihm?]
Kein Mensch schaltet über den Wind, den Wind einzusper-
    ren,
kein Schalten ist über den Tag des Todes
und kein Freigeschicktwerden im Krieg,
und nicht macht Frevelgut seinen Inhaber entrinnen.
All dieses habe ich gesehn,
und tat mein Herz heran
zu allem Tun, das getan wird unter der Sonne,
in der Frist, da der Mensch über den Menschen schaltet,
ihm zum Übel.

Sodann habe ich gesehn
Frevler begraben werden, und sie kamen hinein,
aber hinweg von heiligem Ort mußten gehn
und vergessen werden in irgendeiner Stadt,
die Redliches hatten getan, –
auch dies ist Dunst!
Weil kein Verdikt über übles Tun eilends zur Tat wird,
drum schwillt das Herz der Menschensöhne in ihnen,
Übles zu tun,

dieweil der Sünder Übel tut hundertfach
und besteht lange drauf los
[ob ich auch kenne,
daß »Gutes wird den Gottesfürchtigen, die sich vor ihm fürch-
     ten,
und nicht wird Gutes dem Frevler und nicht längert er die
     Tage, schattengleich,
weil er keine Furcht hat vor Gott«].
Ein Dunst west um das, was auf der Erde getan wird:
daß Bewährte wesen, an die gelangt, was dem Tun der
     Frevler gemäß ist,
und Frevler wesen, an die gelangt, was dem Tun der Bewähr-
     ten gemäß ist,
– ich habe gesprochen, daß auch dieses ein Dunst ist.
Und gerühmt habe ich die Freude,
weil kein Gutes für den Menschen ist unter der Sonne
als zu essen und zu trinken und sich zu freuen,
und das kann ihn begleiten bei seiner Müh, die Tage seines
     Lebens,
die ihm Gott gegeben hat unter der Sonne.
Dieweil ich mein Herz daran gab,
Weisheit zu erkennen und das Geschäft anzusehn, das auf Er-
     den getan wird
[mag auch solch einer bei Tag und bei Nacht mit seinen Augen
     Schlaf nicht besehn],
habe ich an all dem Tun Gottes gesehn,
daß der Mensch nicht vermag es auszufinden
an dem Tun, das getan wird unter der Sonne,
dessen wegen der Mensch sich müht zu suchen und findet
     nicht,
und ob auch der Weise spricht, er sei am Erkennen,
er vermags nicht zu finden.
Ja denn, all dies gab meinem Herzen ich ein,
und das, um all dies zu klären:
daß die Bewährten und die Weisen und all ihre Arbeiten in
     den Händen Gottes sind,
so Liebe so Haß,
keins weiß der Mensch,
alles ist ihnen voraus.

Alles ist gleichwie für alle,
Eine Widerfahrnis
dem Bewährten und dem Frevler,
dem Guten und Reinen und dem Makligen,
dem, der Schlachtopfer bringt, und dem, der kein Schlacht-
　　opfer bringt,
gleich ist der Gute, gleich der Sünder,
der Schwörende gleichwie der den Schwur scheut.
Dies ist übel in allem, was getan wird unter der
　　Sonne,
daß eine Widerfahrnis für alle ist.
Auch füllt sich mit Übel das Herz der Menschensöhne,
und Tollheit ist in ihrem Herzen ihr Leben hindurch:
»Danach – zu den Toten!«
Denn wer allen Lebendigen zugesellt ist,
da gibts eine Sicherheit,
denn »Besser dran ist ein lebender Hund als ein toter Löwe.«
Denn die Lebenden wissen, daß sie sterben werden,
aber die Toten wissen kein Irgendwas,
und sie haben weiter keinen Lohn,
denn ihr Gedächtnis wird vergessen.
So ihre Liebe, so ihr Haß, so ihr Eifer,
längst ists entschwunden,
kein Teil haben sie weiter an der Welt
in allem, was getan wird unter der Sonne.

Geh, iß in Freuden dein Brot,
guten Herzens trinke deinen Wein,
denn längst hat Gott dein Tun begnadet.
Allezeit seien weiß deine Kleider,
Öls ermangle nicht dir auf dem Haupt.
Besieh das Leben mit dem Weib, das du liebst,
alle Tage deines Dunstlebens,
die er dir gegeben hat unter der Sonne,
all deine Dunsttage,
denn das ist dein Teil am Leben
um deine Müh, damit du dich mühst unter der Sonne. –
Alles, was deine Hand zu tun findet,
tu es mit deiner Kraft,

Denn kein Tun ist, noch Berechnung, noch Erkenntnis, noch
  Weisheit
im Gruftreich, wohin du gehn mußt.

Wieder war es zu sehn unter der Sonne:
nicht ist der Schnellen der Wettlauf
und nicht ist der Helden der Krieg
und auch nicht der Weisen ist Brot
und auch nicht der Klugen Reichtum
und auch nicht ist der Erkennenden Gunst,
denn Frist und Zufall widerfährt ihnen allen,
Denn auch nicht kennt der Mensch seine Frist,
Fischen gleich, die sich fangen im üblen Netz,
Vögeln gleich, verfangen in der Schlinge,
ihnen gleich, zu übler Frist, werden die Menschensöhne verstrickt,
wenn es plötzlich sie überstürzt.

Auch dies habe ich an Weisheit gesehn,
und sie erschien mir groß:
Eine kleine Stadt, wenig Leute darin,
da kam ein großer König herzu,
und umzingelte sie
und baute wider sie große Bollwerke.
Nun fand darin sich ein Mann, ein entbehrender Weiser,
der hat mit seiner Weisheit die Stadt gerettet.
Aber nicht gedachte ein Mensch jenes entbehrenden Mannes.
Da habe ich, ich, gesprochen:
Besser ist Weisheit als Heldentum,
aber die Weisheit des Entbehrenden ist verachtet,
und seiner Reden werden keine gehört. –
Reden Weiser, die in Ruhe zu hören sich geben,
mehr sind sie als das Geschrei eines Herrschers über Toren,
Besser ist Weisheit als Kampfgerät,
aber ein einziger Sünder macht vieles Gute schwinden:
Fliegen am Sterben machen das Öl des Salbenmischers stin-
  kend, machens gärend.
Mehr Gewicht als Weisheit, als Ehrwürdigkeit hat ein wenig
  Narrheit.

Der Herzsinn des Weisen ist zu seiner Rechten,
aber der Herzsinn des Toren ist zu seiner Linken.
Sogar unterwegs, wann der Narr sich ergeht,
ist sein Herzsinn mangelhaft und spricht zu allen:
»Der ist ein Narr.« –
Steigt das Aufbrausen des Herrschers über dich an,
meide deinen Platz nimmer,
denn Gelassenheit wirkt, große Fehler zu vermeiden. –
Ein Übel west, das ich sah unter der Sonne,
wie eine Verirrung ists, etwas, das vom Antlitz des Schaltenden ausgeht.
Man gab die Narrheit in vielfache Höhen hinauf,
Reiche mußten in der Niedrung sitzen,
ich sah Knechte auf Pferden
und Fürsten zu Fuß gehn, Knechten gleich. –
Der ein Loch gräbt, er kann drein fallen,
und der eine Mauer einreißt, ihn kann eine Schlange beißen,
der Steine ausbricht, mag sich dran wehtun,
und der Holzscheite spaltet, gefährdet sich damit.
Stumpft sich eine Eisenaxt ab
und einer hat die Schneide nicht geschliffen,
muß er den Kräfteaufwand steigern,
aber ein Gewinn ists, weislich sich einzuüben.
[»Beißt eine Schlange und es wird nicht geraunt,
hat keinen Gewinn der Meister der Zunge.«]
Die Reden im Munde des Weisen, Gunst ists,
aber die Lippen des Toren verschlingen ihn selber.
Der Beginn der Reden seines Mundes ist Narretei,
und das Nachspiel seines Mundes, schlimme Tollheit ists.
Bringt der Narr auch Geredes viel vor,
nicht weiß der Mensch, was sein wird,
und gar was nach ihm sein wird, wer könnte es ihm melden!
Torenmühn ermüdet ihn,
der nicht einmal weiß stadtwärts zu gehn. –
Weh dir, Land, dessen König ein Knab ist
und dessen Fürsten morgens am Essen sind!
O deines Glücks, Land, dessen König ein Edelbürtiger ist,
und dessen Fürsten zur Frist am Essen sind,

zur Stärkung und nicht zum Betrinken! –
Bei Faulenzerei senkt sich das Gebälk,
beim Niederhalten der Hände träufelt das Haus. –
Zur Belustigung richtet das Mahl man,
und der Wein macht das Leben fröhlich,
und allem willfährt das Geld. –
Auch in deinem Bewußtsein verwünsche nimmer den König,
und in deinem Schlafgemach verwünsche den Reichen nim-
　　mer,
denn ein Vogel des Himmels mag den Laut entführen,
ein Geflügelter mag die Rede vermelden. –
Schicke dein Brot auf die Fläche des Wassers aus,
dennoch, nach vielen Tagen findest du es wieder. –
Gib Anteil siebenen oder achten,
denn du weißt nicht, was auf Erden an Üblem werden kann. –
Füllen sich die Wolken mit Regen,
entleeren sie sich auf die Erde,
und fällt ein Baum im Süden oder im Norden,
an dem Platz, dahin der Baum fällt, dort bleibt er.
Der des Windes achtet, wird nicht säen,
der die Wolken besieht, wird nicht ernten. –
Gleichwie du kein Wissen hast,
welches der Weg des Hauchs ist ins Gebein im gefüllten Mut-
　　terleibe,
ebenso weißt du nicht das Tun Gottes,
das er am All tut. –
Am Morgen säe deine Saat
und laß abends nicht ruhn deine Hand,
denn du hast kein Wissen,
welches gelingt, ob dieses, ob dieses,
oder beide gut geraten wie eins.

Süß ist das Licht,
gut tuts den Augen, die Sonne zu sehn.
Denn lebt der Mensch der Jahre viel,
in allen soll er sich freuen
und der Tage der Finsternis denken:
alles, was kommt, ist Dunst. –
Freue, Jüngling, dich deiner Frühe,

lasse es dir gut sein ums Herz in den Tagen deiner Jugend,
ergehe dich in den Wegen deines Herzens und in der Sicht
    deiner Augen,
und wisse, daß um all dies Gott dich ins Gericht kommen
    läßt. –
Und treibe dir Verdruß aus dem Herzen,
laß Übel sich vom Fleisch dir verziehn,
denn die Frühe und das Schwarzhaar sind Dunst.

Gedenke deines Schöpfers in den Tagen deiner Jugend,
da noch die Tage des Übels nicht kamen
und anlangten die Jahre, da du sprichst:
»Ich habe kein Gefallen an ihnen«,
da noch nicht sich verfinsterte
Sonne und Licht,
Mond und Sterne,
und die Wolken kehrten wieder nach dem Regen.
Jenes Tags ists,
daß die Hüter des Hauses erzittern
und die starken Männer sich krümmen
und aufhören die Müllerinnen, denn zu wenige sinds,
und sich verfinstern jene, die zu den Luken hinaussehn,
und die Doppeltüren zur Gasse sich schließen
und der Laut der Mühle sich senkt
und nur zu einem Vogellaut er sich noch hebt
und alle Maiden des Gesanges sich ducken
[auch fürchtet man vor Steigungen sich,
und Schrecknisse sind unterwegs]
und der Mandelbaum blüht
und das Heupferd zur Last wird
und die Kaperfrucht birst
[denn der Mensch geht zu seinem Weltdauer-Haus,
und auf der Gasse ziehn die Klagemänner einher]; –
da noch nicht der silberne Strang gesprengt ward
und zerschellte der goldene Knauf
und der Eimer brach überm Sprudel
und das Schöpfrad zerschellte in die Zisterne,
und rückkehrte der Staub an die Erde, gleichwie er war,
und der Geisthauch rückkehrte zu Gott, der ihn gab.

Dunst der Dünste, spricht der Versammler, alles ist Dunst.

Aber über dies, daß »Versammler« ein Weiser war,
lehrte er das Volk noch erkennen.
Er erwog und forschte und reihte der Sprüche viel.
»Versammler« suchte gefällige Reden zu finden,
gradsinnig Aufgeschriebnes, treuliche Reden.
Reden von Weisen sind Treibstacheln gleich,
eingerammten Pflöcken gleich sind die Meister der Lesen,
von Einem Hirten her wurden sie gegeben.
Aber darüber hinaus lasse dich warnen, mein Sohn,
des Büchermachens ist viel, kein Ende damit,
und der Beflissenheit viel, eine Ermüdung dem Fleisch.

Am Beschluß der Rede gibt sich als alles zu hören:
Fürchte Gott und hüte seine Gebote,
denn dies ist der Mensch allzumal.
Denn kommen läßt Gott alles Tun ins Gericht
über alles Verhohlne, sei es gut, sei es übel.

DAS BUCH
ESTER

Es war in den Tagen des Achaschwerosch
– das ist der Achaschwerosch, der von Indien bis Äthiopien
König war, über hundertsiebenundzwanzig Gaue –,
in jenen Tagen, da der König Achaschwerosch auf dem Thron
seines Königreichs, dem in der Pfalz Schuschan, saß,
im dritten Jahr seiner Königschaft machte er ein Trinkgelage
allen seinen Obern und Dienern, der Heerwache Persiens und
Mediens, den Vornehmen und den Obern der Gaue vor ihm,
wobei er ihnen den Reichtum seiner Königsherrlichkeit und
das Aufgebot seiner Pracht und seiner Größe zu sehen gab,
viele Tage lang, hundertundachtzig Tage.
Als nun voll waren diese Tage,
machte der König allem Volk, die sich in der Pfalz Schuschan
fanden, von Groß bis Klein, ein Trinkgelage,
sieben Tage lang, im Hof des königlichen Palastgartens:
Linnen, Feingewebe und Hyazinth, mit Byssus- und Purpur-
schnüren an silbernen Reifen und Marmorsäulen befestigt,
goldene und silberne Ruhebetten auf einem Plattenboden von
Alabaster und Marmor und Perlmutter und Schildstein.
Geletzt wurde aus goldnen Gefäßen, mannigfach Gefäß um
Gefäß,
und königlichen Weins die Fülle, nach des Königs Vermögen,
und das Trinken nach Fug: Keiner nötigt!
denn so hatte es der König allen Vorstehern seines Hauses an-
befohlen, es für Mann und Mann nach Belieben zu machen.
Auch Waschti, die Königin, machte ein Gelage für die Frauen
im Königshaus, das des Königs Achaschwerosch war.
Am siebenten Tag, als vom Wein das Herz des Königs guter
Dinge war,
sprach er zu Mehuman, Bista, Charbona, Binta, Abagta, Setar
und Charkas, den sieben Kämmerlingen, die das Antlitz des
Königs Achaschwerosch bedienten,
sie sollten Waschti, die Königin, in der königlichen Bekrönung vors Antlitz des Königs kommen lassen,
um den Völkern und den Obern ihre Schönheit zu sehen zu geben,
denn sie war gut anzusehn.
Aber die Königin Waschti weigerte sich, aufs Geheiß des
Königs durch die Kämmerlinge zu kommen.

Der König ergrollte sehr, und sein Grimm brannte in ihm.

Der König sprach zu den Weisen, den Zeitenkundigen

– denn so pflegte alle Sache des Königs vors Antlitz aller Kenner von Fug und Recht zu gelangen –,

den ihm Nächsten, Karsehna, Schetar, Admata, Tarschisch, Meres, Marfsna, Memuchan,

sieben Obre Persiens und Mediens, die das Antlitz des Königs sehn durften, die zuvorderst im Königtum saßen:

»Nach Fug, was ist mit der Königin Waschti zu tun,

da sie nicht nach dem Spruch des Königs durch die Kämmerlinge getan hat?«

Memuchan sprach vorm Antlitz des Königs und der Obern:

»Nicht wider den König allein hat Waschti die Königin gefehlt,

sondern wider alle Obern und wider alle Völker, die in allen Gauen des Königs Achaschwerosch sind,

denn das Begebnis mit der Königin wird zu allen Frauen hinausziehn,

ihre Gatten in ihren Augen verächtlich zu machen,

indem sie sprechen: »Der König Achaschwerosch hat gesprochen, Waschti die Königin vor sein Antlitz kommen zu lassen,

und sie ist nicht gekommen!«

Und dieses Tags schon werdens die Obernfrauen Persiens und Mediens sprechen,

sie die von dem Begebnis mit der Königin gehört haben,

zu allen Obern des Königs,

und dann gibts der Verachtung und des Grolls zur Genüge!

Scheints dem König gut,

gehe eine Königtumsrede von seinem Antlitz aus

und werde eingeschrieben in den Verfügungen Persiens und Mediens, unverbrüchlich,

daß Waschti nicht mehr vor das Antlitz des Königs Achaschwerosch kommen dürfe

und ihre königliche Würde der König einer anderen gebe, die besser als sie ist.

Wird dann der Bescheid des Königs gehört, den er in all seinem Königreich erläßt, so groß es ist,

dann werden alle Frauen ihren Gatten Ehrerbietung erweisen, von Groß bis Klein.«

Gut erschien in den Augen des Königs und der Obern die
   Rede,
und der König tat der Rede Memuchans gemäß.
Er sandte Briefe in alle Gaue des Königs, in Gau um Gau nach
   dessen Schrift und an Volk um Volk nach dessen Sprache,
jeder Mann solle zuoberst in seinem Haus sein
und in seiner Volkssprache Rede führen.

Nach diesen Begebenheiten,
als sich gelegt hatte der Grimm des Königs Achaschwerosch,
gedachte er Waschtis
und dessen, was sie getan hatte, und dessen, was über sie verhängt worden war.
Die Knaben des Königs, die ihn aufwarteten, sprachen:
»Man suche für den König Mädchen, Maiden, gut anzusehn,
der König verordne Beigeordnete in alljedem Bezirk seines
   Königreichs,
heranholen sollen sie alljedes Mädchen, Maid, gut anzusehn,
nach Schuschan der Pfalz ins Frauenhaus, an die Hand Heges,
   des Kämmerlings des Königs, des Frauenhüters,
man gebe ihnen ihre Knetpflege,
und das Mädchen, das zumeist den Augen des Königs gefällt,
die soll anstatt Waschtis Königin werden.«
Gut erschien die Rede in den Augen des Königs,
und er tat so.

Ein jüdischer Mann war in der Pfalz Schuschan,
sein Name Mordchaj Sohn Jaïrs Sohns Schimis Sohns Kischs,
   ein binjaminitischer Mann,
der verschleppt worden war aus Jerusalem mit der Verschlepptenschaft, die verschleppt ward mit Jechonja König
   von Jehuda,
die Nebukadnezar, König von Babel, hatte verschleppen lassen.
Er war der Vormund der Hadafsa, das ist Ester, der Tochter
   seines Oheims,
denn sie hatte nicht Vater und Mutter.
Schön von Gestalt war das Mädchen und gut anzusehn.
Beim Tode ihres Vaters und ihrer Mutter hatte Mordchaj sie
   sich zur Tochter genommen.

Es geschah nun, als gehört wurde die Rede des Königs und
seine Verfügung

und man viele Mädchen nach der Pfalz Schuschan an die Hand
Hegajs zusammenholte,

da wurde Ester ins Haus des Königs genommen, an die Hand
Hegajs, des Frauenhüters.

Gut gefiel das Mädchen seinen Augen und gewann seine
Huld,

er ging schleunig daran, ihre Knetpflege und ihre Zuteilungen
ihr zu geben

und ihr ausersehne sieben Mädchen vom Haus des Königs zu
geben,

er siedelte sie und ihre Mädchen um in den Bestteil des Frauenhauses.

Nicht hatte aber Ester ihr Volk und ihre Verwandtschaft vermeldet,

denn Mordchaj hatte ihr geboten, daß sies nicht melde.

Allzeit, Tag um Tag wandelte Mordchaj vor dem Hof des
Frauenhauses einher,

um Esters Wohlergehn zu erkunden und was mit ihr geschieht.

Wenn aber die Reihe an Mädchen um Mädchen gelangte,
zum König Achaschwerosch zu kommen,

am Ende der zwölf Monate, da ihr nach der Verfügung für
die Frauen geschah

– denn so wurden die Tage ihrer Knetpflege voll, sechs Monate mit Myrrhenöl und sechs Monate mit Balsamen und
den Knetsalben der Frauen –,

solcherweise kam das Mädchen zum König

[alles, wovon sie sprach, gab man ihr, daß es mit ihr vom
Frauenhaus zum Könighaus komme]:

am Abend kam sie hin und am Morgen kehrte sie ins zweite
Frauenhaus zurück, an die Hand des Königskämmerlings
Schaschgas, des Kebsenhüters,

sie kam nicht mehr zum König, es sei denn, der König begehrte ihrer und sie wurde bei Namen berufen.

Als nun an Ester, Tochter Abichajils, des Oheims Mordchajs,
der sie sich zur Tochter genommen hatte, gelangte, zum
König zu kommen,

suchte sie um nichts an, es sei denn was Hegaj, der Kämmerling
  des Königs, der Frauenhüter, ihr zusprach.
Ester gewann Gunst in den Augen aller, die sie sahen.
Nun wurde Ester zum König Achaschwerosch in sein Königshaus genommen,
im zehnten Monat, das ist der Monat Tebet, im siebenten Jahr
  seiner Königschaft.
Der König liebte Ester mehr als alle Frauen,
sie gewann Gunst und Huld vor seinem Antlitz mehr als all
  die Mädchen,
er setzte eine Königskrone ihr aufs Haupt und königte sie anstatt Waschtis.
Der König machte ein großes Gelage für all seine Obern und
  Diener,
das Gelage Esters,
er machte einen Steuererlaß für alle Gaue und gab Ge-
  schenke, nach des Königs Vermögen.
Als aber zweitmals die Maiden zusammengeholt wurden,
während Mordchaj im Königstor saß,
meldete Ester nicht ihre Verwandtschaft und ihr Volk,
wie es ihr Mordchaj geboten hatte:
nach dem Spruch Mordchajs machte es Ester,
gleichwie es geschah, als sie in seiner Vormundschaft war.

In jenen Tagen,
während Mordchaj im Königstor saß,
ergrollten Bigtan und Teresch, zwei Kämmerlinge des Königs, von den Schwellenhütern,
und suchten an den König Achaschwerosch Hand zu legen.
Mordchaj wurde das Begebnis bekannt,
er meldete es Ester der Königin,
und Ester sprach davon in Mordchajs Namen zum König.
Untersucht wurde die Sache und befunden,
man hing die zwei ans Holz,
und niedergeschrieben wards im Buch der Begebenheiten der
  Tage vors Antlitz des Königs.

Nach diesen Begebenheiten

machte der König Achaschwerosch den Haman Sohn Hammedatas, den Agagiter, groß,

er erhob ihn und setzte seinen Stuhl über alle die Obern, die
um ihn waren,

und alle Diener des Königs, die im Königstor waren, knieten
fortan nieder und warfen sich hin vor Haman,

denn so hatte der König für ihn es geboten.

Mordchaj aber kniete nicht nieder und warf sich nicht hin.

Die Diener des Königs, die im Königstor, sprachen zu Mordchaj:

»Weshalb übertrittst du das Gebot des Königs?«

Es geschah, als sie tagtäglich zu ihm gesprochen hatten
und er hörte nicht auf sie,

da vermeldeten sie es Haman, um zu sehn, ob die Rede Mordchajs bestehen würde, –

denn er hatte ihnen vermeldet, daß er ein Jude war.

Als Haman sah, daß Mordchaj keinmal vor ihm niederkniet
und sich hinwirft,

wurde Haman Grimms voll.

Es erschien aber in seinen Augen zu gering, an Mordchaj allein
Hand zu legen,

denn sie hatten ihm das Volk Mordchajs vermeldet,

so trachtete Haman, alle Juden, die in allem Königsreich des
Achaschwerosch waren, mit Mordchaj zu vertilgen.

Im ersten Monat, das ist der Monat Nifsan, im zwölften Jahr
des Königs Achaschwerosch,

warf man das Pur, das ist das Los, vor Haman,

von Tag zu Tag und von Monat zu Monat, auf den zwölften,
das ist der Monat Adar.

Haman sprach zum König Achaschwerosch:

»Es gibt ein einziges Volk,

verstreut und versprengt unter den Völkern, in allen Gauen
deines Königreichs,

dessen Fug verschieden ist von dem alles Volks

und nach den Verfügungen des Königs tun sie nicht,

und es ziemt dem König nicht, sie gewähren zu lassen.

Dünkts den König gut,

werde geschrieben, man solle sie schwenden,

und zehntausend Barren Silbers

wäge ich dar zu Handen der Amtstätigen,
es in die Schatzkammern des Königs zu bringen.«
Der König zog seinen Siegelring sich von der Hand,
er gab ihn Haman Sohn Hammedatas des Agagiters,
dem Bedränger der Juden.
Der König sprach zu Haman:
»Das Silber sei dir gegeben
und das Volk, mit ihm zu tun, wie es deinen Augen gutdünkt.«
Berufen wurden die königlichen Briefschafter,
im ersten Monat, an dessen dreizehntem Tag,
und geschrieben wurde, allwie Haman geboten hatte,
an die Satrapen den Königs und an die Viztume, die über Gau
　　um Gau sind, und an die Obern von Volk um Volk,
Gau um Gau in dessen Schrift, Volk um Volk in dessen
　　Sprache,
im Namen des Königs Achaschwerosch geschrieben
und mit dem Ring des Königs gesiegelt.
Und ausgesandt wurden die Briefe durch die Schnellboten in
　　alle Gaue des Königs,
zu tilgen, zu erschlagen, zu schwenden
alle Juden, von Knabe bis Greis, Kinder und Weiber, an Einem
　　Tag,
am dreizehnten des zwölften Monats, das ist der Monat Adar,
und ihre Beute zur Plünderung:
ein Doppel des Briefs war auszugeben als Verfügung überall,
　　Gau um Gau,
offenbar für alle Völker, bereit zu sein für diesen Tag.
Die Schnellboten zogen aus, angetrieben von des Königs Ge-
　　heiß,
indes die Verfügung in der Pfalz Schuschan ausgegeben wurde.
Der König und Haman setzten sich zum Trank,
die Stadt Schuschan aber war bestürzt.

Als Mordchaj alles bekannt wurde, was geschehen war,
zerriß Mordchaj seine Kleider, legte Sackleinen an und Asche,
zog mitten in die Stadt und schrie auf,
einen großen und bitteren Schrei.
Er kam bis vors Königstor, –
denn in Sackleinen darf man ins Königstor nicht kommen.

[Überall aber, in Gau um Gau, an welchen Ort immer die
　Rede des Königs und seine Verfügung gelangte,
war eine große Trauer bei den Juden, Fasten, Weinen und
　Wehklage,
vielen wurde auf Sack und Asche gebettet.]
Als die Mädchen Esters und ihre Kämmerlinge kamen und es
　ihr meldeten,
erbebte die Königin sehr,
sie sandte Kleider, sie Mordchaj anzulegen und das Sackleinen
　von ihm abzustreifen,
er aber nahm es nicht an.
Ester rief den Hatach, von den Kämmerlingen des Königs, den
　er vor ihr Antlitz bestellt hatte,
und entbot ihn zu Mordchaj, daß ihr kund würde, was dies
　sei und warum dies sei.
Hatach ging zu Mordchaj hinaus auf den Stadtplatz, der vor
　dem Königstor war,
und Mordchaj meldete ihm alles, was ihn betroffen hatte,
und die Sondersache des Silbers, das Haman in die Schatz-
　kammer des Königs zu geben zugesprochen hatte
um die Juden, daß sie geschwendet werden.
Und das Doppel des Verfügungsbriefs, der in Schuschan aus-
　gegeben worden war, sie zu vertilgen,
gab er ihm, ihn Ester sehen zu lassen
und ihr zu melden und ihr zu entbieten,
daß sie zum König komme, seine Gunst erflehe und ihn für
　ihr Volk bitte.
Hatach kam und vermeldete Ester alle Rede Mordchajs,
Ester sprach zu Hatach und entbot ihn zu Mordchaj:
»Alle Diener des Königs und das Volk der Königsgaue,
sie wissens, daß jeder Mann und jedes Weib, wer zum König
　in den innern Hof kommt, und war nicht gerufen worden,
einerlei Verfügung ist für die: daß man sie töte,
außer dem, dem der König das goldne Szepter entgegenstreckt,
der bleibt am Leben, –
ich aber bin nun dreißig Tage nicht gerufen worden, zum
　König zu kommen.«
Man meldete Mordchaj Esters Rede.
Mordchaj sprach, Ester zu antworten:

»Bilde dir nicht in deiner Seele ein,
du unter allen Juden könntest im Königshaus entrinnen!
sondern, schweigst du, schweigst in dieser Zeit,
wird den Juden von andrer Seite Atemraum und Rettung er-
    stehn,
du aber und dein Vaterhaus, ihr werdet entschwinden.
Und wer weiß,
ob du nicht für eine Zeit wie diese zur Königschaft gelangt
    bist!«
Ester sprach, Mordchaj zu antworten:
»Geh,
versammle alle Juden, die sich in Schuschan finden,
und fastet für mich,
eßt nimmer und trinkt nimmer, drei Tage lang, Nacht und
    Tag!
Auch ich samt meinen Mädchen, ich will so fasten.
Und also will ich zum König gehen, was nicht nach Fug ist,
– und ists, daß ich entschwinden muß, werde ich entschwin-
    den.«
Mordchaj schritt hinweg und tat alles, wie Ester ihm entboten
    hatte.

Es geschah am dritten Tag,
da legte Ester ein königliches Gewand an
und betrat den inneren Hof des Hauses des Königs,
dem Haus des Königs gegenüber,
der König aber saß auf seinem Königsthron im Königshaus,
dem Einlaß des Hauses gegenüber.
Als der König die Königin Ester im Hof stehen sah,
gewann sie Gunst in seinen Augen,
der König streckte das goldne Szepter, das in seiner Hand war,
    auf Ester zu.
Ester näherte sich und berührte die Spitze des Szepters.
Der König sprach zu ihr:
»Was ist dir, Königin Ester?
was ist dein Verlangen?
bis zur Hälfte des Königreichs, – es sei dir gegeben.«
Ester sprach:
»Dünkt es den König gut,

komme der König samt Haman heute zum Trinkgelage,
das ich für ihn gemacht habe.«
Der König sprach:
»Eilends holt den Haman, es nach Esters Rede zu machen.«
Der König kam samt Haman zum Gelage, das Ester gemacht
    hatte.
Der König sprach zu Ester beim Weingelage:
»Was ist dein Wunsch? es sei dir gegeben.
Und was ist dein Verlangen? bis zur Hälfte des Königreichs, –
so werde getan.«
Ester antwortete, sie sprach:
»Mein Verlangen und mein Wunsch, –
habe ich Gunst in den Augen des Königs gefunden,
und dünkt es den König gut, mein Gewünschtes zu geben und
    es nach meinem Verlangen zu machen,
komme der König samt Haman zum Trinkgelag, das ich für
    sie machen werde,
und morgen werde ichs nach der Rede des Königs machen.«
Haman schritt an jenem Tage hinaus, fröhlich und guter
    Dinge im Herzen.
Als nun Haman den Mordchaj im Königstor sah, wie er nicht
    aufstand und sich nicht regte vor ihm,
wurde Haman Grimms voll über Mordchaj,
aber Haman bezähmte sich.
Als er in sein Haus kam, sandte er aus
und ließ seine Freunde und seine Frau Saresch kommen.
Haman erzählte ihnen was vor von der Schwere seines Reich-
    tums und von seinen vielen Söhnen
und von alledem, wie ihn der König groß gemacht hatte
und ihn erhoben hatte über alle Obern und Diener des Königs.
Dann sprach Haman:
»Zudem hat die Königin Ester niemand mit dem König zum
    Gelage, das sie gemacht hat, kommen lassen außer mir,
und auch für morgen bin ich zu ihr mit dem König berufen.
Aber an all dem ist mir nicht Genügen zu alljeder Frist,
da ich Mordchaj den Juden im Königstor sitzen sehe.«
Seine Frau Saresch samt all seinen Freunden sprach zu ihm:
»Man mache ein Holz, fünfzig Ellen lang,
und am Morgen sprich zum König,

daß man Mordchaj dran hänge,
und komm fröhlich mit dem König zum Gelage.«
Gut dünkte Haman die Rede,
und er ließ das Holz machen.

In jener Nacht floh den König der Schlaf.
Er sprach, man solle ihm das Buch der Denkwürdigkeiten,
    der Begebenheiten der Tage, bringen,
und sie wurden dem König vorgelesen.
Da fand sich niedergeschrieben,
daß Mordchaj eine Meldung erstattet hatte über Bigtana und
    Teresch, zwei Kämmerlinge des Königs, Hüter der Schwelle,
daß sie an den König Achaschwerosch Hand zu legen
    getrachtet hatten.
Der König sprach:
»Was ward Mordchaj dafür an Ehre und Großheit zugetan?«
Die Knaben des Königs, die ihm aufwarteten, sprachen:
»Gar nichts ist ihm zugetan worden.«
Der König sprach:
»Wer ist im Hof?«
Eben aber war Haman in den äußern Hof des Königshauses
    gekommen, dem König zuzusprechen, daß man Mordchaj
    ans Holz hänge, das er vorbereitet hatte.
Die Knaben des Königs sprachen zu ihm:
»Da steht Haman im Hof!«
Der König sprach:
»Er soll kommen.«
Als Haman kam, sprach der König zu ihm:
»Was ist dem Mann anzutun, dessen Ehrung der König be-
    gehrt?«
Haman sprach in seinem Herzen:
»Wem eher als mir begehrte der König Ehre anzutun!«
Haman sprach zum König:
»Der Mann, dessen Ehrung der König begehrt, –
man bringe ein königliches Gewand, in das der König ge-
    wandet war, und ein Roß, auf dem der König geritten hat-
    te, und dem auf den Kopf eine königliche Krone gesetzt ist,
und zu übergeben ist das Gewand und das Roß in die Hand
    eines Mannes von den Obern des Königs, den Vornehmsten,

und sie sollen den Mann, den der König zu ehren begehrt,
    drein gewanden

und ihn auf dem Roß über den Stadtplatz reiten lassen

und vor ihm ausrufen: ›So, so wird dem Mann getan, dessen
    Ehrung der König begehrt!‹«

Der König sprach zu Haman:

»Eile, nimm das Gewand und das Roß, wie du geredet hast,

und tue so Mordchaj dem Juden, der im Königstor sitzt!

Lasse nichts von alledem fallen, was du geredet hast!«

Haman nahm das Gewand und das Roß,

er gewandete Mordchaj,

er ließ ihn über den Stadtplatz reiten

und rief vor ihm aus: »So, so wird dem Manne getan, dessen
    Ehrung der König begehrt!«

Dann setzte sich Mordchaj ins Königtor.

Den Haman aber triebs in sein Haus, trauernd und verhüllten
    Haupts.

Haman erzählte seiner Frau Saresch und all seinen Freunden
    alles, was ihn betroffen hatte.

Seine Weisen und seine Frau Saresch sprachen zu ihm:

»Ist Mordchaj, vor dem du zu fallen begannst, vom Samen der
    Juden,

wirst du ihn nicht übermögen,

sondern fallen wirst du, fallen vor ihm.«

Noch redeten sie mit ihm,

da langten des Königs Kämmerlinge an,

schleunig Haman zum Trinkgelage kommen zu lassen, das
    Ester zugerichtet hatte.

Der König kam und Haman, mit der Königin Ester zu trinken.

Der König sprach zu Ester auch am zweiten Tag beim Wein-
    trunk:

»Was ist dein Wunsch, Königin Ester? es sei dir gegeben.

Und was ist dein Verlangen? bis zur Hälfte des Königreichs, –
    es werde getan.«

Die Königin Ester antwortete, sie sprach:

»Habe ich Gunst in deinen Augen, König, gefunden

und dünkt es den König gut,

werde mir meine Seele um meinen Wunsch gegeben

und mein Volk um mein Verlangen.

Denn verkauft sind wir, ich und mein Volk,
zu tilgen, zu erschlagen, zu schwenden.

Und noch wenn wir verkauft wären zu Knechten und zu
　　Mägden,
ich hätte geschwiegen,
denn die Bedrängnis wäre die Belästigung des Königs nicht
　　wert.«

Der König Achaschwerosch sprach,
er sprach zur Königin Ester:
»Wer ist dieser und wo ist dieser,
den sein Herz geschwellt hat, solches zu tun?«

Ester sprach:
»Der Mann, der Bedränger und Feind,
Haman, dieser Bösewicht, ists.«

Haman aber erschrak vor dem König und der Königin.

Der König erhob sich in seinem Grimm vom Weintrunk,
　　zum Garten des Palasthauses hin,
Haman aber blieb stehn,
von der Königin Ester seinen Lebensodem zu erbitten,
denn er sah, daß beim König das Böse allbereits beschlossen war.

Als nun der König vom Garten des Palasthauses ins Haus des
　　Gelages zurückkehrte,
war Haman am Ruhebett, auf dem Ester war, niedergefallen.

Der König sprach:
»Auch gar bei mir der Königin sich bemächtigen!«

Kaum war die Rede dem Mund des Königs entfahren,
schon verhüllte man Haman das Gesicht.

Charbona, einer der Kämmerlinge, sprach vor dem König:
»Da ist ja auch noch das Holz, das Haman für Mordchaj ge-
　　macht hat, der dem König hat zu Gute gesprochen,
es steht in Hamans Haus, fünfzig Ellen hoch.«

Der König sprach:
»Hängt ihn daran!«

Man hängte Haman an das Holz, das er für Mordchaj bereitet
　　hatte,
und der Grimm des Königs legte sich.

An jenem Tag gab der König Achaschwerosch der Königin
　　Ester das Haus Hamans, des Bedrängers der Juden,

Mordchaj aber durfte vor den König kommen,
denn Ester hatte gemeldet, was er ihr war.

Der König streifte seinen Ring ab, den er Haman entzogen
    hatte, und gab ihn Mordchaj,
und Ester setzte Mordchaj über Hamans Haus.

Ester aber redete nochmals vor dem König,
sie fiel ihm zu Füßen, weinte und erflehte seine Gunst,
hinwegziehn zu lassen das Böswerk Hamans, des Agagiters,
    und den Plan, den er geplant hatte wider die Juden.

Der König streckte sein goldnes Szepter auf Ester zu.

Ester erhob sich, stand vor dem König und sprach:
»Dünkts den König gut und habe ich Gunst vor ihm gefunden,
und die Sache ist richtig vor dem König und ich gut in seinen
    Augen,
werde geschrieben, zurückzunehmen die Briefe,
den Plan Hamans Sohns Hammedatas, des Agagiters,
die er hatte niederschreiben lassen, die Juden zu schwenden,
    die in allen Gauen des Königs sind!

Denn wie doch ertrüge ichs, daß ich das Schwinden meiner
    Verwandtschaft besähe!«

Der König Achaschwerosch sprach zur Königin Ester und zu
    Mordchaj dem Juden:
»Da, ich habe Hamans Haus Ester gegeben,
und ihn hat man ans Holz gehängt, dafür daß er seine Hand
    an die Juden legte.

Ihr nun, schreibt um die Juden, wie es euren Augen gutdünkt,
    im Namen des Königs,
und siegelt mit dem Königsiegel, –
nicht zurücknehmbar ist ja ein Schriftstück, das im Namen des
    Königs geschrieben war und mit dem Ring des Königs ge-
    siegelt.«

Berufen wurden die Briefschafter des Königs zu jener Zeit,
im dritten Monat, das ist der Monat Sfiwan, am dreizehnten
    Tag davon,
und geschrieben wurde, allwie Mordchaj gebot,
an die Juden,
an die Satrapen und die Viztume und die Obern der Gaue,
    derer von Indien bis Äthiopien, hundertundzwanzig Gaue,

Gau um Gau in seiner Schrift, Volk um Volk in seiner Spra-
　che,
und an die Juden in ihrer Schrift und in ihrer Sprache.
Man schrieb im Namen des Königs Achaschwerosch,
man siegelte mit dem Ringe des Königs,
und man sandte die Briefe durch Schnellboten auf Rossen,
　reitend auf den herrschaftlichen Rennern, Sprößlingen der
　Gestüte:
daß der König den Juden, denen überall, in Stadt um Stadt,
　freigebe
sich zu sammeln und für ihren Lebensodem einzustehn,
zu tilgen, zu erschlagen und zu schwenden alle Heeresmacht
　von Volk und Gau, die sie bedrängen, Kinder und Wei-
　ber,
und ihre Beute zur Plünderung,
an Einem Tag in allen Gauen des Königs Achaschwerosch,
　am dreizehnten des zwölften Monats, das ist der Monat
　Adar.
Und ein Doppel des Schriftstücks war auszugeben als Verfü-
　gung überall, in Gau um Gau, offenbar für alle Völker,
und daß bereit seien die Juden für diesen Tag, sich an ihren
　Feinden zu rächen.
Die Schnellboten, reitend auf den herrschaftlichen Rennern,
　zogen aus, schleunig und angetrieben von des Königs Ge-
　heiß, –
indes die Verfügung in der Pfalz Schuschan ausgegeben wurde.
Mordchaj aber zog vom König hinaus, in einem königlichen
　Gewand,
Hyazinth- und Weißzeug, ein großer goldner Kopfbund, ein
　Umwurf von Byssus und Purpur.
Die Stadt Schuschan jauchzte und freute sich.
Den Juden ward Leuchten und Freude, Wonne und Ehrerbie-
　tung,
und überall, Gau um Gau, überall, Stadt um Stadt, an welchen
　Ort nur die Rede des Königs und seine Verfügung ge-
　langte,
da war Freude und Wonne bei den Juden, Trinkgelage und
　Festtag.
Viele aus den Völkern des Landes bezeichneten sich als Juden,

denn der Schrecken der Juden war auf sie gefallen.

Im zwölften Monat aber, das ist der Monat Adar, am dreizehnten Tag davon,
an dem die Rede des Königs und seine Verfügung ins Geschehn gelangen sollten,
am Tag, den die Feinde der Juden erwarteten, mit ihnen zu
schalten,
und es wandelte sich: er wars, an dem die Juden mit ihren
Hassern schalten durften,
sammelten sich die Juden in ihren Städten in allen Gauen des
Königs Achaschwerosch,
Hand zu legen an sie, die nach ihrem Bösgeschick trachteten,
und niemand hielt ihnen stand, denn ihr Schrecken war auf
alle Völker gefallen.
Alle Obern der Gaue, die Statthalter, die Satrapen und alle
Amtstätigen, die des Königs waren, unterstützten die Juden,
denn der Schrecken Mordchajs war auf sie gefallen.
Denn groß war Mordchaj im Königshaus, das Vernehmen
von ihm ging in allen Bezirken um,
ja, fortgehend größer wurde der Mann Mordchaj.
Die Juden schlugen auf all ihre Feinde ein, Schwertschlag,
Umbringen, Vernichten, taten ihren Hassern nach ihrem
Willen.
In der Pfalz Schuschan brachten die Juden um und vernichte-
ten fünfhundert Mann.
Den Parschandata, den Dalfon, den Aspata, den Porata, den
Adalja, den Aridata, den Parmaschta, den Arifsaj, den Ari-
daj, den Wajsata, die zehn Söhne Hamans, des Bedrängers
der Juden, brachten sie um.
Aber nach dem Plündergut schickten sie ihre Hand nicht aus.
An jenem Tag kam die Zahl der in der Pfalz Schuschan Um-
gebrachten vor den König.
Der König sprach zur Königin Ester:
»In der Pfalz Schuschan haben die Juden fünfhundert Mann
umgebracht, geschwendet, und die zehn Söhne Hamans,
und was haben sie wohl in den übrigen Königsgauen getan!
Was ist nun dein Wunsch? es sei dir gegeben.
Und was noch ist dein Verlangen? so werde getan.«

Ester sprach:

»Dünkt es dem König gut,

werde auch morgen den Juden, die in Schuschan sind, frei-
gegeben, nach der Verfügung von heute zu tun,

und Hamans zehn Söhne hänge man ans Holz.«

Der König sprach, es solle so getan werden,

die Verfügung wurde in Schuschan ausgegeben,

und Hamans zehn Söhne hängte man.

Die Juden, die in Schuschan waren, sammelten sich auch am
vierzehnten Tag des Monats Adar

und brachten in Schuschan dreihundert Mann um,

aber nach dem Plündergut schickten sie ihre Hand nicht aus.

Die übrigen Juden, die in den Königsgauen waren, sammelten sich und standen für ihren Lebensodem ein,

gewannen Ruhe von ihren Feinden und brachten von ihren
Hassern fünfundsiebzigtausend um.

Aber nach dem Plündergut schickten sie ihre Hand nicht
aus.

So am dreizehnten Tag des Monats Adar,

und Ruhe war am vierzehnten davon, den machte man zu
einem Tag des Gelags und der Freude.

Die Juden aber, die in Schuschan waren, sammelten sich am
dreizehnten davon und am vierzehnten davon,

und Ruhe war am fünfzehnten davon, und den machte man
zu einem Tag des Gelags und der Freude.

Deshalb machen die flachländischen Juden, die in den Flach-
landstädten siedeln, den vierzehnten Tag des Monats Adar
zu Freude, Gelag und einem Festtag,

dazu Sendung von Geschenken, jedermann seinem Genossen.

Mordchaj aber schrieb diese Begebnisse nieder

und sandte Briefe an alle Juden, die in allen Gauen des Königs Achaschwerosch waren, die nahen und die fernen,

es für sie aufzurichten, daß sie den vierzehnten Tag des Monats
Adar und den fünfzehnten Tag davon allzeit, Jahr um Jahr,
begehen,

den Tagen gleich, an denen die Juden Ruhe von ihren Feinden
gewannen,

und dem Monat, der sich ihnen von Kummer zu Freude und
von Trauer zu Festtag gewandelt hatte,

sie zu begehen als Tage des Gelags, der Freude und der Sendung von Geschenken jedermanns an seinen Genossen
und Gaben an die Bedürftigen.

Und auf sich nahmens die Juden, was zu tun sie begonnen hatten und was Mordchaj an sie geschrieben hatte.

Denn Haman Sohn Hammedatas, der Agagiter, der Bedränger aller Juden, hatte wider die Juden geplant, sie zu vernichten,

und hatte das Pur, das ist das Los, geworfen, sie aufzustören
und zu vernichten,

als es aber vor den König kam, sprach er mit Briefsgewalt,
sein böser Plan, den er wider die Juden plante, solle auf sein
Haupt zurückkehren,

und man hängte ihn und seine Söhne ans Holz.

Deshalb heißt man diese Tage Purim, nach dem Namen des
Pur.

Deshalb, alles in dieser Urkunde Beredeten halber,

und was sie gesehen hatten, dessen halber, und was ihnen begegnet war,

richteten die Juden es auf, es auf sich nehmend und auf ihren
Samen und auf alle ihnen sich Anschließenden, unüber-
schreitbar,

diese zwei Tage zu begehn nach ihrer Vorschrift und nach
ihrer Frist in alljedem Jahr und Jahr,

und diese Tage werden bedacht und begangen in alljedem
Geschlecht und Geschlecht, Sippe um Sippe, Gau um Gau,
Stadt um Stadt,

und diese Tage der Purim werden der Mitte der Judenschaft
nicht entschreiten und ihr Gedenken wird nicht ausbleiben
bei deren Samen.

Dann schrieb die Königin Ester, Tochter Abichajils, samt
Mordchaj dem Juden, mit Allgültigkeit des Aufrechthal-
tens, diese zweite Purim-Urkunde

und sandte Briefe an alle Juden, in hundertsiebenundzwanzig
Gaue des Königreichs Achaschweroschs,

Reden der Befriedung und des Vertrauens,

aufrechtzuhalten diese Tage der Purim zu ihren Zeiten,

gleichwie es aufgerichtet hatte über ihnen Mordchaj der Jude
und die Königin Ester,

und gleichwie sie aufgerichtet hatten für sich selber und für
   ihren Samen die Rede von dem Fasten und der Wehklage,
Esters Spruch richtete diese Rede von den Purim auf und wurde im Buche niedergeschrieben.

Der König Achaschwerosch legte eine Fron auf das Land und
   die Meeresküsten.
Alle Betätigung seiner Geltung und Mächtigkeit aber und die
   Sondersache von Mordchajs Größe, den der König Achaschwerosch groß gemacht hatte,
sind sie nicht niedergeschrieben in dem Buch der Begebenheiten der Könige Mediens und Persiens?
Denn Mordchaj der Jude war der Zweite nach dem König
   Achaschwerosch,
groß war er bei den Juden, in Gnaden bei der Menge seiner
   Brüder:
der für sein Volk nach dem Guten trachtet und für all dessen
   Samen redet zur Befriedung.

DAS BUCH
DANIEL

Im dritten Jahr der Königschaft Jehojakims Königs von Jehuda
   kam Nebukadnezar König von Babel über Jerusalem und
   engte es ein,
mein Herr gab in seine Hand Jehojakim König von Jehuda
   und etwelche Geräte des Gotteshauses,
und er ließ sie in das Land Schinar kommen, wo das Haus seines Gottes war, die Geräte aber ließ er in das Schatzhaus
   seines Gottes kommen.
Der König sprach zu Aschpnas, dem Anführer seiner Käm-
   ˉmerlinge, man solle von den Söhnen Jifsraels: vom Samen
   des Königtums und von den Vornehmen kommen lassen
Knaben, an denen allweg kein Gebrechen ist, von gutem Aussehn und begreifend in aller Weisheit,
wissensgerecht Wissende und Gewußtes Verstehende,
an denen Tauglichkeit ist, in der Königshalle anzutreten,
und man solle sie Schrift und Sprache der Chaldäer lehren.
Der König bestimmte für sie, den Tagessatz an seinem Tag,
   von der Tafelkost des Königs und Wein von seinem Ge-
   tränk,
und ließ sie drei Jahre lang großziehn, an deren Ende sollten
   sie vor den König treten.
Unter ihnen war von den Söhnen Jehudas: Daniel, Chananja,
   Mischael und Asarja.
Der Obre der Kämmerlinge legte ihnen Namen bei: dem Daniel legte er Beltschazar zu, dem Chananja Schadrach, dem
   Mischael Meschach und dem Asarja Abed Ngo.
Daniel aber legte in seinem Herzen fest, daß er sich mit der
   Tafelkost des Königs und dem Wein seines Getränks nicht
   besudeln würde,
und er erbat vom Obern der Kämmerlinge, daß er sich nicht
   zu besudeln brauche.
Gott gab, daß Daniel Huld und Erbarmen beim Obern der
   Kämmerlinge fand,
und der Obre der Kämmerlinge sprach zu Daniel:
»Nur fürchte ich meinen Herrn, den König,
der eure Speise und euern Trank bestimmt hat:
derweilen er euer Antlitz als grämlicher sehen wird denn das
   der Knaben, die in eurem Kreis sind, werdet ihr dem König
   mein Haupt verwirkt haben.«

Nun sprach Daniel den Bestallten an, den der Obre der Käm-
    merlinge über Daniel, Chananja, Mischael und Asarja be-
    stimmt hatte:

»Versuche es doch mit deinen Knechten zehn Tage lang,

daß man uns vom Gemüs zu unserer Speise und Wasser zu
    unserm Getränke gebe,

und sehn lasse sich vorm Antlitz dir unser Aussehn und das
    Aussehn der Knaben, die von der Königskost essen,

und danach, was du siehst, tue mit deinen Knechten!«

Er hörte auf sie in dieser Sache und versuchte es mit ihnen zehn
    Tage lang.

Am Ende der zehn Tage war ihr Angesicht besser anzusehn
    und fetter am Fleisch waren sie als alle Knaben, die von der
    Königskost aßen.

So hieß nun der Bestallte ihre Kost und ihren Weintrunk hin-
    weg tragen und ihnen Gemüse geben.

Diese vier Knaben, ihnen hatte Gott Wissen und Begreifen
    gegeben in allerart Schrift und Weisheit,

Daniel aber verstand sich auf allerart Schau und Träume.

Am Ende der Tage nun, danach der König sie kommen zu
    lassen gesprochen hatte,

ließ der Obre der Kämmerlinge sie vor Nebukadnezar kom-
    men.

Der König sprach mit ihnen,

und unter allen fand sich nicht einer wie Daniel, Chananja,
    Mischael und Asarja.

Sie durften nun in den Dienst vorm Antlitz des Königs treten.

In jeder Sache von Weisheit des Verständnisses, um die sie der
    König befragte,

fand er an ihnen Zehnfaltiges über alle Magier und Be-
    schwörer, die in all seinem Königreich waren.

Daniel verblieb bis zum ersten Jahre des Königs Koresch,
    Cyrus.

Im zweiten Jahr der Königschaft Nebukadnezars aber träumte
    Nebukadnezar Traumgesichte,

sein Geist ward aufgerührt, und um seinen Schlaf wars ge-
    schehn.

Der König sprach, man solle die Magier und die Beschwörer,

die Zauberer und die Chaldäer rufen, dem König seine
  Traumgesichte zu ermelden,
sie kamen und standen vor dem König.
Der König sprach zu ihnen:
»Einen Traum habe ich geträumt, und mein Geist ist aufge-
  rührt, des Traums kundig zu werden.«
Die Chaldäer redeten zum König [aramäisch]:
»König, lebe auf Weltzeit!
Sprich den Traum deinen Knechten zu
und wir deuten seinen Sinn.«
Der König hob an, er sprach zu den Chaldäern:
»Die Sache ist von mir aus entschieden.
Wenn ihr den Traum und seine Deutung mir nicht kundtut,
werdet ihr in Stücke gehauen
und eure Häuser zu Misthaufen gemacht, –
wenn ihr aber den Traum und seine Deutung dartut,
empfangt ihr von mir her Gaben, Spende und mächtige
  Ehrung:
wenn ihr nur den Traum und seine Deutung mir dartut.«
Sie hoben an zum andern Mal, sie sprachen:
»Der König spreche den Traum seinen Knechten zu
und wir tun die Deutung dar.«
Der König hob an, er sprach:
»Mit Sicherheit ists mir kund,
daß ihr Zeit zu gewinnen sucht,
– dieweil ihr seht, daß von mir aus die Sache entschieden ist,
so daß, wenn ihr mir den Traum nicht kundtut, eines das Urteil über euch ist, –
und daß lügenhafte und verderbte Sache ihr vor mir zu sprechen vereinbart habt, bis die Zeit sich ändert.
Darum: den Traum sprecht mir zu,
und ich werde dran erkennen,
daß ihr die Deutung mir dartun werdet.«
Die Chaldäer hoben an vor dem König, sie sprachen:
»Nicht ist auf dem Festland vorhanden,
der die Sache des Königs darzutun vermöchte,
alldieweil auch unter allen Königen keiner, noch so groß und
  weitschaltend, dergleichen Sache verlangt hat
von allirgend einem Magier, Beschwörer und Chaldäer.

Die Sache, die der König verlangt, ist so schwierig,
daß kein anderer west, der sie vor dem König dartäte,
es seien denn die Götter, deren Wohnstatt nicht vorhanden ist
　　unter den Fleischwesen.«
Allderweil erzürnte der König und ergrimmte mächtig
und sprach, töten solle man alle Weisen Babels.
Die Verfügung ging aus, die Weisen sollten getötet werden,
auch Daniel und seine Gefährten waren dran, getötet zu wer-
　　den.
Nun aber wandte sich Daniel mit Rat und Verstand an Ar-
　　joch, den Führer der Leibwache des Königs,
der gegangen war, die Weisen Babels zu töten,
er hob an und sprach zu Arjoch, dem Schaltbetrauten des
　　Königs:
»Weshalb ist das Urteil vom König aus so streng?«
Nun gab Arjoch Daniel die Sache bekannt.
Daniel trat hinein und erbat vom König,
ihm werde Zeit gegeben, daß er dem König die Deutung dar-
　　tue.
Nun ging Daniel nach Haus und tat Chananja, Mischael und
　　Asarja, seinen Gefährten, die Sache bekannt,
daß sie den Gott des Himmels anflehten um Erbarmen, dieses
　　Geheimnisses wegen,
daß nicht Daniel und seine Gefährten mit den übrigen Weisen
　　Babels umgebracht würden.
Nun wurde in der Schau der Nacht Daniel das Geheimnis
　　offenbart.
Nun segnete Daniel den Gott des Himmels,
Daniel hob an, er sprach:
»Gesegnet der Name Gottes
von Weltzeit zu Weltzeit!
Denn Weisheit und Kraft, sein sind sie,
und er ändert die Fristen und Zeiten,
er setzt Könige ab und stellt Könige auf,
er schenkt die Weisheit den Weisen
und die Erkenntnis denen, die einsichtig erkennen,
er ists, der das Tiefe und Verborgne offenbart,
er kennt, was in der Finsternis ist,
und bei ihm wohnt der Licht.

Dich, Gott meiner Väter, rühme und lobe ich,
denn Weisheit und Kraft hast du mir geschenkt,
und jetzt tatest du mir kund, um was wir dich angefleht haben,
die Sache des Königs tatest du uns kund.«
Allderweil trat Daniel zu Arjoch hin, dem der König befohlen
    hatte, die Weisen Babels umzubringen,
er ging, und so sprach er zu ihm:
»Die Weisen Babels bring nimmer um!
Laß mich vor den König treten,
und ich tue dem König die Deutung dar.«
Nun ließ Arjoch eilends Daniel vor den König treten,
und so sprach er zu ihm:
»Ich habe unter den Verschleppten Jehudas einen Mann ge-
    funden,
der wird dem König die Deutung kundtun.«
Der König hob an, er sprach zu Daniel, dessen Name Belt-
    schazar war:
»Bist du dessen imstande, mir kundzutun den Traum, den ich
    schaute, und seine Deutung?«
Daniel hob an vor dem König, er sprach:
»Das Geheimnis, um das der König fragt,
nicht Weise, Beschwörer, Magier, Bestimmer vermögens
    dem König darzutun.
Es west jedoch ein Gott im Himmel,
der Geheimnisse offenbart.
Er hat dem König Nebukadnezar kundgetan,
was in der Späte der Tage geschehn wird.
Dein Traum und die Schau deines Hauptes auf deinem Lager,
    dies sind sie:
Dir, König, stiegen auf deinem Lager Gedanken zu,
was später nach diesem geschehn wird,
und der die Geheimnisse offenbart tat dir kund, was ge-
    schehn wird,
Ich aber,
nicht einer Weisheit halber, die in mir mehr als in allen Leben-
    digen weste,
ward dieses Geheimnis mir offenbart,
sondern zu dem Behuf, die Deutung dem König kundzutun,
und daß dir die Gedanken deines Herzens kenntlich werden.

Du, König, geschaut hast du,
da, ein mächtiges Bild –
– groß war jenes Bild und übermäßig sein Glanz –
stand vor dir, und sein Anblick war furchtbar.
Dieses Bild,
sein Haupt war von feinem Gold,
seine Brust und seine Arme von Silber,
sein Bauch und seine Lenden von Erz,
seine Schenkel von Eisen,
seine Füße zum Teil von Eisen und zum Teil von Ton.
Geschaut hast du,
bis daß niedergehaun ward ein Stein, mit Händen nicht,
und traf das Bild auf seine Füße von Eisen und Ton
und zerschmetterte sie.
So waren auf einmal auseinandergeschmettert Eisen, Ton, Erz,
    Silber und Gold
und waren wie Spreu aus den Sommertennen,
hinweg trug sie der Wind,
nicht war allirgend eine Spur ihrer zu finden.
Der Stein aber, der das Bild zerschmettert hatte,
der wurde zu einem großen Berg und füllte alle Erde.
Dies ist der Traum,
und seine Deutung sprechen wir nun vor dem König aus.
Du, König, König der Könige,
dem der Gott des Himmels die Königschaft, das Besitztum,
    die Stärke und die Ehre geschenkt hat,
und überall, wo Menschensöhne wohnen, hat er das Getier
    des Feldes und den Vogel des Himmels dir in die Hand ge-
    schenkt
und hat dich schalten lassen über sie alle, –
du bist das Haupt von Gold.
Hinter dir her aber wird ein andres Königtum erstehn, gerin-
    ger als du,
und ein andres, drittes Königtum, von Erz, das wird über all
    die Erde schalten.
Ein viertes Königtum aber wird wie Eisen stark sein,
alldieweil das Eisen alles zerschmettert und malmt es,
und dem Eisen gleich, das alles zerschellt, wirds alle jene zer-
    schmettern und zerschellen.

Und daß du Füße und Zehen zum Teil von Töpferton und
　　zum Teil von Eisen geschaut hast:
ein gespaltenes Königtum wird das sein,
und von der Festigkeit des Eisens wird sein an ihm,
alldieweil du Eisen mit lehmigem Ton vermischt geschaut
　　hast.
Und die Zehen der Füße zum Teil von Eisen und zum Teil
　　von Ton:
von einem Ende aus wird das Königtum stark sein, und in
　　-einem Teil wirds gebrechlich sein.
Daß du das Eisen mit lehmigem Ton vermischt schautest:
sie werden sich durch Menschensamen mischen,
aber haften werden sie nicht das an dem,
so wie sich Eisen mit Ton nicht vermischt.
In den Tagen jener Könige aber
aufrichten wird der Gott des Himmels ein Königreich,
das in Weltzeit nicht zerstört wird
und das Königtum wird einem anderen Volk nicht zufallen:
das wird all jene Königreiche zerschmettern und vernichten,
es aber wird in Weltzeit bestehn,
alldieweil du geschaut hast,
wie vom Berg ein Stein niedergehaun ward, mit Händen
　　nicht,
und er zerschmetterte Eisen, Erz, Ton, Silber und Gold.
Ein großer Gott hat dem Könige kundgetan,
was nach diesem geschehn wird,
gewiß ist der Traum und getreu ist die Deutung.«
Nun fiel der König Nebukadnezar auf sein Antlitz,
er verneigte sich vor Daniel
und sprach, man solle ihm Spende und Wohlgerüche darbrin-
　　gen.
Der König hob an zu Daniel, er sprach:
»Wahrheit ists,
daß euer Gott der Gott der Götter ist und der Herr der Könige
und der Offenbarer der Geheimnisse,
da du dieses Geheimnis zu offenbaren vermocht hast.«
Dann erhöhte der König Daniel
und beschenkte ihn mit vielen mächtigen Gaben
und hieß ihn schalten über allen Gau Babel

und als Obervorsteher über alle Weisen Babels.

Daniel erbat sich vom König,

daß er über die Verwaltung des Gaus Babel Schadrach, Meschach und Abed-Ngo setze,

Daniel aber blieb im Königstor.

Der König Nebukadnezar machte ein goldenes Bild,

dessen Höhe sechzig Ellen, dessen Breite sechs Ellen war.

Er stellte es auf in der Ebene Dure im Gau Babel.

Und der König Nebukadnezar sandte aus,

die Satrapen, Vorsteher und Viztume, Ratgeber, Schatzmeister, Richter, Polizeibefehlshaber und alle im Gau Schaltenden zu versammeln,

daß sie zur Einweihung des Bildes kämen, das der König Nebukadnezar aufgestellt hatte.

So versammelten sich die Satrapen, Vorsteher und Viztume,
Ratgeber, Schatzmeister, Richter, Polizeibefehlshaber und
alle im Gau Schaltenden zur Einweihung des Bildes, das der
König Nebukadnezar aufgestellt hatte,

und stellten sich vor das Bild, das Nebukadnezar aufgestellt
hatte.

Und der Herold rief mit Macht:

»An euch, Völker, Stämme und Zungen!

Sobald ihr höret den Schall von Horn, Flöte, Zither, Harfe,
Psalter, Dudelsack und allerhand Saitenspiel,

fallt nieder und neigt euch dem goldenen Bild, das der König
Nebukadnezar aufgestellt hat!

Wer aber nicht niederfällt und sich neigt, wird zur Stunde in
den glühenden Feuerofen geworfen.«

Allderweil, zur Zeit, da alle Völker den Schall von Horn, Flöte, Zither, Harfe, Psalter und allerhand Saitenspiel hörten,

fielen alle Völker, Stämme und Zungen nieder, sich neigend
dem goldenen Bild, das der König Nebukadnezar aufgestellt hatte.

Allderweil nahten zur Zeit chaldäische Männer und verklag-
ten die Juden.

Sie hoben an, sprachen zum König Nebukadnezar:

»König, lebe auf Weltzeit!

Du, König, gabst Befehl aus,

daß ein jeglicher, der den Schall von Horn, Flöte, Zither,
  Harfe, Psalter, Dudelsack und allerhand Saitenspiel hört,
  niederfalle und dem goldenen Bilde sich neige,
und wer nicht niederfällt und sich neigt, in den glühenden
  Feuerofen geworfen werde.
Da gibts nun jüdische Männer, die du über die Verwaltung
  des Gaus Babel gesetzt hast, Schadrach, Meschach und
  Abed-Ngo,
diese Männer haben dir, König, Beachtung nicht zugewandt,
  deinem Gott dienen sie nicht,
und nicht neigen sie sich dem goldenen Bild, das du aufgestellt hast.«
Nun sprach Nebukadnezar in Zorn und Ingrimm,
man solle Schadrach, Meschach und Abed-Ngo ihm bringen.
Nun brachte man diese Männer vor den König.
Nebukadnezar hob an, er sprach zu ihnen:
»Trifft das zu, Schadrach, Meschach und Abed-Ngo,
daß ihr meinem Gott nicht dient
und neigt euch nicht dem goldenen Bild, das ich aufgestellt
  habe?
Wohl, seid ihr bereit,
sobald ihr den Schall von Horn, Flöte, Zither, Harfe, Psalter
  und Dudelsack und allerhand Saitenspiel hört,
niederzufallen und euch dem Bilde zu neigen, das ich machte,
  wohl!
Neigt ihr euch aber zur Stunde nicht,
werdet ihr in den glühenden Feuerofen geworfen, –
und welchen Gott gibts, der aus meinen Händen euch retten
  könnte!«
Es hoben an Schadrach, Meschach und Abed-Ngo, sie sprachen zum König Nebukadnezar:
»Nicht ist uns not, dir darauf ein Wort zu erwidern.
Da, unser Gott, dem wir dienen, vermag uns aus dem glühenden Feuerofen zu retten,
und er wird uns befreien aus deiner Hand, König.
Wärs damit aber nicht so, sei dir, König, kundgetan:
deinem Gott werden wir nicht dienen und dem Bild, das du
  aufgestellt hast, uns nicht neigen.«
Nun ward Nebukadnezar Ingrimms voll,

und das Bild seines Antlitzes änderte sich gegen Schadrach,
Meschach und Abed-Ngo.

Er hob an und sprach, man solle den Ofen siebenfach mehr
heizen, als ihn zu heizen angemessen war.

Und zu Männern, kräftigen Männern aus seiner Heereskraft
sprach er,

sie sollten Schadrach, Meschach und Abed-Ngo binden, um
sie in den glühenden Feuerofen zu werfen.

Nun wurden diese Männer in ihren Mänteln, Röcken, Müt-
zen und Gewändern in den glühenden Feuerofen geworfen.

Alldieweil das Wort des Königs so streng und der Ofen übermäßig geheizt war,

tötete die Flamme des Feuers jene Männer, die Schadrach,
Meschach und Abed-Ngo heraufgebracht hatten,

diese drei Männer aber, Schadrach, Meschach und Abed-Ngo
fielen mitten in den glühenden Feuerofen, gebunden.

Nun erstaunte der König Nebukadnezar und stand eilends
auf,

er hob an und sprach zu seinen Ministern:

»Haben wir nicht drei Männer gebunden mitten ins Feuer
geworfen?«

Sie hoben an und sprachen:

»Gewiß, König.«

Er hob an und sprach:

»Da sehe ich vier Männer gelöst sich mitten im Feuer ergehen,
und ein Schaden ist nicht an ihnen,

und der Anblick des vierten gleicht dem eines Gottessohnes.«

Nun nahte Nebukadnezar dem glühenden Feuerofen, er hob
an und sprach:

»Schadrach, Meschach und Abed-Ngo,

Knechte des höchsten Gottes,

tretet hervor und kommt!«

Nun traten Schadrach, Meschach und Abed-Ngo mitten aus
dem Feuer hervor.

Und es versammelten sich die Satrapen, Vorsteher und Viztume und Ratgeber und Minister des Königs,

anzusehn diese Männer,

über deren Leiber das Feuer nicht Herrschaft hatte,

und nicht war das Haar ihres Hauptes versengt,

und nicht waren ihre Mäntel versehrt,
und Brandgeruch war an sie nicht gekommen.
Nebukadnezar hob an, er sprach:
»Gesegnet der Gott Schadrachs, Meschachs und Abed-Ngos,
der seinen Boten sandte und rettete seine Knechte,
die sich auf ihn verließen
und das Königswort übertraten
und gaben ihre Leiber hin,
daß sie nicht allirgend einem Gott dienstbar sich neigen
außer ihrem Gott!
So wird von mir Befehl ausgegeben,
daß allirgend Volkes, Stammes und Zunge einer,
der wider den Gott Schadrachs, Meschachs und Abed-Ngos
    spricht,
in Stücke gehauen werde
und sein Haus einem Misthaufen gleichgemacht,
alldieweil es nicht einen andern Gott gibt,
der so zu befreien vermag.«
Sodann ließ der König Schadrach, Meschach und Abed-Ngo
    im Gau Babel gedeihen.

König Nebukadnezar
an alle Völker, Stämme und Zungen,
die in allem Erdland wohnen:
Mächtig sei euer Friede!
Die Zeichen und Wunder, die der höchste Gott an mir übte,
es beliebt mir, sie zu vermelden.
Seine Zeichen, wie sind sie groß,
seine Wunder, wie überstark!
Sein Königtum ist ein Königtum der Weltzeit
und seine Herrschaft durch Geschlecht und Geschlecht.
Ich, Nebukadnezar,
geruhsam war ich in meinem Haus,
saftfrisch in meiner Halle.
Einen Traum schaute ich, der hat mich erschreckt, –
Anwandlungen auf meinem Lager
und Schau meines Hauptes haben mich bestürzt.
Von mir ward Befehl ausgegeben,
vor mich treten zu lassen die Weisen Babels,
daß die Deutung des Traums sie mir kundtun.
Nun traten herzu Magier, Beschwörer, Chaldäer, Bestimmer,
und ich sprach den Traum vor ihnen aus,
aber seine Deutung taten sie mir nicht kund.
Und zuletzt trat Daniel vor mich,
dessen Name Beltschazar ist nach dem Namen meines Gottes
und in dem heiliger Gottheit Geist ist,
und ich sprach den Traum vor ihm aus:
»Beltschazar, Oberster der Magier,
von dem ich weiß, daß in dir heiliger Gottheit Geist ist
und alles Geheimnis müht dich nicht,
hier die Schau meines Traums, den ich schaute,
und sprich du seine Deutung aus.
Die Schau meines Hauptes auf meinem Lager,
geschaut habe ich, geschaut:
da, ein Baum inmitten der Erde,
mächtig war seine Höhe.
Der Baum ward groß, ward überstark,
seine Höhe reichte an den Himmel,
anzuschauen war er bis ans Ende alles Erdlands,
Schön war sein Laub und mächtig seine Frucht,

und Nahrung für alle war dran.
Schatten fand unter ihm das Getier des Feldes,
in seinen Zweigen weilten die Vögel des Himmels,
und von ihm nährte sich alles Fleisch.
Geschaut habe ich, geschaut in der Schau meines Hauptes auf
  meinem Lager:
da, ein Wachsamer und Heiliger stieg nieder vom Himmel,
er rief mit Kraft, und so sprach er:
›Haut den Baum um,
schneidet die Zweige ihm weg,
streifet das Laub ihm ab
und verstreut seine Frucht!
Das Getier fliehe von unter ihm,
die Vögel von seinen Zweigen!
Jedoch seinen Wurzelstock belaßt in der Erde,
und das in einer Fessel von Eisen und Erz
im Grün des Feldes!
Vom Tau des Himmels werde er benetzt
und mit dem Getier sei sein Teil am Gras der Erde!
Vom Menschlichen weg werde sein Herz geändert
und das Herz eines Tieres werde ihm gegeben,
und sieben Zeiten sollen über ihn hinwandeln!
Nach der Bestimmung der Wachsamen der Erlaß,
Spruch der Heiligen ist die Sache,
auf daß die Lebenden erkennen,
daß der Höchste überm menschlichen Königtum schaltet
und wem er will kann ers geben
und den niedrigsten der Menschen kann er drüber setzen.‹
Das ist der Traum, den ich, der König Nebukadnezar, schaute,
und du, Beltschazar, sprich seine Deutung,
alldieweil alle Weisen meines Königreichs mir die Deutung
  kundzutun nicht vermögen,
du aber bists fähig,
denn heiliger Gottheit Geist ist in dir.«
Nun war Daniel, dessen Name Beltschazar ist, ein Stündlein
  erstarrt,
und seine Gedanken bestürzten ihn.
Der König hob an, er sprach:
»Beltschazar,

der Traum und die Deutung sollen dich nimmer bestürzen.«

Beltschazar hob an, er sprach:

»Mein Herr,

der Traum gelte deinen Hassern,

und seine Deutung deinen Feinden!

Der Baum, den du schautest,

der groß und überstark wurde und dessen Höhe den Himmel
    erreichte

und seine Schau war über alles Erdland hin

–und schön war sein Laub und mächtig seine Frucht

und Nahrung war dran für alle,

unter ihm weilte das Getier des Feldes

und in seinen Zweigen wohnten die Vögel des Himmels, –

du bist es, König,

der du groß und überstark wurdest

und deine Größe ward übergroß und reichte an den Himmel

und dein Schalten ans Ende des Erdlands.

Und daß der König einen Wachsamen und Heiligen schaute,
    der vom Himmel niederstieg

und sprach: ›Haut den Baum um und verderbt ihn,

aber seinen Wurzelstock belaßt in der Erde, und das in einer
    Fessel von Eisen und Erz, im Grün des Feldes,

vom Tau des Himmels werde er benetzt und mit dem Getier
    des Felds sei sein Teil,

bis daß sieben Zeiten über ihn hingewandelt sind!‹

Dies ist die Deutung, König,

und Bestimmung vom Höchsten ists, die meinen Herrn, den
    König, erreicht:

Man vertreibt dich aus der Menschheit,

und bei den Tieren des Feldes ist dein Weilen,

und Gras wie den Rindern gibt man dir zu kosten,

und vom Tau des Himmels läßt benetzt man dich werden,

und sieben Zeiten wandeln über dich hin,

bis daß du erkennst,

daß der Höchste überm menschlichen Königtum schaltet,

und wem er will, gibt ers.

Und daß man sprach, den Wurzelstock des Baumes solle man
    belassen:

dein Königtum bleibt dir, erstehend, sobald du erkennst,

daß der Himmel schaltet.

Darum, König, lasse meinen Rat dir gefallen:

tilge deine Sünden durch Bewährung

und deine Verfehlungen durch Gunsterweis an den Gebeugten,

ob etwa dauern darf deine Zufriedenheit.«

... All das ist dem König Nebukadnezar widerfahren.

Nach Verlauf von zwölf Monden,

als er sich in der Königshalle von Babel erging,

hob der König an und sprach:

»Ist nicht dieses das große Babel,

das ich mir zur Königsbehausung erbaute

in der Stärke meines Besitztums

und zur Ehrung meiner Herrlichkeit!«

Noch war im Mund des Königs das Wort,

vom Himmel her fiel eine Stimme ein:

»Dir, König Nebukadnezar, wirds zugesprochen:

gewichen ist von dir deine Königschaft,

aus der Menschheit vertreibt man dich,

bei den Tieren des Feldes ist dein Weilen,

Gras wie der Rinder bekommst du zu kosten,

und sieben Zeiten wandeln über dich hin,

bis daß du erkennst,

daß der Höchste überm menschlichen Königtum schaltet

und wem er will gibt ers.«

Zur selben Stunde

– eben war das Wort an Nebukadnezar zu Ende –

ward er aus der Menschheit vertrieben,

und Gras wie die Rinder mußte er fressen,

und sein Leib ward vom Tau des Himmels benetzt,

bis sein Haar gewachsen war wie Adlergefieder

und seine Nägel wie Vogelkrallen.

... Nach Verlauf der Tage aber erhob ich, Nebukadnezar,
    meine Augen zum Himmel,

und meine Erkenntnis kehrte mir wieder.

Ich segnete den Höchsten

und lobte den in Weltzeit Lebendigen:

die Herrlichkeit seines Schaltens ist ein Schalten in Weltzeit

und sein Königtum ist für Geschlecht um Geschlecht,

alle, die auf Erden weilen, sind als nichts geachtet,

wie er will tut er an dem Heer des Himmels und den auf Erden
    Weilenden,
und keinen gibts, der die Hand ihm hemmte
und zu ihm spräche: »Was tust du!«
In derselben Zeit,
da meine Erkenntnis mir wiedergekehrt war,
kehrte zur Ehre meines Königtums meine Herrlichkeit und
    mein Glanz mir wieder,
meine Räte und meine Großen suchten mich auf,
in mein Königtum wurde ich wiedereingesetzt,
und übersteigende Größe wurde hinzugefügt.
Jetzt
lobe und erhöhe und verherrliche
ich, Nebukadnezar,
den König des Himmels,
dessen Waltungen alle Wahrheit sind
und dessen Wege Gerechtigkeit,
und die im Hochmut einhergehn, vermag er zu niedern.

Der König Belschazar machte ein großes Mahl für seiner
   Großen tausend
und den tausend gegenüber trank er Wein.

Belschazar sprach im Genusse des Weins,
bringen solle man die Gold- und Silbergefäße,
die sein Vater Nebukadnezar aus der Halle in Jerusalem hatte
   hervorholen lassen,
daß der König und seine Großen, seine Frauen und seine Kebsen draus trinken.

Nun wurden die Goldgefäße gebracht, die aus der Halle des
   Gotteshauses in Jerusalem geholt worden waren,
und der König und seine Großen, seine Frauen und seine
   Kebsen tranken daraus.

Sie tranken Wein und lobten ihre Götter,
die aus Gold, Silber, Erz, Eisen, Holz und Stein.

Zur selben Stunde
kamen die Finger einer Menschenhand hervor
und schrieben dem Leuchter gegenüber
auf den Kalk der Wand der Königshalle,
und der König sah die Wölbung der Hand, die schrieb.

Nun änderte sich die Antlitzfarbe des Königs,
seine Gedanken bestürzten ihn,
die Hüftgelenke lösten sich ihm,
und seine Knie schlugen aneinander.

Der König rief mit Kraft,
man solle die Beschwörer, Chaldäer und Bestimmer herbeiführen.

Der König hob an und sprach zu den Weisen Babels:
»Allwelcher Mensch diese Schrift liest und ihre Deutung mir
   meldet,
in Purpur gewande er sich
mit der Goldkette um seinen Hals
und als Dritter schalte er im Königreich!«

Nun traten alle Weisen Babels heran,
aber sie vermochten nicht die Schrift zu lesen und die Deutung
   dem König kundzutun.

Nun war der König Belschazar mächtig bestürzt,
seine Antlitzfarbe änderte sich,
und seine Großen waren verwirrt.

Den Worten des Königs und seiner Großen zufolge trat die
  Königin in das Haus des Trinkgelags.

Die Königin hob an und sprach:
»König, lebe auf Weltzeit!
Nimmer mögen dich deine Gedanken bestürzen,
deine Antlitzfarbe nimmer sich ändern!
Es gibt einen Mann in deinem Königreich,
in dem heiliger Gottheit Geist ist,
und in den Tagen deines Vaters fanden sich an ihm Erleuchtung, Einsicht und Weisheit wie die Weisheit von Göttern,
und der König Nebukadnezar, dein Vater, bestellte ihn zum
  Obersten der Magier, Beschwörer, Chaldäer, Bestimmer,
dein Vater, König,
alldieweil ein überragender Geist und Erkenntnis und Einsicht, zu Traumdeutung, Vermelden von Rätseln und Lösen von Knoten sich an ihm fanden,
an Daniel, dem der König den Namen Belschazar verlieh.
Jetzt möge man Daniel rufen, und er wird die Deutung melden.«
Nun wurde Daniel vor den König geführt.
Der König hob an und sprach zu Daniel:
»Du bist Daniel, von den aus Jehuda Verschleppten, die der
  König, mein Vater, aus Jehuda brachte, –
ich habe von dir gehört,
daß ein Gottheitsgeist in dir ist
und Erleuchtung, Einsicht und überragende Weisheit an dir
  sich gefunden haben.
Und jetzt sind die Weisen und Magier vor mich gebracht
  worden,
diese Schrift zu lesen und ihre Deutung mir kundzutun,
aber die Deutung der Sache kundzutun vermochten sie nicht.
Ich aber habe von dir gehört, daß du Deutungen zu deuten
  und Knoten zu lösen vermagst.
Nun, wenn du die Schrift zu lesen und ihre Deutung mir
  kundzutun vermagst,
wirst du dich in Purpur gewanden
mit der Goldkette an deinem Hals,
und als Dritter wirst du im Königreich schalten.«
Nun hob Daniel an und sprach vor dem König:

»Deine Gaben mögen dir bleiben,
deine Spende, anderen schenk sie!
Jedoch die Schrift will dem König ich lesen
und will ihm die Deutung kundtun.
Du, König, –
der höchste Gott hat Königtum, Größe, Ehre und Herrlich-
　　keit Nebukadnezar, deinem Vater, geschenkt,
und der Größe, die er ihm geschenkt hatte, zufolge bebten
　　und fürchteten sich vor ihm alle Völker, Stämme und Zun-
　　gen.
Wen er wollte, tötete er,
und wen er wollte, ließ er am Leben,
wen er wollte, erhöhte er,
und wen er wollte, niederte er.
Als aber sein Herz sich erhob
und sein Geist erstarkte zum Übermut,
wurde er von seinem Königsthrone geschleudert,
und seine Ehre wurde von ihm genommen.
Von den Menschensöhnen hinweg ward er getrieben,
und sein Herz ward gleich dem von Tieren,
bei den Wildeseln war sein Weilen,
Gras wie der Rinder bekam er zu kosten,
und vom Tau des Himmels ward er benetzt,
bis daß er erkannte,
daß der höchste Gott überm menschlichen Königtum schaltet,
und wen er will bestellt er darüber.
Du aber, Belschazar, sein Sohn,
nicht geniedert hast du dein Herz,
wiewohl all dies dir kund war,
über den Herrn des Himmels hast du dich erhoben,
die Gefäße seines Hauses hat man vor dich gebracht,
und du und deine Großen, deine Frauen und deine Kebsen
　　haben draus Wein getrunken.
Und die Götter von Silber und Gold, Erz, Eisen, Holz und
　　Stein,
die nicht sehen und nicht hören und nicht erkennen, du hast
　　sie gelobt,
den Gott aber,
in dessen Hand dein Odem ist

und sein sind all deine Wege,
ihn hast du nicht verherrlicht.
Da wurde von ihm her eine gewölbte Hand entsandt,
und aufgezeichnet ward diese Schrift.
Und dies ist die Schrift, die aufgezeichnet ward:
Mne mne tkel ufarsin.
Dies ist die Deutung des Wortes:
Mne –
gezählt hat Gott dein Königreich
und ist damit fertig geworden.
Tkel –
gewogen wardst du auf dem Schalenpaar
und wurdest zu leicht befunden.
Pres –
zerspalten wird dein Königreich
und wird den Medern und Persern geschenkt.«
Belschazar sprach,
daß man Daniel in Purpur gewande
mit der Goldkette um seinen Hals
und von ihm herolde,
er solle als Dritter im Königreich schalten.
In derselben Nacht wurde Belschazar, der chaldäische König,
    getötet.

Darius, der Medier, erhielt das Königreich als Zweiundsech-
 zigjähriger.

Es beliebte Darius, daß er hundertundzwanzig Satrapen einsetze, die überall im Königreich sein sollten,

und über sie drei Verweser, deren einer Daniel war,

damit jene Satrapen ihnen Rechenschaft gäben

und dem König nicht Schaden geschähe.

Nun tat sich Daniel unter den Verwesern und den Satrapen
 hervor,

alldieweil ein überragender Geist in ihm war,

und der König hatte im Sinn, ihn über all das Königreich zu
 bestellen.

Da trachteten die Verweser und die Satrapen, einen Anstoß
 bei Daniel von seiten der Reichsgeschäfte zu finden,

aber sie vermochten nicht allirgend Anstoß oder Ungebühr
 zu finden,

alldieweil er getreu war und nicht fand sich an ihm allirgend
 Nachlässigkeit oder Ungebühr.

Nun sprachen diese Männer:

»Wir werden bei diesem Daniel allirgend einen Anstoß nicht
 finden,

es sei denn, wir finden wider ihn einen Anstoß im Gesetz seines Gottes.«

Nun eilten diese Verweser und Satrapen zum König,

und so sprachen sie zu ihm:

»König Darius, lebe auf Weltzeit!

Beraten haben sich alle Verweser des Königreichs, Vorsteher
 und Satrapen, Oberbeamten und Viztume,

eine Königsverordnung möge verordnet werden,

ein Verbot in Kraft gesetzt:

allwer binnen dreißig Tagen eine Bitte erbittet von allirgend
 einem Gott oder Menschen,

es sei denn, König, von dir,

werde in die Löwengrube geworfen.

Jetzt, König,

ordne das Verbot an,

unterzeichne die Schrift,

unabänderlich nach dem Gesetze Mediens und Persiens,

das unaufhebbar ist!«

Allderweil unterzeichnete der König Darius Schrift und Verbot.

Als es Daniel kund ward, daß die Schrift unterzeichnet war,
ging er in sein Haus
– er hatte aber in seinem Hochgemach Fenster nach Jerusalem
hin offen –
und zu drei Malen am Tag kniete er nieder, auf den Knien
betete er und bekannte sich zu seinem Gott,
alldieweil ers vordem so gehalten hatte.
Nun eilten jene Männer herbei und fanden Daniel,
vor seinem Gott bittend und flehend.
Da traten sie heraus und sprachen vor den König wegen des
Königsverbots:
»Hast du nicht ein Verbot unterzeichnet:
alljeder Mensch, der binnen dreißig Tagen von allirgend einem
Gott oder Menschen etwas erbittet, es sei denn, König, von
dir,
werde in die Löwengrube geworfen –?«
Der König hob an und sprach:
»Fest ist das Wort
nach dem Gesetze Mediens, das unaufhebbar ist.«
Nun hoben sie an und sprachen vor dem König:
»Daniel, von den Söhnen der Verschlepptenschaft Jehudas,
er hat dir, König, und dem Verbot Beachtung nicht geschenkt
und hat zu drei Malen am Tag seine Bitte erbeten.«
Nun der König das Wort hörte, verdroß es ihn sehr,
er richtete das Herz auf Daniel, ihn zu befreien,
und bis zum Untergang der Sonne bemühte er sich, ihn zu
retten.
Nun eilten jene Männer zum König und sprachen zum König:
»Kund seis dir, König,
Fug ists den Medern und Persern,
alljedes, Verbot und Verordnung, was der König verordnet,
unabänderlich ists.«
Da sprach der König,
und man brachte Daniel und warf ihn in die Löwengrube.
Der König hob an und sprach zu Daniel:
»Dein Gott, dem du beständig dienst,
der möge dich retten!«

Ein Stein wurde gebracht und auf die Öffnung der Grube ge-
　　legt,
und der König versiegelte ihn mit seinem Ring und mit dem
　　Ring seiner Großen,
damit in Daniels Sache nichts geändert werde.
Nun ging der König in seine Halle
und durchnachtete im Fasten,
Beischläferinnen durften nicht vor ihn treten,
und sein Schlummer floh ihn.
Dann stand der König im Morgengraun auf, bei Tages-
　　anbruch,
und eilends ging er zur Löwengrube.
Als er der Grube nahte, rief er Daniel mit wehmütiger Stim-
　　me.
Der König hob an und sprach zu Daniel:
»Daniel, Diener des lebendigen Gottes!
hat dein Gott, dem du beständig dienst, dich vor den Löwen
　　zu retten vermocht?«
Nun redete Daniel zum König:
»König, lebe auf Weltzeit!
Mein Gott hat seinen Boten gesandt
und hat den Rachen der Löwen geschlossen,
sie haben mich nicht verletzt,
alldieweil ich vor Ihm war lauter befunden
und auch vor dir, König, nichts verletzt habe.«
Nun war der König seinethalb sehr guten Muts,
und sprach, man solle Daniel aus der Grube ziehen.
Daniel ward aus der Grube gezogen,
und allirgend eine Verletzung wurde an ihm nicht gefunden,
der auf seinen Gott vertraut hatte.
Der König sprach,
man solle jene Männer, die Daniel verleumdet hatten, bringen
　　und in die Löwengrube werfen, sie, ihre Kinder und ihre
　　Frauen.
Noch hatten sie den Boden der Grube nicht erreicht,
da bemächtigten sich ihrer die Löwen und zermalmten all ihre
　　Knochen.
Nun schrieb der König Darius an alle Völker, Stämme und
　　Zungen, die allenthalb'auf der Erde weilen:

»Mehre sich euer Friede!

Von mir ist Befehl ausgegeben,

daß man in allem Weltbereich meines Königtums bebe und
　　sich fürchte vor dem Gott Daniels.

Denn er ist ein lebendiger Gott und besteht in Weltzeit,

sein Königtum ist unverletzbar

und seine Macht ohne Ende.

Er errettet und befreit

und tut Zeichen und Wunder

im Himmel und auf Erden,

er, der Daniel rettete aus der Klaue der Löwen.«

Dieser Daniel hatte Gelingen im Königreich des Darius
　　und im Königreich Cyrus' des Persers.

Im ersten Jahr Belschazars, Königs von Babel,
schaute Daniel ein Traumbild,
Schaugesichte des Hauptes auf seinem Lager.
Nun schrieb er den Traum nieder.

Zuhaupten der Worte sprach er,
Daniel hob an und sprach:
Ich schaute, schaute des Nachts in meiner Schau:
Da, vier Winde des Himmels wühlten das große Meer auf,
und vier große Tiere stiegen aus dem Meer,
die von den verschieden.

Das vorderste war wie ein Löwe und hatte Adlerflügel, –
ich schaute, bis die Flügel ihm ausgerauft wurden,
es ward vom Erdboden abgerückt und auf Füße gestellt wie
    ein Mensch,
und ein Menschenherz ward ihm gegeben.

Und da, ein anderes Tier, ein zweites, es glich einem Bären,
das war nach einer Seite hin hochgestellt
und drei Rippen hatte es im Maul zwischen seinen Zähnen,
und so sprach man zu ihm:
»Steh auf, friß mächtig Fleisch!«

Nach diesem schaute ich:
da, ein anderes, wie ein Pardel,
das hatte vier Vogelflügel auf seinem Rücken,
und vier Häupter hatte das Tier,
und die Gewalt war ihm gegeben.

Nach diesem schaute ich in der Nachtschau,
da, ein viertes Tier, furchtbar, angsterregend und überstark,
es hatte große Zähne von Eisen,
es fraß und malmte und den Rest zerstampfte es mit seinen
    Füßen,
und verschieden war das von allen Tieren vor ihm,
und es hatte zehn Hörner.

Ich betrachtete die Hörner,
und da stieg zwischen ihnen ein andres, kleines Horn auf,
und drei von den vorderen Hörnern wurden vor ihm ent-
    wurzelt,
und da waren an diesem Horn Augen wie Menschenaugen,
und ein Maul, das redete groß.
Ich schaute,

bis Throne errichtet wurden

und nieder ließ sich ein Hochbetagter,

sein Gewand war weiß wie Schnee

und das Haar seines Hauptes blank wie Wolle,

sein Thron Feuerflammen,

dessen Räder flackerndes Feuer,

ein Feuerstrom flutete und trieb vor ihm her,

tausend Tausende dienten ihm,

Myriaden von Myriaden standen vor ihm.

Das Gericht ließ sich nieder,

die Bücher wurden aufgetan.

Ich schaute, schaute,

nun,

dem Schall der großrednerischen Worte zufolge, die das
     Horn redete,

ich schaute, schaute,

bis das Tier getötet war, sein Leib vernichtet und der lohenden
     Glut übergeben,

den übrigen Tieren aber wurde ihre Gewalt genommen

und ein Dauern ihnen auf Zeit und Stunde gegeben.

Ich schaute, schaute in der Nachtschau,

da,

mit den Wolken des Himmels kam einer wie ein Menschensohn,

er gelangte bis zum Hochbetagten

und wurde vor ihn gebracht.

Ihm ward Gewalt und Ehre gegeben und Königschaft,

alle Völker, Stämme und Zungen dienten ihm:

seine Gewalt ist in Weltzeit, Gewalt, die nie vergeht,

und seine Königschaft nie zu zerstören. –

Mir, Daniel, ward mein Geist in seiner Schau zu Leide,

und die Schau meines Hauptes bestürzte mich.

Ich näherte mich einem der Dastehenden,

und Zuverlässiges erbat ich von ihm um all dieses.

Er sprach zu mir und tat mir die Deutung der Geschehnisse
     kund:

»Diese großen Tiere, derer vier sind:

vier Könige werden aus der Erde erstehn,

aber empfangen werden das Königreich die Heiligen des
     Höchsten

und sie werden das Königreich halten
in Weltzeit und in der Weltzeiten Zeit.«
Da begehrte Zuverlässiges ich um das vierte Tier, das von al-
    len verschieden war
– übermäßig schrecklich mit seinen Zähnen von Eisen und
    seinen Klauen von Erz,
das fraß und malmte und den Rest zerstampfte es mit seinen
    Füßen –,
und um die zehn Hörner, die auf seinem Haupt waren,
und das andre, das aufstieg, und vor dem dreie fielen
– jenes Horn, das Augen hatte und ein Maul, das redete groß,
es aber war nun größer anzuschauen als seine Genossen –.
Ich schaute:
jenes Horn führte Krieg mit den Heiligen und übermochte sie,
bis der Hochbetagte kam und das Recht gegeben ward den
    Heiligen des Höchsten
und die Zeit brach an
und die Heiligen erhielten das Königreich.
So sprach er:
»Das vierte Tier:
ein viertes Königreich wird auf Erden sein,
das ist von allen Königreichen verschieden,
es wird all die Erde fressen, sie zerdreschen und zermalmen.
Und die zehn Hörner:
aus diesem Königreich werden zehn Könige erstehn,
und nach ihnen wird noch einer erstehn,
der wird von den vorherigen verschieden sein,
und drei Könige wird er erniedern,
er wird Worte wider den Höchsten reden
und wird die Heiligen des Höchsten mißhandeln,
da er trachtet Gezeiten zu ändern und Gesetz,
und die werden in seine Hand gegeben
bis auf ein Alter und ein Doppelalter und ein halbes Alter.
Aber das Gericht läßt sich nieder,
und die Gewalt wird hinweggenommen,
daß sie zerstört und getilgt sei, endgültig.
Und das Königreich und die Gewalt und die Größe der Rei-
    che unter dem Himmel allsamt,
gegeben wirds dem Volk der Heiligen des Höchsten,

sein Königtum ist Königtum auf Weltzeit,
und alle Gewalten werden es verehren und ihm gehorchen.«
Bis hierher das Ende der Rede.
Mich, Daniel, bestürzten meine Gedanken sehr,
meine Farbe änderte sich an mir,
und das Geredete bewahrte ich in meinem Herzen.

Im dritten Jahr der Königschaft des Königs Belschazar
gab mir, Daniel, eine Schau sich zu sehn,
nach jener, die anfangs sich zu sehn mir gegeben hatte.
Ich sah in der Schau,
ich war in meinem Gesicht in der Pfalz Schuschan, die in der
    Landschaft Elam ist,
und ich sah in der Schau, daß ich am Flusse Ulaj bin.
Ich erhob meine Augen und sah:
da, ein Widder steht vor dem Fluß, der hat Hörner,
und die Hörner sind hoch, und das eine höher als das zweite,
    aber das höhere steigt zuletzt auf.
Ich sah den Widder nach Westen, nach Norden und nach
    Süden stoßen,
und alle Tiere hielten ihm nicht stand,
und keiner war, der aus seiner Macht retten konnte,
er tat nach seiner Willkür und wurde groß.
Ich merkte auf,
da, ein Ziegenbock kam vom Abend her, über die Fläche alles
    Erdreichs,
und keinmal rührte er an die Erde,
der Bock aber hatte ein Schauhorn zwischen seinen Augen.
Er kam bis zum Widder, dem zwiegehörnten, den vorm Fluß
    ich stehen sah,
und im Wüten seiner Kraft rannte er auf ihn zu.
Ich sah ihn an den Widder gelangen,
er erbitterte wider ihn, stieß den Widder und zerbrach seine
    beiden Hörner,
nicht war in dem Widder Kraft, ihm standzuhalten,
er warf ihn zur Erde und zertrat ihn,
niemand war, der den Widder hätte aus seiner Hand retten
    können.

Und der Ziegenbock wurde gar groß,
und wie er massig ward, brach das große Horn ab,
und vier erwuchsen zur Schau an seines Statt
nach den vier Winden des Himmels.
Und aus einem von ihnen ging ein Horn hervor, winzig,
aber es wuchs übermäßig nach dem Süden und nach dem
　　　Aufgang und nach dem Ziergebiet.
Er ward groß bis ans Heer des Himmels,
und es schleuderte vom Heer und von den Sternen zur Erde
　　　und zertrats.
Und bis zum Heerfürsten wards groß,
und es hob das Stetigkeitsopfer von ihm hinweg,
und zerworfen war der Grund des Heiligtums,
und aufgeboten ward ein Heer wider das Stetigkeitsopfer in
　　　Abtrünnigkeit.
Es warf die Wahrheit zur Erde,
und was es tat, es hatte Gelingen.
Und ich hörte einen Heiligen reden
– es hatte nämlich ein Heiliger zu selbigem, dem Redenden,
　　　gesprochen:
»Bis wann gilt die Schau vom Stetigkeitsopfer und verstarren-
　　　der Abtrünnigkeit, Aufgebot und Heiligkeit und Heer der
　　　Zertretung?« –
und er sprach [zu mir]:
»Bis zweitausendunddreihundert Abend-Morgen,
dann wird der Heiligkeit ihr Recht.«
Es geschah,
als ich, Daniel, die Schau sah und nach Verständnis suchte,
da steht mir gegenüber wie die Sicht eines Mannes,
und ich hörte eine Menschenstimme überm Ulaj,
die rief und sprach:
»Gabriel,
mache den dort das Gesicht verstehn!«
Er kam an meinen Standort,
und als er kam, erschrak ich und fiel auf mein Antlitz.
Er aber sprach zu mir:
»Verstehe, Menschensohn,
daß das Gesicht der Endzeit gilt.«
Als er mit mir redete,

war ich betäubt, mein Antlitz zur Erde.
Er aber rührte mich an und stellte mich auf meinen Standort,
und er sprach:
»Da, ich tue dir kund,
was geschehn wird in der Späte des Grolls,
denn auf die Frist des Endes zu ists.
Der Widder, den du sahst, der Zwiegehörnte,
die Könige von Medien und Persien sinds,
und der Ziegenbock,
die Königschaft des Griechentums ists,
und das große Horn, welches zwischen seinen Augen war,
das ist der erste König,
und sein Abbrechen, und daß vier an seiner Statt erstanden:
vier Königreiche werden aus einem Stamm erstehen,
aber nicht in seiner Kraft.
Und in der Späte ihres Königtums,
wann die Abtrünnigen das Maß erfüllt haben,
wird ein König erstehn, frechen Antlitzes und rätselreden-
    verständig,
massig ist seine Kraft, aber aus seiner Kraft nicht,
zum Erstaunen verderbt er und in seinem Tun hat er Gelin-
    gen,
die Starken und das Volk der Heiligen verderbt er,
und seiner Klugheit gemäß hat er Gelingen, da der Trug in
    seiner Hand ist.
Und in seinem Herzen dünkt er sich groß,
und viele verderbt er in der Sorglosigkeit.
Und er steht auf wider den Fürsten der Fürsten,
aber ohne eine Handregung wird er zerbrochen.
Und das Gesicht von Abend und von Morgen –
was gesprochen ward, Wahrheit ists.
Und du verschließe das Geschaute,
denn es gilt auf viele Tage hin.«
An mir, Daniel, geschahs.
ich war tagelang krank,
dann erhob ich mich und tat das Werk für den König,
aber erstarrt war ich über das Gesicht,
da keiner war, der verstünde.

Im ersten Jahr Darius', Sohns des Achaschwerosch, aus medi-
	schem Samen,
der über das Königreich der Chaldäer war König worden,
im ersten Jahr seiner Königschaft merkte ich, Daniel, in den
	Büchern auf die Zahl der Jahre,
von denen SEINE Rede geschehen war an Jirmeja den Kün-
	der:
daß über den Ödnissen Jerusalems sich siebzig Jahre erfüllen
	sollten.
Ich richtete mein Antlitz zu meinem Herrn, Gott,
um in Fasten, Sack und Asche Gebet und Gunsterflehung zu
	suchen.
Ich betete zu IHM, meinem Gott, ich bekannte und sprach:
»Ach doch, mein Herr,
großer und furchtbarer Gott,
wahrend den Bund und die Huld denen, die ihn lieben und
	seine Gebote wahren!
Wir haben gesündigt,
wir haben uns verfehlt,
wir haben gefrevelt,
wir haben uns empört,
sind abgewichen von deinen Geboten und von deinen Rechts-
	geheißen,
nicht gehört haben wir auf deine Knechte, die Künder,
die redeten mit deinem Namen zu unsern Königen, unsern
	Obern und unsern Vätern und zu allem Landvolk,
Dein, mein Herr, ist die Bewahrheitung
und unser ist des Antlitzes Scham
an diesem Tag,
der Mannschaft von Jehuda, der Insassen Jerusalems, und
	Jifsraels allsamt, der Nahen und der Fernen,
in all den Ländern, dahin du sie verstießest für die Treulosig-
	keit, darin sie dir untreu geworden waren.
Mein Herr,
unser ist des Antlitzes Scham, unsrer Könige, unsrer Obern
	und unsrer Väter,
die wir gesündigt haben an dir.
Meines Herrn, unsres Gottes sind das Erbarmen und das Ver-
	zeihn,

denn wider ihn haben wir uns empört. –

Nicht gehört haben wir auf SEINE, unsres Gottes, Stimme,
in seinen Weisungen zu gehn, die er uns durch die Hand seiner
     Knechte, der Künder, gab.

Jifsrael allsamt, übertreten haben sie deine Weisung, sind ab-
     gewichen,
deine Stimme ungehört zu lassen,

so ergoß sich über uns der Droheid und der Schwur,
der in der Weisung Mosches, des Knechts Gottes, geschrieben
     ist. –

Denn gesündigt haben wir an ihm,
und bestätigt hat er seine Reden, die er über uns und über
     unsre Richter, die uns richteten, geredet hatte,
über uns großes Bösgeschick kommen zu lassen,
das nie unter allem Himmel geschah, wie es nun geschah an
     Jerusalem.

Wie es in der Weisung Mosches geschrieben ist,
all dieses Bösgeschick ist über uns gekommen.

Wir aber sänftigten nicht SEIN, unsres Gottes, Antlitz,
»umkehrend von unsern Verfehlungen und deine Treue er-
     greifend«.

So wachte ER über dem Bösgeschick und ließ es über uns
     kommen,
denn bewahrheitet ist ER, unser Gott, in all seinen Werken,
     die er wirkt,
wir aber haben auf seine Stimme nicht gehört. –

Jetzt aber, mein Herr, unser Gott,
der du mit starker Hand dein Volk aus dem Land Ägypten
     geführt hast
und hast dir einen Namen gemacht wie an diesem Tag,
wir haben gesündigt,
wir haben gefrevelt, –

mein Herr,
all deinen Bewährungen gemäß kehre sich doch dein Zorn
     und deine Glut ab
von deiner Stadt Jerusalem, dem Berg deiner Heiligung,
denn durch unsre Sünden und durch die Verfehlungen unsrer
     Väter sind Jerusalem und dein Volk zum Spott worden für
     alles rings um uns her.

Jetzt aber höre, unser Gott, auf das Gebet deines Knechts und
   auf sein Gunsterflehn
und lasse dein Antlitz leuchten über dein Heiligtum,
das verstarrt ist, um meines Herrn willen,
neige, mein Gott, dein Ohr und höre,
öffne deine Augen und sieh unsre Starrnisse an,
die Stadt, über der dein Name gerufen ist!
Denn nicht auf unsere Bewährungen hin lassen wir unser
   Flehn vor dich fallen,
sondern auf dein großes Erbarmen hin.
Mein Herr, erhöre!
Mein Herr, verzeih!
Mein Herr, vernimm und tu!
Säume nicht,
um deinetwillen, mein Gott,
denn dein Name ist über deiner Stadt und über deinem Volke
   gerufen!«
Noch rede ich, bete und bekenne meine Sünde und die Sünde
   meines Volks Jisrael
und lasse mein Flehn für den Heiligtumsberg meines Gottes
   vor SEIN, meines Gottes, Antlitz fallen,
noch rede ich im Gebet,
da, flugs, der Mann Gabriel, den ich in Anbeginn sah in der
   Schau, fliegt herzu
und rührt mich an
um die Zeit der Abendspende.
Er merkte auf, redete mit mir und sprach:
»Daniel,
jetzt bin ich ausgefahren,
dich das Merken ergreifen zu lassen.
Im Anbeginn deines Flehns fuhr die Rede aus,
und ich bin gekommen, zu melden,
denn du bist im Wohlgefallen.
So merke auf die Rede und vermerk das Gesicht!
Siebzig Jahrwochen sind entschieden
über dein Volk und über deine Heiligtumsstadt,
die Abtrünnigkeit zu erschöpfen,
die Versündigung zu vollenden,
den Fehl zu decken,

Weltzeitwahrheit herankommen zu lassen,
Schau und Künder zu besiegeln
und ein Heiligtum der Heiligtume zu salben.
So wisse und begreife:
Von der Ausfahrt der Rede,
in Wiederkehr Jerusalem zu erbauen,
bis zu einem Gesalbten Herzog,
sieben Wochen sinds,
und zweiundsechzig Wochen, so wirds in Wiederkehr erbaut,
Platz und Graben,
in der Drangsal der Zeiten.
Aber nach den zweiundsechzig Wochen wird ein Gesalbter
    gerodet,
und ihm bleibt keiner nach,
und die Stadt und das Heiligtum verderbt das Volk eines kom-
    menden Herzogs,
aber sein Ende ist in einer Überflutung,
und bis zum Ende Krieg, beschlossen ists, Starrnisse,
und überlegen ist er den vielen im Bund, eine Woche,
und um die Hälfte der Woche verabschiedet er Schlachtopfer
    und Hinleitspende, –
so, auf dem Flügel von Greuelwesen, verstarrend,
so, bis es erschöpft ist und das Beschlossne sich auf den Ver-
    starrer ergießt.«

Im dritten Jahre Cyrus', Königs von Persien, wurde dem
   Daniel, dessen Name Beltschazar gerufen wird, Rede offenbart.
Getreu ist die Rede und großes Scharwerk.
Er merkte auf die Rede, und das Ermerkte ward ihm in einem
   Gesicht.
…In jenen Tagen trauerte ich, Daniel, drei tagevolle Wochen,
schmackhaft Brot aß ich nicht, Fleisch und Wein kam mir
   nicht in den Mund, Ölbestrich strich ich nicht,
drei tagevolle Wochen.
Am vierundzwanzigsten Tag nach der ersten Mondneuung
   nun,
als ich am Ufer des großen Stroms [das ist der Chiddekel] war,
erhob ich meine Augen und sah:
da, ein Mann, in Linnen gewandet,
seine Lenden mit Gold und Feinerz gegürtet,
sein Leib war wie Chalzedon,
sein Antlitz wie der Blitz anzusehn,
seine Augen wie Feuerfackeln,
seine Arme und seine Beine wie das Blinken geglätteten Kupfers,
und der Schall seines Redens wie der Schall eines Getümmels.
Ich sah, ich, Daniel, allein das Gesicht,
nicht sahn das Gesicht die Männer, die bei mir waren,
aber eine große Angst befiel sie, und sie flohn, sich zu verstecken.
Ich, allein verblieb ich und sah diese große Sicht.
Aber nicht blieb in mir Kraft,
meine Würde wandelte sich an mir zum Verderben,
und nicht konnte Kraft ich hegen.
Ich hörte den Schall seines Redens,
und wie ich den Schall seines Redens hörte,
lag ich betäubt auf meinem Antlitz, mein Antlitz zur Erde.
Und da, eine Hand rührte mich an
und bewegte mich, auf meine Knie und meine Handflächen
Er sprach zu mir:
»Daniel, Mann des Wohlgefallens,
merke auf die Rede, die ich zu dir rede,
steh auf deinem Standort,

denn jetzt bin ich zu dir gesandt worden.«

Als er diese Rede zu mir redete,

stand ich auf, zitternd.

Er aber sprach zu mir:

»Fürchte dich nimmer, Daniel!

Denn vom ersten Tag an,

als du drangabst dein Herz,

aufzumerken und dich vor deinem Gotte zu beugen,

sind deine Reden angehört worden,

und auf deine Reden hin bin ich gekommen.

Aber der Fürst des Königtums Persien stand mir einundzwan-
     zig Tage entgegen.

Da kam Michael, einer der ersten Fürsten, mir zu helfen,

und ich war dort zuseiten der Könige von Persien erübrigt.

So bin ich gekommen, dich merken zu lassen,

was sich ereignen wird an deinem Volk in der Späte der Tage, –

denn noch ists eine Schau auf die Tage hinaus.«

Als er solche Reden zu mir redete,

ergab ich mein Antlitz zur Erde und war verstummt.

Und da, Menschensöhnen gleich an Gestalt, berührte er mei-
     ne Lippen.

Ich öffne meinen Mund, und ich rede,

ich spreche zu ihm, der vor mir steht:

»Mein Herr,

bei dem Gesicht wandelten Krämpfe mich an,

und nicht konnte die Kraft ich hegen.

Wie doch vermöchte dieser Knecht meines Herrn mit diesem
     meinem Herrn zu reden,

besteht ja jetzt nicht Kraft mehr in mir und ein Hauch ist mir
     nicht geblieben!«

Und erneut rührte mich an, der wie ein Mensch anzusehn war,

und er stärkte mich.

Er sprach:

»Fürchte dich nimmer, Mann des Wohlgefallens,

Friede mit dir!

sei stark, sei stark!«

Als er mit mir redete, erstarkte ich und ich sprach:

»Mein Herr rede, denn du hast mich gestärkt.«

Er sprach:

»Weißt du nun, warum ich zu dir gekommen bin?

Und jetzt kehre ich zurück, mit dem Fürsten von Persien zu
　　kämpfen, –

und ziehe draus ich hervor, da kommt der Fürst des Grie-
　　chentums an.

Aber vermelden will ich dir, was verzeichnet ist in einer ge-
　　treuen Schrift

[drum daß kein einziger stark zu mir hält wider diese, es sei
　　denn Michael, euer Fürst,

wie ich im ersten Jahr Darius' des Mediers ihm beistand zu
　　Festigung und Wehr],

jetzt will ich dir Getreues melden:

Da, noch drei Könige erstehen für Persien,

und der vierte wird reich, größern Reichtum hat er als alle,

und in seiner Stärke, in seinem Reichtum erweckt er alles ge-
　　gen das Königreich der Griechen.

Aber ein heldischer König ersteht

und waltet in vielfältiger Gewalt,

und nach seiner Willkür tut er.

Doch wie er dasteht, zerbricht sein Königreich,

es spaltet sich nach den vier Winden des Himmels,

aber nichts davon ist für die Nachfahren jenes,

und nichts gleicht mehr seiner Gewalt, mit der er gewaltet hat,

denn sein Königtum wird gereutet,

andrer ists, außerhalb dieser.

Es erstarkt der König des Südens,

doch von seinen Fürsten wird einer ihm überstark

und waltet in vielfältigerer Gewalt als seine Gewalt.

Und am Ende der Jahre verbinden sie sich,

und die Tochter des Königs des Südens kommt zum König
　　des Nordens, Ausgleich zu schaffen,

aber nicht hegt sie die Kraft des Arms, und nicht besteht er
　　und sein Arm,

hingegeben wird sie, sie und die sie kommen ließen und ihr
　　Erzeuger und ihr Stärker.

Zu den Zeiten, da ersteht aus dem Schößling ihrer Wurzeln
　　einer an seiner Stelle

und kommt zur Heeresmacht und kommt in die Wehr des
　　Königs des Nordens und tut daran und erstarkt.

Und auch ihre Götter mit ihren Gußbildern, mit ihren gefäl-
    ligen Geräten von Silber und Gold,
mitkommen läßt ers nach Ägypten als Beute.
Und jahrelang steht er vom König des Nordens ab,
der aber kommt ins Königreich des Königs des Südens und
    kehrt zu seinem Boden wieder.
Seine Söhne rüsten sich und sammeln ein vielfältiges Heerge-
    tümmel,
und das kommt, kommt und flutet und überschwemmt und
    kehrt um,
und wieder rüsten sie, – drauf los bis zu seiner Festungswehr.
Nun erbittert der König des Südens und zieht aus und kämpft
    mit ihm, mit dem König des Nordens,
der stellt ein großes Getümmel auf, aber das Getümmel wird
    in seine Hand gegeben.
Hinweg kommt das Getümmel,
sein Herz erhebt sich, er fällt Myriaden, aber er bleibt nicht fest.
Erneut stellt der König des Nordens ein Getümmel auf, viel-
    fältiger als das erste,
und am Ende der Zeiten, nach Jahren, kommt er, kommt mit
    großem Heer und vielfältigem Troß.
In jenen Zeiten stehen viele auf wider den König des Südens,
Wütrichssöhne deines Volks unternehmens, eine Schau er-
    stehen zu lassen, aber sie straucheln.
Der König des Nordens kommt, er schüttet einen Wall auf, er
    erobert die Steilburgenstadt,
die Arme des Südens halten nicht stand,
das Volk seiner Erlesnen, standzuhalten hats keine Kraft.
Der gegen ihn Gekommne tut nach seiner Willkür, keines
    besteht vor ihm,
im Zierland bleibt er stehn, und Vernichtung ist in seiner
    Hand.
Er richtet sein Antlitz darauf, in die Verfügung über all sein
    Königreich zu kommen.
Und muß es ein Ausgleich mit ihm sein, er tuts und gibt ihm
    die Tochter zur Frau, um jenes zu verderben,
aber es besteht nicht und bleibt ihm nicht zu eigen.
So wendet er sein Antlitz zu den Festungen seines Landes,
aber er strauchelt und fällt und ist nicht mehr zu finden.

An seinem Platz ersteht einer, der schickt einen Eintreiber
  übers Frachtgebiet des Königreichs,
aber in einigen Tagen wird er niedergebrochen, nicht im
  Zorn und nicht im Kampf.
An seiner Stelle ersteht ein Verächtlicher, ihm hat man die
  Würde des Königtums nicht übergeben,
er kommt in die Sorglosigkeit und bemächtigt sich des Königreichs durch Glattigkeiten,
die Streitarme der Flutung werden hinweggeflutet vor ihm
  und niedergebrochen,
und auch der Herzog des Bundes,
seit der Verbindung mit ihm tut er Trug,
er steigt heran und ist mit wenigem Volke mächtig.
In die Sorglosigkeit kommt er, in die Fettgegenden eines
  Gaus,
und tut, was seine Väter und die Väter seiner Väter nicht taten,
Raub und Plünderung, und streut die Beute unter die Seinen
  aus.
Wider die Steilburgen plant er seine Pläne und auf die Zeit.
Er erregt seine Kraft und sein Herz wider den König des Südens, mit einem großen Heer,
und der König des Südens rüstet zum Kampf mit einem großen und massigen Heer,
aber er hält nicht stand, denn man plant wider ihn Planungen,
die seine Tafelkost aßen brechen ihn nieder,
sein Heer entflutet und viele fallen erstochen.
Die beiden Könige, ihr Herz sinnt auf das Böswerk,
an Einem Tische, Lüge ists, was sie da reden,
aber es gelingt nicht,
denn noch ist ein Ende auf die Frist.
Da er mit großer Beute in sein Land wiederkehrt,
ist sein Herz wider den Bund der Heiligung,
er tut und kehrt in sein Land wieder.
Wieder kommt er in den Süden,
aber nicht geschiehts wie zum ersten zum nachherigen Mal:
kittäische Schiffe kommen gegen ihn, und er verzagt.
Und wieder grollt er dem Bund der Heiligung, und er tut,
er kehrt um und merkt auf jene, die den Bund der Heiligung
  verlassen,

und Streitarme erstehen von ihm und entweihen das Heiligtum, die Burg,
und beseitigen das Stetigkeitsopfer und geben den verstarrenden Greuel heran,
und die am Bund freveln, verleitet mit Glattworten er.
Aber das Volk, sie die dessen Gott kennen, bleiben fest und tun
danach,
und die Begreifenden im Volk machen aufmerken die Vielen,
wohl straucheln sie, Tage hin, durch Schwert, durch Flamme,
durch Gefangenschaft, durch Ausplünderung,
aber da sie straucheln, wird ihnen geholfen, ein weniges an
Hilfe,
und schon hängen sich viele an sie mit Glattigkeiten.
Die von den Begreifenden straucheln, das geschicht, um unter
ihnen zu läutern und zu lesen und zu reinigen bis zur Zeit
des Endes,
denn noch ists auf die Frist.
Und der König tut nach seiner Willkür,
er überhebt und macht groß sich wider alle Gottheit,
und wider den Gott der Götter redet er Wunderliches,
und Gelingen hat er, bis der Groll erschöpft ist,
denn das Beschloßne wird getan.
Auf die Götter seiner Väter merkt er nicht,
weder auf den, der das Wohlgefallen der Weiber ist, noch auf
allirgend eine Gottheit merkt er,
denn wider alle macht er sich groß,
aber der Festungen Gott, den ehrt er an seiner Statt,
einen Gott, den seine Väter nicht kannten, ehrt er, mit Gold
und mit Silber und mit Edelgestein und mit Wohlgefälligem,
und gegen die festen Steilburgen tut er sich mit dem Fremd-
gott auf.
Wer ihm beipflichtet, dem mehrt er die Ehrung,
macht über viele sie walten und teilt Boden aus zu Lehen.
Und zur Zeit des Endes stößt mit ihm der König des Südens
zusammen,
der König des Nordens stürmt mit Fahrzeug, mit Reisigen
und mit vielen Schiffen wider ihn an
und kommt in die Länder, flutet und überschwemmt.
Er kommt in das Zierland, und Myriaden straucheln.

Aber diese entschlüpfen seiner Hand: Edom, Moab und der
   Anfang der Söhne Ammons.
Er schickt seine Hand aus nach den Ländern,
und nicht wird dem Land Ägypten ein Entrinnen,
er waltet der Schätze an Gold und an Silber und alles Wohlgefallens Ägyptens,
und die Lybier und die Äthiopier sind in seinem Gefolge.
Aber ihn schreckt ein Hörensagen, vom Osten und vom Norden her auf,
er zieht in großem Ingrimm aus, viele zu tilgen und zu bannen.
Die Zelte seines Palasts pflanzt er auf zwischen dem Meer und
   dem Berg der Heiligtumszier.
Und da kommt er zu seinem Ende,
und keiner ist, der ihm hülfe.
Zu jener Zeit ersteht Michael, der große Fürst,
der den Söhnen deines Volkes beisteht.
Das wird eine Zeit der Drangsal,
wie sie nicht gewesen ist seit ein Stamm ist bis zu jener
   Zeit,
aber zu jener Zeit wird dein Volk entrinnen,
alljeder, der sich aufgeschrieben findet im Buch.
Und viele, die am Boden des Staubes schlafen, erwachen,
diese zu Leben in Weltdauer und diese zu Schmach und zu
   Schauder in Weltdauer.
Die Begreifenden aber strahlen, wie das Strahlen des Gewölbs,
und die viele zur Bewährung brachten, wie die Sterne in
   Weltdauer und Ewigkeit.
Du aber, Daniel, birg die Reden und versiegle das Buch
bis auf die Zeit des Endes!
Viele verstricken sich,
doch es mehrt sich die Erkenntnis.«
Und ich sah, ich, Daniel,
da, zwei andere standen, einer hüben am Ufer des Flusses und
   einer hüben am Ufer des Flusses.
Der sprach zu dem in Linnen gewandeten Mann, der ober-
   halb der Wasser des Flusses war:
»Bis wann das Ende der wundersamen Dinge?«
Und ich hörte den in Linnen gewandeten Mann, den ober-
   halb der Wasser des Flusses,

er erhob seine Rechte und seine Linke und schwur bei dem in
die Dauer Lebendigen:

»Ja, auf eine Frist und eine Doppelfrist und eine halbe:

wann er sich erschöpft hat, die Hand des Heiligungsvolkes
zu zerschmettern,

erschöpft sich all dieses.«

Und ich, ich hörte, und ich ermerkte es nicht, so sprach ich:

»Mein Herr, was ist das Letzte von diesem?«

Er sprach:

»Geh, Daniel!

Denn verborgen und versiegelt ist das Geredete bis an die Zeit
des Endes.

Viele werden gelesen und gereinigt und geläutert,

und die Frevler freveln, und alle Frevler ermerkens nicht,

doch die Begreifenden ermerkens.

Von der Zeit aber, da beseitigt wird das Stetigkeitsopfer

und herangegeben wird der Verstarrer-Greuel,

tausendzweihundertundneunzig Tage sinds.

O Glück dessen, der wartet und tausenddreihundertfünfund-
dreißig Tage erreicht!

Du aber,

geh auf das Ende zu!

Dann ruhst du,

und du erstehst zu deinem Los am Ende der Tage.«

DAS BUCH
ESRA

Aber im ersten Jahre Cyrus', des Königs von Persien,
als SEINE Rede aus dem Munde Jirmejas vollendet war,
erweckte ER den Geist Cyrus', des Königs von Persien,
und der ließ Ruf ergehn in all seinem Königreich,
und auch in einem Schreiben,
sprechend:
»So hat Cyrus, der König von Persien, gesprochen:
›Alle Königtümer der Erde hat mir ER, der Gott des Himmels,
　　gegeben, und er hat über mich verordnet, ihm ein Haus in
　　Jerusalem, das in Jehuda ist, zu bauen.
Wer unter euch von all seinem Volk ist,
sein Gott sei bei ihm,
er ziehe hinauf nach Jerusalem, das in Jehuda ist,
und baue SEIN, des Gottes Jifsraels, Haus, – das ist der Gott, der
　　in Jerusalem ist.
Und alljeder, der noch übrig geblieben ist:
aus allen Orten, wo er gastet, sollen die Menschen seines Ortes
　　ihm beitragen
mit Silber, mit Gold, mit Habe und mit Vieh,
zusamt der Willigung für das Gotteshaus, das in Jerusalem ist.«
So erhoben sich die Häupter der Vaterschaften in Jehuda und
　　Binjamin und die Priester und die Lewiten,
alljeder, dem Gott den Geist erweckte,
hinaufzuziehn, SEIN Haus, das in Jerusalem, zu bauen.
Und alle rings um sie stärkten ihnen die Hände
mit Silbergeräten, mit Gold, mit Habe und mit Vieh und mit
　　Kleinodien.
außer allem Gewilligten.
Und der König Cyrus brachte alle Geräte SEINES Hauses her-
　　aus, die Nebukadnezar aus Jerusalem hinweggebracht und
　　in das Haus seines Gottes gegeben hatte,
Cyrus, König von Persien, brachte sie heraus zu Händen Mi-
　　tredats, des Schatzmeisters,
und der zählte sie Scheschbazar, dem Fürsten von Jehuda, zu.
Und dies ihre Zahl:
Goldkörbe dreißig,
Silberkörbe tausend,
Ersatzstücke neunundzwanzig,
Goldbecher dreißig,

Silberbecher, zweitrangig, vierhundertundzwanzig,
andere Gefäße tausend, –
aller Geräte in Gold und in Silber fünftausend und vierhundert.
Alldies brachte Schaschbazar hinauf
beim Hinaufzug der Verschlepptenschaft
aus Babel nach Jerusalem.

Und dies sind die Söhne des Gaus, die hinaufzogen aus der Gefangenschaft der Verschleppten,
die Nebukadnezar König von Babel nach Babel verschleppt
hatte,
und nun kehrten sie nach Jerusalem und Jehuda zurück, jeder-
mann nach seiner Stadt,
sie, die kamen mit Serubbabel, Jeschua, Nechemja, Sraja,
Realja, Mordchaj, Bilschan, Mifspar, Bigwej, Rchum,
Baana,
die Zahl der Männer vom Volke Jifsrael:
Söhne Paroschs zweitausendhundertzweiundsiebzig,
Söhne Schfatjas dreihundertzweiundsiebzig,
Söhne Arachs siebenhundertfünfundsiebzig,
Söhne Pachat-Moabs, von den Söhnen Jeschuas, Joabs zwei-
tausendachthundertundzwölf,
Söhne Elams tausendzweihundertvierundfünfzig,
Söhne Sattus neunhundertfünfundvierzig,
Söhne Sakkajs siebenhundertsechzig,
Söhne Banis sechshundertzweiundvierzig,
Söhne Bebajs sechshundertdreiundzwanzig,
Söhne Asgads tausendzweihundertzweiundzwanzig,
Söhne Adonikams sechshundertsechsundsechzig,
Söhne Bigwajs zweitausendsechsundfünfzig,
Söhne Adins vierhundertvierundfünfzig,
Söhne Aters, von Jechiskija achtundneunzig,
Söhne Bezajs dreihundertdreiundzwanzig,
Söhne Joras hundertzwölf,
Söhne Chaschums zweihundertdreiundzwanzig,
Söhne Gibbars fünfundneunzig,
Söhne von Betlehem hundertdreiundzwanzig,
Männer von Ntofa sechsundfünfzig,
Männer von Anatot hundertachtundzwanzig,

Söhne von Asmawet zweiundvierzig,

Söhne von Kirjat-Arim, Kfira und Beerot siebenhundertdreiundvierzig,

Söhne von Rama und Gaba sechshunderteinundzwanzig,

Männer von Michmas hundertzweiundzwanzig,

Männer von Bet-El und Aj zweihundertdreiundzwanzig,

Söhne von Nbo zweiundfünfzig,

Söhne von Magbisch hundertsechsundfünfzig,

Söhne des andern Elam tausendzweihundertvierundfünfzig,

Söhne Charims dreihundertzwanzig,

Söhne von Lod, Chadid und Ono siebenhundertfünfundzwanzig,

Söhne von Jericho dreihundertfünfundvierzig,

Söhne von Sfnaa dreitausendsechshundertdreißig,

Die Priester:

Söhne Jedajas, vom Hause Jeschuas neunhundertdreiundsiebzig,

Söhne Immers tausendzweiundfünfzig,

Söhne Paschchurs tausendzweihundertsiebenundvierzig,

Söhne Charims tausendsiebzehn,

Die Lewiten:

Söhne Jeschuas und Kadmiels, von den Söhnen Hodawjas vierundsiebzig,

Die Sänger:

Söhne Asafs hundertachtundzwanzig,

Die Söhne der Torleute:

Söhne Schallums, Söhne Aters, Söhne Talmons, Söhne Akkubs, Söhne Chatitas, Söhne Schobais, in allem hundertneununddreißig,

Die Hingegebnen:

Söhne Zichas, Söhne Chasufas, Söhne Tabbaots, Söhne Keros', Söhne Sfiahas, Söhne Padons, Söhne Lbanas, Söhne Chagabas, Söhne Akkubs, Söhne Chagabs, Söhne Schalmajs, Söhne Chanans, Söhne Giddels, Söhne Gachars, Söhne Reajas, Söhne Rzins, Söhne Nkodas, Söhne Gasams, Söhne Usas, Söhne Passeachs, Söhne Bessajs, Söhne Afsnas, Söhne der Meuniten, Söhne der Nefissim, Söhne Bakbuks, Söhne Chakufas, Söhne Charchurs, Söhne Bazluts, Söhne Mchidas, Söhne Charschas, Söhne Barkos', Söhne Sfisras, Söhne Tamachs, Söhne Nziachs, Söhne Chatifas.

Die Söhne der Knechte Schlomos:

Söhne Sfotajs, die Söhne des Schreibertums, Söhne Prudas,
 Söhne Jaalas, Söhne Darkons, Söhne Giddels, Söhne Schfat-
 jas, Söhne Chattils, Söhne Pocherets von Zbajim, Söhne
 Amis.

Aller Hingegebnen und Söhne der Knechte Schlomos, in allem
 dreihundertzweiundneunzig.

Und dies sind, die hinaufzogen aus Tel Malach, Tel Charscha,
 Krub, Addan, Immer,

die ihr Väterhaus und ihre Samenschaft nicht zu melden vermochten, — ob sie von Jifsrael waren:

Söhne Dlajas, Söhne Tobijas, Söhne Nkodas sechshundertzweiundfünfzig,

Und von den Söhnen der Priester:

Söhne Chabajas, Söhne Hakozs, Söhne Barsillajs, der ein Weib
 von den Töchtern Barsillajs des Giladiters nahm und wurde
 nach ihrem Namen gerufen;

diese suchten ihre Zugehörigkeitsschrift und man fands nicht,
 und sie wurden aus der Priesterschaft gelöst,

und der Erlauchte sprach zu ihnen, sie sollten von dem Abgeheiligten der Heiligtume nicht essen, bis ein Priester für die
 Lichtenden und Schlichtenden ersteht.

All der Gemeinschaft in einem: vierzigtausenddreihundert-
 undsechzig,

außer ihren Knechten und ihren Mägden, — dieser siebentau-
 senddreihundertsiebenunddreißig,

und der Sänger und Sängerinnen hatten sie zweihundert.

Ihrer Pferde: siebenhundertsechsunddreißig,

ihrer Maultiere: zweihundertfünfundvierzig,

ihrer Kamele: vierhundertfünfunddreißig,

der Esel: sechstausendsiebenhundertundzwanzig.

Und von den Häuptern der Vaterschaften,

da sie zu SEINEM Hause, dem in Jerusalem, kamen, willigte
 man für das Haus Gottes, es an seiner Stelle zu errichten,

nach ihren Kräften gaben sie für den Werkschatz:

an Gold einundsechzigtausend Drachmen,

an Silber fünftausend Minen

und hundert Priesterröcke. —

Ansässig wurden die Priester und die Lewiten und die vom
    Volk und die Sänger und die Hingegebnen in ihren Städten,
    alle von Jifsrael in ihren Städten.

Die siebente Mondneuung kam heran, und die Söhne Jifsraels
    waren in den Städten,
da versammelte sich das Volk wie Ein Mann nach Jerusalem.
Jeschua Sohn Jozedeks erhob sich und seine Brüder, die Prie-
    ster, und Serubbabel Sohn Schealtiels und seine Brüder
und sie erbauten die Schlachtstatt des Gottes Jifsraels,
darauf Darhöhungen darzuhöhn,
wie in der Weisung Mosches, des Mannes Gottes, geschrieben
    ist.
Sie erstellten die Schlachtstatt auf ihrem Gestell
– denn in einem Schauer wars über ihnen: von den Völkern
    der Länder hinweg –
und man höhte darauf Darhöhungen für I h n, Darhöhungen
    für den Morgen und für den Abend.
Sie bereiteten das Hüttenfest, wie geschrieben ist,
und die Darhöhungen Tag um Tag
nach der Zahl, nach dem Fug,
des Tags Satz an seinem Tag,
und danach die stete Darhöhung,
und für die Mondneuungen und für all S e i n e geheiligten Be-
    gegnungsgezeiten,
und für alljeden, der I h m eine Willigung willigt.
Vom ersten Tag auf die siebente Neuung an begannen sie,
    I h m Darhöhungen zu höhen,
und noch war S e i n e Halle nicht gegründet.
Sie gaben Geld den Steinhauern und den Zimmerleuten
und Essen, Trinken und Öl den Sidoniern und den Tyrern,
Zedernholz aus dem Libanon ans Meer nach Jaffa zu bringen,
der Ermächtigung Cyrus', des Königs von Persien, an sie ge-
    mäß.
Und im zweiten Jahr nach ihrem Kommen zum Hause Gottes
    nach Jerusalem, in der zweiten Mondneuung,
begannen Serubbabel Sohn Schealtiels und Jeschua Sohn Jo-
    zedeks und ihre übrigen Brüder,

die Priester und die Lewiten und alle, die aus der Gefangenschaft nach Jerusalem gekommen waren,
und hintreten ließ man die Lewiten, vom Zwanzigjährigen
aufwärts, das Werk an SEINEM Haus zu leiten.
Jeschua trat an, seine Söhne und seine Brüder, Kadmiel und
seine Söhne, die Söhne Jehudas ineins,
die Arbeiter am Werk im Hause Gottes zu leiten,
die Söhne Henadads, ihre Söhne und ihre Brüder, die Lewiten.
–So gründeten die Bauleute SEINE Halle.
Und hintreten ließ man die Priester, gewandet, mit Trompeten, und die Lewiten, Söhne Afsafs, mit Zimbeln,
handgemäß Dawid, dem Könige Jifsraels.
Sie wechselsangen, IHN preisend und bekennend:
»Denn er ist gütig,
denn in Weltzeit währt seine Huld über Jifsrael.«
Und alles Volk,
sie jubelten in einem lauten Jubel auf,
IHN preisend drob, daß SEIN Haus gegründet war.
Und viele von den Priestern und den Lewiten und den Häuptern der Vaterschaften,
die Alten, die das erste Haus geschen hatten,
weinten mit lauter Stimme,
da dieses Haus vor ihren Augen gegründet ward.
Viele aber erhoben ihre Stimme im Jubel und in der Freude.
Nicht unterschied das Volk die Stimme des Jubels und der
Freude von der Stimme des Weinens,
denn das Volk jubelte in einem lauten Jubel auf,
und fernhin wurde die Stimme gehört.

Als die Bedränger Jehudas und Binjamins hörten, daß die Söhne der Verschlepptenschaft IHM, dem Gott Jifsraels, eine
Halle bauen,
traten sie zu Serubbabel und zu den Häuptern der Vaterschaften und sprachen zu ihnen:
»Mit euch wollen wir bauen, denn euch gleich suchen wir euren Gott auf,
und ihm schlachtopfern wir seit den Tagen Efsarhaddons Königs von Assyrien, der uns hierher heraufgebracht hat.«

Es sprach zu ihnen Serubbabel und Jeschua und die übrigen
Häupter der Vaterschaften Jifsraels:

»Nicht an euch und uns ists unserm Gotte das Haus zu bauen,
sondern wir da mitsamt bauen IHM dem Gott Jifsraels, gleichwie König Cyrus, der König von Persien, uns geboten hat.«

Da war das Volk des Landes dran, dem Volk Jehuda die Hände schlaff zu machen und sie vom Bauen abzuschrecken

und Ratgeber wider sie zu dingen, ihren Ratschluß zu zerbröckeln,

alle Tage Cyrus' Königs von Persien und bis zur Königschaft
Darius' Königs von Persien.

Unter der Königschaft Xerxes' aber, zu Beginn seiner Königschaft schrieben sie eine Anschuldigung wider die Insassen
Jehudas und Jerusalems.

Und in den Tagen Artaxerxes' schrieb Bischlam, Mitredat,
Tabel und seine übrigen Gefährten an Artaxerxes, König
von Persien,

und die Schrift der Erklärung aramäisch geschrieben und übersetzt – aramäisch.

Rchum, der Gutachter, und Schimschi, der Schriftkundige,
schrieben einen Brief wider Jerusalem an Artaxerxes, den
König, folgendermaßen.

Somit: Rchum, der Gutachter, und Schimschi, der Schriftkundige, und ihre übrigen Gefährten daselbst, Perser-Amts-
walter, Kanzleiräte, Perser-Beamte, Leute aus Uruk, aus
Babel, aus Schuschan – das ist: aus Elam – und den übrigen
Nationen,

die der große und weite Afsurbanipal verschleppt und in der
Burgstadt Samaria und dem übrigen Jenseit des Stroms angesiedelt hatte,

nunmehr [dies ist die Kopie des Briefs, den sie an ihn, an den
König Artaxerxes sandten]:

»Deine Knechte sind die Männer vom Jenseit des Stroms. –
nunmehr

kundgetan sei es dem König,

daß die Judäer, die von dir her zu uns sich begaben, nach Jerusalem gekommen sind,

sie erbauen die aufrührerische und schlimme Stadt,

errichten die Mauern und verfugen die Grundfesten,

Jetzt sei ihm, dem König, kundgetan,

daß, wird jene Burgstadt aufgebaut und die Mauern errichtet,

sie Steuer, Zins und Zoll nicht hergeben werden,

und der königliche Schatz wird geschädigt.

Jetzt, alldieweil wir mit Salz der Palasthalle salzen

und es geziemt uns nicht, die Schmach des Königs zu beschaun,

dessenhalb senden wir und tuns dem König kund:

daß man nachforsche im Buch der Begebenheiten deiner Väter, –

dann wirst du im Buch der Begebenheiten finden und erkennen,

daß jene Burgstadt eine aufrührerische Stadt ist,

Könige und Gaue schädigend,

darinnen man Meuterei treibt seit Urzeittagen, –

deshalb wurde jene Stadt zerstört.

Wir tun dem König kund,

daß, wird jene Stadt wieder aufgebaut und werden die Mauern errichtet,

dir dem zufolge ein Anteil am Jenseit des Stroms nicht mehr
gehört.«

Bescheid sandte der König:

»An Rchum, den Gutachter, und Schimschi, den Schriftkundigen, und ihre übrigen Gefährten, die in Samaria und dem
ganzen übrigen Jenseit des Stromes siedeln:

Friede! Und nunmehr: die Erklärung, die ihr an uns gesandt
habt, ward mir deutlich vorgelesen.

Und Befehl ward von mir ausgegeben,

und geforscht hat man und gefunden,

daß jene Stadt seit Urzeittagen sich wider die Könige erhoben
hat

und Aufruhr und Meuterei ist in ihr getrieben worden.

Und mächtige Könige waren über Jerusalem

und herrschten über all das Jenseit des Stroms

und Steuer, Zins und Zoll wurde ihnen entrichtet.

Jetzt gebt Befehl aus,

diesen Männern Einhalt zu tun,

daß jene Stadt nicht aufgebaut werde,

bis daß von mir Befehl ausgegeben wird.

Und seiet auf der Hut davor, fahrlässig dawider zu handeln, –
warum soll Einbuße erwachsen, dem König zum Schaden!«

Nun die Kopie der Erklärung des Königs Artaxerxes Rchum
und Schimschi, dem Schriftkundigen, und ihren Gefährten
vorgelesen ward,
zogen sie in Eile nach Jerusalem zu den Judäern
und taten ihnen Einhalt mit Arms Gewalt.

Nun ward in der Arbeit am Hause Gottes in Jerusalem ein-
gehalten,
und der Einhalt währte bis zum zweiten Jahr der Königschaft
Darius', Königs von Persien.

Aber es kündete Chaggaj der Künder und Secharja Sohn Iddos
der Künder
über die Judäer, die in Jehuda und Jerusalem waren,
mit dem Namen des Gottes Jifsraels über ihnen.

Alsdann erhoben sich Serubbabel Sohn Schealtiels und Jeschua Sohn Jozedaks
und setzten an, das Haus Gottes, das in Jerusalem, zu bauen,
und bei ihnen waren die Künder Gottes, sie unterstützend.

Zu jener Zeit kam zu ihnen Tattnaj, der Viztum des Jenseit
des Stroms, und Schtar-Bosni und ihre Gefährten,
und so sprachen sie zu ihnen:
»Wer gab Befehl an euch aus, dieses Haus zu bauen und dieses
Gebälk herzustellen?«

Nun sprachen sie solchermaßen zu ihnen:
»Welches sind die Namen der Männer, die diesen Bau bauen?«

Aber das Auge ihres Gottes war über den Ältesten der Judäer,
und nicht tat man ihnen Einhalt, bis ein Bericht an Darius ge-
lange und sodann eine Erklärung darüber zurückkehre.

Kopie des Briefes, den Tattnaj, der Viztum des Jenseit des
Stroms, und Schtar-Bosni und ihre Gefährten, die Perser-
Beamten des Jenseit des Stroms, an den König Darius sand-
ten;
einen Bescheid sandten sie an ihn, und so war drin geschrieben:
»König Darius allen Frieden!

Kund seis ihm, dem König, daß wir in den Gau Jehuda gegangen sind,
zum Haus des großen Gottes,

das wird aus Quaderstein gebaut
und Holz wird in die Wände eingelegt,
und an jenem Werk wird eifrig gewerkt,
und es gelingt unter ihren Händen.
Nun fragten wir diese Alten,
folgendermaßen sprachen wir zu ihnen:
›Wer gab an euch Befehl aus, dieses Haus zu erbauen und
dieses Gebalk herzustellen?‹
Und auch nach ihren Namen fragten wir sie, dirs kundzutun,
indem wir den Namen der Männer aufschreiben, die ihnen zuhäupten sind.
Und folgendermaßen erstatteten sie uns Bericht:
›Wir sind Knechte des Gottes von Himmel und Erde
und erbauen das Haus auf, das viele Jahre vordem gebaut war,
ein großer König von Jifsrael baute und vollendete es,
da aber unsere Väter den Gott des Himmels erzürnten,
gab er sie in die Hand Nebukadnezars Königs von Babel, des
Chaldäers,
der riß dieses Haus nieder und verschleppte das Volk nach Babel.
Im ersten Jahr Cyrus' Königs von Babel jedoch
gab der König Cyrus Befehl aus, dieses Haus zu bauen.
Und auch die Gefäße des Gotteshauses, die goldnen und silbernen, die Nebukadnezar aus der Halle, der in Jerusalem,
geholt und in die Halle von Babel gebracht hatte,
die holte Cyrus aus der Halle von Babel hervor und übergab
sie dem Scheschbazar – so sein Name –, den er als Viztum
eingesetzt hatte,
und sprach zu ihm:
›Diese Gefäße nimm, geh hin, trage sie in die Halle, die in Jerusalem ist,
das Gotteshaus werde an seinem Ort auferbaut.‹
Nun ging jener Scheschbazar, legte die Grundfesten zum
Gotteshaus, das in Jerusalem ist,
und von damals an bis nun wirds gebaut, ist aber nicht fertig
geworden.
Und jetzt, wenn es dem König genehm ist,
werde in den Horthäusern des Königs dortselbst in Babel
nachgeforscht, ob es sich so verhält,

daß vom König Cyrus Befehl ausgegeben ward, jenes Gottes-
    haus in Jerusalem aufzuerbauen,
und das Belieben des Königs dessentwegen möge er an uns
    senden.«

Nun gab König Darius Befehl aus,
und man forschte nach in den Urkundenhäusern, wo man in
    Babel das Gehortete niederzulegen pflegte,
und es fand sich in der Pfalz Ekbatana, die in dem Gau Medien
    ist, eine Rolle,
und so war darauf geschrieben:
»Gedenkwort:
Im ersten Jahre des Königs Cyrus gab König Cyrus Befehl aus:
›Das Gotteshaus in Jerusalem,
das Haus soll auferbaut werden
als der Ort, wo man Schlachtopfer schlachtet,
und seine Grundfesten sollen erhalten werden,
seine Höhe sechzig Ellen,
seine Breite sechzig Ellen,
Schichten von Quadersteinen drei
und eine Holzschicht, –
und die Kosten sollen vom Königshause getragen werden.
Auch die goldnen und silbernen Gefäße, die Nebukadnezar
    aus der Halle, der in Jerusalem, geholt und nach Babel ge-
    bracht hat,
die lasse man zurückkehren,
in die Halle, die in Jerusalem, an seinen Ort solls kommen,
im Gotteshaus legs nieder!‹ –
Nunmehr, Tattnaj, Viztum des Jenseit des Stroms, Schtar-Bos-
    ni und ihre Gefährten, Beamte im Jenseit des Stroms,
bleibt von dort fern!
Gewähren lasset im Werk am Gotteshaus jenen Viztum der
    Judäer und die Ältesten der Judäer,
jenes Gotteshaus sollen an seinem Orte sie auferbauen!
Und Befehl wird von mir ausgegeben,
wie ihr wirken sollt mit diesen Ältesten der Judäer zur Er-
    bauung jenes Gotteshauses.
Aus den königlichen Erträgnissen, von der Steuer des Jenseit
    des Stroms,

genau sollen die Kosten diesen Männern überliefert werden,
  ohne einzuhalten.
Und was nötig ist,
junge Stiere, Widder und Lämmer, dem Gott des Himmels zu
  Darhöhungen,
Weizen, Salz, Wein und Öl nach dem Spruch der Priester, die
  in Jerusalem sind,
geliefert solls ihnen werden Tag um Tag, ungeschmälert,
damit sie dem Himmelsgott zum Geruhen Spenden darnahn
und für das Leben des Königs und seiner Söhne beten. —
Und von mir ist Befehl ausgegeben:
wenn irgend jemand diesen Bescheid antastet,
werde aus seinem Hause ein Balken gerissen
und gepfählt werde er dran geschlagen,
und sein Haus werde zum Abfallshaufen gemacht.
Und der Gott, der dort seinen Namen hat einwohnen lassen,
er stürze alljeden, König und Volk,
der seine Hand streckt, das anzutasten,
jenem Gotteshaus, dem in Jerusalem, zu Schaden.
Ich Darius habe Befehl ausgegeben.
Genau so werde getan!«

Nun taten Tattnaj Viztum des Jenseit des Stroms, Schtar-
  Bosnaj und ihre Gefährten,
sowie König Darius gesandt hatte,
genau dem gemäß.
Und die Ältesten der Judäer bauten und hatten Gelingen
nach der Kündung Chaggajs des Künders und Secharjas Sohns
  Iddos,
sie bauten und vollendeten
auf Befehl des Gottes Jifsraels
und auf Befehl von Cyrus und Darius [und Artaxerxes, König
  von Persien].
Und ausgeführt wurde dieses Haus bis zum dritten Tag des
  Monats Adar,
das war das sechste Jahr der Königschaft des Königs Darius.
Da begingen die Söhne Jifsraels, die Priester und Lewiten und
  die übrigen Söhne der Verschlepptenschaft die Einweihung
  dieses Gotteshauses

in Wonne.

Und zur Einweihung dieses Gotteshauses nahten sie dar Stiere hundert, Widder zweihundert, Lämmer vierhundert

und Ziegenböcke, zur Entsündung über Jifsrael allsamt, zwölf, nach der Zahl der Zweige Jifsraels.

Und sie bestellten die Priester in ihren Gruppen und die Lewiten in ihren Abteilungen

zum Dienste Gottes in Jerusalem

nach der Vorschrift des Buches Mosches,

die Söhne der Verschlepptenschaft hielten das Übersprungsmahl ab am vierzehnten auf die erste Mondneuung.

Denn gereinigt hatten sich die Priester und die Lewiten ineins,

rein sie alle, so metzten sie das Übersprungsopfer für alle Söhne der Verschlepptenschaft und für ihre Brüder, die Priester, und für sich,

sie aßen, die Söhne Jifsraels, die aus der Verschleppung heimgekehrt waren,

und alljeder, der sich abgesondert hatte vom Makeltum der Landesstämme, um IHN den Gott Jifsraels zu suchen,

sie begingen das Fest der Fladen, sieben Tage, in Freude.

Denn erfreut hatte sie ER.

und hatte das Herz des Königs von Assyrien ihnen zugewandt,

ihnen die Hände zu festigen bei der Arbeit am Hause Gottes, des Gottes Jifsraels.

Nach diesen Begebenheiten aber,

unter der Königschaft Artaxerxes' Königs von Persien:

Esra Sohn Sfrajas Sohns Asarjas Sohns Chilkijas Sohns Schallums Sohns Zadoks Sohns Achitubs Sohns Amarjas Sohns Asarjas Sohns Mrajots Sohns Srachjas Sohns Usis Sohns Bukkis Sohns Abischuas Sohns Pinchas' Sohns Eliesers Sohns Aharons des Hauptpriesters, –

dieser Esra zog von Babel herauf.

Er war ein Schriftkundiger,

beflissen der Weisung Mosches,

die ER, der Gott Jifsraels, gegeben hatte.

Und da SEINE, seines Gottes, Hand über ihm war,

gab der König ihm all sein Begehr.

[Es zogen aber herauf von den Söhnen Jifsraels und von den

Priestern und den Lewiten und den Sängern und den Torleuten und den Hingegebnen

nach Jerusalem im siebenten Jahr des Königs Artaxerxes.]

Er kam nach Jerusalem in der fünften Mondneuung,

das war das siebente Jahr des Königs.

Denn zum ersten auf die erste Mondneuung bestimmte er den
Hinaufruf von Babel,

und am ersten auf die fünfte Mondneuung kam er nach Jerusalem,

da die gütige Hand seines Gottes über ihm war.

Denn Esra hatte sein Herz drauf gerichtet,

SEINE Weisung zu erforschen und zu betätigen

und in Jifsrael Satzung und Recht zu lehren.

Und dies ist eine Kopie der Erklärung, die der König Artaxerxes Esra, dem Priester, dem Schriftkundigen, übergab,

Schriftkundigen in den Reden SEINER Gebote und seiner Satzungen an Jifsrael:

»Artaxerxes, König der Könige,

an Esra, den Priester, den Schriftkundigen im Gesetze des
Himmelsgottes, und so fort:

... Und nun,

von mir ist Befehl ausgegeben,

daß allwer in meinem Königtum, vom Volke Jifsrael, seinen
Priestern und Lewiten, willig ist, mit dir nach Jerusalem zu
gehn, gehn möge,

alldieweil du von seiten des Königs und seiner sieben Räte gesandt bist,

Jehuda und Jerusalem nach dem Gesetz deines Gottes, das dir
zuhanden ist, zu untersuchen

und Silber und Gold hinzubringen, das der König und seine
Räte willigten für den Gott des Himmels, dessen Wohnung
in Jerusalem ist,

und alles Silber und Gold, das sich dir in all dem Gau Babel
findet,

samt der Willigung des Volks und der Priester, die sie für das
Gotteshaus, das in Jerusalem ist, willigen.

All dem gemäß sollst für dieses Gold du genau Stiere, Widder,
Lämmer und deren Hinleitspenden und deren Güsse erwerben

und sollst sie auf der Schlachtstatt des Hauses eures Gottes, das
　　in Jerusalem ist, darnahn.

Und was dir und deinen Brüdern gutdünkt mit dem übrig-
　　bleibenden Silber und Gold zu tun, mögt nach dem Belie-
　　ben eures Gottes ihr tun.

Und die Gefäße, die dir für den Dienst im Haus deines Gottes
　　übergeben werden, liefre ab vor dem Gotte Jerusalems.

Und den übrigen Bedarf des Hauses deines Gottes, den zu ge-
　　ben dir zufällt,

sollst hergeben du aus dem Horthaus des Königs.

Und von mir, König Artaxerxes, ist Befehl ausgegeben an alle
　　Schatzmeister im Jenseit des Stroms,

daß alles, was Esra, der Priester, der Schriftkundige, im Ge-
　　setz des Himmelsgottes von euch verlangt, genau geleistet
　　werde,

bis zu hundert Scheiben Silbers und bis zu hundert Malter
　　Weizens und bis zu hundert Schaff Weins und bis zu hun-
　　dert Schaff Öls und Salz ohne Vorschrift.

Alles, was Befehl des Himmelsgottes ist, werde eifrig für das
　　Haus des Himmelsgottes geleistet, damit nicht Grimm sei
　　überm Königtum des Königs und seiner Söhne.

Und euch sei kund, daß nicht gestattet ist, all den Priestern und
　　Lewiten, Sängern, Torleuten, Hingegebnen und Dienern
　　dieses Gotteshauses Steuer, Zins und Zoll aufzuerlegen.

Du aber, Esra,

nach der Weisheit deines Gottes, die dir zuhanden ist, setze
　　Urteilsprecher und Richter ein,

die sollen all das Volk im Jenseit des Stromes richten,

alle, die das Gesetz deines Gottes kennen,

und wers nicht kennt, dem macht es kund!

Alljeder aber, der nicht nach dem Gesetz eures Gottes und
　　dem Gesetz des Königs tut, das Recht werde an ihm dar-
　　getan,

ob zu Tod, ob zu Verbannung, ob zu Geldstrafe, ob zu Kerker!«

Gesegnet ER, der Gott unsrer Väter,

der solches dem König ins Herz gab,

SEIN Haus, das in Jerusalem ist, zu verherrlichen,

und mir von dem König und seinen Räten und allen Obern
　　des Königs, den Mächtigen, Huld zuneigte!

Ich aber, ich erstarkte, da SEINE, meines Gottes, Hand über
mir war,
und sammelte Häupter aus Jifsrael, mit mir hinaufzuziehn.

Und dies sind die Häupter ihrer Vaterschaften und ihre Zugehörigkeit, die mit mir unter der Königschaft des Königs
Artaxerxes aus Babel heraufgezogen sind:
Von den Söhnen Pinchas': Gerschom,
von den Söhnen Itamars: Daniel,
von den Söhnen Dawids: Chattusch,
von den Söhnen Schchanjas, von den Söhnen Paroschs: Secharja, und bei ihm eingetragen an Männlichen hundertfünfzig,
von den Söhnen Pachat-Moabs: Eljehoejnaj Sohn Srachjas und
bei ihm zweihundert, die Männlichen,
von den Söhnen...: Schchanja Sohn Jachasiels und bei ihm
dreihundert, die Männlichen,
und von den Söhnen Adins: Ebed Sohn Jonatans und bei ihm
fünfzig, die Männlichen,
und von den Söhnen Ejlams: Jeschaja Sohn Ataljas und bei ihm
siebzig, die Männlichen,
und von den Söhnen Schfatjas: Sbadja Sohn Michaels und
bei ihm achtzig, die Männlichen,
von den Söhnen Joabs: Obadja Sohn Jechiels und bei ihm
zweihundertachtzehn, die Männlichen,
und von den Söhnen...: Schlomit Sohn Jofsifjas und bei ihm
hundertsechzig, die Männlichen,
und von den Söhnen Bebajs: Secharja Sohn Bebajs und bei
ihm achtundzwanzig, die Männlichen,
und von den Söhnen Asgads: Jochanan Sohn Hakkatans und
bei ihm hundertzehn, die Männlichen,
und von den Söhnen Adonikams die Späteren, und dies sind
ihre Namen: Elifalet, Jeiel und Schmaja und bei ihnen sechzig, die Männlichen,
und von den Söhnen Bigwajs: Uttaj und Sabbud und bei ihnen siebzig, die Männlichen.
Ich sammelte sie an den Stromarm, der in den Ahawa kommt,
und wir lagerten dort drei Tage.

Ich vermerkte das Volk und die Priester, aber von den Söhnen
　　Lewis fand ich dort nichts.

Ich entsandte Elieser, Ariel, Schmaja, Elnatan, Jarib, Natan,
　　Secharja und Meschullam, die Häupter, und Jojarib und
　　Elnatan, die Merker,

und entbot sie an Iddo, das Haupt an der Stätte Kafsifja, und
　　legte ihnen Rede in den Mund, sie an Iddo, seine Brüder,
　　die Hingegebnen, an der Stätte Kafsifja zu reden,

uns Diener für das Haus unseres Gottes kommen zu lassen.

Sie ließen uns, da die gütige Hand unsres Gottes über uns
　　war, verständige Mannschaft kommen,

von den Söhnen Machlis Sohns Lewis Sohns Jifsraels und
　　Scherebja und seine Söhne und seine Brüder, achtzehn, und
　　Chaschabja und mit ihm Jeschaja von den Söhnen Mraris,
　　seine Brüder und ihre Söhne, zwanzig,

und von den Hingegebnen, die gegeben hatte Dawid und die
　　Obern für die Arbeit bei den Lewiten, an Hingegebnen
　　zweihundertundzwanzig,

sie alle waren mit Namen bezeichnet.

Ich rief dort, am Stromarm Ahawa, ein Fasten aus,

uns zu kasteien vor unserm Gott,

bei ihm für uns, unsre Kinder und all unsre Habe um einen
　　graden Weg anzusuchen,

denn geschämt hatte ich mich, von dem König Heer und Rei-
　　ter, uns zu Hilfe, vor dem Feind unterwegs, zu erbitten,

denn gesprochen hatten wir zum König, im Spruch:

»Die Hand unsres Gottes ist über allen, die ihn suchen, zum
　　Guten

und seine Gewalt und sein Zorn über allen, die ihn verlassen.«

Wir fasteten und suchten bei unserm Gott darum an,

und er ließ sich uns erflehn.

Ich sonderte von den Obern der Priester zwölf ab: Scherebja,
　　Chaschabja und mit ihnen zehn von ihren Brüdern

und wog ihnen das Silber und das Gold und die Geräte dar,
　　die Hebe fürs Haus unsres Gottes,

die der König und seine Räte und seine Obern und alle, die
　　sich von Jifsrael fanden, erhoben hatten,

ich wog auf ihre Hand dar

an Silber sechshundertundfünfzig Scheiben

und an Silbergeräten hundert in Scheiben,

Gold ein Scheibenhundert

und goldener Becher zwanzig, tausend Dareiken an Wert, und
Geräte von rotglänzend feinem Kupfer, zwei, kostbar wie
Gold.

Und ich sprach zu ihnen:

»Geheiligtes seid ihr IHM,

und die Geräte sind Geheiligtes,

und das Silber und das Gold, Willigung ists für IHN, den Gott
eurer Väter.

Wachet und wahret,

bis ihrs darwägt vor den Obern der Priester und der Lewiten
und den Obern der Vaterschaften Jisraels in Jerusalem, in
die Lauben SEINES Hauses.«

Und die Priester und die Lewiten empfingen das Gewicht des
Silbers und des Goldes und der Geräte,

sie nach Jerusalem, nach dem Haus unsres Gottes kommen zu
lassen.

Wir aber brachen vom Stromarm Ahawa auf am zwölften auf
die erste Mondneuung, nach Jerusalem zu gehn.

Und die Hand unsres Gottes war über uns,

er rettete uns vor der Faust des Feindes und des Lauerers unterwegs.

Wir kamen nach Jerusalem und weilten dort drei Tage,

am vierten Tage aber wurde dargewogen das Silber, das Gold
und die Geräte im Haus unsres Gottes

zuhanden Mramots Sohns Urijas, des Priesters – und bei ihm
war Elasar Sohn Pinchas' und bei ihnen waren Josbad Sohn
Jeschuas und Noadja Sohn Binnujs, die Lewiten –,

nach Zahl und Gewicht allsamt, und alles Gewicht wurde zu
jener Frist aufgeschrieben.

Die aus der Gefangenschaft Gekommnen, die Söhne der Verschlepptenschaft nahten Darhöhungen dem Gotte Jisraels
dar,

Stiere zwölf für alles Jisrael, Widder sechsundneunzig, Lämmer siebenundsiebzig, Böcke zur Entsündung zwölf,

all das eine Darhöhung IHM.

Sie übergaben die Verfügungen des Königs den Satrapen des
Königs und den Viztumen des Jenseit des Stroms,

und die unterstützten das Volk und das Gotteshaus.

Als dies aber beendet war, traten die Obern zu mir, sprechend:
»Nicht haben sich abgesondert das Volk Jifsrael und die Priester und die Lewiten von den Völkern der Länder,
deren Greueln gemäß,
dem Kanaaniter, dem Chetiter, dem Prisiter, dem Jebufsiter,
dem Ammoniter, dem Moabiter, dem Ägypter und dem
Amoriter,
denn sie haben von ihren Töchtern für sich und für ihre Söhne
genommen
und haben sich, Same der Heiligung, vermischt mit den Völkern der Länder,
und die Hand der Obern und Präfekten war in dieser Untreue
voran.«
Als ich diese Rede hörte,
zerriß ich mein Kleid und meinen Mantel
und raufte das Haar meines Hauptes und meines Bartes, und
ich setzte mich nieder, betäubt.
Und zu mir gesellten sich alle, die der Rede des Gottes Jifsraels
entgegenbeben um die Untreue der Verschlepptenschaft,
und ich saß da, betäubt, bis zur Hinleitspende des Abends.
Bei der Spende des Abends aber erhob ich mich von meiner
Kasteiung, dazu ich mein Kleid und meinen Mantel zerrissen hatte,
ich beugte meine Knie,
ich breitete meine Hände IHM meinem Gotte zu
und sprach:
»Mein Gott,
schämen muß ich mich und erröten,
zu dir, mein Gott, mein Antlitz zu erheben.
Denn unsre Verfehlungen wachsen uns übers Haupt,
und unsre Schuld ward groß, bis an den Himmel.
Seit den Tagen unsrer Väter sind wir in großer Schuld bis auf
diesen Tag,
und um unsre Verfehlungen wurden wir, unsre Könige, unsre
Priester in die Hand der Könige der Länder gegeben
zu Schwertschlag, zu Verschleppung, zu Plünderung und zu
Beschämung des Antlitzes,

wies an diesem Tag ist.

Und jetzt, einen geringen Nu erst war ein Gunsterweis von
  IHM unserm Gotte her,
uns ein Entronnenes übrig zu lassen
und uns einen Zeltpflock zu geben am Ort seiner Heiligung,
daß unser Gott uns die Augen erleuchtete
und uns ein Geringes an Belebung in unsrer Knechtschaft gab
– denn Knechte sind wir,
aber in unserer Knechtschaft hat uns Gott nicht verlassen,
er hat uns Huld zugeneigt von den Königen Persiens her,
uns eine Belebung zu geben,
um das Haus unsres Gottes aufzurichten
und seine Trümmer wieder zu erstellen,
und einen Schutzwall uns in Jehuda und in Jerusalem zu geben –,
und jetzt,
was können wir, unser Gott, nach diesem sprechen!
Wir haben ja deine Gebote verlassen,
die du durch deine Knechte, die Künder, entboten hast, sprechend:
›Das Land, das zu ererben ihr kommt,
ein beflecktes Land ists durch die Befleckung der Völker der
  Länder,
durch ihre Greuel, mit denen sie in ihrer Makelhaftigkeit es
  von Rand zu Rand füllten,
und jetzt, gebt nimmer eure Töchter ihren Söhnen
und ihre Töchter nehmt nimmer für eure Söhne!
Und sucht nicht ihren Frieden und ihr Gutes, auf immer,
damit ihr stark werdet und das Gut des Landes genießet und es
  euren Söhnen vererbet, auf immer!‹
Und nach allem, was ob unsrer bösen Taten und ob unsrer
  großen Schuld über uns gekommen ist
– denn du, unser Gott, hast noch geschont, unterhalb unsrer
  Verfehlungen, und hast uns solch ein Entronnenes gegeben –,
wollen wir wieder deine Gebote sprengen
und uns mit den Völkern dieser Greuel verschwägern!
Mußt du nicht bis zum Garaus uns zürnen,
daß kein Überrest und kein Entronnenes bleibt?
DU, Gott Jiſsraels,

bewahrheitet bist du,
denn als ein Entronnenes sind wir übriggeblieben,
wies an diesem Tag ist, –
da sind wir vor dir in unsern Verschuldungen,
ist ja bei diesem kein Bestehen vor dir!«

Als aber Esra betete und bekannte, weinend niedergeworfen
    vorm Hause Gottes,
sammelte sich auf ihn zu eine sehr große Gemeinschaft aus
    Jifsrael, Männer und Frauen und Kinder,
denn geweint hatten sie, das Volk, ein großes Weinen.
Und Schchanja Sohn Jechiels, von den Söhnen Elams hob an,
    er sprach zu Esra:
»Untreue haben wir an unserem Gotte geübt,
daß wir fremdbürtige Frauen, von den Völkern des Landes,
    heimgeführt haben.
Und jetzt – ein Hoffen west darob für Jifsrael –,
und jetzt, schließen wir einen Bund auf unsern Gott zu,
hinwegzuschaffen all die Frauen und das von ihnen Geborne,
nach dem Rat meines Herrn und ihrer, die dem Gebot unsres
    Gottes entgegenbeben,
und der Weisung gemäß werde getan!
Steh auf, denn dir liegt die Sache ob,
und wir sind mit dir,
sei stark und tu!«
Esra stand auf,
er ließ die Obern der Priester, der Lewiten und all Jifsraels
    schwören, dieser Rede gemäß zu tun,
und sie schwuren.
Esra war von da, vor dem Gotteshaus, aufgestanden,
er ging in die Laube Jehochanans Sohns Eljaschibs.
Er ging dorthin, Brot aß er nicht und Wasser trank er nicht,
denn er trauerte über die Untreue der Verschlepptenschaft.
Man ließ einen Ruf erschallen in Jehuda und Jerusalem an alle
    Söhne der Verschlepptenschaft, sich in Jerusalem zu ver-
    sammeln,
und alljeder, der nicht binnen drei Tagen dem Ratschluß der
    Obern und der Ältesten gemäß käme,

seine Habe sollte gebannt werden und er ausgeschieden von
 der Gemeinschaft der Verschleppten.

Da versammelten sich alle Männer von Jehuda und Binjamin
 nach Jerusalem binnen drei Tagen,

das ist die neunte Mondneuung, am zwanzigsten auf die Neuung.

Sie saßen, alles Volk, auf dem Platz des Hauses Gottes,

zitternd der Sache halber und von den Regengüssen.

Da stand Esra der Priester auf und sprach zu ihnen:

»Untreue habt ihr geübt,

daß ihr heimführtet fremdbürtige Frauen,

der Schuld Jifsraels noch hinzuzufügen.

Und jetzt,

gebt Lob IHM, dem Gott eurer Väter,

und tut seinen Willen

und sondert euch ab von den Völkern des Lands und von den
 fremdbürtigen Frauen.«

Da entgegneten sie, all die Gemeinschaft, und sprachen mit
 lauter Stimme:

»Ja,

deiner Rede gemäß liegt es uns ob zu tun.

Jedoch des Volks ist viel,

und es ist Regenzeit,

und wir haben nicht Kraft, draußen zu stehn,

und nicht für einen Tag und nicht für zwei ist das ein Werk,

denn vielfach abtrünnig sind wir in dieser Sache gewesen.

So mögen denn unsre Obern vortreten für all die Gemeinschaft,

und alljeder, in unseren Städten, der fremdbürtige Frauen
 heimgeführt hat, komme zu festgesetzten Zeiten

und mit ihnen die Ältesten von Stadt um Stadt und deren
 Richter,

bis daß das Flammen des Zorns unsres Gottes um diese Sache
 hinweg von uns fahre.«

Bloß Jonatan Sohn Afsaels und Jachseja Sohn Tikwas traten
 dawider auf, und Meschullam und Schabtaj der Lewit halfen
 ihnen.

Aber die Söhne der Verschlepptenschaft taten so, und ausgesondert wurden von Esra dem Priester Männer, Häupter der

Vaterschaften, nach ihren Vaterhäusern, sie alle mit Namen,

sie saßen nieder am ersten Tag auf die zehnte Mondneuung,
die Sache zu untersuchen,

und fertig wurden sie mit allen Männern, die fremdbürtige
Frauen heimgeführt hatten, bis zum ersten Tag auf die erste
Neuung.

Es fand sich unter den Priestersöhnen, die fremdbürtige Frauen
heimgeführt hatten:

von den Söhnen Jeschuas Sohns Jozedeks und seinen Brüdern:
Maaſsija und Elieser und Jarib und Gdalja.

Sie gaben ihre Hand drauf, ihre Frauen hinwegzuschaffen, und
Schuldbuße war ihnen ein Schafbock für ihre Schuld.

Und von den Söhnen Immers: Chanani und Sbadja.

Und von den Söhnen Charims: Maaſsija und Elija und Schmaja und Jechiel und Usija.

Und von den Söhnen Paschchurs: Eljoejni, Maaſsija, Jischmael,
Ntanel, Josbad und Elaſsa.

Und von den Lewiten: Josbad und Schimi und Kelaja – das ist
Klita –, Ptachja, Jehuda und Elieser.

Und von den Sängern: Eljaschib.

Und von den Torleuten: Schallum und Telem und Uri.

Und von Jiſsrael:

von den Söhnen Paroschs: Ramja und Jisija und Malkija und
Mijamin und Elasar und Malkija und Bnaja,

und von den Söhnen Elams: Mattanja, Secharja und Jechiel
und Abdi und Jeremot und Elija,

und von den Söhnen Sattas: Eljoeni, Eljaschib, Mattanja und
Jeremot und Sabad und Asisa,

und von den Söhnen Bebajs: Jehochanan, Chananja, Sabbaj,
Atlaj,

und von den Söhnen Banis: Meschullam, Malluch und Adaja,
Jaschub und Schaal und Ramot,

und von den Söhnen Pachat-Moabs: Edna und Klal, Bnaja,
Maaſsija, Mattanja, Bezalel und Binnuj und Mnasche,

und Söhne Charims: Elieser, Jischschija, Malkija, Schmaja,
Schimon, Binjamin, Malluch, Schmarja,

von den Söhnen Chaschums: Mattnaj, Mattatta, Sabad, Elifalet, Jeremaj, Mnasche, Schimi,

von den Söhnen Banis: Maadaj, Amram und Uel, Bnaja,
Bedja, Kluhu, Wanja, Mramot, Eljaschib, Mattanja, Matt-
naj und Jafsaj und Bani und Binnuj, Schimi und Schelemja
und Natan und Adaja, Machnadbaj, Schaschaj, Scharaj,
Asarel und Schelemjahu, Schmarja, Schallum, Amarja,
Jofsef,
von den Söhnen Nbos: Jeiel, Mattatja, Sbad, Sbina, Jaddaj und
Joel, Bnaja.
Alle diese hatten fremdbürtige Frauen genommen, und unter
ihnen gabs Frauen, die Kinder eingebracht hatten.

DAS BUCH

NECHEMJA

Reden Nechemjas Sohns Hachlajas.

Es geschah in der Mondneuung Kislew des zwanzigsten Jahrs
— ich, in der Pfalz Schuschan war ich —,
da kam Chanani, einer meiner Brüder, er und Männer von
  Jehuda.
Ich befragte sie über die Judäer, das Entronnene, sie die von
  der Gefangenschaft überblieben waren, und über Jerusalem.
Sie sprachen zu mir:
»Die Überbliebnen, sie die von der Gefangenschaft überblieben, sind dort in dem Gau in großem Übelstand und in
  Schmach,
die Mauer Jerusalems ist in Breschen, und seine Tore sind im
  Feuer verbrannt.«
Es geschah, als ich diese Rede hörte:
ich saß nieder und weinte und trauerte tagelang,
so war ich, fastend und betend, vorm Gott des Himmels.
Ich sprach:
»Ach, DU, Gott des Himmels, großer und furchtbarer Gottherr,
wahrend den Bund und die Huld denen, die ihn lieben und die
  seine Gebote wahren!
Sei doch aufmerkend dein Ohr und deine Augen offen,
zu hören auf das Gebet deines Knechts, das ich heuttags vor
  dir Tag und Nacht für die Söhne Jifsraels, deine Knechte,
  bete
und bekenne die Sünden der Söhne Jifsraels, die an dir wir gesündigt haben,
auch ich und das Haus meines Vaters, wir haben gesündigt,
geschädigt haben wir, geschädigt vor dir,
nicht gewahrt haben wir die Gebote, die Satzungen und die
  Rechtsgeheiße,
die du Mosche, deinem Knechte, entboten hast.
Gedenke doch der Rede, die du Mosche deinem Knechte entboten hast, sprechend:
›Ihr, übt Untreue ihr, verstreue ich euch, ich, unter die Völker.
Kehrt ihr aber zu mir um, wahrt meine Gebote und tut sie,

ob ihr an den Rand des Himmels verstoßen wäret, von dort
     sammle ich euch ein
und lasse euch kommen an den Ort, den ich wählte, meinen
     Namen dort einwohnen zu lassen.‹
Sie sind ja deine Knechte,
dein Volk, das du mit deiner großen Kraft, mit deiner starken
     Hand losgemacht hast!
Ach, mein Herr,
sei doch dein Ohr merkend auf das Gebet deines Knechts
und auf das Gebet deiner Knechte,
die deinen Namen zu fürchten begehren,
und lasse heut doch deinem Knecht es gelingen
und gib ihm Erbarmen vor diesem Mann!«
Ich war aber, ich, Mundschenk des Königs.

Es geschah in der Mondneuung Nissan, im zwanzigsten Jahr
     des Königs Artaxerxes:
Wein war vor seinem Antlitz,
ich trug den Wein auf und gab dem König,
und ihm ins Antlitz sah ich nicht übel drein,
aber der König sprach zu mir:
»Weshalb sieht dein Antlitz übel aus?
du bist doch nicht krank!
das ist nichts als ein Übel des Herzens!«
Da fürchtete ich mich gar sehr.
Ich sprach zum König:
»Der König, in Weltzeit lebe er!
Weshalb sollte mein Antlitz nicht übel aussehn!
ist ja die Stadt, das Gräberhaus meiner Väter, verödet,
und ihre Tore sind vom Feuer verzehrt worden!«
Der König sprach zu mir:
»Was suchst du dir also an?«
Da betete ich zum Gotte des Himmels,
und ich sprach zum König:
»Dünkt es den König gut,
und läßt dein Knecht dir vorm Antlitz sich gut an,
– daß du mich doch sendetest nach Jehuda, nach der Stadt der
     Gräber meiner Väter,
damit ich sie auferbaue!«

Der König sprach zu mir
– die Gemahlin saß ihm aber zur Seite –:
»Bis wann soll deine Reise sich hinziehn,
und wann kehrst du zurück?«
Gut wars vorm Antlitz des Königs, daß er mich sende.
Ich gab ihm eine Frist an
und sprach zum König:
»Dünkt es den König gut,
möge man mir Briefe an die Viztume im Jenseit des Stromes
  ᐧ geben,
daß sie mich hindurchlassen, bis daß ich nach Jehuda komme,
und einen Brief an Aſsaf, den Forstmeister des Königs,
daß er mir Holz gebe, die Pfalztore, die am Hause, zu bälken,
  und für die Mauer der Stadt und für das Haus, in das ich
  kommen soll.«
Der König gab mirs,
da die gute Hand meines Gottes über mir war.
Ich kam zu den Viztumen ins Jenseit des Stroms und übergab
  ihnen die Briefe des Königs, –
der König aber hatte mit mir Heeresobre und Reiter entsandt.
Als Sſanballat, der Choroniter, und Tobija, der ammonitische
  Knecht, davon hörten,
erschien es ihnen übel, groß übel,
daß ein Mensch gekommen war, für die Söhne Jiſsraels Gutes
  zu suchen.
Ich kam aber nach Jerusalem, und ich war dort drei Tage gewesen,
da stand ich nachts auf, ich und wenige Männer mit mir
– denn ich hatte keinem Menschen gemeldet, was mein Gott
  mir ins Herz gab für Jerusalem zu tun –,
auch kein Tier war mit mir, außer dem Tier, auf dem ich ritt.
Ich zog nachts zum Schluchttor hinaus, auf den Drachenquell
  zu und zum Misttor,
und ich betrachtete die Mauern Jerusalems, die in Breschen,
  und seine vom Feuer verzehrten Tore.
Ich ging hinüber zum Quelltor und zum Königstor,
und da war kein Platz für das Tier unter mir weiter zu gehn.
So stieg ich nachts das Bachbett hinan, ich betrachtete die
  Mauer,

ich kehrte wieder um und kam wieder ans Schluchttor.

Die Präfekten wußten aber nicht, wohin ich gegangen war
und was ich tat,

den Judäern, den Priestern, den Edeln, den Präfekten und den
sonstigen Amtsführern hatte ich nämlich bisher nichts
vermeldet.

Ich sprach zu ihnen:

»Ihr seht den Übelstand, in dem wir sind,

daß Jerusalem verödet ist und seine Tore im Feuer verbrannt
sind, –

geht dran, erbaun wollen wir die Mauer Jerusalems,

daß wir nicht mehr eine Schmach seien!«

Ich vermeldete ihnen, wie die Hand Gottes gut über mir
ist, und auch die Rede des Königs, die er zu mir sprach.

Da sprachen sie:

»Machen wir uns auf und baun wir!«

Und sie festigten ihre Hände zum Guten,

Als aber Sſanballat, der Choroniter, und Tobija, der ammonitische Knecht, davon hörten,

höhnten sie uns und spotteten unser,

sie sprachen:

»Was für eine Sache ist das, was ihr tut?

Ihr wollt euch wohl gegen den König empören?«

Ich erstattete ihnen Antwort, ich sprach zu ihnen:

»Der Gott des Himmels,

er wirds uns gelingen lassen.

Wir, seine Knechte, machen uns auf und bauen,

ihr aber habt keinen Anteil noch Anspruch noch Gedächtnis
in Jerusalem.«

Eljaschib, der Großpriester, machte sich auf, und seine Brüder, die Priester,

und sie bauten das Schaftor,

sie sinds, die es heiligten und seine Türflügel einsetzten,

bis an den Hundertturm heiligten sie es, bis an den Turm
Chananels.

Ihm zuseiten bauten die Männer von Jericho, und ihm zuseiten
baute Sakkur Sohn Imris.

Das Fischtor aber bauten die Söhne Haſsnaas,

sie sinds, die es bälkten und seine Türflügel, seine Schlösser und seine Riegel einsetzten.

Ihnen zuseiten festigte Mramot Sohn Urijas Sohns Hakozs.

Ihnen zuseiten festigte Meschullam Sohn Brechjas Sohns Meschesabels.

Ihnen zuseiten festigte Zadok Sohn Baanas.

Ihnen zuseiten festigten die Tekoiter, aber ihre Vornehmen ließen ihren Hals nicht in den Dienst ihres Herrn kommen.

Das Tor der Altstadt festigten Jojada Sohn Paſsachs und Meschullam Sohn Beſsodjas, sie sinds, die es bälkten und seine Türflügel, seine Schlösser und seine Riegel einsetzten.

Und ihnen zuseiten festigte Mlatja der Giboniter und Jadon der Meronotiter, die Männer von Gibon und Mizpa, vom Stuhl des Viztums jenseit des Stroms.

Ihm zuseiten festigte Usiel Sohn Charhajas, Goldschmiede,

und ihm zuseiten festigte Chananja, der Sohn der Salbenreiber, sie pflasterten Jerusalem bis an die Breite Mauer.

Ihnen zuseiten festigte Rfija Sohn Churs, Obrer eines Halbbezirks von Jerusalem.

Ihnen zuseiten festigte Jedaja Sohn Charumafs, und seinem Haus gegenüber.

Ihm zuseiten festigte Chattusch Sohn Chaschbanjas.

Eine zweite Strecke festigte Malkija Sohn Charims und Chaschschub Sohn Pachat-Moabs, und den Ofenturm.

Ihm zuseiten festigte Schallum Sohn Halocheschs, Obrer eines Halbbezirks von Jerusalem, er und seine Töchter.

Das Schluchttor festigte Chanun und die Insassen von Sanuach, sie sinds, die es bauten und seine Türflügel, seine Schlösser und seine Riegel einsetzten, und tausend Ellen an der Mauer bis ans Misttor.

Das Misttor festigte Malkija Sohn Rechabs, Obrer des Bezirks von Bet-hakerem, er ists, der es baute und seine Türflügel, seine Schlösser und seine Riegel einsetzte.

Das Quelltor festigte Schallun Sohn Kol-Choses, Obrer des Bezirks von Mizpa, er ists, der es baute und es überdachte und seine Türflügel, seine Schlösser und seine Riegel einsetzte,

dazu die Mauer des Schelach-Teichs am Königsgarten bis an die Stufen, die von der Dawidstadt hinabführen.

Nach ihm festigte Nechemja Sohn Asbuks, Obrer eines Halbbezirks von Bet-Zur bis gegenüber den Dawidsgräbern und bis
an den angelegten Teich und bis ans Haus der Heldenwehr.

Nach ihm festigten die Lewiten, Rehum Sohn Banis.

Neben ihm festigte Chaschawja, Obrer eines Halbbezirks
von Keïla, für seinen Bezirk.

Nach ihm festigten ihre Brüder, Bawwaj Sohn Henadads,
Obrer eines Halbbezirks von Keïla.

Es festigte ihm zuseiten Eser Sohn Jeschuas, Obrer des Bezirks
von Mizpa, eine zweite Strecke, gegenüber dem Aufstieg
zum Rüstzug am Winkel.

Nach ihm, entflammt, festigte Baruch Sohn Sakkajs eine zweite Strecke, vom Winkel bis an den Einlaß des Hauses Eljaschibs des Großpriesters.

Nach ihm festigte Mramot Sohn Urijas Sohns Hakozs eine
zweite Strecke, vom Einlaß des Hauses Eljaschibs bis ans Ende des Hauses Eljaschibs.

Nach ihm festigten die Priester, die Männer des Kreises.

Danach festigte Binjamin und Chaschschub gegenüber ihrem
Haus.

Nach ihm festigte Asarja Sohn Maafsijas Sohns Ananjas, neben seinem Haus.

Nach ihm festigte Binnuj Sohn Hanadads eine zweite Strecke,
vom Haus Asarjas bis an den Winkel und bis an die Ecke,

Palal Sohn Usajs gegenüber dem Winkel und dem Turm, der
von dem Höchstteil des Königshauses vorspringt, dem am
Wachthof.

Nach ihm Pdaja Sohn Paroschs.

[Die Hingegebnen aber waren ansässig auf dem Bühl bis gegenüber dem Wassertor nach Osten und an den vorspringenden Turm.]

Nach ihm festigten die Tekoïter eine zweite Strecke, gegenüber dem großen vorspringenden Turm bis an die Bühl-
mauer.

Oberhalb des Roßtors festigten die Priester, jedermann seinem Haus gegenüber.

Danach festigte Zadok Sohn Immers seinem Haus gegenüber,
und nach ihm festigte Schmaja Sohn Schchenjas, Hüter des
Osttors.

Nach ihm festigte Chananja Sohn Schelemjas und Chanun
    Sohn Zalafs, der sechste, eine zweite Strecke.
Nach ihm festigte Meschullam Sohn Berechjas, seiner Zelle
    gegenüber.
Nach ihm festigte Malkija, ein Sohn der Goldschmiedschaft,
    bis ans Haus der Hingegebnen und der Krämer, dem Tor
    der Musterung und bis ans Hochgemach der Ecke.
Zwischen dem Hochgemach der Ecke aber und dem Schaftor
    festigten die Goldschmiede und die Krämer.

Es geschah aber,
als Sfanballat hörte, daß wir die Mauer bauten, entflammte er,
    sehr verdroß es ihn,
und er verhöhnte die Judäer.
Er sprach vor seinen Brüdern und dem Heer von Samaria,
    sprach:
»Was treiben die elenden Judäer?
Sie wollen wohl drauf los pflastern?
wollen wohl schon opferschlachten?
wollens wohl noch heuttags fertigmachen?
wollen wohl aus den Schutthaufen die Steine, die ja verbrannt
    sind, beleben?«
Und Tobija der Ammoniter, neben ihm, sprach:
»Was sie da gar zusammenbaun!
Springt ein Fuchs drüber, reißt er ihre Steinmauer ein!«
– Höre, unser Gott,
wie wir ein Gespött worden sind!
Laß ihre Schmähung auf den Kopf ihnen kehren!
Gib sie der Plünderung in einem Land der Gefangenschaft hin!
Nimmer hülle ihre Verfehlung und ihre Versündigung vor
    deinem Antlitz!
Nimmer lösche es aus!
Denn dich wollen sie, den Bauleuten zugegen, verdrießen.
Wir aber bauen die Mauer fort,
Und schon hat sich all die Mauer bis an die halbe Höhe zu-
    sammengefügt.
Dem Volk ist ein Herz geworden, es zu tun.

Es geschah aber,

als Sanballat hörte und Tobija und die Araber und die Am-
    moniter und die Aschdoditer,
daß die Wundhaut zuwächst für die Mauern Jerusalems,
denn die Breschen hatten sich zu schließen begonnen,
entflammte es sie sehr.
Sie verknoteten sich alle miteinander,
heranzukommen, Jerusalem zu bekriegen und einen Wirr-
    warr drin zu bewirken.
Da beteten wir zu unserem Gott
und stellten ihretwegen Wache gegen sie auf, tags und nachts.
Aber Jehuda sprach:
»Die Kraft des Trägers wankt,
des Schuttes ist überviel,
und wir da, wir vermögens nicht,
an der Mauer zu bauen.«
Und unsre Bedränger sprachen:
»Sie sollen nichts erkennen,
sie sollen nichts sehn,
bis wir mitten unter sie kommen
und sie erwürgen
und verabschieden die Arbeit.«
Es geschah aber,
als die Judäer, die neben ihnen ansässig waren, zehnmal zu uns
    kamen und zu uns sprachen: »Von allen Orten, wohin ihr
    euch kehrt, wider uns...!«,
stellte ich unten an den Platz hinter der Mauer, in die Gräben,
    da stellte ich Volk auf nach ihren Sippen
mit ihren Schwertern, ihren Lanzen und ihren Bogen.
Ich besahs und sprach zu den Edeln und zu den Präfekten und
    zu dem sonstigen Volk:
»Fürchtet euch nimmer vor ihnen!
Des Herrn, des großen und furchtbaren, gedenkt
und streitet für eure Brüder, eure Söhne und eure Töchter,
    eure Frauen und eure Häuser!«
Und es geschah,
als unsre Feinde hörten, daß es uns kund worden war,
vereitelte Gott ihren Ratschluß,
und alle kehrten wir zurück an die Mauer,
jedermann zu seiner Arbeit.

Es geschah von jenem Tag an:

die Hälfte meiner Knappen taten die Arbeit, und die Hälfte
    von ihnen, fest hielten sie die Lanzen, die Schilde, die Bogen,
    die Panzer,

die Obern aber waren hinter allem Hause Jehudas, denen, die
    an der Mauer bauten.

Und die an der Traglast schleppten, waren ausgerüstet,

mit einer Hand tat der die Arbeit,

und eine hielt die Waffe fest.

Und die Bauenden hatten jedermann sein Schwert um seine
    Lenden gegürtet.

Der aber in die Posaune blies, war neben mir.

Ich sprach zu den Edeln, zu den Präfekten und zu dem sonsti-
    gen Volk:

»Der Arbeit ist viel, weithin,

und getrennt sind wir auf der Mauer, jedermann fern seinem
    Bruder.

An den Ort, woher ihr den Schall der Posaune hört,

dorthin versammelt euch zu uns!

Unser Gott wird für uns streiten.«

So waren an der Arbeit wir tätig,

und ihrer eine Hälfte hielt die Lanzen fest

vom Aufzug des Morgengrauns bis zum Hervortritt der Ster-
    ne.

Auch zu jener Zeit sprach ich zum Volk:

»Jedermann und sein Knappe,

nachten sollen sie Jerusalem inmitten,

so sind sie nachts uns Wache

und tages Arbeitsschar.«

Ich aber, meine Brüder, meine Knappen und die Männer der
    Wache, die hinter mir waren,

nicht streiften unsre Kleider wir ab, –

ans Wasser jedermann mit seinem Geschoß.

Aber groß ward das Geschrei des Volks und ihrer Frauen
    wider ihre Brüder, die Judäer.

Es gab welche, die sprachen:

»Unsre Söhne und unsre Töchter! Unser sind viele!

Und Korn müssen wir herholen, daß wir essen und leben!«

Und welche gabs, die sprachen:

»Unsre Felder und unsre Weingärten und unsre Häuser verpfänden wir, daß wir Korn herholen in der Hungersnot.«

Und welche gabs, die sprachen:

»Wir haben Geld entliehn für die Steuer des Königs auf unsre
Felder und Weingärten,

und nun,

wie das Fleisch unsrer Brüder ist unser Fleisch,

wie ihre Söhne sind unsre Söhne,

und da,

wir müssen unsre Söhne und unsre Töchter zur Knechtschaft
erniedern,

schon sind erniedert etwelche unsrer Töchter,

und nichts steht in der Macht unsrer Hand,

und unsre Felder und Weingärten werden andrer.«

Es entflammte mich sehr, als ich ihr Geschrei und diese ihre
Reden hörte.

Mein Herz in mir hielt Rat,

und ich schalt die Edeln und die Präfekten, ich sprach zu ihnen:

»Ihr wuchert, jedermann Bewuchrung seines Bruders.«

Ich gab eine große Gemeinde gegen sie her,

und sprach zu ihnen:

»Wir da, wir haben unsre Brüder, die Judäer, die den Weltstämmen Verkauften, erworben, soweits an uns war,

und ihr selber gar wollt eure Brüder verkaufen,

daß sie wieder uns verkauft werden!«

Sie schwiegen und fanden Sachrede nicht.

Ich sprach:

»Nicht gut ist die Sache, die ihr tut.

Sollt ihr nicht in der Furcht unsres Gottes einhergehn,

wegen der Schmähung der Weltstämme, unsrer Feinde?

Auch ich ja, meine Brüder und meine Knappen haben von
ihnen Geld und Korn zu fordern.

Erlassen wir doch diese Fordrung!

Erstattet doch heuttags ihnen ihre Felder, ihre Weingärten,
ihre Olivenhaine und ihre Häuser und den Hundertsatz

von Geld, Korn, Most und Ausbruchsöl, die ihr von ihnen zu
fordern habt!«

Sie sprachen:
»Wir wollens erstatten,
wir wollen nichts von ihnen verlangen,
so wollen wir tun, wie du sprichst.«
Ich rief die Priester
und schwur sie ein, nach dieser Rede zu tun.
Auch schüttelte ich meinen Bausch aus und sprach:
»So, so schüttle Gott jedermann, der diese Rede nicht auf-
    rechthält, aus seinem Haus und aus seinem Verdienst,
so, so soll er werden, ausgeschüttelt und leer!«
Sie sprachen, all die Gemeinde: »Jawahr!« und sie priesen IHN.
Und das Volk tat dieser Rede gemäß.

Auch habe ich von dem Tage an, da man mich entbot, Viz-
    tum im Lande Jehuda zu sein,
vom zwanzigsten Jahr bis zum zweiunddreißigsten Jahr des
    Königs Artaxerxes,
ich und meine Brüder, das Viztumsbrot habe ich nicht geges-
    sen.
Die ersten Viztume nämlich, die vor mir waren, hatten das
    Volk beschwert
und hatten von ihnen für Brot und Wein, überdies vierzig
    Gewicht Silbers genommen,
auch ihre Knappen schalteten mit dem Volk,
ich aber habe aus Furcht Gottes nicht so getan.
Auch bei der Arbeit an dieser Mauer habe ich fest Hand ange-
    legt,
Feld haben wir nicht gekauft, und alle meine Knappen waren
    dort bei der Arbeit versammelt.
Der Judäer und der Präfekten waren hundertundfünfzig Mann,
    dazu die zu uns von den Stämmen ringsum Gekommnen, an
    meinem Tisch,
und was für einen Tag mir zubereitet wurde, war: ein Ochs,
    sechs erlesne Schafe, dazu Geflügel
und je für zehn Tage allerart Weins die Fülle,
und dabei habe ich Viztumsbrot nicht verlangt,
denn schwer lag der Dienst auf diesem Volk.
Gedenke mirs, mein Gott, zum Guten,
was ich für dieses Volk tat!

Als es aber Sſanballat und Tobija und Gaschem, dem Araber,
　　und dem Rest unsrer Feinde zu Gehör kam,
daß ich die Mauer auferbaut hatte und nicht war eine Bresche
　　restlich in ihr,
– hatte ich auch zu jener Zeit noch nicht Türflügel in die Tore
　　gesetzt –,
sandte Sſanballat und Gaschem zu mir mit dem Spruch:
»Laß uns in Kfirím in der Ebne von Ono zusammentreffen!«
Sie planten aber, mir Böses anzutun.
Ich sandte zu ihnen Boten mit dem Spruch:
»Eine große Arbeit habe ich zu tun,
ich darf nicht hinuntersteigen.
Warum soll die Arbeit stillstehn,
wenn ich lässig bin und zu euch hinabsteige!«
Sie sandten zu mir viermal dieser Rede gemäß,
und dieser Rede gemäß erwiderte ich ihnen.
Da sandte Sſanballat zu mir dieser Rede gemäß ein fünftes Mal
　　seinen Knappen, mit einem offnen Brief in seiner Hand.
Darin war geschrieben:
»Unter den Stämmen ist zu hören, und Gaschem besprachs,
du und die Judäer planten sich zu empören,
darum bauest du die Mauer auf,
und du wollest ihr König werden
– diesen Reden gemäß –,
und auch Künder habest du bestellt,
in Jerusalem über dich auszurufen, sprechend:
›Ein König in Jehuda!‹
Und nun wirds dem König diesen Reden gemäß zu Gehör
　　kommen.
Nun, auf, laß uns miteinander uns beraten!«
Ich sandte zu ihm mit dem Spruch:
»Nicht ist diesen Reden Gemäßes geschehn, die du da sprichst,
sondern aus deinem Herzen bringst dus hervor.«
Denn sie alle wollten uns furchtsam machen,
zu sich sprechend: »Ihre Hände werden erschlaffen, von der
　　Arbeit ab, und getan wird sie nicht werden.«
– Nun aber:
Festige meine Hände!

Und ich, einst kam ich ins Haus Schmajas Sohns Dlajas Sohns
    Mehetabels,
der war abgehegt,
und er sprach:
»Laß uns im Gotteshaus zusammentreffen, mitten in der Halle,
und laß uns die Türen der Halle verschließen,
denn sie kommen, dich zu erwürgen,
nachts kommen sie, dich zu erwürgen.«
Ich sprach:
»Ein Mann wie ich sollte fliehn!
Und wie könnte einer wie ich, der in die Halle käme, fort-
    leben!
Ich komme nicht.«
Ich hatte erkannt:
da, nicht Gott wars, der ihn sandte,
sondern wohl redete er Kündung über mich,
aber Tobija und Sfanballat hatten ihn gedungen.
Zu dem Behuf war er gedungen,
zu dem Behuf, daß ich mich fürchte und so tue und sündige
und es, ihnen zu Nutzen, zu einem üblen Ruf werde, zu dem
    Behuf, daß sie mich schmähen können.
– Gedenks, mein Gott, Tobija und Sfanballat diesen ihren Ta-
    ten gemäß,
und auch Noadja, der Künderin, und den andern Kündern,
    die mich furchtsam machen wollten.

Die Mauer wurde fertig am fünfundzwanzigsten des Elul,
    nach zweiundfünfzig Tagen. –
Es geschah aber,
als all unsre Feinde es hörten und alle Stämme ringsum es sa-
    hen,
sanken sie sehr in ihren eignen Augen,
sie merkten ja, daß diese Arbeit von unserm Gott aus gesche-
    hen war. –
Auch in jenen Tagen waren der Edeln Jehudas viele, deren
    Briefe an Tobija gingen und die Tobijas kamen zu ihnen,
denn viele in Jehuda waren Schwurbrüder ihm,
denn er war ein Eidam Schchanjas Sohns Arachs, und Jeho-

chanan, sein Sohn, hatte die Tochter Meschullams Sohns
Brechjas genommen.

Auch pflegten sie vor mir Gutes von ihm zu sprechen, und
meine Reden pflegten sie ihm zuzutragen.

Tobija aber sandte Briefe, mich furchtsam zu machen.

Es geschah,
als die Mauer auferbaut war und ich die Türflügel eingesetzt
hatte und die Torleute, die Sänger und die Lewiten waren
beordert,
da entbot ich meinen Bruder Chanani und Chananja, den
Obern der Pfalz, über Jerusalem
– denn er war ein Mann von Treue und Gottes fürchtig vor
vielen –,
und ich sprach zu ihnen:
»Nicht sollen geöffnet werden die Tore Jerusalems, bis die
Sonne heiß ist,
und noch während man dasteht, versperre man die Türflügel
und verriegle,
und man stelle Wachtposten von den Insassen Jerusalems auf,
jedermann an seinem Posten seinem Haus gegenüber.«
Die Stadt aber war breit zuhanden und groß
und des Volkes wenig ihr inmitten
und keine Häuser gebaut.
Da gab Gott mirs ins Herz,
ich versammelte die Edeln, die Präfekten und das Volk nach
dem Zugehörigsein.
Ich fand das Zugehörigkeitsbuch der zuerst Heraufgezognen
und fand darin geschrieben:
Dies sind die Söhne des Gaus, die heraufzogen aus der Gefangenschaft der Verschleppten, die Nebukadnezar, König
von Babel, verschleppt hatte,
und kehrten zurück nach Jerusalem und nach Jehuda, jedermann nach seiner Stadt.
Die mit Serubbabel kamen: Jeschua, Nechemja, Asarja, Raam-
ja, Nachamani, Mordchaj, Bilschan, Misperet, Bigwaj,
Nchum, Baana.
Die Zahl der Männer des Volks Jisrael:
Söhne Paroschs zweitausendhundertzweiundsiebzig,

Söhne Schfatjas dreihundertzweiundsiebzig,

Söhne Arachs sechshundertzweiundfünfzig,

Söhne Pachat-Moabs, von den Söhnen Jeschuas und Joabs zweitausendachthundertachtzehn,

Söhne Elams tausendzweihundertvierundfünfzig,

Söhne Sattus achthundertfünfundvierzig,

Söhne Sakkajs siebenhundertsechzig,

Söhne Binnujs sechshundertachtundvierzig,

Söhne Bebajs sechshundertachtundzwanzig,

Söhne Asgads zweitausenddreihundertzweiundzwanzig,

Söhne Adonikams sechshundertsiebenundsechzig,

Söhne Bigwajs zweitausendsiebenundsechzig,

Söhne Adins sechshundertfünfundfünfzig,

Söhne Aters, von Chiskkija achtundneunzig,

Söhne Chaschums dreihundertachtundzwanzig,

Söhne Bezajs dreihundertvierundzwanzig,

Söhne Charifs hundertzwölf,

Söhne Gibons fünfundneunzig,

Männer von Betlehem und Netofa hundertachtundachtzig,

Männer von Anatot hundertachtundzwanzig,

Männer von Bet-Asmawet zweiundvierzig,

Männer von Kirjat-Jearim, Kfira und Beerot siebenhundertdreiundvierzig,

Männer von Rama und Gaba sechshunderteinundzwanzig,

Männer von Michmas hundertzweiundzwanzig,

Männer von Bet-El und Ai hundertdreiundzwanzig,

Männer von dem andern Nbo zweiundfünfzig,

Söhne des andern Elam tausendzweihundertvierundfünfzig,

Söhne Charims dreihundertzwanzig,

Söhne von Jericho dreihundertfünfundvierzig,

Söhne von Lod, Chadid und Ono siebenhunderteinundzwanzig,

Söhne Sfnaas dreitausendneunhundertdreißig,

Die Priester:

Söhne Jedajas, vom Hause Jeschuas neunhundertdreiundsiebzig,

Söhne Immers tausendzweiundfünfzig,

Söhne Paschchurs tausendzweihundertsiebenundvierzig,

Söhne Charims tausendsiebzehn,

Die Lewiten:

Söhne Jeschuas, von Kadmiel von den Söhnen Lehodjas vierundsiebzig,

Die Sänger:

Söhne Afsafs hundertachtundvierzig,

Die Torleute:

Söhne Schallums, Söhne Aters, Söhne Talmons, Söhne Akkubs, Söhne Chatitas, Söhne Schobajs hundertachtunddrei-
ßig,

Die Hingegebnen:

Söhne Zichas, Söhne Chafsufas, Söhne Tabbaots, Söhne Keros', Söhne Sfias, Söhne Padons, Söhne Lbanas, Söhne
Chagabas, Söhne Sfalmajs, Söhne Chanans, Söhne Giddels,
Söhne Gachars, Söhne Reajas, Söhne Rzins, Söhne Nkodas, Söhne Gasams, Söhne Usas, Söhne Pafseachs, Söhne
Besajs, Söhne der Meuniten, Söhne der Nefifsim, Söhne
Bakbuks, Söhne Chakufas, Söhne Charchurs, Söhne Baz-
lits, Söhne Mchidas, Söhne Charschas, Söhne Barkos', Söh-
ne Sfifsras, Söhne Tamachs, Söhne Nziachs, Söhne Chatifas.

Die Söhne der Knechte Schlomos:

Söhne Sfotajs, Söhne Sfoferets, Söhne Pridas, Söhne Jaalas, Söh-
ne Darkons, Söhne Giddels, Söhne Schfatjas, Söhne Chattils,
Söhne Pocherets von Zebajim, Söhne Amons,

Aller Hingegebnen und Söhne der Knechte Schlomos dreihundertzweiundneunzig,

Und dies sind, die heraufgezogen sind von Tel-Melach, Tel-
Charscha, Krub, Addon und Immer

und konnten nicht ihr Vaterhaus und ihren Samen vermelden,
ob sie aus Jifsrael waren:

Söhne Dlajas, Söhne Tobijas, Söhne Nkodas sechshundertund-
zweiundvierzig.

und von den Priestern

Söhne Chobajas, Söhne Hakozs, Söhne Barsillajs, der eine
Frau von den Töchtern Barsillajs des Giladiters nahm und
wurde nach ihrem Namen gerufen.

Diese suchten ihre Zugehörigkeitsschrift und man fands nicht,
und sie wurden aus der Priesterschaft gelöst.

[Und der Erlauchte sprach zu ihnen, sie sollten von dem Abgeheiligten der Heiligtume nicht essen, bis ein Priester für die Lichtenden und die Schlichtenden ersteht.]

All die Gemeinschaft in einem: zweiundvierzigtausenddrei- hundertundsechzig,

außer ihren Knechten und ihren Mägden, – dieser siebentau- senddreihundertsiebenunddreißig.

und der Sänger und Sängerinnen hatten sie zweihundertfünf- undvierzig.

Ihrer Pferde: siebenhundertsechsunddreißig,

ihrer Maultiere: zweihundertfünfundvierzig,

Kamele: vierhundertfünfunddreißig,

Esel: sechstausendsiebenhundertzwanzig. –

Und etliche Häupter der Vaterschaften gaben für das Werk.

Der Erlauchte gab für den Schatz: an Gold tausend Drach- men, Sprengen fünfzig, Priesterröcke fünfhundertdreißig.

Und von den Häuptern der Vaterschaften gaben welche für den Werkschatz: an Gold zwanzigtausend Drachmen und an Silber zweitausendzweihundert Minen.

Und was das übrige Volk gab: an Gold zwanzigtausend Drachmen und an Silber zweitausend Minen, und Priester- röcke siebenundsechzig. –

Und ansässig wurden die Priester und die Lewiten und die Torleute und die Sänger und die vom Volk und die Hin- gegebnen und Jifsrael allsamt in ihren Städten.

Als die siebente Mondneuung erschien, und die Söhne Jifsraels waren in ihren Städten,

versammelten sie sich, alles Volk wie ein Mann, auf dem Platz, der vor dem Wassertor ist,

und sie sprachen Esra, den Schriftkundigen, an, das Buch der Weisung Mosches zu bringen, die ER Jifsrael geboten hatte.

Esra, der Priester, brachte die Weisung vor die Gemeinschaft, so Männer wie Frauen, und alljeden, der im Zuhören erfaßt, am ersten Tag auf die siebente Neuung.

Er las daraus vor dem Platz, der vorm Wassertor ist, vom Früh- licht bis zur Tageshälfte

vor den Männern und Frauen und den Erfassenden, – die Ohren alles Volks zum Buche der Weisung hin.

Esra, der Schriftkundige, stand auf einer Holzkanzel, die man
   dafür errichtet hatte,

und neben ihm standen: Mattitja, Schma, Anaja, Urija,
   Chilkija, Maaſsija zu seiner Rechten, und zu seiner Linken:
   Pdaja, Mischael, Malkija, Chaschum, Chaschbaddana,
   Secharja, Meschullam.

Esra öffnete das Buch vor den Augen alles Volks,

denn er war über alles Volk erhoben,

und als er es öffnete, stand alles Volk auf.

Esra segnete IHN, den großen Gott,

und alles Volk antwortete: »Jawahr, jawahr!«, die Hände erhoben,

sie verneigten sich und warfen sich nieder vor IHM, Stirn zur
   Erde.

Und Jeschua, Bani, Schrebja, Jamin, Akkub, Schabbtaj, Hodija, Maaſseja, Klita, Asarja, Josabad, Chanan, Plaja und die
   Lewiten gaben dem Volk die Weisung zu fassen,

während das Volk auf seinem Standort blieb.

Man las aus dem Buch, aus der Weisung Gottes, verdeutli-
   chend und fürs Begreifen darlegend,

und sie erfaßten die Lesung.

Dann sprach Nechemja, das ist der Erlauchte, und Esra, der
   Priester, der Schriftkundige, und die Lewiten, die es dem
   Volk zu fassen gaben, zu allem Volk:

»Der Tag ist IHM, eurem Gotte, heilig,

nimmer sollt ihr trauern, nimmer weinen!«

Denn alles Volk weinte, als es die Reden der Weisung hörte.

Und er sprach zu ihnen:

»Geht hin, eßt Fettes, trinkt Süßes

und sendet Gebühranteile denen, die nichts bereit haben,

denn heilig ist der Tag unserm Herrn!

Nimmer sollt ihr euch betrüben,

denn die Wonne an IHM ist eure Schutzwehr.«

Und die Lewiten beschwichtigten alles Volk, sprechend:

»Seid still, denn heilig ist der Tag, nimmer sollt ihr euch betrüben.«

Da gingen sie, alles Volk, dran, zu essen und zu trinken
   und Gebühranteile zu senden und eine große Freude auf-
   zutun,

denn sie hatten die Rede erfaßt, die man ihnen kundgegeben
hatte.

Am zweiten Tag aber traten mitsammen die Häupter der Vaterschaften von allem Volk, die Priester und die Lewiten zu
Esra, dem Schriftgelehrten,
um die Reden der Weisung zu ergreifen.
Da fanden sie in der Weisung, die ER durch Mosche geboten
hatte,
daß die Söhne Jifsraels am Fest in der siebenten Mondneuung
in Hütten siedeln sollten, –
so daß sie nun in all ihren Städten und in Jerusalem einen Ruf,
hindurchschallend, hören ließen, im Spruch:
»Zieht ins Gebirg und bringt Olivenlaub und Laub vom milden Ölbaum und Myrtenlaub und Palmenlaub und Laub
vom dichtästigen Baum,
Hütten zu machen, wies geschrieben ist.«
Sie zogen hinaus, das Volk, und brachtens und machten sich
Hütten,
jedermann auf seinem Dach, und in ihren Höfen,
und in den Höfen des Gotteshauses, und auf dem Platze des
Wassertors, und auf dem Platze des Tors Efrajims.
Sie machten, all die Gemeinschaft, die aus der Gefangenschaft
Heimgekehrten, Hütten
und siedelten in den Hütten.
Denn nicht hatten seit den Tagen Jeschuas Sohns Nuns bis zu
jenen Tagen die Söhne Jifsraels solches gemacht,
und es ward eine sehr große Freude.
Er las aus dem Buche der Weisung Gottes Tag um Tag,
von dem ersten Tag an bis zum letzten Tag,
und sie machten sieben Tage das Fest und am achten Tage die
Einbehaltung
nach dem Rechtsbrauch.

Am vierundzwanzigsten Tag auf jene Mondneuung aber traten die Söhne Jifsraels zusammen in Fasten, in Sackleinen-
gewand, Erde auf sich,
und sonderten sich, als der Same Jifsraels, von allen Söhnen der
Fremde ab.

Sie standen und bekannten ihre Versündigungen und die Ver-
    fehlungen ihrer Väter.

Sie erhoben sich an ihrem Standort und lasen im Buch SEINER,
    ihres Gottes, Weisung ein Tagviertel,

und ein Viertel waren sie im Bekennen vor I H M, ihrem Gotte,
    niedergefallen.

Auf der Hochbühne der Lewiten erhob sich Jeschua und Banaj,
    Kadmiel, Schbanja, Bunni, Scherebja, Bani, Knani,

und sie schrien auf mit lauter Stimme zu I H M, ihrem Gott.

Dann sprachen die Lewiten, Jeschua, Kadmiel, Bani, Cha-
    schabnja, Scherebja, Hodija, Schbanja, Ptachja:

»Auf, segnet I H N, euren Gott, von Weltzeit zu Weltzeit! –

Man segne den Namen deines Ehrenscheins, erhaben über alle
    Segnung und Preisung!

Du bists, D U, allein,

du selber hast die Himmel gemacht, die Himmel ob Himmeln
    und all ihre Schar,

die Erde und alles was drauf ist, die Meere und alles was drin
    ist,

und du belebst sie alle,

und die Himmelsschar, vor dir werfen sie sich nieder.

Du bists, D U, Gott,

der du Abram erwähltest

und führtest ihn heraus vom chaldäischen Ur

und setztest seinen Namen zu Abraham um

und befandest sein Herz getreu dir vorm Antlitz

und schlossest mit ihm den Bund,

zu geben das Land des Kanaaniters, des Chetiters, des Amori-
    ters, des Prisiters, des Jebusiters und des Girgaschiters,

es zu geben seinem Samen,

und aufrecht erhieltest du deine Rede,

denn du bist bewährt.

Du sahst die Bedrückung unsrer Väter in Ägypten,

und du hörtest ihren Aufschrei am Schilfmeer,

du gabst Zeichen und Erweise an Pharao, an all seinen Knech-
    ten und an allem Volk seines Landes,

denn du wußtest, daß sie gegen uns sich vermaßen.

Du machtest dir einen Namen, wies an diesem Tag ist,

das Meer spaltetest du vor ihnen,

daß sie mitten durchs Meer auf dem Trocknen schritten,
und ihre Verfolger schleudertest du in den Strudel
wie einen Stein in wütige Wasser,
in einer Wolkensäule leitetest du sie des Tags,
in einer Feuersäule des Nachts,
ihnen den Weg zu erleuchten, den sie gehen sollten.
Auf den Berg Sinai nieder stiegst du,
redetest mit ihnen vom Himmel her
und gabst ihnen
gerade Rechtsgeheiße,
getreue Weisungen,
gute Satzungen und Gebote,
die Wochenfeier deiner Heiligung tatst du ihnen kund,
Gebote, Satzungen und Weisung gebotest du ihnen durch
   Mosche deinen Knecht,
Brot vom Himmel gabst du ihnen für ihren Hunger,
Wasser vom Felsen holtest hervor du für ihren Durst,
und du sprachst ihnen zu,
daß sie kommen, das Land zu ererben,
über das deine Hand du hobst, es ihnen zu geben.
Sie aber, unsre Väter, vermaßen sich
und steiften ihren Nacken
und hörten nicht auf deine Gebote,
sie weigerten sich zu hören,
sie gedachten nicht deiner Wunder, die an ihnen du hattest getan,
sie steiften ihren Nacken und setzten sich ein Haupt,
zurückzukehren zu ihrer Knechtschaft in ihrer Widerspenstigkeit.
Du aber bist ein Gott der Verzeihungen,
gönnend und erbarmend, langmütig,
und du verließest sie nicht.
Obzwar sie ein Gußkalb sich machten und sprachen:
›Dies ist dein Gott, der dich heraufgeholt hat aus Ägypten!‹
und machten große Lästerlichkeiten,
du, in deinem vielen Erbarmen, verließest sie nicht in der Wüste,
die Wolkensäule, sie wich nicht von ihnen des Tags, sie auf
   dem Wege zu leiten,

noch die Feuersäule des Nachts, ihnen den Weg zu erleuchten,
   den sie gehen sollten,
deinen guten Geist gabst du ihnen, sie begreifen zu lehren,
dein Manna versagtest du nicht ihrem Mund
und Wasser gabst du ihnen für ihren Durst,
vierzig Jahre versorgtest du sie in der Wüste,
ihnen mangelte nichts,
ihre Tücher mürbten nicht ab,
ihre Füße schwollen nicht an.
Du gabst ihnen Königreiche und Völkerschaften,
   du verteiltest sie stückweise,
sie ererbten das Land Sichons, das Land des Königs von
   Cheschbon und das Land Ogs, des Königs von Baschan,
ihre Söhne mehrtest du wie die Sterne des Himmels
und ließest sie kommen in das Land, das du ihren Vätern zugesprochen hattest, zu kommen, zu erben,
die Söhne kamen und ererbten das Land,
du beugtest vor ihnen die Insassen des Landes, die Kanaaniter,
und gabst sie in ihre Hand, ihre Könige und die Völkerschaft
   des Landes,
daß sie mit denen tun nach ihrem Willen,
sie eroberten befestigte Städte und fetten Boden,
sie ererbten Häuser, voll von allerhand Gut,
ausgehaune Zisternen, Weingärten, Ölhaine, Bäume zu
   Atzung in Menge,
sie aßen, wurden satt, wurden fett, verwöhnten sich an deiner
   großen Güte.
Sie wurden widerspenstig, sie empörten sich gegen dich, sie
   schleuderten deine Weisung hinter ihren Rücken,
deine Künder, die sie verwarnten, um zu dir sie zurückzufüh-
   ren, brachten sie um,
sie machten große Lästerlichkeiten.
Da gabst du sie in die Hand ihrer Bedränger, und die bedrängten sie.
In der Zeit ihrer Drangsal aber schrien sie zu dir,
und du, vom Himmel her hast du gehört,
und in deinem vielen Erbarmen hast du ihnen Befreier gegeben,

die befreiten sie aus der Hand ihrer Bedränger.

Als ihnen aber Ruhe ward, kehrten sie sich wieder zum Übel-
    tun vor dir.

Da überließest du sie der Hand ihrer Feinde, und die schalteten
    mit ihnen.

Nun, wiederkehrend, schrien sie zu dir,

und du, vom Himmel her hast du sie gehört

und in deinem Erbarmen hast du sie gerettet,

zu vielen Zeiten.

Du verwarntest sie,

sie zu deiner Weisung umkehren zu lassen,

sie aber vermaßen sich,

hörten nicht auf deine Gebote,

an deinen Rechtsgeheißen, sie sündigten an ihnen, als welche
    der Mensch tut und lebt durch sie,

sie gaben eine störrische Schulter her, steiften ihren Nacken
    und hörten nicht.

Du verzogst es über ihnen viele Jahre,

du verwarntest sie mit deinem Geist, durch deine Künder,

sie aber lauschten nicht auf.

Da gabst du sie in die Hand der Völker der Länder.

Aber in deinem vielen Erbarmen machtest du ihnen den
    Garaus nicht,

nicht verließest du sie,

denn du bist ein gönnender und erbarmender Gott.

Und nun, unser Gott,

großer, furchtbarer, heldischer Gottherr,

wahrend den Bund und die Huld!

nimmer gering sei vor dir all das Ungemach, das uns betraf,

unsre Könige, unsre Obern, unsre Priester, unsre Künder, unsre
    Väter und all dein Volk

von den Tagen der Könige Assyriens bis auf diesen Tag!

Du bist bewährt in allem, was über uns kam,

denn in Treuen tatest du, wir aber frevelten,

Und unsre Könige, unsre Obern, unsre Priester und unsre
    Väter,

nicht taten sie nach deiner Weisung,

nicht achteten sie auf deine Gebote und auf deine Verwarnun-
    gen, mit denen du sie verwarntest.

Sie, in ihrem Königtum,

in dem vielen Gut, das du ihnen gabst,

in dem weiten und fetten Land, das du gabst vor sie hin,

sie dienten dir nicht,

und nicht kehrten von ihrem bösen Treiben sie um.

Da,

Dienstknechte sind wir heut,

und das Land, das du unsern Vätern gabst, seine Frucht, sein
Gut zu genießen,

da, Dienstknechte sind wir darauf,

und seine Einkunft mehrt sich für die Könige, die du unsrer
Sünden wegen über uns tatest,

sie walten über unsre Leiber und über unser Vieh nach ihrem
Willen,

und wir sind in großer Drangsal. —

Und in all diesem stiften wir eine Verpflichtung und schreiben,

auf der Versieglung unsre Obern, unsre Lewiten, unsre Priester.

Auf den Versieglungen:

Nechemja, der Erlauchte, Sohn Chachaljas, und Zidkija,

Sfraja, Asarja, Jirmja, Paschchur, Amarja, Malkija, Chattusch,
Schbanja, Malluch, Charim, Mremot, Obadja, Daniel,
Ginnton, Baruch, Meschullam, Abija, Mijamin, Maasja, Bil-
gaj, Schmaja

— dies sind die Priester —,

und die Lewiten

Jeschua Sohn Asanjas, Binnuj von den Söhnen Henadads, Kadmiel,

und ihre Brüder

Schbanja, Hodija, Klita, Plaja, Chanan, Micha, Rchob, Chaschabja, Sakkur, Schrebja, Schbanja, Hodija, Bani, Bninu,

die Häupter des Volks

Parosch, Pachat-Moab, Elam, Sattu, Bani, Bunni, Asgad, Be-
baj, Adonija, Bigwaj, Adin, Ater, Chiskija, Asur, Hodija,
Chaschum, Bezaj, Charif, Anatot, Nebaj, Magpiasch, Meschullam, Chesir, Meschesabeel, Zadok, Jaddua, Platja, Chanan, Anaja, Hoschea, Chananja, Chaschschub, Halochesch,
Pilcha, Schobek, Rchum, Chaschabna, Maaßeja, und Achija,
Chanan, Anan, Malluch, Charim, Baana

[und das sonstige Volk,

die Priester, die Lewiten, die Torleute, die Sänger, die Hingegebnen,
und allwer sich abgesondert hat von den Völkern der Länder
zur Weisung Gottes hin,
ihre Frauen, ihre Söhne und ihre Tochter,
alljeder Erkennende, Erfassende,
sie schließen sich fest an ihre Brüder, ihre Vornehmen] –
und kommen in den Eid und in den Schwur:
›...zu gehn in der Weisung Gottes,
die er durch Mosche, den Knecht Gottes, gab,
und zu wahren und zu tun: all SEINE, unseres Herrn, Gebote,
seine Rechtsgeheiße und seine Satzungen,
und daß wir unsre Töchter nicht geben den Völkern des Landes
und deren Töchter nicht nehmen für unsre Söhne.
Und lassen die Landesvölker die Waren und allerhand Markt-
getreid zum Verkauf kommen am Tag der Wochenfeier,
wir nehmen ihnen während der Wochenfeier und an einem
Tag der Heiligung nichts ab.
Wir setzen aus im siebenten Jahr, auch für allerhand Schul-
denlast.‹
Wir stellten über uns Gebote,
für uns im Jahr die Hälfte eines Vollgewichts für den Dienst
im Haus unsres Gottes zu geben:
für das Brot der Darrichtung und die stete Hinleitspende und
für die stete Darhöhung, an den Wochenfeiern, an den
Mondneuungen,
für die Begegnungszeiten und für die Heiligungen und für die
Entsündungen, über Jifsrael zu bedecken,
dazu alle Arbeit im Haus unseres Gottes.«
Die Lose ließen wir fallen, die Priester, die Lewiten und das
Volk,
über die Darnahung des Holzes, es ins Haus unsres Gottes
kommen zu lassen,
nach unsern Vaterhäusern, zu bestimmten Zeiten, Jahr um Jahr,
es zu verbrennen auf SEINER, unseres Gottes, Statt.
wies geschrieben ist in der Weisung.
Sodann: die Erstlinge unseres Ackers und die Erstlinge aller
Frucht aller Baumart Jahr um Jahr in SEIN Haus kommen
zu lassen,

und die Erstlinge unsrer Söhne und unsres Viehs, wies geschrieben ist in der Weisung, die Erstlinge unsrer Rinder und
unsrer Schafe, ins Haus unsres Gottes kommen zu lassen,
den Priestern, die im Haus unsres Gottes amten,
und den Anfang unsrer Teige, unsere Heben, und von der
Frucht aller Baumart, Most und Ausbruchsöl lassen wir den
Priestern in die Lauben des Hauses unsres Gottes, kommen,
und die Zehnten von unserem Acker den Lewiten, –
sie, die Lewiten, sinds, die in allen Städten unsres Dienstbe-
reichs verzehnten.
Und der Priester, ein Sohn Aharons, soll bei den Lewiten sein,
wann die Lewiten verzehnten,
die Lewiten aber sollen den Zehntzehnten ins Haus unsres Gottes, nach den Lauben, ins Vorratshaus kommen lassen,
denn nach den Lauben sollen die Söhne Jifsraels und die Söhne
Lewis die Hebe des Korns, des Mosts und des Ausbruchsöls
kommen lassen, –
dort sind die Geräte des Heiligtums und die amtenden Priester
und die Torleute und die Sänger.
Wir wollen das Haus unsres Gottes nicht vernachlässigen.‹«

Die Obern des Volks waren ansässig in Jerusalem,
das übrige Volk, sie ließen die Lose fallen, einen von zehn hinkommen zu lassen,
daß er in Jerusalem, der Stadt der Heiligung, ansässig sei,
neun Teile aber in den Städten.
Und sie, das Volk, segneten alle Männer, die willigten, in
Jerusalem ansässig zu sein.
Dies sind die Häupter des Gaus, die in Jerusalem ansässig
waren
– in den Städten Jehudas aber saß man jedermann auf seiner
Hufe,
in ihren Städten Jifsrael, die Priester, die Lewiten, die Hingegebnen und die Söhne der Knechte Schlomos –,
in Jerusalem waren ansässig von den Söhnen Jehudas und von
den Söhnen Binjamins.
Von den Söhnen Jehudas:
Ataja Sohn Usijas Sohns Secharjas Sohns Amarjas Sohns
Schfatjas Sohns Mahalalels, von den Söhnen Parezs, und

Maaſsija Sohn Baruchs Sohns Kol-choses Sohns Chasajas Sohns Adajas Sohns Jojaribs Sohns Secharjas Sohns der Schelasippe,

aller Söhne Parezs, die in Jerusalem ansässig waren, vierhundertachtundsechzig, wehrhafte Männer.

Und dies sind die Söhne Binjamins:

Sſallu Sohn Meschullams Sohn Joeds Sohns Pdajas Sohns Kolajas Sohns Maaſsijas Sohns Itiels Sohns Jeschajas und nach ihnen Gabbaj, Sſallaj, neunhundertachtundzwanzig, –

Jöel Sohn Sichris verordnet über sie, Jehuda Sohn Sſnuas aber über die Stadt als Zweiter.

Von den Priestern:

Jedaja Sohn Jojaribs, Jachin, Sſraja Sohn Chilkijas Sohns Meschullams Sohns Zadoks Sohns Mrajots Sohns Achitubs, Vorsteher im Gotteshaus,

und ihre Brüder, die im Hause die Arbeit machten, achthundertzweiundzwanzig,

und Adaja Sohn Jerochams Sohns Plaljas Sohns Amzis Sohns Secharjas Sohns Paschchurs Sohns Malkijas,

und seine Brüder, Häupter von Vaterschaften, zweihundertzweiundvierzig,

und Amaschſsaj Sohn Asarels Sohns Achsajs Sohns Meschillemots Sohns Immers,

und ihre Brüder, Wehrtüchtige, hundertachtundzwanzig,

und über sie verordnet Sabdiel Sohn Hagedolims.

Und von den Lewiten:

Schmaja Sohn Chaschschubs Sohns Asrikams Sohns Chaschabjas Sohns Bunnis und Schabbtaj und Josbad, über der äußeren Arbeit im Gotteshaus, von den Häuptern der Lewiten,

und Mattanja Sohn Michas Sohns Sabdis Sohns Aſsaſs, Haupt des Beginnens, der beim Gebet den Dank sagt, und Bakbukja, der Zweite von seinen Brüdern, und Abda Sohn Schammuas Sohns Galals Sohns Jedutuns,

aller Lewiten in der Stadt der Heiligung zweihundertvierundachtzig.

Und die Torleute:

Akkub, Talmon und ihre Brüder, die an den Toren Wache hielten, hundertzweiundsiebzig.

Und das übrige Jifsrael, die Priester, die Lewiten in allen Städten Jehudas, jedermann in seinem Eigentum.

Die Hingegebnen aber waren ansässig auf dem Bühl, und Zicha und Gischpa über die Hingegebnen.

Und Verordneter der Lewiten in Jerusalem: Usi Sohn Banis Sohns Chaschabjas Sohns Mattanjas Sohns Michas, von den Söhnen Afsafs, den Sängern, betreffs der Arbeit des Gotteshauses.

Denn Gebot des Königs war über ihnen und eine Verpflichtung, über den Sängern, Tages Sache an ihrem Tag.

Und Ptachja Sohn Meschesabels, von den Söhnen Serachs Sohns Jehudas, zuhanden des Königs in allen Sachen des Volks.

Und in den Gehöften auf ihren Fluren ansässig waren von den Söhnen Jehudas:

in der Burg Arba und ihren Tochterstädten, in Dibon und ihren Tochterstädten, in Jekabziel und seinen Gehöften, in Jeschua, in Moladas, in Bet-Pelet, in Chazar-Schual, in Berscheba und ihren Tochterstädten, in Ziklag, in Mechona und ihren Tochterstädten, in En-Rimmon, in Zora, in Jarmut, Sanoach, Adullam und ihren Gehöften, Lachisch und ihren Fluren, Aseka und ihren Tochterstädten,

sie lagerten sich von Berscheba bis zur Schlucht Hinnoms.

Und die Söhne Binjamins:

von Gaba an, in Michmasch, Ajja, Bet-El und ihrer Tochterstädten, Anatot, Nob, Ananja, Chazor, Rama, Gittajim, Chadid, Zbojim, Nballat, Lod und Ono an der Schlucht der Zimmerleute.

Und von den Lewiten: Abteilungen Jehudas bei Binjamin.

Und dies sind die Priester und die Lewiten, die heraufstiegen mit Serubbabel Sohn Schealtiels und Jeschua:

Sfraja, Jirmja, Esra, Amarja, Malluch, Chattusch, Schchanja, Rchum, Mramot, Iddo, Ginntoj, Abija, Mijamin, Maadja, Bilga, Schmaja, Jojarib, Jedaja, Sfallu, Amok, Chilkija, Jedaja,

dies die Häupter der Priester und ihre Brüder in den Tagen Jeschuas.

Und die Lewiten:

Jeschua, Binnuj, Kadmiel, Scherebja, Jehuda, Mattanja – über der Danksagung war er und seine Brüder – und Bakbukja und Unni, ihre Brüder, ihnen gegenüber nach Wachtposten.

Jeschua zeugte Jojakim, Jojakim zeugte Eljaschib, Eljaschib zeugte Jojada, Jojada zeugte Jonatan, Jonatan zeugte Jaddua.

Und in den Tagen Jojakims waren Priester, die Häupter der Vaterschaften:

für Sfraja Mraja, für Jirmja Chananja, für Esra Meschullam, für Amarja Jehochanan, für Mluchi Jonatan, für Schbanja Jofsef, für Charim Adna, für Mrajot Chelkaj, für Iddo Secharja, für Ginnton Meschullam, für Abija Sichri, für Minjamin, für Moadja Piltaj, für Bilga Schammua, für Schmaja Jehonatan, für Jojarib Mattnaj, für Jedaja Usi, für Sfallaj Kallaj, für Amok Eber, für Chilkija Chaschabja, für Jedaja Ntanel.

Die Lewiten in den Tagen Eljaschibs, Jojadas, Jochanans und Jadduas sind aufgeschrieben, die Häupter der Vaterschaften, sowie die Priester, unter der Königschaft Darius', des Persers.

Die Söhne Lewis, die Häupter der Vaterschaften, sind aufgeschrieben im Buch der Begebenheiten der Tage bis zu den Tagen Jochanans Sohns Eljaschibs.

Und die Häupter der Lewiten:

Chaschabja, Scherebja und Jeschua Sohn Kadmiels, und ihre Brüder ihnen gegenüber,

zu preisen, zu danken nach dem Gebote Dawids, des Mannes Gottes, Wachtposten dicht neben Wachtposten,

Mattanja, Bakbukja, Obadja, Meschullam, Talmon, Akkub, bewachende Torhüter, Wacht an den Vorratskammern der Tore.

Diese in den Tagen Jojakims Sohns Jeschuas Sohns Jozedeks und in den Tagen Nechemjas, des Viztums, und Esras, des Priesters, des Schriftkundigen. –

Und bei der Weihe der Mauer suchte man die Lewiten aus allen ihren Orten, sie nach Jerusalem kommen zu lassen,

eine Einweihung und ein Freudenfest zu machen, mit Danksagungen, mit Gesang, Zimbeln, Lauten und mit Zithern.

Und es traten zusammen die Söhne der Sänger, so aus dem

Kreis, rings um Jerusalem, so aus den Gehöften des Netofatiters, so aus Bet-Hagilgal, so aus den Fluren von Gaba und
Asmawet,

Denn Gehöfte hatten sich die Sänger rings um Jerusalem erbaut.

Dann reinigten sich die Priester und die Lewiten, und sie reinigten das Volk und die Tore und die Mauer.

Ich ließ die Obern Jehudas oben auf die Mauer steigen,

und ich erstellte zwei große Dankchöre, und Umgänge oben
auf der Mauer rechtshin, zum Misttor.

Hinter ihnen her ging Hoschaja und die Hälfte der Obern Jehudas, Asarja, Esra und Meschullam, Jehuda und Binjamin,
Schmaja und Jirmja,

und von den Söhnen der Priester mit Trompeten

Secharja Sohn Jonatans Sohns Schmajas Sohns Mattanjas Sohns
Michajas Sohns Sakkurs Sohns Afsafs und seine Brüder
Schmaja, Asarel, Milalaj, Gilalaj, Maaj, Ntanel, Jehuda, Cha-
nani

mit dem Sanggerät Dawids, des Mannes Gottes,

und Esra, der Schriftkundige, vor ihnen her.

Und am Quelltor und gradaus stiegen sie auf, auf den Aufstie-
gen der Stadt Dawids, am Aufstieg zur Mauer, obenauf
überm Hause Dawids, bis zum Wassertor im Osten.

Und der zweite Dankchor, der ging vorwärts,

ich hinter ihm und die Hälfte des Volks,

der Mauer obenauf, oberhalb des Ofenturms bis zur breiten
Mauer und oberhalb des Tors Efrajims und über das Alte
Tor und über das Fischtor und den Turm Chananels und
den Hundertturm bis zum Schaftor, und sie blieben stehn
im Wachtor.

Dann standen sie beiden Dankchöre im Gotteshaus und ich
und die Hälfte der Präfekten mit mir, und die Priester Eljakim, Maafsija, Minjamin, Michaja, Eljoenaj, Secharja, Chananja mit den Trompeten,

und Maafsija, Schmaja, Elasar, Usi, Jehonatan, Malkija, Elam
und Eser.

Die Sänger ließen sich hören, Jisrachja der Verordnete.

Und man schlachtete große Schlachtopfer an jenem Tag,

und man freute sich,

denn mit einer großen Freude hatte Gott sie erfreut.

Es freuten sich auch die Frauen und die Kinder.

Die Freude Jerusalems war bis fernhin zu hören.

An jenem Tag wurden Männer verordnet über die Zellen, die für die Vorräte, für die Heben, für die Anfangsabgabe und für die Zehnten waren,

darin zu stapeln von den Fluren der Städte das weisungsgemäße Gefäll für die Priester und für die Lewiten,

denn Freude hatte Jehuda an den Priestern und an den Lewiten, die dastanden.

Und die wahrten die Verwahr ihres Gottes und die Verwahr der Reinigung

– so die Sänger, so die Torleute –

dem Gebot Dawids, seines Sohns Schlomo gemäß.

Denn in den Tagen Dawids, da Afsaf Haupt der Sänger war, einstmals, war schon Gesang der Preisung und Danksagungen an Gott.

Und alles Jifsrael in den Tagen Serubbabels und in den Tagen Nechemjas, sie gaben das Gefäll der Sänger und der Torleute, des Tages Satz an seinem Tag.

sie heiligtens für die Lewiten, und die Lewiten heiligtens für die Söhne Aharons.

An jenem Tag wurde vor den Ohren des Volks aus dem Buche Mosches gelesen,

und man fand drin geschrieben, daß ein Ammoniter oder Moabiter in das Gesamt Gottes nicht eingehen dürfe auf Weltzeit,

drum daß jene den Söhnen Jifsraels nicht Brot und Wasser entgegenbrachten,

und daß der gegen es Bilam dang, es zu verwünschen, aber unser Gott wandelte die Verwünschung in Segnung.

Es geschah, als sie die Weisung hörten:

sie sonderten alles Gemisch von Jifsrael ab.

Vordem aber hatte Eljaschib, der Priester, der über die Lauben unsres Gotteshauses Gegebne, ein Verwandter Tobijas, ihm eine große Laube hergetan, –

dorthin hatte man vorher die Hinleitspende, den Weihrauch, die Geräte und den Zehnten von Korn, Most und Ausbruchs-

öl, das Gebotene der Lewiten, der Sänger und der Torleute
und die Hebe der Priester gegeben.

Bei all dem war ich nicht in Jerusalem

– denn im zweiunddreißigsten Jahr Artaxerxes', Königs von
Babel, war ich zum König gekommen

und nach Ablauf der Tage habe ich mich vom König freigebe-
ten –,

als ich aber nach Jerusalem kam und das Übel bemerkte, das
Eljaschib für Tobija getan hatte: daß er ihm eine Laube in
die Höfe des Gotteshauses hineintat,

war mir sehr übel zumut,

ich warf alle Geräte des Hauses Tobijas von der Laube hinaus,

ich sprach, die Lauben sollten gereinigt werden,

und zurückkehren ließ ich dorthin die Geräte des Gotteshauses,
Hinleitspende und Weihrauch.

Kund wurde mir, daß die Gefälle der Lewiten nicht hergegeben worden waren,

sie waren geflohen, jedermann nach seiner Flur, die arbeits-
tätigen Lewiten und die Sänger.

Da bestritt ich die Präfekten und sprach:

»Weshalb ist das Haus Gottes verlassen?!«

Ich holte jene zusammen und stellte sie an ihren Standort.

Und alles Jehuda, sie ließen den Zehnten vom Korn, vom Most
und vom Ausbruchsöl in die Vorratskammern kommen.

Und als Kämmerer setzte ich über die Kammern Schlemja,
den Priester, Zadok, den Schriftkundigen, und Pdaja von
den Lewiten, und ihnen zuhanden Chanan Sohn Sakkurs,
Sohns Mattanjas,

denn als getreu wurden sie erachtet.

Ihnen lags nun ob, ihren Brüdern auszuteilen.

Gedenke mir dessen, mein Gott, und lösche meine Holdschaft
nicht aus, die ich am Haus meines Gottes und an seiner Verwahr tat!

In jenen Tagen sah ich in Jehuda etwelche, die während der
Wochenfeier die Kelter traten

und Garben einkommen ließen und auf Esel luden, auch
Wein, Trauben und Feigen und allerhand Last,

und es nach Jerusalem kommen ließen am Tage der Wochenfeier.

Ich verwarnte sie eines Tags, da sie Speise verkauften.

Und die Tyrer, die darin siedelten, ließen Fische und allerhand Verkaufsware einkommen und verkauftens zur
Wochenfeier an die Söhne Jehudas in Jerusalem.

Da bestritt ich die Edeln Jerusalems und sprach zu ihnen:

»Was ist das für eine üble Sache, die ihr da tut

und gebt den Tag der Wochenfeier preis!

Haben nicht so eure Väter getan

und Gott hat über sie und über diese Stadt all dieses Übel
kommen lassen!

Und ihr fügt noch Entflammen über Jifsrael hinzu, den Tag
der Wochenfeier preisgebend!«

Es geschah aber, als schattig wurden die Tore Jerusalems vor
der Wochenfeier,

da sprach ich, die Türen sollten geschlossen werden,

und ich sprach, daß man sie nicht öffnen dürfe bis nach der
Wochenfeier,

und von meinen Knappen stellte ich an die Tore,

daß nicht Last hereinkomme am Tag der Wochenfeier.

Nun übernachteten die Krämer und Verkäufer von allerhand
Ware außerhalb Jerusalems einmal oder zwei.

Da verwarnte ich sie und sprach zu ihnen:

»Weshalb übernachtet ihr der Mauer gegenüber?

Wiederholt ihrs, lege ich Hand an euch.«

Von jener Zeit an kamen sie zur Wochenfeier nicht mehr.

Und ich sprach zu den Lewiten,

daß sie sich jeweils reinigen und als Wächter an die Tore kommen, den Tag der Wochenfeier zu heiligen.

Auch dessen gedenke mir, mein Gott,

und schone mein in deiner vielen Huld! –

Auch sah ich in jenen Tagen Judäer, die aschdodische, ammonitische, moabitische Frauen heimgeführt hatten,

und ihrer Söhne die Hälfte redete aschdodisch – sie verstanden
nicht judäisch zu reden – oder in der Sprache von irgend
Volk und Volk.

Da bestritt ich sie und verwünschte sie und schlug auf etwelche
der Männer ein und raufte sie

und beschwor sie bei Gott:

»Gebt ihr eure Töchter ihren Söhnen, nehmt ihr von ihren
     Töchtern für eure Söhne und für euch, …!

Hat sich nicht solcher wegen Schlomo, König von Jiſrael, ver-
     sündigt

– und war doch unter den vielen Weltstämmen nicht ein Kö-
     nig seinesgleichen, und lieb war er seinem Gott, und Gott
     setzte ihn zum König ein über Jiſrael –,

auch ihn machten sündigen die fremdbürtigen Frauen.

–Und von euch muß man das hören, daß ihr dieses große Übel
     tut, unserm Gott treubrüchig zu werden, fremdbürtige
     Frauen heimzuführen!«

Und von den Söhnen Jojadas Sohns Eljaschibs, des Großprie-
     sters, war einer Eidam Sſanballats des Choroniters,

den jagte von mir ich hinweg.

Gedenke ihrer, mein Gott.

ob der Befleckung des Priestertums und des Bundes der Prie-
     sterschaft und der Lewiten!

Ich reinigte sie von allem Fremdwesen. –

Ich stellte Wachtordnungen auf für die Priester und für die
     Lewiten, jedermann an seiner Arbeit,

und für die Holzdarnahung zu bestimmten Zeiten und für
     die Erstlinge.

Gedenks mir, mein Gott, zum Guten!

DIE BEGEBENHEITEN DER TAGE

Adam, Schet, Enosch,

Kenan, Mahalalel, Jared,

Chanoch, Metuschalach, Lamech,

Noach, – Schem, Cham und Jafet.

Die Söhne Jafets sind Gomer, Magog, Madaj, Jawan und Tubal, Maschech und Tiras.

Die Söhne Gomers sind Aschknas, Difat und Togarma.

Die Söhne Jawans sind Elischa und Tarschischa, Kittäer und Rodaner.

Die Söhne Chams sind Kusch und Mizrajim, Put und Kanaan.

Die Söhne Kuschs sind Sba und Chawila, Sſabta, Raama und Sſabtcha,

die Söhne Raamas Schba und Dedan.

Kusch zeugte Nimrod, der begann ein Held über die Erde hin zu sein.

Mizrajim zeugte die Ludier, die Anamer, die Lehaber, die Naftucher, die Patruſer, die Kaſslucher, von denen die Philister kommen, und die Kaftorer.

Kanaan zeugte Zidon, seinen Erstling, und Chet, dazu den Jebuſiter, den Amoriter und den Girgaschiter, den Chiwwiter, den Arkiter und den Sſiniter, den Arwaditer, den Zmariter und den Chamatiter.

Die Söhne Schems sind Elam und Aschur, Arpachschad, Lud und Aram, Uz, Chul, Gater und Maschech.

Arpachschad zeugte Schalach, Schalach zeugte Eber.

Dem Eber wurden zwei Söhne geboren,

der Name des einen war Paleg, Spalt, denn in seinen Tagen wurde das Erdvolk zerspalten,

und der Name seines Bruders Joktan.

Joktan zeugte Almodad und Schalef, Chazarmawet und Jarach, Hadoram, Usal und Dikla, Obal, Abimael und Schba, Ofir, Chawila und Jobeb, all diese sind Söhne Joktans.

Schem, Arpachschad, Schalach, Eber, Paleg, Ru, Sſrug, Nachor, Tarach, Abram – das ist Abraham.

Die Söhne Abrahams sind Jizchak und Jischmael.

Dies sind ihre Zeugungen:

Nbajot Erstling Jischmaels, Kedar, Adbel, Mibsam, Mischma, Duma, Maſsa, Chadad, Tema, Jetur, Nafisch, Kedma.

Dies sind die Söhne Jischmaels.

Und die Söhne Kturas, des Kebsweibs Abrahams: sie gebar Simran und Jokschan, Medan und Midjan, Jischbak und Schuach.

Die Söhne Jokschans sind Schba und Dedan.

Die Söhne Midjans sind Efa, Efer, Chanoch, Abida und Eldaa.

All diese sind Söhne Kturas.

Abraham zeugte Jizchak.

Die Söhne Jizchaks sind Eſsaw und Jiſsrael.

Die Söhne Eſsaws sind Elifas, Ruel, Jeusch, Jaalam und Korach.

Die Söhne des Elifas sind Teman und Omar, Zfi und Gaatam, Knas, Timna und Amalek.

Die Söhne Ruels sind Nachat, Sarach, Schamma und Misa.

Und die Söhne Sſeïrs sind Lotan und Schobal und Zibon und Ana und Dischon und Ezer und Dischan.

Und die Söhne Lotans sind Chori und Homam, Lotans Schwester aber Timna.

Die Söhne Schobals sind Aljan, Mnachat und Ebal, Schfi und Onam.

Und die Söhne Zibons sind Aja und Ana.

Die Söhne Anas: Dischon.

Und die Söhne Dischons sind Chamran und Eschban und Jitran und Kran.

Die Söhne Ezers sind Bilchan und Saawan, Jaakan.

Die Söhne Dischons sind Uz und Aran.

Und dies sind die Könige, die im Lande Edom Königschaft hatten, ehe ein König von den Söhnen Jiſsraels Königschaft hatte:

Bala Sohn Bors, der Name seiner Stadt war Dinhaba.

Und Bala starb, und statt seiner trat die Königschaft an Jobab Sohn Sarachs aus Bozra.

Und Jobab starb, und statt seiner trat die Königschaft an Chuscham aus dem Land des Temaniters.

Und Chuscham starb, und statt seiner trat die Königschaft an Hadad Sohn Bdads, der schlug Midjan im Gefilde Moab, der Name seiner Stadt war Awit.

Und Hadad starb, und statt seiner trat die Königschaft an Sſamla aus Maſsreka.

Und Sſamla starb, und statt seiner trat die Königschaft an Schaul aus Rechobot am Strom.

Und Schaul starb, und statt seiner trat die Königschaft an Baal-Chanan Sohn Akbors.

Und Baal-Chanan starb, und statt seiner trat die Königschaft an Hadad, der Name seiner Stadt war Pai, der Name seiner Frau Mehetabel, Tochter Matreds, der Tochter Me-Sahabs.

Als Hadad starb, waren die Häuptlinge von Edom: der Häuptling von Timna, der Häuptling von Alwa, der Häuptling von Jetet, der Häuptling von Oholibama, der Häuptling von Ela, der Häuptling von Pinan, der Häuptling von Knas, der Häuptling von Teman, der Häuptling von Mibzar, der Häuptling von Magdiel, der Häuptling von Iram.

Dies sind die Häuptlinge von Edom.

Dies sind die Söhne Jiſsraels:

Ruben, Schim'on, Lewi und Jehuda, Jiſsachar und Sbulun, Dan, Joſsef und Binjamin, Naftali, Gad und Ascher.

Die Söhne Jehudas sind Her, Onan und Schela,

die drei, das ward ihm von der Tochter Schuas, der Kanaanitin, geboren.

Aber Her, Jehudas Erstling, war böse in Seinen Augen und er ließ ihn sterben.

Und Tamar, seine Schwiegerin, gebar ihm Pares und Sarach.

Aller Söhne Jehudas fünf.

Die Söhne des Parez sind Chezron und Chamul.

Und die Söhne Sarechs sind Simri, Etan, Heman, Chalkol und Dara, ihrer aller fünf.

Und die Söhne Karmis sind Achar, »Zerrütter«, der Zerrütter Jiſsraels, der am Banngut Untreue beging.

Und die Söhne Etans: Asarja.

Und die Söhne Chezrons, was ihm geboren ward: Jerachmeel, Ram und Klubej,

und Ram zeugte Aminadab,

und Aminadab zeugte Nachschon, Fürsten der Söhne Jehudas,

und Nachschon zeugte Schalma,

und Schalma zeugte Boas,

und Boas zeugte Obed,

und Obed zeugte Jischaj,

und Jischaj zeugte seinen Erstling, Eliab, und Abinadab, den
Zweiten, und Schima, den Dritten, Ntanel, den Vierten,
Raddaj, den Fünften, Ozem, den Sechsten, Dawid, den Sie-
benten,

und ihre Schwestern, Zruja und Abigajil, und die Söhne Zrujas
sind Abischaj und Joab und Afsael, die drei,

-und Abigajil gebar Amafsa, der Vater Amafsas aber ist Jater,
der Jischmaelit.

Und Kaleb Sohn Chezrons zeugte mit der Frau Asuba [und
mit Jeriot], und dies sind ihre Söhne: Jeschcr, Schobab und
Ardon,

als aber Asuba starb, nahm sich Kaleb die Efrat, und sie gebar
ihm den Chur, und Chur zeugte Uri, und Uri zeugte Bezalel.

Danach ging Chezron ein zu der Tochter Machirs, des Vaters
Gilads, er nahm sie aber, als er sechzigjährig war, und sie gebar ihm Sfgub,

und Sfgub zeugte Jaïr, –

der hatte dreiundzwanzig Städte im Lande Gilad,

aber Geschur nahm und Aram die Zeltdörfer Jaïrs von ihnen,
Knat und ihre Tochtersiedlungen, sechzig Städte.

All diese sind Söhne Machirs, des Vaters Gilads.

Und nach dem Tode Chezrons in Kaleb–Efrata – ein Weib
Chezrons war Abija, die gebar ihm Aschchur, den Vater
von Tekoa.

Die Söhne Jerachmeels, des Erstlings Chezrons, waren: der
Erstling Ram, Buna, Aren, Ozem, Achija.

Jerachmeel hatte eine andere Frau, ihr Name Atara, sie ist die
Mutter Onams.

Die Söhne Rams, des Erstlings Jerachmeels, waren Maaz, Jamin und Eker.

Die Söhne Onams waren Schammaj und Jada.

Die Söhne Schammajs sind Nadab und Abischur,

der Name der Frau Abischurs ist Abihajil, sie gebar ihm Ach-
ban und Molid.

Und die Söhne Nadabs sind Sfaled und Appajim. Sfaled starb
ohne Söhne.

Und die Söhne Appajims: Jischi.

Und die Söhne Jischis: Scheschan.

Und die Söhne Scheschans: Achlaj.

Und die Söhne Jadas, des Bruders Schammajs: Jater und Jonatan, Jater starb ohne Söhne.

Und die Söhne Jonatans: Palet und Sasa.

Diese waren die Söhne Jerachmeels.

Scheschan aber hatte keine Söhne, sondern nur Töchter,

und Scheschan hatte einen ägyptischen Knecht, sein Name Jarcha,

Scheschan gab seine Tochter dem Jarcha, seinem Knecht, zur Frau, und sie gebar ihm den Attaj.

Attaj zeugte Natan, Natan zeugte Sabad, Sabad zeugte Eflal, Eflal zeugte Obed, Obed zeugte Jehu, Jehu zeugte Asarja, Asarja zeugte Chalez, Chalez zeugte Elafsa, Elafsa zeugte Sfifsmaj, Sfifsmaj zeugte Schallum, Schallum zeugte Jekamja, Jekamja zeugte Elischama.

Und die Söhne Kalebs, des Bruders Jerachmeels: Mesche, sein Erstling, der ist der Vater Sifs, und dessen Sohn ist Mrescha, der Vater Chebrons.

Und die Söhne Chebrons sind Korach, Tappuach, Rekem und Schema, und Schema zeugte Racham, den Vater Jorkeams, und Racham zeugte Schammaj, und Schammajs Sohn ist Maon, und Maon ist der Vater von Bet-Zur.

Efa aber, das Kebsweib Kalebs, gebar Charan, Moza und Gases, und Charan zeugte Gases

...Die Söhne Johdajs sind Ragem, Jotam, Geschan, Palet, Efa und Schaaf.

Kalebs Kebsweib Maacha aber gebar Schaber und Tirchana, sie gebar Schaaf, den Vater Madmannas, Schwa, den Vater Machbenas und Vater Gibas, und die Tochter Kalebs: Achfsa.

Dies waren Söhne Kalebs: Ben-Chur, der Erstling Efratas, Schobal, der Vater von Kirjat-Jearim, Sfalma, der Vater von Bet-Lechem, Charef, der Vater von Bet-Gader.

Schobal, der Vater von Kirjat-Jearim, hatte zu Söhnen: Haroe, die Hälfte von Menuchot.

Und die Sippen von Kirjat-Jearim sind: der Jitriter, der Putiter, der Schumatiter und der Mischraiter, von ihnen gingen aus der Zoratiter und der Eschtaoliter.

Die Söhne Sſalmas sind: Bet-Lechem, der Netofatiter, Atarot, Bet-Joab und die Hälfte des Manachtiters, der Zoriter.

Die Sippen der »Schriftkundigen« aber, die Insassen von Jaabez, Tiratiter, Schimaiter, Schuchatiter, das sind die Keniter, die von Chamat, dem Vater des Hauses Rechabs, herkommen.

Und dies waren die Söhne Dawids, was ihm in Hebron geboren wurde:

der Erstling Amnon von Achinoam, der Jisreelitin,

der Zweite Daniel von Abigajil, der Karmelitin,

der Dritte Abschalom, Sohn Maachas, der Tochter Talmis, des Königs von Geschur,

der Vierte Adonija, Sohn Chagits,

der Fünfte Schfatja von Abital,

der Sechste Jitream von seiner Frau Egla,

sechs, das ward ihm in Hebron geboren, und dort hatte er Königschaft sieben Jahre und sechs Mondneuungen,

dreiunddreißig Jahre aber hatte er Königschaft in Jerusalem.

Und diese wurden ihm in Jerusalem geboren:

Schima, Schobab, Natan und Schlomo, die vier von Batschua, Tochter Ammiels,

Jibchar, Elischama, Elifalet, Nogah, Nafeg, Jafija, Elischama, Eljada und Elifalet, neun.

Alles Söhne Dawids, außer den Söhnen der Kebsweiber, und Tamar, ihrer Schwester.

Und Schlomos Sohn ist Rechabam, Abija dessen Sohn, Aſsa dessen Sohn, Jehoschafat dessen Sohn, Joram dessen Sohn, Achasjahu dessen Sohn, Joasch dessen Sohn, Amazjahu dessen Sohn, Asarja dessen Sohn, Jotam dessen Sohn, Achas dessen Sohn, Chiskijahu dessen Sohn, Mnasche dessen Sohn, Amon dessen Sohn, Joschijahu dessen Sohn,

und die Söhne Joschijahus: der Erstling Jochanan, der Zweite Jehojakim, der Dritte Zidkijahu, der Vierte Schallum,

und die Söhne Jehojakims: sein Sohn Jechonja, dessen Sohn Zidkija,

und die Söhne Jechonjas: Aſsir, dessen Sohn Schealtiel, Malkiram, Pdaja, Schenazer, Jekamja, Hoschama und Nedabja und die Söhne Pdajas: Serubbabel, Schimi, Serubbabels Sohn Meschullam, Chananja und Schlomit, ihre Schwester.

dazu Chaschuba, Ohel, Berechja, Chaſsadja, Juschab Chassed, fünf,

und der Sohn Chananjas Platja, dazu Jeschaja,

die Söhne Refajas, die Söhne Arnans, die Söhne Obadjas, die Söhne Schchanjas,

und die Söhne Schchanjas: Schmaja,

und die Söhne Schmajas: Chattusch, Jigal, Bariach, Nearja, Schafat,... sechs,

und der Sohn Nearjas: Eljoeni, dazu Chiskija und Asrikam, drei,

und die Söhne Eljoenis: Hodawjahu, Eljaschib, Plaja, Akkub, Jochanan, Dlaja und Anani, sieben.

Die Söhne Jehudas sind Parez, – Chezron – Karmi – Chur – Schobal.

Reaja Sohn Schobals zeugte Jachat, Jachat zeugte Achumaj und Lachad, diese sind die Sippen des Zoreatiters,

und diese des Vaters von Etam: Jisreel, Jischma und Jidbasch, und der Name ihrer Schwester: Chazlelponi,

und Pnuel, der Vater von Gdor, und Eser, der Vater von Chuscha, diese sind die Söhne Churs, des Erstlings Efratas, des Vaters von Betlehem.

Und Aschchur, der Vater von Tekoa, hatte zwei Frauen, Chela und Naara, Naara gebar ihm Achusam, Chefer, Temani und Achaschtari, dies die Söhne Naaras, und die Söhne Chelas sind Zaret, Zochar, und Etnan,... Koz zeugte Anub, Zoheba und die Sippen Acharchels Sohns Charums.

Jaabez aber war geehrter als seine Brüder – seine Mutter hatte seinen Namen Jaabez gerufen, sprechend: Denn ich habe beozeb, im Schmerz geboren –,

aber Jaabez rief den Gott Jiſsraels an, sprechend: Möchtest du segnen mich, segnen und mein Gebiet mehren, möchte deine Hand bei mir sein und möchtest das Übel du abtun, mich schmerzfrei lassend! und Gott ließ kommen, was er erbeten hatte.

Klub, der Bruder Schochas, zeugte Mchir, der ist der Vater Eschtons, Eschton zeugte Bet-Rafa, Paſsach und Tchinna, den Vater von Ir-Nachasch, dies sind die Männer von Re-cha.

Die Söhne Knas' sind Otniel und Sfraja, und die Söhne Otniels: Chatat…, Meonotaj zeugte Ofra, Sfraja zeugte Joab, den Vater der Zimmerleuteschlucht, denn sie waren Zimmer-leute.

Die Söhne Kalebs Sohns Jefunnes sind Iru, Ela und Naam, und die Söhne Elas:… und Knas.

Die Söhne Jehallelels sind Sif und Sifa, Tirja und Afsareel.

Ein Sohn Esras ist Jater, sodann Mared, Efer, Jalon [dann ward sie schwanger mit Mirjam], und Schammaj und Jischbach, den Vater von Eschtmoa, seine judäische Frau aber gebar Jared, den Vater von Gdor, Chaber, den Vater von Sfocho, und Jekutiel, den Vater von Sanoach.

Und dies sind die Söhne Bitjas, der Tochter Pharaos, die Mared nahm, und die Söhne der Frau Hodijas, der Schwe-ster Nachams: der Vater von Keïla, der Garmit, und Escht-moa, der Maachatit…

Die Söhne Schimons sind Amnon und Rinna, Ben-Chanan und Tilon… und die Söhne Jischis: Sochat, und Sochats Sohn.

Die Söhne Schelas, des Sohns Jehudas, sind Her, der Vater von Lcha, Laada, der Vater von Marescha, die Sippen des Hauses der Byssusarbeit, vom Haus Aschbea, Jokim, die Männer von Koseba, Joasch und Sfaraf, die sich nach Moab hin verehelichten, kehrten aber nach Lechem zurück [die Be-gebenheiten sind altüberliefert], – das sind die Töpfer, die Siedler von Ntaim und Gdera: beim König, in seinem Werkdienst, wurden sie ansässig dort.

Die Söhne Schim'ons sind Nmuel und Jamin, Jarib, Sarach, Schaul, dessen Sohn Schallum, dessen Sohn Mibfsam, dessen Sohn Mischma, und die Söhne Mischmas: dessen Sohn Chamuel, dessen Sohn Sakkur, dessen Sohn Schimi.

Schimi hatte sechzehn Söhne und sechs Töchter, seine Brü-der aber hatten nicht viele Söhne, all ihrer Sippe war nicht so viel wie der Söhne Jehudas.

Sie waren ansässig in Berscheba, Molada und Chazar Schual, in Bilha, in Ezem, in Tolad, in Btuel, in Chorma, in Ziklag, in Bet Markabot, in Chazar Sfufsim, in Bet Biri und in

Schaarajim – dies ihre Städte, bis Dawid König war –, und ihre Gehöfte: Etam, Ajin, Rimmon, Tochen und Aschan, der Städte fünf, dazu alle ihre Gehöfte, die rings um diese Städte waren, bis nach Baal. Dies ihre Wohnsitze und ihre Zugehörigkeit für sie.

Sodann: Meschowaw, Jamlech, Joscha Sohn Amazjas, Joel, Jehu Sohn Joschibjas Sohns Sfrajas Sohn Afsiels, Eljoejnaj, Jaakoba, Jeschochaja, Afsaja, Adiel, Jefsimiel, Bnaja und Sisa Sohn Schifis Sohns Allons Sohns Jedajas Sohns Schimris Sohns Schmajas, –

diese namentlich Vorgetretnen, als Fürsten in ihren Sippen, brachen in Fülle aus, sie gingen auf den Eintritt nach Gdor zu, bis zum Osten der Schlucht Weide für ihr Schmalvieh zu suchen,

sie fanden fette und gute Weide, und das Land weit zuhanden, ruhig und friedlich, denn von Cham waren, die vordem dort siedelten,

es traten diese, die namentlich Eingeschriebnen, in den Tagen Chiskijas Königs von Jehuda vor und schlugen ihre Zelte auf, und die Meonäer, die sich dort fanden, die bannten sie, bis auf diesen Tag, und siedelten statt ihrer, denn Weide war dort für ihr Schmalvieh.

Und von ihnen, von den Söhnen Schim'ons, gingen welche nach dem Gebirge Sfeïr, fünfhundert Mann, Platja, Nearja, Rfaja und Usiel, die Söhne Jischis, ihnen zuhäupten,

sie schlugen den Überrest der Entronnenen Amaleks und siedelten dort, bis auf diesen Tag.

Und die Söhne Rubens, des Erstlings Jifsraels

– denn er war der Erstling, als er aber das Lager seines Vaters preisgab, wurde sein Erstlingtum den Söhnen Jofsefs Sohns Jifsraels gegeben, doch nicht nach der Erstlingschaft zugehörig zu sein, denn Jehuda wuchs über seine Brüder hinaus und zum Herzog ward einer aus ihm, das Erstlingtum aber war Jofsefs –,

die Söhne Rubens, des Erstlings Jifsraels, sind Chanoch, Pallu, Chezron und Karmi, …

die Söhne Joels: Schmaja dessen Sohn, Gog dessen Sohn, Schimi dessen Sohn, Micha dessen Sohn, Reaja dessen

Sohn, Baal dessen Sohn, Beera dessen Sohn, den Tilgat Pilnefser, König von Assyrien, verschleppte, der war Fürst der Rubenitenschaft,

und dessen Brüder nach ihren Sippen, in der Zugehörigkeit nach ihren Zeugungen: das Haupt Jeiel, Secharjahu, Bala Sohn Asas' Sohns Schamas Sohns Joels, der siedelte in Aroer und bis Nbo und Baal Mon, und nach Osten zu siedelte er bis wo man in die Wüste, die vom Strom Euphrat her, kommt, denn ihr Herdenbesitz mehrte sich im Lande Gilad,

und in den Tagen Schauls machten sie Krieg mit den Hagritern, die fielen in ihre Hand, dann saßen sie in deren Zelten, allhin angesichts des Ostens von Gilad.

Und die Söhne Gads, ihnen gegenüber siedelten sie, im Lande Baschan, bis Sfalcha, Joel, das Haupt, und Schafam, der Zweite, und Jaani und Schafat, in Baschan, und ihre Brüder nach ihren Vaterhäusern: Michael, Meschullam, Schaba, Joraj, Jaakan, Sia und Eber, sieben.

Diese sind die Söhne Abichajils Sohns Choris Sohns Jaroachs Sohns Gilads Sohns Michaels Sohns Jeschischajs Sohns Jachdos Sohns Bus', – Achi Sohn Abdiels Sohns Gunis war Haupt in ihren Vaterhäusern,

sie siedelten im Gilad, im Baschan und in seinen Tochterstädten und in allen Weidetrieben von Scharon samt ihren Ausläufern,

sie alle wurden als zugehörig verzeichnet in den Tagen Jotams Königs von Jehuda und in den Tagen Jarobams Königs von Jifsrael.

Die Söhne Rubens und Gads und der halbe Zweig Mnasches, an Wehrleuten, Mannschaft der Schild- und Schwertträger, Bogenspanner und Kriegsgeübten, vierundvierzigtausendsiebenhundertsechzig, die im Heer auszogen,

die machten Krieg mit den Hagritern, Jetur, Nafisch und Nodab,

ihnen wurde wider jene geholfen, die wurden in ihre Hand gegeben, die Hagriter und all ihr Beistand,

denn zu Gott schrien sie im Krieg, und er ließ sich ihnen erflehen, denn sie sicherten sich an ihm,

hinweg führten sie ihren Herdenbesitz: Kamele fünfzigtausend, Schmalviehs zweihundertfünfzigtausend, Esel zwei-

tausend, und an Menschenseelen hunderttausend, – es waren
ja viele Durchbohrte gefallen, von Gott her war ja der Krieg,
sie siedelten statt ihrer, bis zur Verschleppung.

Die Söhne des halben Zweigs Mnasche siedelten in dem Land
von Baschan bis Baal Chermon, Sfnir und dem Chermon-
gebirg, sie waren viele.

Und dies sind die Häupter ihrer Vaterhäuser: … Efer, Jischi,
Eliel, Asriel, Jirmija, Hodawja und Jachdiel, wehrtüchtige
Männer, Männer von Namen, Häupter ihrer Vaterhäuser.

Aber untreu wurden sie dem Gott ihrer Väter, sie hurten den
Göttern der Landesvölker nach, die Gott vor ihnen her vertilgt hatte.

Da erweckte der Gott Jifsraels den Geist Puls Königs von
Assyrien und den Geist Tilgat Pilnefsers Königs von Assyrien, man verschleppte sie – so geschah der Rubenitenschaft und der Gaditenschaft und dem halben Zweig Mnasche – und man brachte sie nach Chalach, zum Chabor [nach
Hara], dem Strom von Gosan,
bis zu diesem Tag.

Die Söhne Lewis sind Gerschon, Khat und Mrari.

Die Söhne Khats sind Amram, Jizhar, Chebron und Usiel.

Die Söhne Amrams sind Aharon und Mosche und Mirjam.

Die Söhne Aharons sind Nadab und Abihu, Elasar und Itamar.

Elasar zeugte Pinchas, Pinchas zeugte Abischua, Abischua
zeugte Bukki, Bukki zeugte Usi, Usi zeugte Srachja, Srachja
zeugte Mrajot, Mrajot zeugte Amarja, Amarja zeugte
Achitub, Achitub zeugte Zadok, Zadok zeugte Achimaaz,
Achimaaz zeugte Asarja, Asarja zeugte Jochanan, Jochanan
zeugte Asarja – der ists, der in dem Haus priesterte, das Schlomo in Jerusalem baute –, Asarja zeugte Amarja, Amarja
zeugte Achitub, Achitub zeugte Zadok, Zadok zeugte
Schallum, Schallum zeugte Chilkija, Chilkija zeugte Asarja,
Asarja zeugte Sfraja, Sfraja zeugte Jehozadak, – Jehozadak
aber ging hinweg, als ER Jehuda und Jerusalem durch die
Hand Nebukadnezars verschleppte.

Die Söhne Lewis sind Gerschom, Khat und Mrari.

Und dies sind die Namen der Söhne Gerschoms: Libni und
Schimi.

Und die Söhne Khats sind Amram, Jizhar, Chebron und Usiel.

Die Söhne Mraris sind Machli und Muschi.

Und dies sind die Sippen der Lewitenschaft, nach ihren Vater-schaften:

von Gerschom Libni, dessen Sohn, Jachat, dessen Sohn, Sim-ma, dessen Sohn Joach, dessen Sohn, Iddo, dessen Sohn, Sarach, dessen Sohn, Jeatraj, dessen Sohn,

die Söhne Khats: Aminadab, dessen Sohn, Korach, dessen Sohn, Afsir, dessen Sohn, Elkana, dessen Sohn, Ebjafsaf, dessen Sohn, Afsir, dessen Sohn, Tachat, dessen Sohn, Uriel, dessen Sohn, Usija, dessen Sohn und Schaul, dessen Sohn,

die Söhne Elkanas: Amafsaj und Achimot, Elkana, dessen Sohn, Elkana Zofi, dessen Sohn, Nachat, dessen Sohn, Eliab, dessen Sohn, Jerocham, dessen Sohn, Elkana, dessen Sohn, …

die Söhne Schmuels: der Erstling, Waschni, und Abija,

die Söhne Mraris: Machli, Libni, dessen Sohn, Schimi, dessen Sohn, Usa, dessen Sohn, Schima, dessen Sohn, Chagija, dessen Sohn, Afsaja, dessen Sohn.

Und diese sind, die Dawid über den Gesang in SEINEM Hause bestellte, seit der Schrein ruhte,

sie amteten vor der Wohnung des Begegnungszelts beim Gesang, bis Schlomo SEIN Haus in Jerusalem baute, nach ihrer Rechtsordnung, an ihrem Dienst,

diese sind die Bestellten und ihre Söhne:

von den Söhnen der Khatitenschaft Heman, der Sänger, Sohn Joels, Sohns Schmuels Sohns Elkanas Sohns Jerochams Sohns Eliels Sohns Tochas Sohns Zufs Sohns Elkanas Sohns Ma-chats Sohns Amafsajs Sohns Elkanas Sohns Joels Sohns Asarjas Sohns Zefanjas Sohns Tachats Sohns Afsirs Sohns Abjafsafs Sohns Korachs Sohns Jizhars Sohns Khats Sohns Lewis Sohns Jifsraels,

und sein Bruder Afsaf, der zu seiner Rechten stand: Afsaf Sohn Berechjahus Sohns Schimas Sohns Michaels Sohns Baafsijas Sohns Malkijas Sohns Etnis Sohns Sarachs Sohns Adajas Sohns Etans Sohns Simmas Sohns Schimis Sohns Jachats Sohns Gerschoms Sohns Lewis,

und die Söhne Mraris, ihres Bruders, zur Linken, Etan Sohn Kischis Sohns Abdis Sohns Malluchs Sohns Chaschabjas

Sohns Amazjas Sohns Chilkijas Sohns Amzis Sohns Banis
Sohns Schamers Sohns Machlis Sohns Muschis Sohns Mraris
Sohns Lewis.

und ihre Brüder, die Lewiten, hingegeben für allen Dienst in
der Wohnung des Gotteshauses,

Aharon und seine Söhne aber emporrauchen lassend auf der
Statt der Darhöhung und auf der Statt des Raucherwerks,

sie waren da für alle Arbeit an der Heiligung der Heiligtume,
und über Jifsrael zu bedecken,

allwie Mosche, der Knecht Gottes, geboten hatte.

Dies sind die Söhne Aharons: Elasar, dessen Sohn, Pinchas,
dessen Sohn, Abischua, dessen Sohn, Bukki, dessen Sohn,
Usi, dessen Sohn, Srachja, dessen Sohn, Mrajot, dessen
Sohn, Amarja, dessen Sohn, Achitub, dessen Sohn, Zadok,
dessen Sohn, Achimaaz, dessen Sohn.

Und dies sind ihre Sitze, nach ihren Ringlagern, in ihrem
Gebiet:

für die Söhne Aharons von der Sippe des Khatiters, denn ihrer
war das Los, man gab ihnen Hebron im Lande Jehuda
und seine Weidetriebe ringsum, das Gefild der Stadt aber
und ihre Gehöfte gab man Kaleb dem Sohn Jefunnes,

den Söhnen Aharons gab man die Unterschlupfstädte, Hebron,
Libna und seine Weidetriebe, Jattir und seine Weidetriebe,
Eschtmoa und seine Weidetriebe, Chilen und seine Weide-
triebe, Dbir und seine Weidetriebe, Aschan und seine Wei-
detriebe, Bet Schamesch und seine Weidetriebe, und vom
Stab Binjamin Gaba und seine Weidetriebe, Allemet und
seine Weidetriebe, Anatot und seine Weidetriebe, all ihrer
Städte: dreizehn Städte nach ihren Sippen,

und den Söhnen Khats, den restlichen von der Sippe des
Zweigs: von der Hälfte des halben Stabs Mnasche durchs
Los zehn Städte,

und den Söhnen Gerschoms nach ihren Sippen: vom Stab Jifsachar, vom Stab Ascher, vom Stab Naftali und vom
Stab Mnasche im Baschan dreizehn Städte,

und den Söhnen Mraris nach ihren Sippen: vom Stab Ruben,
vom Stab Gad und vom Stab Sbulun durchs Los zwölf
Städte.

Die Söhne Jifsraels gaben den Lewiten die Städte und ihre
  Weidetriebe.

Sie gaben durchs Los vom Stab der Söhne Jehudas, vom Stab
  der Söhne Schim'ons und vom Stab der Söhne Binjamins
  diese Städte, sie die man mit Namen ausgerufen hat:

von den Sippen der Söhne Khats, ihrer ward als die Städte
  ihres Gebiets vom Stab Efrajim, man gab ihnen die Unterschlupfstädte. Sichem und seine Weidetriebe im Gebirg
  Efrajim, Gaser und seine Weidetriebe, Jokmeam und seine
  Weidetriebe, Bet Choron und seine Weidetriebe, Ajjalon
  und seine Weidetriebe, Gat Rimmon und seine Weidetriebe, und von der Hälfte des Stabs Mnasche Aner und
  seine Weidetriebe, Bilam und seine Weidetriebe, der Sippe
  der restlichen Söhne Khats,

den Söhnen Gerschoms von der Sippe des halben Stabs Mnasche Golan im Baschan und seine Weidetriebe, Aschtarot
  und seine Weidetriebe, und vom Stab Jifsachar Kadesch und
  seine Weidetriebe, Dabrat und seine Weidetriebe, Ramot
  und seine Weidetriebe, Anem und seine Weidetriebe, und
  vom Stab Ascher Maschal und seine Weidetriebe, Abdon
  und seine Weidetriebe, Chukok und seine Weidetriebe,
  Rchob und seine Weidetriebe, und vom Stab Naftali
  Kadesch im Galil und seine Weidetriebe, Chammon und
  seine Weidetriebe, Kirjatajim und seine Weidetriebe,

den restlichen Söhnen Mraris: vom Stab Sbulun Rimono
  und seine Weidetriebe, Tabor und seine Weidetriebe, und
  von jenseit des Jericho-Jordans ostwärts des Jordans, vom
  Stab Ruben Bazer in der Wüste und seine Weidetriebe,
  Jahza und seine Weidetriebe, Kdemot und seine Weidetriebe, Mefaat und seine Weidetriebe, und vom Stab Gad
  Ramot im Gilad und seine Weidetriebe, Machanajim und
  seine Weidetriebe, Cheschbon und seine Weidetriebe, Jaser
  und seine Weidetriebe.

Von den Söhnen Jifsachars sind Tola, Pua, Jaschub und
  Schimron, vier,

die Söhne Tolas: Usi, Rfaja, Jeriel, Jachmi, Jibfsam und
  Schmuel, Häupter ihrer Vaterhäuser, – von Tola sind
  Wehrtüchtige nach ihren Zeugungen, ihre Zahl in den

Tagen Dawids zweiundzwanzigtausendsechshundert,

die Söhne Usis: Jisrachja, und die Söhne Jisrachjas: Michael,
Obadja, Joel, Jischschija, fünf Häupter allsamt, und an ihnen nach ihren Zeugungen, nach ihren Vaterhäusern, Rotten des Kriegsheers, sechsunddreißigtausend, denn der Frau-
en und Kinder waren viele, und ihre Brüder, von allen
Sippen Jiſsachars, tüchtige Wehrleute, siebenundachtzig-
tausend ihrer Zugehörigkeit in allem,

Binjamin: Bala, Bacher und Jediael, drei,

die Söhne Balas: Ezbon, Usi, Usiel, Jerimot und Iri, fünf
Häupter der Vaterhäuser, tüchtige Wehrleute, ihrer Zugehörigkeit zweiundzwanzigtausendvierunddreißig,

die Söhne Bachers: Smira, Joasch, Elieser, Eljoejnaj, Omri,
Jerimot, Abija, Anatot und Alemet, all diese sind Söhne
Bachers, und ihre Zugehörigkeit nach ihren Zeugungen:
Häupter ihrer Vaterhäuser, Wehrtüchtige, zwanzigtausend-
zweihundert,

die Söhne Jediaels: Bilhan, die Söhne Bilhans: Jeisch, Binjamin, Ehud, Knaana, Sejtan, Tarschisch und Achischachar,
all diese sind Söhne Jediaels, nach den Häuptern der Vaterschaften, tüchtige Wehrleute, siebzehntausendzweihundert,
im Heer zum Krieg Auszichende, dazu Schuppim und
Chuppim, Söhne Irs, Chuschim, die Söhne Achers.

Die Söhne Naftalis sind Jachaziel, Guni, Jezar und Schallum,
Söhne Bilhas.

Die Söhne Mnasches sind Afsriel, dessen aramäisches Kebsweib
gebar, sie gebar Machir, den Vater Gilads, Machir nahm
eine Frau von Chuppim und Schuppim, der Name von
deren Schwester ist Maacha, und der Name des Zweiten ist
Zlofchad, Zlofchad hatte nur Töchter, Maacha, die Frau
Machirs, aber gebar einen Sohn, und sie rief seinen Namen:
Paresch, der Name seines Bruders ist Scharesch, dessen Söh-
ne sind Ulam und Rakem, die Söhne Ulams: Bdan..., dies
sind die Söhne Gilads Sohns Machirs Sohns Mnasches, seine
Schwester, die Molechet, aber gebar Ischhod, Abieser und
Machla..., die Söhne Schmidas waren Achjan, Schachem,
Likchi und Aniam.

Die Söhne Efrajims sind Schutalach, dessen Sohn Bared, dessen
Sohn Tachat, dessen Sohn Elada, dessen Sohn Tachat, des-

sen Sohn Sabad, dessen Sohn Schutalach, dazu Eser und
Elad, aber die Männer von Gat, die Landbürtigen, brachten
sie um, denn sie waren hinabgezogen, ihren Herdenbesitz
zu nehmen, ihr Vater Efrajim trauerte viele Tage, und seine
Brüder gingen herzu, ihn zu trösten, dann ging er zu seiner
Frau ein, sie wurde schwanger und gebar einen Sohn, und
sie rief seinen Namen Bria, denn braa, im Bösgeschick, war
sie in seinem Haus; seine Tochter ist Scheera, die baute das
untere und das obere Bet Choron und Usen Scheera; dazu
Rafach, sein Sohn, und Raschef, Talach, dessen Sohn,
Tachan, dessen Sohn, Laadan, dessen Sohn, Amihud, dessen Sohn, Elischama, dessen Sohn, Non, dessen Sohn, Jehoschua, dessen Sohn; ihre Hufe und ihre Sitze waren Bet-El
und seine Tochterstädte, ostwärts Naaran, westwärts Gaser
und seine Tochterstädte, Sichem und seine Tochterstädte,
bis zu Gaza und seinen Tochterstädten, und zuhanden den
Söhnen Mnasches Bet Schan und seine Tochterstädte, Taanach und seine Tochterstädte, Megiddo und seine Tochterstädte, Dor und seine Tochterstädte, – in diesen siedelten
die Söhne Josfefs Sohns Jisfraels.

Die Söhne Aschers sind Jimna, Jischwa, Jischwi und Bria, und
ihre Schwester ist Sfarach;

die Söhne Brias sind Chaber und Malkiel, der ist der Vater von
Birsait; Chaber zeugte Jaflet, Schomer und Chotam, dazu
Schua, ihre Schwester; die Söhne Jaflets sind Pafsach, Bim-
hal und Aschwat, dies die Söhne Jaflets,

die Söhne Schomers sind Achi, Rohga, Chubba und Aram, des-
sen Bruder Ben Chelem, Zofa, Jimna, Schelesch und Amal;
die Söhne Zofas sind Sfuach, Charnafer, Schual, Beri, Jimra,
Baser, Hod, Schamma, Schilscha, Jitran und Beera..., die
Söhne Jaters sind Jefunne, Pispa und Ara..., die Söhne Ul-
las sind Arach, Chaniel und Rizja. All dies Söhne Aschers,
Häupter ihrer Vaterhäuser, erlesne tüchtige Wehrleute,
Häupter unter den Fürsten, und ihre Zugehörigkeit zum
Heer im Krieg, ihre Zahl sechsundzwanzigtausend Mann.

Und Binjamin zeugte Bala, seinen Erstling, Aschbel, den
Zweiten, Achrach, den Dritten, Nocha, den Vierten, und
Rafa, den Fünften,

Söhne wurden dem Bala: Addar, Gera, Abihud, Abischua, Naaman, Achuach, Gera, Schfufan und Churam.

Und dies sind die Söhne Echuds, dies sind sie, Häupter der Vaterschaften für die Insassen Gabas – man verschleppte sie nach Manachat –, Naaman, Achija und Gera, der verschleppte sie,

...er zeugte Usa und Achichud,...

...Schacharajim zeugte im Gefild Moabs, nachdem er Chuschim und Baara, seine Frauen, fortgeschickt hatte, er zeugte von Chodesch, seiner Frau, Jobab, Zibja, Mischa, Malkam, Jeuz, Sfachja und Mirma, dies sind seine Söhne, Häupter von Vaterschaften, von Chuschim aber hatte er gezeugt Abitub und Elpaal, die Söhne Elpaals sind Eber, Mischam und Schamer – der baute Ono, Lod und seine Tochterstädte –,

...Bria und Schama, die sind die Häupter der Vaterschaften für die Insassen von Ajjalon, die verjagten die Insassen von Gat, Achjo, Schaschak, Jeremot, Sbadja, Arad, Ader, Michael, Jischpa und Jocha sind Söhne Brias,

Sbadja, Meschullam, Chiski, Chaber, Jischmri, Jislia und Jobab sind Söhne Elpaels,

Jakim, Sichri, Sabdi, Eliejnaj, Zilltaj, Eliel, Adaja, Braja und Schimrat sind Söhne Schimis,

Jischpan, Eber, Eliel, Abdon, Sichri, Chanan, Chananja, Elam, Antotija, Jifdja und Pnuel sind Söhne Schaschaks,

Schamschraj, Schcharja, Atalja, Jaaraschja, Elija und Sichri sind Söhne Jerochams,

dies sind die Häupter der Vaterschaften nach ihren Zeugungen, – diese Häupter waren ansässig in Jerusalem,

in Gibon aber waren ansässig: der Vater von Gibon, der Name seiner Frau ist Maacha, sein Erstlingssohn Abdon, Zur, Kisch, Baal, Nadab, Gdor, Achjo und Sachar,...

Miklot zeugte Schima,

und auch sie waren ansässig ihren Brüdern in Jerusalem zugegen, ihren Brüdern gesellt.

...Ner zeugte Kisch, Kisch zeugte Schaul, Schaul zeugte Jehonatan, Malkischua, Abinadab und Eschbaal, Jehonatans Sohn ist Meribbaal, Meribbaal zeugte Micha, die Söhne Michas sind Piton, Malech, Taarea und Achas, Achas zeugte Jehoada, Jehoada zeugte Alamet, Asmawet und Simri, Simri zeugte Moza, Moza zeugte Bina, dessen Sohn ist Rafa, dessen Sohn ist Elasa, dessen Sohn ist Azel, Azel hatte sechs Söhne, dies sind ihre Namen: Esrikam, sein Erstling, Jischmael, Schearja, Obadja und Chanan, all diese sind Söhne Azels, die Söhne seines Bruders Eschek sind Ulam, sein Erstling, Jeusch, der Zweite, und Elifalet, der Dritte, – die Söhne Ulams waren wehrtüchtige Männer, Bogenspanner, Söhne und Sohnessöhne mehrend, hundertfünfzig.

All diese sind von den Söhnen Binjamins.

So ist alles Jifsrael zugehörig, sie sind ja eingeschrieben im Buch der Könige von Jifsrael.

Jehuda aber, die wurden um ihre Untreue nach Babel verschleppt.

Die ersten Insassen auf deren Hufe, in ihren Städten sind: Jifsrael, die Priester, die Lewiten und die Hingegebnen.

In Jerusalem aber waren ansässig von den Söhnen Jehudas, von den Söhnen Binjamins, und von den Söhnen Efrajims und Mnasches:

Utaj Sohn Ammihuds Sohns Omris Sohns Imris Sohns Banis, von den Söhnen Parezs Sohns Jehudas, und von der Schelaschaft: Afsaja, der Erstling, und seine Brüder, und von den Söhnen Sarachs: Jeuel, und ihre Brüder, sechshundertneunzig.

Und von den Söhnen Binjamins: Sfallu Sohn Meschullams Sohns Hodawjas Sohns Hafsnaas, Jibnija Sohn Jerochams, Ela Sohn Usis Sohns Michris und Meschullam Sohn Schfatjas Sohns Ruels Sohns Jibnijas, und ihre Brüder nach ihren Zeugungen, neunhundertsechsundfünfzig, all diese Männer Häupter von Vaterschaften, nach ihren Vaterhäusern.

Und von den Priestern: Jedaja, Jehojarib, Jachin, Asarja Sohn Chilkijas Sohns Meschullams Sohns Zadoks Sohns Mrajots Sohns Achitubs, Vorsteher des Gotteshauses, Adaja Sohn Jerochams Sohns Paschchurs Sohns Malkijas und Maafsaj Sohn Adiels Sohns Jachseras Sohns Meschullams Sohns Meschillemits Sohns Immers, und ihre Brüder, Häupter ihrer Vaterschaften, tausendsiebenhundertsechzig Wehrtüchtige, an der Arbeit im Dienst des Gotteshauses.

Und von den Lewiten: Schmaja Sohn Chaschschubs Sohns
Asrikams Sohns Chaschabjas von den Söhnen Mraris, Bak-
bakkar, Charesch, Galal, Mattanja Sohn Michas Sohns Sich-
ris Sohns Aſsafs, Obadja Sohn Schmajas Sohns Galals Sohns
Jedutuns und Berechja Sohn Aſsas Sohns Elkanas, der in den
Gehöften des Netofatiters siedelt.

Und die Torleute: Schallum, Akkub, Talmon und Achiman,
ihr Bruder Schallum das Haupt; und bisher sind sie am Königstor ostwärts die Torleute, für die Lager der Söhne Lewis.

Und Schallum Sohn Kores Sohns Abjaſsafs Sohns Korachs und
seine Brüder, von seinem Vaterhaus, den Korachiten: an
der Arbeit im Dienst als Schwellenhüter am Zelt; und ihre
Väter an SEINEM Lager als Einlaßhüter, und Pinchas Sohn
Eliesers war vordem als Vorsteher über ihnen, ER sei mit
ihm!, Secharja Sohn Meschelemjas, Tormann am Einlaß
zum Zelt der Begegnung, – sie alle erlesen zu Torleuten an
den Schwellen, zweihundertzwölf, sie in ihren Gehöften,
in ihrer Zugehörigkeit, sie in ihrer Vertrauenswürdigkeit
sind es, die Dawid eingegründet hat und Schmuel der Seher,
sie und ihre Söhne über die Tore zu SEINEM Haus, zum Zelt-
haus, zur Hut nach den vier Windrichtungen hin sollten sie
die Torleute sein, östlich, meerwärts, nordwärts und südwärts; und ihre Brüder in ihren Gehöften hatten von Frist
zu Frist für sieben Tage zu kommen, diesen gesellt, denn in
Vertrauensstand waren die vier, die Tüchtigsten der Torleute sie, die Lewiten, sie waren an den Lauben und an den
Schatzkammern des Gotteshauses; und rings um das Gotteshaus nächtigten sie, denn an ihnen war die Hut, und sie waren am Schlüsselamt Morgen für Morgen, und etwelche von
ihnen an den Dienstgeräten, denn abgezählt brachten sie sie
und abgezählt trugen sie sie hinaus, und etwelche von ihnen
waren über die Geräte zubestimmt, über alle Geräte der
Heiligung, und über das Feinmehl, den Wein, das Öl, den
Weihrauch und die Gedüfte.

Und von den Söhnen der Priester Würzer des Würzgemisches
für die Gedüfte, – aber Mattitja von den Lewiten, das ist der
Erstling Schallums des Karchiters, war im Vertrauensstand
über dem Werk an den Pfannen; und von den Söhnen des
Khatiters etwelche, von ihren Brüdern aus, über dem Brot

der Darschichtung, es Wochenfeier um Wochenfeier zu bereiten.

Und dies sind die Sänger, Häupter der Vaterschaften für die
Lewiten, in den Lauben, sonst pflichtfrei, denn tags und
nachts ist über ihnen: »Ans Werk!«...

Diese sind die Häupter der Vaterschaften für die Lewiten nach
ihren Zeugungen, – diese waren ansässig in Jerusalem.

In Gibon waren ansässig: der Vater von Gibon, Jeuel, der Name seiner Frau ist Maacha, Abdon, sein Erstling, Zur, Kisch,
Baal, Ner, Nadab, Gdor, Achjo, Secharja und Miklot, Miklot zeugte Schimam, und auch sie waren ansässig ihren Brüdern in Jerusalem zugegen, ihren Brüdern gesellt.

Ner zeugte Kisch, Kisch zeugte Schaul, Schaul zeugte Jehonatan, Malkischua, Abinadab und Eschbaal. Jehonatans Sohn
ist Meribbaal, Meribbaal zeugte Micha, die Söhne Michas
sind Piton, Malech, Tachrea... Achas zeugte Jaara, Jaara
zeugte Alamet, Asmawet und Simri, Simri zeugte Moza,
Moza zeugte Bina, dessen Sohn ist Rfaja, dessen Sohn ist
Elafsa, dessen Sohn ist Azel, Azel hatte sechs Söhne und dies
sind ihre Namen: Esrikam, sein Erstling, Jischmael, Schearja... Obadja und Chanan, – dies sind die Söhne Azels.

Die Philister kämpften gegen Jisrael,

und die Mannschaft Jisraels floh vor den Philistern,

Durchbohrte fielen am Berge Gilboa.

Die Philister hefteten sich hinter Schaul und hinter seinen Söhnen an,

die Philister erschlugen Jonatan, Abinadab und Malkischua, die Söhne Schauls.

Schwer wurde der Kampf an Schaul hin,

die Bogenschützen hatten ihn herausgefunden,

und er wurde von den Schützen durchbohrt.

Schaul sprach zu seinem Waffenträger:

Zücke dein Schwert und erstich mich damit,

sonst kommen diese Vorhäutigen und treiben ihr Spiel mit mir.

Aber sein Waffenträger wars nicht gewillt, denn er fürchtete sich sehr.

Schaul nahm das Schwert und ließ sich darein fallen.

Als sein Waffenträger sah, daß Schaul am Sterben war, ließ auch er sich in sein Schwert fallen und starb.

So starb Schaul und seine drei Söhne und all sein Haus, mitsammen starben sie.

Als sie, alle Mannschaft Jisraels, die in der Tiefebene, sahn, daß jene geflohn und daß Schaul und seine Söhne gestorben waren,

verließen sie ihre Städte und flohn,

die Philister kamen hin und setzten sich in ihnen fest.

Es geschah aber am Nachmorgen, als die Philister kamen, die Durchbohrten auszuziehn:

sie fanden Schaul und seine Söhne gefallen auf dem Berge Gilboa.

Sie zogen ihn aus, trugen seinen Kopf und seine Waffen hinweg

und sandten im Land der Philister rings herum,

es auszubringen ihren Schnitzdocken und dem Volk,

dann legten sie seine Waffen in ihrem Gotteshaus nieder,

seinen Schädel aber nagelten sie im Hause Dagons an.

Als aber die von Jabesch im Gilad allsamt von allem hörten, was die Philister Schaul getan hatten,

machten sie sich auf, alle tüchtigen Männer, und trugen den

Leichnam Schauls und die Leichname seiner Söhne hinweg
und brachten sie nach Jabesch
und begruben ihre Gebeine unter der Gotteseiche in Jabesch
und fasteten ein Tagsiebent.

So starb Schaul um seine Untreue: daß er an IHM Untreue
übte,
wegen SEINER Rede, daß er sie nicht wahrte, und befragte
gar einen Elben, beforschte, und IHN beforschte er nicht,
so ließ er ihn sterben und wandte die Königschaft Dawid, dem
Sohne Jischajs, zu.

Alles Jifsrael, sie zogen zuhauf zu Dawid nach Hebron, sprechend:
Da, deines Gebeins und deines Fleisches wollen wir sein.
Schon vortags, schon ehgestern, schon als Schaul König war,
warst du es, der Jifsrael ausfahren und der es heimkommen
ließ.
ER, dein Gott, hat zu dir gesprochen:
Weiden sollst mein Volk, Jifsrael, du.
ein Herzog sein sollst über mein Volk, Jifsrael, du.
Alle Ältesten Jifsraels kamen zum König nach Hebron,
Dawid schloß ihnen einen Bund in Hebron vor IHM,
und sie salbten Dawid zum König über Jifsrael, SEINER Rede
durch Schmuel gemäß.
Dawid ging und alles Jifsrael gegen Jerusalem an, das ist Jebufs,
dort war der Jebufsiter, die Insassen des Landes.
Die Insassen von Jebufs ließen zu Dawid sprechen:
Du kommst nicht herein.
Aber Dawid eroberte die Felsenburg Zion, – das ist die Da-
widstadt.
Dawid sprach:
Allwer zuerst einen Jebufsiter schlägt,
soll zum Haupt und zum Obersten werden.
Joab Sohn Zrujas stieg zuerst auf und wurde zum Haupt.
Dawid nahm Sitz in der Felsenburg, darum nannte man sie
Dawidstadt.
Er baute die Stadt ringsum aus, von der Bastei bis zum Ring,
Joab sollte die übrige Stadt wiederbeleben.
Dawid vergrößerte sich fortgehend, fortgehend,

bei ihm war ER, der Umscharte Gott.

Und dies sind die Häupter der Helden, die Dawids waren,
die fest zu ihm hielten in seinem Königwerden, zusamt allem
Jifsrael, ihn zu königen, SEINER Rede über Jifsrael gemäß.
Und dies ist die Aufzählung der Helden, die Dawids waren:
Jaschbeam Sohn Chachmonis, Haupt der Drittkämpfer,
der schwang seinen Speer über dreihundert Durchbohrten auf
einmal. –
Nach ihm Elasar Sohn Dodos, der Achochiter, er ist unter den
Drei Helden,
er war bei Dawid in Pafs Dammim, als die Philister sich dort
zum Kampfe sammelten,
dort war ein Feldstück voll Gerste,
das Volk war vor den Philistern entflohn,
sie aber stellten sich mitten aufs Feldstück und retteten ihn und
schlugen die Philister, und ER befreite, eine große Siegbefreiung. –
Einst stiegen die Drei aus der Hauptdreißigschaft hinab am
Schroffen zu Dawid zu der Höhle Adullam hin,
während im Gespenstergrund ein Philisterlager lagerte.
In dem Felsennest war damals Dawid,
und in Betlehem war damals ein Philisterposten.
Da hatte Dawid ein Begehren, er sprach:
Wer mich doch letzte mit Wasser aus der Zisterne von Betlehem, der am Tor!
Die Drei drangen durchs Lager der Philister ein,
schöpften Wasser aus der Zisterne von Betlehem, der am
Tor, trugens, kamen damit zu Dawid.
Dawid aber war nicht gewillt, es zu trinken,
er goß es IHM dar
und sprach:
Weitab mir, von meinem Gotte aus, das zu tun!
das Blut dieser Männer, mit ihrer Seele dran, sollte ich trin-
ken!
ihre Seele dransetzend sind sie ja damit gekommen!
Drum war er nicht gewillt, es zu trinken.
Dies haben die Drei Helden getan. –
Haupt einer Dreischaft war Abischaj, der Bruder Joabs,

der schwang seinen Speer über dreihundert Durchbohrte,
er hatte Namen bei den Dreien,
zwar vor den dreien der Zweitreihe geehrt, er wurde ihnen
zum Obern,
aber bis an die Drei kam er nicht. –
Bnaja Sohn Jehojadas, Sohn eines wehrtüchtigen an Werkbetrieben reichen Mannes aus Kabzel,
der erschlug die zwei Gotteslöwen Moabs,
der stieg hinab und erschlug den Löwen, mitten in der Zisterne am Schneetag,
der erschlug den ägyptischen Mann, einen Mann von Unmaß, fünf nach der Elle,
ein Speer war in der Hand des Ägypters wie ein Weberbaum,
er aber stieg zu ihm mit dem Stabe hinab,
raubte dem Ägypter den Speer aus der Hand,
brachte ihn mit seinem eignen Speer um.
Dieses hat Bnajahu Sohn Jehojadas getan,
er hatte Namen unter den drei Helden,
unter den Dreißig, da war er geehrt, aber an die Drei kam er
nicht.
Dawid setzte ihn über seine Leibwache.

Und die Helden der Heereskräfte:
Afsael, Bruder Joabs, Elchanan Sohn Dodos, aus Betlehem,
Schammot, der Charoniter, Chelez, der Ploniter, Ira Sohn
Ikeschs, der Tekoiter, Abieser der Anatotiter, Sfibchaj, der
Chuschatiter, Ilaj, der Achochiter, Maharaj, der Netofatiter,
Cheled Sohn Baanas, der Netofatiter, Itaj Sohn Ribajs, aus
dem Giba der Söhne Binjamins, Bnaja, der Piratoniter,
Choraj, aus Nachale Gaasch, Abiel, der Arabaiter, Asmawet der Bachurimiter, Eljaschba, der Schaalboniter, die Söhne Haschems des Gisoniters, Jonatan Sohn Schages, der Harariter, Achiam Sohn Sfachars, der Harariter, Elifal Sohn
Urs, Chefer, der Mecheratiter, Achija, der Ploniter, Chez-
ro, der Karmeliter, Naaraj Sohn Esbajs, Joel, Bruder Natans, Mibchar Sohn Chagris, Zalek, der Ammoniter, Nach-
raj, der Berotiter, der Waffenträger Joabs Sohns Zrujas, Ira,
der Jitriter, Gareb, der Jitriter, Urija, der Chetiter, Sabad
Sohn Achlajs, Adina Sohn Schisas, der Rubenit, Haupt der

Rubenschaft, dreißig um ihn, Chanan Sohn Maachas und Joschafat, der Mitniter, Usija, der Aschtarotiter, Schama und
Jeuel, Söhne Chotams der Areriters, Jediael Sohn Schimris
und Jocha, sein Bruder, der Tiziter, Eliel von Machawim
und Jeribaj und Joschawja, Söhne Elnaams, Jitma, der Moabiter, Eliel, Obed, und Jaafsiel von Mezobaja.

Und diese sind, die zu Dawid nach Ziklag kamen, da er sich
noch abgesperrt hielt Schauls, des Sohnes Kischs, wegen,
und die sind unter den Helden, Helfer im Kampf, bogenbe-
waffnet, rechtshändig und linkshändig Steine und vom Bogen Pfeile zu entsenden geschickt:
von den Brüdern Schauls, von Binjamin, Achieser, das Haupt,
und Joasch, Söhne Haschmaas, des Gibaiters, Jesiel und Palet, Söhne Asmawets, Bracha, Jehu, der Anatotiter, Jisch-
maja, der Giboniter, Held von den Dreißig und über die
Dreißig, Jirmeja, Jachasiel, Jochanan, Josabad, der Gderait,
Elusi, Jerimot, Bealja, Schmarjahu, Schfatjahu, der Chari-
fit, Elkana, Jischschijahu, Asarel, Joeser und Jaschobam, die
Korchiter, Joela und Sbadja, Söhne Jerochams, aus dem
Gdor.
Und von der Gadschaft sonderten sich ab zu Dawid ins Felsnest nach der Wüste, Wehrtüchtige, Männer der Kampfschar,
ausgerüstet mit Schild und Lanze, ihr Antlitz ein Löwenantlitz, an Schnelligkeit den Gazellen auf den Bergen gleich,
Eser, das Haupt, Obadja, der Zweite, Eliab, der Dritte,
Mischmanna, der Vierte, Jirmja, der Fünfte, Attaj, der
Sechste, Eliel, der Siebente, Jochanan, der Achte, Elsabad,
der Neunte, Jirmejahu, der Zehnte, Machbannaj, der Elfte,
diese sind von den Söhnen Gads, Häupter der Schar, der
Kleinste einer gegen hundert, gegen tausend der Größte,
diese sind es, die den Jordan in der ersten Mondneuung, da er
über all seine Gestade voll ist, durchschritten und verjagten
alles aus den Tälern ostwärts und westwärts.
Von den Söhnen Binjamins und Jehudas kamen zu Dawid bis
ins Felsnest.
Dawid trat heraus vor sie hin, hob an und sprach:
Kamt ihr friedsam zu mir, mir zu helfen,
wird mir ein Herz auf euch zu sein, uns zu vereinigen,

ists aber, um an meine Bedränger mich zu verraten, wiewohl
   nicht Unbill ist an meinen Händen,
sehe der Gott unsrer Väter und entscheide!
Da umkleidete Geist sich mit Amasaj, einem Haupt der Dreißig:
Dein, Dawid, und bei dir, Sohn Jischajs, ist Friede, –
Frieden, Frieden dir, Frieden deinen Helfern!
denn geholfen hat dir dein Gott.
Dawid empfing sie und gab sie der Rotte zuhäupten.
Und von Mnasche fielen zu Dawid ab, als er mit den Philistern
   gegen Schaul zum Kampfe herankam,
aber nicht half er jenen, ratsam ja sandten ihn die Tyrannen
   der Philister hinweg, sprechend: Unsre Häupter drange-
   bend wird er zu seinem Herrn Schaul abfallen! –
als er nun nach Ziklag zurückging, fielen von Mnasche zu ihm
   ab
Adnach, Josabad, Jediael, Michael, Josabad, Elihu und Zilltaj,
   Häupter der Tausendschaften, derer von Mnasche,
die hielten hilfreich zu Dawid beim Rottenzug,
wehrtüchtig waren sie ja alle, und wurden Obre im Heer.
Ja, Tag um Tag kam man zu Dawid, ihm zu helfen,
bis es ein großes Lager war, einem Gotteslager gleich.
Und dies sind die Häupterzahlen des Sturmhaufs, derer die zu
   Dawid nach Hebron kamen, das Königtum Schauls ihm zuzuwenden nach SEINEM Geheiß:
Söhne Jehudas, Träger von Schild und Lanze, sechstausend-
   achthundert, Stürmer des Heers,
von den Söhnen Schimons, Wehrtüchtige fürs Heer, sieben-
   tausendhundert,
von den Söhnen Lewis viertausendsechshundert,
Jehojada, der Anführer von Aharon, und bei ihm dreitausend-
   siebenhundert,
Zadok, ein wehrtüchtiger Jüngling, und sein Vaterhaus, zweiundzwanzig Obre,
von den Söhnen Binjamins, den Brüdern Schauls, dreitausend,
   ihrer die Mehrheit hatten bis dahin die Hut von Schauls
   Haus gehütet,
von den Söhnen Efrajims zwanzigtausendachthundert, Wehrtüchtige, Männer von Namen in ihren Vaterhäusern,

vom halben Stab Mnasche achtzehntausend, die mit Namen
    bezeichnet wurden, zu kommen, Dawid zu königen,
von den Söhnen Jifsachars um die Unterscheidung der Zeiten
    zur Genüge Wissende, um zu wissen, was Jifsrael zu tun hat-
    te, ihrer Häupter zweihundert, all ihre Brüder ihrem Ge-
    heiß zufolge,
von Sbulun zum Heer Ausfahrende, kampfgerecht mit allem
    Kampfgerät, fünfzigtausend, sich herdenhaft zu scharen,
    nicht mit zweierlei Herz,
von Naftali an Obern tausend und bei ihnen mit Schild und
    Speer siebenunddreißigtausend,
von der Danschaft, kampfgereiht, achtundzwanzigtausend-
    sechshundert,
von Ascher, zum Heer Ausfahrende, sich kampfmäßig zu rei-
    hen, vierzigtausend,
und von jenseit des Jordans:
von der Rubenschaft, der Gadschaft und dem halben Stab
    Mnasche, mit allem Kampfgerät, hundertzwanzigtausend.
All diese Männer des Kampfs, in Reihordnung gereiht, mit
    befriedetem Herzen kamen sie nach Hebron, Dawid über
    alles Jifsrael zu königen,
und auch alles übrige Jifsrael war einigen Herzens, Dawid zu
    königen.
Sie waren dort bei Dawid drei Tage, essend und trinkend,
    denn ihre Brüder hattens ihnen bereitet,
auch die ihnen Nahen, bis nach Jifsachar, Sbulun und Naftali,
    brachten Brot auf Eseln, auf Kamelen, auf Maultieren und
    auf Rindern Mehlspeise, Feigenkuchen, und Dörrtrauben,
    und Wein, und Öl, und Rinder und Schafe die Menge,
denn Freude war in Jifsrael.

Dawid beriet sich mit den Obern der Tausendschaften und
    der Hundertschaften, mit alljedem Anführer.
Dann sprach Dawid zu allem Gesamt Jifsraels:
Dünkt es euch gut
– ists doch von IHM, unserm Gott, her vorgebrochen –,
wollen wir zu unsern Brüdern umhersenden, die in allen Land-
    schaften Jifsraels überblieben,

und ihnen gesellt zu den Priestern und den Lewiten in den
    Städten ihrer Weidetriebe,
daß sie zuhauf kommen zu uns,
und herwenden wollen wir den Schrein unsres Gottes zu uns,
denn nicht haben wir ihm in den Tagen Schauls nachgefragt.
Sie sprachen, alles Gesamt, das sei zu tun,
denn richtig war die Sache in den Augen alles Volks.
Dawid versammelte alles Jifsrael, vom Schwarzstrom Ägyp-
    tens bis wo man nach Chamat kommt,
ˉkommen zu lassen den Gottesschrein aus Kirjat Jearim, dem
    in Jehuda.
Dawid zog hinan und alles Jifsrael nach Baala, gen Kirjat Jea-
    rim, das in Jehuda,
von dort heranzuziehen den Gottesschrein, SEINEN, der Sitz
    hat auf den Cheruben, – dran der Name gerufen wird.
Sie ließen den Gottesschrein einen neuen Karren besteigen, aus
    dem Haus Abinadabs,
Lenker des Karrens waren Usa und seine Brüder.
Dawid und alles Jifsrael tanzten vor Gott mit aller Macht,
mit Gesängen, zu Leiern, zu Lauten, zu Pauken, zu Zimbeln,
    zu Trompeten.
Sie kamen bis zur Tenne Kidons,
da streckte Usa seine Hand, an den Schrein zu greifen, denn
    die Rinder waren ausgeglitten.
SEIN Zorn entflammte wider Usa,
und er schlug ihn, drum daß er seine Hand nach den Schrein
    gestreckt hatte,
er starb dort vor Gott.
Dawid entflammte,
denn einen Niederbruch hatte er gebrochen, an Usa,
er rief den Ort Parez Usa, Niederbruch Usas, – bis auf diesen
    Tag.
Dawid fürchtete sich vor IHM an jenem Tag,
sprechend:
Weh, wie kann ich den Gottesschrein zu mir kommen lassen!
Nicht ließ Dawid den Schrein zu sich, nach der Dawidstadt
    kommen,
er ließ ihn abbiegen nach dem Hause Obed Edoms des Gati-
    ters.

Drei Mondneuungen hatte der Gottesschrein Sitz beim Hause
    Obed Edoms, in seinem Haus,
und ER segnete das Haus Obed Edoms und alles, was sein war.

Chiram König von Tyrus sandte Boten zu Dawid und Ze-
    dernhölzer, Mauernbehauer und Holzbehauer, ihm ein Haus
    zu bauen.
Dawid erkannte,
daß ER ihn als König gründete über Jifsrael
und daß sein Königtum emporgetragen ward um seines Volks
    Jifsrael willen.

Dawid nahm sich noch Frauen in Jerusalem,
Dawid zeugte noch Söhne und Töchter.
Dies sind die Namen der ihm in Jerusalem Gebornen:
Schammua, Schobab, Natan, Schlomo,
Jibchar, Elischua, Elpalet,
Nogah, Nafeg, Jafia,
Elischama, Beeljada und Elifalet.

Als die Philister hörten, daß Dawid zum König über alles
    Jifsrael gesalbt worden war,
zogen alle Philister auf, Dawid herauszufordern.
Dawid hörte davon und fuhr aus, vor sie hin.
Schon waren sie herangekommen, die Philister, und in den
    Gespenstergrund eingedrungen.
Dawid befragte IHN, sprechend:
Soll ich gegen die Philister hinaufziehn?
gibst du sie in meine Hand?
ER sprach zu ihm:
Zieh hinauf,
ich gebe sie in deine Hand.
Sie zogen nach Baal Prazim hinauf,
dort schlug Dawid sie,
und Dawid sprach:
Gott hat meine Feinde mit meiner Hand durchbrochen wie
    ein Durchbruch der Wasser.
Daher rief man den Namen jenes Orts: Baal Prazim, Meister
    der Durchbrüche.

Sie ließen dort ihre Götter, Dawid sprach, sie sollten im Feuer
  verbrannt werden.
Und wieder drangen die Philister, noch einmal, in den Grund
  ein.
Nochmals befragte Dawid Gott,
Gott aber sprach zu ihm:
Zieh nicht hinter ihnen her auf,
wende dich von ihnen hinweg
und komm an sie gegenüber den Balsamsträuchern,
es soll geschehn:
wann du eines Schrittes Rauschen hörst auf den Häuptern der
  Balsambäume,
dann fahre zum Kampf aus,
denn dann fuhr Gott vor dir her,
ins Philisterlager einzuschlagen.
Dawid tat, wie Gott ihm geboten hatte,
sie schlugen das Lager der Philister,
von Gibon bis nach Gaser.
Der Name Dawids fuhr in alle Länder aus,
und seinen Schrecken gab ER auf alle Weltstämme.

Als er in der Dawidstadt sich Häuser machte,
  bereitete er eine Stätte für den Gottesschrein und schlug ihm
  ein Zelt auf.
Damals sprach Dawid, nicht solle man den Gottesschrein tragen, es seien denn die Lewiten,
denn sie hat ER erwählt, den Gottesschrein zu tragen und ihn
  zu bedienen, auf Weltzeit.
Dawid versammelte alles Jißrael nach Jerusalem,
SEINEN Schrein hinaufzubringen an die Stätte, die er ihm bereitet hatte.
Dawid holte die Söhne Aharons und die Lewiten heran:
von den Söhnen Khats Uriel, den Obern, und seine Brüder,
  hundertzwanzig.
von den Söhnen Mraris Aßija, den Obern, und seine Brüder,
  zweihundertzwanzig.
von den Söhnen Gerschoms Joel, den Obern, und seine Brüder, hundertdreißig,

von den Söhnen Elizafans Schmaja, den Obern, und seine Brüder, zweihundert,

von den Söhnen Chebrons Eliel, den Obern, und seine Brüder, achtzig,

von den Söhnen Usiels Aminadab, den Obern, und seine Brüder, hundertzwölf,

Dawid berief Zadok und Ebjatar, die Priester, und die Lewiten Uriel, Afsija, Joel, Schmaja, Eliel und Aminadab, er sprach zu ihnen:

Ihr seid die Häupter der Vaterschaften der Lewiten,

heiligt euch, ihr und eure Brüder,

daß ihr SEINEN, des Gottes Jifsraels, Schrein dahinauf bringet, wo ichs für ihn bereitet habe,

denn da erstmalig nicht ihrs wart, hat ER unser Gott uns den Niederbruch zugefügt,

denn nicht nach dem Rechtsbrauch hatten wir ihm nachgefragt.

Die Priester und die Lewiten heiligten sich, SEINEN, des Gottes Jifsraels, Schrein heraufzubringen.

Dann trugen die Söhne der Lewiten den Gottesschrein, gleichwie Mosche SEINER Rede nach geboten hatte, auf ihrer Schulter, Stangen auf ihnen.

Dawid sprach zu den Obern der Lewiten, aufstellen sollten sie ihre Brüder, die Sänger, mit Sanggeräten, Harfen, Leiern und Zimbeln, sie hören zu lassen,

die Stimme zu erheben in Freuden.

Die Lewiten stellten auf

Heman Sohn Joels, von seinen Brüdern Afsaf Sohn Berechjahus, von den Söhnen Mraris, ihres Bruders, Etan Sohn Kuschajahus,

bei ihnen ihre Brüder, die Zweitreihigen, Secharjahu Sohn Jaasiels, Schmiramot, Jechiel, Unni, Eliab, Bnajahu, Maafsijahu, Mattitjahu, Eliflehu und Miknejahu,

und Obed Edom und Jeiel, die Torleute, –

und zwar die Sänger, Heman, Afsaf und Etan mit ehernen Zimbeln, hören zu lassen,

Secharja, Asiel, Schmiramot, Jechiel, Unni, Eliab, Maafsijahu und Bnajahu mit Harfen, auf Alamot-Weise,

Mattitjahu, Eliflehu, Miknejahu, Obed Edom, Jeiel und Asasjahu mit Leiern zum Vorspielen auf dem Achtsait,

und Knanjahu, den Obern der Lewiten, beim Vortrag, er soll-
te beim Vortrag anweisen, denn er verstand sich darauf.
Berechja und Elkana waren Torhüter für den Schrein.
Schbanjahu, Joschafat, Ntanel, Amaſsaj, Secharjahu, Bnajahu
und Elieser, die Priester, trompeteten mit den Trompeten
vor dem Schrein Gottes.
Obed Edom und Jichja waren Torhüter für den Schrein.
Dawid und die Ältesten Jiſsraels und die Obern der Tausendschaften, sie gingen, den Schrein SEINES Bundes vom Hause
Obed Edoms heraufzubringen, in Freuden.
Es geschah, da Gott den Lewiten half, den Trägern des Schreins
SEINES Bundes:
sie schlachteten sieben Farren und sieben Widder.
Dawid selber war von einem Byssusmantel umhängt,
und so alle Lewiten, die den Schrein trugen, Knanja, der Obre
für den Vortrag, die Sänger,
an Dawid aber war ein Linnenumschurz.
Alles Jiſsrael, sie brachten den Schrein SEINES Bundes herauf,
mit Geschmetter und Posaunenschall,
mit Trompeten, mit Zimbeln ließen sies hören, mit Lauten,
mit Leiern.
Es geschah,
wie der Schrein SEINES Bundes war bis zur Dawidstadt gekommen,
und Michal, Schauls Tochter, lugte durchs Fenster hinab
und sah Dawid, den König, springen und tanzen,
da verachtete sie ihn in ihrem Herzen.

Als sie mit SEINEM Schrein hingekommen waren,
richteten sie ihn auf inmitten des Zelts, das Dawid für ihn
aufgespannt hatte,
und sie nahten Darhöhungen und Friedmahle dar vor IHM.
Als Dawid allzuende war, die Darhöhung und die Friedmahle
darzuhöhen,
segnete er das Volk mit SEINEM Namen.
Er verteilte an alljedermann in Jiſsrael, von Mann bis Weib,
an jedermann ein Rundbrot, einen Dattelstock und einen Rosinenkuchen.
Dann gab er vor SEINEN Schrein von den Lewiten als Amtende,

und SEIN, des Gottes Jifsraels, gedenken zu lassen, zu danken
und zu preisen,

Afsaf als Haupt, und als seinen Zweiten Secharja, Jeiel,
Schmiramot, Jechiel, Mattitja, Eliab, Bnajahu, Obed Edom
und Jeiel,

mit Harfengerät und mit Leiern, und Afsaf, hören zu lassen mit
Zimbeln, Bnajahu und Jachasiel, die Priester, mit Trompeten,

vor dem Schrein des Gottesbundes, stetig.

Damals, an jenem Tag, gab Dawid hauptmalig an, man solle
IHM danken, durch Afsaf und seine Brüder:

Danket IHM,
ruft seinen Namen aus,
tut unter den Völkern seine Handlungen kund!
Singet ihm,
harfet ihm,
Besinnet all seine Wunder!
Preist euch um den Namen seiner Heiligkeit!
Preise sich das Herz der IHN Suchenden!
Fragt nach IHM und seiner Macht,
suchet stetig sein Antlitz!
Gedenket der Wunder, die er getan hat,
seiner Erweise,
der Gerichte seines Munds,
Same Jifsraels, seines Knechts,
Söhne Jaakobs, seines Erwählten!
Das ist ER, unser Gott,
in allem Erdreich seine Gerichte.
Auf Weltzeit gedenket seines Bunds,
– der Rede, die er hat entboten
auf tausend Geschlechter –,
den er mit Abraham schloß,
seines Schwures an Jizchak,
er erstellte es Jaakob zum Gesetz,
Jifsrael zum Weltzeitbund,
sprechend:
Dir gebe ich das Land Kanaan,
Schnurbereich eures Eigentums.
Als ihr zählige Leute wart,

geringgültig und gastend darin,
die einhergingen von Stamm zu Stamm,
von Königreich zu anderem Volk,
ließ er niemand zu, sie zu bedrücken,
ermahnte Könige ihretwegen:
Rühret nimmer an meine Gesalbten,
meinen Kündern tut nimmer übel!
Singt IHM, alles Erdreich,
von Tag zu Tag heroldet sein Befreien!
erzählt unter den Stämmen seine Ehre,
unter allen Völkern seine Wunder!
Denn ER ist groß und sehr zu preisen,
zu fürchten er über alle Götter.
Denn Gottnichtse sind alle Götter der Völker,
ER aber hat den Himmel gemacht.
Vor seinem Antlitz ist Hehre und Glanz,
an seiner Stätte ist Macht und Wonne.
Zollt IHM, Sippen der Völker,
zollt IHM Ehre und Macht,
zollt IHM seines Namens Ehre!
Traget Spende, kommt vor sein Antlitz,
werft euch IHM im Erglänzen der Heiligung hin,
vor seinem Antlitz windet euch, alles Erdreich!
Gefestet, wohl, ist die Welt, nie wankt sie.
Freuen sollen sich die Himmel,
jauchzen soll das Erdreich,
man sage unter den Stämmen:
ER trat die Königschaft an!
Das Meer dröhne und was es füllt,
das Gefild entzücke sich und alles was drauf ist,
dann sollen jubeln die Bäume des Walds,
vor SEINEM Antlitz,
da er kommt, das Erdreich zu richten!
Danket IHM, denn er ist gütig,
denn in Weltzeit währt seine Huld.
Sprecht:
Befreie uns, Gott unsrer Freiheit!
hol uns zuhauf, rette aus den Erdstämmen uns,
deiner Heiligkeit Namen zu danken,

uns deiner Preisung zu rühmen!
Gesegnet ER,
der Gott Jifsraels,
von der Weltzeit her und für die Weltzeit!
Und sie sprachen, alles Volk:
Jawahr! Preis sei IHM!
Dann ließ er dort vorm Schrein SEINES Bundes Afsaf und seine
    Brüder,
vor dem Schrein stetig zu amten, des Tags Sache an ihrem Tag,
dazu Obed Edom und deren Brüder, achtundsechzig, Obed
    Edom Sohn Jedituns und Chofsa als Torhüter,
Zadok aber, den Priester, und seine Brüder, die Priester, vor
    SEINER Wohnung auf der Kuppe, der in Gibon,
Darhöhungen IHM zu höhen, auf der Darhöhungsstatt, stetig,
    morgens und abends,
und für alles in SEINER Weisung Geschriebne, die er über
    Jifsrael gebot,
und bei ihnen Heman, Jedutun und die übrigen Erlesnen, die
    mit Namen verzeichnet sind,
IHM zu danken,
denn in Weltzeit währt seine Huld,
und bei ihnen, Heman und Jedutun, Trompeten und Zimbeln,
    für die Hörenlassenden, und das Sanggerät Gottes,
und die Söhne Jedutuns fürs Tor.
Dann gingen sie, alles Volk, jedermann nach seinem Haus,
Dawid aber wandte sich, sein Haus zu segnen.

Es geschah, sowie Dawid in seinem Hause saß,
Dawid sprach zu Natan dem Künder:
Da, ich sitze in einem Zedernhaus,
und der Schrein SEINES Bundes ist unter Teppichen!
Natan sprach zu Dawid:
Allwas in deinem Herzen ist, machs,
denn Gottheit ist bei dir.
Aber es geschah in derselben Nacht,
es geschah die Rede Gottes zu Natan,
im Spruch:
Geh,
sprich zu Dawid, meinem Knecht:

So hat ER gesprochen:
Nicht du sollst mir das Haus zum Sitze bauen.

Nicht hatte ich ja Sitz in einem Haus
vom Tag, als ich die Söhne Jifsraels heraufbrachte aus Ägypten
    bis auf diesen Tag,
dawar ich, von Zelt zu Zelt und von Wohnung ...
Allwo ich einherging unter allem Jifsrael,
habe je ich Rede geredet
mit einem von Jifsraels Richtern,
die ich entbot, mein Volk zu weiden,
solche Sprache:
Warum habt ihr mir nicht ein Zedernhaus erbaut?
Jetzt aber:
so sollst du zu meinem Knecht, zu Dawid sprechen:
So hat ER der Umscharte gesprochen:
Ich selber nahm dich von der Trift, von hinter den Schafen her,
Herzog über mein Volk Jifsrael zu werden,
dawar bei dir ich, allwohin du gegangen bist:
ich rodete all deine Feinde vor dir hinweg,
ich habe dir einen Namen gemacht, wie der Großen Name,
    die auf Erden sind,
ich habe eine Stelle meinem Volk, Jifsrael, bestimmt,
ich habe es eingepflanzt,
daß es an seinem Platze wohne,
daß es nicht mehr aufzittere,
daß nicht fürder die Söhne der Tücke es zerfasern wie am
    Anfang und auch noch von den Tagen an, da ich Richter
    über mein Volk Jifsrael entboten habe,
ich habe alle deine Feinde niedergezwungen
und dir angemeldet: ... und ein Haus wird ER dir bauen.
Es wird geschehn:
wenn deine Tage sich erfüllen,
bei deinen Vätern einzugehn,
werde ich nach dir deinen Samen bestellen,
einen, der von deinen Söhnen sein wird,
und werde sein Königreich gründen, –
der wird ein Haus mir bauen,
ich aber werde seinen Stuhl festgründen auf Weltzeit.
Ich werde ihm Vater sein und er wird mir Sohn sein,

meine Huld lasse ich vom Beiihmsein nicht weichen,
wie ich sie weichen ließ von ihm, der vor dir war,
auf Weltzeit werde ich aufrichten ihn in meinem Haus und in
    meinem Königreich,
sein Stuhl, auf Weltzeit ist er gegründet.
All dieser Rede gleich,
all dieser Schauung gleich,
so redete Natan zu Dawid.

Der König Dawid kam und saß vor IHM nieder
und sprach:
Wer bin ich, Gott, DU,
und wer ist mein Haus,
daß du mich bis hierher hast kommen lassen!
und dies war zu klein in deinen Augen, Gott,
du redetest übers Haus deines Knechtes auf fernhin,
und du sahst mich an nach dem Range des Menschen der
    Hochstufung, Gott, DU!
Was könnte noch Dawid dir hinzufügen, deinen Knecht zu
    ehren, –
du selber kennst deinen Knecht!
Um deines Knechtes willen, nach deinem Herzen machst du
    all dieses Große,
all die Großwerke kundzutun.
DU, wer ist wie du,
kein Gott ist außer dir, –
allwie wirs gehört haben in unsre Ohren.
Und wer ist wie dein Volk Jifsrael,
ein einziger Stamm auf Erden,
daß Gottheit daranging, ihn als Volk abzugelten,
dir einen Namen zuzubestimmen,
Großwerke und Furchtbarkeiten,
Weltstämme zu vertreiben vor deinem Volk, das du abgaltest
    aus Ägypten.
Gegeben hast du dein Volk Jifsrael dir als Volk, auf Weltzeit,
und bist, DU, ihnen Gott geworden.
Jetzt also, DU,
die Rede, die du über deinen Knecht und über sein Haus ge-
    redet hast,

getreu sei sie in Weltzeit,

machs, wie du geredet hast,

getreu und groß sei dein Name in Weltzeit,

daß man spreche: Gott Jifsraels ist ER der Umscharte, Gott
    für Jifsrael!

und gegründet vor dir sei das Haus Dawids deines Knechts.

Denn du selber, mein Gott, hast dem Ohr deines Knechts
    offenbart, ihm ein Haus zu bauen,

darum hats dein Knecht befunden, vor dir zu beten.

Jetzt also, DU

– du bist die Gottheit,

und du hast über deinen Knecht dieses Gute geredet –:

jetzt also;

du hasts unternommen, das Haus deines Knechtes zu segnen,

dazusein vor dir auf Weltzeit;

denn du selber, DU, hast gesegnet,

gesegnet ist es auf Weltzeit.

Es geschah hernach:

Dawid schlug die Philister, er zwang sie nieder,

er nahm Gat und seine Tochterorte aus der Hand der Phi-
    lister.

Dann schlug er Moab,

die von Moab wurden Dawid zu dienstbaren Zinsspenden-
    trägern.

Dann schlug Dawid den Hadadeser, König von Zoba, nach
    Chamat hin,

als er dranging, seine Handgewalt am Strom Euphrat aufzu-
    richten.

Dawid fing von ihm tausend Gefährte, siebentausend Reisige
    und zwanzigtausend der Fußmannschaft ab,

Dawid verstümmelte alles Gespann, hundert Gespanne nur
    ließ er von ihm übrig.

Dann kam der damaskische Aramiter, Hadadeser König von
    Zoba zu helfen,

Dawid schlug auf Aram ein: zweiundzwanzigtausend Mann,

Dawid setzte beim damaskischen Aramäer ein,

Aram wurde Dawid zu dienstbaren Zinsspendenträgern.

So schaffte ER Dawid freien Raum, allwohin er ging.

Dawid nahm die goldenen Rüstungen, die Hadadesers Dienstleute anhatten, und brachte sie nach Jerusalem.
Von Tibchat und von Kun, den Städten Hadadesers, nahm
   der König Dawid sehr viel Erz,
daraus hat Schlomo das eherne Meer und die Säulen und die
   ehernen Geräte gemacht.
Als Tou König von Chamat hörte, daß Dawid alle Streitmacht Hadadesers Königs von Zoba geschlagen hatte,
sandte Tou seinen Sohn Hadoram zum König Dawid, ihm
   Glück zu wünschen und zu Segensgruß ihm
– dafür daß er Hadadeser bekriegt und ihn geschlagen hatte,
denn ein Mann der Kriegführung gegen Tou war Hadadeser
   gewesen, –
und allerhand goldne, silberne und eherne Geräte.
Auch sie heiligte der König Dawid IHM dar
mit dem Silber und Gold, das er davongetragen hatte von all
   den Stämmen, von Edom, von Moab, von den Söhnen
   Ammons, von den Philistern, von Amalek.
Abischaj Sohn Zrujas nämlich schlug Edom im Salztal: achtzehntausend,
man setzte in Edom Vögte ein, alle von Edom wurden Dawid
   dienstbar.
So schaffte ER Dawid freien Raum, allwohin er ging.

Als Dawid über alles Jifrael König geworden war,
tat Dawid selber Recht und Wahrspruch dar für all sein Volk.
Über dem Heer aber war Joab Sohn Zrujas,
Erinnrer: Jehoschafat Sohn Achiluds,
Priester: Zadok Sohn Achitubs und Abimelech Sohn Ebjatars,
Schreiber: Schawscha,
über den Kretitern und Pletitern: Bnajahu Sohn Jehojadas,
die Ersten zur Hand des Königs: Dawids Söhne.

Es geschah danach, daß Nachasch, der König der Söhne
   Ammons, starb.
Sein Sohn wurde König an seiner Statt,
Dawid sprach:
Ich will hold tun an Chanun Sohn Nachaschs;

denn sein Vater hat an mir hold getan,

Dawid sandte Boten, ihm Tröstung wegen seines Vaters zu sagen.

Als Dawids Diener ins Land der Söhne Ammons zu Chanun kamen, ihm Tröstung zu sagen,

sprachen die Obern der Söhne Ammons zu Chanum:

Dünkts deinen Augen, Dawid wolle deinen Vater ehren, weil er dir Tröstungsager sendet?

ists nicht so:

das Land auszuspüren, zu durchwühlen, zu bespähen sind seine Diener zu dir gekommen!

Chanun nahm die Diener Dawids,

er ließ sie scheren,

er ließ ihre Röcke an der einen Hälfte abschneiden bis zum Ausschritt,

dann sandte er sie heim.

Man ging und meldete Dawid wegen der Männer, und er sandte ihnen entgegen,

denn die Männer waren sehr beschämt.

Der König ließ sprechen:

Bleibt in Jericho, bis euer Bart nachgewachsen ist, dann kehrt zurück.

Als die Söhne Ammons sahn, daß sie bei Dawid anrüchig geworden waren,

sandte Chanun und die Söhne Ammons tausend Barren Silbers, beim Aramäer des Zwiestromlands, beim Aramäer von Maacha und bei Zoba Fahrzeug und Reisige zu dingen,

sie dangen sich zweiunddreißigtausend Fahrzeuge, dazu den König von Maacha und sein Volk,

die kamen und lagerten sich vor Medba,

die Söhne Ammons aber sammelten sich aus ihren Städten und zogen in den Kampf.

Als Dawid das hörte, sandte er Joab aus und alles Heldenheer.

Die Söhne Ammons fuhren aus und reihten sich zum Kampf am Einlaß der Stadt,

abseits für sich auf dem Blachfeld aber die Könige, die gekommen waren.

Als nun Joab sah, daß das Antlitz des Kampfs auf ihn zu war im Antlitz und im Rücken,

erlas er von aller Jugendlese Jifsraels und reihte sie Aram entgegen,

das übrige Volk aber gab er in die Hand seines Bruders
Abischaj, daß sie sich den Söhnen Ammons entgegen reihen,

und sprach:

Wird mir Aram überstark, sollst du mir zur Siegbefreiung
sein,

werden die Söhne Arams dir überstark, befreie ich dich.

Stärke dich,

stärken wir einander,

für unser Volk,

für die Städte unsres Gottes,

dann tue ER, was in seinen Augen gut ist!

So rückte Joab und das Volk, das bei ihm war, vor Aram hin
zum Kampf,

und die flohen vor ihm,

und als die Söhne Ammons sahn, daß Aram geflohn war,
flohn sie vor Abischaj, seinem Bruder, bis sie in die Stadt
kamen.

Joab aber kam nach Jerusalem.

Wie aber Aram sah, daß sie vor Jifsrael hingestoßen waren,

sandten sie Boten und ließen ausfahren den Aramäer vom jenseit des Stroms, vor ihnen Schofach, der Heeresoberste
Hadadesers.

Es wurde Dawid gemeldet,

er zog alles Jifsrael ein, überschritt den Jordan, kam an sie her
und reihte sich an sie her,

Dawid reihte sich Aram entgegen zum Kampf, und sie kämpften mit ihm,

aber Aram floh vor Jifsrael,

Dawid brachte von Aram siebentausend Gespannlenker und
vierzigtausend Fußmannschaft um,

auch Schofach, den Heeresobersten, tötete er.

Als nun die Diener Hadadesers sahn, daß sie vor Jifsrael hingestoßen waren,

machten sie Frieden mit Dawid und wurden ihm dienstbar.

Hinfort war Aram nicht gewillt, den Söhnen Ammons Notbefreiung zu leisten.

Es geschah aber zur Zeit der Wiederkehr des Jahrs, zur Zeit,
    da die Könige loszufahren pflegen:
Joab lenkte die Heeresmacht hin, er verderbte das Ammons-
    söhneland und engte den Großort ein
– Dawid aber verweilte in Jerusalem –,
Joab schlug den Großort und zerstörte ihn.
Dawid nahm die Krone ihres Königs von seinem Haupt,
ihr Gewicht ein Zentner Golds, darin ein kostbarer Stein,
der war hinfort an Dawids Haupt.
Sehr große Beute führte er aus der Stadt;
und das Kriegsvolk, das darin war, führte er hinaus,
er befahls an die Felssäge, an die eisernen Picken und an die
    Äxte.
So tat Dawid allen Städten der Söhne Ammons.
Dann kehrte Dawid und alles Volk nach Jerusalem.

Es geschah danach, als wieder Kampf mit den Philistern er-
    stand, bei Gaser,
damals schlug Sſibchaj, der Chuschaiter, den Sſipaj, von den
    Erzeugten jener Gespenstischen, und zwang ihn nieder.
Und wieder war Kampf mit den Philistern,
da erschlug Elchanan Sohn Jairs den Lachmi, den Bruder
    Goljats des Gatiters, dessen Lanzenholz wie ein Webebaum
    war.
Und wieder war ein Kampf, in Gat,
da war ein Mann von Unmaß,
seiner Finger waren je sechs und sechs, vierundzwanzig,
auch der war ein Erzeugter jenes Gespenstischen,
er höhnte Jiſrael,
aber Jehonatan Sohn Schimas, Dawids Bruders, erschlug ihn.
Die waren von jenem Gespenstischen in Gat erzeugt,
und sie fielen durch Dawids Hand und durch die Hand seiner
    Diener.

Ein Hinderer erstand gegen Jiſrael,
er reizte Dawid auf, Jiſrael zu berechnen.
Dawid sprach zu Joab und zu den Obern des Volks:
Geht, zählt Jiſrael, von Berscheba bis Dan,
und bringt mirs, daß ich ihre Zahl kenne!

Joab sprach:

So füge ER dem Volk, soviel ihrer sind, ein Hundertfaches
  hinzu!

sind nicht, mein Herr König, sie alle meines Herrn als Diener?

warum verlangt mein Herr dies?

warum solls zur Schuld Jifsrael werden?

Aber die Rede des Königs blieb stark gegen Joab.

So fuhr Joab aus und erging sich in allem Jifsrael

und kam nach Jerusalem zurück.

Joab übergab Dawid die Musterungszahl des Volks,

da war alles Jifsraels: tausendmaltausend und hunderttausend,
  schwertzückende Mannschaft,

und Jehudas: vierhundertsiebzigtausend, schwertzückende
  Mannschaft.

Lewi und Binjamin hatte er nicht ihnen inmitten gemustert,

denn ein Abscheu war für Joab die Rede des Königs.

Aber übel war die Sache dieser Rede in Gottes Augen,

und er schlug auf Jifsrael ein.

Dawid sprach zu Gott:

Ich habe sehr gesündigt, daß ich diese Sache tat,

jetzt aber,

laß doch den Fehl deines Knechts vorbeigeschritten sein,

denn ich war sehr betört.

ER aber redete zu Gad, dem Schauempfänger Dawids, er sprach:

Geh hin, rede zu Dawid, sprich:

So hat ER gesprochen:

Dreierlei breite ich über dir aus,

wähle dir eins von denen, daß ichs dir tue!

Nun kam Gad zu Dawid und sprach zu ihm:

So hat ER gesprochen, nimms dir an:

Entweder drei Jahre Hungers,

oder drei Mondneuungen wirst du vor deinen Bedrängern
  hingerafft, und zum Einholer wird das Schwert deiner
  Feinde,

oder drei Tage SEIN Schwert, Pest im Land, SEIN Bote ver-
  derbend in aller Gemarkung Jifsraels.

Jetzt machs dir ersichtig:

was für Rede soll ich meinem Entsender erstatten?

Dawid sprach zu Gad:

Ich bin sehr bedrängt –

möge ich doch in Seine Hand fallen,

denn reich übergenug ist sein Erbarmen,

aber nimmer mag ich fallen in Menschenhand!

Da gab eine Pest Er über Jifsrael,

fallen mußten von Jifsrael siebzigtausend Mann.

Gott sandte einen Boten gegen Jerusalem, es zu verderben,

als er aber am Verderben war,

sah Gott hin und ließ sich des Übels leid sein,

er sprach zum Verderberboten:

Genug jetzt, laß deine Hand sinken!

Sein Bote stand damals an der Tenne Ornans des Jebufsiters.

Dawid erhob seine Augen,

er sah Seinen Boten, zwischen Erde und Himmel stehend,
    sein gezücktes Schwert in seiner Hand über Jerusalem ge-
    streckt.

Dawid fiel und die Ältesten, in Sackleinen gehüllt, auf ihr
    Antlitz.

Dawid sprach zu Gott:

Habe nicht ichs, ichs ausgesprochen, man solle das Volk be-
    rechnen?

ich bin es, der gesündigt hat,

übel habe ich, übel gehandelt,

diese aber, die Schafe,

was haben sie getan?!

sei doch wider mich deine Hand

und wider mein Vaterhaus,

nicht aber wider dein Volk zum Niederstoß!

Da sprach Sein Bote zu Gad, er solle zu Dawid sprechen,

daß Dawid zur Höhe ziehe, Ihm in der Tenne Ornans des
    Jebufsiters eine Schlachtstatt zu errichten.

Dawid zog zur Höhe, der Rede Gads gemäß, die er mit
    Seinem Namen geredet hatte.

Ornan hatte sich umgekehrt, er sah den Boten, seine vier
    Söhne versteckten sich, Ornan aber war beim Weizendrusch.

Als nun Dawid zu Ornan herankam, blickte Ornan auf und
    sah Dawid,

er trat aus der Tenne und warf sich vor Dawid nieder, Stirn
    zur Erde.

Dawid sprach zu Ornan:

Gib mir den Tennenplatz, daß ich drauf IHM eine Schlachtstatt
   baue,

gegen vollgültiges Gold gib ihn mir,

daß der Niederstoß vom Volke abgeschränkt werde.

Ornan sprach zu Dawid:

Nimms dir!

mein Herr, der König, tue, was seinen Augen gutdünkt!

sieh,

hergegeben habe ich die Rinder zu den Darhöhungen

und die Schlitten zum Holz und den Weizen zur Spende,

alles habe ich hergegeben.

Der König Dawid sprach zu Ornan:

Nicht so,

sondern kaufen will ichs um vollgültiges Gold,

denn nicht will ich, was dein ist, davontragen für IHN,

gunstweis erlangte Darhöhung darzuhöhn.

Dawid gab Ornan für den Platz Vollgewicht Goldes, sechshundert an Gewicht.

Dawid baute dort IHM eine Schlachtstatt und höhte Darhöhungen und Friedmahle dar,

er rief IHN an,

und er antwortete ihm mit Feuer vom Himmel auf die Darhöhungsstatt.

ER sprach zum Boten,

und der kehrte sein Schwert in die Scheide. –

Zu jener Zeit,

als Dawid sah, daß ER ihm in der Tenne Ornans des Jebufsiters geantwortet hatte und er durfte dort schlachtopfern
   ihm

– SEINE Wohnung, die Mosche in der Wüste gemacht hatte,
   und die Darhöhungsstatt waren zu jener Zeit auf der Kuppe
   in Gibon, und nicht vermochte Dawid vor sein Antlitz hinzugehn, Gott zu beforschen, denn es graute ihn vor dem
   Schwert SEINES Boten –,

sprach Dawid:

Dies ist SEIN, Gottes, Haus

und dies die Darhöhungsstatt für Jifsrael.

Dawid sprach, man solle die Gastsassen, die im Lande Jifsrael
    sind, heranholen,

und bestellte Hauer, Quadersteine für den Bau des Hauses
    Gottes zu hauen,

und Eisens die Menge zu den Nägeln für die Türflügel der
    Tore und zu den Klammern bereitete Dawid

und Erzes die Menge, nicht zu wägen,

und Zedernholz, nicht zu zählen, denn die Sidonier und die
    Tyrer hatten Dawid Zedernholzes die Menge gebracht.

Dawid sprach nämlich zu sich:

Mein Sohn Schlomo ist jung und zart,

das Haus aber, das es IHM zu bauen gilt, überaus groß muß es
    werden,

zu einem Namen und zu einer Zier allen Ländern, –

ich wills doch für ihn bereiten.

So bereitete Dawid vor seinem Tode in Menge.

Er berief seinen Sohn Schlomo und gebot ihm, IHM dem Gott
    Jifsraels ein Haus zu bauen.

Dawid sprach zu seinem Sohn Schlomo:

Ich, in meinem Herzen hatte ichs, SEINEM, meines Gottes,
    Namen ein Haus zu erbauen,

aber SEINE Rede geschah über mir im Spruch:

Bluts die Menge hast du vergossen,

große Kriege hast du aufgetan,

nicht wirst du ein Haus meinem Namen erbauen,

denn Blutsmengen hast du zur Erde vor meinem Antlitz ver-
    gossen.

Da, ein Sohn wird dir geboren,

der wird ein Mann der Ruhe sein,

und Ruhe will ich ihm schaffen von all seinen Feinden ringsum,

denn Schlomo, Friedreich, soll sein Name sein,

Frieden und Stille will ich in seinen Tagen über Jifsrael geben.

Der wird meinem Namen ein Haus erbauen,

er wird mir Sohn sein und ich werde ihm Vater sein,

ich werde den Stuhl seiner Königschaft über Jifsrael bereiten
    auf Weltzeit.

Jetzt, mein Sohn, sei ER bei dir,

daß dirs gelinge und du SEIN, deines Gottes, Haus erbauest,

gleichwie er über dich geredet hat.

Möchte nur ER dir Begreifen und Unterscheiden geben
und so dich über Jifsrael entbieten: SEINE deines Gottes Weisung zu wahren!
Dann wirds dir gelingen,
wahrst dus, die Satzungen und die Rechtsgeheiße zu tun, die
ER Mosche über Jifsrael entbot.
Sei stark, sei fest,
fürchte dich nimmer, ängste dich nimmer!
Und da, in meiner Bedrücktheit habe ich für SEIN Haus
bereitet
Golds hunderttausend Barren, Silbers Barren tausendmaltausend, Erzes und Eisens, daß es nicht zu wägen ist, denn eine
Menge wars, Holz und Steine habe ich bereitet, du magst
noch dazu fügen,
und Werktätiger ist bei dir die Menge, Hauer, Stein- und
Holzbearbeiter, und allerhand Kunstfertige für allerhand
Werk,
in Gold, in Silber, in Erz, in Eisen, nicht zu zählen.
Auf, tus, und ER sei bei dir!
Dawid gebot allen Obern Jifsraels, seinem Sohn Schlomo zu
helfen:
Ist nicht ER, euer Gott, bei euch?
er schaffte euch Ruhe von ringsumher,
denn er gab in meine Hand die Insassen des Landes,
das Land ward vor SEIN Antlitz und vors Antlitz seines Volks
unterworfen.
Jetzt gebt euer Herz und eure Seele dran, nach IHM eurem
Gott zu suchen!
Auf, erbaut SEIN, des Gottes Heiligtum,
den Schrein SEINES Bundes und des Gottes Heiligungsgeräte
ins Haus zu bringen, das SEINEM Namen erbaut wird!

Als Dawid alt und an Tagen satt war,
königte er Schlomo, seinen Sohn, über Jifsrael.
Er versammelte alle Obern Jifsraels, die Priester und die Lewiten.

Gezählt wurden die Lewiten, vom Dreißigjährigen aufwärts,
und ihre Zahl war, nach ihren Scheiteln, an Männern acht-
unddreißigtausend:

von diesen vierundzwanzigtausend, die Arbeit an SEINEM
  Hause zu leiten,
sechstausend Rollenführer und Richter,
viertausend Torhüter.
und viertausend »sollen IHN preisen mit den Spielgeräten, die
  zum Preisen ich machte«.
Dawid teilte sie in Abteilungen nach den Söhnen Lewis, Gerschon, Khat und Mrari.
Von der Gerschunschaft sind Laadan und Schimi,
die Söhne Laadans: Jechiel, das Haupt, Setam und Joel, drei,
die Söhne Schimis: Schlomit, Chasiel, Charan, diese drei sind
  die Vaterschaftshäupter von Laadan,
dazu die Söhne Schimis: Jachat, Sina, Jeusch, Bria, diese sind
  Söhne Schimis, vier
– Jachat war das Haupt, Sisa der Zweite, Jëusch und Bria hatten nicht viele Söhne, so wurden sie zu einem Vaterhaus, zu
  einer einzigen Ordnung.
Die Söhne Khats: Amram, Jizhar, Chebron und Usiel, vier,
die Söhne Amrams: Aharon und Mosche.
Aharon wurde ausgesondert, Ihn zu heiligen, für das Heiligende der Heiligtume, er und seine Söhne auf Weltzeit,
aufrauchen zu lassen vor IHM, ihm zu amten und mit seinem
  Namen zu segnen, auf Weltzeit.
Mosche aber, der Mann Gottes, – seine Söhne sollten nach
  dem Lewizweig gerufen werden.
Die Söhne Mosches: Gerschom und Elieser,
die Söhne Gerschoms: Schbuul, das Haupt,
die Söhne Eliesers waren: Rechabja, das Haupt, andre Söhne
  hatte Elieser nicht, die Söhne Rechabjas aber mehrten sich
  überaus.
Die Söhne Jizhars: Schlomit, das Haupt,
die Söhne Chebrons: Jerijahu, das Haupt, Amarja, der Zweite,
  Jachasiel, der Dritte, Jekamam, der Vierte,
die Söhne Usiels: Micha, das Haupt, Jischschija, der Zweite.
Die Söhne Mraris: Machli und Muschi,
die Söhne Machlis: Elasar und Kisch, – Elasar starb und nicht
  hatte er Söhne, sondern nur Töchter, so nahmen die Söhne
  Kischs, ihre Verbrüderten, sie sich,
die Söhne Muschis: Machli, Eder und Jeremot, drei.

Dies sind die Söhne Lewis nach ihren Vaterhäusern, die Vaterschaftshäupter, nach ihren Zuordnungen, in der Zahl der
Namen nach ihren Scheiteln,
werktätig am Dienst SEINES Hauses vom Zwanzigjährigen
aufwärts.
Denn Dawid sprach:
Ruhe schaffte ER, der Gott Jisraels, seinem Volk
und wohnte in Jerusalem ein auf Weltzeit,
so ists auch nicht mehr an den Lewiten, die Wohnung und
alle Geräte zu seinem Dienste zu tragen.
[Denn nach Dawids letzten Reden ist jenes die Aufzählung
der Söhne Lewis: vom Zwanzigjährigen aufwärts.]
Denn ihr Stand ist zur Hand der Söhne Aharons, zum Dienst
SEINES Hauses,
über die Höfe, über die Lauben, über die Reinigung von
allem Geheiligten und die Tätigkeit des Dienstes im Gotteshaus,
und fürs Brot der Darschichtung, fürs Feinmehl, für die Hinleitspende, für die Fladenkuchen, für die Platte und für das
Vermengte – und für alles Gefäß und Maß,
und Morgen um Morgen zu stehn, IHM zu danken und zu
lobpreisen, und ebenso zum Abend,
und für alles Darhöhn von Darhöhungen IHM, für die Wochenfeiern, für die Mondneuungen und für die Begegnungszeiten, in der Zahl nach dem Rechtsbrauch über
ihnen, stetig vor IHM,
und hüten sollen sie die Hut des Zelts der Begegnung, die Hut
der Heiligung und die Hut der Söhne Aharons, ihrer Brüder, beim Dienst SEINES Hauses.

Und die Söhne Aharons haben ihre Abteilungen.
Die Söhne Aharons sind Nadab und Abihu, Elasar und Itamar.
Nadab starb und Abihu vor ihrem Vater, Söhne hatten sie
nicht, so wurden Elieser und Itamar Priester,
Dawid teilte sie zu und Zadok von den Söhnen Elasars und
Achimelech von den Söhnen Itamars, an ihre Ordnungen
in ihrem Dienst,
es wurden aber der Söhne Elasars, nach Männerhäuptern, mehr
befunden als der Söhne Itamars,

so teilte man sie: den Söhnen Elasars Häupter der Vaterhäuser
sechzehn und den Söhnen Itamars ihren Vaterhäusern nach
acht,

man teilte sie durch Lose, diese bei diesen, denn so von den
Söhnen Elasars so unter den Söhnen Itamars waren geheiligte
Obre, Obre des Gottes.

Schmaja Sohn Ntanels, der Schreiber, von der Lewischaft,
schrieb sie ein vor dem König und den Obern, Zadok dem
Priester, Achimelech Sohn Ebjatars und den Häuptern der
Vaterschaften für die Priester und für die Lewiten, –
ein Vaterschaftshaus für Elasar und ein Vaterschaftshaus für
Itamar.

Das erste Los fuhr aus für Jehojarib, für Jedaja das zweite, für
Charim das dritte, für Sseorim das vierte, für Malkija das
fünfte, für Mijamin das sechste, für Hakkoz das siebente,
für Abija das achte, für Jeschua das neunte, für Schchanjahu
das zehnte, für Eljaschib das elfte, für Jakim das zwölfte, für
Chuppa das dreizehnte, für Jeschebab das vierzehnte, für
Bilga das fünfzehnte, für Immer das sechzehnte, für Chesir
das siebzehnte, für Happizez das achtzehnte, für Ptachja das
neunzehnte, für Jecheskel das zwanzigste, für Jachin das einundzwanzigste, für Gamul das zweiundzwanzigste, für Dlajahu das dreiundzwanzigste, für Maasjahu das vierundzwanzigste.

Dies ist ihre Einordnung für ihren Dienst, in SEIN Haus zu
kommen nach ihrem Rechtsbrauch von ihrem Vater Aharon her, gleichwie E R, der Gott Jifsraels, geboten hatte.

Und von den übrigen Söhnen Lewis –

von den Söhnen Amrams Schubael, von den Söhnen Schu-
baels Jechdjahu, von Rechabjahu, von den Söhnen Rechab-
jahus Jeschija, das Haupt,

von der Jizharschaft Schlomot, von den Söhnen Schlomots
Jechat, die Söhne Jerijahus: ... Amarjahu, der Zweite,
Jachasiel, der Dritte, Jekamam, der Vierte; die Söhne Usiels:
Micha, von den Söhnen Michas Schamir, Michas Bruder
Jischschija, von den Söhnen Jischschijas Secharjahu; die
Söhne Mraris: Machli und Muschi, die Söhne seines Sohns
Jaasijahu – die Söhne Mraris von Jaasijahu –: Bno, Scho-
ham, Sakkur und Ibri;

von Machli Elasar, er hatte keine Söhne, ... von Kisch, die
Söhne Kischs, Jerachmeel; die Söhne Muschis: Machli,
Eder und Jerimot,
Dies sind die Söhne der Lewiten nach ihren Vaterhäusern.
Auch sie ließen Lose fallen ihren Brüdern, den Söhnen Aharons zugegen, vor dem König Dawid, Zadok, Achimelech
und den Vaterschaftshäuptern für die Priester und die Lewiten, –
die Vaterschaften des Hauptes seinem jüngeren Bruder zuge-
ᵔgen.

Dawid sonderte aus und die Obern der Schar, zum Dienst,
von den Söhnen Afsafs, Hemans und Jedutuns,
die kündeten auf Leiern, auf Lauten, auf Zimbeln,
und ihre Zahl, der Werkleute in ihrem Dienste, war:
von den Söhnen Afsafs Sakkur, Jofsef, Ntanja und Ascharela,
Söhne Afsafs zu Afsafs Hand, der kündete zuhanden des
Königs,
von Jedutun die Söhne Jedutuns, Gdaljahu, Zri, Jeschajahu,
Chaschabjahu und Mattitjahu, sechs, zuhanden ihres Vaters
Jedutun, des auf der Leier zu Danksagungen und Preisung
IHM Kündenden,
von Heman die Söhne Hemans, Bukkijahu, Mattanjahu,
Usiel, Schbuel, Jerimot, Chananja, Chanani, Elijata, Giddalti, Romamti-Aser, Joschbekascha, Malloti, Hotir,
Machasiot, all diese Söhne Hemans, des Schauempfängers
des Königs
– der Rede Gottes nach, er wolle das Horn ihm erheben, gab
Gott dem Heman vierzehn Söhne und drei Töchter –,
all diese zur Hand ihres Vaters im Gesang SEINES Hauses, auf
Zimbeln, Lauten und Leiern,
für den Dienst des Gotteshauses, dem König, Afsaf, Jedutun
und Heman zuhanden.
Ihre Zahl, samt ihren Brüdern, der im Gesang für IHN Gelehrten, alljeder ein Erfahrner, war zweihundertachtundacht-
zig.
Sie ließen Lose fallen für die Hut so dem Kleinen so dem
Großen zugegen, dem Erfahrnen zusamt dem Lehrling.
Das erste Los fuhr aus für Afsaf: für Jofsef,

der zweite Gdaljahu, er, seine Brüder und seine Söhne, zwölf,

der dritte, Sakkur, seine Söhne und seine Brüder, zwölf,

der vierte für Jizri, seine Söhne und seine Brüder, zwölf,

der fünfte Ntanjahu, seine Söhne und seine Brüder, zwölf,

der sechste Bukijahu, seine Söhne und seine Brüder, zwölf,

der siebente Jescharela, seine Söhne und seine Brüder, zwölf,

der achte Jeschajahu, seine Söhne und seine Brüder, zwölf,

der neunte Mattanjahu, seine Söhne und seine Brüder, zwölf,

der zehnte Schimi, seine Söhne und seine Brüder, zwölf,

der elfte Asarel, seine Söhne und seine Brüder, zwölf,

der zwölfte für Chaschabja, seine Söhne und seine Brüder,
zwölf,

der dreizehnte Schubael, seine Söhne und seine Brüder, zwölf,

der vierzehnte Mattitjahu, seine Söhne und seine Brüder,
zwölf,

der fünfzehnte für Jerimot, seine Söhne und seine Brüder,
zwölf,

der sechzehnte für Chananjahu, seine Söhne und seine Brüder,
zwölf,

der siebzehnte für Joschbekascha, seine Söhne und seine Brüder, zwölf,

der achtzehnte für Chanani, seine Söhne und seine Brüder,
zwölf,

der neunzehnte für Malloti, seine Söhne und seine Brüder,
zwölf,

der zwanzigste für Elijata, seine Söhne und seine Brüder,
zwölf,

der einundzwanzigste für Hotir, seine Söhne und seine Brüder,
zwölf,

der zweiundzwanzigste für Giddalti, seine Söhne und seine
Brüder, zwölf,

der dreiundzwanzigste für Machasiot, seine Söhne und seine
Brüder, zwölf,

der vierundzwanzigste für Romamti-Aser, seine Söhne und
seine Brüder, zwölf.

Von den Abteilungen der Torleute:

von den Korachiten Meschelemjahu Sohn Kores, aus den
Söhnen Aſſafs,

Meschelemjahu hatte an Söhnen Secharjahu, den Erstling, Jediael, den Zweiten, Sbadjahu, den Dritten, Jatniel, den Vierten, Elam, den Fünften, Jehochanan, den Sechsten, Eljehoejnaj, den Siebenten,

Obed Edom hatte an Söhnen Schmaja, den Erstling, Jehosabad, den Zweiten, Joach, den Dritten, Sſachar, den Vierten, Ntanel, den Fünften, Ammiel, den Sechsten, Jiſsachar, den Siebenten, Peulltaj, den Achten, denn Gott hatte ihn gesegnet,

seinem Sohn Schmaja wurden Söhne geboren, die walteten im Haus ihres Vaters, denn Wehrtüchtige waren die, – Schmajas Söhne sind Otni, Rfael, Obed, Elsabad, seine Brüder, Tüchtige, Elihu und Sſmachjahu,

all diese, von den Söhnen Obed Edoms sind die, ihre Söhne und ihre Brüder, tüchtige Mannschaft, mit Kraft zum Dienst, zweiundsechzig von Obed Edom.

Meschelemjahu hatte an Söhnen und Brüdern, Tüchtigen, achtzehn.

Chofsa von den Söhnen Mraris hatte an Söhnen Schimri, das Haupt – denn ein Erstling war nicht mehr da, so setzte sein Vater ihn zum Haupte ein –, Chilkijahu, der Zweite, Tbaljahu, der Dritte, Secharjahu, der Vierte, aller Söhne und Brüder Chofsas dreizehn.

Diese Abteilungen der Torleute, nach Manneshäuptern, hatten Hutposten ihren Brüdern zugegen, in SEINEM Haus zu amten.

Sie ließen Lose fallen für ihre Vaterhäuser, ob klein ob groß, für Tor um Tor.

Das Los gen Osten fiel an Schelemjahu,

auch seinem Sohn Schearjahu, einem Ratgeber aus Begreifen, ließ man Lose fallen, und sein Los fuhr aus gen Norden,

an Obed Edom gen Süden, an seine Söhne das Vorratshaus,

an Schuppim und Chofsa nach Westen, samt dem Abwurftor an der aufsteigenden Straße, Hutposten dem Hutposten zugegen.

Nach Osten sechs der Lewiten, nach Norden für den Tag vier, nach Süden für den Tag vier, für die Vorräte zwei um zwei, für die Arkade nach Westen vier nach der Straße zu, zwei nach der Arkade zu.

Dies sind die Abteilungen der Torleute für die Korachsöhne
und für die Mrarisöhne.

Und die Lewiten:

Achija über die Schätze des Gotteshauses und an den Schätzen
der Darheiligungen;

die Söhne Laadans – die Gerschonsöhne, von Laadan, die
Vaterschaftshäupter für Laadan den Gerschoniten: den
Jechieliten –, die Jechielitensöhne Satam und sein Bruder
Joel, über die Schätze SEINES Hauses;

von dem Amramiten, von dem Jizhariten, von dem Chebro-
niten, von dem Usieliten…

und Schbuel Sohn Gerschoms Sohns Mosches Vorsteher über
die Schätze,

und seine Brüder von Elieser her: dessen Sohn Rechabjahu,
dessen Sohn Jeschajahu, dessen Sohn Joram, dessen Sohn
Sichri, dessen Sohn Schlomit, – der, Schlomit, und seine
Brüder über alle Schätze der Darheiligungen,

die der König Dawid dargeheiligt hatte und die Häupter der
Vaterschaften, von den Obern der Tausendschaften und
der Hundertschaften und die Obersten der Heerschar,

– von den Kämpfen, von der Beute heiligten sie dar, zur Ver-
stärkung für SEIN Haus, –

und alles, was dargeheiligt hatte Schmuel, der Seher, Schaul
Sohn Kischs, Abner Sohn Ners und Joab Sohn Zrujas, alljeder Darheiligende,

zuhanden Schlomits und seiner Brüder,

von der Jizharschaft Knanjahu und seine Söhne für das Außen-
werk über Jifsrael, als Rollenführer und als Richter,

von der Chebronschaft Chaschabjahu und seine Brüder, Tüchtige, tausendsiebenhundert über die Ämterordnung Jifsraels
jenseit des Jordan westwärts, für all SEIN Werk und für den
Dienst des Königs, –

von der Chebronschaft Jerija, das Haupt der Chebronschaft,
nach seinen Zeugungen, nach Vaterschaften

– im vierzigsten Jahr der Königschaft Dawids wurde nach ihnen
geforscht und man fand unter ihnen Wehrtüchtige in Jaaser
im Gilad –

und seine Brüder, Tüchtige, zweitausendsiebenhundert,
Häupter der Vaterschaften,

der König Dawid ordnete sie der Rubenschaft, der Gadschaft
und dem halben Zweig Mnasche über
für alljede Sache Gottes und Sache des Königs.

Und die Söhne Jifraels, nach ihrer Zählung, die Häupter der
Vaterschaften, die Obern der Tausendschaften und der
Hundertschaften und ihre Rollenführer,
die dem König amten in alljeder Sache der Abteilungen, der
antretenden und der abziehenden, Mondneuung um
Mondneuung, zu allen Monden des Jahres,
die einzelne Abteilung vierundzwanzigtausend:
über der ersten Abteilung, für die erste Mondneuung, Josch-
beam Sohn Sabdiels – zu seiner Abteilung vierundzwanzigtausend – von den Söhnen Parezs, das Haupt für alle Obern
der Scharen für die erste Mondneuung,
über der Abteilung der zweiten Mondneuung Dodaj der
Achochit und seine Abteilung, und Miklot, der Anführer,
und zu seiner Abteilung vierundzwanzigtausend,
der dritte Scharoberste, für die dritte Mondneuung, Bnajahu
Sohn Jehojadas, des Priesters, als Haupt, und zu seiner Abteilung vierundzwanzigtausend, – das ist Bnajahu, der
Dreißigschaftsheld und über den dreißig, zu seiner Abteilung sein Sohn Amisabad,
der vierte, für die vierte Mondneuung, Asael, der Bruder
Joabs, und sein Sohn Sbadja nach ihm, zu seiner Abteilung
vierundzwanzigtausend,
der fünfte, für die fünfte Mondneuung, der Obre Schamhut,
von Jisrach, zu seiner Abteilung vierundzwanzigtausend,
der sechste, für die sechste Mondneuung, Ira Sohn Ikkeschs,
der Tekoiter, zu seiner Abteilung vierundzwanzigtausend,
der siebente, für die siebente Mondneuung, Chelez, der Ploniter, von den Söhnen Efrajims, zu seiner Abteilung vierundzwanzigtausend,
der achte, für die achte Mondneuung, Sfibbchaj, der Chu-
schait, vom Sarchiten, zu seiner Abteilung vierundzwanzigtausend,
der neunte, für die neunte Mondneuung, Abieser, der Anatotiter, vom Binjaminiten, zu seiner Abteilung vierundzwanzigtausend,

der zehnte, für die zehnte Mondneuung, Maharaj, der Netofaiter, vom Sarchiten, zu seiner Abteilung vierundzwanzigtausend,

der elfte, für die elfte Mondneuung, Bnaja, der Piratoniter,
von den Söhnen Efrajims, zu seiner Abteilung vierundzwanzigtausend,

der zwölfte, für die zwölfte Mondneuung, Cheldaj, der
Netofaiter, von Otniel, zu seiner Abteilung vierundzwanzigtausend.

Und über den Zweigen Jifsraels:

für die Rubenschaft als Anführer Elieser Sohn Sichris,

für die Schimonschaft Schfatjahu Sohn Maachas,

für die Lewischaft Chaschabja Sohn Kmuels,

für Aharon Zadok,

für Jehuda Elihu, von Dawids Brüdern,

für Jifsachar Omri Sohn Michaels,

für Sbulun Jischmajahu Sohn Obadjahus,

für Naftali Jerimot Sohn Asriels,

für die Söhne Efrajims Hoschea Sohn Asasjahus,

für den halben Zweig Mnasche Joel Sohn Pdajahus,

für den halben Mnasche nach Gilad zu Jiddo Sohn Secharjahus,

für Binjamin Jaafsiel Sohn Abners,

für Dan Asarel Sohn Jerochams.

Dies sind die Obern der Zweige Jifsraels.

Aber nicht erhob Dawid ihre Zahl, vom Zwanzigjährigen
abwärts,

denn E R hatte zugesprochen, Jifsrael zu mehren wie die
Sterne des Himmels, –

Joab Sohn Zrujas beganns zu berechnen und beendete nicht:
ein großer Grimm geschah über Jifsrael.

So ging die Zahl nicht ein in die Aufzählung der Begebenheiten der Tage des Königs Dawid.

Und über die Vorräte des Königs: Asmawet Sohn Adiels,

und über die Vorräte im Gefild, in den Städten, in den Dörfern und in den Türmen: Jehonatan Sohn Usijahus,

und über die, die Feldarbeit taten, im Ackerdienst: Esri Sohn
Klubs,

und über die Rebgärten Schimi, der Ramaiter, und über die an den Rebgärten für die Weinvorräte waren, Sabdi, der Schifmiter,

und über die Olivenhaine und die Maulbeerfeigenpflanzungen, die in der Niederung, Baal Chanan, der Gederiter, und über die Ölvorräte Joasch,

und über die Rinder, die im Scharon weiden, Schitri, der Scharoniter, und über die Rinder in den Tälern Schafat Sohn Adlajs,

und über die Kamele Obil, der Jischmaelit, und über die Eselinnen Jechdjahu der Mronotiter, und über das Kleinvieh Jasis, der Hagriter, –

all diese Oberverwalter der Habe, die des Königs Dawid war.

Jehonatan, Dawids Oheim, war Ratgeber, ein verständiger und schriftkundiger Mann, er und Jechiel Sohn Chachmonis, bei den Söhnen des Königs,

Achitofel war Ratgeber des Königs, und Chuschaj, der Arkiter, Genosse des Königs, und nach Achitofel Jehojada Sohn Bnajahus und Ebjatar,

Heeresoberster des Königs war Joab.

Dawid versammelte alle Obern Jifsraels,

die Obern der Zweige, die Obern der Abteilungen, die dem
König amteten, die Obern der Tausendschaften, die Obern
der Hundertschaften und die Obern aller Habe und Her-
denzucht des Königs und seiner Söhne, zusamt den Kämmerlingen und den Helden, alles Heldentüchtige, nach Jerusalem.

Der König Dawid erhob sich auf seine Füße und sprach:

Hört mich, meine Brüder und mein Volk!

˜ Es war mir am Herzen, ein Haus der Ruhe für den Schrein
SEINES Bundes und zum Fußschemel unsres Gottes zu bauen,

und ich bereitete den Bau,

aber die Gottheit sprach zu mir:

Nicht sollst du meinem Namen ein Haus erbauen,

denn du bist ein Mann der Kriege und hast Blut vergossen.

ER, der Gott Jifsraels, hatte aus all meinem Vaterhaus mich
erwählt, König über Jifsrael auf Weltzeit zu sein,

denn Jehuda erwählte er zum Herzog, und im Haus Jehudas
mein Vaterhaus, und unter den Söhnen meines Vaters be-
gnadete er mich, zum König über alles Jifsrael mich zu
machen,

uns nun erwählte er unter all meinen Söhnen – denn viele
Söhne hat ER mir gegeben – meinen Sohn Schlomo, zu
sitzen auf dem Stuhl SEINER Königschaft über Jifsrael.

Er sprach zu mir:

Schlomo, dein Sohn, er ists, der mein Haus und meine Höfe
erbauen soll,

denn ich habe ihn mir zum Sohne erwählt und ich werde
ihm Vater sein,

und gründen will ich sein Königtum für Weltzeit,

bleibt er nur stark, meine Gebote und meine Rechtsgeheiße
zu tun wie an diesem Tag.

Und nun, vor den Augen alles Jifsrael, SEINES Gesamts, und
vor den Ohren unseres Gottes,

wahret und suchet all SEINE, unsres Gottes, Gebote, auf daß
ihr das gute Land ererbt haltet und es euren Söhnen nach
euch zueignet für Weltzeit.

Und du, mein Sohn Schlomo,

erkenne den Gott deines Vaters

und diene ihm mit befriedetem Herzen und mit lustreicher
    Seele,
denn alle Herzen durchsucht E R und unterscheidet alles Ge-
    bild der Planungen.
Wirst du ihn suchen, wird von dir er sich finden lassen,
wirst du ihn verlassen, wird er dich verwerfen auf immer.
Sieh nun,
daß E R dich erwählt hat, ein Haus als Heiligtum zu erbauen,-
sei stark, tus!
Dawid gab seinem Sohn Schlomo den Bauentwurf des Saals
    mit seinen Gehäusen, seinen Geheimgemächern, seinen
    Söllern, seinen Innenkammern, und dem Gehäus für das
    Verdeck
und den Bauentwurf von allem, was ihm im Geiste war,
für die Höfe SEINES Hauses und für alle Lauben ringsum, für
    die Schätze des Gotteshauses und für die Schätze der Dar-
    heiligungen
und für die Abteilungen der Priester und der Lewiten und für
    alles Dienstwerk SEINES Hauses und für alle Dienstgeräte
    SEINES Hauses;
an Gold nach dem Goldgewicht für alle Geräte, Dienst um
    Dienst,
für alle Silbergeräte nach Gewicht für alle Geräte, Dienst um
    Dienst,
und das Gewicht für die goldenen Leuchter und ihre Lichte,
    Gold nach dem Gewicht von Leuchter um Leuchter und
    seinen Lichten,
und für die silbernen Leuchter nach dem Gewicht für den
    Leuchter und seine Lichte, dem Dienst von Leuchter um
    Leuchter gemäß,
und das Gold, Gewicht, für die Tische der Darschichtung, für
    Tisch um Tisch, und Silber für die silbernen Tische,
und die Gabeln, die Sprengen und die Kannen, reines Gold,
und für die goldenen Becher nach dem Gewicht für Becher
    um Becher, und für die silbernen Becher nach dem Gewicht
    für Becher um Becher,
und für die Statt der Räucherung geläutertes Gold nach dem
    Gewicht,
und für den Bau des Gefährts, der Cheruben, Gold, für die

über dem Schrein SEINES Bundes Spreitenden und Schirmenden: –

Alles in einer Schrift von SEINER Hand über mir her, so
machte es mich alle Werke des Baus begreifen.

Dawid sprach zu Schlomo:

Mein Sohn,

sei stark, sei fest,

tus,

fürchte dich nimmer,

ängste dich nimmer,

denn ER, Gott, ist bei dir,

nicht entzieht er sich dir,

nicht verläßt er dich,

bis beendet ist alles Werk für den Dienst SEINES Hauses.

Und da sind die Abteilungen der Priester und der Lewiten für
allen Dienst des Hauses Gottes,

und bei dir sind in allem Werk Willige allerart in Weisheit
für allen Dienst,

dazu die Obern und alles Volk

für all deine Sache.

Dann sprach der König Dawid zu aller Versammlung:

Mein Sohn Schlomo,

den Gott einzig erwählt hat,

jung und zart ist er,

und das Werk ist groß,

denn nicht für einen Menschen ist die Pfalz,

sondern für IHN, Gott.

Mit all meiner Kraft habe ich für das Haus meines Gottes
bereitet

Gold fürs Goldne, Silber fürs Silberne, Erz fürs Erzene, Eisen
fürs Eiserne, Holz für Hölzerne,

Beryll- und Einfüllungssteine, Hartmörtel- und Buntsteine,
allerhand Edelgestein, und Alabastersteine in Menge.

Weiter aber, da ich Gefallen habe am Haus meines Gottes:
ich habe ein Sondergut an Gold und Silber,

das gebe ich für das Haus meines Gottes über all das hinaus,
was ich fürs Heiligungshaus vorbereitet habe:

dreitausend Barren Goldes, von Ofirgold, siebentausend Barren
geläuterten Silbers, die Wände der Gehäuse zu überziehen,

an Gold fürs Goldne, an Silber fürs Silberne, und für alles
    Werk von der Hand der Arbeitsleute.
Wer zeigt sich nun willig, seine Hand heute für IHN zu füllen?
Willig zeigten sich die Obern der Vaterschaften, die Obern
    der Jifsraelzweige, die Obern der Tausendschaften und der
    Hundertschaften und die Obern des Königswerks,
sie gaben für den Dienst des Gotteshauses Goldes fünftausend
    Barren und eine Myriade Dareiken, Silbers zehntausend
    Barren, Erzes eine Myriade und achttausend Barren, und
    Eisens hunderttausend Barren, und bei wem sich Gestein
    fand, sie gabens für den Schatz SEINES Hauses zuhanden
    Jechiels, des Gerschoniten.
Das Volk freute sich über ihre Willigung,
denn mit befriedetem Herzen willigten sie für IHN,
und auch der König Dawid freute sich in einer großen Freude.
Dawid segnete IHN angesichts aller Versammlung,
Dawid sprach:
Gesegnet du, Gott Jifsraels, DU, unser Vater, von Weltzeit
    in Weltzeit!
Dein ist, DU, die Größe, die Macht, die Herrlichkeit, die
    Strahlung und die Hehre,
ja, alles, im Himmel und auf Erden.
Dein ist das Königtum, DU,
der über allem als Haupt sich erhebt.
Der Reichtum und die Ehre, von deinem Antlitz her sind
    sie,
du waltest über alles,
in deiner Hand ist Kraft und Macht, und in deiner Hand, alles
    groß und stark zu machen.
Und nun, unser Gott, danken wir dir
und preisen den Namen deiner Herrlichkeit.
Wer denn bin ich und wer mein Volk,
daß wir die Kraft hegen, solches zu willigen!
von dir ja ist alles,
aus deiner Hand haben wir dir gegeben.
Gäste sind wir ja alle vor deinem Antlitz,
Beisassen wie all unsre Väter,
wie ein Schatten sind unsre Tage auf Erden,
da ist kein Beharren.

DU, unser Gott,
all das Gepränge, das wir bereitet haben,
dir ein Haus für den Namen deiner Heiligung zu bauen,
aus deiner Hand ists,
alles ist dein.
Ich habs erkannt, mein Gott,
daß du das Herz prüfst,
und an Geradmütigkeit hast du Gefallen:
ich, in der Geradheit meines Herzens habe ich all dies ge-
    willigt,
und nun habe ich dein Volk, das sich hier findet, dir in Freuden
    willigen gesehn.
DU, Gott Abrahams, Jizchaks und Jiſsraels, unsrer Väter,
bewahre dies auf Weltzeit als das Gebild der Herzensplanun-
    gen deines Volks
und richte ihr Herz auf dich!
Und meinem Sohn Schlomo gib ein befriedetes Herz,
deine Gebote, deine Vergegenwärtigungen und deine Gesetze
    zu wahren,
so alles zu tun
und die Pfalz zu erbauen, die ich vorbereitet habe!
Dawid sprach zu aller Versammlung:
Segnet doch IHN, euren Gott!
Sie segneten, alle Versammlung, auf dem Gott ihrer Väter zu,
sie bückten sich und warfen sich nieder vor IHM und vor dem
    König.
Auch schlachteten sie Schlachtopfer IHM und höhten IHM
    Darhöhungen dar, am Nachmorgen jenes Tags,
tausend Farren, tausend Widder, tausend Lämmer, und ihre
    Güsse,
und Schlachtmahle die Menge für alles Jiſsrael,
sie aßen und tranken vor SEINEM Anlitz an jenem Tage in
    großer Freude.
Dann königten sie Schlomo Sohn Dawids zum zweiten Mal,
sie salbten ihn IHM zum Herzog und Zadok zum Priester.

Schlomo saß auf SEINEM Stuhl als König an seines Vaters
    Dawid Statt,
er hatte Gelingen, und sie hörten auf ihn, alles Jiſsrael,

all die Obern und die Helden untergaben sich dem König
  Schlomo.
ER machte Schlomo überaus groß vor den Augen alles Jifsrael,
er gab über ihn die Hehre der Königschaft, wie sie vor ihm
  über keinem König über Jifsrael gewesen war.

Dawid Sohn Jischajs war König über alles Jifsrael gewesen.
Der Tage, die er über Jifsrael König war, sind vierzig Jahre:
in Hebron war er König sieben Jahre, in Jerusalem war er
  ⁻König dreiunddreißig.
Er starb in gutem Greisentum, satt an Tagen, Reichtum und
  Ehre,
Sein Sohn Schlomo trat statt seiner die Königschaft an.
Das Redewürdige von König Dawid aber, das frühe und das
  späte,
wohl, es ist niedergeschrieben in den Reden Schmuels, des
  Sehers, in den Reden Natans, des Künders, und in den Reden Gads, des Schauempfängers,
mitsamt all seiner Königschaft und seiner Macht,
und den Zeiten, die hingegangen sind über ihn, über Jifsrael
  und über alle Königreiche der Erdenländer.

Schlomo Sohn Dawids bestärkte sich in seinem Königtum,
ER sein Gott war bei ihm und machte ihn überaus groß.

Schlomo sprach zu allem Jifsrael, zu den Obern der Tausendschaften und der Hundertschaften, zu den Richtern und zu
alljedem Fürsten in allem Jifsrael, den Häuptern der Vaterschaften,

und sie gingen, Schlomo und alles Gesamt bei ihm, zur Kuppe,
der in Gibon,

denn dort war das Begegnungszelt Gottes, das Mosche, der
Knecht Gottes, in der Wüste gemacht hatte,

den Gottesschrein nämlich hatte Dawid aus Kirjat Jearim
heraufgeholt, wo ihms Dawid bereitet hatte,

denn er hatte für ihn ein Zelt in Jerusalem aufgeschlagen,

aber die eherne Schlachtstatt, die Bezalel Sohn Uris Sohns
Churs dort vor SEINER Wohnung gemacht hatte, die suchte
Schlomo und das Gesamt auf,

und Schlomo höhte dort dar, auf der ehernen Statt vor IHM,
das am Begegnungszelt war, tausend Darhöhungen höhte
er drauf dar.

In jener Nacht ließ Gott sich von Schlomo sehen und sprach
zu ihm:

Wünsche, was ich dir geben soll.

Schlomo sprach zu Gott:

Du selber hast meinem Vater Dawid große Huld angetan
und hast mich an seinem Platze gekönigt, –

nun, DU, Gott,

es verwirkliche sich deine Rede zu meinem Vater Dawid!

Denn du selber hast mich über ein Volk gekönigt, des viel ist
wie des Staubs der Erde,

nun gib mir Weisheit und Kenntnis,

daß ich vor diesem Volk ausfahre und heimkomme, –

denn wer könnte dieses dein großes Volk richten!

Gott sprach zu Schlomo:

Drum daß dies dir am Herzen war

und du wünschtest nicht Reichtum, Besitztümer und Ehre
und deiner Hasser Lebensodem,

und auch viele Tage wünschtest du nicht,

hast dir Weisheit und Kenntnis gewünscht, daß mein Volk
du richtest, über das ich dich königte,

Weisheit und Kenntnis sei dir gegeben,
aber ich gebe dir dazu Reichtum, Besiztümer und Ehre,
wie solches die Könige, die vor dir waren, nicht hatten und
die nach dir solches nicht haben werden.
Schlomo kam von der Kuppe, der in Gibon, nach Jerusalem,
vom Zelt der Begegnung her,
und trat die Königschaft über Jiſsrael an.

Schlomo brachte Fahrzeug und Reisige zusammen,
er hatte tausendvierhundert Fahrzeuge und zwölftausend
Reisige,
die legte er nach den Fahrzeugstädten und als Beistand des
Königs nach Jerusalem.
Der König bewirkte, daß es in Jerusalem Silber und Gold wie
Steine gab
und Zedern gabs wie Maulbeerfeigenbäume, die in der Niederung, an Menge.
Die Einfuhr der Rosse, derer für Schlomo, war aus Ägypten
und aus Kue,
die Händler des Königs übernahmen sie in Kue zum Markt-
preis,
herauf brachten sie, führten aus von Ägypten ein Fahrzeug
für sechshundert Silbers und ein Roß für hundertfünfzig,
und so für alle Könige der Chetiter und die Könige von Aram,
durch ihre Hand führte man sie aus.

Schlomo sprach, man solle ein Haus für SEINEN Namen und
ein Haus für sein eignes Königtum bauen.
Schlomo zählte siebzigtausend Mann als Lastträger aus und
achtzigtausend Mann als Hauer im Gebirg und als Beauf-
sichtiger über sie dreitausendsechshundert.
Schlomo sandte zu Churam, dem König von Tyrus, ließ
sprechen:
Gleichwie du an meinem Vater Dawid getan hast, daß du
ihm Zedern sandtest, sich ein Haus zu bauen, drin Sitz zu
haben
– da, ich bauc ein Haus SEINEM, meines Gottes, Namen, ihms
zuzuheiligen, vor ihm das Räucherwerk der Gedüfte auf-

rauchen zu lassen und für die stete Darschichtung und die
Darhöhungen am Morgen und am Abend, an den Wochenfeiern und an den Mondneuungen und an SEINEN, unsres
Gottes, Begegnungszeiten: für Weltzeit liegt dies Jifsrael ob,
und das Haus, das ich baue, wird groß, groß ja ist unser Gott
über alle Götter,

und wer hegte die Kraft, ihm ein Haus zu bauen,

die Himmel ja und die Himmel ob Himmeln fassen ihn nicht,

und wer bin ich, daß ich ihm ein Haus bauen dürfte, es sei
denn, um vor ihm aufrauchen zu lassen! –,

und nun,

sende mir einen weisen Mann, für Arbeit in Gold, in Silber,
in Erz, in Eisen, in Purpur, in Karmesin, in Hyazinth, und
kundig, Stiche zu stechen,

den Weisen beigetan, die bei mir in Jehuda und in Jerusalem
sind, die mein Vater Dawid bereitgestellt hat,

und sende mir Holz von Zedern, Zypressen und Algummim
aus dem Libanon,

ich weiß ja selber, daß deine Diener Libanonhölzer zu schlagen wissen,

und da, meine Diener seien deinen Dienern gesellt:

daß man mir nur Holz in Menge bereite!

denn das Haus, das ich baue, wird groß und wunderbar.

Und da, für die Hauer, für die Holzschläger gebe ich an
Weizen die Atzung für deine Diener, zwanzigtausend
Malter, und an Gerste zwanzigtausend Schaff, und an Öl
zwanzigtausend Schaff.

Churam, der König von Tyrus, sprach in einem Schreiben,
das er an Schlomo sandte:

Weil ER sein Volk liebt, hat er dich über sie als König gegeben.

Und weiter sprach Churam:

Gesegnet ER, der Gott Jifsraels,

der den Himmel und die Erde gemacht hat,

daß er dem König Dawid einen weisen Sohn gab, Begreifens
und Unterscheidens kundig,

daß der ein Haus IHM und ein Haus seinem eignen Königtum
baue.

Uns nun sende ich einen weisen, unterscheidungskundigen

Mann, meinen väterlichen Churam, den Sohn eines Weibes
von den Töchtern Dans, sein Vater ein tyrischer Mann,

der ist kundig der Arbeit in Gold, in Silber, in Erz, in Eisen, in
Steinen, in Hölzern, in Purpur, in Hyazinth, in Byssus und
in Karmesin, im Stechen von allerart Stich und im Planen
von allerart Planung, die ihm übergeben wird,

deinen Weisen gesellt und den Weisen meines Herrn Dawid,
deines Vaters.

Und nun, den Weizen und die Gerste, das Öl und den Wein,
was mein Herr zusprach, sende er seinen Dienern,

und wir wollen Hölzer aus dem Libanon schlagen, allwas du
brauchst, und sie dir als Flöße auf dem Meer nach Jaffa
bringen, und du magst sie hinaufschaffen nach Jerusalem.

Schlomo zählte alle gastenden Männer, die im Lande Jifsrael
waren

– nach der Zählung, in der sein Vater Dawid sie gezählt
hatte –,

und es fanden sich hundertfünfzigtausend und dreitausendsechshundert.

Von ihnen machte er siebzigtausend zu Lastträgern, achtzigtausend zu Hauern im Gebirg und dreitausendsechshundert
zu Beaufsichtigern, das Volk dienstbar zu halten.

Schlomo begann SEIN Haus zu bauen,

auf dem Berge Morija, der von seinem Vater Dawid ausersehn war, wo ers vorbereitet hatte, auf dem Dawidsplatz,
auf der Tenne Ornans, des Jebuſsiters,

er begann zu bauen in der zweiten Mondneuung, am zweiten,
im vierten Jahr seines Königtums.

Und dies war die Grundlage Schlomos beim Bau des Gotteshauses:

die Länge – in Ellen nach dem frühern Maß – sechzig Ellen,
die Breite zwanzig Ellen.

Und der Flursaal, der vorn an der Längsseite war, vorn an der
Breitseite des Hauses zwanzig Ellen, die Höhe hundertundzwanzig,

er überschalte ihn von innen mit reinem Gold.

Das Großhaus bezog er mit Zypressenholz, überzogs mit
feinem Gold und brachte dran Palmen und Schnüre an.

Er überschalte das Haus mit kostbarem Gestein zur Zier, und
das Gold war Parwajimgold,

er überzog das Haus, die Balken, die Schwellen, seine Wände
und seine Türen mit Gold

und ließ Cheruben in die Wände stechen.

Er machte das Haus der Heiligung der Heiligtume,

seine Längsseite vorn an der Breitseite des Hauses, zwanzig
Ellen, seine Breite zwanzig Ellen,

und überzog es mit feinem Gold von sechshundert Barren,

das Gewicht für die Nägel von fünfzig Vollgewicht Goldes,

auch die Söller überzog er mit Gold.

Er machte im Haus der Heiligung der Heiligtume zwei
Cheruben, Schmelzwerk, und verschalte sie mit Gold,

die Flügel der Cheruben: ihre Länge zwanzig Ellen,

der eine Flügel, von fünf Ellen, rührte an die Wand des
Hauses,

und der andre Flügel, von fünf Ellen, haftete am Flügel des
einen Cherubs,

und des andern Cherubs Flügel, fünf Ellen, rührte an die
Wand des Hauses,

und der andre Flügel, fünf Ellen, haftete am Flügel des andern
Cherubs,

die Flügel dieser Cheruben spreiteten sich über zwanzig Ellen.

Sie standen auf ihren Füßen, ihre Antlitze einwärts,

Er machte den Vorhang, Hyazinth, Scharlach, Karmesin und Byssus, und brachte dran Cheruben an.

Er machte vor dem Hause zwei Säulen, die Höhe fünfunddreißig Ellen, Länge fünf Ellen, der Knauf zuhäupten.

Er machte Schnüre kettenförmig und gab sie aufs Haupt der Säulen,

er machte hundert Granatäpfel und gab sie an die Schnüre.

Er richtete die Säulen an der Vorderseite der Halle auf, eine zur Rechten und eine zur Linken,

und rief den Namen der rechten Jakin: Er feste es ... und den Namen der linken Boas: ... in Trotzgewalt!

Er machte eine Schlachtstatt von Erz, zwanzig Ellen ihre Länge, zwanzig Ellen ihre Breite, zehn Ellen ihre Höhe.

Er machte das Meer, gegossen, von seinem Rand bis zu seinem Rand zehn nach der Elle, gerundet ringsum, seine Höhe fünf nach der Elle, rings umringen konnte es ein Meßstück von dreißig nach der Elle,

und unter ihm die Gestaltung von Rindern, rings umringen sie es, zehn nach der Elle, umkreisen das Meer ringsum, in zwei Reihen die Rinder, mitgegossen in seinem Guß,

es stand auf zwölf Rindern, mitternachtwärts gewendet: drei, meerwärts gewendet: drei, mittagwärts gewendet: drei, aufgangwärts gewendet: drei, das Meer obenauf auf ihnen, und all ihre Hinterteile einwärts,

eine Faustbreit war seine Dicke, sein Rand wie eines Becherrands Machart: Lilienblust, es enthielt dreitausend Schaff, die faßte es.

Er machte Kessel, zehn, und gab fünf zur Rechten und fünf zur Linken, zur Waschung: das Gemächt der Darhöhung spülte man in ihnen, das Meer aber war für die Priester, sich darin zu waschen.

Er machte die goldenen Leuchter, zehn, nach ihrem Rechtsbrauch, und gab in die Halle fünf zur Rechten und fünf zur Linken.

Er machte Tische, zehn, und setzte sie in die Halle, fünf zur Rechten und fünf zur Linken.

Er machte goldene Sprengen, hundert.

Er machte den Hof der Priester und die große Einfriedigung,

und Türen zur Einfriedigung, und ihre Türflügel überschalte er mit Erz.

Das Meer gab er an die rechte Schulter, ostwärts, gegen Mittag zu.

Churam machte die Töpfe, die Schaufeln, die Sprengen.

Churam vollendete das Machen des Werks, das er für den
König Schlomo im Gotteshaus machte:

zwei Säulen, die Wülste und die Bekrönungen zuhäupten der
Säulen, zwei, einzuhüllen die Gitter, zwei, die zwei Wülste
der Bekrönungen, der zuhäupten der Säulen, und die Granatäpfel, vierhundert, für die zwei Gitter, zwei Reihen
Granatäpfel für je ein Gitter, einzuhüllen die zwei Wülste
der Bekrönungen, derer an den Säulen,

die Gestelle machte er und die Kessel machte er auf den Ge-
stellen,

das eine Meer und die zwölf Rinder darunter, –

die Töpfe, die Schaufeln, die Gabeln, alle ihre Geräte, machte
Churam, sein Väterlicher, für den König Schlomo, für
SEIN Haus, geglättetes Erz,

im Jordangau ließ der König sie gießen, – in der Dicke des
Erdbodens, zwischen Sfukkot und Zredata.

Sehr in Menge machte Schlomo alle diese Geräte,

ja, das Gewicht des Erzes wurde nicht nachgeprüft.

Schlomo machte alle Geräte, die im Gotteshaus waren,

die goldene Statt und die Tische, darauf die Darschichtung ist,

die Leuchter und ihre Lichte, sie nach dem Rechtsbrauch vor
der Zelle anzuzünden, geplättetes Gold, – der Blust, die
Lichte und die Zänglein aber, das ist vollkommenes Gold,

die Zwicken, die Sprengen, die Kellen und die Pfannen geplättetes Gold.

Und vom Einlaß des Hauses: seine inneren Türen, zum Heiligenden der Heiligtume, und die Türen des Hauses zur Halle
waren golden.

Als fertig war all das Werk, das Schlomo für SEIN Haus getan
hatte,

kam Schlomo mit dem von seinem Vater Dawid Zugeheiligten,

das Silber, das Gold und alle Geräte gab er in die Schatzkammern des Gotteshauses.

Damals versammelte Schlomo die Ältesten Jifsraels und alle
  Häupter der Stäbe, die Fürsten der Vaterschaften für die
  Söhne Jifsraels nach Jerusalem,
heraufzuholen den Schrein SEINES Bundes aus der Dawidstadt,
  das ist Zion.
So versammelten sie sich zum König hin, alle Mannschaft
  Jifsraels, am Fest, das ist die siebente Mondneuung.
Alle Ältesten Jifsraels kamen heran,
und die Lewiten trugen den Schrein.
Herauf brachten sie den Schrein, das Zelt der Begegnung, alle
  Heiligungsgeräte, die im Zelte waren,
die brachten die lewitischen Priester herauf.
Der König Schlomo aber
und alle Gemeinschaft Jifsraels, gemeinsam ihm begegnend
  vor dem Schrein,
schlachteten Schafe und Rinder, die vor Menge nicht zu
  zählen und nicht zu berechnen waren.
Dann ließen die Priester den Schrein SEINES Bundes kommen
ein in seine Stätte,
ein in die Zelle des Hauses,
ein in das Heiligende der Heiligtume:
unter die Flügel der Cheruben ein.
Flügelspreitend über die Stätte des Schreins hin waren die
  Cheruben,
die Cheruben hüllten über dem Schrein und über seinen
  Stangen von oben.
Man ließ die Stangen nur so lang vorragen,
daß die Häupter der Stangen vom Schrein aus nun an der
  Vorderseite der Zelle eben noch zu sehen waren
und im Außenraum nicht gesehen werden konnten,
so bliebs dort bis auf diesen Tag.
Im Schrein aber ist kein Ding,
nur die beiden Tafeln, die Mosche am Choreb hingegeben
  hatte,
durch die ER mit den Söhnen Jifsraels sich zusammenschloß,
  als sie aus Ägypten zogen.
Und es geschah, als die Priester aus dem Heiligtum zogen
– denn alle Priester, die sich fanden, hatten sich geheiligt, da
  war nicht auf Einteilungen zu achten,

und die Lewiten, die Sänger allsamt, von Aſsaf, von Heman,
   von Jedutun, von ihren Söhnen und von ihren Brüdern, in
   Byssus gewandet, mit Zimbeln, mit Lauten, mit Leiern
   standen östlich von der Schlachtstatt, bei ihnen Priester,
   hundertzwanzig, auf Trompeten trompetend –,
und es geschah, als in einem die Trompeter und die Sänger,
   einstimmig sich hören ließen, IHN zu preisen und zu bekennen, und als sich die Stimme erhob in den Trompeten
   und in den Zimbeln und in den Sanggeräten und in der
   Preisung IHM »Denn er ist gütig, denn in Weltzeit währt
   seine Huld«:
die Wolke füllte SEIN Haus,
nicht vermochten die Priester zu stehn um zu amten, wegen
   der Wolke,
denn SEINE Erscheinung füllte das Haus Gottes.
Damals hat Schlomo gesprochen:
Im Wetterdunkel sprach einst ER,
einwohnen zu wollen, –
und ich, ein Söllerhaus erbaute ich dir,
Grundfeste deinem Sitz in die Zeiten.

Der König wandte sein Antlitz und segnete alles Gesamt Jiſsraels,
während alles Gesamt Jiſsraels stand.
Er sprach:
Gesegnet ER, Jiſsraels Gott,
der mit seinem Munde redete zu meinem Vater Dawid
und mit seiner Hand erfüllte
den Spruch:
Vom Tag an, da ich mein Volk Jiſsrael aus Ägypten führte,
habe ich nie eine Stadt aus allen Jiſsraelzweigen erwählt,
ein Haus zu bauen, daß dort mein Name sei,
und nie habe ich einen Mann erwählt, Herzog über mein
   Volk Jiſsrael zu sein,
nun aber erwählte ich Jerusalem, daß dort mein Name sei,
und ich erwählte Dawid, über meinem Volke Jiſsrael zu
   sein.
Und meinem Vater Dawid wars am Herzen, ein Haus für
   SEINEN, des Gottes Jiſsraels, Namen zu bauen.

ER aber sprach zu meinem Vater Dawid:

Dieweil dirs am Herzen war, meinem Namen ein Haus zu
bauen,

gutgesinnt warst du, daß dies dir am Herzen war,

nur: du bists nicht, der das Haus bauen soll,

sondern dein Sohn, der aus deinen Lenden hervorgeht, der soll
das Haus meinem Namen bauen.

Aufgerichtet hat ER seine Rede, die er geredet hatte,

ich richtete mich auf an meines Vaters Dawid Platz,

hinsaß ich auf Jifsraels Stuhl, wie ER geredet hat,

ich baute das Haus für SEINEN, des Gottes Jifsraels, Namen

und setzte dahin den Schrein, drin SEIN Bund ist, den er mit
den Söhnen Jifsraels schloß.

Dann stand er vor SEINE Schlachtstatt hin, allem Gesamt
Jifsraels gegenüber,

breitete seine Handflächen aus

– Schlomo hatte nämlich eine eherne Plattform gemacht

und hatte sie mitten in die Einfriedigung gegeben,

fünf Ellen ihre Länge, fünf Ellen ihre Breite und drei Ellen
ihre Höhe,

darauf stand er, kniete nieder, auf seinen Knien allem Jifsrael
gegenüber, und breitete seine Handflächen zum Himmel –

und sprach:

DU, Jifsraels Gott!

Keiner ist ein Gott gleich dir

im Himmel und auf Erden,

Wahrer des Bunds und der Huld

deinen Knechten, die einhergehn vor dir mit all ihrem Herzen!

der du deinem Knecht, meinem Vater Dawid, gewahrt hast,
was du ihm geredet hast,

mit deinem Mund redetest du und erfülltest mit deiner Hand,
wies nun am Tag ist.

Jetzt aber, DU, Jifsraels Gott,

wahre deinem Knecht, meinem Vater Dawid,

was du ihm geredet hast,

den Spruch:

Nicht schließe je dir vor meinem Antlitz Mannesfolge ab der
auf dem Stuhl Jifsraels Sitzenden,

wahren nur deine Söhne ihren Weg, in meiner Weisung einherzugehn,
wie du vor meinem Antlitz einhergegangen bist!
Jetzt also, DU, Jifsraels Gott,
verwirkliche sich deine Rede, die du zu deinem Knecht, zu
Dawid geredet hast!
Wie aber, könnte wirklich Gottheit mit dem Menschen auf
Erden Sitz haben?
die Himmel ja und die Himmel ob Himmeln fassen dich nicht,
wie gar dieses Haus, das ich baute!
Und doch willst du dich zum Gebet deines Knechts und zu
seinem Gunsterflehn neigen,
DU, mein Gott,
zuzuhören dem Aufhall, dem Gebet, das dein Knecht heuttags
vor deinem Antlitz betet,
– daß geöffnet seien deine Augen zu diesem Hause hin tages
und nachts,
der Stätte zu, von der du sprachst, deinen Namen dort einzusetzen, –
zuzuhören dem Gebet, das dein Knecht nach dieser Stätte zu
beten wird!
Höre den Flehrufen deines Knechts und deines Volkes Jifsrael
zu,
die sie nach dieser Stätte zu beten werden,
selber mögst dus von der Stätte deines Sitzes, vom Himmel
her hören,
so erhör, so verzeih!
Sündigt jemand an seinem Genossen
und man überträgt auf ihn einen Droheid, ihn zu vereidigen,
und er kommt, eidbedroht sich vor deiner Schlachtstatt in
diesem Haus:
selber mögst dus vom Himmel her hören,
so machs zur Tat, so schaffe Recht deinen Knechten,
dem Schuldigen es heimkehren zu lassen, seinen Abweg auf
sein Haupt zu geben.
Wird dein Volk Jifsrael vor einem Feind hingestürzt,
weil an dir sie gesündigt haben,
und sie kehren um, bekennen deinen Namen, beten,
flehen vor dir in diesem Haus:

selber mögst dus vom Himmel her hören,

so verzeih die Versündigung deines Volks Jiſsrael,

so lasse sie wiederkehren zur Scholle, die du ihnen und ihren
   Vätern gegeben hast.

Wann der Himmel abgehegt ist und es nicht regnet,

weil an dir sie gesündigt haben,

und sie beten nach dieser Stätte zu, bekennen deinen Namen,

kehren um von ihrer Sünde, dieweil du sie beugtest,

selber mögst du im Himmel es hören,

so verzeih die Versündigung deiner Knechte, deines Volks
   Jiſsrael,

daß du ihnen den guten Weg weisest, den sie gehen sollen, –

so gib Regen auf dein Land, das du deinem Volk zu eigen gegeben hast.

Wenn je Hunger im Land ist,

wenn je Pest ist,

wenn je Versengung ist, Vergilbung, Heuschreck, Blank-
   fresser,

wenn sein Feind es im Land um seine Tore bedrängt,

allerart Schaden, allerart Krankheit, –

alles Beten, alles Flehen, das dann geschieht,

seis allirgend eines Menschen, seis deines Volkes Jiſsrael allsamt,

da es ihnen bewußt wird, jedermann sein Schaden und sein
   Schmerz,

und er breitet seine Handflächen nach diesem Hause zu,

selber mögst dus vom Himmel, der Veste deines Sitzes, her
   hören,

so verzeih, so gib jedermann nach allen seinen Wegen,

– denn einzig du selber weißt um das Herz der Menschensöhne –,

auf daß sie dich fürchten, in deinen Wegen zu gehn alle Tage,
   die sie auf der Scholle leben, die du unsern Vätern gegeben
   hast.

Und auch dem Fremden, der nicht von deinem Volk Jiſsrael ist,

und der kommt aus fernem Land, auf deinen großen Namen
   hin, deine starke Hand, deinen gestreckten Arm,

sie kommen und beten nach diesem Hause zu:

selber mögst dus vom Himmel, der Veste deines Sitzes, her
   hören,

so tue, allwie der Fremde zu dir ruft,
auf daß alle Völker der Erde deinen Namen wissen
und dich fürchten wie dein Volk Jifsrael
und wissen, daß dein Name ausgerufen ist über diesem Haus,
    das ich baute.

Wenn dein Volk zum Kampf ausfährt wider seine Feinde
auf dem Weg, den du sie sendest,
und sie beten zu dir, den Weg hin
nach der Stadt, die du erwähltest,
- nach dem Haus, das ich deinem Namen baute:
so höre vom Himmel her ihr Beten, ihr Flehn,
so tue ihr Recht dar.

Wenn sie an dir sündigten
– denn kein Mensch ist, der nicht sündigte –
und du ihnen zürntest
und gabst sie hin vor einen Feind,
und gefangen trieben ihre Fänger sie in ein Land, fern oder
    nah,
und sie fangen an, es in ihre Herzen einkehren zu lassen, in dem
    Land, wo sie gefangen sind,
und kehren um und flehen zu dir in ihrer Gefangenschaft Land,
sprechend: Wir haben gesündigt, wir haben uns verfehlt und
    wir habens verschuldet!,
kehren anhaltend um zu dir mit all ihrem Herzen, mit all
    ihrer Seele,
im Land ihrer Gefangenschaft, wo man sie gefangen hält,
und beten zu dir den Weg hin
nach ihrem Land, das du ihren Vätern gabst,
nach der Stadt, die du wähltest,
nach dem Haus, das ich deinem Namen baute:
so höre vom Himmel, der Veste deines Sitzes, her ihr Beten,
    ihr Flehn,
so tue ihr Recht dar,
so verzeih deinem Volk, was an dir sie gesündigt haben.

Jetzt, mein Gott,
daß doch deine Augen geöffnet und deine Ohren aufmerksam
    seien
hin zum Gebet dieser Stätte!
Und jetzt

steh auf, DU, – zu deinem Ruheplatz hin,
du und der Schrein deiner Macht!
Deine Priester, DU, Gott, mögen in Siegfreiheit sich kleiden,
deine Holden sich am Guten erfreuen!
DU, Gott,
weise nimmer das Antlitz deines Gesalbten ab,
gedenke der Hulden Dawids, deines Knechts!

Als Schlomo geendet hatte zu beten,
stieg Feuer nieder vom Himmel und verzehrte die Darhöhung und die Schlachtopfer,
und SEINE Erscheinung füllte das Haus.
Nicht vermochten die Priester SEIN Haus zu betreten,
denn es füllte SEINE Erscheinung SEIN Haus.
Als alle Söhne Jifsraels sahn, wie das Feuer und SEINE Erscheinung auf das Haus niederstieg,
bückten sie sich, Stirn zur Erde, aufs Pflaster, warfen sich hin,
   dankten ihm:
Denn er ist gütig, denn in Weltzeit währt seine Huld.
Der König und alles Volk schlachteten Schlachtopfer vor IHM.
Der König Schlomo schlachtete als Schlachtopfer zweiundzwanzigtausend Rinder und hundertzwanzigtausend Schafe.
So weihten sie, der König und das Volk, das Haus Gottes.
Die Priester standen auf ihren Posten und die Lewiten mit den
   Geräten SEINES Gesangs,
die der König Dawid gemacht hatte, IHM zu danken, »denn
   in Weltzeit währt seine Huld«, wann immer Dawid durch
   sie preisen ließ,
die Priester trompeteten ihnen gegenüber,
und alles Jifsrael stand.
Schlomo hatte aber das Mittle des Hofs, der vor SEINEM Haus
   war, geheiligt,
denn dort machte er die Darhöhungen samt den Fettstücken
   der Friedmahle,
denn nicht vermochte die eherne Schlachtstatt, die Schlomo
   gemacht hatte, die Darhöhung, die Hinleitspende und die
   Fettstücke zu fassen.
Zu jener Zeit machte Schlomo die Festbegehung, sieben Tage,
   alles Jifsrael ihm gesellt,

ein sehr großes Gesamt, von wo man nach Chamat kommt
   bis zum Bache Ägyptens,
und am achten Tag machten sie eine Einbehaltung,
denn sieben Tage hatten sie die Weihung der Schlachtstatt
   gemacht und sieben Tage das Fest,
am dreiundzwanzigsten Tag auf die siebente Mondneuung
   aber entließ er das Volk zu ihren Zelten, fröhlich und guten
   Herzsinns über das Gute, das ER Dawid, Schlomo und seinem Volk Jifsrael tat.
Schlomo vollendete SEIN Haus und das Königshaus,
und mit allem, was Schlomo ins Herz kam, in SEINEM Hause
   und im eignen Hause zu machen, hatte er Gelingen.
Da ließ ER sich nachts von Schlomo sehen und sprach zu ihm:
Gehört habe ich dein Gebet und habe mir diese Stätte erwählt
   zum Schlachtopferhaus.
Hege je ich den Himmel ab, daß kein Regen ist,
gebiete je dem Heuspringer ich, das Land zu verzehren,
schicke eine Seuche ich unter mein Volk,
und mein Volk, sie, über denen mein Name ausgerufen ist,
   beugen sich nieder,
beten, suchen mein Antlitz, kehren um von ihren bösen Wegen,
selber höre vom Himmel her ich,
so verzeihe ich ihre Versündigung,
so heile ich ihr Land.
Jetzt:
meine Augen werden geöffnet sein und meine Ohren aufmerksam
hin zum Gebet dieser Stätte.
Und jetzt:
gewählt und geheiligt habe ich dieses Haus,
daß dort mein Name auf Weltzeit sei,
meine Augen und mein Herz sollen dort alle Tage sein.
Und du,
wirst du vor meinem Antlitz einhergehn, wie dein Vater
   Dawid einherging,
es zu machen, allwie ich dir geboten habe,
wirst meine Gesetze und meine Rechtsgeheiße wahren,
dann will ich aufrichten den Stuhl deiner Königschaft,

gleichwie ichs mit deinem Vater Dawid geschlossen habe, im
    Spruch:
Nie schließe je dir Mannesfolge ab des in Jifsrael Waltenden.
Werdet ihr aber abkehren euch,
meine Satzungen und meine Gebote verlassen, die ich euch
    vors Antlitz gab,
gehn und anderen Göttern dienen, vor ihnen euch nieder-
    werfen,
dann will ich sie verstoßen von meiner Scholle, die ich ihnen
    gab,
und dieses Haus, das ich meinem Namen heiligte, von meinem
    Antlitz hinwegschleudern,
unter allen Völkern es zu Gleichnis und zu Witzwetzung ge-
    ben,
dieses Haus, das zuoberst war für alljeden, der dran vorüber-
    schritt,
schaudern wird er und zischeln,
er wird sprechen:
Weswegen hat ER so, so diesem Lande und diesem Hause
    getan?
Dann werden welche sprechen:
Darum, daß sie IHN, den Gott ihrer Väter, verließen,
der sie aus dem Lande Ägypten führte,
sich an andere Götter hielten,
vor ihnen sich niederwarfen, sie bedienten,
darum hat er über sie all dies Böse kommen lassen.

Es geschah nach Verlauf von zwanzig Jahren,
in denen Schlomo SEIN Haus und sein eignes Haus erbaut hatte,
und auch die Städte, die Churam Schlomo gegeben hatte, die
    baute Schlomo aus und siedelte dort Söhne Jifsraels an:
Schlomo zog nach Chamat Zoba und bemächtigte sich seiner,
er baute Tadmor in der Wüste und all die Vorratsstädte aus,
    die er in Chamat baute,
er baute das obre Bet Choron und das untre Bet Choron als
    Festungstädte aus: Mauern, Doppelpforte und Riegel,
und Baalat und die Vorratsstädte, die Schlomos waren,
und alle Städte des Fahrzeugs und die Städte der Reisigen
und alles Begehr Schlomos, was er irgend zu bauen begehrte,

in Jerusalem, im Libanon, in allem Land seines Waltens.

Alles Volk, das übrig war von dem Chetiter, dem Amoriter,
dem Prisiter, dem Chiwwiter und dem Jebufsiter, die nicht
von Jifsrael sind,

von ihren Söhnen, die nach ihnen im Land übrig waren, die
die Söhne Jifsraels nicht vertilgt hatten,

die hob Schlomo zur Fron aus, – bis auf diesen Tag.

Von den Söhnen Jifsraels aber, die Schlomo nicht in Knechtsdienst für seine Arbeit gab,

die waren Kriegsmannen, Obre seiner Drittkämpfer, Obre
seines Fahrzeugs und seiner Reisigen.

Und dies sind die Vogtsobern, die des Königs Schlomo waren:
zweihundertfünfzig, die befehligten das Volk.

Schlomo brachte die Tochter Pharaos aus der Dawidstadt zur
Höhe, ins Haus, das er ihr gebaut hatte,

denn er sprach:

Nicht habe Sitz ein Weib im Hause Dawids, Königs von Jifsrael,

denn Geheiligtes ist das, da SEIN Schrein hineinkam.

Damals höhte Schlomo Darhöhungen IHM auf der Schlachtstatt, die er vor dem Flursaal gebaut hatte,

des Tags Sache an ihrem Tag, nach dem Gebote Mosches,
darzuhöhn an den Wochenfeiern, an den Mondneuungen
und an den Begegnungszeiten dreimal im Jahr, am Fest
der Fladen, am Fest der Wochen und am Fest der Hütten.

Er bestellte nach dem Rechtsgeheiß seines Vaters Dawid die
Abteilungen der Priester an ihren Dienst

und die Lewiten an ihre Obliegenheiten, zu preisen und den
Priestern zugegen zu amten, für des Tags Sache an ihrem
Tag,

und die Torleute nach ihren Abteilungen, für Tor um Tor,

denn so war das Gebot Dawids, des Mannes Gottes.

Nicht wich man ab vom Gebot des Königs über die Priester
und die Lewiten, für alljede Sache, auch für die Schätze. –

Errichtet war nun alles Werk Schlomos bis vom Tag der
Gründung SEINES Hauses an und bis ganz vollendet war
SEIN Haus.

Damals ging Schlomo nach Ezjon Gaber und nach Ejlot am
Ufer des Meeres im Lande Edom.

Churam sandte ihm durch seine Diener Schiffe und meer-
   kundige Diener,
sie kamen mit Schlomos Dienern nach Ofir und holten von
   dort vierhundertfünfzig Goldbarren, die ließen sie dem
   König Schlomo zukommen.

Wie die Königin von Saba die Sage von Schlomo sagen hörte,
kam sie, Schlomo mit Rätseln zu prüfen, nach Jerusalem
mit sehr mächtigem Troß, Kamelen, tragend Balsame, Gold
   ʾin Fülle und Edelgestein,
kam zu Schlomo und redete zu ihm, allwas sie auf dem Herzen
   hatte.
Schlomo ermeldete ihr all ihre Sinnreden,
nicht verbarg sich eine Sinnrede vor Schlomo, daß ers ihr
   nicht ermeldet hätte.
Als die Königin von Saba die Weisheit Schlomos sah,
dazu das Haus, das er gebaut hatte,
das Essen an seinem Tisch, das Umsitzen seiner Diener, das
   Dastehn seiner Aufwärter und ihre Bekleidung, sein Aus-
   schenkenlassen
und seinen Aufzug, in dem er zu SEINEM Hause hinaufzog,
blieb des Geistes nicht mehr in ihr.
Sie sprach zum König:
Getreu ist die Rede, die ich in meinem Lande hörte
über deine Beredsamkeit, über deine Weisheit,
aber ich traute nicht ihren Reden,
bis ich kam und meine Augen sahn, –
nicht die Hälfte der Fülle deiner Weisheit war mir gemeldet
   worden!
du überholst die Sage, die ich sagen hörte.
O des Glücks deiner Mannen,
o des Glücks dieser deiner Diener,
die immer vor deinem Antlitz stehn
und deine Weisheit hören!
Gesegnet sei E R, dein Gott,
der Lust an dir hatte,
dich auf seinen Stuhl zu geben als SEINEN, deines Gottes, König!
Weil er Jiſsrael liebt, es in Weltzeit aufzurichten, gab er dich
   über sie zum König, Recht und Bewährung darzutun.

Sie gab dem König hundertzwanzig Barren Goldes, Balsame
in großer Fülle und Edelgestein,

nicht war Balsam jenem gleich, den die Königin von Saba
dem König Schlomo gab.

Auch hatten die Diener Churams und die Diener Schlomos,
die von Ofir Gold brachten, Algummimholz und Edelgestein gebracht,

der König ließ aus dem Algummimholz Bahnungen für SEIN
Haus und fürs Königshaus machen, dazu Leiern und Lauten
für die Sänger,

nie wurde dergleichen zuvor im Lande Jehuda gesehn.

Der König Schlomo gab der Königin von Saba alles, woran
sie Lust hatte, was sie sich wünschte, zudem den Entgelt
dessen, was sie dem König brachte.

Dann schied sie und ging heim in ihr Land, sie und ihre
Diener.

Das Gewicht des Goldes, das bei Schlomo in einem Jahr ein-
kam, war:

sechshundertsechsundsechzig Barren Golds,

außer dem von den Schatzzubußen der Reisehändler und den
Händlern, die es einkommen ließen,

auch alle Könige Arabiens und die Viztume des Landes ließen
Schlomo Gold und Silber zukommen.

Der König Schlomo machte zweihundert Tartschen in geschlagenem Gold,

sechshundert Goldgewicht gingen auf je eine Tartsche drauf,

und dreihundert Schilde in geschlagenem Gold,

dreihundert Goldgewicht gingen auf je einen Schild drauf.

die gab der König in das Libanonwaldhaus.

Der König machte einen großen elfenbeinernen Stuhl

und überschalte ihn mit reinem Gold,

sechs Stufen hatte der Stuhl,

und einen Schemel, in Gold eingefaßt an dem Stuhl,

Armlehnen hierseits und hierseits vom Sitzort,

zwei Löwen standen neben den Armlehnen,

und zwölf Löwen standen dort auf den sechs Stufen, hierseits
und hierseits,

nicht ward in allen Königreichen solches gemacht.

Alles Schenkgerät des Königs Schlomo war aus Gold,
alles Gerät des Libanonwaldhauses war aus geplättetem Gold,
kein Silberzeug wurde in den Tagen Schlomos als irgendwas
geachtet.
Denn Schiffe hatte der König, die gingen nach Tarschisch,
den Dienern Churams beigesellt,
einmal in drei Jahren kamen die Tarschisch-Schiffe,
sie trugen Gold und Silber, Elefantenzähne, Affen und Pfauen.

Der König Schlomo war größer als alle Könige der Erde
an Reichtum und an Weisheit.
Alle Könige des Erdlands suchten Schlomos Antlitz auf,
seine Weisheit zu hören, die der Gott in sein Herz gegeben hatte,
und sie kamen, jedermann mit seiner Spende,
Silbergeräten und Goldgeräten,
Gewändern, Bewaffnung, Balsamen,
Rossen und Maultieren,
Jahr um Jahr.
Schlomo hatte viertausend Roßkrippen, dazu Gefährte, und
zwölftausend Reisige,
die legte er nach den Fahrzugstädten und als Beistand des
Königs nach Jerusalem.
Walter war er über alle Könige vom Strom bis zum Land der
Philister und bis zur Grenze Ägyptens.
Der König bewirkte, daß es in Jerusalem Silber wie Steine
gab und Zedern gab wie Maulbeerfeigenbäume, die in der
Niedrung, an Menge.
Rosse führte man aus von Ägypten für Schlomo und von
allen Ländern. –
Das restliche Redewürdige von Schlomo aber, das frühe und
das später,
ist es nicht aufgeschrieben in den Reden Natans, des Künders,
und in der Kündung Achijas des Schiloniters und in den
Schauungen Jedos, des Sehers, über Jarobam Sohn Nbats?
Schlomo hatte Königschaft in Jerusalem über alles Jifsrael vierzig Jahre.
Dann legte sich Schlomo bei seinen Vätern hin,
und man begrub ihn in der Stadt seines Vaters Dawid.
Sein Sohn Rechabam trat statt seiner die Königschaft an.

Rechabam ging nach Sichem, denn nach Sichem waren alle
    von Jifsrael kommen, ihn zu königen.
Es war aber geschehn, als Jarobam Sohn Nbats etwas hörte –
    er war in Ägypten, dahin er vor dem König Schlomo ent-
    wichen war –,
da war Jarobam aus Ägypten wiedergekehrt,
sie sandten nun und ließen ihn rufen.
So kam Jarobam und alles Jifsrael,
und sie redeten zu Rechabam, sprechend:
Dein Vater hat unser Joch überhärtet,
leichtre jetzt ab von dem harten Dienst deines Vaters,
von dem schweren Joch, das auf uns er gegeben hat,
und wir wollen dir dienstbar sein.
Er sprach zu ihnen:
Noch drei Tage, dann kehrt wieder zu mir!
Das Volk ging.
Der König Rechabam beriet sich mit den Ältesten, die vorm
    Antlitz seines Vaters Schlomo gestanden hatten, solang er
    am Leben war,
sprechend:
Wie ratet ihr diesem Volk Rede zu erwidern?
Sie redeten zu ihm, sprechend:
Wirst du gütig verfahren mit diesem Volk,
sie annehmen zu Gnaden, gute Rede zu ihnen reden,
dann werden sie dir alle Tage dienstbar sein.
Er aber ließ den Rat der Ältesten, den sie ihm rieten,
und beriet sich mit den Jungen, die mit ihm großgeworden
    waren,
den vor seinem Antlitz Stehenden,
er sprach zu ihnen:
Was ratet ihr, daß wir diesem Volk an Rede erwidern?
Die Jungen, die mit ihm großgeworden waren, redeten mit
    ihm, sprechend:
So sprich zu diesem Volk,
die zu dir geredet haben, sprechend: Dein Vater beschwerte
    unsr Joch, und du, ableichtre es uns doch,
so sprich zu ihnen:

Mein Kleinfinger ist dicker als meines Vaters Hüften, –
jetzt also:
mein Vater packte euch ein schweres Joch auf,
ich aber, noch drauflegen will ich auf euer Joch,
mein Vater züchtigte euch mit Ruten,
ich aber – mit Skorpionen.
Als am dritten Tag Jarobam und alles Volk zu Rechabam kam,
wie der König geredet hatte, sprechend: Kehrt zu mir am
   dritten Tag wieder,
antwortete ihnen der König hart,
der König Rechabam ließ den Rat der Ältesten
und redete zu ihnen nach dem Rat der Jungen, sprechend:
Mein Vater beschwerte euer Joch,
ich aber, noch drauflegen will ich auf euer Joch,
mein Vater züchtigte euch mit Ruten,
ich aber – mit Skorpionen.
Der König hörte nicht auf das Volk,
denn von dem Gotte aus wars eine Umwendung,
aufzurichten seine Rede, die ER durch Achija den Schiloniter
   zu Jarobam Sohn Nbats geredet hatte.
Alles Jifsrael, da der König nicht auf sie hörte,
erwiderten sie, das Volk, dem Könige, sprechend:
– Was haben wir für Anteil an Dawid!
– Eigen nicht am Jischajsohn!
– Zu deinen Zelten, Jifsrael, jedermann!
– Sieh nach deinem Hause jetzt, Dawid!
Und alles Jifsrael ging zu seinen Zelten.
Nur die Söhne Jifsraels, die in den Städten Jehudas ansässig
   waren, über die behielt Rechabam Königschaft.
Der König Rechabam entsandte Hadoram, der über der Fron
   war,
aber die Söhne Jifsraels schmissen mit Steinen ihn tot.
Der König Rechabam konnte das Gefährt mit Mühe bestei-
   gen, nach Jerusalem zu fliehn.
So wurden die von Jifsrael dem Hause Dawids abtrünnig, –
   bis auf diesen Tag.
Als Rechabam nach Jerusalem kam, versammelte er das Haus
   Jehuda und Binjamin,
hundertachtzigtausend Kampftatauserwählte,

mit Jifsrael zu kämpfen,
das Königreich zu Rechabam wiederkehren zu lassen.
Aber die Rede Gottes geschah zu Schmaja, dem Mann Gottes,
  ein Sprechen:
Sprich zu Rechabam Sohn Schlomos, König von Jehuda,
und zu allem Jifsrael in Jehuda und in Binjamin im Spruch:
So hat ER gesprochen:
Steigt nicht hinan,
kämpft nicht gegen eure Brüder, die Söhne Jifsraels,
kehrt zurück, jedermann in sein Haus,
denn von mir aus ist dies geschehn.
Sie hörten SEINE Rede,
und sie kehrten wieder um, statt gegen Jarobam anzugehn.

Rechabam hatte Sitz in Jerusalem
und baute in Jehuda Städte zu Festungen aus,
er baute aus: Betlehem, Etam, Tekoa, Bet Zur, Sfocho, Adullam, Gat, Marescha, Sif, Adorajim, Lachisch, Aseka, Zora,
  Ajjalon, Hebron, die in Jehuda und Binjamin sind, befestigte Städte,
er machte die befestigten stark, gab Befehlshaber in sie und
  Vorräte an Speise, Öl und Wein,
und überall, Stadt um Stadt, Tartschen und Lanzen, er machte
  sie gar sehr stark,
Jehuda und Binjamin war sein.
Die Priester und die Lewiten aber, die in allem Jifsrael waren,
  traten zu ihm über aus all ihrem Gebiet,
denn die Lewiten verließen ihre Weidetriebe und ihre Hufen
  und gingen nach Jerusalem
– denn Jarobam und seine Söhne verwarfen sie, IHM zu priestern,
er bestellte sich Priester für die Koppen, für die Bockschrate
  und für die Kälber, die er machte –,
und ihnen nach kamen von allen Zweigen Jifsraels sie, die ihr
  Herz drangaben, IHN, den Gott Jifsraels, zu suchen, nach
  Jerusalem,
IHM, dem Gotte Jifsraels, zu schlachtopfern.
sie stärkten das Königtum Jehudas und festigten Rechabam
  Sohn Schlomos, für der Jahre drei,

denn man ging auf dem Weg Dawids und Schlomos der Jahre
   drei.

Rechabam nahm sich eine Frau, Machlat Tochter Jerimots
   Sohns Dawids von Abichajil Tochter Eliabs Sohns Jischajs,
sie gebar ihm Söhne, Jeusch, Schmarja und Saham.
Nach ihr nahm er Maacha Tochter Abschaloms,
sie gebar ihm Abija, Attaj, Sisa und Schlomit.
Rechabam liebte Maacha Tochter Abschaloms mehr als seine
   Frauen und seine Kebsen
– er führte nämlich achtzehn Frauen und der Kebsen sechzig
   heim und zeugte achtundzwanzig Söhne und sechzig Töchter –,
und Rechabam stellte zuhäupten Abija, den Sohn Maachas,
   als Herzog unter seinen Brüdern, um ihn nämlich zu königen.
Er unterschied und trennte all seine Söhne nach allen Ländereien
   Jehudas und Binjamins, nach allen befestigten Städten,
er gab ihnen Nahrung in Menge und warb ein Gewimmel von
   Frauen.

Es geschah aber,
als aufgerichtet war die Königsmacht Rechabams und er in
   seiner Stärke,
verließ er SEINE Weisung, und alles Jifsrael ihm gesellt.
Und es geschah,
im fünften Jahr des Königs Rechabam zog Schischak König
   von Ägypten auf, wider Jerusalem herauf
– denn sie waren IHM untreu geworden –
mit tausendundzweihundert Fahrzeugen, sechzigtausend Reisigen und Kriegsvolk ohne Zahl, die ihm gesellt von Ägypten kamen, Libyer, Sukkiten und Kuschiten,
er eroberte alle befestigten Städte, die Jehudas waren,
und kam bis Jerusalem.
Da kam Schmaja, der Künder, zu Rechabam und den Obern
   Jehudas, die vor Schischak nach Jerusalem eingeholt worden waren,
und sprach zu ihnen:

So hat ER gesprochen:

Ihr, verlassen habt ihr mich,

so habe auch ich euch der Hand Schischaks überlassen.

Sie beugten sich, die Obern Jifsraels und der König, und sprachen:

Bewahrheitet ist ER.

Als ER nun sah, daß sie sich beugten,

geschah SEINE Rede zu Schmaja, ein Sprechen:

Sie haben sich gebeugt,

ˉ ich verderbe sie nicht,

über ein weniges gebe ich euch ein Entrinnen,

und nicht soll mein Grimm sich durch Schischak über Jerusalem ergießen,

doch sie sollen ihm dienstbar werden,

daß sie erkennen: mein Dienst – und der Dienst der Königtümer der Erdenländer.

Schischak König von Ägypten stieg wider Jerusalem heran,

er nahm die Schätze aus SEINEM Haus und die Schätze aus dem Haus des Königs,

das alles nahm er,

und die goldnen Schilde nahm er, die Schlomo hatte machen lassen.

Statt ihrer ließ der König Rechabam eherne Schilde machen,

die verordnete er in die Hand der Obern der Läufer, die den Einlaß des Königshauses hüten,

und seither geschahs, wenn der König in SEIN Haus kam,

da kamen die Läufer und trugen sie hin und ließen sie in die Wachtstube der Läufer zurückkehren.

Weil er sich aber gebeugt hatte, kehrte sich SEIN Zorn von ihm ab, ihn nicht allzumal zu verderben,

Es waren ja auch in Jehuda noch gute Begebnisse.

Der König Rechabam aber erstarkte in Jerusalem und hatte Königschaft,

denn einundvierzigjährig war Rechabam, als er die Königschaft antrat, und siebzehn Jahre hatte er Königschaft in Jerusalem,

der Stadt, die ER gewählt hatte unter allen Zweigen Jifsraels, seinen Namen dort einzusetzen.

Der Name seiner Mutter: Naama, die Ammoniterin.

Er tat das Böse, denn er hatte nicht sein Herz drauf gerichtet,
IHN zu suchen.

Das Redewürdige von Rechabam aber, das frühe und das
späte,

ist das nicht aufgeschrieben in den Reden Schmajas, des Künders, und Iddos, des Schauempfängers,

übers Zugehörige, auch die Kämpfe Rechabams und Jerobams
all die Tage?

Rechabam legte sich bei seinen Vätern hin und wurde in der
Stadt Dawids begraben.

Sein Sohn Abija trat statt seiner die Königschaft an.

Im achtzehnten Jahr des Königs Jarobam hatte Abija die Königschaft über Jehuda angetreten,

und drei Jahre hatte er Königschaft in Jerusalem.

Der Name seiner Mutter: Michajahu Tochter Uriels, von Giba.

Kampf aber war zwischen Abija und Jarobam.

Abija zettelte den Kampf an mit einem Heer kampfgeübter Wehrleute, vierhunderttausend auserwählter Mannschaft,

Jarobam aber reihte den Kampf wider ihn mit achthunderttausend auserwählter Mannschaft, Wehrtüchtigen.

Da stellte sich Abija oben auf den Berg Zmarajim, der im Gebirg Efrajim ist, und sprach:

Hört mich, Jarobam und alles Jifsrael!

Ists nicht an euch zu wissen, daß ER, der Gott Jifsraels, Dawid das Königtum über Jifsrael gab auf Weltzeit, ihm und seinen Söhnen, in einem Salzbund?

aber Jarobam Sohn Nbats, ein Diener Schlomos, des Sohns Dawids, empörte sich wider seinen Herrn,

und um ihn rotteten sich leichte Männer, ruchlose Buben, die strafften sich wider Rechabam Sohn Schlomos.

Rechabam aber war ein Knabe und weichherzig, er hielt sich nicht in Stärke vor ihnen.

Und nun, ihr sprecht davon, euch stark zu machen vor SEINEM Königtum in der Hand der Söhne Dawids,

ihr seid ja ein großes Getümmel, und bei euch sind die goldenen Kälber, die euch Jarobam zu Göttern gemacht hat!

Habt ihr nicht SEINE Priester vertrieben, die Söhne Aharons, und die Lewiten,

und machtet euch Priester wie die Völker der Erdenländer?

alljeder, der kam mit einem Farren, Jungrind, und sieben Widdern, sich die Hand darfüllen zu lassen,

der wurde Priester der Ungötter!

Wir aber – ER ist unser Gott, nicht haben wir ihn verlassen,

die Priester amten ihm, die Söhne Aharons, und die Lewiten, mit der Arbeit,

aufrauchen lassen sie IHM Darhöhungen Morgen um Morgen, Abend um Abend,

Räucherwerk der Gedüfte, Darschichtung Brots auf dem

reinen Tisch, goldner Leuchter und seine Lichte, Abend um
   Abend anzuzünden,
Denn wir wahren SEINE, unseres Gottes, Verwahrung,
ihr aber habt ihn verlassen.
Und da, bei uns zuhäupten, ist der Gott, SEINE Priester und
   die Trompeten des Geschmetters, darauf zu trompeten, –
kämpft nimmer wider IHN, den Gott eurer Väter, denn es
   wird euch nicht gelingen!
Jarobam aber ließ den Lauertrupp sich drehn, hinter sie zu
   kommen,
so waren sie vor Jehuda und der Lauertrupp hinter denen,
die von Jehuda wandten sich, da, Kampf an sie her vorn und
   hinten!
Sie schrien zu IHM,
die Priester trompeteten in die Trompeten,
und die Mannschaft Jehudas, sie schmetterten auf.
Und es geschah,
als aufschmetterte die Mannschaft Jehudas:
Gott stieß Jarobam und alles Jißrael vor Abija und Jehuda hin.
Die Söhne Jißraels flohn vor Jehuda, Gott gab sie in derer
   Hand,
Abija und sein Volk schlugen auf sie ein, einen großen Schlag,
Durchbohrte fielen von Jißrael, fünfhunderttausend, auser-
   wählte Mannschaft.
Die Söhne Jißraels beugten sich zu jener Zeit,
die Söhne Jehudas aber strafften sich, denn sie stützten sich
   auf IHN, den Gott ihrer Väter.
Abija jagte hinter Jarobam her
und eroberte Städte von den seinen, Bet-El und seine Tochter-
   siedlungen, Jeschana und seine Tochtersiedlungen, Efrejin
   und seine Tochtersiedlungen.
Nicht hegte mehr Jarobam Kraft in den Tagen Abijahns,
ER stieß ihn nieder, und er starb,
Abijahn aber erstarkte.
Er führte sich vierzehn Frauen heim und zeugte zweiundzwanzig Söhne und sechzehn Töchter.
Das übrige Redewürdige von Abija aber, seine Wege und
   seine Reden sind aufgeschrieben in der Ausforschung Iddos,
   des Künders.

Abija legte sich bei seinen Vätern hin, man begrub ihn in der
Stadt Dawids.
Sein Sohn Afsa trat statt seiner die Königschaft an.
In seinen Tagen rastete das Land, zehn Jahre.

Aſſa tat, was in SEINEN, seines Gottes, Augen gut und gerade
   ist,
er beseitigte die Schlachtstätten der Fremde und die Koppen,
er zerbrach die Standmale,
er zerhackte ihre Pfahlbäume,
er sprach Jehuda zu, IHN, den Gott ihrer Väter, zu suchen
und nach der Weisung und dem Gebote zu tun,
er beseitigte aus allen Städten Jehudas die Koppen und die
   Glutmale.
Das Königreich rastete vor seinem Antlitz.
Er baute Festungsstädte in Jehuda aus, denn das Land rastete,
   und nicht gabs Kampf gegen ihn in diesen Jahren,
denn ER schaffte ihm Ruhe.
Er sprach zu Jehuda:
Bauen wir diese Städte aus und umschließen wir sie mit Mauer
   und Türmen, Doppelpforte und Riegeln!
noch ist das Land vor uns frei,
denn gesucht haben wir, gesucht IHN, unsern Gott,
und er hat uns Ruhe geschafft ringsumher.
Sie bauten und hatten Gelingen.
Aſſa hatte eine Wehrmacht,
Speer und Tartsche tragend, von Jehuda dreihunderttausend
und von Binjamin Schildträger und Bogenspanner, zweihun-
   dertachtzigtausend,
all diese Wehrtüchtige.
Da zog gegen sie aus Sarach, der Kuschiter, mit einer Wehrmacht von tausendmaltausend und dreihundert Fahrzeugen,
und kam bis Marescha.
Aſſa zog aus, vor ihn hin,
und sie reihten den Kampf in der Schlucht Zfata bei Marescha.
Aſſa rief zu IHM seinem Gott, er sprach:
Bei dir kanns an Hilfe nicht fehlen, ob einer groß oder kraftlos ist, –
hilf uns, DU unser Gott,
denn auf dich stützen wir uns,
und mit deinem Namen kommen wir wider dieses Getümmel
   an,
DU bist unser Gott,
nimmer hegt ein Menschlein sich gegen dich ab.

E R stieß die Kuschiter vor Aſsa und vor Jehuda hin, die Kuschiter flohen,

Aſsa und das Volk, das bei ihm war, er jagte sie bis nach Grar,

an Kuschitern fiel, daß ihnen kein Aufleben mehr war,

denn gebrochen wurden sie vor I H M und vor seinem Lager,
Man trug sehr viel Beute davon.

Man schlug alle Städte rings um Grar,

denn S E I N Schrecken war über ihnen,

man plünderte alle Städte, denn vieles Plündergut war in
ihnen,

auch die Zelte der Herdenleute schlug man, fing sich Kleinvieh
in Menge und Kamele und kehrte nach Jerusalem zurück.

Asarjahu Sohn Odeds aber – über ihm war S E I N Geist – trat
hin vor Aſsa und sprach zu ihm:

Hört mich, Aſsa und alles Jehuda und Binjamin!

E R ist bei euch, wann ihr bei ihm seid,

sucht ihr ihn, gibt er euch sich zu finden,

verlasset ihr ihn, verläßt er euch.

Viele Tage warens für Jiſrael ohne den Gott der Treue,

ohne Priester, Lehrer und ohne Weisung,

aber als es bedrängt war, kehrte es um zu I H M seinem Gott und
verlangte nach ihm, und er gab sich ihnen zu finden.

In jenen Tagen war für den Ziehenden und für den Kommenden kein Friede,

denn viele Verstörungen waren über allen Insassen der Erdenländer,

sie zerspellten einander, Stamm den Stamm und Stadt die
Stadt,

denn Gott verwirrte sie durch allerart Drangsal.

Ihr aber, seid stark,

nimmer dürfen eure Hände erschlaffen,

denn eurem Wirken west ein Lohn.

Als Aſsa diese Rede hörte, die Kündung Odeds, des Künders,
erstarkte er,

hinweg warf er die Scheusäler aus allem Lande Jehuda und
Binjamin und aus den Städten, die er vom Gebirge Efrajim
erobert hatte,

und erneute S E I N E Schlachtstatt, die vor S E I N E M Flursaal.

Zuhauf holte er alles Jehuda und Binjamin und die bei ihnen
    Gastenden von Efrajim, Mnasche und Schimon,
denn zugefallen waren ihm von Jifsrael die Menge, als sie
    sahn, daß ER, sein Gott, bei ihm war,
zusammengeholt wurden sie nach Jerusalem in der dritten
    Mondneuung des fünfzehnten Jahres von Afsas Königschaft,
sie schlachtopferten IHM an jenem Tag von der Beute,
    die sie heimgebracht hatten, siebenhundert Rinder und
    siebentausend Schafe
und kamen in den Bund, IHN, den Gott ihrer Väter, mit all
    ihrem Herzen und mit all ihrer Seele zu suchen
– und alljeder, der IHN, den Gott Jifsraels, nicht sucht, sollte ge-
    tötet werden, von Klein bis Groß, von Mann bis Weib –,
sie schwuren sich IHM zu mit lauter Stimme, mit Geschmet-
    ter, mit Trompeten und mit Posaunen.
Und alle von Jehuda freuten sich über den Schwur,
denn mit all ihrem Herzen hatten sie geschworen,
und mit all ihrem Willen hatten nach ihm sie verlangt,
und er hatte sich ihnen zu finden gegeben.
ER schaffte ihnen Ruhe ringsumher.
Auch Maacha, die Großmutter des Königs Afsa, ihr Herr-
    scherinnentum beseitigte er,
weil sie der Pfahlfrau ein Schauderding gemacht hatte,
Afsa hieb ihr Schauderding um, malmte es und verbrannte
    es im Bach Kidron.
Aber die Koppen wurden nicht beseitigt.
Doch war das Herz Afsas befriedet mit IHM all seine Tage.
Die Darheiligungen seines Vaters und dazu eigne Darheiligun-
    gen hatte er in SEIN Haus kommen lassen, Silber, Gold und
    Geräte.
Nicht war aber Kampf bis zum fünfunddreißigsten Jahr der
    Königschaft Afsas.

Im sechsunddreißigsten Jahr der Königschaft Afsas aber zog
    Baascha König von Jifsrael hinauf wider Jehuda
und baute Rama aus, um Afsa König von Jehuda weder Aus-
    fahrt noch Einkunft mehr freizugeben.
Da führte Afsa Silber und Gold hinaus von den Schätzen
    SEINES Hauses und des Königshauses

und sandte es an Benhadad, König von Aram, der in Damaskus Sitz hatte, zu sprechen:
Bund ist zwischen mir und dir,
zwischen meinem Vater und deinem Vater,
da habe ich dir Silber und Gold gesandt,
brich deinen Bund mit Baascha König von Jisrael,
daß er hinweg ziehe, weg von mir!
Benhadad hörte auf den König Afsa,
er sandte seine Heeresobern gegen die Städte Jisraels,
und sie schlugen Ijon, Dan, Abel Majim und alle Vorrats-
 plätze der Städte Naftalis.
Es geschah, als Baascha es hörte, da ließ er vom Ausbauen von
 Rama ab und verabschiedete seine Arbeit.
Der König Afsa nahm alles Jehuda heran,
sie trugen die Steine von Rama und seine Hölzer, die Baascha
 verbaut hatte, fort,
und mit denen baute er das Gaba Binjamins und Mizpa aus.
Zu jener Zeit aber kam Chanani, der Seher, zu Afsa, König
 von Jehuda, und sprach zu ihm:
Da du dich auf den König von Aram gestützt hast und nicht
 stütztest du dich auf IHN, deinen Gott,
deshalb ist das Heer des Königs von Aram deiner Hand entschlüpft.
Hatten nicht die Kuschiter und die Lybier der Heeresmacht
 viel, an Fahrzeug, an Reisigen überaus viel,
und da du dich auf IHN gestützt hattest, gab er sie in deine
 Hand?
Denn ER – seine Augen durchschweifen alles Erdland,
daß er stark beistehe denen, deren Herz befriedet ist zu ihm
 hin.
Töricht bist du in diesem gewesen,
denn von jetzt an gibts Kämpfe bei dir.
Afsa verdroß das vom Seher, und er tat ihn ins Haus des
 Krummblocks,
als aber sein Volk darüber in Wut geriet, ließ er zu jener Zeit
 etwelche aus dem Volke mißhandeln.
Und da, das Redewürdige von Afsa, das frühe und das späte,
da, aufgeschrieben ists im Buch der Könige von Jehuda und
 Jisrael.

Aſsa erkrankte an seinen Füßen, im neununddreißigsten Jahr
    seiner Königschaft, eine überschwere Krankheit,
aber auch in seiner Krankheit suchte er I H N nicht, sondern
    Ärzte.
Und Aſsa legte sich bei seinen Vätern hin, er starb im einund-
    vierzigsten Jahr seines Königseins,
sie begruben ihn in seiner Gräberkammer, die er sich in der
    Dawidstadt hatte aushauen lassen,
sie legten ihn auf ein Lager, das man gefüllt hatte mit Balsa-
    men und den Gattungen von Durchwürztem in Würzge-
    mischs Machart, und sie brannten ihm einen gar großen
    Brand.

Sein Sohn Jehoschafat trat statt seiner die Königschaft an.

Er zeigte sich stark über Jifsrael,

er gab Streitmacht in alle befestigten Städte Jehudas,

er gab Vögte ins Land Jehuda und in die Städte Efrajims, die
    sein Vater Afsa erobert hatte,

ER war bei Jehoschafat,

denn er ging in den früheren Wegen seines Vorvaters Dawid
    einher,

er suchte die Baale nicht,

sondern den Gott seines Vaters suchte er und in seinen Gebo-
    ten ging er, nicht wie Jifsrael tat.

So richtete ER das Königtum in seiner Hand auf.

Von allem Jehuda gaben sie Jehoschafat Spende,

sein wurde Reichtum und Ehre in Menge.

Sein Herzsinn stieg in SEINEN Wegen,

und er beseitigte wieder die Koppen und die Pfahlbäume.

Im dritten Jahr seiner Königschaft sandte er seine Obern Ben-
    Chajil, Obadja, Secharja, Ntanel und Michajah, in den
    Städten Jehudas zu lehren,

und ihnen beigesellt die Lewiten Schmajahu, Ntanjahu,
    Sbadjahu, Afsael, Schmiramot, Jehonatan, Adonijahu,
    Tobijahu und Tob-Adonija, die Lewiten,

und ihnen beigesellt Elischama und Jehoram, die Priester,

sie lehrten in Jehuda, und bei ihnen war das Buch SEINER Wei-
    sung,

sie durchstreiften alle Städte Jehudas und lehrten im Volk.

Und SEIN Schrecken war über allen Königreichen der Länder,
    denen rings um Jehuda,

sie kämpften nicht gegen Jehoschafat.

Von den Philistern brachte man Jehoschafat Spende, Silbers
    eine Traglast,

auch die Araber brachten ihm Kleinvieh, siebentausendsieben-
    hundert Widder und siebentausendsiebenhundert Böcke.

Jehoschafat wurde fortgehend größer, in hohem Maß,

er baute in Jehuda Pfalzburgen und Vorratsstädte aus,

viele Arbeiterschaft hatte er in den Städten Jehudas,

Kampfmannschaft, Wehrtüchtige, in Jerusalem.

Und dies ist deren Zuordnung nach ihren Vaterhäusern:

für Jehuda die Obern der Tausendschaften,

der Oberste war Adna, ihm beigetan an Wehrtüchtigen dreihunderttausend,
ihm zuseiten der Obre Jehonatan, bei ihm zweihundertacht-
  zigtausend,
ihm zuseiten Amasja Sohn Sichris, der sich IHM zugewilligt
  hatte, bei ihm zweihunderttausend Wehrtüchtige,
für Binjamin:
der Wehrtüchtige Eljada, bei ihm mit Bogen und Schild Ge-
  rüsteter zweihunderttausend,
ihm zuseiten Jehosabad, bei ihm hundertachtzigtausend Stürmer der Heerschar.
Diese sinds, die dem König amteten,
außer denen, die der König in die Festungsstädte in allem Jehuda gab.

Jehoschafat hatte Reichtum und Ehre in Menge,
er verschwägerte sich aber mit Achab.
Nach Ablauf von Jahren stieg er zu Achab nach Samaria hinab.
Achab schlachtete für ihn Kleinvieh und Rinder in Menge
  und für das Volk, das ihm gesellt war.
Dann verlockte er ihn, mit ihm nach Ramot in Gilad hinauf-
  zuziehn,
Achab König von Jifsrael sprach zu Jehoschafat König von
  Jehuda:
Willst du mir gesellt gen Ramot in Gilad gehn?
Er sprach zu ihm:
So du, so ich,
so dein Volk, mein Volk,
dir gesellt in den Kampf!
Dann sprach Jehoschafat zum König von Jifsrael:
Beforsche doch des Tags noch SEINE Rede!
Der König von Jifsrael holte die Künder zuhauf, vierhundert
  Mann, und sprach zu ihnen:
Sollen wir in den Kampf nach Ramot in Gilad gehn
oder soll ich verzichten?
Sie sprachen:
Zieh hinauf,
der Gott gibts in des Königs Hand.

Jehoschafat sprach:

Ist hier IHM kein Künder sonst, daß wir durch ihn beforschen?

Der König von Jifsrael sprach zu Jehoschafat:

Sonst ist ein einziger Mann nur da, IHN durch den zu beforschen,

aber ich, einen Haß habe ich auf ihn,

denn keinmal kündet er über mich zum Guten, sondern all
seine Tage zum Bösen einher,

das ist Michajhu Sohn Jimlas.

Jehoschafat sprach:

Nimmer spreche der König solches!

Der König von Jifsrael rief einen Kämmerling und sprach:

Eilig her mit Michajhu Sohn Jimlas!

Der König von Jifsrael und Jehoschafat König von Jehuda
saßen jeder auf seinem Stuhl,

mit Staatsgewändern bekleidet, so saßen sie in der Tenne
am Toreinlaß von Samaria,

und alle Künder kündeten vor ihnen einher.

Zidkijahu Sohn Knaanas hatte sich eiserne Hörner gemacht,
er sprach:

So hat ER gesprochen:

Mit diesen stößest du Aram nieder,

bis sie alldahin sind.

Und alle Künder kündeten solches, sprechend:

Zieh hinauf gen Ramot in Gilad

und habe Gelingen,

ER hats in des Königs Hand gegeben.

Der Bote aber, der gegangen war, Michajhu herbeizurufen,
redete zu ihm, sprechend:

Wohlan, einmündig haben die Künder Gutes zu dem König
gesprochen,

sei doch deine Rede wie die Rede eines von ihnen,

rede Gutes!

Michajhu sprach:

Sowahr ER lebt:

das, was mein Gott sprechen wird, ja, das werde ich
reden.

Als er zum König kam, sprach der König zu ihm:

Micha,

sollen wir in den Kampf nach Ramot in Gilad gehn
oder soll ich verzichten?
Er sprach:
Zieht hinauf und habt Gelingen,
sie werden in eure Hand gegeben.
Der König sprach zu ihm:
Bis zu wie vielen Malen muß ich dich beschwören,
daß du nicht anders zu mir mit SEINEM Namen reden sollst als
  nur getreulich!
Da sprach er:
Ich sah alles Jifsrael
auseinandergesprengt auf den Bergen
wie Schafe, die keinen Hirten haben,
und ER sprach:
Diese haben einen Herrscher nicht mehr,
zurückkehren mögen sie nun,
jedermann nach seinem Haus,
in Frieden.
Der König von Jifsrael sprach zu Jehoschafat:
Habe ich nicht zu dir gesprochen: Er kündet über mich nie
  Gutes, sondern zum Bösen einher!
Er aber sprach weiter:
Ebendarum
hört SEINE Rede!
Ich sah
IHN sitzen auf seinem Stuhl
und alle Schar des Himmels umstehn ihn
zu seiner Rechten und zu seiner Linken,
und ER sprach:
Wer kann Achab König von Jifsrael betören,
daß er ziehe,
daß er falle bei Ramot in Gilad?
Nun sprach man, der sprach: So! und der sprach: So!
Da fuhr hervor der Brausewind,
stand vor SEINEM Antlitz und sprach:
ich bins, der ihn betören wird.
ER sprach zu ihm:
Womit?
Und er sprach:

Ausfahre ich
und werde zum Lügenbraus
im Mund all seiner Künder!
Da sprach er:
Du magst betören,
du wirsts auch vermögen,
fahr aus und mach es so! –
Und jetzt,
wohlan,
einen Lügenbraus hat E R in den Mund dieser deiner Künder
　　gegeben,
Böses über dir geredet hat E R.
Da trat heran Zidkijahu Sohn Knaanas,
schlug Michajhu auf die Backe und sprach:
Welches Wegs wär SEIN Geistbraus aus mir entlaufen, aus
　　dir zu reden?!
Michajhu sprach:
Wohl,
du siehsts an jenem Tag,
da du kammeraus kammerein kommst, dich zu verstecken.
Der König von Jifsrael sprach:
Nehmt den Michajhu fort und geleitet ihn zurück –
zu Amon dem Stadtobersten und zu Joasch dem Königssohn,
und sprecht:
So hat der König gesprochen:
Setzt diesen ins Kerkerhaus
und reicht ihm knapp Brot zu essen, knapp Wasser,
bis ich in Frieden wiederkehre.
Michajhu sprach:
Kehrst zurück du, zurück in Frieden,
dann hat in mir E R nicht geredet.
Und sprach:
Hörts, ihr Völker alle!

Der König von Jifsrael zog hinauf und Jehoschafat König von
　　Jehuda nach Ramot in Gilad.
Der König von Jifsrael sprach zu Jehoschafat davon, sich zu
　　verkappen und so in den Kampf zu kommen:
...du freilich magst mit deinen Gewändern bekleidet bleiben.

Der König von Jiſrael verkappte sich, und sie kamen in den
   Kampf.
Der Aramäerkönig aber hatte den Wagenobersten, die bei
   ihm waren, zweiunddreißig, geboten, sprechend:
Kämpft nicht mit Klein noch mit Groß,
sondern einzig mit dem König von Jiſrael!
Es geschah nun, als die Wagenobersten Jehoschafat sahn,
da sprachen die: Das ist der König von Jiſrael!
und drehten um, nach ihm hin, zum Kampf.
Aber Jehoschafat schrie auf, und ER half ihm, er lockte sie
   von ihm fort.
Es geschah, als die Wagenobersten so ersahn, daß es nicht
   der König von Jiſrael war:
sie kehrten um, von ihm hinweg.
Unterdes aber hatte ein Mann in seiner Einfalt den Bogen
   gespannt
und traf den König von Jiſrael zwischen die Verheftungen
   und den Panzer.
Er sprach zum Wagenlenker:
Wende deine Hände, daß du mich aus dem Lager fahrest,
denn ich bin erschöpft.
Da aber der Kampf an jenem Tag hochging,
blieb der König dann doch im Wagen stehn, angesichts der
   Aramäer, bis zum Abend.
Er starb zur Zeit, da die Sonne einging.
Jehoschafat König von Jehuda aber kehrte in Frieden nach
   seinem Hause zurück.
Da trat Jehu Sohn Chananis, der Schauempfänger, vor sein
   Antlitz und sprach zum König Jehoschafat:
Dem Frevler ist zu helfen?! Und SEINE Hasser hältst du
   lieb!
Um dieses ist ein Grimm über dir von seinem Antlitz her.
Es haben sich jedoch bei dir gute Begebnisse gefunden,
du hast ja die Pfahlbäume aus dem Lande gemerzt
und hast dein Herz drauf gerichtet, den Gott zu suchen.

Jehoschafat blieb nun wieder in Jerusalem sitzen,
aber in Wiederkehr fuhr im Volk er umher, von Berscheba
   bis zum Gebirg Efrajim,

und machte sie umkehren zu Ihm, dem Gott ihrer Väter.

Auch bestellte er Richter im Land, in allen befestigten Städten Jehudas, Stadt um Stadt.

Er sprach zu den Richtern:

Seht zu, was ihr tut!

Nicht von einem Menschen aus richtet ihr ja,

sondern von Ihm aus,

in einer Rechtsrede ist bei euch er.

Und nun,

Sein Schrecken sei über euch!

wahrets und tuts!

bei Ihm, unsrem Gott, ist ja keine Falschheit noch Hochhalten von Antlitzen noch Annahme von Bestechung.

Auch in Jerusalem bestellte Jehoschafat von den Lewiten, den Priestern und den Vaterschaftshäuptern für Sein Gericht und die Streitsachen der Insassen Jerusalems.

Er entbot ihnen, sprechend:

So sollt ihr tun, in Seiner Furcht, in Treue, mit befriedetem Herzen:

aller Streit, der an euch kommt von euren Brüdern, die in ihren Städten ansässig sind,

zwischen Blut und Blut, zwischen Weisung, Gebot, Gesetzen und Rechtsgeheißen,

verwarnen solltir sie, daß sie sich gegen Ihn nicht verschulden

und nicht Ergrimmen geschehe über euch und über eure Brüder!

So tut, und verschuldet euch nicht!

Und da, Amarjahu, der Hauptpriester, ist über euch für all Seine Sache,

und Sbadjahu Sohn Jischmaels, der Vorsteher fürs Haus Jehuda, für alle Sache des Königs,

und als Rollenführer sind die Lewiten euch vorm Antlitz.

Seid stark, tuts, und Er sei mit dem Guten!

Danach geschahs:

die Söhne Moabs und die Söhne Ammons und ihnen gesellt von den Ammonitern kamen, wider Jehoschafat zu kämpfen.

Man kam und meldete Jehoschafat, sprechend:

Ein großes Getümmel kommt wider dich von jenseit des
    Meers, von Aram, und da sind sie, in Chazzon Tamar –
    das ist Engedi –.

Er fürchtete sich,

Jehoschafat gab sein Antlitz daran, IHN zu beforschen, und
    rief für alles Jehuda ein Fasten aus.

Die von Jehuda wurden zuhauf geholt, von IHM zu erfragen,
    auch aus allen Städten Jehudas kam man, IHN zu befragen.

Jehoschafat trat in die Versammlung Jehudas und Jerusalems,
    in SEINEM Haus vor dem neuen Hof,

und sprach:

DU, Gott unsrer Väter,

bist nicht du Gott im Himmel, und du, der aller König-
    reiche der Weltstämme waltet?

in deiner Hand ist die Kraft und die Macht, und keiner ist, der
    neben dir bestünde.

Hast nicht du, unser Gott, die Insassen dieses Landes vor
    deinem Volk Jifsrael her enterbt

und hast es dem Samen Abrahams, deines Liebenden, für
    Weltzeit gegeben,

sie siedelten darin und bauten dir darin ein Heiligtum für dei-
    nen Namen, mit dem Spruch:

Wird über uns ein Böses kommen, Gerichtsschwert, Seuche,
    Hunger,

wollen wir vors Antlitz dieses Hauses treten, vor dein Antlitz,
    denn in diesem Haus ist dein Name,

und aus unsern Bedrängnissen schreien zu dir,

und du wirst hören und wirst befreien.

Und nun,

da sind die Söhne Ammons und Moabs und des Sfeïrgebirgs,

worein zu kommen du Jifsrael nicht zugabst, als sie aus dem
    Lande Ägypten kamen

– sie wichen ihnen ja aus und vertilgten sie nicht –,

da, sie vergeltens uns so, daß sie kommen, uns aus unserm
    Erbe, das wir ererbten, zu vertreiben!

Unser Gott, willst du sie nicht richten?

In uns ist ja keine Kraft vor diesem großen Getümmel, das
    über uns kommt,

Wir, nicht wissen wir, was wir tun sollen,

sondern auf dich zu sind unsre Augen.

Alles Jehuda war vor SEIN Antlitz getreten, auch ihre Kleinkinder, ihre Frauen, ihre Söhne.

Jachasiel Sohn Secharjahus Sohns Bnajas Sohns Jeiels Sohns
Mattanjas, der Lewit, von den Söhnen Afsafs,

über ihm war SEIN Geist, und er sprach:

Merkt auf, alles Jehuda, Insassen Jerusalems, König Jehoschafat!

So hat ER zu euch gesprochen:

Ihr, fürchtet euch nimmer, bangt nimmer vor diesem großen
Getümmel,

denn nicht euer ist der Kampf, sondern Gottes.

Morgen steigt hinab gegen sie!

Da, sie ziehen herauf auf dem Blumensteig,

ihr findet sie am Ende des Bachbetts vor der Wüste von Jeruel.

Nicht an euch ists, in diesem zu kämpfen,

stellt euch auf, tretet vor und seht SEINE Befreiung an euch,
Jehuda und Jerusalem,

fürchtet euch nimmer, bangt nimmer,

morgen zieht aus vor ihr Antlitz hin!

ER ist bei euch.

Jehoschafat bückte sich, Stirn zur Erde,

und alles Jehuda und die Insassen Jerusalems fielen vor SEIN
Antlitz hin, sich vor ihm niederwerfend,

und die Lewiten, von den Söhnen der Khatiten, und zwar
von den Söhnen der Korachiten, erhoben sich, IHN, den
Gott Jifsraels, mit überaus lauter Stimme zu preisen.

Am Morgen machten sie sich früh auf und zogen nach der
Wüste Tekoa.

Als sie auszogen, trat Jehoschafat vor und sprach:

Hört mich, Jehuda und Insassen Jerusalems!

vertraut IHM, eurem Gott, und ihr bleibt betreut,

vertraut seinen Kündern, und ihr habt Gelingen!

Er hielt Rat mit dem Volk und ließ Sänger vortreten IHM,

daß sie IHN im Erglänzen der Heiligung preisen, da sie vor
der Stürmerschaft ausziehn, und sprechen:

Danket IHM,

denn in Weltzeit währt seine Huld.

Zur Zeit aber, da sie mit Jubel und Preisung begannen,

gab ER Lauerer wider die Söhne Ammons, Moabs und des
Sſeïrgebirgs, die gegen Jehuda herangekommen waren,
und sie stießen einander nieder:

die Söhne Ammons und Moabs traten wider die Insassen
Sſeïrs an, zu bannen und zu vertilgen,

und als sie mit den Insassen Sſeïrs fertig waren, halfen sie jedermann seinem Genossen zum Verderben.

Als die von Jehuda zur Wüstenwarte kamen und sich nach
dem Getümmel hin wandten,

da, Leichen, hingefallen zur Erde, keins entronnen!

Jehoschafat kam und sein Volk, ihre Beute zu plündern, und
fanden an ihnen, so an der Habe, so an den Leichen, die
Menge, auch kostbare Geräte,

sie strichen für sich ein, daß es nicht fortzutragen war,

drei Tage waren sie am Plündern der Beute, so war die Menge.

Am vierten Tag sammelten sie sich im Segenstal

– denn dort segneten sie IHN, deshalb rief man den Namen des
Ortes Segenstal, bis auf diesen Tag –,

dann kehrten sie um, alle Mannschaft Jehudas und Jerusalems,
und Jehoschafat ihnen zuhäupten,

nach Jerusalem heimzukehren in Freuden,

denn ER hatte sie an ihren Feinden erfreut.

Sie kamen nach Jerusalem mit Lauten, mit Leiern, mit Trompeten, nach SEINEM Haus.

Und ein Schrecken Gottes war über allen Königreichen der
Länder,

als sie hörten, daß ER gekämpft hatte wider die Feinde Jiſsraels.

Das Königtum Jehoschafats rastete, Gott schaffte ihm Ruhe
ringsumher.

So war Jehoschafats Königschaft über Jehuda:

fünfunddreißigjährig war er, als er die Königschaft antrat,
und fünfundzwanzig Jahre hatte er Königschaft in Jerusalem.

Der Name seiner Mutter: Asuba Tochter Schilchis.

Er ging im Weg seines Vaters Afsa und wich nicht davon, im
Tun des in SEINEN Augen Geraden.

Die Koppen jedoch wichen nicht,

noch immer hatten sie, das Volk, ihr Herz nicht auf den Gott
ihrer Väter gerichtet.

Das übrige Redewürdige von Jehoschafat aber, das frühe und
das späte,

da, aufgeschrieben ists in den Reden Jehus Sohns Chananis,
dem, was eingerückt ist ins Buch der Könige Jißraels.

Danach verband sich Jehoschafat König von Jehuda mit
Achasja König von Jißrael; frevelhaft war, was der machte.

Er verband ihn sich, um Schiffe zur Fahrt nach Tarschisch zu
machen,

und sie machten Schiffe in Ezjon Gaber.

Elieser Sohn Dodawahus aus Marescha aber kündete einher,
wider Jehoschafat, im Spruch:

Weil du dich mit Achasja verbandest, reißt ER deine Machwerke nieder.

Die Schiffe zerbrachen, nicht hegte mans mehr, nach Tarschisch zu fahren.

Jehoschafat legte sich bei seinen Vätern hin und wurde bei
seinen Vätern in der Dawidstadt begraben.

Sein Sohn Jehoram trat statt seiner die Königschaft an.

Er hatte Brüder, Söhne Jehoschafats, Asarja, Jechiel, Secharjahu, Asarjahu, Michael und Schfatjahu, all diese Söhne
Jehoschafats Königs von Jisrael.

Ihr Vater hatte ihnen Gebühranteile in Silber, in Gold, in
Kleinodien gegeben, nebst befestigten Städten in Jehuda,

das Königtum aber hatte er Jehoram gegeben, denn er war
der Erstling.

Als Jehoram sich erhob im Königtum seines Vaters und erstarkte,

brachte er all seine Brüder mit dem Schwerte um, auch von
den Obersten Jisraels.

Zweiunddreißigjährig war Jehoram, als er die Königschaft
antrat, und acht Jahre hatte er Königschaft in Jerusalem.

Er ging im Weg der Könige Jisraels, gleichwie die vom Hause
Achabs taten,

denn eine Tochter Achabs hatte er zur Frau,

er tat das in SEINEN Augen Böse.

Aber ER war nicht gewillt, das Haus Dawids zu verderben,

des Bundes halber, den er für Dawid geschlossen hatte,

gleichwie er versprochen hatte, ihm ein Fortleuchten und seinen Söhnen für alle Tage zu geben.

In seinen Tagen wurde Edom der Hand Jehudas abtrünnig,

sie königten einen König über sich,

Jehoram zog mit seinen Obersten hinüber und alles Fahrzeug
mit ihm,

aber es geschah, er mußte sich nachts hinwegheben und sich
durch Edom schlagen,

das ihn und die Obern des Fahrzeugs eingekreist hatte.

So wurde Edom der Hand Jehudas abtrünnig

– bis auf diesen Tag.

Ebendamals, zu jener Frist, wurde Libna seiner Hand abtrünnig.

Denn er hatte IHN, den Gott seiner Väter, verlassen,

auch hatte selber er Koppen im Gebirg Jehuda gemacht,

die Insassen Jerusalems verhurt und Jehuda abgesprengt.

Da kam zu ihm ein Schreiben von Elijahu dem Künder, im
Spruch:

So hat ER, der Gott deines Vorvaters Dawid, gesprochen:

Dafür, daß du nicht in den Wegen deines Vaters Jehoschafat
und in den Wegen Aſsas Königs von Jehuda gingst,

gingst in den Wegen der Könige Jiſsraels, verhurtest Jehuda
und die Insassen Jerusalems, dem Verhuren des Hauses
Achabs nach,

und brachtest auch deine Brüder um, das Haus deines Vaters,
sie, die besser waren als du,

da, ER stößt dein Volk, deine Söhne, deine Frauen, all deine
Habe nieder, ein großer Niederstoß,

dein aber wird vielfältiges Kranksein, Erkrankung deines Ein-
geweids, bis von der Krankheit deine Eingeweide heraustreten, Tage um Tage.

ER erregte wider Jehoram den Geist der Philister und der
Araber, derer zuseiten der Kuschiter,

sie zogen wider Jehuda auf, drangen in es ein und führten
alle Habe, die sich im Hause des Königs fand, auch seine
Söhne und seine Frauen, hinweg,

nicht blieb ihm ein Sohn, außer Jehoachas, dem Jüngsten seiner Söhne.

Nach alledem stieß ER ihn an seinen Eingeweiden nieder, mit
einer Krankheit, für die es keine Heilung gibt,

und es geschah nach Tagen und Tagen, da die Frist auf Tag
und Jahr eintrat:

seine Eingeweide traten durch seine Krankheit heraus, und
er starb in bösen Krankheitsqualen.

Nicht machten sie, sein Volk, ihm einen Brand, gleich dem
Brand seiner Väter.

Zweiunddreißigjährig war er gewesen, als er die Königschaft
antrat, und acht Jahre hatte er Königschaft in Jerusalem.

Als ein Unbegehrter ging er dahin.

Man begrub ihn in der Dawidstadt, aber nicht in den Königs-
gräbern.

Die Insassen Jerusalems königten statt seiner Achasjahu, seinen
    jüngsten Sohn,
denn alle früheren hatte die Rotte umgebracht, die unter den
    Arabern ins Lager gekommen war.
So trat Achasjahu Sohn Jehorams Königs von Jehuda die
    Königschaft an.
Zweiundzwanzigjährig war Achasjahu, als er die Königschaft
    antrat, und ein Jahr hatte er Königschaft in Jerusalem.
Der Name seiner Mutter: Ataljahu Tochter Omris.
Auch er ging in den Wegen des Hauses Achabs,
denn seine Mutter war seine Beraterin im Freveln.
Er tat das in SEINEN Augen Böse, dem Haus Achabs gleich,
denn die waren ihm Berater nach dem Tod seines Vaters, ihm
    zum Verderben.
Auf ihren Rat auch ging er mit Jehoram Sohn Achabs König
    von Jifsrael den Gang in den Kampf wider Chasael König
    von Aram bei Ramot in Gilad.
Die Ramaiter schlugen Joram, und der kehrte um, sich in
    Jesreel von den Schlagwunden zu heilen, die sie ihm bei
    Rama geschlagen hatten, als er Chasael König von Aram
    bekämpfte,
Achasjahu Sohn Jehorams König von Jehuda stieg hinab,
    nach Jehoram Sohn Achabs in Jesreel zu sehn, da er krank
    war.
Aber von Gott her geschahs zur Zertretung Achasjahus, das
    Kommen zu Joram.
Denn als er gekommen war, zog er mit Jehoram gegen Jehu
    Sohn Nimschis, den ER gesalbt hatte, das Haus Achabs aus-
    zurotten.
Es geschah, als Jehu das Gericht am Hause Achabs vollstreckte:
er fand die Obersten Jehudas und die Söhne der Brüder Achas-
    jahus, die dem Achasjahu amteten, und ließ sie niedermet-
    zeln.
Dann suchte er Achasjahu, und sie griffen ihn auf, er hatte sich
    nämlich in Samaria versteckt,
sie brachten ihn zu Jehu, und sie töteten ihn.
Sie begruben ihn aber, denn sie sprachen:
Ein Sohn Jehoschafats ists, der mit all seinem Herzen IHN
    suchte. –

Vom Haus Achasjahus war nunmehr keiner, der die Kraft zum Königtum gehegt hätte.

Als Ataljahu, Achasjahus Mutter, sah, daß ihr Sohn tot war,
erhob sie sich und wüstete allen königlichen Samen ab.

Aber Jehoschabat, des Königs Tochter, nahm Joasch, Achasjahus Sohn,

sie stahl ihn mitten unter den Königssöhnen weg, die getötet
werden sollten,

und gab ihn und seine Amme in die Kammer der Betten.

Jehoschabat, die Tochter des Königs Jehoram, Frau des Priesters Jehojada – sie war ja die Schwester Achasjahus –, barg
ihn vor Ataljahu, daß er nicht getötet wurde.

Sechs Jahre war er bei ihnen im Hause Gottes versteckt,
während Ataljahu über das Land Königschaft hatte.

Im siebenten Jahre aber griff Jehojada in Stärke durch,

er nahm zu Verbündeten sich die Obern der Hundertschaften,
Asarja Sohn Jerochams, Jischmael Sohn Jehochanans, Asar-
jahu Sohn Obeds, Maafsijahu Sohn Adajahus und Elischafat
Sohn Sichris,

sie streiften durch Jehuda, holten die Lewiten aus allen Städten
Jehudas und die Vaterschaftshäupter Jifsraels zusammen und
kamen nach Jerusalem.

Alles Gesamt schloß im Gotteshaus einen Bund mit dem König,
und jener sprach zu ihnen:

Da ist der Königssohn, er soll König sein, gleichwie ER über
die Söhne Dawids geredet hat.

Dies ist die Sache, die ihr tun sollt:

ein Drittel von euch, die für die Wochenfeier zusamt den Priestern und den Lewiten aufziehn, zu Hütern der Schwellen,

ein Drittel ins Königshaus

und ein Drittel ans Grundtor,

alles Volk aber in die Vorhöfe SEINES Hauses!

nimmer komme einer in SEIN Haus gezogen, es sei denn die
Priester und die Lewiten, die sollen kommen, denn sie sind
eingeheiligt,

alles Volk aber sollen die Hut SEINES Hauses hüten,

die Lewiten umringen den König im Kreis, jedermann in
seiner Hand seine Waffen,

und was ans Haus heranzieht, wird getötet,

ihr sollt mit dem König sein, wann er hier einzieht und wann
er dort hinaustritt.

Die Lewiten und alle von Jehuda taten alles, wie Jehojada der
   Priester geboten hatte,
sie holten jedermann seine Mannschaft,
die für die Wochenfeier Aufziehenden samt den zur Wochenfeier Abtretenden,
denn Jehojada der Priester beurlaubte die Abteilungen nicht.
Dann gab Jehojada der Priester den Hundertschaftsobern die
   Speere, die Schilde und die Rüstungen, die des Königs
   Dawid, die im Gotteshaus,
und er stellte alles Volk auf, jedermann seinen Wurfspieß in
   seiner Hand,
von der rechten Schulter des Hauses bis zur linken Schulter des
   Hauses,
nach der Schlachtstatt zu und nach dem Haus zu, im Kreis um
   den König.
Dann ließ man den Königssohn heraustreten,
man gab auf ihn den Weihreif und den Schmuck,
man königte ihn, ihn salbte Jehojada und seine Söhne,
und sie sprachen:
Der König lebe!
Als Ataljahu die Stimme des Volks, der Herzueilenden und
   den König Preisenden hörte,
kam sie zum Volk in SEIN Haus gezogen
und sah:
da, der König steht auf seinem Hochstand an der Einzugsseite,
und die Obern und die Trompeten um den König,
und alles Landvolk freut sich und stößt in die Trompeten,
und die Sänger mit den Sanggeräten kündigen das Preisen an.
Ataljahu riß ihre Gewänder ein und sprach:
Aufruhr! Aufruhr!
Aber Jehojada ließ die Hundertschaftsobern vortreten, die
   über das Heer Verordneten, er sprach zu ihnen:
Laßt sie hinaustreten nach dem Innenraum der Säulenseiten,
auch was ihr nachzog töte man mit dem Schwert!
Denn der Priester sprach: Nimmer dürft ihr in SEINEM Hause
   sie töten.
So legten sie Hand an sie,
sie wurde auf den Weg gezogen, wo man in das Pferdetor
   einzieht, am Königshaus,

und sie töteten sie dort.

Dann schloß Jehojada einen Bund zwischen ihm, allem Volk
und dem König,

daß sie IHM zum Volk werden wollten.

Sie zogen, alles Volk, ins Haus des Baal und schleiften es,

seine Schlachtstätten und seine Bilder zertrümmerten sie
völlig,

Mattan, den Priester des Baal, brachten sie vor den Schlachtstätten um.

Jehojada legte eine Ämterordnung SEINES Hauses in die Hand
der lewitischen Priester,

die Dawid für SEIN Haus zugeteilt hatte, SEINE Darhöhungen
zu höhen, wie in der Weisung Mosches geschrieben ist,

mit Freude und mit Gesang, nach Dawids Verfügung.

Er stellte die Torleute an die Tore SEINES Hauses,

daß nicht ein in allirgendeiner Sache Makliger einziehe.

Dann holte er die Hundertschaftsführer, die Vornehmen und
die dem Volk Obwaltenden, dazu alles Landvolk,

und brachte den König von SEINEM Hause hinab.

Sie zogen mitten durchs obere Tor ins Königshaus

und setzten den König auf den Königsstuhl.

Da freuten sie sich, alles Landvolk, und die Stadt rastete,

wiewohl man Ataljahu mit dem Schwerte getötet hatte.

Siebenjährig war Joasch, als er die Königschaft antrat,

und vierzig Jahre hatte er Königschaft in Jerusalem.

Der Name seiner Mutter: Zibja aus Berscheba.

Joasch tat das in SEINEN Augen Gerade alle Tage Jehojadas des
Priesters.

Jehojada vermählte ihm zwei Frauen, und er zeugte Söhne
und Töchter.

Danach wars: am Herzen war es Joasch, SEIN Haus zu erneuen.

Er holte die Priester und die Lewiten zusammen und sprach
zu ihnen:

Zieht aus in die Städte Jehudas und holt von allem Jifsrael
Silbers zusammen,

das Haus eures Gottes zu verfestigen, Jahr für Jahr,

und ihr, beeilt euch mit der Sache.

Aber die Lewiten beeilten sich nicht.

Der König berief Jehojada, das Haupt, und sprach zu ihm:
Weshalb hast du die Lewiten nicht angefordert,

aus Jehuda und aus Jerusalem das von Mosche, dem Knecht
Gottes, und dem Gesamt Jifsraels für das Zelt der Verge-
gegenwärtigung Aufgetragene einzubringen?

Denn Ataljahu, die Verfrevelte, – ihre Söhne haben das Haus
Gottes eingerissen,

und auch alle Darheiligungen SEINES Hauses haben sie den
Baalen übermacht!

Der König sprach, und man machte einen Schrein, und man
gab ihn ins Tor SEINES Hauses nach außen.

Sie gaben einen Ruf aus in Jehuda und in Jerusalem,

das von Mosche, dem Knecht Gottes, Jifsrael in der Wüste
Aufgetragene herbeizubringen.

Und sie freuten sich, alle Obern und alles Volk, und brachten
und warfen in den Schrein, bis es allzuend war.

Und es geschah zur Zeit, da man den Schrein zur königlichen
Ausordnung durch die Lewiten brachte,

als sie da sahn, daß des Silbers viel ist,

kam ein Schreiber des Königs und ein Beordneter des Hauptpriesters,

sie leerten den Schrein, und dann trugen sie ihn an seinen
Ort zurück.

So taten sie nun Tag um Tag und sammelten Silbers gar
viel.

Der König gab es und Jehojada dem Werktätigen im Dienst
SEINES Hauses,

und man dang Steinhauer und Zimmermeister, SEIN Haus zu
erneuen, und auch Meister in Eisen und Erz, SEIN Haus zu
verfestigen,

Die Werktätigen tatens, und unter ihrer Hand wuchs eine
Wundhaut dem Werk,

sie stellten das Haus Gottes in seinem Gemäße her und verstärkten es.

Als sie aber allzuend waren, brachten sie vor den König und
vor Jehojada den Rest des Silbers,

und man machte davon Geräte für SEIN Haus, Geräte des
Amtens und der Darhöhung und Kellen, goldne und silberne Geräte.

Und sie höhten Darhöhungen in Seinem Hause, stetig, alle
   Tage Jehojadas.
Als Jehojada alt und an Tagen satt war, starb er, – hundert-
   dreißigjährig war er, als er starb.
Man begrub ihn in der Dawidstadt den Königen nebenan,
   denn er hatte Jifsrael Gutes getan, so auch an Gott und dessen Haus.

Nachdem Jehojada gestorben war, kamen die Obern von
   Jehuda und warfen sich vor dem König nieder.
Dazumal hörte der König auf sie.
Sie verließen Sein Haus, das des Gottes ihrer Väter, und dien-
   ten den Pfahlfrauen und den Schnitzdocken.
Da geschah ein Ergrimmen über Jehuda und Jerusalem um
   diese ihre Schuld.
Er sandte unter sie Künder, sie zu Ihm umkehren zu lassen,
sie vergegenwärtigten es ihnen, aber sie wollten nicht lau-
   schen.
Da umkleidete sich der Geist Gottes mit Secharja Sohn Jeho-
   jadas des Priesters,
er stand vorm Volk obenan und sprach zu ihnen:
So hat der Gott gesprochen: . . .
warum übertretet ihr Seine Gebote?
Nicht werdet ihr Gelingen haben.
Drum daß Ihn ihr verlassen habt, hat er euch verlassen.
Sie verknoteten sich wider ihn und überschmissen ihn mit Stei-
   nen nach dem Gebot des Königs, im Hof Seines Hauses.
Nicht gedachte der König Joasch der Huld, die Jehojada, sein
   Vater, ihm dargetan hatte, umbringen ließ er dessen Sohn.
Er aber sprach in seinem Sterben:
Sehe Er und fordre ein!

Es geschah zum Umlauf des Jahrs:
Das Heer Arams zog auf, gegen ihn herauf,
sie kamen an Jehuda und Jerusalem,
sie verderbten alle Obern des Volkes, aus dem Volke hinweg,
und all ihre Beute übersandten sie dem König nach Damaskus.
Denn mit einer winzigen Mannschaft kamen sie, Arams Heer,
aber Er gab in ihre Hand Heeres sehr viel,

denn verlassen hatten die IHN, den Gott ihrer Väter.

Sie vollstreckten an Joasch das Strafgericht.

Als sie aber von ihm gegangen waren

– sie verließen ihn nämlich in einem schweren Kranksein –,

verknoteten sich wider ihn seine Diener, wegen der Bluttat
    am Sohn Jehojadas des Priesters,

sie brachten ihn in seinem Bette um;

und als er gestorben war, begruben sie ihn zwar in der Dawid-
    stadt, aber nicht in den Königsgräbern.

Diese sinds, die wider ihn sich verknoteten:

Sabad Sohn Schimats der Ammoniterin und Jehosabad Sohn
    Schimrits der Moabiterin.

Seine Söhne aber und das viele Lastwort über ihn und die
    Vergründung des Gotteshauses,

da, aufgeschrieben sind die in der Ausforschung des Buches
    der Könige.

Sein Sohn Amazjahu trat statt seiner die Königschaft an.

Fünfundzwanzigjährig trat Amazjahu die Königschaft an,
   und neunundzwanzig Jahre hatte er Königschaft in Jerusalem.
Der Name seiner Mutter: Jehoaddan aus Jerusalem.
Er tat das in SEINEN Augen Gerade, jedoch nicht mit befriedetem Herzen.
Es geschah aber, als das Königtum sich ihm bestärkte:
er brachte seine Diener um, die den König, seinen Vater, erschlagen hatten.
Aber ihre Söhne ließ er nicht sterben,
dem gemäß nämlich, was geschrieben steht in der Weisung,
   im Buche Mosches, dem ER geboten hat, sprechend:
Nicht sollen Väter sterben um Söhne,
Söhne sollen nicht sterben um Väter,
sondern jedermann sterbe für seine eigene Sünde.
Amazjahu holte Jehuda zuhauf
und stellte sie auf nach Vaterhäusern, nach Tausendschafts-
   obern und Hundertschaftsobern, für alles Jehuda und Binjamin,
er musterte sie vom Zwanzigjährigen aufwärts und fand ihrer
   dreihunderttausend Erlesne, was zur Heerschar auszieht,
   Tartsche und Speer tragend,
dazu dang er aus Jißrael hunderttausend Wehrtüchtige um
   hundert Barren Silbers.
Aber ein Mann Gottes kam zu ihm, sprechend:
O König, nimmer komme dir gesellt eine Schar aus Jißrael,
denn keineswegs ist ER mit Jißrael, all den Söhnen Efrajims,
sondern komm du selber, tue, stark sei im Kampf, –
Gott könnte dich straucheln machen vor dem Feind,
denn in Gott west Kraft, zu helfen und straucheln zu machen.
Amazjahu sprach zu dem Mann Gottes:
Und was ist mit den hundert Barren zu tun, die ich der Jiß-
   raelrotte gegeben habe?
Der Mann Gottes sprach:
Es west IHM an, dir viel mehr als dieses zu geben.
Amazjahu sonderte sie ab – die von der Rotte, die zu ihm aus
   Efrajim gekommen war –, nach ihrem Ort heimzugehn.
Ihr Zorn entflammte sehr wider Jehuda, sie kehrten in Zornes-
   entflammen nach ihrem Orte zurück.

Amazjahu aber verstärkte sich, er führte sein Kriegsvolk, ging
    zum Salztal und schlug die Söhne Sfeïrs, zehntausend,
und zehntausend nahmen die Söhne Jehudas lebend gefangen,
    brachten sie auf das Felshaupt und stürzten sie vom Fels-
    haupt hinab, sie alle zerschellten.
Die Rottenleute aber, die Amazjahu zurückgeschickt hatte,
    ohne sie mit ihm in dem Kampf gehen zu lassen,
sie streiften durch die Städte Jehudas, von Samaria aus, bis
    Bet Choron, schlugen von ihnen dreitausend und plünder-
    ten, des Plünderguts viel.
Es geschah aber, nachdem Amazjahu vom Schlag wider die
    Edomiter heimkam:
er brachte die Götter der Söhne Sfeïrs und stellte sie sich als
    Götter auf, vor ihnen warf er sich nieder und ihnen ließ er
    aufrauchen.
Da entflammte SEIN Zorn wider Amazjahu,
er sandte zu ihm einen Künder, und der sprach zu ihm:
Warum suchst du die Götter des Volks, die ihr Volk aus dei-
    ner Hand nicht erretten konnten!
Es geschah aber, als er zu ihm redete, er sprach zu ihm:
Hat man dich dem König als Berater beigegeben?
laß ab! warum soll man dich schlagen!
Der Künder ließ ab, sprach aber noch:
Ich weiß, es ist Gottes Ratschluß, dich zu verderben,
drum daß du dies tatest und nicht hörtest auf meinen Rat.
Amazjahu König von Jehuda beriet sich
und sandte an Joasch Sohn des Jehoachas Sohns Jehus, König
    von Jifsrael, den Spruch:
Geh, wir wollen einander ins Antlitz sehn!
Aber Joasch König von Jifsrael sandte an Amazjahu König
    von Jehuda den Spruch:
Die Distel, die auf dem Libanon,
sandte an die Zeder, die auf dem Libanon,
den Spruch:
Gib deine Tochter meinem Sohne zum Weib!
Aber daher fuhr das Getier des Feldes, das auf dem Libanon,
und zerstampfte die Distel.
Du sprichst dir zu: da hast du die Edomiter geschlagen,
nun treibt dich dein Herz hochhinaus,

dich wichtig zu machen!

Jetzt bleib nur sitzen in deinem Haus,

warum willst du das Bösgeschick reizen,

daß du fallen mußt, du und Jehuda mit dir?

Aber Amazjahu hörte nicht darauf,

denn von Gott her wars, um sie in eine Hand zu geben,

drum daß sie die Götter Edoms gesucht hatten.

Da zog Joasch König von Jiſsrael heran,

und sie sahn einander ins Antlitz, er und Amazjahu König von Jehuda,

bei Bet Schamesch, dem in Jehuda.

Jehuda wurde vor Jiſsrael hingestoßen,

sie flohn, jedermann nach seinen Zelten,

und Amazjahus selber, des Königs von Jehuda, des Sohns Joaschs Sohns des Jehoachas, bemächtigte sich Joasch König von Jiſsrael bei Bet Schamesch, und brachte ihn nach Jerusalem.

Er riß Bresche in die Mauer von Jerusalem, vom Efrajimtor bis zum Ecktor, vierhundert Ellen,

und alles Gold und Silber und alle Geräte, die sich im Gotteshaus [bei Obed Edom] fanden, und die Schätze des Königshauses,

dazu Geiseln, –

damit kehrte er nach Samaria zurück.

Amazjahu Sohn Joaschs König von Jehuda lebte nach dem Tode Joaschs Sohns des Jehoachas Königs von Jiſsrael noch fünfzehn Jahre,

Das übrige Redewürdige von Amazjahu, das frühe und das späte,

ist das nicht da aufgeschrieben im Buch der Könige Jehudas und Jiſsraels?

Von der Zeit an aber, als Amazjahu von SEINER Nachfolge abgewichen war, knotete man gegen ihn in Jerusalem Verknotung,

er floh nach Lachisch, sie sandten nach Lachisch ihm nach, und man tötete ihn dort,

man hob ihn auf Pferden hinweg und begrub ihn bei seinen Vätern in der Stadt Jehudas.

Sie nahmen, alles Volk Jehudas, den Usijahu, sechzehnjährig
   war er,
und königten ihn statt seines Vaters Amazjahu.

Er wars, der Ejlot ausbaute und es zu Jehuda heimkehren ließ,
sogleich nachdem der König sich bei seinen Vätern hingelegt
   hatte.

Sechzehnjährig war Usijahu, als er die Königschaft antrat,
und zweiundfünfzig Jahre hatte er Königschaft in Jerusalem.
Der Name seiner Mutter: Jecholja aus Jerusalem.

Er tat das in Seinen Augen Gerade, allwie sein Vater Amazjahu getan hatte.

Er war darauf aus, Gott zu suchen, in den Tagen Secharjahus,
   der ihn in der Gottessicht beschied,
und in den Tagen, da er Ihn suchte, ließ ihms der Gott gelingen.

Er fuhr aus und kämpfte gegen die Philister,
er riß die Mauer von Gat, die Mauer von Jabne und die Mauer
   von Aschdod nieder
und baute Städte im Aschdodischen und sonst bei den Philistern.

Der Gott half ihm wider die Philister und auch wider die Araber, die in Gur Baal Sitz hatten, und die Meuniter,
die Ammoniter gaben Usijahu Spende.

Sein Name ging hinaus bis wo man nach Ägypten kommt,
denn er war überaus stark geworden.

Usijahu baute Türme in Jerusalem, auf dem Ecktor, auf dem
   Schluchttor und auf dem Winkel, und verstärkte sie,
er baute Türme in der Wildnis und hieb viele Zisternen aus,
   denn er hatte vielen Herdenstand, so in der Niedrung so
   in der Ebne,

Ackrer und Winzer, im Gebirge und im Weingartenland,
   denn er war ein Liebhaber der Scholle.

Usijahu hatte eine kampftätige Wehrmacht, die fuhren rotten-
   weise aus in der Heerschar,
in der Zahl ihrer Musterung unter der Hand Jeuels des Schreibers und Maafsijahus des Rollenführers, zuhanden Cha-
   nanjahus, von den Obersten des Königs.

Die Zahl allsamt der Vaterschaftshäupter für die Wehrtüchtigen: zweitausendsechshundert,

und ihnen zuhanden die gescharte Wehrmacht, dreihundert-
    tausend und siebentausend und fünfhundert,
kampftätig, in Wehrkraft, dem König gegen den Feind zu
    helfen.
Usijahu ließ für all die Schar Schilde, Lanzen, Helme, Panzer,
    Bogen und Schleudersteine herrichten,
er ließ in Jerusalem Planungen machen, Planwerk des Planers,
    daß es auf den Türmen und auf den Eckzinnen sei, mit Pfeilen
    und mit großen Steinen zu schießen.
Sein Name fuhr bis fernhin aus, denn wunderbar ward ihm
    geholfen, bis er so stark war.
Als er aber so stark war, wurde hochmütig sein Herz, bis zur
    Verderbnis,
er wurde untreu IHM seinem Gott,
er kam in SEINE Halle, auf der Statt der Räucherung zu räu-
    chern.
Hinter ihm her aber kam Asarjahu der Priester und ihm gesellt
    von SEINEN Priestern achtzig, wehrhafte Leute,
sie traten auf den König Usijahu zu und sprachen zu ihm:
Nicht an dir ists, Usijahu, IHM zu räuchern,
sondern an den Priestern, den Söhnen Aharons, die zu räuchern
    eingeheiligt sind, –
geh hinweg aus dem Heiligtum, denn du bist untreu gewor-
    den!
nicht zur Ehre ists dir, von IHM deinem Gotte her.
Der König grollte auf, das Rauchbecken zum Räuchern in
    seiner Hand.
Wie er aber die Priester angrollte,
gleißte an seiner Stirn der Aussatz auf,
angesichts der Priester, in SEINEM Haus, an der Räucherungs-
    statt,
Asarjahu der Hauptpriester wandte sich ihm zu und alle Prie-
    ster,
da, er war aussätzig an seiner Stirn.
Sie scheuchten ihn von dannen,
er selber auch hastete hinaus,
denn ER hatte ihn mit dem Schaden gerührt.
Der König Usijahu war aussätzig bis zum Tag seines Todes,
er hatte Sitz im Hause der Amtsledigkeit, aussätzig,

denn er war abgeschnitten von SEINEM Haus,

und über dem Königshaus war Jotam, sein Sohn, das Landvolk richtend.

Das übrige Redewürdige von Usijahu, das frühe und das
späte, hat Jeschajahu Sohn Amozs, der Künder, niedergeschrieben.

Usijahu legte sich bei seinen Vätern hin, und man begrub ihn
bei seinen Vätern auf dem Feld am Begräbnis, dem der Könige,

- denn man sprach: Aussätzig ist er.

Sein Sohn Jotam trat statt seiner die Königschaft an.

Fünfundzwanzigjährig trat Jotam die Königschaft an,
und sechzehn Jahre hatte er Königschaft in Jerusalem.

Der Name seiner Mutter: Jeruscha Tochter Zadoks.

Er tat das in SEINEN Augen Gerade,
allwie sein Vater Usijahu getan hatte,
– nur daß er in SEINE Halle nicht kam.

Noch aber handelte das Volk verderbt.

Er wars, der das obre Tor SEINES Hauses baute,
und an der Mauer des Bühls baute er viel.

Städte baute er im Gebirg Jehuda,
in den Forstgebieten baute er Pfalzburgen und Türme.

Er wars, der mit dem König der Söhne Ammons kämpfte und
sich ihnen überstark erwies,

die Söhne Ammons gaben ihm in jenem Jahr hundert Barren
Silbers, zehntausend Malter Weizen, Gerste zehntausend,

dieses wiederholten ihm die Söhne Ammons so im zweiten
so im dritten Jahr.

Jotam erstarkte, denn er hatte all seine Wege SEINEM, seines
Gottes Antlitz zu gerichtet.

Das übrige Redewürdige von Jotam, all seine Kämpfe und
seine Wege, da, aufgeschrieben sind sie im Buch der Könige
Jifsraels und Jehudas.

Fünfundzwanzigjährig war er, als er die Königschaft antrat,
und sechzehn Jahre hatte er Königschaft in Jerusalem.

Jotam legte sich bei seinen Vätern hin, und man begrub ihn
in der Dawidstadt.

Sein Sohn Achas trat statt seiner die Königschaft an.

Zwanzigjährig war Achas, als er die Königschaft antrat,
und sechzehn Jahre hatte er Königschaft in Jerusalem.

Er tat nicht seinem Vorvater Dawid gleich das in SEINEN Augen
    Gerade,
er ging in den Wegen der Könige von Jifsrael,
auch Gußbilder machte er für die Baale,
er ists, der aufrauchen ließ in der Schlucht des Sohns Hinnoms,
er brannte seine Söhne im Feuer an,
den Greueln der Stämme gleich, die ER vor den Söhnen Jifs-
    raels enterbt hatte,
er schlachtete und räucherte an den Koppen und auf den
    Hügeln und unter alljedem üppigem Baum.

Da gab ER sein Gott ihn in die Hand des Königs von Aram,
sie schlugen auf ihn ein, fingen ihm großen Fang ab und
    ließens nach Damaskus kommen.

Auch in die Hand des Königs von Jifsrael wurde er gegeben,
er schlug auf ihn ein, einen großen Schlag,
Pakach Sohn Remaljahus brachte in Jehuda an einem einzigen
    Tag hundertzwanzigtausend um, alles wehrhafte Leute, –
weil sie IHN, den Gott ihrer Väter, verlassen hatten.

Sichri, ein Held Efrajims, brachte Maafsijahu um, einen Sohn
    des Königs, Esrikam, den Vorsteher des Hauses, und Elkana,
    den Zweiten nach dem König,
Die Söhne Jifsraels nahmen von ihren Brüdern zweihundert-
    tausend gefangen, Frauen, Söhne und Töchter,
auch viele Beute plünderten sie ihnen ab und ließen die Beute
    nach Samaria kommen.

Dort war ein Künder IHM, Obed sein Name,
der trat hinaus vor die Heerschar, die nach Samaria heimkam,
    und sprach zu ihnen:

Da, in SEINEM, des Gottes eurer Väter, Erglühn über Jehuda
    hat er sie in eure Hand gegeben,
und ihr habt in der Wut von ihnen umgebracht, daß es zum
    Himmel reichte.

Und nun sprecht ihr euch zu, die Söhne Jehudas und Jerusa-
    lems euch zu Knechten und Mägden zu pressen.

Ist das nicht für euch selber Verschuldung an IHM eurem Gott?!

Und nun, hört mich und schickt den Fang zurück, den von
    euren Brüdern ihr finget,

denn ein Entflammen SEINES Zornes ist über euch.

Männer erhoben sich, von den Häuptern der Söhne Efrajims,
  Asarjahu Sohn Jehochanans, Berechjahu Sohn Meschillemots,
  Jechiskijahu Sohn Schallums und Amaſsa Sohn Chadlajs,
gegen die von der Heerschar Gekommnen, sprachen zu ihnen:
Laßt die Gefangnen nicht hierher kommen,
denn was ihr besprecht, heißt, unsrer Versündigung und
  unsrer Verschuldung noch hinzufügen,
denn viel ist unsrer Verschuldung und des Zornentflammens
  über Jiſsrael.
Da ließ die Stürmerschaft die Gefangnen und das Plündergut
  vor den Obern und allem Gesamt.
Die Männer, die namentlich bezeichnet sind, erhoben sich,
sie ergriffen die Gefangnen in all ihrer Nacktheit, holten Kleider für sie aus der Beute, bekleideten sie, beschuhten sie,
  speisten sie, tränkten sie und salbten sie,
sie geleiteten sie auf Eseln, alljeden Strauchelnden,
und ließen sie nach Jericho, der Palmenstadt, kommen, neben
  ihre Brüder hin,
dann kehrten sie nach Samaria zurück.
Zu jener Zeit sandte der König Achas zu den Königen von
  Assyrien, daß sie ihm hülfen.
Noch waren Edomiter gekommen, hatten auf Jehuda eingeschlagen und Gefangne gefangen,
Philister waren durch die Städte der Niedrung und des Süd-
  lands Jehudas gestreift,
sie hatten Bet Schamesch, Ajjalon, Gderot, Sſocho und seine
  Tochtersiedlungen, Timna und seine Tochtersiedlungen,
  Gimso und seine Tochtersiedlungen erobert und sich dort
  festgesetzt.
Denn ER zwang Jehuda nieder um Achas' Königs von Jiſsrael
  willen,
denn der hatte Jehuda entfesselt und hatte treulos Untreue an
  IHM geübt.
Dann kam Tilgat Pilneſser König von Assyrien über ihn und
  bedrängte ihn, – nicht stärkte er ihn.
Denn wohl hatte Achas SEIN Haus und das Haus des Königs
  und der Obersten zerteilt und davon dem König von Assyrien übergeben, aber nicht geriets ihn zu Hilfe.

Und in der Zeit, da er bedrängt war, fügte er der Untreue an
IHM noch hinzu, –
das ist der König Achas.

Er schlachtopferte den Göttern von Damaskus, die auf ihn
eingeschlagen hatten, und sprach:
Die Götter der Könige von Aram helfen ihnen ja,
denen will ich schlachtopfern, und sie werden mir helfen.
Sie aber warens, die ihn und alles Jifsrael straucheln machten.

Achas holte die Geräte des Gotteshauses zusammen,
er zerstückelte die Geräte des Gotteshauses und verschloß die
Türen zu SEINEM Haus.

Dann machte er sich Schlachtstätten an jeder Ecke in Jerusalem, und allerwärts, Stadt um Stadt von Jehuda, machte er
Koppen, um anderwärtigen Göttern zu räuchern,
so verdroß er IHN, den Gott seiner Väter.

Das übrige Redewürdige und all seine Wege, die frühen und
die späten,
da, sie sind aufgeschrieben im Buch der Könige von Jehuda
und Jifsrael.

Achas legte sich bei seinen Vätern hin,
man begrub ihn in der Stadt, in Jerusalem, denn nicht ließ
man ihn in die Gräber der Könige Jifsraels kommen.
Sein Sohn Jechiskijahu trat statt seiner die Königschaft an.

Jechiskijahu trat fünfundzwanzigjährig die Königschaft an, und neunundzwanzig Jahre hatte er Königschaft in Jerusalem.

Der Name seiner Mutter: Abija Tochter Secharjahus.

Er tat das in SEINEN Augen Gerade, allwie sein Vorvater Dawid getan hatte.

Er wars, im ersten Jahr seiner Königschaft, in der dritten Mondneuung, der die Türen SEINES Hauses öffnete und sie verstärkte.

Er ließ die Priester und die Lewiten kommen und versammelte sie auf dem Ostplatz

und sprach zu ihnen:

Hört mich, Lewiten!

Heiligt euch jetzt, und heiligt SEIN, des Gottes eurer Väter, Haus, und schafft den Unflat hinaus aus dem Heiligtum!

Denn Untreue übten unsre Väter, sie taten das in SEINEN, unsres Gottes, Augen Böse,

sie verließen ihn, sie wandten ihr Antlitz von SEINER Wohnung ab und gaben den Nacken herzu,

sie schlossen auch die Türen des Flursaals und löschten die Lichte, räucherten Räucherwerk nicht, höhten Darhöhung nicht dem Gotte Jifsraels im Heiligtum.

SEIN Ergrimmen geschah über Jehuda und Jerusalem, er gab sie her zum Popanz, zum Erstarren und zum Zischeln, gleichwie ihrs mit euren Augen seht.

Und da, unsre Väter fielen durchs Schwert, unsre Söhne, unsre Töchter, unsre Frauen in Gefangenschaft

deswegen.

Jetzt ist mir am Herzen, auf IHN zu, den Gott Jifsraels, einen Bund zu schließen,

daß das Entflammen seines Zornes sich von uns kehre.

Meine Söhne, jetzt lullt nimmer euch ein!

Euch ja hat ER erwählt,

vor seinem Antlitz zu stehn, ihm zu amten,

ihm Amtende und Räuchernde zu sein.

Da machten sich die Lewiten auf:

Machat Sohn Amafsajs, Joel Sohn Asarjahus von den Khatsöhnen und von den Mrarisöhnen Kisch Sohn Abdis und Asarjahu Sohn Jehallels, und von der Gerschonschaft Joach Sohn Simmas und Eden Sohn Joachs, von den Söhnen Eliza-

fans Schimri und Jeuel, von den Söhnen Aſsafs Secharjahu
und Mattanjahu, von den Söhnen Hemans Jechiel und
Schimi, und von den Söhnen Jedutuns Schmaja und Usiel,
sie versammelten ihre Brüder, heiligten sich
und kamen, dem Gebote des Königs gemäß, nach SEINEN
Reden, SEIN Haus zu reinigen.
Die Priester kamen ins Innre SEINES Hauses, um zu reinigen,
sie schafften allen Makel, den sie in SEINER Halle fanden, weg
in den Hof SEINES Hauses,
und die Lewiten empfingens, es ins Kidrontal hinauszuschaf-
fen.
Sie begannen mit der Heiligung am ersten auf die erste Mondneuung,
und am achten Tag auf die Neuung kamen sie an SEINEN Flursaal,
binnen acht Tagen heiligten sie SEIN Haus,
und am sechzehnten Tag auf die erste Neuung waren sie allzuend.
Sie kamen zum König Chiskijahu nach innen und sprachen:
Gereinigt haben wir SEIN Haus,
die Statt der Darhöhung und all ihre Geräte,
den Tisch der Darschichtung und all seine Geräte,
und alle Geräte, die der König Achas in seiner Königschaft
verworfen hatte in seiner Untreue,
wir haben sie hergerichtet und geheiligt,
da sind sie vor SEINER Schlachtstatt.
Frühmorgens machte der König Chiskijahu sich auf,
er versammelte die Obern der Stadt und stieg zu SEINEM Haus
auf.
Sie brachten sieben Farren, sieben Widder, sieben Lämmer
und sieben Ziegenböcke
zur Entsündung für das Königsgeschlecht, für das Heiligtum
und für Jehuda,
und er sprach den Söhnen Aharons, den Priestern, zu,
auf SEINER Schlachtstatt darzuhöhen.
Man metzte die Rinder, die Priester empfingen das Blut und
sprengtens auf die Schlachtstatt,
sie metzten die Widder und sprengten das Blut auf die
Schlachtstatt,

sie metzten die Lämmer und sprengten das Blut auf die
    Schlachtstatt.

Sie holten die Böcke der Entsündung heran vor den König
    und das Gesamt, und die stemmten auf sie ihre Hände,

und die Priester metzten sie und entsündeten mit ihrem Blut
    an die Schlachtstatt, über allem Jiſsrael zu bedecken,

denn für alles Jiſsrael, so sprach der König, ist die Darhöhung
    und die Entsündung.

Er hatte die Lewiten an SEINEM Haus aufgestellt mit Zimbeln,
    mit Lauten und mit Leiern,

nach dem Gebote Dawids, Gads, des Schauempfängers des
    Königs, und Natans, des Künders, – denn aus SEINER Hand
    ist das Gebot in der Hand seiner Künder.

Die Lewiten standen mit Dawids Geräten und die Priester mit
    den Trompeten.

Chiskijahu sprach, es sei die Darhöhung auf der Schlachtstatt
    zu höhen.

Zur Zeit, da die Darhöhung begann, begann SEIN Gesang und
    das Trompeten, zuhanden den Spielgeräten Dawids, des
    Königs von Jiſsrael.

Alles Gesamt, sie warfen sich nieder,

gesungen ward der Gesang,

es trompeteten die Trompeten,

all das, bis die Darhöhung allzuend war.

Als sie mit dem Darhöhn allzuende waren,

knieten der König und alle, die bei ihm sich befanden, hin und
    warfen sich nieder.

Der König Jechiskijahu sprach und die Obern den Lewiten zu,
    IHN mit der Rede Dawids und Aſsafs, des Schauempfängers,
    zu preisen,

sie priesen ihn bis zum Freudensturm,

sie bückten sich und warfen sich nieder.

Dann hob Jechiskijahu an, und sprach:

Jetzt habt ihr eure Hände für IHN gefüllt,

tretet heran und bringt Schlachtopfer und Dankspenden für
    SEIN Haus.

Sie brachten, das Gesamt, Schlachtopfer und Dankspenden,
    und alljeder Herzenswillige Darhöhungen, –

die Zahl der Darhöhung, die sie vom Gesamt brachten, war:

siebzig Rinder, hundert Widder, zweihundert Lämmer, zur
　　Darhöhung Ihm all diese,
und der Darheiligungen sechshundert Rinder und dreitausend
　　Kleinviehs.
Nur waren der Priester zu wenig, sie vermochten nicht, alle
　　Darhöhungen abzuhäuten,
so verstärkten ihre Brüder, die Lewiten, sie, bis die Arbeit
　　allzuend war und bis die Priester sich geheiligt hatten,
denn die Lewiten waren geraderen Herzens darauf aus sich zu
　　heiligen als die Priester.
Es war aber auch der Darhöhung eine Menge samt den Fett-
　　stücken der Friedmahle und samt den Güssen für die Dar-
　　höhung.
So ward der Dienst an Seinem Haus wieder gerüstet,
Jechiskijahu freute sich und alles Volk drob, daß der Gott es
　　dem Volke zugerüstet hatte,
denn unversehens war die Sache geschehn.

Jechiskijahu sandte an alles Jifsrael und Jehuda, auch Briefe
　　schrieb er an Efrajim und Mnasche,
sie sollten zu Seinem Haus in Jerusalem kommen, Ihm, dem
　　Gott Jifsraels ein Übersprungsmahl zu machen.
Der König faßte nämlich und seine Obern und alles Gesamt
　　in Jerusalem den Ratschluß, das Übersprungsmahl in der
　　zweiten Mondneuung zu machen,
denn sie hatten zu jener Zeit es noch nicht zu machen vermocht,
　　denn die Priester hatten sich nicht zur Genüge geheiligt,
　　und das Volk, sie hatten sich nicht in Jerusalem versammelt.
Die Sache war in den Augen des Königs und in den Augen
　　alles Gesamts eine gerade,
so hatten sie die Sache zum Bestande gebracht, einen Ruf
　　durch alles Jifsrael, von Berscheba bis Dan, ergehen zu lassen,
Ihm, dem Gotte Jifsraels, in Jerusalem ein Übersprungsmahl
　　zu machen,
denn nicht hatten zumeist sies gemacht, wie vorgeschrieben
　　ist.
Die Läufer zogen mit den Briefen von der Hand des Königs
　　und seiner Obern durch alles Jifsrael und Jehuda, nach dem
　　Gebot des Königs sprechend:

Söhne Jiſsraels, kehrt um zu Iнм, dem Gott Abrahams,
  Jizchaks und Jiſsraels,
daß er umkehre zu der Entronnenenschar, die euch restet aus
  dem Griff der Könige von Assyrien!
Nimmer seid wie eure Väter und wie eure Brüder, die an
  Iнм, dem Gott eurer Väter, Untreue übten,
und er gab sie zu einem Erstarren, gleichwie ihr seht!
Verhärtet jetzt nimmer euren Nacken wie eure Väter,
  reichet Iнм die Hand,
kommt in sein Heiligtum, das er heiligte auf Weltzeit,
  und dienet Iнм eurem Gott,
daß er das Entflammen seines Zorns abkehre von euch!
Denn wenn ihr umkehrt zu Iнм,
ists für eure Brüder und eure Söhne zu Erbarmen bei ihren
  Fängern,
und heimkehren zu dürfen in dieses Land.
Denn Er euer Gott ist gönnend und erbarmend,
er wird sein Antlitz von euch nicht seitwärts wenden, werdet
  ihr umkehren zu ihm.
Das war ein Ziehn der Läufer von Stadt zu Stadt, im Lande
  Efrajims und Mnasches und bis nach Sbulun, –
und das war ein Lachen über sie und ein Spotten ihrer.
Nur Männer von Ascher und Mnasche und von Sbulun beugten sich und kamen nach Jerusalem.
Auch war Gottes Hand an Jehuda, ein einiges Herz ihnen zu
  geben: das Gebot des Königs und der Obern zu betätigen
  nach Seiner Rede.
Sie scharten sich in Jerusalem, Volkes viel, das Fest der Fladen
  zu machen in der zweiten Mondneuung, eine Versammlung, sehr viele.
Sie beseitigten die Schlachtstätten, die in Jerusalem, alle Räu-
  chergestelle entfernten sie und warfens in den Kidronbach,
dann metzten sie das Übersprungsmahl am vierzehnten auf
  die zweite Neuung, –
die Priester, die lewitischen, waren beschämt gewesen, sie hatten sich geheiligt, und Darhöhungen in Sein Haus gebracht,
sie stellten sich nun an ihren Stand nach ihrem Rechtsbrauch,
  nach der Weisung Mosches, des Manns Gottes,
die Priester das Blut aus den Händen der Lewiten sprengend.

Denn eine Vielheit war in der Versammlung, die sich nicht geheiligt hatten, so waren die Lewiten am Metzen der Übersprungsmahle für alljeden, nicht Reinen, IHM darzuheiligen.

Denn die Vielheit des Volks von Efrajim, Mnasche, Jifsachar
und Sbulun, viele hatten sich nicht gereinigt, sondern aßen
das Übersprungsmahl nicht so wie vorgeschrieben war.

Jechiskijahu betete denn auch für sie, sprechend:

ER, der Gütige, bedecke um alljeden, der sein Herz drauf gerichtet hat, den Gott, IHN, Gott seiner Väter, zu suchen,
und nicht nach der Reinheit der Heiligung!

ER hörte auf Chiskijahu und ließ das Volk heil bleiben.

Die Söhne Jifsraels, die sich in Jerusalem fanden, machten das
Fest der Fladen sieben Tage in großer Freude,

und Tag um Tag priesen IHN die Lewiten und die Priester,
mit SEINEN mächtigen Spielgeräten.

Dann redete Jechiskijahu zum Herzen aller Lewiten, die mit
gutem Bedacht SEIN gedachten.

Als sie aber die Begegnungsfeier, das Siebent der Tage, genossen hatten, Friedmahlschlachtungen schlachtend und
sich zu IHM, dem Gott ihrer Väter, bekennend,

faßte all die Versammlung den Ratschluß, sie noch sieben
weitere Tage zu machen, und sie machten sie ein Tagsiebent
in Freuden.

Denn Chiskijahu König von Jehuda hatte für die Versammlung tausend Farren und siebentausend Kleinviehs gehoben,

und die Obern hatten für die Versammlung tausend Farren
und zehntausend Kleinviehs gehoben,

und der Priester hatten sich viele geheiligt.

Sie freuten sich, alle Versammlung Jehudas, die Priester,
die Lewiten und alle Versammlung derer, die aus Jifsrael
gekommen waren, und die Gastsassen, die aus dem Lande
Jifsrael gekommen waren und die in Jehuda Sitz hatten,

eine große Freude war in Jerusalem,

denn von den Tagen Schlomos Sohns Dawids, Königs von
Jifsrael, war nicht dem Gleiches in Jerusalem gewesen.

Dann erhoben sich die Priester, die lewitischen, und segneten
das Volk.

Ihr Rufen wurde erhört,

ihr Gebet kam zum Hage seines Heiligtums, zum Himmel.

Als aber all dies allzuend war, zogen sie, alles Jifsrael, die sich
da befanden, nach den Städten Jehudas,

sie zerbrachen die Standmale, sie kappten die Pfahlbäume, sie
schleiften die Koppen und die Schlachtstätten von allem Jehuda, Binjamin, Efrajim und Mnasche, bis sie alldahin waren.

Dann kehrten alle Söhne Jifsraels heim, zu ihren Städten, jedermann zu seiner Hufe.

Jechiskijahu erstellte die Abteilungen der Priester und der Lewiten nach ihren Einteilungen, jedermann seinem Dienst
entsprechend,

für die Priester und die Lewiten, für die Darhöhung und für
die Friedmahle, zu amten, zu danken und zu preisen in den
Toren SEINER Lager.

Eine Gebühr des Königs aber war von seiner Habe zum Höhen der Darhöhungen am Morgen und am Abend, und der
Darhöhungen für die Wochenfeiern, für die Mondneuungen und für die Begegnungszeiten, wie in SEINER Weisung
geschrieben ist.

Er sprach nun dem Volk, den Insassen Jerusalems zu, die Gebühr der Priester und der Lewiten herzugeben, damit sie
sich in SEINER Weisung bestärken,

und wie sich die Sache verbreitete, lieferten die Söhne Jifsraels
die Menge, Anfang von Korn, Most, Ausbruchöl, Honig
und aller Einkunft des Feldes, von allem ließen sie den
Zehnten in Menge einkommen,

und die Söhne Jifsraels und Jehudas, die in den Städten Jehudas
Sitz hatten, auch sie ließen einkommen den Zehnten an
Rindern und Kleinvieh und den Zehnten an Darheiligungen,
die IHM ihrem Gott dargeheiligt wurden, sie gabens her,
Stapel um Stapel.

In der dritten Neuung begannen die Staplungen sich zu gründen und in der siebenten Neuung wars allzuend.

Da kamen Jechiskijahu und die Obern herbei, sie sahn die
Stapel und segneten IHN und sein Volk Jifsrael.

Als Jechiskijahu die Priester und die Lewiten wegen der Stapel
befragte, sprach zu ihm Asarjahu, der Hauptpriester, vom
Hause Zadoks, er sprach:

Seit man begann, die Hebe in SEIN Haus einkommen zu lassen,

war da Essen und Sattwerden, und in die Menge ist überblieben, denn ER hat sein Volk gesegnet, und was überblieb ist dieser Hauf.

Jechiskijahu sprach, man solle in SEINEM Haus Lauben bereiten, und sie bereitetens,

und einkommen ließ man die Hebe, den Zehnten und die Darheiligungen in Treuen,

darüber als Vorsteher Kananjahu der Lewit, Schimi sein Bruder als Zweiter, Jechiel, Asasjahu, Nachat, Afsael, Jerimot, Josabad, Eliel, Jifsmachjahu, Machat und Bnajahu als Verordnete zuhanden Kananjahus und Schimis, dessen Bruders, auf Anordnung des Königs Jechiskijahu, und Asarjahu, der Vorsteher des Gotteshauses,

und Kore Sohn Jimnas der Lewit, der Tormann nach Osten zu, über die Willigungen für Gott, SEINE Hebe und die Abheiligung der Darheiligungen auszugeben.

und ihm zuhanden Eden, Minjamin, Jeschua, Schmajahu, Amarjahu und Schchanjahu in den Städten der Priester, in Treuen auszugeben ihren Brüdern nach den Abteilungen, so Großen so Kleinen, –

außerdem die Zugehörigkeit, nach Männlichen, vom Dreijährigen aufwärts, für jeden, der zu SEINEM Hause kommt, um Tages Sache an ihrem Tag, um ihren Dienst an ihren Hutposten, nach ihren Abteilungen,

und die Zugehörigkeit der Priester nach ihren Vaterhäusern und der Lewiten, vom Zwanzigjährigen aufwärts, an ihren Hutposten, in ihren Abteilungen,

nebst der Zugehörigkeit all ihrer Kleinkinder, ihrer Frauen, ihrer Söhne und ihrer Töchter, für all das Gesamt, –

denn in ihrer Treupflicht wurden am Heiligtum sie eingeheiligt.

Zudem hatten die Söhne Aharons, die Priester, in dem Weidegefild ihrer Städte, allerwärts, Stadt um Stadt, Männer, die namentlich bezeichnet waren, Gebühranteile allem Männlichen unter den Priestern und allem den Lewiten Zugehörigen zu geben.

Solches tat Jechiskijahu in allem Jehuda,

er tat das Gute, das Gerade und das Getreuliche vor IHM seinem Gott,

und in aller Tätigkeit, die er im Dienst des Gotteshauses begann,
in der Weisung und im Gebot, wars, seinen Gott zu suchen.
Er tats und hatte Gelingen.

Nach diesen Begebenheiten, der Treuebekundung, kam
Sfancherib König von Assyrien heran, kam gegen Jehuda, belagerte alle Festungsstädte und sprach sich zu, sie sich auf-
zubrechen.
Als Jechiskijahu sah, daß Sfancherib herankam, sein Antlitz
auf Kampf wider Jerusalem zu,
faßte er mit seinen Obersten und seinen Helden den Ratschluß, die Wasser der Quellen, die außerhalb der Stadt
sind, zu verstopfen, und sie halfen ihm,
sie holten vieles Volk herbei und verstopften alle Quellen und
den Bach, der mitten im Erdboden fließt, – man sprach
sichs zu: Warum sollen die Könige von Assyrien, heran-
kommend, viel Wasser finden!
Er bestärkte sich und baute all die Mauer, das Eingerissene auf,
die Türme überhöhend, dazu nach außen eine weitere
Mauer,
er verstärkte die Bastei der Dawidstadt,
er ließ Wurfspieße in Menge und Schilde machen,
und er gab Kampfobre über das Volk.
Die holte er mitsammen zu sich, zum Platz des Stadttors, und
redete ihnen zu Herzen, sprechend:
Seid stark, seid fest,
fürchtet euch nimmer, bangt nimmer vor dem König von
Assyrien und vor all dem Getümmel, das bei ihm ist,
denn bei uns ist mehr als bei ihm:
bei ihm ist ein fleischlicher Arm,
bei uns aber ist ER, unser Gott, uns zu helfen und unsre Kämpfe
zu kämpfen.
Das Volk, sie lehnten sich an die Reden Jechiskijahus, des
Königs von Jehuda.
Danach sandte Sfancherib König von Assyrien seine Diener
nach Jerusalem
– er selber war vor Lachisch und all seine Verwaltung bei ihm –
an Jechiskijahu König von Jehuda und an alles Jehuda, das in
Jerusalem war, zu sprechen:

So hat Sfancherib König von Assyrien gesprochen:

Auf was verlaßt ihr euch, daß ihr in der Einengung in Jerusalem sitzen bleibt?

Verlockt euch Jechiskijahu nicht, euch herzugeben, in Hunger und in Durst zu sterben,

sprechend: ER unser Gott wird uns aus dem Griff des Königs von Assyrien erretten?!

Hat nicht er, Jechiskijahu, seine Koppen und seine Schlachtstätten beseitigt

und hat zu Jehuda und zu Jerusalem den Spruch gesprochen: Vor einer einzigen Schlachtstatt werft euch nieder, an ihr laßt aufrauchen!

Wißt ihr nicht, was ich tat, ich und meine Väter, all den Völkern der Länder?

haben die Götter der Stämme der Länder vermocht, vermocht, ihr Land aus meiner Hand zu retten?

wer ist unter allen Göttern dieser Stämme, die meine Väter bannten, der sein Volk aus meiner Hand zu retten vermochte,

daß euer Gott euch aus meiner Hand zu retten vermöchte! Und jetzt,

nimmer berücke euch Chiskijahu, nimmer verlocke er euch solchermaßen! vertraut ihm nimmer!

denn nicht vermochte allirgend ein Gott allirgend eines Stammes und Königreichs, sein Volk aus meiner Hand und aus der Hand meiner Väter zu retten, –

wie gar eure Götter! sie retten euch nicht aus meiner Hand.

Noch mehr redeten seine Diener wider IHN, den Gott, und wider Jechiskijahu, seinen Diener.

Dazu schrieb er Briefschaften, IHN, den Gott Jifsraels, zu verhöhnen und wider ihn zu sprechen, den Spruch:

Wie die Götter der Stämme der Länder, die sie nicht retteten aus meiner Hand,

so wird der Gott Jechiskijahus ihn aus meiner Hand nicht erretten.

Sie riefens mit lauter Stimme judäisch auf das Volk Jerusalems hin, das auf der Mauer war,

sie in Furcht zu versetzen und zu verstören, damit die Stadt sie erobern könnten,

sie redeten wider den Gott Jerusalems wie gegen die Götter
    der Völker des Landes, das Gemächt von Menschenhänden.
Der König Jechiskijahu betete deswegen und der Künder
    Jeschajahu Sohn Amozs, sie schrien zum Himmel auf.
Da sandte ER einen Boten,
der vertilgte alljeden Wehrtüchtigen, Anführer und Obern
    im Lager des Königs von Assyrien,
beschämten Anlitzes kehrte er in sein Land zurück.
Als er aber ins Haus seines Gottes kam, fällten ihn seinem Leibe
    Entsprossne mit dem Schwert.
So befreite ER Jechiskijahu und die Insassen Jerusalems aus
    der Hand Sfancheribs Königs von Assyrien und aus der
    Hand aller,
und er lieh ihnen Geleit ringsumher.
Viele brachten nach Jerusalem Spenden für IHN und Klein-
    odien für Jechiskijahu König von Jehuda,
erhoben war er danach in den Augen aller Stämme.

In jenen Tagen war Jechiskijahu auf den Tod erkrankt.
Er betete zu IHM, und der sprach zu ihm und gab ihm einen
    Erweis.
Aber nicht dem ihm Zugefertigten nach erstattete Jechiskijahu,
denn sein Herz war hochmütig geworden.
Da geschah über ihn ein Ergrimmen und über Jehuda und
    Jerusalem.
Doch Jechiskijahu beugte sich aus dem Hochmut seines Her-
    zens, er und die Insassen Jerusalems,
und nicht kam über sie SEIN Grimm in den Tagen Jechiskijahus.
Jechiskijahu hatte des Reichtums und der Ehre sehr viel,
Schatzkammern machte er sich für Silber, für Gold, für Edel-
    gestein, für Balsame, für Schilde und für allerart kostbare
    Geräte,
und Vorratsräume für die Einkunft von Korn, Most und
    Ausbruchöl, und Stallungen für allerhand Vieh und Vieh,
    Herdenstallungen.
Städte machte er sich, dazu Erwerb von Schafen und Rindern
    in Menge,
denn Gott gab ihm der Habe sehr viel.
Er wars, Jechiskijahu, der den obern Ausfluß der Wasser des

Gichon verstopfte und sie geradeaus nach unten leitete, westwärts, zur Dawidstadt.

Und Jechiskijahu hatte Gelingen in all seinem Tun.

[So wars auch mit den Wortführern, den Obern des Königs von Babel, die zu ihm entsandt wurden, den Erweis auszuforschen, der im Lande geschehn war:

Gott überließ ihn da sich nur um ihn zu erproben, alles zu erkennen, was im Herzen ihm war.]

Das übrige Redewürdige von Jechiskijahu und seine Holdschaften, da sind sie, aufgeschrieben in der Schau Jeschajahus Sohns Amozs, des Künders, im Buch der Könige von Jehuda und Jifsrael.

Jechiskijahu legte sich bei seinen Vätern hin,

man begrub ihn im Hochgrund der Gräber der Dawidsöhne,

Ehre tat ihm alles Jehuda an und die Insassen Jerusalems in seinem Tode.

Sein Sohn Mnasche trat statt seiner die Königschaft an.

Zwölfjährig war Mnasche, als er die Königschaft antrat,
und fünfundfünfzig Jahre hatte er Königschaft in Jerusalem.
Er tat das in SEINEN Augen Böse,
den Greueln der Stämme gleich, die ER vor den Söhnen
  Jifsraels her enterbte,
er baute die Koppen wieder aus, die sein Vater Jechiskijahu
  geschleift hatte,
er errichtete Schlachtstätten für die Baale,
er machte Pfahlbäume,
er warf sich vor aller Schar des Himmels nieder und diente
  ihnen,
er baute Schlachtstätten in SEINEM Haus, von dem ER gesprochen hatte: In Jerusalem wird mein Name sein für
  Weltzeit,
er baute Schlachtstätten für alle Schar des Himmels in beiden
  Höfen SEINES Hauses,
er ists, der seine Söhne in der Schlucht des Sohns Hinnoms
  durchs Feuer darführte,
er trieb Tagwählerei, Zeichendeuterei und Zauberei, machte
  sich zu tun mit Elb und Wisserischem,
er tat des in SEINEN Augen Bösen die Menge, ihn zu verdrießen.
Er setzte sogar das Meißelbild der Unform, die er gemacht
  hatte, in das Haus Gottes,
von dem Gott zu Dawid und zu seinem Sohn Schlomo gesprochen hatte:
In diesem Haus und in Jerusalem, das ich aus allen Stäben Jifsraels erwählte, will ich meinen Namen einsetzen für Weltzeit
und will hinfort den Fuß Jifsraels nicht weichen lassen von
  der Scholle weg, darauf eure Väter ich stehn hieß,
wahren sies nur, alles zu tun, was ich ihnen geboten habe,
nach all der Weisung, den Gesetzen und den Rechtgeheißen
  durch Mosches Hand.
Mnasche irrte Jehuda und die Insassen Jerusalems, Böseres zu
  tun als die Stämme, die ER vertilgt hatte vor den Söhnen
  Jifsraels her.
ER redete zu Mnasche und zu seinem Volk, aber sie merkten
  nicht auf.
Da ließ ER über sie kommen die Heeresobersten, die des
  Königs von Assyrien,

die fingen Mnasche mit Haken, fesselten ihn mit Doppelerz-
ketten und ließen nach Babel ihn gehn.

Als er aber bedrängt war, suchte er SEIN, seines Gottes, Antlitz zu sänften,

er beugte sich sehr nieder vor dem Antlitz des Gottes seiner
Väter,

er betete zu ihm.

Und er ließ sich von ihm erbitten,

er erhörte sein Gunsterflehn

und ließ ihn nach Jerusalem in sein Königtum zurückkehren.

So erkannte Mnasche, daß E R der Gott ist.

Danach baute er eine äußere Mauer für die Dawidstadt westlich vom Gichon im Bachtal, wo man nach dem Fischtor
kommt, rings um den Bühl, und machte sie sehr hoch

und setzte Heeresoberste ein in allen befestigten Städten in
Jehuda.

Er beseitigte die Fremdgötter und die Unform aus SEINEM
Haus, und alle Schlachtstätten, die er auf dem Berg SEINES
Hauses gebaut hatte,

und warf sie zur Stadt hinaus,

er baute SEINE Schlachtstatt wieder auf und schlachtete drauf
Schlachtungen der Friedmahle und des Danks,

und er sprach Jehuda zu, IHM, dem Gott Jifsraels, zu dienen.

Noch schlachteten sie zwar, das Volk, auf den Koppen, aber
nur IHM, ihrem Gott.

Das übrige Redewürdige von Mnasche, sein Gebet zu seinem
Gott und die Reden der Schauempfänger, die mit SEINEM,
des Gottes Jifsraels, Namen zu ihm geredet hatten,

sie sind ja aufgeschrieben in den Denkwürdigkeiten der Könige
Jifsraels,

und sein Gebet und das Ihm-sich-erbitten-lassen und all seine
Versündigung und seine Untreue und die Orte, an denen er
Koppen baute und die Pfahlbäume und die Schnitzbilder
aufstellte, bevor er sich beugte,

die sind ja aufgeschrieben in den Seherreden.

Mnasche legte sich bei seinen Vätern hin, und man begrub
ihn in seinem Haus.

Sein Sohn Amon trat statt seiner die Königschaft an.

Zweiundzwanzigjährig war Amon, als er die Königschaft antrat,

und zwei Jahre hatte er Königschaft in Jerusalem.

Er tat das in SEINEN Augen Böse, gleichwie es sein Vater
Mnasche getan hatte,

Allen Meißeldocken, die sein Vater Mnasche gemacht hatte,
schlachtopferte Amon und diente ihnen.

Und nicht beugte er sich vor SEINEM Antlitz, wie sich sein
Vater Mnasche gebeugt hatte,

sondern er, Amon, mehrte die Schuld.

Da verknoteten sich wider ihn seine Diener und töteten ihn
in seinem Haus.

Aber das Landvolk, sie erschlugen alle, die wider den König
Amon Verknoteten,

und das Landvolk, sie königten statt seiner seinen Sohn Joschijahu.

Achtjährig war Joschijahu, als er die Königschaft antrat,
und einunddreißig Jahre hatte er Königschaft in Jerusalem.
Er tat das in SEINEN Augen Gerade,
er ging in allen Wegen seines Vorvaters Dawid,
wich nicht davon nach rechts oder links ab.
Im achten Jahr seiner Königschaft, als er noch ein Knabe war,
begann er den Gott seines Vorvaters Dawid zu suchen,
und im zwölften Jahr begann er Jehuda und Jerusalem von den
     Koppen, den Pfahlbäumen, den gemeißelten und den ge-
     gossnen Bildern zu reinigen.
Vor seinem Antlitz schleifte man die Schlachtstätten der Baale,
die Glutmale, die oben über ihnen, hieb er um,
die Pfahlbäume, die gemeißelten und die gegossenen Bilder
     zerbrach und malmte er und streute es den Gräbern derer
     ins Antlitz, die ihnen geschlachtopfert hatten,
die Gebeine der Priester verbrannte er auf ihren Schlachtstät-
     ten,
er reinigte Jehuda und Jerusalem.
Auch in den Städten von Mnasche, Efrajim, Schimon bis
     Naftali, – auf ihren Trümmerplätzen ringsum, da schleifte
     er die Schlachtstätten und die Pfahlbäume,
die Meißelbilder zersplitterte er zum Malmen,
alle Glutmale in allem Land Jifsrael hieb er um
und kehrte nach Jerusalem zurück.
Im achtzehnten Jahr seiner Königschaft aber, da das Land und
     das Haus er gereinigt hatte,
entsandte er Schafan Sohn Azaljahus, Maafsijahu, den Stadt-
     obersten, und Joach Sohn des Joachas, den Erinnerer, SEIN,
     seines Gottes Haus zu verfestigen.
Sie kamen zu Chilkijahu, dem Großpriester, und übergaben
     das Silber, das ins Gotteshaus eingekommen war
– das die Lewiten, die Schwellenhüter, aus der Hand Mnasches
     und Efrajims, aus allem Überrest Jifsraels und aus allem
     Jehuda und Binjamin und den Insassen Jerusalems einge-
     sammelt hatten –,
und man gab es zuhanden der in SEINEM Haus übergeordneten
     Werktätigen,
und die Werktätigen, die an SEINEM Haus tätig waren, gabens
     her, zu spleißen und zu verfestigen,

sie gabens für die Vorschneider und für die Bauzimmerer, und
zum Erwerben von Bausteinen und Holz für die Binder und
um die Hausteile zu bälken, die die Könige Jehudas hatten
verderben lassen.

Und die Männer waren in Treuen tätig am Werk.

Über sie aber waren verordnet Jachat und Obadjahu, die Lewiten, von den Söhnen Mraris

– dazu Secharja und Meschullam von den Khatsöhnen zur
Chorleitung, nebst den Lewiten, alljeder sanggerätsverstän-
dig –, und über die Lastträger, und alljeden Werktätigen zu
Dienst um Dienst anleitend.

Von den Lewiten waren auch Schreiber, Rollenführer und
Torleute.

Als man aber das Silber herausnahm, das in SEIN Haus eingekommen war,

fand Chilkijahu der Priester das Buch SEINER Weisung durch
Mosche.

Chilkijahu hob an, er sprach zu Schafan dem Schreiber:

Das Buch der Weisung habe ich in SEINEM Hause gefunden.

Und Chilkijahu gab Schafan das Buch.

Schafan brachte das Buch dem König und erstattete dem König noch Rede, sprechend:

Alles, was in die Hand deiner Diener gegeben ward, tun sie,

sie haben das in SEINEM Haus gefundne Silber ausgeschüttet
und habens in die Hand der Verordneten und in die Hand
der Werktätigen gegeben.

Dann meldete Schafan der Schreiber dem Könige, sprechend:

Ein Buch hat mir Chilkijahu der Priester übergeben.

Und Schafan las draus dem König vor.

Es geschah aber, als der König die Reden der Weisung hörte:

er riß seine Gewänder ein.

Und der König gebot Chilkijahu dem Priester, Achikam
Sohne Schafans, Abdon Sohn Michas, Schafan dem Schreiber und Afsaja dem Königsdiener, sprechend:

Geht, beforschet IHN

um mich und um was restet in Jifrael und in Jehuda,

wegen der Reden des Buches, das aufgefunden ward,

denn SEINE Zornglut ist groß, die sich ausschüttete über uns,

deswegen daß unsere Väter SEINE Mahnreden nicht wahrten,

allem in diesem Buch Geschriebnen gemäß zu tun.

So ging Chilkijahu und die des Königs zu Chulda, der Künderin,

dem Weibe Schallums Sohns Tokhats Sohns Chasras, des
Gewänderverwahrers,

sie hatte Sitz in Jerusalem, im Zweitbezirk,

und sie redeten zu ihr dem gemäß.

Sie aber sprach zu ihnen:

So hat ER gesprochen:

Wohlan, Böses lasse ich kommen

über diesen Ort, über seine Insassen,

alle Droheide, die geschrieben sind in dem Buch, das man vor
dem König von Jehuda gelesen hat,

dafür daß sie mich verließen und ließen aufrauchen anderen
Göttern,

um mich zu verdrießen mit all dem Gemächt ihrer Hände,

ausschütten wird sich meine Zornglut über diesen Ort und
wird nicht erlöschen.

Zum König von Jehuda aber, der euch entsandte, IHN zu beforschen, –

so sollt ihr zu ihm sprechen:

So hat ER gesprochen, der Goṭt Jiſsraels:

Zu den Mahnreden, die du gehört hast:

weil dein Herz erweicht ist

und du vor dem Antlitz Gottes dich gebeugt hast,

als du seine Reden über diesen Ort und über seine Insassen
hörtest,

hast vor meinem Antlitz dich gebeugt und deine Gewänder
eingerissen

und hast vor meinem Antlitz geweint,

habe auch ich gehört

– SEIN Erlauten –,

wohlan, erst will ich dich zu deinen Vätern einsammeln, daß
du in deine Grabstätte eingesammelt bist in Frieden,

deine Augen sollen auf all das Böse nicht sehen, das ich über
diesen Ort und über seine Insassen kommen lasse.

Als sie nun die Rede an den König kehren ließen,

sandte der König aus

und versammelte alle Ältesten von Jehuda und Jerusalem.

Der König stieg zu SEINEM Hause hinauf

und alle Männer von Jehuda, die Insassen Jerusalems,

die Priester und die Lewiten, und alles Volk von Groß bis Klein,

und er las in ihre Ohren alle Reden des Buchs des Bundes, das in SEINEM Haus gefunden worden war.

Der König stand auf seinem Hochstand

und schloß vor SEINEM Antlitz den Bund,

in SEINER Nachfolge zu gehn,

seine Gebote, seine Vergegenwärtigungen und seine Gesetze zu wahren

mit all ihrem Herzen und mit all ihrer Seele,

zu betätigen die Reden des Bundes,

die in diesem Buch niedergeschriebnen.

Einstehn ließ er alles, was sich in Jerusalem und Binjamin fand,

und die Insassen Jerusalems taten nach dem Bunde Gottes, des Gottes ihrer Väter.

Weichen ließ Joschijahu alle Greuel aus allen Ländereien, die der Söhne Jifsraels waren,

und nahm alles, was sich in Jifsrael fand, in die Dienstpflicht, IHM ihrem Gott zu dienen.

All seine Tage wichen sie von SEINER, des Gottes ihrer Väter, Nachfolge nicht ab.

Joschijahu machte in Jerusalem ein Übersprungsfest IHM.

Man metzte das Übersprungsmahl am vierzehnten auf die erste Mondneuung.

Er stellte die Priester an ihre Posten und bestärkte sie im Dienst SEINES Hauses.

Er sprach zu den Lewiten, die allem Jifsrael Einsicht vermitteln, den IHM Geheiligten:

Gebt den Schrein der Heiligung in das Haus, das Schlomo Sohn Dawids, König von Jifsrael, baute,

keine Last mehr sei euch auf der Schulter,

dienet nun IHM eurem Gott und seinem Volk Jifsrael,

rüstet euch nach euren Vaterhäusern, in euren Abteilungen, nach der Schrift Dawids Königs von Jifsrael und nach der Vorschrift seines Sohns Schlomo,

steht im Heiligtum nach den Spaltungen der Vaterhäuser eurer
Brüder, der Söhne des Volks, in Zuteilung je eines Vaterhauses an die Lewiten,

metzt das Übersprungsmahl, haltet euch geheiligt und rüstets
für eure Brüder, nach SEINER Rede durch Mosche zu tun.

Joschijahu hob für die Söhne des Volks Kleinvieh aus, Lämmer und junge Ziegen, alles für die Übersprungsmahle für
alljeden, der sich vorfand, dreißigtausend an Zahl, und
dreitausend Rinder, dies aus der Habe des Königs,

und seine Obern hoben aus als Willigung fürs Volk, für die
Priester und für die Lewiten:

Chilkija, Secharjahu und Jechiel, die Vorsteher des Gotteshauses, für die Priester gaben sie, für Übersprungsmahle,
zweitausendsechshundert, dazu dreihundert Rinder,

und Kananjahu, seine Brüder Schmajahu und Ntanel, Chaschabjahu, Jeiel und Josabad, die Obern der Lewiten, hoben
aus für die Lewiten, für Übersprungsmahle, fünftausend, dazu fünfhundert Rinder.

Als der Dienst gerüstet war, standen die Priester an ihrem
Stande und die Lewiten in ihren Abteilungen, nach dem
Gebot des Königs.

Man metzte das Übersprungsmahl,

die Priester sprengten, aus der Hand jener, und die Lewiten
häuteten ab.

Sie taten die Darhöhung beiseit, sie herzugeben nach Aufspaltungen, nach Vaterhäusern der Söhne des Volks, um
IHM darzunahn, wie im Buche Mosches geschrieben ist,
und so mit den Rindern.

Dann kochten sie das Übersprungsmahl im Feuer nach dem
Rechtsbrauch, die Darheiligungen aber kochten sie in Kes-
seln, in Töpfen und in Schüsseln und brachtens eilends allen
Söhnen des Volks.

Danach rüsteten sie für sich und für die Priester, – denn die
Priester, die Söhne Aharons, waren bis zur Nacht am Höhen
der Darhöhung und der Fette, so rüsteten die Lewiten für
sich und für die Priester, die Söhne Aharons.

Und die Sänger, die Söhne Aßafs, waren an ihrem Stande,
nach dem Gebot Dawids, Aßafs, Hemans und Jedutuns,
des Schauempfängers des Königs,

und die Torleute an Tor um Tor, nicht wars an ihnen, von
  ihrem Dienst zu weichen, denn ihre Brüder, die Lewiten,
  rüsteten für sie zu.
So ward an jenem Tag all SEIN Dienst gerüstet,
das Übersprungsmahl zu machen und Darhöhungen auf
  SEINER Schlachtstatt darzuhöhn, nach dem Gebot des Königs
  Joschijahu.
Die Söhne Jifsraels, die sich vorfanden, machten das Übersprungsmahl zu jener Zeit und das Fest der Fladen sieben Tage.
Nicht ward eine Übersprungsfeier gleich dieser gemacht seit
  den Tagen Schmuels des Künders,
alle Könige Jifsraels hatten nichts gemacht gleich der Über-
  sprungsfeier, die Joschijahu machte und die Priester, die
  Lewiten und alles Jehuda und Jifsrael, das sich vorfand, und
  die Insassen Jerusalems.
Im achtzehnten Jahr des Königtums Joschijahus wurde diese
  Übersprungsfeier gemacht.

Nach all diesem, da Joschijahu das Haus hergerichtet hatte,
  zog Necho König von Ägypten herauf, um in Karkmisch
  am Euphrat zu kämpfen.
Joschijahu zog ihm entgegen.
Er aber sandte Boten zu ihm mit dem Spruch:
Was habe ich mit dir zu schaffen, König von Jehuda!
nicht gegen dich, das Deine, gilts heut, sondern wider das
  Haus, das ich bekämpfe,
und Gott hat gesprochen, mich anzutreiben, –
laß du ab von dem Gott, der bei mir ist,
daß er dich nimmer verderbe!
Joschijahu aber wandte sein Anlitz nicht von ihm ab,
denn mit ihm kämpfend wollte er sein ledig werden,
so hörte er nicht auf die Reden Nechos aus dem Mund Gottes,
und er kam zum Kampf in die Ebene von Megiddo.
Da schossen die Schützen auf den König Joschijahu.
Der König sprach zu seinen Dienern:
Bringt mich hinweg, denn ich bin sehr geschwächt.
Seine Diener brachten ihn aus dem Fahrzeug, ließen ihn im
  Zweitgefährt fahren und zogen mit ihm nach Jerusalem,
  da starb er.

Man begrub ihn in dem Begräbnis seiner Väter.

Alles Jehuda und Jerusalem, sie trauerten um Joschijahu.

Jirmejahu hielt Totenklage um Joschijahu,

und alle Sänger und Sängerinnen sprachen in ihren Klageliedern um Joschijahu, bis heut,

man gabs zu einer Satzung für Jifsrael,

und da sind sie, in den Klageliedern niedergeschrieben.

Das übrige Redewürdige von Joschijahu und seine Holdschaften, dem in SEINER Weisung Geschriebnen gemäß,
seine frühen und späten Denkwürdigkeiten,

da sind sie, aufgeschrieben im Buch der Könige Jifsraels und
Jehudas.

Das Landvolk, sie nahmen Jehoachas Sohn Joschijahus und
königten ihn statt seines Vaters in Jerusalem.

Dreiundzwanzigjährig war Joachas, als er die Königschaft antrat, und drei Mondneuungen lang hatte er Königschaft in Jerusalem.

Dann setzte ihn der König von Ägypten in Jerusalem ab,

und büßte das Land um hundert Barren Silbers und einen Barren Golds.

Der König von Ägypten königte den Eljakim, seinen Bruder, über Jehuda und Jerusalem

und wandelte seinen Namen in Jehojakim,

seinen Bruder Joachas aber nahm Necho mit, er ließ ihn nach Ägypten kommen.

Fünfundzwanzigjährig war Jehojakim, als er die Königschaft
    antrat,
und elf Jahre hatte er Königschaft in Jerusalem.
Er tat das in Seinen, seines Gottes, Augen Böse.
Herüber zog, über ihn her, Nebukadnezar König von Babel,
er ließ ihn mit Doppelketten fesseln, ihn nach Babel zu füh-
    ren.
Von den Geräten Seines Hauses ließ Nebukadnezar nach
    Babel kommen und gab sie in seine Halle in Babel.
Das übrige Redewürdige von Jehojakim, seine Greuel, die er
    tat, und was sonst sich über ihn vorfand,
da sind sie, aufgeschrieben im Buch der Könige Jiſsraels und
    Jehudas.
Sein Sohn Jehojachin trat statt seiner die Königschaft an.

Achtjährig war Jehojachin, als er die Königschaft antrat,
und drei Mondneuungen und zehn Tage hatte er Königschaft
in Jerusalem.
Er tat das in SEINEN Augen Böse.
Um die Wiederkehr des Jahrs sandte Nebukadnezar und ließ
ihn nach Babel kommen, mit köstlichen Geräten SEINES
Hauses,
und königte seinen Bruder Zidkijahu über Jehuda und Jerusalem.

Einundzwanzigjährig war Zidkijahu, als er die Königschaft
   antrat,
und elf Jahre hatte er Königschaft über Jerusalem.
Er tat das in Seinen, seines Gottes, Augen Böse,
er beugte sich nicht vor Jirmejahu, dem Künder aus Gottes
   Mund.
Auch empörte er sich gegen den König Nebukadnezar, der
   ihn bei Gott hatte schwören lassen,
er steifte seinen Nacken und festete sein Herz gegen die Umkehr zu Ihm, dem Gott Jifsraels.
Auch alle Obern, die Priester und das Volk mehrten Untreue
   um Untreue, allen Greueln der Weltstämme gleich,
und sie bemakelten Sein Haus, das er in Jerusalem geheiligt
   hatte.
Er, der Gott ihrer Väter, sandte an sie durch seine Künder,
   Sendung vom Frühmorgen an,
denn er wollte sein Volk und seinen Hag verschonen.
Sie aber trieben ihr Spiel mit den Boten Gottes,
sie verachteten seine Reden,
sie äfften seinen Kündern nach,
bis hochstieg Sein Entflammen über sein Volk,
bis daß keine Heilung mehr war.
Heransteigen ließ er an sie her den König der Chaldäer,
er brachte ihre Jünglinge um am Haus ihres Heiligtums,
nicht schonte er des Jünglings, der Maid, des Alten, des Grei-
   ses, alles gab er in seine Hand.
Alle Geräte des Gotteshauses, die großen und die kleinen, die
   Schätze Seines Hauses und die Schätze des Königs und seiner Obern,
alles ließ er nach Babel kommen.
Sie verbrannten das Haus Gottes,
sie schleiften die Mauer Jerusalems,
alle Paläste verbrannten sie im Feuer,
alle Geräte seiner Köstlichkeiten verfielen dem Verderben.
Den Überrest, der dem Schwerte entging, verschleppte er nach
   Babel,
sie wurden ihm und seinen Söhnen zu Knechten
– bis das Königtum von Persien die Königschaft antrat –,
daß sich Seine Rede durch den Mund Jirmejahus erfülle:

bis das Land nachschatzte seine Feierjahre,
alle Tage seines Verstummens feierte es,
bis erfüllt waren siebzig Jahre.

Im ersten Jahre aber Cyrus', des Königs von Persien,
daß ausgewirkt sei SEINE Rede durch den Mund Jirmejahus,
erweckte er den Geist Cyrus', des Königs von Persien,
und er ließ einen Ruf ergehn durch all sein Königreich, mit
    einem Schreiben auch, des Spruchs:
So hat Cyrus, der König von Persien, gesprochen:
Alle Königtümer der Erde hat mir E R, der Gott des Himmels,
    gegeben,
und er ists, der mir zuordnete, ihm ein Haus in Jerusalem, in
    Jehuda zu bauen. –
wer unter euch von all seinem Volk ist: E R sein Gott ist bei
    ihm, er ziehe hinauf!

INHALTSVERZEICHNIS

DIE FÜNF ROLLEN

DAS BUCH

DANIEL

DAS BUCH

ESRA

DAS BUCH

NECHEMJA

DIE BEGEBENHEITEN DER TAGE

MARTIN BUBER

ZUR VERDEUTSCHUNG DES LETZTEN BANDES DER SCHRIFT

Beilage zum vierten Band
DIE SCHRIFTWERKE

Verdeutscht von
MARTIN BUBER

I.

ZUR VERDEUTSCHUNG DER
PREISUNGEN

DER ÜBERSETZER der Schrift wird durch die »Preisungen«, ihrer Gestalt und ihrem Stil nach, vor manche neue Aufgabe gestellt, so daß ein Anlaß gegeben erscheint, über einige wichtige Punkte dem Leser Auskunft zu erteilen[1].

Die hebräische Bibel will als Ein Buch gelesen werden, so daß keiner ihrer Teile in sich beschlossen bleibt, vielmehr jeder auf jeden zu offengehalten wird; sie will ihrem Leser als Ein Buch in solcher Intensität gegenwärtig werden, daß er beim Lesen oder Rezitieren einer gewichtigen Stelle die auf sie beziehbaren, insbesondre die ihr sprachidentischen, sprachnahen oder sprachverwandten erinnert und sie alle einander erleuchten und erläutern, sich miteinander zu einer Sinneinheit, zu einem nicht ausdrücklich gelehrten, sondern dem Wort immanenten, aus seinen Bezügen und Entsprechungen hervortauchenden Theologumenon zusammenschließen. Das ist nicht eine von der Auslegung nachträglich geübte Verknüpfung, sondern unter dem Wirken dieses Prinzips ist eben der Kanon entstanden, und man darf mit Fug vermuten, daß es für die Auswahl des Aufgenommenen, für die Wahl zwischen verschiedenen Fassungen mitbestimmend gewesen ist. Aber unverkennbar waltet es schon in der Komposition der einzelnen Teile: die Wiederholung lautgleicher oder lautähnlicher, wurzelgleicher oder wurzelähnlicher Wörter und Wortgefüge tritt innerhalb eines Abschnitts, innerhalb eines Buches, innerhalb eines Bücherverbands mit einer stillen, aber den hörbereiten Leser überwältigenden Kraft auf. Man betrachte von dieser Einsicht aus die sprachlichen Bezüge etwa zwischen Propheten und Pentateuch, zwischen Psalmen und Pentateuch, zwischen Psalmen und Propheten, und man wird immer neu die gewaltige Synoptik der Bibel erkennen.

Bau und Sinn vieler Psalmen werden erst von da aus deutlich. Aber die einer besonderen Absicht entbehrende Wiederkehr von Leitworten untersteht dem gleichen objektiven Prinzip

---

[1] Ich muß hier – für den Leser gerade dieses Bandes – einiges davon wiederholen, was bereits in einer der Verdeutschung der »Fünf Bücher der Weisung« beigegebenen Abhandlung dargelegt worden ist.

des Aufeinanderbezogenseins der Stellen. Manche Leitworte offenbaren ihre Sinnweite und -tiefe nicht von einer einzigen Stelle aus, die Stellen ergänzen, unterstützen einander, Kundgebung strömt dauernd zwischen ihnen, und der Leser, dem ein organisches biblisches Gedächtnis zu eigen geworden ist, liest jeweils nicht den einzelnen Zusammenhang für sich, sondern als von der Fülle der Zusammenhänge umschlungen. Die latente Theologie der Schrift wirkt unmittelbar da, wo sich der Gehalt der einzelnen Leitworte solcherart aus verschiedenen Sätzen, verschiedenen Textformen, verschiedenen Äußerungsstufen als der gleiche auftut. Wohl ist nicht das Wort, sondern der Satz natürliches Glied der lebendigen Rede, aber der biblische Satz will biblisch erfaßt werden, d. h. in der Atmosphäre, die sich durch die Wiederkehr der gleichen Leitworte erzeugt. Daß diese ein wirkungsstarkes Eigenleben führen, macht den Zusammenhang des Psalmenbuchs erst voll verständlich. Dieses innere Band sichtbar zu machen, ist ein Dienst, in den auch der Übersetzer gestellt ist. Er kennt die Macht der Trägheit, der Geläufigkeit, des Drüberweglesens, im Hebräischen wie im Deutschen; er weiß, wie die von Kind auf Bibellesenden dieser Macht besonders leicht verfallen; er muß das Seine aufbieten, um ihr Einhalt zu tun. Dazu gehört, daß er, wo es nottut und wo es angeht, das prägnante, einprägsame Wort wähle, das, wo es wiederkehrt, sogleich wiedererkannt wird, und dabei auch ein ungewohntes nicht scheue, wenn die Sprache es gern aus einer vergessenen Kammer hergibt; dazu gehört, daß er, wo es nottut und wo es angeht, einen hebräischen Wortstamm durch einen einzigen deutschen wiederzugeben bestrebt sei, einen nicht durch mehrere, mehrere nicht durch einen. Wo es nottut; denn bei geistig wenig betonten oder unbetonten Worten wird man den Grundsatz – soweit nicht das Amt aller Übersetzer auch hier zu üben ist, die Synonyme nicht durcheinander zu werfen, sondern in ihrer Sinndifferenzierung zu belassen[1] – lockern oder aufheben dürfen. Und wo

---

[1] Dieses Postulat wird auch heute noch von den Übersetzern des Alten Testaments unbeachtet gelassen; eine so bedeutende Psalmenübersetzung wie die Gunkels gibt z. B. 4 verschiedene Wortstämme durch den einen »spott« und 5 verschiedene durch den einen »schrei« wieder.

es angeht; denn oft wird sich aus den besonderen Bedingthei-
ten einer Stelle die Pflicht ergeben, sie als Ausnahme zu behandeln. Jeder Dolmetscher ist ja unter eine Doppelheit von Gesetzen gestellt, die einander zuweilen zu widerstreiten scheinen: das Gesetz der einen und das der andern Sprache; für den
die Schrift Übertragenden tritt eine andere Doppelheit hinzu;
das Gesetz, das aus dem Eigenrecht der einzelnen Stelle, und
das andere, das aus der biblischen Ganzheit spricht. Aber wie
jene zwei sich aus der Tatsache versöhnen, vielmehr verbünden, daß es nur vorletztlich Sprachen, letztlich aber – unhörbar
und doch unüberhörbar – die eine Sprache des Geistes, »jene
einfache, allgemeine Sprache« [Goethe] gibt, so überwindet
sich der Widerstreit zwischen Recht des Satzes und Recht des
Buches immer neu aus der Tatsache, daß beide ihren Sinn von
der einen dialogischen Begegnung ableiten, die dort der menschlichen Person und dem Augenblick, hier dem Volke und der
Weltzeit gilt, dem Volk, in das die eigenständige Person, und
der Weltzeit, in die der eigenständige Augenblick gefügt ist.
Was der Übersetzer jeweils als Kompromiß anzusehen geneigt ist, kann auch einem andern Bereich als dem seiner
menschlichen Armut entstammen.
Aber auch dem einzelnen biblischen Buch, dem einzelnen biblischen Bücherverband kann dem Ganzen gegenüber solch ein
Eigenrecht zustehen, so daß in diesem Raum etwelche Wörter
anders als sonst übersetzt werden dürfen und sollen, weil die
Art und der Stil dieses Teils der Bibel es fordern, weil etwa das
eine oder andre Wort hier unsinnlicher, abstrakter geworden
ist, oder auch weil gerade durch die Abweichung von der bisherigen Wiedergabe nun eine einheitliche innerhalb des einzelnen Buches ermöglicht wird, die ihre spezifische Wichtigkeit
hat. Überall wird nach dem für die Absicht der Übertragung
höheren Wert zu fragen und danach zu entscheiden sein.
Ich will hier zunächst an fünf Grundworten die strenge, dann
an ein paar andern Beispielen die aufgelockerte Methode dar-
legen.
Von den fünf sind die drei positiven im »Buch der Preisungen«
ebenso gleichmäßig wie in den früheren, die zwei negativen
noch gleichmäßiger übersetzt worden.
Chesed, zedek und emeth, zentrale Begriffe der biblischen Theo-

logie, die göttliche Tugenden verherrlichen und dem Menschen, der »in den Wegen Gottes« gehen soll, zur Nachahmung darstellen, sind alle drei Begriffe der Übereinstimmung, der Zuverlässigkeit. *Chefsed* ist eine Zuverlässigkeit zwischen den Wesen, und zwar wesentlich die des Bundesverhältnisses zwischen dem Lehnsherrn und seinen Dienstmannen, ganz überwiegend die Bundestreue des Herrn, der seine Diener erhält und beschützt, sodann auch die der Untertanen, die ihrem Herrn treu ergeben sind. Der diesem Gegenseitigkeitsbegriff entsprechende deutsche Wortstamm ist »hold«: sowohl das Adjektiv hold wie das Nomen Huld bezeichnen ursprünglich auch die Treue von unten nach oben [»dem Schutzherrn mit redlichem Herzen hold und gewärtig zu sein«, heißt es bei Niebuhr], der »Holde« hieß mittelhochdeutsch der Lehnsmann, und in unserem »huldigen« lebt diese Seite des Begriffs fort; aber auch dessen ästhetische Verselbständigung, wie sie von Jes 40₆ gefordert wird, gibt der deutsche Wortstamm mit »Holdheit« her. In den Psalmen sind Gottes *chafsidim* seine Holden, seine treue Gefolgschaft. *Zedek* ist die weitere und vielfältigere Konzeption: es bedeutet die Zuverlässigkeit eines Handelns einem äußeren oder inneren Sachverhalt gegenüber; einem äußeren gegenüber, indem es ihn zur Geltung bringt, ihm Raum schafft, ihm sein Recht werden läßt; einem inneren, indem es ihn verwirklicht, ihn aus der Seele in die Welt setzt. Der einzige deutsche Wortstamm, der beiden Bedeutungen Genüge tut [wogegen das dem Stamm *schafat* entsprechende »recht« nur auf die erste trifft], ist »wahr«: Wahrheit, Wahrhaftigkeit, Bewahrheitung [des Unschuldigen im Gericht], Wahrspruch, Wahrbrauch [der mit ehrlicher Intention getane Brauch], Bewährung stecken den Umfang des Begriffes ab. *Emeth* schließlich [das man durch »Wahrheit« wiederzugeben pflegt] bezeichnet die Zuverlässigkeit schlechthin, auch die ganz innere, und kann, wie das stammeszugehörige *emuna*, nur vom Wortstamm »trau« aus einheitlich erfaßt werden; *emeth* ist wesentlich die Treue, und *emuna* kommt ihm zuweilen so nah, daß es da nicht wie sonst durch »Vertrauen«, sondern ausnahmsweise [ich habe hier lange aber vergeblich zu widerstreben versucht] durch das gleiche Wort »Treue« wiedergegeben werden muß.

Besonders streng mußten die beiden negativen Grundbegriffe erfaßt werden. Bei *awen* ist der Grund dafür offenkundig. Auch wenn man nicht mit Mowinckel annimmt, daß damit schwarze Magie gemeint sei, muß man die ungeheure Wucht erkennen, die das Wort gerade in den Psalmen hat: es bezeichnet das Böse als die unheimliche Macht des »Argen«, des Args. Von anderen Motiven ist die Wiedergabe von *schaw* bestimmt. *Schaw* ist das Fiktive – und zwar zum Unterschied z. B. von *hebel*, Dunst oder Tand, das Fiktive besonders als dem die Realität angemaßt wird, das sich daher bis zum eigentlich Widergöttlichen, Widerwirklichen steigern kann. Wörter wie »eitel«, »nichtig«, »falsch« sind nicht stark genug, um diese Weltmacht des Götzentums zu benennen; es gibt nur ein einziges deutsches Wort, das dies vermag, und das ist »Wahn«. Darum ist die zentrale *schaw*-Stelle, die des Dekalogs, in unsrer Verdeutschung so wiedergegeben: »Trage nicht SEINEN deines Gottes Namen auf das Wahnhafte« [nicht »Du sollst den Namen... nicht freventlich aussprechen«; *nafsa* ohne *kol* kann wohl anheben, aber nicht aussprechen bedeuten], d. h. belege nicht eine aufgeblähte Fiktion mit dem Namen der höchsten Wirklichkeit, und die auf diese Stelle über das *schaw* im Verhältnis zu Gott bald [2.M 23₁] folgende[1] mit gleichem Verb über das *schaw* im Verhältnis zum Mitmenschen so: »Trage nicht Wahngerücht um!« Dem *schaw* ergibt sich eben nicht bloß, wer vom Wahn aus, sondern auch wer auf den Wahn hin redet oder handelt, nicht bloß wer Wahn übt, sondern auch wer Wahn erzeugt; in den Psalmen kommt diese Bedeutung von *schaw*, als »Suggerieren« des Fiktiven, frevelhaftes Spielen mit dem im andern erzeugten oder zu erzeugenden Wahn, Trugspiel, Wahnspiel, 12₃, 26₄, 41₇ und 144₈,₁₁ vor. Aber auch die Dekalogwendung kehrt zweimal in den Psalmen wieder, und es sind außer jenen Stellen des Pentateuchs die einzigen in der Bibel, an denen *nafsa la-schaw* steht; an der einen, 139₂₀, heißt es von den »Gegnern Gottes«, daß sie ihn »zu Ränken besprechen«, und es, dieses

---

1] Auch in die Deuteronomiumsfassung des Dekalogs ist eine entsprechende Stelle aufgenommen worden, indem das *scheker*, Lüge, der Exodusfassung durch *schaw* ersetzt wurde, offenbar um auch hier den Spruch über das *schaw* im Verhältnis zu Gott durch einen über es im Verhältnis zum Mitmenschen zu ergänzen.

Besprechen, also den besprochenen Namen »hinheben auf das Wahnhafte«; an der andern, 24₄, wird »der am Herzen Lautere« gepriesen, »der zum Wahnhaften nicht hob seine Seele« [von hier aus erweist sich wieder die Hinfälligkeit der angeblichen Bedeutung »aussprechen«], d. h. der seine Seele nicht der weltmächtigen Fiktion ergab. Diese beiden Stellen wollen mit dem Dekalogspruch zusammengehört werden. Von ihrem Pathos geht etwas auf alle Psalmverse über, in denen das Wort *schaw* wiederkehrt, und dieses Pathos muß in der Übertragung erhalten werden: wie 31₇ nicht »schlechte Nichtigkeiten« [Duhm] oder »nichtige Götzen« [Gunkel], sondern »Dunstgebilde des Wahns«, und wie 60₁₃ nicht »eitel ist ja der Menschen Hilfe«, sondern »Befreiertum von Menschen ist Wahn«, so ist 89₄₈ nicht »zu welcher Nichtigkeit« oder »für nichts«, sondern »zu wie Wahnhaftem hast du erschaffen alle Menschenkinder«, und 127₂ nicht »eitel für euch steht ihr früh auf« oder »umsonst daß ihr frühe aufsteht«, sondern »Wahnheit ists euch, die ihr überfrüh aufsteht« zu übertragen. So erst steht in der Breite des Psalmenbuches die mächtige Fiktion in ihren mannigfachen Untaten sichtbar genug der Wirklichkeit gegenüber.

Anders verhält es sich mit Wörtern, die diese Betonung und Assoziationsdichtigkeit nicht haben. So braucht z. B. das kaum betonte *ra* nicht einheitlich wiedergegeben zu werden [daß dabei »böse« bevorzugt wurde, liegt daran, daß dieser Wortstamm die geforderte Doppelbedeutung von Missetat und Unglück mit größerer Intensität als andre darbietet]. Ein mittlerer Weg durfte da eingeschlagen werden, wo ein Wort zwar sein eignes Pathos besitzt, aber seine begriffliche Sonderheit nicht so ausgeprägt ist, daß eine einheitliche Behandlung geboten erschiene. Solcherart ist z. B. der gewichtige, aber nicht scharf determinierte Wortstamm *afaf*. Man durfte hier, zumal eine durchaus befriedigende deutsche Entsprechung wohl nicht zu finden wäre, der Vielfältigkeit des Begriffs, der Macht, Trotz, Wehr und Sieg umfaßt, Rechnung tragen; doch mußten, um die verbindenden Linien nicht zu verwischen, innerhalb der Gruppen zusammengehöriger Lieder Verknüpfungen und auch zwischen den Gruppen nach Möglichkeit Übergänge hergestellt werden [dabei wurde das zwar kaum etymologisch, wohl aber volksetymologisch hierher gehörende *maoſ* zur Abhebung von *oſ* durch Komposita wiedergegeben].

Ein Wort, dessen einheitliche Wiedergabe, so notwendig sie an den entscheidenden Stellen und allen mit ihnen in Beziehung stehenden ist, von vornherein nicht als eine unbedingte angesehen werden konnte und im Psalmenband eine weitere Auflockerung erfahren mußte, ist *ruach*. Es war von den Absichten dieser Verdeutschung aus unumgänglich, diesem Wort, das in einer elementaren Einheit die Bedeutungen »Geist« und »Wind« umschließt, seine Sinnlichkeit zu bewahren, die dieses Umschließen ermöglicht, und das war die Sinnlichkeit nicht eines Dings, sondern eines Geschehens und mußte es bleiben; da aber das Wort »Geist«, das ursprünglich diese dynamische Sinnlichkeit besaß, sie längst verloren hat, mußte eins wie »Braus« herangezogen werden, das sich zu »Geistbraus« und »Windbraus« gabelte. Aber »Geistbraus« war nur da angemessen, wo vom Geist als dem von Gott ausgehenden schöpferischen begeisternden Geistesturm die Rede ist, nicht wo es sich um den abgelösten und in sich beschlossenen Menschengeist handelt, der eben verdinglicht als »Geist« auftreten muß; und ebenso war »Windbraus« nur [außer noch an Stellen, wo »Geist« und »Wind« nah beieinander stehen und ihre Einheit nicht verlorengehen darf] da zulässig, wo der Naturvorgang als ein von oben kommender, als einer, in dem der Schöpfungsbraus nachweht, empfunden werden sollte, nicht aber wo lediglich der Ablauf der Naturerscheinung gemeint und also das bloße »Wind« angefordert war. Im Buch der Preisungen tritt, trotz der Schöpfungshymnen, die es enthält, jenes Ursprüngliche gegen Pentateuch, Geschichtsbücher und Propheten weit zurück.

Es gibt aber Fälle, wo Art und Stil dieses Buchs, oder der dichterischen Bücher der Bibel überhaupt, zu radikaleren Änderungen der Wortwahl nötigten. So verlangt der Wortstamm *tamam* hier eine andere Behandlung als bisher: während die Adjektive *tamim* und *tam* im Pentateuch sinngeschieden sind und das zweite mit »schlicht«, das erste aber, wo es eine Eigenschaft der Seele bezeichnet, mit »ganz« übertragen wurde, das allein dem Gehalt von Imperativen wie 1.M 17_1 und 5.M 18_{13} gerecht werden kann, nähern sie sich einander in den Ge-

schichts- und Künder-Büchern und verschmelzen im Psalmen-
buch, wie auch in den beiden nachfolgenden, zu einem einzigen Grundwort, welches – die beiden Adjektive mit den zugehörigen Substantiven umfassend – insbesondere für die Psalmen den Charakter eines führenden Begriffs gewinnt, dessen
starkem Ethos eine annähernd einheitliche Wiedergabe gebührt. Diese Wiedergabe kann in der Atmosphäre der Psalmen nicht mehr von »ganz«, nur noch von »schlicht« aus versucht werden. Wenn diesem auch nicht die Absolutheit von
»ganz« eignet, so hat es doch eine edle Anschaulichkeit, die den
üblichen Übersetzungen »fromm«, »vollkommen« abgeht.

Für Wortstämme, die nur an einzelnen Stellen notwendigerweise eine Entsinnlichung erfahren haben, mag *sawach* [$50_{14,23}$,
auch 43_4 und 84_4] als Beispiel dienen; es bedeutet ursprünglich
»schlachten« als Opferhandlung, hier aber »opfern«. Erwähnt
mag hier auch *maschal* werden, das einen parallelistisch gebauten Versspruch bedeutet und daher durch »Gleichspruch«
[49_6] wiedergegeben wird, aber zuweilen, wie 44_{13}, als
» leichnis« verstanden werden darf.

ZUR VERDEUTSCHUNG DER
GLEICHSPRÜCHE

EINE ERKLÄRUNG des Terminus »Gleichsprüche« erscheint erforderlich, da er einem des Hebräischen unkundigen Leser und vielleicht auch manchem seiner Kundigen befremdlich klingen mag.

Das Nomen *maschal*, das ich mit »Gleichspruch« übersetze, kann nicht wohl von dem Verb *maschal*, herrschen, sondern nur von dem Verb *maschal*, vergleichen, abgeleitet werden. [Daß beide Verben wurzelgleich sind und die Bedeutung im Kal etwa als »die einander entsprechenden Dinge zusammenordnen« zu fassen ist, möchte ich immerhin vermutungsweise äußern: von dieser Einheit aus läßt sich eine Verzweigung zu einerseits »regeln, verwalten, walten« und anderseits »als entsprechend behandeln, vergleichen« wohl verstehen.] ›Vergleichen‹ ist keine ganz zulängliche Wiedergabe der Bedeutung im Niphal: gerade auf eine strenge Gleichung könnte das Wort nicht angewendet werden; richtiger ist ›teilweise gleichen‹, noch genauer ›entsprechen‹. Wenn von A gesagt wird, daß es *nimschal* dem B, so heißt das nicht, es werde mit ihm identifiziert, sondern es gebe in A Elemente, die sich mit Elementen von B sinnlich oder sinnhaft berühren, und A könnte B so gegenübergestellt werden, daß diese Berührung unmittelbar verspürt wird. Als Bezeichnung eines sprachlichen Gebildes weist das Nomen *maschal* doch wohl am ehesten auf die Zusammenordnung zweier oder mehrerer einander entsprechender rhythmischer Teileinheiten hin, wobei die Entsprechung dann als vollkommen angesehen werden darf, wenn bestimmte Worte der einen Einheit sich mit den an der gleichen Stelle stehenden der anderen sinnhaft berühren. *Maschal* ist also zunächst ein in sich »parallelistisch« gebautes Gebilde, ein Gleichlaufgebild. Von da aus entwickelt sich aber die Wortbedeutung über den Bereich der rhythmischen Zusammenordnung in den der ungebundenen Äußerung hinaus, und zwar scheint der Übergang das aus dem salomonischen Spruchbuch wohlbekannte »malende« Distichon [z. B. Kap. 25, Verse 11, 12, 14, 18, 19] zu sein, in dem der erste Stichos einen sinnlichen, der zweite einen jenem verglichenen geistigen Vorgang behandelt. Auch ohne rhythmisches Gleichmaß kann »Gleichnis« gestaltet werden, auch es heißt *maschal*. Es kann sich aber auch eine Aneinanderreihung von parallelistisch gebauten Spottversen zum lockerer geformten Spottgedicht, eine Aneinanderreihung von parallelistisch gebauten Sinnsprüchen zur lockerer geformten Lehrrede umbilden, und auch diese werden *maschal* genannt. Auch zur Orakelrede können sich die Distichen zusammenschließen, und auch ihr haftet der gleiche Name an. Dagegen wird das reine Lied niemals *maschal* genannt, weil der primäre Charakter seiner einheitlichen Ganzheit so stark ist, daß es schlechthin nicht als eine Zusammenfügung jener kleinen Einheiten aufgefaßt werden kann; ein Lied setzt sich eben nicht aus Versen zusammen, sondern gliedert sich in ihnen.

Parallelistische Dichtung ist nicht den Semiten eigentümlich; wir finden sie überall, von »primitiven« Negerstämmen bis zu einer so verselbständigten höfischen Kultur wie die chinesische. Als ihren Ursprung möchte ich die dialogische oder antiphonische Improvisation ansprechen. Bei den Ostasiaten singen in Jahreszeitfesten, mit denen Brautwerbungsriten verschmolzen sind, Jünglings- und Mädchenchöre einander parallelistisch an; bei den finnisch-ugrischen Völkern fassen je zwei Sänger des Volksgesangs, Knie an Knie gegenübersitzend, einander an den Händen und singen, die Oberkörper einander rhythmisch zuwiegend, mitsammen die parallelistischen Doppelverse der Sage. Auch in der Bibel wird oft [so II. M. 32, 18; Ri. 5, 11; I. Sam. 18, 7; 21, 12; Jes. 27, 2] von Wechselgesang berichtet, und der Begründer der biblischen Poetik, Robert Lowth, meint sogar [De sacra poesi Hebraeorum, 1753], bei den Hebräern habe fast alles Dichten irgendwie dialogische Form. Ich glaube annehmen zu dürfen, daß auch der Ursprung des Maschal, dieser konzentrierten parallelistischen Gestaltung, ein dialogischer gewesen ist: der eine Sprecher sagt einen Vers, der andere antwortet ihm, antithetisch oder bildausdeutend oder ergänzend, immer aber in der Form der Entsprechung. Während jedoch z. B. in China die subtilste Ausbildung des Parallelismus in einem literarischen Spiel geschieht, wo die Aufgabe gestellt wird, einen Satz durch einen Wort um Wort entsprechenden zum Doppelvers zu runden, vollzieht sich in Israel ein merkwürdiger Prozeß. Unter den möglichen Antwortarten tritt die antithetische beherrschend hervor, und in ihrer Form spricht sich ein gegensätzliches Grundverhältnis aus, welches den Kern aller hebräischen Spruchdichtung darstellt: der Kampf zwischen der »Weisheit«, die die Erkenntnis der Wege Gottes ist, und der »Torheit«, als die das Abirren von diesen Wegen erscheint. Dieser Kampf ist das große, bei aller Einheitlichkeit doch erstaunlich vielfältig variierte Hauptthema der »Gleichsprüche«, auf das alle andern Themen direkt oder indirekt bezogen sind.

Die hebräische Spruchdichtung ist nicht original. Sie hat der altorientalischen, insbesondere der reichen ägyptischen Weisheitsliteratur vieles entnommen, einiges geradezu daraus übertragen. Aber das entscheidende Moment der Geistesgeschichte, die Wandlung in der Übernahme, bekundet sich auch hier. In einen neuen, wesensverschiedenen geistigen Lebenszusammenhang, in die Sphäre dieses leidenschaftlichen, vorbehaltlosen Streites der um Gott wissenden »Weisen« gegen die »Toren«, die sich wider das Um-Gott-zu-wissen-bekommen sperren, gebracht, wandeln sich die Sprüche Ägyptens und Babyloniens zu etwas Wesensverschiedenem. Die durch die Form des Gleichspruchs begünstigte vitale Antithetik entfaltet sich hier, und nur hier, zur Aussprache eines Ringkampfs, der den Raum der Welt und die Dauer ihrer Geschichte braucht, um ausgefochten zu werden.

ZUR VERDEUTSCHUNG DES
BUCHES IJOB

DAS BUCH IJOB stellt den nach der echten Treue strebenden Übersetzer vor zwar sehr spezielle, aber auch sehr gewichtige Probleme.

Dieses Buch ist eine dialogische Komposition, verbunden mit einer Rahmengeschichte, die vermutlich einer älteren literarischen Schicht entstammt, aber dann als im Hinblick auf das dialogische Werk überarbeitet angesehen werden muß.

Die Dialogik ist hier jedoch von einer besondern Art: sie ist von Dialektik durchsetzt; und zwar von einer vielfach geradezu forensisch wirkenden Dialektik. Im Mittelpunkt steht Ijobs Rechten mit Gott als seinem Richter. Eine Apologie ist es nicht; eher darf man es einen Protest und einen Appell nennen, und zwar nicht eigentlich gegen ein Urteil – Ijob vermag nicht anzuerkennen, daß ein solches gefällt worden wäre –, sondern eher gegen eine, eben durch kein Urteil begründete, Strafe. Das, was ihm widerfahren ist, muß er, von der unerschütterlich überlieferten Lehre von Lohn und Strafe aus, als eine solche betrachten, aber, da sie von keinem ihm irgend erkennbaren Urteil gedeckt wird, als eine ungerechte Strafe. Appellieren kann er naturgemäß von dem Gott, der »Schlichte und Schuldige tilgt« [9, 22], der sein, Ijobs, Recht, sein Recht auf ein Urteil »hat entweichen lassen« [27, 2, vgl. 34, 5], an ebendenselben Gott, der als Gott letztlich doch gerecht sein, also jetzt und hier wieder gerecht werden, das Recht wiederkehren lassen muß. Ijob fordert, was man im irdischen Gerichtsverfahren eine ordnungsgemäße Prozedur nennen mag. Zugleich aber weiß er genau, daß diese seine Forderung widersinnig ist; so übermächtig ist Gott ja seinem Geschöpf, daß er den eignen Mund des »bewährten« Menschen ihn »schuldigen« lassen kann [9, 20]. »Ich soll, ich soll schuldig sein«, ruft Ijob, »wozu mag um Dunst ich mich mühn!« [9, 29]. Aber er geht noch darüber hinaus. Gewiß, er, der Mensch, sündigt, weil er eben Mensch ist, aber wie kann der ihm unendlich Überlegene sich mit diesen Menschensünden abgeben! »Habe ich gesündigt, was bewirke ich dir, Hüter des Adamgeschlechts?... Weshalb erträgst du meine Abtrünnigkeit nicht?« [7, 20 f.].

In eigentümlicher Weise greift der erste Teil der Rahmengeschichte dieser Klage vor. Hier wird diesseits der Dialektik mit
epischer Eindeutigkeit berichtet, daß das, was Ijob widerfuhr,
nicht eine Strafe, sondern eine Versuchung ist, die Versuchung
eines »schlichten und geraden, Gott fürchtenden und vom Bösen weichenden« Mannes [1, 8] durch Gott, der ihn als solchen
kennt und rühmt. Die Gestalt des »Hinderers« [das bedeutet
das hebräische Wort Satan], der Gott »reizt, ihn umsonst zu
verschlingen«, wird wohl aus einem alten Volksbuch herüber-
genommen sein; aber die jetzige Fassung läßt Bezüge auf die
dialogische Komposition erkennen. Ein solcher Bezug erscheint
in dem Wort »umsonst« [hebr. *chinnam*], das hier als Leitwort
auftritt, und zwar in seinen zwei Bedeutungen, »ohne Entgelt«
und »grundlos«. Der Hinderer fragt Gott in ihrem ersten Zwie-
gespräch [1, 9 f.]: »Ist's umsonst, daß Ijob Gott fürchtet? Bist
nicht du's, der ihn und sein Haus und alles Seine rings um-
schirmt hat?« Im zweiten Gespräch aber kehrt das Wort, wie
oben angeführt, in der entscheidenden Bedeutung wieder:
Gott sieht das Ijob Angetane als »umsonst«, grundlos getan an:
Ijob hat dazu keinen Anlaß gegeben, es war eben eine Versuchung – und die Versuchung wird fortgesetzt. Die Verknüpfung mit der Klage Ijobs [9, 17], Gott schnappe im Sturm nach
ihm und mehre »umsonst« seine Wunden, ist offenkundig. Einer der »Freunde« bestreitet, daß Gott dergleichen tue; er, Ijob,
sei es vielmehr, dem solches vorzuwerfen sei: wenn Gott ihn
so straft, habe er gewiß seine Brüder »umsonst« gepfändet
[22, 6]. – Noch charakteristischer ist eine andere Leitwort-Füh-
rung, die sich zwar auf die einleitende Erzählung beschränkt,
sie also nicht mit der dialogischen Komposition verknüpft, von
deren Dialektik aber sichtlich beeinflußt ist. Es geht hier um
das Verb *barech*, das im allgemeinen »segnen« bedeutet, aber
ein »gegensinniges« Wort ist[1], das auch den Sinn von »jemandem absagen«, indem man sozusagen durch einen Abschieds-
gruß, einen Abschiedssegen, die Verbindung mit ihm ab-
bricht, haben kann; dann ist das Verb in einer Übertragung
wie diese, die – insbesondere wo es um leitwortartige Wiederholungen geht – auf Wahrung des Wortstamms bedacht

---

1] Solche Stellen als nachträgliche »Euphemismen« zu erklären, halte
ich für abwegig.

ist, durch »jemandem absegnen« wiederzugeben. Der Hinderer spricht zu Gott [1, 10 f.]: »Das Tun seiner Hände hast du gesegnet... rühre an alles Seine, ob er nicht in dein Antlitz dir absegnet!« Seinen Worten präludiert ein Ausspruch, den Ijob vordem zu tun pflegte, wenn er befürchtete, seine Söhne könnten sündigen und »Gott in ihrem Herzen absegnen« [1, 5]. Und auf dem Gipfel der Heimsuchung redet Ijobs Weib ihn so an [2, 9]: »Noch hältst du an deiner Schlichtheit! Segne Gott ab und stirb!« Daß Ijob dies als eine schändliche Rede verwirft, hängt leitwortmäßig eng zusammen mit seinem kurz vorher [1, 21] berichteten Spruch: »ER ist's, der gab, und ER ist's, der nahm, SEIN Name sei gesegnet!« Die dialogische Komposition läßt, dem von der Gegensätzlichkeit durchwobenen Stil des Buches gemäß, die erste Klage Ijobs mit einem Fluch beginnen [3, 1]: er verwünscht den Tag seiner Geburt. Er flucht dem eigenen Dasein, über das solches verhängt worden ist, und er segnet Gott, der es verhängt hat. In all seinen Klagen und Protesten sagt er diesem seinem Gott nicht ab, vielmehr er bezeugt ihn, den übermächtig Geheimnisumwitterten, durch eben diese Klagen und Proteste, durch eben seinen Anspruch, seine nicht ablassende Ansprache. Als Gott ihm dann unmittelbar entgegentritt und ihm aus dem Sturme antwortet, ohne dem Appell irgend Folge zu leisten, nur eben das Geheimnis einer Schöpfung, in der kein Recht waltet, als sein eignes Schöpfergeheimnis proklamierend, da beugt Ijob sich, er zieht seinen Appell zurück und bekennt, was er im Grunde schon je und je wußte und bezeugte: daß das Geheimnis ihm »zu wunderbar« ist, als daß er es zu »kennen« vermöchte. In diesem Bekenntnis birgt sich aber noch etwas, das wir nur andeutungsweise erfahren: Ijob sagt, »aufs Hörensagen des Ohrs« [also aus menschlicher Kunde von Gottesworten] habe er bisher ihn »gehört«, nun aber habe ihn sein Auge »gesehn« – unmittelbar, wiewohl ohne alle Minderung der Geheimnishaftigkeit. Vordem, in der letzten seiner Klagen [29, 4] hatte Ijob von den Tagen seiner »Frühe« berichtet: »wann Gottes Einvernehmen mir überm Zelt war, wann der Gewaltige noch war bei mir«: Ijobs Glück war nur eine Ausstrahlung von Gottes Nähe; alles Unheil, das ihm hernach widerfuhr, war nur eine Auswirkung der allein wesentlichen Tatsache, daß Gott ihm seine Nähe entzog und er sich mit dem »Hörensagen« zu bescheiden hatte. Nun aber hat Gott ihm seine Nähe wieder geschenkt, er darf ihn wieder »sehen«, das »Einvernehmen« von einst ist zu seiner Vollendung gediehen. Nun bedarf es keiner Entgeheimnissung mehr, denn der Mensch darf im Angesicht des nicht zu enträtselnden Geheimnisses leben. Zwischen Recht und Unrecht wird nicht entschieden; sie werden aufgehoben durch das »Sehen«. Das Leid bleibt vorerst ungemindert, Ijob sitzt immer noch »hier in dem Staub und der Asche«, und doch hat sich alles verwandelt, denn der Gegensatz von Lohn und Strafe ist durch das Mysterium der Nähe abgelöst worden.

Die Rahmengeschichte spricht ein Wissen aus, das Ijob selber und der ganzen dialogischen Komposition fremd bleibt: sie versteht das Wirken des Geheimnisses in Ijobs Schicksal als eine Versuchung. Gott »versucht« je und je Menschen, denen er nah ist und die er liebt. Der Schluß der Rahmengeschichte bekundet, daß Ijob, der Mann der Klagen und Proteste, die Versuchung als ein Gott Bezeugender bestanden hat: wie im Anfang [1, 8; 2, 3], so nennt ihn jetzt wieder [42, 7 f.] Gott Mal um Mal seinen »Knecht«, und nun im Sinn einer endgültigen Berufung, der Berufung zu einem Mittler [42, 8, 10; das hier hervorgehobene Wort für »beten« bedeutet ursprünglich: sich ins Mittel legen].

*

Für die Verdeutschung der dialogischen Komposition ist von zentraler Wichtigkeit, daß sie von der Gegensätzlichkeit zweier Wortstämme, *zadak* und *rascha*, durchzogen ist. Der erste ist, wie ich [im Abschnitt über die »Preisungen«] dargelegt habe, notwendigerweise nicht durch den Wortstamm »recht«, sondern, wie in allen andern Büchern der Schrift, durch »wahr« wiederzugeben. Hier, im Buch Ijob, geht es vor allem um den Begriff der »Bewahrheitung«: die Sache des »Bewährten« soll in ihrer Wahrheit erwiesen werden. Der diesem gegenüberstehende Wortstamm kann dagegen hier nicht, wie sonst, von dem Stamm »frevel« aus wiedergegeben werden; wir müssen den Stamm »schuld« heranziehen, denn auch hier geht es im wesentlichen um ein Erweisen, nur eben um ein negatives, um ein Als-schuldig-erweisen, genauer: ein Als-schuldig-erschei-

nen-lassen. »Schuldige mich nimmer!« – so ruft Ijob Gott an
[10, 2]. Gott aber spricht zu ihm [40, 8]: »Willst du gar mein
Recht zerbröckeln, mich schuldigen, damit du bewahrheitet
werdest?« Hier ist die Dialektik im Raume zwischen Gott und
Mensch an ihr Ende gelangt.

IV.

SCHLUSSBEMERKUNGEN[1]

I.

ALS ICH ANFANG 1914 mit ein paar Freunden den Plan einer neuen Übertragung der hebräischen Bibel faßte, und wir sogar einen großen deutschen Verlag dafür gewannen [der Anfang des Kriegs hat dann dem Vorhaben ein Ende gemacht], empfanden wir zwar diese Unternehmung als notwendig, ohne aber eigentlich zu wissen, worin das Neue zu bestehen habe, also auch ohne eigentlich zu wissen, weshalb sie notwendig sei. Und als 1920 Franz Rosenzweig mit einem Freunde die Frage einer für die jüdische Gemeinschaft in deutschsprachigen Ländern bestimmten neuen Übersetzung erörterte, widersprach er dem Gedanken; es komme, sagte er, nur eine »jüdisch revidierte Lutherübersetzung« in Betracht – womit er ja nicht bloß das Vorhandensein eines neuen Übersetzungsprinzips, sondern geradezu dessen Möglichkeit bestritt. Noch Anfang 1925 hat er »eine neue offizielle Bibelübersetzung nicht bloß für unmöglich, sondern sogar für verboten« gehalten [Brief an mich vom 25. Januar]. Diese Überzeugung hat er dann auch, als ich bald darauf, Anfang Mai, von einem jungen deutschen Verleger, Lambert Schneider, aufgefordert, das »Alte Testament« neu zu übersetzen, ihn, Rosenzweig, zur Mitarbeit einlud, mir gegenüber nachdrücklich vertreten. Nur das Experiment konnte entscheiden. Ich habe mit redlichem Eifer einen Tag an den Versuch gewandt, von Luthers erstem Genesis-Kapitel zu erhalten, was sich erhalten ließ. Der Versuch scheiterte; nichts ließ sich erhalten, Satz um Satz wandelte sich vom Grunde aus. »Die Patina ist weg, dafür ist es blank wie neu, und das ist auch was wert«, urteilte Rosenzweig. – Und so begann Die Schrift.

2.

Am 19. Juni schrieb mir Rosenzweig: »Die Mitarbeit hat mich von meinen anfänglichen Vorbehalten bekehrt: ich halte jetzt selbst das von Ihnen gefundene Prinzip einer Übersetzung für

---

1] Leicht abgeänderter Wortlaut einer Ansprache, die eine nach Vollendung der Übertragungsarbeit veranstaltete Hausfeier abgeschlossen hat.

das richtige.« Was für ein »Prinzip« war das, und wie ist es »gefunden« worden?

In den für den Weg meines Denkens entscheidenden Jahren 1916–1920 ging mir – inmitten einer universalen Klärung – auf, wie ich Goethes Satz von der Ursprungstiefe menschlicher Geschlechter zu verstehen hätte: »wie das Wort so wichtig dort war, weil es ein gesprochen Wort war«. [Meine Rede von 1960 über »Das Wort, das gesprochen wird«[2] ist nur der vollgereifte Ausdruck jener Erkenntnis.] Ich bin damals dem Charakter früher mündlicher Überlieferung heiliger Texte nachgegangen, und zwar vornehmlich aus Epochen in denen das die Überlieferung tragende Volk bereits eine ausgebildete Schriftlichkeit seiner Sprache besaß [so in der vedischen Religion, in einem gewissen Maße auch noch im frühen Islam]: man verstand die Texte [im wesentlichen Gesänge und Lehrreden berichtender, deutender und anweisender Art] niederzuschreiben, aber man tat es nicht, es war nicht gebührlich – nur in besonderen Fällen und zu besonderen Zwecken gebot sich die Niederschrift. Von Gewicht war dabei für mich die Tatsache, daß man vielfach in der mündlichen Übergabe die größere Sicherheit für die Erhaltung des Wortlauts sah – eine Auffassung, die bemerkenswerterweise von bedeutenden Forschern unserer Zeit als für bestimmte religiöse Kulturen zutreffend bezeichnet wird. Durch jene Studien ist das in mir seit langem wachsende *akustische* Verständnis der Bibel zum ordnenden Bewußtsein gebracht worden.

Es ergab sich mir vor allem, daß für eine mündliche – und das heißt: nicht objektivierende – Textentstehung und Textbewahrung von vornherein eine elementare Verbundenheit von Gehalt und Form besteht. In dieser Sphäre tönender und sinngeladener Spontaneität war die Sagweise von dem zu Sagenden gar nicht zu trennen: dieses konnte überhaupt nur *so* gesagt werden. Das gilt freilich in einem gewissen Maße auch für alle echte Dichtung; aber zum Unterschied von dieser ist in jenem Bereich heiliger Gesprochenheit weithin keine durch Symbolzeichen darstellbare Gleichmäßigkeit zu finden. So

2] Veröffentlicht in »Wort und Wirklichkeit«, R. Oldenbourg, München, 1960, sowie zusammen mit einer anderen Rede in meinem Buch »Logos«, Lambert Schneider, Heidelberg 1962.

kann sich hier zwar ein metrischer Bau entwickeln [ein großer
Teil der Bibel ist ja bereits metrisch geformt], aber das Ursprüngliche ist nicht das Metrum, sondern die Kolometrie, d. h.
die Gliederung in Einheiten [Kolen], die *zugleich* Atemeinhei-
ten und Sinneinheiten sind. »Das Grundprinzip der natürlichen, der mündlichen Interpunktion« hat Rosenzweig zutreffend den Atemzug genannt [in dem Aufsatz »Die Schrift und
das Wort«]; nur muß dabei beachtet werden, daß in dem Bereich der reinen Mündlichkeit, von dem wir hier reden, Atem-
holen und Sinnpause derselbe Moment sind.
Aus dieser fundamentalen Mündlichkeit ist das große Ausdrucksmittel hervorgegangen, dessen Wesen durchaus nicht
etwa von ästhetischen Gesichtspunkten aus zu erfassen ist:
die emphatische Wiederholung. Damit ist nicht die Wiederkehr von Lauten gemeint, wie sie uns als Alliteration, Assonanz u. ä. auch im biblischen Schrifttum entgegentritt; diese
geläufigen »paronomastischen« Figuren dienen hier zuweilen
dem Hinweis auf die Wichtigkeit des so hervorgehobenen
Wortgefüges, zuweilen auch nicht. Auch die bloße Wiederkehr ganzer Worte in benachbarten Abschnitten ist nicht gemeint; diese ist gewöhnlich, so in einem Teil der deuterojesa-
janischen Schrift und in einem Teil der Psalmen, von kompo-
sitionellen Zwecken bestimmt. Es geht hier vielmehr wesentlich um das Bezogenwerden zweier oder mehrerer Textstel-
len, sei es im gleichen Abschnitt, in verschiedenen Abschnitten, sei es auch in verschiedenen Büchern, aufeinander durch
Wiederholung von Wörtern, Wortstämmen, Wortgefügen,
und zwar solcherweise, daß die Stellen im Verständnis des Hörers einander erläutern, die neugehörte die altbekannte verdeutlicht, aber auch diese die neue zulänglicher erfassen hilft.
Es geht somit um jenes Strukturprinzip, dessen prägnanteste
Erscheinung ich als »Leitwort« bezeichne. Man vergegenwärtige sich nur diese Sprecher, lehrende Wahrer mündlichen Ur-
guts und Träger des Wortes im geschichtlichen Augenblick
zugleich, und ihre Hörer, geladenerweise oder wie es sich
eben traf auf heiligen und profanen Plätzen Versammelte, die
aber auch sie das bisher vernommene Wort, das bislang in
ihre Ohren Gerufene, die bisherige Urbibel, in ihrem vitalen
Gedächtnis hegten – und wie nun ein einst gehörtes seltenes

Lautgebild oder ein ihm nahverwandtes in neuer Verbindung an ihr Ohr dringt: sie horchen auf, sie ergreifen jenes und dieses in einem, und jetzt *sehen* sie auch beides in einem, etwa den mit vibrierenden Flügelspitzen über den eben flügge werdenden Völker-Nestlingen »schwingenden« Adler [Dt 32,11] und den eben so über den Wassern der Vorschöpfung schwingenden »Braus Gottes« [Gen 1,2], und die beiden Bilder illuminieren einander. [Man muß verstehen, was für das urbiblische Bewußtsein das von uns kaum noch beachtete Faktum bedeutet hat, daß die mit »schwingen« übersetzte Verbalform nur an diesen zwei Stellen zu finden ist.][3]

Dies also war mein Hauptbeitrag zum gemeinsamen Werk. Der Rosenzweigs gehörte einem andern, aber benachbarten Gebiet an, der Wortwahl; benachbart, sage ich, da es, das Prinzip der Wiederholung einmal erkannt, Pflicht war, irgend wichtige wurzelgleiche Worte durch wurzelgleiche wiederzugeben, damit die gegenseitigen Bezogenheiten auch in der Übersetzung offenbar werden. Das aber kann rechtmäßig nur geschehen, indem man die ursprüngliche Bedeutung des einzelnen Wortstammes faßt und hält, von der aus sich der Bedeutungswandel bis in die subtilsten Begriffsverzweigungen vollzieht. So stammt von Rosenzweig, um nur ein einziges, aber besonders beredtes Beispiel anzuführen, der kühne Entschluß, nicht wie allgemein üblich, durch den deutschen Wortstamm »recht« sowohl *zadak* wie *schafat* wiederzugeben, sondern Recht und Gerechtigkeit dem letzteren allein, also dem Bereich des jemandem Zukommenden und der richterlichen Zuteilung dieses Zukommenden vorzubehalten, wogegen dem *zedek* als dem wahren Sachverhalt und seiner Erweisung in voller Wirklichkeit, der Wortstamm »wahr« [daher *zedaka* Bewährung, *zaddik* der Bewährte, *hazdek*, bewahrheiten usw.] als der allein ihm zu entsprechen bereite zuzuteilen war.

---

[3] Für weitere Beispiele und ihre Interpretation verweise ich u. a. auf meine Aufsätze »Die Sprache der Botschaft«, »Leitwortstil in der Erzählung des Pentateuchs« und »Das Leitwort und der Formtypus der Rede« und auf Rosenzweigs »Das Formgeheimnis der biblischen Erzählungen« [sämtlich in Buber und Rosenzweig, »Die Schrift und ihre Verdeutschung«, Berlin 1936, Neuausgabe in Vorbereitung], ferner auf mein Büchlein »Recht und Unrecht«, Deutung einiger Psalmen [Basel 1952].

Anderseits aber war offenbar, daß der Stamm *aman* nicht, wie »wahr«, eine objektive Richtigkeit meint, sondern das feste Beharren der Person, ihre Zuverlässigkeit, ihre Treue – und das Vertrauen zu ihr –, von wo aus denn auch die deutschen Entsprechungen zu suchen waren.

Dieser Standort war es, der Rosenzweig den großen Schritt zur getreuen, und das heißt hier: konkreten, Wiedergabe des vierbuchstabigen Gottesnamens ermöglicht hat, wie die Dornbuschrede ihn verstanden wissen will, als Ausspruch nicht eines Seins, sondern eines Da-seins, Bei-uns-seins, wie Rosenzweig es in seinem Aufsatz »Der Ewige« dargelegt hat. Ich selbst habe hier nur allerhand wissenschaftliches Stützwerk beigebracht.[4]

Um was es ihm in diesem Bereich der Wortwahl ging, davon hat Rosenzweig mit jenem Humor, der ihm – nie genug zu bewundern – in der unvorstellbaren Tiefe der Krankheit [einer fast völligen Lahmlegung des Bewegungssystems] nicht bloß verblieben sondern gewachsen war, in seinem letzten Lebensjahr in einem Brief an den Rabbiner Joseph Carlebach, zur Antwort auf dessen »Warnung vor Übertreibung des an sich berechtigten Eindringens in den Wortgehalt« so berichtet: »Da bin ich das Karnickel. Buber führt täglich schriftlich und einmal wöchentlich mündlich gegen mich mit Leidenschaft und Spott die Sache des armen Lesers. So glauben Sie mir nun aber auch, daß nichts, was schließlich bleibt, aus Feinschmeckerei bleibt, sondern ausschließlich aus rabies theologica«.

3.

Am 10. Dezember 1929 starb Franz Rosenzweig.
Damals waren wir am Übersetzen des 53. Jesaja-Kapitels, und seine letzte zu Papier gebrachte Äußerung hat diesem gegolten.
Ich habe in den folgenden Jahren die Arbeit, wenn auch in langsamerem Tempo, allein fortgeführt. Um die Identität zu wahren, mußte ich den Anteil Rosenzweigs in mich aufnehmen und die Auseinandersetzung nach Möglichkeit un-

---

[4] Vgl. das Kapitel »Der brennende Dornbusch« in meinem Buch »Moses« und das Kapitel »JHWH der Melekh« in meinem Buch »Königtum Gottes«.

geschmälert in mir sich fortsetzen lassen. Das ist in dem der menschlichen Person gegebenen Maße geschehen. In den sechs Bänden, die noch – drei noch bei Lambert Schneider und drei [unter Hitler] im Schocken-Verlag – erschienen sind, macht sich die von manchen hervorgehobene »Urbanität« kaum erst fühlbar; das ist erst später gekommen.

Im März 1938 ging ich nach Palästina. Nach der Kristallnacht ist der Schocken-Verlag aufgelöst worden.

In den letzten Jahren meines Aufenthalts in Deutschland hatte ich mich Mal um Mal an der Übersetzung des Buches Ijob versucht, stieß aber immer wieder auf Schwierigkeiten, derengleichen mir bei der bisherigen Arbeit nicht begegnet waren. In Jerusalem wollte ich von neuem darum ringen. Da aber, wie es sich zeigte, an eine Veröffentlichung der bisher noch unübersetzten Bücher nicht zu denken war, verstand ich, daß ich die Arbeit aufzugeben hatte.

Zur Zeit der Auswanderung war ich 60 geworden. Zehn Jahre danach, zu meinem 70. Geburtstag, machte sich Salman Schocken mir gegenüber erbötig, eine Übersetzung des Buches Ijob zu drucken, sobald sie fertig wäre. Es handelte sich aber nicht um eine Wiederaufnahme der Schrift-Publikation. Zu einer bloßen Vergrößerung des Torsos habe ich mich nicht entschließen können.

1950 trat ein Verlegerkonzern mit dem Sitz in der Schweiz und in Deutschland an mich mit dem Anerbieten heran, eine Neubearbeitung zu unternehmen und das Werk zu Ende zu führen. Der Name der Firma war Jakob Hegner; Hegner, mir von seiner Jugend an wohlbekannt, hatte, zuerst für Schneider, danach für Schocken, die 15 erschienenen Bände der »Schrift« sowie die revidierte »Logenausgabe« des Pentateuchs gedruckt. Noch intensiver als damals, da Lambert Schneider mich zuerst besucht hatte, mußte ich den Spruch besinnen, den meine Großmutter Adele im Mund geführt hatte: »Man weiß niemals vorher, wie ein Engel aussieht«. Ich sagte zu und ging an die Arbeit. 1954 erschien der erste Band, »Die fünf Bücher der Weisung«, 1955 der zweite, »Bücher der Geschichte«, 1958 der dritte, »Bücher der Kündung«. Im Herbst 1959 habe ich das Buch Ijob übersetzen können, und der Rest der Schrift-übertragung ist Anfang 1961 vollendet worden.

Die früher erschienenen Teile habe ich neu bearbeitet. Mit Recht gewinnt man beim Vergleichen den Eindruck einer größeren »Urbanität«. Aber das Prinzip der Übertragung ist unabgeschwächt geblieben, und auch jetzt hieß es, bei seiner Durchführung notfalls bis an die Grenzen der deutschen Sprache zu gehen, innerhalb derer man der hebräischen die Entsprechungen zu finden hatte. Daß diese Grenzen jetzt dem Leser vertrauter erscheinen dürfen als damals, liegt eben daran, daß der Übersetzer die seitherigen Jahre lang fortgelernt hat.

Manches ist unvermeidlicherweise spröd geblieben, einiges hat sogar eine neue Sprödigkeit angenommen. Jede solche Änderung geht darauf zurück, daß ich mich mit ihrem Gegenstand neu habe befassen müssen. So war ich in der Schöpfungsgeschichte genötigt, vom »Abgrund«, für den sich Rosenzweig nachdrücklich einsetzte, zum »Urwirbel« überzugehen, weil eine erneute Vergleichung aller Stellen, ab denen das Nomen vorkommt, mir gezeigt hat, daß auf seinen dynamischen Charakter nicht verzichtet werden darf: ein *tehom* kann dem andern »zurufen« [Ps 42,8], weil sie beide tobend emporwirbeln. Und etwa für die Wiedergabe der Opferbezeichnung *oloth* war ich genötigt, von »Hochgaben« zu »Darhöhungen« überzugehen, obgleich »Darhöhungen darhöhen« auch bei freundlichen Lesern Ärgernis zu erregen vermag; denn »Hochgabe« gibt das falsche Bild einer hochgehäuften Gabe, es geht aber darum, die *Bewegung* des im Brande Aufsteigenlassens, das »Auf den Himmel zu« des opfernden Menschen spürbar zu machen.

4.

Nun aber höre ich sagen, das Unternehmen dieser Verdeutschung sei inzwischen »utopisch« geworden, da es [ich sage es mit meinen eigenen Worten] nach der widergeschichtlichen Selbsterniedrigung des deutschen Volkes ein authentisches und daher auch authentisch aufnahmefähiges deutsches Sprachleben nicht mehr gebe.

Im Gebiet des Geistes müssen alle Prognosen dessen gewärtig sein, daß sich ihnen ein Fragezeichen anhängt. Aber eine andersartige Antwort ist bei Rosenzweig zu finden.

Er hat zwar nicht mit der Möglichkeit dessen gerechnet, was

dann in der Hitlerei Gestalt gewann, wohl aber hat er die Vulgarisierung eines geistigen Prozesses genau erkannt, die dann in den Tätigkeiten der »Deutschen Christen« und der weitergehenden »Deutschen Glaubensbewegung« ihren freilich recht problematischen Ausdruck fand. Es geht um die Lossagung von einem schaffenden und seiner Schöpfung offen bleibenden Gott als einem nur »Gerechten«, nicht »Liebenden«, und damit vom »Alten Testament« – eine Tendenz, die auf den christlichen Gnostiker Marcion zurückgeht und daher in ihren modernen Ausprägungen als Neomarcionismus bezeichnet werden kann. Rosenzweig schreibt an mich schon während der Arbeit am Genesis-Band [29. Juli 1925]: »Ist Ihnen eigentlich klar, daß heut der von den neuen Marcioniten theoretisch erstrebte Zustand praktisch schon da ist? Unter Bibel versteht heut der Christ nur das Neue Testament, etwa mit den Psalmen, von denen er dann noch meist meint, sie gehörten zum Neuen Testament. Also werden wir missionieren.« Und ein halbes Jahr danach ist sein Gedanke zu unüberbietbarer Präzision gediehen. Er schreibt [an den Freund Eugen Mayer, 30. Dezember 1925]: »Ich fürchte manchmal, die Deutschen werden diese allzu unchristliche Bibel nicht vertragen, und es wird die Übersetzung der heut ja von den neuen Marcioniten angestrebten Austreibung der Bibel aus der deutschen Kultur werden, wie Luther die der Eroberung Deutschlands durch die Bibel war. Aber auch auf ein solches Golus Bowel [babylonisches Exil] könnte ja dann nach siebzig Jahren ein neuer Einzug folgen, und jedenfalls – das Ende ist nicht unsere Sache, aber der Anfang und das Anfangen.«

Es sieht mir nicht danach aus, als ob Die Schrift siebzig Jahre zu warten hätte. Aber »missionieren« – ja, auf jeden Fall! Ich bin sonst ein radikaler Gegner alles Missionierens und habe auch Rosenzweig gründlich widersprochen, wenn er sich für eine jüdische Mission einsetzte. Aber diese Mission da lasse ich mir gefallen, der es nicht um Judentum und Christentum geht, sondern um die gemeinsame Urwahrheit, von deren Wiederbelebung beider Zukunft abhängt. Die Schrift ist am Missionieren. Und es gibt schon Zeichen dafür, daß ihr ein Gelingen beschieden ist.